DICCIONARIO DEL ESPAÑOL USUAL EN MÉXICO

CENTRO DE ESTUDIOS LINGÜÍSTICOS Y LITERARIOS
DICCIONARIO DEL ESPAÑOL DE MÉXICO

DIRIGIDO POR

Luis Fernando Lara

EQUIPO LEXICOGRÁFICO

Gilberto Anguiano Peña, Aurora Díez-Canedo, Luz Fernández Gordillo, Francisco Segovia, Laura Sosa Pedroza, Carmen Delia Valadez y Carlos Villanueva

COLABORARON TAMBIÉN

Laura Aguilar Fisch, Cutberto Arzate, Javier Becerra, Elisabeth Beniers, Carmen Boullosa, Coral Bracho, Delia Brizuela, Ana Castaño, Fernando Cervantes, Luz Elena Díaz de León, Beatriz Enríquez, Laura González Durán, Denise Hett, Ma. del Carmen Larios, Paulette Levy, Diana Maciel Gaytán, Rebeca Maldonado, Ricardo Maldonado, Natalia Mata Navarrete, Esther Mondlak, Irma Munguía, Rocío Olivares, María Pozzi, Jaime Rangel, Ramón Riba, Gilda Rocha, Lourdes Ross, Jorge Serrano, María Ángeles Soler, Francisco Torres Córdova y Verónica Vázquez

INVESTIGACIÓN ESTADÍSTICA Y DE CÓMPUTO

Isabel García Hidalgo, Roberto Ham Chande y Boris Fridman

SECRETARIA

Josefina Camacho Eslava

DICCIONARIO
DEL ESPAÑOL
USUAL
EN MÉXICO

EL COLEGIO DE MÉXICO

Lara Ramos, Luis Fernando, dir.
    Diccionario del español usual en México / Dirigido por Luis
Fernando Lara. -- México : El Colegio de México, Centro de Estudios
Lingüísticos y Literarios. 1996.
    941 p. ; 21 cm.

    ISBN 968-12-0704-1

    1. Castellano-Provincialismos-México-Diccionarios. 2. Castellano-
Diccionarios.

Portada de Mónica Diez-Martínez

Ilustración: Rufino Tamayo, *Ofrenda de frutas*, 1987, óleo sobre tela,
140 × 175 cm. Colección del ingeniero Gilberto Borja Navarrete.
Fototeca del Museo Rufino Tamayo

Primera edición, 1996

© El Colegio de México, A. C.
   Camino al Ajusco 20
   Pedregal de Santa Teresa
   10740 México, D. F.

ISBN 968-12-0704-1

Impreso y hecho en México / *Printed and made in Mexico*

ÍNDICE

ABREVIATURAS Y MARCAS DE USO SOCIAL, REGIONAL, GRAMATICAL, TÉCNICO Y JERGAL

adj	adjetivo	*Fís*	Física
Adm	Administración	*Fisio*	Fisiología
adv	adverbio	*Fon*	Fonética y Fonología
Aeron	Aeronáutica	*Geofís*	Geofísica
Agr	Técnicas agropecuarias	*Geogr*	Geografía
Alti	Altiplano (comprende *Alti C*	*Geol*	Geología
	y *Alti S*)	*Geom*	Geometría
Alti C	Altiplano central	*Gram*	Gramática
Alti Oax	Altiplano oaxaqueño	*Groser*	Grosería o lenguaje grosero
Alti S	Altiplano del sur	*Hipo*	Hipología y equitación
Anat	Anatomía	*Huast*	Huasteca
Antrop	Antropología	*Impr*	Imprenta
Arq	Arquitectura	*Inform*	Informática
art	artículo	*Ing*	Ingeniería
Astron	Astronomía	interj	interjección
Biol	Biología	intr	intransitivo
Bot	Botánica	*Ist*	Istmo de Tehuantepec
Caló	Caló	*Ling*	Lingüística
Carp	Carpintería	*Lit*	Estudios literarios
Científ	Discurso científico	*Liter*	Literario
Coloq	Coloquial	*Lóg*	Lógica
Comp	Computación	m	masculino
conj	conjunción	*Mar*	Marinería
Cont	Contaduría	*Mat*	Matemáticas
Crón dep	Crónica deportiva	*Mec*	Mecánica
Crón pol	Crónica política	*Med*	Medicina
Crón soc	Crónica de sociales	*Met*	Metalurgia
Crón taur	Crónica taurina	*Mich*	Michoacán
Charr	Charrería	*Mil*	Milicia
Chih	Chihuahua	*Min*	Minería y mineralogía
Chis	Chiapas	*Mús*	Música
Dep	Deportes	*N*	Norte
Der	Derecho	*NBC*	Norte de Baja California
Econ	Economía	*NE*	Noreste
Elec	Electricidad	*NO*	Noroeste
Elect	Electrónica	*OCC*	Región occidental
Estad	Estadística	*Ofensivo*	Ofensivo
f	femenino	*Periodismo*	Periodismo
Fil	Filosofía	*Pesca*	Pesca

pl	plural	sing	singular
Popular	Popular	*Tab*	Tabasco
pp	participio	*Tauro*	Tauromaquia
prep	preposición	*Teatro*	Teatro
prnl	pronominal	tr	transitivo
pron	pronombre	v	verbo
Psi	Psicología	*Ver*	Veracruz
Publ	Publicidad	*Ver N*	Norte de Veracruz
Quím	Química	*Ver S*	Sur de Veracruz
Relig	Religión	*Veter*	Veterinaria
Rural	Rural	*Yuc*	Yucatán y Campeche
s	sustantivo	*Zool*	Zoología

INTRODUCCIÓN

Nos encontramos a finales del siglo XX. México lleva casi doscientos años de vida independiente. Desde los inicios de la Colonia, la lengua en la que se ha venido manifestando la reflexión sobre nosotros mismos y en la que nuestra nación ha llegado a constituirse ha sido el español. En español hemos reflexionado, como pueblo, lo que fue la gran tragedia de la Conquista y lo que es ser mexicano, como fruto de la unión de dos grandes linajes: el ibérico y el indio; en español hemos construido nuestras instituciones nacionales, desde las leyes que han hecho de nuestro país un Estado hasta los modernos sistemas de comunicación por radio, televisión y prensa; en español hemos escrito nuestra historia y hemos producido nuestra literatura. Por eso no es de extrañar que consideremos que la lengua española es nuestra propia lengua. No una lengua extranjera, impuesta a nosotros —pero sí a la mitad de nuestros ancestros—, ni una lengua prestada, de cuya identidad hemos de informarnos en la antigua metrópoli colonial. El español, porque en él hemos nacido el noventa por ciento de los mexicanos, es nuestra lengua: centrada en nuestra tradición y nuestra experiencia histórica, que evoluciona con nosotros y, en parte, por nosotros. He ahí la justificación primera para presentar al público un diccionario del español de México, del cual este *Diccionario del español usual en México* es un tercer avance.

Hay que señalar, sin embargo, que el carácter de lengua nacional que tiene el español en México no es ni debe ser, de ninguna manera, un motivo para desestimar la rica variedad de lenguas amerindias que sobreviven en nuestro país, ni una coartada para impedirles su libre uso, su derecho no a sobrevivir, sino a recuperar un papel en nuestra historia. Para los pueblos aborígenes mexicanos, el español ha dejado de ser la lengua de sus dominadores ancestrales y se ha convertido en su principal vehículo de entendimiento nacional, tanto con la mayoría hispanohablante como con los que hablan las otras lenguas amerindias, tan diversas entre sí y por tanto tiempo incomunicadas.

Paradójicamente, los mexicanos nunca habíamos recopilado nuestro propio diccionario; es decir, un diccionario del español tal como efectivamente lo hablamos y lo escribimos; no un diccionario de nuestras particularidades lingüísticas, de las cuales se han elaborado varios, en especial el imprescindible *Diccionario de mejicanismos* de don Francisco Javier Santamaría. Quizá porque durante mucho tiempo se temió que la lengua española se fragmentara en muchas lenguas diferentes entre sí, como resultado de la evolución política de Hispanoamérica a partir de su independencia, se había mantenido, como hasta la fecha en el resto de nuestro continente, una dependencia directa de la lexicografía peninsular que nos proveía, como lo hace todavía, de diccionarios generales de la lengua. Esos diccionarios, con ser válidos para los mexicanos, pues al fin y al cabo asientan en particular el vocabulario de la lengua culta, que tiene características internacionales y no solamente peninsulares, han dejado siempre de lado no sólo voces que se usan más en México que en otras regiones hispanohablantes, sino también significados que se han gestado y matizado entre nosotros, así como multitud de expresiones hispánicas más locales. De ahí proviene la sensación que tienen muchos mexicanos cuando consultan diccionarios elaborados con los puntos de vista y la experiencia de la lengua de la Península, de que hay distinciones nuestras que no se toman en cuenta, y de que hay sentidos y palabras que no corresponden a nuestro propio uso de la lengua.

Por el contrario, la tradición hispanoamericana de ofrecer diccionarios de regionalismos, como el de Santamaría, como complementos de lo pintoresco en nuestros territorios o incluso de lo "vicioso" o "bárbaro" de nuestro hablar, no nos ha educado en el aprecio de nuestra variedad lingüística, sino en el sentimiento del "desvío" que supuestamente padecemos en relación con el español peninsular. Nuestra realidad nacional nos muestra que el español mexicano, "vicioso" o "bárbaro" (que no lo es, de ninguna manera), es la lengua en que se organiza nuestra mutua comprensión y en la que se manifiesta nuestra comunicación. De esa lengua, del español de México centrado en sí mismo pero no encerrado en una visión chauvinista y miope de la lengua española común, había que elaborar un diccionario.

La tarea que se nos ofreció a los autores de este *Diccionario del español usual en México* fue por eso, ante todo, estudiar el vocabulario del español hablado y escrito en México para después redactar un diccionario mexicano de la lengua española, basado en nuestro uso real; el que, desde 1973, cuando iniciamos nuestro trabajo, hemos venido denominando *Diccionario del español de México.*

El *Diccionario del español usual en México* es un avance de aquél, que seguimos elaborando. Lo ofrecemos a la publicidad como una obra de un solo tomo que sea lo suficientemente manual como para que la utilicen, en particular, jóvenes estudiantes de la educación media y superior, así como ciudadanos que se interesen por comprender con precisión hablas y escritos mexicanos, tanto literarios como científicos, periodísticos, jergales y regionales. Con anterioridad habíamos ofrecido dos pequeños diccionarios: el *Diccionario fundamental del español de México*, que publicó el Fondo de Cultura Económica en 1982, y el *Diccionario básico del español de México*, que sigue publicando desde 1986 El Colegio de México. Si el *Fundamental* se reducía estrictamente al vocabulario mínimo necesario para comprender un texto de carácter general o escolar; y si el *Básico* se ampliaba hacia el vocabulario de la lengua culta, con una consideración particular del vocabulario de libros de texto en ciencias naturales y ciencias sociales, éste se concentra en el español *usual* en México: fundamental y especializado; básico y general; de la lengua estándar, que incluye, naturalmente, a la lengua culta, pero también a la lengua hablada, más propia de nuestra comunicación coloquial, familiar y popular, y de la lengua utilizada en las diferentes regiones de México. Lo llamamos *usual* por eso y porque la selección del vocabulario que presenta —aproximadamente 14 mil entradas— ha sido hecha utilizando como criterio principal el estudio cuantitativo del uso del vocabulario en México. Es decir, que forman parte de los vocablos incluidos en este *Diccionario* aquellos que tuvieron una frecuencia mínima específica en nuestro estudio documental.

COMPOSICIÓN DEL *DICCIONARIO*

Como se dice antes, los registros que han servido de materia prima para este *Diccionario* provienen de un estudio muy amplio de las características del español mexicano en nuestro tiempo. Ese estudio se inició en 1973 en el Centro de Estudios Lingüísticos y Literarios de El Colegio de México. Consistió en una extensa recopilación de muestras de todo tipo de textos hablados y escritos en la República Mexicana, que permitiera obtener un conocimiento riguroso del uso del vocabulario, en el que se basara la redacción de la obra. Esa recopilación se integró como *Corpus del español mexicano contemporáneo* (1921-1974), compuesto por mil textos de dos mil palabras gráficas cada uno, provenientes de todas las regiones del país, de toda clase de hablantes y de una amplia variedad de géneros.

El *Corpus*, formado por cerca de dos millones de registros de palabras, es nuestra principal fuente de datos; es lo que nos permite garantizar al lector que todos y cada uno de los componentes de nuestra nomenclatura (la lista de vocablos que constituyen entradas del *Diccionario*), de la definición, de los ejemplos incluidos y de las marcas de uso han sido fidedignamente registrados en el español contemporáneo de México.

Para componer este *Diccionario*, lo que hemos hecho ha sido estudiar todos los vocablos aparecidos en el *Corpus*, cuya frecuencia absoluta fuera de diez o más apariciones en él. Todos los vocablos de esas características, independientemente del nivel de lengua al que pertenecieran (estándar o regional, culto o popular, grosero o neutro), se sometieron a estudio y se convirtieron en las entradas de los artículos lexicográficos que presentamos.

La mayor parte de ellos son vocablos que aparecen en obras de todas clases y en la lengua hablada en el territorio nacional; sin embargo, consciente de que la enseñanza escolar puede requerir información sobre palabras menos frecuentes en México, pero importantes para la correcta comprensión de la historia, de las ciencias, de las técnicas y de las leyes (habida cuenta, en particular, del vocabulario empleado en los libros de texto oficiales para la educación básica mexicana), decidimos agregarlas a la nomenclatura del *Diccionario*, como hicimos en los dos diccionarios publicados por nosotros anteriormente.

Además de ello, hemos puesto especial atención a las terminologías técnicas usuales en México. Éstas, como toda convención con que se unifican los textos de un mismo campo para hacer eficaz y precisa su comunicación, están sujetas tanto a aportes de diferentes tendencias científicas y pedagógicas como a cambios producidos por la influencia del tiempo y de las situaciones sociales en que se crean. En el caso de las terminologías de las ciencias naturales, se han tomado en cuenta los consejos de los especialistas que asesoran al cuerpo de redacción del *Diccionario* y que representan a las instituciones más autorizadas de la república. Para la definición de cada uno de esos términos se han consultado, también, varias obras contemporáneas en otras lenguas, con el objeto de ofrecer las informaciones más seguras y modernas posibles.

Los términos correspondientes a doctrinas, movimientos sociales, instituciones y conceptos de valor histórico para México han recibido un tratamiento enciclopédico basado también en la opinión de los más destacados especialistas y en obras contemporáneas de calidad cierta. Se ha conservado la terminología lingüística y gramatical que fijaron los libros de texto desde la década de 1970 porque es la que organiza la comprensión actual de la gramática del español para la mayor parte de los estudiantes mexicanos y, a la vez, se han introducido algunas referencias a terminologías más antiguas pero igualmente válidas, con objeto de propiciar la comunicación entre generaciones que han recibido educación distinta.

Se ha registrado todo el vocabulario usual en México, como se decía antes, independientemente del nivel de lengua en que suela utilizarse. Así, el lector encontrará una multitud de voces y giros coloquiales y populares, que se utilizan sobre todo en el habla; encontrará vocablos, acepciones y locuciones de uso regional, debidamente localizados; encontrará también voces groseras y varios anglicismos corrientes en el español de México. A cada lector le toca decidir qué vocabulario usa o cuál acepta. La función de un diccionario para una sociedad que aprecia su libertad y su diversidad es proveerla de información precisa y fiel a la realidad, no la de arrogarse una autoridad injustificable, ni la de adoptar el papel de censor del habla y las costumbres. La única autoridad posible para un diccionario, que naturalmente deseamos ganar para el nuestro, es la que proviene de la calidad de su información y de su fidelidad al uso.

Las hablas mexicanas son enormemente variadas y expresivas; en ellas se advierte la diversidad cultural del territorio nacional y se tiene el principal apoyo para la constante elaboración de un lenguaje apto para significar la vida contemporánea de México en su rica heterogeneidad. Debido a las características de nuestra investigación, determinadas por el costo que significaría efectuar una gran encuesta léxica nacional, los datos que registramos no dan cuenta debida de esa variedad, por lo que el vocabulario regional que se encuentra en estas páginas apenas representa un pequeño porcentaje de lo que realmente se habla en nuestro territorio, desde los rincones más alejados de Baja California y Tamaulipas hasta los confines de México en Chetumal o en Comitán. Les pedimos por ello a nuestros lectores que sean benevolentes con nosotros en este aspecto, que seguirá siendo una asignatura pendiente de nuestro trabajo.

El *Diccionario del español usual en México* reúne así aproximadamente 14 mil vocablos. Cada vocablo, a su vez, tiene varios significados. Cerca de 60 mil son los significados o *acepciones* que corresponden a este *Diccionario*. Los giros o locuciones que se ilustran en él superan a los 40 mil.

Con la idea de que el servicio que preste el *Diccionario del español usual* sea completo en lo referente al uso de la lengua, se han agregado algunas tablas para facilitar la consulta de la ortografía, la puntuación, las conjugaciones de los verbos y los usos de los tiempos verbales. A manera de apéndices aparecen tablas de gentilicios importantes, mexicanos y latinoamericanos y una tabla de escritura de los números.

Características del *Diccionario*

Como todos los diccionarios que tienen como objetivo la comprensión de los vocablos, nuestro *Diccionario* sigue el orden alfabético. Las Academias de la lengua adoptaron hace poco tiempo la decisión de eliminar de ese orden las letras *che* y *elle*, para sumarse a una concepción más general del alfabeto, y en consecuencia intercalan en sus diccionarios los vocablos correspondientes como parte de la *ce* y la *ele*. El orden alfabético ha sido siempre una absoluta convención, por lo que nada tiene de extraño que las Academias lo modifiquen; nosotros hemos conservado distintas la *che* y la *elle* por dos razones: la primera es que no vemos ninguna ganancia en adoptar un alfabeto más general, cuando es derecho de todas las comunidades lingüísticas ajustarlo lo mejor posible a las peculiaridades de sus lenguas. La *che* y la *elle* se sacrifican por ser dígrafas y no se ve que la *eñe* también es una peculiaridad del español, que se salva porque a la tilde no se le asigna identidad propia. En el fondo, acercar el alfabeto del español a uno más general es aceptar la misma clase de argumentos que esgrimieron los comerciantes de teclados de computadora para atacar a la *eñe* y que motivaron una cerrada protesta de todo el mundo hispánico. La segunda es que la *che* sigue representando un fonema del español —como la *eñe*— que conviene mantener distinto para los que aprenden a escribir su lengua materna. La *elle*, en cambio, hoy es una representación del fonema /y/ en la mayor parte del mundo hispánico —a excepción de algunas zonas de Castilla la Vieja y de los Andes, que conservan distinto el fonema /ll/ del fonema /y/— y se conserva únicamente como reliquia etimológica de importancia, sin embargo, para la ortografía.

La ortografía en el *Diccionario*

En el español de México hay algunas diferencias ortográficas en relación con la ortografía académica, especialmente en la escritura de palabras de origen amerindio y de origen inglés y francés. Hemos asignado los artículos principales de esos vocablos a las selecciones ortográficas de mayor uso en México, aunque registramos las variantes como artículos secundarios, que remiten a los primeros.

La gramática en el *Diccionario*

Como se dijo al principio de esta introducción, se ha puesto especial cuidado en seguir las pautas que marcó la enseñanza de la gramática en los libros oficiales de texto para la escuela primaria a partir de la década de 1970. La última modificación de esos libros no estableció un nuevo acuerdo terminológico sino que, por eso mismo, produjo una confusión generalizada que no se ha resuelto. Nosotros consideramos que, mientras no haya una decisión cuidadosa y conscientemente adoptada al respecto, es preferible conservar la misma concepción gramatical, que al fin y al cabo es la que han aprendido ya varias generaciones de mexicanos. Por eso el enfoque funcional que caracteriza a cada entrada o a cada acepción, así como las abreviaturas con las que se representa, se corresponden estrechamente con esa concepción. Naturalmente, se encontrarán algunas diferencias determinadas por el carácter interpretativo de todos los estudios gramaticales. Según la concepción funcional del análisis gramatical, las llamadas *categorías gramaticales* o *partes de la oración* no son conjuntos de palabras que invariablemente tengan la misma categoría; son, por el contrario, conceptos que definen las propiedades funcionales con las que habrá de cumplir un vocablo para que se pueda considerar que tiene la función correspondiente a cierta *categoría*. Así, hay palabras que tienen la función de adjetivo en una oración pero de sustantivo en otra, como en los siguientes ejemplos: "Tiene una *bella* voz", donde *bella* es adjetivo, y "La *bella* venía caminando", donde se trata de un sustantivo; o como el caso de *bajo*[1], que es adjetivo ("Un hombre *bajo*"), sustantivo ("Un *bajo* del río") o adverbio ("Hablar *bajo*") y aun se considera homónimo de *bajo*[2], que es preposición ("*Bajo* tierra").

Inmediatamente después de la entrada aparecen las marcas gramaticales en forma de abreviaturas; cuando un vocablo puede desempeñar varias funciones, las categorías que le correspondan aparecen juntas; si solamente una acepción tiene función diferente a la del resto, en esa acepción aparece su nueva marca.

Las marcas de género y número de los sustantivos y los adjetivos son restrictivas; esto quiere decir que, cuando se encuentra uno de estos nombres sin marca de su flexión nominal, significa que puede hacerse tanto masculino como femenino, tanto singular como plural. Si, en cambio, solamente puede ser masculino o femenino, o sólo singular o plural, aparecerá la marca correspondiente. Los ejemplos siguientes lo ilustran:

conejo	s	*dosis*	s f sing y pl
vaca	s f	*arras*	s f pl
toro	s m	*absurdo*	adj, y s m
oficinista	s m y f	*bastante*	adj m y f y adv
sangre	s f sing	*politeísta*	adj y s m y f
cenit	s m sing		

En cuanto a los verbos, llevan tres marcas posibles: una para los transitivos (tr), una para los intransitivos (intr) y una más para los pronominales (prnl) como *arrepentirse*. No se han marcado ni se les ha dado tratamiento aparte a los verbos transitivos que pueden pronominalizarse, como *comer* (comerse), *encontrar* (encontrarse) o *lavar* (lavarse), pues se trata de posibilidades regulares del verbo español.

LA CONJUGACIÓN DE LOS VERBOS

Inmediatamente después de las marcas gramaticales de un verbo aparece, entre paréntesis, una referencia al modelo de conjugación del verbo en cuestión. El objeto de esta información es que el lector sepa cómo se conjuga un verbo que desconozca. Los modelos aparecen en una tabla especial después de esta introducción. Para los verbos regulares sirven de modelo las conjugaciones de *amar, comer* y *subir.* Para los irregulares se incluye una lista de diecinueve modelos, que se identifican tanto por un verbo, como *sentir* o *adquirir*, como por un número, 9a o 2b en los ejemplos anteriores. De esa manera, el lector podrá efectuar de inmediato la conjugación de un verbo que le interese si sabe conjugar el modelo; si no lo sabe, los números lo remiten a la tabla en la que aparece la conjugación.

En la lista o paradigma de los pronombres personales que introducen la conjugación de los verbos aparece entre paréntesis la forma de la segunda persona del plural (*vosotros amáis, vosotros coméis, vosotros subís*), desusada en México e Hispanoamérica, pero normal en España y en ciertos textos muy formales del discurso político y religioso mexicano.

LA DEFINICIÓN EN EL *DICCIONARIO*

La investigación arriba mencionada produjo una enorme lista de contextos de uso de cada palabra, documentados en novelas, periódicos, libros de texto, trabajos científicos, cancioneros, manuales de mecánica y artesanías, historietas, fotonovelas, telenovelas, etc., y grabaciones de conversaciones con personas de todo México. Estos documentos constituyeron la principal fuente de datos para analizar el significado de las palabras que contiene este *Diccionario*. Un análisis de esta clase tiene características muy diferentes de las de los análisis en otras ciencias: ante todo porque se hace con el mismo lenguaje que se analiza, lo cual da a los resultados una sustancia significativa igualmente llena y compleja que la del vocablo analizado. A ello hay que agregarle el hecho de que esos resultados se manifiestan luego en un texto escrito en la misma lengua analizada, lo que tiene por efecto la aparición de una especie de "desviación" significativa que necesariamente modifica la ecuación de identidad real entre lo definido y su definición. Por otra parte, el analista forma parte de la misma comunidad lingüística, y su horizonte cultural y tradicional tiene los mismos límites que el de los lectores de la obra. Esa situación obliga al lexicógrafo a ejercer cotidianamente un esfuerzo crítico que le permita situarse a cierta distancia de la lengua que estudia para poder encontrar en ella sus rasgos más característicos. El resultado final es una obra de interpretación, en la que caben nuevas interpretaciones de sus lectores. El papel del lexicógrafo se convierte así en una mediación entre el hablante y su lengua. En cuanto a mediación, lo único que se espera es que sea lo suficientemente clara, abierta y respetuosa como para que el lector tenga siempre la sensación de que su lengua no le ha sido robada ni se le devuelve como un objeto ajeno e impuesto.

Se ha intentado siempre redactar las definiciones con las palabras más sencillas que se encuentren y que éstas formen parte del *Diccionario*.

Una definición es una perífrasis del vocablo definido; es decir, la definición repite el significado del vocablo con una composición de los significados de las palabras utilizadas en ella. En este *Diccionario* se ha buscado que las perífrasis sean largas y contengan varios vocablos conocidos que faciliten la comprensión de su texto; así, se ha rehuido caer en los típicos círculos viciosos de los diccionarios en que, por ejemplo, *pavo* se define como *guajolote* y *guajolote* como *pavo*, o *amor* como *cariño* y *cariño* como *amor*. Por el contrario, se ha buscado siempre el matiz significativo específico que hace que dos palabras no sean perfectos sinónimos.

Con objeto de mejorar los resultados del análisis de los significados de un vocablo, se tomaron en cuenta otros muchos diccionarios del español y algunos del inglés o del francés; ello permite asegurar en buena medida la calidad de la información contenida en la obra, así como aumentar significados poco usuales pero importantes en México o para la comunicación internacional en la lengua española.

No obstante, la obra se basa en el uso mexicano y tiene a los mexicanos como punto de referencia, por lo que no se han introducido marcas o indicaciones que permitan reconocer "mexicanismos", "americanismos" o aun "españolismos" entre los vocablos o las acepciones que la componen. Hacerlo no solamente habría acarreado el riesgo de equivocarse, debido a la falta general de estudios comparativos del léxico de la lengua española en las diferentes regiones del mundo hispánico que permitan identificarlos con cierta seguridad y exhaustividad, sino que habría significado que la legitimidad del uso mexicano de la lengua se viera puesta en crisis al fomentar la "conciencia del desvío" con respecto a otro uso, distinto regionalmente pero implícitamente aceptado como ejemplar normativo, según se señaló al inicio de esta introducción.

En la medida en que tal ejemplaridad normativa está sujeta a discusión precisamente por el carácter que ha tenido tradicionalmente y, por el contrario, el uso del español en México constituye un claro, rico y flexible reflejo de la unidad hispánica, parece más conveniente y adecuado a la realidad no limitarlo a los márgenes estrechos de esa clase de calificaciones.

Solamente se han hecho observaciones comparativas de ese tipo para caracterizar, por un lado, las diferencias fonológicas entre el español mexicano y el peninsular, con el objeto de destacar las razones por las que existen ciertas reglas ortográficas; por el otro, el desuso generalizado del pronombre y la terminación verbal de la segunda persona del plural (*vosotros amáis*) en el español de México. De todas maneras, el lector curioso de esa clase de diferencias regionales y normativas podrá comparar los vocablos incluidos en este *Diccionario* con lo que de ellos digan los diccionarios más conocidos de mexicanismos y de americanismos.

Los significados se ordenan en una serie de acepciones del vocablo en cuestión o *entrada*. La primera acepción es generalmente la del significado estereotípico en el español mexicano contemporáneo. No hay recurrencias a la etimología ni al cambio histórico de una palabra por tratarse de una obra interesada solamente en lo contemporáneo, criterio más difícil de manejar que el de los diccionarios que apelan a la historia, en los que el orden cronológico externo dicta el orden de las acepciones. Se puede decir que un significado se vuelve estereotípico cuando ha quedado más fijo en la memoria social y se muestra como base generadora de las acepciones subsecuentes. Esos significados tienen, naturalmente, su origen histórico; son precisos en sus designaciones y en su uso. El resto de las acepciones se ordena a partir de un desarrollo lógico de los elementos significativos de la primera e indica una movilidad metafórica que va creciendo hasta la última, casi correspondiente a lo que la lexicografía tradicional llamaba "sentido figurado". En otras palabras, este *Diccionario* no hace distinción entre "sentido recto" o "propio" y "sentido figurado", porque estas designaciones conllevan una concepción logicista de la lengua que no parece justificarse a la luz del pensamiento lingüístico moderno. El "sentido recto" corresponde al significado que, a lo largo de la historia y hasta hoy, se ha fijado en primer lugar en la memoria de la comunidad lingüística; el "figurado" todavía muestra mayor variación y capacidad para hacerse percibir como metafórico. En realidad, toda manifestación verbal que haga uno, orientada a comunicar algo con precisión y claridad "figura" un nuevo significado, para cuya comprensión los que aparecen en el *Diccionario* dan el punto de partida.

Cuando no aparecen rasgos significativos comunes a dos significados de lo que parece la misma palabra se da una situación de homonimia, es decir, se decide que se trata, en realidad, de dos palabras distintas con idéntico soporte sonoro y gráfico. Es el caso, por ejemplo, de las entradas *acción*[1] y *acción*[2], o *chino*[1] y *chino*[2] en este *Diccionario*; en ambas distinciones se refleja el hecho de que, desde el punto de vista de la semántica, entre las *acciones* humanas y las financieras y entre el aspecto del pelo y el natural de China no hay relación de significado. En todos esos casos encontrará el lector dos o más entradas distinguidas por índices numéricos.

Hemos hecho dos clasificaciones de acepciones en los vocablos que así lo requieren. La primera, que sirve para englobar acepciones emparentadas a partir del significado estereotípico, se marca con números romanos. La segunda, que crea un orden de interpretación de las acepciones, se marca con números arábigos. Cuando la polisemia del vocablo no es muy extensa, basta el orden en números arábigos y se omite la reordenación general con romanos, que resultaría redundante.

Se han incluido como si fueran acepciones las locuciones más usuales en el español mexicano. Se trata de composiciones de palabras y construcciones sintácticas con un significado diferente al de la simple suma de los significados de los vocablos que las componen, como, por ejemplo, *baño maría, irse de boca, cantarle a alguien otro gallo, a base de, sobre la base de*, etc. Se encontrarán, generalmente, bajo la entrada del vocablo más específico de los que las componen o de aquel que constituye su núcleo; así, las locuciones anteriores aparecen bajo *baño, boca, gallo*, y *base*. No se les ha dado una clasificación sintáctica porque se prestan a varios análisis diferentes y, en consecuencia, porque no se ha querido complicar más la asignación de marcas gramaticales.

LAS MARCAS DE USO

Sobre la base de diversos estudios que hemos elaborado acerca de las diferencias de uso de los vocablos en nuestra sociedad, hemos definido como vocablos de la *lengua estándar* todos aquellos que se utilizan en todo el país —un dato que debemos a nuestro estudio cuantitativo reseñado antes—, lo cual los convierte en vocablos de la lengua nacional; en cambio, consideramos vocablos regionales todos aquellos que documentamos como de uso mayoritario en una o en varias regiones de México, pero no en todas. Estos vocablos forman parte, en consecuencia, de nuestras *variedades regionales*, como lo son, por ejemplo, los del español de Yucatán, del Noreste o de Veracruz. Fueron los estudios del *Atlas lingüístico de México*, dirigido por don Juan M. Lope Blanch en El Colegio de México, los que nos permitieron establecer los criterios para distinguir unas regiones lingüísticas de otras, así sea de manera provisional, puesto que todavía falta mucho para llegar a conocer las particularidades lingüísticas del español en nuestro país. Para indicar las zonas en donde se han registrado los vocablos regionales, introducimos abreviaturas y marcas suficientemente claras como para que se las pueda interpretar sin esfuerzo, además de listarlas en la tabla correspondiente de abreviaturas y marcas. Hemos de advertir, sin embargo, que tales indicaciones no tienen por objetivo afirmar que allí y sólo allí se utiliza el vocablo, sino que solamente informan que hemos localizado el uso del vocablo en esas zonas. Seguramente muchos lectores, interesados en el tema y orgullosos de sus patrias chicas, se ocuparán de enviarnos sugerencias y correcciones a este respecto, que les agradeceremos cumplidamente.

La *lengua estándar* la subdividimos en dos, de acuerdo con nuestra investigación al respecto: la *lengua culta*, que es la que sirve para la manifestación intelectual de nuestra experiencia del mundo y de la vida, la que compartimos en su gran mayoría con el resto de los países hispanohablantes, la que tiene prestigio generalizado y, en consecuencia, la que irradian los medios de comunicación y enseñan nuestro sistema escolar y otros agentes educativos. La lengua culta no se distingue con ninguna marca. En cambio, el vocabulario que utilizamos en nuestra vida diaria, generalmente oral y no escrito, y que revela lo más íntimo de nuestra vida familiar y popular, lo marcamos como *coloquial*, si se suele utilizar en familia, entre amigos, ante hombres y mujeres, o como *popular* si notamos que tiene restricciones de uso en esos mismos círculos. Es claro que esta última marca tiene un carácter valorativo relativamente negativo. Pero hay que destacar que, por un lado, la calificación de *popular* se refiere al uso de la lengua, no a un grupo social ni mucho menos a personas determinadas. Lo hemos llamado así porque esos vocablos realmente manifiestan su procedencia de la tradición expresiva mexicana, durante siglos ajena a la intervención de la educación formal y al paso que ha llevado la evolución del español culto. Ese vocabulario muestra su raigambre histórica más acá de los libros y las escuelas. Por el otro lado, hay que reconocer que se trata de vocablos que todos usamos en determinadas circunstancias y que nos identificamos como pueblo, precisamente, mediante ellos. La sociedad ha creado las diferencias entre los usos coloquiales y populares teniendo como horizonte el prestigio de la lengua culta, y es desde allí desde donde se define su valoración. Como miembros de nuestra comunidad lingüística asumimos esas valoraciones, pero hemos de reivindicar el vocabulario marcado como *popular* como un medio más de nuestra capacidad de expresión.

Caso aparte es el del vocabulario que marcamos como *grosero*. Se trata de voces que, incluso pronunciadas en aislamiento, producen en quien las oye o una sensación de insulto o, al menos, una sensación de agresión en la relación entre dos personas. Es ése precisamente su valor expresivo. Si no insultaran, no agredieran, no dieran al habla un tono fuerte, las groserías no tendrían razón de ser. Tampoco pertenecen, en consecuencia, a ninguna clase social particular, ni mucho menos a una sola región de México. Sólo forman parte del arsenal de medios de expresión de que disponemos los mexicanos. Cada quien sabe y decide si las usa o no. Hemos marcado, por último, como *ofensivos* ciertos usos de vocablos en contextos particulares; no son voces groseras por ellas mismas, pero logran ofender a aquellas personas a las que se aplican.

Los significados de un vocablo que pertenecen a la terminología científica o técnica aparecen precedidos por una abreviatura, entre paréntesis y en letra cursiva, que indica la ciencia o la técnica a la que pertenecen. Esas abreviaturas y marcas se encuentran en la tabla correspondiente, en las páginas 9 y 10. Hay vocablos utilizados por las ciencias y las técnicas que podrían aparecer como tecnicismos; sin embargo, no se les considera como tales cuando su significado técnico no produce diferencias notables con los significados ordinarios.

Los nombres de plantas y animales van acompañados de su designación científica de acuerdo con las especies que se encuentran en México. No siempre ha sido posible llegar a identificar unívocamente un objeto de la naturaleza orgánica, fundamentalmente por la enorme riqueza tanto de nombres comunes como de individuos de la flora y la fauna mexicanas.

Hay vocablos cuyo uso es mayor en cierta clase de textos, o característico de ellos, pero que no tienen carácter técnico sino que forman parte del vocabulario general. Esos usos se han marcado también como *Científ* (de uso en textos científicos), *Periodismo* (de uso en textos periodísticos), etcétera.

LOS EJEMPLOS DEL *DICCIONARIO*

La función de los ejemplos en el *Diccionario* es múltiple: por un lado, sirven para redondear la explicación del significado con la ayuda de un *contexto posible* de aparición; así, si la definición de *bélico* no fuera suficiente para un lector determinado, el ejemplo *conflicto bélico* podría mejorar su comprensión del significado. Por otro lado, el ejemplo introduce *en uso* información sobre el régimen de los verbos o la rección de las preposiciones y muestra las construcciones más comunes. Es el caso de *carecer de, base militar, base decimal, base del cráneo* bajo las entradas *carecer* y *base*, o el de *andar a pie, andar a caballo, andar en coche*, bajo el verbo *andar*. Hay otra clase de ejemplos, tomados del habla real, que son más particulares y concretos; aparecen entrecomillados, con el vocablo en cuestión destacado con letras cursivas. Procedentes en su gran mayoría de los textos reunidos en el *Corpus*, tienen como única función documentar el uso de los vocablos que ilustran y de ninguna manera deben verse como "autoridades" del diccionario, en el sentido de la tradición que inició el famoso *Diccionario de autoridades* de la Academia Española, lamentablemente perdida en los dos siglos posteriores a su publicación.

Agradeceremos a nuestros lectores que nos hagan llegar sus observaciones, para que en un futuro, que deseamos próximo, este *Diccionario* llegue a convertirse en el mejor catálogo del vocabulario del español de México*. Pueden escribirnos a:

Diccionario del Español de México
El Colegio de México
Camino al Ajusco 20
Pedregal de Santa Teresa
10740 México, D. F.

Pueden también comunicarse con nosotros a través de la red de Internet, a la dirección siguiente: dem@colmex.mx

---

*Al lector interesado en los métodos utilizados para elaborar este *Diccionario*, así como en los pormenores de nuestra investigación, le sugerimos leer *Investigaciones lingüísticas en lexicografía* (El Colegio de México, 1979) de L. F. Lara, R. Ham Chande e I. García Hidalgo, así como *Dimensiones de la lexicografía. A propósito del Diccionario del español de México* (El Colegio de México, 1990) y *Teoría del diccionario monolingüe* (El Colegio de México, 1996) de L. F. Lara.

USO DE LOS TIEMPOS VERBALES

MODO INDICATIVO

Presente (amo, como, subo)
Indica que la acción significada por el verbo sucede al mismo tiempo en que uno habla: "¡Qué frío *hace*!", "*Leo* este libro". Significa que la acción es algo que se acostumbra hacer o es habitual: "*Comemos* a las dos de la tarde", "Los muchachos *juegan* todos los domingos". Manifiesta una acción que es o se considera verdadera, que pasa siempre o a la que no se le supone un límite: "La Tierra *gira* alrededor del Sol", "El que la *hace* la *paga*", "Todos los hombres *son* mortales", "El universo *se expande*". Hace que el tiempo de la acción se entienda como actual o próximo, o que la acción se entienda como segura: "Mis tíos *vienen* de Guadalajara para la Navidad", "*Firmo* el contrato cuando te vea", "Luego te lo *doy*". Vuelve actual, para los fines del relato, una acción pasada o histórica: "Colón *descubre* América en 1492", "Cárdenas *expropia* el petróleo". Se usa en el antecedente (prótasis) y en el consecuente (apódosis) de las oraciones condicionales: "Si *estudias*, te *doy* un premio", "Si *corres*, lo alcanzarás". Significa mandato: "¡Te *bañas* de inmediato!", "Cuando veas salir el Sol, me *avisas*".

Pretérito (amé, comí, subí)
Indica que la acción significada por el verbo ya pasó, ya terminó o es anterior al momento en que se habla: "*Nació* en Mérida", "*Estudió* la primaria", "*Creí* que me caía", "*Corrió* hasta que lo *detuvieron*".

Futuro (amaré, comeré, subiré)
Indica que la acción se realizará después del momento en que se habla: "Te *llamaré* por teléfono el lunes", "*Jugaré* muy pronto". (En lugar de esta forma, por lo general se usa más en México el *futuro perifrástico*, que se hace con el presente de indicativo de *ir*, la preposición *a* y el infinitivo del verbo: *voy a amar, voy a comer, voy a subir*, etc.) Expresa la posibilidad, la probabilidad o la duda acerca de algo presente: "*Tendrá* unos veinte años", "¿*Será* posible que haya guerra?", "¿Qué horas *serán*?". Indica mandato: "No *matarás*".

Copretérito (amaba, comía, subía)
Indica que una acción pasada es de carácter duradero o sin límites precisos: "Los niños *jugaban* mucho", "*Miraba* las nubes". Indica que la acción es habitual, que se acostumbra o se repite varias veces: "En aquella época *nadaba* a diario", "*Disparaba* a todo lo que se *movía*", "En mi pueblo *dormíamos* en hamacas". Expresa una acción que sucede al mismo tiempo que otra pasada: "Cuando salí a la calle, *llovía*", "Estuve enfermo, me *sentía* mal". Indica que una acción pasada comenzó pero no se terminó: "*Salía* cuando llegó mi hermano de visita", "*Quería* ir pero no pude",

"*Leía* y me quedé dormido". Indica que una acción es dudosa, posible, deseable o que sólo sucede en la fantasía: "Creía que *dormías*", "Pensé que *sufrías*", "*Podías* haberlo dicho antes", "Yo *era* el príncipe y tú, la princesa". Se puede usar en el antecedente o en el consecuente de oraciones condicionales: "Si lo *hacías*, me *enojaba* contigo", "Si me escribieras, te *contestaba*". Expresa con cortesía una acción: "*Quería* pedirle un favor", "¿Qué *deseaba*?".

Pospretérito (amaría, comería, subiría)
Indica que una acción sucede después de otra que es pasada: "Dijo que lo *haría* más tarde", "*Vendría* cuando terminara la limpieza". Manifiesta un cálculo sobre una acción pasada o futura, o que la acción es posible: "Cuando llegué *serían* las diez", "*Bastaría* con diez pesos para comprar cacahuates", "*Caminaría* por toda la ciudad buscándote". Se usa en la consecuencia de las oraciones condicionales: "Si pudiera, lo *haría*", "Si quisiera, lo *ayudaría*". Expresa la acción con mucha cortesía: "*Querría* pedirle un favor", "¿*Levantaría* su pie para sacar el mío?".

Antepresente (he amado, he comido, he subido)
Indica que una acción, comenzada en el pasado, dura hasta el presente o tiene efectos todavía: "Este año *ha llovido* mucho", "*He decidido* renunciar", "*Ha tenido* que ver al médico todo el año", "Siempre *he creído* en la bondad humana", "La ciencia *ha progresado* en este siglo", "Si no *han pagado* para el martes, los desalojan". Indica que la acción sucedió inmediatamente antes del momento presente: "*He dicho* que te salgas".

Antepretérito (hube amado, hube comido, hube subido)
Significa que la acción fue anterior a otra acción pasada: "Apenas lo *hubo dicho*, se arrepintió", "Una vez que *hubieron cantado*, no volvieron a abrir la boca". (En México se usa raramente y en estilos literarios o muy formales; por lo común se usa el pretérito de indicativo para los mismos significados: "Apenas lo *dijo*, se arrepintió".)

Antefuturo (habré amado, habré comido, habré subido)
Expresa que la acción es anterior a otra acción en el futuro, pero posterior con relación al presente: "Cuando vengas por mí, ya *habré terminado* el trabajo", "Para el sábado *habré salido* de vacaciones". Puede expresar duda acerca de una acción pasada: "No le *habrás entendido* bien". En ocasiones expresa sorpresa ante una acción pasada: "¡Si *habré sido* tonta!", "¡*Habráse visto* qué tontería!".

Antecopretérito (había amado, había comido, había subido)
Significa que la acción pasada sucedió antes que otra también ya pasada: "Me dijo que *había comprado* un terreno", "Supuse que ya lo *habías visto*", "¿Cómo que perdiste? ¡Tú siempre *habías ganado*!".

Antepospretérito (habría amado, habría comido, habría subido)
Indica que la acción sucede después de otra pasada y antes de una que, para el pasado, sería futura: "Me prometió que cuando yo fuera a recoger al niño, ella ya lo *habría vestido*". Expresa que la acción puede haber sucedido en el pasado o la suposición de que hubiera sucedido, aunque después se compruebe que no fue así: "En aquel entonces *habría cumplido* 20 años", "Se anunció que los bombarderos ene-

migos *habrían atacado* una población de campesinos". Manifiesta la opinión o la duda acerca de una acción presente o futura: "¿*Habría sido* necesario el ataque?", "¿*Habríamos creído* que fueran capaces de hacerlo?". Se puede usar en la consecuencia de oraciones condicionales: "Si hubiera llegado, te *habría avisado*".

MODO SUBJUNTIVO

Los tiempos del modo subjuntivo expresan relaciones con anterioridad, simultaneidad o posterioridad de las acciones, con respecto al tiempo en que sucede otra acción o al tiempo en que uno habla; por eso, aunque sus nombres —presente, pretérito, futuro, antepresente, antepretérito, antefuturo— se correspondan con los del modo indicativo, deben considerarse por separado: los del indicativo se refieren al tiempo real mientras que los del subjuntivo son relativos con respecto a ese modo.

Presente (ame, coma, suba)
Significa que la acción del verbo sucede al mismo tiempo que otra o después de ella: "Cuando *salga*, lo atrapas", "Lo quiero tanto como lo *quieras* tú", "Deseo que *estés* bien", "No sé si *cante*", "No creo que *venga*", "Que nos *vaya* bien", "Me pidieron que *hable* en la junta". Expresa mandato: "Que me *dejes* en paz", "*Sepan* todos", "¡Que se *callen*!". Manifiesta la negación del imperativo: "Ve a casa / No *vayas* a casa".

Pretérito (amara o amase, comiera o comiese, subiera o subiese)
Indica que la acción del verbo sucede al mismo tiempo o después de otra, ya sea pasada, presente o futura: "El maestro le pidió que *se presentase* al examen", "Mandó que *podara* los árboles". Manifiesta la posibilidad de que algo suceda o haya sucedido, o una opinión acerca de ello: "Si *agradeciera* los favores, sería mejor", "No *debieran* haberse molestado", "Quizá *viniera* porque *necesitara* algo". Se usa en las oraciones condicionales: "Si *tuviera* parque, no estaría usted aquí", "Si *tuviese* dinero, me compraba una casa", "Si me *besaras*, viviría feliz". Manifiesta cortésmente un deseo o una pregunta: "*Quisiera* hablar con usted", "Si me *volviese* a explicar el problema, se lo agradecería".

Futuro (amare, comiere, subiere)
Expresa que una acción venidera es sólo posible: "Quien así lo *hiciere*, que la nación se lo demande". (No se usa en la lengua hablada; y en la escrita, solamente en ciertos escritos legales.) Se usa en ciertas frases hechas, como "Sea lo que *fuere*" o "Venga quien *viniere*".

Antepresente (haya amado, haya comido, haya subido)
Expresa que la acción es pasada y terminada, y además anterior a otra: "No me dijo que *hayan estado* en Veracruz", "Cuando *haya terminado* la tarea, jugaré con mis amigos". Manifiesta el deseo, la suposición o la probabilidad de una acción pasada y terminada: "Ojalá *hayamos ganado* la votación", "Que *hayas dicho* la verdad es importante".

Antepretérito (hubiera o hubiese amado, hubiera o hubiese comido, hubiera o hubiese subido)

Indica que la acción es pasada y terminada, y anterior a otra igualmente pasada: "Lo *hubiese anunciado* cuando dio los otros avisos". Manifiesta la posibilidad o el deseo acerca de una acción pasada: "Si lo *hubiera sabido*, habría venido de inmediato", "¡Que *hubiera nacido* rico!", "Si *hubiera venido*, la habría conocido", "*Hubiera visto* el paisaje durante mi viaje".

Antefuturo (hubiere amado, hubiere comido, hubiere subido)

Expresa la posibilidad de que una acción haya sucedido en el futuro: "Si no *hubiere cumplido* mis promesas el año próximo, mereceré un castigo". (No se usa actualmente, con excepción de algunos textos legales.)

REGLAS DE ORTOGRAFÍA Y PUNTUACIÓN

La ortografía es un conjunto de reglas que establecen cuál es la forma correcta de representar los sonidos o fonemas de una lengua por medio de letras. La relación entre un fonema y una letra es, en principio, arbitraria, puesto que no hay ninguna razón lingüística que la determine. Esto se puede comprobar si, por ejemplo, se comparan las varias representaciones del fonema /x/ del español, que se escribe con x en el nombre de *México*, con j en *jícama* y con g en *gente*. Cada fonema se podría representar de manera muy variada, como lo nota uno también cuando compara las ortografías de lenguas diferentes.

La ortografía del español tuvo su origen en la escritura romana de la lengua latina, del mismo modo en que la propia lengua española fue resultado de una evolución del latín hace más de mil años. Seguramente que los primeros hispanohablantes que se interesaron por escribir su lengua no habrían de inventar un sistema ortográfico completamente nuevo, si su propia lengua no era una creación espontánea, sino una modificación gradual, y muchas veces difícil de notar, del latín.

La ortografía es producto del interés por fijar las relaciones entre fonemas y letras de una manera uniforme, para hacer más sencilla y eficaz la comunicación escrita entre todos los miembros de la comunidad lingüística y precisamente porque, dada su arbitrariedad, podrían inventarse casi tantos sistemas de escritura como hablantes o como gustos de los hablantes hubiera.

La ortografía del español se fijó principalmente en el siglo XVIII y desde entonces se han venido haciendo algunos cambios y ajustes. El criterio principal de los autores de esta ortografía debe haber sido, además del de uniformar la escritura, el de que a cada fonema debía corresponderle una sola letra. Pero, junto a ese criterio, se tuvieron presentes el respeto y la conservación de la ortografía etimológica latina y algunos usos ortográficos que se habían generalizado en España en esa época. Esta mezcla de criterios es la razón por la cual la ortografía del español no siempre se corresponde con su fonología, lo que hace necesario establecer un conjunto de reglas que indiquen la forma correcta de representarla.

La lengua española tiene una de las ortografías más sencillas y regulares que se conocen, sobre todo si se la compara con la del inglés o la del francés, sin embargo, por las causas señaladas, no deja de plantear problemas en casos como el de la *v*, que históricamente nunca ha tenido una pronunciación labiodental (a pesar de que algunas personas cultas la empleen) sino bilabial, que solamente duplica la representación del fonema /b/, o como el de las letras *s, c* y *z* que, para los mexicanos y los hispanoamericanos en general, representan el fonema /s/. (Para los hispanohablantes de la península ibérica el problema es menor, pues la *s* siempre corresponde a /s/, mientras la *c* y la *z* representan, salvo en Andalucía y algunas otras regiones, su fonema interdental /θ/.) Son estas dificultades las que han hecho que parezca conveniente incluir esta serie de reglas de ortografía y de puntuación. El caso de la puntuación es relativamente distinto al de la ortografía, por ser sus "reglas" hasta cierto punto más flexibles y dar lugar en algunos casos a estilos particulares. La puntuación correcta es, sin embargo, una garantía para la comprensión de lo que se escribe y por ello se le debe poner una gran atención.

En este *Diccionario* se presenta la ortografía en dos partes: cuando la relación entre el fonema y la letra es regular y no plantea dificultades —como sucede en la mayor parte de los casos— se encontrará, en la entrada correspondiente a la letra en cuestión, una breve descripción del fonema que representa y algunos ejemplos de su escritura; cuando, por lo contrario, se aplican reglas excepcionales o se trata de casos raros en la escritura de los fonemas, se encontrarán las explicaciones y los ejemplos necesarios en la lista que sigue, ordenada también alfabéticamente.

FONEMAS Y LETRAS DEL ESPAÑOL MEXICANO

vocales

/a/	....	a	
/e/	....	e	
/i/	....	i	
		y	(seguida de consonante o entre consonantes: canta *y* *b*aila, reí*r* *y* *ll*orar)
/o/	....	o	
/u/	....	u	
		ü	(seguida de *e*, *i*: g*ü*era, ping*ü*ino)

consonantes

/b/	....	b	
		v	
/d/	....	d	
/g/	....	g	(seguida de *a*, *o*, *u*: *g*ato, *g*ordo, *g*usto)
		gu	(seguida de *e*, *i*: *gu*erra, *gu*itarra)
/y/	....	y	
		ll	
/p/	....	p	
/t/	....	t	
/k/	....	c	(seguida de *a*, *o*, *u*: *c*asa, *c*osa, *c*ulto)
		qu	(seguida de *e*, *i*: *qu*eso, *qu*izás)
		k	(en palabras como *k*ilo, *k*ilómetro, etc y otras, tomadas de lenguas extranjeras, como *k*iosco y *k*indergarden)
/ch/	....	ch	
/f/	....	f	
/s/	....	s	
		c	(seguida de *e*, *i*: *c*elos, *c*irco)
		z	(seguida de *a*, *o*, *u*: *z*acate, *z*orro, a*z*úcar; y seguida de *e*, *i* en ciertas palabras cultas: *z*enit, *z*inc)
		x	(particularmente en palabras de origen náhuatl, como *X*ochimilco, *x*ocoyote o *x*óchitl)

/x/	....	j	
		g	(seguida de *e*, *i*, *general*, *girar*)
		x	(particularmente en palabras de origen náhuatl, como *México, Oaxaca* o *Tlaxiaco*)
/r/	....	r	
/rr/	....	r	(inicial y tras *n, s, l: rosa, Enrique, Israel, alrededor*)
		rr	(entre vocales: *carro, fierro*)
/m/	....	m	
/n/	....	n	
/ñ/	....	ñ	

Véase las explicaciones correspondientes en cada entrada y en las reglas ortográficas posteriores.

ORTOGRAFÍA

Se escribe:

b 1. En los grupos *bl, br*, como en *doblar, amable, blindar, broma* o *hambre*.
  2. Después de sílaba que acabe en *m*, como en *ambos, cambio* o *también*.
  3. En todas las terminaciones *-ba, -bas, -bamos, (-bais), -ban* del copretérito de indicativo de los verbos de la primera conjugación, como en *cantaba, caminabas, bailábamos* o *buscaban*, y del copretérito de indicativo del verbo *ir: iba, ibas, íbamos* e *iban*.
  4. En los verbos terminados en *-buir*, en sus formas conjugadas y en sus derivados, como en *atribuir, atribuyó* y *atributo* o en *distribuir, distribuía* y *distribución*.
  5. En el prefijo *bi-, bis-*, cuando tienen el sentido de 'dos', como en *bicolor* o *bisnieto*.
  6. En los prefijos *ab-, ob-, sub-*, como en *absolver, observar* o *subterráneo*. (Véase **v**)

c 1. Antes de *e, i*, en palabras que han sido fijadas con esa ortografía o que en el español peninsular se pronuncian con el fonema interdental fricativo sordo, como *hacer, cena, cielo, aceite*. (Véase **z**)
  2. En los plurales de los sustantivos que en singular terminan en *-z*, como en *nueces, luces, peces*.
  3. En los derivados de palabras que se escriben con *z*, cuando el sufijo empieza con *e, i*, así *cacería*, derivado de *cazar*.
  4. En la primera persona del pretérito de indicativo y en todas las del presente de subjuntivo de los verbos terminados en *-zar*, como *comencé* y *comience*, del verbo *comenzar*.
  5. En las terminaciones *-cita* y *-cito* de los diminutivos, como en *madrecita* y *camioncito*.
  6. Antes de *a, o, u, l, r*, cuando representa el fonema velar oclusivo sordo /k/, como *casa, precaución, cosa, recorrer, cuero, transcurrir, clara, aclamar, aclimatar, cloro, incluir, cráter, páncreas, crimen, crustáceo* o *acróstico*. (Véase **q** y **k**)

g 1. Antes de *e, i* representa el fonema velar fricativo sordo /x/, como en *general, género, gitano, gimnasia.*
2. Antes de *a, o, u* representa el fonema velar oclusivo sonoro /g/, como en *gallo, gato, gota, gorro, gusto* o *guante.*
3. Seguida de *u* necesariamente cuando representa el mismo fonema anteriormente descrito y lo sigue *e, i,* como en *guerra, llegué, anguila* o *águila.* (Véase **j** y **x**)

h En los prefijos *hidr-, hiper-, hipo-, higr-, helio-, hema-, hemo-, home-, hetero-, homo-, hemi-, hepta-, hecto-, hexa-* y algunos otros, como en *hidrología, hipertensión, hipotálamo, higrómetro, heliotropo, hematoma, hemoglobina, homeopatía, heterogéneo, homogéneo, hemisferio, heptasílabo, hectogramo, hexámetro.*

j 1. Antes de *a, o, u,* cuando representa el fonema velar fricativo sordo /x/, como en *jamás, jarabe, jarra, jota, joroba, juego* o *jugo.* (Véase **g**)
2. Antes de *e, i,* en palabras que se han fijado con esa ortografía, como *jitomate, mujer, jefe* o *jirafa.*
3. En la conjugación de verbos terminados en *-ger, -gir,* cuando el morfema que siga comience con *a, o,* como *protejo* del verbo prote*ger* o *surja* de sur*gir.*
4. En la terminación *-aje,* como en *linaje, peaje, carruaje* o *lenguaje.*

k En vocablos que proceden del griego, como *kilómetro* o *kirie,* o en palabras cuyo origen extranjero trae con ellas esta letra, como *káiser, kinder* o *kantiano.*

n *nn* cuando se unen un prefijo terminado en *n* y una palabra con *n* inicial; así *connotar, connubio, ennoblecer, innovar* o *circunnavegar.*

q Antes de *e, i,* y seguida necesariamente por *u,* para representar el fonema velar oclusivo sordo /k/, como en *queso, quien, quince, poquito* o *ataque.*

r 1. En posición inicial de palabra, para representar el fonema alveolar vibrante múltiple /rr/, como *rosa, risa* o *raro.*
2. Después de las consonantes *b, l, n, s,* cuando es principio de sílaba representa también el fonema anteriormente descrito, como en *subrayar, alrededor, enredo* o *israelita.*
3. En palabras compuestas, cuando se escriben separadas por un guión una de otra o cuando se antepone un prefijo seguido de guión a una palabra, como en *greco-romano* o *pre-romántico.*

rr 1. Entre vocales, como en *errar, corroer* o *arrullo.*
2. En palabras compuestas, cuando no hay guión que las separe o que separe un prefijo de cierta palabra, como en *grecorromano, prerromántico* o *contrarrevolucionario.*

v 1. Después de *b, n, d,* como en *subversión, inventar, adverso, envidia, convidar* o *advertir.*

2. En los pretéritos de indicativo o de subjuntivo y en el futuro de subjuntivo de los verbos *estar, andar, tener,* y de los formados con este último (*detener, sostener, contener, retener, obtener, mantener, entretener, atener*), como *estuve, estuviera, anduve, anduviera, tuve, tuviera, detuve, sostuve, contuve, retuve, obtuve, mantuve, entretuve, atuve.*

3. En los presentes de indicativo o de subjuntivo y en el imperativo del verbo *ir,* como *voy, vayas, ve.*

4. En los prefijos *vice-, viz-, vi-* cuando tienen el sentido de 'en vez de', como en *vicepresidente, vizconde* o *virrey.*

x 1. Cuando representa la combinación de fonemas /ks/, como en *éxito* o *léxico.*

2. Cuando representa el sonido /sh/ de palabras provenientes de lenguas amerindias, especialmente del náhuatl, como *xocoyote, Xola* o *mixiote,* aunque en muchos casos varíe la pronunciación hacia /s/, como en *Xochimilco, cacaxtle* o *Taxqueña.*

3. Cuando se desea conservar una grafía etimológica, como en los casos de *México, Xalapa* o *Xalisco.*

y 1. En todas aquellas formas verbales en las que la conjugación regular haría aparecer una *i* átona entre dos vocales, como *leyó, leyeron, leyera, leyese, leyere, leyendo* del verbo *leer,* o *huyó, huyeron, huyera, huyese, huyere, huyendo* de *huir.*

2. En final de palabra, cuando forma parte de los diptongos *ai, ei, oi,* aunque no se pronuncie como consonante, como *fray, mamey, estoy, doy, soy, hoy.*

3. Alternan las grafías *ye* y *hie* en las palabras *yedra* o *hiedra, yerba* o *hierba.* Pero hay otros casos en que es necesario distinguirlas, como *yendo* (gerundio del verbo *ir*) de *hiendo* (primera persona singular del presente de indicativo de *hendir*) o *yerro* (primera persona singular del presente de indicativo de *errar*) de *hierro* (sustantivo y también primera persona singular de indicativo de *herrar*).

z 1. Antes de *a, o, u,* en palabras que han sido fijadas con esa ortografía o que en el español peninsular se pronuncian con el fonema interdental fricativo sordo, como en *zanahoria, garza, zócalo* o *azul,* y excepcionalmente antes de *e, i,* como en *zeta, zenit, enzima* o *zinc.*

2. En las terminaciones de la primera persona del presente de indicativo y todas las del presente de subjuntivo de los verbos que acaban en *-acer, -ecer, -ocer-, -ucir* (*complacer, agradecer, conocer, traducir,* etc), como *complazco, agradezco, conozco, traduzco.*

3. En el sufijo *-izar,* que sirve para formar nuevos verbos, como *utilizar, fertilizar, aromatizar* o *sintonizar.*

4. En los sufijos *-izador, -ización, -izante,* que sirven para formar nuevos sustantivos, como *fertilizador, aromatizador, fertilización, aromatización, fertilizante* o *aromatizante.*

5. En los sufijos *-aza, -azo* de los aumentativos, como *manaza, mujeraza, golpazo, gustazo.*

6. En los sufijos *-izo, -uzco,* que sirven para expresar semejanza, como *cobrizo, macizo* o *negruzco.*

7. En los sufijos *-ez, -eza, -adizo, -edizo, -idizo,* que sirven para expresar la cualidad o la capacidad de algo, como *pesantez, doblez, belleza, bajeza, nobleza, resbaladizo, caedizo* o *escurridizo.*

8. En el sufijo *-azgo,* que expresa el establecimiento de una institución o relación duradera, como *cacicazgo* o *compadrazgo.*

ACENTUACIÓN

El acento consiste en una mayor energía o énfasis al pronunciar alguna de las sílabas de una palabra y tiene un valor fonológico, como los fonemas. En español suele diferenciar unos vocablos de otros. Así, se distinguen por el acento palabras como *depósito, deposito, depositó; cante, canté, este, esté, dómine, domine* o *dominé.* A este acento, que poseen todas las palabras del español, se le llama *acento prosódico* para distinguirlo del que, además de pronunciarse, se debe marcar ortográficamente, *acento ortográfico,* puesto que de no hacerlo así se producirían confusiones.

La sílaba en que cae el acento se llama *sílaba tónica;* las demás que no se acentúan en una palabra son *átonas.* Las palabras se clasifican por la posición en que se encuentra la sílaba tónica. Así llamamos *agudas* a aquellas cuya sílaba tónica es la final, como *papel, pisar, tapiz, pensar, decir* o *candil; graves* o *llanas* a las que tienen la sílaba tónica en penúltimo lugar, como *palabra, verbo, nombre, parte* o *cosa; esdrújulas* a las que tienen la sílaba tónica en antepenúltimo lugar, como *esdrújula, clásico* o *crítica;* y *sobreesdrújulas* a las que la tienen en sílaba anterior a la antepenúltima, como *últimamente* o *encomiéndamela.*

Se escribe el acento ortográfico cuando:

1. Se trata de palabras agudas polisilábicas terminadas en *n, s* o *vocal,* como *razón, comezón, camión, zaguán, autobús, demás, anís, cortés, adiós, veintidós, acá, está, miré, cantaré, comí, paquistaní, durmió, murió, cebú* o *bambú.*

2. Se trata de palabras graves o llanas que terminan en una consonante que no es *n* ni *s,* como *cárcel, ángel, mástil, tótem, álbum, almíbar, ámbar, cáncer, prócer, superávit* o *tórax.*

3. Se trata de cualquier palabra esdrújula o sobreesdrújula, como *rápido, término, gótico* o *poniéndoselo.*

4. Se trata de una palabra grave terminada en *s* pero agrupada con otra consonante, como *bíceps* o *fórceps.*

5. Se trata de pronombres y adverbios interrogativos y exclamativos, como *¿Quién habló?, ¿Cuál de todos?, ¿Cuándo?, ¿De dónde?, ¿Cuántas veces?, ¡Cómo no me lo dijo?, ¿Qué le importa!*

Acento diacrítico

Además de los casos anteriores, el acento sirve para romper la homografía de algunas palabras que al escribirse igual y tener distinto significado o función gramatical podrían dar lugar a confusiones, como *aquel* (adjetivo) y *aquél* (pronombre), *aun* (conjunción y preposición) y *aún* (adverbio), *de* (preposición) y *dé* (imperativo y presente de subjuntivo del verbo dar), *el* (artículo) y *él* (pronombre), *ese* (adjetivo) y *ése* (pronombre), *este* (adjetivo) y *éste* (pronombre), *mas* (conjunción) y *más* (adverbio), *mi* (adjetivo y sustantivo) y *mí* (pronombre), *se* (pronombre) y *sé* (imperativo del verbo ser y presente de indicativo del verbo saber), *si* (conjunción y sustantivo) y *sí* (adverbio y pronombre), *solo* (adjetivo) y *sólo* (adverbio), *te* (pronombre) y *té* (sustantivo), *tu* (adjetivo) y *tú* (pronombre).

Acentuación de diptongos y triptongos

Los diptongos y triptongos se ajustan a las mismas reglas de acentuación ortográfica explicadas arriba; por ejemplo, *salió, camión, tripié* y *benjuí* se acentúan de acuerdo con la regla de las palabras agudas polisilábicas (1); *huésped* o *réquiem*, de acuerdo con la regla de las palabras graves o llanas (2); *murciélago, ciénaga* o *jesuítico*, de acuerdo con la de las esdrújulas (3).

El acento ortográfico se usa, en cambio, cuando no se trata de diptongos sino de hiatos en la pronunciación —es decir, aparecen juntas vocales pero pertenecen a sílabas distintas— que, si no se marcaran, podrían dar lugar a confusiones en la escritura como en los casos siguientes:

1. Cuando la agrupación de las vocales que forman hiatos coincide con alguno de los *diptongos ascendentes (ua, ue, uo, ia, ie, io)* o *descendentes (au, eu, ou, ai, ei, oi)*, como en *púa, acentúe, dúo, venía, críe, confío, baúl, Seúl, raíz, maíz, país, reír, oír*. En este caso el acento siempre se escribe sobre la vocal más cerrada (*i, u*)
2. Cuando *ua, ue, uo* se hallan en formas conjugadas de verbos cuya terminación en infinitivo es -*uar* y no va precedido por *c* ni *g* (como *actuar, evaluar, exceptuar*) constituyen hiatos, como *actúo, actúas, actúe; evalúo, evalúas, evalúe; exceptúo, exceptúas, exceptúe*. (Por el contrario, forman diptongo cuando esta terminación verbal va precedida por *c* o *g* —como *licuar, adecuar, averiguar*— por lo que no se acentúan, como *licuo, licuas, licue; averiguo, averiguas, averigüe; adecuo, adecuas, adecue.*)
3. Cuando hay *h* intervocálica en los diptongos citados en (1) y se pronuncia en dos sílabas, como *prohíbo, rehíce* o *búho*.

Acentuación de palabras compuestas

1. El primer elemento léxico de la palabra compuesta nunca se acentúa, aunque lo requiera su forma original; en cambio, se acentúa el segundo, siempre y cuando su forma original sea acentuada, como en *decimoséptimo* o *cefalotórax*, o cuando este segundo elemento sea un monosilábico terminado en *n, s* o *vocal*, como en *ciempiés, puntapié* o *veintitrés*.
2. Se conserva el acento de aquellos adjetivos que lo tengan en su forma original y formen un adverbio con el sufijo -*mente*, como en *prácticamente, teóricamente* o *fácilmente*.
3. Se conservan los dos acentos originales de los dos adjetivos que se unan mediante guión en una nueva palabra, como en *teórico-práctico* o *histórico-crítico*.
4. En las palabras compuestas por verbo más pronombre no se aplica la regla general cuando la palabra resultante es grave o llana; en esos casos el verbo conserva su acento ortográfico original, como en *cayóse, déle, salíme, pensólo, acabóse, esténse* o *respondióles*.

Acentuación de palabras de origen extranjero

En general, las palabras extranjeras o los extranjerismos se asimilan a las reglas de acentuación del español: *chofer, garage, Nápoles, París, Milán*, etc. El mismo tratamiento reciben los latinismos más usados: *memorándum, currículum, ad líbitum*.

SIGNOS DE PUNTUACIÓN

La coma

1. Sirve para separar elementos análogos de una serie de palabras, frases y oraciones, como por ejemplo: *triste, melancólico, desesperado; Dame un poco de pan, un poco de vino, un poco de carne; Ni tú lo crees, ni yo lo creo, ni nadie lo cree.*

2. Sirve para separar elementos con carácter incidental dentro de la oración: *Buenos Aires, la capital, es una ciudad muy populosa; Yo, si me lo proponen, lo acepto.*

3. Sirve para indicar la omisión del verbo: *Juana era muy agradable; Pedro, antipático; Carlos, insoportable.*

4. A veces se usa para separar oraciones enlazadas por la conjunción *y* en los casos en que pueda haber confusión o se prefiera esa formación más clara: *A Pedro le gustaba el trabajo y el estudio, y el ocio lo consideraba absurdo.*

El punto y coma

1. Sirve para separar oraciones o frases largas que constituyen una serie o entre cuyos sentidos hay proximidad o semejanza: *Al contrario, vivo muy cerca; éste es mi distrito.*

2. Cuando la coma no es suficiente para precisar el sentido y provoca confusión: *La primera parte de la obra era interesante; la segunda, aburrida; la tercera, francamente insípida.*

El punto y seguido

Sirve para separar oraciones que contienen pensamientos relacionados entre sí, pero no de forma inmediata. La diferencia con el punto y coma es sutilísima: *"Levantarse a las seis y media. Lavarse la cara y los brazos. Irse a la iglesia sin distraer la mirada en cosa alguna."* (A. Yáñez).

El punto y aparte

Marca el final de un párrafo.

El punto final

Marca el final de un escrito.

Los dos puntos

1. Indican que tras ellos viene una enumeración de elementos incluidos en la primera frase: *Cuatro nombres destacan en la novela hispanoamericana contemporánea: García Márquez, Cortázar, Vargas Llosa y Fuentes.*

2. Se usa cuando la primera oración tiene su consecuencia o su justificación en la segunda: *No se me puede condenar por lo que he dicho: La verdad, lealmente expresada, no puede ser delito.*

3. Se usa con mayor frecuencia antes de la transcripción o cita de lo dicho por otra persona: *Al entrar en la casa, me dijo: "Acabo de llegar de Veracruz".*

Los puntos suspensivos

Siempre se escriben tres puntos.

1. Sirven para marcar interrupción en lo que se expresa: *Sí, lo respeto mucho, pero...*

2. Pueden estar en lugar de *etcétera*: *Los grandes grupos animales: mamíferos, aves...*

3. Sirven para marcar una pausa al expresar temor, duda o algo sorprendente: *No me atrevía a estrechar la mano de un... presidente*; *Abrí la puerta y... ¡horror!... un espectáculo dantesco*.

Los signos de interrogación y admiración

1. Se usan en las oraciones interrogativas y admirativas. Se colocan al principio y al final de la oración que deba llevarlas, aunque ésta se encuentre intercalada en el centro del periodo: "*¿Oyes? Allá afuera está lloviendo. ¿No sientes el golpear de la lluvia?*" (J. Rulfo), *¡Ah, qué gusto me das!*
2. Ciertos enunciados son interrogativos y admirativos a la vez. En estos casos se coloca al principio el signo de interrogación y al final el de admiración —o viceversa— según el sentido del enunciado: *¡Qué cosa es ésta?*, *¿Qué clase de gente son ustedes, amigos!*
3. El valor de estos signos corresponde al del punto; pero ello no excluye la posibilidad de que se empleen los otros signos. Es frecuente, por ejemplo, que vayan seguidos de una coma: *¿Quién es?, ¿cómo ha venido?*

El guión corto

1. Se utiliza para marcar la separación de las palabras al final del renglón e indica que la palabra continúa en el siguiente:
   Se desconoce el origen preciso de esta espe-
   cie de fenómenos.
2. Se usa en determinadas palabras compuestas para indicar relación: *El conflicto árabe-israelí, teórico-práctico*.
3. Se usa para marcar los prefijos o inicios de palabras, como *hiper-, i-, sub-* o *coloq-, presid-*; y para señalar los sufijos o terminaciones de palabras: *-izar, -ismo, -ero* o *-uar, -s, -jer*.

El guión largo

1. Separa elementos intercalados en una oración. Es un grado mayor de separación que el indicado por las comas en la oración incidental: "*Nueva aurora, nueva ciudad. Ciudad sin cabos —recuerdo o presentimiento—, a la deriva sobre un río de asfalto, cercana a la catarata de su propia imagen descompuesta.*" (C. Fuentes).
2. Es el signo empleado para marcar el diálogo: *—Bueno, ¿vendrás esta tarde? —No lo sé*.

El paréntesis

Separa igualmente los elementos incidentales que aparecen dentro de una oración: "*Y te diré más: si hay politiqueros (y me avengo a que los hay), donde ahora los veo menos es en mi bando.*" (M. L. Guzmán). Se usan las comas, los guiones o los paréntesis según el mayor o menor grado de relación que tenga la incidental con lo que se escribe.

Las comillas

1. Destacan una cita o una frase reproducida textualmente: *Y yo le dije: "¡Caramba! ¡Estás desconocido!"*
2. Dan cierto énfasis o un sentido irónico a una palabra: *La "amabilidad" con que recibió a sus competidores los hizo desconfiar*.

3. Se usan al escribir una palabra nueva (neologismo) o algún vocablo poco conocido (una palabra específica de una especialidad profesional o de una época en particular): *Las cabinas "presurizadas" del avión.*

Los corchetes

1. Se usan para completar lo que hipotéticamente falta en una inscripción, un códice o una cita:

> *Deja que el hombre de jui[cio]*
> *En las obras que compo[ne]*
> *Se vaya con pies de plo[mo]*
> *Que el que saca a luz pape[les]*
> *Para entretener donce[llas]*
> *Escribe a tontas y a lo[cas]*
> (Miguel de Cervantes)

2. Se usan también para encerrar una frase que ya tiene un paréntesis o para evitar la repetición seguida de dos paréntesis: *La antigua ciudad de Valladolid (hoy Morelia) [Mostrar mapas y fotos] fue un centro cultural importante en la época colonial.*

La diéresis

1. Sirve para darle valor fonético a la *u* en las sílabas: *gue, gui: Cigüeña, lengüita.*
2. También se usa, en poesía, para los efectos de deshacer un diptongo y de dar a la palabra una sílaba más:

> *La más bella niña*
> *de nuestro lugar*
> *hoy viuda y sola*
> *y ayer por casar...*
> (Luis de Góngora)

MODELOS DE CONJUGACIÓN REGULAR

		AMAR	COMER	SUBIR
		INDICATIVO		
	PRESENTE			
Sing	yo	am-*o*	com-*o*	sub-*o*
	tú	am-*as*	com-*es*	sub-*es*
	usted	am-*a*	com-*e*	sub-*e*
	él, ella	am-*a*	com-*e*	sub-*e*
Pl	nosotros, as	am-*amos*	com-*emos*	sub-*imos*
	ustedes	am-*an*	com-*en*	sub-*en*
	(vosotros, as)	(am-*áis*)	(com-*éis*)	(sub-*ís*)
	ellos, ellas	am-*an*	com-*en*	sub-*en*
	PRETÉRITO			
Sing	yo	am-*é*	com-*í*	sub-*í*
	tú	am-*aste*	com-*iste*	sub-*iste*
	usted	am-*ó*	com-*ió*	sub-*ió*
	él, ella	am-*ó*	com-*ió*	sub-*ió*
Pl	nosotros, as	am-*amos*	com-*imos*	sub-*imos*
	ustedes	am-*aron*	com-*ieron*	sub-*ieron*
	(vosotros, as)	(am-*asteis*)	(com-*isteis*)	(sub-*isteis*)
	ellos, ellas	am-*aron*	com-*ieron*	sub-*ieron*
	FUTURO			
Sing	yo	amar-*é*	comer-*é*	subir-*é*
	tú	amar-*ás*	comer-*ás*	subir-*ás*
	usted	amar-*á*	comer-*á*	subir-*á*
	él, ella	amar-*á*	comer-*á*	subir-*á*
Pl	nosotros, as	amar-*emos*	comer-*emos*	subir-*emos*
	ustedes	amar-*án*	comer-*án*	subir-*án*
	(vosotros, as)	(amar-*áis*)	(comer-*éis*)	(subir-*éis*)
	ellos, ellas	amar-*án*	comer-*án*	subir-*án*
	COPRETÉRITO			
Sing	yo	am-*aba*	com-*ía*	sub-*ía*
	tú	am-*abas*	com-*ías*	sub-*ías*
	usted	am-*aba*	com-*ía*	sub-*ía*
	él, ella	am-*aba*	com-*ía*	sub-*ía*
Pl	nosotros, as	am-*ábamos*	com-*íamos*	sub-*íamos*
	ustedes	am-*aban*	com-*ían*	sub-*ían*
	(vosotros, as)	(am-*abais*)	(com-*íais*)	(sub-*íais*)
	ellos, ellas	am-*aban*	com-*ían*	sub-*ían*
	POSPRETÉRITO			
Sing	yo	amar-*ía*	comer-*ía*	subir-*ía*
	tú	amar-*ías*	comer-*ías*	subir-*ías*
	usted	amar-*ía*	comer-*ía*	subir-*ía*
	él, ella	amar-*ía*	comer-*ía*	subir-*ía*
Pl	nosotros, as	amar-*íamos*	comer-*íamos*	subir-*íamos*
	ustedes	amar-*ían*	comer-*ían*	subir-*ían*
	(vosotros, as)	(amar-*íais*)	(comer-*íais*)	(subir-*íais*)
	ellos, ellas	amar-*ían*	comer-*ían*	subir-*ían*
	ANTEPRESENTE			
Sing	yo	*he* am-*ado*	*he* com-*ido*	*he* sub-*ido*
	tú	*has* am-*ado*	*has* com-*ido*	*has* sub-*ido*
	usted	*ha* am-*ado*	*ha* com-*ido*	*ha* sub-*ido*
	él, ella	*ha* am-*ado*	*ha* com-*ido*	*ha* sub-*ido*
Pl	nosotros, as	*hemos* am-*ado*	*hemos* com-*ido*	*hemos* sub-*ido*
	ustedes	*han* am-*ado*	*han* com-*ido*	*han* sub-*ido*
	(vosotros, as)	(*habéis* am-*ado*)	(*habéis* com-*ido*)	(*habéis* sub-*ido*)
	ellos, ellas	*han* am-*ado*	*han* com-*ido*	*han* sub-*ido*
	ANTEPRETÉRITO			
Sing	yo	*hube* am-*ado*	*hube* com-*ido*	*hube* sub-*ido*
	tú	*hubiste* am-*ado*	*hubiste* com-*ido*	*hubiste* sub-*ido*
	usted	*hubo* am-*ado*	*hubo* com-*ido*	*hubo* sub-*ido*
	él, ella	*hubo* am-*ado*	*hubo* com-*ido*	*hubo* sub-*ido*
Pl	nosotros, as	*hubimos* am-*ado*	*hubimos* com-*ido*	*hubimos* sub-*ido*
	ustedes	*hubieron* am-*ado*	*hubieron* com-*ido*	*hubieron* sub-*ido*
	(vosotros, as)	(*hubisteis* am-*ado*)	(*hubisteis* com-*ido*)	(*hubisteis* sub-*ido*)
	ellos, ellas	*hubieron* am-*ado*	*hubieron* com-*ido*	*hubieron* sub-*ido*
	ANTEFUTURO			
Sing	yo	*habré* am-*ado*	*habré* com-*ido*	*habré* sub-*ido*
	tú	*habrás* am-*ado*	*habrás* com-*ido*	*habrás* sub-*ido*
	usted	*habrá* am-*ado*	*habrá* com-*ido*	*habrá* sub-*ido*
	él, ella	*habrá* am-*ado*	*habrá* com-*ido*	*habrá* sub-*ido*
Pl	nosotros, as	*habremos* am-*ado*	*habremos* com-*ido*	*habremos* sub-*ido*
	ustedes	*habrán* am-*ado*	*habrán* com-*ido*	*habrán* sub-*ido*
	(vosotros, as)	(*habréis* am-*ado*)	(*habréis* com-*ido*)	(*habréis* sub-*ido*)
	ellos, ellas	*habrán* am-*ado*	*habrán* com-*ido*	*habrán* sub-*ido*
	ANTECOPRETÉRITO			
Sing	yo	*había* am-*ado*	*había* com-*ido*	*había* sub-*ido*
	tú	*habías* am-*ado*	*habías* com-*ido*	*habías* sub-*ido*
	usted	*había* am-*ado*	*había* com-*ido*	*había* sub-*ido*
	él, ella	*había* am-*ado*	*había* com-*ido*	*había* sub-*ido*
Pl	nosotros, as	*habíamos* am-*ado*	*habíamos* com-*ido*	*habíamos* sub-*ido*
	ustedes	*habían* am-*ado*	*habían* com-*ido*	*habían* sub-*ido*
	(vosotros, as)	(*habíais* am-*ado*)	(*habíais* com-*ido*)	(*habíais* sub-*ido*)
	ellos, ellas	*habían* am-*ado*	*habían* com-*ido*	*habían* sub-*ido*

	AMAR	COMER	SUBIR

ANTEPOSPRETÉRITO

	AMAR	COMER	SUBIR
yo	habría am-ado	habría com-ido	habría sub-ido
tú	habrías am-ado	habrías com-ido	habrías sub-ido
usted	habría am-ado	habría com-ido	habría sub-ido
él, ella	habría am-ado	habría com-ido	habría sub-ido
nosotros, as	habríamos am-ado	habríamos com-ido	habríamos sub-ido
ustedes	habrían am-ado	habrían com-ido	habrían sub-ido
(vosotros, as)	(habríais am-ado)	(habríais com-ido)	(habríais sub-ido)
ellos, ellas	habrían am-ado	habrían com-ido	habrían sub-ido

SUBJUNTIVO

PRESENTE

	AMAR	COMER	SUBIR
yo	am-e	com-a	sub-a
tú	am-es	com-as	sub-as
usted	am-e	com-a	sub-a
él, ella	am-e	com-a	sub-a
nosotros, as	am-emos	com-amos	sub-amos
ustedes	am-en	com-an	sub-an
(vosotros, as)	(am-éis)	(com-áis)	(sub-áis)
ellos, ellas	am-en	com-an	sub-an

PRETÉRITO

	AMAR	COMER	SUBIR
yo	am-ara o am-ase	com-iera o com-iese	sub-iera o sub-iese
tú	am-aras o am-ases	com-ieras o com-ieses	sub-ieras o sub-ieses
usted	am-ara o am-ase	com-iera o com-iese	sub-iera o sub-iese
él, ella	am-ara o am-ase	com-iera o com-iese	sub-iera o sub-iese
nosotros, as	am-áramos o am-asen	com-iéramos o com-iésemos	sub-iéramos o sub-iésemos
ustedes	am-aran o am-asen	com-ieran o com-iesen	sub-ieran o sub-iesen
(vosotros, as)	(am-arais o am-aseis)	(com-ierais o com-ieseis)	(sub-ierais o sub-ieseis)
ellos, ellas	am-aran o am-asen	com-ieran o com-iesen	sub-ieran o sub-iesen

FUTURO

	AMAR	COMER	SUBIR
yo	am-are	com-iere	sub-iere
tú	am-ares	com-ieres	sub-ieres
usted	am-are	com-iere	sub-iere
él, ella	am-are	com-iere	sub-iere
nosotros, as	am-áremos	com-iéremos	sub-iéremos
ustedes	am-aren	com-ieren	sub-ieren
(vosotros, as)	(am-areis)	(com-iereis)	(sub-iereis)
ellos, ellas	am-aren	com-ieren	sub-ieren

ANTEPRESENTE

	AMAR	COMER	SUBIR
yo	haya am-ado	haya com-ido	haya sub-ido
tú	hayas am-ado	hayas com-ido	hayas sub-ido
usted	haya am-ado	haya com-ido	haya sub-ido
él, ella	haya am-ado	haya com-ido	haya sub-ido
nosotros, as	hayamos am-ado	hayamos com-ido	hayamos sub-ido
ustedes	hayan am-ado	hayan com-ido	hayan sub-ido
(vosotros, as)	(hayáis am-ado)	(hayáis com-ido)	(hayáis sub-ido)
ellos, ellas	hayan am-ado	hayan com-ido	hayan sub-ido

ANTEPRETÉRITO

	AMAR	COMER	SUBIR
yo	hubiera o hubiese am-ado	hubiera o hubiese com-ido	hubiera o hubiese sub-ido
tú	hubieras o hubieses am-ado	hubieras o hubieses com-ido	hubieras o hubieses sub-ido
usted	hubiera o hubiese am-ado	hubiera o hubiese com-ido	hubiera o hubiese sub-ido
él, ella	hubiera o hubiese am-ado	hubiera o hubiese com-ido	hubiera o hubiese sub-ido
nosotros, as	hubiéramos o hubiésemos am-ado	hubiéramos o hubiésemos com-ido	hubiéramos o hubiésemos sub-ido
ustedes	hubieran o hubiesen am-ado	hubieran o hubiesen com-ido	hubieran o hubiesen sub-ido
(vosotros, as)	(hubierais o hubieseis am-ado)	(hubierais o hubieseis com-ido)	(hubierais o hubieseis sub-ido)
ellos, ellas	hubieran o hubiesen am-ado	hubieran o hubiesen com-ido	hubieran o hubiesen sub-ido

ANTEFUTURO

	AMAR	COMER	SUBIR
yo	hubiere am-ado	hubiere com-ido	hubiere sub-ido
tú	hubieres am-ado	hubieres com-ido	hubieres sub-ido
usted	hubiere am-ado	hubiere com-ido	hubiere sub-ido
él, ella	hubiere am-ado	hubiere com-ido	hubiere sub-ido
nosotros, as	hubiéremos am-ado	hubiéremos com-ido	hubiéremos sub-ido
ustedes	hubieren am-ado	hubieren com-ido	hubieren sub-ido
(vosotros, as)	(hubiereis am-ado)	(hubiereis com-ido)	(hubiereis sub-ido)
ellos, ellas	hubieren am-ado	hubieren com-ido	hubieren sub-ido

IMPERATIVO

	AMAR	COMER	SUBIR
tú	am-a	com-e	sub-e
usted	am-e	com-a	sub-a
(vosotros, as)	(am-ad)	(com-ed)	(sub-id)
ustedes	am-en	com-an	sub-an

FORMAS NO PERSONALES

	AMAR	COMER	SUBIR
Infinitivo	am-ar	com-er	sub-ir
Gerundio	am-ando	com-iendo	sub-iendo
Participio	am-ado	com-ido	sub-ido

MODELOS DE CONJUGACIÓN IRREGULAR

		1a AGRADECER/LUCIR	1b YACER[1]	1c ASIR[1]	1d CAER
INDICATIVO					
PRESENTE					
Sing	yo	*agradezc*-o	*luzc*-o	*yazc*-o o *yazg*-o	*caig*-o
	tú	agradeces	luces	yaces	caes
	usted	agradece	luce	yace	cae
	él, ella	agradece	luce	yace	cae
Pl	nosotros, as	agradecemos	lucimos	yacemos	caemos
	ustedes	agradecen	lucen	yacen	caen
	(vosotros, as)	(agradecéis)	(lucís)	(yacéis)	(caéis)
	ellos, ellas	agradecen	lucen	yacen	caen
PRETÉRITO					
Sing	yo				caí
	tú				caíste
	usted				cayó[2]
	él, ella				cayó[2]
Pl	nosotros, as				caímos
	ustedes				cayeron[2]
	(vosotros, as)				(caísteis)
	ellos, ellas				cayeron[2]
FUTURO					
Sing	yo				
	tú				
	usted				
	él, ella				
Pl	nosotros, as				
	ustedes				
	(vosotros, as)				
	ellos, ellas				
COPRETÉRITO					
Sing	yo				
	tú				
	usted				
	él, ella				
Pl	nosotros, as				
	ustedes				
	(vosotros, as)				
	ellos, ellas				
POSPRETÉRITO					
Sing	yo				
	tú				
	usted				
	él, ella				
Pl	nosotros, as				
	ustedes				
	(vosotros, as)				
	ellos, ellas				
SUBJUNTIVO					
PRESENTE					
Sing	yo	*agradezc*-a	*luzc*-a	*yazc*-a o *yazg*-a	*caig*-a
	tú	*agradezc*-as	*luzc*-as	*yazc*-as o *yazg*-as	*caig*-as
	usted	*agradezc*-a	*luzc*-a	*yazc*-a o *yazg*-a	*caig*-a
	él, ella	*agradezc*-a	*luzc*-a	*yazc*-a o *yazg*-a	*caig*-a
Pl	nosotros, as	*agradezc*-amos	*luzc*-amos	*yazc*-amos o *yazg*-amos	*caig*-amos
	ustedes	*agradezc*-an	*luzc*-an	*yazc*-an o *yazg*-an	*caig*-an
	(vosotros, as)	(*agradezc*-áis)	(*luzc*-áis)	(*yazc*-áis o *yazg*-áis)	*caig*-áis
	ellos, ellas	*agradezc*-an	*luzc*-an	*yazc*-an o *yazg*-an	*caig*-an
PRETÉRITO					
Sing	yo				cayera o cayese[2]
	tú				cayeras o cayeses
	usted				cayera o cayese
	él, ella				cayera o cayese
Pl	nosotros, as				cayéramos o cayésemos
	ustedes				cayeran o cayesen
	(vosotros, as)				(cayerais o cayeseis)
	ellos, ellas				cayeran o cayesen
FUTURO					
Sing	yo				cayere[2]
	tú				cayeres
	usted				cayere
	él, ella				cayere
Pl	nosotros, as				cayéremos
	ustedes				cayeren
	(vosotros, as)				(cayereis)
	ellos, ellas				cayeren
IMPERATIVO					
Sing	tú	agradece	luce	yace	cae
	usted	*agradezc*-a	*luzc*-a	*yazc*-a o *yazg*-a	*caig*-a
Pl	(vosotros, as)	(agradeced)	(lucid)	(yaced)	(caed)
	ustedes	*agradezc*-an	*luzc*-an	*yazc*-an o *yazg*-an	*caig*-an
GERUNDIO					
					cayendo[2]

1. Las formas de estos verbos se emplean poco. 2. En todas las formas verbales en que aparece una *i* átona entre dos vocales, ésta se escribe *y* de acuerdo con la primera regla ortográfica de la *y*.

2a DESPERTAR³/PERDER		2b ADQUIRIR	2c SOÑAR/MOVER		2d JUGAR	3a MEDIR
despiert-o	pierd-o	adquier-o	sueñ-o	muev-o	jueg-o	mid-o
despiert-as	pierd-es	adquier-es	sueñ-as	muev-es	jueg-as	mid-es
despiert-a	pierd-e	adquier-e	sueñ-a	muev-e	jueg-a	mid-e
despiert-a	pierd-e	adquier-e	sueñ-a	muev-e	jueg-a	mid-e
despertamos	perdemos	adquirimos	soñamos	movemos	jugamos	medimos
despiert-an	pierd-en	adquier-en	sueñ-an	muev-en	jueg-an	mid-en
(despertáis)	(perdéis)	(adquirís)	(soñáis)	(movéis)	(jugáis)	(medís)
despiert-an	pierd-en	adquier-en	sueñ-an	muev-en	jueg-an	mid-en

medí
mediste
mid-ió
mid-ió
medimos
mid-ieron
(medisteis)
mid-ieron

despiert-e	pierd-a	adquier-a	sueñ-e	mueva-a	juegu-e	mid-a
despiert-es	pierd-as	adquier-as	sueñ-es	mueva-as	juegu-es	mid-as
despiert-e	pierd-a	adquier-a	sueñ-e	mueva-a	juegu-e	mid-a
despiert-e	pierd-a	adquier-a	sueñ-e	mueva-a	juegu-e	mid-a
despertemos	perdamos	adquiramos	soñemos	movamos	juguemos	mid-amos
despiert-en	pierd-an	adquier-an	sueñ-en	mueva-an	juegu-en	mid-an
(despertéis)	(perdáis)	(adquiráis)	(soñéis)	(mováis)	(juguéis)	(mid-áis)
despiert-en	pierd-an	adquier-an	sueñ-en	mueva-an	juegu-en	mid-an

mid-iera o mid-iese
mid-ieras o mid-ieses
mid-iera o mid-iese
mid-iera o mid-iese
mid-iéramos o mid-iésemos
mid-ieran o mid-iesen
(mid-ierais o mid-ieseis)
mid-ieran o mid-iesen

mid-iere
mid-ieres
mid-iere
mid-iere
mid-iéremos
mid-ieren
(mid-iereis)
mid-ieren

despiert-a	pierd-e	adquier-e	sueñ-a	muev-e	jueg-a	mid-e
despiert-e	pierd-a	adquier-a	sueñ-e	muev-a	juegu-e	mid-a
(despertad)	(perded)	(adquirid)	(soñad)	(moved)	(jugad)	(medid)
despiert-en	pierd-an	adquier-an	sueñ-en	muev-an	juegu-en	mid-an

mid-iendo

3. *Errar* sigue este modelo; pero cuando diptonga, como el diptongo es inicial, se escribe con y: *yerro.*

		9a SENTIR[4]	9b DORMIR	10a CABER
			INDICATIVO	
	PRESENTE			
Sing	yo	*sient*-o	*duerm*-o	*quep*-o
	tú	*sient*-es	*duerm*-es	cabes
	usted	*sient*-e	*duerm*-e	cabe
	él, ella	*sient*-c	*duerm*-e	cabe
Pl	nosotros, as	sentimos	dormimos	cabemos
	ustedes	*sient*-en	*duerm*-en	caben
	(vosotros, as)	(sentís)	(dormís)	(cabéis)
	ellos, ellas	*sient*-en	*duerm*-en	caben
	PRETÉRITO			
Sing	yo	sentí	dormí	*cup*-e
	tú	sentiste	dormiste	*cup*-iste
	usted	*sint*-ió	*durm*-ió	*cup*-o
	él, ella	*sint*-ió	*durm*-ió	*cup*-o
Pl	nosotros, as	sentimos	dormimos	*cup*-imos
	ustedes	*sint*-ieron	*durm*-ieron	*cup*-ieron
	(vosotros, as)	(sentisteis)	(dormisteis)	(*cup*-isteis)
	ellos, ellas	*sint*-ieron	*durm*-ieron	*cup*-ieron
	FUTURO			
Sing	yo			*cabr*-é
	tú			*cabr*-ás
	usted			*cabr*-á
	él, ella			*cabr*-á
Pl	nosotros, as			*cabr*-emos
	ustedes			*cabr*-án
	(vosotros, as)			(*cabr*-éis)
	ellos, ellas			*cabr*-án
	COPRETÉRITO			
Sing	yo			
	tú			
	usted			
	él, ella			
Pl	nosotros, as			
	ustedes			
	(vosotros, as)			
	ellos, ellas			
	POSPRETÉRITO			
Sing	yo			*cabr*-ía
	tú			*cabr*-ías
	usted			*cabr*-ía
	él, ella			*cabr*-ía
Pl	nosotros, as			*cabr*-íamos
	ustedes			*cabr*-ían
	(vosotros, as)			(*cabr*-íais)
	ellos, ellas			*cabr*-ían
	PRESENTE		**SUBJUNTIVO**	
Sing	yo	*sient*-a	*duerm*-a	*quep*-a
	tú	*sient*-as	*duerm*-as	*quep*-as
	usted	*sient*-a	*duerm*-a	*quep*-a
	él, ella	*sient*-a	*duerm*-a	*quep*-a
Pl	nosotros, as	*sint*-amos	*durm*-amos	*quep*-amos
	ustedes	*sient*-an	*duerm*-an	*quep*-an
	(vosotros, as)	(*sint*-áis)	(*durm*-áis)	(*quep*-áis)
	ellos, ellas	*sient*-an	*duerm*-an	*quep*-an
	PRETÉRITO			
Sing	yo	*sint*-iera o *sint*-iese	*durm*-iera o *durm*-iese	*cup*-iera o *cup*-iese
	tú	*sint*-ieras o *sint*-ieses	*durm*-ieras o *durm*-ieses	*cup*-ieras o *cup*-ieses
	usted	*sint*-iera o *sint*-iese	*durm*-iera o *durm*-iese	*cup*-iera o *cup*-iese
	él, ella	*sint*-iera o *sint*-iese	*durm*-iera o *durm*-iese	*cup*-iera o *cup*-iese
Pl	nosotros, as	*sint*-iéramos o *sint*-iésemos	*durm*-iéramos o *durm*-iésemos	*cup*-iéramos o *cup*-iésemos
	ustedes	*sint*-ieran o *sint*-iesen	*durm*-ieran o *durm*-iesen	*cup*-ieran o *cup*-iesen
	(vosotros, as)	(*sint*-ierais o *sint*-ieseis)	(*durm*-ierais o *durm*-ieseis)	(*cup*-ierais o *cup*-ieseis)
	ellos, ellas	*sint*-ieran o *sint*-iesen	*durm*-ieran o *durm*-iesen	*cup*-ieran o *cup*-iesen
	FUTURO			
Sing	yo	*sint*-iere	*durm*-iere	*cup*-iere
	tú	*sint*-ieres	*durm*-ieres	*cup*-ieres
	usted	*sint*-iere	*durm*-iere	*cup*-iere
	él, ella	*sint*-iere	*durm*-iere	*cup*-iere
Pl	nosotros, as	*sint*-iéremos	*durm*-iéremos	*cup*-iéremos
	ustedes	*sint*-ieren	*durm*-ieren	*cup*-ieren
	(vosotros, as)	(*sint*-iereis)	(*durm*-iereis)	(*cup*-iereis)
	ellos, ellas	*sint*-ieren	*durm*-ieren	*cup*-ieren
			IMPERATIVO	
Sing	tú	*sient*-e	*duerm*-e	cabe
	usted	*sient*-a	*duerm*-a	*quep*-a
Pl	(vosotros, as)	(sentid)	(dormid)	(cabed)
	ustedes	*sient*-an	*duerm*-an	*quep*-an
			GERUNDIO	
		sint-iendo	*durm*-iendo	

6. *Erguir* se conjuga como *sentir*, pero cuando el diptongo es inicial se escribe con *y*: *yerguen* (cf. nota 3).

10b HACER	10c PONER	10d SABER	11a QUERER
hag-o	*pong*-o	sé	*quier*-o
haces	pones	sabes	*quier*-es
hace	pone	sabe	*quier*-e
hace	pone	sabe	*quier*-e
hacemos	ponemos	sabemos	queremos
hacen	ponen	saben	*quier*-en
(hacéis)	(ponéis)	(sabéis)	(queréis)
hacen	ponen	saben	*quier*-en
hic-e	*pus*-e	*sup*-e	*quis*-e
hic-iste	*pus*-iste	*sup*-iste	*quis*-iste
hiz-o	*pus*-o	*sup*-o	*quis*-o
hiz-o	*pus*-o	*sup*-o	*quis*-o
hic-imos	*pus*-imos	*sup*-imos	*quis*-imos
hic-ieron	*pus*-ieron	*sup*-ieron	*quis*-ieron
(*hic*-isteis)	(*pus*-isteis)	(*sup*-isteis)	(*quis*-isteis)
hic-ieron	*pus*-ieron	*sup*-ieron	*quis*-ieron
har-é	*pondr*-é	*sabr*-é	*querr*-é
har-ás	*pondr*-ás	*sabr*-ás	*querr*-ás
har-á	*pondr*-á	*sabr*-á	*querr*-á
har-á	*pondr*-á	*sabr*-á	*querr*-á
har-emos	*pondr*-emos	*sabr*-emos	*querr*-emos
har-án	*pondr*-án	*sabr*-án	*querr*-án
(*har*-éis)	(*pondr*-éis)	(*sabr*-éis)	(*querr*-éis)
har-án	*pondr*-án	*sabr*-án	*querr*-án
har-ía	*pondr*-ía	*sabr*-ía	*querr*-ía
har-ías	*pondr*-ías	*sabr*-ías	*querr*-ías
har-ía	*pondr*-ía	*sabr*-ía	*querr*-ía
har-ía	*pondr*-ía	*sabr*-ía	*querr*-ía
har-íamos	*pondr*-íamos	*sabr*-íamos	*querr*-íamos
har-ían	*pondr*-ían	*sabr*-ían	*querr*-ían
(*har*-íais)	(*pondr*-íais)	(*sabr*-íais)	(*querr*-íais)
har-ían	*pondr*-ían	*sabr*-ían	*querr*-ían
hag-a	*pong*-a	*sep*-a	*quier*-a
hag-as	*pong*-as	*sep*-as	*quier*-as
hag-a	*pong*-a	*sep*-a	*quier*-a
hag-a	*pong*-a	*sep*-a	*quier*-a
hag-amos	*pong*-amos	*sep*-amos	*quer*-amos
hag-an	*pong*-an	*sep*-an	*quier*-an
(*hag*-áis)	(*pong*-áis)	(*sep*-áis)	(*quer*-áis)
hag-an	*pong*-an	*sep*-an	*quier*-an
hic-iera o *hic*-iese	*pus*-iera o *pus*-iese	*sup*-iera o *sup*-iese	*quis*-iera o *quis*-iese
hic-ieras o *hic*-ieses	*pus*-ieras o *pus*-ieses	*sup*-ieras o *sup*-ieses	*quis*-ieras o *quis*-ieses
hic-iera o *hic*-iese	*pus*-iera o *pus*-iese	*sup*-iera o *sup*-iese	*quis*-iera o *quis*-iese
hic-iera o *hic*-iese	*pus*-iera o *pus*-iese	*sup*-iera o *sup*-iese	*quis*-iera o *quis*-iese
hic-iéramos o *hic*-iésemos	*pus*-iéramos o *pus*-iésemos	*sup*-iéramos o *sup*-iésemos	*quis*-iéramos o *quis*-iésemos
hic-ieran o *hic*-iesen	*pus*-ieran o *pus*-iesen	*sup*-ieran o *sup*-iesen	*quis*-ieran o *quis*-iesen
(*hic*-ierais o *hic*-ieseis)	(*pus*-ierais o *pus*-ieseis)	(*sup*-ierais o *sup*-ieseis)	(*quis*-ierais o *quis*-ieseis)
hic-ieran o *hic*-iesen	*pus*-ieran o *pus*-iesen	*sup*-ieran o *sup*-iesen	*quis*-ieran o *quis*-iesen
hic-iere	*pus*-iere	*sup*-iere	*quis*-iere
hic-ieres	*pus*-ieres	*sup*-ieres	*quis*-ieres
hic-iere	*pus*-iere	*sup*-iere	*quis*-iere
hic-iere	*pus*-iere	*sup*-iere	*quis*-iere
hic-iéremos	*pus*-iéremos	*sup*-iéremos	*quis*-iéremos
hic-ieren	*pus*-ieren	*sup*-ieren	*quis*-ieren
(*hic*-iereis)	(*pus*-iereis)	(*sup*-iereis)	(*quis*-iereis)
hic-ieren	*pus*-ieren	*sup*-ieren	*quis*-ieren
haz	pon	sabe	*quier*-e
hag-a	*pong*-a	*sep*-a	*quier*-a
(haced)	(poned)	(sabed)	(quered)
hag-an	*pong*-an	*sep*-an	*quier*-an

		11b PODER	12a TENER	12b VENIR
	PRESENTE		**INDICATIVO**	
Sing	yo	*pued*-o	*teng*-	*veng*-o
	tú	*pued*-es	*tien*-es	*vien*-es
	usted	*pued*-e	*tien*-e	*vien*-e
	él, ella	*pued*-e	*tien*-e	*vien*-e
Pl	nosotros, as	podemos	tenemos	venimos
	ustedes	*pued*-en	*tien*-en	*vien*-en
	(vosotros, as)	(podéis)	(tenéis)	(venís)
	ellos, ellas	*pued*-en	*tien*-en	*vien*-en
	PRETÉRITO			
Sing	yo	*pud*-e	*tuv*-e	*vin*-e
	tú	*pud*-iste	*tuv*-iste	*vin*-iste
	usted	*pud*-o	*tuv*-o	*vin*-o
	él, ella	*pud*-o	*tuv*-o	*vin*-o
Pl	nosotros, as	*pud*-imos	*tuv*-imos	*vin*-imos
	ustedes	*pud*-ieron	*tuv*-ieron	*vin*-ieron
	(vosotros, as)	(*pud*-isteis)	(*tuv*-isteis)	(*vin*-isteis)
	ellos, ellas	*pud*-ieron	*tuv*-ieron	*vin*-ieron
	FUTURO			
Sing	yo	*podr*-é	*tendr*-é	*vendr*-é
	tú	*podr*-ás	*tendr*-ás	*vendr*-ás
	usted	*podr*-á	*tendr*-á	*vendr*-á
	él, ella	*podr*-á	*tendr*-á	*vendr*-á
Pl	nosotros, as	*podr*-emos	*tendr*-emos	*vendr*-emos
	ustedes	*podr*-án	*tendr*-án	*vendr*-án
	(vosotros, as)	(*podr*-éis)	(*tendr*-éis)	(*vendr*-éis)
	ellos, ellas	*podr*-án	*tendr*-án	*vendr*-án
	COPRETÉRITO			
Sing	yo			
	tú			
	usted			
	él, ella			
Pl	nosotros, as			
	ustedes			
	(vosotros, as)			
	ellos, ellas			
	POSPRETÉRITO			
Sing	yo	*podr*-ía	*tendr*-ía	*vendr*-ía
	tú	*podr*-ías	*tendr*-ías	*vendr*-ías
	usted	*podr*-ía	*tendr*-ía	*vendr*-ía
	él, ella	*podr*-ía	*tendr*-ía	*vendr*-ía
Pl	nosotros, as	*podr*-íamos	*tendr*-íamos	*vendr*-íamos
	ustedes	*podr*-ían	*tendr*-ían	*vendr*-ían
	(vosotros, as)	(*podr*-íais)	(*tendr*-íais)	(*vendr*-íais)
	ellos, ellas	*podr*-ían	*tendr*-ían	*vendr*-ían
	PRESENTE		**SUBJUNTIVO**	
Sing	yo	*pued*-a	*teng*-a	*veng*-a
	tú	*pued*-as	*teng*-as	*veng*-as
	usted	*pued*-a	*teng*-a	*veng*-a
	él, ella	*pued*-a	*teng*-a	*veng*-a
Pl	nosotros, as	*pod*-amos	*teng*-amos	*veng*-amos
	ustedes	*pued*-an	*teng*-an	*veng*-an
	(vosotros, as)	(*pod*-áis)	(*teng*-áis)	(*veng*-áis)
	ellos, ellas	*pued*-an	*teng*-an	*veng*-an
	PRETÉRITO			
Sing	yo	*pud*-iera o *pud*-iese	*tuv*-iera o *tuv*-iese	*vin*-iera o *vin*-iese
	tú	*pud*-ieras o *pud*-ieses	*tuv*-ieras o *tuv*-ieses	*vin*-ieras o *vin*-ieses
	usted	*pud*-iera o *pud*-iese	*tuv*-iera o *tuv*-iese	*vin*-iera o *vin*-iese
	él, ella	*pud*-iera o *pud*-iese	*tuv*-iera o *tuv*-iese	*vin*-iera o *vin*-iese
Pl	nosotros, as	*pud*-iéramos o *pud*-iésemos	*tuv*-iéramos o *tuv*-iésemos	*vin*-iéramos o *vin*-iésemos
	ustedes	*pud*-ieran o *pud*-iesen	*tuv*-ieran o *tuv*-iesen	*vin*-ieran o *vin*-iesen
	(vosotros, as)	(*pud*-ierais o *pud*-ieseis)	(*tuv*-ierais o *tuv*-ieseis)	(*vin*-ierais o *vin*-ieseis)
	ellos, ellas	*pud*-ieran o *pud*-iesen	*tuv*-ieran o *tuv*-iesen	*vin*-ieran o *vin*-iesen
	FUTURO			
Sing	yo	*pud*-iere	*tuv*-iere	*vin*-iere
	tú	*pud*-ieres	*tuv*-ieres	*vin*-ieres
	usted	*pud*-iere	*tuv*-iere	*vin*-iere
	él, ella	*pud*-iere	*tuv*-iere	*vin*-iere
Pl	nosotros, as	*pud*-iéremos	*tuv*-iéremos	*vin*-iéremos
	ustedes	*pud*-ieren	*tuv*-ieren	*vin*-ieren
	(vosotros, as)	(*pud*-iereis)	(*tuv*-iereis)	(*vin*-iereis)
	ellos, ellas	*pud*-ieren	*tuv*-ieren	*vin*-ieren
			IMPERATIVO	
Sing	tú	*pued*-e	ten	ven
	usted	*pued*-a	*teng*-a	*veng*-a
Pl	(vosotros, as)	(poded)	(tened)	(venid)
	ustedes	*pued*-an	*teng*-an	*veng*-an
			GERUNDIO	
		pud-iendo		*vin*-iendo

13 DECIR	14 VER	15 DAR	16 ESTAR	17 HABER
dig-o	v-eo	d-oy	est-oy	he
dic-es	ves	das	est-ás	has
dic-e	ve	da	est-á	ha
dic-e	ve	da	est-á	ha / hay[8]
decimos	vemos	damos	est-amos	hemos
dic-en	ven	dan	est-án	han
(decís)	(veis)	(dais)	(est-áis)	(hab-éis)
dic-en	ven	dan	est-án	han
dij-e		d-i[7]	estuv-e	hub-e
dij-iste		d-iste	estuv-iste	hub-iste
dij-o		d-io	estuv-o	hub-o
dij-o		d-io	estuv-o	hub-o
dij-imos		d-imos	estuv-imos	hub-imos
dij-eron[4]		d-ieron	estuv-ieron	hub-ieron
(dij-isteis)		(d-isteis)	(estuv-isteis)	(hub-isteis)
dij-eron[5]		d-ieron	estuv-ieron	hub-ieron
dir-é				habr-é
dir-ás				habr-ás
dir-á				habr-á
dir-á				habr-á
dir-emos				habr-emos
dir-án				habr-án
(dir-éis)				(habr-éis)
dir-án				habr-án
	ve-ía			
	ve-ías			
	ve-ía			
	ve-ía			
	ve-íamos			
	ve-ían			
	(ve-íais)			
	ve-ían			
dir-ía				habr-ía
dir-ías				habr-ías
dir-ía				habr-ía
dir-ía				habr-ía
dir-íamos				habr-íamos
dir-ían				habr-ían
(dir-íais)				(habr-íais)
dir-ían				habr-ían
dig-a	ve-a		est-é	hay-a
dig-as	ve-as		est-és	hay-as
dig-a	ve-a		est-é	hay-a
dig-a	ve-a		est-é	hay-a
dig-amos	ve-amos		est-emos	hay-amos
dig-an	ve-an		est-én	hay-an
(dig-áis)	(ve-áis)		(est-éis)	(hay-áis)
dig-an	ve-an		est-én	hay-an
dij-era o dij-ese[4]		d-iera o d-iese[7]	estuv-iera o estuv-iese	hub-iera o hub-iese
dij-eras o dij-eses		d-ieras o d-ieses	estuv-ieras o estuv-ieses	hub-ieras o hub-ieses
dij-era o dij-ese		d-iera o d-iese	estuv-iera o estuv-iese	hub-iera o hub-iese
dij-era o dij-ese		d-iera o d-iese	estuv-iera o estuv-iese	hub-iera o hub-iese
dij-éramos o dij-ésemos		d-iéramos o d-iésemos	estuv-iéramos o estuv-iésemos	hub-iéramos o hub-iésemos
dij-eran o dij-esen		d-ieran o d-iesen	estuv-ieran o estuv-iesen	hub-ieran o hub-iesen
(dij-erais o dij-eseis)		(d-ierais o d-ieseis)	(estuv-ierais o estuv-ieseis)	(hub-ierais o hub-ieseis)
dij-eran o dij-esen		d-ieran o d-iesen	estuv-ieran o estuv-iesen	hub-ieran o hub-iesen
dij-ere[4]		d-iere[7]	estuv-iere	hub-iere
dij-eres		d-ieres	estuv-ieres	hub-ieres
dij-ere		d-iere	estuv-iere	hub-iere
dij-ere		d-iere	estuv-iere	hub-iere
dij-éremos		d-iéremos	estuv-iéremos	hub-iéremos
dij-eren		d-ieren	estuv-ieren	hub-ieren
(dij-ereis)		(d-iereis)	(estuv-iereis)	(hub-iereis)
dij-eren		d-ieren	estuv-ieren	hub-ieren
di	ve			NO SE USA
dig-a	ve-a			
(decid)	(ved)			
dig-an	ve-an			

dic-iendo

7. La irregularidad de este paradigma consiste no en que las terminaciones sean propiamente irregulares, sino que *dar* es de la primera conjugación y las terminaciones son las regulares de la segunda y tercera. 8. Uso impersonal: "*Hay* tres niños aquí".

		18 SER	19 IR
		INDICATIVO	
	PRESENTE		
Sing	yo	*soy*	*v-oy*
	tú	*eres*	*v-as*
	usted	*es*	*v-a*
	él, ella	*es*	*v-a*
Pl	nosotros, as	*somos*	*v-amos*
	ustedes	*son*	*v-an*
	(vosotros, as)	(*sois*)	(*v-ais*)
	ellos, ellas	*son*	*v-an*
	PRETÉRITO		
Sing	yo	*fu*-i	*fu*-i
	tú	*fu*-iste	*fu*-iste
	usted	*fu*-e	*fu*-e
	él, ella	*fu*-e	*fu*-e
Pl	nosotros, as	*fu*-imos	*fu*-imos
	ustedes	*fu*-eron	*fu*-eron
	(vosotros, as)	(*fu*-isteis)	(*fu*-isteis)
	ellos, ellas	*fu*-eron	*fu*-eron
	FUTURO		
Sing	yo		
	tú		
	usted		
	él, ella		
Pl	nosotros, as		
	ustedes		
	(vosotros, as)		
	ellos, ellas		
	COPRETÉRITO		
Sing	yo	*era*	*iba*
	tú	*eras*	*ibas*
	usted	*era*	*iba*
	él, ella	*era*	*iba*
Pl	nosotros, as	*éramos*	*íbamos*
	ustedes	*eran*	*iban*
	(vosotros, as)	(*erais*)	(*ibais*)
	ellos, ellas	*eran*	*iban*
	POSPRETÉRITO		
Sing	yo		
	tú		
	usted		
	él, ella		
Pl	nosotros, as		
	ustedes		
	(vosotros, as)		
	ellos, ellas		
		SUBJUNTIVO	
	PRESENTE		
Sing	yo	*se*-a	*vay*-a
	tú	*se*-as	*vay*-as
	usted	*se*-a	*vay*-a
	él, ella	*se*-a	*vay*-a
Pl	nosotros, as	*se*-amos	*vay*-amos
	ustedes	*se*-an	*vay*-an
	(vosotros, as)	(*se*-áis)	(*vay*-áis)
	ellos, ellas	*se*-an	*vay*-an
	PRETÉRITO		
Sing	yo	*fu*-era o *fu*-ese	*fu*-era o *fu*-ese
	tú	*fu*-eras o *fu*-eses	*fu*-eras o *fu*-eses
	usted	*fu*-era o *fu*-ese	*fu*-era o *fu*-ese
	él, ella	*fu*-era o *fu*-ese	*fu*-era o *fu*-ese
Pl	nosotros, as	*fu*-éramos o *fu*-ésemos	*fu*-éramos o *fu*-ésemos
	ustedes	*fu*-eran o *fu*-esen	*fu*-eran o *fu*-esen
	(vosotros, as)	(*fu*-erais o *fu*-eseis)	(*fu*-erais o *fu*-eseis)
	ellos, ellas	*fu*-eran o *fu*-esen	*fu*-eran o *fu*-esen
	FUTURO		
Sing	yo	*fu*-ere	*fu*-ere
	tú	*fu*-eres	*fu*-eres
	usted	*fu*-ere	*fu*-ere
	él, ella	*fu*-ere	*fu*-ere
Pl	nosotros, as	*fu*-éremos	*fu*-éremos
	ustedes	*fu*-eren	*fu*-eren
	(vosotros, as)	(*fu*-ereis)	(*fu*-ereis)
	ellos, ellas	*fu*-eren	*fu*-eren
		IMPERATIVO	
Sing	tú	*sé*	*v*-e
	usted	*se*-a	*vay*-a
Pl	(vosotros, as)	(sed)	(id)
	ustedes	*se*-an	*vay*-an
		GERUNDIO	
			y-endo

DICCIONARIO DEL ESPAÑOL USUAL EN MÉXICO

a bcchdefghijklllmnñopqrstuvwxyz

a¹ s f Primera letra del alfabeto; representa el fonema vocal abierto central.

a² prep (Cuando va seguida del artículo *el*, forma la contracción *al*) **1** Introduce el lugar al que uno se dirige o el punto de llegada, la distancia o la localización de algo: "Voy *a* Oaxaca", *ir al cine, ir al río, ir a la escuela,* "Vamos *a* la terminal", "No hay vuelta *a* la derecha ni *a* la izquierda", "Viaja *al* sur de la república", *viajar al norte,* "Estuvo *a* su lado durante la operación", "Vive *a* 20 km de su trabajo" **2** Introduce la fecha, la hora, el periodo o intervalo en que se realiza una acción, o indica la simultaneidad de dos cosas: "Estamos *a* 15 de junio", "Abrimos *a* las nueve", "Cerramos *al* mediodía", "¿Te pagan *a* la quincena?", "Me levanto *a* la salida del Sol", "*Al* salir me lo encontré", "*Al* levantarse se mareó" **3** Señala el medio o el instrumento con el que se realiza una acción: "Se fue *a* pie", "Salió *a* caballo", "Lo corrió *a* palos", "Escribe *a* mano y *a* máquina" **4** Expresa el modo o la forma de una acción o de un objeto: "Compra *a* crédito, *a* plazos y *al* contado", *una tela a cuadros, un vestido a rayas, propulsión a chorro,* "Hay chocolate *a* la española, *a* la mexicana y *a* la francesa", "Salimos *a* oscuras y *a* tientas", *un pantalón a su gusto,* "Se puso la camisa *al* revés", "Todo salió *a* pedir de boca" **5** Introduce el objetivo de una acción, expresado por un sustantivo o por un verbo en infinitivo: "Hicieron una colecta *a* beneficio de los ciegos", "Voy *a* cantar", "Llegó *a* cenar", "Enseña *a* escribir" **6** Señala el precio de algo: "Compró carne *a* treinta pesos el kilo, huevo *a* diez pesos, plátano *a* seis pesos" **7** Indica la distribución o repartición de algo: "Nos tocó *a* tres dulces por cabeza" **8** Introduce un objeto o complemento directo, cuando se trata de personas o se refiere a seres determinados: "Espera *a* su mamá", "Leyó *a* Cervantes", "Busca *a* la cocinera", "Saca *al* perro" **9** Introduce el objeto o complemento indirecto: "Da dinero *a* la Cruz roja", "Me lo dijo *a* mí", "Le puso seguro *a* la puerta", "Enseña matemáticas *a* los niños" **10** Introduce una orden expresada por un infinitivo: "¡*A* callar y *a* comer!" **11** Introduce complementos en infinitivo, con matiz de finalidad: "Me enseñó *a* leer", "Me invita *a* cenar", "Llegó *a* comer", *un llamado a trabajar* **12** Precede obligatoriamente a los complementos de ciertos adjetivos, como *igual, semejante, parecido, paralelo,* etc: "Es igual *a* su padre", "La espinaca es parecida *a* la acelga" **13** Forma multitud de locuciones, como: *a la cabeza, a costa de, a favor, a reserva de, a salvo, a fin de que, a no ser que, a decir verdad,* etcétera.

ábaco s m **I 1** Marco cuadrado que sirve para hacer operaciones aritméticas, provisto de cuerdas paralelas donde se hallan ensartadas unas cuentas móviles que toman distintos valores numéricos según su posición: *ábaco chino, ábaco vigesimal* **2** Cuerda o tablero de cuerdas paralelas por donde corren las cuentas que marcan los puntos en el billar **II** (*Arq*) Parte superior del capitel, en forma de tablilla cuadrada, que une la columna y el arquitrabe **III** (*Min*) Artesa que se usa para lavar minerales, especialmente los de oro.

abajeño adj y s **1** Respecto de un lugar, que es originario de otro más bajo o que se relaciona con él: "Vinieron unos *abajeños* a vender su maíz" **2** Que es natural de El Bajío o que se relaciona con esta región, que comprende los estados de Guanajuato y Michoacán: "Me gustan las *abajeñas* / por altas y presumidas".

abajo adv **1** En el lugar o parte inferior: "Vive *abajo* de mi casa", "Me gritó desde *abajo*", "Caminó hacia *abajo*", "Se cayó hasta *abajo*", "Lo sacó por *abajo*", "Vente para *abajo*", "Te espero aquí *abajo*" **2** En dirección a la parte más baja: *cuesta abajo, calle abajo, río abajo* **3** Con respecto a un lugar, otro que tiene menos altura, como la costa respecto de la altiplanicie o la ribera inferior de un río en relación con el lugar de su nacimiento: "Vienen de *abajo* a vender pescado" **4** Hacia el centro de una población: "El número 39 queda *abajo* de la calle" **5** *Abajo de* Debajo de: *abajo de la cama, abajo del agua* **6** Posteriormente, más adelante o después, especialmente tratándose de escritos: "Como explicaremos más *abajo*" **7** Hacia los niveles inferiores de una escala determinada o en ellos: "De capitán para *abajo*", "Se halla dos goles *abajo* del líder general" **8** (*Por*) *abajo de* Menos de algo: "Ganó *abajo* de mil pesos" **9** interj Protesta o desaprobación de algo o de alguien: "¡*Abajo* los sindicatos charros!".

abanderado I pp de *abanderar: un barco abanderado por las autoridades* **II 1** adj y s Que lleva la bandera de una nación, una agrupación, etc, particularmente cuando ello indica que tiene su reconocimiento o la representa: *equipo abanderado, naves abanderadas, el abanderado de la escuela* **2** s (*Dep*) En el futbol, cada uno de los dos auxiliares del árbitro que se colocan en las bandas laterales de la cancha y que señalan las faltas del juego por medio de banderas **3** s Guardagujas.

abanderar v tr (Se conjuga como *amar*) **1** Dotar de bandera a cualquier agrupación, como una escuela o un equipo deportivo **2** Proveer a un barco nacional o extranjero de los documentos que acreditan su derecho a navegar con esa nacionalidad para ser reconocido en forma oficial **3** Encabezar una agrupación política, social, etc, ya sea con ciertos lemas o consignas, ya sea físicamente.

abandonar v tr (Se conjuga como *amar*) **1** Dejar algo sin cuidado o a alguien sin atención: *abando-*

nar un cultivo, "*Abandona* mucho a sus hijos", "Después de ese fracaso *se abandonó*" **2** Irse de algún lugar con la intención de no volver: "*Abandonó* Morelia", "*Abandonó* su silla", "*Abandonó* su tierra natal", "Se puso hecho una furia y *abandonó* la sala", *abandonar el país, abandonar la casa paterna* **3** Dejar de tener, sostener o participar en algo: *abandonar una idea, abandonar el oficio, abandonar la carrera, abandonar las armas, abandonar un tema* **4** prnl Dejarse llevar por una emoción, un sentimiento; confiarse a la voluntad de otra persona o a alguna cosa: *abandonarse a las dulzuras del amor* **5** intr (*Crón dep*) Dejar de participar en un juego o en alguna competencia antes de que éstos lleguen a su fin: "Pedro Rodríguez *abandonó* la carrera en la tercera vuelta".

abandono s m **1** Acto de abandonar o abandonarse **2** (*Der*) Desamparo o descuido en que se deja alguna cosa, un derecho, una obligación, etc, por voluntad propia o por presunción legal: *abandono de bienes, abandono de servicios* **3** (*Der*) Abandono *de personas* Desamparo en que se deja a una persona, cuando sus circunstancias no le permiten mirar por sí misma **4** Gracioso descuido que muestra una persona en sus gestos, sus acciones o su vestir.

abanico s m **I 1** Instrumento con el que se agita el aire para refrescarse cuando hace calor. Consiste, por lo general, en cierto número de varillas unidas por uno de sus extremos, lo que las hace desplegarse en un semicírculo; se cubren con papel, tela o piel, sobre los que se pinta algo para hacerlo agradable a la vista. Para cerrarse, las varillas se pliegan entre sí **2** Cualquier instrumento que sirve para agitar el aire y ventilar: *abanico eléctrico* **3** Cualquier elemento, cosa o disposición de cosas que presente la forma semicircular de este instrumento abierto: "La tropa se abrió en *abanico*", **4** Tejido o puntada de gancho que tiene esa forma **5** (*Tab*) Parte posterior del fuste de la silla de montar, cuyo borde superior, semicircular, se cierra abajo sobre los tejuelos; teja **II** (*Charr*) Floreo del lazo en el que mientras el lazador le imprime un movimiento circular, a la vez se introduce y se mantiene dentro de él a caballo, en reposo primero, después al paso y finalmente a todo galope **III** (*Mar*) Aparato que se arma a bordo, compuesto por un palo vertical y otro inclinado, desde el pie de aquél hacia afuera, y sujeto a él con las cuerdas y amarras correspondientes; especie de grúa **IV 1** (*Celosia argentea*) Arbusto de la familia de las amarantáceas que se cultiva como adorno **2** (*Atriplex acanthocarpa*) Planta herbácea de la familia de las quenopodáceas; quelite de puerco.

abaratar v tr (Se conjuga como *amar*) **1** Reducir el precio de alguna cosa; darla o hacerla barata: *abaratar la mano de obra, abaratar los insumos* **2** Bajar la calidad de algo: "Ese vestido *se abarata* con unos botones como ésos".

abarcar v tr (Se conjuga como *amar*) **1** Contener algo en su totalidad, rodearlo o incluirlo: *abarcar a toda la población* **2** Ocupar o cubrir una extensión en el espacio o en el tiempo: "Volúmenes que *abarcan* de 1649 a 1873", "El cultivo del maíz *abarca* toda la región".

abarrotes s m pl **1** Conjunto de mercancías de consumo generalizado, principalmente alimentos y bebidas enlatados o envasados, artículos de limpieza y de uso en el hogar **2** Tienda en la que se venden estos artículos: "Hay unos *abarrotes* en la esquina de mi casa".

abastecer v tr (Se conjuga como *agradecer*, 1a) Proporcionar las cosas que algo o alguien necesita, como alimentos, materia prima o refacciones: *abastecer una ciudad, abastecer de petróleo*.

abastecimiento s m **1** Suministro o entrega de cosas necesarias para algo: *abastecimiento de gas, abastecimiento de agua, abastecimiento de cacao a la industria chocolatera* **2** pl Cosas de que se abastece: *enviar abastecimientos a los damnificados*.

abasto s m **I 1** Provisión o abastecimiento particularmente de alimentos o artículos de primera necesidad: *central de abasto, mercado de abastos, abasto de petróleo* **2** *Dar(se) abasto* En relación con alguna necesidad o exigencia, tener la capacidad para satisfacerla; en relación con algún trabajo, ser suficiente para cumplirlo o desempeñarlo: "La granja no *se da abasto* para surtir los pedidos de huevo", "Los meseros no *se dan abasto* para atender a todos los clientes", "Entre los cinco muy bien nos podríamos *dar abasto* para sacar la revista esta semana" **II 1** Matanza de animales, principalmente de reses, que se efectúa en los rastros para responder a la demanda de carne **2** Lugar donde se sacrifican y venden animales para el consumo humano; rastro.

abatido I pp de *abatir* **II** adj Que se siente derrotado, sin ánimo, muy triste y desalentado: "La quiebra lo tiene *abatido*", "Se deshizo la boda y ella está muy *abatida*, sin ganas de nada".

abatimiento s m **1** Disminución considerable de la cantidad, el nivel, la intensidad, etc de alguna cosa: *abatimiento de costos, abatimiento de la inflación*, "Pugnan por el *abatimiento* de las tasas impositivas" **2** Sentimiento de desánimo o disminución de la fuerza moral o física de alguien: "Lloró presa del *abatimiento*" **3** (*Mar*) Ángulo, visto como desviación, que forma la línea de la quilla de una nave con la línea de su rumbo.

abatir v tr (Se conjuga como *subir*) **1** Hacer que caiga al suelo, sin que luego pueda levantarse o elevarse, alguna cosa: *abatir un avión enemigo* **2** Hacer que baje o descienda completamente una cosa: *abatir una vela, abatir el asiento trasero de un coche* **3** Proyectar totalmente un plano o una línea sobre otro u otra **4** prnl Bajar alguna cosa o alguna persona hasta el fondo de algo o hasta cierto punto distante: "El halcón *se abatió* sobre el conejo" **5** prnl Caer alguna cosa sobre algo o alguien, sin que nada logre impedírselo y con todo su peso: "La sombra de la peste *se abatió* sobre Asia" **6** Disminuir radicalmente el efecto de alguna cosa o el daño que causa, sin que pueda reanudarse o recuperarse: *abatir los precios, abatir la inflación* **7** Hacer alguna situación que una persona pierda el ánimo y se sienta derrotada: "A doña Ema le *abatió* la muerte de su esposo".

abdomen s m **1** Parte del cuerpo humano y del de los demás vertebrados que está entre el tórax y la pelvis, donde se aloja la mayor parte de los órganos de los aparatos digestivo y genitourinario; región exterior correspondiente **2** (*Zool*) Parte tercera y última en que está dividido el cuerpo de los insectos, crustáceos, etcétera.

abdominal adj m y f Que pertenece al abdomen o se relaciona con él: *cavidad abdominal, pared abdominal, dolor abdominal*.

abecedario s m **1** Alfabeto de una lengua como la española, la francesa o la italiana **2** (*Impr*) Serie de letras que se imprimen en los pliegos o capillas de un volumen para ordenarlos.

abeja s f **1** (*Apis mellifera*) Insecto himenóptero de la familia *Apidae*, que mide unos 15 mm de largo; de color amarillo, está cubierto por un vello rojizo; sus hembras están provistas de aguijón. Vive en los panales que él mismo construye y forma colonias constituidas por una sola hembra fértil (*abeja reina*), varios machos (*zánganos*), cuya misión es fecundar a la reina, y numerosas hembras estériles (*abejas obreras*), que producen miel y cera. Se alimenta del polen y el néctar de las flores; con frecuencia se domestica para usarlo como polinizador y para aprovechar sus productos **2** *Abeja africana* Insecto de la misma familia y especie, pero diferente subespecie (*Apis mellifera escutellata*), introducido a América por Brasil en 1956, de apariencia muy similar al doméstico, pero más agresivo. Tiende a enjambrar con mayor frecuencia y, por ello, produce menor cantidad de miel **3** Insecto de la misma familia, de la que existen muchas especies, algunas de las cuales hacen sus nidos en galerías subterráneas.

abejorro s m Insecto himenóptero mayor que la abeja, con el cuerpo revestido abundantemente de vello y que zumba con fuerza al volar. Pertenece a las especies *Bombus fervitus, Bombus mexicensis, Xilocopa fabricii*, etc; jicote.

abertura s f **1** Espacio libre que se forma o queda entre dos cosas o partes que antes estaban unidas o juntas: *una abertura en la falda, una abertura en la pared, abertura de un compás* **2** *Abertura de un ángulo* Tamaño de un ángulo **2** Diámetro útil que tiene el objetivo de un telescopio, una cámara fotográfica, etc para que pase por él un haz de luz: *abertura del diafragma*.

abeto s m **1** Árbol del género *Abies* de la familia de las pináceas, de hojas perennes, resinoso, con ramas extendidas horizontalmente, más cortas hacia la cima, lo que le da una forma cónica. Crece en las montañas altas y frías de los países septentrionales del hemisferio norte. En la época de navidad es el adorno típico **2** Oyamel.

abiertamente adv Sin restricciones, con franqueza, con sinceridad, con claridad: "Supone *abiertamente* un llamado a la libertad", *hablar abiertamente*, "Diré *abiertamente* que la narración me decepcionó".

abierto I pp de *abrir*: "No han *abierto* la librería" **II** adj **1** Que puede percibirse en su totalidad o abarcarse con la vista; que está desprotegido, descubierto, o no ofrece obstáculos al viento, al mar, etc: *campo abierto, cielo abierto, playa abierta* **2** Que se manifiesta de manera clara, sin lugar a dudas: *una abierta prosperidad, una abierta protesta, un odio abierto, una guerra abierta* **3** Que es sincero y franco; que está libre de prejuicios y tiene buena disposición: *diálogo abierto, carácter abierto* **4** Tratándose de escritos, documentos, etc, que se hace público o en público y no de manera personal o secreta: *carta abierta, testamento abierto* **5** Que tiene o impone pocas restricciones o ninguna para per-

mitir su uso o la participación de alguien en él: *sociedad abierta, concurso abierto, crédito abierto* **6** Que es amplio o disperso, que no se cierra o completa: *curva abierta, cadena abierta de carbones, formación militar abierta* **III** s y adj (*Hipo*) **1** Tratándose de caballos, el que todavía echa de ver su edad en los dientes, generalmente el menor de siete años **2** Tratándose de equinos, el que tiene las patas desviadas hacia afuera de la línea vertical que parte del hombro hacia abajo, y que debe pasar por la mitad de toda la extremidad: *abierto de adelante, abierto de rodillas, abierto de atrás, abierto de corvejones* **3** Tratándose de equinos, el que baja la cabeza y el cuello y no se apoya firmemente en sus patas delanteras: *abierto del pecho, abierto del encuentro* **4** Tratándose de equinos, el que se desvía hacia alguno de los lados cuando camina o corre **IV** adj (*NE*) Tratándose de reses, que tiene fracturada la cadera.

abismo s m **1** Profundidad inmensa y vertiginosa, como la de los mares o los precipicios; vacío: *caer al abismo, rodar al abismo*, "Hay esponjas que viven en las partes más profundas de los *abismos* marinos", "Sintió que se hundía en el *abismo* de la desesperación" **2** Gran diferencia o separación; oposición: "Hay un *abismo* entre ver una película en televisión y verla proyectada en la pantalla de un cine", "De las declaraciones del pasado jueves a las realizadas ayer, hay un verdadero *abismo*", "Media un interminable *abismo* de significados entre la página y la mirada del lector".

ablandar v tr (Se conjuga como *amar*) **1** Hacer que algo pierda su dureza o su resistencia; poner algo de manera que ceda con facilidad a la presión o al tacto: *ablandar la carne, ablandarse la plastilina* **2** Disminuir o quitar el enojo, la fuerza, la decisión, etc de alguien; hacer que se conmueva o compadezca: *ablandar la resistencia de los compradores, ablandarse los jugadores*, "Lo *ablandó* con sus lágrimas" **3** (*Quím*) Tratándose del agua dura, quitar las sales que contiene.

ablativo s m y adj (*Gram*) **1** Caso de ciertas lenguas declinables (como el sánscrito, el latín, el griego, el húngaro o el finés) que expresa en términos generales lo que sería un complemento circunstancial en español: relaciones de separación o origen, de causa, instrumento, precio, tiempo, lugar, materia, modo, compañía, etc **2** *Ablativo absoluto* Construcción elíptica que en latín está constituida por un participio y un nombre, por dos sustantivos en aposición o por un sustantivo y un adjetivo concertados entre sí, formando cláusula absoluta sin conexión gramatical con la oración a la que pertenece, pero de la cual depende por el sentido.

abocar v intr (Se conjuga como *amar*) (*Rural*) Componer o mejorar el sabor del pulque, agregándole aguamiel o alguna sustancia vegetal o mineral.

abocarse v prnl (Se conjuga como *amar*) Orientarse, interesarse o dedicarse alguien por completo a llevar algo a cabo, o a solucionar algún problema: "La economía nacional *se ha abocado* a la diversificación de mercados", "Los diputados deben *abocarse* a la verdadera representación popular".

abogado s **1** Persona que ha estudiado leyes y tiene como profesión informar, orientar o asesorar a otras personas en materia jurídica, asistirlas en los procesos judiciales, conducir en su nombre un pleito legal, etc: *abogado defensor, bufete de abogados* **2** Persona que intercede en favor de alguien, lo defiende de sus acusadores o lo protege de la adversidad: "Esta Virgen es *abogada* de casos difíciles", *el abogado de los indios* **3** *Abogado del diablo* Persona que, para comprobar la verdad o la validez de alguna afirmación o causa, toma la posición contraria y defiende los argumentos que la niegan, particularmente el sacerdote católico que tiene el cargo oficial de promotor de la fe y se encarga de buscar los argumentos que contradigan la canonización de una persona: "Por animar la discusión hizo de *abogado del diablo*".

abogar v intr (Se conjuga como *amar*) **1** Intervenir o interceder en favor de alguien o de algo: "El sindicato *abogó* por que se respetaran los derechos de las trabajadoras", "*Abogaron* para que los demás países firmaran el tratado", "Dijo que no *abogaría* en favor de tales compras" **2** (*Der*) Defender los intereses de alguien en un juicio, de palabra o por escrito: "Contrató a un especialista en derecho penal que *abogó* por él" **3** *Abogar contra* o *abogar en contra de* Hablar o intervenir en su contra: *abogar en contra de la impunidad*.

abolición s f Derogación o supresión de una ley, costumbre o institución: *abolición de la pena de muerte, abolición de la esclavitud*.

abolir v tr (Se conjuga como *subir*. Se usa sólo en primera persona del plural del presente del indicativo: *abolimos*; en copretérito, pretérito y futuro de indicativo, y en pretérito y futuro de subjuntivo; participio *abolido* y gerundio *aboliendo*) Poner fin, suprimir, derogar leyes, costumbres, instituciones: *abolir la esclavitud*.

abonar[1] v tr (Se conjuga como *amar*) Echar abono o fertilizante a la tierra para enriquecerla y hacerla más productiva.

abonar[2] v tr (Se conjuga como *amar*) **1** Dar una suma de dinero o valores a una persona o a una institución: "Las sumas recibidas se *abonaron* al capital" **2** Pagar parte de una deuda: "Ya alcancé a *abonar* la mitad del préstamo" **3** prnl Comprar un boleto que da derecho a asistir a una serie de espectáculos o a usar repetidas veces un servicio **4** Dar por buena o por cierta alguna cosa en favor de alguien, para que se la tome en cuenta o se le acredite: "Esos trabajos escritos los *abonamos* para aprobar la asignatura".

abono[1] s m Sustancia animal, vegetal o sintética que se mezcla con la tierra para hacerla más rica y productiva; fertilizante.

abono[2] s m **1** Cantidad de dinero o valores que se entrega a favor de una persona o una institución **2** Pago parcial, y generalmente periódico, de una deuda **3** *En abonos* Mediante pagos parciales o periódicos: *pagar en abonos, comprar en abonos*, "Saqué mi coche nuevo *en abonos*" **4** Boleto que da derecho a asistir a una serie de espectáculos o al uso repetido de un servicio.

abordaje s m (*Mar*) **1** Acto de abordar una embarcación, en particular cuando se trata de una nave enemiga, y se utilizan armas para luchar contra sus defensores **2** *Al abordaje* Al ataque, subiendo o saltando sobre el barco atacado.

abordar v tr (Se conjuga como *amar*) **I 1** Subir o entrar una persona en un vehículo para transportarse de un lugar a otro: *abordar un barco, abordar un avión, abordar un automóvil* **2** (*Mar*) Llegar a tocar una embarcación a otra con cualquier fin: "El guardacostas *abordó* el barco pesquero" **3** (*Mar*) Llegar una embarcación a un muelle, embarcadero, etc **II 1** Tratar una o varias personas cierto tema o asunto difícil, particularmente un problema para darle solución o llegar en él a una conclusión: "Newton *abordó* el problema de la gravitación universal cuando tenía veinticuatro años" **2** Dirigir la palabra una persona a otra para exponerle algún asunto, comunicarle o preguntarle algo: "Los estudiantes *abordaron* al profesor en el pasillo", "Los periodistas trataron de *abordar* al político guerrerense".

aborigen adj y s m y f Que es originario de la tierra, la región o el país de que se trata, al contrario de los que lo habitaron después; que se relaciona con los pueblos y las culturas originarias de un lugar: *los aborígenes americanos, plantas aborígenes, un aborigen británico*.

abortar v intr (Se conjuga como *amar*) **1** Parir un feto antes del tiempo en que puede vivir o expulsarlo ya muerto: "El niño estaba mal colocado y la madre *abortó*", "Los bovinos que han ingerido hierba loca en grandes cantidades pueden *abortar* desde los primeros meses de gestación" **2** Fracasar, no dar frutos o no llegar a término alguna cosa: *abortar un plan*, "Sus proyectos *abortaron* con la devaluación" **3** tr Producir algo imperfecto, deforme o repugnante: "El poeta *abortó* unos versos mal medidos".

aborto s m **1** Acto de abortar: *prevenir un aborto, sufrir un aborto terapéutico, aborto accidental, aborto inducido, aborto delictivo* **2** Feto o embrión que ha sido abortado: "El *aborto* de la vaca fue enterrado en la zanja" **3** Cosa o persona desagradable o repugnante: "Sus pinturas son *abortos*".

abrasar v tr (Se conjuga como *amar*) **1** Quemar o reducir a brasas y cenizas con un fuego intenso y envolvente: "Las llamas *abrasaron* la biblioteca y no quedó un solo libro" **2** Calentar intensamente, al grado de dar la sensación de una quemadura: "Bajo un Sol que *abrasa* tanto / se canta y se baila el son" **3** *Abrasar la sed* Producir la sed una sensación de gran resequedad **4** Corroer o desgastar algo una sustancia **5** (*Liter*) Producir una pasión, como el amor o el odio, una sensación muy intensa, como el ardor de una quemada: "La pasión *abrasaba* a Calixto".

abrasión s f **1** Fricción o rozamiento que producen partículas sólidas sobre una superficie, desgastándola **2** (*Geol*) Desgaste de una parte de la superficie terrestre mediante la acción de corrientes de agua cargadas con arena, de hielo o de viento **3** (*Med*) Ulceración superficial de la piel o mucosas por medios mecánicos **4** (*Med*) Acción irritante de los purgantes fuertes.

abrasivo adj **1** Que desgasta por medio de la fricción o del roce: *sustancia abrasiva* **2** s m (*Quím*) Material, natural o sintético, extremadamente duro, que se usa para pulir o raspar superficies de metal, vidrio, madera o plástico; las más comunes son la arena, el esmeril, el granito pulverizado y la piedra pómez **3** s m (*Geol*) Conjunto de fragmentos de rocas, partículas minerales o granos de arena, conducidos por las corrientes de agua, el viento y los glaciares, que desgastan diversas superficies de la corteza terrestre.

abrazar v tr (Se conjuga como *amar*) **1** Rodear algo o a alguien con los brazos, sobre todo como muestra de afecto **2** Rodear con los brazos o algún objeto a otra cosa o a otra persona para sostenerla o fijarla en algún punto: "*Abrazó* su bolsa para que no se la robaran", "La correa *abraza* el poste para sostener la puerta" **3** prnl Sostenerse o sujetarse de algo rodeándolo con los brazos: "*Se abrazó* del árbol para no caer" **4** Adherirse a alguna idea o doctrina: *abrazar los ideales revolucionarios, abrazar la fe*.

abrazo s m Acto de rodear con los brazos a alguien o de hacerlo dos personas entre sí, generalmente como muestra de afecto, cariño, felicitación o amistad: "Después de la cena vinieron los *abrazos* de año nuevo", "Los dos presidentes sellaron el pacto con un *abrazo*", "Vengo a darle un *abrazo* por su cumpleaños".

abrevadero s m **1** Lugar, como un río o un arroyo, al que va a beber el ganado **2** Recipiente construido especialmente para que beban en él los animales; aguaje.

abrevar v intr (Se conjuga como *amar*) **1** Beber el ganado: "Está fresca el agua donde *abreva* el ganado" **2** tr Dar de beber al ganado **3** Sacar o tomar de algo las ideas o las prácticas que luego uno habrá de desarrollar: *abrevar en las fuentes clásicas, abrevar en el ideario de Flores Magón*.

abreviar v tr (Se conjuga como *amar*) **1** Hacer más corta la extensión de algo o más breve su duración: *abreviar un libro, abreviar un discurso* **2** Representar las palabras de manera más corta, por ejemplo con sus letras iniciales, mediante algunas de sus consonantes, etc, como: *S. A.* por sociedad anónima, *Sr.* por señor, *Prof.* por profesor, *Ud.* por usted o *etc.* por etcétera.

abreviatura s f Representación de una palabra o un conjunto de palabras por una o varias de sus letras o por sus iniciales, como en *Lic.* (licenciado), *Dr.* (doctor), *kg* (kilogramo), *D. F.* (Distrito Federal), *ISSSTE* (Instituto de Seguridad y Servicios Sociales de los Trabajadores del Estado).

abridor s m **1** Utensilio provisto de una cuchilla gruesa que sirve para abrir latas, que generalmente contienen alimentos en conserva; abrelatas **2** Instrumento que sirve para abrir las botellas tapadas con corcholata o con corcho; destapador.

abrigar v tr (Se conjuga como *amar*) **1** I Cubrir con ropa gruesa el cuerpo para protegerlo del frío: *abrigar al niño* **2** Proteger a alguien de los peligros, darle amparo en un lugar seguro; dar abrigo **II** Guardar o tener ciertas ideas o sentimientos: *abrigar una esperanza, abrigar un proyecto, abrigar dudas* **III** (*Ver*) Recorrer o abarcar en su totalidad, una extensión o un espacio amplio durante una operación agrícola, de vigilancia o de sondeo; peinar: "Hay que *abrigar* el monte con un chapeo", "Los soldados *abrigaron* buena parte de la sierra buscando guerrilleros" **IV** En equitación, oprimir con las piernas los flancos del caballo para impulsarlo.

abrigo s m **1** Prenda de vestir que se usa encima de las demás para protegerse del frío; por lo general cubre hasta abajo de la rodilla y es de tela gruesa, piel o lana **2** Cualquier prenda que proteja, particularmente del frío y del viento: "No salgas sin *abrigo*" **3** Lugar o situación en los que uno puede colocarse para protegerse del frío, el viento o de al-

gún peligro, amenaza, etc: "Los piratas encontraron *abrigo* detrás de la isla", *dar abrigo* **4** *Al abrigo de* Bajo la protección de, al amparo de: "Si siente miedo, corre *al abrigo de* su madre".

abril s m **1** Cuarto mes del año, tiene treinta días; sigue a marzo y precede a mayo: "En *abril* empiezan las lluvias", "El 30 de *abril* es el día del niño" **2** pl Años, principalmente los de la juventud: "Festejan sus quince *abriles*".

abrir v tr (Se conjuga como *subir*) **I 1** Separar o quitar lo que impide la entrada, la vista, la circulación, etc entre el interior y el exterior de algo o entre lugares: *abrir la puerta, abrir las cortinas, abrir un camino, abrir un frasco, abrir un agujero* **2** *Abrir(se) paso* Despejar el lugar por donde alguien va a pasar, hacer el espacio necesario para ello o vencer las dificultades que se le presentan a alguien durante su vida **3** *Abrir cancha* (*Popular*) Abrir paso **4** *¡Ábranla!* (*Popular*) ¡Despejen, quítense!: "*¡Ábranla* que lleva bala!", "*¡Ábranla* que ahí les voy!" **II 1** Separar algo, formando un espacio entre sus extremos: *abrir unas tijeras, abrir las piernas, abrir la boca, abrirse una herida, abrirse la tierra* **2** *Abrir en canal* Cortar el cuerpo de un animal por enmedio, de la cabeza a la cola **3** *Abrir la boca* (*Coloq*) Denunciar a alguien o confesar alguna cosa: "Al que *abra la boca*, lo mato" **4** *Abrir los ojos* (*Coloq*) Darse cuenta o caer en la cuenta de algo; perder la ingenuidad o la inocencia: "Teodoro tardó en *abrir los ojos*, pero cuando lo hizo, se cobró con creces" **III 1** Extender lo que estaba doblado, encogido o recogido: *abrir la mano, abrirse una flor, abrir un paraguas* **2** *Abrir los brazos* Acoger a alguien o aceptarlo con gusto, con cariño y generosidad: "Cuando Rafael llegó a la casa, la familia le *abrió los brazos*" **3** prnl Tomar uno una actitud sincera y franca o favorable y libre de prejuicios: *abrirse al diálogo, abrirse a las críticas* **IV 1** Encabezar algo; iniciar o inaugurar el funcionamiento de algo: *abrir un desfile, abrir un teatro* **2** *Abrir la gloria* Para la tradición católica, comenzar la Pascua: "Las campanas de la catedral anunciaban que se *había abierto* ya *la gloria*" **3** *Abrir boca* Comer algo tiempo antes de una comida para estimular el apetito: "Nos comimos unos gusanos de maguey para *abrir boca*" **V** (*Charr*) **1** En la faena de colear, dirigir al caballo hacia el lado opuesto al animal que se colea, inmediatamente después de amarrar, con el objeto de lograr la caída perfecta **2** *Abrir la mano* Hacer uso de la falsa rienda, de modo que para hacer volver al animal hacia uno u otro lado, se le jala a la altura más o menos de las rodillas del jinete.

abrochar v tr (Se conjuga como *amar*) **1** Cerrar una prenda de vestir, con broches, botones, cierre, etc: *abrocharse la camisa* **2** *Abrocharse a alguien* (*Popular*) Abusar sexualmente de una mujer: "Se *abrochó* a la vecina" **3** *Abrocharse a alguien* (*Popular*) Causarle un daño a alguien o derrotarlo en una competencia: "Nos *abrocharon* en el examen".

abrogar v tr (Se conjuga como *amar*) Anular la validez de una ley; derogarla.

abrojo s m **1** Cualquier planta espinosa y ruda, de poca altura, silvestre y sin utilidad aparente **2** *Camino (sembrado) de abrojos* Algo que es penoso o que está lleno de dificultades o sufrimientos: "Su vida fue un *camino de abrojos*".

absceso s m Acumulación de pus en una cavidad formada por la desintegración de los tejidos: *absceso pulmonar*, "Hay que abrir el *absceso*, exprimirlo y desinfectarlo".

abscisa s f (*Geom*) En un sistema de coordenadas, línea horizontal o eje que sirve para determinar la posición de un punto en el plano (eje de las x); distancia que separa al punto del eje de las ordenadas.

absolutamente adv De manera absoluta, total, completa: "La entrada fue *absolutamente* libre", "No le diré *absolutamente* nada".

absolutismo s m **1** Forma de gobierno de un rey, un dictador o un grupo de personas cuyo poder es ilimitado **2** Doctrina política que propone este tipo de gobierno.

absolutista adj y s m y f Que es partidario del absolutismo o que se relaciona con él: *régimen absolutista, gobierno absolutista*.

absoluto 1 adj Que excluye toda relatividad, restricción o atenuación; que es pleno o total: "La justicia *absoluta* es inalcanzable", *monarquía absoluta*, "Mostró un dominio *absoluto* de la técnica del violín", "Fue el fallo *absoluto* del jurado" **2** (*No*) *en* (*lo*) *absoluto* De ninguna manera: "*No* quiero cooperar *en absoluto*", "No es una cuestión moral *en lo absoluto*", "—¿Te gusta el futbol? —*En absoluto*" **3** *En* (*lo*) *absoluto* Por completo, sin lugar a dudas: "Fue un movimiento que se aparta *en absoluto* de las tradiciones españolas" **4** adj y s (*Fil*) En la filosofía hegeliana, que incluye todo en sí y por lo tanto no tiene nada fuera de sí que pueda limitarlo o condicionarlo: *idea absoluta, espíritu absoluto*.

absolver v tr (Se conjuga como *mover*, 2c. Su participio es irregular: *absuelto*) Dar por libre a una persona de alguna falta o de alguna obligación; perdonar algo por completo: *absolver a un acusado, absolver de un pecado*.

absorbente adj m y f **1** Que absorbe o es capaz de absorber: *materia absorbente, papel absorbente* **2** Que ocupa por completo, que exige una atención constante, que no permite actuar libremente: *una mujer absorbente, un trabajo absorbente*.

absorber v tr (Se conjuga como *comer*) **I 1** Atraer un cuerpo o una sustancia a otros, incorporándolos o integrándolos en sí mismos: *absorber oxígeno por los pulmones, absorber los puntos de una sutura, absorber agua con una esponja* **2** Recibir un cuerpo algo, soportando sus efectos o sus consecuencias: *absorber golpes un boxeador, absorber las vibraciones* **3** Recibir algo la influencia o los efectos de otra cosa, eliminándolos o haciéndolos desaparecer: *absorber radiaciones un filtro* **II 1** Ocupar o consumir algo cierta cantidad de materia prima, de recursos o de trabajo de los que se dispone: "El consumo doméstico *absorbe* toda la producción de gas natural", "La industria estatal *absorbe* la mano de obra de la región" **2** Ocupar por completo alguna cosa o alguna persona la atención o el pensamiento de alguien: "El trabajo la *absorbe*".

absorción s f Propiedad o hecho de atraer, admitir o retener un cuerpo algo en su interior: *absorción de calcio, absorción de calor, insuficiente absorción de población en el trabajo urbano*.

abstención s f Acción de abstenerse uno de hacer algo que se hacía o que se podría hacer: *abstención de comer, abstención electoral*, "La medida se apro-

bó con seis votos a favor, tres en contra y dos *abstenciones*".

abstencionismo s m Actitud generalizada de no hacer algo, dejar de hacerlo o de negarse a ello: *abstencionismo electoral*.

abstenerse v prnl (Se conjuga como *tener*, 12a) Dejar uno voluntariamente de hacer algo que podría hacer o no actuar, por voluntad, en determinado sentido: *abstenerse de fumar, abstenerse de opinar, abstenerse de votar*.

abstinencia s f Acto de abstenerse de algo, especialmente de comer carne en ciertos días del calendario religioso, como en la cuaresma.

abstracción s f **I** Acto de concentrarse uno en un pensamiento, dejando de poner atención o de percibir aquello que lo rodea: *sumirse en la abstracción* **II 1** Elaboración del pensamiento que consiste en destacar algún aspecto o cualidad de algo que existe **2** Concepción o idea que no tiene relación con la realidad, sino que es invento de la imaginación **3** *Hacer abstracción de algo* Hacer caso omiso de algo; no tomarlo en cuenta.

abstracto adj **1** Que resulta de un proceso intelectual por el cual se han separado y destacado ciertos aspectos o propiedades de un objeto, como medio para explicarlo o comprenderlo mejor: *un modelo abstracto, una situación abstracta* **2** Que ha sido extraído de una realidad compleja y, por ello, la distorsiona o la simplifica: "El *abstracto* superhombre de Nietzsche nada tiene que ver con el hombre real y concreto" **3** Que pertenece al campo de las ideas y no corresponde a fenómenos u objetos materiales o naturales: *símbolo abstracto, representaciones abstractas* **4** *En abstracto* Sin tomar en cuenta la realidad, la complejidad o la identidad de algo o de alguna persona considerada: "La libertad, *en abstracto*, no tiene sentido" **5** En las artes plásticas, que no busca representar un hecho concreto sino que destaca solamente algunas de sus características y opta por la materia, la línea o el color como expresiones por sí mismas: *un cuadro abstracto, pintura abstracta* **6** Que es difícil de comprender por su falta de apoyo en hechos o figuras reales o concretas: *una explicación demasiado abstracta*.

absurdo adj, y s m **1** Que es contrario a la razón, que carece de lógica o no tiene fundamento; que resulta irracional o imposible con arreglo a criterios determinados: *un enunciado absurdo, un plan absurdo*, "Consideraban un *absurdo* que la Tierra fuera redonda", "¡Qué *absurdo*!, se gastan todo el presupuesto en administrarlo" **2** *Reducción al absurdo* (*Lóg*) Razonamiento que consiste en seguir un argumento hasta deducir de él una consecuencia que resulta contradictoria con la hipótesis inicial, para demostrar que esta última es falsa.

abuelo s **I 1** En relación con una persona, el padre o la madre de su padre (*abuelos paternos*), o de su madre (*abuelos maternos*): *mi abuelo, mi abuelita* **2** Persona vieja o anciana: "La busca un *abuelito* con una criatura" **3** pl Antepasados: "De sus *abuelos* heredaron la artesanía en madera" **II** (*Popular*) **1** *¡Tu abuela!* ¡No te creo, no insistas, no me molestes!: *¡Tu abuela!* ¡No me vengas otra vez con esos cuentos!" **2** *No tener abuela, tener poca abuela* o *¡qué poca abuela!* No tener o tener pocos escrúpulos, vergüenza, honradez; tener poca consideración de las personas: "El alcalde *no tiene abuela:* se roba hasta los lápices", ¡Qué poca abuela tienes! me dejaste esperándote todo el día" **3** *De poca abuela* Muy bueno, muy bonito, muy grande: "Construyeron un teatro *de poca abuela*" **4** *¡Abuelita!* Claro, por supuesto; a huevo: "—¿Vas a ir al reventón? —*¡Abuelita!* **III** Dulce de piloncillo con nuez, que se hace con la forma de un cono truncado, típico de Nuevo León.

abulón s m Molusco gasterópodo que vive adherido a las rocas en el océano Pacífico y es particularmente abundante en las costas de Baja California; es un caracol, aunque no lo parezca, de forma oval un poco alargada, su única concha o valva es aplanada y tiene una hilera de perforaciones en el borde externo de su espiral; es muy apreciado por su carne y por el nácar de su concha. Pertenece al género de los haliótidos, que comprende varias especies, de las cuales la más conocida en México es *Haliotis fulgens* (abulón azul).

abundancia s f **1** Gran cantidad de algo: "El pueblo tenía *abundancia* de agua", "Había árboles frutales en *abundancia*" **2** Prosperidad y bienestar económico: "Los tiempos de paz y *abundancia* volvieron a nuestra casa".

abundante adj m y f **1** Que existe o se da en gran número o cantidad: "En esas regiones el petróleo es *abundante*" **2** *Abundante en* Que tiene algo en gran número o cantidad: "Es una zona de aguas profundas *abundantes en* especies marinas".

abundar v intr (Se conjuga como *amar*) **1** Haber o darse en gran cantidad: "Región fértil y próspera en que *abundan* arroyos y aguajes", "Los impuntuales *abundan*" **2** *Abundar en* Tener algo en gran cantidad o número: "La Sierra Madre *abunda en* tigres, tigrillos, osos, etc" **3** *Abundar en, abundar sobre algo* Agregar o dar mayor información acerca de un tema; extenderse en consideraciones y razonamientos acerca de algo: "El maestro *abundó* en explicaciones para que no quedara ninguna duda", "*Abundó sobre* el problema de la deuda" **4** (*Rural*) Dar buen fruto una planta: "Mientras que *abunde*, ahí sigue el arbolito", "Les echa la bendición para que les *abunde* el maíz".

aburrido I pp de *aburrir* **II** adj **1** Que aburre: "Es una película larga y *aburrida*" **2** Que siente cansancio, fastidio e indiferencia por algo o alguien que le resulta poco interesante o divertido: "Ya quita esa cara de *aburrido*", "¡Qué bueno que viniste, estaba muy *aburrida*!".

aburrimiento s m Cansancio, molestia o falta de interés producido por la inactividad, por algo o alguien monótono, poco agradable o poco divertido: "No podía disimular el *aburrimiento* que le producían sus acompañantes".

aburrir v (Se conjuga como *subir*) **1** tr Causar alguna cosa, alguna persona o alguna actividad cansancio, desinterés o molestia en alguien: "Los *aburren* con clases largas y monótonas", "Debo estar *aburriéndote* con mi conversación" **2** prnl Cansarse de hacer algo que resulta inútil, repetitivo o falto de interés: "Ya se *aburrieron* de seguir consejos piadosos" **3** prnl Cansarse de estar inactivo o sin compañía: "Si no sales a pasear, te *aburrirás* aquí sola".

abusado adj (*Coloq*) **1** Que es listo, hábil o astuto:

"El niño les salió muy *abusado*", "Es muy *abusado* para hacer crucigramas" **2** *Ponerse abusado* Ponerse atento o alerta, prepararse para algo: "*Ponte abusado* cuando repartan el dinero" **3** interj ¡Atención!, ¡Ten cuidado!: "¡No te vayas a caer! *¡Abusado!*".

abusar v intr (Se conjuga como *amar*) **1** Hacer uso excesivo de algo, sacar provecho de alguna cosa de manera impropia o indebida: *abusar de la comida, abusar de la fuerza, abusar de los bosques* **2** Aprovechar la situación desventajosa de alguien para obtener un beneficio a costa suya: *abusar de los consumidores, abusar de los indígenas* **3** Aprovecharse sexualmente de la inocencia, debilidad, desventaja, etc de una persona: *abusar de una mujer*.

abuso s m **1** Uso excesivo que se hace de algo y que por lo regular daña a quien lo comete; provecho indebido que se obtiene de alguna cosa, generalmente perjudicándola o dañándola: *abuso del alcohol, abuso de la naturaleza,* "Para controlar el *abuso* en el consumo de medicinas..." **2** Provecho excesivo e indebido que alguien obtiene de la situación desventajosa de otro o de la que hace uso: *el abuso de las compañías trasnacionales, el abuso del trabajo femenino* **3** (*Der*) Uso de alguna cosa o ejercicio de algún derecho en forma contraria a su naturaleza y con una finalidad distinta de la que es lícito perseguir: *abuso del poder, abuso del uniforme* **4** *Abuso de confianza* (*Der*) Delito que consiste en que una persona dispone de alguna cosa que no le pertenece o no le corresponde, aprovechándose de la buena fe de quien le entregó sus bienes o le otorgó su confianza **5** *Abuso de autoridad* (*Der*) Acto que realiza intencionalmente un funcionario público, más allá de los límites de su competencia, en perjuicio de algo o de alguien.

acá I adv **1** Por donde está el que habla, en ese lugar o hacia él, en su ámbito o región: "¡Ven *acá*!", "Entra para *acá*", *más acá,* "Vienen corriendo hacia *acá*", "La naranja se da mucho por *acá*", "Para *acá*, para el rumbo de San Juan, no hace tanto frío", "Ya deja en paz a ese niño, nomás lo traes para *acá* y para allá", "¿Cuánto se hace de allá a *acá*?", "Nomás te lo digo, *acá* entre nos, para que tú lo sepas" **2** Hasta ahora, hasta el presente: "De entonces para *acá* no me habla", "¿De cuándo *acá* te peinas de raya enmedio?", "En lo que va de entonces *acá* no ha habido cambios" **II** adj m y f (*Popular*) Que presume de estar a la moda, ser moderno, juvenil, o de tener buena calidad; que se hace notar, generalmente de manera pretenciosa: "Llegó en un coche muy *acá*, achaparrado, con quemacocos y todo", "Me compré unos pantalones bien *acá*, bien chidos", *un viejito muy acá.*

acabado I pp de *acabar* **II** adj **1** Que tiene poco o ningún vigor; que ha perdido su fuerza o está agotado, generalmente por enfermedad o por maltrato: "Lo vi muy *acabado* por las penas", "Todos creían que Beethoven era ya un músico *acabado* por la baja producción de esos años" **2** Que se ha cumplido cabalmente, que ha alcanzado su mejor punto o ha sido llevado a buen término; refinado, consumado o perfecto: "El perfecto equilibrio entre contenido y forma produce una obra *acabada*", "El soneto es la expresión más *acabada* de la poesía renacentista" **III** s m Proceso final en la elaboración de alguna cosa, en el que se añaden, se retocan o refinan los detalles y se da a lo elaborado una mayor perfección o una mejor presentación; elemento que da refinamiento o redondea alguna cosa: "El *acabado* de las prendas es totalmente artesanal", "Los *acabados* en madera lo hacen más elegante".

acabar v tr (Se conjuga como *amar*) **1** Dar o poner fin a alguna cosa; terminarla o concluirla: "No se levantó de la mesa sino hasta que *acabó* su tarea", "Cuando *acabes* el tejido me avisas" **2** (*No*) *acabar de* (seguido de un verbo en infinitivo) Haber realizado una acción recientemente: "*Acababa de llegar* cuando sonó el teléfono", "*No acababa de* entrar cuando me empezó a gritar" **3** prnl Consumir o consumirse alguna cosa; gastarla hasta agotarla o dejarla sin uso posible: "¿Ya *acabaste* tu vaso de leche?", "*Nos acabamos* el dinero que traíamos", "*Se acabó* el azúcar", "Camina tanto que *se acaba* los zapatos en tres meses" **4** intr Terminarse alguna cosa o llegar a su fin: "La película *acabó* a las diez", "Aquí *se acaban* los versos / del pescado nadador" **5** prnl (*Coloq*) Agotar o agotarse las facultades o el vigor de una persona u otro ser vivo; debilitarlo o hacerlo envejecer: "*Te* vas a *acabar* ese animal de tanto hacerlo trabajar", "Por no dormir *se acaba* uno" **6** *Acabarse a* (*Coloq*) Agotarse o desfallecer de cansancio alguien que hace insistentemente una acción; extenuarse el que recibe los efectos de esta acción: "Manuel *se acababa a* gritos mientras Laura le preparaba el biberón", "Luego *se* lo *acabó a* besos" **7** Destruir algo o a alguien; matar a una persona o un animal; hacer que se extinga alguna cosa: "Queman nuestras casas, se llevan nuestras mujeres y donde dan con uno lo *acaban* como perro del mal" **8** (*Popular*) Morir: "Don Julián *acabó* anoche como a la una, ya confesado" **9** *Acabar por* (seguido de un verbo en infinitivo) Llegar el momento en que una acción por repetida o por errónea tiene su desenlace lógico o una consecuencia que ya no tiene remedio: "Si sigues jugando con el cuchillo *acabarás por* cortarte", "*Acabó por* cansarlos con tanto regaño", "No puedo sino pensar en ella; mi cerebro *acabará por* estallar" **10** *Acabar a*, *acabar con* (*Coloq*) Hablar mal de una persona: "Hacían tortillas mientras *acababan a* Conchita por sus amoríos" **11** *Para acabarla de amolar*, *para acabarla de fregar*, etc (*Coloq*) Para colmo, para rematar: "Se nos descompuso el camión y, *para acabarla de amolar*, no teníamos agua" **12** *Acabar en* Tener una forma determinada alguno de los extremos o bordes de un objeto: "Sus zapatos *acaban* en punta".

acacia s f (*Robinia pseudo acacia*) Árbol de la familia de las leguminosas, de hojas pinadas, compuestas por 7 a 19 hojuelas ovales de 25 a 30 mm de largo, cuyo ápice es una puntita corta y dura; sus flores son amariposadas, blancas y se dan por racimos; tienen una vaina lineal oblonga, de 8 a 10 cm, y son aromáticas. Es originaria de Estados Unidos; se cultiva como ornamental.

academia s f **1** Sociedad o agrupación científica o artística, generalmente formada por las personas más destacadas en su disciplina, que se reúnen para diversos fines: "Estas revistas las edita la *Academia* de la Historia", "Ingresó a la *Academia* de Medicina" **2** Agrupación de maestros o profesores de una escuela que se reúne periódicamente para tra-

tar asuntos educativos y pedagógicos **3** Escuela de artes, particularmente de pintura y escultura: "La *Academia* de San Carlos tiene una larga tradición" **4** Escuela, generalmente privada, en la que se enseña algún oficio o artesanía: *academia de taquigrafía, academia de corte y confección*.

académico adj **1** Que pertenece a la academia o se relaciona con ella **2** s Miembro de una academia: *un académico de la lengua, un académico del derecho* **3** Que pertenece o se relaciona con ella, con los centros de estudio o la investigación universitaria: *trabajador académico, libertad académica, año académico* **4** Que sigue con rigor las normas o reglas artísticas establecidas a partir del siglo XVII por las academias y las escuelas clasicistas europeas: *un pintor académico, una poesía académica* **5** Que es frío, rígido o solemne: *un estilo académico, una actitud académica* **6** Que tiene poco contacto con la realidad o poca importancia con respecto a ella: *una discusión académica, un argumento académico*.

acaecer v intr (Se conjuga como *agradecer*, 1a. Se usa sólo en infinitivo, participio, gerundio y en las terceras personas del indicativo, singular y plural) Suceder u ocurrir algo por azar, sin que haya una causa o una intención aparentes: "Tres muertos y diez heridos fue el saldo del derrumbe *acaecido* en la planta vidriera Los Reyes".

acalorado I pp de *acalorar* o *acalorarse* II adj Que se manifiesta con vehemencia y pasión: *un acalorado discurso, un aplauso acalorado, un debate acalorado*.

acalorarse v prnl (Se conjuga como *amar*) **1** Sentir calor y fatiga, generalmente por haber hecho un ejercicio o un trabajo muy intenso; sentir agobio o bochorno por el calor: "*Nos acaloramos* mucho jugando futbol", "El niño *se acaloró* en el coche, que parecía un horno" **2** Enardecerse o violentarse una discusión o una disputa cualquiera; apasionarse o violentarse el ánimo de los que participan en ella: "La demanda levantó una ola de protestas y las discusiones *se acaloraron* en los periódicos", "Unos y otros *se acaloraron* al discutir la validez del resultado".

acame s m (*Agr*) Doblez o inclinación que sufre el tallo de las plantas, como el trigo, la cebada, etc, debido a la acción del viento o a que ha alcanzado su madurez y no se le corta.

acanaladura s f **1** Surco en forma de canal **2** (*Arq*) Adorno en forma de canal; canaladura.

acantilado s m y adj Pendiente vertical y abrupta que se forma en una elevación del terreno generalmente por efecto de fenómenos geológicos, como las que se observan en algunas costas o en ciertas zonas del fondo del mar: "Miramos los barcos desde el *acantilado*", *zona acantilada*.

acaparador adj y s **1** Que compra todo lo que puede de cierta mercancía y la retira temporalmente del mercado, con el fin de que escasee y suba de precio: "Los *acaparadores* de maíz están especulando con el hambre del pueblo" **2** Que guarda, concentra o posee algo en gran cantidad y no lo comparte ni lo pone a disposición de los demás; que quiere todo para sí: "Sus hijos son los *acaparadores* de su tiempo", "Tiene todas las fichas de la mesa, es un *acaparador*".

acaparar v tr (Se conjuga como *amar*) **1** Comprar y guardar mercancías en grandes cantidades con el fin de que escaseen y suban de precio, y así obtener mayores ganancias: *acaparar maíz* **2** Querer o lograr para sí mismo la totalidad de alguna cosa, sin compartirla con los demás: *acaparar el poder, acaparar la atención*.

acariciar v tr (Se conjuga como *amar*) **1** Tocar suavemente la piel de alguien, por lo regular con la mano y generalmente en señal de cariño, de amor o de ternura: "*Acaricia* una y otra vez el cabello de sus vástagos", "Los enamorados se *acariciaban* en los bancos que circundaban el quiosco" **2** Tocar levemente una cosa a otra: "El viento *acariciaba* su rostro", *acariciarse la barba* **3** Pensar con complacencia en alguna cosa que se desea o se tiene la esperanza de realizar: "*Acariciaba* la idea de viajar a Río de Janeiro".

acarrear v tr (Se conjuga como *amar*) **1** Llevar alguna cosa del lugar en donde yace o se encuentra, a otro; transportar algo en un vehículo, en un recipiente o con las manos: *acarrear leña, acarrear material, acarrear agua* **2** Traer algo consigo como una consecuencia inevitable: "El descuido les *acarrearía* una multa", "Un jugador peleonero le *acarrea* problemas a su equipo", "La toxicidad de este medicamento *acarrea* muy graves consecuencias, incluso la muerte" **3** (*Dep*) Impulsar una pelota con una parte del cuerpo, generalmente con la mano o con algún objeto, como una raqueta, teniendo un contacto prolongado con la pelota sin llegar a sostenerla permanentemente: *acarrear el balón* **4** Llevar personas a un acto público o político, sin que ellas hayan tenido deseo o interés por asistir, a cambio de alguna recompensa pequeña: "El partido *acarreó* campesinos al mitin".

acaso adv **1** Tal vez, quizá, ¿qué no?: "*Acaso* el recuerdo la entristecía", "¿*Acaso* estabas en el colegio?" **2** *Si acaso* Si por casualidad, cuando mucho, a lo más: "Y *si acaso* yo muero en la sierra", "No puedo llegar más temprano, *si acaso* a las siete" **3** *Por si acaso* Por si las dudas: "No creo que venga pero, *por si acaso*, te dejo su libro", "*Por si acaso* llévalo al doctor" **4** s m Azar, casualidad.

acatar v tr (Se conjuga como *amar*) Respetar y cumplir las disposiciones, las órdenes, las normas, etc que provienen de una persona o de una institución que tiene la facultad de emitirlas: "Yo estoy aquí para *acatar* órdenes, no para discutirlas con usted", "No *acató* la decisión del árbitro y lo expulsaron".

acceder[1] v intr (Se conjuga como *comer*) Consentir en hacer algo que otro desea o propone; permitir que se satisfaga alguna solicitud, petición, etc: "El profesor *accedió* a repetir el examen", "*Accedió* a ir aunque nos advirtió que él se regresaba temprano", "El gobierno no puede *acceder* a las demandas de los secuestradores".

acceder[2] v intr (Se conjuga como *comer*) **1** Tener acceso a algo, lograr entrar a algún lugar o conseguir que se acepte la inclusión de alguien en alguna institución u organización: *acceder al gobierno, acceder a la Cámara de Diputados* **2** (*Comp*) Entrar a la memoria de una máquina y obtener datos: *acceder a la memoria*.

accesible adj m y f **1** Que se puede alcanzar o se puede llegar a él con facilidad: *precios accesibles*, "Las aguas superficiales constituyen una fuente de abastecimiento *accesible* y de fácil utilización", "Intentaron la subida por el lugar más *accesible*" **2** Que es sencillo, de fácil trato o fácil de entender: *un libro accesible, un lenguaje accesible, una persona accesible*.

acceso s m **1 1** Lugar por donde se entra o se llega a alguna parte: *un acceso a la plaza, caminos de acceso* **2** Entrada a un lugar; posibilidad de alcanzar o conseguir algo o de entrar a algún lugar: "No se permitió el *acceso* de reporteros y fotógrafos a la capilla ardiente", "Estados Unidos tiene necesidad de conservar su *acceso* a las reservas de petróleo árabe", *el acceso a los créditos* **3** *Tener acceso* Poder entrar a un lugar o a una institución; tener la posibilidad de ver o adquirir ciertas cosas, o de acercarse a ciertas personas: *tener acceso a la educación, tener acceso a los bienes de la cultura* **4** *Dar acceso* Conducir, llevar a un lugar o permitir su entrada: "Las grandes avenidas que *dan acceso* a los campos", *darles acceso a los medios de comunicación* **5** *Acceso aleatorio* (*Comp*) Modo de entrar a la computadora, que consiste en localizar directa e inmediatamente los datos almacenados, mediante un sistema de coordenadas que elimina la necesidad de recorrer uno por uno todos los datos buscando el requerido **6** *Acceso secuencial* (*Comp*) Modo de entrar a la memoria de la computadora en el que, para localizar algún dato, se revisan uno por uno todos ellos hasta llegar al requerido, como sucede cuando se usa disco o cinta magnética como medio de almacenamiento **II 1** Aparición violenta y súbita de alguna emoción, sentimiento o estado de ánimo: *un acceso de furia, un acceso de celos* **2** Aparición súbita e intensa de ciertos síntomas o ataques de una enfermedad: *un acceso de tos*.

accesorio 1 adj Que es complementario o que acompaña a algo principal; que es secundario, ayuda al mejor funcionamiento de algo, pero no es esencial: *información accesoria* **2** s m Parte de una máquina o de otro objeto que no es indispensable para su funcionamiento, pero que lo complementa o capacita para otras funciones; aditamento: *accesorios eléctricos*, "El seguro no cubre los *accesorios* del vehículo".

accidentado adj **1** Que ha tenido muchos incidentes o ha sufrido muchos acontecimientos inesperados: "Tan *accidentado* viaje no nos dejó disfrutarlo" **2** adj y s Que ha sufrido un accidente: "Trasladaron a los *accidentados* a la Cruz Roja" **3** Que es desigual, abrupto, lleno de obstáculos: *un terreno muy accidentado*.

accidental adj m y f Que es casual, que ocurre sin intención, sin desearlo o buscarlo: "La liberación *accidental* de grandes cantidades de energía podría provocar una catástrofe".

accidentarse v prnl (Se conjuga como *amar*) Sufrir alguien o algo un accidente: "El avión *se accidentó* en la sierra de Guerrero", "El maestro *se accidentó* en la carretera".

accidente s m **I 1** Acontecimiento inesperado y no intencionado que altera el curso normal de las cosas, provocando generalmente alguna desgracia: *accidente de tránsito, accidente de trabajo* **2** *Por accidente* Por casualidad: "Nos encontramos *por accidente*" **II 1** (*Gram*) Modificación, en la forma de una palabra, que añade información gramatical. En español, las terminaciones que se añaden a las raíces nominales (*género y número*) y a las verbales (*modo y tiempo*) **2** (*Mús*) Cada uno de los signos usados en la notación musical para indicar o suprimir alteraciones cromáticas de medio tono. Son el sostenido, el bemol y el becuadro **3** (*Geol*) Cada uno de los elementos que configuran el terreno de un lugar, como las montañas, los cauces de los ríos, etc **4** *Accidente de terreno* Irregularidad, generalmente brusca, en el relieve del suelo **III** (*Fil*) Cualidad, propiedad o característica distinta de aquellas que hacen a algo o a alguien ser lo que es y que no pertenece a su esencia; determinación o cualidad de un sujeto, distinta de su esencia.

acción[1] s f **I 1** Lo que hace alguien **2** *Entrar* o *poner en acción* Comenzar una actividad, hacer que alguien o algo la comience o actúe: "La artillería *entró en acción*" **3** Lo que pasa o cualquier cosa que suceda, considerado como producido por un agente **4** Comportamiento de una persona: *buenas y malas acciones, acciones ejemplares* **II** (*Der*) Facultad legal de una persona para hacer algo a lo que tiene derecho **III** (*Fís*) Fuerza con que actúa un agente físico sobre otro: *la acción del agua sobre las rocas* **IV** (*Lit*) Serie de acontecimientos en una obra literaria, especialmente de teatro.

acción[2] s f **1** Documento que representa una de las partes en que se divide el capital social de una sociedad anónima: *subir las acciones, comprar una acción*, "Las *acciones* siguen bajando" **2** En Tabasco, parte proporcional de tierra que corresponde a cada comunero **3** En otras regiones del sur de México, medida de superficie que varía según el tamaño de las propiedades y medida de lo cosechado en ellas.

accionar v (Se conjuga como *amar*) **1** tr Hacer funcionar un mecanismo, ponerlo en movimiento: "*Accionó* los controles del aparato", "*Accione* el motor de arranque" **2** intr Hacer gestos y movimientos, principalmente con las manos, para comunicar algo o para acompañar el habla: "*Accionaba* y gritaba, pero no podíamos entender nada".

accionista s m y f Dueño o poseedor de una o de varias acciones de una empresa: *junta de accionistas*, "Este impuesto también se aplicará a los dividendos que recojan los *accionistas*".

acechar v tr (Se conjuga como *amar*) **1** Observar sigilosamente a alguien sin que se dé cuenta, generalmente para atacarlo o causarle algún daño: "Tigres que *acechan* con los instintos exasperados", "El escorpión me *acechaba*" **2** Amenazar con presentarse u ocurrir alguna cosa mala o dañina para alguien: "Muchos peligros nos *acechan*" **3** (*Yuc*) Visitar, pasar a saludar a alguien.

acedo adj **1** Que está ácido, como el vinagre: *vino acedo* **2** Que tiene un carácter amargado y difícil: "Don Miguel es un hombre muy *acedo*".

aceite s m **1** Líquido graso, combustible, no soluble en agua, de origen animal, vegetal, mineral o sintético. Se emplea, según sus características, como lubricante para máquinas y motores (el que se obtiene por refinación del petróleo); en la preparación de alimentos (*aceite de oliva, aceite de cártamo, aceite de ajonjolí*, etc); en medicina, principalmente como tónico y purgante (*aceite de hígado de bacalao, aceite de ricino*, etc); en la fabricación de cosméticos (*aceite de almendras, aceite de tortuga*, etc) y en la producción de pinturas (*aceite de linaza, aceite de soya*) **2** *Ser como el agua y el aceite* Ser dos personas o cosas totalmente diferentes e incompatibles o que no se pueden relacionar.

aceitero 1 adj y s Que se relaciona con el aceite: *industria aceitera* **2** s m Recipiente que sirve para contener o agitar aceite.

aceitoso adj Que contiene aceite, generalmente en mucha cantidad, o que tiene una consistencia o una textura como la del aceite.

aceituna s f Fruto del olivo, ovoide, pequeño, carnoso, de piel lisa y con un hueso duro en el centro; es de color verde amarillento cuando no está maduro y negro cafesoso cuando madura. Se prepara en salmuera y se usa como condimento, como botana o para extraer aceite.

aceleración s f **1** Acto de acelerar o acelerarse; aumento de velocidad: *aceleración de un motor, aceleración del proceso productivo* **2** Rapidez o velocidad con que algo ocurre o se hace: "El automóvil viajaba con gran *aceleración*" **3** (*Fís*) Índice del cambio de velocidad por unidad de tiempo **4** *Aceleración positiva* (*Fís*) Incremento de la velocidad por unidad de tiempo **5** *Aceleración negativa* (*Fís*) Disminución de la velocidad por unidad de tiempo; *desaceleración* **6** *Aceleración de las estrellas fijas* (*Astron*) Índice del adelanto con que una estrella precede al Sol en su paso diario por un mismo meridiano; es variable a lo largo del año, pero equivale, con respecto al Sol medio, a tres minutos y cincuenta y seis segundos.

acelerada s f (*Coloq*) Acto de acelerar o acelerarse súbitamente: "No me gusta que maneje porque da unas *aceleradas* horribles", "Cuando se enteró que había ganado el premio se dio una *acelerada* tremenda".

acelerado I pp de *acelerar* o *acelerarse* **II** adj **1** Que es muy rápido o muy veloz; que se realiza en poco tiempo: *ritmo acelerado, crecimiento acelerado, desarrollo acelerado, movimiento acelerado, industrialización acelerada* **2** (*Coloq*) Que tiende a actuar o a tomar decisiones más rápidamente de lo que es adecuado, prudente o aconsejable, o con ansia y precipitación: "Esos chavos son muy *acelerados*", "Salieron del concierto bien *acelerados*".

acelerador 1 adj Que acelera; que aumenta la velocidad o la regula: *pedal acelerador, manija aceleradora* **2** s m Mecanismo o dispositivo que sirve para controlar o acelerar la velocidad de los automóviles y otras máquinas, generalmente variando la cantidad de combustible suministrado: *soltar el acelerador, aceleradores de un cohete espacial*, "Chocamos porque se pegó el *acelerador*" **3** *Acelerador de partículas* (*Fís*) Dispositivo que, por medios electromagnéticos o electrostáticos, acelera a altas velocidades partículas atómicas o subatómicas cargadas (como los electrones, los protones o los iones) para que adquieran una gran energía cinética o de movimiento **4** s m y adj (*Quím*) Sustancia o agente que hace más rápido algún proceso, como los que se añaden al cemento, al concreto o al estuco para acelerar su endurecimiento, o como el compuesto químico, generalmente orgánico, que se emplea para hacer más rápida la vulcanización de los cauchos naturales o artificiales **5** adj y s m (*Med*) Tratándose de músculos o nervios, que apresura el cumplimiento de una función: *acelerador cardíaco*.

acelerar v tr (Se conjuga como *amar*) **1** Aumentar la velocidad o hacer algo con mayor rapidez; provocar que algo suceda o funcione más rápidamente o hacer que logre alguna cosa en un tiempo menor que el normal: *acelerar el paso, acelerarse el pulso*, "Para entregar en mayo tenemos que *acelerar* el ritmo de trabajo", "Abordaron el auto y *aceleró* al máximo para escapar", "Los frutos de esa actividad pueden *acelerar* nuestro progreso cultural" **2** prnl (*Coloq*) Excitarse alguien perdiendo la calma y el control sobre lo que hace; precipitarse o violentarse al hablar o actuar: "Nomás oye hablar de motocicletas y *se acelera*", "No *te aceleres*, todavía no acaba la película", "Los de la primera fila *se aceleraron* y empezaron a lanzar botes al escenario" **3** (*Caló*) Fumar mariguana o consumir estupefacientes **4** *Acelerar a tras cuerno* (*Caló*) Golpear a traición.

acelga s f (*Beta vulgaris*) Planta hortense de la familia de las quenopodiáceas; sus hojas son grandes y carnosas, y se comen como verdura, al igual que sus raíces. Da flores y frutos de color verde.

acento s m **I 1** Mayor intensidad de un sonido, en comparación con otros sonidos que forman grupo o serie con él **2** Énfasis o mayor energía que, al pronunciar una palabra, se pone en alguna de sus sílabas; aumento de la intensidad con que se pronuncia una sílaba, por comparación con la intensidad media de la cadena hablada; en español tiene valor fonológico y distingue palabras que tienen los mismos fonemas o las mismas sílabas, como *depósito*, *deposito* y *depositó* **3** *Acento agudo* El que cae en la última sílaba de una palabra, como en *animal* y *cajón* **4** *Acento grave* El que cae en la penúltima sílaba de una palabra, como en *examen* y *débil* **5** *Acento esdrújulo* El que cae en la antepenúltima sílaba de una palabra, como en *esdrújulo, sílaba* y *antepenúltimo* **6** *Acento prosódico* El que llevan todas las palabras y siempre se pronuncia, aunque no siempre sea necesario escribirlo **7** *Acento ortográfico* El que, además de pronunciarse, se escribe **8** *Acento diacrítico* El que se emplea para distinguir dos palabras que se pronuncian igual pero que tienen diferente categoría gramatical o distinto significado, como *el* (artículo) y *él* (pronombre), *dé* (del verbo *dar*) y *de* (preposición) **9** Signo o rasgo con que se representa en la escritura cualquiera de los casos anteriores; es una rayita oblicua (´) que se coloca encima de la vocal que se pronuncia con mayor intensidad (Véase "Acentuación", p 32) **10** (*Mús*) Mayor intensidad de un sonido o acorde, en comparación con los que lo rodean, en un compás, una frase u otro fragmento del discurso musical **II 1** (*Liter*) Voz o sonido: "El *acento* inconfundible de las campanas tapatías", "Oigo una alondra cantar: tu *acento*" **2** Forma peculiar de entonación o pronunciación que, de una lengua, tiene un individuo, una comunidad geográfica o política, un país, etc: *tener acento yucateco, acento norteño, hablar con acento extranjero* **3** Manera o tono con que se expresa algo y que generalmente muestra una intención o caracteriza al que se expresa: "No, dijo con *acento* doctoral, la explicación sólo podemos encontrarla en los mecanismos del inconsciente"

4 Rasgo que distingue a una persona, un objeto, etc: "Nuestras patrias conquistarán, están conquistando ya el más moderno *acento* en la tecnología y en las ideas", "El toreo mexicano tiene un *acento* propio" **III 1** Énfasis que se hace en algo o destacamiento que se hace de algo: "El problema es que algunos administradores han cargado el *acento* en cuestiones que en realidad son secundarias" **2** *Poner el acento en algo* Destacar algo, poner énfasis en ello: "El *acento* que la filosofía liberal *puso en* los derechos humanos", "El nuevo plan *pone el acento* en el desarrollo de carreras técnicas" **3** Rasgo o elemento con que se adorna alguna cosa o sirve para destacar su armonía, su ritmo, etc; detalle: "Un patio techado puede convertirse felizmente en una fresca terraza, con sencillos muebles y *acentos* de artesanía popular", "Una buena decoración emplea *acentos* simétricos repetidos".

acentuación s f **1** Acto de pronunciar o escribir el acento en una palabra, sílaba o vocal: *un examen de acentuación* (Véase "Acentuación", p 32) **2** Acto de hacer o hacerse más clara, intensa o pronunciada alguna cosa: *acentuación del carácter, acentuación de una enfermedad*.

acentuar v tr (Se conjuga como *amar*) **1** Dar o pronunciar el acento prosódico en una palabra, sílaba o vocal: "Los franceses casi siempre *acentúan* las palabras en la sílaba final" **2** Escribir el acento ortográfico en una palabra, sílaba o vocal: "El pronombre *él* se *acentúa* para distinguirlo del artículo *el*" **3** Hacer o hacerse más clara, intensa o pronunciada alguna cosa: "La falta de oxigenación *acentúa* la deficiencia cardíaca", "El calor se *acentúa* poco antes de llover", "El efecto de austeridad se *acentúa* por la ausencia de adornos", "La enfermedad *fue acentuándose* hasta convertirse en crónica".

acepción s f Cada uno de los sentidos o significados de una palabra: "Usamos la palabra diccionario en su *acepción* más general", *la acepción jurídica de un término*. En los diccionarios, como éste, son acepciones cada uno de los pequeños textos numerados (cuando son más de uno) que componen los artículos lexicográficos.

aceptable adj m y f Que se puede aceptar, de acuerdo con ciertos cánones, reglas o límites: "Ninguno de los dos extremos es *aceptable* en la educación democrática", *un argumento aceptable, un nivel aceptable, solución aceptable*.

aceptación s f **1** Acto de aceptar: *aceptación de un cargo*, "Su actitud es una *aceptación* de la vida", "Eso supone una *aceptación* implícita de sus errores" **2** Aprobación o éxito que tiene alguien o algo entre un grupo de personas o un público; acogida que recibe de él: "El cantante español tuvo una gran *aceptación* entre el público mexicano", "Los refrescos embotellados gozan de gran *aceptación* entre los jóvenes" **3** (*Der*) Manifestación de voluntad por la que una persona hace constar su resolución de tomar la calidad de heredero con todas sus consecuencias legales (*aceptación de la herencia*) o se compromete por escrito, en una letra de cambio, a pagar la suma que consigna el documento cuando éste llegue a su vencimiento (*aceptación de la letra de cambio*).

aceptado I pp de *aceptar* **II** adj Que se acepta: *normas aceptadas, un hecho aceptado*.

aceptar v tr (Se conjuga como *amar*) **1** Recibir o tomar alguien, de manera voluntaria, lo que se le ofrece o da: *aceptar un regalo, aceptar un trabajo* **2** Admitir o aprobar alguien lo que se le dice, propone o pregunta; estar conforme con algo o darlo por bueno o por cierto: *aceptar una disculpa, aceptar una invitación, aceptar un encargo, "—¿Acepta* como esposo al señor Andrés Vega? —Sí, *acepto*", "Gilberto *aceptó* que trabaja como músico", "El público *aceptó* con entusiasmo al joven actor" **3** Admitir o consentir alguna cosa, especialmente cuando es desfavorable y se acata sin protesta, sin resistencia o con resignación: "Dijo que *aceptaría* el fallo del juez", "*Acepta* su suerte con humildad", *aceptar los errores propios*, "El equipo local *aceptó* cuatro goles del contrario", *aceptar una paliza* **4** (*Der*) Manifestar una persona que está de acuerdo con tomar legalmente a su cargo una obligación o responsabilidad, como pagar una letra de cambio, adquirir una herencia, desempeñar un cargo, etcétera.

acequia s f Canal para conducir agua, generalmente para riego.

acera s f **1** Banqueta: "La vimos pasar por la *acera* de enfrente", *caminar por la acera*, "Ponían sus puestos de jugos sobre la *acera*" **2** *De la otra acera, de la acera de enfrente* De ideas o costumbres diferentes o contrarias a las de quien habla: "Los que van a ese restaurante son *de la otra acera*", "El romántico es el que no aprende el oficio jamás; vecino *de la acera de enfrente*, el clásico no aprende su oficio propiamente porque ya lo sabe".

acerácea (*Bot*) **1** s y adj f Planta angiosperma dicotiledónea con hojas opuestas, flores de forma simétrica, fruto constituido por dos sámaras, semillas sin albumen, y que contiene en su savia cierta cantidad de azúcar, como el arce **2** s f pl Familia que forman estas plantas.

acerca *Acerca de* Referente a, concerniente a, en relación con, sobre, de: "Hablamos *acerca del* problema de la producción de alimentos", "Hicimos una lectura *acerca de* la enseñanza del español".

acercamiento s m **1** Acto de aproximarse o de poner algo a alguien más cerca: "El avión inició su *acercamiento* a la pista" **2** Acto de relacionarse o hacerse más afines y concordes dos o más personas, países, opiniones, doctrinas, etc: "Sus mentiras alejaron todas las posibilidades de un *acercamiento* entre nosotros", "Tratan de propiciar un *acercamiento* entre las potencias", "No hubo un *acercamiento* efectivo entre los partidos políticos".

acercar v tr (Se conjuga como *amar*) **1** Poner algo o a alguien más cerca en el espacio o en el tiempo; aproximar, arrimar: "Me dijo que *acercara* el coche a la banqueta", "*Acercó* la hoja para que leyéramos", " Se *acercó* para saludarla", "*Acércale* una silla", "Ya se *acerca* la navidad" **2** Hacer que dos o más personas, países, opiniones, doctrinas, etc se unan, se relacionen más estrechamente o se hagan más afines: "El amor *acercó* sus corazones", "El dolor los *acercó* aún más" **3** *Acercarse a* Estar alguna cosa, particularmente una cantidad, cerca de otra o aproximarse a ella: "El número de estudiantes inscritos *se acerca a* los quinientos".

acero s m **1** Aleación de hierro y carbono que al ser templada adquiere gran dureza y flexibilidad. Según los usos a que se destina, puede contener otros elementos en proporciones variables, como el cromo (*acero inoxidable*), el tungsteno o el cobalto (*acero magnético*), etc; también puede ser sometida a tratamientos térmicos diversos para darle propiedades diferentes (*acero templado al aire, acero templado al aceite*). Se emplea en la producción de cuchillos, alfileres, herramientas, máquinas, estructuras de edificios, cascos de barcos, etc: *industria del acero, fundir acero* **2** *Temple de acero, voluntad de acero* o *nervios de acero* Temple, voluntad, nervios, etc muy fuertes o resistentes, difíciles de conmover o impresionar: "El héroe, que tenía *nervios de acero*, no se asustaba con nada" **3** Arma blanca, particularmente la espada: "Fue una gran faena bien rematada con el *acero*" **4** pl Temple y corte de las armas blancas: "Un florete de buenos *aceros*".

acertadamente adv De manera acertada, con acierto: "Fue reconocida la labor que tan *acertadamente* efectuó en Morelia".

acertado I pp de *acertar* **II** adj Que es adecuado a algo o atinado en algo; apropiado, correcto: "Muchos de los problemas quedan sin resolverse por falta de un enfoque *acertado*".

acertar v (Se conjuga como *despertar*, 2a) **I** intr **1** Lograr que un golpe al extremo o al punto preciso al que se dirigió o que un proyectil dé en el blanco: *acertar el tiro, acertar a un avión enemigo* **2** Dar la respuesta verdadera o cierta a una pregunta, una incógnita, etc, o encontrar la solución correcta a un problema, una dificultad, etc: "El doctor *acertó* al diagnosticarle amibiasis", "*Acertamos* en casi todos los juicios que hicimos" **3** Elegir, entre varias, una opción que luego prueba ser la correcta: "*Acertó* en la profesión que siguió" **4** *Acertar a* (seguido de un verbo en infinitivo) Ocurrir algo o hacer alguien alguna cosa que, dadas las circunstancias, parece muy difícil o no se espera; ocurrir alguna cosa o lograrla alguien por casualidad: "La policía *acertó a* pasar justo en el momento en que se cometía el asalto", "Levantó la vista y *acertó a* mirar una estrella fugaz", "No *acertó a* decir palabra mientras lo regañaban" **II** tr **1** En talabartería, armar la silla de montar **2** En sastrería, recortar e igualar las piezas de tela cortada.

acetato s m **1** (*Quím*) Sal o éster del ácido acético que resulta de sustituir el hidrógeno terminal por un metal o un radical: *acetato de aluminio, acetato de etilo* **2** Acetato de celulosa (*Quím*) Resina termoplástica muy resistente, que se obtiene por reacción del anhídrido acético sobre celulosa en presencia de ácido sulfúrico y ácido acético. Se emplea como materia prima en la elaboración de discos fonográficos, películas cinematográficas y cintas magnéticas, así como en lacas, barnices y fibras textiles **3** Disco fonográfico: "Ha grabado dos *acetatos* de música mexicana".

acético adj (*Quím*) **1** Que se relaciona con el vinagre o sus derivados **2** *Ácido acético* El que resulta de la oxidación del alcohol etílico; se obtiene a partir de la fermentación ácida del vino y de la destilación seca de la madera y otros materiales. Es el principal componente del vinagre **3** Que es uno de los compuestos del radical acetilo: *anhídrido acético, éster acético*.

acidez s f **1** Calidad ácida de algo: *la acidez de un vino* **2** Grado de concentración de un ácido **3** Sensación de ardor que sube del estómago a la faringe acompañada por eructos y provocada por un exceso de ácidos en los jugos gástricos; acidez estomacal: "Todos los días sufre de *acidez*".

ácido adj I **1** Que tiene sabor como el del limón, la toronja o el tamarindo **2** Que produce una sensación desagradable o mala impresión, por su rudeza y su agresividad: *un humor ácido, un comentario ácido* II **1** s m (*Quím*) Sustancia que, al entrar en contacto con otras o disolverse, tiende a perder un protón y libera iones de hidrógeno formando sales; por lo general es capaz de quemar la piel y de disolver o corroer los metales **2** Que tiene las propiedades de esa sustancia o se relaciona con ella: *reacción ácida, solución ácida* **3** s m (*Coloq*) Droga alucinógena elaborada principalmente a partir de un derivado sintético del ácido lisérgico: "Los agarraron con mota y ácidos".

acierto s m **1** Acto de acertar o dar en el blanco: "Logró cinco *aciertos* con el arco" **2** Solución o respuesta correcta o precisa; adecuación de una acción o de un comportamiento al objetivo que pretende: "Tuvo siete *aciertos* y tres errores en su examen de física", "Fue un *acierto* separar el Estado de la Iglesia", "Defendió sus opiniones con gran *acierto*".

acimut s m Azimut.

acitrón s m Dulce que se prepara con el tallo de la biznaga, cubierto con azúcar y cocido.

acitronar v tr (Se conjuga como *amar*) Freír ligeramente, a fuego lento, cierto tipo de verduras, principalmente la cebolla, hasta que se vuelvan translúcidas como el acitrón.

aclaración s f Explicación que intenta volver más claro y comprensible algo dicho o hecho: "Sus *aclaraciones* fueron muy pertinentes", *pedir una aclaración*.

aclarar v tr (Se conjuga como *amar*) I **1** Volver algo más claro o lograr que se haga más visible o transparente: *aclarar un color, aclarar una preparación química* **2** Despejar, quitar lo que estorba para percibir mejor alguna cosa: *aclararse el cielo* **3** *Aclarar la garganta* Carraspear antes de hablar, para que la voz salga más claramente **4** (*Rural*) Entresacar plantas en un sembrado para que las restantes crezcan mejor **5** (*Mar*) Desenredar un cabo II **1** Hacer más comprensible, más clara o más evidente alguna cosa, explicándola o despejando las dudas o la confusión que la rodea: "Un examen cuidadoso *aclarará* el significado del texto", "Tenía la intención de *aclararlo* todo y pedir disculpas" **2** Resolver o encontrar una explicación adecuada a algo desconocido o que parece misterioso o extraño: *aclarar un misterio, aclarar un crimen*.

acocil s m Pequeña langosta de río y de laguna, cuyo cuerpo mide de 3 a 6 cm de longitud; tiene dos tenazas, dos pares de antenas y cuatro de patas; es de color grisáceo, que se vuelve rojo cuando se le cuece; vive bajo las piedras, en aguas ricas en sales, y busca su alimento por las noches. Es del género *Cambarellus* y tiene varias especies. Se come cocido o asado en muchos lugares de México.

acogedor adj **1** Tratándose de lugares o ambientes, que es agradable y cómodo, que invita a quedarse ahí: *un acogedor estudio, atmósfera acogedora* **2** Tratándose de personas, que es amable, que recibe y trata a los demás con gusto: *una mujer muy acogedora, una familia acogedora*.

acoger v tr (Se conjuga como *comer*) **1** Recibir una persona a otra en su casa o en su compañía para ayudarla o protegerla: *acoger a los damnificados*, "El país *acogió* a los refugiados con los brazos abiertos" **2** Aceptar o recibir algo o a alguien con buena disposición: "*Acogió* la noticia con serenidad", "*Acogió* a los niños con una sonrisa" **3** Aceptar con aprobación una propuesta o una idea de otra persona: "La sala fiscal *acogió* esa causal de juicio", "*Acogieron* con entusiasmo el ideario magonista" **4** prnl Buscar o invocar para uno la protección o el refugio de algo o alguien; buscar amparo en alguna cosa: *acogerse a un testimonio, acogerse a la bondad de Dios, acogerse a un esquema aceptado*.

acólito s m **1** Ayudante del sacerdote católico durante la misa, que ha recibido la más alta de las órdenes menores **2** Niño que ayuda al sacerdote en las ceremonias religiosas **3** Ayudante obediente y sometido de alguna persona.

acomodamiento s m Acto de acomodar: "El feto está en periodo de *acomodamiento*", *un acomodamiento de tierra*.

acomodar v tr (Se conjuga como *amar*) **1** Poner algo de manera que se ajuste con otra cosa o que quede colocado convenientemente: *acomodar las mesas y las sillas, acomodarse los lentes* **2** Disponer varias cosas o a varias personas en un lugar, de modo que queden bien distribuidas y ordenadas: "Antes de irte *acomoda* toda tu ropa en el cajón", *acomodar a los pasajeros de un camión* **3** prnl Ponerse alguien cómodo en algún lugar: "*Se acomodó* en el sillón" **4** *Acomodarle algo a alguien* Resultar algo conveniente para alguien: "Ese horario *me acomoda* muy bien" **5** Lograr que alguien obtenga o consiga una situación o una posición que le convenga en algún lugar, particularmente en una institución o empresa: "*Acomodó* a sus dos sobrinos en el banco".

acomodo s m **1** Posición, situación o colocación que resulta conveniente o adecuada para algo o alguien: "Estos muebles tienen varios *acomodos*" **2** Situación conveniente para una persona en algún trabajo, particularmente cuando la obtiene con ayuda de alguien o a pesar de la dificultad para conseguirla: "El antiguo funcionario encontró *acomodo* en la universidad".

acompañamiento s m **1** Acto de acompañar **2** Algo o alguien que acompaña: *pescado a la parrilla con acompañamiento de verduras* **3** (*Mús*) Parte de la estructura de una pieza de música que da sostén y rodea a la melodía principal de una voz, un coro o un solista: *acompañamiento de batería, acompañamiento al piano*.

acompañante adj m y f **1** Que acompaña o que le hace compañía a alguien o algo: "Fue capturado con un grupo de sus *acompañantes*", "No se conoció la identidad de su *acompañante*" **2** s m y f (*Mús*) Persona que acompaña al intérprete principal en una composición musical: "La pianista era una magnífica *acompañante*" **3** s m (*Mar*) Reloj de bolsillo y de movimiento casi uniforme, que sirve para comparar su medida con la del cronómetro en la observación astronómica.

acompañar v tr (Se conjuga como *amar*) **1** Ir o estar algo o alguien junto con otra cosa o con otra persona: "Me *acompañó* a mi casa", "La suerte lo *acompañaba*" **2** Compartir una persona con otra su situación o su estado de ánimo: "Te *acompaño* en tus sentimientos", "Vivimos solas; nos *acompañamos* mutuamente" **3** Tomar parte alguna cosa en el desarrollo de otra: "Los dolores que *acompañan* al parto...", "Estas canciones *acompañan* el baile" **4** Tocar el acompañamiento musical para un cantante o algún instrumento.

acondicionar v tr (Se conjuga como *amar*) Adaptar o modificar algo, especialmente para que cumpla con cierta función: "Mandó *acondicionar* uno de los sótanos de la casa como baño", "*Acondicionamos* la camioneta para poder dormir en ella".

aconsejar v (Se conjuga como *amar*) **1** tr Decir a alguien lo que puede o debe hacer en relación con su propio bienestar o interés: *aconsejar bien*, "Te *aconsejo* que te cuides", "Le *aconsejo* tomar vacaciones urgentemente" **2** prnl Tomar consejo de alguien o consultar a alguien: "*Me aconsejé* con las personas más conocedoras".

acontecer¹ v intr (Se conjuga como *agradecer*, 1a. Se usa sólo en tercera persona del singular) Suceder algo, tener lugar un hecho: "El libro relata lo que *aconteció* en el sur del país".

acontecer² s m Conjunto de los hechos que ocurren en la cotidianeidad: *el acontecer nacional, el acontecer mundial*.

acontecimiento s m **I 1** Hecho **2** Hecho notable: "Aquel espectáculo fue todo un *acontecimiento*" **II** (*Estad*) Realización de un evento.

acoplar v tr (Se conjuga como *amar*) **1** Unir entre sí uno o más elementos u objetos para que ajusten perfectamente: *acoplar un espectrógrafo a un telescopio, juntas acopladas* **2** Hacer que cosas o personas se relacionen entre sí y actúen coordinadamente: "Nunca han jugado juntos, por eso no se *acoplan*", *acoplarse la esposa y el marido* **3** Ajustar entre sí las partes o los elementos de alguna cosa para que funcionen adecuadamente.

acorazado 1 adj Que tiene coraza o que está cubierto de algo que lo protege: *alambre acorazado, peces acorazados* **2** s m Barco de guerra blindado con resistentes planchas metálicas y dotado de una gran potencia de fuego; su artillería consta de varias torres con cañones de alto calibre, dobles y hasta cuádruples, rodeadas por un cinturón blindado que lo protege. Los últimos que se construyeron destacaron en las batallas navales de la Segunda Guerra Mundial.

acordar¹ v (Se conjuga como *soñar*, 2c) **1** tr Traer algo a la memoria de alguien o de uno mismo; recordar: *acordarse de los amigos, acordarse de pagar*, "¿*Te acuerdas* cuando soñábamos con conocer Europa?", "*Acuérdame* de ir al banco", "Le *acordé* que su cita es mañana" **2** intr (*Popular*) Darse cuenta de algo, por lo general súbitamente; despertar o recobrar la conciencia: "Estaba viendo la mercancía y, ya cuando *acordé*, me habían robado la bolsa".

acordar² v tr (Se conjuga como *soñar*, 2c) **1** Tomar una resolución o llegar a una decisión en común varias personas; ponerse de acuerdo: "Los miembros del sindicato *acordaron* irse a la huelga" **2** Otorgar o conceder alguna cosa: "La comisión *acordó* un aumento de 20%".

acorde 1 adj m y f Que está de acuerdo o conforme con algo o con alguien: *un gobierno acorde con su pueblo, una medida acorde con las circunstancias*

"*Acorde* con sus principios presentó su renuncia" **2** s m (*Mús*) Conjunto de tres o más sonidos diferentes y simultáneos que forman una unidad armónica.

acordeón s m **1** Instrumento musical de viento que consta de un fuelle que se acciona entre dos cajas rectangulares, una de las cuales tiene un teclado con el que se toca la melodía y la otra unos botones para tocar los acordes **2** (*Coloq*) Resumen de los datos más importantes de una materia escolar, escrito por lo general en un papel plegado muy pequeño, manuable y fácil de ocultar, que usan los estudiantes para copiar las respuestas en un examen haciendo trampa: "Lo sacaron del examen de matemáticas porque le encontraron un *acordeón* en la pluma" **3** *Acordeón de guarnelas, acordeón de guarnetas* (*Caló*) Altero de tortillas.

acortar v tr (Se conjuga como *amar*) **1** Hacer más pequeña la extensión, la duración o la cantidad de algo: *acortar un traje, acortar las vacaciones, acortar el presupuesto* **2** (*Hipo*) Hacer que el caballo avance más despacio, tomando la brida más cerca de su cuello.

acosar v tr (Se conjuga como *amar*) **1** Perseguir a un animal o a una persona sin darle descanso o tregua con el fin de atraparlo o cazarlo: "Acosó a su presa hasta acorralarla" **2** Persistir alguna cosa o insistir en algo que molesta, duele o daña a alguna persona: "Los periodistas lo *acosaron* con preguntas", "*Acosado* por el remordimiento, se suicidó" **3** (*Tauro*) Perseguir a caballo una res antes del derribo y la tienta.

acoso s m Acto de acosar: "Siente el permanente *acoso* de sus acreedores", "La tropa inició el *acoso* de los invasores".

acostar v tr (Se conjuga como *soñar*, 2c) **1** Poner a alguien en posición horizontal sobre la cama o en otro lugar para que duerma o descanse: "*Acostó* al bebé en su cuna", "Los niños *se acuestan* a las ocho", "*Me acosté* muy tarde", "Después de comer le gusta *acostarse* media hora" **2** prnl (*Coloq*) Tener relaciones sexuales **3** Colocar un objeto alargado en posición horizontal o sobre un costado: *acostar las botellas de vino*.

acostumbrado I pp de *acostumbrar* o *acostumbrarse* **II** adj Que ocurre o se lleva a efecto siempre de la misma manera, que está habituado a algo o tiene esa costumbre: "El cantante español iniciará sus actuaciones en México con sus *acostumbrados* recitales", "El tren llegó con el retraso *acostumbrado*", "El profesor llegó con la prisa *acostumbrada*", "Ya está *acostumbrado* a la soledad".

acostumbrar v tr (Se conjuga como *amar*) **1** Tener o hacer que alguien adquiera la costumbre o el hábito de algo: "*Acostumbra* bailar", "Hay que *acostumbrar* a los niños a lavarse las manos" **2** prnl Llegar alguien a considerar naturales, comunes o normales ciertas maneras, ciertas formas de suceder algo, etc: "Se *acostumbrará* usted a la chispa que, al principio, le hará dar un brinco", "Ya me *acostumbré* a oír que Bach, Mozart y Beethoven son insuperables" **3** Seguir por lo regular ciertos patrones de comportamiento o de acción: "Los chinos *acostumbraban* llamar a las supernovas 'estrellas huésped'".

acotar v tr (Se conjuga como *amar*) **1** Poner señales o mojones en un terreno para marcar sus límites **2** Poner cotos en planos de construcción o en mapas topográficos para marcar dimensiones, medidas, etc **3** Agregar alguna precisión o alguna observación a lo dicho en un discurso o a lo escrito por alguien: "Yo creo —*acotó*— que no hay sino una solución".

acre[1] adj m y f **1** Que es fuerte, áspero y picante al gusto o al olfato: "Las tazas de caldo y de chocolate despiden un *acre* y dulce olor sazonado" **2** Que es áspero, malhumorado y de difícil trato: *un carácter acre, una acre observación*.

acre[2] s m Medida inglesa de superficie, equivalente a 0.40469 hectáreas.

acrecentar v tr (Se conjuga como *despertar*, 2a) Aumentar la cantidad, fuerza, importancia, etc de algo; hacer más grande alguna cosa: "Esas inversiones le permitieron *acrecentar* su fortuna", "Esa medida *acrecentó* el descontento del estudiantado".

acreditado I pp de *acreditar* o *acreditarse*: "Los diplomáticos se han *acreditado* ante nuestro gobierno" **II** adj Que tiene buena fama: "Es una tienda muy bien *acreditada*".

acreditar v tr (Se conjuga como *amar*) **1** Servir alguna cosa o alguna acción como prueba de la verdad de algo o como recomendación de la calidad o el prestigio de alguien: "Sus obras *acreditan* a José Gaos como un gran pensador", "Estos papeles *acreditan* la calidad de mi trabajo" **2** Probar de manera suficiente alguna cosa o demostrarla mediante documentos, testigos y argumentos para que se la tome en cuenta en algún juicio o discusión: "Las escrituras *acreditan* la posesión de esas tierras", "Tiene que *acreditar* su parentesco para recibir la herencia" **3** Extender y presentar los documentos necesarios para que una persona realice cierta tarea, ejerza cierta actividad o represente a cierta institución: *acreditar a un jugador, acreditar a embajadores, acreditar a diputados de la oposición* **4** Apuntar o asentar en el registro o en el documento correspondiente, alguna cosa en favor de alguien, en particular, cantidades de dinero en favor de un deudor, un proveedor, etc: *acreditar un pago, acreditarse una venta, acreditar una victoria*.

acreedor s y adj **1** Persona o empresa a la que se adeuda algo, generalmente dinero, por haber recibido un préstamo o un servicio de ella: "Se cambió de casa para huir de sus *acreedores*", *los acreedores de la banca* **2** *Hacerse acreedor* Merecer una persona algo por cualquier causa: "*Se hizo acreedor* a un castigo", "*Se hizo acreedor* al primer premio".

acrilán s m Marca registrada de una fibra sintética, resistente a disolventes y ácidos minerales, que se emplea en la fabricación de telas, alfombras y tapices, en aislamientos eléctricos, paneles, etcétera.

acrílico s m y adj (*Quím*) **1** Ácido líquido incoloro, de olor acre, que se polimeriza fácilmente, muy tóxico y corrosivo para la piel, soluble en agua, alcohol y éter, del que se obtienen varios productos, como fibras y resinas **2** Resina en forma de látex, que se obtiene por polimerización del ácido acrílico y se usa en la fabricación de pinturas semibrillantes, recubrimientos, etc **3** Fibra elaborada con esa resina, que tiene la propiedad de transmitir la luz a todo su largo, por lo que se usa mucho en la fabricación de instrumentos ópticos y objetos domésticos. Es muy resistente a los golpes y a la intemperie.

acrobacia s f **1** Cada uno de los ejercicios físicos que requieren de un alto grado de habilidad, flexibilidad y equilibrio, como los saltos, maromas o piruetas que realizan los cirqueros o los gimnastas; conjunto de estos ejercicios: "Le gusta hacer *acrobacias* en el trapecio" **2** Ejercicio o suerte, ejecutado en algún vehículo o aparato, que implica cierto peligro y requiere de gran destreza: "Hubo un espectáculo de *acrobacias* aéreas".

acrónimo s m Sigla formada con algunos segmentos (letras, sílabas, morfemas), por lo general iniciales, de las palabras que componen el nombre de algo, como *Pemex* (Petróleos Mexicanos) *Conasupo* (Compañía Nacional de Subsistencias Populares), *Coplamar* (Coordinación General del Plan Nacional de Zonas Deprimidas y Grupos Marginados, *LADA* (Larga Distancia Automática) y *Bit* (*binary digit*).

acróstico s m Composición poética en la cual las letras iniciales, medias o finales de los versos, leídas verticalmente, componen una frase o una palabra.

acta s f **1** Relación escrita en la que se registran y hacen constar las decisiones, acuerdos o hechos que se han producido en una reunión o junta **2** (*Der*) Relación escrita de hechos que producen consecuencias jurídicas inmediatas: *el acta de nacimiento, las actas judiciales* **3** *Levantar un acta* Redactarla o hacer que alguien la redacte.

actitud s f **1** Manera de actuar de una persona o de enfrentar algo o a alguna, determinada por su estado de ánimo, su forma de pensar o su carácter: "Adoptó una *actitud* arrogante y agresiva en la entrevista", "Le hace falta una *actitud* crítica hacia su trabajo" **2** Postura o manera de mover el cuerpo que adopta una persona con un estado de ánimo determinado: "Avanzaba con una *actitud* de cansancio total" **3** *En actitud (de)* Mostrando o sugiriendo una cierta manera de actuar: "El cuadro presenta un león *en actitud de* atacar", "Levantaron el brazo derecho *en actitud* victoriosa".

activación s f **1** Acto de activar algo **2** (*Biol*) Liberación de una enzima activa a partir de un compuesto inactivo **3** (*Biol*) Acción que tienen los rayos lumínicos sobre ciertos tejidos o alimentos **4** (*Zool*) Proceso de estimulación de un óvulo a la segmentación, realizado habitualmente por un espermatozoide **5** (*Quím*) Aumento de la energía de los átomos o moléculas, que los convierte en más activos químicamente **6** (*Quím*) Influencia de radicales orgánicos en la dirección del curso de las reacciones químicas **7** (*Fís*) Acción de proporcionar a una substancia propiedades radiactivas.

activamente adv De manera muy activa, con mucha energía, con mucha actividad: "Se trabaja *activamente* en la perforación de tres pozos", "Hemos participado *activamente* en un grupo de trabajo sobre radioterapia".

activar v tr (Se conjuga como *amar*) **1** Poner en actividad o a funcionar algo: *activar una máquina, activar un circuito* **2** Hacer que algo funcione, se haga o se desarrolle con más rapidez, energía, intensidad o efectividad: "Es necesario *activar* la tramitación de los expedientes", *activar la economía*.

actividad s f **1** Capacidad que tiene algo o alguien de realizar acciones, moverse, funcionar o actuar y estado en el que se halla cuando ejerce dicha capacidad: "Entrarás en una nueva fase de *actividad*", "La *actividad* humana transforma la naturaleza en historia", "El volcán entró en *actividad*", "Es una región de alta *actividad* sísmica", *la actividad de un ácido* **2** Conjunto de las acciones y tareas a las que algo o alguien se dedica; conjunto de las acciones que conforman un campo determinado o van encaminadas a alcanzar un fin específico: "¿Cuál es su *actividad* profesional?", "Me especializo en defender viudas y no cambiaría mi *actividad* por nada", "La compañía iniciará sus *actividades* el próximo septiembre", "Ha disminuido la *actividad* bursátil", "Es necesario fomentar la *actividad* industrial" **3** Cantidad o conjunto de acciones que se realizan en un lugar o momento determinado; movimiento: "Durante las vacaciones se ve poca *actividad* en el instituto", "Había mucha *actividad* por los preparativos de la fiesta".

activo adj **1** Que actúa, está en posibilidad de actuar o lo hace con prontitud y energía; que está en actividad: *una mujer muy activa, un principio activo, la población económicamente activa, un mineral activo* **2** (*Gram*) Tratándose de oraciones, aquélla en la que el sujeto realiza la acción significada por el verbo, como en "Preparo mi tarea", en la que *yo* (indicado con el gramema de primera persona singular en la terminación del verbo) es quien realiza la acción de preparar; es decir, es el sujeto y a la vez el agente de la acción; por ese mismo motivo se dice que la oración y el verbo están en *voz activa* **3** s m (*Cont*) Conjunto de bienes y derechos que posee una asociación o una empresa y cuyo importe puede ser valorado en dinero.

acto s m **I 1** Lo que resulta de la acción de alguien; lo hecho por alguien: "No se sentía responsable de sus *actos*", "La comunidad internacional condenó los *actos* terroristas" **2** Aquello con lo que uno realiza, lleva a cabo o pone en práctica una acción determinada: "Un debate es un *acto* de comunicación, de acercamiento", "Bajó la cabeza en un *acto* de humildad", "No intenten ningún *acto* de heroísmo, no queremos mártires" **3** (*Der*) Manifestación de la voluntad de alguien, que puede tener efectos jurídicos: *acto de gobierno, acto administrativo, acto de comercio* **4** *Acto reflejo* Movimiento o impulso del sistema nervioso en el que no hay intervención de la conciencia **II 1** Cada una de las partes principales en que se divide una obra dramática, por constituir cada una de ellas una unidad temática dentro de la narración. En la representación están separados por un intermedio y, por lo general, hay cambios de escenografía entre una y otra **2** Número que presenta un artista como parte de un espectáculo: "Los trapecistas presentan un nuevo *acto* en la función de hoy" **III 1** *En el acto* En seguida, de inmediato: "Nos atendieron *en el acto*" **2** *Acto seguido* A continuación, en seguida de algo: "*Acto seguido* tendremos las palabras del licenciado" **3** *Hacer acto de presencia* Presentarse o asistir a algún lugar de manera formal, por cortesía, etc **4** *Reunión* formal, oficial o solemne; ceremonia: "Al *acto* de clausura asistió el secretario de Educación".

actor s m (Su femenino es *actriz*) **1** Persona que se dedica a la actuación: "Joaquín Pardavé fue un excelente *actor* cómico", *un actor de cine, los actores de la telenovela* **2** *Actor de carácter* El que actúa principalmente en obras de carácter serio como tragedias, melodramas o piezas **3** *Actor de reparto* El que re-

presenta un papel secundario pero importante en una obra teatral, una película, etc: "Le dieron el premio al mejor *actor de reparto*" **4** *Primer actor* El que tiene mucha experiencia y por lo general representa papeles protagónicos: "En la telenovela participa el *primer actor* Ignacio López Tarso" **5** Persona que participa en algún hecho o suceso importante: "No debe ser un simple espectador del desarrollo sino un *actor* en él" **6** s y adj (*Der*) Persona que toma parte en un proceso judicial, en particular la que promueve una demanda o acusación: "La parte *actora* se desistió de la demanda".

actriz s f (Su masculino es *actor*) Mujer que representa el papel de algún personaje en el teatro, en el cine o en la televisión: *primera actriz, actriz de reparto*, "Se necesitan varias *actrices* para la telenovela", "Soñaba con ser *actriz*".

actuación s f **1** Conjunto de las acciones que alguien hace o emprende en una situación determinada: "Su *actuación* como embajador fue buena" **2** Técnica y arte de representar los rasgos, emociones, acciones, etc de personajes dramáticos en el teatro, el cine, la televisión, etc; representación que un actor hace de su papel: "Está tomando clases de *actuación*", "Su *actuación* en 'La vida es sueño' fue extraordinaria" **3** Presentación ante un público de un artista, intérprete, deportista, etc: "La próxima *actuación* del boxeador será en octubre".

actual adj m y f **1** Que está presente; que existe, ocurre, tiene vigencia, etc en el presente; de hoy, de este tiempo: *momento actual, la situación actual de la economía, los actuales dueños de la tienda, las tendencias actuales de la moda* **2** (*Fil*) Que pertenece al acto o se relaciona con él; real o efectivo, por oposición a potencial.

actualidad s f **1** Situación o circunstancia presente, contemporánea, del momento: *la actualidad mexicana* **2** *En la actualidad* En el tiempo presente: "En la *actualidad* no se usan esos trajes" **3** *De actualidad* Que tiene vigencia, que está de moda: *noticias de actualidad* **4** *Tener algo actualidad* Tener importancia o vigencia en el momento presente.

actualización s f **1** Puesta al día o modernización de lo anticuado: "La compañía de teléfonos ha iniciado un proceso de *actualización* de sus sistemas", *actualización de conocimientos, cursos de actualización* **2** (*Fil*) Acto de convertir en real, concreto o efectivo algo que estaba en potencia.

actualizar v tr (Se conjuga como *amar*) **1** Poner al día, modernizar alguna cosa anticuada: *actualizar los conocimientos de los profesores, actualizar las definiciones de un diccionario* **2** (*Fil*) Poner en acto, convertir en real, concreto o efectivo lo que estaba en potencia: "La significación profunda de la historia americana estriba en que se va aniquilando su ser al mismo tiempo que se *actualiza*".

actualmente adv En la actualidad, en esta época, en este tiempo; ahora: "Los intermediarios y acaparadores *actualmente* dominan la región", "El reglamento que rige *actualmente* a los empleados...", "La guerra que *actualmente* se desarrolla entre árabes e israelíes...", "*Actualmente* hay muchas controversias entre el fisco y los causantes", "El déficit ganadero que existe *actualmente* en el país...", "*Actualmente* se trabaja en una investigación sobre la reforma educativa".

actuar v intr (Se conjuga como *amar*) **I 1** Llevar a cabo, hacer algo o alguien una acción: "Mario *actúa* de mala fe", *actuar con prudencia* **2** Hacer alguna cosa efectivamente, para lograr cierta finalidad: "La nueva organización *actuará* en el medio rural", "*Actúan* como reguladores contra el desplome de los precios" **3** Desempeñar algo o alguien ciertas funciones en relación con una acción específica: "La empresa *actúa* como intermediaria", "Clementina *actuó* como moderadora de la discusión" **4** Representar un actor con su cuerpo y su voz los rasgos, los sentimientos, las acciones, etc correspondientes a un personaje en una obra teatral, de cine, etc: *actuar en una película*, "Lleva años *actuando* como villano" **5** Presentarse ante el público para realizar ciertas acciones un artista, un deportista, etc: "El domingo *actuará* la Sinfónica en Bellas Artes", "*Actuaron* varios cantantes extranjeros" **6** Ejercer algo una acción sobre alguna cosa o persona y producir un efecto en ella: "Las fuerzas que *actúan* sobre las alas del avión...", "Le recetó un calmante que *actúa* rápidamente sobre el organismo".

actuaría s f Disciplina que se encarga del estudio y formulación de modelos matemáticos para aquellas transacciones financieras en que intervienen factores aleatorios, como los relacionados con seguros, jubilaciones, etcétera.

actuario[1] s Persona que tiene por profesión la actuaría: "El *actuario* de la aseguradora calculó...".

actuario[2] s Auxiliar judicial o fiscal que se encarga de entregar cédulas, notificar resoluciones, llevar a efecto las sentencias que dicte el juez, etcétera.

acuacultura s f Cultivo y explotación de especies animales o vegetales en corrientes o depósitos de agua: "La *acuacultura* tiene un gran porvenir".

acuarela s f **1** Pintura que se disuelve en agua y da colores que, al secarse, no se vuelven opacos sino que conservan su transparencia; se prepara con una base de goma y suele presentarse en forma de trozos de pasta redondos y secos: "En la escuela le pidieron que llevara un pincel y una cajita de *acuarelas* para iluminar su libro" **2** Técnica de pintura que emplea estos colores, entre los que no se encuentra el blanco, por considerar que el color de la superficie sobre la que se pinta (generalmente papel) tiene el valor del blanco: *pintar a la acuarela*, "Aunque la *acuarela* era conocida desde antiguo, fue en el siglo XVIII cuando alcanzó auge en Europa" **3** Obra pictórica realizada con estos colores y esta técnica: "Exhibían *acuarelas* de Cuevas, Toledo y otros famosos pintores mexicanos".

acuario s m **1** Edificio o establecimiento donde se conservan, estudian o exhiben al público plantas o animales acuáticos vivos: "Ana y yo fuimos de visita al *acuario*: allí vimos el manatí del que nos habló Pepe Durand" **2** Depósito de agua donde se mantienen vivos estos animales o plantas: "La temperatura dentro del *acuario* debe ser la de las aguas tropicales en que viven las especies que estudiamos".

acuático adj **1** Que vive dentro del agua: *pulgas acuáticas, la flora acuática* **2** Que vive al borde de los ríos, lagos, mares, etc: *aves acuáticas* **3** Que se relaciona con el agua: *medio acuático, deportes acuáticos*.

acudir v intr (Se conjuga como *subir*) **1** Ir o presentarse alguien donde es llamado o esperado; asistir a un lugar: "Durante cinco años *acudió* al trabajo sin faltar una vez", *acudir a una cita*, "Muchas personas importantes *acudieron* al velorio" **2** Recurrir a algo o a alguien para lograr algún fin; solicitar su ayuda o valerse de ella: "Si no me paga pronto, *acudiré* a la policía", "*Acudió* a mentiras y falsedades para justificar sus actos", "Tendremos que *acudir* a Joyce y Proust para ejemplificar en literatura la novela psicológica pura" **3** Atender, ir en socorro o en ayuda de alguien: "Uno de los paquetes rodó al suelo y una mano *acudió* solícita".

acueducto s m Conducto que lleva agua, particularmente el que está formado por un canal que corre encima de una serie de arcos: *acueductos romanos, el acueducto de Segovia*, "En la avenida Chapultepec, cerca de las calles de Florencia, todavía quedan los restos de un viejo *acueducto*".

acuerdo s m **1** Resolución que toman juntas varias personas sobre algo: *llegar a un acuerdo, de común acuerdo* **2** *De acuerdo* De conformidad, en concordancia de opiniones, en consenso: *ponerse de acuerdo, quedar de acuerdo, estar de acuerdo* **3** *De acuerdo con, a* Conforme a, en concordancia con, según: "*De acuerdo con* la ley", "*De acuerdo con* tus criterios...", "*De acuerdo a* las estadísticas..." **4** Reunión de funcionarios de una institución en la que se resuelven problemas o se conviene algo sobre ellas: *tener acuerdo, estar en acuerdo* **5** (*Der*) Documento oficial que consigna una resolución tomada por el poder público y que tiene carácter obligatorio: "Por *acuerdo* del secretario, se informa..." **6** Convenio o tratado entre naciones o entre instituciones internacionales a propósito de algún asunto: *un acuerdo de paz, un acuerdo sobre trabajadores migratorios* **7** *Acuerdo de caballeros* Convenio o pacto cuyo cumplimiento queda atenido a la buena fe de quienes lo hicieron.

acuífero adj, y s m Que tiene agua o la da: *manto acuífero, zona acuífera*, "Nos regulan la cantidad de agua que podemos extraer de los *acuíferos*".

aculturación s f (*Antrop*) Cambio cultural que resulta del contacto directo y prolongado de dos grupos que tienen diferentes culturas; conjunto de las modificaciones que esto introduce en la cultura original de uno o de ambos grupos: "El proceso de *aculturación* que se dio entre chichimecas y toltecas...", *los problemas de aculturación en la frontera norte*.

acuminado adj (*Bot*) Que termina en punta: "Estas plantas tienen hojas largas y *acuminadas*".

acumulación s f **1** Acto de acumular y conjunto de cosas acumuladas: *acumulación de capital, acumulación cerosa*, "La *acumulación* de gas provocó la explosión" **2** (*Der*) Reunión de dos o más pretensiones jurídicas relacionadas con una sola persona o cosa **3** *Acumulación de funciones* (*Der*) Atribución de varias funciones públicas a una misma persona **4** (*Lit*) Enumeración de varios elementos relacionados con algo o con alguien que se hace con la finalidad de dar mayor fuerza a un enunciado o a una idea.

acumulador 1 adj Que acumula: *proceso acumulador* **2** s m Pila voltaica capaz de cargarse y descargarse alternativamente de energía eléctrica, como la que usan los automóviles; batería: "El *acumulador* tiene tres años de garantía" **3** s m Dispositivo capaz de almacenar energía y liberarla alternativamente: *acumulador térmico, acumulador de petróleo* **4** s m (*Comp*) Registro de la unidad aritmética de una computadora en el que se forman y se guardan los resultados de las operaciones lógicas y aritméticas.

acumular v tr (Se conjuga como *amar*) **1** Reunir o juntar algo de manera que vaya aumentando su cantidad, intensidad, etc: *acumular riquezas*, "Los conflictos y las tensiones se *acumulan* en la zona" **2** (*Der*) Reunir diversos autos, penas, acciones, resoluciones judiciales, etc con una finalidad concreta, como dictar una sentencia.

acunar v tr (Se conjuga como *amar*) Acoger a alguien entre los brazos para protegerlo y mecerlo.

acuñar[1] v tr (Se conjuga como *amar*) **1** Fabricar o imprimir monedas o medallas por medio de un cuño o troquel **2** Poner en uso una palabra o expresión de reciente creación: "'Meterse a la bola', gráfica expresión que *ha sido acuñada* por el pueblo para designar el estado crónico de anarquía".

acuñar[2] v tr (Se conjuga como *amar*) Meter cuñas en algún objeto para que ajusten sus distintas partes: *acuñar un librero*.

acuoso adj Que tiene agua, está formado por ella o se parece a ella: *solución acuosa, capa acuosa, compuesto acuoso*.

acupuntura s f Método terapéutico de origen chino que consiste en introducir agujas muy finas en ciertos puntos especiales del cuerpo.

acusación s f **1** Acto de atribuir a una persona una culpa o la responsabilidad de algún daño o perjuicio, de un delito o infracción: "Dio respuesta a las *acusaciones*" **2** (*Der*) Exposición ante un juez que hace un agente del Ministerio Público, de los cargos y de las pruebas del delito o de la infracción cometidos por alguien, pidiendo las sanciones o penas correspondientes: "Las *acusaciones* fueron hechas con dolo".

acusado[1] **I** pp de *acusar* **II** s (*Der*) Persona a la que se acusa de un delito mediante un procedimiento legal: "Se prevendrá al *acusado* para que nombre defensor", "Se detuvo a los *acusados* para que respondieran ante el juez de los cargos que se les hacen".

acusado[2] adj Que se acentúa o se marca intensamente para que sea evidente y claro; que sobresale y se distingue: "Se advierte un *acusado* debilitamiento de la pauta tradicional de desarrollo", "El aspecto plástico y decorativo del teatro medieval es muy *acusado*".

acusar v tr (Se conjuga como *amar*) **1** Denunciar a alguien como culpable de algo: "Lo *acusaron* de robo", "Te voy a *acusar* con mi mamá" **2** Revelar algo, ponerlo de manifiesto: "Su palidez *acusa* una enfermedad" **3** *Acusar recibo* Avisar que se ha recibido alguna carta o documento.

acusativo s m y adj (*Gram*) Caso de las lenguas declinables (como el sánscrito, el latín, el griego, el húngaro o el finés) que expresa en términos generales lo que sería un complemento u objeto directo en español, es decir, la relación inmediata entre el verbo y el objeto al que se refiere la acción verbal.

acústica s f **1** Rama de la física que estudia la naturaleza, la producción, la transmisión, la propagación, la recepción, etc del sonido y del fenómeno de la audición **2** Conjunto de condiciones de un lo-

cal desde el punto de vista de su capacidad de propagar el sonido: "La nueva sala de conciertos tiene muy buena *acústica*", "La *acústica* del auditorio es malísima".

acústico adj **1** Que pertenece al sonido o al oído, que se relaciona con ellos: *aparato acústico del oído humano, energía acústica* **2** Que pertenece a la ciencia de la acústica o se relaciona con ella: *ingeniería acústica, teoría acústica*.

achaque s m Padecimiento o dolor generalmente ligero pero habitual: "No tiene cura, son los *achaques* de la edad".

adagio[1] s m Frase hecha, más bien breve, sencilla y de uso común, que encierra alguna enseñanza práctica o de orden moral; refrán, máxima, proverbio, sentencia, aforismo: "Dice el *adagio*: Suerte que no se empeña, fortuna que se sueña".

adagio[2] s m (*Mús*) Tiempo musical lento, entre el andante y el largo, que generalmente expresa un sentimiento triste; composición escrita en este tiempo, en particular el segundo movimiento de una sonata, sinfonía, etc: *adagio en re, adagios de Beethoven*.

adaptación s f **1** Acto de adaptar o de adaptarse: "La *adaptación* de la antena costó mil pesos" **2** Modificación, cambio o proceso por medio del cual algo o alguien se ajusta o se integra a determinada condición o circunstancia: *adaptación al medio, adaptación sensorial*, "La *adaptación* de tecnología extranjera resulta muy costosa" **3** Capacidad de una persona o de un organismo para desarrollar esa integración o ajuste: "La *adaptación* de los insectos es asombrosa" **4** Conjunto de adecuaciones y arreglos que se hacen a una obra literaria para darle una estructura cinematográfica, televisiva o radiofónica, o para poner en escena una novela, cuento, narración, etc; película o drama que resulta de estas adecuaciones: "Hicieron una *adaptación* cinematográfica de *Cinco semanas en globo*", "La compañía trabaja en una nueva *adaptación* teatral de *La Celestina*".

adaptar v tr (Se conjuga como *amar*) **1** Dar a algo la forma, el funcionamiento o las características necesarias para que desempeñe una función diferente de la que tenía originalmente, para que cumpla con condiciones distintas de las que satisface en su estado natural o primitivo, para que se apegue a una nueva circunstancia, para que pueda unirse a cierto objeto o para que funcione con él: *adaptar la sala como dormitorio, adaptar un regulador a cierto voltaje, adaptar la producción a las exigencias del mercado*, "A esta pistola se le puede *adaptar* un silenciador" **2** prnl Modificarse, ajustarse, integrarse, etc una persona o un organismo a determinada condición o circunstancia: *adaptarse al frío, adaptarse a un trabajo*, "Déjalo, terminará por *adaptarse*" **3** Dar a una obra literaria una estructura cinematográfica, televisiva o radiofónica; adecuar una novela para su representación teatral: "*Adaptarán* para la televisión la novela de Rulfo".

adecuación s f Acto de adecuar o de adecuarse: *adecuación de aptitudes*.

adecuadamente adv En forma adecuada, de modo que se ajusta a algo o le corresponde: *satisfacer adecuadamente esa creciente demanda*, "México no explota sus recursos marinos *adecuadamente*", *comportarse adecuadamente ante las mujeres*.

adecuado I pp de *adecuar* **II** adj Que cumple con las condiciones, necesidades o requisitos propios de algo; que es apropiado o conveniente para cierto uso, finalidad, función, etc: *una dieta adecuada, comportamiento adecuado*, "Contratarán personal *adecuado* para ese trabajo".

adecuar v (Se conjuga como *amar*) **1** tr Dar a algo las características necesarias para que resulte conveniente para alguien o para algo; hacer que una cosa se ajuste a otra o vaya de acuerdo con ella: "Debemos *adecuar* los programas educativos a nuestras necesidades", "*Adecuamos* la inversión a sus posibilidades" **2** prnl Tomar uno o algo la forma o las propiedades necesarias para ajustarse a algo o para convenir con ello: *adecuarse a los avances de la ciencia, adecuarse a las circunstancias.*

adelantado¹ I pp de *adelantar* o *adelantarse* **II** adj **1** Que ha alcanzado un alto grado de avance o progreso en relación con otros, que su estado de desarrollo, en particular el intelectual, es más alto que el normal: *tecnología adelantada, un niño muy adelantado, un país adelantado* **2** Que ha avanzado mucho, que se ha realizado en gran parte o que está por terminar: "Lleva su tesis muy *adelantada*", "Las obras van muy *adelantadas*" **III** adj **1** Que se realiza con anterioridad a lo acordado, establecido o acostumbrado; que tiene lugar antes del tiempo en que se le corresponde llevarse a cabo: *pago adelantado*, "Pediré una quincena *adelantada*", "Lleva dos materias *adelantadas* en la escuela" **2** *Por adelantado* Por anticipado; de antemano: "Hay que depositar el dinero *por adelantado*", "Si paga *por adelantado* le hacemos un descuento".

adelantado² s m 1 Institución medieval española por la cual se otorgaban poderes políticos, administrativos y militares a quienes llevaran a cabo expediciones, conquistas y repoblamientos en España **2** Título y funciones que se daba a los conquistadores en América al inicio de la Conquista; los gobernadores, capitanes y generales solían ser *adelantados* como los Montejo, en Yucatán.

adelantar v tr (Se conjuga como *amar*) **I 1** Mover algo o ir hacia un lugar o una posición más próximos a cierta meta o a un lugar determinado; dejar atrás cierta distancia: *adelantar una silla, adelantar un peón en el tablero, adelantar cinco kilómetros* **2** Mover algo o ir alguien de manera que, con relación a otra cosa o persona, se acerque a cierta meta, se quede en un lugar determinado o le lleve ventaja en ello: "El caballo negro *adelantó* a sus competidores", *adelantarse por los boletos, adelantarse a pagar* **II 1** intr Tener lugar o suceder un proceso o el desarrollo de algo de forma que gana tiempo, ocurre con mayor velocidad o se esperado o se acerca a su fin o a su objetivo: "No han *adelantado* las negociaciones del tratado", "El niño *adelantó* mucho en la escuela" **2** prnl Suceder algo antes de lo previsto o esperado: *adelantarse las lluvias, adelantarse un parto* **3** prnl Hacerse más rápido de lo normal el movimiento de una máquina o el funcionamiento de algo: *adelantarse un reloj, adelantarse un motor* **4** Cambiar la hora o la fecha de algún acontecimiento de manera que tenga lugar antes de lo previsto: *adelantar una fiesta, adelantar un vuelo* **5** Ganar tiempo en la realización de alguna cosa respecto del tiempo o el plazo previsto

para hacerlo: *adelantar trabajo, adelantar tareas* **6** Pagar a alguien alguna cosa, parte de un trabajo o de su sueldo con anterioridad a su realización o al plazo previsto para hacerlo: *adelantar el aguinaldo, adelantar dinero para una compostura* **7** Mostrar alguna cosa o dar a conocer parte suya antes de la fecha o del momento previstos: *adelantar una noticia, adelantar escenas de una película* **8** *Adelantarse a algo* Prever algún acontecimiento y tomar medidas o precauciones para evitarlo, resolverlo o hacer menos dañinos sus efectos: *adelantarse a las circunstancias.*

adelante adv **1** En un lugar o una posición más avanzada: "Se detuvo dos casas más *adelante*", "Se le descompuso el coche *adelante* de la caseta" **2** *Más adelante* Más tarde, en el futuro, después; en escritos, después o más abajo: "Como explicaremos *más adelante*...", "*Más adelante* te convencerás de lo contrario" **3** *En adelante* En el futuro, a partir de un momento determinado: *de aquí en adelante, de hoy en adelante* **4** interj ¡Pase! o ¡Continúe!: "*¡Adelante!*, la puerta está abierta", "*¡Adelante!*, puede usted entrar sin tocar", "*¡Adelante!*, *¡adelante!*, avancen sin detenerse".

adelanto s m **1** Acto de adelantar o de adelantarse **2** Progreso o avance que algo o alguien tiene, y objeto, producto, síntoma, teoría, etc que pone de manifiesto ese progreso o mejoría: *adelantos tecnológicos*, "Está orgulloso de los *adelantos* de su hijo", "El que vuelva a caminar es ya un *adelanto*" **3** Parte de algo que se entrega de antemano, antes que el resto o como anticipo, en particular tratándose de un pago: "Me dio un *adelanto* de 50 mil pesos", "El *adelanto* de su investigación es prometedor".

adelgazar v tr (Se conjuga como *amar*) **1** Hacer algo más fino, reduciendo o rebajando su grosor, espesor o volumen: *adelgazar la pintura, adelgazarse la voz, adelgazar una madera* **2** Ponerse alguien más delgado por pérdida de peso, perder grosor: *seguir una dieta para adelgazar*, "Con esas enfermedades se *adelgazó*", "Hace ejercicios para *adelgazar*".

ademán s m Movimiento del cuerpo, en particular de las manos, los brazos o la cabeza, con el que se expresa algo, o que pone de manifiesto cierta actitud o intención; suele acompañar al lenguaje hablado animándolo o dándole determinado matiz: "Me pidió un cigarro con un *ademán*", *ademanes amenazadores*, "Habla haciendo un sinnúmero de *ademanes*", *en ademán de pelear.*

además adv Aparte, encima, por si fuera poco, a más, también: "*Además* de estudiar química, estudia medicina", "*Además*, estudia medicina", "*Y además* estudia medicina", "Estudia, *además*, medicina", "Estudia medicina *además*".

adentrarse v prnl **1** Avanzar hacia el interior de algún lugar o entrar: *adentrarse en la selva* **2** Examinar o estudiar con profundidad alguna cosa: *adentrarse en la obra de Octavio Paz, adentrarse en la física nuclear.*

adentro adv **1** En el interior: "Dormía *adentro* del estanquillo", "Comimos *adentro*" **2** En lo más interno, lejano o profundo: *mar adentro, tierra adentro, adentro de la tierra*, "Más *adentro* los vientos chocan con la Sierra Madre" **3** s m pl Pensamientos y sentimientos de una persona; fuero interno; intimidad: "Lo pensó para sus *adentros*" **4** ¡*Adentro!* (*Popular*) Expresión con la que se manifiesta sorpresa e incredulidad: "—Y lo derrotó en tres minutos —¡*Adentro!*".

adepto s y adj Persona que sigue a otra, se afilia a una asociación o es partidaria de una doctrina: "Me sumo a sus *adeptos*", *los adeptos a un partido político, ganar adeptos*.

aderezar v tr (Se conjuga como *amar*) **1** Añadir a la comida diversos condimentos o especias para darle cierto sabor, gusto o apariencia: *aderezar la ensalada, aderezar con aceite, vinagre y pimienta*, "*Aderezа* sus guisos con mucho sazón" **2** Arreglar, preparar o adornar algo para que luzca más, mejore su apariencia, resulte más atractivo, etc: *aderezar un espectáculo* **3** Hacer que cierta cosa aparezca como atractiva, destacando o exagerando sus ventajas, virtudes, etc y ocultando sus inconvenientes: "Nos *aderezó* la situación para que invirtiéramos nuestro dinero".

aderezo s m **1** Acto de aderezar algo **2** Cosa que se usa para aderezar, particularmente el conjunto de condimentos o especias con que se prepara un platillo para darle cierto sabor o gusto: *el aderezo de una ensalada* **3** Juego de joyas, formado generalmente por collar, aretes y pulsera: *un aderezo de diamantes*.

adeudo s m **1** Deuda: *liquidar un adeudo, el monto del adeudo* **2** (*Cont*) Cargo de alguna obligación de pago que se asienta en la cuenta de alguien.

adherir v tr (Se conjuga como *sentir*, 9a) **1** Unir parte por parte una cosa con otra hasta que se junten por completo: "El musgo se *adhiere* a las piedras del río", *adherirse al pavimento*, "Limpie la superficie y *adhiera* el papel" **2** prnl Aceptar uno alguna opinión, creencia, doctrina, etc y pasar a formar parte de sus defensores, propulsores o partidarios: "Mina se *adhirió* a los insurgentes", "Nos *adherimos* a la propuesta de Javier" **3** Incorporar una asociación o un partido político a alguien como defensor o partidario de su ideología, doctrina, acciones, etc: "El partido ha logrado *adherir* a muchas personas".

adhesión s f **1** Acto de adherir o adherirse: *la adhesión de un órgano a otro, la adhesión de los sindicalistas a su líder* **2** (*Der*) Acto por el cual una persona expresa su voluntad de responder a las consecuencias jurídicas de un contrato o convenio realizados por otras sin su participación **3** (*Der*) Acto por el cual un Estado incorpora su firma a un tratado internacional celebrado entre otros y en cuya elaboración no ha tomado parte: "Se recibió la *adhesión* de China al tratado de Tlatelolco".

adhesivo 1 adj Que tiene la propiedad de adherirse; que se pega: *tela adhesiva, papel adhesivo* **2** s m Sustancia que sirve para pegar, aglutinar o mantener unidos dos cuerpos o superficies: *adhesivos para empaques de cartón*.

adicción s f **1** Dependencia de una sustancia química en que cae una persona, al extremo de establecerse en ella una necesidad fisiológica: *adicción a las drogas, adicción al alcohol, adicción al cigarro* **2** Afición exagerada a algo: "Su *adicción* al cine lo alejaba mucho de los estudios".

adición s f **1** Añadidura o agregado de uno o más elementos a alguna cosa ya hecha o establecida:

adiciones a la ley, una adición al convenio, adiciones al diccionario **2** (*Mat*) Operación que tiene por objeto reunir en un número único todas las unidades, o fracciones de unidad, contenidas en otros; suma **3** (*Quím*) Reacción química en la que se unen moléculas sencillas para dar una combinación de mayor complejidad sin que se forme, aparte de ésta, otra clase de compuesto; la unión del amoníaco y los ácidos para formar sales amónicas es una reacción de esta clase: *compuestos de adición* **4** *Adición a die* (*Der*) Cláusula incluida en un contrato de compraventa, por la cual el vendedor se reserva el derecho de rescindirlo, en el caso de que en un plazo determinado encuentre quien le ofrezca mejor precio, si el comprador no hace uso de la facultad de mejorarlo **5** *Adición de la herencia* (*Der*) Aceptación de la calidad de heredero.

adicional adj m y f Que se agrega o añade a algo, que lo complementa: *costo adicional, ingreso adicional, cuota adicional*.

adicionar v tr (Se conjuga como *amar*) Agregar o añadir algo a alguna cosa: "Nuevas leyes que *adicionaron* o modificaron el derecho existente".

adicto adj y s **1** Que tiene el hábito compulsivo de consumir drogas u otras sustancias dañinas al organismo: *adicto a los estupefacientes* **2** Que gusta mucho de algo o es aficionado a algo: *adicto al cine*, "Andrés Bello era *adicto* a la pureza del lenguaje".

adiestramiento s m Acto de adiestrar: *adiestramiento militar, adiestramiento del personal, cursos de adiestramiento y capacitación*.

adiestrar v tr (Se conjuga como *amar*) Dar la preparación necesaria a una persona o a un animal para realizar determinada actividad con habilidad: *adiestrar su voz*, "Las enfermeras han sido adiestradas en electrocardiografía", *militares adiestrados por Estados Unidos*.

adiós interj **1** Expresión con la que alguien se despide: *Adiós para siempre, adiós* **2** s m Despedida: "No le gustan los *adioses*" **3** Expresión con la que alguien manifiesta que algún asunto o posibilidad ha quedado terminado o fuera de su alcance: "¡*Adiós* a la tregua!, han vuelto los soldados", "Con la crisis, *adiós* a los viajes".

adiposis s f sing o pl (*Med*) Exceso de grasa o de tejido graso; obesidad.

adiposo adj (*Med*) Que produce o sintetiza grasas: *tejido adiposo, células adiposas*.

aditamento s m Objeto accesorio para algo o instrumento que se añade o agrega a un aparato más complejo para realizar una determinada función: "La plomada es un *aditamento* muy útil en la albañilería".

aditivo I adj y s m Que puede o debe añadirse **II** s m **1** (*Quím*) Sustancia que se agrega en pequeñas cantidades a un producto para mejorar sus propiedades deseables o suprimir sus propiedades indeseables, como la que se agrega a los aceites para mejorar sus cualidades lubricantes o detergentes y su resistencia a la oxidación, o los que se agregan a algunos alimentos para darles cierto color, sabor o textura **2** (*Mat*) Cada uno de los términos de un polinomio que van precedidos del signo más y que pueden o deben sumarse **3** (*Fís*) Cada una de las magnitudes en que el valor numeral de un cuerpo es igual a la suma de los valores correspondientes a sus partes.

adivinar v tr (Se conjuga como *amar*) **1** Llegar a saber lo desconocido —como el futuro— o lo oculto por medio de magia, interpretación de signos u otras maneras que no se sujetan a la razón y la lógica: *adivinar el porvenir, adivinar la suerte* **2** Descubrir o darse cuenta de algo por mera intuición: "Su silencio, que él *adivina* lleno de simpatía, lo impulsa a seguir hablando" **3** Acertar en la respuesta a un enigma, a pesar de que le falten a uno los conocimientos o los datos para lograrlo: *adivinar el número de una rifa, adivinar una respuesta en un examen*.

adjetivo s m (*Gram*) **1** Clase de palabras que modifican al sustantivo ampliando, concretando o especificando su significado. Concuerdan con él en número, como en "globo *rojo*" y "globos *rojos*"; y en género, como en "cuaderno *negro*" y "pelota *negra*", aunque en algunos de ellos, como *triste* en "niño *triste*" o en "niña *triste*", no tienen morfema de género. Se dividen en dos grandes grupos: los *calificativos* y los *determinativos*. Los primeros expresan una cualidad del sustantivo, como en "la mesa *redonda*" o "el agua *caliente*", mientras que los segundos identifican lo significado por el sustantivo, como en "*mi* casa" o "*este* niño", o determinan su cantidad o su orden, como en "*dos* niños", "*primer* lugar", "*algunas* personas" u "*otro* tren". Los *adjetivos calificativos* se subdividen, a su vez, en calificativos propiamente dichos y epítetos. Los *adjetivos determinativos* en: *numerales, posesivos, demostrativos* e *indefinidos* **2** Oración adjetiva la subordinada que sustituye o tiene la función de un adjetivo, como en "Un árbol *sano* crece mejor", donde *sano* puede sustituirse por la oración adjetiva "*que tiene salud*": "Un árbol *que tiene salud* crece mejor".

adjudicar v tr (Se conjuga como *amar*) **1** Señalar algo como propio de algo o de alguien, darle u otorgarle algo: "El catálogo de Scott de 1961 *adjudicó* a este timbre un valor de 17 500 dólares", "Se le *adjudicaron* diez diputados al PPS" **2** prnl Apropiarse alguien de alguna cosa, teniendo o no derecho a ella: "*Se adjudicó* el triunfo en las principales categorías" **3** (*Der*) Atribuir o reconocer una autoridad competente a una persona el derecho de disponer de un bien patrimonial, por herencia, subasta o petición: "*Adjudicará* la finca al que hiciere la proposición más ventajosa".

administración s f **1** Organización y manejo de una institución, como las oficinas públicas, las empresas, etc **2** Lugar donde trabaja el administrador: *la administración del hotel, administración de una fábrica* **3** Acción de dar o impartir algo, como una medicina, un sacramento o la justicia **4** Gobierno, régimen: *la administración de Lázaro Cárdenas*.

administrador s Persona que tiene por profesión la administración: *administrador de empresas*.

administrar v tr (Se conjuga como *amar*) **1** Organizar o dirigir una institución, manejar un conjunto de bienes públicos o privados **2** Dar o impartir algo como una medicina, un sacramento o la justicia.

administrativo adj Que se refiere a la administración o se relaciona con ella: *puesto administrativo, reforma administrativa, oficinas administrativas*.

admirable adj m y f Que es digno de admiración: *un admirable sentido del humor, una madre admirable*, "Su tenacidad y disciplina son *admirables*".

admirablemente adv En forma admirable, de manera digna de notar: "Contestó *admirablemente* a los acusadores", *un drama admirablemente narrado*.

admiración s f **1** Gran estimación del valor, la belleza, la bondad, etc de alguien o algo: *admiración por una pintura, admiración por Benito Juárez* **2** Asombro ante lo inesperado: "El eclipse me llenó de *admiración*" **3** (*Gram*) Signo de puntuación (¡!) que sirve para indicar una exclamación: "¡Qué bonito es México!".

admirar v tr (Se conjuga como *amar*) **1** Ver algo o a alguien con gusto y atención, o considerar una cosa o a una persona con estimación por encontrar en ella ciertas cualidades: *admirar el paisaje, admirar al escritor Jorge Cuesta* **2** Causar una cosa o una persona sorpresa, extrañeza, etc a alguien por sus cualidades o lo extraordinario de su comportamiento: "Me *admira* que siendo liebre no sepas correr el llano" **3** prnl Extrañarse o sorprenderse ante algún hecho, alguna acción o algún acontecimiento inesperado o extraordinario: "Todos *se admiraron* de su inteligencia" **4** *Ser de admirar* o *admirarse* Resultar algo digno de consideración, contemplación o aprecio por sus características o cualidades: "Su belleza *es de admirarse*", "*Es de admirar* que a su edad siga trabajando a ese ritmo".

admisible adj m y f Que se puede admitir: *un razonamiento admisible*, "Esa generalización no es *admisible*".

admisión s f **1 1** Acto de admitir: *examen de admisión, ventanilla de admisión* **2** Capacidad de algo para recibir alguna cosa en su interior **II** Acto de admisión (*Der*) Acuerdo con el cual un juez inicia el trámite procedente o válida una demanda u otra interposición legal **III** (*Mec*) En los motores de combustión interna, momento y proceso en el que el pistón, la válvula y la lumbrera reciben la descarga explosiva.

admitir v tr (Se conjuga como *subir*) **1** Permitir que algo o alguien entre o forme parte de alguna institución o grupo: *admitir alumnos* **2** Aceptar o reconocer algo: *admitir un defecto* **3** Tener capacidad para recibir algo: "El tanque *admite* quinientos litros".

adobe s m Material de construcción, hecho de barro y paja o estiércol mezclados, secado al sol, de forma cuadrada o rectangular y de mayor tamaño que el ladrillo.

adobo s m **1** Salsa espesa de color café rojizo elaborada con diversos chiles, aceite, vinagre, hierbas de olor y especias; sirve para sazonar alimentos, principalmente carnes: *lomo en adobo, chiles chipotles en adobo* **2** Platillo consistente en carne de res o de puerco guisada en dicha salsa.

adolescencia s f Periodo de la vida humana que sigue a la infancia; empieza con los primeros signos de la pubertad y termina con la madurez, alrededor de los veinte años. Se caracteriza generalmente por desajustes orgánicos, afectivos, emocionales, etc: *entrar en la adolescencia*, "Tuvo una *adolescencia* muy difícil".

adolescente s m y f Persona que está en la adolescencia: *una película para adolescentes y adultos*.

adolorido adj Que duele, que siente o presenta dolor; dolorido: "No puede mover la pierna, la tiene muy *adolorida*".

adonde adv y conj A donde: "*Adonde* vayas voy".

adónde adv y conj A dónde: "¿*Adónde* se metió?".

adopción s f Acto de adoptar algo o a alguien: *la adopción de un niño, la adopción de una bandera.*

adoptar v tr (Se conjuga como *amar*) **1** Tomar alguien como propio algo que naturalmente no le pertenece, hacerse cargo de algo o alguien: *adoptar un hijo, adoptar un nombre, adoptar una nacionalidad* **2** Tomar y profesar una opinión, una costumbre, una doctrina, etc: *adoptar el cristianismo* **3** Presentar una determinada posición ante algo o alguien: *adoptar una actitud.*

adoptivo adj Que adopta o es adoptado por alguien: *hijo adoptivo, padres adoptivos, patria adoptiva.*

adoquín s m Piedra plana generalmente de cantera y de forma regular, que se usa como pavimento en las calles: "Pusieron *adoquín* alrededor de la plaza".

adoración s f **1** Acto de adorar: *la adoración de los Reyes Magos* **2** Objeto de este acto: "La *adoración* de los hombres / son las benditas mujeres", "Su hijo era toda su *adoración*".

adorar v tr (Se conjuga como *amar*) **1** Tratar a un ser considerado divino o santo con mucho respeto, admiración, honor y amor; rendirle culto: *adorar a Dios, adorar al Sol* **2** Amar apasionadamente a alguien: *adorar a la esposa, adorar al novio.*

adormecer v tr (Se conjuga como *agradecer*, 1a) **1** Producir algo o alguien sueño en otra persona o en algún animal: "El calor *adormece*", "Sus arrullos *adormecieron* al bebé" **2** Hacer que el cuerpo o parte de él pierda sensibilidad: "La picadura del alacrán le *adormeció* la pierna".

adormecimiento s m **1** Estado en que se encuentra quien comienza a dormir o a caer en el sueño **2** Falta de sensibilidad en alguna parte del cuerpo: "Sentía un *adormecimiento* en el cuello" **3** Estado de inactividad y calma de algo o de alguien: *un adormecimiento del mercado financiero.*

adornar v tr (Se conjuga como *amar*) **1** Poner adornos en algo con el propósito de embellecerlo o hacerlo más atractivo: *adornar el paseo, adornar una fachada* **2** Servir algo para mejorar o embellecer la presentación de un objeto, una persona o un lugar: "Las flores *adornan* su cabello", "Los árboles *adornaban* la avenida" **3** prnl (*Coloq*) Lucirse al realizar algo con destreza y elegancia: "*Se adornó* con un gol olímpico", "Conmigo no *te adornes*, yo sí te conozco".

adorno s m **1** Cosa que se le pone a otra con el deseo de hacerla mas atractiva y presentable: *un vestido lleno de adornos, adornos de navidad* **2** Estar de adorno Ser algo inútil, no tener función alguna, o no desempeñar una persona las tareas que debería hacer: "—¿Y tu marido qué, *está de adorno*? **3** (*Mús*) Nota o conjunto de notas que se agrega a una melodía sin modificar su línea básica.

adquirir v tr (Modelo de conjugación 2b) **1** Hacer propia alguna cosa, cualidad o característica: *adquirir un hábito, adquirir conocimientos, adquirir la nacionalidad* **2** Comprar u obtener alguna cosa: *adquirir equipos de trabajo, adquirir el control de una empresa, adquirir terrenos* **3** (*Der*) Incorporar legalmente a un patrimonio bienes o derechos que carecían de dueño o que hasta el momento pertenecían a otro.

adquisición s f **1** Acto de adquirir: *adquisición de derechos, adquisición de mercancía* **2** Cosa que se adquiere: "Ésta es mi nueva *adquisición*".

adquisitivo adj Que sirve para comprar o adquirir

bienes: "El poder *adquisitivo* del trabajador ha disminuido considerablemente".

adrenalina s f Hormona segregada por la porción medular de las glándulas suprarrenales. Actúa sobre el aparato circulatorio (acelera el ritmo del corazón y aumenta la tensión arterial), sobre el metabolismo de los carbohidratos (eleva el contenido de glucosa en sangre) y sobre el sistema nervioso central (estimulándolo) de manera que prepara al organismo para enfrentar situaciones de emergencia. Tiene además propiedades hemostáticas, ya que es un vasoconstrictor eficaz.

aduana s f Oficina de gobierno encargada de revisar las mercancías que entran o salen de un país y de cobrar, cuando procede, los impuestos correspondientes.

aduanal adj m y f Que pertenece a la aduana o se relaciona con ella: *agente aduanal, ingresos aduanales, revisión aduanal.*

aducir v tr (Se conjuga como *producir*, 7a) Dar razones, argumentos, motivos, etc como justificación de determinado proceder, ya sea teórico o práctico: "Su discípulo *aduce* esas mismas tesis", "Se negaron a contestar *aduciendo* falta de tiempo".

adular v tr (Se conjuga como *amar*) Alabar a alguien desmedidamente y por interés o servilismo: "Lo *adulan* por su poderío".

adulterio s m Acto de tener una persona casada relaciones sexuales con alguien que no es su cónyuge: *cometer adulterio*, "Sus leyes prohíben el *adulterio*", "El *adulterio* es causal de divorcio".

adulto adj y s **1** Que ha llegado a su completo desarrollo o crecimiento; que está en una edad en la que, por lo general, se es maduro intelectual y emocionalmente: *una película para adultos, educación de adultos, mujer adulta* **2** (*Biol*) Que ha alcanzado la madurez fisiológica para reproducirse: "En su estado *adulto* las extremidades están completamente desarrolladas".

adverbio s m (*Gram*) Palabra que modifica a un verbo, como en "Caminó *rápidamente*", a un adjetivo, como en "*Muy* bonito", o a otro adverbio, como en "*Bastante* despacio". Las palabras que cumplen con esta función se caracterizan porque su forma no cambia, a diferencia del adjetivo, el sustantivo y el verbo, como *ayer* en "Él vino *ayer*", "Ellas vinieron *ayer*". Por su significado pueden ser de *modo* (*bien, así*), de *lugar* (*aquí, lejos*), de *tiempo* (*hoy, mientras*), de *cantidad* (*poco, menos*), de *orden* (*primeramente, sucesivamente*), de *afirmación* (*sí, efectivamente*), de *negación* (*no, tampoco*) y de *duda* (*quizá, acaso*).

adversario s y adj En relación con algo, con alguien o con algún animal, otro que se le opone, que lucha contra él, que quiere vencerlo o conseguir exclusivamente para sí lo mismo que aquél: *crearse adversarios, ejércitos adversarios, dominar al adversario, los adversarios del aborto*, "El *adversario* a vencer es el equipo de Italia", "Los golpes de su *adversario* lo dejaron fuera de combate", "La potranca medirá su velocidad con sus *adversarios*".

adversativo adj (*Gram*) **1** Que implica oposición de sentido **2** Tratándose de conjunciones y de oraciones coordinadas, que marca, implica o tiene la función de oponer, negar, restringir o contradecir un elemento con otro o una oración con otra. Son *con-*

junciones adversativas: *pero, aunque, mas, sino, sin embargo*, etc y las oraciones introducidas por ellas son *oraciones adversativas*, como: "Tienes que ir al médico, *aunque no quieras*" o "No te dije eso, *sino lo contrario*".

adverso adj Que es contrario al interés o al bienestar de alguien; que resulta desfavorable para algo o para alguien; que se opone a lo que uno quiere lograr: *situación adversa, clima adverso, marcador adverso*, "Ha logrado sobresalir en un medio que le era *adverso*", "Este territorio, inhóspito y *adverso*, es lo único que tenemos".

advertencia s f Aviso que se da a alguien para prevenirlo de algo: "Sobre *advertencia* no hay engaño".

advertir v tr (Se conjuga como *sentir*, 9a) **1** Darse cuenta de algo; notar: "*Advirtió* que llovía" **2** Hacer notar algo a una persona; prevenir: "Le *advirtió* que no la volviera a molestar".

adviento s m (*Relig*) En el cristianismo, periodo de cuatro semanas que antecede al día de navidad y con el que se inicia el año eclesiástico: *liturgia de adviento*.

adyacente adj m y f Que está en la proximidad o inmediación de otra cosa de su misma naturaleza; que tiene con ella algún punto o lado en común, o que colinda con la cosa a que se hace referencia: *calle adyacente, cuarto adyacente, ángulo adyacente, los mares adyacentes a nuestras costas*.

aéreo adj **I 1** Que se hace en el aire, por aire o desde el aire; que se relaciona con el aire o con la zona que comprende: *navegación aérea, correo aéreo, comunicación aérea, juego aéreo, fumigación aérea, espacio aéreo* **2** Que está en el aire o al aire y no bajo tierra: *planta aérea, bóvedas aéreas, cable aéreo* **3** Que es ligero, poco compacto, desvanecido o vaporoso: *la figura aérea de un fantasma* **II** Que pertenece a los aviones o a la aviación, o que se relaciona con ellos: *línea aérea, tarifa aérea, fuerza aérea, base aérea*.

aeródromo s m Terreno provisto de pistas y demás instalaciones necesarias para el despegue, aterrizaje, servicio y mantenimiento de los aviones.

aerolito s m (*Astron*) Meteorito en cuya composición predominan los silicatos.

aeronáutica s f **1** Ciencia de la navegación aérea: *los avances de la aeronáutica, los pioneros de la aeronáutica* **2** Conjunto de medios (aeronaves, instalaciones, personal, etc) destinados al transporte aéreo: *aeronáutica civil, aeronáutica militar*.

aeronáutico adj Que pertenece a la aeronáutica o se relaciona con ella: *ingeniero aeronáutico*.

aeroplano s m Avión.

aeropuerto s m Conjunto de pistas, hangares y edificaciones destinados al despegue, aterrizaje y mantenimiento de los aviones. Generalmente cuenta con instalaciones para el control del tráfico aéreo y para dar diversos servicios a los viajeros: *construir un aeropuerto*.

aerosol s m **1** (*Fís*) Suspensión en un medio gaseoso de finísimas partículas líquidas o sólidas, como en la niebla y el humo **2** Sustancia líquida o sólida que se libera en una nube o niebla de finísimas partículas por la presión de gas comprimido por una válvula; se utiliza para aplicar desodorantes, pinturas, insecticidas o detergentes: *la industria de los aerosoles, perfume en aerosol, rociar un aerosol*.

afamado adj Que es muy conocido por sus buenas cualidades; famoso: *un afamado escritor, una afamada región*.

afán s m **I 1** Empeño obstinado en obtener ciertos fines: "Maclovio Herrera, en su *afán* de avance, comprometió a su brigada" **2** Aspiración seguida de constantes esfuerzos por conseguir algo: *un afán de justicia social y de redistribución de la riqueza* **3** Manía obstinada: "El *afán* de don Agustín de anotar con referencia erudita sus escritos, de citar en latín y otros idiomas..." **4** pl Esfuerzos obstinados para lograr alguna cosa: "La inquietud que sintió Licho Muñoz por llegar a ser torero y sus *afanes* por alcanzar la gloria entrevista..." **II** (*Caló*) **1** Ratero **2** Robo.

afanador s **1** Persona que se encarga de los trabajos de limpieza en hospitales, cárceles, cuarteles, etc **2** (*Caló*) Ladrón, en especial el que roba carteras.

afasia s f Trastorno de carácter neurológico que se manifiesta en el lenguaje de una persona, ya sea en su expresión oral o escrita, ya sea en su comprensión. Puede afectar desde la fonética hasta la semántica, tanto la escritura como la lectura.

afear v tr (Se conjuga como *amar*) Hacer que algo o alguien se vea feo, desagradable o poco atractivo: "Una sonrisa de desprecio *afeaba* su rostro", "Tantos anuncios *afean* el paisaje".

afección s f Alteración de la salud de una parte del organismo; enfermedad: *afección cardiaca, afecciones de la piel*.

afectación s f **I** Cambio o alteración que sufre algo y que puede suponer algún daño o perjuicio: *la afectación de un órgano*, "No permitiremos la *afectación* de nuestros intereses" **II** Falta de naturalidad o autenticidad en la actitud, actividad, comportamiento, etc de alguien: "Actúa con tanta *afectación* que resulta ridículo" **III 1** (*Der*) Acto de una autoridad por el que se limita, con fundamentación legal, el uso o disfrute de algo a una persona particular: *afectación de tierras, afectaciones agrarias* **2** Efecto que tiene en un presupuesto el destino de parte de sus fondos a un gasto no previsto: *afectaciones presupuestales*.

afectado I pp de *afectar* **II** adj **1** Que ha recibido o sufre una alteración, un cambio o un daño: *un órgano afectado, una mente muy afectada* **2** Que es poco natural, pretencioso, fingido: *una voz afectada, una actuación afectada* **3** adj y s (*NE*) Que sufre de tuberculosis.

afectar v tr (Se conjuga como *amar*) **I 1** Causar un cambio o una alteración: "Tus argumentos no *afectan* mi decisión" **2** Provocar en alguien, sin que pueda evitarlo, una alteración física en su ánimo o en sus sentimientos: "La *afectó* la muerte de su madre", "La enfermedad le *afectó* los pulmones" **3** Causar daño, perjudicar: "La humedad *afecta* la salud", "El incendio *afectó* los pastizales" **II 1** Alterar uno su manera habitual de hablar, moverse, comportarse, etc haciendo que ésta resulte pretenciosa o estudiada y carente de naturalidad o sencillez: "Siempre que habla en público *afecta* la voz" **2** Manifestar uno algo que en realidad no siente o no piensa; fingir, aparentar: "Como buen político *afecta* interés por todo lo que le dicen" **3** Tener o tomar alguna cosa una forma similar a la de otra: "Zeus *afectó* la forma de un toro" **III 1** (*Der*) Limitar una autoridad, con fundamento legal, el uso o disfrute de algo a una persona particular **2** Obligar un presupuesto de finanzas a comprometer, en alguna partida, cantidades de dinero previamente asignadas a otras: *afectar los fondos de retiro*.

afecto s m **1** Inclinación o afición de una persona hacia otra o hacia alguna cosa: "El estudiante sentía *afecto* por su maestro", "José les tiene *afecto* a los perros" **2** Ser afecto a algo o gustar de ello: *"Éramos* muy *afectos a* ir los jueves a la plaza" **3** Sentimiento de simpatía y apego a algo o a alguien: "Me habló con *afecto*", *una mirada llena de afecto*, "Con mucho *afecto*: Juan" **4** pl Personas o cosas que son objeto de ese sentimiento: "Al dejar su país tuvo que abandonar todos sus *afectos*" **5** (*Psi*) Cualquier sentimiento o estado de ánimo que pueda experimentarse.

afectuoso adj Que muestra o expresa afecto o cariño: "Es una persona tranquila y *afectuosa*", "Te mando un saludo *afectuoso*".

afeitar v tr (Se conjuga como *amar*) **1** Cortar al ras con navaja el pelo del cuerpo, en especial el bigote y la barba; rasurar: "Antes de salir se *afeitó* y se arregló" **2** (*Hipo*) Cortar el pelo a las cabalgaduras, especialmente el de la crin y la cola **3** (*Tauro*) Cortar la punta de los cuernos a los toros de lidia.

aferrar v (Se conjuga como *amar*) **I** prnl **1** Agarrarse fuertemente de alguna cosa para apoyarse, detenerse o sostenerse en ella: "*Se aferró* a la barra para no caer" **2** Insistir obstinadamente en mantener una idea, una situación, etc o en tomarla como apoyo, sostén o punto de partida para algo: "Es una idea a la que todavía *se aferran* algunos tradicionalistas", "*Me aferraba* a Graciela como un náufrago a una tabla" **II** tr **1** Agarrar o coger algo o a alguien con mucha fuerza: "Tenía la sensación de que unas manos estaban a punto de *aferrarla*" **2** (*Mar*) Doblar y amarrar una vela, toldo, bandera o cualquier otra tela de una embarcación, asegurándola para que el viento no la despliegue.

afianzar v tr (Se conjuga como *amar*) **1** Garantizar alguien el cumplimiento de una obligación contraída por él mismo o por otra persona, mediante el pago u otorgamiento de una fianza **2** Poner algo o a alguien más firme, seguro o estable: *afianzar una situación, afianzar una silla*, "Con esa victoria, el equipo *se afianza* en el liderato del grupo".

afición s f **1** Gusto, inclinación e interés por el cultivo de un arte o una ciencia, la práctica de algún deporte u otra actividad: "Hay gran *afición* por la música", "Tiene *afición* por la jardinería", "Puso en práctica sus *aficiones* literarias" **2** Grupo de personas que comparten el gusto por algún espectáculo o deporte como el futbol, los toros, etc: "El torero alcanzó un gran triunfo ante la *afición* capitalina".

aficionado adj y s **1** Que siente gusto o tiene inclinación e interés por alguna actividad, como un arte, una ciencia o la práctica de algún juego o deporte: *el público aficionado a la ópera, una persona aficionada a la astronomía, los aficionados a los toros* **2** Que cultiva o practica por gusto alguna actividad que otros desempeñan profesionalmente: *un violinista aficionado*, "Para ser *aficionado*, juega muy bien", *un torneo para aficionados*.

aficionar v (Se conjuga como *amar*) **1** prnl Tomar uno interés y gusto por algún arte, deporte, ciencia, etc o adquirir uno determinada costumbre, hábito, etc encontrando en su práctica un atractivo: *"Me aficioné* al ajedrez desde mi juventud", *aficionarse a los toros, aficionarse a la bebida* **2** tr Hacer que alguien tome interés y gusto por algún arte, deporte, ciencia, etc o que adquiera determinada costumbre o hábito, encontrando en su práctica un atractivo: "Quiere *aficionar* a sus hijos a la música y a la danza", "Sus amigos lo *aficionaron* a apostar".

afijo s m (*Ling*) Morfema que se añade a un lexema o raíz para modificar su sentido o su función y formar una nueva palabra, una palabra derivada o una forma flexiva. Si va antes se llama *prefijo*, como *pre-* en *prehistoria* o en *preprimaria*; si va al final se llama *sufijo*, como *-amos* en *caminamos* o *-ble* en *comprensible*.

afilado I pp de *afilar* **II** adj **1** Que es fino o termina en punta: *nariz afilada, dientes afilados* **2** Que tiene un sonido agudo que puede ser desagradable: *vocecilla afilada* **3** Que es de una gran sutileza incisiva; que es agudo: *lenguaje afilado, una crítica afilada*.

afilar v tr (Se conjuga como *amar*) **1** Hacer más delgado el filo de un instrumento cortante o rebajar el grosor de algo para que tenga una punta aguda y fina, generalmente con una piedra, una lima o una lija; sacar filo, sacar punta: *afilar los lápices, afilar las garras, afilar el serrucho, afilar una navaja, afilar el hacha, afilarse las uñas, lija de afilar* **2** prnl Adelgazarse la cara, la nariz o los dedos de alguien **3** prnl Hacerse más aguda la voz de alguien: *afilarse la voz* **4** Prepararse intensamente para algo: *afilar sus argumentos intelectuales* **5** Afilar el fierro (*Caló*) Copular.

afiliar v tr (Se conjuga como *amar*) Unir a una persona, un grupo, una sociedad, etc a cierta agrupación que persigue sus mismos fines: "Los *afiliaron* al sindicato", *afiliarse a un partido político*.

afinación s f **1** Acto de afinar algo **2** (*Mús*) Ajuste de un instrumento musical, o acuerdo entre las voces de los cantores, en relación con un sistema musical **3** (*Mús*) Cálculo de las relaciones de tono entre los intervalos que forman un sistema musical; por lo general, sobre la base de una nota (*la*) dada por un diapasón y bajo la consideración de que entre las doce notas de la escala cromática hay intervalos iguales **4** (*Mec*) Ajuste del encendido, de la alimentación de combustible y de aire en un motor de combustión interna.

afinar v tr (Se conjuga como *amar*) **1** Hacer o volver fina alguna cosa modificando, puliendo o precisando sus partes o su contorno: "A medida que avanzaba su cuadro, *afinaba* algunos de sus rasgos", "La línea gruesa destronca los picos; la fina *afina* el zapato" **2** Mejorar alguna cosa de modo que se vuelva más clara, más detallada o de mejor calidad: "Creemos que se podrá *afinar* para torear en esos ruedos", "Algunos temas de Paz se *afinan* en su último libro" **3** (*Mús*) Ajustar un instrumento musical para que las notas que produzca correspondan al sistema del intervalo usado **4** (*Mec*) Ajustar los elementos de encendido (bujías, platinos, distribuidor) y la regulación de la mezcla de combustible y aire en un motor de combustión interna, para que opere en las condiciones debidas.

afinidad s f **1** Semejanza, cercanía o compatibilidad que se da entre dos o más personas o cosas, o entre algunas características suyas, que las hace tender unas hacia otras: "Las *afinidades* entre Francia e Hispanoamérica las han unido históricamente", "Hay una gran *afinidad* entre los dos hermanos" **2** (*Quím*) Tendencia de un elemento a combinarse selectivamente con otros **3** (*Quím*) Capacidad de los átomos para formar moléculas, medida por las propiedades de sus valencias: *afinidad protónica*.

afirmación s f **1** Declaración que considera verdadera quien la hace o pretende hacerla pasar como tal: "Sus *afirmaciones* tuvieron buena acogida en la comunidad internacional", *las afirmaciones de los políticos* **2** (*Lóg*) Proposición en la que se establece la conformidad del sujeto con el predicado **3** *Adverbio de afirmación* (*Gram*) El que califica algo como cierto, existente o probable, como: *sí, seguramente, ciertamente,* etc **4** Acción de hacer algo más firme, más consistente o más sólido: *afirmación de los conocimientos*.

afirmar v tr (Se conjuga como *amar*) **1** Decir algo dándolo como cierto: "*Afirma* que es inocente" **2** Decir que sí: "*Afirmó* con la cabeza" **3** Dar firmeza, reforzar algo o hacerlo más sólido: *afirmar la personalidad, afirmar los conocimientos*.

afirmativo adj Que indica aprobación, que dice que sí o asegura que algo verdadero o positivo: *oración afirmativa, adverbio afirmativo, señal afirmativa, en caso afirmativo*.

afligir v (Se conjuga como *subir*) **1** tr Causar dolor, daño o sufrimiento: "El amor no correspondido *aflige* a quien lo siente", "Desde pequeño lo *aflige* esa enfermedad" **2** prnl Sentir tristeza o preocupación: "Así es ella, *se aflige* por todo".

aflojar v tr (Se conjuga como *amar*) **1** Quitar o disminuir la tensión, presión o dureza de algo haciendo que quede más libre, relajado o suelto: *aflojar un tornillo, aflojar los músculos, aflojar la tierra* **2** prnl Quedar alguna cosa sin tensión, floja o suelta: *aflojarse las piezas de una máquina* **3** intr Perder o reducir algo su fuerza, intensidad o magnitud; perder alguien la energía, ánimo o fuerza al realizar alguna acción: "En la tarde *aflojó* la lluvia", "Al final *aflojó* y perdió la carrera" **4** (*Popular*) Dar dinero, generalmente en forma obligada: "No quiere *aflojar* ni un quinto" **5** (*Popular*) Dar a alguien un golpe: "Le *aflojó* dos catorrazos" **6** (*Hipo*) Cojear un caballo de alguno de sus lados **7** *Aflojarse el estómago* (*Popular*) Dar diarrea.

afluente s m **1** Río o arroyo que desemboca en otro más grande: "Los *afluentes del Grijalva*, "El río Tula es *afluente* del Pánuco" **2** Calle que desemboca en otra más grande o de mayor importancia.

aforar[1] v tr (Se conjuga como *amar*) **1** Calcular la cantidad de agua, líquido o gas que circula por una corriente o tubería **2** Medir la capacidad de un recipiente.

aforar[2] v tr (Se conjuga como *amar*) Cubrir perfectamente las partes de un escenario teatral, cinematográfico o televisivo que no deben ser vistos por el público, así como los elementos técnicos que se utilizan en una representación: "Hay que bajar más las bambalinas para que *aforen* las luces".

aforo s m **1** Cálculo que se hace de la cantidad de agua, líquido o gas que circula por una corriente o tubería, o de la capacidad de un recipiente **2** Número de butacas o localidades con que cuenta un teatro o cualquier lugar donde se presentan espectáculos públicos: "El Teatro de la Capilla tiene un *aforo* de noventa localidades" **3** (*Der*) Acto de la administración aduanal que consiste en revisar la calidad, cantidad, peso, valor, etc de la mercancía que se importa o exporta para determinar los impuestos que deben pagarse por ella.

afortunadamente adv Por fortuna, por suerte: "*Afortunadamente* la biblioteca no sufrió ningún daño", "*Afortunadamente* la emoción los agotó, se quedaron dormidos", "No se trata *afortunadamente* de cosas importantes".

afortunado adj **1** Que tiene fortuna o buena suerte: "Siempre ha sido muy *afortunado* con las mujeres" **2** Que trae consigo buena suerte, felicidad o éxito: "El dos es su número *afortunado*" **3** Que está hecho con acierto y buen tino; que resulta muy adecuado u oportuno: "Una decoración cuya mezcla de estilos es tan intencional como *afortunada...*", *una frase afortunada*.

africado adj (*Fon*) Que se pronuncia impidiendo por completo la salida del aire entre los órganos articulatorios y luego dejándolo salir por ellos, como el fonema /ch/.

africano adj y s Que es natural de África, que pertenece a este continente o se relaciona con él: *tierra africana, continente africano*.

afrontar v tr (Se conjuga como *amar*) Hacer frente a una situación que representa algún peligro, problema, dificultad o responsabilidad: "Las radiodifusoras *afrontaban* diversos problemas técnicos", *afrontar la crisis*, "*Afrontaron* la enfermedad de su hijo con mucha entereza".

afuera 1 adv En el exterior: *afuera del edificio, la punta de los pies hacia afuera, hacerse oír hasta afuera, con medio cuerpo para afuera*, "Si *afuera* no hay nadie, te hablo por teléfono", "Allá *afuera* está lloviendo", "Aquí *afuera* se representa una obra de teatro" **2** *Las afueras* Suburbios o alrededores de una ciudad o pueblo lejos del centro: "Vive en *las afueras*", *a las afueras, desde las afueras*.

agachado I pp de *agachar* o *agacharse* **II** s m pl (*Coloq*) **1** Personas humildes y pobres, que asisten a fondas o puestos en los que se come de pie y la gente se ve obligada a agacharse; estas fondas, ubicadas en mercados o en calles de barrios populares: "Se fue a comer con los *agachados*" **2** Habitantes pobres y explotados de la ciudad: *un barrio de agachados*.

agachar v (Se conjuga como *amar*) **I** tr **1** Inclinar hacia abajo el cuerpo o la cabeza: "Estoy triste, dijo, *agachando* la cabeza" **2** *Agachar la cabecita* (*Popular*) Morir **II** prnl Inclinarse, de la cintura para arriba, hacia el suelo: "Me *agaché* casi a besarle los pies" **2** (*Coloq*) Consentir o aceptar, con indignidad, algo vergonzoso o indebido: "Los líderes *se agacharon* ante los malos manejos del diputado", "Ese hombre no *se agacha* ante nadie" **3** (*Popular*) En los juegos de mesa, principalmente en el dominó, fingir una desventaja para luego aprovecharse.

agarrar v tr (Se conjuga como *amar*) **1** Tomar o coger algo o a alguien, especialmente con las manos: "*Agarra* tus cosas y vámonos", "*Agarra* al niño, que no se baje de la banqueta" **2** Atrapar o sorprender a alguien: *agarrar al ladrón* **3** Contraer una enfermedad: *agarrar un catarro* **4** Prender o arraigar una planta o, en general, cualquier proceso que comience: *agarrar el fuego, agarrar velocidad* **5** Fijarse una cosa a otra, como un tornillo, un pegamento, etc **6** prnl (*Popular*) Tomar como pretexto algo para ejercer una acción: "*Se agarró* de ahí para correrlo", "*Se agarró* de eso para no pagar".

ágata s f **1** Piedra semipreciosa, translúcida, formada por varias capas concéntricas que, cortadas transversalmente, presentan franjas onduladas de colores diversos; es una sílice muy dura que no contiene agua en su estructura (anhidra), variedad de la calcedonia; se usa en joyería, para hacer incrustaciones en otros materiales, etc: "Los egipcios antiguos hacían escarabajos de *ágata* y oro" **2** adj m y f Que tiene vetas o franjas de colores diversos; jaspeado: *cristal ágata* **3** Canica de vidrio translúcido que tiene vetas de colores: "En su colección había tréboles, *ágatas*, agüitas y hasta balines macizos y pesados" **4** *Línea ágata* (*Impr*) Línea que se imprime en un espacio vertical de cinco y medio puntos; se emplea como medida tipográfica, particularmente en la impresión de periódicos: "El anuncio deberá ocupar unas quince líneas *ágata*".

agave s m **1** Planta amarilidácea, conocida comúnmente como maguey, originaria de regiones americanas cálidas y secas. De ella se extrae un jugo que, mediante diversos tratamientos, se convierte en pulque, mezcal, tequila, etc **2** Género de estas plantas.

agencia s f **1** Establecimiento encargado de conseguir y poner a disposición de sus clientes ciertos servicios o bienes ofrecidos por otras empresas: *agencia de automóviles, agencia de viajes, agencia funeraria, agencia de publicidad, agencia de noticias* **2** Oficina que representa a una empresa o institución en una cierta localidad, región o zona; sucursal: *agencia bancaria, agencia de la lotería* **3** Diligencia, negocio: "Y esperamos que no sea muy difícil *agencia* conseguir el personal adecuado".

agente s m y f **1** Persona que ha sido contratada en un establecimiento, por una institución, etc para promover sus negocios: *agente de ventas, agente de seguros, un agente de viajes, una agente de bolsa* **2** Persona encargada de vigilar y hacer cumplir el orden público, especialmente la que pertenece al cuerpo de policía: "Llegó el *agente* y me levantó la infracción", *agente del ministerio público, agente aduanal, agente secreto* **3** Elemento o circunstancia que produce algún fenómeno o provoca ciertos cambios o transformaciones: *agente químico, agentes naturales, agente patógeno,* "El sindicalismo independiente se ha convertido en un *agente* del cambio social" **4** (*Gram*) Parte de la oración (que puede ser una palabra, una frase o una oración subordinada) que ejecuta la acción del verbo; en la voz activa coincide con el sujeto, pero no ocurre lo mismo en la voz pasiva, donde funciona como un complemento introducido por la preposición *por*. En "Yo abro la puerta" el *agente* es *yo*, mientras que en "La puerta es abierta por mí" el *agente* es *mí*.

ágil adj m y f **1** Que tiene facilidad y soltura al moverse; que es rápido y ligero al hacerlo: "El *ágil* portero alemán detuvo el tiro penal de Hugo Sánchez", "¿Cómo pueden ser tan *ágiles* los boxeadores de peso completo?", *ágil de piernas, una bailarina muy ágil* **2** Que se desarrolla con facilidad o tiene rapidez; que fluye o funciona sin torpeza, con efec-

tividad y ligereza: "Se ha puesto en marcha un sistema más *ágil* para el pago de los servicios", "Es un cuento breve, escrito en un español *ágil* y sabroso".

agio s m Tipo de especulación que emplea medios ilícitos (como la simulación de operaciones de compraventa, la propagación de rumores, etc) para manipular y aprovechar las oscilaciones en el precio del dinero, las mercancías, los títulos de crédito, etc; sus ganancias se basan en las pérdidas que de esta manera ocasiona a terceras personas: "Los acaparadores de la Costa Grande controlan a productores y ejidatarios a través del *agio*".

agitación s f **1** Acto de agitar: "Una vez interrumpida la *agitación* del líquido, se enfría y se filtra" **2** Estado de ansiedad o intranquilidad, particularmente el que se manifiesta en movimientos irregulares pero continuados; condición en que se halla una persona que no tiene paz ni punto de reposo: "La *agitación* de sus palabras revelaba su prisa", *agitación de la respiración,* "Alicia vivía en una *agitación* permanente" **3** Estado de intranquilidad, inconformidad o turbulencia en que se halla una sociedad, una multitud o un grupo cualquiera de individuos: "La *agitación* que vivió el estado de Chihuahua durante las pasadas elecciones…" **4** Acción política que aprovecha o promueve este estado de intranquilidad para lograr influencia en una sociedad, una colectividad, etc: "La *agitación* es parte de su estrategia para desestabilizar al gobierno".

agitador 1 adj y s Que agita **2** s Persona que promueve o aprovecha la intranquilidad social con fines políticos o incita a la sublevación: "Según la policía, *agitadores* profesionales se infiltraron en la marcha para provocar desórdenes", "Denunció la presencia de *agitadores* dentro de la fábrica" **3** s m Instrumento o mecanismo que sirve para mezclar líquidos, como la varilla de cristal que usan los químicos o la que se emplea para mezclar bebidas: "Nos enseñó su colección de *agitadores* que había ido juntando a su paso por bares y restaurantes".

agitar v tr (Se conjuga como *amar*) **1** Mover repetidamente de un lado a otro alguna cosa, con energía o rapidez, sacudiéndola: "El viento *agita* las copas de los árboles", "Mónica *agitaba* el pañuelo diciendo adiós", "Alejandro *agitó* la cabeza, incrédulo, como para despertarse" **2** Mover de esa manera alguna cosa con el fin de que sus partes o elementos se mezclen o cambien de orden: "Pedro pidió una cuchara larga para *agitar* su cuba", "*Agítese* antes de usarse", *agitar un bote de pintura* **3** Provocar inquietud o ansiedad a una persona: "El anuncio de su partida la *agitó* muchísimo" **4** Producir inquietud o intranquilidad política o social: *agitar a las masas*.

aglutinar v tr (Se conjuga como *amar*) **1** Unir o ligar varios elementos de la misma o distinta clase, mediante una sustancia generalmente viscosa, de modo que formen un cuerpo más o menos compacto: *aglutinar madera,* "La sangre *aglutina* e inmoviliza las bacterias" **2** Reunir o agrupar objetos o a personas en un mismo lugar, bajo una misma causa, alrededor de la misma cosa, etc: "El partido *aglutinó* a la oposición…", "Los recuerdos *se aglutinaron* en mi cabeza".

agnosticismo s m (*Fil*) Actitud de aquellos que consideran los problemas metafísicos y religiosos, tales como el absoluto, dios, etc, como ajenos al campo propio del conocimiento; dentro de esta postura existen varias posiciones, desde las que suponen que estas cuestiones son propias de la revelación y por lo tanto circunscritas al campo de la fe, hasta las que niegan al hombre toda posibilidad de tratar y esclarecer esos problemas: *el agnosticismo kantiano*.

agnóstico adj Que profesa el agnosticismo o que se refiere a él: *filósofos agnósticos, postura agnóstica*.

agobiar v tr (Se conjuga como *amar*) **1** Abrumar a alguien con algo que le resulta excesivo (como un gran peso, mucho trabajo, una serie de problemas, etc) sin dejarle punto de reposo y provocándole, en general, fatiga, angustia o una sensación de ahogo o impotencia: "Tomás se *agobia* levantando y tirando muros de piedra", *agobiar el calor, agobiar a uno las penas* **2** (*Chis*) Inclinar o doblar el tallo de una planta, hincándolo en la tierra para que produzca nuevos brotes.

agonía s f **1** Estado que precede a la muerte, cuando la vida se extingue de manera gradual pero inminente; ansia o angustia en que se debate el moribundo: "Murió tras una larga *agonía*", "Todavía, en su *agonía*, pudo pronunciar el nombre de Raquel" **2** Sentimiento intenso de angustia o zozobra: "Vive en una constante *agonía*" **3** Declinación o decadencia de algo que está a punto de extinguirse o desaparecer: *la agonía de un reino* **4** *Tocar agonías* Tocar o tañer por un moribundo las campanas de una iglesia.

agonizar v intr (Se conjuga como *amar*) **1** Estar en los momentos previos a la muerte, cuando la vida se extingue de manera gradual pero inminente, y padecer el ansia que provoca tal estado; estar en agonía: "Don Felipe *agoniza* desde ayer" **2** Declinar o extinguirse alguna cosa; hallarse próxima a su fin: "Cuando *agonizaba* el partido consiguieron el empate", "Luz de lamento, la tarde *agoniza*".

agostadero s m **1** Terreno donde se lleva a pastar al ganado en temporada de secas: *tierras de agostadero* **2** Temporada en que el ganado permanece pastando en este terreno; empieza al terminar las labores agrícolas de temporal y concluye al principiar las siembras **3** Medida de superficie que varía según las regiones; en Guerrero, por ejemplo, equivale a 50 hectáreas, mientras que en Tamaulipas a 17.556 hectáreas.

agosto s m **1** Octavo mes del año; tiene treinta y un días, sigue a julio y precede a septiembre **2** *Hacer uno su agosto* Sacar provecho económico de una situación favorable o abusar de ella para obtener ganancias desmedidas: "Los comerciantes *hicieron su agosto* en navidad".

agotar v tr (Se conjuga como *amar*) **1** Acabar con algo usándolo, consumiéndolo o gastándolo del todo: "Los clientes acuden temprano al mercado porque los productos se *agotan* temprano", "Estamos dispuestos a *agotar* todos los recursos legales para que reconozcan nuestra asociación" **2** Acabar con las fuerzas o la resistencia de alguien, cansarlo o debilitarlo por completo: "El día de campo las *agotó* tanto que se quedaron dormidas en cuanto llegamos".

agradable adj m y f Que produce una sensación de gusto, agrado o bienestar: *un paseo agradable, recuerdos agradables, un hombre de trato agradable, una reunión agradable*.

agradar v (Se conjuga como *amar*) **1** intr Tener algo o alguien cualidades o características que resulten del gusto de quien lo considere o que le causan satisfacción, placer, etc: "Me *agrada* su carácter", "El viaje nos *agradó* mucho" **2** tr Hacer que una persona sienta gusto, placer o satisfacción con algo que uno ofrece.

agradecer v tr (Modelo de conjugación 1a) Mostrar aprecio o reconocimiento por un beneficio recibido o corresponder a él de alguna forma; dar las gracias: "Los cantantes *agradecieron* los aplausos", "Les *agradecería* que me indicaran el camino", "Yo le ayudaba en su tarea y ella siempre me lo *agradecía* con una sonrisa".

agradecido I pp de *agradecer* II **1** adj Que sabe agradecer o reconocer los favores recibidos: "Estamos muy *agradecidos* con ustedes", "Vive *agradecida* con su doctor".

agradecimiento s m **1** Acto de agradecer, dar las gracias o corresponder de alguna forma a un favor, un halago, etc; reconocimiento que se hace por un beneficio recibido: "Lo ayudaron sin esperar ningún *agradecimiento*" **2** Sentimiento de gratitud que alguien tiene por un beneficio recibido: "Lo que me une a él es el *agradecimiento*, pero no el amor", "Se inclinó con *agradecimiento* ante el profesor que le puso la medalla" **3** *En agradecimiento* En señal de gratitud o para agradecer: "Los otros socios le harán un homenaje *en agradecimiento* a su labor", "Alejandro le regaló una rosa y ella le dio un clavel *en agradecimiento*".

agrado s m **1** Gusto o buen ánimo que una persona encuentra en algo o en alguien, sensación de bienestar y satisfacción que alguien o algo provoca en ella: "Lo recordamos siempre con *agrado*", "Siempre buscó el *agrado* de sus compañeros" **2** *Ser del agrado de alguien* Provocar en alguna persona satisfacción o contento algo o alguien: "Las aguas frescas son *de mi agrado*", "Ojos negros y pardos / son los comunes / pero los *de mi agrado* / son los azules".

agrandar v tr (Se conjuga como *amar*) Hacer algo más grande o hacer que algo parezca más grande: *agrandar la casa, agrandar un problema*.

agrario adj Que se relaciona con las tierras destinadas a la agricultura y, particularmente, con la posesión o propiedad de éstas: *reforma agraria, problema agrario*.

agrarismo s m **1** Movimiento político que defiende los intereses de los que cultivan la tierra; en México se expresó con mayor fuerza como reacción al latifundismo que privaba en el porfiriato (1877-1911), luchando por que la tierra fuera propiedad de los que la trabajan, organizados en ejidos colectivos o individuales; tuvo como exponentes máximos el zapatismo y el Plan de Ayala, y sus principios se hallan expresados en el artículo 27 de la Constitución de 1917 **2** Doctrina o posición política que apoya a este movimiento.

agrarista adj y s m y f Que pertenece al agrarismo o se relaciona con él: *movimientos agraristas, líder agrarista, agraristas morelenses*.

agravar v tr (Se conjuga como *amar*) Hacer más perjudicial, dañino, malo o grave un problema, una enfermedad, una situación, etc: "Con la devaluación se *agravó* la situación económica del país", "No provoca una infección ni *agrava* las lesiones".

agraviar v tr (Se conjuga como *amar*) **1** Ofender gravemente a alguien, faltarle al respeto: "No sé cómo pude *agraviarla* de ese modo", "Lo digo sin intención de *agraviar* a los presentes" **2** (*Der*) Causar un daño a alguien como resultado de un delito **3** (*Der*) Violar los derechos de una persona al dictarse una resolución por una autoridad.

agravio s m **1** Ofensa, insulto o daño grave que se hace a alguien: "Sus palabras no bastaron para hacerle olvidar los *agravios*", "Sus *agravios* no quedarán impunes" **2** (*Der*) Daño o perjuicio que se causa a una persona como resultado de un delito **3** (*Der*) Violación de los derechos que sufre una persona durante un procedimiento y a causa de una resolución de la autoridad **4** (*Der*) Argumentación para demostrar la procedencia de un recurso o medio de defensa donde se explica en qué consiste el daño que un delito ha provocado en alguien.

agredir v tr (Se conjuga como *subir*) Atacar a alguien, física o moralmente, arremeter contra él de forma repentina, sin haber sido provocado o tomando la iniciativa en la violencia: "¿Por qué me *agredes* con esos insultos?", "*Agredieron* a los estudiantes con macanas y gases lacrimógenos".

agregado I pp de *agregar*: "El vocabulario fue *agregado* al final del libro para facilitar su lectura" **II 1** s m Acto de agregar, añadir o unir en un conjunto; agregación: "Luego de mezclar el cemento hicimos el *agregado* de la grava" **2** s m Conjunto de cosas o personas que forman un solo cuerpo o un todo, particularmente cuando en él son reconocibles los elementos que lo integran: "El concreto es un *agregado* de cemento, agua, arena y otros materiales", "La sociedad es algo más que un *agregado* de personas" **3** adj Que está formado por la unión o asociación de varios elementos reconocibles en el conjunto: "La zarzamora da un fruto *agregado* de color guinda oscuro" **4** s m Cada uno de los elementos que de este modo componen un cuerpo o conjunto; elemento añadido o incorporado a un todo: "Los triángulos en relieve no son más que un *agregado* ornamental en la fachada" **5** s Persona que forma parte de una misión diplomática y tiene a su cargo asuntos especiales: *agregado comercial, agregada cultural*.

agregar v tr (Se conjuga como *amar*) **1** Añadir o juntar una cosa a otra u otras de manera que formen un solo cuerpo, un solo conjunto, etc o que aumente su volumen o cantidad: "*Agrégale* agua a la mezcla para rebajarla", "*Agregué* unos libros al paquete", *agregar azúcar al café* **2** Decir algo más o añadirlo a lo que ya se había dicho: "¿Desea usted *agregar* algo antes de terminar la entrevista?".

agresión s f Acto de agredir; ataque repentino que se hace sin provocación, o iniciativa violenta que se toma en contra de alguien: *agresión física, una violenta agresión a los derechos humanos*.

agresividad s f **1** Impulso de atacar física o verbalmente a alguien haciéndole daño u ofendiéndolo, calidad de agresivo: "La *agresividad* es un gran mal de la sociedad contemporánea", *la agresividad potencial de las bacterias* **2** Dinamismo e iniciativa en el trabajo, en los negocios, etc: "Una nueva generación de ejecutivos que enfrenta sus retos con gran *agresividad*".

agresivo adj **1** Que tiene tendencia a atacar, ofender o buscar pelea sin haber sido provocado o tomando la iniciativa en la violencia: *un comportamiento agresivo y violento*, "Nacha es muy *agresiva* con sus compañeros de trabajo" **2** Que es activo, emprendedor, atrevido o tiene mucha iniciativa: "Triunfamos sobre el *agresivo* equipo caribeño", "La compañía necesita unos agentes de ventas *agresivos* y dedicados", *una campaña publicitaria muy agresiva*.

agresor adj y s Que agrede o es el primero en atacar a una persona o un país: *la nación agresora, identificar al agresor, el grupo agresor*.

agreste adj m y f Que pertenece al campo; silvestre, no cultivado: *una tierra agreste, un paisaje agreste*.

agrícola adj m y f Que pertenece a la agricultura o se relaciona con las labores del campo: *herramientas agrícolas, terrenos agrícolas, técnicas agrícolas*.

agricultor s y adj Persona que se dedica a la agricultura: *agricultores sinaloenses, pueblos agricultores*.

agricultura s f **1** Cultivo de la tierra, y conjunto de actividades y conocimientos relacionados con él, que tiene por fin obtener verduras, frutos, granos, pastos, etc para la alimentación del hombre o del ganado; producción de estos alimentos en un país, región, etc: *agricultura de temporal, agricultura de riego*, "Me dedico a la *agricultura*. Soy ejidatario", "Las tribus nómadas no practicaban la *agricultura* ni conocían la cerámica", "Las lluvias han sido benéficas para la *agricultura* y la ganadería", "La *agricultura* nacional perdió millones de pesos por las sequías de este año" **2** *Agricultura intensiva* La que invierte una gran cantidad de capital y mano de obra por unidad de superficie cultivada, emplea maquinaria y técnicas modernas de cultivo, y obtiene por ello un gran rendimiento **3** *Agricultura extensiva* La que emplea una baja inversión de capital y poca mano de obra por unidad de superficie cultivada y obtiene poco rendimiento **4** *Agricultura de subsistencia* La que realizan tradicionalmente el productor y su familia para satisfacer sus propias necesidades y no para poner sus productos en el mercado **5** *Agricultura nómada* La que se hace al desmontar un terreno, sembrarlo, recoger la cosecha y abandonarlo luego definitivamente **6** *Agricultura seminómada* La que, a diferencia de la anterior, no abandona definitivamente el terreno sino que al cabo de unos años vuelve a emplearlo.

agrio adj **1** Que es de sabor ácido penetrante, como el limón, el vinagre o la leche cortada: *crema agria, perón agrio*, "Este caldo ya se puso *agrio*" **2** Que es brusco o rudo; que es de trato duro, hosco o áspero: "Se ha vuelto un hombre aislado, de carácter *agrio* y hasta agresivo".

agro s m Conjunto de las tierras económicamente productivas de un país, región, etc: "Es preciso investigar la verdadera situación del *agro* nacional", *trabajadores del agro, problemas del agro*.

agronomía s f Disciplina que estudia los problemas de la agricultura desde el punto de vista de las ciencias naturales (física, química, biología); conjunto de los conocimientos técnicos, económicos y sociales que se aplican en el cultivo de la tierra: "Mario estudió *agronomía* en Chapingo".

agronómico adj Que pertenece a la agronomía o se relaciona con ella: *prácticas agronómicas, estudios agronómicos, investigaciones agronómicas*.

agrónomo s y adj Persona que tiene por profesión la agronomía: "Los *agrónomos* recomendaron sembrar café en estas tierras", *ingeniero agrónomo*.

agropecuario adj Que se relaciona con la agricultura y la ganadería a la vez, que pertenece a ambas: *producción agropecuaria*.

agrupación s f Acto de agrupar o agruparse y grupo que de ello resulta: "...produce una *agrupación* anormal de células", "La medida provocó la protesta de las *agrupaciones* chicanas".

agrupamiento s m Acto de agrupar algo o a alguien, conjunto de objetos o de personas así agrupados: *el comandante del agrupamiento anfibio, formas de agrupamiento*.

agrupar v tr (Se conjuga como *amar*) Formar un grupo o reunir en un conjunto: "Las moléculas se *agrupan* en patrones fijos", "Esta organización *agrupa* a más de cien mil trabajadores".

agruras s f pl Malestar estomacal ocasionado por una secreción excesiva de ácido clorhídrico de las glándulas gástricas o por una cantidad excesiva de ese ácido en los jugos gástricos. Se padece con dolor y ardor principalmente en la boca del estómago; acidez: "La salsa de tomate verde le produce muchas *agruras*".

agua s f l Líquido que, en estado puro, es transparente, sin olor y sin sabor. Es esencial para la vida y se encuentra en mares, ríos y lagos, o en forma de lluvia cuando se precipita de las nubes. Se evapora por calentamiento y se congela para formar hielo: *agua de mar, el agua de los ríos, agua clara, agua fría* **1** *Agua dulce* La de los ríos y algunos lagos, que tiene poco o ningún sabor **2** *Agua salada* La del mar y de algunos lagos, que contiene muchas sales y tiene sabor a sal **3** *Agua salobre* La de algunos lagos y mares interiores, con menos sales que la anterior **4** *Agua potable* La que se puede beber sin peligro para la salud **5** *Agua de la llave* La que llega a las casas por la red de tubería de las ciudades o de los pueblos y que es potable generalmente **6** *Agua termal* La que brota caliente de un manantial **7** *Agua mineral* La que brota de un manantial, lleva disueltas sustancias minerales y tiene propiedades medicinales, como la que brota en Tehuacán, Puebla **8** *Agua destilada* La que ha sido purificada por destilación **9** *Agua blanda* La que tiene sales de carbonato cálcico hasta en 85 mg/l **10** *Agua dura* La que tiene más de 85 mg/l de carbonato cálcico; con el jabón, forma compuestos insolubles y no hace espuma; generalmente no es potable **11** *Agua pluvial* o *llovediza* La de lluvia, que se usa para riego o consumo humano **12** *Agua bronca* La de las crecientes de los ríos, que arrastra tierra, hierba y troncos **13** *Agua de gravedad* La que riega un terreno por efecto simple del desnivel de la tierra **14** *Agua de alimentación* La que, libre de impurezas y burbujas de aire, se usa para alimentar una caldera **15** (pl) Época de lluvias en el año: *llegar las aguas, tiempo de aguas* **16** *Agua nieve* Lluvia que cae en grandes gotas heladas **17** *Ponerse las aguas, ponerse el agua* (*Rural*) Ennegrecerse las nubes, poco tiempo antes de comenzar a llover **18** *Aguas arriba, aguas abajo* En dirección contraria o a favor de la corriente de un río **19** *Irse algo al agua* Echarse a perder; malograrse: "Ese matrimonio se disolvió y *se fue al agua*" **20** *Estar algo o alguien como agua para chocolate* Estar a punto de estallar en cólera, en llanto, etc con cualquier pretexto: "No le hables de dinero; *está como agua*

para chocolate desde que le robaron" **21** *Hacerse agua la boca* Antojársele algo a uno: "¡Mira qué pasteles! *Se me hace agua la boca*" **22** *Llevar alguien agua a su molino* Participar en alguna discusión o argumentar en favor de sus propios intereses **23** *Estar con el agua al cuello* Estar alguien en una situación difícil o de riesgo inminente: "La empresa no tiene dinero; *está con el agua al cuello*" **24** *Como agua* Con facilidad, sin darse uno cuenta: *irse el dinero como agua* **25** *Entre dos aguas* En situación ambigua o de indecisión: "No sabe si irse o quedarse; *está entre dos aguas*" **26** Vertiente de un tejado: *una casa de dos aguas* **II 1** *Aguas frescas* Bebidas hechas con agua y generalmente el jugo o la pulpa de algunas frutas, como el agua de limón, de jamaica, etc **2** *Agua de azahar* Bebida hecha a base de una infusión de azahar, que se usa como sedante **3** *Agua de rosas* Solución acuosa de Rosa centifolia, que se utiliza como perfume **4** *Agua de Colonia* Loción que fabrica la casa 4711 en Colonia, Alemania **5** *Agua de colonia* Imitación de la anterior; colonia **6** *Agua de calcetín* (*Caló*) Café de la prisión **7** *Agua bendita* La que ha sido bendecida por un sacerdote y se usa para diversos ritos en la Iglesia católica: *una pila de agua bendita* **8** *Aguas negras* Las que acarrean residuos y desechos de una población, una industria, etc **9** *Agua pesada* (*Quím*) Agua compuesta por dos átomos de hidrógeno pesado (deuterio) y uno de oxígeno, que se usa en los reactores nucleares **10** *Agua regia* (*Quím*) Sustancia compuesta por una mezcla de ácidos nítrico y clorhídrico, capaz de disolver metales como el platino y el oro **11** *Agua fuerte* (*Quím*) Ácido nítrico diluido en poca cantidad de agua, capaz de disolver algunos metales, como la plata, por lo que se emplea en el grabado **12** *Agua oxigenada* (*Quím*) La que tiene mayor proporción de oxígeno que la natural; se usa como desinfectante y decolorante del pelo **13** *Agua madre* (*Quím*) Solución de bromuros, magnesio y sales de calcio que queda después de la cristalización del cloruro sódico **III 1** *Aguas territoriales* Las de la zona marítima, hasta de doce millas náuticas, que rodean a un país y en las que éste ejerce su soberanía; mar territorial **2** *Aguas jurisdiccionales* Las de la zona marítima de un país en las que éste tiene derechos exclusivos de explotación, con arreglo al derecho internacional; mar patrimonial **3** *En aguas (de)* En la zona marítima territorial de un país: *navegar en aguas de México, en aguas guatemaltecas* **IV 1** *Pedir o dar para las aguas* (*Coloq*) Pedir o dar propina: "Patrona: ya le traje el bulto; *deme para mis aguas*" **2** *Tomar una agüita* (*Popular*) Beber alguna bebida alcohólica **3** *Darle a alguien su agüita* (*Popular*) Matarlo **4** *Hacer aguas o de las aguas* (*Popular*) Orinar **5** *Cambiar el agua a las aceitunas* (*Popular*) Orinar un hombre **6** *¡Aguas!* (*Coloq*) Expresión de alerta ante algún peligro: "¡Aguas, ahí viene la policía!" **7** *Echar aguas* (*Coloq*) Advertir a alguien de algún peligro: "*Échame aguas*, para que no me vean salir" **V** *Agüita* Canica de vidrio transparente, blanca o de color.

aguacate s m **1** Fruto comestible que tiene forma oval, cáscara verde, verdinegra o negra, con una sola semilla en forma de huevo y pulpa verdosa y suave. Es muy apreciado por su sabor y con él se prepara el guacamole **2** (*Persea americana*) Árbol que da este fruto, de la familia de las lauráceas, de 10 a 12 m de altura, muy frondoso, de corteza aromática y madera quebradiza; follaje perenne, hojas ovales y lisas, y flores de aproximadamente 6 mm de largo, de color verdoso amarillento.

aguacero s m Lluvia muy intensa, en especial la que se precipita de manera repentina y durante poco tiempo: *los aguaceros de mayo, caer un aguacero.*

aguada s f **1** Depósito de agua que se forma naturalmente en el campo: "Llevaba sus animales a la *aguada*" **2** (*Mar*) Abastecimiento de agua potable que llevan los barcos **3** Color que se emplea mezclado con agua sola o con agua y otras sustancias **4** Pintura hecha con el color así preparado.

aguado adj **1** Que tiene poca consistencia o poco sabor; que es blando o poco espeso, generalmente por contener mucha agua: "La sopa quedó muy *aguada*", *café aguado*, "Haga la pasta ni muy *aguada* ni muy seca" **2** (*Coloq*) Que resulta aburrido, sin ánimo ni alegría, que le falta disposición para divertirse: *una fiesta muy aguada*, "No seas *aguada*, vamos a bailar".

aguafuerte s m **1** (*Quím*) Ácido nítrico rebajado con agua. Es muy usado en el grabado por su acción corrosiva sobre la mayoría de los metales; agua fuerte **2** Técnica de grabado en la que el artista emplea esa sustancia para incidir sobre los surcos que ha trazado en la plancha de metal antes de entintarla y de hacer la impresión: *grabar al aguafuerte*, "Trabajó la litografía y el *aguafuerte*" **3** Impresión que se obtiene empleando esa técnica: *los aguafuertes de Goya*, "El museo compró un *aguafuerte* de José Luis Cuevas".

aguamiel s f Savia o jugo de maguey del que se obtiene el pulque por fermentación: "Los tlachiqueros chupaban el *aguamiel* con largos acocotes".

aguantar v tr (Se conjuga como *amar*) **1** Soportar el peso de algo o de alguien: *aguantar una caja de libros*, "El muro *aguanta* muchas toneladas", "¿A que no me *aguantas*?" **2** Resistir actividades, cosas o situaciones que resultan cansadas, pesadas, molestas o que pueden alterar la salud, el bienestar, etc: *aguantar tres horas corriendo, aguantar la presión del público, aguantar una broma, aguantar el calor*, "No *aguanta* nada, a la segunda copa se marea" **3** Soportar o tolerar con paciencia a alguien, particularmente a personas que suelen desesperar a quienes tratan con ellas o que no dejan a uno en paz: *aguantar al jefe, aguantar a la suegra*, "No *aguanta* a los niños" **4** Contener o reprimir un impulso, un deseo, una emoción, etc: *aguantar la respiración*, "No pudo *aguantar* la risa", *aguantarse las ganas, aguantarse la pena* **5** intr (Se usa sólo en la tercera persona del singular o del plural) (*Coloq*) Estar bien, valer la pena; ser del gusto o del agrado de uno: "La película es larga pero *aguanta*", "La fiesta no *aguantó*" **6** *Aguantar un piano* (*Coloq*) Estar muy bien, valer mucho la pena o tener mucha resistencia, paciencia, etc: "Acapulco *aguanta* un piano" **7** *Aguantar mecha* o *aguantar vara* (*Coloq*) Soportar con tranquilidad, buen ánimo o entereza situaciones difíciles, adversas, molestas, etc, particularmente cuando resultan como consecuencia de lo que uno ha hecho: "No nos queda otra que *aguantar mecha*".

aguardar v tr (Se conjuga como *amar*) **1** Permanecer en algún lugar o en cierta condición hasta que llegue alguien o suceda algo: "*Aguarde* aquí, voy por un médico", "*Aguarda* hasta que tengas noticias", "*Aguarden* un segundo, en seguida los atiendo" **2** *Aguardarle algo a alguien* Estar algo próximo a sucederle a alguien; esperarle cierta cosa a una persona: "*Nos aguardan* años difíciles", "*Me aguardan* unas buenas vacaciones".

aguardiente s m **1** Bebida alcohólica que se obtiene de la destilación de la caña de azúcar; aguardiente de caña **2** Bebida con alto grado de alcohol, destilada de frutas o plantas (anís, maguey, etc), como el tequila, el mezcal, el vodka o el whisky.

aguarrás s m sing Líquido incoloro, inflamable y volátil, que se obtiene por la destilación de la trementina de los pinos y se emplea principalmente como disolvente de pinturas.

aguascalentense adj y s m y f Que es natural de Aguascalientes, que pertenece o se relaciona con este estado o con su capital, la ciudad del mismo nombre; hidrocálido: *un notable aguascalentense, artesanía aguascalentense.*

agudeza s f **1** Propiedad de lo que es afilado o agudo: *la agudeza de una lanza* **2** Cualidad de algo o de alguien de llegar a lo sustancial o a lo más importante de un problema, situación, etc; inteligencia, ingenio y profundidad con la que se trata o dice algo: *la agudeza de una crítica, la agudeza de un escritor* **3** Idea o expresión ingeniosa: "Nos divierte mucho con sus *agudezas*" **4** Capacidad perceptiva de los sentidos: *agudeza visual* **5** Gravedad de una enfermedad que hace que su tratamiento sea urgente; carácter agudo o crítico de una dolencia: "Mientras persista la *agudeza* de la crisis, el paciente debe estar bajo observación".

agudizar v tr (Se conjuga como *amar*) **1** Hacer algo más agudo; agravar o agravarse alguna cosa: *agudizar un problema, agudizarse una enfermedad* **2** Aumentar la capacidad perceptiva o la penetración intelectual: "Esta sustancia *agudiza* los sentidos".

agudo adj **1** Que termina adelgazándose, de manera que se afila, forma una punta o una V: *el agudo filo de un puñal, ángulo agudo* **2** adj y s (*Fís* y *Mús*) De tono alto, de frecuencia elevada: *sonido agudo*, "Habla despacio y con un timbre de voz muy agudo" **3** Que es de gran intensidad o gravedad: *apendicitis aguda, agudos dolores de cabeza, el agudo problema del desempleo* **4** Que es perspicaz, sutil y penetrante: *crítico agudo, comentario agudo* **5** Que es muy sensible, que percibe con prontitud, particularmente tratándose de los sentidos: *oído agudo, vista aguda* **6** adj y s (*Gram*) Tratándose de palabras, que lleva el acento en la última sílaba, como *animal, comió, frijol, después, reventó* (Véase "Acentuación", p 32).

aguijón s m **1** Punta afilada y retráctil, semejante a un dardo, situada en la parte terminal del abdomen de los escorpiones o alacranes y de ciertos himenópteros, como las abejas y las avispas. Está unida por un canal a una glándula que segrega veneno y tiene un orificio por el que puede inyectar esta sustancia. En los himenópteros se desprende en el momento de picar y va penetrando la piel de su víctima a la vez que bombea el veneno: *clavar el aguijón, extraer el aguijón* **2** Espina de las plantas:

"El tallo está provisto de rígidos *aguijones*" **3** Punta aguda y afilada de acero o de hierro que generalmente se coloca en el extremo de una vara para avivar, azuzar o estimular a los animales **4** Cosa, frase, acción, etc que estimula el orgullo o la sensibilidad de alguien y lo incita a actuar en cierto sentido.

águila s f l **1** Ave rapaz diurna, de vista aguda y gran rapidez y altura en el vuelo. Es de cuerpo fuerte, llega a medir hasta 1 m de largo, y tiene alas grandes y robustas, de hasta 2.5 m de envergadura. Está provista de cuatro garras filosas y de un pico completamente curvo o recto en la base y curvo en la punta. Anida en lugares altos, como las copas de los árboles o rocas escarpadas. Se distingue de otras aves de rapiña, como el zopilote o el cóndor, en que tiene plumas también en la cabeza y en las patas (hasta el arranque de los dedos) y en que no se alimenta de carroña sino de los animales que caza, entre los que se encuentran otras aves (como perdices y patos), algunos mamíferos pequeños y medianos (como conejos, crías de cabrito y borrego cimarrón), reptiles, insectos, etc. Pertenece a la familia *Accipitridae* y al orden de las falconiformes. Se encuentra en todo el mundo, y en México se conocen de ella varias especies y géneros **2** *Águila arpía* (*Harpia harpyja*) La que tiene la cabeza de color gris claro, con cresta eréctil, la parte superior del cuerpo negra y la inferior blanca, con una banda oscura en la parte alta del pelo; muslos blancos con franjas oscuras, cola negra con bandas grises y punta blanca. Es una de las más grandes del mundo y llega a medir 90 cm de largo. Caza pequeñas aves y monos. Se encuentra ocasionalmente en Veracruz, Chiapas y Campeche **3** *Águila blanquinegra* (*Spizastur melanoleucus*) La que mide alrededor de 60 cm de largo, tiene la cabeza, el cuello y las partes inferiores de color blanco; la espalda, las alas y las partes inferiores negras; la cola con franjas grisáceas y negruzcas y la base del pico naranja rojiza. Se encuentra ocasionalmente en las selvas tropicales del sureste de México (de Veracruz a Chiapas) y más raramente en la península de Yucatán **4** *Águila de cabeza blanca* (*Haliaetus leucocephalus*) La que mide entre 70 y 80 cm de longitud, tiene un largo penacho negro y eréctil, la corona negra, los costados del pecho y del cuello canela rojizos, la garganta y el centro del pecho blancos y el abdomen, las piernas y los flancos listados en blanco y negro. Caza animales de regular tamaño. Se encuentra en Baja California y, en invierno, en las tierras altas y centrales del norte de México, raramente en la costa del Golfo **5** *Águila real, dorada* o *caudal* (*Aquila chrysaetus*) La de plumaje café oscuro, cola gris, nuca y parte trasera del cuello con reflejos dorados; alas rectas y largas. En México se encuentra en las zonas montañosas de Baja California, Sonora, Sinaloa y Chihuahua, y de Nuevo León hasta Hidalgo y Guanajuato. Es la que retrata el escudo nacional mexicano en la bandera, las monedas, etc II (*Popular*) **1** *Ser águila* o *ser una águila descalza* Ser hábil, ágil o astuto: "Marta *es muy águila* para las matemáticas", "Rodrigo *es* bien *águila* con el balón", "Cuco *es un águila descalza* componiendo coches" **2** *Ponerse águila* Ponerse listo o prevenido y actuar con habilidad o ventaja: "Tere *se puso águila* en la venta de camisas y ganó buen di-

nero" **3** *¡Águila!* Interjección con que se pone a alguien en guardia, se le previene de algo o se le pide que esté atento: "¡*Águila* con el camión!" **4** *De aguilita* En una postura que recuerda la figura del águila; en cuclillas o manteniendo alguna parte del cuerpo suspendida en el aire o sin apoyo: *cagar de aguilita* **5** *De aguilita* Al vuelo, dando un brinco o sin apoyarse: *bajarse de aguilita del trolebús* III (*Caló*) **1** *Aguilita* Persona que trabaja como policía o celador: "Los *aguilitas* del Ayuntamiento se espantaron con el escándalo" **2** *Águila voladora* Agente de policía que patrulla en motocicleta: "Nos pararon dos *águilas voladoras* porque no traíamos placas" IV (*Popular*) Tratándose de monedas o dinero, a peso: *cinco mil del águila* V *Águila de mar* (*Aetobatus marinari*) Raya que habita en ambas costas de México, así como en otros mares tropicales y subtropicales. Llega a medir más de 3 m de longitud y, de punta a punta de sus aletas, más de 2 m. Su parte superior es de color negro o café, con manchas claras, y la inferior blanquecina o rosada. Tiene una larga cola y su carne se consume seca y salada o se emplea como carnada para tiburones. Pertenece al orden de los batoideos y a la familia *Myliobatidae*.

aguileña s f (*Aquilegia vulgaris*) Planta herbácea de la familia de las ranunculáceas que mide entre 30 y 60 cm de altura, de hojas pecioladas y flores azules, blancas o rosas, en cuyos pétalos cóncavos, terminados en forma de espolón, se acumula el agua. Se emplea medicinalmente como diurético, diaforético y antiescorbútico, para facilitar la secreción de leche, para favorecer la maduración de las pústulas de la viruela y la escarlatina, para combatir la bronquitis, la tisis, etc. Es originaria de Siberia, aclimatada en América; muela de San Cristóbal, pajaritos, palomas, palomitas.

aguileño adj Que es largo y delgado, como la cara o el pico de las águilas: *nariz aguileña*.

aguinaldo s m **1** Cantidad de dinero a que tienen derecho los trabajadores cada fin de año y que debe ser pagada por quien los contrata. Equivale, por lo menos, a quince días de salario más las prestaciones correspondientes para los trabajadores del sector privado, y a un mes de salario más prestaciones para los empleados del sector público. Los trabajadores que no hayan trabajado todo el año tienen derecho a cobrar la cantidad proporcional al tiempo laborado: *ahorrar parte del aguinaldo*, "Con el *aguinaldo* voy a pagar mis deudas" **2** Gratificación o regalo que se da a una persona al final del año, generalmente por los servicios que ha prestado: "¿Le diste su *aguinaldo* al repartidor?"

aguja s f l **1** Barra delgada y pequeña, de metal, madera, plástico, hueso u otro material, con un extremo puntiagudo y provista de una perforación u ojo (generalmente en el extremo opuesto al de la punta) por donde se pasa un hilo, una cuerda, bejuco, etc. Se usa para coser, bordar, zurcir, etc y puede ser recta, como la de *canevá*, que es grande y se emplea sobre material duro como el cuero, o con hilo grueso; puede también ser curva, como la *saquera*, la *colchonera* y otras utilizadas en tapicería, encuadernación o cirugía: *ensartar el hilo en la aguja, picarse con una aguja* **2** *Agujas de tejer* Las que son largas y delgadas, con uno o los dos extremos terminados en punta, pero sin ojo, y que se usan por pares para tejer a mano **3** *Tejer en agujas o hacer en agujas* Tejer a mano una prenda de vestir: *un pantalón hecho en agujas* **4** *Aguja de lengüeta* La que tiene un extremo terminado en gancho, con una lengüeta que lo cierra y se usa en las máquinas de tejer **5** Instrumento de madera de forma aplanada y de 10 a 15 cm de largo, terminado en punta y provisto de un ojo en el otro extremo; se usa para tejer las redes de pescar **6** *Aguja de arria o aguja de enjalmar* La de ojo, con la punta aplanada y ligeramente curva, que se emplea para coser y remendar costales, enjalmas y otros objetos de la arriería **7** *Aguja de jareta* La que es larga, gruesa y de punta achatada; sirve para meter el cordón o la cinta en la jareta **8** *Aguja de gancho* Gancho, ganchillo **II 1** Barra metálica, delgada y hueca, con un extremo puntiagudo cortado en diagonal y el otro adaptable a una jeringa; se usa principalmente para inyectar o extraer sustancias a través de la piel de los seres vivos: *aguja hipodérmica, aguja de fístula, aguja aspiradora* **2** Barra de metal, pequeña y delgada, que en los tocadiscos hace contacto con el disco fonográfico. Vibra al pasar por el surco grabado del disco y produce así los impulsos que, amplificados y llevados a las bocinas, producen el sonido: *cambiarle la aguja al tocadiscos* **3** Indicador largo y delgado, que marca alguna cosa en la carátula de un instrumento, como un reloj, un velocímetro, etc; manecilla **4** (*Arq*) Extremo puntiagudo con que se remata una torre, un obelisco, etc: *agujas de estilo gótico, agujas de una iglesia* **5** Barra metálica, larga y delgada que se usa para mechar carne **6** Cada uno de los dos rieles que, adelgazados en un extremo, sirven para cambiar la vía a los trenes: *cambio de agujas* **7** Cada uno de los postes, generalmente de madera, que se clavan en el suelo y que, provistos de varias perforaciones por las que pasan las trancas, forman las puertas de los potreros, corrales, etc **8** En apicultura, barra metálica de unos cuatro centímetros de largo, unida a un mango de madera y empleada para transportar los huevecillos en la producción artificial de las abejas reinas **9** (*Mec*) Válvula en forma de cuña que regula la entrada de combustible en el carburador de los motores de combustión interna **10** Punzón o cono de acero que forma parte del percutor en algunas armas de fuego y es la pieza que golpea el cartucho y provoca su estallido **11** (*Mar*) Brújula **12** (*Mar*) Especie de alcayata o macho que algunas embarcaciones menores llevan fija en el madero vertical de la quilla (el codaste), donde entra y tiene juego la argolla o hembra inferior del timón **III 1** Peña alta, delgada y escarpada o cima puntiaguda de una montaña: *aguja de Tumbiscatío* **2** Hoja larga, delgada y puntiaguda de los pinos y otras coníferas de hojas lineales **3** Forma larga y puntiaguda en que se cristalizan o se congelan algunas sustancias: "El destilado solidifica en *agujas* blancas suficientemente puras" **IV 1** Cada una de las costillas del cuarto anterior de los cuadrúpedos, particularmente de la res **2** Corte de carne que se obtiene de las costillas de esta parte de la res y platillo que con ella se prepara: *agujas norteñas* **3** pl Tratándose de cuadrúpedos, parte más alta y sobresaliente del lomo, donde se juntan los huesos de las extremidades anteriores con el espinazo; cruz: *un*

caballo alto de agujas, una estocada en las agujas del toro* **V 1** Pez largo y delgado del género *Syngnathus*, o de otro género relacionado con éste, que se caracteriza por tener una suerte de pico tubular en cuyo extremo anterior se encuentra su pequeña boca. Su cuerpo está cubierto de placas óseas y carece de la primera aleta dorsal y de la pélvica. Sus huevecillos son incubados por el macho en un saco alargado subcaudal o, a veces, en unas cavidades en la piel del abdomen. Se encuentra en casi todo el mundo, pero especialmente entre las algas de los mares templados; agujita, aguja de mar, pez pipa **2** Pez largo y delgado cuya cabeza se adelgaza y termina en una especie de pico; pertenece a la familia *Belonidae*, a los géneros *Strongylura* y *Tylosurus* y a varias especies. Los del primer género pueden encontrarse en las costas mexicanas del Pacífico y los del segundo en las del Golfo **VI 1** *Agujas de pastor* (*Erodium cicutarum*) Planta herbácea, pequeña, de la familia de las geraniáceas, de hojas divididas, flores rosadas que crecen en racimo (umbela) y frutitos que tienen un filamento elástico, delgado y enrollado en espiral. Crece en el altiplano de México y también se cultiva en macetas como ornamental; agujitas **2** *Aguja de tórtola* (*Samyda yucatanensis*) Árbol de hasta 17 m de altura, de la familia de las flacurtiáceas, de hojas en forma de huevo, provistas de vello en el reverso; flores sin pétalos y fruto subgloboso que mide aproximadamente 12 mm. Crece en Yucatán **3** *Agujilla* (*Opuntia molesta*) Planta de la familia de las cactáceas, carnosa y espinosa, formada por segmentos cilíndricos, que llega a medir 2 m de altura; sus flores son verdoso amarillentas y su fruto amarillento, de entre 25 y 35 mm de largo. Crece en Baja California y en la región central del país.

agujerar v tr (Se conjuga como *amar*) Hacer uno o varios agujeros: "No pudimos agujerar esa pared", *agujerar un zapato*.

agujero s m **1** Abertura que atraviesa algo de un lado a otro o que se forma sobre una superficie: "Se le hizo un *agujero* a la camisa", "En cada *agujero* se mete un taquete y un tornillo", *tapar un agujero, caerse en un agujero* **2** *Agujero de munición* (*Rural*) Tiro de munición.

agujeta s f **1** Correa o cordón que usualmente tiene un reforzamiento en cada extremo, lo que le permite entrar fácilmente en los ojillos de un trozo de cuero, una tela, ciertas prendas de vestir (particularmente los zapatos), etc y sirve así para sujetar, apretar o ceñir: *amarrarse las agujetas, romperse una agujeta* **2** pl Dolores o punzadas musculares que aparecen después de haber hecho un ejercicio violento o prolongado: "Jugó tanto futbol ayer que hoy no puede moverse por las *agujetas*" **3** Tranca que, en los establos, corrales, etc, corre horizontalmente sobre las agujas o postes verticales: "Abrió la puerta del corral sacando una tras otra las *agujetas*" **4** (*Impr*) Pliegue o arruga que se forma en el papel y afea la impresión **5** (*Chis*) Aguja de tejer **6** *Ser o ponerse alguien (muy) agujeta* (*Caló*) Ponerse o estar muy listo, prevenido o atento; ser o ponerse abusado o aguzado.

agustino adj y s Que pertenece a alguna de las órdenes religiosas fundadas por San Agustín o sus seguidores, o se relaciona con ellas.

¡ah! interj (A veces se escribe sin signos de admiración) **1** Manifiesta asombro, sorpresa o adoración:

"¡*Ab* qué bonito es mi valle!", "¡*Ab*, no me lo imaginaba!" **2** Manifiesta sorpresa y cortés aprobación de algo: "¡*Ab*, qué buen soldado es su jefe!", "¡*Ab*, qué corazón de pollo el tuyo!" **3** Confirma con asombro alguna cosa: "¡*Ab*, también usted tiene miedo!", "¡*Ab*, de modo que así me tratas!" **4** Enfatiza la comprensión de lo dicho en un diálogo o el inicio de una respuesta: "—Quedará en depósito hasta pagarlo todo. —¡*Ab*, bueno!", "—¿Dónde está la hacienda? —¿La hacienda? ¡*Ab!*, aquí cerca" **5** Introduce lo olvidado en una enumeración: "Con tocadiscos, radio, amplificador y todo eso; ¡*ab!*, y grabadora…" **6** Enfatiza una conclusión e introduce sus consecuencias: "¡*Ab*, ya entendí!", "¡*Ab* no, mentiras no!" **7** Manifiesta interrogación y sorpresa: "—¿Cómo le llaman? —El chaneque. —¡*Ab!*, debí imaginármelo".

ahí adv **1** Ese o en ese lugar: "Lo dejé *abí*", a*bí mero*, "Déjalo por *abí*", *abí en la mesa*, "Cerca de *abí* estaba un parque", "*Abí* lo conocí" **2** En ese preciso momento: "*Abí* terminó el juego", "*Abí* fue cuando empezó con las burlas" **3** En eso: "*Abí* está la parte más ardua de la tarea del traductor" **4** *De abí (que)* En consecuencia, por eso: *de abí la naturaleza profundamente conservadora del matrimonio*, "*De abí que* no convenza lo que dice" **5** *Por abí (de)* Aproximadamente, más o menos: "Debe tener *por abí de* cuarenta años" **6** *Por abí* Por un lugar indeterminado, pero cercano: "Me fui a caminar *por abí*" **7** En ocasiones se usa para enfatizar la aparición de un complemento de lugar: "Siempre los veía *abí* sentados en el corredor de la casa", *abí junto al quicio*, "Estaban *abí* dentro de su cajón" (En la lengua hablada se tiende a acentuar la *a*; esta tendencia llega incluso a reflejarse en la lengua escrita cometiéndose ciertos errores o faltas: "*Abí* será otro día", "Fue por *abí*", "*Abí* te va esta tetralogía").

ahijado s Una persona, respecto de su padrino o su madrina: "Mis queridos *abijados*".

ahínco s m Actitud de dedicación esforzada y perseverante con la que se hace algo: "Trabaja con mucho *abínco* en la preparación de su nuevo libro", *estudiar con abínco*.

ahíto adj (*Liter*) Que está harto o más que satisfecho de alguna cosa, sobre todo de comer o beber: "Quedó *abíta* con la cena", *abíto de alcohol*.

ahogado I pp de *abogar* o *abogarse* **II 1** adj y s Que muere por falta de aire para respirar: *el cuerpo del abogado* **2** adj Tratándose de algún alimento, que se ha sumergido en un líquido, especialmente una salsa o caldillo: "Unos ricos huevos *abogados*", *tortas abogadas* **3** adj (*Coloq*) Borracho: "Llegó *abogado* al trabajo".

ahogar v (Se conjuga como *amar*) **I 1** prnl Morir asfixiado **2** prnl Perder la respiración por momentos o respirar con dificultad: *abogarse de risa*, "Se *abogaba* con un hueso de aceituna" **3** tr Matar a alguien o a algún animal sumergiéndole la cabeza en agua o en algún otro elemento que le impida respirar, o apretándole la garganta **4** tr Sumergir algo en agua o en alguna otra sustancia: *abogar los huevos en salsa verde* **5** tr Matar algo o acabar con él por exceso de una misma sustancia o de una misma acción: "*Abogaron* la enredadera de tanto regarla" **6** prnl (*Mar*) Meterse el agua por los costados y la proa de una embarcación, haciendo que se in-

cline por uno de ellos **II** prnl **1** (*Popular*) Emborracharse **2** *Abogar las penas* Emborracharse **3** Llenarse de gasolina el carburador de un automóvil, impidiendo así su funcionamiento **III** tr **1** Impedir que algo continúe o se desarrolle, utilizando energías o medios en mayor cantidad o de mayor intensidad que lo que aquello puede soportar: *abogar un ruido*, *abogar la música*, *abogar una revuelta*, *abogar una protesta* **2** Provocar en alguien agobio o impotencia una situación límite o extrema: "Se *abogaba* en un mar de conocimientos dispersos", "Lo *abogan* las deudas" **3** *Abogarse en un vaso de agua* Sentirse agobiado por dificultades de poca importancia o fáciles de superar **4** Contener una emoción intensa o expresión, dominándola por completo: *abogar un sollozo*, *abogar un grito de alegría* **IV** tr **1** En el juego del ajedrez, impedir que se muera al rey, cuando éste es la última pieza en juego, pero sin ponerlo en jaque **2** En el juego de canicas, golpear una a otra, haciendo que la segunda caiga en el agujero; o caer la canica del que tira por segunda vez en el agujero, perdiendo así el juego **3** En el juego del *pool*, meter la bola tiradora en alguna de las buchacas de la mesa, perdiendo así los puntos que correspondían a la tirada y el turno.

ahogo s m **1** Dificultad para respirar o sensación de asfixia provocada por la falta de oxígeno: "Sufre de constantes *abogos*" **2** Sensación de angustia provocada por emociones muy intensas.

ahondar v tr (Se conjuga como *amar*) **1** Profundizar alguna cosa, ya sea para mejorar su comprensión o sus alcances o para aumentar sus problemas o dificultades: *abondar en un tema*, "Un sentimiento que sólo sirve para *abondar* diferencias en nuestro momento histórico", "Será necesario *abondar* más en el significado mismo del ser" **2** Hacer más honda o profunda alguna cosa, como un agujero: *abondar un pozo*, *abondar en una berida*.

ahora adv **1** En este momento, en el presente, este momento: "*Abora* está estudiando", "*Abora* tengo hambre", *los jóvenes de abora*, "*Abora* se hacen vuelos interplanetarios" **2** Esta vez: "Lo que es *abora* no me he equivocado", "Comprendí que *abora* sí iban de retirada" **3** Dentro de poco tiempo: "*Abora* vengo" **4** *Abora bien* Dando esto por sentado; considerando lo anterior: "*Abora bien*, si te quedas, ¿cuáles son las ventajas?" **5** Manera de introducir una idea o pensamiento: "*Abora*, ya en el terreno de los hechos, las cosas tomaban otro aspecto muy distinto" **6** conj Pero, sin embargo: "*Abora*, de que es un éxito, lo es".

ahorita adv (*Coloq*) ahora: "*aborita* vengo", "*aborita* los alcanzo", "*aboritita* regreso", "*aborita* no está regresa al ratito".

ahorrar v tr (Se conjuga como *amar*) **1** Guardar dinero: "*Aborra* 50 pesos al mes" **2** Gastar en alguna cosa menos dinero de lo previsto o esperado: "*Aborré* 50 pesos en el mercado" **3** Gastar menos esfuerzo, tiempo, cantidad de algo, etc: *aborrar trabajo*, *aborrar gasolina*, *aborrar agua* **4** Evitarle a alguien la necesidad de hacer esfuerzo, de tomarse cierto tiempo, etc en algo: "Te *aborré* el trabajo de buscar en la biblioteca", "Quisiera *aborrarte* todos esos sufrimientos".

ahorro s m **1** Acto de ahorrar: "Se debe fomentar en los niños el *aborro*", *aborro de agua*, *aborro de tiem-

po **2** pl Cantidad de dinero que se ha acumulado ahorrando: "Acabó con los *ahorros* de la familia", "Tiene algunos *ahorros* en el banco".

ahoy adv (*Popular* y *Rural*) Hoy: "Las clases se suspendieron *ahoy* a las cuatro de la tarde", "Una pieza de pan vale *ahoy* un peso".

ahuehuete s m (*Taxodium mucronatum*) Árbol de la familia de las taxodiáceas, de gran tamaño y corpulencia, de corteza oscura, blanda y rugosa. Sus frutos son unos conos globosos y pequeños. Crece en lugares húmedos y pantanosos; llega a vivir varios siglos: *los ahuehuetes de Chapultepec.*

ahumado adj **1** Que ha sido expuesto a la acción del humo para que se deshidrate y conserve: *trucha ahumada, jamón ahumado* **2** Que tiene color sombrío o negruzco: *cristal ahumado, cuarzo ahumado, topacio ahumado.*

aire s m **I 1** Mezcla de gases que constituye la atmósfera y rodea la Tierra, formada principalmente por oxígeno y nitrógeno, y por pequeñas cantidades de argón, bióxido de carbono y otros gases, así como vapor de agua; es transparente, inodoro e insípido **2** Viento: "Hace mucho *aire*", "El *aire* se cuela por las rendijas", "El *airazo* abrió la puerta" **3** *Aire comprimido* El que se almacena a presión para inflar algunas cosas o para darle fuerza a ciertos instrumentos: *una pistola de aire comprimido, un martillo de aire comprimido* **4** *Aire líquido* El que se licúa por enfriamiento; se usa para conservar bajas temperaturas, en la fabricación de explosivos, cohetes, etc **5** *Aire acondicionado* Sistema de ventilación en el que se tiene control de la temperatura y de la humedad **6** *Al aire libre* Fuera de toda habitación o resguardo: *hacer ejercicio al aire libre* **7** *Al aire* Expuesto, sin protección: *una fractura al aire, órganos sexuales al aire* **8** *Tomar el aire* Pasear en un lugar descubierto y recuperar el aliento o las energías **9** *Darle a uno un aire* (*Coloq*) Recibir una corriente de aire frío y sentir un dolor; resfriarse o sufrir una parálisis repentina de una parte del cuerpo: "Le *dio un aire* y se le enchuecó la boca" **10** *Tomar (nuevos) aires* Coger nuevas fuerzas o más bríos **11** *Cambiar de aires* Mudarse, irse a otro lugar o a otro ambiente **12** *Agarrar, tomar o coger el segundo aire, llegarle el segundo aire* (*Coloq*) Recuperar uno energías cuando ya parecía agotado: "El Ratón Macías *agarró su segundo aire* y noqueó a su retador" **13** Ambiente que se crea en cierto momento entre las personas: "Había tensión en el *aire*", "La idea estaba en el *aire*" **14** *Al aire* Que está siendo difundido o transmitido por radio o televisión en ese momento: *un programa al aire* **15** (*Popular*) Gas que se acumula en los intestinos y en el estómago: "Cuando el general bailaba, soltó un saludable *aire*", "*Aire* por detrás, sólo el que sale es bueno" **II 1** Conjunto de rasgos, particularmente los de la cara, que hacen que una persona se parezca a otra o que le dan cierta apariencia reconocible: *un aire de familia* **2** Actitud de una persona, manifiesta en gestos, aspecto, etc: *un aire malicioso, un aire fanfarrón, un aire preocupado* **3** pl Actitud vanidosa con la que alguien se presenta: *darse aires de suficiencia, aires de galán afortunado, aires de gran señora* **III 1** *En el aire* En una situación insegura, en espera de una resolución: "La firma del contrato está en el *aire*" **2** *Por los aires* Muy eleva-

dos, particularmente hablando de precios: "Los camarones están *por los aires*" **3** *Hacer castillos en el aire* Hacer planes o proyectos sin ningún fundamento o sin cierta seguridad: "Cada semana *hacía castillos en el aire* cuando jugaba a la lotería" **IV** Tonada o melodía de la que se tiene memoria tradicionalmente: *un aire antiguo, un aire popular* **V** En el juego de los albures, la salida de dos cartas de la misma figura, como por ejemplo caballo de bastos y caballo de espadas; y entonces se apuesta al color de cualquiera de las dos figuras que faltan por salir **VI** (*Rural*) Enfermedad de las aves de corral que en pocas horas les produce la muerte.

aislado I pp de *aislar* o *aislarse* **II** adj **1** Que no forma parte de un conjunto, que es algo único o poco común: *un caso aislado, un hecho aislado* **2** Que está apartado de los demás o que no tiene trato con otras personas: *un lugar aislado*, "Es un niño *aislado* e introvertido".

aislamiento s m Acto de aislar o aislarse: *el aislamiento de cables, el aislamiento de material radiactivo, aislamiento social.*

aislante adj m y f y s m Que no es conductor de electricidad, o que impide la transmisión del calor, el frío, el sonido, etc: *tela aislante, pared aislante, aislante térmico.*

aislar v tr (Se conjuga como *amar*) **1** Separar y dejar solo algo o a alguien: "*Aislaron* a los detenidos" **2** prnl Alejarse del trato con otras personas, buscar la soledad: "Tras ese fracaso *se aisló* totalmente" **3** (*Fís*) Apartar o separar un cuerpo o conductor eléctrico por medio de aislantes, de manera que una corriente eléctrica no lo afecte: *aislar un cable.*

¡ajá! interj **1** En un diálogo, manifiesta la afirmación o la confirmación de lo dicho o hecho por el interlocutor: "*¡Ajá!* conque te fuiste al cine y no me avisaste", "—¿Te gusta la música? —*¡Ajá!*", "*¡Ajá!*, sí, aquí también hacen posadas", "Sí, eso es, *¡ajá!*" **2** En un monólogo señala el asentimiento del oyente a lo dicho antes y la incitación a que continúe su interlocutor: "Yo jugaba de portero —*¡ajá!*— porque era más atrabancado".

ajedrez s m **1** Juego que se practica entre dos personas, cada una de las cuales maneja 16 piezas de un color (un rey, una reina, dos alfiles, dos caballos, dos torres y ocho peones) sobre un tablero de 64 casillas o escaques blancos y negros, colocados alternadamente; el objetivo del juego es dejar al rey del adversario inmovilizado y sin escape posible, moviendo las piezas propias y comiendo las del adversario de acuerdo con un conjunto de reglas: *una partida de ajedrez, un tablero de ajedrez* **2** Conjunto de piezas de este juego: *un ajedrez de marfil.*

ajeno adj **1** Que pertenece o afecta a otra persona y no a uno: "El respeto al derecho *ajeno* es la paz", *casa ajena, daño en propiedad ajena*, "Lava ropa *ajena*" **2** Que es extraño o no tiene nada que ver con algo o alguien: "Ninguna idea puede sernos *ajena*", "Eso es *ajeno* a mi profesión" **3** Que no forma parte de algo: *una construcción sintáctica ajena al español.*

ajetrear v (Se conjuga como *amar*) **1** prnl Moverse mucho de un lugar a otro o realizar cualquier actividad física intensa, de modo que se canse uno hasta llegar al agotamiento: "*Nos ajetreamos* mucho durante el viaje en autobús de México a Tijuana" **2** tr Hacer que alguien tenga una actividad muy intensa, de tal manera que se canse: "*Ajetrearon* al niño toda la tarde y acabó rendido".

ajetreo s m Actividad intensa, apresurada y agitada; movimiento constante que no da lugar al reposo: "Tanto *ajetreo* va a terminar por volverme loco", "Tu abuelito no está para esos *ajetreos*".

ajo s m **1** Bulbo comestible, muy usado como condimento, de olor y sabor fuertes, formado por pequeños gajos o dientes recubiertos individualmente por una piel delgada: *camarones al mojo de ajo* **2** Cada uno de estos gajos; diente de ajo **3** (*Allium sativum*) Planta que produce este bulbo, de la familia de las liliáceas, de hojas muy estrechas, que miden de 30 a 40 cm, y de flores pequeñas y blancas.

ajolote s m (*Ambystoma mexicanum*) Anfibio de color oscuro parecido a una lagartija, que tiene cuatro extremidades cortas y una larga cola. Generalmente no pierde las branquias en estado adulto y conserva rasgos larvarios indefinidamente.

ajonjolí s m **1** Semilla de varias especies de herbáceas, de 2 a 3 mm de largo, aplanada, de la cual se obtiene un aceite sin olor y casi sin color muy empleado en la cocina. Se utiliza también en la elaboración de platillos, dulces, etc y para adornar panes o guisos como los cocoles y el mole **2** Planta herbácea que florece una vez al año; comprende varias especies (las más conocidas son *Sesamum indicum* y *Sesamum orientale*). Tiene hojas medianas lanceoladas o lobuladas y flores blancas o rosadas de 2 a 3 cm de largo; su fruto es una cápsula que contiene muchas semillas de color amarillento, café o negro.

ajuar s m **1** Conjunto de prendas de vestir que lleva la novia el día de su boda **2** Conjunto de prendas de vestir necesarias para el niño recién nacido **3** Conjunto de muebles de una casa o de parte de ella: *un ajuar de sala, un ajuar de recámara*.

ajustar v tr (Se conjuga como *amar*) **I 1** Hacer que algo se acomode con precisión a otra cosa: *ajustar la rosca de un tornillo, ajustar una máquina a su soporte* **2** Apretar una cosa a otra con toda exactitud: "Debe *ajustarse* la tensión de la hoja para evitar que se tuerza" **3** *Ajustar un motor* Rectificar o cambiar los anillos y los pistones para que se produzca la compresión debida en el motor **4** Corregir o regular alguna cosa para que funcione correctamente o corresponda a cierta norma: *ajustar una válvula, ajustar una llave, ajustar los precios* **II 1** Poner de acuerdo a varias personas en alguna cuestión particular: *ajustar una tregua, ajustar un tratado* **2** prnl Ponerse de acuerdo dos personas en el precio de algo **3** *Ajustar (las) cuentas* Resolver dos o más personas los asuntos que entre ellas tienen pendientes **III** (*Coloq*) Completar una cantidad de dinero para comprar o pagar alguna cosa: "No *ajusto* para el gasto de esta semana" **IV** (*Popular*) Dar o asestar golpes, palos, etc: "La policía le *ajustó* dos macanazos".

ajuste s m **1** Acto de ajustar algo o ajustarse: "Para lograr un *ajuste* perfecto, hay que centrar el perno", *un factor de ajuste, un ajuste estructural* **2** (*Chis*) Cantidad, por ejemplo de dinero, con que se completa algo.

al Contracción de la preposición *a* y el artículo *el*: "*Al* niño le gusta", "Le dimos su hueso *al* perro", "*Al* libro le falta una hoja", "Nos asomamos *al* volcán", "Fuimos *al* panteón", *al cabo de, al fin, al fin y*

al cabo, al pie de la letra, al mediodía, al otro día, al día siguiente, al principio, al lado, al menos **1** (Seguido de infinitivo) Cuando, en el momento de: "*Al* regresar todos los jóvenes, se reían de nosotros los viejos", "Puso una cara de estupefacción *al escuchar* aquellas palabras", *al oscurecer, al caer la tarde* **2** (Seguido de infinitivo) Puesto que, ya que: "*Al* no *verte*, supuse que te habías ido", "*Al presentar* el examen, supongo que lo estudiaste".

ala s f I **1** Cada una de las extremidades del cuerpo de las aves, los insectos y algunos otros animales, que por lo general les sirven para volar **2** Cada una de las partes que se extienden a los lados del fuselaje de un avión y que sirven para sostenerlo en el aire **3** Parte inferior de un sombrero que rodea la copa y sobresale de ella: *un sombrero de ala ancha* **4** Vertedera de un arado **5** *Ala de mariposa* Red característicamente utilizada por los pescadores de Pátzcuaro, que consiste en una vara larga, de 3 a 5 m de largo, en uno de cuyos extremos se amarra un bastidor ovalado, cuyos lados se levantan, y del que cuelga una malla muy cerrada **6** Cada una de las partes blandas y membranosas que cubren las ventanas de la nariz **II** (*Bot*) **1** Pétalo de una corola amariposada **2** Expansión foliácea o membranosa de ciertos frutos u órganos de las plantas **3** *Ala de ángel* (*Begonia gracilis*) Planta herbácea de aproximadamente 1 m de altura, que tiene bulbos subterráneos, tallos rojizos, carnosos y frágiles, hojas alternas, asimétricas y puntiagudas; sus flores son color de rosa. Crece en lugares húmedos y sombreados **4** *Ala de perico* (*Amaranthus tricolor*) Planta herbácea de hojas moradas, natural de Jalisco **5** *Ala de murciélago* (*Passiflora coriacea*) Planta trepadora de zarcillos opuestos a las hojas y fruto globoso, que se encuentra en zonas semitropicales y tropicales **6** *Ala de chinaca* Nombre que se da en Chiapas a la planta anteriormente citada **III 1** *Ala de mosca* Puntada de bordado que tiene tres partes: una línea pequeña central y dos diagonales que forman con ella una flecha; punto de espina **2** *Ala de mosca* Color negro pardusco **IV** (*Coloq*) **1** *Darle alas a alguien* Impulsarlo o exhortarlo a que haga algo o tenga esperanzas de lograrlo: "Mariana *le daba alas a* Enrique para que se le declarara" **2** *Cortarle las alas a alguien* Decepcionarlo de alguna cosa que esperaba realizar: "Susana *le cortó las alas a* Luis cuando le dijo que tenía novio" **3** *Caérsele las alas a alguien* Desanimarse ante algún contratiempo: "*Se me cayeron las alas* cuando me dieron la noticia" **4** *Traer de un ala* Tener a alguien sometido a su voluntad o su capricho: "Paquita *traía de un ala* a Beto" **5** (*Popular*) *Ahuecar el ala* Irse **6** *Ponerse bajo el ala de alguien* Ponerse bajo su protección.

alabanza s f **1** Acto de alabar algo o a alguien: *alabanza a los héroes* **2** Cada una de las expresiones de admiración y reconocimiento por las cualidades o los méritos de alguien: "Llenó a su amigo de *alabanzas*".

alabar v tr (Se conjuga como *amar*) Expresar con palabras admiración por las cualidades o los méritos de algo o de alguien: *alabar la belleza de un cuadro, alabar la aplicación del estudiante, alabar a Dios*.

alabeado I pp de *alabear* **II** adj **1** Que es curvo, que ha perdido su superficie plana, que tiene alabeo **2** (*Mat*) Tratándose de polígonos, que sus lados no se hallan en el mismo plano.

alabear v (Se conjuga como *amar*) **1** tr Dar a una superficie una forma curva **2** prnl Perder la madera su superficie plana y hacerse curva a causa de su exposición al calor o a la humedad.

alacena s f Mueble o hueco en la pared, con anaqueles, y generalmente con puertas, que sirve para guardar utensilios de cocina, vajilla, alimentos, etc: "El salero está en la *alacena*".

alacrán s m **1** (*Butus centuroides*) Arácnido que tiene en su parte delantera un par de pinzas y está formado, además, por los siguientes elementos articulados: cefalotórax, abdomen con siete anillos y cola de seis segmentos, terminada en un aguijón curvo por el que inyecta veneno. Su tamaño varía entre 3 y 9 cm, su piquete es doloroso y a veces mortal. Generalmente habita en regiones calientes y áridas; escorpión: *alacrán güero, alacrán negro* **2** (*Rural*) Pieza metálica en forma de horquilla que las varas y lanzas de los carruajes, los timones de los arados, etc, llevan en su extremidad para enganchar los balancines **3** *Hierba de alacrán* (*Plumbago scandens*) Planta de la familia de las plumbagináceas; subarbustiva o subtrepadora, de 1 a 3 m de alto, hojas alternas de peciolo corto, oblongas u ovadas, acuminadas, agudas en la base; espigas largas y delgadas, con muchas flores; cáliz de un centímetro de largo, corola de 2 a 3 cm de largo. Cuando las hojas o la raíz son aplicadas a la piel producen irritación y ocasionalmente ampollas **4** (*Caló*) Máquina de escribir.

alambre s m **1** Hilo de metal delgado y flexible: *tela de alambre, alambre conductor, cepillo de alambre, alambre de cobre* **2** *Alambre de púas* El que tiene de trecho en trecho puntas filosas del mismo metal y sirve para impedir el paso: "Cercaron con *alambre de púas*" **3** Hilo delgado y resistente colocado a cierta altura, sobre el que caminan los equilibristas en los circos: "El gran Wallenda era un maestro del *alambre*" **4** Platillo que consiste en trozos de carne, pescado o marisco y verdura, ensartados en una varilla de metal y asados al fuego; brocheta.

álamo s m Árbol de la familia de las salicáceas, del género *Populus* (en México existen alrededor de diez especies); el más común es *Populus arizónica*, que alcanza hasta 20 m de altura, su corteza es gruesa y agrietada, tiene hojas alternas, medianas, de contorno regular y con peciolos largos y delgados que se mueven, por este motivo, con el más leve viento; flores dioicas; frutos ovalados y abundantes, que al abrirse dejan escapar pequeñas semillas rodeadas de una especie de algodón que les permite flotar en el aire. Se cultiva como árbol de ornato y su madera, que es blanca, ligera y resistente, se usa para elaborar cajas de empaque, pulpa de papel, etc: *álamo cimarrón, álamo negro, álamo temblón, álamo del Canadá*.

alargado I pp de *alargar* **II** adj Que es más largo que ancho, que su longitud, en relación con sus otras dimensiones, es considerablemente mayor: "Tiene las orejas grandes y el hocico *alargado*", *hojas alargadas y flores blancas*.

alargar v tr (Se conjuga como *amar*) **I 1** Hacer o hacerse más larga o más numerosa una cosa: "La luz de esa linterna se *alargaba* y se encogía", "La lista de candidatos se *alargó*" **2** Extender o estirar algo que estaba doblado o encogido: *alargar la mano para agarrar la escoba* **3** Acercar o dar algo a alguien extendiendo el brazo: "Sirvió la copa y se la *alargó* a Paula" **4** *Alargar el paso* Apresurarse, caminar más de prisa: "*Alargó el paso* y se escabulló" **5** Aflojar las riendas al caballo, o aumentar alguien que manipula una cuerda, una soga, etc la distancia que hay entre él y uno de los cabos de ésta, generalmente haciéndola pasar entre sus manos **II 1** Hacer que algo dure más tiempo: *alargar la plática* **2** prnl Ocupar más tiempo que el normal: *alargarse un juego, alargarse una clase* **III** (*Crón dep*) Poner o quedar una pelota fuera del alcance de un jugador: "*Alargó* la pelota y no pudo controlarla", "La bola se *alargó* por la tercera base" **IV 1** Mudar de dirección el viento, con respecto a una embarcación, inclinándose a popa **2** Aumentar el mar la distancia entre una ola y otra.

alarma s f **1** Expectación, intranquilidad, temor o susto provocados por alguna cosa peligrosa o dañina e inminente: "Vienen los federales, dijo con *alarma*", *provocar alarma* **2** Voz, señal o llamada con que se advierte de un peligro inminente: *dar la alarma, sonar la alarma* **3** Dispositivo mecánico o electrónico que se instala en negocios, bancos o diversos bienes para advertir de algún peligro: *alarma contra incendios, alarma contra robo* **4** Sonido o señal de un reloj despertador.

alarmante adj m y f Que causa alarma, que es grave o terrible: "La población aumenta en una forma *alarmante*", *la alarmante inflación*, "La epidemia de parálisis infantil adquirió caracteres *alarmantes*".

alarmar v tr (Se conjuga como *amar*) Causar algún peligro inminente expectación, intranquilidad, temor o sobresalto en alguien: "Se *alarmó* ante la noticia de que su padre tenía cáncer", "La explosión *alarmó* a los colonos", "No le digas nada, no quiero *alarmarla*".

alba s f **1** Tiempo en el que aparece la primera luz del día antes de salir el Sol: *despertar al alba, romper el alba* **2** (*Relig*) Prenda de color blanco que usan los sacerdotes católicos sobre el hábito y el amito para decir misa.

albacea s m (*Der*) Persona designada por el testador, los herederos, el juez o los legatarios para cumplir la última voluntad del causante o para representar a quien tiene derecho a una herencia o sucesión: "Nombró a su hermano *albacea* de todos sus bienes", *albacea testamentario*.

albahaca s f (*Ocimum basilicum*) Planta labiada, de tallos ramosos y velludos, flores blancas, pequeñas, y hojas muy verdes y olorosas que se usan como condimento.

albanés 1 adj y s Originario de Albania **2** s m Lengua indoeuropea de filiación desconocida; se habla principalmente en Albania.

albañil s m Trabajador manual que se dedica a la construcción de casas y edificios haciendo paredes, obras de drenaje, etcétera.

albañilería s f Actividad u oficio de albañil.

alberca s f Depósito artificial de agua construido para nadar, practicar algunos deportes, jugar o divertirse, etc; piscina: *caerse a la alberca*, "El hotel tiene dos *albercas*".

albor s m **1** (*Liter*) Luz del alba, brillo del amanecer **2** pl Principio o comienzo de algo que está sujeto a desarrollo o que no ha alcanzado su plenitud: *los albores de la ciencia*, "Estamos ya en los *albores* del siglo XXI y los problemas son los mismos", *en los albores de su vida*, "Desde los *albores* de la Revolución Mexicana...".

albumen s m **1** (*Bot*) Tejido que rodea el embrión de algunas semillas y les sirve de alimento mientras germinan **2** Albúmina.

albúmina s f (*Quím*) Proteína natural simple, soluble en agua, que se halla en la clara de huevo, en la sangre, en la leche y en ciertos organismos vegetales.

alcabala s f Impuesto o tributo que originalmente se aplicó a operaciones de compraventa y derivó en un gravamen a la circulación de mercancías: "El decreto abolía las *alcabalas*".

alcachofa s f **1** Cabezuela de la planta del mismo nombre formada por brácteas carnosas, dispuestas a manera de piña, que son comestibles cuando están tiernas: *corazones de alcachofa* **2** (*Cynara scolymus*) Planta cultivada de la familia de las compuestas, de hojas anchas, recortadas y espinosas, raíz fusiforme, tallo estriado de aproximadamente medio metro de altura y flores en cabezuelas grandes.

alcahuete s y adj **1** Persona que concierta subrepticia y mañosamente la relación amorosa de otras; celestina: "Le encanta andar de *alcahueta*" **2** Persona que encubre a otra o que disimula y aminora los errores, fallas, etc que ésta comete: "Siempre está de *alcahuete* de los niños".

alcaide s m **1** Persona encargada de la administración de una cárcel y la custodia de los presos **2** Persona que tenía a su cargo la defensa de un castillo o una fortaleza.

alcalde s m **1** (Su femenino es *alcaldesa*) Presidente municipal **2** En ciertos juegos de cartas, jugador que en el turno que le toca dar sólo reparte la baraja sin intervenir en el juego.

alcaldía s f Presidencia municipal.

álcali s m **1** (*Quím*) Compuesto químico que tiene la propiedad de contrarrestar o neutralizar la acción de los ácidos, particularmente los hidróxidos de ciertos metales (litio, sodio, potasio, rubidio, cesio y francio). Es corrosivo para la piel y para las mucosas. Entre los más conocidos están la cal, la sosa y la potasa: *álcalis acuosos, álcali concentrado* **2** *Álcali blanco* (*Geol*) El de sodio, con un pH menor de 8.5; se encuentra en los suelos salinos y es relativamente fácil de eliminar **3** *Álcali negro* (*Geol*) El de sodio, con un pH superior a 8.5; forma suelos salitrosos que toman una coloración oscura por la influencia de los rayos del Sol.

alcalino adj (*Quím*) Que tiene las propiedades de los álcalis; que neutraliza la acción de los ácidos: *agua alcalina, metales alcalinos, reacción alcalina*.

alcaloide s m (*Quím*) Sustancia nitrogenada de origen vegetal que se obtiene generalmente en forma de una solución acuosa básica. Tiene propiedades tóxicas muy intensas, como la morfina, codeína, papaverina o la cocaína: *alcaloides del opio*, "Los efectos analgésicos de estos *alcaloides*...".

alcance s m **1** Distancia a la que llega la acción o el efecto de algo: *el alcance de un telescopio, arma de largo alcance* **2** Distancia a la que llega el brazo de una persona; o capacidad que tiene alguien para alcanzar algo o cubrir cierta distancia: *el alcance de un boxeador*, "Su *alcance* en la red le dio muchos puntos" **3** Importancia o trascendencia de algo: *el alcance de un descubrimiento, el alcance de la*

reforma educativa **4** *Al alcance de, a mi (tu, su,* etc*) alcance* A una distancia o en un lugar que se puede alcanzar o al que se puede llegar fácilmente; de manera que esté disponible para uno o dentro de sus posibilidades: "No deje las medicinas *al alcance* de los niños", "Pon los libros *a mi alcance*", *al alcance del presupuesto familiar*, "Esos créditos están *al alcance de* unos pocos" **5** *Al alcance de la mano* Muy fácilmente asequible; muy cerca: "Vivían en un lugar céntrico, todo lo tenían *al alcance de la mano*", "Tuvieron el triunfo *al alcance de la mano* y lo dejaron ir" **6** Parte en la que se continúa un escrito que se ha dividido para su impresión; escrito que se edita como continuación, adición o modificación de otro **7** (*Hipo*) Contusión o herida que se produce el caballo al caminar en las coronas o talones de los remos delanteros, con los cascos de los miembros traseros; alcanzadura.

alcantarilla s f **1** Conducto subterráneo que recoge y da paso a las aguas pluviales y residuales; agujero y coladera que lo comunican con la calle: *azolvarse una alcantarilla, caerse en una alcantarilla* **2** Construcción o paso que se hace debajo de una carretera, terraplén de ferrocarril, camino, etc para que circule el agua **3** (*Rural*) Depósito para almacenar y distribuir agua potable.

alcantarillado s m Sistema de drenaje de las aguas pluviales y residuales: "Continúan las obras de *alcantarillado* en la zona metropolitana".

alcanzar v tr (Se conjuga como *amar*) **1** Llegar a un lugar en el que está algo o alguien, llegar a un punto de desarrollo más avanzado: "*Alcanzamos* el camión en la esquina", "Lo *alcanzó* en la última curva", "Iban muy adelante y no pudo *alcanzarlos*", "¡Corre que te *alcanzo*!", "Empezaste después que yo y ya me *alcanzaste*" **2** Poder tocar o coger algo o a alguien a la distancia o altura a la que se encuentra: "El niño no *alcanza* el timbre", "Súbete a la escalera para que *alcances* el cable" **3** Llegar a un sitio antes de que se vaya cierta persona que está en él o antes de que se acabe lo que ahí venden, reparten, etc: "*Alcancé* al doctor en su consultorio", *alcanzar boleto, alcanzar dulces* **4** Ser suficiente; haber de algo en tal cantidad que baste para alguien o que pueda repartirse: "El sueldo no *alcanza* para nada", "Ponle agua a la sopa para que *alcance*", "*Alcanza* para darle dos paletas a cada niño", "La cuerda no *alcanza* para atar tantas cajas" **5** *Alcanzar a* (seguido de un infinitivo) Poder o lograr hacer algo, en particular cuando es con dificultad o a pesar de las circunstancias: "*Alcancé a* oír que no vendría", "No *alcanzo a entender* lo que dices", "Los que tuvieron suerte *alcanzaron a salir*" **6** intr Llegar a cierto punto o situación: "El termómetro *alcanzó* los cuarenta grados", "La inflación *ha alcanzado* índices sin precedente" **7** prnl Tratándose de caballos, herirse la parte inferior de los remos delanteros con las patas traseras al caminar o galopar.

alcaparra s f **1** Flor en botón del arbusto del mismo nombre, que salada y puesta en vinagre se utiliza como condimento: "El picadillo de carne de puerco y de res lleva pasitas, almendras, aceitunas y *alcaparras*" **2** (*Capparis spinosa*) Arbusto de la familia de las caparidáceas, mide aproximadamente 1 m de altura, de tallos espinosos, hojas lisas, alternas y redondeadas, flores axilares blancas y grandes, fruto pequeño y carnoso. Crece en terrenos secos, se cultiva en tierras del Mediterráneo y en la India.

alcatraz s m **1** (*Zantedeschia aethiopica*) Planta de la familia de las aráceas, erecta, perenne, de hojas grandes y aflechadas; sus flores son muy pequeñas y dispuestas en un eje amarillo y carnoso que está envuelto o rodeado por una gran bráctea blanca y petaloide en forma de cucurucho. Se aprecia y cultiva mucho como planta de ornato: "Adornaron la iglesia con cientos de *alcatraces*" **2** Cucurucho de papel, particularmente el que se usa para vender golosinas, semillas, etc: *un alcatraz de cacahuates, un alcatraz de pepitas* **3** Pelícano.

alce s m Rumiante de la familia de los cérvidos, de aproximadamente 1.90 m de altura y casi 3 m de largo; es corpulento, de patas largas, cuello corto y pelaje color gris oscuro. Tiene el hocico muy grande, con el labio superior curvado hacia abajo y enormes astas —propias del macho— anchas y en forma de pala. Su piel es muy apreciada en peletería. Habita en las zonas árticas de América y Euroasia; anta, ante.

alcoba s f **1** Habitación o cuarto de una casa destinado para dormir; recámara, dormitorio: "Se retiró a su *alcoba*", *decorar la alcoba, las grandes alcobas del palacio* **2** Pieza de la balanza, entre las dos barras verticales, en la que se mueve el fiel.

alcohol s m **1** Líquido incoloro, inflamable, capaz de evaporarse sin ser calentado y de disolver un gran número de sustancias. Se obtiene de la destilación de sustancias vegetales como la caña, la remolacha o la uva, o sintéticamente. Se usa en la fabricación de antisépticos, como conservador y como disolvente **2** *Alcohol etílico* El que se obtiene de la destilación de jugos y sustancias azucaradas previamente fermentados. Se utiliza en medicina, en perfumería y en la fabricación de licores **3** *Alcohol metílico* El que se obtiene de la madera; es muy venenoso y se utiliza para disolver aceites **4** *Alcohol desnaturalizado* Aquél al que se ha añadido alguna sustancia para evitar que se beba.

alcohólico adj **1** Que contiene alcohol: *bebida alcohólica, solución alcohólica* **2** Que se relaciona con el alcohol o es provocado por él, en especial tratándose de los efectos que tiene en el organismo: *intoxicación alcohólica, aliento alcohólico* **3** adj y s Que es adicto al alcohol o padece de alcoholismo: "Es muy difícil vivir con un *alcohólico*".

alcoholismo s m Enfermedad provocada por el abuso en el consumo de bebidas alcohólicas y por la adicción que esto crea en el enfermo. Se manifiesta por una serie de trastornos digestivos, hepáticos y nerviosos que, en casos extremos, puede ocasionar la muerte: "Hay una campaña permanente para combatir el *alcoholismo*".

aldea s f Pueblo pequeño con pocos habitantes: "Goya nace en una pequeña *aldea* de la provincia de Zaragoza".

aldehído s m (*Quím*) Tipo de compuestos orgánicos que resultan de la oxidación de ciertos alcoholes; su molécula contiene el grupo funcional o radical monovalente −CHO; por sus propiedades reductoras se utiliza en la industria y en el laboratorio: *aldehído acético, aldehído acrílico* (Síncopa de *al*cohol y *dehid*rogenado).

aleación s f Mezcla sólida o líquida de dos o más metales, de uno o varios metales con elementos no metálicos, o de varias porciones de diferente ley de un mismo metal, que se realiza por fusión de sus componentes: *una aleación de acero y cobre*, "El metal que resulta de esta *aleación*...".

aleatorio adj Que sucede o aparece sin que se pueda prever, sin estar determinado por ley o hábito alguno, por pura suerte, al azar; casual: *un acontecimiento aleatorio, un número aleatorio.*

alegar v tr (Se conjuga como *amar*) **1** Dar razones o argumentar en favor de algo que uno quiere sostener ante argumentos u opiniones contrarias: "Los trabajadores *alegan* que no se ha cumplido el contrato" **2** Discutir dos o más personas, confrontando, a veces violentamente, sus razones o sus justificaciones para hacer algo: "Se puso a *alegar* con la policía; fue inútil", "A doña Juana le encanta *alegar* con todos" **3** (*Der*) Formular alegatos.

alegoría s f Representación o expresión de una idea por medio de varias imágenes, figuras o símbolos; por ejemplo, la *alegoría* de la justicia es una mujer con los ojos vendados que tiene una balanza en una mano y una espada en la otra.

alegórico adj Que se relaciona con la alegoría, que la utiliza o se expresa por medio de ella: *narración alegórica, alegórico como un evangelio.*

alegrar v tr (Se conjuga como *amar*) **I 1** Causar o dar alegría a alguien: "Lo *alegró* la noticia de que le habían concedido la beca", "Le *alegra* ver a sus hijos sanos y tranquilos" **2** prnl Sentir o experimentar alegría o satisfacción por algo: "Se *alegraba* como un niño", "*Me alegra* tu optimismo", "Todos se *alegran* con la esperanza de volver al lado de los suyos" **3** Hacer que algo tenga un aspecto alegre: *alegrar la casa con flores* **4** prnl (*Coloq*) Ponerse alegre por haber tomado bebidas alcohólicas; emborracharse un poco **II** (*Tauro*) Excitar al toro con la voz, con algún movimiento o alguna acción, para que acometa **III** (*Mar*) Arriar o aflojar un poco el cable, el calabrote u otro cabo que, por trabajar mucho, puede romperse.

alegre adj m y f **1** Que siente o provoca alegría: "Sus hijos son muy *alegres* y cariñosos", *una canción alegre, colores alegres* **2** (*Coloq*) Que muestra alegría y buen ánimo a causa de haber tomado bebidas alcohólicas; que está un poco borracho: "Llegó ya un poco *alegre* y salió...", "Con la segunda copa se puso *alegre* y platicador".

alegría[1] s f **1** Estado de ánimo en que se manifiestan con vivacidad el placer, la satisfacción, el gusto, etc, que algo provoca: *lleno de alegría, enorme alegría, embargado por la alegría*, "Me da gusto ver su *alegría*", "Cuando ausente estoy de ti / huye de mí la *alegría*" **2** pl Cante y baile andaluces muy vivos y llenos de gracia.

alegría[2] s f **1** Semilla comestible de la planta herbácea del mismo nombre, blanca, lisa, brillante, ligeramente aplanada y pequeñísima como la del ajonjolí; se emplea en la elaboración de atole, tamales y golosinas **2** Dulce en pasta hecho con esta semilla y miel de piloncillo; suale, zual **3** (*Amaranthus leucocarpus*) Planta herbácea, anual, de la familia de las amarantáceas, de metro y medio de altura, tallo rojizo, ramificado casi desde la base y marcado con estrías longitudinales; hojas alternas, ovadas, agudas y pecioladas; flores muy pequeñas en panículas terminales o axilares hasta de 50 cm de largo, muy ramificadas; el fruto es una capsulita que contiene una sola semilla. Se cultiva en climas cálidos y templados, en terrenos sueltos, fértiles, muy húmedos y permeables. Su cultivo, entre las aztecas, era objeto de múltiples ceremonias religiosas; huautli, huautle, chía de chapata.

alejado I pp de *alejar* II adj Que está lejos de algo o de alguien; que se ha distanciado de una amistad o de una actividad: *alejado del bullicio, una granja alejada de la civilización*, "Aunque son hermanos, están muy *alejados*".

alejandrino[1] s m (*Lit*) Verso de catorce sílabas, dividido en dos hemistiquios, como sucede en cada uno de los siguientes: "Dichoso el árbol que es apenas sensitivo, / y más la piedra dura, porque ésa ya no siente, / pues no hay dolor más grande que el dolor de ser vivo, / ni mayor pesadumbre que la vida consciente" (Rubén Darío).

alejandrino[2] adj y s 1 Que es originario de Alejandría o que se relaciona con la cultura que se desarrolló en esa ciudad 2 Relacionado con Alejandro Magno *el imperio alejandrino*.

alejar v tr (Se conjuga como *amar*) 1 Poner algo o a alguien lejos de donde uno está o de algún lugar: "*Alejaron* la fábrica de las viviendas" 2 Hacer que algo o alguien se separe, se aparte, deje de manifestarse o de ser un peligro por algún tiempo: *alejar al enemigo, alejarse de los parientes, alejar las enfermedades, alejarse de un vicio*.

alemán 1 adj y s Que es originario de la República Federal de Alemania o de Alemania, o que se relaciona con este país: *literatura alemana, pan alemán* 2 s m Lengua germánica que se habla en Alemania, Austria y Suiza: *tomar clases de alemán*.

alentador adj Que alienta, que infunde ánimo o supone alguna esperanza: *resultado alentador, perspectivas alentadoras*.

alentar v tr (Se conjuga como *despertar*, 2a) 1 Animar a alguien para que emprenda o soporte una tarea; estimular o promover algo: "Sus aplausos me *alentaron* a seguir adelante", "*Han alentado* la migración hacia las ciudades", *alentar el desarrollo regional* 2 intr (*Liter*) Tener o cobrar vida, respirar: "En estos territorios *alentaron* nuestros padres y en ellos morirán nuestros hijos" 3 (*Liter*) Albergar, alimentar: *alentar ilusiones, alentar esperanzas*.

alergia s f (*Med*) Reacción exagerada o patológica de cierto organismo ante una sustancia (polen, gérmenes, alimentos, medicamentos, etc) o una situación (excitación emocional o mental, exposición a los rayos del Sol, etc) que son inocuas en iguales cantidades y condiciones para la mayoría de los individuos de la misma especie, caracterizada generalmente por perturbaciones en las vías respiratorias, como secreción nasal o asma, o en la piel, como hinchazón y urticaria: "La *alergia* a los mariscos es bastante común", "Todo parece indicar que se trata de una *alergia*", *alergia a los gatos, alergia a la penicilina*.

alergología s f Parte de la medicina que se ocupa del estudio y tratamiento de las alergias.

alerta 1 adj m y f Que está preparado para responder a ciertos estímulos del exterior, que tiene la atención vigilante: *la conciencia alerta*, "Hay que estar *alerta*", *miradas alertas*, "El perro estaba *alerta* al menor movimiento" 2 *Dar la (señal de) alerta* Avisar o advertir de algún peligro 3 *¡Alerta!* Expresión que indica precaución ante un peligro.

aleta s f 1 1 Cada una de las membranas en forma de abanico que tienen en el cuerpo los animales acuáticos, principalmente los peces, que les sirven para equilibrarse, determinar su dirección e impulsarse: *aleta dorsal, aletas abdominales* 2 Aditamento de hule que se adapta al pie para nadar a mayor velocidad II Cada una de las membranas de la nariz, situadas en su parte inferior, a ambos lados del tabique III (*Mar*) 1 Cada uno de los dos maderos curvos que forman la popa de un barco 2 Parte curva de los costados de un barco, comprendida entre las trabes y el coronamiento de popa 3 Prolongación de la parte superior de la popa, en algunas embarcaciones latinas y que se utiliza para llevar objetos de poco peso IV (*Aeron*) En los aviones, parte de las alas que sirve para aumentar la fuerza de sustentación V 1 Ventanita de algunos automóviles situada a los costados, principalmente junto a las ventanillas delanteras y que sirve para regular el paso del aire 2 Parte sobresaliente de la carrocería de algunos automóviles, situada a los costados de la parte trasera.

alfabético adj Que pertenece al alfabeto o se relaciona con él; que está organizado o dispuesto según el alfabeto: *poner en orden alfabético*, "Nos pasaron al pizarrón por orden *alfabético*", *índice alfabético de autores, alfabeto griego*.

alfabetización s f 1 Enseñanza de la escritura y la lectura: *programa de alfabetización, alfabetización de adultos* 2 Ordenación de algo según el orden del alfabeto: *alfabetización automatizada*.

alfabetizar v tr (Se conjuga como *amar*) 1 Enseñar a alguien a leer y escribir 2 Ordenar algo alfabéticamente: *alfabetizar fichas bibliográficas*.

alfabeto s m Conjunto ordenado de letras o signos con que se escribe convencionalmente una lengua o se representa un lenguaje: *alfabeto latino, alfabeto morse, alfabeto griego*.

alfalfa s f 1 (*Medicago sativa*) Planta herbácea perenne, de la familia de las leguminosas; su raíz mide de 9 m o más, lo que le permite sobrevivir largos periodos de secas; tiene tallos delgados, erectos, muy ramificados, que miden de 60 a 90 cm de altura; sus hojas oblongas y ovaladas tienen tres folíolos; sus flores en racimos son libres y pequeñas, y según la variedad son moradas o amarillas; el fruto maduro es una vaina curva de color café, ligeramente vellosa, que contiene semillas más o menos ovaladas o arriñonadas, de color entre amarillo verdoso y café claro, que miden aproximadamente un milímetro y medio. Se cosecha continuamente mediante cortes espaciados con ciertos intervalos, y se utiliza principalmente como forraje para el ganado 2 (*Caló*) Comida.

alfarería s f 1 Arte y técnica de fabricar objetos de barro, especialmente ollas y vasijas: *La alfarería de San Pedro Tlaquepaque* 2 Lugar donde se fabrican o venden estos objetos.

alféizar s m 1 Hueco o corte del muro alrededor de una puerta o ventana 2 Superficie horizontal que se forma al dar vuelta el muro en la parte inferior de una ventana y que abarca (de un lado y otro de ésta) el grueso del muro **3** Marco del vano de una puerta o ventana, donde encajan la hojas con que se cierra.

alférez s m y f (*Mil*) **1** Oficial encargado de llevar la bandera o estandarte **2** Oficial del ejército con el grado inferior de la carrera **3** *Alférez de fragata* Oficial de la marina de grado semejante al de teniente del ejército de tierra.

alfiler s m **1** Pequeña aguja de metal con punta de un lado y provista de una cabecita o bolita del otro, que sirve para unir o fijar objetos de poco peso, en especial telas **2** Adorno que consiste en una aguja con punta de un lado, y en el otro, una cabeza que lleva una piedra **3** *Alfiler de seguridad* El que está doblado, cuya punta encaja en una entrada que impide se suelte; seguro, imperdible **4** *Prendido con alfileres* Que no es definitivo, que no es firme o sólido: "Esa tesis está *prendida con alfileres*, hay que fundamentar bien las afirmaciones que se hacen" **5** *No caber ni un alfiler* Estar un lugar o un recipiente lleno: "En el auditorio *no cabía ni un alfiler*", "En la maleta ya *no cabe ni un alfiler*" **6** (*Popular*) Arma blanca.

alfombra s f Tejido, generalmente suave, mullido o afelpado, de lana o de otros materiales, con que se cubre el piso de una habitación, de una escalera, etc: *una alfombra de nudos, las alfombras persas.*

alforza s f Parte de la tela que se pliega o se dobla en ciertas prendas de vestir, generalmente como adorno o para estrecharla.

alga s f Planta talofita, unicelular o pluricelular, que realiza fotosíntesis; vive de preferencia en el agua. Se utiliza en la alimentación humana y animal, como abono para la tierra y en la elaboración de sustancias empleadas en la industria.

álgebra s f **1** Parte de la matemática que se ocupa de los valores numéricos valiéndose de letras u otros símbolos para representarlos, de manera que puedan hacerse simplificaciones y generalizaciones; sistema de operaciones que emplea esta representación: *curso de álgebra, problemas de álgebra* **2** *Álgebra de la lógica* (*Fil*) Aplicación de los principios del álgebra matemática a las postulaciones y operaciones lógicas. Sus resultados más importantes han sido recogidos por la lógica matemática o simbólica **3** (*Med*) Arte de poner en su lugar los huesos que se han dislocado; álgebra quirúrgica.

algebraico adj Que pertenece al álgebra o se relaciona con ella: *operaciones algebraicas.*

algo 1 pron Lo que sea, lo que haya, una o cualquier cosa: "Dale *algo* que le ayude", "Me sucedió *algo* bueno" **2** *Algo de* Parte o un poco de cierta cosa: *algo de pan, algo de esfuerzo, algo de tiempo* **3** adv Un poco: "Está *algo* mejor", "Me siento *algo* cansado" **4** *Algo es algo* Expresión con la que se indica que cualquier cosa tiene valor por pequeña o insignificante que sea: "*Algo es algo* dijo el calvo, cuando un pelo le salió".

algodón s m I **1** Material fibroso formado por filamentos largos, blancos, suaves y entrelazados, de aspecto esponjoso, que se obtiene de la semilla del algodonero. Se usa para hacer hilos, telas, cuerdas, etc y también en medicina, por su absorbencia: "Las mujeres hilaban el *algodón* que se cosechaba en la zona costera", "Limpiaron la herida con un *algodón* empapado en alcohol" **2** Tela hecha con este mate-

rial: *una camisa de algodón* **3** Algodonero **4** Golosina suave y esponjosa de apariencia similar a la de ese material, que se hace con los hilos que forma el azúcar al derretirse, enredándolos en un palito; algodón de azúcar: "Si se portan bien les compro un globo y un *algodón*" **5** *Entre algodones* Con muchas comodidades, atenciones y cuidados: "¡Qué va a saber trabajar!, siempre vivió *entre algodones*" **II** pron y adj (*Popular*) Algo: ¿Tienes *algodón* de dinero que me des?", "—¿Te tocó pastel en la fiesta? —*Algodones.*

algodonero 1 adj Que pertenece al algodón o se relaciona con él: *industria algodonera, campo algodonero* **2** s m Planta arbustiva de la familia de las malváceas, de hojas alternas con tres a cinco lóbulos, flores de color amarillo pálido o rosadas, a veces con una mancha roja en la base. Su fruto es una cápsula con filamentos largos, suaves y blancos que envuelven las semillas; de ellas se obtiene un aceite comestible que se usa además para hacer jabones y lubricantes; algodón: "El gusano rosado es una de las peores plagas del *algodonero*" **3** s Persona que se dedica al cultivo de esta planta o a la explotación de algodón.

alguacil s m **1** (*Der*) Funcionario de la administración de justicia que ejecuta las órdenes de un juez o un tribunal **2** Agente de policía, gendarme que oficiaba como auxiliar de los comisarios de los pueblos o vecindarios rurales **3** (*Tauro*) Alguacilillo **4** (*Calocitta formosa*) Pájaro córvido, de canto estridente y monótono; tiene de 20 a 28 cm de longitud, el dorso de su cuerpo es azul brillante y el vientre blanco. Arriba de la cabeza tiene una notoria cresta de plumas erizadas hacia adelante, y detrás de la garganta tiene una delgada banda negra a manera de collar; se le atribuye la costumbre de escapar graznando cuando ve gente armada, con lo que alarma al resto de los animales; chismoso **5** *Alguacil de moscas* Pequeño pájaro tiránido o papamoscas, de color olivo grisáceo en el dorso y amarillo pálido en el vientre.

alguien pron **1** Quien sea, una o cualquier persona: "Llama a *alguien* para que nos ayude", "*Alguien* vino a buscarte" **2** *Ser alguien* Ser una persona importante: "Juan quiere llegar a *ser alguien*".

algún adj Apócope de *alguno* que se emplea cuando va antepuesto a sustantivos masculinos singulares, como en "*Algún* niño", incluso cuando haya otro adjetivo de por medio, como en "*Algún* desafortunado suceso".

alguno adj **1** Uno, uno cualquiera, uno de entre varios: "Ya conseguirá *algún* trabajo", "El festival es en *alguna* ciudad de provincia", "*Algunos* de estos cuadros son bonitos" **2** Poco, cierto: "Vimos *algunas* mujeres", "*Algunos* años después", "Tiene *alguna* importancia" **3** Ninguno: "No creo haberlo visto en parte *alguna*" **4** pron Alguien: "Tal vez *alguno* quiera", "*Algunas* de ellas se interesarán".

alhaja s f Objeto de adorno personal hecho de metales o piedras preciosas, como los anillos, collares o pulseras; joya: "Le robaron sus *alhajas*".

alhelí s m (*Mathiola incana*) Planta herbácea de la familia de las crucíferas, de hojas alternas, alargadas y blanquecinas, flores en espiga simples o dobles, de distintos colores y perfumadas. Se cultiva como planta de ornato.

aliado I pp de *aliar*: "La burguesía se había *aliado* a los trabajadores organizados" **II 1** adj y s Que se une a alguien o a una causa brindando solidaridad y apoyo: "Buscaron a sus verdaderos *aliados* en la clase obrera y el campesinado" **2** s m Durante las dos guerras mundiales, cada uno de los países que se aliaron contra Alemania: Estados Unidos, Francia, Inglaterra y Rusia en la Primera, y los tres primeros más la URSS en la Segunda: "Los *aliados* hicieron un recuento de fuerzas al declararse las hostilidades".

alianza s f **1** Unión que establecen dos o más personas, grupos, instituciones o países para ayudarse mutuamente, para enfrentar en común cierta situación o para conseguir alguna cosa: *alianza obrerocampesina, alianzas militares* **2** Anillo de bodas: "Sus *alianzas* fueron de oro".

aliar v (Se conjuga como *amar*) **1** prnl Unirse dos o más personas, grupos o países para ayudarse mutuamente y alcanzar un fin determinado: *aliarse con los enemigos* **2** tr Unir una cosa o una persona con otra para alcanzar un fin determinado: "Él *alía* sus fuerzas con los amigos".

aliento s m **I 1** Aire que sale por la boca como producto de la respiración, y que es un signo de vida: "Le habló tan cerca que sintió su *aliento* sobre el rostro" **2** Olor que tiene este aire: *mal aliento*, "Los llevaron a la delegación porque el conductor tenía *aliento* alcohólico" **3** Aire que se respira: *tomar aliento*, "Cuando subo rápido las escaleras me falta el *aliento*" **II** pl Instrumentos musicales cuyo sonido se produce al soplar a través de ellos, como el corno, la flauta o la trompeta **III 1** Ánimo o energía con que se hace o emprende algo: *tener aliento* **2** Apoyo o estímulo que da o recibe alguien para hacer algo o actuar de cierta manera: "Agradeció las palabras de *aliento* de su maestro", "El equipo no contará con el *aliento* de sus seguidores" **3** *Beberle a alguien los alientos* Admirar intensamente a alguien y seguir o cumplir cuidadosamente sus órdenes y sus deseos: "Ramón *le ha bebido los alientos* al tío Alejo durante toda su vida".

aligerar v tr (Se conjuga como *amar*) **1** Hacer algo más liviano o ligero quitándole peso, carga, volumen, etc: *aligerar la carga* **2** Hacer que algo resulte menos aburrido, pesado o complicado: "El trabajo es bueno, sólo hay que *aligerar* la redacción" **3** *Aligerar el paso* Caminar o correr más rápido: "Tenemos que *aligerar el paso* si queremos llegar a tiempo" **4** (*Mar*) Aflojar un cabo para restarle tensión y evitar que se rompa.

alimentación s f **1** Acto de alimentar o alimentarse: *gastos de alimentación, la alimentación de una caldera* **2** Conjunto de las sustancias que toma habitualmente un ser vivo para su subsistencia y desarrollo; dieta: *mala alimentación*, "Debes incluir verduras en tu *alimentación*", *cuidar la alimentación de los niños*.

alimentar v tr (Se conjuga como *amar*) **1** Dar a alguien o a algo el alimento que necesita para vivir y subsistir: *alimentar a los hijos, alimentar el ganado* **2** Proporcionar a un organismo vivo los elementos necesarios para su desarrollo y buen funcionamiento: "La fruta sí *alimenta*, el refresco no" **3** Hacer llegar a cierta parte de una máquina los elementos, las sustancias o la energía que la hacen funcionar: *alimentar un circuito eléctrico, alimentar el carbura-*

dor **4** Llegar la corriente de agua de un río a otro mayor, del que es afluente: "El río Tula *alimenta* al Pánuco" **5** Echar al aguamiel fermentado, durante diversas etapas de la elaboración del pulque, algo de aguamiel fresco **6** Mantener viva o activa una idea o una emoción: "La educación *alimenta* el amor a la patria".

alimenticio adj **1** Que alimenta o nutre: *sustancia alimenticia, complemento alimenticio* **2** Que pertenece a la alimentación o se relaciona con ella: *régimen alimenticio, industria alimenticia*.

alimento s m **1** Toda sustancia que sirve para nutrir a los seres vivos **2** pl Las comidas diarias de una persona: el desayuno, la comida y la cena.

alinear v tr (Se conjuga como *amar*) **I 1** Poner algo en línea o ajustar su posición con cierta línea: "*Alinea* los libros en los estantes", "Deben *alinearse* ambas superficies antes de unirlas" **2** (*Mec*) Corregir los ángulos de divergencia, convergencia, giro y caída de las llantas de un automóvil de modo que queden perfectamente paralelas y asentadas para evitar su desgaste disparejo y prematuro **3** prnl Adherirse o subordinarse a una línea de pensamiento, a una tendencia ideológica o política, a las normas de una organización, etc: "Tuvo que *alinearse* al partido y se retractó de sus declaraciones" **II** Incluir a un jugador en la lista de los que van a participar en un juego: "En el partido de hoy no *alineará* ningún extranjero".

alisar v tr (Se conjuga como *amar*) **1** Poner lisa una superficie quitándole las arrugas o las asperezas: "Estiramos la sábana sobre el colchón *alisándola* después con las manos" **2** *Alisar el pelo* Acomodarlo y peinarlo: "Se *alisa el pelo* y se prepara para salir".

alistar¹ v tr (Se conjuga como *amar*) Incluir o incorporar a una persona a una organización, sociedad o grupo, principalmente a un ejército: "Al Capitán Rueda su padrastro lo *alistó* en el ejército a los catorce años", "Miles de campesinos *se alistaron* en las filas zapatistas".

alistar² v (Se conjuga como *amar*) (*Rural*) **1** tr Hacer que algo o alguien quede listo o preparado para una acción determinada: "Ya *alistaron* la tierra para la siembra", *alistar la comida* **2** prnl Prepararse para hacer algo: "Se *alistó* para ir a misa".

alivianar v tr (Se conjuga como *amar*) (*Coloq*) **1** Disminuir el peso o la carga que soporta algo o alguien: "¡Oye Gómez!, dile a ese abogado que nos *aliviane* el trabajo" **2** *Alivianar con* (*Popular*) Hacer algo para ayudar a alguien, facilitarle las cosas para que se sienta bien: "*Aliviáname* con mil pesos, ¿no?" **3** prnl Mejorar uno su estado de ánimo; dejar de estar triste, enojado o tenso; relajarse, tranquilizarse: "Ya *aliviánate* y vente a bailar" **4** prnl Adoptar alguien una actitud comprensiva y bondadosa hacia otra persona o hacia algún acontecimiento: "Papá y mamá *se alivianan* con la juventud".

aliviane s m (*Coloq*) **1** Hecho o circunstancia que hace que uno se sienta bien, libre de tensiones, enojo, tristeza, etc: "El festival fue un *aliviane* tremendo, puro amor y paz" **2** Acto de apoyo, ayuda o solidaridad hacia alguien, que le permite resolver un problema: "Sin el *aliviane* que me dieron los cuates, no hubiera terminado".

aliviar v tr (Se conjuga como *amar*) **1** Aligerar un problema, dificultad o molestia; hacer menos grave un conflicto, menos dolorosa una pena o menos pesada una carga: "Para *aliviar* las crecientes necesidades de alimentación...", *aliviar tensiones políticas*, "El que padece de amor / sólo con besos se *alivia*" **2** prnl Recuperar uno la salud; curarse: *aliviarse de la gripa*, *Se alivió* con las medicinas que le mandó el doctor" **3** prnl (*Popular*) Dar a luz; parir: "Su primer niño lo tuvo en el hospital, pero del segundo *se alivió* en su casa".

alivio s m **1** Estado de calma, relajamiento, armonía, etc que sucede a una situación difícil, conflictiva, problemática o desafortunada: "No sentí *alivio* hasta que lo tuve en mis brazos", "No hay en el mundo nada / que *alivio* me procure / ni mis males cure" **2** Disminución de un dolor o mejoría de los síntomas molestos de una enfermedad: "Con el nuevo tratamiento ha experimentado un gran *alivio*".

aljibe s m Depósito de agua, generalmente de lluvia: "Fue una larga sequía y los *aljibes* de los ranchos se agotaron pronto".

alma s f **1** Parte inmaterial del ser humano a la que se le atribuyen las propiedades específicas de éste, como los sentimientos, los valores morales y el pensamiento **2** Persona, habitante: *un pueblo de cinco mil almas, ni un alma* **3** Persona o cosa que anima o da energía y fuerza a algo: "Armando fue el *alma* de la fiesta" **4** Parte interior o central de algunos objetos que los hace más resistentes y fuertes: *alma de acero* **5** *Con el alma en un hilo* Ansioso, angustiado **6** *Partirle a uno el alma algo o alguien* Conmoverle a uno profundamente algo o alguien **7** *Partirse el alma* Esforzarse mucho **8** *No poder alguien con su alma* Estar agotado **9** *Agradecer en el alma* Agradecer profundamente **10** *Como alma en pena* Solo y sin tener qué hacer o a dónde ir **11** *Ser un alma de Dios* Ser muy bueno.

almacén s m **1** Local cerrado donde se guardan artículos o mercancías de cualquier clase para su posterior distribución, uso o venta: *almacén de granos, almacén de muebles* **2** Tienda grande, por lo general dividida en secciones o departamentos, donde se venden artículos de muy distintas clases: "Compra su ropa en los *almacenes* más caros de la ciudad" **3** (*Impr*) Caja donde se guarda el surtido de letras de un mismo tamaño o cuerpo.

almacenar v tr (Se conjuga como *amar*) Guardar algo en algún lugar, generalmente con cierto orden, para poder disponer de ello cuando sea necesario o conveniente: *almacenar alimentos, almacenar agua para el riego, almacenar grasa*, "Toda esta información la *almacenamos* en discos".

almácigo s m Lugar donde se siembran distintos tipos de semillas bajo condiciones controladas y se cuida su desarrollo hasta que las plantitas alcanzan el tamaño adecuado para ser trasplantadas a otro lugar; semillero, almáciga: "Algunas hortalizas, como la cebolla, necesitan ser sembradas primero en *almácigo*".

almeja s f **1** Molusco marino o de río de la clase de los lamelibranquios y de distintos géneros, que vive enterrado en la arena o en el lodo; tiene una concha compuesta por dos piezas llamadas valvas, de forma oval y unida por uno de sus extremos. Su carne es comestible y su concha se emplea para elaborar artesanías, botones, etc. En México los géneros más comunes son *Rangia, Tivela* y *Macrocallista*,

que se encuentran en las costas del Pacífico y del Golfo **2** Puntada con la que se tejen figuras en forma de concha, principalmente en la confección de prendas infantiles **3** (*Ponerse*) *almeja* (*Popular*) Ponerse listo o alerta; ponerse buzo: "*Ponte almeja* con la bolsa, no te vayan a robar", "¡*Almeja* que ahí viene tu jefe!"

almendra s f **1** Fruto del almendro, semejante al durazno o a la ciruela, pero de pulpa seca **2** Semilla comestible que se encuentra dentro del hueso de este fruto, mide 1.5 cm de largo, es ovalada, con uno de sus extremos terminado en punta y el otro redondeado, compacta, blanca y está cubierta por una cáscara muy delgada de color café rojizo. Contiene gran cantidad de aceite, y se usa en cocina y en perfumería: *aceite de almendras dulces, pastel de almendras, leche de almendras* **3** Semilla de cualquier fruto que tiene hueso: "Dicen que la *almendra* del durazno es venenosa" **4** Cada una de las piezas de cristal o vidrio con la forma de esta semilla, que se cuelgan como adorno de candiles, candelabros, etcétera.

almendro s m **1** (*Terminalia catappa*) Árbol de la familia de las combretáceas que llega a medir hasta 20 m de altura, tiene las ramas extendidas, hojas abovadas de 15 a 30 cm de largo y flores en espigas axilares; su fruto es una drupa leñosa de unos 5 cm con una semilla comestible en su interior. De su corteza y raíz se extrae tanino, sustancia que se emplea para curtir pieles. Es originario de Asia y se cultiva en algunas regiones de climas cálidos del país **2** (*Prunus amygdalus*) Árbol de la familia de las rosáceas que mide de 6 a 8 m de altura, de hojas oblongas, flores rosadas o blancas, y cuyo fruto es la almendra. Es originario de África y se cultiva en todo el litoral mediterráneo.

almíbar s m **1** Jarabe dulce que se prepara poniendo a hervir agua con azúcar y, generalmente, frutas o jugo de frutas. Se emplea en la elaboración de postres y dulces: *mangos en almíbar, almíbar de naranja* **2** Jugo de las frutas: "Esa mosca chupa el *almíbar* de la caña".

almidón s m Hidrato de carbono que se encuentra como sustancia de reserva en el tallo, raíz y semillas de las plantas. Ya procesado es un polvo blanco, ligero y suave, y se obtiene principalmente de la papa, el maíz, el trigo y otros cereales. Es importante como alimento además de emplearse en la fabricación de pomadas, en el acabado de telas y como pegamento al hervirlo con agua para hacer engrudo.

almirante s m Rango más alto en la jerarquía de la marina; oficial que tiene este rango.

almohada s f **1** Saco de tela relleno de algún material blando, como hule espuma, plumas o borra, que se usa para apoyar la cabeza, principalmente en la cama: "No puedo dormir sin *almohada*" **2** *Consultar algo con la almohada* Reflexionar sobre algo dejando pasar cierto tiempo, por lo general una noche, antes de tomar una decisión: "Te daré una respuesta clara después de que lo *consulte con la almohada*".

almoneda s f Subasta pública de bienes muebles.

almorrana s f Hemorroide: *un remedio para curar las almorranas*.

almorzar v intr (Se conjuga como *soñar*, 2c) **1** Comer algo durante la mañana, después del desayuno, especialmente en regiones campesinas **2** Tomar algo de comer después del mediodía los empleados y trabajadores en una pausa de su trabajo **3** tr Comer algo durante el almuerzo: "*Almorzó* unas enchiladas con frijoles".

almuerzo s m **1** Comida que se toma, según la región y el oficio de cada persona, durante la mañana o después del mediodía **2** Conjunto de los alimentos que se toman en ese momento: "Ya está listo el *almuerzo*".

alojar v tr (Se conjuga como *amar*) **1** Dar cabida a alguien para que viva o permanezca en cierto lugar, particularmente cuando lo haga de manera temporal; proporcionarle habitación a una persona: "El Centro Médico *aloja a* cientos de enfermos", "Buscaremos un hotel para *alojarnos*", "*Alojó* en su casa a los compañeros damnificados" **2** prnl Tomar un cierto lugar como habitación temporal; hospedarse: "Acostumbra *alojarse* en casa de algún pariente" **3** Servir una cosa de recinto a otra conteniéndola o resguardándola: "El museo *aloja* objetos invaluables" **4** prnl Quedarse una cosa en el interior de algo: *alojarse una bala en la pierna*.

alondra s f **1** Pájaro de la familia *Alaudidae*, de cola ahorquillada, generalmente rayado, café o pardo; mide de 15 a 20 cm de largo. Es terrestre, gregario y se alimenta de insectos y de granos. Sus uñas traseras son alargadas, casi derechas. Se caracteriza por su voz musical y porque le gusta cantar en un punto alto de su vuelo. Es abundante en España **2** (*Eremophila alpestris*) Pájaro común que vive en América, café grisáceo o rojizo, algunas veces rayado, de pico corto y delgado. Vive en los pastizales o en los campos abiertos, y acostumbra caminar sobre la tierra, posarse en las rocas, en las bardas y empalizadas, y volar largas distancias en grupos, o a solas. A veces canta en lo alto mientras vuela.

alopatía s f **1** Sistema de práctica médica caracterizado por el uso de medicamentos destinados a producir efectos opuestos a los síntomas que se observan en el enfermo: "En aquella época sólo se enseñaba *alopatía* en la facultad" **2** Sistema de práctica médica que hace uso de todas las medidas que han probado ser útiles en el tratamiento de enfermedades.

alpinismo s m Deporte que consiste en escalar montañas: *los elevados riesgos del alpinismo, afición por el alpinismo*.

alpinista s m y f Persona que practica el alpinismo: "Los *alpinistas* escalaron el Popocatépetl".

alpiste s m (*Phalaris canariensis*) Planta gramínea cuyas semillas, muy pequeñas, sirven de alimento a los pájaros.

alquilar v tr (Se conjuga como *amar*) **1** Obtener mediante un pago el derecho a usar algo que no es de uno, como una casa, un coche, un caballo, etc: *alquilar un departamento, alquilar una vajilla* **2** Dar a alguien el derecho a usar alguna cosa que le pertenece a uno, a cambio de un pago y por tiempo determinado: "*Alquiló* su rancho y se fue a vivir a la ciudad".

alquiler s m **1** Hecho de alquilar algo: *el alquiler de un equipo de cómputo, el alquiler de un teatro* **2** Precio que se paga una vez o periódicamente por alquilar alguna cosa: *cobrar el alquiler, aumentar el alquiler* **3** *De alquiler* Que se obtiene mediante un pago y por cierto tiempo: *ropa de alquiler* **4** *Auto-*

móvil de alquiler Taxi, libre: "Hacía señas desesperadas para detener un *automóvil de alquiler*".

alquimia s f Doctrina y conjunto de prácticas que tenían por objeto el estudio de los elementos constitutivos del universo y la naturaleza, sus posibles mezclas y transmutaciones, así como el hallazgo de una sustancia o elemento tal que impidiera la disgregación de los cuerpos, es decir, la muerte. Las investigaciones que realizaron en la búsqueda de este elíxir de la vida y de la transmutación de los metales comunes en oro tenían un carácter secreto y místico y dieron lugar al descubrimiento de una serie de operaciones de laboratorio tales como la destilación, la sublimación y el baño maría, lo mismo que al invento del alambique, de su rama más empírica nació la química y de su concepción mística un arte contemplativo y técnicas ascéticas. Estas doctrinas y prácticas a lo largo de su historia fueron explotadas por algunos charlatanes y embaucadores: *la alquimia griega, los secretos de la alquimia*.

alquimista 1 s m y f Persona que profesa o practica la alquimia: *los alquimistas de la Edad Media, los símbolos de los alquimistas* **2** adj m y f Que pertenece a la alquimia o a los alquimistas o se relaciona con ellos: *laboratorio alquimista, la nomenclatura alquimista de los metales, secta alquimista*.

alrededor adv **1** Rodeando algo o a alguien: "La Tierra gira *alrededor* del Sol", "Miró a su *alrededor*", "Caminamos *alrededor* del pueblo" **2** *Alrededor de* Tratándose de cantidades, aproximadamente, cerca de, como: "Tiene *alrededor* de treinta años", "Mide *alrededor* de dos metros" **3** *Alrededor de* Tener algo como asunto o tema: "La plática giró *alrededor* de los aztecas" **4** s m pl Lugares que rodean o están cerca de otro: "Visitamos Jojutla y sus *alrededores*".

alta s f **1** Hoja o documento en el que consta que alguien ha sido inscrito en alguna institución o que, por haberse restablecido de una enfermedad, tiene permiso para salir de un hospital: "En la caja le entregan su *alta*" **2** *Dar(se) de alta* Declarar sana a una persona **3** *Dar(se) de alta* Inscribirse en alguna institución: "*Me di de alta* en Hacienda".

altamente adv En mayor grado, en forma prominente o destacada; muy: *altamente significativa, países altamente desarrollados, países altamente industrializados, instrumentos altamente sofisticados*, "Los resultados han sido *altamente* satisfactorios".

altar s m **1** Lugar elevado destinado a la celebración de oficios o sacrificios a una divinidad: *el altar de Huitzilopochtli*, "Dejaron sus ofrendas sobre el *altar*" **2** (*Relig*) Entre los católicos, mesa o plancha, generalmente de mármol, sobre la que se colocan el cáliz y la patena en la misa; debe estar consagrada y contener reliquias de algún santo: *una iglesia con tres altares, altar mayor* **3** *Llevar a una persona al altar* Casarse con ella: "Le prometió que a su regreso la *llevaría al altar*" **4** Lugar donde se coloca la imagen de una divinidad, santo, etc para su veneración: "En el patio tiene un *altarcito* con la Guadalupana" **5** *Tener o poner en un altar* Tener por alguien o por algo un sentimiento desmedido de admiración, veneración, protección, etc: "No se te ocurra hablar mal de ellas, las *tiene en un altar*", "*Ha puesto* a sus hijos *en un altar* y no se da cuenta…".

alteño adj Habitante de la región de los Altos de Jalisco.

alteración s f **1** Acción de alterar algo o a alguien o de alterarse una persona: "Los comerciantes comenzaron la *alteración* de precios", "La *alteración* de la cantante crecía por momentos" **2** Modificación o cambio de las características, la apariencia, el orden, etc de algo: *una alteración de la voz, una alteración de la circulación* **3** (*Mús*) Modificación de un sonido mediante sostenidos o bemoles, para subirlo o bajarlo de tono.

alterar v tr (Se conjuga como *amar*) **1** Cambiar el estado en que se encuentra algo, modificar alguna de sus partes, su apariencia, su orden, etc: *alterar la calidad de la atmósfera, alterar la paz, alterarse los rasgos de la cara* **2** Hacer que una persona pierda la calma, la serenidad, etc, o se enoje: "La noticia *alteró* al embajador", "No *alteres* más a los niños" **3** prnl Perder uno la paciencia, tranquilidad o serenidad; ponerse enojado, nervioso o fuera de sí: "Evitemos que el paciente *se altere*", "Disculpe, pero hacer estos trámites *me altera* sobremanera".

alternador s m Tipo de generador que produce tensiones y corrientes alternas: *el alternador del coche.*

alternar v tr (Se conjuga como *amar*) **1** Hacer dos o más acciones, actividades, movimientos, etc, uno tras otro y repetidamente: *alternar el ejercicio con el descanso, alternar las brazadas al nadar* **2** Usar, poner, distribuir, etc dos o más cosas por turnos periódicos y repetidos o sucesivamente en espacios regulares: "Puede *alternar* el analgésico con algún desinflamatorio", "*Alterna* sus dos trajes, uno cada semana", *alternar los impulsos eléctricos, alternar los botones rojos y los blancos* **3** intr Sucederse repetidamente y por turnos unas cosas a otras: "En mayo se *alternan* los días lluviosos con los soleados", "Las desdichas *alternan* con las alegrías" **4** intr Tener trato con otras personas, establecer relación con ellas o participar con otras en determinado acto o espectáculo: "A Flavio le gusta *alternar* con el pueblo", "*Alterna* con altos políticos", "*Alternarán* varias orquestas".

alternativa s f **1** Cada una de las posibilidades entre las que se puede elegir, en relación con otra o con algo ya dado o previamente establecido: "Respecto a la entidad jurídica que maneja los fondos, existen las siguientes *alternativas...*" **2** Cada una de las posibilidades entre las que se puede elegir: "Tiene tantas *alternativas* que todavía no se decide" **3** (*Tauro*) Ceremonia de la corrida de toros mediante la cual un matador otorga a un novillero, por sus merecimientos, el derecho a alternar con otros toreros de más categoría, entregándole simbólicamente el estoque y la muleta con los que habrá de lidiar y matar su primer toro: *dar la alternativa*, "Tomó la *alternativa* en 1928 de manos de Armillita".

alternativamente adv Una vez de un modo y luego de otro, en un sentido y luego en otro: "El hombre es *alternativamente* crédulo, incrédulo, tímido, temerario", "Tiene unos anillos concéntricos *alternativamente* luminosos y oscuros", "Miraba *alternativamente* a su papá y a su mamá".

alternativo adj **1** Que sucede de un modo y luego de otro, y se repite así regularmente: *movimiento alternativo, función alternativa* **2** Que puede emplearse o ponerse en práctica en lugar de otro; que sirve, se tiene o se presenta como otra posibilidad: *método alternativo, comunicación alternativa*, "Es necesario un sistema de seguridad *alternativo*".

alterno adj **1** Que sucede por turnos o en periodos que se repiten en forma regular: *movimiento alterno, orden alterno, días alternos* **2** (*Bot*) Tratándose de las hojas o flores de las plantas, que están distribuidas una en cada nudo alrededor del tallo, una de un lado y otra del lado opuesto, y sin quedar una frente a otra.

altiplano s m Región de elevada altitud formada por una extensión de escaso relieve, particularmente cuando se encuentra rodeada por un sistema de sierras: *altiplano andino.*

altitud s f **1** Altura de algo con respecto al nivel del mar: *la altitud de una montaña*, "La *altitud* de la ciudad de México es de 2 277 m" **2** *Altitud de crucero* (*Aeron*) Elevación a la que debe volar una aeronave para obtener su máximo rendimiento **3** *Altitud de techo* (*Aeron*) Máxima elevación que por su diseño puede alcanzar una aeronave.

alto¹ adj **I 1** Que mide mucho desde su parte inferior a su parte superior: *hombre alto, edificio alto* **2** Que está a mucha distancia hacia arriba: *nubes altas* **3** *De alto* De altura: *medir dos metros de alto* **4** *En lo alto* En la parte más elevada de algún lugar **5** *Los altos* La parte más alta de una región; el piso de arriba en una construcción de dos niveles: *Los altos de Jalisco* **6** adv De modo que alcanza gran altura: *crecer alto, volar alto* **7** *Poner en alto* Poner en un lugar destacado o importante; honrar **II 1** Que está más allá de lo que se espera o de lo que es normal: *precios altos* **2** Que es más preciso y refinado: *altas matemáticas, alta cocina* **3** Que es bueno o valioso: *altos ideales* **4** Que tiene algo en gran cantidad: "Alimentos con un *alto* contenido de proteínas" **III 1** De frecuencia elevada; agudo: *notas altas* **2** *En voz alta* De manera que se pueda oír: *leer en voz alta* **IV** Más antiguo o anterior: *alta Edad Media* **V** (*A*) *altas horas de la noche* Muy tarde, bien entrada la noche **VI** *Pasar por alto* No hacer caso de algo, dejarlo de lado **VII** *La alta* (*Popular*) Gente o clase social de los que tienen mucho dinero y presumen de aristocracia: *unos jóvenes de la alta, codearse con la alta.*

alto² s m **1** Interrupción o detención de algo: *alto el fuego* **2** *Poner(le) el alto* Hacer que algo se detenga o termine; ponerle fin: *ponerle el alto a la corrupción, ponerle el alto a los hambreadores* **3** Señal para detener la circulación de los vehículos o de las personas: *pasarse un alto, pararse en el alto.*

altura s f **1** Distancia de la parte más baja a la parte más alta de algo o de alguien: *la altura de un edificio* **2** (*Geom*) Distancia perpendicular desde la base hasta la parte superior de una figura o un cuerpo geométrico: *la altura de un triángulo* **3** Elevación a la que se encuentra algo con respecto a un punto o plano de referencia, particularmente con respecto al nivel del mar: *la altura de la ciudad de México* **4** Lugar o parte alta: *las alturas del monte* **5** *A la altura de* En el mismo lugar, al mismo nivel: *a la altura de la cintura, a la altura de la Alameda* **6** *A estas alturas, a esas alturas* En este momento, en ese momento **7** *A estas alturas* En un momento avanzado del desarrollo de algo: "¡No leer bien a *estas alturas!*" **8** *De altura* De buena calidad: *un espectáculo de altura* **9** *La altura de* La calidad o el valor que se requiere: *portarse a la altura de las circunstancias* **10** Agudeza o gravedad del tono de un sonido **11** *A estas alturas del partido* (*Coloq*) En este momento y después de lo sucedido: "*A estas alturas del partido*, ya nadie tiene dinero".

alucinar v intr (Se conjuga como *amar*) Percibir como real algo que es imaginario: "Cuando bebe mucho *alucina*".

alucinógeno adj y s Que produce alucinaciones: *droga alucinógena*, "En algunos pacientes esta sustancia puede resultar *alucinógena*".

aludido I pp de *aludir* **II** s y adj **1** Persona o cosa a la que se hace referencia: "La persona *aludida* era su hermano", "El *aludido* no niega haber estado en mi casa" **2** *Sentirse aludido* o *darse por aludido* Sentir, pensar o reconocer alguien que cierta cosa que se dice hace referencia a él: "*Se dio por aludido* cuando hablamos de los impuntuales" **4** *No darse por aludido* No darse cuenta de que algo que se dice se refiere a uno, o hacerse el disimulado.

aludir v intr (Se conjuga como *subir*) *Aludir* a Referirse a algo o a alguien: "En los primeros capítulos *alude* exclusivamente a los conquistadores", "Nada *alude* a su condición de inválido".

alumbrado 1 pp de *alumbrar*: "Todas las noches nos hemos *alumbrado* con una vela" **2** s m Sistema de iluminación o conjunto de luces que se emplea para alumbrar cierto lugar: *alumbrado eléctrico, el alumbrado del estadio, obras de drenaje y alumbrado público*.

alumbramiento s m **1** Acto de alumbrar, o parir o dar a luz un hijo; parto: *un alumbramiento feliz* **2** (*Med*) Fase final del parto, posterior a la salida del feto, que consiste en el desprendimiento y evacuación de la placenta y de las membranas propias de la gestación.

alumbrar v tr (Se conjuga como *amar*) **I 1** Proyectar luz, dar luz o iluminar algún lugar: "El Sol *alumbra* la Tierra", "Ese foco *alumbra* muy mal", "*Alúmbrame* con la linterna", *alumbrar un teatro* **2** (*Rural*) Examinar a contraluz un huevo para saber si está fresco **II 1** Descubrir alguna corriente subterránea de agua y llevarla a la superficie **2** Dar a luz; parir: "Prefirió *alumbrar* bajo los cuidados de su familia" **3** (*Agr*) Quitar la tierra con la que se había abrigado la vid o cepa para que, pasada la vendimia, pueda penetrar nuevamente el agua en ella **4** Sacar a alguien de la ignorancia, o de algún error o de determinada duda; enseñarle cierta cosa que desconocía y cuyo conocimiento le resulta provechoso: "Con su sabiduría *alumbró* a muchas generaciones de mexicanos" **5** prnl (*Popular*) Emborracharse un poco, ponerse alegre por haber ingerido bebidas alcohólicas: "No es para tanto, nomás *nos alumbramos* tantito".

aluminio s m Metal blanco, brillante, ligero, dúctil, muy maleable y resistente a la corrosión. En estado puro es blando por lo que generalmente se prepara en aleaciones con silicio, magnesio, cobre o titanio. Tiene muchos usos y gran demanda industrial, es el metal más usado después del hierro; se emplea particularmente en la industria aeronáutica, eléctrica, química, del automóvil y de la construcción, y también en la fabricación de utensilios de cocina, aparatos electrodomésticos, etc. Su producción metalúrgica se basa en la reducción electrolítica de la alúmina obtenida de la bauxita: *cuchara de aluminio, lámina de aluminio*.

alumno s Persona que estudia bajo la orientación de otra, generalmente en una escuela: *alumno de primaria, alumno de matemáticas*.

alusión s f Acto de aludir y palabras con que se alude: *alusiones ingeniosas*, "Hizo *alusión* a la amistad que los unía", "Habló de la falta de seguridad en clara *alusión* a los organizadores".

aluvión s m **1** Avenida fuerte de agua; inundación **2** pl (*Geol*) Depósito formado por numerosos fragmentos de roca que han sido transportados por aguas corrientes **3** Gran cantidad de algo: *un aluvión de críticas* **4** (*Der*) Modo de aumentar la propiedad en un predio ribereño por el efecto que producen en él las corrientes fluviales. Es una forma legal de accesión.

alveolar adj m y f **1** Que pertenece a los alveolos y se relaciona con ellos **2** (*Fon*) Que se pronuncia apoyando la punta de la lengua en los alveolos de los dientes. Son alveolares las consonantes *n, l, r,* y *s*.

alveolo s m **1** (*Anat*) Cada una de las cavidades óseas, situadas en la cara bucal de los maxilares, en las que se insertan los dientes: "Se le formó un absceso en el *alveolo* del primer molar" **2** (*Anat*) Dilatación terminal de las vías respiratorias formada por un conjunto de celdillas: "El bióxido de carbono que llega a los *alveolos*..." **3** Cada una de las celdillas del panal **4** (*Bot*) Cavidad o depresión pequeña en la superficie de un órgano vegetal. (También *alvéolo*.)

alza s f **1** Aumento del precio o del valor de algo; incremento en el monto de alguna cosa: *el alza del oro, tendencia al alza, inmoderadas alzas de precios, alzas en las ventas* **2** *Estar al alza, seguir al alza*, etc Estar, seguir, etc aumentando de precio: "Las acciones de la compañía *siguen al alza*" **3** (*Impr*) Pedazo de papel que pegado sobre el tímpano de la prensa sirve para uniformar la presión y obtener una mejor impresión **4** Pieza ajustable del mecanismo de puntería de un arma de fuego que sirve para corregir el ángulo de tiro.

alzar v tr (Se conjuga como *amar*) **I 1** Llevar algo o a alguien a mayor altura de la que estaba, o dirigir algo hacia una posición o lugar más elevado; levantar: *alzar una caja*, "*Álzame* que no alcanzo a ver", *alzar la copa, alzar el puño, alzar la cabeza, alzar el telón, alzar la vista* **2** *Alzar(le) la mano a alguien* Hacerlo como amenaza en contra de alguien: "No *alces la mano a* tus mayores" **3** *Alzarse de hombros, alzar los hombros* Hacerlo expresando desinterés, ignorancia o desentendimiento: "Cuando le hablé del dinero *se alzó de hombros* y se dio la vuelta" **4** *Alzar la voz* Subir el tono o volumen de la voz, o hablar en forma altiva e impertinente: "¡Niño, no me *alces la voz*!" **5** *Alzar el vuelo* Comenzar a volar: "A nuestro paso los pájaros *alzaban el vuelo*" **6** *Alzar alguien el vuelo* Salir de un lugar; irse, emigrar: "Nos empezaron a buscar y tuvimos que *alzar el vuelo*" **7** *Alzar el precio, la tarifa*, etc Aumentarlos **8** *Alzar un castigo, la veda*, etc Suprimirlo, levantarlo **9** prnl Sobresalir algo por encima de lo que está a su alrededor; levantarse o elevarse destacando por su altura: "En el recinto *se alza* la estatua de Alfonso Reyes", "La Torre Latinoamericana *se alza* sobre los escombros", "El Pico de Orizaba *se alza* en medio de la sierra" **10** *Alzarse con un triunfo, con una victoria*, etc Tener éxito, conseguir una victoria, un triunfo, etc en un juego, competencia o espectáculo: *"Armillita se alzó con tres orejas* en la corrida*"*, *"Los universitarios se alzaron con una victoria* más*"* **II** prnl **1** Sublevarse, rebelarse violentamente en contra de algo o de alguien: *alzarse en armas, alzarse los campesinos, "Se alzaron* contra los usurpadores*"* **2** (*Rural*) Fugarse y hacerse cimarrón un animal doméstico **3** Hacerse altiva o presumida una persona: *alzarse por la fama* **III 1** (*Coloq*) Poner una cosa que está fuera de su lugar en el sitio que le corresponde, o recoger, ordenar y limpiar las cosas que están en cierto lugar: *alzar los papeles, alzar el tiradero, alzar un juguete, alzar la cocina, alzar la casa* **2** (*Popular*) Guardar o juntar dinero; ahorrar: *"¿Cuánto alzaste?"*, *"No te creas, tiene sus centavitos alzados"* **3** (*Impr*) Poner en orden los pliegos doblados de un volumen para encuadernarlos **4** (*Agr*) Poner tierra al pie de las plantas que han sido cultivadas con arado para eliminar la maleza y darles mayor sostén.

allá adv **1** En un lugar lejano del que habla, aquel lugar, ese lugar: *"Allá* nos vemos*"*, *allá en Mérida*, *"*Voy para *allá"*, *"*Juan es de *allá"*, *más allá de la raya, allá arriba, allá afuera, allá adentro, allá atrás, allá abajo, allá a lo lejos*, *"*Córrete para *allá"*, *"*Que se dé una vuelta por *allá"*, *"*Desde *allá* me mandó un retrato*"*, *"*Hasta *allá* la tiene*"* **2** *De aquí para allá* De un lugar a otro: *"*Se arrastraba *de aquí para allá"*, *"*Lo traían de *aquí para allá* y nadie lo atendía*"* **3** *Aquí y allá* En un lugar y en otro: *"*Aparecen *aquí y allá* citas*"* **4** Aquel punto, aquel límite: *"*El impacto no duraba más *allá* de la primera impresión*"*, *"*Una imagen que sea capaz de hablar más *allá* de sí misma*"* **5** En tiempos lejanos, pasados o futuros: *allá en época de mi abuelita, allá en mi niñez, allá en el año 2000* **6** *Allá tú, allá él*, etc Es problema o asunto tuyo, suyo, etc: *"Allá tú* si no vienes*"*, *"Allá ellos* si no trabajan*"*, *"¡Allá tú !*, conste que yo te lo advertí*"* **7** *El más allá* El mundo posterior a la muerte: *"*Le gustan los cuentos *del más allá"*, *"*Dice que le hablan *del más allá"*.

allegado I pp de *allegar*: *"*Publicarán los documentos léxicos *allegados* por Santamaría*"* **II 1** s y adj Tratándose de una persona, otra que guarda con ella una relación estrecha o cercana, particularmente sus parientes y amigos: *"*Recibieron la simpatía de sus *allegados"*, *"*Entre sus *allegados* más cercanos estaba Jacinto*"*, *"*A uno de sus *allegados* le oí contar…*"* **2** adj Tratándose de una doctrina, ideología, etc, que guarda con otra una relación de afinidad o cercanía: *"*Las concepciones *allegadas* a estas teorías…*"*.

allegar v **1** tr (Se conjuga como *amar*) Reunir, juntar, hacerse de: *"*Con los festivales pretende *allegarse* recursos para su campaña*"*, *allegarse fondos* **2** (*Liter*) prnl Acercarse a: *"Se allegó* a mí buscando consuelo*"*.

allí adv **1** En ese preciso lugar, ese lugar: *"*Se quedó *allí* dentro*"*, *"*De *allí* viene*"*, *"*Por *allí* lo introduje*"*, *allí frente a todos*, *"Allí* murió*"* **2** En ese preciso momento: *"Allí* fue cuando empezaron los gritos y las protestas*"*, *"*De *allí* en adelante podía quedar inmune*"*.

amá s f (*Popular*) Mamá: *"Amá, ¿*me das un taquito?*"*.

amabilidad s f Calidad de amable: *la amabilidad de los veracruzanos, expresarse con amabilidad*, *"*Le agradezco la *amabilidad* de sus atenciones*"*.

amable adj m y f **1** Que es agradable y cordial; que gusta y se disfruta: *una ciudad amable, amables elogios, una mirada amable, un ambiente amable* **2** Que trata a las demás personas con cortesía y educación; que es atento, agradable y afectuoso: *"*Nos atendió una empleada *amable* y eficiente*"*, *una familia muy amable* **3** *¡Qué amable!* o *¡Muy amable!* Expresión cortés con la que se agradece algo: *"—¿*Me permite pasar?*, ¡muy amable!"* **4** *¿Sería tan amable de…?* Expresión cortés con la que se pide algo a alguien: *"¿Sería tan amable de* darme mi sombrero?*"*.

amacizar v tr (Se conjuga como *amar*) **I 1** (*Popular*) Hacer que algo quede firme, sólido, apretado o macizo: *"*Métele una calza a la tarima para que *amacice* bien*"* **2** Aumentar la intensidad o la fuerza de algo: *"Amacizó* la lluvia*"* **II** intr (*Rural*) **1** En la engorda del ganado, alcanzar la gordura más consistencia **2** Madurar el fruto de una planta: *"*Ya que *amacizó* la milpa, se dobla, y después viene la pizca*"* **III** (*Caló*) **1** Robar algo, apretándolo con la mano **2** Agarrar a alguien: *"*Las pandillas andaban *amacizando* a puro pinche influyente*"*, *"*La policía no lo va a felicitar; la policía lo *amaciza"*.

amado I pp de *amar* **II** adj y s Que recibe el amor o cariño de alguien: *apartarse de su amada*.

amainar v (Se conjuga como *amar*) **1** intr (Se usa sólo en las terceras personas) Disminuir o aflojar algo en intensidad o volumen, hacerse menos notorio o violento: *amainar la lluvia*, *"*No le hablaré hasta que *amaine* su ira*"* **2** tr (*Mar*) Recoger total o parcialmente las velas de una embarcación para que avance más lentamente.

amanecer¹ v intr (Se conjuga como *agradecer*, 1a) **1** Aparecer en el horizonte la luz del Sol; comenzar el día: *"*Mira que ya *amaneció*, ya los pajarillos cantan, la luna ya se metió*"* **2** Estar o encontrarse en cierto lugar o en determinadas circunstancias cuando comienza el día: *"Amanecí* enfermo y lejos de mi casa*"* **3** prnl Quedarse en cierto lugar o continuar haciendo algo durante la noche, hasta que se hace de día: *"*El día de la fiesta *nos vamos a amanecer"*, *"*Nos *amanecíamos* estudiando*"*.

amanecer² s m **1** Momento en el que comienza el día, cuando aparece la luz del Sol en el horizonte: *"*Nos quedamos platicando hasta el *amanecer"* **2** *Al amanecer* Al principio del día, cuando comienza a salir el Sol: *"*Nos levantamos *al amanecer"*.

amante s m y f **1** Persona que mantiene relaciones sexuales con otra, fuera del matrimonio: *"*Juan y María eran *amantes"* **2** Persona que ama apasionadamente a otra: *"*Quiéreme por tu amor, / mira que soy tu *amante*, / también tu adorador*"* **3** adj m y f Que es aficionado o afecto a algo y que lo aprecia con deleite: *"*Es *amante* de la buena música*"* **4** adj m y f Que manifiesta amor, cariño y cuidado para con sus allegados: *amante esposa, padre amantísimo* **5** s m (*Mar*) Cable que sirve para amarrar las velas de un barco a los mástiles o para asegurarlo al muelle.

amapola s f **1** (*Papaver somniferum*) Planta anual de la familia de las papaveráceas, de aproximadamente 1 m de altura; hojas angostas, agudas y dentadas; tallo velloso y flores grandes generalmente de color rojo. Tiene ciertas propiedades calmantes y se cultiva como planta de ornato; de ella se obtiene el opio, la morfina y la heroína; adormidera **2** Nombre de varias plantas, principalmente de la familia de las papaveráceas, las bombacáceas y las malváceas: "Entré al jardín y corté / una *amapola* morada / dentro el corazón le hallé / los hilos de una mascada".

amar v tr (Modelo de conjugación regular) Sentir amor por alguien o por algo; querer: *amar a los niños, amar el arte, amar la vida*.

amaranto s m (*Amaranthus paniculatus, Amaranthus sanguineus*) Planta herbácea que mide hasta metro y medio de altura; tiene hojas ovales alternas de largos peciolos; flores aterciopeladas, pequeñas, de color carmesí, en panículas que cubren las espigas en que terminan tanto el eje como las ramificaciones; en algunas de sus variedades los frutos son comestibles y muy alimenticios; algunas especies se cultivan como plantas de ornato y, de otras, se elabora el dulce llamado *alegría*.

amargo adj **1** Que tiene un sabor como el de la hiel o la bilis, el chocolate sin azúcar, la cerveza o el té de ajenjo, particularmente si produce en el gusto una sensación desagradable: *un café muy amargo, una medicina amarga, hierbas amargas* **2** Que provoca pena o aflicción, que es muy triste o doloroso: *una amarga noticia*, "Soportó con paciencia el trago *amargo* de su fracaso" **3** Que expresa pesimismo, tristeza o resentimiento: *una película amarga, carácter amargo* **4** s m Licor que se prepara macerando en aguardiente hierbas, frutas (generalmente cítricos como el limón y la naranja) o cáscaras de frutas: *amargo de tejocote, amargo de la sierra*.

amargura s f **1** Sentimiento de tristeza mezclada con resentimiento, o de frustración o pesimismo, generalmente duradero y ligado a una fuerte desilusión, un desengaño, una injusticia, etc: "No se puede vivir con esa *amargura*", "Sus reproches estaban llenos de *amargura*" **2** Cualidad de lo que expresa, transmite o provoca un sentimiento profundo de tristeza, frustración, dolor o resentimiento: "La *amargura* de su mirada lo dice todo", *la amargura de una novela* **3** pl Actos o hechos dolorosos que provocan un sentimiento de tristeza o frustración más o menos permanente: *las amarguras del exilio*.

amarilidácea (*Bot*) s f y adj Planta angiosperma, monocotiledónea, generalmente herbácea y con forma de bulbo, de hojas perennes y lineales, flores hermafroditas solitarias o en racimo y semilla con albumen carnoso, como el agave, el narciso, los nardos y las azucenas.

amarillento adj Que tiende a tomar color amarillo: "En tiempo de secas, el pasto se pone *amarillento*".

amarillo 1 s m Color del oro, de la yema del huevo, de los pollos o los patos recién nacidos; es el tercero en el espectro solar o arco iris **2** adj Que es de ese color **3** adj Que pertenece a la raza así llamada, natural de Asia.

amarizar v intr (Se conjuga como *amar*) Posarse una aeronave sobre el agua.

amarrar v tr (Se conjuga como *amar*) **I 1** Unir, fijar o hacer que se mantengan juntas dos o más cosas, por lo general mediante una cuerda, un cable, una cinta, etc que las rodee, las envuelva o las entrelace, y después se anude, o haciendo que ambas se anuden entre sí: *amarrar dos varas, amarrar una caja a la redila* **2** Fijar un extremo de una cuerda, un cable, una cinta, etc a otra cosa, por lo general anudándolo a ella: *amarrar una soga, amarrar un*

cable a un poste, amarrar dos sábanas entre sí **3** intr (*Charr*) En la suerte de colear, apretar la cola del animal contra la parte inferior de la pantorrilla, después de haber arcionado **4** (*Charr*) Amarrar (a cabeza de silla) Enredar la reata en la cabeza de la silla de montar para detener o derribar al animal acabado de lazar **5** intr Asegurar un barco por medio de cuerdas, cables o anclas para que no se mueva a causa del oleaje o de la corriente: "El barco *amarró* frente al malecón" **II 1** Retener algo o a alguien rodeándolo con una cuerda y uniéndolo por medio de ella a alguna cosa fija o inmóvil: *amarrar al perro, amarrar de pies y manos* **2** Impedir que algo o alguien se mueva, rodeándolo con una cuerda o una correa que lo ciña firmemente: "Los ladrones *amarraron* a sus víctimas", *amarrar a un herido a la camilla* **3** Rodear alguna cosa con una cuerda, un cable, un alambre, etc para evitar que se mueva, se abra, se despegue, etc: "Le *amarramos* el hocico al perro", *amarrar una bolsa de pan* **4** Fijar sólidamente una cosa con otra, ensamblando o uniendo partes de cada una de ellas entre sí: *amarrar varillas con un estribo, amarrar dos muros* **5** Anudar algo, particularmente si forma parte del vestido: *amarrarse las agujetas, amarrarse la corbata, amarrar un moño* **6** (*Coloq*) Envolver algo o cubrirlo con un trozo de tela, una venda, etc que cierra o se ciñe por medio de un nudo: "Se *amarró* la cabeza con un pañuelo", "Le *amarramos* los ojos y le dimos un palo para romper la piñata" **III** (*Coloq*) Detenerse algo o alguien bruscamente: "El camión *se amarró* de repente y choqué con él" **IV 1** (*Coloq*) Asegurar la obtención o la realización de algo; disponer alguna cosa de manera que sea segura y no tenga riesgo de fracaso: *amarrar un negocio, amarrar la candidatura*, "El equipo *amarró* ya su clasificación" **2** prnl (*Coloq*) Comprometer a alguien, ligarlo moral o afectivamente con algo, de manera que se sienta obligado con ello: "Se *amarró* a Julio para que le ayudara en la tienda" **3** prnl (*Popular*) Conquistar o seducir a alguien: "Se *amarró* a una muchacha en la fiesta" **4** prnl (*Popular y Ofensivo*) Llevar a cabo el acto sexual con una persona a la que se engaña para hacerlo o de la cual se abusa: "Sólo anda buscando *amarrarse* a Rocío" **V** (*Coloq*) **1** *Amarrarse los pantalones (los calzones)* Mantenerse firme en una situación adversa o peligrosa y enfrentar con valentía sus consecuencias: "Aunque temía la venganza, *se amarró los calzones* y sostuvo su acusación" **2** *Amarrarse el cinturón* Restringir los gastos, particularmente en lo que se refiere a la comida **3** *Amarrarse la(s) tripa(s)* Aguantar el hambre o restringir los gastos con el fin de ahorrar: "No les quedó más que *amarrarse la tripa* y pagar sus deudas".

amasar v tr (Se conjuga como *amar*) **1** Mover y presionar repetidas veces, generalmente con las manos, una materia blanda (como la masa de harina o la plastilina), con el fin de que adquiera homogeneidad o una determinada consistencia: *amasar pan*, "La pasta se *amasa* ligeramente y se deja reposar treinta minutos" **2** *Amasar (una) fortuna* Acumularla poco a poco, hacerla con el tiempo: "*Amasó* una gran *fortuna* vendiendo máquinas".

amate s m **1** Árbol del género *Ficus* y de la familia de las moráceas, del que hay cerca de cien especies en México; es de hojas simples y alternas, con flores femeninas y masculinas que crecen dentro de una especie de globo donde están también los frutos. Se usa su savia como laxante y de la corteza de una de sus especies se hace papel **2** Papel hecho de la corteza de este árbol **3** Pintura que se hace sobre este papel: *amates guerrerenses.*

amateur 1 s y adj m y f Persona que por afición, interés o gusto se dedica a alguna actividad, particularmente deportiva, sin hacer de ello una profesión y sin recibir un sueldo por ello: "Como *amateur* se dio el lujo de ganar el campeonato mundial militar en la categoría pluma", *futbolistas amateurs*, "Era un *amateur* de la pintura", *una cantante amateur* **2** adj m y f Que pertenece a estas personas o a las actividades que se realizan por afición, interés o gusto; que se relaciona con ellas: *torneo amateur, boxeo amateur.*

ámbar s m **1** Resina fósil de una variedad extinta de pinos (*Pinites succinifer*); es de color amarillo pálido, dorado, anaranjado o café rojizo, transparente o semitransparente; ligera, dura y quebradiza. Se emplea en joyería (para hacer cuentas de collares, anillos, boquillas, etc), en la fabricación de barnices y como aislante eléctrico; se recoge en el litoral del mar Báltico y en Birmania, y a veces contiene insectos fósiles: *pulir ámbar, collares de ámbar* **2** s m y adj m y f Color amarillo dorado, como el de esta resina o el de la miel: "La luz preventiva de los semáforos, me dijo el policía, es *ámbar*, no amarilla" **3** Resina del algarrobo o cuapinol que se usa como incienso y para preparar barnices y colores **4** *Ámbar gris* Sustancia blanca grisácea que se forma en el intestino de los cachalotes y que, después de evacuada por éstos, se halla flotando en los mares; es blanda, de olor penetrante, y se usa en perfumería para aumentar la persistencia de los aromas **5** *Ámbar negro* Azabache.

ambición s f **1** Deseo desmedido de alcanzar poder o acumular riquezas: "Su *ambición* lo ha llevado a despojar a todos sus hermanos de la herencia" **2** Aspiración o deseo de lograr algo que se considera valioso: "Si pierde este combate podrá despedirse de sus *ambiciones* de lograr el campeonato", "Toda su *ambición*, por ahora, es terminar la carrera".

ambicioso 1 adj y s Que desea desmedidamente riqueza o poder: "Era un hombre sin escrúpulos, *ambicioso* y arrogante" **2** adj Que aspira a conseguir o alcanzar algo valioso, muy importante o trascendente: *un proyecto turístico muy ambicioso.*

ambiental adj m y f **1** Que pertenece al ambiente o se relaciona con él: *temperatura ambiental, los efectos de la contaminación ambiental* **2** Que crea una sensación particular de tranquilidad o comodidad: *música ambiental.*

ambiente s m **1** Conjunto de las condiciones naturales, particularmente las atmosféricas y climáticas, que rodean algo o a alguien o que privan en un lugar determinado; medio ambiente: "La adaptación de una especie a su *ambiente*", *ambiente húmedo, contaminación del ambiente, ambiente marino, temperatura ambiente* **2** Conjunto de circunstancias o condiciones sociales, culturales, políticas, morales, etc que rodean a una persona o la determinan: "El estudio trata sobre el *ambiente* en que se educan los niños mexicanos", "Plácido Domingo nació

en un *ambiente* operístico", *crecer en un ambiente rural, ambiente urbano, ambiente familiar* **3** Comunidad que forma un grupo de personas que comparten ciertos valores, actividades, condiciones sociales, etc: "La noticia fue bien recibida en el *ambiente* político yucateco", *ambiente futbolístico, ambiente teatral* **4** *Estar en su ambiente* o *sentirse, encontrarse*, etc *alguien en su ambiente* Encontrarse a gusto en un lugar o en cierto círculo de personas, desarrollar la actividad que mejor desempeña o que es la suya, etc: "Cuando viajo a Guatemala *me siento en mi ambiente*", "Gustavo *está en su ambiente* tocando la guitarra" **5** Conjunto de condiciones o características con que alguna cosa o persona provoca una sensación determinada en el ánimo: "El resplandor de la luz creaba un *ambiente* demoniaco en la habitación", *ambiente lúgubre, ambiente acogedor* **6** Ánimo que priva entre un grupo de personas, particularmente y cuando no se especifica, el que es alegre, amable, etc: "La reunión de anoche no tuvo el *ambiente* que esperábamos" **7** *Flotar algo en el ambiente* Estar presente de manera tácita, no declarada ni abiertamente: "No se trata de una idea nueva; en realidad *flotaba en el ambiente* desde los años cuarenta", "La indignación *flotaba en el ambiente*" **8** *Ambiente electromagnético* (*Elec*) Campo de radiofrecuencia que existe en un lugar determinado.

ambigüedad s f Condición o carácter de lo que es ambiguo, incierto o confuso; vaguedad o indecisión de una persona o de sus actos, ideas, etc: "Nos recibió con la *ambigüedad* de una sonrisa que bien podía ser irónica", "Es necesario establecer criterios sólidos para evitar *ambigüedades*", *ambigüedad de una declaración, hablar con ambigüedad.*

ambiguo adj **1** Que admite más de una interpretación o se refiere indistintamente y al mismo tiempo a dos o más cosas, aun contradictorias, por lo que se considera incierto, vago o confuso; que es dudoso, indefinido o provoca indecisión: *una frase ambigua, una sonrisa ambigua* **2** Que duda o es indeciso; que no tiene una posición, una opinión, etc que sea clara y definida: "Como administrador era tan *ambiguo* que nadie sabía a qué atenerse con él", "A esto podría deberse el carácter *ambiguo* de ciertos políticos" **3** *Género ambiguo* (*Gram*) En la gramática tradicional, el que tienen los sustantivos que se usan indistintamente en masculino o femenino, como el mar y la mar, el calor y la calor, el sartén y la sartén (En este diccionario se marcan como sustantivos masculinos o femeninos: s m o f).

ámbito s m **1** Espacio o terreno comprendido dentro de ciertos límites o definido por alguna cualidad particular: "No se conocen, en el *ámbito* del litoral, indicios de otra ciudad amurallada, además de Tulum" **2** Conjunto de actividades o intereses que definen una disciplina, una cultura, etc y área que abarcan o donde se desarrollan; círculo o ambiente en que vive o trabaja una persona: *ámbito de la cultura olmeca, ámbito de la poesía folklórica.*

ambos adj y pron pl Los dos, el uno y el otro: "Entre *ambos* grupos hicieron el trabajo", "*Ambos* miraban el paisaje", *manejar con ambas manos.*

ambulancia s f **1** Vehículo para transportar enfermos o heridos, equipado con lo necesario para auxiliarlos durante el trayecto al hospital o al lugar donde serán atendidos: "La *ambulancia* de la Cruz Roja recogió a los heridos del accidente", "Escuchamos la sirena de las *ambulancias* que se acercaban" **2** (*Mil*) Hospital móvil establecido en los cuerpos o divisiones de un ejército, destinado a seguir los movimientos de sus tropas y prestar los primeros auxilios a sus heridos.

amenaza s f **1** Expresión o hecho con que una persona declara a otra su intención de hacerle daño o perjudicarla, generalmente con el fin de atemorizarla o intimidarla: "Estaba dispuesta a cumplir sus *amenazas*", "¿Nos habrá dicho eso como *amenaza*?", "Sus terribles *amenazas* no surtieron efecto", *amenaza de muerte* **2** Señal o indicio de que algo peligroso, dañino o desagradable está a punto de ocurrir: *amenaza de incendio, amenaza de tormenta* **3** Cosa, situación, hecho, etc, que representa un peligro, generalmente constante, para algo o para alguien: "Las armas nucleares son una *amenaza* para la humanidad", "La *amenaza* de la policía le impidió salir a la calle libremente" **4** *Ser alguien una amenaza (pública)* (*Coloq*) Ser un peligro o representarlo, generalmente por tener un carácter distraído o torpe, por actuar inconscientemente, etc: "La señora Vitale *es una amenaza* al volante", "Mariana *es una amenaza pública*".

amenazar v tr (Se conjuga como *amar*) **1** Manifestar con actos o palabras la intención de causar algún daño o perjuicio a una o más personas, generalmente con el fin de intimidarlas o atemorizarlas: "Lo *amenazaron* con machetes filosos", "*Amenazó* con demandar a sus inquilinos", "Se *amenazaron* de muerte uno al otro", "Su coche es muy viejo y *amenaza* desintegrarse a cada vuelta de rueda" **2** Poner en peligro algo o a alguien y, generalmente, mantenerlo en esa situación: "La contaminación *amenaza* la salud de los ciudadanos", "Las armas nucleares *amenazan* la paz mundial" **3** intr Dar algo señales de que alguna cosa está a punto de ocurrir, especialmente si es peligrosa o desagradable: "El techo *amenaza* con derrumbarse" **4** intr Haber señales de que algo peligroso, dañino o molesto va a ocurrir: "*Amenaza* tormenta", "*Amenaza* con llover".

ameno adj Que es entretenido, agradable e interesante: *un cuento ameno, hacer amena una clase*, "Antonio nos deleitó con sus *amenas* anécdotas".

americanismo s f **1** Calidad o condición de lo que es propio del continente americano **2** (*Ling*) Palabra, acepción o rasgo lingüístico propio de los americanos que hablan una lengua de origen europeo y, particularmente, rasgo que distingue al español de América del español de España, como la pérdida de la segunda persona del plural (vosotros) o el seseo en oposición al ceceo **3** (*Ling*) Palabra, acepción o rasgo lingüístico que, siendo propio de los americanos, ha sido adoptado por una lengua fuera de América y, particularmente, palabra o rasgo que el español de España ha tomado del español de América o de alguna de sus lenguas indígenas, como *huracán, canoa, chocolate* o *tiburón* **4** Predilección por lo que es propio de Estados Unidos de América o exaltación de sus costumbres, valores, etc; interés por este país o dedicación al estudio de sus cosas **5** Inclinación o apego hacia lo que es pro-

pio del continente americano o exaltación de sus costumbres, valores, etc; interés por América o dedicación al estudio de sus cosas **6** Calidad o condición de lo que es característico de Estados Unidos de América.

americano adj y s **1** Que es natural de América o pertenece a este continente: *los ríos americanos, el español americano*, "Los *americanos* se lanzaron entonces a buscar su independencia de España" **2** Que es natural de Estados Unidos de América o pertenece a este país; estadounidense: *automóviles americanos*, "Los once *americanos* seleccionados entrenaron hoy".

amerindio adj y s Que pertenece a alguno de los grupos indígenas de América o que se relaciona con ellos: *culturas amerindias, lenguas amerindias*.

ameritar v tr (Se conjuga como *amar*) Dar motivo para algo, necesitarlo o merecerlo: "Su gran labor *amerita* una recompensa", "Se trata de un delito que *amerita* una fuerte sanción", "El párrafo es claro y no *amerita* explicaciones", "La plaza de armas ya *amerita* una buena remozada".

ametralladora s f Arma de fuego que carga y dispara sus proyectiles automáticamente y a gran velocidad: "Cayó acribillado por una *ametralladora*".

amiba s f Animal protozoario del género *Amoeba*; es unicelular, no tiene forma definida porque extiende su masa en cualquier dirección para moverse o englobar sus alimentos, mediante prolongaciones momentáneas llamadas seudópodos. No tiene sistema nervioso ni memoria. Algunas especies son parásitas del hombre y de otros animales; ameba.

amígdala s f (*Med*) **1** Cada uno de los órganos en forma de almendra y de color rojizo situado a cada lado de la laringe; está compuesto de tejido linfático, cubierto de una membrana mucosa: *operación de las amígdalas* **2** Lóbulo del cerebro.

amigo 1 s y adj Con respecto a una persona, otra que guarda con ella una relación de afecto, cariño y solidaridad: "Invitó a comer a sus *amigos*", *el mejor de sus amigos, ganar amigos, hacer amigos, mi amigo, amigo mío* **2** s En relación con una actividad o con alguna cosa, persona que tiene por ella un sentimiento de aprecio o afición: *amigos del arte, amigo de la naturaleza* **3** *Amigo de lo ajeno* Ladrón, ratero: "Los *amigos* de lo ajeno cosecharon más de diez millones en tres asaltos bancarios" **4** *Falso amigo* Palabra que tiene la misma forma o muy parecida en dos o más idiomas pero distinto significado, por lo que se presta a confusión, por ejemplo, *col* que en francés significa cuello y no repollo como en español.

amina s f (*Quím*) Compuesto básico formado por dos átomos de hidrógeno y uno de nitrógeno; se obtiene del amoniaco, sustituyendo en él esos átomos por radicales alcohólicos; se suele combinar con ácidos fuertes para formar sales. Es parte de la estructura de los aminoácidos.

aminoácido s m (*Biol* y *Quím*) Cada uno de los ácidos orgánicos grasos, sólidos, cristalinos, por lo general solubles en agua y difícilmente solubles en alcohol. Son las moléculas constituyentes principales de la materia viva; integran las proteínas que determinan las características hereditarias de los seres, según el orden en que aparezcan en los genes; tienen un papel importante en el metabolismo, el crecimiento, mantenimiento y restauración de los tejidos vegetales y animales.

aminorar v tr (Se conjuga como *amar*) Reducir o hacer más pequeña la cantidad, la intensidad o la extensión de algo: *aminorar el temor, aminorar el déficit de la balanza comercial.*

amistad s f **I 1** Relación entre dos o más personas basada en el aprecio, la confianza, la solidaridad y el conocimiento mutuo: "Los une una gran *amistad*", *llevar una amistad* **2** pl Personas con las que se tiene esa relación: *festejar con las amistades*, "Sus *amistades* le han ayudado mucho" **II 1** (*Tab, Chis*) (*Hibiscus mutabilis*) Arbusto de la familia de las malváceas, de hojas cordadas con cinco ángulos dentados; flores axilares, blancas o rosadas que cambian a rojo, de 8 a 12 cm de diámetro; el fruto es una cápsula globosa con las semillas híspidas. Es originaria de China y se cultiva como ornamental.

amistoso adj **1** Que es propio de los amigos o se relaciona con la amistad: "Sostuvieron una conversación cordial y *amistosa*", *un acercamiento amistoso* **2** *Partido, juego, encuentro*, etc *amistoso* Función deportiva que sirve de entrenamiento y se hace fuera de torneo: "Antes de iniciar la temporada el equipo tapatío sostendrá cuatro *juegos amistosos*".

amnistía s f (*Der*) Acto del poder legislativo que extingue la acción penal y las sanciones impuestas (excepto la reparación del daño) de uno o varios delitos, en particular los de carácter político, y se aplica automáticamente a las personas procesadas por ellos: *ley de amnistía*.

amo s **1** Dueño de esclavos **2** En relación con los individuos que están bajo su autoridad y dominio, persona que tiene poder para darles órdenes y determinar su vida o su trabajo: "El *amo* mandó venir al caporal y los peones" **3** Dueño de un animal doméstico o amaestrado: "Era un perro leal a sus *amos*" **4** *Ama de casa* Mujer que dirige su casa y administra los gastos domésticos: "Las *amas de casa* se opusieron al aumento de precios" **5** *Ama de llaves* Mujer a la que el dueño de una casa confiere autoridad para dirigirla y administrarla **6** *Ser alguien el amo en algo* Ser tan bueno para algo, que se le reconoce cierta autoridad o cierto carácter ejemplar en ello: *el amo de las matemáticas, el amo del beisbol.*

amolar v tr (Se conjuga como *soñar*, 2c) (*Coloq*) **1** Echar a perder: "Todas las mangueras se *amolaron*" **2** Hacer daño, perjudicar: "Te van a *amolar*" **3** prnl Aguantarse, soportar un daño o cualquier circunstancia adversa: "Que *se amuele*", "Ahora *te amuelas*" **4** Afilar o rebajar un metal, tallándolo o aplicándole abrasivos: *piedra de amolar.*

amoniaco s m **1** (*Quím*) Gas compuesto de un átomo de nitrógeno y tres de hidrógeno; es incoloro, de olor muy penetrante y desagradable, irritante y muy tóxico, soluble en agua y en alcohol. Se obtiene por la descomposición bacterial de las proteínas, purinas y urea. Forma sales con la mayoría de los ácidos y nitruros con los metales. Es buen disolvente, se utiliza como refrigerante en la producción de hielo, para elaborar fertilizantes y en la fabricación de fibras sintéticas, colorantes y pilas electroquímicas **2** (*Med*) Solución de este gas en agua, que se emplea como antiácido y estimulante de la respiración. (También *amoníaco*.)

amor s m **I 1** Sentimiento, deseo, impulso de afecto, ternura y solidaridad por alguien: *las dulzuras del amor, el amor desdichado, la intensidad del amor, el amor a la humanidad, la nostalgia del amor* **2** Deseo sexual que siente una persona por otra; amor físico **3** *Hacer el amor* Tener relaciones sexuales **4** *Amor libre* Relaciones sexuales que no están sancionadas por el matrimonio **5** *Amor platónico* El que es de carácter espiritual, sin que haya un interés físico **6** Persona amada: "Señores pido licencia / para cantarle a mi *amor* / y decirle lo que siento", "¡Ay! *amor* ya no me quieras tanto" **7** *Amor propio* Estimación u orgullo de uno mismo **8** *Por (el) amor de Dios* Por lo que más quiera alguien: "Una limosna *por el amor de Dios*", "*Por el amor de Dios*, cómo puedes pensar eso de mí" **II 1** *Por (puro) amor* Por gusto, en forma desinteresada **2** Afición y gusto de alguien por algo: *amor a la música, amor al deporte* **3** *De mil amores* Con mucho gusto **III 1** *Amor de un día* Cada una de las varias especies del género *Hibicus*, de la familia de las malváceas; plantas herbáceas con hojas de bordes aserrados y de flores pequeñas de color amarillo a rojizo **2** *Amor seco, amor seco llorón, amor seco curvado* Cada una de varias plantas de la familia de las gramíneas; pastos silvestres.

amoroso adj **1** Que se refiere al amor o se relaciona con él: *la pasión amorosa, una decepción amorosa, experiencias amorosas* **2** Que muestra amor y ternura: *palabras amorosas, padre amoroso.*

amortiguador 1 adj Que amortigua, que reduce el impacto o el efecto de algo: *mecanismo amortiguador, resorte amortiguador* **2** s m Dispositivo o aparato que reduce el efecto de los golpes, las vibraciones, los movimientos bruscos, etc: *amortiguadores de un coche, amortiguador de émbolo.*

amortiguar v tr (Se conjuga como *amar*) Reducir el efecto de algo haciendo menos violenta su intensidad, rapidez o fuerza, generalmente interponiendo algo entre la persona o cosa que lo produce y la que lo recibe: "Las ramas del árbol *amortiguaron* la caída del balcón", *amortiguar un sonido*, "Caerá con las puntas de los pies y, resorteando, *amortiguará* la caída".

amortización s f (*Cont*) **1** Acto de amortizar **2** Pago total o parcial de una deuda: *amortización de préstamos a corto plazo* **3** (*Der*) Paso de ciertos bienes a poder de manos muertas, de forma que no se pueda negociar con ellos: *amortización de un terreno* **4** Recuperación del capital invertido en una empresa; compensación que se hace para renovar las instalaciones, objetos, etc que se deterioran por el uso: *amortización de la maquinaria de una fábrica* **5** (*Der*) Supresión de uno o más puestos o plazas en un cuerpo de funcionarios u oficina, particularmente por no cubrir sus vacantes.

amortizar v tr (Se conjuga como *amar*) (*Cont*) **1** Pagar total o parcialmente una deuda: "El préstamo referido deberá irse *amortizando* al recibir las cuotas mensuales" **2** (*Der*) *Pasar* un bien a manos muertas, de manera que no pueda ser enajenado **3** Recuperar el capital que se ha invertido en una empresa; compensar el deterioro de sus instalaciones, objetos, etc por medio de un fondo que permita renovarlos: "Agregan 10% al precio del producto para *amortizar* la maquinaria" **4** (*Der*) Suprimir uno o más puestos o plazas en un cuerpo de funcionarios u oficina, particularmente por no cubrir sus vacantes.

amparar v tr (Se conjuga como *amar*) **1** Dar protección, ayuda o refugio a una persona: *amparar a los huérfanos, amparar a un perseguido,* "¡Jesús me ampare!", "Las sombras de la noche *ampararon* a los bandidos, que pudieron escapar" **2** prnl Protegerse o refugiarse una persona en otra o en alguna cosa o lugar: "*Se ampara* en un pseudónimo para lanzar sus ataques periodísticos" **3** Poner algo o a alguien bajo la protección y garantía de una persona, una ley, un documento legal, etc: *amparar una compra con un recibo, ampararse en la Constitución,* "El gobierno debe proteger, sostener y *amparar* la libertad de expresión" **4** Conceder un juez a una persona la protección de sus derechos frente a los actos u omisiones de una autoridad que los afecte; concederle un juicio de amparo: "El juez *amparó* a los trabajadores" **5** prnl Pedir y obtener un juicio de amparo en contra de los actos u omisiones de una autoridad que viole los derechos de una persona: "*Se amparó* porque temía que lo apresaran injustamente".

amparo s m **1** Acto de amparar **2** Protección, ayuda o refugio que recibe una persona: "Encontró *amparo* con sus abuelos", "Quedó sin *amparo* en la vida", "Buscaba el *amparo* de un árbol contra el sol" **3** *Al amparo de* Bajo la protección, cuidado y ayuda de: "Llegaron *al amparo del* general" **4** (*Der*) Juicio por el que se protegen los derechos constitucionales de las personas y los Estados de la Federación en contra de leyes o actos de la autoridad que los violen, los restrinjan o los invadan: *pedir amparo, conceder un amparo, juicio de amparo.*

amperaje s m (*Elec*) Intensidad de una corriente eléctrica, expresada en amperios.

amperio s m (*Elec*) Unidad de intensidad eléctrica equivalente a la que se obtiene cuando la tensión de un voltio origina una corriente a través de una resistencia de un ohmio; ampere.

ampliación s f Agrandamiento o expansión de algo; acto de ampliar: *ampliación de una calle, ampliación de un programa educativo, ampliación de una fotografía, ampliación de un plazo.*

ampliamente adv **1** En su totalidad, con todo detalle: *ampliamente comprobado, informar ampliamente,* "Un propósito respaldado *ampliamente* por la clase obrera" **2** De sobra, con liberalidad, con holgura: *circular ampliamente por la zona,* "*Ampliamente* apoyado por créditos".

ampliar v tr (Se conjuga como *amar*) Hacer algo más grande, extenso o profundo; hacerlo más amplio: *ampliar una casa, ampliar una fotografía, ampliar un escrito, ampliar una declaración.*

amplificación s f Acto de amplificar; aumento de la magnitud, la intensidad, el tamaño, etc de alguna cosa o fenómeno: *amplificación de una fotografía, amplificación de un ruido.*

amplificador 1 adj Que amplifica **2** s m Aparato o dispositivo que aumenta la magnitud, potencia, intensidad, etc de una corriente eléctrica o de un fenómeno mecánico: *el amplificador de un equipo de sonido.*

amplificar v tr (Se conjuga como *amar*) Hacer algo más grande o más intenso: *amplificar un sonido,*

"Podremos ver las células si *amplificamos* su imagen con un microscopio".

amplio adj **1** Que es extenso, abierto, despejado; que es grande y tiene o deja mucho espacio libre; espacioso: *amplias avenidas, un cuarto muy amplio, frente amplia, abrigo amplio,* "Extendió su *amplia* falda floreada" **2** Que es pleno o franco; que se realiza o extiende sin restricciones o abarca el mayor número de posibilidades: *amplia sonrisa, amplio consentimiento, una amplia gama de colores, una amplia exposición, amplia difusión, amplio criterio,* "En un comunicado muy *amplio*...".

amplitud s f **1** Extensión de una superficie o de un espacio, particularmente si es despejado y puede cubrirse con la vista: "Contempla Cortés la ciudad rodeada de lagos; mentalmente mide su *amplitud*, la anchura de sus canales", *la amplitud de una plaza* **2** Extensión o campo que abarca una actividad, un procedimiento, un juicio, etc: *amplitud de un tema,* "Un gobierno centrista usa sus poderes en toda su *amplitud*" **3** *Amplitud de miras, amplitud de horizontes, amplitud de criterio,* etc Apertura o buena disposición con que una persona se interesa, considera o juzga las cosas, y ánimo desprejuiciado con que lo hace: "Es un hombre con gran *amplitud de criterio* y estamos seguros de que sabrá comprender", "Su *amplitud de miras* le permitió adelantarse a su tiempo" **II** (*Científ*) **1** Medida de la extensión comprendida entre los dos extremos de alguna cosa o entre los valores mayor y menor de un fenómeno: *amplitud de un ángulo, amplitud de las mareas, amplitud de un pliegue geológico* **2** Mitad de la medida de la extensión comprendida entre los valores máximo y mínimo de un fenómeno; extensión comprendida entre las medidas máxima o mínima y un punto intermedio a ambas, como el de reposo en el caso de un péndulo, una onda, etc, o el que define la medida en los análisis de temperatura, presión, etc: *amplitud de la oscilación de un péndulo, amplitud de onda, modular la amplitud de una onda* **3** (*Astron, Mar*) Arco del horizonte comprendido entre el centro de un astro y el Este (*amplitud oriental u ortiva*) o entre el centro de un astro y el Oeste (*amplitud occidental u occidua*); amplitud angular.

ampolla s f **1** Levantamiento de la piel que forma una pequeña bolsa rellena de líquido, como el que produce las quemaduras o el roce constante: "Le salieron *ampollas* de tanto serruchar", "Los zapatos le sacaron *ampollas*", *reventarse una ampolla* **2** Ampolleta.

ampollar v tr (Se conjuga como *amar*) Producir una o más ampollas en la piel: "El trabajo con la pala le *ampolló* las manos", "Se le *ampollaron* los pies de tanto andar".

ampolleta s f **1** Pequeño recipiente de vidrio, herméticamente cerrado, que contiene una dosis de algún medicamento, generalmente inyectable **2** (*Popular*) Botella pequeña de cerveza.

ámpula s f **1** Ampolla: "Se trata de una enfermedad caracterizada por fiebre y la aparición de *ámpulas*" **2** *Levantar ámpula* Irritar o indignar con lo atrevido de ciertas ideas o actos; causar conmoción o escándalo: "Las opiniones del reportero *levantaron ámpula* en Puebla" **3** Ampolleta **4** (*Caló*) Grupo de personas.

amputar v tr (Se conjuga como *amar*) **1** Cortar y separar completamente del cuerpo un miembro o parte de él; cercenar: "Los dedos suplementarios deben *amputarse* tres días después de nacido el animal", *amputar una pierna* **2** Suprimir o eliminar una cosa que se considera como parte de otra; separar algún elemento o parte y acabar con él: "A la ciudad le *amputaron* poco a poco sus zonas arboladas y de esparcimiento".

amuzgo s m **1** Grupo indígena mexicano que habita en la región fronteriza de los estados de Oaxaca y Guerrero, en la llamada Costa Chica. Su economía se basa principalmente en el cultivo del maíz, frijol, ajonjolí, chile, jitomate. Comercia con frutas y otros productos, como la miel de abeja y los hilados. También pesca en las lagunas y cría animales domésticos **2** Lengua de la familia oaxaqueña, subfamilia mixteca, que habla este grupo indígena **3** adj y s Que pertenece a este grupo o se relaciona con él: *cultura amuzga, huipil amuzgo*. (También *amusgo*.)

anacoluto s m (*Lit*) Ruptura o discontinuidad entre dos oraciones sintácticamente correctas, pero cuyo resultado es una cláusula anormal desde un punto de vista gramatical.

anafre s m Brasero portátil de metal y base cúbica, que tiene un orificio en una de sus caras por el cual penetra el aire. La parte superior es más ancha, en ella hay dos rejillas, una para colocar la leña o el carbón que sirve de combustible y otra donde se ponen los alimentos para cocinarlos o calentarlos: "Prepara el *anafre* para hacer las quesadillas".

anagrama s f Palabra obtenida por transposición de las letras de otra u otras palabras, por ejemplo, *Belisa* es anagrama de Isabel o *ni me declara* de Carmen Delia.

anal adj m y f Que pertenece al ano o se relaciona con él: *abertura anal, músculo anal*.

anales s m pl Registros o relaciones en que se asientan o enumeran ciertos hechos (históricos, naturales, etc) ordenados de manera cronológica, generalmente en periodos de un año: *anales astronómicos caldeos, anales chinos*, "Merodeaba una pandilla de bandidos famosa en los *anales* de la policía".

analfabeta adj y s m y f Que no sabe leer ni escribir: "Se han tomado medidas para disminuir el número de *analfabetas* en todo el país", *un muchacho analfabeta*.

analfabetismo s m Carácter o circunstancia de quien no sabe leer ni escribir; ignorancia de la lectura y la escritura: "Los índices de *analfabetismo* y deserción escolar son altos en todo el país".

analfabeto adj y s Analfabeta: "Sus abuelos y sus padres eran *analfabetos*", "Enseñaban a leer a mujeres *analfabetas*".

analgésico adj, y s m Que quita o reduce el dolor físico: *un medicamento analgésico, propiedades analgésicas*, "Mientras hace efecto el tratamiento debe administrarse un *analgésico* fuerte".

análisis s m sing y pl **1** Examen detenido y minucioso que se hace de alguna cosa, particularmente el que distingue y estudia por separado los elementos simples que intervienen en la composición de un todo complejo: "Presentó un amplio *análisis* de la economía de mercado" *análisis de la situación política, análisis de una novela* **2** (*Biol, Med,*

Quím) Conjunto de procedimientos físicos, químicos, etc que permiten distinguir los elementos que intervienen en la composición de una sustancia, un cuerpo, etc (*análisis cualitativo*) o determina en qué proporciones o cantidades se encuentran (*análisis cuantitativo*): *análisis de sangre, análisis de orina, laboratorio de análisis clínicos* **3** *Análisis inmediato* (*Quím*) El que tiene por objeto separar los componentes de una mezcla **4** *Análisis elemental* (*Quím*) El que se hace sobre cuerpos químicamente puros para determinar los elementos que intervienen en su composición y la fórmula del compuesto **5** *Análisis espectral o espectrográfico* (*Astron, Fís, Quím*) El que se hace ordenando en un espectro las distintas frecuencias luminosas que emite un cuerpo o sustancia, lo que permite saber de qué elementos (átomos) está compuesto **6** *Análisis sinóptico* En meteorología, examen detallado de los diversos datos (como temperatura, humedad, fuerza y dirección del viento, etc) que se recogen simultáneamente en una zona amplia y que permiten predecir el estado del clima **7** (*Elect*) Descomposición de una imagen de televisión en líneas horizontales que, para transmitirse, traducen en amplitudes de onda las diversas intensidades luminosas y que al aparato receptor retraduce para formar la imagen en la pantalla **8** *Análisis gramatical* El que examina las palabras que componen una oración y describe su naturaleza morfológica y la función sintáctica que desempeñan en ella **9** Psicoanálisis: "Hace tres años que entró a *análisis*" **10** (*Científ, Fil*) Manera o método de razonar, que busca los principios que hacen posible la existencia de una cosa, la verdad de una afirmación, la ocurrencia de un fenómeno, etc y basa sus resultados en procedimientos verificables; descripción o interpretación metódica de una cosa o fenómeno a partir de sus principios o elementos más simples: *análisis filosófico, análisis económico, análisis funcional en psicología* **11** Método de razonamiento o comprobación que consiste en establecer cuáles principios hacen posible un resultado determinado; operación que, partiendo de una consecuencia, establece cuáles son sus causas o principios: *análisis lógico en computación, análisis matemático* **12** *Análisis de sistemas* Estudio detallado de una organización, un procedimiento, un método, una técnica, etc, con el fin de examinar cada una de sus fases y evaluar su eficiencia; particularmente, estudio de la estructura en que se ordenan los datos de una computadora (*análisis de datos*) y de las operaciones sucesivas que se siguen para manejarlos (*análisis de programa*) **13** (*Mat*) Rama de las matemáticas directamente interesada en la noción de límite; trata sobre objetos abstractos, como un grupo de números, de puntos o de funciones, que pueden descomponerse infinitesimalmente en otros números, puntos o funciones; incluye los cálculos diferencial e integral, las teorías de números, medida, series infinitas, etc; análisis matemático.

analista s m y f Persona que hace análisis, particularmente en psicología; psicoanalista, y en matemáticas o computación; analista de sistemas.

analítica s f (*Lóg*) Parte de la lógica que da las reglas o el método para descomponer un todo y proceder al examen de sus elementos constitutivos.

analítico adj **1** Que pertenece al análisis o se relaciona con él; que procede por vía del análisis, descomponiendo un todo en sus partes y examinando éstas por separado: *método analítico*, *pruebas analíticas*, *una mente analítica* **2** *Geometría analítica* (*Mat*) Rama de las matemáticas que estudia las propiedades geométricas de las líneas y las superficies, empleando un sistema de coordenadas y los métodos del álgebra; geometría cartesiana **3** *Psicología analítica* (*Psi*) Escuela psicológica que considera la libido como voluntad de vida y no como impulso sexual y sostiene que el inconsciente expresa algunos recuerdos arcaicos de la especie; psicología junguiana **4** *Lengua analítica* (*Ling*) La que se vale de morfemas independientes (como preposiciones, conjunciones, artículos, etc) para expresar las relaciones sintácticas, como el español, el italiano o el inglés **5** *Juicio analítico* (*Fil*) En la filosofía de Kant, aquél en que la noción de sujeto comprende necesariamente a su atributo o predicado, por lo que basta analizar uno de los términos para obtener el otro.

analizar v tr (Se conjuga como *amar*) **1** Estudiar o examinar algo cuidadosamente: "El autor *analiza* los problemas económicos de las familias rurales", *analizar la situación*, *analizar una obra literaria* **2** Separar algo en los elementos que lo componen con el fin de estudiarlos por separado; examinar algo siguiendo el método del análisis: *analizar la sangre de un enfermo*, *analizar la calidad del aire* **3** Psicoanalizar: "Laura se *analizaba* con Sosa", "Al *analizar* a estos pacientes se descubre…".

analogía s f **1** Semejanza o parecido que existe entre dos o más cosas diferentes; relación o proporción que hay entre los elementos que las componen o igualdad que existe entre las funciones o relaciones que establecen: "Existe una *analogía* entre ambos procedimientos", "Halló una *analogía* con el problema anterior y resolvió éste de la misma forma", "Lo supo por *analogía*" **2** (*Biol*) Relación de semejanza o correspondencia funcional que puede advertirse entre las estructuras orgánicas de dos o más animales que no tienen un antecesor común, como la que se advierte entre las patas de los insectos y las patas de los mamíferos, por servir ambas para la locomoción y sin que exista un modelo ancestral común a estos animales **3** (*Ling*) Proceso lingüístico que consiste en la formación o alteración de palabras a partir del modelo que ofrecen otras formas léxicas más comunes o más abundantes e independientemente de que obedezcan las reglas del lenguaje, como el caso de la formación de *vistes* y *dijistes* a partir del modelo dado por *ves* y *dices*; influencia que ejerce esta relación de semejanza en la formación o alteración de vocablos y expresiones **4** (*Ling*) Para los antiguos griegos, correspondencia natural, y no arbitraria, que rige la relación entre palabra y concepto y según la cual el lenguaje es concebido como un sistema regular **5** (*Gram*) Morfología.

analógico adj **1** Que pertenece a la analogía o se relaciona con ella; que procede estableciendo analogías: *pensamiento analógico* **2** (*Fís*, *Comp*) Que emplea variables físicas continuas (como la temperatura, la presión, el voltaje, etc) para representar otras variables o cantidades numéricas con las que se puede operar, como cuando se representa o simula un sistema mecánico por medio de un circuito eléctrico de manera que las ecuaciones que se aplican al modelo eléctrico podrán aplicarse igualmente al sistema mecánico, o como ocurre en los teléfonos y tocadiscos no digitales, en los que las vibraciones sonoras se representan por medio de impulsos magnéticos que, después de un proceso, se reproducen de nuevo como vibraciones: *dispositivos analógicos*, *computadora analógica*.

análogo adj Respecto de una cosa o persona, que es semejante o parecido a ella; que tiene con ella alguna analogía: "Un hombre desempeña en la sociedad un papel *análogo* al de una célula en un organismo", *dos cuestiones análogas*, *ideas análogas*.

anaquel s m **1** Pieza rectangular y plana, comúnmente de madera o metal, fijada horizontalmente a una pared o dentro de algún mueble (librero, alacena, etc), que sirve para sostener o guardar objetos; entrepaño: "Tomó del último *anaquel* de la rica estantería los dos gruesos volúmenes de las obras de Casiodoro" **2** Mueble formado por varios entrepaños, generalmente descubiertos: "Compraron varios *anaqueles* para la biblioteca".

anaranjado 1 s m Color característico de la naranja o de la mandarina madura y de la zanahoria; el segundo en el espectro solar o arco iris y se puede obtener mezclando los colores rojo y amarillo: "El muestrario de tonos va desde el rojo hasta el *anaranjado* brillante" **2** adj Que es de ese color: "Al atardecer, las montañas y las nubes tenían contornos *anaranjados*", "Llegó luciendo su falda *anaranjada* y sus sandalias nuevas".

anarquía s f Alteración incontrolable y profunda en el acatamiento de las reglas, normas o costumbres que rigen en cierta sociedad, organización o actividad; desquiciamiento de las condiciones normales en las que algo se desarrolla y situación que de ello se desprende: "De no actuar con energía, los brotes de *anarquía* podrían generalizarse", "La *anarquía* que reinaba en la sala hizo imposible que se votaran las propuestas", "La inflación agravó la *anarquía* en el comercio y en los precios en perjuicio de los consumidores".

anarquismo s m **1** Doctrina política y filosófica según la cual el individuo, única realidad y único valor, debe ser totalmente libre, por lo que toda restricción o coerción ejercida sobre él es ilegítima y, por lo tanto, lo son el Estado y sus leyes, cualquier gobierno formal, la propiedad privada de los medios de producción, etc; sostiene la idea de que una sociedad puede administrar sus asuntos sin el empleo de la fuerza y se propone reconstruir la vida común sobre la base de la voluntad individual: *el anarquismo y los sindicatos europeos del siglo XIX* **2** Anarquía: "De no controlar la situación podríamos caer en el *anarquismo*".

anarquista adj y s m y f Que se relaciona con el anarquismo, es partidario de esta doctrina o promueve la anarquía: *posiciones anarquistas*, *propaganda anarquista*, *un anarquista español*.

anatomía s f **1** Disciplina científica que estudia y describe las características, estructura, forma, posición y relaciones de las diferentes partes del cuerpo de los seres vivos: *anatomía humana*, *anatomía veterinaria*, *anatomía comparada*, *estudiar anatomía* **2** Estructura o configuración del cuerpo de un ser vivo o de alguna de sus partes: *anatomía de un crustáceo, anatomía del aparato respiratorio* **3** Cuerpo o parte de un cuerpo que se diseca o conserva para estudiar sus elementos, configuración, etc, o modelo que reproduce un cuerpo o parte de él con el mismo fin: "Se prepararon *anatomías* en cera de colores" **4** (*Coloq*) Figura o aspecto exterior de un cuerpo, considerado desde un punto de vista estético o atlético: *tener una bella anatomía.*

anatómico adj **1** Que pertenece a la ciencia de la anatomía o se relaciona con ella: *estudios anatómicos, descripción anatómica* **2** Que se relaciona con el cuerpo considerado desde un punto de vista estructural y no funcional: *desarreglos anatómicos, diseño anatómico.*

anca s f **1** Cada una de las dos partes laterales y superiores situadas en la región posterior del cuerpo de los cuadrúpedos, en especial de los caballos **2** *Anca de rana* Cada una de las patas posteriores de la rana, en especial el muslo, que es muy carnoso y de sabor agradable.

anciano s y adj Persona de edad avanzada: *respetar a los ancianos, una venerable anciana*, "Los *ancianos* del asilo juegan al dominó".

ancla s f **1** Pieza de hierro que va sujeta a una cadena o cabo y que usan las embarcaciones para detenerse y quedar aseguradas en un lugar determinado. Por lo general tiene forma de arpón o anzuelo doble: *echar el ancla* **2** *Ancla de la esperanza* o *de respeto* (*Mar*) La más grande y pesada que se usa sólo en casos extremos **3** *Aguantar el ancla* (*Mar*) Soportar la acción del viento, la marea o las corrientes por medio de las anclas que sujetan el barco **4** *Levar anclas* o *el ancla, levantar* o *suspender anclas* o *el ancla* (*Mar*) Recogerlas para que la nave pueda avanzar **5** *Echar anclas* (*Mar*) Dejarlas caer al fondo **6** *Al ancla* (*Mar*) Fondeando.

ancho adj **1** Que tiene anchura, en particular cuando esta dimensión es muy amplia o significativa: *espaldas anchas*, "El cauce del río es muy *ancho*" **2** s m Anchura: *el ancho de la cintura* **3** Que es más amplio de lo adecuado: "Le queda *ancho* el pantalón" **4** *A lo ancho* Según la dirección de la anchura: "Mide veinte metros *a lo ancho*" **5** *A (todo) lo ancho* En toda la extensión de la anchura.

anchoa s f **1** Pez de la familia de los engráulidos, de distintas especies, de cuerpo aplanado, parecido a la sardina, pero más largo y delgado; algunas especies se emplean para hacer harina de pescado y otras son muy apreciadas por su carne, que se consume fresca y en conserva; boquerón **2** Carne de este pez preparada en salmuera que, por lo general, se presenta en forma de tiras en espiral **3** Mechón de pelo que se enrolla en espiral para rizarlo: "Le hicieron un chongo y *anchoas* en el copete".

anchura s f **1** Cuando se está de cara a un objeto, la dimensión frontal y horizontal de éste: *la anchura de un cuadro* **2** Frente a una figura de dos dimensiones, la horizontal.

andada s f **1** Caminata o hecho de dar pasos: "Voy a dar una *andadita*" **2** *Volver a las andadas* Recaer alguien en una práctica o hábito, del cual había procurado alejarse.

andamio s m Armazón formado por tablones sostenidos por tubos o maderas, o colgados con cuerdas, que sirve para subirse en él y desde ahí realizar trabajos de reparación, construcción, pintura, etc en las partes altas de los edificios: "Para pintar el techo de la iglesia tuvieron que poner unos *andamios* gigantescos".

andanada s f **1** Serie continuada, fuerte, enérgica o severa, en particular de agravios, golpes, insultos o reprimendas: "No podemos leer aquí la *andanada* de recriminaciones contenidas en este documento", *una andanada de derechazos* **2** (*Mar*) Descarga cerrada y a un tiempo de una fila de cañones de un barco.

andante[1] s m (*Mús*) **1** Tiempo de la composición musical moderadamente lento. En oscilaciones metronómicas entre 126 y 152 por minuto **2** Pieza musical que se compone o ejecuta en ese tiempo: *tocar un andante.*

andante[2] s m y f (*Rural*) Caballo o asno.

andar[1] v intr (*Modelo de conjugación 5*) **I 1** Ir de un lugar a otro dando pasos: "La miraba, mientras *andábamos* lentamente hacia la galería", "Se fue *ande y ande* y se paró", *irse andando* **2** Moverse de un lugar a otro, por medio de algo o en algún medio de transporte terrestre: "Siempre que podía *andaba* en camión o en taxi", *andar a caballo, andar en coche, andar a pie* **3** *Andar a gatas* Moverse alguien apoyándose en piernas y manos **4** Moverse alguna maquinaria: "Ese coche ya no *anda*", "¡Cuidado!, la sierra está *andando*" **II 1** Encontrarse algo o alguien en cierta actividad, ya sea en alguna parte, ya de cierta manera: "Ya *andaban* las peonadas en el monte", "Tú siempre *andas* con la misma canción", "Había muchos policías; *andaban* buscándolo de un lado al otro", "¿Quién *anda* ahí?", *andar armado, andar de viaje, andar de gira* **2** Estar cerca de algo, en sus alrededores o en sus proximidades: *andar por los treinta años*, "*Anda* por Xochimilco" **3** *Andar en ésas* Estar dedicado a hacer precisamente algo: "El problema no ha sido resuelto. *En ésas andan*" **4** Estar alguien en cierta situación o con determinada actitud, o humor: *andar triste, andar enfermo, andar pensativo, andar mal de la vista, andar borracho, andar enamorado* **5** *Andar bruja* (*Coloq*) Estar sin dinero: "No te puedo prestar. Ando muy *bruja*" **6** *Andar al tiro* (*Popular*) Estar alerta, dispuesto a lo que pueda suceder: "Celestino *anda* al tiro con las carreras" **7** *Andar hasta el gorro* (*Popular*) Estar alguien completamente borracho, absolutamente aburrido o molesto por alguna situación: "Boris *andaba* hasta el *gorro* en la conferencia", "Ya *ando* hasta el gorro con el trabajo" **8** *Andar sobres* (*Caló*) Estar un hampón, sobre todo un ladrón, listo y en espera de una ocasión para robar: "Ese bato y yo *andábamos sobres* con las bolsas de las señoras" **9** *Andar de capa caída* (*Coloq*) Encontrarse alguien o algo en mala situación, de éxito, económica, profesional o anímica: "El comunismo *anda de capa caída*", "El pobre de su novio *anda de capa caída*: nadie lo acepta" **10** Tener una persona una relación amorosa con otra: "Carlos *anda* con Inés", "*Anduvimos* juntos de jóvenes", "*Andaba* yo con las dos: primero una y luego la otra" **11** *Andarle a uno por algo* (*Coloq*) Sentir alguien urgencia o el deseo imperioso de hacer determinada cosa: "Ya *le anda* por irse", "Ya *me anda* por verlo" **12** *Andarle a uno de algo* (*Coloq*) Sentir algo con gran intensidad y no resistirlo más: "Ya me *anda de* hambre", "A la pobre ya le *anda de* ansias" **13** *Andarle a uno (del baño)* (*Coloq*) Tener muchas ganas de orinar o de defecar: "¡Córrele, que al niño ya le *anda!*" **III 1** Actuar o comportarse de un modo determinado: *andar sin miramientos, andarse con cuidado, andar con prisas, andar dormido* **2** Comportarse alguna cosa de cierta manera, durante cierto tiempo o desenvolverse algún asunto de cierta manera: "¿Cómo *andan* las tarifas del tren?", "El precio del oro *anda* alto", "Tu colesterol *anda* elevado", "Todo *anda* mal en la empresa" **3** *Andar algo de cabeza* Encontrarse por completo invertido, equivocado, subvertido: "Las cosas en el mundo a*ndan de cabeza*" **4** *Andar(se) por las ramas* Dar rodeos, no tocar el punto que interesa o evitarlo **5** *Andar bajo de forma* (*Crón dep*) Encontrarse un deportista en malas condiciones físicas para ejercitar su deporte: "El Púas *anda bajo de forma*, desde que se dedicó a la bebida" **6** *Andar detrás de alguien* (*Coloq*) Perseguirlo con requerimientos o insistir en ciertas exigencias: "Roberto *anda detrás de* Susana", "Pues los maestros *andan detrás de* uno: ¡que ándale, que trabaja...!*" **7** *Andar de* Ejercer alguien, en cierto momento, determinado oficio, profesión o función: "*Anduvo de* marinero a los quince años", "*Anda de* delegado agrario" **8** *Andando los años, andando el tiempo* Luego de transcurrir algunos años o algo de tiempo: "*Andando los años* nos volvimos a encontrar", "*Andando el tiempo,* todo se olvidó" **IV 1** Encontrarse algo o alguien en su medio natural; encontrarse habitualmente en un lugar: "Los pájaros *andan* en el aire", "Alrededor del peje sapo *andan* pámpanos y palometas" **2** Circular alguna cosa en la opinión pública o correr por la voz pública: "*Andan* por ahí algunas películas sobre los sucesos de Tlaltelolco", "*Anda* por todas partes el rumor de una devaluación" **V** interj (*Coloq*) **1** *¡Ándale!, ¡ándele!* Expresión con la que se exhorta a actuar de cierta manera: "¡*Ándale,* niña, ya vinieron por ti!", "¡*Ándale,* ya vámonos!", "¡*Ándele,* apúrese!" **2** *¡Ándale!* Eso, exactamente: "¡*Ándale,* eso es lo que quiero!", "¡*Ándale!,* así es como se hace!" **3** *¡Ándale!* Manifiesta sorpresa ante un hecho consumado: "¡*Ándale,* quién lo hubiera dicho!", "¡*Ándale,* ahora sí llegaron los marcianos!" **4** *¡Anda!* Expresión de duda o incredulidad, cuando otra persona relata algo: "¡*Anda* tú, no seas hablador!", "¡*Anda,* de modo que tienes otro hijo?" **5** Expresión de molestia y sorpresa por alguna cosa: "¡*Anda,* atarantado, tonto! ¿En qué piensas?".

andar² s m **1** Manera de andar: "Con ese *andar* parece foca" **2** pl Aventuras: *mis andares por la selva.*

andino adj Que pertenece a los Andes o se relaciona con este sistema montañoso: "Vivió muchos años en un pueblo *andino* de Colombia".

anécdota s f **1** Relación, generalmente breve, de un suceso interesante, notable, curioso o divertido: "Nos contó unas *anécdotas* divertidísimas de cuando estuvo en la universidad" **2** Conjunto de los hechos y las acciones que conforman la historia o trama de una obra literaria, cinematográfica o teatral: "La *anécdota* de la película es menos importante que el conflicto que se establece entre los personajes".

anegar v tr (Se conjuga como *despertar,* 2a) Cubrir un terreno o superficie el agua, u otro líquido, has-

ta encharcarlo: "La lluvia *anegó* el patio de la casa", "Cuando la planta está tierna entonces *aniegan* los arrozales", *anegarse la milpa.*

anélido s m (*Zool*) **1** Gusano o lombriz de cuerpo alargado y cilíndrico constituido por segmentos en forma de anillos. Posee sistema circulatorio, nervioso y excretor, y respira a través de la piel. Vive en aguas saladas y dulces, en tierra húmeda, y algunas especies son parásitas en peces y mamíferos, incluyendo al hombre **2** pl Fílum que forman estos animales.

anemia s f (*Med*) Disminución de la cantidad de sangre o de alguno de sus componentes, como la hemoglobina o los glóbulos rojos, que produce debilidad, cansancio persistente y otros trastornos; con frecuencia la mala alimentación es la causa de este padecimiento: "La hemorragia le ha causado una *anemia* pero se recuperará pronto".

anemómetro s m Instrumento que sirve para medir la velocidad del viento en las observaciones meteorológicas.

anémona s f **1** Planta del género *Anemone* y de la familia de las ranunculáceas, de la cual existen varias especies en México. Alcanza aproximadamente 1 m de altura y se caracteriza por tener flores sin pétalos, pero con sépalos de vistosos colores, que los sustituyen, y un fruto seco con una sola semilla. Se cultiva como planta de ornato **2** *Anémona de mar* Animal marino del grupo de los celenterados que tiene la boca rodeada de numerosos tentáculos de vivos colores, que extendidos le dan la apariencia de flor. Tiene células urticantes en sus tentáculos y vive adherido a las rocas o a conchas de molusco abandonadas, en las que a menudo se meten cangrejos ermitaños con los que establece una relación de mutua ayuda. (También *anemona.*)

anestesia s f (*Med*) **1** Insensibilidad del organismo o de una o de sus partes; generalmente se produce por medios artificiales para evitar el dolor: *anestesia local, anestesia general* **2** Sustancia que produce insensibilidad en el cuerpo: "Hay pacientes a los que la *anestesia* tarda más en hacerles efecto".

anestesiar v tr (Se conjuga como *amar*) (*Med*) Quitar por cierto tiempo la sensibilidad a un organismo o a parte de él, por lo general mediante la aplicación de una sustancia anestésica: "Lo tuvieron que *anestesiar* para curarle la herida".

anestésico adj, y s m Que produce insensibilidad: *sustancia anestésica, gas anestésico,* "Le aplicaron un *anestésico* local".

anestesiología s f (*Med*) Parte de la medicina que se encarga del estudio de los procedimientos y sustancias que se emplean para anestesiar, principalmente a los pacientes.

anestesiólogo s (*Med*) Especialista en los procedimientos y sustancias para anestesiar.

anestesista s m y f (*Med*) Médico especialista en la aplicación de anestesia: *pagar los honorarios del anestesista.*

anexo 1 adj y s Que está unido o incorporado a otra cosa de la cual depende o a la que, por lo general, complementa: "En un sobre *anexo* se incluyen todos los datos del autor", "Al final del libro aparecen los *anexos* estadísticos" **2** s m pl (*Anat*) Apéndices o partes adjuntas a algún órgano, como el pelo y las uñas en la piel.

anfibio 1 adj Que puede vivir, respirar o funcionar tanto en el agua como fuera de ella: *animal anfibio, avión anfibio* **2** s m (*Zool*) Vertebrado de distintos géneros y especies que durante su etapa larvaria es acuático y tiene respiración branquial, pero al entrar a la fase adulta surge una metamorfosis en la que pierde las branquias y desarrolla una respiración pulmonar, por lo que puede vivir tanto en la tierra como en el agua. Puede ser de cuerpo deprimido y sin cola como las ranas y los sapos, alargado y con cola como las salamandras, o parecido a una serpiente como las manos de metate; batracio **3** s m pl (*Zool*) Clase formada por estos animales.

anfitrión s Respecto de los asistentes a una reunión o fiesta, persona que los ha invitado y les brinda su atención: *un anfitrión muy gentil*, "Pido un aplauso para las *anfitrionas*".

ángel s m **1** (*Relig*) En algunas religiones, como en la católica, cada uno de los espíritus puros creados por Dios, que le sirven como mensajeros intermediarios con los seres humanos; constituyen el último de los nueve coros celestiales. Tradicionalmente se representan como jóvenes o niños bellos y alados **2** *Ángel de la guarda* o *ángel custodio* El que, según las devociones tradicionales, asigna Dios al cuidado de cada ser humano **3** *Ángel de las tinieblas* El diablo; Luzbel **4** Persona de gran belleza o muy bondadosa: "¡Es usted un *ángel*! Muchas gracias por su ayuda", "Patricia es un *ángel* de hermosura" **5** *Tener ángel* Tener algo o alguien un encanto especial; tener gracia y simpatía: "La maestra *tiene* mucho *ángel* para tratar a los niños" **6** *Angelito* Persona que, aparentando inocencia, se aprovecha de algo o se comporta de mala manera: "Pues el *angelito* se robó diez millones de pesos" **7** *Angelito* Niño pequeño que se ha muerto: "Ahí llevan a enterrar a un *angelito*" **8** *Pasar un ángel* Hacerse un silencio momentáneo entre todos los participantes en una conversación.

angelopolitano adj y s Que es natural de Puebla de los Ángeles o Puebla de Zaragoza, capital del estado de Puebla; que pertenece a esta ciudad o se relaciona con ella: "El *angelopolitano* Aquiles Serdán dio su vida por la Revolución", *arte virreinal angelopolitano, riqueza artística angelopolitana*.

angina s f **1** Amígdala **2** *Tener anginas* o *estar enfermo de las anginas* Tener las amígdalas inflamadas o supuradas, generalmente a causa de una infección **3** *Angina de pecho* Enfermedad que se asocia con problemas en el funcionamiento del corazón y se caracteriza por provocar un dolor muy intenso en el pecho y una sensación de opresión, ahogo y muerte inminente.

angiología s f Parte de la medicina que se ocupa del estudio y tratamiento del sistema vascular.

angiosperma (*Bot*) **1** s f y adj Planta fanerógama que da flores y tiene las semillas dentro de un ovario que, una vez fecundado, se convierte en fruto. Son las más comunes en la naturaleza; se conocen cerca de doscientas cincuenta mil especies tan variadas, como la caoba y el maíz, las orquídeas, los rosales y los ahuehuetes **2** s f pl Clase que forman estas plantas.

anglicanismo s m Rama del cristianismo surgida en Inglaterra durante el siglo XVI, muy semejante al catolicismo en su doctrina, rito y estructura de gobierno, pero separada de éste por negar al Papa como autoridad, y por reconocer, en cambio, al soberano inglés como cabeza de la Iglesia, aunque en la actualidad ese reconocimiento es simbólico.

angosto adj Que su anchura es reducida, que tiene poca extensión en ese sentido o en relación con su longitud: *una escalera angosta, un camino angosto, un terreno angosto.*

anguila s f **1 1** Pez de cuerpo cilíndrico y alargado, como el de una serpiente, de piel lisa y resbalosa, que habita en aguas dulces y saladas, perteneciente a varias especies, algunas de las cuales producen descargas eléctricas; morena **2** (*Anguilla rostrata*) Pez teleósteo del grupo de los ápodos que habita en los ríos que desembocan al golfo de México. Sus aletas dorsal, caudal y anal están unidas. Cuando alcanza su madurez sexual emigra hacia las profundidades del mar de los Sargazos, donde se reproduce y muere. Sus crías, las angulas, repiten entonces la misma migración, pero en sentido contrario **II** (*Mar*) Cada uno de los maderos largos paralelos a la quilla, sobre los que se construye un barco y se desliza hasta el agua para botarlo.

angula s f Anguila joven, con una longitud de 5 a 9 cm de largo, de color blanco después de ser cocida y muy apreciada como alimento: *una lata de angulas.*

angular adj m y f Que tiene forma o figura de ángulo, que se refiere a él: *velocidad angular, momento angular, medida angular.*

ángulo s m **1** (*Geom*) Figura formada por dos líneas que se unen en un punto o por dos planos que se cortan en una línea **2** (*Geom*) Medida en grados de la rotación de una línea con respecto a otra, tomando como centro del giro el punto en que se intersectan **3** *Ángulo agudo* (*Geom*) El que mide menos de 90º **4** *Ángulo recto* (*Geom*) El que mide 90º **5** *Ángulo obtuso* (*Geom*) El que mide más de 90º y menos de 180º **6** *Ángulo convexo* (*Geom*) El que mide menos de 180º **7** *Ángulo cóncavo* (*Geom*) El que mide más de 180º **8** *Ángulos complementarios* (*Geom*) Los que forman entre sí uno *recto* **9** *Ángulos suplementarios* (*Geom*) Los que forman entre sí uno de 180º **10** *Ángulo óptico* o *visual* (*Fís*) El forma entre las dos líneas imaginarias que se trazan desde el ojo del observador hasta los extremos de un objeto **11** *Ángulo de incidencia* (*Fís*) El que, cuando un rayo de luz pasa de un medio a otro de distinta densidad, se forma entre una línea normal a la superficie en el punto de incidencia y la línea del rayo de luz **12** *Ángulo de reflexión* (*Fís*) El que se forma entre la normal a la superficie de un medio que refleja un rayo de luz y la línea que sigue el rayo reflejado **13** *Ángulo de refracción* (*Fís*) El que se forma entre la normal a la superficie y la línea que sigue el rayo de luz en el interior del medio **14** (*Astron*) Porción y medida del grado de rotación de una línea que parte del punto de observación hacia un cuerpo celeste respecto de otra que sirve de orientación **15** *Ángulo cenital* (*Astron*) El que forma una línea tendida hacia un punto de la superficie de la Tierra o hacia un cuerpo celeste al intersectarse con la vertical del observador **16** *Ángulo acimutal* (*Astron*) El que forma el meridiano del lugar de observación con la línea que se tiende hacia un cuerpo celeste **17** *Ángulo horario* (*Astron*)

El que forman un meridiano y un círculo horario **18** *Ángulo de mira* (*Mil*) El que constituyen la dirección de un cañón y la horizontal al blanco **19** *Ángulo de tiro* (*Mil*) El que forman la dirección de un cañón y la horizontal tendida al blanco desde la base del cañón **20** Rincón, esquina o cualquier parte que no sea central de un espacio: "La pelota entró en el *ángulo* de la portería" **21** Posición o punto de vista desde donde se considera algo; enfoque: "Desde este *ángulo* no se alcanza a ver la calle", "Desde el ángulo de la economía…", "A pesar del *ángulo* en que nos colocamos, podemos entender el sentido de sus palabras".

angustia s f **1** Estado emocional de temor, incertidumbre, sufrimiento, etc acompañado de una sensación constante de amenaza, de calamidad o fracaso inminente: *sentir angustia*, "Fueron días de *angustia*", "La partida de su hijo la llenó de *angustia*" **2** (*Fil*) Para los existencialistas, sentimiento que da al ser humano conciencia de su condición; se desprende de la genuina vivencia de su destino: pura posibilidad enfrentada a la inminencia del fracaso y de la muerte **3** pl Penalidades, problemas o dificultades: "Vino a contarnos sus *angustias*".

angustiado I pp de *angustiar* o *angustiarse*: "La noticia la había *angustiado*" **II** adj Que sufre o expresa angustia: "Somos personas *angustiadas* por el exceso de trabajo y la falta de dinero", "Llegó con las manos temblorosas y una mirada *angustiada*".

angustioso adj Que produce o expresa angustia: *un libro angustioso, una situación angustiosa, una angustiosa súplica*.

anhelar v tr (Se conjuga como *amar*) Desear o querer algo, en particular de manera intensa: *anhelar justicia*, "*Anhelamos* una vida mejor para nuestros hijos", "¿Qué más puedo *anhelar*?".

anhelo s m Deseo intenso de algo: *anhelo de inmortalidad*, "Al fin verán realizados sus *anhelos*".

anhídrido s m (*Quím*) Compuesto que se obtiene a partir de un ácido por eliminación de una molécula de agua.

anhidro adj (*Quím*) Que no contiene agua, ni absorbida en su superficie, ni combinada en otra forma: *óxido anhidro, estado anhidro, éter anhidro*.

anidar v intr (Se conjuga como *amar*) Hacer su nido las aves y habitar en él: "Las golondrinas *anidan* en los huecos de las vigas".

anilina s f **1** Sustancia orgánica, líquida y aceitosa, de olor fuerte y desagradable, muy tóxica, que se oscurece rápidamente al ser expuesta al aire y a la luz. Se obtiene a partir del benceno y se emplea en la fabricación de colorantes, tintas para impresión, pinturas, barnices, etc y en las industrias farmacéutica y del hule **2** Colorante hecho con esta sustancia: *anilina roja*.

anillo s m I **1** Aro, generalmente de metal, que se mete en un dedo de la mano como adorno, como símbolo de algún carácter, compromiso o dignidad social, o como recordatorio de algún acontecimiento: *un anillo de brillantes, anillo de bodas, anillo de graduación, anillo pastoral* **2** *Venirle* o *quedarle como anillo al dedo* (*Coloq*) Resultar alguna cosa muy conveniente o adecuada a una persona por sus ideas o intereses: "El empleo de bibliotecario *le vino como anillo al dedo*" **3** (*Geom*) Superficie comprendida entre dos círculos concéntricos, paralelos

entre sí **II 1** (*Astron*) Cada uno de los conjuntos circulares de partículas de diversos materiales que se mueven en órbita alrededor de un planeta, como Saturno, y ahora también descubiertos alrededor de Júpiter y de Neptuno **2** *Anillo magnético* (*Elec*) Imán que tiene esa forma, por la cual se generan líneas de flujo con trayectorias circulares que pasan por su centro **3** (*Mec*) Pieza de diversas herramientas, que tiene esa forma y que, por lo general, forma parte de tornillos de avance para señalar, mediante subdivisiones hechas en ella, la precisión con que se ejecutan ciertos movimientos o ciertos ajustes **4** (*Mec*) Pieza de esa forma, que se fija a partes cilíndricas de algunas máquinas para impedir que rocen o se golpeen con las que las contienen, y soportar los empujes longitudinales que se producen en ella **5** *Anillo* (*de pistón*) (*Mec*) Cada una de las piezas de esta forma, de metal, que sellan el espacio existente entre la pared o camisa del cilindro del motor de combustión interna y el propio cilindro del pistón, para evitar que rocen o choquen esas dos partes y escapen gases de la cámara de combustión, y para controlar el flujo del aceite que las lubrica: *poner anillos, cambiar anillos* **6** Parte de la llave que se toma con los dedos para darle vueltas en la cerradura **7** Cada uno de los cilindros huecos que tienen las palas de las bisagras por donde pasan las clavijas **8** *Anillo ocular* (*Fís*) Imagen real del objetivo de un telescopio o de un microscopio, producida por la lente ocular **III 1** *Anillo ciliar* o *anillo del ojo* (*Anat*) Condensación de color, con esa forma, que se produce alrededor del iris del ojo **2** (*Zool*) Cada uno de los segmentos en que se divide el cuerpo de un gusano **3** (*Bot*) Cada uno de los círculos concéntricos que se descubren en el tronco de ciertos árboles, al cortarlo transversalmente, que se forman anualmente y sirven, en consecuencia, para medir la edad de esas plantas **IV** (*Quím*) Estructura molecular formada por una cadena cerrada de átomos de ciertos compuestos orgánicos; la más común tiene cinco o seis elementos, ya sea de carbono (como el *anillo de benceno*), o de combinaciones de carbono, nitrógeno, oxígeno, azufre, etc **V** (*Arq*) **1** Moldura que rodea los fustes de las columnas **2** Cornisa que sirve de base a una cúpula.

ánima s f **1** Alma, particularmente la de los difuntos: *aparecerse un ánima* **2** *Ánima bendita* (*Relig*) Entre los católicos, la que pena en el purgatorio: *rezar por las ánimas benditas* **3** Hueco interior de algunos objetos, particularmente el del cañón de las armas de fuego **4** Coraza formada por láminas de acero que se usaba como armadura **5** (*Psi*) Según la teoría de Jung, imagen ideal de la femineidad presente en el inconsciente del hombre; se trata de un arquetipo formado en el hombre por el conjunto de experiencias ancestrales relativas a la mujer **6** pl interj ¡Ojalá!: "¡*Ánimas* que no les pase nada!".

animación s f **1** Situación o condición de alegría, vitalidad y entusiasmo; regocijo, bullicio, diversión, etc que produce o expresa una reunión o concurrencia de personas: "La *animación* de los niños es contagiosa", "El público recibió al torero con gran *animación*", "La *animación* del mercado atraía a los paseantes", "La policía terminó con la *anima-*

ción de la fiesta" **2** Técnica gráfica que se usa principalmente en cine y televisión para que dibujos, figuras, etc se vean como si estuvieran en movimiento. Se hace editando las imágenes en cierta secuencia y proyectándolas o haciéndolas pasar a cierta velocidad, como en las caricaturas.

animado I pp de *animar* o *animarse*: "La esperanza lo había *animado*", "No me he *animado* a decírselo" II adj **1** Que ha sido dotado de movimiento, vida o alma: *seres animados, muñecos animados, el hombre, polvo animado* por su soplo **2** Que se desarrolla con alegría y entusiasmo, que tiene vitalidad y buen humor: *una fiesta animada, un juego animado*, "Estos jóvenes formaron un grupo *animado* y emprendedor" **3** *Animado por* Con la alegría o diversión que alguien proporciona; amenizado por: "La cena estará *animada por* dos orquestas", "*Animada por* Pérez Prado la fiesta resultó un éxito" **4** Que está recobrando su salud o vitalidad acostumbrada: "Encontramos a los enfermos más *animados*" **5** *Estar animado a* En buena disposición para hacer algo; con ánimo favorable para ello: "*Estoy animada a* hacer ese viaje", "No *estoy animado a* hacer ese gasto" **6** *Animado por* Movido o impulsado por: *animado por la curiosidad, animada por su ejemplo*.

animal s m **1** Ser que se nutre principalmente de alimentos orgánicos que por lo regular ingiere por la boca y digiere con un aparato especializado; en la mayoría de los casos presenta simetría bilateral externa, movimientos de desplazamiento, sistema nervioso, aparato respiratorio diferenciado e interdependencia de tejidos: *animales superiores*, "Los vegetales, los animales y los *animales...*" **2** adj m y f Que se relaciona con estos seres: *reino animal, vida animal* **3** Cualquiera de estos seres excluyendo al hombre: *Sociedad Protectora de Animales* **4** adj m y f Que es irracional o meramente instintivo: *impulsos animales* **5** *Animal racional* El ser humano **6** *Animal doméstico* Aquél cuya especie ha sido amaestrada por el hombre para convivir con él o para aprovechar su trabajo o sus productos, como el perro, la gallina o el buey **7** *Animal de tiro* El que se emplea para jalar: "Sustituyeron los *animales de tiro* por tractores" **8** *Animal de renta* El que se aprovecha por los productos que de él se obtienen **9** *Animal de doble propósito* Del que se obtienen dos productos: huevo y carne, lana y carne, etc **10** adj y s m y f (*Ofensivo*) Que es ignorante, irreflexivo y de escasa inteligencia: "No seas *animal*, primero quítale la cáscara", "Con ese *animal* por marido no me extraña que quiera divorciarse".

animar v tr (Se conjuga como *amar*) **1** Impulsar a alguien para que haga algo, infundirle el deseo o las ganas de lograr alguna cosa, o motivarlo para que se esfuerce en determinada actividad: "Lo *anima* el deseo de ayudar a los demás", "Nos *animó* para que fuéramos a bailar", "Debemos *animarlo* para que se reciba", "Durante todo el partido el público *animó* a su equipo" **2** Dar vitalidad y alegría a alguien o a una reunión de personas: "Vino un payaso para *animar* la fiesta", "*Animó* la velada con sus canciones" **3** prnl Ponerse alguien alegre y activo; tomar una actitud entusiasta y emprendedora: "*Se animó* cuando vio jugar a sus amigos",

"Cuando tomo unas copas *me animo* **4** prnl Atreverse a hacer algo o sentirse con la fuerza necesaria para hacerlo: "Al fin *se animó* a pedir un aumento de sueldo", "No *se animaba* a decirlo delante de todos" **5** Dar fuerza o vida a alguna cosa: "La fe *anima* sus cantos", "¿Qué es lo que *anima* la creación artística?" **6** prnl Cobrar algo movimiento o vida, o dar algo la impresión de tener esas propiedades: "El polvo *se animó* y nacieron los hombres", "Las luces *se animaban* en vistosas figuras".

ánimo s m **1** Capacidad y resolución que permite a las personas actuar, experimentar emociones, expresar afectos y asumir actitudes: *impresionar el ánimo*, "El escritor va cautivando el *ánimo* del lector conforme transcurre la novela" **2** Actitud o disposición de alguien para considerar o hacer algo: *ánimo amable, hombre de ánimo valiente*, "La decisión del árbitro encendió los *ánimos* del público", *caldearse los ánimos*, "La intervención del senador puso los *ánimos* de la cámara al rojo vivo" **3** *Estado de ánimo* Actitud o disposición emocional que tiene una persona en un momento determinado: "A pesar de la enfermedad, su *estado de ánimo* es bueno" **4** Vitalidad, resolución o fuerza con la que se hace algo: *estudiar con ánimo, perder los ánimos*, "¡Qué no desfallezca el *ánimo!*" **5** *Presencia de ánimo* Firmeza de carácter: "Para ocupar ese puesto se requiere a una persona con mucha *presencia de ánimo*" **6** *Dar ánimo(s), infundir ánimo(s)*, etc *a alguien* Dar apoyo o fortaleza a alguien, reavivar su entusiasmo y esfuerzo: "Mis amigos me *dieron ánimos* para seguir adelante", "Es un jugador que *infunde ánimo a* sus compañeros" **7** *Subir(le) el ánimo* o *los ánimos a alguien*, o *bajar(le) el ánimo* o *los ánimos* Hacer que alguien se sienta bien, satisfecho de sí; o mal, triste, pesimista y desilusionado: "Con sus palabras *me subió los ánimos*", "Con su sola presencia *te baja el ánimo*" **8** *En ánimo de, con ánimo(s) de* o *con el ánimo de* Con la intención o el propósito de; en actitud de: *en ánimo de trabajar*, "Nos reunimos *con ánimo de* encontrar una solución", "Lo hizo *con el ánimo de* ayudarte" **9** *Hacerse al ánimo de* o *a* Aceptar algo con resignación; prepararse para sobrellevar alguna cosa molesta o penosa: "Ya *me hice el ánimo de* no viajar más", "Más vale que *te hagas al ánimo de* volver a trabajar" **10** interj Expresión con la que se incita a alguien a emprender o proseguir con esfuerzo alguna cosa, o con la que se le alienta cuando ha sufrido una pena o fracaso: "¡*Ánimo!*, sólo faltan 2 km para llegar", "¡*Ánimo!*, no siempre se puede ganar", "¡*Ánimo!*, ya tendrás otra oportunidad".

animoso adj Que actúa con entusiasmo y decisión; que tiene buen ánimo, es alegre o emprendedor: "Como buen líder, es combativo y *animoso*", "Es inteligente y *animosa*".

anión s m (*Quím* y *Fís*) Ion negativo.

aniquilar v tr (Se conjuga como *amar*) Destruir por completo, deshacer, acabar con algo o con alguien, reducirlo a nada o dejarlo en muy malas condiciones: "Mandó *aniquilar* a los sublevados y pretende *aniquilar* toda disidencia", "De no haber huido nos habrían *aniquilado*", "La carta *aniquiló* su esperanza de volver a verla".

anís s m **1** (*Pimpinella anisum*) Planta originaria de Egipto, de la familia de las umbelíferas; mide entre

30 y 50 cm de altura, tiene el tallo velloso y las flores pequeñas y blancas. Su fruto es verdoso, de olor y sabor agradables, y se usa como condimento en la cocina, para aromatizar dulces y licores y, en medicina, como digestivo, para aumentar la leche en las mujeres que crían, etc **2** Fruto de esta planta **3** Licor dulce preparado con el fruto de esa planta: *una copa de anís* **4** (*Illicum anisatum*) Árbol pequeño de la familia de las magnoliáceas, de hojas alternas y flores amarillo verdosas, medicinales y sin aroma. Es originario de Asia **5** *Anís estrella, anís estrellado* o *anís de China* (*Illicum verum*) Árbol pequeño de la familia de las magnoliáceas, de hojas alternas, flores rojas y globosas que tienen propiedades curativas, y frutos de olor agradable en forma de estrella, los cuales se usan como condimento en la cocina y para preparar tés digestivos. Es originario de China **6** Fruto de este árbol.

aniversario s m Fecha en la que se cumplen años de haber sucedido algo y que, generalmente, es motivo de alguna celebración: *aniversario de bodas, décimo aniversario.*

ano s m Orificio terminal del conducto digestivo, por donde se expulsa el excremento.

anoche adv En la noche de ayer: "*Anoche* nos acostamos muy tarde", "*Anoche* hizo mucho frío".

anochecer[1] v **1** intr (Se conjuga como *agradecer*, 1a) Oscurecer haciéndose de noche, empezar a faltar la luz cuando el Sol se oculta en el horizonte: "Salimos al mediodía y llegamos al ranchito cuando *anochecía*", "En esta época del año *anochece* más temprano" **2** prnl Quedarse alguien en cierto lugar o continuar haciendo algo hasta que se hace de noche: "*Nos anochecimos* jugando ajedrez".

anochecer[2] s m **1** Paso del día a la noche, cuando se oculta el Sol y oscurece: "El trabajo dura hasta el *anochecer*" **2** *Al anochecer* En el momento en que empieza a oscurecer, cuando comienza la noche: "Llegamos a Uruapan *al anochecer*".

anodino 1 adj Que no tiene ningún interés ni merece atención alguna; que no destaca ni se distingue: *una película anodina, un personaje anodino* **2** s m (*Med*) Sustancia o agente que tiene la propiedad de calmar el dolor, como la codeína, la morfina o el opio.

ánodo s m (*Elec*) Electrodo por el que entra la corriente de una línea eléctrica; hacia él se dirigen los electrones y las partículas coloidales de carga negativa cuando se establece el paso de corriente.

anomalía s f **1** Hecho o circunstancia irregular, que se sale de lo normal o de lo estipulado, que no corresponde a lo esperado; error, falla o anormalidad que se presenta en el funcionamiento de algo o en el comportamiento de alguien: "Se detectaron *anomalías* en el manejo del presupuesto", *anomalías en la contabilidad, anomalías en el crecimiento, anomalías genéticas, anomalías en el suministro de energía eléctrica* **2** (*Geol*) Alteración de la uniformidad de las propiedades geofísicas, geoquímicas o geobotánicas de una región.

anona s f **1** Fruto de pulpa más bien abundante, aromática y comestible, como la chirimoya y la guanábana, que se da en plantas del género *Annona* del que se conocen unas doce especies **2** Planta que da ese fruto.

anonadado adj Que está sorprendido o impresionado a tal grado que no puede responder de manera alguna: "La noticia nos dejó francamente *anonadados*", "Cuando supo que era el hijo de su esposa se quedó *anonadado*", "Me tiene *anonadada* con su nueva actitud de galán".

anónimo 1 adj y s Tratándose de escritos, obras, inventos, etc, que es de autor desconocido; respecto de personas, que se desconoce su identidad o no quiere revelarla: "El *Lazarillo de Tormes* es una novela *anónima*", *un cuadro anónimo, autor anónimo, admirador anónimo* **2** s m Mensaje que alguien envía ocultando su identidad: "El *anónimo* amenazaba al periodista", "Con un *anónimo* nos advirtieron de las intenciones de los generales", *un anónimo insultante*, "Era un *anónimo* de amor".

anormal adj m y f **1** Que se aparta de lo general, de lo común, de lo más frecuente o de lo esperado: *crecimiento anormal, resultado anormal* **2** Que tiene alguna deficiencia o anomalía, particularmente cuando es mental: "El pediatra no ha dicho nada pero parece que el niño es *anormal*".

anotación s f **1** Acción de anotar y texto o mensaje anotado: "Hacía las *anotaciones* pertinentes en la bitácora", "Sus libros estaban llenos de *anotaciones* al margen", "Encontraron varios cuentos inéditos y una libreta de *anotaciones*" **2** (*Dep*) Tanto, punto, gol, etc que consigue un jugador o un equipo: "Llegó a veinte *anotaciones* en lo que va del torneo", "En la cuarta entrada Yucatán logró su primera *anotación*" **3** (*Dep*) Marcador: "Ganó con *anotaciones* de 15-7, 15-9 y 15-13".

anotar v tr (Se conjuga como *amar*) **1** Escribir o poner alguna nota; registrar por escrito, generalmente de manera muy breve o en un listado: *anotar un recado, anotar en la agenda, anotar un teléfono*, "Déjame ir por un papel para *anotarlo*", "*Anoten* las palabras que no conocen", "Sólo *anoté* a los que pagaron" **2** Hacer notar algo: "Cabe *anotar* que en ese entonces no había televisión" **3** (*Dep*) Conseguir un punto, tanto, gol, etc un equipo o un jugador: "Hugo lleva dos partidos sin *anotar*", "*Anotaron* en el segundo cuarto", "*Anotó* la carrera de la victoria en la octava entrada" **4** *Anotarse una victoria, un triunfo*, etc Conseguirlo: "El corredor cubano *se anotó un* fácil *triunfo*", "El equipo azulgrana *se anotó* así *una* importante *victoria*".

anquilosarse v prnl (Se conjuga como *amar*) **1** Detenerse o estancarse alguna cosa en su evolución o desarrollo, perder alguien su creatividad o su capacidad de renovarse: "El endurecimiento de la dictadura *se han anquilosado* las actividades científicas y humanísticas", "Así, nuestros investigadores terminan por *anquilosarse* formando una especie de culta burocracia" **2** (*Med*) Producirse anquilosis.

anquilosis s f sing y pl (*Med*) Pérdida total o parcial de los movimientos de una articulación.

ansia s f **1** Estado de inquietud, intranquilidad, desesperación o angustia, generalmente provocado por una necesidad o un deseo apremiante, intenso o agitado; ansiedad: *esperar con ansias, ansia de respirar* **2** Deseo intenso, generalmente acompañado de un sentimiento de inquietud, impaciencia o angustia: "Las *ansias* de encontrar oro no lo dejaban en paz", *el ansia de poder, mirar con ansias* **3** Pretensión o deseo muy vivo que alguien tiene de ser o hacer algo: "Lo dijo sin *ansia* de ofender", "Calmó sus *ansias* de torero y se dedicó a la ópera" **4** *No comer ansias* (*Coloq*) No impacientarse, dejar de desesperarse: *"No comas ansias*, llegaremos a tiempo" **5** (*Popular*) Sensación de malestar físico acompañado por ganas de vomitar.

ansiedad s f **1** Estado de intranquilidad, desesperación o angustia que llega a provocar una sensación de ahogo o de opresión en el pecho: "La guerra le producía mucha *ansiedad*", *padecer ansiedad los enfermos* **2** Desesperación o precipitación con que actúa una persona en dicho estado: "La besó lleno de *ansiedad*", *beber con ansiedad*.

ansina adv (*Rural*) Así: "Se parte, se le echa su dulce y entonces ya se come *ansina* en dulce", "Llegó la yegua *ansina* de panzona".

ansioso adj Que tiene una intranquilidad intensa y constante, que sufre nerviosismo, angustia o ansiedad; que expresa el sentimiento de una necesidad apremiante o de un deseo ferviente: "No puedo con ese niño, es muy *ansioso* y agresivo", "La espera *ansioso*", "Preguntó *ansiosa* mirando a su madre", *una súplica ansiosa, ansioso de noticias, ansioso de triunfos, ansiosa de poder.*

antagónico adj Que se encuentra en oposición, rivalidad o incompatibilidad con otra cosa: "Están abismalmente separados por concepciones radicalmente *antagónicas*".

antagonista s y adj m y f **1** En relación con algo o con alguien, otro que se le opone, su contrario o su adversario: *fuerza antagonista, los antagonistas de un partido político* **2** (*Anat*) Respecto de un músculo o nervio, otro que tiene una acción o una función contraria.

antaño adv En el pasado, en otros tiempos; antes, antiguamente: "Es una familia como las de *antaño*, numerosa y unida", "*Antaño* estos caminos eran de terracería".

antártico adj Que pertenece a la Antártida o se relaciona con la región que la comprende: *las aguas frías de la zona antártica.*

ante[1] prep **1** Delante de, en presencia de, frente a: "Presentó su demanda *ante* las autoridades correspondientes", "Se emocionaron *ante* la grandiosidad de Teotihuacán", "Estamos *ante* una grave injusticia" **2** *Ante todo* En prioridad, en primer lugar, antes que nada: "*Ante todo* hay que ser puntuales".

ante[2] s m **I 1** Alce **2** Piel curtida de este animal **3** Cualquier piel utilizada por la parte áspera en la fabricación de zapatos, bolsas, etc: *zapatos de ante* **II** Tapir americano.

anteayer adv Antier: "Falleció *anteayer* a las ocho de la noche".

antebrazo s m **1** Parte del brazo comprendida entre la muñeca y el codo: *fortalecer el antebrazo* **2** En los cuadrúpedos, parte de los miembros anteriores comprendida entre el codo y la rodilla.

antecedente s m **1** Situación, circunstancia o caso que ha sucedido antes que la considerada y que la determina, condiciona, influye o explica: "Con esos *antecedentes*, no debería fumar", "No hay ningún *antecedente* de cáncer en la familia", "Esas huelgas fueron el *antecedente* inmediato del movimiento revolucionario" **2** pl Comportamiento que alguien ha tenido, sus actos pasados considerados en relación con el presente o atribuyéndoles cierta calificación; registro o constancia de tales hechos, en particular cuando tienen valor jurídico: *anteceden-*

tes penales, "Los *antecedentes* serán un agravante", "Si no tiene *antecedentes* lo dejarán en libertad", "Para otorgarte el crédito revisan tus *antecedentes*" **3** *Estar en antecedentes* Estar enterado de algún asunto **4** *Poner en antecedentes* Informar a alguien lo que ha sucedido en relación con algún asunto; poner al corriente, advertirlo: "¿Y cómo lo iba yo a saber si nadie me *puso en antecedentes*? **5** (*Lóg*) Premisa o premisas de un razonamiento deductivo o, en una proposición hipotética condicional, la primera parte del enunciado: "Esa afirmación no es válida porque el *antecedente* es imposible" **6** (*Mat*) Primer término de una proporción, como el 2 y el 4 en $2/3 = 4/6$; numerador **7** (*Gram*) Sustantivo u oración a los que refiere un pronombre relativo, por ejemplo, *niño* es el antecedente de *que* en: "El niño que se cayó es mi hijo".

antecesor s y adj **1** Persona que precede a otra en algún empleo, cargo, función, etc; institución que, en relación con otra posterior, la ha antecedido: "Su *antecesor* dejó grandes deudas que él tendrá que saldar", "La Casa de España fue la *antecesora* de El Colegio de México" **2** Individuo, familia, grupo, etc que ha sido anterior a otro, generalmente emparentado con él: "Varios tipos de monos se consideran *antecesores* directos del género homo".

antecomedor s m Espacio de una casa o departamento, generalmente entre la cocina y el comedor, que se usa para desayunar, comer o cenar de manera informal; muebles que lo componen: desayunador: "Pintaron el *antecomedor* de verde limón", *comprar un antecomedor.*

antecopretérito s m *Antecopretérito de indicativo* (había amado, había comido, había subido) Tiempo verbal que significa que la acción pasada sucedió antes que otra también ya pasada: "Me dijo que *había comprado* un terreno", "Supuse que ya lo *habías visto*", "¿Cómo que perdiste? ¡Tú siempre *habías ganado*!" (Véase "Uso de los tiempos verbales", p 23).

antefuturo s m *Antefuturo de indicativo* (habré amado, habré comido, habré subido) Tiempo verbal que expresa que la acción es anterior a otra acción en el futuro, pero posterior con relación al presente: "Cuando vengas por mí, ya *habré terminado* el trabajo", "Para el sábado *habré salido* de vacaciones". Puede expresar duda acerca de una acción pasada: "No le *habrás entendido* bien". En ocasiones expresa sorpresa ante algún suceso pasado: "¡Si *habré sido* tonta!", "¡Habráse visto cosa igual!" *Antefuturo de subjuntivo* (hubiere amado, hubiere comido, hubiere subido) Expresa la posibilidad de que una acción haya sucedido en el futuro: "Si no *hubiere cumplido* mis promesas el año próximo, mereceré un castigo (No se usa actualmente, con excepción de algunos textos legales) (Véase "Uso de los tiempos verbales", p 23).

antemano adv *De antemano* Con anticipación, antes, por adelantado: "*De antemano* le aseguro que tendremos éxito", "Reciba *de antemano* mi agradecimiento".

antena s f **1** Aparato por el que se emiten o reciben ondas electromagnéticas, como las de radio y televisión, generalmente constituido por una varilla larga, una torre u otros objetos de formas más complejas: "Le robaron la *antena* de su coche", *las an-*

tenas de un satélite artificial, antena parabólica **2** Cada uno de los órganos del tacto, alargados y delgados, que tienen en la cabeza ciertos animales como los insectos y los crustáceos: *las antenas del chapulín, las antenas de la hormiga.*
anteojo s m **1** Instrumento utilizado para observar objetos muy lejanos. Se compone principalmente de dos lentes: una llamada objetivo, recolectora de luz, y otra, llamada ocular, que amplifica la imagen de lo que se observa **2** *Anteojo astronómico* Telescopio **3** *Anteojo terrestre* Aquel en el que la imagen de los objetos aparece sin inversión **ll** pl Armazón que sostiene dos lentes, generalmente graduados, y que puesto delante de los ojos sirve para corregir defectos visuales o para proteger la vista de reflejos dañinos: *anteojos oscuros, anteojos negros.*
antepasado 1 adj Que es inmediatamente anterior a la secuencia pasada en una sucesión de cosas iguales: *año antepasado* **2** s Con respecto a una persona, pariente ya fallecido de alguna generación anterior: "Un *antepasado* de Teodoro fue gobernador" **3** s pl Miembros de una familia, raza, país o especie, que precedieron a los actuales: "Mis *antepasados* fueron otomíes" **4** s m (*Gram*) Antepretérito (Véase "Uso de los tiempos verbales", p 23).
antepecho s m **1** Muro que se construye hasta la altura del pecho en una ventana o en un corredor, y que sirve para impedir que se caiga al exterior quien se asome desde ellos **2** Parte superior de una puerta o ventana, independiente de sus hojas, que puede ser fija o movible **3** (*Hipo*) Pedazo ancho de baqueta que sirve para protegerles el pecho a las caballerías de tiro.
antepospretérito s m *Antepospretérito de indicativo* (habría amado, habría comido, habría subido) Tiempo verbal que indica que la acción sucede después de otra pasada y antes de una que, para el pasado, sería futura: "Me prometió que cuando yo fuera a recoger al niño, ella ya lo *habría vestido*". Expresa que la acción puede haber sucedido en el pasado, o la suposición de que hubiera sucedido, aunque después se compruebe que no fue así: "En aquel entonces, *habría cumplido* veinte años", "Se anunció que los bombarderos enemigos *habrían atacado* una población de campesinos". También manifiesta la opinión o la duda que se tiene acerca de una acción presente o futura: "*¿Habría sido* necesario el ataque?", "*¿Habríamos creído* que fueran capaces de hacerlo?" Por último, se puede usar en la consecuencia de oraciones condicionales: "Si hubiera llegado, te *habría avisado*" (Véase "Uso de los tiempos verbales", p 23).
antepresente s m *Antepresente de indicativo* (he amado, he comido, he subido) Tiempo verbal que indica que una acción, comenzada en el pasado, dura hasta el presente o tiene efectos todavía: "Este año *ha llovido* mucho", "*He decidido* renunciar", "*Ha tenido* que ver al médico todo el año", "Siempre *he creído* en la bondad humana", "La ciencia *ha progresado* en este siglo", "Si no *han pagado* para el martes, los echan". Asimismo señala que la acción sucedió inmediatamente antes del momento presente: "*He dicho* que te salgas". *Antepresente de subjuntivo* (haya amado, haya comido, haya subido) Expresa que la acción es pasada y terminada, y además, anterior a otra: "No me dijo que

hayan estado en Veracruz", "Cuando *haya terminado* la tarea, jugaré con mis amigos". También manifiesta el deseo, la suposición o la probabilidad de una acción pasada y terminada: "Ojalá *hayamos ganado* la votación", "Que *hayamos dicho* la verdad es importante" (Véase "Uso de los tiempos verbales", p 23).
antepretérito s m *Antepretérito de indicativo* (hube amado, hube comido, hube subido) Tiempo verbal que significa que la acción fue anterior a otra acción pasada: "Apenas lo *hubo dicho*, se arrepintió", "Una vez que *hubieron cantado*, no volvieron a abrir la boca (En México se usa raramente y en estilos literarios o muy formales; por lo común se usa el pretérito de indicativo para los mismos significados: "Apenas lo *dijo*, se arrepintió"). *Antepretérito de subjuntivo* (hubiera o hubiese amado, hubiera o hubiese comido, hubiera o hubiese subido) Tiempo verbal que indica que la acción es pasada y terminada, y anterior a otra igualmente pasada: "Lo *hubiese anunciado* cuando dio los otros avisos", "*Hubiera visto* el paisaje durante mi viaje". Manifiesta también la posibilidad o el deseo acerca de una acción pasada: "Si lo *hubiera sabido*, habría venido de inmediato", "¡Que *hubiera nacido rico*!, "Si *hubiera venido*, la habría conocido" (Véase "Uso de los tiempos verbales", p 23).
anteproyecto s m Plan o bosquejo que sirve de base a un proyecto determinado, como un estudio, una obra arquitectónica, etc: *anteproyecto de ley.*
antera s f (*Bot*) Parte superior del estambre de las flores, de forma globosa, donde se produce y contiene el polen.
anterior adj m y f **1** Que está, pasa o sucede antes que otra cosa o persona que se toma como referencia, que la precede de manera inmediata: "Es un descubrimiento *anterior* al invento de la televisión", *un escritor anterior a Vasconcelos*, "Ningún gobierno *anterior* había tomado medidas similares", "La definición *anterior* es de botánica", "En la clase *anterior* hablamos de los insectos", *el año anterior, la noche anterior* **2** Que ocupa la posición más externa o la que está delante, vista de manera frontal: *músculo tibial anterior*, "Se localiza en la región *anterior* del cuello", *la parte anterior del ojo.*
anterioridad s f **1** Condición o cualidad de anterior; precedencia de una cosa con respecto a otra, en el tiempo o en el espacio **2** *Con anterioridad* Antes, anteriormente, con anticipación: "Como dijimos *con anterioridad*, los proyectos ya fueron presentados", "Quedan vigentes los contratos firmados *con anterioridad* a la expedición de la ley".
anteriormente adv En un momento, en cierto tiempo o en una situación anterior; antes: "Tractores, que *anteriormente* eran de importación…", "Por las razones *anteriormente* expuestas…".
antes adv **1** En un momento pasado, o en un lugar que se localiza primero, en relación con el que se toma como referencia: *antes de regresar, antes del regreso*, "*Antes* de que regresáramos de Pachuca…", *antes de 24 horas, antes de Cervantes, antes de Toluca*, "*Antes* de Veracruz está la desviación", "Lo dijo *antes*" **2** adj m y f, sing y pl Que ocurre primero en el tiempo o que se localiza primero en el espacio, en relación con lo que se toma como referencia: *días antes, cuadras antes* **3** *Antes que* Pri-

mero (Establece una opción generalmente extrema, para expresar o enfatizar el rechazo que se siente por otra u otras cosas): *todo antes que perder la dignidad, antes muerta que casada contigo, antes la miseria que ese trabajito* **4** conj Sino que, al contrario, más bien; antes bien: "No teme a la muerte, *antes* la desea", "No tiene nada en contra de Efraín, *antes* lo admira" **5** *De antes* Del tiempo pasado, de otra época: *las casas de antes, las costumbres de antes* **6** *Cuanto antes* Lo más pronto posible: "¡Váyanse *cuanto antes*", "Si se trata de cobrar, *cuanto antes* mejor" **7** *Antes de anoche* La noche anterior a anoche; antenoche, anteanoche: "Los vimos en una reunión *antes de anoche*" **8** *Antes de ayer* El día anterior a ayer; antier, anteayer: "Se inscribió *antes de ayer*" **9** *Antes no, antes di* o *antes digan* (*Coloq*) Por suerte, para su bien, de milagro (Expresiones con las que generalmente se manifiesta que lo ocurrido pudo ser mucho peor o que pese a lo sucedido debe reconocerse que se tuvo algo de suerte): "*Antes no* perdiste la dignidad", "*Antes di* que te casaste", "*Antes digan* que tienen ese trabajito", "*Antes no* la mató".

antibiótico 1 s m Sustancia producida por un microorganismo (generalmente una bacteria o un hongo) o elaborada sintéticamente, que en soluciones diluidas inhibe el crecimiento de otros microorganismos o los aniquila; se emplea en medicina para combatir las enfermedades infecciosas. Entre sus variedades se encuentran la penicilina, la tetraciclina, la estreptomicina y la eritromicina: *los efectos secundarios de los antibióticos*, "En caso de que presente fiebre le daremos algún *antibiótico*" **2** adj Que inhibe el crecimiento de otros microorganismos o los aniquila: *los efectos antibióticos de algunas yerbas*.

anticipación s f **1** Acto o capacidad de anticipar o anticiparse: "La *anticipación* de la boda se debió a los compromisos del novio", "Gracias a la *anticipación* del portero no cayó el gol" **2** *Con anticipación* Cierto tiempo antes de que tenga lugar algún suceso, con tiempo suficiente antes de que ocurra o antes de lo previsto: "Avísame *con* dos días de *anticipación*", "Hizo los preparativos *con anticipación*", "Las lluvias llegaron *con* mucha *anticipación*" **3** (*Lit*) Figura de retórica que consiste en proponer de antemano la objeción que otro pudiera hacer y refutarla; ocupación, prolepsis, sujeción **4** (*Mús*) Nota o conjunto de notas ajenas a un acorde que, sonando simultáneamente con él, anuncian el acorde siguiente al que pertenecen **5** *De anticipación* Que trata sobre sucesos futuros, supuestos o imaginados; de ciencia ficción: *cine de anticipación, cuentos de anticipación*.

anticipado I pp de *anticipar* o de *anticiparse* **II 1** adj Que es anterior a lo previsto o acordado, que ocurre antes: *pagos anticipados*, "Su presencia *anticipada* causó muchos comentarios" **2** *Por anticipado* Por adelantado, de antemano, con anterioridad: "Voy si me pagan los gastos *por anticipado*".

anticipar v tr (Se conjuga como *amar*) **1** Hacer u ocurrir algo antes de lo previsto o convenido, o antes de que sea necesario: *anticipar un viaje*, "Tuvieron que *anticipar* la boda", *anticiparse las lluvias, anticipar el pago de la renta* **2** prnl Hacer uno algo antes que otro o adelantarse a un acto o suceso de manera que se obtenga una ventaja o se

neutralice un riesgo: "*Se anticipó* a saludarlo", *anticiparse a la jugada* **3** Informar de antemano, tener conocimiento de algo antes de que suceda, suponer o pronosticar algún suceso, o dar indicios de que algo va a ocurrir; anunciar lo que sucederá: "Nos *anticipó* su llegada en un telegrama", "En esos tiempos —le *anticipo*— mil pesos era mucho dinero", "*Anticipó* que no aceptarían ni un peso menos", "El crecimiento demográfico *anticipa* problemas para los que debemos estar preparados", "Estos fenómenos *anticipan* catástrofes irremediables".

anticonceptivo adj y s m Que evita la fecundación o concepción: *píldoras anticonceptivas*, "El invento de los *anticonceptivos* tiene, a la larga, que conducir a una nueva moral sexual".

anticuado adj Que ya no corresponde a lo que se acostumbra o usa, que ha perdido su actualidad o que pertenece a épocas pasadas; que está pasado de moda: "Su mamá es muy *anticuada*, no la deja salir sola", "Es un remedio *anticuado* pero eficaz", "Esa ropa está ya muy *anticuada*", *ideas anticuadas, máquinas anticuadas*.

anticuerpo s m Proteína que se produce en el organismo de los vertebrados y algunos equinodermos como respuesta y defensa ante la presencia de sustancias o microorganismos extraños y generalmente infecciosos (antígenos). Es uno de los agentes del sistema inmunológico cuya producción se estimula, por ejemplo, con las vacunas: *crear anticuerpos*, "En el análisis se observó un nivel alto de estos *anticuerpos*".

antier adv El día inmediatamente anterior a ayer; anteayer: "La zafra comenzó *antier*", "—¿Cuándo llegaste a Puebla? —*Antier* en la mañana".

antígeno s m (*Biol*) Sustancia, generalmente una proteína, perteneciente a un microorganismo infeccioso, que al introducirse en el cuerpo de los vertebrados o de ciertos equinodermos, estimula la producción de anticuerpos.

antiguamente adv En tiempos pasados: "*Antiguamente* los llamaban estanquillos", "*Antiguamente* la pintura facial tenía un significado ritual".

antigüedad s f **1** Calidad o condición de antiguo: "Este muro no resiste mucho peso por su misma *antigüedad*" **2** Cantidad de tiempo que algo lleva de existir, hacerse o suceder, como la que tiene una persona en el mismo empleo: "La cultura egipcia tiene más de cuarenta siglos de *antigüedad*", "Con treinta años de *antigüedad* en el trabajo ya puedes jubilarte" **3** Objeto producido en una época pasada, particularmente cuando, por esta razón, se considera valioso: *museo de antigüedades romanas, tienda de antigüedades*, "El coche de Carlos es una verdadera *antigüedad*" **4** Época en que florecieron las civilizaciones históricas más antiguas y, particularmente, periodo clásico de la cultura grecorromana; precede a la Edad Media y su final suele fecharse entre los siglos IV y VII dC: "Gracias a los descubrimientos arqueológicos podemos comprender mejor la *antigüedad* clásica".

antiguo adj **1** Que es de hace mucho tiempo, que se conserva desde el pasado o es muy viejo: *una casa antigua*, "Es un oficio muy *antiguo*", *una antigua costumbre*, "Le doy crédito porque es un *antiguo* cliente" **2** Que fue hace algún tiempo pero ya no lo es: "Aún me llega correspondencia a mi *anti-*

gua casa", "En su *antiguo* empleo salía muy tarde", "Quiero ir a la conferencia porque la da uno de mis *antiguos* maestros" **3** Que ha perdido actualidad o vigencia, que está pasado de moda; anticuado: "Sus padres son de ideas *antiguas*" **4** *A la antigua* Como era en otro tiempo, según costumbres pasadas: "Era un hombre muy serio, chapado *a la antigua*", "Se viste *a la antigüita*" **5** *De antiguo* Desde hace mucho tiempo: "Todo esto sucede en calles tan *de antiguo* comerciales como Tacuba" **6** adj, y s m pl Que pertenece a una época pasada, particularmente a la prehispánica, cuando se trata de América, y a la clásica, cuando se trata de Europa: *los antiguos mayas*, las *antiguas* culturas de España, "Los *antiguos* desconocían la existencia de América".

antihistamínico s m (*Med*) Sustancia que neutraliza los efectos de la histamina en el organismo. Se usa para prevenir o contrarrestar reacciones alérgicas (urticaria, asma, contracción de los bronquios, etc). Actúa inhibiendo la excitabilidad nerviosa y generalmente produce sueño: "Cuando le picó el alacrán le inyectaron un *antihistamínico*".

antílope s m Animal cuadrúpedo de la familia de los mamíferos, vivíparos, rumiante, de cuerpo esbelto, patas altas y delgadas, cola corta y dos cuernos que pueden ser de las más variadas formas. Tienen todo el cuerpo cubierto por un pelaje corto, algunas veces con dibujo y a menudo más largo en el cuello y debajo de la cabeza, formando una pequeña melena "*Antílopes* como la gacela son muy veloces".

antinomia s f **1** (*Fil*) Contradicción entre dos principios, cada uno de los cuales se considera racional y verdadero **2** (*Der*) Contradicción u oposición entre el contenido de dos normas jurídicas vigentes.

antipatía s f **1** Sentimiento de rechazo que algo o alguien provoca en una persona: "La *antipatía* del actor era insufrible", "Hay una mutua *antipatía* entre nosotros" **2** Desagrado o rechazo que una persona siente hacia otra, o hacia alguna cosa o circunstancia; animadversión: "Tiene *antipatía* por los gatos", "Su *antipatía* por Pilar no es justificada".

antisemitismo s m Aversión hacia los judíos o semitas: "El *antisemitismo* cundió como nunca en la Alemania nazi".

antiséptico 1 adj Que impide la infección: *fármaco antiséptico, efecto antiséptico* **2** s m Sustancia que destruye gérmenes infecciosos o impide su desarrollo: *antiséptico bucofaríngeo, antiséptico intestinal*.

antítesis s f sing y pl **1** Respecto de una cosa o persona, otra que es lo contrario de ella o su opuesto; relación que se establece: "¿Es en verdad el amor la *antítesis* del odio?", "Pedro es la *antítesis* de su padre" **2** (*Fil*) Término que, en una contraposición, se opone a la tesis; en la filosofía kantiana es el segundo miembro de la antinomia y en la hegeliana, el segundo momento del proceso dialéctico **3** (*Lit*) Figura retórica que consiste en la contraposición de una frase o una palabra a otra que significa lo opuesto, como en "Los que quieren no pueden y los que pueden no quieren".

antojar v (Se conjuga como *amar*) **1** prnl Sentir uno algún deseo o antojo: "*Se* me *antoja* una cerveza", "*Se* le *antojaron* unos taquitos", "Con este calor *se antoja* meterse al río" **2** *Hacer, decir*, etc *alguien lo que se le antoja* Hacer, decir, etc lo que quiere, lo que le da la gana, según su capricho o gusto y

sin ninguna consideración: "Si cada quien *hace lo que se le antoja*, esto va a ser un relajo", "Los niños andan por ahí agarrando *lo que se les antoja* sin que nadie los regañe" **3** prnl (Se usa generalmente en tercera persona) Parecerle a uno algo de cierta manera o dar alguna cosa la impresión de parecer otra: "El futuro *se antoja* muy difícil", "Las conclusiones *se me antojan* un poco exageradas" **4** tr (*Coloq*) Producir algún antojo, dar a desear alguna cosa o provocar un sentimiento de atracción por algo: "Ya deja de hablar de comida que nomás me *antojas*", "Le gusta *antojar* pero no invitar".

antojitos s m pl Bocadillos típicos de la cocina mexicana. Muchos de ellos se elaboran con tortilla, u otras preparaciones del maíz, y se condimentan con alguna salsa picante, como los tacos, las quesadillas o las chalupas: "En cualquier fonda preparan y sirven *antojitos*", "Nos dieron *antojitos* y cerveza", *antojitos yucatecos, antojitos tapatíos*.

antojo s m **1** Deseo vivo y caprichoso que alguien tiene de algo, particularmente de comer alguna cosa: "No te voy a cumplir todos tus *antojos*", "Tengo *antojo* de una sopa de hongos", "Las embarazadas tienen *antojos* raros", "Tengo *antojo* de un pozole" **2** *A su antojo, a tu antojo, al antojo de alguien* Según su capricho, como le da la gana: "Regaña a los niños *a su antojo* y sin medir las consecuencias", "Hace y deshace *a su antojo* sin que nadie le diga nada".

antología s f **1** Colección de obras, generalmente artísticas o científicas, de uno o varios autores y seleccionadas o agrupadas según un tema, asunto o criterio: *antología de poemas de López Velarde, antología de lírica hispánica, antología de cuentos infantiles, antología de física nuclear, antología del bolero, antología del cine mexicano, antología del muralismo* **2** *De antología* De tal calidad, perfección, originalidad, belleza, etc, que resulta ejemplar o digno de considerarse entre lo mejor; que es lo más selecto o representativo: "Su tía es *de antología*, ya la verás en la boda", "Con dos goles *de antología* Hugo recuperó el liderato de goleo".

antónimo s m y adj Tratándose de una palabra, otra que tiene un significado opuesto o contrario, como *chico* en relación con *grande, blanco* en relación con *negro* o *malo* en relación con *bueno*: "Escriba los *antónimos* de las siguientes palabras".

antorcha s f **1** Trozo alargado de materia combustible, generalmente madera resinosa, paja o estopa trenzadas, que puede tomarse con la mano por un extremo y encenderse por el otro para dar luz, transportar el fuego o comunicarlo; tea: "A lo lejos suben los indígenas con sus *antorchas* y sus caretas de puma y ocelote", "Lo enterraron a la luz de las *antorchas*", "Los vecinos se lanzaron a la calle llevando *antorchas*, y las agitaban y gritaban" **2** (*Caló*) Cerillo: "Pásate una *antorcha* para encender el tabaco".

antropología s f **1** Ciencia que estudia al hombre en sus características físicas y la relación de éstas con el medio ambiente (*antropología física* o *somática*), en su lengua, hábitos culturales, religiosos, etc (*antropología cultural*), donde se incluyen también sus instituciones, formas de organización social, política, económica, etc (*antropología social*) **2** Conjunto de rasgos que, desde el punto de vista de esta ciencia, caracterizan a un grupo determinado de hombres: *antropología del mexicano*.

antropólogo s y adj Persona que tiene por profesión la antropología: *antropóloga social, antropólogo físico*.

anual adj m y f **1** Que ocurre o se lleva a cabo una vez al año: *balance anual, concurso anual* **2** Que dura un año: *contrato anual* **3** *Planta anual* (*Bot*) La que florece una vez al año.

anualmente adv Una vez al año, cada año, en un año: "Aumentaban *anualmente* una pequeñísima cantidad", "Compondré *anualmente* un oratorio o un concierto para cuerda", "El país gasta *anualmente* grandes sumas de divisas como pago por el uso de patentes".

anudar v tr (Se conjuga como *amar*) **1** Hacer con algo o de algo, un nudo o varios: *anudar una cuerda* **2** Unir, mediante un nudo, dos cuerdas, dos hilos, etc: *anudar las agujetas, anudar dos cables*.

anular[1] v tr (Se conjuga como *amar*) **1** Suprimir el efecto, la validez, la autoridad o la vigencia de algo; dejarlo sin valor o neutralizarlo: *anular un contrato, anular un gol*, "El alcohol *anula* la acción del antibiótico" **2** Impedir que alguien sobresalga o consiga sus objetivos, opacar a una persona: "La defensa italiana *anuló* a los delanteros alemanes".

anular[2] **1** adj m y f Que tiene forma de anillo o que se relaciona con él: *eclipse anular, dedo anular* **2** s m Dedo de la mano que está entre el meñique y el medio, en el que usualmente se llevan los anillos: "Se rompió la uña del *anular*".

anunciar v tr (Se conjuga como *amar*) **1** Hacer saber alguna cosa o darla a conocer públicamente; dar aviso o noticia de algo, particularmente si tendrá lugar en el futuro: "*Anunciaron* su matrimonio", "El presidente *anunció* la construcción de una presa", "Se *anunció* oficialmente el nuevo precio de la tortilla" **2** Hacer público algo con fines de propaganda comercial: "Está prohibido *anunciar* bebidas alcohólicas", *anunciar automóviles* **3** Dar algo señal o indicio de lo que va a ocurrir: "Las nubes *anuncian* lluvia", "Su gesto nos *anunciaba* una grata sorpresa" **4** Hacer saber a una o más personas que otra ha llegado o espera ser recibida por ella o ellas: "La recepcionista me *anunció* con el doctor".

anuncio s m **1** Aviso o noticia por medio del cual se hace saber algo, particularmente si tendrá lugar en el futuro: "Los comerciantes se mostraron inconformes ante el *anuncio* de que se practicarán auditorías fiscales" **2** Mensaje publicitario con el que se presenta o da a conocer un producto o un servicio: *poner un anuncio en el periódico*, "No le gusta la televisión porque pasan muchos *anuncios*", *anuncio luminoso* **3** Hecho o acto que hace suponer o presagiar algo que posteriormente ocurrirá: "Los trabajos escritos por Alfonso Reyes en esos tiempos son un *anuncio* de lo que sería su actividad posterior".

anverso s m **1** Tratándose de un objeto de dos lados, como una moneda, una medalla o un billete, el que se considera más importante por algún motivo, generalmente por llevar impresa en él la figura más representativa; frente o cara principal de un objeto de dos lados: "El nuevo billete lleva grabada en su *anverso* una efigie del Benemérito de las Américas", *el anverso de una baraja, anverso y reverso* **2** (*Impr*) Lado de una hoja encuadernada,

manuscrita o impresa que, al abrir el libro o cuaderno, queda a la derecha del lector; por lo general va foliada con un número impar.

anzuelo s m **1** Gancho o arpón pequeño, de punta muy aguda y afilada, que se fija en una cuerda y que, provisto de alguna carnada, sirve para pescar **2** Engaño con que se atrae a alguien, se le lleva a actuar de cierta manera o se le conduce a una trampa: "Dejaron la puerta abierta como *anzuelo* para atrapar a los ladrones" **3** *Echar, lanzar, tirar el anzuelo* Hacer o decir algo con el fin de que alguien caiga en una trampa: "Después del robo en la oficina, anduvo *echando anzuelos* con sus preguntas" **4** *Picar, morder, tragar(se) el anzuelo* Caer en la trampa o en el engaño de alguien; dejarse llevar por las ideas, el deseo, las opiniones, etc de otra persona, particularmente si resultan desatinados o falsos: "Tanto me dijo que estudiara biología que al final *mordí el anzuelo*, y ya ves".

añadir v tr (Se conjuga como *subir*) **1** Incorporar a una cosa otra de la misma o distinta naturaleza; agregarle algo con el fin de aumentar su volumen, su cantidad, su importancia, etc: *añadir agua a la sopa, añadir un párrafo a la carta*, "Añada usted el impuesto al valor agregado", "Añadieron tres nuevos timbres a su colección" **2** Decir algo más de lo que ya se ha dicho: "Los billetes, añadió, podrán comprarse en los expendios de la lotería".

añil s m **1** (*Indigofera suffructicosa*) Arbusto de 1 a 2.5 m de altura; sus flores son verdosas o amarillentas y en forma de mariposa; de sus hojas se extrae una sustancia colorante de color azul violáceo; índigo **2** Sustancia que se extrae de esta planta y se usa como colorante; índigo **3** s m y adj m y f Color azul violáceo de esta sustancia; índigo: "Un plato de barro pintado de *añil* y rojo", *azul añil*.

año s m **I 1** Entre los pueblos que se rigen por el calendario gregoriano, periodo comprendido entre el primero de enero y el 31 de diciembre, ambos días incluidos, y dividido en doce meses (*año civil*); consta de 365 días (*año común* o *vulgar*) o de 366 (*año bisiesto* o *intercalar*), ya que a cada cuatro periodos de 365 se añade un día en el mes de febrero (excepto en los años terminados en dos ceros cuando no son múltiplos de cuatrocientos), con el objeto de hacer coincidir este periodo con el que emplea la Tierra dar una vuelta completa alrededor del Sol (*año sideral, natural* o *verdadero*), que equivale aproximadamente a 365 días y un cuarto; la numeración de estos periodos se hace tomando como punto de referencia el nacimiento de Jesucristo: "Aristóteles nació en el *año* de 384 antes de Jesucristo", *año 600 después de Cristo*, "Corría el *año* de 1827...", *el año en curso, los meses del año, el año entrante, año nuevo, en lo que va del año, las cuatro estaciones del año* **2** Periodo de tiempo compuesto por doce meses y contado a partir de una fecha cualquiera: *año escolar, año fiscal, de aquí a dos años, cumplir cien años*, "Mañana hará un *año* que me recibí", *año con año, tres años cumplidos*, "No hay mal que dure cien *años*" **3** *Quitarse los años* Declarar menos edad de la que en realidad se tiene: "Tiene más de cuarenta *años*, pero *se los quita*" **4** *Entrado en años* En cierta edad que se considera avanzada; maduro o más o menos viejo: *un hombre entrado en años*, "Josefa ya estaba *entradita en años* cuando vendieron la casa" **5** *De, en, por,* etc *el año del caldo, de la canica, de la calabaza, de María Castaña,* etc De, en, por, etc una fecha o un tiempo muy lejano: "Llevaba un vestido *del año de la canica*", "El trompo fue inventado allá *por el año del caldo*" **6** Curso o conjunto de cursos escolares que se inician cada doce meses, particularmente si forman una serie con otros: *pasar de año, reprobar el año, repetir un año, perder un año* **7** *Año eclesiástico o litúrgico* (*Relig*) Entre los católicos, el que comienza el primer domingo de adviento, que es el más cercano a la fiesta de San Andrés (30 de noviembre); para la Iglesia ortodoxa, el que empieza el primero de septiembre **8** *Año santo o de jubileo* (*Relig*) Entre los católicos, aquel en que el Papa concede una indulgencia extraordinaria a las personas que acuden a Roma para venerar las tumbas de los apóstoles y visitar la sede de San Pedro **9** *Año sabático* Año de licencia con goce de sueldo que algunas instituciones académicas conceden a sus profesores o investigadores (a veces también a ciertos empleados administrativos) cada vez que cumplen seis años de labor, generalmente con el fin de que realicen un trabajo o una investigación particular: "Durante su *año sabático* escribió un libro sobre lexicografía" **II** (*Astron*) **1** Tiempo que tarda un planeta en recorrer su órbita alrededor del Sol; tiempo comprendido entre dos pasos consecutivos del Sol o de un astro cualquiera por un mismo punto, que puede ser una estrella fija (*año sideral, sidéreo, astronómico o astral*) que, para la Tierra con respecto al Sol, equivale a 365 días 6 horas 9 minutos y 10 segundos, y para Venus con respecto al mismo Sol, a 224.7 días terrestres); puede también ser el punto de conjunción de un planeta con otro (*año sinódico*, que entre la Tierra y Venus, por ejemplo, equivale a 583.92 días terrestres), o el punto de su órbita más cercano a la Tierra (*año anomalístico*, que para la órbita aparente del Sol equivale a 365 días 6 horas 13 minutos y 53 segundos) o también, tratándose de esa misma órbita aparente del Sol alrededor de la Tierra, el punto equinoccial de primavera (*año trópico*, cuya duración disminuye a razón de 1/53 de segundo cada siglo y actualmente es equivalente a 365 días 5 horas 48 minutos y 46 segundos), etc **2** *Año luz* Medida de la distancia que recorre la luz en un año; equivale a 9 461 billones de km: "La estrella más cercana a la Tierra, después del Sol, se halla a 4.3 *años luz* y se llama Próxima" **III 1** *Año lunar o árabe* Entre los pueblos que se rigen por el calendario mahometano, periodo de tiempo comprendido en 12 lunaciones sucesivas (cada una toma 29 días 12 horas 44 minutos y 2 segundos), equivalente a 354 días o a 355, ya que en cada ciclo de 30 periodos se intercalan 11 días, con el fin de hacer coincidir el número de días completos con las fracciones de día de la lunación verdadera; la numeración de estos periodos se hace tomando como punto de referencia el *año* de la hégira (migración de Mahoma de La Meca a Medina), el 16 de julio de 622 dC **2** *Año embolismal* Periodo de tiempo comprendido en 13 lunaciones sucesivas; algunos calendarios, como el judío y el griego antiguo, intercalan 7 periodos de 13 meses en cada grupo de 19 *años* lunares (de 12 meses)

con el fin de que cada 20 lunaciones coincidan los calendarios solar y lunar; este periodo de 13 lunaciones puede constar de 383, 384 o 385 días.

aorta s f **1** (*Anat*) Arteria principal del aparato circulatorio de los vertebrados; nace en el corazón, desde donde se ramifica y da lugar a las demás arterias y vasos sanguíneos que llevan la sangre oxigenada a todo el cuerpo, excepto a los pulmones; en los mamíferos y las aves, parte del ventrículo izquierdo del corazón; en los peces y anfibios, del único ventrículo de su corazón; en los reptiles, se forma por la unión de los dos arterias (arcos aórticos que salen del ventrículo izquierdo (como en la lagartija) o de ambos ventrículos (como en el cocodrilo) **2** (*Zool*) Vaso sanguíneo en que se prolonga el corazón de los invertebrados.

apá s m (*Popular*) Papá: "Me invitan a su casa, pero no voy porque mi *apá* está enojado".

apacible adj m y f Que es tranquilo y sereno, que actúa o sucede sin brusquedad ni violencia y es agradable y suave: *una vida apacible, una mirada apacible*, "Era un anciano *apacible*, de ojos tristes".

apadrinar v tr (Se conjuga como *amar*) **1** Actuar como padrino: "La misa de bodas fue *apadrinada* por sus abuelos" **2** Patrocinar, proteger o promover a una persona, un grupo de personas, una idea, etc; prestarles apoyo moral o económico: "Algunos profesionales jóvenes progresan porque los *apadrina* un alto funcionario" **3** (*Hipo*) Acompañar a un jinete, montando un caballo manso, a otro que va en uno bronco y ayudarlo en su doma.

apagador s m **1** Pieza o dispositivo que interrumpe o deja pasar la corriente eléctrica que alimenta a una lámpara, una máquina, etc y sirve para encenderla o apagarla; interruptor: "El *apagador* está entrando, a la derecha", *apagador de una bomba de agua* **2** (*Mús*) En algunos instrumentos de teclado, como el piano, pieza rectangular cubierta de fieltro que cae sobre la cuerda cuando se suelta su tecla y así impide su resonancia.

apagar v tr (Se conjuga como *amar*) **I 1** Extinguir o sofocar un fuego, una brasa o cualquier otra combustión: "Los bomberos lograron *apagar* el incendio", *apagar un cerillo, apagar un cigarro, apagar las velitas* **2** Interrumpir o cortar la luz que produce una vela, una lámpara, una linterna, etc: "Antes de *apagar* el foco cierra bien la puerta", "*Apaga* y vámonos" **3** *Apagarle a alguien un ojo, una lámpara, un foco, una linterna* (*Popular*) Golpearlo fuertemente en un ojo de manera que momentánea o temporalmente no pueda ver con él: "Ayer *me apagaron* una lámpara en la bronca" **II** Interrumpir o suspender el funcionamiento de un aparato eléctrico o electromecánico: *apagar un radio, apagarse el coche* **III 1** Saciar o satisfacer una necesidad imperiosa o urgente, particularmente la de beber o comer: *apagar la sed, apagar el hambre* **2** Calmar, mitigar o hacer cesar la fuerza, urgencia o violencia de algo o de alguien: "Con el tiempo *fue apagándose* el rencor que se tenían", "Las lágrimas *apagaron* un poco su coraje", "Con hartas dificultades pudo el maestro *apagar* la rebeldía de sus alumnos" **3** Hacer que una persona pierda el ánimo, el entusiasmo, etc: "La muerte de sus abuelos *apagó* el carácter de Pablo" **4** Disminuir la intensidad de un color o de un sonido, generalmente opacándolo con otro: "Si vas a pintar las letras de azul, no pongas el fondo gris porque las *apagas*", "Los violines *apagaron* la débil voz del cantante" **5** Tratándose de cal viva, agregarle agua para hacerla cal muerta **6** (*Mil*) Tratándose del fuego de una artillería, acallarlo o hacerlo cesar mediante el mejor tino o la superioridad de otra **7** (*Mar*) Cerrar las bolsas que el viento forma en las velas cargadas.

apalear¹ v tr (Se conjuga como *amar*) Golpear repetidas veces, especialmente con un palo, vara o algo similar; golpear así a una persona para lastimarla, un árbol para que caigan sus frutos, una alfombra para sacarle el polvo, etcétera.

apalear² v tr (Se conjuga como *amar*) Aventar con una pala el grano para limpiarlo o cambiar de sitio alguna cosa valiéndose de una pala; palear.

apañar v tr (Se conjuga como *amar*) **1** (*Caló*) Robar algo o hacerse de algo de manera indebida: "Fui a la Merced y *apañé* unos pantalones y me agarraron ahí" **2** (*Caló*) Atrapar a una persona que ha delinquido, sorprenderla en el acto: "Por tu culpa me *apañó* la tira" **3** prnl (*Popular*) Vivir o actuar con los medios de que se disponga, sobre todo si se consideran insuficientes: "Gano poco, pero *nos apañamos*".

aparador s m **1** Ventana de un almacén o mueble en los que se exhiben mercancías: *mirar los aparadores*, "Déme ese pastel del *aparador*" **2** Mueble de comedor en el que se guardan vajillas, manteles y otros utensilios del servicio de la mesa.

aparato s m I **1** Conjunto de elementos que actúan combinadamente para realizar una función determinada **2** Mecanismo compuesto por diversas piezas y diseñado para cumplir un fin específico: *aparato de radio, aparato de televisión, aparato ortopédico* **3** En Chihuahua y Durango, quinqué de petróleo **4** Conjunto de órganos que concurren en una misma función: *aparato respiratorio, aparato circulatorio, aparato reproductor* **5** Colección de implementos, sistemas o procedimientos organizados para un fin determinado: *aparato económico, aparato político, aparato administrativo* **6** *Aparato crítico* Información suplementaria que, como parte de la edición de un texto, sirve de base para su estudio crítico II Pompa, ostentación o exageración con que algo se presenta o lleva a cabo: "Asombrada, vio todo aquel *aparato*, inusitado en un teatro" III **1** (*Caló*) Puñal **2** (*Popular*) Pene, verga.

aparcería s f **1** Contrato mediante el cual una persona concede a otra el uso de un predio rural para que lo cultive, con el fin de repartirse los frutos o utilidades, de acuerdo con una determinada proporción que no debe ser menor del 40% de la cosecha **2** Contrato mediante el cual una persona da a otra cierto número de animales, con el fin de que los cuide y los alimente a cambio de repartirse los productos (pieles, lanas, leche y crías) en la proporción que se convenga.

aparcero adj y s Persona dedicada a la agricultura o a la ganadería, que recibe para su explotación tierras o animales con la obligación de ceder al propietario una parte del producto obtenido.

aparecer v intr (Se conjuga como *agradecer*, 1a) **1** Poner a la vista, presentarse al público, surgir, manifestarse o mostrarse: *aparecer el Sol, aparecer un libro, aparecer en escena, aparecer una enfermedad* **2** Hacerse presente alguien que no se había

visto en algún tiempo, o ser encontrada o quedar a la vista alguna cosa o persona que estaba perdida u oculta: "No *ha aparecido* por su casa desde hace tres días", "El anillo *apareció* entre las sábanas", "Si no *aparece* en dos horas, llamaremos a la policía", "El niño *apareció* en la dulcería **3** tr Hacer que algo o alguien que resultaba imperceptible surja y se vea, como si saliera de la nada: "El mago *apareció* un conejo", "¡*Apareció* un elefante?", "Su tío *aparece* monedas de las orejas" **4** Estar anotado en una lista, figurar en un registro: "*Aparece* en quinto lugar", *aparecer en nómina*, "Esta palabra *apareció* más de cuatrocientas veces".

aparejo s m **1** Conjunto de utensilios, instrumentos y materiales que se emplean en una labor o trabajo determinado: *aparejos de labranza, aparejos de pesca* **2** Equipo que se pone a las caballerías para poderlas cargar sin que les molesten o hieran los bultos y para que éstos queden bien sujetos **3** (*Mar*) Conjunto de palos, vergas, jarcias y velas de un buque; velamen **4** Sistema de poleas compuesto por una o varias fijas y una o más móviles que van unidas por cuerdas y sirve para levantar grandes pesos **5** *Aparejo de gato o de gata* (*Mar*) El que sirve para subir el ancla o cubierta **6** *Llegarle a uno la lumbre a los aparejos* Encontrarse en una situación crítica o muy difícil de resolver: "Ya *me llegó la lumbre a los aparejos*, no tengo ni para pagar la renta".

aparentar v tr (Se conjuga como *amar*) **1** Dar la impresión de algo que no se es o no se tiene; mostrar una actitud que no es verdadera o sincera: "*Aparenta* ser comprensivo y razonable, pero es bastante neurótico", "Le gusta *aparentar* que tiene dinero, pero la verdad…", "*Aparenta* sentirse bien para que no se preocupe su hijo" **2** Producir determinada impresión; ser objeto de cierta suposición: "*Aparenta* ser educado y trabajador, vamos a ver", "El nuevo contador *aparenta* ser muy eficiente" **3** Representar alguien determinada edad; tener el aspecto que corresponde a cierta edad: "*Aparenta* unos cincuenta", "*Aparento* más de cuarenta pero todavía no cumplo los treinta y cinco".

aparente adj m y f **1** Que parece real o verdadero pero no lo es: *enfermedades aparentes*, "No te dejes llevar por su *aparente* dulzura", "Su interés es *aparente*, él lo que busca…" **2** *Sin razón, sin motivo, sin causa*, etc *aparente* Sin una justificación clara, sin que se sepa el porqué: "Renunció *sin causa aparente*", "Se rompió *sin motivo aparente*" **3** (*Astron*) Tratándose de las características de los cuerpos celestes, que se considera tal como se presenta a la vista y no como es realmente: *diámetro aparente de un planeta, altura aparente de una estrella*.

aparentemente adv En apariencia, al parecer: *acontecimientos aparentemente inconexos, un libro aparentemente difícil, poblaciones aparentemente sanas*.

aparición s f **1** Acto de aparecer: *la aparición de un cometa, la aparición de las computadoras, por orden de aparición* **2** Presencia súbita de un ser sobrenatural o fantástico: *la aparición de un santo*, "No cree en las *apariciones*".

apariencia s f **1** Aspecto externo y general de algo o alguien: "Debes cuidar más tu *apariencia* personal", "La soldadura debe tener una *apariencia* limpia y uniforme" **2** Aspecto que muestra de modo superficial e inmediato algo o alguien y que puede no corresponder a su realidad, su esencia o su naturaleza: "Juzga a los demás por su *apariencia*", "Las *apariencias* engañan" **3** *En apariencia* Al parecer, por lo que se ve: "*En apariencia* es muy generoso" **4** *Ser algo o alguien sólo, pura o mera apariencia* Ser falso por carecer de fondo o fundamento que lo sustente: "Todo *ese lujo es pura apariencia*", "No te asustes, *su enojo es mera apariencia*" **5** *Guardar, cubrir las apariencias* Mantener alguien una determinada imagen ante los demás para ocultar o disimular una situación censurable o no bien vista socialmente: "Se endeudaron mucho sólo por *guardar las apariencias*".

apartado I pp de *apartar* o *apartarse* II adj **1** Que está distante de un punto determinado; que está lejos del lugar que se considera el centro social, económico, etc de algo: "Lo llevaron a un lugar *apartado* del camino con los ojos vendados", "Hay colonias *apartadas* que no tienen agua ni luz", "Llevaron su mercancía hasta las comunidades más *apartadas*" **2** Que está guardado o reservado para el uso exclusivo de alguien: "Hay una cancha *apartada* para nosotros" III s m **1** Acto de apartar algo: *el apartado de las reses* **2** (*Tauro*) Operación que consiste en separar los toros, ya sea en el campo para seleccionarlos o en los toriles de la plaza antes de la corrida **3** Cada una de las partes en que se divide un texto, ya sean párrafos, incisos, artículos, etc y en las que se trata un tema o asunto en particular: "Como decíamos en el *apartado* anterior…" **4** *Apartado postal* Casilla numerada en una oficina de correos, que se renta para recibir en ella correspondencia; caja de apartados **5** (*NE*) Raya del pelo: "Péinate bien, traes chueco el *apartado*".

apartamento s m Departamento: *apartamento amueblado, apartamento en renta.*

apartamiento s m **1** Acto de apartar **2** Lugar o situación de alejamiento y aislamiento de algo o alguien **3** (*Der*) Desistimiento **4** Departamento: "Vivo en un *apartamiento* cerca de aquí".

apartar v tr (Se conjuga como *amar*) I Guardar, reservar alguna cosa para uno mismo u otra persona sin dejar que otro la ocupe o aproveche: "*Apártame* un lugar en el cine", "*Apartaron* todo el pescado para el restaurante" II **1** Poner algo o a alguien lejos de una cosa o persona, llamarlo a un lugar o situación diferente; alejar, separar: "Desde pequeño lo *apartaron* de su familia", "Ya se *apartó* de la bebida", "Nunca llegó a *apartarlo* de su deber", "*Apartó* los ojos de la pantalla", "Los soldados *apartaban* a la gente del camino para dar paso a la comitiva" **2** Separar de un conjunto el elemento o los elementos que se ha elegido para un fin determinado: "*Ve apartando* los libros que te quieras llevar" **3** (*Rural*) Separar las reses del ganado formando grupos según su edad o el destino que se les dará **4** (*Min*) Extraer el oro contenido en las barras de plata.

aparte I adv **1** En otro lugar, por separado: "Viven *aparte*", "Esto se lo voy a pagar *aparte*", "El pollo se fríe *aparte*" **2** *Aparte de* Además de: "*Aparte de* llegar tarde no traes tu tarea", "*Aparte de que* llegas tarde no traes tu tarea", "*Aparte de* estudiar y trabajar cuida a los niños", "*Aparte de que* duele no sirve" **3** Sin considerar cierta cosa o dejándola por separado, al margen: "Lágrimas *aparte*, eso tenía

que ocurrir", *tonterías aparte* **4** *Aparte de* Con excepción de: "*Aparte de* Juan todos vinieron" II adj m y f, sing y pl Que es distinto, singular, que tiene un lugar separado: "Eso es problema *aparte*", *un escritor aparte, un mundo aparte* III s m **1** Parlamento que, en una representación dramática, un actor dice para sí mismo o a otro, bajo la suposición de que el resto de los personajes en la escena no lo escuchan **2** (*Rural*) Acto de apartar el ganado, y lugar en donde se aparta; apartadero.

apasionado I pp de *apasionar* o de *apasionarse* II adj **1** Que manifiesta emociones o deseos muy intensos y dominantes; que tiene o expresa pasión: *un beso apasionado, una discusión apasionada* **2** *Ser (un) apasionado de algo o de alguien* Sentir por algo o alguien una afición muy profunda y entusiasta; darse por completo a alguna actividad: *apasionado de la música, apasionado de los clásicos*, "Siempre *fue un apasionado de* las causas populares" **3** Que se deja llevar fácilmente por sus emociones: "Es demasiado *apasionada* para ser juez".

apasionante adj m y f Que despierta un interés muy vivo, que emociona intensamente o produce un entusiasmo profundo; que apasiona: *una aventura apasionante, una vida apasionante.*

apasionar v (Se conjuga como *amar*) **1** tr Producir o desatar cierta pasión, entusiasmar sobremanera o resultar irresistiblemente atractivo: "Los juegos de azar *apasionan* a los turistas", "Es una novela que *apasiona* desde las primeras páginas", "Lo *apasiona* la música" **2** prnl Sentir uno determinada pasión; desear algo o a alguien con insistencia, vehemencia y exaltación: "Desde muy pequeña *se apasionó* por la danza", *apasionarse por una mujer* **3** prnl Actuar alguien de manera irracional o poco reflexiva y objetiva a causa de una emoción que de momento lo domina: "*Se apasiona* cuando habla de política", "No *te apasiones*, toma las cosas con calma", *apasionarse el público.*

apatía s f Insensibilidad ante situaciones que normalmente suscitan alguna emoción, falta de interés o ausencia de motivación: "El muchacho se rebela contra la *apatía* de sus padres", "¿Cómo explicar esa *apatía* ante el dolor?", "Si reprueba no es por falta de capacidad, es por pura *apatía*".

apear v tr (Se conjuga como *amar*) I **1** Bajar de una cabalgadura o de un vehículo: "La *apeó* del potro y la montó en la yegua mora", "Sin *apearnos* de nuestras cabalgaduras, soportamos el chaparrón", "Se *apeó* del coche en un alto" **2** Bajar de un sitio alto: "Me *apeé* del árbol" **3** Derribar alguna cosa; poner horizontal algo que está parado: *apear un árbol* II (*Hipo*) Maniatar una caballería para asegurar que no escape III (*Der*) Deslindar.

apegarse v prnl (Se conjuga como *amar*) **1** Mantenerse uno ligado o acercarse afectiva o emocionalmente a algo o a alguien: "Después de la muerte de su mujer *se apegó* más a la familia" **2** Mantener algo o alguien fiel al sentido o significado de alguna cosa, comportándose o actuando conforme a él: "La obra *se apega* a la realidad histórica que narra".

apego s m **1** Afecto o inclinación que mantiene a una persona unida o fiel a algo o a alguien: *el apego al hogar, el apego a la familia* **2** Acuerdo o fidelidad de una cosa con relación a otra: "La selección se hizo con estricto *apego* a la ley".

apelación s f **1** Acto de apelar a algo o a alguien: "Hizo caso omiso de la *apelación* del pueblo a su clemencia" **2** (*Der*) Recurso legal por medio del cual la parte afectada o en desacuerdo con el fallo emitido por un juez de primera instancia, puede solicitar a un juez o tribunal superior que reconsidere dicho fallo para modificarlo o revocarlo.

apelar v intr (Se conjuga como *amar*) **1** Traer o llamar en favor de uno alguna cosa o a alguna persona, cuando las circunstancias le son contrarias, desfavorables o injustas: "*Apelo* a tu buena voluntad para que me ayudes", "En mi calidad de esposo engañado, *apelo* a todos los derechos que me concede la ley", "*Apelamos* ante ustedes, vecinos, para que nos condonen la deuda" **2** (*Der*) Interponer el recurso de apelación **3** *Apelar una sentencia* (*Der*) Interponer ese recurso.

apellido s m **1** Cada uno de los dos nombres de familia que siguen al nombre de pila de una persona y que se transmiten de padres a hijos. El primero corresponde al del padre y el segundo al de la madre: *apellido paterno, apellido de soltera* **2** *Apellido de casada* El del marido, que adquiere una mujer al casarse y que añade a su apellido paterno precedido por la preposición de: "Su *apellido de casada* es Martínez de Prado".

apenado I pp de *apenar* **II** adj **1** Con vergüenza o timidez: "Bajó la cabeza *apenada* por lo que había dicho" **2** Con tristeza o compasión: "Miró *apenado* cómo lloraba la pobre mujer".

apenar v tr (Se conjuga como *amar*) **1** Causar pena, dolor, tristeza o compasión: "La muerte de su tío le *apenó* mucho", "La miseria de los niños lo *apena* hasta las lágrimas" **2** Hacer que alguien sienta vergüenza o timidez: "La *apenó* delante de sus compañeros" **3** prnl Sentir timidez ante las personas: "No *te apenes*, saluda a tu tía".

apenas adv **1** Con dificultad, haciendo un esfuerzo, con trabajo; no del todo, casi no, muy poco o por poco; apenas si: "*Apenas* nos alcanza el dinero", "*Apenas si* nos alcanza para el gasto", "*Apenas* se puede ver desde aquí", "*Apenas si* se distingue", "*Apenas* puede cargarlo", "*Apenas si* lo aguanto", "*Apenitas* pasó, yo creí que chocaba", "Salió, *apenitas*, pero esa pelota salió", "*Apenas si* se parecen" **2** Poco tiempo antes, recientemente, no hace mucho: "*Apenas* comienza a caminar", "*Apenas* salió del sarampión", "*Apenas* firmaron los papeles" **3** Inmediatamente después, al momento, en cuanto: "*Apenas* lo vi, lo saludé", "*Apenas* te fuiste, llegó", "*Apenas* llegó y nos fuimos" **4** Sólo, única o escasamente: "Era *apenas* el comienzo de su venganza".

apéndice s m **I 1** Cosa que depende de otra mayor o más importante y que no es esencial: "La compañía debe ser algo más que un *apéndice* de corporaciones extranjeras" **2** Sección que se agrega al final de un escrito y que por lo general contiene notas, tablas o documentos: *apéndice estadístico*, "El *apéndice* consta de quince cuadros" **II 1** (*Biol*) Adherencia, prolongación o saliente que se presenta en un órgano de un animal o de una planta. Por lo general tiene forma alargada y ninguna función importante **2** (*Zool*) Órgano articulado al tronco de un animal, como las aletas de los peces, las patas, pinzas, etc de los artrópodos o los miembros de los vertebrados **3** Prolongación estrecha y del-

gada del intestino grueso del hombre y otros mamíferos; apéndice cecal, apéndice ileocecal, apéndice vermiforme o apéndice vermicular.

apendicitis s f sing o pl Inflamación aguda o crónica del apéndice en que termina el intestino grueso de los seres humanos y algunos animales.

apercibir v tr (Se conjuga como *amar*) **1** Preparar lo que sea necesario para algo de lo cual se está advertido: *apercibir suficientes vacunas, apercibirse para una batalla* **2** Llamar la atención a alguien y advertirlo de la sanción o castigo que pueda recibir por cierta falta: "Lo *apercibieron* de la multa que debía pagar, por no presentar los recibos necesarios".

apero s m **1** pl Animales e instrumentos para la labranza y trabajos agrícolas **2** Lugar donde se guardan los instrumentos de labranza **3** pl Herramientas o utensilios que se usan en cualquier oficio; arreos.

apertura s f **1** Acto de abrir o de abrirse alguna cosa: *la apertura de un camino, la apertura de una válvula* **2** Inauguración, inicio o comienzo de algo: "La *apertura* de la exposición será el próximo viernes", "El juego de *apertura* de la temporada será entre el Guadalajara y el América" **3** Disposición para aceptar y recibir algo como opiniones, críticas, ideas o influencias; actitud franca y libre de prejuicios ante algo o alguien: "No se puede negar su *apertura* al diálogo", *la apertura democrática*.

apetecer v (Se conjuga como *agradecer*, 1a) **1** tr Tener alguien ganas o deseo de algo, principalmente de comer, beber o de cualquier cosa que produzca satisfacción o placer: "*Apetezco* una bebida caliente", "¿*Apeteces* una siesta?" **2** intr Producir alguna cosa en alguien el deseo o las ganas de comerla, beberla, disfrutarla, etc: "No me *apetece* la comida fría", "Nos *apetece* dar un paseo".

apetito s m **1** Impulso, sensación o deseo producido por las ganas de comer: "Con la enfermedad perdió el *apetito*", "Qué mejor que un tequila para abrir el *apetito*", "Siempre ha tenido muy buen *apetito*" **2** *Apetito sexual* Deseo sexual **3** Impulso poderoso e intenso producido por alguna pasión, en particular los que suponen deseos desmedidos de placer, riqueza o poder.

apiario s m Caja que se construye como habitación para las abejas, y lugar dedicado a la cría de abejas.

apícola adj m y f Que forma parte de la apicultura o se relaciona con ella: *una granja apícola*.

apicultor s Persona que se dedica a la apicultura.

apicultura s f Cría de abejas con el fin de aprovechar la miel y la cera.

apilar v tr (Se conjuga como *amar*) Poner o recoger unas cosas sobre otras formando una pila o montón: "*Apiló* los platos sucios en el fregadero".

apiñar v tr (Se conjuga como *amar*) Reunir, apretándolas y oprimiéndolas, muchas cosas o a muchas personas en un espacio demasiado reducido: "Tuve que *apiñar* todas mis cosas en el cajón que quedó desocupado", "La multitud se *apiñaba* en el andén para ver al presidente".

apio s m (*Apium graveolens*) Planta herbácea comestible, de la familia de las umbelíferas, de color verde, de unos 75 cm de alto, con el tallo y los pedúnculos jugosos, largos, gruesos y acanalados. Es de sabor fuerte y se puede comer crudo o cocido: *crema de apio, ensalada de apio*.

aplanado I pp de *aplanar* o *aplanarse* **II** adj Que es plano, que no tiene protuberancias o desniveles, que es delgado y extendido: "Algunas células tienen forma de discos *aplanados*" **III** s m **1** Acto de nivelar o hacer plana una superficie: "Ya comenzaron el *aplanado* de las calles" **2** Recubrimiento delgado y liso, generalmente de yeso, que se pone sobre muros y techos: "Sólo falta el *aplanado* de las paredes y pintarlas".

aplanar v tr (Se conjuga como *amar*) **1** Hacer plano algo o nivelar una superficie irregular: "Antes de construir tienen que *aplanar* el terreno" **2** Reducir el espesor de algo, generalmente a golpes: *aplanar la carne* **3** prnl (*Caló*) Sentar: "*Aplánate* ahí y me esperas" **4** (*Andar*) *aplanando calles* (*Popular*) Estar una persona en la calle sin hacer nada, flojeando: "Tú como nomás *andas aplanando las calles*, crees que uno no tiene que trabajar".

aplastar v tr (Se conjuga como *amar*) **1** Oprimir o empujar algo con alguna cosa o contra otra, haciéndole perder su forma habitual, deformándolo o aplanándolo: "Le *aplastaron* sus paquetes en el camión", "Sus senos turgentes y tibios se *aplastan* en el borde del escote" **2** Oprimir o empujar contra algo alguna cosa, haciendo que lo que contiene se salga o se derrame: *aplastar una naranja* **3** Empujar alguna cosa contra otra, impidiéndole el movimiento: "La policía *aplastaba* al público contra las rejas del estadio" **4** Imponer a alguien un poder o una fuerza tan grande, que lo domina, lo controla o lo derrota por completo: "El ejército *aplastó* a los rebeldes" **5** prnl (*Popular*) Sentarse: "*Aplástate* en la silla" **6** *Aplastarse a los reparos* (*Hipo*) Dar saltos un caballo con las patas traseras, para tirar al jinete.

aplaudir v (Se conjuga como *subir*) **1** intr Chocar entre sí repetidamente las palmas de las manos produciendo ruido para manifestar aprobación, entusiasmo o gusto: "El público *aplaudió* a rabiar después del concierto", "Cuando terminó de cantar todos le *aplaudieron*" **2** tr Aprobar o apoyar algo o a alguien dando muestras de entusiasmo, ya sea chocando repetidamente las manos o de otra manera: "Los afectados *aplaudirán* sin reservas la nueva medida".

aplauso s m **1** Ruido que se produce al golpear repetidamente entre sí las palmas de las manos y que muestra aprobación, elogio o reconocimiento: *brindar un aplauso, digno de aplauso*, "Cuando apareció el artista el *aplauso* no se hizo esperar" **2** *Aplauso cerrado* El que es unánime, fuerte y prolongado **3** Aprobación o reconocimiento entusiasta: "No le importaba el *aplauso* de sus colegas".

aplicable adj m y f Que se puede aplicar: *métodos educativos aplicables en los grupos indígenas, normas aplicables a la adquisición de materiales.*

aplicación s f **1** Acto de poner una cosa en contacto con otra de modo que se fije a ella o ejerza una acción sobre ella: *la aplicación de un barniz, aplicación de anestesia* **2** Puesta en práctica o ejecución de algo: *la aplicación de una ley*, "La *aplicación* de los progresos tecnológicos ha producido un aumento en la productividad" **3** Empleo, uso o destino que se da a alguna cosa: "Esta teoría tiene distintas *aplicaciones*" **4** Referencia de una afirmación, un juicio o un nombre a algo o a alguien **5** Dedicación con que se realiza una tarea: *aplicación al estudio* **6** Adorno

que va cosido o pegado a una prenda: "Le regalaron un vestido con *aplicaciones* de encaje".

aplicado I pp de *aplicar* o *aplicarse* **II** adj y s **1** Que es muy estudioso y cumplido con sus labores escolares: "Forma parte del grupo de los *aplicados*" **2** Tratándose de disciplinas científicas, que se ocupa en la investigación y la producción de efectos útiles o prácticos para la sociedad: *lingüística aplicada, matemáticas aplicadas.*

aplicador s m Pieza, herramienta o dispositivo que sirve para aplicar alguna cosa: *un envase con aplicador, un aplicador de cristal.*

aplicar v tr (Se conjuga como *amar*) **1** Poner una cosa en contacto con otra de modo que quede fija o ejerza una acción sobre ella: *aplicar una mano de pintura a la pared, aplicar una inyección, aplicar insecticidas* **2** Poner en práctica o ejercer algo para que tenga un determinado efecto sobre algo o alguien: "Se *aplicarán* sanciones económicas a los países que no cumplan con los acuerdos", "La ley se *aplicará* con rigor", "Si se *aplica* una fuerza determinada a un objeto en reposo…" **3** Poner en funcionamiento o emplear alguna cosa: "*Aplique* el freno de mano cuando el auto esté estacionado", "Se *ha aplicado* con éxito nueva maquinaria" **4** Destinar o asignar alguna cosa a un fin determinado: "Sólo se *aplicará* el 10% a la inversión", "*Aplicó* su talento a la investigación" **5** Asignar o referir una afirmación, un juicio o un nombre a algo o a alguien: "Ese nombre se *aplica* a varias especies de plantas" **6** prnl Dedicarse con gran cuidado y atención a algo, como al estudio o al trabajo: "Necesitas *aplicarte* en tu carrera".

apócope s m (*Ling*) **1** Pérdida o supresión de uno o más sonidos al final de una palabra, como la de la *o* en *mío* (resultando *mi*), o la de *to* en *tanto* (resultando *tan*) **2** Palabra que resulta de esta pérdida o supresión, como *san* de *santo, tele* de *televisión* o *algún* de *alguno.*

apodar v (Se conjuga como *amar*) **1** tr Dar o poner a alguien un apodo: "Como era cojo lo *apodaban* 'El paso a desnivel'" **2** prnl Ser alguien conocido o darse a conocer por cierto apodo: "Se llama Juan y *se apoda* El Tarzán".

apoderado I pp de *apoderar* o *apoderarse* **II** s Persona a la que otra le da poder para que la represente legalmente y realice determinados trámites en su nombre: "Esos asuntos trátalos con mi *apoderado*".

apoderar v tr (Se conjuga como *amar*) (*Der*) **1** Dar poder una persona o una sociedad a alguien para que represente al otorgante en asuntos legales, negocios, etc: "La compañía me *apoderó* para firmar el contrato" **2** Actuar una persona como representante legal de otra o de un grupo: "El señor Sánchez *apodera* al conjunto musical".

apoderarse v prnl (Se conjuga como *amar*) **1** Obtener o conseguir la posesión o el dominio de algo o de alguien, por lo general, violenta o ilegalmente: "Los caciques *se apoderaron* de los terrenos de los campesinos", "Los extranjeros *se apoderaban* de las minas", "La mujer *se apoderó* del dinero" **2** Entrar con gran intensidad en alguien una emoción o sensación: "El pánico *se apoderó* de los espectadores", "Una ira incontrolable *se apoderó* de su jefe".

apodo s m Nombre con el que se llama irónica o familiarmente a una persona y que por lo general hace referencia a algún defecto, cualidad o característica que lo distingue: "Le pusieron de *apodo* 'La pajarita' por sus piernas flacas".

apogeo s m **1** Momento o grado de mayor intensidad, perfección, desarrollo, etc de alguna cosa o de alguna persona: *el apogeo de una fiesta, el apogeo de una cultura*, "El poeta está en el *apogeo* de su arte" **2** (*Astron*) Punto de la órbita de la Luna o de un satélite artificial en el que se encuentran más alejados de la Tierra.

aportación s f **1** Acto de aportar algo: *una aportación de bienes* **2** Contribución a la realización de alguna cosa, o al logro de un objetivo común a varias personas o a los miembros de una sociedad: *una aportación a una obra, una aportación a la cultura*.

aportar v tr (Se conjuga como *amar*) **1** Contribuir con alguna cosa para el logro o la realización de algún objetivo común con otras personas: *aportar capital a una empresa, aportar materiales para una construcción, aportar datos* **2** Ofrecer alguna cosa que ayude a terminar o a completar cierto objetivo: *aportar pruebas a un juicio*.

aposición s f **1** (*Gram*) Construcción formada por la yuxtaposición de dos sustantivos o frases sustantivas, que se refieren a un mismo objeto, y en la cual el segundo elemento explica o aclara al primero; como en "México, *Ciudad de los Palacios*", donde *ciudad de los palacios* está en aposición con el sustantivo México. Lo mismo pasa con *José Luis* en: "Mi hermano *José Luis*", "Listo *que es uno*" **2** (*Med*) Contacto entre órganos adyacentes.

apostar¹ v tr (Se conjuga como *soñar*, 2c) **1** Jugar dinero, principalmente en favor de la posibilidad de que alguien o algún animal gane una competencia o triunfe sobre otro: *apostar a un boxeador, apostar a un caballo* **2** Ofrecer algo, generalmente dinero, para apoyar la afirmación de que cierto acontecimiento habrá de realizarse: "Yo le *apuesto* a que está aconteciendo algo malo en La Media Luna".

apostar² v tr (Se conjuga como *soñar*, 2c. No se usa en presente de indicativo, ni de subjuntivo) Tomar o mandar tomar a alguien un lugar determinado, para que pueda participar en cierta acción: *apostar soldados en las trincheras*, "En los edificios se *apostaron* luchadores que defendían al gobierno".

apóstol s m **1** Cada uno de los doce discípulos de Jesucristo, escogidos por él para predicar sus enseñanzas **2** Persona que, con esfuerzo y sacrificio, se dedica a luchar por alguna buena causa o a propagar una doctrina en la que cree: *Madero, el apóstol de la democracia; Gandhi, el apóstol de la Independencia de la India*.

apotema s f (*Geom*) Línea perpendicular trazada desde el centro de un polígono regular a cualquiera de sus lados.

apoyar v tr (Se conjuga como *amar*) **I 1** Poner en contacto algo o a alguien con otro y de manera que éste lo sostenga, sujete o detenga: "Esas construcciones *se apoyan* en cimientos de concreto", "Me apoyé en el muro para no caerme", "No *apoyes* los codos en la mesa", "Sólo *apoyándome* en el bastón puedo dar unos pasitos" **2** Dar mayor solidez o credibilidad a una idea, afirmación, opinión, etc, proporcionando argumentos, razones o datos: "*Apoyaremos* nuestras hipótesis en proyecciones estadísticas", "Su tesis *se apoya* en premisas matemáticas", "¿En qué te

apoyas para decir eso?", "No tiene en qué *apoyar* sus acusaciones" **3** Contribuir para que se haga o consiga algo, para que alguna causa alcance sus objetivos o para que alguien logre lo que se propone o supere alguna dificultad: *apoyar una propuesta, apoyar la inversión en el campo*, "Los diputados apoyaron las reformas", *apoyar una huelga*, "*Apoyamos* la candidatura del licenciado Robledo", "El público *apoyó* al equipo brasileño", "Necesita que lo *apoyen*, que crean en él" **4** Tratándose de algún sonido, sílaba o palabra de una composición, pronunciarlo o articularlo con mayor sonoridad o intensidad: *apoyar la nota principal* **II** (*Agr*) Estimular la secreción de leche, en particular de las vacas cuando ya han sido ordeñadas y se les acerca la cría, para obtener nuevamente leche y de mejor calidad.

apoyo s m **I 1** Cualquier cosa que detiene a otra, la soporta o constituye su base, o cualquier argumento, dato, información, etc que sirve para sustentar alguna afirmación o propuesta. Acción de apoyarse: "Una sola columna sirve de *apoyo* a todo el edificio", "El *apoyo* de la plataforma está reforzado con tensores de acero", "Para hacer palanca necesitamos un punto de *apoyo* sólido", "La caja que le servía de *apoyo* se rompió y todo se vino abajo", "El *apoyo* matemático de su teoría es bastante desafortunado", *apoyo teórico* **2** Ayuda, colaboración, manifestación de solidaridad o adhesión, etc que se hace para que alguien consiga lo que desea o se enfrente a una dificultad, o para que una causa logre sus objetivos: "Terminó la carrera gracias al *apoyo* de sus tíos", "Llegaron al poder gracias al *apoyo* de los militares", "Ofreció todo su *apoyo* para la construcción de la biblioteca", "Los huelguistas cuentan con el *apoyo* de los estudiantes", "Si el proyecto no cuenta con el *apoyo* del presidente...", "Nuestro *apoyo* es incondicional", "México reiteró su *apoyo* a la resolución del Consejo de Seguridad", *unidad de apoyo, servicios de apoyo* **3** *En apoyo de* De manera que contribuya, sirva o ayude al logro de cierto propósito, a la confirmación o sustentación de alguna afirmación, o para colaborar en el logro de algo: "Es necesario fortalecer las instituciones financieras *en apoyo del* desarrollo económico", "Se harán nuevas inversiones *en apoyo de* los programas agrícolas y pecuarios", "Presenta un anexo estadístico *en apoyo de* sus conclusiones" **II** (*Agr*) Leche que se obtiene después de la primera ordeña y que se considera de mejor calidad: "Deja el *apoyo* para el becerro".

apreciable adj m y f **1** Que es querido o valorado: *un apreciable amigo, un libro apreciable* **2** Que se puede percibir o notar con facilidad; perceptible, notable: *una cantidad apreciable* **3** Que puede ser objeto de tasación o avalúo; que tiene un precio en dinero.

apreciación s f **1** Consideración y valoración de alguna cosa: *un error de apreciación*, "Hubo una *apreciación* tardía de la novela" **2** Carácter notable de alguna cosa o acto de notar algo en ella: *una apreciación cualitativa, la apreciación de un hecho*.

apreciar v tr (Se conjuga como *amar*) **1** Sentir afecto moderado o ponderado por alguien o por algo **2** Estimar o reconocer el valor de algo o de alguien: "Todos *apreciaban* su bondad y don de gentes" **3** Percibir o distinguir algo en su magnitud, su intensidad o sus características: "Grietas que se *aprecian* en los cantos o en las caras de las tablas".

aprecio s m **1** Afecto moderado o ponderado que se tiene por algo o alguien: "Los alumnos sentían un gran *aprecio* por aquel maestro" **2** Reconocimiento del valor de las cualidades, virtudes o capacidades de alguien o de algo: *el aprecio de las bellas artes* **3** *No hacer aprecio* (*Popular*) No tomar en cuenta a alguien, alguna recomendación o consideración hechas por alguna persona: "A sus padres *no* les *hacía* ningún *aprecio*".

aprehender v tr (Se conjuga como *comer*) **1** Tomar preso a alguien, generalmente la policía: *aprehender a un delincuente* **2** (*Fil*) Percibir intelectualmente un objeto, un hecho, etc: "Tienen una existencia capaz de *ser* directamente *aprehendida*".

aprehensión s f **1** Acto de aprehender a alguien: *orden de aprehensión, la aprehensión del delincuente* **2** (*Fil*) Acto de percibir intelectualmente alguna cosa: "Ningún poeta romano tiene la finura de Ovidio para la *aprehensión* de la belleza".

aprehensor adj y s Que aprehende: "Con el caballo me hubiera burlado de mis *aprehensores*", *un acto aprehensor de la realidad*.

aprender v tr (Se conjuga como *comer*) **1** Adquirir el conocimiento o el dominio de algo mediante la experiencia o el estudio: *aprender a leer y a escribir, aprender a manejar, aprender a tirar, aprender a bailar, aprender un oficio, aprender inglés* **2** prnl Fijar algo en la memoria: *aprenderse un nombre, aprenderse la letra y la música de una canción* **3** Fijar en la memoria y en la inteligencia, a partir de alguna experiencia, cómo hacer algo o cómo reaccionar de manera conveniente ante ciertas situaciones o ciertas acciones: "El perico casi *aprendió* la fórmula para confesar", "*Aprende* a distinguir a los bribones", "¡*Aprende* a las mujeres sanas y fuertes como yo!".

aprendiz s m y f Persona que aprende algo practicándolo, bajo la dirección de un maestro, como sucede principalmente en las artes y los oficios: *aprendiz de carpintero, aprendiz de poeta*.

aprendizaje s m Acto de aprender algo: *aprendizaje de las ciencias, proceso de aprendizaje, el aprendizaje de la arquitectura, un largo y doloroso aprendizaje*.

apresar v tr (Se conjuga como *amar*) **1** Detener a alguien y recluirlo en prisión; tomar prisionero a alguien: "Lograron *apresar* a los asaltantes", "*Aprese* sin miramientos a cualquier sospechoso", "Pidió amparo para evitar que lo *apresaran*" **2** Impedir que una persona o un animal tenga la posibilidad de escapar, de salir de donde está o de moverse libremente; tener cogido a alguien, a un animal o una cosa estrechándolo con firmeza o inmovilizándolo: "El gato *apresó* al ratón", "*Apresó* su talle".

apresuradamente adv En forma apresurada, con prisa: *abandonar apresuradamente la casa, alejarse apresuradamente del lugar*.

apresurado I pp de *apresurar* **II** adj Que se hace con prisa, sin cuidado, sin calma, sin pensarlo mucho, sin preparación: *apresurada declaración, apresurada opinión, viaje apresurado*.

apresurar v tr (Se conjuga como *amar*) Hacer alguna cosa más rápido o con más prisa de lo habitual o presionado por alguna circunstancia: *apresurar el paso, apresurar un viaje, apresurarse a resolver un problema*, "Mejor no te *apresures*".

apretado I pp de *apretar* **II** adj (*Coloq*) **1** Que adopta una actitud de superioridad frente a los demás, que se niega a participar en algo: "La gente *apretada* me cae gorda" **2** Que está escaso de dinero, que atraviesa por una situación económica difícil: "Anda muy *apretada* y por ahora no te puede pagar" **3** Tacaño, codo **4** Reñido o muy competido: *una pelea bastante apretada, un resultado apretado*.

apretar v tr (Se conjuga como *despertar*, 2a) **1** Hacer fuerza sobre una cosa o sobre el cuerpo de una persona o de un animal oprimiéndolo o sujetándolo con firmeza, o reducir el espacio normal que media entre dos o más personas o cosas: *apretar la tierra, apretar la ropa en la maleta, apretar la raqueta*, "Me *apretó* contra la pared", "*Apriétalos* un poquito más a ver si cabe otro", "Si te duele me *aprietas* la mano" **2** Aumentar la tensión que ejerce o tiene alguna cosa: *apretarse el cinturón de seguridad*, "*Apreté* tanto la cuerda que se rompió", *apretar un nudo, apretar la red* **3** Hacer que algo que tiene rosca o cuerda, como una tuerca o un tornillo, se fije con mayor fuerza o firmeza, o sostenga algo de igual manera: *apretar la tapa de un frasco, apretar un foco, apretar la placa del coche* **4** prnl Tratándose de prendas de vestir, resultarle a uno molesta e incómoda por quedarle chica: "Le *aprietan* los zapatos", "Esta chamarra *me aprieta*" **5** Presionar a alguien para que actúe de determinada manera o para que cumpla con alguna obligación: "Si no les *aprietas* un poco nunca van a terminar esa tesis" **6** *Apretarle las tuercas a alguien* (*Coloq*) Presionarlo para que cumpla con sus obligaciones, hacerlo que asuma sus responsabilidades o ponerlo en su lugar: "A esos muchachitos hay que *apretarles las tuercas*" **7** Aumentar la velocidad, el esfuerzo, la dedicación, etc con que se efectúa algo, o poner uno más de su parte para conseguir cierta cosa: *apretar el paso, apretar la marca sobre un delantero*, "Al final *apretaron* y se llevaron la victoria" **8** Hacer fuerza, presionar o tocar la parte de un mecanismo que sirve para activarlo o para producir determinada reacción: *apretar el timbre, apretar el acelerador, apretar una tecla* **9** intr Aumentar la intensidad de algo, en particular cuando se trata de fenómenos naturales: *apretar la lluvia, apretar el frío*, "A esta hora el hambre *aprieta*" **10** *Apretarse el cinturón* Imponerse privaciones o sacrificios, o verse en la necesidad de actuar así: "Para los obreros la política económica sigue siendo la misma: *apretarse el cinturón*", "Con tantos imprevistos vamos a tener que *apretarnos el cinturón* por un buen rato" **11** prnl (*Coloq*) Hacerse del rogar, negarse a participar en algo o a hacer alguna cosa mostrando una actitud caprichosa o delicadezas, escrúpulos, etc excesivos o afectados: "No *se apriete* güerita, vamos a bailar".

aprisa adv Con velocidad, con rapidez: *ir aprisa, muy aprisa, demasiado aprisa, crecer más aprisa, andar aprisa*, "¡Vámonos *aprisita*!".

aprobación s f Acto de aprobar: *un documento con aprobación legal*, "Necesita la *aprobación* de sus padres".

aprobar v tr (Se conjuga como *soñar*, 2c) **1** Aceptar y dar por buena alguna cosa o estar de acuerdo con ella: "Sus padres *aprobaron* su matrimonio", "No *apruebo* su actitud pero lo comprendo" **2** Autorizar, quien tiene facultad para ello, alguna solicitud, propuesta, etc que se presenta a su consideración, o dar por satisfactorio el rendimiento de alguien que está bajo su supervisión: *aprobar una reforma, aprobar por mayoría*, "El director *aprobó* el nuevo plan de estudios", "El profesor *aprobó* a todos sus alumnos" **3** Cumplir alguien que está sujeto a evaluación con los requisitos que se le ponen: *aprobar matemáticas, aprobar el año*, "*Aprobé* historia con ocho", "Si no *apruebas* no sales de vacaciones".

apropiado adj Que es conveniente y adecuado para algo o alguien: *palabras apropiadas para un discurso, un traje apropiado*.

apropiarse v prnl (Se conjuga como *amar*) Tomar alguna cosa que no es de uno y hacerse dueño de ella: "*Se apropió del* coche de sus padres", "*Se apropió de* mi libro".

aprovechado I pp de *aprovechar* **II 1** adj Que se dedica a estudiar y trabajar, sacando provecho de ello: *un alumno muy aprovechado* **2** adj y s Que saca ventaja o abusa de lo que otros han hecho, o de circunstancias morales delicadas o graves sin sentir escrúpulos: "Miserables *aprovechados* de las debilidades de esa mujer" "Ese maestro es un *aprovechado*: firma los trabajos de sus alumnos".

aprovechamiento s m **1** Acto de aprovechar algo; empleo o utilización de alguna cosa de manera que pueda obtenerse de ella un beneficio, cierta ventaja, un mejor rendimiento, etc: *aprovechamiento del agua, aprovechamiento de una máquina* **2** Capacidad de un estudiante para asimilar y sacar provecho de los conocimientos que se le enseñan; medida que se da de esta capacidad: *seis en aprovechamiento, mejorar el aprovechamiento de los niños* **3** pl (*Der*) Ingresos que percibe el Estado por funciones de derecho público, como el de utilizar aguas, terrenos, etc, distintos de las contribuciones o los financiamientos: "La tesorería registró ingresos por concepto de impuestos, derechos, *aprovechamientos*, cooperaciones, etc" **4** (*Der*) Cada uno de esos derechos o de los beneficios que se obtienen con ellos: "El mapa consigna los *aprovechamientos*, tanto superficiales como subterráneos".

aprovechar v tr (Se conjuga como *amar*) **1** Sacar ventaja o beneficio de algo, o utilizarlo de manera conveniente para ello: "*Aprovecha* el tiempo", "*Aprovechan* todas las partes del animal" **2** *Aprovecharse de algo o de alguien* Abusar de algo o alguien para sacar ventaja: "*Se aprovechó* de ella por ingenua" **3** Servir o valer una cosa: "A nadie *aprovecha* la contaminación de la tierra".

aproximación s f Acto de aproximar o aproximarse: *una nueva aproximación a la obra de Revueltas, aproximación al tema, resolver un problema por aproximaciones*, "Tiene premio por *aproximación*".

aproximadamente adv Cerca de, más o menos: "Tiene *aproximadamente* cuarenta años", "Ganamos *aproximadamente* $3 000", "Debe costar veinte millones, *aproximadamente*", "...de *aproximadamente* dos metros".

aproximado I pp de *aproximar* o *aproximarse* **II** adj Que es cercano a lo exacto: *valor aproximado, cálculo aproximado, cantidad aproximada, conocimiento aproximado*.

aproximar v tr (Se conjuga como *amar*) **1** Poner más cerca: "*Se aproximó* a la ventana", "*Se aproximaron*

al estrado del juez" **2** prnl Acercarse el momento en que algo ocurrirá: "*Se aproximan* las vacaciones", "*Se aproxima* la hora de partir" **3** Obtener un resultado cercano al exacto o una conclusión que se acerca a la verdad **4** prnl Tratar, estudiar o analizar algún asunto para conocerlo de manera general: *aproximarse a los clásicos, aproximarse a la teoría de la relatividad*.

aptitud s f **1** Cualidad que tiene alguien por naturaleza para hacer algo: "Ese muchacho tiene muchas *aptitudes* para la pintura" **2** Cualidad que tiene algo o alguien de producir cierto efecto: "Ese historiador tiene la *aptitud* de levantar polémicas" **3** *En aptitud de* En situación o capacidad de hacer algo: *en aptitud de servir*, "En aptitud de reemplazarlo durante su ausencia".

apto adj **1** Que puede hacer o alcanzar algo porque tiene la habilidad, la naturaleza o la preparación necesaria para ello: *un muchacho apto para las matemáticas, una voluntad apta para empresas difíciles* **2** Que es adecuado, propio, conveniente o útil para algo o para alguien: *una película apta para niños, una ropa apta para el trabajo pesado*.

apuesta s f **1** Acto de apostar, generalmente dinero, en favor o en contra de algo o de alguien: *hacer una apuesta, doblar la apuesta*, "La *apuesta* estaba prohibida" **2** Lo que se apuesta: "Su *apuesta* era de $10 000" **3** *Apuesta tronchada* (*Popular*) En Chihuahua, la que resulta desventajosa para alguna de las partes.

apuntar¹ v tr (Se conjuga como *amar*) **1** Tomar nota por escrito, escribir algún dato o información, generalmente de poca extensión: *apuntar un recado, apuntar una dirección*, "*Apúntalo* en tu agenda para que no se te olvide" **2** Señalar o destacar algo en un discurso, un escrito, etc: "*Apuntó* que la inversión extranjera es bien recibida en nuestro país", "Es interesante *apuntar* que ya los griegos...", "Más adelante *apuntó* que la situación se torna crítica" **3** Dictar en voz baja el texto que debe decir un actor en una puesta en escena **4** Registrar algo o a alguien como miembro de un grupo, una institución, una comunidad, etc; inscribirlo en algo: "Me *apunté* en el taller de electricidad", "Todos los que se *hayan apuntado* en atletismo deben presentarse a las siete de la mañana" **5** prnl (*Coloq*) Proponerse para hacer algo o para participar en una actividad: "Yo *me apunto* para traer las cervezas" **6** *Apuntarse un ocho* (*Coloq*) Hacer o decir algo que resulte atinado o divertido: "*Se apuntó un ocho* con la sorpresa que nos dio".

apuntar² v intr (Se conjuga como *amar*) **1** Estar la punta de un objeto o su parte más aguda o saliente en determinada dirección o señalando hacia cierto sitio: "La flecha *apunta* hacia la playa", "La aguja *apunta* hacia el norte" **2** Dirigir la mira de un arma, un proyectil o cualquier cosa que se vaya a lanzar hacia determinado objetivo o lugar: "Preparen, *apunten, ¡fuego!*", *apuntar con una pistola, apuntarle a la portería*, "Los misiles *apuntan* al Este" **3** Tener algo cierta orientación, pretensión o finalidad: "Su obra *apunta* a reivindicar el sentido de la condición humana", "Nuestra propuesta *apunta* hacia una idea más humana de progreso" **4** Dejarse ver las primeras manifestaciones de algo o ciertos signos, indicios, etc que permiten pronosticar o apreciar alguna cosa: *apuntar el alba*, "Esta interpretación *apunta* ya como un nuevo éxito de los Carrión".

apunte s m **1** Escrito breve y simplificado que se hace al margen y como recordatorio de algún hecho: "La acción se libró —según los *apuntes* del general Villa— el 26 de agosto de 1913" **2** pl Notas sencillas y poco formales, de las que se sirve un maestro al dar clase: *apuntes de historia* **3** pl Notas de clase de un escolar o de un estudiante: *tomar apuntes*, "Préstame tus *apuntes*, para copiarlos" **4** Dibujo sencillo y esquemático de algún detalle, del que se sirven los artistas para preparar sus obras **5** Voz de la persona que apunta a los actores lo que han de decir en una obra teatral.

apurado I pp de *apurar* o *apurarse* **II** adj **1** De prisa o con prisa: "Iba muy *apurado* a la reunión" **2** Que está preocupado o angustiado: "Desde que mi papá cayó enfermo, mi mamá está *apuradísima*" **3** Que se encuentra escaso de dinero o en situación económica difícil: "Cuando estábamos más *apurados*, faltábamos más a la escuela, porque no teníamos para los útiles" **4** Que fue conseguido o logrado con gran dificultad: *un triunfo apurado, un apurado empate*.

apurar v tr (Se conjuga como *amar*) **I 1** Hacer que alguien haga algo con mayor rapidez, para que lo termine pronto: "*Apura* a los niños a que se vistan", "¡*Apúrale!*, que se nos hace tarde" **2** prnl Darse prisa uno: "*Me apuré* a terminar el trabajo", "*Nos apurábamos* con la tarea, a ver quién terminaba primero", "¡*Apúrate* con el quehacer!" **II** Preocupar o angustiar a alguien cierta situación, cuyo desenlace puede ser grave, malo o dañino: "No te *apures*, ya está sanando", "Lo *apura* mucho no saber de ti" **III** Llevar alguna acción hasta su más completo fin, su agotamiento o su carácter más extremo: *apurar una copa de vino*, "Comencé a *apurar* mis entrenamientos, a hacerlos más a fondo".

apuro s m **1** Situación difícil, cuya solución puede ser grave o dañina: *poner en apuros, salir del apuro*, "Ojalá no estuviera yo en este *apuro*" **2** Dificultad económica, de escasez o de pobreza por la que alguien atraviesa: *pasar apuros, sacar de apuros*, "Tengo un *apuro*, préstame mil pesos" **3** Prisa o urgencia de alguien para terminar alguna acción: "¡Qué *apuro* tenía por llegar!".

aquel, aquella, aquellos, aquellas adj **1** Que está lejos del que habla y del que escucha, ya sea en el tiempo o en el espacio: *aquella gente, en aquel tiempo, aquella casa, aquellos pasos, por aquel entonces, aquellas monedas, en aquellos días, aquellos jóvenes, el viento aquel, La oficina aquella, las rocas aquellas* **2** Señala uno o varios elementos de un conjunto: "*Aquellos* muchachos que no lleguen a tiempo no podrán entrar", "*Aquellas* flores me gustan para tu cuarto".

aquél, aquélla, aquello, aquéllos, aquéllas pron **1** Indica lo que está lejos del que habla y del que escucha, ya sea en el tiempo o en el espacio: "*Aquél* es negro", "*Aquello* no podía durar", "Todo *aquello* se me perdió", "*Aquello* era apenas el comienzo", "Contemplábamos todo *aquello* en silencio" **2** Señala lo que se nombró primero, con respecto a dos cosas o personas citadas o consideradas: "Vio el odio del médico hacia el ingeniero y cómo *aquél* vaticinaba la próxima muerte del segundo", "Delante de Moc-

tezuma, Cortés dicta órdenes en nombre de *aquél*", "Estos dos ya están seleccionados, *aquéllos* siguen en observación" **3** Indica uno o varios elementos de un conjunto: "Daba preferencia a *aquéllos* cuyos nombres encontraba en las enciclopedias" **4** Algo conocido o sobreentendido, pero que no se quiere nombrar o especificar: ¿Qué pasó con *aquello*?".

aquí adv **1** En el lugar preciso en donde está el que habla o muy cerca de él: "*Aquí* vivo", "Ven *aquí*", "*Aquí* está su fotografía", "Voy *aquí* a la plaza", "No vuelvas por *aquí*", "Desde *aquí* vi el tren con sus vagones" **2** En este momento, ahora: *de aquí en adelante*, "Y *aquí* vino lo bueno" **3** Indica que la persona a que se refiere está próxima al que habla o muy cerca de él: "Aunque *aquí* Edmundo no quiera...", "*Aquí*, el señor, pregunta por usted", "*Aquí* los pasajeros me pueden desmentir".

ara s f **1** (*Liter*) Altar **2** (*Relig*) En el catolicismo, pequeña piedra plana consagrada, en la cual hay una cavidad donde están depositadas algunas reliquias, y que permite, por su carácter consagrado, la celebración de la misa **3** *En aras de* En honor y como sacrificio ritual de: "Descuidaron lo estético *en aras de* las teorías sociales que intentaban aplicar", "Ofrecen sus mejores esfuerzos *en aras de* la gloria y la fortuna".

árabe adj y s m y f **1** Que se relaciona con los pueblos semíticos, originarios de la península limitada por el mar Rojo, el océano Índico, el golfo Pérsico y el Valle del Éufrates, que desde el siglo VII se expandieron por el norte de África, España, Persia y Asia central: *países árabes, invasiones árabes, el arte árabe* **2** s m Lengua de esos pueblos, de la familia camitosemítica, extendida por el islamismo, en la que está escrito el Corán, y sirve como medio de comunicación a todos los países que han abrazado esa religión; en cada uno de ellos hay múltiples dialectos que varían notablemente de aquélla **3** s y adj m y f Persona de ese origen y de esa lengua: *un comerciante árabe, los árabes de la calle de Correo Mayor*.

arabesco s m Dibujo a base de juegos de líneas geométricas, flores, follaje, grafismos semejantes a la escritura árabe, etc, con que se adornan obras plásticas, arquitectónicas, mosaicos, telas, etcétera.

arábigo adj Árabe: *números arábigos, goma arábiga*.

arabismo s m Palabra de origen árabe incorporada a otra lengua. En español son arabismos, por ejemplo: *alguacil, almohada, bodoque, garbo, jícara, mandil, zaguán*, etcétera.

arácnido adj y s m (*Zool*) Tratándose de artrópodos, que tiene cuatro pares de patas y el cuerpo dividido en dos partes: cefalotórax y abdomen, como las arañas, los alacranes y las garrapatas.

aracnoides s f sing y pl (*Anat*) Membrana meníngea, situada entre la piamadre y la duramadre, formada por un tejido seroso, de aspecto semejante a la tela de araña, que cubre el cerebro y la médula espinal; meninge serosa.

arado s m Instrumento de labranza que remueve la tierra haciendo surcos en ella y que puede ser tirado por personas, animales o tractores.

arancel s m **1** Tarifa oficial que determinan los derechos de importación de mercancías extranjeras, así como los que causan varios otros servicios: *arancel notarial* **2** Cada uno de los derechos estipulados en esa tarifa: *pago de aranceles, reducción de aranceles.*

arancelario adj Que se relaciona con el arancel o se determina por él: *política arancelaria, franquicias arancelarias.*

arandela s f Pieza metálica en forma de disco con una perforación en el centro, que se utiliza para impedir el roce entre dos piezas de una máquina, para afianzar o apretar algo, como un tornillo, para impedir filtraciones de líquidos entre dos piezas, etcétera.

araña s f **1** Artrópodo de la clase de los arácnidos que se caracteriza por secretar una sustancia sedosa en forma de hilo con la que teje una red (llamada tela de araña o telaraña) que usa para atrapar a los insectos de que se alimenta y para desplazarse colgándose de ella. Los más conocidos o característicos de la gran variedad de sus ejemplares se distinguen por tener las patas muy largas y delgadas **2** *Araña de mar* Cangrejo de cuerpo comprimido y de largas y delgadas patas **3** Lámpara colgante o candelero compuesto por varios brazos largos, generalmente adornados con prismas o almendras de cristal **4** *¡Ay arañas!* (*Coloq*) Expresión con la que se manifiesta sorpresa y admiración, o temor y miedo **5** *¡Ah que las arañas!* (*Coloq*) Expresión con la que se manifiesta disgusto o enfado, generalmente por sufrir varias incomodidades o adversidades en poco tiempo, o por tener que soportar la misma molestia demasiado tiempo **6** (*Popular*) Prostituta.

arar v tr (Se conjuga como *amar*) Hacer surcos en la tierra con un arado para sembrar; labrar.

arbitraje s m **1** Actuación, función o resolución de un árbitro en relación con algo: *el arbitraje de un juego de futbol, buen arbitraje, arbitraje internacional* **2** Compra y venta simultánea de valores mercantiles en el mismo o en diferentes mercados, con el fin de beneficiarse de sus discrepancias de precio.

arbitrariedad s f **1** Acto realizado por alguien por su pura voluntad o capricho, sin respetar leyes, reglas o necesidades y apartándose de la justicia, la razón o el derecho: "Diariamente se cometen injusticias y *arbitrariedades* con los campesinos", "Su despido fue una *arbitrariedad*", "Los ciudadanos siguen padeciendo las *arbitrariedades* de autoridades y funcionarios" **2** Carácter o calidad de arbitrario: "Su *arbitrariedad* es insoportable", *la arbitrariedad de un nombre, la arbitrariedad de un signo lingüístico.*

arbitrario adj **1** Que se comporta según su voluntad y capricho apartándose de las leyes o normas, o sin tomar en cuenta el respeto debido a los demás: *un policía arbitrario, un jefe arbitrario, una maestra arbitraria* **2** Que ha sido hecho por la simple voluntad, el gusto o la conveniencia de alguien sin considerar las reglas, valores o principios establecidos, o sin tomar en cuenta las características propias del objeto al que se refiere: *un signo arbitrario, una terminología arbitraria, un juicio arbitrario, una medida arbitraria,* "La traducción del título de la película es bastante *arbitraria*".

arbitrio s m **1** Decisión o juicio de una persona, hecho libremente o por su pura voluntad: "La interpretación queda al *arbitrio* del director de la orquesta" **2** Juicio u opinión que emite alguien por su pura voluntad o por capricho, sin tomar en cuenta hechos o situaciones: "Da y quita empleos a su

arbitrio" **3** Impuesto fijado por el Estado a algún servicio dado por él.

árbitro s m **1** Persona o institución no involucrada en algún conflicto, que imparcialmente lo conoce y lo comprende, con el fin de servir como mediadora en su solución, o de dar un veredicto al respecto: *un árbitro internacional, tomar el papel de árbitro* **2** Persona que, en deportes como el futbol o el tenis, está encargada de vigilar que se cumplan sus reglas específicas, de sancionar imparcialmente su incumplimiento y de tomar decisiones sobre su ejecución: *un árbitro de futbol, el árbitro principal* **3** Persona que, por su prestigio y reconocimiento social, llega a influir e imponer sus ideas en cierto campo: *un árbitro de la moda, árbitro de la elegancia.*

árbol s m **1** Planta de tronco leñoso y bien definido que se ramifica a cierta altura del suelo: *plantar un árbol, un árbol frondoso,* "Esos árboles tienen más de cien años" **2** *Árbol de navidad* Especie de pino, natural o artificial, que se adorna con motivo de la navidad **3** *Árbol genealógico* Esquema o cuadro que muestra, generalmente trazando ramificaciones, las relaciones de parentesco entre distintas generaciones de una familia; genealogía **4** (*Mec*) Eje o barra que recibe o transmite un movimiento de rotación: *árbol de levas* **5** Pie o eje que sostiene los peldaños de una escalera de caracol **6** (*Impr*) Paralelepípedo en el que se apoya el ojo de la letra de un tipo móvil, y altura de ese paralelepípedo.

arboleda s f Espacio poblado de árboles: "Un camino lleno de fuentes en medio de la *arboleda*".

arborescencia s f **1** Crecimiento de las ramificaciones de un árbol, o de plantas que se le parezcan **2** Forma similar de alguna cosa a las ramificaciones de un árbol.

arborescente adj m y f Que tiene aspecto ramificado, como un árbol: *una planta arborescente, una estructura arborescente.*

arbusto s m Planta de tallos leñosos que se ramifican desde el suelo, generalmente más pequeña que un árbol, como la azalea, el piracanto y la zarzamora.

arca s f **1** Caja o baúl, generalmente de madera, en que se guardan cosas: *arca de la alianza* **2** Lugar en donde se guarda y atesora el dinero de alguna institución: *las arcas del gobierno, arcas de la tesorería, arcas de una compañía* **3** *Arca de agua* Depósito de agua, desde donde se distribuye **4** Género de moluscos bivalvos, de la familia *Arcidae,* de varias especies, abundantes en los mares mexicanos, como el llamado *pata de mula* en el Pacífico **5** *Arca de Noé* Embarcación en la que, según la Biblia, Noé salvó del diluvio a su familia y una pareja de cada especie de animales; aparentemente, tenía forma de caja.

arcaísmo s m **1** Carácter de lo que reproduce, imita o conserva estilos, hábitos o costumbres antiguas o viejas: *arcaísmo arquitectónico,* "Tenemos que actualizar el reglamento, está lleno de *arcaísmos*" **2** (*Ling*) Forma gramatical o léxica que resulta anticuada para alguien en relación con un momento dado de la lengua, con su empleo en cierta capa social, en cierta región o con la idea que se forman los hablantes acerca de ella; así, en España, formas rurales mexicanas como *ansina, truje,* etc se consideran *arcaísmos.*

arce s m (*Acer serratum*) Árbol de la familia de las aceráceas, de madera muy dura, hojas compuestas, con tres foliolos ovados de 6 a 12 cm de largo, acuminadas e irregularmente aserradas; flores dioicas, sin pétalos, entre 4 y 12 estambres, fruto en doble sámara.

arcilla s f Sustancia formada principalmente por silicato de aluminio que se encuentra en la corteza terrestre; es suave y mezclada con agua forma una pasta que se usa en cerámica y en la industria de la construcción: *suelo de arcilla, trabajar arcilla*.

arción s m **1** (*Charr*) Correa de la que cuelga el estribo de las sillas de montar **2** Dibujo ornamental que imita una red, usado en la arquitectura medieval.

arco s m **1** Porción definida de una curva, en particular de una circunferencia **2** Construcción que tiene esa forma: *Los arcos de la plaza, un arco gótico* **3** Parte del cuerpo que tiene esa forma: *arco del pie, arco del paladar, arco púbico, arco de una vértebra* **4** Arma que se utiliza para lanzar flechas, formada por una varilla flexible, generalmente de madera, a cuyos extremos se sujeta una cuerda que al tensarse hace que la varilla se curve: "Cazaban con *arco*" **5** Varilla ligeramente curva que sostiene las cerdas con las que se tocan algunos instrumentos, como el violín, el contrabajo o la viola **6** *Arco iris* Banda curvilínea de colores que aparece en la atmósfera como resultado de la descomposición de la luz del Sol en las gotas de lluvia, y que consta de siete colores: rojo, anaranjado, amarillo, verde, azul, añil y violeta **7** *Arco reflejo* (*Fisio*) Vía o recorrido que sigue el impulso nervioso desde la estimulación del receptor hasta la respuesta de los órganos eferentes o periféricos, pasando por los centros nerviosos **8** (*Crón dep*) Portería: "El portero dejó completamente desguarnecido su *arco*, lo que le costó el segundo gol" **9** *Pasarse algo o a alguien por el arco del triunfo* (*Popular* y *Groser*) Ignorarlo o despreciarlo por completo, considerarlo indigno de la menor atención: "La vigilancia me vale, *me la paso por el arco del triunfo*, el problema está en abrir esa pinche bóveda".

archipiélago s m Grupo de islas cercanas entre sí: *el archipiélago de las Malvinas*.

archivar v tr (Se conjuga como *amar*) Guardar y conservar documentos en un lugar y un mueble determinados, y con cierto orden: *archivar un expediente, archivar una carta, archivar un documento en la computadora*.

archivero **1** s m Mueble especial para guardar documentos, fichas, etc, generalmente en orden alfabético: "Su oficina sólo es un pequeño rincón con un *archivero*" **2** s Archivista.

archivista s y adj m y f Persona que se ocupa de reunir, ordenar y guardar documentos en un archivo.

archivo s m **1** Lugar donde se guardan documentos en forma ordenada, y conjunto de estos documentos: "Tener *archivo* nacional es, ni más ni menos, tener historia" **2** (*Comp*) Serie de datos relacionados entre sí y tratados como una unidad, con los que funciona una computadora.

arder v intr (Se conjuga como *comer*) **1** Estar alguna cosa encendida con fuego y consumiéndose: *arder una antorcha, arder la vela, arder un bosque, arder el alcohol* **2** Empezar a quemarse espontáneamente una sustancia química cuando entra en contacto con otra o cuando se dan ciertas condiciones, como el fósforo al exponerse al aire o el estiércol cuando se fermenta **3** Sentir uno en el cuerpo o en parte de él un calor muy intenso acompañado de escozor, irritación o dolor, como el que producen las quemaduras, algunas heridas o la hiperacidez: "Me *arden* los ojos", "Le va a *arder*, pero sólo un momentito", "Tiene una ampolla y le *arde* mucho" **4** Producir algo esa sensación: "El agua oxigenada *arde*, pero menos que el alcohol", "El piquete de la aguja no duele, pero el anestésico *arde* bastante" **5** *Arder en fiebre* o *arder en calentura* Tener mucha fiebre o calentura **6** Sentir una emoción o un afecto con una pasión muy intensa, insaciable o incontrolable: *arder en deseos, arder de coraje* **7** *Arderle algo a alguien* (*Popular*) Causarle gran resentimiento, herirle en su amor propio: "*Le ardió* mucho *que no lo invitaras a tu fiesta*, eso es todo", "*Me ardió verla con otro*, para qué me hago guaje" **8** *Estar algo que arde* Estar en una situación de mucha tensión, agitación o violencia: "La cosa *está que arde* en el medio Oriente".

ardido **I** pp de *arder* **II** adj (*Popular*) Que siente rencor o resentimiento por algo que sufrió o por algún fracaso, particularmente por un asunto amoroso: "Antonio está *ardido* porque lo abandonó su novia", *canciones de ardido*.

ardiente adj m y f **1** Que arde o está muy caliente: *un sol ardiente, un clima ardiente, una arena ardiente* **2** Que es intenso en sus pasiones, emociones o deseos: *una mujer ardiente, un músico ardiente*.

ardilla s f **1** Mamífero roedor de la familia *Sciuridae*, la cual incluye alrededor de cincuenta géneros diferentes distribuidos ampliamente por todo el mundo, principalmente en áreas boscosas. Tiene cola larga y poblada, y extremidades posteriores muy fuertes. Es muy ágil y vivaracho y salta con facilidad. Hay especies que se alimentan de nueces, semillas y otros vegetales; algunas más se alimentan de otros animales y unas cuantas prefieren insectos **2** *Ardilla voladora* Cualquiera de las pertenecientes a las varias especies que se distinguen por tener unas membranas que se extienden de las extremidades anteriores a las posteriores, a lo largo de los flancos del cuerpo. En México abunda en la Sierra Madre Occidental y en la Oriental **3** (*Popular*) *Ponerse ardilla* Ponerse abusado, listo: "*Ponte ardilla*, no te vayan a pescar".

arduo adj Que requiere gran esfuerzo, hasta llegar a ser extenuante: *una ardua tarea, un trabajo arduo*.

área s f **1** Espacio limitado de una superficie, en particular terrestre, que se considera como una unidad: *las áreas rurales, el área metropolitana*, "Se agravan los conflictos en el *área* centroamericana", "Acordonaron el *área* para evitar nuevos enfrentamientos" **2** *Áreas verdes* Las que tienen mucha vegetación, particularmente las que nutren de oxígeno a las ciudades o proporcionan espacios de esparcimiento: *preservar las áreas verdes*, "Cuenta con estacionamientos, instalaciones deportivas y *áreas verdes*" **3** (*Dep*) El rectángulo, marcado en el campo de futbol a 16.50 m de cada uno de los postes de la portería, sobre la línea de meta, y que se extiende 16.50 m hacia el centro del campo. Dentro de sus límites el portero puede usar las manos para detener el balón y se aplican reglas especiales como la del penalty; área grande, área de castigo:

tirar desde fuera del área, "La mano fue dentro del *área*", "En los linderos del *área* sacó un escopetazo que dejó sin oportunidad al arquero Larios" **4** *Área chica* (*Dep*) La que está inscrita dentro de la grande o de castigo, a 5.50 m de cada poste y que se extiende otros 5.50 m hacia el centro de la cancha. Sirve de referencia para poner el balón en juego en los saques de meta, y dentro de ella el portero no puede ser objeto de contacto intencional por parte de los contrarios: "Estaba solo, en el *área chica*, y la voló" **5** (*Geom*) Superficie comprendida dentro de un perímetro, y medida de esta superficie: *el área de un polígono*, "La cocina tiene un *área* de 6 m²" **6** (*Anat*) Zona o parte del cuerpo, y más particularmente del cerebro, en la que se localizan un conjunto de estructuras anatómicas reconocibles en virtud de sus funciones o constitución: "Al parecer, la trombosis afectó el *área* del lenguaje", *área asociativa, área psicomotora* **7** Conjunto de características, conocimientos, acciones, etc propios de una actividad o disciplina: *área laboral, área clínica*, "Entró al *área* de fisicomatemáticas".

arena s f **1** Material compuesto por pequeñas partículas procedentes de la desintegración de las rocas, generalmente de color café claro, que se encuentra abundantemente en las playas, desiertos y minas. Se emplea en la fabricación de vidrio, en moldes de fundición y en la construcción de edificios: "Hicimos un castillo de *arena*", "Tomaban el sol tendidos en la *arena*" **2** *Arena movediza* La que es poco consistente, fina y de grano liso que cede fácilmente a la presión ahondándose **3** Limadura o conjunto de partículas que quedan como residuo de ciertos materiales, en particular de algún metal **II 1** Lugar en el que se llevan a cabo los combates de box o de lucha **2** Ruedo en el que tiene lugar la lidia de toros.

arete s m **1** Adorno que se pone en la oreja; es usual en el arreglo femenino: *perder un arete*, "Le regalaron unos *aretes* de oro" **2** Planta bulbosa perteneciente a la familia de las liláceas, de flores colgantes de color carmín dispuestas en umbelas.

argelino s y adj Que pertenece a Argelia o a Argel, es originario de ese país o esa ciudad del norte de África, o se relaciona con ellos: *un escritor argelino, la independencia argelina*.

argentino¹ adj y s Que pertenece a este país hispanoamericano o se relaciona con él: *la pampa argentina, tangos argentinos, los argentinos de Buenos Aires*.

argentino² adj (*Liter*) **1** Que es brillante y nítido, semejante al color de la plata: *la blancura argentina de la Luna* **2** Que es claro, sonoro y bien timbrado, por ejemplo un instrumento o la voz de una persona: *sonido argentino, voces argentinas*.

argüir v tr (Se conjuga como *construir*, 4) **1** Argumentar algo basándose en pruebas y discusiones fundamentadas; alegar ciertas razones en favor o en contra de algo: "El agente del ministerio Público *arguyó* que no se asentarían falsedades en el acta" **2** Sostener algún razonamiento con astucia: "El patrón *arguye* su pobreza para no aumentar salarios".

argumentación s f Conjunto de razonamientos que se da a favor o en contra de una determinada tesis o afirmación y forma en que se presentan estos razonamientos: *una argumentación sólida*, "Su *argumentación* es muy tramposa".

argumentar v tr (Se conjuga como *amar*) Dar razones en favor o en contra de una opinión, una idea, una causa, una propuesta, etc: "*Argumentaron* que el aumento en las tarifas se debió...", "*Argumentó* con elocuencia".

argumento s m **1** Razonamiento que se da para defender o combatir una opinión, una idea, una propuesta, una causa, etc: "Mis *argumentos* son estrictamente legales, no pretendo convencerlo sino prevenirlo" **2** Conjunto de los hechos a que se refiere una novela, una historia, una película o una obra de teatro; trama: "El *argumento* es bueno pero la actuación es fatal".

aridez s f Calidad de árido: "La ausencia de toda forma de vida, la *aridez* de los paisajes...", "Se trata de un texto en extremo académico y erudito, de una *aridez* asfixiante".

árido adj **1** Tratándose de la tierra, que no tiene suficiente humedad para hacer posible la vegetación; que es seca o estéril **2** Que no despierta interés o que es aburrido: *un libro árido*.

arilo s m **1** (*Bot*) Envoltura exterior de las semillas de algunas plantas como el trigo, generalmente carnosa y de colores vivos **2** (*Quím*) Radical orgánico derivado de un hidrocarburo cíclico, por pérdida de un átomo de hidrógeno, como por ejemplo el naftil.

ario adj y s **1** Que pertenece o se relaciona con un pueblo antiguo, habitante de Asia menor y el norte de la India, varios de cuyos grupos de nobles ocuparon Mesopotamia hacia el siglo XV aC; sus lenguas formaban parte de la rama indoirania del indoeuropeo. Se piensa que medas, persas e indios son descendientes de ellos **2** Para la ideología racista desarrollada en Europa desde mediados del siglo XIX, grupo formado por indios, medas, persas, griegos, romanos y germanos, a los que se consideraba creadores de la cultura occidental y se los oponía, como raza superior, a los judíos, lo que dio lugar al genocidio de éstos durante la segunda guerra mundial a manos de los nazis.

arista s f **1 1** Filo que forman dos superficies al encontrarse; ángulo o esquina saliente que forman dos planos al encontrarse: la *arista de un muro, las aristas de una masa*, "Se cortó la mano en las *aristas* de las peñas" **2** (*Geom*) Línea de intersección de dos planos **II 1** (*Bot*) Filamento áspero de la cascarilla que envuelve el grano del trigo y el de otras gramíneas **2** (*Bot*) Pajilla que queda después de separar la fibra de algunos tallos, como la del lino o la del cáñamo.

aristocracia s f **1** Clase social formada por un pequeño grupo de familias nobles o notables cuyos derechos, privilegios, títulos, etc son hereditarios; por lo común desempeña cargos de importancia en los Estados monárquicos, cuyos reyes suelen provenir de tales familias: "A la boda del príncipe asistió toda la *aristocracia* inglesa", "Los revolucionarios franceses se lanzaron contra la *aristocracia*" **2** Forma de gobierno en que el poder soberano es ejercido por los miembros de esas familias sin la presencia de un rey; suele caracterizarse como un tipo de gobierno intermedio entre la monarquía y la democracia **3** Cualidad o condición de lo que se considera propio de esta clase, como el refinamiento en las maneras, la elegancia, el desprecio por lo vulgar o popular, etc: *vestir con aristocracia*

4 Grupo selecto de personas que se distinguen en alguna actividad o por algún motivo: *la aristocracia del saber*, *la aristocracia del dinero*.

aristócrata adj y s m y f Que pertenece a la aristocracia, se relaciona con ella o tiene sus características; que es partidario del gobierno o las costumbres de esta clase social: *familia aristócrata*, *partido aristócrata*, "Se casó con un *aristócrata* venido a menos", "¿Sigue con sus pretensiones de *aristócrata*".

aritmética s f Parte de las matemáticas que estudia las propiedades y relaciones de los números reales, y las operaciones que con ellos se puedan hacer, como son la suma, la resta, la multiplicación, la división, la elevación a potencias y las raíces: *estudiar aritmética*.

aritmético adj Que pertenece a la aritmética o se relaciona con ella: *cálculos aritméticos*, *operaciones aritméticas*, *escala aritmética*, *precisión aritmética*.

arma s f I **1** Instrumento, dispositivo o medio cualquiera diseñado para el combate, sea éste individual o colectivo, en una lucha cuerpo a cuerpo o a distancia, o empleado para destruir, matar o herir seres vivos, etc: *el arma asesina*, *las armas decomisadas*, *armas de caza*, *armas de guerra*, *un arma defensiva*, *portar armas*, *armas atómicas*, *armas químicas*, *armas bacteriológicas* **2** *Arma blanca* La que se maneja con la mano y hiere con el filo o la punta, como la espada, el puñal y la navaja **3** (*Dep*) La que resulta de modificar un arma blanca, quitándole el filo y la punta para que no hiera, y se emplea en las competencias de esgrima, como el florete **4** *Arma de fuego* La que dispara un proyectil o bala por medio de una explosión de pólvora, como la pistola, el rifle y el cañón **5** *Arma de repetición* La de fuego que puede disparar varios proyectiles, uno tras otro, sin necesidad de ser recargada cada vez **6** *Arma automática* La de fuego que, hecho el primer disparo, descarga automáticamente y a gran velocidad una serie o ráfagas de proyectiles **7** *Arma antiaérea* La destinada a derribar aviones **8** *Arma convencional* La que causa daño por un medio distinto del atómico, el químico o el biológico o bacteriológico **9** *Arma táctica* La que consta de una carga explosiva atómica montada en un cohete de corto alcance (200 km) **10** *Arma estratégica* La que consta de una o más cargas explosivas atómicas que van montadas en un cohete intercontinental capaz de viajar más de 5 500 km antes de llegar a su blanco **11** *Ser algo un arma de doble filo* o *de dos filos* Ser de tal naturaleza que puede dar un resultado opuesto al que se pretende: "La energía nuclear —afirmó— *es un arma de doble filo*" **12** *Ser alguien de armas tomar* (*Coloq*) Ser decidido y resuelto, particularmente en situaciones comprometidas, difíciles o arriesgadas **II 1** pl Conjunto de las tropas o ejércitos de un estado, una federación, un partido, etc: *las armas mexicanas*, *las armas republicanas*, *las armas aliadas* **2** Cada uno de los grupos de combate de que se compone un ejército: *arma de infantería*, *arma de caballería* **3** pl Actividad o carrera militar: *dedicarse a las armas* **4** *Hacer armas* Guerrear o participar en combate: "El coronel Gutiérrez *hizo* sus primeras *armas* durante la revolución cristera" **5** *Alzarse* o *levantarse en armas* Sublevarse o rebelarse en contra de alguien o de algo y combatirlo militarmente: "El general Reyes *se alzó en armas* contra Madero" **6** *Rendir las armas* En-

tregarlas al enemigo después de ser vencido por él o declararse derrotado y rendirse **7** *Presentar armas* Formarse los soldados en posición de firmes y sostener el fusil delante del pecho para rendir honores militares o como señal de respeto a una persona de alto rango, sea o no militar **8** *Pasar a alguien por las armas* Fusilarlo: "Como no quería cargar con los prisioneros, decidió *pasarlos por las armas*" **III 1** Recurso o medio que sirve para defender, proteger o combatir alguna cosa o a una persona: "Rogelio cuenta aún con algunas *armas* legales para continuar el pleito", "¿Con qué armas cuenta el Departamento del Distrito Federal para abatir la contaminación?" **2** *Armas de montar*, *de pelo*, *de pecho*, *de agua* (*Rural*) Piezas de cuero de chivo con pelo, que se sujetan a la cabeza de la silla de montar y sirven para proteger las piernas y pies del jinete contra la lluvia, la breña, etcétera.

armada s f **1** Conjunto de las fuerzas navales o marítimas de un país, Estado, Federación, etc: *la armada mexicana*, *la armada aliada* **2** Escuadra o grupo de barcos militares de una nación, Estado, etc: "La *armada* arribó a Portobelo" **3** (*Rural*) Medio o técnica para cazar patos que consiste en un semicírculo de escopetas u otras armas, apuntadas hacia una bandada que nada en un estanque y que, unidas por un hilo de pólvora, pueden ser disparadas al mismo tiempo por una sola persona; a veces una segunda hilera de armas apunta un poco más alto para cazar a los patos que logren alzar el vuelo.

armadillo s m **1** Mamífero americano del orden de los desdentados y del género *Dasypus*; mide entre 30 y 50 cm de largo y está cubierto por una coraza de laminillas óseas, negra y flexible, que lo protege completamente cuando se enrolla sobre sí mismo. Su carne es comestible y de su caparazón se hacen instrumentos musicales de cuerda (como el charango), bolsas de mano, recipientes y canastas **2** Crustáceo isópodo, terrestre, que se enrolla sobre sí mismo para protegerse; pertenece a diversas especies de los géneros *Armadillium* y *Cubaris*; es de cuerpo deprimido y parecido a la cochinilla de humedad.

armado¹ I pp de *armar* o *armarse*: "El ejército fue *armado* por los israelíes" **II** adj Que tiene armas o que dispone de ellas: *fuerzas armadas*, *un hombre armado*, *a mano armada*.

armado² I pp de *armar²* **II** adj y s **1** Tratándose de algo que se construye, que ha quedado unido, ensamblado o montado adecuadamente con todas sus piezas o sus elementos: *un motor armado*, *el armado de una bobina* **2** Tratándose de cemento, que ha sido reforzado mediante un soporte metálico, generalmente de acero, como varillas, mallas, etc: *cemento armado*, *el armado de una losa* **3** Tratándose de instrumentos, pertrechos, etc, que están preparados y dispuestos para su funcionamiento: *un cañón armado*, *el armado de una bomba*, *el armado de las puertas de un avión* **4** *Estar* o *quedar armado* (*Coloq*) Recibir o prepararse uno para realizar algo en las mejores condiciones: "Ya con el permiso, *estoy armado* para trabajar bien".

armadura s f **1** Especie de traje, compuesto por piezas de hierro, con que cubrían su cuerpo los antiguos guerreros asiáticos y europeos, y a veces también el de sus caballos, para protegerse durante las batallas:

armaduras japonesas, armadura de caballero medieval **2** Elemento, o conjunto de elementos unidos entre sí, generalmente rígido, que sostiene alguna cosa, le da firmeza o la protege; armazón: *armadura de un muro, armadura de un avión* **3** (*Mar*) Pieza metálica en forma de aro que sirve para reforzar la unión de algunos elementos de la embarcación, como el codaste, las chumaceras y el pozo de la hélice **4** (*Elec*) Pieza de hierro dulce o bobina metálica que sirve para determinar la dirección de una corriente eléctrica en un motor o de un flujo magnético en un imán **5** (*Mús*) Conjunto de los sostenidos y los bemoles que, escritos junto a la clave de una partitura musical, determinan la tonalidad de la obra o de uno de sus fragmentos.

armamentismo s m Actitud o posición política de un Estado o de un Gobierno, por la cual se dota de armas cada vez que se siente amenazado por otros, como una forma de amenazar a los demás, o como una forma de disuadirlos de comenzar una guerra: "El *armamentismo* de las superpotencias es un peligro constante".

armamentista adj m y f Que es partidario del armamentismo, lo fomenta o se caracteriza por esa posición de la política internacional: *un país armamentista, la carrera armamentista.*

armamento s m **1** Conjunto de las armas de que dispone una persona, un conjunto de personas, un ejército, un país, etc: "Resistieron la invasión con el escaso *armamento* que tenían", *armamento pesado, armamento nuclear, fábrica de armamentos* **2** (*Mar*) Conjunto de las provisiones y recursos de que se dota a un barco para cumplir una tarea específica.

armar[1] v tr (Se conjuga como *amar*) **1** Dar o proveer de armas a alguien; proporcionar medios de defensa o ataque: *armar un ejército* **2** (*Mil*) Poner un arma blanca, generalmente una bayoneta, a un fusil u otra arma larga **3** (*Tauro*) Preparar las armas, principalmente el picador para citar al toro y el torero para consumar la suerte de matar **4** (*Mar*) Proveer a una embarcación de todo lo que necesita para navegar y cumplir la función para la que ha sido destinada: "El *Gloria*, un viejo barco de Veracruz, *fue armado* para la pesca" **5** *Armarse de valor, armarse de paciencia,* etc Darse valor, paciencia, etc para hacer frente a una situación difícil o incómoda **6** prnl (*Rural*) Suspender la huida una fiera acosada, principalmente un jabalí, para hacer frente a sus perseguidores **7** prnl (*Popular*) Hacerse uno de alguna cosa, en particular de dinero, en cantidad más que suficiente para satisfacer sus necesidades, deseos, etc: "Heredó y *se armó de billetes*", "Con ese negocito *se armó*" **8** prnl (*Altic*) Negarse rotundamente a caminar una bestia de carga, o empeñarse alguien obstinadamente en hacer algo, sin atender a razones: "El mulo *se armó* junto a casa de Eufemio y estuvimos jale y jale", "El muchachito éste que *se armó* a que no iba a la escuela y ahí sigue encerrado", "*Se armó* a quererla".

armar[2] v tr (Se conjuga como *amar*) **1** Unir o juntar entre sí las piezas o partes que componen algo: *armar un motor, armar un rompecabezas* **2** Organizar, producir o suscitar algo, como un desorden, un escándalo o un alboroto, generalmente violento o con mucho ruido y ostentación; armar(se) la gorda: "Cuando marcó el penalty *se armó*", "Si

renuncia *se va a armar la gorda*", "Le quitaron la peluca, y *armó* un mitote..." **3** *Armarla en grande* Organizar algún acto o celebración de manera espléndida, sin que nada se eche de menos, o hacer algo de tal forma que el entusiasmo de la concurrencia se desborde: "Para los quince años de su hija piensa *armarla en grande*", "*La armó en grande*, el ruedo quedó cubierto de flores con gotas de sangre brava por rocío" **4** *Armarla de tos* (*Popular*) o *armarla de pedo* (*Groser*) Exagerar una situación al grado de producir escándalos o líos, o empeñarse en algo en contra de la voluntad o el deseo de otro y haciendo ostentación de esa actitud: "El policía me *la armó de tos* y terminé en la delegación", "Si *la arma de pedo* le ponemos sus madrazos" **5** *Armar en* (*Min*) Hallarse o yacer un mineral explotable, o una veta de mineral, en una roca: "Esta variedad *arma en* una roca granítica".

armario s m Mueble que sirve para guardar cosas y tiene puertas, anaqueles o cajones, perchas, etc: "Guardó los abrigos en el *armario* mientras seguía mirándome", "Fue a buscar el vestido al *armario* de su cuarto".

armazón s m o f **1** Estructura que sostiene alguna cosa, le da firmeza o la protege: *el armazón de los lentes, la armazón del techo* **2** Conjunto de estantes; anaquelería.

armella s f Tornillo o clavo que en lugar de cabeza tiene un anillo o argolla, que generalmente sirve para enganchar ahí una aldaba.

armisticio s m Suspensión de las hostilidades militares convenida por dos o más ejércitos enemigos, con el fin de dar lugar a alguna negociación, como un tratado de paz.

armonía s f **1** Relación de equilibrio, proporcionalidad, pertinencia y unidad que existe entre los diferentes elementos de un conjunto, en particular cuando se considera desde el punto de vista estético: *armonía de colores, armonía de formas* **2** Relación de concordancia, acuerdo y respeto que se da entre dos o más personas: *armonía conyugal, armonía familiar,* "Los intereses individuales acabaron con la *armonía del grupo*", "Convivieron en perfecta *armonía* durante años" **3** *En armonía con* De conformidad o acuerdo con, apegándose a: "Sus respuestas estuvieron *en armonía con* los intereses de la asociación", "Una política que esté *en armonía con* las exigencias del desarrollo", "*En armonía con* los ideales de la Revolución" **4** Cualidad de un sonido que resulta agradable o hermoso al oído: *armonía de una voz, la armonía del arpa* **5** (*Mús*) Parte del arte y la teoría musicales que trata de la formación, sucesión y modulación de los acordes y conjunto de reglas que gobiernan dicho arte: *estudiar armonía, la armonía renacentista* **6** (*Mús*) Estructura de una obra musical que, en la partitura, se lee verticalmente, en contraste con la línea melódica, que se lee horizontalmente **7** Conjunto de acordes sucesivos que se tocan para acompañar una melodía; acompañamiento musical **8** (*Mús*) Conjunto de los instrumentos de viento que forman parte de una orquesta.

armónica s f **1** Instrumento musical que consiste en una pequeña caja plana, de madera, metal o plástico, provista de una serie de orificios que la atraviesan y en los cuales se encuentran unas lengüetas metálicas; las notas se obtienen soplando o aspirando en los orificios para hacer vibrar las lengüetas: "Bob Dylan salió al escenario con su guitarra y una *armónica*" **2** Instrumento musical formado por una sucesión de copas de cristal fijas concéntricamente en un eje horizontal que, al hacerse girar por medio de un pedal, las hace pasar por un recipiente de agua donde se humedecen; para obtener las notas se roza suavemente el borde de las copas con los dedos; una variedad de este instrumento está provista de un teclado que roza las copas: "La *armónica* de cristal fue inventada por Benjamín Franklin en 1763" **3** Instrumento musical, parecido a la marimba, que consiste en una serie de barras de madera o de metal, piedra, etc, afinadas en distintos tonos.

armónico adj **1** Que pertenece al arte musical de la armonía o se relaciona con él o con la disciplina que lo estudia y establece sus reglas: *intervalos armónicos* **2** s m (*Mús*) Respecto de una nota fundamental, otra que la acompaña y cuyo número de vibraciones por segundo es un múltiplo entero y exacto de ella; una serie de estas notas se produce en la cuerda de un instrumento musical apoyando un dedo suavemente sobre ciertos puntos de ella (nodos); esta serie de notas determina el timbre de los instrumentos **3** s m (*Fís, Elec*) Respecto de una onda o vibración cualquiera, otra cuyo número de oscilaciones por segundo es un múltiplo suyo **4** Que es agradable al oído: *un sonido armónico, una voz armónica* **5** Que tiene armonía o está proporcionado de manera equilibrada; que está formado por un conjunto de partes o elementos relacionados de modo acorde o simétrico, particularmente cuando se considera desde un punto de vista estético: *movimientos armónicos de los bailarines, formas armónicas,* "Las dos empresas actúan como un todo *armónico* en el mercado de libros y discos".

armonioso adj **1** Que tiene equilibrio y proporción entre sus partes: *un plan armonioso, una idea armoniosa* **2** Que está en relación pacífica y cordial con el resto de su grupo o con otra persona: *una vida armoniosa, una sociedad armoniosa* **3** Que es sonoro y agradable al oído: *un canto armonioso, una voz armoniosa.*

aro¹ s m **1** Objeto de forma circular, hueco en el centro y generalmente delgado, semejante a una banda que forma una circunferencia, como un anillo o una argolla: "Hicieron pasar la cuerda por el *aro*", "Los toneles llevan unos *aros* de hierro que aprietan las tiras de madera" **2** pl Juego que consiste en hacer caer un objeto de esa forma alrededor de alguna cosa: "Se ganó unos dulces en los *aros*" **3** Objeto que tiene forma de circunferencia y que los niños hacen rodar por juego, generalmente ayudándose con un palo: *jugar al aro* **4** pl Armazón de los lentes o anteojos: "Se compró unos gruesos *aros* de carey" **5** *Entrar alguien al aro* Someterse a algo que rechazaba o le imponían: "Lo hicieron *entrar al aro* con amenazas y agresiones" **6** Malla de pescar de forma cónica, que aproximadamente un metro de diámetro, que se coloca sobre una circunferencia metálica; una serie de hilos unen el centro de la red con la circunferencia: "En Tlacotalpan los pescadores usan el *aro* para sacar camarón".

aro² s m (*Arum maculatum*) Planta herbácea de la familia de las aráceas, parecida al alcatraz, de tallo subterráneo (rizoma) con mucha fécula; mide entre 20 y 50 cm de altura y tiene hojas grandes, lisas, en forma de flecha y de color verde con manchas negras; espata larga de color verde amarillento que envuelve al espádice central; sus frutos son del color rojizo de la grosella.

aroma s m **1** Olor agradable que despide alguna cosa, particularmente si se considera característico de ella: *el aroma de un perfume, el aroma del café, el aroma de las rosas* **2** (*Yuc, Tab*) Aromo o huizache.

aromático adj **1** Que tiene olor agradable; que da un aroma o perfuma: *flores aromáticas, café aromático* **2** *Grupo aromático* (*Quím*) Grupo de hidrocarburos cíclicos insaturados que contienen uno o más anillos, como el benceno; los compuestos de este grupo derivan principalmente del petróleo y del alquitrán de hulla, son químicamente versátiles y de olor fuerte y desagradable.

arpa s f **1** Instrumento musical hecho de madera, de forma más o menos triangular, cuyas cuerdas, que se pulsan al aire, dan notas diferentes (generalmente afinadas en la tonalidad de do mayor o de do bemol mayor) y se hallan en un plano perpendicular con respecto a la caja de resonancia (y no paralelo a ella, como ocurre en la guitarra o el violín), de manera que están dispuestas verticalmente; se pulsan con ambas manos, cada una colocada a un lado del encordado; a veces tiene pedales que alteran con la afinación de las notas: "Adriana toca el *arpa* con el grupo Mono Blanco", *Sonata para flauta, viola y arpa* **2** *Arpa de doble acción* La que tiene siete pedales, cada uno de los cuales varía una nota de la escala y todas las cuerdas que dan esa nota; los pedales pueden colocarse en dos posiciones: la primera eleva medio tono la nota de sus cuerdas y la segunda eleva un tono completo; de esta manera es posible tocar en cualquier tonalidad; tiene un registro de seis octavas y una quinta y suele afinarse en do bemol mayor, de modo que poniendo todos los pedales en la primera posición, queda afinada en do mayor **3** *Arpa eolia o eólica* Artefacto sonoro formado por una caja de resonancia larga y estrecha en cuyo interior se hallan seis o más cuerdas de tripa que dan la misma nota pero que, siendo de grosores distintos, tienen diferentes tensiones; colocado en una corriente de aire, las cuerdas vibran según su tensión y la fuerza del viento produciendo una gran variedad de armónicos sobre la misma nota fundamental; anemocordio **4** *Tirar* o *soltar el arpa* (*Coloq*) Abandonar repentinamente una actividad que presenta muchas dificultades; darse por vencido: "Después de dos años en la capital *tiró el arpa* y se fue a Coahuila" **5** *Tocar el arpa* (*Popular*) Hacerse el distraído o el que no atiende a lo que ocurre: "Mientras Ana regañaba a Jesús, yo acá nomás, *tocando el arpa*" **6** *Estar* o *quedarse tocando el arpa* (*Popular*) Estar distraído o ajeno a lo que ocurre; quedarse como ausente o fuera de lo que ocurre o interesa: "Tenía buen juego de cartas, pero *se quedó tocando el arpa* y no apostó".

arpegio s m (*Mús*) Ejecución sucesiva de los sonidos de un acorde.

arpón s m **1** Especie de lanza que se emplea en la pesca o caza de peces grandes y otros animales acuáticos de gran tamaño, como las ballenas y las tortugas; consta de un mango o astil largo, provisto de una punta dirigida hacia adelante y de otras dos vueltas hacia atrás, como en las flechas; comúnmente lleva atada una cuerda para recobrar la presa; se lanza con la mano o se dispara por medio de algún instrumento, como el cañón de los barcos balleneros, el rifle neumático o la ballesta de los hombres rana: "Agrupamos estos utensilios en redes, trampas, líneas de anzuelos, *arpones*, etc", "Los antiguos mexicanos fabricaban *arpones* de tamaños diversos" **2** (*Tauro*) Punta de hierro, de forma similar a la del instrumento anterior, situada en un extremo de las banderillas **3** (*Arq*) Remate de hierro de una torre o chapitel: "De la bola sale una cruz grande de hierro con su *arpón*" **4** (*Caló*) Jeringa o aguja hipodérmica que se usa para inyectar alguna droga: "Se fue al baño y allí se clavó el *arpón*" **5** (*Caló*) Dosis de droga que se inyecta; arponazo: *meterse un arpón* **6** *Ser alguien* (*un*) *arpón* (*Caló*) Ser adicto a este tipo de drogas: "Felipe y Juan son bien *arpones*".

arquear¹ v tr (Se conjuga como *amar*) **1** Dar forma de arco a algo, generalmente doblando lo que estaba recto: *arquear una vara de mimbre, arquear la espalda* **2** Tener alguien una contracción en el estómago e inclinarse hacia adelante a causa de las náuseas: "Nos lo hallamos *arqueando* en la calle, como queriendo vomitar".

arquear² v tr (Se conjuga como *amar*) **1** Llevar a cabo un registro y reconocimiento de los valores, documentos, etc que se hallan depositados en arcas o en algún otro lugar, o asentados en los libros de contabilidad: "A la vez que *arqueamos* el efectivo de caja hicimos una inspección a base de pruebas selectivas" **2** (*Mar*) Medir la capacidad de una embarcación.

arqueología s f Disciplina que estudia las civilizaciones antiguas a través de los restos que de ellas se conservan, como monumentos, piezas de cerámica, esculturas, esqueletos, etc: *arqueología de Mesoamérica, arqueología egipcia*, "La *arqueología* mexicana ha rescatado recientemente algunas obras de extraordinario valor, como la Coyolxauhqui".

arqueológico adj **1** Que pertenece a la arqueología; que se refiere a ella o a los objetos relacionados con ella: "En la zona *arqueológica* de Monte Albán se pueden distinguir varios periodos culturales", *piezas arqueológicas, conocimientos arqueológicos* **2** Que es muy antiguo o muy viejo: "Tiene, en la sala de su casa, unos muebles *arqueológicos* que heredó de su abuela".

arqueólogo s Persona que tiene por profesión la arqueología: "La Esfinge plantea un serio problema a los *arqueólogos*".

arquetipo s m **1** Modelo original o patrón sobre el que se hace algo o según el cual se desarrolla alguna cosa, particularmente el que por ser muy recurrente se considera universal: "Romeo y Julieta son el *arquetipo* de los amantes condenados por la sociedad", el *arquetipo* de la belleza física **2** Ejemplo mejor y más perfecto de algo, especialmente cuando se le puede considerar como modelo: "Raúl es el *arquetipo* del viejo gruñón", "Laura es el *arquetipo* de la mujer moderna" **3** (*Fil*) Según el platonismo, modelo ideal, eterno y perfecto con respecto al cual las cosas sensibles son copias burdas

4 (*Fil*) En la filosofía escolástica, idea del intelecto divino que determina la forma de una cosa creada **5** (*Fil*) Según Locke, realidad externa con la que se corresponde hasta cierto punto la idea o impresión que se tiene de ella **6** (*Psi*) En la psicología junguiana, contenido del inconsciente colectivo que sirve de modelo y da forma a la energía psíquica indiferenciada; la imagen que un niño tiene de sus padres, por ejemplo, no obedece al carácter de sus padres concretos, como propone Freud, sino al modelo inconsciente y colectivo del cual los padres concretos son un caso específico **7** (*Bio*) Tipo orgánico primitivo que se considera como antepasado común de muchas especies que conservan algunos de sus rasgos: "Goethe buscó determinar el *arquetipo* de todos los vertebrados" **8** (*Lit*) Manuscrito o impreso, conocido o no, del que parten otros textos.

arquitecto s Persona que tiene por profesión la arquitectura: "A los veinticuatro años se recibió de *arquitecto*", "Una arquitecta, amiga de su esposa, les hará los planos".

arquitectónico adj Que pertenece a la arquitectura o se relaciona con ella: *proyectos arquitectónicos, plano arquitectónico, teoría arquitectónica*.

arquitectura s f **1** Profesión y disciplina que se ocupa de la planeación y construcción de casas, edificios, monumentos, etc; está considerada entre las bellas artes: *arquitectura civil, arquitectura religiosa, arquitectura militar* **2** Disposición o proporción en que se hallan los elementos que componen una construcción o la adornan; método o estilo de construir: *una casa de bella arquitectura, arquitectura barroca* **3** *Arquitectura naval* Arte y técnica de la planeación y construcción de embarcaciones **4** Estructura o forma en que algo está ordenado o compuesto: *arquitectura de la corteza cerebral, arquitectura de una novela*.

arracada s f Arete en forma de aro o argolla, de distintos materiales y tamaños, que cuelga del lóbulo de la oreja: "Compró un par de *arracadas* de oro que le iban muy bien con su peinado y su collar".

arraigar v (Se conjuga como *amar*) **I** intr **1** Echar raíces una planta, afirmándose en la tierra: "Este abono servirá para que las siemprevivas *arraiguen en* el jardín" **2** Establecerse una o más personas de manera duradera o permanente en un lugar: "El progreso económico ayuda a que la población *arraigue*" **3** Afirmarse alguna cosa; estar o quedar fija con mucha fuerza en otra cosa, o en una persona, de modo que sea difícil de quitar o extirpar: "Es una vieja fiesta española, pero ya hace mucho que se *arraigó* en estas tierras", "El Arts Nova *arraigó* rápidamente en Italia", "Con el tiempo, el vicio se le *fue arraigando* más y más" **II** tr (*Der*) **1** Obligar las autoridades judiciales a una persona a permanecer en el lugar donde se lleva a cabo un demanda o juicio contra ella, a menos que deje un representante legítimo, instruido y entrenado que responda por las resultas del juicio; notificarle tal obligación **2** Imponer las autoridades judiciales, a una persona demandada o enjuiciada, el depósito de cierta fianza para responder por las resultas del juicio; depositarla esa persona.

arraigo s m **I 1** Acto de echar raíces una planta, afirmándose en la tierra, y condición de hallarse firmemente unida a ella **2** Condición de hallarse una cosa o persona fuertemente unida a algo o alguien, de manera que sea difícil separarla o extirparla, o se le considere como parte suya: "A pesar de su origen europeo, la celebración de la natividad de Jesús tuvo gran *arraigo* entre los indígenas de México", "Las prédicas sobre la supuesta inferioridad racial no tienen ningún *arraigo* en nuestros tiempos" II (*Der*) **1** Conjunto de los bienes inmuebles que forman parte del patrimonio de una persona y se consideran como garantía del cumplimiento de sus obligaciones jurídicas **2** Fianza que una persona sujeta a demanda o juicio deposita como garantía de que responderá a las resultas del juicio **3** Obligación que las autoridades judiciales imponen a una persona, de permanecer en el lugar donde se lleva a cabo una demanda o juicio contra ella.

arrancado I pp de *arrancar* II adj y s **1** (*Coloq*) Que es pobre o está temporalmente sin dinero: "Pensaban en la riqueza, ese síntoma de la locura de los *arrancados*", "Determiné militarizar a todos los *arrancados* y *arrancadas*" **3** Andar o estar muy *arrancado* (*Coloq*) Estar pobre o sin dinero.

arrancar v tr (Se conjuga como *amar*) I **1** Separar o desprender algo, generalmente con violencia o rudeza, de aquello que lo sujeta, de lo que forma parte o de lo que es miembro: *arrancar de raíz*, *arrancar de cuajo* "El gato Mamerto *arrancó* las cortinas de la cocina de un zarpazo", *arrancar el pasto* **2** Obtener algo con gran esfuerzo o por la fuerza; lograr que una persona o cosa suelte o permita sacar algo de ella: "A pesar de su insistencia no lograron *arrancarme* una sola palabra sobre el asunto", "Aunque sea por las malas he de *arrancarte* la verdad", "No sé como *arranca* esos sonidos tan dulces de las cuerdas del violín", "El cantante *arrancó* aplausos del público" **3** *Arrancarse los cabellos*, *arrancarse la ropa* Estar desesperado o angustiado en grado máximo por algún dolor o preocupación: "La viuda se *arrancaba* los cabellos ante la tumba del marido", "Inés se *arrancaba* los cabellos mirando a Mariana toda llena de lodo" II **1** Poner en movimiento o en funcionamiento alguna cosa: "No *arranque* el motor de su automóvil dentro del garage si no va a salir en poco tiempo" **2** intr Echarse a andar o a correr, generalmente de manera repentina; ponerse en marcha o en camino: "Detuvieron la carrera porque uno de los caballos *arrancó* antes de tiempo", "Nos informaron que los coches que participarán en el rally *arrancarán* mañana hacia la meta", "Pedro *arrancó* para Tijuana sin llevarse siquiera un saco" **3** intr Dar inicio o principio alguna cosa, especialmente si es de forma repentina, en un lugar o momento determinados: "El próximo domingo *arrancará* la feria taurina de Guadalajara", "El Eje Central *arranca* en Río Churubusco y termina allá por la carretera a Querétaro", "Se trata de una tradición que *arranca* del siglo dieciséis" III (*Popular*) **1** *Arrancársele a alguien* Morirse una persona: "Yo sé que a esa mujer *se le arrancó* a las dos de la mañana" **2** *Arrancársele a uno* Tener dificultades o problemas, principalmente por acabársele el dinero, o recibir reprimendas o castigos: "Vi que *se te arrancó* luego que entramos al juego", "Si no entrego mañana la tarea, entonces sí que *se me arranca*" **3** *Arrancársele a uno* Echársele encima o agredirlo súbitamente: "*Se me arrancó* a golpes".

arranque s m I **1** Acto de arrancar o iniciar algo; comienzo o principio de una acción, un movimiento, etc: "Las medidas tomadas para combatir la inflación son el *arranque* de una acción positiva", "La llamada 'revolución cultural' se propone como *arranque* de una nueva sociedad", "El documental retrata a dos hombres en el *arranque* de la Decena Trágica" **2** Punto o lugar de donde parte o se inicia un arco, una columna, un hueso: "Donde termina la columna, en el *arranque* del arco, había un adorno antiguamente" **3** Sistema o motor eléctrico que sirve para echar a andar otro motor, generalmente de combustión interna; motor de arranque: *el arranque de un automóvil* **4** Impulso o aceleración con que algo o alguien inicia una acción, particularmente una carrera: *un caballo de buen arranque* **5** Arrebato impetuoso o sorpresivo, generalmente motivado por un afecto: *un arranque de pasión*, *un arranque de celos*, *un arranque de cólera* **6** *No servir ni para el arranque* (*Coloq*) No servir para nada, agotarse demasiado pronto o no ser de calidad o eficiencia suficiente para lo que se destina: "Puesto a comer, a Carlos diez tacos no le sirven ni para el arranque", "El retador *no le sirvió* a nuestro campeón *ni para el arranque*" II **1** Acto de arrancar o separar algo o a alguien de lo que lo sujeta o de aquello de lo que forma parte o es miembro **2** (*Rural*) Tratándose de cosechas, acto de sacar de raíz la planta que se ha sembrado: "Salíamos temprano para el *arranque* del frijol".

arras s f pl Conjunto de las trece monedas que el desposado da a la desposada en ciertas ceremonias nupciales: *entregar las arras, madrina de arras*.

arrasar v tr (Se conjuga como *amar*) **1** Destruir algo, derribarlo o echarlo por tierra, dejando raso el terreno en donde estaba; devastar con violencia y sin dejar nada en pie: "Ayer a las 13:30 hrs se inició un incendio que *arrasó* totalmente el aserradero principal del bosque de San Juan de Aragón", "El 10 de junio de 1942 *fue arrasado* Lídice y su nombre borrado de los mapas", "El agua de la crecida *arrasó* con cantidad de árboles colosales" **2** Llenar hasta el borde un recipiente con algún líquido **3** *Arrasar (se) en lágrimas* o *(de) lágrimas (los ojos)* Llenar(se) los ojos de lágrimas: "*Se arrasó en lágrimas* cuando le dieron el premio", "Estaba tan emocionado que *se le arrasaron los ojos de lágrimas*" **4** Derrotar por completo un competidor a otros, o llevarse todos los premios él solo: "Julio César Chávez *arrasó* con sus rivales y logró el campeonato".

arrastrar v tr (Se conjuga como *amar*) I **1** Mover o desplazar a una persona o cosa sin levantarla del suelo y generalmente jalándola: *arrastrar un costal*, "*Arrastraban* los pies pesadamente", "Los caballos *arrastraron* al toro fuera del ruedo" **2** prnl Moverse algo o alguien con el cuerpo pegado al suelo: *arrastrarse un reptil, arrastrarse un soldado en la trinchera* **3** Tratándose del habla, pronunciar con dificultad, alargar los sonidos o trabarse con ellos: *arrastrar las vocales, arrastrar las eses, arrastrar la voz* **2** intr Rozar algo el suelo por demasiado largo, generalmente una tela: "El mantel *arrastra*", "Le *arrastra* el traje de noche" II **1** Llevarse consigo algo o desplazar una cosa: "El río creció tanto que *arrastró* piedras muy pesadas y troncos de árboles", "El viento *arrastra* las hojas" **2** Inducir a una persona a actuar de cierta manera u obligarla a hacer algo en contra de su voluntad o a pesar de su resistencia: "Las malas compañías lo *arrastraron* al vicio", "No dejes que te *arrastren* a la contradicción" **3** prnl (*Coloq*) Humillarse o actuar sin dignidad, generalmente con el fin de obtener de ello algún beneficio: "No hace más que *arrastrarse* frente al General" **4** Acarrear o traer algo como consecuencia inevitable: "Las guerras *arrastran* penas y miserias" **III** (*Rural*) Pasar la rastra por el barbecho o sembrado.

arrastre s m **1** Acto de arrastrar o mover algo o a alguien sin levantarlo del suelo, jalándolo; mover a rastras **2** (*Tauro*) Acto de sacar a rastras, por medio de mulas o caballos, a los animales que han muerto en el ruedo **3** *Estar, dejar*, etc (*como*) *para el arrastre* (*Coloq*) Estar o dejar agotado, viejo, inútil; no servir ya para nada: "Tu coche ya *está para el arrastre*", "La caminata me *dejó como pa'l arrastre*" **4** Acto de llevarse algo consigo una corriente u otra cosa en movimiento y método que usa esta clase de movimiento, o corriente para hacer que algo se desplace o transportarlo: "Un tubo de drenaje no debe ser demasiado grande pues dificulta el *arrastre* de las materias a través de él", "Es un río de poca fuerza, pero basta para el *arrastre* de los troncos al aserradero" **5** Fuerza o capacidad que tiene alguien o algo para cautivar o poner de su parte a una multitud: *tener arrastre, ser persona de arrastre*, "Con la sonrisa que le da simpatía y *arrastre* popular alcanzó la curul que ocupa" **6** (*Arq*) Espacio que media entre el extremo inferior de la hoja de una puerta y el piso o batiente, y que permite el libre movimiento de ésta **7** (*Min*) Molino donde se pulverizan los minerales de plata que se benefician por amalgamación.

arrayán s m **1** (*Psidium sartorianum*) Arbusto o árbol de la familia de las mirtáceas, hasta de 15 m de alto, de corteza lisa, hojas ovadas, opuestas y lisas, con nervaduras visibles; da flores solitarias con numerosos estambres; su fruto es subgloboso, amarillo verdoso, con varias semillas. Se cultiva como planta de ornato y sobre todo por su fruto comestible con el que se preparan bebidas o dulces. La corteza se usa también por sus taninos y de las hojas se obtiene un tónico con propiedades astringentes **2** Mirto.

arreada s f **1** Acto de arrear animales o personas **2** Conjunto de animales que se arrean **3** Sistema de cacería que consiste en que un grupo de arreadores, haciendo ruido, espanta las piezas de caza en dirección de los tiradores previamente apostados **4** Robo de ganado.

arreado I pp de *arrear* **II** adj Tratándose de animales, aquel que hay que arrear para que camine.

arrear¹ v tr (Se conjuga como *amar*) **1** Hacer que caminen y avancen el ganado, las bestias de carga u otros animales, dándoles voces, y golpeándolos, etc: *arrear un caballo, arrear las vacas* **2** Hacer que una persona haga algo o cumpla con su tarea, cuando ella misma no da muestras de empeñarse en ello: "A un buen peón no se le tiene que andar *arreando*" **3** (*Popular*) Robarse alguien alguna cosa cuando nadie lo advierte: "El sirviente huyó y *arreó* hasta con los zapatos de los niños".

arrear² v tr (Se conjuga como *amar*) Poner arreos, guarniciones o arneses a los caballos.

arrebatar v tr (Se conjuga como *amar*) **1** Quitar o tomar algo de manera repentina y violentamente, o por la fuerza: "¿Qué estás haciendo allí?, le dijo Lina mientras le *arrebataba* la revista de las manos", "Luego donó graciosamente el mismo territorio que antes les *había sido arrebatado* a los palestinos" **2** Ganarle algo a alguien que lo defendió con fuerza y valentía: "Le *arrebató* el campeonato", "Logró *arrebatarle* la punta en los últimos metros" **3** Apoderarse por completo y repentinamente de la atención de alguien, extasiándolo; cautivarlo de manera que quede abstraído: "La misma palabra 'tesoro' tiene algo que *arrebata* y hace aparecer la alucinante visión de cofres repletos de monedas" **4** prnl Dejarse llevar por la fuerza de una pasión, como la ira o el deseo **5** Apresurar, el excesivo calor, la maduración de los frutos, quemándolos **6** (*Coloq*) Apresurar excesivamente el cocimiento de algún alimento poniéndolo en un fuego demasiado fuerte y provocando con ello un mal resultado, como que lo que se cuece quede crudo por dentro y quemado por fuera: "Bájale el fuego al arroz, que lo vas a *arrebatar*".

arrecife s m Conjunto de rocas, bancos de coral o arena que se halla cerca de la superficie del mar.

arreglar v tr (Se conjuga como *amar*) **1** Poner en orden, disponer convenientemente las distintas partes o cosas de que se compone algo, o modificar alguna cosa para que se vea o funcione mejor: *arreglar la casa*, "Antes de irte *arregla* tu cuarto", *arreglar un vestido*, "*Arreglaron* el coche para participar en la carrera" **2** prnl Ocuparse uno mismo de su apariencia personal, para lucir bien o tener buena presentación: *arreglarse para una boda*, "La señora tardará una hora, *se está arreglando*" **3** Dar a alguien los cuidados que necesita para tener una buena presentación: *arreglar a los niños* **4** Poner en condiciones de servir o funcionar nuevamente algo que estaba descompuesto o roto: *arreglar un reloj, arreglar una máquina, arreglar un broche* **5** Adaptar una composición musical para que sea interpretada por instrumentos o voces para los que no fue escrita originalmente **6** Ponerse de acuerdo o concertar alguna cosa dos o más personas, conjugar los distintos intereses que intervienen en algún asunto o poner en orden alguna situación irregular haciendo los trámites que supone su normalización: "Yo lo pago y después nos *arreglamos*", *arreglar una cita, arreglar un negocio*, "Si quieres salir del país vas a tener que *arreglar* tus papeles" **7** Pactar de antemano dos o más personas el resultado de una competencia o juego, y hacer así una trampa para su conveniencia: "Yo creo que los promotores *arreglaron* la pelea" **8** *Arreglárselas* Ver la manera de resolver un problema, dificultad o adversidad improvisando los medios o recursos que para ello se requieren; ingeniárselas para lograr algo: "No te preocupes, él sabe *arreglárselas*, aunque no tenga un centavo", "De eso *se las arregló* pero le dieron la beca" **9** *Arreglárselas con alguien* Vérselas con él: "Ya *te las arreglarás* conmigo y entonces verás lo que es bueno".

arreglo s m **1** Acto de *arreglar* o *arreglarse*: *el arreglo personal*, "El *arreglo* del reloj me salió muy caro", "Este vestido no tiene *arreglo*", "No hubo *arreglo*. Habrá huelga", *llegar a un arreglo* **2** Adorno que se prepara principalmente con flores o combinando frutas: *arreglo floral* **3** *Con arreglo a* De acuerdo con, según, conforme a: "*Con arreglo a* lo estipulado por la ley...", "La decisión se tomó *con* entero *arreglo a* los intereses de la mayoría".

arrendamiento[1] s m **1** Acto de arrendar algo: *viviendas en arrendamiento* **2** Contrato por el cual una persona, una institución, etc cede a otra el uso temporal de una cosa o servicio, a cambio de cierto pago **3** Precio que se paga por ello.

arrendamiento[2] s m (*Hipo*) Adiestramiento que se da a un caballo para que obedezca las riendas.

arrendar[1] v tr (Se conjuga como *despertar*, 2a) **1** Ceder o adquirir por un precio el uso temporal de un bien inmueble; rentar o alquilar un bien inmueble: "Yo no le *arriendo* mi departamento si lo que quiere es usarlo para oficina", "No, la casa no es mía: se la *arriendo* a un tío por una renta más bien simbólica" **2** *No te* o *no le arriendo la ganancias* No te o no le envidio la desgracia o los malos resultados que obtenga de algo.

arrendar[2] v tr (Se conjuga como *despertar*, 2a) **1** (*Hipo*) Atar una caballería por las riendas **2** (*Hipo*) Enseñar a un caballo a obedecer las riendas y, en general, a las ayudas **3** (*Rural*) Regresar una persona o un animal; hacer que vuelvan: "No está aquí Angelina, pero ahoritita la voy a *arrendar*".

arrendatario s y adj Persona o institución que toma en arriendo o renta alguna cosa: "Los Domínguez eran *arrendatarios* de un ejido forestal", *firma del arrendatario*.

arreo[1] s m **1** Cualquiera de los utensilios con los que se realizan algunas actividades físicas o deportivas: *arreos de caza*, *arreos de pesca* **2** pl Conjunto de las piezas que se pone a las caballerías para montarlas o para que realicen cierto trabajo en el campo, como el cincho, las riendas, etc **3** Cualquiera de los adornos que se pone a los caballos.

arreo[2] s m **1** Acto de arrear animales **2** *Animal de arreo* El manso, al que se arrea constantemente.

arrepentimiento s m Sentimiento de pesar, descontento, vergüenza o enojo que una persona siente por sí misma al haber pensado, hecho o dejado de hacer algo, acompañado generalmente por el deseo de que no vuelva a ocurrir: "Su sincero *arrepentimiento* nos ha hecho olvidar la ofensa que nos hizo".

arrepentirse v prnl (Se conjuga como *sentir*, 9a) **1** Sentirse alguien avergonzado, apenado, triste o enojado consigo mismo por haber pensado, hecho o dejado de hacer algo y, generalmente, tener el propósito de que no vuelva a ocurrir: "*Me arrepiento* de haberle contestado así", "Y entonces *me arrepentí* de lo que hice" **2** Abandonar alguien la intención o el propósito que tenía; dejarlo sin realización o cumplimiento; desdecirse de él: "Yo ya te iba a querer, / pero *me arrepentí*. / La Luna me miró / y yo la comprendí", "En el último momento *se arrepintió* de lo que estaba a punto de hacer; se dio media vuelta y salió sin decir palabra".

arriate 1 Banda angosta de tierra a lo largo de las bardas de un jardín o de algún camino, en la que se plantan flores y arbustos: *un arriate de geranios* **2** Pretil donde se colocan macetas con plantas **3** Barda de mampostería que sirve para proteger árboles o plantas.

arriba adv **1** En la parte alta o superior: "Te espero allá *arriba*", "Miró hacia *arriba*", "El cuarto de *arriba* está vacío" **2** Encima de, sobre: "El libro está

arriba de la mesa" **3** Hacia la parte más alta: *río arriba*, *calle arriba* **4** Hacia la parte más alejada del centro, hacia las afueras de una población: "Sigues la Avenida Revolución y ya muy *arriba* verás el mercado" **5** Tratándose de escritos, anteriormente, antes: "Líneas *arriba*", "Como se dijo *arriba*" **6** (*Por*) *arriba de* Más de, por más o en más de algo: "Nunca ha podido vender *arriba de* los vestidos en un día", "Dijo que nos pagaría muy *por arriba del* doble de lo que nos pagó antes" **7** *Estar* o *andar (por) arriba de* Estar en un nivel superior al que se toma como referencia; ser mayor que: "La calidad de esta chamarra *está* muy *por arriba de* la que vimos ayer", "Pedro está clasificado *por arriba de* Julián en las listas de box", "Nuestro sueldo no *anda arriba del* que ofrece la Universidad" **8** En una situación social de poder, prestigio, riqueza, etc: "Los de *arriba* no se ocupan mucho de los pobres", "La noticia viene de alguien que está colocado muy *arriba*" **9** *De arriba* De alguien que tiene esa posición, principalmente un funcionario público: "Disculpe, señora, pero nosotros sólo cumplimos las órdenes *de arriba*" **10** *De... para arriba* Partiendo de un punto, hacia niveles superiores en una escala determinada: *albañiles de media cuchara para arriba*, "Las entradas cuestan de doscientos pesos *para arriba*" **11** *Para arriba y para abajo* De un lado al otro, por todas partes, en movimiento o actividad constante: "Trae a los turistas *para arriba y para abajo*, sin darles un respiro" **12** *De arriba abajo* De principio a fin, de cabo a rabo, de un extremo o lado al otro: "Leí el libro *de arriba abajo*", "Se conoce la ciudad *de arriba abajo*" **13** *Mirar a alguien de arriba abajo* Mirar a alguien con desprecio o extrañeza: "*Me miró de arriba abajo* y luego dijo que yo no era quién para juzgarlo" **14** interj (*Coloq*) Expresión con la que alguien muestra aprobación por algo o alguien o con la que estimula algo o a alguien: "¡*Arriba* Pancho Villa!, ¡*Arriba* los ánimos y el corazón!".

arribada s f (*Ver*) Acontecimiento de la llegada de peces en abundancia a la costa, generalmente cerca de semana santa.

arribar v intr (Se conjuga como *amar*) **I 1** Llegar a su destino, o a un lugar determinado, un barco, un avión u otro medio de transporte y los pasajeros que viajan en él: "El buque *arribará* a Veracruz mañana por la tarde", "El promotor Ceseña *arribó* la noche del sábado a esta capital", "Se espera que el equipo de Haití *arribe* en el vuelo directo procedente de Puerto Príncipe" **2** (*Crón dep* y *soc*) Llegar o alcanzar algo: "El corredor Mario Cuevas *arribó* a la meta en primer lugar", "Luz María Pérez fue festejada con motivo de *haber arribado* a la edad de las ilusiones, sus quince años" **II** (*Mar*) **1** Dejar un barco la ruta que llevaba y llegar al puerto más cercano para evitar o remediar un accidente **2** Girar el buque abriendo el ángulo que forman su quilla y la dirección del viento; girar la proa hacia sotavento de modo que el viento dé en la popa del buque.

arribo s m Llegada a un lugar determinado, por lo común después de un viaje: "A su *arribo* a esta capital, Juventino Briones habló de su gira artística con los periodistas", "Las fiestas de Oaxaca cobraron un ánimo inusitado con el *arribo* de los turistas", "Una estruendosa ovación acompañó al atleta cuando hizo su *arribo* a la meta".

arriero s **1** Persona que se dedica a transportar mercancías sobre bestias de carga: "Pobrecitos los *arrieros*, / tirados en el camino, / y las mujeres allá, / tomando café con vino" **2** Persona que arrea ganado **3** s m (*Icteria virens*) Pájaro de la familia de los parúlidos, de tamaño mediano, que tiene el dorso de color café amarillento, la garganta y el pecho amarillos y anteojos blancos; en México habita comúnmente entre el norte y el centro del país, aunque en invierno puede encontrársele al sur. Al cantar emite una frase compuesta por una serie de notas muy variadas, aunque generalmente todas de tono bajo, y deja una larga pausa antes de iniciar otra frase **4** s m (*Lanius ludovicianus*) Verdugo.

arriesgar v tr (Se conjuga como *amar*) **1** Poner en peligro, exponer a un mal o comprometer alguna cosa: "Los médicos le aseguraron que en ningún caso *arriesgarían* la salud del bebé", "No deberías andar *arriesgando* tu prestigio en esas cosas", *arriesgar la vida* **2** Apostar algo, comprometerlo en un juego: "Hay gente que *arriesga* su sueldo en los caballos" **3** prnl Atreverse a algo que implica un peligro, aventurarse alguien en algo que o comprometerse o expone: "Le dijeron que Julio no se ofendería si le decía lo que pensaba, pero él no quiso *arriesgarse*", "¿Tú *te arriesgarías* a un fracaso por tan poco?", "Ahí estaban, mirando el río sin *arriesgarse* a cruzarlo a nado".

arrimado I pp de *arrimar* o *arrimarse* **II** s **1** Persona que vive en la casa de otra, sin pagar nada o a sus expensas: "Vergüenza te debería de dar, a tu edad seguir viviendo de *arrimado* con tu hermano" **2** s y adj Hombre o mujer que vive en pareja, sin casarse: "Viven *arrimados*".

arrimar v tr (Se conjuga como *amar*) **1** Acercar algo o alguna persona a otra cosa ya establecida o localizada en cierto lugar, o acercar algo o a alguien a otro u otra cosa que no hace por acercarse él mismo: "*Arrima* una silla y tómate un tequilita con nosotros", "*Se arrimaron* al fuego para calentarse", "¿No me *arrimas* por favor el martillo?", "El niño se me *arrimaba* en la cama", "Se *arrima* la tierra sobre la semilla", "*Arrima* en ese rincón lo que vayas a llevarte" **2** prnl Ponerse bajo la protección de alguien, vivir en su casa sin pagar nada o a sus expensas: "Como yo no quise *arrimarme* con nadie de mi familia, me puse a trabajar" **3** *Arrimar un golpe, una patiza, una chinga*, etc (*Popular*) Darlo; causar un daño físico o moral: "Si me sigues fregando te *arrimo* dos tres *madrazos*", "Nomás ponerme la demanda, ya me *había arrimado una chinga* de las buenas" **4** (*Popular*) Consumir en exceso: "Le *arrimó* durísimo al mezcal **5** (*Popular*) Acariciar con sensualidad y, en general, hacer el acto sexual con alguien que no se opone a ello o se deja, sin mostrar deseo o satisfacción: "Le *arrimé* a la prima" **6** prnl (*Popular*) Unirse en pareja y vivir juntos sin estar casados; arrejuntarse.

arrodillarse v prnl (Se conjuga como *amar*) Poner una o ambas rodillas en el suelo, o en algún otro lugar, apoyándose en ella o en ellas y manteniendo el cuerpo más o menos erguido, comúnmente en señal de respeto o humillación: "Los novios *se arrodillaron* para recibir la bendición del padre", "Julio lo hizo *arrodillarse* frente a él y pedirle perdón", "Ahí se *arrodillan* las tortilleras con sus tompiates".

arrogarse v prnl (Se conjuga como *amar*) Tomar alguien para sí, atribuirse o adjudicarse una facultad, un derecho, una autoridad, etc: *arrogarse el cuidado de un monumento, arrogarse la autoridad de un pueblo*.

arrojar v tr (Se conjuga como *amar*) **1** Lanzar o echar algo lejos de sí, o hacia algún sitio determinado, generalmente con fuerza o violencia: "Le *arrojó* la charola" **2** Dejar caer desde lo alto: *arrojar bombas* **3** Sacar algo de sí, expulsarlo o expelerlo: *arrojar lava*, "El niño *arrojó* una lombriz al ir al baño" **4** prnl Dejarse ir o lanzarse con fuerza o precipitación: "Pilar y Lupe *se arrojaron* al agua para salvar a Gonzalo" **5** prnl Decidirse a actuar sin reparar en los riesgos o consecuencias: "No puedes *arrojarte* así nomás a una aventura tan disparatada" **6** Dar como resultado o consecuencia: "El balance anual *arrojó* un saldo positivo".

arroyo s m **1** Pequeña corriente de agua, por la cual no puede navegar un bote, y cauce por donde corre: *brincar el arroyo*, "Hay testimonios de que esta región fue fértil y próspera, de que abundaban los *arroyos* y aguajes" **2** Lugar de la calle por donde corre el agua de lluvia o la de desperdicio **3** Franja de una calle, un camino, etc por donde circulan vehículos, animales de carga, etc **4** *Estar, quedar* o *dejar a alguien en el arroyo* Estar, quedar, etc en el desamparo o dejar a alguien sin protección, expuesto a riesgos o peligros: "Su madre lo dejó en el *arroyo*".

arroz 1 s m (*Oryza sativa*) Planta anual de la familia de las gramíneas que suele medir entre 30 cm y 1.80 m de alto; las hojas de este cereal son largas, agudas y ásperas en los bordes; sus flores son blancas y sus frutos, después de descascarados, son unos pequeños granos ovalados, harinosos y blancos. Se cultiva en terrenos muy húmedos y de clima cálido y es muy apreciada por las propiedades alimenticias de su grano y por los usos que se le dan a su paja, que sirve como forraje y abono, para fabricar papel, escobas, sandalias, sombreros, cestos, etc **2** Fruto o grano de esta planta, rico en carbohidratos, almidón y vitaminas, que constituye una parte importante en la alimentación de la humanidad y con el que se preparan diversos platillos y bebidas: *arroz cocido, arroz frito, arroz integral, sopa de arroz, arroz con leche, horchata de arroz* **3** Punto de tejido que resulta de hacer una serie alternada de derechos y reveses, y luego hacer, debajo de los derechos, reveses y debajo de los reveses, derechos: *arroz simple, arroz doble* **4** interj (*Coloq*) Expresión con que se presume la realización o consecución de algo que parecía difícil o imposible: "¡*Arroz!*, ¿no que no sacaba diez en el examen?".

arruga s f **1** Surco o línea que se forma en la piel, el cuero o la corteza de los seres vivos como efecto de su envejecimiento, y el abultamiento que se produce entre dos de aquéllos: *las arrugas de la cara*, "Se le forman unas *arruguitas* en las sienes cuando se ríe" **2** Línea marcada o pliegue irregular que se forma en cualquier material o superficie flexible o blanda, como la tela o el papel: *arrugas en la falda, la orografía llena de arrugas de las sierras*.

arrugado 1 pp de *arrugar* o *arrugarse* **2** adj Que tiene arrugas: *un pantalón arrugado*, "No tires ese papel *arrugado*".

arrugar v tr (Se conjuga como *amar*) **1** Formar o producir arrugas en la piel: *"Arrugó* la frente y la miró preocupado", "Tanto gesto te *arruga* la cara" **2** Doblar regularmente o comprimir algo como papel o tela dejando arrugas marcadas en él: *"Arrugó* la carta y la tiró" **3** prnl Quedar la piel, el papel, la tela, etc marcados por arrugas: *"Se le arrugaron* las manos de tanto lavar", "Ya *se* me *arrugó* el pantalón" **4** prnl (*Popular*) Acobardarse: *"Se arrugó* todito cuando vio la patrulla", "¡No *se* me *arrugue*, compadre, orita les ganamos!".

arruinar v tr (Se conjuga como *amar*) **1** Echar a perder algo irremediablemente: *arruinar la vida, arruinar la salud, arruinar un motor, arruinarse una pila* **2** Dejar a alguien en la pobreza, haciendo que pierda sus bienes o su capital: "Los malos negocios lo *arruinaron*", "Se *arruinó* y tuvo que vender todo para pagar sus deudas" **3** Destruir sin remedio una construcción o caer ésta en ruinas: "El teatro fue abandonado y se *arruinó* lentamente"

arrullar v tr (Se conjuga como *amar*) **1** Adormecer generalmente a un niño con canciones, música suave o sonidos agradables y monótonos, y a veces también con cierto movimiento regular: *"Arrulla* a su hijo con canciones de cuna", "El movimiento del tren me *arrulla*" **2** Atraer el macho a la hembra, o las palomas a los tórtolos, mediante un gorjeo peculiar y con caricias.

arsenal s m Depósito de armas y de municiones: "Hubo un atentado rebelde al *arsenal* principal del ejército" **2** Conjunto numeroso de armas de distintas clases: "Pacifistas franceses exigieron a su gobierno la disminución del *arsenal* atómico" **3** Conjunto numeroso de cosas útiles y necesarias para algo: *un arsenal de conocimientos* **4** (*Mar*) Lugar donde se construyen y reparan embarcaciones; astillero.

arte s m **1** Actividad creativa del ser humano que, con ciertas técnicas, maneja y transforma materiales e ideas en objetos o representaciones capaces de producir sentimientos, emociones o sensaciones relacionados con la belleza o con el placer estético: *arte moderno, arte mexicano, arte colonial, arte abstracto* **2** *Bellas artes* Tradicionalmente, música, danza, pintura, escultura, arquitectura y literatura; y las actividades, técnicas y obras que comprende cada una de ellas **3** *Artes plásticas* Las que manejan el espacio, la forma, el color y los cuerpos: pintura, escultura y arquitectura **4** *Artes gráficas* Las que se expresan sobre papel o cualquier superficie plana: pintura, dibujo, fotografía e imprenta **5** *Arte dramático* El que trata de la creación y representación de obras teatrales **6** *Séptimo arte* Cinematografía **7** *Arte plumaria*, El que emplea plumas de ave de colores como elemento estético fundamental, de origen prehispánico **8** *Artes liberales* En la Edad Media, conjunto de disciplinas propias del entendimiento y que formaron el plan de estudios durante varios siglos. Estaba compuesto por gramática, retórica, lógica, aritmética, geometría, astronomía y música **9** Conjunto de preceptos, reglas o indicaciones que permiten hacer bien determinada cosa o dirigir una actividad con acierto: *arte culinario, arte de la guerra* **10** *Arte poética* Conjunto de reglas que han de observarse en la composición poética y obra que las contiene; poética **11** *Artes(s) marcial(es)* Conjunto de reglas, disciplinas y ejercicios

que sirven para preparar física y mentalmente a una persona para el combate y la defensa personal **12** *Artes de pesca* Conjunto de las técnicas y los instrumentos con que se pesca **13** *(Como) por arte de magia* Repentina e inexplicablemente, de pronto y sin causa aparente: "Desapareció *como por arte de magia",* "…y el día de la inauguración, *como por arte de magia,* todo está terminado y en orden" **14** *(Como) por arte del diablo* Mágicamente, sin explicación consecuente: "¡De pronto, *como por arte del diablo,* llegó Fidel a la casa!" **15** *Malas artes* Engaños, trampas y demás artimañas de que alguien se vale para obtener cierta cosa **16** *Por (puro) amor al arte* (*Coloq*) Desinteresadamente, sólo por el gusto de hacerlo, sin ningún otro interés; porque sí: "Las clases de piano son gratis, las da *por puro amor al arte"* **17** *No tener alguien arte ni parte* o *sin arte ni parte* No tener nada que ver en algún asunto o no haber intervenido en él.

artefacto s m Objeto fabricado con cualquier finalidad, generalmente para desempeñar alguna función o realizar algún trabajo: *artefactos eléctricos, un artefacto mecánico, un artefacto explosivo.*

artejo s m (*Anat*) **1** Articulación de las falanges de los dedos de la mano; nudillo **2** Cada uno de los segmentos de los dedos de los pies **3** (*Zool*) Cada uno de los segmentos articulados entre sí, que forman los apéndices de los artrópodos.

arteria s f **1** (*Anat*) Cada uno de los vasos sanguíneos que distribuyen la sangre del corazón al resto del cuerpo, como la aorta y la carótida **2** Vía de comunicación muy transitada, particularmente las calles amplias o avenidas de una ciudad: "Los manifestantes recorrieron las principales *arterias* del centro de la ciudad".

arterial adj m y f Que pertenece a las arterias o se relaciona con ellas: *sistema arterial*, "Tomarse la presión *arterial".*

arterioesclerosis s f sing y pl (*Med*) Endurecimiento y engrasamiento anormal de las paredes arteriales, desencadenado por la formación de lesiones en que se depositan ciertos lípidos, fibrina y células de la sangre: *padece arterioesclerosis cerebral, arterioesclerosis coronaria.*

arteriola s f Ramificación pequeña de una arteria.

artesanía s f **1** Trabajo del artesano y cada uno de los géneros o artes que lo componen, como la alfarería, el arte plumaria, la carpintería o la herrería **2** Objeto o producto que resulta de ese trabajo: *comprar artesanías.*

artesano s m **1** Persona que tiene por oficio elaborar objetos decorativos o de uso cotidiano en materiales como barro, madera, tela, papel o metal. Fabrica las piezas una a una, manualmente o con la ayuda de herramientas o máquinas simples, siguiendo técnicas, modelos o estilos tradicionales que reflejan, por lo general, el sentido estético de la cultura a la que pertenece: "Los *artesanos* de Michoacán son famosos por sus trabajos en cerámica y en madera" **2** Persona que maneja con gran habilidad las técnicas tradicionales de su oficio, principalmente cuando éste está relacionado con el arte: *artesano de las letras.*

ártico adj y s Que pertenece al polo norte o a las regiones que lo circundan, que se relaciona con ellos: *regiones árticas.*

articulación s f **1** Unión de elementos, partes o piezas de un sistema, un organismo o un aparato, que hace posible su funcionamiento coordinado **2** (*Anat*) Unión de un hueso con otro **3** (*Bot*) Coyuntura o unión, a veces con forma de nudo, de distintas partes de una planta, como la de la rama con el tallo o el tronco, o la del peciolo con la rama **4** (*Fon*) Conjunto de movimientos de los órganos de la boca para pronunciar un sonido **5** *Punto de articulación* (*Fon*) Punto, lugar o región de los órganos de la boca en que se tocan unos a otros para producir un sonido **6** *Modo de articulación* (*Fon*) Modo en que el aparato bucal deja pasar el aire para producir los sonidos de una lengua **7** *Doble articulación* (*Ling*) Propiedad característica del lenguaje humano, según ciertos autores, que consiste en las relaciones de funcionamiento de los sonidos o fonemas entre sí y de las unidades significativas o signos entre sí. *Primera articulación* es la relación entre signos; *segunda articulación* es la relación entre fonemas.

articular[1] v tr (Se conjuga como *amar*) **1** Unir o ensamblar dos o más cosas de manera que por lo menos una de ellas pueda moverse o girar: "La tibia se *articula* con el fémur" **2** Pronunciar con claridad los fonemas de una lengua o hablar claramente: "No logró *articular* palabra en toda la entrevista" **3** Dar orden y coherencia a algo, relacionando o entrelazando los distintos elementos que lo componen: *articular las ideas de una tesis.*

articular[2] adj m y f Que pertenece a las articulaciones o se relaciona con ellas: *dolor articular.*

articulatorio adj (*Ling*) Que se relaciona con la articulación o pertenece a ella: *funciones articulatorias, fonética articulatoria.*

artículo s m **I 1** Cualquier objeto que se compra o que se vende; mercancía: *artículos para el hogar*, "Con estos precios hasta la carne es *artículo* de lujo" **2** *Artículo de primera necesidad* Objeto de consumo que es indispensable para la subsistencia, como el pan o la tortilla **II 1** Escrito que expone, comenta o critica algo y que se hace generalmente para un periódico o una revista: *artículo científico*, "Escribió un *artículo* para la revista de cine" **2** *Artículo de fondo* Aquel que analiza a profundidad una cuestión importante para la sociedad y expone la opinión de su autor **III 1** Cada una de las partes o secciones, más o menos independientes, en que se divide una ley, un código, un reglamento, etc, y que, por lo general, va marcada o numerada: *los artículos de la Constitución Mexicana* **2** Cada uno de los textos formados por el vocablo o entrada de un diccionario o enciclopedia, y las definiciones que se refieren a él **3** *Artículo de fe* (*Relig*) Todo aquello definido por la Iglesia católica y en lo que sus fieles deben creer por considerarse una verdad revelada por Dios **4** *En artículo de muerte* En el momento de morir: "Esa carta la escribió mi padre casi *en artículo de muerte*" **IV 1** (*Gram*) Palabra que va antepuesta al sustantivo e indica su género y su número. En *las tesis*, el artículo *las* indica que el sustantivo *tesis* es femenino y plural **2** *Artículo indefinido* o *indeterminado* (*Gram*) El que permite a un sustantivo referirse a un elemento cualquiera de un conjunto, como *un, una* en "*Un* niño y *una* niña vinieron". Son artículos indefinidos: *un, una, unos, unas* **3** *Artículo definido* o *determina-*

do (*Gram*) El que permite que un sustantivo se refiera a un objeto conocido o supuesto por el hablante, como *el* en "Un niño y una niña vinieron. *El* niño preguntó por ti", o bien, que el sustantivo se refiera a un conjunto de objetos en su totalidad como en "*El* perro es el mejor amigo del hombre". Son artículos definidos: *el, la, los, las, lo.*

artificial adj m y f **1** Que está hecho por el hombre imitando o copiando alguna cosa propia de la naturaleza, o para usarla en lugar de ella: "Le mandaron un arreglo de flores *artificiales* al hospital", *lago artificial, pasto artificial, clima artificial, luz artificial* **2** Que es falso o fingido, que carece de naturalidad o espontaneidad: "Lo *artificial* de su conducta lo delata", "Crean necesidades *artificiales* para pagar mayor subsidio".

artificio s m **1** Cosa elaborada o usada con habilidad para sustituir la función de otra y lograr cierto resultado: "Colocó un *artificio* para abrir la puerta desde la sala" **2** Procedimiento ingenioso con el que se consigue algo o medio que se emplea para aparentar o encubrir alguna cosa: "No sé de qué *artificios* se valió para convencerme", "Buscaba un *artificio* para poder huir", "Con todo tipo de *artificios* ocultaba su edad".

artillería s f **1** Conjunto de armas de fuego que posee un ejército, un buque, etc: *artillería antiaérea, artillería de montaña, artillería pesada* **2** Cuerpo militar que maneja estas armas.

artillero 1 s m Soldado o marinero que sirve en la artillería **2** (*Crón dep*) Jugador, principalmente de futbol, que ocupa una posición ofensiva, en especial el que anota muchos tantos: "Ganó el balón de oro como *artillero* de su equipo", "La mejor *artillera* de la escuadra nacional fue la 'Peque' Rubio".

artiodáctilo 1 s m y adj (*Zool*) Mamífero terrestre, herbívoro, que se caracteriza por tener las patas divididas en un número par de dedos, de los cuales dos de ellos son simétricos y se apoyan en el suelo. Puede ser rumiante como la vaca, o paquidermo como el cerdo **2** s m pl Orden que forman estos animales.

artista s m y f **1** Persona que se dedica a la práctica de alguna de las artes, como la música, la danza o la pintura **2** Actor: *artista de cine* **3** adj y s m y f Que practica alguna actividad con gran habilidad: *un artista de la cocina.*

artístico adj Que se relaciona con el arte o con los artistas: *movimiento artístico, manifestación artística, representante artístico.*

artritis s f sing y pl **1** Inflamación de las articulaciones: "Tocaba el violín, pero ahora con la *artritis* no puede ni mover los dedos" **2** Alguna de varias enfermedades que se manifiestan por la inflamación de las articulaciones: *artritis aguda, artritis crónica, artritis deformante.*

artrópodo (*Zool*) **1** s m y adj Animal invertebrado de simetría bilateral, como la mosca, el alacrán o el cangrejo, que se caracteriza por tener el cuerpo dividido en dos o tres partes, constituidas a su vez por varios segmentos, y cubierto por una sustancia dura llamada quitina la cual forma un esqueleto externo. Tiene tres o más pares de patas articuladas y, en algunas especies, otros tipos de apéndices también articulados y en número par, como pinzas, mandíbulas y antenas **2** s m pl Tipo de estos animales, constituido por las siguientes clases: crustáceos, miriápodos, insectos, arácnidos y onicóforos.

arzobispo s m Obispo que dirige una iglesia metropolitana y del que dependen varios obispos.

as s m **1** Número uno de cada palo de la baraja; generalmente tiene un valor alto en los juegos de cartas, que lleva al jugador que lo posee a obtener el triunfo: *as de espadas, as de corazones* **2** Punto único en una de las seis caras de un dado **3** Triunfador o sobresaliente en cualquier campo (deporte, ciencia, política, etc), principalmente el que ocupa el lugar número uno: "El *as* del futbol fue Pelé", "Se ha codeado con los grandes *ases* del ajedrez".

asa s f **1** Parte saliente o aditamento de un objeto, generalmente en forma de medio anillo, que sirve para cogerlo: *el asa de una taza, el asa de la bolsa* **2** (*Anat*) Parte curvada de un órgano que asemeja una u: *asa intestinal.*

asado I pp de *asar* o *asarse* II adj **1** Que ha sido cocido directamente al fuego o sobre una parrilla, comal, etc, con muy poca grasa o sin ella: *carne asada, pollo asado, papas asadas* **2** s m Guiso de carne, cocido directamente al fuego o en una plancha, parrilla, etc, con poca grasa o sin ella: *asado de cerdo, asado de pejelagarto* **3** *Asado al pastor* El que se prepara con trozos de carne de carnero ensartados en horquetas y puestos a cocer durante varias horas alrededor de brasas de leña gruesa. Es un platillo típico del estado de Hidalgo **4** s m Comida, generalmente al aire libre, en la que se preparan carnes de diversos tipos en un asador con brasas o carbón: "Hubo un gran *asado* de fin de año".

asalariado adj y s Que recibe un salario determinado por el patrón como pago por su trabajo.

asaltante s y adj m y f Persona que comete un asalto: "Los tres *asaltantes* fueron plenamente identificados por sus víctimas", *las tropas asaltantes.*

asaltar v tr (Se conjuga como *amar*) **1** Atacar por sorpresa a alguien, generalmente para robarle algo: "Dos desconocidos que portaban descomunales machetes *asaltaron* al chofer de un camión de pasajeros", "No camines solo por esa colonia, pues ahí *asaltan*" **2** Atacar por sorpresa y con ímpetu un lugar defendido por una fuerza enemiga, para tomarlo o vencerla: "Fuerzas israelíes *asaltaron* un campamento palestino" **3** Surgir en uno de pronto, inesperada e incontroladamente, una idea, una sensación, un sentimiento, una enfermedad, etc: "En ese momento lo *asaltó* una sed profunda que le lastimó la voz", "No sé qué mala corazonada me *asaltó*".

asalto s m **1** Ataque sorpresivo y violento que hace alguien a un lugar o a una persona, generalmente con el fin de robarlo: *un asalto bancario, un asalto a mano armada* **2** Ataque sorpresivo y violento hecho por una fuerza militar, policiaca, etc a un lugar para tomarlo u ocuparlo: "Al darse la señal de *asalto* salían a galope hacia los pueblos" **3** (*Dep*) Cada uno de los periodos de tres minutos en que se divide una pelea de box **4** (*Dep*) Combate entre dos tiradores de esgrima cuya duración varía según el arma que utilicen.

asamblea s f Reunión de personas pertenecientes a un determinado grupo para dar informes o tomar decisiones: *asamblea sindical, asamblea de maestros.*

asar v (Se conjuga como *amar*) **1** tr Preparar algún alimento, como carne o verduras, poniéndolo directamente al fuego o sobre una parrilla, comal, etc, con muy poca grasa o sin ella: "Los chiles se *asan* ligeramente antes de pelarlos o desvenarlos" **2** prnl (*Coloq*) Sentir mucho calor: "Vas a *asarte* con ese abrigo".

asbesto s m Grupo de minerales cuyo componente básico es el silicato de magnesio, resistente al calor y a los ácidos, y químicamente inerte. Se presenta en forma de fibras fuertes y más o menos fáciles de hilar, de color blanco, verde, gris o café; se utiliza como aislante de la electricidad y del calor, en la confección de trajes especiales para combatir el fuego, en filtros químicos, en láminas para techar, etc: *láminas de asbesto, un traje de asbesto, tinacos de asbesto.*

ascendencia s f Serie de los miembros de una familia, una especie, una raza, etc que antecedió a otros individuos de la misma: *ascendencia indígena.*

ascendente 1 adj m y f Que va hacia arriba o en aumento; que mejora: *movimiento ascendente, progresión ascendente, una carrera ascendente* **2** s m En astrología, se dice de aquel signo del zodíaco que aparece por el oriente, en la línea del horizonte, en el momento del nacimiento de una persona: "Mi signo es Aries y mi *ascendente* es Cáncer".

ascender v intr (Se conjuga como *perder*, 2a) **1** Ir o moverse algo o alguien hacia arriba: "*Ascendió* a la cima del Popocatépetl", *ascender un globo* **2** Aumentar una cantidad, hacerse algo mayor o llegar hasta cierto punto: *ascender la temperatura*, "La deuda *asciende* diariamente", "Los daños *ascienden* a diez millones de pesos" **3** Subir alguien de categoría o de lugar dentro de una jerarquía: *ascender a presidente, ascender a primera división* **4** tr Dar a alguien un puesto mejor que el que tiene: "El director lo *ascendió* a gerente", "Me *ascendieron* a capitán".

ascendiente s m y f **1** En relación con los miembros de una familia, aquel que pertenece a generaciones anteriores, o en relación con los miembros de una sociedad, cada uno de los que le precedieron; antepasado: "Entre sus ascendientes, ha habido ya varios músicos notables" **2** *Tener ascendiente sobre alguien* Tener influencia o fuerza moral una persona sobre otra: "Tú que *tienes* tanto *ascendiente sobre* él, ¿por qué no tratas de convencerlo?

ascensión s f **1** Acto de ascender a un lugar, puesto, nivel, etc elevado: "La *ascensión* a la montaña se iniciará al amanecer" **2** (*Astron*) Elevación de un astro sobre el horizonte **3** *Ascensión oblicua* (*Astron*) Arco del ecuador celeste comprendido entre el punto equinoccial de primavera y el punto del horizonte en el que aparece o se pone el astro considerado; se mide en horas y de occidente a oriente **4** *Ascensión recta* (*Astron*) Arco del ecuador celeste comprendido entre el punto equinoccial de primavera y el horario o meridiano que corresponde al astro considerado. Constituye una de las dos coordenadas ecuatoriales y se cuenta de occidente a oriente, en horas o en grados **5** (*Relig*) Para el cristianismo, momento en que Jesucristo subió al cielo tras su resurrección: *la ascensión del Señor, la fiesta de la Ascensión.*

ascenso s m **1** Acto de ascender, de subir o elevarse: *el ascenso al cráter de un volcán, un rápido ascenso de la nave espacial* **2** Aumento que experimenta la cantidad, el precio, la calidad, etc de alguna cosa: *un ascenso de temperatura*, *un ascenso de precios* **3** Hecho o acto de pasar a un lugar o puesto más alto, dentro de una jerarquía: "Le dieron un *ascenso* en su trabajo", "Festejaron el *ascenso*".

asceta s m y f Persona que elige una vida austera o que busca la virtud mediante la renuncia a los placeres materiales: "Vivían como *ascetas* en un pueblito de Jalisco", "Fernando pertenecía a una comunidad de monjes *ascetas*".

ascética s f (*Fil* y *Relig*) Doctrina que propone la realización de la virtud mediante la renuncia a los placeres y la limitación de los deseos por uno mismo: *la ascética cristiana.*

ascético adj Que se relaciona con la ascética, el ascetismo o los ascetas: *vida ascética*, *una disciplina ascética.*

ascetismo s m Manera de vivir de los ascetas o de quienes practican una ascética: "La importancia que daban los aztecas al *ascetismo*, el autosacrificio y al recuerdo de la caducidad de la vida...".

asco s m **1** Sensación de malestar estomacal, generalmente acompañada de ganas de vomitar, provocada por algo que se ha comido o bebido: *sentir asco* **2** Resistencia involuntaria e incontrolable a tomar alguna cosa: "El olor a grasa me dio *asco* y no pude comer" **3** Sensación de repugnancia física o moral hacia algo o alguien: "Me dan *asco* las ratas", "Los ostiones le dan asco", "Tanto servilismo da *asco*" **4** *Ser algo o alguien un asco* (*Coloq*) Ser sumamente desagradable, despreciable o repugnante: "*Son un asco* esos periódicos amarillistas", "Ese cantante *es un asco*" **5** *Hacerle asco(s) a algo o a alguien* (*Coloq*) Rechazarlo o eludirlo persistentemente: "*Le hizo ascos* a la comida de la pensión" **6** *Estar, andar, quedar,* etc *hecho un asco* Estar, andar, etc muy sucio: "Después de la fiesta, la casa *está hecha un asco*", "Los niños *quedaron hechos un asco* en el lodo" **7** *Poner del asco* (*Coloq*) Regañar o insultar fuertemente a alguien, sin que éste oponga mucha resistencia: "*Puso del asco* a todos los burócratas corruptos".

ascomiceto (*Bot*) **1** s m y adj Hongo que se caracteriza por tener sacos donde se desarrollan las esporas, generalmente en número de ocho, y el micelio, cuando es macroscópico, formado por filamentos tabicados (si es microscópico, como las levaduras, no forma micelio) **2** s m pl Clase que forman estos hongos, que abundan en los bosques, suelen tener una coloración muy vistosa y a veces son comestibles, como la trufa. En ella se comprenden algunos que son parasitarios, como el cornezuelo del centeno, y otros toman lo necesario para su desarrollo de materias orgánicas en descomposición.

ascua s f **1** (*Liter*) Pedazo de cualquier materia sólida y combustible, como el carbón encendido, que arde sin llama: "En el retablo enclavado en el crucero había un *ascua* parpadeante, solemne, que hacía de velas y candilejas" **2** *Estar o tener en o sobre ascuas* Estar o tener a alguien lleno de inquietud, impaciencia o preocupación en espera de algo: "Nos *tiene* a todos *en ascuas* con su indecisión".

asear v tr (Se conjuga como *amar*) Limpiar, lavar, poner en orden una cosa, o lavar a alguien por higiene o para darle una buena apariencia: *asear los dientes, asear una herida, asear a los niños, asear la casa.*

asediar v tr (Se conjuga como *amar*) **1** Rodear o sitiar una plaza fortificada con un ejército, para impedir que salgan sus defensores o sus habitantes y terminen por rendirse **2** Requerir sin descanso a alguien, para que cumpla los deseos de quien lo requiere: "*Asediaban* al actor sus admiradoras, pidiéndole autógrafos", "A Teresa la *asedian* sus pretendientes".

asedio s m Acto de asediar: *el asedio a la fortaleza, el asedio a una bella mujer.*

asegún 1 prep y adv (*Rural*) Según: "A veces me voy tarde, *asegún* haiga de gente", "*Asegún* los anillitos que tiene el cascabel, son los años de la víbora" **2** *Tener algo sus (muchos) asegunes* (*Coloq*) Tener algo sus dificultades o sus riesgos: "Tu propuesta *tiene sus asegunes*".

asegurar v tr (Se conjuga como *amar*) **I 1** Hacer que una cosa quede fija o segura: *asegurar una tabla, asegurar un pañal*, "Hay que clavar ese respaldo o *asegurarlo* de alguna manera" **2** Afirmar la certeza de algo: "*Aseguró* que vendría", "Ellos *aseguran* que no tuvieron nada que ver" **3** prnl Revisar que alguna cosa sea o esté de determinada manera, hacer lo que corresponda para verificar o confirmar algo; cerciorarse: "*Asegúrese* de que el freno de mano esté puesto", "*Asegúrate* de que esté en su casa", "*Aseguré monos* de que lo que nos dijo es verdad" **II** Proteger el valor de un bien o el que puede atribuírsele, mediante la contratación de un seguro: *asegurar el coche.*

asemejar v (Se conjuga como *amar*) **1** tr Hacer una cosa parecida a otra, o dar a una cosa el sentido que tiene otra: *asemejar un original*, "En un poema, el mar *asemeja* la muerte y los ríos, nuestras vidas" **2** prnl Tener una cosa o una persona, en relación con otra, las mismas características o algunos rasgos en común: "Esta casa *se asemeja* a las coloniales", "*Se asemeja* a su padre", "Se *asemejan* en intereses mas no en carácter".

asentamiento s m **I 1** Acomodamiento de una cosa de manera que quede estable, fija o en estado de reposo: *asentamiento de tierra* **2** Establecimiento o residencia de algo o alguien en un lugar: *el asentamiento de tribus indígenas* **3** *Asentamientos humanos* Establecimiento de un grupo de personas en una zona determinada, considerando sus formas de convivencia, los elementos naturales y las obras materiales con que cuentan **II 1** Consignación que se hace por escrito de algo: *asentamiento en actas* **2** (*Der*) Otorgamiento legal al demandante de bienes del demandado por negarse éste a responder o comparecer.

asentar v tr (Se conjuga como *despertar*, 2a) **1** Acomodar algo de manera que quede en estado de reposo, o resulte sólido, estable o firme: *asentar una columna, asentarse la tierra* **2** prnl Quedar algo fijo y bien establecido: "Que la democracia *se asiente* firmemente en la conciencia de los ciudadanos" **3** prnl Establecerse algo o alguien en algún lugar; situarse o vivir en él: "Los colonos *se asentaron* en el valle" **4** prnl Precipitarse hacia el fondo de un recipiente y depositarse en él alguna sustancia o las partículas que están suspendidas: "Deja que *se asiente* el café" **5** prnl Recuperar el organismo o alguna parte suya su buen funcionamiento: *asentarse el estómago* **6** (*Der*) Conceder a un demandante la posesión legal de bienes del demandado por negarse éste a responder o a comparecer ante los tribunales **7** Dar un golpe fuerte y con tino a algo o a alguien: *asentar un puñetazo* **8** prnl Alcanzar estabilidad económica o emocional: "Con el matrimonio y un hijo ya *se asentó*" **9** Decir o afirmar algo con seguridad o certeza; consignarlo por escrito o darlo como premisa o fundamento: *asentar en actas, asentar un dato, asentar un juicio.*

asentir v intr (Se conjuga como *sentir*, 9a) Admitir, aceptar o afirmar algo dicho o propuesto antes por otra persona: "Él *asintió* con un gesto sonriente a lo que le decían".

aseo s m **1** Acto de limpiar y ordenar las cosas de manera que queden bien presentadas, o de cuidar de la limpieza y la presentación de alguien: *el aseo de la cocina, el aseo personal,* "El *aseo* de los enfermos le lleva toda la mañana" **2** Hacer el aseo Limpiar y ordenar la casa **3** Cualidad de estar algo o alguien limpio o bien presentado, o de hacer algo con dedicación y cuidado: "Le llamaron la atención por su falta de *aseo*", *el aseo de sus trabajos y dibujos,* "El artesano pinta con mucho *aseo* sus vasijas".

asepsia s f **1** Ausencia de gérmenes infecciosos en alguna región del cuerpo, en utensilios, en instrumentos, en algún local, etc **2** Conjunto de procedimientos por los cuales se impide la introducción de gérmenes al organismo.

aserradero s m Lugar en donde se limpian, se asierran, se secan y se preparan los troncos de árboles cortados, para aprovechar e industrializar la madera.

aserrar v tr (Se conjuga como *despertar*, 2a) Cortar algo, principalmente madera, con un instrumento que tenga sierra.

aserrín s m Residuo fino que queda al aserrar la madera, y que se aprovecha como combustible, como amortiguador de golpes, como astringente de líquidos en los pisos de circos, cantinas, etc: "Hay que comprar *aserrín* para el gato".

asesinar v tr (Se conjuga como *amar*) Matar a alguien infringiendo una norma moral o legal: *asesinar con una pistola,* "Lo *asesinó* de cuatro balazos".

asesinato s m Acto de matar a alguien infringiendo una norma moral o legal: "El *asesinato* del general Obregón conmocionó la vida política del país".

asesino adj y s Que mata a alguien infringiendo una norma moral o legal: *un ejército asesino,* "El *asesino* huyó después del crimen".

asesor adj y s Que asesora a alguien en algún asunto específico: *asesor presidencial, asesor financiero.*

asesorar v (Se conjuga como *amar*) **1** tr Dar consejo y guía a alguien a lo largo del desarrollo de una actividad: *asesorar a un sindicato durante la huelga, asesorar a un alumno en su tesis* **2** prnl Hacerse aconsejar y guiar por alguna persona en la realización de cierta actividad: "*Se asesoró* con un contador para hacer su declaración de impuestos".

asesoría s f **1** Consejo, orientación y guía que, sobre una materia determinada, da un conocedor o especialista en ella a una persona, grupo, institución, etc: "Ingenieros agrónomos dieron *asesoría* a los campesinos sobre el uso de fertilizantes" **2** Cargo o puesto que alguien tiene dentro de una compañía o institución para orientarla y guiarla en la materia en que es competente: "Tiene una *asesoría* en la Secretaría de Hacienda".

aseverar v tr (Se conjuga como *amar*) (*Liter*) Afirmar o dar por seguro lo que se dice: "*Aseveró* que depende de la aplicación efectiva de este documento el futuro económico y social de Jalisco".

asfalto s m Material sólido de color negro, duro y quebradizo, que al calentarse toma la consistencia de un líquido viscoso. Está compuesto principalmente por hidrocarburos y se obtiene directamente de la naturaleza o como residuo en la refinación del petróleo. Se usa para pavimentar calles y carreteras, recubrir techos y muros, y en la preparación de pinturas y barnices.

así adv **1** De esta manera, de este modo, como es, como está: "*Así* es como hay que hacerlo", "Está bien *así*", "La vida es *así*", "Quiero un mueble *así*" **2** Así de Tan, de tal modo: *así de feo, así de fácil* **3** Así (...) *como* De la misma manera que: "*Así como* habla, escribe", *así en México como en España* **4** Así *como* También, además: "Se refirió al campo, *así como* a la industria" **5** Así mismo De la misma manera, igualmente, también; asimismo: "*Así mismo,* anunció la creación de una comisión…" **6** Así es Sí: "¿Es cierto que te vas mañana? —*Así es*" **7** Así (es) *que* Por lo tanto, por consecuencia: "Ya terminamos, *así que* pueden irse", "…*así es que* tuvimos que irnos en burro" **8** Así como así Como si fuera algo sin importancia o se tratara de algo común y corriente: "*Así como así* me contó que su mamá se había muerto" **9** Así así (*Coloq*) Más o menos, regular: "—¿Cómo sigue el enfermo?— *Así así*" **10** Así o asado (*Coloq*) De una manera o de otra **11** Así no más (*Coloq*) De esta manera, de pronto, como si no tuviera importancia, sin motivo alguno: "Se fue *así no más*", "Me lo regaló *así no más*", "Déjalo *así no más*" **12** conj Aunque: "Lo haré *así* se caiga el mundo".

asiático adj y s Que es natural de Asia, que pertenece a este continente o se relaciona con él: *continente asiático, costas asiáticas.*

asiduo adj y s **1** Que asiste a algún lugar o a alguna cosa con regularidad y constancia: *un asiduo aficionado a los toros,* Un *asiduo* del Prendes, como don Luis **2** Que hace algo con voluntad y constancia: *un lector asiduo de novelas policiacas* **3** Que es hecho con regularidad y constancia: *asiduas visitas, asiduas atenciones.*

asiento s m **I 1** Cualquier lugar u objeto que se disponga para sentarse; mueble o parte de un mueble en el que uno se sienta: *un asiento desocupado, ceder el asiento, una banca con tres asientos,* "Estas sillas tienen el *asiento* acojinado" **2** Tomar asiento Sentarse: "Por favor *tomen asiento*" **3** Localidad en algún espectáculo: "Pagó cien pesos por un *asiento* de primera fila", "Tenemos *asientos* de sol para la corrida del domingo" **II 1** Base de un objeto o parte sobre la que descansa, se apoya o fija en algo: *el asiento de una vasija, una tuerca con asiento reforzado* **2** Lugar en el que se establece algo o alguien: *el asiento de una cultura, el asiento de una fábrica* **3** Materia sólida que se sedimenta y se posa en el fondo del recipiente que la contiene: en un líquido: *el asiento del café* **III 1** (*Cont*) Anotación que se hace en el libro de cuentas de las transacciones que se llevan a cabo **2** Durante la época colonial, contrato mediante el cual el gobierno real otorgaba a particulares la concesión para proveer de determinados bienes o de esclavos a la comunidad: *asiento de tabaco, asiento de esclavos* **IV** (*Hipo*) **1** Parte del freno de los caballos que se fija entre los colmillos y las primeras muelas de la mandíbula inferior del animal **2** Parte de la mandíbula inferior de las caballerías, situada entre los colmillos y las primeras muelas.

asignación s f **1** Acto de asignar: *asignación de tierras, asignación de trabajos, asignación de presupuesto,* "Fue una sorpresa su *asignación* como director" **2** Cantidad de dinero que se da a un empleado como pago por sus servicios o por algún otro concepto: "Nos adelantaron la *asignación* correspondiente al mes de diciembre", "Recibieron *asignaciones* para comidas y transporte".

asignar v tr (Se conjuga como *amar*) **1** Señalar o fijar algo como los derechos, obligaciones, funciones, etc que le corresponden a alguien, o destinar alguna cosa para que alguien la use: *asignar una pensión,* "Se le *asignó* un sueldo de seiscientos pesos", *asignar una tarea,* "*Asignarán* cien mil pesos para becas", "Me *asignaron* el cuarto número ocho" **2** Destinar a una persona para desempeñar u ocupar un puesto determinado: "*Asignaron* a Pedro como director del hospital" **3** Dar un número, un nombre, un valor, un color, etc a algo o a alguien, generalmente para identificarlo o distinguirlo: "A cada jugador se le *asigna* un color", "A mi casa le *asignaron* el número doce".

asignatura s f Materia que se enseña en una escuela, como la gramática, la biología, etc: "Alicia aprobó las diez *asignaturas*".

asilar v tr (Se conjuga como *amar*) **1** Proteger un país a algún extranjero perseguido por razones políticas, ya sea aceptándolo en su embajada o en su territorio: "Lograron *asilarse* en la embajada de México" **2** Acoger a alguien desvalido o desprotegido: "Lo *asiló* en su casa mientras conseguía trabajo" **3** Internar a alguna persona anciana, desvalida o enferma en un asilo: "Como no tenían dinero, *asilaron* a su abuelo".

asilo s m **1** Establecimiento que da asistencia a los desvalidos: *asilo de ancianos* **2** Inmunidad que concede un país a los extranjeros que se refugian en él o en alguna de sus embajadas por motivos políticos: *asilo político, derecho de asilo* **3** Protección, refugio o albergue que se proporciona a alguien: "Vengo a pedir *asilo* porque se canceló el vuelo".

asimetría s f Ausencia o falta de simetría.

asimétrico adj Que no tiene simetría: *estructura asimétrica, pesos asimétricos*.

asimilación s f **1** Acto de asimilar o asimilarse: *asimilación de alimentos, asimilación cultural* **2** (*Fon*) Proceso de la emisión del habla por el cual tanto los fenómenos articulatorios que se dan en el aparato bucal, como los acústicos del sonido producido, se propagan de un momento a otro, ya sea anterior o posterior, modificando las características del sonido en cuestión **3** Proceso social que consiste en que individuos de diferente origen étnico o racial entran en interacción con una comunidad mayor, que termina por integrarlos a sus valores, su historia, etcétera.

asimilar v tr (Se conjuga como *amar*) **1** Hacer un organismo, una persona o una sociedad algo pase a formar parte de él; incorporar para sí alguna co-

sa **2** Hacer propio algo como un conocimiento, una experiencia, un razonamiento, etc de tal manera que se incorpore a la forma de pensar, de actuar, etc de uno: *asimilar una teoría, asimilar la lección, asimilar una cultura* **3** Aprovechar un organismo las sustancias nutritivas que digiere transformándolas en tejido orgánico o en estructuras celulares: *asimilar los alimentos,* "Tiene un problema que le impide *asimilar* las proteínas" **4** (*Fon*) Modificar un sonido a otro debido a su cercanía y a que ambos tienen rasgos comunes en su articulación.

asimismo adv De la misma manera, también, igualmente: "*Asimismo* subrayó la importancia del desarrollo agrícola".

asina adv (*Rural*) Así: "Le aseguro que el verdadero México usted no lo conoce. —Pos francamente, si *asina* es la puntita, no quiero ver lo que hay más pa dentro".

asíntota s f (*Geom*) Línea recta que, prolongada indefinidamente, se acerca tangencialmente a una curva sin llegar a encontrarla.

asintótico adj Que se relaciona con la asíntota o es característico de ella: *curva asintótica, valor asintótico*.

asir v tr (Modelo de conjugación 1c) **1** Agarrar con fuerza, tomar con firmeza: *asirse de una rama, asir una cuerda* **2** (*Líter*) Aferrarse a algo o aprehenderlo de manera completa: *asirse a la realidad,* "Para transmitir esos sentimientos el novelista necesita primero *asirlos,* ser su personaje".

asistencia s f **I 1** Acto de presentarse alguien en algún lugar porque ha sido llamado, o es su deber, o de ir como espectador o testigo: "Le agradeceremos confirme su *asistencia*", *falta de asistencia* **2** Conjunto de personas que se reúnen en un lugar para algo determinado: "…y esperamos para este año una *asistencia* mayor" **II 1** Ayuda, cuidado o colaboración prestados por alguna persona o institución: *asistencia médica, asistencia a la vejez,* "Firmaron un convenio de *asistencia* mutua", *asistencia tecnológica, asistencia financiera* **2** *Casa de asistencia* Casa de huéspedes.

asistente adj y s m y f **1** Que está presente o asiste a algún lugar: "Todos los *asistentes* pagan", *los socios asistentes a la reunión, el público asistente* **2** Que asiste o ayuda a alguien: *asistente de dirección, asistente de un boxeador* **3** (*Relig*) Entre los católicos, ayudante de un párroco en el ministerio parroquial **4** (*Relig*) Entre los católicos, cualquiera de los dos obispos que ayudan a consagrar a otro.

asistir v (Se conjuga como *subir*) **I** intr Presentarse alguien en algún lugar, porque ha sido llamado o es su deber ir como espectador o testigo: *asistir a la escuela, asistir a la oficina, asistir a una ceremonia* **II** tr **1** Dar ayuda, cuidado o protección a alguien, servir una persona a otra: *asistir a los enfermos, asistir al productor* **2** (*Popular*) Atender a alguien proporcionándole alimentos, lavado de ropa, alojamiento, etc: "Doña María *asiste* a muchos estudiantes", "Juan se asustó con doña María" **III** *Asistirle a uno algo* (como *la razón, la ley* o *el derecho*) Tenerlo de su parte: "Seguro de que *nos asiste la razón,* no cesaremos en nuestra lucha".

asma s f Enfermedad que consiste en accesos de ahogo intermitentes, debidos a la dificultad para respirar, acompañados generalmente por una sensación de presión en el pecho y frecuentemente por ataques de tos o sibilancias, causados por espasmos de los bronquios que interfieren con la normal inspiración y espiración de los pulmones. Es producida por diversas causas, como la tensión emocional o el contacto con algún alergógeno: *ataques de asma, asma bronquial*.

asno s m (*Liter*) Burro.

asociación s f **1** Relación entre dos o más personas, ideas, cosas o situaciones que tienen algo en común o a las que se les atribuye alguna semejanza: *asociación mental*, "La *asociación* entre sufrimiento y santidad, fomentada por la religión...", *la asociación entre colores y estados de ánimo* **2** (*Der*) Contrato por medio del cual dos o más personas se reúnen con carácter formal para llevar a cabo una actividad, generalmente no lucrativa (*asociación civil*), aunque en algunos casos puede tener esa finalidad (*asociación mercantil*); organismo o corporación que resulta de ese contrato: *asociación de profesionistas, asociación de productores*, "El Colegio de México, *Asociación Civil,...*" **3** *Asociación de ideas* (*Psi*) Técnica psicoanalítica que consiste en expresar de manera indiscriminada todas las ideas o situaciones que uno relaciona con otras, ya sea de manera espontánea o a partir de los conceptos que propone el terapeuta.

asociado I pp de *asociar* o *asociarse*: "Ciertos traumatismos *asociados* al parto II s m Miembro de una sociedad o asociación: "Estas obra se hacen con las aportaciones de los *asociados*".

asociar v (Se conjuga como *amar*) **1** prnl Juntarse con otra u otras personas, en particular cuando se hace de manera formal, para llevar a cabo cierta actividad o conseguir algo; hacerse miembro de una corporación o sociedad, o reunirse con otros para constituirla: "*Se asoció* con su hermano para poner un taller", "*Se asociaron* al club hace tres años", "Estas empresas *se asociaron* para controlar el mercado" **2** tr Establecer una relación entre dos o más elementos, personas, ideas, etc: "No hemos logrado *asociar* los síntomas con ninguna enfermedad", *asociar a los implicados en un crimen* **3** tr Traer a la mente una cosa, imagen, idea, etc a partir de otra: "Esa música me gusta, más que nada porque la *asocio* con mi época de estudiante", *asociar un color con un estado de ánimo*.

asociatividad s f (*Mat*) Propiedad de las operaciones con elementos de conjuntos o con números racionales, que consiste en que el orden en que se vayan sumando elementos o números, o el orden en que se los multiplique, es indiferente de su resultado; es decir, que el orden de los factores no altera el producto. Por ejemplo: $a + (b + c) = (a + b) + c$, o $a \times (b \times c) = (a \times b) \times c$.

asociativo adj **1** Que se asocia, tiene la facultad de asociarse o es resultado de una asociación: *formas asociativas, impulsos asociativos* **2** (*Mat*) Que se puede asociar o que se relaciona con la asociatividad.

asolar v tr (Se conjuga como *soñar*, 2c. Se usa sobre todo en las terceras personas del presente, pretérito y copretérito de indicativo) **1** Destruir algo hasta sus cimientos; destruirlo en casi su totalidad: "Los terremotos *asolaron* la ciudad" **2** Ocasionar graves daños: "La inflación *asuela* nuestra economía".

asolear v tr (Se conjuga como *amar*) **1** Exponer a los rayos del sol una persona o una cosa: "Vamos a *asolearnos* a la playa", "Lleva al niño al parque para que se *asolee*", "Sacó las cobijas para que se *asolearan*" **2** Poner al sol las vainas de algunas plantas como el frijol, con el fin de que se sequen y se desprenda el grano con mayor facilidad.

asomar v (Se conjuga como *amar*) **1** prnl Sacar la cabeza desde algún lugar con el propósito de mirar algo o tratar de mirar algo a pesar de los obstáculos que lo impidan: *asomarse a la ventana, asomarse a la puerta*, "Asómate por debajo de la puerta a ver si está tu papá", "*Me asomé* sobre la barda a mirar el jardín" **2** tr Mostrar parte de sí mismo, especialmente la cabeza, para poder ver algo: "*Asoman* la cabeza por las azoteas" **3** intr Dejarse ver alguna cosa en su inicio, en su raíz o en sus primeras manifestaciones: "Otra onda pluvial *asoma* por el nordeste", "No *ha asomado*, entre los valores éticos, ninguno nuevo", "En su rostro *asomaba* la bondad" **4** intr Aparecer una parte del cuerpo o de alguna cosa por detrás o enmedio de otra que debiera o se esperaría que la tapara o la ocultara: "Fuera de la falda *asomaban* sus piernas flacas y enjutas" **5** prnl Empezar a conocer e interesarse en algún tema: *asomarse a la filosofía presocrática*.

asombrar v (Se conjuga como *amar*) **1** tr Causar sorpresa, admiración o extrañeza muy intensas, generalmente algo inesperado o extraordinario: "Sus magias *asombraron* a los niños", "Me *asombró* su calma ante el peligro", "Me *asombra* que te comportes así" **2** prnl Quedar alguien sorprendido por algo que no se esperaba, sentir admiración o extrañeza ante algo: "*Se asombró* al ver mis calificaciones", *asombrarse como un niño*.

asombro s m Sorpresa, admiración o extrañeza muy intensas que siente alguien cuando sucede algo inesperado o extraordinario: "No salía de su *asombro* al ver quién lo acompañaba", "Ante el *asombro* de todos, se levantó y se fue".

asombroso adj Que asombra o causa asombro: *un rito asombroso, una similitud asombrosa, un asombroso parecido*.

asomo s m **1** Indicio, señal o primera manifestación de algo: *un asomo de rebeldía, un asomo de objetividad, sin el más leve asomo de temor* **2** *Ni por asomo* De ningún modo: "Beatriz no piensa en los demás *ni por asomo*".

asonada s f Rebelión violenta en contra de alguna cosa, generalmente contra un gobierno: "Hubo una *asonada* en Guatemala".

asonancia s f (*Lit*) Coincidencia de las vocales de dos palabras a partir de la vocal acentuada, como en: "Estaban en la *conquista* / cuando el marido *llegó* / ¡qué estás haciendo *Martina* / que no estás en tu *color*?"; en estos versos, *conquista* y *Martina*, y *llegó* y *color* tienen *asonancia*.

aspecto s m I **1** Modo en que algo se manifiesta a los sentidos, especialmente la apariencia que presenta a la vista: *tener buen o mal aspecto*, "Hay que mejorar el *aspecto* de la ciudad", *aspecto grotesco, aspecto severo, aspecto normal* **2** Elemento o conjunto de elementos que constituyen un tema, asunto o circunstancia particular: "Sus reflexiones sobre cada *aspecto* de ese sistema se hallan aisladas", "No tocaron ningún *aspecto* personal", "Hay que incrementar la educación en todos sus *aspectos*", *el aspecto económico, el aspecto moral, el aspecto técnico, el aspecto histórico* II (*Gram*) Forma verbal que expresa la manera en que transcurre la realización de una acción, de acuerdo con su terminación o no terminación. Por ejemplo, en *lo tengo hecho* su *aspecto* es *perfectivo* porque la acción se expresa como ya terminada, mientras que en *lo estoy haciendo* es *imperfectivo* porque la acción no ha terminado. Otros casos de aspecto se refieren a la duración de la acción, como el *incoativo*, que alude a las acciones que comienzan a suceder o a realizarse, por ejemplo *amanecer* o *voy a trabajar*, o el *iterativo*, que se refiere a una acción que se repite, como *repicar* III (*Astron*) Posición aparente de un cuerpo celeste, observado desde la Tierra, con respecto a otro planeta, al Sol o a la Luna.

áspero adj **1** Tratándose de la textura de una superficie, que lastima, irrita o daña la piel por ser desigual, angulosa, dura y porosa, como las lijas, los ladrillos o el ixtle: *una madera áspera, una tela áspera, de piel áspera y escamosa* **2** Que produce una sensación desagradable por su rudeza o tosquedad, que no tiene la menor delicadeza o se percibe como agresivo o violento: "No me gusta su carácter: *áspero*, seco y egoísta".

aspiración[1] s f Deseo de alcanzar o realizar algo que se considera valioso; propósito esperanzado de conseguir alguna cosa: *tener aspiraciones, renunciar a sus aspiraciones, colmar sus aspiraciones, nuestras aspiraciones democráticas*, "Una vez más sus *aspiraciones* de campeón se vieron frustradas".

aspiración[2] s f **1** Momento del acto de respirar en que se atrae el aire, o alguna otra sustancia gaseosa o pulverizada, hacia los pulmones; inhalar: *aspiración de gases venenosos* **2** Succión o extracción de alguna sustancia con un aspirador: *aspiración de flemas, aspiración de la médula ósea*.

aspirador 1 adj Que aspira **2** s m Aparato que extrae por succión sustancias gaseosas, líquidas o pulverizadas. Es de uso común en medicina y en odontología.

aspiradora s f Aparato que absorbe y retiene el polvo o alguna otra sustancia líquida o pulverizada, en particular el que se usa doméstica o industrialmente para las tareas de limpieza: "Los sábados pasan la *aspiradora*".

aspirante s m y f Persona que aspira a lograr u obtener algo: *un aspirante a diputado, aspirante a un premio*.

aspirar[1] v tr (Se conjuga como *amar*) **1** Hacer entrar el aire, o cualquier otra sustancia gaseosa o pulverizada, por las vías respiratorias: "*Aspire* profundo y contenga la respiración", *aspirar un perfume* **2** Quitar el polvo o extraer alguna sustancia gaseosa o líquida, succionándola o atrayéndola con algún aparato; pasar la aspiradora o aplicar un aspirador: *aspirar la alfombra, aspirar las secreciones salivales*.

aspirar[2] v intr (Se conjuga como *amar*) Aspirar a Pretender alguna cosa o tener la intención de conseguir algo, en particular cuando lo que se desea se considera valioso y se busca con empeño y esperanza: "*Aspirar a* quedar entre los diez mejores", *aspirar al premio, aspirar al título*, "Aspiramos a brindarles la educación que nosotros no pudimos recibir", *aspirar a la excelencia*.

asta s f **1** Palo o poste al que se sujeta una bandera, generalmente cuenta con un mecanismo que permite subirla o bajarla: "Pónganse en círculo rodeando el *asta* para cantar el himno" **2** *A media asta* A medio izar una bandera en señal de duelo: "... y a las 7:19 se izarán las banderas *a media asta* en todas las delegaciones" **3** Cuerno, particularmente el del toro y el del venado **4** Arma antigua formada por un mango y una punta de hierro, como la lanza: "Los romanos atacaban con *astas*" **5** (*Mar*) Extremo de madera o hierro de los palos a los que se fijan o aseguran las velas.

astado 1 adj Que tiene astas **2** s m (*Crón taur*) Toro: "Se corrieron *astados* de Cerro Viejo".

asteroide s m (*Astron*) Cada uno de los miles de pequeños planetas que giran alrededor del Sol en órbitas situadas por lo general entre la de Marte y la de Júpiter, es decir en anillos que distan del Sol entre 250 y 640 millones de km. La gran mayoría tiene un diámetro inferior a los 100 kilómetros.

astigmatismo s m **1** (*Fís*) Defecto de un instrumento de óptica, como una lente o un espejo, por el cual en lugar de formarse la imagen visual de un punto en un solo foco, donde deben converger los rayos luminosos, se confunden en varios y se deforma o se vuelve imprecisa **2** (*Med*) Defecto de la vista debido a una curvatura irregular o anormal de la córnea o superficies refractivas del ojo, que impide la convergencia en un solo foco de los rayos luminosos de diferentes meridianos en un punto común de la retina.

astillero s m **1** Taller donde se construyen y reparan barcos **2** Lugar del monte donde se corta leña.

astro s m **1** Cuerpo celeste, en particular el que tiene una forma bien definida y emite o refleja luz, como el Sol, la Luna, algunos planetas y sus satélites, las estrellas y los cometas: *observar un astro*, "Creían que el destino del hombre estaba determinado por los *astros*" **2** *Astro rey* El Sol **3** Hombre que destaca en el ambiente de los espectáculos y es muy admirado o conocido por el público, en particular los actores y deportistas consagrados: "El billar trata sobre Hollywood, sus *astros* y estrellas, su esplendor y riqueza...", *el astro del futbol mexicano*.

astrología s f Estudio sobre los astros que pretende determinar la influencia que éstos tienen sobre el curso de los acontecimientos terrestres, y en particular los que se relacionan con el carácter y la suerte de cada individuo, según la posición de los astros en el momento de su nacimiento: "La *astrología* nació en Babilonia".

astrólogo s Persona que se dedica a la astrología.

astronauta s m y f Persona que conduce una nave espacial o que viaja en ella fuera de la atmósfera terrestre; cosmonauta.

astronomía s f Ciencia que estudia el universo, los astros y demás cuerpos celestes que lo componen; su formación, evolución y propiedades: *las aportaciones de Kepler a la astronomía, astronomía descriptiva*.

astronómica s f (*Lagerstroemia indica*) Arbusto o árbol de la familia de las litráceas, de dos a siete metros de altura, que produce bellas flores blancas, rosadas o moradas. Es común como planta de ornato.

astronómico adj **1** Que pertenece a la astronomía o se relaciona con ella: *cálculos astronómicos, inves-*

tigación astronómica **2** Tratándose de cantidades, que es enorme, gigantesco o elevadísimo: "Se habla de cifras *astronómicas*".

astrónomo s Persona que tiene por profesión la astronomía.

astucia s f **1** Cualidad de actuar con ingenio para sacar ventaja de una situación o para resolver un problema: "Gracias a su *astucia* ha hecho mucho dinero" **2** Procedimiento ingenioso que se sigue para conseguir algo: "Hay que tener cuidado con sus *astucias*".

astuto adj **1** Que actúa con astucia o tiene esa cualidad: *un empresario astuto, el astuto general Villa* **2** Que es hábil para engañar o evitar el engaño, que es listo para conseguir lo que le conviene: "Satanás es tan *astuto*, que no se deja hacer trampas".

asumir v tr (Se conjuga como *subir*) **1** Tomar una persona por su cuenta algún asunto, hacerse cargo de él y aceptar la responsabilidad que eso conlleva: *asumir una obligación, asumir el cargo de presidente, asumir un riesgo* **2** Dar algo por bueno o por cierto, sin que necesariamente lo sea, sólo para fines de una argumentación; suponer: "*Asumamos* que la hipótesis se confirme" **3** Tomar alguna cosa cierto aspecto o ciertas características aparentes: "En la linterna mágica, los hombres *asumen* entidad fantasmal".

asunción s f **1** Acto de asumir algo, de tomar algo para sí, principalmente una actitud o responsabilidad, afrontando sus consecuencias **2** (*Relig*) Doctrina establecida entre los católicos, y dogma para los romanos, por la cual se considera que la virgen María fue ascendida al cielo en cuerpo y alma después de su muerte, que se la celebra el 15 de agosto de cada año **3** (*Fil*) Proposición que se da por buena como primera premisa de un silogismo o de un razonamiento.

asunto s m **1** Hecho, cosa que sucede o existe y a la que se hace referencia o se tiene en mente; situación, circunstancia o acontecimiento que se está considerando, tratando o valorando; la materia de una conversación, discurso, expresión o actividad: "Mejor ni tocar el *asunto*", "¿Te acuerdas de aquel *asunto*", "Ni hablar del *asunto*", "No hizo alusión al *asunto*", "De todas maneras ese *asunto* le preocupa", "Sería mejor olvidarse del *asunto*", *el asunto de la deuda, un asunto muy debatido, un asunto urgente, un asunto de Estado, asuntos de interés público, un asunto confidencial, un asunto delicado, asuntos pendientes, asuntos en trámite, arreglar un asunto*, "Ahí está el *asunto*" **2** *Tomar cartas en el asunto* Intervenir en él, en particular cuando se le considera como problemático y se tiene la intención de resolverlo: "Si no *tomas* ahora *cartas en el asunto* después será mucho más difícil", "A petición de los empresarios, la Secretaría de Comercio *tomará cartas en el asunto*".

asustado pp de *asustar* II adj Que tiene miedo: "Está muy *asustado* con el incidente", "Me tiene muy *asustada* con sus amenazas".

asustar v tr (Se conjuga como *amar*) **1** Causar alguien o alguna cosa que una persona o un animal sienta miedo, particularmente cuando esta sensación es repentina y breve: "Las brujas *asustan* a los niños", "La explosión *asustó* a toda la vecindad", "Se puso una máscara para *asustar* a su abuelita"

2 prnl Sentir uno miedo, temor o preocupación, generalmente a causa de algo que lo sorprende o supone peligro: "*Se asustó* con el ruido", "Al verla tan pálida *nos asustamos*", "No *te asustes*, no pasa nada, era una pesadilla", "*Me asusta* pensar que esto no tenga solución" **3** Provocar alguna cosa o persona que alguien se sienta preocupado: "Esta situación *asusta* a cualquiera".

atacar v tr (Se conjuga como *amar*) I **1** Actuar en contra de algo o de alguien, generalmente de manera violenta y con la intención de destruirlo, vencerlo o causarle algún daño: "El ejército *atacó* en la madrugada", "*atacar con palos, atacar a golpes, atacar por sorpresa, prepararse para atacar*, "Me *atacó* uno de sus perros" **2** Criticar algo o a alguien con la intención de desacreditarlo o combatirlo: "Lo *atacan* por su filiación política", "*Atacaron* sus ideas sobre la enseñanza" **3** Intervenir con decisión para resolver alguna cosa que se considera difícil, problemática, dañina, etc; hacer lo posible para acabar con ella o para contrarrestar sus efectos: *atacar la corrupción, atacar el analfabetismo, atacar el problema de la vivienda, atacar las causas de la inflación, atacar el mal de raíz* **4** (*Mús*) Ejecutar con mucha energía y sonoridad una composición musical o parte de ella **5** En algunos deportes, tomar uno de los contendientes la iniciativa y presionar con decisión a su oponente **6** Alterar, perturbar o dañar la salud o el estado normal de algo: "Es una plaga que *ataca* el cultivo del maíz", "La polilla *ataca* la madera", "Enfermedades que *atacan* a los bovinos", "El óxido *ataca* los metales" II **1** prnl (*Popular*) Excederse en los alimentos, ingerirlos sin medida ni reposo, o consumir algo, en particular drogas, en grandes cantidades, sin el menor control; atiborrarse, atracarse: "A diario *se ataca* de sopes y fritangas", *atacarse de mota* **2** (*Popular*) Atiborrar a alguien de algo, especialmente de comida; retacar: "Lo *atacaba* de pan para tenerlo contento" **3** *Atacarse de (la) risa* (*Coloq*) Darle a uno mucha risa, reírse sin poder controlarse: "Nada más me ve y *se ataca de la risa*" **4** *Atacar de (la) risa a alguien* (*Coloq*) Provocarle mucha risa: "Lo *atacamos de la risa* con lo que le contamos" III (*Hipo*) Retener la cabalgadura trabándole las riendas en la cabeza de la silla o conduciéndolo con las riendas muy tirantes, de tal modo que arquee el cuello hacia abajo, con el hocico cerca del pecho.

atajar v tr (Se conjuga como *amar*) **1** Impedir o evitar el paso o la continuación de la acción de algo o de alguien; detenerlo: *atajar a un coche que va en sentido contrario, atajar las enfermedades*, "Se construyó una presa que *ataja* todas las aguas de los ríos" **2** prnl Protegerse de algo, especialmente de la lluvia o el frío: "En el camino *me atajé* de la lluvia.

atajo[1] s m **1** Camino utilizado para acortar o abreviar una distancia: *tomar un atajo, cortar por el atajo* **2** Procedimiento con el que se abrevia o se adelanta alguna cosa: "Serrano toma un *atajo* y llega a las mismas conclusiones" **3** Pared que sirve de separación entre dos muros de carga **4** En el juego de la esgrima, movimiento que se hace para herir al adversario por el camino más corto, esquivando la defensa **5** *Poner el atajo* En la esgrima, poner la espada sobre la del contrario.

atajo² s m **1** (*Rural*) Grupo de caballos o de mulas que se han separado de la manada; recua **2** Conjunto pequeño: *un atajo de pescadores*.

atañer v intr (Se conjuga como *comer*. Cuando en la terminación o desinencia aparece una *i*, seguida de vocal, la *i* es absorbida por la *ñ*, debido a que ambas son palatales. Sólo se usa en la tercera persona del singular y del plural) **1** Quedar o caer algo dentro del campo de acción, de interés o de responsabilidad de alguna cosa o en alguna persona: "El problema del hombre moderno le *atañe* profundamente al psicoanálisis" **2** *En lo que atañe a, por lo que atañe a* En lo que respecta, por lo que se refiere a algo en particular: "Tiene por finalidad optimizar el diseño de estructura *en lo que atañe a* los efectos que en ellas puedan tener los temblores".

ataque s m **I** Acto de atacar: *ataque militar*, "El *ataque* aéreo dejó un saldo de siete muertos y veinte heridos", "No respondió a los *ataques* de la prensa", *ataques injustificados, lanzarse al ataque* **II 1** Alteración repentina del funcionamiento de un órgano o crisis de una enfermedad: *ataque cardiaco, ataque de apendicitis, ataque epiléptico* **2** Aparición repentina e incontrolable de algo como la risa o el llanto **3** *Darle a alguien un ataque* (*Coloq*) Perturbarse, enojarse o alterarse mucho por algo que ha sucedido y que no se esperaba: "Le va a *dar el ataque* cuando sepa lo que tiene que pagar".

atar v tr (Se conjuga como *amar*) **1** Unir o amarrar algo con una cuerda, o dos cuerdas o cosas semejantes entre sí: *atar las cintas de los zapatos*, "Los *ataron* de pies y manos" **2** Mantener algo o a alguien en cierta posición, u obligarlo a quedar en alguna circunstancia, impidiéndole la libertad de movimiento: "Lo *ataron* con sus promesas", *atarse a la suerte de una agrupación* **3** *Atar las manos, la lengua*, etc Obligar a alguien por alguna circunstancia, a actuar sólo de cierta manera, o a no hacer alguna cosa: "Con tan poco apoyo, me *han atado de manos*", "Sólo ella sabía lo sucedido, pero su temor le *ató la lengua*" **4** *Atar cabos* Relacionar acontecimientos o hechos para llegar a una conclusión, o para terminar una deducción: "Se puso a *atar cabos* y dedujo que el criminal era el mayordomo" **5** *Atar cabos sueltos* Relacionar hechos que no se habían considerado previamente, para sacar una conclusión: "Me falta *atar cabos sueltos* para terminar mi investigación" **6** *No atar ni desatar* No lograr actuar razonablemente, o hacerlo con confusión y aturdimiento: "El abuelo ya *no ata ni desata*", "Estaba tan asustada, que *no ataba ni desataba*".

atardecer¹ v intr (Se conjuga como *agradecer*, 1a) Terminar la tarde, aparecer el crepúsculo, comenzar a desaparecer la luz del día: "Al *atardecer* cantaban los pájaros", "En invierno *atardece* más temprano".

atardecer² s m Momento al final de la tarde, en que el Sol comienza a ocultarse: *la bella luz del atardecer*.

atarjea s f **1** Desagüe subterráneo en que desembocan las cañerías de las casas **2** Canal abierto, generalmente de mampostería y al ras del suelo, que sirve para conducir agua.

ataúd s m Caja de forma rectangular o de trapezoide alargado, más ancho en la cabeza y angosto en los pies, donde se pone un cadáver para enterrarlo.

ataviar v tr (Se conjuga como *amar*) (*Liter*) Vestir o adornar elegante o suntuosamente a una persona,

o adornar suntuosamente alguna cosa: "Los viejos arzobispos, *ataviados* con sus mitras, pasaban en cortejo", "Clarita *se atavió* con un vestido de organza blanca", *ataviar un altar*.

ate s m Dulce en forma de pasta, hecho a base de la pulpa de alguna fruta, como el membrillo o la guayaba, y azúcar.

ateísmo s m Postura o actitud filosófica que se funda en la negación explícita de la existencia de Dios.

atención s f **1** Operación intelectual o psicológica por medio de la cual la mente toma como objeto de su consideración a un estímulo o un conjunto reducido de éstos, presentes en un momento dado, haciendo caso omiso de los otros; capacidad para realizar esta operación y acto de ejercerla **2** Dedicación, interés y concentración con las que se hace alguna cosa: *poner atención, escuchar con atención, prestar atención* **3** Dedicación y empeño que se pone en el tratamiento o en el cuidado de alguna persona: "Colmó de *atenciones* a su huésped", *tratar con atención, agradecer una atención* **4** *En atención a* Tomando en cuenta o en consideración de algo o alguien: "Lo haré *en atención a* su persona" **5** *Llamar(le) la atención a alguien* Decirle que cambie su mal comportamiento con dureza y enojo o con suavidad: "La directora *les llamó la atención* a los maestros por su ausentismo constante" **6** *Llamar la atención* Hacer que alguien se interese, se ocupe o tome en consideración algo o a alguien: "Las faldas modernas *llaman la atención*".

atender v tr (Se conjuga como *perder*, 2a) **1** Poner atención a alguien o algo: *atender a la conversación* **2** Tener consideración, cuidado o cortesía hacia alguien: *atender a un invitado, atender a un enfermo* **3** Recibir a un enfermo un médico o un hospital, y darle tratamiento a su enfermedad o a sus daños físicos: "Lo *atiende* el doctor Sandoval", "Él siempre *se ha atendido* ese hospital".

atenerse v prnl (Se conjuga como *tener*, 12a) Basar lo que uno afirma, supone cierto o predecible, o su comportamiento posterior en lo hecho o dicho por alguien: *saber a qué atenerse*, "Me *atengo* a tu respuesta", *atenerse a las probabilidades, atenerse al original*, "Me *atengo* a tu bondad", "Haz lo que quieras pero *te atienes* a las consecuencias".

atentado s m **1** Acto violento, sorpresivo y repentino que se hace en contra de alguien o de sus bienes, generalmente por razones políticas y con la finalidad de crear terror, llamar la atención pública o desestabilizar el poder de quien lo sufre: "Se extremará la vigilancia para evitar *atentados*", "Tres muertos y pérdidas millonarias son el saldo del *atentado*", "Hasta ahora ningún grupo ha reivindicado el *atentado*", *atentado terrorista, atentado dinamitero* **2** Acción que se opone a un principio moral o a alguna cosa que se considera valiosa y digna de respeto: "La censura de las ideas es un *atentado* contra la libertad", "Su manera de vestir es un *atentado* contra el buen gusto", *atentado al pudor*.

atentamente adv **1** Con atención, con cuidado: "Escucha *atentamente* lo que explica su maestro", "Lo examina *atentamente* con la mirada" **2** Con cortesía, con amabilidad y respeto: *saludar atentamente*.

atentar v intr (Se conjuga como *amar*) Ir en contra de algo que se considera valioso o digno de respeto y cuidado; actuar con la intención de lesionar o matar a alguien o de causarle algún otro tipo de daño: *atentar contra la libertad, atentar contra la salud*, "Sus teorías *atentan* contra la lógica más elemental", "¿*Atentaron* contra el presidente?".

atento adj **1** Que pone atención, que está pendiente de algo o muestra interés por alguna cosa: *una mirada atenta*, "Es un estudiante *atento* e inteligente, pero poco trabajador" **2** Que es amable y cortés, que se preocupa por la comodidad y el bienestar de las personas con las que trata: "Nos envió una carta muy *atenta*", "Es un doctor muy *atento* y responsable".

atenuar v tr (Se conjuga como *amar*) Disminuir la intensidad, la fuerza, la violencia o la gravedad de alguna cosa: *atenuar las luces, atenuar los golpes, atenuar los efectos de la enfermedad*.

ateo s y adj Persona que no cree en la existencia de Dios: *un ateo convencido, pensamiento ateo*.

aterrar[1] v tr (Se conjuga como *amar*) Causar terror alguna cosa o alguien a una persona: "La *aterran* las historias de espantos", "Me *aterra* la violencia".

aterrar[2] v (Se conjuga como *amar*) (*Rural*) **1** tr Cubrir algo con tierra, en particular la maleza que nace en un sembradío; arropar, aporcar **2** prnl Llenarse algo de tierra; azolvarse: "La lluvia provocó un deslave y se *aterró* el pozo".

aterrizar v intr (Se conjuga como *amar*) **1** Llegar a tierra una aeronave como resultado de las maniobras que tienen esa finalidad. Llegar a tierra las personas que en ella viajan: "El accidente ocurrió en el momento de *aterrizar* el avión", *aterrizar un helicóptero*, "*Aterrizamos* en diez minutos" **2** (*Elec*) Hacer tierra: "Este cable puede servirnos para *aterrizar* el equipo" **3** (*Coloq*) Caer al suelo y golpearse contra él: "Iba corriendo cuando de repente que *aterriza* en plena calle" **4** (*Coloq*) Acudir una persona esporádicamente a algún lugar; aparecerse de vez en cuando: "Sólo *aterriza* en la oficina los días de quincena" **5** (*Caló*) Acostarse a dormir **6** (*Caló*) Denunciar.

atestiguar v tr (Se conjuga como *amar*) Declarar alguna cosa de la que uno es testigo, o verificar como tal lo que declara o afirma otra persona: "Yo puedo *atestiguar* la eficacia del procedimiento", *atestiguar un matrimonio*.

atinado I pp de *atinar* **II 1** adj Que es adecuado, acertado o conveniente: *una decisión atinada, un cálculo atinado* **2** *Ser atinado* o *estar atinado en algo* Concluir acertadamente alguna cosa o actuar convenientemente en relación con algo: "Juan *es* siempre *atinado en* sus juicios".

atinar v (Se conjuga como *amar*) **1** tr Lograr que un proyectil, un golpe, etc dé en el blanco, sea porque se dirigió a él o por casualidad: *atinar un golpe*, "A que no le *atinas* a ese bote desde aquí", "La pelota salió para arriba y fue a *atinarle* a un pájaro que iba volando" **2** intr Dar con algo que resulta correcto o cierto, ya sea por conjeturas o adivinando; dar con la respuesta oportuna, resolver con tino alguna cosa o acertar en algo por casualidad: "Aunque el examen era de los que daban a escoger entre varias respuestas, no *atinó* en ninguna", "No sabíamos qué contestar, pero Toño dijo que veníamos con don Román y le *atinó*: nos dejaron entrar", "Está difícil *atinarle* al número que ganará la lotería", "Alzó los ojos y *atinó* a ver dónde se estaba escon-

diendo Cristina", "Con tan mala suerte que sólo *atinó* a decir dos o tres tonterías mientras lo filmaban".

atlas s m sing y pl **1** Libro de geografía que contiene una serie de mapas, gráficas, láminas, etc, que tratan de una región, un país, un continente, etc: *atlas geográfico, atlas lingüístico, atlas oceanográfico* **2** Primera vértebra cervical que se articula con el cráneo y sostiene la cabeza.

atleta s m y f Persona que practica con regularidad, constancia y disciplina algún deporte o ejercicio, por lo que adquiere fortaleza muscular y desarrolla una buena condición física: "En la competencia participarán *atletas* de todo el país", "Las *atletas* mexicanas hicieron buen papel".

atletismo s m Conjunto de actividades o competencias deportivas que comprende los distintos tipos de carreras, saltos y lanzamientos: *equipo de atletismo, pruebas de atletismo*.

atmósfera s f **I 1** Envoltura gaseosa que rodea un cuerpo celeste, planeta, etc: *atmósfera terrestre* **2** Mezcla de gases que se respiran en un lugar determinado o que están presentes en él: *atmósfera contaminada*, "Es conveniente mantener húmeda la *atmósfera* de las habitaciones" **3** Conjunto de elementos físicos que por su arreglo o distribución producen determinada impresión, o ánimo que se percibe en una situación; ambiente: "La falta de espacio, la ausencia de ventanas y el exceso de cajas, papeles y mesas crean una *atmósfera* agobiante", *atmósfera acogedora*, "En las negociaciones ha reinado una *atmósfera* de cordialidad y entendimiento" **II** (*Fís*) Medida de presión igual a la ejercida por el aire sobre la tierra en una superficie de un centímetro cuadrado al nivel del mar. Su peso es equivalente a 1.033 kg/cm^2.

atmosférico adj Que pertenece a la atmósfera o se relaciona con ella: *presión atmosférica, fenómenos atmosféricos, contaminación atmosférica*.

atole s m **1** Bebida espesa hecha generalmente con harina o masa de maíz diluida y hervida en agua o leche. Puede llevar otros ingredientes como azúcar, canela, chocolate, miel o fruta molida: "Desayunamos tamales con *atole* de fresa" **2** *Dar a alguien atole con el dedo* (*Coloq*) Engañarlo haciéndolo pensar que se va a cumplir con lo que se le ha prometido, o diciéndole que se le toma en cuenta a sabiendas de que es mentira y sólo para que no se percate de que está siendo defraudado: "Yo creo que *te* está *dando atole con el dedo* y que no piensa pagarte un centavo de lo que te debe", "Ya están de acuerdo con los patrones, todo lo que dicen es para *darnos atole con el dedo*" **3** *Tener sangre de atole* o *tener atole en las venas* (*Coloq*) Ser muy apático o flemático, no conmoverse ni entusiasmarse por nada.

atómico adj **1** Que pertenece al átomo o se relaciona con él: *bomba atómica, número atómico, peso atómico, energía atómica* **2** Que es poderoso, activo y moderno: *el bombero atómico*.

átomo s m (*Fís* y *Quím*) Partícula compuesta por un núcleo y un conjunto de electrones que se mueven a su alrededor, y que forma la estructura combinable más pequeña de un elemento.

átono adj (*Ling*) Tratándose de una vocal o una sílaba, que no tiene acento prosódico; por ejemplo, en *audífono*, todas las vocales menos la *í* y todas las sílabas menos -*dí-* son átonas (Véase "Acentuación", p 32).

atorar v tr (Se conjuga como *amar*) **1** Impedir el movimiento, el paso o el funcionamiento de alguna parte del cuerpo, una pieza de un mueble o de un instrumento, etc: "Se *atoraron* los frenos", "Hay que *atorar* la puerta, para que no se cierre", "Como es cabezón, se quedó *atorado*", "Al bebé se le *atoró* un pedacito de pan" **2** *Atorarle a algo* (*Popular*) Emprender algo o enfrentar algo con decisión, hacer alguna cosa con dedicación o concentración: "Yo que tú, *le atoraba* duro a la chamba orita y ya luego me despreocupaba", "¡*Atórale* a ese chile y verás que pica!" **3** (*Caló*) Aprehender, o encarcelar: "¡Ya nos *atoraron*!, gritó el 'Carambas'".

atormentar v tr (Se conjuga como *amar*) **1** Provocar una preocupación o una angustia intensa y constante: "Acaso el recuerdo de aquel hecho distante la *atormentaba* cada vez" **2** Causar o dar tormentos físicos o morales a una persona; martirizar, torturar: "Tenía esperanza en conmover al verdugo que *estaba atormentándola* y que decidiera no prolongar la tortura".

atornillar v tr (Se conjuga como *amar*) **1** Hacer girar un tornillo o una tuerca de manera que se fije en alguna parte o se una a otra cosa; unir o fijar dos o más objetos por medio de tornillos o tuercas: *atornillar las patas de una mesa*, "Si no *atornillas* bien esa placa, se te va a caer" **2** *Atornillarse a alguien* (*Popular*) Causarle algún daño, perjudicarlo o derrotarlo; imponerle una situación molesta, contraria a sus deseos o que daña su autoestima; fregárselo: "El examen estaba bien difícil y *nos atornillaron* gacho", "*Me lo voy a atornillar* en el primer round, para que no ande de hablador".

atracar[1] v tr (Se conjuga como *amar*) Acercar y amarrar una embarcación a un muelle, a la costa o a otra embarcación: "Después de *atracar* el buque, los marineros desembarcaron la mercancía", "El Queen Elisabeth *atracó* en Nueva York", "Ahí se *atracaban* los barcos para cargar el oro y llevárselo a España".

atracar[2] v tr (Se conjuga como *amar*) Asaltar y robar a alguien, cerrándole cualquier salida o impidiéndole toda escapatoria, generalmente con violencia y a mano armada: "Lo *atracaron* tres individuos".

atracar[3] v tr (Se conjuga como *amar*) (*Coloq*) Comer en abundancia: "Se *atracaron* de gorditas en el mercado", "¿Cómo no le iba a doler la panza si se *atracó* de pan con nata?".

atracción s f **1** Fuerza que ejerce un objeto cuando trae o hace venir hacia sí a otro u otros, como la que establecen el imán y los objetos de hierro **2** *Atracción universal* (*Fís*) La que ejercen mutuamente los cuerpos en el universo y cuya relación fue establecida por Newton en su ley de la gravitación **3** *Atracción molecular* (*Fís*) La que tiene lugar entre las moléculas **4** Objeto, fenómeno o persona que atrae hacia sí, capta o cautiva el interés, la imaginación, la voluntad o el deseo de alguien; cualidad de lo que produce esta reacción: "Se puso a tocar la guitarra y fue la *atracción* de la fiesta", "La niña es el centro de *atracción* de toda la familia", "La *atracción* del billete verde sigue moviendo a los inversionistas", *la atracción por lo prohibido*, *atracción sexual*.

atractivo adj **1** Que tiene la propiedad de atraer: *fuerzas atractivas* **2** Que llama la atención o despierta el interés, el deseo, etc de alguien; que inclina hacia sí la voluntad, la simpatía, etc de alguien: *un hombre muy atractivo*, *una oferta atractiva*, "La primera corrida tenía un *atractivo* cartel" **3** s m Atributo o conjunto de atributos que ganan la atención, el interés, el deseo de una persona; gracia o encanto que mueven a simpatía, admiración, etc: "Los *atractivos* de Rosita Quintana son bien conocidos", "A veces la severidad y la sobriedad pueden tener sus *atractivos*", "Me sentí envuelto por el indudable *atractivo* que emana de su persona", "Algunos museos regionales cuentan con el *atractivo* de dos o tres nombres locales en su catálogo".

atraer v tr (Se conjuga como *traer*, 7b) **1** Hacer una cosa que otra se acerque, se mantenga a cierta distancia o junto a ella; ejercer algo una fuerza tal que haga venir hacia sí a otra u otras cosas: "El Sol *atrae* a la Tierra", "El polo norte magnético *atrae* la aguja de la brújula" **2** Llamar o mantener dirigida hacia sí la atención de una persona o animal; conducirlo hacia sí provocando su interés o su deseo, ganando su voluntad o cautivándolo: "El olor a comida *atrajo* a los fatigados excursionistas", "Desde que era niño le *atrae* la música", "El estudio no le *atrae* en absoluto", "Los payasos *atrajeron* la atención de los niños", "La miel *atrae* a las moscas", "No puedo negar que me *atrae*".

atrapar v tr (Se conjuga como *amar*) **1** Coger con maña, con astucia o con algún dispositivo, como una trampa o una red, alguna cosa: *atrapar una presa*, *atrapar al ladrón con las manos en la masa*, *atrapar marido*, *atrapar peces en el río* **2** Coger y aprisionar algo o a alguien impidiéndole del todo el movimiento, la libertad o la escapatoria: "La puerta le *atrapó* un pie", "Los circuitos magnéticos *atrapan* todas las líneas de flujo", "Ahora sí te *atrapé* y no te suelto hasta que me regreses mi libro".

atrás adv **1** En, de o hacia el lugar que queda a la espalda o a la parte posterior de lo que se toma como referencia: "La escoba está *atrás* del refrigerador", "Venían *atrás* de nosotros", "Está *atrás* de ti", "Al ver al perro dio un paso *atrás*", "Se cayó para *atrás*", *echar la cabeza para atrás*, *de atrás para adelante*, "En cuanto la escalera quedó *atrás* echaron a correr", "Dejó *atrás* el valle y se internó en la montaña" **2** *De atrás* En relación con algo o con alguien, que está en el lugar que da a su espalda o a su parte posterior, o que se localiza al fondo, en la parte más alejada de la que se toma como referencia: *el patio de atrás*, "La casa *de atrás* es muy grande", "Deje mi portafolio en el asiento *de atrás*", "La señora *de atrás* me apartó el lugar", "En los palcos *de atrás* no se ve nada", "Como los buenos caballos, vino *de atrás* y ganó", "Sólo hay boletos para la fila *de atrás*" **3** *Tiempo, años, meses, días, etc atrás* Hace tiempo, años, meses, días, etc; antes, en el pasado: "Había sido su novio *tiempo atrás*", "Muchos *años atrás*, en nuestra infancia", "Sin ir más lejos, una *década atrás*...", "Estos fenómenos ya eran conocidos desde *años atrás*", "Esas expresiones artísticas, marginadas de *tiempo atrás*, y que ahora reaparecen..." **4** En relación con un lugar o momento dentro de una secuencia, el que ocurre, está o sucede antes; en el pasado, anteriormente: "Tres kilómetros *atrás* venía en primer lugar", "Un poco *atrás* hay una desviación", "Como se dijo más *atrás*. ..." **5** *Quedarse atrás* Avanzar menos que los demás, no progresar igual que ellos; rezagarse, o ser ya del pasado, haber sido ya superado: "Había muchos alumnos que reprobaban años, se iban *quedando atrás* y terminaban saliéndose", "Esa tecnología *ha quedado atrás*" **6** *No quedarse atrás* No ser menos que otro o no hacer menos de lo que él ha hecho: "Ramos *no se quedó atrás* y cortó dos orejas", "*No se quedó atrás* en cuanto a determinación, valor y temple", "Pepito *no quiso quedarse atrás* y reprobó cinco materias" **7** *Dejar atrás* Avanzar más, tomar mayor distancia o superar: "México alcanzó a Cuba y *dejó atrás* a Colombia y Venezuela", "¿No habíamos ya *dejado atrás* esos conceptos?", "Las nuevas técnicas de impresión *han dejado atrás* al linotipo" **8** *Ir para atrás* Empeorar: "Yo creo que en lugar de progresar *vamos para atrás*" **9** *Mirar atrás, volver la vista atrás*, etc Atender a cosas que forman parte del pasado, recordarlas o considerarlas: "Hay que seguir adelante sin *volver la vista atrás*", "Habría que *mirar atrás* para apreciar lo que fue nuestra ciudad y lo que ha costado..." **10** *Echarse para atrás* o *volverse atrás* No cumplir con un compromiso o promesa; desdecirse: "Dile que sí antes de que *se eche para atrás*", "A la hora de la hora *se echó para atrás*", "El caso es que *se volvió para atrás*, seguramente por motivos políticos" **11** *Dar marcha atrás* Desdecirse, particularmente cuando ya se había empezado a cumplir con lo dicho o planeado y se actúa en sentido contrario: "Es preferible *dar marcha atrás* ahora que seguir con esta farsa", "El director tuvo que *dar marcha atrás* a sus planes ante la presión del estudiantado" **12** interj Expresión con la que se ordena a alguien que retroceda: "¡*Atrás* o disparo!" **13** *Estar atrás de algo* o *de alguien* Buscarlo con ahínco, no dejar a alguien en libertad, estar sobre él, insistirle o presionarlo reiteradamente: "Siempre *ha estado atrás* de un hueso pero nunca se le ha hecho", "Tiene que estar *atrás* de ellos para que hagan la tarea" **14** *Haber, tener, estar*, etc *algo* o *alguien atrás de* Ser algo o alguien el que dirige, sostiene o apoya a una persona, o el que hace posible, patrocina o promueve algo: "Él fue quien disparó, pero *atrás de* ese loco *está* la mafia", "¿Quién *estará atrás de* todo esto?", "*Atrás de* esas cosas siempre *hay* algún político", "Nadie se da cuenta del gran trabajo que *hay atrás de* este tipo de obras" **15** *Estar, ponerse*, etc *hasta atrás* (*Popular*) Estar, ponerse, etc muy borracho o drogado: "Le dicen la *u* porque siempre *llega hasta atrás*", "*Se puso hasta atrás* y armó su numerito de siempre".

atrasado I pp de *atrasar* o *atrasarse* **II** adj **1** Que se ha quedado atrás en el desarrollo, el progreso, en un compromiso o carrera: *los países atrasados, rentas atrasadas*, "Darán cursos para regularizar a los estudiantes *atrasados*" **2** *Andar atrasado de noticias* (*Coloq*) Ignorar algo de lo que los demás ya se enteraron **3** *Traerla atrasada* (*Popular*) Sentir incomodidad por haber tenido que posponer cierta necesidad física, especialmente sentir hambre o sueño: "Me comí como veinte tacos porque *la traía atrasada*" **4** *Estar atrasado* (*Popular*) Sufrir un da-

ño o un inconveniente por alguna causa: "Así que tienes hepatitis ¡*Estás atrasado!*".

atrasar v tr (Se conjuga como *amar*) **1** Hacer que el paso, el ritmo, la marcha o la simultaneidad de alguna acción en relación con otra disminuya, o se quede atrás: *atrasar un reloj, atrasar una máquina, atrasarse la economía* **2** Hacer que algo ocurra más tarde de lo convenido o esperado: *atrasar una cita, atrasar la salida de un autobús* **3** prnl Hacerse una parte menor de la que se debía o se esperaba en un trabajo, cierta actividad o cierto compromiso: *atrasarse en un trabajo*, "Me atrasé en el pago de la renta".

atraso s m Efecto de atrasar o de atrasarse algo: *el atraso de un reloj, el atraso de un pagaré, el atraso de un avión, el atraso científico*.

atravesado I pp de *atravesar* **II** adj **1** Que tiene una dirección transversal o diagonal: *un vestido de rayas atravesadas* **2** (*Popular*) Que es terco, de poca inteligencia o difícil de controlar.

atravesar v tr (Se conjuga como *despertar*, 2a) **1** Pasar o hacer pasar algo o a alguien de un lado a otro de un objeto, un lugar, etc; traspasar, cruzar: *atravesar la piel una aguja, atravesar la calle* **2** Colocar o colocarse algo en algún lugar para impedir el paso: "*Atravesaron* un camión en la carretera" **3** Encontrarse o pasar por determinada situación: *Atravesar por una crisis*.

atreverse v prnl (Se conjuga como *comer*) **1** Hacer uno con determinación y valor algo que supone o implica riesgo o peligro: "No *me atrevo* a aceptar ese trabajo", "*Se atrevió* a contestarle", "Los que *se atreven* a presentar oposición..." **2** Faltarle al respeto a alguien, tener la desvergüenza de hacer algo: "Y además *se atrevió* a insultarla", "¿Cómo *te atreves* a decirme semejante tontería!" **3** *Atreverse con* Tener el valor de pelear con alguien o de enfrentarse a algo difícil o arriesgado: "A ver si *te atreves con* mi hermano", "*Con* él nadie *se atrevía*".

atrevido I pp de *atreverse* **II** adj **1** Que es valiente, que tiene el valor de hacer algo que puede ser peligroso: *acróbatas atrevidos* **2** adj y s Que al relacionarse con los demás no se preocupa por cuidar las normas establecidas: "Son muchachos maleducados y *atrevidos*", "¡Largo de aquí, *atrevido!*" **3** Que va más allá de los límites establecidos por la costumbre, que desafía las normas: *vestidos con escotes atrevidos, un proyecto arquitectónico atrevido*.

atribución s f **1** Acto de atribuir o considerar algo como propio de una persona o cosa, o como causado o producido por ella **2** Capacidad de acción que compete o corresponde ejecutar a una persona, institución, etc en función del empleo o cargo que tiene: "Entre las *atribuciones* de la Comisión de Recursos Humanos está la de coordinar la aplicación efectiva de la jornada laboral de cuarenta horas", "Juzgar el caso no entra dentro de mis *atribuciones*".

atribuir v tr (Se conjuga como *construir*, 4) **1** Considerar una cualidad, un hecho, un resultado, etc como propio de alguien o de algo, o como causado o producido por alguien, especialmente cuando no se tiene plena seguridad de ello o la consideración se basa en conjeturas: "*Atribuyen* a esa sustancia propiedades medicinales", "Esa comedia se le *atribuyó* a Cervantes", "*Atribuye* su éxito a que ha trabajado mucho" **2** prnl Hacer pasar como propio algo que no lo es o tomar alguien para sí facultades que no le corresponden: "*Se atribuye* todo el mérito del trabajo", "*Se atribuyó* funciones directivas".

atributo s m **1** Rasgo, cualidad o facultad que alguien o algo tiene como propio o que se le asigna de algún modo: "La generosidad es *atributo* de los sabios", "El nagual, a partir de la conquista, perdió sus antiguos *atributos* socialmente productivos y sólo conservó sus particularidades malignas" **2** Símbolo o emblema que acompaña convencionalmente a la representación de algo o alguien y alude a alguna de sus propiedades o actividades más características; por ejemplo, la lechuza, símbolo de la sabiduría, es uno de los *atributos* de la diosa griega Atenea **3** (*Gram*) Adjetivo o sustantivo que, siendo parte del predicado, modifica al núcleo del sujeto por medio de los verbos *ser, estar* o cualquier otro verbo copulativo, como *senador* en "Él es *senador*", *alta* en "Ella es *alta*", *enfermos* en "Ellos están *enfermos*".

atrio s m **1** Espacio descubierto que antecede o ciñe una iglesia y que algunas veces está limitado por una reja o una barda de mampostería: "Apresan a Jesús, después en cada esquina del *atrio* ponen algo similar a un altar, en uno está una especie de cárcel" **2** Espacio descubierto y limitado por partes de la construcción, que antecede a la entrada de un edificio **3** (*Anat*) Cámara principal de las aurículas del corazón **4** (*Anat*) Parte central del tímpano del oído **5** (*Zool*) Cualquier cavidad que preceda la entrada de un órgano: *atrio genital, atrio de las agallas.*

atrofia s f **1** Falta de desarrollo de alguna parte del cuerpo de un ser viviente **2** Disminución del tamaño o volumen de una célula, un tejido o un órgano, después de que haya alcanzado el desarrollo completo, ya sea por enfermedad, edad, falta de uso, etc o por desgaste: "En la mayoría de los casos se produce *atrofia* por desuso" **3** Desgaste, degeneración o decaída progresiva.

atrofiar v tr (Se conjuga como *amar*) Producir algo u ocurrir la atrofia de alguna célula, tejido u órgano de un ser viviente: *atrofiar un músculo la falta de movimiento, atrofiarse un conducto.*

atropellado I pp de *atropellar*: "El niño que fue *atropellado...*" **II 1** adj Que se hace con precipitación y desordenadamente: "Recitaba de un modo *atropellado* versículos de la Biblia", "Me habló en un *atropellado* francés" **2** s m En el sureste, dulce hecho de coco con piña en pasta blanda.

atropellamiento s m Acto de golpear violentamente un automóvil o algún otro vehículo a una persona o un animal, causándole daño y, a veces, la muerte.

atropellar v tr (Se conjuga como *amar*) **1** Empujar y tirar con violencia, causándole daño, a alguna persona o alguna cosa: "Hoy un coche *atropelló* a un niño en bicicleta" **2** Agredir violenta y abusivamente, causándole daño, a algo o a alguien indefenso: "Cuando la dictadura *atropelló* los derechos de los mexicanos imponiéndoles gobernantes" **3** Actuar apresurada y desordenadamente sobre algo o alguien, causándole molestias o daños, u obstaculizándolo: "La gente, al buscar la salida, *atropellaba* a ancianos, jóvenes y niños" **4** (*Hipo*) Hacer

trabajar al caballo más de lo que puede resistir **5** (*Hipo*) Causar que el caballo realice sus movimientos precipitadamente y sin gracia.

atropello s m Acto de agredir violenta y abusivamente, causándole daño, a alguien indefenso o a algo: "El pueblo chino sufrió en el pasado el *atropello* del imperialismo".

atroz adj m y f **1** Que es tan intenso y terrible, que resulta inhumano e insoportable: *dolores atroces, un suplicio atroz* **2** Que es muy grande y grave: *un problema atroz.*

atún s m Pez escómbrido, de la especie *Enthynnus*, que mide entre 80 cm y 1.5 m o más de largo —según la variedad— generalmente de color azul oscuro metálico en el dorso, y plateado o gris en el vientre; vive en aguas tropicales o templadas, es migratorio y su carne, en trozos o desmenuzada y enlatada, es muy apreciada por su sabor y bajo precio. En México se pesca, en el Pacífico, el *atún aleta amarilla* y el de aletas azules.

aturdir v tr (Se conjuga como *subir*) Desconcertar o perturbar a alguien un golpe, una impresión o un ruido fuertes: "El ruido de los autos lo *aturde*".

audacia s f **1** Decisión y firmeza con que alguien enfrenta situaciones riesgosas, inseguras o peligrosas, sin considerar el daño que puede recibir por ello: "Se espera mayor *audacia* de los inversionistas mexicanos", "Tuvo la *audacia* de lanzarse a una guerra sin los medios necesarios" **2** Comportamiento decidido y libre de cuidado por las convenciones sociales o las normas morales establecidas: "Sonia, con *audacia*, le dio un beso frente a sus padres".

audaz adj m y f **1** Que actúa sin consideración del peligro, de lo acostumbrado, de lo establecido o de lo prudente: "El mar esperaba a los *audaces* y visionarios exploradores", "Por un instante, el amor lo hizo *audaz* y le confesó cuánto la amaba" **2** Que sale de los límites de lo habitual o lo prudente: "El corte *audaz* en la falda le permite andar y moverse".

audición s f **1** Fenómeno, hecho o capacidad de oír algo o de poder oír: *pérdida de audición, buena audición* **2** Capacidad de emitir o de difundir sonido un aparato: *cabezas de audición* **3** Presentación que hace un artista ante alguien que juzga su capacidad en su arte: *dar una audición ante la prensa, audiciones para contratar bailarines* **4** Concierto o recital de un músico o de un grupo musical.

audiencia s f **1** Entrevista que concede a alguien una autoridad: *audiencia presidencial, pedir audiencia* **2** *Dar audiencia* Concederla **3** Sesión ante un tribunal en que los litigantes exponen sus argumentos **4** Número de personas que escuchan una conferencia, un programa de radio o que miran uno de televisión en un momento determinado **5** Público que asiste a un espectáculo un concierto, etcétera.

audífono s m **1** Dispositivo electroacústico que se coloca pegado a la oreja, y que sirve para transmitir sonidos de un teléfono, un radio, etc al oído **2** Dispositivo mediante el cual se aprovecha el resto de capacidad auditiva de un sordo para ayudarlo a oír.

audiología s f (*Med*) Disciplina médica que estudia y trata la capacidad auditiva de los seres humanos y sus fenómenos.

audiovisual adj y s m y f Que utiliza simultáneamente el sonido y la imagen para elaborar material didáctico o informativo: *programas audiovisuales, medios audiovisuales,* "Nos pasaron un *audiovisual* sobre las zonas arqueológicas".

auditivo adj Que pertenece al oído o a la audición, o se relaciona con ellos: *órgano auditivo, capacidad auditiva.*

auditor s m **1** (*Cont*) Contador especializado en practicar o conducir auditorías; funcionario responsable de realizar las auditorías de una empresa u organismo económico: *auditor interno, auditor externo* **2** (*Der*) Funcionario del cuerpo jurídico militar o naval cuya función es el asesoramiento en asuntos relacionados con el ejercicio de tales jurisdicciones **3** (*Relig*) Funcionario de la jerarquía católica encargado de atender causas eclesiásticas y llevar registro de ellas para informar a sus superiores **4** Empleado de ferrocarriles encargado de vigilar a los inspectores.

auditoría s f (*Cont*) **1** Revisión detallada de los libros y registros contables de una unidad económica, que se practica siguiendo normas y procedimientos determinados con diversos fines, como verificar la confiabilidad de los estados financieros, el correcto asentamiento de operaciones o el cumplimiento de obligaciones fiscales: "La *auditoría* demostró que el administrador cometió fraude", "Se ordenó una *auditoría* fiscal en la empresa", *auditoría administrativa, auditoría anual* **2** Revisión de contratos, pedidos y otros documentos, que se hace con el fin de comprobar las transacciones comerciales o financieras antes de liquidarlas.

auditorio s m **1** Conjunto de personas que escuchan o que asisten a un concierto, una conferencia, a un teatro, etc: "El *auditorio* estaba integrado por distinguidos profesores" **2** Conjunto de oyentes de una estación de radio o de espectadores de una televisión, o de un programa determinado: "Cri-Cri tiene mucho *auditorio* entre los niños" **3** Local en el que se desarrollan espectáculos de distintos tipos, como conferencias, conciertos, funciones de cine, etcétera.

auge s m **1** Punto o momento en el que algo alcanza su máximo desarrollo o tiene gran éxito; apogeo: "Quienes creían que el *auge* económico sería indefinido se encuentran de golpe con el fantasma de la crisis" **2** *Dar auge* Impulsar o estimular algo para que alcance éxito o un desarrollo pleno: "Se construyen hoteles para *dar auge* al turismo" **3** *Tomar auge* Alcanzar algo o alguien plenitud o éxito: "Las investigaciones sobre energéticos *han tomado auge* durante los últimos años".

aula s f Salón donde se imparte alguna enseñanza; salón de clase.

aullar v intr (Se conjuga como *amar*) Emitir aullidos: "Los perros *aullaban* lúgubremente en lo hondo de los ejidos y en los jacales de la ribera".

aullido s m **1** Quejido prolongado y agudo que emiten algunos animales como el perro, el coyote o el lobo: "Se oye por la noche el *aullido* del coyote" **2** Grito agudo emitido por personas, a causa del dolor, la furia o el miedo: "Lanzaba sus *aullidos*, sin morirse, nada más por escandalizar y que lo sacaran del apando y lo llevaran a la enfermería".

aumentar v (Se conjuga como *amar*) **1** tr Hacer que la cantidad, el tamaño o la intensidad de algo sea mayor o más grande: "El sindicato exigió al patrón

que *aumente* los sueldos", "No *aumentes* tanto la velocidad" **2** intr Hacerse algo más grande en cantidad, tamaño, intensidad, etc; adquirir alguien mayor peso o tamaño: "Los coches *aumentaron* de precio", "Ya *aumenté* tres kilos" **3** tr Agregar o añadir una cosa a otra: "Le *aumentaron* dos cuartos más a la casa".

aumentativo s y adj (*Gram*) Sufijo, terminación o morfema que se añade a una raíz o lexema agregándole un rasgo de intensidad o tamaño, como *-ote, -ota, -azo, -aza, -on, -ona* en *camionzote, palabrota, perrazo, manaza, pistolón, mujerona,* etcétera.

aumento s m **1** Proceso que resulta de hacer o hacerse algo más grande: *aumento de precios, el aumento de la población* **2** Porción o cantidad que se le añade a algo para hacerlo más grande: "El cheque viene ya con el *aumento* del treinta por ciento" **3** *Ir algo en aumento* Hacerse algo cada vez más grande: "Conforme la escuchaba, su admiración *iba en aumento*" **4** Capacidad de una lente o instrumento óptico para amplificar imágenes: "Estos lentes no tienen *aumento*".

aun prep **1** Hasta, incluso: "Te daré diez pesos y *aun* veinte si trabajas más", "La cantidad de oxígeno tiende a disminuir y *aun* a desaparecer", "*Aun* enfermo no falta al trabajo", "*Aun* esforzándote no terminarás a tiempo" **2** *Ni aun* Ni siquiera: "*Ni aun* poniéndote de rodillas lograrás convencerme" **3** *Aun cuando* A pesar de que, aunque: "Puede llover más tarde, *aun cuando* no haya nubes", "Tendré que ir, *aun cuando* no tenga ganas".

aún adv **1** Hasta el momento que se expresa, hasta ahora, todavía: "*Aún* no se ha levantado", "*Aún* sigue enfermo", "No ha llegado *aún*", "*Aún* era muy temprano" **2** Todavía, además: "Si vienes conmigo estaré más contento *aún*", "He trabajado cuatro horas y *aún* me faltan dos más" **3** Forma construcciones como *mejor aún* y *más aún*: "*Mejor aún* si llegas a tiempo", "La sequía es grave, *más aún* si el riego se desperdicia".

aunar v tr (Se conjuga como *amar*) Unir o asociar dos o más elementos para armonizarlos, o para reforzar su efecto: *aunar el conocimiento con la inteligencia*, "El déficit se *aúna* al proteccionismo".

aunque conj **1** A pesar de lo que ocurra, se espere o se suponga; aun cuando: "Saldré *aunque* llueva", "*Aunque* es muy delgado, come mucho", "*Aunque* no lo creas, me saqué la lotería", "Conseguimos boletos *aunque* llegamos tarde" **2** *Aunque (sólo) sea* Al menos, por lo menos: "No dejes de venir, *aunque sea* un rato", "Préstame *aunque sólo sea* cinco mil pesos".

aura[1] s f I (*Liter*) Viento suave II **1** Luminosidad que, según ciertas creencias como el espiritualismo, emana del cuerpo de las personas, similar al halo que rodea la cabeza de los santos en las representaciones de arte religioso **2** Atmósfera o ambiente que emana de algo o alguien y provoca una determinada impresión o sensación: "Aquella casa tenía un *aura* de misterio" **3** (*Med*) Sensación o conjunto de sensaciones físicas características, que preceden al ataque de una enfermedad, particularmente a un ataque epiléptico: *aura epiléptica*.

aura[2] s f Ave rapaz diurna de la familia de los catórtidos, muy parecida al zopilote, de plumaje negro, pero con visos verdosos o rojizos, y cabeza desnuda de color rojo o amarillo; su pico es amarillento, muy fuerte, y su cola más o menos larga; se alimenta de carroña y es común en todo el país; aura común, aura chica.

áureo adj (*Liter*) De oro, o semejante al color del oro: "Las lámparas votivas cuyos reflejos se astillan, se fragmentan en *áureas* saltaparedes que parecen brincotear".

aurícula s f (*Anat*) **1** Cavidad en el corazón que recibe la sangre de las venas y la pasa al ventrículo; en los peces es sólo una, mientras que en el resto de los vertebrados son dos, izquierda y derecha, y están situadas en la parte anterior o superior del corazón **2** Pabellón de la oreja **3** (*Bot*) Prolongación de la parte inferior del limbo de las hojas.

auricular I 1 s m Pieza del teléfono, de ciertos aparatos de radiofonía y de auscultación médica, que se aplica al oído y en la que está el dispositivo para escuchar: "Rompieron el *auricular* del teléfono de la esquina" **2** adj m y f Que tiene una forma semejante a la de la oreja humana **3** adj m y f (*Anat*) Que pertenece al oído o se relaciona con él: *cartílago auricular* **II** adj m y f (*Anat*) Que pertenece a las aurículas del corazón o se relaciona con ellas.

aurora s f **I 1** Luz o claridad que precede a la salida del Sol: "Nos levantamos para ver la *aurora*", "A la *aurora* pasó el cometa" **2** *Despertar la aurora* Comenzar a amanecer **3** (*Geofís*) Fenómeno luminoso que consiste en una serie de rayos, bandas y arcos, generalmente de color rojo en su parte inferior y verde en la superior, separados por una zona amarillenta; se forma al cargarse eléctricamente las partículas de los gases de la atmósfera superior. Tiene lugar en las regiones árticas, *aurora boreal*, y en la región polar del hemisferio sur, *aurora austral* o *polar* **II** (*Iponea purpurea*) Enredadera anual de la familia de las convolvuláceas, de hojas anchas ovado cordadas, y flores monopétalas de color morado, blanco, rojo o azul **III** (*Geol*) Formación geológica caliza y porosa en la que generalmente se encuentra petróleo o agua.

auscultación s f Acto de auscultar algo o a alguien: "El médico le hizo una detenida *auscultación*", "Ésta es una tarea de minuciosos sondeos y *auscultaciones*".

auscultar v tr (Se conjuga como *amar*) **1** (*Med*) Escuchar los sonidos que se producen dentro del cuerpo, en especial en el corazón, vasos y aparato respiratorio, como método para diagnosticar el estado físico de un paciente **2** Preguntar a los interesados en alguna cosa cuál es su opinión acerca de ella; tomar en cuenta su opinión manifiesta: *auscultar a la población, auscultar a los miembros de una institución*.

ausencia s f **1** Falta de alguien o de algo en el lugar en el que debería o podría estar: "Sufro mucho su *ausencia*, no te lo niego", "Ha habido grandes cambios en tu *ausencia*" **2** *En ausencia de* A falta de: *en ausencia de oxígeno, en ausencia de los padres* **3** *Brillar algo o alguien por su ausencia* (*Coloq*) Ser notable la falta de algo o de alguien: "Lázaro *brilló por su ausencia* en la reunión" **4** (*Med*) Pérdida momentánea de la memoria o de la conciencia.

ausente adj y s m y f **1** Que falta o no está en cierto lugar o en cierto momento: "Los alumnos *ausen-*

tes no tendrán derecho a examen", "Lidia está *ausente* de Monterrey desde ayer", "Luciano Pavarotti será el gran *ausente* en el festival de ópera de Milán" **2** Que no forma parte de algo, bajo la suposición de que debería hacerlo: "El pensamiento irracional en forma alguna está *ausente* de la mentalidad occidental" **3** Que no muestra interés por algo o por participar en algo: "Alicia me miraba *ausente* y sonreía **4** s (*Der*) Persona de la que se ignora si vive y cuál es su paradero.

auspiciar v tr (Se conjuga como *amar*) Ofrecer a algo las condiciones más favorables para que se desarrolle o se realice: *auspiciar la libre expresión, auspiciar la industria, auspiciar un concierto*.

auspicio s m **1** Acontecimiento, circunstancia, detalle que se toma como señal del resultado que va a tener alguna cosa que se emprende: "La expedición se inicia con buenos *auspicios*" **2** Impulso, apoyo, patrocinio o favor que recibe alguna persona o alguna cosa para que desarrolle o ejecute algo: "Se organiza el festival con el *auspicio* del municipio".

australiano adj y s Que es natural de Australia, que pertenece a este continente o se relaciona con él: *aborígenes australianos, continente australiano, costas australianas*.

austriaco adj y s Que es originario de Austria; que pertenece a ese país centroeuropeo o se relaciona con él. (También *austríaco*.)

auténticamente adv De verdad; con la verdad que garantiza su origen o su legitimidad: *auténticamente mexicano*, "Hijos de ejidatarios que *auténticamente* deseen trabajar sus parcelas".

autenticidad s f Calidad de lo que es auténtico, genuino, cierto o verdadero: "Fue necesario verificar la *autenticidad* de la firma para cobrar el cheque", *la autenticidad del arte mexicano*.

auténtico adj **1** Que tiene un origen, una procedencia, una realidad, etc ciertos o fuera de toda duda; que es original o genuino: *auténtica artesanía mexicana, un cuadro auténtico* **2** Que es verdadero o sincero, que se presenta o manifiesta realmente como es: *un interés auténtico, un sentimiento auténtico* **3** Que tiene todos los atributos o características de algo, que lo es plenamente: *un auténtico toro de lidia, un auténtico mentiroso*.

auto¹ s m **1** Automóvil, coche: "Tiene un *auto* último modelo **2** *Auto de alquiler* Taxi: "Abordó un *auto de alquiler* en la estación.

auto² s m **I** (*Der*) **1** Resolución judicial dictada durante el curso de un proceso que sirve para preparar la decisión, pero no resuelve cuestiones de fondo; como las que se toman en relación con la procedencia o no de la admisión de pruebas **2** *Auto de formal prisión* El que resuelve la responsabilidad penal de un acusado, con carácter provisional, y en grado de probabilidad y eventualmente ordena la privación de su libertad como medida cautelar **3** pl Conjunto de las constancias escritas relativas a un proceso judicial: *constar en autos* **4** *Autos acordados* Disposiciones obligatorias emanadas, durante la época colonial, de algún consejo o tribunal supremo, que desarrollaban o ampliaban preceptos reales en función de casos determinados que requerían de una norma específica; fueron de gran importancia en la creación del orden jurídico de la Nueva España **II 1** *Auto de fe*

Acto solemne y público en el que se proclamaban las sentencias dictadas por la Inquisición española y en el que los reos abjuraban de sus errores o eran entregados a la autoridad civil para su ejecución **2** *Auto de fe* Acto en el que se quemaba un escrito, por lo general por considerarlo herético o peligroso políticamente **III** (*Lit*) **1** Obra dramática corta, propia de la Edad Media y el Renacimiento españoles, en la que se tratan temas religiosos o profanos **2** *Auto sacramental* Obra dramática en un acto, en la que intervienen personajes alegóricos que representan ideas o símbolos morales o religiosos y cuyo argumento se centra en el misterio de la Eucaristía. Floreció durante los siglos XVI y XVII en España.

autobús s m Vehículo automotor para el transporte colectivo de pasajeros; camión.

autoconsumo s m Tipo de economía en el que el productor consume totalmente o en parte los bienes que él mismo produce, sin pasar por el mercado; es común, sobre todo, en la actividad agrícola.

autóctono adj y s Que es originario del lugar donde vive o se desarrolla: *población autóctona, cultura autóctona, raza autóctona.*

autódromo s m Pista cerrada, especialmente diseñada para competencias automovilísticas.

autómata s m y f **1** Mecanismo que realiza ciertos movimientos predeterminados, siempre de la misma manera, como el que permite la entrada a un estacionamiento, algunas máquinas de boletos, etc **2** Persona que actúa sin pensar, sin razonamiento, o que se deja controlar por otra **3** (*Mat*) Sistema capaz de seguir una serie de pasos previamente codificados o de desempeñar ciertas tareas que se le han programado, como los robots o las computadoras **4** *Teoría de autómatas* (*Mat*) La que establece los principios de diseño, construcción y operación de dispositivos automáticos.

automáticamente adv **1** En forma automática: *frenar automáticamente*, "Los circuitos se interrumpen *automáticamente*" **2** Como autómata, sin que medie la reflexión o el juicio: "¡Buenos días! —repite Susana *automáticamente*" **3** Inmediatamente, sin mayor trámite: "Su proceso quedaría *automáticamente* resuelto".

automático adj **1** Que actúa y se regula, total o parcialmente, por sí mismo, sin intervención humana, siguiendo las operaciones o pasos para los que ha sido programado: *calentador automático, tocadiscos automático* **2** Que no se hace en forma consciente, que no se piensa, que se realiza como un reflejo: *escritura automática, reacción automática* **3** Que se produce, se realiza o se ejecuta sin que nadie intervenga para ello: "La aplicación de esa cláusula es *automática*".

automotor adj, y s m Que se puede mover por sí solo o con independencia, cuando se trata de vehículos mecánicos: *exportación de productos automotores, industria automotora mexicana, las empresas de automotores.*

automotriz adj m y f **1** Que pertenece a la mecánica y a la industria de los automóviles o se relaciona con ellos: *industria automotriz, taller automotriz, partes automotrices* **2** Que se puede mover por sí mismo, particularmente tratándose de máquinas; automotor: *un vehículo automotriz.*

automóvil s m Vehículo con motor de combustión interna que se desplaza sobre ruedas o llantas de hule y que generalmente utiliza gasolina como combustible; puede transportar hasta cinco o seis pasajeros; auto, coche, carro.

automovilismo s m **1** Conjunto de conocimientos relacionados con la construcción, funcionamiento y manejo de automóviles **2** Deporte que consiste en conducir automóviles a altas velocidades en competencias de carreras: "Ricardo Rodríguez fue un as del *automovilismo* mexicano".

automovilista s m y f Persona que conduce o maneja un automóvil: "Fueron detenidos varios agentes bajo el cargo de extorsionar a *automovilistas*".

autonomía s f **1** Capacidad que tiene una persona, una institución o una nación de actuar, gobernarse o bastarse a sí misma: *autonomía económica* **2** *Autonomía universitaria* (*Der*) Facultad que poseen las universidades para gobernarse a sí mismas, para determinar sus planes y programas dentro de los principios de libertad de cátedra e investigación y para administrar libremente su patrimonio: "La medida atentaría contra la *autonomía universitaria*" **3** Capacidad de un vehículo, como un avión, una lancha o un coche, para recorrer cierta distancia sin volver a cargar combustible: *autonomía de vuelo.*

autónomo adj Que se gobierna o administra a sí mismo, que es autosuficiente o independiente: *territorio autónomo, universidad autónoma.*

autopista s f Carretera construida especialmente para la circulación segura y a gran velocidad de vehículos, en la que un sentido está completamente separado de la circulación del sentido contrario y en la que no existen cruces; en México, por lo general, se paga una cuota para poder hacer uso de ella; supercarretera.

autopsia s f Examen de un cadáver, generalmente para investigar las causas de la muerte; necropsia: *hacer una autopsia, dispensa de autopsia.*

autor s **1** Persona que inventa, crea o descubre algo, especialmente la que escribe un libro **2** *Derecho de autor* Facultad legal que tiene el creador de una obra literaria, científica o artística para explotarla en beneficio propio y para autorizar a otra persona para que la publique o reproduzca **3** Persona que hace algo: *autor de un delito, autor de un gol.*

autoridad s f **1** Poder, facultad o carácter que se atribuye a un individuo, grupo de personas o institución para que dicte y haga cumplir determinadas normas: "Tener la *autoridad* suficiente para dictar una ley", *abuso de autoridad* **2** Individuo, grupo de personas o institución que tiene a su cargo el ejercicio del poder político, administrativo, judicial, etc: *autoridades municipales, autoridades universitarias* **3** Poder o dominio de una persona sobre otra: *autoridad paterna* **4** Persona cuyo conocimiento y dominio sobre un tema es reconocido por los demás: *una autoridad en matemáticas* **5** *Principio de autoridad* Principio que considera el poder como condición suficiente de obediencia **6** *Autoridad competente* Persona o institución a la que corresponde hacerse cargo de un determinado asunto **7** *Autoridad responsable* (*Der*) Persona encargada de dictar, ordenar o efectuar la ley o el acto reclamado, en los casos de amparo **8** *Autoridad monetaria* Institución o instituciones que en un país controlan la oferta monetaria; en México, la Secretaría de Hacienda y el Banco de México.

autoritario adj Que impone su autoridad; que trata siempre de imponer su voluntad adjudicándose la autoridad para ello: *sistema autoritario, jefe autoritario, maestra autoritaria*.

autorización s f **1** Acto y resultado de autorizar: *negar la autorización, autorización especial, tener autorización, dar autorización* **2** Documento en el que se hace constar que algo se autoriza.

autorizado I pp de *autorizar* **II** adj Que es digno de crédito y reconocimiento en su materia; que por eso se le reconoce autoridad: "La universidad se convirtió en un centro de cultura de los más *autorizados*", *consultar fuentes autorizadas*.

autorizar v tr (Se conjuga como *amar*) **1** Dar una persona con autoridad el permiso a alguien de hacer algo o dar una autoridad el visto bueno en un trámite: "*Autorizaron* el aumento al precio de la leche", "Su jefe la *autorizó* para que saliera temprano" **2** Dar validez o legitimidad a alguna cosa quien tiene autoridad para ello: *autorizar un documento, autorizar una escritura*.

autoservicio s m **1** Sistema de ventas empleado en algunos almacenes y restaurantes, en los que el cliente toma lo que necesita y paga antes de salir **2** Establecimiento comercial que opera con ese sistema: *la proliferación de los autoservicios*.

autosuficiente adj m y f **1** Que es capaz de valerse por sí mismo: *un niño autosuficiente, un anciano autosuficiente* **2** Que es capaz de satisfacer sus necesidades o sus requerimientos por sí mismo, sin recurrir a otros: "Ese país es *autosuficiente* en la producción de alimentos".

autótrofo adj (*Biol*) Que es capaz de producir por sí mismo, a partir de sustancias minerales, los componentes orgánicos de que se nutre, como las plantas que tienen clorofila y las bacterias que no requieren de carbono o de nitrógeno orgánico para su desarrollo.

auxiliar¹ v tr (Se conjuga como *amar*) Dar ayuda a alguien para que resuelva una dificultad: "*Auxiliaron* a las familias afectadas por el sismo", "*Auxilia* al jefe del Estado mayor".

auxiliar² adj y s m y f Que ayuda, complementa o suple a alguien o a algo: *policía auxiliar, auxiliar de investigación*.

auxilio s m **1** Ayuda que se da a alguien para hacer o conseguir algo o para librarlo de un peligro: "Nos ha estimulado considerablemente prestándonos todo el *auxilio* técnico solicitado", "Trató de gritar en demanda de *auxilio* pero el delincuente se lo impidió", *pedir auxilio, prestar auxilio* **2** *Primeros auxilios* Aquellos que se dan en caso de accidentes leves **3** *Auxilios espirituales, últimos auxilios* Aquellos que administra un sacerdote a un moribundo, especialmente la confesión, la comunión y la extremaunción **4** *¡Auxilio!* interj Petición perentoria de ayuda.

avalúo s m Valor que se asigna a una cosa tomando en consideración el de otras semejantes, sus características, sus materiales, la situación del mercado, etc: *practicar un avalúo, un avalúo bancario*.

avance s m **I 1** Movimiento hacia adelante de algo o alguien; progreso alcanzado en algo, como la ciencia, la técnica, etc: *el avance de los insurgentes,*

el avance de la medicina **2** pl (*Popular*) Proposiciones o galanteos a una persona para entablar una relación amorosa **II** pl Fragmentos de una película que se exhiben antes de su estreno con fines publicitarios; cortos.

avanzada **1** s f Tropa o conjunto de soldados y maquinaria que se envía por delante del grueso del ejército para explorar el terreno y prevenir sorpresas **2** *De avanzada* Que tiene ideas modernas, progresistas o revolucionarias: *pensamiento de avanzada, cine de avanzada* **3** *De avanzada* (*Popular*) Robado: *una bolsa de avanzada*.

avanzado I pp de *avanzar* **II** adj **1** Que ha logrado mayor progreso o desarrollo que el normal: *ciencia avanzada, técnicos avanzados* **2** Que tiene ideas progresistas o revolucionarias: "La Constitución mexicana fue, en su momento, la más *avanzada* del mundo" **3** Que está lejos de su principio o se acerca a su final: *edad avanzada, a horas avanzadas*.

avanzar v intr (Se conjuga como *amar*) **1** Ir hacia adelante en el tiempo o en el espacio: *avanzar hacia el sur* **2** Progresar o desarrollarse algo: *avanzar un país* **3** tr Mover algo hacia adelante; adelantarlo: *avanzar un pie, avanzar un peón*.

avaricia s f **1** Ambición de poseer muchas riquezas para atesorarlas, sin utilizarlas ni compartirlas con nadie: "En su insaciable *avaricia* roba el producto de su trabajo al obrero y al peón" **2** Actitud de conservar la posesión de alguna cosa y no dar algo de ella ni gastarla, ni siquiera para satisfacer necesidades.

avaro adj y s **1** Que acumula y atesora riquezas por el placer de poseerlas, sin compartirlas con nadie: "Con la edad se hizo *avaro* y desconfiado" **2** Que ansía no gastar ni compartir con otros lo que tiene.

ave s f **I 1** Animal vertebrado, ovíparo, de respiración pulmonar y sangre caliente. Tiene pico, el cuerpo cubierto de plumas, dos patas con uñas o garras y dos alas aptas por lo general para el vuelo: *el ave del paraíso, el canto de las aves* **2** *Ave rapaz* o *ave de rapiña* La que es carnívora, de pico curvo y fuertes garras, como el águila y el buitre **3** *Ave de corral* La que es doméstica y no vuela, como la gallina y el guajolote **4** pl (*Zool*) Clase de estos animales **II** *Ave de(l) paraíso* (*Strelitzia reginae*) Planta herbácea de la familia de las musáceas, de un metro de altura aproximadamente, con raíces tuberosas, hojas oval elípticas con nervaduras paralelas; sus flores son anaranjadas con morado y azul. Es originaria de África y se cultiva como ornamental.

avellana s f Fruto seco del avellano, casi esférico, de 2 cm de diámetro, de cáscara leñosa, delgada y de color canela. En su interior encierra una semilla comestible, aceitosa, de color blanco y muy apreciada por su sabor.

avellano s m (*Corylus avellanus*) Arbusto de la familia de las betuláceas, de hasta de 5 m de alto, con ramas pubescentes y glandulares, hojas de redondeadas ovaladas a abovadas, de 5 a 10 cm de largo, acuminadas, finamente acorazonadas, con los márgenes dentados o aserrados. Sus frutos se presentan en grupos que van de uno a cuatro en forma de nuez. Es planta europea, que se empieza a cultivar en México.

avena s f **1** (*Avena sativa*) Planta anual de la familia de las gramíneas, que mide 1 m de alto y tiene el extremo del tallo ramificado en ramillas de las que cuelgan pequeñas espigas. Este cereal se cultiva por las propiedades alimenticias de su grano **2** Granos de esta planta.

avenida s f **1** Calle ancha, generalmente de mucho tránsito, a la que desembocan calles más pequeñas **2** Creciente que aumenta la fuerza y el caudal de un río y puede producir su desbordamiento.

aventajar v (Se conjuga como *amar*) **1** tr Llevar o sacar ventaja una persona a otra con la que compite o concursa, o una cosa a otra con la que se compara: "El juego no ha terminado y el jalisciense *aventaja* al michoacano" **2** intr Adelantar en alguna cosa que se está haciendo: "En lo cultural se *ha aventajado* mucho".

aventar v tr (Se conjuga como *despertar*, 2a) **I 1** Lanzar algo lejos de sí o empujar a alguien con fuerza: *aventar la pelota*, "No *avientes* a tu hermanito" **2** prnl Tirarse o lanzarse con fuerza: "*Se aventó* por la pelota", *aventarse por la ventana*, *aventarse del trampolín* **3** (*Rural*) Soplar la lumbre con un abanico de palma o aventador **4** (*Rural*) Separar el grano de la paja, lanzándolo hacia arriba para que el viento se lleve la paja y el grano caiga **5** En la cacería, espantar a los animales por medio de gritos y ruidos diversos para que corran hacia donde están los cazadores **II** prnl (*Coloq*) **1** Atreverse o decidirse a hacer alguna cosa: "No se *aventó* a decírselo", ¿Qué dices si *nos aventamos* y nos casamos de una buena vez?", "*Me aventé* con Tere y nos hicimos novios", "*Aviéntate* con un danzón" **2** Pasar cierto tiempo dedicado a una cosa: "*Se aventó* diez años en la selva" **3** (*Popular*) Comer o beber alguna cosa: *aventarse una cerveza*, *aventarse unos hongos* **III** prnl (*Rural*) **1** Tener exceso de gases en el estómago una persona o un animal **2** Padecer los animales una enfermedad, o sus cadáveres llenarse de gas cuando se descomponen.

aventón s m **1** Golpe repentino y ligeramente violento que se da a alguien para quitarlo o alejarlo de algún lugar, o para dificultarle el movimiento: "Lo sacó del café a *aventones*" (*Coloq*) Transporte gratuito que ofrece alguna persona a otra, ya sea para llevarla a su destino o para acercarla a él: *dar aventón*, *pedir un aventón*, *irse de aventón* **3** Al aventón (*Coloq*) Sin cuidado ni atención: *hacer las cosas al aventón*, "Hace la tarea *al aventón*".

aventura s f **1** Suceso extraordinario, lleno de complicaciones o de consecuencias inciertas, generalmente arriesgadas para la persona que lo experimenta: *las aventuras de los cazadores*, *novela de aventuras*, "Fue toda una *aventura* encontrarte" **2** Hecho casual o de poca importancia en la historia de alguien: *aventuras de estudiantes*, "Eso no es más que una *aventura* en su vida" **3** Tener una *aventura*, *vivir una aventura*, etc Tener una relación amorosa pasajera **4** A la aventura Sin considerar las consecuencias o los peligros, sin ningún plan, según se vayan presentando las cosas: "Viajan *a la aventura*".

aventurar v (Se conjuga como *amar*) **1** tr Decir algo cuyo efecto o resultado es incierto, arriesgado o peligroso: *aventurar una hipótesis*, "Permítame, mi teniente —*aventuró* el sargento—: vamos a quedar bajo el fuego del enemigo" **1** prnl Ponerse en peligro, correr un riesgo: "*Se aventuraron* en una maniobra de rescate".

aventurero adj y s **1** Que vive aventuras o los busca: "Yo sí tengo espíritu de *aventurero*, me gusta pasar peligros" **2** Que trata de alcanzar una posición que no le corresponde, arriesgándose y aprovechándose de alguna situación: "Un *aventurero* francés invadió Sonora con el propósito de convertirla en el paraíso perdido".

avergonzado I pp de *avergonzar* o *avergonzarse* **II** adj Que tiene pena, que siente vergüenza: *estar avergonzado*, *sentirse avergonzado*.

avergonzar v tr (Se conjuga como *soñar*, 2c) **1** Sentir, tener o causar alguien vergüenza por algo que se considera una falta, un error o una mala acción: "Me *avergüenza* que trates así a la gente" **2** Sentir o hacer sentir a alguien excesiva timidez por alguna razón: "Se *avergüenza* de hablar con los profesores".

averiguación s f Conjunto de pasos que se sigue para saber el origen, las causas, el autor, etc de algo o para resolver un problema: "Se iniciaron las *averiguaciones* sobre el asesinato", "Se recompensará sin *averiguaciones* a quien entregue los documentos", "La *averiguación* está en manos del fiscal".

averiguar v tr (Se conjuga como *amar*) **1** Investigar algún asunto, tratar de saber algo; llegar a conocer cierta cosa después de haberla investigado: "Estoy *averiguando* quién le paga", "¿Averiguaste cómo hacer los trámites?", *averiguar una dirección* **2** Discutir acalorada o insistentemente alguna cosa con otra persona: "Estuvo *averiguando* por horas con el policía" **3** Averiguárselas para algo Tener que encontrar, sin ayuda, la solución a un problema o situación difícil: "Me las *averiguaré para* conseguir el dinero" **4** Averiguárselas con alguien Tener que entenderse con una persona de trato difícil o tener que tratar con alguien un asunto problemático: "Te las *averiguarás* con el juez".

aversión s f Sensación de repugnancia o fuerte rechazo a algo, principalmente a un alimento o una persona: "*Tiene aversión* al café y al tabaco", siente aversión por el pescado.

avestruz s f **1** (*Struthio camelus*) Ave corredora de gran tamaño, de aproximadamente 2 m de altura y 150 kg de peso, con suave plumaje blanco, gris y negro muy apreciado, cabeza pequeña, cuello largo y desnudo, alas pequeñas, piernas desnudas, largas y robustas, con sólo dos dedos en cada pata. Vive en las estepas africanas: *el avestruz veloz*, "Las *avestruces* viven en grupo" **2** Avestruz de América Ñandú.

aviación s f **1** Conjunto de los conocimientos científicos y técnicos que se refieren a los aviones, su construcción, su mantenimiento y su vuelo: *un mecánico de aviación*, *ingeniero en aviación*, *capitán de aviación* **2** Aviación civil Conjunto de las compañías, aparatos, empleados, reglas y procedimientos acerca del vuelo de aviones utilizados por la sociedad como medio de transporte **3** Aviación comercial Conjunto de las compañías, aparatos, empleados, reglas y procedimientos de la operación comercial de aviones **4** Aviación militar La que realizan las fuerzas armadas de un país.

aviador[1] s y adj **1** Persona que conduce y maneja un avión, especialmente la que tiene licencia para ello: *piloto aviador* **2** (*Coloq*) Persona que recibe sueldo en alguna oficina, particularmente de gobierno, sin trabajar para ella: "Algunas dependencias tienen muchos más *aviadores* que burócratas".

aviador[2] s m (*Rural*) Tinacal que tiene equilibradas sus entradas de aguamiel con sus salidas de pulque.

aviadora adj y s f Gorra que tiene orejeras y trabilla para sujetarse bajo el mentón.

aviar[1] adj m y f Que se refiere a las aves o se relaciona con ellas, especialmente con sus enfermedades: *tuberculina aviar, especies aviares*.

aviar[2] v tr (Se conjuga como *amar*) I Prevenir, disponer o arreglar alguna cosa con un fin determinado, especialmente alimentos, para el que va a viajar II Dar crédito a corto plazo a agricultores, ganaderos o mineros para el funcionamiento de sus operaciones.

avicultura s f Conjunto de técnicas o prácticas relacionadas con la cría de aves domésticas y su aprovechamiento.

avidez s f 1 Ansia o necesidad extrema con que algo o alguien hace, busca, requiere o desea alguna cosa: *comer con avidez*, "Su *avidez* de conocimiento es sorprendente" 2 (*Quím*) Facilidad de ciertos ácidos o bases para combinarse con otros: "El pentóxido de fósforo tiene gran *avidez* por el agua".

ávido adj Que busca o desea algo con urgencia, con necesidad extrema o con ansiedad: *clientes ávidos de comprar, un público ávido de conocer los últimos descubrimientos*.

avieso adj Que tiene inclinación a hacer daño; de mala fe, con objetivos torcidos; perverso: *aviesos designios, intenciones aviesas*.

avío s m 1 Conjunto de utensilios necesarios para llevar a cabo una actividad: *avíos para la agricultura* 2 Préstamo que se hace al agricultor o al ganadero para comprar utensilios o instrumentos requeridos por su actividad, semillas, fertilizantes, animales, etc, con los que puede lograr una buena producción, y que generalmente se paga después de haber vendido sus productos.

avión s m 1 Vehículo aéreo más pesado que el aire, que se sostiene en él mediante alas y se mueve por la acción de uno o varios motores: *avión jet, avión de hélice, tomar el avión, viajar en avión* 2 Avión cisterna El que contiene un gran depósito de agua, gasolina, etc, que se usa para diversos fines 3 Juego infantil que se pinta en el suelo con diez cuadros numerados, dispuestos con la figura de un avión, sobre los cuales debe saltar cada niño después de tirar una teja o cualquier objeto pequeño en el cuadro correspondiente.

avisar v tr (Se conjuga como *amar*) 1 Hacer saber algo a alguien; ponerlo al tanto de alguna cosa: "Le *avisé* que no habría junta", "Le *avisaron* que lo buscaban" 2 (*Tauro*) Mover la cabeza el toro en dirección del cuerpo del torero cada vez que embiste.

aviso s m 1 Información, noticia o anuncio que se da a alguien para que sepa algo o que hace pública alguna cosa: *dar aviso, sin previo aviso*, "Mandaremos un *aviso* a tus padres", "Dieron *aviso* a los bomberos", "El *aviso* se publicará en todos los periódicos" 2 Señal o cosa que indica o advierte algo: *el aviso de un sueño*, "Los mareos son el primer *aviso* de sus desmayos", "Esto es sólo un *aviso* de lo que nos espera" 3 Estar sobre aviso Haber sido informado o advertido de alguna cosa; estar prevenido 4 Poner sobre aviso Informar o advertir a alguien de algo 5 Anuncio periodístico, hecho generalmente por particulares, en que se ofrece o solicita algo:

avisos de ocasión, aviso oportuno 6 (*Tauro*) Cada uno de los tres toques de clarín con que el juez de plaza llama la atención al matador, antes de ordenar devolver el toro al corral.

avispa s f Cualquiera de los numerosos insectos voladores himenópteros que pertenecen a diferentes familias: *Vespidae, Sphecidae, Pompilidae* o afines; las más comunes en México son del género *Polístes*. Generalmente tienen un cuerpo esbelto, de color pardo rojizo o negro con amarillo, alas bien desarrolladas y boca con órganos que muerden; las hembras y obreras tienen un aguijón de tamaño regular con el que causan picaduras dolorosas que paralizan o matan a orugas, insectos o arañas, con los que se alimentan; tienen hábitos solitarios o sociales, semejantes a los de las abejas.

avivar v tr (Se conjuga como *amar*) Hacer algo más vivo o intenso: "Aquella música *avivó* sus recuerdos", "La corriente de aire *avivaba* las llamas", *avivar un color, avivar la luz*.

avocarse v prnl (Se conjuga como *amar*) Abocarse.

axila s f 1 Zona del cuerpo del hombre o de un animal, situada bajo el brazo, donde éste se une con el tronco 2 (*Bot*) Punto en el que el peciolo de una hoja se une al tallo de la planta, o una rama al tronco, formando un ángulo agudo.

axioma s m 1 Supuesto o verdad evidente que no requiere demostración 2 Principio que se considera verdadero y que sirve para el desarrollo de razonamientos lógicos.

axón s m (*Anat*) Fibra nerviosa de una neurona, generalmente larga y lisa, que transmite el impulso nervioso en dirección contraria al cuerpo celular; neurita, cilindroeje.

¡ay! interj 1 Expresa dolor físico o espiritual: "¡*Ay* vida, no me mereces!", "¡*Ay!*, ¡qué mujeres ingratas, no saben considerar!", "¡*Ay!*, hágame la caridad de curarme", "¡*Ay!* de mí, Llorona, Llorona / Llorona de ayer y hoy" 2 Expresa susto o sorpresa: "¡*Ay*, qué miedo!", "¡*Ay!*, eres tú, no te oí llegar" 3 Manifiesta intensidad de una pasión: "¡*Ay* Jalisco, no te rajes!", "¡*Ay*, cómo te quiero!" 4 (*Coloq*) Intensifica un comentario: "¡*Ay* sí!, ¡dio el santanazo refeo!", "¡*Ay*, pero qué linda te ves!".

ayacahuite s m (*Pinus ayacahuite*) Árbol de la familia de las pináceas, de entre 20 y 30 m de altura, ramas frecuentemente verticiladas, hojas de hasta 20 cm reunidas en grupos de cinco, vaina caediza, cono colgante y subcilíndrico, de hasta 37 cm, escamas anchas y fuertes y semilla con ala. Crece en las regiones altas y frías del país, principalmente en los estados de Morelos, Puebla, Veracruz, Hidalgo, Michoacán y Guerrero.

ayate s m Tela rala de ixtle, que se usa a modo de bolsa para cargar frutos u otros objetos, para colar aguamiel, para cernir harina para tamales o para envolver alguna cosa.

ayer adv 1 En el día anterior al de hoy: "*Ayer* llegó temprano" 2 En el pasado: "*Ayer* maravilla fui / y ahora ni sombra soy".

ayuda s f 1 Cooperación, apoyo o socorro que se da a alguien para que pueda alcanzar un fin o le resulte más fácil hacerlo: *dar una ayuda*, "Lo lograré con tu *ayuda*" 2 Ser de gran ayuda, ser de mucha *ayuda* Ser algo o alguien muy importante, aunque no indispensable, para la realización de un fin.

ayudante s m y f Persona que ayuda en un trabajo, generalmente a alguien que realiza la labor principal: *ayudantes del departamento de contabilidad, ayudante de carpintero, un trabajo de ayudante.*

ayudar v tr (Se conjuga como *amar*) **1** Cooperar en la realización de algo o contribuir a que ocurra, se consiga o resulte más fácil: "Lo *ayudó* a cruzar la calle", *ayudar en la cocina* **2** prnl Valerse de algo para conseguir un fin: "*Se ayudó* de las muletas para subir".

ayunar v intr (Se conjuga como *amar*) No comer por algún tiempo; en particular, dejar de tomar alguno de los alimentos diarios, ya sea por precepto religioso —como en viernes santo, los católicos— o por prescripción médica.

ayunas **1** *En ayunas* Sin haber comido nada; generalmente al comenzar el día: *ir en ayunas al médico, tomar la medicina en ayunas* **2** *En ayunas* En completo desconocimiento de algo: *en ayunas de noticias.*

ayuno **1** s m Acto de ayunar: *días de ayuno, el ayuno de cuaresma* **2** adj Que está privado de algo: *ayuno de noticias, ayuno de caricias.*

ayuntamiento s m **1** Gobierno de un municipio, formado por un presidente y varios munícipes o concejales **2** Local o sede de este gobierno; palacio municipal.

azada s f Herramienta de labranza semejante al azadón pero de pala más corta y plana; se usa para barbechar terrenos de poca extensión.

azadón s m Instrumento de labranza compuesto por una pala de hierro afilada en uno de sus extremos, y que en el opuesto tiene un anillo donde se inserta un mango con el que forma ángulo agudo. Se usa para quitar las malas hierbas y arrimar tierra a las plantas.

azafrán s m **1** (*Crocus sativus*) Planta de la familia de las iridáceas, bulbosa, de hojas lineales, flores lilas con estigmas de color anaranjado. Es originaria de Asia y rara vez se cultiva en México **2** Polvo obtenido de los estigmas de esta planta que se emplea como condimento y colorante en ciertos platillos: "Le faltó *azafrán* a la paella" **3** (*Carthamus tinctorius*) Planta de la familia de las compuestas, de 1 m de altura, hojas espinosas y flores anaranjadas en cabezuelas, de las cuales se extrae una materia colorante. Es originaria de la India y de Egipto y se cultiva en algunos lugares del país **4** *Azafrancillo de raíz* (*Ditaxis hetheranta*) Arbusto que crece en el Centro y el Occidente de México, de hojas alternas y ovaladas de 4 a 8 cm de largo, acuminadas y blanquecinas por debajo. Sus raíces se emplean como colorante. Se conoce también como azafrán de bolita y azafrancillo **5** (*Mar*) Placa de madera que forma la pala del timón.

azahar s m **1** Flor del naranjo y de otros árboles de la misma familia de los cítricos, blanca y de perfume muy intenso; se usa en perfumería y en té, como tranquilizante; sus botones se utilizan como adorno para los novios: *ramo de azahar, corona de azahares, perfume de azahares* **2** *Azahar del monte* (*Styrax glabrecens*) Árbol de la familia de los estiracáceos, de 6 a 12 m de altura, hojas elíptico oblongas, ovadas o elípticas, de 7 a 17 cm de largo, con el cáliz cupuliforme; tiene flores de cinco pétalos unidos y de color blanco; diez estambres

y fruto globoso con una semilla de 1cm. Se da en Veracruz, Oaxaca e Hidalgo.

azalea s f (*Rhododendron indicum*) Arbusto de la familia de las ericáceas, de aproximadamente 1 m de altura, pero que puede alcanzar hasta 6 m; se cultiva por la belleza de sus flores, de diversos tonos del rosa al rojo, corola en forma de embudo y cinco estambres tan largos como la corola; sus hojas son de elípticas a lanceoladas, de 5 a 7 cm de largo; son agudas en el ápice, pálidas por abajo y pubescentes en ambas superficies; se dice que su savia es venenosa; rododendro.

azar s m **1** Acontecimiento o circunstancia casual **2** *Por azar* Por casualidad: "Me lo encontré *por azar* en la calle" **3** *Al azar* Sin orden ni planeación **4** *Juegos de azar* Los que dependen exclusivamente de la suerte y no de la habilidad de los jugadores, como la lotería, los dados o la ruleta **5** *Muestra al azar* Muestra aleatoria **6** pl Riesgos o cambios propios de algo: *los azares de la vida.*

azaroso adj **1** Que está sujeto a circunstancias fortuitas; que es casual o depende del azar **2** Que comprende riesgos y peligros o está expuesto a percances: *vida azarosa, camino azaroso.*

azimut s m (*Astron*) Una de las dos coordenadas horizontales con que se determina la posición momentánea de un astro en la esfera celeste. Es el ángulo que forma el plano imaginario que pasa por el astro y el centro de la Tierra (plano vertical), con el plano que pasa por el Norte y el Sur geográficos y el cenit (plano meridiano). Se mide a lo largo del horizonte a partir del Norte o el Sur y en el sentido de las manecillas del reloj. (También *acimut.*)

azimutal adj m y f **1** (*Astron*) Que pertenece al azimut o se relaciona con él **2** *Montura azimutal* (*Astron*) Soporte mecánico para instrumentos astronómicos, que tiene un eje vertical y otro horizontal, con los que se puede orientar el instrumento hacia cualquier punto sobre el horizonte y hacia cualquier altura en la bóveda celeste. (También *acimutal.*)

azogue s m Mercurio.

azolvar v tr (Se conjuga como *amar*) **1** Tapar u obstruir lodo o basura algún conducto o canal, de modo que impide el paso del agua **2** Depositar las corrientes marinas o fluviales arena y otros materiales en el fondo, disminuyendo su profundidad.

azolve s m **1** Acto de *azolvar* o *azolvarse* **2** Lodo o suciedad que obstruye un conducto de agua **3** Material arrastrado por las corrientes de agua de mar o de río hasta algún obstáculo natural, y que forma por ello un banco de arena o disminuye la profundidad de la superficie marina o fluvial.

azotador s m Oruga de ciertas especies de mariposas que se caracteriza por tener el cuerpo cubierto por pelos urticantes que le sirven como defensa.

azotar v tr (Se conjuga como *amar*) **I 1** Golpear algo o a alguien con un azote, un látigo, etc: "Zoraida hostigaba al animal *azotándolo* con un fuete", "Los griegos y los romanos *azotaban* a sus estudiantes" **2** Golpear algo a alguien con violencia de manera intermitente, sobre amplias extensiones de su superficie o de su cuerpo: "Los vientos *azotaban* los galeones" **3** Causar daño violentamente y en una gran extensión: "La epidemia de influenza que *azotó* al país en 1918", "Una gran sequía *azotó* el noroeste" **II 1** intr Caer violenta, pesadamente y sin ser capaz de suavizar o aminorar el golpe: "Aquí *azota* un jinete con todo y caballo" **2** prnl (*Hipo*) Encabritarse un caballo empinándose hacia atrás, hasta caer al suelo **3** *Azotar la res* (*Popular*) Caer alguien pesadamente y con todo su cuerpo **4** (*Popular*) Morir: "El padre Daniel *azotó* de viejo" **5** prnl (*Popular*) Entregar algo o pagarlo sin dilación ni oposición: "*Azótate* con la lana" **6** prnl (*Popular*) Invitar u obsequiar alguna cosa: "*Se azotó* con *toda la bebida* de la fiesta" **III** prnl **1** (*Popular*) Darse uno exagerada importancia: "*Se anda azotando* con que es noble" **2** (*Coloq*) Actuar uno como si algo fuera extraordinariamente importante o serio, sin serlo; exagerar: No *te azotes*, pinche Héctor, no va a pasar nada si no ves a tu novia" **3** (*Coloq*) Hacerse el modesto, humilde o infortunado: "Le gusta *azotarse* con sus amigas, de que nadie la comprende".

azotea s f **I** Techo aplanado por el exterior que sirve como último piso de una casa o edificio; generalmente se encuentran en él los tinacos y se usa para tender la ropa lavada; sobre ella se construyen cuartos en los que por lo general habita la servidumbre **II** (*Popular*) Cabeza: "¡Cuidado con la *azotea*! ¡No te vayas a dar un tope!".

azotehuela s f Pequeña terraza o patio interior de una casa o departamento, construido generalmente para que entre luz y aire a los cuartos interiores, y que se aprovecha para algunos servicios, como el lavado de ropa, el almacenamiento de utensilios, etc: "La cubeta está en la *azotehuela*".

azteca 1 s m Grupo que se estableció en el altiplano de México y en sus alrededores durante el siglo XIII. Fundó, en un islote al occidente del lago de Texcoco, la ciudad de México-Tenochtitlán y en poco tiempo logró dominar el centro y el sur de la actual República Mexicana. Su imperio terminó en 1521 con la conquista española; mexica **2** adj y s m y f Que es originario de este grupo indígena o que se relaciona con él **3** s m Lengua de este grupo; náhuatl **4** s y adj m y f Mexicano.

azúcar s f **1** Sustancia dulce que se obtiene principalmente del jugo de la caña de azúcar o del de la remolacha. Se cristaliza y refina mediante diversos procesos hasta que adquiere una consistencia sólida y generalmente granulada. Es soluble en agua y su color puede ser café, pardo o blanco, según su grado de refinación. Es el principal endulzante de la alimentación humana y se usa mucho en la elaboración de postres y como conservador: "Le prohibieron el *azúcar*" **2** *Azúcar morena* La que es café y poco refinada **3** *Azúcar glass* La más finamente pulverizada, blanca y de uso muy común en repostería **4** *Azúcar candi* La que se obtiene mediante evaporación lenta de manera que forma grandes cristales transparentes **5** s m pl (*Quím*) Sustancias orgánicas formadas por carbono, hidrógeno y oxígeno, comunes en la materia viviente, como la sacarosa (azúcar de caña o de remolacha), la glucosa o dextrosa (azúcar de uva, de almidón o la que se encuentra en la sangre, el hígado y otros tejidos animales) y la fructosa (azúcar de la miel y de la mayor parte de las frutas).

azucarera s f Recipiente para guardar el azúcar que se utiliza en las mesas: *una azucarera de cristal, azucarera de porcelana*.

azucarero 1 adj Que se refiere al azúcar, especialmente a la producción, a la industria o al comercio de ella: *producción azucarera, ingenio azucarero* **2** s m En los ingenios, experto en la elaboración del azúcar **3** s m Cuarto o departamento de los ingenios en que se guardan los panes de azúcar y los hornos en que éstos se hacen.

azucena s f **1** (*Lilium candidum*) Planta de la familia de las liliáceas que se cultiva por sus flores blancas y aromáticas. Tiene bulbos de 5 a 7.5 cm de diámetro, cubiertos con numerosas escamas aplanadas; es acaulescente (sin un tallo evidente, excepto cuando florece, que posee uno, llamado escapo); sus hojas aparecen en el otoño y persisten hasta el invierno; son largas, oblanceoladas, de 20 a 50 cm de largo, con tres nervaduras brillosas. Sus flores son numerosas y se dan en racimos densos; tienen forma de campana, son de color blanco, anteras amarillas y estilo muy largo **2** (*Hippeastrum equestre*) Planta acaulescente de la familia de las amarilidáceas; se cultiva por sus flores, que tienen textura de terciopelo; son de color principalmente rojo, de diversos tonos, o listadas de blanco, blancas o amarillas. El tallo sólo es evidente cuando florece y sostiene únicamente a las flores, pero no tiene hojas. Las hojas crecen en roseta de 80 cm a 1 m de largo, y de aproximadamente 5 cm de ancho. Las flores aparecen en grupos de dos a cuatro, con perigonio (pétalos y sépalos no diferenciados).

azufre s m Sustancia sólida, quebradiza, de color amarillo, que despide un olor desagradable. Se utiliza en la fabricación de pinturas, cerillos, insecticidas y medicinas.

azul adj m y f, s m **1** Que es del color del cielo sin nubes o del mar cuando brilla el sol: *cielo azul, ojos azules, azul marino, azul turquesa* **2** s m (*Popular*) Miembro del cuerpo de policía: "Llegaron los *azules*" **3** *Entre azul y buenas noches* Regular, más o menos, de manera equívoca o indecisa.

azulejo[1] s m Tablilla delgada de cerámica vidriada o esmaltada, de diversos colores y dibujos, generalmente cuadrada o rectangular, que se utiliza para cubrir paredes o pisos: "Las cocinas de tiro y brasero, cocinas de molcajete y *azulejo*, de las casas de antes".

azulejo[2] **1** s m Cada uno de los múltiples pájaros de muy variados géneros y especies, que tienen todo o parte de su plumaje de color azul; como el *Cotinga amabilis*, pájaro regordete, de cabeza grande, pico chico, plumaje azul brillante, garganta y mejillas de color morado oscuro, con una mancha triangular más clara en el pecho; tiene alas y cola negras, coberteras y secundarias marginadas de azul, pico y patas negruzcas. Mide aproximadamente 19 cm. Vive en la punta de los árboles más altos de los bosques. Sus plumas se usaron en los penachos de los emperadores aztecas. Se le encuentra de Veracruz a Chiapas; azulejo real, turquesa o charlador **2** adj (*Hipo*) Tratándose de caballos, que tiene el pelaje de color tordillo, cuando la mezcla de pelos blancos y negros da reflejos azulados.

azuzar v tr (Se conjuga como *amar*) Incitar o estimular a un animal o a una persona para que actúe con agresividad e impulsivamente: *azuzar a los perros*, "Los *azuzaban* para que siguieran peleando".

b s f Segunda letra del alfabeto; representa el fonema consonante bilabial sonoro. Su articulación es oclusiva cuando aparece al principio de la palabra o después de una consonante nasal, como en *basta* o *cambio*, mientras que en las demás posiciones es fricativa, como en *cantaba* y *abre*. Su nombre es *be*, *be grande* o *be alta*.

baba s f **1** Saliva que sale involuntariamente de la boca: "Como ya le están saliendo los dientitos tiene mucha *baba*" **2** Líquido transparente y viscoso que segregan ciertas plantas y animales, como el que suelta el caracol de tierra para protegerse de la sequedad del ambiente **3** *Caérsele a uno la baba* (*Coloq*) Actuar uno como un tonto o quedarse pasmado, deslumbrado por algo o alguien que desea, admira o lo emociona profundamente: "*Se le cae la baba* cada que la ve pasar", "A Carlos *se le cae la baba* por sus hijas" **4** (*Popular*) Pulque **5** *Baba de perico* (*Popular*) Cosa que no tiene ninguna importancia o valor: "Para mí veinte mil pesos son un montón, pero para ti son una *baba de perico*".

babero s m **1** Pieza de tela absorbente o de plástico que se pone a los niños en el pecho para que no se mojen con la baba o no se ensucien al comer: "Compraron una chambrita y un *babero* para el bebé" **2** Delantal: "El uniforme de las niñas es un vestido con *babero* azul".

babor s m (*Mar*) Lado izquierdo de una embarcación, mirando hacia la proa: *virar a babor*.

babosa s f Baboso.

baboso I 1 adj Que suelta baba o tiene una consistencia viscosa como la de la baba: "No me gusta el pulque porque es muy *baboso*", "Había un animal *baboso* y repugnante" **2** adj y s (*Coloq*) Que no tiene la suficiente inteligencia, que es muy simple o tonto: "A mí ningún escuincle *baboso* me va a dar órdenes" **II** s m Molusco gasterópodo terrestre, de cuerpo blando no segmentado, pero con la cabeza bien diferenciada; muy parecido al caracol pero en lugar de concha tiene granulaciones calcáreas internas. Sus órganos sensoriales son unos apéndices que le salen de la cabeza a manera de cuernos, y en ellos están los ojos; constantemente segrega una baba con la que se protege de la sequedad del ambiente. Por su voracidad, es muy dañino para los cultivos; tlaconete: "Échale sal a la *babosa* para matarla" **III** s m **1** Planta cactácea de 4 a 5 m de altura, ramificada desde la base, con flores tubulosas de color blanco y frutos ovoides cubiertos de espinas **2** Árbol de la familia de las borragináceas de hasta 9 m de altura, flores monopétalas amarillentas y fruto globoso.

baby doll s m Juego de camisón corto de mujer y pantaleta pequeña, generalmente de alguna tela ligera y translúcida. (Se pronuncia *beibi dol*.)

bacalao s m **1** (*Gadus morrhua*) Pez teleósteo de la familia de los gádidos, de color verdoso con manchas amarillas o cafés, cuerpo alargado con tres aletas dorsales y dos anales, que llega a medir más de 1.5 m y a pesar 45 kg. Vive en las aguas más frías del Atlántico norte donde se pesca en abundancia por su carne, que es muy apreciada; de su hígado se obtiene un aceite rico en vitaminas A y D que se emplea como medicamento **2** Carne seca y salada de este pez o de otros similares, con la que se preparan diversos platillos; se consume principalmente en la época navideña: *bacalao a la vizcaína*, *bacalao en escabeche*.

bacanora s m Aguardiente semejante al mezcal, que se obtiene por destilación de una variedad del maguey *Agave angustifolia*; generalmente se prepara curado con almendras, nueces o piñones. Es típico de Sonora.

bacilo s m **1** Bacteria de forma cilíndrica y alargada, parecida a la de un bastón, de distintas especies, algunas de las cuales son causantes de enfermedades **2** *Bacilo de Koch* (*Mycobacterium tuberculosis*) El que produce la tuberculosis en el ser humano y algunos animales **3** *Bacilo láctico* (*Lactobacillus bulgaricus* y *Lactobacillus acidophilus*) El que forma colonias de aspecto blanco y de masa informe a partir de la acidificación del azúcar que contiene la leche, para producir el yogurt.

bacinica s f Vasija de metal, plástico, porcelana, etc de forma similar a la de una taza pero más grande, que se usa generalmente por las noches para orinar o defecar en ella, en casas donde no hay baño o donde éste está lejos de las habitaciones.

bacteria s f Organismo vegetal microscópico, unicelular, sin núcleo ni clorofila, que se encuentra en el aire, el agua, la tierra, los cuerpos de los seres vivos, etc. Algunos de ellos provocan enfermedades y otros se utilizan en fertilizantes, medicamentos, etcétera.

bacteriano adj Que pertenece a las bacterias o se relaciona con ellas: *infección bacteriana*, *flora bacteriana*, *toxinas bacterianas*.

bacteriología s f Parte de la microbiología que estudia las bacterias.

bacteriólogo s Persona que tiene por profesión la bacteriología o se dedica a ella.

bachiller s m y f Persona que estudia el bachillerato o que lo ha terminado: *grado de bachiller*.

bachillerato s m **1** Conjunto de estudios posteriores a la educación primaria y previo a las carreras universitarias. A veces se incluye la secundaria, aunque generalmente no: "Pasan la secundaria y de ahí al *bachillerato*" **2** Grado que se obtiene al terminar esos estudios.

bádminton s m Deporte en el que participan dos o cuatro jugadores que, colocados a ambos lados de una red puesta a mitad de la cancha, a una altura aproximada de 1.80 m, golpean con raquetas livianas un gallito, cono de plástico o de plumas en cuya parte más estrecha tiene una media esfera de corcho, y tratan de pasarlo por encima de dicha red: *Torneo de bádminton*.

bagazo s m Residuo fibroso que queda de un tallo, un fruto, una semilla, etc cuando se les ha sacado el jugo o la pulpa: *bagazo de la caña*.

bagre s m **1** Pez marino o de agua dulce que pertenece a distintas familias y especies; se caracteriza por tener el cuerpo desnudo de escamas, varios pares de barbillas más o menos largas que le salen de las mandíbulas y en los que está el sentido del gusto, y una espina fuerte y dentada en la aleta dorsal y en las pectorales que, en ciertas especies, es venenosa: *bagre marino, bagre bandera* **2** Pez de agua dulce, de la familia de los ictalúridos y de varias especies, por lo general de color azul pálido con tintes plateados, cabeza aguda, grande y gruesa, con siete pares de barbillas, cuerpo sin escamas, tosco pero delgado en el vientre, por lo común de 2 o 3 kg de peso. Habita principalmente en presas, lagos o ríos caudalosos de aguas cálidas y se le captura por su carne, que es muy apreciada por su sabor.

¡bah! interj Expresión de desdén, desprecio o incredulidad, con que se inicia un argumento contrario al del interlocutor que acaba de hablar: "—Eso no es bien visto por los dioses. —*¡Bah!* ¿qué saben ustedes de los dioses?".

bahía s f Conformación de tierra costera que, por diversos fenómenos geológicos, se abre para que entre el mar en ella formando un semicírculo, en cuyo interior, por consecuencia, el oleaje es menor y permite que las embarcaciones se protejan del mal tiempo. Es de mayor extensión que una ensenada y menor que un golfo.

bailable 1 adj m y f Que se puede bailar: *música bailable* **2** s m Cada una de las danzas que se ejecutan como parte de un espectáculo teatral, operístico, musical, etcétera.

bailar v intr (Se conjuga como *amar*) **I** Mover con pasos rítmicos el cuerpo, generalmente siguiendo un compás de una pieza musical: *bailar al compás de la música, bailar al son y cadencia de los instrumentos, bailar el jarabe* **II 1** Moverse repetidamente algo sin salirse de un lugar determinado, porque tiene juego o está suelto: *bailar un tornillo, bailar una brújula* **2** tr Girar o hacer girar sobre sí mismos ciertos objetos: *bailar un trompo, bailar una pirinola* **3** (*Hipo*) Trotar desordenadamente un caballo **III** *Bailarse a alguien* **1** (*Popular*) Engañarlo, embaucarlo: "*Se lo bailaron* con un billete falso" **2** (*Popular*) Ponerlo en ridículo, demostrándole públicamente que uno es más capaz en algo que él: "El Guadalajara *se bailó* al América", "El profesor *se bailó* al estudiante en su examen" **3** (*Caló*) Golpearlo **4** (*Caló*) Matarlo.

bailarín 1 s Persona que se dedica profesionalmente al baile **2** adj Que baila: *perro bailarín, muñeca bailarina*.

baile s m **1** Serie de movimientos rítmicos y armónicos que ejecuta una persona o un grupo de personas al compás de la música: *baile flamenco, baile típico, baile regional, baile de disfraces, ir al baile* **2** *Baile de salón* El que se ajusta a las costumbres europeo-occidentales de clase media y alta, y ejecuta valses, *fox-trots*, pasos dobles, etc **3** Reunión de carácter festivo a la que la gente va a bailar y divertirse: *un baile de máscaras, baile de graduación, un baile de caridad* **4** *Dar a alguien un baile* (*Coloq*) Demostrar que uno conoce o maneja mejor algo de lo que el otro se precia: "Hugo Sánchez les *dio un baile* a los argentinos".

baja s f **I 1** Disminución o descenso de la fuerza, la magnitud, el nivel, el valor o el precio de algo: *una baja de energía, una baja de temperatura, una baja del precio del maíz, tendencia a la baja* **2** (*Impr*) Minúscula **II** *Dar de baja* Dejar alguien de pertenecer a una institución o de integrarla, voluntaria o forzosamente: "*Lo dieron de baja* en el Seguro Social" **III 1** Persona de un cuerpo militar o similar que no puede participar en acción por estar herida, prisionera, extraviada o muerta; documento que consigna esta ausencia: "El ejército tuvo mil *bajas*" **2** *Baja administrativa* (*Mil*) Dejar definitivamente un militar de pertenecer al Ejército o Fuerza Aérea.

bajacaliforniano adj y s Que es natural de Baja California, que pertenece a esta península o se relaciona con ella o, en particular, con el estado de Baja California Norte: "El *bajacaliforniano* Raúl Ramírez pasó a la final de tenis", *producción pesquera bajacaliforniana, centros turísticos bajacalifornianos*.

bajada s f **1** Acto de bajar o bajarse: *a la bajada de la lancha, la bajada del camión* **2** Lugar por donde baja algo o baja una persona: *la bajada de la escalera, bajada de aguas* **3** Camino o terreno que desciende de un lugar alto a otro bajo: "El terreno entre Guadalajara y esta población se caracteriza por las subidas y *bajadas*".

bajar v intr (Se conjuga como *amar*) **1** Ir o pasar de un lugar a otro más bajo, a un nivel inferior: "*Bajó* al primer piso", "*Bajaba* por el pan", *bajarse del caballo* **2** Dejar de estar en un vehículo o adentro de él: "Los pasajeros *bajan* del avión", "*Bajamos* de la lancha", "Siempre *bajaba* corriendo de los trenes" **3** tr Poner algo en un lugar más bajo del que estaba o hacer que sea menor la intensidad, calidad, cantidad, precio o valor de alguna cosa: "*Baja*, por favor, las persianas", *bajar el telón*, "*Bajen* el brazo", "El maestro *bajó* las calificaciones", "La aspirina le *bajó* la fiebre" **4** Disminuir una cosa en intensidad, cantidad, precio o valor: *bajar la calentura*, "*Bajó* el dólar", *bajar la voz*, "Que no *baje* el nivel académico" **5** *¡Bajan!* (*Popular*) Aviso de un pasajero al chofer del autobús o al maquinista del tranvía, de que desea bajar en cierto lugar **6** *Bajarse una llanta* Perder aire la llanta **7** *Bajarse un pastel* Dejar de esponjarse la masa durante su cocimiento, por alguna causa **8** *Bajarle los humos a alguien* Quitarle a alguien lo presumido y vanidoso **9** *Bajarle algo a alguien* (*Coloq*) Robar: "*Le bajaron* su coche del estacionamiento" **10** *Bajarle* (*a una mujer la menstruación o la regla*) (*Coloq*) Salirle el flujo menstrual: "*Le bajó* cuando estaba de vacaciones" **11** *Bajarse a mamar, a chupar*, etc (*Groser*) Chuparle el sexo a alguien.

bajo[1] adj **I 1** Que tiene poca altura o poca profundidad; que alcanza poca distancia hacia arriba o hacia abajo: *hombre bajo, navegar en aguas bajas, pared baja, canal bajo* **2** Que está a poca distancia del suelo o de la superficie del agua: *nubes bajas, arrecifes bajos* **3** Que está a poca altura sobre el nivel del mar: *tierras bajas* **4** Que está en un lugar inferior con respecto a otra cosa de su misma clase **5** Inclinado hacia abajo: *cabeza baja, mirada baja* **II 1** Que es poco elevado con respecto a una escala de medida o de valores: *precios bajos, temperaturas bajas, voz baja, azul bajito, notas bajas* **2** adv De manera que no alcanza gran altura o intensidad: *hablar bajo, volar bajo* **III** Que es despreciable, vil o mezquino: *bajas acciones* **IV 1** Que es de las últimas etapas de un periodo, generalmente histórico: "La *baja* Edad Media comprende…", *bajo Imperio Romano* **2** *Parte baja* (*Dep*) En el beisbol, segunda parte de una entrada; cierre: "Para la *parte baja* de la séptima vendrán al bat…" **V** s m Voz o instrumento de tono más grave **VI** *Por lo bajo* Cuando menos: "El terreno cuesta *por lo bajo* 200 mil pesos".

bajo² prep **1** Indica la posición de una cosa con respecto a otra que está a mayor altura o que es más elevada: *bajo tierra, bajo techo, bajo cero* **2** Indica la situación de algo con respecto a lo que lo determina o considera: *bajo este punto de vista, bajo ciertas condiciones, bajo esas circunstancias* **3** Indica el cuidado o dirección que tiene alguien de alguna persona o cosa: *bajo el mando del general, bajo la batuta del director* **4** Indica el campo de aplicación de algo, especialmente de las leyes: *bajo protesta, bajo fianza, bajo pena de expulsión* **5** Indica el tiempo durante el cual sucede algo: *bajo la presidencia de Carranza, bajo el reinado de Luis XIV.*

bala s f **I 1** Proyectil, generalmente de plomo, de forma esférica o cilíndrica, con punta, que se dispara con armas de fuego: *bala de cañón, bala de pistola,* "Una *bala* lo hirió en el pecho" **2** *Bala rasa* La común y corriente **3** *Bala de salva* La que no tiene munición, sino solamente una carga explosiva **4** *Bala expansiva* La que tiene en la punta una incisión que la hace fragmentarse al penetrar en un cuerpo **5** *Bala perdida* La que se dispara o hiere accidentalmente: "Lo mató una *bala perdida*" **6** *Echar bala* Disparar muchas veces **II** (*Coloq*) **1** *Estar alguien que echa bala* Estar alguien muy enojado **2** *Como bala* Con mucha velocidad, rápidamente: "Ese coche pasó como *bala*", "Antonio llegó como *bala*" **3** *Llevar bala* Ir algo o alguien con mucha fuerza o velocidad **4** *Aguantar bala* Soportar o resistir una situación adversa o molesta **5** *Ser alguien una bala* Ser alguien muy inteligente o astuto **6** *Ser alguien una bala perdida o una bala rasa* Ser alguien disipado, parrandero **III 1** *Lanzamiento de bala* (*Dep*) Competencia atlética que consiste en lanzar lo más lejos posible una esfera de plomo **2** (*Dep*) Esfera de plomo que se utiliza en dicha competencia. Para las pruebas masculinas tiene un peso de 7.3 kg y para las femeninas de 3.6 kilogramos.

balacear v tr (Se conjuga como *amar*) Disparar balas o tirar balazos sobre algo o alguien: "*Balacearon* la casa", "Lo *balacearon* en la puerta de su casa".

balance s m **1** Estado de un cuerpo en el que conserva el equilibrio entre cada una de sus partes o de sus elementos: *guardar el balance, ponerse en balance* **2** (*Cont*) Conjunto de operaciones y documentos que muestran el estado del pasivo y el activo de un comercio, empresa, país, etc y que permite conocer su situación financiera y patrimonial

en determinado momento: "Después del *balance* podremos rendir cuentas a los inversionistas", "El *balance* presenta un saldo positivo" **3** Consideración que se hace de algo evaluando sus resultados: *el balance de un trabajo, el balance del gobierno de Cárdenas* **4** Combinación equilibrada o adecuada de varias cosas o elementos: *balance de alimentos.*

balancear v tr (Se conjuga como *amar*) **1** Hacer que algo que está fijo por alguno de sus puntos o partes se mueva alternativamente en una y otra dirección, como lo hace el péndulo de un reloj; mover a alguien de esta manera: *balancear la cuna, balancear una mecedora* **2** prnl Moverse algo o alguien repetidamente de un lado al contrario manteniéndose estable, fijo o apoyado por lo menos en un punto: *balancearse el barco,* "El cirquero *se balancea* en el trapecio" **3** Poner algo en equilibrio distribuyendo adecuadamente sus partes, elementos, componentes, etc o repartiendo de manera homogénea su peso: *balancear una dieta, balancear una llanta* **4** *Balancear una ecuación* (*Quím*) Calcular, al formular una ecuación, el número de moles de átomos de los elementos o de los compuestos reactivos, así como la proporción en que quedan distribuidos al producir la reacción de que se trata, de modo que se exprese la igualdad en el número de átomos que debe haber entre los reactivos y su producto, según la ley de la conservación de la materia.

balanza s f **1** Instrumento para medir el peso de un objeto, mediante la comparación con otro conocido. En su forma más sencilla, consiste en una barra sostenida en su punto medio por un eje, de la cual cuelgan dos platillos, uno para poner el objeto y el otro para poner las pesas. Un indicador unido al eje, llamado fiel, señala el punto de equilibrio **2** *Poner algo en la balanza* Evaluar algo mediante la comparación **3** *Balanza comercial* (*Econ*) Comparación entre las importaciones y las exportaciones de un país **4** *Balanza de pagos* (*Econ*) Registro comparativo de las transacciones económicas entre países: *superávit en la balanza de pagos.*

balar v intr (Se conjuga como *amar*) Emitir su voz propia algunos animales como el borrego, la cabra, el venado o la oveja.

balaustrada s f (*Arq*) **1** Conjunto de balaustres o columnas en una línea, unidas por una barra para formar un soporte **2** Muro de poca altura, generalmente calado, que puede servir de apoyo a una persona.

balaustre s m (*Arq*) Cada uno de los pequeños pilares, columnas o barrotes que constituyen en su conjunto un antepecho o un barandal en un balcón, una escalera, un corredor, etcétera.

balazo s m **I 1** Disparo hecho con un arma de fuego: "Del fondo de la barranca se oyeron los *balazos*" **2** Golpe de bala disparada por una pistola, un rifle o cualquier arma de fuego: "Recibió un *balazo* en la pierna derecha" **3** Herida o marca que produce en un cuerpo una bala: "Mostraba con orgullo los *balazos* recibidos en la guerra" **II** (*Publ*) Frase corta, llamativa y escrita con letra grande, que introduce una noticia en un periódico o un texto publicitario: "El *balazo* del periódico decía hoy: 'Murió Franco'".

balcón s m **1** Saliente del piso de una casa o un edificio, limitada por un barandal o una balaustrada:

asomarse al balcón, salir al balcón, mirar por el balcón **2** Barandal o balaustrada que lo limita **3** Sección de una sala de espectáculos (teatro, auditorio, etc) o de una plaza de toros, que sobresale por encima del piso principal **4** *Sacar o salir al balcón* (*Coloq*) Poner o ponerse en evidencia.

balconería s f Conjunto o serie de balcones de una construcción: *una casa con balconería de madera*.

baldazo s m (*NO*) Acto de echar agua con un balde, y cantidad de agua que se echa.

balde[1] **1** *De balde* Gratis o gratuitamente, sin pagar o esforzarse por algo, sin sacar provecho de algo: "No vas a trabajar *de balde*", "Me dieron dos kilos *de balde*", "No te voy a dar el diploma *de balde*, *puro dinero gastado de balde* **2** *En balde* Sin sacar provecho de algo, inútilmente: "Fuimos al cine *en balde*: no había función", "Te esforzaste *en balde*" **3** *No en balde* No por casualidad, no accidentalmente: "*No en balde* los yucatecos no se consideran mexicanos".

balde[2] s m **1** En el noroeste y en el sur, cubeta **2** Medida de capacidad o de peso equivalente a 10 litros o 10 kg **3** *Caer algo como balde de agua fría* Recibir una noticia desagradable o ingrata, o padecer una desgracia en forma imprevista: "La muerte de su abuelo le *cayó como balde de agua fría*".

baldeado s m (*NO*) Acto de baldear algo.

baldear v tr (Se conjuga como *amar*) **1** (*NO*) Echar agua con un balde, por ejemplo para lavar el piso **2** En el sureste, vaciar o derramar un líquido.

baldío adj y s **1** Tratándose de tierras o terrenos, que está libre y sin utilizar, sin construcción ni cultivo: "Jugaban en un terreno *baldío*", *lote baldío* **2** (*Liter*) Que es vacío, ocioso o que no se aprovecha: *las horas extensas y baldías de la niñez*.

balero s m I **1** (*Mec*) Rodamiento con el que se protege de la fricción un eje o una flecha que rota; está formado por cierta cantidad de balines colocados entre dos pistas circulares y concéntricas **2** *Balero de agujas* Aquel cuyas pistas son anchas y, en lugar de balines, lleva conos alargados y delgados **3** *Balero de rodillos* Aquel que lleva cilindros cortos y gruesos entre las pistas II Juguete de madera, que consta de un palo terminado en punta y un cilindro agujerado por el centro de uno de sus extremos; ambos componentes están unidos entre sí con un cordel cuatro o cinco veces más largo que la altura del cilindro. El juego consiste en ensartar éste en la punta del palo, o viceversa, con un movimiento rápido de la mano que sostiene el palo o el cilindro. Otros juguetes más sencillos tienen una copa en la punta del palo y una bola en vez de cilindro. El juego consiste en hacer entrar la bola en la copa con el mismo tipo de movimiento de la mano.

balín 1 s m Esfera pequeña de acero que se emplea en baleros para facilitar el rodamiento **2** adj m y f (*Coloq*) Que no tiene valor o es falso: "Sólo eran periodistas *balines* con la única consigna de alborotar", *un diploma balín, una güera balín*.

balneario s m Lugar, conjunto de edificios y de instalaciones a donde va la gente a tomar baños de placer; ya en fuentes termales, ya a la orilla del mar.

balón s m **1** Pelota de material elástico e inflada con aire, que se utiliza en deportes como el futbol, el basquetbol, etc **2** (*Med*) Bolsa de hule que se llena de gas, sobre todo oxígeno, para inhalaciones.

balsa[1] s f **1** Plataforma flotante hecha con troncos fuertemente amarrados unos con otros, que se construye para navegar, por lo general, en ríos y lagos: "Hicieron una enorme *balsa* para transportar todas sus pertenencias río abajo" **2** Embarcación pequeña, casi plana, muy ligera e inflable, hecha de algún material plástico: "Compraron una *balsa* para cuatro personas y chalecos salvavidas".

balsa[2] s f Árbol de la familia de las bombáceas de hasta más de veinte metros de altura, de hojas persistentes, anchas y enteras, flores grandes de color rosa pálido y frutos alargados con numerosas semillas, envueltas por filamentos algodonosos. Su madera es blanquecina, porosa y muy ligera, por lo que se usa para hacer flotadores, canoas e, incluso, partes de avión. Crece en zonas de clima cálido húmedo en el sureste del país, en Centroamérica y las Antillas.

ballena s f Mamífero marino de gran tamaño, el mayor de los animales conocidos, capaz de alcanzar veinticinco metros de longitud y un peso de ciento cincuenta toneladas. Pertenece al orden de los cetáceos, procrea en los mares polares y emigra en invierno a la mayoría de los océanos. Se le pesca en abundancia para aprovechar, según sus variedades, su carne, que es comestible; su grasa, para hacer velas y algunos medicamentos; sus barbas (láminas córneas que suplen a los dientes en algunas de sus especies), con las que se hacían las varillas de los corsés y los paraguas; su ámbar gris se emplea como fijador en perfumería; en aguas mexicanas se encuentran siete especies, la más común de ellas es la *Balaenoptera borealis*.

ballet s m **1** Danza artística en la que se combinan posiciones y pasos con movimientos (como saltos y vueltas) y figuras coreográficas **2** Espectáculo teatral de un grupo de danza con acompañamiento de música, escenografía y vestuario, en el que se desarrolla un argumento o un tema; generalmente sin palabras cantadas o habladas: *ballet clásico, ballet moderno, ballet folklórico* **3** Música escrita especialmente sobre un argumento para ese tipo de danza: "El *ballet* Flora de Lully", *una suite de ballet, Los ballets de Stravinski* **4** *Ballet acuático* Grupo de nadadoras sincronizadas en ejercicios acrobáticos; a partir de una posición básica de flotamiento sobre la espalda y con las piernas extendidas hacen figuras y movimientos armónicos, acompañados por música. (Se pronuncia *balé*.)

bambalina s f **1** Cortina horizontal corta, que cuelga del telar de un teatro y va de uno a otro lado del foro. Se utiliza para ocultar al público las luces y la estructura que soporta los elementos del decorado. A veces forma parte de la misma escenografía **2** *Entre bambalinas, tras bambalinas* Discretamente, como confidencia sobre un asunto que no se hace público: "Nos enteramos, *entre bambalinas*, que van a separarse".

bambú s m Planta tropical o subtropical, perteneciente a diversos géneros y especies de la familia de las gramíneas, de tallos leñosos y huecos (semejantes a las cañas), de aproximadamente 15 cm de diámetro y que alcanzan hasta 30 m de altura, muy duros y resistentes; de sus nudos superiores nacen ramitas muy cargadas de hojas grandes de color verde claro y flores agrupadas en espigas. Se emplea en la fabricación de muebles, utensilios de cocina, bastones y flautas, e incluso en la construcción de casas; los brotes tiernos son comestibles.

banca¹ s f l **1** Asiento largo para varias personas, generalmente de madera o hierro y frecuentemente con respaldo **2** Mueble con asiento y mesa que usan los estudiantes en las aulas; mesabanco, pupitre **3** Columna de madera pequeña y rectangular, que sostiene el marco del tinacal donde se fermenta el pulque **ll 1** (*Dep*) Lugar que ocupan los jugadores suplentes, masajistas, etc de un equipo deportivo **2** (*Dep*) Conjunto de jugadores suplentes de un equipo **3** *Quedarse en la banca* No tomar parte en algo para lo que uno se ha preparado, especialmente tratándose de deportes: "De los posibles candidatos a la presidencia, tres *se quedaron en la banca*".

banca² s f **1** Conjunto de instituciones bancarias: "La *banca* del país juega un importante papel en la economía" **2** *Banca múltiple* Forma de organización del ahorro, la cuenta corriente, los servicios financieros e hipotecarios, etc en una sola institución **3** En los juegos de azar, especialmente de baraja, el que maneja el dinero y reparte las cartas.

bancario adj Que se refiere a los bancos o se relaciona con ellos: *empleado bancario, institución bancaria*, etcétera.

banco¹ s m **1** Institución que realiza las múltiples operaciones comerciales a que da lugar el dinero y los títulos que lo representan, como inversiones, créditos, ahorros, pagos, etc: *banco de depósito, banco de ahorro, banco ejidal, banco agrícola*, etc **2** Edificio o local en el que tiene sus oficinas esta institución **3** *Banco múltiple* Organismo que concentra todas las formas de comercio con el dinero y otros valores; banca múltiple **4** Cualquier establecimiento en el que se deposita algo para ponerlo al alcance de otros individuos interesados en ello: *banco de sangre, banco de información*.

banco² s m **1** Asiento para una sola persona, generalmente sin respaldo **2** Mesa de trabajo, firme y resistente, que usan algunos artesanos, como los carpinteros y los herreros **3** Depósito o acumulación de arena, conchas, corales, etc que en lagos, ríos y mares da lugar a una elevación del fondo, dificultando así la navegación.

banco³ s m Conjunto muy numeroso de peces que nadan juntos.

banda¹ s f **1** Superficie larga y angosta comprendida entre dos líneas paralelas **2** Trozo largo y angosto de algún material flexible como la tela, el papel, el hule, etc: "Para que lo reconocieran llevaba una *banda* roja en el brazo", "Se le rompió la *banda* al coche" **3** Cinta que cruza el pecho de una persona como distintivo o condecoración: *banda presidencial* **4** Lado o costado, generalmente longitudinal, de algo como una cancha de futbol, un barco, una mesa de billar **5** *Banda sonora* Parte lateral de una cinta cinematográfica, donde se registra el sonido **6** Conjunto de frecuencias (ópticas, eléctricas, acústicas, de radio) comprendidas entre dos límites.

banda² s f **1** Conjunto musical formado generalmente por instrumentos de aliento (trompetas, trombones, flautas, etc) y de percusión (tambores, platillos, etc): *banda de jazz, banda militar, banda de pueblo* **2** Grupo de personas que se reúnen para robar, asaltar o cometer otros delitos **3** Grupo de partidarios de alguien o de algo.

bandada s f **1** Numerosas aves que vuelan juntas: *una bandada de golondrinas* **2** Grupo numeroso y generalmente bullicioso de personas: *una bandada de niños*.

bandeja s f **1** Vasija de peltre u otro material, de amplio diámetro y poca profundidad, que sirve principalmente para contener agua y se utiliza para lavarse los pies, las manos o la cara, o para echar agua paulatinamente de un lugar a otro, especialmente cuando se lava la ropa en el lavadero; las hay en diversos tamaños **2** Charola **3** *Servir en bandeja de plata* Facilitar mucho alguna cosa; servir en charola de plata.

bandera s f l **1** Trozo de tela, generalmente rectangular y de varios colores, con algún escudo o algún lema, que suele estar sujeto por uno de sus lados a un asta o mástil, o a una cuerda o driza; se usa como insignia o símbolo de un país, una región, una agrupación cualquiera, etc para identificar la nacionalidad de quien la lleva, su pertenencia a un grupo, su jerarquía, su carácter, etc; se emplea también para hacer señales, por ejemplo entre dos barcos, o para significar alguna cosa, como luto (*bandera a media asta*), paz o tregua (*bandera blanca*), etc: *bandera nacional, bandera olímpica, bandera de la Cruz Roja, bandera de la marina mercante, izar una bandera, ondear la bandera*, "Vimos pasar un avión de *bandera* paraguaya" **2** *Rendir bandera* Bajarla o inclinarla en señal de respeto o cortesía **3** *Jurar bandera* Protestar o jurar fidelidad a la patria, los soldados y oficiales recién ingresados al ejército o los conscriptos que cumplen el servicio militar **4** *Navegar con bandera de pendejo, de tonto, de ingenuo; tener bandera de pendejo o traerla* (*Coloq*) Aparentar o hacer creer que es tonto, ingenuo, etc, para sacar provecho de ello: "Javier y su hermano navegaban con *bandera de inocentes*, pero eran unos demonios" **5** Conjunto de los ideales, aspiraciones o intereses de una persona o de un grupo de personas; causa por la que actúan o luchan: "Querían alcanzar el puesto a como diera lugar, de ahí sus cambios de *bandera*", "Defienden la *bandera* de la independencia" **6** *De bandera* (*Tauro*) Tratándose de toros, el que saca una bravura y una nobleza excepcionales **ll** Letrero móvil o rectángulo luminoso que llevan los taxis junto al parabrisas para indicar, cuando está a la vista o es legible, que están en servicio o libres; de lo contrario indica que el taxi está ocupado o fuera de servicio: *traer baja la bandera un taxi*, "El taxímetro arrancó cuando el chofer hizo girar la *bandera*" **lll 1** Planta cuya flor es de colores vivos o contrastantes, en general roja o amarilla, como la *Canna indica*, la flor de pascua o nochebuena (*Euphorbia pulcherrima*), etc **2** *Bandera española* Planta cuya flor tiene los colores rojo y amarillo, como la *Canna coccinea*, la *Ipomoea aloides* y particularmente la *Kniphobia uvaria*, hierba perenne de la familia de las liliáceas, originaria de África, que mide entre 60 y 90 cm de altura; sus hojas salen del suelo y son muy largas y delgadas; sus flores están dispuestas en racimos muy compactos y de pedúnculo muy largo; las superiores son rojas y las inferiores amarillas; es muy apreciada como planta de ornato y se

cultiva con fines comerciales **3** *Bandera mexicana*
Planta cuya flor tiene los colores de la insignia mexicana (verde, blanco y rojo), particularmente la
Salvia microphylla, arbusto de la familia de las
labiadas parecido al mirto, de tallos cuadrangulares,
hojas opuestas y flores pequeñas que tienen los tres
colores mencionados **4** En Colima, hoja de plátano
que se usa para hacer quesos.

banderilla s f **I 1** (*Tauro*) Cada uno de los palos
provistos de un rejón que los toreros clavan por
pares en el morrillo del toro durante la faena; mide
entre 70 y 80 cm de largo y va adornado con papel
picado o alguna otra cosa: "Clavó un magnífico par
de *banderillas*" **2** *Banderillas de fuego* (*Tauro*) Las
que tienen un petardo que estalla al ser clavadas; se
emplean para espolear al toro **3** *Clavarle, ponerle* o
pegarle a alguien un par de banderillas (*Coloq*)
Decirle o hacerle algo que lo irrite o enoje: "*Le clavó un par de banderillas* cuando le dijo que no lo
acompañaría" **4** *Pagar, poner* o *prender una banderilla* (*Coloq*) Pedir algo prestado, particularmente dinero, sin intención de devolverlo o aprovechando una situación en que el préstamo no puede
ser negado; dar un sablazo: "*Le pegó una banderilla* a su papá y se fue al baile" **5** (*Caló*) Aguja o
jeringa hipodérmica con la que se inyecta alguna
droga; banderola, arpón **II 1** Pan dulce hecho con
masa de hojaldre y cubierto con caramelo; tiene
forma de rectángulo alargado y mide alrededor de
25 cm de largo: "Se le quebró la *banderilla* al mor-
derla" **2** Salchicha o trozo de queso recubierto de
una masa, y fritos en aceite, o plátano macho frito
y cubierto de mermelada o alguna otra cosa, a los
que se ensarta un palito para sujetarlos: "Se comieron unas *banderillas* al salir del cine" **III** (*Min*)
Cucurucho de papel que se coloca junto a la mecha
de los barrenos cargados para que el que la enciende pueda distinguirla **IV 1** Planta de ornato que
pertenece a muy diversas familias, generalmente pequeña, roja o azul, como la *Salvia coccinea*, la *Salvia micrantha* y la *Loeselia caerulea* **2** (*Salvia coccinea*) Hierba que tiende a ser arbusto, de la familia
de las labiadas, de hojas simples, ovaladas o triangulares, de 1 a 5 cm de largo; sus flores crecen en
racimos y son de color rojo vivo; crece en toda la
América tropical **3** (*Salvia micrantha*) Hierba erecta, muy ramificada, de hojas simples, opuestas, ovaladas y aserradas en los bordes, de 1 a 4 cm de largo; sus flores, de 6 a 10 mm de largo, crecen en
racimos y son blancas o azules; se emplea en medicina doméstica contra el dolor de oídos; té de
Cozumel, verbena **4** (*Loeselia caerulea*) Hierba tendida de hojas simples, lanceoladas y de bordes
aserrados, que miden entre 15 y 20 mm de largo
y flores monopétalas azules que miden entre 10 y
12 mm de largo; jarritos, guachichil, güichichili, hui-
zizili morado **5** (*Rural*) Hoja central de la mata de
maíz, cuando sobresale de las demás **6** *En banderilla* (*Rural*) Tratándose de una planta de maíz próxima a espigar, cuando la hoja central sobresale de
las demás **7** *A banderilla* (*Rural*) Tratándose de sistemas de siembra, el que consiste en hacer un agujero en la tierra con un palo o estaca y echar la
semilla en él.

banderillero s m Torero que, en las corridas de
toros, pone las banderillas.

bando[1] s m **1** Conjunto de personas que comparte
una opinión, un gusto o una actividad y que forma
grupo: *bando político, bando nacional*, "Empataron
a un gol por *bando*" **2** *Ser o pasarse al otro bando*
(*Coloq*) Ser o volverse homosexual.

bando[2] s m Aviso u orden de la autoridad; edicto:
"El ayuntamiento mandó pegar un *bando* solemne
en las paredes".

bandoneón s m Instrumento musical formado por
dos tableros unidos por un fuelle, que se toca opri-
miendo los botones dispuestos en los tableros, los
cuales producen tonos sencillos; es típico de la
música popular de Buenos Aires, Argentina.

banjo s m Instrumento musical de cuerda formado
por un cuello largo y una caja de resonancia redonda, cubierta por un cuero que se tensa por medio
de llaves, como un tambor. Tiene generalmente cinco cuerdas, que se tañen con las uñas o algún plectro. Es típico de la música negra norteamericana.
(Se pronuncia *banyo*.)

banquero s **1** Dueño, jefe o alto funcionario de un
banco: *una convención de banqueros, los banqueros extranjeros* **2** Persona dedicada a las operaciones bancarias.

banqueta s f **1** Camino pavimentado a cada lado de
una calle, generalmente más elevado que ésta,
reservado para la circulación de los peatones; acera: "Era una calle de anchas *banquetas* con cenefas
de sicomoros" **2** *Charrito, soldado*, etc *de banqueta* (*Popular*) El que presume de un oficio sin conocerlo y sin haberlo practicado: "*Advenedizos de
banqueta* causan alta con barras de latón en el
sombrero, antes de saber siquiera cómo se coge un
fusil" **3** (*Hipo*) Obstáculo fijo, hecho con un monte
de tierra en forma de pirámide trunca, de cincuenta centímetros a metro y medio de altura, que se
usa generalmente en las competencias hípicas de
campo **4** Asiento bajo sin respaldo.

banquete s m **1** Comida espléndida que se hace
para festejar algún acontecimiento o a alguna persona: "Un suculento *banquete* se sirvió después de
la boda" **2** *Dar un banquete* Organizarlo **3** *Darse un
banquete* Comer muy bien una persona, o sentirse
muy satisfecha con algo que disfruta: "*Me di un
banquete* de ojo: eran dos mujeres guapísimas".

bañar v tr (Se conjuga como *amar*) **I 1** Lavar el cuerpo propio, el de otra persona o el de un animal,
generalmente con agua y jabón: *bañar al bebé,
bañar al perro* **2** Sumergir el cuerpo o parte de él
en agua o en otro líquido, con fines de limpieza, de
placer o curativos: *bañarse en el mar, bañar en
leche* **3** Cubrir algo con alguna sustancia o material,
generalmente por inmersión en ella: *bañar con
miel los buñuelos, bañar en sangre, bañar en plata los cubiertos* **4** Tocar el agua una cosa, una ribera, etc: "El mar *baña* las costas de México" **II** Cubrir
algo por completo una cosa y de arriba a abajo:
bañarse de luz **III** (*Popular*) Superar al contrario en
juegos y deportes, principalmente cuando la superioridad es manifiesta **IV** *¡Vete a bañar!* (*Popular*)
Vete muy lejos porque no te quiero ver, porque no
tienes harto o no te creo nada de lo que dices; ¡vete
al diablo! **V** (*Caló*) Humedecer con saliva el cigarro
de mariguana para enderezarlo.

baño s m **I 1** Acto de lavar el cuerpo propio, el de
otra persona o el de un animal, generalmente con

agua y jabón: *darse un baño* **2** *Baño de asiento* Aquel en que se mojan solamente las extremidades inferiores, o parte de ellas, y los glúteos **3** Acto de sumergir algo en un líquido: *baño de pies, baño en aceite, baño de oro* **4** Capa que cubre un objeto como resultado de haberlo sumergido en alguna sustancia: *baño de oro* **5** *Baño maría* Procedimiento que consiste en poner al fuego, en un recipiente con agua, otro que contiene lo que se quiere calentar **6** *Dar un baño a alguien* (*Coloq*) Hacer que alguien quede en ridículo por una falta o una inadvertencia que haya cometido: "*Le di un baño* en la discusión" **II 1** Cuarto provisto de lavabo, excusado y, generalmente, de tina o regadera: *baño de una casa, baño público* **2** *Medio baño* El que sólo tiene lavabo y excusado **3** *Baño público* Establecimiento en el que se paga por bañarse **III** *Darse baños de pureza* (*Coloq*) Presumir de honrado, decente y puro cuando no se poseen esas cualidades.

baqueta s f **1** Vara que se usa para arrear o manejar caballos **2** Varilla de acero o de madera que se utilizaba para cargar por la boca un fusil o una pistola y que actualmente sirve para limpiarlos **3** (*Mús*) Parte principal del arco de los instrumentos de cuerda, generalmente de madera de pernambuco curvada al fuego **4** pl Palitos o varillas de madera que sirven para tocar los instrumentos musicales de percusión, como el tambor y los timbales **5** (*Caló*) Carnes de res.

bar s m **1** Establecimiento comercial donde se sirven principalmente bebidas alcohólicas. Incluye, por lo general, una barra, mesas y asientos. Es más lujoso que la cantina: "Había recorrido calles y *bares* sin rumbo fijo" **2** Sitio o mueble reservado para guardar y preparar bebidas alcohólicas en las casas particulares **3** (*Fís*) Unidad de presión equivalente a un millón de dinas por centímetro cuadrado.

baraja s f **1** Conjunto de cartas o naipes que sirven para diversos juegos de azar o de habilidad **2** *Baraja española* La que tiene bastos, copas, espadas y oros como palos, y consta de cuarenta y ocho cartas **3** *Baraja francesa* La de cincuenta y dos cartas, divididas en cuatro palos (espadas, tréboles, corazones y diamantes), y cuatro comodines **4** *Jugar con dos barajas* Proceder alguien con hipocresía, falsedad o doblez.

barandal s m Pieza generalmente de madera o de hierro, corrida o formada por barrotes y travesaños, que sirve de apoyo o como protección en escaleras, balcones, cunas, etc: *subirle el barandal a la cuna*, "Hay que soldar el *barandal* de la escalera".

barata s f Venta de mercancías o de servicios a los que se rebaja el precio: *una barata de invierno, una barata de zapatos*, "La tienda está en *barata*", *precios de barata, comprar en barata*.

barato adj **1** Que cuesta poco dinero, que es de bajo precio: *materiales baratos, hotel barato, una renta barata* **2** De poca calidad o de poco valor: *una estufa barata, sentimentalismo barato* **3** adv A bajo precio, de bajo costo: *comprar barato, vender barato, pagar barato*.

baratura s f **1** Bajo precio de alguna cosa: "Un artículo que se destaca por su *baratura*" **2** Poca calidad o valor de alguna cosa: "Su escenografía nunca se usó por su *baratura* visual".

barba s f **I 1** Parte de la cara situada debajo de la boca **2** *Barba partida* La que tiene una pequeña hendidura vertical en el centro **3** Pelo corto y grueso que crece en esa parte de la cara, en las mejillas y en la región superior del cuello: *dejarse la barba, rasurarse la barba* **4** *Hacerse la barba* Cortársela para que se vea bien, o rasurársela **5** *Barba cerrada* La que nace tupida y abundante **6** *Barbas de chivo* Las que son escasas en las mejillas y largas debajo de la boca **7** *Con toda la barba* (*Coloq*) Con todas las características que debe tener; de verdad: *un toro con toda la barba, un político con toda la barba* **8** *En las barbas de* o *en sus propias barbas* (*Coloq*) En presencia de, a su vista: "*En las barbas del* velador se robaron el cemento", "Le dijo todo lo que pensaba *en sus propias barbas*" **9** *Subirse uno a las barbas de alguien* (*Coloq*) Faltarle al respeto: "Lo expulsaron porque *se le subió a las barbas* a su profesor de canto" **10** *Hacer la barba a alguien* (*Coloq*) Hacer halagos a alguien, comportarse servilmente con él o fingir que se le aprecia y admira, con el fin de conseguir algo de esa persona: "Quiere aprobar el curso *haciéndoles la barba* a sus profesores", *hacerle la barba al jefe* **II 1** Mechón largo de pelo que cubre la quijada inferior del ganado cabrío **2** pl Mechón, hebras, hilos, etc que cuelgan de alguna cosa o en que termina algo, particularmente una prenda tejida: *barbas de elote*, "Una bufanda con *barbas*" **3** Carnosidad que cuelga de la mandíbula inferior del gallo y de otras aves.

barbacoa s f Carne asada de carnero o de chivo, que generalmente se prepara en el interior de un hoyo en la tierra que haya sido previamente dispuesto y calentado. Una vez que el interior del hoyo haya alcanzado temperatura de horno, la carne se pone sobre pencas de maguey y se tapa también con pencas y tierra, hasta que la carne alcanza su cocimiento.

barbaridad s f **1** Hecho temerario que puede llevar a una situación peligrosa; imprudencia: "Fue una *barbaridad* haber tomado ese barco" **2** *Hacer una barbaridad* Cometer impulsivamente un acto que implica riesgo y peligros **3** Tontería, disparate: *decir barbaridades* **4** Atrocidad, crueldad **5** Gran cantidad de algo: "Tengo una *barbaridad* de cosas que hacer" **6** *¡Qué barbaridad!* Exclamación que igualmente expresa asombro, enojo, dolor ante una desgracia, una atrocidad o un hecho sorpresivo: "En la tarde nos llegó el aviso de que se había accidentado. ¡Jesús, *qué barbaridad*!".

barbarie s f **1** Etapa de la historia humana que precede a la civilización y a la cultura **2** Violencia e irracionalidad propia de personas que se comportan como salvajes: "Las ciudades vietnamitas devastadas por la *barbarie* yanqui, han sido sustituidas por ciudades más bellas" **3** Falta de educación y refinamiento.

barbarismo s m **1** Vocablo proveniente de una lengua extranjera, al que se considera impropio, incorrecto o inútil en español, según el criterio, los valores o las normas que sostenga cada hablante, cada grupo social o ciertas instituciones como la Academia de la Lengua **2** Cualquier palabra o expresión incorrecta, impropia o mal empleada, de acuerdo con los criterios, valores y normas antes mencionados.

bárbaro adj, y s m **1** Que pertenece o se relaciona con cualquiera de los pueblos a los que los romanos y los griegos de la antigüedad consideraban incivilizados **2** Que es incivilizado **3** Que se comporta con crueldad y salvajismo **4** *¡Qué bárbaro!* Expresión con la que se manifiesta sorpresa o admiración: *"¡Qué bárbaro!, ¡qué manera de torear!"*.

barbechar v tr (Se conjuga como *amar*) Preparar la tierra con el arado para sembrarla o para dejarla descansar; consiste en voltearla para que se airee, facilitar la entrada en ella de sustancias nutritivas y exponer al sol organismos que le sean dañinos.

barbecho s m **1** Acto de barbechar **2** Campo que se ha preparado para sembrarlo o para dejarlo descansar.

barbilla s f **1** Parte inferior de la cara, situada debajo de la boca; barba: *"Una barbilla temblorosa afinaba su rostro"* **2** Apéndice carnoso que algunos peces tienen en la parte inferior de la cabeza **3** Cartílago que, a modo de fleco, rodea como aleta a ciertos peces, como el lenguado y el pejesapo **4** (*Carp*) Listón de madera para hacer molduras.

barca s f Embarcación pequeña, generalmente de madera e impulsada por remos, que se utiliza para navegar en aguas poco profundas, como los ríos, los lagos o por las cercanías de las costas: *"En el río, la barca va ascendiendo; un hombre sentado en la popa rema apresurado"*.

barco s m **1** Vehículo, generalmente de madera o de hierro, de forma cóncava, que flota y se desliza en el agua impulsado por el viento o por algún tipo de motor; sirve de transporte y puede estar equipado para distintos fines: *barco de vela, barco de vapor, barco pesquero, barco de carga, barco de guerra, viajar en barco, enviar por barco* **2** Ser alguien barco (*Coloq*) Ser bonachón y poco exigente: *un maestro barco*.

barda s f **1** Muro de piedra, adobe, ladrillo, etc que sirve para separar un terreno o una construcción de otros y para protegerlos o aislarlos **2** *Volarse la barda* (*Crón dep* y *Coloq*) Batear un jonrón en beisbolista o hacer algo extraordinario una persona: *"Te volaste la barda con ese donativo"*.

bardo s m **1** Poeta de los antiguos celtas **2** (*Liter*) Poeta: *el bardo zacatecano*.

barillero s m Vendedor ambulante de objetos de poco valor, de artículos de mercería, de baratijas, etc: *"A la ciudad llega Rivas, barillero. Montado en una motocicleta trae un templete atestado de telas, vestidos, cinturones…"*.

barita s f (*Min*) Mineral blanco, amarillo o grisáceo, que aparece en forma de cristales, gránulos, sales, etc, no soluble en agua; se utiliza en la composición de derivados químicos del bario, como pigmento blanco u opaco, en la fabricación de pintura, como antidiarreico, etcétera.

barítono s m (*Mús*) **1** Voz de hombre, intermedia entre el tenor y el bajo, que por lo general abre una octava a partir de un central en un teclado **2** Persona que tiene esta voz: *"Rigoletto requiere un gran barítono"* **3** Voz de instrumentos musicales, particularmente los de aliento, más aguda que la de los bajos: *saxofón barítono*.

barlovento s m Lugar de donde viene el viento que recibe una embarcación o que azota un punto determinado: *la vertiente de barlovento de la Sierra Madre Oriental*.

barniz s m **1** Sustancia orgánica compuesta de aceite vegetal, disolvente y alguna resina, que forma una película que protege la superficie sobre la cual se aplica: *dar barniz a una mesa, barnices para muebles* **2** *Barniz de uñas* Laca que se usa para proteger y pintar las uñas **3** Conocimiento o noción superficial que alguien tiene, da o recibe acerca de alguna cosa, aspecto externo e intrascendente de algo: *"De economía sólo recibes un barniz"*, *"Tras ese barniz cómico, la obra tiene mucha profundidad"*.

barómetro s m Instrumento que sirve para medir la presión atmosférica.

barra s f I **1** Pieza de algún material sólido y relativamente rígido, más larga que ancha: *una barra de fierro, una barra de vidrio* **2** Pieza de oro, plata u otro metal, de forma prismática y de varios tamaños y pesos: *almacenar el oro en barras* **3** Instrumento de hierro o acero, terminado en una punta, con el que se agujera la tierra para sacar mineral o con el que se hacen agujeros en la piedra para distintos fines **4** Pieza larga de madera que, colocada a relativa altura, sirve para separar el lugar destinado al público del que se reserva a los funcionarios de un juzgado y a los abogados **5** Mesa alta, angosta y larga con un estribo igualmente largo en su base, frente a la cual se para o se sienta el público de una cantina, un bar o un restaurante, para beber algunas copas o recibir servicio directo del cantinero o el mesero: *comer en la barra, pararse en la barra* **6** Pieza cilíndrica y larga de metal que forma la parte superior del cuadro de las bicicletas de hombre **7** *Barra fija* (*Dep*) La que, colocada a cierta altura, sirve para realizar ciertos ejercicios gimnásticos **8** *Barras paralelas* (*Dep*) Juego de dos piezas largas y cilíndricas colocadas a la misma altura, sobre las cuales se realizan ciertos ejercicios gimnásticos **9** *Barras asimétricas* (*Dep*) Juego de dos piezas largas y cilíndricas, colocadas en forma paralela pero a diferentes alturas, sobre las cuales se realizan ciertos ejercicios gimnásticos **10** Pieza larga y cilíndrica, sostenida a cierta distancia paralelamente a la pared y a cierta altura del suelo, que sirve de apoyo a los bailarines para ensayar sus pasos **11** *Barra de abogados* Agrupación profesional de los abogados II Banco de arena que se forma por azolvamiento en la desembocadura de un río en el mar: *encallar en la barra, pescar en la barra* III **1** Línea larga y poco gruesa con la que se marcan separaciones en un papel o se representan ciertas medidas en una gráfica **2** (*Mús*) Línea vertical que atraviesa el pentagrama para separar compases de una misma música **3** *Doble barra* (*Mús*) Par de líneas verticales que cruzan el pentagrama para indicar la terminación de una parte de una pieza, el cambio de tiempo o de tonalidad **4** *Barra de repetición* (*Mús*) La que, precedida por dos puntos colocados verticalmente, indica que se debe repetir una parte de una obra musical **5** Horario de las transmisiones de radio y televisión en que se emiten ciertos programas o se consideran los intereses de cierto público: *la barra infantil, la barra de noticias*.

barraca s f **1** Caseta o pequeña casa hecha con materiales ligeros y rústicos **2** Vivienda hecha con materiales de desperdicio, como cartón, láminas, palos, etcétera.

barranca s f **1** Depresión accidentada del terreno, de pendiente pronunciada, por cuyo fondo generalmente pasan corrientes de agua; barranco: "El coche salió de la carretera y fue a dar hasta el fondo de la *barranca*" **2** *Sacar al buey de la barranca* (*Coloq*) Buscar una solución de urgencia para una dificultad o un error ya cometido: "Está a punto de quebrar tu empresa. A ver ahora cómo *sacas al buey de la barranca*".

barranco s m **1** Depresión profunda y accidentada entre montañas o en el fondo del mar: "Estaban perdidos entre los vericuetos de picos y laberintos, de montes y *barrancos*" **2** (*SE*) Orilla de un río o de un embarcadero en él.

barrer v tr (Se conjuga como *comer*) **1** Arrastrar con una escoba o con algo similar la basura, el polvo, etc para quitarlo del suelo: "Todas las mañanas *barren* y sacuden la casa", *barrer la calle* **2** Pasar algo rozando una superficie, arrastrarse sobre ella, o recorrer alguna cosa un espacio, extensión, etc pasando por todos sus puntos: "Las largas colas de esos animales *barrían* el suelo", "La pelota *barrió* toda la línea", *barrer con la mirada* **3** Llevarse algo que se mueve, como el viento, alguna cosa consigo, arrastrándola a su paso: "Al atardecer el viento *barre* las hojas del jardín" **4** *Barrer con* (*Coloq*) Acabar con algo o con alguien, no dejar nada de alguna cosa o llevarse una persona todo lo que estaba en algún lugar: "El terremoto *barrió* con varias ciudades", "El ejército *barrió* con la población civil", "Los niños *barrieron* con los pasteles", "El ladrón *barrió* con el dinero", "*Barrimos* con todas las fichas de la mesa" **5** (*Coloq*) Ganar o vencer con mucha facilidad, hacer evidentes los errores de alguien o lo injustificado de su posición: "Si me ponen en esa categoría me van a *barrer*", "El caballo favorito *barrió* por más de veinte cuerpos", "Lo *barrieron* en su examen profesional" **6** prnl Tirarse al suelo alguien que va corriendo y deslizarse sobre él, generalmente para alcanzar con más rapidez algo: "Se robó la segunda base *barriéndose* espectacularmente", *barrerse limpiamente un jugador* **7** Patinar lateralmente un vehículo: "El piloto *barrió* el coche para evitar el choque", *barrerse una bicicleta* **8** prnl Pasarse de rosca un tornillo, una tuerca, etc o patinarse algún engrane o mecanismo: "La broca del taladro ya *se barrió*", *barrerse la marcha de un coche*.

barrera s f **1** Cerca, división u obstáculo que se pone en algún lugar para separar una parte de otra, para impedir uno de sus lados o para impedir el paso de un lado a otro **2** (*Tauro*) Cerca de madera que rodea al ruedo de una plaza de toros, para impedir que los toros pasen al callejón **3** (*Tauro*) Cada uno de los asientos de las primeras filas del graderío de una plaza de toros, que quedan cerca de la barrera: *una barrera de sol, barrera de primera fila* **4** Obstáculo o impedimento que se pone para proteger algo o impedir la comunicación entre dos cosas o entre dos personas: *barreras morales, una barrera ideológica* **5** *Barrera del sonido* Aumento brusco de la resistencia del aire al paso de un avión o de cualquier vehículo que se mueva a gran velocidad, que ocurre cuando se alcanza la velocidad de propagación del sonido: *romper la barrera del sonido* **6** (*Sium angustifolium*) Planta herbácea

que crece en lugares muy húmedos, de hojas elípticas y partidas, y flores muy pequeñas.

barreta s f **1** Barra de fierro cilíndrica o prismática, de uno a dos metros de largo, terminada por un extremo en punta y por el otro en una especie de paleta; se usa en excavaciones, demoliciones, etc **2** (*Lindleyella mespiloides*) Árbol de la familia de las rosáceas, de 2 a 3 m de altura, de hojas oblanceoladas o anchamente obovadas y flores blancas **3** (*Helietta parvifolia*) Arbusto o árbol de la familia de las rutáceas, de hasta 8 m de alto, de hojas opuestas obovadas y flores blancas **4** (*Fraxinus greggii*) Arbusto o árbol de la familia de las oláceas, de 8 m de altura, hojas pinadas, flores apétalas y fruto en sámara; *barreta de cochino, barreta china*.

barricada s f Barrera que se forma amontonando diversos objetos, como palos, piedras, muebles, etc para protegerse e impedir el paso en una revuelta popular, en una huelga que ha llegado a extremos violentos, etcétera.

barriga s f **1** Parte superior y anterior del abdomen, donde se encuentran el estómago, los intestinos, etc: *dolor de barriga, acostarse de barriga* **2** Echar *barriga* (*Coloq*) Dejar una persona que aumente el tamaño de su barriga, por falta de ejercicio **3** *Tener barriga de músico* (*Coloq*) Ser capaz alguien de comer cualquier cosa y a cualquier hora sin enfermarse **4** *Rascarse la barriga* (*Coloq*) Flojear, no hacer nada: "¡Cómo me gustaría tirarme bajo un árbol a *rascarme la barriga*!" **5** (*Arq*) Parte más ancha del fuste de una columna.

barril s m **1** Recipiente de forma más o menos cilíndrica, más ancho en el centro que en los extremos y cerrado en ambos lados por tapas, hecho por lo general de duelas ligeramente curvas rodeadas por aros. Los hay también rectos y de otros materiales como plástico o metal. Puede ser de distintos tamaños, y sirve para almacenar y transportar mercancías como licores, comestibles, etc: *un barril de vino, un barril de pulque* **2** *Ser alguien o algo un barril sin fondo* Consumir de manera insaciable alguna cosa, o ser una actividad en la que se invierte mucho dinero sin obtener beneficios de ella: "Este negocio me va a llevar a la quiebra, *es un barril sin fondo*" **3** Medida de capacidad para diversas mercancías, como el pulque, el mezcal, el alcohol, etc que varía según la zona del país donde se use **4** Medida de capacidad para petróleo equivalente a 158.97 litros: "La producción petrolera en algunos pozos sobrepasa los 3.5 millones de *barriles* por año" **5** En charrería, nudo que se hace como adorno en las riendas.

barrio s m **1** Zona de una ciudad, delimitada por su ubicación geográfica, por alguna característica de la gente que vive en ella, por alguna peculiaridad suya o por su historia: *policía de barrio, barrio de Tepito, barrio obrero, barrio judío* **2** Zona pobre de una ciudad **3** *Barrios bajos* Aquellos en donde habita gente de mal vivir.

barrito s m Grito del elefante o del rinoceronte.

barro s m I **1** Mezcla de agua con arcilla u otro tipo de tierra rojiza que puede moldearse fácilmente y se endurece al cocerla. Se emplea en la fabricación de objetos de alfarería y cerámica: *olla de barro, florero de barro* **2** Lodo II Grano que brota en la piel por acumulación de grasa o de sustancias no aprovechadas por el organismo: *tener la cara llena de barros, una pomada para los barros.*

barroco 1 s m Estilo artístico de la cultura europea, aparecido entre los siglos XVI y XVII, caracterizado por la profusión de adornos. En las artes plásticas, el predominio de la curva se traduce en abundancia de volutas, columnas cuyo fuste se presenta en espirales y adornos recargados en ramajes o en guirnaldas. Estas características le imprimen a la arquitectura, la pintura y la escultura, un sentido de gran dinamismo y energía. La arquitectura de Bernini y Tresguerras, la pintura de Rubens y Cabrera, son ejemplos típicos de este estilo. En música, son características del barroco el uso del bajo como fundamento armónico, la sustitución del sistema modal por el tonal mayor-menor, y la ornamentación elaborada. El ejemplo típico es la obra de Juan Sebastián Bach. En literatura, la complejidad formal (culteranismo o gongorismo) y el juego ingenioso de los sentidos y las imágenes (conceptismo) son rasgos característicos de este estilo **2** adj Que pertenece a este estilo artístico o se relaciona con él: *música barroca, pintura barroca, arte barroco* **3** adj Que tiene muchos adornos, que es exagerado, extravagante, complicado: "Una obra *barroca*, en la que cuesta trabajo desentrañar su sentido".

barroquismo s m Calidad de barroco o tendencia a lo barroco, exceso de adornos o exceso de complejidad: "En Metepec el *barroquismo* indígena llega a su máxima expresión en los 'nacimientos' colocados en los llamados 'árboles de la vida'".

barzón s m **1** Tira de cuero crudo que une el yugo con el timón del arado **2** Tramo de lazo tejido, semejante a la cincha, que emplean los arrieros. Se usa en la reata con que se aprieta el aparejo **3** (*Mich*) Reata de cuero.

basal adj m y f (*Med*) Que forma parte de la base o la parte inferior de algo, o de la magnitud de una función orgánica, en relación con su nivel mínimo para que subsista: *capa basal, membrana basal, metabolismo basal.*

basamento s m **1** (*Arq*) Parte inferior de una construcción, que sirve como pedestal o estructura de base **2** Parte fundamental de algo **3** (*Geol*) Conjunto de rocas, firme y más o menos compacto, que sirve de base a una serie de estratos sedimentarios de un nuevo ciclo orgánico.

basar v tr (Se conjuga como *amar*) Tener su base o fundamento en algo, apoyarse en algo para afirmar o hacer alguna cosa: "La metáfora poética se *basa* en la analogía", "*Basó* su tesis en las encuestas", "Una economía que se *basa en* las actividades agrícolas", "El funcionamiento ecológico está *basado en* sistemas de retroalimentación".

báscula s f **1** Instrumento que sirve para medir pesos, provisto de una plataforma en la que se coloca lo que se quiere pesar, un sistema de pesas y palancas, y una escala que indica el peso **2** *Pasar a la báscula* (*Popular*) Registrar o esculcar a alguien.

base s f I **1** Parte más baja en la que descansa, se sostiene o se apoya algo: *base de un edificio, base de un florero, base del cráneo* **2** Parte más importante de algo que le sirve de apoyo o lo condiciona: *base de una teoría, base de la sociedad* **3** *Sobre la base de* o *con base en* Tomando algo

como fundamento o punto de partida; de acuerdo con: "*Sobre la base de* estos datos...", "*Con base en* lo anterior..." (Se dice también *en base a*) **II 1** Ingrediente principal o fundamental de algo: *base de un medicamento* **2** *A base de* Constituido por, teniendo como ingrediente principal algo: *un té a base de yerbabuena* **3** *Base de datos* (*Comp*) Organización sistemática de datos en una computadora, que facilita la introducción de éstos, su procesamiento, actualización y recuperación **III 1** Lugar en donde se reúne una fuerza militar o los dirigentes de una organización para ejercer desde ahí sus operaciones: *base militar, base naval, base aérea* **2** Lugar a donde acuden los miembros de una organización para recibir instrucciones y responder llamadas: *una base de taxis, base de operaciones* **3** Cada una de las cuatro esquinas del diamante del juego de beisbol, por donde debe transitar un atacante para hacer una carrera; en particular, las tres que tienen una almohadilla encima **IV 1** (*Geom*) Línea a partir de la cual se mide la altura de una figura plana, o plano en el que se apoya un cuerpo geométrico: *base del triángulo, base del cono, base de la pirámide* **2** *Base mayor, base menor* (*Geom*) Las dos líneas paralelas de un trapecio **V 1** *Base de un sistema numérico, base de un agrupamiento* Número de cifras con cuya combinación se puede representar cualquier número: *sistema de base decimal, de base dos,* etc **2** *Base de un logaritmo* (*Mat*) Número del cual un logaritmo es su exponente **VI** (*Quím*) Sustancia alcalina capaz de neutralizar la acción de un ácido, como la sosa, la potasa, etc **VII** Ondulado permanente del pelo: "María se hizo una *base* ligera porque tiene el pelo muy lacio".

básicamente adv De manera principal, esencialmente, principalmente, sobre todo; fundamentalmente: "Dependen *básicamente* del mercado", "Su actividad económica descansa *básicamente* en la agricultura", "*Básicamente* existen dos procedimientos", "Consiste *básicamente* en un conjunto de tubos de fibra vulcanizada".

básico adj Que es indispensable para algo o alguien, que constituye la base o fundamento de alguna cosa: *alimentos básicos, diccionario básico.*

basílica s f **1** Iglesia católica que por su antigüedad, importancia, historia o alguna otra razón, goza de ciertos privilegios de carácter jurisdiccional o ceremonial otorgados por el Papa, como el de tener precedente sobre las demás de la iglesia, excepto la catedral. En México, la de la Virgen de Guadalupe tiene rango de *basílica menor* **2** *Basílica mayor* Cada una de las cuatro iglesias en Roma (San Pedro, San Pablo Extramuros, San Juan de Letrán y Santa María la Mayor) consideradas como las más importantes del catolicismo **3** (*Arq*) Construcción de forma rectangular, dividida en tres naves por hileras de columnas, que en la antigüedad clásica servía como recinto para reuniones públicas o privadas, y que durante los inicios del cristianismo fue habilitada como templo **4** (*Arq*) Iglesia cuya construcción sigue las líneas generales de las antiguas basílicas romanas, y que consta de un atrio, un amplio pórtico o vestíbulo que conduce al edificio, dividido por hileras de columnas en tres o más naves y con un ábside de media cúpula al fondo.

basquetbol s m Juego de pelota en el que intervienen dos equipos de cinco jugadores cada uno, y que consiste en hacer pasar por una canasta suspendida a 3.03 m de altura al fondo del terreno contrario un balón inflado con aire. La cancha en que se juega es rectangular, de 24 a 28 m de largo y de 13 a 15 m de ancho. El balón sólo se puede manejar con las manos y no se puede tener entre ellas más de tres segundos, por lo que hay que botarlo constantemente. Gana el equipo que pase más veces el balón por la canasta contraria, de acuerdo con cierto puntaje; baloncesto.

basta¹ 1 interj Ya no más, es suficiente: "¡*Basta* de gritos!", "¡*Basta* ya!" 2 s m Juego o pasatiempo que consiste en llevar varias columnas, cada una con diferente tema, con palabras que tengan la misma letra inicial. El jugador que termina antes que los demás dice ¡*basta!* y esto indica el límite para que los demás jugadores escriban en sus columnas.

basta² s f 1 Hilván o puntada larga 2 Orificio que se hace en una prenda de vestir al pasar una hebra sin tejer en una vuelta y tejerla con la siguiente, ya sea con agujas o tejedora 3 Atadura que tiene a trechos un colchón para mantener repartidos la lana o el relleno.

bastante adj m y f y adv 1 Que es suficiente o que tiene la cantidad necesaria para algo: "Hay *bastantes* razones para considerarlo culpable", "Tiene *bastantes* elementos nutritivos para cubrir las necesidades del cuerpo", "El río no es lo *bastante* profundo para que entre el barco" 2 Considerable, grande, mucho, muy: "Hicimos *bastante* esfuerzo para llegar", "Conoce *bastante* sobre el tema" 3 Demasiado: "Comió *bastante* y por eso se enfermó".

bastar v intr (Se conjuga como *amar*) 1 (Sólo se usa en tercera persona) Ser algo o alguien suficiente para alguna cosa: "*Basta* con 2 kg de harina para hacer el pan", "*Bastan* diez palabras para el telegrama", "*Bastaría* con preguntar" 2 Bastarse alguien a sí mismo o por sí mismo Valerse por sí mismo, ser uno mismo capaz de hacer lo que se requiera.

bastidor s m 1 Armazón de tiras de madera u otros materiales, generalmente en forma redonda o rectangular, que sirve para fijar y mantener tensos los lienzos, telas u otros materiales, para dar fijeza y estructura a una superficie 2 En la decoración teatral, armazón sobre el cual se extiende y fija un lienzo o papel pintado, principalmente a los lados del escenario 3 *Entre bastidores* En secreto, sin que trascienda al público, en privado: "*Entre bastidores* supe quién era el verdadero candidato".

bastilla s f Doblez en los extremos de una tela, que se cose o se hilvana, para que no se deshilachen, como en la orilla de una falda o de un vestido.

bastón s m 1 Palo de madera o de cualquier otro material resistente, que llega más o menos a la cintura, con empuñadura o curvatura en el extremo de donde se toma para apoyarse al caminar 2 *Bastón de mando* Palo de características semejantes al anterior, que se usa como insignia de autoridad o de mando 3 (*Caló*) Órgano genital masculino.

basura s f Cosa que no sirve, como los desperdicios, los residuos o cualquier tipo de suciedad; conjunto de estas cosas: *el problema de la basura*, "No tire *basura* en la calle", "Toneladas de *basura* contaminan el ambiente".

basurero s m 1 Lugar o recipiente donde se deposita la basura: "Tira esos papeles en el *basurero* de la cocina" 2 Empleado del servicio público encargado de recoger la basura; *señor de la basura*.

bat s m 1 Palo con el que se golpea la pelota en el juego de beisbol; es más ancho por el extremo libre que por la empuñadura 2 *(Orden) al bat* Orden en que pasan a batear los miembros de un equipo de beisbol, cuando éste se halla a la ofensiva: "Eres el tercero *al bat*", "El *pitcher* mexicano es el séptimo en el *orden al bat*".

bata s f 1 Prenda de vestir amplia, que se usa en casa para tener mayor comodidad, ya sea cuando uno está desnudo, o cuando trae ropa de cama, interior o de calle: *ponerse la bata, andar en bata* 2 Prenda de vestir con la que se protege la ropa de manchas, roturas, etc en un laboratorio o en un taller, o para proteger aquello con lo que se trabaja de posibles daños, contaminación o contagio, como en los hospitales: *un médico de bata blanca*.

batalla s f 1 Pelea o lucha que se lleva a cabo en una guerra entre ejércitos o fuerzas armadas 2 *Batalla campal* La que es muy violenta, generalmente en campo abierto y entre todos los miembros de los ejércitos o de los grupos en pugna: *una batalla campal con cientos de soldados muertos*, "El partido de futbol terminó en una *batalla campal*" 3 Conjunto de acciones que se hacen para combatir algo o a alguien: *batalla contra la inflación, batalla contra el cáncer*, "La batalla contra los traficantes es permanente" 4 *Dar batalla* Oponer resistencia, hacer difícil la victoria al enemigo o dar algo a alguien mucho trabajo: "El equipo de Tabasco *dio batalla* pero no pudo remontar el marcador", "La raíz cuadrada le *da mucha batalla*", "Esos niños *dan batalla* todo el día" 5 *Dar la batalla* Enfrentar algo o a alguien con decisión, sin rodeos y hasta sus últimas consecuencias: "*Daremos la batalla* a los hambreadores" 6 Lucha o conflicto entre dos cosas que se oponen: *la batalla entre el bien y el mal*, "Vive en constante *batalla* entre sus ideas y sus sentimientos" 7 *De batalla* Tratándose de objetos, ropa, etc, de uso ordinario, con las propiedades adecuadas para resistir determinada actividad: "Se puso sus pantalones *de batalla* para cambiar la llanta del coche".

batallar v intr (Se conjuga como *amar*) 1 Pelear o contender con armas: "Pedro de Alvarado, al que empuja el deseo de *batallar* tras el largo reposo..." 2 Trabajar o esforzarse mucho para vencer una dificultad: "Se acomodó con algunos parientes y, no sin *batallar*, encontró empleo en un despacho de contadores".

batallón s m Unidad táctica básica, formada por varias compañías o baterías y los servicios que requieren sus funciones, mandada por un comando del tipo de estado mayor.

batear v tr (Se conjuga como *amar*) Golpear la pelota con el bat en el juego de beisbol: *batear un hit, ir a batear, batear con la casa llena*.

batería s f 1 Aparato formado por una o varias pilas que convierten la energía química, térmica, nuclear o solar en corriente eléctrica 2 Conjunto de piezas de artillería como cañones y ametralladoras dispuestas tácticamente para atacar al enemigo 3 Conjunto de pruebas diferentes o de análisis que se aplican al organismo o al comportamiento de una persona: *una batería de pruebas psicológicas* **4** *Dar batería* Presentar resistencia en una lucha o competencia **5** *Estacionar en batería* Estacionar los automóviles en forma perpendicular u oblicua a la banqueta **6** Conjunto de percusiones montado en una sola armazón, utilizado generalmente por las bandas de jazz o música moderna **7** *Batería de cocina* Conjunto de utensilios de metal como ollas, sartenes, etc, que sirve para cocinar.

batido **I** pp de *batir* **II** s m **1** Bebida hecha a base de huevo, leche y fruta, a la que le sale espuma **2** Pan dulce de huevo de forma oblonga.

batir v tr (Se conjuga como *subir*) **I 1** Revolver con movimientos rápidos y continuos una sustancia líquida o blanda para que se mezcle y adquiera cierta consistencia: *batir los huevos* **2** Golpear el viento, las olas, la lluvia, etc en algún lugar **3** Golpear algo repetidas veces: *batir el tambor, batir palmas* **4** *Batir a golpes* Golpear a una persona hasta dejarla mal herida, o una cosa hasta destruirla o derribarla **5** Mover algo con fuerza y repetidamente: *batir las alas, batir los remos* **6** *Batir las espuelas* (*Hipo*) En charrería, picar al caballo con las espuelas **II 1** prnl Enfrentarse en un combate dos personas o dos fuerzas enemigas: *batirse en duelo* **2** *Batirse en retirada* Alejarse de una situación peligrosa o desfavorable; huir **3** Hacer perder terreno al enemigo en el campo de batalla; dominar o vencer en alguna competencia o en una guerra **4** (*Mil*) Atacar, principalmente con la artillería **5** Registrar o inspeccionar una extensión de terreno para asustar a los animales que se encuentren allí y cazarlos, o para buscar algo o a alguien **6** *Batir una marca o un récord* Superarlos estableciendo por lo general, uno nuevo **III** (*Popular*) Ensuciar algo: "El niño se *batió* con el chocolate".

bato s m **1** (*Caló*) Persona: "Ese *bato*, ¡párese ahí!" **2** (*NO*) Muchacho, joven: "Y ahí estaba parado un *bato* como de veinte años" **3** *Bato fu, fulastre, furriel* (*Caló*) Persona tonta y digna de poca confianza **4** *Bato escamado* (*Caló*) Persona temerosa por haber tenido experiencias desagradables **5** *Bato escuadra* o *derecho* (*Caló*) Persona digna de confianza **6** *Bata del rol* (*Caló*) Prostituta **7** Pastor característico de los nacimientos, que se coloca al lado del portal.

batracio (*Zool*) **1** adj y s m Vertebrado acuático cuya piel, suave y húmeda, está cubierta de glándulas de secreción viscosa que facilitan una respiración principalmente cutánea, branquial en su primera edad y pulmonar cuando adulto; puede vivir también en la tierra, como la rana, el sapo y la salamandra; anfibio **2** s m pl Clase a la que pertenecen estos animales.

batuta s f **1** Vara delgada de madera, metal o plástico que usan los directores de orquesta para marcar el compás de una pieza, señalar las entradas de los instrumentistas e indicarles la interpretación de la obra **2** *Llevar alguien la batuta* Dirigir alguien algún asunto, determinar las condiciones de algo o las acciones que otros deben realizar: "En ese movimiento, los estudiantes *llevaron la batuta*", "El equipo mexicano *llevó la batuta* y por eso logró ganar".

bautismo s m **1** Primer sacramento del cristianismo, por el cual se borra el pecado original, se recibe la

gracia y se convierte el individuo en miembro de la Iglesia; consiste, por lo general, en un lavado con agua, la imposición de un nombre y la afirmación ritual del cristianismo por los padres y los padrinos del bautizado: *una fiesta de bautismo, padrinos de bautismo* **2** Acto por el cual alguna cosa recibe un nombre: *bautismo de un barco, el bautismo de una calle* **3** Primera experiencia de algo, o iniciación en alguna cosa: *bautismo de fuego, bautismo de sangre*.

bautista adj m y f Que pertenece a la Iglesia cristiana protestante, la cual sostiene que el credo religioso es materia de libre elección de cada individuo, que la relación de la persona con Dios es individual y directa, y que las comunidades religiosas no deben tener ninguna estructura general y ninguna relación con el Estado; es característica suya la ceremonia del bautismo por inmersión del individuo en el agua **2** s m y f Individuo de esa iglesia.

bautizar v tr (Se conjuga como *amar*) **1** Administrar el sacramento del bautismo: "Yo te *bautizo* en el nombre del Padre..." **2** Convertir al cristianismo a alguien, administrándole ese sacramento: "El jesuita Pedro Méndez *bautizó* a catorce aborígenes" **3** Dar nombre a alguien o a alguna cosa: "Se le *bautizó* como 'Nebulosa del cangrejo' en 1844" **4** (*Coloq*) Adulterar algún líquido mezclándolo con otro: *bautizar el vino con agua, bautizar la leche*.

bautizo s m **1** Acto de bautizar a alguien, ceremonia y fiesta con que se celebra: *el bautizo de Panchito Hernández* **2** Bautismo.

baya s f (*Bot*) Fruto de ciertas plantas, carnoso y jugoso, con varias semillas sin endocarpio leñoso, envueltos en la pulpa; de forma redondeada o oval, como la uva, el jitomate o la guayaba.

bayo adj y s Que es de color amarillo claro o pajizo con matices rojizos, especialmente tratándose de caballos: *caballo bayo, frijol bayo*.

bazo s m (*Anat*) En la mayor parte de los vertebrados, órgano linfoide del sistema circulatorio, semejante a una glándula pero sin conducto excretorio, situado en la cavidad abdominal, a la izquierda y detrás del estómago; tiene una estructura muy vascularizada y su objeto es la desintegración de los eritrocitos y la formación de los leucocitos. Actúa también como órgano de depósito. Tiene forma oval, consistencia blanda y color rojo violado; en el humano tiene aproximadamente 12 cm de longitud, 8 cm de ancho y 200 g de peso.

bazuca s f Arma portátil de infantería que consiste en un tubo metálico aproximadamente de 1.5 m de largo y 7 cm de diámetro; echada al hombro sirve para disparar cohetes contra objetivos muy resistentes, como los tanques.

beato adj y s **1** Que se dedica exageradamente a las devociones religiosas y a asistir a la iglesia: *las beatas del pueblo* **2** Que afecta religiosidad o virtud, y adopta una postura muy conservadora ante la moral y las costumbres; mojigato: "Esa mujer es tan *beata* que se escandaliza cuando una pareja se da un beso" **3** (*Relig*) Entre los católicos, persona de virtudes cristianas en grado heroico a la que, después de muerta, el Papa permite se le dé culto en alguna provincia, diócesis o congregación, por considerarla en el goce de la bienaventuranza y en un estado anterior a la santidad.

bebé s m y f Niño o niña muy pequeño, desde recién nacido hasta que empieza a caminar: "No vino a trabajar porque se enfermó su *bebé*", "La *bebé* pesó tres kilos", *cuidar la alimentación del bebé*, "El *bebé* se llama Eugenio".

bebedero s m **1** Depósito que contiene agua para que beban los animales **2** Lugar adonde acuden los animales para beber agua **3** Pequeño recipiente con una llave que echa agua para que beban las personas **4** (*Met*) Conducto por el que el metal fundido pasa desde la boca del canal de colada hasta el interior del molde.

beber v tr (Se conjuga como *comer*) **1** Hacer que entre algún líquido por la boca y deglutirlo: *beber agua, beberse un refresco* **2** Tomar bebidas alcohólicas: *beber cerveza, beber tequila* **3** *Beber las palabras de alguien* Escuchar con mucha atención o con una gran admiración.

bebida s f **1** Líquido que se bebe, particularmente el que se prepara para ese fin: *una bebida de frutas, una bebida caliente* **2** (*Coloq*) Vicio de emborracharse o hábito de beber licor en exceso: *darse a la bebida, dejar la bebida*.

beca s f Exención del pago de colegiatura en una institución educativa o ayuda económica que se da a un estudiante para su sostenimiento: *ganarse una beca, recibir media beca*.

becario s Persona que disfruta de una beca: "Seleccionaron a *becarios* para cursar estudios en Italia".

becerro s **1** Hijo de la vaca desde recién nacido hasta aproximadamente los quince meses de edad y con un peso máximo de 350 kg **2** Cuero curtido de este animal que se usa principalmente en la fabricación de zapatos y bolsas **3** (*Tauro*) Toro que por su edad y su aspecto es inofensivo y poco apto para la lidia.

becuadro s m (*Mús*) Signo que indica que una nota, antes alterada por un sostenido o un bemol, recobra su sonido natural.

begonia s f Planta originaria de América, con flores sin corola y el cáliz de color rosa o blanco; tallo herbáceo de alrededor de 40 cm de altura; hojas grandes de color verde lustroso por encima, rojizas y con nervios muy salientes por el envés: *begonia blanca* (*Begonia incana*), *begonia imperial* (*Begonia imperialis*). Es planta ornamental, abunda sobre todo en Veracruz, Tabasco, Chiapas, y en Puebla, Michoacán y Jalisco: "Tenía una casa en Huauchinango, llena de macetas cuajadas de *begonias* con flores en todos los tonos del rosa".

beige adj m y f y s m Que es de color café claro, semejante al de la arena. (Se pronuncia *béish*.)

beisbol s m Juego de pelota que se practica entre dos equipos de nueve jugadores cada uno. Sobre un campo de juego en el que se encuentran cuatro bases dispuestas en los vértices de un cuadrado de 30 m por lado, un equipo defensor, con guantes o manoplas en una mano, debe impedir que la pelota, bateada por uno de los jugadores del equipo a la ofensiva, toque el suelo o salga más allá de su alcance. Cada vez que la defensa falla, los jugadores contrarios van avanzando por las bases hasta llegar a su punto de partida, en donde ganan una carrera. La ofensiva dura hasta que los defensores logren detener la pelota tres veces. En ese momento, ambos equipos cambian sus posiciones, y los

defensores pasan a la ofensiva. Gana el juego quien haga más carreras a lo largo de las nueve entradas en que se divide el partido.

bejuco s m Planta de las más diversas familias, géneros y especies, que en general se caracterizan por tener tallos muy largos, flexibles, delgados y nudosos, que corren por el suelo o más frecuentemente trepan a otras plantas erectas en busca de luz para sus hojas. Sus tallos pueden ser herbáceos y tiernos o leñosos y resistentes. Los primeros, cuando están secos, se emplean como cuerdas para amarrar; también se usan para tejer jarcias, cestos y diversos objetos. Los segundos se usan como estacas. Son particularmente abundantes en las selvas tropicales, pero también existen en las zonas templadas.

belga adj y s m y f Que pertenece a Bélgica, es originario de ese país de Europa o se relaciona con él: *provincias belgas, músico belga, pintura belga*.

bélico adj Que está relacionado con la guerra o que pertenece a ella: *conflictos bélicos, material bélico*.

belicoso adj Que tiene inclinación por la guerra, la lucha, la pelea, o que aparenta tenerla: *un tono belicoso, una mujer muy belicosa, naciones belicosas*.

belleza s f **1** Cualidad que tiene algo o alguien de producir en quien lo percibe placer, admiración y gusto: *la belleza de la pintura, la belleza de la música, la belleza de la poesía, la belleza de un paisaje, la belleza de una mujer* **2** *Salón de belleza, artículo de belleza*, etc Lo que se dedica al cuidado de la belleza del cuerpo o de una o varias de sus partes.

bello adj Que produce placer o gusto, particularmente a los sentidos de la vista y el oído, o admiración y deleite al pensamiento; hermoso, bonito: *una bella voz, un bello atardecer, una bella idea*.

bellota s f **1** Fruto del encino, el roble y otros árboles del género *Quercus*, de forma ovalada, redondeada o algo puntiaguda. Su semilla está recubierta en la base por una cápsula leñosa que procede del pedúnculo; es de sabor dulce o amargo según el árbol. Es un excelente alimento para el ganado porcino, y algunas variedades dulces se utilizan en la preparación del chocolate **2** (*Sterculia apetala*) Árbol de la familia de las esterculiáceas que alcanza hasta 40 m de altura, de copa densa, hojas caedizas de 15 a 30 cm, con cinco lóbulos y largos peciolos; sus flores se dan en panículas, con el cáliz de aproximadamente 3 cm, con lóbulos agudos y de color leonado. El fruto tiene los carpelos cubiertos de pelos agudos que causan irritación en la piel. La semilla es oval, de aproximadamente 2 cm de largo, de color castaño brillante y se utiliza como alimento para el ganado. Su madera es ligera, suave y de escaso valor, y se emplea en construcciones rurales. Crece en los bosques tropicales de Veracruz, Tabasco y Chiapas **3** Especie de bola que crece en la parte final del racimo de plátanos.

bemol **1** adj m y f (*Mús*) Respecto de una nota, que su entonación es medio tono más baja que su sonido natural: *en si bemol, el mi bemol* **2** s m (*Mús*) Signo que modifica la nota natural bajándola medio tono en la escala musical **3** *Tener algo sus bemoles* Tener algo ciertos inconvenientes, problemas o dificultades: "Es un trabajo atractivo pero *tiene sus bemoles*", "Esos créditos *tienen sus bemoles*".

benceno s m (*Quím*) Hidrocarburo del grupo de los aromáticos —de los cuales es su representante típico—; es líquido, incoloro, volátil, tóxico, muy inflamable, insoluble en agua pero soluble en alcohol, cloroformo, éter, disolfuro de carbono, acetona y ácido acético glacial. Se extrae del petróleo y del alquitrán de hulla. Se utiliza en la fabricación de medicamentos, colorantes, muchos compuestos orgánicos como el fenol, el linóleo, barnices, cueros artificiales, lacas, disolventes, insecticidas, plásticos y explosivos.

bendecir v tr (Se conjuga como *decir*, 13; excepto el futuro y el pospretérito de indicativo, el participio y la segunda persona del imperativo, que son regulares) **1** Declarar buena, virtuosa o santa alguna cosa o a alguna persona: "¡Dios los *bendiga* y los lleve por buen camino!", "Muero *bendiciendo* la revolución" **2** Declarar un sacerdote en una ceremonia que algo o alguien es virtuoso o santo, y bien considerado por Dios; entre los cristianos, generalmente, haciendo la señal de la cruz sobre el objeto de tal declaración, o frente a él: "El sacerdote *bendijo* las arras y los anillos", *bendecir una capilla*, *bendecir una casa*.

bendición s f **1** Acto de bendecir algo o a alguien: *dar la bendición*, *echar la bendición* **2** Invocación a Dios para que proteja, ayude, perdone o santifique alguna cosa o a alguna persona: "Padre, me voy; te pido la *bendición*" **3** Entre los cristianos, rito por el cual se declara buena, virtuosa o santa alguna cosa o a alguna persona, o se invoca a Dios para que así lo haga, generalmente acompañado por la señal de la cruz y ciertas oraciones: *la bendición de los animales*, *bendición papal*, *bendición nupcial* **4** *Bendición apostólica* La que imparte el Papa católico **5** Cosa buena y recibida como regalo, como gracia, sin esfuerzo: "Esas frutas son una *bendición*", "La lluvia es una *bendición* del cielo" **6** *Darle* o *echarle a algo la bendición* (*Popular*) Darlo por perdido.

bendito adj **1** Que es santo o sagrado: *las ánimas benditas*, "¡*Bendito* sea Dios!", *el bendito Señor de Chalma* **2** Que ha recibido la bendición: *pan bendito*, *un rosario bendito* **3** *Agua bendita* La que ha bendecido un sacerdote para que opere la gracia y la protección de Dios **4** *Ser un bendito* (*Coloq*) Ser alguien ingenuo, cándido y hasta tonto: "Le quitaron su dinero dizque para ayudar a los pobres; ¡es *un bendito*!" **5** s m Oración de la devoción católica, que comienza: "*Bendito* y alabado sea…" **6** *No creer ni el bendito* No creer nada: "A ese diputado *no le creo ni el bendito*".

benedictino 1 adj y s Que pertenece a la regla o a la orden de San Benito, que se relaciona con ellas: *monjas benedictinas*, *frailes benedictinos*, *un monasterio benedictino*.

beneficencia s f **1** Práctica y dedicación de una persona a hacer obras de caridad, de ayuda o de auxilio a quienes lo necesitan: *un acto de beneficencia*, *obras de beneficencia* **2** Institución que tiene ese cometido: *un hospital de beneficencia*, *la beneficencia española*.

beneficiar v tr (Se conjuga como *amar*) **I** Hacer un bien a algo o a alguien, sacar provecho de algo o de alguien: "El Sol *beneficia* las plantas", "La ley *beneficia* a los ancianos" **II 1** (*Min*) Procesar los minerales para obtener los metales requeridos **2** Mejorar la tierra por medio del riego u otros recursos **3** Preparar en los beneficios o ingenios el

azúcar, el arroz, el café, etc para el consumo o la exportación **III 1** Matar ganado para la venta pública de carne **2** (*Popular*) Matar, asesinar o fusilar a una persona **3** (*Rural*) Castrar a los animales.

beneficio s m **1 1** Acto de beneficiar a alguien o algo **2** Bien o favor que se hace o se recibe: *gozar de un beneficio* **3** Función de teatro o de algún espectáculo que se organiza para ayudar a alguien: *un beneficio en favor del hospital* **II 1** (*Min*) Proceso de la explotación de los minerales que consiste en separar el metal deseado del resto de los minerales con los que aparece mezclado: *hacienda de beneficio* **2** Proceso al que se someten ciertos productos agrícolas (arroz, azúcar, café, etc) para que puedan consumirse; incluye el descascarado, secado, pulido, la selección y clasificación del grano, etc; y lugar destinado para ello.

benéfico adj Que beneficia o hace bien a algo o a alguien: *efectos benéficos de los antibióticos*, *festivales con fines benéficos*, *insectos benéficos*, "La baja de los intereses resultará *benéfica* para los empresarios".

benigno adj **1** Que tiene buenos efectos, o al menos no dañinos, al revés de lo que se esperaba o se suponía: *un tumor benigno*, *una enfermedad benigna*, *una tormenta benigna* **2** Que se comporta benévolamente o con clemencia: *un juez benigno*.

berbiquí s m Herramienta provista de una cabeza o apoyo en un extremo, de un adaptador en el otro y de una manivela en forma de C entre ambos. Funciona presionando la cabeza y haciendo girar la manivela, lo que comunica un movimiento de rotación a la pieza colocada en el adaptador. Se usa principalmente en carpintería, plomería y automovilismo para taladrar, aflojar o asegurar tuercas o tornillos, etcétera.

berenjena s f **1** (*Solanum melongena*) Planta herbácea anual o perenne de la familia de las solanáceas, originaria de la India, propia de climas cálidos y templados; de tallo erguido pubescente y frecuentemente leñoso, llega a tener de 50 a 70 cm de altura, con numerosas ramificaciones que van del color verde al violeta; sus hojas son alternas, ovaladas de 7 a 15 cm de largo por 3 a 10 cm de ancho con una pubescencia estrellada más densa por abajo; el peciolo tiene de 3 a 7 mm de largo y algunas veces lleva pequeños aguijones; tiene flores monopétalas grandes de color morado o violeta **2** Fruto comestible de esta planta, grueso y alargado en forma de pera, de 15 a 20 cm de largo; su cáscara es delgada, de color morado oscuro; la pulpa es blanquecina o amarillenta, fibrosa, consistente y de sabor amargo **3** *Berenjena catalana* Variedad de la anterior, cuyo fruto es casi cilíndrico y de color morado muy oscuro **4** *Berenjena de huevo* Variedad que, por su forma y color, es semejante a un huevo de gallina **5** Diversas especies americanas del género *Solanum*, ninguna de ellas comestible: *berenjena silvestre* (*Solanum amazonium*); *berenjena de paloma* (*Solanum mammosum*); y otras.

beriberi s m Enfermedad que se caracteriza por cambios degenerativos e inflamaciones en los nervios, edema e insuficiencia cardiaca, causada por la falta de vitamina B1 (tiamina) o por la imposibilidad del organismo para asimilarla; es frecuente en los países cálidos donde se consume exclusivamente arroz descascarillado.

bermellón 1 adj m y f y s m Que es de color rojo vivo con tintes anaranjados **2** s m Sulfuro de mercurio pulverizado, de un color rojo vivo, que se utiliza en la elaboración de pinturas; antiguamente se obtenía de la cochinilla.

berrear v intr (Se conjuga como *amar*) **1** Emitir su voz propia el becerro: "Los becerros *berreaban* fuertemente" **2** Llorar a gritos, especialmente los niños: "Si sigues berreando...".

berro s m (*Berula erecta*) Planta herbácea de la familia de las umbelíferas, de hasta un metro de alto, con tallos nudosos y huecos; tiene hojas alternas, compuestas, de 1 a 4 cm de largo; flores muy pequeñas, amarillentas, que crecen en umbelas compuestas; sus frutos son orbiculares, muy pequeños, de 1 a 2 mm. Las hojas son de sabor picante y se comen crudas en ensalada: *ensalada de berros con aguacate*.

besar v tr (Se conjuga como *amar*) Tocar algo con los labios ligeramente contraídos, principalmente alguna parte del cuerpo de otra persona, como la boca, la mejilla o la mano, en expresión de deseo, afecto o respeto.

beso s m **1** Acto en que los labios ligeramente contraídos de alguien tocan algo, principalmente alguna parte del cuerpo de otra persona, como la boca, la mejilla o la mano, en expresión de deseo, afecto o respeto: *dar un beso* **2** Pequeño dulce a base de nuez molida y azúcar.

bestia s f I **1** Animal cuadrúpedo, generalmente salvaje: *una bestia feroz, las bestias de la selva* **2** Animal de carga, como la mula, el caballo, o el burro, etc II **1** s y adj m y f (*Coloq*) Persona que actúa violentamente, que no reflexiona lo que hace ni mide las consecuencias de sus actos, que es ruda y torpe: "Cuando bebe se pone hecho una *bestia*" **2** *Mala bestia* (*Coloq*) Persona que además de torpe, ruda e irreflexiva, tiene malas intenciones: "Cuídate de él, es una *mala bestia*" **3** *A lo bestia* (*Coloq*) Sin medida ni límite, de manera exagerada, sin reparar en gastos, peligros, consideraciones, etc: *comer a lo bestia*, "Se mandó construir una casa *a lo bestia*", "Se lesionó por jugar *a lo bestia*".

betabel m (*Beta vulgaris*) Planta herbácea anual, de la familia de las quenopodiáceas, que llega a medir hasta 2 m de altura y cuya raíz, grande, redonda o alargada, es carnosa, de color entre rojo y morado, muy apreciada como comestible y porque de ella se extrae azúcar. Su tallo es derecho, grueso, y de muchas ramas; sus hojas, grandes, enteras, ovales y con el nervio central de color rojizo. Sus flores, pequeñas y verdosas, brotan en espiga al final del tallo. Su fruto es seco y su semilla alargada y oval. Se le cultiva por su raíz.

biblia s f **1** Conjunto de las sagradas escrituras de las religiones judía y cristiana; para los judíos, se compone de tres partes: Las leyes o Torah, los libros de los Profetas y los Hagiógrafos; para los cristianos esas partes se reúnen bajo el nombre de Antiguo Testamento (y los católicos les suman algunos libros de Esdras, el de Judith, el de la sabiduría de Salomón y otros, que judíos y protestantes consideran apócrifos). Para los cristianos comprende también el Nuevo Testamento, formado por los cuatro Evangelios; los Hechos de los Apóstoles; y las Epístolas de San Pablo, San Pedro, San Juan, San Judas y Santiago (se escribe con mayúscula) **2** Cualquier libro sagrado de alguna religión: "El Corán es la *biblia* de los musulmanes" **3** Cualquier obra o conjunto de creencias que se considere autoridad fundamental de algo: "El diccionario es su *biblia*".

bíblico adj Que pertenece a la Biblia o se relaciona con ella: *temas bíblicos, nombre bíblico, un personaje bíblico, una película bíblica*.

bibliografía s f **1** Conjunto de publicaciones de un autor o sobre un tema determinado y relación que de ellas se hace dando los datos relativos a la edición o fuente: "En la *bibliografía* de Reyes destacan sus ensayos literarios", "La *bibliografía* sobre el Estado es muy amplia", "Al final del trabajo aparece la *bibliografía*" **2** Disciplina que se ocupa del estudio, conocimiento, descripción, etc de los libros y de las técnicas de su clasificación.

bibliográfico adj Que se refiere a la bibliografía o se relaciona con ella: *fichas bibliográficas, información bibliográfica, material bibliográfico*.

biblioteca s f **1** Lugar o edificio en donde se guardan libros ordenadamente; suele tener, además, mesas para poderlos leer: "Vamos a estudiar a la *biblioteca*" **2** Conjunto de libros de una persona o una institución: "La impresionante *biblioteca* de Alfonso Reyes" **3** Conjunto de libros en que se publica la obra de autores que tienen algo en común, como su época, el tema que tratan o su nacionalidad: *biblioteca de ciencias sociales, biblioteca de autores antiguos, biblioteca de autores mexicanos*.

bibliotecario s **1** Persona encargada del cuidado y clasificación de los libros de una biblioteca y de dar atención a los lectores **2** Profesionista especializado en la organización y cuidado de la biblioteca.

bíceps (*Anat*) **1** s m sing y pl Músculo largo y cilíndrico, que está en la región anterior y superficial del brazo; su acción permite flexionar el antebrazo **2** adj m sing y pl Tratándose de músculos, todo aquel que tiene su parte superior dividida en dos, como el crural, en la parte externa de la región posterior del muslo, o el braquial en el brazo.

bicicleta s f Vehículo de dos ruedas que se impulsa por medio de unos pedales, que transmiten la fuerza de las piernas a la rueda trasera mediante una cadena sin fin.

bicoca s f Cantidad insignificante de dinero; cualquier cosa de poco valor: "Compró una casa por una *bicoca*".

biela s f Pieza de un motor que sirve para transformar el movimiento de vaivén en uno rotatorio o viceversa, como la que une el cigüeñal y el pistón en un motor de combustión interna.

bien[1] s m I **1** Valor moral de lo que es justo, correcto, útil, beneficioso o deseable: "Luchó por el *bien* de todos", "La estabilidad económica repercute en el *bien* colectivo" **2** *Gente de bien* La que trabaja y actúa con honradez, justicia y respeto **3** Lo que es conveniente, apropiado o útil para alguien: "Hazlo por tu *bien*" II **1** Propiedad de alguien u objeto material de valor para alguien: "Se le confiscaron sus *bienes*", "Se casaron por separación de *bienes*", *los bienes de la Iglesia, bienes de la Nación, heredar algunos bienes* **2** *Bien inmueble, bien raíz* Propiedad que no puede moverse del lugar en que está, como una casa o un terreno **3** *Bien mueble* Propiedad que puede moverse de un lugar a otro como un coche, una mesa o una herramienta **4** *Bien mostrenco* Bien mueble abandonado y cuyo dueño se ignora **5** *Bien de consumo* El que no resiste un uso prolongado y que satisface las necesidades del hombre, como los alimentos y el vestido **6** *Bien de capital* (*Econ*) El que es usado en la producción y que a su vez es producido por el hombre, como las máquinas de una fábrica.

bien[2] adv **I 1** Como conviene, como es debido, en forma acertada, con buen resultado, perfectamente adaptado a una situación: *portarse bien, sentarse bien, ver bien, cantar bien, cocinar bien, escribir bien* **2** Con buen aspecto, con buena salud: *estar bien, verse bien* **3** En forma agradable, divertida, con comodidad: *pasarla bien, viajar bien* **4** *Tener a bien* Estimar justo o conveniente: *"Tuvo a bien comunicarles que no volvería"* **5** adj Que se distingue por su buena posición social, educación u otras cualidades: *niño bien, gente bien* **II 1** (Antepuesto a un adjetivo o un adverbio) Muy, completamente: *un café bien caliente,* "Llegó *bien* temprano", *una situación bien desagradable,* "Ya cuando me hablaron estaba *bien* muerta" **2** Por supuesto, sin duda, es claro: *"Bien* que sabe", *"Bien* se ve que no es suyo" **3** *Más bien* Mejor: *"Más bien* pensó en las múltiples hipótesis" **4** *Si bien* Aunque, a pesar de que: *"Si bien* era cierto que faltaba mucho, cumplía siempre con su trabajo" **5** *Bien a bien* Sin contradicción con lo anterior; en realidad: *"Bien a bien* no conocemos las causas de la enfermedad".

bienestar s m Buen estado físico y mental de una persona, buena situación de la existencia de una sociedad, o sensación que se tiene de que así ocurre: *el bienestar de los mexicanos, bienestar económico, bienestar general*.

bienvenida s f Recepción cordial y afectuosa de alguien para mostrarle que es agradable su presencia: *saludo de bienvenida, dar la bienvenida, palabras de bienvenida, tributar una cordial bienvenida, extenderle una calurosa bienvenida*.

bienvenido adj Que es recibido con gusto y alegría: "Sean *bienvenidos* todos", *¡Bienvenidas las vacaciones!,* "*Bienvenido* el viajero".

bies s m **1** Sentido diagonal del corte o del doblado de una tela con relación al sentido de su trama **2** Tira de tela cortada al sesgo, que se cose al borde de las prendas de vestir: *sisa terminada con un bies* **3** *Al bies* Al sesgo, en diagonal o de través: *cortar al bies*.

bifocal adj y s m y f (*Fís*) **1** Tratándose de lentes, que tienen dos focos **2** Tratándose de lentes correctivos, que tienen una parte que corrige la visión de lejos y otra la visión de cerca: *anteojos bifocales*.

bignoniácea (*Bot*) **1** s f y adj Planta angiosperma, dicotiledónea, que crece generalmente en lugares cálidos; la mayoría son bejucos o lianas. Tiene hojas compuestas, flores acampanadas y vistosas, fruto en forma de cápsula y semillas aladas, como la jacaranda **2** s f pl Familia que forman estas plantas.

bigote s m **I 1** Pelo que crece sobre el labio superior de los hombres: *tener bigote, andar de bigote, dejarse el bigote* **2** *De bigote* Con bigote, que tiene bigote: "Pregúntele usted al señor *de bigote*" **3** *Bigote de aguacero, de aguamielero, de pulquero* (*Coloq*) Bigote largo, caído y desordenado **4** *Mover el bigote* (*Coloq*) Comer **5** *En mis bigotes* (*Coloq*) Ante mí,

sin considerar mi presencia: "¡Cómo se atreve a piropear a mi novia *en mis bigotes?*" **6** *De no malos bigotes* (*Coloq*) De buen aspecto, atractivo: "Tiene una prima *de no malos bigotes*" **7** Pelo delgado y fuerte, que crece en el hocico de varios animales, como los felinos **II** (*Impr*) Línea horizontal gruesa por enmedio y delgada a los extremos, que sirve para separar textos en un escrito.

bikini s m **1** Traje de baño de mujer, formado por dos piezas: una que cubre los senos y un calzón pequeño: *un diminuto bikini, andar en bikini* **2** Calzón o pantaleta muy pequeña y ceñida.

bilabial adj m y f (*Fon*) Que se pronuncia interrumpiendo con los labios la salida del aire por la boca. Son bilabiales las consonantes *p, b* y *m*.

bilateral adj m y f **1** Que tiene dos lados **2** Que relaciona, afecta, corresponde o se refiere a las dos partes que se consideran o que forman un todo: *simetría bilateral, lesión bilateral, contratos bilaterales, un tratado bilateral*.

bilet s m Lápiz labial: "Le vi la camisa manchada de *bilet*", un *bilet blanco*. (Se pronuncia *bilé*.)

biliar adj m y f Que se relaciona con la bilis o pertenece a ella: *vesícula biliar, conductos biliares*.

bilingüe adj m y f Que habla o escribe dos idiomas o lenguas, que está escrito en dos lenguas, que tiene dos idiomas: *niño bilingüe, edición bilingüe, país bilingüe*.

bilis s f sing y pl **1** Sustancia secretada por el hígado y vertida en el intestino por las vías biliares. Es líquida, viscosa, amarillo verdosa, de sabor amargo y reacción alcalina. Contribuye a la acción del jugo pancreático, emulsiona las grasas y evita la putrefacción intestinal **2** Enojo o susto muy fuerte: "De los libros valen los escritos con sangre, los escritos con *bilis* y los escritos con luz" **3** *Hacer bilis, derramar bilis* (*Coloq*) Tener una contrariedad, un disgusto, un susto muy fuerte: "La situación caótica nos hace *derramar bilis* continuamente", "Ya no *hagas bilis*, lo peor ya pasó".

billar s m **1** Juego de salón que se practica sobre una mesa cubierta de paño verde, y consiste en impulsar con un taco las bolas, generalmente de marfil, para que choquen entre sí bajo ciertas reglas, o para que caigan en las seis buchacas colocadas en las esquinas y en el lado largo de la mesa **2** Local en donde se juega: *ir al billar*.

billete s m **1** Papel moneda cuyo valor se distingue por los números y los dibujos, generalmente de colores, que se imprimen en él: *cambiar un billete, un billete de mil pesos* **2** (*Econ*) Medio de pago de curso legal, emitido generalmente por un banco central en diversas denominaciones, que circula y se acepta a la vista por considerarse respaldado por reservas de metal precioso como el oro **3** (*Coloq*) Dinero: *tener mucho billete, ser gente de billete* **4** Papel en el que está impreso un número de lotería: "El *billete* ganador fue el 30318" **5** (*Liter*) Pedazo de papel que contiene un mensaje corto: "Encontré entre sus ropas una daga y un *billete* en el que le declaraba su amor".

binario adj Que se compone de dos unidades: *compás binario, sistema binario, código binario*.

binocular 1 adj m y f Que se efectúa o permite mirar con los dos ojos: *visión binocular, microscopio binocular* **2** s m pl Instrumento óptico provisto de dos sistemas de lentes ajustables, uno para cada ojo, que sirve para mirar algo a larga distancia.

biografía s f Historia de la vida de una persona.

biología s f Ciencia que estudia la estructura y el funcionamiento de los seres vivos.

biológico adj Que pertenece a la biología o se relaciona con ella: *procesos biológicos, factores biológicos, atlas biológico del océano Índico, reacciones biológicas, la diversidad biológica.*

biólogo s Persona que tiene por profesión la biología: *biólogo genetista.*

biopsia s f Examen de un trozo de tejido, células o fluidos recién separados de un ser vivo, generalmente con fines de diagnóstico en medicina: "La *biopsia* de la médula puede ser de gran ayuda en el diagnóstico de varios tipos de anemias".

biósfera s f Capa de la Tierra formada por el mar, el suelo, las montañas y el aire hasta cerca de seis mil metros de altura, en que puede existir la vida. (También *biosfera.*)

biota s f (*Biol*) Vida animal y vegetal de cierta región; flora y fauna: *un estudio de los agroquímicos y su influencia en la biota.*

biótico (*Biol*) **1** adj Que pertenece a la biota, la vida vegetal y animal, o se relaciona con ella: *recursos bióticos, una provincia biótica* **2** *Comunidad biótica* Congregación particular de organismos vivos en cierto ambiente.

bípedo adj (*Zool*) **1** Que tiene dos pies o camina sobre dos pies, como el ser humano o los pájaros **2** s m Conjunto de dos miembros cualesquiera de un cuadrúpedo, principalmente del caballo: *bípedo anterior, bípedo diagonal derecho.*

birlo s m (*Mec*) Tornillo ancho de cabeza poligonal plana y grande, que sirve para afianzar las ruedas de los automóviles: "Antes de poner el gato hay que aflojar los *birlos*".

birria s f I **1** Guiso tradicional jalisciense, que se hace a base de carne de borrego o de chivo, con un caldo de chile y jitomate **2** Barbacoa **3** (*Caló*) Cerveza **II** Cualquier cosa de mala calidad, fea o desagradable: *una birria de partido.*

bis 1 adv Cuando va añadido a un número, indica que éste se repite, como en 1, 2, 2bis, 3... **2** Cuando señala un fragmento de una canción o de una partitura, indica que debe repetirse, como en: "Las hijas del caporal (*bis*) / ¡qué buenas se están poniendo! **3** s m Repetición de una pieza musical o de uno de sus fragmentos, o pieza extra que ofrece un intérprete a petición del público: *dar un bis.*

bisabuelo s En relación con una persona, padre o madre de cualquiera de sus abuelos.

bisección s f (*Geom*) División de un ángulo en dos partes iguales.

bisectar v tr (Se conjuga como *amar*) (*Geom*) Dividir un ángulo en dos partes iguales por medio de una recta.

bisector adj m (*Geom*) Que divide un plano o una recta en dos partes iguales.

bisectriz (*Geom*) **1** adj f Que divide un plano o una recta en dos partes iguales **2** s f Línea recta que, partiendo del vértice de un ángulo, lo divide en dos ángulos iguales.

bisel s m Corte oblicuo que se hace en el canto de espejos, vidrios, láminas, etc, o en la punta de las agujas hipodérmicas para facilitar su inserción.

bisexual adj m y f **1** Que tiene ambos sexos; hermafrodita: *plantas bisexuales* **2** Que tiene relaciones sexuales tanto con hombres como con mujeres.

bismuto s m Metal blanco con tinte rojizo, quebradizo, cristalino, diamagnético, inflamable y tóxico. Se presenta en barras, alambres, terrones, polvo, etc; es usado como componente en productos médicos y farmacéuticos, y en aleación con plomo, estaño y cadmio para sistemas automáticos de irrigación.

bisnieto s Hijo del nieto de una persona, en relación con ella.

bisonte s m Mamífero rumiante de la familia de los bóvidos, parecido al toro, de hasta 3.5 m de longitud. Se caracteriza por tener el tronco muy desarrollado en su parte anterior y una especie de joroba en el lomo; su cabeza es grande, con cuernos cortos curvados hacia arriba; su pelaje, de color pardo oscuro, es más largo en la parte anterior del cuerpo. Es uno de los mamíferos más grandes de la fauna americana y europea.

bisoñé s m Peluca que se usa para cubrir solamente la parte anterior de la cabeza.

bísquet s m Bizcocho que tiene forma de dos círculos superpuestos, uno o menos gruesos, de sabor ligeramente salado, con un centro de la misma masa, a veces cubierto de huevo: "Desayunamos *bísquets* con mermelada y café con leche".

bistec s m Trozo delgado y plano de carne de res o de cerdo: "Juan se fue a comprar un kilo de *bisteces* para la comida", *bistec encebollado.*

bisturí s m Cuchillo compuesto de un mango y una navaja pequeña y fina, que se utiliza en cirugía para hacer incisiones en tejidos blandos y en anatomía para hacer disecciones.

bisutería s f Conjunto de adornos que imitan joyas: *artículos de bisutería, bisutería femenina.*

bit s m (*Comp*) **1** Unidad mínima de información de un código binario, equivalente a uno de los dos estados posibles de los dígitos de ese código **2** Unidad de capacidad de almacenamiento de información, equivalente al logaritmo de base dos del número de estados posibles de un dispositivo de cálculo digital.

bitácora s f (*Mar*) **1** Caja en la que se coloca la brújula de una embarcación, generalmente delante del timón **2** Libro en donde se anotan datos importantes de la navegación diaria de una embarcación, tales como rumbos seguidos, lecturas de posición, etc **3** Libro en donde se asientan diariamente los datos y acontecimientos importantes de cierta actividad **4** (*NO*) Lámpara de colgar, con petróleo como combustible.

bizantino 1 adj Que pertenece a Bizancio (hoy Estambul), a su antiguo imperio o se relaciona con él: *arte bizantino, mosaicos bizantinos* **2** s m y adj Estilo artístico desarrollado por la cultura de Bizancio entre el siglo VI y XV; es predominantemente religioso y se manifiesta en la arquitectura (la iglesia de Santa Sofía en Estambul), la pintura, el mosaico (como los de Ravena, Italia) y la música **3** *Discusión bizantina* Discusión extremadamente sutil y ociosa, que pierde de vista su objetivo.

bizco adj y s **1** Que tiene uno o los dos ojos desviados de su dirección normal; que padece estrabismo **2** *Hacer bizcos* Torcer los ojos en dirección a la nariz **3** *Quedarse bizco* Asombrarse ante algo inesperado, sorprendente o magnífico: *"Me quedé bizco* con la actuación de los magos".

bizcocho s m **1** Pan elaborado con harina, huevo, levadura y azúcar, generalmente esponjoso y de amplia variedad en sus formas, como las conchas, las chilindrinas, etc; pan dulce **2** Objeto de cerámica cocido y sin barniz **3** (*Popular*) Mujer atractiva **4** (*Popular*) Órgano sexual femenino; vagina **5** (*Popular*) Individuo cobarde y afeminado.

biznaga s f (*Bot*) Planta de la familia de las cactáceas, de diferentes especies (*Mamillaria, Echinocactus, Ferocactus*, etc), cuya forma es globosa y cuya superficie está cubierta de costillas con fuertes espinas rectas o curvas. Algunas, como la *Mamillaria magrumamma*, dan frutos comestibles, y del tallo del *Echinocactus grandis* se elabora el acitrón.

blanco adj **I 1** Que tiene un color como el de la leche, la cebolla o la nieve: *pelo blanco, pared blanca* **2** Que es más claro, comparado con otro más oscuro: *pan blanco, vino blanco, atole blanco* **3** s Individuo de la raza así llamada, natural de Europa, cuya piel tiene poca pigmentación: *hombre blanco, racismo blanco* **4** *Blanco de las uñas* Arco de color más claro que el resto, que se encuentra en el nacimiento de las uñas **5** *Blanco de los ojos* Parte que rodea al iris, de color muy claro **6** s m Hueco o espacio libre entre dos cosas **7** *En blanco* Sin escritura ni color, sin llenar: *una hoja en blanco, cheque en blanco* **8** *Mente en blanco* Memoria que ha perdido temporalmente todo recuerdo **9** *Quedarse en blanco* No comprender nada en un momento determinado **II 1** Que es puro, limpio, inocente o bueno: *alma blanca, manos blancas, historia blanca, magia blanca* **2** Que transcurre sin hechos violentos o que perturben en alguna forma la tranquilidad: *noche blanca, una carrera blanca* **III** s m **1** Objeto, generalmente circular, con franjas concéntricas de color, separadas por otras blancas, al que se dispara para practicar la puntería: *tiro al blanco* **2** Objeto al que se dispara: *dar en el blanco, hacer blanco, servir de blanco* **3** *Ser uno blanco de alguien* Ser el objeto de la enemistad, el interés, la crítica, etc de otra persona: "El secretario de Hacienda *es el blanco* de todas las quejas".

blando adj **1** Que opone poca resistencia a la presión, que cede con facilidad, de manera que puede partirse sin hacer fuerza o dársele distintas formas, como el pan tierno, la cera caliente o la masa fresca: *carne blanda, un colchón blando* **2** Que es poco exigente o débil de carácter, que se deja convencer o impresionar fácilmente: "Mariana es demasiado *blanda* con sus hijos", "Es muy *blando* para darle ese trabajo" **3** Que es tranquilo o suave, que no ejerce presión ni violencia: *la blanda luz del amanecer.*

blanquillo s m (*Popular*) **1** Huevo de ave, particularmente el de la gallina: "Remigia, présteme unos *blanquillos*, mi gallina amaneció echada" **2** (*SE*) Testículo: "La capada es más difícil porque hay que partirle por completo el *blanquillo* al puerco".

blazer s m Saco de uso informal, generalmente azul marino, con bolsillos en forma de parche, a veces botones de metal, que se combina con pantalones y faldas de otro color. (Se pronuncia *bléiser.*)

blindaje s m **1** Acto de blindar algo **2** Recubrimiento de la superficie de cualquier objeto que sirva como defensa o protección contra balas y otros proyectiles, generalmente hecho a base de placas de acero: *el blindaje de un tanque de guerra, un grueso blindaje* **3** Dispositivo utilizado para proteger a personas o equipos contra campos o radiaciones electromagnéticos, rayos X, calor, neutrones, etc: *el blindaje de un generador.*

bloque s m **I 1** Trozo grande, de forma geométrica, sin trabajar, de cualquier material compacto: *bloque de piedra, bloque de hielo*, "Su figura vigorosa parecía hecha de un macizo *bloque* de madera" **2** Trozo rectangular hecho de cemento que se utiliza para construir muros, paredes, etc **3** *Bloque calibrador* (*Mec*) Pieza de metal muy resistente a las variaciones de temperatura, con dimensiones muy precisas, que se usa para comparar la medida indicada en un micrómetro, vernier o cualquier otra escala: "La exactitud del micrómetro debe probarse midiendo un *bloque calibrador*" **4** (*Comp*) Conjunto de palabras de máquina que, por formar una unidad de información, se manejan juntas al realizar las operaciones de lectura y escritura en unidades de disco o cinta **II** Conjunto de objetos o personas agrupados muy estrechamente **1** Cualquier conjunto de construcciones agrupadas y muy semejantes: "Vive en el segundo *bloque* de la nueva unidad habitacional" **2** Fuerza de oposición integrada por personas que comparten una misma ideología u objetivo; partido, facción: "Ignacio Aguirre fue apoyado por un *bloque* de diputados y senadores" **3** *Formar un bloque* Agruparse para lograr un fin determinado: "Los universitarios *formaron un bloque* para quitar al rector" **4** *En bloque* En masa, en conjunto; todos juntos y al mismo tiempo: "Se presentaron *en bloque* con el rector" **5** Lote para experimentación: "El diseño experimental usado fue de *bloques* al azar".

bloquear v tr (Se conjuga como *amar*) **I 1** Impedir la circulación, especialmente de vehículos, personas o mercancías, poniéndole algún obstáculo: "La multitud *bloqueaba* la entrada de un cine", *bloquear el tránsito ferroviario, bloquear el paso* **2** Interrumpir el flujo o el desarrollo de alguna cosa mediante un obstáculo que no pueda salvarse: *bloquear a un país, bloquear una arteria, bloquear el progreso* **3** Interrumpir un servicio por causa de un exceso de demanda que desorganiza su funcionamiento: "Después del terremoto *se bloquearon* los teléfonos porque todos querían comunicarse con sus familiares" **4** (*Crón dep*) En algunos deportes, interceptar o impedir el avance del contrincante **5** prnl Perder repentinamente la memoria de algo aprendido, debido a un estado de tensión o nerviosismo: "A la hora del examen *se bloqueó*, no pudo contestar las preguntas" **6** (*Med*) Anestesiar a alguien por medio de una inyección en la parte más baja de la médula espinal, de modo que se pierda la sensibilidad al dolor en la parte baja del cuerpo: "Cuando nació Mónica me *bloquearon* y disfruté enormemente su nacimiento" **7** Impedir que una cuenta bancaria se siga utilizando para resolver alguna dificultad financiera de su dueño **II 1** (*Comp*) Enmarcar un grupo de caracteres para moverlo, borrarlo, guardarlo, etc como una unidad **2** (*Impr*) Reemplazar provisionalmente letras que faltan por otras que se ponen invertidas.

blues s m sing y pl **1** Música originada entre los negros norteamericanos, que expresa un estado de ánimo de melancolía y en la que aparecen combinaciones disonantes que provienen de su estructura obligatoria (esquema armónico de doce compases), correspondiente a la tradición europea, y las *blue notes* en la línea melódica, procedentes de la música africana. Son *blues* conocidos *Saint Louis blues* y *Summertime*. (Se pronuncia *blus*.)

blusa s f **1** Prenda de vestir que cubre la parte superior del cuerpo, desde los hombros hasta la cintura, generalmente de mujer o de niño: *ponerse una blusa, una blusa escotada, una blusa de seda* **2** (*Rural*) Prenda de vestir de hombre, generalmente de lienzo, que se usa en el campo para cubrir la parte superior del cuerpo.

boa s f **1** Serpiente no venenosa de gran fuerza y corpulencia, de coloración variada y, según la especie a la que pertenezca, de 1 o más de 6 m de longitud. Mata a sus presas enrollándose en sus cuerpos para luego comprimirlos hasta asfixiarlos. Es originaria de América **2** Prenda de vestir femenina, que consiste en una tira muy larga de piel o plumas y que se usa enrollada al cuello como abrigo o adorno: "Se veía impresionante con su vestido de seda y su *boa* de plumas" **3** Tira de hilos entramados que compone una tela de algodón.

bobina s f **1** Cilindro de metal, madera, plástico, etc, corto y hueco o perforado a todo lo largo, con dos piezas circulares en los bordes de sus bases, que sirve para enrollar hilo, cinta, fibra, alambre, etc en él: "Compras una *bobina* para máquina de coser", "Se rompió una de las *bobinas* del proyector de cine" **2** (*Elec*) Elemento de un circuito electrónico constituido principalmente por un alambre conductor, enrollado alrededor de un núcleo, y cuya función es producir flujos magnéticos u oponer resistencia al paso de una corriente alterna: "Le cambiaron el condensador y la *bobina* al coche".

bobo adj l **1** Que tiene poca inteligencia o poca viveza: "Son un par de *bobos*", "No seas *boba*. Eso dicen todos" **2** Que no tiene gracia o es tan simple que no atrae la atención: *una película boba, un juego muy bobo*, "¿No te parece que es un pretexto muy *bobo*?" ll **1** *Pez bobo* (*Joturus pichardi*) Pez de agua dulce, con escamas, de carne blanca comestible pero desabrida. Se encuentra desde Veracruz hacia el Sur **2** *Pez bobo* (*Huro migricans*) Pez de río que se deja matar con gran facilidad, incluso a palos, en las orillas; es de piel negra, sin escamas, carne blanca y con pocas espinas **3** *Bobo alazán* (*Cotingidae*) Ave de la familia de las cotingidas que habita desde el sur de México hasta Ecuador **4** *Pájaro bobo* (*Spheniscidae*) Nombre de varias aves de distintas especies de pingüinos del Antártico **5** *Pájaro bobo* (*Spheniscidae*) Ave marina, pariente de los pelícanos, de la familia de los súlidos; es de patas palmeadas, pico recto y punteado; se crían en islas o costas apartadas; alcatraz; bubia **6** *Pájaro bobo* (*Momontidae*) Ave solitaria que habita en la zona árida tropical del oeste de México, en los bosques lluviosos del sur de la República, en Ecuador y en Colombia. Las dos plumas centrales de su cola son largas y terminan en una especie de paleta o péndulo de reloj que acostumbran mover hacia los lados. También es conocido como pájaro reloj y turquito.

boca s f **I** Parte del cuerpo de los animales por donde entra el alimento a su organismo; en los humanos y la mayoría de los vertebrados, es una cavidad en la parte inferior de la cara que contiene la lengua y los dientes; en ella está el sentido del gusto; para los humanos es también el órgano principal del habla: *cerrar la boca, callarse la boca* **1** *Abrir boca* Despertar el apetito con algún bocadillo; despertar el interés por algo de lo que se adelanta un poco: "Tráiganos unas quesadillas para *abrir boca*" **2** *A pedir de boca* Tan bien o tan bueno como uno lo desea: "Mis planes se realizan *a pedir de boca*" **3** *De buena boca* Tratándose de vino o de pulque, que tiene buen sabor y buen cuerpo **4** *Saberle a uno la boca a centavo* Tener en ella mal sabor, por alguna enfermedad o por nerviosismo **5** *Boca de zaguán, de alcancía, de buzón o de garaje* (*Coloq*) Boca grande **6** *Boca de silbido, de chiflido o de quiupi* (*Coloq*) Boca chica **7** *Hacérsele a uno agua la boca* Apetecer o desear algo, especialmente el sabor de algún alimento o bebida **II 1** *Boca arriba* o *boca abajo* Acostado con la cara hacia arriba o hacia abajo; un vaso, una botella, etc con la abertura hacia arriba o hacia abajo; una baraja, un papel, etc con lo escrito o dibujado a la vista u oculto **2** *Caer(se) de boca* o *irse de boca* Caerse hacia adelante **3** *A boca de jarro* Por sorpresa y a corta distancia: "Le gritó *a boca de jarro*: 'Lo que pasa es que eres fea'" **4** *Meterse en la boca del lobo* Meterse o intervenir en algo muy peligroso **5** *Como boca de lobo* Oscuro, sin luz y peligroso: "La plaza está *como boca de lobo*" **6** *Telón de boca* El que, en un teatro, está más cerca del público **III 1** *Ir o andar de boca en boca* Ser algo o alguien en el tema de que todos hablan: "La noticia de su muerte *anda de boca en boca*" **2** *Andar en boca de* Ser alguien objeto de crítica y murmuración **3** *Saber por boca de* Saber algo porque alguien lo dijo personalmente: "Lo *sé por boca del* mismísimo presidente" **4** *Abrir la boca* Confesar o denunciar algo: "Juró que nunca volvería a *abrir la boca* si lo perdonaban" **5** *No decir esta boca es mía* Callar o guardar silencio cuando uno podría hablar de algo: "Mientras me insultaba el periodista *nadie dijo esta boca es mía*" **6** *Dejar a alguien con la palabra en la boca* Interrumpirlo cuando está a punto de decir algo: "Se dio media vuelta y *me dejó con la palabra en la boca*" **7** *Taparle la boca a alguien* Impedirle que diga algo, que acuse o denuncie, generalmente cohechándolo **8** *Quitarle a alguien algo de la boca* Anticiparse a decir lo mismo que iba a decir el otro **9** *Decir lo que se le viene a uno a la boca* Decir lo primero que a uno se le ocurre sin haberlo reflexionado antes **10** *De boca para afuera* Sin sinceridad ni compromiso: "Le prometió ayudarla, pero lo dijo *de boca para afuera*" **11** *Írsele la boca a alguien* Decir más de lo que debía o de lo que era prudente **12** *Poner en boca de alguien* Afirmar que alguien dijo cierta cosa cuando no lo hizo **13** *Dejar a alguien con la boca abierta* Dejarlo sorprendido o admirado **14** *Partirle la boca a alguien* (*Coloq*) Golpearlo: "Juan *le partió la boca a Pancho*" **IV 1** Abertura o agujero por donde se puede meter o sacar alguna cosa: *boca de una botella, boca de un cañón* **2** *Boca del estómago* Epigastrio o zona inmediatamente inferior a las costillas izquierdas **3** *Boca de un río* Lugar en donde el río se junta con otro o con el mar; embocadura **4** *Boca de una calle* Lugar en donde comienza una calle o se junta con otra **5** *Bocas de fuego* Conjunto de piezas de artillería: "El barco tiene seis *bocas de fuego*" **6** Cráter de un volcán **7** *Boca de león* Orquídea epífita, robusta, con inflorescencias que penden de brácteas grandes café verdosas; sus flores son amarillas, en forma de copa, de olor muy penetrante **V 1** *Hacerse uno de la boca chiquita* (*Coloq*) Aparentar que uno no desea algo: "Tómese este trago, no se *haga de la boca chiquita*" **2** *Quitarse uno el pan de la boca* Desprenderse de algo necesario para dárselo a otra persona **3** *Echar el corazón por la boca* Sentirlo palpitar muy fuerte por una emoción o después de un gran esfuerzo **VI** Persona a la que se tiene que alimentar o mantener.

bocadillo s m **1** Trozo o porción pequeña de comida que se sirve como entremés en los bares y algunas fiestas **2** *Bocadillo de coco* Dulce de leche, huevo, azúcar y coco **3** Papel que se le da a un actor en una obra teatral y que consiste en decir unas cuantas palabras.

bocado s m **1** Porción de comida que se ingiere de una sola vez: *un bocado demasiado grande* **2** Cantidad pequeña de comida: "Tomemos un *bocado* ahora y más tarde cenaremos" **3** *No probar bocado* No comer nada: "Desde ayer *no ha probado bocado*" **4** *Con el bocado en la boca* Acabando de comer; con prisa: "Lo vinieron a llamar y salió a ver al enfermo *con el bocado en la boca*" **5** *Bocado real* Dulce de coco, licor y huevo **6** *Bocado de reina* Dulce poblano, en forma de bolitas, de coco y leche **7** (*Hipo*) Parte del freno que entra en la boca del caballo **8** (*Carp*) Pedazo de madera u otro material que se entresaca entero de una pieza mayor con un instrumento especial.

bocina s f **1** Aparato que sirve para amplificar el sonido, de forma cónica, con un orificio en la parte más estrecha, por donde se habla, y otro en su parte más abierta, por donde sale el sonido amplificado **2** Aparato que consta de un pabellón cónico y una lengüeta vibrante en el orificio más estrecho, a la que se inyecta aire con una pera de hule y que se usa en los automóviles para avisar algo, prevenir, etc. También puede ser eléctrico o electrónico; claxon **3** (*Ing*) Aparato metálico de forma cónica usado para radiar o recibir ondas de sonido y para intensificarlas y dirigirlas **4** Aparato que convierte señales de energía eléctrica o de otro tipo en energía acústica y la emite a un espacio limitado: *bocina de radio, bocina de tocadisco, bocina de teléfono* **5** Parte de un aparato telefónico en donde están contenidos los dispositivos por los que se oye y se habla: *levantar la bocina, colgar la bocina.*

bocio s m **1** Enfermedad que consiste en una hipertrofia de la glándula tiroides, que produce un abultamiento de la parte anterior del cuello. Puede ser provocada por causas congénitas o funcionales o por falta de yodo en el organismo; en ciertas regiones montañosas es una enfermedad endémica **2** (*Ver*) Papada.

boda s f Ceremonia en la que se casan dos personas y fiesta con la que se celebra: "Sus padres están muy contentos con la *boda*", "La *boda* duró una hora", "En la *boda* sirvieron mole" **2** *Bodas de plata* Vigésimo quinto aniversario de la boda o de algún otro acontecimiento importante en la vida de alguien **3** *Bodas de oro* Quincuagésimo aniversario de la boda o de algún otro acontecimiento relevante en la vida de alguien: "Celebraron sus *bodas* de oro con una cena familiar".

bodega s f **1** Local o espacio cubierto en el que se almacena alguna cosa: *bodega de granos, bodega de vinos,* "Las *bodegas* del puerto son insuficientes" **2** Parte de una tienda, casa, edificio, etc en la que se almacenan distintos productos o en la que se guardan objetos de uso poco común: "El incendio comenzó en la *bodega*", "Se agotaron los ejemplares en *bodega*", "Trajo vinos y conservas de la *bodega*", "La madera que sobre guárdala en la *bodega*".

boicot s m Acción concertada de varias personas, sociedades o países, que consiste en evitar en todos los casos cualquier relación o contacto con otros, considerados contrarios a los intereses de aquéllos, para obligarlos a que cambien de actitud o tomen en cuenta los requerimientos de los primeros: *boicot a los hambreadores, boicot a una dictadura, boicot a un comerciante.*

boiler s m Calentador de agua doméstico.

boina s f Gorra plana, redonda y sin visera, generalmente de lana y en ocasiones con una borla u otro pequeño adorno en el centro: "De España me trajo una *boina* y un abanico", *boinas verdes, andar de boina, una boina vasca.*

bola s f **I** Cuerpo esférico y macizo: *una bola de billar, una bola de boliche* **1** Cualquier formación relativamente redonda y maciza: "Le salió una *bola* en una pierna" **2** (*Popular*) Testículo **3** *Queso de bola* El que tiene esa forma, particularmente el Gouda holandés y el de Chiapas **II** (*Dep*) Pelota o balón: *echar la bola, pedir la bola, patear la bola* **1** En el beisbol, lanzamiento de la pelota al que no responde el bateador porque su trayectoria no tiene la altura permitida ni cruza por el espacio delimitado del *home*: *una bola alta, bola baja, bola mala,* "Lanzó tres *bolas* y un *strike*" **2** *Lanzar la primera bola* En el beisbol, lanzar la pelota por primera vez en el primer juego de la temporada, generalmente como una ceremonia de inauguración: "Beto Ávila fue el invitado a *lanzar la primera bola*" **3** *Dar base por bola* En el beisbol, permitir el *pitcher* del equipo defensor que el bateador llegue a primera base por haberle lanzado cuatro bolas en su turno **III** (*Coloq*) **1** *No dar pie con bola* No entender nada, no acertar en nada ni hacer nada: "Está tan viejita que ya *no da pie con bola*" **2** *Hacerse bolas* Equivocarse, generalmente a causa de la complejidad de algo: "Siempre *me hago bolas* con las cuentas" **3** (*Dejar*) *rodar la bola* Desentenderse o dejar de intervenir en algo, para que se desarrolle como sea: "Ya me cansé de los vecinos; de ahora en adelante *que ruede la bola* con el cuidado del edificio" **4** *Pasarle a alguien la bolita* Pasarle a alguien la responsabilidad de algo o la solución de algún problema: "Dejó el trabajo sin terminar y *me pasó la bolita*" **5** *Encontrar uno su bolita* Tener buena suerte en un momento dado: "Con esta chamba, *me encontré mi bolita*: me pagan muy bien" **6** *¡Bolas!* Exclamación de asombro: "Se lo encontró y *¡bolas!*, que le da una cachetada" **7** *¡Sepa la bola!* ¡Quién sabe?, ¡No sé!: "—¿Quién descubrió América? —¡Sepa la bola!" **IV** (*Coloq*) **1** Gran cantidad de algo: *una bola de gente, una bola de curiosos, una bola de años* **2** Gran cantidad de gente en tumulto o en desorden, en particular, el movimiento revolucionario mexicano: *irse a la bola, entrar a la bola* **3** *En bola* En grupo: "Todos *en bola* nos fuimos al cine" **4** *Hacer bola* Reunirse en grupo, para hacerlo más numeroso y obtener alguna cosa: "Ni sabe de qué se trata; sólo viene a *hacer bola* para no entrar a clase" **5** *Armarse la bola* Comenzar un tumulto o algún desorden: "Cuando llegaron los granaderos, *se armó la bola*".

boldo s m (*Boldoa chilanum*) Arbusto de la familia de las monimiáceas, de hojas siempre verdes, flores blancas en racimos cortos y fruto comestible. Sus hojas se utilizan en la preparación de una infusión que tiene grandes propiedades medicinales, para curar enfermedades del hígado y del estómago. La corteza es astringente y se emplea para curtir: *un té de boldo*.

bolear¹ v (Se conjuga como *amar*) **1** intr Practicar un juego de pelota sin contar los tantos como en el tenis o el ping pong: "*Boleamos* un rato antes de empezar el partido" **2** tr Golpear o responder la pelota antes de que toque el suelo: "En tenis hay que saber bolear bien para jugar en la red", "La quiso *bolear* y la mandó a las gradas".

bolear² v tr (Se conjuga como *amar*) Limpiar y dar brillo y color a los zapatos aplicándoles grasa; dar grasa: "¿Le *boleo* sus botas joven?", *bolearse los zapatos*.

bolero¹ s m Hombre que tiene por oficio limpiar y dar lustre a los zapatos: *cajón de bolero*, "Desde niño se gana la vida como *bolero*".

bolero² s m Canción popular romántica cuya música sigue un ritmo binario y su letra trata temas de exaltación amorosa o desengaño. El ranchero lleva acompañamiento de mariachi. Son famosos los románticos de Agustín Lara, de los Panchos o de Gonzalo Curiel, y los rancheros de Cuco Sánchez o de Juan Gabriel.

bolero³ s m Chaqueta corta de mujer, de manga larga o corta y ceñida al cuerpo, que llega arriba de la cintura.

boleta s f **1** Documento en el que se asientan datos de carácter oficial y que sirve como comprobante o registro de algo: *boleta de calificaciones, boleta de empeño, boleta predial* **2** *Boleta electoral* Papel impreso que se da a los votantes en las elecciones de cargos públicos para que anoten o marquen en él el nombre del candidato o partido de su elección.

boletín s m **1** Comunicado, noticia breve o condensada, de fuentes autorizadas, en que se informa de algo importante al público: *boletín meteorológico, boletín de última hora, boletín informativo* **2** Publicación periódica de información de cierta entidad o sobre cierta materia: "Un artículo publicado en el *boletín* del Instituto de Contadores Públicos".

boleto s m **1** Papel o tarjeta impreso o marcado que comprueba el derecho de su poseedor a hacer uso de algún servicio, entrar a algún espectáculo o participar en algo como una rifa, un sorteo, etc: *boleto de camión, boleto de avión, boleto de primera fila, un boleto para la rifa* **2** (*Coloq*) Asunto, situación o problema: "Mi chamba es otro *boleto*", "No

te metas con eso, no es tu *boleto*" **3** (*Coloq*) *De boleto* Muy rápido, de volada: "Vete *de boleto* por el pan" **4** *Sacar boleto* (*Coloq*) Ofender o molestar a alguien de tal manera que lo lleve a tomar represalias o venganza contra uno: "Vas a *sacar boleto* con tu chavo si sigues de chismosa".

boliche s m I **1** Juego que se practica en una pista de madera larga y angosta, en uno de cuyos extremos se colocan diez bolos o pinos en forma triangular y, desde el otro, un jugador lanza rodando una bola grande y pesada con el objeto de derribar el mayor número de pinos: *campeonato de boliche, zapatos de boliche* **2** Establecimiento con pistas para practicar dicho juego: "Abrieron un *boliche* en la colonia" **II** Adorno torneado de distintas formas, ya sea esférico, alargado, etc, que se pone como remate en cabeceras, respaldos, brazos de sillas o sillones, etc: "Compraron una cama de principios de siglo con *boliches* en la cabecera" **III** (*NO*) (*Sapindus saponaria*) Árbol de la familia de las sapindáceas, de hasta 30 m de altura, de hojas pinadas, flores blanquizcas y fruto globoso con pulpa translúcida que contiene saponina; jaboncillo.

bólido s m **1** (*Astron*) Meteorito que, al penetrar en la atmósfera terrestre a gran velocidad, se incendia y deja tras de sí una estela luminosa para luego, por lo general, explotar y deshacerse **2** *Como bólido* A gran velocidad: "El pesero iba *como bólido*", "El niño salió de clases *como bólido*".

bolillo s m I **1** Pan salado de trigo, cuya forma asemeja dos conos contrapuestos por sus bases, que tiene una hendidura rematada por una ceja a lo largo de su parte anterior y termina en dos tetillas en sus extremos; es suave y esponjoso por dentro y quebradizo en su corteza: *un bolillo duro, comerse un bolillo* **2** Palito torneado en el que se enreda el hilo para hacer encajes y pasamanería **II** s (*N*) (*Popular*) Estadounidense, gringo o persona que por su aspecto físico, rubio y grande, parece natural de Estados Unidos: "Usted no parece chicana, parece *bolilla*" **III** **1** (*Albizzia occidentalis*) Árbol de la familia de las leguminosas, que crece en el norte del país, mide hasta 15 m de altura, tiene hojas compuestas por un eje del que nacen, simétricamente, ramificaciones con hojuelas; flores blancoamarillentas y frutos como vainas aplanadas de 15 a 20 cm de largo **2** (*Leucaena lanceolata*) Arbusto de la familia de las leguminosas que se encuentra en el norte del país y que llega a medir hasta 3 m de altura; sus hojas son semejantes al anterior, pero sus flores se parecen a las margaritas y sus frutos son vainas de 10 a 20 cm de largo.

boliviano adj y s Que es natural de Bolivia, que pertenece a este país hispanoamericano o se relaciona con él: *indigenismo boliviano*.

bolo¹ s m **1** Dinero en monedas que los padrinos de bautizo de un niño católico regalan a los asistentes a la iglesia, lanzándolo al aire para que lo recojan: "Pancho juntó muchas monedas para el *bolo* del bautizo de Manuel", "¡*Bolo*, padrino!" **2** Tarjeta que, en un bautizo católico, dan los padrinos a los invitados para conmemorar la fecha y a los participantes en el acto, generalmente acompañada por una moneda u otro objeto de cierto valor como símbolo del cuidado con que se comprometen a atender a su ahijado: *repartir el bolo*.

bolo² s m **1** (*Fisio*) Masa de alimento que ha sido masticado e insalivado para poder ser deglutido: *bolo alimenticio* **2** (*Fisio*) Porción de desecho alimenticio que pasa a través del intestino: *bolo fecal* **3** Píldora más grande que lo normal, que se emplea principalmente en veterinaria: *bolo ruminal, bolo intrauterino* **4** Inyección masiva de alguna sustancia, opaca a los rayos X, para tomar radiografías de ciertas partes del cuerpo.

bolo³ adj y s En Chiapas, borracho: *andar bolo.*

bolo⁴ s m **1** Pieza torneada de madera, de forma más o menos cónica y alargada, y la base plana para tenerse sola en pie, como las que se derriban en el boliche; pino **2** pl Juego que consiste en tratar de derribar el mayor número posible de estas piezas con una bola que se lanza desde una distancia determinada; boliche: "Tiene un puesto de *bolos* en la feria".

bolo⁵ s m En Guerrero, cuchillo de acero, de menor tamaño que un machete, que tiene empuñadura de madera. Se usa en labores domésticas y agrícolas.

bolsa¹ s f l **1** Objeto que sirve para contener y llevar cosas dentro de él, hecho de algún material flexible como papel, tela o piel; es cerrado por todos sus lados excepto por la parte superior y es de fácil manejo: "Pon la basura en una *bolsa* de plástico", *bolsa del mandado, bolsa de yute* **2** *Bolsa (de mano)* La que usan generalmente las mujeres para llevar sus cosméticos y otras cosas de uso personal, suele tener asa y un cierre o broche: "Las llaves están en mi *bolsa*", "Su *bolsa de mano* hace juego con sus zapatos" **3** Trozo de tela que llevan cosido algunas prendas de vestir y que forma una cavidad con una abertura en la que pueden guardarse algunos objetos; bolsillo: *las bolsas del pantalón*, "Se compró una falda con *bolsas* al frente" **4** *Echarse a alguien a la bolsa* Ganar uno el afecto o la simpatía de alguien mediante algún acto que le agrade, lo halague, lo seduzca, etc: "Sabe muy bien cómo *echarse al público a la bolsa*", "Con su encanto *se echó al jurado a la bolsa*" **5** *Tener algo en la bolsa* Tener algo asegurado o casi asegurado: "Los jugadores mexicanos *tienen el triunfo en la bolsa*" **6** *Sacarle a alguien algo de la bolsa* Hacer que alguien pierda lo que tenía casi asegurado: "*Le sacaron de la bolsa el primer lugar* por medio punto" **7** *Bolsa de dormir* Saco acolchonado de tela gruesa e impermeable, forrado por dentro con otra suave y caliente, que sirve para dormir dentro de él y se usa, generalmente, cuando se está a la intemperie o en tiendas de campaña **8** Pliegue, arruga o abultamiento que se forma en una pieza de tela o en una prenda de vestir cuando está mal hecha o no ajusta bien: "La cortina quedó fruncida y se le hacen unas *bolsas*" **9** Pliegue o arruga en la piel, en especial el que se forma debajo de los ojos **II 1** (*Biol*) Órgano, parte de un órgano o membrana en forma de saco que, por lo general, contiene algún líquido o secreción: *bolsa sinovial* **2** *Bolsa de las aguas* Conjunto de membranas que envuelven al feto y contienen el líquido amniótico; su rompimiento es uno de los signos iniciales del parto; fuente **3** *Bolsa marsupial* Cavidad externa a modo de saco que tienen las hembras de los marsupiales, como el canguro, en la que cargan a sus crías y éstas terminan de desarrollarse; marsupio **III 1** Capital acumulado de alguien: "Nomás se hinchan la *bolsa* con el

trabajo de uno" **2** Cantidad de dinero que se reúne para dar como premio en una competencia, rifa, etc: "El torneo de tenis tiene una *bolsa* de varios miles de dólares", "Hay una *bolsa* garantizada de ciento cincuenta millones para la quiniela" **IV 1** (*Min*) Cavidad llena de agua o gas en una mina **2** *Bolsa de aire* Turbulencia que hace que un avión se mueva bruscamente en sentido vertical **V 1** *Bolsa de judas* (*Solandra nitida*) Enredadera de la familia de las solanáceas, de hojas oblongas y flores monopétalas grandes de color amarillo y en forma de embudo, que se cultiva como planta de ornato **2** *Bolsa del pastor* (*Capsella bursapastoris*) Planta herbácea de la familia de las crucíferas de hasta 40 cm de alto, flores pequeñas y blancas en racimos, y fruto abovado de forma triangular con numerosas semillas.

bolsa² s f **1** *Bolsa (de valores)* Organización que funciona como un mercado para la compra y venta de valores, como las acciones y los bonos **2** Conjunto de estas operaciones y lugar donde se realizan **3** *Subir* o *bajar la bolsa* Elevarse o bajar el precio de los valores **4** *Bolsa de trabajo* Organización encargada de informar quien ofrece trabajo y quien lo necesita.

bolsillo s m **1** Bolsa de una prenda de vestir: "Metió la mano en el *bolsillo* del pantalón" **2** *De bolsillo* Que tiene el tamaño adecuado para caber en las bolsas de la ropa: *reloj de bolsillo, libros de bolsillo* **3** *Echarse al bolsillo* o *tener en el bolsillo a alguien* Conseguir la confianza o el apoyo incondicional de una persona: "A la Iglesia la *tiene en el bolsillo* con tanto cura que la ha protegido" **4** Dinero o capital con que cuenta una persona: *al alcance de su bolsillo, pagar del bolsillo propio, poner de su bolsillo.*

boludo adj **1** (*Popular*) Que tiene la forma de una bola, que es como una bola: "Nos quedamos agazapados detrás de unas piedras grandes y *boludas*" **2** s m Marinero raso: "El contramaestre pensaba que no había más remedio que fastidiar a los *boludos* para que trabajaran a un ritmo casi infernal" **3** *Estar algo boludo* En Sonora y Durango, tener una superficie hinchazones o presentar el cuerpo de una persona o animal abscesos o tumores que se pueden ver.

bomba¹ s f **1** Máquina que sirve para aspirar agua u otro fluido del sitio donde está y dirigirlo a otro: *bomba de agua, bomba de aceite*, "Échele gasolina a su coche en aquella *bomba* porque ésta no funciona" **2** Camión de los bomberos en el que se lleva el agua; camión cisterna.

bomba² s f **1** Arma que consiste en una envoltura, generalmente de hierro, llena de material explosivo y provista de un dispositivo que la hace estallar: *lanzar bombas, poner una bomba, estallar una bomba* **2** *Bomba de tiempo* La que tiene un mecanismo de relojería, por medio del cual se prepara el momento en que estalle **3** *Bomba atómica* La que estalla y libera gran cantidad de energía como efecto de la fisión del uranio o del plutonio **4** *Bomba de hidrógeno* La que libera gran cantidad de energía como efecto de la fusión de los núcleos de átomos ligeros (como el hidrógeno) y forma núcleos de helio; bomba termonuclear **5** *Bomba de neutrones* La termonuclear de baja potencia cuyo poder destructivo reside fundamentalmente en los neutrones emitidos. Normalmente carece de fulminante de fisión y es letal, aunque su capacidad de destrucción sea limitada **6** *Bomba molotov* La que se improvisa con una botella llena de gasolina y un trapo a modo de mecha **7** (*NO*) Globo de juguete.

bomba³ s f Copla que, particularmente en Yucatán, se recita interrumpiendo la música al grito de ¡bomba! Frecuentemente es improvisada y tiene tono pícaro o amoroso, como ésta: "Un queso yo te mandé / en prueba de matrimonio / pero como ya peleamos / ¡presta mi queso, demonio!".

bombear v tr (Se conjuga como *amar*) **1** Sacar, elevar o desplazar algún líquido o fluido por medio de una bomba: *bombear agua, bombear aire* **2** Lanzar algo, generalmente una pelota, de manera que siga una trayectoria muy curveada hacia arriba: *bombear un balón*.

bombeo s m Acto de bombear alguna cosa: *el bombeo del corazón, bombeo de agua, comprar un equipo de bombeo*.

bombero 1 s Persona que presta sus servicios apagando incendios y socorriendo a los afectados en casos de emergencia como en derrumbes, inundaciones, etc: "Los *bomberos* acordonaron la zona" **2** s m pl Cuerpo civil encargado de apagar incendios y de socorrer a los afectados en caso de emergencia: *el coche de los bomberos, el presupuesto de los bomberos*.

bombo s m **I 1** Tambor grande de doble base, que tiene timbre grave, no se afina y se toca con un mazo; es un instrumento típico de algunos países sudamericanos **2** *Con bombo y platillo* Con gran ostentación, con propaganda excesiva o haciendo mucho escándalo: "Anunciaron la obra *con bombo y platillo*, pero de todas maneras fue un fracaso" **3** Elogio o alabanza exagerada de algo o alguien: "El *bombo* con el que habla de su familia es francamente insoportable" **4** *Poner bombo* Regañar, rebatir y hasta golpear a alguien sin que se haya podido defender, a causa de la intensidad de la acción: "Lo encontró jugando y lo *puso bombo*" **II** (*Mar*) Barco grande, de fondo chato y poco calado, que sirve para carga o para el paso por un canal o brazo de mar.

bondad s f **I 1** Determinación de la voluntad para hacer el bien o cualidad de comportarse naturalmente buscando lo mejor para los demás: *la bondad de un santo, la bondad de los filántropos* **2** Carácter generoso, afable, cariñoso o paciente que tiene algo o alguien: *una mirada llena de bondad, la bondad de una madre* **II 1** Beneficio, ventaja, etc que algo ofrece o provecho que puede sacársele: *la bondad del clima, la bondad de la tierra, las bondades de la ciencia médica, las bondades del procedimiento electrónico* **2** pl Favores o atenciones que alguien tiene con otro: "Le estoy muy agradecido por sus *bondades*" **3** *Tener la bondad de* Frase cortés con la que se pide algo a alguien: "¿*Tendría la bondad de* esperarlo?", "¡*Tenga la bondad de* perdonarlo!".

bonetería s f Tienda o fábrica de ropa, especialmente en tejido de punto —como medias, calcetines y ropa interior—, o de productos que generalmente se venden en una mercería, como agujas, alfileres, botones, broches, cierres, elásticos, encajes o pasamanerías.

bongó s m Instrumento musical de percusión que consiste en un pequeño tambor de madera cubierto en la parte superior por un cuero tenso y descubierto en la parte inferior; generalmente se utiliza para tocar música tropical o afroantillana.

bonito¹ adj **1** Que es agradable a los sentidos, que es atractivo o bueno, que tiene encanto: *piernas bonitas, bonita voz*, "Fue un *bonito* gesto de su parte" **2** adv De manera agradable; bien: *cantar bonito, verse bonito* **3** De buen tamaño, considerable: "Recibimos una *bonita* suma de dinero" **4** Desagradable, feo: "*Bonito* lío se armó", "*Bonita* manera de comportarse, ¡mentiroso!".

bonito² s m Pez migratorio de la familia de los escómbridos, de color azul metálico con el vientre plateado; tiene el cuerpo cubierto de escamas y su tamaño, dependiendo de la especie, varía entre los 60 y los 100 cm. Es muy apreciado por su carne, que se consume fresca o enlatada; en el país se pesca en Baja California y en el golfo de México.

bono s m **1** Documento que emite un banco, un gobierno u otra institución, por medio del cual establece el compromiso de pagar al comprador su valor, más cierto interés por el derecho de usar ese dinero por determinado tiempo, para financiar algo o a alguien: *bonos financieros, bonos pagaderos a diez años* **2** *Bono de ahorro* Título de crédito emitido por las instituciones de depósito de ahorro a plazo mayor de seis meses y hasta veinte años **3** *Bono hipotecario* Título de crédito emitido por una institución de crédito hipotecario, que está amparado por activos de la institución emisora, y consiste en préstamos o créditos con garantía hipotecaria para su inversión en bienes inmuebles, obras o mejoras de los mismos, o para cualquier otra clase de inversión rentable y productiva, a plazo no mayor de veinte años, o en cédulas o bonos hipotecarios emitidos por otra institución **4** *Bono de fundador* Título de crédito que sirve para acreditar y transmitir la calidad y derechos de los fundadores de una sociedad anónima, y que confiere a sus tenedores el derecho a percibir una participación en las utilidades de esa sociedad **5** Documento por cierto valor, canjeable por mercancía en determinados comercios; vale **6** Pago extra que recibe un empleado de una empresa o institución, como premio o estímulo a su trabajo: *bono sexenal* **7** *Subir los bonos de alguien* (*Coloq*) Aumentar el aprecio por una persona: "*Los bonos* del candidato azul *subieron* tras el debate".

boquilla s f **1** Pieza o parte de algo que se introduce en la boca: *la boquilla de la pipa* **2** Pieza movible de un instrumento musical de viento, por la que se sopla para hacerlo sonar; es hueca y con un orificio en cuyos bordes se apoyan los labios del intérprete. Su forma y el material de que está hecha varían según el instrumento de que se trate: *boquilla de saxofón* **3** Tubo delgado de plástico, de carey o de otros materiales, con un dispositivo que sirve para filtrar el humo del cigarro, el cual se coloca en su extremo redondeado mientras que por el otro, horizontal y estrecho, se aspira el humo **4** Filtro del cigarro: *cigarros con boquilla* **5** Pieza de diversos aparatos o herramientas con la que se ajusta la entrada o la salida de alguna cosa, o con la que se sostiene y fija una parte intercambiable: *la boquilla* *del soplete, la boquilla de un taladro* **6** Pieza por la que sale y se regula la llama en los aparatos que producen fuego: *la boquilla de una lámpara de gas, las boquillas del quemador* **7** Parte angosta de una cañada o de una corriente que pasa entre dos montañas; garganta **8** (*Haemulon flavolineatus*) Pez comestible de hocico grande, horizontal y en pico, y de maxilar curvado. Se encuentra en las costas del golfo de México.

borda s f **1** Borde superior de los costados de una embarcación **2** *Borda abatible* La que es una rampa entre el barco y la tierra, y sirve para el tránsito **3** *Echar algo por la borda* Deshacerse de algo bruscamente, sin reflexión ni consideración de su valor o su importancia: "Su pereza *echó por la borda* los proyectos que nos costaron tanto trabajo".

bordado I pp de *bordar* **II 1** adj Que está adornado con figuras hechas con aguja e hilo y resaltadas: *un pañuelo bordado* **2** s m Actividad artesanal que consiste en aplicar las técnicas tradicionales de manejo de la aguja y el hilo para adornar con figuras resaltadas una tela o una prenda de piel: "Me gusta el *bordado*" **3** adj y s (*Hipo*) Tratándose de caballos, que tiene una mancha blanca, rodeada por una cenefa en la que se mezcla pelo blanco con el del color de su cuerpo.

bordar v tr (Se conjuga como *amar*) **1** Elaborar, sobre tela o piel, figuras en relieve con hilo y aguja, combinando generalmente distintos tipos de puntadas para adornar prendas, manteles, tapices: "Por las tardes se reunía con sus amigas a tejer y a *bordar*", "Este mantel lo *bordó* mi abuela" **2** Adornar con detalles o matices alguna cosa: "El músico, al improvisar, *va bordando* ritmos y melodías sobre una estructura básica".

borde s m **1** Orilla o límite de algo: *el borde de la mesa* **2** *Al borde de* Muy cerca de algo: *al borde del precipicio, al borde de la locura*.

bordear v tr (Se conjuga como *amar*) **I 1** Recorrer o rodear alguna cosa pasando por sus orillas o límites: "Para llegar al pueblo hay que *bordear* ese cerro", "La carretera *bordea* toda la isla", "Llegaron *bordeando* la costa" **2** Extenderse una hilera o conjunto de cosas a lo largo de los bordes u orillas de algo; cubrir o adornar los bordes de alguna cosa: "Altos fresnos *bordean* el camino", "Tiras de lentejuela *bordean* las mangas y la falda" **II** Formar bordos en un terreno de cultivo para dividirlo o para encallar o estancar el agua de riego.

bordo s m **1** Montículo largo de tierra que se forma para represar y conducir agua en un campo o para impedir que el agua se desborde e invada un terreno: "Se levantará un *bordo* que la proteja de las inundaciones del río Grijalva", "El almácigo se construye levantando un *bordo* de tierra" **2** *A bordo* Al interior de un medio de transporte, como un coche, un tren, un barco o un avión: *subir a bordo, personal de a bordo, a bordo de la nave*.

boreal adj m y f **1** Que pertenece al hemisferio norte de la Tierra, de cualquier otro astro o de la esfera celeste; que se relaciona con ellos; septentrional: *latitud boreal, polo boreal* **2** *Océano boreal* Océano Ártico **3** *Periodo boreal* Cada uno de los de la era cuaternaria durante los cuales predominó, en las latitudes medias, un clima más frío que el actual, aunque no tanto como el clima ártico.

borla s f **1** Conjunto de hebras o hilos unidos en un extremo y sueltos por el otro o sujetos por el centro y con las puntas sueltas, de manera que forma una bola; se emplea como adorno especialmente en prendas de vestir **2** Utensilio que se hace de pluma o de filamentos muy finos y que sirve para ponerse polvo como cosmético **3** *Tomar la borla* Graduarse, especialmente en el grado de doctor, en las universidades que tienen esa costumbre; pasar a ser miembro de un cuerpo honorífico, como ciertos tribunales **4** *Borla de cardenal* (*Cleome speciosissima*) Arbusto de la familia de las caparidáceas, hasta de metro y medio de altura; tiene hojas con cinco o siete hojuelas palmeadas, lanceoladas y pilosas; sus flores son moradas; fruto seco, alargado, que consta de dos válvulas con un tabique enmedio, donde nacen las semillas.

borrachera s f **1** Alteración del organismo y del comportamiento de una persona causada por consumir bebidas alcohólicas, que puede producir sensaciones de bienestar o de malestar: *ponerse una borrachera, agarrar la borrachera* **2** Ocasión en que se toman bebidas alcohólicas: *irse de borrachera, armarse una borrachera* **3** Exaltación que produce en un individuo algún acontecimiento muy emotivo: "El torero traía una *borrachera* de toro, por la gran faena que estaba haciendo".

borracho adj y s **1** Que tiene los sentidos perturbados transitoriamente por haber tomado bebidas alcohólicas en exceso: *estar borracho, andar borracho* **2** Que consume habitualmente y, en exceso, bebidas alcohólicas: "Sus amigos son muy *borrachos*" **3** s m Dulce que se prepara con una pasta suave enviñada y se cubre con azúcar **4** s m Pan dulce impregnado con algún licor **5** s m pl (*Vaccinium geminiflorum*) Arbusto bajo, de hojas oblongas y flores solitarias, que da un fruto en forma de baya globosa **6** s m (*Nolina longifolia*) Planta semejante a la palma, de 2 a 3 m de altura, con el tronco hinchado en su parte inferior, hojas lineales, largas y encorvadas hacia abajo, flores pequeñas y unisexuales, y fruto en tres lóbulos.

borrador s m **I 1** Utensilio para borrar que consiste en una pieza de madera o plástico, con una capa de borra o tela burda en uno de sus lados con la que se remueve el gis de los pizarrones: "No hay ni gis ni *borrador*", "La maestra Olguita tenía la mala costumbre de aventarnos el *borrador* cuando se enojaba" **2** adj Que borra: "¿Tienes un lápiz *borrador* para tinta?", *tecla borradora, cabeza borradora* **3** Goma de borrar **II** Versión primera de un escrito en la que se hacen las correcciones y modificaciones pertinentes antes de elaborar el texto definitivo: "Por favor, pase en limpio estos *borradores*".

borrar v tr (Se conjuga como *amar*) **1** Hacer desaparecer de una superficie lo escrito o representado en ella, ya sea removiéndolo con una goma o un borrador, ya cubriéndolo con alguna sustancia: "*Borra* esa palabra, está mal escrita", "Están *borrando* la propaganda de las bardas" **2** Eliminar lo que ha sido grabado en una cinta magnética, haciéndola pasar por un campo continuo, intenso o de alta frecuencia para dejarla en condiciones de ser usada otra vez **3** (*Comp*) Eliminar los datos almacenados en los registros de una computadora **4** Hacer que una cosa desaparezca, se olvide o se pierda: "La lluvia *borró* las huellas", "Los militares chilenos jamás podrán *borrar* la huertista ignominia de su honor" **5** Derrotar totalmente a un adversario, en una batalla o en un juego, de tal manera que éste casi no parece reaccionar: "El conjunto local *borró* materialmente al Celaya" **6** *Borrar del mapa* (*Coloq*) Hacer desaparecer algo o a alguien por completo: "Si yo pudiera *borraba del mapa* a esos canallas" **7** prnl (*Caló*) Huir rápidamente: "Ahí viene la tira de a caballo, ¡*bórrense!* ".

borrego s m **1** Mamífero rumiante doméstico, de aproximadamente 70 cm de altura, de patas cortas, cuerpo fuerte y musculoso cubierto de lana; en ciertas variedades presenta unos cuernos grandes, angulosos y enrollados en espiral. Es un animal de pastoreo de gran importancia económica, pues de él se aprovecha no sólo su lana sino también su leche y su carne; oveja, carnero: "Supimos que ya estábamos llegando al pueblo cuando vimos el primer rebaño de *borregos*", *barbacoa de borrego* **2** *Borrego cimarrón* (*Ovis canadensis*) Mamífero rumiante de aproximadamente un metro de altura, de cuernos muy largos y curvados, que vive en estado salvaje en la zona occidental de América del Norte, desde Alaska hasta el noroeste de México **3** (*Coloq*) Persona sin carácter que acepta lo que los otros dicen, sin cuestionarlo, o se deja manipular fácilmente: "Discúlpeme, pero usted no necesita un asistente, necesita un *borrego*", "Les dieron su torta y se los llevaron de *borregos* a oír al candidato" **II** (*Coloq*) Nube pequeña, redondeada y blanca **III** (*Coloq*) Noticia falsa: "Soltaron el *borrego* de que había renunciado el director", "En el radio lanzaron el *borrego* de que el procurador era el tapado".

borroso adj **1** Que no se ve o no se distingue claramente: "Las fotografías salieron *borrosas*" **2** Tratándose de la vista, que no percibe las imágenes con claridad o definición: "El paciente se queja de dolores de cabeza y vista *borrosa*" **3** Que es confuso, que no tiene claridad o definición: "De aquella época sólo le quedan algunos recuerdos *borrosos*", "Su novela está llena de situaciones incoherentes y personajes *borrosos*".

bosque s m Zona poblada por gran cantidad de árboles que forman una cubierta continua. Puede ser de distintos tipos, según el clima y la humedad: *bosque templado*, *bosque tropical*; según la especie que predomine: *bosque de coníferas*; según características de las hojas de sus árboles: *bosque perennifolio*, aquel cuyos árboles conservan sus hojas todo el año, y *bosque caducifolio*, aquel cuyos árboles pierden sus hojas en invierno.

bosquejo s m **1** Dibujo hecho con pocos trazos y de manera preliminar, en donde se muestran las características o los elementos fundamentales de una obra plástica: *hacer bosquejos*, *un bosquejo de Alfaro Siqueiros*, *un bosquejo arquitectónico* **2** Descripción general de algo, que comprende sólo sus rasgos fundamentales: "Este *bosquejo* histórico abarca las tres épocas más importantes".

bostezar v intr (Se conjuga como *amar*) Hacer involuntariamente una inspiración lenta y profunda por la boca, seguida de una espiración también lenta y por lo general ruidosa, a causa del sueño, aburrimiento o cansancio: "Se irguió frente a él estirándose y *bostezando*".

bota¹ s f **1** Calzado que cubre el pie y la pierna o parte de ella: *botas de piel*, *botas de montar* **2** *Bota fuerte* La de montar, que llega a la rodilla y es más resistente **3** *Bota federica* La alta, ensanchada en la boca a la altura de la rodilla **4** *Ponerse las botas* Aprovecharse de una situación determinada y obtener grandes ventajas de ella: "Poderosísimas industrias *se han puesto las botas* en pocos años" **5** Funda de cuero que se pone a los gallos de pelea en los espolones para que no se lastimen.

bota² s f **1** Recipiente flexible de cuero con un cuello angosto rematado en una boca que se cubre con un tapón de madera o de cuerno. Es especial para tomar vino, el cual sale al presionar e inclinar el recipiente sobre la boca, generalmente a corta distancia **2** Vasija de cuero que se usa en las minas para extraer agua por medio de malacates.

botana s f **1** Cualquier alimento o platillo ligero, servido en pequeñas porciones, para acompañar una bebida alcohólica o para abrir el apetito: "Tú trae el vino y yo la *botana*", "Los jueves sirven caracoles de *botana* en el León de Oro" **2** (*Coloq*) Persona o cosa que se toma como objeto de burlas o que resulta muy divertida: "Al pobre gringo lo agarraron de *botana* en la fiesta", "Para él la vida es pura *botana*" **II 1** Pequeño cojín con un agujero en el centro que se pone en los espolones de los gallos de pelea para sujetar la navaja **2** Funda de cuero que se pone en los espolones de los gallos de pelea para que no se hieran **III** Pieza circular y pequeña de suela que se llevan los tacos de billar en la punta con la que se golpean las bolas **IV** Pieza de madera redonda que se usa para remendar los odres o los barriles de vino.

botánica s f Parte de la biología que se dedica al estudio de las plantas, sus características, propiedades o relaciones.

botánico 1 adj Que pertenece a la botánica o se relaciona con ella: *jardín botánico*, *clasificación botánica* **2** s Persona que tiene como profesión el estudio de las plantas.

botar v tr (Se conjuga como *amar*) **I 1** Hacer saltar una o varias veces un cuerpo elástico, como una pelota, lanzándolo contra el piso, una pared o algo semejante: "En basquetbol no se debe *botar* el balón arriba de la cintura" **2** intr Saltar o salir despedido un cuerpo elástico al chocar contra una superficie dura: "Esta pelota *bota* muy alto" **II** (*Coloq*) **1** Abandonar o dejar de lado algo: "*Botó* el trabajo y se fue a la playa" **2** *Dejar botado algo o a alguien* Dejarlo abandonado o tirado: "Dejó *botada* toda su ropa en el baño", "Se descompuso el coche y me *dejó botado* en la carretera" **3** Tirar algo, principalmente malgastar el dinero o derrocharlo: "Estaba acostumbrada a *botarse* el dinero en ropa" **4** *Salir botando alguien* Resultar dañado o perjudicado por algún acontecimiento: "Multaron a todos por parejo, pero yo fui quien *salió botando* porque ya había arreglado mis papeles" **III** (*Coloq*) **1** Hacer que un mecanismo salte y pierda alguna de sus piezas: *botar una chapa*, *botar las agujas un indicador* **2** *Botársele a alguien la canica* Perder alguien el sentido o de la realidad o de la razón y hacer algo extraño o disparatado: "*Se le botó la canica* y empezó a cantar en el funeral" **3** *Botarse una puntada* Decir o hacer algo chistoso o muy atinado en cierto momento: "*Se botó la puntada* de poner una lagartija en la bolsa de la maestra" **4** *Botarse uno algo* Tener alguien alguna cosa extraordinaria, como si se tratara de un chiste o una agudeza de su parte: "¡Qué coche *se bota* Santiago!", "¡Qué cuero de novia *se bota* Fernando!" **IV 1** Echar a navegar un barco o cualquier embarcación después de construido o reparado: "*Botaron* en Veracruz dos nuevos buques de la armada" **2** (*Mar*) Empujar el costado de una embarcación para que ésta gire o se aleje del sitio en el que está.

bote[1] s m **I 1** Recipiente rígido de distintas formas y materiales, pero generalmente de lata, que se usa para guardar o empacar distintas cosas: *un bote de pintura, un bote de plástico, un bote de basura* **2** (*Popular*) Cárcel: "Lo metieron al *bote* por fraude" **II** *De bote en bote* (*Coloq*) Completamente lleno de gente: "La plaza estaba *de bote en bote* para ver torear a Arruza" **III** (*Popular*) **1** Asentaderas o nalgas: "Le dio una patada en el *bote*" **2** *Mover el bote* Bailar: "Ayer fuimos a una boda y nos la pasamos *moviendo el bote* toda la tarde" **IV** (*Popular*) Coche: "A mi *bote* se le ponchó la llanta".

bote[2] s m Embarcación pequeña y sin cubierta, generalmente movida por remos o con pértigas: "El *bote* seguía siendo un punto en el horizonte".

bote[3] s m **1** Salto que da una pelota o, en general, un cuerpo elástico al chocar contra una superficie dura: "El balón dio un *bote* en la pared y luego rompió un vidrio" **2** Salto que da una persona o un animal **3** Salto peligroso que da el caballo para tirar a su jinete, levantando las patas traseras y dando coces; bote de carnero, salto de carnero, reparo.

botella s f **1** Recipiente que sirve para contener líquidos, generalmente de vidrio, cilíndrico y de cuello angosto: *una botella de vino, una botella de cerveza* **2** Cantidad de líquido contenida en uno de estos recipientes **3** Unidad de medida de capacidad, que tiene varias equivalencias en el país, todas cercanas a los $3/4$ de litro **4** Biberón: "Hay que hervir las *botellas* y los chupones antes de dárselos al bebé" **5** *Ser alguien dado a la botella* (*Coloq*) Ser un borracho **6** *Botella de Klein* (*Mat*) Aquella que está formada por una superficie cerrada, continua y sin bordes que se corta a sí misma, por lo que tiene una sola cara y no tiene ni interior ni exterior. La continuidad está dada porque el cuello, alargado y curvado, pasa a través de una de las paredes del recipiente y llega al fondo en el que hay una abertura circular la cual se une **7** *Botella de Leyden* (*Elect*) Condensador simple hecho con un recipiente de vidrio y una lámina delgada de metal en su superficie interior y exterior.

botica s f Establecimiento en el que se preparan y venden medicamentos y medicinas; farmacia.

botija s f **1** Recipiente de barro, redondo y de cuello ancho, que se usa para contener líquidos **2** Medida de capacidad de muy variadas equivalencias en el país **3** *Ser alguien una botija* (*Coloq*) Estar muy gordo.

botín[1] s m **1** Conjunto de los bienes o las propiedades de un pueblo quitado por el enemigo vencedor: "Los invasores se llevaron cuanto pudieron como *botín*" **2** Conjunto de las armas, las municiones y otras provisiones quitado a un ejército por su enemigo al vencerlo: *botín de guerra* **3** Conjunto de objetos y

bienes producto de un robo: "Escondieron el *botín* en el jardín", *un botín de millones de pesos*.

botín[2] s m Zapato que cubre el pie hasta el tobillo.

botón s m **1** Brote de una planta en el que las hojas están cerradas y parece una bolita; en particular, capullo todavía cerrado de una flor: *un botón de girasol, un botón de rosa* **2** Pieza pequeña, generalmente redonda y de algún material duro, que se cose en una prenda de vestir para que entre en un ojal y abroche una parte con otra de la prenda: *pegar botones, un botón de metal, caerse los botones* **3** Pieza pequeña, de diversas formas, que se pone en algún utensilio para poderlo coger: *el botón de una puerta, el botón de una cajita* **4** Pieza pequeña, de diversos materiales y formas, con la que se maneja un aparato, sea apretándola, jalándola o girándola: *los botones del radio, el botón de un elevador, el botón del timbre* **5** Pequeña cantidad de un material que toma una forma esférica y dura: *un botón de carbón, un botón metálico* **6** Pieza pequeña y plana que se pone en la punta de un florete o de cualquier objeto puntiagudo para impedir que hiera **7** Pieza pequeña de algún material duro que se pone en una garrocha o en una pica para impedir que hiera demasiado a un animal **8** (*Mús*) Pieza circular y plana que se encuentra en el fondo de la ese de los instrumentos de arco, de donde se amarra el cordal **9** pl Muchacho generalmente uniformado, que lleva recados y realiza pequeños servicios a los huéspedes de los hoteles: "El *botones* vestido de azul marino es muy servicial".

boulevard s m Bulevar.

bóveda s f **I 1** Construcción arquitectónica con la que se cubre un espacio comprendido entre varias paredes o columnas, generalmente curva, cóncava si se ve desde debajo de ella: *bóveda de crucería* **2** *Bóveda simple* (*Arq*) La generada por la translación de un arco, como las *de cañón* **3** *Bóveda compuesta* (*Arq*) La que es combinación de varias simples **4** *Bóveda de cañón o de medio punto* (*Arq*) La semicilíndrica, que cubre el espacio que media entre dos muros paralelos **5** *Bóveda de rincón de claustro* (*Arq*) Cúpula formada por los cuatro gajos que se producen al intersectarse dos *de cañón* perpendiculares entre sí **6** *Bóveda de aristas* (*Arq*) La formada por la intersección de dos *de cañón* de igual medida, perpendiculares entre sí **7** *Bóveda catalana* (*Arq*) La *de cañón*, en cuya construcción se utilizan ladrillos dispuestos de varias maneras **II 1** Cuarto o depósito cerrado y bien protegido: *bóveda de banco, bóveda de seguridad* **2** Cualquier superficie lisa y cóncava: *bóveda craneana, bóveda palatina, bóveda celeste*.

bovino s m **1** Res: "Ha disminuido el consumo de carne de *bovino*" **2** s m y adj Mamífero rumiante de la familia de los bóvidos, como la vaca, el cebú y el búfalo, que se caracteriza por tener el cuerpo robusto y grande, cuernos fuertes, el hocico desnudo, cuello corto y un mechón largo de pelos en la punta de la cola. En muchas de sus especies es doméstico y se cría como animal de trabajo o para aprovechar su carne, piel, leche, etc: "Es una enfermedad típica de los *bovinos*", *ganado bovino* **3** s m pl Subfamilia que forman estos mamíferos.

box s m sing Deporte que consiste en el enfrentamiento de dos contrincantes de aproximadamente el mismo peso que, siguiendo reglas muy específicas, pelean a puñetazos empleando para ello unos guantes especiales. Se practica en una plataforma cuadrada con postes en las esquinas y cercada por tres hileras de cuerdas sujetas a los postes; en ésta los contrincantes combaten durante un número variable de periodos, por lo general de tres minutos cada uno, separados entre sí por un minuto de descanso; boxeo: *un campeón de box, pelea de box.*

boxeador s Persona que practica el box o lo tiene por profesión: "Boxeadores de la talla del 'Ratón' Macías y de Ultiminio Ramos…".

boxeo s m Box: "Su ambición es lograr una corona mundial de *boxeo*".

boya s f Objeto capaz de flotar, hecho de algún material ligero como corcho, plástico o madera de balsa, que se coloca sobre la superficie del agua, arrojándolo al fondo, para señalar un sitio peligroso, un objeto sumergido, etc. También se emplea para sostener en el agua redes de pescar, líneas de anzuelos o cables.

bozo s m Vello delgado y ralo que sale arriba del labio superior de los adolescentes **2** (*Hipo*) Parte de la cabeza de las caballerías comprendida entre las aberturas de la nariz y las comisuras de los belfos.

bracero s m Habitante de una región pobre que emigra temporalmente a otra más desarrollada, dentro o fuera de su país, para emplearse por lo general como peón o jornalero en el campo: "Llegaron cientos de *braceros* oaxaqueños a la pizca del tomate", "Con la nueva ley habrá deportaciones masivas de *braceros* mexicanos", "Se fue de *bracero* a California", *trata de braceros.*

bráctea s f (*Bot*) Cada una de las hojas transformadas que rodean y protegen las flores o inflorescencias de algunas plantas, como las que están en la base de los claveles; pueden ser de colores muy vistosos como las de la bugambilia y la nochebuena.

bragueta s f Abertura vertical en la parte delantera del pantalón o del calzón de hombre, que lleva botones o cierre: "Súbete la *bragueta*".

brama s f Estado de excitación sexual por el que pasa periódicamente un animal, como el caballo, el ganado vacuno o los animales salvajes, y época en que esto ocurre: *estar en brama.*

bramar v intr (Se conjuga como *amar*) **1** Emitir su voz peculiar los toros y las vacas, o ciertos animales salvajes semejantes como el bisonte: *bramar una vaca, bramar un toro* **2** Producir el mar o el viento un ruido estrepitoso al agitarse violentamente.

brandy s m Bebida alcohólica que se obtiene principalmente de la destilación de la uva, y es muy semejante al coñac: *beber un brandy.*

branquia s f Órgano respiratorio de muchos animales acuáticos, principalmente de los peces, a través del cual pasa el oxígeno del agua a la sangre.

brasa s f Leño o carbón que, puesto al fuego, se ha encendido y se quema sin soltar llamas: *carne a las brasas*, "Se quemó con las *brasas*".

brasero s m **1** Utensilio portátil, generalmente de metal, en el que se quema carbón o leña para calentar, cocer o guisar alimentos; anafre **2** En algunas cocinas, lugar en donde se enciende el fuego para cocinar.

brasileño adj y s Que pertenece a Brasil, que es originario de ese país sudamericano o se relaciona con él: *el dramaturgo brasileño, los cineastas brasileños.*

brassier s m Prenda íntima femenina que sirve para sostener los pechos: *comprar brassieres.* (También *brasier.*)

bravo adj **1** Que ataca y es peligroso o se caracteriza por su fiereza: "Cuando la perrita es *brava* / hasta a los de casa muerde" **2** Que muestra valentía y arrojo, que es capaz de realizar empresas peligrosas o que a menudo recurre a la violencia: "Los *bravos* combatientes alcanzaron el éxito con gran esfuerzo" **3** *Ponerse bravo* Violentarse **4** Que es muy picante: "Esta salsa está *brava*" **5** Interj Exclamación con que se vitorea a alguna persona por sus acciones, generalmente en espectáculos: "¡*Bravo*, Pito Pérez!, lo dejé a usted en filósofo cínico y ahora lo encuentro convertido en orador político" **6** *A la brava* (*Coloq*) A la fuerza y con violencia: "Se llevó a la novia *a la brava*".

brazo s m **I 1** Extremidad superior del cuerpo humano y de los primates, que comprende desde la mano hasta la articulación del hombro; esa misma extremidad sin considerar la mano o, al igual que en los cuadrúpedos, la porción comprendida entre el hombro y el codo: *bajo el brazo, tomar del brazo, ir del brazo, echar los brazos al cuello*, "Cerca de la puerta Pedro Páramo aguardaba con los brazos cruzados" **2** *Cruzarse de brazos* Permanecer inactivo y sin reaccionar ante algo **3** *Dar el brazo a torcer* Ceder ante una idea, proposición o situación **4** *Ser el brazo derecho de alguien* Serle de gran ayuda o servirle de apoyo **5** *Caer en los brazos de alguien* Perder la resistencia y la voluntad, y caer bajo el dominio completo de alguien **6** *Abrir los brazos a alguien* Acoger con gusto y buena disposición a alguna persona **7** *Poner los brazos en cruz* Extender ambos brazos hacia los lados **8** *Brazo a brazo* Juntas dos o más personas y con el mismo esfuerzo **9** *Dar o meter el brazo a alguien* Ayudarlo en alguna cosa **10** *Dar el brazo* Ofrecérselo a alguien como apoyo: *dar el brazo a las damas* **11** *Brazos caídos* Trabajadores sin empleo **12** *A brazo partido* Con toda la voluntad y el esfuerzo para hacer algo: *luchar a brazo partido, trabajar a brazo partido* **13** *Tener brazo* (*Dep*) Tener alguien gran fuerza en el brazo para practicar un deporte que lo requiera, como el beisbol o el tenis **14** *Brazo de la ley* Cualquier cuerpo del poder judicial **15** *Brazo de santo* (*Popular*) Pene en estado de erección **II** Órgano con el que se mueven o se agarran los animales invertebrados **III 1** Pieza alargada de un objeto o mecanismo que sirve para sostener o remover algo; se articula a un cuerpo principal y generalmente es móvil: *brazo de una grúa, brazo de una balanza* **2** *Brazo de palanca* Distancia entre el punto de apoyo y cualquiera de los dos extremos de una palanca **IV** Parte de una silla o sillón que sirve para que reposen cada una de las extremidades superiores del cuerpo humano **V 1** *Brazo de mar* Canal de mar, ancho y largo, que entra a tierra **2** *Brazo de río* Ramificación de un río **3** *Brazo de un árbol* Rama.

brea s f **I 1** Substancia viscosa de color rojo oscuro que se obtiene por destilación del alquitrán de ciertas maderas, del carbón mineral y de otras materias de origen orgánico; es insoluble en agua **2** Mezcla de esta sustancia con pez, sebo y aceite que se usa para calafatear los barcos y hacerlos impermeables **II** (*Caló*) Dinero.

brecha s f **1** Camino abierto en la selva o, en general, cualquier camino rústico y sin pavimento **2** *Abrir brecha* Crear una nueva alternativa o posibilidad: "Rubén Darío *abrió brecha* en la poesía".

brete s m **1** Situación complicada, o problema; aprieto; "¡Qué brete!" **2** *Poner o estar en un brete* Poner o encontrarse alguien en una situación difícil o comprometida: "Llegó mi novia cuando estaba con Teresa y me *puso en un brete*".

breva s f **1** Higuera que florece y fructifica dos veces al año **2** Fruto de la higuera, especialmente cuando es verde; higo.

breve adj m y f **1** Que es de poca duración o extensión: *breve interrupción*, "Los discursos *breves* son mejores" **2** s m (*Relig*) Carta del papa de la Iglesia católica romana, de menor importancia y formalidad que una bula: *emitir un breve*.

brevedad s f Corta duración o extensión de algo; concisión: "Su discurso no tiene otra virtud que la *brevedad*", *la brevedad de la vida*.

brevemente adv En poco tiempo, con poca extensión: *describir brevemente, resumir brevemente*, "Trató *brevemente* el problema".

brigada s f **1** Unidad militar formada por un número variable de elementos de infantería, caballería o artillería: *general de brigada, brigada de reserva* **2** Grupo de personas reunido para que realice cierto trabajo con rapidez y eficiencia: *una brigada de trabajadores, una brigada sanitaria*.

brigadier s y adj m General brigadier.

brillante adj m y f **1** Que brilla, que emite o refleja mucha luz, que tiene luminosidad: *una pintura brillante, días azules y brillantes, aves de plumas brillantes* **2** Que sobresale o destaca por su cualidad, que es notable o excepcional: *un científico brillante, una brillante carrera, una brillante oportunidad, un brillante porvenir* **3** s m Diamante tallado y pulido en numerosas caras piramidales que permiten el paso de la luz: *un anillo de brillantes*.

brillantemente adv De manera brillante, notable, con mucha calidad o lucimiento: "Después de todo logró finalizar *brillantemente* sus estudios", "El cargo que tan *brillantemente* ha desempeñado…", *expresarse brillantemente*.

brillar v intr (Se conjuga como *amar*) **1** Emitir o reflejar algo una luz intensa: "El Sol brilla en el firmamento", *brillar la plata*, "Sus ojos *brillan*" **2** Distinguirse o destacar alguien por alguna cualidad: "Siempre *brilló* por su inteligencia y sensibilidad".

brillo s m **1** Luz que emite o refleja algo: *el brillo de una estrella, el brillo de un diamante, el brillo de sus ojos* **2** *Dar o sacar brillo* Pulir o frotar algo de manera que quede limpio y refleje la luz con mayor intensidad: *dar brillo a la plata, sacar brillo a los zapatos*.

brincar v intr (Se conjuga como *amar*) **1** Levantarse a cierta altura algo o alguien, desprendiéndose con fuerza y ligereza del lugar en el que estaba, para caer en el mismo punto o en otro diferente: "No *brinquen* en la cama", "Un delfín entrenado puede *brincar* a varios metros de altura", "Las pelotitas *brincan* impulsadas por un resorte" **2** tr Pasar por encima de algo sin tocarlo, levantándose con

fuerza del lugar en que se estaba para caer del otro lado: "¿Quién puede *brincar* esa barda?", "Hay que tomar impulso para *brincar* el charco" **3** Levantarse de un lugar brusca y repentinamente: "*Brincó* de la silla y salió corriendo" **4** Salir algo hacia arriba con fuerza y repentinamente: "Seca bien el sartén para que no vaya a *brincar* el aceite" **5** Echarse o tirarse una persona o un animal desde cierta altura: "*Brincó* de la ventana al jardín y se torció un tobillo" **6** prnl Dejar de considerar o de hacer una de las partes de un todo o secuencia: *brincarse un tema, brincarse un punto en el tejido* **7** Reaccionar oponiéndose o protestando contra lo que dice o hace otra persona: "Todo mundo *brincó* con los aumentos de precio".

brinco s m **1** Acto de brincar: *dar un brinco, echar un brinco, pegar de brincos* **2** Cambio súbito de un lugar o de una situación a otra: "De estar muy triste dio un *brinco* a una alegría inmensa" **3** Sobresalto, susto: "Se celebra el festival de Avándaro; las castas y alertas autoridades pegan un *brinco* y se horrorizan" **4** *Ponerse al brinco* (*Coloq*) Rebelarse contra alguien o algo: "Y el borracho, sin entender razones, *se me puso al brinco*" **5** *Dar de brincos* (*Coloq*) Estar muy contento o muy exaltado **6** *¡Brincos diera!* (*Coloq*) Ya quisiera, cómo me o le gustaría: "Quiere invitar a Ana Berta Lepe *¡Brincos diera!* **7** *Echar el brinco* (*Popular*) Hacer el acto sexual: "Te conocí el cinco de enero / del año de treinta y cinco / y para el diez de febrero / luego te *eché el primer brinco*".

brindar v (Se conjuga como *amar*) **1** intr Levantar las copas y chocarlas unas con otras, generalmente al tiempo que se dedica un elogio o un pensamiento, para celebrar algún acontecimiento o a alguna persona: *brindar por los novios, brindar por la independencia* **2** tr Proporcionar alguna cosa cierto beneficio, dar u ofrecer a alguien algo que le beneficia, le agrada o le es útil: "Los dos equipos *brindaron* un buen partido al público", "Es un programa encaminado a *brindar* facilidades a los causantes" **3** tr Dedicar el torero la lidia de un toro a alguna persona: *brindar el toro a un amigo*.

brindis s m sing y pl **1** Acto de brindar por algo o por alguien: "Propongo un *brindis* por los novios" **2** Elogio que se hace por algo o alguien al brindar por ellos: "Formuló un *brindis* por la amistad entre los dos países" **3** Reunión social en la que se sirven bebidas para celebrar algún acontecimiento: "Se ofrecerá un *brindis* de honor".

brío s m Impulso y fuerza interior con los que alguien emprende una tarea o realiza cierta acción: *con mucho brío, perder sus bríos, tener bríos, encontrar nuevos bríos*.

briofita (*Bot*) **1** s y adj f Planta simple, generalmente muy pequeña, que carece de tejidos vasculares y en lugar de raíces tiene unos filamentos muy delgados que le permiten fijarse y absorber la humedad y las sales del terreno; se reproduce sexual y asexualmente, y presenta una alternancia de generaciones muy marcada. Es propia de lugares húmedos, aunque también se localiza en zonas desérticas y vive adherida a rocas, al suelo o a troncos de árboles **2** s f pl Grupo taxonómico con categoría de división que forman estas plantas, al que pertenecen los musgos y las hepáticas.

brisa s f **1** Viento ligero y húmedo **2** (*Geogr*) Movimiento suave de aire que va del mar hacia el continente o del valle hacia la montaña por la mañana y, en sentido inverso, por la noche. Se debe a las corrientes que originan las diferencias térmicas existentes entre esas zonas según la hora del día: *brisa marina, brisa de valle, brisa de montaña*.

británico adj Que pertenece a Gran Bretaña o a los dominios de la corona de Inglaterra, que se relaciona con ella: *la delegación británica, la capital británica, financieros británicos, el humor británico, colonias británicas*.

broca s f Varilla en forma helicoidal, de acero y otros materiales, con que se taladra madera, azulejo, cemento, etcétera.

brócoli s m Verdura comestible semejante a la coliflor, constituida por numerosos ramitos de inflorescencias, de color verde oscuro y con tallos largos: *brócoli al gratín*.

brocha s f **1** Escobilla de cerdas gruesas que sirve para aplicar y esparcir pintura, barniz, cola, cremas, etc o para limpiar de polvo superficies delicadas: *una brocha de pintor, brocha de rasurar* **2** *De brocha gorda* Que pinta principalmente paredes, puertas y ventanas; que pinta cuadros sin valor artístico.

broche s m **1** Especie de botón formado por dos piezas, generalmente de metal, una de las cuales ajusta en la otra; se usa en vestidos y otras prendas: *poner un broche, cerrar el broche* **2** *Broche de presión* El circular, una de cuyas dos partes tiene una protuberancia que entra en la otra **3** *Broche de gancho* El formado por un ganchillo que se ensarta en un aro **4** Adorno, generalmente enjoyado, formado por un alfiler y un aro, con que se cierra una prenda de vestir, o que se pone en ella para lucirlo **5** *Cerrar algo con broche de oro* Terminar alguna cosa con éxito o con un hecho sobresaliente: "La sinfónica tocó el 'Huapango' de Moncayo para *cerrar con broche de oro* su concierto".

broma s f **1** **1** Hecho o dicho divertido, humorístico, que se caracteriza por desorientar a una persona respecto del acontecimiento real o de la verdad de algo: *hacer una broma, jugar una broma*, "Yo tenía razón, sus *bromas* habían sido injustificadas y reprobables" **2** *Broma pesada* Hecho o dicho que resulta molesto para aquel a quien se dirige: "Le dijo que se había muerto y esta *broma tan pesada* le provocó un infarto" **3** *De broma* o *en broma* En plan de juego y sin intenciones de ofender **4** *Entre broma y broma* Entre juego y juego decir las verdades: "Pues *entre broma y broma* me dijo que estaba gorda" **5** *Medio en broma, medio en serio* Haciendo ver la intención pero de manera indirecta: "*Medio en broma, medio en serio*, le dejó bien aclarados todos los puntos" **6** *Fuera de broma* Sin juegos y con seriedad: "*Fuera de broma*, mañana llega tu jefe" **7** *Dejarse de bromas* Empezar a tratar las cosas en forma seria: "Ya *déjate de bromas*, ¿por qué no me devuelves mis libros?" **8** *Tomar a broma algo* No darle la importancia debida: "No se puede confiar en él, todo lo *toma a broma*", "Si no *me lo tomara a broma* ya me habría suicidado" **II** (*Teredo navalis*) Molusco lamelibranquio marino que se alimenta de madera, por lo que vive pegado a las partes sumergidas de las embarcaciones de este material, perforándolas y causándoles graves daños.

bromear v intr (Se conjuga como *amar*) Hacer bromas, divertirse haciendo burla de algo o de alguien: *bromear con un niño*.

bronca s f (*Coloq*) **1** Pelea violenta y ruidosa que se sostiene entre contrincantes: "Se armó tal *bronca* que todos acabaron en la delegación" **2** Dificultad o problema al que alguien se enfrenta: "Nos metimos en la *bronca* de los políticos sin quererlo".

bronce s m **1** Metal que resulta, básicamente, de la aleación del cobre y el estaño; es de color café rojizo y muy apreciado por su resistencia al uso, al esfuerzo y a la corrosión. Suele añadírsele otros elementos, como el aluminio, para hacerlo más ligero, o el fósforo o el manganeso para aumentar su resistencia; se emplea en la fabricación de monedas, engranes, tuberías, alambres telegráficos, herramientas, válvulas y muchas cosas más **2** Objeto hecho de este material, principalmente las esculturas: "En la sala tiene un *bronce* de su padre", *una medalla de bronce* **3** *De bronce* Que tiene mucha fortaleza o dureza: *raza de bronce, una mujer de bronce*.

bronco adj **1** Que es tosco, áspero y sin pulimiento; que conserva su carácter natural: *madera bronca* **2** Que todavía tiene carácter salvaje o inculto; que no ha sido domado o domesticado del todo: *un caballo bronco, un hombre muy bronco*.

bronquio s m Cada uno de los dos conductos en que se divide la tráquea y que, ramificándose, llega hasta los pulmones.

bronquitis s f sing y pl Inflamación aguda o crónica de la mucosa de los bronquios.

brotar v intr (Se conjuga como *amar*) **1** Surgir o salir de la tierra las plantas que han germinado; salir a las plantas las hojas, tallos o flores: "Ya empezó a *brotar* el maíz", "Al árbol le *brotaron* hojas nuevas" **2** Salir agua de un manantial o cualquier líquido de alguna parte: "En esa región *brota* agua caliente", "Le *brotaba* sangre de la herida", "Le *brotaron* las lágrimas por la emoción" **3** Salir en la piel la erupción de la viruela, el sarampión u otro tipo de granos: "Tuvo mucha calentura y luego le *brotó* la rubeola" **4** Surgir de pronto alguna cosa que se desarrollará más tarde: *brotar el descontento*.

brote s m **1** Acto de brotar: *el brote del trigo, el brote de una infección* **2** Parte de una planta que comienza a desarrollarse, como los tallos, las ramas, las hojas o las flores: *un brote de pasto*, "El clavel ya tiene *brotes*" **3** Primera aparición de alguna cosa que luego se desarrollará: *un brote de epidemia, un brote revolucionario*.

bruja s f **1** **1** En algunas culturas, ser que adopta diversas formas, como de mujer con patas de guajolote, hace el mal a la gente y tiene relaciones con el mundo sobrenatural: "Cuando la *bruja* se acerca se ve en el cielo una lumbre muy grande" **2** En los cuentos infantiles, mujer de aspecto horrible y maligno, narizona y huesuda, que usa un sombrero ancho y picudo y monta escoba; se dedica a hacer el mal y a asustar a la gente: "Nació en la ciudad de México, enmedio de apariciones, *brujas* y fantasmas" **3** *Chuparse a alguien la bruja* (*Coloq*) Desaparecer o morirse **4** *Andar bruja* o *estar bruja* (*Coloq*) No tener dinero, estar pobre momentáneamente **II** **1** Fulminante hecho de garbanzo y pólvora: *tirar brujas* **2** En Oaxaca, lámpara de petróleo cuyos depósito y bombilla son de vidrio.

brujería s f **1** Práctica basada en la existencia del demonio, de espíritus malignos y de espíritus protectores, que busca causar mal o impedirlo, en la vida o en la salud de las personas, o someterlas a la voluntad del demonio o librarlas de ella: "Han recurrido a todo, desde la cirugía hasta la *brujería*" **2** Acto ritual de esa práctica en que, con invocaciones, objetos y sustancias mágicas, se busca causar mal a una persona, someterla al demonio o librarla y protegerla de ello: *hacer brujerías.*

brujo 1 s Persona que tiene poderes sobrenaturales y diabólicos para actuar sobre la vida y la salud de otras: *visitar al brujo, llamar a la bruja* **2** adj Que es cautivador o muy atractivo: *ojos brujos, mirada bruja.*

brújula s f Instrumento que sirve para orientarse y que consta de una aguja imantada que gira libremente sobre un eje y apunta siempre hacia el norte magnético.

bruscamente adv De manera brusca o repentina, violenta o carente de suavidad: *contraerse bruscamente*, "El doctor Mora se vio *bruscamente* interrumpido", "No suelte *bruscamente* el pedal".

brusco adj **1** Que es, actúa o aparece de manera repentina, imprevista, rápida y violenta: "Hubo un *brusco* descenso en la temperatura", "Evite las frenadas *bruscas*" **2** Que es violento, rudo, descortés; que se hace sin previsión o sin reflexión: "Hice un movimiento *brusco* para soltarme", "No seas *brusco*" **3** Que es violento, muy marcado o pronunciado: "Padeció una alteración mucho más *brusca* de lo que dejó ver".

brutal adj m y f **1** Que es salvaje, violento y despiadado: *un brutal asesinato, una pelea brutal* **2** Que es duro, despiadado y sin consideración alguna: *brutal franqueza, una noticia brutal* **3** (*Coloq*) Que tiene excelentes características o cualidades: *una novela brutal, una película brutal.*

bruto I 1 s m Animal, en especial el caballo: *un noble bruto* **2** adj y s Que es tonto y violento: "Aquel *bruto* tenía metido entre ceja y ceja apoderarse del rancho" **3** adj y s Que actúa irreflexiva o tontamente: "No seas *bruto*, piensa lo que haces", "¡Pero qué *bruto* eres! Así no se hace" **4** A lo bruto (*Coloq*) A lo tonto, en forma grosera o sin cuidado: "Se metió de defensor *a lo bruto*, y así le fue" **II 1** adj Que está tal como se obtuvo, sin pulir, desbastar ni arreglar o sin tomar en cuenta su envase o las rebajas y descuentos que hay que hacerle para considerarlo en su estado final: *producto bruto, ganancia bruta* **2** En bruto Sin pulir, refinar o sin que se encuentre en su presentación final o estado definitivo: *madera en bruto, diamante en bruto.*

bucal adj m y f Que pertenece a la boca o se relaciona con ella: *la higiene bucal, vía bucal, la cavidad bucal, lesiones bucales.*

buceador s y adj Persona que bucea o cuya ocupación es la de bucear; buzo: "Llorona llévame al mar / y a ver a los *buceadores*, Llorona / que perlas van a sacar".

bucear v intr (Se conjuga como *amar*) Nadar por debajo del agua conteniendo la respiración o con la ayuda de ciertos aparatos que alimentan de aire al nadador: "Se fue a *bucear* a Cozumel".

buceo s m **1** Acto de bucear: *realizar un buceo profundo* **2** Conjunto de las técnicas y las actividades que requiere la profesión o el deporte de sumer-

girse y explorar los fondos marinos, mediante aparatos que alimentan de aire a sus practicantes: *escuela de buceo, prácticas de buceo.*

bucólica s f Composición literaria que tiene como tema el campo y la vida de los pastores; tiene su origen en la tradición clásica latina en la que destacan las *Bucólicas* de Virgilio y dio lugar, en lengua española, a obras como las *Églogas* de Garcilaso de la Vega.

bucólico adj **1** Tratándose de composiciones poéticas o literarias, que tiene como tema el campo y la vida de los pastores: *poesía bucólica* **2** Que es hermoso, lleno de vida natural y de armonía: *un ambiente bucólico, un sueño bucólico.*

budismo s m Doctrina religiosa y filosófica que se origina en las enseñanzas y preceptos que Buda difundió en la India en el siglo V aC. Sostiene que el alma del hombre pasa por una serie de vidas, cada una de las cuales es el resultado de su comportamiento en la anterior. Considera que el deseo, con la conciencia, el temor y la miseria que siempre lo acompañan, es la causa del dolor, y que para superar este sufrimiento es necesario renunciar a todas las cosas, dedicarse a una vida de quietud, retiro y contemplación y, sobre todo, extinguir cualquier deseo; sólo así es posible alcanzar la felicidad de la salvación, el nirvana, que consiste en un reposo eterno e inconsciente.

buen adj Apócope de *bueno*, antes de sustantivos masculinos: *buen hombre, buen doctor, buen día, buen provecho*, etcétera.

bueno adj **I 1** Que se inclina hacia el bien, que es valioso, bondadoso o sincero: *buena causa, buena acción, buena costumbre, buena amiga, hombre bueno, buenas intenciones, buena razón, buena voluntad, buena persona* **2** Que es conveniente, beneficioso, útil, correcto para algo o alguien: *buenos resultados, buenas conclusiones, buenos modales*, "La leche es *buena* para crecer", "Será *bueno* evitar que la paciente sufra un susto" **II 1** Lo bueno de Lo interesante, lo atractivo: "*Lo bueno de* la carrera de político es que te pone en contacto con las raíces de las cosas" **2** Que tiene valor o calidad, que hace bien su trabajo o función: *buena música, buena maestra, buena alumna, buena memoria, buenas tijeras* **3** Que está en condiciones de usarse: "Estos zapatos todavía están *buenos*" **III 1** Muy grande, abundante, importante o intenso: *unos buenos trozos de carne, buenas ganancias, buena cosecha*, "Tiene una *buena* gripa", *una buena cantidad de dinero, buena parte de sus técnicas, en buena medida* **2** De los buenos Grande o intenso: *una tormenta de las buenas* **3** Darle una buena a alguien (*Popular*) Darle a alguien de golpes, regañarlo o reprenderlo **IV 1** Que es agradable, placentero, positivo o causa alegría: "Las noticias son *buenas*", *buena nueva, buena impresión, buena suerte* **2** Estar bueno y sano Tener buena salud **3** ¡Qué bueno! ¡Qué alegría!, ¡qué gusto! **4** ¡Buenas! (*Coloq*) Fórmula de saludo o despedida **V 1** Ser bueno en algo Ser apto, capaz o sobresaliente en algo: "*Es* muy *bueno* en matemáticas" **2** Estar de buenas Estar contento, de buen humor **3** Por las buenas Sin violencia, en forma tranquila: "Lo arreglamos *por las buenas*" **VI** adv **1** Está bien, de acuerdo, sí, ni modo: "*Bueno*, voy contigo" **2** Entonces, pues, es decir:

"*Bueno*, de ahí nos fuimos a Dolores", "Era azul, *bueno*, más bien morado" **3** *¡Bueno! ¡Diga!*, ¡lo escucho!, al hablar por teléfono **VII** (*Coloq*) **1** *Un bueno para nada* Un tonto, incapaz de hacer algo provechoso **2** *Ya estar bueno* Ya ser suficiente o bastar: "*Ya estuvo bueno* de audiencias" **VIII** (*Coloq*) **1** *A la buena de Dios* Al azar, sin planear, sin cuidado: "Esos niños se criaron *a la buena de Dios*" **2** *De buenas a primeras* Sin aviso, sin preparación, súbitamente **3** *De una buena vez* De una vez por todos, de una sola vez.

buey s m **1** Toro castrado que se utiliza principalmente como animal de tiro en carretas o arados: *carretas de bueyes, una yunta de bueyes* **2** (*Groser*) Tonto, estúpido: "No te hagas *buey*", *¡pinche buey!* **3** (*Groser*) Cornudo **4** *Sacar el buey de la barranca* (*Coloq*) Componer o rehacer lo que alguien echó a perder o hizo mal **5** *Buey de botón* En el sureste, el que se utiliza para guiar reses bravas o cerriles mancornadas a él, usando la perforación que para el objeto tiene en las extremidades de los cuernos y por la cual pasa la mancuerna **6** *Buey de agua* (*Rural*) Antigua medida hidráulica del volumen de agua que pasa por una acequia u otro cauce o la que brota de un manantial en un minuto, que se mide a través de un orificio de una vara cuadrada **7** *Buey de sembradura* En Oaxaca, superficie de 0.1375 hectáreas.

búfalo s m **1** Bisonte que habita en las praderas de Estados Unidos de América **2** Mamífero rumiante de la familia de los bóvidos, de cuerpo robusto, patas cortas, cuello ancho y corto, orejas grandes con un fleco de pelos, y cuernos largos muy juntos en su base y cerrados hacia atrás y hacia arriba. Una de sus especies habita en India y en Indochina, donde se la domestica como animal de trabajo y para aprovechar su carne y su leche; otra habita en el sur del Sahara en estado salvaje.

bufanda s f Prenda de vestir que consiste en una banda o tira de tela o tejida, que se usa para cubrir el cuello y protegerlo del frío o como adorno.

bufar v intr (Se conjuga como *amar*) **I** Resoplar con fuerza y violencia el toro, el caballo u otros animales **II 1** (*Popular*) Despedir mal olor; apestar: "Le *bufan* los pies" **2** (*Caló*) Apretar.

bufete s m Despacho en el que un conjunto de abogados u otro tipo de profesionistas trabajan asociados: *bufetes de estudios especializados, bufete de abogados, bufete financiero*.

buffet s m **1** Comida en la que se colocan todos los platillos en una mesa para que cada persona se sirva lo que desee, generalmente en una fiesta privada o en un restaurante: "Se sirvió un espléndido *buffet*" **2** Mueble de comedor que sirve para guardar cubiertos, vajilla, mantelería y ciertos alimentos.

bugambilia 1 s f (*Bougainvillea spectabilis*) Arbusto trepador, de tallos leñosos muy ramificados, hojas pequeñas y lanceoladas; sus flores, pequeñas y blancas, están rodeadas de brácteas que semejan flores, de color solferino, rojo, anaranjado, lila, etc. Es muy apreciado como ornamento en los jardines **2** s y adj f Color típico de las brácteas de esta planta: "Traían velices inflados como vientres de yeguas, y cajetas enjauladas en mecates *bugambilia*".

búho s m (*Bubo bubo*) Ave rapaz nocturna, de ojos frontales y rodeados por plumas cuyo color contrasta con las del cuerpo y la cabeza, suaves y de coloración frecuentemente jaspeada, por tener líneas longitudinales oscuras. Tiene la cara plana, el pico fuerte y encorvado en la punta, el cuello corto, las patas cubiertas de plumas y cinco dedos en cada una, cuatro de los cuales están dirigidos hacia el frente y uno es opuesto y reversible; tecolote: "Escuchan el coro de los *búhos* en el bosque y huyen de su penetrante mirada".

buitre s m **1** Ave rapaz de la familia de las accipítridas de distintos géneros y especies, gran tamaño, pico fuerte y en forma de gancho, uñas relativamente cortas, con la cabeza y el cuello pelados o con pocas plumas. Vive en zonas templadas y cálidas y, por lo general, se alimenta de animales muertos o desperdicios **2** *Ser alguien un buitre* Ser una persona que se aprovecha de la debilidad, enfermedad o muerte de otro para obtener beneficios personales.

bujía s f **1** Vela **2** Soporte de una vela **3** (*Popular*) En Sonora, foco de luz eléctrica **4** (*Mec*) En los motores de explosión, el dispositivo donde salta la chispa eléctrica que inflama la mezcla gaseosa comprimida: *las bujías de los automóviles*, "Una *bujía* recibe corriente eléctrica de alto voltaje" **5** (*Fís*) Unidad de intensidad luminosa equivalente a $1/60$ de la intensidad luminosa por centímetro cuadrado que emite un cuerpo oscuro a la temperatura de fusión del platino.

bula s f **1** Carta que emite el papa de la Iglesia católica romana relativa a materias de fe, judiciales, administrativas, concesiones de gracias o privilegios, etc: *la bula de Clemente XII* **2** Sello de plomo que llevan esos documentos pontificios y otros, que por un lado representa las cabezas de San Pedro y San Pablo y por el otro lleva el nombre del papa que los signa.

bulbo s m **1** (*Bot*) Ensanchamiento de la parte subterránea del tallo de algunas plantas como el de la cebolla. Está cubierto de hojas carnosas, que poseen reservas nutritivas, y tiene la capacidad de dar origen a una nueva planta incluso cuando se ha secado **2** (*Anat*) Ensanchamiento natural de un órgano o de alguna parte del cuerpo: *bulbo de la aorta, bulbo raquídeo, bulbo duodenal* **3** (*Elec*) Tubo electrónico cubierto por un vidrio y con electrodos en su interior, que sirve para rectificar corriente eléctrica, amplificarla o para conducir la corriente alterna en una sola dirección: *un radio de bulbos* **4** (*Mec*) Aparato que indica la falta de aceite o de la presión de éste en un motor.

bulevar s m Avenida ancha generalmente bordeada de árboles o que tiene en medio un camellón con árboles: *bulevar López Mateos, bulevar de la Luz*, "Me vine por el *bulevar*".

búlgaro 1 adj y s Que pertenece a Bulgaria, es originario de ese país europeo o se relaciona con él **2** s m Lengua eslava que se habla en ese país, así como en ciertas regiones en Rumanía, Grecia, Turquía y otras vecinas **3** s m Bacilo originario de Bulgaria (*Lactobacillus bulgaricus*) que se utiliza para fermentar la leche y obtener el yogurt.

bulto s m **I 1** Volumen que se percibe de un cuerpo del que no puede distinguirse la forma por estar cubierto, por la oscuridad o por la lejanía en que se encuentra: "Sintió el *bulto* del arma debajo de su camisa", "Vio un *bulto* sobre la cama y pegó un grito" **2** Saliente o protuberancia en la superficie de algo: "Le salió un pequeño *bulto* detrás de la oreja" **3** Estatua: *el bulto ecuestre de don Teófilo Baralt* **4** *De bulto* De tres dimensiones: "Había dos imágenes *de bulto* en el altar" **5** *De bulto* De sobra, sin ningún fin: "Esa maceta sólo está *de bulto*", "No ayudan en nada, nada más van *de bulto*" **6** *Hacer bulto* Ocupar alguna cosa cierto espacio; aumentar o deformar el volumen de una cosa algo que está dentro de ella: "Los zapatos *hacen* mucho *bulto* en la maleta" **7** *Hacer bulto* (*Coloq*) Estar una o varias personas en un acto o lugar sólo para aumentar el número de asistentes y así aparentar que es muy popular o está muy concurrido: "Llevan gente a los discursos nada más para *hacer bulto*" **8** *Buscarle el bulto a alguien* (*Coloq*) Buscar a alguien con la intención de pelear **9** *Sacarle* o *escurrirle al bulto* o *el bulto a algo* o *a alguien* (*Coloq*) Evitar un compromiso, trabajo o responsabilidad; evitar un enfrentamiento con alguien: "Siempre *le ha escurrido el bulto* al matrimonio", "El vecino *le saca el bulto* al casero" **10** *Poner, contar* o *hablar de bulto* Contar algo o hablar de alguna cosa representando con ademanes y gestos lo que se está diciendo: "Nos *puso de bulto* la rotación de la Tierra", "Ese chiste hay que *contarlo de bulto* para que se entienda", "Es muy raro, siempre *habla de bulto*" **11** (*Tauro*) *Embestir al bulto* Atacar el toro a las personas o a los caballos y no seguir los capotes **II 1** Cuerpo sin una forma definida que se hace envolviendo, doblando o amontonando alguna cosa: "Hizo un *bulto* en las sábanas y lo echó al cesto" **2** Cualquier paquete, bolsa, maleta, etc en que se lleva algo: *cargar un bulto, traer bultos* **3** Bolsa de tela, ixtle, cartón u otro material que contiene cierta cantidad de algo: *un bulto de cemento, un bulto de arena* **4** Unidad de medida que generalmente equivale a un hectolitro de semillas: *un bulto de maíz* **5** *Bulto de sembradura* Terreno que se siembra con un bulto de semilla.

bulldozer s m Tractor movido por orugas, muy poderoso, que tiene una hoja ancha y relativamente cóncava de hierro en su parte delantera y que remueve, mediante engranes hacia arriba y hacia abajo, grandes cantidades de tierra, de escombros, etc; generalmente se utiliza para aplanar el terreno en la construcción de carreteras o de presas. (Se pronuncia *buldóser*.)

bunker s m **1** Edificio fortificado, generalmente subterráneo, hecho para resistir bombardeos: *una línea de bunkers, un bunker antinuclear* **2** Agrupamiento cerrado y de bloque, que desarrollan particularmente ciertos grupos políticos: *mentalidad de bunker, el bunker en el poder.*

buñuelo s m Especie de galleta muy delgada y crujiente, hecha con harina y agua, frita en aceite y endulzada con miel o azúcar; tiene la forma de una tortilla grande o de una rueda con varios radios. Tradicionalmente se come en las fiestas decembrinas y en las ferias: "En la posada nos dieron tamales y *buñuelos* con atole".

buque s m **1** Barco grande con cubierta, cuya solidez y fuerza le permiten llevar una carga pesada y hacer travesías largas: *un buque de vapor, un buque de guerra* **2** (*Mar*) Casco de una embarcación.

burbuja s f **1** Esfera pequeña o globo que forma el aire al entrar en un líquido o que se forma en él cuando hierve, bulle o se fermenta: *hacer burbujas, salir burbujas, una burbuja en el agua*, "Ya le salieron *burbujas* a la masa" **2** Esfera pequeña de aire que se forma en el interior de ciertos materiales cuando solidifican: *burbujas en el vidrio.*

burdel s m Casa en la que se reúnen las prostitutas para ejercer su oficio; generalmente tiene pequeños cuartos y servicio de bar.

burdo adj **1** Que está toscamente hecho, poco elaborado, con poca calidad: *una tela burda, lana burda, un mueble burdo* **2** Que tiene poca definición o claridad; poco detallado o refinado: *una aproximación burda, un cálculo burdo* **3** Que está mal hecho o es de mal gusto: *una burda maniobra, una imitación burda, un ensayo burdo.*

burgués adj y s **1** Que pertenece a la burguesía, se relaciona con ella o sostiene los intereses de esta clase: *costumbres burguesas*, "Los *burgueses* controlan el comercio" **2** Que tiene dinero en abundancia y vive con muchos lujos: *una familia burguesa* **3** Que lleva una vida tranquila y segura económicamente, y se rige por los valores característicos de su clase.

burguesía s f **1** Clase social que, en el régimen capitalista, está formada por los dueños del capital o de los medios de producción, quienes obtienen ganancias de su inversión y del valor producido por los trabajadores que contratan: *burguesía financiera* **2** Capa o grupo social constituido por las personas más ricas de una sociedad.

buril s m **1** Instrumento para grabar en madera, en cobre o en otros materiales semejantes, que consiste en una barra de acero terminada en punta y con mango: *buril de punta, buril de aguja* **2** (*Hipo*) Freno de una cabalgadura, compuesto por una barra ligeramente curva, más gruesa al centro que en sus extremos, que se une a la barbada por dos argollas gruesas en donde se amarran las riendas.

burla s f **1** Acto, frase o gesto con el que alguien pone en ridículo alguna cosa o a alguna persona y hace reír a costa de ella: *hacer burla, de burla*, "Las ideas más interesantes, entre *burlas* y veras, hay que buscarlas en Aristófanes", "Miró con *burla* a aquel presumido que se las daba de conquistador", "Aunque pretendía ser amable, había *burla* en sus palabras" **2** Acto con el que alguien pretende aprovecharse de la buena fe de otro y engañarlo, o con el que manifiesta su falta de consideración o de respeto hacia una persona: "La manera en que manejan la información es una *burla* para los televidentes", "Me mentiste y ésa es una *burla* que no te voy a perdonar".

burladero s m (*Tauro*) Barda o valla que, en las plazas y corrales de toros bravos, se pone delante de las barreras dejando la distancia suficiente para que los toreros puedan refugiarse detrás de ella cuando el toro los persigue: *burladero de matadores, saltarse al burladero.*

burlar v (Se conjuga como *amar*) **1** prnl Tomar algo o a alguien como motivo de diversión o de risa o para ponerlo en ridículo: "*Se burlaba* de todo y de todos, hasta de sí mismo", "Nunca te perdonará que *te hayas burlado de* él enfrente de los demás" **2** prnl Engañar a una persona aprovechándose de su ingenuidad, buena fe o falta de malicia: "*Se bur-*

ló *de* nosotros con el cuento de que necesitaba dinero para su hijo enfermo" **3** prnl (*Liter*) Seducir un hombre a una mujer con engaños y promesas falsas: "Ése es el canalla que *se burló de* Martha Patricia y trajo la deshonra a esta casa" **4** tr Evitar un problema, un obstáculo, un encuentro o escapar de algo o alguien con ingenio o habilidad y dejándolo en ridículo: "*Burló* la embestida con un quiebro", "Los ladrones *burlaron* a la policía y huyeron con las joyas", "*Burló* al portero dentro del área".

burlón 1 adj Que hace burla de algo o se burla de alguien o algo; que es afecto a hacer burlas; que implica o expresa burla: *una mirada burlona, sonrisa burlona, una respuesta burlona y agresiva* **2** s m Cenzontle.

buró s m Mueble pequeño que se pone junto a la cama; por lo general tiene un cajón y debajo de éste un área con puerta para guardar cosas: "Dejé mis llaves en el *buró*", "Se compró dos *burós* antiguos".

burocracia s f **1** Conjunto de los empleados y los funcionarios públicos de un Estado **2** Conjunto de los empleados y funcionarios administrativos de una organización: *burocracia escolar, burocracia sindical* **3** Forma de administración estatal, sindical, universitaria o de partido que, a partir de la concentración de funciones y la excesiva especialización de sus servicios, tiende a ganar poder y autonomía con respecto a su base social.

burócrata s m y f Empleado público, particularmente el que tiene a su cargo tareas administrativas.

burocrático adj **1** Que pertenece a la burocracia o se relaciona con ella: *un puesto burocrático, trámites burocráticos, gestiones burocráticas, centralización burocrática* **2** Que es complicado, lento y generalmente ineficaz o hasta irracional: "Se vio envuelto en un proceso *burocrático*".

burro s l **1** (*Equus asinus*) Animal cuadrúpedo de la familia de los équidos, parecido al caballo pero de menor tamaño, con orejas largas, crin corta y cola que termina en un mechón de cerdas. Su rebuzno es característico. Es un animal doméstico que tiene gran resistencia al trabajo por lo que sirve como bestia de carga, de tiro o para montarlo **2** s y adj (*Coloq*) Persona floja en la escuela o muy tonta: *ser muy burro* **3** *Salto de burro* Juego infantil en el que un niño se agacha con los codos apoyados en las rodillas para que otros salten sobre él abriendo las piernas y apoyándose en su espalda **ll** s m **1** Mesa con una plataforma alargada y generalmente con dos pares de patas cruzadas que se pueden abrir a distintas alturas, muy usada para planchar la ropa **2** Mesa o banco de madera o metal que se usa para trabajar en carpintería o herrería **3** Armazón, generalmente de madera con dos pares de patas abiertas, que se usa para sostener alguna cosa: "Con dos *burros* y una tabla pusieron una mesa en el patio" **4** Escalera de mano, que consta de dos piezas uni-

das en la parte superior y con un travesaño en la parte media, que al abrirse puede sostenerse sola.

bursátil adj m y f Que se relaciona con la bolsa de valores y las operaciones financieras que se efectúan con ella: *mercado bursátil*.

busca s f **1** *En busca de* Tratando de encontrar o de conseguir alguna cosa: *en busca de datos, en busca de empleo, en busca del delincuente, en busca de una mujer* **2** *A la busca de* Tras el rastro de algo o de alguien o procurando encontrarlo: *a la busca de las piezas perdidas, a la busca de fósiles* **3** Ventaja o provecho, generalmente con dinero, que se saca de algún empleo o cargo y sin que lo permita el patrón o algún reglamento: *tener uno sus buscas*.

buscar v tr (Se conjuga como *amar*) **1** Hacer cuanto sea necesario para alcanzar o para allegarse alguna cosa o a alguna persona que no están presentes en un momento o en una situación determinada, o para actuar sobre ellos: *buscar un libro perdido, buscar un trébol de cuatro hojas, buscar un tesoro, buscar a un delincuente* **2** (*Yuc*) Hacer eso mismo y alcanzarlo o allegárselo: "*Busqué* la piedra por todas partes, hasta que la *busqué*" **3** Recoger a alguien de donde se encuentra cuando se ha convenido en ello: "Te paso a *buscar* a las cinco de la tarde" **4** Intentar obtener cierto resultado o conseguir cierto efecto haciendo lo necesario para lograrlo: *buscar una solución, buscar fortuna, buscarse un novio* **5** *Buscarle a algo* (*Coloq*) Intentar, de muchas maneras y con esfuerzo, resolver alguna dificultad u obtener algo: "Tienes que *buscarle* al aparato para poderlo manejar" **6** *Buscar a alguien* (*Coloq*) Provocarlo: "No *me busques* porque me enojo" **7** *Buscarse uno algo* (*Coloq*) Actuar tan irreflexiva o imprudentemente que lo que obtiene para sí mismo es un daño o perjuicio previsible: "*Se la buscó* con tanta transa que hizo".

búsqueda s f Acto de buscar alguna cosa o a alguna persona: "La *búsqueda* de los asesinos comenzó al amanecer", *búsqueda de tesoros enterrados*.

busto s m **1** Representación escultórica o pictórica de la parte superior del tórax y la cabeza de una persona: "En la ceremonia se develó un *busto* de Juárez" **2** Ambos pechos del cuerpo de la mujer: "Llevaba el vestido ceñido a la altura del *busto*".

buzo s **1** Persona que tiene por oficio trabajar sumergida a distintas profundidades del agua, ya sea con un traje especial o sin él, o conoce tal oficio: *un traje de buzo, los buzos de la armada* **2** adj (*Popular*) Que es listo o hábil, que está alerta: "¡Ponte buzo, que ahí viene la policía!".

buzón s m **1** Caja en la que se echan las cartas y la correspondencia en general para ser enviadas por correo o para que las recoja el destinatario: "El *buzón* del departamento está en la entrada del edificio" **2** Abertura en esta caja por donde se echa la correspondencia.

abcchdefghijkllmnñopqrstuvwxyz

c s f Tercera letra del alfabeto; su nombre es *ce*. Delante de las vocales *e, i* representa el fonema consonante predorsoalveolar fricativo sordo /s/; ante las vocales *a, o, u* o cualquier otra consonante, representa el fonema velar sordo /k/.

cabal adj m y f **1** Que es o está completo, pleno y sin deficiencia: *el cumplimiento cabal de la ley, el lucimiento cabal del artista*, "No encuentra respuesta *cabal* a sus preguntas" **2** Que es legítimo y congruente consigo mismo: "Parecía imposible que tú, tan *cabal* siempre, te prestaras a esa farsa ridícula", *un hombre cabal* **3** *A carta cabal* Por completo y sin lugar a dudas, sin sospecha: *fiel a carta cabal, recto a carta cabal* **4** interj (*Popular*) ¡Cierto, exacto, sin duda! **5** *En sus cabales* En capacidad de discernir y de juzgar claramente: *estar en sus cabales*, "Llega *en sus cabales* y sale en cuatro patas", "Si le pidió matrimonio es que no estaba *en sus cabales*".

cábala s f **1** Conjunto de tradiciones místicas judías, de carácter esotérico, que buscan una comprensión teosófica de Dios y una interpretación simbólica y numérica de la realidad, desarrolladas de manea sistemática a partir del siglo XII en el sur de Francia y en España **2** Reunión secreta: "Asistió a una *cábala* del comité de lucha revolucionaria" **3** *Hacer cábalas* Hacer conjeturas sobre algo.

cabalístico adj **1** Que pertenece a la cábala o se relaciona con ella **2** Que encierra algún misterio, que está oculto: *número cabalístico*.

cabalmente adv Con precisión y de manera completa: "Aún faltaban cabos por atar para descubrir *cabalmente* el sistema planetario".

caballar adj m y f Que se refiere a los caballos o se relaciona con ellos: *ganado caballar*.

caballería s f **1** Cualquiera de los animales equinos, como los caballos, las mulas y los burros, que sirve para cargar algo o transportarse **2** Cuerpo del ejército que usa caballos para moverse y, ahora también, carros de combate, tanques, etc: "Se abalanza sobre la *caballería* villista" **3** En la Edad Media, conjunto de caballeros que hacían profesión de las armas, que se obligaban a combatir por la *fe* y la justicia, a proteger a los débiles y a ser leales y corteses: *los romanos de caballería, la novela de caballería, los ideales de la caballería medieval* **4** Antigua medida agraria equivalente a 42.7953 hectáreas que sirvió para el reparto de tierras conquistadas que se hacía entre los caballeros que habían contribuido a la conquista o a la colonización de un territorio.

caballeriza s f **1** Lugar generalmente cubierto, destinado a la estancia, observación y manejo de los caballos y bestias mulares; cuadra **2** Conjunto de caballos o mulas de una caballeriza **3** (*Alti Oax, Rural*) Medida de superficie que equivale a 60 hectáreas.

caballero s m **1** Hombre de principios, cortés y distinguido: *ser (todo) un caballero* **2** Hombre que pertenece a una orden de la caballería: *Caballero de Malta, Caballeros de Colón* **3** Hombre que va a caballo **4** Héroe de los libros de caballería **5** Modo cortés de dirigirse o llamar a un hombre: *damas y caballeros, artículos para caballero*.

caballo s m **I 1** (*Equus caballus*) Mamífero doméstico del género de los equinos, cuadrúpedo, de aproximadamente 1.60 m de altura entre la cruz y el suelo. Tiene el cuello largo y arqueado, el hocico alargado, las orejas pequeñas, el pelo corto y suave, melena y cola largas; es de gran utilidad en la agricultura como animal de carga y de transporte, así como apreciado en algunos deportes: *montar a caballo, ir a caballo, carreras de caballos, ensillar el caballo* **2** *Caballo pura sangre* El de raza no mezclada, muy fino y valioso **3** *Caballo penco* El demasiado débil y enfermo **4** *Caballo matalote* El inútil por viejo o por enfermo **5** *Caballo sobrado* u *ovachón* El que se pone gordo y pierde musculatura **6** *Caballo aguililla* El que es ágil y veloz **7** *Caballo mulero* El aficionado a las mulas **8** *Caballo de boca, de buena rienda, de silla* El dócil y bien domado **9** *Caballo de pica* El que usan los picadores en la corrida de toros **10** *Caballo de aldaba* El que se deja mucho tiempo en la caballeriza **11** *Caballo garañón* El que se utiliza como semental **12** *Caballo cortado* (*NE*) El que sirve para separar las reses elegidas del resto del ganado **II 1** *A caballo* Entre dos cosas: "La lingüística está *a caballo* entre la biología y la antropología" **2** *A mata caballo* Muy de prisa y atropellando cuanto se cruce en el camino **3** *Caballito de batalla* Tema o argumento al que alguien recurre repetidas veces para sostener una discusión o porque es su especialidad **4** (*Yuc*) Tonto, estúpido **III 1** *Caballitos* Juego mecánico de las ferias, que consiste en una plataforma que da vueltas, sobre la cual hay figuras de caballos y otras más, en las que montan o se suben los niños **2** *Caballito de mar* Pez teleósteo del género *Hippocampus* y de diversas especies, que nada en posición vertical y cuyo perfil es parecido al del caballo; su cuerpo está cubierto por una coraza de anillos y comprimido lateralmente; su cola es también comprimida, prensil y más larga que el cuerpo. Vive en los mares cálidos y templados **3** *Caballito del diablo* Libélula **4** Pieza del juego de ajedrez que tiene esta forma, se coloca entre la torre y el alfil al iniciar la partida, es la única que puede saltar a las demás, y pasa de un escaque a otro en dirección horizontal o vertical y luego a uno más en diagonal **5** Carta de la baraja española, entre la sota y el rey, que lleva impresa la figura de un jinete **6** Aparato de gimnasia que consiste en una pieza semicilíndrica, elevada horizontalmente y con o sin arzones, sobre la cual se apoyan y saltan los gimnastas **IV 1** *Caballo de leña* Medida de capacidad de carga, de diversas equivalencias en el país **2** *Caballo de vapor* Medida de la potencia de un motor, equivalente a 75 km/seg **3** *Caballo de fuerza* Medida inglesa de la potencia de un motor equivalente a 1.0138 caballos de vapor **V** (*Min*) Yacimiento rocoso que se atraviesa en una labor interceptando el curso del filón de metal **VI** (*Caló*) **1** Contraseña que ponen los rateros en la puerta de la casa que van a robar **2** pl Calzones de mujer **3** Vasija o bacinica que usan los presos en las cárceles para defecar **VII** (*Popular*) Pañal que se pone a los bebés debajo del principal.

cabaña s f **1** Casa rústica, construida generalmente de madera, como habitación o como refugio: "En la puerta de su *cabaña* rumiaba la idea de volver a ser soldado de Pancho Villa" **2** (*Crón dep*) Portería, en el futbol: "Dos goles perforaron su *cabaña*".

cabaret s m Establecimiento de diversión nocturna, donde los clientes pueden consumir bebidas alcohólicas, bailar y cenar, y donde suele haber un espectáculo: *entrar a un cabaret, una calle llena de cabarets*, "Fue en un *cabaret*, donde te encontré…".

cabecera s f **1** Extremo de una cama que sobresale de ella y corresponde al lado donde va la cabeza; pieza o armazón que se añade en ese lugar de la cama como adorno o para detener las almohadas **2** (*Huast*) Almohada **3** Cualquiera de los dos extremos cortos de una mesa rectangular: *sentarse en la cabecera* **4** Parte principal o de gobierno de alguna cosa, como una organización política, administrativa, etc: *la cabecera municipal, la cabecera de un tribunal* **5** (*Agr*) Cada uno de los extremos de la tierra de labor en los que terminan los surcos **6** (*Impr*) Cada uno de los extremos del lomo de un libro **7** (*Impr*) Adorno o grabado que se coloca en la parte superior de una página.

cabello s m I **1** Cada uno de los pelos que nacen en la cabeza del ser humano, y el conjunto de todos ellos **2** *Tocar un cabello a alguien* Ofender levemente a alguien: "No permitía que a su hija le *tocaran* ni *un cabello*" **3** *Agarrarse de los cabellos* Pelearse con alguien **4** *Jalarse* o *arrancarse los cabellos* Tener mucha rabia o mucho coraje **5** pl Hebras amarillentas o cafés que se encuentran en las mazorcas del maíz y que se utilizan como diuréticos **II** Dulce de chilacayote en hebras; cabellos de ángel **III 1** *Cabellos de ángel* (*Bombax ellipticum*) Árbol de la familia de las bombacáceas de 35 m de altura, de corteza lisa y verdosa, hojas de 5 hojuelas palmeadas, flores grandes, de cáliz truncado, con los estambres numerosos, largos y rosados, que parten de un tubo corto **2** *Cabellos de ángel* (*Pachira aquatica*) Árbol de la familia de las bombacáceas de 25 m de altura, de hojas compuestas; sus flores son blancas o amarillas, con estambres numerosos y largos; su fruto es comestible, subgloboso, de 20 a 30 cm con semillas de 2 cm. Crece principalmente en las orillas de los ríos de Veracruz, Oaxaca y Chiapas **3** Muchas especies del género *Calliandra*, arbustos de aproximadamente 7 m con flores de estambres rojos y blancos **4** *Cabellos de Venus* (*Nigella demascena*) Planta herbácea de la familia de las ranunculáceas, de hojas recortadas, flores blancas o azules, cultivada como ornamental.

caber v intr (Modelo de conjugación 10a) **1** Tener algo el tamaño necesario para ser contenido, rodeado o capaz de pasar a través de algo, o para contener, rodear o dejar pasar algo o a alguien: "El caballo no *cabe* por la puerta", "Este sombrero no me *cabe*", "No *quepo* en mí de alegría" **2** Ser algo posible: *cabe señalar, no cabe duda* **3** *Caberle a uno el honor, la satisfacción*, etc Tocarle o corresponderle a uno el honor, la satisfacción, etcétera.

cabestro s m **1** Cuerda o reata que se amarra de la barbada del freno de un caballo, una mula, etc para llevarlo o asegurarlo **2** Buey manso que sirve de guía a los toros.

cabete s m Agujeta de zapatos, en el centro de México.

cabeza s f I **1** Parte superior del cuerpo humano, y anterior y superior de los animales, donde se encuentran el encéfalo y los principales órganos de los sentidos **2** Parte superior del cráneo, donde nace el pelo **3** Caja craneana **4** *De la cabeza a los pies, de pies a cabeza* De arriba abajo, por completo: *mojarse de pies a cabeza* **5** *Irse de cabeza* Caerse hacia adelante **II 1** Mente, inteligencia, razón: *tener una buena cabeza, una cabeza brillante, romperse la cabeza* **2** *Sentar cabeza* Comenzar a llevar una vida ordenada y tranquila **3** *Sacar algo de la propia cabeza* Inventarlo **4** *De mi (tu, su, etc) cabeza* De propia invención **5** *Hacer cabeza* Recordar algo **6** *Meterse de cabeza en algo* Dedicarse por completo a algo, concentrarse en ello **7** *Venírsele a uno algo a la cabeza* Recordar, pensar de pronto algo **8** *Metérsele a uno algo en la cabeza* Pensar en algo o querer hacer algo con terquedad, con obstinación **9** *Calentarle a uno la cabeza* Hacer que alguien crea en lo que le dice otra persona, generalmente con mala intención **10** *Perder la cabeza* Faltarle u ofuscársele a alguien la razón o el juicio **11** *Tener algún en los pies* Estar distraído o desorientado **12** *Subírsele a alguien algo a la cabeza* Enorgullecerse excesivamente de algo **13** *Subírsele la bebida a la cabeza* Ocasionar aturdimiento las bebidas alcohólicas **14** *Estar o andar de cabeza* Estar en completo desorden o en plena confusión **15** *Bajar o doblar la cabeza* Conformarse, obedecer y ejecutar sin réplica lo que se le manda **16** *Levantar cabeza* Salir alguien de la desgracia en que se hallaba **17** *Echar de cabeza a alguien* Denunciar a alguien o descubrir sus actos **III 1** Parte superior de algo: *cabeza de un edificio* **2** Extremo abultado de un objeto: *cabeza de alfiler, cabeza de clavo, cabeza de hueso, cabeza de cerillo, cabeza de martillo* **3** Extremo anterior de algo: *cabeza de una viga, cabeza de un puente* **4** Extremo inicial de algo: *cabeza del tren, cabeza de un desfile* **5** *Cabeza de playa* (*Mil*) Zona del litoral que ocupa la primera oleada de las fuerzas de desembarco **6** *Cabeza de flotilla* (*Mar*) Barco de una fuerza naval ligera en el que va el jefe de la misma **IV 1** Parte más importante, principal, central o directora de algo: *cabeza de distrito, cabeza de un partido, cabeza de un gobierno, cabeza de familia* **2** (*Mec*) Parte de una máquina en la que hay un instrumento movible y redondo que tiene cierta función: *cabeza de barrena* **V 1** (*Hipo*) En las carreras de caballos, longitud de la cabeza de un caballo, que sirve para medir distancias **2** Individuo o elemento de un conjunto:

Diez cabezas de ganado, tres dulces por cabeza
VI Conjunto de los dientes que forman el bulbo de ajo **VII** (*Astron*) Conjunto formado por el núcleo y la cabellera de un cometa.

cabida s f Espacio que se deja para algo, u oportunidad que se ofrece a alguien de ser acogido o recibido: *dar cabida a una demanda, tener cabida los jóvenes en una asociación, encontrar cabida con un pariente.*

cabildo s m **1** Ayuntamiento **2** En algunos Estados, órgano deliberativo municipal **3** Salón en donde se reúnen los miembros del ayuntamiento **4** Para la Iglesia católica, cuerpo colegiado de canónigos de una iglesia catedral, que atiende a la liturgia, aconseja al obispo y lo sustituye cuando el cargo está vacante **5** Reunión de religiosos.

cabina s f **1** Cuarto pequeño y cerrado que sirve de alojamiento a los pasajeros de un barco, un tren o un avión **2** *Cabina telefónica* Espacio delimitado para el uso individual de un teléfono público **3** *Cabina de proyección* Cuarto pequeño desde donde se proyecta una película en un lugar público.

cable s m **1** Conjunto de hilos o alambres resistentes y entrelazados en forma de cuerda, que se utiliza para unir, amarrar, sostener, etc algo o a alguien: "Para subir a la montaña llevamos *cables* y picos", "Jalaron el coche con un *cable*" **2** Cabo grueso y de acero que se utiliza para hacer amarres fuertes, como el del ancla **3** Conductor de electricidad, en particular el que está hecho con dos alambres aislados y recubiertos generalmente de hule o plástico: "El *cable* del teléfono se ha roto y hace un falso contacto", "El cortocircuito se debió a que conectaron mal los *cables*" **4** Sistema de comunicación que emplea estos conductores para transmitir ondas eléctricas: *cable trasatlántico, televisión por cable* **5** Información o aviso que se envía empleando esta forma de comunicación: "Un *cable* de una agencia internacional", "El *cable* nos dice que el número de muertos pasa de mil" **6** (*Mar*) Medida marítima que equivale a la décima parte de una milla náutica, es decir a 185.2 m.

cabo[1] s m **I 1** Cualquiera de los dos extremos de una cosa, principalmente de objetos alargados: *el cabo de una cuerda, el cabo de un hilo* **2** *De cabo a rabo* De principio a fin: "El libro es bueno *de cabo a rabo*" **3** Parte pequeña que queda de un objeto: *cabo de vela* **4** Cuerda que se usa para distintas maniobras marítimas: *cabo negro, cabo blanco, cabo de labor, cabo firme* o *muerto* **5** *Atar cabos* Reunir distintos elementos para descubrir algo o sacar una conclusión **6** *Cabo suelto* Elemento no previsto que queda aislado y sin explicación **7** Extremo por donde se agarran o cogen distintas herramientas agrícolas como las palas, los azadones, etc **8** *Llevar algo a cabo* Hacer o realizar algo: "Se han llevado *a cabo* grandes investigaciones", "Este domingo se llevaron *a cabo* las elecciones para diputados locales" **9** *Al cabo, al fin y al cabo* Al fin que, después de todo: "Esperaré otra oportunidad, *al cabo* ésta no era tan importante" **10** *Al cabo de* Al final de algo: "*Al cabo de* breves segundos, comenzó a percibir el contorno de los objetos", "*Al cabo de* una hora añada las hierbas de olor" **II 1** Porción estrecha y alargada de tierra que entra en el mar: *Cabo San Lucas* **2** Parte de las patas de un caballo

que va de la rodilla y la corva para abajo **III** *Cabo de hacha* (*Trichilia hirta*) Árbol de la familia de las meliáceas, hasta de 15 m de altura; de hojas alternas, pinadas, compuestas, de 7 a 23 hojuelas ovadas o lanceoladas de 2 a 8 cm; tiene flores pequeñas de 4 mm, verdoso amarillentas en grandes inflorescencias; su fruto es una cápsula globosa de 1 a 2 cm con valvas y semillas rojas o anaranjadas, oleaginosas. Su madera es compacta, amarillenta o parda, y se usa en carpintería para hacer camas, carretas, etc; la raíz tiene fuertes propiedades purgantes. Crece en casi todo el país en las regiones de clima cálido.

cabo[2] s m **1** Grado militar inferior al de sargento y superior al de soldado raso o al de marinero **2** Trabajador de la construcción que dirige una cuadrilla de cinco a diez parejas, formadas por un albañil y un peón.

cabotaje s m Navegación entre los puertos de un país a lo largo de sus costas o alejándose de ellas: *embarcaciones de cabotaje.*

cabra s f **I 1** (*Capra hircus*) Mamífero doméstico, artiodáctilo y rumiante de la familia de los bóvidos. Tiene cuernos nudosos y arqueados hacia atrás, barbas en el mentón y cola corta; se alimenta en lugares escarpados y rocosos en los que es muy hábil para escalar. Su leche y su carne son muy apreciadas, así como la piel de algunas de sus razas **2** *Cabra de monte* (*Capara aegagrus*) La que es silvestre. De ella procede la doméstica **3** *Cabra montés* La cimarrona **II** *Echarle las cabras a alguien* (*Caló*) Acusarlo.

cabrío adj Que pertenece a las cabras o se relaciona con ellas: *ganado cabrío, un macho cabrío.*

cabrito s m **1** Cría de la cabra, desde que nace hasta el destete **2** Este animal, cocido y frito u horneado; es platillo típico de los estados de Coahuila y Nuevo León: *comer cabrito.*

cabrón adj y s (*Groser, Popular*) **I 1** Que es mal intencionado, prepotente, desagradable y abusivo: "Miren a ese *cabrón* agachón, debería de darle vergüenza no pagar la bicicleta" **2** Que es de poca confianza, por ser extraño a quien habla: "Se me hace que este *cabrón* va a ir con el chisme" **3** Que provoca sentimiento de lástima y temor simultáneamente: "Pobre preso, a ese *cabrón* se lo jodieron en la cárcel" **4** Que es amigo muy querido: "¡Qué gusto encontrarte *cabrón*!, hace años que no nos vemos" **5** Que provoca admiración por ser hábil para hacer algo: "Ese maestro es un *cabrón* para las matemáticas" **6** Persona: "¿A dónde irá ese *cabrón*?" **II 1** Que es difícil, violento, malo, intenso: "¡Qué enfermedad tan *cabrona*!", "¡Qué frío tan *cabrón*!" **2** *A lo cabrón* Por la fuerza, con violencia: "Entraron al cine *a lo cabrón*" **3** *Cabronazo* Golpe: *dar de cabronazos, a cabronazos*, "Sin decir agua va empezaron los *cabronazos*" **III** Hombre que consiente el adulterio de su mujer **IV** Macho cabrío **V** Diablo.

caca s f **1** (*Coloq*) Excremento: *hacer caca* **2** *¡Come caca!* Expresión grosera con que se insulta a alguien o se elude su insistencia en algo **3** *Caca de caballo* (*Andira ineranis*) Árbol leguminoso hasta de 35 m de alto, que crece en Michoacán y Oaxaca, y de Tabasco a Yucatán, de hojas pinadas y 9 a 11 hojuelas ovales; sus flores son pequeñas y rojizas; su fruto es oval. Es venenoso **4** *Caca de mono*

(*Lantana involucrata*) Arbusto que crece en climas calientes, de hojas opuestas, ovaladas, ásperas por arriba y aromáticas; sus flores son lilas o blancas y su fruto es carnoso, negro azulado, con una semilla grande **5** *Caca de niño* (*Ponetria campechana*) Árbol hasta de 30 cm de alto, lechoso, de hojas alternas, grandes y oblongas. Da un fruto amarillento y carnoso **6** *Caca de niño* (*Licamia platypus*) Árbol de 10 a 15 m de altura, de flores blancas y un fruto carnoso y áspero, de color amarillo.

cacahuate s m **1** (*Arachis hipogaea*) Planta herbácea leguminosa de unos 40 cm de altura, flores amarillas y tallos vellosos. Es originaria de América y se cultiva en climas templados y subtropicales **2** Fruto de esta planta que se desarrolla bajo la tierra y consiste en una vaina de cáscara dura y quebradiza con 2 o 3 semillas oleaginosas en su interior, las cuales se tuestan y se comen como golosinas. El aceite de las semillas se utiliza para elaborar margarina, jabones, lubricantes y cosméticos **3** *No valer algo un cacahuate* No valer nada **4** *Importarle un cacahuate algo a alguien* Importarle poco: "*Me importa un cacahuate lo que digan*".

cacalote s m **1** Cuervo **2** *Cacalote tamaulipeco* (*Corvus imparatus*) El que habita en Nuevo León, Tamaulipas y San Luis Potosí. Es de color negro brillante y cola cuadrada; su voz es de un tono muy bajo **3** *Cacalote sinaloense* (*Corvus Sinaloae*) El que habita desde Sonora hasta Nayarit. Es también de color negro brillante y cola cuadrada, su voz es áspera y de tono agudo **4** Disparate.

cacao s m **1** (*Theobroma cacao*) Árbol de la familia de las esterculiáceas, de aproximadamente 6 m de altura; su tronco es liso, las hojas duras, brillantes y lisas, y sus flores rojas. Del fruto, de forma ovalada, se obtiene la semilla con que se hace el chocolate. Generalmente se cultiva limitando su crecimiento a sólo 1 o 2 m para facilitar la cosecha; cacaotero **2** Semilla de este árbol, carnosa, blanca cuando está fresca y café rojiza cuando seca. Después de tostada se usa para hacer chocolate **3** *Manteca de cacao* Grasa que se extrae de esta semilla y que se emplea como lubricante para la piel.

cacarizo 1 adj y s Que tiene la cara llena de cicatrices como hoyitos, dejadas generalmente por la viruela **2** *Cacariza* Copa para pulque, cuyo exterior tiene múltiples botoncitos.

cácaro s **1** Persona encargada de proyectar las películas en el cine: "Las recriminaciones son para el *cácaro* cuando se quema una película" **2** Cacarizo.

cacaxtle s m **1** Esqueleto de los animales vertebrados, como el del toro o el pollo **2** Especie de cajón rectangular, de varas, que sirve para cargar algo en la espalda, semejante al huacal **3** (*Alti S*) Silla de montar de esqueleto, cuando tiene mal aspecto y está deteriorada **4** Medida de volumen, equivalente a la cantidad de mercancías que caben en ese cajón, variable según las regiones del país.

cacería s f **1** Entretenimiento u ocupación que consiste en cazar animales por deporte o para la alimentación: *cacería de venado, los aficionados a la cacería, cacería de patos en la laguna* **2** Persecución despiadada de alguna cosa o de alguna persona: *una cacería de bandidos* **3** *Cacería de brujas* Persecución desatada contra un grupo de personas, generalmente por motivos ideológicos y

sin que haya razones objetivas o pruebas reales en contra.

cacerola s f Recipiente metálico o de barro de forma cilíndrica, con mango y a veces con tapa, utilizado para cocinar: "Sobre la lumbre había varios guisos en *cacerolas* y sartenes".

cacique s m y f **1** Jefe o señor de una tribu de indios **2** Persona que ejerce sobre otras un poder despótico y arbitrario: *el cacique del pueblo*, "Los campesinos se levantaron en armas contra el *cacique*" **3** Persona que concentra el poder de decisión sobre un grupo o algún asunto: "*Caciques* de las letras que prohíben escritores e imponen estilo".

caco s m (*Coloq*) Ladrón o ratero: "Una limpia de pelafustanes, *cacos* y otros indeseables".

cacofonía s f Efecto acústico desagradable que produce la repetición de sonidos en palabras o frases, como en: "*¡qué enclenque escuincle!*".

cactácea 1 adj (*Bot*) Tratándose de plantas dicotiledóneas, las que son de tallo carnoso, esférico o dividido en paletas, con hojas muy reducidas y transformadas en espinas; tiene flores vistosas, de simetría radial y fruto como baya. Son originarias de América; algunas de sus especies son comestibles, como el nopal y otras; tienen un valor ornamental, como la cabeza de viejo o la reina de noche **2** s f pl (*Bot*) Familia de estas plantas.

cactus s m sing y pl Cualquier planta de tallos gruesos y carnosos, ya aplanados, como el nopal, ya globosos, como la biznaga, o cilíndricos, como los órganos, cubiertos por una piel muy resistente y espinas, que se dan en los desiertos americanos.

cachalote s m Cetáceo de 15 a 20 m de largo y hasta 100 ton de peso, con la cabeza muy grande y gruesa, la cual ocupa una tercera parte de su cuerpo, y el hocico estrecho y largo, con una serie de dientes cónicos en su mandíbula inferior. Habita en los mares templados y tropicales, en grupos numerosos; se pesca para obtener de él grasa, esperma de ballena y ámbar gris.

cachete s m **1** Cada una de las dos partes carnosas de la cara que se encuentran debajo de los ojos y entre las orejas y la boca; mejilla: "Quisiera ser perla fina / de tus lúcidos aretes / para darte muchos besos / y morderte los *cachetes*" **2** Cualquier tabla que se pone lateralmente en una viga para asegurar su posición correcta, o que sirve como molde para colar trabes, losas, etc: "Para efectuar el descimbrado, primero se quitan los *cachetes* de las trabes".

cacho s m (*Coloq*) **I 1** Pedazo pequeño o parte separada o cortada de un todo: *cachito de carne*, "Cortamos unos *cachitos* de papel", *un cacho de camote*, "Me sé un *cachito* del poema" **2** Billete, fracción de la lotería: "Compré un *cachito* para el sorteo de Navidad" **II** (*Rural*) En el sureste, cuerno de animal **III** *Cacho de toro, cacho de novillo* o *cacho del diablo* (*Goldmania aesculifolia*) En Guerrero, Oaxaca y Chiapas, árbol de la familia de las bignoniáceas, de hasta 8 m de altura, de hojas opuestas, con 5 o 17 hojuelas abovadas u oblanceolado oblongas, de 6 a 17 cm; flores amarillas; fruto en cápsula delgada, espiralada, de 50 cm o más; sus semillas son aladas.

cachondo adj (*Popular*) Que es sensual y gusta del juego erótico: "No es bonita, pero sí muy *cachonda*", "Le gustan los bailes *cachondos*".

cachorro s Cría o individuo muy joven de algunos mamíferos como el perro: "La perra tuvo siete *cachorros*", *un cachorro muy juguetón*.

cachucha s f Prenda de vestir, generalmente de tela y con visera, con que se cubre la cabeza.

cada adj m y f sing **1** Que forma parte de un todo y se designa o se toma en cuenta por separado o aparte: *cada persona, cada niño, cada país* **2** Que se distribuye, se reparte o se repite en igual número o cantidad de elementos de un conjunto: *cada tercer día, cada dos meses, cada cinco años, cada veinte kilómetros, cada cuadra* **3** Que es notable y singular (en oraciones generalmente incompletas): "Dice *cada* cosa...", "Tiene *cada* ocurrencia..." **4** *Cada (vez) que* Siempre que: "*Cada que* viene nos peleamos", "*Cada vez que* voy me dan ganas de quedarme" **5** *A cada instante* Todo el tiempo, constantemente: "*A cada instante* nace o muere una persona".

cadáver s m Cuerpo muerto, principalmente el de una persona: "Dos *cadáveres* pendían entre las ramas", "Hallaron el *cadáver* del perro en el jardín; parece que lo envenenaron".

cadena s f I **1** Objeto formado por una serie entrelazada de eslabones de metal o de otro material, que se emplea generalmente para amarrar o apresar alguna cosa o a alguna persona, o para transmitir movimiento en ciertas máquinas: *una cadena de oro, las cadenas de la esclavitud, romper las cadenas, cerrar con una cadena* **2** *Cadena sin fin* La que está unida por sus extremos **3** Serie de hechos o acontecimientos: *una cadena de accidentes* II **1** Serie de objetos o empresas relacionadas entre sí: *cadena de hoteles, cadena de radio* **2** *Cadena de montaje* Serie de trabajos que van haciendo sobre el mismo objeto distintos obreros especializados **3** Baile en que hombres y mujeres giran en sentidos opuestos entrelazando los brazos alternadamente unos con otras **4** La formada por eslabones grandes, generalmente de 10 cm de longitud, que se usa para hacer mediciones topográficas **5** (*Ing*) Construcción de cemento y varilla, larga y angosta, que sirve como base de una pared o como límite de una guarnición **6** (*Quím*) Conjunto de átomos entrelazados linealmente unos con otros **7** *Cadena alimenticia* Sucesión que se establece entre diversos organismos vivos, que se comen unos tras otros **8** (*Ling*) *Cadena hablada* El habla, tal como se produce, sucediéndose unos signos a otros en el tiempo **9** *En cadena* En serie, sucesivamente, como consecuencia: *reacción en cadena* III *Cadena perpetua* Pena de prisión que dura toda la vida del condenado.

cadencia s f **1** Frecuencia con que se repiten ciertos acentos de un ritmo o de un compás, como se percibe en el vals, la habanera o la zandunga: *bailar con cadencia*, "Las *cadencias* embriagadoras de la poesía modernista" **2** (*Mús*) Fórmula melódica o armónica que constituye el final de una frase, sección o composición musical, y cuyo orden tonal produce la sensación de reposo o conclusión total.

cadera s f Cada una de las salientes laterales del cuerpo que se encuentran abajo de la cintura y están formadas por los huesos iliacos; región de la espalda comprendida entre ambas salientes: "Es

delgada, pero tiene las *caderas* muy anchas, "Los pantalones le llegan a la *cadera*".

cadete s m Alumno de un colegio o una academia militar: "Desfilaron los *cadetes*".

caduco adj **1** Que ha alcanzado el final de su vida o de su vigencia: *modas caducas, un maestro caduco* **2** Que tiene una duración limitada, que se acaba o muere pronto: "La vida del hombres es terrena y *caduca*" **3** Tratándose de plantas, que pierde todas sus hojas en una determinada época del año; caducifolio: *un bosque de árboles caducos*.

caer v intr (Modelo de conjugación 1d) I **1** Moverse algo o alguien de arriba abajo por la acción de su propio peso: *caer las piedras, caer al suelo, caer del cielo, caerse de la cama* **2** Caer de espalda, cabeza, manos, etc Caer de tal forma que lo primero que toca el suelo es la espalda, la cabeza, las manos, etc **3** *Caer parado alguien* Resultar oportuna y conveniente la presencia o la acción de alguien en alguna cosa: "Pepe *cayó parado* en la empresa, cuando más lo necesitaban" **4** *Caer algo o alguien del cielo* Ser oportuno cuando nadie lo esperaba: El premio le *cayó del cielo* cuando estaba tan angustiada" **5** *Caerse de* Alcanzar el estado o la situación de algo o alguien su grado extremo: *caerse de sueño, caerse de risa, caerse de viejo, caerse de buena* II Desprenderse algo del lugar al que estaba adherido o sujeto: *caerse un botón, caer las hojas de los árboles, caerse un diente* III **1** Morir: "¡Cuántos jóvenes *cayeron* en la guerra!" **2** Sufrir una derrota, ser capturado, vencido o eliminado: "El equipo *cayó* por 2 goles a 0", "*Caerá* el dictador", "Así *cayó* San Juan de Ulúa" **3** Quedar o ponerse alguien en una situación difícil, desafortunada o peligrosa: *caer en una trampa, caer en desgracia, caer en la miseria* **4** *Caerle a alguien* (*Coloq*) Llegar de visita: "*Te caigo* en la tarde", "*Le cayeron* sus hermanos cuando no tenía nada preparado" **5** *Caerle a alguien* (*Coloq*) Sorprender a alguien cuando comete algún delito o una falta: "*Le cayeron* cuando robaba una tienda", "Estaban copiando cuando *les cayó* el maestro" **6** *Caer tierra a alguien* Quedar alguien al descubierto en una falta, ser acusado con pruebas **7** *Caerse uno del mecate* (*Popular*) Quedar en evidencia, descubrirle la trampa **8** Llegar sorpresivamente a algún lugar: "Nosotros *caemos* cuando ellos menos se lo esperen", "Allí, como de casualidad, *cae* también Pito Pérez" **9** *Caer en manos de* Ser tomado o apresado por: "Guadalajara *cayó* en manos de los insurgentes", "El ratero *cayó* en manos de la policía" IV **1** Estar algo colgando: "El pelo le caía sobre los hombros" **2** Estar algo situado en cierta dirección: "Los muros *caen* hacia el río" V **1** Decaer algo, disminuir o bajar su intensidad: *caer el ánimo, caer los precios, caer la producción* **2** *Caer algo en desuso* Dejarse de usar: "El linotipo ya *cayó en desuso*" **3** *Caer la tarde, el sol, la noche* Llegar a su fin el día, oscurecer, hacerse de noche VI **1** Lograr entender algo o descubrirlo: "¡Ya *caigo*, el mayordomo era el asesino!" **2** *Caer en la cuenta* Darse cuenta de algo, encontrar su significado, acabar de comprenderlo VII **1** Coincidir algún acontecimiento o coincidencia con cierta fecha o época del año: "Su cumpleaños *cae* en Jueves Santo", "El primero de mayo *cayó* en domingo" **2** Tocarle algo inesperadamente o por fortuna a alguien: "Nos *cayó* trabajo a última hora", "La lotería *cayó* en Toluca" **3** *Caer a alguien (de madre)* (*Groser*) Tocarle a alguien la vergüenza o el menosprecio si no actúa como se espera de él o se le exige": *Le cae de madre* al que raje", "*Me cae* que le debí haber soltado unos chingadazos en la carota" **4** *Caer a alguien el chahuistle* Tocarle la mala suerte o el daño: "Choqué y me rompí un pie, ¡ora sí que *me cayó el chahuistle*." **5** Quedar algo incluido en una clase, sujeto a una regla o corresponder su ejecución a alguien: *caer en un intervalo*, "Mantener la ciudad limpia *cae* entre las obligaciones del ayuntamiento" **VIII 1** *Caer algo bien* o *mal a alguien* Producirle un efecto bueno o malo, sentarle bien o mal: "Le *cae bien* tomar el sol", "El café le *cae mal*" **2** *Caer alguien bien* o *mal* Producir simpatía o disgusto: "Los niños siempre *le han caído bien*" **3** *Caer de la pedrada, en pandorga*, etc Caer muy mal **IX 1** *Caer con* (*Coloq*) Tocarle a uno pagar o colaborar en alguna cosa: "¡*Cáete con* la lana!" **2** *Caerse cadáver* (*Popular*) Pagar algo **X** *Caérsele la baba a alguien* Quedar asombrado, maravillado o cautivado por algo o por alguien.

café s m **I 1** Semilla del cafeto **2** Bebida que se prepara con estas semillas, después de tostarlas y molerlas, agregándoles agua caliente: *un café solo, café con leche* **3** *Café de olla* Esa bebida, ligera y endulzada con piloncillo **4** *Café negro* Esa bebida, relativamente aguada **5** *Café descafeinado* Esa bebida, pero generalmente en polvo al que se le ha extraído la cafeína **6** *Café capuchino* Bebida de esa semilla, que se vierte sobre crema y se condimenta con canela **7** *Café express* Esa bebida, sola, más espesa y fuerte **8** Establecimiento en que se sirve café, otros alimentos y bebidas; cafetería: *café de chinos* **II** adj m y f y s m Que tiene el color de estas semillas cuando están tostadas: *ojos cafés, zapatos cafés*.

cafetería s f **1** Establecimiento donde se sirve principalmente café y otras bebidas, así como postres o alimentos ligeros: "Vamos a la *cafetería* de la esquina, venden un pastel de chocolate delicioso" **2** Establecimiento donde se preparan y venden alimentos para consumirlos ahí, y donde los clientes se sirven a sí mismos por no haber meseros; en especial los que hay en algunos centros de trabajo o educativos y dan servicio a los empleados o estudiantes: "Todos los días desayuna y come en la *cafetería del colegio*", "El sindicato pidió que se pusiera una *cafetería* para los empleados".

cafeto s m (*Caffea arabica*) Arbusto de la familia de las rubiáceas, de 3 a 5 m de altura, de ramas largas y delgadas, hojas verdes y lustrosas, con los bordes ondulados y terminadas en punta, en cuya articulación se aglomeran las flores, blancas y olorosas. Su fruto es ovalado, verde cuando está tierno y rojo al madurar; contiene dos semillas de 1 cm de largo, también ovaladas y con una hendidura a lo largo, de las que se obtiene el café. Crece en climas cálidos y húmedos. Es originario de África del Norte.

caguama s f **1** Tortuga marina de distintas especies que se caracteriza por su gran tamaño, pues llega a medir hasta más de 2 m de longitud; tiene el caparazón aplanado con bordes agudos y puede ser de color gris oscuro, café o verde olivo. Se alimenta principalmente de crustáceos y moluscos; sus distintas especies están distribuidas en las costas de aguas cálidas del Atlántico y el Pacífico. Su carne y huevos son comestibles y de su caparazón se obtiene un material córneo con el que se fabrican distintos objetos; actualmente su captura está restringida, pues se encuentra en peligro de extinción **2** Botella de cerveza de aproximadamente un litro de capacidad: "Compramos una bolsa de cacahuates y dos *caguamas* frías".

caída s f **1** Acto de caer: *ímpetu de caída, la caída de los precios, caída de voltaje, la caída del Imperio Romano, amortiguar la caída* **2** Caudal importante de agua que cae donde hay un desnivel repentino **3** Entre los cristianos, equivocación, falta o pecado: *la caída del primer hombre, la caída de Adán* **4** *Tener buena caída* Tratándose de telas, que cae por su peso y consistencia **5** *Caída de las hojas* Fenómeno de caerse las hojas de las plantas en el otoño; época en que ocurre **6** *Caída de la tarde* Atardecer **7** (*Rural*) En la suerte del coleo clásico, la acción y efecto de caer el animal que se colea, cuando toca el suelo con la cabeza **8** (*Dep*) Cada una de las veces en que cae un boxeador a la lona, por efecto de los golpes recibidos, o en que un luchador toca con la espalda el suelo: *una pelea a tres caídas*.

caimán s m **1** Reptil anfibio del orden de los *crocodilia*, de menor tamaño que el cocodrilo, pero semejante a él. Es de color pardo negruzco en el dorso y verde claro en el vientre. Su hocico es más corto y redondeado que el del cocodrilo; en sus fauces, los dientes superiores sobresalen a los inferiores. Habita en regiones cálidas de América **2** Herramienta que se usa para atornillar tubos gruesos, compuesta por una cadena que abraza al tubo, y un seguro dentado que fija la cadena.

cairel s m Mechón de pelo largo y rizado: "La peinaron a la antigüita, con *caireles* y moños".

caja s f **I 1** Recipiente rectangular, de cartón, de madera, de metal, etc con tapa, que sirve para guardar cosas y transportarlas: *una caja de zapatos, caja de herramientas, caja de refrescos, caja de cerillos* **2** Medida de volumen o de peso, de distintas equivalencias en el país y según aquello de que se trate: *una caja de mangos, una caja de maíz* **3** Aquélla en la que se deposita un muerto para enterrarlo; ataúd **4** *Caja de apartado* La que alquila una oficina de correos en una persona, para que allí reciba su correspondencia **II 1** *Caja fuerte* o *de caudales* La de hierro, en la que se guardan objetos de valor y dinero **2** *Caja de seguridad* La de hierro, que se localiza en la bóveda o en un lugar seguro de un banco o de una oficina, para depositar en ella dinero y otros valores **3** *Caja registradora* Aparato que consta de una calculadora y un depósito de dinero, con el que se calculan los cobros que hace un establecimiento comercial o cualquier otra oficina que reciba pagos **4** Lugar o espacio en un banco, comercio u oficina en donde se hacen cobros y pagos **5** *Caja de ahorros* Sistema de ahorro y préstamo que organizan varias personas o una comunidad, aportando periódicamente cantidades de dinero **6** (*Cont*) Cuenta del balance que asienta la cantidad de efectivo de que dispone una empresa **7** (*Cont*) *Caja y bancos* Cuenta del balance que asienta la liquidez total de una empresa **8** *Caja chica* Cantidad en efectivo que se deja en manos de una persona, para facilitar los gastos menores de una empresa **III** (*Impr*) **1** Marco de madera con varias separaciones o cajetines rectangulares, en donde se almacenan los caracteres de una misma letra o de un mismo signo tipográfico **2** *Caja alta* Parte superior del recipiente anterior, en donde se guardan las mayúsculas **3** *Caja baja* Parte inferior de ese recipiente, en donde se depositan las minúsculas **4** *Caja perdida* Parte donde se ponen los caracteres de uso poco frecuente **5** *Caja california* Parte de aquel en donde se depositan los signos tipográficos de mayor uso **6** Espacio de una página ocupado por lo impreso, con exclusión de los márgenes **IV 1** (*Carp*) *Caja (de escopladura)* Surco que se hace en el centro de una tabla, para ensamblar por ahí otra que, a su vez, tiene una espiga **2** (*Carp*) *Caja a media madera* Cavidad que se hace en dos tablas por su parte media para ensamblarlas en forma de cruz, de modo que sus superficies tengan el mismo nivel **3** (*Arq*) Hueco en donde se emplazan las escaleras en una construcción **4** (*Teatro*) Espacio que media entre cada par de bastidores de los que encuadran el escenario **5** (*Ing*) Prisma cuadrangular que se construye en el piso o en una pared de un edificio para que pasen por ahí los cables de las instalaciones eléctricas y telefónicas, y las tuberías de drenaje, de agua o de gas, y de donde salen ramificaciones a otros puntos del edificio; caja de registro **6** (*Ing*) *Caja de interconexiones* o *caja chalupa* La alargada, generalmente de metal, que contiene interruptores y otros elementos de una instalación eléctrica **7** *Caja de agua* Bordo o sistema de bordos que se construye en el campo para contener el agua y que el limo fertilice los terrenos **8** *Caja de agua* (*Dgo*) Cauce de un río **9** *Caja negra* Desconocimiento teórico de lo que sucede en un organismo del cual se conocen sus estímulos y sus respuestas, pero no la manera en que se relacionan unos y otras **10** *Caja negra* (*Aeron*) Dispositivo de registro de los diferentes estados de los indicadores y las comunicaciones que ocurren durante el vuelo de un avión, que sirve en particular para investigar las causas de sus accidentes **V 1** (*Mec*) *Caja de velocidades* o *de engranes* La que contiene el mecanismo de engranes por los cuales se transmite la fuerza producida por el motor de un vehículo al eje que mueve las ruedas: *caja automática, caja manual* **2** (*Mec*) *Caja de cambios* Caja de velocidades de los vehículos de doble tracción, que sirve para conectar o desconectar uno de los ejes de tracción **VI 1** *Caja torácica* (*Biol*) En los vertebrados, cavidad que forman las costillas y el esternón, parte importante de los órganos vitales **2** *Caja ósea* (*Biol*) Cráneo **VII** *Caja de Petri* (*Quím*) Recipiente circular en cuyo interior se coloca otro con el medio de cultivo para realizar análisis bacteriológicos **VIII** (*Mús*) **1** Tambor **2** *Echar a alguien con cajas destempladas* Echarlo o despedirlo de alguna parte con enojo y rudeza **3** Parte hueca de los instrumentos de cuerda y de percusión, como la guitarra, el violín o el piano, donde se produce la resonancia **4** *Caja de música* Instrumento que se acciona con una cuerda de reloj para hacer girar una banda, de metal o de papel, donde está grabada una pieza musical que se reproduce en un tímpano **5** *Cajita china*

Instrumento de percusión que consiste de una caja con una ranura en su parte superior; se percute con una baqueta de madera y produce un sonido semejante al de la clave **6** *Caja de ritmos* En los órganos electrónicos, conjunto de circuitos que reproducen sonidos semejantes a los de las percusiones con un patrón de ritmo previamente programado **IX** *Caja de polvo* En Oaxaca, polvera de mujer.

cajero s **1** Persona encargada de cobrar y pagar el dinero en un banco, un comercio, etc **2** *Cajero automático* Dispositivo electrónico por medio del cual se efectúan pagos o se hacen retiros de una cuenta de banco.

cajeta s f **1** Dulce de leche quemada con azúcar y alguna otra sustancia o esencia saborizante; es de consistencia espesa y color café claro u oscuro: "De postre comimos bolillo con *cajeta*" **2** (*Alti C*) Ate **3** *De cajeta* (*Popular*) De muy buena calidad o apariencia, de gran valor, fuerza, importancia, etc: "Se compró una tele *de cajeta*" **4** *Ser algo o alguien (pura) cajeta* (*Popular*) Ser excelente, de la mejor calidad o tener grandes cualidades: "Prueba este tequila, *es pura cajeta*", "Su jefe *es pura cajeta*, siempre le echa la mano en todo".

cajón s m **1** Caja grande rectangular o cuadrada, particularmente la que es de madera: "Guardaron los granos en varios *cajones*", un *cajón* de fruta **2** Parte de algunos muebles, con forma de caja, que puede abrirse y cerrarse deslizándose sobre un riel y que sirve para guardar cosas: *los cajones del escritorio*, "Los papeles están en el *cajón* de la mesa" **3** Caja de madera que utilizan los boleros para limpiar el calzado. Tiene un soporte para apoyar el pie en la parte superior y una abertura lateral por donde se meten y sacan utensilios de limpieza **4** Caja de muerto, ataúd **5** (*Tauro*) Caja o jaula de madera que sirve para transportar a los toros; tiene ruedas y dos puertas levadizas **6** Mueble generalmente de madera y con ruedas que usan los vendedores ambulantes, o puesto de un mercado, particularmente el que se instala en la calle **7** Armazón de madera que se usa en albañilería para contener la mezcla **8** Excusado rudimentario, hecho con una tabla que tiene un agujero en el centro que da a un pozo **9** Lugar delimitado para estacionar un automóvil: "El estacionamiento tiene cien cajones" **10** Parte más profunda del surco **11** *Cajón de ropa* Tienda en la que se vende ropa y otras mercancías **12** *Cajón de sastre* Lo que contiene cosas o ideas de muy diversa índole sin ningún orden o relación; cosas o ideas así dispuestas: "Su mente es un *cajón de sastre*", "Todo lo que no pudo resolver lo echó al *cajón de sastre*" **13** *Ser algo de cajón* Ser algo obligado, suceder necesariamente: "*Es de cajón* que te den tu indemnización".

cajuela s f Compartimento de un automóvil en donde se guardan maletas, herramientas y otros objetos que hay que transportar, por lo general situado en la parte posterior: *guardar en la cajuela, meter en la cajuela*.

cal s f **1** Polvo blanco, compuesto básicamente de óxido de calcio, que se encuentra en las piedras calizas y otras formaciones rocosas; es un ácido muy fuerte que quema (cal viva); cuando se mezcla con agua produce calor y se vuelve cal apagada o muerta. Tiene muchos usos en la fabricación de insecticidas y fungicidas; se usa en metalurgia, como material refractario, etc; como cal apagada se mezcla con arena para usarla en albañilería **2** *Cal y canto* Combinación de piedras y cal apagada con la que se construyen algunos muros **3** *A* o *de cal y canto* Con mucha solidez y resistencia, de mucha fortaleza y resistencia: *cerrar a cal y canto*.

calabacita s f **1** (*Cucurbita pepo*) Planta rastrera o trepadora de la familia de las cucurbitáceas, provista de zarcillos o filamentos en forma de resortes, hojas anchas redondeadas o lobuladas y flores amarillas de un solo pétalo que se comen hervidas o guisadas **2** Fruto de esta planta, de forma alargada que mide de 10 a 12 cm de largo, de pulpa blanca y cáscara de color verde claro con manchitas blancas. Se come en diversas formas y es muy utilizado en la cocina mexicana: *calabacitas con queso, crema de calabacitas, calabacitas con elote y carne de puerco* **3** (*Cucurbita moschata*) Planta rastrera o semitrepadora de la familia de las cucurbitáceas, de flores amarillas con un solo pétalo **4** Fruto de esta planta, de forma esférica que mide de 6 a 8 cm de largo, de pulpa blanca y cáscara verde. Es comestible y su sabor muy parecido al del fruto anterior.

calabaza s f **1** (*Cucurbita maxima*) Planta herbácea rastrera, de tallo acanalado, velloso y a veces espinoso, hojas de formas variadas y flores amarillas. Sus raíces brotan de los nudos del tallo y sus filamentos tienen tres ramificaciones parecidas a la cola de un cochino **2** Fruto de esta planta, de forma esférica u ovoidal, de gran tamaño, con cáscara dura de color verde anaranjada, con muchas semillas comestibles de color crema. Se suele comer preparada en dulce **3** *Calabaza en tacha* Dulce de este fruto, preparado con miel de piloncillo, caña, tejocote, guayaba y otras frutas **4** Planta cucurbitácea de distintas especies, de tallos rastreros, hojas grandes, flores amarillas y frutos de diferentes tamaños y muchas semillas **5** Calabacita **6** *Dar calabazas a alguien* Rechazar una persona a otra que la pretende o engañarla con otra: "Rosita Alvírez le dio *calabazas* a Hipólito.

calabazo s m **1** Fruto grande y globoso, de cáscara dura, de dos plantas bignonáceas, que se utiliza, seco y vaciado de su carne, para hacer recipientes y jícaras; guaje **2** (*Mec*) Cubierta de acero, relativamente redonda, del diferencial de la transmisión de un vehículo automotor.

calado I pp de *calar* II s m **1** Labor que se hace en una tela con aguja, sacando o juntando hilos, para formar figuras y adornos en ella **2** Labor semejante en una lámina, una pared, etc, entresacando pedacitos para formar una figura decorativa.

calafatear v tr (Se conjuga como *amar*) Sellar, con diversas sustancias como el alquitrán o la brea, las pinturas de las duelas de una embarcación para evitar que el agua penetre por ellos; cubrir de esta manera otro tipo de uniones como los de las tuberías: "En el muelle, un grupo de pescadores *calafatean* y pintan sus lanchas", "Las juntas defectuosas se *calafatean* para que no aparezcan goteras".

calamar s m Molusco marino de cuerpo alargado con dos aletas triangulares en su extremo posterior, la cabeza rodeada por diez tentáculos con ventosas y una concha interior en forma de pluma que le da consistencia a su cuerpo; se desplaza lanzando, con gran fuerza y por un pequeño orifico chorros de agua, y para ocultarse de sus enemigos segrega una especie de tinta negra con la que enturbia el agua. Se le pesca en grandes cantidades por su carne, que es muy apreciada: *calamar gigante, calamares en su tinta, ceviche de calamar.*

calambre s m Contracción espasmódica de uno o varios músculos, involuntaria, muy dolorosa y de poca duración, producida generalmente por un esfuerzo excesivo, por enfriamiento o por alguna enfermedad: "Tuvo que abandonar la carrera porque le dio un *calambre* en la pierna", "Sentía náusea y *calambres* en el estómago".

calandria s f **1** Ave de distintas especies de la familia de los ictéridos, de alrededor de 20 cm de largo, que tiene gran parte del cuerpo de color amarillo o anaranjado, y las alas la cola y parte del pecho y, generalmente, de la cabeza, negras. Todas sus variedades son canoras y se encuentran distribuidas en casi todo el territorio nacional: *calandria campera, calandria de fuego, calandria real* **2** Coche abierto, con toldo móvil, tirado por un caballo; hoy en día, tiene uso casi exclusivamente turístico.

calar v tr (Se conjuga como *amar*) I **1** Penetrar una cosa en otra a profundidad, atravesando todos sus tejidos o sus capas o llegando hasta su fondo: "*Caló* la espada en el lomo del animal", *calar hondo* **2** intr Afectar dura o severamente alguna cosa a otra: "Una respuesta que *calaría* en el amor propio del Maciste" **3** *Calar el frío* o *la lluvia* Ser tan intensos, que se hacen sentir en el cuerpo II **1** (*Mar*) intr Sumergirse el casco de un barco hasta cierta profundidad, medida desde su parte más baja **2** Echar al agua una red u otra arte de pesca III **1** Cortar la carne de una fruta hasta llegar a su interior o hasta el hueso, para probarla: *calar un melón, calar un mamey, calar un aguacate* **2** Inspeccionar el contenido de un costal, sacando muestras con un instrumento que penetre su tela **3** Cortar alguna tela o un papel por su interior, entresacando pedazos —generalmente con figuras— o hilos: *calar un mantel* IV **1** Probar el buen funcionamiento de algo, sometiéndolo a pruebas intensas: *calar una pistola, calar un motor* **2** Someter a examen a alguien, exponiéndolo a dificultades características de la tarea que se le va a encomendar: *calar a una secretaria, calar a un maestro* **3** Probar la capacidad, la resistencia o la fiereza de un animal al que se someterá a cierto trabajo o a cierto castigo: *calar un caballo, calar un toro* V **1** prnl Ponerse ajustadamente alguna cosa: *calarse los anteojos, calarse el sombrero* **2** *Calar un arma* Prepararla en su lugar correspondiente o para usarla en un momento dado: *calar la bayoneta.*

calavera s f I **1** Cabeza, en sus huesos **2** Esqueleto del cuerpo humano **3** Figura de la muerte: "Cuando venga *la calavera* a buscarme no voy a achicopalarme" **4** Dulce de azúcar, hecho en fecha cercana al día de muertos, que representa los huesos de la cabeza. Por lo regular el dulce está adornado y con algún nombre de persona escrito sobre el lugar que corresponde a la frente: "No debe dar terror ni antipatía, como no nos los dan las *calaveras* de azúcar" **5** Versos festivos que se escriben en noviembre con motivo del día de muertos, y que pretenden ser el epitafio de una persona viva **6** Dibujos, acompañados de versos, que representan el esqueleto de personas vivas, y que se publican en noviembre, con motivo del día de muertos **7** Dinero o regalo que piden los niños el dos de noviembre, día de muertos **8** adj m que es mujeriego y parrandero: "Antes de casarse, Pedro era un *calavera* muy conocido como tal" **II 1** Foco y su pantalla generalmente dorada que se coloca en la parte trasera de los automóviles para que se puedan distinguir de noche **2** Hoyo que se forma en los calcetines, o cualquier otra prenda de punto que cubra los pies, en la parte del talón que roza el borde posterior del zapato.

calcáreo adj Que contiene cal o está hecho de ella: *conchas calcáreas, piedras calcáreas.*

calceta s f **1** Prenda de vestir, generalmente de punto, que cubre el pie y la pierna hasta la rodilla, generalmente usada por niñas y jovencitas: "Parece que la estoy viendo con sus *calcetas* y su expresión ingenua, que en ese tiempo me hechizó" **2** *Hacer calceta* Tejer con agujas, a mano.

calcetín s m Prenda de vestir de tejido más o menos grueso, que cubre el pie y el tobillo o llega hasta media pantorrilla: "Llévate tus *calcetines* de lana porque hace mucho frío", "Como si fuera un *calcetín* / tírame cuando esté roto…".

calcio s m **1** (*Quím*) Metal moderadamente blando, amarillento, combustible, que se oxida con el aire formando una película protectora. No se presenta libre en la naturaleza. Es un componente esencial de dientes, huesos, caparazones y estructuras vegetales. Necesario en la nutrición de animales y seres humanos, se usa también como fertilizante y es elemento básico de la cal **2** *Calcio radioactivo, Calcio 45* Calcio radioactivo cuyo periodo de desintegración es de 164 días, auxiliar para la investigación de la absorción y depositación del calcio en los huesos, de las características del suelo en relación con la utilización de fertilizantes y rendimiento de las cosechas, etcétera.

calcita s f (*Min*) Carbonato de calcio cristalizado; es el principal constituyente del mármol y la caliza, se usa como material fosforescente.

calculador adj Que se previene de cualquier tipo de circunstancia adversa antes de realizar una acción; cauteloso: "Su mirada tenía un aire malicioso, *calculador*, burlón".

calculadora s f Máquina eléctrica, electrónica o mecánica que hace cálculos aritméticos o matemáticos. El número de memorias con que cuenta es menor al de una computadora y carece de equipo periférico, como lectoras de tarjetas, impresoras, cintas, etc: *calculadora de bolsillo, calculadora científica.*

calcular v tr (Se conjuga como *amar*) **1** Hacer las operaciones matemáticas necesarias para averiguar el valor, la cantidad o la medida de algo: "*Calcular* el perímetro de un triángulo" **2** Atribuir a algo un valor, una cantidad o una medida que se considera aproximada: "*Calcular* que hubo pérdidas por más de dos millones", "Le *calculo* unos cincuenta años" **3** Suponer algo: "'*Calculamos* que terminaremos en diciembre" **4** Considerar las ventajas y desventajas de algo o prever sus consecuencias: "Un hombre que *calcula* antes de actuar".

cálculo[1] s m **1** Operación o serie de operaciones matemáticas para averiguar el valor, la cantidad o la

medida de algo **2** (*Mat*) Rama de las matemáticas que estudia los métodos para analizar la relación existente entre dos o más magnitudes variables: qué tan rápido varía una con respecto a la otra (*cálculo diferencial*) o qué tanta variación se produce en una cuando la otra varía en un rango determinado (*cálculo integral*); por ejemplo, el método para conocer la velocidad de un cuerpo en un instante determinado a partir de la relación entre distancia y tiempo **3** Estimación aproximada del valor, la cantidad o la medida de algo: "Los *cálculos* indican trescientas mil personas", "*Cálculos* preliminares señalan pérdidas multimillonarias" **4** Previsión que se hace de algo: "Fallaron sus *cálculos* y no pudo llegar a tiempo".

cálculo[2] s m Acumulación de sales que se solidifican en pequeñas piedras en el interior de distintos órganos como la vejiga, los riñones, etc, debida generalmente a un mal funcionamiento del metabolismo.

caldera s f **1** recipiente grande de metal en el que se calienta o se hierve agua; según sus objetivos, tiene diversas dimensiones y distintos funcionamientos: *una caldera de vapor, la caldera de un baño* **2** (*Geol*) Depresión circular de gran tamaño y de paredes abruptos formada alrededor del cráter de un volcán por una erupción o explosión muy fuerte.

calderón[1] s m **1** (*Mús*) Signo musical (⌒) que, en una partitura, indica que la duración de la nota, acorde o silencio sobre o bajo el cual aparece, ha de prolongarse a juicio del ejecutante o director **2** (*Impr*) Signo tipográfico (¶) que antiguamente se empleaba para señalar párrafos y hoy carece de función específica.

calderón[2] s m (*Bocconia frutescens*) Arbusto o árbol de 1 a 7.5 m de alto, de corteza blanda y desprendible; hojas grandes de 12 a 40 cm de largo, muy lobuladas, generalmente blanquecinas por la parte de abajo; flores púrpuras; frutas como cápsulas. Cuando el tronco se hiere con algún instrumento cortante, mana un látex que en contacto con el aire forma coloración roja, por ello también se le conoce como *llora sangre*. Tiene en la medicina popular para secar úlceras, para el tratamiento de erupciones en la piel, bronquitis, también como vermífugo, purgante y otros. Las hojas se usan en las regiones tropicales de México para hacer cataplasmas y frotar las heridas superficiales.

caldo s m **1** Alimento líquido que consiste en una mezcla de jugos de carne con los de verduras, y el agua en que se cuecen **2** En Sinaloa, jugo de frutas o de plantas **3** *Caldo de cultivo* (*Biol*) Líquido que resulta de la mezcla de distintas sustancias orgánicas; sirve para la reproducción artificial de bacterias en laboratorio **4** *Dar sabor al caldo* Hacer que las cosas tomen mayor intensidad o interés **5** *Año del caldo* Época muy antigua: "Traía unos pantalones del *año del caldo*" **6** (*Popular*) Manoseo sexual: *echarse un caldo* **7** *Caldo de oso* (*Popular*) Pulque.

calendario s m **1** Sistema de medición del tiempo que lo divide en periodos regulares: años, meses, semanas, días, a partir de criterios fundamentalmente astronómicos: *calendario solar, calendario azteca, calendario gregoriano,* o de acuerdo con el desarrollo de alguna actividad: *calendario escolar, calendario fiscal, calendario agrícola, calendario eclesiástico* **2** Registro impreso de los días del año distribuidos en orden numérico por el día de la semana y el mes al que corresponden: "Marcó en su *calendario* la fecha del viaje", *un calendario ilustrado* **3** Programación en el tiempo de alguna actividad: *calendario de conferencias*, "El calendario de juegos favorece al equipo local".

calentador adj y s m **1** Aparato que sirve para calentar gases, líquidos o sólidos **2** Aparato doméstico, fijo, que sirve para calentar el agua; se conecta con las tuberías de baño y cocina, y utiliza como fuente de energía, gas, electricidad o leña; boiler **3** Aparato doméstico, fijo o portátil, que calienta la temperatura ambiental; generalmente funciona por electricidad o gas; radiador **4** (*Elect*) Filamento que en un tubo electrónico calienta el cátodo indirectamente **5** (*Mec*) Aparato que se emplea para elevar la temperatura de mezcla de aire o líquidos en una cámara de combustión, antes de arrancar un motor **6** pl Prenda de vestir que usan bailarines, gimnastas, etc en las piernas para mantener calientes articulaciones y músculos.

calentamiento s m Acto y resultado de calentar o calentarse algo o alguien: *fuente de calentamiento, calentamiento excesivo, sistema de calentamiento*.

calentar v tr (Se conjuga como *despertar*, 2a) **I 1** Elevar la temperatura de algo o alguien: *calentar agua, calentar tortillas, calentar el motor* **2** Hacer ejercicio antes de comenzar una actividad física, para que los músculos estén en condiciones de llevar a cabo el esfuerzo requerido: *ponerse a calentar, calentar un caballo* **3** Sentir disposición o ánimo creciente para continuar haciendo algo o haciéndolo mejor: "Conforme avanzaba el tiempo, el público se fue *calentando* con la música" **4** Producir o sentir exaltación en relación con algo, hasta llegar a la violencia o la acción descontrolada: "El discurso *calentó* los ánimos de sus seguidores **5** *Calentarle a alguien la cabeza* Influirlo para que actúe de una manera conveniente a quien lo influye, o para que actúe irreflexivamente: "A usted le *calientan la cabeza* los despechados" **6** (*Popular*) Excitar o excitarse sexualmente **7** (*Popular*) Golpear o torturar a alguien para que confiese algo o actúe de cierta manera: "Firmas, o te vamos a *calentar*" **II** Cortar parte del follaje a algunas plantas para acelerar su desarrollo: *calentar la milpa*.

calentura s f **1** Elevación anormal de la temperatura corporal, acompañada generalmente de un aumento de velocidad de los latidos del corazón, respiración agitada e intranquilidad: "La *calentura* lo tiene en cama", "Si tiene *calentura* puede tratarse de una infección" **2** *Calentura de pollo* Enfermedad o indisposición que se finge con el fin de no hacer algún esfuerzo o para que lo consientan a uno: "*Calentura de pollo*, mal de perrera y el zapato roto para no ir a la escuela".

calibre s m **1** Diámetro interior del cañón de las armas de fuego o diámetro de los proyectiles que éstas disparan, cuya medida, por lo general, está dada en fracciones de pulgada: *un rifle calibre 38, una bala calibre 22* **2** Diámetro de un tubo o conducto: "Las agujas hipodérmicas vienen en varios *calibres*" **3** Grosor de un alambre o de una lámina: *el calibre de un conductor* **4** Tamaño o importancia de algo: "Son experiencias que, por su *calibre*, no se deben olvidar".

caliche s **1** f Capa o polvo de cal que se levanta o desprende de las paredes por efecto de la humedad: "Hay que resanar las paredes porque ya están llenas de *caliche*" **2** m Piedra caliza **3** m Caló **4** *¡Ya caliche!* ¡Ya entendí, ya comprendí!

calidad s f **1** Propiedad o conjunto de propiedades que tiene una cosa, que permite compararla y evaluarla: *carne de buena calidad*, "Su trabajo es de mejor *calidad*" **2** Valor, mérito o superioridad de algo o alguien: "La *calidad* de la obra es inmejorable", "Todos reconocemos su *calidad* humana" **3** *En calidad de* En condición, en situación de: "Llegaron al país en *calidad* de asilados", "En mi *calidad* de maestro...".

cálido adj **1** Que es caliente o produce calor: *un viento cálido, países cálidos, clima cálido* **2** Que es afectuoso y amable, que deja sentir su cariño o bondad: *un trato cálido, un ambiente cálido, una cálida bienvenida*, "Arturo es el más simpático y *cálido* de sus hijos" **3** Tratándose de colores, que queda comprendido entre el rojo y el naranja o, referido a la pintura, que predomina el colorido dado por esta gama cromática: "Tiene toda la sala en colores *cálidos*, tonos cálidos.

caliente adj m y f **1** Que tiene temperatura alta o que transmite calor: *chocolate caliente, sopa caliente, plancha caliente* **2** Que ha ejercitado sus músculos para iniciar adecuadamente una actividad física: *estar caliente* **3** (*Popular*) Que está excitado sexualmente: *ponerse caliente, andar caliente* **4** Que es fogoso y agresivo: "Justino era el boxeador más *caliente* y peligroso de todos" **5** Que es muy reciente, y sus efectos todavía duran o se recuerdan: "Todavía está *caliente* la catástrofe de la ciudad" **6** *En caliente* En el mismo instante, de inmediato, aprovechando la situación: "¡Mátalos *en caliente*!".

calificación s f **1** Juicio o evaluación que se hace de algo o de alguien, ya sea dentro de una escala de valores previa o para caracterizarlo y pensarlo: "Le da la *calificación* de confuso" **2** Satisfacción de los requisitos establecidos para poder participar en una competencia o en un concurso o, dado el caso, ganarlo: *la calificación para el torneo, prueba de calificación* **3** Aprobación que se da de algo, tras comprobar que satisface ciertos requisitos o que tiene ciertas características **4** (*Der*) Determinación de la naturaleza jurídica de una relación, que la sitúa en cierta clasificación previamente establecida **5** Nota o juicio que se hace de un alumno a propósito de su cumplimiento y su aprendizaje en una materia: *buena calificación, dar calificaciones, boleta de calificaciones*.

calificar v tr (Se conjuga como *amar*) **1** Atribuir una cualidad o un rasgo a una persona o cosa: "El adjetivo *califica* al sustantivo", "El público *calificó* la obra de muy buena" **2** Juzgar o evaluar los conocimientos de una persona con respecto a una escala determinada: *calificar exámenes* **3** intr Tener alguien las cualidades o cumplir con los requisitos necesarios para desempeñar algún trabajo o participar en alguna competencia: "Los muchachos *calificaron* para la final de natación".

calificativo adj y s **1** Que califica: "Lo llenó de *calificativos* insultantes", "Hizo un elogio a base de puros *calificativos*" **2** (*Gram*) Que califica o modifica el significado de un sustantivo: *adjetivo calificativo*.

cáliz s m **1** Copa, por lo general de oro o de plata, donde se pone el vino que ha de consagrarse en la misa **2** (*Bot*) Cubierta externa, en forma de copa, de las flores completas. Está compuesta por los sépalos y se encuentra en la parte inferior de la corola; es de color generalmente verde y de la misma naturaleza que las hojas; su función es proteger los órganos reproductores de la flor.

caliza s f Roca blanda formada casi totalmente por carbonato de calcio, su color es más blanco cuanto mayor es su pureza; se utiliza para sacar de ella la cal, fabricar materiales de construcción, fertilizantes, etcétera.

calizo adj **1** Que contiene cal o roca caliza, particularmente los suelos: *un terreno calizo, mármol calizo* **2** Que tiene esa apariencia.

calma s f **1** Estado de la naturaleza, de una situación o de ánimo que se caracteriza por la ausencia de ruido, de actividad o de agitación: "Después de la tempestad, viene la *calma*", "El mar está *en calma*" **2** *Calma chicha* (*Mar*) Aquella en que el mar está en completa quietud y no sopla el viento" **3** *Calma chicha* (*Coloq*) Estado de completa quietud de alguien: "Me pasé el fin de semana en Acapulco en una *calma chicha*" **4** Lentitud, tranquilidad o paciencia para hacer algo: "El personal de la biblioteca, con toda *calma*, le buscaba los libros al lector", "Masticaba con *calma*", *trabajar con calma* **5** *Perder la calma* Irritarse, ponerse nervioso, perder la compostura **6** (*NO*) Periodo seco durante la temporada de lluvias y, en consecuencia, calor excesivo o bochorno.

calmado I pp de *calmar* o *calmarse*: "Afortunadamente fueron *calmados* a tiempo por sus conciudadanos" **II** adj Que tiene calma o muestra calma, que está tranquilo: *una vida calmada, un niño calmado, un pueblo calmado, una calle calmada.*

calmar v tr (Se conjuga como *amar*) **1** Hacer que algo o alguien tenga calma o se comporte con esa actitud: "La música *calma* a las fieras", "Está muy enojado, solo tú lo puedes *calmar*" **2** Hacer que algo disminuya su intensidad, fuerza o violencia, o que deje de actuar como lo hacía: "Estas pastillas son para *calmar* el dolor", *calmar la sed*, "La lluvia *calmó* el calor" **3** prnl Recobrar una persona la tranquilidad o el control de sí misma, luego de una alteración emocional, nerviosa, etc: "*Cálmate*, con gritos no arreglas nada", "Debemos *calmarnos* para poder tomar una decisión" **4** prnl Recuperar alguna cosa su actividad, comportamiento o desarrollo normal, porque antes estaba excedida en ello: No podemos irnos hasta que no *se calme* el aguacero".

calmécac s m Centro educativo de los antiguos nahuas al que asistían principalmente los hijos de los nobles y de los sacerdotes, y en el que se enseñaban los conocimientos que se tenían por más elevados como la religión, la dirección militar, la lectura, la elaboración de códices o la historia.

caló s m **1** Lengua de los antiguos gitanos españoles **2** Conjunto de vocablos, locuciones y algunos morfemas que constituyen buena parte del habla de los ladrones y otros maleantes, por la cual se reconocen entre sí e impiden parcialmente la comprensión de su habla a otras personas; caliche **3** Jerga de origen popular, basada por lo general en el habla de los maleantes, como el pachuco, y otras expresiones juveniles.

calor s m (f *Rural*) **I 1** Sensación de temperatura elevada como la que se experimenta al recibir los rayos del sol o al acercarse al fuego: *tener calor, sentir calor, guardar calor* **2** Temperatura que se produce en el interior de los seres vivos **3** *Entrar en calor* Empezar a calentarse cuando se tiene frío **4** Estado de la atmósfera en que la temperatura es más alta de lo acostumbrado: *hacer calor, época de calores* **5** *Estar o entrar en calor* (*Rural*) Estar en celo los animales **II 1** (*Fís*) Energía originada por el movimiento y vibración de las moléculas de un cuerpo, que se manifiesta al elevarse la temperatura y se transmite por conducción, radiación, etc **2** *Calor específico* (*Fís*) Cantidad de calor necesaria para elevar un grado la temperatura de un cuerpo **3** *Calor atómico* (*Fís*) Producto del calor específico y el peso atómico en gramos; es aproximadamente el mismo para la mayoría de sólidos a altas temperaturas **4** *Calor molecular* (*Fís*) Producto del calor específico de una sustancia por su peso molecular **5** *Calor latente* (*Fís*) El que bajo temperatura y presión constantes absorbe o desprende un cuerpo durante un cambio de estado (de sólido a líquido, de líquido a gas, etc) **III 1** Conjunto de sentimientos agradables, como protección, cariño, bienestar, etc **2** Fuerza e intensidad de algo: "Fue un discurso lleno de *calor*" **3** *Poner calor en algo* Entusiasmarse: "*Pone en* sus palabras un *calor* que enciende al público" **4** *Al calor de* Con la animación de: "*Al calor de* una copa de coñac se comentaban los sucesos del día".

caloría s f **1** (*Fís*) Unidad de medida de calor equivalente a la energía necesaria para elevar de 14.5 a 15.5 °C la temperatura de un gramo de agua, manteniendo una presión constante de una atmósfera **2** (*Biol*) Unidad de medida de la cantidad equivalente de energía que produce el alimento en el cuerpo: *una dieta rica en calorías.*

calorífico adj **1** Que produce calor: *energía calorífica* **2** Que pertenece al calor o se relaciona con él: *capacidad calorífica.*

calostro s m Líquido secretado por las glándulas mamarias durante los primeros días después del parto de la mujer o la hembra de los animales mamíferos; contiene abundantes proteínas, vitaminas y minerales, poca grasa y azúcar, y anticuerpos que inmunizan al recién nacido contra ciertas infecciones y favorecen el establecimiento de la función intestinal.

calpulli s m **1** Clan azteca basado en relaciones de parentesco por ascendencia común, que poseía una extensión de tierra propiedad del grupo y no de cada individuo; tenía un gobierno interno, un dios particular y escuela de entrenamiento para los jóvenes guerreros **2** Extensión de tierra comunal. (Se pronuncia *calpuli.*)

calumnia s f **1** Acusación falsa hecha maliciosamente en contra de alguien con el fin de dañarlo o desprestigiarlo: "Todo lo que dicen de él son *calumnias* inventadas por alguien que le tiene envidia" **2** (*Der*) Imputación falsa de un delito a alguien que es objeto de sanción legal: "Levantaron un acta por *calumnia* y difamación".

caluroso adj **1** Que causa o despide calor: *los meses calurosos, clima caluroso* **2** Que muestra afecto y adhesión: *calurosa bienvenida, caluroso aplauso.*

calva s f **1** Zona de la cabeza de la que se ha caído el pelo: "Ponte un sombrero para que no te dé frío en la *calva*" **2** Región pequeña de una cabellera, una piel, etc en donde ha dejado de crecer pelo: "Le salieron *calvas* en la barba".

calvario s m **1** Largo recorrido de sufrimientos de Jesucristo en su camino a la crucifixión, y el monte donde se llevó a cabo el sacrificio: "Lo empleó José de Arimatea para recoger en el *calvario* la sangre del crucificado" **2** Serie de sufrimientos intensos y prolongados: "Es trágico el *calvario* de los escritores de estos países", "Hambre, enfermedad, injusticia y violencia: es su *calvario* de cada día".

calzada s f **1** Camino amplio, generalmente bordeado de árboles: "Todas las mañanas salen a pasear los ancianos por la *calzada*" **2** Camino ancho y pavimentado, de doble circulación, por donde transitan vehículos de motor; avenida **3** Antiguamente, camino largo e importante que comunicaba a la ciudad de México con los poblados situados en los márgenes de la laguna: *calzada de la Viga, calzada de Tacuba.*

calzado s m sing **1** Zapato, en general, y todo lo que le pertenece o se relaciona con él: *buen calzado, industria del calzado, comprar calzado, ropa y calzado, calzado de exportación.*

calzón s m **1** Prenda de vestir que cubre desde la cintura o la cadera hacia abajo, las nalgas y el pubis del ser humano; calzones **2** Especie de pantalón de manta, amarrado a la cintura y los tobillos, que usan generalmente muchos campesinos e indios: *calzón blanco, calzón de manta* **3** *Calzón de baño* Prenda de vestir que se usa para nadar **4** *A calzón quitado* (*Popular*) Abierta, directamente y sin rodeos, con franqueza: *hablar a calzón quitado* **5** *Tener bien puestos los calzones* Ser alguien valiente y consciente de su responsabilidad **6** *Amarrarse los calzones* Decidirse a hacer algo, a pesar del esfuerzo, riesgo o sacrificio que eso represente.

calzoncillos s m pl **1** Prenda interior masculina, que generalmente cubre de la cintura a la cadera hasta el principio de los muslos; calzón **2** (*Bot*) (*Bauhinia ungulata*) Arbusto leguminoso de hojas bilobuladas que semejan la huella de una pata de vaca. Se emplea como remedio contra la ictericia y tiene propiedades purgantes y vermicidas; pata de venado, casco de venado, pata de vaca.

callado I pp de *callar* **II** adj **1** Que está sin hablar o sin gritar, que está en silencio: "Se quedó *callado*" **2** Que no hace ruido, que está en silencio: *un andar callado, una casa callada, en esta noche callada* **3** Que no se expresa en forma explícita: *el dolor callado, admiración callada, la callada desesperación de don José.*

callar v intr (Se conjuga como *amar*) **1** Dejar de hablar: *callarse la boca* **2** Dejar de sonar algo: "Se callaron los cantos de los pájaros" **3** tr Abstenerse de decir algo: *callar un secreto* **4** tr Hacer que alguien deje de hablar: "El maestro *calló* a sus alumnos".

calle s f **1** Espacio de una población, generalmente rectilíneo, en cuyos lados se construyen las casas, y por donde se camina para ir de un lado a otro; para distinguir unos de otros, lleva cada uno nombre: *la calle de Hidalgo, calle 13, calle del Reloj* **2** Lugar de ese espacio por el que caminan los automóviles, los carros, los caballos, etc, pero no

las personas: *atravesar la calle, una calle de doble sentido* **3** *Ganar la calle* Lograr un grupo de personas manifestar sus ideas públicamente, saliendo a las calles **4** *Echar a alguien a la calle* Correrlo, despedirlo, quitarle el trabajo o la acogida en una casa **5** *Quedarse, dejar a alguien en la calle* Perder o quitarle a alguien los medios de vida de que dispone **6** *Llevarse a alguien de calle* Ganarle con mucha ventaja en algo: "Arruza *se llevaba de calle* a todos los toreros de su tiempo".

callejero adj **1** Que ocurre en la calle, vive o aparece habitualmente en ella: *una pelea callejera, un niño callejero, perro callejero* **2** Que gusta de salir de su casa: *un hombre muy callejero.*

callejón s m **1** Calle angosta o paso estrecho, delimitado por casas, muros, árboles y otras cosas que se aprecian macizas y tupidas: "Un hombre extraño, vestido de negro, avanzaba por la entrada del *callejón*" **2** *Callejón sin salida* Problema sin solución: "¿Qué voy a hacer si este hombre vuelve? ¡Estoy en un *callejón sin salida*!" **3** En el sureste, camino provisional en la selva **4** En el sureste, camino enmedio de los plantíos de plátano, cacao o caña, trazado cada diez o doce hileras de árboles para vigilar o cargar la fruta **5** (*Tauro*) Espacio entre la barrera que rodea el ruedo y el muro de tendido **6** (*Dep*) *Callejón de salida* En las carreras de caballos o de galgos, las casillas operadas mecánicamente de donde salen los animales para empezar a correr.

callo s m **1** Engrosamiento y endurecimiento de la capa exterior de la piel, que se forma principalmente en las partes del cuerpo expuestas a un roce o presión excesivos, como en los pies o las manos **2** *Tener callo* Hacer algo bien, tener experiencia en ello y aguantarlo sin sufrimiento **3** Pedazos pequeños de estómago de ternera, vaca o carnero que, guisados, constituyen la base de numerosos platillos, como el mondongo a la veracruzana, los callos a la madrileña, etc; pancita **4** (*Zool*) Músculo aductor de diferentes especies de conchas, que se utiliza en calidad de comestible; el más popular por su carnosidad es el *Callo de hacha* **5** (*Med*) Neoformación de tejidos accidentales que se localizan alrededor de los fragmentos de un hueso roto, y que más tarde constituirá la cicatriz **6** (*Veter*) Enfermedad del casco o pezuña de las caballerías que consiste en un derrame sanguíneo interno que aparece como una mancha negruzca **7** Cada uno de los extremos de la herradura.

cama s f **1** Mueble formado por una base, generalmente de madera o hierro, sobre la que se coloca un colchón y que sirve para acostarse y dormir **2** *Hacer* o *tender la cama* Prepararla para acostarse, colocándole las sábanas, cojín, colcha, etc que la cubren **3** *Irse a la cama* Acostarse a dormir **4** *Estar en cama* Estar enfermo **5** *Guardar cama* Tener que quedarse en la cama por alguna enfermedad **6** *Caer en cama* Enfermarse **7** (*Popular*) *Tenderle a alguien la cama* Prepararle una trampa **II 1** Área del fondo del mar en que crece en abundancia algún organismo: *una cama de ostiones* **2** Lecho de paja que se extiende en el piso para que se echen los animales a descansar **3** Porción de algo que, extendida, forma una capa sobre la que se coloca otra cosa, generalmente alimentos: *una cama de lechuga* **4** Lecho de hierba seca que se pone al melón o la sandía para proteger sus frutas de la temperatura del suelo **5** Lecho de piedra triturada de sección trapezoidal, que se forma sobre el terraplén para afianzar los durmientes y los rieles de ferrocarril **III 1** Apoyo horizontal sobre el que descansan ciertas máquinas **2** *Cama de agujas* Barra fija del telar en que se insertan las agujas.

camada s f **1** Conjunto de crías que nacen en un solo parto de un animal, como una perra, una loba, etc **2** Serie de cosas de una especie, extendidas horizontalmente; capa: "Puso una camada de ladrillos para construir la chimenea" **3** (*Coloq*) Grupo de amigos o personas entre las cuales hay contemporaneidad y amistad estrecha: "Amigos de mi *camada*, les vengo a decir algo importante" **4** (*Ing*) Construcción contra derrumbes en las minas, que se fabrica colocando minerales en capas y mezclándolos después.

camafeo s m Adorno de forma oval hecho de alguna piedra preciosa, de marfil, etc que lleva labrada una figura en relieve, por lo general el perfil de una mujer: "El prendedor que trae es un *camafeo* antiguo".

camaleón s m Reptil de la familia de los iguánidos, de distintas especies; la más conocida es *Phrynosoma orbiculare*, de 10 a 15 cm de largo, cuerpo oval y aplanado, con varias series de espinas en el dorso, el cuello y en la cabeza donde le salen a manera de cuernos. Tiene la peculiaridad de poder cambiar de color imitando el del medio que lo rodea. Cuando se le irrita arroja por los ojos un líquido rojo parecido a la sangre; se alimenta de insectos a los que caza durante el día. Se encuentra en casi todo el país y en el sur de los Estados Unidos de América **2** *Ser alguien como camaleón* Cambiar de actitudes con facilidad, de acuerdo con las de las personas que lo rodean.

cámara s f I **1** Bóveda o recipiente cerrado: *cámara mortuoria, cámara de aire, cámara de combustión* **2** Cuarto de un edificio, destinado a algo importante: *cámara nupcial, cámara blindada* **3** *De cámara* Tratándose de ciertos espectáculos o grupos artísticos, que se forman para presentarse en salas pequeñas y con capacidad para un reducido número de espectadores, lo que tiene efecto en su composición y en las obras que se escriben para ellos: *teatro de cámara, orquesta de cámara, ópera de cámara* **4** *Cámara de aire* Espacio libre que se deja entre dos paredes o entre dos membranas para que sirva de aislamiento **5** *Cámara de gas* Cuarto en algunas prisiones estadounidenses en donde se mata con gas a los condenados a muerte **6** *Cámara fotográfica* Aparato que consiste en un espacio cerrado y oscuro en cuyo fondo, sobre una película sensible a la luz, se refleja la imagen que pasa por una lente **7** *Cámara lenta* Efecto de lentitud en la proyección de una película cinematográfica **8** Rueda tubular de hule que se pone en el interior de las llantas para contener el aire que las llena y hacer más suave la marcha de un vehículo **9** *Cámara acuosa* (*Anat*) Cavidad del ojo humano que se encuentra entre la córnea y el cristalino, que contiene el humor acuoso; el iris la divide en *cámara inferior* y *posterior* **10** *Cámara vítrea* (*Anat*) Cavidad del ojo humano que contiene el humor vítreo, entre el cristalino y la retina **II 1** Institución política

de un Estado democrático, en la que se reúnen los representantes del pueblo a debatir asuntos y a elaborar las leyes; forma parte del Poder Legislativo; en México hay la de diputados y la de senadores **2** Lugar en el que se reúnen los diputados y los senadores **3** Institución civil en la que se reúnen representantes de ciertos gremios o grupos para organizar sus actividades: *cámara de comercio, cámara de la industria textil* **4** *Cámara de compensación* Organización interbancaria que, para facilitar el intercambio de documentos entre sus miembros, determina diariamente los saldos de deudores y acreedores entre todos ellos, sin que haga falta su verificación **III** *¡Cámara!* (*Coloq*) interj ¡Caramba!

camarada s m y f **1** Persona con quien se comparten experiencias, actividades y convicciones: *camaradas de trabajo, camaradas de juerga* **2** Persona que comparte con otra una postura política de izquierda; particularmente, las que son miembros del Partido Comunista: "Arrestó la policía a varios *camaradas* que portaban estandartes rojos".

camarón s m Crustáceo marino o de agua dulce, muy apreciado como alimento. Su tamaño varía según las especies y puede alcanzar hasta 20 cm. Generalmente es de color gris verdoso, y rosado después de cocido. Su cuerpo está formado por el cefalotórax y el abdomen; tiene antenas y varios apéndices con los que apresa su alimento y se mueve: *coctel de camarones, camarones a la plancha*.

camaronero adj y s Que se relaciona con el camarón y su industria: *recursos camaroneros, la explotación camaronera, embargo camaronero, embarcaciones camaroneras*.

camarote s m Dormitorio de barco.

cambiante adj m y f **1** Que cambia constantemente: *mundo cambiante, actitudes cambiantes, factores cambiantes* **2** Que cambia de matices según la luz con que se le mire: *verdores cambiantes*.

cambiar v tr (Se conjuga como *amar*) **1** Dar, tomar, poner o dejar una cosa por otra; mover algo de un lugar a otro: "Ya no vienen *a cambiarnos* baratijas por collares de oro", "Te *cambio* un reloj por un anillo" **2** Dar o recibir una cantidad de dinero por su equivalente en moneda de otro valor o de otro país: *cambiar pesos por tostones, cambiar dólares* **3** Variar o modificarse alguna cosa en su manera de ser anterior, en sus características o en su situación pasada, o verse totalmente sustituida por otra en sus mismas funciones: *cambiar de opinión, cambiar el clima, cambiar el orden del día, cambiar una llanta*, "Las sábanas se *cambian* cada tres días" **4** intr Dejar de ser algo como era antes, para tomar otro aspecto, otras características, etc: "¡Cómo *ha cambiado* el mundo!", "He sido muy posesiva, lo comprendo, pero cambiaré" **5** prnl Quitarse uno la ropa que trae puesta y ponerse otra diferente o limpia: *irse a cambiar* **6** Tratándose de niños pequeños o personas desvalidas, quitarle la ropa que tiene puesta y ponerle otra limpia **7** *Cambiar opiniones, ideas*, etc Hacer saber una persona a otra en un diálogo lo que está pensando, lo que sabe acerca de algo, etc **8** *Cambiar de disco* (*Coloq*) Variar de tema; dejar de insistir en algo que ya se ha repetido muchas veces **II 1** Variar la disposición de un conjunto de cosas en cierto espacio: *cambiar los muebles en una habitación* **2** prnl Irse a instalar o a radicarse una persona en un lugar diferente de donde estaba o vivía antes: *cambiarse de casa, cambiar de dirección* **3** *Cambiar de aires* Variar la situación de alguien para descansar.

cambio s m **I 1** Acto de cambiar **2** *A cambio de* En lugar de, como pago o sustituto de, en vez de "Entregó oro *a cambio de* su vida", "Te doy una pelota *a cambio de* tu aro" **II 1** Dinero que sobra después de hacer un pago: "Recibí cinco pesos de *cambio*" **2** Moneda o billete de baja denominación: "No tengo *cambio* para pagar el camión" **3** Valor relativo entre los distintos tipos de moneda de un país o entre las monedas de países diferentes: "Subió el *cambio* del dólar" **4** *Control de cambios* Control que ejerce el Estado sobre el tráfico con oro y divisas extranjeras para regular la entrada y salida de divisas del país **5** Precio de valores financieros o mercantiles: *subir o bajar el cambio de las acciones* **6** *Libre cambio* Sistema de comercio internacional que se realiza sin ninguna intervención restrictiva del Estado, y doctrina económica que lo fundamenta **III 1** Sistema de herrajes que permite a los vehículos de los ferrocarriles y tranvías pasar de una vía a otra **2** *Cambio de velocidades* Sistema de engranes y la palanca que los mueve, con que se ajusta la velocidad del motor **IV 1** *En cambio* Sin embargo, en lugar de, en contraste con, a diferencia de: "Yo no puedo ir, *en cambio* él sí", "No es tan obediente como su hermano, *en cambio*, salió mejor en la escuela" **2** *A las primeras de cambio* Lo más rápido o pronto posible, de repente: "Salió *a las primeras de cambio*".

camelia s f **1** Árbol o arbusto de la familia de las teáceas, de distintas especies y variedades, de hojas perennes y lustrosas de un verde muy vivo. Es originario de Asia y se cultiva como planta de ornato **2** Flor de esta planta, inodora, de color blanco, rojo o rosado, parecida a la rosa pero de pétalos brillantes, regulares y redondeados.

camello s m **1** Mamífero rumiante de cabeza pequeña y alargada y cuello largo. Es alto, corpulento, con una giba o joroba (dromedario) o dos (bactriano) en el lomo, formadas por acumulación de grasa; sus patas son largas, delgadas y fuertes. Vive en los desiertos de Asia y África donde se le utiliza como cabalgadura y para carga. Tiene gran capacidad para almacenar agua y soporta varios días de actividad sin que se le alimente **2** *Estar camello* Estar jorobado **3** (*Caló*) Trabajo, faena.

camellón s m **1** Banqueta que divide los dos sentidos del tráfico de una avenida, generalmente sembrada de pasto, árboles y flores **2** Lomo que se forma entre surco y surco de tierra labrada.

caminar v intr (Se conjuga como *amar*) **1** Ir una persona de un lugar a otro a pie o desplazarse un animal con sus patas: *caminar por la calle, caminar mucho*, "Y ahí iba, *camina* y *camina* por el bosque" **2** Moverse o avanzar un vehículo: "Este coche *camina* muy despacio", **3** Funcionar un mecanismo: "El reloj no *camina*", "Este asunto va *caminando*", "La carreta *camina* despacio" **4** Hacer progresos, avanzar: "El asunto *camina* lentamente".

camino s m **1** Lugar por donde se va, a pie o en algún medio de transporte, de un lado a otro; particularmente el de tierra o rústico: *ponerse en camino, ir en camino, tomar un camino* **2** *Camino real* El de construcción antigua, que todavía comunica

pueblos o ciudades importantes **3** *Camino vecinal* El que comunica municipios y su construcción y mantenimiento depende de ellos **4** *Camino en herradura* El angosto, que sirve para que pasen por él caballerías **5** Ruta, dirección: "Va en *camino* a San Luis Potosí", "¿Cuál es el camino a tu casa?" **6** *Largar camino* Echarse a caminar para irse de alguna parte: "El pueblo se fue quedando solo, todos *largaron camino* para otros rumbos" **7** *Tomar camino* Empezar un viaje: "Como a la una de la tarde puedo salir y *tomar camino*" **8** *Agarrar camino* (*Popular*) Irse o iniciar algo sin tomar en cuenta los consejos de los demás **9** *De camino* De paso, a la pasada: "*De camino* te traes el pan" **II 1** Medio o manera de hacer o conseguir algo: "Es el *camino* que llevará a un nuevo arte de escribir poesía", *camino de salvación, camino de la libertad* **2** *Ir por buen camino* Ir siguiendo el procedimiento adecuado para lograr cierta finalidad **3** *Abrir camino* Iniciar algo nuevo: "Este diccionario *abre camino* en la lexicografía hispanoamericana" **4** *Camino trillado* Procedimiento muy común y repetido, que ya no ofrece ningún interés **III** En Colima, arreglo floral de forma alargada, que se pone en las tumbas de niños muertos sin bautizar.

camión s m **1** Vehículo automotor de cuatro o más ruedas que se utiliza para transportar pasajeros o carga: *camión urbano, camión de carga, camión de pasajeros, camión de escuela, tomar un camión* **2** *Camión de redilas* El que lleva una especie de corral para contener su carga **3** *Camión de volteo* El de carga, que puede inclinar su plataforma para dejar caer los materiales que transporta.

camionero 1 adj Que pertenece a los camiones o se relaciona con ellos: *central camionera* **2** s Persona que es dueña de un camión o lo maneja: *alianza de camioneros*, "Ese cuate maneja como *camionero*".

camioneta s f **1** Vehículo automotor más pequeño que un camión, que sirve para transportar carga **2** Vehículo automotor semejante a un coche, pero con más capacidad para llevar pasajeros.

camisa s f **I 1** Prenda de vestir de tela que cubre el torso y los brazos; puede ser de manga corta o larga y, por lo general, lleva cuello y botones que se abrochan al frente: *camisa de lana, camisa de hombre, camisa de mujer* **2** *Camisa de fuerza* La que es de tela muy resistente y se usa para inmovilizar los brazos de los enfermos mentales violentos; tiene mangas muy largas que se cruzan por el frente y se amarran por la espalda **3** *Camisa de dormir* Camisón **4** *En mangas de camisa* Sin saco o chaqueta, como cuando se está trabajando: "Dos o tres dependientes, *en mangas de camisa*, atendían a los parroquianos" **5** *Perder, jugarse*, etc *hasta la camisa* Perder totalmente la fortuna o el capital: "Al caer la bolsa, *perdió hasta la camisa*" **6** *Meterse en camisa de once varas* Meterse en un lío o un problema: "Por confiar en sus socios *se metió en camisa de once varas* con la policía" **7** *Camisas negras* Partidarios fascistas de Mussolini, en Italia **8** *Camisas pardas* Partidarios nazis de Adolfo Hitler en Alemania **9** *Camisas rojas* Partidarios de Tomás Garrido Canabal, líder tabasqueño socialista y antirreligioso **II 1** (*Hipo*) Manta con cinchos y cierre que se pone a los caballos para abrigarlos desde el pecho hasta la grupa **2** Forro suelto que llevan algunos libros para proteger la portada y en el que va el título, el nombre del autor y, por lo general, alguna ilustración **3** Forro o revestimiento interno de ciertos aparatos y piezas mecánicas que sirve para protegerlos, guardar o aumentar el calor, enfriarlos, etc: *la camisa de un taladro, camisa de un cilindro* **4** Malla metálica que llevan algunas lámparas de gas alrededor del mechero y sirve para que, al calentarse, aumente la luminosidad y disminuya el consumo de combustible.

camiseta s f **1** Prenda de vestir de algodón u otra tela ligera, sin cuello y con o sin mangas, cerrada y por lo general ajustada, con la que se cubre el tórax. Se usa como ropa interior, aunque hay también especiales para llevarse como prenda exterior, como las que se usan para practicar algunos deportes: "Se compró un juego de *camiseta* y calzón muy bonito", "La *camiseta* del equipo de futbol es amarilla con blanco" **2** *Amor a la camiseta* (*Crón dep*) Lealtad que siente un miembro de un grupo deportivo, y pundonor que tiene por consecuencia.

camisón s m **1** Prenda de vestir, de una sola pieza y holgada que se usa para dormir, cuya longitud excede por lo regular a la de una camisa: "Se compró un *camisón* de lana para dormir bien los días de frío" **2** (*Tab*) Camisa larga que usan las mujeres como ropa interior; fondo; refajo.

camote s m **1** Tubérculo carnoso de aproximadamente 25 cm de largo, de color amarillo, morado o blanco que se prepara principalmente como dulce ya sea en pasta o entero, cocido y en almíbar **2** (*Ipomoea batatas*) Planta herbácea de la familia de las convolvuláceas que da este tubérculo; sus flores son acampanadas y tiene hojas comestibles en forma de codo **3** Tubérculo o bulbo carnoso **4** (*Popular*) Complicación de la que es difícil salir: "No tenía los papeles en regla y me metí en un *camote*", "Chocaron dos camiones y se organizó un auténtico *camote*" **5** (*Popular*) *Ser algo un camote* Ser algo muy complicado o tener muchas dificultades: "Resolver el problema del transporte *es un camote*", "La física molecular *es un camote*" **6** (*Popular*) *Hacerse camote* Confundirse, no poder entender o explicar algo: "*Se hizo camote* en el examen y lo reprobaron" **7** (*Popular*) *Poner a alguien como camote* Regañar; criticar, golpear o derrotar violentamente a alguien, dejándolo en un estado lamentable: "El maestro me *puso como camote*", "Por andar de bravero en el partido me *pusieron como camote*" **8** *Tragar camote* (*Popular*) Hablar con dificultad y titubeo, por tratarse de un tema difícil de explicar o que puede ser mal recibido: "Don Víctor delante de mí, y yo *tragando camote* para explicarle mi desacuerdo".

campamento s m **1** Conjunto de instalaciones temporales, en particular tiendas de campaña, que se levantan en un paraje para albergar personas dedicadas a cierta actividad en ese lugar o en sus cercanías: *un campamento chiclero, un campamento militar, un campamento de vacacionistas, montar un campamento, levantar un campamento, desmantelar un campamento* **2** *Ir de campamento* Ir de excursión al campo y dormir allí por uno o varios días, generalmente en tiendas de campaña.

campamocha s f **1** Insecto ortóptero hasta de 8 cm de longitud, de color verde o amarillo, cuerpo alargado y cabeza pequeña y triangular con grandes ojos; se caracteriza por tener las patas delanteras plegadas y juntas como en actitud de oración. Se alimenta de otros insectos y es muy voraz; la hembra generalmente devora al macho inmediatamente después de que éste la ha fecundado; mantis religiosa **2** Capullo que envuelve la ninfa de la mariposa.

campana s f **1** Instrumento sonoro hueco, generalmente de algún metal como el bronce, de forma cónica, abierto en la base y cerrado en su parte superior. Cuando se le golpea con el badajo, con un mazo o con un martillo, produce un sonido característico como el que se oye en las iglesias para llamar a sus fieles: *tocar las campanas, tañer las campanas, repicar las campanas* **2** *Doblar las campanas* Sonar lenta y rítmicamente en señal de duelo **3** Instrumento sonoro, generalmente metálico, con el que se llama la atención de alguien: *campana del timbre, campana del reloj* **4** Objeto cónico y hueco, de metal, vidrio u otro material, que se usa para cubrir, proteger, separar, etc alguna cosa: *campana de vidrio, campana neumática* **5** Boca ancha en su parte inferior y angosta en la superior, que se coloca encima de la chimenea, la estufa, etc para que por ella salga el humo **6** Juego que consiste en apoyarse dos personas entre sí sobre sus espaldas y, enlazados los brazos, inclinarse alternadamente para levantar del suelo uno al otro.

campanilla s f **1** Campana pequeña y manuable que se usa para llamar a alguien, atraer la atención, anunciar algo, etc: "El gerente hizo sonar su *campanilla* para llamar al botones", "A estas horas siempre pasa el señor de los helados tocando las *campanillas* de su carrito **2** Masa carnosa pequeña que cuelga del velo del paladar, arriba de la raíz de la lengua; úvula **3** Planta de muy distintas variedades y especies que se caracteriza por tener flores monopétalas en forma de campana o embudo: *campanilla azul, campanilla de oro*.

campaña s f **1** Conjunto de actividades que hace una persona o un grupo de personas para alcanzar un fin determinado en un plazo limitado de tiempo o hasta que se logre el fin propuesto: *campaña política, campaña electoral, campaña contra la tuberculosis* **2** Periodo o duración de las operaciones militares que se realizan fuera de los cuarteles.

campechana s f **1** Mezcla de distintos mariscos, de diferentes dulces o de diversos licores en partes iguales: "Sírvanos un coctel de camarones, una *campechana* y una orden de ostiones" **2** Pan dulce rectangular u ovalado de hojaldre, con azúcar acaramelada en la parte superior: "Compré conchas, orejas y *campechanas* para desayunar".

campechano **1** adj s Que es natural de Campeche, que pertenece o se relaciona con este estado o con su capital, la ciudad del mismo nombre: "Los *campechanos* amurallaron su ciudad a fines del siglo XVII", *empacadora campechana de pescados y mariscos* **2** adj Que es sencillo y abierto en su manera de ser, que es de carácter agradable, accesible y de fácil trato: "Se muestra llano y *campechano* con todos", *franqueza campechana*.

campeón s y adj **1** Persona o conjunto de personas que, en un juego o en una competencia deportiva, obtienen la victoria o superan a todos los demás competidores: *campeón olímpico, campeona de natación, equipo campeón, campeón nacional, campeón goleador* **2** Defensor singular y a ello consagrado, de algo o de alguien: *campeón de los derechos humanos, campeón de los pobres.*

campeonato s m **1** Competencia deportiva en la que se disputa un premio o título **2** Primacía obtenida en un determinado deporte; lugar del campeón y su título: *campeonato mundial, campeonato juvenil, campeonato de carreras.*

campesino 1 s Persona que vive en el campo o en una población rural y se dedica a trabajar la tierra **2** adj Que se relaciona con los campesinos o les pertenece: *demandas campesinas.*

campo s m **I 1** Terreno o región donde se cultiva algo, o el relativamente plano en el que crecen plantas y hay vida silvestre **2** Terreno que está fuera de las ciudades: *salir al campo* **3** *Día de campo* Paseo de los citadinos al campo para comer y divertirse durante el día **4** *A campo traviesa* A través del campo y sin seguir un camino **II 1** Terreno abierto en donde se practica algo: *campo de futbol, campo de entrenamiento, campo militar* **2** *Campo de batalla* Lugar en donde pelean dos ejércitos **3** *Campo de concentración* Lugar donde se encarcelan personas durante una guerra o un conflicto por motivos políticos, ideológicos o raciales **4** *Campo de tiro* Terreno convenientemente aislado en donde se practica el tiro con armas, especialmente las de fuego **5** *Campo de honor* Lugar en donde dos personas se batían a duelo para resolver un conflicto entre ellas que, a su juicio, implicaba una deshonra **6** *Dejar a alguien el campo libre* Renunciar a algo y no impedir que otra persona lo consiga **III 1** Lo que comprende una actividad o disciplina: *campo de trabajo, campo de la física* **2** Espacio en el que sucede algo: *campo magnético* **3** *Campo visual* Espacio que abarca la vista estando los ojos fijos en un punto **4** *Campo semántico* Conjunto de palabras formado por todas aquellas que tengan algo en común en su significado, como el de los muebles, el de los verbos de lengua (decir, aseverar, afirmar, murmurar, etcétera).

camposanto s m Lugar en una población destinado a enterrar a los muertos; panteón, cementerio: "Dicen que en el *camposanto* se aparecen las ánimas de los difuntos en las noches".

can s m **1** (*Liter*) Perro: "El *can* volvió a aullar y ella a morder el terroncito" **2** (*Popular*) *Echar los canes a alguien* Mostrarle el deseo de entablar una relación amorosa **3** (*Carp*) Trozo de madera, usualmente de corte trapezoidal, que se embute y amaciza con mortero a ras de las mochetas o jambas para atornillar sobre ellos el cajón o contramarco de las puertas.

cana[1] s f **1** Cabello blanco que sale, por lo general, durante la madurez o la vejez: "¡Qué horror, una *cana*! ¡Y yo tan joven!", "Tiene un mechón de *canas* en el copete" **2** *Peinar canas* Ser alguien viejo: "¿Cómo están los muchachos? —¿Muchachos?, ¡si ya todos *peinan canas*!" **3** *Echar(se) una cana al aire* Disfrutar una persona madura o vieja de una diversión ocasional, especialmente cuando ésta se considera propia de gente joven: "A tu abuelo le gusta *echar una cana al aire* cuando va a la ciudad" **4** *Sacar a uno canas (verdes)* Ocasionar algo o alguien a una persona muchos problemas, dificultades, preocupaciones, disgustos, etc, o envejecerlo prematuramente: "Sus caprichitos me *están sacando canas*", "Sus alumnos son terribles, le van a *sacar canas verdes*".

cana[2] s f (*Caló*) Cárcel: "Lo agarró la tira y le dio *cana*; ¡gacho, mano!".

canadiense 1 adj y s m y f Que es originario de Canadá, pertenece a este país o se relaciona con él: *empresas canadienses, el equipo canadiense de futbol, la comida canadiense* **2** s f Chamarra larga y gruesa, generalmente de tela a cuadros, con que se protegen los cazadores, exploradores, etcétera.

canal s m y f **I 1** Conducto abierto, construido para diversos fines, especialmente para llevar agua de un lado a otro: *canal de riego, canal de desagüe* **2** Cauce angosto, natural o artificial, que comunica mares u océanos, o de paso a un puerto: *canal de Panamá, canal de Mazatlán* **3** *Abrir en canal* Abrir el cuerpo de una res del cuello al abdomen para sacarle las vísceras **II** Intervalo o banda de frecuencia en el que transmite una estación de radio, televisión, teléfono, etcétera.

canalizar v tr (Se conjuga como *amar*) **1** Encauzar las aguas corrientes o estancadas en forma conveniente, por medio de canales o acequias, para aprovecharlas en el riego o la navegación **2** (*Med*) Formar quirúrgicamente canales para drenar algún órgano, sin necesidad de introducir objetos extraños en él **3** (*Med*) Desarrollar nuevos canales, especialmente como nuevos vasos a través de un coágulo sanguíneo **4** Dirigir o encauzar dinero, trabajo, etc, hacia un fin específico: *canalizar un mayor volumen de recursos hacia la producción agropecuaria, canalizar convenientemente las inversiones, canalizar sus inquietudes hacia las artes plásticas* **5** Dirigir algo que parece impetuoso e incontenible en alguna dirección positiva: "La rivalidad entre hermanos puede *canalizarse* de manera constructiva".

canalla s m y f Persona deshonesta, que daña o perjudica a otra a base de traición, mentiras y bajezas: "¿Cómo soportamos a esa *canalla* tanto tiempo?" **2** s f Gente de mal vivir, grosera y ruin: "La *canalla* se le abalanzó golpeándolo".

canana s f Faja de cuero con presillas para cargar bolos o cartuchos, que se lleva como cinturón o cruzada al pecho; carrillera: "...por cruz mis dobles *cananas* / y escriban sobre mi tumba / mi último adiós con mil balas", "Mi abuelo fue zapatista; estas son sus *cananas* y su carabina".

canario 1 s m (*Serinus canarius*) Pájaro cantor, de plumas amarillas, anaranjadas o blancas, que puede vivir en cautiverio: *la jaula de los canarios* **2** adj Que es originario de las Islas Canarias **3** s f (*Rosa sulfurea*) Variedad de rosal y la flor que produce, de color amarillo; rosa canaria.

canasta s f **I 1** Recipiente de boca ancha, redondo, ovalado o cuadrangular, generalmente tejido con materiales como el mimbre, la palma o el bejuco. Es de tamaño manuable y puede tener un asa que va de lado a lado. Sirve para transportar o guardar alimentos o diversos objetos; cesta: "Salía al mercado con la *canasta* y la llenaba con cebollas, yerbas de olor y fruta **2** *Alzar, levantar la canasta a alguien* Castigo que consiste en suspender los gastos que se hacían para mantener a alguien **3** Medida de capacidad o de peso cuyo equivalente en litros o kilos depende de aquello que se mide y de la región en que se usa: maíz, papaya, jitomate, etc **II 1** Juego de cartas en el que participan generalmente una o dos parejas con dos barajas americanas más cuatro comodines. El objeto es formar grupos de siete números iguales, no secuencias **2** Conjunto de siete cartas del mismo número que se hace en el juego de canasta **III 1** Aro del que pende una red con el fondo abierto y que está fijo perpendicularmente a un tablero. Es la meta en el juego de basquetbol **2** Cada una de las veces en que pasa el balón de basquetbol por ese aro, por las que se marca un tanto: *meter una canasta, ganar por una canasta* **IV** (*Caló*) Sombrero de paja o de palma **V** (*Mar*) Tipo de lazada; abanico **VI** (*Mar*) Conjunto de vueltas de cuerda que mantiene atada una bandera o una vela hasta que ésta se iza, cuando se suelta dando un jalón desde abajo.

cancelar v tr (Se conjuga como *amar*) **1** Dejar sin validez o sin vigencia un documento, un derecho, un contrato o un compromiso: "Se le *canceló* su registro como partido", "*Canceló* su tarjeta de crédito", "*Canceló* su reservación en ese vuelo" **2** Dejar sin efecto o sin realizarse algún acontecimiento previamente anunciado o concertado: *cancelar una cita, cancelar una función de teatro* **3** Marcar con el sello de correos un timbre para validarlo e impedir que se vuelva a usar **4** Impedir el paso por alguna entrada: *cancelar una puerta*.

cáncer s m **1** Enfermedad que consiste en la aparición y reproducción de tumores malignos; su gravedad va siempre en aumento ya que estos tumores desorganizan y deterioran los órganos o partes en que se implantan y tienden a propagarse y a reaparecer en nuevos brotes aun cuando se les ha extirpado. En muchos casos es mortal: *el tratamiento del cáncer*, "Murió de *cáncer*" **2** Tumor maligno: "Lo operaron de un *cáncer* en el hígado" **3** Mal que se extiende deteriorando algo o causando daños cada vez mayores en un grupo o sociedad: "La contaminación es el *cáncer* de las grandes ciudades", "La corrupción, auténtico *cáncer* de nuestra vida política,...", "El *cáncer* de la drogadicción".

cancerología s f Rama de la medicina que se ocupa del estudio y tratamiento del cáncer.

cancerólogo s y adj Médico especialista en la investigación y el tratamiento del cáncer.

canciller s m y f **1** Secretario de Estado o ministro que está a cargo del despacho de los asuntos de política exterior: "Los *cancilleres* centroamericanos se reunieron para tratar los problemas de la región" **2** Jefe de Gobierno de algunos países como Alemania y Austria **3** Empleado auxiliar de una embajada, consulado o legación.

cancillería s f **1** Secretaría de Estado que tiene a su cargo los asuntos de política exterior, y local donde se encuentran sus oficinas; Secretaría de Relaciones Exteriores **2** Embajada o legación de un país en otro: "Se ofreció una recepción en la *cancillería* mexicana en Londres" **3** Oficina del Jefe de Gobierno en algunos países como Austria y Alemania.

canción s f **I 1** Cualquier melodía entonada por la voz humana y que por lo general se acompaña de la modulación de las palabras **2** Composición en la que música y letra se entrelazan y que generalmente está escrita en verso: "De Altamira, Tamauli-

pas / traigo esta alegre *canción* **3** *Canción de cuna* La que se canta a los niños para arrullarlos cuando se van a dormir **4** *Canción folklórica* La que ha perdido el carácter de creación individual y forma parte del repertorio de una comunidad que la conserva principalmente por tradición oral **5** *Canción popular* Canción folklórica; también la de creación más reciente y que por lo general tiende a pasar de moda y olvidarse **6** *Canción culta* Composición escrita para una voz y acompañamiento musical (generalmente algún instrumento de teclado o guitarra), cuyo texto es, generalmente, un poema refinado; como los *Lieder* en Alemania, *chansons* y *mélodies* en Francia, *canzone* en Italia, etc, o como "Estrellita" de Manuel M. Ponce **7** (*Mús*) Composición corta cuya estructura musical por lo general tiene la forma ABA, es decir un tema seguido de otro diferente y una vuelta al primer tema **8** *Canción sin palabras* Un tipo de solo para piano que consta de un movimiento en el que se desarrolla una melodía muy marcada en forma de canción con un acompañamiento **9** (*Lit*) Composición que suele dividirse en estrofas iguales de versos heptasílabos y endecasílabos, que termina con una estrofa más breve **10** Forma característica de hablar con una entonación peculiar **II 1** Repetición insistente de algún tema o asunto: "Siempre anda con la misma *canción* de que no tiene dinero", "¡Ah qué la *canción*! Otra vez con lo mismo" **2** *Otra canción* Otro asunto: "Si, pero eso ya es *otra canción*".

cancha s f **1** Terreno o instalación preparada para efectuar en ella algún deporte, como futbol, tenis, golf, etc: "La *cancha* de pasto raído donde algunos obreros juegan futbol al mediodía" **2** (*Coloq*) *Abrir cancha* Hacer espacio, dar lugar: "¡Abran cancha! ¡Ahí vienen los bomberos!" **3** (*Coloq*) *Dar cancha* Hacer lugar o dar a alguien alguna ventaja para realizar algo: "¡Éntrale al negocio; te estoy *dando cancha*!" **4** *Haber* o *tener cancha libre* Tener oportunidad o libertad para realizar una acción determinada **5** (*Coloq*) *Tener cancha alguien* Dominar una situación, tener experiencia: "¡Cómo no iba a saberlo? ¡Si *tiene mucha cancha*!".

candado s m **1** Cerradura portátil, compuesta por una caja de metal en cuyo interior se encuentra la combinación y un soporte que traba el asa, para con ella mantener cerradas las puertas, las tapas, etc: *echar candado, poner el candado* **2** Figura de la barba y bigote unidos en dos líneas alrededor de la boca **3** (*Charr*) Bocado del freno con forma de una tenaza ligeramente abierta, que permite el paso de la lengua de la caballería; bocado de guardamonte **4** (*Dep*) En las luchas, llave que consiste en sujetar y apretar el cuello del contrincante con un brazo flexionado contra el cuerpo **5** Apuesta en la que se eligen varias posibilidades a las que se juega combinándolas todas entre sí: "Fuimos al hipódromo y en la última carrera ganamos mil pesos con el *candado* 1-3-7".

candelabro s m **1** Soporte de velas para iluminar una habitación, generalmente provisto de dos o más brazos **2** (*Bot*) Denominación genérica de muchas plantas cactáceas de tallos columnares ramificados en la parte alta. Una de las más conocidas es la *Pachycereus pecten aboriginum*, la cual llega a medir hasta 9 m de altura.

candidato s Persona que ha sido propuesta o que se propone a sí misma para desempeñar un cargo, para ingresar a un grupo o institución, o para que se le otorgue una distinción, nombramiento, premio, etc: *candidato a diputado*, "El *candidato* de nuestro partido a la presidencia", "Tenemos siete *candidatos* para ocupar la plaza", "Borges, *candidato* al premio Nobel de literatura…".

canela s f **1** Corteza del árbol del canelo, de color café rojizo, muy aromática, que se utiliza como condimento: *canela en polvo, canela en rama*, "Una rajita de *canela*" **2** (*Bot*) *Calliandra anomala* de la familia de las mimosáceas) Arbusto de 1 a 4.5 m de alto, de corteza negruzca, hojas compuestas con numerosas hojillas linearoblongas de 2.5 a 5 mm de largo; flores grandes, de color púrpura, muy vistosas, con estambres muy largos que sobresalen de la corola; el fruto es una legumbre densamente híspida. De ella se extrae tanino. La raíz se utiliza para retardar la fermentación del tepache y del pulque **3** (*Bot*) (*Chrysophyllum mexicanum* de la familia de las sapotáceas) Árbol mediano con jugo lechoso que mana al cortar las hojas o las ramas; hojas ovales oblongoelípticas, de 5 a 12 cm de largo por 2.5 a 5 cm de ancho, con peciolos muy largos; flores verdosas, pequeñas; fruto esferoidal de aproximadamente 10 cm de diámetro. Su madera es apreciada para hacer casas y herramientas **4** (*Ver* y *SE*) Plátano perjudicado por las temperaturas demasiado bajas **5** *Ser algo o alguien (pura) canela, canela pura* o *canela fina* Ser de lo mejor; tener mucho carácter: "Paquita *era canela fina*; todos las muchachos la deseaban".

canevá s m Tela cruda de tejido muy abierto, en la que se borda y se hacen tapetes y tapices.

cangrejo s m **1** Crustáceo del orden de los decápodos, de cuerpo por lo general ensanchado y comprimido, cubierto por un fuerte caparazón; tiene cinco pares de patas con dos pinzas en el primero de ellos, que le sirven para defenderse y coger sus alimentos. Vive en el mar, en los ríos o en la arena de las playas, y algunas de sus variedades son muy apreciadas como alimento: *cangrejo de río, cangrejo moro* **2** *Andar como cangrejo* Caminar para atrás y retrocediendo: "Tú *andas como los cangrejos*: en vez de aprender, cada día aprendes menos".

canica s f **1** Bolita maciza de vidrio, madera o piedra con que juegan los niños, tirándola con la presión que hacen el pulgar y el índice para golpear a otra. Según sus tipos hay ágata, ponche, trébol, etc; cuiria, cuica: *jugar canicas* **2** (*Chicocca alba*) Planta rubiácea de aproximadamente 30 cm de altura, con hojas divididas de color plateado, flores amarillas y raíz gruesa, que tiene propiedades diuréticas, tónicas, astringentes, etc; perlilla, oreja de ratón, suelda con suelda **3** (*Coloq*) *Botársele a alguien la canica* Enloquecer, perder noción de la realidad: "*Se le botó la canica* y salió desnudo a la calle" **4** (*Coloq*) *Llevarse a alguien la canica* Morirse: "Estaba tan enfermo que *se lo llevó la canica*" **5** (*Coloq*) *Del año de la canica* De mucho tiempo atrás: "Hay casas que tienen muebles *del año de la canica*".

canícula s f **1** Periodo del año en que se registran las más altas temperaturas; durante el verano, según la región, entre marzo y agosto: "Todo sabía de climas, tempestades, nortes, cabañuelas, cordonazos y

canículas, con sólo asomarse al balcón" **2** (*Astron*) La estrella Serio.

cánido (*Zool*) **1** s m y adj Animal mamífero carnívoro que tiene cinco dedos en las patas anteriores y cuatro en las posteriores, uñas que no se retraen y se apoya sólo en los dedos para andar, como el perro y el lobo **2** s m pl Familia de estos animales.

canijo 1 adj (*Popular*) Que es mal intencionado, mala persona, o astuto: "¡Ay *canijo* Nopaltzin, ya me amoló", "Si está reflaco, *canijo* viejo" **2** interj *¡Ah canijo!* (*Popular*) Manifestación de asombro: "Dije *¡ah canijo!* ¡Ora sí me espantaron!" **3** *Estar algo canijo* Estar muy difícil: "Así es el mundo y va *a estar canijo* cambiarlo".

canino 1 adj Que es propio del perro o que se relaciona con él: *enfermedades caninas, exposición canina* **2** s m Colmillo; diente canino.

canoa s f **1** Embarcación de remo o de pértiga muy angosta a veces de madera de una sola pieza; se usa principalmente en los ríos y en la práctica del canotaje **2** (*Rural*) Especie de cajón o batea, generalmente de madera, que sirve para dar agua o alimento a los animales o como depósito de leche o miel **3** (*Rural*) Canal angosto de madera que sirve de acueducto, colocado como puente sobre una acequia o zanja; es de una sola pieza y se hace ahuecando el tronco de algún árbol **4** (*Coloq*) *Hacerle agua la canoa a alguien* Tener aspecto o tendencias a la homosexualidad: "¡Qué se me hace que a usted *le hace agua la canoa!*".

canon s m I **1** Ley o precepto con que se rige la conducta, un arte, o que sirve de criterio para juzgar algo: *el canon de Leonardo*, "El marxismo, según esos *cánones*, no es posible edificarlo en un solo país" **2** (*Relig*) Conjunto de leyes o reglas de la Iglesia católica sobre el dogma y la disciplina **II 1** (*Relig*) Conjunto de libros considerados por la Iglesia católica como de inspiración divina: "Los partidarios de incluir los libros apócrifos en el *canon* de los libros inspirados del Antiguo Testamento" **2** (*Relig*) Parte esencial de la misa católica que va del Prefacio al Padre Nuestro e incluye las palabras sacramentales de la eucaristía **III** (*Mús*) Composición musical de contrapunto, en la cual dos o más voces presentan la misma melodía sucesivamente, pero no siempre en el mismo tono: *un canon o dos voces* **IV** (*Impr*) Tipo de imprenta de 24 puntos.

canotaje s m Práctica deportiva de maniobrar canoas en competencia, generalmente para llegar a una meta: *pruebas de canotaje, pista de canotaje*.

cansado I pp de *cansar* o *cansarse*: "Se ha cansado mucho con los exámenes" **II** adj **1** Que experimenta o siente cansancio: "Estoy *cansado*, trabajo mucho y gano poco", "El pueblo está *cansado*", dijo Portes Gil, de que salgan comaladas sexenales de millonarios", "Los campesinos están tan *cansados* de ser engañados que ya no creen en nada" **2** Que provoca o causa cansancio: *un trabajo cansado, una novela cansada* **3** (*Caló*) Deprimido por la falta de drogas **4** *A las cansadas* (*Coloq*) Después de mucho tiempo: "Me recibió allá, *a las cansadas*".

cansancio s m **1** Falta de fuerza o energía provocada por el trabajo u otro esfuerzo: "El albañil se quedó dormido por el *cansancio*", "El cansancio lo agobiaba", "Me invadía un *cansancio* tan fuerte que me impedía abrir el libro", *morirse de cansancio*

2 Pérdida de la paciencia o de la esperanza en algo que provoca un esfuerzo duradero e inútil para conseguirlo: "El *cansancio* del pueblo por tanta promesa incumplida" **3** Pérdida del interés, del aprecio o de la paciencia que provoca algo o alguien monótono, aburrido o molesto: el *cansancio de los celos, el cansancio de la oficina,* "Se lo he repetido hasta el *cansancio*".

cansar v tr (Se conjuga como *amar*) **1** Causar el trabajo o un esfuerzo, que algo o alguien pierda su fuerza o su energía o le disminuya: *cansar a los obreros, cansar al caballo, cansar un motor* **2** prnl Sentirse una persona con pocas energías después de haberse esforzado en alguna actividad, mostrar algo o alguien que ha perdido fuerza o energía por causas parecidas: *cansarse de caminar, cansarse de estudiar,* "El burro ya se *cansó*" **3** Causar algo monótono, aburrido o molesto que alguien pierda la paciencia o se desespere: "Me *cansa* tanta insistencia" **4** *¡Me canso!* ¡Seguro!: "¡*Me canso* que no llega a tiempo!" **5** *Cansar la tierra* Quitar fertilidad a la tierra por haberla explotado en demasía o por haber repetido mucho el mismo cultivo: "El maíz *cansó* la tierra".

cantante adj y s m y f Persona que se dedica a cantar en público: *el cantante de ranchero, una cantante de ópera, cantante folklórica.*

cantar[1] v tr (Se conjuga como *amar*) **I 1** Producir con la voz una serie de sonidos melodiosos, generalmente con un texto: *cantar las mañanitas, cantar la posada, cantar una canción ranchera* **2** Emitir sonidos melodiosos algunos animales, como los pájaros: *cantar los zenzontles, cantar las calandrias* **3** Emitir su voz la rana **II** Alabar o celebrar en verso o en prosa a alguien o algo: "Los poetas *cantaban* las fases de la pasión amorosa", "Yo le *canto* a sus mujeres" **III 1** Echar en cara a alguien los favores que se le han hecho: "Le consiguió trabajo, pero se lo *canta* todos los días" **2** *Cantar claro* Decir verdades, sin titubeos ni temores: "Le *cantó claro* lo que pensaba de ella" **3** (*Popular*) Confesar una persona todo lo que sabe acerca de algún delito o mal comportamiento **4** *Cantar victoria* Proclamar el triunfo o el éxito en alguna cosa **5** (*Coloq*) Confesarle a alguien el amor que uno siente: "Fue y le *cantó* a su novia" **6** Decir en voz alta y con cierto tono cifras o expresiones en serie: *cantar los números de la lotería, cantar los strikes en el beisbol* **7** *No cantar alguien mal las rancheras* (*Coloq*) Ser alguien muy capaz de hacer alguna cosa **8** *Cantarle a alguien otro gallo* Tener mejor suerte en alguna cosa: "Si tuviera influencias en el gobierno, *otro gallo nos cantara*".

cantar[2] s m **1** Breve composición poética musicalizada o adaptable a alguno de los aires populares **2** *Cantar de gesta* Poesía épica popular de la Edad Media, en la que se relataban los hechos notables de personajes históricos, legendarios o tradicionales, como el *Poema del Cid* **3** *Ser algo otro cantar* (*Coloq*) Ser algo asunto o cuestión diferente de la que se está tratando.

cántaro s m **1** Vasija de barro, de forma esférica, de boca y base muy reducidos, con asas o sin ellas; se utiliza para transportar y guardar líquidos, especialmente agua: *un cántaro redondo y botijón, un cántaro lleno de miel, un sonar hueco como de cán-*

taro **2** Cantidad de algo que cabe en dicho recipiente **3** *Llover a cántaros* (*Coloq*) Llover en gran cantidad, en abundancia.

cantera s f **1** Lugar de donde se extrae piedra para la construcción: "La mayor parte de la población vive de la explotación de *canteras*" **2** Piedra que se usa en la construcción: *cantera labrada, una barda de cantera cubierta de bugambilias* **3** Institución u organización que suele proveer a otras de personas preparadas y aptas en alguna actividad: "La universidad es nuestra principal *cantera* de médicos".

cantidad s f **1** Propiedad que tiene algo y que permite contarlo o medirlo **2** Número o medida: *una cantidad de personas, una cantidad de tierra* **3** Porción o número grande de alguna cosa: "Tiene cantidad de pelo" **4** *En cantidad* Mucho, en abundancia: "El arroz necesita agua *en cantidad*".

cantina s f **I 1** Establecimiento comercial en el que se sirven bebidas alcohólicas y algunos alimentos; su clientela suele divertirse jugando al dominó, a los dados, etc o escuchando música: *tomarse una cerveza en la cantina, salir borracho de la cantina,* "Son famosas las botanas de esa *cantina*" **2** Mueble en el que se guardan botellas de licor y que generalmente tiene una pequeña barra para preparar las bebidas **II** *Cantinas* Dos bolsas de cuero unidas y con tapa que forman parte de la silla de montar que usan los charros. Se sujetan debajo de la cabeza de la silla y cuelgan una a cada lado del caballo; se emplean para llevar provisiones.

canto[1] s m **I 1** Acto de cantar y canción que de él resulta: *el canto de los pájaros, el canto infantil, entonar un canto* **2** Arte y técnica de cantar: *versos de canto, maestro de canto* **3** Composición musical para voz e instrumentos, o parte de una composición, dedicada a la voz humana **4** (*Mús*) *Canto gregoriano* Forma musical para coro y voces y solos, establecida por el Papa Gregorio I en el siglo VI, para acompañar diversos oficios litúrgicos de la Iglesia Católica; su letra proviene en su mayoría del libro de los salmos; es de ritmo libre y monofónico **5** *Canto llano* Estilo antiguo del canto gregoriano, que engloba otras liturgias cristianas, como la bizantina, la ambrosiana o la mozárabe **6** *Canto responsorial* Canto litúrgico en el que alternan un cantor y un coro, el cual responde con un estribillo **7** *Canto antifonal* Canto litúrgico en el que el coro repite lo que canta el cantor **II 1** Composición poética: "Los *cantos* de Nezahualcóyotl" **2** Poesía lírica o épica destinada, en su origen, a ser cantada: *Los cantos de Píndaro* **3** Cada una de las partes en que se divide un poema épico: *Los doce cantos de la Eneida, Los veinticuatro cantos de la Odisea.*

canto[2] s m **1** Borde, filo o lado que limita la forma de un objeto: *el canto de una moneda, el canto de una mesa* **2** En un cuchillo o sable, lado opuesto al filo **3** Lado de un libro **4** *De canto* De lado, de un costado **5** Piedra o fragmento pequeño de roca que forma bancos en las orillas del mar o en el lecho de los ríos; de formas más o menos redondeadas según las condiciones mecánicas y el tiempo durante el cual han chocado entre sí, por efecto del oleaje o de las corrientes de agua: *cantos rodados, canto anguloso, canto romo* **6** *Al canto* Inmediatamente después de algo, al instante, como consecuencia natural y necesaria.

cantón s m **1** Región, territorio o distrito: "Yo soy del *cantón* de Acayucan" **2** (*Popular*) Región, barrio o casa donde uno vive: "Tuvieron a bien visitar el *cantón* de la ñora Julia".

cantor adj y s **1** Que canta: *el grillito cantor* **2** En la liturgia de la Iglesia católica romana y en el servicio judío, el solista que contrasta con el coro **3** En las Iglesias germanas luteranas, el director de música, como Bach en Leipzig **4** El que canta en su poesía o en su música, a cierta persona o cosa: *el cantor de la patria*, "Alejandro Alvarado ganó el concurso de *cantor* de Xochimilco".

canuto s m **1** Trozo de una caña de azúcar o de maíz comprendido entre dos nudos **2** Helado de leche, huevo y azúcar que se cuaja en moldes cilíndricos y toma esta forma.

caña s f **1** Tallo, generalmente hueco y nudoso, propio de las plantas gramíneas: *caña de bambú* **2** *Caña de azúcar* (*Saccharum officinarum*) Gramínea de aproximadamente 2 m de altura, que crece en lugares calientes y húmedos, de cuyo tallo, lleno de un tejido fibroso y esponjoso, se saca el azúcar **3** Aguardiente que se prepara con el jugo de esta planta **4** *Caña brava* (*Gynerium sagittatum*) Planta de la familia de las gramíneas, de hasta 10 m de altura, hojas hasta de 2 m de largo por 4 a 6 m de ancho, flores en panículas. Crece en las orillas de los ríos y abunda en la zona tropical **5** *Caña agria* Varias especies de plantas de las cingiberáceas, cuyo jugo, extraído por maceración e infusión, se usa en medicina como diurético **II 1** *Caña de pescar* Vara larga, con frecuencia hecha de caña de bambú, que sostiene en su extremo más delgado el hilo con el anzuelo para pescar **2** Parte de la bota que cubre la pierna **3** Región de las extremidades delanteras de los cuadrúpedos en la que se encuentran los huesos del metacarpo **4** Cualquiera de los huesos del antebrazo o de la pierna y, en general, parte hueca de cualquier hueso largo **5** Parte de la caja del fusil y otras armas parecidas, en que descansa el cañón **6** (*Arq*) Cuerpo principal de una columna, comprendido entre la base y el capitel, de una sola pieza o compuesto por varios tambores superpuestos **7** Vaso de forma cilíndrica, alto y estrecho, que generalmente se usa para beber cerveza; líquido que contiene **8** *Caña del timón* Palanca con que se maneja el timón de una embarcación **9** Parte del ancla desde la cruz al arganeo **10** (*Coloq*) Tubo por donde corre el agua potable en la red de distribución de una ciudad **III** *Cañas* (*Caló*) Pesos.

cañada s f **1** Terreno situado entre montes, cerros, lomas o elevaciones poco distantes **2** Arroyo **3** (*Tab*) Terreno recién cosechado en donde todavía quedan en pie las cañas del maíz.

cáñamo s m **1** (*Cannabis sativa*) Planta herbácea de la familia de las urticáceas, mide aproximadamente 2 m de altura, tiene las hojas opuestas en forma de dedo y con cinco hojuelas lanceoladas y aserradas; sus flores son de color verde y de sus tallos se obtiene una fibra textil **2** Fibra que se extrae de los tallos de esa planta y que se emplea para producir telas, hilos, etc **3** Cuerda delgada y fuerte, hecha de fibra.

cañaveral s m Plantación de caña de azúcar o de alguna otra gramínea: *la zafra de los cañaverales*, *un paisaje de cañaverales*.

cañería s f Conjunto o red de tubos por donde circula el agua y el gas en una ciudad: *taparse las cañerías, reparar la cañería, agua en la cañería.*

cañero 1 adj Que se relaciona con la caña de azúcar: *actividad cañera, zona cañera* **2** s Persona que se dedica a trabajar en terrenos sembrados de caña de azúcar: *los cañeros de Zacatepec* **3** s En los ingenios azucareros, el lugar que en el edificio del molino sirve para depositar la caña que va llegando y no se muele inmediatamente.

caño s m **1** Tubo generalmente de cemento por el que salen las aguas de desecho: "Los *caños* borbotaban y hacían espuma" **2** (*Yuc*) Saliente de una laguna en forma de faja estrecha.

cañón s m **I 1** En un arma, tubo por donde sale el proyectil: *pistola de cañón largo* **2** Pieza de artillería que consta esencialmente de un tubo de acero de gran longitud respecto a su calibre, en el que se coloca el proyectil y la carga explosiva: *un bala de cañón* **3** Conducto por donde sale el humo de una chimenea **II 1** Parte córnea y hueca de las plumas de las aves **2** Pelo de la barba de los hombres, cuando acaba de brotar **III 1** Cada una de las dos piezas más gruesas del bocado o del freno, que se apoya en los asientos **2** Barril angosto y largo que sirve para transportar pulque **3** (*Caló*) Borracho **IV 1** Valle profundo estrecho y largo, comprendido entre dos montañas, por donde generalmente pasa algún río **2** (*Min*) Galería de una mina que conduce a los rebajes y no tiene salida.

caoba s f **1** Madera veteada de color rojizo oscuro muy apreciada por su belleza, su calidad y su resistencia. Se utiliza para la fabricación de muebles finos: *un librero de caoba* **2** (*Swietenia macrophylla*) Árbol de la familia de las meliáceas del que se obtiene esta madera; mide aproximadamente 30 m de altura; su tronco es recto y llega a tener hasta 1 m de diámetro. Se localiza en regiones tropicales.

caos s m sing y pl **1** Estado de confusión en el que, se cree, se encontraba la materia antes de la ordenación del universo **2** Estado en el que se ha roto el equilibrio y el orden: *un caos político, vivir en el caos* **3** *Caos de bloques* (*Geol*) Acumulación de grandes bloques de piedra amontonados sobre el suelo, especialmente al pie de las vertientes de donde provienen.

caótico adj Que pertenece al caos o se relaciona con él: *estilo caótico, inflación caótica.*

capa s f **I 1** Prenda de vestir sin mangas, abierta por el frente, que se ajusta al cuello y se hace más amplia conforme cae **2** (*Tauro*) Trozo de tela de forma semicircular, generalmente roja de un lado y amarilla del otro, que se usa para torear **3** *Capa pluvial* La que llega a los talones, abierta por delante y sostenida con un broche en el pecho, y tiene una especie de escudo en la espalda; la usan los sacerdotes católicos en todos los actos solemnes, menos en la misa **4** *De capa caída* Con pocos ánimos, con poca salud, perdiendo fuerza en su posición económica o social **5** *A capa y espada* A todo trance, a cualquier costo **II 1** Recubrimiento de alguna sustancia o material que se aplica o se extiende sobre una cosa: *capa de polvo, capa de oro, capa de pintura* **2** Cada una de las partes diferenciadas entre sí y sobrepuesta una a la otra de que está compuesta alguna cosa: *capa de tierra, capa de la atmósfera* **3** *Capa inversora* (*Astron*) Parte gaseosa que constituye la transición entre la fotósfera y la cromósfera del Sol, formada por gases incandescentes que tienen la propiedad de invertir el espectro haciendo brillantes sus rayos **4** *Capas embrionarias* (*Biol*) Diferentes partes celulares de que está formado un embrión animal y que darán lugar a los diferentes órganos, aparatos y sistemas de su cuerpo **5** *Capa de cemento* (*Zool*) Parte externa de la cutícula de los insectos, probablemente de carácter lipoproteico **6** *Capa molecular* (*Zool*) Parte externa de la corteza cerebral de los vertebrados superiores; parte exterior de la corteza del cerebelo **7** *Capa freática* La que forma el agua que se filtra en la corteza terrestre a poca profundidad **III** Cada uno de los grupos sociales en que puede dividirse una comunidad, generalmente en términos jerárquicos.

capacidad s f **1** Aptitud o conjunto de aptitudes o cualidades que le permite a alguien o a algo realizar una acción determinada: *capacidad de aprendizaje* **2** Espacio que permite a una cosa contener dentro de sí a otra: *la capacidad de una bodega, medidas de capacidad.*

capacitación s f Acto y resultado de capacitar a alguien o capacitarse: *capacitación profesional, programa de capacitación, cursos de capacitación.*

capacitar v tr (Se conjuga como *amar*) **1** Dar a alguien los conocimientos necesarios, o educarle la habilidad que requiere para realizar alguna actividad: "Se *capacitan* para manejar los tornos" **2** Dar a alguien permiso o reconocimiento para que desempeñe algún papel o algún trabajo.

capar v tr (Se conjuga como *amar*) **1** Quitar o inutilizar los órganos genitales de un animal macho generalmente cortándolos, o haciéndolos explotar; castrar **2** Quitar el centro o cogollo del maguey para impedir la formación del quiote, con el fin de obtener de su cuenca el aguamiel del que se hace el pulque **3** Podar las matas de tabaco para que produzcan la segunda cosecha de hojas **4** Separar de los panales las hojas o pencas que contienen la miel y la cera.

caparazón s m **1** Cubierta dura, de hueso u otra sustancia, que protege todo el cuerpo de algunos animales, como la tortuga y los crustáceos **2** Cualquier cubierta gruesa y resistente que abarque todo el volumen de lo que cubre y protege.

caparidáceas s f pl (*Bot*) Familia de plantas dicotiledóneas, generalmente tropicales, hierbas o arbustos de hojas alternas, sencillas o palmeadas, flores solitarias en racimos o corimbos y fruto en cápsula, baya o drupa, como la alcaparra.

capataz s m y f Persona encargada de vigilar y dirigir a cierto número de trabajadores, principalmente en el campo.

capaz adj m y f **I 1** Que tiene las cualidades o aptitudes necesarias para hacer algo: "No *es capaz de comprender*", "No *ha sido capaz de satisfacer* sus necesidades", "*Es capaz de resolver* sus problemas" **2** Que conoce o maneja bien una actividad: *una personas capaz, un ingeniero muy capaz* **3** *Ser capaz de* Tener las aptitudes o el atrevimiento necesarios para llevar algo a la práctica: "*Es capaz de* matar por dinero", "*Es capaz de* olvidarte sin remordimiento".

capilar adj y s m y f **1** Que se refiere al peio o cabello o se relaciona con él: *loción capilar*, "Creían que la abundancia *capilar* implicaba fuerza viril y combativa" **2** (*Quím*) Que se refiere a los fenómenos de capilaridad y especialmente a los tubos de diámetro muy estrecho **3** (*Anat*) Cualquier vaso diminuto del sistema circulatorio o del sistema linfático que conecta las arterias con las vénulas y que forma parte de una red casi en todas las partes del cuerpo; sus paredes están compuestas de una célula única y a través de ellas se efectúan los intercambios rápidos entre el líquido contenido y los tejidos circundantes.

capilaridad s f (*Fís*) Fenómeno que sucede cuando un líquido sube o baja por las paredes de un sólido, como efecto de la atracción molecular entre uno y otro.

capilla s f **I 1** Iglesia pequeña, anexa a otra mayor o parte integrante de ésta, con altar y advocación particular; a veces se utilizan para guardar el Santísimo Sacramento o para guardar una tumba o reliquias **2** Lugar destinado al culto en una comunidad, familia o individuo y no para los fieles en general **3** *Capilla abierta* (*Arq*) La que está abierta hacia el atrio de una iglesia y servía para oficiar la misa ante grandes multitudes en la época colonial **4** *Capilla posa* (*Arq*) La que está situada en las esquinas del atrio como remate de los tramos del camino procesional. Son famosas las de Calpan y Huejotzingo **5** *Capilla ardiente* Aquella en la que un cadáver aguarda sepultura en el ataúd rodeado de velas encendidas **6** Grupo de personas reducido y cerrado **7** *Estar en capilla* Estar alguien en espera de un acontecimiento inmediato, de consecuencias determinantes para su vida o su trabajo **II** Pliego suelto, ya doblado, de una obra que está imprimiéndose.

capirotada s f **1** Postre que se hace a base de pan rebanado y frito, bañado con miel, generalmente de piloncillo o panocha, al que se le agrega queso, pasas, almendras o algún otro ingrediente; es típico de la época de cuaresma **2** (*Chih*) Confusión o relajo que se produce en algún lugar: "Esta escuela es una *capirotada*".

capital[1] **1** adj m y f De importancia, interés, tamaño o consecuencias muy grandes: *error capital, pena capital, pecado capital* **2** s f y adj m y f Población en donde reside el gobierno un un país, de un estado o de una provincia: *la capital de la República*, "La *capital* del estado de Morelos es Cuernavaca", *una ciudad capital.*

capital[2] s m **1** Conjunto de bienes que alguien tiene, como dinero, propiedades, etc: "Mi *capital* no llega a diez mil pesos" **2** Gran cantidad de dinero, propiedades, etc que alguien llega a reunir: "Hizo un *capital* vendiendo ropa" **3** (*Econ*) Conjunto de bienes, como los medios o instrumentos de producción, que invierte un empresario para producir mercancías y otros satisfactores, cuya venta le dará una ganancia **4** *Capital constante* (*Econ*) El que se invierte en los medios de producción, como materia prima, instrumentos de trabajo, instalaciones, etc y no altera su valor en el proceso de producción **5** *Capital variable* (*Econ*) El que se emplea en la compra de fuerza de trabajo, o suma destinada al pago de salarios, cuyo valor cambia en el proceso de producción al reproducir su propio equivalente y un excedente de éste o plusvalía; también el que cambia por nuevas aportaciones o por su retiro **6** *Capital fijo* (*Econ*) El que no puede aumentarse ni disminuirse sin reformar los estatutos de una sociedad **7** *Capital social* (*Econ*) En las sociedades mercantiles, el conjunto de aportaciones suscritas por los socios, estén pagadas o no.

capitalino adj y s Que pertenece a la capital, especialmente a la de un país, o se relaciona con ella; en particular, que es natural o habitante de la ciudad de México: *público capitalino, gobierno capitalino, periódicos capitalinos*, "A los graves problemas que enfrentan los *capitalinos*...", "Fuerte temblor despertó a los *capitalinos*".

capitalismo s m **1** Sistema económico, político y social, que se basa en la propiedad privada de los medios de producción y en la compra, por los propietarios, del trabajo del obrero para producir mercancías y otros satisfactores, de cuyo valor se obtiene una ganancia: "La expansión del *capitalismo*" **2** *Capitalismo de Estado* Sistema económico, político y social en el que los grandes medios de producción están controlados por el Estado.

capitalista 1 adj m y f Que pertenece al capitalismo o se relaciona con él: *Estado capitalista, industria capitalista* **2** s m y f Persona que es propietaria de los medios de producción y que obtiene ganancias del valor producido por su empresa: "Los *capitalistas* controlan el comercio".

capitán s **1** Persona que tiene bajo su mando y responsabilidad un grupo: *capitán de meseros, capitán de un equipo de futbol, capitán de bomberos* **2** (*Mil*) Grado de la jerarquía militar que está por encima del teniente y por debajo del mayor. En el ejército lo tienen los oficiales que están al mando de una compañía, escuadrón o batería y, en la fuerza aérea, los que comandan una escuadrilla **3** (*Mil*) Grado militar de la marina que está por encima del teniente y por debajo del comandante; corresponde a los oficiales que dirigen la navegación de un barco y mandan a su tripulación **4** Persona que dirige una nave: *capitán de un barco pesquero, capitán de un avión comercial* **5** *Capitán general* Título que durante la conquista de América daban los españoles al que encabezaba una expedición exploratoria o de conquista. Posteriormente también lo tuvieron los virreyes como jefes máximos de las fuerzas de conquista en representación del rey.

capitanía s f **1** Cargo de capitán: "Le ofrecieron la *capitanía* en un barco mercante" **2** Oficina del capitán de puerto y embarcación que enarbola su insignia **3** *Capitanía general* Edificio donde residía y tenía sus oficinas el capitán general **4** *Capitanía general* Durante la conquista y la colonial en Hispanoamérica, territorio aún no colonizado en el que se establecía un gobierno de carácter militar al mando de un capitán general.

capitel s m **1** Remate superior del fuste de una columna, de un pilar o de una pilastra, decorado según el estilo arquitectónico al que pertenezca: *capitel jónico, dórico, persa*, etc **2** Tapadera ahuecada de forma esférica que cierra la cucúrbita del alambique.

capítulo s m **1** Cada una de las partes en que se divide una obra literaria, un relato, una historia, etc **2** Reunión de los miembros de una agrupación religiosa o militar.

capón s m **1** Macho, especialmente bovino, ovino o cabrío, al que se le han quitado los testículos; castrado, capado **2** *Capón de gallina* Pollo castrado **3** Maguey al que se le ha cortado el cogollo para estimular la producción del aguamiel **4** Plato compuesto de chile con huevo y longaniza.

caporal s m Persona que tiene a su cargo el cuidado del ganado y bajo su mando a un grupo de trabajadores encargados de la buena marcha de un rancho.

capote s m I **1** Prenda de vestir semejante a una capa, pero más corta y con menos vuelo **2** (*Tauro*) *Capote de paseo* Prenda bordada con hilos de oro, plata o con lentejuelas, que se tercian los toreros sobre el hombro y el brazo izquierdo para hacer el paseíllo al iniciarse la corrida **3** *Capote (de brega)* Tela con forma de capa, generalmente roja por el anverso y amarilla por el reverso, con que los toreros burlan al toro en el primer tercio de la lidia, o que se usa para auxiliarse durante todo su transcurso: "Con el *capote* recibió aplausos".

capricho s m **1** Deseo poco razonable, arbitrario, sin ninguna justificación aparente y generalmente superfluo: "Tú nunca me cumples un *capricho* y yo sí" **2** Persona, animal o cosa que es el objeto de dicho deseo: "Ese automóvil nuevo es su último *capricho*; ya ves, es un despilfarrador".

caprichoso adj **1** Que actúa arbitrariamente, sin rigor o siguiendo móviles aparentemente injustificados: "Yo no le había hecho nada malo. Me abandonó porque sí; por *caprichoso*, por cruel, por egoísta" **2** Que está hecho sin seguir patrón o norma alguna o que no se le puede encontrar forma alguna: "Los cerros de formas *caprichosas*".

caprichudo adj Que actúa por capricho; en particular los niños; caprichoso: "Se puso *caprichudo* y no quiso aprender a leer".

caprino adj Que pertenece a las cabras o se relaciona con ellas: *ganado caprino, especie caprina, productos caprinos*.

cápsula s f I **1** Recipiente o envoltura, generalmente esférico u ovalado, cerrado por todas partes excepto por la que entra lo que contiene, o cerrado por completo para que no salga o se dañe su contenido: *una cápsula de gas, una cápsula espacial* **2** Fruto de esa forma, como el del algodón **3** Envoltura membranosa o fibrosa que rodea a un órgano o su articulación: *cápsula suprarrenal* **4** Envoltura que se puede deshacer al tomarla, sin sabor, con la que se administran ciertos medicamentos: *una cápsula de aceite de hígado de bacalao* II Recipiente de bordes bajos que se emplea para evaporar líquidos: *cápsula de porcelana, cápsula de vidrio* III Información o mensaje, que se incluye entre dos programas de radio o televisión: *una cápsula educativa, una cápsula informativa*.

capsular adj m y f Que tiene forma de cápsula o se relaciona con una de ellas: *envoltura capsular, dolor capsular*.

captación s f Acto de captar algo: *captación de aguas, captación de turismo, captación de datos, captación del sonido*.

captar v tr (Se conjuga como *amar*) I **1** Percibir los sentidos de una persona alguna cosa que hay o que sucede a su alrededor: *captar unos cuantos sonidos*, "Logré *captar* sus señas disimuladas", "No *captaron* la tensión del ambiente" **2** Percibir un aparato, un mecanismo o algún animal ciertos acontecimientos o fenómenos que suceden a su alrededor: *captar un temblor, captar señales de las estrellas, captar el avance de un enemigo* **II** Lograr entender o darse cuenta una persona de alguna cosa: *captar el sentido de un libro, captar las alusiones de un discurso, captar una indirecta* **III** Recibir o recoger una cosa determinada algo que para ello se ha dispuesto o que tiene esa función: *captar agua las presas, captar divisas el banco, captar polvo la aspiradora* **IV** Atraer una persona hacia sí la atención, el interés, etc de otras: *captar el aplauso del público, captar la compasión del jurado*.

captura s f Acto y resultado de capturar algo o a alguien: *la captura de un delincuente, embarcaciones equipadas para la captura de camarón*.

capturar v tr (Se conjuga como *amar*) **1** Tomar prisionera a alguna persona la policía o algún otro cuerpo legalmente facultado para ello: *capturar a un prófugo, capturar una patrulla enemiga* **2** Coger vivo algún animal e impedirle que escape: *capturar un león, capturar una manada de búfalos* **3** Pescar animales marinos en gran cantidad, particularmente una flota pesquera: *capturar camarón, capturar atún* **4** Coger, agarrar o hacer caer alguna cosa en otra dispuesta para ello o cuyas características lo imponen: *capturar energía las plantas, capturar agua de lluvia, capturar un electrón* **5** (*Comp*) Registrar por medio del teclado un dato o un conjunto de datos en el dispositivo de memoria de una computadora.

capturista s m y f Persona que se dedica o tiene por oficio la captura o registro de datos en una computadora: *un capturista muy eficiente*.

capulín s m **1** (*Prunus capuli*) Árbol de la familia de las rosáceas que mide de 10 a 15 m de altura, tiene hojas lanceoladas y aserradas, y flores blancas en racimos **2** Fruto de este árbol, pequeño, globoso, con una semilla y de color rojizo o negro; es comestible y de sabor dulce **3** Árbol de distintas especies que da frutos parecidos al anterior, pequeños, globosos y por lo general comestibles.

capulina s f **1** (*Latbrodectus mactans*) Araña negra muy venenosa, de aspecto semejante al de un capulín, común en el sur de Estados Unidos y en el norte y centro de la República Mexicana; viuda negra, chintlatlahua, cazampulga **2** *Llevar una vida capulina, pasársela capulina* Llevar una vida muy cómoda, descansada y sin preocupaciones **3** Especie de blusa que se usa en algunas partes de Oaxaca **4** (*Popular*) Prostituta.

capullo s m **I** Cubierta protectora que fabrican las larvas de algunos insectos con el hilo que segregan, como el gusano de seda, y en la cual se encierran para efectuar su metamorfosis: *un capullo de mariposa* **II 1** Flor cuyos pétalos no se abren aún: *un capullo de rosa* **2** Manojo de hojas que sirve de envoltura para algo **3** *Capullo de joloche* Envoltura de las mazorcas de maíz.

caquí[1] adj m y f sing y pl Que es del color del polvo: *un uniforme caqui, pantalones caqui*.

caquí[2] s m **1** Fruto dulce y carnoso, semejante a un jitomate, pero más largo que ancho **2** Árbol que produce este fruto, de la familia de las ebenáceas, raro en México.

cara s f **I 1** Parte delantera de la cabeza humana, desde la frente hasta la barba, y parte equivalente a ésta en la cabeza de los animales **2** *Cara nueva* La que se conoce por primera vez en un determinado ambiente **3** *Cara a cara* Frente a frente: *mirar cara a cara la realidad* **4** *Carita* adj y s m (*Coloq*) Hombre bien parecido; guapo **5** *Por su linda cara* Porque cree que su persona todo se lo merece **6** *Dar la cara* Enfrentarse a alguien o a algún problema; asumir su responsabilidad ante algo **7** *Sacar la cara* Asumir una responsabilidad, especialmente para defender una causa o a una persona **8** *Decirle a alguien algo en su cara* Decirle a alguien algo que puede resultarle desagradable o doloroso **9** *Echarle en cara algo a alguien* Recordarle a alguien, en forma inoportuna o agresiva, algún beneficio que se le ha hecho **10** *Buscarle la cara a alguien* Tratar de congraciarse con alguien **11** *Caérsele a uno la cara de vergüenza* Sonrojarse o apenarse profundamente por algo **12** *No tener cara conque pedir alguna cosa* Tener demasiada pena o vergüenza con alguien para pedirle algo **13** *No saber dónde meter la cara* Tener mucha pena o vergüenza con alguien para pedirle algo **14** *Verle la cara a alguien (de tonto, de pendejo, etc)* (*Coloq*) Engañar a alguien, aprovechándose de su bondad o sencillez **15** *No tener a quién (o a dónde) volver la cara* No tener a quién recurrir **16** *Volver la cara atrás* Ver hacia el pasado **17** *Darle a alguien con la puerta en la cara* No recibir a alguien o rechazarlo abruptamente **18** *Romperle a alguien la cara* Golpearlo fuertemente o derrotarlo por completo **II 1** Expresión o aspecto que tiene o adquiere esta parte: *tener buena o mala cara, cara de sueño, cara de enojo* **2** *Cara larga* La que muestra enojo **3** *Cara de pocos amigos* La que muestra seriedad **4** *Cara de circunstancia* La que tiene una expresión afectada de tristeza o seriedad acorde con una situación **5** *Cara de palo* La que no muestra ninguna emoción **6** *Poner cara de palo ante alguien* A pesar de la pena o la vergüenza que cause, recurrir en forma impasible a alguien **7** *Poner cara, poner mala cara, poner su carota* Mostrar enojo ante algo o alguien **8** *Saltar a la cara* Ser algo claro y evidente **9** *Vérsele a alguien algo en la cara* Notársele a una persona claramente una emoción en la cara **III** Aspecto o apariencia de algo: "Las uvas tienen buena *cara*", "Un asunto con mala *cara*", "El terremoto descubrió la *cara* terrible de la realidad" **IV** Superficie plana de algo: *cara de un poliedro, cara de una moneda, la cara externa del muslo*.

carabela s f Embarcación ligera, larga y angosta, con una sola cubierta, espolón en la proa, de popa plana, con tres palos en los que podían ponerse velas latinas; Cristóbal Colón navegaba en una de esa clase cuando descubrió América.

carabina s f **1** Rifle de menor longitud que el normal, que se utilizó durante la Revolución Mexicana, generalmente de calibre 30-30 5 44, de marca "Winchester" **2** Escopeta de caza, generalmente de dos cañones y de alta calidad **3** *Ser algo (como) la carabina de Ambrosio* Ser inútil, no servir para nada: "Este instructivo y *la carabina de ambrosio...*".

caracol s m **I 1** Animal terrestre o acuático perteneciente al grupo de los moluscos gasterópodos de concha en espiral. Puede sacar de la concha una parte de su cuerpo y retraerse en ella para protegerse. Tiene en la cabeza dos pares de prolongaciones, llamadas cuernos; en las más largas tiene los ojos, y las otras la sirven para tentar las cosas. El terrestre se caracteriza por echar una baba al arrastrarse muy lentamente. Muchas de sus especies, tanto acuáticas como terrestres, son comestibles, y las conchas de algunas de ellas se emplean en artesanías o se coleccionan por su belleza **2** Concha de estos animales o cualquier concha que tenga una forma semejante **II** (*Anat*) Cavidad del oído interno en forma de espiral **III** Juego de niños que se lleva a cabo sobre una figura en espiral dibujada en el suelo, que se recorre brincando con un solo pie hasta el centro, sin pisar raya o línea y empujando una teja, que al mismo tiempo que salta, avienta sucesivamente hasta llegar al centro, de tal modo que la teja tampoco toque la raya, pues en ese caso pierde el jugador, que tiene que salirse y tomar el último turno. El éxito en el juego consiste en llevar la teja hasta el centro y una vez allí arrojarla de un puntapié al exterior de la figura **IV** pl *¡Caracoles!* Expresión que indica sorpresa o asombro: "*¡Caracoles!*, ¡tú aquí!

carácter s m **I 1** Rasgo o conjunto de rasgos que distinguen, definen o hacen reconocible la naturaleza, posición, índole, etc de alguien o algo: "Los partidos no llegaron a adquirir el *carácter* de grupos permanentes" **2** Modo de ser de un individuo; temperamento, personalidad: "Pero, por encima de su *carácter* violento, era evidente que Marta tenía un poder de persuasión muy especial" **3** *Ser alguien una persona de carácter* Tener una personalidad sólida: "Sin llegar a ser intransigente, Raúl *era una persona de carácter* **4** *Tener alguien su carácter* Tener mal genio, ser irascible: "Es buena gente, pero *tiene su carácter*" **5** (*Psi*) Parte de la personalidad que se forma por adaptación (y no fisiológicamente, como el temperamento) y está constituida por los rasgos psíquicos que el individuo adquiere durante su crecimiento **6** (*Relig*) En el catolicismo, signo o señal indeleble que imprimen en el alma del creyente los sacramentos del bautismo, confirmación y orden **7** (*Lit*) Cada uno de los personajes que intervienen en una ficción literaria, una obra de teatro, etc: *el carácter del Pícaro* **II 1** Recurso gráfico convenido, grabado o impreso, que sirve como signo distintivo de algo, utilizado en artes gráficas **2** Símbolo gráfico usado como unidad en la impresión o la escritura, como los hieroglifos, los ideogramas, las letras del alfabeto, etc **3** Cada uno de los grupos particulares de letras u otros signos que se usan en la escritura: "Se trata de un libro editado en *caracteres góticos*".

característica s f **1** Cualidad o rasgo peculiar que distingue, define o hace reconocible a alguien o algo: *estudiar las características hereditarias*, "La confiabilidad es la *característica* de la información contable", *característica monopólica del mercado* **2** (*Mat*) Cifra o conjunto de cifras que expresa la parte entera de un logaritmo.

característico adj **1** Que distingue, define o hace reconocible a alguien o algo; que le es peculiar: *rasgo característico* **2** (*Cientif*) Generalmente, que relaciona entre sí a un conjunto de variables: *curva característica, ecuación característica*.

caracterizar v tr (Se conjuga como *amar*) **1** Dar o describir las cualidades o peculiaridades que distinguen, definen o hacen reconocible a alguien o algo: *caracterizar un fenómeno*, "Lo *caracteriza* un gran bigote" **2** Representar un actor su papel, de tal manera que se distingan los rasgos del personaje representado: "López Tarso *caracteriza* al soldado revolucionario en la película".

carajo s m (*Groser*) **1** Miembro viril; pene **2** interj Expresión intensa con la que se manifiesta el enojo, la sorpresa, la admiración o la alegría: "¡Por qué *carajo* haces tan mal las cosas?", "¡*Carajo*, qué gusto verte!", "¡Qué bien lo hiciste, *carajo*!" **3** s m Cualquier cosa que se considere lo peor, lo más dañino, lo más despreciable: "Las espinas de los nopales son como el *carajo* de bravas", "Ya están más presos que el *carajo*", "Ya sabemos que el tiempo está hecho bola y redondo, y ¡quién *carajos* le hace caso a Einstein?" **4** *Mandar o irse algo o alguien al carajo* Dejarlo de tomar en consideración o abandonarlo o echarlo lejos de uno: "Debieras *mandar al carajo* a todos los acreedores", "¡*Vete mucho al carajo*, hijo de la chingada, y no me molestes más!" **5** *Servir algo para un carajo* No servir para nada: "Los sueldos que nos pagan *sirven para un carajo*" **6** *Valer algo un carajo* No valer nada, no importar nada: "*Me vale un carajo* que sufras", "Todo el esfuerzo que has hecho *vale un reverendo carajo*".

caramba interj **1** Expresión de sorpresa o de disgusto: "¡*Caramba*, qué mujer!", "¡*Caramba*, qué contrariedad!", "¡Ay *caramba*, cómo son!", "¡Cuánta muchacha bonita, *carambas*!" **2** adj y s m sing y pl (*Popular*) Sinvergüenza, mala persona: "Fulano es un *carambas*".

carátula s f **1** Parte anterior y externa de un reloj sobre la que giran sus manecillas y en la que están impresos o señalados los números o marcas que representan las horas; generalmente está protegida por un cristal o mica transparente **2** Portada de un libro o un impreso.

caravana¹ s f Grupo de personas que se reúnen para ir juntas a determinado lugar en vehículos, caballos o a pie: *una caravana de camellos*, "La morosa *caravana* desfila frente a nosotros", *una caravana de turistas, caravana de artistas*.

caravana² s f **1** Flexión de medio cuerpo o inclinación de la cabeza que se hace al saludar a alguien en señal de cortesía o respeto: *hacer caravanas* **2** *Hacer caravanas con sombrero ajeno* Hacer regalos o cortesía con el poder o el dinero de otro.

caray interj (*Coloq*) Expresión de enojo, molestia, o extrañeza: "¡Ah, *caray*, ya se me corrió la media!", "Tanto trabajar para nada, *¡caray!*, no se vale", "¡Ah *caray!*, me echó un toro bravo".

carbohidrato s m Compuesto orgánico formado por carbón, hidrógeno y oxígeno, como los azúcares, las celulosas y los almidones. Se encuentra en las plantas y es uno de los componentes más importantes de la alimentación por su capacidad energética: *una dieta a base de carbohidratos*.

carbón s m **1** Sustancia formada principalmente por carbono, que se obtiene de la combustión de materia orgánica, como el carbón vegetal y el animal, o que se encuentra como mineral en forma de bloques negros y brillantes, en el grafito o en el diamante. Es combustible, absorbente y desinfectante, por lo que se usa en la industria y en la medicina **2** Palito elaborado con esta sustancia, que sirve para dibujar; carboncillo **3** Hongo que ataca algunos cereales, como el maíz, el trigo o la cebada.

carbonato s m **1** Sal o éster formada por ácido carbónico y un radical: *carbonato de sodio, carbonato de calcio* **2** Remedio que se utiliza para aliviar trastornos estomacales, que consiste en bicarbonato de sodio, obtenido de la neutralización de un hidrógeno en el ácido carbónico.

carbónico adj (*Quím*) Que pertenece al carbono o se relaciona con él; especialmente que es una mezcla o combinación en la que entra el carbono: *anhídrido carbónico, ácido carbónico*.

carbono s m **1** Elemento simple que existe abundantemente en el universo y es parte fundamental de la materia orgánica. Se le encuentra en las distintas formas del carbón, en los diamantes, en el grafito, en el petróleo, etc **2** *Monóxido de carbono* Gas incoloro y prácticamente inodoro, que resulta de diversas reacciones químicas, en particular de la combustión de compuestos orgánicos con poca cantidad de oxígeno, como sucede con la gasolina que usan los automóviles. Es muy tóxico e inflamable. Es uno de los principales contaminantes de la atmósfera **3** *Bióxido de carbono* Gas incoloro producido por la combustión de materia orgánica o la respiración de los seres vivos; las plantas, cuando hay luz, lo absorben para realizar la fotosíntesis; cuando se concentra en grandes cantidades produce asfixia; anhídrido carbónico.

carburador s m (*Mec*) Dispositivo de un motor (generalmente de automóvil) que vaporiza y mezcla la gasolina u otro carburante con el aire, en las proporciones necesarias para la combustión y, por consecuencia, para el arranque, la marcha y la aceleración: "La falla está en el *carburador*".

carcacha s f (*Coloq*) Coche o camión viejo y destartalado: "Tengo mi *carcachita* para ir al trabajo".

carcajada s f **1** Risa fuerte y sonora: *reír a carcajadas, soltar una carcajada, arrancar carcajadas* **2** *A carcajada tendida* Con muchas carcajadas durante cierto tiempo.

cárcava s f (*Geol*) Hoyo o zanja que forma la erosión del agua, especialmente la que ocurre después de una lluvia fuerte.

cárcel s f **1** Lugar donde se encierra a las personas que han cometido un delito: *meter a la cárcel, salir de la cárcel, ir a la cárcel* **2** (*Carp*) Pieza de madera con orificios hechos especialmente para recibir en ensamble a otra; para asegurar el ensamble se usa pegamento o tornillos **3** (*Carp*) Enrejado de madera que forma pequeños cuadros y se utiliza para construir cuatro muros que aíslen un espacio.

cardenal s m **1** Cada uno de los miembros del Sacro Colegio, consejeros y ayudantes del Papa en el gobierno de la Iglesia católica; sus distintivos es capelo, birreta y vestido rojos **2** (*Richmondena cardinalis*) Pájaro fringílido, de tamaño mediano, que tiene una cresta de color rojo vivo, la garganta negra y el plumaje también en el macho; la hembra es de color cenizo con tintes rojizos en la cola. Es muy apreciado por su belleza y por su canto: "Ahora cantarán alegres / los pájaros *cardenales...*" **3** (*Heterotoma lobelioides*) Planta herbácea de la familia de las campanuláceas, de 60 a 80 cm

de alto, poco conocida; pero entre la gente del campo es muy apreciada como ornamental para los jardines rurales, por sus flores de color rojo y amarillo intenso, y forma de corneta con espolón.

cardenismo s m **1** Política gubernamental mexicana puesta en práctica por el general Lázaro Cárdenas en su periodo presidencial, que comprendió los años de 1934 a 1940. Se caracterizó por la alianza del Estado con los sectores obrero y campesino, la cual se tradujo en una serie de medidas populistas que favorecieron a los aliados del régimen. El partido oficial, Partido Nacional Revolucionario, se transformó entonces en Partido de la Revolución Mexicana y se reestructuró y fortaleció con la incorporación de los militares y la creación de los sectores obrero, campesino y popular. Se reformaron las relaciones de propiedad: en el campo, el ejido desplazó a la hacienda como unidad básica de producción agrícola; en la industria, la formación de cooperativas de productores contó con el apoyo del gobierno y se nacionalizaron la industria petrolera y los ferrocarriles. El Estado llevó a la práctica una política internacional independiente y amplió su intervención en los principales campos de la vida económica y social del país **2** *Corriente política* mexicana que después del gobierno de Lázaro Cárdenas ha mantenido demandas populares y nacionalistas como las suyas.

cardiaco adj **1** Que pertenece al corazón o se relaciona con él: *vena cardiaca, ritmo cardiaco, insuficiencia cardiaca, problemas cardiacos* **2** adj y s Que está enfermo del corazón: "El tratamiento de las personas *cardiacas*", "No apto para *cardiacos*" **3** Que produce mucha tensión nerviosa, que emociona o crea mucha expectación: "Una película *cardiaca*", "El partido tuvo un final *cardiaco*". (También *cardíaco*.)

cardinal adj y s m y f **1** Que es principal o fundamental, que encabeza u orienta: *una tesis cardinal, un libro cardinal* **2** *Punto cardinal* Cada una de las cuatro direcciones en que se divide el horizonte, determinadas por la posición del Sol al amanecer (Este u Oriente) y al atardecer (Oeste o Poniente) y por los dos polos terrestres (Norte y Sur) **3** (*Gram*) Que expresa cantidad en números enteros; funciona como adjetivo numeral cuando acompaña a un sustantivo, como *dos* en *dos libros*; si no, desempeña el papel de pronombre, como *tres* en: "—¿Cuántos libros tienes? —Tengo *tres*" **4** Cada uno de los cuatro signos del zodiaco en los que comienzan las estaciones del año, como son: Aries, Cáncer, Libra y Capricornio.

cardinalidad s f Carácter o cualidad de lo cardinal o de lo que es determinante o crucial para alguna cosa: "La *cardinalidad* de sus argumentos para el tema".

cardiología s f Rama de la medicina que se ocupa del estudio del corazón, de sus enfermedades y de su tratamiento: *un hospital de cardiología, departamento de cardiología*.

cardiólogo s y adj Médico especializado en el estudio y tratamiento de las enfermedades del corazón.

cardumen s m Grupo de peces que nadan juntos; banco: *localización de cardúmenes*.

carecer v intr (Se conjuga como *agradecer*, 1a) No tener alguna cosa: *carecer de tiempo, carecer de recursos, carecer de lo más elemental*.

carencia s f Falta de alguna cosa: *carencia de preparación, carencia de servicios, carencia de vitaminas, carencia de información, tener muchas carencias,* "Para contrarrestar estas *carencias...*".

carente adj m y f Que carece de algo: *carente de vida, carente de importancia, carente de valor, carente de argumentos, carente de recursos, carentes de perspectiva.*

carestía s f **1** Falta o escasez, principalmente de alimentos: *carestía del azúcar* **2** Situación de tener algo un precio elevado, superior al normal o justo: *la carestía del pescado.*

carey s m **1** (*Eretmochelys imbricata*) Tortuga de mar que habita en el Océano Atlántico y el Golfo de México. Llega a medir más de un metro de largo. Su caparazón es muy apreciado para tallar adornos; sus huevos son comestibles y muy apreciados por su sabor, pero no su carne, que es indigesta **2** Materia córnea en forma de placas imbricadas que se extrae del caparazón de estas tortugas calentando las escamas por debajo. Es de color café oscuro o negro, translúcido, con manchas de color ámbar. Se emplea en la fabricación de peines, cajas, aros para lentes y en trabajos de incrustación.

carga s f **I 1** Acto de cargar **2** Peso que sostiene alguien o algo, conjunto de cosas que se transportan juntos: *una carga de 50 kg,* "Mandamos la *carga* por barco", *camión de carga, tren de carga* **3** Concentración o intensidad de alguna cosa: "Con Clavijero lo prehispánico empieza a perder su *carga* de diabolismo" **4** Medida de capacidad determinada por lo que puede soportar una bestia, como una mula o un burro, sobre su lomo: *carga de leña, carga de tezontle* **5** *Cargas muertas* Las que actúan permanentemente en una construcción, como los pesos de los materiales y de las instalaciones, la reacción del suelo, empujes de tierra e hidrostáticos, etc **6** *Cargas vivas* Las gravitacionales que obran en una construcción, no tienen carácter permanente y no deben ser menores que los especificados en el reglamento de construcción correspondiente **II 1** Obligación y responsabilidad que pesa sobre alguien: *cargas económicas* **2** *Ser algo o alguien una carga* Ser una obligación o una responsabilidad excesiva para una persona: "Ya estoy viejo, pero no quiero *ser una carga* para mis hijos" **3** (*Der*) Impuesto o gravamen: *carga fiscal* **4** *Carga de la prueba* (*Der*) Necesidad que tienen las partes de probar en un proceso los hechos o actos en que basan sus derechos para eludir el riesgo de una sentencia desfavorable **5** *Carga procesal* (*Der*) Actividad que una parte desarrolla en el proceso, en beneficio de éste **6** *Carga pública* (*Der*) Función pública, temporal, que se exige al ciudadano y que consiste en una prestación destinada a satisfacer una necesidad estatal, como el servicio militar **III 1** Cantidad de material que necesita algo para funcionar: *carga de un arma, carga de una bomba, carga de un horno* **2** Cantidad de corriente eléctrica que recibe un cuerpo y relación entre los electrones y protones que la componen: *carga de una batería, carga positiva, carga negativa* **IV 1** Embestida contra un enemigo: *una carga de caballería* **2** *A la carga* Al ataque: *volver a la carga.*

cargado I pp de *cargar* o *cargarse* **II** adj **1** Que es fuerte o intenso; que está concentrado o lleno de algo: "El cielo está muy *cargado,* parece que va a llover", "El ambiente está muy *cargado* por tantos fumadores que hay en el auditorio", "Me tomé dos tazas de café bien *cargado*" **2** (*Coloq*) Que abusa de los demás y se aprovecha de ellos; aprovechado: "Es muy *cargado* con sus amigos, por eso ya nadie lo aguanta" **III** adj **1** (*Rural*) Tratándose de animales, que insiste en salirse de donde se le tiene acorralado o encerrado **2** *Cargado de carnes* (*Rural*) Tratándose de caballos, que suda fácilmente en cuanto hace ejercicio, por la falta de trabajo y sobra de comida; ovachón **3** *Cargado de remos* (*Rural*) Tratándose de caballos, que tiene los remos inflamados, cuando la inflamación no es tumefacta.

cargador s m **I** Persona que se dedica a transportar objetos pesados por lo general en una terminal o estación de vehículos, en un muelle o en un mercado: "Un *cargador* que estaba en el andén", *un cargador de la Merced* **II 1** En Oaxaca, canasto de bejuco que se toma como unidad de medida para ciertos productos, como granos u hortalizas **2** Correa de cuero que sirve para sujetar el chiquihuite o canasto en el que se transportan materiales pesados **3** (*Caló*) Persona encargada de llevar las monedas falsas a los que las hacen circular **III** Estuche metálico en que se guardan los proyectiles de un arma de fuego y se inserta en ella para irlos cargando conforme se dispara.

cargar v tr (Se conjuga como *amar*) **I 1** Sostener algo o alguien un peso o hacer que algo o alguien lo sostenga o transporte: *cargar un bulto, cargar un costal de naranjas, cargar un camión* **2** Soportar una obligación o responsabilidad o hacer que alguien la reciba: *cargar con el peso de la familia, cargar con la culpa* **3** (*Popular*) Atribuirle a alguien un delito o una falta: "Le *cargaron* el muertito", "Les *cargaron* un fraude" **4** *Cargarle la mano a alguien* Imponerle más trabajo o mayor responsabilidad de lo que le corresponde **5** Llevarse algo o alguien alguna cosa o a alguna persona, en vilo: "Una noche apareció en el rancho onde dormía La Güilota y *cargó* con ella", *cargar con el dinero, cargar con todos los muebles* **6** Llevar consigo algo: *cargar pistola, cargar dinero* **7** Atacar con fuerza un ejército a su enemigo o un adversario a otro: "La caballería *cargó* sobre el flanco de los rebeldes" **8** En algunos deportes, desplazar un jugador a otro con el peso de su cuerpo **9** (*Hipo*) Entre charros, arrear una bestia para que sea lazada **10** *Cargarse (en alguna dirección)* Moverse para seguir cierta dirección: *cargarse a la izquierda* **II 1** Poner en una máquina o algún aparato aquello que requiere para funcionar: *cargar gasolina, cargar una pistola, cargar un rollo en una máquina fotográfica* **2** Acopiar una cosa elementos que sirvan a su realización o que lleguen a caracterizarla, o reunirse esos elementos hasta que la definen o la hacen manifestarse: *cargarse el aire de humedad, cargarse las nubes, cargarse un discurso de significado* **3** Aumentar cierta cantidad en algún precio, como efecto de algún costo adicional: "Le *cargaron* el impuesto a todos los precios" **4** Aumentar cierto gasto a lo que ya debe una persona o una empresa: "*cárgueme* el costo a mi cuenta" **5** Poner en el horno el material de alfarería o de construcción que se va a cocer **6** Preñar un macho a una hembra: "El toro *cargó* a la vaca" **7** *Cargarle algo a alguien* (*Popular*) Producirle algo mayor enojo o molestia a una persona: "*Me carga* que todo el trabajo me lo dejen a mí" **8** Aumentar la concentración de alguna sustancia: *cargar el café, cargar el color* **III 1** *Cargarse a alguien* (*Popular*) Matarlo **2** *Cargarse a alguien la pelona, la huesuda*, etc (*Popular*) Morirse alguien.

cargo s m **I 1** Empleo o puesto de alguien: *el cargo de secretario de Estado, un cargo público, un alto cargo*, "Renunció esta tarde a su *cargo* de tesorero" **2** *Jurar el cargo* Comprometerse solemnemente alguien a desempeñar correcta, digna y eficazmente el empleo o el puesto que se le encomienda **3** *Estar alguien o algo a cargo de una persona* Ser alguien el responsable de algo o el que está a su cuidado: "Las estrofas quedaban *a cargo de* uno o más solistas", "*Tiene a su cargo* una obra del Departamento del D. F.", *una inversión a cargo del sector privado* **4** *Hacerse cargo* Ocuparse alguien de cuidar algo o de hacer una tarea: "*Se hizo cargo* oficialmente de la dirección" **II 1** Hecho, generalmente un delito, del que se hace responsable a alguien o se le atribuye: "Fueron detenidos diez agentes bajo el *cargo* de extorsionar automovilistas" **2** *Hacer cargos* Acusar a alguien de algo **3** *Cargo de conciencia* Culpa o responsabilidad que siente alguien por haber actuado mal **III 1** Cobro o deuda que se añade a una cuenta o a un pago: *un cargo imprevisto* **2** *Con cargo a* Para que se sume, para que se añada a una cuenta o a una persona: "Deme la cuenta *con cargo a* mi compañía".

caricia s f Contacto suave, agradable y tierno que se hace generalmente deslizando la mano sobre otro cuerpo como manifestación de amor, cariño, gusto o agrado: "Se dormía haciéndole *caricias* a su peluche".

caridad s f **1** (*Relig*) Para el cristianismo, una de las tres virtudes teologales, por la que se ama a Dios sobre todas las cosas y al prójimo como a uno mismo **2** Virtud por la cual una persona siente compasión por los sufrimientos y las penurias de otra persona, y actúa para ayudarla y protegerla: *un acto de caridad, caridad cristiana*, "¡Ténme *caridad*, dame una limosna!" **3** *Hacer una caridad* Hacer algo de buena fe y sin esperar recompensa en favor de alguien: "¡Ay, háganme la *caridad* de curar a mi marido!" **4** *Por caridad* Por amor y desprendimiento: "¡Ayúdame, *por caridad*!" **5** *Obra de caridad* Cualquier acto en favor o en ayuda de quien está en medio de sufrimientos o de gran penuria; en particular, los que consisten en aportar dinero o medios para personas muy necesitadas o enfermas.

caries s f sing y pl (*Med*) **1** Disolución y desintegración del esmalte y la dentina de los dientes, y putrefacción de su pulpa, por acción de bacterias productoras de ácidos: *tener una caries, caries dental* **2** Necrosis molecular del hueso, de naturaleza tuberculosa, en la que el hueso se ablanda, se decolora y se vuelve poroso.

cariño s m **1** Sentimiento de afecto y ternura de una persona por otra, por un animal o por alguna cosa: "María sentía *cariño* por el viejo carpintero", "Pero no te apenes; con el *cariño* dan a veces ganas de besar", *dar cariño, sentir cariño, tratar con cariño, tenerle cariño a alguien* **2** Caricia con que se expresa este sentimiento: *hacer cariños* **3** *De cariño* Tra-

tándose de hipocorísticos o apodos, el que recibe una persona de sus seres queridos: "Y no me digas 'gordito'.— No te enojes, es *de cariño*" **4** En Oaxaca, regalo.

cariñoso adj **1** Que es dado a manifestar cariño a algo o alguien: "Es muy *cariñosa* con su gato", "Aparentemente es muy frío, pero en realidad es un hombre *cariñoso* y amable" **2** Que es una manifestación del cariño de alguien por una persona o por algo: *un abrazo cariñoso, un beso cariñoso*.

carioca adj y s m y f Que es originario de Río de Janeiro o pertenece a esta ciudad: *Copacabana, el pan de azúcar, el exuberante paisaje carioca*.

cariocinesis s f y pl (*Biol*) Proceso de reproducción celular mediante el cual los cromosomas de una célula se duplican y se separan, dando lugar a los núcleos de las células hijas, las cuales tienen las mismas características de la célula madre.

cariofiláceas s f pl (*Bot*) Familia de plantas dicotiledóneas, hierbas o matas, de tallos nudosos articulados, hojas opuestas, estrechas y sencillas, flores hermafroditas regulares y fruto capsular, como el clavel.

carmelita 1 s m y f Fraile o monja de la orden religiosa del Carmen **2** adj m y f Que pertenece a esa orden religiosa o se relaciona con ella: *un convento carmelita* **3** adj m y f De color café, de la canela o el tabaco.

carmesí adj m y f s m Que es de color rojo encendido: "Tus labios de rubí / de rojo *carmesí*...".

carmín s m **1** Materia colorante de color rojo encendido que se obtiene de cierto tipo de cochinilla y se emplea en la elaboración de pinturas, cosméticos, etc **2** adj m y f Que es del color de esta materia: *un lápiz labial carmín* **3** Pasta o crema para colorearse los labios las mujeres.

carnal adj **1** Que pertenece a la carne, como materia del ser humano, o se relaciona con ella o con la sensualidad y la sexualidad: *deseos carnales, contacto carnal* **2** Que tiene una relación de parentesco, de consanguinidad: *tío carnal, hermano carnal* **3** s m y f (*Popular*) Hermano: "Ahí viene mi *carnal*" **4** (*Popular*) Amigo: "Juega; ya vas, *carnal*, vamos a pistear".

carnaval s m **1** Fiesta popular que se celebra durante los tres días anteriores al miércoles de ceniza. En ella los participantes desfilan disfrazados, en carrozas y carros alegóricos, manifestando su alegría por medio del baile y del canto, todo como un rompimiento de las normas sociales; carnestolendas: *el carnaval de Veracruz* **2** Reunión de carácter ruidoso, alegre y más bien desordenado: "La junta de alumnos terminó siendo un *carnaval*".

carne s f **1 1** Parte muscular y blanda del cuerpo de los animales **2** *Carne viva* Alguna región de esa parte, cuando por accidente pierde la piel que la cubre: *quedar en carne viva* **3** *En carne viva* Con fuerza, con mucho dolor en sí mismo: "Los campesinos sienten la miseria *en carne viva*" **4** *Carne de gallina* Sensación y aspecto de la piel humana, producido por el miedo y el frío, que se manifiesta en un resaltamiento de los poros: "Drácula me puso la *carne de gallina*" **5** *Carne de cañón* Persona o grupo de personas irresponsablemente expuestas a un peligro cierto: "Por siglos los pobres han sido *carne de cañón* para los poderosos" **6** *Estar alguien* *metido en carnes* Haber engordado o embarnecido excesivamente **7** *Echar* o *criar carnes* Engordar o embarnecer más de lo normal **8** *De carne y hueso* Real, de veras, en persona: "También los actores son *de carne y hueso*", "Se nos presentó el general *en carne y hueso*" **9** *Ser dos personas uña y carne* Ser entrañablemente unidos o profundamente amigos **10** *Sentir algo en carne propia* Sentirlo en uno mismo, o atañerle a uno de manera directa **II 1** Parte muscular y blanda de reses, cerdos, borregos, aves y otros animales, excepto el pescado y el marisco **2** *Carne blanca* La de las aves, y algunas reses tiernas que se considera sana para los enfermos: "Dieta: arroz y *carne blanca*" **3** *Carne roja* La de la res, el cerdo, el carnero, etc **4** *Carnes frías* Carne sazonada y cocida, o molida y preparada en forma de embutido, como el jamón, el salami, el chorizo, etc **III** Parte blanda o pulpa de las frutas **IV** Aspecto material del ser humano, que se considera opuesto al espíritu y asiento de la sensualidad y el instinto sexual: *la tentación de la carne, el pecado de la carne* **V 1** *Carne de doncella* (*Mich*) (*Begonia gracilis*) Flor de la begonia **2** *Carne de perro* (*Amoreuxia wrightii*) Planta de la familia de las coclospermáceas, herbácea y de poca altura, con hojas alternas, medianas, de forma parecida a dedos. Sus flores son grandes, dialipétalas y amarillas. Sus frutos vienen en cápsulas pequeñas, con varias semillas.

carnero s m **1** Mamífero rumiante, que mide cerca de 80 cm de altura; está cubierto de lana blanca, negra o pardusca y tiene en la cabeza dos grandes cuernos enrollados en forma de espiral y con pliegues; su carne es comestible y la lana que produce se aprovecha para tejidos, telas, etc **2** Macho de la oveja **3** Macho ovino y castrado, destinado a la matanza **4** (*Coussapoa rekoi*) Árbol grande y de follaje extendido, que habita en las zonas húmedas y cálidas de Oaxaca a Veracruz, en donde lo conocen como chirimoya; tiene hojas ovado-redondeadas muy grandes; flores pequeñas, dispuestas en cabezuelas apretadas y globosas. Cuando madura, estas cabezuelas se vuelven suculentas y comestibles **5** (*Cocoloba schiedeana*) Arbusto o árbol pequeño de hojas ovales, de la familia de las poligonáceas; sus flores son blancas, pequeñas y dispuestas en espigas. Es originario de tierras cálidas. Su madera se usa para fabricar ruedas de carretas.

carnicería s f **1** Lugar donde se vende carne, principalmente de res o de cerdo: "Pasas a la *carnicería* y compras cinco chuletas y un kilo de costillas" **2** Muerte o matanza de un gran número de personas o animales: "Como reportero de guerra fue testigo de las *carnicerías* hechas por el ejército entre la población civil".

carnicero s **1** Persona que se dedica al comercio de la carne de los animales **2** adj Que vive de matar animales, para comer su carne, tratándose de leones, tigres, etcétera.

carnitas s f pl Carne de cerdo frita en su propia grasa: "Nos comimos unos ricos tacos de *carnitas* con guacamole".

carnívoro 1 adj Que come carne **2** s Animal mamífero que se caracteriza por tener dientes con los que puede desgarrar la carne que come y garras encorvadas, como el perro, el puma, la foca, etc **3** s m pl Orden que forman estos animales.

carnoso adj Que tiene carne, o que destaca por su aspecto pulposo: *labios carnosos, frutos carnosos, una mano carnosa*.

caro adj **I 1** Que cuesta mucho dinero o que su precio está por encima del normal o justo: *un producto caro*, "Las papas están *caras*" **2** adv A precio elevado: "En esta tienda venden *caro*" **II** (*Liter*) Querido o apreciado: "Uno de los sueños más *caros* de la clase trabajadora".

carótida s f (*Anat*) Cada una de las dos grandes arterias a ambos lados del cuello que lleva la sangre a la cabeza.

carpa[1] s f **1** Tienda de lona de grandes dimensiones, en la que se dan funciones de circo **2** Tienda de lona o de otros materiales ligeros y desmontables, en la que se dan funciones muy populares de canto, baile, actos acrobáticos, obras cómicas, en particular de sátira política o social, etc: *un cómico de carpa, público de carpa*.

carpa[2] s f Pez comestible de agua dulce, de boca pequeña y sin dientes, escamas grandes y con una aleta dorsal única. Puede ser de color verdoso en la parte superior y amarillo en la inferior (*Cyprinus carpio*) o de color rojo o dorado (*Carassius auratus*).

carpintería s f **1** Taller donde trabaja el carpintero: "Abrieron una *carpintería* en la esquina" **2** Oficio que consiste en la fabricación y reparación de objetos de madera **3** Conjunto de los objetos de madera que forma parte de una construcción como puertas, ventanas, etcétera.

carpintero s **1** Persona cuyo oficio consiste en fabricar objetos de madera como muebles, puertas, estanterías, etc **2** *Carpintero de ribera* (*Mar*) El que hace embarcaciones pequeñas o repara las partes de madera de un barco **3** *Pájaro carpintero* Ave perteneciente a la familia *Picidae*, que tiene el pico delgado, largo y fuerte, con el que taladra la corteza de los árboles, para alimentarse de insectos o para hacer sus nidos. Su lengua es larga y poblada de aguijones en el extremo. El tórax tiene plumas de distintos colores y la cola está cubierta de plumas duras y espinosas, que aprovecha para trepar o descansar en las ramas de los árboles: *carpintero alirrojo, carpintero castaño, carpintero enano* **4** *Abeja carpintera* Abeja grande del tamaño del abejorro, de color negro tornasolado, que fabrica su panel en los árboles.

carrancismo s m **1** Constitucionalismo **2** Corriente política encabezada por Venustiano Carranza, que después de la caída del gobierno huertista en 1914 combatió y venció a los ejércitos de Villa y Zapata.

carrancista 1 adj y s m y f Que se relaciona con el carrancismo o es partidario de esta corriente **2** s m y f Miembro del ejército comandado por Venustiano Carranza.

carrera s f **I 1** Acción de correr de una persona, un animal o una máquina: *echar la carrera, ir a la carrera, pegar la carrera* **2** *A toda carrera* Muy rápido, con prisa: *comer a toda carrera, rezar a toda carrera* **3** *A carrera tendida* Corriendo sin detenerse: "Se movían los niños en el patio *a carrera tendida*" **4** *A la(s) carrera(s)* Con prisa y sin el debido cuidado: *trabajar a la carrera*, "Terminamos el libro *a las carreras*, sin revisarlo" **5** (*Dep*) Cada una de las veces en que un beisbolista cruza el home durante un partido de beisbol, y unidad de anotación en ese juego: *hacer una carrera,* "Los Sultanes ganaron por diez *carreras* a dos" **6** Competencia de velocidad: *una carrera de coches, carrera de caballos* **7** *Carrera de obstáculos* Competencia en que, además de correr con velocidad, hay que saltar o librar varios obstáculos **II 1** Estado o dedicación, particularmente de carácter universitario, que capacita para ejercer una profesión y se convierte en la principal actividad de una persona: *entrar en la carrera de leyes, empezar la carrera, terminar la carrera* **2** *De carrera* Con dedicación exclusiva a su profesión: *diplomático de carrera, profesor de carrera* **3** Actividad u oficio al que se dedica una persona: *carrera teatral* **4** *Hacer carrera* Progresar y triunfar en alguna actividad: "Hizo una brillante *carrera* política" **III 1** (*Astron*) Curso aparente que sigue un astro: *la carrera del Sol* **2** Trayecto predeterminado de una pieza movible en una máquina: *carrera de un émbolo, carrera del pistón* **IV** Línea de puntos que se sueltan de un tejido: *una carrera en la media* **V** Raya del pelo.

carreta s f **1** Vehículo formado por una plataforma con o sin redilas, montada sobre dos o cuatro ruedas y una lanza a la que se enganchan bueyes, mulas, caballos o un tractor; por lo general se utiliza en el campo para el transporte de granos, yerba, verdura, herramientas, etc **2** *Atorársele a uno la carreta* Dificultársele algo.

carretear v intr (Se conjuga como *amar*) Maniobrar un avión cuando está en tierra (o un hidroavión en el agua), como se hace antes de despegar o al terminar de aterrizar y dirigirse a su estacionamiento.

carreteo s m Acto de carretear un avión: *la pista de carreteo.*

carretera s f **1** Camino amplio y pavimentado construido para la circulación de vehículos, que comunica ciudades, pueblos, etc: *carretera de Puebla, carretera federal, carretera estatal* **2** *Carretera vecinal* La que conduce de un poblado a otro y la mantienen los municipios **3** *Carretera de cuota* o *de peaje* La que, para conservarla en buen estado con el fin construir más, requiere del pago de una cuota para poder usarla.

carretero s m **1** Persona que conduce o construye carretas **2** (*Hipo*) Caballo que tiene la maña de huir cuando no tiene jinete **3** (*Caló*) Ladrón especializado en robar material de los ferrocarriles y almacenes ferroviarios **4** Ave burrímida, de aproximadamente 30 cm de longitud, de patas largas y verdes, con el dorso pardo oscuro. Habita en las llanuras cubiertas con matorrales de Veracruz, Oaxaca, Tabasco y Chiapas.

carretilla s f I **1** Vehículo pequeño, de mano, que se compone de una sola rueda situada al frente de un cajón, del que salen dos varas o lanzas que sirven para que una persona lo empuje o arrastre; generalmente se usa para transportar tierra, cemento y otros materiales en las construcciones: "Se paseaba con un tambo montado en una *carretilla*" **2** (*Ver*) Armazón, generalmente circular, con un asiento en el centro y ruedas, que sirve para que los niños aprendan a andar; andadera **3** Utensilio que consta de un mango y de una rueda dentada y giratoria que se usa para cortar la masa del pan, de los pasteles, etc y también para marcar sobre la tela, con greda, las líneas punteadas que indican por dónde

han de hacerse los cortes o las costuras **4** (*Charr*) Tubo de madera de 10 cm de largo por 3 de espesor en el que se introduce el perno que sostiene al estribo en la silla de montar; rodadillo **5** (*Charr*) Pieza de madera o de cuerno con acanaladuras, que se coloca en la parte posterior del bozal y sirve como instrumento de castigo al caballo reacio a obedecer las riendas **II 1** (*Serjania trinquetra*) Planta trepadora de la familia de las sapindáceas que tiene tallos triangulares y surcados, hojas compuestas de tres hojuelas ovales, flores blanquecinas, fruto ovado acorazonado y semillas aladas. Tiene propiedades diuréticas; palo de tres costillas, bejuco de tres costillas **2** (*Medicago denticulata*) Planta de la familia de las leguminosas, muy parecida a la alfalfa, que se usa como forraje para el ganado fino **III** *Decir, saber de carretilla* Saber algo de memoria y decirlo de corrido, rápidamente y casi sin darse respiro: "Los niños ya *dicen de carretilla* las tablas de multiplicar".

carril s m **1** Cada una de las divisiones a lo largo de una carretera, pista, camino, etc por las que puede circular un vehículo, una persona, etc, sin estorbar el paso de los demás: "La Avenida Insurgentes tiene marcados sus *carriles*", "El atleta tropezó con el obstáculo y se salió de su *carril*" **2** Cada una de las barras de metal sobre las que ruedan los vagones y las locomotoras de un tren; riel **3** *Salirse alguien del carril* Dejar de comportarse alguien conforme a su obligación o a sus costumbres.

carrillera s f **1** Banda de cuero con pequeñas bolsas dispuestas en serie en donde se cargan las balas, que se usa transversalmente sobre el tórax o alrededor de la cintura **2** Correa con la que se afianza el casco a la barbilla.

carrizo s m (*Bot*) (*Arundo donax*) Planta de la familia de las gramíneas de tallos resistentes, huecos y nudosos que nace en grupos en los bordes de ríos y arroyos, o en lugares húmedos, y mide hasta 6 m de altura; tiene hojas alargadas y numerosas flores pequeñas agrupadas de manera muy vistosa. Los tallos se utilizan en la elaboración de artesanías, en la construcción de techos, de bordos, etcétera.

carro s m **1** Vehículo de dos ruedas, con una plataforma en cuya parte delantera se ajustan unas varas que sirven para jalarlo **2** Cualquier vehículo con ruedas y generalmente con motor: *carro de bomberos, carrito de paletas* **3** Vagón de tren: *carro de carga, carro comedor, carro dormitorio* **4** *Carro alegórico* El que se adorna con escenas y paisajes que representan distintos temas y que desfila por las calles en ciertas fiestas **5** Pieza de algunas máquinas que puede moverse horizontalmente, como en la máquina de escritorio o de tejer.

carrocería s f Parte de un vehículo, como un coche, un camión o un carro de ferrocarril, que cubre el motor y la plataforma donde van las ruedas, y en cuyo interior viajan los pasajeros o la carga; es lo que da la forma y apariencia del vehículo.

carta s f **1** Papel escrito que envía una persona a otra para decirle algo **2** *Carta abierta* La que se dirige a alguien y tiene por fin ser del conocimiento público **3** Escrito fundamental de un estado o de una organización política: *Carta de las Naciones Unidas, Carta Magna* **4** *Carta de naturalización* La que se da a un extranjero cuando adquiere la ciudadanía **5** *Carta credencial* La que se da a los representantes diplomáticos o a los ministros como identificación ante otros gobiernos **6** *Carta pastoral* La que da un obispo a su comunidad para determinar algún criterio o comportamiento **7** *Carta de crédito* La que da una institución o comercio a alguien para que se le autorice un crédito determinado **8** *Dar a alguien carta blanca* Autorizar a alguien para que actúe según su propio criterio **9** *Tomar cartas en el asunto* Intervenir en algo **10** *A carta cabal* Sin lugar a duda: *honrado a carta cabal* **11** Cada una de las tarjetas de la baraja **12** *Leer o echar las cartas* Pronosticar o adivinar la suerte de alguien utilizando la baraja **13** *Poner las cartas sobre la mesa* Hacer el balance de una situación o discusión; ajustar cuentas **14** *Enseñar las cartas* Dejar ver los recursos o propósitos que se tienen **15** Mapa **16** Lista de platillos y precios en un restaurante **17** *A la carta* Al gusto, según propia elección.

cártamo s m (*Carthamus tinctorius*) Planta que florece una vez al año, de la familia de las compuestas, espinosa y con ramas espesas. Mide cerca de 1 m de altura. Tiene flores de color amarillo fuerte con manchas rojizas y cuando se secan se vuelven anaranjadas; de ellas se obtiene un tinte que va de rojo a amarillo y que se usa a veces en lugar del azafrán. De su semilla se obtiene un aceite comestible y también una pasta que sirve de alimento al ganado: *aceite de cártamo*.

cartel s m **1** Hoja de papel o pieza de tela u otro material relativamente grande, sobre la que se escribe, imprime o pinta algún aviso, anuncio, etc y se pega en las paredes por las calles: *un cartel de toros, un cartel de conciertos* **2** Hoja de papel impresa y grande, en la que se reproduce alguna fotografía, una pintura o propaganda de algo, y se pega en una pared: *adornar con carteles* **3** Lista de los toreros de una corrida de toros, de los actores participantes en un espectáculo, etc: *dar el cartel* **4** *Tener cartel* Tener buena fama o prestigio un torero o un artista de espectáculos: "Arruza siempre tuvo *cartel*" **5** (*Econ*) Convenio que establecen varias empresas del mismo ramo para controlar la producción y el mercado de las mercancías que venden y evitar su mutua competencia: *el cartel petrolero, un cartel internacional*.

cárter s m (*Mec*) Cubierta rígida que protege los engranajes o piezas de movimiento rápido en ciertos mecanismos y motores; en los automóviles es la pieza que protege el cigüeñal y sirve, además, como depósito de grasa.

cartera s f **I 1** Bolsa en forma de libro, de piel u otro material flexible de tamaño adecuado para llevarse en el bolsillo, que sirve principalmente para guardar billetes de banco; a veces tiene apartados especiales para guardar tarjetas de crédito o de visita, fotografías, etc: "Lleva suficientes dólares en la *cartera*" **2** Estuche que se usa para guardar valores en papel o documentos **3** Tira de tela que cubre la abertura de las bolsas de alguna prenda de vestir **II** Cargo y funciones de un ministro de Estado: "Se me iba a dar una secretaría. La más importante de las *carteras*" **III 1** (*Cont*) Todos los clientes de una empresa o un despacho y las cuentas para cobrar en un negocio que da crédito a sus clientes: *cartera de clientes, cartera de cuentas* **2** (*Cont*) Valores que forman parte

del activo de un comerciante, banco o sociedad **3** *Tener en cartera* Tener algo preparado o en estudio para su próxima realización.

cartero s m Empleado de correos, cuyo oficio es repartir la correspondencia casa por casa.

cartesiano adj y s **1** Que pertenece a las teorías de Descartes, se relaciona con ellas o es partidario de sus ideas: *el método cartesiano, una tesis cartesiana* **2** Que es metódico y racional, que expone rigurosa y claramente sus ideas **3** *Coordenadas cartesianas* (*Geom*) Serie o conjunto ordenado de números que determina un punto en el plano o en el espacio con respecto a un sistema de ejes perpendiculares entre sí **4** *Eje cartesiano* (*Geom*) Línea que sirve de referencia para ubicar un punto en el plano o en el espacio; eje de coordenadas **5** *Plano cartesiano* Plano formado por dos ejes cartesianos perpendiculares entre sí **6** *Producto cartesiano* (*Mat*) Dados el conjunto A formado por los elementos a_1, a_2,... y el conjunto B formado por los elementos b_1, b_2,..., el *producto cartesiano* $A \times B$ es el conjunto formado por las parejas (a_1, b_1), (a_2, b_2), etcétera.

cartílago s m (*Anat*) Tejido elástico que se pega a los huesos y es sostén de algunos órganos como la nariz, las orejas y la laringe.

cartomancia s f Forma de adivinar la suerte por medio de la lectura de las cartas de la baraja y bajo el supuesto de que éstas tienen un significado relacionado con el destino de las personas.

cartón s m **1** Hoja gruesa y rígida formada por varias capas de papel comprimido. Según los materiales que se combinan con el papel para su elaboración puede ser *cartón fibra, cartón asfáltico, cartón cuero*, etc Según su acabado puede ser *cartón liso, corrugado, acanalado*, etc **2** Empaque o paquete de este material, que sirve para contener varias unidades de un producto: *un cartón de cerveza, un cartón de huevos, un cartón de rollos de papel* **3** (*Caló*) Cierta cantidad de ramas y hojas de mariguana enrolladas en papel; carrujo **4** Tablero, generalmente de ese material, en que están pintadas figuras del juego de la lotería **5** Dibujo hecho en ese material de modelos para diseño o para cuadros, al tamaño que deben tener cuando estén terminados: "Goya fija su residencia en Madrid para pintar *cartones* que sirvan de modelo a los tejedores" **6** (*Imp*) Hoja de ese material en la que se monta la composición tipográfica de una página de un libro, para sacar de allí un negativo de ella, para el grabado o la matriz de la esteriotipa **7** (*Crón dep*) Marcador de ciertos deportes, como el futbol, el beisbol, etc: "Tiró cruzado para poner los *cartones* uno a cero" **8** Caricatura.

cartucho s m **I 1** Envoltura cilíndrica y alargada, generalmente de cartón o de papel: *un cartucho de monedas, un cartucho de cacahuates* **2** Tubo metálico que contiene pólvora, municiones o bala, que se usa en las armas de fuego **3** *Cortar cartucho* Poner un cartucho en la recámara de un arma de fuego o preparar su disparador **II** Contenedor, generalmente de plástico, en cuyo interior está dispuesto un objeto que se carga en un dispositivo para hacerlo funcionar: *un cartucho de película, un cartucho de detonación, un cartucho de navajas* **III** En el sureste, alcatraz.

casa s f I **1** Construcción con paredes, techo, etc en donde viven las personas: *construir una casa, entrar a la casa, vivir en la casa* **2** Construcción de esa clase, independiente y separada de otras, en donde vive alguien: *casas en condominio, se rentan casas y departamentos* **3** *Casa de vecindad* Construcción de esa clase, dividida en muchas viviendas pequeñas y humildes, a las que se entra desde un patio central **4** *Casa de campo* La que se construye en regiones rurales, para que personas de la ciudad pasen días o temporadas en ella **5** *Casa de huéspedes* Aquella en donde se rentan habitaciones por días o por temporadas, con servicios comunes y a precios más baratos que los hoteles **6** *Casa chica* La que ponen algunos hombres a sus amantes, independientemente de la casa en donde viven con sus esposas **7** *Casa de estudios* Escuela o universidad **8** *Casa de moneda* Edificio y organización dedicados a la fundición y acuñación de la moneda **9** *Casa de empeño* Empresa dedicada a prestar dinero sobre la base del valor de los objetos que se dejan en ella como garantía de pago **10** *Casa de citas, de tolerancia, de putas* Lugar en donde ejercen la prostitución las personas que se dedican a ella **11** *Casa de Dios* Iglesia o templo **12** *Casa profesa* Aquella en la que habitan religiosas que viven en comunidad **13** *Casa abierta* Día que destina una familia o una empresa a la visita de sus amigos o sus clientes, dándoles libertad de circular por todas sus habitaciones o sus instalaciones **II 1** Familia que vive en una de esas construcciones: *ser de la casa* **2** *Ser alguien de casa* Ser como de la familia, amigo de mucha confianza **3** *De la casa* De quienes habitan normalmente en ella, de la producción o de la cosecha propia: *pan de la casa, hortalizas de la casa, vino de la casa* **4** *Sentirse alguien (como) en su casa* Sentirse a gusto, en confianza: "Al cabo de algunos meses *se sintió* en la calle *como en su casa*" **5** *Su casa* Manera cortés de hablarle a alguien de la casa de uno mismo: "Lo invito a *su casa*", "¡Pase, está usted en *su casa*" **6** *Poner casa* Establecerse en algún lugar o casarse y hacer lo mismo **7** *Quitar la casa* Dejar de vivir en alguna parte, mudarse **8** *Echar la casa por la ventana* Gastar mucho, generalmente para hacer una fiesta o por alguna celebración **9** Conjunto de las personas que descienden de una familia, del mismo apellido: "Tenía que defender a todos los de mi *casa*" **III 1** Empresa o negocio: *la casa Bocker, clientes de la casa* **2** *Casa matriz* Oficina principal de una empresa que tiene varias sucursales **IV 1** Cada una de las doce divisiones de la línea de la eclíptica correspondientes a los signos del Zodiaco **2** (*Ver*) Halo de un cuerpo celeste, particularmente la Luna **V** *Casa llena* (*Crón dep*) En el beisbol, situación del juego en que hay un corredor en cada una de las tres bases: "Un jonrón con *casa llena*" **VI** *Casita* Puntada del tejido con gancho, que consiste en unir dos macizos con una o varias cadenas **VII** *Hacer casita* (*Coloq*) Rodear a una persona otras, para protegerla del viento, de la vista, etc o proteger varias personas alguna cosa rodeándola con sus cuerpos o las manos: "*Hazme casita*, voy a hacer pipí".

casado I pp de *casar* **II** adj y s **1** Que ha contraído matrimonio: *mujer casada* **2** *Recién casado* Que acaba de casarse o tiene poco tiempo de haberlo

hecho **3** Que está dedicado totalmente a alguna cosa: *casado con su profesión, casado con sus creencias* **4** s m (*Imp*) Colocación de las planas en la rama, para que al doblarse queden consecutivamente numeradas **III** adj Tratándose de relaciones entre personas, que es obstinado e inflexible: *un pleito casado, un odio casado*.

casamiento s m **1** Acción de casar a dos personas o de casarse: *arreglar un casamiento* **2** Ceremonia del matrimonio: "Te invito a mi *casamiento*", "Hoy tenemos un *casamiento*.

casar v tr (Se conjuga como *amar*) **1** Unir en matrimonio a un hombre y una mujer: "Los *casó* el juez en el Registro Civil" **2** Hacer o lograr que alguien se una en matrimonio: "Doña Carmen ya *casó* a sus hijas" **3** prnl Unirse una persona a otra en matrimonio: "Leopoldina y Maclovio *se casaron*" **4** Hacer que dos cosas cambien, se acomoden, se adapten o coincidan entre sí: "El café no *casa* con el negro".

cascabel s m **1** Instrumento sonoro que consiste en una esfera hueca de metal u otro material con dos orificios, una ranura y, en su interior, una pequeña pieza metálica, una semilla, etc que al moverse choca con las paredes de la esfera y produce un sonido característico: "Los danzantes llevan en los tobillos *cascabeles* que hacen sonar rítmicamente" **2** Serie de cápsulas córneas, triangulares, huecas y con partículas en su interior, en que remata la cola de la víbora de cascabel **3** f Víbora de cascabel: "Vimos una *cascabel* entre las piedras", *cascabel cornuda* (*Capsicum annuum*) Chile de forma oval, muy picante y de color rojo oscuro que, cuando está seco, suena como sonaja; chile cascabel: "Hizo una salsa de *cascabel* riquísima".

cascada s f **1** Caída libre y continua de las aguas de un río u otra corriente, que ocurre donde hay un desnivel abrupto del terreno; salto de agua: "Tomaban caballos para llegar a *cascadas* perdidas y bellos parajes" **2** (*Fís*) Conjunto de aparatos o potencias puestos en serie que van sumando sus efectos para producir o acumular una mayor cantidad de energía: "Se ponen tres motores en *cascada* para iluminar todo el edificio" **3** *En cascada* Uno después de otro, para que el efecto que produzcan vaya aumentando y extendiéndose: *un aumento de precios en cascada*.

cáscara s f **1** Cubierta de algunos vegetales como la nuez, el plátano, el chícharo, etc, o de semillas como las habas, las pepitas, etc **2** Cualquier corteza de árbol que pueda separarse con facilidad **3** *Cáscara de huevo* Porcelana muy delgada, translúcida y sonora, que se obtiene del caolín cocido a altas temperaturas, muy utilizada en artesanías **4** *Cáscara sagrada* (*Rhamnus purshiana*) Arbusto o árbol de ramas pubescentes, hojas elípticas alternas y flores pequeñas, de cinco pétalos blanquecinos; su fruto redondo es de rojo a negro. Es planta que crece en el norte de América, pero de uso entre hierberos, ya que su corteza se añeja y se pulveriza para preparar purgantes **5** *Cascarita* (*Popular*) Juego improvisado o entrenamiento ligero de futbol: *echar una cascarita*.

cascarón s m I **1** Cubierta delgada, dura y rígida, generalmente de color blanco, que forma la parte externa del huevo de las aves: *romper el cascarón* **2** *Salir alguien del cascarón* (*Coloq*) Comenzar a valerse por sí mismo **II 1** Estructura de un edificio: "El incendio sólo dejó en pie el *cascarón* de la casa" **2** (*Arq*) Bóveda cuya superficie corresponde a la cuarta parte de una esfera **III** (*Catraeva tapia*) Árbol cuya corteza tiene un olor desagradable, pero de propiedades tónicas, que se usa también contra la fiebre; zapotillo amarillo, coscorrón.

casco[1] s m **1** Cubierta de material muy resistente con que se protege la cabeza de golpes y heridas, de forma esférica y que ajusta de la mejor manera posible de la parte posterior de la cabeza a la frente, y de una a otra oreja: *casco de soldado, casco de piloto, casco de obrero* **2** Recipiente de vidrio de refrescos y cervezas: *entregar los cascos, cambiar los cascos* **3** Cuerpo de una embarcación: *el casco de un barco, un casco de acero* **4** Estructura de una edificación, antes de terminar sus fachadas y sus interiores **5** En charrería, armazón de la silla de montar **6** En las haciendas, ranchos, etc conjunto de los edificios y los terrenos más cercanos a ellos **7** Conjunto de las edificaciones y las calles de una población, sin considerar las tierras que la rodean y las construcciones rurales.

casco[2] s m **1** En el ganado caballar, uña de la pata en que se fija la herradura **2** *Ser una mujer ligera de cascos* Ser tan coqueta y liviana que entra con facilidad en tratos íntimos con los hombres.

casero adj **1** Que pertenece a la casa o al hogar, que está hecho en casa: *bizcochos caseros, salsa casera, el gas de servicio casero* **2** Que es afecto a estar en su casa; o que le gusta ocuparse de su buen mantenimiento: *un hombre casero, una mujer casera* **3** s Dueño o propietario de alguna casa o vivienda que alquila o renta: "La *casera* les subió la renta".

casi adv Por poco, no del todo (indica el momento inmediatamente anterior a que algo suceda o la cercanía a una cantidad o límite): "Ya *casi* llegamos", "*Casi* termino", *casi un kilo, casi cien personas, casi todo, casi todos, casi la totalidad, casi siempre, casi hasta arriba, casi toda una mañana, casi no hablan, casi vacía, casi nadie, casi imposible, casi perfecto, casi seguro,* "¿Le atinaste? —*Casi, casi*".

casilla s f **1** Cada una de las divisiones o compartimientos en que se divide una caja o un mueble, para depositar en ellas alguna cosa **2** Cada uno de los cuadros o divisiones que se hacen en un papel para anotar en ellos ciertos datos siguiendo un orden determinado: "En la primera *casilla* se anotan las centenas, en la segunda las decenas y en la tercera las unidades" **3** Cada una de las divisiones del tablero de ciertos juegos de mesa, y por las que los jugadores van moviendo sus fichas: "Como caíste en la *casilla* del pozo pierdes un turno" **4** Cada uno de los lugares en que, en día de elecciones, se instalan las urnas y todo lo necesario para que la gente acuda a ellos a votar; casilla electoral: "Lo nombraron presidente de *casilla* en las elecciones pasadas" **5** *Sacar a uno de sus casillas* Hacerle perder la paciencia y el control de sí mismo: "*Me saca de mis casillas* con sus gritos y quejas".

casimir s m Tela de lana fina, combinada a veces con algodón o seda, con la que se hacen prendas de vestir, en especial, los sacos y pantalones de los hombres: *casimir inglés, un traje de casimir*.

casino s m **1** Lugar de reunión, generalmente exclusivo, de quienes forman parte de una misma sociedad, donde se conversa, se juega, se come, se bebe, se baila, etc; club: *casino español, casino militar, casino ferrocarrilero* **2** Establecimiento acondicionado especialmente para la práctica de juegos de azar en los que se apuesta dinero, y donde generalmente se consumen bebidas alcohólicas; en ocasiones se presentan espectáculos de baile o música.

caso[1] s m l **1** Hecho, situación o circunstancia particular de alguien o algo: *un caso excepcional* **2** Asunto o cuestión que trata de algo en particular: *el caso de la falta de agua* **3** (*Der*) Comportamiento delictivo que se encuentra sometido a la autoridad judicial competente para su resolución **4** (*Der*) Toda cuestión planteada a un órgano jurisdiccional: *el caso Dreyfus, el caso de Galileo* **5** (*Med*) Conjunto de síntomas específicos que caracterizan la enfermedad de una persona; enfermo que los padece: *caso clínico, un caso de rabia, un caso de poliomielitis* **6** *Ser (todo) un caso* (*Coloq*) Ser distinto de los demás por sus cualidades o sus defectos: **7** *Caso perdido* Persona de la que no cabe esperar ningún provecho: "Su hijo es un *caso perdido*, ha reprobado tres años en la escuela" **8** *En caso de* Si sucede tal o cual cosa: "*En caso de* necesidad, me avisas" **9** *En todo caso* Si es necesario, si hace falta, sea como sea: "*En todo caso*, te llamo" **10** *En dado caso* Si hace falta: "*En dado caso* me doy prisa" **11** *Venir al caso* Tener algo que ver con lo que se trata: "Hablar de la alimentación *viene al caso* en un país con alta desnutrición infantil" **12** *Tener caso algo* Hacer falta, ser conveniente, merecer la atención: "¿Tiene caso mi ayuda? —No, no *tiene caso*" **II 1** *Hacer caso* Poner atención: *hacer caso de las recomendaciones*, "No le *hagas caso*, ya se le pasará" **2** *Hacer caso omiso* Desentenderse de algo: *hacer caso omiso de los rumores*.

caso[2] s m (*Gram*) En las lenguas con declinación como el latín, cada una de las formas de un sustantivo, de un adjetivo, de un participio o de un pronombre que corresponden a funciones sintácticas determinadas dentro de la oración. En español esas funciones se manifiestan mediante preposiciones por lo que algunos gramáticos consideran el caso como una categoría funcional y la extienden a esta lengua.

casquillo s m **1** Anillo o capuchón metálico con que se refuerza o protege una cosa, por ejemplo, una bala, el mango de una herramienta, la punta del asta de una flecha, etc: "Al tirar, los *casquillos* de las balas cayeron junto al cazador" **2** (*Ing*) Parte marcada y giratoria de un micrómetro que sirve para hacer la medición: "Sostenga el micrómetro y haga girar el *casquillo* hasta que la lectura sea cero" **3** *Casquillo roscante* (*Elect*) Parte metálica de un fusible que, al enroscarla al portalámparas, cierra el circuito.

casta s f **1** Generación de una especie animal con caracteres genéticos especiales **2** Cada una de las mezclas entre razas, en la sociedad colonial **3** Ascendencia familiar de una persona **4** Conjunto de personas que se distinguen por alguna característica económica, social u ocupacional: *la casta de los banqueros, la casta de los parias, la casta de los militares* **5** *Tener casta, ser de casta* Tener un animal o persona un alto grado de las cualidades de su especie u oficio: *un toro de casta, un jugador de casta*.

castaña s f **1** Nuez con una cúpula leñosa en su base, que crece en número de tres o cuatro bajo una cubierta espinosa. Es fruto del castaño y de muy buen sabor **2** Barril abombado por un lado y plano por el otro para que pueda ser cargado por las mulas o caballos a manera de alforja; que sirve para transportar líquidos como el pulque, y tiene una capacidad de aproximadamente 50 litros **3** *Sacarle a alguien las castañas del fuego* Resolver una dificultad o algún asunto peligroso, que son responsabilidad de otra persona.

castaño s m **1** (*Castanea sativa*) Árbol de altura considerable, de 15 a 25 m, de hojas grandes, dentadas y espinosas. En México no se cultiva. La madera de este árbol es apreciada por su flexibilidad y resistencia **2** *Castaño de Indias* (*Aesculus hippocastanum*) Árbol de la familia de las hipocastanáceas, de aproximadamente 30 m de alto, con yemas muy resinosas, hojas opuestas, digitadas, sus flores crecen en panículas muy vistosas de más de 25 cm de largo; tienen cinco pétalos blancos con matices amarillos y rojos. En México no existe, pero es conocido por sus propiedades medicinales, para hacer vasoconstrictores contra las várices y las hemorroides. También se usa como antirreumático, antiséptico, tónico y analgésico **2** adj Que es del color de la castaña, café oscuro, particularmente tratándose del color de los cabellos.

castañuela s f Instrumento musical de percusión formado por dos piezas redondeadas de madera dura o de marfil, cóncavas en su parte interna y unidas en uno de sus extremos por un cordón; se sujeta al dedo pulgar o al medio y se toca haciendo entrechocar sus dos piezas con los dedos. Lo usan principalmente los bailarines de ciertas danzas populares españolas para acompañarse rítmicamente, por lo general llevando uno en cada mano; crótalo: "Zapatea y toca las *castañuelas* como una verdadera andaluza".

castellano 1 adj Que pertenece a Castilla o se relaciona con esa región de España **2** s m Dialecto románico de Castilla, en el que tuvo su origen la lengua española **3** s m Lengua española: *hablar castellano, gramática castellana.*

castidad s f Virtud que consiste en abstenerse de todo placer sexual: *guardar la castidad, voto de castidad, castidad conyugal.*

castigar v tr (Se conjuga como *amar*) **1** Obligar a alguien a que sufra física o moralmente por haber cometido alguna falta o haber tenido un mal comportamiento: *castigar a los mentirosos, castigar con el encierro* **2** Hacer que alguien tenga cierto sufrimiento, físico o moral, aun cuando no haya cometido ninguna falta: *castigar a los obreros con las alzas, castigar a la novia* **3** Hacer que algo o alguien reciba un daño o sufra alguna pérdida: *castigar a un boxeador*, "El frío *castigó* la cosecha" **4** Exigir de algo un gran esfuerzo: *castigar un motor, castigar una trabe* **5** Disminuir la inversión, el gasto o el precio de algo a pesar del daño o la pérdida que le cause: *castigar el presupuesto, castigar las ganancias.*

castigo s m **1** Acto de castigar algo o a alguien: "El *castigo* no se hizo esperar", "El *castigo* de los precios no ha durado lo suficiente" **2** Sufrimiento, daño, trabajo, etc que se impone a alguien por haber cometido una falta o haberse comportado mal:

"Tu *castigo* consiste en no salir a jugar", "Le dieron cinco días de *castigo*" **3** *Levantar el castigo* Dar por terminado el sufrimiento o el daño impuestos **4** *Castigo ejemplar* El que es muy grave y se hace público para que nadie vuelva a cometer la misma falta.

castillo s m **1** Construcción o conjunto de construcciones grande, amurallada, regularmente con torres, almenas, atalayas, foso y puente levadizo, para resguardar a sus habitantes durante el ataque enemigo: "Así eran en realidad los legendarios *castillos* que pueblan las leyendas caballerescas" **2** *Hacer castillos en el aire* Hacer planes con muchas esperanzas de realizarlos, pero que son sólo fantasías **3** En las colmenas, casilla donde se cría la abeja reina **4** Armazón de fuegos artificiales, generalmente formada por figuras, ruedas, etc que se enciende en fiestas, ferias y otras ocasiones **5** Columna de fierro y cemento con que se sostiene un techo o se refuerza una pared: *armar un castillo, colocar un castillo.*

casto adj Que se abstiene de tener relaciones sexuales, no se deja llevar por el placer sexual, o que es puro y virtuoso en su vida matrimonial: *un hombre casto, una muchacha casta, una vida casta, un esposo casto.*

castor s m **1** Roedor semiacuático, de patas cortas con dedos palmeados, cola aplanada y ancha. Se alimenta de cortezas, ramas y raíces; es notable por la destreza con que construye su vivienda en ríos y lagos haciendo diques de gran extensión con troncos y ramas. Habita principalmente en el norte de América, Asia y el norte de Europa. Existen dos especies: *Castor faber* y *Castor canadensis* **2** Pelo de este animal de color castaño **3** Paño o fieltro hecho con el pelo de este animal **4** Tela de lana de color rojo mezclado con blanco, con el que se hacen enaguas y sombreros en algunas regiones rurales de México **5** Falda del vestido de china poblana.

castrar v tr (Se conjuga como *amar*) **1** Cortar o inutilizar los órganos genitales, particularmente los testículos de los machos; capar **2** Quitar panales de la colmena para que las abejas produzcan nueva miel **3** Limitar persistentemente y sin motivo justificado una persona a otra en el desarrollo de su carácter o en sus deseos; molestarla constantemente: "Esa mujer *ha castrado* a sus hijos con tantos temores", "Me *castra* tanto despotismo".

casual adj m y f Que sucede en forma accidental, que no es premeditado o intencional: *un encuentro casual, una semejanza casual.*

casualidad s f **1** Combinación de distintas circunstancias imprevisibles que determina un acontecimiento sorpresivo y no previsto: *no dejar nada a la casualidad*, "¡Qué *casualidad*! ¡Ya lo sabía!" **2** Hecho o acontecimiento accidental o imprevisto, que sucede en un momento particular o a una persona en especial: "Fue una *casualidad* que la conociera en la escuela", "Una *casualidad* me trajo hasta aquí" **3** *Dar la casualidad, tocar la casualidad* Suceder algo en combinación con otras circunstancias, en un momento determinado o a cierta persona en particular: "*Da la casualidad* que somos amigos", "*Toca la casualidad* de que ya tengo ese libro" **4** *Por casualidad, de casualidad* De manera accidental, imprevista o sin intención: "*De casualidad* encontró trabajo", "*Por casualidad* sabía la respuesta", *encontrarse por casualidad.*

casualmente adv **1** Por casualidad: "La conocí *casualmente*", "*Casualmente* nos enteramos" **2** (*Coloq*) Precisamente: "Es *casualmente* la virtud lo que nos ayuda a mantenernos en la verdad".

casuarina s f (*Casuarina equisitifolia*) Árbol dicotiledóneo de tronco y copa cónicos, que se caracteriza por tener ramillas muy delgadas, cilíndricas, de color verde articuladas y generalmente colgantes, mientras sus hojas están reducidas a escamas de forma triangular; su fruto es un cono leñoso más o menos ovalado. Su madera, densa y dura, de color café rojizo, se emplea en carpintería. Es originario de Australia y se cultiva como ornamental, para reforestar y para formar cortinas rompevientos.

catálisis s f sing y pl (*Quím*) Aceleración o retardo de una reacción química por la acción de una sustancia que no experimenta por sí misma la menor alteración química o que puede recuperarse cuando se ha completado la reacción: *un mecanismo diferente al de la catálisis por cobre.*

catalizador s m (*Quím*) **1** Sustancia que propicia, aumentándola, una reacción química, sin afectarse del todo ella misma **2** Persona o situación que modera o impulsa la solución o el desarrollo de alguna cosa: "El ideal elegido será la fuente fortificadora, el *catalizador*, el grito de guerra que nos mantendrá en pie de lucha".

catalogar v tr (Se conjuga como *amar*) **1** Registrar y clasificar un conjunto de cosas para hacer el catálogo de ellas o para incluirlas en uno ya formado: *catalogar los documentos de un archivo, catalogar las piezas de un museo*, "Se encarga de *catalogar* los libros que llegan a la biblioteca" **2** Calificar o considerar algo o a alguien de determinada manera; incluirlo dentro de cierta categoría, clase, etc: "La crítica *cataloga Noticias del Imperio* como una de las grandes novelas contemporáneas", "Sus alumnos lo *catalogan* como un buen maestro".

catálogo s m **1** Lista ordenada con algún criterio de personas, materiales, libros, productos, etc, de una agrupación, una empresa, una biblioteca, etc: *catálogo alfabético, catálogo de proveedores, catálogo de ventas* **2** Registro de las obras que guarda una biblioteca ordenado con varios criterios, y mueble en el que se guarda este registro: *catálogo topográfico, catálogo de títulos.*

catarata s f **1** Cascada de gran altura y caudal abundante: *las cataratas del Niágara, las cataratas del Iguazú* **2** Abundancia, gran cantidad de algo: "Despidieron al torero con una *catarata* de aplausos" **3** Zona opaca del cristalino o de su cápsula que interfiere el paso de la luz o la retina y que, según su ubicación y densidad, disminuye o impide la visión: *catarata senil*, "A Luis le van a hacer cirugía de *cataratas*".

catarinita s f **1** Insecto pequeño del orden de los coleópteros, de cuerpo semiesférico y de color amarillo, anaranjado o rojo brillante con rayas longitudinales y puntitos negros. Se alimenta de hojas, por lo que es muy dañino para la agricultura; catarina: *catarinita de la papa* **2** (*Forpus cyanopiqüis*) Especie de perico o loro pequeño de aproximadamente 14 cm de largo, de pico corvo y pequeño y color verde amarillento; el macho tiene la rabadilla y parte de las alas de color azul turquesa. Habita en el occidente del país, desde Sonora hasta Colima.

catarro s m Enfermedad que consiste en la inflamación de las mucosas, particularmente las de la nariz y las vías respiratorias, y se caracteriza por exceso de moco, irritación de los ojos, dolor de cabeza, etc: *pescar un catarro, tener catarro.*

catarsis s f sing y pl **1** Canalización de tensiones y afectos reprimidos: "En los espectáculos masivos suele darse una profunda *catarsis* entre los espectadores" **2** En las religiones órficas, ánimo de liberación y purificación al que se llega mediante la práctica de ciertos ritos o disciplinas **3** (*Fil*) En Aristóteles, sosiego que producen los fenómenos estéticos, principalmente la tragedia, al suscitar y avivar determinados afectos **4** (*Fil*) En Platón, efecto de la separación del alma de las necesidades corpóreas; al recogerse el alma en sí misma se purifica y se hace impasible **5** (*Psi*) Recuerdo y expresión, tanto verbal como afectiva, del acontecimiento provocador de los síntomas patógenos.

catártico 1 adj Que se refiere a la catarsis o a sus efectos: *una terapia catártica*, "El objeto del espectáculo es meramente *catártico*" **2** s m y adj (*Med*) Sustancia cristalina que se presenta en forma de polvo o de escamas blancas y brillantes, producida por la acción del ácido acético sobre la anilina. Se usa como antipirético analgésico, bajo vigilancia médica por sus efectos tóxicos.

catastro s m **1** Registro público de los bienes inmuebles en el que se asienta la ubicación de éstos, sus dimensiones y, en general, todos los datos necesarios para su evaluación y para determinar el monto del impuesto predial que les corresponde **2** *Catastro torácico* Radiografía del tórax: "Tiene que hacerse un análisis de sangre y un *catastro torácico.*

catástrofe s f **1** Hecho o suceso trágico en el que hay gran destrucción, pérdidas o numerosos muertos: "Los terremotos de 1985 han sido de las peores *catástrofes* que ha sufrido la ciudad", "En la antigüedad, los cometas eran considerados mensajeros de *catástrofes* futuras" **2** Situación que tiene consecuencias terribles o muy desgraciadas para alguien: "El accidente se convirtió en una *catástrofe* para la familia" **3** Cosa o hecho fallido, muy desafortunado o que resulta un fracaso absoluto: "Por falta de organización, el concurso fue una *catástrofe*" **4** (*Lit*) Desenlace de una obra dramática, especialmente cuando es doloroso o trágico.

catcher s m En beisbol, jugador del equipo que defiende, que se coloca atrás del bateador del equipo a la ofensiva, para recibir la pelota lanzada por el pitcher cuando aquél no logra golpearla. (Se pronuncia *cácher.*)

catecismo s m **1** Texto que contiene los fundamentos de la doctrina cristiana, por lo general redactados en forma de preguntas y respuestas, y que sirve para su enseñanza **2** Conjunto de afirmaciones y creencias simples, que alguien toma como verdades últimas: *el catecismo marxista.*

cátedra s f **1** Puesto de maestro en una universidad o escuela de estudios superiores: *ocupar la cátedra, ganar la cátedra* **2** Clase o conferencia que imparten los maestros o profesores en una universidad o escuela de estudios superiores: "En la escuela preparatoria todos imparten su *cátedra* por caridad" **3** *Cátedra de San Pedro* (*Relig*) Ministerio del papa o del obispo para enseñar por propio derecho

4 *Dictar cátedra, dar cátedra* Saber mucho sobre cierta materia y exponerlo en forma hablada y elocuente: "El poeta nos *dio cátedra*" **5** (*Relig*) Asiento del papa o del obispo para enseñar en su catedral.

catedral s f Para el catolicismo, iglesia principal de una diócesis en la que el obispo o el arzobispo tiene su trono episcopal permanente o cátedra; generalmente se encuentra en la población de la que la diócesis recibe su nombre y en la que reside el obispo; es atendida por un cabildo de canónigos que se ocupa diariamente de la liturgia. Suele ser apreciada por la antigüedad de su fundación, por tesoros artísticos históricos que conserva y por su valor arquitectónico; la fecha de su consagración y la fiesta de su titular se celebran litúrgicamente en toda la diócesis: *el atrio de la catedral, la catedral de Chartres, la catedral de la ciudad de México.*

catedrático s Profesor titular de una materia principalmente en una universidad o centro de estudios superiores: "Fue *catedrático* en la Facultad de Medicina y un eminente investigador", "La profesora Loaeza, *catedrática* de esta institución, dará una conferencia".

categoría s f **1** Clase que resulta de una clasificación de elementos **2** Orden de importancia de los elementos que componen una clase: *de primera categoría*, "Pedro está en la *categoría* de principiantes" **3** Calidad o superioridad de algo o alguien: "No ha demostrado su *categoría*" **4** (*Gram*) Clase de signos, determinada por la función de éstos en la oración y por sus características gramaticales. Tradicionalmente son el sustantivo, el adjetivo, el verbo, el adverbio, la preposición, la conjunción, el pronombre y la interjección **5** (*Gram*) *Categoría gramatical* La que se establece a partir de la clasificación de morfemas como los de género, número, persona, aspecto, voz, y tiempo y modo.

categórico adj Que afirma o niega de manera absoluta sin poner condiciones, sin lugar a dudas, con toda certeza: "Contestó *categórico* a otra pregunta", *una carta en términos muy categóricos*".

catequesis s f sing y pl (*Relig*) Enseñanza de la doctrina cristiana por medio del catecismo.

catequizar v tr (Se conjuga como *amar*) **1** Enseñar los fundamentos de la doctrina cristiana por medio del catecismo **2** Convencer a una persona de las bondades o las ventajas de alguna cosa, para que también crea en ellas.

catéter s m (*Med*) Instrumento tubular quirúrgico, generalmente de plástico, que se introduce en conductos u orificios del organismo, con el fin de explorarlos, y facilitar la entrada y salida de líquidos o medicamentos; sonda.

cateto s m (*Geom*) Cada uno de los dos lados que forman el ángulo recto de un triángulo rectángulo.

cátodo s m (*Elec*) Electrodo negativo de una línea o de un generador eléctrico, por el que entran las cargas positivas: "Una de las terminales del cable se conecta al *cátodo* y la otra al ánodo".

catolicismo s m **1** Rama del cristianismo que se caracteriza por reconocer la autoridad de la Iglesia (en el caso del catolicismo romano, del papa) y su tradición en la interpretación de la Biblia **2** Comunidad formada por los que tienen estas creencias religiosas.

católico adj y s **1** Que profesa la religión católica **2** Que pertenece al catolicismo o se relaciona con él: *iglesia católica, fe católica.*

catre s m **1** Cama ligera y plegable a lo ancho, constituida por una lona sujeta a un armazón de metal o de madera: "Sacó el *catre* del ropero y lo extendió para acostar al niño" **2** *Catre de tijera* Cama ligera hecha con un lienzo de yute o lona sujeto a un armazón de madera y plegable a lo largo. Es común en las costas.

cauce s m **1** Hueco del terreno por donde corre un río, un arroyo o cualquier corriente de agua **2** Trayectoria fija por la que sigue su curso un proceso cualquiera: "La cibernética ha abierto un *cauce* vastísimo", *el cauce de una manifestación.*

caucho s m Material elástico e impermeable que se saca como jugo de árboles tropicales de varias familias y también se produce artificialmente; es combustible y se deforma con la temperatura. Se usa para fabricar llantas, ligas, bandas, etc; hule.

cauda s f **1** (*Astron*) Parte de un cometa que se extiende desde la cabellera, rodeando al núcleo brillante, en dirección opuesta al Sol. Se compone de polvo y de gas, los cuales han sido expulsados de la cabellera por el viento solar y por la presión de la radiación del Sol: "Durante tres noches se pudo ver la larga y brillante *cauda* del cometa" **2** Falda larga o cola que arrastra detrás un ropaje ceremonial, como el vestido de novia, la capa magna de los obispos y arzobispos, etcétera.

caudal s m **1** Cantidad de agua de un río o un arroyo **2** Conjunto de bienes y riquezas de alguien: *caja de caudales* **3** Abundancia de algo: *un caudal de conocimientos.*

caudillismo s m Dirigencia de un movimiento armado o social, basado en el poder y las cualidades personales de quien la lleva a cabo: "Aunque nos hemos liberado del feudalismo, el *caudillismo* militar y la Iglesia, nuestros problemas siguen siendo graves".

caudillo s m **1** Persona que encabeza y dirige un movimiento armado o social gracias a su carácter y don de mando: "En 1811 fueron colocadas en las cuatro esquinas de la Alhóndiga de Granaditas las cabezas de los *caudillos* insurgentes **2** Segundo jefe en las haciendas ganaderas, después del caporal.

causa s f **1 1** Lo que hace que algo suceda; razón o motivo que alguien tiene para hacer algo: *la causa de una enfermedad, sin causa justificada,* "Nunca me perdonaría que por mi *causa* le pasara algo", "Te lo digo con pleno conocimiento de *causa*", *rebeldes sin causa* **2** *A causa de* Debido a, por razón de: "Dejó el libro inconcluso *a causa de* su destierro", "Niños que presentan alteraciones graves *a causa de* la desnutrición" **II 1** Fin o propósito que tiene alguien; ideal que se persigue: *luchar por la causa de la justicia,* "Morir por una *causa* como la nuestra es honroso" **2** *Hacer causa común con alguien* Unirse dos o más personas para hacer algo; solidarizarse con alguien o perseguir los mismos fines **3** Pleito o juicio ante los tribunales: "Mi *causa* se hallaba perdida".

causal adj m y f y s f **1** Que causa determinado efecto o produce cierto resultado: *agente causal, factor causal, una causal de divorcio* **2** (*Gram*) Tratándose de oraciones, la subordinada circunstancial que indica la causa de la acción significada en la oración principal; por ejemplo, en "No compré el libro porque no tengo dinero", la oración "porque no tengo dinero" es la causal **3** (*Gram*) Tratándose de conjunciones o nexos, los que introducen aquella clase de oraciones, como *porque, ya que*, etcétera.

causalidad s f **1** Propiedad o carácter de tener una cosa o un acontecimiento su causa **2** sing y pl (*Fil*) Relación entre dos cosas o dos acontecimientos, por la cual los segundos se pueden prever a partir de los primeros: *principio de causalidad*, "Las primeras nociones de *causalidad* las encontramos en Platón".

causante adj y s m y f **1** Que es la causa de algo, que causa algo: *el causante de una tragedia, el virus causante de esta enfermedad*, "La mujer es la *causante* de su desgracia" **2** (*Der*) Persona que tiene la obligación de pagar impuestos, contribuyente: *causantes menores, causantes cautivos, los registros de causantes* **3** (*Der*) Persona de quien proviene algún derecho.

causar v tr (Se conjuga como *amar*) Hacer que algo suceda; producir, provocar o motivar algo: *causar angustia, causar una gran impresión, causar problemas, causar sensación, causar sorpresa, causar molestias, causar pérdidas, causar impuestos, causar daño, causar la muerte*.

cautela s f Precaución, prudencia o cuidado al actuar para prevenir daños y perjuicios: "Ahí nomás, a veinte pasos, medio tapado por el matorral, entrevió al coyote moviéndose con *cautela*".

cautivar v tr (Se conjuga como *amar*) **1** Hacer cautivo algo o a alguien: "Los aztecas *cautivaron* a muchos pueblos vecinos" **2** Atraer fuertemente la simpatía, el amor o la atención de alguien: "Lo *cautivó* con su belleza", "El conferencista *cautivó* al público desde el primer momento".

cautiverio s m Situación de pérdida de la libertad de una persona, un animal, un pueblo, etc a manos de alguien, particularmente cuando se le retiene contra su voluntad: *animales en cautiverio, quedar en cautiverio, poner en cautiverio*, "El *cautiverio* de Miguel de Cervantes en Argel duró varios años".

cautividad s f Situación de pérdida de la libertad: *poner en cautividad, mantener en cautividad, la cautividad de los judíos en Egipto*.

cautivo adj y s Que ha perdido su libertad a manos de alguien, o se le ha retenido contra su voluntad: *un pájaro cautivo*, "Cuauhtémoc quedó *cautivo* de los conquistadores", "Valentino recibió en su tienda a la *cautiva*".

cauto adj Que es prudente y cuidadoso en sus acciones o que se comporta así en cierta situación: "Sea *cauto* al conducir", *un hombre cauto*.

cava s f **1** Lugar generalmente subterráneo, donde se conserva el vino **2** Vena cava.

cavar v tr (Se conjuga como *amar*) Abrir y remover la tierra, generalmente con pala o azadón, para hacer un agujero: "Esa misma noche *cavaron* ambos su propia tumba", "Se *cava* en cepa desde la casa hasta el pozo".

caverna s f **1** Cavidad natural y profunda en la tierra o en alguna roca, producida generalmente por la erosión: "Un extraviado pastor se internó en una *caverna* donde yacía el rey Arturo rodeado de sus nobles caballeros" **2** (*Med*) Cavidad patológica o excavación ulcerosa que queda después de la evacuación de pus o de un absceso o del reblandecimiento de una masa tuberculosa, como la que se forma en los pulmones.

cavidad s f Espacio hueco, cóncavo o vacío de un cuerpo cualquiera: "El metal fundido corre hasta la *cavidad* del molde", *cavidad torácica*.

caza s f **1** Acto de cazar: *la caza del venado* **2** *Dar caza* Cazar: "Al fin *dieron caza* al peligroso delincuente" **3** *Caza mayor* La de animales grandes como el jabalí, el oso, el águila, etc **4** *Caza menor* La de animales pequeños como la ardilla, el castor, el pato, etc **5** Animal o animales que se cazan o se han cazado: "Obtuvieron una buena *caza*" **6** *Andar uno a la caza* Buscar con empeño algo que le interesa: *andar a la caza de aventuras, andar a la caza de turistas*.

cazador adj y s **1** Tratándose de personas, que caza animales por deporte o para alimentación: "Los *cazadores* y recolectores de alimentos no reconocían propiedad alguna sobre la tierra" **2** Tratándose de animales, que tiene el instinto de cazar a otros animales para su alimentación **3** *Cazador furtivo* El que caza en terreno vedado, sin autorización **4** *Cazadora* Chamarra o saco cómodo, especialmente para ir de cacería.

cazar v tr (Se conjuga como *amar*) **1** Buscar y perseguir animales para atraparlos o matarlos, ya sea por deporte o para comerlos: "*Cazaron* un león para el circo", "Tus antepasados sabían *cazar* el venado y el ocelote" **2** Buscar y perseguir a alguien para capturarlo, generalmente a un criminal.

cazón s m **1** (*Mustelus asterias*) Pequeño tiburón de aguas cálidas, apreciado por el aceite de su hígado y como alimento, especialmente por su carne salada semejante a la del bacalao **2** *Cazón del Pacífico* (*Phizoprionadon longurio*) Tiburón de aproximadamente un metro, de color café claro o gris en su parte dorsal y blanco en el vientre; carnívoro; se alimenta generalmente de camarón y sardina. Se consume fresco.

cazuela s f l **1** Recipiente redondo, ancho y de poca profundidad, generalmente de barro, que sirve para guisar, y cantidad que cabe en dicho recipiente: *cazuelas para hacer paella, una cazuela de mole* **2** Guiso a base de carne y verduras, que tiene muchas variantes en México **II** (*Popular*) En los teatros, lugar para los espectadores más alto y alejado del escenario; gallinero, gallola, paraíso **III** (*Impr*) Componedor más alto que el ordinario que se emplea solamente para las líneas.

cebada s f **1** (*Hordeum vulgare*) Cereal parecido al trigo, de semillas más alargadas y puntiagudas **2** Semilla de esta planta, muy usada como alimento para el ganado y para la elaboración de cerveza.

cebo s m **1** Alimento que se da a ciertos animales, cuya carne es comestible, para engordarlos **2** Alimento que se ofrece o se da como trampa a ciertos animales para poder cazarlos, pescarlos o matarlos **3** Objeto que se utiliza como incentivo para atraer la atención de alguien y así inducirlo a actuar en determinada forma: "Estimuló a los indios a la rebelión con el *cebo* de darles tierras" **4** Explosivo que, en pequeña cantidad, se pone en algunas armas de fuego antiguas, para poder disparar sus proyectiles.

cebolla s f l **1** Bulbo comestible de forma ovoide o esférica, por lo general de color blanco (aunque a veces morado), formado por numerosas capas. Es de sabor y olor muy penetrantes, y se usa como alimento, como condimento e incluso en la elaboración de productos medicinales: *cebolla finamente picada, acitronar la cebolla,* **2** (*Bot*) (*Allium cepa*) Planta herbácea de la familia de las liliáceas, bulbosa, de tallo delgado, cilíndrico y hueco, que produce este bulbo **3** *Cebolla albarrana* (*Hymenocallis rotata*) Hierba bulbosa de la familia de las amarilidáceas, de hojas largas y anchas que salen al nivel del suelo. Sus flores son blancas, muy grandes y vistosas. Sus frutos son cápsulas. Es apreciada como planta ornamental en las zonas central y sur de México **4** *Cebolla de cacalote* (*Cynodon dactylon*) Planta de la familia de las gramíneas, de hojas muy angostas y de 1 a 10 cm de largo, con influencias de cuatro a cinco espigas digitadas de 4 cm; se usa como pasto forrajero; pata de gallo **II 1** En plomería, esfera, generalmente metálica, con orificios, por donde sale el agua de una regadera de baño; manzana **2** Juego de niños que consiste en sentarse en el suelo uno delante de otro, muy juntos, abriendo las piernas y abrazando con fuerza el abdomen del que está enfrente, con el fin de soportar el jalón de aquel que tratará de separarlo **3** (*Caló*) Velís, bulto, petaca.

cebra s f Mamífero cuadrúpedo de la familia de los équidos, de distintas especies, de aspecto intermedio entre el caballo y el burro, que se caracteriza por tener el pelaje blanco o amarillento con rayas transversales negras o pardas. Su tamaño varía según la especie y llega a medir hasta 1.60 m de alzada; tiene el cuello corto y robusto y el tronco grueso; vive en libertad únicamente en las regiones orientales y meridionales de África.

cebú adj y s m y f (*Bos índicus*) Mamífero semejante al buey, que se caracteriza por tener una o dos gibas de grasa sobre el lomo y gran desarrollo de la piel, que forma amplios pliegues en el cuello, en el vientre y en el prepucio; su piel es de color negro y el pelaje blanco, gris, negro o rojizo; sus orejas son largas y pendientes. Tiene gran resistencia a las altas temperaturas y a las enfermedades infecciosas. Es apreciado como bestia de carga, por su carne y por la leche que produce la hembra: *toros cebú.*

cecina s f Carne cortada en tiras delgadas, impregnada con bastante sal, jugo de limón y algunas veces también chile rojo, que se seca al aire libre, al sol o con humo: *cecina de res, cecina de venado, cecina de Yecapixtla.*

cedazo s m Tela de tejido bastante ralo que se utiliza para colar, separar o limpiar una materia líquida o en polvo, generalmente un alimento, de modo que lo grueso quede sobre la tela y lo fino pase por ella: "Se pasa la harina por un *cedazo*", "Se exprimen las uvas en un *cedazo* para evitar que pasen las semillas y las cáscaras".

ceder[1] v intr (Se conjuga como *comer*) **1** Disminuir algo su fuerza o hacerse algo menos intenso: *ceder la calentura, ceder el viento* **2** Perder algo su resistencia por sostener o cargar un peso muy grande y, por ello, aflojarse o romperse: *ceder una puerta, ceder un techo* **3** Disminuir o dejar de oponer alguien una resistencia a algo, o aceptar algo sin estar de acuerdo por complacer a otro: *ceder a la tentación, ceder a la petición.*

ceder[2] v tr (Se conjuga como *comer*) **1** Dar, entregar o dejar voluntariamente a otra persona algo a lo que uno tiene derecho o que le corresponde a uno:

ceder una propiedad al pueblo, ceder un premio a la beneficencia **2** *Ceder la palabra* Dejar que hable alguien antes o en vez de uno, o permitirlo un juez o un jefe de debates: "Le *cedió* la palabra para que lo defendiera", "Le *cedo* la palabra al diputado Íñiguez" **3** Dejar que alguien ocupe el lugar que uno tenía: *ceder el asiento, ceder terreno.*

cedro s m **1** (*Cedrela mexicana*) Árbol de la familia de las meliáceas, de hasta 30 m de altura y 1 m de diámetro; hojas alternas compuestas generalmente con ocho pares de hojillas ovado oblongas de 8 a 11 cm de largo; flores pequeñas en panículas; sus frutos son cápsulas leñosas elipsoides de aproximadamente 4 cm de largo; se da en el trópico cálido y húmedo; cedro rojo **2** Madera de este árbol de tono rojizo y veteado fino, aromática, muy apreciada por su belleza y facilidad para trabajarla en mueblería fina, lambrines y decoración de casas **3** Otras especies del género *Cedrela*, que abundan en las regiones tropicales y húmedas de México, como *Cedrela oaxacensis, Cedrela occidentalis* o *Cedrela yucatana.* Tienen hojas pinadas con hojuelas oblicuas en la base; flores blanquizcas en panículas y su fruto es una cápsula leñosa, oval, con semillas aladas; su madera rojiza generalmente es de alta calidad **4** (*Cupressus benthami*) Árbol de la familia de las pináceas o coníferas, de 18 a 30 m de alto y diámetro considerable, hojas pequeñísimas y escamosas de color verde oscuro; flores primitivas y monoicas; las frutas son pequeños conos formados por escamas endurecidas que se abren espontáneamente en la madurez; semillas ligeramente aladas; se da en regiones altas y frías de las sierras y en regiones del norte; cedro blanco **5** Madera de este árbol, de color blanco y muy resistente; se emplea mucho en la elaboración de tablas para construcciones muy diversas. En la medicina tradicional la corteza se usa como astringente **6** Otras especies del género *Cupressus*, de la familia de las coníferas o pináceas, que abundan en los climas templados o fríos: *Cupressus arizonica, Cupressus Lindlegi*, etc. Tienen hojas pequeñísimas en forma de escamas y su fruto globoso, leñoso y con escamas deja escapar numerosas semillas aplanadas; su madera blanca es muy resistente **7** Varias especies del género *Juniperus* de la misma familia de las pináceas o coníferas: *Juniperus califórnica, Juniperus comitana, Juniperus jaliscana, Juniperus monticola,* etc **8** *Cedro del Líbano* (*Cedrus Libani*) Árbol de la familia de las coníferas, de gran altura, de ramas casi horizontales a diversas alturas. Se encuentra principalmente en las montañas de Siria y en Europa se cultiva en parques y jardines.

cédula s f **I 1** Documento en que se registra o se toma nota de alguna cosa **2** Hoja de trabajo de formato previamente establecido, que se llena con los datos pertinentes **II 1** Documento emitido por una autoridad o por el banco, en el que se reconoce una obligación o un derecho **2** *Cédula hipotecaria* Título representativo de un crédito garantizado con la hipoteca de un bien **3** (*Der*) Documento judicial que debe colocarse en lugar visible en la propiedad hipotecada, en el que se hace constar tal circunstancia y la prohibición en favor del acreedor de que se practique embargo o cualquier diligencia que entorpezca el curso del procedimiento o viole los derechos en él adquiridos **4** *Cédula de empadronamiento* Documento que identifica como votante a su poseedor **5** *Cédula real* Resolución expedida por el rey, o por su consejo en nombre del rey, por la que se promulgaba una ley o se concedía una gracia o un privilegio: "El monarca dispuso por *cédula* de 1552 que se les dejase tener en sus pueblos sus tianguis y mercados antiguos", "La Universidad fue creada por cédula real en 1551".

cefalotórax s m sing y pl (*Zool*) Parte del cuerpo de los arácnidos y ciertos crustáceos que comprende la cabeza y el tórax unidos.

ceguera s f **1** Pérdida temporal o definitiva de la vista: *ceguera total* **2** Pérdida de claridad en el juicio a causa de una emoción: "En un momento de *ceguera* podemos ser capaces de peores cosas", "La frecuente *ceguera* de amor que todos padecemos".

ceja s f **I 1** Saliente arqueada sobre la cuenca del ojo, cubierta de pelo corto **2** Conjunto de pelos que la cubren y cada uno de ellos: *cejas espesas, levantar una ceja* **3** *Fruncir las cejas* Arrugar el entrecejo por enojo o preocupación **4** *Enarcar las cejas* Levantarlas con gesto de sorpresa o admiración **II 1** *Entre ceja y ceja* Como idea fija y constante: "Tenía metida *entre ceja y ceja* la idea de ser el propietario de un rancho" **2** *Traer entre ceja y ceja a alguien* Tenerle mala voluntad a alguien y tratar de hacerle daño **III** Borde saliente de algunas superficies, como el que corona un muro para protegerlo de la lluvia, o en donde se juntan las pastas y el lomo de un libro; pestaña: *ceja de un libro, ceja de una carpeta* **IV 1** Masa nubosa alargada, como si estuviera fija sobre las cimas de las montañas **2** Faja de bosque en forma de tira alargada **V 1** Pequeña pieza de madera, marfil o hueso en la parte superior del mástil de los instrumentos de cuerda, sobre la que se apoyan las cuerdas al salir del clavijero **2** Pieza de madera, marfil o metal que se sujeta sobre las cuerdas en un lugar determinado del mástil, con el objeto de elevar su tono **VI** *Caérsele a alguien la ceja* (*Popular*) Ser o parecer homosexual.

celda s f **I 1** Compartimiento pequeño y capaz de mantener en el aislamiento o el encierro a quien lo habita, especialmente en los conventos y en las cárceles: "Contemplan embobados los cilicios que se encontraron en las *celdas* de las mojas", "Tener ahora aquí al ladrón enemigo encerrado junto a ellos en la misma *celda*" **2** División en las colmenas, la mayoría de las veces de contorno hexagonal, hecha por las abejas, con cera, en ambas caras del panal; celdilla **II** Cada uno de los compartimientos pequeños en que se dividen ciertos dispositivos, con el objeto de controlar las acciones químicas o eléctricas que se dan en su interior: *celdas de una batería, celdas solares*.

celebración s f Acto solemne o festivo para recordar un hecho importante o para llevarlo a cabo: *celebración de las fiestas patrias, celebración de las olimpiadas*, "La *celebración* tuvo que cancelarse".

celebrar v tr (Se conjuga como *amar*) **1** Llevar a cabo un acto o ceremonia: "Se *celebraba* un mitin en la plaza", "Las reuniones se *celebraban* en su casa", "*Celebraron* una asamblea", "El sábado se *celebraron* las elecciones" **2** Hacer una fiesta o un festejo por un acontecimiento feliz: "Se *celebró* el día de la libertad de prensa", "El Hospital de Jesús *celebró*

ciento cincuenta años de su fundación" **3** Alabar o hablar bien de alguien o de algo: "*Celebramos* a Juan Rulfo por sus novelas", "*Celebró* las excelencias del postre", "Le *celebraron* todas sus ocurrencias" **4** Entre los católicos, decir misa.

célebre adj m y f **1** Que es objeto de celebración por su importancia, su valor o su calidad: "Es de Lizardi el *célebre* 'Periquillo Sarniento'" **2** Que tiene fama: "Aníbal, el *célebre* caudillo cartaginés que cruzó los Alpes" **3** Que es ocurrente, oportuno y gracioso al hablar.

celenterado s m (*Zool*) **1** Animal invertebrado acuático de cuerpo simétricamente radial, con una sola cavidad digestiva que se abre al exterior por una boca rodeada de tentáculos que tienen células punzantes o urticantes; no tiene abertura anal, es carnívoro y su digestión es en parte extracelular y en parte intracelular; es notable su poder de regeneración; como el coral, la medusa o aguamala, las anémonas y otros **2** pl Clase de estos animales.

celeste adj m y f Que pertenece al cielo o se relaciona con él: *fenómeno celeste, cuerpo celeste, bóveda celeste, azul celeste*.

celestial adj m y f Que pertenece al cielo, considerado como lugar donde se encuentra Dios, los santos, los ángeles, etc: *una música celestial, el reino celestial*.

celo s m **I 1** Impulso extremo hacia el cuidado de algo apreciado o querido, y dedicación que ello produce: *el celo pastoral del obispo, el celo de defender a los judíos, sentir celo por el trabajo* **2** Impulso de los animales hacia el acto sexual: *época de celo, estar en celo* **II 1** pl Sentimiento de sospecha y posesión que despierta el amor egoísta hacia otra persona: *celos del marido, estar presa de celos, morir de celos, dar celos* **2** pl Sentimiento de temor y molestia que despierta el gozo o la mayor suerte de otra persona: *tener celos de un colega*.

celosa s f (*Duranta repens*) Arbusto de la familia de las verbenáceas, de aproximadamente 10 m de altura, con las ramas largas y colgantes, frecuentemente espinosas; hojas opuestas o verticiladas, ovales u ovado-elípticas, de 2 a 5 cm; flores monopétalas lilas o blancas, en racimos, que se usan como estimulante; fruto de 7 a 11 mm, globoso y amarillo, que se utiliza como febrífugo.

celosamente adv Con celo, con cuidado: *respetar celosamente la autonomía*, "Vigila *celosamente* a los extremistas", *un rincón celosamente guardado*.

celoso adj **I 1** Que tiene o siente celos: "Benjamín es violento y *celoso*", "Se ponía *celosa* de mí" **2** Que pone celo o cuidado en lo que hace: *los hidalgos pobres, pero celosos de su calidad* **II** (*Mar*) Tratándose de una embarcación, que se balancea fácilmente con cualquier peso que se le ponga.

célula s f **1** (*Biol*) Unidad estructural y funcional, generalmente microscópica, que constituye a los seres vivos. Consta de núcleo, citoplasma y una membrana que la envuelve; está formada en su mayor parte por agua y algunos compuestos orgánicos como proteínas, carbohidratos, grasas, vitaminas y sales minerales: *célula nerviosa, célula animal, célula vegetal* **2** Elemento o grupo pequeño y funcional que forma parte de una organización compleja: *célula familiar, célula del partido comunista*.

celular adj m y f **1** Que pertenece a la célula o se relaciona con ella: *división celular, información celular, estructura celular, membranas celulares* **2** Que tiene estructura u organización de célula o como una célula: *tejido celular, teléfono celular.*

celuloide s m **1** Material plástico, casi transparente, duro y maleable, que se compone de nitrocelulosa y alcanfor; se usa en la industria y las artes para fabricar tubos, juguetes, material fotográfico o fílmico, etc. Es altamente inflamable, lo cual lo hace peligroso, a menos que se le agregue fosfato de amonio u otros compuestos **2** Arte cinematográfico: *llevar al celuloide, figuras del celuloide.*

celulosa s f (*Quím*) Sustancia orgánica, sólida, blanca, amorfa que constituye la pared celular de las plantas verdes y algunos hongos o bacterias. Es un carbohidrato complejo, insoluble en agua, alcohol o éter. Se obtiene industrialmente de la madera, el algodón y otras fibras. Se usa para fabricar papel, tejidos, explosivos, barnices, etcétera.

cello s m Violoncelo: *concierto para cello, virtuoso del cello.* (Se pronuncia *chelo.*)

cementerio s m **1** Lugar donde se entierra a los muertos; camposanto; panteón: "En el *cementerio* Español fueron sepultados ayer sus restos mortales" **2** Lugar donde se depositan objetos inservibles o caducos: *un cementerio de automóviles.*

cemento s m I **1** Mezcla de distintos materiales como la cal, silicatos, óxido de hierro, etc sometidos a cocción y finamente molidos que al revolverse con agua forman una pasta blanda que se endurece rápidamente. Se usa en la construcción para fabricar bloques de concreto, para pegar ladrillos, etc **2** *Cemento armado* El que ha sido reforzado mediante un añadido metálico, generalmente acero, en forma de varilla, malla, etc **3** Sustancia que sirve para unir o pegar objetos sólidos; es un producto tóxico para la salud, que se inhala como droga y puede provocar serios trastornos al sistema nervioso II (*Geol*) Materia que lleva los intersticios de los sedimentos granulosos o las grietas de las rocas, y que, al solidificarse, une y traba esos elementos III (*Med*) Capa de tejido óseo que cubre la raíz de los dientes.

cempasúchil s m (*Tagetes erecta*) Planta herbácea de la familia de las compuestas, de hojas recortadas, de olor penetrante, flores grandes amarillas en cabezuelas solitarias, muy usada para adornar las tumbas sobre todo el día de muertos y en general para las ofrendas a los muertos; flor de muerto, cempoal, clavel de las Indias.

cena s f **1** Última comida del día; generalmente se toma por la noche: "La *cena* se sirve a las ocho", "Una *cena* muy larga" **2** *Cena de negros* Cualquier reunión o fiesta que termina en desorden y confusión.

cenar v (Se conjuga como *amar*) **1** intr Comer por la noche: *cenar en el restaurante*, "*Cenó* con los periodistas", "*Cenó* con precipitación" **2** tr Comer por la noche generalmente un alimento sustancioso: "En Nochebuena *cenaron* bacalao, romeritos, ensalada, buñuelos y ponche de tejocote".

cenit s m sing **1** (*Astron*) Punto de la esfera o hemisferio celeste con una altura de 90° cuya vertical pasa por el observador y por el centro de la Tierra **2** Punto de la esfera o bóveda celeste que está situado en la parte más alta de la vertical imaginaria del punto de la superficie terrestre donde se encuentra un observador: "Es mediodía, el Sol está en el *cenit*" **3** Grado más alto del desarrollo de algo o de alguien, apogeo o cúspide de cierta situación o cosa: "Cuando el artista estaba en el *cenit* de su gloria...", *el cenit de la cultura griega.* (También *zenit.*)

ceniza s f **1** Polvo de color gris que queda como resto de una cosa que ha consumido el fuego: *ceniza volcánica, llevarse el viento las cenizas, la ceniza de un puro, reducir a cenizas, convertir en cenizas* **2** *Tomar ceniza* (*Relig*) Entre los católicos, recibirla en la frente de manos de un sacerdote, el miércoles en que se inicia la cuaresma, para recordar la transitoriedad de las cosas humanas.

cenizo **1** adj Que es del color de la ceniza o semejante a ella: *el rostro cenizo* **2** s m (*Leucophyllum texanum*) Arbusto de la familia de las escrofulariáceas hasta de 2.5 m de altura, hojas alternas pequeñas, ovadas, densamente cubiertas por un vello blanquecino, corto y suave que las hace verse grisáceas, flores moradas hasta dos centímetros de largo y en forma de embudo. Las hojas se emplean en infusión contra la fiebre y en el tratamiento de padecimientos biliares y estomacales; abunda en las zonas secas del norte del país **3** s m (*Miconia argentea*) Árbol de la familia de las melastomáceas, que llega a medir hasta 20 m de alto, tiene la capa redondeada y el tronco, que es recto, alcanza 50 cm de diámetro; su corteza es grisácea; hojas elípticas grandes de 10 a 20 cm de largo, cubiertas de vello blanquecino; flores dispuestas en panículas grandes. Su madera tiene valor comercial por su resistencia y la fineza de su grano. Abunda en Veracruz, Oaxaca, Tabasco, Yucatán y Chiapas **4** s m Chamizo.

cenote s m Estanque natural de agua dulce abastecido por un río subterráneo, que se forma en la superficie de la península de Yucatán por acción de la erosión de sus suelos. Es muy conocido el llamado *Cenote Sagrado* en Chichén-Itzá.

cenozoico s m y adj Cuarto periodo geológico que abarca desde hace cerca de 70 millones de años hasta nuestros días y en cuyos estratos se encuentran fósiles de animales y vegetales semejantes a los que viven en la actualidad: "A principios del *cenozoico* se levantó la Sierra Madre del Sur".

censo s m **1** Recuento oficial que se hace periódicamente de la población de una región o de un país, de su habitación, trabajo, educación, etc, con el fin de conocer sus condiciones económicas y sociales, y de evaluar su desarrollo o crecimiento: *censo de población, censo agrícola, censo industrial* **2** Recuento periódico oficial de los elementos de algún conjunto, con objeto de conocer su situación y su desarrollo: *censo porcino, censo de marcas industriales.*

censura s f **1** Acto de censurar: *la censura eclesiástica, un voto de censura* **2** Condena de obras literarias, prensa, películas, etc de acuerdo con ciertas normas morales **3** *Previa censura* (*Der*) Examen de obras literarias, prensa, películas, etc que hacen las autoridades antes de permitir su difusión o publicación. En México está prohibida por el artículo séptimo de la Constitución **4** (*Relig*) Para los católicos, en el derecho canónico, castigo impuesto por algún delito con arreglo a los cánones **5** (*Psi*) En la teoría psicoanalítica, función que tiende a impedir a los deseos inconscientes y las funciones que de ello derivan, el acceso al sistema preconsciente-consciente; superyo **6** (*Der*) En derecho romano, periodo y cargo de un censor.

censurable adj m y f Que es digno de censura, que merece ser censurado: *la censurable indiferencia general, una actitud censurable*.

censurar v tr (Se conjuga como *amar*) **1** Examinar un escrito, una obra literaria, una película, etc para quitarles o corregirles partes que se juzguen impropias, inmorales, etc antes de darlas a conocer **2** Decir de alguien que ha actuado mal, equivocada o inconvenientemente: "El presidente Allende censuró a la coalición de partidos".

centavo s m **1** Valor de cada una de las cien partes iguales en que se divide un peso mexicano: "En 1884 empezaron a circular los *centavos* de cobre del Imperio Mexicano" **2** pl (*Coloq*) Dinero: "Me das mis *centavos*", "Me gustaba tener mis *centavos*", "Los *centavos* van y vienen", **3** *No valer un centavo* No valer nada, valer muy poco: "Anoche ni el requinto valía un *centavo*" **4** *Al centavo* Exactamente, perfectamente: "Hizo las cuentas *al centavo*" **5** pl (*Ver*) Monedas sueltas.

centena s f **1** Conjunto de cien unidades: "En un conjunto de 210 unidades, hay dos *centenas* y una decena" **2** Número que va siempre seguido de 2 cifras más, antes del punto (como el 5 en 500, el 2 en 230, el 3 en 384.5): "En una suma se deben poner en una columna los millares, en otra las *centenas* y en otra las decenas".

centenar s m **1** Centena: *un centenar de ajedrecistas, a centenares, por centenares* **2** Gran cantidad: *centenares de cartas, centenares de años*.

centenario 1 adj Que tiene cien años o que tiene muchos años: *un árbol centenario, la centenaria universidad, una abuela centenaria* **2** s m Aniversario de los cien años de un hecho: *el centenario de la independencia, el tercer centenario del nacimiento de Sor Juana, asistir al centenario de su fundación* **3** s m Moneda de oro mexicana con valor de 50 pesos, creada por decreto en 1916 y que circuló hasta 1930 aproximadamente; en la actualidad su cotización sobrepasa los mil pesos.

centeno s m **1** (*Secale cereale*) Planta europea de la familia de las gramíneas, parecida al trigo, de espigas vellosas y granos alargados. Se cultiva en climas templados y fríos, y en tierras pobres. Se utiliza como forraje **2** Grano de esta planta que se utiliza en la elaboración de harina para hacer pan.

centésima s f Segunda cifra después del punto (en una fracción que resulta de dividir una unidad entre cien): "En 9.25, hay 2 décimas y 5 *centésimas*".

centésimo adj y s **1** Que es una de las cien partes iguales en que algo se divide: "No me tocó en el reparto ni la *centésima* parte de las ganancias", "Todo ocurrió así, en un *centésimo* de segundo" **2** Que es el número cien en una serie, secuencia u ordenamiento; número ordinal de cien: *la centésima representación de una obra, el centésimo aniversario de su proclamación*.

centígrado adj y s m Que pertenece a la escala dividida en cien grados, en la que el cero marca la temperatura de congelación y el cien indica la de la ebullición del agua al nivel del mar (se representa con un pequeño círculo volado seguido de la letra C: 18 °C): *un termómetro centígrado, veinte grados centígrados*.

centilitro s m Medida de capacidad equivalente a la centésima parte de un litro (se abrevia cl).

centímetro s m **1** Medida de longitud que es la centésima parte de un metro (se abrevia cm) **2** *Centímetro cuadrado* Medida de superficie que es un cuadrado de un centímetro por lado **3** *Centímetro cúbico* Medida de volumen que es un cubo de un centímetro de arista.

central 1 adj m y f Que está en el centro, que es importante o principal en un conjunto, que determina el estado o la acción de otros elementos: *el balcón central de palacio, el personaje central, la idea central del relato, la biblioteca central, banco central* **2** s f Oficina o edificio principal, generalmente administrativo, de una institución o una empresa: *el almacén central, la central del banco* **3** s f Instalación principal desde donde se hace funcionar un sistema: *central eléctrica, central telefónica*.

centralismo s m Sistema político o administrativo en el cual las funciones de gobierno o de administración de un país o de una organización se concentran en un solo poder o en un solo lugar.

centralista adj m y f Que se relaciona con el centralismo o es partidario de este sistema: *gobierno centralista, partido centralista*.

centralización s f Acto y resultado de centralizar algo: *la centralización económica, la centralización del poder, la centralización de bibliotecas*.

centralizar v tr (Se conjuga como *amar*) **1** Reunir varias cosas en un centro único: *centralizar la producción* **2** Hacer depender todas las decisiones de un poder central: *centralizar la actividad política*.

centrar v tr (Se conjuga como *amar*) **1** Colocar alguna cosa de manera que su centro coincida con el de otra **2** prnl Juntarse o reunirse en un solo lugar o con un solo objetivo varios elementos que actúan sobre él: *centrarse en un tema, centrarse en la discusión* **3** En deportes como el futbol, lanzar un jugador el balón hacia la parte central cercana a la portería contraria: *centrar un balón*.

céntrico adj Que pertenece al centro de una localidad o se relaciona con él: *zona céntrica, una calle céntrica, céntrico hotel*.

centrífuga s f (*Mec*) Máquina que gira a gran velocidad y sirve generalmente para separar sólidos de líquidos; se emplea por ejemplo para descremar la leche, para separar la miel del azúcar cristalizada en los ingenios y en los laboratorios de análisis biológicos, químicos, etcétera.

centrífugo adj **1** Que tiende a alejarse del centro **2** (*Fís*) Que actúa o se mueve hacia afuera del eje de rotación o del centro de un círculo: "La mezcla se separa aprovechando la fuerza *centrífuga*".

centrípeto adj **1** Que tiende a dirigirse hacia el centro o el eje de algo **2** (*Fís*) Que actúa o se mueve hacia el eje de rotación o hacia el centro de un círculo: *fuerza centrípeta*.

centro s m **1** **1** Punto o lugar que está a la mitad o enmedio de algo **2** (*Geom*) Punto que está a igual distancia de todos los puntos de la circunferencia, de los de la superficie de una esfera, o punto medio del segmento de un polígono que lo divide en dos partes iguales **II 1** Región o zona de una población en donde hay mayor actividad social, política, económica, etc; generalmente su centro geográfico: *centro urbano, el centro de la ciudad de México, el centro de León*, "Voy al *centro* de compras" **2** *Centro de población* Cualquier agrupación de viviendas con servicios urbanos **3** Punto o lugar desde donde se dirige o donde se reúnen personas o recursos para llevar a cabo distintas actividades: *centro comercial, centro de investigación, centro de abasto* **III 1** *Centro de gravedad* (*Fís*) Punto de un cuerpo en el que puede admitirse que actúa el peso y sobre el que se puede sostener en equilibrio indiferente **2** *Centros nerviosos* (*Med*) Cada uno de los grupos de células nerviosas que origina, mantiene, inhibe o regula un impulso motor o una función o proceso orgánico **3** *Centro óptico* (*Impr*) Centro de un rectángulo tal como se le aprecia a simple vista; dos quintas partes medidas desde el lado superior del rectángulo **4** *Centro nocturno* Lugar en el que por la noche se presentan espectáculos de música, baile, canto y comedia **5** *Centro de simetría* Punto de una figura o de un cuerpo, por donde pasan rectas que tengan a ambos lados y a las mismas distancias puntos correspondientes **6** *Centro de mesa* Recipiente que se coloca en el centro de una mesa, para adornarla **7** En política, conjunto de ciudadanos que se mantienen a distancia tanto de la derecha como de la izquierda **IV** Persona o asunto que, por su importancia, atrae la mirada, la atención, etc de los demás: "La actriz era el *centro* del espectáculo", "La guerra es el *centro* de nuestras preocupaciones" **V** En el sureste, vestido completo de hombre, que consta de saco, pantalón, camisa y corbata, y a veces de chaleco.

centroamericano adj y s Que es natural de alguno de los países de Centroamérica (Guatemala, El Salvador, Honduras, Nicaragua, Costa Rica y para algunos también Belice y Panamá), que pertenece a esta región o se relaciona con ella: *exportaciones centroamericanas, industrias centroamericanas*.

centuria s f **1** Cien años, un siglo: *media centuria* **2** En el ejército romano, compañía de cien hombres bajo el mando de un centurión.

cenzontle s m (*Mimus polyglottos*) Pájaro pequeño de aproximadamente 10 cm, de canto muy armonioso y variado que llega a imitar las voces de otras aves, de otros animales e incluso del hombre; en su mayor parte de color gris, y blanco en el pecho, las puntas de las alas y la cola; puede vivir en cautiverio: "Hay ruiseñores y *cenzontles... ¿*No los oye usted, padrino? ¿Escucha el ruido de sus alas cuando golpean al aire, como pequeños abanicos?"; centzontle, zenzontle.

ceñir v tr (Se conjuga como *reír*, 3b) **1** Rodear apretadamente a alguien o algo, especialmente el cuerpo de una persona por la cintura: *ceñir con los brazos* **2** prnl (*Periodismo*) Ponerse algo: *ceñirse la camiseta nacional* **3** prnl Reducirse o ajustarse a ciertos límites en el tiempo o en el espacio: "Hay que *ceñirse al* tema", "Deben *ceñirse a* una propiedad máxima de veinte hectáreas" **4** *Ceñir la espada* Traer espada, andar armado con espada.

ceño s m **1** Región de la cara situada entre las cejas y gesto que se forma en ella: *el ceño adusto* **2** *Fruncir el ceño* Contracción que se hace en esta parte de la cara, generalmente para expresar enojo o preocupación: "*Frunció el ceño*, dio un golpe y se fue".

ceñudo adj Que tiene el ceño fruncido, que tiene aspecto de enojado o poco amigable: "Ahí estaba Alberto sentado, *ceñudo* y fumando".

cepa s f **I 1** Parte del tallo o del tronco de una planta que se encuentra unida a la raíz y cubierta por tierra: *una cepa de rosal* **2** Conjunto de varios tallos unidos a una sola raíz: *una cepa de plátano* **3** Tronco y planta de la vid **II 1** Origen o tronco de una familia o linaje: "Un romántico de buena *cepa*", *de pura cepa* **2** (*Biol*) Conjunto de microorganismos que deriva de un ascendiente común y conserva sus cualidades y propiedades específicas mediante cultivos y otros métodos de control: *una cepa toxigénica* **III 1** Hoyo o zanja de profundidad variable que se abre en la tierra para plantar un árbol o para que reciba agua de lluvia **2** Hoyo o zanja que se abre en la tierra para poner los cimientos de una construcción, colocar una tubería, etcétera.

cepillar v tr (Se conjuga como *amar*) **1** Pasar un cepillo de cerdas u otro material sobre una superficie para limpiarla, sacarle brillo o alisarla: *cepillarse los dientes después de cada comida, cepillarse el pelo* **2** Limpiar, raspar o alisar la madera con un cepillo de carpintería: "Hay que *cepillar* siempre en el sentido de la veta" **II** (*Popular*) **1** *Cepillarse a una mujer* Poseerla **2** *Cepillarse a alguien* Matarlo.

cepillo s m **1** Utensilio constituido por un conjunto de filamentos delgados (cerdas, fibras sintéticas, alambre, etc) sujetos a una base de madera, plástico, etc que sirve para limpiar objetos o para desenredar o alisar el pelo: *cepillo de dientes, cepillo para ropa, cepillo para zapatos, cepillo para piso* **2** *Corte a cepillo* Corte de pelo con la apariencia de un cepillo; corte a la *brush* **3** Instrumento de carpintería que consta de una pieza de madera o metal en la que se inserta una navaja afilada que sirve para pulir la madera y conseguir superficies lisas.

cera s f **I 1** Sustancia sólida, grasosa, de color amarillo, que al calentarse se funde y se puede moldear fácilmente, se repelente al agua; combustible, la secretan las abejas para hacer las celdillas de sus panales; purificada, se emplea en la elaboración de velas y en productos de belleza **2** *Cera virgen* La que está en el panal o que no está purificada **3** *Cera de campeche* La producida por una abeja sin aguijón que abunda sobre todo en el estado de Campeche, es de color blanco amarillento, se usa como adhesivo natural **4** Cada una de las sustancias semejantes a la que produce la abeja, que son segregados por ciertos vegetales o elaboradas a partir de la destilación del petróleo; se utilizan en la fabricación de diversos productos industriales **5** Vela para alumbrar, especialmente la elaborada con cera de abeja y que tiene usos religiosos: "Los padrinos compran la *cera*, un rosario y un libro de misa" **6** Sustancia que sale del conducto auditivo externo y cuya textura es semejante a la cera de abeja; cerilla, cerumen **7** *Cera perdida* Método para moldear metales o cerámica que consiste en elaborar una pieza de cera y recubrirla con otro material para que al fundirse ambos quede formado un molde **8** *¡Pico de cera!* ¡Silencio!, ¡boca cerrada! **II** Membrana que recubre la base del pico de ciertas aves.

cerámica s f **1** Arte e industria de la elaboración de objetos como vasijas, vajillas, ladrillos, tejas, utensilios refractarios, etc a base de barro o porcelana, moldeados y sometidos a altas temperaturas para cocerlos y endurecerlos **2** Material del que se hacen esos objetos, cuya base es la arcilla **3** Conjunto de objetos así fabricados: *tienda de cerámica, exposición de cerámica* **4** Estilo y técnicas particulares con los que se elaboran esos objetos en cierta región, época, etc: *cerámica de Michoacán, cerámica de la dinastía Tang, cerámica de Picasso*.

cerbatana s f **1** Cilindro largo, hueco y abierto por ambos extremos, hecho de diversos materiales, como carrizo, hoja de lata, papel, etc que sirve para disparar con ímpetu cualquier objeto que sirva como proyectil, soplando con fuerza por uno de los extremos **2** (*Caló*) Cerveza: "Una *cerbatana* bien fría".

cerca[1] adv **1** A poca distancia: *cerca de la puerta, cerca de ti,* "El mar está *cerca*" **2** A poco tiempo de algo: *cerca del fin del año, cerca de primavera, cerca de la jubilación* **3** *De cerca* A corta distancia: "Quería ver *de cerca* los aviones" **4** *Cerca de* Aproximadamente, más o menos, casi: "Éramos *cerca de* trescientos mil", "El juego duró *cerca de* una hora".

cerca[2] s f Barda ligera, generalmente de piedra, estacas o alambre, que se pone alrededor de un terreno para limitarlo y protegerlo.

cercanía s f **1** Hecho de estar algo cerca de otra cosa, y la situación que ello implica: *la cercanía de las montañas, la cercanía de la escuela a la casa* **2** Conjunto de los lugares que están cerca de otro: *en las cercanías de Tepepan,* "Los bandidos andan por las *cercanías* del Río Frío".

cercano adj **1** Que está cerca o próximo a algo o a alguien en el espacio, el tiempo, el valor, la medida, etc: *parque cercano, un pueblo cercano al mar, un día cercano al fin de mes,* "Parece estar *cercana* su jubilación", *una cantidad cercana a los diez pesos, un tamaño cercano a 15 mm* **2** Que está estrechamente relacionado con algo o alguien en el afecto, las ideas, etc: "Sólo invitó a sus amigos más *cercanos*", "Fue tu compañero más *cercano* en la escuela" **3** Que tiene poca diferencia con otra cosa, que es muy parecido o casi igual a algo: *una pantomima acelerada cercana a la danza*.

cercar v tr (Se conjuga como *amar*) **1** Rodear un terreno con una cerca o valla hecha de diferentes materiales para marcar límites de propiedad, para darle seguridad o para impedir que el ganado se pierda **2** Rodear un conjunto de personas o cosas a alguien o algo: "Los cerros *cercan* los barrios", "Los periodistas *cercaron* al ganador" **3** Poner cerco militar al enemigo refugiado en una ciudad o pueblo para impedir que reciba alimentos, armas y ayuda en general: "Todos se reunieron y *cercaron* a los invasores franceses".

cerciorarse v prnl (Se conjuga como *amar*) Asegurarse de la verdad de alguna cosa, generalmente comprobando uno mismo un dato o revisando la información o la experiencia: "*Cerciórate* de que tus cálculos estén bien hechos", "Hay que *cerciorarse* de que la máquina funciona".

cerda s f **1** Pelo grueso y duro que abunda en el cuello y en la cola de algunos animales como el caballo, o que cubre el cuerpo de otros como el jabalí, el cerdo, etc. Se utiliza generalmente para la elaboración de cepillos, brochas, pinceles, etc **2** Hembra del cerdo.

cerdo s m **1** Mamífero paquidermo doméstico, de aproximadamente 70 cm de alto y 1 m de largo, que tiene el cuerpo grueso, patas cortas, cola pequeña delgada y retorcida, y la cabeza grande con el hocico casi cilíndrico. Su carne y su grasa son muy apreciadas como alimento y su piel se fríe para hacer chicharrón, o se curte para fabricar calzado, bolsas, etc. Es un animal que se aprovecha casi en su totalidad. En ocasiones su carne puede transmitir la solitaria y la triquina, parásitos dañinos para el ser humano **2** Persona sucia, falta de limpieza, o deshonesta y sin escrúpulos **3** *Estar hecho un cerdo* Estar muy gordo.

cereal s m **1** Cada una de las plantas gramíneas de semillas harinosas, como el trigo, el maíz, el arroz, la avena, la cebada, el sorgo, etc, que se utiliza como alimento **2** Grano de estas plantas, fundamental en la alimentación humana: "El maíz es un *cereal* íntimamente ligado a la cultura de México".

cerebelo s m (*Anat*) Porción de encéfalo de los vertebrados que ocupa la parte posterior e inferior del cráneo; consta de dos lóbulos laterales y de un lóbulo medio que se unen con las otras partes del cerebro por tres pares de prolongaciones llamadas pedúnculos: el par superior conecta con el cerebro, el medio con los puentes y el inferior con la médula. Su función es la coordinación muscular y el mantenimiento del equilibrio del cuerpo.

cerebral adj m y f **1** Que pertenece al cerebro o se relaciona con él: *actividad cerebral, función cerebral, conmoción cerebral* **2** Que reacciona o actúa más con racionalidad y frialdad que con los sentimientos: *una mujer cerebral, una actitud cerebral*.

cerebro s m **1** Órgano situado en el cráneo de los vertebrados, generalmente de color gris y forma ovalada, dividido en dos partes (hemisferios) que cumplen distintas funciones. Es el órgano más importante del sistema nervioso central pues coordina todos los estímulos de los sentidos y origina los impulsos motores que controlan las actividades mentales. En el ser humano es también el órgano principal de las facultades mentales **2** Persona muy inteligente, muy bien preparada en algo o que dirige una actividad o cierta operación compleja: "Es un *cerebro* en matemáticas", "Apresaron al *cerebro* de la banda de contrabandistas" **3** *Fuga de cerebros* Emigración de personas muy bien preparadas, que salen de su país para irse a trabajar a otro: "La *fuga de cerebros* es un verdadero problema de los países en desarrollo" **4** *Lavado de cerebro* Presión mental intensa que se ejerce sobre una persona para que rechace ciertas convicciones y adquiera otras **5** *Lavarle el cerebro a alguien* Ejercer una fuerte presión sobre alguien con el fin de que cambie sus convicciones por otras **6** Aparato o sistema capaz de ejecutar o coordinar operaciones complejas: *cerebro electrónico*.

ceremonia s f **1** Acto solemne con el que se celebra un hecho importante y cuyo desarrollo está reglamentado: *ceremonia del Grito, ceremonias de Semana Santa, ceremonia de inauguración* **2** Comportamiento formal, a veces exagerado, hacia personas o acontecimientos: "Me pidió con muchas *ceremonias* que fuera a cenar a su casa".

cereza s f l **1** Fruto comestible del cerezo, redondo y liso, de color rojo brillante, muy jugoso y de sabor dulce; mide de 2 a 3 cm de diámetro; contiene un hueso redondo con una almendra de sabor amargo en su interior. En México casi no se cultiva: *cerezas con crema* **2** Planta malpigiácea que produce un fruto de color rojo del mismo nombre, parecido al nanche, comestible y de sabor ácido ll Grano de café maduro con cáscara de color rojo, antes de lavarse y secarse; cáscara de café.

cerezo s m **1** Árbol de la familia de las rosáceas, de aproximadamente 5 m de altura, tronco liso, copa abierta, hojas lanceoladas y ásperas, y flores blancas; su fruto es la cereza. Es originario de Europa y Asia; en México se cultiva a veces para ornato y no como frutal, debido a que aquí no produce frutos de calidad **2** Capulín.

cerilla s f Secreción del oído externo semejante a la cera; cerumen.

cerillo s m **1** Palillo fino y alargado de madera, cera o cartón con una punta de fósforo u otra materia inflamable, que sirve para encender fuego por frotamiento: *encender un cerillo, una caja de cerillos* **2** Joven que, en los supermercados, trabaja ayudando a la gente a empacar sus compras y cargarlas a distancia cercana.

cernidor s m Utensilio que sirve para cernir harina; generalmente se trata de un torno que hace pasar la harina por un tamiz de metal o plástico.

cernir v tr (Se conjuga como *sentir*, 9a) **1** Pasar por un cedazo o una especie de coladera la harina o cualquier otra materia en polvo, de manera que lo más grueso quede encima y lo más fino caiga: *"Ciernes la arena"*, *"Ciernan la harina"* **2** prnl Amenazar a alguien en forma inminente algún daño: "Una ominosa tragedia *se cernía* sobre la cabeza de Evangelina".

cero s m **1** (*Mat*) Número real con el que se representa la ausencia de cantidad en una colección o en una magnitud y que tiene la propiedad algebraica de que al sumarse a cualquier número da por resultado el valor de este último. En algunos sistemas de notación tiene un valor posicional, así por ejemplo, en nuestro sistema numérico, de base diez, al colocarse a la derecha de un número entero decuplica o multiplica por diez su valor, y a la izquierda de un fraccionario lo divide entre diez. A la izquierda de un entero y a la derecha de un fraccionario no tiene ningún valor **2** Punto que se toma como referencia para medir o contar distancias, grados, puntos, etc en una escala **3** *Cero absoluto* (*Fís*) Temperatura propuesta por Kelvin, equivalente a –273.16 °C, en la cual las moléculas de cualquier sustancia carecen de energía calorífica y se encuentran en un estado de inmovilidad absoluta **4** Calificación que se le pone a alguien, particularmente a un estudiante, como resultado de una evaluación y que indica que no demuestra aptitud alguna para cierta cosa, que sus conocimientos sobre un tema determinado son nulos o su comportamiento es desastroso: *sacarse cero en dibujo*, "Le pusieron *cero* en química", "Siempre trae *cero* en conducta" **5** Nada: *cero de interés*, "De honestidad, *cero*" **6** *Ser alguien un cero a la izquierda* Ser inútil, no servir para nada o no ser digno de atención **7** (*Viguiera budleiaeformis*) Planta herbácea de la familia de los compuestos, de

hojas opuestas y flores en cabezuelas amarillas, común en diversos lugares de México.

cerrada s f Calle que no tiene salida más que de un solo lado: "En la *cerrada* todos los niños juegan futbol", "Vivir en una *cerrada* tiene sus ventajas".

cerrado I pp de *cerrar* o *cerrarse* ll adj **1** Que es torpe o incapaz de entender: "Es un abarrotero de esos cejijuntos y *cerrados*" **2** adj Que pronuncia su lengua materna con un acento muy característico, marcado y poco educado para que lo comprenda cualquier persona.

cerradura s f Mecanismo generalmente de metal que se acciona con una llave para cerrar y asegurar las puertas, los cajones, los muebles, etc en los que está colocado: *abrir una cerradura, descomponerse la cerradura*.

cerrar v tr (Se conjuga como *despertar*, 2a) l **1** Poner algo de tal forma que impida la salida o la entrada, la vista o la circulación entre el interior y el exterior de algo: *cerrar la puerta, cerrar un frasco, cerrar un cuarto, cerrar una maleta, cerrar una calle, cerrar una llave de agua, cerrar el paso* **2** Juntar dos cosas o los extremos de algo de manera que no quede espacio entre ellos: *cerrar las piernas, cerrarse una herida, cerrar los ojos* **3** Unirse o juntarse generalmente para impedir el paso o la entrada de algo: *cerrar filas* **4** Echar llave o el pestillo a una puerta, para que no se abra ll **1** *Cerrarse el cielo* Llenarse el cielo de nubes y oscurecerse **2** *Cerrarse la noche* Ponerse la noche muy oscura **III** Doblar, juntar o recoger lo que estaba extendido: *cerrar la mano, cerrar un paraguas* **IV 1** Terminar algo, poner fin a algo: *cerrar un plazo, cerrar el debate, cerrar la temporada* **2** Estar o ir al final en algo o de algo: *cerrar el desfile, cerrar la marcha*, "La bibliografía *cierra* el tomo" **3** Ponerse dos personas de acuerdo con respecto a algo: *cerrar un trato, cerrar un convenio, cerrar un negocio* **V 1** Negarse alguien a aceptar algo: *cerrarse al diálogo, cerrarse a la crítica* **2** prnl Pasarse un coche al carril de otro impidiéndole el paso **3** prnl Tomar un coche una curva por el lado más próximo al centro de su trazo **4** En el juego de dominó, poner una ficha que impida seguir colocando los demás que aún tengan los jugadores **VI** *Cerrar grano* (*Rural*) Formarse ya el grano de maíz en la mazorca, después de muerto el segundo cabello **VII** *Cerrar el lance* (*Pesca*) Juntarse dos embarcaciones que llevan, cada una, un extremo de la red de pesca, tras haberla echado al agua y formado en ella un círculo: "Una vez que se ha juntado la pana a la ribada, *se ha cerrado el lance*" **VIII** (*Yuc*) Encerrar.

cerro s m **1** Terreno elevado y de no muy grande extensión que se levanta sobre una planicie: *cerro del Peñón, Cerro del Tepeyac, Cerro de las Campanas*, "Y él subió al copo del *cerro* y empezó a chiflar un sonecito" **2** *Cerro testigo* (*Geogr*) Parte de una meseta desintegrada por la erosión, a la que ha resistido por estar recubierta por una capa de roca más dura que la del entorno **3** Terreno accidentado, con vegetación y separado de lo cultivado o poblado: "Se refugió en el *cerro* hasta que se fueron los soldados" **4** *Medio cerro* (*Huast*) Ladera **5** *Un cerro* (*Coloq*) Mucho, un montón: "Tengo un *cerro* de papeles que revisar".

cerrojo s m **1** Barra de hierro con manija que se corre dentro de unos anillos de metal o que entra en un agujero; sirve para cerrar y asegurar puertas y ventanas: *poner el cerrojo* **2** Mecanismo que cierra la recámara de algunas armas de fuego: *cerrojo de un fusil, cerrojo de una pistola* **3** (*Crón dep*) En algunos deportes, como el futbol, táctica que se basa en reforzar la defensiva con muchos jugadores.

certamen s m Concurso en el que participan personas que aspiran a ganar un premio en actividades artísticas, científicas o deportivas: *un certamen poético, un certamen de canto*.

certero adj **1** Que es hábil, seguro al tirar y suele dar en el blanco: *un tirador certero, un hombre certero con la espada* **2** Que acierta con precisión en su blanco: *un tiro certero*, "Protegidos por fuegos *certeros* de la artillería" **3** Que encuentra u ofrece una respuesta o una solución precisa y correcta a algo; que se expresa con precisión y acierto a propósito de alguna cosa en particular: *un editorialista muy certero*, "Sus *certeras* críticas al plan de desarrollo industrial...".

certeza s f **1** Conocimiento seguro y claro que uno tiene de alguna cosa: "Nadie señaló con *certeza* la hora en que sucedieron los hechos", "Tengo la *certeza* de que vendrá", "Tienen la *certeza* de que en la Luna no hay habitantes" **2** Carácter de ser cierto algo: *la certeza de una noticia, la certeza de un dato, la certeza de un veredicto*.

certificación s f **1** Acto de certificar algo: *certificación de actas, la certificación de un título* **2** Documento en el que se registra ese acto: *pedir una certificación, una certificación oficial*.

certificado I pp de *certificar* **II** adj **1** Que asegura la verdad o la certeza de alguna cosa o la garantía de un servicio: *documento certificado, carta certificada* **2** s m Documento de carácter oficial, generalmente de valor legal, que se extiende en favor de alguien para asegurar la verdad o validez de alguna cosa: *un certificado escolar, un certificado de calidad* **3** *Correo certificado* Servicio de correos que consiste en registrar el envío de una carta o paquete para garantizar al remitente la responsabilidad del servicio para entregarlo.

certificar v tr (Se conjuga como *amar*) **1** Afirmar o asegurar que alguna cosa es cierta o verdadera por medio de pruebas, documentos o testimonios que no dejan lugar a dudas: *certificar una declaración, certificar la audiencia de un programa* **2** Extender una autoridad competente un testimonio o un documento que asegure la verdad de alguna cosa: *certificar un acta, certificar información* **3** Registrar una oficina de correos el envío de una carta o un paquete, para dar la seguridad al remitente de que el correo se hace responsable de su entrega.

cerumen s m Secreción del conducto auditivo externo; cerilla.

cerveza s f Bebida refrescante con bajo grado de alcohol, que se obtiene de la fermentación de la cebada y se aromatiza con lúpulo, lo que le da su sabor amargo; es de color amarillo a café (*cerveza clara, cerveza oscura*), espumosa al servirse: *cerveza de barril, cerveza de bote o de lata*, "Nos tomamos la torta con una *cervecita*", *un tarro de cerveza*.

cervical adj m y f Que pertenece al cuello o a la cerviz o se relaciona con ellos: *región cervical, médula cervical, nervios cervicales*, "El fórceps puede causar erosiones *cervicales* y roturas ocultas del útero".

cerviz s f Parte posterior del cuello, que en el ser humano y en la mayor parte de los mamíferos consta de siete vértebras, de varios músculos y de la piel que la cubre.

cesar v (Se conjuga como *amar*) **1** intr Dejar de ocurrir, de desarrollarse o de actuar alguna cosa: "*Cesó* el fuego", "*Cesaron* los relámpagos y los truenos", *cesar de respirar, cesar de moverse, trabajar sin cesar, llorar sin cesar* **2** tr Despedir a alguien de su trabajo, generalmente de inmediato y en forma brusca: "*Cesaron* a todos los policías municipales".

cesárea s f Operación quirúrgica que consiste en extraer el feto del útero de la madre, haciéndoles una incisión a las paredes abdominal y uterina: "Mónica y Marcela nacieron por cesárea".

céspol s m Pieza inicial de un sistema de drenaje, que sirve como trampa de agua para impedir el paso de los malos olores de la cañería al exterior. En los lavabos y los fregaderos, consta de dos tubos acoplados en curva como una U, uno de cuyos extremos se conecta a la cañería y el otro a la tina.

cesta s f **1** Recipiente tejido con mimbre, varas, carrizo, etc, generalmente redondo y sin tapa, que se usa para cargar verdura, fruta u otros objetos **2** Instrumento del juego de pelota vasca o jai-alai, de forma semejante a un gancho, hecho de tiras de mimbre, que se fija a la mano con cuerdas, para recibir y disparar con él la pelota.

cesto s m **1** Recipiente cilíndrico más alto que ancho tejido con mimbre, carrizo o varas, a veces con tapa, en el que se guarda ropa u otros objetos **2** Recipiente cilíndrico, generalmente sin tapa, en que se echan papeles y otros desperdicios de las oficinas: *un cesto de basura*.

cetáceo (*Zool*) **1** s m y adj Mamífero acuático, principalmente marino, como el delfín, la ballena o la marsopa, de cuerpo alargado y parecido al de los peces, terminado en una sola aleta horizontal, miembros anteriores en forma de aletas y sin miembros posteriores; tiene las aberturas nasales en lo alto de la cabeza, por las cuales sale el aire exhalado, cuyo vapor acuoso, si el ambiente es frío, parece un chorro de agua **2** s m pl Orden de estos animales.

cetona s f (*Quím*) Clase de compuestos orgánicos en los que el grupo carbonilo está unido a dos átomos de carbono. Se usa como disolvente, especialmente para derivados de celulosa, en lacas, pinturas, explosivos y procesos textiles.

cetro s m **1** Bastón de algún metal precioso, adornado ricamente, que usan como símbolo de poder los reyes o altos dignatarios eclesiásticos **2** Reinado: "Bajo el *cetro* de Fernando de Aragón" **3** (*Crón dep*) Título de campeón en un deporte, como en el box: *el cetro de los pesos gallo*.

cianuro s m (*Quím*) Cualquiera de las sales que se obtienen del ácido cianhídrico; todas ellas son sustancias sumamente venenosas y pueden provocar la muerte al ser ingeridas o al inhalarse sus vapores: *cianuro de potasio, cianuro de sodio*.

ciática s f Inflamación dolorosa del nervio ciático, a lo largo de su trayecto por la cadera, el muslo y dorso de la pierna: *ciática rebelde*.

ciático adj Que pertenece a la cadera o al hueso ilíaco en su porción inferoposterior: *nervio ciático.*

cibernética s f **1** (*Med*) Disciplina científica que estudia el sistema nervioso de los seres vivos **2** Ciencia que, basada en el estudio del funcionamiento del cerebro y el sistema nervioso como sistema de comunicación y control, crea modelos de éstos y autómatas, cuya principal aplicación se produce en la invención de computadoras y otros aparatos que ejercitan cálculos y movimientos complejos.

cicatriz s f Huella o marca que queda en la piel, generalmente por causa de una herida: *dejar cicatriz, tener una cicatriz.*

cicatrización s f Proceso por el cual se forma una cicatriz al cerrar una herida.

cicatrizar v intr (Se conjuga como *amar*) Cerrar una herida y formar nuevo tejido en su lugar: *cicatrizar una herida.*

ciclaje s m (*Elec*) Medida de la frecuencia de una corriente alterna: *cambio de ciclaje*, "El *ciclaje* de México es de sesenta hertz".

cíclico adj Que pertenece a un ciclo o se relaciona con él; que se reproduce en ciclos, que se repite periódicamente: *tiempo cíclico, la fluctuación cíclica de la oferta.*

ciclismo s m Deporte o práctica de andar en bicicleta, especialmente en competencias de velocidad: *ciclismo profesional, ciclismo mexicano, ciclismo femenil, competencias de ciclismo.*

ciclista adj y s m y f Persona que se transporta en bicicleta, especialmente la que practica el deporte de andar en bicicleta: *competencia ciclista, vuelta ciclista, los ciclistas seleccionados.*

ciclo s m **1** Periodo o espacio de tiempo que tarda algo en volver al estado o posición que tenía al principio, o que le lleva a un fenómeno para recorrer todas sus fases hasta que se repite en el mismo orden: *ciclo lunar, ciclo agrícola* **2** Serie de acciones, acontecimientos, fenómenos o fases que se suceden y se repiten en el mismo orden: *ciclo de películas, ciclo de juegos* **3** (*Fís*) Unidad de frecuencia de fenómenos periódicos como las vibraciones, las oscilaciones eléctricas, etc, equivalente a un periodo completo en una unidad de tiempo **4** Conjunto de relatos, por lo general épicos, referentes a cierto periodo histórico, o a cierto personaje heroico: *el ciclo bretón, el ciclo carolingio* **5** Cada uno de los periodos en que se ordena la enseñanza escolar: *el primer ciclo de la primaria.*

ciclón s m Fenómeno meteorológico que consiste en una depresión atmosférica en la cual una masa de aire gira alrededor de un eje y al mismo tiempo se desplaza provocando fuertes vientos, lluvias intensas y descenso de temperatura: "El *ciclón* ataca las costas del Pacífico".

ciego adj y s I **1** Que carece del sentido de la vista: *el lazarillo del ciego, dejar ciego, quedarse ciego* **2** Que es persistente, obsesivo, obstinado y sin dirección, control o límite: "el amor es *ciego*", "Acuña deja de existir, impulsado por un *ciego* deseo romántico" **3** *A ciegas* Sin poder comprender, pensar o discernir; sin la información necesaria para ello: *andar a ciegas, creer a ciegas.*

cielo s m I **1** Espacio que se ve desde la tierra hacia arriba, de color azul cuando es de día y no hay nubes, y negro por la noche, en donde están el Sol, la Luna y las estrellas: *nublarse el cielo, cielo azul, cielo encapotado* **2** *A cielo abierto* Al descubierto, a la intemperie: *dormir a cielo abierto* **3** *Cerrarse, cubrirse o encapotarse el cielo* Llenarse de nubes que amenazan lluvia **4** *Abrirse el cielo* Quitarse las nubes y recuperar el cielo su color azul **II 1** Lugar en ese espacio en donde ciertas religiones, como el cristianismo, creen que habita Dios y otros espíritus como los ángeles y las almas de los muertos: *irse al cielo, estar en el cielo* **2** Lugar de felicidad absoluta adonde van a dar las almas de las personas buenas, después de muertas, según el cristianismo: *ganarse el cielo* **3** Voluntad de Dios: *una bendición del cielo, un castigo del cielo*, "¡El *cielo* me ampare!" **4** *Ganarse uno el cielo* Hacer uno algo bueno, justo o caritativo **5** *Irse alguien al cielo con todo y zapatos* Ser tan bueno que merece el cielo **6** *Volar al cielo* Morirse: "Toñito Pérez voló ayer al *cielo*" **7** *Caer o llegar algo (llovido) del cielo* Sucederle algo inesperado a alguien o conseguirlo, en particular cuando es algo bueno: "La lotería le cayó llovida del cielo" **8** *Mover uno cielo, (mar) y tierra* Hacer todo lo posible para lograr alguna cosa: "Ha *movido cielo y tierra* para conseguir esa beca" **9** *Poner a alguien por los cielos* Alabarlo, recomendarlo mucho **10** *Ver uno el cielo abierto* Presentársele a uno la oportunidad o la ocasión para resolver algo o lograr algún éxito: "Cuando los rescataron de la nieve, *vieron el cielo abierto*" **III** Cualquier lugar o situación de felicidad, comodidad o placer: *sentirse en el cielo, estar en el cielo* **IV 1** Parte superior y alta que cubre alguna cosa: *el cielo del coche, el cielo de la cama* **2** *Cielo raso* Superficie horizontal de diversos materiales, generalmente cubierta de yeso, que constituye la parte superior de un lugar cubierto y sirve para ocultar el techo **V 1** *Poner el grito en el cielo* Protestar o escandalizarse por algo **2** *Irse el santo al cielo* Distraerse o abstraerse de la realidad **3** *Querer tapar el cielo con un dedo* Pretender ocultar algo muy evidente.

ciempiés s m sing y pl Cualquiera de los artrópodos de la clase de los quilópodos, que mide entre 8 y 15 cm de largo, de cuerpo aplanado y alargado, dividido en veintiún segmentos, cada uno con un par de patas; el primero de estos segmentos tiene dos apéndices con forma de pinzas que secretan veneno; tiene dos antenas y cuatro ojos; vive en lugares húmedos y generalmente se alimenta de insectos.

cien adj **1** Diez veces diez: *ochenta, noventa, cien*, "*Cien* de los invitados no pudieron entrar" **2** Apócope de *ciento* antes de sustantivos: "La guerra de *cien* años" **3** *Cien por ciento* Totalmente, por completo: *agua cien por ciento pura, seguro al cien por ciento.*

ciencia s f **1** Actividad mediante la cual el ser humano produce conocimientos, explicaciones y predicciones acerca de algunos fenómenos, empleando generalmente la observación y la experimentación: *dedicarse a la ciencia* **2** Cada sistema de conocimientos que tiene un objeto y un método propios, particularmente los que siguen el modelo de la matemática o la física **3** *Ciencias naturales* Las que tienen como objeto de estudio a la naturaleza, como la física, la química y la geología **4** *Ciencias humanas* Las que tienen como objeto de conocimiento los diferentes aspectos del ser humano y la sociedad, como la historia, la sociología y la lingüística

5 *Ciencias exactas* Las matemáticas y aquellas cuyo método combina las matemáticas con la experimentación **6** *Ciencias ocultas* Los conocimientos que no tienen una explicación basada en la experimentación, sino en prácticas mágicas y misteriosas, que tradicionalmente han pretendido penetrar y dominar los secretos de la naturaleza, como la astrología y el espiritismo **7** Saber variado, rico y selecto, propio de personas dedicadas al estudio: "Bacon fue un monje muy famoso por su *ciencia*" **8** *A ciencia cierta* Con seguridad: "*A ciencia cierta* no sabemos hasta dónde puede llegar la inflación" **II** *Ciencia ficción* Género narrativo de obras literarias o cinematográficas, que sitúa la acción en un futuro imaginado de acuerdo con previsiones más o menos científicas, como las *Crónicas marcianas* de Ray Bradbury.

cieno s m (*Liter*) Lodo blando que se deposita en el fondo de las lagunas o el lecho de ríos de poca profundidad.

científicamente adv En forma rigurosa y de acuerdo con los métodos precisos de la ciencia; de manera científica: *hechos científicamente observados, reflexionar científicamente.*

científico 1 adj Que se relaciona con la ciencia o con las personas que se dedican a ella: *experimento científico, teoría científica* **2** s Persona que tiene por profesión alguna de las ciencias: *un científico notable, una reunión de científicos.*

ciento I adj Cien (Se usa sólo para formar numerales compuestos): *ciento veinte pesos, ciento cincuenta años* **II** s m **1** *Ciento de* Conjunto de cien unidades: *un ciento de papas* **2** *Cientos de* Un gran número, muchos: *cientos de personas, cientos de miles de sustancias* **3** *Ciento por ciento* o *cien por ciento* En su totalidad, por completo: *un vino cien por ciento de uva* **4** (*Tanto*) *por ciento* Tantas partes o unidades respecto de un conjunto al que se le atribuye el valor de cien: "Del total, ¿qué *tanto por ciento* me corresponde?", *aumento de veinte por ciento en los salarios.*

cierre s m **I 1** Acto de cerrar algo: *el cierre de la edición* **2** (*Adm*) Final de un ejercicio, un periodo, etc: *el cierre del año fiscal, el estado de la bolsa al cierre* **3** Liquidación o quiebra de un negocio: "Ha habido muchos *cierres* de empresas medianas" **4** Momento e intensidad y esfuerzo con que se termina una competencia deportiva, en que sus participantes intentan triunfar: *el cierre de una carrera de bicicletas, el cierre de una corrida de toros* **5** (*Dep*) En el beisbol, segunda parte de una entrada **6** (*Periodismo*) Momento en que se deja de recibir información para incluirla en una edición **II 1** Mecanismo o dispositivo con que se cierra alguna cosa: *un cierre hermético, cierre automático* **2** Mecanismo formado por dos tiras dentadas, que embonan entre sí por la acción de una abrazadera que las recorre longitudinalmente y que se usa especialmente en prendas de vestir; zipper, zíper **3** (*Huast*) Bragueta.

ciertamente adv Con certeza, con toda seguridad, en verdad, en realidad: "Se proponían *ciertamente* destruir un orden material y espiritual", "*Ciertamente* los cuentos seleccionados son de calidad", "Transplante *ciertamente* difícil porque exige una delicada adaptación".

cierto adj **I 1** Que es verdadero o seguro, que está libre de duda: "La noticia resultó *cierta*", "¿Es cierto que Juan es tu primo?" **2** *Estar en lo cierto* Tener razón **II 1** Algún, un, determinado: *cierto día, a cierta hora, en cierto lugar, con cierta persona, cierta cantidad* **2** Que alcanza o requiere determinada intensidad o grado: "Hace falta *cierto* valor para ganar la batalla" **3** *De cierta edad* Que es de edad avanzada, que es mayor: *un señor de cierta edad* **III** *Por cierto (que)* A propósito de lo que se está diciendo: "Fuimos al cine; *por cierto*, la película era muy buena".

cifra s f **1** Cada uno de los signos con que se representan los números **2** Número o cantidad: "Una pequeña *cifra* de visitantes" **3** Sistema compuesto por números, letras, símbolos, etc con el que se escribe un mensaje para que sólo puedan entenderlo quienes dispongan de la clave correspondiente; cada uno de los signos que lo componen.

cifrar v tr (Se conjuga como *amar*) **1** Poner algún mensaje o alguna expresión en cifra o clave: *cifrar una orden militar* **2** Reducir una cosa a otra, hacer depender el logro de algo de la obtención de otra cosa o basar algo, como un sentimiento, una emoción, etc en una sola cosa cuando ordinariamente son varias las causas que lo producen: "*Cifra* la felicidad en la riqueza", "*Cifró* sus esperanzas en el cambio de gobierno", "Su ilusión se *cifra* en esa oportunidad", "*Cifra* su alegría en sus hijos".

cigarra s f **1** Insecto del género *Cicada*, de diversas especies, de cabeza ancha, ojos saltones, cuatro alas membranosas que se pliegan sobre el dorso durante el reposo, abdomen en forma de cono, en cuya base poseen los machos un aparato por medio del cual producen un sonido chirriante y monótono. Se alimenta de los jugos de las plantas; chicharra **2** En Chiapas, libélula.

cigarrillo s m **1** Cigarro **2** (*Tab*) Libélula.

cigarro s m **1** Cilindro pequeño y delgado, hecho de papel especial, que tiene dentro tabaco desmenuzado, que se enciende por un extremo y se fuma por el otro: *una cajetilla de cigarros, encender un cigarro* **2** *Cigarro de hoja* El que se envuelve en hoja seca de mazorca de maíz.

cigoto s m (*Biol*) **1** Huevo fecundado, producto de la unión de dos gametos (masculino y femenino); en él se efectúa la unión de la carga hereditaria transferida por los cromosomas de ambos progenitores; zigoto **2** En los protozoarios, producto de la fecundación de una oosfera.

cigüeña s f **1** (*Ciconia ciconia*) Ave zancuda migratoria; alcanza hasta 1.30 m de altura; es de cuello y pico muy largos; de plumaje abundante de color blanco en todo el cuerpo, excepto las grandes plumas de las alas, que son negras con matices grises; sus patas son muy altas; tiene los tres dedos anteriores unidos en la base por una membrana, que al igual que el pico es de color rojo; habita en Europa, Asia y África **2** *Esperar a la cigüeña* (*Coloq*) Esperar el nacimiento de un niño; estar embarazada **3** *Llegar o venir la cigüeña, traer la cigüeña a un niño* (*Coloq*) Nacer un niño.

cigüeñal s m (*Mec*) **1** Pieza del sistema de transmisión de los motores de combustión interna, que consiste en un eje doblado en uno o más codos, donde empalman las bielas unidas al pistón para convertir el movimiento rectilíneo de aquéllas en un movimiento rotatorio que mueva las ruedas **2** Dispositivo para sacar agua de los pozos mediante la aplicación de la palanca, que consiste en una horquilla que sostiene un polo móvil, provisto de un contrapeso en uno de sus extremos y de un recipiente en el otro.

cilantro s m (*Coriandrum sativum*) Planta herbácea de la familia de las umbelíferas, de 60 a 80 cm de altura, hojas muy olorosas, divididas y dentadas, pequeñas flores blancas y fruto esférico de aproximadamente 2 mm. Es muy apreciada como condimento y por sus propiedades digestivas: *un manojo de cilantro*, "La salsa lleva *cilantro*".

ciliar adj m y f **1** (*Biol*) Que pertenece a los cilios de las células o se relaciona con ellos: *cuerpo ciliar, músculo ciliar* **2** Que pertenece a las cejas o a las pestañas, se relaciona con ellas, o se les parece.

cilíndrico adj Que tiene la forma geométrica de un cilindro o se relaciona con él: *vasos cilíndricos, un tubo cilíndrico, columnas cilíndricas*.

cilindro s m **I 1** (*Geom*) Superficie generada por una recta que describe una curva cerrada al girar paralelamente a un eje; cuerpo geométrico que tiene esta forma y que está limitado por dos superficies paralelas a esa curva; como un tubo, un gis, etc **2** Superficie generada por la rotación de un rectángulo sobre uno de sus lados; cilindro de revolución **II 1** Pequeño órgano de tubos, mecánico, portátil, con el que se toca música grabada en una pieza de forma cilíndrica **2** Parte del motor de combustión interna que tiene esta forma, en donde se encuentra el pistón y se efectúa la combustión de la gasolina **III** (*Chlorophonia occipitalis*) Pajarito de la familia de los tanágridos, de bello plumaje de color verde brillante, copete de color azul pálido y pecho amarillo brillante; habita en regiones tropicales. Su canto es triste.

cilio s m (*Biol*) Cada uno de los pequeños filamentos o pestañas de una célula que vibra con fines de locomoción o para mover sustancias en su superficie.

cima¹ s f **1** Punto más alto de algo como una montaña, un cerro, una ola, una onda, etc: "Los alpinistas llegaron hasta la *cima*" **2** Estado más perfecto de algo: *la cima de la sabiduría, en la cima de su carrera, estar en la cima de la gloria* **3** *Dar cima a algo* Terminarlo felizmente o con perfección: "Tomás le *ha dado cima* a su obra poética".

cima² s f (*Bot*) En una planta, inflorescencia cuyo eje remata en una flor, al igual que sus ramificaciones laterales.

címbalo s m (*Mús*) **1** Campana pequeña **2** Instrumento de percusión que consiste en dos platos de metal, redondos y cóncavos, cuyos bordes planos y anchos suenan chocando uno contra el otro. Por lo regular, con algunas variantes, se sostienen con los dedos por medio de unas correas que pasan por agujeros hechos en la parte cóncava, que no vibra.

cimbra s f **1** Armazón o molde de madera, de fierro u otros materiales sobre el que se lleva a cabo el colado de concreto o cemento de un techo o una bóveda y que se retira una vez que ha fraguado y endurecido **2** Aparejo de pesca que consta de un madero grande al que se amarra el anzuelo, usado para pescar tiburón en el Pacífico.

cimbrar¹ v tr (Se conjuga como *amar*) Colocar las cimbras en una construcción: "La obra estaba detenida por falta de madera para *cimbrar*".

cimbrar² v tr (Se conjuga como *amar*) Hacer que algo rígido vibre: "La explosión *cimbró* todo el edificio", "Cuando pasan los trenes, el piso se *cimbra* fuertemente".

cimiento s m **1** Cada una de las partes que le sirven de base a un edificio, sobre las cuales se levanta su estructura. Su función es equilibrar el peso del edificio con las características de resistencia del suelo. Ocultas bajo el suelo, suelen construirse de piedras o de concreto: *echar los cimientos* **2** Base sólida y bien establecida de algo: *los cimientos de una teoría, los cimientos de la filosofía*.

cinc s m Zinc: *una aleación de cinc*.

cincel s m Herramienta de metal recta y generalmente delgada, de aspecto como de clavo, que tiene bisel en uno de sus extremos y sirve para labrar piedras y metales o cualquier superficie dura, golpeándola con un martillo: "Hacían sonar sus martillos contra el hierro del *cincel*".

cinco s m y adj m y f **1** Número que sigue al cuatro y precede al seis **2** *Estar alguien en sus cinco* Estar plenamente consciente, con todos los sentidos alerta.

cincolote s m (*Rural*) **1** Armazón hecho de carrizo o tablas, similar a un huacal, pero de grandes dimensiones y mucho más alto que ancho, que sirve para almacenar las mazorcas de maíz **2** Cesto de mimbre que se usa para transportan gallos de pelea.

cincuate s m (*Pityophis lineaticollis*) Culebra constrictora no venenosa de hasta 2.5 m de largo, de color pajizo con manchas cuadradas y negras, o matizada de diversos colores; se alimenta de pájaros y roedores y con frecuencia se le tiene en las trojes para combatir las plagas de ratas; alicante.

cincho s m **I 1** Tira de cuero o de algún tejido de algodón, cáñamo o cerda, que se usa para sujetar la silla de montar o la carga a las bestias; cincha **2** (*Rural*) Cinturón, especialmente el que sirve para sujetar los pantalones **II** (*NO*) (*Lonchocarpus megalanthus*) Árbol de la familia de las leguminosas, de aproximadamente 10 m de altura, de hojas pinadas con hojuelas de 6 a 9 cm, flores amariposadas de 1.5 cm; su fruto es una vaina indehiscente.

cine s m **1** Técnica que consiste en registrar imágenes fotográficas sucesivas en una cinta de celuloide, que producen la impresión de movimiento al proyectarse con cierta rapidez **2** Arte e industria que utiliza esa técnica; *el cine mexicano, un productor de cine* **3** Conjunto de películas filmadas por cierto director, un actor afamado, en cierta época o de cierto estilo: *el cine de Buñuel, el cine de María Félix, el cine neorrealista* **4** Lugar público donde se proyectan esas cintas o películas.

cineasta s m y f Persona que se dedica a la creación de obras cinematográficas, especialmente el director o autor: *el importante cineasta Fernando de Fuentes, el joven cineasta Arturo Ripstein, los cineastas brasileños*.

cinematografía s f **1** Arte, técnica e industria del cine: *la cinematografía moderna, la cinematografía en color, la cinematografía revolucionaria* **2** Conjunto de películas, concepciones artísticas relacionadas con el cine, etc de un autor, una época o un país, y conjunto de las personas que se dedican al cine: *la cinematografía italiana, la cinematografía neorrealista, la cinematografía del Indio Fernández,* "A la reunión asistió la crema y nata de la *cinematografía* mexicana".

cinematográfico adj Que pertenece a la cinematografía o se relaciona con ella: *cinta cinematográfica, industria cinematográfica, festival cinematográfico, lenguaje cinematográfico.*

cinematógrafo s m Cine: *asistir al cinematógrafo,* "Le gustaban los deportes y el *cinematógrafo*".

cinescopio s m (*Elect*) Parte del aparato de televisión o de un osciágrafo en la que las señales eléctricas son transformadas en imagen; consiste en un tubo de rayos catódicos que tiene en su parte más ancha una pantalla fluorescente, sobre la que se proyecta un haz de electrones a distintas intensidades y siguiendo un patrón de movimiento de arriba abajo y de izquierda a derecha, con lo que se forma la imagen.

cinética s f Parte de la física, que estudia el movimiento de los cuerpos materiales.

cinético adj Que pertenece a la cinética o se relaciona con ella: *energía cinética, leyes cinéticas, arte cinético de Calder y Vasarely.*

cínico adj Que actúa con desfachatez o descaro; que se enorgullece de lo que uno esperaría que se avergonzara: "El muy *cínico* dijo que para eso están las mujeres".

cinismo s m **1** Actitud de quien desprecia la sinceridad y la rectitud humanas, y los valores y condiciones morales de la sociedad: "Discutieron mucho el *cinismo* de Maquiavelo" **2** (*Fil*) Doctrina de la escuela de los cínicos en la Grecia antigua.

cinta s f **1** Tira larga y angosta de diversos materiales flexibles, como tela, acero, papel, etc, a la que se dan distintos usos: *cinta métrica, cinta aislante, cinta magnetofónica* **2** Película cinematográfica: *cinta de vaqueros,* "Para esta *cinta,* Ripstein ha escogido un magnífico reparto de actores" **3** *Cintas* (*Tauro*) Las de color rojo que cubren la empuñadura del estoque: "Mató de estocada hasta las *cintas*" **4** (*Mar*) En una embarcación, fila de tablones o de planchas de fierro que se extienden a lo largo de sus costados, a diferentes alturas, que sirven para reforzar la tablazón por la parte exterior **5** (*Hipo*) Extremo de la piel de la pata o mano que circunda el nacimiento del casco del caballo **6** (*Tab*) Vara larga delgada, colocada horizontalmente y a la que se amarran cercos y setos rústicos para unir en conjunto los postes o pies verticales **7** En la Huasteca y Durango, agujeta de los zapatos.

cinto s m **1** (*N*) Cinturón: "Puesta la mano en la pistola que llevaba al *cinto,* midiendo cada paso, sombrío, se le iba acercando".

cintura s f **1** Región más estrecha del cuerpo humano, arriba de las caderas: "Delgaditas de *cintura* / y alegres del corazón", "Que no te pido la vida / de la *cintura* pa' abajo, / de la rodilla pa' arriba" **2** Parte de las prendas de vestir que ocupa o señala esta región **II 1** *Meter en cintura (a alguien)* Marcarle a alguien límites en su comportamiento: "Lo que necesita es un hombre que la *meta en cintura*" **2** *Con la mano en la cintura* Con facilidad, sin esforzarse: "Resolvió el enigma *con la mano en la cintura*", "Nos ganaron *con la mano en la cintura*".

cinturón s m **I 1** Tira de cuero u otro material que marca la cintura o sujeta y ajusta las prendas de vestir a ella; generalmente se abrocha con una hebilla en uno de sus extremos: *un cinturón de piel de víbora* **2** *Cinturón de seguridad* En un vehículo, el que sirve para sujetar a cada persona a su asiento para evitar que salga proyectada debido a algún movimiento brusco: "Asegúrese de que los pasajeros tienen ajustado su *cinturón de seguridad*" **3** *Cinturón de castidad* Instrumento que, en la Edad Media, colocaban los maridos a sus esposas cubriéndoles parte del abdomen y la vagina, para evitar que les fueran infieles mientras ellos salían por largo tiempo a guerrear **4** *Apretarse el cinturón* Reducirse en sus gastos, hacer economías, especialmente en la comida **II 1** Conjunto de casos o circunstancias que rodea algo: *cinturones de miseria, cinturón de vicio* **2** (*Astron*) *Cinturón de asteroides* Espacio anular, entre las órbitas de Marte y Júpiter, en el que gravita la inmensa mayoría de los pequeños planetas **3** (*Astron*) *Cinturón corpuscular* Cada una de las zonas anulares que rodean a ciertos planetas y en las cuales son capturadas y retenidas por el campo magnético las partículas electrizadas de alta energía emitida por el Sol.

ciperácea (*Bot*) **1** s f y adj Planta herbácea, monocotiledónea, que tiene rizomas, tallos generalmente angulosos y triangulares, sin nudos, hojas largas y envainadoras, y flores solitarias, en espiga o en cabezuelas. Es propia de terrenos húmedos o pantanosos, como el tule y la peonía **2** s f pl Familia que forman estas plantas.

ciprés s m **I 1** Cada una de las diversas especies de coníferas (*Pináceas cupresáceas*) del género *Cupressus.* Árboles de climas templados y fríos, con hojas pequeñas y escamiformes; de frutos globosos, con escamas poligonales, leñosas y peltadas; sus semillas son aplanadas. Hay seis especies en México; la de más amplia distribución es la llamada en varias regiones cedro blanco (*Cupressus Lindleyi*) pues existe en casi todo el país, en alturas de 2 mil m o más. Su madera blanca es muy estimada. Se cultiva como ornamental **2** (*Cupressus sempervivens*) Árbol europeo de la familia de las pináceas de hasta 20 m de altura, con ramas erguidas que forman una copa en forma de columna de color verde oscuro; suele plantarse en los cementerios **3** (*Arq*) Altar mayor de las catedrales, cuando está aislado y tiene un altar en cada uno de sus costados, como el de la catedral de Puebla.

circo s m **I 1** Espectáculo en el que intervienen acróbatas, payasos, magos, animales amaestrados, etc, y grupo formado por ellos: *función de circo, ir al circo* **2** Carpa grande de lona que cubre las gradas para el público y las pistas donde se presenta ese espectáculo: *entrar al circo, instalar el circo* **3** En arquitectura romana, construcción circular u ovalada, cubierta de varias filas de gradas para sentarse, que rodean una pista donde los antiguos organizaban carreras de carros, luchas entre gladiadores y otros espectáculos para divertir al pueblo **4** *Hacer (un) circo* (*Coloq*) Hacer muchos movimientos o acciones complicadas para conseguir un fin: "Hizo *circo* para conseguir esa beca" **II 1** (*Astron*) Relieve montañoso en forma de anillo con fondo llano en la superficie de la Luna o de ciertos planetas **2** Depresión o cavidad profunda, semicircular, excavada por un glaciar en su cuenca de recepción.

circuito s m **I 1** Camino o recorrido que vuelve a su punto de partida: *circuito automovilístico, circuito del sureste, circuito carretero, el circuito de un circo* **2** Espacio o jurisdicción que corresponde cubrir a una institución política o a una organización: *cabecera de circuito, tribunal de circuito* **3** Conjunto de juegos deportivos en los que compiten entre sí varios equipos que se eliminan progresivamente: *el líder bateador del circuito* **4** Conjunto de salas de espectáculos, especialmente de cines, que pertenecen a una administración; cadena **II 1** Camino que sigue la corriente eléctrica entre dos polos **2** *Corto circuito* Daño que sufre un circuito eléctrico cuando la intensidad de la corriente es mayor que la resistencia del conductor o cuando se conectan directamente los dos polos.

circulación s f **I 1** Paso de una cosa de un lugar a otro, de una persona a otra o movimiento de algo, generalmente por un conducto o un medio idóneo: *periódicos de circulación nacional, circulación de la sangre* **2** *Poner en circulación* Hacer que cierta cosa comience a circular: "*Ponen en circulación* un millón de ejemplares diariamente" **3** Vigencia y movimiento de instrumentos monetarios en un tiempo determinado: *moneda de circulación legal* **4** Número de ejemplares de una publicación que se distribuyen al público **II 1** Tránsito de vehículos y dirección o sentido de éste en las calles, de carreteras, etc: *placas de circulación, tarjeta de circulación, circulación a la derecha* **2** *Doble circulación* Permiso que se da en ciertas calles, de circular en las dos direcciones: *una avenida de doble circulación* **3** *Circulación continua* Permiso que se da en el cruce de dos calles, de que los vehículos que transitan por una de ellas den vuelta hacia la otra sin necesidad de detenerse.

circulante adj m y f y s m **1** Que circula **2** Dinero, moneda o billete, que está en circulación: *retener el circulante, aumentar el circulante.*

circular¹ adj m y f **1** Que tiene la forma de un círculo: *figura circular, teatro circular* **2** Que describe una circunferencia: *movimiento circular.*

circular² v intr **I 1** Ir y venir, pasar continua y repetidamente por algún lugar: "Los coches *circulan* por las calles" **2** Moverse algo de un lugar a otro, generalmente con alguna trayectoria o por algún conducto o circuito: *circular el aire libremente, circular el agua por la tubería, circular la sangre por las venas* **II 1** Pasar algo de unas personas a otras: *circular una noticia, circular el dinero, circular un libro,* "El rumor *circuló* rápidamente" **2** Enviar instrucciones, órdenes o avisos.

circular³ s f Aviso impreso, destinado a transmitir alguna orden, alguna noticia o propaganda, que se entrega de mano en mano entre gran número de personas: *expedir una circular, girar circulares, enviar una circular.*

circulatorio adj Que circula o sirve para que algo circule a través o a lo largo de él; en especial, que pertenece a la circulación de la sangre: *aparato circulatorio, insuficiencia circulatoria.*

círculo s m **I 1** Área o superficie plana limitada por una circunferencia **2** Circunferencia **II 1** Medio ambiente o grupo social en el que alguien se desenvuelve o donde comparte cierta actividad: *el círculo de los industriales, el círculo veracruzano,*

círculo de amigos, círculo familiar **2** *Círculo vicioso* Defecto del razonamiento o del discurso que consiste en explicar dos cosas, una por la otra recíprocamente, como cuando se dice: "No entiende porque no pone atención, y no pone atención porque no entiende".

circuncidar v tr (Se conjuga como *amar*) Hacer a un hombre la circuncisión.

circuncisión s f Escisión total o parcial del prepucio, generalmente como prevención higiénica; entre los judíos y musulmanes tiene un carácter religioso.

circundar v tr (Se conjuga como *amar*) **1** Rodear algo una cosa: "Las bancas *circundan* el quiosco", *circundar la Tierra* **2** Estar alrededor de otra: "*Circundaron* la casa con una barda".

circunferencia s f (*Geom*) Curva plana y cerrada cuyos puntos están a igual distancia de otro interior llamado centro.

circunstancia s f **1** Situación, hecho o conjunto de hechos que rodea, influye o condiciona a otro; motivo o cuestión particular y de poca importancia: *circunstancias históricas, las actuales circunstancias de nuestra economía,* "Se portó a la altura de las *circunstancias*", "Un amigo incondicional dispuesto a defenderte en cualquier *circunstancia*" **2** *Por, bajo ninguna circunstancia* En ningún caso, en ningún momento, por ningún motivo o pretexto **3** (*Con*) *cara, gesto, etc de circunstancia* Con gravedad, con mucha seriedad y aun tristeza: "Poniendo *cara de circunstancia*".

circunstancial adj m y f **1** Que depende de alguna circunstancia o que está relacionado con ella; que es casual: *hechos circunstanciales, pruebas circunstanciales* **2** (*Gram*) Que modifica la significación del verbo, indicando cómo, cuándo o dónde ocurre su acción, o en qué cantidad o dirección. Si la modificación se expresa por medio de una palabra, se trata de un adverbio, como en: "Come *tranquilamente*", "Lo vi *ayer*", "Estaba *aquí*", "Habla *mucho*" o "Mira *allá*". También se puede expresar por medio de una construcción introducida por preposición, que tiene la función de un *complemento circunstancial*, como en: "Lo visitaré *en la noche*", "Me miró *de reojo*", "Llegará *a la fiesta*", "Vine *para verte nuevamente*".

cirio s m **I 1** Vela de cera gruesa y alta con un pabilo, que se utiliza principalmente en ceremonias religiosas: *cirios fúnebres, la llama en un cirio, cirios encendidos* **2** *Cirio pascual* (*Relig*) Entre los católicos, el muy grueso que se bendice solemnemente el Sábado Santo y se enciende durante la misa hasta el día de la Ascensión, en que se apaga después del Evangelio. Tiene incrustadas cinco piñas de incienso en forma de cruz **II 1** Cualquier planta cactácea de tallo erguido y sin ramificaciones; órgano **2** Planta cactácea, de tallo erguido en forma de columna, de 8 a 10 m de altura, generalmente no ramificado, de flores amarillas en panículas colocadas en la extremidad del tallo. Se encuentra en la región central de la península de Baja California y cerca del puerto de Libertad, Sonora.

cirrosis s f sing y pl **1** Enfermedad del hígado en la que aumenta el tejido fibroso y se destruyen células hepáticas: *cirrosis alcohólica, cirrosis biliares* **2** Crecimiento difuso de tejido fibroso en cualquier órgano.

ciruela s f **1** Fruto comestible del ciruelo, de forma esférica u ovoide, con cáscara suave y delgada, de color rojo o amarillo, pulpa jugosa y agridulce, que tiende a ser muy ácida en la parte pegada a la piel o al hueso, con una semilla única **2** Árbol o arbusto de la familia de las anacardiáceas o de las rosáceas, de diferentes especies, apreciado por sus frutos; se encuentra en climas cálidos y templados **3** *Ciruela pasa* La que se ha dejado secar para conservarse y que adquiere un color negruzco semejante al de las pasas.

ciruelo s m **1** Árboles pertenecientes a varias familias, géneros y especies, pero principalmente a las familias de las rosáceas y de las anacardiáceas que tienen en común el hecho de producir frutos con un hueso duro central, de cáscara delgada y lisa, pulpa carnosa, jugosa y de sabor agridulce **2** (*Spondias Mombin*) Árbol pequeño, de hasta 8 m de alto, hojas alternas y compuestas, con cinco a diecisiete hojillas; flores en racimos o panículas, rojas o blancas según la especie; frutos rojos o amarillos, oblongos, de 2.5 a 4 cm de largo, con un gran hueso también oblongo. Se encuentra en las regiones tropicales y subtropicales; jobo **3** (*Prunus domestica*) Árbol de la familia de las rosáceas, de hasta 7 m de altura, hojas simples alternas, de bordes aserrados; flores blancas y redondeadas que aparecen antes que las hojas. Se cultiva en regiones templadas.

cirugía s f **1** Parte de la medicina que se ocupa de la curación de ciertas enfermedades por medio de una operación que implica cortar o extirpar tejido con la mano o con instrumentos especiales como el bisturí: *cirugía mayor, cirugía de catarata, cáncer de cuello uterino tratado por cirugía* **2** *Cirugía plástica* La que se ocupa de restablecer, mejorar o embellecer el aspecto de una parte del cuerpo **3** (*Caló*) Manera de robar la cartera o el dinero a alguien cortando con una navaja fina la bolsa en que se carga.

cirujano s Médico especialista en cirugía: "Un buen *cirujano* puede hacerle un transplante de piel", *cirujano ortopedista*.

cisma s m División que se produce entre los miembros de una comunidad, generalmente debida a fuertes discrepancias en sus ideas acerca de temas fundamentales para la comunidad: *un cisma religioso, un cisma en el partido*.

cisne s m **1** (*Cygnus colombianus*) Ave palmípeda, acuática, de plumaje enteramente blanco; sus alas extendidas alcanzan más de dos metros; su vuelo es lento; el pico y las patas son de color negro; no tiene plumas entre los ojos y la base del pico; su silbido es de tono lastimero cuando se encuentra volando; cisne chiflador. Se encuentra en el norte de los estados de Baja California y Chihuahua **2** (*Cygnus olor*) Ave palmípeda, acuática, de plumaje impecablemente blanco, de cuello largo y flexible, patas cortas y alas grandes; con una mancha negra en la frente y el pico rojo; es originaria de regiones frías y por su belleza se encuentra en los estanques de parques y jardines, especialmente en Europa **3** (*Cygnus atratus*) Especie semejante a la anterior, pero de color negro; originaria de Australia **4** *Canto del cisne* Último esfuerzo o última obra de una persona, poco antes de morir.

cisterna s f Depósito generalmente subterráneo donde se almacena agua de la lluvia, de un manantial o que llega por tubería, y desde donde se distribuye a todas las instalaciones de una casa o edificio; aljibe.

cistitis s f sing y pl Inflamación de una vejiga, especialmente de la urinaria: "Las estrecheces de la uretra femenina a menudo son la causa de la uretritis o *cistitis*".

cita s f **1** Acuerdo o compromiso entre dos o más personas sobre el lugar, la fecha y la hora en que deberán encontrarse; reunión que resulta de este acuerdo: *dar cita, hacer una cita, tener una cita, cancelar una cita* **2** *Darse cita* Encontrarse varias personas en un lugar y por un motivo capaz de convocarlas a todas: "Toda la clase política *se dio cita* en el homenaje a Nava".

citadino adj y s Que vive en la ciudad o que se refiere a ella: "Los *citadinos* son muy desconfiados", *problemas citadinos*.

citar v tr (Se conjuga como *amar*) **1 1** Avisar a una persona que vaya a un determinado lugar, en cierta fecha y hora, para encontrarse con alguien: *citar a los niños a las nueve, citar el juez a los testigos, citar a un amigo en el café* **2** prnl Ponerse de acuerdo dos o más personas para encontrarse en cierto lugar, en una fecha y a una hora determinada **3** (*Tauro*) Llamar la atención del toro y provocarlo para darle un pase: "Lorenzo Garza *citó* de largo y dio un gran pase" **II** Mencionar a alguien o repetir sus palabras como ejemplo o apoyo de lo que se está diciendo: "*Citó* a Juárez como ejemplo de honradez y su lema como ejemplo de respeto", "Don Agustín *cita* en latín y otros idiomas".

cítara s f **1** Instrumento musical de cuerda, perteneciente a la familia de las liras; consta de una caja de resonancia de madera y dos brazos verticales unidos por un travesaño, en donde se fijan las cuerdas (entre cinco y doce o más). Se pulsa con un plectro o púa. En Grecia se convirtió en el símbolo de Apolo, en cuyas manos representó el ideal de la armonía y la moderación **2** Antiguo instrumento musical semejante al anterior que existió en Mesopotamia y Egipto.

citatorio s m **1** Escrito por el que se cita a alguien en un determinado lugar y a una hora determinada para tratar cierto asunto: *citatorios para una asamblea de comerciantes* **2** (*Der*) Escrito por el que el Poder Judicial hace comparecer a una persona como testigo acusado: *entrega de citatorios*.

citología s f Parte de la biología que se ocupa del estudio de las células, su estructura y sus funciones: *citología exfoliativa*.

citoplasma s f (*Biol*) Sustancia que rodea al núcleo de una célula animal o vegetal.

cítrico adj y s **1** Cada uno de los frutos producidos por árboles de distintas especies del género *Citus* de la familia de las rutáceas, que tiene una pulpa jugosa ácida o agridulce encerrada en gajos y una cáscara firme, como la naranja, el limón, la lima, la toronja y la mandarina. Se cultiva en lugares de clima cálido. Sus jugos fermentados se utilizan en la preparación de extractos de aromas, bebidas refrescantes, sales efervescentes, medicinas, etc. De su cáscara se puede obtener pectina, útil en la preparación de mermeladas y conservas **2** Cada una de las plantas que producen estos frutos.

ciudad s f **1** Lugar donde se concentra un conjunto numeroso de personas que se dedican principalmente a actividades no agrícolas; con una economía importante y un crecimiento constante, sobre todo en los países poco desarrollados, debido a la inmigración campesina; donde generalmente se centralizan instituciones políticas y sociales de importancia, como centros educativos y culturales, el comercio y la industria; y donde el conjunto de edificios y calles que la integran es complejo, así como el transporte y en general los servicios públicos: *un plano de la ciudad, la ciudad rodeada de lagos, ciudad fronteriza, ciudades medievales, el crecimiento de la población de la ciudad de México, la ciudad de Monterrey, la ciudad de Guadalajara, la ciudad de Mérida* **2** *Ciudad perdida* Sección de una ciudad donde se concentran personas pobres que generalmente han emigrado de su lugar de origen, y cuyas viviendas y servicios son deficientes.

ciudadanía s f **1** Calidad y derecho de los ciudadanos: *alcanzar la ciudadanía, recibir la ciudadanía* **2** Conjunto de ciudadanos de un Estado: "La *ciudadanía* lo eligió presidente", "Hay malestar en la *ciudadanía* por los actos autoritarios".

ciudadano s **1** Habitante de una ciudad **2** Persona que, por tener la nacionalidad de un país, tiene los derechos y las obligaciones que sus leyes determinan: *ciudadano mexicano, ciudadana cubana*.

cívico adj Que corresponde al comportamiento ciudadano, guiado por los valores, los derechos y las obligaciones que le impone ese carácter: *moral cívica, conciencia cívica, vida cívica, acto cívico, movimiento cívico*.

civil adj m y f Que corresponde o pertenece a las relaciones y los intereses privados de los ciudadanos: *valor civil, juicio civil, asociación civil, organizaciones civiles* **2** adj y s m y f Que no es militar ni eclesiástico: *gobierno civil, matrimonio civil, elegir a un civil como presidente*.

civilización s f **1** Conjunto de las costumbres, tradiciones, creencias y normas, así como de las actividades, producciones económicas, científicas y artísticas de uno o varios pueblos o de toda la humanidad: *civilización griega, civilización maya, civilización moderna* **2** Forma de convivencia social en la que existe justicia, honradez y orden: *alcanzar la civilización* **3** Estado de una sociedad en el que, a la vigencia de los valores cívicos, se agrega el aprovechamiento de los conocimientos científicos y técnicos para procurar mejor vida a sus ciudadanos: *los adelantos de la civilización*.

civilizado I pp de *civilizar* **II** adj Que ha alcanzado un alto grado de desarrollo intelectual o industrial: *el hombre civilizado, pueblos civilizados, persona civilizada*.

civilizar v (Se conjuga como *amar*) **1** tr Llevar a un pueblo o a un grupo de personas las costumbres, el desarrollo intelectual e industrial y la cultura en general de otro que se supone más avanzado; "Los griegos *civilizaron* a los romanos" **2** prnl Volverse una persona más educada y sociable: "Ya *se civilizó*, ahora ya saluda".

civismo s m Comportamiento de los ciudadanos, correcto y acorde con las leyes, con el que manifiestan su interés por la vida nacional y su voluntad de participar en ella.

clamar v tr (Se conjuga como *amar*) **1** Pedir con desesperación y necesidad extrema alguna cosa: *clamar justicia, clamar ayuda, clamar al cielo* **2** Requerir alguna cosa con mucha necesidad: *clamar por agua*, "Ese río *clama* por una buena limpieza" **3** *Clamar en el desierto* Pedir uno algo con extrema necesidad, imperiosamente o con gran queja, sin que nadie lo tome en cuenta.

clan s m **1** (*Antrop*) Grupo social formado por los descendientes de un mismo antepasado, real o mítico. Para la antropología, grupo social de ascendencia unilineal, en particular matrilineal. Entre algunos pueblos indígenas de México este grupo se subdivide en linajes que se agrupan en unidades geográficas llamadas barrios o parajes: "Esa tribu estaba constituida por cinco *clanes*" **2** Conjunto de personas con intereses comunes que actúa frente a los demás formando grupo: *el clan de los industriales, el clan de los antropólogos*.

clara s f Parte del huevo, transparente y viscosa, que está entre el cascarón y la yema; al cocinarse solidifica y se vuelve blanca.

claramente adv Con claridad, de manera clara: "Oigo *claramente* su voz plañidera", "Indica *claramente* el error", *hablar claramente, fijar claramente las metas, diferenciarlo claramente, distinguir claramente, definir claramente*.

claridad s f **1** Efecto que produce la luz y que permite ver bien las cosas: "La última *claridad* del día recortaba la cima de los montes" **2** Cualidad de lo que es claro: "Lucero de la mañana / préstame tu *claridad*...", "Se observa la *claridad* de las líneas de contraste" **3** Precisión o exactitud con que algo se presenta y que permite captarlo o comprenderlo fácilmente: "Tengo que hablarte con *claridad*", *la claridad de un sonido, la claridad del pensamiento*.

clarín s m **1** Instrumento musical de viento parecido a la trompeta, aunque más pequeño y de sonido más agudo que ella, que se utiliza básicamente para transmitir órdenes militares: "Oigo el *clarín* que toca a reunión" **2** Persona que toca este instrumento **II** (*Myadectes unicolor*) Pájaro pequeño de color gris con el vientre blanquísimo y un anillo blanco alrededor de los ojos. Vive en grandes altitudes en los bosques de clima templado y es muy apreciado como ave doméstica por su bello canto **III** (*Ver S*) Trampa en forma de cilindro hecho de pencas o varas de caña y arillos de bejuco; uno de sus extremos termina en una puerta plana y el otro en un cono truncado (matadero) por el cual entra la presa. Se utiliza para atrapar jaibas, langostinos, tortugas y algunos peces.

clarinete s m Instrumento musical de viento, compuesto de un tubo de madera de aproximadamente 60 cm de largo, con agujeros y llaves; en un extremo se encuentra una embocadura de caña sencilla que al vibrar produce el sonido; el otro extremo termina ensanchándose ligeramente; los hay con diversas afinaciones y tesituras.

claro¹ adj I **1** Que tiene bastante luz o transparencia: *día claro*, "Le gustan las habitaciones *claras*" **2** Que es de color más cercano al blanco que al negro, que no es oscuro, que es más transparente que turbio o que resulta poco espeso: *verde claro, piel clara*, "En esa zona el mar es muy *claro*", "La salsa quedó demasiado *clara*" **3** s m Parte poco poblada o tupida

de algo: *claro de un bosque, claro de la barba*
4 (*Arq*) Parte de un edificio o de una fachada que
no tiene nada construido en su interior, o que no
lleva trabes u otros apoyos **5** *Claro de luna* Luz de
Luna que se nota muy bien en la oscuridad **II 1** Que
se puede notar, distinguir o entender fácilmente,
que es evidente o que no se presta a dudas: "Tiene una *clara* predilección por los clásicos", "Ha manifestado una *clara* mejoría", *un resumen claro,
una voz clara, cuentas claras* **2** *Ser, estar claro* Ser
o resultar evidente alguna cosa: "*Claro está* que uno
tiene que evolucionar, ¿verdad?" **3** *Poner en claro*
Dar los elementos que permitan entender algo
4 *Sacar en claro* Entender o disipar las dudas sobre
algo: "Lo único que *saqué en claro* es que debo
cien pesos".

claro² adv Por supuesto, evidentemente, seguro: "*Claro* que te lo presto", "¡Pues *claro* que voy!", "*Claro*
que lo conozco", "*Claro* que no lo va a decir".

clase s f **I 1** Conjunto de elementos reunidos con algún criterio: *clase de los verbos en -ar* **2** Categoría
que tienen los distintos elementos de un conjunto
de acuerdo con su calidad, importancia, utilidad,
etc: *un tren de segunda clase, una tela de buena
clase* **3** Calidad o superioridad de algo o alguien:
un torero de clase **4** (*Biol*) Categoría de clasificación biológica entre el orden y el filum **5** (*Mil*) Conjunto de los soldados desde el raso hasta el sargento e individuo de este conjunto **II 1** Grupo de
personas que tiene una condición social, económica o política similar, o que tiene intereses en común: *clase media, clase de los trabajadores, clase
gobernante* **2** Grupo de estudiantes que toman una
lección juntos: "La *clase* estuvo interesada en el
tema" **3** Lección que da un maestro, tiempo que
dura, y lugar donde se imparte: *clase de matemáticas, tomar clases,* "Pasarse toda la *clase* platicando",
"Una *clase* limpia y ordenada" **4** Conjunto de personas en una sociedad, según su manera de participar en la producción: *clase obrera, clase patronal*
5 *Lucha de clases* Según el marxismo, oposición
ineludible entre los trabajadores, que ponen en movimiento los medios de producción y los capitalistas, que los detentan, reteniendo en su provecho
una parte del valor del trabajo proporcionado por
los primeros.

clasicismo s m **1** Conjunto de características propias
del arte clásico de la antigua cultura grecolatina
2 Corriente artística que toma esas características
como modelo.

clásico adj y s **1** Que pertenece a las antiguas culturas griega y romana, particularmente en lo referente
a las artes y a la literatura de las épocas de Pericles
y Augusto: *cultura clásica, una escultura clásica,
una tragedia clásica* **2** Que tiene ciertas características propias o parecidas a las obras de las culturas
griega y latina: *un estilo clásico, arquitectura clásica* **3** Que pertenece al periodo de la historia en el
que las culturas mesoamericanas como la maya, la
teotihuacana y las del Valle de Oaxaca alcanzaron su
máximo esplendor, entre los siglos VI y IX dC **4** Que
constituye un modelo a seguir por sus cualidades de
equilibrio, orden y belleza: *una obra clásica, un gesto clásico, un estudio clásico* **5** Que tiene cualidades
o características cuyo valor e interés no está limitado a cierta época o a cierto gusto: "Sólo lee obras

clásicas, sobre todo las de Cervantes, las de Shakespeare o novelas de Flaubert" **6** Que tiene las cualidades o características más claras y representativas
de una época, una corriente, un estilo, etc: "Los
clásicos del muralismo mexicano: Orozco, Rivera y
Siqueiros", Adam Smith es un *clásico* de la economía", "Juan Gris es un *clásico* cubista" **7** Que es característico, típico o habitual de algo o de alguien:
síntomas clásicos de infección, "Le contestó con su
clásica exactitud".

clasificación s f **1** Operación que consiste en ordenar los elementos de un conjunto de acuerdo con
un criterio determinado, y resultado de esta operación: *clasificación alfabética, clasificación botánica,* "Comparar dos *clasificaciones*" **2** Obtención de
las marcas, puntos o resultados necesarios para entrar o mantenerse en una competencia: "Peligra la
clasificación del equipo mexicano".

clasificar v (Se conjuga como *amar*) **1** tr Ordenar un
conjunto de elementos a partir de un criterio determinado; formar clases de algo: *clasificar libros,
clasificar información* **2** intr Alcanzar las marcas,
puntos o resultados necesarios para entrar a una
competencia o para seguir en ella: *clasificar para
las finales.*

clasista adj m y f **1** Que pertenece a una determinada clase social o se relaciona con ella: "Para que
el movimiento obrero cumpla la misión *clasista* e
histórica que le es propia" **2** Que es partidario de
marcar o señalar las diferencias de clase o privilegiar la propia en detrimento o discriminación de las
otras: *una sociedad clasista.*

claustro s m **1** Conjunto de pasillos cubiertos y rodeados de arcos que encuadran el patio o jardín de
un monasterio o convento: *un claustro de reminis-
cencias medievales, el claustro de la Merced* **2** Convento o estado monástico **3** Parte de un monasterio, a la que se prohíbe la entrada a los profanos
4 *Claustro materno* Cavidad de la matriz donde la
mujer o la hembra de los mamíferos lleva al hijo antes del parto **II** Conjunto de los profesores de un
centro docente; particularmente de una facultad
universitaria.

cláusula s f **1** Cada una de las disposiciones, estipu-
laciones, reglas o puntos de un documento, especialmente de un contrato, tratado o testamento: *la
cláusula quinta del contrato colectivo de trabajo*
2 (*Gram*) Conjunto de palabras que expresan un sentido completo; puede contener una o varias oraciones, como por ejemplo: "Si tuviera dinero, me iría a
Italia" **3** *Cláusula absoluta* (*Gram*) Oración con sentido completo incrustada en otra, pero que no depende gramaticalmente de ella; generalmente está
formada por un sustantivo acompañado de un participio, un objetivo u otro nombre en aposición, y
expresa una acción o estado previos a la acción de
la oración en que se incluye, como por ejemplo
en: "Llegada la noche, nos pusimos a escuchar música", "Llegada la noche" es una cláusula absoluta.

clausura s f **1** Acto y resultado de clausurar algo: *la
clausura del casino, la clausura de los cursos, la sesión de clausura* **2** Parte interior de los conventos
adonde están obligados a permanecer los monjes o
monjas, y adonde está prohibido el acceso de los
seglares; obligación de no salir de esta sección y
prohibición de entrar a las personas ajenas a él.

clausurar v tr (Se conjuga como *amar*) **1** Dar por terminada en forma solemne una reunión, especialmente un congreso, un curso o una serie de sesiones de una asamblea legislativa: "El ciclo *se clausura* el próximo sábado", "La reunión *se clausura* esta tarde" **2** Cerrar una institución, un comercio o una obra de forma temporal o definitiva y por motivos legales: "El colegio para indios de Tlaltelolco fue *clausurado*", "Veinte carnicerías *clausuradas* por alterar los precios oficiales" **3** Cerrar definitivamente cualquier abertura en una construcción: *clausurar las ventanas*.

clavadista s m y f Persona que se dedica a echarse clavados: *los clavadistas olímpicos*, "Aquí tenemos grandes *clavadistas*".

clavado I pp de *clavar* o *clavarse* **II** s m **1** Salto de cabeza, generalmente de un trampolín hacia una alberca: *tirarse clavados, una competencia de clavados* **2** Movimiento rápido brusco y hacia abajo que ejecuta algo o alguien: "Con el temblor, de un *clavado* se metió debajo del escritorio" **3** adj (*Coloq*) En punto, exacto: "Llegó a las cinco *clavadas*" **4** adj (*Coloq*) Que es muy parecido a otra persona o a otra cosa: "Tiene la voz *clavada* de su papá" **5** adj (*Coloq*) Que está muy interesado o concentrado en algo o en alguien y olvidado o ausente de lo que sucede a su alrededor: "Estoy muy *clavado* en la música", "Está *clavado* en Mariana" **6** adj (*Caló*) Que está muy drogado y ausente de lo que sucede a su alrededor: "Había un bato *clavado* cuando comenzó el concierto".

clavar v tr (Se conjuga como *amar*) **1** Introducir un clavo o algún otro objeto puntiagudo en una cosa, generalmente golpeándolo con un martillo: *clavar una alcayata, clavar una tachuela, clavar una aguja, clavar las uñas* **2** Fijar con clavos una cosa en otra: *clavar una tabla en otra, clavar un retrato en la pared* **3** Clavar la vista, la mirada, etc Mirar con fijeza algo o a alguien: "*Clavó* la vista en el minero, tratando de comprender su gesto" **4** prnl Tirarse una persona o un animal de cabeza: *clavarse en el agua* **5** prnl (*Coloq*) Dedicarse a alguna cosa exclusiva o intensamente: "*Se clavó* en el tema de su tesis y no quería saber otra cosa" **6** prnl (*Coloq*) Enamorarse de alguien: "No *te* vayas a *clavar* de Gilberto, ya tiene novia" **7** prnl (*Popular*) Robarse algo: "Casi siempre *se clavan* las mercancías en la bodega".

clave s **I 1** Explicación de los signos y la sintaxis de un sistema cifrado de comunicación: "No se ha encontrado la *clave* para traducir la escritura maya" **2** Sistema de comunicación que emplea, en lugar de la lengua natural, signos convencionales y cifrados: *clave morse* **3** (*Mús*) Símbolo que se pone al principio del pentagrama e indica el tono en que han de interpretarse los signos de las notas: *clave de sol, clave de do, clave de fa* **4** adj m y f y s f Que es importante o esencial para la comprensión o resolución de algo: *respuesta clave, asunto clave* **5** Dato o información mediante los cuales se aclara algo que era enigmático o misterioso: "¿Ya encontraste la *clave* de la novela?" **II** Instrumento musical que consta de dos pequeños cilindros de madera dura, de aproximadamente 20 cm de largo y 3 de diámetro, que se tocan golpeando uno contra otro para marcar el ritmo o compás.

clavecín s m Instrumento musical semejante al piano de cola, de uno o varios teclados y cuyas cuerdas se pulsan; clavicémbalo.

clavecinista s m y f Persona que toca el clavecín.

clavel s m **1** (*Dianthus caryophyllus*) Planta herbácea de la familia de las cariofiláceas, con altura de 30 a 50 cm, tallos nudosos y delgados, hojas largas, muy estrechas y terminadas en punta, de color verde grisáceo; flores olorosas de diversos colores. Es originaria de Europa, pero en México se cultiva mucho **2** Flor de esta planta, de cáliz cilíndrico y cinco pétalos dentados en su borde superior, de diversos colores, especialmente rojos y blancos, muy apreciada por su valor ornamental: *un ramo de claveles*.

clavicémbalo s m Instrumento musical semejante al piano de cola, de cuerda y uno o varios teclados, en el que las cuerdas son punteadas lateralmente con picos de plumas o plectros; clavecín. (También *clavicímbalo*.)

clavicordio s m Instrumento musical de teclado y cuerdas percutidas directamente con el impulso de las teclas, que mueven un martinillo forrado de fieltro que golpea la cuerda correspondiente; es precursor del piano.

clavícula s f Hueso largo, delgado y algo curvo, situado en la parte anterior y superior del tórax, horizontalmente sobre la primera costilla, y que se articula con el esternón y la escápula: *sufrir una luxación en la clavícula*.

clavija s f **1** Pieza de metal, madera u otro material que se encaja en un agujero para sujetar o ensamblar algo **2** Pieza pequeña de madera o metal que sirve para tensar las cuerdas de un instrumento musical, como la guitarra, el violín o el piano **3** Pieza o dispositivo de material aislante con que se conectan aparatos eléctricos a un circuito; consta generalmente de barras o puntas de metal unidas al cable y rodeadas de un empaque para poderla manejar **4** *Apretarle las clavijas a alguien* Tratar con rigor a una persona para que desempeñe mejor su trabajo o la actividad a que está dedicada.

clavo s m **I 1** Pieza de metal fuerte, larga y delgada, puntiaguda en uno de sus extremos y achatada para formar una cabeza en el otro, que sirve para unir dos piezas entre sí, por ejemplo dos vigas o tiras de madera, o que perfora una pared, para colgar cosas de ella, como cuadros, instrumentos, etc: *clavo sin cabeza, clavo anillado* **2** *Dar en el clavo* Descubrir o inventar algo que no se conocía y resulta muy útil o adecuado para alguna cosa, o encontrar la respuesta correcta para alguna pregunta difícil: "El inventor de la máquina para hacer tortillas *dio en el clavo*" **II 1** (*Bot*) (*Eugenia aromática*) Árbol de la familia de las mirtáceas, que alcanza unos 6 m de altura; crece en tierras tropicales; su copa es piramidal y sus flores son de color rojo oscuro con el cáliz dividido en cuatro. Es muy oloroso **2** Capullo de la flor de ese árbol, de color oscuro y forma parecida a la de los clavos de metal; seco, se usa como especia o medicamento **3** *Clavo de olor* (*Choysia ternata*) Planta rutácea que crece como arbusto, da flores blancas y es muy olorosa **III 1** (*Min*) Parte de una veta rica en metales, particularmente cuando son preciosos **2** Callosidad que se forma en el lomo de un caballo, una mula, etc **3** (*Huast*) Patilla

4 (*Popular*) Dinero: "No tengo un solo *clavo*", "Me dejaron sin un *clavo*".

claxon s m Bocina eléctrica de gran sonoridad, usada en los automóviles: *tocar el claxon*.

clemencia s f Virtud de una persona que es capaz o tiene la facultad o la autoridad de retirar una sanción o una condena a quien ha actuado mal o cometido un delito, suavizando así o moderando el rigor de la ley o de la justicia: "Apeló a la *clemencia* del César", *pedir clemencia, tener clemencia*.

clerical adj m y f Que pertenece al clero, que se inclina a pensar como sus miembros, o que es partidario de su influencia y de sus intereses en forma excesiva: *círculos clericales del país*.

clericalismo s m **1** Intervención excesiva del clero en la vida política de un Estado **2** Actitud y política de los partidarios de que eso ocurra.

clérigo s m **1** Miembro de una Iglesia cristiana, que ha obtenido órdenes sagradas **2** En la Edad Media, hombre dedicado al trabajo intelectual y a los estudios escolásticos, aunque no estuviese ordenado.

clero s m **1** Conjunto de las personas que, en la Iglesia católica, han recibido las órdenes religiosas, tanto las mayores como las menores, y están autorizadas a ejercerlas, como los sacerdotes **2** *Clero regular* Conjunto de los sacerdotes y otros hombres que pertenecen a una orden religiosa sujeta a una regla, viven en comunidad y han hecho ciertos votos como los de pobreza, de castidad y de obediencia **3** *Clero secular* Conjunto de los sacerdotes que no están sujetos a regla de órdenes religiosas, como los ordinarios en las parroquias.

cliente s **1** Persona que compra algo o paga por algún servicio con respecto a quien se lo proporciona: "Hoy atendí a más de 20 *clientes*", *tratar bien a los clientes* **2** Persona que compra frecuentemente en un mismo lugar o solicita los servicios de una misma persona: "Los clientes de un contador", "Idolina es su mejor *clienta*".

clientela s f **1** Conjunto de clientes de cierto profesionista (médico, abogado, contador, etc) o de un establecimiento comercial: *tener clientela, perder la clientela, atender a la clientela, hacer clientela* **2** Conjunto de personas que aceptan las propuestas o los beneficios prometidos por un político o un partido político y tienden a votar por ellos: *clientela electoral*.

clima s m **1** Conjunto de las condiciones atmosféricas como la temperatura, la humedad, el viento, etc, que, con ciertas variantes, prevalecen en una región determinada y la caracterizan: *clima tropical, clima desértico, clima húmedo* **2** *Clima (artificial)* Temperatura dentro de un lugar cerrado regulada mediante aparatos de calefacción o refrigeración; aparato con el que se regula esta temperatura: "La biblioteca tiene *clima artificial*" **3** Conjunto de circunstancias que caracterizan una situación determinada: *clima de confianza, clima político*.

climaterio s m Periodo de la vida de los seres humanos en que cesan fisiológicamente las funciones reproductivas, y conjunto de los fenómenos físicos y psicológicos que lo acompañan. En las mujeres ocurre con la menopausia, en los hombres tarda más y es más difícil de precisar.

climático adj Que pertenece al clima o se relaciona con él: *condiciones climáticas favorables*.

climatología s f Ciencia que estudia el clima: "Por medio de la *climatología* podemos dar el pronóstico del tiempo".

climatológico adj Que pertenece al clima o a la climatología, que se relaciona con ellos: *condiciones climatológicas, estudio climatológico*.

clímax s m sing y pl **1** Punto de mayor intensidad de algo, especialmente de una obra literaria o musical, y del proceso narrativo que se da en el cine o en el teatro: "La carrera llegó a su *clímax*", "El *clímax* de la tragedia" **2** Punto culminante de la excitación sexual; orgasmo **3** (*Lit*) Figura retórica que consiste en ordenar ciertas frases en forma ascendente según la fuerza de su significado **4** En ecología, etapa de relativo equilibrio que alcanza cierta población de organismos en un medio ambiente dado, y que constituye el desarrollo culminante de una sucesión natural.

clínica s f **1** Establecimiento dedicado a dar atención médica a los enfermos, generalmente en una determinada especialidad; a veces se trata de una sección o parte de una institución hospitalaria mayor: *clínica psiquiátrica, clínica particular, clínica del Seguro Social, clínicas de maternidad* **2** Parte práctica de la medicina que se ocupa de los síntomas del enfermo como signos que el médico puede observar o palpar para hacer un diagnóstico y dar un tratamiento, sin recurrir a las técnicas de laboratorio **II 1** *Clínica de belleza* Establecimiento que se dedica a dar tratamientos a la piel de las personas, particularmente a las mujeres, para limpiarla, conservarla sana y joven, etc **2** En algunos deportes, como el tenis, curso práctico para mejorar la técnica de un jugador.

clínico adj y s **1** Que pertenece a la clínica como rama de la medicina o se relaciona con ella: *historia clínica, cuadro clínico* **2** s m Médico que se especializa en esta rama de la medicina: "Los *clínicos* temen que las reacciones tóxicas puedan ser causadas por este medicamento".

clitelo s m (*Zool*) Región glandular engrosada de la epidermis en los segmentos treinta a treinta y siete de algunos gusanos anélidos, como las lombrices de tierra, que segrega una especie de mucosidad alrededor de los individuos cuando están copulando, que los mantiene juntos temporalmente y que crea capullo alrededor de sus huevos fertilizados.

cloaca s f **1** Conducto generalmente subterráneo por donde corren las aguas negras y los desechos de una ciudad **2** Cavidad en la que termina el conducto urogenital y el intestino en algunos vertebrados como las aves.

clorhidrato s m (*Quím*) Compuesto del ácido clorhídrico y una base orgánica.

clorhídrico adj (*Quím*) Que pertenece a las combinaciones del cloro y del hidrógeno o se relaciona con ellas: *ácido clorhídrico*.

cloro s m Gas amarillo verdoso, de olor sofocante, soluble en agua, que se emplea en la purificación de aguas, para blanquear y decolorar textiles y pulpa de madera, para obtener compuestos clorados y como desinfectante; es muy venenoso.

clorofila s f (*Bot*) Sustancia orgánica que se acumula en las hojas y en los tallos de las algas y las plantas; es un pigmento de color verde que absorbe las radiaciones de la luz solar para que el vegetal tenga la energía necesaria para efectuar la síntesis de la materia de la que se nutre.

cloroformo s m Líquido pesado, volátil, incoloro, de olor muy fuerte y sabor dulce. Se emplea como disolvente de resinas, grasas, caucho y otras sustancias y en extinguidores de fuego. Se usó en medicina como anestésico por inhalación, pero como producía trastornos cardiacos y renales, ese uso desapareció. Se utiliza en forma de linimento en el reumatismo, cefalalgia y neuralgia.

cloroplasto s m (*Bot*) Célula que se encuentra entre las dos epidermis de las hojas de las plantas, que contiene la clorofila.

cloruro s m (*Quím*) **1** Cualquier combinación de cloro con otro elemento o radical **2** *Cloruro de sodio* Sal marina o terrestre **3** *Cloruro de calcio* Producto resultante de la absorción de cloro por la cal apagada, que se emplea mucho para desinfectar y para blanquear el papel y las telas.

clóset s m Especie de armario o ropero empotrado en la pared; pequeño cuarto para guardar cosas, especialmente ropa: *guardar en el clóset, meter al clóset.*

club s m **1** Asociación que establece un grupo de personas con el fin de realizar en común actividades recreativas, deportivas o culturales; *club deportivo, club de periodistas* **2** Local donde se reúnen **3** *Club nocturno* Establecimiento donde se presentan espectáculos de música o danza y se consumen bebidas alcohólicas.

clueco adj **1** Tratándose de aves, especialmente de las gallinas, que están empollando huevos **2** Que se muestra muy satisfecho y orgulloso, especialmente los padres por algún éxito de los hijos.

clutch s m Dispositivo que conecta o desconecta dos ejes en rotación de una máquina, especialmente de un automóvil o camión, tanto en reposo como en movimiento. (Se pronuncia *cloch*.)

coa s f Instrumento de labranza parecido al azadón, compuesto por un mango largo de madera unido a una pala de hierro terminada en punta, con uno de sus lados rectos y el otro curvo.

coacción s f Acción que ejerce una persona, un grupo o una institución sobre otra u otros, para obligarlos a actuar de cierta manera, independientemente de su rechazo o su voluntad en contra: "La policía confunde la fuerza de la ley con la *coacción* al soborno".

coadyuvar v intr (Se conjuga como *amar*) (*Periodismo*) Contribuir, ayudar algo o alguien a alcanzar un fin determinado: "Crearon un fondo para *coadyuvar* a la solución de los problemas de familias damnificadas por el temblor", "Es necesaria una política de uso del agua que *coadyuve* a la satisfacción adecuada de la demanda".

coagulación s f Acto y resultado de coagular o coagularse un líquido, especialmente la sangre: *tiempo de coagulación, trastornos de la coagulación.*

coagular v tr (Se conjuga como *amar*) Formar coágulos ciertos líquidos, particularmente la sangre.

coágulo s m Aglomeración de partículas semisólidas de un líquido como la leche al formar la nata, el atole, pero particularmente la sangre: *formarse un coágulo, extraer los coágulos.*

coahuilense adj y s m y f Que es natural de Coahuila, que pertenece a este estado o se relaciona con él: *siderurgia coahuilense.*

cobalto s m **1** Metal fuerte y dúctil de color gris acerado, que tiene grandes propiedades magnéticas cuando se encuentra en aleaciones; se utiliza en la fabricación de pinturas y barnices, filamentos para lámparas, envases, cerámica, etc **2** Color azul intenso, usado especialmente en vidrio y alfarería, obtenido de precipitados de cobalto y óxidos de aluminio.

cobarde adj y s, m y f Que actúa con temor o sin asumir su responsabilidad ante una amenaza o frente a ciertos hechos: "¡No corras, no seas *cobarde*!", "No lo haré. Soy demasiado *cobarde*. Los que hacen esto son valientes".

cobardía s f **1** Actitud del cobarde, de miedo en la lucha o de temor ante la amenaza o las situaciones difíciles: "Por pura *cobardía* dejó de asistir Antonio a las reuniones" **2** Actitud de prepotencia o de abuso de quien se siente apoyado por otros o por su fuerza ante un indefenso: "Es una *cobardía* que cinco muchachos hayan golpeado a un niño".

cobija s f **1** Pieza de tela grande y, por lo general, rectangular, hecha de alguna fibra gruesa como la lana, que sirve para abrigarse y se usa principalmente para dormir **2** *Pegársele a uno las cobijas* Quedarse dormido hasta muy tarde.

cobra[1] s f Conjunto de animales —caballos, mulas, etc— que, unidos, se utilizan para trillar el grano.

cobra[2] s f Serpiente muy venenosa de distintas especies, propia de las regiones cálidas de Asia y África, que se caracteriza por que, cuando va a atacar, yergue la parte anterior de su cuerpo y dilata los costados de la región cervical expandiendo la piel en forma de raqueta.

cobrar v tr (Se conjuga como *amar*) **1** Recibir o pedir cierta cantidad de dinero como pago por algo: *cobrar su salario, cobrar la renta, cobrar impuestos* **2** prnl Hacer que alguien pague una deuda cuando uno encuentra una oportunidad para hacerlo, o hacerle una ofensa o un daño semejante al que uno recibió previamente de esa persona: "Carlos *se cobró* el mal trato cuando adquirió poder" **3** *Cobrarse a lo chino* Cobrarse uno lo que alguien le debe sin contar con su consentimiento: "Lo malo de deberle al patrón es que *se cobra a lo chino*" **4** Empezar a tener alguna cosa o aumentar algo que ya se tenía; adquirir: *cobrar bríos, cobrar confianza, cobrar sentido, cobrar vida, cobrar prestigio, cobrar importancia* **5** Recoger una red o una cuerda después de haber atrapado animales de caza o pesca.

cobre s m **1** Metal flexible de color rojizo, muy buen conductor del calor y la electricidad, que se puede mezclar con otros como el zinc, el níquel o el estaño **2** Cualquiera de los instrumentos musicales de metal y de viento, como la corneta, el corno, etc **3** *Enseñar el cobre* Dejar ver alguien su poca calidad moral, honradez o valentía.

cobro s m **1** Acto de cobrar dinero y cada una de las cantidades que se cobra: *hacer un cobro, llevar los cobros* **2** *Al cobro* Para que se pague: *presentar un recibo al cobro.*

coca s f **1** Arbusto de la familia de las eritroxiláceas de hasta 2 m de alto, de corteza rojiza y flores en grupos axilares, su fruto es una drupa pequeña anaranjada. Se cultiva en Perú y Bolivia principalmente **2** Alcaloide que se extrae de las hojas de esta planta y que, sometido a distintos procesos químicos, constituye una droga sumamente tóxica. Se presenta en forma de polvo blanco, y en medicina se usa como anestésico local; cocaína **3** Árbol o arbusto de la familia de las eritroxiláceas de hasta 12 m de alto, hojas simples y alternas, flores pequeñas amarillas en grupos y fruto de 1 cm de largo y de color rojo cuando está maduro. Con sus hojas se prepara una infusión; se cultiva en Tabasco.

cocada s f Dulce hecho a base de coco rallado.

cocción s f Acto de cocer o cocerse un alimento o un material; cocimiento: "La *cocción* mejora las propiedades nutritivas del garbanzo", *poner en cocción*, *endurecimiento por cocción*.

cóccix s m sing y pl (*Anat*) Hueso corto de los vertebrados que carecen de cola (primates y anfibios) en la extremidad inferior de la columna vertebral, constituido por la fusión de cuatro o cinco vértebras rudimentarias.

cocer v tr (Se conjuga como *mover*, 2e) **1** Poner algún alimento bajo la acción del fuego, hirviéndolo en agua, friéndolo o asándolo, para que deje de estar crudo y pueda comerse: "Tape los frijoles para que se *cuezan* más rápido", "Primero se *cuece* el pollo...", *cocer al horno* **2** Poner en un horno algún material para que se endurezca y se haga resistente: *cocer ladrillos, cocer cerámica*.

cocido I pp de *cocer* **II** s m Platillo que consiste en trozos de carne de res con algunas verduras como zanahorias, col, garbanzos y perejil, servidos en el caldo en que fueron cocidos; puchero.

cociente s m **1** (*Mat*) Número que resulta de la división de una cantidad entre otra, y que indica cuántas veces está contenido el divisor en el dividendo de una división; por ejemplo, el *cociente* de 20 entre 4 es 5 **2** *Cociente intelectual* Medida de la inteligencia de una persona, que se determina mediante ciertas pruebas y establece una relación entre la edad mental y la edad real.

cocina s f **1** Lugar en una casa, restaurante, etc donde se preparan los alimentos, y el conjunto de muebles como estufa o brasero, fregadero, etc que lo componen **2** *Cocina económica* Lugar donde se prepara y vende comida de tipo casero **3** Platillos típicos y forma de prepararlos propia de una región o país: *cocina mexicana, cocina yucateca, cocina francesa* **4** *Alta cocina* La de gran calidad.

cocinar v tr (Se conjuga como *amar*) Preparar los alimentos para comerlos, especialmente los que se cuecen o guisan al fuego.

cocinero s Persona que se encarga de cocinar, especialmente la que tiene por oficio esta actividad: *una cocinera de primera*.

coco¹ s m **I 1** Fruto del cocotero, más o menos redondo, de unos 30 cm de diámetro. Consta de un epicarpio color verde amarillento lustroso, un mesocarpio fibroso (de 4 a 5 cm de espesor), un endocarpio o cáscara (duro y de color oscuro) y finalmente una almendra comestible que contiene un líquido refrescante de propiedades diuréticas conocido como agua de coco. La parte fibrosa se emplea para hacer colchonetas, tapetes, cepillos y al quemarla se puede obtener negro de humo. La almendra tiene un uso comercial y se le conoce como copra; se le deja secar y se extrae de ella un aceite comestible que también se usa para fabricar jabones, velas, lubricantes, etc. El bagazo de la copra es buen alimento para el ganado y aves de corral **2** Almendra de este fruto: "Al salir de la escuela nos comprábamos un *coco* con limón y chile" **3** *Cocos duros* (*Pue*) Dulce de coco y piloncillo, muy duro; rompemuelas **4** Cocotero **II 1** (*Popular*) Cabeza: "Afirman que han hablado con hombrecitos verdes, orejones y con enormes antenas en el *coco*" **2** *Patinarle a alguien el coco* Estar medio loco o un poco trastornado: "No hay duda, *le patina el coco*" **3** *Pelarse a coco* (*Popular*) Cortarse el pelo al rape **4** (*Popular*) Coscorrón: "Estaban tan enojados con él que lo agarraron a *cocos*" **III 1** Personaje terrible y feo con el que se asusta a los niños: "¡Ahí viene el *coco* y te va a comer!" **2** Rasguño o herida leve, principalmente en la cabeza, cuando se habla con niños pequeños: "Se hizo un *coco*" **3** (*Coloq*) Molestia o motivo de dificultades para alguien: "Las matemáticas son el *coco* de los estudiantes".

coco² s m (*Biol*) Bacteria de forma más bien esférica, como los estreptococos o los estafilococos.

coco³ (*Caló*) **1** adj y s Que emplea la cocaína para drogarse: "Ahí como lo ves, tiene fama de ser bien *coco*" **2** s m Cocaína.

coco⁴ s m **1** (*Nycticorax nycticorax*) Pequeña garza de la familia de los ardeidos que habita gran parte del continente americano, desde el sur de Canadá hasta el noroeste de Argentina. Tiene la frente verde, la cabeza y el dorso negros, con un débil lustre verde; pecho y vientre blancos; alas y cola cenicientas o grises azuladas, pico negro y patas amarillas; dos plumas nucales largas, delgadas y claras. Es de hábitos nocturnos **2** Pequeña tórtola del tamaño de un gorrión, de color castaño claro, con manchas negras en el pecho; cuando camina sacude la cabeza hacia adelante. Se encuentra por todo el país.

cocoa s f Polvo de chocolate semidescremado, generalmente de productos importados de los Estados Unidos de América.

cocodrilo s m Cualquiera de los reptiles anfibios del género *Crocodylus*. Su tamaño varía según la especie entre 2 y 8 m de largo, tiene el tronco más o menos cilíndrico y aplanado, cabeza de forma triangular también aplanada, ojos pequeños de pupila vertical y protegidos por tres párpados, uno de los cuales es transparente para cuando está bajo el agua; sus dientes, cónicos y uniformes, tienen la propiedad de irse sustituyendo cuando se desgastan; tiene patas cortas y cola fuerte. Son muy ágiles en el agua y torpes en la tierra, habitan generalmente en zonas tropicales en lagunas y ríos de la costa, donde reposan flotando cerca de la superficie del agua; son carnívoros y depredadores. Su piel recubierta por placas duras es muy apreciada en la elaboración de bolsas, zapatos, cinturones, etc. En México existen dos especies: *crocodylus acutus* en la costa del Pacífico, desde Colima hasta Oaxaca, y *crocodylus moreletii* en la del Golfo, desde Tamaulipas hasta Campeche.

cocol s m **1** Pan en forma de rombo cubierto con ajonjolí y con sabor a anís **2** Rombo que se teje o se borda como adorno **3** En bordado, puntada que consiste en formar un rizo de hilo sobre la tela, enredándolo en la aguja y pasándolo del otro lado de la puntada **4** *Del cocol* (*Coloq*) Difícil, complicado, muy mal: "La vida está *del cocol*", "Le ha ido *del cocol*" **5** *Cocolito* (*Tab*) Niño pequeñito.

cócono s Guajolote; el joven.

cocotero adj y s m (*Cocos nucifera*) Árbol de la familia de las palmáceas, o palmera; su tronco alcanza hasta 25 m de altura; termina en un racimo de hojas pinadas que llegan a medir hasta 6 m de longitud por 1 m de ancho. Se encuentra en las zonas cálidas cerca de las costas. Las hojas se utilizan para construir techos, tejer sombreros, canastas, petates, etc. Su fruto, el coco, contiene un líquido apreciado como bebida refrescante; su pulpa es comestible. Del tallo se obtiene una bebida llamada tuba, que contiene azúcar y alcohol: "Se escucha trinar el arpa / allá por los *cocoteros*", *finca cocotera*.

coctel s m **1** Bebida preparada con algún licor mezclado con jugos de frutas u otros ingredientes: *deliciosos cocteles*, *tomar un coctel* **2** Reunión en la que se ofrecen bebidas alcohólicas para brindar por algún acontecimiento: *un coctel a la prensa* **3** Platillo fresco, preparado generalmente a base de mariscos con salsa de tomate, o de frutas variadas, que generalmente se sirve al principio de una comida: *coctel de camarones, coctel de ostiones, coctel de frutas, coctel de aguacate* **4** *Coctel molotov* Bomba improvisada que consiste en una botella llena de gasolina y con un trapo como mecha. (Se pronuncia *coctél*.)

cocuyo s m **1** (*Pyrophorus noctilucus*) Insecto nocturno de la familia de los coleópteros de aproximadamente 3 cm de largo, pardo y con dos manchas amarillentas a los lados del tórax por las que despide una luz verdosa muy intensa. Habita en lugares más bien cálidos y húmedos **2** Luciérnaga **3** (*Caló*) Brillante.

cochambre s m o f Capa de suciedad y grasa que suele formarse generalmente en las paredes y los techos de las cocinas y en muchos utensilios, generalmente por falta de limpieza.

coche s m **1** Vehículo con motor de combustión interna que se desplaza sobre cuatro llantas de hule y que, generalmente, utiliza gasolina como combustible. Puede transportar hasta cinco o seis pasajeros: "Mi *coche* no circula los martes", *estacionar el coche* **2** Cualquier vehículo de transporte para personas, con ruedas: *un coche de caballos, un coche del tren, un coche de bebé*.

cochinilla s f **1** Crustáceo isópodo terrestre de aproximadamente 1 cm de largo, de forma aovada, de color gris oscuro y patas muy cortas; cuando se le sorprende se enrolla en forma de bola; se cría en lugares húmedos, frecuentemente debajo de las piedras **2** Cualquier especie de isópodo terrestre; entre éstos se encuentran los que producen las plagas más graves en plantas cultivadas, sobre todo de sombra, como el tabaco **3** (*Coccus cacti*) Insecto de la familia de los hemípteros, originario de México, semejante a una chinche; vive en una especie de nopal del que se nutre; pulverizado se empleaba como colorante rojo oscuro; tuvo gran importancia industrial en épocas pasadas; hoy ha desaparecido, con la aparición de extractos minerales colorantes y de materias colorantes sintéticas **4** Materia colorante de color rojo que se obtenía de este insecto **5** (*Dactyliopius cacti*) Nopal sobre el cual se propagaba el insecto productor de tal materia colorante.

cochino s m **1** Cerdo: *carne de cochino, matar un cochino, cochinita pibil* **2** Alcancía hecha de barro que tiene la figura de un cerdo y se rompe cuando está llena **3** Ahorro que uno hace poco a poco y

con paciencia: *hacer un cochinito* **4** adj Que es o está sucio, o carece de limpieza; que se comporta indebidamente o con falta de honradez o lealtad: *un lugar cochino, un vestido cochino, una persona cochina, una acción cochina* **5** (*Ver* y *Oax*) Bíceps.

codeína s f Alcaloide que se obtiene de la morfina y el opio, y que se emplea en medicina como calmante o analgésico.

códice s m **1** Libro escrito a mano antes de la invención de la imprenta y que tiene un valor histórico o literario: *el Códice Alejandrino, los códices encontrados en Grecia* **2** Manuscrito en papel de amate o sobre cuero de ciervo con jeroglíficos y representaciones pictóricas que relatan asuntos históricos, religiosos, etc de los indios mesoamericanos, como el Mendocino, el Bodleiano, el Vindobonensis y otros.

codicia s f **1** Deseo desmedido de obtener riquezas: *sentir codicia* **2** (*Tauro*) Cualidad del toro de embestir con fuerza y tratar de coger el bulto o engaño que se le presenta.

codiciar v tr (Se conjuga como *amar*) Desear intensamente obtener algo, especialmente riquezas: *codiciar un tesoro, codiciar un premio*.

código s m **1** (*Der*) Conjunto de leyes, ordenadas y sistematizadas, relativas a determinado campo del derecho; su elaboración corresponde al poder legislativo y su observancia es obligada y de carácter general: *código civil, código agrario* **2** Conjunto de reglas, normas, preceptos, etc que orienta o determina el comportamiento de una persona o de una sociedad, o que señala los pasos que se deben seguir para hacer algo: *código moral, código industrial* **3** Sistema de signos, símbolos, etc, generalmente convencional y arbitrario, que sirve como medio de comunicación o que transmite determinada información: *código morse, código de señales, código genético* **4** *Código postal* Expresión numérica y a veces alfabética formada por claves que permiten reconocer ciudades, pueblos, colonias o barrios utilizada por el servicio de correos, para facilitar el reparto de la correspondencia.

codo s m **I 1** Parte posterior y prominente de la articulación del brazo con el antebrazo: *romperse un codo, apoyar los codos sobre la mesa* **2** Parte de la manga que cubre esa región: *codo de un saco, traer los codos gastados* **3** Medida de longitud que equivale aproximadamente a la distancia que hay entre esa parte del brazo y la mano: "Véndame cinco *codos de cuerda*" **4** *Meterse en algo hasta los codos* Interesarse o comprometerse con algo intensamente **5** *Codo con codo* De manera muy cercana o solidaria **6** *Hablar (hasta) por los codos* Hablar mucho o demasiado **7** *Ser alguien (muy) codo, doler el codo* Estar alguien poco dispuesto a dar, a compartir o a gastar dinero **8** *Empinar el codo* Beber demasiado vino o bebidas alcohólicas **II** Pieza curva, arqueada, como un ángulo redondeado, particularmente la que se usa en plomería para cambiar la dirección de una tubería; tramo o segmento de algo que tiene esta forma **III** *Codo de fraile* (*Thevetia thevetioides*) Árbol de la familia de las apocináceas, de 6 a 8 m de altura, hojas alternas y angostas que miden entre 7 y 15 cm de largo y entre 0.5 y 1 cm de ancho, agudas y brillantes. Sus flores son amarillas y muy vistosas, el fruto ligeramente triangular y la semilla angulosa y de forma redondeada. El tronco, las ramas y el fruto tienen un jugo lechoso muy tóxico. Aunque de uso peligroso, tiene propiedades medicinales.

codorniz s f **1** Cada una de las especies de aves gallináceas que pertenecen a la familia de los faisánidos; tienen en común un cuerpo rechoncho de unos 20 cm, generalmente pintas, jaspeadas o rayadas, de color negro, blanco, café y gris; de patas robustas y cabeza pequeña rematada por un fuerte pico cónico, apropiado para su alimentación, basada en granos e insectos tomados del suelo; hacen su nido en el suelo y ponen generalmente de ocho a catorce huevos; algunas son aves corredoras y otras corren y vuelan; su carne y sus huevos son comestibles; habitan en casi todo México en terrenos con zacate y arbustos o matorrales, en zonas esteparias o desérticas, selváticas o montañosas. Las más conocidas son: codorniz californiana (*Lophortyx californica*), codorniz común o cuiche (*Colinus virginianus*), codorniz de Yucatán o cuiche (*Colinus nigrogularis*), codorniz pinta o de Moctezuma (*Cyrtonyx montezumae*), codorniz de montaña (*Oreortix picta*) **2** (*Coturnix coturnix*) Ave gallinácea europea que emigra a África en otoño, con la cabeza, el lomo y las alas de color pardo oscuro y la parte inferior gris amarillenta.

coeficiente s m **1** (*Mat*) Factor en una función o en una expresión algebraica, generalmente constante **2** (*Fís*) Constante numérica prefijada como multiplicador de una cantidad variable en el cálculo de la magnitud de una propiedad física **3** *Coeficiente intelectual* Relación entre la edad mental y la cronológica de un individuo.

cofre s m **1** Caja generalmente de gran tamaño, en la que por lo general se guardan objetos valiosos, como joyas o dinero: *cofres repletos de monedas de oro y plata, el cofre del tesoro* **2** Parte delantera de un coche que generalmente protege el motor y gran parte de su maquinaria.

coger v tr (Se conjuga como *comer*) **I 1** Poner los dedos de la mano en algo o en alguien y cerrarlos para retenerlo o sostenerlo: *coger un fusil, coger una piedra, coger un libro, coger del brazo*, "La señora *cogió* al niño y se lo llevó" **2** (*Popular*) *Cogerse a alguien* Lograr que otra persona realice con él el acto sexual, ya sea por galanteo, por asedio o por la fuerza: "*Me cogí* a la sirvienta", "*Se coge a* todas sus amigas" **3** (*Popular*) Hacer el acto sexual: "¿Vamos a *coger?*", "Le encanta *coger* a todas horas" **4** Contagiarse de una enfermedad: *coger un catarro, coger amibas* **5** *Cogerse algo* (*Coloq*) Tomar alguna cosa y quedarse con ella indebidamente: "*Se cogió* el dinero del gasto" **6** Comprender o captar alguna cosa que no es evidente o fácil de captar: *coger un chiste, coger el hilo de un libro, coger una estación de radio* **7** Juntar, reunir o recibir algo dentro de sí o para sí: *coger agua la tierra* **8** Empezar a hacer algo, incorporándolo a la actividad o al comportamiento de uno: *coger una costumbre, cogerle aprecio al maestro, coger velocidad, coger fuerzas* **II 1** Tomar un transporte, un camino o cierta dirección: *coger un camión, coger una calle, coger a la derecha en la esquina* **2** *Coger para* Dirigirse a, ir hacia: *coger para el norte, coger para el pueblo* **3** *Coger de camino, de paso* Estar algo en el

camino o cerca de donde uno pasa: "Yo te lo llevo; tu casa me *coge de camino*" **III 1** Prender un toro con los cuernos a alguien: "El toro *cogió* al Curro" **2** (*Coloq*) Sorprender a alguien haciendo algo indebido: "La *cogí* leyendo mi correspondencia", "Los *cogimos* cuando robaban" **IV 1** *Coger y* (*Popular*) Decidirse por algo repentinamente: "*Cogió y* se fue sin despedirse" **2** *Cogerla con alguien* (*Coloq*) Molestar o agredir constantemente a alguna persona, aparentemente sin motivo: "*La cogió* conmigo don Ángel y no me dejaba en paz".

cognac s m Coñac.

cohete s m **1** Tubo o cartucho pequeño, lleno de pólvora, que se usa en los fuegos de artificio y que estalla con un ruido estrepitoso: *aventar cohetes*, "Lo recibieron con música y *cohetes*" **2** Proyectil cilíndrico, con motor propio, cuya propulsión se obtiene de la combustión de materias químicas o nucleares, que se emplea como arma de guerra o para impulsar diversos objetos fuera de la atmósfera terrestre y realizar viajes por el espacio: *un cohete a la Luna, cohetes atómicos, lanzar un cohete.*

cohibir v tr (Se conjuga como *subir*) Impedir algo o alguien, con proponérselo, que una persona se desenvuelva con naturalidad o que manifieste sus pensamientos o sus sentimientos con libertad: "Ningún rigor lo *cohibió*", "Me *cohibí* y no supe qué decirle", "Nos *cohibimos* ante las defensas europeos".

coincidencia s f **1** Hecho de coincidir personas o cosas: *coincidencia de opiniones*, "Hay que buscar las *coincidencias* y no las divergencias", "¡Qué *coincidencia!* Nacimos el mismo día", "Los encontramos por pura *coincidencia*".

coincidente adj y m y f Que coincide: "Tienen puntos de vista *coincidentes*".

coincidir v intr (Se conjuga como *subir*) **1** Suceder dos hechos al mismo tiempo y por casualidad: "Ese momento *coincidió* con un amanecer sombrío" **2** Encontrarse dos o más personas en el mismo lugar o al mismo tiempo, o tener los dos los mismos gustos, opiniones, planes, etc sin que se lo propusieran o sin que una influya sobre la otra para lograrlo: "*Coincidieron* esta vez los intereses hegemonistas de la URSS y los EEUU", "Las obras de Sartre y Camus *coinciden* políticamente hasta 1948" **3** Quedar dispuestos dos objetos de la misma forma o dos líneas de modo que el uno se vea como continuación del otro, o que sus bordes o límites no se contrapongan: "En los tejidos de cuadros se colocan los patrones al bies, a fin de que *coincidan* los dibujos".

cojín s m **1** Bolsa o funda de diversas formas y tamaños hecha de tela y rellena de lana, algodón, plumas u otro material esponjoso que se utiliza para apoyarse cómodamente en ella; se coloca sobre un asiento, un respaldo o una cama **2** (*Mar*) Tejido que se pone en algunos palos para evitar que se rocen los cabos de maniobras.

cojo adj y s **1** Tratándose de personas o animales, que le falta una pierna o una pata, o que tiene algún defecto que le impide caminar bien: *soldados cojos, perro cojo* **2** Tratándose de muebles, que no asienta bien en el suelo, que se balancea: *una mesa coja* **3** Tratándose de un razonamiento o una forma de expresión, que está incompleto, que le falta algo, que es insuficiente o incorrecto: *sintaxis coja.*

col s f **1** (*Brassica oleracea*) Planta europea de la familia de las crucíferas, comestible, de hasta 50 cm de altura; de tallo erguido, carnoso y poco ramificado, con hojas blancas y lampiñas, de costilla gruesa cubiertas por una capa cerosa y agrupadas en una especie de bola en el centro de la planta; flores pequeñas, amarillas o blancas; semillas pequeñas, negruzcas o rojizas.

Existen muchas variedades, todas comestibles: *sembrar una col* **2** Grupo cerrado de hojas, de forma más o menos esférica, que constituye la parte comestible de esta planta: *col morada con manzana* **3** *Col de Bruselas* Variedad de esta planta, que produce a lo largo del tallo retoños semejantes a pequeñas coles.

cola[1] s f **I 1** Extremidad que sale de la parte posterior de algunos animales; en los vertebrados es una continuación de la columna vertebral y suele servirles para colgarse, guardar el equilibrio, etc: "El perro movía la *cola* alegremente", "Un chango, colgado de la *cola*, pelaba cacahuates en el aire", "Es una cuija; si le cortas la *cola*, le vuelve a crecer" **2** (*Coloq*) Nalgas, trasero: "Se dio un sentón y luego nomás andaba sobándose la *cola*" **3** (*Popular*) Muchacha, mujer joven: "Invítate unas *colitas* a la fiesta" **4** Conjunto de plumas largas y fuertes que tienen las aves en la parte posterior del cuerpo y que al ser desplegadas suelen tomar la forma de un abanico: *la cola del pavorreal* **II 1** Parte posterior de algo, en oposición directa a su cabeza o principio: *la cola de un camión, la cola del tren, la cola del piano* **2** Pieza o mecanismo posterior de una máquina que sirve para dirigirlo o estabilizarlo en el aire: *la cola de un avión, la cola de un misil, la cola de una veleta, la cola de un coche de carreras* **3** Prolongación de alguna cosa; parte que se alarga fuera de un cuerpo principal y es o parece un apéndice suyo: *la cola de un vestido de novia, la cola de un papalote* **4** Extremo de una película fotográfica, comúnmente velado, que se usa como guía para embobinarla **5** Resto o sobras de algo, especialmente el del alcohol que queda en un vaso o en una botella, y el del cigarro; colilla **III 1** Conjunto de personas que, colocadas una detrás de otra, esperan turno para algo: *hacer cola, formarse en la cola* **2** Persona que tiene el último turno o posición en un juego, una lista, etc, y éste mismo turno o posición: "A Poncho le tocó mano en las canicas, a mí *cola*", "El equipo es *cola* en la tabla del campeonato" **IV 1** *Tener o traer algo cola* Tener algo motivos o consecuencias que no se hacen aparentes o que se han ocultado a propósito, especialmente si son perniciosas: "El ajuste de precios *trae cola* política" **2** *Salirle a alguien cola* (*Coloq*) Resultar algo en su contra, sobre todo si esperaba, al contrario, obtener de ello una ventaja: "Le quitaron la mercancía para cobrarle una multa de 30 mil pesos. ¡Pero *les salió cola*! Les dejó la mercancía, que valía menos que la multa" **3** *Tener alguien cola que le pisen* Tener o haber hecho en el pasado actos que podrían reprochársele o por los cuales podría ser acusado: "Dile a Juancho que no ande hablando, que también él *tiene cola que le pisen*" **4** *Con la cola entre las patas* Con vergüenza o excesiva timidez o arrepentimiento: "El regaño era justo y salió *con la cola entre las patas*" **V 1** *Cola de caballo* Peinado en el que el pelo largo se recoge en un solo mechón detrás de la cabeza **2** *Cola de pato* Corte de pelo en el que éste se peina hacia atrás de la cabeza y se deja un mechón corto de cada lado, unidos en la nuca **VI 1** *Cola de pato* Tipo de ensamble de la madera, constituido por una espiga en forma de trapecio con la base menor en el arranque; se usa comúnmente para unir tablas que forman esquina **2** *Cola de pato* Pieza plana, generalmente de metal, cuya figura está formada por un círculo y un trapecio unido a ella por su base menor y provisto de dos o más perforaciones; unida esta parte a un marco o bastidor, el círculo queda libre para ensartarlo en un clavo y colgar el marco a la pared **3** *Cola de ratón* Cadena delgada que cuelga de un interruptor y sirve para encenderlo o apagarlo tirando de ella **VII 1** Planta con forma semejante a las colas de los animales, ya por tener largas las hojas, ya por ser velluda o áspera, ya por tener espigas o formar flores o grupos de hojas como mechones. Pertenece a familias, géneros y especies muy diversos, pero comúnmente es herbácea: *cola de alacrán* (*Heliotropium curassavicum* o *heliotropium parviflorum*), *cola de caballo* (*Arisaema macrospathum* o *equisteum giganteum*, etc), o compuesta: *cola de borrego* (*Stevia eupatoria*), *cola de iguana* (*Distreptus spicatus*), *cola de zorra* (*Perezia alamani* o *perezia hebeclada*, etc), o es un pasto: *cola de ratón* (*Muhlenbergia emesleyi* o *sporolobus poiretti*), *cola de venado* (*Andropogon condensatus*), *cola de zorra* (*Leptochloa filiformis* o *epicampes disticophylla*, etc). De hojas largas: *cola de becho, cola de gallo, cola del diablo*; o largo el tallo: *cola de caballo, cola de zanate*, o los peciolos largos: *cola de tigre, cola de pescado*; con espinas: *cola de iguana, cola de lagarto*; con escamas en los tallos o peciolos, o áspera de hojas: *cola de iguana, cola de mico, cola de pava*. Algunas tienen propiedades medicinales: *cola de borrego*, para enfermedades del hígado y el estómago; *cola de caballo* para la retención de orina y otras enfermedades de los riñones, la vejiga, etc; *cola de zorrillo* como tónico o contra la dispepsia, etc **2** *Cola de león* (*Agave atenuata*) Maguey de tallo corto, con ojos grandes y se encuentra en las barrancas estrechas **VIII 1** *Cola blanca* o *de hueso* (*Ver S*) Nauyaca **2** *Cola de ratón* (*Macrorus baiardii*) Pez de color gris claro, de vientre plateado, hocico rosado y ojos azules, que alcanza hasta 50 cm de longitud **3** *Cola de zorro* Tiburón de mares templados y tropicales, de la familia *Alopidae*, que tiene el lóbulo superior de la aleta caudal muy alargado; tiburón coludo **4** *Cola de espada* Pez de agua dulce, del género *Xiphophorus*, cuyos machos tienen el lóbulo inferior de la aleta caudal muy alargado; habita en México y en Centroamérica.

cola[2] s f Pasta fuerte, gelatinosa y transparente que se obtiene cociendo restos de pieles con huesos, resinas, etc y que disuelta en agua caliente sirve como pegamento, sobre todo en carpintería.

colaboración s f Participación de alguien en un trabajo común o en algo de interés general: "Su *colaboración* en la enseñanza fue muy valiosa", *prestar su colaboración, pedir la colaboración, contar con su colaboración, la colaboración en la universidad*".

colaborador s **1** Respecto de una persona, alguien que participa con ella en la realización de algo o en el desempeño de sus funciones: "El director hizo un público reconocimiento a sus *colaboradores*" **2** Persona que publica artículos en un periódico o revista sin ser parte del equipo de redactores: "Es un periódico que cuenta con *colaboradores* de diversas tendencias políticas" **3** adj y s Que colabora en la realización o funcionamiento de algo: "Ha sido *colaboradora* en muchos proyectos de investigación".

colaborar v intr (Se conjuga como *amar*) **1** Trabajar con alguien o trabajar juntas varias personas en la realización de algo o para alcanzar cierto fin: *colaborar en la redacción de un libro, colaborar con la escuela, colaborar en el levantamiento de la cosecha* **2** Participar una persona en la realización o en el logro de algo con trabajo, consejos, dinero, etc: *colaborar con el ayuntamiento, colaborar en un periódico*.

coladera s f **1** Cajón o cilindro, generalmente de mampostería, con una rejilla que lo cubre, por donde se desagua un depósito o un terreno: *desazolvar las coladeras, caerse en una coladera destapada* **2** Utensilio de cocina que sirve para colar líquidos, consiste generalmente en una rejilla metálica o de plástico en forma de media esfera y con un mango.

colado I pp de *colar* **II 1** s m En construcción de edificios, proceso que consiste en echar cemento sobre un armado de varilla de fierro **2** s y adj Persona que asiste a un lugar sin haber sido invitada: "Era una reunión para diez personas y llegaron como veinte *colados*".

colador s m Coladera, en particular cuando es de mayor tamaño.

colar v tr (Se conjuga como *soñar* 2c) **I 1** Hacer pasar un líquido por una rejilla o una tela para que queden en ella la partícula sólidas que contiene: *colar el café, colar el jugo de naranja* **2** prnl Poner algo a través de un hueco en aquello que está destinado precisamente a impedirlo: "El viento frío *se cuela* por debajo de la puerta", "Apenas unos cuantos rayos de sol *se colaban* por las rendijas" **3** prnl Meterse alguien a escondidas o con engaños a un lugar y sin tener permiso o invitación para entrar ahí: "*Se coló* en la boda diciendo que era el novio", "Podemos *colarnos* por la puerta de atrás" **4** Pasar o hacer circular alguna cosa a escondidas, ilegal o clandestinamente: "*Están colando* información confidencial a los periódicos" **5** prnl Alcanzar alguien sorpresiva o inesperadamente una buena posición o un buen lugar en una competencia: "El joven tenista mexicano *se coló* a la final del torneo" **6** prnl (*Tauro*) Pasar el toro muy cerca del cuerpo del torero al tomar mal el engaño **II** Echar algún material fundido o en estado líquido en un molde o armazón en el que ha de fraguar; formar un objeto con este procedimiento: *colar vidrio, colar cemento*, "Las dentaduras postizas *se cuelan* en moldes de yeso", *colar una viga*.

colcha s f Cobija tejida, de tela estampada o de colores brillantes que se pone encima de la cama como adorno y para cubrir las sábanas y las otras mantas: "Las cortinas, los cojines y la *colcha* son de la misma tela".

colchón s m **1** Saco rectangular relleno de lana, plumas, aire, etc, o hecho de algún material blando y resistente, que sirve para proteger el cuerpo de la dureza o la aspereza del suelo o del mueble en que uno se acuesta: *colchón de resortes, colchón de aire* **2** Objeto blando y resistente con el que se protege

alguna cosa de golpes o daños: *un colchón de gasa, un colchón de alambre*.

colchoneta s f **1** Colchón delgado, ligero y angosto utilizado en camas portátiles o para acostarse en el suelo **2** Cobija gruesa, acolchonada, rellena generalmente de borra o de lana.

colección s f **1** Reunión de cosas de una misma clase o que guardan cierta relación entre sí: *una colección de mariposas, una colección de timbres postales* **2** Conjunto de obras literarias o de otra clase que tienen alguna característica en común, como el tema, el autor, el editor, la época, etc: *una colección de los clásicos, una colección de cuentos infantiles* **3** *De colección* De valor por su originalidad, por su rareza o por haber muy pocos de su género: *una pintura de colección*, "Esas monedas son *de colección*" "Su coche es un Studebaker *de colección*".

coleccionar v tr (Se conjuga como *amar*) Reunir cosas de una misma clase o que tienen alguna relación entre sí, generalmente guardándolas con cierto orden: *coleccionar monedas, coleccionar antigüedades, coleccionar timbres*.

coleccionista s m y f Persona que colecciona cosas por afición: *un coleccionista de arte, coleccionistas de objetos raros*.

colecta s f **1** Reunión de objetos de la misma clase, hecha con un propósito específico: *una colecta de especímenes vegetales, colecta de huevos de tortuga* **2** Reunión de dinero o de objetos valiosos, hecha para ayudar a alguna causa: *la colecta de la Cruz Roja, una colecta para el asilo de ancianos*, "Haremos una *colecta* de ropa y alimentos para los damnificados".

colectar v tr (Se conjuga como *amar*) Recoger o reunir cosas de una misma clase con un propósito determinado: "*Colectan* ropa y comida para los enfermos", *colectar fondos, colectar insectos*.

colectividad s f Grupo formado por las personas que viven en un mismo lugar o territorio, que actúan bajo las mismas condiciones o que comparten ciertas circunstancias: *la colectividad mexicana, el bienestar de la colectividad*.

colectivo adj **1** Que pertenece a una colectividad o se relaciona con ella: *propiedad colectiva, derechos colectivos, contrato colectivo* **2** Que está hecho con la participación de varias personas o para ser usado por ellas: *un trabajo colectivo, una exposición colectiva, el transporte colectivo*, "En cada piso hay un baño *colectivo*" **3** adj, y s m (*Gram*) Tratándose de sustantivos, los que en singular se refieren a un conjunto: *rebaño, cardumen, alameda, ejército, docena, multitud*, etcétera.

colega s m y f Persona que, con respecto a otra, tiene su misma profesión, oficio u ocupación: "El doctor discutió su diagnóstico con algunos *colegas*", "Una *colega* de la universidad le ayudó con la investigación".

colegio s m **1** Establecimiento dedicado a la enseñanza o al estudio **2** Asociación de personas que tienen el mismo oficio o profesión: *colegio de abogados, colegio de ingenieros* **3** *Colegio electoral* Conjunto de los electores de cada uno de los distritos electorales en que está dividido el país.

coleóptero (*Zool*) **1** adj y s m Tratándose de insectos, que tiene alas superiores duras y quitinizadas que forman cubiertas córneas para proteger las alas posteriores (membranosas) cuando no están volando; las partes de la boca están adaptadas para picar o morder; las larvas son pasivas y en forma de gusano o bien activas y carnívoras, como el escarabajo, el gorgojo y la luciérnaga **2** s m pl Orden de estos insectos.

cólera¹ 1 s f Actitud y sensación de gran enojo: "Los alumnos provocan la *cólera* del director", "Nos gritó lleno de *cólera*: ¡Fuera!" **2** *Montar en cólera* Enojarse mucho, violentarse hasta perder el dominio de sí: "*Montó en cólera* y se fue sobre el árbitro".

cólera² s m Enfermedad infecciosa, epidémica y aguda que se caracteriza por fuertes vómitos y diarreas: "El *cólera* y otras enfermedades causaron millares de muertes".

coleta s f **1** Mechón de cabello que, en la base del cráneo, se deja más largo que el resto y, por lo general, se amarra con una cinta o liga; como el que llevan los toreros: "¡Está loca! Se rapó toda la cabeza y sólo se dejó una *coleta* teñida de azul" **2** Mechón de cabello amarrado desde la base: "A Mariana le gusta que la peinen de *coletas*" **3** *Cortarse la coleta* Retirarse los toreros o dejar de ejercer alguien su profesión u oficio: "Hice mi última intervención quirúrgica y luego *me corté la coleta*".

colgar v tr (Se conjuga como *soñar*, 2c) **I 1** Estar o poner algo en alto, sin que su parte inferior toque el suelo: *colgar un cuadro, colgar la ropa, colgar un árbol sobre el río* **2** (*Rural*) Atar una bestia a una parte alta, como la rama de un árbol o una argolla en la pared **3** Matar a alguien suspendiendo su cuerpo por el cuello con una cuerda **4** *Colgar los guantes* (*Coloq*) Dejar de desempeñar alguna actividad a la que uno se ha dedicado **5** *Colgar los hábitos* Abandonar una persona su orden religiosa o su sacerdocio; retirarse de alguna profesión **6** *Colgar los tenis* (*Coloq*) Morirse **II** Oprimir el interruptor de un teléfono para terminar la llamada: "Le colgó a su novio, sin despedirse de él" **III 1** (*Coloq*) Retrasarse alguna cosa: "Se *colgaron* mucho con la edición de ese libro", "Camina rápido, no te *cuelgues*" **2** *Colgarle el milagro, el paquete, el cuento, el boleto, el muertito* Culpar a alguien de algún delito **3** (*Caló*) Distraer a una persona para robarle alguna cosa: *colgar al lelo.*

colhua 1 s m y f Grupo indígena de lengua náhuatl que se estableció en el centro de México antes de la llegada de los aztecas y fundó un reino que tuvo como centro principal a Texcoco. Logró dominar la zona de los lagos, al este del actual Estado de México, y más tarde se alió con los tecpanecas de Azcapotzalco y con los pobladores de Coatlinchan, también en el actual Estado de México. A mediados del siglo XII extendió su poder sobre los dominios de Xochimilco y Chalco. Combatió a los mexicanos cuando éstos llegaron al lago de Texcoco y más tarde, hacia el siglo XIV, les impuso como gobernante a Acamapichtli, de quien descendieron todos los reyes mexica-tenochcas. En la guerra de 1430 fueron dominados por los mexicanos, quienes, sin embargo, les permitieron mantener a sus propios gobernantes **2** adj m y f Que pertenece a este grupo indígena o se relaciona con él: *cultura colhua, señores colhuas.*

colibrí s m Pájaro de la familia de los troquélidos, exclusiva de América, de aproximadamente 7 cm de longitud, de pico largo y delgado, con un plumaje muy brillante y vistoso en el que predomina el color verde. Su vuelo es muy rápido y constante durante el día y se paraliza al llegar la noche, ya que su metabolismo desciende a un mínimo; se queda suspendido en el aire moviendo las alas a gran velocidad. Existen alrededor de cincuenta especies; chupamirto, chuparrosa, pájaro mosca: *el aleteo de los colibríes.*

cólico 1 s m Dolor agudo en el abdomen provocado, generalmente, por contracciones espasmódicas de alguno de los órganos abdominales: *cólico renal, cólico menstrual* **2** adj (*Med*) Que se relaciona con el colon: "Manifestó dolor a la palpación sobre trayecto cólico".

coliflor s f **1** Especie de col que se caracteriza por tener, en el centro de la planta, numerosas ramificaciones blancas y carnosas. Es comestible cruda o cocida: *ensalada de coliflor.*

colimense adj y s m y f Que es natural de Colima, que pertenece a este estado o se relaciona con él o con su capital, la ciudad del mismo nombre; colimeño, colimote: "Daniel Cosío Villegas, notable *colimense...*", *industria jabonera colimense.*

colimeño adj y s Colimense: *población colimeña, los jóvenes colimeños.*

colimote adj y s m y f Colimense: "Los *colimotes* intervinieron en la rebelión cristera", *mujer colimote.*

colina¹ s f Elevación del terreno de poca altura y, por lo general, aislada: "Su casa está al pie de una *colina*".

colina² s f (*Quím*) Sustancia vitamínica que se encuentra en la bilis y en tejidos animales y vegetales; forma parte del complejo de la vitamina B y su función principal en el organismo consiste en impedir la acumulación de grasa en el hígado.

colitis s f sing y pl(*Med*) Inflamación del colon o de todo el intestino grueso, debida a nerviosismo, ansiedad, o a ciertas medicinas y alimentos.

colmar v tr (Se conjuga como *amar*) **1** Llenar hasta sus bordes un recipiente u otro objeto destinado a contener algo: *colmar un granero, colmar una cuchara* **2** Llevar hasta sus límites, casi sobrepasándolos, la capacidad del ánimo o de la fortaleza moral de alguien para soportar o aceptar alguna cosa: *colmar de elogios, colmar de tristeza.*

colmena s f **1** Habitación de las abejas, particularmente de madera en forma de caja o cajonera que se construye para la cría y el aprovechamiento de la miel de estos insectos **2** Colonia de abejas **3** Panal **4** Abeja.

colmillo s m **I 1** Diente fuerte y con punta que tienen los mamíferos entre el último incisivo y el primer molar; diente canino **2** *Enseñar o sacar los colmillos* Mostrar furia y agresividad **3** Cada uno de los dos dientes incisivos que tienen los elefantes en la mandíbula superior y que se prolongan en forma de cuernos **4** Diente venenoso de algunas serpientes **II 1** Astucia y serenidad que proporciona la experiencia y que permite desenvolverse exitosamente en alguna actividad: "Sus competencias en el extranjero le han dado mucho *colmillo*" **2** *Con (el) colmillo (duro o retorcido)* Con la astucia, serenidad y acierto que proporciona la experiencia: "Un profesor *con mucho colmillo*", "Un líder sindical *con el colmillo retorcido*".

colmo s m **1** Grado más alto de alguna cosa, punto en el que ya no puede superarse o sobrepasarse: *el colmo de la felicidad, el colmo del cinismo* **2** Punto en el que algo resulta intolerable o inconcebible: "Llego al *colmo* de gritarme en público" **3** *Ser algo* o *alguien el colmo* Ser intolerable o inconcebible: "¡*Esto es el colmo!* Le deben tres meses de sueldo" **4** *Para colmo (de males)* Por si fuera poco, por añadidura o como remate de una desgracia o serie de males: "Nos perdimos y, *para colmo*, no teníamos dinero para pagar un taxi", "Lo corrieron del trabajo y, *para colmo de males*, se peleó con su mujer".

colocación s f **1** Acto y resultado de colocar algo o colocarse: *gastos de colocación, la colocación de las duelas* **2** Ocupación, empleo o trabajo permanente: *agencias de colocaciones, una colocación muy bien remunerada.*

colocar v tr (Se conjuga como *amar*) **1** Poner algo o a alguien en un lugar, de acuerdo con las características, las medidas o la capacidad que tenga: *colocar un libro en un estante, colocar galletas en una charola, colocar adoquín en un parque* **2** Tratándose de capitales, invertirlos en algún medio financiero previamente establecido: *colocar acciones en la bolsa* **3** Si son mercancías, venderlas a diversos compradores **4** Dar un puesto a alguien, conseguirle un empleo: "La bolsa de trabajo *colocó* más de dos mil hombres y mujeres".

colofón s m **1** Nota que se pone al final de algunos libros y que contiene información relativa a su impresión, como el nombre de los talleres que la llevaron a cabo, el lugar y la fecha en que se terminó de imprimir, el número de ejemplares tirados, etc **2** Información breve que se añade a otra mayor, o complemento que se agrega a algo para terminarlo: "A manera de *colofón*, te diré que tus asuntos van bien", "Como *colofón* cantaremos un popurrí".

coloidal adj m y f (*Quím*) **1** Que es característico de los coloides o se relaciona con ellos: *solución coloidal* **2** *Estado coloidal* El de un cuerpo suspendido en ciertos líquidos, cuyas partículas son muy pequeñas. Muchos procesos naturales, tanto biológicos como de formación de minerales, ocurren en él. Es importante en la industria de jabones, colorantes, emulsiones, etc; su estudio constituye una rama de la química.

coloide s m **1** Cuerpo constituido por una multitud de partículas pequeñísimas, que se notan cuando aparecen suspendidas en un líquido, pero que no se disuelven en él. Hay resinas, metales, sales, etc de esas características **2** Albúmina de huevo en agua, goma arábiga, caseína, cola y gelatina, que se utiliza en las artes gráficas.

colombiano adj y s Que es natural de Colombia, que pertenece a este país hispanoamericano o se relaciona con él: "El *colombiano* Gabriel García Márquez obtuvo el premio Nobel de literatura", *ruanas colombianas, café colombiano.*

colon s m **1** (*Anat*) Parte del intestino grueso que abarca del ciego al recto en los vertebrados superiores: *colon irritable, inflamación del colon* **2** (*Zool*) En los insectos, la parte posterior ensanchada del tubo digestivo.

colonia¹ s f **I 1** Territorio o país sujeto al dominio militar, económico, político y social de otro, o periodo durante el cual se ejerce este dominio: "México fue una *colonia* de España", *época de la colonia* **2** Conjunto de personas de un mismo lugar, raza o religión, que se establece en un lugar distinto al de su procedencia: *la colonia judía y la colonia francesa en México* **3** Cada una de las zonas urbanas que se forma alrededor del centro de una ciudad: *colonia Juárez, colonia popular, colonia residencial* **II 1** Agrupación de animales de la misma especie que realizan funciones específicas y complementarias para subsistir: *colonia de abejas, colonia de hormigas* **2** (*Biol*) Conjunto de microorganismos, generalmente proveniente de una sola célula, que viven juntos: *colonia de bacterias.*

colonia² s f Perfume hecho tradicionalmente en la ciudad de Colonia, Alemania, o a imitación de éste.

colonial adj m y f **I** Que pertenece a la época de la Colonia o se relaciona con ella: *arquitectura colonial* **II** Que vive agrupado en colonias.

colonialismo s m Tendencia o actitud de una sociedad o de un Estado a extender su dominio político, militar, económico, social o cultural sobre otros para aprovecharse de ellos en alguna forma.

colonización s f **1** Acto de extender el dominio económico, político o cultural de una sociedad o un Estado sobre otros, generalmente con intervención militar **2** Establecimiento organizado de un grupo de personas sobre un territorio para cultivarlo y habitarlo: *la colonización de Quintana Roo.*

colonizador adj y s **1** Que ejerce un dominio económico, político, militar o cultural sobre territorios extranjeros: *colonizadores españoles, un país colonizador, una política colonizadora* **2** Que coloniza su territorio para cultivar su suelo, explotar sus riquezas o incorporarlo a una civilización: *la misión colonizadora de los romanos entre los bárbaros.*

colonizar v tr (Se conjuga como *amar*) **1** Establecer un país su dominio económico, político, militar o cultural sobre otro **2** Establecerse un grupo de personas en un lugar distinto al de su procedencia con el fin de explotar sus recursos.

colono s m **1** Habitante de una colonia: *junta de colonos* **2** Persona que coloniza un territorio: *los colonos franceses en África.*

coloquial adj m y f Que pertenece a la lengua hablada poco formal, o la que se maneja en la conversación familiar; que se relaciona con ella: *expresión coloquial, lenguaje coloquial.*

color s m **1** Impresión visual que produce la luz reflejada en la superficie de los objetos, que varía según la cantidad de luz del ambiente, la distancia a la que se encuentran, etc; así, el cielo se ve de color azul durante el día pero negro durante la noche, las montañas se ven cafés, verdes o grises, según la vegetación que las cubre y la distancia desde donde se las mira **2** (*Fís*) Propiedad de la luz que se refleja sobre la superficie de un objeto y que se caracteriza por la sensación de brillo o luminosidad que perciben los ojos, la longitud de onda de los rayos reflejados y la diferencia entre esos rayos y los de la luz media del día. Como la luz media del día, o luz blanca, está compuesta por todos los rayos visibles para el ser humano, el blanco se considera la mezcla de todos los colores y el negro la falta de color **3** *Colores primarios* Son el rojo, el amarillo y el azul, con los cuales se pueden componer los otros colores **4** Sustancia con la que se pinta algo **5** Carácter propio de algo: "El *color* de la provincia mexicana" **6** *Colores nacionales* Los que tiene la bandera o la insignia de un país, como el verde, el blanco y el rojo en la de México **7** *Persona (hombre, mujer, etc) de color* Persona de raza negra **8** *Color de rosa* Agradable, sencillo, fácil: "Está en la edad en que todo lo ve *color de rosa*", "Para ustedes todo es *color de rosa*, pero ya los quiero ver…" **9** *Dar color* Poner pintura sobre algo **10** *Dar color* Animar algo, crecer el interés de algo: "El juego de futbol comienza a *dar color*" **11** *Subir algo de color* Hacerse más intenso, tirante, violento, etc: "La discusión *subió de color*" **12** *Subírsele a alguien el color* Ponérsele a alguien rojas las mejillas; sonrojarse **13** *Poner a alguien de colores* Regañarlo fuertemente.

coloración s f **1** Color, tono o matiz de algo, particularmente el que le confiere una cosa o el que adquiere en determinadas circunstancias: "La resina da una *coloración* oscura a las vetas de la madera", "Uno de los síntomas es la *coloración* amarillenta de la piel" **2** Carácter especial de algo: *la coloración poética de una novela*.

colorada s f **1** (*Min*) Hidrato de hierro que contiene plata o cloruro de plata **2** (*NO*) Rubéola.

colorado adj **1** Que es o que tiene color rojo, como la sandía o una parte de la bandera mexicana: *chile colorado, camarón colorado, mole colorado* **2** (*Hipo*) Tratándose de caballos, que tiene el pelo de color rojizo **3** *Ponerse alguien colorado* Enrojecer por vergüenza o por timidez **4** *Chiste, cuento,* etc *colorado* El que trata de asuntos sexuales o es grosero: "¿Te sabes chistes *colorados*?".

colorante adj m y f y s m Que se emplea para teñir o dar color: *sustancia colorante*.

colorete s m Pintura en diversos tonos de rojo que se utiliza para dar color a las mejillas. Es común en el arreglo femenino: *ponerse colorete*.

colorido I s m **1** Conjunto de los colores o tonalidades de algo y modo en que se combinan: *el colorido de una tela, el colorido de un cuadro* **2** Viveza, animación, vistosidad de algo: *el colorido de las fiestas, una novela de mucho colorido* **II** adj **1** Que tiene colores vivos o contrastantes: "Pinta paisajes *coloridos* y cursis" **2** Que es vistoso, animado o brillante: "Fue una reunión muy *colorida*".

colorín s m **1** (*Erythrina americana*) Árbol de la familia de las leguminosas que mide de 4 a 10 m de altura; de tronco amarillento irregular y ramas espinosas, con hojas trifoliadas; follaje frondoso y caduco, verde claro, al que sustituyen las flores de color rojo vivo, en piñones terminales, cónicos; fruto en vaina como de 20 cm de largo por 2 de ancho, de dos a seis semillas de color rojo encendido, de aproximadamente 1 cm, como frijolitos gordos, duros, brillantes y venenosos. Se suele usar como ornamental. La flor se come frita con huevo. En México se conocen alrededor de quince especies. Su madera blanca amarillenta con vetas cafés es fofa, ligera y blanda, la corteza produce un tinte amarillento. Se le cultiva, principalmente para dar sombra al cacaotero, en tierras cálidas desde Tabasco hasta Venezuela; tzompantli, zompantle **2** Varias plantas de diversas familias, cuyas semillas tienen algún parecido con la anterior, como *Sophora secundiflora*, frijolillo que abunda en Coahuila y Nuevo León; *Rhynchosia pyramidalis* o *colorín chiquito*, enre-

dadora de Guerrero y Oaxaca; *Piseidia americana* o *colorín de peces*, de Michoacán y Guerrero; *Erythrina leptorhiza* o *colorín negro*, de Michoacán **3** Color vivo: *una falda llena de colorines* **4** *Colorín, colorado, que este cuento se ha acabado* Oración con que se dan por terminadas las narraciones a los niños y, en general, final de algo.

colosal adj m y f **1** Que es extraordinariamente grande, de tamaño o magnitud mucho mayor que lo normal: "La *colosal* escultura monolítica representa a Tláloc" **2** Que es extraordinario, maravilloso, excelente: *una colosal corrida de toros, un colosal reparto*, "El violinista estuvo *colosal*".

colote s m **1** Canasto grande de vara o palma, cilíndrico o cónico para diversos usos, especialmente para transportar maíz o frijol **2** Troje de forma cilíndrica, cónica u octagonal hecha de vara para almacenar maíz.

columna s f **1** Apoyo vertical, generalmente cilíndrico y más alto que ancho, que sirve para sostener un techo, una bóveda, etc: *columnas dóricas, columna salomónica* **2** Porción de líquido contenido en un cilindro vertical: *columna termométrica, columna barométrica* **3** Cada una de las partes en que se divide verticalmente una página escrita o impresa: *columna de un periódico* **4** Serie de tropas, barcos o aviones ordenados unos detrás de otros: *una columna de infantería* **5** *Columna vertebral* Línea de huesos articulados que sostiene el esqueleto de los animales vertebrados **6** *Quinta columna* En una guerra, conjunto de personas que está en el territorio de uno de los bandos, se mezcla en sus filas o entre su población y tiene alianzas con el bando contrario para realizar actos de espionaje o de sabotaje.

columpiar v tr (Se conjuga como *amar*) **1** Impulsar algo o a alguien que está en un columpio o colgado de alguna otra manera para que se mueva alternativamente en un lado a otro: "No *columpies* muy fuerte al niño, se puede caer", *columpiar las piernas* **2** prnl Moverse alternativamente de un lado a otro algo o alguien que está sobre un columpio o colgado de algo: "El chango se *columpiaba* en una rama colgado de la cola".

columpio s m **1** Cuerda fija por ambos extremos a un punto elevado, en cuyo centro se sienta una persona para mecerse: *hacer un columpio, mecerse en el columpio, bajarse del columpio* **2** Plataforma de madera sostenida en el aire por una cuerda fija a cada lado, que sirve para hacer trabajos en las alturas de albañilería, pintura, limpieza de vidrios, etc **3** (*Rural*) Especie de hamaca para suspender a los animales con objeto de curarlos, especialmente cuando han sufrido una fractura en las extremidades **4** En albañilería, doblez a 45° que se hace en una varilla de acero para construcción, para modificar su capacidad de carga **5** Bajada y subida de la trayectoria de una carretera.

collage s m **1** Composición artística hecha a base de combinaciones diversas de pedacitos de papel, tela, fotografías, etc pegados sobre papel o tela, a veces integrados en una pintura como las de Picasso o las de Fernando García Ponce **2** Mezcla de elementos diversos: *collage teatral, un variado collage de estudiantes, secretarias, pintores, contadores, licenciados*. (Se pronuncia *colásh*.)

collar s m **I 1** Adorno o joya que rodea el cuello: *collar de perlas*, *collar de flores*, *collar de oro* **2** Cinta de cuero o cadena de metal resistente que se pone alrededor del cuello de los animales domésticos para mantenerlos o llevarlos sujetos, o como adorno: *un collar de perro* **3** *Collar de rosario* o *de bastones* (*Hipo*) Aparato formado por una sarta de palos que se pone al cuello de los animales que tienen alguna herida o infección al alcance del hocico, con objeto de evitar que se laman o se muerdan la parte enferma o la medicina aplicada en ella **4** (*Hipo*) Arreo de cuero, relleno de pasto u otro material blando, que se pone en el nacimiento del cuello de los animales de tiro para que no los lastimen los palotes **II** Franja de plumas que rodea el cuello de algunas aves **III 1** Anillo que rodea cualquier pieza circular de una máquina para sujetarla sin impedir que gire **2** Nudo ciego con que se unen los hilos de una red de pesca.

coma[1] s f (*Gram*) Signo de puntuación (,) que indica una pausa breve en un escrito, como en: "Compré libros, cuadernos, lápices, plumas y gomas" (Véase "Signos de puntuación", p 34) **2** (*Fís*) Aberración o defecto de un instrumento óptico que reproduce con la forma de una coma ortográfica lo que en realidad es un punto **3** (*Mús*) Intervalo musical que equivale a la diferencia de la misma nota en un tono mayor y un tono menor.

coma[2] s m Adormecimiento profundo con pérdida del conocimiento, la sensibilidad y el movimiento, que se presenta como consecuencia de algunas enfermedades graves o de un golpe fuerte: *estado de coma*, *coma diabético*.

comadre s f **1** Madrina de un niño con respecto a los padres de éste, y la madre del niño con respecto a los padrinos **2** Mujer que se relaciona con otra por una estrecha amistad: "La *comadrita* Trinidad lloró un poquitín".

comadreja s f (*Mustela frenata*) Mamífero carnívoro de la familia de los mustélidos, de aproximadamente 40 cm de largo, de cuerpo esbelto, patas cortas y cabeza aplanada; es de color café oscuro con el vientre blanco cremoso y tiene una mancha blanca entre los ojos. Se alimenta de pequeños mamíferos y aves y se le encuentra en casi todo el territorio nacional, principalmente en terrenos de mucha vegetación.

comal s m **1** Disco delgado y ligeramente curvo, de barro sin vidriar o de hierro, sobre el cual se cuecen tortillas, se tuestan granos, etc: *echar al comal*, *calentar el comal* **2** Plancha de metal, plana o con una concavidad en el centro, que tienen algunas estufas o que se pone sobre un brasero y sirve para los mismos fines **3** (*Caló*) Lesbiana, tortillera.

comandante s m **1** Militar que tiene el mando de una unidad del ejército o de la armada, una zona militar o naval, etc, independientemente de su rango **2** El que tiene algún puesto de autoridad en la policía.

comandar v tr (Se conjuga como *amar*) (*Mil*) Mandar a un grupo de soldados, policías, etc: *comandar un regimiento*, *comandar una flota*, *comandar un pelotón*.

comando s m **1** Mando, dirección militar: "Estas tropas están bajo el *comando* del general Reyes" **2** Grupo militar destinado a misiones peligrosas: *comando aéreo*, *comandos guerrilleros*.

comarca s f Región o zona que comprende varias poblaciones: "Una *comarca* agrícola y ganadera", "El maíz es el principal cultivo de la *comarca*".

combate s m **1** Cada una de las acciones de lucha sin interrupción entre tropas o fuerzas militares enemigas: *entrar en combate*, *un combate naval*, *un combate aéreo* **2** *Combate singular* El que se realiza entre dos guerreros, uno de cada bando **3** *Poner a alguien o algo fuera de combate* Dejarlo vencido o sin posibilidad de continuar en la lucha: "Pusieron un tanque *fuera de combate*" **4** Lucha intensa y decidida en contra de algún mal: *combate al paludismo*, *el combate del vicio*.

combatir v tr (Se conjuga como *subir*) Luchar por algo o por alguien, o en contra de algo o por alguien; atacarlo: *combatir por la justicia*, *combatir al enemigo*, *combatir una enfermedad*.

combativo adj **1** Que lucha por alcanzar sus metas; que no se da por vencido fácilmente: "Fue una mujer *combativa* y leal a su causa", *un equipo combativo* **2** Que manifiesta esa disposición: *temperamento combativo*, *espíritu combativo*.

combinación s f **1** Acto de combinar algo o combinarse y cosa o compuesto que resulta: "La *combinación* del estudio con el deporte", "La *combinación* de esas medicinas puede ser peligrosa", *una combinación de ácido sulfúrico*, "Vestía una elegante *combinación*" **2** Fórmula o clave de seguridad que permite abrir algo, como una caja fuerte, o poner en funcionamiento o fuera de él un mecanismo: *la combinación de un candado*, "El gerente le dio la *combinación* de la bóveda bancaria", "La *combinación* para quitar la alarma es 8441" **3** Acuerdo o relación que mantiene una persona con otra o varias entre sí para conseguir cierta cosa: "Se descubrió su *combinación* con la banda" **4** *En combinación con* De acuerdo con, junto con, actuando de manera conjunta con otra u otras personas: "Los asaltantes estaban *en combinación con* el gerente del banco", "El trabajo lo hicieron *en combinación con* los alumnos de antropología", "*En combinación con* tu hermano podrías hacer un buen negocio" **5** En los deportes de conjunto, jugada que realizan dos o más jugadores: "En una inteligente combinación de Hugo y Pepe cayó el gol de la victoria" **6** s pl (*Mat*) Total de subconjuntos del mismo tamaño que se puede formar con los elementos de un conjunto original, de forma que cada subconjunto tenga al menos un elemento distinto con respecto a cada uno de los demás. Así, por ejemplo, del conjunto formado por los elementos a,b,c, tomados de dos en dos, tenemos las siguientes combinaciones: (a,b), (a,c), (b,c) **7** (*Mat*) Cada una de estos subconjuntos **8** Conjunto de ropa interior femenina, formado por el brassiere y el medio fondo.

combinar v (Se conjuga como *amar*) **1** tr Hacer que dos o más cosas diferentes formen una unidad armónica, u organizar distintas acciones de modo que no se estorben entre sí: "Sabe *combinar* muy bien su ropa", "*Combina* el trabajo con sus estudios" **2** Formar una cosa con otra un conjunto armónico o agradable: "El arroz *combina* con los frijoles" **3** intr Reunir distintos elementos en un todo: "Son jugadores que *combinan* la juventud con la experiencia", "Estudian la forma como se *combinan* los factores que intervienen en la producción" **4** intr Juntar o mezclar diversas sustancias o elementos para formar un compuesto: "El hidrógeno se *combina* con el oxígeno para formar el agua", "Amarillo *combinado* con rojo da naranja" **5** prnl Unir sus fuerzas dos o más personas o alternar su trabajo para alcanzar un fin: "Se *combina* con su marido para cuidar a los niños".

combretácea (*Bot*) **1** s f y adj Planta mirtácea tropical, leñosa, de hojas opuestas, flores en espiga y frutos en forma de drupa con semillas solitarias, como el almendro **2** s f pl Familia que forman estas plantas.

comburente s m y adj m y f (*Quím*) Cuerpo, sustancia, etc que propicia, favorece o activa la combustión, particularmente los elementos que son necesarios para que se produzca y que se consumen en ella sin arder, como el oxígeno.

combustible s m y adj m y f Sustancia o elemento que es capaz de reaccionar desprendiendo calor al combinarse con oxígeno, particularmente los que se usan aprovechando este calor, como la gasolina, el carbón, etc: *poner combustible al motor, calentador de combustible*, "La madera sobrante se usa como *combustible*".

combustión s f **1** Acción de arder algo: *la combustión de la madera* **2** (*Quím*) Reacción en la que algún elemento o sustancia desprende calor al combinarse con oxígeno, debido a la ruptura de enlaces químicos: *combustión espontánea*, "La chispa produce la *combustión* de la gasolina".

comedero s m **1** Depósito o recipiente donde se pone el alimento para los animales, en las granjas o en los ranchos: *comedero para pollos* **2** (*Rural*) Lugar en el que el ganado acostumbra pastar **3** En Colima, terreno del que se obtiene salitre.

comedia s f **1** Obra teatral, cinematográfica o televisada de argumento ligero, divertido o ingenioso y, generalmente, con un final feliz. Según su trama, los recursos escénicos que emplee, o la época y la cultura en que aparezca, puede ser *clásica española*, como la de Lope de Vega o Juan Ruiz de Alarcón; *del arte*, la italiana del siglo XVI, cuyos personajes eran Arlequín, Colombina y Pantalón; *de capa y espada*, aquella en que había escenas caballerescas, amatorias y de esgrima, como en muchas de las clásicas españolas; *de costumbres*, en que se tratan aspectos de la vida social o familiar; *de enredo*, en donde hay muchas peripecias, equívocos y bromas; *musical*, la que intercala canciones y bailables, característicamente angloamericanas; etc **2** Género teatral o cinematográfico formado por esta clase de obras: "Una historia de la *comedia* italiana" **3** Telenovela o radionovela: "Todas las tardes ven las *comedias*" **4** Escena o situación que resulta cómica, generalmente por desarrollarse entre enredos, confusiones o malentendidos **5** Engaño o simulación que alguien hace para conseguir o encubrir algo: "Más que una pelea por el campeonato lo que vimos fue una *comedia*".

comedido adj **1** Que actúa con prudencia y cortesía: "Elías, siempre tan *comedido* en lo que hace".

comedor s m **1** Habitación en la que se come en una casa, un hotel, un edificio, etc: "El *comedor* de la escuela era muy grande", "Nos vemos en el *comedor* a las seis" **2** Conjunto de muebles compuesto por una mesa, sillas, vitrina, etc que se pone en esta habitación: "Ayer compraron un *comedor*".

comején s m Insecto del orden de los isópteros, de aproximadamente 5 mm de largo y parecido a la hormiga, que se alimenta principalmente de madera y papel y resulta dañino para el ser humano por su gran voracidad. Forma colonias en las que hay machos y hembras encargados de la producción e individuos asexuales divididos en obreros y soldados, todos ellos muy diferentes entre sí; termita: "El *comején* está acabando con las higueras".

comentar v tr (Se conjuga como *amar*) **1** Hacer observaciones acerca de algo: *comentar una noticia, comentar el juego de futbol* **2** Explicar o dar interpretaciones acerca de algo, especialmente de libros: *comentar la Biblia, comentar el Quijote*.

comentario s m **1** Observación que se hace acerca de algo **2** Explicación o interpretación, generalmente escrita, acerca de algún texto.

comenzar v (Se conjuga como *despertar*, 2a) **1** tr Dar principio a algo o hacer algo por primera vez: *comenzar a estudiar, comenzar a hablar, comenzar el trabajo* **2** intr Suceder algo por primera vez o tener algo principio: *comenzar a nevar, comenzar la lluvia*.

comer v tr (Modelo de conjugación regular) **1** Tomar alimentos por la boca, masticarlos y pasarlos al estómago **2** Tomar algún alimento, en particular la comida principal del día: *una invitación a comer* **II 1** prnl Gastarse o corroerse algo, desvanecerse el color de algo: "El ácido *se come* el metal", "El sol *se come* la pintura" **2** prnl Omitir fonemas, palabras o hasta párrafos cuando se habla o se escribe: "Los costeños *se comen* las eses", "Me *comí* una línea y no se entiende mi escrito" **3** Causar la holgura excesiva del zapato, que los calcetines o las medias se arruguen en su interior **4** prnl Hacer que algo o alguien destaque menos: "La orquesta *se comió* al cantante", "Los edificios *se comen* el paisaje" **5** prnl Ganar una pieza al contrario en los juegos del ajedrez o las damas **6** *Comerse a alguien con los ojos, con la mirada*, etc Mostrar gran deseo e interés por alguien **7** *Comerse vivo a alguien* Criticarlo con enojo y sin piedad **8** *Comer gallo* Estar de mal humor y agresivo **9** *Comerle a alguien el mandado* (*Coloq*) Adelantársele a alguien y ganar una oportunidad: "Conoció a mi novia y *me comió el mandado*" **10** *Comerse las uñas* No tener dinero: "Me pagan hasta el lunes y me ando *comiendo las uñas*".

comercial adj m y f **1** Que tiene relación con el comercio: *centro comercial, firma comercial, intercambio comercial* **2** Que es aceptado con facilidad por el público o los consumidores y cuya finalidad principal es el lucro: *cine comercial, televisión comercial* **3** s m Anuncio intercalado en un programa de televisión, de radio o de cine: "El *comercial* que anuncia lavadoras".

comercialización s f Acto de comercializar: "La *comercialización* de los productos agropecuarios está en manos de los acaparadores".

comercializar v tr (Se conjuga como *amar*) Poner un producto en el mercado dándole la organización y las condiciones que necesita para su venta: "Hace falta infraestructura para *comercializar* los productos de la región", "La empresa se dedica a distribuir y *comercializar* camarón".

comerciante s m y f Persona que se dedica a vender, comprar o intercambiar cosas o mercancías, generalmente para ganar algo; especialmente la que es dueña de una tienda o comercio: *buenos comerciantes, comerciantes en vino,* "La voracidad de los *comerciantes* que abusan de los consumidores".

comerciar v tr (Se conjuga como *amar*) Comprar, vender o intercambiar cosas, generalmente para obtener algún provecho económico: *comerciar con lana, comerciar con otros países.*

comercio s m **1** Compra, venta o intercambio de cosas o mercancías, generalmente con el fin de obtener ganancias: *comercio de ganado, comercio de grano, comercio internacional* **2** Tienda o establecimiento dedicado a ello: *el horario del comercio, abrir un comercio* **3** Conjunto de los comerciantes: *el comercio organizado* **4** Contacto y comunicación entre personas o entre pueblos.

comestible 1 adj m y f y s m Que se puede comer: *hongos comestibles* **2** s m pl Todo tipo de alimentos: *tienda de comestibles.*

cometa 1 s m Cuerpo celeste constituido por un núcleo no compacto de gases congelados y fragmentos minerales, al que rodea una nube redonda y gaseosa que, a causa del viento solar y la gravitación, forma una cola que se orienta en dirección opuesta al Sol; describe una órbita elíptica, alargada y estrecha en torno al mismo en la medida en que lo atrae **2** s m y f Papalote.

cometer v tr (Se conjuga como *comer*) Hacer algo que se considera un error o una falta: *cometer un delito, cometer una equivocación, cometer un atentado, cometer faltas de ortografía.*

cometido[1] pp de *cometer*: *confesar el pecado cometido,* "La pena por los delitos *cometidos...*".

cometido[2] s m Encargo o misión encomendada a alguien, a quien se hace responsable de cumplirla: "Los jueces requieren de una independencia absoluta para ejercer su *cometido", cumplir un cometido.*

comezón s f **1** Sensación característica, como de cosquilleo o picazón, que se siente principalmente en la piel e invita a rascarse: "¡Ay qué horror, tengo *comezón* en la planta del pie!" **2** Inquietud que provoca en uno el deseo o impulso no satisfecho de hacer algo: "Desde hace tiempo ando con la *comezón* de aprender a cantar", "No le confíes ningún secreto, nunca se aguanta la *comezón* de contarlo".

cómico 1 adj Que es gracioso, que provoca risa o es divertido: *persona cómica, situación cómica, película cómica* **2** s Actor o actriz que divierte a la gente y la hace reír: *un grupo de cómicos.*

comida s f **1** Lo que se come: *comida típica, comida vegetariana* **2** *Bajar la comida* Hacer algo de ejercicio después de comer, para que haga la digestión **3** Conjunto de los alimentos que se comen a cierta hora del día, especialmente los principales, que se toman en las primeras horas de la tarde: *hacer las tres comidas, la hora de la comida* **4** Reunión social en la que se toman los alimentos principales del día: *ir a una comida, una comida familiar* **5** *Comida corrida* La que se incluye una serie de platos determinados, generalmente sopa, guisado y frijoles a un precio fijo **6** *Comidita* Juego infantil en que los niños arremedan la preparación de la comida: *jugar a la comidita.*

comienzo s m **1** Acto de comenzar algo o momento en que se hace: "Tuvo un mal *comienzo* en su carrera", "Aquello era apenas el *comienzo* de su terrible venganza" **2** *Dar comienzo* Comenzar, empezar, iniciar algo: "La ceremonia *dará comienzo* a las tres" **3** *De comienzo (s) de* Que se desarrolla, viene, surge, etc en la primera etapa o época de un periodo determinado; de principios de: *una moda de comienzos de siglo* **4** *A comienzos de* Cuando se inicia algo: "*A comienzos* de este siglo llegaron los tranvías a la ciudad".

comillas s f pl **1** Marca ortográfica (' '), (" ") o (« ») (Véase "Signos de puntuación", p 34) **2** Marca con que se indican los minutos (8h, 30') y los segundos (8h, 30', 03") en mediciones de tiempo o de ángulos (30°, 58', 15") **3** *Comilla simple* Marca (') con que se distingue cualquier signo de otro, generalmente en matemáticas.

comino s m **1** Fruto muy pequeño de color pardo y forma oval, aromático y de sabor fuerte, que se usa como condimento y en medicina: "Para la salsa se muele chile pasilla, jitomate, *comino* y ajo" **2** (*Cuminum cyminum*) Planta herbácea que da este fruto, perteneciente a la familia de las umbelíferas, de tallo ramoso, hojas divididas y flores pequeñas, blancas o rojizas. Es originaria de Egipto **3** *Importar, valer,* etc *un comino* Importar, valer, etc muy poco: "Me importa un comino lo que pienses" **4** *Ser un comino* (*Coloq*) Ser de corta estatura y edad, particularmente los niños: "¡Semejante *comino* y ya piropeaba a las muchachas!".

comisión s f **1** Orden o encargo que una persona da a otra para que haga algo: *dar una comisión, asignar una comisión, tener una comisión, cumplir con la comisión* **2** Grupo de personas elegidas o designadas para resolver un asunto o estudiar un problema: *una comisión parlamentaria, una comisión de expertos, la comisión de finanzas* **3** Ganancia, generalmente en forma de porcentaje, sobre una cantidad total, que se cobra al hacer una venta o un trabajo: *cobrar la comisión* **4** (*Der*) Acto de cometer: *la comisión de un delito.*

comisionar v tr (Se conjuga como *amar*) Ordenar o encargar a alguien que haga algo o realice una función específica: "*Comisionó* a uno de sus alumnos para llevar un recado al director".

comisura s f **1** Cada uno de los puntos en que se unen dos partes del cuerpo que forman una abertura, principalmente las de los labios y los párpados: "Estiraba las *comisuras* de los labios en una media sonrisa jactanciosa", "Las piernas del freno han de formar un ángulo de 45° con la *comisura* de los belfos del caballo" **2** (*Anat*) Tejido que une unas partes de un órgano que se encuentran lado a lado, principalmente en el encéfalo y la médula espinal **3** (*Anat*) Articulación inmóvil de los huesos del cráneo; sutura craneal.

comité s m Grupo de personas elegido o designado para realizar determinada tarea, generalmente formado por representantes o portavoces de diversos grupos o instituciones: *comité coordinador, comité de huelga,* "Se formarán *comités* regionales para organizar la colecta".

comitiva s f Conjunto de personas que acompaña a algún personaje a alguna parte o que lleva la representación de algún cargo o alguna comisión: *la comitiva presidencial, una comitiva sindical.*

como 1 adv y conj Indica el modo o la manera en que se hace o sucede algo: "Cansado *como* estaba, prefirió quedarse en casa" 2 adv Igual a, parecido a, de parecida o igual manera que: "Veloz *como* el rayo", "Sus manos son *como* garras", "Habla *como* su maestro", "Escribe *como* piensa", "Mirada *como* de tigre", "Mira *como* tigre" 3 adv En calidad de, en papel de: "Opinó *como* médico", "Lo recibieron *como* invitado" 4 adv Con el nombre: "Una flor conocida *como* amapola" 5 adv Aproximadamente, cerca de: "Asistieron *como* cincuenta personas" 6 adv Introduce ejemplos, ilustraciones, explicaciones o aclaraciones en una oración: "Algunos países *como* México luchan por la paz" 7 adv Según, conforme a: "*Como* dijo mi abuelo", "*Como* manda la ley" 8 Conj Ya que, puesto que, debido a que, a causa de: "*Como* no apunta, se le olvida todo", "*Como* quiere que le ayudes, te esperará", "*Como* las flores están caras, no las compré" 9 conj Manifiesta condición, duda o amenaza: "*Como* lo pierdas, no encontrarás otro", "*Como* lo olvides, te regaño" 10 conj Que: "Verás *como* estudiando no repruebas" 11 *Como si, como que* De modo que parece o se asemeja, figurando que: "Habla *como si* lo supiera todo", "Hizo *como que* estaba enfermo", "*Como que* tú eras el diablo y yo San Miguel" 12 *Como que* Dado que, debido a que: "Respetan su opinión, *como que* es su maestro" 13 *Como para* De tal modo que se justifica, de tal manera que vale la pena: "Tengo un cansancio *como para* irme derechito a la cama".

cómo adv y conj 1 Manifiesta admiración, indignación, duda o interrogación acerca del estado de algo o sobre la manera en que sucede: "¡*Cómo* canta!", "¡*Cómo* llueve!", "¡*Cómo* se atrevió a ofenderte!", "¡*Cómo* puede ser tan tonto!", "¿*Cómo* llegó hasta aquí?" 2 Precisa la manera en que se hace o sucede algo: "Me dijo *cómo* hacerlo" 3 Señala que uno no ha entendido o escuchado bien algo: "¿*Cómo*? ¿*Cómo* dijo?" 4 ¡*Cómo no*! Claro, por supuesto: "¿Quieres venir conmigo? ¡*Cómo no*!" 5 ¡*Cómo que no*! Expresa seguridad en cuanto a algo o la afirmación de algo que antes se ha negado: "¡¿*Cómo que no* podré aprobar el examen?!", "—Eso que dices no es verdad. —¡*Cómo que no*!" 6 ¿*A cómo*? A qué precio, cuánto cuesta: "¿*A cómo* el kilo de jitomates?".

cómoda s f Mueble con cajones para guardar cosas en ellos, generalmente ropa y objetos pequeños, cuya altura llega a la cintura o al pecho de una persona: *la cómoda de la abuela*.

comodidad s f 1 Estado en que se encuentra quien está a gusto, descansado y con todas sus necesidades cubiertas: *vivir con comodidad, buscar la comodidad* 2 Cualidad o cosa por la que es útil, sencilla y agradable: *la comodidad de una silla, la comodidad de una postura* 3 Cada uno de los elementos u objetos que ayudan a que alguien se sienta bien, a gusto y satisfecho, o que no se esfuerce o se canse: *una casa con todas las comodidades, comodidades de pago*.

cómodo[1] adj 1 Que produce una sensación de bienestar, que es adecuado a las necesidades de alguien o para cierta finalidad: *una cama cómoda, unos zapatos cómodos, una casa cómoda* 2 Que se hace con facilidad, o con poco o ningún esfuerzo: *un trabajo cómodo, una vida cómoda* 3 Estar al-

guien *cómodo* Tener una sensación de bienestar por la posición en que se encuentra: "*Estoy* muy *cómodo* en este sillón".

cómodo[2] s m Recipiente metálico o plástico de forma ovalada y plana que se usa para que los enfermos que no pueden levantarse hagan sus necesidades sin bajarse de la cama.

compacto adj 1 Que tiene una estructura o textura sólida, densa o muy apretada: *maquillaje compacto*, "Necesitamos una madera más *compacta*" 2 Que los elementos que lo forman están muy juntos, apretados o concentrados en poco espacio: *una masa compacta de árboles*, "Los manifestantes formaron un grupo *compacto*" 3 Que ocupa poco espacio en relación con otros de su misma clase: *un coche compacto, muebles compactos*.

compadecer v (Se conjuga como *agradecer*, 1a) 1 tr Sentir alguien pena o tristeza por la condición o sufrimiento de otra persona: "Ella poco puede hacer por él, salvo *compadecerlo*" 2 prnl Sentirse uno conmovido por el estado en que se encuentra alguien o su sufrimiento e inclinarse a ayudarlo: "Estábamos tan asustados que se *compadeció* de nosotros y no nos hizo el examen" 3 prnl Ser una cosa compatible con otra, concordar o combinar con ella: "Son actos que no se *compadecen* ni con la moral ni con la ética".

compadre s m 1 Padrino de un niño con respecto a los padres de éste y el padre del niño con respecto a los padrinos: "Íbamos a ser *compadres*" 2 pl Padrinos de un niño con respecto a los padres de éste y los padres del niño respecto a los padrinos 3 nombre que se relaciona con otro por una estrecha amistad: *mi compadre Anastasio*, "¡Buenos días, compadre!" 4 Manera afectuosa y solidaria con que se dirige un hombre a otro: "¡Dígame, *compadre*, por dónde tomo para San Miguel?".

compañero s 1 Persona que comparte con otra, habitual u ocasionalmente, la vida, una actividad, una experiencia o ciertas ideas o intereses: "En la escuela fueron buenos *compañeros*", "Fuimos *compañeros* en la secundaria", *compañeros de lucha, compañeros de juego, compañeros de viaje, compañeros de infortunio, compañero de asiento* 2 Objeto que forma par con otro: "Este guante no tiene *compañero*", "El *compañero* de este zapato no aparece".

compañía s f I 1 Quien o lo que acompaña a alguien o a algo: "Se sentía necesitada de *compañía* y de ternura", "Los libros fueron su mejor *compañía*" 2 Situación de estar una persona con otra, o de tener el sentimiento de que así es: "Me gusta tu *compañía*", "Echo de menos tu *compañía*" 3 Hacer *compañía* Acompañar a alguien, estar con alguien o hacerle sentir su apoyo: "Nos invita a que le *hagamos compañía* en la terraza" 4 *En compañía de* Con alguna persona, acompañado por: "El alcalde se presentó *en compañía del* resto del cabildo" 5 Persona o grupo de personas que están con alguien: *buenas y malas compañías* II 1 Sociedad comercial o industrial: *una compañía de seguros, la compañía de teléfonos, empleados de la compañía* 2 Grupo organizado de personas que realizan una actividad artística: *compañía teatral, compañía de danza* 3 (*Mil*) Grupo de soldados que está bajo las órdenes de un capitán.

comparación s f **1** Acto de comparar o poner frente a frente dos objetos para buscar sus diferencias y sus semejanzas, y sin resultado: "Hicieron la *comparación de los climas*", "No hay *comparación* entre un perro de raza y este callejero" **2** *En comparación con* Considerando las semejanzas y las diferencias entre: "El costo de la vida en Tijuana es mayor *en comparación con* el de Zacatecas" **3** (*Lit*) Figura retórica en la que se compara un objeto con otro, como en: "Piel blanca como la nieve".

comparar v tr (Se conjuga como *amar*) **1** Observar y examinar dos o más cosas para encontrar lo que tienen en común y lo que los distingue: *comparar dos animales, comparar el brillo entre dos astros, comparar los resultados reales con los resultados estimados* **2** Hacer o formular una semejanza entre dos cosas: "*Comparó* México con el cuerno de la abundancia", "*Compara* la vicuña *con la seda*".

comparativo adj **1** Que permite comparar o establecer una comparación entre dos o más cosas o personas: *estudios comparativos, economía comparativa* **2** *Adjetivos, adverbios, conjunciones* u *oraciones comparativas* (*Gram*) Aquellos que expresan una comparación, como la de igualdad, la de superioridad o la de inferioridad: *comparativos de igualdad*: "Pedro es *tan* alto *como* Juan"; *comparativos de superioridad*: "Pedro es *más* alto *que* Juan", "La leche es *mejor* alimento *que* el refresco"; *comparativos de inferioridad*: "Juan es *menos* alto *que* Pedro", "Juan es *menor que* Pedro".

comparecer v intr (Se conjuga como *comer*) Presentarse una persona ante un juez, un tribunal o, en general, cualquier órgano del gobierno, cuando se le ha llamado o citado: *comparecer ante el juez*, "El señor Luis Alberto Contreras *compareció* ante mí, juez de paz…".

compartimiento s m **1** Cada una de las divisiones de un espacio, delimitada o separada de otras y que sirve principalmente para alojar personas o guardar cosas: *compartimientos de un ferrocarril, tanques de dos compartimientos, compartimientos de un barco* **2** *Compartimiento estanco* (*Mar*) Cada una de las divisiones internas de una embarcación, separadas por paredes de acero y puertas que cierran herméticamente, que impiden el paso del agua de unas a otras en caso de inundación **3** *Compartimiento estanco* Cada una de las secciones totalmente independientes en que está dividida alguna cosa: "El pensamiento, por razones metodológicas, ha sido fragmentado en *compartimientos estancos*".

compartir v tr (Se conjuga como *subir*) **1** Dividir una persona algo suyo con otra, o usar entre varias algo de lo que ninguna de ellas pretende apropiarse: *compartir el pan, compartir un cuarto, compartir el gasto* **2** Hacer sentir o expresar una persona a otra su deseo o voluntad de participar en sus emociones o de sus pensamientos: *compartir un dolor, compartir una opinión* **3** Participar varias personas de alguna cosa, de la que les toca una parte a cada una: *compartir un premio, compartir una responsabilidad*.

compás s m **1** Instrumento que sirve para trazar circunferencias y arcos de circunferencia, y para medir distancias. Está formado por dos patas o piezas articuladas en su parte superior, que pueden abrirse, cerrarse o mantenerse fijas en cualquier posición **2** Ángulo que forman las piernas: *abrir el compás*, "El torero, a pie firme y con el *compás* abierto…" **II 1** (*Mús*) Cada uno de los periodos iguales que marcan el ritmo de una pieza musical. En el pentagrama se escribe entre dos rayas verticales o barras: "Ejecútese el primer tema, prescindiendo de su *compás* inicial" **2** Ritmo: *compás de vals, compás de cha-cha-chá*, "Llevan con palmas el *compás*" **3** *Al compás de* Según el ritmo o la secuencia de algo: "*Al compás de* mi guitarra / canto alegre este huapango", "Bailan *a los compases de* las jaranas" **4** *Compás de espera* (*Mús*) Periodo de silencio en una composición musical cuya duración es igual a la de los periodos que marcan el ritmo **5** *Compás de espera* Espacio de tiempo en el que se espera que algo comience o continúe: "Se hizo un *compás de espera* en lo que el público volvía a sus asientos **III** (*Mar*) Brújula que se instala en las embarcaciones compuesta por dos círculos, el primero de los cuales marca la dirección del norte y el segundo la de la quilla de la embarcación, para así poder determinar la dirección en la que se navega.

compasión s f Sentimiento de inclinación a participar en el dolor, el sufrimiento o la tristeza de otra persona, por disposición del ánimo hacia los demás seres humanos o por afecto hacia ellos: "La vista del crucificado me produce *compasión*", "Esos pobres niños abandonados y hambrientos despiertan la *compasión*", "Ten *compasión* de ese pobre viejo".

compatible adj m y f **1** Que puede darse, suceder, hacerse etc, junto con otra cosa en armonía, o que puede combinarse con ella sin estorbarla: "Sus intereses son *compatibles* con los de la empresa", "Tenemos horarios *compatibles*" **2** Que puede funcionar junto con otra cosa por estar diseñado para adaptarse a ella: "Se necesita un programa *compatible* con este modelo de computadora".

compensación s f **1** Acto o cosa que equilibra o contrarresta un efecto con otro de sentido opuesto: "Trabajó el sábado, como *compensación* le dieron el lunes" **2** Cosa que se da o hace para reparar un daño, una ofensa, una molestia; indemnización: "Recibió una *compensación* al fin de año" **3** *En compensación* Para compensar: "Le dieron cien pesos en *compensación* del vidrio que le rompieron" **4** (*Cont*) Operación comercial que realizan dos bancos entre sí y que consiste en intercambiar los documentos de crédito que, estando en posesión de uno, aparecen girados contra el otro, y en liquidar sus deudas y créditos recíprocos.

compensar v tr (Se conjuga como *amar*) **1** Equilibrar o contrarrestar un efecto con otro de sentido opuesto: "El sistema de riego *compensará* la falta de lluvias en la región", "Las pérdidas se *compensaron* con las ganancias" **2** Hacer un beneficio o dar algo a alguien para reparar un perjuicio o una molestia que se le haya causado, una ofensa que se le haya hecho, etc: "Jorge rompió el violín de Juan, pero lo *compensó* regalándole una guitarra".

competencia s f **I 1** Acto de esforzarse varias personas por alcanzar algo antes que las demás, en lugar de ellas o en mejores condiciones; acontecimiento en el que se realiza este acto: "En la *competencia* hay atletas de todas partes", *competencia ciclista, competencia de basquetbol* **2** Oposición que se da entre los que compiten por algo: "El corredor tuvo mucha *competencia*", *fuerte competencia*, *dura competencia*, *reñida competencia* **3** Uno o varios de aquellos que compiten con otro por algo: "La tienda de enfrente es de la *competencia* **II 1** Capacidad o derecho de alguien para ocuparse de algo: "Su asunto no es de la *competencia* de esta oficina", "La Ley Federal de Educación señala sus *competencias* y obligaciones", *las materias de su competencia* **2** Habilidad o aptitud de alguien para hacer algo: "Un mecánico que tiene mucha *competencia*", "Desconfío de su *competencia*".

competente adj m y f **1** Que tiene la capacidad legal o el derecho de intervenir en algún asunto, o que le corresponde hacer o encargarse de algo: *autoridad competente*, *juez competente* **2** Que tiene los conocimientos, la habilidad o la capacidad necesarios para hacer algo: *un médico competente*, *un maestro muy competente*.

competidor adj y s Que compite con otra u otras personas por alcanzar algo antes, en su lugar, o en mejores condiciones: *poderosos competidores*, "Veintiocho *competidores* nacionales tomaron parte en las pruebas", "Ofrecer precios iguales a los de sus *competidores*".

competir v intr (Se conjuga como *medir*, 3a) **1** Tratar varias personas de alcanzar algo antes que los demás, en lugar de ellas o en mejores condiciones: *competir por un premio*, *competir en una carrera*, *competir por el mercado del petróleo*, "La industria de los gobelinos *compitió* con los productos que se importaban de Oriente" **2** Tratar de alcanzar o superar las cualidades o características de algo o alguien: "*Compite* con la imagen de su padre" **3** *Competir en* Tener las mismas cualidades, avances, objetivos, etc que otro con el que se compara: "Los dos puertos *compiten en* importancia".

compinche s m y f Cómplice, socio o compañero de alguien en la realización de actos delictivos, censurables, inmorales, etc: "El carterista tenía dos *compinches* en el camión", "Se fue a emborrachar con sus *compinches*".

complacer v (Se conjuga como *agradecer*, 1a) **1** tr Dar o proporcionar algún gusto, satisfacción o alegría a alguien: "Me *complace* informarle", "Me *complace* que hayas hablado" **2** prnl Experimentar placer o gusto en el hecho de realizar una actividad o a causa de otra cosa: "No *se complace* en describir la naturaleza", "*Se complacía* en presentar la crueldad", "*Se complace* en pintar".

complejidad s f Condición o circunstancia de ser algo complejo: *la complejidad del ser humano*, *la complejidad climática de una región*, *la complejidad de un problema matemático*.

complejo I adj **1** Que está compuesto por muchos y variados elementos; que implica gran cantidad de aspectos muy diversos; que involucra numerosas funciones o relaciones: "Las bacterias convierten compuestos orgánicos *complejos* en sustancias más simples", *una organización económica compleja* **2** Que resulta difícil de entender, resolver, usar, etc, por estar constituido por muy diversos elementos o por implicar aspectos muy variados: *un problema complejo*, "El manejo de estos aparatos resulta muy *complejo*", *una novela compleja* **II** s m **1** Suma de varios elementos de distinta clase que están relacionados entre sí y conforman un todo: *complejo*

genético **2** Conjunto de edificios e instalaciones diversos, ubicados en un mismo lugar y destinados a un fin común: *complejo industrial*, *complejo siderúrgico*, *complejo habitacional* **3** (*Med*) Asociación de síntomas o manifestaciones morbosas; síndrome **4** (*Quím*) Compuesto formado por la unión de dos o más sustancias, que fácilmente puede volver a descomponerse en ellas **5** *Complejo (vitamínico)* B Compuesto formado por la mezcla de varias de las vitaminas B y, a veces, hierro o zinc, que se emplea en el tratamiento de diversos padecimientos nerviosos, de la anemia, como estimulante, etc **6** Sentimiento de inferioridad, de frustración, etc, o idea determinada que una persona tiene de sí misma, que, de manera inconsciente, influye o determina su comportamiento: "Tienen que dejar de lado los *complejos* si quieren ganar el partido", "Podría ser un buen arpista pero tiene muchos *complejos*", "Anda con *complejo* de culpa porque se fue sin permiso", "Era un pobre con *complejo* de rico", *complejo de fea*, *complejo de gordo* **7** (*Psi*) Conjunto organizado de rasgos personales, de representaciones y de recuerdos, estructurados durante la infancia y cargados de un fuerte valor afectivo, que se localizan en el subconsciente de una persona e influyen en su comportamiento y personalidad **8** *Complejo de Edipo* (*Psi*) Conjunto organizado de los deseos amorosos y hostiles que tiene el niño hacia sus padres, el cual es determinante en la formación de la personalidad y en la orientación del deseo en los individuos. En su forma llamada positiva, se presenta como rechazo hacia el progenitor del mismo sexo y amor por el del sexo opuesto, mientras que en su forma negativa se presenta a la inversa.

complementar v tr (Se conjuga como *amar*) Añadir a algo otra cosa u otro elemento para completarlo o mejorarlo: *complementar la alimentación con vitaminas*, *complementar un salario*.

complementario adj Que completa o mejora algo; sumado a otro forma un todo o una unidad: "El maestro nos recomendó algunas lecturas *complementarias* para el curso" "La ideología del partido tiene sus contenidos *complementarios* y contradictorios".

complemento s m **1** Objeto, elemento o sustancia que se añade a algo para completarlo o mejorarlo: *complemento del salario*, *complemento alimenticio* **2** (*Gram*) Palabra o conjunto de palabras que modifica o completa algún elemento de la oración, como el sustantivo, el adjetivo o el verbo, tanto en el sujeto como en el predicado, con la ayuda de una preposición o nexo que lo introduce, como en "casa *de alquiler*", "fácil *de limpiar*" y "abrió *con fuerza*" en las oraciones: "La casa de alquiler en que vives grande y bonita", "El motor es fácil de limpiar" y "Juan abrió con fuerza la puerta". Los complementos se clasifican de acuerdo con el elemento al que modifican, como los *adnominales* y *de adjetivo* al sustantivo y al adjetivo, así como los que modifican al verbo; entre éstos, el *directo* e *indirecto*, definidos comúnmente por la gramática como *objeto directo* y *objeto indirecto*, y el *complemento circunstancial*, que modifica la acción del verbo indicando cuándo, cómo o dónde ocurre, en qué cantidad o en qué dirección, etc como en: "Lo visitaré *en la noche*", "Me miró *de reojo*", "Vine *para verte nuevamente*", "Compré frijol *en grandes cantidades*".

completamente adv En forma completa, entera o absoluta: "El mar es *completamente* azul", *completamente diferente*, *completamente nuevo*, *vaciar completamente*, *quemarse completamente*.

completar v tr (Se conjuga como *amar*) Añadir a algo lo que le hace falta para estar entero, para llenarlo o para que alcance su estado final o definitivo: *completar un trabajo*, *completar una colección*.

completo adj **1** Que tiene todas sus partes o elementos, que contiene todo lo que debe contener: *un aparato completo*, *cupo completo* **2** Que está terminado o que ha alcanzado su carácter definitivo: *una obra completa*, *un éxito completo un completo acuerdo*, *completo desarrollo*, *una completa identificación* **3** *Por completo* En su totalidad, absolutamente: "Dejaron de venir *por completo*", "Se había tranquilizado *por completo*", "Dedicarse *por completo* a su profesión".

complexión s f Constitución física de una persona o de un animal: *de complexión delgada*, *de complexión robusta*, *una recia complexión*.

complicación s f **1** Circunstancia o situación que dificulta el desarrollo de algo: "Surgieron *complicaciones* y no pudimos terminar el trabajo" **2** Hecho de hacerse algo más difícil, complejo o confuso: "Cada vez aumenta más la *complicación* de la vida", "Esas estructuras son de gran *complicación*", "El discurso lo hizo con muchas *complicaciones*" **3** Síntoma o enfermedad que aparece en el curso de otra, agravándola o haciendo más difícil su tratamiento: "Fumar en exceso puede aumentar las *complicaciones* del infarto".

complicado I pp de *complicar* **II** adj Que es difícil de entender o de hacer, que no es claro o sencillo: "La exploración minera es un arte *complicada*", *extraños y complicados giros idiomáticos*, *complicada trama*, *un examen muy complicado*.

complicar v tr (Se conjuga como *amar*) **1** Hacer que algo se vuelva difícil, que tenga un aspecto poco claro o sencillo, que se vuelva grave o confuso: *complicar una explicación*, *complicar un mapa*, *complicar un problema*, *complicarse una enfermedad* **2** Hacer que alguien se vea comprometido en algún asunto grave o en un delito: "*Complicaron* al tesorero en el fraude", "No te *compliques* en esa pelea", "Se *complicó* en el tráfico de drogas".

cómplice s m y f **1** Respecto de una persona, otra que junto con ella comete un delito o falta o colabora para que se lleve a cabo: "Los dos *cómplices* del detenido huyeron con parte del botín" **2** (*Der*) Persona que ayuda a que se cometa un delito sin ser la autora directa de él: "Se le considera *cómplice* del fraude por encubrir a los responsables" **3** adj m y f Que encubre un delito o una falta, o ayuda a que se cometa: "En la sombra propicia, en el silencio *cómplice* el crimen se cometió".

complicidad s f **1** Participación o cooperación de alguien en un delito o una falta: "Quedó demostrada su *complicidad* en el asesinato del periodista" **2** Relación que hay entre quienes cometen juntos un delito o una falta: "Los ladrones actuaron en *complicidad* con los policías".

componente s m o f y adj m y f Parte o elemento que, junto con otros, compone un todo: *componentes del radio*, *componentes de la atmósfera*, *componentes electrónicos*.

componer v tr (Se conjuga como *poner*, 10c) Su participio es irregular: *compuesto*) **I 1** Hacer o formar algo juntando varios elementos o cosas, reunir varias personas con un fin determinado: *componer un ramo de flores*, *componer un jurado* **2** prnl Estar algo formado por ciertos elementos o miembros: "El sindicato *se compone* de mil obreros" **3** Hacer o crear obras artísticas, principalmente musicales o literarias: *componer un poema*, *componer una canción* **4** (*Impr*) Poner juntas las letras y los demás caracteres de impresión, para formar las líneas y las páginas de un libro **II 1** Hacer que algo vuelva a funcionar, a servir, o mejorar el estado de algo: *componer la estufa*, "Ojalá se *componga* el tiempo" **2** (*Rural*) Quitar los testículos al caballo, al toro, etc; capar, castrar **3** prnl Recuperar alguien la salud: "Ya se *compuso* el niño" **4** (*Popular*) Volver a colocar los huesos dislocados en su lugar **5** Preparar el pulque con jugo de alguna fruta; curarlo **III** Adornar o embellecer algo o a alguien: "Hay que *componer* el ayuntamiento para la fiesta", "Lupita está muy *compuesta*".

comportamiento s m **1** Manera de comportarse o conducirse alguien: *buen comportamiento*, *mal comportamiento* **2** Modo de actuar o de proceder algo o alguien: *el comportamiento de las hormigas*, *el comportamiento de los metales*.

comportar v prnl (Se conjuga como *amar*) Actuar alguien de cierta manera: "El niño *se comporta* bien en la escuela" **2** tr Ser una cosa condición o causa de otra, traerla consigo, implicarla o suponerla: "Comprar un terreno *comporta* otros gastos".

composición s f **1** Reunión de varias cosas o elementos que forman un objeto o conjunto de elementos de los que está hecho algo: *composición de una medicina*, *composición del suelo* **2** Obra literaria o musical: *una composición de Agustín Lara* **3** Parte del estudio de la música que trata de los elementos que constituyen una obra, como la melodía, el ritmo, etc **4** Estudio del espacio, la forma, las figuras, etc de las artes plásticas, como la pintura, la escultura o la fotografía **5** Ejercicio de redacción sobre un tema determinado: *una composición escolar*, *hacer una composición* **6** (*Impr*) Conjunto de los tipos de imprenta que forman una página: *la composición de una plana*.

compositor s **1** Persona que compone obras musicales: "Silvestre Revueltas fue una gran *compositor* mexicano" **2** (*Impr*) Persona que compone líneas, páginas y galeras para imprimir.

compostura s f **1** Reparación de algo que dejó de funcionar, o que funciona mal; arreglo que se hace a una prenda de vestir: *la compostura del freno*, *hacer composturas*, *la compostura de un pantalón* **2** Actitud correcta y discreta de una persona: *guardar la compostura*, *perder la compostura*.

compra s f **1** Acto de comprar: *la compra de un terreno*, *la compra del mandado* **2** Cosa o conjunto de cosas que se compran, en particular, las comestibles: *ir por la compra*, *traer la compra* **3** *Ir de compras* Ir a una o varias tiendas o almacenes a comprar varias cosas.

comprador s Persona que compra algo: *compradores de petróleo*, "Estados Unidos sigue siendo el mayor *comprador* del aceite mexicano", "Japón, tradicional *comprador* del algodón mexicano", *orientar a los compradores*.

comprar v tr (Se conjuga como *amar*) **1** Hacer que algo pase a ser propiedad de alguien a cambio de dinero: *comprar pan, comprar una casa* **2** Lograr que alguien actúe en favor de otra persona y en contra de lo debido o lo justo, generalmente a cambio de dinero o de algún favor: *comprar al juez* **3** *Comprar al tiempo* (*Rural*) Negociar con granos antes de la cosecha **4** *Comprar pleito* (*Popular*) Hacerse cargo de una pelea, una dificultad o un problema que no le corresponde, que es de otro.

comprender v tr (Se conjuga como *comer*) **I 1** Percibir y formarse una idea clara y precisa de la naturaleza, las características, las causas, condiciones o consecuencias de algo: *comprender la vida, comprender una teoría, comprender el funcionamiento del corazón*, "*Comprende* que el peligro ha pasado", "Que *comprendan* que sólo mediante una adecuada organización pueden hacer más productiva su tierra" **2** Hacerse una idea clara del significado de lo que alguien dice: *comprender un idioma, comprender una explicación* **3** Encontrar explicación o justificación a los actos o sentimientos de alguien o tener buena voluntad hacia ellos: "Debes *comprender* a tu madre", "*Comprendí* que me había descubierto" **4** prnl Tener ideas y sentimientos en común dos personas, tener comunicación: "Lupe y Pancho *se comprenden* muy bien" **II** Estar compuesta o formada alguna cosa por ciertos elementos, tener algo dentro de ella: "Este municipio *comprende* varios pueblos", "La excursión *comprende* la visita a las pirámides", "El periodo *comprenderá* desde 1912", "La zona de oscuridad total *comprendió* una franja de más o menos 150 km de ancho".

comprensión s f **1** Acto de comprender: *las limitaciones de nuestra comprensión* **2** Facultad del ser humano para percibir algo y hacerse una idea clara de ello: *la comprensión del universo, comprensión de las matemáticas, la comprensión de la obra de arte* **3** Capacidad para hacerse una idea clara del significado de lo que dice alguien: *comprensión de la lectura* **4** Actitud del entendimiento o buena voluntad hacia el comportamiento a los sentimientos de alguien: "Pidió la *comprensión* de sus jefes", "Trata con amor y *comprensión* a sus hijos".

comprensivo adj **1** Que tiene una buena actitud para entender el comportamiento y los sentimientos de los demás, que tiene comprensión para con ellos, que los comprende: *una sonrisa amable y comprensiva, tratar de ser comprensiva, actitud comprensiva, padre comprensivo* **2** Que abarca, incluye o contiene dentro de sí varias cosas.

compresión s f **1** Acción de comprimir **2** Presión que se hace sobre alguna cosa para disminuir su volumen o controlar su fuerza: "Aplicar *compresión* sobre la herida, en tanto se detiene la hemorragia" **3** (*Mec*) Presión con que los pistones de los motores de combustión comprimen la mezcla carburada de aire y vapor de combustible para producir su explosión; medida de esta presión, que considera la relación existente entre el volumen de la mezcla cuando el pistón está en su punto más alto y cuando está en el más bajo: "Está bajo de *compresión* su carro, por eso ya no corre" **4** Fuerza que se ejerce transversalmente sobre alguna fibra o algún material relativamente elástico: "Si se somete a esfuerzos de *compresión* tenderá a pandearse".

comprimido I pp de *comprimir* o *comprimirse* **II 1** adj Que ha disminuido de volumen por presión: *cartón comprimido, aire comprimido, maderas comprimidas* **2** s m (*Med*) Preparación farmacéutica en forma de pastilla en la que la sustancia medicinal está comprimida por fuerte presión: *tomar tres comprimidos al día*.

comprimir v tr (Se conjuga como *subir*) **1** Reducir el volumen de alguna cosa para que quepa en otra, generalmente ejerciendo una fuerte presión sobre ella: "La madera se *comprime* con unas prensas especiales", *comprimir el aire, comprimir chatarra* **2** Hacer presión sobre algo; oprimir: "La hernia no *comprime* estructuras vasculares o nerviosas".

comprobación s f **1** Acto de encontrar o dar pruebas de algo: *comprobación de los resultados* **2** Revisión y confirmación de algo mediante la repetición de pruebas o experimentos: *comprobación de una división, comprobación de una teoría*.

comprobar v tr (Se conjuga como *jugar*, 2d) **1** Encontrar o dar pruebas de algo: "Se *ha comprobado* que el cigarro es dañino a la salud" **2** Revisar o confirmar algo repitiendo pruebas o experimentos: *comprobar una declaración, comprobar una teoría*.

comprometer v tr (Se conjuga como *comer*) **1** Establecer formal y responsablemente un convenio o un acuerdo con alguien: *comprometer un crédito, comprometer una compra, comprometer una ayuda* **2** Poner a alguien en la necesidad o en la situación de sentirse obligado a actuar o comportarse en cierta forma: "Lo *comprometieron* a regalar las bebidas", "Hay que *comprometer* a todos los países en el desarme" **3** Ser algo de tal manera o tener tales condiciones o características, que ponga a alguien en la necesidad de ser consecuente con ello o respetarlo: "Ser cristiano *compromete* a ser justo", "Su cargo lo *compromete* a servir al pueblo" **4** prnl Ofrecer uno mismo, de manera responsable y formal, que actuará o se comportará en cierta forma: *comprometerse a trabajar, comprometerse a enseñar* **5** prnl Estar uno decidido y sentirse obligado ante sí mismo a ser responsable y consecuente con lo que piensa, dice y hace: *comprometerse con sus palabras, comprometerse con sus ideales* **6** Poner algo o una persona a alguien en situación arriesgada, difícil o expuesta a daños: "La herencia *compromete* su vida", "Lo *comprometieron* en un robo" **7** prnl Hacerse mutuamente, un hombre y una mujer, una promesa de matrimonio: "Rosita y Luis se *comprometieron* el lunes" **8** *Estar alguien comprometido* Tener un novio o novia formal y haberle dado promesa de matrimonio: "Carlos ya está *comprometido*".

comprometido I pp de *comprometer* **II** adj **1** Que es consecuente y responsable con lo que piensa, dice y hace: "Luis es un estudiante *comprometido*" **2** Que es consecuente con una ideología o una postura política: *una película comprometida*, "Escribe artículos valientes y *comprometidos*" **3** Que representa un riesgo, peligro o daño para alguien: "La salvó de una situación *comprometida*".

compromiso s m **1** Obligación que alguien contrae por haber hecho una promesa, un contrato, un acuerdo, etc: "Cumplieron con el *compromiso* de subir los salarios", *el compromiso de liberar sanos y salvos a los secuestrados, el compromiso de servir a mi Estado* **2** (*Der*) Contrato mediante el cual las partes entregan la resolución de sus diferencias a un juicio arbitral **3** Obligación que uno tiene con algo o alguien por haber recibido una cosa de él, por estarlo representando, etc: "Todo gobernante adquiere un *compromiso* con los gobernados", "Voy a su boda sólo por *compromiso*" **4** *Poner o estar en un compromiso* Poner o estar en una situación difícil, o que obliga a hacer cierta cosa aunque no se desee: "*Puso* a su marido *en un compromiso* al comprar esa casa" **5** Cita o acuerdo de encontrarse con alguien, o de hacer algo en cierto momento: "Lo retuvo un *compromiso* de última hora" **6** *Tener alguien uno o muchos compromisos* Asistir a citas, reuniones y acontecimientos sociales: "Desde que es director *tiene muchos compromisos*" **7** Promesa de casarse y ceremonia en la que se hace formal esa promesa: "Rompieron su *compromiso* un mes antes de la boda" **8** Rizo o chino, generalmente pegado a las mejillas de las mujeres.

compuerta s f Puerta hecha generalmente con una placa de madera o de hierro y provista de un mecanismo que la hace subir o bajar para dejar pasar o impedir que corra el agua por un canal o una esclusa: *las compuertas de una presa, las compuertas de un muelle seco.*

compuesto I pp de *componer* **II 1** adj Que está formado por varias partes o elementos: *palabra compuesta* **2** s m (*Quím*) Sustancia formada por átomos de distintos elementos: "El agua es un *compuesto* formado por átomos de hidrógeno y oxígeno".

compulsión s f **1** Fuerza o presión que ejerce una persona sobre otra para que actúe de cierta manera, a pesar de su negativa o su resistencia; fuerza de esa clase con que una constitución social obliga a las personas a actuar de cierta manera: *trabajar por compulsión*, "Sentía la *compulsión* de su familia para entrar al convento" **2** Conducta de una persona que se ve impulsada por una fuerza inconsciente a ejecutar ciertos actos o tener determinados pensamientos cuya no realización o aparición provocan en ella cierto grado de angustia: *comer con compulsión, fumar por compulsión.*

computación s f **1** Área de la ingeniería electrónica y de sistemas que se ocupa de construir las máquinas, y los sistemas necesarios para procesar información con una computadora: *la era de la computación, computación digital* **2** Informática.

computadora s f Máquina, generalmente electrónica que, siguiendo un programa previamente establecido, recibe y procesa información, produce resultados con gran rapidez y ejecuta acciones con las que se controlan otros mecanismos o ciertos procesos naturales o artificiales: "Te dan tu credencial por *computadora*", "La *computadora* personal revoluciona la educación".

computar v tr (Se conjuga como *amar*) Hacer la cuenta de algo a base de números o datos de diferente procedencia o de varios resultados parciales: *computar votos, computar una marca atlética, computar la antigüedad en un empleo.*

cómputo s m Cuenta de algo que se calcula a base de números y datos de diferente procedencia: *cómputos electorales, un cómputo de la edad del Sol.*

comulgar v intr **1** (*Rel*) Recibir el sacramento de la comunión los católicos: "Como no se había confesado, pidió permiso al padre para *comulgar*" **2** Coin-

cidir con alguien o entre sí dos o más personas, en sentimientos, ideas, opiniones, etc: "Discúlpeme, pero no *comulgo* con usted, señor licenciado, en su visión fatalista", "Formaban la pareja ideal: *comulgaban* en todo".

común adj m y f **1** Que pertenece, se refiere o toca a varias personas o cosas: *un propósito común, características comunes, interés común, causa común, lengua común* **2** *En común* En conjunto, entre varios: *hacer un trabajo en común* **3** Que es corriente, usual o se produce con frecuencia: *un apellido común, plantas comunes* **4** *El común de* La mayoría de un conjunto: *el común de las gentes, el común de los nativos* **5** *Por lo común* Por lo general **6** Que tiene los mismos rasgos de todos los de su especie o clase: *un hombre común, la mosca común* **7** (*Popular*) Excusado: *ir al común.*

comunal adj m y f Que pertenece a la comunidad o se relaciona con ella: *bien comunal, organización comunal, granja comunal.*

comunero s Cada una de las personas que poseen y trabajan en conjunto un terreno comunal: "Es necesario un mayor apoyo crediticio para los ejidatarios y *comuneros*.

comunicación s f **1** Proceso y resultado del intercambio de mensajes: "México y París están en constante *comunicación*", *sistema de comunicación* **2** Relación de unión o paso entre dos o más personas o cosas: "Se cortó la *comunicación* por carretera y por teléfono a Tlacotalpan", *lograr comunicación, establecer comunicación* **3** Medio o instrumento por el cual se envían o reciben mensajes, o que sirve de unión o paso entre personas o cosas: "El estrecho de Behring es una *comunicación* entre continentes", *vías de comunicación, Secretaría de Comunicaciones* **4** Entendimiento, trato o correspondencia entre personas: "No hay *comunicación* entre ellos" **5** Escrito en el que se informa algo: "Recibimos la *comunicación* de su muerte".

comunicado I pp de *comunicar* **II 1** *Bien o mal comunicado* Con buenos o malos medios o vías de comunicación: "Es un barrio muy alejado del centro pero *bien comunicado*" **2** s m Informe o documento por medio del cual se hace saber algo al público, generalmente por medio de la prensa, el radio o la televisión: *emitir un comunicado, comunicado oficial.*

comunicar v tr (Se conjuga como *amar*) **1** Hacer saber algo a otra persona: *comunicar una idea*, "Mallarmé parece *comunicarnos* con palabras exactas nuestra única salida del tiempo", "El acuerdo de la Federación *fue comunicado* al gobernador del Estado", "La obligación de *comunicar* a su madre su decisión" **2** Hacer que pase algo a otra persona o cosa: "Le *comunicó* su miedo", "La rueda *comunica* su movimiento al carro" **3** prnl Enviar y recibir mensajes dos o más personas entre sí: *comunicarse por teléfono, comunicarnos por carta, comunicarse con el doctor* **4** Tener dos cosas paso entre sí: "La cocina *comunica* con el comedor", "Tres calzadas parten de la ciudad y la *comunican* con los alrededores", "La puerta que *comunicaba* al patio", "Mediante la nueva carretera transpeninsular quedará *comunicada* toda la Península".

comunidad s f **1** Conjunto de personas que viven juntas, que tienen bienes o intereses comunes o que desarrollan una misma actividad: *comunidad agraria, comunidad religiosa, comunidad nacional, comunidad científica, comunidades indígenas* **2** Conjunto de seres vivientes o cosas que se encuentran juntas y tienen características comunes: *comunidades vegetales* **3** Hecho de tener o compartir varias personas o cosas algo en común: *comunidad de intereses, comunidad de bienes.*

comunión s m **1** Unión de dos o más cosas en aquello que les es común o de lo cual participan: "La imagen poética se nos ofrece como el punto de *comunión* de los elementos contrarios" **2** Comunidad de los que profesan una misma religión, tienen una misma ideología política o un acuerdo común en algo: *la comunión anglicana, la comunión de todos los fieles* **3** (*Relig*) Entre los cristianos, sacramento que consiste en recibir el cuerpo y la sangre de Cristo bajo una o dos especies (pan y vino o sólo pan), como alimento del alma; ceremonia o acto en que se da o recibe este sacramento y parte de la misa en la que comulga el sacerdote: *dar la comunión, recibir la comunión* **4** *Primera comunión* Ceremonia en la que se recibe por primera vez este sacramento: *hacer la primera comunión, desayuno de primera comunión.*

comunismo s m **1** Conjunto de doctrinas económicas y políticas en las que se sostiene que todas las cosas son por naturaleza comunes a todos los hombres y, por esa razón, se desconoce la propiedad privada **2** *Comunismo marxista* Doctrina que busca la abolición de la propiedad privada, especialmente de los instrumentos o bienes de producción; sostiene que el trabajo es la verdadera causa de la riqueza y persigue que cada trabajador reciba un salario para cubrir sus necesidades y que esté de acuerdo con la importancia de su participación en la producción social **3** Sistema económico, político y social basado en estas doctrinas **4** Conjunto de los partidos y organizaciones comunistas y de las doctrinas que sostienen **5** *Comunismo real* Sistema político y económico impuesto por Lenin y sus sucesores en la Unión Soviética y en los países que quedaron bajo su dominio o bajo su influencia militar después de la Segunda Guerra Mundial, que se convirtió en la imposición totalitaria de una burocracia corrupta sobre sus pueblos, la persecución encarnizada de la disidencia y la crítica, el establecimiento de una economía dirigida y centralizada que reprimía la iniciativa laboral e industrial, y la formación de un bloque militar muy poderoso.

comunista adj y s m y f Que se relaciona con el comunismo, que simpatiza con él o que pertenece a uno de sus partidos: *Estado comunista, principios comunistas,* "Los *comunistas* rusos tomaron el poder en 1917".

comúnmente adv Por lo común, por lo general: "Se supone *comúnmente* que un hombre puede vivir más tiempo sin comer que sin beber", "*Comúnmente* se calculan poblaciones de trescientos veinte árboles por hectárea".

con prep **1** Indica una relación de compañía, colaboración, comunicación, reciprocidad o simple presencia de varias personas o cosas al mismo tiempo o juntas: "Vive *con* sus padres", "Viaja *con* sus amigos", "Trabaja *con* su hermano", "Discute *con* to-

dos", "Canta *con* el coro", "Vino Juan *con* su novia", *café con leche, arroz con pollo* **2** Indica una relación de medio, instrumento, procedimiento o causa: *cortar con cuchillo, amarrar con una cuerda, limpiar con agua, protegerse con un paraguas, coger con las dos manos, ver con los propios ojos, hacerlo con su ayuda,* "Las plantas se pudren *con* tanta lluvia" **3** Indica una relación de modo o manera de hacer algo: "Lo hizo *con* gusto", *con facilidad, con alegría, con cuidado, con interés, con tacto,* "Lo recibió *con* los brazos abiertos", *con indiferencia, con furia,* "Me tiene *con* angustia" **4** Indica una relación entre dos cosas en la que una contiene o posee a la otra: *una bolsa con ropa, un pantalón con cuatro bolsas, un niño con ojos azules* **5** A pesar de: "*Con* lo que le pedía que fuera discreto y lo contó todo", "*Con* ser tan tarde, trabajaré un rato más" **6** *Con tal (de) que* Mientras que: "*Con tal de que* cuide a los niños, le aguanto su mal genio".

cóncavo 1 adj Que tiene una superficie curva y hundida, redondeada hacia adentro y sumida en el centro en relación con las orillas, como la cara interior de una cúpula: *lente cóncavo, espejo cóncavo* **2** s m (*Min*) Parte más ancha que el resto de un pozo de mina, que se excava en su boca para colocar y manejar sus tornos.

concebir v tr (Se conjuga como *medir*, 3a) **1** Dar comienzo la formación de un nuevo individuo al quedar fecundado el óvulo femenino por el espermatozoide: *concebir un hijo* **2** Formarse alguien una idea acerca de algo, pensarlo o comprenderlo: *concebir un plan, concebir una teoría.*

conceder v tr (Se conjuga como *comer*) **1** Dar o permitir algo a una persona, quien tiene la facultad o el poder para hacerlo: *conceder asilo, conceder un crédito* **2** Aceptar alguien lo que dice otra persona: "*Concedo* que el examen fue difícil".

concentración s f **1** Acto de concentrar o concentrarse: *concentración de tropas, concentración de rayos luminosos, concentraciones de población* **2** Aplicación de toda la atención en un solo objeto: "Se requiere de mucha *concentración* en el examen" **3** (*Quím*) Cantidad de una sustancia que se encuentra contenida o disuelta en otra: "Un gas con una alta *concentración* de ácido sulfhídrico".

concentrado I pp de *concentrar* **II 1** adj Que contiene una cantidad importante de algún producto: *amoníaco concentrado* **2** s m Producto de la concentración de alguna sustancia, obtenido por diversos métodos: *un concentrado de limón.*

concentrar v tr (Se conjuga como *amar*) **1** Reunir en un mismo lugar, dirigir hacia un mismo punto u objetivo algo que está disperso o separado: *concentrar esfuerzos, concentrar el poder en pocas manos, concentrarse la gente en las ciudades* **2** Aumentar la cantidad de una sola sustancia en una mezcla o compuesto, o hacer que aumente en proporción a las otras **3** prnl Poner alguien toda su atención en algo: *concentrarse para estudiar, concentrarse en un problema.*

concepción s f **1** Acto de concebir: *la concepción de un hijo, el momento de la concepción* **2** Idea o conjunto de ideas que se tienen o se forman a propósito de algo: *la concepción moderna del arte, nuestra concepción del mundo, la concepción del hombre,* "Representan *concepciones* diferentes".

conceptismo s m Estilo literario complejo, generalmente oscuro y alusivo, que se caracteriza por el despliegue de ingenio, y el gran juego de conceptos y metáforas; se dio principalmente en España durante el siglo XVII; uno de sus principales exponentes es Francisco de Quevedo.

conceptista adj y s m y f Que pertenece al conceptismo o se relaciona con él: *un escritor conceptista*.

concepto s m **1** Idea concisa que uno se forma de algo: *el concepto del bien, el concepto del universo* **2** Idea precisa, elaborada y clara que se forma acerca de algún objeto de conocimiento, singularizándolo y sintetizándolo, que generalmente organiza o fundamenta una hipótesis o una teoría: *el concepto del cero, los conceptos de la teoría de la relatividad* **3** Opinión o juicio que uno se forma de algo o alguien: "Tiene un alto *concepto* de sus ayudantes" **4** Cosa o asunto al que se refiere una partida en una cuenta o una lista de costos y gastos **5** *En concepto de, por concepto de* En relación con algún renglón o partida previstos, o como pago de los mismos: "Cinco mil pesos *por concepto de* gastos" **6** *Por todos conceptos* Desde cualquier punto de vista, por todos los motivos **7** *Por, bajo ningún concepto* Por ningún motivo, de ninguna manera: "*Por ningún concepto* te dejo ir sola".

conceptual adj m y f Que se relaciona con un concepto o tiene ese carácter: *una precisión conceptual, la actividad conceptual*.

concerniente adj m y f **1** Que concierne a: "Un discurso *concerniente a* la gravedad y sus propiedades", "Las disposiciones *concernientes a* la mano de obra" **2** *En lo concerniente a* En lo referente a: "*En lo concerniente a* la relación entre el poder civil y los grupos militares…".

concernir v intr (Se conjuga como *sugerir*, 2a) **1** Corresponder a alguien la responsabilidad, el cuidado, el cumplimiento de alguna cosa: "La protección de los ciudadanos *concierne* a la policía", "Éstas son preguntas que *conciernen* a los expertos" **2** *En lo que concierne a* En lo que se refiere a, por lo que toca a, en cuanto a: "*En lo que concierne al* presupuesto, éste no cambiará" (Se usa sólo en las terceras personas, por lo general, del presente y pretérito de indicativo y subjuntivo, y en copretérito de indicativo; va seguido de la preposición *a*).

concertar v tr (Se conjuga como *despertar*, 2a) **I 1** Ordenar los elementos de un conjunto en forma que se ajusten, se complementen o armonicen entre sí: *concertar un mecanismo, concertar las rutas del metro* **2** Hacer sonar varios instrumentos musicales según los requerimientos del arte musical: "Usaban dos tambores *concertados* con voces" **II 1** Ponerse de acuerdo dos o más personas para alguna cosa; acordar o planear algo en común: *concertar una cita, concertar un plan de acción* **2** Tratar algún negocio y llegar a un acuerdo al respecto: *concertar un precio, concertar un préstamo, concertar el pago de las regalías* **3** intr (*Gram*) Concordar dos o más palabras variables en sus accidentes o morfemas gramaticales, como sucede entre el adjetivo y el sustantivo del español, que *conciertan* en género y número.

concesión s f **1** Acto de conceder: *la concesión de un crédito* **2** Permiso o licencia que una persona, empresa, gobierno, etc, que tiene el derecho de explotar un bien o de prestar un servicio, da a alguien para que lo lleve a cabo y obtenga por ello una utilidad: "El Estado retiró la *concesión* a los banqueros", "Tiene la *concesión* de un restaurante escolar", *la concesión de los ferrocarriles, la concesión de una gasolinera* **3** Permiso que se da a alguien exceptuándolo de alguna obligación; facilidad que se da a una persona, empresa, etc para que cumpla determinado compromiso: "Tiene muchas *concesiones* en su trabajo", "Los pequeños comerciantes pedirán *concesiones* fiscales" **4** *Hacer o dar concesiones* Ceder en algo, permitir o aceptar alguna cosa, dar facilidades a alguien para que obtenga algo que le resulta provechoso y que, generalmente, va o parece ir en contra de los intereses de uno: "Cuando discute no *hace concesiones*", "Dio muchas *concesiones* a su rival y perdió la pelea", "El gobierno *hará* algunas *concesiones* a los sindicatos y todo quedará arreglado" **5** *Sin concesiones* Sin dar facilidades, con la mayor rigidez, sin excepciones ni atenuantes: *una política sin concesiones*.

concesionario s y adj **1** Persona, agencia, empresa, etc a la que se le ha dado la concesión de explotar un bien o de prestar un servicio: *los concesionarios del transporte público, el concesionario de la cafetería* **2** Persona, empresa, etc que trabaja a base de este tipo de contratos: "Una compañía *concesionaria* administrará la venta de estos productos".

concesivo adj **1** Que concede: *una actitud concesiva* **2** (*Gram*) Tratándose de oraciones subordinadas, que indica un obstáculo o una dificultad para la realización de la acción expresada por la oración principal, pero que no impide que se lleve a cabo; por ejemplo en: "Aunque no quieras me iré", *aunque no quieras* es la oración concesiva **3** (*Gram*) Tratándose de conjunciones y nexos, que introduce ese tipo de oraciones subordinadas; como *aunque, a pesar de, no obstante*, etcétera.

conciencia s f **1** Capacidad del ser humano para darse cuenta de sí mismo y de lo que lo rodea: "Se golpeó y perdió la *conciencia*" **2** Facultad que tiene el ser humano de conocer y juzgar sus propios actos y los de los demás **3** *Examen de conciencia* Acto de reflexión y juicio sobre las acciones propias **4** Sentimiento de una persona después de haber reflexionado y juzgado sus actos: *tener la conciencia tranquila* **5** *Remordimiento, cargo*, etc *de conciencia* Sentimiento de culpabilidad por haber actuado en forma que uno considera incorrecta **6** Compromiso moral de una persona hacia los demás o hacia su trabajo: *un profesor con conciencia* **7** *A conciencia* Con responsabilidad y cuidado: *limpiar a conciencia* **8** *Tomar conciencia* Darse cuenta de algo **9** *Crear conciencia* Hacer que los demás se den cuenta de algo y lo tomen en serio.

concientización s f Acto del esfuerzo o labor que consiste en lograr que una persona o una colectividad se den cuenta de algo que los afecta, se hagan cargo de ello o lo tomen como su responsabilidad: "La Unidad Popular llegó al poder después de un proceso de *concientización*".

concierto s m **I 1** Buen orden y disposición de varias cosas entre sí: *el concierto universal, el concierto de las naciones* **2** Acuerdo entre varias personas o grupos a propósito de algo que es de interés común: "Hubo *concierto* entre las partes" **3** *De* o *en concierto* De común acuerdo, todos juntos **II 1** Función pública en la que se interpretan piezas musicales: *un concierto de la sinfónica, un concierto de los Beatles* **2** (*Mús*) Obra musical para orquesta y un instrumento solista, como el piano o el violín, compuesta por tres movimientos: *concierto para flauta y orquesta, los conciertos de Mozart* **3** *Concierto grosso* (*Mús*) El escrito para varios instrumentos solistas; son típicos los del barroco, por ejemplo los de Vivaldi o Corelli.

conciliación s f **1** Acto de conciliar **2** Acuerdo que salva las diferencias entre personas, actitudes, intereses, etc opuestos, contrarios o en discrepancia: *buscar una conciliación*, "Se trata de contradicciones sociales que no admiten una *conciliación*", *junta de conciliación*.

conciliar[1] v tr (Se conjuga como *amar*) **1** Hacer que personas, actitudes, tendencias, intereses, etc contrapuestos o diversos concuerden o converjan: "Primero tratamos de *conciliar* a las partes en conflicto", *conciliar las inquietudes de los alumnos*, "Su teoría *concilia* ideas de muchos autores" **2** prnl Ponerse de acuerdo o llegar a entenderse personas que discrepaban o que estaban peleadas, reunirse en una sola cosa elementos de diversa naturaleza que rara vez forman unidad: "Sólo hablando podrán *conciliarse*", "En sus ensayos *se concilian* la originalidad, la sencillez y la profundidad" **3** *Conciliar el sueño* Lograr dormir: "No pude *conciliar el sueño* en toda la noche".

conciliar[2] **1** adj m y f Que pertenece a algún concilio o se relaciona con él: *decreto conciliar, constituciones conciliares, seminario conciliar* **2** s m y f Persona que asiste o participa en un concilio.

concilio s m **1** Junta o congreso, principalmente el que organizan autoridades eclesiásticas para tratar y decidir cuestiones de dogma y de disciplina de la Iglesia católica **2** *Concilio ecuménico* El que se lleva a cabo por convocatoria papal y con la participación de los obispos de todo el mundo católico.

concluir v tr (Se conjuga como *construir*, 4) **1** Acabar o terminar algo: *concluir un trato, concluir una época, para concluir* **2** Llegar, después de un razonamiento, a un resultado o decisión a propósito de algo: "Se *concluyó* que no existe ningún planeta entre Mercurio y el Sol".

conclusión s f **1** Resultado o decisión a la que se llega después de un razonamiento: "No se llegó a ninguna *conclusión* en la asamblea", "Saque sus propias *conclusiones*" **2** *En conclusión* Como resultado, en suma **3** Fin de una cosa: *conclusión de una guerra, acercarse algo a su conclusión*.

concordancia s f **1** Acuerdo o correspondencia que existe entre varias cosas o capacidad que tienen de combinarse: *concordancia de intereses* **2** *En concordancia con* De acuerdo con, según: "*En concordancia con* nuestra situación…" **3** (*Gram*) Correspondencia del género y el número de un adjetivo con los de un sustantivo, como en *el señor alto, la señora alta, los señores altos, las señoras altas*; así como del número y la persona del verbo con los del núcleo del sujeto de una oración, como en *yo canto, tú cantas, ellas cantan* **4** Índice, generalmente alfabético, de todas las palabras, expresiones o citas contenidas en una obra o en un conjunto de obras, con las indicaciones de su localización en

ellas y a veces con su contexto: *estudiar la concordancia del Quijote, las concordancias del corpus del español mexicano*.

concordar v (Se conjuga como *soñar*, 2c) **1** tr Poner de acuerdo dos cosas **2** intr Estar dos o más cosas o personas de acuerdo una con otra; tener características o partes iguales, o que se combinan: "Los tres médicos *concuerdan* en que se debe operar", "Lo que me cuentas *concuerda* con las informaciones que yo tenía" **3** intr (*Gram*) Corresponder el género y el número de un adjetivo con los de un sustantivo, como en *libro rojo, los niños enfermos, la casa roja*; el número y la persona de un verbo con los del núcleo del sujeto, como en *yo como, nosotros pintamos*.

concretamente adv De modo concreto, con precisión: "¿Qué sucedió, *concretamente*, durante el atentado?", "Me refiero *concretamente* al segundo párrafo de la página diez".

concretar v tr (Se conjuga como *amar*) **1** Dar a algo un carácter preciso, definido, bien establecido, o alcanzar algo ese carácter: "La salud y la seguridad social *concretan*, en México, su compromiso con la justicia social", "Voy a *concretar* las ideas expuestas en esta conferencia" **2** prnl Limitarse alguien a hacer alguna cosa, con exclusión de otras relacionadas con ella: "El neurótico *se concreta* a tratar de atenuar la angustia, sin enfrentarla", "El empleado *se concreta* a hacer su trabajo, sin preocuparse para nada por el cliente".

concreto[1] **1** adj Que existe, que es real, que es sensible, tangible o determinado: "El abstracto 'super hombre' de Nietzsche nada tiene que ver con el hombre real y *concreto*", "Partamos de un caso *concreto*", *un proceso histórico concreto, el material concreto, una situación jurídica concreta* **2** *En concreto* En definitiva, en resumen, con precisión; en conclusión: *una información en concreto*, "*En concreto*, ¿qué es lo que quieres?".

concreto[2] s m Mezcla de agua, cemento, arena, grava y generalmente algún aditivo, que al endurecerse adquiere gran resistencia. Se emplea en construcción para cimientos, techos, etc: *una construcción de concreto, concreto premezclado*.

concubina s f **1** Mujer que vive con un hombre, sin estar casados entre sí **2** (*Der*) Mujer que vive voluntariamente con un hombre en unión libre, sin que exista matrimonio formalizado legalmente, pero con los fines atribuidos socialmente a éste.

concuño s Cónyuge del cuñado de la esposa o del esposo, respecto del cónyuge de ésta o de éste.

concupiscencia s f Gana o apetito sensual desmesurado, especialmente de placer sexual: "Me acuso, padre, de *concupiscencia*".

concurrencia s f **1** Acto de concurrir varias personas a alguna cosa: "Se esperaba la *concurrencia* de muchas fuerzas políticas" **2** Conjunto de las personas que asisten a una función, un espectáculo, etc: *una concurrencia muy selecta, la nutrida concurrencia* **3** Acto de combinarse varios factores o elementos en cierto efecto o resultado **4** (*Der*) Competencia que se da en el comercio o los negocios.

concurrente adj m y f y s m y f **1** Que concurre a algo: "Las personas *concurrentes* entonaron 'Las golondrinas'", *los concurrentes a la función*, "Daba la bienvenida a los *concurrentes*".

concurrir v intr (Se conjuga como *subir*) **1** Asistir a un lugar varias y variadas personas para presenciar un acontecimiento o para participar en él: "*Concurrió* a una sesión de la Cámara de Diputados", "*Concurrieron* a este evento más de un millar de personas" **2** Llegar o encontrarse varias personas o varios elementos de algo en un mismo punto o en algún lugar: "Los puntos donde *concurren* dos o más piezas de la armadura, se llaman nudos" **3** Combinarse varias cosas para producir un efecto determinado: "*Concurrieron* varios factores económicos en la devaluación de la moneda".

concurso s m **I 1** Competencia entre los aspirantes a ganar algún objeto, dinero, puesto de trabajo, etc, que los beneficia: *un concurso de proyectos arquitectónicos, concurso de belleza, un concurso de ortografía* **2** Procedimiento por el cual se organiza esa competencia: *un concurso de oposición, las bases de un concurso* **II** Reunión o coincidencia de diversos factores, circunstancias, etc, que influye o condiciona algún acontecimiento: "El *concurso* de sequía y falta de créditos produjo una mala cosecha", "Fue posible ayudar a los heridos, con el *concurso* de varios voluntarios" **III 1** Bienes de un deudor al pago de sus acreedores **2** *Concurso de delitos* (*Der*) Concurrencia de varias infracciones derivada de actuaciones independientes, cuando no ha habido sentencia por alguna de ellas **3** *Concurso de pruebas* (*Der*) Fenómeno procesal que se presenta cuando se utilizan varias pruebas, del mismo o de diverso género, para demostrar las circunstancias de hechos afirmados por las partes o por el Ministerio Público.

concha s f **I 1** Cubierta dura y rígida, formada generalmente por carbonato de calcio, que envuelve y protege el cuerpo de los moluscos, y que puede constar de una sola pieza o valva como en los caracoles, o de dos partes más o menos simétricas y de forma abovedada, articuladas por uno de sus lados, como en las almejas, los ostiones, el abulón, la pata de mula, los mejillones, etc. Algunas de ellas se coleccionan como curiosidad o se emplean en artesanías: *conchas marinas, concha perlera* **2** (*Arq*) Bóveda en cuarto de esfera, a veces decorada con estrías y que forma la parte superior de un nicho: *concha acústica* **3** (*Anat*) Cavidad en la cara externa del pabellón de la oreja, donde se abre el conducto auditivo externo **4** (*Ver* y *Tab*) Tortuga **II 1** Dispositivo de forma cóncava, que se colocaba en la parte delantera del escenario de un teatro para ocultar al apuntador de la vista del público y reflejar la voz de éste hacia los actores. Actualmente está en desuso **2** *Concha nácar* Aquella cuya superficie interior, muy brillante, da reflejos tornasolados; es muy apreciada por los artesanos, que la usan en incrustaciones, y como suavizadora de la piel, cuando se hace crema con ella **3** Revestimiento duro que cubre la parte carnosa de algunos animales, como la jaiba, la tortuga y el armadillo; se emplea en artesanías; caparazón **4** Pan dulce, cuya decoración de azúcar semeja las estrías radiales de las cubiertas de los moluscos **5** Protector de los testículos de los hombres, hecho de algún material resistente, que usan algunos deportistas.

conde s m (Su femenino es *condesa*) Título nobiliario que concede un rey; en jerarquía, sigue al marqués y precede al vizconde.

condecoración s f **1** Acto de condecorar a alguien **2** Objeto como una medalla, banda, etc que alguna autoridad o alguna corporación otorga a alguien en reconocimiento a sus méritos o cualidades: *imponer una condecoración, la condecoración de caballero de una orden*.

condecorar v tr (Se conjuga como *amar*) Imponer a una persona, particularmente un gobierno o un jefe de Estado, una medalla o algún reconocimiento a sus méritos o cualidades: *condecorar con el Águila Azteca*.

condena s f **1** Castigo, pena o sanción que se impone a una persona a la que se ha declarado culpable de algún delito en un juicio: *cumplir una condena*, "La *condena* va de tres a cinco años de prisión" **2** Crítica en la que se expresa repudio o indignación por algún acto, actitud, etc: "La *condena* al asesinato ha sido unánime", "Su crueldad ha provocado la *condena* de todos" **3** Ser algo o alguien la *condena de otra persona* Ser algo o alguien el sufrimiento permanente de una persona o lo que necesariamente está obligado a hacer o soportar, en particular cuando es de manera constante y para siempre: "Ignacio y Raúl *fueron la condena* de doña Clemente", "La *condena* del donjuán *son* las mujeres", "La *condena* del lexicógrafo *es* escribir y reescribir diccionarios".

condenación s f **1** Acto y resultado de condenar o condenarse: "México expresó su pública *condenación* de toda guerra de conquista" **2** (*Relig*) Entre los cristianos, el castigo de un alma a las penas eternas del infierno: *condenación eterna*.

condenado 1 pp de *condenar* **II** adj y s **1** Que ha sido castigado con el infierno: "Los dolores lo hacían gemir y sudar como un *condenado*" **2** Que ha recibido una condena legal: *un condenado a muerte* **3** (*Popular*) Que molesta, que causa enojo: ¡*escuincle condenado*, *viejo condenado*.

condenar v tr (Se conjuga como *amar*) **1** Castigar de determinada manera a alguien por haber sido encontrado culpable de algún delito según sentencia de un juez o tribunal: *condenar a cadena perpetua*: "Se dictó sentencia contra los acusados: los *condenaron* a diez años de prisión" **2** Reprobar con energía o indignación un acto, una actitud, etc: "La prensa *condenó* su política armamentista", *condenar la corrupción, condenar la crueldad* **3** Prohibir algo señalando un castigo para los infractores: "La ley *condena* el abuso de autoridad", "Lo que haces está *condenado* por el reglamento" **4** Obligar algo o alguien a que una persona sienta o haga de manera permanente algo que le resulta doloroso o que le fastidia, producir algo o alguien el mismo efecto: "Las promesas de su novio la *condenaron* a esperar", "La muerte de Irene lo *condenó* a la soledad", "El vicio lo *condenó* a la miseria" **5** *Estar condenado a algo* Estar una persona obligada a hacer o a padecer algo agobiante o penoso de manera constante y para siempre, o tener una cosa un final previsible, necesario y generalmente malo: "*Está condenado* a luchar", "Esas costumbres *están condenadas* a desaparecer", "Su política *está condenada* al fracaso" **6** prnl Irse al infierno: "¿Y si *te condenas*?", "Hoy en día ya nadie *se condena*" **7** Clausurar una puerta o una ventana generalmente tapándola.

condensación s f **1** Acto de condensar **2** (*Fís* y *Quím*) Paso de un gas al estado líquido **3** Paso del vapor de agua atmosférico al estado líquido. Este proceso da origen a las nubes, a la niebla, y en determinadas condiciones físicas del aire, a la lluvia o a la nieve; también el rocío y la escarcha son resultado de este fenómeno **4** (*Elec*) Incremento de la carga eléctrica que se obtiene por medio de un condensador **5** Resumen de una exposición, un escrito, etc: "Hizo una brillante *condensación* de la teoría de Aristóteles".

condensador adj y s m **1** Que condensa **2** (*Mec*) Parte de un aparato o dispositivo que sirve para condensar gases o vapores y pasarlos a un estado sólido o líquido **3** (*Elec*) Dispositivo que consta principalmente de dos conductores separados por un material dieléctrico como aire, papel, mica, cerámica, vidrio, que almacena energía eléctrica, bloquea el flujo de la corriente continua y permite el desplazamiento de la corriente, alterna cuya magnitud depende de su capacidad y de la frecuencia de la corriente **4** (*Fís*) Aparato cuyos lentes enfocan los rayos luminosos sobre una pequeña superficie.

condensar v tr (Se conjuga como *amar*) **1** Hacer algo más denso, espeso o concentrado de lo normal **2** (*Fís* y *Quím*) Convertir o transformar un vapor en líquido: *condensarse la humedad en rocío* **3** Resumir una exposición, un escrito, etc: *condensar un discurso, condensar en pocas palabras*, "En este libro se *condensan* varios cuentos infantiles".

condesa s f Esposa del conde o mujer que recibe ese título nobiliario.

condición s f I **1** Manera natural o propia de ser algo o alguien: *condición del suelo, condición humilde, condición humana* **2** Situación o estado en que se halla algo o alguien: *condición de miseria, condición de salud, las condiciones de vida de los campesinos, las condiciones ideales* **3** Estar en condiciones de Estar en una situación propicia para hacer algo: *estar en condiciones de volver, estar en condiciones de decidir por sí mismos*, "Creemos *estar en condiciones de atenderlos* de una manera satisfactoria", "El enfermo *está en condiciones de reanudar* sus actividades" **4** Circunstancia que influye, modifica o determina el estado o desarrollo de algo: *condiciones atmosféricas, condiciones de trabajo* **5** Actitud, disposición o capacidad de algo o alguien para hacer algo: *condiciones de funcionamiento* II **1** Situación, proposición o compromiso que debe cumplirse para que algo suceda, se haga o llegue al fin previsto: *condición de un contrato, condiciones de venta, condiciones de un experimento*, "Aceptar sus *condiciones* sería fomentar la ola de terror" **2** A condición de Siempre y cuando, con tal que, sólo si: "Trabajo, *a condición de* que me paguen".

condicional adj y s m y f **1** Que implica, supone o exige alguna cosa para que ocurra, exista o se acepte: *un permiso condicional, venta condicional* **2** (*Gram*) Tratándose de oraciones, la subordinada circunstancial que expresa una condición para que se realice la acción significada en la oración principal, por ejemplo, en "Si vienes, lo hacemos juntos", la oración "*si vienes*" es condicional **3** (*Gram*) Tratándose de conjunciones, las que introducen aquella clase de oraciones, como *si, con tal que, a condición de que*, etcétera.

condicionar v tr (Se conjuga como *amar*) **1** Hacer que una cosa o su realización dependa del cumplimiento o de la realización de otra: *condicionar una venta, condicionar un premio* **2** Causar, mediante ciertos estímulos o cierto entrenamiento, que algo o alguien se comporte en cierta forma cuando ocurren ciertas circunstancias: "El perro está *condicionado* a ladrar cuando ve a un extraño".

condimento s m Sustancia que se agrega a las comidas para acentuar o mejorar su sabor, como la sal, las especias, etc: *poner condimento, una comida con mucho condimento*.

condominio s m **1** Propiedad en común de alguna cosa entre dos o más personas: *una casa en condominio* **2** Edificio que se tiene en esa forma de propiedad, y cada uno de los departamentos, oficinas, locales, etc que lo constituyen: *comprar un condominio, vivir en condominio*.

condón s m Funda higiénica para el pene, delgada, flexible y generalmente de látex, que se usa durante las relaciones sexuales para evitar el embarazo o prevenir el contagio de enfermedades que se transmiten sexualmente como la sífilis o el sida; preservativo: *ponerse el condón*.

conducción s f Acto de conducir algo o a alguien: *conducción de agua, conducción de electricidad, conducción de un grupo*.

conducir v tr (Se conjuga como *producir*, 7a) **1** Llevar algo o a alguien con una dirección o por un camino determinado, indicándole la ruta: "El guía *condujo* a los turistas", "Este camino *conduce* a Comala" **2** Hacer que algo o alguien llegue a una situación o comportamiento determinado: "La contaminación nos *conduce* a la muerte" **3** Dirigir el comportamiento a la actividad de alguien: "El general *conduce* a su ejército" **4** Manejar un automóvil o un tranvía **5** prnl Portarse alguien o algo de cierta manera: *conducirse con honradez* **6** Hacer pasar, transmitir: *el cable conduce electricidad*.

conducta s f **1** Manera de actuar o de comportarse un individuo como reacción a estímulos de su propia naturaleza o del medio ambiente: "La *conducta* humana se fundamenta en rasgos biológicos", *conducta sexual* **2** Manera de actuar de una persona de acuerdo a o en desacuerdo con ciertas normas sociales: *línea de conducta, extraña conducta, buena conducta, conducta dudosa, conducta intachable* **3** Forma de reaccionar o de comportarse ciertas cosas en determinadas circunstancias: *la conducta de los contaminantes, conducta química de un ácido, conducta de los gases*.

conductismo s m (*Psi*) Teoría psicológica según la cual todos los fenómenos psíquicos pueden tratarse adecuadamente a partir del análisis de las reacciones del individuo a los estímulos externos e internos, considerando que todas las acciones humanas responden a reflejos condicionados, sin recurrir a la introspección; pretende el control de las acciones del organismo y en especial del ser humano. Se ha utilizado en la evaluación de la personalidad y en la psicología industrial.

conducto s m **1** Canal o tubo por el que circula algo, generalmente un líquido: *conducto de agua, conductos biliares* **2** Medio por el cual se establece una comunicación o se resuelve algún asunto: *un conducto oficial* **3** Por conducto de Con la intervención de, por medio de: "Me puse en contacto con el diputado *por conducto de* mi amigo".

conductor 1 adj y s Que conduce: *hilo conductor, un conductor de tranvías, la conductora de un programa* **2** s m Material que transmite el calor o la electricidad: "La plata es un buen *conductor*", *conductores eléctricos*.

conectar v tr (Se conjuga como *amar*) **1** Unir una cosa a otra para que funcionen juntas, se comuniquen entre sí o permitan el abastecimiento de algo: *conectar una tubería, conectar el agua, conectar la luz*, "El cordón umbilical contiene los vasos sanguíneos y *conecta* al niño con la placenta" **2** Unir un cable de un aparato eléctrico con un contacto o una fuente de electricidad: *conectar la plancha, conectar el teléfono* **3** Establecer una relación entre cosas similares en algún aspecto, por asociación en el pensamiento o en la lógica: "*Conecta* los movimientos de independencia en América con la Revolución Francesa" **4** (*Popular*) Establecer o tener una relación con una persona o un grupo de personas o con un determinado asunto: "Cuando entres en la preparatoria *conéctate* con nuestros amigos", *conectarse con los jóvenes*, "Todas aquellas personas *conectadas* con el motociclismo...", "La clave del asunto es *conectarte* con la viuda".

conejillo de Indias s m **1** (*Cavia cobaya*) Roedor originario de América, semejante al conejo pero más pequeño, con orejas cortas, casi sin cola, tres dedos en las patas posteriores y cuatro en las anteriores; se utiliza como animal de laboratorio en investigaciones de medicina, fisiología y bacteriología; conejillo **2** Cualquier individuo utilizado en experimentos: "A no pocos ancianos se les toma como *conejillos de Indias*, sin que se enteren".

conejo s m **1** (*Oryctolagus cuniculus*) Mamífero roedor de aproximadamente 40 cm de largo; tiene orejas largas, erguidas y vivaces, y las patas delanteras más cortas que las traseras. Hay varias especies domésticas. Su carne es comestible y su piel tiene muchos usos: *cazar conejos* **2** (*Caló*) Ratero; "Ese *conejo* no se mete en otras transas" **3** En algunas universidades mexicanas, católico en actividades políticas **4** Bíceps: "Papá, ¡enséñame tu *conejo*" **5** *Hacer conejo* Ejercitar el bíceps para que crezca y se fortalezca.

conexión s f **1** Unión de dos o más cosas que tienen algo en común, se comunican entre sí, funcionan juntas o permiten el abastecimiento de algo: *conexión de ideas, conexión de cables, conexión telefónica, conexión de agua* **2** (*Elec*) Paso conductor directo para la corriente entre dos puntos de un circuito **3** Pieza de algún aparato eléctrico donde se unen dos o más cables **4** Persona con la que hay alguna relación amistosa, de trabajo o de intereses: *tener muchas conexiones*.

conexo adj Que está relacionado estrechamente con otra cosa: *puentes, carreteras y servicios conexos*.

confección s f **1** Elaboración de algún producto mediante técnicas artesanales: *confección de dulces, confección de zapatos* **2** Arte de elaborar prendas de vestir e industria que se dedica a ello: *estudiar corte y confección* **3** Prenda de vestir: "La novia lució una *confección* de organza y encaje".

confeccionar v tr (Se conjuga como *amar*) **1** Hacer, elaborar alguna cosa que requiere trabajo manual,

principalmente prendas de vestir y artesanías: *confeccionar un pantalón, confeccionar collares y pulseras* **2** Hacer algo a base de diversos elementos y manualmente, como listas, gráficas o estadísticas: *confeccionar el listado de los electores*.

confederación s f Unión formada por varias asociaciones, estados, etc autónomos y soberanos para ayudarse en ciertos intereses comunes: *una confederación deportiva, la confederación de cámaras de comercio, confederación de universidades*.

conferencia s f **1** Acto en el que una persona habla ante un público sobre alguna materia de la cual es conocedora: *conferencia de medicina* **2** Reunión de personas efectuada especialmente para tratar asuntos relacionados con una determinada materia o actividad, como las que celebran representantes de varias naciones para discutir asuntos de interés internacional: *conferencia mundial de la paz* **3** *Conferencia de prensa* Reunión en la que alguien da información sobre un determinado asunto de interés público a un grupo de reporteros **4** *Conferencia telefónica* Conversación telefónica de larga distancia.

conferenciante s m y f Persona que habla ante un público sobre alguna materia de la cual es conocedora; conferencista: "La *conferenciante* respondió las preguntas del público al final de su plática".

confesar v tr (Se conjuga como *despertar*, 2a) **1** Decir o declarar una persona algo que sabe o siente y que antes había ocultado: "Les *confesó* que no había comido en todo el día" **2** Reconocer y declarar una persona haber cometido algún delito, especialmente cuando lo hace ante el juez **3** Decir una persona sus pecados a un sacerdote católico; escuchar éste a las personas: *irse a confesar*.

confesión s f **1** Declaración que hace una persona acerca de algo que sabe o siente y que antes no había hecho explícita: *confesión amorosa* **2** Declaración que hace una persona de haber cometido algún delito, principalmente cuando la hace ante un juez **3** Entre los católicos, sacramento que consiste en la declaración que hace una persona de sus pecados ante un sacerdote, para recibir de él una penitencia y el perdón **4** Credo religioso.

confianza s f **1** Esperanza firme y sólida que tiene una persona de que alguien actúe como ella desea, que algo suceda o que una cosa funcione en determinada forma: *confianza en los amigos, confianza en uno mismo, confianza en el futuro*, "No tiene *confianza* en los aviones" **2** *Dar confianza* Dar seguridad a alguien para que actúe naturalmente: "La presencia de su maestro le *dará confianza*" **3** Actitud amistosa, de familiaridad y franqueza en el trato: "Luis y yo nos tratamos con mucha *confianza*", "Habla, estamos en *confianza*" **4** pl Libertades o familiaridades que uno se comporta alguien: "El vecino se ha tomado demasiadas *confianzas*" **5** *De confianza* Que se considera seguro, bueno, leal, amistoso, franco: *amigos de confianza, productos de confianza, de entera confianza*.

confiar v (Se conjuga como *amar*) **1** intr Esperar con seguridad que alguien actúe de una forma determinada, que algo suceda o que algo funcione como se espera: *confiar en los compañeros, confiar en la suerte, confiar en la calidad de un aparato* **2** tr Dejar a una persona al cuidado de algo o alguien: *confiar los hijos a un pariente, confiar al di-*

nero a un empleado **3** tr Contar una persona a otra sus sentimientos, secretos o ideas: *confiarse a un amigo, confiar un secreto.*

configuración s f **1** Acto de configurar o configurarse algo: "La *configuración* psicológica de los personajes es uno de los principales recursos del actor" **2** Forma específica, aspecto determinante de alguna cosa o carácter propio de ella: *la configuración de un terreno, la configuración de la sociedad.*

configurar v tr (Se conjuga como *amar*) Dar a algo una forma, figura o carácter determinados: *configurar una idea, configurar un proyecto, configurar una personalidad.*

confirmación s f **1** Acto de confirmar algo o a alguien en alguna cosa: *la confirmación de un dato, la confirmación de mi argumento, la confirmación de un cargo, la confirmación de la alternativa* **2** (*Relig*) En el catolicismo, sacramento de la Iglesia por el cual quien ha recibido el del bautismo vuelve a afirmar su calidad de cristiano; ceremonia en la que se administra este sacramento.

confirmar v tr (Se conjuga como *amar*) **1** Asegurar o afirmar de nuevo lo cierto o válido de alguna cosa: *confirmar una noticia, confirmar un experimento* **2** Dar a algo ya establecido, aprobado o propuesto su validez o autorización definitiva: *confirmar un documento, confirmar una sentencia, confirmar una reservación* **3** Dar a alguien seguridad en lo que él mismo piensa o afirma: "Me *confirmó* sus suposiciones", "Me vi *confirmado* en mis cálculos" **4** *Confirmar la alternativa* (*Tauro*) Recibir de nuevo la alternativa un torero en una plaza autorizada, cuando ya la había recibido en otra; "Arruza *confirmó su alternativa* en Madrid" **5** (*Relig*) Para los católicos, administrar a una persona el sacramento de la confirmación.

conflicto s m **1** Oposición o enfrentamiento de dos o más hechos, ideas, sentimientos, etc, justificados, válidos o legítimos por sí mismos, pero que se oponen unos a otros: *un conflicto de poderes, un conflicto laboral, un conflicto amoroso* **2** Enfrentamiento armado entre países o grupos contrarios, que se debe a la oposición entre los respectivos intereses o posiciones que defienden: *el conflicto religioso, el conflicto árabe-israelí.*

conformación s f **1** Hecho de dar forma a alguna cosa: "Varios organismos colaboraron en la *conformación* y estructuración del proyecto" **2** Forma de algo, manera en que están organizados, estructurados o distribuidos sus elementos: "México tiene una accidentada *conformación* geográfica".

conformar v tr (Se conjuga como *amar*) **1** Dar forma a alguna cosa para conseguir cierto resultado deseado o siguiendo cierto modelo o patrón: *conformar el diseño a las necesidades, conformar un rostro en la piedra* **2** (Se usa generalmente como pronominal) Hacer que alguien quede conforme con algo, lo acepte o se resigne a ello: "*Conformé* al niño con un juguete", "*Se conformó* con unas monedas" **3** Constituir un conjunto de elementos, de características o de situaciones el estado final o el carácter de algo: "Son 333 hectáreas las que *conforman* el Chamizal", "Imaginación, espacio y libertad *conforman* la comedia musical actual".

conforme adj m y f **1** Que está de acuerdo con algo, que se ajusta a algo, que corresponde con algo: "Una

construcción *conforme* con un modelo", "Un gobernante *conforme* con las esperanzas del pueblo" **2** Que está satisfecho con algo: *un hombre muy conforme*, "Nadie está *conforme* con los bajos salarios" **3** adv De acuerdo con, del mismo modo que: *conforme a la ley, conforme a lo planeado* **4** adv A medida que, según: "Poco a poco, *conforme* avanza la noche, se convierte en un lugar silencioso".

conformidad s f **1** Hecho de estar una persona de acuerdo con algo o alguien o de aceptar una determinada situación: "Ambas partes manifestaron su *conformidad* con el contrato", "Exhaló un suspiro de mansa *conformidad* con el destino" **2** *De* o *en conformidad con* Según, de acuerdo o conforme a: "El embargo se efectuó *de conformidad con* la ley", "*En conformidad con* el reglamento, se controlará la circulación de vehículos".

confrontación s f **1** Acto de confrontar algo o a alguien: *confrontación de opiniones, una confrontación entre rivales* **2** (*Crón dep*) Competencia o juego en que participan deportistas o equipos de calidad semejante: "Asistimos a la *confrontación* entre los equipos de México y del Perú".

confrontar v tr (Se conjuga como *amar*) **1** Poner o quedar dos personas frente a frente, para que se comparen sus testimonios y se dirima algún asunto: *confrontar a los testigos, confrontarse dos políticos* **2** Poner alguna cosa o considerarla en comparación con otra semejante, para resolver alguna duda o algún problema: "Es el hábito de *confrontar* los hechos reales con los planes trazados de antemano".

confundir v tr (Se conjuga como *subir*) **1** Tomar algo o a alguien equivocadamente por otro: "*Confundí* a Isabel con su gemela María", "Empezaba a *confundir* a don Diego con don Juan" **2** Interpretar alguna cosa erróneamente: "No *confundamos* el patriotismo con el nacionalismo" **3** Perder algo su forma o sus rasgos característicos cuando entra en contacto con otra cosa: "Estela y Susana *se confundieron* entre la multitud", "La nave ascendió muy rápido y *se confundió* con las estrellas" **4** Dejar a alguien sorprendido y sin saber qué hacer: "Tanta amabilidad me *confunde*".

confusión s f **1** Acto y resultado de confundir cosas o personas: "Un análisis detallado emitirá *confusiones* en la interpretación de los datos", "Lo llevaron a la cárcel por una *confusión*" **2** Estado o situación de mucho desorden, de desconcierto y falta de claridad: "Vivimos en una época de *confusión* e incertidumbre", "Aprovecharon la *confusión* que se formó para salir corriendo con el botín".

confuso adj **1** Que pierde su forma o sus características en cierta situación o que se distingue con dificultad: "En la media luz, Tea percibió su figura *confusa*" **2** Que se manifiesta sin claridad: "Es un maestro tan *confuso* que ni él se entiende" **3** Que está indeciso, sin saber qué hacer o cómo reaccionar: "Me miró sorprendida y *confusa*".

congelación s f **1** Acto de congelar algo: *congelación de alimentos, congelación de rentas, congelación de las pláticas* **2** *Punto de congelación* Temperatura a la que se congela un líquido.

congelar v tr (Se conjuga como *amar*) **1** Someter una sustancia líquida a temperaturas muy bajas hasta convertirla en hielo **2** Enfriar algo hasta el punto en que las partículas líquidas que contiene se conviertan en hielo o escarcha; principalmente los alimentos para conservarlos: *congelar carne, congelar verduras* **3** (*Coloq*) *Estarse alguien congelando* Sentir mucho frío: "Dame mi abrigo que *me estoy congelando*" **4** Detener, en el estado en que se encuentre, la actividad o la evolución de alguna cosa: *congelar rentas, congelar precios, congelar la imagen de una película*, "La Supernova de 1054 tenía el aspecto de una explosión *congelada*" **5** Dejar de considerar o de resolver algún asunto, sin rechazarlo o negarlo: "*Congelaron* la iniciativa de la fracción parlamentaria del PAN".

congénito adj Que se define o tiene lugar en el periodo embrionario o fetal: *males congénitos, malformación congénita, rasos congénitos*.

congestión s f **1** Acumulación excesiva de alguna sustancia en el cuerpo, que sobrepasa la capacidad de un órgano para eliminarla: *congestión sanguínea, congestión nasal, congestión intestinal* **2** Acumulación excesiva de personas u objetos en cierto punto o momento: *una congestión de tránsito*.

conglomerado s m **1** Conjunto formado por gran cantidad de individuos o de elementos de una misma clase, que constituyen una unidad: "África era un *conglomerado* de colonias" **2** (*Astron*) Conjunto de numerosas estrellas que están agrupadas en un mismo sistema: "Andrómeda es un *conglomerado* de cien mil millones de estrellas" **3** Material hecho con fragmentos de madera, aglutinados y compactados, que se emplea para fabricar muebles, puertas, etc; conglomerado de madera, aglomerado: "Hacen los escritorios con tablas de *conglomerado*", *un librero de conglomerado* **4** (*Geol*) Roca sedimentaria compuesta por numerosos fragmentos minerales unidos por algún cemento.

congregación s f **1** Acto y resultado de congregar o congregarse con un fin determinado; reunión de personas: "Los llaman para una *congregación*", "En la *congregación* tenemos 2600 habitantes" **2** En el catolicismo, comunidad de religiosos o religiosas bajo la dirección de un superior general: *congregación marista* **3** (*Relig*) En el catolicismo, asociación de personas bajo la advocación de algún santo u otro objeto de devoción con el fin de rendirle culto y hacer ejercicios piadosos: *congregación mariana* **4** (*Relig*) En el catolicismo, cada una de las secciones formadas en el Vaticano por cardenales, prelados y otras personas para el despacho de los distintos asuntos: *una congregación de cardenales*.

congregar v tr (Se conjuga como *amar*) Reunir o reunirse un grupo de personas en un determinado lugar y con un fin determinado: "El mundo entero *se congregará* aquí", "*Se congregaron en* el centro de la ciudad", "El congreso *congregó* a los más destacados médicos".

congresista s m y f Persona que asiste a un congreso o forma parte de él.

congreso s m **1** Reunión de las cámaras de diputados y senadores o, en general, el cuerpo legislativo de un país **2** Edificio en que se reúnen **3** Reunión de personas dedicadas a la misma actividad o profesión para exponer y discutir sus asuntos, intercambiar información y tomar acuerdos: *congreso de ingeniería, congreso de derecho internacional*.

congruente adj m y f **1** Que se da o actúa en correspondencia con las ideas, los valores o los planteamientos que sostiene: *una actitud congruente, un hombre congruente con sus ideas*, "Sólo le exigimos que sea *congruente*" **2** Que corresponde a cierta concepción o a cierto planteamiento: *una solución congruente con el ideario revolucionario*.

cónico adj Que tiene forma de cono o se relaciona con él: *una construcción cónica*.

conífera (*Bot*) **1** adj f Tratándose de plantas gimnospermas, que tiene el fruto en forma de cono, como el pino, el ciprés o el oyamel **2** s f pl Clase que forman estas plantas: *un bosque de coníferas*.

conjugación s f **1** Acto de conjugar **2** Combinación, unión o coordinación de cosas diferentes: "México es la *conjugación* de varias culturas" **3** (*Gram*) Conjunto de formas de un verbo con las que manifiesta tiempo, modo, aspecto, número y persona. En español se expresa con terminaciones como *-aba, -ía*, etc, en: *cantaba, comía*, etc; o con verbos auxiliares como *haber* en: *habrá cantado*. Hay tres conjugaciones regulares de los verbos cuyos infinitivos terminan en: *-ar, -er, -ir* (*amar, comer y subir*) (Véase "Modelos de conjugación...", pp 38-50).

conjugar v tr (*Se conjuga como amar*) **1** Juntar o combinar cosas distintas de una manera armoniosa y organizada: *conjugar intereses y deseos* **2** (*Gram*) Poner o decir, generalmente en serie y a partir de los tiempos del verbo, las formas que expresan su tiempo, modo, aspecto, número y persona.

conjunción s f **1** Reunión de cosas o de personas en un mismo punto o al mismo tiempo: "Una *conjunción* de factores interviene en la inflación" **2** (*Astron*) Posición de dos cuerpos celestes que, vistos desde otro, están en la misma dirección o longitud: *la conjunción de Saturno y Júpiter* **3** (*Gram*) Palabra invariable que, como todos los nexos, relaciona entre sí dos oraciones o los elementos de una oración. La conjunción relaciona elementos que tienen la misma función sintáctica, como dos sujetos de un mismo verbo, dos verbos de un mismo sujeto, dos adjetivos para el mismo sustantivo, dos complementos, etc; al hacerlo afecta a los signos que la siguen y los subordina a lo anterior, que es el caso de las llamadas *conjunciones subordinantes*, o no produce ninguna alteración, como en los casos de las *conjunciones coordinantes*. Estas dos grandes divisiones se clasifican después según el tipo de relación que se establece entre los elementos relacionados. Las coordinantes pueden ser: *copulativas*, las que unen elementos: "perros *y* gatos", "come *y* canta", "hijos *e* hijas", "*ni* quiero *ni* puedo"; *adversativas*, las que oponen o diferencian entre sí los elementos relacionados: "barrer es aburrido *pero* necesario", "me duele *aunque* no lo demuestre", "parece no moverse, *sin embargo* lo hace"; *continuativas, consecutivas e ilativas*, las que establecen la continuación de algo que se haya dicho antes: "¿recuerdas que no había nadie?, *pues* después llegaron todos"; *disyuntivas*, las que hacen escoger o elegir uno de dos o de varios términos: "azul *o* verde", "¿vienes *o* te quedas?"; y *distributivas*, que repiten la disyunción entre varios elementos: "*ora* canta, *ora* llora, *ora* se enoja", "irá alguien, *ya* sea mi hermano, *ya* mi hermana o *ya* algún amigo". Las subordinantes pueden ser: *causales*, las que introducen una oración que expresa la causa o motivo de algo: "lo hice *porque* me lo pidieron";

comparativas, las que establecen una comparación: "comía *como* vestía"; *condicionales*, las que introducen la condición o la necesidad de que algo se haga o suceda: "*si* estudias, te doy un premio"; *copulativas*, las que unen dos oraciones, subordinando una a otra: "dijo *que* vendría"; y *finales*, las que indican el objetivo o finalidad de algo: "trabaja *para* poder vivir". Según el tipo de análisis sintáctico que se haga, se pueden formar construcciones que tengan valor conjuntivo, a base de cualquier preposición o adverbio, seguidos de *que*, como por ejemplo: "dormiré *puesto que* lo necesito", "*ya que* me lo pides, te lo daré", "caminar es *mejor que* usar el coche", "vine *a pesar de que* estaba enfermo", "apuesto *a que* no lo haces", "ha pasado mucho tiempo *desde que* te fuiste".

conjuntamente adv En conjunto, en forma conjunta o al mismo tiempo: *trabajar conjuntamente para promover las exportaciones, armar conjuntamente las distintas piezas*.

conjuntiva s f (*Anat*) Membrana mucosa transparente que recubre la parte interior de los párpados y la parte anterior del globo del ojo, y que aísla por completo el interior de la cavidad oftálmica.

conjuntivitis s f sing y pl Inflamación de la membrana conjuntiva que recubre totalmente la cara anterior del globo ocular y la posterior de los párpados: *gotas para la conjuntivitis*.

conjuntivo adj **1** Que junta o une: *tejido conjuntivo* **2** (*Gram*) Que pertenece a la conjunción o se relaciona con ella: *locución conjuntiva*.

conjunto s m **1** Grupo o reunión de cosas o elementos que son de la misma clase o que tienen algo en común: *conjunto de casas, conjunto de niños, conjunto de letras, conjunto vacío, conjunto cero* **2** Grupo de músicos que tocan juntos: *un conjunto de baile, un conjunto tropical* **3** En conjunto Como un todo, sin particularizar, sin detenerse en los detalles: "Su trabajo, *en conjunto*, me parece bueno" **4** adj Que se hace entre varios, que es simultáneo y coordinado: *una acción conjunta, esfuerzos conjuntos, un comunicado conjunto*.

conjuración s f Acuerdo secreto que establece un conjunto de personas para combatir el orden establecido o a un gobierno; conspiración: *la conjuración de Querétaro*.

conjurado I pp de *conjurar* **II** adj y s Que conjura, que forma parte de una conjuración contra el orden establecido o algún poder político: "Cuando le tocaba su turno al joven *conjurado*, se le conmutó la pena de muerte", "Un automóvil lleno de *conjurados* escupía balas por todas las ventanas".

conjurar v tr (Se conjuga como *amar*) **1** Llamar o invocar imperativamente la manifestación o la acción de algún ser sobrenatural: *conjurar a los dioses, conjurar al diablo* **2** Alejar, evitar o controlar alguna cosa que resulta amenazante, actuando con previsión antes de que se presente: *conjurar un peligro, conjurar los daños que provocaría un terremoto* **3** (prnl) Unirse varias personas en secreto y bajo juramento para actuar en contra del orden establecido o contra algún poder político: "*Se conjuraron* para derrocar al dictador".

conjuro s m **1** Llamado o invocación perentoria a un espíritu o a un ser sobrenatural para que se manifieste o actúe: "Los *conjuros* se dirigen a los genios, sin cuya ayuda la curación es imposible" **2** Dicho ritual con que se provoca alguna acción: *decir conjuros* **3** *Al conjuro de* Al llamado o a la invitación cautivadora o perentoria de: "*Al conjuro de* sus palabras, todos acudieron".

conmemorar v tr (Se conjuga como *amar*) **1** Recordar algún hecho importante o histórico con la celebración de un acto solemne y, por lo general, en la fecha en que se cumplen años de haber ocurrido: "Organizaron un ciclo de conferencias para *conmemorar* el centenario del nacimiento del escritor", "El 5 de mayo *se conmemora* la batalla de Puebla" **2** Servir algo como homenaje o recuerdo de algún acontecimiento: "El Ángel *conmemora* la independencia de nuestro país".

conmigo pron m y f Con el que habla, que soy yo: "El niño viene *conmigo*, "Está enojado *conmigo*".

conmovedor adj Que conmueve: *una historia conmovedora, un gesto conmovedor*.

conmover v tr (Se conjuga como *mover*, 2c) Causar en alguien una emoción muy fuerte y profunda, o despertarle intensos sentimientos: "La pobreza conmueve a los seres humanos", "Sus lágrimas me *conmovieron* profundamente".

conmutación s f **1** Cambio de una cosa por otra semejante **2** Cambio de una condena por otra menor o diferente **3** (*Ling*) Procedimiento que consiste en sustituir un elemento de una lengua por otro de la misma clase, para determinar sus características o funciones. Por ejemplo, al conmutar s con *m* en *sano, mano*, se distinguen los fonemas **4** (*Mat*) Cambio del orden de los factores en ciertas operaciones matemáticas, sin que se altere el resultado.

conmutador s m **1** Central telefónica pequeña que alimenta los teléfonos de una empresa, institución, etc, y mediante la cual un operador distribuye las llamadas recibidas a través de una o varias líneas, conectándolas con las personas a las que van dirigidas: "Opera el *conmutador* de un hotel" **2** (*Elec*) Pieza giratoria y de forma cilíndrica que en los motores eléctricos y en los generadores transmite la electricidad de las escobillas a la armadura.

conmutar v tr (Se conjuga como *amar*) **1** Cambiar una cosa por otra semejante **2** Cambiar una condena por otra menor o diferente: *conmutar una pena* **3** (*Ling*) Sustituir un elemento de la lengua por otro de la misma clase, para determinar sus características o funciones **4** (*Mat*) Cambiar el orden de los elementos en ciertas operaciones matemáticas sin que se altere su resultado.

conmutatividad s f (*Mat*) Propiedad de ciertas operaciones matemáticas como la suma y la multiplicación, que consiste en la posibilidad de cambiar el orden de sus elementos sin que se altere su resultado. Por ejemplo: 3+2=2+3.

conmutativo adj Que pertenece a la conmutación o se relaciona con ella: *propiedad conmutativa*.

cono s m **1** Superficie que resulta de la rotación de una línea que mantiene fijo uno de sus extremos y describe con el otro un círculo u otra curva cerrada, y el cuerpo geométrico que resulta de ella **2** Fruto de esta forma, con textura de madera, que contiene las semillas de las coníferas.

conocedor 1 adj y s Que conoce alguna materia, hecho, situación, etc: "Eran tribus nómadas *conocedoras* de la ganadería y el pastoreo", "María, *cono-*

cedora de sus debilidades, sabe muy bien cómo manejar a su marido" **2** s y adj Persona que conoce ampliamente alguna materia o que tiene mucha experiencia en ella; experto: "A la exposición asistieron periodistas, *conocedores* y críticos de arte".

conocer v tr (Se conjuga como *agradecer*, 1a) **1** Llegar a saber lo que es algo, cuáles son sus características, sus relaciones con otros objetos, sus usos, etc aplicando la inteligencia; haber reunido los elementos necesarios para saber o entender algo: *conocer dos idiomas, conocer de albañilería, conocer de arte* **2** Tener una idea clara acerca de algo que se ha vivido o experimentado: "Mi amigo *conoce* muy bien el camino", "El curandero *conoce* las hierbas" **3** Darse uno cuenta de algo: "Se *conoce* que es una persona honrada", "*Conocí* sus intenciones desde que lo vi" **4** Enterarse de algún asunto quien tiene derecho o facultad para hacerlo: "La corte *conoció* el caso" **5** Tener algún trato o mantener alguna relación con alguien: "Mi abuelo *conocía* a Zapata", "Yo no *conocí* a mi abuelo".

conocido I pp de *conocer*: "Ya hemos *conocido* otras formas" II adj y s **1** Que se conoce: *un hecho conocido, porcentajes conocidos,* "Lo *conocido* le da seguridad" **2** Que es famoso, importante o notable: "Octavio Paz es un escritor muy *conocido*" **3** s Persona a la que se conoce superficialmente: "Un *conocido* le ayudó a recuperar su coche", "Una *conocida* le avisó del accidente".

conocimiento s m **1** Proceso y resultado de conocer algo **2** Lo que se sabe por haberlo aprendido, experimentado o reflexionado: *conocimiento de la biología, tener conocimientos de agricultura* **3** Conjunto de todo lo que se conoce, del saber o de las ciencias: *el conocimiento moderno, las ramas del conocimiento* **4** Estado o capacidad de una persona que le permite percibir y darse cuenta de lo que le rodea: *tener conocimiento, perder el conocimiento* **5** *Tener conocimiento de algo* Estar enterado **6** Documento en el que se registra la mercancía que transporta alguien y que ha de entregarse a cierta persona **7** *Conocimiento de firma* Documento mediante el cual un banco, una empresa, etc identifica o certifica la firma de alguien.

conque conj **1** Indica que la oración que le sigue es consecuencia o conclusión de la que le antecede: "Ya sabías lo que tenías que hacer, *conque* no me vengas con pretextos", "La casa ya es de José, *conque* puede cambiarse cuando quiera" **2** Introduce oraciones que expresan algo que ya se sabe o se ha dicho antes, para enfatizarlo o confirmarlo: "*Conque* lo corrieron del trabajo, ¡qué barbaridad!", "*Conque* te vas de vacaciones, ¿no?" **3** Introduce preguntas que son consecuencia o están relacionadas con algo dicho anteriormente: "*Conque* ¿me ayudas o no?", "*Conque* ¿qué me respondes?".

conquista s f **1** Acto de conquistar algo o a alguien: *la conquista española, la conquista de la Luna* **2** Cosa o persona que se ha conquistado: *conquistas laborales, conquistas científicas,* "María es una de sus últimas *conquistas*" **3** *Hacer una conquista* Lograr que alguien se enamore de uno.

conquistador adj y s **1** Que conquista o hace alguna conquista: *un ejército conquistador; Cortés, el conquistador* **2** Que suele enamorar a las personas: *una mujer muy conquistadora.*

conquistar v tr (Se conjuga como *amar*) **1** Ganar por la fuerza de las armas un territorio o un país: *conquistar la capital, conquistar México* **2** Dominar y someter un Estado o un pueblo a otro, generalmente por las armas: "Los aztecas *conquistaron* a los pueblos vecinos" **3** Ganar o lograr alguna cosa difícil de alcanzar o que se resiste a ello por medio de esfuerzo y habilidad: *conquistar el Popocatépetl, conquistar un empleo, conquistar la Luna* **4** Ganar con esfuerzo y habilidad el amor o el afecto de una persona: *conquistar a una mujer, conquistar al público.*

consagración s f **1** Acto de consagrar algo o a alguien, o de consagrarse **2** (*Relig*) En el catolicismo, parte de la misa en la que el sacerdote convierte el pan y el vino en el cuerpo y la sangre de Jesucristo.

consagrar v tr (Se conjuga como *amar*) I (*Relig*) En el catolicismo, en la ceremonia de la misa, convertir el sacerdote el pan y el vino en el cuerpo y la sangre de Jesucristo al pronunciar ciertas palabras rituales II **1** (*Relig*) En el catolicismo, destinar exclusivamente al uso religioso a una persona o cosa por medio de un acto litúrgico solemne o dedicarla al culto o la devoción de cierto santo: *consagrar una catedral,* "El retablo se *consagra* a los padres de la Iglesia" **2** Dedicar algo a cierta cuestión o cierto tema: "En su libro *consagra* un capítulo al problema del amparo en la legislación mexicana" **3** Convertir una práctica en algo habitual o común: "La corrupción *ha consagrado* la mordida como algo normal" **4** prnl (Seguido de la preposición *a*) Entregarse totalmente con mucho cuidado, atención, abnegación y hasta renuncia a algo valioso, bueno o importante: "*Conságrate a* las cosas de Dios", *consagrarse al hogar* III **1** Hacer que algo sea reconocido con categoría de importante y válido; confirmar el valor y el alcance de algo: "La Constitución *consagra* el principio de la libertad de creencias", "Las garantías *consagradas* por nuestra constitución" **2** Llegar alguien a la culminación de su carrera u ocupación: "Su última novela lo *consagró*", "Se *consagró* como novelista".

consciente adj m y f **1** Que pertenece a la conciencia, se relaciona con ella o que es conocido o comprendido por la persona de que se trata: *la parte consciente de la mente, hacer consciente un recuerdo, un deseo consciente, un temor consciente* **2** *Estar alguien consciente* Estar alguien despierto y con la facultad de darse cuenta de sí y del mundo que lo rodea: "El enfermo *está consciente*" **3** *Estar o ser alguien consciente de algo* Saberlo, tenerlo presente en la memoria y reconocer lo que significa: *estar consciente del problema,* "*Estamos* plenamente *conscientes de* lo que hicimos" **4** Que actúa con conocimiento de lo que hace o quiere lograr, conoce las condiciones bajo las que realiza su acción y asume sus responsabilidades: *un obrero consciente, una juventud consciente* **5** Tratándose de acciones, que quien las realiza tiene presentes sus objetivos, mide sus alcances y conoce sus causas: *una lucha consciente, una revolución consciente.*

conscripto s m Hombre que presta su servicio militar obligatorio: "Habrá un desfile de *conscriptos*".

consecución s f Acto de conseguir algo; logro: *la consecución de un objetivo.*

consecuencia s f **1** Hecho, circunstancia o proposición que resulta o se desprende de otro que lo condiciona: "Las graves *consecuencias* de la contaminación", *sufrir las consecuencias, atenerse a las consecuencias* **2** *Actuar en consecuencia* Actuar de acuerdo con lo que exigen las circunstancias o las condiciones de algo **3** *A consecuencia de* Como resultado o efecto de algo: "Murió *a consecuencia de* un accidente" **4** *En consecuencia, por consecuencia* Por lo tanto.

consecuente adj m y f **1** Que sigue a alguna cosa como efecto, resultado o consecuencia de ella: "Es de preverse una escasez del producto y su *consecuente* aumento de precio" **2** Que corresponde a alguna cosa o que está de acuerdo con ella: "Son acciones *consecuentes* con la política del gobierno" **3** *Ser alguien consecuente* Actuar o comportarse de acuerdo con sus ideas, principios o planteamientos: "El escritor debe *ser consecuente* con su obra" **4** s m (*Lóg*) Segundo término o conclusión de una implicación lógica, por ejemplo en: si a>b y b>c, a>c es el consecuente **5** (*Coloq*) Que es paciente y comprensivo ante las acciones relativamente reprobables de una persona: "¡Ya he sido demasiado *consecuente* con tus caprichos!".

consecuentemente adv Por consecuencia, de manera consecuente: "Cae en la anécdota y, *consecuentemente*, en lo impuro, efímero y tornadizo de la vida".

consecutivo adj y s **1** Que sigue o sucede a otro de su misma clase o tipo sin interrupción: *cuatro disparos consecutivos, tres años consecutivos, cuatro días consecutivos, por sexto día consecutivo* **2** (*Gram*) Tratándose de oraciones, la subordinada circunstancial que indica la consecuencia de la acción expresada en la oración principal; por ejemplo, en "La maestra estaba enferma, por lo tanto no hubo examen", *por lo tanto no hubo examen* es la oración consecutiva **3** (*Gram*) Tratándose de conjunciones, la que introduce aquella clase de oraciones, como *por lo tanto, luego, pues, así que, de modo que*, etcétera.

conseguir v tr (Se conjuga como *medir*, 3a) Hacerse de algo que se quiere, desea o necesita; alcanzar o lograr algo por uno mismo: *conseguir trabajo, conseguir una victoria, conseguir dinero.*

consejero s **1** Persona que da consejos a otra: "Es mi amiga y *consejera*" **2** Persona que, profesionalmente, da consejos sobre la materia en la que es especialista: *consejero económico, consejero matrimonial* **3** Aquello que ayuda o induce a alguien a tomar buenas o malas decisiones: "La almohada es buena *consejera*" **4** Persona que forma parte de un consejo.

consejo s m **1** Opinión o recomendación que se da a alguien acerca de algo debe o puede hacer: *un buen consejo, un consejo amistoso* **2** Grupo de personas que aconseja o dirige una institución o una empresa: *consejo de administración, consejo consultivo, consejo directivo* **3** Reunión en que dicho grupo toma sus decisiones: *una junta del consejo, un salón del consejo* **4** *Consejo de guerra* Tribunal que enjuicia a los militares.

consenso s m Aprobación de algo o conformidad con algo de quienes constituyen una comunidad: *consenso popular.*

consentido I pp de *consentir* II **1** adj Que se le trata con excesivo consentimiento, que se le cumplen todos sus deseos o caprichos: "Me chocan los niños *consentidos*" **2** adj y s Que es al que se prefiere, al que más se quiere y consiente: "Carlos siempre ha sido el *consentido* del jefe", "Sonora querida / tierra *consentida*...".

consentimiento s m **1** Acto de consentir algo o a alguien: "Se fueron al cine sin su *consentimiento*", "El niño es muy grosero por tanto *consentimiento*" **2** (*Der*) Acuerdo entre dos o más voluntades a propósito de algún derecho u obligación.

consentir v (Se conjuga como *sentir*, 9a) **1** intr Dar permiso, admitir o aceptar que se haga o que suceda algo, aun cuando no se esté completamente de acuerdo o convencido de ello: "Los maestros *consintieron* en que no hubiera clases el día de hoy", "*Consintió* en apoyarlo a cambio de su lealtad" **2** tr Permitir a alguien que haga su voluntad, cumpla todos sus deseos o caprichos, o cumplírselos uno mismo: *consentir a los hijos, consentir a la novia*, "Ya no lo *consientas* tanto".

conserje s m y f Persona que se ocupa de la vigilancia y limpieza de un edificio; portero.

conserva s f **1** Alimento, especialmente fruta, preparado de cierta manera y envasado herméticamente, con el fin de que se conserve comestible durante mucho tiempo: *conserva de tejocote, conserva de guayaba, conserva de papaya,* **2** *En conserva* Preparado para que se conserve largo tiempo: *duraznos en conserva, chiles en conserva.*

conservación s f Acto de conservar o conservarse algo o alguien: *instinto de conservación, conservación de suelos, conservación de bosques, conservación de la paz, conservación de la salud, conservación de la cultura indígena.*

conservador[1] adj **1** Que trata de mantener el orden establecido, que se opone a cambios básicos o radicales especialmente en lo político y social: *partido conservador* **2** Que se apega a las normas, ideas y costumbres tradicionales: *un matrimonio conservador* **3** Que mantiene sin innovaciones las normas de gusto y estilo tradicionales: *un traje conservador* **4** Que es moderado, que no exagera: *un cálculo conservador, una inversión conservadora* **5** s Miembro de un partido conservador o persona que simpatiza con sus ideas: *conservadores contra liberales.*

conservador[2] s m Sustancia que se agrega a productos químicos o naturales, como los alimentos, para que duren más sin sufrir alteraciones o daños.

conservar v tr (Se conjuga como *amar*) **1** Mantener algo sin que cambie; hacer que dure en las mismas condiciones sin que se dañe: "*Conservar* una costumbre", "El frío *conserva* los alimentos" **2** prnl Mantenerse en buen estado alguien a pesar de la edad: "¡Qué bien *se ha conservado* Silvia!" **3** Guardar algo con cuidado: "*Conservo* sus cartas".

conservatorio s m Escuela especializada en la enseñanza de ciertas artes, principalmente la música: "Estudió canto en el *conservatorio* de Puebla".

considerable adj m y f Que es digno de tomarse en cuenta o en consideración por su importancia, gran tamaño, cantidad, etc: "Hubo un aumento *considerable* de precios", "En el accidente perdió una cantidad *considerable* de sangre".

considerablemente adv En forma considerable, de manera importante; en gran cantidad: "El panorama se amplía *considerablemente*", "Disminuyó *consi-*

derablemente el problema", "Con el nuevo trabajo aumentó *considerablemente* sus ingresos", *aumentar considerablemente la migración interna, reducir considerablemente la velocidad.*

consideración s f **1** Reflexión y estudio acerca de algo, de su valor y sus consecuencias: *una consideración política, hacer consideraciones sobre un libro* **2** Tomar, tener en consideración Tomar o tener en cuenta algo, hacerle caso o prestarle atención: "Se *tomarán en consideración* las quejas de los vecinos" **3** Razonamiento o argumento que se hace acerca de algo: "Entre las *consideraciones* están los precios, los salarios y la oferta" **4** Respeto, amabilidad o atención que manifiesta una persona a otra: "En su trabajo lo tratan con muchas *consideraciones*" **5** *De consideración* Importante, de gran tamaño, peso o intensidad: "Sufrió heridas *de consideración*", *pérdidas de consideración.*

considerado I pp de *considerar* **II** adj Que trata a alguien con atención, amabilidad y respeto: "Siempre ha sido cariñosa y *considerada* con sus padres".

considerar v tr (Se conjuga como *amar*) **1** Pensar en algo con cuidado y tomando en cuenta su valor o sus consecuencias: *considerar una pregunta, considerar un argumento* **2** Juzgar o tener una opinión acerca de algo o alguien: "*Considera* a López Velarde un gran poeta" **3** Tratar a alguien con respeto y cuidado: "El jefe siempre *considera* a sus obreros".

consigna s f **1** Orden que da alguien a sus subordinados o seguidores para actuar de cierta manera: *una consigna militar, una consigna política* **2** Fórmula sencilla y fácil de recordar con la que se busca influir en la opinión de la gente y hacerla actuar de cierta manera: "Coreaban ingeniosas *consignas* en contra del gobernador" **3** Lugar en que se pone algo para que alguien lo cuide hasta que lo reclamen, especialmente en las estaciones de ferrocarril o de autobús: *dejar en consigna.*

consignación s f **1** Acto de consignar algo o a alguien **2** Depósito de algo para que sea vendido o quede a disposición de otras personas o de la autoridad: *tienda de consignación, libros en consignación* **3** (*Der*) Procedimiento mediante el cual el ministerio público pone a disposición de una autoridad judicial los hechos o las pruebas necesarias para juzgar a alguien.

consignar v tr (Se conjuga como *amar*) **1** Registrar, generalmente por escrito, hechos, circunstancias u observaciones que interesa recordar o hacer constar en el futuro: *consignar en un acta, consignar una información* **2** Depositar algo en algún lugar o con alguna persona para que quede a disposición de otros o de una autoridad: *consignar bienes, consignar mercancías* **3** (*Der*) Poner el agente del ministerio público a disposición de una autoridad judicial los hechos o pruebas necesarios para juzgar a alguien: "...se *consignará* ante la autoridad competente".

consigo pron m y f Con la persona de la que hablo que es él o ella, con él mismo, con ella misma: "Enrique se llevó los libros *consigo*", "Carmen carga siempre sus cosas *consigo*".

consiguiente adj m y f **1** Que sigue necesariamente a algo, o resulta como consecuencia: "Llegaron las lluvias y las *consiguientes* inundaciones" **2** *Por consiguiente* Por lo tanto, por consecuencia: "Han cumplido con sus obligaciones fiscales y *por consiguiente*

con el reparto de utilidades", "*Por consiguiente*, es necesario adoptar una política nacionalista".

consistencia s f **1** Cualidad que tiene la sustancia o la materia de ser densa, sólida, dura, fuerte, firme, etc: *la consistencia del atole, la consistencia del cemento, la consistencia del aceite* **2** Cualidad que tiene algo o alguien de ser sólido, estable, seguro y sin contradicción: *la consistencia de una teoría, la consistencia de un partido político.*

consistente[1] adj m y f **1** Que es sólido, denso, firme y estable; que tiene consistencia: *un material consistente, una sustancia consistente* **2** Que es sólido, estable, seguro y sin contradicción: *unos resultados consistentes, un criterio consistente, una teoría consistente.*

consistente[2] adj m y f (Seguido de la preposición *en*) **1** Que consiste o trata de ciertas cosas: "El método de Lavoisier, *consistente en* quemar la sustancia bajo atmósfera de oxígeno", "un proyecto *consistente en* el establecimiento de varios almacenes" **2** Que está compuesto por varios elementos o varias características: "Remisiones de fondos al exterior, *consistentes en* envíos por dividendos".

consistir v intr (Se conjuga como *subir*. Sólo se usa en la tercera persona, y generalmente seguido de la preposición *en*) **1** Tener una cosa su causa o explicación en otra: "Su éxito *consiste en* su habilidad para vender" **2** Tratarse de algo cierta cosa: "El trabajo *consiste en* traducir libros" **3** Estar algo compuesto o formado por ciertos elementos: "El premio *consiste en* cien pesos y un viaje a Cuba".

consolar v tr (Modelo de conjugación: *soñar*, 2c) Aliviar en alguna forma la tristeza, la pena, la preocupación o el dolor que algo le causa a una persona: *consolar a la viuda, consolar a los enfermos, consolarse de un fracaso*, "La madre acariciaba la cabeza de su hijo para *consolarlo*".

consolidación s f Acto de consolidar algo: *la consolidación de la paz, la consolidación de una plataforma, un proceso de consolidación.*

consolidar v tr (Se conjuga como *amar*) **1** Dar solidez y firmeza a alguna cosa o asegurar mediante refuerzos la solidez o la resistencia de algo: *consolidar un negocio, consolidar una amistad* **2** (*Cont*) Establecer un balance a base de la comprobación de los datos que provienen de dos balances diferentes, o de un balance de presupuesto y uno contable para asegurar su veracidad.

consonancia s f **1** (*Lit*) Coincidencia o igualdad de todos los sonidos en la terminación de dos palabras a partir de la vocal que lleva el acento: "Yo me llamo Arcadio Hidalgo, / soy de nación campesino, / por eso es mi canto fino, / potro sobre el que cabalgo". En estos versos las palabras *Hidalgo* y *cabalgo*, y *campesino* y *fino* están en *consonancia* **2** *En consonancia con* De acuerdo con: "Actuar *en consonancia con* las necesidades del grupo".

consonante adj m y f **1** Que suena junto con otro sonido **2** Que está de acuerdo o corresponde armónicamente con algo: *ideas consonantes, propuestas consonantes* **3** (*Fon*) s f Fonema que se pronuncia al hacer pasar aire por distintas partes del aparato articulatorio, las cuales se juntan total o parcialmente, como los labios en el caso de /p/ y /b/, la lengua con los dientes en el de /t/ y /d/, etc **4** s f Letra con que se representa un fonema de éstos.

consorte s m y f Persona casada con otra; marido y mujer, cada uno con respecto al otro; cónyuge: "Aunque es muy joven vive por su lado, mientras la mamá y el papá cambian de *consorte* cada dos años".

conspiración s f Acto de conspirar contra algo o alguien: *la conspiración de Querétaro, una conspiración internacional*.

conspirar v intr (Se conjuga como *amar*) **1** Unirse varias personas, generalmente en secreto, para actuar en contra de otra, en particular de quien tiene el poder, el mando o la autoridad: *conspirar contra el gobierno, conspirar contra el dictador* **2** Unirse varios elementos o circunstancias en contra de algo o de alguien: "Las finanzas, la producción y la escasez de materiales *conspiraron* contra la empresa".

constancia¹ s f **1** voluntad de continuidad, de duración o de permanencia en algo que se hace: *tener constancia, un premio a la constancia*, "¿Protestáis seguirla con fidelidad y *constancia* y defenderla en los combates...?" **2** Continuidad o persistencia con que ocurre o se presenta alguna cosa: *la constancia de la velocidad de la luz, la constancia de las leyes naturales*.

constancia² s f **1** Hecho de constar o hacer constar alguna cosa: *dar constancia, dejar constancia* **2** Documento o testimonio con el que se hace constar alguna cosa: *una constancia escolar, llevar una constancia de los padres, constancia de estudios, una constancia de mayoría*.

constante adj m y f **I 1** Que es continuo, que dura, que se mantiene: *un frío constante, una molestia constante, un peligro constante* **2** Que se mantiene sin variación o alteración: *velocidad constante, pulso constante* **3** Que tiene siempre la misma magnitud, medida, etc: *las constantes físicas, constantes cinéticas, constantes fisiológicas* **4** (*Mat*) Valor que se mantiene fijo en un cálculo o en una fórmula, como el número **II** Que ocurre continuamente: *reformas constantes, constantes disputas, constantes alusiones*.

constantemente adv Con constancia, de manera constante; continuamente, con mucha frecuencia o sin parar: "La olas que *constantemente* azotaban el malecón", *fluctuar constantemente*.

constar v intr (Se conjuga como *amar*. Sólo se usa en tercera persona) **1** Estar algo formado o constituido por cierto número de elementos o por ciertos elementos: "La obra *consta* de seis volúmenes", "La casa *consta* de tres recámaras" **2** Aparecer algo en un documento, estar escrito en un registro: *hacer constar una firma* **3** Ser alguna cosa sabida o conocida por alguien con certeza y seguridad: "Le *consta* que presentó examen", "Nos *constaba* su capacidad y seriedad" **4** (*Que*) *conste* Que quede registrado o quede memoria, que quede claro y sin duda: "*Que conste* que te lo advertí", "*Conste que* ya lo hice", "Te lo advertí. *Conste*".

constatar v tr (Se conjuga como *amar*) Comprobar algo que se ha afirmado o aseverado previamente; establecer con toda seguridad la veracidad de algo: "Usted ha podido *constatar* lo que ya le habíamos informado".

constelación s f Grupo de estrellas que, por su distribución en el cielo, parece formar una figura determinada que se considera para su localización y reconocimiento, por ejemplo, Andrómeda, la Osa Menor, la Hidra, Tauro, Acuario, el Can Mayor, etc.

Actualmente se emplean coordenadas para definir con precisión sus límites y contornos.

constitución s f **1** Conjunto de las características o cualidades de algo: *constitución química de la atmósfera, constitución del poder político, constitución física de una persona* **2** Formación, construcción, organización de algo a base de varios elementos: *constitución del suelo, constitución de una empresa* **3** *Constitución política* Conjunto de normas y leyes que fundamenta la organización de un Estado por el que se rigen los gobernantes y los ciudadanos **4** *Jurar la Constitución* Jurar fidelidad y respeto a ella **5** Conjunto de normas que rigen una asociación.

constitucional adj m y f **1** Que pertenece o forma parte de la constitución de algo: "Se encontraron formas *constitucionales* de reacción física", *fallas constitucionales* **2** Que pertenece a la constitución política de un Estado o se relaciona con ella: *un artículo constitucional, una reforma constitucional* **3** Que está de acuerdo o se rige por la constitución política de un Estado: *un gobernador constitucional, facultades constitucionales*.

constitucionalismo s m Movimiento que en la Revolución Mexicana encabezó Venustiano Carranza para defender la legalidad de la Constitución de 1857, quien a principios de 1913 se levantó en armas contra la usurpación de Victoriano Huerta; con el Plan de Guadalupe reunió diversas fuerzas revolucionarias y más tarde formó un nuevo gobierno que promulgó la Constitución de 1917.

constitucionalista adj y s m y f Que se relaciona con el derecho constitucional, con el constitucionalismo, o es partidario del movimiento político conocido con ese nombre: *un abogado constitucionalista, el ejército constitucionalista*.

constituir v tr (Se conjuga como *construir*, 4) **1** Formar o crear algo con varios elementos: *constituir un sindicato* **2** Formar varios elementos algo: "Once jugadores *constituyen* el equipo" **3** Ser algo aquello en lo que consiste fundamentalmente otra cosa: "Mi salud *constituye* toda mi riqueza", "Recibir un premio *constituye* un honor" **4** Tomar o dar a alguien o algo el lugar o la responsabilidad de otro: *constituirse en representante*.

constitutivo adj **1** Que forma parte de lo que compone o constituye alguna cosa; que es elemento o parte fundamental de algo: *partículas constitutivas, una estructura constitutiva* **2** Que da origen, que forma, instituye o constituye alguna organización o institución: *acto constitutivo, escritura constitutiva*.

constituyente 1 adj m o f Que junto con otros elementos o fracciones integra o compone alguna cosa: *la parte constituyente de un todo, los constituyentes de una dieta sana* **2** adj y s m o f Que tiene por cometido elaborar la constitución de un país, o que participa en esa tarea: *un congreso constituyente, los constituyentes en Querétaro*.

construcción s f **1** Acto de construir algo: *construcción de un hospital* **2** Conjunto de técnicas con las que se hace una obra como una casa, un puente, un barco, etc: *un manual de construcción, reglamento de construcciones* **3** (*Gram*) Conjunto de reglas para componer enunciados **4** (*Gram*) Para el libro de texto gratuito de primaria, todo enunciado que no tenga verbo, como: *niña bonita*.

constructivo adj **1** Que se relaciona con la construcción o forma parte de ella: *normas constructivas, sistema constructivo, un factor constructivo* **2** Que sirve o contribuye a la construcción de algo, particularmente tratándose de ideas, a las que busca mejorar: *una crítica constructiva*, "Abordamos el problema con un espíritu *constructivo*".

constructor adj y s Que construye; especialmente, que se dedica a construir obras de arquitectura e ingeniería: "Fue el técnico del equipo, el *constructor* de los últimos grandes triunfos", *una compañía constructora, constructor de carreteras.*

construir v tr (Modelo de conjugación 4) **1** Hacer algo juntando u ordenando ciertos elementos de acuerdo con un plan o siguiendo una forma establecida, especialmente casas, puentes, aparatos, etc: *construir una casa, construir un motor* **2** Formar enunciados de acuerdo con las reglas gramaticales: *construir una oración.*

consuelo s m **1** Acto de consolar a alguien: "A ver si Dios permite / me des *consuelo* **2** Sensación o sufrimiento de alivio de alguna pena, algún dolor, etc: *dar consuelo*, "Busca apoyo y *consuelo*".

consuetudinario adj **1** Que se instituye según la costumbre: *derecho consuetudinario* **2** Que se comporta habitualmente de manera contraria a lo correcto o conveniente: *un borracho consuetudinario, un mentiroso consuetudinario.*

cónsul s m y f **1** Representante diplomático de un país en otro, que se ocupa de proteger y ayudar a sus conciudadanos, así como de autorizar ciertos trámites, como la concesión de visas, la emisión de pasaportes, etc: *cónsul general, cónsul honorario* **2** En la república romana, cada uno de los dos magistrados que ejercía la autoridad máxima durante un año.

consulta s f **1** Acto de consultar: *hacer una consulta* **2** Opinión o juicio que da o se le pide a una persona sobre algún tema que conoce: *dar una consulta por escrito, una consulta de física* **3** Intercambio de opiniones y argumentos entre varias personas sobre algún asunto de interés común: "Hubo una reunión de *consulta* entre los representantes de los países centroamericanos" **4** *Consulta popular* La que hace una autoridad al grupo de personas interesadas o afectadas por la solución de algún problema social **5** Examen que hace un médico de su paciente, y reunión entre ambos con esta finalidad: "El doctor no da *consultas* a domicilio", *horas de consulta, consulta gratuita.*

consultar v tr (Se conjuga como *amar*) **1** Pedir una persona a otra su opinión, su consejo o alguna información acerca de algún asunto o tema: *consultar al abogado, consultar al confesor* **2** Consultar al médico Hacer que el médico examine al paciente **3** Buscar datos o informes en alguna obra o en algún archivo a propósito de algo: *consultar el diccionario, consultar una computadora.*

consultorio s m **1** Local o establecimiento en el que uno o varios médicos dan consulta a sus pacientes **2** Establecimiento en el que se da consulta acerca de alguna materia: *un consultorio legal, un consultorio de ingenieros.*

consumación s f **1** Acto de consumar alguna cosa: *la consumación de un proceso, la consumación de una unión* **2** Terminación completa de algo: *la consumación de la vida, la consumación del tiempo.*

consumar v tr (Se conjuga como *amar*) Terminar de hacer alguna cosa por completo, efectuar algo hasta su total terminación o hasta completarlo del todo: *consumar la independencia, consumar un crimen, consumar una obra de arte.*

consumidor adj y s **1** Que consume algo **2** Que compra algún producto para hacer uso de él: "Proteger al *consumidor* del abuso de los vendedores", "Las empresas *consumidoras* de petróleo…".

consumir v tr (Se conjuga como *subir*) **1** Usar algo que se gasta o se acaba: *consumir alimentos* **2** (Generalmente se usa como prnl)Hacer algo, como el fuego, que alguna cosa se acabe o se destruya: *consumirse la leña, consumirse la leche, consumirse el agua* "El fuego *consumió* el edificio" **3** Envejecer o perder la salud por causa de una enfermedad, preocupación o situación desfavorable: "Los mineros se *consumen* en la mina", "Los celos lo *consumen*".

consumismo s m Tendencia exagerada de los miembros de una sociedad capitalista a consumir mercancías, mismas que se gastan rápidamente o se consideran, por el material del que están hechos, inmediatamente desechables, para no disminuir el ritmo de producción y crecimiento económicos, sin tomar en cuenta las verdaderas necesidades de la sociedad; actitud de consumo exagerado: "Esos anuncios fomentan el *consumismo*".

consumo s m **1** Uso de algo que se gasta o se acaba: *consumo de agua, consumo de arroz* **2** Conjunto de las cosas que consume alguien, principalmente en un restaurante: *nota de consumo.*

contabilidad s f Conjunto de técnicas con que se registra, controla y maneja el capital de un negocio: *llevar la contabilidad de una empresa, departamento de contabilidad, libros de contabilidad.*

contable adj m y f **1** Que pertenece a la contabilidad o se relaciona con ella: *conocimientos contables, técnicos contables* **2** Que se puede contar.

contacto s m **1** Relación que hay entre cosas o personas que se tocan, se comunican, se afectan, etc: *contacto de dos cuerpos, contacto con una enfermedad, punto de contacto* **2** Forma o manera en que se da esta relación: *contacto amistoso, contactos diplomáticos, contacto por radio* **3** Unión entre cables de corriente eléctrica **4** Aparato con el que se abre un circuito eléctrico: *contacto del radio, contacto de la plancha* **5** Persona que sirve como intermediaria entre otras para resolver un asunto **6** *Tener contactos* Tener alguien conocidos o amistades en alguna agrupación o institución.

contado I pp de *contar* **II 1** adj pl Que son pocos, que pueden contarse fácilmente: "Nos hemos visto en *contadas* ocasiones" **2** *Al contado* Con dinero en efectivo y en un solo pago: "Si compramos el coche *al contado* nos hacen un descuento", "¿Su compra va a ser *de contado* o a crédito".

contador s **1** Persona que tiene por profesión la contaduría: *contador público* **2** *Contador privado* Persona que ha hecho estudios básicos de contabilidad **3** Dispositivo con el que se lleva la cuenta de la duración o la longitud de algo, o del número de veces que se repite algo.

contaduría s f Profesión que consiste en el conocimiento y manejo de las técnicas para administrar las entradas y gastos de un negocio, y llevar su contabilidad.

contagiar v tr (Se conjuga como *amar*) **1** Pasar a un ser viviente una enfermedad: *contagiar el catarro, contagiar la rabia, contagiar a los hermanos* **2** Hacer que alguien adopte gustos, costumbres, vicios, etc de otra persona: *contagiar ideas, contagiar el acento, contagiar la flojera*.

contagio s m **1** Transmisión a un ser viviente de una enfermedad: *exponerse al contagio, peligro de contagio* **2** Transmisión de gustos, costumbres, vicios, etc de una persona a otra.

contaminación s f Acto de contaminar algo: *contaminación atmosférica*.

contaminante adj m y f y s m Que contamina.

contaminar v tr (Se conjuga como *amar*) Se usa mucho como pronombre. Hacer que algo o alguien reciba una impureza, basura, desperdicios, etc que lo dañen, envenenen o destruyan: *contaminar el agua, contaminar el cuerpo con una enfermedad, contaminar un metal*.

contar[1] v tr (Se conjuga como *soñar*, 2c) **1** Numerar unidades de un conjunto, ya sea una por una o grupo por grupo, para saber el total: *contar los días, contar las vacas* **2** Decir los números en orden: *contar hasta diez, contar de cien en cien* **3** *Contar con* Tener o disponer de algo o alguien: "*Contamos con su ayuda para el trabajo*", *cuenta conmigo* **4** intr (Se usa en tercera persona del singular) Tener valor o importancia en algo o para algo: "Lo que *cuenta* es la calidad, no la cantidad".

contar[2] v tr (Se conjuga como *soñar*, 2c) Platicar o narrar algo como una historia o un acontecimiento: *contar un cuento, contar mentiras*.

contemplación s f **1** Observación atenta, tranquila y generalmente placentera de alguna cosa: *la contemplación de un paisaje* **2** Dedicación de una persona a la consideración serena de un tema, por lo general espiritual o religioso: *estar en contemplación, contemplación filosófica* **3** pl Actitudes tolerantes, corteses y complacientes que se tienen con alguien: "Lo despidió sin *contemplaciones*", *tener contemplaciones, sin contemplaciones*.

contemplar v tr (Se conjuga como *amar*) **1** Mirar con atención, tranquilidad y, generalmente, con placer alguna cosa: *contemplar una escultura, contemplar el atardecer* **2** Tener en cuenta o considerar algo: *contemplar una solución, contemplar las características de una situación*.

contemporáneo adj y s **1** Que vive o sucede en la misma época actual: "Fue *contemporáneo* de mi abuelo" **2** Que es de la época actual: *pintores contemporáneos, escritores contemporáneos*.

contener v tr (Se conjuga como *tener*, 12a) **1** Tener o llevar dentro una cosa: "El vaso *contiene* agua" **2** Tener una cosa dentro de sí algo que forma parte de ella: "El agua *contiene* hidrógeno" **3** Detener el paso, la salida o el movimiento de algo: *contener las aguas, contener el aliento* **4** prnl Esforzarse alguien por no mostrar un sentimiento, una pasión, un deseo o una opinión: "No pudo *contenerse* y le pegó", "Traté de *contenerme* pero la ira me ganó".

contenido I pp de *contener* **II 1** s m Cosa que tiene o lleva dentro algo: *el contenido de un vaso, el contenido de una maleta* **2** s m Conjunto de temas, ideas, razonamientos, etc del que trata una obra literaria, científica, cinematográfica, etc: *un contenido político, una película con contenido ideológico*

3 adj Que evita manifestar sus impulsos, deseos o sentimientos: *un hombre muy contenido*.

contentar v (Se conjuga como *amar*) **1** tr Dar gusto a alguien con alguna cosa, particularmente con algo que echaba de menos, que deseaba o necesitaba: "Para *contentar* a mi novia le llevé flores" **2** prnl Sentirse satisfecho o conforme con alguna cosa: "*Me contento* con vivir tranquilo", "*Se contenta* con que entiendan la explicación".

contento adj **1** Que siente alegría, felicidad, placer, gozo o satisfacción por algo: *un niño contento, una madre contenta, un corazón contento, un trabajador contento con su obra* **2** *Estar contento* Sentir alegría felicidad, gozo o satisfacción por algo.

conteo s m **1** Acto de contar, alguna cosa; recuento: *verificar el conteo de los votos*, "El *conteo* se lleva a cabo antes de la pizca" **2** Cuenta que se hace cada vez de alguna cosa, o para medir cierta cantidad o cierto tiempo: "Se hicieron dos *conteos* de plantas enfermas", "Se inició el *conteo* para el lanzamiento del cohete".

contestación s f **1** Acto de contestar **2** Dicho o escrito con el que se contesta: *una buena contestación, recibir contestación*.

contestar v tr (Se conjuga como *amar*) **1** Decir algo como respuesta a lo que alguien pregunta o dice **2** Atender la llamada de alguien: *contestar el teléfono, contestar una carta*.

contestatario adj y s Que critica, discute o protesta en contra de lo establecido o lo impuesto: *un movimiento contestatario, un escritor contestatario, una actitud contestataria*.

contexto s m **1** Conjunto de palabras o texto dentro del cual se encuentra una palabra, una oración o una idea determinadas, etc: *fuera de contexto, un contexto oscuro, una interpretación en contexto* **2** Conjunto de circunstancias que rodean algo o a alguien: *contexto cultural, contexto social*.

contienda s f Lucha en la que se enfrentan dos bandos para tratar de vencer uno al otro, o que se produce entre varias fuerzas o intereses contrarios: *la contienda electoral, la contienda revolucionaria, la contienda económica*.

contigo pron m y f Con la persona a la que me dirijo o con la que hablo, que eres tú: "Quiero platicar *contigo*", "*Contigo* aprendí muchas cosas".

contiguo adj Que está junto, que está al lado o es inmediato a otra cosa: "Vive en la casa *contigua* a la mía", "Se sentó en el asiento *contiguo* a la salida".

continental adj m y f **1** Que pertenece a un continente, forma parte de él o se relaciona con él: *macizo continental, plataforma continental, América continental* **2** Que pertenece a los países de un continente o se relaciona con ellos: "El Acta de Chapultepec pregonó la obligación de solidaridad *continental* frente a una agresión externa".

continente **1** adj m y f Que contiene **2** s m Cada una de las grandes partes de la tierra que están separadas por los océanos o por algún otro obstáculo importante: *continente americano, continente africano*.

contingencia s f **1** Accidente que puede ocurrir o no durante el desarrollo de algún proceso o de algún acontecimiento: *una contingencia de la historia, una contingencia del tiempo* **2** *Contingencia ambiental* Situación de desequilibrio que causa algún contaminante en cierto ambiente.

contingente¹ adj m y f Que puede suceder o no suceder; que su existencia u ocurrencia depende de las circunstancias; que no es forzoso o necesario: *una verdad contingente, efectos contingentes, un hecho contingente, resultados contingentes.*

contingente² s m Conjunto de personas o de miembros de alguna agrupación que participa, con otros semejantes, en algún acto de masas: *el contingente ferrocarrilero, el contingente de la escuela "Leona Vicario", un nutrido contingente.*

continuación s f **1** Acto de continuar **2** Parte o cosa que sigue de algo: *continuación de una carretera, continuación de una novela* **3** *A continuación* Enseguida, después, detrás de algo.

continuamente adv En forma continua, sin parar, sin interrupción: *fumar continuamente, variar continuamente, aumentar continuamente.*

continuar v tr (Se conjuga como *amar*) **1** Seguir uno haciendo algo: *continuar el trabajo, continuar el viaje* **2** intr Seguir algo sucediendo: *continuar la lluvia, continuar la vida* **3** Aumentar la extensión o la duración de algo: *continuar una línea.*

continuidad s f **1** Hecho de seguir algo su desarrollo sin interrupción: *la continuidad de un movimiento, la continuidad de un trabajo* **2** Unión o encadenamiento natural o congruente de los elementos que conforman una secuencia: "No hay *continuidad* entre las escenas de la película", "La *continuidad* entre las distintas etapas históricas de México" **3** Hecho de seguir algo existiendo, de mantenerse o de seguir vigente: "Debe asegurarse la *continuidad* de los tratados".

continuismo s m Tendencia que se produce entre dirigentes de alguna agrupación o entre miembros de algún partido político, a conservar sus puestos, sus privilegios o su dominio del poder: "Violando el principio de no reelección, había *continuismo* de senadores y diputados".

continuo adj **1** Que se hace, se mantiene o se extiende sin interrupción: *trabajo continuo, dolor continuo, movimiento continuo, circulación continua* **2** Que sucede o se hace con frecuencia: *revisión continua, continuas quejas.*

contorno s m **1** Línea o conjunto de líneas que forma los límites externos de un cuerpo o de una figura: "Primero dibujé el *contorno* de la cara", *el contorno de una isla, el contorno de las caderas*, "El *contorno* de la sisa es de 20 cm" **2** pl Lugares cercanos que rodean a una localidad o una población: *pasear por los contornos, los contornos pintorescos de Real del Monte.*

contra prep **1** Indica la oposición de una cosa con otra o de una cosa a otra: "La vacuna actúa *contra* la enfermedad", "Los insurgentes luchan *contra* la tiranía", "Una campaña *contra* la contaminación", *votar en contra, ir contra el viento, ir contra la corriente* **2** Indica la posición de algo enfrente u opuesto con otra cosa: "Apoyó la tranca *contra* la puerta", "Poner la cara *contra* la pared" **3** s f Oposición, dificultad o desventaja que tiene algo: "El plan tiene sus *contras*" **4** *Pro y contra* Ventaja y desventaja de algo, lo que está en su favor y lo que se le opone **5** *Llevar la contra* Opinar o actuar en forma opuesta a la de otro **6** *Contra viento y marea* En oposición a cualquier cosa que impida lograr lo que se quiere, a pesar de todo **7** s m y f Miembro de los grupos armados nicaragüenses, opositores del sandinismo, surgidos después de su triunfo: *un ataque de los contras, un representante de la contra.*

contrabajo s m **1** Instrumento de cuerda y arco, de gran tamaño y de voz grave; generalmente tiene cuatro cuerdas **2** Persona que lo toca.

contrabando s m **1** Producción o comercio de mercancías u otros objetos prohibidos por la ley de un estado: *contrabando de aguardiente* **2** Comercio ilegal de mercancías de un país a otro, sea porque estén prohibidas o porque no se hayan pagado los derechos correspondientes: *contrabando de drogas, contrabando de televisores* **3** *De contrabando* Ilegalmente adquirido, en particular de un país a otro: *radios de contrabando, ropa de contrabando* **4** De manera ilegal, secreta o clandestina: *meterse de contrabando al cine, viajar de contrabando en tren.*

contracción s f **1** Acción de reducirse, acortarse o hacerse más pequeña alguna cosa: *contracción de un músculo, contracción del metal* **2** (*Gram*) Unión de dos palabras en una sola, como: *al* (*a el*), *del* (*de el*).

contradecir v tr (Se conjuga como *decir*, 13. Su participio es irregular: *contradicho*) **1** Decir uno lo contrario de lo que dice otro, negar u objetar lo que está afirmando: *contradecir al maestro, contradecir al funcionario* **2** prnl Hacer uno mismo afirmaciones que niegan, se oponen o son contrarias a otras que hizo previamente: "En el interrogatorio comenzó a *contradecirse*".

contradicción s f **1** Efecto de decir lo contrario de algo que se ha afirmado: *caer en contradicción, entrar en contradicción* **2** Relación por la cual dos ideas, dos juicios, dos actos, etc o más, se oponen entre sí o se niegan unos a otros: *un trabajo lleno de contradicciones.*

contradictorio adj Que está en contradicción con otra cosa, que contiene elementos opuestos o contrarios entre sí: *un razonamiento contradictorio, una posición contradictoria.*

contraer v tr (Se conjuga como *traer*, 7b) **1** Hacer algo más pequeño, corto o estrecho, encogerlo: *contraer un músculo, contraer los labios, contraerse un metal con el frío* **2** Empezar a tener alguien algo que lo responsabiliza: *contraer deudas, contraer matrimonio* **3** Empezar a tener una enfermedad: *contraer la hepatitis.*

contralor s m Contador que, en una empresa o en una institución, es responsable de implantar el sistema de contabilidad, preparar informes financieros y, en general, de vigilar el manejo honrado de sus ingresos y egresos.

contralto s m y f (*Mús*) **1** Voz femenina, la más baja de la gama musical, y persona que la tiene: *aria para contralto* **2** Voz de ciertos instrumentos de aliento, como la flauta y el saxofón.

contrapunto s m (*Mús*) **1** Música compuesta mediante la concordancia de dos o más líneas melódicas, elaborada según las reglas de la armonía; entre los siglos XVI y XVIII fue una técnica dominante, de la que son buenos ejemplos obras de Bach y de Palestrina **2** Teoría y práctica de esa manera de componer música **3** Forma de diálogo musical con que se ejecutan ciertos géneros musicales tradicionales de Hispanoamérica.

contrariar v tr (Se conjuga como *amar*) **1** Actuar algo o alguien en contra de lo propuesto u ordenado por otra persona, o en contra de lo supuesto: "Las actas *contrarían* las afirmaciones oficiales" **2** Provocar algo o alguien decepción, molestia o enojo a una persona: "Mucho la *contrarió* encontrar allí a su antiguo jefe".

contrariedad s f **1** Situación que dificulta el logro de algo o que provoca cierta molestia o disgusto en alguien: "Con tantas *contrariedades* ni disfrutaron las vacaciones", "¡Qué *contrariedad*, la grúa se llevó mi coche" **2** Molestia o disgusto provocado por algo que resulta contrario a lo deseado o esperado: "Trataba de disimular su *contrariedad* con una sonrisa nerviosa", "Colgó el teléfono con un gesto de *contrariedad*" **3** Hecho de oponerse o de ser contraria una cosa a otra: "Hay notables ejemplos de *contrariedad* de las leyes naturales por la actividad espontánea del hombre".

contrario adj y s **1** Que se opone a algo, que está enfrente o en posición inversa: *intereses contrarios, opinión contraria, lado contrario, sentido contrario* **2** Que se opone a otro, que es su enemigo o que compite con él: "Los *contrarios* atacaron fuertemente", *el equipo contrario* **3** *Al contrario, por el contrario, por lo contrario* Al revés, de modo opuesto o inverso: "Pensar *al contrario* de los demás", "Se esperaba tormenta; *por el contrario*, se despejó y brilló el sol".

contrarrestar v tr (Se conjuga como *amar*) Oponer resistencia o una fuerza contraria a algo para disminuir su acción, su impacto o sus efectos: *contrarrestar la inflación, contrarrestar la infección, contrarrestar el avance enemigo.*

contrastar v intr (Se conjuga como *amar*) Mostrar claramente sus características o sus rasgos o resaltar una cosa cuando se la enfrenta o compara con otra semejante: "Respondió en un tono soñador que *contrastaba* con su intención zumbona", "Sus manos pequeñas *contrastan* con el tamaño de su cuerpo".

contraste s m **1** Diferencia o que se manifiesta entre dos o más cosas o personas que tienen características, cualidades semejantes: *el contraste entre dos paisajes, los contrastes entre estilos arquitectónicos, un contraste de luz y sombra* **2** *En contraste con* A diferencia de, de modo distinto a: "La antigüedad, *en contraste con* el presente, era más tranquila" **3** Diferencia de grado entre las tonalidades de los colores o la mayor o menor claridad de línea de una imagen en pintura, en fotografía, etc **4** Mecanismo con el que se gradúa esa diferencia de tonalidades o la claridad de las imágenes en un aparato de televisión.

contratación s f Acto de contratar: *contratación de personal, contratación de una orquesta, contratación de un servicio.*

contratar v tr (Se conjuga como *amar*) **1** Establecer personas o agrupaciones un acuerdo o convenio por el que se obligan a hacer algo **2** Buscar, dar empleo o encargar a una persona o agrupación que haga aquello para lo que se establece un contrato: *contratar albañiles, contratar una agencia.*

contratenor s m (*Mús*) Voz masculina que alcanza los tonos más altos o agudos y es equivalente a la de contralto en las voces femeninas; cantante que tiene esta voz.

contratista s m y f Persona que trabaja por contrato: *un contratista de obras públicas, un ingeniero contratista.*

contrato s m **1** Acuerdo o convenio entre personas o agrupaciones por el que se obligan a hacer algo y a exigir su cumplimiento: *contrato de compraventa, contrato de trabajo, contrato de servicio* **2** Documento en que está escrito ese convenio.

contrayente s y adj m y f Persona que contrae alguna obligación; generalmente quien se casa o acaba de hacerlo; novio: "Los invitados brindaron por la felicidad de los *contrayentes*.

contribución s f **1** Objeto que se ofrece o acción que se efectúa como participación para algún fin: "Ese descubrimiento fue su *contribución* al bien de la humanidad" **2** Dinero que se paga periódicamente al gobierno para sostener su funcionamiento o las obras públicas: *pagar contribuciones, un alza en las contribuciones.*

contribuir v intr (Se conjuga como *construir*, 4) **1** Dar, junto con otros, una cantidad de dinero para algún fin: "Todos *contribuyeron* para su regalo" **2** Participar en alguna cosa dando algo: "*Contribuye* en el periódico con un artículo por semana".

contrición s f (*Relig*) En el catolicismo, arrepentimiento de una persona por sus pecados, con propósito de no volver a pecar: *acto de contrición.*

control s m **1** Cuidado o vigilancia de algo: *control de pasaportes, control de calidad* **2** Medida que se toma o se establece para que algo se haga o suceda de acuerdo con un plan o con una regularidad prevista: *control de la natalidad, control de precios* **3** Facultad o capacidad de conducirse uno a sí mismo: *perder el control, control de las pasiones* **4** Lugar desde donde se vigila o se maneja algo: *torre de control* **5** Instrumento con el que se maneja una máquina o un mecanismo: *control automático, controles de un avión* **6** *Control remoto* Dispositivo que transmite a distancia señales u ondas, generalmente electromagnéticas, a un aparato provisto de un mecanismo para captarlas, de manera que puede activar o desactivar el funcionamiento de ese aparato **7** *A control remoto* Tratándose de programas televisivos o radiofónicos, los que se transmiten en vivo desde fuera de los estudios, enviando la señal a la estación que a su vez la difunde.

controlar v tr (Se conjuga como *amar*) **1** Cuidar y vigilar el desarrollo de algo o la conducta de alguien para poder intervenir en su acción e impedir que varíe demasiado, se desoriente o falle: *controlar el mercado, controlar la producción, controlar a los alumnos* **2** Hacer que algo suceda o se comporte de acuerdo con un plan previsto: *controlar las variables de un experimento* **3** Dominar una situación o la conducta de alguien: *controlar un conflicto, controlar una enfermedad* **4** prnl Dominarse a sí mismo, cuidar y conducir uno sus sentimientos y pasiones: "Hasta en los momentos más difíciles sabe *controlarse*".

controversia s f Enfrentamiento que se produce entre los argumentos o las razones de dos o más personas a propósito de alguna cuestión: *sostener una controversia, suscitar una controversia*, "Se ha despertado una gran *controversia* a propósito de si los virus son seres vivos".

convección s f (*Fís*) Propagación del calor que se basa en la diferencia de densidad entre las moléculas de los líquidos y gases más calientes (menor densidad) y las moléculas más frías (mayor densidad).

convencer v tr (Se conjuga como *comer*) **1** Conseguir con razones y argumentos que alguien haga o piense cierta cosa: "No creo que lo *convenzas* de que nos deje ir", "Al final me *convencí* de que tenías razón" **2** prnl Asegurarse o cerciorarse de algo: "Vino para *convencerse* de que te habías ido".

convencido I pp de *convencer* **II 1** adj Que tiene plena seguridad de algo porque lo ha razonado, reflexionado o experimentado: "Estoy *convencido* de que hay vida en Marte", "No parece usted muy *convencido*" **2** Ser alguien un *convencido* de algo No tener la menor duda acerca de las ideas propias, sobre todo en relación con la política, la filosofía, la religión, etc: "Soy un *convencido* de que la democracia es la solución", "Es una *convencida* de la infidelidad matrimonial".

convención s f **1** Acción de convenir **2** Reunión o asamblea de personas, representantes de agrupaciones o instituciones, en la que se discute sobre algún tema para llegar a un acuerdo: *convención de ganaderos* **3** Acuerdo que se toma **4** Costumbre o uso social establecido, en especial al que no se le reconoce origen y más bien se considera arbitrario: "Vive según las *convenciones*".

convencional adj m y f **1** Que resulta de un acuerdo entre dos o más personas, que ha sido establecido por ellas: *valor convencional de la moneda, signo convencional* **2** Que está de acuerdo con determinadas reglas, usos y costumbres establecidos por la sociedad; que acepta y repite esos comportamientos sociales: "Es muy *convencional* en su forma de vestir", "Escribió una carta llena de fórmulas *convencionales*".

conveniencia s f Utilidad u oportunidad que tiene algo para otra cosa o, en un momento determinado, provecho o beneficio que representa para alguien: *la conveniencia de un acuerdo comercial, actuar por conveniencia*.

conveniente adj m y f Que es adecuado, oportuno o útil: "Es la medicina más *conveniente*".

convenientemente adv En forma conveniente: "Hay que ver el lado positivo y hacerlo resaltar *convenientemente*".

convenio s m **1** Aceptación por parte de varias personas o grupos de una idea, un compromiso, una posición, etc, que se ha discutido previamente: *un convenio internacional, un convenio comercial* **2** Documento en el que está escrita esa aceptación y sus características: *firmar un convenio, hacer un convenio, denunciar un convenio*.

convenir v intr (Se conjuga como *venir*, 12b) **1** Ponerse de acuerdo varias personas acerca de algo: *convenir en un contrato, convenir en reunirse* **2** Ser algo adecuado, útil o provechoso para alguien: "La venta *conviene* a todos", "No me *conviene* viajar tan lejos", "Ese muchacho no te *conviene*".

convento s m Edificio en donde viven en comunidad y en retiro las monjas o los sacerdotes de una orden bajo votos religiosos: *meterse al convento, la celda de un convento*, "En la arquitectura colonial destaca la construcción de *conventos*", *el convento de Tepotzotlán, el convento de Huejotzingo*.

convergente adj m y f Que converge: *líneas convergentes*.

converger v intr (Se conjuga como *comer*) Convergir.

convergir v intr (Se conjuga como *subir*) **1** Tender dos o más líneas o trayectorias a juntarse en un solo punto: "Varios caminos *convergen* en el pueblo", "Cuando *converjan* ambos rayos se producirá el fenómeno" **2** Llegar a algo en común dos o más ideas u opiniones: "Ambos bandos *convergieron* en la necesidad de una reforma".

conversación s f Acto de hablar entre sí dos o más personas: *tener una conversación, entrar en la conversación, participar en una conversación*.

conversar v intr (Se conjuga como *amar*) Hablar dos o más personas, unas con otras; platicar: *ponerse a conversar, sentarse a conversar*.

conversión s f **1** Cambio o transformación de una cosa en otra distinta: *conversión de pesos a dólares, conversión del agua en vapor* **2** Cambio de creencias, generalmente religiosas: *la conversión de los indios al catolicismo* **3** Cambio del frente en una formación de personas, especialmente de soldados: *conversión a la izquierda*.

convertir v tr (Se conjuga como *sentir*, 9b) **1** Hacer que algo o alguien cambie o se transforme en algo distinto de lo que era: *convertir una cosa en cenizas, convertir a alguien en un hombre rico* **2** Hacer que alguien cambie sus creencias, en particular las religiosas: *convertirlo al cristianismo*.

convexo adj Que es curvo y saliente, redondeado hacia afuera como la parte visible del ojo o la cara exterior de una cúpula: "Mi reloj tiene la carátula *convexa*", *lente convexa*.

convicción s f **1** Seguridad o certeza que uno tiene de la verdad de algo que piensa, dice, cree, etc: "Tiene la *convicción* de que lo que hace es en bien de los demás" **2** Idea o creencia política, religiosa, moral, etc de la que uno está plenamente seguro y convencido: "Prefiere sacrificar su vida antes que abjurar de sus *convicciones*".

convidar v tr (Se conjuga como *amar*) **1** Invitar a alguien a participar en algo que uno organiza o está en disposición de ofrecer, o a aprovechar alguna cosa que uno puede ofrecer: "Me *convidó* Conchita a pasar una temporada en la hacienda" **2** Ofrecerle a alguien compartir algo que uno tiene: "Te *convido* de mi taco", "Nos *convidó* la cena".

convincente adj m y f Que convence o que tiene medios para convencer: *un argumento convincente, una actitud convincente, un hombre muy convincente*.

convivencia s f **1** Hecho de convivir las personas, los animales o unas y otros entre sí: *la convivencia de los habitantes de Tula, una convivencia de niños y gatitos* **2** Reunión o fiesta organizada para que la gente conviva: *una convivencia infantil, una convivencia médica*.

convivio s m Fiesta o banquete en que se da una situación de camaradería o de buenas relaciones: "El embajador de España también asistió al *convivio*".

convivir v intr (Se conjuga como *subir*) **1** Vivir dos o más personas o animales en compañía o compartiendo un espacio común: *convivir en paz* **2** Compartir dos o más personas ciertas experiencias de la vida: *convivir con los hijos*, "Flavia *convivirá* con otros niños en una época importante de su vida".

convocar v tr (Se conjuga como *amar*) Llamar a las personas para que participen en una reunión o un acto determinado: *convocar a un concurso, convocar a una asamblea, convocar a elecciones*.

convocatoria s f Acto de convocar a algo; escrito o anuncio con el que se convoca: *lanzar la convocatoria a elecciones, texto de la convocatoria*.

convulsión s f **1** Movimiento intenso y repentino del cuerpo, provocado por la contracción involuntaria de los músculos, como síntoma de alguna enfermedad del sistema nervioso: "Le daban *convulsiones*", *tener convulsiones* **2** Movimiento social violento: *convulsiones políticas*.

convulsivo adj Que es propio de las convulsiones o que va acompañado de convulsiones: *un movimiento convulsivo*, "Sufre de ataques *convulsivos*", *llanto convulsivo*.

conyugal adj m y f Que se relaciona con el matrimonio o los cónyuges o pertenece a ellos: *vida conyugal, lecho conyugal, peleas conyugales*.

cónyuge s m y f Marido y mujer, uno con respecto al otro: "Quedan obligados ambos *cónyuges* a sostener a sus hijos".

coñac s m Bebida alcohólica fuerte, destilada de uva, producida en la región de Cognac, Francia: *tomar un coñac, al calor de una copa de coñac, una botella de coñac*, "Se tomaron sus *coñaques* al terminar la fiesta", "Sírvame dos *coñacs*".

cooperación s f **1** Acto de cooperar: *la cooperación internacional, contar con la cooperación, solicitar la cooperación* **2** Cantidad de dinero que se aporta a una causa común.

cooperar v intr (Se conjuga como *amar*) Unir el propio esfuerzo o trabajo al de otros o contribuir con alguna cosa para alcanzar un fin determinado: "Todos los alumnos *cooperaron* para arreglar el salón de clases", "*Cooperé* con 50 pesos para comprar la cafetera", *cooperar con la Cruz Roja*.

cooperativa s f **1** Sociedad constituida por productores, vendedores o consumidores con el fin de producir, vender o comprar ciertas mercancías a mejor precio, con iguales ganancias para todos y con mayor ayuda: *una cooperativa pesquera, una cooperativa minera* **2** Establecimiento o tienda en donde se realiza esa actividad.

cooperativo adj Que coopera o pone su esfuerzo en un asunto de interés común: una mujer cooperativa, un estudiante muy cooperativo.

coordenada s f (*Geom*) **1** pl Serie o conjunto ordenado de números que determina un punto en el plano o en el espacio, como la latitud y la longitud que son las *coordenadas* que permiten localizar un astro en el firmamento: "Las *coordenadas* de ese punto son (4, 6)" **2** Cada uno de los números que forman esa serie: "El valor de la primera *coordenada* es diez".

coordinación s f **1** Acto de coordinar **2** Oficina o departamento de una institución que se encarga de organizar determinados asuntos relacionados con ella: *coordinación escolar* **3** (*Gram*) Relación que establecen dos o más oraciones o dos elementos de la oración que son independientes y del mismo nivel sintáctico. Se realiza generalmente por medio de conjunciones coordinantes. La coordinación puede ser de distintos tipos: *copulativa*, como en "Compra maíz *y* vende tortillas", "Antonio canta *y* María toca"; *adversativa*, como en "Corre *pero* se cansa"; *disyuntiva*, como en "Vienes *o* vas"; *distributiva*, como en "*Ora* canta, *ora* llora, *ora* se enoja"; y *consecutiva* o *ilativa*, como en "Estudió, *entonces* aprobará el examen".

coordinada adj y s (*Gram*) Tratándose de una palabra o de una oración, que se relaciona con otra del mismo nivel sintáctico por medio de una conjunción llamada coordinante; por ejemplo, Juan *y* Pedro estudian *y* trabajan.

coordinado I pp de *coordinar* **II** adj **1** Que tiene cierto orden o combinación entre sus elementos, o que se coordina con otra cosa para lograr determinado fin: *mecanismos coordinados, funciones coordinadas* **2** Que se realiza bajo las órdenes o supervisión de alguien encargado de que haya orden y una adecuada combinación de los elementos participantes: "Equipo *coordinado* por el director de la empresa", "Fue un evento *coordinado* por la UNAM".

coordinador adj y s Que se encarga de coordinar algún proyecto, actividad, trabajo, etc: *comisión coordinadora, coordinador general*.

coordinar v tr (Se conjuga como *amar*) Regular y combinar diversos elementos de modo que actúen ordenadamente y contribuyan a conseguir un determinado fin: *coordinar esfuerzos, coordinar movimientos, coordinar ideas*.

copa s f **1** Recipiente, generalmente de vidrio y en forma de campana invertida, que tiene una base ancha y un pie delgado; y lo que cabe en ella: *copa de vino, copa de helado, tomar la copa, echarse una copita, pasarse las copas* **2** Trofeo metálico, generalmente de esta forma, que se da al ganador de una competencia: *la copa del mundo, la copa Davis* **3** Competencia deportiva que se realiza periódicamente y en la que se da este trofeo como premio: *copa del Pacífico* **4** Conjunto de ramas y hojas que forma la parte superior del árbol **5** Parte hueca del sombrero en la que entra la cabeza **6** Cada una de las dos partes del sostén o brasier, que sostiene los senos **7** pl Uno de los cuatro palos de la baraja española: *el as de copas* **8** Carta que pertenece a este palo: "Ganó el juego con cuatro *copas*" **9** *Copa de oro* (*Eschsoltzia californica*) Planta herbácea de la familia de las papaveráceas de 30 cm aproximadamente, con hojas divididas en segmentos angostos, flores anaranjadas y grandes con numerosos estambres, y frutos con semillas pequeñas y esféricas. Se cultiva como planta ornamental **10** *Copa de oro* Planta trepadora, leñosa, de dos especies, de la familia de las solanáceas, con hojas elípticas, cuya anchura varía entre 7 y 18 cm; sus flores son amarillas con bandas moradas por dentro y el fruto lo forma una baya con dos celdas (*Solandra nitida* y *solandra guttata*) **11** *Copa de oro* Árbol de la familia de las turneráceas que alcanza hasta 15 m de altura con hojas lanceoladas, flores amarillas y fruto en forma de cápsula, amarillo piloso (*Erblichia odorota*).

copal s m **1** Resina producida por diversos árboles de la familia de las burseráceas, que se usa para sahumar con aroma agradable los templos **2** Cada una de las cuarenta especies del género *Bursera*, de la familia de las burseráceas, que existen en México. La mayoría son árboles de hojas compuestas y pinadas; flores pequeñas y fruto pequeño y carnoso con una sola semilla.

copete s m **1** Parte delantera y levantada de la cabellera de una persona: *hacerse el copete, hacer copete* **2** Porción de plumas que corona la cabeza de algunas aves: "Tenía su piquito de oro, / el *copete* colorado..." **3** Mechón de crin que le cae al caballo sobre la frente **4** Parte superior que remata algo: *los copetes de los cerros, copetes de crema, el copete de un ropero* **5** *Estar hasta el copete* (*Coloq*) Estar cansado o harto de alguna cosa: "*Estoy hasta el copete* de sus quejas" **6** *De* (*mucho*) *copete* (*Coloq*) De categoría, elegante: *una boda de mucho copete.*

copia[1] s f **1** Acto de copiar algo **2** Obra hecha siguiendo como modelo otra y tratando de reproducirla fielmente: "Es una *copia* estupenda del Guernica de Picasso" **3** Ejemplar que se obtiene al calcar, transcribir, imprimir, etc un escrito, una obra musical o gráfica, etc: "Presentó original y *copia* del documento", *las copias de una partitura, sacar copias, una copia al carbón, copia certificada, una copia fiel del original, original y copia* **4** *Copia ciega* La que, en oficinas de gobierno, se hace para otra persona, cuyo nombre se omite **5** *Copia fotostática* La que se obtiene de algún texto o material gráfico con una máquina especial que lo fotografía e imprime de inmediato **6** Cada uno de los ejemplares que se obtienen al imprimir el negativo de una película cinematográfica o una fotografía: "Estaba en muy malas condiciones la *copia* de 'Los Olvidados' de Buñuel" **7** *Copia intermedia* La de una cinta cinematográfica impresa en material de grano muy fino y de la que se pueden sacar nuevos negativos **8** *Copia compuesta* La de una película cinematográfica en la que se ha incorporado el sonido a la imagen.

copia[2] s f sing Abundancia de algo, gran cantidad de alguna cosa: *copia de bienes.*

copiar v tr (Se conjuga como *amar*) **1** Reproducir en otra parte con exactitud y fidelidad algún escrito, pintura, fotografía, etc: *copiar un libro, copiar un cuadro, mandar copiar, hacer copiar* **2** Imitar alguna cosa, sin juzgarla ni añadirle algo propio: "No tenemos por qué *copiar* lo que ni es nuestro, ni nos hace mejores" **3** En un examen escrito, reproducir fraudulentamente las respuestas del examen de un compañero: "¡No *copien*, o los repruebo!".

copla s f **1** Estrofa formada por cuatro versos, generalmente octosílabos con rima consonante o asonante en los pares, que se usa en canciones populares, como: "San Marcos tiene la fama / de las mujeres bonitas / también Acapulco tiene, / pero no son señoritas" **2** *Copla de pie quebrado* Estrofa octosílaba en la que intervienen versos tetrasílabos, como en *Las coplas* de Jorge Manrique: "Recuerde el alma dormida, / avive el seso y despierte / *contemplando* /cómo se pasa la vida / cómo se viene la muerte, / *tan callando*. / Cuán presto se va el placer, / cómo después de acabado / *da dolor*. / Cómo a nuestro parecer / cualquiera tiempo pasado / *fue mejor*" **3** *Copla de arte mayor* Estrofa de ocho versos de doce sílabas, de los cuales riman entre sí el primero, cuarto, quinto y octavo; el segundo y el tercero, y el sexto y séptimo.

copra s f Pulpa seca del coco que se industrializa para extraerle el aceite o, rayada, se emplea en la preparación de dulces: "Casi todos en el pueblo se dedican a la producción de *copra*".

copretérito s m (*Gram*) Tiempo verbal de indicativo (*amaba, comía, subía*). Expresa una acción que dura en el pasado, sin determinar los límites de esa acción, como en "Los niños *jugaban* mucho". Puede indicar hábito, como en "En aquella época *na-*

daba todos los días" o repetición, como en "*Disparaba* a todo lo que se movía". Expresa una acción pasada que coexiste con otra: "Cuando salí a la calle, *llovía*". Indica una acción iniciada, pero no consumada: "*Salía* cuando llegó mi hermano de visita". Se usa en expresión de cortesía: "¿Qué deseaba", "Quería pedirle un favor". Indica una acción es dudosa, posible, deseable o que sólo sucede en la fantasía: "Creía que *dormías*", "Pensé que *sufrías*", "*Podías* haberlo dicho antes". Se puede usar en el antecedente o consecuente de oraciones condicionales: "Si me escribieras te *contestaba*", "Si lo hacías me *enojaba* contigo" (Véase "Uso de los tiempos verbales", p 23).

cópula s f **1** Acto de copular **2** (*Biol*) Unión sexual del macho y la hembra, con transferencia de células espermáticas de uno a otra **3** (*Biol*) Unión completa de los gametos en los protozoarios **4** (*Lóg*) Elemento de unión entre el sujeto y el predicado **5** (*Gram*) Verbo que une el sujeto con el predicado nominal, especialmente *ser* y *estar*, como en "Juan *es* médico", "Los niños *están* en el parque".

copulación s f Unión sexual de macho y hembra por medio de la entrada del órgano sexual masculino en el femenino.

copular v intr (Se conjuga como *amar*) Unirse sexualmente el macho y la hembra.

copulativo adj Que une o relaciona; particularmente en gramática, las conjunciones que unen elementos de un mismo nivel sintáctico (el niño *y* la niña; dijo *que* venía), los verbos que conectan un sujeto con un predicado nominal (Pedro *es* niño; Pedro *es* bueno; María *parece* cansada) y las oraciones que tienen este tipo de verbos: *conjunción copulativa, verbo copulativo, oración copulativa*.

cora s m **1** Grupo indígena mexicano que habita en el noroeste del estado de Nayarit, en la parte sur de la Sierra Madre Occidental. Tiene dos formas de gobierno: uno de tipo municipal y otro tradicional, compuesto por un gobernador con función tanto administrativa como judicial, un sacerdote, mayordomos, alguaciles y acólitos. Su religión es una mezcla de catolicismo y de creencias en las antiguas deidades del Sol, el agua y las estrellas. Su celebración de la "fiesta judea" en la Semana Santa es famosa por los combates rituales entre hombres semidesnudos con los cuerpos pintados de rayas o de negro. En su organización familiar no es rara la poligamia. Su casa es de una sola habitación y una puerta, con paredes de varas o palos, techo de cuatro aguas y piso de tierra en forma cuadrangular de 6 por 4 m. La artesanía es de carácter doméstico; su alimentación se basa principalmente en productos agrícolas, aunque también incluye carne de venado, conejo y pescado. Con técnicas tradicionales, coa y arado de madera, cultiva maíz, frijol, calabaza y, en menor escala, café, caña de azúcar y tabaco. Vive en tierras áridas de prolongadas sequías. La baja producción agrícola obliga a los *coras* a trabajar como asalariados en las costas del Pacífico **2** Lengua del grupo huichol, subfamilia pima-nahua, familia yutonahua, que habla este grupo indígena **3** adj y s m y f Que pertenece a este grupo o se relaciona con él: *las creencias coras, la fiesta cora.*

coraje s m **1** Sentimiento de enojo y rabia intensa, a veces contenido y a veces expresado con actos agresivos y violentos, generalmente provocado por algo que se considera injusto o que contraría los deseos propios: "Me daba *coraje*", "Me entró un poco de *coraje*", "Luego se le pasa el *coraje*", "Me dio tanto *coraje* que sentí ganas de darle sus trancazos", "Tenía tanto *coraje* que me dieron ganas de matarlo", "Ya no haga *corajes*" **2** Actitud valiente ante el peligro o una situación difícil: "Tiene un *coraje* a toda prueba".

coral¹ **1** adj m y f Que se hace a coro o se relaciona con el coro: *poesía coral, canto coral* **2** s m (*Mús*) Composición musical de carácter religioso hecha para ser interpretada por varias voces **3** s m (*Mús*) Composición musical armonizada a cuatro voces; generalmente tiene un tema religioso y su ritmo es lento y solemne.

coral² s m **1** Animal celenterado marino que forma colonias arborescentes de numerosos individuos unidos entre sí por sus tejidos. Segrega una sustancia caliza que forma un esqueleto o polípero ramificado sobre el cual se van asentando nuevos individuos **2** Esqueleto que forman estos animales; es de colores vistosos y, cuando es fino, se emplea en joyería **3** Masa caliza constituida por la acumulación de los esqueletos de estos celenterados; forma islas o arrecifes, principalmente en los mares cálidos, que pueden alcanzar varios kilómetros de longitud **4** adj Que es rosado y brillante como el color que tienen esas arborescencias marinas.

coralillo s m o f **1** Cada una de las serpientes de la familia de las elápidas, de diversas especies, sobre todo *Micrurus fulvius, Micrurus curyxanthus* muy venenosas. Su cuerpo es pequeño (40 a 70 cm) y delgado; su principal característica es su coloración: está compuesto por muchas bandas negras y rojas, limitadas por anillos blancos o amarillos; viven debajo de las piedras, troncos o árboles y restos de maderas; salen durante la noche en busca de sus presas. Son ovíparas, sus huevos los depositan en sitios pantanosos. Están ampliamente distribuidas en la República Mexicana, especialmente en Sonora, Chihuahua, Tamaulipas, Chiapas y Tabasco **2** *Falsa coralillo* Cada una de las serpientes de los mismos colores que las anteriores, pero sin veneno o de veneno poco peligroso, que pertenecen a diversos géneros y especies aunque de los mismos colores que la anterior; en algunas de éstas los anillos rojos siempre están separados de los amarillos por las bandas negras; en otras, faltan las bandas claras **3** (*Anagallis arvensis*) Planta herbácea de la familia de las primuláceas, de hojas opuestas en forma de corazón; flores rojizas; su fruto es una capsulita roja que se abre transversalmente; es originaria de Europa; saponaria, hierba del pájaro, coronilla **4** (*Hamelia versicolor*) Arbusto de la familia de las rubiáceas, de aproximadamente 3 m de alto, de hojas generalmente ternadas, ovadas o elíptico oblongas; de flores monopétalas, anaranjadas al principio y después rojas, de 8 a 13 mm; su fruto es rojo globoso, de cinco a siete milímetros. Se encuentra de Sinaloa a Oaxaca; sangre de toro **5** (*Pithecollobium arboreum*) Árbol maderable de la familia de las leguminosas, de hasta 35 m de altura, de hojas bipinadas con ocho a dieciséis pares de hojuelas muy pequeñas; de flores blancas en cabezuelas, su fruto es rojo, subcilíndrico con estrangu-

laciones, con las valvas retorcidas después de abrirse y semillas negras; se encuentra en Veracruz, Oaxaca y Chiapas.

coraza s f **1** Conjunto de dos piezas, una para el pecho y otra para la espalda, con el que se protegían los soldados antiguos **2** Cubierta dura con la que se protege o se aísla algo: *la coraza de un barco, la coraza de un motor* **3** Cubierta dura que protege el cuerpo de algunos animales, como la tortuga o el armadillo.

corazón s m **1** Órgano muscular que impulsa la sangre y es propio de los vertebrados. En los seres humanos se encuentra casi en el centro del tórax, ligeramente hacia la izquierda: *los latidos del corazón* **2** Órgano que, en algunos otros animales, como los moluscos y las arañas, impulsa una sustancia (hemolinfa) que tiene funciones semejantes a la de la sangre de los vertebrados **3** Parte central, media, más importante o valiosa de algo: "De entrada nos dieron *corazones* de alcachofa en salsa blanca", *corazón de una fruta, corazón de una máquina* **4** Parte del ser humano considerada como centro de los sentimientos, las virtudes, las pasiones y la vida misma **5** *Atravesarle, arrancarle, encogérsele, partirle, romperle el corazón a alguien* Producir o sentir dolor, pena o compasión **6** *Dolor de corazón* Pena o arrepentimiento por algo **7** *Tocarle algo a alguien el corazón a una persona* Despertar la compasión o la misericordia de alguien **8** *Encogérsele, helársele a alguien el corazón* Sentir miedo o terror: "Cuando me rodearon *se me encogió el corazón*" **9** *Abrirle a alguien el corazón, hablar o actuar* con el *corazón en la mano* Hablar con confianza o actuar alguien con sinceridad, con honradez **10** *Poner o dejar el corazón en algo* Hacer algo con la mejor voluntad y el mayor esfuerzo: *dejar el corazón en la cancha* **11** *Dolor de corazón* En el sureste, gastritis **12** Carta con esta figura, de color rojo, que pertenece a la baraja francesa o inglesa y que se le tiene: *el as de corazones*.

corbata s f **1** Tira de tela que se pone alrededor del cuello de una persona, por debajo del cuello de la camisa y que se anuda por delante, generalmente dejando caer las puntas sobre el pecho; especialmente la que usan los hombres: *el nudo de la corbata bien hecho, la corbata a rayas, andar de corbata* **2** *Corbata de moño* Tira de tela más corta que la anterior, que tras anudarse al cuello tiene la apariencia de un moño **3** Pan en forma de corbata de moño cubierto de azúcar **4** *Llevarse a alguien de corbata* (*Coloq*) Atropellar a alguien físicamente o en sus derechos: "Por poquito *me lleva de corbata* un coche" **5** En el teatro, espacio fuera del marco de la escena, entre la batería y la línea en que está la concha del apuntador **6** (*Charr*) Primera huella que deja la reata al rozar el cuello del fuste **7** En el billar, en el juego de carambola, lance que consiste en que la bola del que juega pase como rodeando a la contraria, sin tocarla, entre ella y dos bandas que forman ángulo **8** (*NE*) En el ganado bovino de ciertas razas (brahman), piel floja que cuelga desde el cuello hasta el estómago.

corbeta s f Barco de guerra, semejante a la fragata, pero más pequeño, de tres palos y con una sola batería de no más de dieciséis cañones por banda.

corchete s m **1** Signo gráfico [ ] que se utiliza para completar lo que hipotéticamente falta en una inscripción, un códice o una cita; para introducir comentarios en un texto citado, para encerrar una frase que ya tiene paréntesis o para jerarquizar esas frases; en matemáticas, para separar expresiones numéricas (Ver reglas de puntuación) **2** (*Mús*) Signo que sirve para unir dos o más pentagramas de una partitura vocal o instrumental, o para indicar que integran una unidad musical y que deben interpretarse simultáneamente. Conjunto de pentagramas así unidos **3** (*Mús*) Signo en forma de banderita que se coloca en la parte superior de la plica para distinguir el valor de las notas dentro del compás.

corcho s m **1** Material de origen vegetal, poroso, ligero, elástico, relativamente impermeable al agua, capaz de aislar el calor y el sonido; se encuentra en la corteza de algunos árboles, en cuyas ramas, raíces y tronco forma láminas que en algunos casos, como el del alcornoque (*Quercus suber*), llegan a tener un grosor de varios centímetros, lo que permite su explotación comercial; se usa para fabricar tapones de botella, salvavidas, aislantes, juntas para máquinas, etc, y para hacer boyas, como las que se usan para sostener las redes de pesca, clavar anzuelos, etc **2** Árbol que pertenece a muy diversas familias y se caracteriza, comúnmente, por ser de madera ligera o suave.

corcholata s f Pequeña tapa de hoja de lata, cubierta en su parte interior de corcho, que sirve para cerrar las botellas, especialmente de refrescos y cervezas; hoy en día, su cubierta interior, que es la que la vuelve hermética, ya no es de corcho, sino de plástico.

cordado (*Zool*) **1** s m y adj Metazoario que tiene, durante toda su vida o sólo en una etapa de ella, una cuerda dorsal, llamada notocordio, que constituye el eje de su esqueleto; sobre la misma, paralelo a ella, corre un cordón de paredes gruesas que representa su sistema nervioso; la parte anterior de su tubo digestivo está adaptada para la respiración **2** s m pl Tipo de estos animales, que incluye tanto a los que poseen encéfalo, cráneo y vértebras (como los seres humanos, los peces, las aves, los reptiles y demás vertebrados), como a los que carecen de ellos (llamados protocordados, entre los que se encuentran algunos animales marinos, como la lanceta).

cordero s m **1** Hijo del borrego, cuando no pasa de un año de edad: *costillitas de cordero* **2** *Cordero de leche o recental* El que no ha sido destetado y todavía no pasta **3** Borrego, considerado por su mansedumbre: "Lloraba como *corderito*, indefenso y abandonado" **4** *Cordero pascual* (*Relig*) El que sacrificaban los judíos como parte del rito de la Pascua **5** *Cordero de Dios* (*Relig*) Jesucristo, como víctima en el sacramento cristiano de la Eucaristía.

cordial adj m y f **1** Que es sincero y sentido: *una cordial amistad, un saludo cordial, una cordial bienvenida, una cordial acogida* **2** s m y adj m Dedo de la mano, que está en medio, entre el índice y el anular **3** s m Bebida tonificante, como el jerez, la manzanilla, el moscatel, etcétera.

cordialidad s f Cualidad de lo que es cordial: *un ambiente de cordialidad.*

cordillera s f Conjunto de montañas elevadas que suceden sin interrupción: *cruzar la cordillera, bajar de la cordillera.*

cordón s m **1** Cuerda gruesa y cilíndrica hecha con hilos suaves y flexibles o tira angosta de tela que se usa para amarrar objetos no muy pesados, como adorno en prendas de vestir, etc: "La blusa tiene *cordones* de lana en las mangas", *el cordón de la cortina* **2** *Cordón de soldadura* Alambre flexible de cierto tipo de aleación, que sirve para soldar **3** Cable de algunos aparatos: *el cordón de la plancha, el cordón del teléfono* **4** (*Anat*) Ciertas partes de ellos, redondeados, largos y flexibles: *cordón genital, cordón medular* **5** *Cordón umbilical* (*Anat*) Órgano largo y flexible que une la placenta con el feto y por el cual recibe los nutrientes de que se alimenta **6** Conjunto de puestos de vigilancia o de personas situado en los límites de una zona, que controla, impide el paso o la comunicación con un lugar a otro o protege una zona de alguna invasión: "Los granaderos formaron un *cordón* de vigilancia", *cordón sanitario* **7** Línea de pelos blancos que tienen algunos caballos en la frente.

coreografía s f Arte de diseñar un ballet o danza; de poner tus pasos y movimientos de acuerdo con la música: "De ciertas danzas se han perpetuado las *coreografías*", *una coreografía de Balanchine.*

coriáceas s f pl (*Bot*) Familia de plantas angiospermas dicotiledóneas, leñosas o herbáceas, con hojas opuestas, flores hermafroditas y fruto indehiscente.

coriáceo adj Que tiene la textura y la apariencia del cuero: "Cerrándose sus párpados *coriáceos*".

corifeo s m **1** Persona que guiaba el coro en las tragedias clásicas **2** El que forma parte del cuerpo de bailarines en un ballet **3** Seguidor o partidario de algún líder o caudillo, que sólo sabe repetir los dichos de aquél, o alabarlo en cualquier cosa.

córnea s f Membrana dura, transparente y abombada que se encuentra delante del iris en la parte anterior del ojo.

corneta s f **1** Instrumento musical de viento, de la familia de los metales, formado por un tubo de cobre que se tuerce varias veces por el centro del instrumento, pero con las dos curvas externas adquiere un contorno ovalado; en un extremo tiene una boquilla y por el otro termina en una especie de campana. Tiene tres pistones para tocar las distintas notas y es de menor tamaño que la trompeta **2** Instrumento musical de viento, parecido al anterior pero sin pistones, que se usa para dar órdenes militares **3** s m Militar encargado de tocar ese instrumento.

cornisa s f **1** (*Arq*) Parte saliente que corona o remata un edificio y sirve para proteger de las lluvias a las partes bajas de la construcción **2** (*Arq*) Adorno saliente sobre un muro, un mueble o alrededor de un techo **3** Parte horizontal y angosta de un acantilado o de un barranco, por donde se puede transitar o de donde se puede afianzar una persona.

corno s m **1** Instrumento musical de viento, hecho de metal, formado por una boquilla y un tubo que se curva en espiral y se va ensanchando hasta terminar en un gran pabellón en forma de campana: *corno de caza, corno francés* **2** *Corno inglés* Instrumento musical de viento de la familia de los oboes hecho de madera y con doble lengüeta, que se distingue por su timbre suave y melancólico. Es muy parecido al oboe común pero más largo y cinco tonos más bajo que éste.

cornuda s f (*Sphyrna tiburo* y *Sphyrna media*) Pez de gran tamaño, semejante al tiburón, con la cabeza en forma de pala; es carnívoro y se caracteriza por su voracidad; se encuentra en el Golfo de México y en el Mar Caribe; pez martillo.

cornudo adj y s m **1** Que tiene cuernos **2** Hombre cuya mujer le es infiel.

coro s m **1** Conjunto de voces que canta una composición musical: *cantar a coro, coro de niñas* **2** Composición musical para un conjunto de voces **3** Grupo de personas que en una representación teatral recita, canta o baila acompañando a los personajes principales. En la tragedia griega generalmente expresaba la voz o los sentimientos del pueblo **4** Grupo de personas que manifiesta o se expresa de común acuerdo: *coro de protestas* **5** *A coro* De manera simultánea, al mismo tiempo: *hablar a coro, responder a coro* **6** *Hacer coro a alguien* Apoyar lo dicho por alguien de manera colectiva o al mismo tiempo **7** Lugar donde se sitúan el órgano y los músicos en las iglesias **8** Lugar de una catedral que corresponde a los canónigos, frente al altar mayor.

corola s f Parte de la flor, generalmente de vistosos colores, formada por los pétalos y que rodea los órganos sexuales.

corolario s m Proposición que es la consecuencia clara de algo que se ha demostrado anteriormente: *sacar el corolario, los corolarios de un teorema*.

corona s f **1** Aro de metal precioso, en ocasiones adornado con joyas, que se ponen los reyes y algunos nobles sobre la cabeza como insignia de su jerarquía: *una corona de oro, corona de conde, corona ducal*, "Intentaron robar la *corona* de la reina Margarita" **2** Jerarquía o título nobiliario; dignidad real o de nobleza: *heredero a la corona, los privilegios de la corona* **3** Gobierno monárquico: *la corona inglesa*, "Escribió un libro sobre la *corona española*" **4** Aro adornado que se pone sobre la cabeza y que se otorga a una persona como señal de premio o distinción: "Ganó la *corona* en el carnaval", "Pelearán por la *corona* de peso completo" **5** *Corona de laurel* La que se otorga como premio y reconocimiento al mérito, particularmente de los artistas y de los héroes; distinción o mérito de una persona **6** *Corona de flores* Adorno de flores de forma circular que se usa para conmemorar algo o para honrar la memoria de alguien **7** *Corona de muerto* La de flores con la que se honra la memoria de una persona **8** Aro de luz que se forma alrededor de algo **9** (*Astron*) Atmósfera luminosa que rodea al Sol y que puede apreciarse a simple vista en los eclipses totales **10** Aro generalmente dorado que se pone o se pinta alrededor de la cabeza de los santos en las imágenes **11** Anillo de piel que se forma en las patas de los caballos, a la altura del nacimiento del casco **12** Parte visible y esmaltada de un diente que sobresale de la encía **13** Forro de oro, porcelana o de alguna aleación que se pone sobre esta parte del diente cuando se ha picado o para darle mejor aspecto.

coronar v tr (Se conjuga como *amar*) **1** Poner una corona a alguien, principalmente a un monarca durante una ceremonia para simbolizar el inicio de su reinado: "A Iturbide lo *coronaron* como emperador de México en 1822", "Mañana *coronan* a la reina del carnaval" **2** Adornar o cubrir la parte más alta de algo: "Un hermoso ramo de claveles *corona* la canasta", "Las nubes *coronaban* la montaña" **3** En el juego de damas, poner una ficha sobre otra que ha llegado al extremo contrario del tablero, con lo que se convierte en una dama y puede ser movida en cualquier dirección **4** Terminar o rematar una acción, por lo general de manera brillante o sobresaliente: "*Coronó* su faena con una soberbia estocada" **5** prnl Ganar algún torneo, campeonato o concurso: "El boxeador mexicano se *coronó* campeón mundial de peso mosca" **6** intr Salir o asomar la cabeza del feto en el momento del parto.

coronaria s f (*Anat*) Cada una de las varias arterias que se distribuyen por el corazón, curvatura menor del estómago, esófago y labios: *cardiopatía coronaria, insuficiencia coronaria, arterioesclerosis coronaria, arterias coronarias*.

coronel s **1** Grado militar del que manda un regimiento, superior al de teniente coronel **2** s m (*Agelaius phoeniceus*) Pájaro de la familia de los ictéridos; cañero, acolchichi.

corpiño s m Prenda de vestir, especialmente femenina, que cubre el cuerpo de la cintura hacia arriba, principalmente el pecho: "La recorrió con la vista desde la costura de la falda hasta los lazos del *corpiño*".

corporación s f **1** Grupo de personas unidas por un reglamento o un orden determinado, que se comporta disciplinada y solidariamente: *una corporación militar, una corporación policiaca, la corporación académica* **2** Compañía industrial, comercial o de servicios: *corporaciones transnacionales, empleado de la corporación*.

corporal 1 adj m y f Que se refiere al cuerpo o se relaciona con él: "Es una actividad que requiere un gran esfuerzo mental y *corporal*", *estructura corporal, castigo corporal* **2** s m Lienzo con que se cubre el ara de un altar, para poner encima la hostia y el cáliz en la misa católica.

corral s m **1** Espacio de diferentes tamaños, generalmente rodeado de una cerca y al aire libre, junto a las casas o en el campo, donde se encierran animales, especialmente ganado y gallinas: *el corral de las chivas, aves del corral* **2** (*Tauro*) En las plazas de toros, lugar con diversos departamentos comunicados entre sí por puertas, para facilitar el apartado de los animales: *los corrales de la plaza México* **3** Patio, casa o teatro donde antiguamente se representaban obras teatrales.

correa s f Tira de cuero o de otro material flexible y plano que sirve para sujetar algo: *las correas del huarache, correa de transmisión*.

corrección s f **1** Acto de corregir algo o a alguien: *la corrección de un libro, la corrección de un cálculo, la corrección de los hijos, la corrección de la postura, la corrección de una báscula* **2** Modificación o cambio que se hace a algo para mejorarlo o para que funcione mejor: *una corrección astronómica, la corrección de una lente* **3** Indicación que hace una persona a otra para que ésta modifique su conducta o la mejore: *una severa corrección, una corrección disciplinaria*.

correctamente adv En forma correcta, como es debido: *hablar correctamente, leer correctamente*.

correcto adj **1** Que está libre de error o de equivocaciones, que va de acuerdo con la realidad: *una* *respuesta correcta, una operación correcta, una observación correcta* **2** Que cumple con ciertas normas, reglas o métodos, que es adecuado para cierta finalidad: *un procedimiento correcto, un uso correcto del tiempo verbal, un corte correcto* **3** Que se comporta de acuerdo con las normas sociales de la cortesía, que las cumple: *una persona correcta*, "Lo *correcto* es pedir disculpas" **4** Que tiene un comportamiento apegado a la moral, la honradez, etc: *un funcionario correcto, un maestro correcto.*

corredor[1] s m Pasillo largo y angosto, generalmente exterior, que une dos partes de una construcción o que está alrededor del patio de un edificio: *salir del corredor*, "¡No oíste rechinidos de puertas o pasos por el *corredor!*".

corredor[2] adj y s **I 1** Que corre **2** Persona que corre, especialmente la que lo hace en competencias deportivas o cotidianamente: *un corredor suizo, corredor libre* **3** Persona que se dedica a correr caballos en competencias **4** Persona que se dedica a competir en coches de carreras: *un corredor de fama internacional, corredor de automóviles deportivos* **II** Persona que tiene por oficio la representación de otras en la compraventa de bienes: *corredor de bienes raíces, corredor de bolsa* **III** *Corredoras* Aves de alas cortas, que no les sirven para volar, y de patas muy robustas, adaptadas para la carrera, como el avestruz.

corregidor s En la época de la Colonia en México, funcionario real nombrado al principio por el virrey o la Real Audiencia y más tarde por el rey directamente (quien solía vender el puesto para aprovechar el apoyo financiero de los comerciantes interesados en favores de estos funcionarios) para desempeñar funciones de juez, de alcalde y aun de fiscal del ayuntamiento con el que se cogobernaba un distrito o una jurisdicción. Sus funciones eran iguales a las de los alcaldes mayores; a menudo eran españoles peninsulares o criollos venidos de otras regiones de América los que ocupaban ese cargo: *el corregidor de Querétaro.*

corregimiento s m **1** En la época de la Colonia en México, cargo de corregidor **2** Territorio de su jurisdicción **3** Edificio en que se instalaba.

corregir v tr (Se conjuga como *medir*, 3a) **1** Quitar las faltas o los errores de un texto: *corregir la ortografía de un trabajo, corregir un manuscrito, corregir un libro* **2** Quitar los elementos o las ideas falsas y equivocadas de un cálculo o de un razonamiento sustituyéndolos por los verdaderos o correctos: *corregir las cuentas, corregir la exposición* **3** Decir o señalar a alguien sus faltas o sus errores para que no los vuelva a repetir y mejore su conducta: *corregir a los niños* **4** Hacer que se quite o mejore un defecto físico: *corregir la postura, corregir la vista* **5** Introducir en un cálculo o en una medida, ciertos datos o resultados complementarios de una observación compleja para ajustar el resultado final: *corregir una lectura del medidor, corregir por refracción.*

correlación s f Relación que hay entre dos o más cosas que se corresponden, se determinan o se afectan mutuamente: *correlación internacional de fuerzas, una correlación estadística, obtener una correlación positiva, sacar una correlación, existir correlación.*

correo s m **1** Servicio público encargado del recibo, transporte y entrega de cartas, paquetes y otros envíos entre personas o agrupaciones; tipo de servicio ofrecido: *enviar por correo, correo aéreo, correo ordinario, correo de superficie* **2** *Correo certificado* Servicio que consiste en que la oficina encargada extiende un recibo al remitente por el cual se responsabiliza explícitamente del envío y la entrega de la correspondencia **3** *Correo certificado con acuse de recibo* El mismo servicio anterior, pero en el que además se pide que el destinatario firme una constancia de haber recibido la correspondencia **4** *A vuelta de correo* Por correo y como respuesta: "Recibirá dos paquetes a vuelta de correo" **5** Oficina en la que se recibe y distribuye la correspondencia: *ir al correo, correo central* **6** Conjunto de las cartas, paquetes y otros envíos que alguien deposita o recibe en ese servicio: *llegar el correo, depositar el correo, recibir correo* **7** Persona encargada de llevar y traer mensajes de un lugar a otro, entre personas o instituciones específicas: *un correo de la revolución, un correo bancario.*

correr v intr (Se conjuga como *comer*) **I 1** Ir una persona o un animal dando pasos rápidos y acelerados: *correr a casa, correr del susto, correr en un parque, echarse a correr* **2** Tomar parte en una competencia de carreras: *correr en el hipódromo, correr la milla*, "Pedro Rodríguez *corría* en los grandes premios" **3** *Correr toros* (*Tauro*) Torearlos en una corrida: "El domingo *corrieron* toros de Rancho Viejo" **4** (*Tauro*) *Correr un toro* Hacerlo correr para quitarle un poco de fuerza antes de iniciar la lidia y para observar cómo embiste **II 1** tr Mover una cosa arrastrándola poca distancia, haciéndola pasar por el riel que la sostiene o a lo largo de la guía o la línea que la dirige: *correr una silla, correr las cortinas, correr el cerrojo, correr la numeración* **2** Moverse o transmitirse algo por un conducto: *correr la sangre por las venas, correr el agua por la acequia, correr la electricidad* **3** Moverse algo con rapidez, avanzando sobre el suelo: *correr un río, correr la lava, correr la sangre* **4** Extenderse algo como un camino, una montaña, etc de un lugar a otro y en cierta dirección: "La Sierra Madre *corre* de norte a sur", "El río *corre* hacia el mar", "Los vientos *corren* de la ladera a la planicie" **5** prnl Extenderse algo, generalmente formando una mancha: *correrse la tinta, correrse la pintura* **6** *Correrle la mano a un toro* (*Tauro*) Darle un pase de manera que su embestida se prolongue y permita el lucimiento del torero **III 1** Hacer algo con rapidez, con prisa: "Llegó *corriendo*", "¡*Corre*, termina pronto tu trabajo!", "Has tardado mucho con esa canción. ¡*Córrele*, que ya me aburrí de oírte!" **2** *A todo correr* Con prisa, apresuradamente: "Se fue *a todo correr* para alcanzar el tren", "Nos dio la explicación *a todo correr*" **IV 1** Pasar el tiempo: *correr los días, los años* **2** Hacer pasar una noticia de unos a otros: *correr la voz, correr un rumor* **V** tr Sacar a alguien de un lugar o despedirlo de algún trabajo: "Los *corrieron* del cine, por escandalosos", "Ayer *corrió* al contador de la empresa" **VI 1** Realizar algo riesgoso, de manera continua e ininterrumpida: *correrse una parranda, correr mundo* **2** Exponerse de cierta manera a un acontecimiento: *correr con suerte, correr con mala fortuna, correr peligro, correr* *un riesgo* **3** *Correr algo por cuenta de uno* Tomar para sí mismo alguna responsabilidad, hacerse cargo de ella: "Los gastos *corren* por mi cuenta" **VII** tr Hacer circular alguna mercancía: *correr propiedades, correr drogas, correr acciones en la bolsa* **VIII** *Correrle a alguien* (*Coloq*) Huir de él, evitar encontrarlo o encararlo: "Rosa está muy desprestigiada. Todos los muchachos *le corren*", "¡Cabrón, me vas a agarrar, pero yo no *te corro*." **IX** *Correrse un toro* (*Rural*) Fecundar a la vaca, cubrirla.

correspondencia s f **1** Relación en que están dos o más cosas que concuerdan, son equivalentes, simétricas o complementarias: *haber correspondencia, estar en correspondencia* **2** Relación generalmente comercial existente entre organizaciones, negocios, etc: "Hay *correspondencia* entre bancos alemanes y mexicanos" **3** Relación entre personas por correo; conjunto de cartas que alguien recibe o que ha intercambiado con otra persona: "Tengo *correspondencia* con amigos de otros países", *la correspondencia de Alfonso Reyes, la correspondencia de Alfonso Reyes con Julio Torri* **4** Lo que se recibe y envía por correo: "Ésta es la *correspondencia* que se enviará hoy" **5** Conexión entre líneas de transporte: "En la estación Pino Suárez del metro está la correspondencia con la línea uno".

corresponder v intr (Se conjuga como *comer*) **1** Ser una cosa semejante, adecuada o equivalente a otra, estar de acuerdo con ella: "Tu descripción no *corresponde* a la realidad" **2** Tocarle o pertenecerle algo a alguien, caer dentro de su responsabilidad o de su campo: "A cada niño le *corresponde* un banco", "A la biología le *corresponde* estudiar los seres vivos" **3** Devolver, responder o pagar de algún modo el afecto o los beneficios recibidos: "Algún día *corresponderé* a su generosidad", "*Correspondió* a su amor con desprecio".

correspondiente adj y s m y f **1** Que le pertenece o le toca a algo o a alguien: "Cada delegación lleva su *correspondiente* bandera" **2** Que se refiere o se ocupa de algo o de alguien: "Consulte el volumen *correspondiente* a la biología", "Son los resultados *correspondientes* a este año escolar" **3** Que tiene correspondencia con alguien: *un académico correspondiente*.

corresponsal 1 adj m y f Que mantiene correspondencia: *banco corresponsal, oficina corresponsal* **2** s m y f Periodista que envía información o comentarios a su periódico, noticiero, etc, desde otro lugar: "Es *corresponsal* en el extranjero".

corretear v (Se conjuga como *amar*) **1** tr Perseguir a alguien o a algo corriendo detrás de él: "El perro me *correteó* tres cuadras", "*Correteamos* a la drones en el coche, pero se nos escaparon" **2** intr Correr de un lado a otro en un espacio cerrado o pequeño, como los niños cuando juegan.

corrida s f **1** Hecho o acto de hacer correr algún objeto o de pasarlo de un lado a otro de un objeto: *una corrida de la aguja en el cuadrante, una corrida de las manecillas de un reloj* **2** Cada uno de los viajes, particularmente de un camión de pasajeros entre un lugar y otro de cierta ruta: *las corridas a Cuernavaca* **3** Carrera que efectúa alguien llevando algún objeto: *una corrida con el balón* **4** *Corrida de toros* Fiesta que consiste en lidiar varios toros en una plaza.

corrido¹ I pp de *correr* **II** adj **1** Que es continuo, que no se detiene o interrumpe: *sesión corrida, horario corrido* **2** *De corrido* Sin interrupción, sin detenerse: *leer de corrido, hablar de corrido* **3** Que ha llevado una vida intensa y llena de experiencia: "Es un hombre muy *corrido*".

corrido² s m **1** Composición poética musical formada por estrofas de cuatro versos, generalmente octosílabos de rima variable, que narra distintos acontecimientos, como la vida de personajes históricos o ficticios, hazañas, combates, asesinatos, relaciones sentimentales, etc: *el corrido de Simón Blanco, el corrido de Zapata, el corrido de Cananea* **2** Género formado por estas composiciones, que constituye una de las formas más importantes de la poesía popular mexicana.

corriente I 1 adj m y f Que corre o está transcurriendo: *mes corriente, plazo corriente, agua corriente* **II 1** s f Movimiento continuo del aire, del agua o de los fluidos en general en una dirección determinada: *corriente de aire, corriente de un río, corriente marina* **2** s f (*Fís*) Movimiento de una carga eléctrica por un conductor **3** *Corriente alterna* La eléctrica que cambia periódicamente de dirección **4** *Corriente continua* La eléctrica que circula siempre en la misma dirección **III** s f Tendencia que siguen las personas en una actividad durante un cierto tiempo: *corrientes del pensamiento, corrientes de la moda, corriente científica* **IV** *Al corriente* Al día, sin atraso: *pagos al corriente* **V 1** *Dejarse llevar por la corriente* Seguir la opinión o las acciones de los demás, conformarse con ellas **2** *Llevarle o seguirle la corriente a alguien* No contradecirlo, no hacerle notar que uno piensa lo contrario, fingir que se escucha o se le apoya: "María Cristina me quiere gobernar y yo *le sigo la corriente*" **3** *Ir o luchar contra la corriente* Actuar o pensar de manera distinta o contraria a los demás; enfrentar dificultades **VI 1** adj m y f Que es común, que no sobresale, que es de baja calidad: *zapato corriente, vestido corriente* **2** adj m y f Que es vulgar en su trato: *un hombre muy corriente*.

corroborar v tr (Se conjuga como *amar*) Comprobar uno mismo la veracidad de una afirmación, o hacerlo aportando nuevas pruebas, mejores datos, etc: "Su testimonio *corrobora* la declaración del acusado", "Puedes *corroborar* mis resultados con estas pruebas".

corroer v (Se conjuga como *comer*) Generalmente se usa sólo en la tercera persona del singular y del plural) **1** tr Desgastarse lentamente los materiales sólidos, especialmente los metales, por una acción química: "El hierro terminó *corroyéndose* por la acción del mar" **2** intr Sentir larga y duramente los efectos de una pasión dañina: "La *corroe* la envidia", *corroída por los celos*.

corromper v (Se conjuga como *comer*) **I 1** prnl Sufrir la materia viva el proceso de descomposición de sus elementos o de mal funcionamiento orgánico que son característicos del final de la vida: *corromperse una sustancia, corromperse un fruto, corromperse un cuerpo* **2** tr Hacer que algo se descomponga, se eche a perder o se altere poniéndole alguna sustancia que desencadene ese proceso: *corromper las aguas, corromper el aire* **II** tr **1** Hacer que alguien cometa malas acciones o adquiera vicios, malas costumbres, etc: *corromper a un menor, corromper a los niños* **2** Hacer mediante soborno que alguien, en particular un funcionario o un empleado de gobierno, actúe al margen o en contra de la ley y falte a la moralidad de su cargo: *corromper al secretario, corromper al policía.*

corrosivo adj **1** Que corroe, que desgasta lentamente los sólidos, especialmente los metales: *sustancia corrosiva, acción corrosiva, materias corrosivas* **2** Tratándose del humor de alguien, que critica con crueldad sin concesiones, que agrede.

corrupción s f **1** Acto de corromperse algo o alguien, o de corromperlo: *la corrupción de la carne, la corrupción de una sustancia, la corrupción del agua de los ríos* **2** Situación en que queda quien se da a las malas costumbres o los vicios: *una vida de corrupción, la corrupción de una joven* **3** Situación en que queda o a la que se presta particularmente un empleado público cuando acepta sobornos y actúa en contra o al margen de la ley: *la corrupción de la burocracia, proceso por corrupción.*

corsetería s f **1** Lugar donde se fabrica o se vende ropa interior de mujer **2** Conjunto de prendas de vestir íntimas para la mujer: *corsetería francesa.*

corta s f (*Popular*) Dinero que se da a alguien para sobornarlo: "Si me pasas una *corta* no digo que tú te lo robaste".

cortador s **1** Instrumento, herramienta o máquina que corta alguna cosa: *un cortador de varilla, una cortadora de pasto* **2** Persona que realiza una tarea de corte: *un cortador de caña* **3** Sastre que se especializa en el corte de las telas para hacer trajes.

cortadura s f **1** Abertura que se forma en un cuerpo o en una superficie, tras haberlo cortado: *una cortadura en la mano, hacerse una cortadura* **2** (*Mil*) Obra de parapeto que se realiza una fuerza militar para defender una posición: "Tres formidables líneas de los norteamericanos, ancladas en profundas *cortaduras* a sus flancos".

cortante adj m y f **1** Que corta: *un instrumento cortante* **2** Que produce una sensación dolorosa, aguda y delimitada: *un viento cortante, dolores cortantes* **3** Que impide el trato o la conversación: "Cuando está de malas, es grosera y *cortante*" **4** Que actúa transversalmente, respecto del hilo de una fibra o del eje longitudinal de un objeto: *fuerza cortante.*

cortar v tr (Se conjuga como *amar*) **I 1** Partir algo en dos o más pedazos, o separar de algo alguna de sus partes, de manera que sus fibras, su trama o su composición no se dañe o se destruya, generalmente mediante algún instrumento afilado: *cortar las ramas, cortar papel, cortar la carne, cortar caña* **2** Quitar con tijeras, con navaja o con sierra las partes sobrantes de algo, para darle una forma definida: *cortar el pelo, cortar un vestido, cortar un madero* **3** *Cortarse la coleta* Retirarse una persona de una profesión o dejar de participar en algo que hacía habitualmente: "Con esta última competencia, *me corto la coleta*", "Ayer domingo, Armillita se *cortó la coleta* en la plaza de toros" **4** *Cortarle o alguien las alas* Impedirle que continúe haciendo algo que le gusta o para lo que se sentía impulsado o exhortado: "El médico le *cortó las alas*, cuando le dijo que ya no podría comer tanta grasa" **II 1** Separar una cosa de otra o algo en dos partes, de una manera clara y definida: *cortar una montaña la ca-*

rretera, *cortar la avenida una calle, cortar una marcha la policía* **2** Atravesar o traspasar algo un líquido o un gas: *cortar un rayo de luz el agua, cortar el aire una flecha* **3** Hacer el viento o el frío que arda o duela la piel: "El viento les *cortaba* las caras" **4** Impedir el paso o la circulación de algo: *cortar el tráfico, cortar la luz, cortar el teléfono, cortar la comunicación* **5** Impedir que algo se conozca o se haga público: *cortar la información, cortar una película* **6** Separar una parte de las cartas de la baraja y colocarla sobre la otra para comenzar un juego **III** Tomar una ruta más corta para llegar a alguna parte: *cortar camino, cortar por la vereda* **IV 1** prnl Sentir alguien vergüenza, temor o timidez frente a alguien, o comportarse de esa manera: "Cuando vio a su maestro, *se cortó* y ya no sabía qué decir" **2** Terminar una persona con la relación que tenía con otra: *cortar al novio, cortar con los amigos* **3** *Cortar por lo sano* Terminar una relación perjudicial con una persona de una vez por todas, o acabar con una situación perjudicial: "Decidió *cortar por lo sano*: ya no fumará más" **4** prnl (*Popular*) Irse de alguna parte, dejar de participar en alguna reunión: "Ya no los acompaño; aquí *me corto*" **V** prnl Separarse las sustancias que componen una materia o los ingredientes de algún alimento: *cortarse la leche, cortarse la grasa, cortarse un flan.*

corte¹ s m **I** Acto de cortar algo: *corte de pelo, un corte de la montaña, el corte de la caña* **II 1** Pedazo o trozo de tela para hacer un traje o un vestido: *un corte de casimir* **2** Técnica de cortar las diferentes piezas necesarias para hacer un vestido: *corte y confección* **III** Golpe de tajo con un sable **IV** Fin o interrupción de algo como un servicio o una cuenta de dinero: *corte de luz*, "¡Corte! ¡Se imprime!" **V** *Corte de caja* Comprobación de las ganancias, gastos y operaciones hechos en un negocio, banco, etc, después de un tiempo determinado **VI** Sección de un cuerpo: *un corte transversal, corte longitudinal.*

corte² s f **1** Tribunal de justicia de la más alta jerarquía, cuyas decisiones o sentencias son definitivas: *Suprema Corte de Justicia* **2** Lugar donde se reúnen y trabajan los magistrados de ese tribunal **3** Conjunto de personas que forma la familia y la comitiva de un rey.

cortejo s m **1** Acto de cortejar a una mujer **2** Grupo de personas que acompaña y asiste a un dignatario o a quien tiene el papel central en una ceremonia: "Llegó la reina con su *cortejo*", "El *cortejo* de los novios estuvo compuesto de varias madrinas, damas y pajecitos" **3** (*Biol*) Conducta que siguen ciertos animales antes de aparearse, con el fin de identificar y atraer a los individuos de su misma especie y de sexo opuesto **4** *Cortejo fúnebre* Grupo de personas que acompaña el féretro de un muerto durante sus funerales: "El *cortejo fúnebre* partirá del velatorio a las tres de la tarde".

cortés adj m y f Que se comporta correcta y amablemente, que va de acuerdo con las reglas del trato social: *un hombre cortés, una empleada cortés, un saludo cortés.*

cortesía s f **1** Comportamiento amable, respetuoso y acorde con las buenas maneras sociales: *hablar uno con cortesía, la cortesía de una dama* **2** Cualquiera de las actitudes o de las maneras amables y respetuosas con que se trata a alguien: *hacer una*

cortesía 3 Favor que hace una persona a otra por educación, respeto y deseo de agradar: "Me hizo la cortesía de presentarme con el ministro" **4** De *cortesía* Gratuito y como muestra de amistad o agradecimiento: *boletos de cortesía, una comida de cortesía* **5** *Visita de cortesía* La que se hace por cumplir con las normas del trato social.

corteza s f **1** Capa exterior del tronco y de las ramas de los árboles y arbustos **2** Capa exterior y dura de algo: *corteza del pan, corteza del queso, corteza de la naranja, corteza del mezquite, corteza cerebral, corteza terrestre.*

cortina s f **1** Pieza de tela o algún otro material flexible y ligero, que cubre y adorna las ventanas, las puertas, etc o que oculta alguna cosa detrás de ella: *una cortina de gasa, cortinas de bambú, una cortina de baño* **2** Pieza flexible de metal que se corre o se enrolla sobre sí misma, con la que se cierra la entrada a un comercio, un almacén, etc: *echar la cortina, subir la cortina* **3** Muro central de una presa, que sirve para contener el agua **4** Masa densa de alguna sustancia que cubre u oculta algo, o que impide el paso: *una cortina de humo, una cortina de fuego* **5** *Cortina de hierro* Línea imaginaria que aislaba a los países europeos de régimen comunista de los de régimen capitalista, formada al terminar la Segunda Guerra Mundial por el antagonismo entre los Estados Unidos de América y la Unión de Repúblicas Socialistas Soviéticas.

corto adj **1** Que mide poco o no alcanza la medida necesaria: *pantalón corto, brazos cortos* **2** Que dura poco o no alcanza a cubrir el tiempo necesario: "El juego resultó muy *corto*" **3** *Quedarse corto* Calcular algo en menos o no hacer algo del todo: *"Me quedé corta* con la comida y no alcanzó" **II** Que es tímido, que tiene poco carácter que es limitado: "No se puede hablar con él, *es muy corto* de criterio", "Es muy *corto*; no habla con nadie" **III** *Traerse a alguien corto* (*Coloq*) Vigilar a alguien constantemente y presionarlo para que se comporte de determinada manera: "En su casa *se lo traen corto* y no lo dejan llegar después de las diez" **IV** s m **1** Cortocircuito: "Hubo un *corto* y nos quedamos sin luz" **2** Cortometraje: "Los *cortos* que pasan antes de la película son aburridísimos".

cortocircuito s m Daño que sufre un circuito eléctrico cuando la intensidad de la corriente es mayor que la resistencia del conductor o cuando se conectan directamente los dos polos: "La instalación eléctrica es muy antigua, por eso ha habido varios *cortocircuitos*".

cortometraje s m Película cinematográfica de poca duración: "Ha filmado tres *cortometrajes*".

coruco s m **1** Especie de piojo muy pequeño que parasita las aves de corral, principalmente las gallinas y las palomas **2** Guajolote **3** (*Chih*) Pan de maíz.

corva s f **1** Parte posterior de la rodilla, donde se flexiona la pierna: *bonitas corvas, mirar las corvas* **2** Parte de la articulación en la que se doblan las patas posteriores de los mamíferos con pezuña.

corvo adj Que tiene forma curva, de arco o de gancho; arqueado: *nariz corva.*

cosa s f I **1** Lo que sea, lo que haya, lo que exista: plantas, animales, piedras, herramientas, pensamientos, emociones, etc: "¡Hay tantas *cosas* en el mundo!", "Te puedes ir en automóvil, en tren, en cualquier *cosa*", "Daría cualquier *cosa* por encontrarla", "¡Yo he visto cada *cosa* tan desastrosa…!", "Es blandita y se corta con esta *cosa*", "¡Le pregunta a uno cada *cosa*, que no se sabe qué responder!, "En esta *cosa* de la inspiración, apenas empiezo", "La *cosa* fue así: yo estaba sentado cuando…", "Le dijo que, con sus *cosas*, estaba propiciando que las niñas se volvieran unas libertinas", "Yo no creo en esas *cosas*", "¿Qué *cosa* ves?", "Eso es *cosa* tuya", "Ni una *cosa* ni otra", "¿Sabes una *cosa*? — ¿Qué *cosa*?", "Yo vendo mis *cositas* en el mercado", "Ya he escrito algunas *cositas*, pero no las he publicado", *cosa del otro mundo, cosa de magia, cosa de ver, cosa de oír, cosa de risa, cosa seria, cosa grave, cosa rara, cosa de nada, la cosa en sí, decir cosas bonitas, hacer cosas* **2** *Ser cosa de* Ser cuestión o asunto de: "No era *cosa de* que se pusiese a recitar los nombres de cinco mil pecadores", "*Es cosa de* la fregada la cantidad de muertos en el Zócalo" **3** *Cosa de* Aproximadamente, cerca de: "Vi venir *cosa de* cincuenta jinetes por el llano", "Es *cosa de* pocos minutos para obtener el resultado" **4** *Ser algo poca cosa* Ser de poco valor o de poca importancia: "Ese premio *es poca cosa* para Luisa" **5** *Sentirse alguien la gran cosa* Creer alguien que vale mucho, que es muy importante: "Ese Fausto *se siente la gran cosa*, y no pasa de ser un tinterillo" **6** *Y toda la cosa* Y asuntos, objetos o dichos semejantes, que completan o adornan algo: "Y mucho remilgo, y mucho escándalo *y toda la cosa*", "Llegó seguida de damas, pajes, monaguillos *y toda la cosa*" **7** *Y a otra cosa* Y a hacer o dedicarse a algo diferente: "Dos manos de pintura, *y a otra cosa*, mariposa" **8** *Cosa que* Lo que: "*Cosa que* no podía ser visible desde la perspectiva de los parnasianos", "*Cosa que* no estoy dispuesta a tolerar en mi casa", "La calidad de Aura se manifiesta en la sencillez de su estilo, *cosa* harto difícil de lograr" **9** *Cosa que* A fin de que, con el objetivo de: "Me iré temprano, *cosa que* te pueda recoger a las once" **10** *Quitarse* o *dejarse de cosas* Desentenderse, olvidarse de algo, hacerlo a un lado: "*Quítate de cosas*, de lo que se trata es de que seas feliz" **11** *Como si tal cosa* Como si algo no importara, como si no hubiera ciertas circunstancias: "Tras la pelea, regresó tan fresca, *como si tal cosa*" **12** *Como quien no quiere la cosa* Distraídamente, con disimulo, de manera imperceptible o poco notoria: "La esperanza surge, preciosa, *como quien no quiere la cosa*", "Y de pronto me dijo, *como quien no quiere la cosa*: 'Por cierto, mañana me caso'" **13** *Lo que son las cosas* Por coincidencia, pero en una suerte de fatalidad: "Mira *lo que son las cosas*: ayer mismo pensaba en lo que me estás diciendo", "*Lo que son las cosas*: años después, Carlos se vería enjuiciado por el mismo crimen del que acusó a su amigo" **14** *De esas cosas que* De tal manera que: "*De esas cosas que* te resulta inexplicable, aunque lo entiendas" **15** *Por cualquier cosa, por cualquier cosita* Por el más pequeño de los motivos: "*Por cualquier cosita* se pone a llorar" **16** *Llamar a las cosas por su nombre* Decir la verdad, hablar con franqueza y sin disimulo: "*Llamemos a las cosas por su nombre*: éste no es un líder, es un gángster" **17** *Poner las cosas en su lugar* Aclarar algo, precisar con franqueza una situación: "*Quiero poner las cosas en su lugar*: Ese dicho que me atribuye, no lo dije yo, sino él"

18 *Darle vueltas a las cosas* Pensar obsesivamente en algo, sin tomar una decisión: "No dormí en toda la noche, *dándole vueltas a las cosas*" **II** *Cosa pública* Vida política, actividad ciudadana: "El carácter del hombre como ente social, como persona humana que participa en la *cosa pública*" **III** *Cosita* (*Coloq*) Órgano sexual: "Déjame verte tu *cosita*, Mariquita", "El niño estaba intrigado con su *cosita*".

cosecante s f (*Mat*) Con respecto a un ángulo, función trigonométrica definida por la división de la hipotenusa entre el cateto opuesto de cualquier triángulo rectángulo formado sobre ese ángulo; con respecto a un arco, esta misma función considerando el ángulo que corresponde a ese arco.

cosecha s f **1** Acto de recoger los frutos o productos del campo, como los cereales, las legumbres, las frutas, etc, que antes se sembraron y cultivaron, y conjunto de esos productos: *cosecha de maíz, cosecha de jitomate* **2** Tiempo en que se realiza este acto **3** *Cosecha en pie* Aquella que todavía no se ha hecho, pero se vende por adelantado **4** *Ser algo de la cosecha de alguien* Ser una cosa fruto o resultado del ingenio y la invención de alguien: "Ese chiste *es de mi cosecha*".

cosechar v tr (Se conjuga como *amar*) **1** Recoger los productos del campo, como las frutas, las legumbres, los cereales, etc, después de haberlos cultivado **2** Obtener o ganar algo después de mucho trabajo y esfuerzo: *cosechar triunfos*.

coseno s m (*Mat*) Con respecto a un ángulo, función trigonométrica definida por la división del cateto adyacente entre la hipotenusa de cualquier triángulo rectángulo formado sobre ese ángulo; con respecto a un arco, esta misma función considerando el ángulo que corresponde a ese arco.

coser v tr (Se conjuga como *comer*) **1** Unir con hilo mediante una aguja dos telas, dos pieles, un botón a un suéter, etc **2** *Coser a puñaladas, cuchilladas, etc* Dar a alguien gran cantidad de puñaladas, etcétera.

cosificación s f Acto y resultado de cosificar algo: *la cosificación del trabajo, la cosificación de la mujer*.

cosificar v tr (Se conjuga como *amar*) Tratar o considerar un concepto, un fenómeno, un proceso, o a una persona como si fuera una cosa material inconexa y estática: "El hombre *cosifica* al hombre y eso es peor que ser un lobo".

cosmético 1 s m Cualquier sustancia que se use para cuidar y embellecer la piel o el pelo, como las cremas, el maquillaje, etc **2** adj Que se relaciona con el cuidado y embellecimiento de la piel y el pelo: *jabón cosmético, industria cosmética*.

cósmico adj **1** Que pertenece al cosmos o se relaciona con él: *fuerzas cósmicas, materia cósmica, rayos cósmicos* **2** Que se relaciona con el orto u ocaso de un astro cuando coincide con la salida del Sol.

cosmonauta s m y f Persona que viaja al espacio extraterrestre para explorarlo e investigarlo, particularmente la que lo hacía en naves de la Unión de Repúblicas Socialistas Soviéticas; astronauta.

cosmos s m sing y pl Conjunto de toda la materia y la energía que existe en el espacio y que constituye un inmenso sistema formado, fundamentalmente, por todos los cuerpos celestes y las partículas que se encuentran entre ellos: "Cada día el hombre cuenta con más recursos para la exploración del *cosmos*", "Asomarse al *cosmos*, a la ventana del vértigo".

coso s m (*Crón taur*) Plaza de toros: "Su próxima corrida será en el *coso* de Insurgentes".

costa[1] s f Zona de tierras cercanas al mar: *costa de Guerrero, de costa a costa*.

costa[2] **1** s f pl (*Der*) Gastos ocasionados por un proceso judicial, derivados directamente de él y sobre cuyo pago resuelve el juez **2** *A costa de* Dependiendo del esfuerzo de alguien, con el sacrificio de otra cosa o persona: "Vive *a costa de* su hermano", "Hizo el trabajo *a costa de* su salud" **3** *A toda costa* Sin detenerse ante obstáculos o dificultades, sea como sea: "Hay que vacunar al ganado *a toda costa*".

costado s m **1** Cada una de las dos partes de un cuerpo, perpendiculares a su frente y que unen éste con la parte trasera; lado: *los costados de una casa*, "En el *costado* izquierdo del escritorio hay un cajón oculto" **2** Cada una de las dos partes laterales del torso que van de la axila a la cadera: "Me duele el *costado* derecho" **3** *De costado* Sobre la parte derecha o izquierda del cuerpo o moviéndose en esta dirección; de lado: *dormir de costado, avanzar de costado* **4** *Al costado, a un costado* Junto, al lado: "La tienda está *a un costado* de la plaza" **5** *Por los cuatro costados* Por entero, totalmente, por completo: "Es mexicano *por los cuatro costados*".

costal[1] s m Bolsa grande y resistente hecha de ixtle, de henequén y actualmente sobre todo de plástico, que sirve para guardar y transportar semillas, legumbres y otros productos: *un costal de maíz, un costal de frijol, un costal de leña* **2** Medida de peso de esa clase de productos, cuya equivalencia en kilos varía según la región y su contenido.

costal[2] adj m y f Que pertenece a las costillas o se relaciona con ellas: *dolor costal, región costal, vértebras costales*.

costar v intr (Se conjuga como *soñar*, 2c) **1** Tener alguna cosa que se vende o se compra un precio determinado: "El kilo de tomates *cuesta* treinta pesos", "La ropa *cuesta* muy cara" **2** *Costarle algo a alguien* Pagar alguien una cierta cantidad por algo: "Me costó cinco pesos en el periódico" **3** Causar o requerir algo esfuerzo, sacrificios o trabajo para conseguirlo: "Los estudios me *cuestan* mucho".

costarricense adj y s m y f Que es natural de Costa Rica, que pertenece a este país hispanoamericano o se relaciona con él: "Los *costarricenses* presentan un estilo fundado en la homogeneidad étnica", *minería costarricense*.

costear[1] v (Se conjuga como *amar*) **1** tr Pagar los gastos relacionados con la realización de algo: "Trabajaba para *costearse* sus estudios", "Sus padres le *costearon* el viaje" **2** intr Convenir económicamente a alguien alguna cosa: "*Costea* más comprar una casa que meter el dinero al banco", "Si le dejo más baratos los libros, a mí ya no me *costea*" **3** Calcular el costo de alguna cosa, previamente a su adquisición o su realización: "La presa la *costea* en mil millones de pesos".

costear[2] v intr (Se conjuga como *amar*) Navegar bordeando la costa o sin perderla de vista: "En una lanchita de motor fuimos *costeando* desde Acapulco hasta Zihuatanejo".

costeño adj y s Que es originario de la costa o pertenece a ella: "Somos amigos y cabales / como todos los *costeños* / valientes y hombres formales".

costeo s m (*Cont*) Cálculo del costo de cierta actividad, cierto producto, etcétera.

costero adj **1** Que está en la costa o cerca de ella: *arrecifes costeros, ciudades costeras, avenida costera* **2** Que pertenece a la costa o se relaciona con ella: *guardia costera.*

costilla s f l **1** (*Anat*) Cualquiera de los veinticuatro arcos óseos, doce de cada lado, que se extienden desde una vértebra y concurren a formar las paredes del tórax, tanto en los seres humanos como en los animales: "Le picó las *costillas*", "Resultó con fractura en dos *costillas*" **2** Uno de estos huesos, con la carne adherida a él, de algunos animales comestibles: *costillas de ternera, costillas de cerdo* **3** *Sobre las costillas o a mis, tus,* etc *costillas* Sobre uno, con todo el peso o la responsabilidad encima de uno: "Todo el problema cayó *sobre sus costillas*" **4** *A costillas de (alguien o algo)* (*Coloq*) A costa de los demás, aprovechándose abusivamente de algo o de alguien, sin asumir responsabilidades: "Hace quince años que vive *a costillas de* la Institución, cobrando y sin trabajar" **5** (*Coloq*) Esposa: "Te presento a mi *costilla*" **II 1** (*Mar*) Cada uno de los maderos curvos cuyos cabos están unidos a la quilla y sirven de armazón a los costados de una embarcación **2** (*Bot*) Línea saliente en la superficie de los frutos o de las hojas **III** (*Rural*) **1** Ladera o talud del surco **2** Lado o flanco de una cosa **3** *Costilla de ratón* Cierta costura usual en talabartería **4** *Costilla de vaca* (*Atriplex canescens*) Arbusto ramoso de la familia de los quinopodáceas, de aproximadamente 1 m de altura; de hojas generalmente lineares, flores unisexuales y fruto rodeado de brácteas que tienen cuatro alas longitudinales.

costillar s m **1** Conjunto de costillas, especialmente de la res: *lomos y costillares en proporción al resto del cuerpo* **2** (*Mar*) Esqueleto de una embarcación, conjunto de las curvas, los planeros y la quilla.

costo s m **1** Valor o precio que tiene una cosa: "Los *costos* del maíz han subido mucho" **2** *Al costo* Al precio que tiene algo, sin ganancia para el vendedor: *vender zapatos al costo.*

costoso adj Que cuesta mucho, que es caro: *un regalo costoso, una investigación costosa.*

costra s f **1** Capa endurecida que se forma sobre la superficie de la piel, o de cualquier otro tejido vivo, como efecto de la cicatrización de una herida: *hacerse la costra* **2** Capa exterior de la corteza terrestre.

costumbre s f **1** Práctica usual de una persona o de un grupo que se ha fijado o establecido por su constante repetición: "Tenemos la *costumbre* de reunirnos los sábados", "Sigue con ella por pura *costumbre*", "Ya se te hizo *costumbre* decir mentiras", *buenas y malas costumbres, tener la costumbre* **2** Cada una de las prácticas sociales o culturales de un grupo que se repiten siguiendo un patrón tradicional y que son propias o características de él: "Se pidió respetar las *costumbres* indígenas", "La quema de judas es una *costumbre* que casi se ha perdido" **3** *De costumbre* Que es usual, que se repite de continuo; de siempre: "Nos vemos a la hora *de costumbre*", "Nos recibió con su buen humor *de costumbre*" **4** (*Como*) *de costumbre* Como es usual, normalmente: "*Como de costumbre* llegó tarde", "*De costumbre* visito a mis abuelos en la noche" **5** s m (*Rural*) Menstruación: "Se le cortó el *costumbre*".

costumbrismo s m Tendencia literaria caracterizada por el énfasis puesto por los autores que la siguen en describir y reflejar las costumbres de su época y del lugar en que viven; en México, muchos escritores del siglo XIX siguieron esa tendencia, como Ángel de Campo y Guillermo Prieto.

costumbrista adj y s m y f Que gusta de admirar o conservar las costumbres de alguna comunidad, en particular como corriente literaria, cinematográfica o musical: *novela costumbrista, cine costumbrista, un músico costumbrista.*

costura s f **1** Acto de coser: *costura a mano, costura a máquina* **2** Serie de puntadas que unen dos piezas que están cosidas: *las costuras del zapato, las costuras de la falda* **3** Actividad que consiste en la hechura o arreglo de prendas de vestir: "María vivió toda su vida de la *costura*" **4** Labor o prenda qué se está cosiendo: "¿Dónde dejé mi *costura*?" **5** *Alta costura* Confección de ropa de gran calidad y diseño exclusivo: "En esa tienda sólo venden modelos de *alta costura*" **6** Unión de dos piezas metálicas, que se hace enganchando los dobleces de sus bordes **7** (*Mar*) Intersticio entre las duelas que forman el costado de una embarcación.

costurera s f Mujer que tiene por oficio coser prendas de vestir: "Evangelina Corona, líder del sindicato de *costureras* mexicanas…", "En las mañanas trabaja en una escuela y en las tardes como *costurera*".

costurero s m **1** Lugar de la casa en donde se cose **2** Caja mueble donde se guardan los objetos necesarios para coser.

cotangente s f (*Mat*) Con respecto a un ángulo, función trigonométrica definida por la división del cateto adyacente entre el cateto opuesto de cualquier triángulo rectángulo formado sobre ese ángulo; con respecto a un arco, esta misma función considerando el ángulo que corresponde a ese arco.

cotidiano 1 adj Que ocurre, se hace o se emplea todos los días; que forma parte de lo que a uno le sucede o uno hace regular o comúnmente: *lenguaje cotidiano, trabajo cotidiano, tranquilidad cotidiana, problemas cotidianos, vida cotidiana* **2** s m Periódico de publicación diaria: "Colaboró en un *cotidiano* veracruzano".

cotiledón s m (*Bot*) Forma en que aparecen la primera o las dos primeras hojas de la semilla de una planta fanerógama para la que realizan la función de almacenar y absorber sustancias nutritivas: *los cotiledones del frijol.*

coto s m **1** Terreno bien delimitado y protegido con una cerca o por la ley, reservado para el uso de alguien: *un coto de caza* **2** *Poner coto* Impedir que algo o alguien siga causando daños o dificultades: "Hay que *poner coto* a los hambreadores".

cotón s m (*Rural*) Prenda de vestir que consiste en una pieza de tela, con abertura para meter la cabeza y cosida lateralmente en las axilas hacia abajo, sin mangas.

cotona s f **1** Cotón **2** Chaqueta de gamuza.

cotorrear v (Se conjuga como *amar*) (*Coloq*) **1** intr Platicar animadamente dos o más personas: "Estuvimos *cotorreando* toda la tarde", "*Cotorreamos* de política" **2** *Cotorrear el punto* Platicar acerca de algo particular **3** tr Burlarse de algo o de alguien: "Sus cuates lo *cotorrean* por chaparro" **4** tr Engañar a una persona para burlarse de ella o por hacerle una broma: "Me dijo que era muy rico pero nomás me *cotorreó*", "Nomás me *cotorreas* y verás" **5** *Cotorrearla* Pasar el tiempo divirtiéndose o sin hacer nada: "Se fue al parque a *cotorrearla*".

cotorro s **1** Ave de la familia de los psitácidos, de diversos tamaños, con pequeñas variantes de color, pero predominando el verde; de pico fuerte, grueso y muy encorvado, vive en lugares tropicales; cuando se domestica, algunos aprenden a repetir palabras o frases **2** adj y s f (*Coloq*) Mujer muy habladora **3** adj y s f (*Coloq*) Mujer solterona **4** adj (*Popular*) Divertido y entretenido: "Proyectaron escenas *cotorras*, desde caricaturas hasta vistas del mar".

coyota s f **1** (*NO*) Empanada de harina de trigo, de forma circular, de 15 a 20 cm de diámetro; de dos capas que dejan entre ellas un hueco que se rellena de panocha o piloncillo **2** Bebida alcohólica que consiste en la mezcla de diversos ingredientes; en algunas regiones elaborada a base de pulque, piloncillo y corteza de timbe; en otros es una combinación de cerveza, mezcal y vino dulce; y en otros es una mezcla de diversas bebidas alcohólicas, chile, tejocote y guayaba.

coyote s **1** (*Canis latrans*) Mamífero carnívoro de la familia de los cánidos, del tamaño de un perro pastor; tiene las orejas erectas y puntiagudas, el hocico agudo, los ojos pequeños colocados muy juntos y la cola peluda que lleva ordinariamente hacia abajo. Su piel es gris castaño o café en el lomo y amarillenta o blancuzca en las partes inferiores. Se le encuentra en casi todo el país, sobre todo en los valles y planicies semiáridos. La base principal de su dieta la constituyen pequeños mamíferos (conejos, ratas, tuzas y carroña); en menor grado también come frutos, granos y otros alimentos vegetales. Caza de noche, persiguiendo y devorando toda clase de presas, y lanza un aullido característico **2** (*Coloq*) Persona que hace de intermediario, sacando provecho de ello abusivamente, para arreglar asuntos, a veces ilegales, en oficinas de gobierno o de cuestiones administrativas, en cambios de moneda, operaciones de bolsa, etc: "Le pagó a un *coyote* para que le consiguiera la cartilla" **3** Juego infantil en el que un grupo de niños cogidos de la mano forman un círculo que gira rápidamente. Dentro de la rueda está uno que represente la gallina y afuera otro que hace de coyote. El coyote trata de penetrar en el círculo para apoderarse del ave que apetece. Cada vez que lo intenta es rechazado con violencia por medio de patadas; si logra introducirse, los que no pudieron impedírselo son convertidos en gallina y coyote respectivamente. En otra versión el coyote le coge el pie a uno de los niños y este niño es el nuevo coyote; coyote pateado **4** Juego de mesa, semejante al de las damas, que se lleva a cabo en un tablero cuadrado, con cinco rayas verticales y seis transversales; sobre las líneas se mueven doce fichas o frijoles, que representan gallinas, y un haba, que representa al coyote, que las persigue y trata de comérselas, a menos que las gallinas lo encierren **5** (*Popular*) El hijo menor o benjamín; xocoyote.

coyuntura s f **1** Articulación movible de dos o más huesos: *las coyunturas de los dedos* **2** Situación que se presenta casualmente al ocurrir determinados hechos inesperados o ciertas circunstancias: *la coyun-*

tura política, una coyuntura conveniente, "Aprovechó la *coyuntura* para explicar sus propósitos".

coz s f Golpe con las patas de un caballo, un burro, etc, especialmente de las traseras; patada.

crácido (*Zool*) s m **1** Ave del orden de los galliformes, de tamaño mediano a grande, patas largas y fuertes, cola larga y cabeza pequeña, como la chachalaca. Vive principalmente en zonas boscosas de clima tropical y anida por lo general en los árboles **2** pl Familia que forman estas aves.

cráneo s m Caja formada por huesos —ocho en el ser humano— en la que está contenido el encéfalo de los animales vertebrados, que constituye la parte superior y posterior de la cabeza: *base del cráneo, operación del cráneo.*

cráter s m **1** Abertura hueca y profunda de los volcanes por la que arrojan lava, gases y otras materias cuando están en actividad: "Las fumarolas que se observan en el *cráter* del Popocatépetl", *el cráter del Chichonal* **2** Cavidad o hueco producido por el impacto de un meteorito en la superficie de un cuerpo celeste: *los cráteres de la Luna.*

crayola s f Trozo cilíndrico de pintura, elaborada con parafina, para dibujar o pintar: "A los niños del kínder les regalaron *crayolas* de todos colores".

crayón s m Especie de lápiz, por lo general de consistencia suave, para iluminar un dibujo.

creación s f **1** Acto de crear: *la creación de una novela* **2** *La creación* El universo o el conjunto de lo que existe: *la controversia sobre la creación.*

creador adj y s **1** Que crea, hace o inventa algo: *un músico creador, un creador literario* **2** Que interviene en la creación de algo o se relaciona con ella: *impulso creador, acto creador* **3** *El Creador* Para el cristianismo y otras religiones, Dios.

crear v tr (Se conjuga como *amar*) **1** Hacer que algo empiece a existir o producir algo como una obra de arte, una teoría, etc: *crear el universo, crear un poema* **2** Organizar o fundar alguna asociación o institución: *crear una universidad* **3** Causar, ocasionar o provocar algo: *crear hábito, crear necesidades, crear dificultades.*

creatividad s f Capacidad o habilidad para crear: "Se debe estimular la *creatividad* de los niños", "Los artesanos mexicanos tienen una enorme *creatividad*".

creativo adj **1** Que tiene habilidad e imaginación para crear o inventar cosas: "José María es muy *creativo* en su trabajo", *una maestra creativa* **2** Que se relaciona con la creatividad; que requiere creatividad para hacerse: *talento creativo, trabajo creativo, disciplinas creativas.*

crecer v intr (Se conjuga como *agradecer*, 1a) **1** Desarrollarse un ser viviente hasta alcanzar la madurez: *crecer una persona, crecer un árbol* **2** Aumentar la estatura de una persona o el tamaño, la importancia, el número o la intensidad de algo: "¡Cómo ha *crecido* este niño!", *crecer la corriente de un río, crecer el huracán, crecer el desempleo* **3** prnl Aumentar el ánimo, la confianza o el valor de uno mismo, generalmente por un motivo que lo rete: "Se *creció* el torero", *crecerse al castigo.*

crecida s f Corriente de un río que, por lluvias, deshielo, etc, aumenta considerablemente su volumen: "¡Cuidado, se acerca la *crecida*!".

creciente adj m y f y s f **1** Que aumenta de tamaño, de cantidad, de intensidad, etc: *la creciente impor-*

tación de granos, *inflación creciente, las crecientes de los ríos* **2** *Cuarto creciente* En las fases de la Luna, la que corresponde al paso de la Luna nueva a la Luna llena.

crecimiento s m **1** Desarrollo de un ser vivo hasta alcanzar su madurez **2** Aumento de tamaño, de cantidad, de importancia, de intensidad, etc de algo: *crecimiento de la población, crecimiento vegetal*.

credencial s f Documento que identifica y acredita a una persona como miembro de un grupo, una institución, un partido, etc, o que le da derecho a recibir ciertos beneficios: *credencial de estudiante, credencial de elector*.

crédito s m **I 1** Aceptación de algo como verdadero o cierto: "Una afirmación digna de *crédito*" **2** *Dar crédito a algo* Creer en algo **3** Confianza, buena opinión o fama que merece alguien: "Una persona que goza de mucho *crédito*" **II 1** Situación económica o buena fama que fundamenta la posibilidad de alguien para obtener algo, particularmente dinero o mercancías, bajo ciertas condiciones y sin pagar de inmediato: *sujeto de crédito* **2** Posibilidad de obtener algo, particularmente dinero o mercancías, bajo ciertas condiciones y sin pagar de inmediato; deuda que alguien tiene por haber obtenido algo en esa forma: *viajes a crédito, crédito sin intereses, crédito a un año, cobrar un crédito* **3** *Abrir un crédito a alguien* Autorizar a alguien a obtener algo en un banco, una tienda, etc, bajo ciertas condiciones y sin pagar de inmediato **4** *A crédito* Sin pagar inmediatamente y bajo ciertas condiciones **III 1** Reconocimiento que se da a alguien por contribuir en el logro de algo, como una película, un libro, etc **IV** Valor que se asigna a una materia escolar respecto de un total de puntos correspondientes a una carrera o un ciclo académico.

credo s m **1** Conjunto de principios y creencias en que se funda una doctrina, opinión, conducta, etc: *credo religioso, credo político* **2** Oración de los cristianos en que se exponen los principios y creencias de su fe, y que comienza: "Creo en Dios Padre Todopoderoso…", *rezar el credo*.

creencia s f Idea de que algo es verdadero, posible o probable: *tener creencias, creencia religiosa, de firmes creencias, libertad de creencias*.

creer v (Se conjuga como *comer*) **1** tr Tener por verdadero, posible o probable algo que no está comprobado o de lo que no se tiene certeza: "El doctor *creyó* que eran amibas", "*Creo* que va a llover", "*Creímos* oír un ruido", "*Creen* que el diablo existe", "¿Tienes alguna razón para no *creerme*?" —"Tiene doce años y no sabe leer, ¿tú *crees*?", "¡No lo puedo creer: tú aquí!" **2** intr Tener fe o confianza en algo, de cuya verdad o certeza no hay ninguna comprobación: *creer en la Biblia, creer en la democracia, creer en la buena fe de las personas* **3** *No creerse* No dejarse engañar, no equivocarse: "No se crea, señora, los sueños son sólo sueños", "No se crea, soy de la mera capital" **4** *Creerse (algo) alguien* Sentir o considerar alguien que tiene ciertas características o virtudes, o que las tiene en mayor grado que los demás, sin que sea cierto: "*Se cree* un gran bailarín y apenas mueve los pies", "Y tú que te *creías* el rey de todo el mundo", "¡Quién te crees que eres para pretender dar órdenes?", *creerse mucho, creerse la gran cosa*.

crema s f **I 1** Parte grasosa y espesa de la leche, con la que se hace la mantequilla y se usa en la preparación de algunos platillos y dulces: *crema agria, crema pastelera, dulce de crema* **2** Sustancia líquida o sólida, espesa y grasosa que sirve para suavizar o limpiar la piel, o para el tratamiento de pieles curtidas: *crema para las manos, crema de zapatos* **3** Licor suave, dulce y ligeramente espeso que se obtiene de algunas bebidas: *crema de cacao, crema de durazno* **4** *La crema (y nata) de algo*, Parte de un conjunto que se considera lo mejor o más selecto de él, principalmente el conjunto de personas consideradas como lo más distinguido de un grupo social: "A la reunión acudió *la crema y nata de la sociedad*", *la crema de los intelectuales* **5** *Echarle alguien mucha crema a sus tacos* (*Popular*) Exagerar al hablar, o al hacer cualquier cosa; presumir; vanagloriarse **II** adj m y f y s m Que es de color amarillo claro como el queso, la nata, el marfil, etc: *una blusa crema, unos zapatos cremas*.

cremallera s f **1** Dispositivo mecánico caracterizado por tener en uno de sus lados, o en los dos, una hilera de dientes que engranan con una rueda dentada o un piñón, para transmitir un movimiento a éstos: *un tranvía de cremallera, la cremallera de la transmisión* **2** Cierre.

crepúsculo s m **1** Claridad que precede a la noche, cuando el Sol se pone: "Ahora que atardecía en Chalma, ahora que el *crepúsculo* ondeaba en la cúspide de las torres" **2** Periodo.

cresta s f **1** Carnosidad de color rojo que tienen en la cabeza los gallos y otras aves **2** *Picarle la cresta a alguien* (*Coloq*) Provocarlo **3** Conjunto de peñascos agudos en la cumbre de una montaña: *la cresta de la sierra* **4** Parte más alta de una ola, coronada de espuma cuando sopla el viento **5** *Cresta de gallo* (*Celosia argentea*) Planta herbácea de la familia de las amarantáceas, de hojas alternas, ovadas, agudas, de 5 a 8 cm sus flores son muy pequeñas, de colores variados, con cinco estambres; los filamentos unidos en la base; sus semillas son negras, brillantes y lenticulares. Es originaria de la India y se cultiva en los lugares cálidos de México, como ornamental **6** (*Popular*) *Romperle la cresta a alguien* Herirle la cabeza **7** (*Caló*) Sombrero.

creyente s y adj m y f Persona que cree, que tiene fe en algo, principalmente en una doctrina religiosa: *un creyente católico*, "Mi madre es *creyente* pero nunca va a la iglesia", "Si Hitler era *creyente* o supersticioso, ¿por qué no habían de serlo sus enemigos?".

cría s f **1** Acto de criar a un niño pequeño, a un animal o alguna planta, y época durante la cual se efectúa: *la cría de los hijos, cría de cerdos, cría de árboles frutales* **2** Niño o animal a los que se está criando: "Tengo una *cría* en casa", "La gata tuvo cuatro *crías*" **3** Conjunto de los animales nacidos en un solo parto: "Vendieron toda la *cría* de la coneja", "Las golondrinas acaban de tener *cría*".

criadero s m **1** Lugar acondicionado para la cría de animales o plantas, ya sea para su estudio o para su aprovechamiento: *un criadero de peces* **2** Lugar que permite el desarrollo y reproducción de ciertas plantas o animales: "Los basureros son *criaderos de ratas*".

criado s Persona que trabaja al servicio de otra, principalmente en las tareas domésticas; sirviente: "Son tan ricos que en su casa hay mayordomo y varias *criadas*", *los cuartos de los criados*.

crianza s f **1** Atención, cuidado y manutención que se da a las personas, los animales o las plantas durante su desarrollo y crecimiento: "Confían la *crianza* de sus hijos a las escuelas comunales", *métodos de crianza* **2** Alimentación que recibe un niño pequeño, en particular la de leche, que recibe de su madre: *la crianza de los niños, periodo de crianza* **3** Educación que recibe una persona en su infancia y adolescencia por parte de sus padres o sus tutores: *tener buena crianza.*

criar v tr (Se conjuga como *amar*) **1** Alimentar las hembras a sus hijos, principalmente durante la época en que lo hacen con su leche: "La perra *cría* a sus dos cachorritos" **2** Alimentar, cuidar y preparar animales para mejorar su raza, la calidad de su carne y otras partes suyas que se aprovechan, etc: *criar truchas, criar conejos, criar cerdos* **3** Educar, cuidar y guiar a una persona durante su infancia y adolescencia: "Mis padres *criaron* cinco hijos" **4** prnl Crecer y desarrollarse un ser vivo de cierta manera, en cierto ambiente, bajo ciertas condiciones, etc: *criarse en un rancho, criarse entre eruditos, criarse fuerte y sano* **5** Producir o permitir algo el desarrollo de alguna cosa dentro de sí: "La materia descompuesta *cría* gusanos", "El mal trato *crió* el rencor de aquel criminal".

criatura s f **1** Ser creado por la divinidad, la naturaleza o la mente humana: "Los cuadros del Bosco están llenos de *criaturas* fantásticas", *las criaturas del Señor* **2** Niño, en especial el recién nacido o de poca edad: "¡Qué *criatura* más insoportable!".

criba s f Utensilio con que se limpia de impurezas la semilla, los minerales, etc, hecho a base de un cuero o una tela agujereados, de acuerdo con el tamaño de los objetos que se desea dejar pasar.

cribar v tr (Se conjuga como *amar*) **1** Hacer pasar trigo o alguna otra semilla por una criba para limpiarlos de ramas, hojas, etc **2** Hacer pasar algún material por una malla fina, para limpiarlo de impurezas o para seleccionar su tamaño.

crimen s m **1** Delito grave, principalmente el asesinato de una persona: *cometer un crimen, purgar un crimen*, "Estuvo en la cárcel por varios *crímenes*" **2** Falta muy grave o acto indebido en contra de algo o de alguien: "Es un *crimen* contaminar así el ambiente".

criminal 1 adj m y f Que está relacionado con el crimen, que constituye un delito grave o un acto dañino en contra de algo o alguien: *comportamiento criminal, un hecho criminal* **2** adj y s m y f Que ha cometido o comete un crimen: "Los *criminales* huyeron cuando llegó la policía".

crin s f Conjunto de cerdas o pelos, más o menos largos, que en el borde superior del cuello, tienen el caballo, el burro y la cebra: *jalar la crin, peinar la crin, recortar las crines.*

crinolina s f **1** Prenda de vestir femenina que se usa bajo la falda para esponjar o ahuecar la caída del vestido; se hace de tela rígida; a veces tiene un círculo de acero flexible en su borde más bajo **2** (*Charr*) Lazada abierta en forma circular que el charro realiza con la reata y que recuerda a la prenda de vestir.

criollo adj y s **1** Que es hijo de padres europeos, nacido en otra parte del mundo; en América, que es hijo de padres españoles, franceses, etc nacido en este continente: *una generación criolla, un negro criollo* **2** s Persona perteneciente al grupo social de los hijos de españoles nacidos en América: "Los *criollos* deseaban la independencia" **3** Que se ha aclimatado en una región hasta convertirse en originario o nativo de ella: *música criolla, baile criollo* **4** (*Agr*) Que es producto de la aclimatación de distintas variedades o razas en un lugar determinado: *mango criollo, ganado criollo.*

cripta s f **1** Lugar subterráneo donde se entierra a los muertos: *cripta familiar, profanar una cripta* **2** Sótano de una iglesia en que se practica el culto: "El rosario se rezará en la *cripta*".

criptógama (*Bot*) **1** s f y adj Planta que no da flores ni frutos, como las algas y los musgos **2** s f pl Grupo formado por estas plantas.

crisálida s f **1** Ninfa del insecto en la fase de su metamorfosis, durante la cual se suspende la alimentación y la reestructuración, para transformar la larva en adulto **2** Capullo o envoltorio de esa ninfa.

crisantemo s m **1** (*Chrisantemum indicum* y *Chrisantemum coronarium*) Planta de la familia de las compuestas, de hojas pinado partidas, de flores grandes amarillas, bancas o de otros colores, en cabezuelas, de pétalos alargados, muy numerosos, apiñados en forma semejante a una borla; se cultiva como ornamental; crisantema **2** Flor de esta planta.

crisis s f sing y pl **1** Momento de cambio fuerte o de rompimiento de una situación o de un proceso: *hacer crisis, la crisis de una enfermedad, estar en crisis* **2** Situación grave, mala o peligrosa: *crisis política, crisis nerviosa, un negocio en crisis.*

crispar v tr (Se conjuga como *amar*) **1** Contraer o encoger de manera repentina los músculos o cualquier parte del cuerpo o mantenerlos tensos, a causa de una emoción fuerte: *crispar las manos*, "Lo observó con el rostro *crispado* de coraje" **2** *Crispar algo los nervios a alguien* Ponerlo tenso, en un estado de fuerte excitación nerviosa; desesperarlo, "*Me crispa los nervios* su actitud pasiva", "El tránsito *le crispa los nervios* y llega aullando de coraje".

cristal s m **1** Material sólido, frágil, transparente, con que se cubre el hueco de una ventana para impedir el paso del viento o del polvo y dejar pasar la luz; vidrio **2** Vidrio fino, brillante, más rígido y transparente que el común: *una vajilla de cristal, una copa de cristal, un florero de cristal cortado, los cristales de unos anteojos* **3** Forma que adquiere la materia cuando se solidifica, en que sus átomos o moléculas se ordenan regularmente y adoptan formas geométricas; tiene superficies planas y varias propiedades, de las cuales las ópticas, las eléctricas y las magnéticas son muy importantes: *cristal de roca, cristal de sal, cristal de aspirina.*

cristalina adj **1** Que es de cristal o está compuesto por cristales: *una roca cristalina* **2** Que parece cristal o es tan claro y transparente como el cristal: *agua cristalina, una verdad cristalina* **3** s m Parte del ojo que funciona como una lente que deja pasar la luz a la retina; se encuentra suspendida atrás de la pupila.

cristalizar v intr (Se conjuga como *amar*) **1** Solidificarse la materia en forma de cristal: *cristalizar las sales, cristalizar azúcar, cristalizarse el agua* **2** Tomar algo una forma o un carácter determinado y definitivo: *cristalizar un proyecto, cristalizar una obra de arte.*

cristero adj y s **1** Movimiento político-religioso que desató en México el partido clerical conservador entre 1926 y 1929, por el que campesinos y pobladores de los estados de Jalisco, Colima y Michoacán, así como de la ciudad de México, al grito de "¡Viva Cristo Rey!" se levantaron en armas en contra de la prohibición gubernamental a las manifestaciones públicas del culto católico, y de las restricciones —basadas en la Constitución— que pretendía imponer el gobierno a la Iglesia católica. **2** Que pertenece a ese movimiento o se relaciona con él: *la guerra de los cristeros, una familia cristera.*

cristianismo s m Religión fundada en las enseñanzas y en la vida de Jesucristo.

cristiano adj y s **1** Que profesa la religión fundada en las enseñanzas y en la vida de Jesucristo **2** Que pertenece o se relaciona con esa religión **3** s Persona: "Me encontré con algunos *cristianos* por el camino" **4** *Hablar en cristiano* Hablar en la lengua materna de uno o de manera clara y sencilla.

criterio s m **1** Capacidad de comprensión y juicio de una persona para juzgar o elegir algo: *tener criterio, actuar con criterio, de buen criterio* **2** Norma o juicio que se aplica a algo o manera de clasificarlo: *criterios de trabajo, un criterio nacionalista.*

crítica s f **1** Capacidad de examinar, valorar y juzgar alguna obra o la actuación de alguien **2** Opinión o juicio, favorable o negativo, que se da acerca de algo después de haberlo examinado: *hacer una crítica* **3** Conjunto de los que critican algo: *la crítica política, la crítica de toros* **4** Conjunto de las opiniones que se han dado acerca de algo: "La novela ha tenido excelente *crítica*" **5** Ataque o reprobación que se hace de alguien o de algo: "Los periódicos están llenos de *críticas* contra el futbolista".

criticar v tr (Se conjuga como *amar*) **1** Examinar algo, valorarlo y expresar una opinión sobre ello: *criticar un libro, criticar los actos del gobierno* **2** Opinar negativamente de algo o alguien: "Anda *criticando* todo pero no hace nada para mejorarlo".

crítico[1] adj Que pertenece a la crítica o se relaciona con ella: *pensamiento crítico, bibliografía crítica* **2** s Persona que se dedica a la crítica: *un crítico de cine, una crítica de modas.*

crítico[2] adj Que tiene consecuencias impredecibles e importantes: "Atravesamos por un momento *crítico*", *una edad crítica.*

croar v intr (Se conjuga como *amar*) Emitir la rana su voz característica: "Terminó la lluvia y las ranas *croaron* toda la noche".

cromático adj **1** Que pertenece al color o se relaciona con él: *gama cromática* **2** (Mús) Que se relaciona con la división de la escala musical en doce semitonos: *escala cromática.*

cromatina s f Sustancia formada por ácidos orgánicos y proteínas básicas, de la que están hechos los cromosomas de todas las células que tienen núcleo; se caracteriza por teñirse fácilmente con ciertos colorantes.

cromo s m **1** Metal blanco azuloso que adquiere un brillo intenso al pulirse; es muy resistente al calor y a agentes corrosivos, por lo que se usa como revestimiento para proteger otros metales. De algunos de sus compuestos se obtienen pigmentos que se emplean en la fabricación de pinturas y para colorear ciertos materiales **2** Ilustración colorida impresa en papel; estampa: "En las paredes del comedor había calendarios y *cromos* de santos" **3** *Ser algo o alguien un cromo* Ser muy bello a la vista: "El toro de Xajay era un verdadero *cromo*".

cromosoma s m Cada una de las partículas portadoras de los rasgos hereditarios de una especie vegetal o animal, que se encuentra en el núcleo de la célula y está constituida por cromatina; su número es constante en una especie determinada; en el ser humano, por ejemplo, son cuarenta y seis.

crónica s f **1** Relato histórico detallado de hechos o acontecimientos ordenados según han ido ocurriendo en el tiempo: *crónica de la conquista de México* **2** Artículo periodístico en que se informa, se comenta o se dan opiniones sobre algún tema: *crónica social, crónica deportiva.*

crónico adj Tratándose de enfermedades o males, que se prolongan, se vuelven habituales o duran mucho tiempo: *lesiones crónicas, un vicio crónico, bronquitis crónica.*

cronista s m y f **1** Persona que narra en forma escrita hechos que ha presenciado, en el orden en que han ido sucediendo: *cronistas de la Conquista, cronista de la ciudad* **2** Persona que informa, comenta u opina acerca de un acontecimiento social o deportivo, en forma oral o escrita: *cronistas taurinos, cronista deportivo.*

cronología s f **1** Disciplina que se encarga de registrar o determinar las fechas, momentos o frecuencias de ciertos acontecimientos o fenómenos, ordenándolos en la serie en que ocurren; es utilizada por diversas ciencias como la historia, la astronomía, etc: *hacer una cronología, llevar una cronología* **2** Manera de ordenar y registrar el tiempo: *cronología maya, cronología cristiana* **3** Secuencia de las fechas o momentos en que ocurren determinados hechos o fenómenos y tabla o lista en que se registran: "El libro incluye una *cronología* de los hechos más importantes de este siglo".

cronológico adj Que se relaciona con la cronología o pertenece a ella: *orden cronológico, relación cronológica, presentación cronológica.*

cronómetro s m **1** Instrumento similar a un reloj, que sirve para medir con extrema precisión la duración de acciones o fenómenos, registrando hasta fracciones muy pequeñas de segundo. Cuenta con un dispositivo para ponerlo a funcionar o detenerlo en el momento preciso y otro para regresar automáticamente las manecillas o dígitos a su punto de partida: "Cruzó la meta y paró el *cronómetro* en nueve segundos con ochenta y dos centésimos" **2** Reloj sumamente exacto que se emplea para cálculos muy precisos en navegación, astronomía, etc: *cronómetro sideral.*

cruce s m **1** Acto de cruzar dos cosas entre sí: *un cruce de piernas, el cruce de dos rectas* **2** Acto de pasar de un lado a otro de una superficie o de un obstáculo, y lugar en donde eso suele ocurrir o donde ocurre: *el cruce de la avenida, el cruce de la cordillera, un cruce de caminos, cruce de peatones.*

crucero s m I **1** Lugar en donde se cruzan calles, dos avenidas o dos carreteras: "Prohibido detenerse en el *crucero*", *un crucero peligroso* **2** En una iglesia, lugar y parte de su construcción en donde se cruzan la nave mayor y la transversal: *el crucero de la catedral* II **1** Viaje por mar, de recreo, en el que se visitan varios puertos de una región: *un cru-cero por el Caribe, hacer un crucero, tomar un crucero* **2** Buque de guerra artillado según diversas necesidades, de mayor velocidad que otros y sin blindaje o con sólo una cintura acorazada a lo lar-go de la línea de flotación, cuya tarea principal es escoltar buques mercantes o a otros barcos de gue-rra para protegerlos durante su travesía.

crucificar v tr (Se conjuga como *amar*) **1** Clavar en una cruz a alguien como suplicio: "Y así *crucifica-ron* a Jesús" **2** Enjuiciar a alguien de manera que no tiene perdón o salvación: "Lo que pedían sus anti-guos correligionarios era *crucificar* al general".

crucifijo s m Cruz, generalmente de madera y con la efigie de Jesús clavada en ella: *colgar un cruci-fijo de la pared, besar el crucifijo*.

cruda s f (*Coloq*) Estado de malestar general que ocurre a las pocas horas de haber bebido alcohol o de haber fumado en exceso: "Al día siguiente de la fiesta tuvimos una *cruda* espantosa", *traer una te-rrible cruda, curarse la cruda*.

crudo adj **1** Que no ha sido preparado por ningún medio para ser comido; que no está cocido: *carne cruda, verdura cruda* **2** Que no está maduro toda-vía: *un mango crudo, un aguacate crudo* **3** Que se encuentra en estado natural o casi natural, poco cam-biado por tratamientos o procesos técnicos: *petróleo crudo, aceite crudo, lana cruda* **4** *Color crudo* Co-lor blanquecino, como el de las fibras de lana o de seda cuando no han sufrido el proceso textil de la-vado y teñido **5** Que se presenta con toda su fuer-za, en forma directa y realista, sin nada que dismi-nuya o disimule sus efectos: "Es una película muy *cruda* que trata de la tortura en las cárceles antiguas", "Fue un invierno tan *crudo* que varios animales del pueblo murieron de frío" **6** *Estar, andar*, etc *crudo* Estar padeciendo malestar general por haber bebi-do alcohol o haber fumado en exceso: "Ando medio *crudo*; yo creo que me voy a tomar una cervecita".

cruel adj m y f **1** Que hace sufrir a las personas o a los animales, que no siente compasión por ellos cuando sufren: *un hombre cruel, un carcelero cruel* **2** Que causa mucho dolor o sufrimiento: *una en-fermedad cruel, un destino cruel* **3** Que expresa fal-ta de compasión o inhumanidad: *una sonrisa cruel, un gesto cruel*.

crueldad s f **1** Carácter o actitud de quien produce sufrimiento en los demás o no siente compasión por ellos cuando sufren: *la crueldad del asesino, la crueldad del usurero* **2** Carácter de lo que causa mucho dolor o sufrimiento: *la crueldad de una epi-demia, la crueldad de la guerra*.

crustáceo s m (*Zool*) **1** Animal artrópodo de distin-tas especies, que se caracteriza por estar cubierto por un tejido duro y articulado que constituye el es-queleto externo; su cuerpo está generalmente divi-dido en cefalotórax y abdomen; tiene un par de an-tenas, varios pares de patas y, en ocasiones, dos pinzas que le sirven para comer y defenderse. Por lo común es acuático, como el camarón, la langos-ta, la jaiba, el acocil, etc; también puede ser terres-tre **2** pl Clase que forman estos animales.

cruz s f l **1** Figura formada por dos líneas rectas que se cortan perpendicularmente, como los signos de la suma o la multiplicación (+,×): *marcar con una cruz* **2** Instrumento de tortura y de muerte forma-

do por dos maderos unidos perpendicularmente y uno de ellos fijo al suelo, como en el que murió Je-sucristo: *cargar la cruz, llevar su cruz* **3** Símbolo del cristianismo **4** Objeto de esas características que usan como distintivo o decoración muchas órdenes religiosas, militares y civiles: *cruz de la Legión de Honor, cruz de acero, cruz de Malta, cruz de San-tiago* **5** *Cruz latina* La que tiene el travesaño más corto que el larguero **6** *Cruz griega* La que tiene el travesaño y el larguero del mismo tamaño **7** *Cruz de Lorena* La que tiene dos travesaños, uno más corto que otro **8** *Cruz gamada* La que tiene una lí-nea perpendicular en cada uno de sus cuatro ex-tremos; cuando su dirección es hacia la izquierda, es un símbolo budista; cuando lo es hacia la dere-cha, es el símbolo del nazismo; suástica **9** Reverso de muchas monedas en que los escudos de armas aparecían en cruz **10** *Hacerle* o *ponerle las cruces a alguien* (*Coloq*) Manifestar el deseo de no encon-trarse nunca con cierta persona: "Cada vez que ve-nían sus sobrinos, la señora *les hacía las cruces*" **11** *Hacerse cruces* Preguntarse uno algo con extra-ñeza: "*Me hice cruces* toda la noche, pensando si lo que vi era un fantasma, o mi pura imaginación" **II** Pena o dolor que se sufre de manera intensa y prolongada: "Esa enfermedad es su *cruz*" **III** En al-gunos animales cuadrúpedos como el caballo, la parte más alta del lomo, donde se cruzan los hue-sos de las extremidades anteriores y el espinazo: *alto de cruz, bajo de cruz*.

cruza s f **1** Unión de animales o plantas de distintas variedades o razas para que se fecunden, y resulta-do de esa unión **2** Paso del arado en forma per-pendicular al surco hecho anteriormente.

cruzada¹ s f **1** Cada una de las expediciones milita-res de los cristianos durante la Edad Media, con las que buscaban liberar a Palestina de los musulmanes **2** Campaña intensa con la que se busca solucionar o aliviar algo: *cruzada antialcohólica, cruzada contra la poliomielitis*.

cruzada² s f Manera de brindar dos personas con pulque o tequila, principalmente, que consiste en entrelazar los brazos con que sostienen la copa y beber los dos al mismo tiempo.

cruzado¹ I pp de *cruzar* II adj **1** Que forma una cruz o una diagonal: *brazos cruzados, un tiro cruzado* **2** Que se forma entre dos extremos diagonalmente opuestos: *un brindis cruzado, fuego cruzado* **3** En relación con una prenda de vestir, que uno de sus lados puede sobreponerse al otro: *un saco cruza-do* **4** Que es hijo de dos razas o castas animales dis-tintas: *ganado cruzado* **5** Que se efectúa con otro método, por otras personas, o a partir de otras va-riables para comprobar sus resultados: *una prenda cruzada, una encuesta cruzada* **6** *Quedarse con los brazos cruzados* No hacer nada, dejar de intervenir en alguna cosa que es de la competencia o la res-ponsabilidad de uno: "Los golpeaba la policía, y los espectadores *se quedaron con los brazos cruzados*.

cruzado² s m **1** Guerrero que participó en las cru-zadas **2** Persona que participa apasionada o fanáti-camente en algún movimiento religioso, social o in-telectual: *los cruzados por la paz, los cruzados en contra del aborto*.

cruzar v tr (Se conjuga como *amar*) **I 1** Poner una cosa sobre otra en forma de cruz o entrelazar dos cosas: *cruzar dos vigas, cruzar los brazos, cruzar una pierna sobre la otra* **2** Dibujar una cruz encima de algo, para marcarlo: *cruzar la boleta electoral, cruzar un cheque, cruzar la respuesta correcta* **3** Encontrarse en un punto dos o más trayectorias: *cruzarse los caminos, cruzarse dos líneas rectas, cruzar el fuego de los fusiles* **4** Juntar animales o plantas para que se reproduzcan, especialmente los que son de distintas razas o variedades: *cruzar un toro con una vaca, cruzarse los perros* **5** (*Coloq*) Robar alguna mercancía fingiendo que se compra otra **6** Beber y administrarse dos sustancias contrarias o incompatibles entre sí: "*Cruzó* alcohol con mariguana y se puso muy enfermo", "Ten cuidado que no se te *crucen* las medicinas" **7** *Cruzar apuestas* Hacer y recibir apuestas a nombre de diferentes personas **II 1** Pasar transversalmente de un lado a otro de una superficie: *cruzar el jardín, cruzar un valle, cruzar el campo de futbol* **2** Pasar de un lado a otro de un obstáculo o de cualquier cosa que pueda impedir el paso: *cruzar el río, cruzar la frontera, cruzar los Alpes, cruzar entre la multitud, cruzar la puerta* **3** Manifestarse fugazmente en alguien algún pensamiento o algún recuerdo, mientras está pensando o haciendo otra cosa: *cruzar por la mente, cruzarse una idea*.

cuaco s m (*Rural*) Caballo: "Vigilaban con todo detenimiento que los *cuacos* quedaran debidamente ensillados".

cuaderno s m **1** Conjunto de hojas de papel unidas por uno de sus lados con hilo, grapas, etc y con dos cubiertas generalmente de cartón, que sirve para escribir o dibujar en él **2** (*Impr*) Conjunto de cuatro pliegos metidos uno dentro del otro **3** Cuaderno de bitácora (*Mar*) Libro en el que se apuntan diariamente los rumbos tomados, la velocidad, las maniobras y todos los incidentes de la navegación.

cuadra s f **I 1** Cada una de las calles que forman los lados de una manzana: *recorrer una cuadra, tres cuadras más adelante, a tres cuadras de aquí* **2** Conjunto de los vecinos que habitan en esa calle: "Invitamos a toda la *cuadra*" **II 1** Lugar cerrado donde se guardan los caballos; caballeriza **2** Conjunto de caballos, generalmente de carreras, que pertenecen a un mismo dueño, que se dedica a la cría de estos animales **III 1** (*Mar*) Anchura del barco en la cuarta parte de su longitud **2** *Navegar a la cuadra* (*Mar*) Navegar a un largo de ocho cuartos o en una dirección perpendicular a la del viento.

cuadrado 1 s m (*Geom*) Figura geométrica de cuatro lados iguales que forman entre ellos cuatro ángulos rectos **2** adj Que tiene esa forma o se le parece: *mesa cuadrada* **3** s m (*Mat*) Número que resulta al multiplicar un número por sí mismo **4** *Elevar al cuadrado* (*Mat*) Multiplicar un número por sí mismo **5** *Centímetro cuadrado* (cm²), *metro cuadrado* (m²), *kilómetro cuadrado* (km²), etc Medidas de superficie que consisten en un cuadrado de un centímetro, un metro, un kilómetro, etc, por lado **6** (*Coloq*) adj Que es fornido o de espalda y hombros anchos y fuertes: "Llegaron sus amigos, todos muy *cuadradotes* y de traje" **7** (*Coloq*) Que es poco flexible para comprender alguna idea o alguna actitud: "El maestro es tan *cuadrado*, que no acepta que las mujeres usen pantalones".

cuadrante s m **1** (*Mat*) Cuarta parte de un círculo comprendido entre dos radios perpendiculares y el arco de 90° que delimitan **2** Cada una de las cuatro partes que se forma en un plano dividido por un par de ejes perpendiculares entre ellos **3** Tablero de un aparato de radio en el que están marcadas las distintas frecuencias de emisión radiofónica para sintonizar las estaciones correspondientes **4** Tablero que se pone en las parroquias para anunciar las misas y otras ceremonias que se habrán de realizar **5** Notaría del curato donde se lleva el registro de los bautismos, las bodas y las defunciones de los fieles de la parroquia.

cuadrar v (Se conjuga como *amar*) **I tr 1** Dar a algo la figura de un cuadrado o hacer que sus lados sean perpendiculares entre sí y formen ángulos rectos: *cuadrar una armazón, cuadrar una mesa* **2** Ajustar las cantidades de algún cálculo, como el de un balance, de manera que coincidan entre sí: *cuadrar las cifras* **II** intr Ajustarse alguna cosa a cierto esquema, a cierto gusto o a cierta conveniencia: "Yo le enseño a *cuadrarse*", "No tiene más que escoger la casa que le *cuadre*" **III** prnl Ponerse un militar en posición erguida, con los pies en escuadra y saludando como lo ordena el reglamento: "Entró el capitán y todos *se cuadraron*".

cuadratín s m (*Impr*) **1** En un impreso, espacio en blanco cuyo espesor mide lo mismo que el cuerpo de la fuente que se usa; cícero: *dejar una sangría de un cuadratín y medio* **2** En tipografía tradicional, tipo de sección cuadrada cuyos lados miden lo mismo que el cuerpo que se usa y cuya altura es menor que la de los tipos normales, pues se emplea para dejar espacios en blanco y no debe imprimir; en fotocomposición, espacio en blanco, generalmente de doce puntos: *intercalar un cuadratín entre dos palabras*.

cuadrícula s f Red de cuadrados trazados principalmente sobre papel y que facilita el dibujo, el trazo de las letras, etc: *cuaderno de cuadrícula*.

cuadrilátero s m **1** (*Geom*) Figura geométrica de cuatro lados como el cuadrado, el rectángulo, el rombo, el romboide, el trapecio y el trapezoide **2** Plataforma rectangular cercada por tres o cuatro cuerdas en la que se llevan a cabo las peleas de box.

cuadrilla s f **1** Grupo pequeño de personas que realiza cierta tarea en común: *una cuadrilla de trabajadores, una cuadrilla de rescate, baile de cuadrillas* **2** Pequeño grupo de hombres armados con distintos fines: *una cuadrilla militar, una cuadrilla de bandidos* **3** (*Tauro*) Grupo de peones, banderilleros y picadores que acompaña al torero en una corrida.

cuadro s m **1** Figura de cuatro lados que se unen formando ángulos rectos; *hacer un cuadro, formar un cuadro* **2** Trozo de algo con esa forma o semejante a un cubo: *cuadrados de pasto, carne en cuadritos* **3** Pintura, dibujo o grabado hecho sobre tela, papel o madera, generalmente enmarcado para colgarlo de la pared: *cuadros de un pintor famoso* **4** Marco en que se pone una pintura, un dibujo o un grabado de cualquier cosa que causa impresión: "Después del temblor la ciudad presentaba un *cuadro* desolador" **6** Armazón de las bicicletas formado por barras de metal, donde se ponen las ruedas, el asiento, el manubrio y los pedales

7 Tablero de instrumentos en una fábrica **8** Conjunto de personas que tiene autoridad, mando o responsabilidad en una organización o en un gobierno: *una escuela de cuadros* **9** Conjunto de datos, cifras, nombres, etc, presentado en forma resumida y ordenada: *cuadro sinóptico* **10** *Cuadro clínico* Conjunto de los síntomas que presenta un enfermo o de los síntomas característicos de alguna enfermedad **11** Cada una de las partes en que se dividen los actos de ciertas obras teatrales; son breves y hay en ellas cambio de escena **12** *Hacer(se) la vida de cuadros* o *de cuadritos* Complicar o complicarse la vida.

cuadrúpedo s m y adj (*Zool*) Animal que tiene cuatro patas, como el caballo o el perro.

cuajado I pp de *cuajar* **II 1** adj Que tiene gran cantidad de algo; lleno: "Cayeron en un pozo *cuajado* de alimañas" **2** s f Parte espesa y grasa de la leche que se separa del suero cuando cuaja y a partir de la cual se prepara el queso **3** adj (*Coloq*) Que se ha quedado dormido: "El velador se quedó *cuajado* en la madrugada".

cuajar¹ v (Se conjuga como *amar*) intr **1** Espesarse una sustancia coloidal, como la leche, la sangre o el huevo, hasta formar una masa pastosa o compacta por efecto de algún agente físico o químico que agrupa sus partículas sólidas y las separa del líquido que las contiene: *cuajar una gelatina, cuajar la leche* **2** Alcanzar algo o alguien un resultado satisfactorio o el éxito en la realización de una tarea: "A pesar de todos nuestros esfuerzos no *cuajó* la obra", "No *ha cuajado* todavía como pintor" **3** tr Lograr o consumar alguien algo difícil; hacer algo con muy buenos resultados: "El torero *cuajó* una faena estupenda" **4** prnl Llenarse, poblarse: "En menos de una hora el estadio *se cuajó* de aficionados", *cuajarse de ronchas*.

cuajar² s m Última de las cuatro cavidades del estómago de los rumiantes; cuajo.

cuajo s m **1** Sustancia que se usa para cuajar la leche, especialmente la que se produce en el estómago de las crías de los rumiantes durante la lactancia. "Para preparar el queso se le echa a la leche *cuajo* de res y sal" **2** Última de las cuatro cavidades del estómago de los rumiantes; cuajar **3** *De cuajo* De raíz, por completo, desde la base: "La corriente arrancó *de cuajo* varios árboles".

cual pron relativo m y f **1** Une una oración relativa con la principal, señalando el género y el número de su antecedente con la ayuda del artículo, que siempre la acompaña: "Vinieron varias personas, *las cuales* trabajaban en la universidad", "Llegué a una casa vieja, *la cual* se halla abandonada desde hace mucho tiempo" (Sólo se usa en oraciones relativas explicativas, y no en especificativas como "El vestido que *traes* es muy bonito", en las que no se puede decir: "El vestido *el cual* traes es muy bonito"; en éstas se usa *que*) **2** Une oraciones relativas introducidas por preposición: "Me enseñó varios libros, *de los cuales* no había leído cuatro", "Hay varias observaciones, *según las cuales* el volcán podría entrar mañana en actividad", "Encontró varios datos, *por los cuales* llegó a una conclusión" **3** adv Como: "Tirando de ellos *cual* si fuesen toros bravos", "Las llamas rodeaban el edificio *cual* lenguas de fuego" **4** *Tal cual* Así, tal como, sin modifica-

ción: "Se me presentó chorreando agua, *tal cual* quedó después del aguacero", "Se llevó el mueble *tal cual*" **5** *A cual más* Tan... unos como otros: "Una reunión de científicos *a cual más* sabios".

cuál adj y pron interrogativo m y f **1** Qué persona o qué cosa entre varias: "¿*Cuál* quieres?", "¿*Cuál* de ellos te gusta más?", "¿*Cuál* ropa me pongo?". En preguntas indirectas: "No se *cuál* de los dos me cae mejor", "Unos dulces tan sabrosos que ni a *cuál* irle" **2** *Cuál no* Qué tanto, qué tan grande: "¡*Cuál no* sería mi sorpresa!".

cualidad s f **1** Determinación o propiedad que tiene algo o alguien, rasgo o circunstancia peculiar que lo distingue: *la cualidad del tamaño, las cualidades del acero* **2** Ventaja que presenta algo en comparación con otra cosa, virtud que tiene alguien: *la cualidad de una medicina, tener grandes cualidades,* "¿Qué *cualidad* le ves a ese muchacho?".

cualitativo adj Que se refiere o pertenece a la calidad o se relaciona con ella: "Deben lograrse mejoras cuantitativas y también *cualitativas* de los productos", *un análisis cualitativo, cambios cualitativos, mejoras cualitativas.*

cualquier adj sing m y f Apócope de *cualquiera*, que antecede al sustantivo al que modifica: "*Cualquier* día", "*Cualquier* objeto", "*Cualquier* mesa".

cualquiera adj y pron m y f (Su plural es *cualesquiera*) **1** Que no se delimita, precisa o señala: "Una negociación *cualquiera*", "Un punto *cualquiera*", "*Cualquiera* herramientas", "*Cualesquiera* detalles", "*Cualquiera* lo reconocería", "Ideas como para enloquecer a *cualquiera*" **2** Que no sobresale, que es de poca importancia, que es común: "Una novela *cualquiera*", "Un hombre *cualquiera*", "Un simple hecho como otro *cualquiera*" **3** *Un, una cualquiera* Persona de poca importancia, vulgar, de baja o mala reputación.

cuan adv Apócope de *cuanto*, generalmente delante de un adjetivo o un adverbio: "Estaba acostado *cuan* largo es", "Mostró con su trabajo *cuan* hábil es".

cuán adv Apócope de *cuánto*, generalmente delante de un adjetivo o un adverbio: "¡*Cuán* rápido íbamos!", "No sabía *cuán* difícil es el trabajo en la mina", "*Cuán* diferente lo vio todo".

cuando conj **1** En el tiempo, en el momento en que: "Te veré *cuando* salgas de trabajar", "Salimos *cuando* dejó de llover", "Trabajaba de mesero *cuando* naciste" **2** *De cuando en cuando* Con cierta frecuencia: "Visito a mis tíos *de cuando en cuando*" **3** *De vez en cuando* Con poca frecuencia: "*De vez en cuando* se porta mal" **4** A pesar de que, siendo que: "Me exige que sea puntual *cuando* es él quien llega tarde" **5** Puesto que, ya que: "*Cuando* lo dices con tanta seguridad, habrá que creerte" **6** En caso de que, si: "*Cuando* tomaran en cuenta mi trabajo, entonces me ayudarían" **7** *Cuando más, cuando mucho* A lo más, al máximo: "Te esperaré *cuando más* quince minutos", "El bulto pesa, *cuando mucho*, cinco kilos" **8** *Cuando menos* A lo menos, por lo menos, a lo mínimo: "Con la sequía se morirán, *cuando menos*, cinco mil vacas".

cuándo adv y conj **1** Expresa una interrogación acerca del tiempo en que sucede algo: "¿*Cuándo* volverás?", "¿*Cuándo* viste esa película?", "No sé desde *cuándo* se llenó la ciudad de humo" **2** Expresa admiración o molestia por algo que no se hace o no se cumple: "¿*Cuándo* nos harán justicia!", "¿*Cuándo* dejarán de gritar!", **3** *De cuándo acá* Manifiesta asombro, extrañeza o molestia por algo que resulta contradictorio o intolerable: "¿*De cuándo acá* se acostumbra insultar a los mayores?" **4** *Cuándo no* Como era de esperarse, como de costumbre: "Asistió sin que lo invitaran. ¡*Cuándo no*!".

cuantía s f Cantidad o medida de alguna cosa, cuya ponderación se anticipa: *ganancias de enorme cuantía*, "Los daños fueron de poca *cuantía*".

cuántico adj (*Fís*) Que pertenece a los cuantos o quantas de energía, o se relaciona con ellos: *modelo cuántico, teoría cuántica, números cuánticos*.

cuantificación s f Acto de cuantificar: *llevar la cuantificación de ingresos y gastos, la cuantificación de los recursos*.

cuantificador s m Signo, especialmente lingüístico, que expresa cantidad, como: *dos, treinta, algunos, mucho, nada*.

cuantificar v tr (Se conjuga como *amar*) Medir o determinar la cantidad de algo, dar un valor numérico a la medida de algo: *cuantificar los datos, cuantificar los daños*.

cuantioso adj Que es numeroso, en gran cantidad: "El terremoto ocasionó *cuantiosos* daños", "El robo al banco fue *cuantioso*", *una deuda cuantiosa*.

cuantitativo adj Que pertenece a la cantidad o se relaciona con ella: *análisis cuantitativo, crecimiento cuantitativo, medición cuantitativa*.

cuanto[1] conj, pron, adv y adj **1** Todo lo que: "Nos dio *cuanto* le pedimos", "Hicieron una síntesis de *cuanto* dijimos", "Puede comprar *cuantas* manzanas quiera", "Es la persona más amable de *cuantas* conozco". (Si no varía, tiene carácter adverbial; si concuerda en género y número con el sustantivo o la oración sustantiva, tiene carácter de adjetivo o pronominal) **2** *Unos cuantos* Pocos: "Asistieron *unos cuantos*" **3** *Cuanto más, cuanto menos, cuanto mayor, cuanto menor* Mientras más, menos, etc, en la medida en que más, menos: "*Cuanto más* estudio el problema menos lo entiendo", "*Cuanto menos* te tardes, mejor", "*Cuanto mayor* sea la distancia al pueblo, más nos dilataremos en llegar" **4** *Cuanto más* Con mayor razón, aún más: "Se revientan los cables gruesos, *cuanto más* los delgados" **5** *Todo, tanto (...) cuanto* Indica que dos cosas se relacionan de manera proporcional: "Tiene *todo cuanto* quiere", "He hecho *todo cuanto* me ha sido posible", "Repitieron la función *tantas* veces *cuantas* se lo pidió el público" **6** *Por cuanto* Puesto que, ya que: "La selección será estricta, *por cuanto* se requiere de los mejores hombres" **7** *Por cuanto hace a* En lo que se refiere a: "*Por cuanto hace a* la salud, las dificultades continúan" **8** *En cuanto* Tan pronto como, en el momento en que: "Ven *en cuanto* puedas" **9** *En cuanto* Considerado como: "La revolución, *en cuanto* movimiento civil, fue determinante" **10** *En cuanto a* Acerca de, en relación con: "*En cuanto a* los aumentos de sueldo, no dijo nada" **11** *Cuanto antes* Pronto, inmediatamente: "Sal *cuanto antes*, para llegar a tiempo".

cuanto[2] s m (*Fís*) Cantidad mínima de energía que es emitida o absorbida en un impulso por los átomos o las moléculas, según lo propone la teoría cuántica de Max Planck. En el caso de la luz, recibe el nombre de fotón; quantum.

cuánto pron, adj y adv Indica duda o interrogación, admiración, impaciencia o molestia acerca de la duración, cantidad o precio de algo: "¿*Cuántos* vendrán?", "¿Por *cuánto* arreglarían la puerta?", "¿*Cuánto* costará volar en avión?", "¿*Cuántos* hijos tienes?", "¡*Cuánta* gente!", "¡*Cuánto* ha sufrido!", "¡*Cuánto* tardan!", "No sé *cuánto* cobren".

cuáquero s m Persona que pertenece a la secta religiosa de los "Amigos". De origen protestante, fue fundada en Inglaterra en el siglo XVII; busca que sus miembros lleven una vida sencilla, caritativa y guiada por la "luz interior", que ilumina a cualquier grupo de amigos que invoquen a Cristo; no tiene culto externo ni clero. Históricamente se ha distinguido por su pacifismo y antiesclavismo. Su nombre, que quiere decir "Temblador", se consideró peyorativo al principio.

cuaresma s f **1** (*Relig*) En el catolicismo, tiempo litúrgico de preparación para la fiesta de la Pascua o resurrección de Jesucristo, que dura cuarenta y seis días, en memoria de los cuarenta que ayunó Cristo, desde el miércoles de ceniza hasta el sábado santo; se caracteriza como época de penitencia, oración y ayuno **2** Época del año en que se efectúa: *vacaciones de cuaresma, pesca de cuaresma*.

cuarta s f **1** Medida de la mano extendida, que va del extremo del pulgar al del meñique **2** (*Hípo*) Látigo corto que usan los jinetes charros. Es de cuero, tiene en su extremo superior un asa para asegurarlo a la muñeca y termina en una o dos tiras del mismo material con las que se azota al caballo **3** Cuerda de guitarra que está en cuarta posición a partir de la más aguda **4** (*Mús*) Intervalo de dos tonos y un semitono mayor, que hay entre una nota de la escala cromática y la cuarta nota anterior o posterior a ella **5** *Andar a la cuarta (pregunta)* Andar sin dinero, en la miseria.

cuartel s m **1** Cada una de las partes en que se divide una población, un territorio o un terreno para poderlo administrar, gobernar y cuidar mejor: *los cuarteles de la ciudad, un cuartel del panteón* **2** (*Mil*) Cada uno de los lugares o de los edificios en los que se aloja un ejército, un conjunto de tropas, etc: *instalar el cuartel, dormir en el cuartel* **3** *Cuartel general* (*Mil*) Población, lugar o edificio en donde establece su estado mayor un general de división **4** Buen trato que dan los vencedores a los vencidos cuando éstos se rinden y entregan las armas; buen trato al que se rinde o cede en alguna cosa: *dar cuartel, pedir cuartel, una guerra sin cuartel*.

cuartelazo s m Levantamiento de los militares de un país para derrocar a su gobierno: "El general Mondragón fue uno de los autores del *cuartelazo* contra Madero", *dar un cuartelazo*.

cuarterón s m **1** (*Rural*) Medida de capacidad o peso cuya equivalencia es diferente en cada una de las regiones del país: *un cuarterón de maíz, un cuarterón de frijol* **2** Cuarta parte de algo: "Se cortan los jitomates en *cuarterones*".

cuarteta s f **1** Estrofa de cuatro versos octasílabos, con rima alterna, como: "¡Oh viejas moscas voraces / como abejas en abril, / viejas moscas pertinaces / sobre mi calva infantil!" (Antonio Machado) **2** Grupo formado por cuatro elementos.

cuarteto s m **1** Composición musical para cuatro voces o cuatro instrumentos, principalmente de cuerda (dos violines, una viola un violoncello): *tocar un cuarteto, componer un cuarteto* **2** Grupo o conjunto de cuatro personas organizadas para interpretar este tipo de composición **3** Estrofa de cuatro versos endecasílabos o de arte mayor, consonantes o asonantes, como: "Galvánica, cruel, nerviosa y fría, / histérica y horrible sensación, / toda la sangre coagulada envía / agolpada y helada al corazón" (Espronceda).

cuartilla s f Hoja de papel tamaño carta (28 × 22 cm) escrita por un solo lado; cuando va escrita a máquina consta de 26 líneas y 64 golpes por línea: "Me pidieron un artículo de 10 *cuartillas* para la revista", *escribió una cuartilla*.

cuartillo s m **1** Medida de capacidad para granos, semillas, etc equivalente a dos litros: *un cuartillo de frijol, un cuartillo de maíz* **2** Medida de capacidad para líquidos cuya equivalencia es de medio litro aproximadamente: *un cuartillo de leche*.

cuarto[1] s m Habitación de una casa, principalmente en la que se duerme: *el cuarto de los niños, un cuarto de baño, cuarto de estar* **2** *Cuarto oscuro* Habitación que utiliza el fotógrafo para revelar sus fotografías sin que entre luz que las vele.

cuarto[2] adj (Ver tabla de escritura de los números) **1** Cada una de las cuatro partes iguales en que se divide algo: *cuarto de hora, cuarto de plana* **2** Cada una de las cuatro partes en que se divide el tiempo que pasa entre dos conjunciones de la Luna con el Sol: *cuarto creciente, cuarto menguante* **3** Cada una de las cuatro partes en que se divide el cuerpo de un animal **4** Cada uno de los miembros del cuerpo de un cuadrúpedo: *cuartos traseros, cuartos delanteros* **5** *Libro en cuarto* Libro que tiene el tamaño de un cuarto de pliego de papel **6** *Echar uno su cuarto a espadas* Intervenir uno en la conversación de otros sin que se lo pidan **7** *Hacer el cuarto* En juegos de baraja y en dominó, completar la cuarteta de jugadores **8** *Darle a uno el cuarto* Tener prisa o estar ansioso por terminar algo: "La misa duraba horas y a mí ya *me daba el cuarto*" **9** *¡Cuartos!* Expresión que acompaña a un golpe dado en el hombro de un compañero de juegos **10** Cada una de las luces de posición de un automóvil: *prender los cuartos*.

cuasar s f (*Astron*) Cuerpo celeste u objeto cuasiestelar que, al analizar su espectro de luz, muestra un corrimiento muy pronunciado hacia el rojo.

cuate I **1** s m Cada uno de los dos seres que nacen del mismo óvulo o del mismo embarazo, respecto del otro o entre sí: *tener cuates*, "Ignacio y su *cuate* Javier" **2** adj y s Que es doble o que forma pareja con otro de su misma especie o tipo: *torres cuatas*, "No encuentro el *cuate* de mi arete" **3** adj Que es muy parecido o se comporta de manera semejante a la de otro: "Esas iglesias son *cuatas* en estilo y construcción" II **1** (*Coloq*) Persona que es muy amiga de otra, con respecto a ésta: "Venustiano y Pancho son muy *cuates*" **2** Tratamiento familiar y solidario que da una persona a otra: "¡Ay, *cuatito*, ayúdame", *salir con los cuates, tener cuates, ser cuate de alguien* **3** *Ser cuate* Ser buena persona, digna de confianza: "El maestro *es cuate*: nunca comete injusticias" **4** Individuo, persona: "¿Quién es ese *cuate* que te está mirando?", "Llegó el camión lleno de *cuates* que iban a la mina" **5** *No tener (algo o alguien) cuate* No tener comparación, ser único

en su género: "Mi suerte *no tiene cuate*: pierdo, pierdo y pierdo", "Su maldad *no tiene cuate*", "Trae un carrazo que *no tiene cuate*".

cuatro 1 s m y adj m y f Número que sigue al tres y precede al cinco **2** *Ponerle, tenderle a uno un cuatro* (*Coloq*) Ponerle una trampa: "La policía le tendió un cuatro para atraparlo", "Me quisieron *ponerle un cuatro* pero..." **3** s m Guitarra pequeña de cuatro cuerdas.

cubano adj y s Que es natural de Cuba, que pertenece a este país hispanoamericano o se relaciona con él: *la medicina cubana*.

cubeta s f Recipiente de forma cilíndrica o ligeramente cónica, con un asa grande que se fija a cada extremo del diámetro de la boca; sirve para contener y transportar líquidos: *llenar una cubeta, una cubeta de agua*.

cubicar v tr (Se conjuga como *amar*) **1** Elevar un número a su tercera potencia, o al cubo **2** Calcular el volumen de un recipiente o de alguna cosa en metros cúbicos: "Hay que *cubicar* la tierra que excavaron".

cúbico adj **1** Que tiene forma de cubo **2** (*Mat*) Que se relaciona con el cubo o tercera potencia: *raíz cúbica* **3** *Centímetro cúbico* (cm^3), *decímetro cúbico* (dm^3), *metro cúbico* (m^3), etc Medidas de volumen de un cubo que tiene un centímetro, un decímetro, un metro, etc, por lado o arista.

cubierta s f **1** Capa de algún material resistente que se pone encima de algo para protegerlo: *cubierta de acero inoxidable, la cubierta de un techo, poner una cubierta, montar una cubierta* **2** Forro de papel que se pone generalmente sobre los libros en rústica: *precio de cubierta, impresión de la cubierta* **3** (*Mar*) Cada uno de los pisos horizontales de un barco, que sirven de plataforma para sostener los pesos u objetos varios y para alojamiento de los pasajeros y la tripulación; especialmente la superior rodeado por la borda: *subir a cubierta* **4** Vaina de arma blanca, especialmente del cuchillo.

cubierto I **1** pp irregular de *cubrir*: *el campo cubierto de cenizas, zonas cubiertas de agua, pan cubierto con ajonjolí, los antebrazos cubiertos de cicatrices* II **1** adj Tratándose del cielo, que está lleno de nubes: *cielo cubierto* **2** *A cubierto* Protegido: "Sintiéndose completamente *a cubierto*" III s m **1** Conjunto o juego de cucharas, cuchillos y tenedores, principalmente los hechos de metal: "Deje su tenedor, cuchillo o el *cubierto* que haya usado sobre el plato" **2** Menú de comida corrida con precio fijo **3** Lugar individual en un banquete o en una comida grupal, que incluye los alimentos y el servicio de mesa (platos, servilletas, cucharas, cuchillos y tenedores): "*el importe del cubierto* es de diez pesos".

cubismo s m Movimiento o estilo moderno de pintura, surgido en París alrededor de 1908, que representa la realidad destacando sus dimensiones y mostrando simultáneamente, o yuxtaponiendo, diversos elementos que no se pueden ver al mismo tiempo. Se extendió más tarde a la escultura, la arquitectura y las artes decorativas en general. Importantes exponentes de este movimiento son Juan Gris, Georges Braque y Pablo Picasso.

cúbito s m (*Anat*) Hueso más grueso y largo que el radio, con el cual forma el antebrazo y que en su articulación con el húmero forma el codo.

cubo[1] s m **1** (*Geom*) Cuerpo regular formado por seis cuadrados iguales **2** Espacio de los edificios y las casas que tiene esta forma: *cubo de luz, cubo de la escalera, el cubo del elevador* **3** (*Mat*) Número que resulta al multiplicar un número dos veces por sí mismo **4** *Elevar al cubo* (*Mat*) Multiplicar un número dos veces por sí mismo.

cubo[2] s m Cubeta.

cubrir v tr (Se conjuga como *subir*. Su participio es irregular: *cubierto*) **I 1** Poner o estar una cosa delante o encima de otra ocultándola o tapándola: *cubrir un cuadro, cubrir el polvo los muebles, cubrir las nubes el sol, cubrir el cuerpo con una manta* **2** Poner o estar algo encima o delante de algo o alguien para protegerlo o cuidarlo: *cubrir el ejército un frente, cubrir al niño con un abrigo, cubrir una fuga* **3** Poner muchas cosas encima de algo hasta ocultarlo o llenar algo más allá de sus límites: *cubrir el agua una presa, cubrir de papeles una mesa* **II 1** Alcanzar algo a ser suficiente para alguna finalidad: *cubrir los gastos, cubrir las necesidades* **2** Comprender o recorrer algo una extensión en su totalidad: "La televisión *cubre* toda la república", "El tren *cubre* la distancia en tres horas" **3** Ocuparse alguien de una tarea encomendada: *cubrir una noticia* **III** Unirse el macho a la hembra para fecundarla: "El toro *cubrió* a la vaca".

cucaracha s f Insecto de la familia de los blátidos que mide de 1 a 10 cm de largo, de forma oval y aplanada, generalmente de color oscuro, con dos pares de alas que, en algunas especies, están muy desarrolladas y le permiten volar. Es un animal omnívoro y nocturno muy común, sobre todo en climas cálidos, donde llega a constituir molestas plagas domésticas.

cucurbitáceas s f pl (*Bot*) Familia de plantas dicotiledóneas, generalmente monoicas, rastreras, o trepadoras, de hojas grandes, flores amarillas de pétalos y frutos diversos, como la calabaza y el melón.

cuchara s f **1** Utensilio de metal, madera, plástico, etc formado por un mango alargado y una parte pequeña, ovalada o redonda y ligeramente cóncava que sirve para llevarse a la boca alimentos líquidos o poco consistentes y, en general, para pasar de un recipiente a otro pequeñas cantidades de líquido: *cuchara sopera, cuchara de café* **2** Instrumento de albañilería consistente en una pieza plana y puntiaguda de metal y un mango, que sirve para poner mezcla y aplanarla **3** *Meter uno su cuchara* Intervenir en algún asunto o discusión, a veces sin que se lo pidan **4** *Servirse o despacharse con la cuchara grande* (*Coloq*) Tomar para uno lo mejor de algo **5** *Media cuchara* Oficial de albañilería que no llega todavía a maestro.

cucharada s f Cantidad de algo que cabe en una cuchara: *una cucharada de sal, una cucharada de jarabe, tomar a cucharadas, una cucharada sopera, una cucharadita de té.*

cuchichear v intr (Se conjuga como *amar*) Hablar en voz muy baja dos o más personas, para que no las oigan o para no estorbar: "Las vecinas *cuchicheaban* durante el velorio".

cuchillo s m **1** Instrumento para cortar formado por una hoja alargada de metal afilada en uno de sus bordes y, a veces, puntiaguda, y por un mango de madera, metal u otro material; se emplea como arma, utensilio de cocina, de mesa, etc *un cuchillo de monte, un cuchillo de carnicero* **2** *Pasar a cuchillo a alguien* Matarlo, acabar con alguien.

cuello s m **I 1** Parte del cuerpo de algunos vertebrados, como el hombre o el caballo, que une la cabeza con el tronco **2** Parte de una prenda de vestir que rodea o cubre esa parte del cuerpo: *cuello duro, cuello redondo* **3** *Hablar o gritar a voz en cuello* Hablar o gritar muy fuerte **4** *Dar cuello* (*Coloq*) Matar a alguien o consumir por completo alguna cosa: "Les *dimos cuello* a cuatro botellas de mezcal" **II 1** Parte más estrecha y alargada de algo: *cuello de una vasija, cuello de la matriz* **2** *Cuello de botella* Situación de falta de fluidez en la solución de algún asunto o de taponamiento en el paso de vehículos, animales, etcétera.

cuenca s f **1** Extensión de terreno rodeada de lugares más altos que ella, de la cual sus aguas fluyen a un mismo río, lago o mar: *la cuenca de México, la cuenca del Balsas, la cuenca del Caribe* **2** Extensión de terreno que, por tener toda ella características parecidas, constituye un sistema o una configuración única: *cuenca oceánica, cuenca mineral, cuenca lechera* **3** Cada una de las cavidades de la cabeza en donde están los ojos.

cuenta s f **I 1** Acto de contar: *la cuenta de los días* **2** Operación aritmética y su resultado: "Ya sabe hacer *cuentas*" **3** Relación y suma o recibo de la cantidad de dinero que una persona debe pagar por algo: *cuenta de hotel, cuenta de alimentos* **4** Relación o estado detallado de los ingresos y egresos de un negocio o de una institución: *revisar las cuentas, mostrar las cuentas, llevar las cuentas* **5** Contrato entre una persona, una agrupación y un banco o una empresa comercial, por medio del cual éstos guardan y administran el dinero, pagan los gastos de aquéllos o dan crédito: *cuenta corriente, cuenta de ahorros, cuenta de crédito* **6** *A cuenta* Como parte de lo que se debe o se deja a deber: *comprar a cuenta, pagar a cuenta, sacar a cuenta* **7** Pieza redonda y pequeña con un agujero en el centro para ensartarse, con la que se pueden hacer operaciones aritméticas y también collares, rosarios, etc **8** *Por cuenta y riesgo* Bajo la responsabilidad de alguien: "Viajas a la selva *por tu cuenta y riesgo*" **9** *Por cuenta de* En nombre de, bajo la responsabilidad de, en favor de: "Asiste a la reunión *por cuenta del* gobierno" **10** *Dar cuenta* Explicar o justificar algo **11** *Pedir cuentas* Pedir a alguien que explique o justifique algo **12** *En resumidas cuentas* En conclusión, para abreviar, en resumen **13** *Ajustar cuentas* Resolver algún asunto, llegar a un acuerdo dos personas, vengar una de las ofensas o daños causados por la otra: "Carlos y Francisco tuvieron una *ajuste de cuentas* definitivo" **II 1** *Darse cuenta* Percibir algo una persona y formarse una idea acerca de ello **2** *Caer en la cuenta* Llegar a formarse una idea o comprender algo **3** *Tener en cuenta o tomar en cuenta* Considerar o atender algo **4** *Hacer de cuenta* Suponer o fingir algo **5** *¿A cuenta de qué?* ¿Por qué causa o razón, a propósito de qué?

cuento s m **1** Narración corta de una historia: *cuento de hadas, cuento de fantasmas, un libro de cuentos* **2** Narración corta y cómica: *cuentos de Pepito* **3** Dicho falso, mentira o chisme: "¡Esos son puros *cuentos*: no es cierto!" **4** Cuaderno con dibujos y texto donde se cuenta algo: *comprar un cuento, cuentos de Walt Disney* **5** *Traer* o *venir algo a cuento* Mencionar durante una conversación, una exposición o una discusión, algo que tiene que ver con aquello de lo que se trata **6** *Dejarse de cuentos* No decir mentiras, no buscar pretextos o abandonar algo que no tiene que ver con lo que uno persigue **7** *Sin cuento* Sin límite, inacabable: "La pobre tuvo sufrimientos *sin cuento*".

cuerda s f I **1** Conjunto de hilos de alguna fibra natural o sintética, trenzados o tejidos juntos, que sirve principalmente para atar o sujetar cosas: "Necesitas amarrar la caja con una *cuerda*" **2** Cada uno de los hilos de tripa, metal, nylon o seda que al vibrar produce el sonido en algunos instrumentos como la guitarra, el arpa o el piano: *instrumento de cuerda* **3** *Cuerda floja* Cable poco tenso que se pone en alto y por el que caminan y hacen ejercicios de acrobacia los equilibristas **4** *Andar, estar, bailar*, etc *en la cuerda floja* Estar en una situación difícil o peligrosa II **1** (*Anat*) Órgano o parte de él de forma alargada y delgada, como ciertos ligamentos, tendones o nervios: *cuerda del tímpano* **2** *Cuerdas vocales* Bandas o ligamentos que se encuentran en la laringe y que al vibrar producen la voz **3** (*Mús*) Registro de una voz humana **4** (*Mús*) Cada uno de los cuatro timbres o voces humanas fundamentales, que son: bajo, tenor, contralto y soprano III **1** Serie de círculos concéntricos que forma una espiral en relieve en las tuercas, tornillos, tubos, etc y sirve para unir y ajustar dos piezas al enroscar una en otra: "Se le barrió la *cuerda* al tornillo y no lo puedo sacar" **2** Mecanismo de pesas o resorte de ciertos relojes y otros aparatos mecánicos que, cuando se corre o tensa, los hace funcionar mientras regresa a su posición original: "Le gustan más los relojes de *cuerda* que los automáticos", "Se le rompió la *cuerda* a la cajita de música" **3** *Dar cuerda* Correr o tensar el mecanismo o resorte que pone a funcionar ciertos relojes y aparatos: "*Dale cuerda* al despertador" **4** Capacidad o impulso que tiene alguien para hacer algo: "Cuando nos fuimos de la fiesta todavía tenía *cuerda* para seguir bailando" **5** *Dar cuerda a alguien* Estimular o animar a alguien para que haga algo que le gusta mucho o que desea: "No *le des cuerda* si no quieres oír sus historias toda la noche" IV (*Geom*) Línea recta que une dos puntos de una curva o los extremos del arco V Conjunto de personas amarradas en fila a una cuerda: *una cuerda de reos*.

cuerdo adj y s **1** Que está en pleno uso de sus facultades mentales, que sabe lo que hace o está consciente de sus actos: "Era el único *cuerdo* en esa fiesta de locos" **2** Que es reflexivo, sensato o prudente: *una mujer muy cuerda*.

cuernavaquense adj y s m y f Que es natural de Cuernavaca, capital del estado de Morelos, que pertenece a esta ciudad o se relaciona con ella; cuernavaqueño: *floricultura cuernavaquense*.

cuernavaqueño adj y s Cuernavaquense: *agricultura cuernavaqueña, turismo cuernavaqueño*.

cuerno s m **1** Punta dura, hueca y curvada que le sale a algunos animales como los toros, las cabras, los venados y otros a cada lado de la cabeza **2** Punta dura, de piel, que tienen los rinocerontes sobre la mandíbula superior **3** Pequeña saliente flexible,

que en número de cuatro tiene el caracol de tierra **4** Instrumento musical de viento, curvo, a veces hecho de cuerno de toro: *cuerno de caza* **5** Cualquier objeto saliente y curvo, como los extremos de las defensas de los coches **6** Cada una de las dos puntas que se le ven a la Luna cuando está en cuarto creciente **7** Pan de dulce o con sal, de pasta hojaldrada o masa de bizcocho, en forma de media luna, barnizado con huevo o espolvoreado con azúcar **8** *Cuerno de la abundancia* Recipiente cónico y curvo, lleno de frutos, que simboliza abundancia y bienestar **9** *En los cuernos de la Luna* Por las alturas, por los cielos, apreciado o valorado en extremo: "Puso a su padre *en los cuernos de la Luna*", "Tiene a su maestra *en los cuernos de la Luna*" **10** *Poner a alguien los cuernos* Engañarlo o serle infiel, particularmente entre esposos **11** *Mandar algo* o *a alguien al cuerno* Rechazarlo con enojo, burla o molestia: "*Mandó* su trabajo *al cuerno* y se fue a la playa" **12** *¡Cuernos!* Expresión con la que se niega, burlonamente, alguna cosa: "¡*Cuernos* que te doy de mi pastel!".

cuero s m **1** Piel que cubre a los animales, especialmente la que se curte y se utiliza para fabricar zapatos, bolsas, cinturones, etc: *botas de cuero, un sofá de cuero, chaqueta de cuero, importación de cueros de cerdo* **2** Látigo o cinturón de este material que se usa para golpear a una persona o un animal y golpe dado con él: *dar con el cuero* **3** *Cuero cabelludo* Piel que cubre el cráneo y de donde nace el pelo **4** (*Estar* o *andar) en cueros* (*Coloq*) Estar completamente desnudo, sin ropa **5** (*Ser* o *estar hecho) un cuero* (*Popular*) Hombre o mujer hermoso y atractivos sexualmente **6** *Arriesgar* o *exponer el cuero* (*Popular*) Arriesgar la vida **7** *Cueritos* Chicharrones de puerco sancochados **8** *Cueritos* Piel de puerco encurtida en vinagre, aceite y especias **9** *Cueritos* Dulces de fruta prensada en forma de láminas largas y enrolladas y cubiertas de azúcar **10** *Cuero de vaca* (*Pseudocalymna alliaceum*) Planta trepadora de la familia de las bignoniáceas, de corteza exfoliable, hojas con tres hojuelas; flores monopétalas rosas o lilas; tiene olor a ajo **11** *Cuero de vaca* (*Strychnos tepicensis*) Planta trepadora de la familia de las loganiáceas, de hojas opuestas coriáceas con cinco nervaduras, semilla comprimida de 2 cm. Es venenosa **12** *Cuero de venado* (*Tricholoma sculpturatum*) Hongo comestible de la familia de las agoricáceas, píleo de 3 a 8 cm convexo o plano, con mamelón central, gris pardusco, escamoso; estípite cilíndrico blanco; carne blanquecina algo amarga **13** *Arrancar el cuero* (*Caló*) Matar **14** (*Caló*) Cartera, billetera **15** (*Caló*) Amante **16** (*Popular*) Mujer homosexual pasiva, generalmente atractiva **17** *Cuero de rana* (*Caló*) Dólar.

cuerpo s m **1** Conjunto de las distintas partes de un ser viviente; en el humano, la cabeza, el tronco y las extremidades: *tener buen cuerpo, cuerpo sano* **2** Este conjunto sin considerar la cabeza ni las extremidades: "Una bala le atravesó el *cuerpo*" **3** *En cuerpo y alma* En forma completa, total, sin reserva: "Entregarse *en cuerpo y alma* a la medicina" **4** *Cuerpo cortado* Malestar físico general que se presenta como síntoma de la gripa **5** *Cuerpo a cuerpo* En enfrentamiento físico directo, sin protección: *lucha cuerpo a cuerpo* **6** *A cuerpo limpio* Sin ayuda ni engaños o trucos **7** *Sacar el cuerpo* Eludir un golpe o una responsabilidad **8** *De cuerpo presente* En los velorios o en la misa, cuando está presente el cadáver: *misa de cuerpo presente* **9** *De cuerpo entero* Por completo: *un hombre de cuerpo entero* **10** *Hacer del cuerpo* (*Rural*) Orinar o cagar **II 1** Objeto material: "Todos los *cuerpos* caen con la misma aceleración", "El calor dilata los *cuerpos*" **2** *Cuerpo celeste* Cualquiera de las estrellas, planetas, lunas, cometas, etc que hay en el universo **3** *Cuerpo geométrico* Objeto de tres dimensiones, como un cubo, una esfera, un cilindro, un prisma, etc **4** *Cuerpo del delito* Objeto con el que se ha cometido un delito o que da pruebas de él **5** Parte central o principal de algo: *el cuerpo de un documento* **6** Grupo de personas organizadas para desarrollar una actividad en común: *cuerpo de bomberos, cuerpo médico, cuerpo diplomático* **7** Conjunto de cosas o de ideas que forman una unidad: *cuerpo de leyes, cuerpo doctrinal* **8** Consistencia o densidad de algunos materiales o sustancias: *una tela sin cuerpo, una salsa, un vino, una sopa*, etc *con mucho cuerpo* **9** *Dar cuerpo* Hacer que algo tenga consistencia: *dar cuerpo a una salsa, dar cuerpo a una idea* **10** *Tomar cuerpo* Hacerse algo más preciso, más definido: "Un proyecto que va tomando *cuerpo*".

cuervo s m **1** (*Corvus corax*) Pájaro de la familia de los córvidos, de color negro brillante, pico robusto con cerdas en la base y que carece de fosas nasales; lanza un grito ronco y desagradable. De aproximadamente 60 cm de altura y más de 1 m de envergadura; es omnívoro y forma parejas vitalicias **2** (*Corvus impartus* y *Corvus sinaloae*) Pájaros semejantes al anterior, pero de menor tamaño, de aproximadamente 37 cm de altura. Forma bandas que pueden causar graves daños a la agricultura, ya que es omnívoro; es un pájaro exclusivamente mexicano; abunda en los estados de Tamaulipas y Sinaloa; cacalote **3** *Cuervo de agua* (*Plegadis guarauna* y *Phalacrocorax olivaceus*) Ave acuática de color negro brillante; chupalodo, acacalote.

cuesta s f **1** Ladera o pendiente de una colina, un cerro o una montaña; tramo en pendiente de un camino o de un trayecto: *subir la cuesta, bajar la cuesta, cuesta arriba* **2** *Hacérsele a uno algo cuesta arriba* Resultarle muy difícil: "*Se me hace cuesta arriba* levantarme tan temprano" **3** *Cuesta de enero* Periodo de dificultades económicas durante ese mes, ocasionado por los grandes gastos que se hacen durante las fiestas navideñas: "Siempre que llega la *cuesta de enero* tenemos que pedir prestado" **II 1** *A cuestas* Sobre la espalda: "Iba corriendo con su mochila *a cuestas*" **2** *A cuestas* Encima de uno, pesando en el ánimo los sentimientos o la responsabilidad de uno: "Se echó *a cuestas* las deudas de toda la familia", "Anda con muchos problemas *a cuestas*".

cuestión s f **1** Tema, asunto o problema que se discute o se examina: *la cuestión agraria*, "Especialista en *cuestiones* jurídicas" **2** *Ser cuestión de* Tratarse de: "*Es cuestión de* hacer un poco de esfuerzo" **3** *Ser algo cuestión de alguien* Ser algo responsabilidad de alguien: "Si no quiere venir ya *es cuestión suya*" **4** *En cuestión* En lo que se refiere a, que se menciona, se trata o está sometido a discusión: "*En cuestión* de gustos no hay nada escrito", *el pro-*

blema en cuestión, el artículo en cuestión **5** *En cuestión de minutos, horas, días*, etc En tan sólo unos minutos, horas, días, etc: "Llegaría *en cuestión de cinco minutos*".

cuestionario s m Lista de preguntas que habrán de contestarse para un examen o para hacer una encuesta y obtener información: *responder un cuestionario, llenar el cuestionario*.

cuete¹ s m (*Coloq*) **1** Cohete: *tronar cuetes, echar cuetes* **2** Pistola: "Aquí traigo mi *cuetito*, por si hace falta" **3** *Echar cuete* Disparar balas, echar balazos: "Llegaron los zapatistas *echando cuete*" **4** Problema o dificultad: "¿Cuál es el *cuete*?", "Poner a todos de acuerdo *es un verdadero cuete*", "No hay *cuete*: no pasa nada" **5** Borrachera: "Traía un *cuete* como de dos días", *agarrar un cuete, ponerse un cuete* **6** Cada una de las trenzas que se hacen a ambos lados de la cabeza, no muy largas y dobladas, que quedan como bolitas, especialmente en las niñas: "Le hicieron *cuetitos* para la fiesta" **7** Parte de pelo que las mujeres enrollan en un trocito de papel y amarran con una tirita de trapo para hacerse rizos **8** (*Rural*) Bestia huidiza **9** s y adj f En Durango, mujer libertina: "Anda de *cuete*", "Las hijas le salieron muy *cuetes*", "Su mujer es una *cuete*".

cuete² s m Trozo de carne, que se saca del muslo de la res: *cuete en adobo, cuete mechado con tocino*.

cueva s f **1** Cavidad más o menos extensa, subterránea o en la superficie de la tierra, que a veces sirve de vivienda a ciertos animales e incluso a personas: "Penetró hasta el fondo de la *cueva*", *las cuevas de Altamira* **2** *Cueva de ladrones* Lugar donde se esconden ladrones o gente de mal vivir; o donde se cometen abusos o estafas.

cuicateco s m **1** Grupo indígena mexicano que habita en la sierra del estado de Oaxaca entre el río Santo Domingo y la zona chinanteca de la región norteña de la Sierra Madre Oriental. Su gobierno está regido por un consejo de ancianos aunque oficialmente dependa de autoridades municipales. Su religión es la católica mezclada con algunas creencias indígenas, como el culto al Señor del Monte. Su artesanía está dedicada fundamentalmente a la fabricación de colchas y camisas femeninas bordadas con figuras de rico colorido. Vive en un medio geográfico en el que abundan los ríos y los arroyos, de clima cálido y vegetación exuberante y boscosa en los valles bajos, y de tierras áridas de clima frío en cerros y lomeríos. El cuicateco es agricultor en terrenos de su propiedad y jornalero en fincas cercanas. Con técnicas tradicionales cultiva maíz, frijol, chile, papa, legumbres y, en algunas zonas, algodón, tabaco, café y caña de azúcar **2** Lengua de la subfamilia mixteca, familia oaxaqueña, que habla este grupo indígena **3** adj y s Que pertenece a este grupo indígena o se relaciona con él: *idioma cuicateco, bordados cuicatecos, cañadas cuicatecas*.

cuidado s m **1** Atención o protección que se da a alguien o a algo, interés o precaución que se pone al hacer algo: "Gracias al *cuidado* de su hermana, sanó muy pronto", *escribir con cuidado*, "Manéjese con *cuidado*" **2** *Estar al cuidado de* Estar bajo la responsabilidad o a cargo de algo o de alguien: "La edición *estuvo al cuidado de* su amigo" **3** *Poner (mucho) cuidado* o *tener (mucho) cuidado* Poner o tener atención en algo o con alguien: "*Tener mu-*

cho *cuidado* al atravesar las calles" **4** *Ser alguien de cuidado* Ser alguien de trato difícil o peligroso **5** Preocupación que se siente por algo o alguien: "Váyase sin *cuidado* que yo llevo a su hijo".

cuidadosamente adv Con cuidado, con esmero; detenidamente: *examinar cuidadosamente, planear cuidadosamente, elegir cuidadosamente, distinguir cuidadosamente, limpiar cuidadosamente.*

cuidadoso adj **1** Que pone cuidado, atención e interés en lo que hace, dice, en la manera en que trata los casos o a las personas, etc: "Armando es muy *cuidadoso* al hacer su tarea" **2** Que está hecho con atención y cuidado: *un análisis cuidadoso, una escritura cuidadosa.*

cuidar v tr (Se conjuga como *amar*) **1** Atender, proteger o vigilar algo o a alguien: "Te *cuidas*", *cuidar una casa, cuidar a un enfermo, cuidar a un niño* **2** Poner atención o interés en la realización de algo: *cuidar la ortografía, cuidar la redacción.*

cuitlacoche s m (*Ustilago maydis*) Hongo parásito que invade las mazorcas tiernas del maíz; aparece a manera de grandes tumores de un blanco grisáceo que, cuando maduran, revientan y liberan infinidad de esporas negras; es comestible cocido o guisado: *tacos de cuitlacoche, arroz con cuitlacoche.*

cuitlateco s m **1** Grupo indígena mexicano que habita en la parte oriental del estado de Guerrero, a orillas del río Balsas. Su gobierno está formado por siete regidores, uno de los cuales funge como presidente municipal. Su religión es la católica, pero conserva leyendas sobre divinidades como la Tierra, el Sol, la Luna, el rayo-nahual y el río. Su actividad principal es el cultivo de ajonjolí, algodón, frijol, chile y calabaza. Sus actividades complementarias son la caza, la pesca y la recolección de cascalote para el curtido de pieles **2** Lengua que habla este grupo indígena. Su relación lingüística no ha sido establecida con seguridad, parece constituir una familia independiente **3** adj y s Que pertenece a este grupo indígena o se relaciona con él: *leyendas cuitlatecas, campesinos cuitlatecos, estudiar el idioma cuitlateco.*

culebra s f **1** Víbora, serpiente **2** pl Familia que representa más de la mitad de las serpientes que existen, de los más diversos colores, hábitos y dimensiones, la mayoría son inofensivas, aunque hay especies que poseen glándulas venenosas dientes inoculadores en la parte posterior de la boca; en México se conocen 450 especies. La mayoría tienen escamas lisas y de coloración brillante, el cuerpo es esbelto. Su hábitos son muy variados, todos son zoófagos **3** (*Mar*) Cabo delgado con el que se sujetan las velas pequeñas y se amadrinan palos y cabos dándoles vueltas en espiral **4** Tramo horizontal de la tubería de drenaje.

culhua s m y f Colhua.

culiacanense adj y s m y f Que es natural de Culiacán, capital del estado de Sinaloa, que pertenece a esta ciudad o se relaciona con ella; culiacano: *caña de azúcar culiacanense.*

culiacano adj y s Culiacanense: *poblaciones culiacanas, productos culiacanos.*

culiche adj y s m y f Que es originario de Culiacán, Sinaloa, que pertenece a esta ciudad o se relaciona con ella; culiacanense: "La familia de Pancho es *culiche*", *industria culiche.*

culminación s f **1** Acto de culminar algo: "Llegamos a la *culminación* de nuestros esfuerzos" **2** Aquello con lo que algo o alguien alcanza el punto de mayor altura, importancia, intensidad, etc: "La construcción del estadio olímpico fue la *culminación* del proyecto".

culminar v intr (Se conjuga como *amar*) **1** Alcanzar alguna cosa el punto de mayor altura, importancia, fuerza, etc: "Las negociaciones culminaron con la firma del tratado" **2** Acabar alguna cosa en un momento o situación de gran fuerza, intensidad o importancia: "Su existencia *culminó* en dramática agonía" **3** (*Astron*) Pasar un astro por el punto de máxima altura a que puede hallarse ese día por encima del horizonte.

culo s m (*Groser, Ofensivo*) **1** Parte carnosa y redondeada al final de la espalda en el hombre, sobre la que se sienta; porción final del espinazo de los animales; glúteos **2** Ano o abertura del recto que permite la salida de excremento: "Que se lo meta por el *culo*" **3** Extremidad anterior o posterior, especialmente de una vasija: *el culo de una botella* **4** (*Caló*) Bolsa trasera del pantalón.

culpa s f **1** Falta o daño que alguien comete: "No ha podido olvidar sus *culpas*" **2** Causa de algo que daña: "La *culpa* de la sequía es del clima" **3** *Tener o echar la culpa* Ser la causa de algo dañino o atribuírsela a alguien o a algo **4** *Tener o sentir culpa* Estar consciente de que se ha actuado mal o se ha provocado algún daño.

culpable adj y s m y f **1** Que es causante o responsable de una falta, delito o daño: "Usted es la *culpable* / de todas mis angustias / y todos mis quebrantos…", "Lo declararon *culpable* del fraude y lo condenaron a diez años de cárcel" **2** Que implica o manifiesta culpa: "Le pidió perdón con voz *culpable*".

culpar v tr (Se conjuga como *amar*) Decir que alguien es responsable de una falta, un daño, o un error: "No te *culpo* por eso".

culteranismo s m Estilo o movimiento literario de fines del siglo XVI y principios del XVII que se caracterizó por sus metáforas violentas, alusiones oscuras, hipérboles exageradas, etc, cuyo máximo representante en España fue Góngora; gongorismo.

cultivar v tr (Se conjuga como *amar*) **1** Trabajar la tierra y cuidar las plantas para que den fruto **2** Poner las condiciones y elementos necesarios para que se reproduzcan organismos vivos **3** Dedicarse a trabajar algo para que mejore o para dominarlo más: *cultivar la lengua, cultivar la ciencia, cultivar la amistad* **4** prnl Adquirir una cultura, especialmente artística o literaria.

cultivo s m **1** Acto de cultivar algo: *el cultivo del maíz, el cultivo de la ciencia* **2** Conjunto de las plantas y frutos que se ha cultivado: *un gran cultivo de jitomates, vender el cultivo* **3** Conjunto de los organismos que se ha cultivado y su propagación: *un cultivo de amibas* **4** *Caldo de cultivo* Conjunto de condiciones que favorece el desarrollo de microorganismos.

culto adj **1** Que conoce y practica su cultura: *pueblo culto, persona culta* **2** Que es resultado de los conocimientos de las capacidades humanas o de los conocimientos: *música culta, palabra culta, lengua culta* **3** Conjunto de actos y ceremonias con que se adora a una divinidad: *culto católico* **4** s m Homenaje o alabanza que se hace de algo o de alguien: *culto a la vida, culto al amor* **5** *Culto a la personalidad* Respeto excesivo a la personalidad de alguien y sumisión a sus ideas y su influencia.

cultura s f **1** Conjunto de experiencias históricas y tradicionales, conocimientos, creencias, costumbres, artes, etc, de un pueblo o una comunidad, que se manifiesta en su forma de vivir, de trabajar, de hablar, de organizarse, etc: *cultura maya, cultura mexicana* **2** Conjunto de los conocimientos de una persona, comunidad o época: *la cultura de Alfonso Reyes, cultura general, cultura clásica* **3** Resultado del cultivo de las capacidades humanas: *cultura física, cultura artística*.

cultural adj m y f Que pertenece a la cultura o se relaciona con ella: *programa cultural, situación cultural, intercambio cultural*.

cumbia s f Baile popular de ritmo tropical, originario de Colombia, y música con la que se acompaña.

cumbre s f **1** Parte más alta de una montaña: "En esta época el Popo sólo tiene nieve en la *cumbre*" **2** Grado más alto, de mayor importancia o desarrollo de algo: *la cumbre del poder, la cumbre de una cultura* **3** adj m y f Que es de lo mejor, que ha alcanzado o tiene el grado más alto de desarrollo o importancia: "El Quijote es una obra *cumbre* de la literatura universal".

cumpleaños s m sing y pl Fecha en que se cumplen años de haber nacido una persona: "Mi *cumpleaños* es el 6 de abril", *fiesta de cumpleaños*, "No le gusta festejar su *cumpleaños*".

cumplido I pp de *cumplir* **II** adj **1** Que cumple con sus obligaciones o responsabilidades: *un trabajador cumplido, una maestra cumplida* **2** Que es total o completo: "¡Mis más *cumplidas* gracias!" **3** s m Muestra de reconocimiento, consideración, admiración, etc que se hace a una persona para halagarla, por cortesía o amabilidad: "Recibió muchos *cumplidos* de sus invitados".

cumplimiento s m **1** Realización de lo que se debe o se está obligado a hacer: *cumplimiento del deber, cumplimiento de una promesa*, "Nos apegamos al estricto *cumplimiento* de las leyes" **2** pl Demostración de respeto y cortesía hacia alguien: *tener cumplimientos, andarse con cumplimientos*.

cumplir v tr (Se conjuga como *subir*) **1** Hacer alguien aquello a lo que está obligado, sea por compromiso, por una promesa o por un mandamiento: *cumplir un encargo, cumplir un contrato, cumplir la ley*, "*Cumpliremos* cabalmente con nuestros compromisos internacionales" **2** Llevar a cabo o realizar algo: *cumplir un deseo* **3** Completar un tiempo determinado: *cumplir años, cumplir un plazo*.

cúmulo s m **1** Conjunto o agrupación numerosa, apretada o espesa de alguna cosa: *un cúmulo de átomos, un cúmulo de grasa* **2** Nube gruesa, aislada, densa, de contornos limitados, en forma de cúpula con protuberancias, de base generalmente horizontal, blanca y de bordes brillantes, muy común en verano **3** (*Astron*) Conjunto denso de estrellas pertenecientes a un mismo sistema: *cúmulo estelar*.

cuna s f I **1** Cama pequeña, con barandales o costados altos, que generalmente se mece, en la que se acuestan los bebés o los niños pequeños: *mecer la cuna, poner en la cuna* **2** En un hospital, sección o habitación destinada al dormitorio y la atención de los bebés **3** Principio de la vida, nacimiento y primeros años de una persona: "Sufrí de asma desde la *cuna*", "Te conozco desde tu *cuna*" **4** Lugar de nacimiento de alguien, o de origen de alguna cosa: "Michoacán se considera como la *cuna* del libro en América", "La *cuna* del arte fotográfico fue Francia", "Guanajuato, *cuna* de la Independencia" **5** Clase social o ambiente familiar en el que nace una persona: *de cuna humilde, de noble cuna* **II 1** Espacio comprendido entre los cuernos de una res **2** Cavidad en la que descansa una pieza móvil, como la que sirve de apoyo a la caña del cañón de artillería.

cuña s f **1** Pieza metálica o de madera, generalmente con uno de sus extremos terminado en ángulo agudo, que se usa para ajustar, apretar o colgar algo, o para rellenar algún hueco: "Calzamos el librero con una *cuña*" **2** (*Anat*) Cada uno de los huesos del tarso que tiene esta forma.

cuñado s Hermano o hermana del marido con respecto a la esposa, y hermano o hermana de la esposa con respecto al marido: "Cristina es mi *cuñada*", "¡Hola *cuñado*!".

cuota s f **1** Cantidad fija y proporcional que debe pagarse por un servicio o por un beneficio: *cuota de inscripción, cuota de mantenimiento, cuota sindical, pagar la cuota, bajar cuotas, pedir la cuota, carretera de cuota* **2** Cantidad de un producto estipulada por un contrato, un compromiso o un acuerdo, que debe alcanzarse y cubrirse en un lapso determinado: *la cuota azucarera, cuota de exportación, una cuota de trabajo diario*.

cúpula s f **1** Bóveda con forma de media esfera, que sirve de techo a una construcción: *las cúpulas de la catedral, una cúpula reluciente* **2** Nivel más alto de los dirigentes de una agrupación: *la cúpula empresarial, un acuerdo en la cúpula, la cúpula del poder estatal*.

cura¹ s f Aplicación de medicinas y cuidados a un enfermo, y tratamiento que se sigue para hacerlo.

cura² s m Sacerdote católico.

curación s f **1** Aplicación de medicamentos o remedios a un enfermo o herido para que sane **2** Restablecimiento o recuperación de la salud después de una enfermedad: *una curación repentina* **3** Conjunto de vendajes, desinfectantes y otros remedios que se pone en una herida para que sane.

curar v tr (Se conjuga como *amar*) **1** Dar medicamentos o remedios a un enfermo o a un herido para que sane: "No lo *curaron* a tiempo" **2** prnl Recuperar la salud: "Para *curarse* debe descansar" **3** Preparar una cosa para que se conserve en buen estado o para que sirva a algún fin: *curar la carne y el pescado, curar la madera, curar las pieles, curar el pulque*.

curato s m Cargo del cura de una localidad, y casa en donde se ejerce; parroquia: "El *curato* de Escuincla está dedicado a Santo Domingo de Guzmán", "Nos despedimos en el zaguán del *curato*".

curia s f **1** Conjunto que forman todos los que intervienen en la administración de justicia **2** *Curia romana* Conjunto que forman las congregaciones y los tribunales que ejercen el gobierno de la Iglesia católica desde Roma, sujetos a la autoridad papal **3** *Curia diocesana* Conjunto de administradores que intervienen en el gobierno de una diócesis, como ayuda del obispo.

curiosamente adv De manera curiosa, que sorprende o llama la atención: *"Curiosamente, el mismo alcalde tolera la promiscuidad"*.

curiosear v intr (Se conjuga como *amar*) Mirar o revisar alguna cosa por simple curiosidad, sin ningún propósito específico: "Me puse a *curiosear* en su escritorio y se enojó conmigo", "Ando *curioseando*, pues no tengo dinero".

curiosidad s f **1** Deseo, impulso o gusto por ver, saber y averiguar las cosas como son, suceden o han pasado: *sentir curiosidad, despertar la curiosidad, colmar la curiosidad, satisfacer la curiosidad,* "Siempre sintió *curiosidad* por los animales marinos" **2** Deseo de enterarse de alguna cosa que no le atañe a uno: "Movido por la *curiosidad*, se metió en un problema" **3** Cuidado que se pone para hacer algo con minuciosidad: "Tiene mucha *curiosidad* para el bordado" **4** Objeto poco común, y de características particulares, que puede interesar a una persona, en particular a un turista: *curiosidades mexicanas, venta de curiosidades.*

curioso adj y s **1** Que siente curiosidad por alguna cosa: *un niño muy curioso,* "Un aventurero de ésos, *curiosos* de indagar lo que es el mundo" **2** Que se interesa indebidamente por asuntos de otra gente: "No andes de *curioso*: te vas a meter en líos", "Los *curiosos* son de palo" **3** Que es raro, que llama la atención: *un dato curioso,* "Un *curioso* libro, intitulado *Física primitiva", una hipótesis muy curiosa* **4** Que es muy cuidadoso y minucioso en el desempeño de una ocupación: "Clotilde es una muchacha muy *curiosa* con sus labores".

currículo s m Curriculum.

curriculum s m (Su plural es *currícula*) **1** Relación escrita de los estudios, títulos, diplomas, empleos, etc de una persona, con la que se da cuenta de su capacidad profesional; curriculum vitae, currículo: "Presente usted copia de su *curriculum*", "Solicitaron todos los *curricula* de los investigadores" **2** Conjunto de materias que debe aprobar un estudiante en un grado o en una carrera determinada.

cursar v tr (Se conjuga como *amar*) **1** Llevar una persona los cursos de una escuela; estudiar un curso particular, asistiendo a clases y presentando los exámenes correspondientes: "*Cursa* el segundo año de secundaria", "*Cursó* la licenciatura en leyes en la universidad" **2** Seguir o hacer seguir su curso, su camino o su desarrollo alguna cosa: "La paciente *cursó* con una forma grave de necrólisis durante años", *cursar la correspondencia, cursar una orden.*

cursi adj m y f **1** Que es ridículo y de mal gusto, pero con pretensiones de elegancia y distinción: *una casa cursi del Pedregal, una señora cursi, un discurso cursi* **2** Que trata de expresar sentimientos o emociones supuestamente elevados, pero de manera vulgar, ridícula y de mal gusto: *una telenovela cursi, un poema cursi.*

cursiva adj y s f Tratándose de tipos de letra, la que es inclinada, como la que se utiliza en los ejemplos de este diccionario: *letra cursiva, poner en cursivas.*

curso s m **1** Camino, recorrido o trayectoria que sigue alguien o algo para llegar a alguna parte: *curso de un río, curso de un barco* **2** Serie de estados en que se da el desarrollo de algo: *curso de las enfermedades, curso de la historia* **3** Circulación: *moneda de curso legal* **4** *En curso* Que circula, que corre: *moneda en curso, año en curso* **5** *Dar curso* Hacer que algo comience su recorrido o su desarrollo: *dar curso al debate* **6** Periodo o espacio de tiempo: "Entregar los informes en el *curso* de un mes" **7** Periodo o espacio de tiempo en el que hay clases en las escuelas **8** Materia o asignatura que se enseña en las escuelas y universidades y, en general, conjunto de conocimientos que se enseñan acerca de algo: *curso de matemáticas, curso de ciencias sociales, curso de cocina.*

curtir v tr (Se conjuga como *subir*) **1** Dar a las pieles de los animales cierto tratamiento para hacerlas flexibles y apropiadas para fabricar diversos objetos **2** Hacer el sol y el aire que se endurezca, se vuelva más resistente y se ponga más oscura la piel **3** Acostumbrar a alguien a dificultades, penas, trabajos difíciles, de modo que se le endurezca el carácter: "La vida en el campo lo *ha curtido*".

curul s f Puesto y silla que ocupa cada uno de los miembros del poder legislativo en una república, así como otros altos magistrados del poder judicial: *atribución de curules, ganar una curul en la cámara,* "Los diputados se fueron sentando en las *curules* de la derecha".

curva s f (*Geom*) Línea cuyos puntos se apartan gradualmente de la recta sin formar ángulos.

curvo adj Que tiene o sigue la forma de una curva.

cúspide s f **1** Parte más alta y en forma de punta de una montaña o de alguna otra cosa: "La *cúspide* del volcán es el llamado Pico del Águila", "Las barras ondean en la *cúspide* de las torres" **2** (*Geom*) Punto en donde se unen los vértices de todos los triángulos que forman los lados de una pirámide o las generatrices del cono **3** Punto o nivel de mayor desarrollo, jerarquía o importancia de algo: "Manolete está en la *cúspide* de su carrera taurina", "Hubo una reunión en la *cúspide* empresarial".

cutáneo adj Que pertenece a la piel o se relaciona con ella: *una erupción cutánea, injertos cutáneos, un medicamento de aplicación cutánea.*

cutícula s f **1** Capa exterior y muy delgada de la piel; epidermis **2** Capa delgada de piel, pegada a la base de las uñas **3** (*Bot*) Película externa de la epidermis de las plantas, que la recubre por completo, constituida por cutina, sin celulosa alguna.

cutis s m Piel de los seres humanos; particularmente la de la cara: *cutis de colegiala, un cutis fresco y lozano, crema para el cutis, cuidados del cutis.*

cuyo[1] adj Indica que el sustantivo al que precede y determina es parte, propiedad o posesión del sustantivo que le sirve de antecedente: "El alumno *cuyos* trabajos estén terminados, podrá salir temprano", "La muchacha, de *cuya* familia te conté, acaba de llegar", "El campesino, hacia *cuyas* tierras nos dirigimos, es muy buena persona", "En un lugar de la Mancha, de *cuyo* nombre no quiero acordarme…".

cuyo[2] s m Conejo o conejillo de Indias.

ch s f Cuarta letra del alfabeto; representa el fonema palatal africado sordo, como en *chango, ancho*. Su nombre es *che*.

chabacano[1] s m **1** (*Prunus armeniaca*) Árbol frutal pequeño de la familia de las rosáceas, de corteza rojiza, flores rosadas y fruto amarillo rojizo **2** Fruto de este árbol, de 2 a 5 cm de largo, con un hueso grande y duro rodeado de pulpa blanda; se come fresco o seco y se hacen con él jaleas, mermeladas.

chabacano[2] adj Que es de mal gusto, que no tiene armonía ni arte: "Tu amigo tiene una manera de vestir muy *chabacana*", "Pintó su cuarto como semáforo y quedó bien *chabacano*".

chachachá s m Baile del género tropical, de compás de cuatro cuartos, cuyo tercer tiempo tiene dos corcheas. Se baila en pareja, abrazados, o por separado y en cuadrillas, con un conjunto de pasos tradicionalmente definidos; los más conocidos son "Las clases del chachachá" y "Los marcianos".

chachalaca s f **1** (*Ortalis vetula*) Ave de la familia de los crácidos, de diversas especies, según la región, y semejante a la gallina; su plumaje es generalmente pardo oliváceo, claro por arriba; tiene una cola larga verdosa con algunos brillos metálicos (la del bosque caducifolio por lo general tiene el vientre rojizo), y apenas un toque de rojo en la piel desnuda de la garganta; en la cresta tiene unas cuantas plumas. Cloquea fuertemente, y con frecuencia a coro. Se encuentra en la región costera del Golfo de México, en la península de Yucatán y en el bosque caducifolio de la costa del Pacífico **2** Persona que habla mucho o ruidosamente, en particular si es mujer.

chaflán s m **1** Plano generalmente largo y estrecho, que resulta de cortar una esquina para eliminar la arista o el filo, ya sea de paredes, de piezas de metal, de piezas de cuero, etc: *hacer un chaflán* **2** Esquina de una calle, cortada de esa manera.

chahuiztle s m **1** (*Puccinia graminis*) Hongo que ataca principalmente a las plantas gramíneas, como el trigo, el maíz, etc, que se presenta en forma de polvillo negro o rojizo en las hojas y los tallos, haciendo que se marchiten y se mueran; roya **2** Cualquier plaga muy dañina, sin importar su origen: *chahuiztle del manzano, chahuiztle del pino* **3** *Caerle a alguien el chahuiztle* (*Coloq*) Sobrevenirle a alguien desgracias o mala suerte: "Perdí la chamba, se enfermó mi madre y reprobaron a mi hijo. ¡Ora sí que me cayó el chahuiztle!".

chal s m Pieza de tela o de tejido de lana, de seda o de otro material, de forma rectangular o triangular, con la que se cubren las mujeres la espalda, los hombros y a veces la cabeza: *ponerse un chal*, "Una mujer, que se cubría la cara con un *chal*, estaba frente a la puerta".

chalán[1] s m Embarcación de poco calado y ancha, de fondo plano, impulsada por una pértiga o por un motor, que sirve para transportar personas y carga de un lado a otro de un río: "Llegué tarde y se me fue el *chalán*".

chalán[2] s m **1** (*Popular*) Ayudante, generalmente de albañil, pero también del conductor de un autobús: "¡Ándele, Adolfo, véngase con su *chalán* a hacerme esta obrita!" **2** (*NO, Coloq*) Persona muy conversadora y de buen humor.

chale adj y s m y f (*Popular, Ofensivo*) Chino; persona que es originaria de China: *un café de chales, una lavandería de chales*, "¡Aguas, ahí vienen los *chales*, y son muchos!".

¡chale! interj (*Popular*) ¡Caray! ¡Caramba!: "¡*Chale* contigo, Raúl!, hay que tratar de sacar la luz de donde se pueda", "¡*Chale*, ahí está la tira!".

chaleco s m **1** Prenda de vestir sin mangas, que se pone encima de la camisa para proteger el pecho y la espalda; los hay cerrados o con botones: "Se sentían felices de no tener que usar corbata ni *chaleco* ni traje", *ponerse el chaleco* **2** *Chaleco salvavidas* El que se infla, para ayudar a una persona a mantenerse a flote en el agua **3** *A chaleco* (*Coloq*) A fuerzas: "Le tuve que dar dinero *a chaleco*".

chalupa s f **1** Embarcación pequeña; particularmente la de una sola pieza, angosta, que se impulsa con un solo remo y sirve para navegar por canales, acequias o lagos de aguas tranquilas **2** Tortilla de maíz, un poco gruesa, ovalada y abarquillada, en cuyo interior se ponen frijoles, queso, hebras de carne, salsa, lechuga, etc: "¿No se te antojan unas *chalupitas* poblanas?" **3** Receptáculo de metal que se empotra en la pared, para recibir los cables eléctricos y contener las conexiones del apagador y los contactos.

chamaco s m (*Coloq*) **1** Niño o adolescente: "La plaza estaba llena de *chamacos*", "Se me acercó un *chamaquito* a pedirme limosna", "Las *chamacas* del equipo mexicano ganaron el campeonato" **2** f Novia: "Endiosado con mi *chamaca*, cerré los ojitos y no sé cuántas piezas bailé".

chamán s m Persona dotada de aptitudes mentales, conocimientos médicos tradicionales y fuerte personalidad, que cura, aconseja y orienta a sus pacientes en comunidades indias, negras o asiáticas.

chamarra s f **1** Prenda de vestir que cubre el tórax, desde el cuello hasta la cintura o la cadera; tiene mangas, se abrocha o se cierra por delante y se usa sobre la camisa o el vestido: *ponerse la chamarra, andar de chamarra, una chamarra de gamuza* **2** Prenda de vestir de lana burda, cerrada por delante, con aberturas en las axilas, que usan los tzotziles **3** (*NO*) Bozal de correas de cuero, que se pone a los perros bravos.

chamba s f (*Coloq*) Trabajo u ocupación: *tener chamba, pedir chamba, dar chamba, mucha chamba, andar sin chamba*, "Está sin *chamba* y no tiene para pagar la renta", "Le consiguió una *chamba* en la fábrica de su tío".

chambrita s f Prenda de vestir para bebé, tejida con estambre, que cubre el tronco y los brazos: *tejer una chambrita*.

chamizo s m (*Atriplex canescens*) Arbusto de cerca de 1.5 m de alto, de hojas pequeñas, lineales y blanquecinas que se aprovechan como forraje en las zonas áridas del norte de México; sus semillas las comen algunos pueblos indígenas. Crece formando grandes macizos.

chamorro s m **1** Pierna de cerdo, principalmente la pulpa o el músculo grueso de la pantorrilla, que comprende la tibia y el peroné de las patas traseras, y radio y cúbito de las delanteras: "Me comí un *chamorro...*" **2** Pantorrilla bien formada de mujer: "¡Qué lindos *chamorros* tiene Teresa!"

champaña s f Vino blanco espumoso, originario de la región francesa de Champagne, muy apreciado para brindar en ocasiones importantes: *una copa de champaña, beber champaña, derramarse la champaña, brindar con champaña*.

champiñón s m Hongo comestible del género *agaricus*; la especie más conocida es *Agaricus campestris*; tiene pie corto y ancho, sombrero en forma de cono, redondeado por el ápice, y es generalmente de color blanco cremoso; llega a medir hasta 3 cm de altura. Otras especies cultivadas en México son *Agaricus brunnescens* y *Agaricus bisporus*: *una sopa de champiñones*.

champú s m Líquido o pasta jabonosa, generalmente perfumada, que se usa para lavar el cabello, pero también lo hay para lavar ropa, muebles, alfombras, etc: *darse un champú, lavarse con champú*.

chamula 1 s m Grupo indígena tzotzil del norte de San Cristóbal de las Casas, en Chiapas, habitante del pueblo de San Juan Chamula. Se dedica al cultivo del maíz, frijol, trigo, cebada y algunas frutas, así como a la explotación de la madera de los bosques. Es de religión cristiana, mezclada con ritos ancestrales y está dividido en dos sectas: una católica y otra evangelista, lo que causa problemas entre ellos desde hace años **2** adj m y f Que pertenece a este grupo indígena o se relaciona con él: *textiles chamulas, ritos chamulas*.

chance s m (*Coloq*) **1** Oportunidad o posibilidad que se ofrece en un momento determinado: "Ni a quién pedirle un *chance*, ni a quién pedirle una última oportunidad", "Anotó dejando sin *chance* al portero", "Este año sí hay *chance* de ganar dinero", "Se fueron, y ni *chance* de hablar con ellos", "Como es hija del presidente, tiene muchos *chances*", "Ayúdame, dame *chance*" **2** *Chance y* Quizá, es posible que: "Se enfermó, *chance y* ya no pueda tener chavitos", "*Chance y* me saque la lotería".

chancla s f (*Coloq*) **1** Zapato viejo: "¡Mira nomás, qué *chanclas* más feas te has puesto!" **2** Zapato de casa, cómodo y caliente: "Tráeme mis *chanclas*, que me voy a levantar de la cama" **3** Calzado ligero, sin talón, de plástico **4** *Ponerse hasta las chanclas* (*Popular*) Emborracharse.

chango s **1** Cualquier primate, especialmente el que corresponde al género *ateles*, sobre todo el mono

araña (*Ateles geoffroy, ateles veilerosus*); este último es delgado, de extremidades largas y colgantes, cabeza pequeña, de color café rojizo en el lomo y los costados, y casi blanco en las partes inferiores; sus dedos pulgares están poco desarrollados o casi no existen. Vive en los bosques tropicales y húmedos del oriente de México **2** (*Popular*) Persona: "En cuanto a las venusinas, o sea las *changuitas* de Venus, que vengan, que aquí no ha de faltarles nada", "Se me acercó un *chango* con cara de pocos amigos", "Andaba bailando con las *changuitas* de su barrio" **3** *Ponerse chango* (*Popular*) Ponerse listo o alerta **4** *Dar el changazo* (*Popular*) Caer al suelo con violencia **5** *Dar el changazo* (*Popular*) Morirse **II** *Hacer* o *poner changuitos* (*Coloq*) Cruzar dos dedos, para propiciar que algo que uno desea, suceda o se conceda: "*Haz changuitos* para que me gane el premio" **III** (*Popular*) Pubis de una mujer: "Se le veía todo el *chango*".

chantaje s m Amenaza a alguien, de causarle algún daño si no acepta las peticiones o las condiciones que se le tratan de imponer: *no prestarse al chantaje, ejercer chantaje*.

chañabal s m y f Tojolabal.

chao interj ¡Adiós, nos vemos!: "¡*Chao*, que te vaya bien! — ¡*Chaoito*!

chapa s f **1** Dispositivo de metal formado por un pestillo, muelles, resortes y una combinación de piezas con muescas, que sirve para cerrar y asegurar una puerta mediante el uso de una llave: *poner una chapa, arreglar la chapa, una chapa de seguridad* **2** *Darle a alguien en la chapa* (*Coloq*) Causarle un daño grave, herirlo o matarlo: "La devaluación *le dio en la chapa* a sus ahorros", "Sus enemigos *le dieron en la mera chapa*" **3** Lámina delgada de metal o de madera que sirve para cubrir una superficie y darle mejor aspecto: *chapa de nogal, chapa de oro* **4** Distintivo plano de metal, con que se identifica un policía **5** Trozo de piel que refuerza las costuras de un zapato **6** Color rojo o rosado de cada cachete, que sale naturalmente por el ejercicio, el acaloramiento, o el viento frío, o que se pinta con cosméticos: *salirle chapas a uno, unas chapas bien rojas*.

chaparreras s f pl Cubiertas de cuero grueso y flexible de venado, de chivo o de gamuza, que usan los vaqueros y los charros sobre el pantalón para protegerse de los chaparros y otros arbustos y varas en el campo; se atan por la cintura con correas y se ajustan a las piernas por medio de trabas y hebillas: "Se ponían las *chaparreras* y las espuelas, recogían las reatas y montaban a caballo".

chaparro I adj Que es más bajo de estatura: "Un blanco, *chaparro* él, de barba, nervioso y simpático", "La mujer que es *chaparrita* / cuando no alcanza, se empina", *una chaparrita cuerpo de uva* **II** s **1** (*Curatella americana*) En occidente y en el sureste, arbusto de la familia de las dileniáceas, de 3 a 6 m de altura, de hojas ovales, de 12 a 30 cm de largo, muy ásperas, con nervaduras numerosas y paralelas, que llegan a servir como lija; tiene flores blancas de olor desagradable; semillas negras, con una cera que perfuma el chocolate, y una corteza rica en tanino, útil para curtir pieles; raspavieja, hoja man, tlachicón **2** En el altiplano y el noreste, diversas variedades del encino **3** *Chaparro amargo* (*Castela tortuosa*)

En los altiplanos, arbusto espinoso que llega a medir hasta 2 m de altura, cuyas ramas están cubiertas de espinas de 5 a 6 cm de largo; sus hojas son alternas, agrupadas en cuatros, sin peciolo, con solamente la nervadura central visible; sus flores son solitarias, de color rojo anaranjado; los frutos son drupas rojas, de 2 a 3 mm de largo, y su corteza es de color gris y sabor amargo, con la que se prepara un remedio contra las amibas; preparada ésta con ajenjo y alcohol, da una bebida que se consume en la zona mazahua; bisbirinda, amargoso **4** *Chaparro prieto* Cualquier arbusto espinoso de la familia de las leguminosas; en el noroeste, *Acacia amethaceae* **5** En el altiplano meridional, nopal de poca altura **6** En Tabasco, cualquier árbol pequeño y enredado **7** (*Ver S*) Corte de hierba a machete y al ras del suelo **III** s (*Aythya collaris*) Pato migrante que se encuentra en las ciénegas de agua dulce en Veracruz. El macho tiene la cabeza y el cuello de color negro; la base del cuello es un collar café castaño; su pecho, dorso, rabadilla y cola son negros. La hembra es de color café, con un círculo blanco alrededor de los ojos, y de cara blancuzca; ambos tienen pico azul gris, con dos anillos blancos en la base y cerca de la punta, que es negra; pato boludo prieto.

chapín s Guatemalteco: *los futbolistas chapines.*

chapopote s m Sustancia negra, pesada y espesa que forma parte del petróleo; se encuentra en distintos lugares, particularmente en el mar, y se utiliza para asfaltar caminos, impermeabilizar techos y paredes, etcétera.

chapulín s m (*Schistocerca americana*) Insecto ortóptero, generalmente de color verde amarillento, que tiene casi todo el cuerpo cubierto por una membrana de quitina. De sus tres pares de patas, el posterior alcanza un gran desarrollo y le permite dar grandes saltos. De sus alas, las anteriores son estrechas, alargadas y resistentes; las posteriores, mucho más grandes y delicadas, le sirven para volar y puede plegarlas para cubrirlas bajo las primeras. Es herbívoro y muy voraz, por lo que en grandes grupos llega a constituir plagas dañinas para la agricultura. Algunas de sus variedades se consumen como alimento en ciertas regiones del país; saltamontes.

chaqueta s f **1** Prenda de vestir que se usa sobre la camisa o el vestido; tiene mangas largas y cubre el tórax hasta la cintura; se cierra por el frente **2** *Chaqueta charra* La que usan los charros, entallada; puede ser bordada y con botonadura de plata **3** *Chaquetilla* La de los toreros; con adornos de hilo dorado generalmente, y raso colorido **4** *Cambiar de chaqueta* (*Popular*) Cambiar de bando **5** (*Popular*) Masturbación masculina: *hacerse una chaqueta.*

chaquira s f **1** Cuentecita de vidrio o plástico, de diferentes colores, que tiene una perforación por el centro para poderla ensartar, con la que se hacen adornos en vestidos, collares y otros objetos **2** (*Ceanothus caeruleus*) Arbusto de la familia de las ramnáceas, siempre verde, de hasta 2.5 m de altura; sus hojas son alternas, lanceoladas y aserradas en los bordes, de 5 a 7 cm de largo; tiene flores azules muy pequeñas, agrupadas en panículas muy apretadas; su fruto es una drupa con cuatro semillas. Es común en las regiones

templadas de México. Su corteza tiene propiedades tónicas y febrífugas. El cocimiento de sus hojas se usa popularmente contra las enfermedades de la garganta; y el de la raíz, para combatir enfermedades venéreas.

charal s m **1** (*Chiristoma Chapalae*) Pez pequeño y delgado de 5 a 16 cm de largo, de color plateado, y muy apreciado como comestible. Vive en agua dulce, principalmente en los lagos y lagunas de Michoacán y Jalisco **2** Persona o animal que está muy flaco: *estar como charal.*

charanda s f **1** Aguardiente de caña de azúcar, destilado en Michoacán **2** En Michoacán, tierra rojiza que contiene óxido de hierro **3** En Michoacán, agua revuelta con esa tierra, que adquiere color rojizo.

charango s m Pequeña guitarra de cinco cuerdas y sonido muy agudo, hecha de madera blanca o con la caparazón del armadillo, que se usa en la música andina.

charco s m **1** Retención de agua que se forma sobre la superficie del suelo, cuando llueve: *brincar un charco, hacerse charcos, no pisar un charco,* "Todavía hay quienes creen que los *charcos* donde habita el lagarto jamás llegan a secarse" **2** *Cruzar el charco* Cruzar al otro lado del mar.

charla s f **1** (*Periodismo*) Conversación o plática: "En el comedor, la *charla* se hizo más general y corriente", "Después de un rato de *charla*, me puse en pie" **2** Plática pública y relativamente informal acerca de algún tema: "La *charla* dará principio a las 19:30 h", "La asociación organiza reuniones, conferencias, *charlas* y publicaciones".

charlar v intr (Se conjuga como *amar*) (*Periodismo*) Platicar sin formalidad alguna y sin tema específico: "Tomó por fin asiento y *charló* brevemente con la conductora del programa".

charleston s m Baile de origen estadounidense, popular en las décadas de 1920 y 1930, de ritmo rápido, en compás de $^4/_4$, sincopado, que se baila en pareja, con pasos determinados, como mover las rodillas o los talones hacia dentro y hacia afuera, agitar las manos hacia arriba, etc: *bailar el charleston.* (Se pronuncia *chárleston.*)

charola s f **1** Recipiente generalmente de metal, plano, con un borde pequeño alrededor, que sirve para transportar platos, tazas, etc, para hornear alimentos o, en las oficinas, para poner en él documentos: *una charola de plata* **2** *Poner o servir algo en charola de plata* (*Coloq*) Darle algo a alguien en las mejores condiciones, para que lo aproveche: Les puso su error a sus jueces *en charola de plata,* para que lo sentencien con facilidad" **3** *Pasar la charola* (*Popular*) Hacer una colecta de dinero entre las personas que se encuentran en algún lugar: "En la reunión de industriales, el PRI pasó la *charola*" **4** (*Popular*) Placa o chapa bruñida de la policía: "Me sacaron la *charola* los judiciales, y tuve que rendirme".

charrería s f Actividad y conjunto de las prácticas que realizan los charros en el campo, y de las artes y suertes que ejecutan con el caballo, el lazo y el ganado: *exhibición de charrería.*

charretera s f Adorno del uniforme militar, que consiste en una tablilla que se coloca sobre cada hombro, bordeada con hilo y un fleco dorados o plateados.

charro s **I 1** Persona dedicada a la cría de ganado siguiendo las tradiciones campiranas mexicanas; diestro en el manejo del lazo y en la doma de caballos; se caracteriza por vestir un traje compuesto por un pantalón ajustado, que tiene botonadura de plata a los costados; camisa blanca, corbata de lazo, chaleco y chaqueta corta. Usa un sombrero de copa alta y ala ancha, levantada por el frente. La mujer viste falda larga, y chaqueta y sombrero como los de los hombres: *vestir de charro, traje de charro, ser charro* **2** adj Que pertenece a los charros o se relaciona con ellos: *silla charra, traje charro, lienzo charro, suerte charra* **II** adj **1** Que tiene mal gusto, es exagerado y ridículo: *unos zapatos muy charros*, "¡Qué gustos tan *charros* tienes tú!" **2** Que es tonto o torpe; que tiene poca educación o cultura **III** adj y s Que traiciona los intereses del gremio al que supuestamente defiende; que es corrupto: *líder charro, sindicato charro*, "Los *charros* pactaron con los patrones" **IV** s Pez marino de la familia *Carangidae*, que habita en todo el Golfo de México (*Trachurus lathami*) y desde las costas de Cabo San Lucas hasta las de Guerrero (*Decapterus hypodus*); es comestible; charrito.

charrúa s y adj m y f **1** Tribu de aborígenes que habitaban la costa septentrional del Río de la Plata: Uruguay, y partes de Argentina y de Brasil **2** Que es originario de esta región; particularmente del Uruguay, o que se relaciona con ella: "Para hoy el duelo entre *charrúas* y aztecas".

chasís s m Armazón de acero que sostiene la carrocería y el motor de un vehículo o de un carro: *un chasís de camión, descuadrarse el chasís*.

chatino s m **1** Grupo indígena mexicano que habita la zona suroccidental del estado de Oaxaca. Su gobierno está organizado de tal manera que cada hombre desempeñe cargos públicos desde los catorce hasta los sesenta y cinco años de edad. Su religión es una mezcla de catolicismo y de politeísmo nativo caracterizado por sus creencias animistas. El matrimonio entre dos personas del pueblo con el mismo apellido está prohibido. El clima en que vive es caliente y seco en la costa, frío en las montañas y templado en los valles. Su agricultura es de roza. Utiliza el arado de bueyes en las planicies y el bastón plantador en las laderas de las montañas. El chatino combina el cultivo del maíz en parcelas propias con el trabajo asalariado en campos cafetaleros **2** Lengua de la subfamilia zapoteca, familia oaxaqueña, que habla este grupo indígena **3** adj y s Que pertenece a este grupo indígena o se relaciona con él: *el animismo chatino, las costumbres chatinas*.

chato adj y s **1** Tratándose de la nariz, que es corta y poco afilada: **2** Que tiene la nariz corta y poco afilada: *de nariz chata* "Era alto, de cabeza grande y *chato*" **3** (*Coloq*) Nariz: "Límpiate las *chatas*" **4** (*Coloq*) Niño o joven por los que se siente cariño; novia: "Oye *chato*, tráeme un banco, por favor", "Mi *chatita* anda de luto sin haberme muerto yo" **5** Que es poco prominente, que no tiene salientes: *una torre chata* **6** Que es bajo, de poco alcance o de horizonte limitado: "La pintura pertenece al realismo más *chato*" **7** s m Maguey tequilero **8** s m Vaso bajo para tomar vino: *un chato de manzanilla* **9** s m Recipiente con el que se toma pulque.

chauvinismo s m Actitud nacionalista exacerbada, que desprecia y aun persigue lo extranjero: "Toda expresión de *chauvinismo* hace daño al deporte olímpico". (Se pronuncia *chovinismo*.)

chavo s (*Coloq*) **1** Niño o joven: "Tengo cuatro *chavos*", "El concierto de rock estaba lleno de *chavos*", "A mí me encantan las *chavas* liberadas" **2** Novio o compañero estable, con quien se hace vida marital: "Ven a la fiesta y trae a tu *chava*", "Te presento a mi *chavo*" **3** *Chavo fresa* El que se comporta con urbanidad y buenas maneras en un ambiente arrebatado y excitado; el que conserva gustos tradicionales en música y baile **4** (*Popular*) *Chava rol* La lesbiana que tiene el papel activo en una relación amorosa con otra.

chayote s m **1** (*Sechium edule*) Planta cucurbitácea de tallos trepadores y vellosos; sus hojas son grandes, con nervaduras de color claro y de superficie áspera; produce un fruto comestible **2** Fruto de esta planta, de forma parecida a la de la pera, de 10 a 12 cm de largo; la cáscara es fuerte y en algunas variedades tiene espinas, en otras es lisa, de color verde oscuro o claro, blanco o amarillento; su carne es blanda, contiene mucha agua, tiene en el centro una pepita también comestible. Se come cocido y su sabor es ligeramente dulce.

che s f **1** Nombre de la letra *ch* **2** s m y f (*Coloq*) Argentino: "Yo conozco muchos *ches*".

checar v tr (Se conjuga como *amar*) **1** Comprobar la validez, la calidad o el buen estado de algo o alguien respecto a una norma, una lista o un catálogo previamente fijados: *checar la presión del aceite, checar el aire de las llantas* **2** Marcar algo para comprobar alguna cosa como la entrada de alguien a un lugar, la utilización de algo, etc: *checar los boletos, checar la tarjeta de asistencia*.

checo s **1** Persona originaria de la región de Bohemia, en Europa central, de raza eslava **2** adj Que es originario de Checoeslovaquia, ahora República Checa; que pertenece a esa república o se relaciona con ella: *cine checo, artista checa* **3** s m Lengua eslava hablada en esas regiones.

checoeslovaco adj y s Que pertenecía a Checoeslovaquia, era originario de ese país o se relacionaba con él.

chef s m y f Cocinero en jefe, en los restaurantes finos: *la receta del chef, atención personal del chef*, "El *chef* recomienda crepas de cuitlacoche".

cheque s m **1** Documento con el que se sirve una persona para que otra cobre en un banco una determinada cantidad de dinero que tiene depositado en él **2** *Cheque certificado* El que lleva la certificación bancaria de que existen fondos suficientes para pagarlo **3** *Cheque cruzado* Aquel al que se le trazan dos rayas transversales y paralelas en su frente, como señal de que no puede endosarse a otra persona, sino que se debe depositar en la cuenta del destinatario **4** *Cheque de viajero* El que extiende un banco o se vuelve válido como un billete, con sólo la firma de su poseedor.

chequeo s m Examen general y cuidadoso de alguien o de algo, especialmente el que se efectúa con un médico a una persona, o a un mecánico a un vehículo, con el objeto de prevenir posibles enfermedades o posibles accidentes: *un chequeo de rutina, hacerse un chequeo*.

chetumalense adj y s m y f Que es natural de Chetumal, capital del estado de Quintana Roo; que pertenece a esta ciudad o se relaciona con ella; chetumaleño: *aduana marítima chetumalense*.

chetumaleño adj y s Chetumalense: *selva chetumaleña, aserraderos chetumaleños*.

chía s f **1** (*Salvia hispanica*) Planta anual, de cerca de 1.5 m de altura, de tallo velloso, cuadrangular y acanalado, de hojas opuestas, con bordes aserrados; sus flores son azules, en forma de espiga; cada una contiene cuatro frutos pequeños **2** Semilla de esta planta, de 2 cm de largo, de color café grisáceo y manchas rojizas; es esponjosa y aceitosa; se usa para preparar bebidas refrescantes y se obtiene de ella un aceite secante: *agua de chía*.

chiapaneco adj y s Que es natural de Chiapas, pertenece a este estado o se relaciona con él.

chicano s y adj Ciudadano de los Estados Unidos de América, de origen mexicano, que milita en la defensa de sus derechos sociales, laborales, culturales y lingüísticos como minoría en ese país; que forma parte de esa comunidad o se relaciona con ella: "Yo soy *chicano*", *movimiento chicano, teatro chicano*.

chicle s m **1** Pastilla que se mastica como dulce o golosina y se prepara industrialmente a base de una sustancia pegajosa que se extrae del tronco del chicozapote y a la que se añaden endulzadores, aromatizantes y saborizantes; al masticarse adquiere una consistencia blanda y elástica: *chicle de menta, una caja de chicles* **2** Chicle bomba El que cuando se mastica puede inflarse haciendo salir un pequeño globo por la boca **3** Sustancia pegajosa que se extrae del tronco del chicozapote.

chico I adj y s **1** Que es pequeño, de poco tamaño: *un carro chico, un hombre chico, una plaza chica, ojos chiquitos, niña chiquita, patria chica, área chica,* "Cuando era yo *chiquito*, lloraba mucho" **2** (*Coloq*) Que es enorme, descomunal: *chico zapatote, chico golpazo, chica montañota, chico rato* **3** Niño, adolescente o joven: *una chica guapa, un buen chico* **4** *Hacer(se) la chica* (*Coloq*) Resultar triunfador el concursante o el competidor menos esperado: "*Se hizo la chica*: mi caballo ganó 10 a 1" **5** Pequeño vaso de pulque **II** s m **1** (*Mimus gilvus*) Pájaro semejante al cenzontle, de la familia de los mímidos, que se encuentra en Yucatán **2** (*Tab*) Animal carnívoro de la familia de los prociónidos, como el mapache (*Procyon lotor*) y el tejón (*Nasua nasica*) **3** Chicozapote.

chicote s m **1** Especie de vara larga, delgada, dura pero flexible, hecha generalmente de cuero, de unos 50 cm de longitud, con un asa para sostenerla y generalmente terminada en varias tiras, con que se golpea a las caballerías **2** Cable flexible, envuelto en una coraza de metal, que sirve como medio de transmisión mecánica del movimiento a un pedal del automóvil a un dispositivo del motor, como el del acelerador o el del freno: *romperse el chicote* **3** (*Ver*) Colilla de cigarro.

chicozapote s m **1** (*Achras zapota*) Árbol de la familia de las zapotáceas, que alcanza hasta 40 m de altura, de tronco recto, corteza color pardo gruesa y profundamente agrietada. Sus hojas son ovales, de color verde brillante, dispuestas en espiral en el tallo, lo que le da una forma de roseta. Tiene flores pequeñas, de color blanco, en ramilletes. De su corteza se extrae el látex lechoso y pegajoso conocido como chicle. Su madera es apreciada por su gran dureza y resistencia a la polilla; se utiliza en la construcción de casas **2** Fruto comestible de este árbol, de 6 cm de diámetro aproximadamente, de cáscara áspera, color café rojizo y pulpa carnosa, jugosa y dulce, que contiene semillas largas, negras y brillantes, muy apreciado por su sabor.

chicuelina s f (*Tauro*) Lance de capa, que se da citando al toro por delante, con los brazos a la altura del pecho y se remata girando el cuerpo en sentido contrario al del viaje del toro, ya sea encogiendo un brazo para que la capa se pegue al cuerpo, o dejándolo extendido (chicuelina antigua): *un quite por chicuelinas*.

chícharo s m **1** (*Pisum sativum*) Planta anual trepadora de la familia de las leguminosas, que tiene hojas compuestas por uno a tres pares de hojillas, terminadas en un largo zarcillo; sus flores son axilares, de color blanco; sus frutos son vainas que contienen numerosas semillas esféricas verdes, dispuestas en hilera, muy apreciadas como alimento. Hay numerosas variedades **2** Semilla de esta planta: *crema de chícharos, una lata de chícharos* **3** (*Lathyrus odoratus*) Planta herbácea trepadora de la familia de las leguminosas, provista de zarcillos; su tallo es delicado y piloso; tiene hojas compuestas, con hojillas ovaladas; sus flores, amariposadas, son olorosas, de color azul, rojo, amarillo y blanco, en ocasiones combinadas. Se cultiva como ornamental: *chícharo de olor* **4** (*Coloq*) Aprendiz de un oficio o ayudante para tareas secundarias: "El *chícharo* acaba de traer la correspondencia".

chicharra s f **1** Cigarra: "Cantan muchas *chicharritas*" **2** Instrumento musical rudimentario, hecho a base de un pequeño tubo o cilindro cerrado por un extremo, en cuyo interior vibra una hebra, y que produce un sonido semejante al del animal **3** Timbre eléctrico de sonido sordo y pertinaz: "Cuando suene la *chicharra*, corremos al recreo", "Esa maldita *chicharra*" **4** Chicharrita Insecto homóptero cicádido, generalmente pequeño; tiene espinas en sus patas posteriores; de sus cuatro alas, las dos anteriores son frecuentemente apergaminadas; ataca a las plantas, en especial a la papa **5** Tronar o reventar como chicharra (*Popular*) Morir **6** (*Caló*) Colilla de mariguana **7** Pasta de maíz y frijol molido, de forma semejante a la del insecto, que los tepehuanes ponen sobre el altar y reparten entre los participantes en la ceremonia del mitote, con que celebran ciertas fiestas pluviales.

chicharrón s m **1** Cuero de cerdo, sin pelo, que se fríe en su propia grasa: *comer chicharrón, un taco de chicharrón* **2** Chicharrón encolado El que no se ha terminado de freír **3** Chicharrón esponjado El que, después de frito, se hace hueco y poroso **4** Carne o gordura frita de cerdo, o también de res **5** Botana elaborada con harina y grasa vegetal, de apariencia semejante a al que se hace de cuero de cerdo: *una bolsa de chicharrones, chicharrones enchilados* **6** Hacerse algo chicharrón (*Coloq*) Quemarse por completo: "Olvidó la carne en el horno y *se hizo chicharrón*" **7** Dar chicharrón a alguien (*Popular*) Matarlo **8** Dar chicharrón a algo (*Caló*) Destruirlo, desarmarlo: "Ese bato sabe *darle chicharrón* a las cerraduras" **9** Tronar los chicharrones *de uno* Hacerse valer, imponerse sobre los demás: "Aquí, señores, sólo *mis chicharrones truenan*".

chichi[1] s f (*Popular*) **1** Cada uno de los pechos de la mujer o de las tetas de las hembras de los animales; chiche: *bonitas chichis, enseñar las chichis*, "Le estaba dando la *chichi* al niño" **2** Prominencia parecida a un pezón, en frutas como la lima **3** *Mamar chichi* Aprovechar una situación favorable o pedir ayuda después de haber cometido una falta.

chichi[2] s f (*Yuc*) Miga de pan.

chichi[1] s m En Sonora, bebé o niño de corta edad.

chichi[2] s f (*Yuc*) **1** Abuela o nodriza **2** *Hacer chichis al niño* Arrullarlo para que se duerma.

chichicuilote s m Ave pequeña, parecida a la paloma, que vive a la orilla del mar, los lagos o los pantanos y se alimenta de plancton, larvas, etc Tiene el pecho y el vientre de color gris claro, y más oscuros, a veces moteados, la cabeza, el dorso y las alas; su pico es delgado y recto. Se domestica fácilmente y es comestible. Pertenece a distintas familias.

chichimeca 1 s m pl Conjunto de diversos pueblos aborígenes que vivían en el centro del país, en la región de los actuales estados de Zacatecas, San Luis Potosí, Querétaro y Jalisco; era relativamente nómada, se dedicaba a la recolección de alimentos, a la caza y a la pesca; se caracterizó por su fiereza en la lucha contra los conquistadores españoles **2** adj y s m y f Que es originario de este grupo indígena o que se relaciona con él: *los pueblos chichimecas, las guerras chichimecas*.

chido adj (*Caló*) Que es bueno, bonito o apreciable: "Ando buscando al valedor que trae los rieles más *chidos* de todo el cantón", *una casa chida*, "¡Qué *chido* que hayamos ganado!".

chiflar v tr (Se conjuga como *amar*) **1** Producir con los labios un sonido agudo y modularlo para producir una melodía; silbar: *saber chiflar, chiflar una tonada*, "Cuando te *chifle*, sales al balcón" **2** Manifestar desaprobación o burla por ese medio: "Durante el informe del gobierno le *chiflaron* al presidente" **3** Manifestar admiración o agrado a una mujer, por su belleza: "Juan les *chifla* a todas las muchachas que encuentra" **4** Cantar los pájaros **5** prnl (*Coloq*) Entusiasmarse excesivamente con algo o alguien; gustarle hasta perder la cabeza: "Se *chifló* con el novio y dejó de estudiar", "Lo *chiflan* las matemáticas" **6** prnl (*Coloq*) Volverse loco, perder la razón: "Después del accidente *se chifló*".

chihuahuense adj y s m y f Que es natural de Chihuahua, que pertenece a este estado o se relaciona con él o con su capital, la ciudad del mismo nombre: *industria maderera chihuahuense*.

chilacayote s m **1** (*Cucurbita ficifolia*) Planta cucurbitácea, variedad de la calabaza común **2** Fruto comestible de esta planta, de corteza lisa y verde, y pulpa fibrosa: *chilacayotes en pipián, dulce de chilacayote*.

chilango adj y s (*Coloq*) Que es originario de la ciudad de México, que pertenece a esta ciudad o se relaciona con ella; citadino: "¡Cómo son neuróticos los *chilangos*!", *una actitud chilanga*.

chilaquiles s m pl Guiso que se hace con pedazos de tortilla de maíz fritos y luego cocidos en salsa de chile y jitomate o tomate verde; se suele servir con cebolla y queso: *desayunar chilaquiles, unos chilaquiles para la cruda*.

chile s m **I 1** (*Capsicum annum*) Planta de la familia de las solanáceas, herbácea y anual, de hojas alternas y flores blancas, violetas o verdosas, que tiene una enorme variedad en México **2** Fruto de esta planta, que es una baya, cónica y alargada, con una gran cantidad de semillas planas en su interior; por el sabor más o menos picante de su pulpa, se usa como condimento y forma parte fundamental de la alimentación mexicana tradicional: *comer chiles, un chile bravo* **3** Chile verde o serrano El fruto de color verde oscuro, de 3 a 5 cm de largo por 2 de diámetro; se cultiva en el centro y sur del país; con él se hace la salsa llamada mexicana; cuando está seco, es *chile catarina* **4** Chile costeño El de color rojo claro, de 5 a 7 cm de largo y 1.5 de diámetro; se cultiva en las costas tropicales **5** Chile jalapeño El de color verde oscuro, de 5 a 6 cm de largo, por 2.5 de diámetro; es muy picante y se consume generalmente encurtido **6** Chile pasilla El seco, de color café oscuro o negro, de 12 a 18 cm de largo por 4 de ancho; cuando está verde es la chilaca **7** Chile guajillo De color rojizo, de 7 a 11 cm de largo y 3 de ancho **8** Chile de la tierra En Chihuahua, el de color oscuro con tonos pardos cuando está seco; es poco picante **9** Chile güero El amarillo de 7 a 8 cm de largo y 1.5 de diámetro; se consume, generalmente, en conserva **10** Chile poblano El de color verde oscuro, de 8 a 12 cm de largo, por 4 a 8 de diámetro; con él se hacen los chiles en nogada; cuando está maduro y toma coloración roja oscura, es *chile ancho*, y *chile mulato* cuando está seco y negro **11** Chile puya El verde, de 8 cm de largo por 1.5 de diámetro, cultivado en Chihuahua; es *chile girasol* cuando está seco, rojo pardusco y enjuto **12** Chile de Chiapas o *pico de paloma* El de color rojo oscuro, de 3 a 4 cm de largo por 2 de diámetro **13** Chile valenciano El rojo, grande y casi cilíndrico, que se cultiva en el norte **14** Chile o *pimiento morrón* El verde o rojo, que mide de 10 a 12 cm de largo por 7 u 8 de diámetro, dulce y carnoso **15** Chile mora, morita o *chilaile* El de color rojizo, de 4 a 7 cm de largo por 2 a 3 de diámetro, cultivado en Veracruz y en Yucatán **16** Chile bola o *bolita* El cultivado en Durango, Coahuila y San Luis Potosí, verde claro y casi esférico **17** Chile cascabel El de color guinda, cuando está seco **18** Chile trompillo El de color verde, pequeño y esférico **II 1** (*Capsicum frutescens*) Arbusto de 1 a 2 m de altura, cuyo fruto es el *chile piquín, chiltepín* o *tempenchile*, muy picante, de 6 a 7 mm de largo, de color verde, y rojo cuando está maduro **2** Chile de árbol El verde (ya seco es rojo), muy delgado, de 3 a 4 cm de largo, muy picante **III** Chile de perro (*Cassia amarginata*) Planta leguminosa común en la costa del sur de México; flor o vara de San José **IV** (*Popular*) Pene del hombre **V** (*Popular*) **1** *Estar hecho un chile* Estar muy enojado: "La vieja *está hecha un chile* conmigo" **2** *Hacer chile con el culo* (*Groser*) Contener uno el enojo y manifestarlo solamente con gestos leves y retenidos **3** *Estar a medios chiles* Estar medio borracho **4** *De chile, de dulce y de manteca* De todo un poco, mezclado: "En la fiesta había gente *de chile, de dulce y de manteca*" **5** *Hablarle a alguien al chile* Decirle algo sin rodeos.

chilena s f **1** Lance del futbol, por el cual el jugador se tira de espaldas y levanta las piernas para pegarle al balón en el aire, de manera que pase sobre su cabeza y se dirija hacia un punto atrás de aquél; tijera: "Metió un gol de *chilena*" **2** Baile y canto popular de los estados de Oaxaca y Guerrero.

chileno adj y s Que es natural de Chile, que pertenece a este país hispanoamericano o que se relaciona con él: "La *chilena* Gabriela Mistral obtuvo el premio Nobel de literatura en 1945".

chilpancingueño adj y s Que es natural de Chilpancingo de los Bravo, capital del estado de Guerrero, que pertenece a esta ciudad o se relaciona con ella: "El *chilpancingueño* Nicolás Bravo fue un ilustre insurgente", *la industria chilpancingueña del mezcal.*

chillar v intr (Se conjuga como *amar*) **1** Emitir una persona, un animal o algún objeto un sonido agudo y estridente: *chillar un niño, chillar el gato, chillar las ruedas del ferrocarril* **2** (*Coloq*) Llorar una persona: "No lo hagas *chillar*", "¡No *chille*, ya le voy a dar su paleta!"

chimenea s f **1** Conducto tubular casi siempre vertical por donde sale el humo o los gases que resultan de una combustión o de un proceso químico **2** Construcción doméstica terminada en un conducto vertical, que lleva al exterior el humo producido por la leña que se puso en su base para cocer la comida o calentar la casa: *prender la chimenea, avivar la chimenea* **3** Formación natural de minerales de forma alargada y vertical: "Como ejemplo de esta morfología tenemos la gran *chimenea* de Santa Eulalia, Chih., que tiene plomo y zinc" **4** Parte de las armas de fuego de pistón, de forma pequeña y tubular, que va colocada en la recámara donde se pone la cápsula.

chimpancé s m y f (*Pan troglodytes*) Mono antropomorfo originario del centro de África, que tiene cerca de 1.5 m de estatura; sus brazos son muy largos, por lo que se le llegan a las rodillas cuando está erguido; es de manos y pies prensiles, de cabeza grande, con barba y cejas prominentes; sus ojos son pequeños, alojados en órbitas profundas. Es de orejas grandes, de orificios nasales muy amplios, boca ancha y provista de una dentadura muy fuerte. Vive en grupos numerosos, en las ramas de los árboles, en donde construye una especie de choza. Se deja domesticar.

chimuelo adj y s (*Coloq*) Que ha perdido o no tiene algún diente, en particular, de los del frente: *estar chimuelo.*

¡chin! interj (*Popular*) Expresión que indica molestia, decepción o enojo: "¡*Chin*, me robaron la cartera!", "*¡Chin!* ¿Y ahora qué hacemos?", "Iba corriendo y ¡*chin*! que se cae", "¡*Chin*, volvimos a perder!".

china s f Mujer, antiguamente compañera del charro, generalmente vestida de manera muy característica, con telas brillantes, de colores llamativos, lentejuelas en franjas y olanes, y rebozo: *china poblana.*

chinampa s f Terreno en el que se cultivan verduras y flores en el lago de Xochimilco, originalmente construido sobre las lagunas de México a base de cañas, piedras y tierra.

chinanteco s m **1** Grupo indígena mexicano que habita la zona norte del estado de Oaxaca, en las estribaciones de la Sierra Madre Occidental. Su gobierno oficial es municipal pero depende fundamentalmente de las decisiones del consejo de an-

cianos. Su religión es la católica, pero conserva el culto a deidades como el Padre y la Madre del maíz. Vive en un territorio abrupto, de serranías escabrosas y valles fértiles irrigados por numerosos arroyos y ríos de la cuenca del Papaloapan. Con técnicas tradicionales cultiva maíz, frijol, calabaza, chayote, camote, yuca, cebolla, algodón y una especie pequeña de plátano **2** Lengua de la subfamilia chinanteca, familia oaxaqueña, que habla este grupo indígena **3** adj y s Que pertenece a este grupo indígena o se relaciona con él.

chinche s f **1** (*Cimex lectularis*) Insecto hemíptero, de cerca de 4 mm de tamaño, de cuerpo rojizo y ovalado, que se alimenta con sangre humana; anida en lugares sucios, especialmente en algunas camas y produce un mal olor característico **2** Clavo de punta fina y corta, de cabeza grande y plana que se emplea para fijar recados, avisos, etc en un tablero.

chinchilla s f Roedor pequeño, de varias especies, semejante a la ardilla. Su pelo, de color gris, es fino y sedoso, por lo que es muy apreciado en peletería. Es originario de América del sur: *un abrigo de chinchilla.*

chinchorro s m **1** Red de pesca compuesta por alares de siete puntas y una malla oscura de dos puntas, llamada cono. Se recoge desde la orilla a fuerza de brazos **2** Recua de pocos animales.

chingada s f (*Groser, Ofensivo*) **1** interj Se usa para intensificar cualquier exclamación o para adjetivar violenta y fuertemente cualquier expresión: "¡Ah, que *la chingada*! ¡Así que me estás engañando!", "¡Sálganse de aquí, con una *chingada*, ¿no ven que estamos ocupados?", "Pues los padrotes los cuidaban, las manejaban y *la chingada*" **2** *La (tu, su, mi, etc) chingada (madre)* La madre, concebida como violada o mancillada: "¡Miren a ese cabrón, debería de darle vergüenza no pagar la bicicleta, hijo de *su chingada madre*!", "Te dije que dejáramos la locomotora estacionada en una curva, sordo hijo de *la chingada*", "Tú ya no respetas ni a *tu chingada*" **3** *Llevarse a alguien la chingada* o *irse alguien a la chingada* Recibir el mayor daño, el daño del que ya no podrá recuperarse: "¡*Me lleva la chingada*, me expulsaron de la escuela!", "Ahora sí que *te llevó la chingada*: descubrieron el fraude que hiciste", "¡*Vete a la chingada*, ya me jodiste la vida!", "¡Cómo eres chillón, *me lleva la chingada*!" **4** *Mandar a la chingada* Deshacerse de alguien o de algo, desentenderse de él o no hacerle caso: "Ya ni oyó mis razones: me *mandó* directamente *a la chingada*", "*Mandó* su trabajo *a la chingada*" **5** *De la chingada* Muy mal: "La situación económica está *de la chingada*", "En este viaje me fue *de la chingada*".

chingadazo s m (*Groser*) Golpe muy fuerte: "Si se pone necia la agarro a *chingadazos* y se está en la casa", "¡Tú sólo entiendes a *chingadazos*!", "Durante la pelea se pusieron muy duros los *chingadazos*", "Yo siempre le entro a los *chingadazos*".

chingado (*Groser, Ofensivo*) **I** pp de *chingar* **II** adj Que es despreciable: "¡*Chingado* escuincle, deja de joder!", "Toma tu *chingada* máquina" **III** interj Se usa para intensificar cualquier exclamación o para adjetivar violenta y fuertemente cualquier expresión: "¡Ay *chingado*, me quedó rebién!", "¡Cálmense, *chingaos*, no se peleen!".

chingar v tr (Se conjuga como *amar*) (*Groser, Ofensivo*) **1** Molestar o causar grave daño a una persona: "Hay cabrones que nomás lo están a uno *chingue y chingue*", "¡No me *chingues*, necesito dinero!", "¡Vete a *chingar* a otra parte!" **2** Violar sexualmente a una persona: "Me *chingué* a la pinche vieja", "¡Vete a *chingar* a tu madre!" **3** prnl Sacrificarse en extremo: "Yo *me chingo* trabajando día y noche y tú te gastas todo el dinero" **4** prnl Fallar o fracasar alguna cosa: "*Se chingó* el negocio", "*Se* me *chingó* el motor en plena carretera".

chino[1] adj y s **1** Que es natural de China, pertenece a ese pueblo o está relacionado con él o con su cultura: *porcelana china*, *comida china*, *café de chinos*, *escritura china* **2** s m Lengua de ese pueblo: *chino mandarín*, *chino cantonés* **3** *Estar algo en chino* (*Coloq*) Ser algo incomprensible o de difícil realización: "Este libro *está en chino*", "*Está en chino* que resolvamos el acertijo".

chino[2] s m **1** Pelo natural o artificialmente muy rizado: *hacerse chinos* **2** adj y s Que tiene el pelo en esa forma: "Alto, de pelo negro *chino*" **3** Utensilio con el que se riza el pelo, que consiste de un pequeño tubo abrazado por otro ranurado: *ponerse chinos*, *quitarse los chinos* **4** *Ponerse chinito* (*Coloq*) Crisparse la piel por frío, por una súbita impresión o por miedo: "Tanto frío *me pone chinito*", "Drácula hace que *me ponga chinita*".

chiqueador s m **1** Pedazo de piel de cebolla o de alguna otra planta que se pone en cada una de las sienes como remedio contra el dolor de cabeza y otros males **2** Cada uno de los adornos de forma circular que se pone a los lados de las sienes de la cabeza del caballo **3** Cada una de las rondanas metálicas de las extremidades de las frontaleras de las bestias de tiro **4** (*Geothypis speciosa*) Pájaro de color verde amarillento que vive en la parte montañosa de la región oriental de México; verdín pantanero.

chiquero s m **1** Establo en donde se recogen los cerdos **2** Lugar muy sucio y desordenado: "Esta casa no es un *chiquero*" **3** Corral en donde se encierra a los toros de lidia en la plaza.

chiquihuite s m **1** Canasto sin asas, de palma, de ixtle o de tiras de carrizo, que se usa para llevar o guardar alguna cosa, como las tortillas o la fruta; hay de diferentes tamaños y en algunos lugares se usa como unidad de peso o de medida de alguna cosa.

chiquillo s y adj (*Coloq*) **1** Niño o joven de poca edad: "¡Luisa, *chiquilla*, cómo has crecido!", "Apenas era algo más que una *chiquilla* y tú me hacías ruborizar acariciando mi pelo", "Es contra natura separar a los *chiquillos* de los viejos; pronto perderíamos el apego a la tradición" **2** Que es pequeño: *un perro chiquillo*, *una capilla chiquilla*.

chirimoya s f **1** (*Annona cherimolia*) Árbol que crece en las regiones tropicales de México; llega a medir hasta 7 m de altura. Tiene hojas ovaladas, pétalos de color amarillo verdoso o rojizo por fuera, y amarillo pálido o blanquecino por dentro; da un fruto globoso, con protuberancias redondeadas en la superficie y aréolas en forma de U; su pulpa es blanca, carnosa y de sabor ácido dulzón muy agradable, en ella se encuentran las semillas que son lisas y de un negro muy brillante. A veces se fermenta para obtener una bebida alcohólica **2** (*Coloq*) Cabeza: "¡Ya te pegaste en la *chirimoya*, pobrecito!".

chisme[1] s m **1** Noticia o informe que se hace circular, bien sea verdadero o falso, sobre una persona, que puede enemistarla con otra o confundir a quienes lo reciben: "Me contaron el *chisme* de que Pepe y Lucha se pelearon", "¿Sabes el último *chisme*?... ¡Se divorcian!", "Corre el *chisme* de un golpe de Estado" **2** (*Coloq*) *Ir con el chisme* Avisar o cantar a alguien alguna cosa para dañar a otra o causarle dificultades: "¡Ya *fue con el chisme* y el maestro nos castigó!" **3** *Andar, estar*, etc *en el chisme* (*Coloq*) Dedicarse alguien a escuchar, espiar y averiguar alguna cosa: "Marta se pasa el día *en el chisme* político".

chisme[2] s m Cosa pequeña y de poca importancia: ¿Dónde guardaste el *chisme* del aceite?", "El *chisme* ése se volvió a romper", "Tiene su cuarto lleno de *chismes*", "Llévate todos tus *chismes* de aquí".

chismoso adj y s Que dice chismes, que le gusta el chisme o que se mete en lo que no le importa: "Por ese *chismoso* nos castigaron a todos", "Ya vámonos de aquí, no seas *chismoso*".

chispa s f **1** Partícula encendida o luminosa que se desprende de algo: *saltar chispas de la leña*, *la chispa eléctrica de una bujía*, "La máquina empezó a echar *chispas*", "Al cortar el metal se aprecia una fina lluvia de *chispas*" **2** Porción mínima o muy pequeña de algo: "Un café con una *chispa* de leche", "Le falta una *chispa* de sal" **3** *Ni chispa* (*Coloq*) Nada: "Lo que hicieron no tiene *ni chispa* de gracia", "No sale *ni chispa* de agua" **4** Gota pequeña y ligera de agua, particularmente de lluvia: "Empiezan a caer *chispas*" **5** Diamante muy pequeño: *un anillo con una chispa* **6** Sing Ingenio, alegría, simpatía, viveza, etc que algo o alguien tiene: "Sus pláticas están llenas de *chispa*", "Sus hijas tienen mucha *chispa*" **7** adj m y f (*Coloq*) Que tiene gracia, que es divertido o curioso: "Dice cosas *chispas*" **8** *Echar chispas o estar o ponerse alguien que echa chispas* (*Coloq*) Enojarse mucho: "Nada más me ve y *echa chispas*", "El profesor se puso que *echaba chispas*" **9** *Encender la chispa de algo* Desencadenar el surgimiento o el desarrollo de algo: "Trata de *encender la chispa* de la creatividad en sus alumnos", "El asesinato *encendió la chispa* del levantamiento" **10** *¡Chispas!* (*Coloq*) Expresión que indica sorpresa o asombro: "¡*Chispas*! ¡Ganó la selección!".

chiste s m **1** Dicho, ocurrencia o cuento breve que se dice para hacer reír: "Sergio es muy bueno contando *chistes*", "En la reunión se contaron muchos *chistes*" **2** *Chiste de color, colorado o verde* El que incluye aspectos sexuales **3** Acción en la que se figura o se da a entender algo con el fin de divertir o divertirse, o que se realiza por puro sentido del humor: "La pelea los hizo objeto del *chiste* de regalarme una camisa de fuerza", "No es *chiste*, le debo más de mil pesos" **4** *Ni de chiste* Por ningún motivo, ni de casualidad, ni remotamente: "*Ni de chiste* le vuelvo a prestar dinero", "A ese equipo no le ganan *ni de chiste*", "No se parece *ni de chiste*" **5** Asunto aparentemente insignificante que termina por causar muchas molestias o disgustos: "El *chiste* nos salió en diez mil pesos", "El *chistecito* nos costó cinco años de cárcel" **6** *Ser algo el chiste o estar el chiste en algo* Ser algo lo importante, lo interesante o lo de lo que se trata: "*El chiste es* tenerlos contentos", "*El chiste* no *está* en tener gallinas sino en que pongan", "Que no gaste aceite, *ése es el chiste*".

7 Tener chiste o encontrarle el chiste a algo Tener algo atractivo, interés, importancia, etc, o encontrárselo: "*Tiene* el *chiste* del paisaje pero nada más", "La conferencia no *tuvo ningún chiste*", "No le encuentro el *chiste* al cigarro" **8** Tener algo su chiste Tener algo su dificultad, ser difícil de hacer o requerir de cierta habilidad: "No te creas, se ve fácil pero *tiene su chiste*", "Arreglar las fugas de agua *tiene su chiste*".

chistoso adj **1** Que tiene chiste o gracia, que hace reír, que provoca risa: *una película chistosa, un hombre muy chistoso, un acontecimiento chistoso*, "Yo hacía versos de guasa, *chistosos*" **2** Que es absurdo, que irónicamente constituye un contrasentido: "Es *chistoso* que siendo yo la dueña del coche, quien lo use seas tú".

chiva s f **1** Hembra del chivo **2** (*Popular*) Cobarde o traidor: "Por correlón y por *chiva*, te vamos a ajusticiar", "Fue de *chiva* con la policía", "A ese bato no le confío, es *chiva*" **2** (*Caló*) Cocaína o heroína **3** (*Caló*) Acto ilegal, como el contrabando **4** pl (*Coloq*) Pertenencias de una persona; cualquier conjunto de objetos de poco valor, pertenecientes a una persona: "A la reja con todo y *chivas*", "Recogí mis *chivas* y me fui" **5** pl En Guanajuato, palomitas de maíz.

chivo s **I 1** (*Capra hircus*) Cabra, ya sea macho o hembra y de cualquier edad **2** Chivo expiatorio Animal que se ofrecía en sacrificio a Dios para expiar los pecados de los israelitas **3** Chivo expiatorio Persona a la que se atribuyen injustificadamente las culpas o las faltas de otros y se la hace pagarlas: "Para los racistas, los extranjeros resultan siempre *chivos expiatorios* de sus propios errores" **4** Haber chivo encerrado (*Coloq*) Haber algo sospechoso **5** Hacer de chivo los tamales (*Coloq*) Engañar a alguien dándole algo falso por verdadero: "Su marido le *hacía de chivo los tamales* con su propia amiga" **6** Barba que se deja crecer solamente en el mentón **II** (*Coloq*) **1** Salario fijo que recibe alguien **2** Día del chivo Día de pago del salario **3** Cantidad fija de dinero, que entrega periódicamente el marido a la esposa para los gastos domésticos **4** Tener la chiva amarrada Tener trabajo seguro **III 1** (*Tab*) Bolsa de chicle **2** Recipiente en el que cabe medio litro de pulque.

chocar v (Se conjuga como *amar*) **1** intr Tocar violentamente una cosa a otra: "*Chocó* el carro contra la pared", "El cometa *chocó* con un satélite", "Los caballos *chocaron* con la cerca", "Dos coches *chocaron*" **2** tr Hacer que una cosa toque violentamente a otra: "El niño *chocó* su bicicleta contra otra" **3** intr Enfrentarse dos personas o dos bandos unos con otros: "*Chocaron* los insurgentes con los realistas", "Los partidarios de un equipo *chocaron* con los del otro" **4** Chocar las manos, chocarlas Darse la mano dos personas con fuerza para mostrar su amistad o su acuerdo en alguna cosa: "¡*Chócalas*! ¡Eres un gran amigo!" **5** Chocar las copas Hacer con o varias personas que se topuen con fuerza sus copas para brindar por algo **6** Chocarle a uno algo o alguien Resultarle antipático, molesto o enojoso: "*Me choca* su hermana; es muy presumida", "*Le chocan* las tonterías".

chocolate s m **1** Pasta hecha de granos de cacao tostados y molidos, a los que generalmente se aña-

de azúcar y canela o vainilla: *chocolate de Oaxaca, tablillas de chocolate* **2** Bebida que se hace con esta pasta, disuelta y cocida en agua o en leche: *una taza de chocolate, batir el chocolate*, "Desayunamos tamales, pan dulce y *chocolate*" **3** Dulce o golosina que se prepara a base de esa pasta: "Cuando nació su hija nos regaló *chocolates*" **4** Como agua para chocolate (*Coloq*) Muy enojado, furioso: "El patrón se puso *como agua para chocolate*" **5** Dar a alguien una sopa de su propio chocolate o agua de su propio chocolate (*Coloq*) Hacerle a alguien lo que él hace a otros.

chocho¹ s m **1** Dulce pequeño de forma esférica: *un helado con chochitos, chochitos de colores* **2** Glóbulo dulce, de color blanco, que contiene diversas sustancias que se usan como medicamento en homeopatía **3** (*Coloq*) Pastilla medicinal, especialmente la que puede ser considerada como droga: "No me gusta que el pediatra le recete tantos *chochos* a los niños", "No, no fuma, pero abusa de los *chochos*" **4** Ni con chochos (*Coloq*) De ningún modo, por ningún motivo: "Yo no vuelvo a ese restaurante *ni con chochos*", "Ésos nos ganan *ni con chochos*" **II** (*Mich*) Mosquito ortóptero saltador.

chocho² adj (*Coloq*) Viejo o decrépito: "La pobre no se acuerda de nada, ya está muy *chochita*", "No le hagas caso, ya está *chocho*".

chocho³ (*Groser*) Órgano sexual femenino.

chocho⁴ s m **1** Grupo indígena mexicano que habita en las tierras áridas y difíciles de la zona noroccidental del estado de Oaxaca. Su gobierno está compuesto por funcionarios eclesiásticos y municipales elegidos por la comunidad. Vive congregado en pueblos y habita en chozas de palma y hojas de maguey, con techo de dos aguas. Construye cuevas subterráneas y húmedas donde teje sombreros de palma. Practica el juego conocido como pelota mixteca. Vive en un clima extremoso de lluvias torrenciales aunque muy escasas y cultiva con técnicas no mecanizadas maíz, tomate, rábano, cebolla, lechuga, chile, papa y nopal; chuchón **2** Lengua de la familia mazateca, rama oaxaqueña, tronco otomangue, que habla este grupo indígena; popoloca **3** adj y s Que pertenece a este grupo indígena o se relaciona con él: *los sombreros chochos, las tierras chochas*.

chocho⁵ s (*Malvaviscus populifolius*) Arbusto de la familia de las malváceas, de hojas alternas, crinadas o dentadas, que tienen de tres a cinco lóbulos y de 5 a 14 cm; sus flores son rojas y miden de 3 a 3.5 centímetros.

chofer s m y f Persona que maneja un vehículo automotor; especialmente quien lo hace por oficio y por un salario: *un chofer de taxi, un chofer de camión, el asiento del chofer, vocabulario de chofer*.

chol s m **1** Grupo indígena mexicano que habita en el norte del estado de Chiapas, cerca de la frontera con Tabasco. También existe un pequeño grupo guatemalteco en el sureste del Petén. Su religión es una mezcla de creencias católicas e indígenas donde los santos, el Sol, la Luna, las cuevas, las montañas y los "espíritus metedores" tienen gran importancia. Es famosa su veneración a la imagen del Cristo negro de Tila. Vive en un territorio montañoso formado por planicies de vegetación exuberante en el sur y clima húmedo y excesivamente cálido en el norte. Sus actividades principales son el cultivo del maíz, café, caña, arroz y la cría de cerdos y aves de corral **2** Lengua que habla este grupo indígena. Pertenece al grupo tzeltal, subfamilia winic, familia maya **3** adj y s m y f Que pertenece a este grupo indígena o se relaciona con él: *los mitos choles, las cuevas choles.*

chongo s m **I 1** Peinado, generalmente de mujer, que consiste en recoger el pelo en forma de rodete hacia arriba de la cabeza o hacia la nuca: *hacerse un chongo, un peinado de chongo* **2** *Agarrarse del chongo* (*Coloq*) Pelearse, particularmente mujeres **II 1** *Chongos zamoranos* Dulce hecho con leche cuajada, almíbar y canela, que se toma como postre **2** Capirotada.

chontal[1] s m **1** Grupo indígena mexicano que habita las regiones montañosas y costeras del estado de Oaxaca. Su gobierno está formado por un consejo de ancianos y por autoridades municipales y eclesiásticas elegidas por el pueblo. Su religión se basa en la católica pero rinde culto además a unas veinte deidades, entre las que resaltan el Sol y la Madre Tierra. No existe ningún parentesco entre este grupo y su homónimo de Tabasco. *Chontal* era el vocablo con que los antiguos nahuas nombraban a los extranjeros y ambos grupos lo conservaron como propio. Este grupo indígena también es conocido con el nombre de tequistlateco. Con técnicas tradicionales el chontal cultiva maíz, frijol, calabaza, papa y maguey. Practica la apicultura, la avicultura y se dedica también al hilado y tejido de fibras de ixtle **2** Lengua que habla este grupo indígena. Pertenece a la familia comecrudo, rama yumapacua del tronco hokano **3** adj y s m y f Que pertenece a este grupo indígena o se relaciona con él: *los dioses chontales de Oaxaca, las costumbres chontales, las tierras chontales.*

chontal[2] s m **1** Grupo indígena mexicano que habita en la región de la costa del estado de Tabasco conocida como La Chontalpa. Su gobierno está compuesto por funcionarios municipales y por representantes eclesiásticas elegidos entre los viejos de la comunidad. Su religión se es católica pero se conserva el culto a los "dueños" de los animales y de los montes. Aparte del bautismo, los niños pasan por un rito de iniciación llamado *xek-meke*, cuyo objeto es hacerlos aptos para la vida social. Su casa consiste en un solo cuarto, con paredes de madera sin ventanas, dos puertas y techo de palma. Teje sombreros con largas tiras de palma. Vive en el territorio que cruzan los ríos Usumacinta y Grijalva, en un clima cálido y húmedo, sin estación seca definida. Cultiva maíz y frijol en tierras muy fértiles, aunque frecuentemente inundadas, que son de propiedad tanto comunal como privada **2** Lengua que habla este grupo indígena. Pertenece al grupo tzeltal, subfamilia winic, familia maya **3** adj y s m y f Que pertenece a este grupo indígena o se relaciona con él: *lengua chontal.*

choque s m **1** Acto y resultado de chocar una cosa con otra o dos personas entre sí: *un choque de trenes, un choque de boxeadores* **2** *Fuerza, grupo*, etc *de choque* Aquéllos preparados y formados para atacar violenta y rápidamente a un bando contrario: "Los fascistas crearon grupos de *choque*" **3** Alteración intensa y más o menos violenta del sistema

nervioso y del circulatorio, producida por una emoción muy fuerte, golpes o heridas físicas graves, reacción a alguna medicina o a una intervención quirúrgica: *estado de choque, un choque emocional.*

chorizo s m **1** Trozo de tripa embutida con carne de cerdo y sazonada con chile y especias: *una torta de chorizo, huevos con chorizo* **2** (*Coloq*) Cualquier cadena de objetos: "Se hizo un *chorizo* larguísimo de coches en la carretera".

chorro s m **1** Salida impetuosa de agua o de algún otro líquido por algún orificio: *un chorro de sangre, un chorro de agua caliente, ponerse bajo el chorro* **2** (*Coloq*) Diarrea: "Le agarró el *chorro* en el cine y tuvo que salir corriendo", *darle chorro* **3** (*Coloq*) Gran cantidad de algo, en número considerable: *un chorro de dinero*, "Le robaron un *chorro* de cosas a un viejito", "Te quiero un *chorro*", "Falta un *chorro* para las elecciones" **4** *A chorros* (*Coloq*) En grandes cantidades: *caer a chorros*, "El sol entraba *a chorros*".

chotís s m sing y pl Baile popular español, principalmente madrileño, de moda en el siglo XIX, de movimiento moderado y compás de cuatro tiempos; lo más común es bailarlo dando tres pasos a la izquierda, tres a la derecha y dar vuelta. Agustín Lara compuso el chotís "Madrid".

choza s f Vivienda o resguardo hecho con palos o estacas y cubierto de ramas o paja.

chozno s m Hijo de un tataranieto o cuarto nieto de alguien, o padre del tatarabuelo.

chuchón s m Chocho[4].

chueco adj y s **1** Que tiene forma curva o torcida, cuando se espera que sea recta; que se ha desviado de una línea: *un clavo chueco, una pared chueca, un árbol chueco, una línea chueca* **2** (*Coloq*) Que es tramposo o no es honrado: "¡Qué *chuecos* los vendedores de armas!", "Ese diputado es muy *chueco*: promete una cosa y hace otra" **3** *Vendedor* o *comprador de chueco* (*Coloq*) Persona que vende o compra cosas robadas **4** (*Coloq*) Zurdo: "En el equipo de beisbol tienen un lanzador *chueco*" **5** (*Coloq*) Persona que tiene una pierna más corta que la otra; cojo **6** (*Coloq*) Persona que tiene las piernas arqueadas.

chulo adj (*Coloq*) Que es bonito, lindo y de buena apariencia: "Es usted *rechula* ¿sabe?, *chula* como usted sola", "¡Qué *chula* es mi tierra!", *un bebé muy chulo* **2** (*Coloq*) Que es bueno y apreciado: "¡Ay doctorcito *chulo*, cómo le agradezco su ayuda!" **3** s f (*Luchnera rosa*) Planta herbácea de la familia de las apocináceas, de hojas opuestas, flores monopétalas, estrelladas y tubosas, blancas o rosas; su fruto viene de los folículos alargados; se cultiva como ornamental en Chiapas y en Tabasco.

chumacera s f **1** Pieza de metal o de madera que tiene una muesca en la que descansa un eje en una maquinaria **2** Pieza que se coloca en el borde de la lancha, sobre la cual va un cilindro de madera de donde se fija el remo.

chupamirto s m En el sur de México, colibrí.

chupar v tr (Se conjuga como *amar*) **1** Sacar o atraer con los labios el jugo o la sustancia de alguna cosa o contenida en algún recipiente: *chupar un limón, chupar las abejas la miel, chupar una bebida con un popote* **2** (*Popular*) Fumar un cigarro o un puro **3** Pasar la lengua por alguna cosa para saborearla o beberla: *chuparse los dedos, chu-*

par una paleta **4** Mantener algo dentro de la boca, para que se disuelva lentamente: *chupar una pastilla, chupar un pedazo de hielo* **5** (*Popular*) Beber sustancias alcohólicas **6** *Chupar faros* (*Popular*) Morirse una persona o quedar burlada **7** *Chuparse la bruja a alguien* (*Popular*) Morir o desaparecer: "Al cómplice de Raúl *se lo chupó la bruja*" **8** *Chupar la sangre* (*Popular*) Molestar a alguien, abusando de él: "La directora *nos chupó la sangre* durante años" **9** Perder alguien su constitución corporal o su fortuna: "Las penas *se chuparon* a la tía María" **10** *¡Chúpate ésa!* Exclamación con la que se expresa asombro ante algún acontecimiento: "El dictador convocó a elecciones para dejar el poder, *¡chúpate ésa!*".

churrigueresco s y adj Estilo arquitectónico barroco que se caracteriza por una excesiva ornamentación en cada parte del edificio, a base de guirnaldas, hojas, figuras de animales y humanas, nichos, columnas retorcidas o dislocadas, etc, como el de la iglesia de Santa Prisca en Taxco o el de la Valenciana, en Guanajuato.

churro s m **1** Pan dulce elaborado con masa hecha de harina y agua, que se produce haciendo pasar a ésta a través de un tubo estriado, con lo que adopta la forma de un largo cordón, y después se fríe en aceite y se baña en azúcar; se come particularmente en los desayunos y las meriendas: *un chocolate con churros* **2** Película de mala calidad: *churros importados y nacionales, filmar un churro* **3** Rizo.

d s f Quinta letra del alfabeto; representa el fonema dental sonoro. Su articulación es oclusiva cuando aparece al principio de la palabra o después de *n* o *l*, como en *donde, tanda* o *toldo*, mientras que en las demás posiciones es fricativa, como en *todo, nardo, ladrido, advertencia*. Su nombre es *de*.

daltonismo s m Defecto de la vista que consiste en la incapacidad para percibir ciertos colores, especialmente el rojo.

dama s f I **1** Mujer noble o distinguida: *portarse como una dama, ser una dama* **2** Designación respetuosa de una mujer: *damas y caballeros* **3** En las monarquías, cada una de las señoras que acompañan y sirven a la reina o a las princesas **4** *Dama de honor* Cada una de las señoras o de las jóvenes que acompañan a la principal en ciertas fiestas, como los carnavales, los juegos, los bailes, etc **5** *Dama de compañía* Mujer que acompaña, cuida o ayuda a otra, en particular cuando esta última vive sola o está enferma **6** *Primera dama* Esposa del presidente de una república **7** *Dama joven* Actriz que desempeña el papel principal, correspondiente a esa edad, de una pieza teatral II **1** Reina del juego de ajedrez **2** pl Juego de mesa que se efectúa sobre un tablero de sesenta y cuatro casillas, con veinticuatro piezas iguales, cuyo objetivo es avanzar y eliminar las piezas del contrario de acuerdo con ciertas reglas **3** Conjunto de dos piezas superpuestas de ese juego, que se forma al llegar una de ellas a la primera línea del contrario, lo que le da derecho a moverse en cualquier dirección dentro del tablero **4** *Damas chinas* Juego de mesa consistente en un tablero con forma de estrella de ocho puntas, lleno de pequeños agujeros en los que se depositan canicas, con el objetivo de ir avanzando por ellos hasta ocupar la punta contraria III *Dama de noche* Planta solanácea, del género *Cestrum*, cuyas flores se abren de noche y son muy olorosas; huele de noche, galán de noche.

damnificado adj y s Persona que ha sido dañada, especialmente por algún fenómeno natural intenso, como un terremoto, un ciclón o un incendio: *la población damnificada, los damnificados del terremoto del 85, los damnificados de Bangladesh*.

danés adj y s **1** Que pertenece a Dinamarca, es originario de ese país de Europa o se relaciona con él: "El *danés* Hans Christian Andersen escribió cuentos infantiles muy famosos", *mantequilla danesa* **2** s m Lengua germánica que se habla en Dinamarca y en algunos lugares de Suecia **3** Pan dulce de masa suave, de diversas formas, generalmente un cuadrado enrollado, con pasas, nueces y mermelada o bañado en almíbar: *pan danés* **4** Dulce de dátil y nuez **5** *Gran danés* Perro de gran tamaño, de cabeza alargada, pelo corto de color negro, gris azulado o de manchas negras sobre fondo blanco.

danza s f **1** Serie de movimientos del cuerpo, hechos con ritmo, flexibilidad y armonía, generalmente acompañados por música: *danza de los siete velos, danza del venado, danza de los viejitos* **2** Arte y técnica de esos movimientos: *danza folklórica, danza clásica, danza contemporánea* **3** Pieza musical que los acompaña o que se inspira en ellos: *danzas antiguas, danzas de Manuel M. Ponce*.

danzar v intr (Se conjuga como *amar*, tiene a veces uso transitivo) **1** Bailar, generalmente con fines artísticos o religiosos: "*Danzaban* la farsa de los moros y cristianos", "*Danzaban* los dioses de Gilgamesh", "*Danzan* juntos en la sala Covarrubias" **2** (*Coloq*) Andar de un lugar a otro: "Anduve *danzando* toda la tarde de una oficina a otra".

danzón s m Danza popular de origen cubano, que se baila en parejas, y música hecha para ella en compás de dos cuartos y ritmo lento: "Y ahora un *danzón* dedicado a las señoritas del Instituto Caro", *bailar un danzón*.

dañar v tr (Se conjuga como *amar*) **1** Causar o hacer mal a algo o a alguien; estropearlo o perjudicarlo: "Año con año el fuego destruye o *daña* millones de hectáreas de bosques" **2** (*Popular*) Embrujar a alguien o hacerle un maleficio.

daño s m **1** Mal o perjuicio que causa algo o alguien: "El ciclón causó *daños* considerables", "Me hizo *daño* con sus comentarios" **2** (*Popular*) Maleficio o mal de ojo.

dar v tr (Modelo de conjugación 15) I **1** Hacer que algo que uno tiene pase a la posesión de otro: *dar flores, dar dinero*, "Le *dio* un dulce a cada niño" **2** Poner algo en manos de otra persona o a su alcance: "Le *dieron* las llaves al administrador", "Le *di* la pelota al niño", "*Dame* mi taza" **3** Ofrecer algo a alguien, proporcionarle o concederle lo que pide, necesita o le interesa; poner algo a disposición de alguien: *dar un banquete al maestro*, "Te *doy* trabajo", *dar un cargo, dar la revancha, dar educación a los hijos, dar una tregua, dar un permiso, dar una oportunidad, dar una beca* **4** Hacer que algo se manifieste ante una persona; mostrarle o comunicarle algo: *dar instrucciones, dar una tema para un concurso, dar una clase, dar una película, dar una obra de teatro* **5** Hacer saber a alguien lo que se le desea o comunicarle algo: *dar los buenos días, dar una felicitación, dar el pésame* **6** *Darse alguien a entender, a desear, a temer, a querer*, etc Hacer alguien algo para que otro lo entienda, lo desee, le tema, lo quiera, etc **7** prnl (*Coloq*) Rendirse: "¡Me doy, me doy, ya no me hagas cosquillas!" II **1** Realizar, ejecutar o poner en práctica alguna cosa: *dar ayuda, dar autorización, dar de alta, dar un paseo, dar un beso* **2** Realizar una acción repentina o violenta: *dar un salto, dar un grito, dar un* *giro inesperado* **3** Hacer que algo adquiera una forma, una cualidad o una característica determinadas: "Es una de esas cosas que le *dan* sabor a la vida", *dar brillo, dar sentido a la vida* **4** Hacer las cosas que algo o alguien requiere para su conservación, buen estado o desempeño: *dar grasa a los zapatos, dar mantenimiento, dar servicio al coche, dar terapia* **III** prnl Tener lugar algo, suceder o producirse: *darse un fenómeno, se dan casos,* "En aquellos momentos *se dio* la guerra" **IV 1** Producir algo cierta cosa que le es propia o característica: *dar frutos un árbol, dar leche la vaca, dar lana los borregos, dar sombra un techo* **2** *Dar a luz* Parir: "Andrea *dio a luz* en el hospital Santa Mónica", "*Dio a luz* un cachorrito" **3** Producir algo o alguien una reacción determinada o causar cierto efecto: "Hacer ejercicio *da* hambre", "Le *da* frío en las noches", *dar miedo, dar un ataque, dar buena impresión* **V 1** Golpear algo o alguien o golpearse de cierta forma una cosa o persona: "La pelota *dio* contra la pared", "El viento *da* contra la montaña", "Nos *dieron* hasta por debajo de la lengua", "Gustavo se *dio* un codazo" **2** Terminar en algún sitio o caer en él: "*Dio* con sus huesos en el suelo", "La pelota fue a *dar* al agua" **VI 1** Acertar o atinar en algo: *dar en el blanco, dar en el centro, darle el premio mayor* **2** *Dar con alguien* o *con algo* Encontrarlo: *dar con un viejo amigo, dar con una calle* **3** Marcar o sonar en un reloj determinada hora: "Estábamos trabajando cuando el reloj *dio* las doce", "Nos *dieron* las ocho discutiendo" **VII 1** *Dar por* Considerar o suponer: *dar por cierto, dar por perdido* **2** *Dar igual* o *lo mismo* No ser importante o relevante: "*Da igual* si viene o no viene", "Me *da lo mismo* lo que digan de él" **3** (*Coloq*) *¿Qué más da?* o *¡Qué más da!* Pregunta o expresión retórica con que se da a entender que algo no es importante: "*¿Qué más te da* si te cuento o no?", "—Me dijo que no vendría. —*¡Qué más da!*" **4** (*Coloq*) *Dárselas de algo* Presumir de algo que no se tiene o no se es: *dárselas de culto, dárselas de rico* **VIII 1** *Dar en hacer algo* Hacerlo, particularmente cuando no se considera acertado: "Entonces *dio en* creer que lo engañaban", "Por eso *dio en* pensar mal de sus vecinos" **2** *Darle a alguien por algo* Hacerlo de manera particular y obsesiva o interesarse mucho en ello: "Le *dio por* dormir de día", "*Le ha dado por* el esoterismo" **3** *Dársele a uno algo* Facilitársele, tener aptitudes para ello: "Desde niña *se le ha dado* la música" **4** *Darse alguien a algo* Entregarse a algo o a alguien; hacer algo con dedicación, frecuencia o intensidad: *darse a los hijos, darse a una causa, darse a la bebida, darse a la mala vida* **IX** (*Coloq*) **1** *Darle* Aplicarse o dedicarse a algo, particularmente al trabajo: "Hay que *darle* a la chamba", "—¿Cómo te va? —Aquí nomás, *dándole*" **2** *Dale y dale* o *dale que dale* Frase con que se expresa que algo se hace reiteradamente o con aplicación: "Aquí estoy, *dale y dale* a la cocina", "Ya me cansé de que siempre estés *dale que dale* a la guitarra" **3** *¡Y dale!* Frase con que alguien expresa su molestia ante la insistencia de otro: "—¿Vas a prestarme el coche? —¡Y *dale!* Ya te dije que no" **X 1** *Dar a* Estar algo frente a otra cosa; tener una determinada orientación: *dar a la calle, dar al mar* **2** *Dar para* Alcanzar o ser suficiente para algo; ser capaz alguien o algo de hacer o continuar cierta

cosa: *dar un líquido para dos tazas,* "Juan ya no *da para* más después de estudiar tanto" **3** *Dar de sí* Crecer, ampliarse o aflojarse algo: *dar de sí un resorte, dar de sí un vestido* **4** *Dar (mucho) que decir, hablar, pensar,* etc Causar alguien con su comportamiento que se le critique o censure: "Su mala administración *dio mucho que decir*" **5** *No dar una* (*Coloq*) Cometer errores continuamente, equivocarse con mucha frecuencia: *no dar una en aritmética*.

dársena s f Parte más protegida de un puerto, construida artificialmente, que sirve para que los buques y embarcaciones se protejan, carguen y descarguen o sean reparados.

datar v (Se conjuga como *amar*) **1** intr Tener origen en una fecha o época determinada: "*Data* de hace siglos", "*Databan* de muy antiguo", "De principios de siglo *data* la citricultura regional" **2** tr Ponerle fecha a algo, especialmente a un documento, o determinar la fecha de algo a través de su análisis: "Olvidó *datar* la carta", "Los eruditos *dataron* el manuscrito en el siglo XIV" **3** tr (*Cont*) Anotar o acreditar en el haber de una cuenta.

dativo s y adj (*Ling*) Caso de las lenguas declinables (como el sánscrito, el griego, el latín, el húngaro o el finés) que expresa en términos generales lo que sería el complemento u objeto indirecto en español, es decir, la relación no inmediata entre el verbo y el objeto al que se refiere la acción verbal.

dato s m **1** Elemento, noticia o antecedente de alguna cosa, que sirve para estudiarla, analizarla o conocerla: *datos de una investigación, datos de un problema, banco de datos* **2** Documento o prueba de algo: "Tengo *datos* suficientes para demostrarlo".

de prep (Cuando va seguida del artículo *el*, forma la contracción *del*) **1** Significa una relación de posesión o pertenencia, así como de dependencia entre personas o cosas: "La casa *de* mi padre", "Los juguetes *de* los niños", "Los parques *de* la ciudad", "María Pérez *de* González" **2** Señala la procedencia, el origen o la causa de algo: "Viene *de* Sonora", "Lo levantó *del* suelo", "Lo corrió *de* su casa", "Bajó *del* monte", "Viene *de* buena familia", "Murió *de* cáncer", "Tembloba *de* frío", "Se atacó *de* risa", "*Del* susto no pudo responder" **3** Indica la materia de la que está hecho algo o de donde se obtiene: "Madera *de* pino", "Casa *de* adobe", "Jarra *de* vidrio" **4** Significa la naturaleza, condición o cualidad de algo o alguien: "Hombre *de* valor", "Mujer *de* armas tomar" **5** Señala el contenido de un recipiente: "Vaso *de* agua", "Una cazuela *de* arroz" **6** Indica el asunto o tema de que trata un texto o un discurso: "Un libro *de* matemáticas", "Una clase *de* geografía", "Hablaban *de* literatura" **7** Señala el uso al que está destinado un objeto: "Máquina *de* escribir", "Navaja *de* rasurar", "Caja *de* embalaje" **8** Indica el todo o el conjunto del que se toma o separa una parte: "Un poco *de* pan", "Dos *de* ellos ganaron", "Pagué parte *de* la deuda", "La ciudad más bella *del* mundo", "Maestro *de* maestros" **9** Indica el modo o la manera como se hace una acción: "*De* pie", "*De* espaldas", "*De* memoria" **10** *De un* Expresa la rapidez con la que se hace una acción: "*De un* golpe", "*De un* salto", "*De una* buena vez" **11** Expresa el tiempo en que sucede algo: "*De* día, *de* noche, *de* madrugada", "Hora *de* comer", "Año *de* descanso"

12 *De...* *a* Indica el periodo o lapso en que sucede o se hace algo: "Da consulta *de* cuatro *a* ocho", "*De* la Edad Media *al* Renacimiento" **13** *De... en* Expresa el paso sucesivo de algo por varias situaciones o estados: "Va *de* mal *en* peor", "*De* mano *en* mano", "Lo veo *de* cuando *en* cuando" **14** *De... en* Indica la distribución de algo en partes o grupos iguales: "*De* uno *en* uno" **15** Une un sustantivo con su complemento en aposición y lo especifica: "La ciudad *de* México", "La isla *de* Cuba", "El año *de* 1968", "El mes *de* mayo" **16** Introduce un significado condicional o concesivo cuando va seguida de un verbo en infinitivo: "*De* seguir así, lo van a despedir", "*De* ser verdad, hay que preocuparse" **17** Refuerza el sentido de un adjetivo en expresiones de lástima, queja o insulto: "¡Pobre *de* ti!", "¡Ay *de* mí!", "El tonto *de* su hermano" **18** Forma perífrasis de infinitivo: "Han *de* ser las siete", "Dejó *de* trabajar", "Terminó *de* estudiar" **19** Se une a varios adverbios para formar construcciones adverbiales: *abajo de, arriba de, delante de, después de,* etcétera.

debajo adv **1** En la parte inferior o interna de algo y cubierto por ello: *debajo del escritorio, debajo de la cama, debajo del puente, debajo del agua, debajo de las sábanas, debajo del vestido,* "Está *debajo* del carro", "Búscalo *debajo*" **2** *Por debajo de* En un nivel o rango inferior: "*Por debajo de* lo normal", "*Por debajo de* su capacidad".

debate s m Discusión que se hace de dos o más puntos de vista, de argumentos contrarios o contradictorios: *un acalorado debate, un debate político, poner a debate.*

deber[1] v tr (Se conjuga como *comer*) **1** Tener alguien la obligación de hacer algo: *debe estudiar, debe irse* **2** Estar alguien obligado a dar algo a otra persona, generalmente porque ésta se lo ha prestado antes: *deber dinero, deber una invitación, deber una copa* **3** prnl Tener algo su origen, causa o condición en otra cosa: "La lluvia *se debe* a un ciclón", "La pobreza *se debe* al sistema económico" **4** *Deberse a* Haber llegado alguien a cierta posición o fama gracias a otra persona o acontecimiento; tener una obligación con otros: "El líder *se debe a* su comunidad", "Yo *me debo a* mis hijos" **5** *Deber (de)* (seguido de un verbo en infinitivo) Ser posible que algo suceda: "Mi tío no *debe de* estar en su casa, *debe* estar en su trabajo", "Al fin y al cabo ella no *debe* estar tan contenta con su suerte".

deber[2] s m Aquello que uno está obligado a hacer por la moral, la ley, el desempeño de un cargo u oficio, la vocación, la conciencia, etc: "Votar es uno de los *deberes* del ciudadano".

debidamente adv En la forma debida, como debe ser: "Ha cumplido *debidamente* con su cometido", "No comprendió el problema *debidamente*", "Un establecimiento *debidamente* autorizado".

debido I pp de *deber* II adj Que es justo, obligatorio, necesario o conveniente: *a su debido tiempo, con el debido respeto, con la debida anticipación, con las debidas precauciones, con la debida oportunidad, con el debido reconocimiento.*

débil adj y s m y f **1** Que tiene poca fuerza, energía, intensidad o resistencia: *un niño débil, una voz débil, una luz débil, una estructura débil* **2** Que es falto de carácter o de presencia de ánimo: "Luis es muy *débil* ante las presiones" **3** Que se deja llevar por sus apetitos, sus pasiones o sus deseos sin oponerles resistencia: "Roberto es *débil* ante el alcohol", "Es muy *débil* frente a los halagos" **4** *Débil mental* Persona que padece debilidad mental.

debilidad s f **1** Falta o pérdida de fuerza o energía: *debilidad física, la debilidad de la corriente eléctrica, debilidad visual* **2** Falta de carácter o de fuerza de ánimo: *debilidad moral,* "Tu *debilidad* te hace víctima de todos" **3** Inclinación excesiva, dañina o inmoral por alguna cosa o persona: "Tiene *debilidad* por el juego", "Sus hijos son su *debilidad*", "Se abandona a las peores *debilidades*" **4** *Debilidad mental* Anormalidad mental que produce en una persona un nivel intelectual inferior al que se considera normal para su edad o equivalente, entre los adultos, al de un niño de entre siete y nueve años.

debilitar v tr (Se conjuga como *amar*) Hacer débil o más débil; quitar fuerza, energía o poder: "El reino de Agni se debilitó progresivamente a lo largo de los siglos XIX y XX", *debilitar los músculos, debilitarse el corazón.*

débilmente adv De manera débil; con poca fuerza, energía, intensidad o resistencia: "Sonrió *débilmente*", "La mujer se quejaba *débilmente*", *débilmente iluminado, reaccionar débilmente.*

debutar v intr (Se conjuga como *amar*) **1** Presentarse por primera vez ante el público un artista: "El pianista *debutó* el pasado noviembre en el Palacio de Bellas Artes" **2** Desempeñar por primera vez algún oficio, cargo o profesión: *debutar como empresario, debutar como beisbolista* **3** Presentarse en sociedad una señorita, en una fiesta celebrada especialmente para ello, generalmente al cumplir quince años de edad.

década s f Serie o conjunto de diez unidades, particularmente el periodo que forman diez años: "Santa Anna llena con su nombre tres *décadas* de la vida mexicana", "Desde la *década* de los treinta son famosos los sondeos de la opinión pública", "Para fines de la *década* de los setenta...", "Hace más de una *década*", *la tercera década de la vida.*

decadencia s f Situación o proceso en el que entra un organismo, una institución social, una creencia, etc, que consiste en la pérdida de la energía, la aptitud o el poder para continuar actuando o sobrevivir: *la decadencia de un imperio, la decadencia de una especie, la decadencia de un hombre, la decadencia de los valores cívicos.*

decaer v intr (Se conjuga como *caer*, 1d) **1** Perder una cosa o una persona su energía, su intensidad, su importancia, su calidad o su perfección: "*Decayó* la industria", "Ha *decaído* la fiesta brava", "Su ánimo no *decae* a pesar de tantas contrariedades", "La presión arterial *decae* progresivamente" **2** (*Mar*) Perder una embarcación el rumbo que llevaba a causa del viento, la corriente o la marejada.

decagramo s m Medida de peso o masa equivalente a diez gramos. (También, *decágramo*. Se abrevia dag o Dg.)

decalitro s m Medida de capacidad equivalente a diez litros. (También *decálitro*. Se abrevia dam o Dm.)

decámetro s m Medida de longitud equivalente a diez metros.

decena s f Conjunto formado por diez unidades: *una decena de libros, una decena de años, una decena de trabajadores.*

decenio s m Periodo de diez años: *los acuerdos diplomáticos de estos tres decenios, el desarrollo económico de los cuatro últimos decenios, el octavo y noveno decenio de la vida.*

decente adj m y f **1** Que es como debe ser de acuerdo con ciertos cánones o normas en lo que respecta a comportamiento, educación y moral: *gente decente, una muchacha decente, una familia decente,* "Una mujer *decente* no se viste como una de la calle" **2** Que es aceptable o decoroso de acuerdo con ciertos criterios: *una pensión decente, un departamento decente, un coro decente, un decente nivel internacional en teatro.*

decentemente adv Con decencia; con honestidad, honradez, moderación o decoro; decorosamente: "Los grupos de Economía están trabajando muy *decentemente*", *portarse decentemente.*

decepción s f Desengaño que se experimenta al no recibir, conseguir o suceder algo como se esperaba y sentimiento de dolor, frustración o tristeza causado por él: *una decepción amorosa,* "Acabo de sufrir una *decepción* muy grande", "El adulto ya ha sufrido muchas *decepciones*".

decepcionado I pp de *decepcionar* o *decepcionarse*: "Su hijo la *ha decepcionado*" **II** adj Que ha sufrido una decepción o ha perdido la fe, la esperanza o la ilusión que tenía depositada en algo o alguien: *un hombre decepcionado,* "Está *decepcionada* de todos los hombres".

decepcionar v tr (Se conjuga como *amar*) Desengañar o causar una decepción: "La narración me *decepcionó*", "*Se decepcionó* mucho cuando vio los resultados de su examen".

deceso s m Muerte: "Honda consternación causó el *deceso* del joven licenciado".

decibel s m (*Fís*) Unidad que sirve para medir la relativa intensidad de los sonidos; equivale a la décima parte del belio, que es la mínima diferencia que el oído humano puede percibir entre dos sonidos: "La voz humana tiene una intensidad de 55 *decibeles*; el ruido del trueno, de 70" (se abrevia dB).

decididamente adv De manera decidida; con decisión o firmeza; sin duda; sin lugar a dudas: *actuar decididamente,* "Estamos luchando muy *decididamente*", "*Decididamente*, eso no podía continuar así".

decidido I pp de *decidir* o *decidirse*: "*He decidido* vender mi coche" **II** adj Que no se detiene ante las dificultades; que muestra seguridad; resuelto, claro: *una mujer decidida, un apoyo decidido.*

decidir v tr (Se conjuga como *subir*) **1** (Se usa frecuentemente como pronominal) Llegar a una idea, un juicio o una resolución como resultado de una discusión o una reflexión y proponerse actuar en consecuencia: "No *me decido* a pintar la casa", "*Decidí* no aceptar su trabajo" **2** Hacer que algo o alguien llegue a una solución o conclusión: "La falta de armas *decidió* la batalla".

decigramo s m Unidad de peso y masa equivalente a la décima parte de un gramo (se abrevia dg).

decilitro s m Medida de capacidad equivalente a la décima parte de un litro: *dos decilitros de leche, cinco decilitros de alcohol* (se abrevia dl).

décima s f **1** Cada una de las diez partes iguales en que se divide un todo: *una décima de segundo, las décimas de un grado* **2** Estrofa formada por diez versos de ocho sílabas, los cuales riman consonan-

temente, por lo general de la siguiente manera: el primero con el cuarto y el quinto, el segundo con el tercero, el sexto con el séptimo y el último, y el octavo con el noveno, como en "Cuentan de un sabio que un día / tan pobre y mísero estaba / que sólo se sustentaba / de las yerbas que cogía / ¿Habrá otro, entre sí decía / más pobre y triste que yo? / Y cuando el rostro volvió / halló la respuesta viendo / que otro sabio iba cogiendo / las yerbas que él arrojó". Actualmente algunas canciones de carácter popular, como ciertos sones jarochos y algunas valonas, están compuestas en este tipo de estrofa.

decimal 1 adj m y f Que tiene como base o unidad el número diez: *numeración decimal, sistema métrico decimal* **2** s m Cada uno de los guarismos que van después del punto en un número fraccionario; así por ejemplo, el número 6.45 tiene dos *decimales*: "El detalle de estas estadísticas llega a los tres *decimales*".

decímetro s m Medida de longitud equivalente a la décima parte de un metro (se abrevia dm).

décimo 1 adj Que va después del noveno y antes del undécimo en una serie ordenada: "Ocupa el *décimo* lugar en la clasificación" **2** adj y s Que es una de las diez partes iguales en que se divide un todo: *la décima parte de un terreno,* "Nos dieron un *décimo* de las ganancias".

decir¹ v tr (Modelo de conjugación 13. Su participio es irregular: *dicho*) **I 1** Expresar algo con palabras, generalmente para hacer saber a otro lo que se piensa o siente: "Le *dijo* que la quería", "Como *dice* la Biblia: 'Ama a tu prójimo como a ti mismo'", *decir una oración,* "'Ta bien, señor Guillermo, si no *digo* nada; si yo nomás *decía*, ¿verdá? ¡Pero ni hablar!" **2** *Querer decir* Significar, dar a entender una cosa: "La cultura nahua se extendió hasta Nicaragua, pero no *quiere* esto *decir* que la región haya sido conquistada por las armas...", "Una baba, un melón, eso *quiere decir* un pulque, ¿no?" **3** *A decir verdad* En realidad: "Aunque, *a decir verdad*, esta acepción sale sobrando" **4** *Estar en lo dicho* Tener la intención de cumplir una promesa o un compromiso: "*Estamos en lo dicho*: paso por ti a las seis" **5** *Digo, es decir, quiero decir* O sea, más bien, corrigiendo o precisando lo anterior: "Los peruanos, *digo*, los incas...", "Fuimos a comer pozole; *quiero decir*, menudo" **6** *Con decirle a alguien que* Hasta, incluso: "*Con decirte que* nos llovió" **7** *Decir por decir* Expresar algo sin tener razones o fundamentos para hacerlo: "No te des por aludida; son cosas que *dice* nomás *por decir*" **8** *Decirle a alguien de cosas, de todo, hasta de qué se va a morir,* etc Ponerlo en evidencia o insultarlo: "Estaba tan enojado que le *dijo de todo a su cuñado*" **9** *¡No me diga(s)!* Frase que expresa sorpresa o incredulidad ante lo que dice otro: "—¿Sabías que se casó Efraín? —¡No me digas!", "¡Yo siempre he sido honrado con mis clientes. —¡No me diga!" **II 1** Afirmar, pensar, opinar o creer alguna cosa: "Así vestida, se *diría* que es una princesa", "No, *dice* uno, qué van a ser buenos cantantes" **2** *Digamos* Supongamos, por ejemplo: "Un cuadro que vale, *digamos*, varios millones de pesos" **3** *Como quien dice, por así decir, como si dijéramos* Más o menos, lo más parecido a, casi, en conclusión: "Tomás es, *como quien dice*, el maestro de este grupo", "Nuestro instituto es, *como si dijé-*

ramos, un refugio para los humanistas" **4** *Que digas, que digamos,* etc Que pueda considerarse; que consideremos: "No es algo, *que digas,* complicado", "No es una máquina muy cara, *que digamos"* **5** *Ni qué decir (tiene)* Sin duda: "La cocina mexicana puede ser muy refinada; eso *ni qué decir tiene*" **6** *No saber decir algo* Ignorarlo: "*No sé decir* cómo llegaron las piedras hasta acá" **III 1** *Decir de* Informar, expresar o dejar ver alguna cosa respecto de algo o alguien: "Cuando fui a Babiácora me *dijeron de* esas aguas termales", "Su vocabulario *dice* mucho *de sí*", "Sus últimas publicaciones *dicen* bien *de* él" **2** Murmurar o hablar mal de una persona: "Cuídate de lo que *dicen* por ahí", "Todo lo que se *decía* de ti resultó cierto" **3** *Dar que decir* Dar lugar a murmuraciones· "Julieta y Romeo *han dado que decir*" **4** *El qué dirán* La opinión que se forman o tienen los demás respecto de alguien: *tener miedo al qué dirán*, "Por *el qué dirán*, la llevó al altar" **IV** intr Nombrar algo o a alguien de alguna forma que resulta dudosa o extraña para el que habla o que es invento suyo: "A este pescado le *dicen* pez-gato", "A mi amigo le *digo* 'el Zaratustra' ".

decir[2] s m **1** Dicho: "Sus *decires* eran siempre optimistas" **2** *Al decir de* Según expresa o dice: "*Al decir de* mi abuela: ¡Qué tiempos!" **3** *Ser un decir* Ser una suposición: "Si en México, *es un decir*, no hubiera tantos coches...".

decisión s f **1** Juicio o resolución que se toma como resultado de una discusión o una reflexión: *llegar a una decisión, decisión política, decisión inapelable* **2** Firmeza de carácter: *enfrentar las adversidades con decisión.*

decisivo adj Que decide o resuelve algo que se considera de importancia: *dar el paso decisivo, jugar un papel decisivo, una influencia decisiva*, "El fuerte descenso de la mortalidad ha sido *decisivo* en el crecimiento de la población latinoamericana".

declamar v tr (Se conjuga como *amar*) Decir o recitar en tono solemne y con ademanes un poema, una composición literaria en prosa o un exhorto: "La cabeza que adivina el porvenir y *declama* versos".

declaración s f **1** Acto de declarar algo **2** Escrito en el que se expresa ese acto: *declaración de principios, declaración de derechos humanos* **3** (*Der*) Manifestación de alguien ante una autoridad competente acerca de los acontecimientos o los datos que interesa conocer: *prestar declaración, declaración de un testigo.*

declarar v tr (Se conjuga como *amar*) **1** Decir alguien abiertamente alguna cosa que sabe, piensa o siente: "No quiso *declarar* lo que gana", "Le *declaró* su amor" **2** (*Coloq*) *Declarársele a alguien* Manifestarle una persona a otra su amor, solicitándole establecer con ella una relación amorosa: "Ayer *se me declararon* Juan y Pepe" **3** prnl Manifestarse abiertamente o hacerse evidente alguna cosa: *declararse una epidemia, declararse las lluvias* **4** Decir una persona, en la aduana o en un lugar semejante, las cosas que lleva **5** (*Der*) Manifestar alguien ante un juez o una autoridad competente, bajo juramento o promesa de decir verdad, lo que sabe sobre cierto acontecimiento: *presentarse a declarar, declarar ante un tribunal* **6** Hacer saber una autoridad una decisión o un juicio acerca de algo o al-

guien: "El presidente *declaró* el estado de emergencia", "El reo fue *declarado* culpable" **7** *Declarar la guerra* Manifestar un Estado a otro, pública y formalmente, que iniciará la guerra contra él.

declarativo adj **1** Que declara, explica o afirma algo: *el carácter declarativo de un discurso* **2** (*Gram*) Oración declarativa **3** (*Gram*) Tratándose de verbos, aquellos cuyo significado es una afirmación como: *decir, declarar, anunciar,* etcétera.

declinación s f **1** Acto de *declinar. la declinación del Imperio Romano* **2** (*Astron*) Distancia angular de un astro con respecto al Ecuador de la Tierra, medida perpendicularmente a éste **3** *Declinación magnética* (*Geogr*) Desviación angular de la aguja magnética de una brújula respecto del Norte y el Sur verdaderos por influencia de causas locales; varía en los diferentes puntos de la superficie terrestre y en las diversas estaciones del año **4** (*Gram*) Conjunto o paradigma de formas o casos que puede tomar una palabra (sustantivo, adjetivo o pronombre), en ciertas lenguas de flexión, para expresar las distintas funciones gramaticales.

declinar v intr (Se conjuga como *amar*) **1** Disminuir en brillantez, frescura, importancia, etc; perder fuerza; acercarse a su fin o decaer: "Marilyn Monroe murió en el momento en que su carrera artística empezaba a *declinar*" **2** *Declinar el sol, el día* o *la tarde* Aproximarse a su fin la luz del día; empezar a oscurecer **3** (*Geogr*) En las brújulas, desviarse la aguja del Norte verdadero por influencia de causas locales **4** tr No aceptar un ofrecimiento o una invitación; rechazar algo con cortesía: *declinar una invitación* **5** tr (*Gram*) En ciertas lenguas, cambiar la terminación o la forma de una palabra o vocablo nominal para indicar su función gramatical dentro de la oración.

decoración s f **1** Acto de decorar: "La *decoración* del árbol de Navidad nos llevó toda la tarde" **2** Objeto o conjunto de objetos que adornan o decoran: "Esferas doradas y listones rojos son toda su *decoración*" **3** Manera en que se distribuyen y combinan distintos elementos en un espacio, generalmente para hacerlo cómodo o agradable a la vista; decorado: "La *decoración* de su casa es bastante sobria", *cambiar la decoración de la sala* **4** Arte y oficio de quien dispone el mobiliario, arreglo y adorno de una casa, una habitación o un escenario de teatro, cine o televisión: *estudiar decoración.*

decorado I pp de *decorar*: "Las figuras eran de barro dorado y *decorado* a mano" **II** Decoración: "Pensé cambiar el *decorado* del departamento", *el decorado de un escenario.*

decorar v tr (Se conjuga como *amar*) Poner adornos o arreglar los elementos de una habitación, un escenario u otro espacio con el fin de producir cierto efecto: *decorar una oficina bancaria, decorar un escenario, decorar un pastel.*

decorativo adj **1** Que decora o sirve para decorar: *artes decorativas*, "El color cumple un papel *decorativo*" **2** Que no es esencial; que es secundario: "Hay que eliminar los elementos meramente *decorativos* de la administración".

decrecer v intr (Se conjuga como *agradecer*, 1a) Disminuir progresivamente el tamaño, la intensidad, la fuerza o la importancia de algo: *decrecer el interés, decrecer la economía.*

decreciente adj m y f **1** Que disminuye o se reduce: *un salario decreciente, una población decreciente, un entusiasmo decreciente* **2** Que sigue un orden o secuencia que va de lo mayor a lo menor o de lo más alto a lo más bajo: "Situaron en orden *decreciente* las ciudades más importantes por el número de sus habitantes".

decrépito adj Que tiene una edad avanzada y ha llegado a la decadencia extrema de sus facultades físicas y mentales: *un hombre decrépito*.

decrepitud s f Estado de decrépito; edad muy avanzada; decadencia: "Esa mujer da claras muestras de *decrepitud*".

decretar v tr (Se conjuga como *amar*) **1** Emitir un decreto alguna autoridad de la administración pública; particularmente el Poder Ejecutivo: "El presidente *decretó* la nacionalización de la banca", "El Congreso *decretó* un aumento de salarios" **2** Ordenar o disponer algo una autoridad: "El árbitro *decretó* la expulsión del jugador".

decreto s m Orden o disposición adoptada por alguna autoridad, especialmente la que toma el Poder Ejecutivo de una nación y que se refiere al modo en que debe aplicarse una ley para garantizar los objetivos de la administración pública: "Las comisiones fueron creadas por *decreto* presidencial", *decreto del poder judicial*.

dedal s m Objeto cilíndrico y hueco, de metal u otro material, con la superficie granulada, que se utiliza para proteger la punta del dedo con que se empuja la aguja de coser.

dedicación s f Acto de entregarse con gran interés a algún trabajo, profesión o actividad: "Muestra una gran *dedicación* por la pintura", "Su *dedicación* al estudio nos estimulaba".

dedicar v tr (Se conjuga como *amar*) **1** Destinar algo a un fin determinado o dar a una cosa un uso específico: "*Dedicó* su vida a la medicina", "*Dedicar* un terreno a la siembra de maíz" **2** prnl Ocuparse en alguna cosa, principalmente la que se hace de manera profesional, o ponerse a hacer algo con atención y cuidado: *dedicarse a los negocios*, "Juan *se dedica a* preparar sus exámenes" **3** Ofrecer algo, como un regalo, un trabajo, un esfuerzo, etc, a alguien: *dedicar un libro*, "Le *dedico* esta pelea...", "Le *dedicó* sus estudios a su madre".

dedicatoria s f Fórmula escrita sobre un libro, una lápida u otro objeto, dirigida a la persona a quien se dedica algo: *las dedicatorias de Horacio a Mecenas*.

dedo s m **1** Cada una de las prolongaciones en que terminan las manos o los pies del hombre y de algunos animales. Los dedos de la mano del hombre son cinco: el *meñique, chico* o *chiquito*, que es el más pequeño y delgado; el *anular*, que le sigue al meñique y en el que se suelen poner los anillos; el *medio, cordial* o *del corazón*, que es el más largo; el *índice*, que se usa para señalar y está entre el *medio* y el *pulgar*, que es el más gordo y puede oponerse a los otros cuatro **2** Medida del grueso de un dedo: *un dedo de leche* **3** *Contarse con los dedos (de una mano)* Ser muy pocos: "Los asistentes *se contaban con los dedos*" **4** *Poner el dedo en el renglón* Señalar, poner en evidencia o destacar algo: "Ha puesto el dedo en uno de los renglones más importantes del problema" **5** *No quitar el dedo del renglón* Insistir en señalar algo, no des-

viarse del tema: "El presidente del PRI *no ha quitado el dedo del renglón*: se respetará la decisión mayoritaria" **6** *Poner el dedo en la llaga* Señalar el punto más importante, el más delicado o el más doloroso **7** *No levantar* o *no mover alguien un dedo* No hacer ningún esfuerzo: "*No ha levantado un dedo* para ayudarlo" **8** *Escapársele a uno algo (de) entre los dedos* Perder uno algo que consideraba seguro: "La oportunidad *se le escapó entre los dedos*" **9** *Chuparse el dedo* (*Coloq*) Ser tonto o ingenuo: "No les voy a dar el gusto de trabajar gratis, ¿o creen que *me chupo el dedo?*" **10** (*Estar algo*) *o para chuparse los dedos* (*Coloq*) Estar muy bueno o muy sabroso: "El asado *estaba* como para *chuparse los dedos*".

deducción s f Acto de deducir: *la deducción científica, una deducción correcta, la deducción de una cuota, deducción de gastos*.

deducir v tr (Se conjuga como *producir*, 7a) **1** Sacar una conclusión a partir de una serie de principios, premisas o proposiciones: *deducir una ley física, deducir una consecuencia* **2** Sacar una conclusión a partir de ciertos datos u observaciones: "Por la cara que pones *deduzco* que estás enojada", "Por las nubes, *se deduce* que lloverá" **3** Descontar una parte de cierta cantidad en el momento en que se la calcula: *deducir impuestos, deducir los gastos*.

defectivo adj Tratándose de verbos, que no tiene todas las formas del paradigma y sólo se conjuga en ciertos tiempos y personas, como *abolir*. No incluye los verbos impersonales.

defecto s m **1** Falta de las cualidades o de las características que debe tener alguna cosa o alguna persona; falla o imperfección de algo o alguien: *un defecto de fabricación, un defecto físico, un defecto de carácter* **2** *En su defecto* A falta de, en caso de no cumplirse: "Pague hoy o, *en su defecto*, nos veremos obligados a embargar".

defender v tr (Se conjuga como *perder*, 2a) **1** Proteger algo o a alguien de un ataque, un daño o algún inconveniente: *defender la ciudad, defender a sus hijos*, "Nos *defendimos* de la lluvia con un hule" **2** Argumentar en favor de algo o de alguien que se ve atacado o acusado: *defender ideas, defender la libertad de expresión* **3** Sostener la inocencia o menor culpabilidad de un acusado ante un tribunal.

defensa s f **1** Acto de defender algo o a alguien **2** Construcción, instrumento o medio con el que se protege algo o a alguien de un ataque o un daño: *defensa de un fuerte* **3** Cada una de las dos piezas, generalmente de metal, que están delante y detrás de la carrocería de un coche, con las que se protege su armazón contra golpes **4** Recurso o medio, generalmente natural, que algo o alguien tiene para protegerse de un ataque o de una enfermedad: *defensas de un animal* **5** Argumentación con la que se defiende una idea o a una persona, como la que presenta un abogado para defender a un acusado **6** Abogado encargado de defender a un acusado ante un tribunal: "La *defensa* interpondrá un amparo".

defensivo 1 adj Que defiende o sirve para defenderse de algo o de alguien: *mecanismos defensivos, táctica defensiva, reacciones defensivas* **2** *Estar* o *ponerse a la defensiva* Estar o ponerse en actitud de defenderse sin haber sido atacado, por desconfianza o temor de ser maltratado.

defensor adj y s **1** Que defiende algo o a alguien: *defensor de la democracia*, "Las *defensoras* de los derechos humanos se opusieron…", *instituciones defensoras del medio ambiente* **2** *Abogado defensor* (*Der*) El que toma a su cargo la defensa de una o más personas en un juicio.

defeño adj y s Que es originario del Distrito Federal o se relaciona con él: "Los *defeños*, al fin, se fueron de vacaciones".

deficiencia s f **1** Defecto o falta de algo en una persona o una cosa; falla en el funcionamiento de algo: *sufrir una deficiencia, deficiencia en los transportes, deficiencias del sistema* **2** (*Med*) Insuficiencia física de alguien, especialmente escasez o falta de alguna vitamina necesaria para la salud, o secreción insuficiente de una glándula endócrina **3** *Deficiencia mental* Retraso mental en una persona debido a la ausencia de uno o más genes de un cromosoma.

deficiente adj m y f **1** Que no es suficiente, que no es eficiente, que tiene fallas, no funciona o no está completo: *servicio telefónico deficiente, deficiente alimentación, educación escolar deficiente, preparación deficiente* **2** *Deficiente mental* Débil mental.

déficit s m sing y pl **1** Falta o insuficiencia de algo: *déficit de alimentos, déficit de calcio* **2** (*Cont*) Monto de dinero que falta a los ingresos o a la producción para equilibrar los gastos: *un déficit de un millón de pesos, estar en déficit, tener déficit*, "Registra considerables *déficits*".

definición s f **1** Acto de definir algo **2** Conjunto de proposiciones con que se explican y describen las características o cualidades de algo, sus rasgos y sus límites **3** Texto con el que se explica y describe el significado de una palabra o de cualquier expresión lingüística **4** Decisión que manifiesta una persona sobre sus inclinaciones, intereses o tendencias en un asunto determinado: "Le pidieron al presidente su *definición* política" **5** Precisión y claridad con que se ve una imagen a través de una lente, en la televisión o en una fotografía.

definido 1 adj Que tiene límites precisos y se percibe con claridad; que no admite ambigüedad ni confusión: *un contorno definido, políticas económicas bien definidas, un plan definido* **2** *Artículo definido* El que acompaña a un sustantivo e indica que éste se refiere a un objeto conocido o supuesto por el hablante o a un conjunto de objetos en su totalidad. Los artículos definidos son: *el, la, los, las, lo*; artículo determinado.

definir v tr (Se conjuga como *subir*) **1** Determinar con precisión las características o cualidades de algo; explicar claramente en qué consiste, qué abarca y cuáles son sus límites: *definir objetivos, definir una situación, definir un sentimiento, definir los límites de un terreno* **2** Explicar con precisión lo que quiere decir una palabra, un término científico o cualquier otra expresión lingüística: *definir palabras* **3** prnl Hacerse algo más claro, más preciso, más delimitado: *definirse el carácter, definirse la personalidad* **4** prnl Decidir o determinar alguien cuáles son sus inclinaciones, posición o tendencias en un asunto determinado: *definirse políticamente* **5** Decidir, determinar, resolver algo dudoso: "Hoy *se definirá* quién es el ganador" **6** (*Crón dep*) En algunos deportes, marcar un tanto; resolver: "Luis García supo *definir* con elegancia en el minuto treinta".

definitivamente adv De manera definitiva, permanente, rotunda; sin que haya lugar para cambios: "*Definitivamente* me gustó", "Perdió la licencia *definitivamente*", "Había pasado *definitivamente* de moda", "El congreso se llevará a cabo *definitivamente* en esa fecha".

definitivo adj **1** Que ha sido decidido, resuelto o terminado y no acepta cambios: *versión definitiva, resultados definitivos, contrato definitivo* **2** *En definitiva* En conclusión o decididamente: "*En definitiva*, llegaron a los acuerdos siguientes…", "*En definitiva* no sales esta noche", "Al final no sacamos nada *en definitiva*".

deflación s f (*Econ*) Proceso económico que consiste en un descenso general de los precios y en un aumento del valor del dinero; se produce cuando la cantidad del circulante es poca en comparación con los bienes y servicios que se ofrecen o cuando se presenta una reducción en el consumo de mercancías, disminuyendo por esa causa la circulación de la moneda. Este proceso suele traer como consecuencia una reducción en el nivel de la actividad económica, niveles más bajos de ingreso, de importaciones, de salarios y de empleos.

deformación s f Acción de deformar o deformarse o alteración de la forma o apariencia normal, original o correcta que resulta de ello: *deformación profesional, deformaciones ópticas, deformación bucal*.

deformar v tr (Se conjuga como *amar*) Alterar o modificar la forma original o correcta de algo o alguien o perder una persona o cosa su apariencia normal: *deformarse los huesos*, "Si hiciéramos eso, *se deformarían* las superficies", "La enfermedad horrible que *deforma* su preciosa cara", *deformar la personalidad, deformar la verdad*.

defraudar v tr (Se conjuga como *amar*) **1** Cometer el delito de fraude; quitar con engaño a alguien algo que por derecho le pertenece: *defraudar al fisco*, "*Defraudó* al ejido" **2** No cumplir alguien sus promesas o no responder una persona o cosa a las expectativas que se tienen de ella; engañar o decepcionar: "Confía en mí y no lo *defraudaré*", "La verdad es que me *defraudó* la novela".

defunción s f Muerte o fallecimiento de una persona: *levantar el acta de defunción*, "La causa más frecuente de *defunciones* son los accidentes", "Por cada cien nacimientos ocurren veintidós *defunciones*".

degeneración s f **1** Acto de degenerar **2** (*Med*) Alteración de los tejidos o elementos anatómicos con cambios químicos de la sustancia constituyente y pérdida de sus caracteres esenciales y sus funciones: *degeneración adiposa* **3** (*Med*) Pérdida progresiva de la normalidad mental o física y de las reacciones nerviosas de un individuo a consecuencia de las enfermedades adquiridas o hereditarias **4** (*Med*) Paso de una enfermedad a un estado de mayor gravedad: *degeneración de un tumor benigno en otro maligno* **5** (*Biol*) Proceso de retroceso desde un estado superior o complejo hasta otro inferior o más sencillo **6** (*Bot*) Pérdida de los caracteres morfológicos o fisiológicos de un hongo conservado en cultivo durante largo tiempo **7** (*Elec*) Estado de un sistema resonante cuando dos o más modos tienen la misma frecuencia.

degenerar v intr **1** Perder las cualidades o virtudes de su especie, de su estado natural u original o de unas normas, una moral, un gusto, etc, determinados: "La apreciación musical *ha degenerado*" **2** Transformarse en algo peor: "Reacciones de furia que amenazaron con *degenerar* en auténtica violencia", "Una mal llamada sociedad de consumo que *degenera* en despilfarro".

deglutir v tr (Se conjuga como *subir*) Pasar cualquier sustancia, sólida o líquida, como alimentos o bebidas, por la parte más estrecha de la garganta; tragar: "Seis cápsulas al día en cuanto el paciente pueda *deglutir*".

degradación s f **1** Acto por el cual se rebaja la posición o el grado de alguien dentro de una jerarquía, particularmente la militar **2** Situación o posición disminuida en que queda alguien dentro de una jerarquía, escala de calidad o de valor: *degradación social* **3** Pérdida de calidad o valor de algo o alguien: *degradación moral, degradación del suelo* **4** Disminución de la intensidad o de la proporción en que aparece algún componente de algo, como una sustancia o un material: *degradación del color, degradación de energía*.

dehiscente adj m y f (*Bot*) Tratándose de un fruto, que se abre de manera espontánea, dejando que salga la semilla.

deidad s f Divinidad; ser divino: *las deidades del maíz en Mesoamérica*.

dejar v tr (Se conjuga como *amar*) **I 1** Poner algo en algún lugar, soltándolo o separándolo de él: *dejar la taza sobre la mesa, dejar el libro en el escritorio* **2** Hacer que algo o alguien quede en algún lugar, en cierta posición o en determinada situación: *dejar a los niños en la escuela, dejar la puerta abierta, dejar libre el paso*, "Lo *dejaron* de pie toda la clase" **3** Separarse o alejarse de alguien o algo: *dejar al marido, dejar a la familia*, "*Dejó* la presidencia por razones de salud", "*Dejé* la carretera principal y tomé un camino vecinal" **4** Abandonar o interrumpir una actividad; no realizarla más: *dejar los estudios, dejar de beber* **5** *Dejarse de algo* Interrumpirlo; no seguir haciendo alguna cosa: *dejarse de tonterías, dejarse de bromas* **6** Terminar de suceder algo: *dejar de llover, dejar de hacer frío* **7** Olvidar una cosa en alguna parte: "*Dejé* las llaves adentro del coche" **II 1** Permitir que alguien o algo se mantenga como está, evitando tocarlo, molestarlo, interrumpirlo, etc: "*Deja* al gato en paz", "*Déjate* la nariz", *dejar correr el agua* **2** prnl Permitir que alguien actúe sobre uno sin oponer resistencia: *dejarse ganar, dejarse pegar, dejarse besar* **3** prnl Abandonarse, no preocuparse por uno mismo: "Con tantas deudas, *se ha dejado* mucho últimamente" **4** *Dejarse sentir* Hacerse algo presente por su intensidad o por sus efectos: *dejarse sentir el frío, dejarse sentir la música* **5** (*Coloq*) *Dejarse ver* o *dejarse caer* Aparecer o presentarse: "No *se ha dejado ver* en meses", "*Déjate caer* por acá el viernes en la noche" **6** *Dejar caer* Decir, generalmente con disimulo, algo que provoca sorpresa o incomodidad: "Entonces les *dejé caer* dos o tres verdades", "*Dejó caer* la frase como quien no quiere la cosa" **III 1** Permitir que alguien haga cierta cosa o darle expresamente permiso de hacerla: *dejar trabajar*, "*Déjalos* que se diviertan", "Quién sabe si mis papás me *dejarán* ir a la fiesta", "Este ponche *se deja* beber" **2** Dar algo a alguien para que lo cuide, limpie, arregle o use;

encargárselo o prestárselo: *dejar la casa al portero, dejar el coche al mecánico*, "Le *dejó* su casa durante las vacaciones" **3** Ceder una persona a otra un bien o un derecho, particularmente mediante testamento: "*Dejó* un terreno", "Les *dejó* el dinero a sus hijos" **4** Reservar, apartar o guardar algo para un fin determinado o para que alguien lo aproveche, lo use, etc: *dejar un espacio para la ventana, dejar una hora para descansar, dejar la leche para los niños* **5** Esperar a que suceda algo o posponer alguna cosa para hacer otra: *dejar la reunión para más tarde* **IV 1** Producir algo o alguien cierto resultado: "El negocio le *dejó* muy buenas ganancias", "La película me *dejó* un mal sabor de boca" **2** Hacer algo o alguien que quede alguna cosa como consecuencia o resultado de su acción: *dejar manchas, dejar huellas, dejar deudas al administrador, dejar la máquina arreglada*.

del Contracción de la preposición *de* y el artículo *el*: "Vengo *del* colegio", "El libro es *del* amigo de Juan".

delantal s m Prenda de vestir que sirve para proteger la parte delantera de la ropa, especialmente el que se sujeta a la cintura y cubre de ella hacia abajo: "Te ponías el *delantal* para no ensuciarte".

delante adv **1** En la parte anterior, enfrente de algo o de alguien, en su presencia: "*Delante* de sus hijos", "*Delante* de todos", "Los mil retos que tiene *delante*", "Un vestido con los botones *delante*", "*Delante* de la ventana" **2** En primer lugar, al frente, a la cabeza de algo: "*Delante* venía el padre con sus hijos", "Querían alcanzar a los que iban *delante*", "Me mandaron por *delante*" **3** *Por delante* Por la parte anterior: "El abrigo se cruzaba *por delante*" **4** *Por delante* Para o en el futuro, enfrente: "¡Tienes una vida *por delante!*", "Una gran tarea *por delante*" **5** *Llevarse por delante* a alguien o algo Atropellarlo o destruirlo: "El camión *se llevó por delante* dos postes y un árbol".

delantera s f **1** (*Dep*) Conjunto de los jugadores de un equipo deportivo que juegan en la posición más adelantada con respecto a su propio campo: *la delantera de la selección nacional* **2** *Tomar, llevar*, etc *la delantera* Ir o colocarse más adelante que otro o a la cabeza de un grupo, especialmente cuando se compite en algún deporte: "El Atlante *lleva la delantera* en el campeonato".

delantero 1 adj Que está o va delante de otro, que ocupa el primer lugar o el frente de algo: *rueda delantera, carro delantero, grupo delantero* **2** s Jugador de un equipo de futbol, de basquetbol, etc que ocupa o se mueve en la posición más adelantada de su campo **3** s m Pieza que forma la parte anterior de una prenda de vestir: *el delantero de un vestido*.

delatar v tr (Se conjuga como *amar*) **1** Revelar a la autoridad competente al autor de un delito para que sea castigado; acusarlo o denunciarlo como culpable: "Muchas mujeres ganan tanto *delatando* a los ilegales como trabajando" **2** Descubrir con un comportamiento algo que se pretende esconder: "Lo artificial de su conducta la *delata*" **3** prnl Ponerse uno al descubierto; mostrar sus intenciones involuntariamente: "Y *se delata* porque es evidente que algo esconde".

delator s Persona que delata al culpable de algún delito o falta: "La policía paga cierta cantidad a los *delatores*".

delegación s f **1** Acto de delegar o encomendar algo a alguien: *delegación de poderes* **2** Conjunto de personas nombradas o seleccionadas para representar algo o a alguien y actuar en nombre suyo: *delegación diplomática, delegación deportiva* **3** Cada una de las divisiones territoriales y administrativas en que se divide el Distrito Federal para gobernarlo **4** Oficina o lugar en donde trabajan los empleados de una delegación **5** *Delegación de policía* Oficina en donde la policía de cierta división administrativa del Distrito Federal atiende las quejas y las denuncias de los ciudadanos, efectúa averiguaciones y levanta las actas correspondientes.

delegado s **1** Persona elegida o designada para actuar en representación de alguien: *delegado sindical, delegada de turismo, delegado agrario* **2** En el Distrito Federal, funcionario encargado de una delegación: *el delegado de Coyoacán.*

delegar v tr (Se conjuga como *amar*) Dar alguien a otra persona la facultad o el poder para que actúe en representación suya, haga algo en su nombre o con su respaldo: *delegar deberes, delegar derechos, delegar una función, delegar una responsabilidad.*

deleitar v tr (Se conjuga como *amar*) Dar gran placer; impresionar agradablemente: *"Deleitó al público con su canto", "Se deleitan viendo la nieve".*

deleite s m Gran placer, sensación agradable o gusto por algo: *"Se explaya con deleite en la descripción".*

delfín s m (*Delphinus delphis*) Mamífero cetáceo que mide de 2.5 a 3 m de largo, de boca grande en forma de pico, con dientes cónicos en ambas mandíbulas, y una sola abertura nasal encima de los ojos. Su aleta dorsal está bien desarrollada. Se alimenta de peces y vive principalmente en mares templados o tropicales, en los que se encuentra generalmente formando grupos.

delgado adj **1** Que tiene poca anchura o es menos grueso de lo esperado en relación con sus otras proporciones: *un alambre delgado, un edificio delgado, "Esta tabla es muy delgada,* no creo que aguante" **2** Que tiene poca carne o grasa en su cuerpo o en alguna parte de su cuerpo: *un hombre delgado, piernas delgadas* **3** Que tiene menos sustancia o densidad de lo esperado: *pintura delgada, tierra delgada, café delgado, un atole delgado.*

deliberación s f Acto de deliberar o discutir sobre un asunto: *"Después de una larga deliberación absolvieron al acusado".*

deliberadamente adv Con toda intención o premeditación: *"Deliberadamente trata de ignorar la importancia de los problemas", "Deliberadamente le pusieron droga en el bolsillo".*

deliberado I pp de *deliberar* **II** adj Que es intencional o a propósito: *un golpe deliberado, un proceso deliberado de desarrollo económico.*

deliberar v intr (Se conjuga como *amar*) Examinar algo y sopesar sus pros y sus contras para tomar una decisión, especialmente un jurado: *"Después de deliberar, el jurado lo declaró culpable", "Los padres deliberaron si le daban permiso al hijo para que saliera de viaje", "Después de deliberar, los sinodales le otorgaron mención honorífica".*

delicadeza s f **1** Cualidad de ser algo delicado: *la delicadeza de un jarrón, la delicadeza de un problema, la delicadeza de una persona* **2** Carácter del comportamiento cortés, atento y suave: *la delica-*

deza de las maneras **3** Acto, regalo, expresión, etc con el que una persona muestra su atención por otra: *"Tiene muchas delicadezas con su esposa", "Fue una delicadeza de su parte haberte llamado para despedirse".*

delicado adj I **1** Que tiene una constitución o una hechura fácil de romperse, quebrarse o sufrir daños: *una porcelana delicada, un cuerpo delicado, una salud delicada* **2** *Estar alguien delicado* Tener alguien la salud dañada y expuesta a empeorar **3** Que es sensible o fácil de alterar, de descomponerse o dañarse: *una mujer delicada, una planta delicada, un carácter delicado* **4** Que se molesta o se ofende con facilidad: *una persona delicada* **5** Que requiere cuidado, atención y tacto para resolverlo o solucionarlo: *una situación delicada, un problema delicado, una crisis delicada, un tema delicado* II **1** Que está hecho con detalle, buen gusto y finura: *un encaje delicado, una escultura delicada* **2** Que se comporta con atención, mucha cortesía y suavidad: *un hombre delicado, una familia delicada.*

delicia s f **1** Placer o gusto intenso de los sentidos o de la mente: *"Gozaba de las delicias de un baño frío en tierra caliente", el jardín de las delicias* **2** Algo que da gran placer: *"Esta manzana es una delicia", "El mar es una delicia"* **3** *Hacer las delicias de alguien* Hacer que se divierta o sienta gusto: *"Los payasos hicieron las delicias de los niños".*

delicioso adj Que da mucho gusto o placer; especialmente, que tiene un sabor muy rico o sabroso: *"La cajeta es un delicioso dulce de leche", deliciosos panecitos, camarones deliciosos, una frescura deliciosa, "El delicioso México viejo de González Obregón", una conversación deliciosa.*

delimitación s f Acto de delimitar algo: *la delimitación de una propiedad, la delimitación de un programa, la delimitación de una zona agrícola, una delimitación de responsabilidades.*

delimitar v tr (Se conjuga como *amar*) **1** Marcar con precisión los límites de algo: *delimitar un terreno, delimitar un plazo* **2** Poner límites a alguna cosa: *delimitar un espacio, delimitar un radio de acción* **3** Establecer los límites a donde puede llegar una función o una atribución: *delimitar cargos, delimitar las tareas de los empleados, delimitar poderes.*

delincuencia s f **1** Acto de delinquir o cometer un delito: *"Las drogas conducen a la delincuencia"* **2** Conjunto de los delitos o crímenes cometidos en un tiempo o lugar determinados, por un cierto tipo de personas o de una cierta forma: *delincuencia juvenil, prevención de la delincuencia.*

delincuente adj y s m y f Que comete o ha cometido un delito: *aprehender a un delincuente.*

delineador adj y s m **1** Que sirve para delinear **2** Tipo de pincel o lápiz de maquillaje especial para dibujar líneas en los labios o en los ojos: *delineador de labios, delineador de ojos.*

delinear v tr (Se conjuga como *amar*) **1** Dibujar o trazar las líneas de una figura, particularmente las de su contorno: *delinear una silueta, delinear las cejas* **2** Definir o trazar las líneas generales de un procedimiento, un proyecto, un plan, etc: *delinear la política hacendaria.*

delinquir v intr (Se conjuga como *subir*) Cometer un delito: *"El hambre y la enfermedad lo obligaron a delinquir".*

delirar v intr (Se conjuga como *amar*) Decir disparates, hablar sin sentido o alucinar, especialmente a causa de una fiebre muy alta que trastorna la mente: "¡No cabe duda de que la fiebre te hace *delirar*!", "No sabe lo que dice: miente, *delira*".

delirio s m **1** Acto de delirar: "No hagas caso de sus *delirios*" **2** Disturbio o perturbación mental o emocional en que se presentan gran excitación, habla incoherente, confusión de ideas, desorientación y con frecuencia alucinaciones; puede ser causado por una fiebre alta, por una intoxicación o por un trastorno psíquico: *delirios tóxicos, delirios de grandeza, delirio de persecución* **3** Exaltación causada por emociones o sensaciones muy intensas; entusiasmo desbordante: "Eres todo mi *delirio*" **4** *Ser algo el delirio* (*Coloq*) Ser la locura: "Cuando triunfó el equipo mexicano, *fue el delirio*".

delito s m **1** Violación de una ley; crimen: *cometer un delito*, "¿Acaso es un *delito* decir lo que uno piensa?" **2** (*Der*) Acción u omisión culpable, prevista o definida por la ley, como las que violan las normas del derecho, y que merece una pena: *un delito de homicidio, un delito flagrante*.

delta s **1** f Cuarta letra del alfabeto griego (Δ, δ) que corresponde a la *d* del latino **2** m Zona de la desembocadura de un río en la que la acumulación de tierra y otras materias da origen a islas, lenguas de tierra, etc que dividen al río en dos o más brazos que se abren hacia el mar en forma triangular: *el delta del río Nilo* **3** f Especie de planeador que consiste en un triángulo de tela o plástico de cuyo armazón pende el arnés donde se coloca el piloto; ala delta: "¿No te parece demasiado arriesgado volar en *delta*?".

demagogia s f Práctica política que consiste en prometerle al pueblo lo que quiere tener, en decirle lo que quiere oír y en aparentar solidaridad con sus problemas y necesidades con la única intención de conseguir el poder o de mantenerse en él: *demagogia hitleriana*, "Esos diputados hacen pura *demagogia*", "Estamos hartos de tanta *demagogia*".

demagógico adj Que se relaciona con la demagogia o se comporta según esa práctica política: *un discurso demagógico, una promesa demagógica*.

demagogo adj y s Que practica la demagogia o actúa según esa práctica política: *un líder demagogo, una diputada demagoga*.

demanda s f **1** Acto de demandar algo: *una demanda de los campesinos*, "Se manifestaron en *demanda* de mejores salarios" **2** Petición o encargo de un bien o de un servicio: "Las nuevas líneas telefónicas tienen mucha *demanda*" **3** (*Econ*) Medida del volumen de un bien o de un servicio que el público está dispuesto a adquirir y pagar al precio de mercado: *ley de la oferta y la demanda, satisfacer la demanda* **4** (*Der*) Escrito en el que alguien expone un asunto para que un juez resuelva sobre él de acuerdo con la ley: *entablar una demanda, poner una demanda, levantar una demanda*.

demandado I pp de *demandar* **II** s y adj (*Der*) Persona a quien se pide o reclama algo en un juicio: "El *demandado* no tiene domicilio conocido en la ciudad", *demandado por fraude*.

demandar v tr (Se conjuga como *amar*) **1** Exigir o reclamar algo a lo que uno tiene o cree tener derecho, o de cuyo carácter razonable y evidente no tiene duda: *demandar salarios justos, demandar justicia* **2** (*Der*) Reclamar algo a alguien en un juicio: "Lo *demandarán* por desacato a la autoridad".

demás adj y pron m y f, sing y pl **1** Otro, el resto, lo que queda, lo que falta: "Sírvame lo *demás*", "¿Vendrán los *demás* estudiantes?", "Ayudé a los *demás* enfermos", "¿Ya leíste los *demás* libros?", "Francia, Italia y *demás* países europeos" **2** *Ser* o *estar por demás* Ser inútil: "Está *por demás* insistir en esa petición" **3** *Por demás* Notablemente, demasiado, excesivamente, muy: "Escribe en forma *por demás* cuidadosa", "Usó palabras *por demás* ofensivas", "El sol está *por demás* agradable" **4** *Por lo demás* Además de eso, independientemente de eso, aparte de eso: "El festejo duró mucho; *por lo demás* fue un éxito".

demasiado 1 adj Que tiene mayor cantidad e intensidad de la que se considera normal, necesaria o conveniente: "Hace *demasiado* frío" "He hecho *demasiado* esfuerzo", "Son *demasiados* invitados para una casa tan pequeña" **2** adv En exceso, más de lo debido o deseado: "Estaba *demasiado* lejos para verlo", "Suspendieron la obra porque era *demasiado* costosa", "Te enfermarás si comes *demasiado*" **3** adv Bastante, muy, mucho: "Es demasiado bonita para olvidarla", "Tu salud me preocupa *demasiado*".

democracia s f **1** Doctrina política y forma de gobierno de una sociedad en la que el pueblo es soberano y tiene poder completo sobre sus actos y sus decisiones **2** *Democracia directa* Aquella en la que el pueblo ejerce su soberanía directamente, tomando sus decisiones en forma conjunta e inmediata **3** *Democracia representativa* Aquella en la que el pueblo elige por mayoría de entre sus individuos, libremente y por un periodo determinado, los que prefiere que gobiernen y elaboren las leyes durante ese tiempo **4** Principio de igualdad de derechos políticos, sociales y económicos de todos los miembros de una sociedad, sin distinción de su raza, sexo, religión, clase o grupo social; forma de organización social así establecida.

demócrata adj y s m y f Que es partidario de la democracia o de que se actúe de acuerdo con la voluntad de la mayoría: *una mujer demócrata, un presidente demócrata*.

democrático adj Que pertenece a la democracia, se relaciona con ella o se comporta de acuerdo con sus principios: *régimen democrático, sociedad democrática, organismo democrático*.

democratización s f Acto de democratizar: *democratización de las decisiones políticas*.

democratizar v tr (Se conjuga como *amar*) Estimular, impulsar o consolidar la práctica de la democracia dentro de una organización, una comunidad o un país: *democratizar las instituciones, democratizar al partido*.

demografía s f Disciplina que se dedica al estudio de las poblaciones humanas basándose en observaciones y datos sobre los elementos que intervienen en su desarrollo y su evolución, como la fecundidad, la formación de parejas, la migración, la mortalidad, etc y tiene presentes otros conocimientos proporcionados por la estadística, la economía, la sociología, etcétera.

demográfico adj Que pertenece a la población o a la demografía; que se relaciona con ellas: *explosión demográfica, estudios demográficos*.

demógrafo s Persona que tiene como profesión la demografía: "Sara es una buena *demógrafa*".

demoler v tr (Se conjuga como *mover*, 2c) Derribar o tirar una construcción, generalmente empleando ciertos instrumentos especiales o con explosivos: "Tuvieron que *demoler* el Hotel Regis y el Hotel Del Prado, fuertemente dañados por el terremoto del 85".

demonio s m **1** Ser sobrenatural que diversas creencias y religiones consideran como creador y representante del mal, particularmente el espíritu que, según la tradición judeocristiana, dirigió a los ángeles que se rebelaron contra Dios y fue por ello condenado al infierno; diablo: *la maldad del demonio*, *las tentaciones del demonio* **2** Personificación de un mal o de un defecto: *el demonio de la duda* **3** *Ser alguien un demonio* Ser malvado, o muy hábil, o travieso: "Esa mujer *es un demonio*: inventa intrigas por todas partes", "Diego *es un* pequeño *demonio* y nadie lo puede controlar", "Hugo *es un demonio* con sus actrices" **4** *Llevarse a alguien el demonio* Enojarse o desesperarse intensamente: "¡Me llevava el demonio*: olvidé todos los documentos!", "Está que *se lo lleva el demonio* porque le robaron el coche" **5** *Del demonio*, o *de todos o de los mil demonios* Muy grande, complicado o difícil: *un escándalo del demonio*, *un problema de los mil demonios* **6** *Ir algo o irle a alguien del demonio o de los mil demonios* Ir algo o irle a alguien muy mal: "—¿Cómo te va? —¡De los mil demonios! ¿Qué esperabas?" **7** *Al demonio* Al infierno: "¡Vete al demonio!" Déjame en paz", "Mandó al demonio el trabajo", "¡Al demonio con sus necedades!" **8** *Demonios, con un demonio, qué demonios*, etc Expresión de enojo, admiración o extrañeza: "¿En dónde *demonios* te habías metido?", "¿Por qué *demonios* la quiero tanto si es una peleonera?", "¡Con un demonio! ¿Me quieres decir en dónde estabas?, "Claro que se lo digo en su cara, ¡pues *qué demonios*!", "¡Demonios, pero si son marido y mujer!" **9** *En o hasta (la) casa del demonio* (*Coloq*) Muy lejos: "Nos mandaron a comprar caña *a casa del demonio*" **10** (*Coloq*) *Oler, saber*, etc *a demonios* Oler, saber, etc muy mal: "Este café *sabe a demonios*".

demorar v (Se conjuga como *amar*) **1** intr Consumir un tiempo determinado; tardar: "¿Cuánto *demora* el viaje a Sayula?", "¿Se *demorará* usted mucho?" **2** tr Invertir más tiempo del esperado en hacer algo o posponer el momento en que algo debe suceder o se espera que suceda; retrasar: "Parecían *demorar* cruelmente el principio de la ceremonia", "*Demoraron* la entrega del trigo y el maíz", "Hay muchachas que *demoran* para casarse", "El vuelo de Mérida se *demoró* 20 minutos".

demostración s f **1** Acto de demostrar algo **2** Prueba o evidencia de algo: "Los hechos son la mejor *demostración* de lo que digo" **3** Manifestación o muestra de algo: *demostración de amistad, demostración de fuerza* **4** Ejemplificación de la manera en que se debe hacer o manejar algo, de cómo funciona o se comporta: "La *demostración* que hizo de la máquina satisfizo a todos los presentes".

demostrar v tr (Se conjuga como *soñar*, 2c) **1** Probar que algo es verdad mediante alguna acción, argumento, experimento o razonamiento: "*Demostró* que no era culpable", "*Demuestra* que eres capaz" **2** Mostrar, enseñar, hacer evidente algo: *de-*

mostrar cariño, demostrar oposición* **3** Ejemplificar la manera en que debe hacerse o manejarse algo: "Nos *demostró* el funcionamiento de su nuevo procesador de palabras".

demostrativo adj y s **1** Que demuestra algo o sirve para demostrarlo: *un razonamiento demostrativo, un hecho demostrativo* **2** (*Gram*) Tratándose de pronombres, los que indican cercanía o lejanía —en el tiempo o en el espacio— con respecto al que habla, como *ése* en "No quiero este libro sino *ése*". Son pronombres demostrativos: *éste, ése, aquél*, etc **3** (*Gram*) Tratándose de adjetivos, los determinativos que señalan la posición de lo significado por el sustantivo en relación con quien habla, como *este* en "*Este* libro". Son adjetivos demostrativos: *este, ese, aquel*, etcétera.

dendrita s f **1** (*Anat*) Prolongación arborescente de las células nerviosas **2** (*Min*) Cada uno de los cristales que se forman en las fisuras de las rocas, donde su conjunto adopta la forma de ramificaciones arborescentes.

denegar v tr (Se conjuga como *despertar*, 2a) Negar en forma absoluta algo que se ha pedido o solicitado: "Le *denegaron* el derecho de apelación", *denegar una petición*.

denigrar v tr (Se conjuga como *amar*) **1** Criticar o hablar mal de alguien o algo; hacerle mala fama o desacreditarlo: *denigrar al gremio* **2** Ultrajar, agraviar o insultar gravemente a una persona: "No sólo humillaron a los prisioneros; los *denigraron* en público".

denominación s f **1** Acto de denominar algo o alguien y nombre que se le da: *la denominación de una calle, la denominación de un producto* **2** Valor de una moneda o de un billete: *billete de baja denominación, monedas de varias denominaciones*.

denominador 1 adj Que denomina: *comisión denominadora, acción denominadora* **2** s m (*Mat*) Número que, en los quebrados o fracciones, indica las partes iguales en que se divide una unidad; por ejemplo, en $3/4$, el 4 es el denominador: *mínimo común denominador* **3** *Denominador común* Rasgo que caracteriza a un conjunto de elementos: "Su denominador común era el trabajo".

denominar v tr (Se conjuga como *amar*) Nombrar, llamar a algo o a alguien de una manera determinada, darle un nombre: "A esta red la *denominan* 'ala de mariposa'".

denotar v tr (Se conjuga como *amar*) Ser señal de algo, especialmente de una emoción o un sentimiento; indicar: "Esos ojos *denotaban* la desconfianza", "Sus obras *denotan* su amor por la vida", "Sus opiniones *denotan* falta de actitud crítica".

densidad s f **1** Calidad de denso: *la densidad del agua, la densidad de la leche* **2** (*Fís*) Cantidad de masa en un cuerpo que hay en una unidad de volumen; generalmente se expresa en gramos sobre centímetro cúbico: "La *densidad* del plomo es mayor que la del aluminio", "La *densidad* del acero es de 7.8 g/cm^3" **3** Cantidad de elementos o individuos que hay o habitan en una determinada unidad de espacio: *densidad de población*, "La excesiva *densidad* de siembra produce bajos rendimientos".

denso adj **1** Que tiene gran cantidad de materia o de masa en relación con su volumen; que es espeso o compacto: *una densa niebla, un material denso*

2 Que tiene muchos elementos en relación con el espacio que ocupa: *bosques densos, una densa población* **3** Que resulta pesado o agobiante; que es lento, aburrido, complicado o difícil de entender: *una persona muy densa, una película densa,* "La novela es *densa* pero interesante".

dentado adj Que tiene dientes o que tiene una serie de puntas o salientes que se les parecen: *los animales dentados, hoja dentada, cuchillo dentado, rueda dentada.*

dentadura s f Conjunto de los dientes de una persona o de un animal, sean propios o postizos: "Tiene una espléndida *dentadura*", *dentadura postiza,* "Se quitó la *dentadura* y la echó al vaso".

dental adj m y f **1** Que pertenece a los dientes o se relaciona con ellos: *placa dental, consultorio dental,* "El niño tiene problemas *dentales*" **2** (*Fon*) Que se pronuncia tocando la parte interior de los dientes, especialmente los incisivos, con la punta o el dorso de la lengua, como cuando se pronuncia el fonema /t/ o el fonema /d/.

dentista s m y f Médico que se especializa en curar las enfermedades de los dientes, conservar la dentadura y reponer las piezas faltantes con otras artificiales: "Obtuvo su título de *dentista* el año pasado", "Consultar oportunamente al *dentista* si hay caries dental", *taladro de dentista.*

dentro adv **1** En el interior de algo o entre sus límites: *dentro de una caja, dentro del cuerpo, dentro de una región, dentro de sí, por dentro, para dentro, desde dentro, hacia dentro, de dentro, aquí dentro, allí dentro, allá dentro, se quedó dentro* **2** Dentro de Después de, cuando pase, en un periodo de: *dentro de un rato, dentro de una semana, dentro de poco tiempo* **3** Dentro de poco Pronto: "*Dentro de poco* estará más alto que su padre".

denuedo s m Esfuerzo físico o mental para llevar a cabo algo; voluntad, decisión o dedicación con que se hace: "Se enfrentó con *denuedo* a la tarea de hacer su tesis".

denuncia s f **1** Acto de denunciar: *la denuncia del tráfico de drogas, una denuncia de las aberraciones de su tiempo* **2** (*Der*) Acto por el que se pone en conocimiento de la autoridad competente la comisión de algún delito o infracción legal y documento en el que esto consta: *hacer la denuncia, presentar una denuncia, firmar la denuncia* **3** Denuncia del intestado (*Der*) Manifestación de quien, en su calidad de heredero de una persona fallecida sin testamento, comparece ante la autoridad civil competente en solicitud de que se le reconozca como legítimo sucesor.

denunciar v tr (Se conjuga como *amar*) **1** Señalar a alguien como culpable de un delito ante las autoridades competentes: "*Denunciaron* este crimen y exigieron castigo a los culpables", "Les resulta fácil deshacerse de los trabajadores mexicanos *denunciándolos*" **2** Hacer del conocimiento público las fallas, los errores, los abusos, etc de alguien o de algo: "Esta emisora *ha denunciado* repetidas veces los aumentos de los comerciantes", "*Denunciaremos* las alcabalas de la Secretaría".

departamento s m **1** Cada una de las partes en que se divide una institución, una universidad, una empresa, etc: *departamento de asuntos indígenas, departamento de computación, departamento de em-*

paques **2** Cada una de las casas que forman parte de un edificio; apartamento: *departamento amueblado, departamento en condominio.*

depauperado I pp de *depauperar* **II** adj Que ha llegado a un cierto grado de pobreza, generalmente duradera: "Las clases *depauperadas* son las víctimas del capitalismo".

depauperar v tr (Se conjuga como *amar*) Empobrecer o empobrecerse en forma continua una persona o un grupo de personas; bajar su nivel de vida o disminuir su poder de compra: "La crisis *depauperó* a la clase media".

dependencia s f **1** Situación de algo o de alguien que, en su actividad, comportamiento o movimiento, está condicionado, influido o sometido a otra cosa o a otra persona: *dependencia económica, dependencia científica, dependencia de una droga* **2** Oficina o negocio que funciona bajo las órdenes o con la ayuda de otra: *dependencia del gobierno.*

depender v intr (Se conjuga como *comer*) Estar algo o alguien condicionado, influido o sometido a otro; necesitar de él para poder realizarse, vivir, etc: "Las ganancias *dependen del* mercado", "La cosecha *depende de* la lluvia".

dependiente 1 adj y s m y f Que depende de alguien o de algo: *un país dependiente, una variable dependiente, los dependientes del trabajador* **2** s m Empleado que atiende a los clientes de un establecimiento comercial: "Dos o tres *dependientes,* en mangas de camisa, platicaban tras el mostrador".

deporte s m **1** Ejercicio o actividad física que se practica de acuerdo con ciertas reglas y tiene por objeto tanto cultivar la salud y las capacidades del cuerpo como mostrar la habilidad de quienes lo practican, a menudo mediante la competencia: *hacer deporte, practicar deportes acuáticos* **2** Hacer algo por deporte Hacerlo por diversión o afición: *discutir por deporte,* "No le hagas caso: *se burla por* puro *deporte*".

deportista s y adj m y f Persona que se dedica a practicar algún deporte, profesionalmente o no: *un grupo de deportistas, un gran deportista, una niña muy deportista.*

deportivo adj **1** Que pertenece a los deportes o se relaciona con ellos: *parque deportivo, desfile deportivo, ciudad deportiva* **2** Que se ajusta a las normas de comportamiento que rigen en los deportes, como el respeto al adversario, el compañerismo, etc: *un gesto poco deportivo, una actitud muy deportiva* **3** s m Conjunto de instalaciones donde se practican deportes: "Llega al *deportivo* a las siete de la mañana", "Está nadando en el *deportivo*".

depositar v tr (Se conjuga como *amar*) **1** Meter alguna cosa en otra para que la contenga: *depositar votos en la urna, depositar bultos en la bodega, depositar semillas en el surco* **2** Poner alguna cosa en un lugar destinado para ello, generalmente en actitud ritual: *depositar flores en una tumba, depositar una ofrenda* **3** prnl Caer alguna sustancia en cierto lugar y quedar contenida en él, en particular cuando tiene forma de recipiente: *depositarse arena en el fondo del río, depositarse ceniza en los huecos* **4** Poner alguna cosa en cierto lugar que la proteja o bajo la vigilancia y responsabilidad de alguien: *depositar dinero en la bóveda, depositar acciones en el banco, depositar un documento ante* *notario* **5** Entregar algo a una autoridad competente para que lo registre, proteja o considere: *depositar el contrato ante la junta federal, depositar un pago en la tesorería* **6** (*Coloq*) Poner a alguna persona bajo el cuidado y la protección de otra: *depositar a los hijos con sus padrinos* **7** Poner alguien su confianza, su fe, sus esperanzas, etc en alguna cosa o persona: *depositar la fe*, "*Depositó* todas sus esperanzas en el negocio", "*Deposité* mi cariño en ella".

depósito s m **1** Acto de depositar o depositarse: *el depósito de la carga, el depósito de un documento, el depósito de la arena en los barrancos* **2** Objeto que se deposita: *un depósito mineral, un depósito floral* **3** Lugar en el que se deposita algo, en especial cuando se hace para guardarlo: *un depósito de verduras, un depósito de petróleo* **4** Objeto que sirve para contener y guardar alguna materia o sustancia: *un depósito de agua, llenar el depósito* **5** Cantidad de dinero o de bienes financieros que se deposita en un banco: *un depósito en efectivo, registrar un depósito* **6** Cantidad de dinero o conjunto de bienes que se entrega a alguien en garantía de un pago o para asegurar la realización de un negocio: *pagar el depósito, dejar un depósito*.

depredador adj y s **1** Que se alimenta de plantas vivas o de animales vivos, particularmente si a estos últimos los caza **2** Que roba, saquea o destruye: *un ejército depredador*.

depresión s f **1** Parte hundida o baja de cualquier superficie, y especialmente el hundimiento o descenso de un terreno con relación al nivel del mar: *los volcanes de la depresión del Golfo de California* **2** Estado de decaimiento, tristeza, inseguridad y pesimismo, acompañado a veces de ansiedad, irritabilidad y deseos de muerte: "La ausencia de su hija le produjo una *depresión*", *hundirse en la depresión* **3** (*Med*) Disminución de la actividad vital en una parte o en la totalidad de un organismo: *depresión del centro nervioso respiratorio* **4** (*Econ*) Crisis profunda y generalmente duradera de la economía de mercado del sistema capitalista, caracterizada por una fuerte caída de la producción, el empleo, los precios internos, el valor de la bolsa y el volumen del circulante, así como por un estancamiento o descenso en la inversión física y financiera: *la depresión del 88, la gran depresión del 29 en los Estados Unidos* **5** (*Geofís*) En meteorología, descenso de la presión atmosférica: "Para hoy se anticipan fuertes *depresiones* en la vertiente del golfo" **6** *Depresión del horizonte* (*Topogr, Mar*) A la vista de un observador situado por encima del nivel del mar, ángulo que forman la línea del horizonte y la tangente a la superficie del mar.

deprimido I pp de *deprimir* o *deprimirse* **II** adj **1** Que sufre de depresión, tristeza o desánimo: *jóvenes deprimidos* **2** Que padece una disminución en su energía, su actividad, su salud o su volumen: *una economía deprimida* **3** (*Zool*) Aplanado horizontalmente: "El ajolote tiene la cabeza *deprimida*".

deprimir v tr (Se conjuga como *subir*) **1** Producir depresión, tristeza o desánimo: "La ciudad nos *deprime*", "Una casa oscura que lo *deprime*" **2** Hacer que disminuya la energía, la actividad, el volumen o la cantidad de algo o alguien: *deprimir la producción*, "Estas pastillas pueden *deprimir* el sistema inmunológico".

depurado adj Que ha pasado por un largo proceso de refinamiento: *un arte depurado, ademanes depurados, gusto depurado*.

derecha s f **1** Mano del brazo que nace en el costado opuesto al del corazón; diestra: *escribir con la derecha, lanzar la bola con la derecha* **2** *A, hacia, por, etc la derecha* En la dirección de esa mano; hacia el lado opuesto al del corazón: *tomar a la derecha, dar vuelta a la derecha* **3** Corriente política conservadora, opuesta a los cambios revolucionarios e interesada en el mantenimiento del orden establecido: *la derecha mexicana, partidos de derecha*.

derechazo s m **1** Golpe que se da con la mano derecha: *un derechazo a la mandíbula* **2** (*Tauro*) Pase de muleta que se da con la mano derecha: *tandas de derechazos y naturales*.

derecho I adj y adv **1** Que es recto, que va siempre en la misma dirección, que es directo y sin rodeos; en línea recta, en la misma dirección: *camino derecho, una fila derecha, ir derecho, moverse derecho* **2** Que es o que está en posición vertical: *pararse alguien bien derecho, una pared derecha, un cuerpo derecho* **3** Que es o procede sin subterfugios ni engaños; que es justo, legítimo o razonable: *una reclamación derecha, un hombre derecho*, "No me des más largas: háblame *derecho*" **II** s m **1** adj Que está del mismo lado que el opuesto al corazón: *mano derecha, ojo derecho* **2** Lado, cara o parte que algo muestra normal o naturalmente, por donde se usa o por donde se pone: *el derecho de una camisa, el derecho de una tela* **3** *Al derecho* En la posición o dirección que se considera normal: *ponerse los pantalones al derecho*, "Nosotros circulamos *al derecho*, los ingleses, al revés", "Habían puesto el cuadro de cabeza, así que lo pusimos *al derecho*" **III** s m **1** Facultad que tiene alguien para hacer, pedir o exigir algo que es justo, razonable o legal: *derecho a la salud, derecho al trabajo, tener derecho a hablar, estar en su derecho* **2** Conjunto de principios, leyes, normas o reglas establecido por una sociedad para guiar su vida y su conducta de acuerdo con la justicia: *derecho romano, derecho mexicano, derecho internacional, derecho civil* **3** Ciencia que estudia las leyes y sus aplicaciones, y profesión de los que la practican: *escuela de derecho, licenciado en derecho* **4** Cantidad de dinero que se establece como pago por un servicio o que fijan las aduanas para permitir la introducción de determinadas mercancías extranjeras que no son de importación libre a un país: "Pase a pagar su *derecho* de inscripción", *derechos de importación*.

derivación s f **1** Acto de derivar o derivarse **2** Desviación o ramificación de algo: "Este canal es una *derivación* del acueducto principal" **3** (*Gram*) Proceso mediante el cual se forman nuevas palabras partiendo de una raíz o lexema, al añadirle uno o más afijos, como ocurre, a partir de *industria*, con *industrial, industrialismo, preindustrial*, etcétera.

derivada s f **1** (*Mat*) Operación matemática con que se calcula la rapidez de cambio de la variable dependiente respecto de la variable independiente, y resultado de esta operación. Así, por ejemplo, la aceleración es la *derivada* de la velocidad, variable dependiente, respecto del tiempo, variable independiente **2** (*Geom*) Pendiente de la tangente a una curva en uno de sus puntos.

derivado I pp de *derivar* **II 1** adj Que tiene su origen en, que procede o proviene de: *problemas derivados de la sobrepoblación, sustancia derivada del petróleo* **2** s m Producto que se obtiene de otro: "El queso es un *derivado* de la leche" **3** s m y adj (*Gram*) Palabra que procede de otra de la misma lengua, como *panadería* de *pan, frutero* de *fruta, blanquear* de *blanco,* etc: *derivados del español, palabras derivadas del verbo* amar.

derivar v intr (Se conjuga como *amar*) **1** Provenir una cosa o persona de otra o tener su origen en ella: *derivar el hombre del mono, derivar una palabra española del latín* **2** Terminar algo en una cosa distinta a la que se esperaba o planeaba: "La conversación *derivó* en discusión" **3** tr Conducir algo o parte de algo a algún lugar, desviándolo del camino por el que normal o naturalmente pasa: *derivar el tránsito hacia las avenidas* **4** Desviarse algo de su ruta, especialmente los barcos: "El barco *derivó* hacia las rocas" **5** tr Deducir algo, inferirlo: "De su actitud podemos *derivar* que no le importa".

derivativo s y adj (*Gram*) Tratándose de morfemas o gramemas, los que se añaden a un lexema o a otro morfema para modificar el significado primitivo de la palabra y formar una palabra nueva. Por ejemplo, *-ero, -ería* y *-esco* son gramemas derivativos que forman, respectivamente, libr*ero*, libr*ería* y libr*esco* a partir de *libro*.

dermatología s f Parte de la medicina que se ocupa del estudio de la piel y del tratamiento de sus enfermedades.

dermatólogo s Médico especialista en dermatología.

dermis s f sing y pl (*Med*) Capa de tejido conjuntivo, nervioso y vascular de los vertebrados, situada debajo de la epidermis, con la que forma la piel.

derogación s f Acto de dejar sin vigencia una ley o parte de la misma: *decreto de derogación.*

derogar v tr (Se conjuga como *amar*) Suspender, la autoridad facultada para ello, la vigencia de una ley o de alguna de sus partes: "El Ejecutivo *derogó* la ley minera de 1930".

derramar v tr (Se conjuga como *amar*) **1** Esparcir o esparcirse líquidos o cosas menudas, generalmente al tirar el recipiente en que están contenidos o porque éste ya no es suficiente para contenerlos: "El agua *se derrama* y se desperdicia", "*Derramó* la taza de café", "El río Coatzacoalcos *derrama* sus aguas en el Golfo", *derramarse la leche, derramar la sal, derramar lágrimas* **2** (*Rural*) En las zonas productoras de pulque, tirar el aguamiel del maguey que ha recibido agua de lluvia.

derredor s m **1** Espacio que rodea a alguien o algo **2** *En derredor* Alrededor de alguien o algo; a la redonda: "*En derredor* cantaban cenzontles y canarios", "Sintiendo *en* mi *derredor* el amargo peso de la soledad".

derretir v tr (Se conjuga como *medir*, 3a) **1** Convertir o convertirse un sólido en líquido por medio del calor, especialmente materias blandas: "*Derrita* la mantequilla", *derretirse la cera* **2** (*Coloq*) Enamorar o enamorarse intensamente; ponerse o hacer que alguien se ponga tierno: "Está que se *derrite* por ti", "Lo *derritió* de una sola mirada".

derribar v tr (Se conjuga como *amar*) Tirar o hacer caer con ímpetu al suelo algo o a alguien que está en pie, derecho o en lo alto: "*Derribó* al joven de

un seco golpe en la quijada", "El caballo *derribó* al jinete", *derribar un edificio, derribar árboles.*

derrota¹ s f Acto de derrotar a alguien o de quedar alguien derrotado: *la derrota del ejército enemigo, sufrir una derrota, aceptar la derrota, cargar con la derrota, aprender de la derrota.*

derrota² s f **1** Dirección que lleva una embarcación al navegar: *la derrota del barco* **2** (*Tauro*) Tendencia que indica el toro de lidia a cornear en cierta dirección: *una derrota muy peligrosa.*

derrotado I pp de *derrotar* **II** adj y s Que ha sido vencido; que ha recibido una derrota: "Los árabes *derrotados* se dirigieron al mar".

derrotar v (Se conjuga como *amar*) **1** tr Lograr algo o alguien que su oponente en un combate, una competencia, una disputa, etc, se rinda o pierda: "Obregón *derrotó* a Villa en Celaya", "El equipo mexicano *derrotó* al argentino", "Los *derrotó* el hambre", "La campaña pretende *derrotar* al abstencionismo" **2** intr (*Tauro*) Lanzar el toro golpes con los cuernos, levantando la cabeza.

derrumbarse v prnl (Se conjuga como *amar*. Se usa a veces como transitivo) **1** Caerse las partes que forman alguna cosa, particularmente una construcción, o venirse abajo algo: "Con el terremoto *se derrumbaron* muchas casas", "*Se derrumbó* el techo en un segundo", *derrumbar un edificio,* "*Se derrumbó* el cráter del volcán" **2** Venirse abajo, abatirse o fracasar alguna cosa o persona: "Su ministerio *se derrumba* en medio de la corrupción", "Sus propósitos *se derrumbaron*", "Después de la muerte de su esposa, él *se derrumbó*".

derrumbe s m Acto de derrumbarse algo o alguien: *peligro de derrumbe, zona de derrumbes, el derrumbe del imperio romano.*

desafiar v tr (Se conjuga como *amar*) **1** Provocar o incitar a alguien a que luche, compita o pruebe sus capacidades: "Te *desafío* a escalar el Popo" **2** Enfrentar con valentía alguna cosa, sin detenerse ante peligros o dificultades: "Los investigadores, manipulando virus o sustancias peligrosas, *han desafiado* gallardamente la muerte".

desafío s m **1** Acto de desafiar: *un desafío para la razón* **2** Reto o duelo: *matar en desafío.*

desaforar v tr (Se conjuga como *soñar*, 2c) (*Der*) Privar a alguien del fuero que tiene: "Acordaron *desaforar* a los tres diputados".

desagradable adj m y f Que no es agradable, que desagrada, que disgusta, molesta o incomoda; que sabe o huele mal; que da una mala impresión: *una situación desagradable,* "Al verlos me llevé una impresión muy *desagradable*", *un olor desagradable, desagradables sorpresas.*

desaguar v tr (Se conjuga como *amar*) **1** Sacar el agua de algún lugar o recipiente: *desaguar la tina, desaguar la caldera* **2** intr Verter o echar el agua en algún sitio: "¿Dónde desaguó el fregadero?", "El tejado *desaguó* sobre la calle", "El río Balsas *desaguaba* más al norte y al fin perdió su antigua salida al océano" **3** intr (*Popular*) Orinar: "Orita vengo, no me tardo, voy a *desaguar*" **4** (*Agr*) Tratándose de bovinos, ordeñar el calostro de las hembras que han parido recientemente, para que no lo mame el becerro **5** (*Popular*) En Oaxaca, enjuagar **6** (*Tab*) Hacer que un tallo tire la mala savia, como medida de curación o para prevenir plagas **7** (*Tab*) Tratándose de labores agrícolas, eliminar las malas hierbas o la cizaña del sembrado.

desagüe s m **1** Acto de desaguar: "La poca pendiente hace muy lento el *desagüe*" **2** Eliminación de aguas negras o de desperdicio: *canal de desagüe, sistema de desagüe* **3** Conducto por el que corren estas aguas: "Echaban su basura al *desagüe*".

desahogar v tr (Se conjuga como *amar*) **1** Liberar el corazón o el ánimo de una emoción o un sentimiento intenso de dolor o de coraje, hablando, llorando o con actos violentos: "La dejó llorar hasta *desahogarse*", "*Desahogaba* en llanto su enorme pena", *desahogar el mal humor* **2** prnl Liberarse de un peso o una responsabilidad: *desahogarse de deudas, desahogarse de trabajo* **3** Resolver o solucionar ciertos problemas legales: "La comisión agraria mixta *desahogó* 41 expedientes" **4** Hacer algo más fluido o más ligero: *desahogar el tránsito*.

desajuste s m Efecto que produce la falta de ajuste entre dos o más cosas o la pérdida de precisión, de equilibrio o de acomodo entre ellas: *desajuste económico, desajuste entre la oferta y la demanda, un desajuste mecánico*.

desalojar v tr (Se conjuga como *amar*) **1** Sacar o hacer salir de un lugar algo o a alguien: *desalojar las aguas negras*, "Ya nos había *desalojado* el ejército", *desalojar el vientre* **2** Dejar un lugar determinado en forma voluntaria, especialmente la vivienda en que se habita: "*Desalojé* mi departamento antes del día último para que no me cobraran renta", "Por favor, *desalojen* antes del mediodía".

desaparecer v (Se conjuga como *agradecer*, 1a) **1** intr Dejar algo o alguien de ser visible o perceptible, o perderse una persona o una cosa: *desaparecer en el horizonte*, "*Desaparecieron* él y el dinero", "El niño *desapareció* el jueves" **2** tr Hacer algo o alguien deje de ser visible o perceptible: "El mago *desapareció* los dulces" **3** tr Matar, asesinar o secuestrar a una persona: "Mandaron *desaparecer* al testigo", "Lo *desaparecieron* durante dos semanas".

desaparecido I pp de *desaparecer* **II** adj y s **1** Muerto, difunto: "Los millones de *desaparecidos* durante la Segunda Guerra Mundial…" **2** Perseguido político que ha sido secuestrado o eliminado por los cuerpos policiacos, militares o paramilitares pertenecientes al poder: "Las madres argentinas protestan desde hace años en la Plaza de Mayo por los *desaparecidos*".

desaparición s f Acto de desaparecer: *la desaparición de un hombre, la desaparición de un cuadro*.

desarmador s m **1** Herramienta que sirve para apretar y aflojar tornillos; consta de un mango y una punta que embona en la ranura de la cabeza del tornillo; desatornillador: *desarmador de punta plana, desarmador de punta de cruz* **2** Bebida compuesta de vodka y jugo de naranja.

desarmar¹ v tr (Se conjuga como *amar*) **1** Quitar las armas a alguien o hacer que las entreguen **2** Quitar los deseos o las intenciones de reprender o reprimir a alguien: "Su franqueza nos *desarmó*" **3** Dejar a alguien sin saber qué decir en una discusión.

desarmar² v tr (Se conjuga como *amar*) Desmontar o desintegrar en sus piezas alguna cosa, particularmente un artefacto o mecanismo: "*Desarmó* la bicicleta", *desarmar un reloj, desarmar una tienda de campaña*.

desarrollado I pp de *desarrollar* o *desarrollarse* **II** adj Que ha alcanzado un alto grado de madurez, de progreso o de civilización y bienestar: *un niño muy desarrollado, una ciencia desarrollada, un país desarrollado*.

desarrollar v tr (Se conjuga como *amar*) **1** Hacer que algo alcance poco a poco y en etapas sucesivas un estado, una situación o un funcionamiento mejores: *desarrollar la inteligencia, desarrollar la industria* **2** Exponer o explicar algo ampliamente y con detalle: *desarrollar una hipótesis, desarrollar un tema* **3** Hacer algo durante cierto tiempo, generalmente para mejorarlo o ampliarlo a cada paso: *desarrollar un buen trabajo, desarrollar un nuevo avión* **4** prnl Pasar algo o alguien por un proceso de crecimiento hasta llegar a la maduración, a un estado más completo o de mayor perfección: *se desarrolla una planta, desarrollarse un niño, desarrollarse una bacteria* **5** prnl Suceder o transcurrir algo: "La acción de la obra *se desarrolla* en la ciudad de México".

desarrollo s m **1** Crecimiento por el que pasa algo o alguien; avance o progreso para llegar a un estado, situación o funcionamiento más perfecto o completo: *ayudar al desarrollo de un país, el desarrollo del niño* **2** Exposición y explicación de algo en forma amplia y detallada: *el desarrollo de un tema* **3** Elaboración de algo durante un cierto tiempo en el que se va mejorando o perfeccionando: *el desarrollo de una teoría nueva* **4** Sucesión de las diferentes situaciones o etapas por las que pasa algo: *estudiar el desarrollo de la economía*.

desastre s m **1** Acontecimiento que causa destrucción y daños graves; catástrofe: "El terremoto del 85 fue un *desastre* para la ciudad de México", *salvarse del inminente desastre, plan de emergencia en caso de desastre* **2** Fracaso: "La función resultó un *desastre*", *el desastre y la ruina de España* **3** Ser un *desastre* o *estar, quedar*, etc *hecho un desastre* Ser malo o perjudicial en cuanto a calidad, aspecto o funcionamiento, o estar lleno de imperfecciones y defectos: "Pareja que *son un* verdadero *desastre*", "La ciudad *está hecha un desastre*".

desatar v tr (Se conjuga como *amar*) **1** Deshacer el nudo, el amarre o la atadura que sujeta algo o a alguien: "*Desató* la caja y encontró el tocadiscos que tanto había deseado", "*Desataron* al secuestrado para que comiera" **2** Iniciar o iniciarse algo en forma repentina; desencadenar o desencadenarse: "Se *desató* una tormenta", "Se *desató* una explosión de gritos y tiros", *desatar una intriga, desatar una ola de violencia* **3** prnl Romper con el temor o el respeto y actuar abiertamente o sin freno: "Con la adolescencia *se desató* y ahora es muy independiente y sociable" **4** *No atar ni desatar* (Coloq) No dar una, no hacer nada por tener la capacidad o la habilidad para ello: "Estaba tan nerviosa que *no ataba ni desataba*".

desayunar v intr (Se conjuga como *amar*. A veces se usa como transitivo) Tomar la primera comida del día, que generalmente es ligera y se hace por la mañana: "Hoy no *desayuné*", *desayunar leche y pan, desayunarse un chocolate*.

desayuno s m Primer alimento que se toma por la mañana; puede constar sólo de café o leche y pan, o de algo más fuerte, como huevos y frijoles: *hacer* el desayuno, servir el desayuno, tomar el desayuno, desayunos escolares, "Un suculento desayuno de pueblo en el que la jarra de chocolate y el queso fresco alternan".

desbaratar v tr (Se conjuga como *amar*) **1** Hacer que algo se desintegre en pedazos o separar o desordenar las partes que lo componen: *desbaratar el queso, desbaratar un rompecabezas* **2** Deshacer o echar a perder alguna cosa; arruinar: *desbaratar los planes, desbaratar el negocio.*

desbordar[1] v tr (Se conjuga como *amar*) **1** Rebasar algo los límites o bordes de lo que lo contiene; derramarse: *desbordar un río su cauce,* "El canal del Balsas se *desbordaba* en el Océano Pacífico", "El maíz se *desbordaba* del costal" **2** *Desbordarse en lágrimas, en llanto, en insultos,* etc Dejarlos salir en abundancia y sin freno: "*Se desbordó en improperios* cuando escuchó la sentencia" **3** Ir más allá de lo que se espera o se considera normal; sobrepasar: *desbordar la paciencia de alguien,* "Un proceso de concientización que *desbordó* al movimiento de la democracia", "Los obreros *desbordaron* a sus líderes" **4** Tener algo en abundancia; rebosar: "Las imágenes de Ovidio *desbordan* de vida", "Su alma *desbordaba* alegría".

desbordar[2] v tr (Se conjuga como *amar*) (*Rural*) Barbechar rompiendo a lo largo los lomos de los surcos de la siembra anterior.

descalzo adj **1** Que camina sin zapatos ni otro calzado; que tiene desnudos los pies: *sus pies descalzos, los niños descalzos, andar descalzo* **2** (*Hipo*) Tratándose de caballos, que no tiene herraduras.

descansar v intr (Se conjuga como *amar*) **1** Interrumpir, cambiar o abandonar una actividad para recuperar las fuerzas, generalmente guardando reposo: *descansar del trabajo, descansar de correr* **2** Quedarse tranquilo y sin preocupaciones después de haber terminado o resuelto algo: "*Descansaré* cuando termine este libro", "No *descansaré* hasta que logre hablar con él" **3** Dejar la tierra sin cultivar por algún tiempo **4** Apoyar o estar apoyada una cosa sobre otra que la detiene o sostiene: "El techo *descansa* sobre los muros", "Sus razonamientos *descansan* sobre datos falsos" **5** tr Poner o apoyar el cuerpo o alguna de sus partes en algún sitio, particularmente con el fin de aliviarles el cansancio o mantenerlos inmóviles: "*Descansó* la cabeza sobre la almohada", "*Descansaba* los pies en una palangana de agua caliente".

descanso s m **1** Tiempo en el que se descansa y no se trabaja: *tomar un descanso, la hora del descanso, día de descanso* **2** Alivio; cosa que sirve para que se descanse de una intranquilidad: "Es un *descanso* no tener que pagar renta" **3** Tiempo en que se deja la tierra sin cultivar o una zona acuífera sin explotar **4** Parte amplia en una que termina cada tramo de una escalera.

descarga s f **1** Acto de descargar o descargarse: *la descarga de un barco, la descarga de mercancía, zona de descarga, la descarga de una presa, una descarga de fusilería* **2** *Descarga cerrada* (*Mil*) Disparo simultáneo de varias armas.

descargar v tr (Se conjuga como *amar*) **1** Quitar o disminuir la carga o el peso puesto sobre algo o alguien: "Ya *descargué* las cajas del camión", "*Descargó* el organillo en el suelo" **2** Dejar salir, soltar

alguna cosa lo que lleva o está contenido en ella: "La nube *descargó* granizo", "El tanque *descarga* agua cada hora" **3** Liberar o soltar la energía contenida en un cuerpo: "El cable cayó sobre la banqueta y ahí *descargó* miles de voltios", "El pararrayos *descarga* la electricidad estática de las nubes" **4** prnl Perder un cuerpo la energía o la materia contenida en él: "*Se descargó* la batería del coche", "*Se descargó* el extinguidor" **5** (*Rural*) En Durango, hacer que un caballo pierda peso a través del ejercicio; desovachar **6** (*Popular*) Evacuar el vientre **7** Liberar o dejar salir un sentimiento: "*Descargué* mis penas con mi madre", "*Descargó* su furia contra el periodista" **8** Echar a alguien una gran responsabilidad o culpa: "Los testigos *descargaron* al acusado del crimen" **9** Dar golpes con fuerza o atacar a alguien como efecto de la ira o molestia contenida: "Le *descargó* una bofetada", "Le *descargó* una serie de falsas acusaciones" **10** Disparar un arma de fuego o quitarle las balas o proyectiles: "*Descargaron* sus rifles contra el prisionero" **11** (*Comp*) Pasar los archivos de información de una computadora de una unidad de almacenamiento a otra de acceso más lento, como de la memoria interna a un disco o de un disco a una cinta.

descartar v tr (Se conjuga como *amar*) **1** Eliminar algo, hacerlo desaparecer o no tomarlo en consideración: *descartar viejos esquemas,* "Descarta a otros establecimientos" **2** En algunos juegos de baraja, deshacerse de las cartas que se consideran inútiles: "*Descartó* un cuatro y le llegaron dos", "Nos *descartamos* sin aumentar la apuesta".

descendencia s f Conjunto de los individuos o de las generaciones que proceden de un antepasado común: *la descendencia de los conquistadores, la descendencia de Pancho Villa.*

descendente adj m y f Que desciende; que va de un punto alto a otro más bajo o de lo mayor a lo menor: *una gráfica descendente, orden descendente.*

descender v intr (Se conjuga como *perder*, 2a) **1** Ir, pasar algo o alguien de un lugar más alto a otro más bajo: *descender de una montaña, descender un avión* **2** Disminuir la cantidad, el nivel, el valor, etc de algo en relación con lo que había o lo que tenía antes: *descender el nivel del agua, descender la temperatura* **3** Salir de un vehículo: *descender de un autobús, descender de una lancha* **4** Pasar alguien de una posición elevada en la sociedad a otra más baja: "De millonario *descendió* hasta pordiosero" **5** (Generalmente seguido de la preposición *de*) Proceder algo o alguien de cierto origen, cierto tronco o un antepasado determinado: *descender de príncipes aztecas, descender del mono,* "Desciende de los Entrambasaguas".

descendiente s m y f Con respecto a una persona, una familia o un grupo social, aquel que procede de él o lo considera antepasado suyo: *un descendiente de Benito Juárez, los descendientes de los aztecas,* "¿Qué será de nuestros descendientes?".

descenso s m **1** Acto de descender: *el descenso del Iztaccíhuatl, el descenso de la estratósfera* **2** Lugar o ruta por donde se pasa de un punto alto a otro más bajo: "Hay varios *descensos* del Aconcagua" **3** Disminución de la cantidad, el nivel, el valor, etc de algo: *descenso de la producción, descenso de la actividad, descenso de la presión.*

descentralización s f Acto de descentralizar o descentralizarse alguna cosa: *descentralización de la industria, descentralización administrativa, política de descentralización.*

descentralizar v tr (Se conjuga como *amar*) Apartar del centro político o administrativo; diseminar a través de un país la industria, los servicios, las dependencias gubernamentales u otras ramas pertenecientes a un poder o una institución central, generalmente concediéndoles cierta autonomía: *descentralización hacendaria, descentralización administrativa,* descentralización educativa.

descifrar v tr (Se conjuga como *amar*) Descubrir o lograr entender el significado de algo cifrado o escrito en clave, de signos hasta entonces desconocidos, de palabras poco legibles, etc, o lograr establecer las relaciones que explican algún suceso cuya naturaleza parecía oculta, incierta o confusa: *descifrar jeroglíficos, descifrar un códice,* "Sólo Jose puede *descifrar* su letra", "El detective *descifró* la trama".

descolgar v tr (Se conjuga como *soñar*, 2c) **1** Quitar o bajar algo de donde está colgado: *descolgar un traje, descolgar un cuadro* **2** Levantar el auricular del teléfono: *descolgar la bocina, descolgar el teléfono,* "*Descolgué* y estaba ocupado" **3** Bajar lentamente una persona o una cosa por el aire o por una pendiente ayudándose con cuerdas o cables: "Se *descolgó* del quinto piso para entrar a su casa", "*Descolgaron* el piano con una polea" **4** prnl (*Popular*) Llegar alguien inesperadamente a algún lugar: "Se *descolgó* por la casa y nos tomamos una botella de vino" **5** prnl En algunos deportes, como el ciclismo, tomar la delantera separándose de los demás competidores: "Manuel Induráin *se descolgó* en la tercera etapa y sigue de líder".

descomponer v tr (Se conjuga como *poner*, 10c. Su participio es irregular: *descompuesto*) **1** Separar alguna cosa en las partes o los elementos que la componen: "El agua *se descompone* en hidrógeno y oxígeno" **2** prnl Perder una sustancia orgánica sus propiedades o separarse sus componentes debido a la acción de un agente externo o a un proceso natural de transformación; entrar un organismo en proceso de putrefacción: "La leche *se descompuso* por el calor", *descomponerse un cadáver* **3** Hacer daño o enfermar: "El jugo le *descompuso* el estómago" **4** Hacer que algo deje de funcionar correctamente o pierda su orden, su equilibrio o su buen aspecto: *descomponer un tractor, descomponer la plancha,* "Tanto bailar le *descompuso* el peinado" **5** prnl Dejar de funcionar correctamente alguna cosa o perder su orden, su equilibrio o su buen aspecto: *descomponerse un reloj, descomponerse un motor,* "Ya entrado en copas, le daba igual si *se le descomponía* la corbata o no" **6** prnl Alterarse los rasgos de la cara por alguna emoción o algún esfuerzo: "Su cara *se descompuso* de terror" **7** prnl Trastornarse o alterarse el desarrollo normal de alguna cosa o proceso: *descomponerse el cielo, descomponerse el mar.*

descomposición s f Acto de descomponer o descomponerse algo: *la descomposición de un mineral, evitar la descomposición de los alimentos, descomposición social.*

descompostura s f Falla que presenta algún mecanismo; hecho de descomponerse o de dejar de funcionar algo como un aparato, una máquina, etc: "Esa *descompostura* es muy fácil de arreglar".

descompuesto I pp irregular de *descomponer* o *descomponerse* **II** adj **1** Que no funciona o no sirve: *un semáforo descompuesto, un teléfono descompuesto, los faros descompuestos* **2** Que se ha echado a perder o ha entrado en proceso de putrefacción: *camarones y ostiones descompuestos* **3** Que está trastornado o alterado, generalmente por una emoción desagradable o por sentirse mal de salud: "Apareció con el rostro *descompuesto* por el dolor".

desconcertado I pp de *desconcertar* o *desconcertarse* **II** adj Que está confundido o no entiende qué pasa o de qué se trata algo, generalmente porque no lo esperaba: *un joven muy desconcertado.*

desconcertante adj m y f Que confunde o desconcierta: *una desconcertante sorpresa, actitudes desconcertantes, reacciones desconcertantes.*

desconcertar v tr (Se conjuga como *despertar*, 2a) **1** Confundir a alguien o dejarlo sin entender qué pasa o de qué se trata algo, generalmente haciendo algo que lo sorprende: *desconcertar al enemigo,* "Te portas tan rara conmigo que me *desconciertas*", "Me *desconcertó* que no me saludara" **2** (*Alti Oax, Popular*) Tratándose de huesos del cuerpo, dislocar.

desconcierto s m Confusión, falta de claridad en algo o sorpresa ante algo que no se esperaba o no se entiende: *sembrar el desconcierto, provocar el desconcierto, un desconcierto momentáneo.*

desconfianza s f Falta de confianza en alguien o algo: "Algunos compañeros me ven con *desconfianza*", "No lo dije por *desconfianza*", *inspirar desconfianza.*

desconfiar v intr (Se conjuga como *amar*) No tenerle confianza a alguien o algo; temer que algo no corresponda a lo que debe ser o a lo que se desea: "Pareció *desconfiar* de esa extraña conducta", "*Desconfío* de su competencia", "No es que *desconfíe* pero…", "Tomás *desconfía* de los premios".

desconocer v tr (Se conjuga como *agradecer*, 1a) **1** No saber algo o no conocer a alguien; no tener ni idea de algo o no estar enterado de alguna cosa; ignorar: "*Desconocemos* absolutamente de qué se acusa a nuestro candidato", "*Desconozco* cómo funciona una planta nuclear" **2** Negar que se conoce algo o a alguien o no querer aceptar su autoridad; no querer reconocer: "No debes *desconocer* a tus paisanos", "*Desconoció* a su propio hijo", "*Desconocieron* al presidente electo" **3** No darse cuenta de que una persona o una cosa es la misma que se había conocido, por haberla olvidado o porque ha cambiado mucho: "Después de veinte años de no verla, la *desconoció*".

desconocido I pp de *desconocer* **II 1** adj y s Que no es conocido, que no se conoce: *con rumbo desconocido, objetos desconocidos, dos personas desconocidas,* "Dos *desconocidos* asaltaron al chofer" **2** adj Que ha cambiado mucho; que no es reconocible: "Había venido a la ciudad de México en 1950; cuando regresó, en 1990, encontró una ciudad totalmente *desconocida*".

desconocimiento I pp de *desconocer* **II** s m **1** Falta de conocimiento de algo o alguien; ignorancia: "El *desconocimiento* de la química le restó puntos en su solicitud laboral" **2** Falta de reconocimiento, de aprecio o de gratitud: *el desconocimiento de un* *funcionario,* "Mostró un total *desconocimiento* hacia quienes lo ayudaron", "Quedó mudo ante el *desconocimiento* de su sacrificio".

descontar v tr (Se conjuga como *soñar,* 2c) **1** Quitar de una cantidad una parte; restar: "*Descuenta* los votos anulados", "Podemos *descontarle* un 25% sobre el precio de lista" **2** No tomar en consideración: "*Descontando* lo anterior..." **3** *Descontar a alguien* (*Coloq*) Dejarlo fuera de combate: "*Lo descontó* de un sólido derechazo".

descontento 1 s m Sentimiento de insatisfacción, molestia o enojo: *un descontento creciente, el descontento popular* **2** adj Qué está insatisfecho, disgustado o enojado: "Con tanto retraso, tuvo que enfrentarse a un público *descontento*", "Estoy *descontento* con mi trabajo".

describir v tr (Se conjuga como *subir*. Su participio es irregular: *descrito*) **1** Explicar la forma en que se percibe una cosa o una persona, o las características que tiene, para ofrecer una imagen o una idea completa de ella: *describir un paisaje, describir un personaje* **2** Trazar imaginariamente una línea sobre el camino o la trayectoria que sigue algo o alguien: "El Sol *describe* una curva sobre el horizonte", "La pelota *describió* una parábola y salió del campo".

descripción s f Relato que hace alguien de la forma en que se ve o se percibe algo, o de las características que tiene: *descripción de una escena, decripción de los asistentes, descripción de una mercancía.*

descriptivo adj Que describe o sirve para describir: *poesía descriptiva, método descriptivo.*

descubierto I pp irregular de *descubrir* o *descubrirse* **II 1** adj Que no está cubierto, tapado o abrigado: *una terraza descubierta, un cielo descubierto,* "Salió muy *descubierto* en la mañana y le dio gripa" **2** *Al descubierto* Expuesto a la intemperie, a la mirada o a la crítica pública: "Llevaba el pecho *al descubierto*", *poner al descubierto, quedar al descubierto* **3** s m (*Relig*) Entre los católicos, acto de exponer el Santísimo a la adoración de los fieles **III** s m (*Cont*) Deuda que contrae un cliente cuando dispone momentáneamente de una cantidad superior a la que respalda su cuenta bancaria: "A mí me toca pagar los *descubiertos* bancarios".

descubrimiento s m **1** Acto de descubrir o descubrirse: *el descubrimiento de una estatua* **2** Hallazgo o encuentro de algo o de alguien desconocido, ignorado o que estaba oculto: *el descubrimiento de América, el descubrimiento de los pueblos y las culturas de la Polinesia, descubrimiento de una estrella de cine,* "Nos habló de los nuevos *descubrimientos* en inmunología".

descubrir v tr (Se conjuga como *subir.* Su participio es irregular: *descubierto*) **1** Hacer aparecer una cosa quitando lo que la tapa o la cubre: *descubrir una caja, descubrirse los brazos* **2** Hallar o encontrar algo o a alguien que no se conocía: *descubrir una isla, descubrir un tesoro,* "El entrenador *descubrió* tres espléndidos jugadores en las ligas menores y los contrató" **3** Revelar o dar a conocer algo o a alguien que se mantenía oculto o secreto: "Le *descubrí* mis verdaderos sentimientos", "Las huellas digitales *descubrieron* al ladrón" **4** prnl Confesar algún secreto o revelar una intimidad: "*Me descubrí* ante mis padres" **5** prnl Quitarse una persona el sombrero o lo que lleve sobre la cabeza, general-

mente como muestra de respeto: *descubrirse ante las damas,* "*Me descubro* ante ustedes".

descuento s m **1** Acto de descontar **2** Cantidad que se descuenta o se resta de otra mayor: "Ofrecía un *descuento* de 15 pesos en la tarifa", "Tenemos un 50% de *descuento* en herramientas", *hacer un descuento, deducir los descuentos.*

descuidado I pp de *descuidar* o *descuidarse* **II** adj **1** Que no está cuidado o atendido; que se ha abandonado o ha sido abandonado y tiene mal aspecto: *un jardín descuidado, una mujer muy descuidada* **2** Que no pone cuidado o atención; que es o está distraído: "Es muy *descuidado* en todo lo que hace", "Prefirió sorprenderlos mientras se hallaban *descuidados*".

descuido s m **1** Falta de cuidado o atención: "Fue un *descuido* de mi parte", "Al primer *descuido* de la maestra me salí corriendo" **2** *En un descuido* En un momento en que no se pone atención o cuidado; en un momento de distracción: "¡Cuidado y, *en un descuido,* le cuentes todo!".

desde prep **1** Indica el tiempo, el lugar o el punto en que comienza, donde se origina o a partir del cual se considera algo: "*Desde* las ocho de la mañana", "*Desde* julio", "*Desde* 1973", "*Desde* el miércoles", "*Desde* su nacimiento", "*Desde* la Revolución", "*Desde* ahora", "*Desde* hoy", "*Desde* Tepic", "*Desde* arriba", "*Desde* afuera", "*Desde* sus talleres", "*Desde* que llegamos", "*Desde* que era niña", "*Desde* que lo conocí" **2** Indica el punto de partida en una escala de valores, precios, categorías, etc: "*Desde* el principio hasta el fin", "Libros *desde* treinta pesos", "*Desde* el director hasta el mozo" **3** *Desde luego* Ya, por supuesto, sin duda: "Lo hago *desde luego*", "*Desde luego* que le conté toda la historia", "*Desde luego* que tienes razón" **4** *Desde siempre* Enfatiza el sentido de *siempre:* "Aquí he vivido *desde siempre*".

desdecir v (Se conjuga como *decir,* 13, aunque también es usual que el futuro y el pospretérito sean regulares: *desdeciré, desdecirá.* Su participio es irregular: *desdicho*) **1** tr Negar la verdad o la autenticidad de algo: "Su actitud *desdice* la murmuración" **2** prnl Negar uno mismo lo que dijo o afirmó antes: *desdecirse de sus promesas,* "Te aseguro que no me *desdiré* de mis palabras" **3** *Desdecir de* Contrariar el comportamiento, las actitudes o las características de alguien o de algo: *desdecir de la honradez de su familia,* "Ese engaño *desdice de* tu prestigio".

desdichado adj **1** Que no es feliz, que sufre: *el amor desdichado, desdichada Casandra* **2** Que es despreciable o digno de desprecio: "El *desdichado* se quedó con toda la herencia y dejó a la hermana en la miseria".

deseable adj m y f Que es digno de ser deseado; que se desea o espera: *rendimientos deseables, una cualidad deseable, la precisión y el rigor deseables.*

desear v tr (Se conjuga como *amar*) **1** Inclinarse alguien hacia lo que satisfaga sus necesidades o le produzca placer o alegría; aspirar a ello o quererlo: *desear dormir, desear el amor, desear un buen vino, desear dinero* **2** Esperar o querer algo, generalmente bueno, para alguien: *desear felicidades, desear buen viaje* **3** Sentir atracción sexual hacia alguien: *desear a una mujer* **4** *Dar o dejar algo que desear* Ser algo incompleto o defectuoso: "Su comportamiento *deja* mucho *que desear*" **5** *Ser algo de*

desear Ser algo deseable: "*Es de desear* que los agricultores aumenten su productividad".

desecar v tr (Se conjuga como *amar*) Dejar seca alguna cosa, como un terreno o una sustancia orgánica, al sacarle o quitarle el agua o la humedad que contenía: *desecar la tierra, desecar un cultivo, desecar un pantano*.

desechar v tr (Se conjuga como *amar*) Eliminar alguna cosa o deshacerse de ella por considerarla inservible, inútil, desagradable, etc: "*Desechó* toda su ropa vieja", *desechar una máquina, desechar la carne descompuesta, desechar una hipótesis, desechar una sospecha*.

desecho s m **1** Aquello que queda después de aprovechar o escoger lo mejor de algo o aquello que no se utiliza y generalmente se elimina por ser inútil, estar gastado o no tener ningún valor: "Los *desechos* industriales contaminan el agua de los ríos", "Tratan de aprovechar los *desechos* domésticos" **2** *De desecho* Que sobra de aquello que se ha usado para algo o no se emplea por considerarse de mala calidad: *material de desecho, productos de desecho, madera de desecho*.

desembocar v intr (Se conjuga como *amar*) **1** Salir a un lugar o ir a dar a él: "El río Coatzacoalcos *desemboca* en el Golfo de México", "El río San Juan *desemboca* en el Bravo", "La calle de Coahuila *desemboca* en Insurgentes", "La marcha *desembocó en* el zócalo del pueblo" **2** Tener cierto resultado o desenlace: "La Revolución Mexicana *desemboca en* la creación del PNR", "La novela iba así a *desembocar en* una historia de desamor".

desempeñar v tr (Se conjuga como *amar*) **1** Hacer uno la tarea, el trabajo o el papel a que ha sido destinado u obligado: "Se *desempeñó* lo mejor que pudo" **2** Sacar o recuperar algo que se había dado como garantía por una deuda o un préstamo: "Fue al Monte de Piedad a *desempeñar* su reloj".

desempeño s m Acto de desempeñar o desempeñarse: *un buen desempeño de su ministerio presidencial*.

desempleado adj y s Que carece de trabajo fijo o empleo: "Hace más de seis meses que está *desempleado*", "Trataban de resolver las demandas de los *desempleados*".

desempleo s m **1** Situación, dentro de una sociedad, en la que el número de empleos disponibles es menor que el número de personas que los solicitan, lo cual acarrea diversos problemas económicos y sociales: "Muchos campesinos han emigrado a las ciudades en busca de ocupación, agravando el *desempleo*" **2** Circunstancia en la que una persona que desea trabajar y está capacitada para hacerlo no puede conseguir un empleo.

desengañar v tr (Se conjuga como *amar*) **1** Hacer ver a alguien un engaño o sacarlo de un error, generalmente haciéndolo perder las esperanzas, las ilusiones o las expectativas que tenía puestas en ello: "Su novio acabó de *desengañarla* cuando no la felicitó el día de su cumpleaños" **2** Cerciorarse de algo o confirmar personalmente alguna cosa: "Le dijeron que había llegado el tren, pero quiso *desengañarse* por sí mismo" **3** (*Hipo*) Hacer que el caballo pierda el temor por medio de la persuasión.

desengaño s m **1** Acto de desengañar o desengañarse **2** Impresión que recibe alguien cuando la realidad desmiente o contradice la esperanza o confianza que tenía puesta en una persona o en una cosa: *sufrir un desengaño*, "Vienen entonces el *desengaño* y la frustración".

desenlace s m Solución o final de un hecho conflictivo o de una obra dramática o narrativa: *el desenlace de cada caso amoroso, un inesperado desenlace, un desenlace fatal, un desenlace feliz*.

desentenderse v prnl (Se conjuga como *perder*, 2a) Ignorar uno intencionalmente alguna cosa, no hacer caso de ella, no prestar atención a algo o a alguien; abandonar uno sus responsabilidades con alguien: *desentenderse de un problema, desentenderse de un asunto*, "Se *desentendió* de sus hijos".

desenvolver v tr (Se conjuga como *mover*, 2c. Su participio es irregular: *desenvuelto*) **1** Quitarle a algo la envoltura o aquello que lo cubre: *desenvolver un regalo* **2** prnl Desarrollarse alguien o algo, especialmente desde un punto de vista social o intelectual: "La vida *se desenvuelve* en forma pródiga", "El personaje *se desenvuelve* a lo largo de la trama" **3** prnl Comportarse o manejarse alguien de cierta manera: "Gloria *se desenvuelve* bien entre gente de mundo", "Octavio *se desenvuelve* pésimo en inglés".

desenvolvimiento s m Acto de desenvolver o desenvolverse: *desenvolvimiento armónico de la personalidad, desenvolvimiento industrial, el desenvolvimiento de la tragedia*.

deseo s m **1** Impulso que tiene alguien de buscar la satisfacción de sus necesidades, el placer o la alegría, y sentimiento que este impulso le produce: *deseo de comer, deseo de jugar, sentir deseos de llorar, arder en deseos, realizar los deseos* **2** Esperanza de algo, generalmente bueno, para alguien: *buenos deseos* **3** Atracción sexual: *el deseo de una mujer por un hombre*.

deseoso adj Que desea algo: *deseoso de elogios, deseosa de abrir nuevas fuentes de inspiración*.

desequilibrio s m Falta de equilibrio: *desequilibrio económico, desequilibrio en la balanza de pagos, desequilibrio emocional*.

desertar v intr (Se conjuga como *amar*) **1** Abandonar un militar el ejército sin la debida autorización **2** Abandonar una persona la causa, el partido, la organización o el grupo a que ha pertenecido: "Había jurado nunca *desertar* del método crítico", "*Desertó* de las reuniones semanales", "Muchos seminaristas *desertaron* entonces".

desesperación s f Estado emocional de una persona que ha perdido la esperanza, la calma, la paciencia o el control de sí misma: *llorar de desesperación, sentía desesperación por fumarse un cigarro, la desesperación moral*.

desesperado I pp de *desesperar* o *desesperarse* **II** adj **1** Que ha perdido la esperanza, la calma, la paciencia o el control de sí mismo: *una mujer desesperada, una medida desesperada*, "Decidió viajar, en un *desesperado* afán de olvidarla" **2** Que provoca desesperación: *una situación desesperada* **3** (*Coloq*) Que pierde la calma fácilmente: "Tu hermana es muy *desesperada*" **4** *A la desesperada* o *a lo desesperado* Con desesperación: "*A la desesperada*, apostó todo lo que le quedaba", "Trató *a lo desesperado* de subirse a la tarima para detenerlo".

desesperar v (Se conjuga como *amar*) **1** tr Causar alguna cosa o alguna persona que alguien pierda la esperanza, la paciencia, la calma o el control de sí mismo: "La *desespera* el griterío", "Me *desesperó* el tráfico" **2** prnl Perder uno la calma, la paciencia o el control de sí mismo por algo o alguien que le resulta molesto, imposible de soportar, o por no encontrar solución a algún problema: *desesperarse por la pobreza, desesperarse por los problemas* **3** (*Liter*) Sentir desesperación: "*Desespero* por tu ausencia", "*Desespera* de su amor", "*Desesperaba* de llegar a su ansiado destino".

desfavorable adj m y f Que no es favorable; que es adverso, contrario o perjudicial: *un juicio desfavorable, cambios desfavorables, vientos desfavorables, condiciones higiénicas desfavorables.*

desfilar v intr (Se conjuga como *amar*) **1** Caminar o marchar personas, animales, carros, etc en filas y ordenadamente, en particular los soldados con sus armas ante sus jefes y en ciertas celebraciones: *desfilar la infantería, desfilar los deportistas, desfilar los obreros el 1º de mayo* **2** Pasar unas personas tras otras ante alguien que las mira: *desfilar políticos ante el público, desfilar modelos* **3** Ir saliendo una tras otra las personas de una reunión: "Los invitados *desfilaron* al amanecer".

desfile s m **1** Acto en el cual grupos de soldados, personas, tanques, etc marchan ordenadamente, unos tras otros, con motivo de alguna celebración: *desfile del día del trabajo, desfile del día de la independencia, desfile del día del niño, desfile de carros alegóricos en el carnaval* **2** Sucesión regular y continua de algo: *un desfile de acontecimientos, un desfile de imágenes frente a nuestros ojos.*

desgano s m Falta de ganas para hacer algo: "Con notable *desgano* fue hasta el escenario".

desgarrar v tr (Se conjuga como *amar*) **1** Romper violentamente y en tiras alguna cosa suave, flexible y resistente, como la piel o una tela: *desgarrar un vestido* **2** prnl Lesionarse un tejido separándose en tiras: *desgarrarse un músculo, desgarrarse el perineo* **3** Producir algo o alguien en una persona un violento sentimiento de tristeza y desesperación: "Le *desgarró* el alma la muerte de su marido".

desgarre s m Lesión en el tejido que se separa en tiras: *desgarre muscular.*

desgracia s f **1** Acontecimiento malo, triste o dañino para alguien: *sufrir una desgracia, tener una desgracia, suceder una desgracia* **2** Estado de tristeza, desesperación, falta de suerte, o pobreza: *vivir en la desgracia* **3** *Caer en desgracia* Perder el favor o el apoyo de alguien: "*Cayó en desgracia* y dejaron de invitarlo a las reuniones" **4** *Por desgracia* Desgraciadamente, desafortunadamente: "*Por desgracia* no recibí a tiempo la noticia".

desgraciadamente adv Por desgracia, por mala suerte, por circunstancias contrarias a nuestros deseos o intereses: "*Desgraciadamente* ni siquiera llegamos a ser una nación de pescadores", "*Desgraciadamente* no está en mi mano remediarlo".

desgraciado adj y s **1** Que no es feliz o que ha sufrido una desgracia: "La certeza de lo irremediable lo hizo sentirse *desgraciado*", ¡Qué vida más *desgraciada* la que me espera!", "¡Ay, qué *desgraciada* soy!" **2** (*Ofensivo*) Que es despreciable o miserable: "La maldita y *desgraciada* madre que lo había parido...", "El muy *desgraciado* se cree que está por encima de uno", "¡Vieja *desgraciada*!", "Son unos *desgraciados*".

desgranar v tr (Se conjuga como *amar*) **1** Quitar o separar los granos de alguna cosa: *desgranar una mazorca*, "Se *desgranan* 3 granadas" **2** prnl Separarse o disgregarse los elementos que componen alguna cosa: "Con la muerte de la madre, la familia se *desgranó*".

deshacer v tr (Se conjuga como *hacer*, 10b. Su participio es irregular: *deshecho*) **1** Desintegrar en sus partes, desaparecer o destruir algo, generalmente retrocediendo por los mismos pasos por los que se ha construido: *deshacer una trenza, deshacer un matrimonio*, "Que la luna nueva *deshaga* con luz el hechizo", "*Deshizo* el castillo de arena de un manotazo" **2** Disolver un sólido en un líquido: "Las lentejas se *deshacen* en un litro de caldo" **3** Abrumar de dolor o de angustia: "La muerte de su padre le *deshizo* el corazón" **4** *Deshacerse de* Separarse de alguien o de algo por encontrarlo inútil o molesto: "A los empleados gringos les resulta fácil *deshacerse de* los trabajadores mexicanos denunciándolos", *deshacerse de las administraciones locales*, "Se *deshizo* de todas sus cosas" **5** *Deshacerse en lágrimas* Llorar abundantemente **6** *Deshacerse en atenciones, elogios*, etc Abundar en ellos: "Se *deshizo en elogios* para el triunfador".

deshidratación s f **1** Pérdida excesiva de agua: "Debido a las altas temperaturas, muchos niños pequeños fueron atendidos por *deshidratación*" **2** (*Quím*) Extracción del agua de una sustancia o compuesto mediante calor, destilación o alguna acción química.

deshojar v tr (Se conjuga como *amar*) Quitar o arrancar las hojas a una planta, un libro, etc, o los pétalos a una flor: *deshojar una mazorca, deshojar una margarita*, "Del cielo cayó una rosa / y en el mar se *deshojó*", "Esos cuadernos se *deshojan* con el tiempo".

desidia s f Falta de cuidado o atención en algo; descuido: "Por *desidia*, los problemas de la contaminación se agravan día con día", "Por *desidia* murió sin haber hecho testamento".

desierto 1 s m Región en la que no hay ríos, lagos y casi ninguna lluvia, por lo que tiene muy poca o ninguna población vegetal, animal y humana y su suelo es particularmente seco y arenoso, como la de Altar, en Sonora: *desierto tropical, perderse en el desierto, el inmenso desierto del Sahara* **2** adj y s m Que está vacío, deshabitado o despoblado: *una sala desierta, un pueblo desierto, una región desierta*, "La Antártida es un *desierto*" **3** adj Tratándose de concursos, subastas, etc, que no ha tenido participantes o ganador: *una competencia desierta, declarar un premio desierto.*

designación s f **1** Acto de designar algo o a alguien con cierto nombre, símbolo o fórmula **2** Nombre, símbolo o fórmula con los que se llama, se refiere o se representa cierto objeto: *una designación científica, las designaciones populares de las plantas* **3** Acto de escoger a una persona determinada para que ocupe cierto cargo o realice una tarea precisa: *la designación de candidatos a diputados*, "La controvertida *designación* del regente será revisada en la cámara", *una designación impopular* **4** Acto de señalar una fecha y un lugar determinados para que se efectúe cierta acción o acontecimiento: *la designación de Celaya como punto de reunión.*

designar v tr (Se conjuga como *amar*) **1** Llamar alguna cosa, referirse a ella o representarla con un nombre determinado, un símbolo o una fórmula: "'La bola', expresión con la que el pueblo *designa* el estado de anarquía" **2** Escoger a una persona para que ocupe cierto cargo, realice un trabajo determinado o tenga cierta representación: *designar a un colaborador, designar al nuevo gerente, designar un embajador* **3** Señalar un lugar o un momento preciso para que se efectúe cierta acción o tenga lugar cierto acontecimiento: *designar la sede para el campeonato mundial, designar una fecha para el juicio*.

designio s m **1** Propósito o plan que alguien ha decidido llevar a cabo: "Hizo todo lo posible por lograr sus *designios*" **2** Disposición o decisión que afecta a alguien y que no es posible ni cambiar ni influir en ella por provenir de algo o alguien superior, con gran poder o autoridad: "Es imposible oponerse a los *designios* divinos", "Se consideró víctima de un extraño *designio*".

desigual adj m y f **1** Que no es igual, que es diferente, que no es equitativo: *dos números desiguales, dos hermanos desiguales, un combate desigual* **2** Tratándose de superficies, que es accidentado o lleno de asperezas, que no es liso: *un terreno desigual* **3** Tratándose del comportamiento de una persona o de una cosa, que es voluble o variable, que no es parejo ni constante: *un carácter desigual, un flujo eléctrico desigual*.

desigualdad s f Falta de igualdad entre una cosa y otra o entre unas personas y otras: "La *desigualdad* social cada día es mayor", *desigualdad de un terreno, la desigualdad de dos números*.

desinencia s f (*Gram*) Terminación flexional o conjunto de letras que se añaden a una raíz para formar distintas palabras con diferentes significados gramaticales; así, la -s final en los sustantivos y adjetivos del español indica plural, -*mos* al final de una raíz verbal indica la primera persona del plural, como en canta*mos*, etcétera.

desinfectante adj y s m y f Que mata los gérmenes o bacterias que producen las infecciones: "El alcohol etílico es un excelente *desinfectante*", "Remoje las verduras con una pastilla *desinfectante*".

desinfectar v tr (Se conjuga como *amar*) Eliminar los gérmenes o bacterias que pueden producir una infección: "La piel se lava y *desinfecta* con solución antiséptica suave", "Hay que *desinfectar* las semillas antes de la siembra para protegerlas contra el ataque de los hongos".

desintegración s f Acto de desintegrar o desintegrarse: *desintegración social, la desintegración de los tejidos, desintegración atómica*.

desintegrar v tr (Se conjuga como *amar*) Separar algo en todas las partes o elementos que lo componen: "El bloque en el poder comienza a *desintegrarse*", *desintegrarse un asteroide*.

deslave s m **1** Desprendimiento de tierra y piedras de la pared de una montaña, un cerro, etc, provocado por la acción de la humedad, del agua, de la erosión, de un temblor, etc **2** Amontonamiento de tierra y piedras desprendidas de esa pared: "Encontramos *deslaves* en toda la carretera".

desliz s m Falta pasajera que alguien comete por falta de reflexión, de cuidado, de experiencia o de discreción, en particular la amorosa de una persona casada: "Lo supe por un *desliz* de su tía", "No fue un robo verdadero sino un *desliz* que se puede corregir", *tener un desliz amoroso*.

deslizar v tr (Se conjuga como *amar*) **1** Mover o pasar con suavidad algo sobre una superficie, por lo general lisa o mojada, sin despegarlo de ella: *deslizar la pluma sobre el papel*, "*Deslizó* la canica entre sus dedos", *deslizarse sobre el hielo, deslizarse el tren sobre la vía* **2** prnl Avanzar con suavidad y ligereza: "*Se deslizaba* bajo el agua como un pez" **3** prnl Avanzar, pasar por algún lado con mucho cuidado, sin hacer ruido o sin hacerse notar: "*Se deslizó* como una sombra hasta la puerta" **4** Decir algo disimuladamente, como por descuido, o poner en algún lugar alguna cosa sin hacerse notar: *deslizar un comentario*, "Le *deslizó* un recadito de amor en la bolsa".

deslumbrar v tr (Se conjuga como *amar*) **1** Causar un exceso de luz o de iluminación una ceguera momentánea: *deslumbrar al chofer, deslumbrarse con el sol*, "*Deslumbran* a los peces para que se queden inmóviles y así los pescan" **2** Causar admiración en alguien la brillantez, el lujo, la elegancia o las maneras de algo o alguien y por ello muchas veces desorientarlo o engañarlo en su juicio: "Me *deslumbró* ese gran director de orquesta", "Le gusta *deslumbrar* a los ingenuos".

desmayar v (Se conjuga como *amar*) **1** prnl Perder el sentido y el conocimiento: "Poco faltó para que *se desmayara* de la impresión", "La pobre viuda *se desmayó* en el entierro" **2** intr Perder el ánimo o el aliento ante las dificultades: "Pero no *desmayé* en mi empeño", "No *desmayó*; pidió dinero prestado y empezó de nuevo".

desmedido adj Que no tiene medida o límite; que es desproporcionado o excesivo: *desmedida especulación, desmedida importancia, competencia desmedida y desleal, desmedida atención*.

desmentir v tr (Se conjuga como *sentir*, 9a) **1** Negar la veracidad o la afirmación de algo: "Sus palabras *desmienten* las noticias oficiales", *desmentir los rumores* **2** Contradecir o no corresponder una cosa a lo que se espera de ella: "Sus actitudes *desmienten* la educación que le dieron sus padres".

desmenuzar v tr (Se conjuga como *amar*) Fragmentar o desintegrar en pedazos pequeños, generalmente con las manos y sin utilizar ningún instrumento cortante: "*Desmenuce* el bacalao", "Después de *desmenuzarlo*, eche el pollo al caldo", "El arado iba *desmenuzando* los terrones".

desmontar v tr (Se conjuga como *amar*) **1** Quitar o eliminar la vegetación de un terreno para utilizarlo como lugar cultivable o para construir en él algo como un camino; desbrozar: *desmontar un terreno*, "El Banco mandó *desmontar* cien hectáreas" **2** Desarmar algo o separar una pieza del conjunto del que forma parte: *desmontar una tienda de campaña*, "Tuvieron que *desmontar* el motor del coche para arreglarlo", *desmontar el carburador* **3** intr Bajar del caballo o de otro animal semejante: "Los jinetes *desmontaron* todos a una y se encaminaron a la plaza del pueblo".

desmoronar v tr (Se conjuga como *amar*) **1** Deshacer o desbaratar una materia constituida de partículas unidas entre sí: "*Se desmoronó* una buena parte de la tierra y sepultó a tres albañiles", *"Desmorone* el queso y espolvoréelo sobre el platillo" **2** Destruir poco a poco una capacidad o una cualidad intelectual o espiritual: "Mi voluntad *se desmoronaba* por instantes".

desnivel s m **1** Diferencia de altura que hay en una superficie o entre dos o más de ellas: "Aprovechó en la construcción los *desniveles* que le ofrecía el terreno en el Pedregal" **2** Diferencia o desigualdad en una escala o jerarquía: *desniveles regionales en la educación.*

desnudar v tr (Se conjuga como *amar*) Quitar o quitarse la ropa que cubre el cuerpo o parte de él: *"Se desnudó* antes de meterse a la cama", *desnudarse en público.*

desnudo adj y s **1** Que no está vestido, que no tiene ropa que lo cubra: *el cuello desnudo, el pecho desnudo, desnudo hasta la cintura,* "Antes de llegar a la alcoba ya estaban *desnudos"* **2** s m Tema de la pintura, la escultura o el dibujo que representa a una persona sin ropa: *pintar un desnudo, el desnudo en la plástica mexicana* **3** Que no está cubierto por nada: *dos cables desnudos, semillas desnudas* **4** Que no tiene adornos o se muestra tal como es: *una pared desnuda, la verdad desnuda.*

desnutrición s f Trastorno de un organismo que no consume o no asimila los alimentos o elementos nutritivos suficientes para llevar una vida normal: *desnutrición infantil, desnutrición crónica.*

desocupación s f **1** Acto de desocupar o desocuparse: "Se pide la *desocupación* de los territorios ocupados" **2** Falta de trabajo, desempleo: "La *desocupación* crece en el campo", "La crisis de carburantes produce *desocupación".*

desocupado 1 pp de *desocupar* o *desocuparse* **2** adj Que no está ocupado; que está sin hacer nada o que está vacío: "Volveré cuando esté usted *desocupada", un asiento desocupado* **3** s m Persona que no tiene trabajo; desempleado: "Hay más de tres millones de *desocupados".*

desocupar v tr (Se conjuga como *amar*) **1** Dejar algo vacío o dejar de ocuparlo: *desocupar un departamento, desocupar la toalla* **2** prnl Quedar alguien libre de ocupación: "Lo atenderé en seguida, en cuanto *me desocupe".*

desodorante adj m y f y s m Que quita los olores desagradables: *pastillas desodorantes para baño,* "Quisiera prohibir los *desodorantes* en aerosol".

desolación s f **1** Destrucción completa o abandono total de una región, una población, etc: *sembrar la desolación* **2** Estado en que queda una región tras haber sido destruida por completo o dejada sin habitantes: *la desolación de una ciudad,* "El cañaveral quedó en total *desolación"* **3** Hecho de estar desierta o despoblada una región: *la desolación del ártico, la desolación de los desiertos* **4** Estado de profunda tristeza y dolor en que queda alguien tras algún acontecimiento trágico: *sentir una gran desolación, ser la imagen viva de la desolación.*

desolado adj **1** Que está desierto o despoblado: *tierras desoladas, las desoladas llanuras de la Patagonia* **2** Que ha sido destruido, arrasado o devastado: "Las ciudades quedan *desoladas* después de una guerra" **3** Que está muy triste o padece una gran pena: "Era un hombre *desolado* por la enfermedad de su mujer".

desolar v tr (Se conjuga como *soñar,* 2c, pero generalmente sólo se usan el infinitivo y el participio) **1** Destruir, dejar sin habitantes o acabar por completo con una población, una región, etc: "Los invasores *desolaron* la ciudad" **2** Producir algún acontecimiento gran pena, dolor y tristeza en alguien.

desorden s m **1** Falta de orden; situación en que las cosas se encuentran fuera del lugar que les corresponde: "Era difícil vivir en tanto *desorden"* **2** Estado o situación en que se altera el orden, la calma, el equilibrio o la armonía de algo: *desorden público, armar un desorden, un desorden emocional* **3** *En desorden* Sin orden, de manera desordenada: "Encontraron todo tirado y los muebles *en desorden".*

desordenado adj **1** Que no tiene orden o que actúa sin orden: *una alacena desordenada, un crecimiento económico desordenado* **2** Que está o actúa fuera del orden moral: *una vida desordenada.*

despacio adv Con lentitud, poco a poco, tomando más tiempo que el normal, el esperado o el deseado: *hablar despacio, caminar despacio.*

despachador s **1** Persona encargada de despachar o autorizar la salida de algo, especialmente vehículos de transporte, como trenes y barcos, o caballos en las carreras: "El *despachador* detendrá los trenes en ambas direcciones" **2** Persona que despacha en un comercio, especialmente la que entrega directamente la mercancía.

despachar v tr (Se conjuga como *amar*) **I 1** Atender a los clientes de un comercio; darles o entregarles la mercancía: "Te *despachamos* a ti primero porque compras tres kilos diarios", *"Despachaba* a la clientela muy amablemente", "Me ayudaba a *despachar* en el puesto", *despachar azúcar, despachar libros* **2** Atender a alguien en un asunto para que se pueda ir; resolver un asunto o decidir sobre un negocio; terminar con algo: *"Despachó* todas las solicitudes de trabajo que había recibido", *"Despachó* aquel asunto en un santiamén" **II 1** Autorizar la salida de algo, especialmente de vehículos de transporte o de caballos en las carreras: "Trabajaba *despachando* las corridas de los camiones" **2** Mandar a alguien o enviar algo a alguien: "Lo *despachó* al frente de mil hombres", *despachar el correo* **3** Correr a alguien de un lugar o de un trabajo **4** (*Coloq*) Matar: "A cada uno de sus enemigos lo *despachó* de una estocada", "Nos *despachamos* al ingeniero" **III** prnl (*Coloq*) Servirse algo o comerse algo hasta acabárselo: *"Se despachó* a su gusto", *"Se despachó* el pastel ella sola" **IV** (*Agr*) Remover y limpiar la tierra de maleza para que se oxigenen mejor las raíces de las plantas, y acercarla a la base del tallo para darle un mejor sostén.

despacho s m **I 1** Acto de despachar o despacharse: *el rápido despacho de las mercancías* **2** Lugar u oficina donde trabaja y atiende un profesionista o un grupo de ellos: *despacho de contadores, despacho de abogados* **II 1** Comunicación transmitida por telégrafo, télex o teléfono, especialmente la que envía una agencia de información a los periódicos y noticieros: "Hemos recibido un *despacho* fechado en San Luis Potosí…" **2** Comunicación oficial, particularmente la que dirige un gobierno a alguno de sus representantes diplomáticos en el extranjero, la que se hace para notificarle a alguien su nombramiento en un empleo o comisión, o la que envía un militar en campaña a otro **3** Nombramiento para desempeñar un puesto en un trabajo.

desparramar v tr (Se conjuga como *amar*) Esparcir, derramar o difundir en muchas direcciones alguna cosa o los elementos de algo que estaba contenido o junto: "El viento *desparrama* las hojas de los árboles", "*Desparramó* los libros sobre el escritorio", "El agua se *desparramó* sobre la mesa", "La noticia se *desparramó* rápidamente", "Le gusta la ropa ajustada, pero está tan gorda que se *desparrama* por todos lados".

despectivo 1 adj Que indica desprecio: *un gesto despectivo* **2** s m y adj (*Gram*) Cada una de las palabras (generalmente nominales) que denotan desprecio para lo que designan o la que se refieren, especialmente las que adquieren ese sentido por medio de un sufijo, y los sufijos mismos que sirven para formarlas (como *–illo* y *licenciadillo* a partir de *licenciado* y *–ucho* y *medicucho* a partir de *médico*).

despedazar v tr (Se conjuga como *amar*) Partir o romper en pedazos irregulares, generalmente con violencia: "Como no tenía cuchillo, *despedazó* la carne con las manos".

despedida s f **1** Acto de despedir a una persona o de despedirse de ella: "Le dio la mano en señal de *despedida*", *una triste despedida, la despedida del actor* **2** Reunión o fiesta que se hace para celebrar ese acto: *organizar una despedida, ir a una despedida* **3** Última copla de ciertas canciones populares como el corrido, el huapango, etc **4** Última canción de una serenata: *cantar la despedida* **5** *Decirle a alguien hasta la despedida* (*Coloq*) Decirle de todo.

despedir v tr (Se conjuga como *medir*, 3a) **I 1** Decir adiós o alguna frase de cortesía una persona a otra al separarse, particularmente al irse una de ellas: *despedir a un invitado*, "Juan *despidió* a su hermano", "Se *despidieron* en la estación" **2** prnl Decir la persona que se va adiós u otra frase de cortesía: "*Se despidió* con tristeza", "Voy a *despedirme* de mi abuelo", "Se fue sin *despedirse*" **3** *Despedirse de algo* Retirarse de alguna profesión, oficio o actividad: "En esta corrida *se despide* de los toros", *despedirse del canto*, "Tendrás que *despedirte* de esas fiestas" **II** Quitarle a alguien el empleo: "Lo *despidieron* sin razón", "Van a *despedir* a cien obreros", "Me *despidieron* por flojo" **III 1** Soltar algo de sí alguna cosa o echarla de manera que se proyecte o se propague en el exterior: "El aroma que *despide* el café", "La lámpara *despide* una luz muy brillante" **2** Hacer salir o alejar de sí y con fuerza alguna cosa: "El arco *despide* las flechas", "La raqueta *despide* fuertemente la pelota".

despegar v tr (Se conjuga como *amar*) **1** Separar algo o a alguien de aquello a lo que está unido o pegado: *despegar las hojas de un libro, despegarse la tela adhesiva* **2** Tratándose de vehículos aéreos, dejar la superficie de la tierra y elevarse en el aire; levantar el vuelo: "El avión *despegará* de Mérida a las siete" **3** (*Rural*) Desenganchar las bestias de tiro de los carruajes.

despegue s m **1** Acto de despegar un vehículo aéreo: "Falló el motor de la avioneta en el momento del *despegue*" **2** (*Econ*) Etapa de crecimiento económico en que las fuerzas productivas han alcanzado el suficiente nivel para permitir un desarrollo continuado y más tecnificado.

despensa s f Lugar donde se guardan los comestibles y conjunto de estos mismos comestibles: "En la *despensa* sólo había una lata de atún", "La *despensa* que nos da el sindicato no incluye ningún tipo de refresco embotellado".

desperdiciar v tr (Se conjuga como *amar*) Dejar que algo se pudra o se gaste sin sacarle provecho o todo el provecho posible; no aprovechar alguna cosa: *desperdiciar el agua, desperdiciar el tiempo, desperdiciar una oportunidad*, "No deben *desperdiciarse* esos recursos".

desperdicio s m **1** Acto de desperdiciar alguna cosa: *desperdicio de agua, desperdicio de esfuerzos* **2** Parte que queda de algo después de usarlo o consumirlo, que ya no se puede aprovechar y por eso se tira: *desperdicios de alimentos, tirar desperdicios.*

despertar v (Modelo de conjugación 2a) **1** intr Dejar uno de dormir: "*Desperté* inquieto", "Me *desperté* al amanecer", "Luisa no ha *despertado* todavía" **2** tr Interrumpir el sueño o hacer que alguien deje de dormir: "*Despiértame* a las seis y media" **3** tr Hacer que surja un recuerdo, una sensación, un deseo, un sentimiento, etc en alguien: *despertar el hambre, despertar la memoria, despertar esperanzas* **4** tr Hacer que alguien se dé cuenta de algo, deje de ser inocente o ingenuo: "La pobreza *despierta* a la gente desde su niñez".

despido s m Acto de despedir a alguien de un trabajo o de un empleo: "Contratación y *despido* de personal", "Protestaron por el *despido* injustificado de varios obreros".

despierto adj **1** Que no está dormido; que está en vigilia: "Su esposa estaba *despierta* cuando él llegó" **2** Que es capaz de captar una señal o percibir alguna cosa con rapidez; que entiende o reacciona correctamente y con prontitud: *una sensibilidad despierta, un niño muy despierto, una juventud despierta.*

desplazamiento s m **1** Acto de desplazar o desplazarse algo o a alguien: *el desplazamiento de los turistas, desplazamiento de la población* **2** Volumen de agua que desaloja un buque con su parte sumergida: *desplazamiento de un buque-tanque.*

desplazar v (Se conjuga como *amar*) **1** prnl Moverse por sí mismo algo o alguien de un lugar a otro: *desplazarse rápidamente*, "La Tierra *se desplaza* por el universo" **2** tr Mover con el cuerpo una persona a otra haciéndola cambiar de lugar, poner a un lado alguna cosa moviéndola, o recorrerla cierta distancia: "Lo *desplazó* limpiamente y metió gol", "desplazar siete centímetros un eje **3** tr Quitarle algo o alguien el lugar, el papel, las funciones, etc, a otra persona u otra cosa, haciéndola perder jerarquía, vigencia o actualidad: "Lo *desplazó* de su puesto", "Las inversiones japonesas *desplazaron* a las europeas", "La fábrica *desplazó* al taller" **4** tr Tratándose de un cuerpo que se sumerge o flota en un líquido, desplazar una cantidad de líquido cuyo peso equivale al del cuerpo sumergido: "Este barco *desplaza* siete mil toneladas".

desplegar v tr (Se conjuga como *despertar*, 2a) **1** Extender algo que estaba plegado o doblado: *desplegar las alas*, "El árbol *despliega* su follaje" **2** Extender o extenderse en un espacio un grupo de personas, principalmente policías o soldados: "La policía *desplegó* sus fuerzas por la plaza", "Los agentes se *desplegaron* a lo largo del estacionamiento" **3** Ejercer o manifestar cierta cualidad o aptitud: "Aprovechó para *desplegar* sus dotes de orador", *desplegar mayor velocidad*.

despojar v (Se conjuga como *amar*) **1** tr Quitar o robar a alguien lo que le pertenece, generalmente con violencia: "Los maleantes lo *despojaron* de 500 dólares", "*Despojaron* de sus joyas a los nobles", "Se *despojó* a los propietarios de sus tierras" **2** prnl Renunciar a algo voluntariamente: *despojarse de la vanidad* **3** prnl Desvestirse o quitarse una prenda de vestir: "*Se despojó* de la túnica".

déspota 1 s m y f Gobernante que deja de lado las leyes y las normas de conducta social y no sigue sino su propia voluntad y gusto **2** adj y s m y f Que hace a un lado las leyes o las normas sociales e impone su voluntad y su poder a los demás: "Es muy *déspota* con sus empleados", "La maestra es una *déspota* con sus alumnos".

despótico adj Que actúa o gobierna según su voluntad y sin considerar leyes, normas o derechos de los demás: *un gobierno despótico, una jefa despótica*.

despreciar v tr (Se conjuga como *amar*) **1** Considerar a alguien como inferior a uno o indigno de aprecio; ignorar a una persona por tenerla en este concepto: "No debes *despreciar* a tu rival", "Lo *desprecian* por mentiroso", "Yo te concedo razón / si por pobre me *desprecias*" **2** Rechazar algo, no tomarlo en cuenta por considerarlo de poco valor, de baja calidad o indigno de uno: *despreciar una invitación*, "Le *despreció* sus tacos", "Es un tipo de trabajo que todos *desprecian*".

desprecio s m **1** Falta de aprecio, de estima hacia algo o hacia alguien por considerarlo de poco valor, inferior a uno o indigno de ser tomado en cuenta: *desprecio a la autoridad*, "Merecían el *desprecio* de la nación" **2** Acto con que se manifiesta esta falta de aprecio: "No le gusta ir a la casa de sus primos porque le hacen *desprecios*".

desprender v tr (Se conjuga como *comer*) **1** Separar algo o a alguien de aquello a lo que estaba unido o pegado: "No *desprenda* esta etiqueta", "No quiso *desprenderse* de sus hijos" **2** prnl Soltar alguna cosa o deshacerse de ella: *desprenderse de la ropa, desprenderse del botín* **3** prnl Renunciar alguien a una cosa que es de su pertenencia: "Finalmente la convencimos de que *se desprendiera* del viejo sillón" **4** Dejar escapar o despedir una cosa algo: *desprender un olor, desprender chispas*.

desprendimiento s m Acto de desprender o desprenderse: *desprendimiento de retina, desprendimiento de hidrógeno*.

despreocupado adj Que no se preocupa o no tiene preocupaciones; que está relajado y tranquilo; que es indiferente a las convenciones sociales: *un aire despreocupado, un carácter despreocupado, una vida despreocupada*.

desprestigiar v tr (Se conjuga como *amar*) Quitar prestigio, buena fama o crédito a una persona o a una institución: *desprestigiar al gobierno, desprestigiarse ante la opinión pública*.

después adv **1** En un tiempo, en un momento posterior o que sigue a otro; en un lugar que sigue a otro, que está más alejado o que se percibe más tarde: "*Después* de la comida", "*Después* de correr", "*Después* de muerto", "Volvió *después*", "Lo dejó pa-

ra *después*", "*Después* de la casa se ve la huerta", "Mi hermana se forma *después* de ti" **2** adj m y f, sing y pl Que sigue a otro momento, que está en un lugar más alejado de uno o que se percibe más tarde: "Años *después*", "Dos casas *después* de la mía" **3** De manera o en situación secundaria respecto de algo: "Primero es la salud y *después* lo demás", "Quedó *después* de Brasil y de Argentina en el futbol" **4** *Después de todo* Una vez que todo se ha tomado en cuenta: "*Después de todo*, de lo que se trata es de aprender" **5** *Después de todo* A pesar de: "*Después de todo* lo que hizo por ella, lo abandonó".

destacado I pp de *destacar* o *destacarse* **II** adj Que se hace notar entre los demás por sus cualidades o sus virtudes: *un actor destacado, una destacada actuación*, "El *destacado* pianista Miguel García Mora ofreció un concierto".

destacar v tr (Se conjuga como *amar*) **1** Separar de un conjunto algunos elementos para darles algún fin u objetivo determinado: *destacar un pelotón, destacar vigilantes* **2** Hacer notar, resaltar o sobresalir algo o alguien de un conjunto o grupo de elementos: *destacar una iglesia, destacar una idea, destacarse un estudiante*.

destapar v tr (Se conjuga como *amar*) **I 1** Quitarle a algo la tapa, el tapón o la cosa que lo cubre o cierra: *destapar un frasco, destapar un refresco*, "Cuando acaben de pintar la casa podremos *destapar* los muebles" **2** Quitar o eliminar aquello que cierra u obstruye el paso en un conducto: *destapar el fregadero, destaparse los oídos* **3** Quitar a alguien la ropa que lo abriga, especialmente quitarle la ropa que lo cubre en la cama: "*Destapó* al niño porque tenía mucha calentura", "Me *destapé* en la noche y tuve mucho frío" **4** *Destaparse el cráneo* Matarse dándose un balazo en la cabeza **II 1** Dar a conocer o mostrar lo que estaba oculto: *destapar un fraude, destapar un as* **2** Descubrir o dar a conocer a alguien como candidato (a la presidencia u otro puesto político) del partido que tiene el poder en México: "Lo *destaparon* algunos comerciantes de la CNOP", "¿Te acuerdas cuando *destaparon* a López Portillo?" **3** (*Rural*) En las peleas de gallos, descubrir a éstos por disposición del sentenciador, cuando do en el desafío se convino que fueran tapados **III** prnl (*Popular*) Excederse, hacer algo sin freno ni medida, enloquecer: "*Se destapó* hablando mal de su suegra" **IV** (*Rural*) **1** Rebajar con la cuchilla la palma y a veces la ranilla de los cascos de las caballerías **2** Iniciarse el potro o el becerro en las funciones genitales.

desterrar v tr (Se conjuga como *despertar*, 2a) **1** Obligar a alguien, como castigo, a que abandone su país, o expulsar a una persona de cierto territorio: "El dictador *desterró* a cientos de mineros", "*Desterraron* a los opositores" **2** prnl Abandonar uno por propia voluntad y como protesta política o por dignidad cierto país o territorio: "*Se desterró* para no rendir tributo al tirano" **3** Apartar de sí una idea o un sentimiento que se tenía; abandonar una costumbre o desechar alguna cosa que hasta entonces estaba vigente: *desterrar una sospecha, desterrar la idolatría, desterrar el rencor*.

destierro s m **1** Sanción penal que consiste en expulsar a una persona de su país o de cierto lugar: *destierro temporal* **2** Condición o circunstancia del desterrado: "Unos llevaron con dolor su *destierro*, otros pronto lo olvidaron", "Se casó en el *destierro*, cuando tenía 30 años".

destilación s f (*Quím*) Proceso que consiste en calentar sustancias líquidas y obtener gases o vapores que se recogen en algún recipiente para condensarlos nuevamente; se efectúa para separar sustancias que se encuentran mezcladas, para obtener una nueva sustancia o para purificarla: *la destilación del petróleo*.

destilado 1 s m Acto de destilar o destilarse alguna cosa: *efectuar un destilado, el destilado del petróleo* **2** adj Que es producto de la destilación: *agua destilada, alcohol destilado, petróleo destilado*.

destilar v tr (Se conjuga como *amar*) **1** (*Quím*) Calentar un líquido hasta obtener de él gases o vapores que por enfriamiento se reducen nuevamente a líquido. Se hace con la finalidad de purificar alguna sustancia o para separar cierto elemento de un compuesto: *destilar agua, destilar alcohol* **2** Soltar o segregar un cuerpo cierto líquido gota a gota: "La herida *destila* sangre".

destinar v tr (Se conjuga como *amar*) Designar a alguien o determinar algo para cierto fin o propósito: *destinar empleados para una oficina, destinar ayuda a la población*.

destinatario s Persona a quien se envía o a quien va dirigida alguna cosa.

destino s m **1** Lugar hacia donde se dirige alguien o algo: *el destino de un barco* **2** Uso o finalidad que se propone dar a algo: *destino de los impuestos*, "Es importante cuidar el *destino* de los recursos naturales" **3** Situación, estado o fin al que habrá de llegar una persona en su vida: "Nadie conoce su *destino*" **4** Fuerza que guía la vida de una persona y que no se puede cambiar ni detener: *el destino humano, un destino dramático*, "Su *destino* es trabajar sin descanso".

destreza s f Habilidad o facilidad para hacer algo, especialmente la adquirida por la práctica o el entrenamiento: *destreza en el manejo de armas y caballos, destreza para dibujar*.

destrozar v tr (Se conjuga como *amar*) **1** Romper o destruir violentamente; hacer pedazos; despedazar: "Los *destrozaron* a mordidas", "Un balazo le *destrozó* la pierna izquierda" **2** Destruir a alguien moral o afectivamente: "*Destrozaste* mis ilusiones", "Deja que se *destrocen* el alma una al otro", *destrozar el corazón* **3** Derrotar al enemigo o acabar con él.

destrucción s f Acto de destruir: "La *destrucción* del edificio fue total", *poder de destrucción, destrucción de glóbulos rojos*.

destructivo adj Que destruye o puede destruir: *sustancia destructiva*, "Los científicos están jugando con un poder *destructivo* gigantesco".

destructor 1 adj y s Que destruye: *acción destructora de la humedad, gérmenes destructores del sistema óseo, la potencia destructora de las armas* **2** s m Barco de guerra pequeño, rápido y ampliamente armado, capaz de gran variedad de funciones, usualmente equipado con torpedos, minas y a veces misiles dirigidos.

destruir v tr (Se conjuga como *construir*, 4) Poner fin a algo haciéndolo pedazos o dejándolo inservible: "Un incendio *destruyó* las casas", "La plaga *destruye* el cultivo".

desunión s f **1** Separación de las partes que forman un todo **2** Falta de acuerdo o solidaridad entre dos o más personas: *la desunión de los hermanos*, "En el partido priva la *desunión*".

desuso s m Falta de uso: *caer en desuso*, "La batería se descargó por *desuso*".

desvalido adj y s Que no puede valerse por sí mismo a causa de alguna enfermedad o por falta de recursos económicos; que no tiene quien lo cuide, proteja o ayude: *un niño desvalido, un anciano desvalido*.

desvanecer v tr (Se conjuga como *agradecer*, 1a. Generalmente se usa como pronominal) **1** Desaparecer o hacer desaparecer algo paulatinamente: *una imagen que se desvanece*, "Se *desvanecen* las ondas radiofónicas", *desvanecerse las dudas*, "Todas sus esperanzas *se desvanecían* cruelmente", "Ni el sol ni el tiempo han logrado *desvanecer* los colores del cuadro" **2** prnl Perder el sentido; desmayarse: "Sintió que le faltaba el aire y *se desvaneció*".

desvelar v tr (Se conjuga como *amar*. Generalmente se usa como pronominal) Pasar o hacer pasar la noche o parte de ella sin dormir; quitar el sueño: "No le gusta *desvelarse*", "Necesita uno *desvelarse* toda la noche para sacar el pescado blanco", "Lo *desvelaban* sus problemas".

desventaja s f Condición o circunstancia desfavorable, poco conveniente o inferior de algo o de alguien, generalmente al compararse con la situación de sus iguales o semejantes: "Tales importaciones tienen la enorme *desventaja* de impedir el desarrollo de la industria lechera nacional".

desviación s f **1** Acto de desviar algo o alguien o de desviarse: *la desviación de un recorrido, la desviación de un péndulo, la desviación de un tiro, la desviación de una idea* **2** Cambio, modificación de la dirección o de la forma de una cosa, del sentido que lleva normalmente o de la posición que debe ocupar: *una desviación de la columna vertebral, la desviación de una corriente de agua, una desviación de la nariz* **3** Parte de una carretera o de un camino que se separa de ellos para unirse nuevamente más adelante o para unirse a otros; lugar en donde se hace esa separación: *una desviación de la autopista, una desviación por reparaciones, una caseta en la desviación* **4** Comportamiento o actitud que se aparta de lo considerado normal: *una desviación del carácter, desviaciones sexuales*.

desviar v tr (Se conjuga como *amar*) **1** Cambiar la dirección o el camino que algo o alguien seguía; tomar una ruta o un curso distinto del que llevaba: "El portero no pudo *desviar* la pelota", "La policía *desvió* a los manifestantes", "El aire *desvió* el papalote", *desviar la circulación, desviarse un huracán*, "Al llegar a la avenida te *desvías* a la izquierda", *desviarse del tema* **2** Hacer que alguien abandone o pierda sentimientos, actitudes, costumbres, etc considerados como buenos y, generalmente, adquiera en su lugar malos hábitos o prácticas poco provechosas: "La televisión *desvía* a los niños de sus inquietudes naturales", "No te das cuenta de que esos amigos sólo te *desvían* de tus obligaciones" **3** prnl Volverse irresponsable una persona que hasta entonces no lo era: "Si siguen en ese ambiente terminarán por *desviarse*" **4** Alterar la finalidad propia de algo, generalmente por intereses personales; hacer mal uso de algo: *desviar el presupuesto*.

desvirtuar v tr (Se conjuga como *amar*) Quitar su valor, su fuerza o su mérito a algo: "Tratan de *desvirtuar* todo avance social", *desvirtuar una idea*, *desvirtuar un argumento*.

detallado I pp de *detallar* **II** adj Que se hace o se presenta en detalle o con mucho detalle: *información detallada, descripciones detalladas, un análisis muy detallado*.

detallar v tr (Se conjuga como *amar*) Enumerar en detalle los rasgos o las particularidades de un conjunto; explicar algo con todo detalle: "Se encargó de *detallar* la estrategia", "Las instrucciones se *detallan* en la página siguiente".

detalle s m **1** Parte, generalmente pequeña, que adorna o complementa el aspecto o la forma de algo o alguien: "Los *detalles* de la fachada de un edificio", *arreglar una casa con muchos detalles* **2** Cada una de las partes o elementos particulares de algo: "No quiso platicarme los *detalles* de su viaje", "Veía la película sin perder *detalle*" **3** *Al, con, en detalle* Con toda precisión, paso a paso, sin olvidar nada: "Relató sus aventuras *al detalle*", *exponer con detalle, entender en detalle* **4** *Al detalle* Tratándose de operaciones comerciales, que se hace en pequeñas cantidades: *comprar al detalle, vender al detalle* **5** Rasgo o gesto de delicadeza, cortesía o atención: "Tuvo el *detalle* de hablarme para desearme feliz viaje", *un hombre lleno de detalles* **6** (*Coloq*) Punto en que reside la dificultad o el interés de algo: "¿No enciende? Ah, ahí está el *detalle*: tiene un seguro", "Le compré un nuevo programa a mi computadora, pero está lleno de *detallitos*" **7** (*Coloq*) Amante.

detección s f Localización o descubrimiento de la existencia o la presencia de algo o de alguien: "Es posible la *detección* de incendios forestales", "Aumenta la vigilancia para la *detección* de drogas".

detectar v tr (Se conjuga como *amar*) Notar, localizar o descubrir, generalmente de manera indirecta, por medio de aparatos o deducciones, la existencia o la presencia de alguna cosa o persona que no se percibe fácilmente o está oculta: *detectar un tumor, detectar un olor, detectar actividad volcánica, detectar una señal radiofónica*, "Los agentes *detectaron* varios movimientos fraudulentos en dichas cuentas bancarias".

detener v tr (Se conjuga como *tener*, 12a) **1** Hacer que algo o alguien deje de caminar, funcionar, moverse o desarrollarse: "Un viejo me *detuvo* en la calle para preguntarme la hora", *detener el paso, detener el tráfico, detener el crecimiento, detener la respiración, detener un asunto, detener un trámite* **2** Apresar la policía a alguien: "Lo *detuvieron* ayer en completo estado de ebriedad" **3** prnl Hacer uno un alto para pensar o hacer algo: *detenerse en una idea* **II** Sostener: "¿Me *detienes* los libros?".

detenidamente adv Despacio y atendiendo a todos los detalles: *observar detenidamente, reflexionar más detenidamente*.

detenido I pp de *detener* o *detenerse* **II 1** s y adj Persona privada de la libertad con el fin de ponerla a disposición de una autoridad judicial: "El *detenido* confesó su crimen" **2** adj Que se hace con mucho cuidado y atención; minucioso: "Realizó un *detenido* examen de los hechos".

detergente s m Compuesto sintético o sustancia que tiene la propiedad de separar las partículas de suciedad que se han adherido a un material y llevárselas consigo mediante la espuma que forma; principalmente los productos industriales que se usan para lavar: *detergente para trastes, una fábrica de detergentes*.

deteriorar v tr (Se conjuga como *amar*) Echar a perder alguna cosa, ponerla en mal estado o hacer que pierda calidad; dañarla o deteriorarla: *deteriorarse la salud, deteriorar el medio ambiente*, "Los materiales se *deterioran* a la intemperie".

deterioro s m Acto de deteriorar o deteriorarse alguna cosa: *el deterioro de los ecosistemas, el deterioro del sistema, el deterioro de un equipo*.

determinación s f **1** Acto de determinar algo **2** Decisión que se toma acerca de algo: "Mi *determinación* de luchar es indiscutible" **3** Actitud firme y segura de alguien para hacer algo: "Su *determinación* ayudó a derrotar al enemigo".

determinado I pp de *determinar*: "*Determinado* por esas condiciones..." **II 1** adj y s Que es uno en particular, que tiene características bien definidas, que se sabe a qué o a quién se refiere: *una persona determinada, un trabajo determinado, unas circunstancias determinadas* **2** adj Que actúa con decisión, seguridad y valentía: "Un estudiante inteligente y *determinado*" **3** *Artículo determinado* (*Gram*) El que acompaña a un sustantivo e indica que éste se refiere a un objeto conocido o supuesto por el hablante, como *el* en "Un niño y una niña vinieron. *El* niño preguntó por ti", o bien, que el sustantivo se refiera a un conjunto de objetos en su totalidad, como en "*El* perro es el mejor amigo del hombre". Son artículos determinados: *el, la, los, las, lo*; artículo definido.

determinante adj y s m y f **1** Que determina o hace que alguien tome una determinación; que es decisivo o definitivo: *un juicio determinante, una experiencia determinante*, "Su enfermedad fue *determinante* en su renuncia" **2** (*Gram*) Palabra o morfema gramatical que determina o actualiza al nombre que es sustantivo y depende de él en género y número, como los artículos y los adjetivos posesivos, demostrativos, indefinidos, numerales e interrogativos. Por ejemplo en: *el libro, mi libro, este libro, algún libro, dos libros, cuál libro; el, mi, este, algún, dos* y *cuál* son *determinantes* **3** (*Mat*) Número real asociado a una matriz cuadrada por medio de operaciones algebraicas.

determinar v tr (Se conjuga como *amar*) **1** Establecer algo, fijar sus límites o precisar sus características: "Hay que *determinar* el tiempo que durará este trabajo", "*Determinaron* los alcances de la nueva política laboral", *determinar la fecha de una cita* **2** Llegar a una conclusión o a un resultado; decidir o resolver algo: "*Determinamos* que eres culpable", "*Determinaron* seguir adelante", "*Determine* el número de variantes de esta fórmula" **3** Causar, originar o condicionar una cosa a otra: "La Luna *determina* las mareas".

detestar v tr (Se conjuga como *amar*) Odiar intensamente algo o a alguien; tener aversión violenta a alguien o algo: "Siempre he *detestado* el box".

detrás adv **1** En la parte de atrás o posterior de algo, a espaldas de alguien: *detrás de un árbol, detrás del mostrador, detrás del maestro, detrás de él*, "Detrás venían los niños" **2** En seguida, después de algo o alguien: "Mi hermano llegó *detrás* del primer lugar"

3 De manera oculta en algo: *"Detrás de sus palabras había algo más"*, "Algo muy *detrás* de todo esto", *"Detrás* de esa mirada había un misterio" **4** *Por detrás* Por la parte posterior: "Observando *por detrás"* **5** *Por detrás* En ausencia de alguien, a sus espaldas: "Le gusta criticar *por detrás*, pero no se atreve a enfrentar a nadie".

detrimento s m Perjuicio, daño o desventaja para algo: *en detrimento de la actividad comercial, en detrimento de la salud, sin detrimento en la eficiencia de los servicios.*

deuda s f I **1** Obligación que alguien adquiere de pagar, devolver o restituir lo que le ha sido prestado, generalmente dinero: *tener deudas, pagar una deuda, una deuda de mil pesos*, "¿Cuándo liquidarás tus *deudas?"* **2** *Estar en deuda* Deber algo o tener alguna obligación pendiente, generalmente por haber recibido un favor y sentir la obligación de corresponder a él: "Dijo *estar en deuda* con la tradición humanista", *"Estamos en deuda* con ustedes; han sido muy amables" **3** Obligación o deber no cumplido; ofensa o agravio: "Y perdona nuestras deudas..." **II** (*Econ*) **1** *Deuda pública* La que el Estado tiene reconocida por medio de obligaciones de distintos tipos, como títulos, bonos, préstamos o créditos externos, etc, y los intereses que éstas causan **2** *Deuda consolidada* La pública cuyas obligaciones tienen carácter fijo **3** *Deuda interna* La pública y consolidada que contraen el Estado y el sector público y se paga con moneda nacional en el interior del país **4** *Deuda externa* La que se contrae en moneda extranjera mediante préstamos internacionales y otros tipos de obligaciones, sea pública o sea privada **5** *Deuda documentada* La pública formada por bonos del Estado y del sector público, contratos de crédito y de préstamos de la banca internacional, etc **6** *Deuda flotante* La pública que está compuesta por obligaciones reembolsables a corto plazo y depende de las operaciones diarias de emisión y reembolso, como las que hace la red bancaria **7** *Servicio de la deuda* Conjunto de los pagos por reembolso, amortización e intereses que debe hacer el Estado, el sector público o el sector privado, de los préstamos obtenidos o las obligaciones contraídas.

deudo s m Con respecto a una persona muerta, pariente que le sobrevive: *dar el pésame a los deudos, los deudos de don Jacinto.*

deudor s y adj En relación con una persona, institución, tradición, etc, otra que le debe algo o que está en deuda con ella: "Los *deudores* no se presentaron en el juzgado", *países deudores*, "Son *deudores* de sumas astronómicas", *empresa deudora*, "Estos escritores, *deudores* de la narrativa latinoamericana...".

devaluación s f **1** Acto de devaluar o devaluarse **2** (*Econ*) Disminución del valor de la moneda nacional en relación con las monedas extranjeras, cuya consecuencia inmediata es la disminución relativa de los precios de las mercancías y de los servicios nacionales para los compradores extranjeros, y un encarecimiento de las mercancías y los servicios extranjeros para los compradores nacionales: *la devaluación del dólar en Europa, la devaluación del peso en México, el peligro de una nueva devaluación.*

devaluar v tr (Se conjuga como *amar*) Restar valor a algo o perder algo valor, especialmente una moneda: *devaluar el peso, devaluarse el dólar, devaluarse la mercancía*, "Nadie sabe por qué los cacahuates puestos al sereno se *devalúan* tantísimo".

devengar v tr (Se conjuga como *amar*) Cobrar cierto dinero por el trabajo realizado o adquirir derecho a alguna retribución monetaria por la prestación de un servicio, por la generación de intereses, etc: "El monto del salario que *devengan*", *devengar intereses una compañía.*

devenir[1] s m Serie de transformaciones o cambios graduales por los que pasa algo o alguien: *el devenir histórico, el devenir humano, devenir económico.*

devenir[2] v intr (Se conjuga como *venir*, 12b) Pasar algo o alguien de un estado a otro paulatinamente, convertirse en algo que no era o llegar a serlo; transformarse, cambiar: "El futuro *devendrá* en capitalismo", "Las buenas intenciones no siempre *devienen* en actos buenos".

deveras adv (*Coloq*) **1** De verdad, sin mentir; de veras: "¿Usted *deveras* no la vio?", "Ustedes *deveras* que son un problema para nosotros", "*Deveras* me acusa" **2** *De (a) deveras* De verdad, en serio, cabalmente: "Enrique sí es compadre *de deveras*", "Botanear no es comer *de a deveras*".

devoción s f **1** Actitud o sentimiento de veneración, especialmente en cuestiones religiosas: *devoción por la Virgen de Guadalupe*, "En este pueblo hay una *devoción* particular por San Martín" **2** Entusiasmo, dedicación o empeño que se pone en algo: "Trabajaba con verdadera *devoción*".

devolver v tr (Se conjuga como *mover*, 2c) **1** Poner o llevar algo a donde se encontraba en un principio o a donde pertenecía originalmente; dar o restituir algo a quien lo tenía antes o a quien le pertenece: *devolver un libro a la biblioteca, devolver una carta, devolver un préstamo, devolverle a alguien la confianza, devolverle la dignidad, devolverle las fuerzas* **2** prnl Volver, regresar: "*Se devolvió* a su casa" **3** Dar algo en la misma medida en que uno lo ha recibido: *devolver la hospitalidad y las atenciones* **4** (*Coloq*) *Devolver (el estómago)* Vomitar: "Se mareó en las curvas y *devolvió* todo a medio camino", "Pero ya sentía que iba a *devolver el estómago*".

devorar v tr (Se conjuga como *amar*) **1** Comer con avidez o ansiedad, especialmente los animales, o las personas cuando tienen mucha hambre: "Vimos una imagen azteca del águila *devorando* a la serpiente", "Los peces grandes se *devoran* a los chicos", "*Devoraba* enormes fuentes de ensalada" **2** Acabar con algo, consumirlo o destruirlo: "El desierto *devora* regiones enteras de pastos naturales cada año", "El fuego *devoraba* una casa tras otra" **3** Atormentar a alguien un sentimiento intenso: "Lo *devoraba* una gran pena", "Vivo en medio de esta tristeza que me *devora*" **4** Leer con avidez: "En la adolescencia *devoró* cuanta novela le cayó en las manos" **5** *Devorar(se) (con) los ojos o con la mirada* Mirar insistentemente, con mucho interés o deseo: "*Se devoraban con los ojos* aquel pastel de limón", "Nunca le dijo nada, pero *se* la *devoraba* cada vez que pasaba frente a su oficina".

dextrosa s f Azúcar que se encuentra en la sangre de los animales y, abundantemente, en las plantas; se obtiene principalmente del almidón y se usa para hacer dulces y otros alimentos; glucosa.

día s m **I 1** Tiempo que emplea la Tierra, otro planeta o un satélite en dar una vuelta sobre su propio eje **2** Tiempo durante el cual hay luz del Sol: "Trabaja en la obra durante el *día* y como velador en las noches" **3** Tiempo o clima que hace durante ese periodo: *día soleado, día lluvioso* **II 1** *Día hábil* o *laborable* Aquel en que se trabaja: "¿El próximo martes es *día hábil?*", "Los sábados ya no son *días laborables* en muchas empresas" **2** *Dar el día* o *tomar(se) el día (libre)* Dar permiso a alguien para que no asista al trabajo o no asistir alguien al trabajo: "Como ayer trabajamos hasta tarde, el jefe nos *dio el día libre*", "*Me tomé el día* para arreglar unos asuntos pendientes" **3** *Día feriado* Aquel en que no se obliga a trabajar o a asistir a la escuela: "Han reducido el número de *días feriados* en el año" **4** *Día de guardar* Aquel en que los católicos deben oír misa y no trabajar **III 1** *Hoy (en) día* Actualmente: "*Hoy en día* ya no hay quien use leontina" **2** *El día de mañana* En el futuro: "Ahorra hoy para que *el día de mañana* no pases apuros" **3** *En su día* o *en sus, tus, mis, nuestros, estos días* En su, tu, mi, nuestra época: "Falsas ideas que *en su día* fueron tenidas por verdad", "Esas cosas no pasaban *en tus días*, ¿verdad?", "Vi muchas cosas *en mis días* de agente viajero", "Lo común *en estos días* es llamar minusválidos a los paralíticos" **4** *Al final (al fin) de sus días* Poco antes de morir, al final de su vida: "Logró reconciliarse con la vida *al final de sus días*" **5** *Tener los días contados* Estar próximo a la muerte o hallarse muy cerca de su fin: "Dicen que no hay salvación, que *tiene los días contados*", "Y alegaban que el sistema ejidal ya *tenía los días contados*" **IV 1** Tiempo indeterminado: "Algún *día* se arrepentirá de sus errores" **2** *Otro día* En algún otro momento: "*Otro día* te lo explico" **3** *Un buen día* El día menos pensado: "No sabía de ella hacía ya años, pero *un buen día* se presentó en su oficina" **V 1** *Al día* Al corriente: "Ya me puse *al día* con los pagos", "Estoy *al día* en cuestiones de moda" **2** *Vivir al día* Gastar alguien, para vivir, todo lo que gana, sin que pueda ahorrar nada: "Trabaja como loca y aun así *vive al día*" **VI** *Buenos días* Saludo que se da por la mañana.

diabetes s f sing y pl **1** Enfermedad producida por un trastorno en el metabolismo de la glucosa, que se caracteriza por un exceso de azúcar en la sangre, una eliminación abundante de azúcar en la orina, sed intensa, adelgazamiento progresivo y, en casos extremos, puede llegar a un estado de coma **2** Enfermedad que se caracteriza por la producción excesiva de orina y se debe a distintos trastornos del organismo: *diabetes insípida, diabetes renal.*

diablo s m **I 1** Ser sobrenatural que diversas creencias y religiones consideran como creador y representante del mal, particularmente el espíritu agno, según la tradición judeocristiana, dirigió a los ángeles que se rebelaron contra Dios y fue por ello condenado al infierno; demonio: "A los niños malos se los lleva el *diablo*", "Apiádate de las almas pérfidas que tienta el *diablo*" **2** *Ser alguien un diablo* Ser muy travieso: "Diego es un condenado *diablillo*" **3** *Ser alguien un pobre diablo* Ser alguien tonto, mediocre o poco valeroso: "Nunca dejará de *ser un pobre diablo*" **4** *Llevarse a alguien el diablo* Enojarse o desesperarse intensamente: "¡Me lleva el diablo!

¿Qué no puedes estarte quieto un instante?", "Están que *se los lleva el diablo* pensando en los exámenes" **5** *Aparecérsele el diablo a alguien* (Coloq) Toparse con algo que le provoca un gran susto o que no puede resolver o remediar: "*Se me apareció el diablo* cuando al maestro me pasó al pizarrón" **6** *De todos los diablos* Muy grande, complicado o difícil: "Armaron un barullo *de todos los diablos*", "Se metió en un lío *de todos los diablos*" **7** *Ir algo del diablo* o *irle a alguien del diablo* o *de todos los diablos* Ir algo o irle a alguien muy mal: "Este mes nos ha *ido de todos los diablos*", "—¿Cómo *van* los negocios? —¡*Del diablo!*" **8** *Al diablo* Al infierno: "*Vete al diablo* con tus tonterías", "*Mandó al diablo* sus preocupaciones", "¡*Al diablo* con el trabajo!" **9** *¡Diablos!, ¡qué diablos!* Expresión de enojo, admiración o extrañeza: "No te compro nada, ¡pues *qué diablos!*" **10** *En* o *hasta (la) casa del diablo* (Coloq) Muy lejos: "Las canchas quedan *hasta casa del diablo*" **11** *Oler, saber,* etc *a diablos* Oler, saber, etc muy mal: "Esta sopa de verduras *huele a diablos*" **II 1** Pequeño carro de dos ruedas, provisto de una plataforma, que se emplea para transportar objetos pesados: "Traía el bulto de periódicos montado en un *diablito*" **2** Cada una de las piezas metálicas que se atornillan a ambos lados del eje trasero de la bicicleta y sirven para llevar de pie a una persona **3** Conexión que se hace para tomar corriente eléctrica directamente del cableado público, generalmente robándosela: *colgar un diablito.*

diabólico adj Que pertenece al diablo o se relaciona con él; que parece hecho o inspirado por el diablo; perverso o maligno: *el hacha diabólica del crimen, una fascinación diabólica*, "La civilización es un engaño *diabólico*", "Huracanes *diabólicos* sembraron naufragios".

diácono s m Miembro del clero que tiene un grado menor al del sacerdote en la Iglesia católica o al de presbítero en algunas sectas protestantes.

diacrítico s m y adj (*Gram*) Signo ortográfico que sirve para dar un valor especial a una letra, como la diéresis, la tilde y el acento.

diadema s f Banda elástica o pieza en forma de arco que se usa como adorno sobre la cabeza o para sujetar el cabello detrás de las orejas: "Los niños de mi clase jugaban a jalarles las *diademas* a las niñas que se sentaban frente a ellos", "La actriz lucía una hermosa *diadema* de diamantes".

diáfano adj **1** Que es completamente claro, limpio o transparente: *las diáfanas aguas de un río, luz diáfana, una voz diáfana* **2** Que no oculta nada, que es totalmente sincero: *un hombre diáfano.*

diafragma s m **I 1** (*Anat*) Músculo aplanado, asimétrico, carnoso en la periferia y membranoso en el centro, que en los mamíferos separa la cavidad torácica de la abdominal. Cumple un papel importante en las actividades que implican la contracción o relajación de dichas cavidades, como la respiración, la evacuación y el parto **2** (*Anat*) Órgano o parte de un órgano que divide dos espacios: *diafragma meníngeo* **3** (*Zool*) Membrana muy delgada que en los insectos separa la cavidad del corazón del resto del abdomen **II 1** Dispositivo delgado, circular y cóncavo, que se coloca en el fondo de la vagina para obstruir la entrada del útero e impedir el paso del semen durante el coito **2** Pieza delgada, generalmente móvil, que en algunos aparatos sirve para dividir dos espacios: *diafragma de una batería de coche* **3** Membrana o lámina flexible que en ciertos aparatos acústicos, como el micrófono, convierte las ondas sonoras en impulsos eléctricos, y en otros, como las bocinas y los tocadiscos, transforma los impulsos eléctricos o las vibraciones de una aguja en sonidos **4** Dispositivo que regula la entrada de la luz en las cámaras de fotografía fija, de cine y de televisión: *abertura del diafragma*.

diagnóstico s m **1** Identificación de la enfermedad de un paciente, o determinación de su estado de salud, que hace un médico basándose en la observación de los síntomas que presenta: "El doctor le mandó hacer varias pruebas de laboratorio antes de dar su *diagnóstico*" **2** Determinación del estado en que se encuentra alguna cosa: *un diagnóstico económico, un mal diagnóstico ecológico* **3** adj Que pertenece o se relaciona con esta identificación o determinación: *un análisis diagnóstico, interpretación diagnóstica*.

diagonal adj m y f y s f **1** (*Geom*) Tratándose de líneas rectas, que une los ángulos opuestos de un polígono o los vértices de distintas caras de un poliedro **2** Que está inclinado con respecto a una línea o a un plano horizontal o vertical: *un corte diagonal, una calle diagonal, trazar una diagonal* **3** *En diagonal* En forma inclinada con respecto a una línea o plano horizontal o vertical: "La calle sale *en diagonal*" **4** (*Dep*) s f pl En el juego del futbol americano, zona de anotación en cada uno de los extremos del terreno de juego: "Al final del partido lograron llegar a las *diagonales*".

diagrama s m Dibujo geométrico, gráfica o figura que representa de manera esquemática el desarrollo o las características de un fenómeno, de un acontecimiento, o las partes o el funcionamiento de algún mecanismo: *un diagrama del tiempo, un diagrama de los circuitos eléctricos*.

dialéctica s f **1** (*Fil*) Teoría y método de conocimiento que consiste en exponer y analizar dos argumentos contrapuestos, generalmente con el fin de reconciliarlos, y en particular teoría y método que explica el devenir como oposición y síntesis de contrarios: *dialéctica presocrática, dialéctica hegeliana, dialéctica marxista* **2** Relación de oposición o tensión que existe entre dos cosas o términos: "Analicemos brevemente la *dialéctica* que se establece entre el individuo y la sociedad en que vive".

dialecto s m Manera de hablar una lengua un grupo de personas, una comunidad o los habitantes de una región. Así, por ejemplo, el habla de la ciudad de México, el habla del Bajío y el habla de Castilla son *dialectos* del español.

dialogar v intr (Se conjuga como *amar*) Hablar una persona con otra u otras, generalmente para discutir un asunto o intercambiar puntos de vista: "Los mandatarios *dialogaron* largamente sobre la deuda externa", "El jefe no se ha dignado a *dialogar* con los inconformes".

diálogo s m **1** Plática o conversación en la que intervienen dos o más personas que exponen sus ideas alternadamente: *sostener un diálogo, entablar un diálogo* **2** Obra literaria en que los personajes sostienen una conversación de este tipo: "Nos dejaron leer tres de los *diálogos* de Platón".

diamante s m **1** Piedra transparente, brillante y por lo general incolora, que constituye la forma cristalizada del carbón puro y es el material más duro de la naturaleza. Es considerada la piedra preciosa de mayor valor: *diamante en bruto, diamantes industriales*, "Cuando se comprometieron le regaló un anillo de *diamantes*" **2** (*Dep*) En el juego de beisbol, zona en forma de rombo que delimitan las cuatro bases que debe tocar un jugador para anotar una carrera **3** Carta con esta figura, de color rojo, que pertenece a la baraja francesa o inglesa: *el as de diamantes*.

diámetro s m Recta que une dos puntos opuestos de una circunferencia o de una esfera pasando por su centro. Es la línea más larga que puede trazarse dentro de éstas y por ello sirve para determinar la anchura de las mismas.

diana s f **1** Tonada festiva que se toca en honor de alguien o para festejar una hazaña, un hecho notable, etc: "¡Una *diana* en honor de nuestra reina del carnaval", "El pueblo recibió a los combatientes con *dianas* y ovaciones", "Tocaron tres *dianas* para los trapecistas" **2** (*Mil*) Toque militar que se da al alba para que la tropa se levante.

diapasón s m **1** Instrumento que consiste en un mango y una pieza de acero, recta o en forma de U, que al vibrar produce una nota musical determinada. Sirve para afinar los instrumentos musicales y se emplea también en pruebas de acústica y medición **2** (*Mús*) Altura absoluta de una nota musical, determinada por la frecuencia (número de vibraciones por segundo) que ha sido establecida para ella a fin de obtener afinaciones idénticas en todos los instrumentos **3** Tono de la voz: "El horrendo grito, articulado en un *diapasón* agudísimo…" **4** (*Mús*) Lámina de madera que cubre el mástil o brazo del violín y otros instrumentos de cuerda y sobre la cual se apoyan los dedos al pisar las cuerdas: *el diapasón de la guitarra*.

diapositiva s f Fotografía positiva impresa en algún material transparente; transparencia: "Tenemos muchas *diapositivas* de la fiesta".

diariamente adv Todos los días, cada día, a diario: "Recibimos *diariamente* el resumen informativo AS", "Aquí se tiene que hacer caldo *diariamente*".

diario 1 adj Que sucede o se hace todos los días: *comida diaria, trabajo diario* **2** s m Narración de los acontecimientos de cada día, generalmente la que hace una persona de su propia vida: "Cuando cumplió 15 años empezó su *diario*", *diario íntimo, diario de viaje* **3** s m Periódico: "Recibimos el *diario* todas las mañanas" **4** s m Gasto de dinero que se hace cada día en una casa: "Siempre, antes de salir, me deja el *diario* sobre la mesa" **5** *A diario* Todos los días: "Oímos el noticiero *a diario*" **6** *De diario* De todos los días; no reservado para ocasiones especiales: *ropa de diario, zapatos de diario*.

diarrea s f Eliminación de excremento en forma abundante, líquida y frecuente, causada por una infección o una inflamación intestinal: "Le recetaron una medicina para detener la *diarrea*".

diástole s f (*Fisio*) Fase de dilatación de un órgano y, particularmente, periodo del movimiento cardiaco en el que el corazón se dilata para permitir que la sangre penetre en sus cavidades; alterna con la sístole: *diástole cardiaca, diástole arterial*.

diastólico adj *(Fisio)* Que pertenece a la diástole o se relaciona con ella: *soplo diastólico, presión sanguínea diastólica.*

dibujante s m y f Persona que se dedica al dibujo: "María es *dibujante* en una agencia de publicidad".

dibujar v tr (Se conjuga como *amar*) **1** Representar un objeto, una figura, etc por medio de líneas trazadas en una superficie: *dibujar un paisaje, dibujar una casa, dibujar un diagrama, dibujar en un cuaderno, dibujar con gises* **2** Representar o describir algo o a alguien por medio de palabras: *dibujar el carácter del mexicano* **3** prnl Dejarse ver o mostrarse cierta cosa: "En su boca *se dibujó* una sonrisa", "*Se dibujó* el descontento en su rostro", "En el horizonte *se dibujan* los volcanes".

dibujo s m **1** Figura o representación de algo hecha por medio de líneas y trazos: *un dibujo de su casa* **2** Arte de representar los objetos o las figuras por medio de líneas trazadas sobre una superficie: *profesor de dibujo, escuela de dibujo* **3** Figura que forma el tejido de una tela, un encaje, etc, que adorna o forma parte de un objeto: *una tela con dibujo, copiar el dibujo de un encaje, el dibujo de la madera, un jarrón con dibujos geométricos* **4** *Dibujos animados* Los que se plasman en fotogramas que, al ser proyectados sucesivamente, dan la impresión de tener movimiento; caricaturas: *una película de dibujos animados.*

dicción s f Manera de emitir y articular los sonidos de una lengua; pronunciación: "Un actor debe cuidar mucho su *dicción*".

diccionario s m Obra, generalmente en forma de libro, donde las palabras de una lengua o de una disciplina determinada aparecen ordenadas alfabéticamente —o con arreglo a otro criterio— y definidas, traducidas o explicadas según su uso, su origen o su historia: *diccionario del español, diccionario etimológico, diccionario bilingüe, diccionario regional, diccionario geográfico.*

diciembre s m Decimosegundo y último mes del año; tiene treinta y un días, sigue a noviembre y precede a enero.

dicotiledónea *(Bot)* **1** s y adj f Planta fanerógama angiosperma que tiene dos cotiledones en su embrión, como el frijol **2** s f pl Clase del subtipo de las angiospermas formada por estas plantas.

dictador s **1** Persona que gobierna su país atribuyéndose la autoridad absoluta para dictar leyes, modificarlas y aplicarlas según su criterio: *derrocar a un dictador, un dictador hispanoamericano* **2** Persona que impone su voluntad sin considerar ni respetar las ideas ni los intereses de otras personas: "El jefe es un *dictador*", "La maestra de anatomía es una *dictadora*".

dictadura s f Forma de gobierno en la que una persona o un grupo de personas ejerce el poder sin restricción alguna y se toma la facultad de dictar y modificar leyes a su voluntad: *la dictadura porfiriana, las dictaduras militares.*

dictamen s m Juicio u opinión que, en relación con un asunto determinado, emite un especialista o una autoridad en la materia: *un dictamen judicial*, "En el *dictamen* del senado se proponen reformas al código civil".

dictar v tr (Se conjuga como *amar*) **1** Decir palabras o enunciarlas en voz alta con el fin de que otro u

otros los escriban: *dictarle a la secretaria*, "El profesor *dicta* durante toda la clase" **2** Dar una clase, una conferencia, etc: "El doctor *dictará* su cátedra en latín" **3** Dar a conocer una ley, un fallo, una resolución, etc: *dictar sentencia*, "El juez *dictó* acto de formal prisión en su contra" **4** Inspirar, sugerir o imponer la conducta a seguir: "El sentido común nos *dicta* prudencia", "En aquella época la moda se *dictaba* desde Francia".

dictatorial adj m y f Que se relaciona con la dictadura o con el dictador o que es propio de ellos; que es arbitrario o impositivo: *un régimen dictatorial, fuerzas dictatoriales, una decisión dictatorial.*

dicha s f **1** Estado de ánimo más o menos duradero en el que prevalecen los sentimientos agradables, como la alegría, la satisfacción y el placer, y que se alcanza cuando se tiene bienestar o se ha logrado lo que se quiere; felicidad: "Desearon a los novios *dicha* y prosperidad", "No conoció la *dicha* sino en los últimos años de su vida" **2** Fortuna o buena suerte: *la dicha de tener un hijo*, "Tengo la *dicha* de conocerlo".

dicho I pp irregular de *decir* **II** adj **1** (Normalmente precede al sustantivo y generalmente se usa sólo en textos escritos) Tal, el ya mencionado: "La Orquesta Filarmónica de la UNAM se presentará en varios auditorios de *dicha* casa de estudios", "Simplemente agregó *dicho* cuento a su antología, pero omitió el prólogo" **2** *(Popular)* Nombrado, llamado: "En Pinoltepeque había un *dicho* José Bailón", "El *dicho* don Mónico fue en persona a Zacatecas" **III** s m Expresión lingüística tradicional y relativamente fija, de carácter popular, generalmente ingeniosa u oportuna, como "¡Ay Jalisco no te rajes!" o "¡Ábranla que lleva bala!", y que a veces da un consejo o contiene una moraleja, como "Más sabe el diablo por viejo que por diablo": "Todo el tiempo saca a relucir los *dichos* de su pueblo", "Del *dicho* al hecho hay mucho trecho".

dichoso adj **1** Que tiene o provoca dicha; feliz: "Se considera una persona *dichosa*", "¡*Dichosa* tú que te vas de vacaciones!", *una vida dichosa* **2** Que ya resulta molesto o fastidioso; que ha dejado una mala impresión o ha sido decepcionante: "El *dichoso* recomendado resultó un bueno para nada", "Me tiene harta con su *dichosa* enfermedad", "El *dichoso* negocio resultó ser un fraude", "Por fin se va la *dichosa* directora".

didáctica s f Disciplina pedagógica que se encarga de estudiar y orientar los procesos de enseñanza y aprendizaje: *didáctica general, didáctica del lenguaje, didáctica de la historia.*

didáctico adj **1** Que pertenece a la didáctica o se relaciona con ella: "Desde el punto de vista *didáctico*, esta forma de pensar parece correcta" **2** Que enseña, que se relaciona con la enseñanza o sirve para enseñar: *material didáctico*, "La programación de tales canales no es muy *didáctica* que digamos".

diente s m **I 1** Cada uno de los huesos que en el hombre y algunos animales se encuentran en las mandíbulas, en especial los que están al frente y tienen un filo cortante. Sirven para masticar los alimentos, morder, sujetarse o sujetar algo: *lavarse los dientes, caerse un diente* **2** *Diente de leche* Aquel que nace en la primera infancia de los niños y se cae más tarde **3** *Tener buen diente* o *ser de buen*

diente Tener buen apetito o acostumbrar comer en abundancia: "Carlos siempre ha tenido buen diente" **4** *Hablar (decir una cosa) entre dientes* Hablar muy bajo, especialmente cuando se desea hacer algún comentario o crítica en contra de algo o alguien **5** *Hacer* o *decir algo de dientes para afuera* (*Coloq*) Hacerlo o decirlo sin sinceridad, sin sentirlo o pensarlo en realidad: "Lo del aumento de sueldo te lo *dijo de dientes para afuera*" **6** *Pelar* o *enseñar los dientes* (*Coloq*) Mostrarlos un animal en actitud amenazante o mostrar una persona a otra un gesto agresivo: "El perro me *peló los dientes* cuando quise acariciarlo", "Cada vez que quieres ser amable con ella te *pela los dientes*" **7** *Pelar el diente* o *los dientes* (*Coloq*) Sonreír con coquetería **8** *Hincar(le) el diente a algo* Morderlo o comerlo: "¡Vamos a *hincarle el diente* a ese filete!" **9** *Hincar(le) el diente a alguna cosa*: Abordarla a fondo; dedicarse a ella con gran interés: "Tengo muchas ganas de *hincarle el diente* a esa novela" **10** *Hincar(le) el diente a alguna cosa* Apoderarse de ella con avidez y codicia: "Nomás están esperando a que se muera el viejo para *hincarle el diente* a la herencia" **II 1** Cada una de las salientes, picos o puntas que llevan en el borde ciertas herramientas y utensilios, como las sierras, los engranes o los peines **2** *Diente de ajo* Cada uno de los gajos que forman el bulbo del ajo y están cubiertos individualmente por una cascarilla muy delgada: "Se pican tres *dientes de ajo...*" **III 1** *Diente de león* (*Taraxacum officinale*) Planta pequeña de la familia de las compuestas, de hojas arrosetadas que crecen al ras del suelo, flores amarillas sobre un eje hueco y frutos muy pequeños que forman un conjunto globoso cubierto por un penacho de pelitos radiales muy delgados que se desprenden cuando madura el fruto. Su raíz, muy amarga, se emplea en medicina tradicional para tratar afecciones del hígado y de la piel **2** *Diente de culebra* (*NO*) (*Serjania mexicana*) Arbusto trepador de la familia de las sapindáceas, espinoso, de hojas biternadas y flores muy pequeñas de color blanco **IV** *Estar en diente de perro, en diente de gato* o *en diente de agua* (*Rural*) Tratándose del maíz, estar éste todavía muy tierno, con los granos muy pequeños y de color blanco: "La milpa *está en diente de perro*".

diéresis s f sing y pl **1** Signo gráfico (¨) con el que se indica que se debe pronunciar la vocal *u* de las sílabas *güe* y *güi* en palabras como *pingüino, lingüística, güera, cigüeña*, etc (Véase las tablas de ortografía) **2** Signo gráfico que, escrito sobre una de las dos vocales de un diptongo, indica que ésta debe pronunciarse en una sílaba distinta de la de la otra, como en *oriente* o *ruido*, generalmente en poesía **3** Signo gráfico con el que se representan diferentes puntos de articulación de las vocales en otras lenguas, como en alemán, donde la *ü* de *München* es labializada y redondeada o la *ä* de *Mädchen* es abierta y retrasada.

diesel 1 s m Combustible pesado, producto de la destilación del petróleo, que usan los motores de combustión interna que no tienen carburador; gasolina diesel **2** *Motor diesel* El de combustión interna que no tiene carburador pues la explosión se realiza al mezclarse en los cilindros el combustible con aire puro, el cual ha sido previamente calentado a una temperatura muy alta por medio de compresión. Es el que emplean, por lo general, los vehículos muy pesados, como los grandes camiones, las locomotoras y los barcos **3** adj m y f sing y pl Que funciona con un motor de esta clase; que se relaciona con este tipo de motores: *locomotora diesel, mecánica diesel*. (Se pronuncia *dísel*.)

diestra s f **1** Mano derecha: "Tomó entre sus manos mi *diestra*" **2** *A la diestra de alguien* A su derecha, al lado derecho de alguien: "Se sentó *a la diestra del padre*" **3** *A diestra y siniestra* Por todas partes, a todos lados, sin medida, sin discreción, sin distinción, sin orden: *recetar medicinas a diestra y siniestra, dar palos a diestra y siniestra*.

diestro adj **I 1** Que utiliza normal o preferentemente la mano derecha, por ejemplo para escribir **2** (*Tauro*) Tratándose de toros, que tira las cornadas para herir con el cuerno derecho **II 1** Que tiene habilidad o destreza para algo o que es experto en alguna cosa: *uno de los reporteros más diestros, los diestros danzantes, manos diestras e incansables* **2** (*Tauro*) s Torero o matador de a pie: *el diestro de palma de Río, los diestros mexicanos*.

dieta¹ s f **1** Conjunto de sustancias alimenticias que habitualmente ingiere un ser vivo y que se considera en relación con sus propiedades nutritivas: "Su *dieta* es a base de maíz y frijol", *una dieta rica en calorías*, "Con esa *dieta*, ¡cómo no quieres engordar!" **2** Control o regulación metódica de la cantidad y el tipo de alimentos que ingiere un ser vivo; plan alimenticio que sigue alguien, generalmente por motivos de salud y bajo la vigilancia de un médico: "Los enfermos del corazón deben llevar una *dieta muy rigurosa*", *una dieta para adelgazar, una dieta a base de líquidos, ponerse a dieta, estar a dieta* **3** *Dieta blanda* La que está formada por alimentos de fácil digestión y con poca grasa **4** (*Rural*) En Sonora, abstinencia de mojarse, lavarse o usar el agua **5** *Guardar la dieta* al catarro En Sinaloa y Durango, abstenerse de comer carne de puerco y chile, y de lavarse o rasurarse un enfermo; periodo de reposo y abstinencia que mantiene un enfermo o una mujer después del parto.

dieta² s f **1** Pago que se da a los miembros del cuerpo legislativo mientras desempeñan esa función: *la dieta de los diputados* **2** Congreso de Estados que forma una confederación: *la dieta alemana*.

dietista s m y f Especialista en elaborar dietas o planes alimenticios para personas con problemas de salud o de peso: *ir al consultorio del dietista*.

diezmo s m **1** Dinero que dan los fieles a la Iglesia como aportación para su sostenimiento **2** Impuesto que los fieles pagaban a la Iglesia católica, que consistía en la décima parte de sus ingresos monetarios o en especie.

diferencia s f **1** Cualidad o rasgo que distingue a un ser vivo de otro o a una cosa de otra: "Hay *diferencias* entre caballo y mula", *la diferencia entre el día y la noche* **2** Desacuerdo entre dos o más personas: *diferencias de opinión, pelearse por tener alguna diferencia* **3** *A diferencia de* De modo distinto, al contrario de: "El campesino, *a diferencia del* obrero, le da otro valor al tiempo" **4** Lo que falta, el resto: "Si no te alcanza el dinero, yo pagaré la *diferencia*" **5** Resultado de la resta; residuo.

diferenciación s f **1** Acto de diferenciar o diferenciarse: "Debe hacerse una correcta *diferenciación* de los fenómenos" **2** Proceso mediante el cual los elementos de un todo van adquiriendo características individuales distintas: *la diferenciación celular de un embrión.*

diferencial I adj m y f Que indica o constituye una diferencia, que toma en consideración las diferencias o los distintos aspectos de algo o que está determinado por ellos: "Se aplican tasas *diferenciales* a los préstamos", *diagnóstico diferencial de un paciente* **II** (*Mat*) **1** s f Operación que consiste en multiplicar la derivada de una función por el incremento de su variable independiente **2** *Diferencial total* En una función con una o más variables, operación que consiste en sumar los productos obtenidos al multiplicar las derivadas parciales por los incrementos de las variables independientes **3** adj m y f Que se relaciona con estas operaciones o las incluye: *cálculo diferencial, ecuación diferencial* **III** s m (*Mec*) Mecanismo compuesto por un conjunto de engranes que, en los vehículos automotores, reparte el esfuerzo de la transmisión entre las ruedas, de modo tal que, en las curvas, la rueda exterior puede girar a mayor velocidad que la interior para compensar la mayor distancia que debe recorrer.

diferenciar v (Se conjuga como *amar*) **1** tr Hacer una comparación entre cosas o seres vivos y establecer lo que distingue a unas de otras o a unos de otros; hacer algo que dos o más cosas o dos o más seres vivos sean distintos: "Lo único que *diferencia* a esas gemelas es el color de los ojos" **2** prnl Ser una cosa o un ser vivo diferente de otra u otro: "Luis *se diferencia* de ti por su puntualidad".

diferente adj m y f Que no es igual a otra cosa, que ha cambiado, es distinto o que difiere en algo: *una persona diferente*, "Queremos un mundo *diferente* para nuestros hijos", *una escuela diferente.*

diferido I pp de *diferir* **II** adj **1** Que se suspende su realización o que se deja para después, tratándose de un hecho o de una acción: *créditos diferidos, función diferida, técnicas de carga diferida* **2** Tratándose de programas de radio o de televisión, que se transmite cierto tiempo después a aquel en que fue grabado: "El canal 11 proyectará el concierto en forma *diferida*", *transmisión en diferido.*

diferir[1] v intr (Se conjuga como *sentir*, 9a) **1** Ser diferente de algo o de alguien: "Unos niños *difieren* de otros en sus temperamentos", "El comportamiento *difiere* de un individuo a otro" **2** Tener opiniones, actitudes, etc, opuestas o contrarias; no estar de acuerdo: "*Difiero* de lo que dices en lo que respecta a ese asunto".

diferir[2] v tr (Se conjuga como *sentir*, 9a) **1** Suspender algo para hacerlo o para que tenga lugar más tarde; dejar para después: "Tuvieron que *diferir* el viaje", "*Difirieron* el examen para el próximo viernes", "Esos planes tendrán que *diferirse*" **2** Transmitir por radio o televisión la grabación de un suceso cierto tiempo después de que ocurrió: "La pelea no se transmitirá en vivo, *será diferida* por el canal 4 el jueves a las once de la noche".

difícil adj m y f **1** Que cuesta trabajo o esfuerzo; que es complicado: *un camino difícil, una materia difícil, un razonamiento difícil*, "Se les hace *difícil* hablar náhuatl" **2** Que tiene un carácter que cuesta trabajo comprender o que es poco tratable: *un hombre difícil*, "Las mujeres somos muy *difíciles* y más las de la actualidad" **3** *Hacerse el difícil, hacerse la difícil* (*Coloq*) Darse a desear, hacerse de rogar: "*Se hizo la difícil* después de que se le declaró" **4** adv (*Popular*) Con esfuerzo, con trabajo o con dificultad: "Los gringos hablan muy *difícil* el español" **5** (*Popular*) En Guanajuato, que es torpe, que no es hábil: "Soy muy *difícil* para las matemáticas".

difícilmente adv Con esfuerzo o con trabajo o con dificultad: "Sanó *difícilmente* de la amputación", *una sal difícilmente soluble*, "*Difícilmente* podrán estar todos los que son".

dificultad s f **1** Asunto, situación u obstáculo que cuesta trabajo o esfuerzo resolver, determinar o superar: "La posesión de la tierra es una gran *dificultad* en México", *poner dificultades* **2** *Con dificultad* Con esfuerzo o con trabajo: "Lo hizo con *dificultad*", *respirar con dificultad* **3** *Sin dificultad* Sin esfuerzo o sin trabajo: *dormir sin dificultad*, "Nos instalamos *sin dificultad*".

dificultar v tr (Se conjuga como *amar*) Hacer difícil algo: "Los problemas de transporte *dificultan* el flujo turístico", "Cuando no se tienen referencias, todo se *dificulta* más", "Después se fue la luz y se nos *dificultó* sacar el trabajo a tiempo".

difteria s f Enfermedad infecciosa y epidémica, producida por el bacilo de Klebs-Löffler, en la que aparecen falsas membranas adheridas firmemente a las superficies mucosas de las vías respiratorias y digestivas superiores; dificulta la respiración, provoca fiebre, anemia, debilidad cardiaca y, en casos graves, parálisis: "La vacuna triple actúa contra el tétanos, la tosferina y la *difteria*".

difundir v tr (Se conjuga como *subir*) **1** Hacer que algo llegue a muchas personas, principalmente a su conocimiento: *difundir una lengua, difundir la cultura*, "La radio *difundió* el texto del discurso" **2** prnl Extenderse algo por todas partes, en muchas direcciones o de manera que su influencia, fuerza, número de seguidores, etc, aumente: "El olor a quemado *se difundió* por todo el edificio", *difundirse una enfermedad, difundirse el zapatismo*, "Se *difundieron* sus creencias por todo el país", "La tinta se difunde a través de la fibra".

difunto s y adj Persona que ha muerto: "Rezan por el alma de los *difuntos*", "La *difunta* le heredó toda su fortuna", *día de los fieles difuntos, deudos difuntos y vivientes.*

difusión s f Acto de difundir o difundirse algo: *difusión de la cultura.*

difuso adj **1** Que carece de precisión, claridad o intensidad, que se percibe de esta manera, generalmente por abarcar mucho o estar muy extendido o dilatado: *una fotografía difusa*, "La tarde se cargaba con una luz *difusa*", *un discurso difuso* **2** Que se extiende en distintas direcciones o que abarca una zona amplia: *una inflamación difusa.*

difusor adj y s Que transmite o hace que se extienda algo en diferentes direcciones; que difunde: *pueblos difusores de la cultura, un foco difusor, un difusor eléctrico.*

difusora s f Estación de radio: *una difusora de buena música, una difusora rural.*

digerir v tr (Se conjuga como *sentir*, 9a) **1** Transformar en el estómago y en los intestinos los alimentos en sustancias asimilables para el organismo: *digerir la carne*, "Estas frutas se *digieren* fácilmente" **2** Lograr entender alguna cosa, hacer propio un conocimiento, razonamiento, etc después de haberlo analizado cuidadosamente: *digerir el contenido de un libro* **3** Asimilar una pena o una desgracia: "Tardó mucho en *digerir* la muerte de su madre".

digestión s f Proceso por el cual los alimentos son transformados, en el estómago y los intestinos, en sustancias aprovechables para el organismo: *hacer la digestión, una buena digestión*.

digestivo 1 adj Que se relaciona con la digestión o interviene en ella: *aparato digestivo, alteraciones digestivas, jugos digestivos* **2** s m Alimento o medicina que facilita la digestión: "El anís es un buen *digestivo*" **3** s m (*Med*) Sustancia que se empleaba para drenar heridas o llagas.

digital adj m y f **I** Que se relaciona con los dedos o que pertenece a ellos: *huella digital* **II** Que opera mediante la conversión a dígitos o a unidades discontinuas de los datos o las señales que maneja, como ciertas calculadoras (en las que los números están representados por los distintos dientes de un engranaje), las computadoras (en las que los datos se representan mediante los dígitos de un sistema binario) o los discos compactos (en los que los sonidos están grabados en una serie discontinua de pequeñísimas perforaciones a diferencia de los convencionales, donde la grabación forma un disco continuo): *teléfono digital, televisión digital, tocadiscos digital* **III** s f (*Digitalis purpurea*) Planta de la familia de las escrofulariáceas que alcanza hasta 1 m de altura, de hojas rugosas, grandes las de abajo y más pequeñas las de arriba, y de flores monopétalas, en forma de dedal de color púrpura, que crecen en un racimo largo. De sus hojas se extrae una sustancia llamada *digitalina*, que se emplea en medicina contra ciertas afecciones cardiacas aunque en dosis altas resulta muy venenosa y puede provocar la muerte. Es originaria de Europa y se cultiva también como planta de ornato; dedalera.

dígito s m Cada una de las cifras con que se escribe un número; por ejemplo el número 683 tiene tres *dígitos*: el 6, el 8 y el 3: "La sumadora tiene capacidad para ocho *dígitos*".

dignidad s f **1** Cualidad de hacerse valer uno como persona o de tomar con responsabilidad y resolución lo que ha elegido para sí: *la dignidad humana, la dignidad de un pueblo* **2** Actitud de apego a determinados valores morales y de intolerancia por todo aquello que los viole o comprometa; honestidad con uno mismo que se hace reconocer y valer a los demás: "Ejerce la profesión médica con mucha *dignidad*", "Pactaron con el enemigo, ¡qué poca *dignidad*!", "Lleva su desgracia con *dignidad*" **3** Cargo o empleo que confiere autoridad y reconocimiento; persona que lo desempeña: *dignidades eclesiásticas*.

digno adj **1** Que se hace valer como persona, que es honesto consigo mismo y no tolera nada que comprometa su valor o ponga en duda su integridad: "Javier, muy *digno*, se encaminó a la salida" **2** Que merece reconocimiento, que es valioso por su apego a ciertos valores morales: *una acción digna, una vida digna* **3** Digno de Que por su comportamiento o características merece cierta cosa o que en relación con otra persona tiene sus mismos atribu-

tos: *digno de atención, digno de admiración, digno de desprecio, digno hijo de su padre* **4** Digno de Que corresponde con justicia a algo: *un premio digno de su esfuerzo, un trabajo digno de su calidad*.

dije s m Adorno o joya que se lleva colgando de una cadena, de una pulsera o de un prendedor: "Le regalé un *dije* de oro en forma de corazón".

dilatación s f **1** Aumento del volumen de un cuerpo debido a la separación de sus moléculas y a la disminución de su densidad; generalmente es producido por la elevación de la temperatura: *la dilatación del acero, dilatación térmica* **2** (*Med*) Aumento del diámetro de un conducto, de una abertura o de un órgano hueco: *la dilatación de un vaso sanguíneo, la dilatación de la pupila, la dilatación del cuello uterino*.

dilatado I pp de *dilatar* o *dilatarse* **II** adj **1** Que es amplio, extenso o espacioso: "La gente llenaba dos o tres *dilatados* patios", *dilatada experiencia* **2** Que tiene gran volumen o alcanza mayor tamaño: *pupilas dilatadas, conducto dilatado* **3** Que se realiza con lentitud, que es tardado: *trámite dilatado, dilatada agonía*.

dilatar v (Se conjuga como *amar*) **1** intr Tardar, retrasarse algo o alguien, durar una cosa más de lo previsto: "Espérame, no me *dilato*", "El camión se *dilató* mucho", "*Dilataron* dos días en entregarme los resultados" **2** intr (*Popular*) Tener algo cierta duración; durar: "No *dilaté* con mi novia ni un año", "La feria *dilata* cuatro días en mi pueblo", "Apenas hemos *dilatado* dos meses en la ciudad" **3** tr Aumentar la luz de un conducto, aumentar la abertura o la distensión de un órgano: *dilatar una vena, dilatarse los pulmones* **4** tr Aumentar el volumen de un cuerpo como resultado de la separación de sus moléculas y de la disminución de su densidad: "El calor *dilata* el mercurio en el termómetro", "Se pone al fuego para que *se dilate*".

dilema s m **1** Situación problemática en la que uno se ve forzado a elegir entre dos o más alternativas: "Las circunstancias lo pusieron en el *dilema* de renunciar a su carrera o alejarse de su familia", "No existe un *dilema* entre la expansión económica y una buena distribución del ingreso nacional", "Los aficionados estarán en serio *dilema* al escoger sus favoritos para la carrera" **2** Problema difícil de resolver, que lleva a conclusiones contradictorias o que no tienen solución: "Los científicos del siglo XIX buscaron escapar al *dilema* de la formación del universo" **3** (*Lóg*) Razonamiento en el que se plantean dos hipótesis contrarias o diferentes y una premisa disyuntiva que al negar o afirmar cualquiera de esas dos alternativas lleva a una misma conclusión.

diligencia¹ s f **1** Disposición para hacer las cosas con cuidado, atención y prontitud: "Con *diligencia* y con paciencia de seguro alcanza la cima" **II 1** Gestión o trámite para resolver algún asunto, especialmente legal o administrativo: "Tengo que hacer unas *diligencias* en Hacienda" **2** (*Der*) Cada uno de los actos que se llevan a cabo dentro de un proceso, ya sea por parte de la autoridad ya sea por la del interesado, a partir de la resolución de un juez o en cumplimiento de una obligación marcada por la ley **3** *Diligencia judicial* (*Der*) Aquella que llevan a cabo los funcionarios del Poder Judicial para que se ejecuten las resoluciones dictadas por los jueces en el proceso.

diligencia[2] s f Coche grande de cuatro ruedas jalado por caballos, que antiguamente se destinaba al transporte de pasajeros en viajes largos: "Por este camino pasaban las *diligencias* que iban a Cuernavaca", "Los bandidos de Río Frío asaltaban las *diligencias* que iban a Puebla".

diluir v tr (Se conjuga como *construir*, 4) **1** Disminuir la concentración de una sustancia combinándola con agua o con un disolvente: *diluir la sopa, diluir una pintura* **2** Disminuir la fuerza, intensidad, etc de algo: *diluirse la luz, diluir un color*.

dimanar v intr (Se conjuga como *amar*) Tener alguna cosa su origen en otra, provenir u originarse en ella: "Está en contra de cualquier poder que *dimane* de minorías".

dimensión s f **1** Tamaño, medida, magnitud o importancia de algo: *las dimensiones de la Tierra*, "La temperatura se mantiene con calderas de grandes *dimensiones*", *una comunidad de grandes dimensiones*, "Primero tenemos que analizar cuál es la *dimensión* real del problema", *un proyecto de grandes dimensiones* **2** Cada uno de los aspectos implicados en una cosa o cada uno de los puntos, temas, etc, que se desarrollan o tienen lugar en ella: *el poder en sus dimensiones económicas, sociales, políticas y psicológicas, la dimensión cultural de la Revolución Mexicana* **3** Cada una de las extensiones que se consideran para determinar el tamaño de algo; corresponde a la longitud en las cosas lineales, a la longitud y a la anchura en las superficies y a la longitud, la anchura y la altura en los cuerpos: "Inventaron unos lentes para ver el cine en tres *dimensiones*" **4** *Cuarta dimensión* El tiempo.

diminutivo[1] adj, y s m (*Gram*) Tratándose de sufijos, terminaciones o morfemas, que se añade a la raíz o lexema de un nombre propio o común, de un adjetivo o de un adverbio para indicar pequeñez, poca importancia, poca intensidad y, en muchos casos, afecto o respeto, como los sufijos *-ito, -ita, -illo* e *-illa* en *Elenita, abuelito, chiquilla, hombrecillo, feíto, morenita, rapidito, ahorita, lueguito* **2** s m Palabra que lleva este sufijo, como *cafecito, lechita, azuquítar*.

diminuto adj Que es sumamente pequeño: "Podemos imaginar el átomo como un *diminuto* sistema planetario", "Se puso una falda *diminuta*".

dimisión s f Renuncia a un cargo o puesto, particularmente si es de alta jerarquía: "Las bases sindicales exigen la *dimisión* de líderes corruptos".

dimitir v intr (Se conjuga como *subir*) Renunciar una persona al cargo o puesto que ocupa, particularmente si es de alta jerarquía: "*Dimitió* el presidente del partido", "El rey *dimitió* en favor de su hijo".

dinámica s f **1** Actividad o movimiento de los factores o elementos que intervienen en la transformación, progreso o desenvolvimiento de algo; manera particular en la que se da el desarrollo o desenvolvimiento de algo: "La juventud influye en la *dinámica* social", *la dinámica del poder, una dinámica grupal de trabajo* **2** (*Fís*) Parte de la mecánica que estudia las relaciones entre el movimiento y las causas que lo producen: *las leyes de la dinámica* **3** (*Mús*) Conjunto de las variaciones en la intensidad relativa de los sonidos o de los grupos o periodos melódicos de una composición musical: "Inició un estilo de unidad orquestal basado en la *dinámica* de grabación del sonido".

dinámico adj **1** Que tiene actividad o movimiento, que presenta cambios o transformaciones, que da lugar a ellos; que es propio de la dinámica o se relaciona con ella: *ejercicios dinámicos*, "El crecimiento económico es un factor *dinámico* de evolución política", *fuerzas dinámicas* **2** Tratándose de personas, que está en constante actividad, que es emprendedor o que actúa con prontitud y energía: *un joven dinámico*, "A sus 60 años todavía es una mujer muy *dinámica*".

dinamismo s m **1** Condición de lo que tiene actividad, movimiento o está en constante transformación o da lugar a ello: "Deben ponerse en juego diversos elementos para imprimirle el *dinamismo* necesario al proyecto" **2** Cualidad de quien está en constante actividad y es emprendedor: "Siempre he admirado tu *dinamismo* y tu capacidad" **3** (*Fil*) Toda doctrina que supone que la causa primera de todas las cosas radica en la existencia de fuerzas inherentes a ellas, irreductibles a la masa y al movimiento **4** (*Fil*) Toda doctrina que se centra en el movimiento, el devenir, el progreso y concibe el ser como un hacerse.

dinero s m **1** Medio de pago y objeto que lo representa, al que un sistema económico asigna un valor para que circule entre los miembros de la sociedad y sirva para comprar cosas o hacer otras operaciones económicas; puede ser moneda, billete o algún documento de valor legal: "Gane buen *dinero* en la venta de relojes" **2** Capital de alguien: "Tiene mucho *dinero* en acciones y propiedades".

dinosaurio s m y f Reptil prehistórico, hoy desaparecido, que tenía la cabeza pequeña, las patas delanteras más cortas que las traseras y la cola y el cuello largos; vivía en tierra firme y lugares pantanosos. Se considera el animal terrestre más grande que ha existido; llegó a alcanzar 40 m de longitud y 8 m de altura: *la extinción de los dinosaurios*.

dintel s m Parte superior del vano o hueco de las puertas o ventanas, la cual va apoyada en las jambas: "Como es tan alto se pegó en la cabeza con el *dintel* de la puerta".

dioico adj y s **1** (*Bot*) Tratándose de plantas, que sus flores masculinas y sus flores femeninas crecen en individuos diferentes **2** (*Zool*) Tratándose de animales, que sus órganos reproductores, masculinos y femeninos, están localizados en individuos distintos; unisexual.

dios s **1** Según algunas tradiciones y religiones, ser superior al género humano dotado de poderes o facultades que ejerce en favor o en contra de las personas, y al que se le rinde culto; por lo general se le relaciona con fenómenos naturales o con algunas características del hombre y la sociedad, como Tláloc, que era el *dios* de la lluvia para los aztecas o Venus, la *diosa* de la belleza para los romanos **2** s m En algunas religiones como la cristiana, ser espiritual, único y perfecto, creador del universo y fuente del bien y la justicia: *rogar a Dios, pedirle a Dios, creer en Dios, encomendarse a Dios, dar gracias a Dios, Dios mediante* (se escribe con mayúscula) **3** *Como Dios manda* Como se debe hacer: "No seas cochino y come *como Dios manda*" **4** *A la buena de Dios* De cualquier modo, como sea: "Hizo la tarea *a la buena de Dios*" **5** *Como Dios le da a entender a alguien* Con sólo las habilidades y recursos propios: "Arreglé mi coche *como Dios me dio a entender"* **6** *Ya estaría, estaba,* etc *de Dios* Ser ya algo inevitable o fatal: *"Ya estaría de Dios* que me asaltaran" **7** *Dejado de la mano de Dios* Sin cualidades ni recursos: "Los niños de la calle están *dejados de la mano de Dios"* **8** *Que Dios se lo pague* Expresión de cortesía con la que se agradece un favor o una limosna: "—Tenga... para sus hijos. —*Que Dios se lo pague"* **9** *¡(Ay*u *oh) Dios mío!* Expresa dolor físico o emocional: *¡Dios mío!, ¡Dios mío!, ¿*cómo pudo suceder esto? **10** *¡Vaya con Dios! ¡*Qué le vaya bien! **11** *Hasta ver a Dios* (*Coloq*) Hasta vaciar el vaso, hasta el fondo.

diploma s m Documento honorífico que una autoridad extiende a una persona como constancia de que ha realizado ciertos estudios, ha participado en un acto, ha sido merecedor de un premio o reconocimiento, etc: "Mi padre recibió un *diploma* y una medalla por sus 30 años como maestro", "Es abogado y doctor en ciencias políticas y obtuvo un *diploma* con mención honorífica".

diplomacia s f **1** Disciplina que estudia las relaciones internacionales y reúne los criterios, las costumbres, las técnicas, etc con que éstas se desarrollan prácticamente: *la diplomacia mexicana, un especialista en diplomacia* **2** Conjunto de las instituciones, organismos y personas que se ocupan de esas relaciones: *una reunión de toda la diplomacia, la diplomacia mundial* **3** Habilidad que tiene alguien para mantener buenas relaciones sociales, tratar asuntos delicados sin cometer indiscreciones o conciliar intereses diversos: "Una directora sin *diplomacia* suele causar problemas".

diplomático 1 adj Que pertenece a la diplomacia o se relaciona con ella: *cargo diplomático, pasaporte diplomático, carrera diplomática* **2** s Persona que tiene por profesión la diplomacia **3** adj y s Que tiene habilidad para el trato social, que sabe conciliar las discrepancias o negociarlas con buen tino para su causa: *un jefe muy diplomático, trato diplomático.*

díptero (*Zool*) **1** s m y adj Insecto que presenta una metamorfosis complicada, tiene dos alas bien desarrolladas y dos, las posteriores, transformadas en unos pequeños órganos que le sirven para mantener el equilibrio; su boca está transformada en una trompa adaptada para chupar que es blanda, como en la mosca, o rígida, como en el mosquito **2** s m pl Orden de estos insectos.

diptongo s m (*Ling*) Conjunto de dos vocales diferentes que se pronuncia en una sola sílaba, como *ai,* en aire, *ue* en bueno, *ie* en tiene, *au* en causa, etcétera. Se distinguen los *diptongos ascendentes* o *crecientes* (*ua, ue, uo, ia, ie, io*), los *diptongos descendentes* o *decrecientes* (*au, eu, ou, ai, ei, oi*) y los *diptongos neutros* (*iu, ui*).

diputado s **1** Persona elegida por votos de los conciudadanos de su mismo distrito electoral para que los represente en la cámara, estatal o federal, durante un periodo determinado **2** (*Tab*) Guajolote.

dique s m **1** Muro que se construye para contener o detener el agua de un río, del mar o de algún depósito **2** *Dique seco* Cavidad construida en un puerto o a la orilla de un río, que se llena de agua para que entren los barcos y se vacía para limpiar o reparar la quilla **3** (*Geol*) Muro de materiales minerales que se forma en una fisura o hendidura de la corteza terrestre.

dirección s f l **1** Localización de una casa, un edificio, etc en una población; conjunto de las indicaciones que la señalan: "¿Podría darme su *dirección?*", "No sé la *dirección* de la escuela de mis hijos, aunque sé llegar" **2** Lugar hacia donde apunta o se mueve algo o alguien; camino o ruta que sigue: "Todos miraban en *dirección* al cometa", "Iba en *dirección* de Oaxaca **3** Posición de un punto en el espacio en relación con otro: *dirección norte-sur* **4** (*Comp*) Nombre o número que identifica un registro o posición en la memoria de la computadora **ll 1** Acto de coordinar o dirigir las actividades de algo o de alguien: *dirección de una empresa, dirección de una orquesta* **2** Persona o conjunto de personas que tienen a su cargo la organización, coordinación o el mando de una institución, empresa o actividad; directiva: "La *dirección* despidió al entrenador" **3** Oficina donde realiza sus funciones el director **4** Mecanismo de un vehículo que sirve para dirigirlo **5** Crédito impreso en una película que indica a la persona que la dirigió.

direccional s f y adj Cada una de las luces intermitentes situadas en el lado izquierdo y derecho de los automóviles, camiones, camionetas, etc que sirven para indicar en qué dirección se va a dar vuelta o se va a conducir el vehículo; luz direccional: "Prende la *direccional* cuando cambies de carril".

directamente adv **1** De manera directa y sin rodeos, en línea recta, sin desviarse o sin escalas: "Le dijo *directamente* todo lo que pensaba de él", "Hay que evitar recibir *directamente* la luz sobre los ojos", "Entró *directamente* en la iglesia" **2** De manera directa y sin intermediarios: "Promueve *directamente* la venta del producto", "Erasmo influye *directamente* o a través de sus traductores".

directiva s f **1** Conjunto de personas que dirigen una empresa, una institución, una agrupación o una corporación: "Siguen las negociaciones entre los jugadores y la *directiva* del equipo" **2** pl Instrucciones, normas o lineamientos que deben seguir los miembros de una agrupación o los encargados de un proyecto: "La comisión señala las *directivas* generales que deben regir el uso del agua".

directivo 1 adj y s Que tiene a su cargo la dirección, la coordinación o el mando de una empresa, institución o agrupación: *mesa directiva, consejo directivo,* "Los *directivos* del equipo poblano..." **2** adj Que se relaciona con la dirección o la coordinación de algo: *funciones directivas, puesto directivo.*

directo adj **1** Que va en línea recta, sin desviarse, desde el punto de partida hasta el de llegada: *ruta directa, vuelo directo* **2** Que es inmediato o se realiza sin intermediarios: *jefe directo, compra directa, contacto directo* **3** *Complemento u objeto directo* (*Gram*) Palabra o conjunto de palabras que reciben directamente la acción del verbo en una oración, como *flores* en "Vendo *flores*"; *un libro* en "Leo *un libro*" o *una carta* en "Escribimos *una carta* a nuestros amigos". Se puede reconocer prácticamente si se le puede sustituir por los pronombres: *lo, la, los, las,* como en "Vendo flores" / "*Las* vendo", "Leo un libro" / "*Lo* leo", "Escribimos una carta a nuestros amigos" / "*La* escribimos". También se reconoce porque al transformar la oración en pasiva el objeto directo se convierte en sujeto pasivo y el sujeto de la oración activa en agente: "*Las flores* son vendidas", "*El libro* es leído por mí", "*La carta* es escrita por nosotros". Generalmente el objeto directo se construye sin preposición cuando se trata de animales y cosas, y con *a* cuando se trata de personas: "Vendo flores", "Cazamos patos", "Miramos estrellas", "Beso *a* Verónica", "Miro *a* mi tío", pero hay muchas excepciones a esta regla: cuando se personifica alguna cosa: "Temer *a* la muerte", "Llamar *a* la justicia"; cuando la acción del verbo cae sobre los miembros de un conjunto: "Mirar *a* la gente", "Juntar *al* rebaño"; y cuando se trata de destacar un objeto entre otros: "Matar *al* gato", "Observar *a* la estrella" **4** *Estilo directo* El que consiste en citar textualmente las palabras de una persona.

director s Persona que guía, gobierna o dirige una actividad o un trabajo: *director de escuela, director de orquesta, director escénico*.

dirigente s y adj m y f Persona que dirige, coordina o conduce algo como una empresa, una organización o una asociación: *dirigente sindical, dirigentes de partidos políticos, clases dirigentes*.

dirigir v tr (Se conjuga como *subir*) **1** Llevar o hacer que algo o alguien vaya en alguna dirección o hacia algún lugar: *dirigir una pelota, dirigir un avión* **2** Hacer llegar algo a alguien o enviar alguna cosa a un lugar determinado: *dirigir una carta* **3** Poner algo en cierta dirección: *dirigir la vista, dirigir un telescopio* **4** Guiar, gobernar o coordinar las actividades de algo o de alguien: *dirigir una escuela, dirigir una orquesta*.

discernir v tr (Se conjuga como *sentir*, 9a, en presente de indicativo y subjuntivo y en las formas de imperativo. El resto de la conjugación es regular) Llegar a distinguir alguna cosa de otras, llegar a aclarar alguna cosa en relación con otras mediante una consideración o una reflexión precisa y justa: *discernir las cualidades de una pintura, discernir entre el bien y el mal*, "Los criterios para *discernir* los elementos opuestos del progreso están tomados de su libro".

disciplina s f **1** Comportamiento que se apega a un método o a determinadas normas y que se hace con constancia; aspecto de la conducta que se relaciona con el orden, particularmente cuando se rige por él: *adquirir una disciplina para estudiar, la disciplina de una bailarina*, "Es necesario crearles una *disciplina*", "Era un estudiante con problemas de *disciplina*" **2** Conjunto de reglas de comportamiento que se establece para mantener determinado orden o para asegurar cierta jerarquía: *la disciplina de una escuela*, "Quieren imponer una *disciplina* de convento", *someterse a la disciplina del partido, la férrea disciplina militar* **3** Campo del conocimiento con un objeto y un método de estudio propio; cada una de las actividades humanas que supone constancia y tenacidad, como las artes y los deportes: *estudiar una disciplina, disciplinas científicas, disciplinas filosóficas, disciplinas creativas* **4** Instrumento hecho con una varilla o un mango y varios hilos gruesos con los que se azotan los penitentes o ciertos religiosos.

discípulo s Respecto a un maestro, doctrina o escuela, persona que recibe sus enseñanzas, sigue su orientación, corriente o estilo: "Moncayo fue *discípulo* de Chávez", *Cristo y sus discípulos*, "La conferencia la dará una *discípula* de Bello".

disco s m **1** Objeto plano y circular: *el disco de las señales de tránsito*, "La válvula ajusta sobre una especie de *disco* metálico", *frenos de disco* **2** El que se hace con materiales plásticos para grabar y reproducir música o cualquier otro sonido: "Ése es un *disco* de Jorge Negrete", *un disco de canciones veracruzanas, un disco compacto* **3** (*Dep*) El que se lanza al practicar el atletismo. Tiene un diámetro de 22 cm y pesa 2 k para las pruebas masculinas y 1 k para las femeninas **4** *Lanzamiento de disco* (*Dep*) Competencia atlética que consiste en lanzar lo más lejos posible dicho objeto **5** (*Dep*) El que se usa en competencias de tiro como blanco para ejercitar la puntería **6** Parte circular y móvil del aparato telefónico, que tiene diez agujeros correspondientes a los dígitos, y sirve para marcar el número de teléfono deseado **7** (*Anat*) Órgano de las personas y algunos animales, o parte de él, que tiene forma plana y circular: *disco de la retina, disco intervertebral*.

discreción s f **1** Actitud prudente, serena y respetuosa que alguien tiene en su trato con los demás; tacto, sencillez y buen juicio en lo que se dice y en lo que se hace: "Su *discreción* le ha valido la confianza de todos", *falta de discreción*, "Les recomiendo mucha *discreción*", "Con toda *discreción* me bebí dos tazas de café" **2** *A discreción* Según la voluntad o el juicio de cada uno: *comer a discreción, disparar a discreción*.

discrepancia s f **1** Diferencia relativa entre las afirmaciones, las opiniones, etc, de una persona respecto de lo que afirma u opina otra: "Tenemos *discrepancias* insalvables", *una discrepancia entre los socios* **2** Variación o diferencia en la medida, el valor, las características o la posición de una cosa en relación con otra que se toma como referencia: *discrepancias en un balance*, "Hay *discrepancias* entre la teoría y su aplicación".

discrepar v intr (Se conjuga como *amar*) **1** Sostener u opinar alguna cosa relativamente diferente o contraria de lo que afirma o mantiene otra persona: *discrepar de una opinión, discrepar un texto de su original, discrepar de las ideas del maestro* **2** Variar una cosa en relación con otra, que es la que fija un valor o determina una posición: "La órbita del satélite *discrepa* con relación al planeta".

discreto adj **1** Que actúa con prudencia y sin hacerse notar; que es moderado en lo que dice y no divulga asuntos ajenos: *una mujer fina y discreta*, "Tenemos que ser *discretos* con esta información" **2** Que es sencillo, sin exageraciones, sin pretensiones ni artificios; que está dentro de lo normal y de lo agradable: *un departamento discreto, un peinado discreto, una vida discreta* **3** (*Mat*) Que está formado por elementos separados, independientes o que se pueden numerar; discontinuo: "Nuestra variable *discreta* es la población".

discriminación s f **1** Acto de discriminar: *discriminación racial, discriminación religiosa, la discriminación de los colores* **2** *Sin discriminación* Sin considerar alguna diferencia, todos por igual.

discriminar v tr (Se conjuga como *amar*) **1** Considerar o tratar a alguien como inferior por motivos étnicos, sociales, políticos, etc o, por alguna de estas causas, darle un tratamiento legal o económico particular y desventajoso: "Todavía *discriminan* a los negros", "En esos trabajos *discriminan* a las mujeres" **2** Distinguir una cosa entre otras reconociendo las particularidades o las características que la singularizan: *discriminar sonidos, discriminar noticias, discriminar lo bueno de lo malo.*

disculpa s f **1** Acto de disculpar algo o a alguien, de disculparse o pedir perdón a alguien por algo: "Murmuró dos o tres palabras de *disculpa*", *pedir disculpas* **2** Razón o explicación que se da para disculparse: "Guárdate las *disculpas*".

disculpar v tr (Se conjuga como *amar*) **1** Dar las razones o explicaciones que justifiquen o suavicen una falta cometida: "Trató de *disculpar* a sus compañeros", "Yo te *disculparé* con él", "Trataron de *disculparse*" **2** Perdonar a alguien por una falta cometida: "Tienes que *disculparla*, fue un accidente", *"Discúlpame*, no volverá a suceder" **3** *¡Disculpe* (*usted*)! o *¡Discúlpame!* ¡Perdone, perdóneme o perdona la molestia o la interrupción!, usado como fórmula de cortesía para introducir una pregunta o una petición: "—*¡Disculpe!* ¿Es usted Carlos Morales?", "—*¡Discúlpame!* ¿Me prestas tu pluma un momento?".

discurso s m **1** Exposición oral que manifiesta o expresa sentimientos o pensamientos, particularmente la que se hace ante un público sobre un tema, en general, de carácter formal o solemne y relacionado con algún festejo: *improvisar un discurso, el discurso del 5 de mayo* **2** Serie de los signos lingüísticos con los que se expresa un pensamiento o un razonamiento, particularmente el escrito que se redacta para ser leído: *el hilo del discurso, el discurso presidencial* **3** Exposición de algún tema o problema que se trata a través de cierto medio o que tiene características determinadas: *discurso cinematográfico, discurso poético, discurso psicoanalítico.*

discusión s f **1** Acto de discutir algo con alguien **2** Análisis o examen cuidadoso y profundo que hacen dos o más personas, en forma de diálogo, acerca de un tema: *la discusión del informe presidencial, la discusión de una teoría*, "Esa regla no admite *discusión*" **3** Situación de diálogo en la que dos o más personas sostienen opiniones contrarias entre sí: *una fuerte discusión*, "La *discusión* derivó en pelea" **4** *Sin discusión* Sin duda, sin que se pueda contradecir o responder algo: "La guerra es, *sin discusión*, un mal de la humanidad".

discutido I pp de *discutir*: "Han *discutido* lo mismo durante una semana" **II** adj **1** Que es motivo de discusión: "El Cordobés es la figura más *discutida* de la fiesta de los toros", *la pieza del discutido autor teatral* **2** (*Popular*) Que es generoso o dado a invitar: "Luis es muy *discutido*".

discutir v tr (Se conjuga como *subir*) **1** Examinar entre dos o más personas un tema, con cuidado y profundidad, proponiendo argumentos y defendiendo sus razonamientos para tener un mejor conocimiento de él o para llegar a un acuerdo: *discutir la figura de Madero, discutir un plan, discutir una idea, discutir el papel del ejido* **2** Sostener dos o más personas opiniones opuestas entre sí en un diálogo o conversación: *discutir un precio, discutir de política* **3** Expresar una opinión contraria a algo o contradecir a alguien: *discutir las órdenes del jefe*, "¡Obedece y no *discutas!*" **4** *Discutirse* (*con*) algo (*Popular*) Invitar algo a alguien: "Felipe *se discutió* las entradas al cine", "—¿*Con* qué te vas a *discutir?*", "*Discútete con* las chelas, ¿no?".

disecar v tr (Se conjuga como *amar*) Preparar una planta o un animal muerto para que se conserve sin descomponerse y mantenga la apariencia que tenía cuando estaba vivo: "Cazó un tigre y lo mandó *disecar*", "Esa planta fue *disecada* hace un mes".

disección s f Separación metódica de las partes u órganos de una planta o de un animal; se hace generalmente para estudiar su disposición y características anatómicas: *la disección de un conejo.*

diseminar v tr (Se conjuga como *amar*) Separar los elementos de un conjunto repartiéndolos en diversos lugares o arrojándolos en distintas direcciones: "Sin necesidad de pensarlo, *diseminé* entre mis hombres la tropa incorporada", "Hay que introducir maquinaria y *diseminar* libros", "Los pollitos se *diseminaron* por la criadora".

disentería s f Enfermedad infecciosa y epidémica, frecuente en las zonas tropicales, que consiste en la inflamación y ulceración del intestino grueso y se caracteriza por diarrea acompañada de sangre y mucosidades.

diseñador s Persona que se dedica a hacer diseños: *diseñador industrial, diseñadora de ropa, diseñadores gráficos.*

diseñar v tr (Se conjuga como *amar*) Hacer el diseño de una cosa o planear una cosa dándole las características que necesita para cumplir con cierta función o para funcionar en condiciones determinadas: *diseñar muebles*, "Éste es un motor que *fue diseñado* para combatir la contaminación", "Diseñó la chimenea de su casa", *diseñar generadores para quemar gas natural.*

diseño s m **1** Idea original de algo que se dibuja o proyecta para después elaborarlo: *diseño de un vestido, diseño de un cartel, diseño de un cuestionario* **2** Arte de usar técnicas e instrumentos para representar gráficamente determinado producto u obra: *diseño gráfico, diseño industrial, diseño arquitectónico, diseño urbanista.*

disfraz s m **1** Traje especial que se usa para representar un personaje real o fantástico, un animal o alguna cosa y se lleva por diversión, generalmente en fiestas: "Dieron un premio al mejor *disfraz*", "Le hizo un *disfraz* de rana" **2** Artificio o vestimenta con que alguien cambia su apariencia para no ser reconocido: "El parche en el ojo era sólo un *disfraz* para despistar a la policía" **3** Actitud o procedimiento con que alguien disimula sus sentimientos, intenciones, etc: "A mí no me engañas con ese *disfraz* de inocente", "Ya no les queda el menor *disfraz* de demócratas".

disfrazar v tr (Se conjuga como *amar*) **1** Poner un disfraz a alguien o vestir con un disfraz: "Se *disfrazaron* de chinas poblanas", "El día del niño su mamá siempre lo *disfrazaba* de pollito", "Pudo escapar *disfrazándose* de policía" **2** Cambiar o disimular la apariencia de algo para que no se le reconozca o para que parezca distinto de lo que es: "*Disfrazaron* sus intenciones con una sonrisa y palabras amables", "Pintaron las casuchas y sembraron pasto para *disfrazar* la pobreza de la colonia", "No pudo *disfrazar* su índole".

disfrutar v tr (Se conjuga como *amar*) **1** Sentir alegría o placer por algo, en algún lugar o con alguna cosa: *disfrutar la vida, disfrutar en la montaña, disfrutar la música* **2** Tener alguien alguna cosa buena, cómoda o conveniente: *disfrutar de buena salud, disfrutar del ambiente* **3** Recibir alguien el provecho de algo, la protección o la amistad de alguien: *disfrutar de sus bienes, disfrutar del favor del jefe*.

disgustado I pp de *disgustar* o *disgustarse* II adj **1** Que está enojado: "Se fueron *disgustado*" II adj **1** Que está enojado: "Se fueron *disgustados*", "Los vecinos están muy *disgustados*", "Halló a su madre profundamente *disgustada*" **2** (*Popular*) Que es muy difícil de agradar o de darle gusto: "Es un jefe muy *disgustado*".

disgustar v (Se conjuga como *amar*) tr **1** Producir algo molestia o desagrado: "El nuevo reglamento *disgustó* a los estudiantes", "Me *disgusta* tener que repetir las cosas" **2** prnl Sentirse molesto y con cierto enojo por el comportamiento de alguien o por algún acontecimiento: "Se *disgustó* con sus hijos", "Se *disgustó* al oír la noticia".

disgusto s m **1** Sentimiento de enojo y desánimo que tiene alguien, que se produce en él a causa de un pleito o desacuerdo con otra persona o por alguna cosa que le resulta desalentadora, molesta o desagradable: "Tuvo un *disgusto* con su padre", "Sus alumnos le han dado muchos *disgustos*", "¿Es que lo quieren matar de un *disgusto*?", "Se llevó un *disgusto* cuando se enteró que no le daban el trabajo", *tener muchos disgustos* **2** A *disgusto* De mala gana, con ganas de no hacerlo: "A *disgusto*, pero me pagó", "Esos empleados siempre te atienden *a disgusto*" **3** Estar, sentirse, etc *a disgusto* Sentirse incómodo, presionado o fuera de lugar en alguna situación: "Se siente *a disgusto* en esas fiestas", "Está *a disgusto* en el trabajo".

disidencia s f **1** Inconformidad o desacuerdo de alguien respecto de ciertos principios, ideas o intereses impuestos o sustentados por el grupo o por la comunidad a que pertenece: *disidencia política*, "Se dedicó a la tarea de aniquilar toda *disidencia*" **2** Conjunto de personas que se segregan de un grupo determinado por oponerse a las ideas, principios o intereses que éste impone o sustenta: "Impidieron la entrada de la *disidencia* a la asamblea del sindicato", "La *disidencia* magisterial organizó una marcha de protesta".

disimular v tr (Se conjuga como *amar*) **1** Hacer que algo que uno siente o tiene pase inadvertido a los demás: "Sin *disimular* su alegría nos dio la noticia", "Trató de *disimular* su digusto con una sonrisa", "Siempre *disimulaba* su enfermedad" **2** Aparentar alguien que no tiene que ver con cierto hecho o que no tiene conocimiento de alguna cosa: "Cuando entró el policía todos *disimulamos*", "Su madre sabe la verdad pero prefiere *disimular*" **3** Ocultar alguna cosa para que no se note o sea menos visible: "*Disimuló* la mancha poniendo un cuadro".

disimulo s m **1** Actitud del que disimula; manera de disimular algo: "Pese al *disimulo* de la familia, todos advertimos el problema" **2** Con *disimulo* Sin que se note, tratando de no ser sorprendido o descubierto: "Con *disimulo* guardó el dinero", "Espiaba *con disimulo* a sus vecinos".

disipación s f **1** Acto de disipar o disiparse: *disipación del humo, disipación de una sospecha* **2** Comportamiento de una persona que hace una vida desordenada y entregada a las diversiones o que se ocupa superficialmente de cosas muy diversas: "Su *disipación* lo llevó a la ruina".

disipar v tr (Se conjuga como *amar*) **1** Hacer que los elementos o partes que componen algo se vayan separando y fragmentando hasta desaparecer: "El viento *disipó* las nubes" **2** prnl Separarse o fragmentarse los elementos de algo de manera que dejen de formar una unidad o desaparezcan: *disiparse la niebla* **3** Reducir a nada o quedar en nada algo, como una duda o una sospecha: "El maestro *disipó* las dudas de los alumnos", *disipar los celos* **4** Gastar algo de manera irreflexiva, particularmente dinero: *disipar un capital, disipar energía*.

dislalia s f (*Med*) Trastorno funcional del lenguaje, que consiste en la dificultad o imposibilidad de articular ciertos fonemas sin que se presenten impedimentos orgánicos aparentes.

dislexia s f Desorden en el aprendizaje de la lectura y de la escritura que se presenta en niños de inteligencia normal y sin trastornos neurológicos o sensoriales, que consiste en una incapacidad o dificultad para relacionar los signos escritos con los signos verbales.

dislocación s f Acto de dislocar o dislocarse, especialmente la separación anormal de dos huesos en una luxación.

dislocar v (Se conjuga como *amar*) **1** prnl Salirse de su lugar un hueso: *dislocarse la cadera* **2** tr Poner fuera de su lugar algo, particularmente un hueso: "El golpe le *dislocó* la muñeca".

disminución s f Baja, reducción o empequeñecimiento de la cantidad, la extensión o la intensidad de algo: *disminución de la presión, disminución de la capacidad de compra*.

disminuir v tr (Se conjuga como *construir*, 4) Hacer o hacerse más pequeña la extensión, la intensidad, la cantidad, etc de algo: *disminuir la superficie, disminuir la atención, disminuir la velocidad*.

disolución s f **1** Acto de disolver o disolverse: *disolución de un grupo, disolución de un contrato, disolución de sustancias* **2** Pérdida de la unidad, de la validez, del reconocimiento o de la eficacia de alguna cosa: *la disolución de los valores morales*, "Se observa una *disolución* general de las costumbres" **3** Proceso de disolver una sustancia en un líquido y compuesto que resulta: *la disolución del azufre*.

disolvencia s f En el cine o la televisión, proceso óptico de la cámara que consiste en hacer desaparecer la escena mientras que la siguiente surge también en forma gradual; se usa al final de un episodio o en el plano de una transición para indicar que ha transcurrido cierto tiempo o que algo ha terminado.

disolvente 1 adj m y f Que disuelve o sirve para disolver: *el impacto disolvente de la conquista y la colonización* **2** s m Sustancia, generalmente líquida, que se utiliza en la fabricación de pinturas para hacerlas más fluidas.

disolver v tr (Se conjuga como *mover*, 2c. Su participio es irregular: *disuelto*) **1** Separar los elementos de un conjunto rompiendo su unidad: "La policía *disolvió* a los manifestantes", "Nuestro grupo de estudio se *disolvió*", *disolver el Congreso, disolver un matrimonio* **2** Disminuir la concentración de una sustancia, generalmente líquida, o adelgazarla combinándola con otra: *disolver la pintura con agua* **3** Separar las partículas de una sustancia al incorporarla a un líquido: *disolver azúcar en agua, disolver con alcohol, disolverse la grasa en gasolina*.

disparar v tr (Se conjuga como *amar*) **1** Hacer que un arma lance un proyectil: *disparar una pistola, disparar con un arco, disparar cañonazos* **2** prnl Perderse el control de algo, en particular, de su precio o valor; ponerse alguien repentina y bruscamente en movimiento: *dispararse los precios*, "Se dispararon los productos básicos", "La industria militar *se disparó*", "Se dispara cuando toma café" **3** Golpear con fuerza algo, especialmente una pelota o una bola, para lanzarla a determinado lugar: "Andrés *dispara* con la izquierda y anota un gol" **4** (*Coloq*) Pagar una persona las cosas que otra consume o invitarla a algún lugar: "Su hijo le *disparó* el viaje", ¿Me *disparas* un chocolate?, "Te toca *dispararnos* el cine".

disparejo adj **1** Que no es igual, que no tiene forma lisa o pareja, que es desigual: *un terreno disparejo* **2** Que le falta su pareja, que no forma par: "Tengo un zapato *disparejo*", *guantes disparejos* **3** s m (*Coloq*) Especie de juego que se realiza para resolver un conflicto o algo semejante y que consiste en que cada una de tres personas o más lancen una moneda al aire para ver si sale águila o sol y la que resulta diferente señala al ganador o al perdedor según lo acordado al iniciarse el juego: *echarse un disparejo, entrarle al disparejo*.

disparo s m **1** Lanzamiento de un proyectil por un arma o explosión y ruido que produce: "De pronto se oyó un *disparo*", *disparos de cañón*, "No supimos si lo que oímos eran cohetes o *disparos*" **2** Acto de lanzar o golpear con mucha fuerza una pelota, una bola o algo similar: "El segundo gol fue un *disparo* desde fuera del área" **3** Acto de moverse o accionarse repentinamente algo: *el disparo de un interruptor de electricidad*.

dispensar[1] v tr (Se conjuga como *amar*) **1** Perdonar a alguien una falta leve: "Pero si están mal trovadas / creo que me han de *dispensar*", "Dile que ya lo *dispensé*" **2** ¡Dispense (usted)! o ¡Dispénsame! ¡Perdone, perdóneme o perdona la molestia o la interrupción!, usado como fórmula de cortesía para introducir una pregunta o una petición: "¡Dispense! ¿A qué horas sale el tren a Querétaro?", "¡Dispénsame! ¿Me podrías atender?", "¡Dispénseme! ¿Podría regalarme un cigarro, por favor?".

dispensar[2] v tr (Se conjuga como *amar*) Dar algo a una persona como privilegio, gracia o favor; otorgar: "Aprovechando la simpatía y el celo pastoral que monseñor le *ha dispensado* siempre…", "El ministro siempre nos *dispensa* muchas atenciones".

dispersar v tr (Se conjuga como *amar*) **1** Separar los elementos de un grupo de manera que pierdan contacto unos con otros o tome cada uno direcciones distintas: "El fuego *dispersó* la manada", "Después del robo se *dispersaron* los delincuentes" **2** prnl Ocuparse al mismo tiempo de cosas muy diversas de manera que la atención, la concentración o el esfuerzo que se pone en cada una de ellas es superficial y desordenado; perder alguien la eficacia, la atención o el orden en lo que está haciendo por querer hacer muchas cosas a la vez: "Es un muchacho nervioso que *se dispersa* con mucha facilidad" **3** Hacer que algo, como una duda o una sospecha, desaparezca: *dispersar los temores*.

dispersión s f **1** Acto de dispersar o dispersarse: "Hay una enorme *dispersión* demográfica en pe-

queños poblados y en lugares apartados", *dispersión múltiple* **2** (*Quím*) Distribución de partículas finamente divididas en cierto medio **3** (*Fís*) Separación de los diversos colores que integran un rayo de luz o de las diversas ondas electromagnéticas que componen un sonido.

disperso adj **1** Que está separado de un grupo, que está repartido en varias partes: *guerrilleros dispersos en diversas secciones del país, indicaciones dispersas, fragmentos dispersos de una supernova* **2** Que no tiene coherencia o unidad, que se ocupa a un tiempo y de manera superficial de cosas diversas: *conocimientos dispersos*.

disponer v tr (Se conjuga como *poner*, 10c. Su participio es irregular: *dispuesto*) **1** Ordenar, con autoridad, que se haga o de hacer algo: "La ley *dispone* que todos reciban un salario justo", "El cielo así lo *dispuso* / y así tenía que pasar", "Su mamá *dispuso* lo que teníamos que comer" **2** prnl Prepararse para hacer algo: *disponerse a comer*, "Se *disponían a* regresar cuando Pablo los llamó", "Se *dispone a* ser un padre comprensivo" **3** *Disponer de* Tener alguien algo, poderlo utilizar, contar con la ayuda o los servicios de alguien: *disponer de un capital*, "No *dispongo de* tiempo", *disponer de un grupo de abogados*, "Los acaparadores *disponen de* grandes bodegas", "Aunque las pruebas *de* que *se dispone* son sólo fragmentarias parece que…" **4** tr (Se usa generalmente como pronominal) Poner algo en cierto orden: "Las figuras *se disponen* conforme a un esquema geométrico", "Los establecimientos comerciales se disponen en la planta baja del edificio", "*Dispuso* las sillas en círculo".

disponibilidad s f **1** Calidad o estado de disponible **2** Conjunto de bienes o medios disponibles o aprovechables en determinado momento: *disponibilidad de las reservas minerales, baja disponibilidad del agua*, "La cocción mejora la *disponibilidad* de las proteínas de algunos alimentos" **3** Situación en que se encuentran los funcionarios públicos cuando no tienen empleo y están en espera de que se les asigne uno nuevo.

disponible adj m y f Que puede disponerse de él libremente, que se puede utilizar, que no está ocupado: *tiempo disponible para cada venta, información disponible, material disponible, los jugadores disponibles, los recursos disponibles*.

disposición s f **1** Orden de alguna autoridad o ley que dice lo que hay que hacer: *disposiciones del gobierno, disposiciones de la Constitución* **2** pl Preparativos o medidas que sirven para lograr algo: "Se tomaron las *disposiciones* necesarias para salvar a los refugiados" **3** Voluntad o ánimo para hacer algo: *disposición de estudiar, estar en la mejor disposición para ayudar* **4** Capacidad o aptitud para realizar algo: *disposición para la pintura* **5** Manera en que está ordenado o colocado algo: *disposición de los cuadros en una exposición, disposición de luces en un escenario* **6** *A disposición* Al servicio: "La casa está *a su disposición*", "Tengo un coche *a mi disposición*", "Estoy en condiciones de poner *a* su *disposición* una radiodifusora".

dispositivo s m **1** Cosa o artificio que se dispone para realizar o facilitar un trabajo; conjunto de elementos que forman un mecanismo o que desempeñan coordinadamente una función: *dispositivos* *para la pesca*, "Las puertas tienen un *dispositivo* para abrirse automáticamente", *dispositivos nucleares*, *nuevos dispositivos de seguridad* **2** *Dispositivo intrauterino* El que se coloca en el interior del útero para evitar la concepción.

dispuesto I pp de *disponer* o *disponerse:* "Se ha *dispuesto* la movilización de furgones" **II** adj **1** Que está preparado o listo para hacer algo, que tiene la intención de hacer algo: "Parecía *dispuesto* a escribir más", *un partido dispuesto a tomar el poder, un amigo incondicional dispuesto a defenderte,* "Estaría *dispuesto* a darte una buena cantidad" **2** *Bien* (o *mal*) *dispuesto* Con buena (o mala) voluntad para con alguien o hacia algo: "Tampoco se muestra particularmente *bien dispuesto* hacia sus colegas".

disputa s f Acto de disputar: "Desde aquella *disputa* no se han vuelto a ver", *la disputa por el poder, la disputa del título mundial.*

disputar v tr (Se conjuga como *amar*) **1** Pelear o competir con otro o con otros por la posesión, el control o el logro de algo: *disputar una herencia, disputar el balón, disputar el primer lugar,* "A tiros se *disputa* un caballo salvaje si más de un jinete lo persigue" **2** Discutir dos o más personas enojándose o violentándose: "La gente *disputaba* con las manos puestas sobre las coronas arrancadas a las imágenes".

distal adj m y f (*Anat*) Tratándose de una parte de un órgano o de todo el órgano, que es el más alejado de su centro, cabeza, arranque o del punto que se toma como referencia: "La porción *distal* a la obstrucción vascular se seca".

distancia s f **1** Separación que existe entre dos cosas en el espacio o en el tiempo: "Hay un kilómetro de *distancia* entre mi casa y la suya", "Cuando tengamos la suficiente *distancia* podremos juzgar el asunto" **2** *A distancia* Desde lejos: "Se aprecia mejor *a distancia*" **3** *En* o *a la distancia* En la lejanía: "Se ve un barco llegar *a la distancia*" **4** Longitud de un trayecto, un camino, una carretera, etc: "No supe qué *distancia* recorrí" **5** Diferencia que hay entre dos personas o cosas: "Hay una gran *distancia* entre Hugo, el campeón, y su hermano, el comerciante" **6** Alejamiento o desafecto entre dos personas: "La *distancia* entre Silvia y Jorge ya no tenía solución" **7** *Guardar, mantener la(s) distancia(s)* Mantener una actitud de respeto; evitar una familiaridad indebida.

distanciar v tr (Se conjuga como *amar*. Se usa generalmente como pronominal) **1** Alejar o separar una cosa de otra: "No es posible que los factores productivos se desliguen y *distancien*", "Debes *distanciarte* del problema si quieres encontrar una solución" **2** Separar afectivamente una persona de otra, hacer que disminuya la intimidad o calidez de su relación: "Aquella discusión los *distanció* mucho", "No entendía por qué sus amigos *se habían distanciado* de él".

distante adj y s m y f **1** Que está o queda a cierta distancia en el espacio o en el tiempo; en especial, que está más lejos de lo deseable o aceptable: *una estrella distante,* "El recuerdo de aquel hecho *distante* y tétrico la atormentaba" **2** Que tiene una actitud de alejamiento, desafecto o falta de apasionamiento: "La novela tiene un tono *distante*", "Sofía, *distante* y grave, callaba en el rincón".

distinción s f **1** Acto de distinguir alguna cosa de otra: *la distinción de los colores, la distinción entre lo recomendable y lo adecuado* **2** Diferencia que permite determinar el carácter propio, singular o original de una cosa en relación con otra u otras semejantes: "Hay una clara *distinción* entre el arte maya y el tolteca", **3** Reconocimiento que se hace del valor o la calidad de alguien en relación con otras personas y expresión que se hace de ello: *recibir una distinción,* "Le dieron una *distinción* al embajador por su destacada actuación", "Hay que hacer una *distinción* entre lo mexicano y lo indio", "No hay por qué hacer *distinción* entre influyentes y personas comunes: ante la ley, todos somos iguales" **4** *Sin distinción* Sin diferencia alguna, sin conceder privilegios a nadie: "Se dará servicio a todos *sin distinción*" **5** Elegancia y buenas maneras de alguien; elegancia y buen gusto de algo: *moverse con distinción, la distinción de la señora Arce, una casa llena de distinción.*

distinguido I pp de *distinguir* **II** adj **1** Que resalta por su elegancia y buen gusto o que destaca socialmente: *un ambiente distinguido, una mujer distinguida,* "Esperan a muchos invitados *distinguidos*" **2** Que sobresale o destaca en su oficio o profesión: *un médico distinguido, uno de los más distinguidos escritores mexicanos.*

distinguir v tr (Se conjuga como *subir*) **1** Percibir o ver que hace que dos o más personas o cosas no sean iguales ni lo mismo: *distinguir entre lo bueno y lo malo, distinguir entre el caballo y la mula* **2** Percibir e identificar algo a pesar de alguna dificultad, como la lejanía, el ruido, la niebla, la luz del Sol, la mezcla de sabores, etc: *distinguir la estrella polar, distinguir una voz entre la multitud, distinguir el sabor de la almendra en un guisado* **3** Hacer que dos personas o cosas tengan una característica o un rasgo particular que las haga desiguales: "Le puso un moño para *distinguirla* de su hermana gemela" **4** Hacer que algo o alguien se destaque o se note; destacarse, hacerse notar entre los elementos de su mismo género o clase: *distinguir al alumno más aplicado, distinguir con un número* **5** Mostrar aprecio, estimación o afecto especial a alguien: "El sabio médico me *distinguió* con su amistad".

distintivo 1 adj Que distingue, resalta o caracteriza algo o a alguien: *un rasgo distintivo, una virtud distintiva de las mujeres* **2** s m Señal, marca, etc, que distingue o identifica algo o a alguien, en particular el botón con alguna insignia que se usa en la solapa del saco.

distinto adj **1** Que no es igual, que no es lo mismo, que no es parecido, que tiene otras características o cualidades: "La medicina tuvo un efecto *distinto* al esperado", "Lo he intentado por *distintos* medios", "Era una mujer extraña y *distinta* a las demás" **2** Que es preciso y bien delimitado: "Una idea clara y *distinta*".

distorsionar v tr (Se conjuga como *amar*) Alterar, deformar la apariencia, imagen o significado natural o verdadero de alguna cosa; hacer que algo se perciba o se entienda de manera muy diferente a como es en realidad: *distorsionar la voz,* "Ese espejo *distorsiona* mucho las imágenes", *distorsionar la información,* "Pretenden *distorsionar* la historia para mantener sus privilegios".

distraer v tr (Se conjuga como *traer*, 7b) **1** Hacer que una persona quite su atención de aquello en lo que debe estar concentrada: "Esos conflictos *distraían* la atención de los campesinos" **2** Hacer que uno aparte el pensamiento de cosas tristes o aburridas; entretener, divertir: "Me *distrae* y me hace olvidar mi problema" **3** Hacer mal uso de los fondos de una persona o de una institución.

distraído I pp de *distraer* o *distraerse* **II 1** adj Que se distrae con facilidad, que generalmente no se da cuenta de lo que sucede a su alrededor, de lo que hace o de lo que dice: "Era muy *distraído*" **2** adv Con distracción, sin darse cuenta: "Paseaba *distraído*".

distribución s f **1** Acto de distribuir o repartir algo: *una mala distribución de la riqueza* **2** Reparto o entrega: *distribución de la leche*, *distribución del correo* **3** Arreglo o disposición que tiene o que se da a algo; forma en que algo se reparte o se extiende en una región, territorio, zona, etc: *distribución del suelo*, *distribución de la población en un país*.

distribuidor adj y s **1** Que distribuye: *una máquina distribuidora de abono* **2** Que se encarga de distribuir un producto determinado para su comercialización: *una agencia distribuidora de películas*, "Es *distribuidor* de vinos españoles" **3** s m Pieza del sistema de encendido de los automóviles, camiones, etc que dirige la corriente de alta tensión producida en la bobina a cada una de las bujías, siguiendo una secuencia determinada.

distribuir v tr (Se conjuga como *construir*, 4) **1** Dar, entregar o repartir una cosa o llevarla a donde está destinada: "El cartero *distribuye* las cartas en las mañanas", *distribuir el gas*, "El productor *distribuyó* directamente sus mercancías al público" **2** Repartir algo en partes iguales, en forma proporcional o de algún otro modo que se considere conveniente o justo: *distribuir el trabajo*, *distribuirse las ganancias* **3** Poner a cada persona o cosa en el lugar que le corresponde: "*Distribuyeron* a los invitados en las mesas del salón", "Piensan *distribuir* las nuevas fábricas fuera de los centros de población" **4** prnl Repartirse algo en cierta área extendiéndose por ella: "La sangre *se distribuye* por todo el cuerpo".

distributividad s f (*Mat*) Propiedad distributiva.

distributivo adj **1** Que se refiere a la distribución o se relaciona con ella **2** *Propiedad distributiva* (*Mat*) Propiedad de la multiplicación con respecto a la suma que consiste en que si se multiplica un número por la suma de otros dos se obtiene el mismo resultado que si se multiplica por cada uno de los sumandos y después se hace la suma, por ejemplo: $2 \times (3+4) = (2 \times 3) + (2 \times 4)$.

distrital adj m y f Que pertenece al distrito o se relaciona con él: *comité distrital*, "Presentarán el caso ante las autoridades *distritales*".

distrito s m División territorial de carácter político, administrativo, económico, judicial, etc: *Distrito Federal*, *distrito de riego*, *distrito minero*.

disturbio s m Alteración del orden, de la tranquilidad, del natural desarrollo de algo o de su buen funcionamiento: "Para evitar *disturbios* se reforzará la vigilancia en la zona", *causar disturbios*, *disturbios emocionales*.

disyuntiva 1 s f Situación en la que hay que elegir entre dos o más posibilidades: "Estoy en la *disyuntiva* de aceptar más trabajo o no poder pagar la ren-

ta", "Eligió la mejor *disyuntiva*" **2** adj y s f (*Gram*) Tratándose de oraciones, las coordinadas que manifiestan la oposición entre dos o más cosas o la necesidad de elegir entre ellas, como en *o comes o cantas* y en *trabajas o duermes* **3** adj y s f (*Gram*) Tratándose de conjunciones, las coordinantes que hacen escoger o elegir uno de dos o varios términos; la más usual en español es *o*.

disyuntivo adj Que implica o supone separación o exclusión: *argumentos disyuntivos*.

diurno adj Que pertenece al día o al tiempo en que hay luz, que se relaciona con él o que transcurre, funciona, actúa, etc en ese tiempo: *claridad diurna*, *escuela diurna*.

diversidad s f **1** Diferencia o variedad entre los elementos de un conjunto o entre los de una misma clase: *diversidad y unidad de los seres vivos*, "Hay *diversidad* de opiniones entre los miembros del grupo" **2** Abundancia de variantes o variedades de algo: "En el país existe una gran *diversidad* de climas", *diversidad biológica*.

diversificación s f Acto de diversificar alguna cosa: "Es muy importante la *diversificación* del comercio externo", *diversificación de funciones*.

diversificar v tr (Se conjuga como *amar*) **1** Dar variedad o multiplicidad a algo, hacer que varíe el número, el aspecto o las características de algo: "Se deben *diversificar* las ventas al exterior tanto de manufacturas como de bienes semielaborados", "Se mejora la calidad de información *diversificando* las fuentes de captación", *diversificar la economía* **2** Hacer que varíen o que sean distintos unos de otros los elementos de un conjunto: *diversificar los cultivos de un terreno*, "Eso permite *diversificar* la disposición de los muebles y crear varios ambientes en un mismo espacio".

diversión s f Actividad que atrae la atención para alegrar el ánimo y distraerlo de las preocupaciones o del aburrimiento; juego, espectáculo, lugar, etc que tiene esa finalidad: *una sana diversión*, "En este lugar no hay muchas *diversiones*", "Su *diversión* favorita seguía siendo el futbol", *un centro de descanso y diversión*.

diverso adj Que es distinto o diferente, que no es igual o que no es lo mismo: *palabras de origen diverso*, *temas diversos*, *personalidades muy diversas*.

divertido I pp de *divertir* o *divertirse* **II** adj **1** Que produce alegría y distracción: *un espectáculo divertido*, "Fuimos a una fiesta *divertidísima*" **2** Que es alegre y transmite buen humor: "Tengo unos amigos muy *divertidos*".

divertir v tr (Se conjuga como *sentir*, 9a) **1** Producir alegría o distracción a una persona: "El juego *divierte* a los niños", "Cómicos como Chaplin *divierten* a todo el mundo" **2** prnl Alegrarse y distraerse uno con alguna cosa, como un juego, una afición, un espectáculo, etc que atrae su atención y ánimo alejándolo del aburrimiento o de las preocupaciones y obligaciones cotidianas: "*Se divierte* con cualquier cosa", "No piensa más que en *divertirse*", "*Se divierten* haciendo enojar al profesor", *divertirse como loco* **3** (*Mil*) Llamar la atención del enemigo desde varias partes para dividir sus fuerzas.

dividendo s m **1** (*Mat*) Cantidad que, en la operación aritmética de la división, se divide entre un número llamado divisor; por ejemplo, en $10 \div 2 = 5$,

10 es el *dividendo* **2** Parte de las ganancias que recibe cada acción de una empresa: "El negocio les ha dado buenos *dividendos* a los socios".

dividir v tr (Se conjuga como *subir*) **1** Partir algo en varias partes: *dividir un pastel, dividir una cantidad* **2** Dar una parte de algo a cada quien o distribuir algo en varias partes: *dividir un premio, dividir equitativamente el trabajo,* "La obra está *dividida* en cuatro actos" **3** Marcar en algo una o varias separaciones: *dividir una hoja en cuatro* **4** Hacer que haya diferencias, desacuerdo u oposición entre dos o más personas: "*Divide* y vencerás" **5** (*Mat*) Calcular las veces que cabe una cantidad en otra o calcular en qué proporción se corresponden el divisor y el dividendo.

divinidad s f **1** Esencia o naturaleza propia de Dios o de los dioses: *la divinidad de Jesucristo* **2** Dios: "Se trata de un templo dedicado a dos *divinidades*: Huitzilopochtli y Tláloc", "¡Que la *divinidad* nos ampare!" **3** (*Coloq*) Persona o cosa que tiene o a la que se le atribuye gran belleza, hermosura u otras cualidades en grado máximo: "Mi nieto es una *divinidad*", "Le parece una *divinidad* el poema que le escribió Manuel".

divino adj **1** Que pertenece a un dios, a Dios o a los dioses, que se relaciona con él o con ellos: *el divino arquero, el fuego divino, gracia divina, Virgen agraciada / Divina María,* "En la antigüedad no había un río, un arroyo o un lago que no fuera *divino*" **2** Que tiene o se le atribuye gran belleza, hermosura u otras cualidades en grado máximo: *divinas orquídeas amarillas, divinos ojos tapatíos, mujer, mujer divina.*

divisa s f **1** Moneda extranjera, en especial la que es aceptada internacionalmente como medio de pago: "Se aumentará el turismo extranjero para captar *divisas*", *fuga de divisas,* "El marco alemán es una *divisa* fuerte" **II 1** Lema de una persona o de una agrupación o frase corta que forma parte de un emblema: "La *divisa* de la UNAM es: 'Por mi raza hablará el espíritu'" **2** Distintivo o insignia que identifica a los miembros de un grupo o señala alguna característica o cualidad de quien la porta: "Los guerreros mexicas más valerosos llevaban *divisas* con la figura de su dios protector" **3** (*Tauro*) Lazo hecho con cintas de un color determinado que se pone en la cerviz al toro que se va a lidiar como distintivo de la ganadería a la que pertenece.

divisar v tr (Se conjuga como *amar*) Ver algo o a alguien desde lejos, desde cierta altura o sin percibirlo con toda claridad: "Yo me subí a un alto pino / pa' ver si la *divisaba*... / sólo *divisé* el polvo / del coche que la llevaba", "Él la *divisa* a través de los chorros y el rocío de las fuentes".

divisibilidad s f Propiedad general de la materia por la cual los cuerpos pueden dividirse.

divisible adj m y f **1** Que puede dividirse **2** (*Mat*) Tratándose de números, que al dividirse entre otro da por resultado un número entero: "9 es *divisible* entre 3", "Los números primos sólo son *divisibles* por 1 o por sí mismos".

división s f **1** Forma o manera en que algo se reparte o se separa: *división del trabajo, división de una herencia* **2** Separación o límite que queda o se hace entre dos cosas: *división de un terreno, las divisiones políticas de un país* **3** Objeto con el que se se-

para una cosa de otra: "El local tiene tres *divisiones*" **4** Cada una de las partes que resultan de haber dividido algo: *las divisiones de un librero* **5** Cada una de las partes o secciones en que se divide una empresa, una industria o una escuela, de acuerdo con las distintas especialidades de su actividad: *división de ingeniería, división de pinturas y colorantes, división de estudios superiores* **6** (*Mil*) Unidad del ejército formada por dos o más brigadas o regimientos y otros servicios auxiliares **7** (*Dep*) Categoría en que se clasifica a un deportista o a un equipo deportivo **8** Desacuerdo, oposición o diferencia entre dos o más personas: *la división entre conservadores y liberales* **9** (*Mat*) Operación aritmética que consiste en calcular las veces que puede de caber un número llamado *divisor* en otro llamado *dividendo* o en encontrar la proporción en que ambos se corresponden.

divisor s m (*Mat*) **1** Número que divide a otro en la operación aritmética de la división; por ejemplo, en 10 ÷ 2 = 5, 2 es el *divisor* **2** *Común divisor* Número por el cual son exactamente divisibles dos o más números; por ejemplo, 3 es *común divisor* de 6, 9 y 21.

divorciado I pp de *divorciar* o *divorciarse*: "Se ha *divorciado* dos veces", "*Divorciado* ya de esas teorías" **II** adj y s Que está separado legalmente de la persona con la que estuvo casado: *una mujer divorciada,* "Vivió siempre entre *divorciados*".

divorciar v tr (Se conjuga como *amar*) **1** prnl Separarse dos personas casadas disolviendo su matrimonio: "*Nos divorciamos* después de 6 años de casados" **2** Disolver legalmente un juez el matrimonio de alguien: "Los *divorciaron* en Tijuana" **3** Separar cosas o personas que normalmente están unidas o permanecen juntas: "No se puede *divorciar* la economía de la realidad política".

divorcio s m **1** Acto de divorciar o divorciarse **2** Disolución legal del matrimonio que deja a los cónyuges en libertad de volver a casarse: *juicio de divorcio, demanda de divorcio necesario.*

divulgación s f **1** Acto de divulgar algo: *la divulgación de una teoría,* "Su música no tuvo mucha *divulgación*", "Trataron de contener la *divulgación* de las ideas revolucionarias" **2** *De divulgación* Tratándose de obras, conferencias, etc, que tiene como finalidad dar a conocer un tema determinado abordándolo de manera que pueda ser comprendido o apreciado por el público en general: *libro de divulgación científica,* "Escribe artículos de *divulgación* sobre la cultura japonesa".

divulgar v tr (Se conjuga como *amar*) **1** Hacer público un conocimiento, noticia, secreto, etc, o poner alguna cosa, particularmente de este tipo, al alcance de todos: "Lo mejor sería no *divulgar* esos informes", *divulgar la obra de un artista, divulgar una ciencia, divulgar el deporte* **2** prnl Extenderse una idea, costumbre, etc entre la mayoría de los miembros de una sociedad: "Esas ideas se *divulgan* por toda América".

dizque adv (*Coloq*) Supuestamente, según parece, según dice o según se dice, expresado con ironía o duda: "Trátalo bien, *dizque* es amigo del presidente", "*Dizque* se le aparecieron los marcianos", "Me regalaron un reloj *dizque* de oro", "Era una reunión *dizque* familiar", "*Dizque* ya vamos a salir de pobres".

do s m (*Mús*) **1** Primera y última nota de la octava tonal que, sin alteraciones ni accidentes, tiene el siguiente esquema de intervalos: tono, tono, semitono, tono, tono, tono, tono, semitono **2** Tonalidad y acorde definidos por dicha escala de notas sin alteraciones ni accidentes (*do mayor*) o por la misma escala pero con la tercera menor, es decir, donde la nota *mi* no se toca naturalmente sino medio tono más abajo (*do menor*) **3** Do de pecho Nota más aguda o la más alta que puede alcanzar naturalmente la voz de un tenor sin hacer falsete **4** En las convenciones internacionales, sonido producido por una vibración absoluta de 264 ciclos por segundo y, en los instrumentos temperados, por una de 261.62 ciclos por segundo.

dobladillo s m Doblez que se cose, hacia adentro o por el revés, en las orillas de la ropa; bastilla: "Corte la mascada y hágale su *dobladillo*", "Marque un *dobladillo* de 4 cm en el saco".

doblado I pp de *doblar* o *doblarse*: "Han *doblado* todos los manteles" **II** adj **1** Que está vigoroso y robusto: "Juan está muy *doblado*" **2** Tratándose de caballos, que es ancho, musculoso y bien conformado **3** s m (*Rural*) Golpe dado con cualquier cuerda.

doblar v tr (Se conjuga como *amar*) **1** Poner en contacto una o más partes con el resto de una misma cosa, como una tela, un papel u otro material flexible: *doblar una camisa, doblar un vestido, doblar una hoja* **2** Dar cierta curvatura a una cosa que era recta, plana o rígida: *doblar un tubo, doblar una lámina* **3** prnl Perder una cosa su rigidez o dejar de estar derecha, tensa o firme: *doblarse una varilla, doblarse una tabla*, "La rama se *dobló*" **4** Mover hacia el cuerpo, formando ángulo, la parte externa de algún miembro: *doblar la pierna, doblarse las rodillas* **5** Cambiar de dirección en cierto sentido o tomar determinado camino: *doblar a la izquierda, doblar por el callejón, doblar un cabo* **6** *Doblar las manos* o *las manitas* Darse por vencido, acceder a algo con lo que no se estaba de acuerdo: "Por fin *dobló las manos*, nos dio toda la información" **7** prnl Perder uno la capacidad o la resolución para hacer o seguir haciendo algo; ceder ante una dificultad o ante la voluntad de alguien: "Al menor problema *te doblas*" **8** *Doblar a alguien* Vencerlo, ganarle o hacerlo aceptar una cosa con la que no estaba de acuerdo: "Los *doblaron* seis carreras a cero", "Lo *dobló* a base de presionarlo" **9** Aumentar una cosa al doble, tener o hacer el doble de algo: *doblar una apuesta, doblar los precios*, "La población se *dobló* en diez años", "Le *dobla* la edad a su hija", *doblar turno* **10** prnl Poner uno mismo una mula o ficha doble en el juego del dominó **11** Sustituir la voz original de un actor en una película, generalmente para grabarla en otro idioma: *doblar al español* **12** Tomar un doble el papel de cierto actor en determinadas escenas de una película, por ejemplo en las que existe algún riesgo o se requiere una habilidad especial **13** *Doblar las campanas* Tocar las campanas en señal de duelo; tocar a muerto **14** (*Tauro*) Caer agonizante el toro que se ha lidiado.

doble adj m y f **1** Que tiene dos veces el tamaño, la cantidad o el número de algo; que se repite dos veces: *una sábana doble, un tomo doble, un café doble, doble trabajo* **2** Que está hecho o formado por dos cosas iguales: *ventana doble* **3** Que tiene o combina dos aspectos o características, que actúa de dos maneras distintas o contradictorias: *doble personalidad, agente doble* **4** *Palabra, frase*, etc de *doble sentido* La que en un contexto determinado puede interpretarse de dos modos distintos, generalmente uno recto y otro sexual **5** s m Cantidad que equivale a dos veces otra: "Diez es el *doble* de cinco", "Sus ganancias aumentaron al *doble*" **6** s m Persona tan parecida a otra que podría confundirse con ella **7** s m Persona que actúa en lugar de otra en escenas cinematográficas peligrosas o que requieren de una habilidad que el actor no tiene **8** *Juego, partido, torneo*, etc *de dobles* En algunos deportes como el tenis, aquel en el que los equipos participantes son de dos jugadores cada uno **9** adv En forma duplicada: *ver doble*.

doblegar v (Se conjuga como *amar*) **1** tr Vencer algo o a alguien que opone resistencia: "*Doblegó* el orgullo de la mujer", *doblegar al ejército enemigo* **2** prnl Dejar de oponer resistencia, rendirse ante algo o alguien: "Carlota no *se doblega* ante la adversidad".

doblez s m **1** Acto de doblar algo: "Hay circunstancias en que el *doblez* mecánico debe completarse a mano al hacer impresiones en máquinas rotativas" **2** Parte que queda doblada en alguna cosa: "El diseño se traza sobre el *doblez* de la tela" **3** Señal, borde, ángulo o curvatura que se forma en la parte que se dobla: "Se dobla por la mitad y se marca ligeramente el *doblez*".

docena s f Conjunto de doce elementos o cosas: *una docena de huevos*.

dócil adj m y f **1** Que es fácil de educar, guiar o dirigir; que acepta con facilidad las órdenes que se le dan: *una yegua dócil*, "Es un buen muchacho, *dócil* y obediente" **2** Que se puede moldear o manejar fácilmente: *cabello dócil*.

doctor s **1** Persona que tiene por profesión la medicina; médico **2** Persona que ha recibido el grado más alto que otorga una universidad: *doctor en matemáticas, doctora en filosofía*.

doctrina s f **1** Conjunto de ideas, juicios, conceptos y teorías, de enseñanzas y creencias que conforman un sistema de pensamiento elaborado por una o varias personas o que trata sobre un tema en particular: *la doctrina de Aristóteles, doctrinas marxistas, la doctrina social cristiana, comprender una doctrina*, "Lo central en las *doctrinas* de la evolución…" **2** *Cuerpo de doctrina* Conjunto orgánico de ideas **3** Criterio o posición jurídica que sienta las bases del comportamiento que el Estado debe seguir ante determinados problemas, particularmente de política exterior, o que orienta en la formulación de leyes o en el ejercicio del derecho en casos especiales: *Doctrina Estrada, Doctrina de Monroe, doctrina legal* **4** Plática que se imparte en forma regular para instruir a alguien, particularmente la que se da en la parroquia a los niños para enseñarles las bases de la fe católica: *ir a la doctrina*, "El párroco da la *doctrina* todos los sábados".

documentación s f **1** Acto de documentar o documentarse: "En el instituto se realizan labores de investigación y *documentación*" **2** Conjunto de los documentos relacionados con alguna cosa, principalmente de aquellos que permiten identificar o acreditar oficialmente algo o a alguien: "Demostró con *documentación* abundante que era el propietario del terreno", "Se falsificaban placas y *documentación* de automóviles, camiones y camionetas para 'nacionalizarlos'", "En el archivo de un colegio de misiones, la principal *documentación* está relacionada con la propagación de la fe entre los infieles".

documental 1 s m y adj m y f Película, generalmente de corta duración, en la que se tratan temas de interés científico, social, político, etc mediante el registro de situaciones tomadas directamente de la realidad y cuyo propósito principal es la información y divulgación: "Pasaron un *documental* aterrador sobre la contaminación", "Su primera obra fue una película *documental* sobre los huicholes" **2** adj m y f Que se refiere a documentos, que se relaciona con ellos o que se fundamenta en ellos: *prueba documental, investigación documental, el valor documental de un libro.*

documentar v (Se conjuga como *amar*) **1** tr Reunir y presentar los documentos necesarios para probar alguna cosa, para justificarla, acreditarla o analizarla: *documentar un asunto legal, documentar una investigación científica* **2** prnl Informarse sobre algún tema recurriendo a los textos o documentos relacionados con él: "Acudió a archivos y bibliotecas para *documentarse*".

documento s m **1** Escrito que hace constar algo, lo justifica o lo demuestra: "Hay que enseñar los *documentos* que te identifican como mexicano", *documentos legales, documento oficial* **2** Testimonio o prueba de algún acontecimiento o de cierto hecho que se quiere estudiar, analizar o demostrar: *documentos históricos, documento científico.*

dodecafonía s f (*Mús*) Sistema atonal de composición que consiste en combinar intervalos que incluyen, cada uno, las doce notas de la escala cromática en un orden determinado por el autor y con variaciones de ritmo o de octava entre uno y otro; admite también variaciones en el orden de los sonidos siempre y cuando se ajusten a determinados modelos.

dogma s m **1** Verdad que debe ser acatada sin objetarla: "Era la guerra fría y los *dogmas* y los mitos impedían la racionalidad", *un dogma social* **2** (*Relig*) Cada una de las afirmaciones que la doctrina cristiana considera verdades reveladas por Dios y en las que los fieles deben creer; conjunto de estas afirmaciones: *el dogma católico, dogma de fe* **3** Proposición teórica que dentro de una determinada doctrina o ciencia es admitida como una verdad innegable, se pueda demostrar o no: *los dogmas de la economía.*

dólar s m Unidad monetaria de Estados Unidos de América, Canadá, Australia y otros países.

dolencia s f Alteración de la salud de una persona; enfermedad, padecimiento: *diagnóstico y pronóstico de las dolencias, dolencias internas* **2** (*Popular*) Sensación de molestia en alguna parte del cuerpo; dolor: "No pude dormir de la *dolencia*".

doler v intr (Se conjuga como *mover*, 2c) **1** Producir dolor alguna parte del cuerpo a causa de una enfermedad, una herida, un golpe o algo similar: "Me *duele* el brazo", "La humedad le *dolía* en los huesos" **2** Producir algo sobre uno dolor, tristeza o pe-

na: "Me *duele* verte tan pobre", "Le *dolía* aceptar que le estaban mintiendo" **3** prnl Sentir tristeza, pena o dolor por algo que uno no ha podido hacer, arrepentirse o lamentarse de no haberlo hecho: "*Me duelo de* no haberte producido alegría", "*Se dolía de* tantos años desperdiciados".

doliente 1 adj m y f Que duele o que muestra dolor: *cuerpo doliente, tono doliente, coro doliente, queja doliente, semblante pálido y doliente* **2** s m y f Persona que padece dolor y pena por la muerte de un ser querido, en especial los parientes del difunto: "Algunos *dolientes* expresan asombro ante el horrible mausoleo" **3** s m y f Persona que padece una enfermedad o un dolor físico.

dolor s m **1** Sensación de molestia en alguna parte del cuerpo, como la que produce una enfermedad, una herida, un golpe o algo similar: *dolor de piernas, dolor de muelas, dolor de cabeza* **2** *Dolor sordo* El no muy fuerte pero persistente **3** *Dolor de caballo* El del bazo, causado por un esfuerzo o ejercicio al que no se está acostumbrado **II 1** Sentimiento de tristeza o pena: *dolor en el alma, dolor por la muerte de un familiar, dolor de madre* **2** *Dolor de corazón* o *dolor de los pecados* Entre los cristianos, arrepentimiento de los pecados cometidos.

doloroso adj Que causa dolor, físico o moral; penoso: *curaciones dolorosas, dolorosos ataques de asma, heridas dolorosas, la dolorosa derrota sufrida por el pueblo chileno.*

domador s Persona que doma animales salvajes o que trabaja con los que supuestamente lo son, como quien lo hace en un circo con fieras que ya ha domado: *un domador de caballos,* "¡Qué valiente es la *domadora* de fieras!".

domar v tr (Se conjuga como *amar*) **1** Hacer que un animal sea dócil y obedezca las órdenes que se le dan: *domar un potro, domar tigres,* "Dicen que la música *doma* a las fieras" **2** Hacer que disminuya o se aplaque la fuerza o energía de alguien o de algo: "Extraño a aquella mujer que *domó* mi pecho", "Los golpes de la vida *domaron* su carácter", "Presumía de *haber domado* a su esposa con dinero".

domesticar v tr (Se conjuga como *amar*) **1** Hacer que un animal que habitaba en estado salvaje o natural se adapte a vivir con los seres humanos: *domesticar caballos, domesticar un pájaro* **2** Hacer que un animal aprenda a ejecutar alguna habilidad; enseñarle a hacer ciertas gracias: *domesticar leones para el circo, domesticar ratones.*

doméstico adj **1** Que pertenece al hogar, se relaciona con él o presta sus servicios en una casa: *vida doméstica, animal doméstico, tareas domésticas, aparatos domésticos, empleado doméstico* **2** Que tiene lugar o efecto dentro de las fronteras del propio país; es local: *comercio doméstico, fomentar la economía doméstica.*

domicilio s m **1** Lugar en el que vive o habita una persona; dirección de este lugar: "Confiadamente le abrió las puertas de su *domicilio*", "La correspondencia se distribuye según los *domicilios* de los destinatarios" **2** *Domicilio conocido* Dato que se pone, en lugar de la dirección, en el correo dirigido a personas que viven en poblaciones pequeñas donde todos sus habitantes se conocen o donde no están establecidos los nombres para las calles **3** *A domicilio* En el lugar donde vive el interesado o en el que permanece algún tiempo, cuando se trata de entrega de mercancías o de prestación de servicios: "Se reparan aparatos eléctricos *a domicilio*", "El restaurante cuenta con reparto *a domicilio*" **4** *Domicilio (fiscal)* Lugar en el que, para fines legales, se considera establecida una empresa, un comercio, una industria o una persona que realiza actividades empresariales u otras similares; domicilio legal: "Las notificaciones fiscales deberán enviarse al *domicilio* de las personas físicas o morales", "Su *domicilio fiscal* es la casa de su suegro".

dominación s f Acto de dominar o hecho de imponerse y controlar una persona, un grupo o un gobierno a otros, generalmente ejerciendo el poder, la fuerza o la habilidad: "Fueron tres siglos de *dominación* española en México", "Mediante la *dominación* política se evaden impuestos", *la dominación cultural, rebelarse contra la dominación*.

dominante 1 adj m y f Que domina: *una mujer dominante, vientos dominantes, clase dominante, caracteres hereditarios dominantes* **2** s f (*Mús*) Quinta nota o grado de escala de un tono mayor o menor: "El movimiento juguetón del allegretto termina sobre la *dominante* de la tonalidad siguiente".

dominar v tr (Se conjuga como *amar*) **1** Imponer algo o alguien su voluntad, fuerza, capacidad, etc sobre otra cosa o sobre otra persona: *dominar a un país, dominar a un luchador, dominar la gimnasia* **2** Conocer o saber algo con profundidad: *dominar el cálculo matemático* **3** Contener o controlar con habilidad, conocimiento o fuerza algo o a alguien: *dominar un caballo, dominar a sus tropas* **4** Abarcar, principalmente con la vista, una extensión de terreno: *dominar el valle desde la montaña* **5** Sobresalir entre varias cosas o entre varios elementos de la misma clase: *dominar los volcanes el valle de Puebla*, "Miguel *domina* entre los toreros" **6** prnl Controlarse, no dejarse llevar uno por sus sentimientos, generalmente haciendo un esfuerzo: "Tuve que *dominarme* para no responder a sus insultos".

domingo s m **1** Séptimo o último día de la semana, que sigue al sábado y precede al lunes, dedicado por la mayoría de las personas al descanso y a ocupaciones personales. Para los cristianos, primer día de la semana como se observa en el calendario gregoriano: "De *domingo* a *domingo* / te vengo a ver, / ¿cuándo será *domingo* / ¡cielito lindo! / para volver?" **2** Cantidad de dinero que se da generalmente a los niños este día, para que lo gasten en cosas que les proporcionen diversión o placer: "Mi papá me debe tres *domingos*", "Luis gastó todo su *domingo* en una pelota de futbol" **3** *Salir con (un* o *su) domingo siete* Cometer un desacierto o una indiscreción, particularmente quedar embarazada fuera de matrimonio: "Tomaba pastillas para no *salir con un domingo siete*".

dominicano adj y s **1** Que es natural de la República Dominicana o Santo Domingo, que pertenece a este país hispanoamericano o se relaciona con él: *fruta dominicana, diseñadores dominicanos* **2** Dominico: "El convento de Cuilapan es de la orden *dominicana*", "El *dominicano* Fray Servando Teresa de Mier luchó por la independencia de México".

dominico adj y s Que pertenece a la orden católica de Santo Domingo o se relaciona con ella: *misioneros dominicos, una monja dominica*, "Estos 12

dominicos desembarcaron en Veracruz en junio de 1526", "Los *dominicos* tenían a su cargo el Santo Oficio".

dominio s m **1** Poder que tiene algo o alguien de imponer su voluntad, su fuerza, su capacidad, etc sobre algo o alguien: *el dominio del rey sobre su pueblo, el dominio de Inglaterra sobre el mar, el dominio de un equipo de futbol* **2** Territorio o zona sobre el cual algo o alguien impone su voluntad, su fuerza, sus condiciones de vida o de relación: *los dominios de Inglaterra en América, el dominio del hacendado* **3** Área o campo que abarca una ciencia, un arte, un trabajo o una responsabilidad: *dominio de las matemáticas, los dominios de un ministerio* **4** (*Der*) Facultad que tiene el dueño de algo para disponer libremente de su propiedad **5** Conocimiento o manejo profundos de algo: *dominio de un idioma, dominio de la técnica del violín* **6** *Dominio público* Situación a la que pasan las obras de cualquier autor al transcurrir un plazo determinado desde su publicación y que da la posibilidad de publicarlas sin pagar derecho de autor **7** *Ser algo del dominio público* Ser algo sabido o conocido por todos **8** *Dominio de sí mismo* Capacidad de alguien para controlar sus emociones, sus impulsos, sentimientos o algo similar.

don[1] s m **1** Regalo, favor o gracia: "El hada te concederá tres *dones*" **2** Capacidad natural, talento o habilidad de alguien para algo: *don de la palabra, don de mando* **3** *Don de gentes* Facilidad para relacionarse con otras personas y atraer su simpatía.

don[2] s m sing (Su femenino es *doña*) Tratamiento de respeto que se antepone al nombre propio de los hombres o a la designación afectiva que lo sustituye: *don Miguel de Cervantes, don Pepe y don Panchito*.

dona s f Pan en forma de rosca, de masa dulce, suave y esponjosa, generalmente frita en mucho aceite y cubierta de azúcar: "Se me antojaron unas *donas* con leche", *donas de chocolate*.

donar v tr (Se conjuga como *amar*) Ceder o dar alguien algo que le pertenece como ayuda o contribución: "*Donó* todos sus libros a la biblioteca pública", "Dijo que *donaría* a la Cruz Roja las ganancias del concierto".

donas s f pl Prendas de vestir y adornos que lleva una novia en su boda: "Yo quiero usar en mi casamiento las *donas* de mi abuelita".

doncella (*Liter*) **1** s y adj f Mujer virgen y joven: "Eres hermosa *doncella* / así Dios te dibujó", *ser doncella* **2** s f Sirvienta, criada: "Ruth, más que una *doncella*, era su mejor amiga".

donde adv y conj **1** El lugar o en el lugar en que; en que; en donde: "De *donde* vengo hay muchas montañas", "Por *donde* pasaba encontraba amigos", "Vive *donde* trabaja", "Lo encontré *donde* me dijiste", "La cama *donde* duermo" **2** Al lugar que o en que; adonde: "Voy *donde* mi prima Mariquita" **3** *Donde quiera* En cualquier parte o lugar, por todas partes, en todo lugar; dondequiera: "Ponlo *donde quiera*", "*Dondequiera* que estés", "*Donde quiera* que va se siente enfermo", "*Donde quiera* encuentra unos bonitos paisajes" **4** En el caso de que: "*Donde* no responda, perderá la oportunidad", "*Donde* adivine el número, se saca la lotería" **5** Ya que, puesto que: "*Donde* tú lo dices es que es cierto" **6** *De donde, por donde* Por lo que: "Notaron su nerviosismo, *de donde* dedujeron que mentía", "Salía mucho humo, *por donde* me di cuenta que había un incendio" **7** *Donde que* (*Popular*) Tanto más que: "Hace un calor insoportable, *donde que* no hay nada de sombra".

dónde adv **1** Expresa interrogación, duda o admiración acerca del lugar en que está o sucede algo: "*¿Dónde* pusiste mi abrigo?*", "¿De dónde* vendrá?", "No se *dónde* estará", "*¡Dónde* encontró sus anteojos!" **2** *A dónde* A qué parte, a qué lugar, hacia qué lugar, en qué parte, en qué lugar; adónde: "*¿A dónde* irán las golondrinas?", "*¿A dónde* me podré ir a vivir?", "No sabemos *a dónde* va" **3** Manifiesta sorpresa ante algo inesperado: "*¡Dónde* iba a imaginarme que nos traicionaría!".

dondequiera adv y conj En cualquier lugar.

doña s f **1** sing Tratamiento de respeto que se antepone al nombre propio de las mujeres o a la designación afectiva que lo sustituye: *doña Chole, doña Josefa Ortiz de Domínguez, doña Jimena* **2** (*Coloq*) Señora: "—¡Oiga, *doña*! ¿no podría regalarme un pan?", "Las *doñas* se fueron a la iglesia".

dorado I pp de *dorar* **II** adj **1** Que tiene el color y el brillo del oro: *cabello dorado, letras doradas, reflejos dorados* **2** Que está cubierto con una capa de oro: *los retablos dorados de la catedral* **3** s m Acto de cubrir con una capa de oro alguna cosa: "El *dorado* se hace luego de pulir bien la madera" **4** (*Hipo*) Tratándose de caballos, que es de color amarillo claro como el del oro pulido **III** adj Que es pleno, hermoso o el mejor, que ha alcanzado su mayor desarrollo o plenitud: *la época dorada del cine, sueño dorado, meta dorada* **IV** s m **1** (*Coryphaena hippurus*) Pez marino de aproximadamente 1.5 m de largo, de color que va de azul a verde en su parte superior, amarillo con manchas azules en los costados y blanco en el vientre. Se encuentra en aguas tropicales tanto del Pacífico como del Golfo y es muy apreciado por su carne así como, en pesca deportiva, por su gran tamaño **2** (*Selasphorus rufus*) Colibrí de color rojizo bronceado en la parte superior, con las alas verdes y pardas, la garganta de color rojo encendido y el pecho blanco. Es un ave migratoria que habita en el norte y centro del país durante el invierno **V** s m Militar que formaba parte de la escolta personal o del estado mayor de las fuerzas comandadas por el general Francisco Villa durante la Revolución Mexicana.

dorar v tr (Se conjuga como *amar*) **1** Poner al fuego un alimento hasta que su superficie adquiere el color del oro: "Primero se *dora* el pollo en manteca y luego se pone a cocer en la olla" **2** Cubrir la superficie de alguna cosa con una capa de oro: "En la carpintería de don Bonifás *doraban* marcos" **3** *Dorarle la píldora a alguien* (*Coloq*) Presentarle a alguien un asunto de manera que parezca menos malo o menos desagradable de lo que en realidad es: "Ya no me *dore* la píldora, doctor, y dígame de verdad qué tengo".

dormido I pp de *dormir* **II** adj **1** Que está en estado de reposo, sin actividad consciente y con los ojos cerrados: "El volcán parece una mujer *dormida*", "Se quedó *dormida* con el cloroformo", "Con el golpe lo dejé *dormido*", "Estaba medio *dormido* y no me enteré de nada", "Se quedó *dormido* en

clase de anatomía" **2** *Hacerse el dormido* Fingir alguien que está durmiendo: "Se *hizo el dormido* para no ir a la clase de inglés" **3** *Tener dormido alguien algo* Perder alguien la sensibilidad de alguna parte de su cuerpo: "*Tenía dormida* la encía cuando me sacaron la muela", *tener dormido el pie* **4** Que permanece tranquilo, en reposo o sin cambios: *la selva dormida, un pueblo dormido.*

dormir v intr (Modelo de conjugación 9b) **I 1** Estar en reposo, con los ojos cerrados y sin actividad consciente para descansar, normalmente durante la noche: "No *duerme* pensando que lo van a embargar", *dormir tranquilo* **2** tr Hacer que alguien entre en este estado: *dormir al niño* **3** prnl Quedarse dormido: "No *te* vayas a *dormir* en clase" **4** tr Hacer que alguien o alguna parte de su cuerpo pierda la sensibilidad: *dormir al enfermo para operarlo, dormir la boca* **5** prnl Perder momentáneamente la sensibilidad una parte del cuerpo: *dormirse la pierna* **6** prnl Descuidarse o no hacer nada frente a alguna situación: "Se *durmió* y le ganaron la carrera", *dormirse en sus laureles* **II** Bailar el trompo o girar el yoyo con tal rapidez que se mantenga en un lugar sin cabecear o desequilibrarse **III** (*Mar*) **1** Detenerse, pararse o estar torpe la aguja náutica por haber perdido fuerza la imantación **2** Detenerse o quedarse parada una embarcación en algún momento durante el balance **IV** (*Tab*) Inclinarse o desviarse una pared.

dormitar v intr Dormir con un sueño ligero, que se interrumpe por momentos.

dormitorio s m Lugar o cuarto destinado para dormir, especialmente cuando se trata de un espacio común para varias personas, como en un internado o en un cuartel: *jefes de dormitorio*, "No baja de su *dormitorio* desde que enviudó", *coche dormitorio de un tren.*

dorsal adj m y f Que se relaciona con el dorso, la espalda o el lomo, o que pertenece a ellos: *superficie dorsal, espina dorsal, posición dorsal.*

dorso s m **1** Espalda **2** Parte posterior o superior de ciertos órganos: *dorso de la mano, dorso del pie* **3** Revés de algunas cosas o parte opuesta a la que se considera principal: "El *dorso* del billete se ilustrará con la figura de Tláloc", "Escriba su dirección al *dorso* de la hoja" **4** Forma de nadar en la que el nadador da la espalda al agua y avanza hacia atrás: *prueba de dorso para damas*, "En el estilo de *dorso* hay posibilidades de una medalla".

dosis s f sing y pl **1** Cantidad de una medicina que requiere un enfermo: *dosis de una vacuna*, "Dosis: una cápsula cada ocho horas" **2** Cantidad de algo: "Te haría falta una buena *dosis* de paciencia".

dotación s f **1** Acto de dotar o de dar algo: "Hay problemas en la *dotación* de agua potable", *dotación de ejidos, dotación de mobiliario* **2** Cantidad de alguna cosa que se asigna para darla a alguien: "La *dotación* es de dos litros por persona".

dotar v tr (Se conjuga como *amar*) **1** Proporcionar a alguien algo que necesita: *dotar a los campesinos de tierras*, "Dotaron al pueblo de servicios públicos" **2** Otorgar un don o una cualidad natural: "Dios te *dotó* de una gran hermosura", "La naturaleza *dotó* a nuestro país con muchas riquezas" **3** Dar a algo una determinada característica: "Borges *dota* las palabras de una fuerza mágica".

dragaminas s m sing y pl Barco pequeño de guerra equipado para sacar minas explosivas del mar: "Los buzos de la armada, auxiliados por personal del *dragaminas*, localizaron los restos del avión".

dragón s m I **1** Animal fantástico representado como un monstruo fiero y poderoso, de cuerpo de reptil, generalmente con partes de otros animales como patas y garras de león o águila, alas de murciélago, cabeza de león o cocodrilo, y con grandes fauces por las que escupe fuego; forma parte de las mitologías de muchas culturas, como la china, la japonesa y las europeas, para las que simboliza fuerzas benéficas o dañinas: "Hércules mató un *dragón* de cien cabezas", *un dragón chino de la buena suerte, mirar al dragón pintado en la pared* **2** Reptil de distintas especies, perteneciente al orden de los saurios, de aproximadamente 20 cm de largo, que se caracteriza por tener membranas cutáneas a los costados del cuerpo que le sirven, a manera de paracaídas, para ejecutar largos saltos entre los árboles; vive en los bosques tropicales de Filipinas y Malasia **II** Soldado que combatía tanto a pie como a caballo; formaba parte de algunos ejércitos anteriores al siglo pasado, como el de la Nueva España, el español o el francés.

drama s m **1** Obra literaria escrita para ser representada teatralmente: *los personajes de un drama, poner un drama* **2** Género literario formado por estas obras: "Cultivó la novela, la poesía y, sobre todo, el *drama*" **3** Obra de teatro, cine o televisión cuyo argumento combina elementos de la tragedia y de la comedia: "Sus tragedias son mejores que sus *dramas*" **4** Género teatral o cinematográfico formado por esta clase de obras: "La investigación trata sobre la comedia y el *drama* en el cine mexicano" **5** Situación o hecho que supone penalidades o intenso sufrimiento: *el drama de los perseguidos, el drama de los niños abandonados* **6** *Hacer alguien un drama* Perder alguien la calma o tomar una actitud exagerada de sufrimiento o de enojo en relación con la dificultad o el problema que la produce: "Reprobé música y mi mamá *hizo un drama*".

dramático adj **1** Que pertenece al teatro o al drama, que se relaciona con ellos: *arte dramático, autor dramático, obras dramáticas* **2** Que produce mucho sufrimiento o es doloroso en extremo; que tiene consecuencias terribles o muy penosas: "La guerra fue una experiencia *dramática*", *la dramática situación de los exiliados, un accidente dramático* **3** Que produce mucha emoción por no tener un desenlace definido, por desarrollarse entre peligros o con muchas sorpresas: "El partido tuvo un final *dramático*", "La película estuvo *dramática*" **4** Que pierde el control de sí ante la menor adversidad; que exagera las dificultades o las penas: "No quiso decirle nada porque su padre es muy *dramático*", "No seas *dramática*, sólo se asustó".

dramaturgo s Escritor de obras dramáticas: "Óscar Liera fue uno de los más importantes *dramaturgos* mexicanos", *Shakespeare, el más grande dramaturgo de todos los tiempos*.

drástico adj Que actúa con mucha fuerza, que es sumamente enérgico o radical, que es rápido y violento: *aplicar medidas drásticas*, "La tala inmoderada ha provocado la *drástica* disminución de los bosques", *un drástico descenso de la temperatura*.

drenaje s m **1** Procedimiento, instalación o sistema que se utiliza para sacar el agua de un terreno o para eliminar aguas negras de una casa o de una ciudad: "Esos tubos se usan comúnmente para líneas subterráneas de *drenaje* y en todos los *drenajes* interiores sobre el nivel del suelo", *obras de riego y drenaje* **2** Operación que consiste en dar salida a los líquidos que hacen daño al cuerpo durante una enfermedad y medio que se emplea para ello.

drenar v tr (Se conjuga como *amar*) Hacer salir un líquido o facilitar su salida de lugares por donde no lo hace en condiciones normales: *drenar una herida, drenar un terreno, drenar un canal de navegación*.

dril s m Tela fuerte y resistente de algodón, generalmente de colores crudos, con la que se confeccionan, en especial, pantalones de hombre.

droga[1] s f **1** Sustancia que altera el sistema nervioso y que se consume sin prescripción médica por la necesidad de sentir sus efectos, particularmente la que crea adicción y cuyo uso está social o legalmente prohibido o restringido al campo de la medicina: *tráfico de drogas, campaña contra las drogas* **2** Sustancia que se emplea en medicina como medicamento: *una droga con propiedades antibacterianas, una nueva droga para el tratamiento de la diarrea*.

droga[2] s f I (*Coloq*) **1** Deuda: *una droga de diez mil pesos*, "Vive con muchas *drogas*", "Yo me vine con una *droga* de noventa mil pesos" **2** *Echarse drogas* Contraer deudas, endeudarse: "¿Para qué *te echas* tantas *drogas*?", "*Se echó* muchas *drogas* con los quince años de sus cuatas" **3** *Hacer droga* Contraer una deuda y no pagarla o dejar de pagar un préstamo: "Sí paga, pero tiene atraso por *las drogas* que le *han hecho*", "No le prestes lana porque la *hace droga*" **II** (*Hgo*) Especie de medio nudo que se hace en una cuerda, en un mecate o en algo similar.

drogadicción s f Necesidad orgánica adquirida de sentir periódicamente los efectos de una droga y de consumirla, sin que la voluntad pueda detener por sí sola este proceso: *medidas contra la drogadicción, la drogadicción entre los prisioneros*.

drupa s f (*Bot*) Fruto carnoso con una sola semilla de cubierta rugosa, como la ciruela, el capulín, el chabacano o el durazno.

dual adj m y f Que incluye o combina dos aspectos, dos características o dos situaciones distintas u opuestas: "En una sociedad *dual* coexisten un sector capitalista y uno de economía de subsistencia", "Ometéotl era un dios *dual* masculino-femenino".

dúctil adj m y f **1** Tratándose de metales, que es susceptible de ser deformado mecánicamente, en especial, de ser extendido en forma de alambres o hilos sin romperse: "El aluminio es más *dúctil* que el hierro" **2** Que puede moldearse o deformarse con facilidad: *el suave y dúctil oleaje del jardín*.

duda s f **1** Falta de decisión, determinación o seguridad con respecto a un conocimiento, un juicio, una situación, etc: "Tengo una *duda* sobre el nombre de esta planta, "Mi *duda* es si se debe ir o no", *sin duda* **2** *Poner algo en duda* Preguntar acerca de la verdad o la validez de algo o de alguien; dudar de algo: *poner en duda una noticia* **3** *Por (si) las dudas, por aquello de las dudas* Por si acaso, para estar prevenido en el caso de que algo suceda: "*Por si las dudas*, compra tu boleto de una vez".

dudar v (Se conjuga como *amar*) **1** tr Faltarle a uno la seguridad, la decisión o la determinación acerca de un conocimiento, un juicio, una situación, etc: "*Dudaba* que Juan dijera la verdad", "*Dudo* que esas medidas solucionen el problema" **2** intr Desconfiar de alguien o no creer en algo: "¿*Dudas* de la honradez de ese cacique?", "Se *duda* seriamente de la capacidad del océano para absorber los productos de desecho".

dudoso adj **1** Que es motivo de duda, que es poco probable su veracidad o que causa duda, tratándose de cosas: *dudoso valor nutritivo, muchacha de dudosa reputación, empresas de conducta dudosa*, "Esos programas están basados en *dudosas* estimaciones de costos" **2** Que siente duda, que está indeciso, que desconfía, que es incrédulo o no cree en su veracidad, tratándose de personas: "—¡Ojalá no me engañes!— sonrió la mujer *dudosa*", "No sabía qué hacer, estaba *dudoso*".

duela s f **1** Cada una de las tablas largas y angostas que se ensamblan unas con otras para formar principalmente pisos; piso construido con estas tablas: "Rompió las *duelas* con un martillo", "Van a pulir la duela de la sala" **2** Cada una de las tablas que forman las paredes curvas de los barriles.

duelo[1] s m **1** Pena o dolor causado por la muerte de alguien: *guardar un minuto de silencio en señal de duelo*, "Su muerte fue objeto de *duelo* nacional", "Dicen que no tengo *duelo*, Llorona, / porque no me ven llorar" **2** Acto en el que se reúnen los familiares y amigos de una persona que acaba de morir para dar el pésame y hacerse compañía en su pena: "El *duelo* se recibirá en la casa del difunto" **3** Luto: *llevar duelo, estar de duelo*.

duelo[2] s m **1** Combate o competencia entre dos personas o grupos para determinar cuál es mejor en algo: *duelo de campeones, duelo por el primer lugar*, "Jorge y Pedro escenificaron un *duelo* de canciones" **2** Combate entre dos personas que se han propuesto pelear, generalmente por motivos de honor y de acuerdo con ciertas reglas: *duelo a muerte, batirse en duelo, retar a duelo*.

duende s m Personaje fantástico o mítico que se supone tiene la figura de un niño o de un hombrecito pequeño y habita en ciertos lugares, como en montes o en sitios abandonados, donde hace travesuras a las personas y las asusta: "Cuenta mi abuela que de niña los *duendes* hicieron que se perdiera en el cerro", *historia de duendes*.

dueño s **1** Persona que, respecto de alguna cosa, es su propietaria: *dueño de una casa, dueña de una tienda, dueño de una posición privilegiada, la dueña de una sonrisa encantadora* **2** Persona que, respecto de alguna cosa o persona, tiene o ejerce dominio sobre ella: *dueño de su propia vida*, "Ese artista es *dueño* de un oficio sin paralelo", "Pero más bonita es / la *dueña* de mis amores", "Era *dueña* de nuestras vidas", "Pensar lo que era el matrimonio; el esposo, amo, señor y *dueño* de la mujer y de sus hijos, la esposa,..." **3** *Ser dueño de sí mismo* Tener la capacidad de dominarse y controlarse **4** *Ser dueño de hacer algo* Tener alguien la libertad de hacer algo: "No *soy dueña de salir* cuando quiero".

dueto s m **1** Conjunto, generalmente musical, formado por dos personas; dúo: *el dueto de las her-*

manas Águila, "Esa canción la cantaba el *dueto* de Lupe y Raúl" **2** Composición musical para dos voces o instrumentos; dúo: *un dueto de cámara* **3** *En dueto* Entre dos; a dúo: "La popular pareja artística va a grabar un disco *en dueto*", *cantar en dueto*.

dulce[1] **1** adj m y f Que sabe como el azúcar, la miel, el piloncillo o la panela: *fruta dulce, postre demasiado dulce* **2** s m Cosa que se come y que tiene ese sabor: *comprar dulces, dulce de leche, dulce de Celaya*, "Se venden muy bien los *dulcecitos*, los chocolatitos y así... va entrando poquito dinero" **3** s m Postre **4** *Dulce cubierto* Cada uno de los trozos de frutas, como la calabaza, el chilacayote, el acitrón o el camote, cristalizados: "Ahí venden *dulces cubiertos*" **II** adj m y f Que es amable, suave, delicado, tierno: *una dulce mujer, un viejito dulce, dulce trato, música dulce, hablar en tono muy dulce, dulces sueños*.

dulzura s f **1** Carácter, actitud o comportamiento amable, tierno, delicado, suave o placentero: "La quería por su *dulzura*", "El papá, con *dulzura*, les ayudaba con las tareas", *la dulzura de tu voz, las dulzuras del amor* **2** Cualidad de lo que es o sabe dulce: *la dulzura de la fruta*.

duna s f Cada una de las pequeñas colinas de arena que se forman a manera de olas en los desiertos y en las costas por la acción del viento.

dúo s m **1** Composición musical para dos voces o instrumentos con o sin acompañamiento: "Tocaron un *dúo* para violín y viola de Manuel M. Ponce" **2** Grupo o conjunto formado por dos personas, generalmente compuesto por dos intérpretes; dueto: *el dúo de guitarristas Castañón-Bañuelos* **3** *A dúo* Entre dos voces o instrumentos: *cantar a dúo*.

duodeno s m (*Anat*) Primera porción del intestino delgado, la cual generalmente desde el píloro, que la conecta con el estómago, hasta el yeyuno; rodea la cabeza del páncreas y recibe el jugo pancreático y la bilis.

duplicado[1] **I** pp de *duplicar* **II** s m **1** Segundo ejemplar de un documento exactamente igual al primero y con la misma validez: *el duplicado de un acta de nacimiento*, "Tuve que pedir un *duplicado* de mi licencia porque la perdí" **2** Reproducción o copia exacta de un objeto: *el duplicado de una llave* **3** *Por duplicado* En forma repetida, dos veces: "Cada tratamiento se aplica *por duplicado*", "Las facturas hay que hacerlas *por duplicado*".

duplicar v tr (Se conjuga como *amar*) **1** Aumentar una cosa al doble: "La empresa *duplicó* sus ganancias", "En menos de 15 años se *duplicó* la población de la ciudad" **2** Hacer una cosa otra vez, repetirla o reproducirla: "Hay que organizarse bien para no *duplicar* labores", "El cielo se *duplica* en el espejo de la alberca".

duque s m (Su femenino es *duquesa*) Título nobiliario de rango más alto en las monarquías y hombre que lo ostenta: *el duque de Alba, los duques de Windsor*.

duquesa s f **1** Mujer que ostenta el título nobiliario de rango más alto en las monarquías: *la duquesa de Guermantes* **2** Esposa de un duque.

duración s f **1** Tiempo en que existe, sucede o actúa alguien o algo: *la duración del universo, la duración de una canción* **2** Resistencia de algo o tiempo en que se conserva sin dañarse, acabarse o romperse: *la duración de una máquina, la duración de una pila*.

duradero adj Que dura o puede durar mucho: *bienes de consumo duraderos, efectos duraderos.*

duramadre s f (*Anat*) Membrana gruesa y fibrosa que envuelve el encéfalo y la médula espinal; es la más externa de las meninges.

duranguense adj y s m y f Que es natural de Durango, que pertenece a este estado o a su capital, la ciudad del mismo nombre, o se relaciona con ellos: *arquitectura virreinal duranguense, manantiales duranguenses.*

durangueño adj y s Duranguense.

durante prep En el curso de un tiempo determinado, en el tiempo que dura el desarrollo de algo: *durante los últimos tres meses, durante el día y durante la noche, durante el recreo, durante la comida, durante la guerra.*

durar v intr (Se conjuga como *amar*) **1** Tener algo cierta duración: *durar la vida,* "La película *duró* muy poco", "Allí *duré* seis años trabajando" **2** Resistir algo por mucho tiempo sin dañarse, acabarse o romperse: *durar un juguete,* "Le *duran* mucho los zapatos" **3** *¡Qué me dura! ¡Qué me duran!* ¡A mí qué me importa!, ¡qué fácil!: "*¡Qué me dura* lo que diga Mauricio de mí!", "¿A Juanita? Pues... ¡*qué le duran* los trabajos de su casa con 13 hijos!".

durazno s m **1** Fruto comestible, redondo, carnoso y de sabor dulce. Su color depende de la variedad de la planta de que procede: los hay amarillos con manchas rojizas, y de distintas tonalidades de verde. Tiene un hueso rugoso y ovalado con una almendra amarga en su interior **2** (*Prunus persica*) Árbol de la familia de las rosáceas que da este fruto. Mide de 3 a 5 m de altura, de tallo leñoso y corteza grisácea; es poco frondoso, con hojas ovaladas y lisas en las orillas y flores redondas de color rosa.

dureza s f **1** Propiedad de lo que es duro, difícil de romper o muy marcado y pronunciado: *la dureza del mármol, la dureza de algunas maderas, la dureza del suelo, la dureza de sus facciones* **2** Actitud o comportamiento severo, estricto o rígido; cua-

lidad de lo que es severo o duro: "Lo miró con *dureza*", "Su *dureza* es sólo aparente, en el fondo es un sentimental", *la dureza de un regaño* **3** Grado de resistencia que presentan los minerales a ser rayados, el cual se mide con una escala del 1 al 10: "El diamante es el mineral de mayor *dureza*" **4** Callo o endurecimiento en una parte de la piel: "Le salió una *dureza* en el talón" **5** *Dureza del agua* (*Quím*) Contenido de ciertas sales en el agua.

durmiente[1] s m **1** Cada uno de los maderos que se atraviesan en una vía férrea para colocar sobre ellos los rieles y evitar que se separen: "Me fui mirando todos los vagones, todas las vías, todos los *durmientes*", *fijar elásticamente el riel al durmiente* **2** Viga de madera u otro material que se pone sobre el suelo u otro lugar para que sirva de soporte o apoyo en una construcción.

durmiente[2] adj y s m y f Que duerme, generalmente por un lapso muy prolongado: *la bella durmiente.*

duro adj **1** Que es difícil de romper, de cortar, de rayar, de doblar o de mover; que no es blando o suave: *tabla dura, cama dura, pan duro* **2** Que es fuerte, severo o cruel, que actúa con rigidez o que muestra poca habilidad: *un clima duro, un diputado duro, un juez duro* **3** Que es muy marcado o pronunciado: *facciones duras, trazos duros* **4** Que cuesta trabajo o requiere mucho esfuerzo: *una profesión dura,* "La competencia resultó muy *dura*" **5** Que resiste el esfuerzo, soporta el trabajo pesado o el dolor: *raza dura, mujer dura* **6** adv Con fuerza, violentamente, con gran intensidad o firmeza: *pegar duro, correr duro* **7** *A duras penas* Con muchas dificultades y esfuerzo: *terminar el libro a duras penas* **8** *Estar (muy) duro* (*Coloq*) Ser algo muy difícil o muy poco probable: "Como están las cosas, *está muy duro* que podamos ir de vacaciones", "*Está duro* que nos aumenten el sueldo" **9** *Ser (muy) duro de pelar* (*Coloq*) Ser alguien muy difícil de tratar, ser algo muy complicado: "Su jefe *es muy duro de pelar*" **10** En Oaxaca y Durango, tacaño.

e¹ s f Sexta letra del alfabeto; representa el fonema vocal medio anterior.

e² conj Forma que toma la conjunción *y* cuando va antes de palabras que empiezan con *i* o *hi*: "Educativo e interesante", "Madre *e* hija", pero no cuando va ante diptongo: "Pasto *y* hierba".

ebanista s m y f Persona especializada en la carpintería del ébano y otras maderas finas: "Por generaciones han sido *ebanistas*".

ebanistería s f Carpintería que utiliza madera de alta calidad para elaborar muebles finos: *hojuelas de la madera de nogal, roble o caoba para ebanistería*.

ébano s m 1 (*Dyospirus ebanum*) Árbol de la familia de las ebenáceas, originario de Asia, de tronco grueso, de 10 a 12 m de altura, copa ancha, hojas alternas lanceoladas, de color verde oscuro, flores verdosas y bayas redondas y amarillentas; su madera es dura y pesada, negra en el centro y blanquecina hacia la corteza, muy apreciada en ebanistería 2 Cada uno de los árboles semejantes al anterior pertenecientes a diversas especies en distintos países 3 En México, cada uno de los árboles de varias especies, de madera dura y fácil de pulir, como la *Caesalpinia sclerocarpa*, de la familia de las leguminosas, que mide de 5 a 10 m de altura, con tronco de 30 a 70 cm de diámetro, de corteza lisa y exfoliable, de color café verdoso; follaje denso; flores amarillas en racimos. Su madera es compacta y durísima, de color oscuro, a veces casi negra: *muebles de ébano*.

ebenácea 1 s f y adj (*Bot*) Árbol o arbusto que se halla en las regiones comprendidas entre los dos trópicos y pertenece a la clase de plantas angiospermas dicotiledóneas, como el ébano. Su madera es dura y pesada, generalmente negra en el centro; sus hojas son comúnmente alternas y enteras, sus flores crecen en las uniones de las ramas y su fruto, que a veces puede ser comestible, tiene forma de óvalo o de esfera, como el zapote negro 2 s f pl (*Bot*) Familia de estas plantas.

ebrio adj y s 1 Que está borracho, que se ha embriagado tomando bebidas alcohólicas en exceso, las cuales lo han trastornado transitoriamente: *detenido por conducir ebrio*, "Tres *ebrios* disparaban sobre transeúntes en pleno centro de la ciudad" 2 Exaltado por una idea o un sentimiento al punto de no poderse contener en su expresión: *ebrio de amor*, *ebrio de pasión*.

ebullición s f 1 Acto de hervir; hervor 2 (*Fís*) Conversión rápida de un líquido en vapor por la violenta formación de burbujas a determinada temperatura 3 *Punto de ebullición* Temperatura a la cual hierve un líquido 4 Agitación política o social: "En los últimos veinte años este continente ha estado en *ebullición*".

eclesiástico 1 adj Que se relaciona con la Iglesia o que pertenece a ella: *autoridad eclesiástica, vocación eclesiástica, ceremonia eclesiástica, estudios eclesiásticos* 2 s m Persona que ha recibido las órdenes sagradas; clérigo.

eclipse s m 1 Ocultación transitoria total o parcial de un astro que ocurre cuando se interpone otro entre él y el observador o cuando pasa aquél por la sombra de un astro situado entre él y la estrella que lo ilumina, y están los tres completa o parcialmente alineados en un mismo plano: *eclipse total, eclipse anular* 2 *Eclipse de Sol* El que se produce cuando se interpone la Luna entre la Tierra y el Sol y están los tres alineados en un mismo plano 3 *Eclipse de Luna* El que se produce cuando pasa la Luna por la sombra proyectada de la Tierra y se alinea con ella en un mismo plano.

eco s m 1 Repetición de un sonido al chocar sus ondas sonoras contra una superficie sólida y regresar al lugar de la emisión con la fuerza y la tardanza suficientes para que se perciba como un sonido distinto del original, como sucede a veces en ciertas montañas, valles o plazas 2 Sonido que viene de lejos y apenas se percibe: "Hasta acá llegan los *ecos* de la batalla" 3 Difusión y aceptación que tiene algo: "Muchos pensadores no tienen *eco* en la sociedad moderna", "La campaña de Vasconcelos encontró mucho *eco* en México" 4 *Hacerse eco de algo* Repetirlo y contribuir a que se difunda: "*Se hizo eco* de sus palabras", "*Se hicieron eco* de esa ideología".

ecología s f Estudio científico de las relaciones entre los seres vivos (dónde viven exactamente y cuántos son con precisión) y su medio ambiente (físico y biótico): "La *ecología* sitúa al hombre dentro de la naturaleza".

ecológico adj Que pertenece a la ecología o se relaciona con ella: *equilibrio ecológico, sistema ecológico marino*, "El funcionamiento *ecológico* está basado en sistemas de retroalimentación".

ecólogo s Persona que se ocupa de la ecología, de definir y analizar las características de las distintas poblaciones, de sus individuos y de los factores que determinan la agrupación en comunidades.

economía s f 1 Sistema de producción, distribución y consumo de bienes y servicios de una sociedad o de un país: *la economía mexicana, una economía sana* 2 Ciencia que estudia los fenómenos relacionados con la producción, distribución y consumo de los bienes y los servicios que requiere la satisfacción de las necesidades humanas: *economía neoclásica, economía marxista, economía política* 3 Administración cuidadosa y moderada de los bienes y el dinero de una persona o de una sociedad: *cuidar la economía familiar, economía doméstica, economía municipal* 4 Reducción o ahorro de los gastos de alguien o de una sociedad: *hacer economías*, "Ha habido una gran *economía* en los gastos del colegio" **5** Eficacia, moderación y ahorro con los que se hace algo: *economía de tiempo, economía de palabras* **6** Funcionamiento eficaz y rendidor de un sistema: *economía biológica, economía de una lengua, economía informática*.

económicamente adv Desde el punto de vista económico, con respecto a la economía: *la población económicamente activa, los países más avanzados económicamente*, "No depende *económicamente* de la universidad", "Son naciones que carecen *económicamente* de todo".

económico adj **1** Que pertenece a la economía o se relaciona con ella: *sistema económico, política económica, doctrina económica* **2** Que gasta poco o que no cuesta mucho: *un motor muy económico, una renta económica*.

economista s m y f Persona que tiene por profesión la economía: *los economistas ingleses, un economista marxista*, "El presidente es *economista*".

ecosistema s m Sistema funcional constituido por un determinado medio ambiente y el conjunto de todos los organismos que viven en él y que actúan recíprocamente para su existencia: "La contaminación destruye los *ecosistemas*", *ecosistema terrestre, ecosistema marino*.

ecuación s f **1** (*Mat*) Igualdad entre dos expresiones algebraicas que contiene al menos una incógnita, como: $2x = 10$, $4y - 3 = 9$, $3x + 5y = 14$, etc **2** *Ecuación de segundo grado* Aquella en la que el mayor exponente de la incógnita es dos, como: $2x^2 = 10$, $4y^2 - 3 = 9$, $3x^2 + 5y = 14$, etc **3** *Ecuación de n grado* Aquella en la que el mayor exponente de la incógnita es *n*.

ecuador s m **1** Círculo imaginario máximo, perpendicular al eje de rotación de la Tierra, que la divide en dos partes iguales **2** (*Geom*) Paralelo de mayor radio en una superficie de revolución.

ecuatorial 1 adj m y f Que pertenece al ecuador o se relaciona con él: *zona ecuatorial, selva ecuatorial* **2** s m (*Astron*) Instrumento astronómico con el que se miden la ascensión recta y la declinación de los cuerpos celestes.

ecuatoriano adj y s Que es natural de Ecuador, que pertenece a este país hispanoamericano o se relaciona con él: *pueblo ecuatoriano, los sombreros ecuaorianos, vasijas ecuatorianas*.

eczema s m (*Med*) Inflamación de la piel, aguda o crónica, originada por diversas causas, especialmente como reacción contra agentes químicos irritantes y que presenta diversidad de lesiones, ardor y comezón, frecuentemente acompañados de fiebre o malestar: "El *eczema* de la oreja ocasionalmente se propaga desde la cara o cuero cabelludo".

echar v tr (Se conjuga como *amar*) **1** Dar impulso a algo o a alguien para que vaya de un lugar a otro o para que caiga: "Le *echó* la pelota", "Se *echó* en sus brazos", "*Echan* piedras al agua", "*Echaban* bombas a la ciudad" **2** Hacer que algo entre o caiga en el lugar apropiado: "*Echan* muchas cartas al buzón", "*Eché* gasolina al coche", "*Echa* el papel al basurero" **3** Mover rápidamente el cuerpo o una parte de él: *echar el cuerpo hacia adelante, echar la cabeza a un lado* **4** *Echarse para atrás* (*Coloq*) Arrepentirse uno o desdecirse de algo: "Aceptó ha-

cer el trabajo y luego *se echó para atrás*" **5** *Echar abajo, echar por tierra* o *echar a perder* Arruinar, deshacer o dañar algo: "*Echó abajo* el negocio", "*Echó por tierra* todos sus planes", "*Echaron a perder* el cultivo" **6** *Echarse encima algo* (*Coloq*) Tomar alguien una responsabilidad o aceptar un compromiso: "Luis *se echó encima* una deuda muy grande" **7** *Echarse encima a alguien* (*Coloq*) Motivar que alguien se oponga a uno o que se vuelva su enemigo: "El director *se echó encima* a los profesores por arbitrario" **8** *Echarse el tiempo encima* Pasar el tiempo más rápidamente de lo deseado: "*Se nos echó el tiempo encima* y los preparativos no están terminados" **9** Hacer que alguien salga de algún lugar con violencia: "*Echaron* a los borrachos de la fiesta" **10** prnl Acostarse, especialmente los animales, para descansar, y las aves para empollar sus huevos **11** Desprender algo algún objeto, dejarlo salir: "El refrigerador *echaba* chispas", *echar humo* **12** Dar una planta nuevas raíces, ramas, hojas, flores o frutos: "La violeta *echó* hojitas nuevas" **13** Poner algo a otra cosa para producir cierto resultado: *echar cemento a la pared, echar agua a la sopa* **14** *Echar(se) de ver* (*Coloq*) Notar o darse a notar algo: "*Se echa de ver* que estás feliz" **15** *Echárselas de* (*Coloq*) Presumir o hacer gala de algo: "Pepe *se las echa* de culto" **16** *Echar en cara* Hacer ver o reclamar a alguien sus errores o su responsabilidad en algo: "Le *echaron en cara* su falta de cuidado con los enfermos" **17** *Echar de menos* Extrañar, sentir la falta de algo o de alguien: "Te *eché de menos* en mi fiesta" **18** *Echar a* Hacer que algo comience a moverse o a funcionar; comenzar algo o alguien a hacer algo: *echar a andar* el motor, *echar a volar* el papalote, *echarse a reír, echarse a nadar* **19** Forma una gran cantidad de expresiones verbales, con un matiz significativo de logro o resolución de una acción: *echarse unos tragos* o *unas copas* (beber), *echarse un cigarro* (fumar), *echarse un taco* (comer algo antes de la comida formal o en lugar de ésta), *echarse unos tacos* (taquear), *echar llave* (cerrar con llave), *echar la culpa* (culpar), *echar un ojo* (mirar, cuidar o revisar), *echar un vistazo* o *una mirada* (mirar a la ligera), *echar mano de* (valerse de, usar cierto recurso o usar algo como recurso) *echar una mano* (ayudar), *echarse una siesta* o *un sueño* (dormir un poco), *echar cuentas* (calcular), *echar un sermón* (regañar), *echar rayos y centellas* (enojarse), *echar pestes* (hablar mal de alguien o de algo), *echarse un partido* (jugarlo), *echar las cartas* (leer la suerte en la baraja), *echar la sal* (atraer mala suerte) *echar la casa por la ventana* (gastar demasiado), *echar tierra a algo* (olvidar), *echarle tierra a alguien* (hablar mal de alguien), *echar tortillas* (hacerlas).

edad s f **1** Tiempo que ha vivido una persona o un animal, tiempo que ha durado algo: "A la *edad* de 7 años entró a la escuela", "Se pregunta la *edad* en meses", *la edad de la Tierra* **2** Cada uno de los periodos en que se divide la historia de la humanidad o la vida humana: *edad de piedra, edad media, edad adulta, edad madura* **3** Ser alguien de edad Haber pasado alguien la madurez y acercarse a la vejez **4** *Mayor de edad* Que ha alcanzado la edad en que se tienen obligaciones o responsabilidades legales **5** *Menor de edad* Que no ha alcanzado la edad en que se tienen obligaciones o responsabilidades legales **6** *Edad de la punzada* La pubertad y adolescencia, en la que se acentúan los problemas emocionales y de comportamiento.

edáfico adj (*Geol*) Que pertenece al suelo o está relacionado con él en lo que respecta a su composición química y a la vida de las plantas que ahí crecen: *materiales edáficos, capas edáficas*.

edafología (*Geol*) Ciencia que estudia los suelos, su morfología, composición, estructura y propiedades físicas, químicas, mineralógicas y biológicas, sus orígenes y evolución debidos a factores climáticos y biológicos.

edición s f **1** Acto de editar: "Se encargó de la *edición* del manuscrito", *la edición de un disco* **2** Conjunto de los ejemplares de un libro, periódico, revista o grabación que se imprimen de una sola vez y con el mismo molde: "Fue una *edición* de doscientos ejemplares", "La noticia apareció en la *edición* de ayer del *Diario de México*", *primera edición, segunda edición* **3** *Edición príncipe* La primera de una obra que se edita varias veces: "La *edición príncipe* del Quijote" **4** En cinematografía, selección, corte y unión de distintas escenas para dar continuidad a una película.

edicto s m (*Der*) Aviso que se hace público en el diario oficial del país o en los periódicos de mayor circulación, para dar a conocer a los interesados o afectados alguna decisión o decreto adoptados por el gobierno, un tribunal u otra autoridad.

edificación s f **1** Acto de *edificar*: *la edificación de nuevas escuelas* **2** Edificio: *edificaciones rurales, edificaciones de piedra*.

edificar v tr (Se conjuga como *amar*) **1** Hacer algo juntando u ordenando ciertos elementos o materiales de acuerdo con un plan, especialmente edificios o cualquier otra obra de albañilería; construir: *proyecto para edificar doscientas casas*, "Las catedrales góticas tardaron en *edificarse* mucho tiempo" **2** Dar ejemplo de virtud de manera que influya en el buen comportamiento de los demás; especialmente en el ámbito de lo religioso.

edificio s m **1** Construcción grande de varios pisos o de mayor extensión que una casa, en la que viven distintas familias, hay oficinas o comercios: "Cada *edificio* tiene 20 departamentos", "Los *edificios* tapan el paisaje" **2** *Edificio público* El que ocupan oficinas del gobierno.

editar v tr (Se conjuga como *amar*) **1** Hacer numerosos ejemplares de un escrito, un grabado o una grabación, con una imprenta, una prensa u otro sistema de reproducción, para venderlos o difundirlos; publicar: "El Fondo de Cultura Económica *editó* el diccionario", "En 1982 se *editó* su último disco" **2** Preparar o dirigir la publicación de una revista o libro, acompañándolo en ocasiones de notas o comentarios: "Una comisión se encarga de *editar* la revista", "*Editó* La Celestina en la colección de Clásicos Castellanos" **3** Preparar la versión final de una cinta cinematográfica seleccionando y uniendo distintas escenas obtenidas durante la filmación: "Ya terminaron de *editar* la película sobre Zapata", *editar un video* **4** (*Comp*) Modificar la información almacenada en una computadora por medio de un programa especial para hacerla más accesible o corregirla: *editar datos*.

editorial adj m y f **1** Que se relaciona con la publicación de libros o revistas: *trabajo editorial, industria editorial* **2** s f Empresa que se dedica a la publicación de libros o revistas: "El libro fue publicado por una *editorial* mexicana" **3** s m Artículo de un periódico o revista que analiza o critica algún asunto de actualidad. Aparece en un lugar especial en la publicación y por lo general no va firmado pues expresa los puntos de vista de quienes la dirigen: "El *editorial* de hoy habla de la guerra en Centroamérica" **4** Que pertenece a este tipo de artículos o se relaciona con ellos: *sección editorial, comentario editorial*.

edredón s m Cobertor de cama, acolchonado y relleno generalmente de plumas de ganso.

educación s f **1** Acción o conjunto de acciones dirigidas al desarrollo de la inteligencia, el carácter y el juicio de las personas, de acuerdo con la historia, la cultura y las necesidades de su sociedad: *la educación de la juventud* **2** Enseñanza y comportamiento de alguien de acuerdo con ciertas normas o costumbres: *buena educación, mala educación* **3** Enseñanza de ciertos hábitos a un animal **4** Desarrollo de alguna aptitud o sentido mediante la enseñanza y la práctica: *educación física, educación del gusto*.

educado I pp de *educar* o *educarse* II adj Que ha recibido una fina buena educación: *persona bien educada, su trato siempre medido y educado*.

educador adj y s Que se dedica a la educación, que pertenece o se relaciona con ella: *ser buena educadora de niños, vocación de educador*.

educadora s f Mujer especializada en la educación de niños en edad preescolar: *escuela de educadoras*.

educar v tr (Se conjuga como *amar*) **1** Desarrollar la inteligencia y formar el carácter y el juicio de una persona de acuerdo con la historia, la cultura y las necesidades de su sociedad **2** Enseñar a alguien o a un animal a comportarse de acuerdo con ciertas normas o reglas **3** Desarrollar mediante el ejercicio y la enseñanza alguna aptitud o algún sentido: *educar el gusto, educar la memoria*.

educativo adj Que pertenece a la educación o se relaciona con ella, que sirve para educar: *reforma educativa, planeación educativa, sistema educativo, centros educativos*.

efectivamente adv **1** En efecto, realmente: "*Efectivamente*, Martín López se enfrentó con los carranzas", *apuntar a una conclusión efectivamente certera*, "Allí estaban, *efectivamente*", "*Efectivamente* no se puede transigir con delincuentes" **2** De manera efectiva o eficaz: "Necesitamos un programa que controle *efectivamente* los precios", "El presidente Allende mostró que no tenía nada para contrarrestar *efectivamente* al ejército".

efectividad s f Cualidad de efectivo: *la efectividad del plan de organización, la efectividad del control interno, la efectividad de una vacuna*.

efectivo[1] adj **1** Que da resultado, que tiene el efecto de que se quiere o se espera: *un remedio efectivo, una forma efectiva de controlar los incendios* **2** Que verdaderamente se cumple o se realiza: "Hubo una *efectiva* participación del público" **3** Que está en vigor, que es válido: "Su renuncia será *efectiva* desde mañana" **4** *Hacer efectivo algo* Ponerlo en vigor, hacerlo real: *hacer efectiva la ley* **5** s m pl Soldados o policías equipados y disponibles para entrar en acción: "No pudieron enviarle más *efectivos* a tiempo".

efectivo² s m Dinero en moneda y billetes: *pagar en efectivo*, "Si paga en *efectivo* le hacemos descuento".

efecto s m **1** Resultado de una causa; estado o situación que es consecuencia de otro anterior: *efecto de una fuerza, efecto de una invasión, efecto de una medicina, efecto del viento* **2** Hacer efecto, surtir efecto Tener algo el resultado que se quería: *hacer efecto una vacuna, surtir efecto una petición* **3** *Llevar a efecto* Realizar o cumplir algo: "*Llevó a efecto* sus amenazas" **4** *Tener efecto* Realizarse o efectuarse algo: "El concurso *tendrá efecto* el lunes" **5** Impresión o influencia que algo o alguien produce o busca provocar en una persona: "No sé qué *efecto* causaron mis palabras" **6** *A efecto de, para los efectos de* Para, con objeto de: "*A efecto de* resolver el problema…" **7** *Al efecto, a tal efecto, para tal efecto* Con tal fin, con ese propósito, con esa intención: "La invitó a comer *y para tal efecto* me pidió dinero" **8** *En efecto* Así es, en verdad: "*En efecto*, mañana regresará" **9** Movimiento giratorio que se le da a una bola, a una pelota para que cambie su trayectoria o su acción sobre otra cosa: *bola con efecto*, "Le dio *efecto* a ese saque" **10** pl Objetos propios de alguien: *efectos personales*.

efectuar v tr (Se conjuga como *amar*. Se usa sólo como prnl) Hacer algo en un momento determinado o requerido, llevarlo a cabo: *efectuarse una competencia, efectuarse una boda, efectuarse un cambio*.

eficacia s f Capacidad para producir un efecto o resultado deseado: *la eficacia de una medicina, la eficacia de una ley*.

eficaz adj m y f Que es efectivo o tiene la capacidad de producir el resultado deseado: *un tratamiento eficaz para el dolor*, "El ejército es un medio *eficaz* para convencer".

eficazmente adv Con eficacia: "La libertad individual es restringida muy *eficazmente* por la fuerza de las leyes económicas", *resolver eficazmente el problema, planificar eficazmente la educación*.

eficiencia s f **1** Capacidad de producir el resultado o efecto deseado empleando la menor cantidad posible de energía, esfuerzo, dinero o tiempo: *eficiencia de un motor, eficiencia de un ingeniero* **2** Relación que existe entre la cantidad de energía, tiempo o material que se invierte para producir o hacer algo y el resultado que se obtiene: "Se logró una *eficiencia* por hombre de diez zapatos cada hora".

eficiente adj m y f Que logra un efecto o resultado, que desarrolla un trabajo en forma efectiva y con el menor desperdicio posible de energía, tiempo o material: *una secretaria eficiente, un servicio de transporte eficiente*.

eficientemente adv Con eficiencia, de manera eficiente: *satisfacer eficientemente la demanda de la energía, trabajar eficientemente*.

egipcio 1 adj y s Que pertenece a Egipto o se relaciona con él: *estudiar la antigüedad egipcia, pozos petrolíferos egipcios, templos egipcios, ejército egipcio* **2** s m Lengua del antiguo Egipto.

égloga s f (*Lit*) Composición poética de tema bucólico, en la que generalmente aparecen pastores que dialogan sobre sus amores y la vida del campo: *las églogas de Virgilio*.

ego s m **1** (*Fil*) Lo que constituye la individualidad, la personalidad de un ser humano **2** (*Psi*) Yo **3** Personalidad en la que se manifiesta el egoísmo de

manera exagerada: "Tiene un terrible *ego*; jamás se le ocurre pensar en los demás".

egoísmo s m Actitud y comportamiento del que piensa siempre en sí mismo y en sus intereses, olvidándose de los demás: "Hay una fuerte tendencia al *egoísmo*", "El *egoísmo* es propio de la infancia".

egoísta adj y s m y f Que se comporta con egoísmo: *deseos egoístas*, "El estómago es egocéntrico y *egoísta*".

egresado I pp de *egresar* **II** adj y s Que es exalumno de una escuela o un grado escolar, que ha terminado sus estudios: *egresado de las preparatorias populares, egresados de la normal, egresados de la universidad, egresados de las escuelas secundarias*.

egresar v intr (Se conjuga como *amar*) Salir una persona de una institución en la que se ha educado o en donde ha estado internada por algún tiempo: *egresar de una universidad*.

egreso s m **1** Acto de egresar de alguna institución de enseñanza: *el egreso de una academia* **2** Cantidad de dinero que se saca de una cuenta bancaria o de una partida presupuestal: *el renglón de egresos, registro de egresos*.

¡eh! interj **1** En tono exclamativo expresa o enfatiza admiración o asombro: "¡*Eh*, mire a quién me tocó encontrarme!, ¡Qué bonito, *eh*!" **2** Con tono exclamativo se emplea para llamar la atención de alguien: "¡*Eh*, niño, no te acerques a ese furgón!" **3** Con tono interrogativo se espera una respuesta afirmativa sobre algo que se ha dicho antes: "Fuerte el sol, ¿*eh*?", "De Cuernavaca, ¿*eh*?", "Es sólo un ratito, ¿*eh*?", "Muy bonito pero no le llega a Chapultepec, ¿*eh*?" **4** Con tono interrogativo se usa para reforzar una pregunta o una afirmación: "En qué piensas, ¿*eh*?", "Y para qué sirven, ¿*eh*?", "Luego vengo, ¿*eh*?".

eje s m **1** Barra que atraviesa un cuerpo y le sirve de sostén en su movimiento o de apoyo para girar: *el eje de una rueda, el eje de un trompo* **2** Recta que atraviesa una figura o un cuerpo y lo divide en dos partes iguales o simétricas: *el eje del cuerpo humano, el eje de una elipse* **3** *Eje vial* Cada una de las calles paralelas o perpendiculares entre sí que atraviesan la ciudad y funcionan como vías rápidas **4** Alianza que forman varios grupos o países para alcanzar un fin común, en especial la formada por Alemania, Italia, Japón y otras naciones durante la Segunda Guerra Mundial **5** Idea, tema o parte fundamental de algo, alrededor del cual gira todo lo demás: *el eje de la conversación, el eje de un discurso* **6** Órgano alargado de una planta, como el tallo o el tronco, del cual salen simétricamente otros órganos, como las hojas **7** (*Geom*) Recta alrededor de la cual se hace girar una figura para generar una superficie o un sólido **8** *Eje de rotación o eje de un astro* Línea recta imaginaria sobre la cual gira un cuerpo celeste; pasa por su centro y atraviesa sus polos **9** (*Geom*) Cada una de las líneas perpendiculares entre sí que sirven de referencia para ubicar un punto en el plano o en el espacio **10** *Eje de las equis* Abscisa **11** *Eje de las yes* Ordenada **12** *Partir a alguien por el eje* (*Popular*) Causarle un mal o un problema grave: "*Me partieron por el eje* cuando me robaron el coche".

ejecución s f **1** Acto de ejecutar, realizar o llevar a cabo algo: *poner un plan en ejecución* **2** Modo en que se hace o resulta algo, especialmente cuando implica arte, habilidad o dominio: *ejecución de una sonata, ejecución de un clavado* **3** Acto de matar a alguien, generalmente en cumplimiento de una sentencia: *ejecución de los traidores.*

ejecutar v tr (Se conjuga como *amar*) **1** Hacer algo en forma efectiva y completa, generalmente para cumplir un mandato: *ejecutar una orden, ejecutar un salto mortal* **2** Tocar e interpretar una pieza musical: *ejecutar una sinfonía* **3** Matar a alguien, generalmente en cumplimiento de una sentencia: *ejecutar a un prisionero.*

ejecutivo adj y s **1** Que hace algo en forma efectiva y completa: *función ejecutiva* **2** Que está encargado de realizar o de hacer cumplir órdenes, mandatos o acuerdos: *comité ejecutivo, departamento ejecutivo* **3** *Poder ejecutivo* Órgano del gobierno de un Estado encargado de ejecutar decisiones, hacer cumplir las leyes o planear la política externa. En México depende del presidente de la República y se organiza en varias secretarías para cumplir su trabajo **4** s Persona que tiene un puesto administrativo o directivo en una empresa o en una organización: "Se hizo una comida para los *ejecutivos* de ventas".

ejemplar 1 adj m y f Que sirve de ejemplo o modelo: *juez ejemplar, vida ejemplar* **2** s m Cada uno de los individuos de una raza, especie o género: *un ejemplar vacuno, un ejemplar biológico* **3** s m Cada uno de los objetos que se producen a partir de un original: *ejemplares de una novela.*

ejemplificar v tr (Se conjuga como *amar*) Aclarar, explicar o mostrar algo por medio de ejemplos: *ejemplificar el uso de una fórmula.*

ejemplo s m **1** Fenómeno, situación o caso que se propone como comprobación, explicación o demostración de algo: *dar ejemplos de una teoría, buscar un ejemplo, un libro con muchos ejemplos* **2** *Por ejemplo* Expresión que muestra o modelo de algo que se quiere enseñar o demostrar: "*Por ejemplo*, en este texto..." **3** Hecho, caso o comportamiento que se muestra o destaca para que se imite o para evitar que se repita.

ejercer v tr (Se conjuga como *comer*) **1** Producir algo o alguien un efecto sobre una persona o una cosa: *ejercer influencia, ejercer atracción* **2** Hacer actuar algo que uno tiene, llevarlo a la práctica: *ejercer un derecho, ejercer un dominio* **3** Practicar alguna actividad profesional: *ejercer la abogacía.*

ejercicio s m **1** Acto de ejercer algo: *ejercicio de la profesión, ejercicio del derecho* **2** Actividad destinada a la adquisición o desarrollo de cualidades físicas, intelectuales o morales: *ejercicios gimnásticos, ejercicios escolares* **3** Periodo, generalmente de un año, al que se refieren los resultados financieros de una empresa o un organismo público: "Fue aprobado el balance financiero correspondiente al *ejercicio* de 1995".

ejercitar v tr (Se conjuga como *amar*) **1** Practicar una actividad para mejorarla o perfeccionar una facultad; hacer que alguien practique: "*Ejercita* su profundo sentido de observación" **2** (*Der*) Hacer valer cierto derecho: "El artículo 123 fundamenta la procedencia de la acción que *ejercitó*" **3** Dedicarse al ejercicio de una profesión; ejercer: "No aprende su oficio porque ya lo sabe y lo *ejercita*" **4** Llevar a cabo: *ejercitar pequeñas venganzas.*

ejército s m **1** Conjunto de las fuerzas militares de una nación, especialmente las terrestres: *el ejército*

mexicano **2** Conjunto de soldados que se agrupan en una unidad y cumplen una misión determinada: *el ejército de Pancho Villa.*

ejidal adj m y f Que pertenece al ejido o se relaciona con él: *tierras ejidales, cooperativa ejidal, centro turístico ejidal.*

ejidatario s Persona a la que el gobierno le ha otorgado un ejido: "Una manifestación de *ejidatarios*".

ejido s m **1** Forma institucionalizada de posesión de la tierra que consiste en que el gobierno da en propiedad un terreno a un grupo de personas para que lo trabajen y obtengan los beneficios de su explotación. De acuerdo con la última modificación a la Constitución, el uso de estas tierras y su cambio de propietario deben ser supervisados y aprobados por el Estado **2** Terreno así concesionado por el gobierno, principalmente para su explotación agrícola, forestal o ganadera **3** Sociedad formada por las personas que trabajan estas tierras **4** Durante la época colonial y hasta mediados del siglo XIX, porción de tierra de uso comunal que estaba dedicada al pastoreo y que se encontraba en las afueras de las poblaciones rurales **5** En Guerrero, medida agraria que equivale a 3.24 hectáreas.

ejote s m Vaina comestible del frijol cuando está verde y tierna.

el artículo definido masculino singular **I 1** Determina el género masculino del sustantivo al que acompaña: *el pediatra, el poeta, el buró, el día, el cometa, el pollo, el informe, el rubí, el espíritu, el niño, el adolescente* **2** Precede a los sustantivos femeninos que empiezan con *a* o con *ha* cuando son tónicas: *el agua, el ave, el águila, el alma, el arma, el hada, el hacha, el haba, el habla, el hambre* **3** Determina el número singular del sustantivo al que acompaña: *el atlas, el tórax, el trabalenguas, el moisés, el judas, el pantalón, el dedo, el sur, el té, el sillón* **4** Sustantiva cualquier palabra, construcción u oración: *el bien, el chico, el decir, el ay, el casado, el sí de las niñas, el de arriba, el que mucho abarca poco aprieta* **5** Forma el grado superlativo al sustantivar adjetivos comparativos y frases adjetivas comparativas: "*El más alto* de sus hijos es *el más joven*", "Ese cuadro es *el más bonito* de la exposición", "Este coche es *el mejor* de los que conozco" **6** Precede a las oraciones de relativo o construcciones cuyo antecedente es masculino y singular: "Sacaron a un alumno, *el* que se portó mal", "De todos los libros, sólo me interesa *el* de botánica" **II 1** Indica que el objeto o la persona significado por el sustantivo es conocido del que oye o ha sido mencionado antes: "*El* maestro de quinto es buena gente", "Había un niño y una niña, *el* niño era mayor", "Había una vez un castillo. *El* castillo estaba resguardado por un dragón" **2** Indica que el sustantivo al que precede se refiere a todo el conjunto o clase de objetos significados por ese sustantivo: "*El* perro es el mejor amigo del hombre", "*El* hombre es mortal".

él pronombre masculino singular de tercera persona **1** Señala al hombre, al animal o al objeto de género masculino del que se habla: *él dijo, él ladró,* "Mi refrigerador es viejo, pero no puedo deshacerme de *él*" **2** Cumple todas las funciones del sustantivo: "*Él* me lo trajo", "Me puedo ir sin *él*", "Todo lo hago por *él*", "Se lo dije a *él*", "Voy con *él*".

elaboración s f Trabajo o proceso por medio del cual se prepara, se hace o se produce algo: *elaboración de cajas, elaboración de un plan, elaboración de una película, elaboración de mermeladas*.

elaborado I pp de *elaborar* **II** adj Que ha pasado por un proceso industrial: *productos elaborados* **III** adj Que implica mucho trabajo o cierta complejidad: *teoría bastante elaborada, sistemas muy elaborados de información*, "Pueden ir de lo más sencillo hasta lo más *elaborado*".

elaborar v tr (Se conjuga como *amar*) **1** Trabajar algún material para producir algo: "Los estudiantes *elaboraron* los cuestionarios" *elaborar sustancias químicas, elaborar grasas, elaborar ideas* **2** Transformar el organismo las sustancias para producir otras que requiere su funcionamiento: *elaborar azúcares, elaborar jugos*, "El hígado *elabora* la bilis".

elasticidad s f **1** Propiedad que tienen los cuerpos de recuperar completamente o en parte su forma y sus dimensiones iniciales después de haberse extendido, alargado, doblado o de haber soportado ciertas fuerzas: *la elasticidad del acero, la elasticidad del hule* **2** Capacidad de algo o alguien de acomodarse o adaptarse a diversas condiciones o situaciones: *la elasticidad de una regla, la elasticidad de una interpretación, la elasticidad de un gobernante*.

elástico adj **1** Que puede extenderse, alargarse o doblarse sin daño o modificación y recuperar su forma o sus dimensiones iniciales: *hilo elástico, una venda elástica, una estructura elástica* **2** s m Tejido, hilo o banda hechos de algún material que tiene esas propiedades: *poner un elástico en la manga, el elástico del calcetín* **3** Que se acomoda o ajusta a distintas condiciones: *un horario elástico, criterios elásticos*.

elección s f **1** Acto de elegir algo o a alguien; selección o nombramiento de una persona entre varias: *elección de diputados, elección de un vino, elecciones presidenciales* **2** Selección o nombramiento de una persona entre varias para que cumpla con cierta función: *elecciones presidenciales*.

elector adj y s Que elige, particularmente las personas que tienen derecho a votar en una elección: *ciudadano elector*.

electoral adj m y f Que se relaciona con las elecciones o con los electores: *distrito electoral, colegio electoral, conflictos electorales*.

electricidad s f **1** Fenómeno físico producido por el movimiento de electrones de los átomos; se manifiesta en la atracción o repulsión que aparece entre ellos, como en los relámpagos y las centellas; se suele utilizar como energía para mover máquinas, producir luz y calor, etc **2** Corriente eléctrica: "El poste estaba cargado de *electricidad*".

electricista s y adj m y f Persona que se especializa en la aplicación técnica de la electricidad, principalmente la que hace instalaciones eléctricas: *ingeniero mecánico electricista*.

eléctrico adj Que se relaciona con la electricidad o que funciona mediante ella: *corriente eléctrica, aparato eléctrico, luz eléctrica*.

electrificación s f Acto de electrificar: *planes de electrificación nacional*.

electrificar v tr (Se conjuga como *amar*) **1** Dotar de servicio de electricidad o de instalación eléctrica: "Se *ban electrificado* veinte colonias populares" **2** Cargar (algo) con electricidad: *electrificar una cerca*.

electrodo s m (*Elec*) Cada uno de los dos polos o terminales por los que pasa una corriente eléctrica, por medio de los cuales se mantiene ésta dentro de un líquido o dentro de un gas; el positivo es el que está en contacto con el generador; el negativo el que está en contacto con tierra.

electrolito s m (*Quím*) Sustancia que al disolverse (generalmente en agua) se descompone en iones y al hacerlo hace posible el flujo de la corriente eléctrica a través de la misma solución.

electromagnético adj (*Fís*) Que pertenece al conjunto de relaciones existentes entre las corrientes eléctricas y los cuerpos magnéticos o se relaciona con ellos: *teoría electromagnética, energía electromagnética, onda electromagnética*.

electrón s m Partícula elemental del átomo que tiene carga negativa.

electrónica s f Rama de la física y de la ingeniería que se encarga del estudio y la conducción de cargas eléctricas, principalmente de electrones libres, que se mueven a través del vacío, un gas o un semiconductor, y de su aplicación para generar o controlar señales eléctricas: *ingeniero en electrónica*.

electrónico adj **1** Que se relaciona con el movimiento y conducción de corrientes eléctricas principalmente de electrones libres, a través del vacío, un gas o un semiconductor, y con su aprovechamiento: *el departamento de aparatos electrónicos, dispositivo electrónico* **2** Que pertenece a la electrónica o se relaciona con ella: *un laboratorio electrónico, un experimento electrónico*.

electrostática s f (*Fís*) **1** Carga eléctrica en reposo; estática **2** Parte de la física que estudia las cargas eléctricas en reposo, sus campos y sus potenciales eléctricos.

electrostático adj Que se relaciona con la electrostática: *fuerza electrostática, inducción electrostática*.

elefante s m **1** Mamífero proboscidio, el mayor de los animales (3 m de altura, 5 de largo); se caracteriza por su nariz prolongada en forma de trompa flexible y prensil, y dos largos incisivos curvos de marfil en la mandíbula superior que salen fuera de la boca; su cabeza es pequeña, orejas grandes y colgantes, patas gruesas; su color varía del gris claro al negro; vive en manadas y cuando se domestica se emplea como animal de carga. El de África (*Loxodonta africana*) es mayor que el de Asia (*Elephas indicus*) **2** *Elefante marino* (*Mirounga angustirostris*) Mamífero que alcanza hasta 6 m de largo y 3000 kg de peso. En los machos adultos el hocico se prolonga en una trompa de aproximadamente 40 cm de largo, en cuyo extremo se abren dos orificios nasales; la trompa, reducida en los momentos de tranquilidad, se distiende hasta los 80 cm en los momentos de cólera. Se encuentra en las islas mexicanas del Pacífico **3** *Elefante blanco* Construcción, negocio o cualquier cosa que ha costado mucho, cuyo mantenimiento es también muy costoso y que no representa ninguna utilidad **4** *Memoria de elefante* La que es excelente o digna de confianza.

elegancia s f Calidad de elegante: *elegancia social e intelectual, vestirse con elegancia*.

elegante adj m y f **1** Que es distinguido, que destaca por su sencillez, su gracia y su buen gusto, especialmente en el vestir: *una sociedad elegante, un hombre alto y elegante, un elegante vestido* **2** Que muestra ingenio, habilidad y buena educación: "De la manera más *elegante* la corrió de su propia casa".

elegía s f Composición poética del género lírico que generalmente expresa sentimientos de tristeza o melancolía por la muerte de alguien, por la pérdida de un amor o por cualquier otro acontecimiento lamentable. En español no tiene una forma particular. En la literatura griega y latina se componía de un hexámetro y un pentámetro, pero el tema era libre: "La clásica *elegía* de Jorge Manrique".

elegir v tr (Se conjuga como *medir*, 3a) Escoger o designar a una persona o una cosa entre otras para un cierto fin: *elegir presidente, elegir una carrera.*

elemental adj m y f **1** Que es lo mínimo que se puede pedir sobre algo, que es básico o esencial para el desarrollo posterior de un conjunto: *educación pública a nivel elemental, la carencia de los más elementales servicios, cubrir las exigencias mínimas de sus necesidades más elementales* **2** Que es sencillo o fácil de comprender: "Carece de los conocimientos más *elementales*".

elemento s m **1** Cada una de las partes que componen o forman algo, que constituyen un conjunto o en las que se puede separar o analizar algo **2** Cada una de las materias químicas más simples que constituyen las sustancias, como el carbono, el hidrógeno, el oxígeno, el fierro, etc **3** Cada una de las sustancias o partes que, según los antiguos, formaban el mundo, como el aire, la tierra, el agua y el fuego **4** Lugar o medio en el que vive y se desarrolla un ser viviente: *estar un pez en su elemento* **5** Dato, información, medio o recurso acerca de algo: *elementos de lingüística, elementos de física, tener elementos para opinar, elementos económicos.*

elevación s f **1** Acto de elevar o elevarse algo o alguien: *la elevación del globo* **2** Aumento de la intensidad, el tamaño, el volumen, la cantidad o el precio de algo: *elevación de tarifas, elevación de salarios* **3** Parte más alta de un terreno **4** Momento de la misa católica en que el sacerdote levanta la hostia y el cáliz **5** Situación de algo o alguien después de haberle dado una categoría o nivel superior al que tenía: *elevación a artículo constitucional.*

elevado I pp de *elevar* o *elevarse* **II** adj **1** Que alcanza una altura considerable, que tiene gran importancia: *un cerro elevado, un elevado cargo jerárquico* **2** Que es grande o numeroso, que tiene algo en gran cantidad: *un elevado número de millones, un poder de difusión muy elevado, un porcentaje muy elevado, un elevado índice de mortalidad, elevado valor poético* **3** Que es costoso, que tiene un precio o un valor alto: *un precio muy elevado, "Su elevado costo nos impidió comprarla"* **4** adj Que posee grandeza de sentimientos o ideas, que es bueno o valioso: *sentimientos elevados.*

elevador s m Aparato que consiste en una cabina que sube o baja de un piso a otro en un edificio y que sirve para transportar personas o cosas: *bajar por el elevador, el botón del elevador, "En caso de temblor no use los elevadores".*

elevar v tr (Se conjuga como *amar*) **1** Hacer que algo se levante o tome mayor altura: *elevar un papalote, elevar un avión* **2** Hacer que aumente la intensidad, el volumen, la cantidad, el precio, etc de algo: *elevar salarios, elevar el nivel de vida* **3** Dirigir un escrito a una autoridad: *elevar una protesta*

al presidente **4** prnl Encontrarse en algún lugar algo muy alto, como un edificio, una montaña, etc o alcanzar una determinada altura: "En esta avenida *se eleva* un rascacielos" **5** *Elevar un número a una potencia* (*Mat*) Multiplicar un número por sí mismo, repitiéndolo como factor tantas veces como indique su exponente: "El 16 es el resultado de *elevar* 2 a la cuarta potencia".

eliminación s f **1** Acto de eliminar algo o a alguien: *eliminación de un virus, eliminación de un ejército* **2** *Por eliminación* Desechando uno a uno elementos o posibilidades: "Encontré la respuesta por pura *eliminación*".

eliminar v tr (Se conjuga como *amar*) **1** Hacer que algo desaparezca o se quite por completo: *eliminar la basura, eliminar plagas* **2** Desechar el organismo lo que ya no le sirve o le hace daño: *eliminar sal, eliminar un veneno* **3** Derrotar, vencer o matar a alguien: *eliminar al enemigo* **4** (*Mat*) Hacer desaparecer una incógnita en una ecuación.

eliminatoria s f Selección de los mejores y exclusión de los demás en un concurso o una competencia: *la eliminatoria final, hacer una eliminatoria.*

eliminatorio adj Que elimina o sirve para eliminar: *primera vuelta eliminatoria, serie eliminatoria.*

elipse s f (*Geom*) Curva plana y cerrada en la que es constante la suma de las distancias de cualquiera de sus puntos a dos puntos fijos situados en su interior llamados focos, e igual a la longitud de su eje mayor. Resulta de cortar un cono en un plano oblicuo a su eje y su forma es la de un círculo achatado.

elipsis s f sing y pl (*Gram*) Eliminación u omisión de palabras, que se sobreentienden por el contexto o la situación en una oración o discurso, por ejemplo en "Compró su boleto y el mío" hay *elipsis* de *boleto*; en "La hija mayor se llama Mónica y la menor, Marcela" hay *elipsis* de *hija* y *se llama*; en "Compré un libro" hay *elipsis* de *yo*.

elíptico adj Que tiene la forma de una elipse; que se relaciona con esa figura: *una órbita elíptica, un techo elíptico.*

elocuencia s f **1** Facultad de hablar o escribir en forma convincente, clara y precisa **2** Fuerza expresiva de otros medios de comunicación: *elocuencia visual.*

elocuente adj m y f Que habla o escribe con elocuencia o que es expresivo en sí mismo: *las elocuentes palabras sobre la crisis, los hechos son más elocuentes que las palabras, elocuente fervorín, testimonio elocuente.*

elogiar v tr (Se conjuga como *amar*) Expresar elogios o alabanzas a alguien o algo: "*Elogió* la producción de los editores mexicanos".

elogio s m Alabanza de las cualidades o méritos de algo o alguien: "El Güero colmó de *elogios* a Demetrio", *hacer elogios a la fecundidad genial del autor, dignos de los mejores elogios.*

elote s m **1** Mazorca tierna del maíz: "Si sembramos en diciembre, ya para fines de abril tenemos *elotes*", *cortar el elote* **2** Granos de esta mazorca, cuando se cocinan: *crema de elote, torta de elote, calabacitas con elote.*

eludir v tr (Se conjuga como *subir*) Evitar una responsabilidad, una dificultad o el contacto con algo o alguien; no enfrentarlos: "El sector patronal *elude* el pago del salario mínimo", *eludir el control, eludir las responsabilidades, eludir el problema.*

ella pronombre femenino singular de tercera persona. Señala a la mujer, al animal o al objeto de género femenino del que se habla: *ella ama, ella come, ella fue*. Cumple todas las funciones del sustantivo: *"Ella me ayudó", "Miró hacia ella", "Vine con ella", "Se lo di a ella"*.

ellas pronombre femenino plural de tercera persona. Señala a las mujeres y a los animales de género femenino de los que se habla: *ellas brincan, ellas aman, ellas tienen*. Cumple todas las funciones del sustantivo: *"Ellas miran al cielo" "No puedo vivir sin ellas", "Lléveselo a ellas"*.

ello pronombre neutro singular de tercera persona. Indica una acción o un estado y puede por eso sustituir no sólo al sustantivo sino a toda una oración, sea de sujeto o sea de cualquier complemento, excepto al directo: "Quiero ir a la feria, pero para *ello* necesito pedir permiso", "Los alumnos no pueden fumar en clase; *ello* no significa que los maestros tampoco puedan" "Canta muy bien, a *ello* hay que agregar que es un buen compositor".

ellos pronombre masculino plural de tercera persona. Señala a los hombres solos, a hombres y mujeres juntos y a animales de género masculino, o masculino y femenino, de los que se habla: *ellos saben, ellos corren, ellos sirven*. Cumple todas las funciones del sustantivo: *"Ellos lo hicieron", "¿Puedo jugar con ellos?", "Dárselos a ellos"*.

emanación s f **1** Acto de emanar **2** (*Geol*) Emisión de vapores calientes de los suelos volcánicos de las aguas termales que adopta diversas formas, como géiser o fumarola **3** pl (*Quím*) Gases inertes y radiactivos, del rodón y sus isótopos, que resultan de la desintegración del radio u otro elemento.

emanar v intr (Se conjuga como *amar*) Desprenderse de los cuerpos una luz, un olor o una sustancia volátil: "Los rayos de luz *emanan* de los astros".

emancipación s f Acto de emancipar o de emanciparse: *la emancipación americana, la emancipación de los hijos*.

emancipar v tr (Se conjuga como *amar*) Dejar libre a alguien de la patria potestad, de la dependencia o de la servidumbre: *emanciparse las mujeres, emanciparse de los padres, emancipar a un país*.

embajada s f **1** Representación diplomática del gobierno de un Estado o país en otro extranjero y personas que la forman: *la embajada de México en París, la embajada canadiense en México* **2** Casa, edificio u oficinas en donde se ejerce esa representación: *ir a la embajada argentina, visitar una embajada* **3** Mensaje que envía una persona a otra mediante alguien que la represente y lo comunique: *enviar una embajada*, "Villa recibió una *embajada* de Zapata".

embajador s **1** Persona que representa oficialmente al gobierno de su país ante un gobierno extranjero o un organismo internacional: *el embajador mexicano en Cuba, los embajadores latinoamericanos ante la ONU* **2** Persona que representa a otra y lleva un mensaje de ésta a una tercera: *un embajador personal de Wilson, enviar un embajador, embajadora de turismo*.

embalaje s m **1** Acto de embalar algo: *el embalaje de las refacciones* **2** Caja o envoltura con que se protege un artículo para su transportación: "Los focos vienen en *embalajes* especiales".

embalar[1] v tr (Se conjuga como *amar*) **1** Poner objetos o mercancías dentro de cajas apropiadas o en envolturas seguras que los protejan durante su transporte: *embalar vajillas, embalar motores* **2** prnl Atascarse una bala en el cañón de un arma de fuego, impidiendo su funcionamiento: *embalarse un rifle*.

embalar[2] v intr (Se conjuga como *amar*) Tomar gran velocidad e impulso una a un objeto que se mueve, y resultarle difícil detenerse: "*Se embaló* la bobina y no podía pararla".

embalse s m Depósito de las aguas de un río o de una cuenca, que por lo general se forma al final de un valle o de una hondonada, para aprovechar el agua en el riego.

embarazar v (Se conjuga como *amar*) **1** prnl Producirse en una mujer o en una hembra la fecundación del óvulo, iniciarse en ella la gestación de un nuevo ser: "*Se embarazó* por primera vez a los 20 años", "Si no quiere *embarazarse…*", "Tardó mucho en *embarazarse*" **2** tr Hacer que una mujer o una hembra conciba un nuevo ser: "*Embarazó* a su esposa después de cuatro años de casados".

embarazo s m **1** Estado en que se encuentra la mujer o la hembra que ha concebido un nuevo ser y que lo lleva en su interior: "Una prueba para diagnosticar el *embarazo*", *los problemas del embarazo* **2** Sensación de vergüenza o de incomodidad que no se puede disimular y que hace que uno pierda la naturalidad de su comportamiento: "Con visible *embarazo* se disculpó y se fue", "Llena de *embarazo* les dio la noticia".

embarcación s f Vehículo de cualquier tamaño que flota y se desliza por el agua impulsado por el viento, por remos o por un motor: *una embarcación pesquera, renta de embarcaciones*.

embarcar v tr (Se conjuga como *amar*) **1** Subir algo o a alguien en un vehículo, particularmente en una embarcación, con el fin de transportarlo: "*Embarcaron* la fruta para enviarla al extranjero", "Se *embarca* en Veracruz rumbo a España" **2** (*Coloq*) Comprometer a alguien para que participe en una empresa, asunto o negocio arriesgado o molesto, generalmente sin su consentimiento: "Me *embarcó* en el negocio de las telas", "La *embarcó* para que organizara la fiesta", "*Se embarcó* en la compra de un coche nuevo".

embargar[1] v tr (Se conjuga como *amar*) Apoderarse de alguien un sentimiento o una emoción: "Acababa de comprender el dolor que lo *embargaba*".

embargar[2] v tr (Se conjuga como *amar*) Retener bienes a una persona para obligarla a pagar sus deudas, generalmente la autoridad correspondiente y después de un juicio: "Le *embargaron* todos sus muebles y los pusieron a remate".

embargo[1] *Sin embargo* No obstante, sin que impida algo, a pesar de que: "Me han hablado mucho de él, *sin embargo* no lo conozco", "Me saludó, *sin embargo* está enojado conmigo".

embargo[2] s m **1** Acto de embargar los bienes de alguien: *una orden de embargo* **2** Prohibición que hace un gobierno de comerciar con otro: *embargo del atún, embargo de aviones*.

embestida s f Acto de embestir: *brusca embestida*, "Aprovechó la *embestida* para darle un pase", *las embestidas del boxeador, las embestidas de la insurrección popular*.

embestir v tr (Se conjuga como *medir*, 3a) **1** Lanzarse con fuerza contra algo o alguien, especialmente acometer el toro a algún objeto: "Los toros no *embestían* ni hacían daño a los caballos" **2** Acercarse con impertinencia o con violencia a alguien para pedirle algo.

embolia s f (*Med*) Obstrucción de un vaso sanguíneo, generalmente una arteria, por un émbolo introducido a la corriente sanguínea o arrastrado por ella.

émbolo s m **1** (*Ing*) Pieza cilíndrica de metal, que se mueve en sentido alternativo en un cilindro, sea bajo la presión de un líquido, como en ciertos motores, o inversamente, para desplazar o comprimir un fluido, como en las bombas o compresores **2** (*Med*) Coágulo, burbuja de aire, gota de grasa, masa de bacilos o de parásitos, o cualquier cuerpo extraño que al ser transportado por la corriente sanguínea obstruye un vaso y ocasiona una embolia.

emborrachar v (Se conjuga como *amar*) **1** prnl Tomar alcohol en exceso hasta trastornar temporalmente los sentidos: "Usted quiere que me *emborrache*", "Aguardiente no les pido / porque ya me *emborraché*", "*Se emborrachaba* y luego echaba balazos", "Me pega cuando *se emborracha*" **2** tr Hacer que alguien tome alcohol en exceso hasta que se le trastornen temporalmente los sentidos: "Lo *emborrachó* para robarle el coche" **3** prnl Aturdirse o marearse por exceso de ruido, de movimiento o por algún olor intenso.

embriagar v tr (Se conjuga como *amar*. Generalmente se usa como pronominal) **1** Causar embriaguez, emborrachar o emborracharse: "Los *embriaga*, los droga y los estafa" **2** Perder el dominio de sí mismo por una gran alegría, un gran placer u otra emoción intensa: "Lo *embriagó* el triunfo".

embrión s m **1** Organismo animal en su primera etapa de desarrolló, que va desde el momento de la fecundación hasta que adquiere las características propias de los individuos de su especie; en el ser humano comprende los tres primeros meses de gestación **2** Organismo vegetal en su primera etapa de desarrollo; generalmente consiste en una pequeña planta rudimentaria contenida en la semilla **3** Principio aún no definido de alguna cosa, primera fase o etapa en su desarrollo: "Esas ideas formaron el *embrión* de una nueva teoría" **4** En embrión En proyecto, en estado de formación, sin haberse definido o logrado su desarrollo: "Esas creencias las encontramos en *embrión* en la cultura maya".

embudo s m **1** Cono usado con la parte ancha hacia arriba y con el vértice prolongado por un tubo, de vidrio, porcelana, plástico o metal, que se utiliza para transvasar líquidos o filtrar precipitados **2** (*Geol*) Depresión cerrada, de forma cónica, que se forma al desmoronarse las paredes de una sima cuando éstas son fácilmente solubles (sal y yeso) **3** Cualquier cosa que tiene o toma la forma cónica.

emergencia[1] s f **1** Acontecimiento o situación imprevista y peligrosa, grave o dañina: *en caso de emergencia, emergencia nacional* **2** De emergencia Destinado o reservado para casos de peligro o de urgencia: *salida de emergencia, servicio de emergencia, sala de emergencias*.

emergencia[2] s f **1** Acto de cobrar importancia, desarrollarse o hacerse notable algo o alguien: *la emergencia de los países del Tercer Mundo* **2** Acto de

salir a la superficie o de hacerse visible algo o alguien: *la emergencia de un submarino*.

emerger v intr (Se conjuga como *comer*) **1** Salir a la superficie o hacerse visible algo que estaba oculto: "Los buzos *emergieron* en la orilla", "La estrella *emergió* detrás del planeta", "Del árbol *emergieron* cientos de avispas" **2** Hacerse notable, desarrollarse o cobrar importancia algo o alguien: "Las economías petroleras *emergieron* con el auge industrial", "El gran cantante mexicano *emergió* del anonimato a la fama".

emigración s f **1** Acto de emigrar: *la emigración de las mariposas monarca, emigración campesina, la emigración nahua* **2** Emigración golondrina La de trabajadores que sólo van a realizar ciertas tareas por un tiempo a otro país u otra región y luego regresan a su lugar de origen.

emigrante adj y s m y f Que abandona su lugar de origen o el lugar en que vive para establecerse temporal o definitivamente en otro: *emigrantes españoles, trabajadores emigrantes*.

emigrar v intr (Se conjuga como *amar*) **1** Dejar una persona su país o lugar de origen para establecerse en otro: "Muchos campesinos han *emigrado* a las ciudades en busca de ocupación", "Muchos argentinos *emigraron* a México por motivos políticos" **2** Ir de una región a otra alguna especie animal para protegerse del clima, buscar alimento o reproducirse en buenas condiciones.

eminencia s f **1** Persona que es notable por sus conocimientos en cierta profesión o materia: *una eminencia en oftalmología* **2** Título honorífico que se da a los cardenales u otros miembros de la alta jerarquía de la Iglesia católica: *su eminencia, el cardenal Richelieu* **3** Eminencia gris Persona que no tiene ninguna cualidad sobresaliente **4** Elevación del terreno: "El Pico de Bernal es una *eminencia* notable de Querétaro".

eminente adj m y f Tratándose de personas, que es importante o notable en cierta materia o profesión: *el eminente virtuoso del cello Anton Janigro, el eminente químico sueco Scheel, eminente médico traumatológico, la eminente antropóloga Margaret Mead*.

eminentemente adv En muy alto grado; esencialmente: *una forma eminentemente política, el carácter eminentemente social de la reforma, eminentemente agrarista*.

emisión s f **1** Acto de emitir: *emisión de partículas, emisión de rayos ultravioletas, emisión de un sonido, la emisión de una serie televisiva* **2** Conjunto de documentos, monedas, etc que se producen o acuñan y se ponen en circulación al mismo tiempo: "Sacarán una nueva *emisión* de billetes de $100" **3** Programa o conjunto de programas que se transmite a una hora o en un día por radio o televisión: "La *emisión* del sábado tuvo muchas críticas" **4** (*Ling*) Conjunto de sonidos o signos lingüísticos que se producen de una sola vez.

emisor adj y s **1** Que emite algo: *emisor de rayos luminosos, países emisores de monedas, emisores del oxígeno* **2** En la comunicación, el que produce o emite un mensaje de acuerdo con las reglas de un código determinado **3** s m (*Elect*) Aparato que produce oscilaciones eléctricas cuya energía se irradia a distancia en forma de ondas electromagnéticas que pueden transmitir mensajes telegráficos, sonidos e imágenes.

emisora s f Estación que transmite señales de radio o televisión: *emisora cultural, emisora capitalina.*

emitir v tr (Se conjuga como *subir*) **1** Lanzar un cuerpo una señal o un impulso en alguna dirección o en todas las direcciones: *emitir luz, emitir rayos, emitir ondas de radio* **2** Producir y poner en circulación billetes, monedas, otros documentos financieros y timbres: *emitir nuevos billetes, emitir bonos, emitir acciones* **3** Dar a conocer públicamente algún juicio o alguna opinión: *emitir una declaración, emitir un dictamen, emitir un fallo.*

emoción s f **1** Reacción del ánimo ante ciertos acontecimientos, situaciones o experiencias; implica la acción de mecanismos psicológicos y supone determinadas alteraciones fisiológicas: *controlar las emociones*, "Estudia la *emoción* en los enfermos mentales" **2** Cada uno de los sentimientos o de las modalidades con que se expresa esta reacción, como la ira, la tristeza, la alegría, la ternura, etc **3** Sentimiento intenso, particularmente de alegría o de expectación que domina el estado de ánimo de una persona: "¡Que *emoción*, mañana terminan las clases!", "Cuando al fin vio su tierra se llenó de *emoción*", *la emoción de viajar*, "La película es de mucha *emoción*" **4** *Hacerla de emoción* Crear expectación antes de resolver o de emprender alguna cosa: "La hicieron de *emoción* antes de nombrar al ganador", "Con los sueldos siempre la hacen de *emoción*".

emocionado I pp de *emocionar* o *emocionarse* II adj Que se encuentra bajo los efectos de una emoción: "Al ejecutarse el 'Aleluya' *emocionado*, se puso de pie", "Se mostró *emocionada* con las atenciones de sus compañeras".

emocional adj m y f Que pertenece a las emociones o se relaciona con ellas: *problemas de tipo emocional, tensión emocional, choque emocional.*

emocionante adj m y f Que emociona o causa emoción: "Una de las excursiones más *emocionantes* para los alpinistas mexicanos es el descenso al cráter del Popocatépetl", "*La trinchera* de Orozco es una obra conmovedora y *emocionante*".

emocionar v (Se conjuga como *amar*) **1** prnl Sentir uno emoción: "Nos *emocionamos* tanto que lloramos", "Se *emocionaron* al despedirse de sus hijos" **2** tr Producir emoción: "Los actores *emocionaron* al público", "La Navidad *emociona* a los niños".

emotivo adj Que está cargado o lleno de emoción, que provoca emoción: *la participación emotiva del lector, memoria emotiva, emotivas canciones,* "Un *emotivo* final de la fiesta con 'Las golondrinas' para despedir a los niños".

empacar v tr (Se conjuga como *amar*) **1** Meter alguna cosa en cajas, bultos o maletas para guardarla o transportarla, o colocar alguna mercancía en latas o paquetes para que se conserve en buen estado y se pueda distribuir o comerciar: *empacar la ropa,* "Estamos *empacando* para mudarnos", "Estos materiales se usan para *empacar* maquinaria pesada" **2** (*Popular*) Hartarse de comida o comer en exceso: "*Se empacó* la fruta de toda la semana".

empanada s f Masa de pan rellena de diversos guisos, cocida al horno o frita, generalmente en forma de media luna: *empanadas de atún, empanadas de carne, empanadas de manzana.*

empañar v tr (Se conjuga como *amar*) **1** Quitar claridad o brillo a objetos por naturaleza transparentes

o brillantes: "Las lágrimas le *empañaron* los ojos", "Los ojos se le *empañaron* por el llanto", "El vapor *empañó* los vidrios **2** Quitar méritos o prestigio a alguien; disminuir la calidad de alguien o la intensidad de una situación: "En nada *empañan* la figura de Pablo Neruda", "*Empaña* tu dicha con su temperamento violento y caprichoso".

empapar v tr (Se conjuga como *amar*) **1** Hacer que algo o alguien quede cubierto de agua, hacer que algo se impregne de agua u otro líquido: "El sudor le *empapaba* las axilas", *empapar un trapo con gasolina,* "*Empapa* un algodón en alcohol" **2** prnl Cubrirse de agua o de otro líquido alguien o impregnarse un objeto de agua o cualquier otro líquido: "Cayó un aguacero y *me empapé*", "Con el aguacero *se empapó* toda la ropa que estaba tendida" **3** prnl Enterarse bien de un asunto o estudio: *empaparse en la computación.*

empaque s m **1** Acto de empacar algo: *empaque de las mercancías, empaque de fruta, empaque de papelería* **2** Material con el cual se envuelve y se protege debidamente un producto para transportarlo, almacenarlo o manejarlo: *empaque de plástico,* "Se rompió el *empaque* de la carne y se echó a perder" **3** Pieza de hule, plástico o corcho que se coloca entre dos partes o piezas de un aparato, instalación o máquina, y cuya función es ajustarlas herméticamente para evitar el escape de líquidos, vapor, etc: *el empaque de la licuadora, el empaque de la llave.*

emparejar v tr (Se conjuga como *amar*) **1** Hacer que dos o más cosas queden iguales; aplanar una superficie de modo que quede plana y sin bordos: *emparejar el terreno* **2** prnl Alcanzar a alguien o llegar junto a alguien o algo: "*Me emparejé* con su coche y lo saludé" **3** prnl Ponerse al nivel de alguien más avanzado en un estudio o trabajo: "*Me emparejé* con él en matemáticas" **4** prnl (*Coloq*) Hacer o formar pareja con alguien o algo: "*Se emparejó* con una francesa" **5** prnl (*Coloq*) Procurarse por medios poco lícitos algo que hace falta para completar lo que se considera necesario: "Si salen a mano con los costos, *se emparejan* reduciendo el salario de los peones".

empatar v tr (Se conjuga como *amar*) **1** Igualar al adversario en un deporte o en una votación, no perder ni ganar, obtener el mismo número de votos o de tantos a favor que su contrincante: "El Guadalajara *empató* a dos tantos con el Puebla", "El Guadalajara se dejó *empatar* por el León a dos goles", "El América *empató* con el Guadalajara", "El Guadalajara siempre *empata*" **2** Poner juntos al mismo nivel; juntar o unir: *empatar los cables.*

empate s m Acto de empatar: "Terminó el primer tiempo con *empate* a dos goles".

empedrado adj I **1** Que está pavimentado con piedras: "Las mulas partieron al trote por el camino *empedrado*", *una calle empedrada de San Ángel* **2** s m Pavimento de piedras: "El *empedrado* de las primeras calles" II s m (*Rural*) Gordita redonda de masa de maíz a la que se mezcla manteca y anís; se le incrustan arvejones tostados enteros III **1** En Oaxaca, tratándose del cielo, que está cubierto de nubes pequeñas que se tocan unas con otras; se cree que indica que va a temblar o a granizar **2** Tratándose de gallos de pelea, que es de color pardo **3** Tratándose de gallinas, que están manchadas.

empeine s m **I** Parte superior del pie, desde su unión con la pierna hasta el principio de los dedos: *tener alto el empeine* **II** En Oaxaca, enfermedad de la piel que la pone áspera y de color rojo, y que causa comezón; jiote, impétigo.

empeñar v tr (Se conjuga como *amar*) **1** Dejar en prenda algún objeto a cambio de un préstamo monetario: "*Empeñó* su reloj" **2** *Empeñar su palabra* Comprometerse a hacer algo; prometerlo.

empeñarse v prnl (Se conjuga como *amar*) **1** Poner todo su empeño, su cuidado y su entusiasmo en hacer algo: "*Nos empeñamos* en alcanzar el cambio", "*Se empeñaban* en hacer una defensa de su pasado", "*Me había empeñado* en hablarte esa noche" **2** Insistir en algo con obstinación y terquedad: "Todos *se empeñaban* en tratarme como a un niño", "Algunos pueblos árabes *se empeñan* en seguir utilizando el petróleo como arma política y bélica", "*Se empeñan* en asegurarnos todo lo contrario.

empeño[1] s m **1** Acto de empeñarse **2** Esfuerzo, constancia y cuidado para conseguir algo: "El *empeño* que ponía en su labor", "Nunca en mi vida había puesto tanto *empeño* en lograr algo", "Puso tanto *empeño* en conservar el poder" **3** Necedad, terquedad u obstinación en algo: "Mostró *empeño* en beber pócimas", *el empeño de prolongar el engaño*.

empeño[2] s m **1** Acto de empeñar **2** Lugar donde se puede obtener un préstamo pecuniario a cambio de dejar algún bien en prenda: "Saqué mi mejor vestido del *empeño*".

empeorar v intr (Se conjuga como *amar*) Hacerse o ponerse algo cada vez peor, especialmente el estado de salud de alguien o la situación general de algo: "La situación *empeorará* en lugar de mejorar", "El padecimiento parece *empeorar*", "Estos síntomas *empeoran* por el frío", "El estado de la paciente *empeorará* rápidamente hasta la muerte".

emperador s m (Su femenino es *emperatriz*) Jefe o soberano de un imperio: *emperador romano, el emperador Carlos V.*

emperatriz s f **1** Soberana o jefa de un imperio **2** Esposa del soberano de un imperio: "Carlota desempeñó sus funciones de *emperatriz* hasta 1866".

empero conj (*Liter*) Sin embargo, a pesar de que: "Las diferencias son *empero* dignas de tomarse en cuenta", "Era lo que deseaba, *empero* no me alegraba".

empezar v tr (Se conjuga como *despertar*, 2a) Dar principio a algo o hacer alguna cosa por primera vez; tener algo su principio: *empezar un mueble, empezar una casa, empezar a estudiar, empezar a entender, empezar la lluvia, empezar una enfermedad.*

empinado I pp de *empinar* o *empinarse* **II** adj Que está muy inclinado, que tiene gran altura: *las empinadas escaleras, la empinada cuesta de la muralla.*

empinar v tr (Se conjuga como *amar*) **1** Inclinar un recipiente, generalmente para beber: *empinar el vaso* **2** *Empinar el codo* (*Coloq*) Tomar en exceso bebidas alcohólicas **3** prnl Moverse o inclinarse hacia adelante apoyándose generalmente en las puntas de los pies.

empírico adj **1** Que pertenece a la experiencia o se relaciona con ella; que tiene su origen o fundamento en la práctica: *características empíricas, observación empírica, juicio empírico, médico empírico* **2** Que pertenece al empirismo o se relaciona con él: *método empírico, la escuela empírica.*

empirismo s m **1** (*Fil*) Conjunto de doctrinas filosóficas que se caracteriza por proponer la experiencia como criterio para decidir acerca de la verdad de algún conocimiento: *empirismo lógico* **2** Método o actitud metódica por el cual se busca la experiencia práctica o la comprobación en los hechos de alguna cosa: "Ese *empirismo* espontáneo, tan fructífero en los hombres de empresa...".

empirista adj y s m y f **1** Que pertenece al empirismo o se relaciona con él: *filosofía empirista, un científico empirista* **2** Que aprecia la práctica o la experiencia de algo y se guía por ellas en el conocimiento: *actitud empirista.*

emplazamiento s m **1** Acto de emplazar **2** Lugar donde se ubica o localiza algo; ubicación **3** (*Der*) Acto procesal que sirve para comunicar al demandado la existencia de la demanda y la posibilidad legal que tiene de contestarla: *emplazamiento a huelga por aumento de salarios.*

emplazar v tr (Se conjuga como *amar*) **1** Citar o convocar a una persona o a un grupo de personas para que den cuenta de algo, especialmente ante un juez o tribunal, en un plazo determinado y para responder a un juicio: "Los sindicatos *emplazaron* a huelga", *emplazar por edictos* **2** Situarse o ubicarse en determinado lugar: "Importantes depósitos comerciales de fluorita están *emplazados* en calizas marinas del mesozoico de México".

empleado s Persona que hace un trabajo para alguien o para alguna empresa o institución por un sueldo o salario, con frecuencia en una oficina: *empleado público, empleada bancaria.*

emplear v tr (Se conjuga como *amar*) **1** Dar trabajo a alguien pagándoselo: *emplear albañiles, emplear cajeras, emplear temporalmente* **2** Usar algo con un fin determinado: *emplear un martillo, emplear algodón para un vestido.*

empleo s m **1** Acto de emplear a alguien o algo **2** Modo como se usa algo: *empleo del tiempo, empleo de un aparato* **3** Ocupación de alguien en alguna empresa, organización o institución: *un empleo en el gobierno, un empleo de contador.*

emplomado 1 adj Que está cubierto, soldado o asegurado con plomo: *vidrio emplomado mexicano* **2** s m Conjunto de planchas de plomo recubierto de vidrios, generalmente de colores, que sirven como ventanas o techos: *los emplomados del techo de principios de siglo.*

empollar v tr (Se conjuga como *amar*) Calentar las aves los huevos, echándose generalmente la hembra sobre ellos para que nazcan las crías: "La gallina está *empollando*".

emprender v tr (Se conjuga como *amar*) **1** Dar inicio a una importante obra, empresa o algo que se considera difícil, complicado o importante: "*Emprendió* cuidadosa lectura", "*Emprendió* de nuevo su camino", "*Se emprendieron* exploraciones" **2** *Emprenderla con* o *contra alguien* (*Coloq*) Iniciar una pelea o una discusión con alguien.

empresa s f **1** Organización comercial o industrial que se dedica a fabricar objetos, dar servicios o espectáculos, vender cosas, etc: *empresa agrícola, empresa dulcera, empresa taurina* **2** Intento importante de alguien por lograr algo y que por lo general requiere de un gran esfuerzo: *la empresa educativa, una empresa deportiva.*

empresarial adj m y f Que pertenece a la empresa o se relaciona con ella: *un dirigente empresarial, la organización empresarial.*

empresario s Persona dueña de una empresa o que tiene un cargo importante en ella: *empresario petrolero, empresaria teatral.*

empujar v tr (Se conjuga como *amar*) **1** Hacer que algo o alguien se mueva impulsándolo o aventándolo hacia adelante: *"Empujó a su hija para que entrara"*, *"El niño es empujado por la vagina hacia el mundo exterior"*, *empujar un coche*, *"El agua fluye de la llave sólo porque la presión la empuja por las tuberías"* **2** Incitar, impulsar o presionar a alguien para que haga algo: *"Lo empujó para que hiciera la tesis"*, *"Las circunstancias me empujaron a tomar esta última decisión"* **3** Dar fuerza o poder a algo para que aumente o tome mayor importancia: *empujar las exportaciones.*

empuje s m **1** Fuerza e impulso (de algo o de alguien): *"Ante el empuje y el número de atacantes, las torres oscilan"*, *oposición al empuje burgués capitalista, todo el empuje y la belleza radiante del México de hoy* **2** (*Fís*) Fuerza propulsora que desarrolla un motor de reacción **3** (*Fís*) Fuerza que se ejerce hacia arriba sobre todo cuerpo sumergido en fluido líquido o gaseoso **4** (*Arq*) Esfuerzo oblicuo que las bóvedas y los arcos ejercen sobre los estribos en razón de su peso.

en prep **1** Indica el lugar en que hay, está o sucede algo: *en la casa, en el jardín, en la esquina, en la escuela, en el cajón, en la bolsa, en el Norte, en Chihuahua, en el agua, en el cielo, en el periódico, en la mano* **2** Indica el momento o el tiempo en que sucede algo: *en la mañana, en la madrugada, en primavera, en una hora, en un año, en 1917* **3** Indica el modo, la manera en que se hace o sucede algo o la forma de una cosa: *en broma, en serio, en mangas de camisa, en clave, en avión, en voz alta, en secreto, en general, en absoluto, en rigor, en punta* **4** Introduce complementos de verbos que generalmente se usan como transitivos: *"Pienso en ti"*, *"Escribe en inglés"* **5** Indica que la acción del verbo es inmediata o sucesiva cuando va seguido de gerundio: *"En terminando este libro me iré a descansar"*, *"En viendo la pobreza, se entristeció"*.

enajenación s f **1** Sometimiento a cuestiones secundarias o externas al verdadero interés de un individuo, especialmente a los medios de publicidad y a los intereses de la economía: *"La enajenación de la que es víctima el hombre"*, *la enajenación de la estructura económica*, *"Criticamos la enajenación sobre la que descansa nuestra civilización"* **2** Venta de un bien en un acto legal: *la enajenación de empresas canadienses, enajenación de inmuebles* **3** Enfermedad mental, pérdida de la razón; locura.

enamorado I pp de *enamorar.* *"Se había enamorado del pintor"* **II** adj y s **1** Que siente un profundo amor por alguien: *"Los enamorados se acariciaban en las bancas que circundaban el parque"*, *"Si no estás enamorada / enamórate de mí"*, *"Y de la mujer bonita / nacen los enamorados"*, *"Mi mamá sabía que tenía yo un enamorado"* **2** Que es muy aficionado a cortejar a muchas mujeres **3** Que siente entusiasmo por algo: *el enamorado de la mesura, enamorado de la naturaleza, enamorado de las costumbres mexicanas.*

enamorar v (Se conjuga como *amar*) **1** prnl Sentir un amor intenso acompañado de pasión y deseo: *"Se enamoró de ti"*, *"Me enamoré perdidamente de él"*, *"Si no estás enamorada, enamórate de mí"* **2** tr Pretender conquistar amorosamente; cortejar: *"Yo enamoré a una mujer / alta, trigueña y delgada"* **3** prnl Sentir una gran atracción o una especial predilección por algo: *"Se enamoró de aquella novela"*.

enano adj y s Tratándose de personas, animales u objetos, que tiene una estatura inferior a la que se considera normal para su especie: *"Ya los enanos ya se enojaron / porque a la enana la pellizcaron"*, *Blanca Nieves y los siete enanos, un naranjo enano.*

encabalgamiento s m (*Lit*) Acto de unir o enlazar el final de un verso con el principio de otro, rompiendo con la oración sintáctica, como en: *"Veinte presas / hemos hecho / a despecho / del inglés..."* (José de Espronceda).

encabezado s m Título que se pone a la cabeza de una noticia en un periódico; generalmente en letras mayores o de distinto tipo, para que se destaque: *los encabezados del periódico.*

encabezar v tr (Se conjuga como *amar*) **1** Iniciar alguna cosa, ir al principio, al frente o a la cabeza de ella: *encabezar un desfile, encabezar una lista* **2** Poner al principio de un texto cierto título, una frase, etc: *encabezar un capítulo, encabezar una sección del periódico* **3** Dirigir, poniéndose al frente de ello, un movimiento, una tendencia, una manifestación, etc: *encabezar una protesta, encabezar una rebelión, encabezar una corriente artística.*

encadenar v tr (Se conjuga como *amar*) **1** Unir o atar por medio de cadenas: *"Quieres encadenarme como si fuera un perro"* **2** Quitar libertad o limitarla por medio de ataduras económicas, políticas o sociales: *"Encadenan al país que acepta al inversionista extranjero"* **3** Relacionar o unir entre sí una serie de elementos semejantes: *encadenar diez estaciones capitalinas mediante líneas telefónicas* **4** Presentar siguiendo cierto orden: *encadenar ideas, encadenar palabras.*

encajar v tr (Se conjuga como *amar*) **1** Meter con fuerza o forzándola una cosa en otra: *encajar un clavo en la pared, encajarse un cuchillo, encajar una mesa en un hueco, encajarse el sombrero*, *"Fíjate que la puerta encaje bien"* **2** Combinar adecuadamente dos cosas entre sí, de modo que cada una de sus partes ocupe el lugar previsto: *"Su declaración encaja con los informes recibidos"* **3** prnl (*Coloq*) Aprovecharse una persona de la situación en que está en relación con ella, para tratar de sacar alguna ventaja a su costa: *"Los comerciantes se encajan con sus clientes"*, *"Cada vez que lo invito se encaja y trae a cinco amigos"*.

encaje s m **1** Tejido muy abierto, con dibujos muy variados, usado especialmente para adornar prendas de vestir: *un vestido de encaje, encaje de Brujas, encaje de bolillo* **2** (*Coloq*) Acto de encajarse: *"Le gusta el encaje"*.

encaminar v tr (Se conjuga como *amar*) **1** Dirigir los pasos hacia un lugar determinado: *"Se encaminó a la puerta"* **2** Acompañar a alguien en su camino hacia un lugar o indicarle por dónde dirigirse: *"La encaminó a su casa"* **3** Tener como finalidad o meta: *"La acción gubernamental se encaminará a buscar solución adecuada a sus problemas"*, *su polí-*

tica se encamina al fomento del turismo social, "Todo ello *encaminado a* incrementar la producción en el campo", "Los esfuerzos *van encaminados a* lamentar los trágicos acontecimientos".

encantado I pp de *encantar:* "Me ha *encantado* el libro que me regalaste" **II** adj **1** Que está muy contento o satisfecho: "Estuvo *encantado* de la vida en la playa" **2** Que ha sido objeto de encantamientos: *el castillo encantado de la Bella Durmiente* **III** s m pl Juego infantil en el que uno de los niños de un grupo se ocupa de perseguir a los demás, tocándolos y dejándolos por ello inmóviles; los niños corren para evitar al que encanta y el juego termina cuando todos han sido tocados (encantados): *jugar a los encantados.*

encantador 1 adj Que está lleno de encantos o atractivos, que es muy agradable: *tres niñas encantadoras* **2** s Persona que encanta o hace encantamientos por arte de magia: *magos y encantadores.*

encantar v (Se conjuga como *amar*) **1** intr Gustar mucho, resultar muy agradable y atractivo por su talento, su belleza o su gracia; fascinar: "Les *encanta* Mozart", "Les *encantan* los Beatles", "Le *encanta* nadar", "Me *encanta* el azul" **2** tr Ejercer un poder mágico: "El hada *encantó* a la princesa".

encanto s m **1** Atractivo físico o espiritual: *el discreto encanto de la burguesía,* "Era evidente que el chiquillo tenía *encanto* y vitalidad", *los encantos de la afición a las librerías de viejo* **2** Arte de magia; encantamiento: "Las enfermedades desaparecen como por *encanto*".

encarar v tr (Se conjuga como *amar*) Dar la cara, enfrentarse, afrontar o hacerle frente a alguien o algo que significa un peligro o un problema: *encararse a una situación desagradable, encarar la inflación, encarar el problema.*

encarcelar v tr (Se conjuga como *amar*) Meter a la cárcel: *encarcelar a los revoltosos,* "Fui *encarcelado* hace nueve años por el delito de homicidio".

encargado I pp de *encargar* o *encargarse* **II 1** adj Que ha recibido un encargo: *la persona encargada* **2** s Persona que se encarga o se ocupa de cuidar o vigilar un negocio o establecimiento: *el encargado del registro civil, los encargados de talleres de reparación* **3** Encargado de negocios Funcionario que desempeña la jefatura de una misión diplomática durante la ausencia del titular de la misma.

encargar v tr (Se conjuga como *amar*) **1** Dar o entregar a alguien alguna cosa o persona para que la cuide: *encargar a los hijos, encargar las joyas* **2** Mandar o pedir a alguien que haga algo: *encargar una tarea, encargar la comida* **3** Pedir a alguien que lleve o traiga algo: *encargar el pan al niño, encargar dulces a Celaya* **4** prnl Tener alguien bajo su responsabilidad cierta tarea o función: *encargarse de la oficina* **5** intr (*Coloq*) Embarazarse o esperar un hijo: "Todavía no quiere *encargar*".

encargo s m **1** Acto de encargar algo o de encargarse de algo o de alguien: *hacer un encargo, servicio de encargos* **2** Objeto o mercancía que se encarga: "Dediqué la tarde a comprar los *encargos* que me hicieron" **3** Por encargo Por petición, bajo pedido: *un traje por encargo* **4** Traer a alguien de encargo (*Coloq*) Molestar continuamente a una persona a otra: "Sus compañeros *lo traen de encargo*" **5** Estar de encargo (*Popular*) Estar embarazada.

encarnar v tr (Se conjuga como *amar*) **1** Hacerse material, materializarse ciertas cualidades o conceptos abstractos: *encarnar una idea,* "*Encarnó* los ideales de la Revolución de 1910" **2** Representar a un personaje, generalmente en el teatro o el cine: "Gary Cooper *encarna* al héroe" **3** Hacerse carne un espíritu: "Que Dios *se encarne*" **4** prnl Introducirse en la carne un arma o las uñas "*Se* le *encarnó* la uña del dedo gordo del pie" **5** intr Estar cicatrizando una herida: *encarnar la herida.*

encauzar v tr (Se conjuga como *amar*) **1** Llevar por un determinado cauce o camino: *encauzar las aguas* **2** Proporcionar un camino o una forma de desarrollo o desenvolvimiento; dirigir por buen camino: "*Ha encauzado* recursos para establecer empresas más productivas".

encefalitis s f sing y pl (*Med*) **1** Inflamación del encéfalo o sustancia cerebral **2** Enfermedad del sueño, producida por un virus filtrable; se caracteriza por fiebre, desórdenes del sueño y diversas formas persistentes de perturbaciones nerviosas, o por cambios de carácter.

encéfalo s m (*Anat*) Conjunto de los centros nerviosos contenido en el cráneo; comprende el cerebro, el cerebelo, la protuberancia cerebral o anular y el bulbo raquídeo.

encender v tr (Se conjuga como *perder*, 2a) **1** Hacer que algo arda o se queme; poner fuego a algo: *encender una vela, encender un cigarro* **2** Poner a funcionar un aparato o una máquina que trabaja con electricidad: *encender la lámpara, encender el radio* **3** Hacer aparecer un sentimiento intenso en alguien o apoderarse de alguien una emoción **4** prnl Ponerse alguien colorado de vergüenza o timidez.

encendido I pp de *encender* o *encenderse:* "Se había *encendido* la luz roja" **II** adj **1** Que es de color brillante, generalmente rojo: *el cielo encendido, el rostro encendido, las mejillas encendidas, encendidos claveles* **2** Que es vehemente y apasionado: *una encendida respuesta, sus encendidas palabras, una encendida defensa* **III** s m En los motores de explosión, especialmente en los automóviles, conjunto de la instalación eléctrica y dispositivo destinado a producir la chispa.

encerrar v tr (Se conjuga como *despertar*, 2a) **1** Meter a una persona o a un animal en alguna parte de donde no pueda salir; guardar algo de manera que no se pueda sacar: *encerrar en la cárcel, encerrar al perro* **2** Contener algo alguna cosa: "La carta *encierra* secretos importantes" **3** prnl Mantenerse alguien apartado de los demás o sin hablar con ellos.

encía s f Parte de la mucosa bucal de color rojizo que cubre la región alveolar de las mandíbulas y se adhiere a la base de los dientes: *encías retraídas.*

enciclopedia s f **1** Obra en que se expone el conjunto de todos los conocimientos o los de una ciencia a base de tratados, organizada en forma metódica y generalmente en orden alfabético: *la enciclopedia francesa, una enciclopedia moderna,* "Me encantan las *enciclopedias*" **2** Conjunto de todos los conocimientos o de todas las partes de una ciencia: *enciclopedia universal, enciclopedia de la filosofía.*

encierro s m **1** Acto de encerrar algo o a alguien **2** Lugar en donde se encierra algo o a alguien: *un encierro de camiones* **3** (*Tauro*) Conjunto de los toros de una corrida.

encima adv **1** En la parte superior de algo o en un nivel más alto respecto de otra cosa: "La Luna se ve *encima* de los tejados", "Nos cayó el aguacero *encima*" **2** Sobre algo o alguien, o cubriéndolo: "La bolsa está *encima* de la cama", "Se echó *encima* toda la ropa que tenía" **3** Además, aparte, por si fuera poco: "Nos golpea y *encima* quiere que se lo agradezcamos" **4** *Por encima de* Más allá de, en un rango o nivel superior: "Su inteligencia está *por encima de* lo normal" **5** *Por encima* Superficialmente: "Sólo leí la novela *por encima*" **6** *Estar encima de alguien* Molestar a alguien vigilándolo o presionándolo constantemente **7** *Por encima de todo* Ante todo: "*Por encima de todo* está sacar tu título de contador", "*Por encima de todo* está la ley".

encina s f Encino: "Viejo como una *encina* pero fuerte como un roble", *bellotas de encina*.

encino s m Árbol del género *Quercus* y de la familia de las fagáceas. En México existen más de trescientas especies que, en general, se distinguen por sus hojas duras y alternas y por sus frutos llamados bellotas, que tienen en la base una cápsula en forma de sombrerito. Su madera es dura y compacta; se encuentran en climas templados.

enclítico adj y s (*Gram*) Tratándose de palabras, que va unida al final de la otra formando con ella un solo vocablo. En español, únicamente los pronombres personales de objeto directo e indirecto tienen este uso, cuando el verbo correspondiente está en infinitivo, imperativo o gerundio, como *se* y *la* en *comprársela*; *me* y *lo* en *comprómelo*; *te* y *los* en *comprándotelos*. Cuando el verbo va conjugado también admite los pronombres de esta forma, aunque su uso resulta afectado, como *se* en *compróse*, y *le* en *comprábale*.

encoger v tr (Se conjuga como *comer*) **1** Mover los músculos del cuerpo o de alguno de sus miembros para reducir su extensión o para acercarlos al cuerpo: *encoger la pantorrilla*, *encoger los hombros*, *encogerse en actitud de defensa* **2** Hacer o hacerse más pequeña, más corta o menos extensa alguna cosa: *encogerse la ropa*, *encoger la madera*.

encomendar v tr (Se conjuga como *despertar*, 2a) **1** Poner algo o a alguien bajo el cuidado o el amparo de otra persona en la que se tiene confianza: *encomendar la vigilancia de un lugar*, *encomendar un niño a su padrino*, *encomendarse a Dios* **2** Pedir a alguien que se haga responsable de realizar cierta tarea delicada o importante: *encomendar una misión*, *encomendar un mensaje*.

encomendero s m Persona a la que el rey de España otorgaba una encomienda en América durante la época colonial.

encomienda s f **1** Acto de encomendar algo a alguien: "Tiene la *encomienda* de escribir un libro" **2** Institución formada desde los primeros años de la colonia española en América para la explotación y administración del trabajo indígena. Consistía en la concesión de tierras e indios a algunos particulares, con lo que adquirían el derecho a obtener servicios y productos de la población indígena que allí vivía a cambio de evangelizarla, protegerla, organizar y controlar su trabajo, así como la obligación de destinar a la corona española una parte del tributo obtenido. Fue de gran importancia durante el siglo XVI y subsistió hasta el XVIII aunque ya

de manera muy diferente y sólo en algunas regiones novohispanas **3** Territorio administrado de esta manera.

encono s m **1** Sentimiento intenso de disgusto o enojo, que despierta cierta agresividad por coraje, rabia, resentimiento, aversión o mala voluntad: "La sociedad persigue con el mismo *encono* al amor y a la poesía, y los arroja a la clandestinidad" **2** Inflamación o infección de alguna herida.

encontrado I pp de *encontrar* o *encontrarse* II adj Que es opuesto o contrario: *encontrados comentarios*, *intereses encontrados*.

encontrar v tr (Se conjuga como *soñar*, 2c) **1** Percibir, generalmente con la vista, algo o a alguien que uno busca: *encontrar un libro*, *encontrar una calle*, *encontrar al administrador* **2** Conseguir algo o a alguien que uno busca, desea o necesita: *encontrar casa*, *encontrar novia* **3** Ver casualmente a alguien que uno conoce: *encontrar a un amigo en la calle* **4** Llegar a donde está alguien y verlo o sorprenderlo haciendo algo: "La *encontré* llorando", "Los *encontré* robando" **5** Percibir a una persona o cosa de cierta manera o recibir determinada impresión al verla: "*Encuentro* muy triste a tu padre", "*Encontré* muy cambiado mi pueblo" **6** Percibir las cualidades de algo o de alguien o formarse una opinión acerca de alguna cosa: "*Encuentro* interesante este libro" **7** prnl Coincidir en un lugar: "*Nos encontramos* en el café", "*Se encuentran* los extremos de la cuerda" **8** prnl Tocarse o enfrentarse personas o cosas generalmente con violencia: "*Se encontraron* los dos ejércitos" **9** prnl Hallar uno algo: "*Me encontré* diez pesos" **10** prnl Estar algo o alguien en un lugar o en cierta situación: "California *se encuentra* al norte del país", "El enfermo ya *se encuentra* bastante mejor".

encuadernar v tr (Se conjuga como *amar*) Unir las hojas o pliegos, cosiéndolos, pegándolos o engrapándolos para constituir un libro o un cuaderno, y ponerles pastas o cubiertas: *un volumen encuadernado en pergamino*, "En secundaria aprendió a *encuadernar*".

encubrir v tr (Se conjuga como *subir*. Su participio es irregular: *encubierto*) Disminuir, tapar u ocultar una falta, un delito o algo que se considera negativo: "La realidad *encubre* una mentira", *adoradores encubiertos del diablo*.

encuentro s m **1** Momento o situación de coincidir personas o cosas en un punto: *un encuentro afortunado* **2** Situación o momento en que dos cosas, personas o grupos se enfrentan, luchan o compiten: *un encuentro deportivo* **3** Acto en el que se reúnen varias personas para cambiar opiniones o discutir algo: *un encuentro de actores*.

encuesta s f Serie de preguntas que se hace generalmente a muchas personas para obtener datos sobre un asunto o para conocer su opinión acerca de algo: *una encuesta económica*, *una encuesta familiar*, *preparar una encuesta*.

enchilada s f **1** Tortilla de maíz, doblada o enrollada, cubierta con una salsa de chile o preparada mezclando chile en la masa, generalmente rellena de pollo, papa o queso: *enchiladas verdes*, *enchiladas rojas*, *enchiladas de mole*, *enchiladas de pollo* **2** *Creer que son enchiladas* (*Coloq*) Creer que algo es muy fácil.

enchiquerar v tr (Se conjuga como *amar*) **1** Meter en el chiquero a los cerdos u otros animales **2** Ensuciar un lugar.

enchufe s m Cada una de las dos piezas con que se establece la conexión de aparatos eléctricos, tanto la que esta fija en una pared o un tablero como la que tienen los cables de las lámparas, los radios, etc: *un cuarto con dos enchufes, el enchufe de la plancha, un convertidor para el enchufe*.

ende *Por ende* Por lo tanto, por consecuencia: *un sistema diferente, más estricto y por ende cerrado*, "Se pueden medir los datos, y *por ende* conocer algunas tendencias de los fenómenos sociales".

endemia s f (*Med*) Enfermedad que se presenta permanentemente o que aparece periódicamente en una región, determinada por factores locales particulares, como la amibiasis en México o el cólera en la India.

endémico adj **1** (*Med*) Tratándose de enfermedades, que se presenta permanentemente o en épocas fijas en una región: *infecciones endémicas* **2** (*Biol*) Tratándose de especies animales o vegetales, que es originario de una región determinada y sólo se encuentra en ella: "En las islas Galápagos hay muchas especies *endémicas*" **3** Que es habitual o está muy extendido en un determinado grupo, contexto, país, etcétera.

enderezar v tr (Se conjuga como *amar*) **1** Poner derecho o recto lo que está chueco, poner vertical lo que está tumbado o inclinado: "*Enderezamos* las paredes del jacal", "*Enderezaba* los cuadros en las paredes" **2** Arreglar un asunto, poner en buen estado: *enderezar una situación* **3** Hacer que alguien corrija su conducta, eliminando algún defecto o error: *enderezar a sus hijos* **4** (*Rural*) Dirigirse hacia un lugar: "*Enderezaron* hacia Apango", "*Enderezó* la escopeta al animal" **5** (*Rural*) Comenzar un trabajo determinado en el campo los peones.

endeudamiento s m Acto de contraer una deuda: "Hemos llegado al límite del *endeudamiento* externo", *forzar nuestra capacidad de endeudamiento*.

endocrino adj (*Fisio*) Que pertenece a los órganos o glándulas de secreción interna o se relaciona con ellos. (También *endócrino*.)

endocrinología s f (*Fisio*) Estudio de las glándulas de secreción interna y sus secreciones.

endocrinólogo s Especialista en endocrinología.

endodoncia s f Parte de la odontología que se ocupa de la patología y terapia de las afecciones de la pulpa dentaria: *tratamiento de endodoncia*.

endoscopia s f (*Med*) Examen o exploración clínica de un conducto o cavidad del cuerpo por medio de instrumentos ópticos adecuados al lugar que se va a examinar. (También *endoscopía*.)

endoscopio s m (*Med*) Instrumento tubular, rígido o flexible, que se utiliza para el examen visual de las cavidades o conductos de los órganos internos; hay de diversos tipos, el más conocido está provisto de un juego de lentes para poder transmitir la imagen que se capta y de la iluminación necesaria.

endospermo s m (*Bot*) Tejido nutritivo de las semillas que consume la planta durante su germinación.

endrogar v (Se conjuga como *amar*) **1** prnl Contraer uno deudas; pedir dinero prestado comprometiéndose a devolverlo: "Mi cuñado *se endroga* con todo el mundo", "En vez de *endrogarte*, aho-

rra" **2** tr Hacer que alguien o algo como un país o una institución adquiera una deuda grande: "El presidente *endrogó* al país".

endurecer v tr (Se conjuga como *agradecer*, 1a) Hacer que algo o alguien se ponga o se vuelva duro: *endurecer un material*, "La vida *endurece* el carácter de las personas", *endurecer el cemento, endurecer el pan*.

eneldo s m (*Anethum graveoleus*) Planta herbácea de la familia de las umbelíferas, de tallos huecos de hasta 1 m de altura, de hojas muy divididas con segmentos delgados, casi filiformes, flores amarillentas en umbelas; es planta europea, cultivada en hortalizas y huertos, cuyas hojas y semillas se utilizan como condimento.

enemigo 1 s y adj Respecto de una persona, nación, etc, otra que lucha contra ella o se le opone, particularmente en la guerra: *el ejército enemigo, el partido enemigo, un enemigo de la mentira* **2** adj Respecto de una persona, nación, etc, que pertenece a otra que se le opone o lucha contra ella: *posiciones enemigas, una bandera enemiga* **3** *Enemigo jurado* El que lucha firme y constantemente contra otro, o se opone siempre y absolutamente a otra cosa: "El gato es *enemigo jurado* de los ratones", *un jacobino, enemigo jurado de la religión*.

energético 1 adj Que se relaciona con la energía o pertenece a ella: *actividad energética, recursos energéticos* **2** s m Sustancia o material que produce energía, como el petróleo o los alimentos.

energía s f **1** Capacidad para realizar trabajos o esfuerzo o para producir un efecto: *energía nuclear, energía solar, un hombre con mucha energía* **2** *Energía cinética* (*Fís*) La que posee un cuerpo en razón de su movimiento **3** *Energía potencial* (*Fís*) La que tiene un cuerpo en virtud de su posición en un campo de fuerzas.

enérgico adj Que tiene energía o denota energía: "Expresó su más *enérgica* protesta por la intervención del ejército", *en tono enérgico, enérgica denuncia, crítica muy enérgica, enérgica condena*.

enero s m Primer mes del año, tiene treinta y un días; sigue a diciembre y precede a febrero: "Corté la flor del acuyo / la corté en el mes de *enero*".

énfasis s m sing y pl **1** Fuerza o energía que se pone en el tono o la expresión: *afirmar con énfasis, hablar con énfasis* **2** *Hacer, dar o poner énfasis* Hacer notar o resaltar la importancia de algo que se dice: "*Puso el énfasis* en el problema de la vivienda".

enfático adj Tratándose de emisiones habladas o escritas, que se expresa con énfasis: *voz fuerte y enfática, palabras enfáticas, enfáticas declaraciones*.

enfatizar v tr (Se conjuga como *amar*) Poner o dar énfasis o fuerza a algo; hacer hincapié en ello o ponerlo de relieve: "El partido *enfatiza* la importancia del sector obrero", "Nos empeñamos en alcanzar el cambio social, *enfatizó*".

enfermar v (Se conjuga como *amar*) **1** intr Contraer una enfermedad: *enfermarse del corazón, enfermarse un niño*, "El animal no tiene por qué *enfermarse*" **2** tr Causar algo o alguien molestia o disgusto a una persona: "Me *enferma* con sus gritos".

enfermedad s f **1** Alteración del funcionamiento normal de un organismo o de alguna de sus partes, producida por una causa externa, como las bacterias, los virus o por algún desorden interno: *una* *larga enfermedad, las enfermedades del estómago* **2** *Enfermedad profesional* La que es resultado de las condiciones de un trabajo, como la silicosis entre los mineros.

enfermera s f Mujer que tiene como profesión atender a los enfermos y ayudar a los médicos, especialmente en clínicas y hospitales: "Hacen falta veinte mil *enfermeras*", "Las escuelas de *enfermeras* se fundaron a lo largo de cuarenta años", "Vino una *enfermera* y la inyectó".

enfermo adj y s Que tiene alguna enfermedad: "María está *enferma*", *un pulmón enfermo, los enfermos del hospital, visitar a los enfermos.*

enfisema s f (*Med*) **1** Estado de un tejido orgánico distendido por gases, especialmente por la presencia de aire en el tejido celular subcutáneo o pulmonar **2** *Enfisema pulmonar* Dilatación exagerada y permanente de las vesículas pulmonares, con atrofia y rotura de las paredes de las mismas, debida generalmente a esfuerzos excesivos en la respiración: "Falleció ayer a consecuencia de un *enfisema pulmonar* causado por el exceso en el fumar".

enfocar v tr (Se conjuga como *amar*) **1** Hacer que la imagen de un objeto obtenida con un aparato óptico se proyecte con claridad sobre un plano u objeto determinado **2** Proyectar un haz de luz o de partículas sobre un determinado punto **3** Dirigir la vista o un aparato óptico hacia un lugar determinado: "El general *enfocó* sus binoculares" **4** Dirigir la atención o analizar, estudiar y resolver un asunto: "La inquietaba la forma en que su prima *enfocaba* esa dificultad", *enfocar el problema desde la perspectiva de la psicología.*

enfoque s m **1** Acto de enfocar **2** Tratamiento particular y desde determinado punto de vista de un problema o asunto: *un enfoque histórico, un acertado enfoque administrativo.*

enfrentamiento s m Acto de enfrentar o enfrentarse: *un enfrentamiento del presente y del pasado, el enfrentamiento armado.*

enfrentar v tr (Se conjuga como *amar*) Hacer frente u oponerse a algo o a alguien: *enfrentar al enemigo, enfrentar a las autoridades, enfrentarse con su jefe, enfrentarse a los problemas.*

enfrente adv Frente a algo o a alguien, delante, del otro lado: *enfrente de la escuela, enfrente de mí, la casa de enfrente, el portal de enfrente, la acera de enfrente, la mesa de enfrente, trabaja allá enfrente, la vecina de allí enfrente,* "Puso el cuadro *enfrente* de la cama", "Pasaba por *enfrente*", "Vive justo *enfrente* de la papelería".

enfriamiento s m **1** Acto de enfriar o enfriarse: *enfriamiento con agua,* "El líquido destilado solidifica por *enfriamiento*" **2** Enfermedad o malestar ocasionado por el exceso de frío o humedad, y que se manifiesta como un catarro o por algún dolor muscular: "Anoche sufrí un *enfriamiento* y hoy amanecí con un dolor de espalda".

enfriar v tr (Se conjuga como *amar*) **1** Bajar la temperatura de algo o de alguien; ponerlo frío: *enfriar el café, enfriarse la superficie de la Tierra, enfriarse el aire húmedo, enfriar en el refrigerador, enfriarse el metal fundido* **2** Disminuir la intensidad o la fuerza de un sentimiento o una emoción: *enfriarse las relaciones entre dos personas* **3** (*Popular*) Matar.

enfurecer v tr (Se conjuga como *agradecer*, 1a) **1** Provocar furia o enojo intenso: "Mi afán por ignorarlo lo *enfurece*", "Los dirigentes *se enfurecieron*" **2** prnl Tratándose del mar u otros elementos, agitarse violentamente.

enganchar v tr (Se conjuga como *amar*) **I 1** Detener, fijar o atorar en un gancho o con un gancho o algo semejante, en forma accidental o deliberada: "La falda se le *había enganchado* en un clavo de la puerta" **2** Sujetar a los caballos u otros animales de tiro al vehículo que tienen que arrastrar o jalar **3** (*Tauro*) Coger el toro al bulto y levantarlo con los pitones **II** prnl **1** Comprometerse para un trabajo, generalmente de agricultura y en un lugar lejano: "Muchos campesinos oaxaqueños *se enganchan* para trabajar en la cosecha de jitomate en Morelos" **2** Atraer o captar el afecto o la atención de alguien: "Él no *se engancha* en los chismes de los compañeros" **III** (*Rural*) Doblarse la espiga del trigo, la cebada, etc, por madurez o por falta de agua.

engañar v tr (Se conjuga como *amar*) **1** Hacer creer a alguien alguna cosa falsa o equivocada: *engañar a los clientes, engañar a los amigos* **2** Satisfacer momentánea o ilusoriamente una necesidad o un deseo: *engañar el hambre, engañar el sueño* **3** Ser una persona infiel a otra con la que está casada o comprometida: "La *engaña* con su secretaria".

engaño s m **1** Acto de engañar a alguien o de engañarse: *sufrir un engaño, caer en el engaño,* "Le causó la muerte con su *engaño*" **2** Hecho falso o equívoco que alguien presenta como cierto o que una persona toma por verdadero o real: "Fue un *engaño* su oferta", "No le creas, es un engaño" **3** Medio del que se sirve alguien para hacer creer alguna mentira o una falsedad: *valerse de engaños, vivir del engaño* **4** (*Tauro*) Capa o muleta con la que el torero hace que el toro embista y no lo cuerne.

engendrar v tr (Se conjuga como *amar*) **1** Dar origen, dar vida a un ser de su misma especie por medio de la reproducción; procrear: *engendrar niños sin amor* **2** Producir o dar origen, dar existencia material; generar: *engendrar un mito, engendrar calor* **3** Causar, ocasionar o traer consigo alguna cosa: *engendrar un malestar, engendrar confusión,* "Cada sociedad es merecedora de las fallas que ella misma *engendra*".

engorda s f **1** Acto de engordar animales, principalmente vacunos, porcinos y ovinos, para consumo humano: *la engorda de las crías* **2** Conjunto de animales puestos a engordar: *ganado de engorda.*

engordar v (Se conjuga como *amar*) **1** tr Alimentar en exceso animales para que aumenten de peso y sean útiles para el consumo humano: "Se dedica a *engordar* animales para el mercado" **2** intr Ponerse gordo, aumentar de peso: "*Engordó* mucho durante el embarazo" **3** intr Causar aumento de peso: "El azúcar refinada y las harinas *engordan*" **4** *Engordar la bolsa* (*Popular*) Contribuir de alguna manera para que un rico aumente su capital.

engrane s m Rueda dentada que sirve para transmitir un movimiento de rotación a otra rueda semejante con la que se ajusta, como en el mecanismo de los relojes.

engrasar v tr (Se conjuga como *amar*) Untar o poner grasa: *engrasar un molde, engrasar los baleros del coche.*

engráulido s m (*Zool*) **1** Pez de cuerpo alargado más o menos comprimido, abdomen redondeado y con el hocico prolongado por encima del extremo anterior de la boca, como la anchoa y el boquerón **2** pl Familia que forman estos peces.

enhiesto adj Que está levantado, derecho o erguido el cuerpo, el tronco, la cabeza o las orejas de una persona o de un animal: *con la frente enhiesta*.

enigma s f Algo misterioso o de significado encubierto que implica seguir ciertos pasos para resolver el problema o para adivinar alguna cosa: *resolver el enigma, uno de los enigmas más extraños de la historia*, "Es un *enigma* la desaparición de esa persona", "Es un *enigma* de dónde saca el dinero para viajar tanto".

enigmático adj Que encierra un enigma o un misterio: *sustancia enigmática del poema*, "El título de este artículo es *enigmático*".

enjambre s m **1** Conjunto numeroso de abejas con su reina, que salen juntas de una colmena para formar otra colonia **2** Multitud de personas o de cosas: *enjambre de niños* **3** Dulce hecho a base de nuez, cacahuate, almendra u otras semillas partidas en pedacitos y unidos con caramelo o chocolate: *enjambre de nuez*.

enjuagar v tr (Se conjuga como *amar*) **1** Quitar el jabón con agua sola o en la que se ha diluido algún líquido especial: *enjuagar la ropa, enjuagarse el cuerpo, enjuagarse el pelo* **2** Pasar por agua o poner bajo el agua corriente para que se limpie: *enjuagar las naranjas* **3** prnl Hacer buches con el agua sola o a la que se ha añadido alguna sustancia especial con el fin de limpiar el interior de la boca: *enjuagarse la boca*.

enjugar v tr (Se conjuga como *amar*) (*Liter*) **1** Quitar la humedad o el agua: "Los cristales se *enjugan* y se secan entre papel de fieltro" **2** Secar o limpiar la humedad o los líquidos que expulsa el cuerpo: *enjugarse el sudor de la frente, enjugarse una lágrima*.

enjuiciar v tr (Se conjuga como *amar*) **1** Someter algo o a alguien a examen y a juicio: *enjuiciar a un funcionario corrupto, enjuiciar a un personaje histórico* **2** (*Der*) Someter a una persona, una empresa o una institución a juicio: *enjuiciar a un criminal, enjuiciar a un laboratorio farmacéutico*.

enlace s m **1** Acto de enlazar o enlazarse: *un enlace entre los países en vías de desarrollo* **2** Unión o conexión de dos o más cosas: "Son irreprochables los *enlaces* de ideas", *verso de enlace*, "Monterrey, punto de *enlace* con Laredo" **3** Lugar donde se cruzan varias líneas: "Pino Suárez es el *enlace* entre dos líneas del metro de la ciudad de México" **4** Persona que en una organización, generalmente secreta, sirve para mantener la comunicación entre elementos que no pueden verse o hablarse directamente **5** Ceremonia del matrimonio: *enlace civil, enlace religioso* **6** (*Quím*) Conexión entre átomos: "Las fuerzas de *enlace* que explican la formación de moléculas", *energía de enlace, electrones de enlace* **7** *Enlace radiofónico* Circuito completo de radiocomunicación, abarca los transmisores, receptores y antenas, y en general es capaz de trabajar en ambas direcciones **8** En televisión, transición de una escena a otra por medio de música, narración, efectos sonoros, desvanecimiento, etcétera.

enlazar v tr (Se conjuga como *amar*) **1** Unir un objeto con otro, una persona a otra o con una cosa mediante algún lazo o cuerda **2** Unir los extremos de un lazo, una cuerda o algún otro objeto flexible, por medio de un nudo o de algún otro tipo de unión: *enlazar dos cables* **3** Pasar los pasajeros de un medio de transporte o de un vehículo a otro: "El tren de Alvarado *enlazaba* con el de Veracruz" **4** Establecer una conexión o unirse por alguna de sus partes dos cosas: *enlazarse átomos, enlazar dos órbitas* **5** Establecer relaciones entre dos ideas, argumentos, etc: *enlazar los elementos del sistema, enlazar una experiencia con un recuerdo*.

enloquecer v tr (Se conjuga como *agradecer*, 1a) **1** Hacer que alguien pierda el juicio o volverlo loco: "Las mujeres lo *enloquecen*", "El ruido los *enloquecía*" **2** intr Perder el juicio una persona: "*Enloqueció* de dolor" **3** Gustar mucho algo, provocar un intenso placer: "La música lo *enloquece*".

enmarcar v tr (Se conjuga como *amar*) **1** Poner dentro de un marco o rodear con un marco: *una imagen enmarcada en un cuadro de recia madera de mezquite, enmarcar unos dibujos de Francisco Toledo, enmarcar una fotografía de Emiliano Zapata* **2** Ubicar en un determinado contexto espacial y temporal, señalando ciertos límites: *enmarcar un hecho histórico en circunstancias precisas de espacio y tiempo*.

enmedio adv En el centro de algo, entre las personas o cosas: "El niño se sentó *enmedio* de sus padres".

enmienda s f **1** Acto de enmendar o enmendarse: *propósitos de enmienda* **2** Corrección o eliminación de un error o falta; especialmente rectificación perceptible de errores en un documento: "Este documento no se acepta con tachaduras o *enmiendas*" **3** (*Der*) Propuesta de modificación total o parcial del conjunto de artículos de un proyecto de ley en trámite de discusión parlamentaria.

enmudecer v intr (Se conjuga como *agradecer*, 1a) Quedarse callado, mudo o sin hablar; dejar de expresarse en forma escrita, generalmente a causa de una emoción; guardar silencio: "Una mirada significativa lo hizo *enmudecer*", "La voz de Díaz Mirón *enmudeció* desde la publicación de 'Lascas' ".

enojado **I** pp de *enojar* o *enojarse* **II** adj Que está disgustado o molesto; que experimenta enojo: "Duró *enojado* como siete días a causa de lo ocurrido", "Todos los ojos me miran *enojados* cuando mi papá me pega", "Está *enojada* porque no le hemos entregado su pedido".

enojar v tr (Se conjuga como *amar*) **1** prnl Experimentar enojo: "*Se enojó* el maestro porque los alumnos no estudiaron", "*Se enojó* con ella porque no asistió a la cita" **2** tr Causar que aparezca el enojo: "Las travesuras del niño *enojaron* a su mamá", "Me *enoja* la descortesía".

enojo s m Estado emocional de pérdida de la calma y la serenidad, y presencia de cierta agresividad, provocado por algo o por el comportamiento de alguien que viola ciertas reglas de conducta, ofende a una persona o la insulta: "Sus palabras despertaron el *enojo* del público", "Me provocan *enojo* la pereza y la irresponsabilidad" .

enorme adj m y f Que tiene un tamaño o unas proporciones mucho mayores de lo normal: *una mano enorme, un coche enorme, una pena enorme*.

enormemente adv Mucho, en gran cantidad, en gran medida: "Asciende *enormemente* la temperatura del astro", "La sequía pesó *enormemente* en la economía regional", "A Bach le atraían *enormemente* los pedales del clavicémbalo, con sus poderes acumulativos", "Era algo que no alcanzaba a comprender pero que me atraía *enormemente*".

enredadera adj y s f Tratándose de plantas, la que es trepadora, de tallos largos y volubles que se enreda o enrolla a los objetos que encuentra en su crecimiento, como la hiedra, la bugambilia y la llamarada: *columnas adornadas con enredaderas llenas de flores*, "Cubrimos la barda con una *enredadera*".

enredar v tr (Se conjuga como *amar*) **I 1** Formar un rollo o rodear fijándose a algo: "*Enredan* las reatas cuidadosamente", "*Enredaba* la cuerda en el trompo" **2** Resolver desordenadamente, hacerse nudos un hilo o algo semejante como el pelo; enmarañar: *enredarse el pelo* **3** (*Popular*) Envolver: "*Se enredan* los tamales" **II 1** Hacer más complicado o complicarse: *enredar el asunto* **2** Meter en algún problema, peligro o discusión; involucrar o involucrarse en un problema, generalmente por medio de engaños: "Francia *se enreda* en una guerra" **III** (*Popular*) **1** Seducir sexualmente mediante engaños: "Hablan bonito para *enredarla* a una" **2** Unirse o relacionarse sexualmente con alguien: "Se *enredó* con aquel hombre".

enriquecer v tr (Se conjuga como *agradecer*, 1a) **1** Hacer rico a alguien o hacerse rico; aumentar su riqueza: "Los fugitivos se convirtieron en piratas y acabaron por *enriquecerse*" **2** Hacer mejor o más rico algo; mejorarlo: "Se propusieron *enriquecer* la bibliografía sobre Sor Juana", "El museo se *enriqueció* con nuevas piezas", "En cincuenta años el español se *ha enriquecido* con nuevas palabras" **3** Agregar algo a una sustancia o alimento para mejorarlo en calidad o sabor: "Chiles rellenos *enriquecidos* con semilla de girasol".

enriquecimiento s m Acto de enriquecer o enriquecerse: *enriquecimiento ilícito, enriquecimiento de la textura*.

enrojecer v intr (Se conjuga como *agradecer*, 1a) Poner o ponerse roja (una persona), especialmente por una emoción; (la piel) a causa del sol o el calor o (los ojos) por irritación: *enrojecer de vergüenza*, "Los ojos grises de Cora *han enrojecido* por el alcohol".

enrollar v tr (Se conjuga como *amar*) **1** Envolver algo sobre sí mismo o alrededor de otro objeto formando un rollo: "Las polainas se *enrollaban* en la parte inferior de las piernas", *enrollar la venda en el tobillo, enrollar la cortina*, "*Enrolla* el alambre y guárdalo" **2** *Enrollar el petate* (*Popular*) Morir **3** En Chiapas, arrellanarse.

ensalada s f **I 1** Platillo frío preparado a base de verduras o frutas crudas o cocidas, a veces combinadas con carnes cortadas en pedacitos y condimentadas con diversos aderezos, básicamente aceite, vinagre, sal y pimienta: *fuentes de ensalada, ensalada de jitomate y papas, ensalada de lechuga, ensalada mixta, ensalada de atún, ensalada de pollo* **2** *Ensalada rusa* La preparada a base de papas, zanahoria y betabel cocidos, partidos en trocitos, condimentada con mayonesa **3** *Ensalada de frutas* La que está hecha a base de frutas, en su propio jugo o en almíbar **II 1** Mezcla confusa de cosas diferentes sin relación: "Este libro es una *ensalada* de temas sin ningún hilo conductor" **2** (*Lit*) Composición poético musical que consiste en una concatenación de trozos sueltos de diversos poemas o cantares de diferentes metros, dentro del marco de una alegoría religiosa o con fines satíricos: *ensaladas religiosas* **III** (*Plumeria tricolor*) Variedad de cacalosúchil, champotonera o flor de mayo.

ensamblar v tr (Se conjuga como *amar*) Reunir o juntar varias partes o piezas para formar una unidad, especialmente para armar una máquina o un mueble: *ensamblar camiones de carga, ensamblar locomotoras*.

ensamble s m **1** Acto de ensamblar; unión de varias partes para formar un objeto más complejo, especialmente un mueble o una máquina: *el ensamble de las tiras, aumentan las cuotas de ensamble para saludarlo* **2** Prenda de vestir para mujer, especie de abrigo generalmente de vestir y que por lo regular hace juego con el vestido.

ensanchar v tr (Se conjuga como *amar*) Hacer más ancho, más amplio o más grande: *ensanchar el campo visual*, "Se tiende a *ensanchar* la separación entre las naciones más desarrolladas y aquellas en vías de desarrollo".

ensartar v tr (Se conjuga como *amar*) **1** Pasar o unir con hilo o alambre una serie de objetos, como cuentas, perlas o anillos: "*Ensartó* las cuentas y le hizo un collar" **2** Pasar una hebra de hilo por el ojo de una aguja: "*Ensártame* la aguja porque no veo bien" **3** Atravesar un cuerpo con un arma o un instrumento con punta: "*Ensartaron* los pescados y los asaron" **4** (*Coloq*) Decir una serie de cosas, unas detrás de otras: "Le *ensartó* una serie de insultos y quejas" **5** Hacer caer a alguien en un engaño o trampa, meterlo en un problema o en un lío: "Lo *ensartó* en la compra de unos terrenos ejidales".

ensayar v tr (Se conjuga como *amar*) **1** Poner en ejecución alguna actividad para probar la manera en que se realiza y mejorar su desempeño o sus resultados: *ensayar una obra de teatro, ensayar una explicación, ensayar un paso de baile* **2** Ayudar a alguien a preparar una actividad, particularmente de teatro, música o danza, siguiendo las pautas establecidas y corrigiéndole los errores que cometa: "Le *ensaya* esa sonata durante tres horas diarias" **3** Probar algún material o alguna sustancia para conocer sus propiedades en relación con cierto uso que se quiera hacer de ella: "*Se ensayaron* dieciocho mezclas de concreto", *ensayar la tensión de una varilla*.

ensayo[1] s m **1** Ejercicio o práctica repetida de algo como preparación para una actuación o una presentación frente al público: "Tuvimos *ensayos* diarios durante tres meses", *un ensayo general* **2** Prueba o experimento que se hace para ver qué resultado o efecto tiene algo: "Se han llevado a cabo *pocos ensayos* con insecticidas".

ensayo[2] s m Escrito, a veces breve, en el que se trata algún tema filosófico, científico, artístico, etc, sin los requisitos de erudición, aparato bibliográfico y sistematicidad que requieren los tratados sobre la materia: *un ensayo literario, un ensayo sobre la física moderna, un ensayo sobre la libertad*.

enseguida adv En seguida: "*Enseguida* vengo", "*Enseguida* estoy contigo".

enseñanza s f **1** Comunicación de conocimientos o habilidades a una persona: *enseñanza de la ciencia, enseñanza de la alfarería* **2** Orientación, normas y métodos que se emplean o se siguen para comunicar estos conocimientos: *enseñanza oficial, enseñanza laica* **3** Experiencia anterior que sirve como ejemplo o advertencia: *las enseñanzas de la última guerra.*

enseñar v tr (Se conjuga como *amar*) **1** Comunicar a alguien algún conocimiento o alguna habilidad para hacer algo: *enseñar matemáticas,* "Su tío lo *enseñó* a nadar" **2** Hacer que alguien vea algo o dejarlo ver: *enseñar un dibujo, enseñar un camino, enseñar las piernas* **3** prnl (*Coloq*) Aprender o acostumbrarse alguien a algo: *enseñarse a trabajar, enseñarse a ir al baño.*

ensillar v tr (Se conjuga como *amar*) Ponerle silla de montar a un caballo u otro animal: "*Ensilla* tu caballo y mi yegua mora".

ensuciar v tr (Se conjuga como *amar*) **1** Hacer que algo o alguien deje de estar limpio y presente manchas de mugre o suciedad: *ensuciar un vestido, ensuciarse las manos,* "*Se ensució* con el café" **2** prnl Orinar o defecar una persona sobre su ropa o en un lugar indebido: "Prohibido *ensuciarse* en este lugar", "¡Ya *se ensució* el niño!".

ensueño s m Representación o sueño de fantasías o deseos placenteros: *la hora del ensueño, una vida de ensueño.*

entablar v tr (Se conjuga como *amar*) **I 1** Iniciar una relación de dos o más en un diálogo, una plática, una discusión o una demanda judicial: *entablar un diálogo, entablar polémica, entablar una demanda, entablar una discusión* **2** Cubrir o asegurar con tablas; entablillar: "Le *entablaron* el brazo" **3** En los juegos de tablero, como el ajedrez o las damas, colocar las piezas para empezar el juego **4** intr (*Popular*) Empatar en un juego o en un pleito; hacer tablas **5** prnl (*Rural*) Establecerse generalmente en su temporada o tomar su curso la lluvia, el viento o las heladas: *entablarse la lluvia* **6** prnl (*Rural*) Cubrirse el cielo uniformemente de nubes; nublarse **7** (*Rural*) Estar flaco el cerdo de engorda, a pesar de comer en abundancia **II** (*Hípo*) Resistirse el caballo a volver sobre uno u otro lado, poner el cuello rígido a causa de un mal adiestramiento o por alguna enfermedad.

entalpía s f (*Fís*) Propiedad termodinámica de las sustancias; cantidad de calor que cede o absorbe un cuerpo a presión constante al cambiar otras variables; es igual a la suma de su energía interna más el producto de su volumen por la presión exterior. (También *entalpia*.)

ente s m **1** Aquello que es; ser: "Un *ente* que tiene su razón de ser en otro", *transformar al hombre del presente en un ente más racional, un ente económico, el hombre como ente social* **2** *Ente de razón* (*Fil*) El que existe sólo en el pensamiento o la imaginación; entidad; abstracción: *entes ideales* **3** (*Coloq*) Persona rara o despreciable.

entenado s Hijo de su cónyuge o pareja.

entender v tr (Se conjuga como *perder,* 2a) **1** Tener una idea clara y precisa de algo: *entender una explicación, entender la historia* **2** Saber o ser capaz de reconocer el sentido de algo: *entender inglés* **3** Percibir y comprender el carácter o el modo de

ser de alguien: *entender a los hijos* **4** Llegar a una conclusión respecto de algo y expresarlo: "*Entiendo* que no es el momento para discutir contigo" **5** *Entender de* Tener conocimiento de algo: *entender de vinos, entender de electricidad* **6** *Dar a entender* Hacer que alguien se dé cuenta de algo sin decírselo: "Me *dio a entender* que ya tenía sueño" **7** *Darse a entender* Lograr que alguien comprenda lo que uno dice a señas o con pocos conocimientos de la lengua: *darse a entender en alemán* **8** prnl Ponerse o estar de acuerdo las personas entre sí, especialmente cuando se tienen confianza, amistad o amor: *entenderse marido y mujer.*

entendido I pp de *entender* o *entenderse:* "Términos que han sido *entendidos* con anterioridad" **II** adj y s Que entiende o sabe mucho de una materia; conocedor, experto: *el silencio desaprobador de los entendidos, su crítico más entendido y sagaz* **III** s m Acuerdo entre dos o más personas: *malos entendidos, en el entendido que...* **IV** adj (*Coloq*) Que entiende bien, que es inteligente: "Por ver si eras *entendida* / puse mi sombrero en venta".

entendimiento s m **1** Facultad o capacidad humana de darse cuenta de algo y formarse una idea clara y precisa de ello **2** Comprensión que se tiene de algo: *el entendimiento de la naturaleza* **3** Relación amistosa, de respeto o de mutuo acuerdo entre personas: *entendimiento entre pueblos, entendimiento entre rivales, buscar un entendimiento.*

enterado I pp de *enterar* o *enterarse* II adj y s Que sabe mucho de un asunto o que es especialista en alguna materia; conocedor: "Según los *enterados* le costó medio millón de pesos", "Dicen los *enterados* que sí tiene valor literario" **III** *Darse por enterado* Declarar o mostrar haberse enterado de algo: "Tardó varios segundos en *darse por enterado* de mi presencia", "Dígale que *me doy por enterado*".

enteramente adv Por entero, por completo; plenamente: "No puedes ser *enteramente* objetivo", "Resultaba *enteramente* ilusoria la protección de terrenos baldíos", *un compuesto enteramente nuevo.*

enterar v (Se conjuga como *amar*) **1** prnl Tomar conocimiento o tener noticia de algo: "Me *enteré* de tu viaje", "*Entérese* de lo que ocurre en el mundo", "*Nos enteramos* del accidente y decidimos regresar" **2** tr Hacer que alguien tome conocimiento o reciba noticia de alguna cosa: "Hay que *enterar* a la familia de tu matrimonio" **3** tr Pagar cierta cantidad de dinero a alguna oficina pública para cubrir un requisito: *enterar a la tesorería.*

entero adj y s **1** Que no le falta nada, que no está partido, dividido o roto; que está completo: *un pastel entero, el pueblo entero, un día entero* **2** s m Total de los billetes de lotería que tienen el mismo número y constituyen una sola serie: "El cachito le cuesta $2 y el *entero* $40" **3** Que es absoluto, total, sin restricciones o límites: "Estás en *entera* libertad de decidir", "Espero que todo esté a su *entero* gusto" **4** *Por entero* Por completo, en su totalidad, totalmente: "Se dedicaba *por entero* a su familia", "Controla *por entero* sus vidas" **5** *Animal entero* El que no está castrado: *un toro entero, un caballo entero* **6** Que está sano y fuerte: "Con sus 80 años, el abuelo está *entero*" **7** Que es recto, justo; que domina sus sentimientos: *una mujer entera, un juez entero.*

enterrar v tr (Se conjuga como *despertar*, 2a) **1** Poner o meter bajo tierra, especialmente dar sepultura (a un difunto): "Lo *enterraron* en esa sepultura", *enterrar a los muertos*, "*enterraron* el dinero" **2** Clavar un instrumento cortante o puntiagudo: "Buscó la nuca y *enterró* el puñal" **3** prnl Encerrarse, salir poco; alejarse del trato social: "Una muchacha llena de juventud *se enterró* en un pueblo" **4** (*Coloq*) Renunciar para siempre, olvidar: "*Enterré* mis proyectos de viajes al extranjero" **5** (*Coloq*) Sobrevivir a otros: "La abuelita los *enterrará* a todos" **6** (*Coloq*) Poner o meter algo debajo de muchas cosas, de modo que quede escondido a la vista: "*Enterró* el documento debajo de los papeles".

entidad s f **1** Cualquier cosa que existe: *una entidad de la naturaleza* **2** Agrupación o colectividad considerada como una unidad: "Todas las *entidades* de la República enviaron representantes a la feria agrícola y ganadera".

entierro s m **1** Acto de enterrar o enterrarse: *suntuosos entierros*, "El individuo del *entierro* 35 de la Ventilla tiene casi todos los huesos lesionados" **2** Ceremonia en la que se lleva a cabo la acción de enterrar a un difunto: *asistir al entierro* **3** (*No*) *tener vela en el entierro* (*Coloq*) (No) tener que ver o participar en un asunto: "Siempre quiere opinar aunque *no tenga vela en el entierro*".

entonar v tr (Se conjuga como *amar*) **1** Cantar una canción o un himno, generalmente en coro: "Se *entonó* el Himno nacional", "*Entonaron* 'Las golondrinas' para despedir a los niños", "En las iglesias se *entonaba* el *Gloria in excelsis Deo*" **2** Dar cierto tono a los sonidos que se emiten al cantar **3** Armonizar dos cosas distintas pero con puntos comunes: *entonar en el estilo*.

entonces 1 adv En el momento del que se habla, en el que sucede algo: "*Entonces* no había automóviles", "Aparece el fantasma y *entonces* salimos corriendo" **2** conj En consecuencia, por lo tanto, siendo así; en tal caso: "Si tu respuesta es verdadera, *entonces* la mía es falsa", "No he recibido la invitación, *entonces* no iré a la fiesta".

entrada s f **1** Acto de entrar: "El atleta hizo su *entrada* al estadio" **2** Espacio por el que se pasa hacia el interior de un lugar: *entrada principal* **3** *Dar entrada* Permitir el paso de algo o de alguien hacia el interior de un lugar **4** Vocablo que encabeza cada artículo lexicográfico de un diccionario, bajo el cual aparecen los datos lingüísticos buscados, como el significado, el uso y la categoría gramatical; generalmente está escrito con un tipo de letra diferente al del resto del artículo; por ejemplo, en este artículo, es *entrada*. Tradicionalmente se representa por la forma singular y masculina de un sustantivo o de un adjetivo, y por el infinitivo de un verbo cuando se trata de palabras que tienen flexión **5** Conjunto de personas que asisten a un espectáculo: "Hubo una *entrada* muy numerosa" **6** Boleto para asistir a un espectáculo: "Tengo dos *entradas* para el teatro" **7** Cada uno de los espacios laterales que se forman arriba de la frente donde falta pelo **8** (*Mús*) Acto y momento en el que una persona comienza a cantar o a tocar un instrumento **9** Platillo ligero que se toma antes de los principales en una comida: "Dieron mariscos como *entrada*" **10** Cada una de las partes en que se divide

un partido de beisbol, y en la que cada equipo tiene un turno en la ofensiva y otro en la defensiva: *la fatídica séptima entrada* **11** *De entrada* Por principio, antes de todo, sin previo aviso: "*De entrada*, no podemos aceptar esas condiciones, son ilegales", "*De entrada* los regañó por llegar tarde" **12** *De entrada por salida* De prisa, sin detenerse mucho tiempo en un lugar o sin quedarse en él: "Tus visitas siempre son *de entrada por salida*" **13** *De entrada por salida* Tratándose de trabajadores domésticos, el que no vive en la casa en la que presta sus servicios.

entrante adj s y m y f Que entra, que está próximo: "El año *entrante* es bisiesto", *la semana entrante, el presidente entrante, el ángulo entrante*.

entraña s f **1** Parte interna, profunda y oculta, especialmente de un organismo; cada uno de los órganos contenidos en las cavidades del vientre y del pecho, como el corazón, el hígado, los pulmones, etc: "La idea que corroe tus *entrañas*", "Salía de las *entrañas* de la tierra", "En las *entrañas* sólo llevaba unos tragos de café" **2** Conjunto de sentimientos o afectos profundos.

entrañable adj m y f Que pertenece a los afectos o sentimientos más profundos o íntimos; que es muy querido: *la entrañable sonoridad del cuarteto de cuerdas, lugares entrañables*.

entrañar v tr (Se conjuga como *amar*) Traer consigo, tener como consecuencia; implicar, suponer: "El movimiento y el cambio *entrañan* ya la violencia", "Evaluar el riesgo que invariablemente *entraña* la invasión".

entrar v intr (Se conjuga como *amar*) **1** Pasar algo o alguien desde afuera hacia adentro de algo: *entrar a la casa, entrar al coche, entrar en la caja* **2** Poderse meter o introducir algo en otra cosa o ajustar con ella: *entrar la llave en la cerradura, entrar un mueble en la casa, entrar un tornillo en la tuerca* **3** Entrarle algo a alguien o a algo Quedarle bien una cosa a alguien o a algo: "No *me entran* los zapatos" **4** Comenzar alguien a formar parte de un grupo, un cuerpo, una organización, etc: *entrar a un equipo de beisbol, entrar al ejército* **5** Comenzar alguien a hacer alguna actividad; participar o intervenir en ella: *entrar a primaria, entrar a un banco, entrar a un torneo, entrar a las apuestas* **6** Comenzar a tocar musical que le corresponde, en el momento preciso: "De pronto *entran* los tambores" **7** Comenzar alguien a tratar algún asunto: *entrar en materia* **8** *Entrar en detalles* Profundizar en algún tema **9** Formar algo parte de alguna otra cosa: "Torear no *entra* en mis planes", "En la mezcla *entra* agua, harina y azúcar" **10** Comenzar alguien cierta etapa de su vida: *entrar en la adolescencia* **11** Comenzar cierta época del año: *entrar la primavera, entrar la cuaresma* **12** *Semana, mes, año que entra* Que sigue al actual **13** Comenzar alguien a sentir o manifestarse en él cierta emoción o estado de ánimo: *entrar la depresión, entrar la nostalgia* **14** *Entrarle algo a alguien* (*Coloq*) Ser algo del gusto o adecuado a la capacidad de alguien: "¿Por qué no *habrían de entrarle* las matemáticas?" **15** *Entrarle una persona a otra* (*Coloq*) Ser de su simpatía: "Claudia nunca *me ha entrado*" **16** *Entrarle a algo* (*Coloq*) Participar en alguna actividad: "*Éntrale* a los tacos", "¿Robar? Yo a eso no *le entro*".

entre prep **1** Indica la posición, la situación de algo o de alguien en relación con dos límites en cuyo interior se encuentra, sea en el tiempo o en el espacio: "San Juan del Río está *entre* Querétaro y México", *ir una palabra entre comillas, entre las diez y las once, entre las dos guerras, entre la vida y la muerte* **2** En medio de: "Contaba la historia *entre* risas*", "Débiles aplausos *entre* murmullos" **3** Expresa la pertenencia de algo o de alguien a un grupo, la situación de una persona o cosa con respecto a un conjunto, o la situación particular de un grupo: *entre estudiantes, entre mujeres, entre políticos,* "*Entre* abogados te veas", "Hay descontento *entre* los trabajadores", "*Entre* los jóvenes gusta esa música" **4** Indica una relación de cooperación o de unión de varias personas, animales o cosas para hacer algo, o una relación de reciprocidad entre dos o más personas: "*Entre* todos le compramos un regalo", "*Entre* el oxígeno y el hidrógeno se produce el agua", "*Entre* ellos se aman", "Se miraron *entre sí*" **5** Indica que una propiedad, una característica de algo o de alguien es resultado de la combinación de dos o más cualidades: "Tenía el rostro *entre* asombrado y temeroso", *entre rojo y azul, entre nervioso y contento* **6** *Entre nos* En secreto, en confianza: "Aquí *entre nos*, no le creo una palabra" **7** Indica que una cantidad se divide por otra: *4 entre 2 igual a 2* **8** *Entre tanto* Al mismo tiempo que; mientras: "*Entre tanto* corrijo lo que tú escribiste".

entrecejo s m **1** Espacio entre las cejas **2** *Arrugar o fruncir el entrecejo* Hacer este gesto, generalmente en señal de enojo, reproche o preocupación: "*Frunció el entrecejo* y se dio la vuelta".

entrega s f **1** Acto de entregar una cosa, un animal o una persona a alguien **2** Acto o ceremonia en que se da a una o varias personas algo que se han ganado o se merecen, como premios o diplomas: "Ayer fue la *entrega* de trofeos" **3** Actitud de dedicación, afecto o entusiasmo de una persona hacia otras o hacia la actividad que realiza: *la entrega del torero a su arte* **4** Cada uno de los cuadernos periódicos en que se divide y se vende algún libro o relato: *una entrega de Los bandidos de Río Frío* **5** Cada una de las veces en que alguien debe entregar algo a otra persona: *entrega de leche, entrega de leña.*

entregar v tr (Se conjuga como *amar*) **1** Dar a alguien alguna cosa porque la pide, la exige, le está destinada o se hará cargo de ella: *entregar cuentas, entregar el botín, entregar una carta, entregar un regalo, entregar mercancía* **2** Poner a una persona bajo la responsabilidad de otra: *entregar un niño a su tutor, entregar a la novia* **3** Hacer que alguien caiga en manos de los enemigos o que lo aprese la policía: "Judas *entregó* a Jesús", "El bandido se *entregó*" **4** Poner en manos ajenas o extranjeras algo que es propio o pertenece a una nación: *entregar un país a las transnacionales*, "El monarca *entregó* su reino a los invasores" **5** prnl Poner una persona todo su interés y entusiasmo en la realización de una actividad: "El músico *se entrega* a su arte" **6** prnl Dejarse llevar una persona por alguna situación o estado de ánimo: "*Se entregó* a sus recuerdos", *entregarse al vicio* **7** prnl Tener relaciones sexuales: "*Se le entregó* y tuvieron un hijo".

entrelazar v tr (Se conjuga como *amar*) **1** Unir hilos, cabellos, etc formando un solo cordón, hacién-

dolos pasar unos sobre otros y combinándolos: *entrelazar estambre, entrelazar el pelo con cintas* **2** *Entrelazar los dedos* Ponerlos de manera que los de una mano ajusten con los de la otra.

entremés s m **1** Platillo ligero que se sirve al principio de la comida o la cena; consta generalmente de carnes frías y ensaladas: *entremés surtido* **2** Pieza de teatro en un solo acto, de tono ligero, que se representaba entre las jornadas de una comedia: *entremeses cervantinos.*

entrenador s Persona que se ocupa de entrenar o preparar a los deportistas, o de adiestrar algún animal: *el entrenador del equipo, el entrenador nacional, el entrenador de los delfines.*

entrenamiento s m Preparación metódica que, basada en ciertos ejercicios, capacita a personas o animales en la práctica de determinada actividad, especialmente en la práctica de un deporte: *entrenamiento de futbol, estricto entrenamiento, técnicas de entrenamiento, entrenamiento de perros policía.*

entrenar v tr (Se conjuga como *amar*) Practicar una persona o un animal ciertos ejercicios físicos; ayudarlos o hacerlo dirigiéndolos y enseñándolos con objeto de alcanzar cierta capacidad deportiva o militar: *entrenar un futbolista, entrenar al equipo de natación, entrenar un caballo.*

entrepaño s m **1** Cada uno de los anaqueles o tablas horizontales de un mueble o construcción, especialmente de un librero, una cómoda o una alacena **2** (*Arq*) Espacio de pared entre dos columnas, pilastras o huecos **3** (*Arq*) Cada uno de los tableros lisos de las puertas o ventanas, sostenidos entre peinazos.

entrepierna s f Parte interior de los muslos y la parte de una prenda de vestir que la cubre.

entretener v tr (Se conjuga como *tener*, 12a) **1** Hacer que alguien pase el tiempo en forma agradable; divertir: "El payaso *entretenía* a la multitud", "Como estoy tan sola, en lo que *me entretengo* es en leer muchísimo" **2** Distraer con algo que no estaba programado; perder el tiempo: "*Me entretuve* viendo a unos niños jugar con una pelotita y por eso llegué tarde a la cita" **3** Dar largas al arreglo de un asunto, retrasar la solución de un asunto con promesas que no se cumplen: "*Me ha entretenido* durante tres meses y no me paga la renta".

entrever v tr (Se conjuga como *ver*, 14. Su participio es irregular: *entrevisto*) **1** Ver a través de algo, no alcanzar a distinguir claramente; vislumbrar: *columnas de catedrales entrevistas en brumas* **2** Conjeturar a partir de varios elementos vagos una posible conclusión: "La observación anterior deja *entrever* la ambigüedad", "Los medios masivos de comunicación dejaron *entrever* el problema".

entrevista s f **1** Reunión de dos o más personas para tratar algún asunto o platicar: *una entrevista de padres y maestros, una entrevista de embajadores* **2** Reunión de una o más personas con uno o varios periodistas con el objeto de que éstos las interroguen a propósito de algún asunto: *una entrevista por radio, la entrevista a Monsiváis.*

entrevistar v tr (Se conjuga como *amar*) **1** Asistir una o varias personas a una reunión con otra u otras para tratar algún asunto: *entrevistar al gerente del banco, entrevistarse con un funcionario* **2** Asistir uno o más periodistas a una reunión con una o varias personas para interrogarlas a propósito de algo o conocer sus opiniones: "Logró *entrevistar* al jefe rebelde".

entuerto s m **1** Daño o agravio causado injustamente **2** Contracción uterina dolorosa que tiene lugar después del parto.

entusiasmado I pp de *entusiasmar* o *entusiasmarse*: "Se ha *entusiasmado* con el aprendizaje de idiomas" **II** adj Que experimenta entusiasmo o que está lleno de entusiasmo: "Exclamó *entusiasmado*: ¡Quisiera quedarme aquí en la hacienda!", "Irene le echaba los brazos al cuello, *entusiasmada*".

entusiasmar v tr (Se conjuga como *amar*) Provocar entusiasmo o admiración: "Era un pastor que tocando la flauta *entusiasmó* a su pueblo", "Se *entusiasmó* con esa idea", "El público se *entusiasma* y aplaude".

entusiasmo s m Emoción intensa de alegría, satisfacción, admiración o vitalidad que produce en uno algo o alguien: *entusiasmo por la biología, entusiasmo por un amigo, entusiasmo por un partido*, "Pone *entusiasmo* en sus estudios".

entusiasta adj y s m y f Que siente o tiene entusiasmo, que denota entusiasmo o es propenso a él: *aplauso entusiasta, los entusiastas aficionados*, "Es un niño muy *entusiasta*".

enumerar v tr (Se conjuga como *amar*) Nombrar los elementos de una serie, designándolos uno tras otro: "Muchas cosas más que sería muy largo *enumerar*", "*Enumerar* con detalle las diversas especies de mercancías".

enunciación s f Acto de *enunciar*: *la enunciación de la ley secular de los rendimientos decrecientes, repetir las palabras con perfecta enunciación*.

enunciado s m **1** Expresión con la que se nombra o enuncia algo **2** Expresión precisa que enuncia un juicio o formula un problema: *enunciado verdadero o falso, enunciado lógico, enunciado matemático* **3** (*Gram*) Para ciertos libros de texto, toda expresión que cumple una función comunicativa sin depender de un contexto más amplio; generalmente coincide con la oración, pero también puede estar formado por una sola palabra, por un grupo de palabras o por un conjunto de expresiones **4** (*Gram*) *Enunciado unimembre* Aquel cuyo sentido se completa sólo si se presenta en una situación determinada; puede estar constituido por una palabra, como *¡fuego!* (en caso de incendio) o por una contracción, como: "—¿Qué desea? —*Vino blanco*" **5** (*Gram*) *Enunciado bimembre* Oración.

enunciar v tr (Se conjuga como *amar*) **1** (*Cientif*) Expresar con claridad y explícitamente una idea, un principio o una teoría: "Newton *enunció* las leyes de la mecánica celeste" **2** Decir o nombrar alguna cosa sin desarrollar su contenido: "La revolución agraria sólo quedó *enunciada*".

envasar v tr (Se conjuga como *amar*) **I** Guardar dentro de un recipiente, por lo general herméticamente cerrado, diversos productos (líquidos o sólidos) especialmente alimenticios, con el fin de conservarlos o transportarlos: "Se puede *envasar* determinado tipo de salsas" **II 1** (*Rural*) Herir con arma blanca en el abdomen **2** (*Rural*) Cornear las reses a una persona o a un animal **3** (*Popular*) Matar.

envase s m **1** Acto de envasar **2** Recipiente de diversos materiales, especialmente botellas o frascos de vidrio, en el que se venden diversas mercancías, en general bebidas ligeras, y que puede volver a utilizarse: *envases para refrescos, leche en envases de cartón, la etiqueta del envase*.

envejecer v intr (Se conjuga como *agradecer*, 1a) **1** Hacerse viejo o anciano; perder la juventud, la fuerza o la salud con la edad: "Su cuerpo *envejecía* hasta la inutilidad", "Tiene miedo a *envejecer*" **2** Pasar algo de moda, dejar de ser de actualidad: "Esa novela *ha envejecido* mucho" **3** Mejorar su calidad ciertas bebidas alcohólicas con el paso del tiempo; añejar: "Licor *envejecido* en barricas de roble".

envenenar v tr (Se conjuga como *amar*) Dar o poner veneno u otra sustancia dañina a alguien o en algo: *envenenar a las ratas, envenenar el agua*.

envergadura s f **1** Alcance, amplitud o importancia: *proyecto de cierta envergadura, obras de poca envergadura* **2** Distancia entre dos puntos de las alas de las aves cuando están completamente abiertas **3** Longitud de extremo a extremo de las alas de un avión **4** (*Mar*) Ancho de la vela, medido por la parte por donde va unida la verga **5** (*Mar*) Conjunto de envergues de una vela.

envés s m Lado opuesto al frente o a la parte que va hacia afuera o hacia arriba: *el envés de las hojas*.

enviado I pp de *enviar* **II** s Persona que es enviada por un gobierno o un periódico para informar sobre algún acontecimiento: *enviado especial*.

enviar v tr (Se conjuga como *amar*) Hacer que alguien vaya a algún lugar, que algo sea llevado o llegue a alguna parte: *enviar un enfermo al doctor, enviar a los niños a la escuela, enviar una carta, enviar un paquete*.

envidia s f **1** Sentimiento de tristeza y odio ante la felicidad de alguien, ante sus éxitos o sus posesiones: "Excité la *envidia* de mis compañeras", "Estar a salvo de *envidias*", "Me da *envidia*" **2** Deseo honesto de tener lo que otro tiene: "Me da *envidia* tu pelo", "¡Qué *envidia* que te vas de viaje!"

envidiar v tr (Se conjuga como *amar*) Tener o sentir envidia o rabia del bien ajeno: "Le *envidian* su buena suerte", "No me *envidies* demasiado".

envío s m Acto de enviar por correo o por otro conducto: *el envío de armas y alimentos, el envío de correspondencia, gastos de envío, envíos postales, el envío de una cápsula tripulada, envío de tropas al golfo Pérsico*.

envoltura s f **1** Acto de envolver algo: *la envoltura de un regalo* **2** Cualquier objeto, principalmente papel, que sirva para envolver alguna cosa o tenga esta función: *una envoltura de celofán, la envoltura de un órgano del cuerpo*.

envolvente adj m y f Que envuelve o rodea: *movimiento envolvente*.

envolver v tr (Se conjuga como *mover*, 2c. Su participio es irregular: *envuelto*) **1** Rodear algo o a alguien con una tela o un papel, cubriéndolo o abarcándolo todo o en gran parte: *envolver un regalo, envolver a un niño en una cobija* **2** Cubrir o rodear una cosa a otra por todas sus partes: "La niebla *envolvía* la ciudad", "Me *envolvió* con su mirada" **3** (*Coloq*) Lograr que alguien piense se comporte de la manera que uno quiere, impidiéndole reflexionar o actuar libremente: "La *envolvió* con sus mentiras y terminó creyéndole, *envolver al rival*" **4** Contener algo otra cosa, ocultándola: "Sus palabras *envuelven* una amenaza".

envuelto I pp irregular de *envolver* o *envolverse*: *los panes diminutos envueltos en la servilleta*, "Se vio *envuelto en* un proceso lento y complicado", "El país entero se encuentra *envuelto en* la lucha política" **II** (*Rural*) Tortilla de maíz enrollada, rellena de huevo revuelto, queso o longaniza y aderezada en salsa de jitomate.

enzima s f (*Quím*) Cualquiera de las proteínas esenciales para la vida que producen las células y son capaces de actuar como catalizadores y de propiciar reacciones químicas como la oxidación, sin sufrir ellas mismas alteraciones notables; pueden actuar también fuera de los seres vivos, por lo que se emplean industrialmente como fermentadores, en la producción de quesos, detergentes, etcétera.

eón s m (*Fil*) **1** En el gnosticismo, cada uno de los dioses o seres eternos que emanan de la unidad divina **2** Lapso infinito e inconmensurable.

epazote s m (*Chenopodium graveolens*) Planta herbácea de hojas alternas en forma de elipse o de lanza, irregularmente dentadas, y de flores muy pequeñas en espigas, que crece silvestre en todo México. Es de olor y sabor fuerte y se usa como condimento en muchos platillos mexicanos y también como medicina: *frijoles negros con epazote*.

épica s f (*Lit*) Género literario formado por los relatos de acontecimientos heroicos, como la *Ilíada*, la *Eneida* o el *Poema del Cid*.

épico adj Que se relaciona con el relato de acontecimientos históricos y heroicos, principalmente los de la antigüedad, o que tiene características heroicas: *obra épica, poema épico, hazaña épica*.

epidemia s f Enfermedad que se extiende o se contagia a gran número de seres vivientes: "La *epidemia* de cólera se ha extendido en el sur", *epidemia de gripe, epidemia de fiebre aftosa*.

epidermis s f sing y pl **1** Capa exterior de la piel, no vascular, situada sobre la dermis: *la epidermis rugosa, la epidermis con pelos* **2** Cubierta de células muy unidas que forman una capa en la superficie de las hojas y tallos jóvenes de la planta.

epífita adj y s f (*Bot*) Planta que se sostiene sobre otra, pero no es parásita, sino que se nutre de la humedad y el aire, como el musgo o el heno.

epígrafe s m **1** Resumen o cita que suele encabezar una obra literaria o científica, o cada uno de los capítulos o divisiones para indicar su contenido **2** Escrito que se coloca al principio de un libro, generalmente una frase o cita de un autor famoso, que sugiere algo de su contenido **3** Inscripción breve sobre piedra o metal, generalmente en recuerdo de una persona o un acontecimiento.

epilepsia s f Enfermedad nerviosa crónica caracterizada por alteraciones súbitas de la función cerebral con pérdida del conocimiento, generalmente acompañada de convulsiones: "Tiene frecuentes crisis de *epilepsia*".

epílogo s m **1** Resumen de lo escrito en una obra literaria, que aparece al final de ella **2** Parte final de una obra literaria o teatral, relativamente independiente de ella, en la que se relatan o se representan acontecimientos que son consecuencia de la acción o del tema principal **3** Acontecimiento que sigue a otro que se considera terminado, pero que viene a concluirlo por completo: "El *epílogo* de la guerra fueron las miles de familias enlutadas".

episodio s m **1** Parte o capítulo de un relato o de una historia: *episodios históricos, episodios capitales del relato* **2** Digresión o acción secundaria en una novela o en otra obra narrativa: *episodios aislados* **3** Hacerla de episodios (*Coloq*) Complicar o alargar un relato o un asunto con objeto de mantener el interés o la espera de una persona; entretenerlo a uno, darle largas: "Me la hicieron de *episodios*, pero por fin me dieron la beca" **4** (*Med*) Malestar o trastorno pasajero en el curso de la evolución normal de una enfermedad: *episodios de fiebre*.

epístola s f **1** Carta, especialmente la de valor histórico, literario o religioso escrita con un fin didáctico: *la epístola de Melchor Ocampo, epístolas del apóstol Pablo* **2** (*Relig*) En el catolicismo, parte de la misa, inmediatamente anterior al gradual, en la que se leen fragmentos de escritos de los apóstoles de este mismo nombre.

epitelial adj m y f Que pertenece al epitelio o se relaciona con él: *células epiteliales*.

epitelio s m (*Anat*) Capa celular que cubre las superficies externas e internas del cuerpo; se caracteriza principalmente por estar formada de células de forma y disposición variables, que constituye la epidermis, la capa externa de las mucosas y la porción secretora de las glándulas, y forma parte de los órganos de los sentidos, sin sustancia intercelular ni vasos: *epitelio escamoso, epitelio corneal, epitelio del esófago*.

epíteto s m **1** (*Gram*) Adjetivo calificativo que expresa una cualidad que se considera natural o propia del objeto que designa el sustantivo al que acompaña, como *blanca nieve, negra noche, cielo azul, frágil vidrio*; generalmente se antepone al sustantivo **2** Calificativo que se aplica a alguien: "Llenó de *epítetos* insultantes al funcionario".

época s f **1** Espacio de tiempo determinado por los hechos que ocurren durante el mismo o por algún otro criterio: *época colonial, época porfiriana, época de los grandes descubrimientos, época cuaternaria* **2** Hacer época Ser algo tan importante que marca un periodo y deja un recuerdo por mucho tiempo: "Músicos jóvenes que *hicieron época*..." **3** Parte del año en que se presenta o sucede algo particular: *época de lluvias, época de cosecha, época de vacaciones*.

epopeya s f **1** Poema que relata un acontecimiento histórico y heroico, sea de un grupo de personas o de un pueblo, sea de un personaje destacado, como la *Odisea* **2** Acción de importancia histórica realizada con gran esfuerzo y dificultades: *la epopeya de la conquista de México*.

equidad s f **1** Actitud de equilibrio en el comportamiento; predominio de la razón sobre las emociones **2** Calidad de que las cosas o las personas sean iguales o reciban aquello a lo que tienen derecho por justicia natural: *la equidad entre los hombres* **3** (*Der*) Juicio correcto de acuerdo con las circunstancias de cada caso, para enmendar el derecho escrito, restringiendo o ampliando la generalidad de la ley para suplir sus deficiencias y con el objeto de atenuar el rigor de la misma.

equidistante adj m y f **1** Que está a igual distancia con respecto a dos puntos diferentes **2** (*Geom*) Tratándose de un punto, que con respecto a otro siempre conserva la misma distancia.

equilátero adj (*Geom*) Tratándose de triángulos, que tiene todos sus lados iguales.

equilibrado I pp de *equilibrar* **II** adj Que tiene equilibrio; tratándose de personas, que mantiene equilibrio entre lo emocional y lo intelectual: *un muchacho listo y equilibrado*, *un sistema económico más equilibrado*, *una alimentación equilibrada*.

equilibrar v tr (Se conjuga como *amar*) **1** Poner algo en equilibrio: *equilibrar una balanza*, *equilibrar una bicicleta* **2** Repartir varias cosas de una manera proporcional para que una no tenga mayor efecto que otra: *equilibrar los alimentos*, *equilibrar la carga de un barco*.

equilibrio s m **1** Condición de un cuerpo dada por dos o más fuerzas que se anulan entre sí al actuar sobre su estado de reposo o movimiento, permitiéndole tener o mantener una posición: *equilibrio de una balanza*, *equilibrio de un avión*, *perder el equilibrio* **2** *Sentido del equilibrio* El que permite mantener esa condición **3** Proporción de igualdad que se establece entre las partes, fuerzas o cantidades de algo; distribución justa o adecuada de los elementos que componen una cosa: *equilibrio en los colores de un cuadro* **4** Capacidad de una persona para comportarse racional y objetivamente: *equilibrio emocional* **5** *Hacer equilibrios* Sostener algo o a uno mismo sin caerse: "Miguel *hace equilibrios* en la viga".

equino 1 adj Que pertenece al caballo o se relaciona con él: *raza equina* **2** s m Caballo: *un bello equino*, *montar un equino*.

equinodermo adj y s m (*Zool*) **1** Tratándose de animales marinos, invertebrados, generalmente con simetría pentarradiada, que tienen la pared del cuerpo fortalecida por placas y espinas calcáreas; su aparato locomotor es acuovascular y está constituido de tubos-pies, que son prolongaciones extensibles en forma de dedo y que en su extremo poseen una ventosa adhesiva, como la estrella de mar y el erizo marino **2** s m pl Tipo constituido por esta clase de animales.

equipaje s m **1** Conjunto de los bultos, las maletas o los velices que se lleva en un viaje: *transportación del equipaje* **2** Conjunto de cosas que contienen esas maletas o velices, como la ropa y objetos para el aseo personal: *preparar el equipaje*, *revisión de equipaje* **3** *Hacer el equipaje* Prepararlo: "Vaya haciendo el equipaje que salimos mañana".

equipar v tr (Se conjuga como *amar*) **1** Proporcionar a una persona los objetos e instrumentos que necesita para cierta finalidad: *equipar al escolar*, *equipar a una novia*, *equipar a los jugadores* **2** Poner a una máquina, a un aparato o a un local todos los instrumentos o los accesorios que necesita para funcionar o para dar buen servicio: *equipar una fresadora*, *equipar un barco*, *equipar una cafetería*.

equipo s m **1** Conjunto de instrumentos, herramientas y otros objetos que se utiliza en alguna actividad: *equipo de laboratorio*, *equipo de geometría*, *equipo de rescate* **2** Grupo de personas que realizan juntas una actividad de manera organizada: *equipo de investigación*, *pertener al equipo de salvamento*, *equipo de basquetbol*.

equipotente adj m y f (*Mat*) Que tiene igual capacidad o igual efecto que otro parecido: *conjuntos equipotentes*.

equis s f sing y pl **1** Nombre de la vigésima séptima letra del alfabeto **2** (*Mat*) Signo de la incógnita en cálculo: *el eje de las equis* **3** Número desconocido o indiferente: *equis coches* **4** Cualquier o cualquiera: *equis partido*, *por equis o zeta motivos*.

equitación s f Arte y deporte de montar y manejar el caballo: *ejercicios de equitación*, *competencias de equitación*, *pruebas de equitación*.

equitativo adj Que es justo, que es igual para todos los que pertenecen a un mismo grupo: *una distribución más equitativa*, *un rendimiento equitativo con relación a la inversión*.

equivalencia s f Relación de igualdad entre cada uno de los elementos, partes, propiedades o funciones de dos o más cosas: *equivalencia de conjuntos*, *una equivalencia monetaria*.

equivalente adj m y f Que es igual a otra cosa en cada uno de sus elementos, partes, propiedades o funciones: *un salario equivalente al mínimo*, *un precio equivalente*.

equivaler v intr (Se conjuga como *valer*, 8) Resultar algo igual en valor, cantidad, función o constitución a otra cosa, tener igual importancia o efecto: "Diez dólares *equivalen a* $80", "Una libra *equivale a* 500 g aproximadamente".

equivocación s f Acto de equivocar algo o de equivocarse: "Lo siento, todo se debió a una *equivocación*", *cometer una equivocación*.

equivocado I pp de *equivocar* o *equivocarse* **II** adj Que no es correcto; que se está en el error: *tomar el camino equivocado*, *un juicio equivocado*, *una respuesta equivocada*.

equivocar v (Se conjuga como *amar*) **1** prnl Hacer uno alguna cosa que resulta falsa o incorrecta pensando que no lo es, dar uno por buena alguna cosa que no lo es: *equivocarse de respuesta*, *equivocarse de casa*, "*Se equivoca* si piensa que yo…" **2** tr Tomar por cierta o correcta alguna cosa que no lo es: *equivocar el blanco*, *equivocar el camino*.

equívoco adj **1** Que se presta a la confusión, que puede provocar o causar una equivocación; que se presta a diversas interpretaciones; ambiguo: *un valor equívoco* **2** Equivocado: *la idea equívoca del funcionario* **3** s m Palabra o expresión que puede tener significados diferentes.

era¹ s f **1** Periodo o espacio muy extenso de tiempo, contado a partir de cierta fecha, ya sea basada en la realidad o arbitrariamente fijada: *era prehistórica*, *era cristiana* **2** Cada uno de los grandes periodos en los que se divide el estudio de la evolución de la Tierra: *era geológica*, *era cuaternaria*.

era² s f Espacio de tierra llana y descubierta en el que se limpian el trigo y otros forrajes.

erario s m Conjunto de los bienes públicos pertenecientes a una nación, a un estado o al municipio; tesoro público: *el erario estatal*, *la pobreza del erario*.

erecto adj **1** Que está levantado, derecho y firme: "Los gallos se lanzaron al encuentro… *erectas* las crestas, crispadas las patas", "Los astrolopitecos caminaban en posición *erecta*" **2** (*Bot*) Tratándose de plantas, que su tallo crece hacia arriba.

erguir v tr (Se conjuga como *sentir*, 9a; pero cuando se forma diptongo al inicio de la palabra se pronuncia y escribe con *y*) **1** Levantar o poner derecho el cuerpo, el tronco o la cabeza una persona o un animal: "Mariana *irguió* la cabeza al instante", "La alegría hizo que el perro *irguiera* la cola" **2** prnl Ponerse de pie, pararse: "De pronto, Lázaro *se yergue*" **3** prnl Levantarse en todo su tamaño y destacar una construcción, una montaña, etc: "La catedral *se yergue* en la plaza".

erigir v tr (Se conjuga como *subir*) **1** Construir o levantar un edificio importante o un monumento: "La glorieta de Huipulco, donde se *erige* la estatua a Emiliano Zapata...", "Se *erigió* el portal de los mercaderes", "Seis siglos tardaron los chinos en *erigir* la muralla" **2** Establecer o fundar una institución importante: "La Real y Pontificia Universidad de México se *erigió* en 1551" **3** prnl Constituirse en autoridad, dignidad u otro estado semejante: "Las fuerzas armadas *se erigieron* en el poder detrás del trono", "Habían emigrado al *erigirse* en dictador Benito Mussolini en 1924".

erizo s m l **1** Mamífero insectívoro de diversas especies de la familia de los erinaceidos, de aproximadamente 30 cm de largo, cuerpo macizo y pesado, sin cuello aparente, patas robustas y hocico largo; la parte inferior está cubierta de pelo gris o pardo, la superior tiene además gruesas espinas o púas de aproximadamente 3 cm de largo. Vive en zonas abiertas. Cuando percibe el peligro se enrolla en forma de bola con las espinas dispuestas en todas direcciones. Entra en letargo durante el invierno **2** *Erizo de mar* Animal equinodermo de diversas variedades, de cuerpo hemisférico, protegido por una especie de concha de espinas articuladas, con la boca en el centro de la cara dorsal y ano en la parte contraria; algunas especies son comestibles; vive en las zonas rocosas de aguas profundas **ll** adj (*Popular*) **1** Que está muy enojado o que tiene mal carácter, que es poco sociable **2** Que está drogado **3** Que no tiene dinero: "Esos coyotazos me dejaron bien *erizo*".

erogación s f Salida de dinero o gasto de un presupuesto: "El total de las *erogaciones* anuales suma más de cien millones de pesos", "El gobierno debe ejercer un mayor control sobre sus *erogaciones*".

erosión s f **1** Desgaste que se produce en un cuerpo por el roce o el contacto con otro, especialmente el de la tierra como efecto de la acción del viento y del agua: "Se está agravando la *erosión* de los suelos" **2** (*Med*) Herida de un tejido producida lenta y progresivamente por la acción de sustancias corrosivas, por fricción o compresión: "No es conveniente usar el fórceps por el peligro de causar *erosiones*".

erosionar v tr (Se conjuga como *amar*) Desgastar o dañar a algún cuerpo sólido, particularmente al suelo o a la corteza terrestre, diversos elementos como el viento o el agua: "El mar *erosiona* los muelles", "Las colinas las *han erosionado* por la sequía".

erótico adj Que pertenece al amor, especialmente a su aspecto sexual o se relaciona con él: *impulsos eróticos, atracción erótica, el placer erótico, escribir poemas eróticos*.

erotismo s m Conjunto de sensaciones o sentimientos relacionados con el amor y la sexualidad de una persona: *el erotismo de la India, sublimación del erotismo*, "Dictará una conferencia sobre la sexualidad de hoy y el *erotismo*".

erradicación s f Acto de erradicar algo: *la erradicación del paludismo*.

erradicar v tr (Se conjuga como *amar*) Eliminar desde su origen, de raíz o definitivamente alguna cosa, por lo general dañina o que causa un mal: *erradicar las plagas, erradicar la viruela, erradicar la corrupción*.

errar v tr (Se conjuga como *despertar*, 2a; pero cuando se forma diptongo al inicio de la palabra se pronuncia y escribe con *y*) **1** Fallar al hacer o decir algo, no dar en el blanco, equivocarse al elegir una cosa: *errar el tiro, errar una respuesta, errar la profesión* **2** Andar sin rumbo fijo: "Lucas *yerra* por el campo desde hace días".

errata s f Error cometido en un texto, especialmente el impreso: *libro lleno de erratas, corregir las erratas, fe de erratas*.

erróneo adj Que implica o contiene un error; equivocado: *un concepto erróneo de la buena nutrición*, "Se presta a interpretaciones *erróneas*", *políticas erróneas, resultados erróneos*.

error s m Hecho, acto o dicho que resulta equivocado respecto de lo que se considera verdadero o debido: *un error de cálculo, un error de doctrina, un error moral*.

eructar v intr (Se conjuga como *amar*) Expeler por la boca los gases del estómago: "No *eructes* en la mesa, es de mala educación".

eructo s m Expulsión, generalmente ruidosa, de los gases estomacales por la boca: "La comida grasosa le provoca agruras y *eructos*".

erudición s f Conocimiento profundo y bien fundamentado de un asunto o materia: *la erudición de un historiador, la erudición cervantina*.

erudito adj y s Que muestra gran conocimiento en uno o varios campos de la cultura; que es culto o instruido: *erudito artículo, ser erudito, rigor erudito*.

erupción s f **1** Aparición de granos o manchas en la piel como síntoma o efecto de alguna enfermedad, o como reacción a algo: *padecer una erupción, una erupción alérgica* **2** Conjunto de los granos o las manchas que ha aparecido en la piel: *pomada para la erupción* **3** Expulsión violenta de materiales y gases del interior de la Tierra o de otro cuerpo celeste por una grieta o un volcán: *la erupción del volcán Chichonal*.

esbelto adj Que es delgado, alto y ágil, que pesa poco, que es elegante en su porte: *cuerpo esbelto y atractivo, las esbeltas torres*.

esbozar v tr (Se conjuga como *amar*) **1** Dibujar a grandes rasgos; indicar vagamente un plan o un concepto: *esbozar lineamientos* **2** Dibujar apenas; insinuar o mostrar apenas un gesto: *esbozar una sonrisa*.

esbozo s m **1** Acto de esbozar **2** Esquema a grandes rasgos y sin detalles de un plan o un proyecto.

escala s f **1** Serie de objetos de la misma clase o especie, ordenados en una jerarquía o según su grado de intensidad o de valor: *escala de colores, escala de salarios* **2** Graduación con la que se mide algún fenómeno: *escala barométrica, escala de temperatura* **3** Proporción que guardan entre sí el tamaño real de un objeto y el de su representación gráfica; medida de esa proporción: *escala de dos a uno* **4** *A escala* De tamaño generalmente más pequeño pero proporcional al objeto que representa: *coche a escala, avión a escala* **5** (*Mús*) Sucesión de sonidos, en orden gradual ascendente o descendente, sobre la que se basa el principio de tonalidad **6** Escalera de cuerda como las que había en los barcos de vela **7** Cada una de las veces que se detiene un avión o un barco en su recorrido, generalmente para abastecerse de combustible o recoger pasaje: "Este vuelo hace *escala* en Miami y Madrid" **8** *En escala, a pequeña escala, a gran escala, a mayor escala, en menor escala*, etc De tamaño, calidad o importancia pequeño, grande, mayor, menor, etc: *comercio en pequeña escala, pesca a gran escala* **9** *En escala mundial* o *a escala mundial, continental, nacional*, etc De cantidad calidad o importancia mundial, continental, nacional, etc: *producir a escala mundial*.

escalar v tr (Se conjuga como *amar*) **1** Subir a un punto elevado: *escalar el Popocatéptl* **2** Subir o mejorar en la escala social, económica o política: *escalar puestos en la política nacional*.

escaleno adj y s m **1** (*Geom*) Tratándose de triángulos, que tiene cada uno de sus lados de diferente longitud **2** (*Geom*) Tratándose de conos, que no tiene el eje perpendicular a la base **3** (*Anat*) Cada uno de los tres músculos triangulares que hay a cada lado del cuello.

escalera s f **1** Parte de una construcción formada por una serie de pequeñas plataformas colocadas de manera que constituyan una o varias pendientes; sirve para subir o bajar de un piso a otro: *escalera de madera, caerse de la escalera* **2** *Escalera de mano* La portátil, formada por dos varillas largas paralelas entre las que se encajan travesaños perpendicularmente a ellas para que sirvan de apoyo al subir o bajar por ella **3** *Escalera de tijera* La formada por dos escaleras de mano unidas por un extremo y afianzadas por un travesaño a cierta altura entre una y otra **4** *Escalera de caracol* La que tiene forma de espiral **II** En algunos juegos de baraja, serie de cartas con valor consecutivo.

escalofrío s m Sensación de cambio brusco y repentino de la temperatura del cuerpo acompañada de temblor o estremecimiento de los músculos, que se presenta como síntoma de algunas enfermedades, que anuncia la fiebre o cuando se experimenta una emoción fuerte como el miedo: "Un *escalofrío* de terror le cruzó la espalda", "Suele tener fiebre elevada, *escalofríos* y malestar".

escalón s m **1** Cada una de las plataformas que conforman una escalera o plataforma independiente que sirve para subir o bajar; peldaño: "Los *escalones* de la pirámide son muy altos y empinados", "¡Cuidado con el *escalón* de la entrada!" **2** Plano horizontal de una pendiente o que forma un desnivel en un terreno: "Sembraron maíz en un *escalón* del cerro" **3** Cada una de las divisiones dentro de una organización jerárquica o grado de una jerarquía: *los escalones militares, los escalones del aparato oficial* **4** Punto, altura o nivel que alcanza algo dentro de un determinado proceso: "Se considera la revolución neolítica como el primer *escalón* de las altas culturas".

escama s f **1** Cada una de las pequeñas placas duras y relativamente ovaladas que cubren y protegen el cuerpo de los peces y algunos reptiles **2** Cada una de las hojuelas en las que se fabrican ciertos productos, como el jabón, o en las que cristalizan ciertas sustancias.

escandalizar v (Se conjuga como *amar*) **1** tr Causar escándalo en alguien: "*Escandalizó* a los vecinos con su manera de vestir", "Se *escandaliza* de lo que hoy saben los niños" **2** intr Hacer mucho ruido y provocar gran confusión: "Los borrachos *escandalizan* en la calle".

escándalo s m **1** Acción o comportamiento de alguien en contra de la moral o de las buenas costumbres y situación que provoca en la sociedad: *un escándalo internacional*, "Era una estrella de cine famosa por sus *escándalos*" **2** Estado de ánimo que causan esas acciones o comportamientos en la persona que las presencia y las juzga: "Don Carlos pasa del *escándalo* a la indignación ante tanta desvergüenza" **3** Situación de mucho ruido, gritos, confusión e inquietud: *hacer escándalo, un escándalo en la plaza* **4** Manifestación ruidosa y exagerada de algo en particular para llamar la atención: "Si me detienen ilegalmente, armo un *escándalo*".

escandaloso adj **1** Que provoca el escándalo: "¡Señorita! su comportamiento es francamente *escandaloso*", "Es *escandaloso* cómo han subido los precios" **2** Que hace o provoca mucho ruido y alboroto: "No le gusta la música moderna por *escandalosa*", "Había un grupo de jovencitos *escandalosos*" **3** Que reacciona exageradamente ante ciertas situaciones, por lo general tratando de llamar la atención: "No hace tanto frío, no seas *escandaloso*" **4** Que es llamativo: *colores escandalosos*.

escandinavo adj y s Que pertenece a Escandinavia o se relaciona con ella; que es originario de esta región del norte de Europa: *las penínsulas escandinavas, los países escandinavos*, "El partido Suecia-Italia fue ganado por los *escandinavos*".

escapar v intr (Se conjuga como *amar*) **1** Salir una persona o un animal, sin que se note o con fuerza, del lugar donde estaba encerrado o detenido: *escapar de la cárcel, escapar un pájaro de su jaula* **2** Lograr uno quedar libre de una amenaza, un peligro o un mal: *escapar de la muerte, escapar del enemigo* **3** prnl Salirse un gas o un líquido del lugar donde estaba guardado o contenido: *escaparse el agua, escaparse el gas del tanque* **4** Quedar algo o alguien fuera del dominio, de la influencia de otra persona o cosa: *escapar del poder del dictador, escaparse una industria del control financiero* **5** prnl Pasar o quedar algo sin que uno lo note o lo entienda: "Se me escapó un error", "El significado de esto se me escapa" **6** prnl Manifestarse algo como un sonido, un gesto, un suspiro, etc sin que uno se dé cuenta o en contra de sus propósitos: *escaparse una queja* **7** Escaparse algo (*de la mente*) Olvidarlo o no recordarlo: "Se me escapa su nombre".

escape s m **I 1** Acto de escapar de un lugar, de una situación, etc: "Durante meses planearon su *escape* de la cárcel" **2** Salida accidental de un líquido o un gas: "El incendio se debió a un *escape* de gas" **3** Actividad que sirve a alguien para alejarse u olvidarse de sus problemas: "La música era un *escape* para él" **II 1** (*Mec*) Dispositivo que regula la salida de los gases generados en los motores de combustión interna y conducto por el que salen: "Mi coche trae roto el *escape*" **2** (*Mec*) Pieza de un aparato que regula el movimiento de otra liberándola y sujetándola alternativamente: *el escape de un reloj* **3** En el sistema ferroviario, vía auxiliar conectada a una principal por sus dos extremos, que sirve para desviar un tren cuando hay dos que circulan en sentido contrario.

escapo s m I (*Bot*) Tallo herbáceo sin hojas que brota de la base de la planta y sostiene una flor, como el de la azucena o del lirio II (*Arq*) Cuerpo principal de la columna o fuste.

escarabajo s m Insecto del orden de los coleópteros, de muy distintas especies, que se caracteriza por tener el cuerpo robusto, oval y deprimido, la cabeza corta en forma de rombo y aparato bucal masticador; sus dos alas anteriores están endurecidas y forman una cubierta que protege las alas posteriores, largas y membranosas cuando están en reposo. Mide entre 1 y 12 cm de largo y se alimenta de estiércol, carroña, plantas, madera o de otros animales, según la especie a la que pertenezca. Algunos están adaptados a la vida acuática, otros viven debajo de la tierra y otros constituyen verdaderas plagas de diversos cultivos: *escarabajo de agua, escarabajo pelotero, escarabajo de la hoja del frijol*.

escaramuza s f **1** Pelea, combate o enfrentamiento poco violento y sin consecuencias graves: "Hubo una escaramuza entre miembros de los dos partidos fuera del palacio municipal" **2** En las fiestas charras, grupo de mujeres que montadas a caballo ejecutan una serie de suertes muy vistosas; conjunto de estas suertes: "El jaripeo comenzó con la *escaramuza* y luego vinieron las coleadas".

escarbar v tr (Se conjuga como *amar*) **1** Remover la tierra para hacer agujeros, abrir zanjas o pozos en un terreno; excavar: "*Escarbé* y encontré un cántaro con dinero", "*Escarba* un hoyo y ahí planta el aguacate", "El perro no paraba de *escarbar* buscando su hueso" **2** Limpiar los oídos, la nariz o entre los dientes con un dedo o con un instrumento: *escarbarse los dientes con un palillo* **3** Ahondar con curiosidad en una investigación o en cualquier asunto: "Siempre anda *escarbando* en las vidas ajenas".

escarlata adj m y f Que es de color rojo brillante no muy oscuro: "Esta planta da unas flores *escarlata* hermosísimas", *un saco escarlata*.

escarlatina s f Enfermedad infecciosa, muy contagiosa, que ataca principalmente a los niños y que es ocasionada por un estreptococo. Se caracteriza por altas temperaturas y dolor de garganta en un principio, seguida de la aparición de erupciones rojas y extendidas en la piel que terminan por escamarse y desprenderse.

escasear v (Se conjuga como *amar*) **1** intr Faltar o haber poco de alguna cosa: *escasear el agua*, "Este año *escaseó* el maíz" **2** tr Esconder alguna mercancía o quitarla del mercado para especular con su precio: "*Escasean* la leche para subirla de precio".

escasez s f Falta de alguna cosa en relación con su demanda; existencia limitada e insuficiente de algo: *escasez de petróleo, escasez de alimentos, escasez de trabajo, escasez de fondos*.

escaso adj **1** Que hay, se da o se tiene en cantidad inferior a lo necesario o a lo habitual: *escasos recursos, producción escasa, escasa inteligencia, lluvias escasas* **2** Que es muy justo en relación con lo que se necesita o se toma como referencia: "Faltaban 10 minutos *escasos* de recreo" **3** *A escaso* Apenas a: "Le apuntaba con su pistola *a escaso* medio metro", "Se pelearon *a escasas* dos semanas de la boda".

escena s f **1** Cada una de las partes en que se dividen los actos de una obra teatral o las secuencias narrativas de una película, y que se delimita por la entrada o salida de personajes, por el cambio de lugar o decorado o por constituir una unidad dentro del desarrollo de la acción **2** Escenario **3** *Poner una obra en escena* Representar una obra teatral **4** Situación o suceso que alguien presencia en cierto momento o en cierto lugar: *una escena de dolor*, "Era una *escena* realmente conmovedora" **5** *Hacer una escena* Manifestar algo, especialmente los sentimientos, de manera exagerada y aun fingida: "Su marido le *hizo una escena* de celos".

escenario s m **1** Parte de un teatro en la que se representan obras dramáticas o cualquier otro tipo de espectáculo **2** Espacio en el que se filman escenas para una película **3** Lugar en el que sucede o se desarrolla algún acontecimiento y conjunto de factores que intervienen en él: *el escenario de la batalla, un escenario de protesta*.

escénico adj **1** Que es propio de la escena o del escenario, que se relaciona con ellos: *artes escénicas, movimiento escénico* **2** Que se relaciona con la puesta en escena de espectáculos o pertenece a ella: "Julio Castillo fue un gran director *escénico*", *el trabajo escénico*.

escenificar v tr (Se conjuga como *amar*) **1** Representar o poner en escena una obra dramática: "*Escenificaron* 'La vida es sueño' de Calderón de la Barca" **2** Llevar a cabo una función, una presentación o un acto: "Son los encargados de *escenificar* la pelea estrella en la arena Coliseo".

escenografía s f **1** Conjunto de elementos o materiales que crean o reproducen el ambiente físico en que se desarrolla una representación teatral, una ópera, un ballet, etc; mobiliario, telones, mamparas, etc: "La *escenografía* simulaba un risco junto al mar", "La *escenografía* era muy buena" **2** Arte de diseñar estos ambientes y de materializarlos: "Estudió *escenografía* con Alejandro Luna".

escepticismo s m **1** Actitud de duda, desconfianza o falta de fe ante algo o alguien y tendencia a asumir esta actitud: "Las medidas económicas fueron recibidas con *escepticismo* por la población", "Cada vez hay un mayor *escepticismo* entre los jóvenes" **2** (*Fil*) Doctrina del conocimiento que plantea que es imposible decidir sobre la verdad o falsedad de cualquier proposición, puesto que no existe saber, opinión o juicio absolutamente seguro.

escéptico adj y s **1** Que duda de algo o alguien, que no cree o no tiene fe en ellos, que tiende a desconfiar y a dudar: "Hasta los más *escépticos* dejan de leer de vez en cuando su horóscopo" **2** (*Fil*) Que es partidario del escepticismo, se relaciona con esta doctrina o pertenece a ella: *los escépticos griegos, escuelas escépticas*.

escindir v tr (Se conjuga como *subir*) **1** Dividir algo en partes o separar los elementos que lo conforman: "La caravana se *escindió* en dos partes", "El fraude de las elecciones internas *escindió* al partido" **2** (*Fís*) Romper un núcleo atómico en dos porciones aproximadamente iguales, con la consiguiente liberación de energía, en general por medio del bombardeo de neutrones.

esciófita s y adj f (*Bot*) Planta que crece y se desarrolla mejor a la sombra que al sol; planta de sombra.

escisión s f **1** Acto de escindir: *la escisión entre las naciones* **2** *Escisión nuclear* (*Fís*) Fisión: *la escisión de éteres aromáticos.*

esclarecer v tr (Se conjuga como *agradecer*, 1a) Poner en claro alguna cosa: *esclarecer un crimen*, "*Esclareció* el pensamiento filosófico del siglo XVIII", "Intentemos el diálogo que *esclarezca* la situación", "Deseó *esclarecer* sus dudas".

esclava s f Pulsera en forma de cadena, generalmente de un metal precioso, suele tener una placa del mismo material que puede ir grabada.

esclavitud s f **1** Condición de esclavo: *la esclavitud de los negros durante la Colonia* **2** Práctica social mediante la cual se impone a ciertas personas la condición de esclavos: *abolir la esclavitud* **3** Condición de quien está bajo el dominio de algo o alguien al que no puede renunciar o está sujeto a una obligación penosa: *la esclavitud del trabajador.*

esclavo s y adj **1** Persona que, por estar bajo el dominio de otra, ha sido privada de su libertad: "El duro trabajo de los *esclavos*", "Los *esclavos* eran vendidos en los mercados" **2** Persona que ha sido dominada por algo y que no puede renunciar a ello o que se ha entregado a cierta cosa más allá de los límites de su voluntad: *esclava del vicio, esclavo de tus deseos, esclavo del deber, esclavo del trabajo.*

escoba s f **1** Utensilio para barrer que consiste en un manojo de varas secas, por lo general muy delgadas, o de varitas de plástico rígido, atadas y unidas a un palo largo: "Agarra la *escoba* y el recogedor y ponte a trabajar" **2** Arbusto de la familia de las leguminosas de distintas especies, de cuyas ramas lisas y largas se sacan varas para hacer estos objetos **3** Palma espinosa de varias especies, cuyas hojas abanicadas se emplean para hacer estos objetos. Crece en Tabasco y Chiapas **4** Cada uno de los distintos arbustos de la familia de los compuestos, de diversas especies, como *Baccharis conferta* y *Brickellia squamulosa.*

escobeta s f **1** **I** **1** Utensilio formado por un manojo corto, grueso y compacto de varitas de raíz de zacatón atadas, que se usa para limpiar y restregar cazuelas, loza, pisos etc: "Ni con *escobeta* se pudo limpiar el azulejo" **2** Cepillo para el pelo: "Te compré tu peine de oro / y tu *escobeta* de plata / para que te peines china" **II** **1** (*Rural*) Mechón de cerda que sale de los guajolotes debajo del pico, cuando ya son viejos **2** *Alzarle la escobeta a alguien* (*Popular*) Tenerle miedo o huir de él **3** Hongo comestible de la familia de las clavariáceas, de distintas especies, de cuerpo ramificado de color amarillento o gris.

escocés adj y s **1** Que es originario de Escocia, pertenece a este país británico o se relaciona con él: *filósofo escocés, falda escocesa, whisky escocés* **2** s m Lengua de origen céltico que se habla en este país **3** Tratándose de telas, que lleva cuadros o rayas formando cuadros de distintos colores: *lanas escocesas.*

escoger v tr (Se conjuga como *comer*) Decidir o seleccionar entre varias cosas o personas la que es más adecuada o se prefiere para cierto fin: *escoger la fruta, escoger un representante.*

escogido **I** pp de *escoger* **II** adj **1** Que es de los mejores de su clase; selecto: "Las maderas blandas se clasifican en *escogidas* y corrientes" **2** *Estar algo muy escogido* (*Coloq*) Quedar de un conjunto sólo

los elementos de menor calidad luego de haberse separado los mejores: "A estas horas la fruta ya está muy escogida".

escolar **1** adj m y f Que pertenece a la escuela o a los estudiantes o que se relaciona con ellos: *texto escolar, año escolar, fiesta escolar* **2** s m y f Niño o niña que estudia la primera enseñanza.

escolástica s f **1** Sistema filosófico y de enseñanza de la Edad Media que se practicó primero en las escuelas eclesiásticas y luego en las universidades, caracterizado por englobar la teología, la ciencia y la filosofía, y por desarrollar un método especulativo tendiente a explicar o demostrar las verdades de la fe cristiana en términos racionales, para lo cual se apoyó en conceptos de las filosofías clásicas, principalmente las neoplatónicas y las aristotélicas, así como en sus métodos de argumentación; escolasticismo **2** Filosofía que tiene como propósito explicar y defender racionalmente alguna doctrina o revelación religiosa: *la escolástica árabe, la escolástica judía.*

escolástico **1** adj Que pertenece a la escolástica o se relaciona con ella: "Venía a impugnar toda una serie de conceptos *escolásticos* referentes a la inmutabilidad del cielo" **2** adj y s Que practica o predicaba la escolástica: *los escolásticos del siglo XV*, "Le gusta leer a los filósofos *escolásticos*, sobre todo a Santo Tomás de Aquino".

escoleta s f **1** Banda de músicos aficionados **2** Reunión de ensayo o práctica de música.

escombro s m **1** Conjunto de materiales de desecho a que queda reducida una construcción o parte de ella al ser derribada o al derrumbarse: "Después del terremoto sacaron varios bebés de entre los *escombros* de un hospital", "De sus casas sólo quedaron *escombros*", *remover los escombros* **2** Aquello a que queda reducido algo cuando se destruye: *los escombros de una civilización.*

esconder v tr (Se conjuga como *comer*) **1** Poner algo o a alguien de tal manera que no se vea o no se perciba: *esconder un reloj, esconder el botín, esconderse detrás de una puerta, esconder un sentimiento* **2** Encerrar dentro de sí algo: "La Tierra *esconde* todavía grandes riquezas".

escondidas s f pl **1** *A escondidas* En secreto, escondiéndose u ocultándose de alguien: "Nos veíamos *a escondidas*", "Fuma *a escondidas*" **2** Juego que consiste en que algunos de los participantes se esconden para que otro u otros los busquen; escondidillas: "En el recreo jugamos a *las escondidas* y a las estatuas de marfil".

escopeta s f **1** Arma de fuego portátil que consta de uno o dos cañones de aproximadamente 80 cm de largo, montados en una caja de madera donde se encuentran los dispositivos de carga y disparo; principalmente la especial para la caza o el tiro deportivo: "Le compraron su *escopeta* y empezó a practicar tirando a las palomas" **2** *No soy escopeta* (*Coloq*) No soy tan rápido: "Espérame un momento que *no soy escopeta*".

escorbuto s m Enfermedad ocasionada principalmente por la falta o deficiencia de vitamina C y por malas condiciones higiénicas; se caracteriza por un estado general de debilidad, dolores en las articulaciones, anemia, hinchazón de las encías y hemorragias múltiples.

escoria s f I **1** (*Met*) Sustancia vítrea que, durante la fundición de los materiales para su depuración, se forma en los hornos metalúrgicos al adherirse las impurezas del mineral a algún material especial para recogerlas **2** Material que suelta un metal al cortarlo o perforarlo con soplete, o al trabajarlo en la fragua: "Si el corte se hace correctamente, la *escoria* aparecerá bajo el metal" **3** Material de desecho o residual que se forma al quemar ciertos materiales o al someterlos a determinados procesos industriales: *escoria de soldadura* **4** (*Geol*) Fragmento de materia volcánica o capa superficial de la lava solidificada, de aspecto esponjoso y consistencia áspera: "La ladera del volcán está cubierta por *escoria* de color rojizo" **II** Persona o conjunto de personas a quienes se considera lo más despreciable o lo peor del grupo al que pertenecen: *la escoria social*.

escorpión s m **1** Alacrán **2** (*Heloderma horridum*) Reptil venenoso de la familia de los saurios, de aproximadamente medio metro de longitud, de cuerpo cilíndrico, patas cortas y cola gruesa. Es de color negruzco con numerosas manchas amarillas y su piel es granulosa. Segrega un veneno muy tóxico que inyecta a sus víctimas mordiéndolas, sin embargo no resulta un animal muy peligroso debido a su lentitud y torpeza. Vive en los lugares secos y cálidos del litoral del Pacífico desde Sinaloa hasta el Istmo de Tehuantepec **3** Pez marino de la familia de los escorpénidos de distintas especies, que mide entre 15 y 30 cm de longitud, tiene el cuerpo escamoso y la aleta dorsal con numerosas espinas. Habita en las costas del Pacífico y del golfo de México.

escote s m Corte que se hace en una prenda de vestir por la parte del cuello, particularmente la abertura que deja al descubierto parte del pecho o de la espalda en los vestidos de mujer: *un escote redondo, un escote provocativo*.

escotilla s f **1** Cada una de las aberturas rectangulares en la cubierta de un barco que sirven de acceso o ventilación para los camarotes **2** Puerta de acceso o de comunicación entre las cámaras de una nave: *la escotilla de una cápsula espacial, las escotillas de un submarino*.

escriba s m **1** Persona que tenía por oficio hacer copias de manuscritos antes de la invención de la imprenta: *los escribas egipcios* **2** Doctor e intérprete de la ley judía en la época de Jesucristo.

escribir v tr (Se conjuga como *subir*. Su participio es irregular: *escrito*) **1** Trazar sobre alguna superficie, como el papel, letras, números u otros símbolos para representar algún lenguaje: *escribir una oración, escribir una pieza de música, escribir una clave* **2** Comunicar algo a alguien por medio de la escritura: *escribir una carta, escribir un mensaje* **3** Componer una obra literaria o musical: *escribir un libro, escribir una canción*.

escrito I pp irregular de *escribir* **II** s m **1** Cosa escrita, particularmente la manuscrita o la que tiene un carácter oficial: *recibir un escrito*, "En su *escrito* del 8 de mayo..." **2** Obra científica, filosófica o literaria: "En sus *escritos* de juventud...", *escrito de divulgación*, *escritos en prosa* **3** *Por escrito* Usando la escritura, principalmente cuando por ese medio se deja constancia de algo: *tomar los recados por escrito*, "Ponme tus promesas *por escrito*" **4** *Estar algo escrito* Tener algo que suceder necesariamente; estar en el destino

de alguien: "*Estaba escrito* que nos volveríamos a ver", "Ya *estaba escrito* que aquella noche...".

escritor s Persona que se dedica a escribir obras literarias, especialmente novelas, cuentos y ensayos.

escritorio s m **1** Mesa en la que se escribe, generalmente provista de cajones o divisiones para guardar papelería **2** *Escritorio público* Oficina o establecimiento que da servicio al público redactando y escribiendo cartas, oficios, etc, o mesa que se pone en la calle para dar este servicio: "Los escritorios públicos del portal de Santo Domingo".

escritura s f **1** Sistema que emplea signos como las letras, los números, los jeroglíficos, las notas musicales, etc, para representar fonemas, conceptos, sonidos, etc: *escritura latina, escritura maya, escritura china* **2** pl Documento firmado por una o más personas ante un notario y en el que se describen los derechos y las obligaciones que ésta o éstas adquieren con respecto a algo: *escrituras de una casa, escrituras de un terreno* **3** Manera de escribir: "Tiene una *escritura* fatal, no se entiende ni una palabra" **4** *La(s) Sagrada(s) Escritura(s)* La Biblia.

escroto s m (*Anat*) Piel que cubre los testículos y las membranas que los envuelven.

escrúpulo s m **1** Limitación que uno mismo se impone sobre sus actos, de acuerdo con su calidad moral y que lo conduce a no cometer injusticias, abusos, etc: "No tiene el más mínimo *escrúpulo*", "No permitiremos que comerciantes sin *escrúpulos*...", "Su falta de *escrúpulos* le ha valido la enemistad de todos" **2** Temor que produce en alguien la posibilidad de que su comportamiento no vaya a ser el debido o no sea el correcto: "Déjate de tantos *escrúpulos* y acepta ese dinero".

escrupuloso adj **1** Que tiene escrúpulos, que actúa con escrúpulo: "No creo que acepte tu invitación, es muy *escrupulosa*" **2** Que es cuidadoso y cumplido en lo que hace: "Carmen es *escrupulosa* en su trabajo" **3** Que está hecho con atención, cuidado y esmero: *una limpieza escrupulosa, un análisis escrupuloso*, "Se hará una *escrupulosa* investigación".

escuadra s f **1** Instrumento hecho generalmente de metal, madera o plástico, en forma de triángulo rectángulo o compuesto por dos reglas que forman ángulo recto; sirve para trazar, medir o transportar ángulos rectos: *escuadra de dibujante, escuadra de carpintero* **2** *Falsa escuadra* La que tiene las dos reglas articuladas en el vértice y permite trazar, medir o transportar ángulos de distintas aberturas **3** *Escuadra óptica* Instrumento de topografía provisto de prismas o espejos y de escalas que permiten medir los ángulos de reflexión o de refracción de los rayos luminosos que coinciden con las visuales **4** *A escuadra* En ángulo recto: *trazar a escuadra, cortar a escuadra* **5** (*Mil*) Unidad menor de la caballería formada por un grupo de soldados bajo el mando de un cabo **6** (*Mil*) Conjunto de buques de guerra, mayores y menores, que actúa bajo las órdenes de un almirante, oficial superior o general **7** (*Mil*) Flota de guerra de un país **8** Conjunto de personas, especialmente deportistas, que forma un equipo: *escuadra de futbol, escuadra de basquetbol* **9** Pistola automática que tiene forma de escuadra: *disparar con una escuadra*.

escuadrón s m **1** (*Mil*) Unidad militar formada por un grupo pequeño de aviones, vehículos de combate, piezas de artillería o soldados de caballería, bajo el mando de un capitán: *escuadrón aéreo, escuadrón blindado* **2** (*Crón dep*) Equipo de futbol americano: "Águilas Blancas fue el *escuadrón* ganador del campeonato".

escuchar v tr (Se conjuga como *amar*) **1** Percibir atentamente algo con el oído: *escuchar una voz, escuchar música* **2** Prestar atención a algo que se dice, aconseja, pide, etc: *escuchar un consejo, escuchar la voz de la experiencia*.

escudo[1] s m **I 1** Arma defensiva usada en los combates cuerpo a cuerpo, consistente en una pieza grande y plana de metal, madera, cuero, etc que se lleva en un brazo y sirve para proteger de los golpes dados con una espada, lanza, mazo, etc: "Los guerreros mexicas se enfrentaban con mazos y *escudos* a las armas de fuego de los conquistadores", "Los granaderos usan *escudos* de fibra de vidrio" **2** Cosa que se usa como protección o defensa para detener un ataque: "Invocaron el nombre del caudillo como *escudo*" **3** Placa grande de acero que llevan los cañones para proteger a quienes los manejan **4** Pieza que, en ciertos aparatos, cubre y protege otras piezas: *los escudos de un motor* **II 1** Representación gráfica que, por lo general, tiene la forma de un arma de ese tipo con figuras y, a veces, un lema en su interior; que constituye el símbolo oficial de una agrupación, sociedad, institución o Estado: *el escudo de la UNAM, el escudo de Chiapas* **2** *Escudo nacional* Emblema oficial de un país; como el que aparece en la bandera de México y es el símbolo de nuestra identidad nacional **III** (*Geol*) Cada una de las regiones continentales constituidas por las rocas más antiguas de la corteza terrestre, formadas en las primeras eras geológicas, que nunca han sido cubiertas por el mar: *el escudo canadiense, el escudo siberiano*.

escudo[2] s m Unidad monetaria de Chile y Portugal.

escuela s f **1** Establecimiento en el que se enseña algo: *escuela primaria, escuela de manejo* **2** *Escuela mixta* La que acepta alumnos de los dos sexos **3** Edificio o local que se destina a la enseñanza: *construcción de escuelas* **4** *Escuela normal* Aquella en la que se estudia para ser maestro de enseñanza primaria y secundaria **5** Conjunto de doctrinas, teorías y métodos de un autor o tendencia, y grupo de sus discípulos o seguidores: *escuela de Siqueiros* **6** Conjunto de las obras producidas por autores de la misma tendencia o del mismo estilo: *escuela mexicana de arquitectura*.

escuincle s **1** (*Coloq*) Niño o muchacho: "Ya callen a esa *escuincla* chillona", "Sus *escuincles* ya están grandes" **2** adj y s (*Coloq*) Que es joven, inexperto o inmaduro: "Está muy *escuincle* para ese puesto" **3** Escuintle; xoloescuintle.

escuintle s m Perro pequeño casi sin pelo, de piel arrugada color cenizo con manchas negras; actualmente se encuentra en extinción; xoloescuintle.

esculpir v tr (Se conjuga como *subir*) Labrar piedra, madera, metal u otro material duro para hacer una escultura: *esculpir en mármol*, "Esculpió muchas estatuas", *esculpir a cincel*.

escultor s Persona que tiene por oficio la escultura.

escultura s f **1** Arte de labrar, fundir o modelar piedra, madera, metal o algún otro material para darle determinada forma: "Las técnicas de la *escultura*

moderna", "Destacó en la pintura y en la *escultura*" **2** Obra hecha de esta manera: *escultura en piedra, las esculturas de Zúñiga*.

escupir v tr (Se conjuga como *subir*) **I 1** Echar fuera con fuerza la saliva o lo que se tiene en la boca: "Favor de no *escupir* en el suelo", *escupir sangre*, "*Escupí* el café porque sabía horrible" **2** Lanzar alguna cosa con fuerza lo que tiene en su interior: "El volcán *escupía* lava y piedras" **3** Manifestar alguien con violencia o fuerza lo que siente: "Le *escupió* a la cara su desprecio" **II** (*Popular*) Dar, entregar o confesar algo en contra de su voluntad y generalmente por la fuerza: "Lo amenazaron y *escupió* todo lo del asalto", "Lo hicieron *escupir* el dinero que se robó".

escurrimiento s m Acto de escurrir: "Hay un *escurrimiento* de agua en la pared", *el escurrimiento natural del río*.

escurrir v (Se conjuga como *subir*) **1** intr Resbalar o correr un líquido por la superficie de algo: "El agua de lluvia *escurre* de los cerros hacia los ríos", "Por su cara *escurrían* las lágrimas" **2** tr Dejar caer o soltar una cosa gotas del líquido que contiene o que la empapa: "El motor *está escurriendo* aceite", "Pon los platos a *escurrir*" **3** tr Quitar a una cosa mojada los restos del líquido que le quedan haciendo que resbalen por la superficie: "El pollo se fríe y luego se le *escurre* la grasa" **4** prnl Escaparse, resbalarse alguna cosa al tratar alguien de asirla o atraparla: "*Se* le *escurrió* la pelota de las manos" **5** prnl Escaparse, huir alguien sigilosamente de un lugar: "A la proximidad de la tropa, la gente *se escurría* a ocultarse en las barrancas".

esdrújula adj y s (*Gram*) Tratándose de palabras, que lleva el acento en la antepenúltima sílaba, como *cálido, tráfico, último, esdrújula* (Véase "Acentuación", p 32).

ese, esa, esos, esas adj **1** Que está más cerca de la persona a la que se habla que de quien habla: "Miró *ese* cerro", "Cerraron *esa* puerta", "Préstame *esos* papeles que tienes en la mano" **2** Que está alejado espacial o temporalmente tanto del que habla como del que escucha, que está fuera de su alcance: "*Ese* señor nos pide que lo acompañemos", "*Esas* épocas fueron gloriosas", "*Esos* niños me desesperan" **3** Señala uno o varios elementos de un conjunto: "*Esos* lugares están ocupados", "*Esos* obstáculos ya fueron superados" **4** Resalta, con respecto a dos cosas ya dichas, la que se dijo primero: "*Esa* frase me pareció fundamental".

ése, ésa, eso, ésas, ésos pron **1** Indica lo que está más cerca de la persona a quien se habla que de quien habla: "También hacemos nosotros *ésa* que tiene en las manos", "Toma *ésos* que tienes enfrente" **2** Indica lo que está alejado temporal o espacialmente tanto del que habla como del que escucha, lo que está fuera de su alcance: "*Ésas* eran sus palabras", "*Ésa* era la vida de mis abuelos", "*Ése* se quedó mirándonos", "*Ésos* de enfrente son mis primos" **3** Señala uno o varios elementos de un conjunto o resalta algo que se acaba de decir: "*Ése* es el que pedimos", "*Ésa* es la idea que tenemos", "*Ése* es uno de los problemas" **4** Refiere lo que, conociéndolo, no se quiere nombrar: "No digas *eso*", "Llegamos tarde por culpa de *ése*" **5** *En eso* En el momento referido: "Cerraba la puerta de su casa, *en* *eso* sintió un fuerte mareo" **6** *En una de ésas* Tal vez, a lo mejor: "Sigue estudiando, *en una de ésas* encuentras la respuesta" **7** *Y eso que* A pesar de que: "Lo hicimos a la perfección *y eso que* no tuvimos tiempo de ensayarlo" **8** ¿*Y eso qué*? Niega el valor, lo acertado o lo adecuado de algo: "—Llegamos antes que ustedes. —¿*Y eso qué*?, nosotros también llegamos a tiempo" **9** *¡Eso, eso!, ¡eso es!* Exactamente, bien hecho, así: "Levántalo más rápido, ... *¡eso, eso!*, hazlo otra vez".

esencia s f **1** Fundamento, característica invariable o conjunto de rasgos que definen algo o a alguien: *la esencia de lo humano, la esencia de la vida* **2** *En esencia* Básicamente, fundamentalmente: "Las dos cosas son *en esencia* lo mismo" **3** Sustancia concentrada que se obtiene de alguna planta, fruta, etc, para dar sabor, olor o color; quintaesencia: *esencia de vainilla, esencia de almendras* **4** *Quintaesencia* Lo más puro y verdadero de algo: "San Francisco de Asís era la *quintaesencia* de la humildad".

esencial adj m y f **1** Que pertenece a la esencia o se relaciona con ella: "La inteligencia es parte *esencial* del ser humano" **2** Que es fundamental, básico o muy importante: "Tienen resueltas sus necesidades *esenciales*", *datos esenciales*.

esencialmente adv En esencia, principalmente: "Nuestro régimen económico descansa *esencialmente* sobre el sistema de propiedad privada".

esfera s f **1** (*Geom*) Superficie curva y cerrada cuyos puntos equidistan de otro llamado centro; sólido limitado por una superficie de esas características: *el radio de una esfera* **2** *Esfera celeste* Superficie ideal, curva y cerrada, concéntrica a la Tierra y sin radio definido que permite representar la ubicación de las estrellas, planetas, galaxias, etc **3** *Esfera terrestre* o *terráquea* Globo terráqueo **4** Medio en el que se desenvuelve o desarrolla una persona; grupo o clase social: *la esfera de los industriales, las altas esferas de la sociedad, la esfera más necesitada del país* **5** Campo que abarca o espacio en el que se extiende la actividad de algo o de alguien: *esfera profesional, esfera política, esfera de influencia, esfera de acción*.

esférico adj **1** (*Geom*) Que pertenece a la esfera o se relaciona con ella: *coordenadas esféricas* **2** Que tiene forma de esfera: *un recipiente esférico* **3** s m (*Crón dep*) Balón de futbol: "El *esférico* salió por la línea de meta".

esforzarse v prnl (Se conjuga como *soñar*, 2c) Hacer uno un gran esfuerzo para lograr o alcanzar algo: "Los corredores *se esforzaron* al máximo", *esforzarse para aprender*.

esfuerzo s m **1** Aplicación concentrada de fuerza física o mental a algo que uno hace: "Al final, su decidido *esfuerzo* le dio la victoria" **2** *Hacer esfuerzos* Emplear toda su fuerza física o intelectual: "*Hacía esfuerzos* para aprobar el examen de química", "*Hacía esfuerzos* para no llorar".

esgrima s f **1** Arte de manejar la espada y otras armas blancas en combate: "Para hacer el papel de 'Don Juan' tuvo que aprender *esgrima*" **2** Deporte que consiste en el enfrentamiento con espada, sable o florete de dos competidores vestidos con trajes y caretas o máscaras especiales para protegerse; intentan tocar con su arma un mayor número de veces a su adversario durante el encuentro.

esguince s m **1** Distensión violenta de una articulación sin que llegue a luxarse, provocada por la torcedura de un miembro y que puede ocasionar la rotura de algún ligamento o de fibras musculares. Es muy dolorosa y va acompañada de inflamación **2** Movimiento ágil y rápido del cuerpo con el que se evita un golpe o una caída: "Esquivó el retroceso de la pelota con un *esguince*".

eslabón s m **1** Pieza curva y cerrada, semejante a un anillo y por lo general de metal, que enlazada con otras de la misma clase forma una cadena **2** Elemento o situación que se encadena a otros en un fenómeno o proceso: *los eslabones de la evolución de las especies*.

eslora s f (*Mar*) Longitud de una embarcación, medida de la punta de la proa a la punta de la popa sobre la cubierta principal: *una lancha pesquera de 10 m de eslora, un buque de 50 m de eslora*.

esmalte s m **1** Barniz vítreo de color que al secar naturalmente o por cocción se adhiere a las superficies formando una capa lisa y brillante muy resistente. Se usa para proteger o decorar metal, cerámica, etc; objeto cubierto o adornado con él: *esmalte de uñas, una exposición de esmaltes* **2** Materia dura y blanca que cubre y protege el marfil de los dientes en la parte que sobresale de las encías.

esmeralda s f **I** Piedra transparente brillante de color verde intenso que constituye una variedad del berilo cristalizada en el sistema hexagonal. Se considera una de las piedras preciosas de mayor valor: *un collar de esmeraldas, una mina de esmeraldas* **II** (*Scabiosa atropurpurea*) Planta herbácea de la familia de las dipsáceas, de aproximadamente 70 cm de alto, hojas radicales dentadas y flores en cabezuelas de color morado, rosa o blanco.

esmero s m Atención y cuidado extremos puestos en la realización de algo: "Ha sido revisado con *esmero*", "Educó a sus hijos con *esmero*".

esófago s m (*Anat*) Conducto muscular membranoso por el que pasan los alimentos desde la faringe hasta el estómago.

espacial adj m y f Que pertenece al espacio o se relaciona con él: *nave espacial, vuelos espaciales*.

espaciar v tr (Se conjuga como *amar*) Dar un espacio, hacer una separación entre dos espacios o dos momentos: "*Espaciaron* cada vez más sus visitas".

espacio s m **1** Medio físico continuo e infinito en el que están contenidos todos los cuerpos del universo **2** Parte o porción de este medio: *un espacio cerrado*, "Es importante conservar los *espacios* verdes" **3** Parte del universo que está fuera de la atmósfera terrestre: *un viaje al espacio* **4** Extensión o lugar: "Tus cosas ocupan demasiado *espacio*" **5** Extensión que hay entre dos cosas o tiempo que transcurre entre dos momentos: *espacio entre letras*, "Lo esperamos por *espacio* de una hora".

espada s f **1** Arma blanca con empuñadura y de hoja larga, recta, aguda y cortante: *portar espada, sacar la espada*, "El oficial levantó la *espada*" **2** Arma que se emplea en el deporte de la esgrima; consta de una hoja de acero sin bordes cortantes y tiene un botón en la punta: *prueba de espada*, "Competirá en las tres modalidades: a florete, a sable y a *espada*" **3** (*Tauro*) Torero: *primer espada*, "Los tres *espadas* cortaron orejas" **4** *Entre la espada y la pared* Sin salida, con dos alternativas igualmente malas: "Con ese ofrecimiento me pones *entre la espada y la pared*", "Su esposo y su madre la tienen *entre la espada y la pared*" **5** *Ser algo (una) espada de dos filos* o *espada de doble filo* Tener algo la posibilidad de ser provechoso o dañino para quien lo usa, emplea o hace: "Tu argumento *es una espada de doble filo*", "Esos antibióticos *son espadas de dos filos*" **6** *Espada de Damocles* Amenaza o peligro que alguien sufre de manera constante **7** pl Uno de los cuatro palos de la baraja; en la española corresponde a las cartas ilustradas con esta arma y en la francesa a las que tienen una punta de lanza negra a manera de corazón invertido: *el as de espadas* **8** Carta que pertenece a este palo: "Ganó el juego con cinco *espadas*".

espádice s m (*Bot*) Conjunto de flores pequeñas que crecen en torno a un eje carnoso y grueso, en ocasiones envuelto por una hoja modificada; es propio de ciertas plantas monocotiledóneas como el alcatraz.

espalda s f **1** Parte posterior del cuerpo humano, opuesta al pecho, que va desde los hombros hasta la cintura **2** *De espaldas* Con la espalda hacia el lugar o persona que se toma como referencia: *de espaldas a la pared*, "Estaba *de espaldas* a él" **3** *A la espalda* Sobre la espalda: "Con la mochila *a la espalda*" **4** Parte de una prenda de vestir que cubre la espalda: "Un vestido con la *espalda* muy escotada" **5** Parte posterior de algo, opuesta al frente **6** *A espaldas* En la parte de atrás: *a espaldas de catedral* **7** *A espaldas de alguien* Sin que se entere, con engaño o traición: "Hizo el negocio *a espaldas de* su jefe" **8** *Dar la espalda* o *volver la espalda a alguien* Dejar de apoyar a alguien o no prestarle ayuda: "Todos sus amigos *le dieron la espalda*" **9** *Echarse sobre la(s) espalda(s)* Hacerse responsable de algo: "*Se echó sobre las espaldas* todo el trabajo" **10** *Caerse* o *irse de espaldas* Asombrarse o sorprenderse mucho: "*Se va a caer de espaldas* cuando do se entere del fraude".

espantar v tr (Se conjuga como *amar*) **I 1** Provocar en una persona o un animal una reacción de miedo o nerviosismo, algo o alguien inesperado, peligroso o amenazante; asustar: "Sus gritos me *espantaron*", "La víbora *espantó* al caballo" **2** prnl Sentir miedo o ponerse nervioso ante una situación determinada: "*Me espanté* cuando la vi tan pálida", "*Se espanta* hasta con su sombra" **3** Provocar en una persona preocupación, escándalo o inquietud: "A nadie *espantan* ya los desnudos en el teatro", "A mí no me *espanta* el qué dirán" **4** Ahuyentar un animal o a una persona de un lugar; hacer que algo o alguien se aleje de uno: *espantarse los moscos*, "Sus hermanos le *espantan* los novios" **II** (*Coloq*) **1** Hacer que se le quite a uno determinada sensación: "El café me *espanta* el sueño", "Tanta botana me *espantó* el hambre" **2** intr Haber fantasmas o apariciones sobrenaturales en un lugar: "Dicen que en la casa de la esquina *espantan*".

espanto s m **1** Sensación, mezcla de miedo y asombro, que provoca en uno algo inesperado, amenazante, cruel, horrible, etc: "Veíamos con *espanto* imágenes de la guerra", "Al perder el equilibrio gritó llena de *espanto*" **2** *Ser algo* o *alguien un espanto* Ser sumamente feo o desagradable: "*Es un espanto* ese vestido", "Sus padres son encantadores

pero sus hermanos *son un espanto*" **3** Fantasma, aparecido: "Puso ajos en su casa para ahuyentar a los *espantos*", *una película de espantos* **4** *Estar* o *quedar uno curado de espanto* (*Coloq*) Estar o quedar uno a salvo de padecer los efectos de ciertas situaciones por haber aprendido o escarmentado en experiencias anteriores: "No trates de darme celos que ya *estoy curado de espanto*", "*Quedé curado de espanto* la última vez que le presté dinero".

espantoso adj **1** Que es muy intenso, especialmente tratándose de emociones o sensaciones desagradables; horrible: *una desesperación espantosa, un dolor espantoso, una impresión espantosa* **2** Que es muy feo o desagradable: *un edificio espantoso* **3** Que causa espanto: *un accidente espantoso, un terremoto espantoso.*

español 1 adj y s Que es natural de España, pertenece a este país o se relaciona con él: *comida española, baile español* **2** s m Lengua originaria de Castilla, que se habla en la Península Ibérica, en todos los países hispanoamericanos, en Marruecos, la República Saharauí y las Islas Filipinas.

esparcir v tr (Se conjuga como *subir*) **1** Extender o extenderse alguna cosa en un área, hacerla llegar a distintos puntos: "La epidemia se *esparció* por todo el país", "Tenía un olor tibio a jabón y sal que el viento *esparcía*" **2** Difundir, propagar algo como un rumor: "La noticia de su renuncia se *esparció* por toda la escuela".

espárrago s m **I 1** Yema comestible, carnosa, larga y de varios gruesos, de color blanco verdoso o morado, muy apreciada por su sabor delicado y dulce: *ensalada de espárragos, crema de espárragos, una lata de espárragos* **2** (*Asparagus officinalis*) Planta de la familia de las liliáceas de cuyas raíces brotan estas yemas. Si los brotes o yemas no son cortados para su consumo, desarrolla hojas largas, flores y frutos redondos de color rojo. Se cultiva en hortalizas, aunque también hay algunas variedades silvestres que crecen en terrenos muy húmedos **3** Planta semitrepadora de la familia de las liliáceas, de distintas especies, de flores blancas y frutos globosos del tamaño de un chícharo, o de color rojo o morado oscuro. Se cultiva como planta ornamental **4** *Mandar a alguien a freír espárragos* (*Coloq*) Manifestarle a uno a alguien con mucho enojo su deseo de que se aleje, de que terminen sus relaciones, de que deje de molestarlo: "—¿Y tu novio? —Ya *lo mandé a freír espárragos*".

espasmo s m **1** Contracción involuntaria y persistente de un músculo, de un conjunto de músculos o de ciertos órganos: *espasmos renales, espasmo de una arteria* **2** En Oaxaca, orgasmo.

espata s f (*Bot*) Bráctea grande que envuelve el espádice de ciertas plantas como el alcatraz.

espátula s f **1** Instrumento de diversos tamaños y materiales que consta de una pieza rectangular plana de borde afilado y un mango. Se usa en distintos oficios para mezclar, raspar, despegar, etc: "Las muestras se obtienen raspando el tejido con una *espátula* de madera" **2** (*Ajaia ajaja*) Ave del orden de los ciconiformes, de patas largas, pico ancho y aplanado, con el pecho y las alas de color rosa oscuro y el resto del cuerpo blanco. Vive en zonas pantanosas o cerca de charcos, de lagunas o del mar.

especia s f Sustancia vegetal de gusto fuerte que se usa para dar sabor a la comida, como la pimienta, el clavo, el laurel, etcétera.

especial adj m y f **1** Que es particular, distinto o fuera de lo común: *invitado especial*, *un carácter especial* **2** Que sirve, se destina para un fin o un uso determinado o para alguien en particular: *tierra especial para macetas*, *un viaje especial para estudiantes* **3** *En especial* Particularmente, a propósito: "No se construye para ningún sector *en especial*".

especialidad s f **1** Campo particular de una actividad, especialmente de una profesión: "Esta *especialidad* de la medicina se imparte en tres universidades", "Maestros de la *especialidad* en derecho agrario", *escoger una especialidad* **2** Actividad o cosa que, entre las que realiza alguien, es la que hace mejor o para la que se ha preparado con mayor dedicación: "La *especialidad* de la casa es el mole poblano", "El tejido a gancho es su *especialidad*".

especialista s y adj m y f Persona que trabaja o sobresale en un campo particular de una profesión o actividad; persona que ha estudiado una especialidad: "Contratamos un *especialista* en ingeniería electrónica", "La cocinera es *especialista* en comida mexicana", *doctores especialistas en nutrición*.

especialización s f Acto de especializar o especializarse: *cursos de especialización*, *especialización ocupacional*, *los problemas de la especialización*.

especializado l pp de *especializar* ll adj Que implica o tiene conocimiento profundo sobre un campo particular de una profesión, oficio, actividad, etc: *un trabajo especializado*, *estudios especializados en literatura medieval*, *una doctora especializada en cardiología*, *un mesero especializado*, *mano de obra especializada*.

especializar v (Se conjuga como *amar*) **1** prnl Dedicarse a un campo particular de una profesión o al dominio o explotación de una actividad específica: *especializarse en medicina preventiva*, "Se especializó en psicología infantil", "Sonora *se especializa* en la producción de carne" **2** tr Proporcionar a alguien un conocimiento profundo sobre un campo particular de una ciencia o una técnica, o sobre un trabajo determinado: *especializar a un grupo de estudiantes*, "La compañía *especializará* al personal para el manejo de estas máquinas".

especialmente adv De manera especial: *especialmente para mí*, *especialmente en el norte del país*, *especialmente los jóvenes*.

especie s f **1** Conjunto de seres o cosas con una o varias características en común que permiten agruparlos: "Compra diversas *especies* de mercancías" **2** (*Biol*) Categoría de clasificación de animales y plantas que se dividen los géneros **3** *Una especie de* Algo como, parecido o semejante a: "Lo que vi era *una especie de* platillo volador" **4** Noticia o rumor: "Circuló la *especie* de un golpe de Estado" **5** *Pagar en especie* Pagar a alguien con mercancía en lugar de dinero.

especificación s f l Acto de especificar alguna cosa: "Los planos y *especificaciones* describen por entero la construcción", *especificaciones de uso* ll (*Der*) Modo de adquirir el dominio de una obra hecha con material ajeno, ya sea indemnizando el autor de la obra al dueño del material o pagando a este último por la obra del autor.

específicamente adv De manera específica: *el atractivo específicamente teórico*, *referirse específicamente al problema campesino*.

especificar v tr (Se conjuga como *amar*) Expresar o indicar algo de manera precisa; hacer constar alguna cosa dando los datos necesarios para que no ofrezca ninguna duda o señalar las características de algo o de alguien: "Las instrucciones *especifican* todo lo que debemos hacer", "La forma de pago debe *especificarse* en el contrato", "El anuncio no *especifica* las medidas del mueble", "*Especifique* su edad y sexo".

específico adj **1** Que caracteriza a algo o a alguien, que permite distinguirlo de otro: *un rasgo específico de su pintura*, *síntomas específicos de una enfermedad*, *la trayectoria específica del cometa*, *caracteres específicos del ser humano* **2** Que se refiere o aplica a algo en particular, determinado o concreto: *una relación específica*, *una teoría específica* **3** *De manera específica* Especialmente: "Se revisará el reglamento y, *de manera específica*, lo que se refiere al préstamo de libros".

espécimen s m **1** Ejemplar animal, vegetal o mineral que se toma como muestra para el estudio de la raza, grupo, especie, etc a que pertenecen: "Se recogieron tres *especímenes* de cada planta", *especímenes fósiles*, *especímenes de la flora mexicana* **2** Muestra o modelo de alguna cosa que sirve para examinarla o probar sus características: "Se han hecho pruebas sobre *especímenes* inalterados de arcilla", "La resistencia del concreto se comprueba en *especímenes*". (También *especimen*.)

espectacular adj m y f Que impresiona, causa admiración por su grandiosidad, por sus características extraordinarias o dignas de un espectáculo: *una tormenta espectacular*, *un paisaje de espectacular belleza*, *una pelea espectacular* **2** m Estructura de grandes dimensiones ubicada en lugares muy visibles de la vía pública, en la que se ponen anuncios comerciales, culturales o de servicios: "Rentaron un *espectacular* en la avenida Insurgentes para anunciar el concierto".

espectáculo s m **1** Representación o diversión pública, como el circo, los toros, un juego de futbol o una obra de teatro: *los espectáculos del fin de semana* **2** Acontecimiento o situación que atrae la atención y produce alguna emoción: *el espectáculo del atardecer*, "La miseria es un *espectáculo* doloroso" **3** *Dar un espectáculo* Hacer ante otras personas algo escandaloso o extraño: "Julia dio un *espectáculo* cuando empezó a gritar en el panteón".

espectador s y adj **1** Persona que presencia o mira un espectáculo o cualquier acto dirigido a un público: "Algunos *espectadores* agredieron al árbitro", "Ha aumentado el número de *espectadores* de los noticieros televisivos", "El *espectador* es dueño de una posición privilegiada" **2** Persona que presencia cualquier situación o suceso sin participar en ellos: "En esa discusión sólo fui *espectadora*", "Fomentan comunidades *espectadoras* y pasivas".

espectral adj m y f **1** Que parece un espectro o fantasma; que pertenece a los espectros o se relaciona con ellos: *las figuras espectrales de Goya*, *voz espectral* **2** (*Astron*) Que pertenece al espectro físico o se relaciona con él: *el análisis espectral de los eclipses*.

espectro s m **1** Imagen o fantasma que inspira terror a quien lo ve o se figura verlo: *aparecerse un espectro* **2** (*Fís*) Disposición progresiva de las frecuencias, longitudes de onda, cantidad de masa, etc de una radiación, que se obtiene empleando un medio dispersante; conjunto de las radiaciones emitidas o absorbidas por una sustancia después de haber sido separadas por un dispersor: *espectro electromagnético, el espectro de una estrella, espectro acústico* **3** *Espectro luminoso* (*Fís*) El que se produce cuando la luz blanca atraviesa un prisma que la descompone ordenando la radiación en una gama que va del rojo al violeta, como el arco iris **4** *Espectro infrarrojo* (*Fís*) El que se encuentra más allá del rojo y que está formado por radiaciones térmicas; se detecta con dispositivos sensibles al calor **5** *Espectro ultravioleta* (*Fís*) El que se encuentra más allá del violeta y está formado por radiaciones químicas.

especulación s f Acto de especular: *especulaciones filosóficas, las especulaciones de un periodista, especulación de precios, la especulación con alimentos*, "Todo eso no es más que pura *especulación*".

especulador adj y s Que especula, particularmente con bienes o valores: *un comerciante especulador, compañía especuladora*, "Esos *especuladores* merecen castigo".

especular v intr (Se conjuga como *amar*) **1** Considerar alguna cosa entrelazando suposiciones; llegar a alguna conclusión o formarse opiniones acerca de algo mediante abstracciones sucesivas que no se fundamentan en la experiencia o que no la toman en cuenta: "*Especula* sobre el futuro de la humanidad", "*Especulan* sobre las causas del asesinato", "Esos filósofos *especulan* sobre el origen del universo" **2** Realizar operaciones de compra o venta de bienes o valores con el fin de obtener una ganancia gracias a los cambios o fluctuaciones que se prevén en el precio de estos bienes y títulos: *especular con alimentos, especular con acero, especular con el dólar* **3** Sacar una ganancia desmedida de alguna cosa o situación, emplear algo para obtener ventajas, beneficios ilícitos o moralmente reprobables: "Son capaces de *especular* hasta con el hambre", *especular con un cargo público*.

especulativo adj **1** Que es propio de la especulación o se relaciona con ella: "Hay ciencias *especulativas* y ciencias prácticas", *una hipótesis especulativa*, "Acaparan productos con fines *especulativos*" **2** Que tiende a especular: "Era esto lo que tenían en mente aquellos hombres tan *especulativos*".

espejismo s m **1** Ilusión óptica que consiste en la percepción de la imagen invertida de objetos lejanos como si éstos se reflejaran en una superficie líquida que en realidad no existe. Se presenta comúnmente en los desiertos o en el asfalto de las carreteras cuando hace mucho calor y es producto de la desviación que sufre la luz reflejada por un objeto al pasar por capas de aire con distinto índice de refracción, las que le imponen una trayectoria curva que va del objeto al suelo y del suelo al ojo del observador **2** Hecho, imagen, situación, etc falso, meramente ilusorio: "El auge económico resultó sólo un *espejismo*".

espejo s m Objeto en el que se reflejan la luz y las imágenes; generalmente está hecho de una placa de vidrio cubierta de mercurio en una de sus caras: *mirarse al espejo*.

espeleología s f Ciencia que se encarga de la exploración y estudio de las cavernas o cavidades subterráneas.

espera s f **1** Hecho de esperar y tiempo que transcurre mientras se espera: "Ya está harto de la *espera*", "La *espera* se me hizo eterna", *angustiosa espera, tranquila espera de la muerte* **2** *En espera de* o *a la espera de* Esperando: "Están *en espera de* noticias", *en espera de la señal, en espera de su contestación, a la espera de resultados* **3** (*Der*) Prórroga concedida por el acreedor al deudor para el cumplimiento de sus compromisos.

esperanza s f Actitud o disposición del ánimo que hace ver como posible lo que se desea, quiere o espera de algo o de alguien; sentimiento que despierta en uno la posibilidad de que suceda algo que se quiere o espera: *esperanza en la humanidad*, "La *esperanza* nunca muere", "Nos dio *esperanzas* de que se aliviará".

esperar v tr (Se conjuga como *amar*) **1** Creer que lo que uno desea sucederá o podrá ser alcanzado: "*Espero* llegar a tiempo", "*Espero* que hable bien", "*Espero* ganar la carrera" **2** Creer que algo sucederá: "Se *esperan* fuertes lluvias", "Los analistas *esperan* serios conflictos" **3** *Ser algo de esperar* Ser algo una consecuencia segura de otra cosa, ser algo lógico: "*Era de esperar* que Romeo se enamorara de Julieta" **4** Dejar pasar alguien cierto tiempo hasta lograr algo, mientras algo sucede o se reúne con otra persona: "*Esperan* un aumento de salarios", *esperar al administrador, esperar en el café, esperar el camión* **5** Dejar de hacer algo por un momento hasta que otra cosa suceda: "El profesor *esperó* que hubiera silencio para seguir su clase".

esperma s m o f **1** Semen **2** *Esperma de ballena* Grasa sólida y dura que se extrae de la cabeza del cachalote para producir velas y algunos medicamentos.

espermatozoide s m Célula sexual masculina producida por los testículos, forma parte del semen, y es capaz de fecundar un óvulo. Es microscópica y está provista de una larga prolongación que le permite moverse con gran velocidad.

espesar v tr (Se conjuga como *amar*) **1** Hacer que una solución adquiera una consistencia espesa o más espesa de lo que es: *espesar la salsa, espesarse el chocolate* **2** Juntar, apretar los elementos que conforman un conjunto de manera que quede poco espacio entre ellos: *espesarse la selva*.

espeso adj **1** Tratándose de una solución, que tiene gran cantidad de sustancia sólida disuelta o que su grado de concentración es alto, que tiene la consistencia de la crema: *chocolate espeso*, "Se agrega harina hasta formar una pasta *espesa*" **2** Que está formado por elementos dispuestos de manera apretada, con muy poca separación entre ellos: *selva espesa, niebla espesa, bigote espeso* **3** Que es muy grueso y resistente, particularmente tratándose de muros o construcciones semejantes: *la espesa muralla del castillo*.

espesor s m **1** Dimensión menor de cuerpo, perpendicular a la anchura; grueso, grosor: *espesor de una tabla, el espesor de un muro* **2** Densidad o grado de concentración: *el espesor de la mezcla*.

espía s m y f Persona que se encarga de vigilar a alguien y de comunicar a su país, bando o partido lo que se hace o planea.

espiar v tr (Se conjuga como *amar*) **1** Mirar algo o a alguien con atención y sin que se note: "Por la noche *espiaba* a los vecinos" **2** Vigilar alguien, al enemigo y comunicar a su país, bando o partido lo que aquél hace o planea.

espiga s f **1** Agrupación de flores o frutos a lo largo de un tallo alargado, como el del trigo o la cebada **2** Pieza larga, delgada y generalmente cilíndrica, que se mete en un hueco de otra pieza y forma parte de algunas herramientas o máquinas.

espín s m (*Fís*) Momento angular intrínseco del movimiento rotatorio de las partículas atómicas; spin.

espina s f **1** Prolongación delgada, rígida y puntiaguda que nace del tejido leñoso o vascular de algunas plantas, como el nopal o el rosal: *clavarse una espina* **2** Hueso de pez, particularmente el de las costillas, que es largo y puntiagudo: *tragarse una espina* **3** Prolongación delgada, rígida y puntiaguda que protege el cuerpo de algunos animales, como el puerco espín o el erizo de mar **4** (*Anat*) Parte u órgano largo y agudo, especialmente las prolongaciones óseas que tienen esa forma **5** Columna vertebral; espina dorsal **6** *Sacarse alguien la espina* Recuperar uno mediante cierta acción el honor, el prestigio o la buena opinión puestos en duda por algún motivo: "El torero *se sacó la espina* cortando dos orejas" **7** *Darle a uno mala espina alguna cosa* Crearle sospechas o dudas, producirle mala impresión: "Tanta justificación *me da mala espina*", "Ese negocio *me da mala espina*".

espinaca s f (*Spinacia oleracea*) Planta herbácea anual de la familia de las quenopodiáceas de distintas variedades, de hojas radicales, grandes y de color verde oscuro que crecen en roseta. Sus hojas son ricas en vitaminas y hierro, y se comen crudas o cocidas: *ensalada de espinacas, puré de espinacas*.

espinazo s m Columna vertebral: "El caballo se rompió el *espinazo*".

espinilla s f **I** Parte delantera de la pierna entre la rodilla y el tobillo donde sobresale el borde de la tibia: "Le dio una patada en la *espinilla*" **II** Acumulación de grasa que se forma en un poro de la piel cuando éste se obstruye y que superficialmente se ve como un puntito negro: "Tienes muchas *espinillas* en la espalda".

espino s m Cada una de las diversas plantas espinosas del género *Acacia*.

espinoso adj **1** Tratándose de plantas, que tienen espinas: *un arbusto espinoso, hierba espinosa, tallo espinoso* **2** Que debe tratarse con tacto y cuidado por ser difícil, delicado o comprometedor: "La sexualidad sigue siendo un tema *espinoso* para muchas personas", "La parte *espinosa* de nuestra labor es lograr que el cliente nos compre".

espiral s f **I 1** (*Geom*) Línea curva abierta que describe una o varias vueltas en torno a un punto del cual se aleja o al cual se acerca cada vez más **2** Cuerpo que tiene la forma de una línea curva de esta clase, como los muelles de los relojes **3** adj m y f Que en su trayectoria describe una línea curva de esta clase: *un movimiento espiral* **II 1** (*Geom*) Línea curva abierta que va dando vueltas sucesivas en torno a un eje **2** Objeto o figura que tiene la forma de una línea de esta clase, como las escaleras de caracol o la cuerda de los tornillos: *una espiral de cobre*, "El humo se escapa en trémulas *espirales*" **3** Aumento

constante de algo, principalmente de los precios: *la espiral inflacionaria*.

espiritismo s m Doctrina que supone que es posible comunicarse con los espíritus de los muertos; conjunto de ritos y prácticas que tienen como fin esta comunicación.

espíritu s m **1** Según muchas creencias tradicionales y religiosas, parte inmaterial del ser humano en la que se encuentran los sentimientos, la razón y el juicio **2** Ser inmaterial **3** Para el cristianismo, ser sobrenatural que tiene razón, es puro y habita cerca de Dios en el cielo, como los ángeles **4** *Espíritu Santo* En el cristianismo, la tercera persona de la Santísima Trinidad **5** Fantasma: *aparecerse un espíritu, cuentos de espíritus* **6** Capacidad, fuerza, viveza o don que tiene alguien para hacer algo o comportarse de cierta manera: *un espíritu combativo, espíritu de sacrificio, un espíritu justo* **7** Sentido propio y profundo de algo, independientemente de su aspecto o su forma: *el espíritu de la ley, el espíritu de la democracia* **8** Sentido profundo o esencia que tiene algo o alguien en su desarrollo o comportamiento: *el espíritu del siglo XX, el espíritu del romanticismo, el espíritu del zapatismo*.

espiritual adj m y f **1** Que pertenece al espíritu o se relaciona con él: *vida espiritual, intereses espirituales* **2** s m Canción religiosa de la cultura negra de Estados Unidos de América.

espiritualismo s m (*Fil*) Cada una de las doctrinas filosóficas que consideran el espíritu como una realidad sustancial e independiente a la cual está subordinado el mundo material, ya sea porque éste en esencia está constituido por lo espiritual, porque el mundo se reduce a un mero objeto de la conciencia: *el espiritualismo de Bergson*, "Una sesión cargada de *espiritualismo*".

espléndido adj **1** Que es notable por su belleza, por sus cualidades o por su valor: *una ciudad espléndida, un fotógrafo espléndido, un espléndido panorama, una mujer espléndida* **2** Que es generoso con su dinero o con sus bienes para agradar o complacer a los demás: "Es muy *espléndido* con sus hijas, siempre las llena de regalos".

esplendor s m **1** Brillo de alguna cosa que se difunde en la atmósfera y le da claridad: *el esplendor del Sol, un día lleno de esplendor* **2** Momento o situación en el que algo alcanza su mayor desarrollo o se encuentra en su plenitud: *el esplendor de la cultura azteca*, "En esos años el arte renacentista estaba en todo su *esplendor*" **3** Riqueza, lujo o elegancia propia de algo: *el esplendor de su belleza*, "Se vistió con gran *esplendor*".

espolvorear v tr (Se conjuga como *amar*) Esparcir alguna sustancia en polvo sobre alguna cosa: *espolvorear las donas con azúcar y canela, espolvorear el queso en la sopa*.

esponja s f **1** Animal acuático, principalmente marino, de distintas especies, que vive en forma sedentaria. Es una masa porosa sin forma definida, con salientes irregulares y sin tener órganos diferenciados; su esqueleto está constituido por una serie de fibras flexibles y elásticas entrelazadas en forma de red. La especie que es objeto de mayor pesca es la conocida como esponja de baño (*Spongia officinalis*), se emplea como utensilio de limpieza o para el aseo personal por su suavidad y absorbencia **2** pl Fílum formado por estos animales; espongiarios **3** Masa porosa, elástica y absorbente que se forma con el esqueleto de estos animales y se comercializa principalmente como utensilio de limpieza, o la que se produce sintéticamente con propiedades semejantes y para los mismos usos.

esponjar v (Se conjuga como *amar*) **1** intr Adquirir algo una consistencia suave, elástica, porosa y abierta: *esponjar un pastel*, "Bata los huevos hasta que *esponjen*" **2** tr Hacer que algo tome esa consistencia **3** tr Expandir un animal sus plumas o su piel: "El guajolote *esponjó* la cola".

esponjoso adj Que es poroso, elástico y suave, ligero en relación con su volumen, como una esponja: *tejido esponjoso, tela esponjosa*.

espontáneamente adj De manera espontánea: *hablar espontáneamente*.

espontaneidad s f **1** Calidad de espontáneo: *la espontaneidad de la vida, la espontaneidad de las reacciones químicas* **2** Actitud o comportamiento libre y natural; naturalidad: *la espontaneidad de la fiesta*.

espontáneo adj **1** Que surge u ocurre sin la intervención de un factor externo: "La generación *espontánea* no existe en la naturaleza", *actividad eléctrica espontánea, hemorragia espontánea* **2** Que es libre o natural, no determinado por lo convencional: *expresarse de manera espontánea* **3** Que responde a un impulso interno: *un grito espontáneo*.

espora s f (*Biol*) Cuerpo pequeño formado por una o varias células, propio de algunos organismos como los hongos, los musgos, los helechos y ciertos protozoarios, que se separa de éstos y sirve para su reproducción; se mantiene sin desarrollarse hasta que las condiciones son favorables.

esposas s f pl Argollas o aros de metal unidos por una cadena con los que se inmovilizan las muñecas de los delincuentes.

esposo s Respecto de una persona, la que está casada con ella; persona unida a otra en matrimonio: "Las *esposas* de los funcionarios iban en la comitiva".

espuma s f **1** Conjunto apretado y abundante de burbujas que se forma en la superficie de los líquidos al calentarlos, agitarlos, o por efecto de ciertos agentes físicos o químicos: *la espuma del mar, chocolate con espuma, la espuma del jabón* **2** *Echar espuma por la boca* (*Coloq*) Estar alguien muy enojado **3** Puntada de trapo a gancho.

esqueleto s m **1** Conjunto de huesos articulados entre sí que sostienen y protegen las partes blandas del cuerpo de los vertebrados: "Examinan los *esqueletos* para determinar su antigüedad" **2** Sustancia dura que cubre, sostiene o protege el cuerpo de algunos invertebrados como las esponjas y los artrópodos **3** Estructura sobre la que se sostiene, se basa o se desarrolla algo: *el esqueleto de un edificio, el esqueleto de una novela* **4** Patrón impreso en el que se solicitan ciertos datos y se dejan espacios en blanco para llenarlos según el caso.

esquema s m **1** Representación gráfica de algo, en particular la que contiene indicaciones sobre el estado o el funcionamiento de algo, o la que considera sólo las características más significativas de aquello que ilustra: *trazar un esquema, el esquema de una máquina*, "Como puede observarse en el *esquema* de la página seis..." **2** Relación o exposición de las partes o puntos que componen una actividad o teoría y del orden en que se habrán de desarrollarse: *esquema de trabajo, esquema de producción*, "El *esquema* de mi tesis contiene ocho puntos" **3** Serie de ideas, criterios, concepciones, actitudes, etc que caen dentro de los límites de la capacidad de comprensión de una persona o de un grupo, o que delimitan las alternativas posibles de una época o de un sistema social: *esquema occidental, esquema capitalista*.

esquemático adj **1** Que es propio del esquema o se relaciona con él: "La flor se pinta de un modo *esquemático*", *cuadros esquemáticos* **2** Que se basa en determinados esquemas o que se apega fielmente a ellos: *un análisis político esquemático, un filósofo esquemático*.

esquí s m **1** Cada una de las dos tiras de madera, metal o fibra de vidrio que, ajustadas a los pies mediante un dispositivo, sirven para deslizarse en la nieve o en la superficie del agua a gran velocidad; son delgados, angostos y largos y están ligeramente curvados en la punta **2** Deporte o ejercicio que se practica en estas tiras lanzándose por pendientes nevadas con ayuda de dos bastones que sirven para impulsarse: *esquí alpino* **3** Deporte o ejercicio que se practica en el mar o algunos lagos con estas tiras sobre las que el esquiador se mantiene mientras es jalado por una lancha de motor a gran velocidad; *esquí acuático*.

esquimal s m y f **1** Grupo indígena de las regiones árticas: el norte de Canadá, Alaska, Groenlandia, las Islas Aleutianas y Siberia oriental. Sus miembros se dedican a la caza y a la pesca y en el invierno viven en construcciones de tierra y hielo llamadas *iglús* **2** s m Lengua hablada por estos indígenas del ártico **3** adj m y f Que pertenece a este grupo o se relaciona con él: *cultura esquimal, arte esquimal*.

esquina s f **1** Lugar o punto donde se juntan los lados de una cosa: *esquina de un papel, esquina del cuarto* **2** Lugar donde se juntan dos calles: "Nos vemos en la *esquina* de Reforma y Juárez".

esquirol s Trabajador de una empresa, fábrica o institución que sigue desempeñando sus funciones mientras que los demás se mantienen en huelga, o que es contratado para sustituir a los huelguistas: "Se tiene un enfrentamiento entre sindicalistas y *esquiroles, contratar esquiroles*".

esquivar v tr (Se conjuga como *amar*) Evitar el encuentro o el contacto con algo o alguien, haciéndose a un lado o alejándose: "*Esquivó* la mirada de su padre", "*Esquivaron* a los reporteros saliendo por la otra puerta", "Apenas pudo *esquivar* el golpe".

esquizofrenia s f (*Med*) Enfermedad mental de origen no orgánico y generalmente crónico, cuya evolución lleva al deterioro intelectual y afectivo del enfermo. Se manifiesta en formas aparentemente muy distintas entre sí, pero que comparten una serie de rasgos característicos, principalmente la distorsión y distanciamiento progresivo de la realidad por parte del enfermo, la incoherencia de sus pensamientos, sentimientos y actividad; el retraimiento del individuo en un mundo propio y cerrado, y una actividad delirante más o menos acentuada; algunos de los síntomas secundarios más comunes son alucinaciones, delirios, lenguaje y gestualidad absurdos, indiferencia o agresividad hacia el medio: *esquizofrenia paranoide, esquizofrenia catatónica*.

estabilidad s f **1** Estado de equilibrio, permanencia o duración de algo: *estabilidad de un edificio, estabilidad financiera, estabilidad social* **2** Propiedad de un cuerpo o sistema que puede mantenerse en equilibrio: *un coche con mucha estabilidad, la estabilidad de un avión.*

estabilizar v tr (Se conjuga como *amar*) **1** Hacer que algo quede en equilibrio, que llegue a un estado conveniente o adecuado y permanezca así sin variaciones o cambios considerables; alcanzar estabilidad: "*Necesitamos que se estabilice su estado emocional*", *estabilizar un avión, estabilizar la situación política* **2** Hacer que una cosa se mantenga en determinado punto, nivel, cantidad o rango de variación por un largo periodo o permanentemente: "*Se proponen estabilizar la producción de 8 millones de barriles*", *estabilizar las fluctuaciones de la demanda.*

estable adj m y f Que mantiene su estado, propiedades o relaciones, sin cambio alguno o sin alteraciones considerables; que se conserva dentro de márgenes estrechos y bien definidos; que tiene equilibrio o es equilibrado: "*Se requiere una temperatura estable*", "*Su problema es no tener un ingreso estable*", "*El precio de las acciones continúa estable*", *una familia estable.*

establecer v tr (Se conjuga como *agradecer*, 1a) **1** Hacer que algo exista, opere o funcione de manera regular, permanente o definitiva: *establecer una fábrica, establecer un tratado comercial, establecer un criterio* **2** Convenir o determinar algo y fijar la manera en que se debe hacerse: "*La ley establece que los niños no deben trabajar*", *establecer sanciones* **3** Encontrar, determinar o fundamentar la naturaleza de algo o su funcionamiento: *establecer diferencias, establecer una comparación, establecer un diagnóstico,* "*Einstein estableció que la energía está relacionada con la masa de los cuerpos*" **4** prnl Llegar alguien a vivir en algún lugar o comenzar a trabajar en algo de manera fija y durable: *establecerse en Guadalajara, establecerse como médico.*

establecido I pp de *establecer* o *establecerse* **II** adj Que funciona en forma regular y permanente: *el orden establecido, las leyes establecidas.*

establecimiento s m **1** Acto de establecer algo o de establecerse alguien **2** Local o edificio en donde se desarrolla una actividad comercial, industrial, sanitaria, etcétera.

establo s m **1** Lugar cerrado donde se guarda el ganado, principalmente aquél donde se ordeñan las vacas: *un establo de cabras,* "Mi madre nos compraba leche fresca de *establo*" **2** (*Crón dep*) Gimnasio donde se entrenan boxeadores: "El campeón y el retador provienen del mismo *establo*".

estabular v tr (Se conjuga como *amar*) (*Agr*) Mantener el ganado en establos para su cuidado y alimentación.

estaca s f **1** Palo que tiene punta en uno de sus extremos para poderlo clavar: "Limitaron los terrenos con *estacas*" **2** Palo grueso y firme **3** Parte del tallo de un vegetal que se planta para que eche raíces y se produzca un vegetal de la misma clase.

estación s f **1** Lugar en el que se hace alto cuando se viaja; los edificios o instalaciones a donde llegan los trenes o los autobuses: *estación de San Lázaro, estación del metro* **2** Lugar, edificio o instalación donde se establece la base de operaciones de un grupo de personas, principalmente cuando se dedica al servicio público: *estación de bomberos, estación de la Cruz Roja* **3** Lugar desde el cual se transmiten señales de radio o televisión a través de una determinada frecuencia o canal **4** Cada uno de los cuatro periodos en los que se divide el año (primavera, verano, otoño e invierno) que se distinguen entre sí por variaciones climáticas características; son originados por el movimiento de traslación de la Tierra y por la inclinación del eje terrestre con respecto al Sol.

estacionamiento s m Lugar público o privado que se utiliza para estacionar vehículos: "Dejé mi coche en el *estacionamiento* de la esquina", "Le robaron su camioneta en el *estacionamiento* del colegio", "Su casa es muy antigua y no tiene *estacionamiento*".

estacionar v (Se conjuga como *amar*) **1** tr Acomodar un vehículo donde ha de quedar parado por un tiempo: *estacionar una locomotora,* "*Estaciona* la camioneta frente a esta entrada" **2** prnl Detenerse el desarrollo o avance de alguien o algo generalmente por mucho tiempo: "*Se estacionaron* en sus propuestas de hace diez años".

estacionario adj **1** Que está fijo en un lugar, que se instala de manera permanente en un sitio: "Los equipos mecánicos pueden ser portátiles o *estacionarios*", *tanque estacionario de gas* **2** Que se mantiene en un mismo punto, estado o situación; que no varía: *el estado estacionario de una enfermedad.*

estadio[1] s m Lugar donde se practican ciertos deportes de conjunto ante un gran número de espectadores, consistente en una cancha o campo rodeado por una construcción abierta o cerrada donde están las gradas e instalaciones para el público y los deportistas: *estadio de beisbol, estadio de futbol, estadio olímpico.*

estadio[2] s m Cada uno de los diferentes periodos que conforman un proceso; etapa: "Los *estadios* del desarrollo de la planta se suceden de una manera coordinada".

estadista s m y f Persona que maneja o conoce los asuntos del Estado y su gobierno.

estadística s f **1** Rama de la matemática que estudia, sobre la base de la teoría de la probabilidad, acontecimientos, hechos y objetos que se pueden numerar o contar **2** Recuento numérico de ciertos hechos, objetos o acontecimientos: *estadísticas de población,* "Según las *estadísticas*, las enfermedades respiratorias han aumentado".

estadísticamente adv Desde el punto de vista de la estadística: *relaciones estadísticamente significativas.*

estadístico adj Que pertenece a la estadística o que se relaciona con ella: *datos estadísticos, método estadístico, encuesta estadística.*

estado[1] s m **1** Situación, circunstancia o condición en que está o tiene algo o alguien: *buen estado de salud, una casa en mal estado, estado sólido* **2** *Estado civil* Situación en que está una persona respecto de la organización social en que vive, por ejemplo, soltera, viuda, religiosa, etc **3** *Estado de ánimo* Situación en que se encuentra el ánimo de una persona en un momento dado: "Su *estado de ánimo* es bueno" **4** *Estado de sitio* Declaración del gobierno de un país o de una ciudad, según la cual las autoridades civiles atribuyen poderes extraordinarios a los militares o a la policía para reprimir o hacer frente a una situación grave o amenazante **5** *Estado de excepción* o *de emergencia* Declaración del gobierno de un país, una región o una población, en la cual no se garantiza el respeto a los derechos civiles ni a las libertades constitucionales de sus habitantes para hacer frente a una situación social extraordinaria o que amenaza el orden público **6** Informe sobre la situación en que está algún asunto o negocio: *estado de cuenta, estados financieros, estado de un proyecto* **7** *Estado Mayor* (*Mil*) Grupo de altos oficiales militares encargado de aconsejar y ayudar a sus jefes superiores en el cumplimiento y la distribución de las órdenes **8** *Estar en estado* o *en estado interesante* (*Coloq*) Estar embarazada "Mi prima *está en estado*".

estado² s m **1** Nación organizada políticamente y administrada por un gobierno: "México está en buenas relaciones con los *Estados* vecinos" **2** Gobierno de un país: "Existen escuelas a cargo del *Estado*" **3** Cada uno de los territorios que tiene un gobierno soberano y que forma parte de una federación: *los estados del norte de México*.

estadounidense adj y s m y f Que es natural de Estados Unidos de América, que pertenece a este país o se relaciona con él; norteamericano, estadunidense: *actor estadounidense, tropas estadounidenses, tecnología estadounidense*, "Los *estadounidenses* ganaron las pruebas de atletismo".

estafar v tr (Se conjuga como *amar*) Engañar a una persona con el propósito de obtener de ella algún provecho económico; quitarle dinero o bienes mediante una transacción ilícita o ilegal: "Te *estafaron*, la pulsera que compraste es de cobre, no de oro".

estafiate s m **1** (*Artemisia mexicana*) Planta herbácea de la familia de las compuestas, de hasta 1 m de altura, hojas alternas muy olorosas y de sabor amargo, y flores amarillentas que se dan en racimos. En medicina tradicional se emplea como estimulante del apetito en infusiones, y el polvo de sus flores para combatir los parásitos intestinales **2** Planta herbácea de la familia de las compuestas, de distintas especies y del género *artemisia*, que se caracteriza por sus hojas aromáticas y amargas, y sus flores en cabezuelas.

estalactita s f Formación mineral de figura irregular que pende del techo de cavernas y grutas, y es producto de la acumulación y endurecimiento de sustancias calcáreas que, a lo largo de cientos de años, ha ido depositando el agua saturada de carbonato de calcio que se filtra y escurre desde lo alto de estas cavidades subterráneas.

estalagmita s f Formación mineral de figura irregular que se yergue en el suelo de cavernas y grutas, producto de la acumulación de sustancias calcáreas que han sido depositadas a lo largo de cientos de años por el agua caliza que escurre desde el techo. Por lo general está en la vertical de una estalactita y puede desarrollarse a tal punto que llegue a unirse con ella dando lugar a una especie de columna: *las estalagmitas de las grutas de Cacahuamilpa*.

estallar v intr (Se conjuga como *amar*) **1** Romperse la envoltura o capa exterior de alguna cosa produciendo ruido, de manera que su contenido y los trozos de su cubierta se disparen o salgan con violencia en distintas direcciones: *estallar una bomba, estallar una botella, estallar un depósito de gasolina* **2** Romperse algo en varios pedazos produciendo ruido: *estallar un cristal* **3** Principiar brusca y violentamente algo o llevarse a cabo alguna acción que amenazaba con ocurrir, como una huelga o una revolución: *estallar un incendio, estallar la guerra* **4** Declarar el comienzo de una huelga: "El sindicato *estalló* la huelga a las siete de la mañana" **5** Perder de manera violenta el control sobre uno mismo, no poder contenerse o dominar una emoción: "Al enterarse de las pérdidas *estalló*", *estallar de alegría, estallar de ira*.

estambre s m **1** Hilo elaborado con fibra de lana o sintética que sirve para tejer: "El *estambre* del suéter es de dos colores" **2** Parte de la lana que se obtiene de las ovejas y que sirve para producir ese hilo **3** (*Bot*) Órgano sexual masculino de las plantas. Se encuentra generalmente cubierto y protegido por la corola y consiste en un filamento que sostiene una antera en la que se produce el polen.

estampa s f **1** Imagen grabada o impresa en papel: *un libro de estampas de animales, una estampa de la Guadalupana* **2** Apariencia o figura de una persona o animal: "No me gusta ni su *estampa*", *un caballo de buena estampa* **3** Descripción o representación detallada y realista de una situación típica: *estampas medievales*, "En la novela hay hermosas *estampas* de la vida provinciana".

estancamiento s m Hecho de estar detenido el desarrollo, avance o libre curso de alguna cosa: "Hubo un *estancamiento* en la producción", *un estancamiento económico, estancamiento en las negociaciones*.

estancia s f **1** Hecho de permanecer alguien en un lugar por un periodo determinado, y tiempo que permanece en él: "Disfrutó su *estancia* en nuestro país", "Luego de una *estancia* de tres días dejaron el hotel" **2** Parte de una casa, generalmente acondicionada para recibir visitas: "Pasaron a la *estancia* a tomar el café" **3** (*Rural*) Hacienda ganadera con determinado número de cabezas a cargo de un caporal y un grupo de vaqueros **II** (*Lit*) Estrofa en la que los versos, generalmente heptasílabos y endecasílabos, se combinan en número y disposición variables, y cuya estructura se repite a lo largo de una composición poética: *las estancias de San Juan de la Cruz*.

estándar **1** adj Que es el más común o el más usual, que está ampliamente extendido por lo que constituye un modelo o una norma: "Su altura es *estándar*", *transformadores tipo estándar, una pieza tamaño estándar, un diafragma estándar* **2** s m Condición, situación común a la mayoría de un grupo o conjunto: "El *estándar* de la vida en el campo es muy bajo".

estanquillo s m Tienda muy pequeña donde se venden diversas mercancías, como dulces, refrescos, cigarros y cerillos: "Mi tía tenía un *estanquillo* en el pueblo", "Ya casi no hay *estanquillos* en la colonia".

estante s m **1** Mueble con entrepaños que sirve para acomodar y guardar cosas en él: "Había un *estante* en el salón donde dejábamos los libros" **2** (*Rural*) Parte que sirve de sostén o apoyo vertical en los cercados de alambre o en ciertas construcciones.

estaño s m Metal sólido de color blanco brillante; es dúctil, maleable y resistente a la humedad; se emplea en la fabricación de hojalata y en las aleaciones para soldar.

estar v intr (Modelo de conjugación 16) **1** Existir algo o alguien de manera particular y específica en cierto momento; tener algo o alguien cierta situación, estado o cualidad en un lugar o en un momento determinado (cuando va seguido de adjetivo funciona como verbo copulativo o predicativo): *estar pobre, estar dormido, estar caminando, estar saltando, estar tranquilo, estar convencido, estar de buen humor, estar de luto, estar a ciegas, estar al corriente, estar a prueba, estar bonito el día, estar frío el café* **2** *Estar a* Correr cierta fecha, tener algo cierta medida o precio: *estar a 21 de marzo, estar a 13° de temperatura, estar a $20 el boleto* **3** *Estar con* Tomar partido por alguien o apoyar algo: *estar con su equipo, estar con su pueblo, estar con el progreso* **4** *Estar para* o *estar por* Encontrarse alguien a punto de comenzar algo, o alguna cosa a punto de suceder: *estar por comer, estar para salir, estar por resolver, estar por descubrirse* **5** *Estar que explota, está que arde, está que estalla*, etc Encontrarse algo o alguien en una situación extrema, violenta o muy difícil: "El país *está que arde*" **6** *Estar sobre* Vigilar algo o presionar insistentemente a alguien para que actúe de determinada manera: *estar sobre el asunto, estar sobre los alumnos* **7** prnl Tener algo o alguien cierto estado o disposición y mantenerse en él: *estarse quieto, estarse callado* **8** Seguido de gerundio expresa una acción prolongada o durativa: "*Está* comiendo", "*Está* estudiando", "*Está* leyendo" **9** Seguido de participio expresa una acción terminada o acabada: "*Estoy* convencida", "*Está* satisfecho", "*Está* dicho".

estatal adj m y f **1** Que pertenece al Estado o se relaciona con él: "Pemex es una empresa *estatal*", "Grabaron un programa sobre México para la televisión *estatal* polaca" **2** Que pertenece a uno o todos los estados de una federación, o se relaciona con ellos: *gobiernos estatales*, "Lo eligieron diputado *estatal* de Michoacán", "Se reunieron autoridades federales, *estatales* y municipales".

estática s f **1** (*Fís*) Rama de la mecánica que trata de la fuerza y sus sistemas haciendo abstracción de la materia, y estudia las fuerzas que actúan sobre los cuerpos en equilibrio **2** Ruido que interfiere una señal de sonido: "Ese aparato tiene mucha *estática*".

estático adj **1** Inmóvil, que no presenta cambio o movimiento alguno, que su estado se mantiene sin alteración: *quedarse estático, mirada estática*: "Las formas de organización social no permanecen *estáticas*", "Un manto *estático* de agua" **2** Que pertenece a la estática o se relaciona con ella **3** *Carga estática* (*Elec*) Carga eléctrica acumulada en un objeto **4** *Electricidad estática* (*Elec*) Transferencia o paso de la carga eléctrica acumulada de un objeto a otro, ya sea por contacto directo o a través de una chispa.

estatua s f **1** Escultura que toma como modelo una figura humana o la de un animal y que generalmente se hace para rendir homenaje a alguien o a algo: "El acto tendrá lugar frente a la *estatua* de Emiliano Zapata" **2** *Estatua ecuestre* La de una persona a caballo, como la de Carlos IV en la ciudad de México **3** *Quedarse como una estatua* o *hecho una estatua* Quedarse inmóvil, generalmente a causa de una fuerte emoción: "Cuando vio entrar a su padre *se quedó como una estatua*" **4** *A las estatuas de marfil* Juego de niños que consiste en mante-

nerse inmóvil con una expresión que provoque risa en los otros participantes para hacerlos perder la inmovilidad y el juego.

estatura s f Altura de una persona medida de los pies a la cabeza: *baja estatura, estatura normal*.

estatuto s m **1** Conjunto de normas que rigen internamente una institución o asociación y que se refieren a su organización, gobierno, funciones, obligaciones y derechos de sus miembros: *los estatutos de un sindicato, el estatuto universitario* **2** *Estatuto personal* (*Der*) Conjunto de normas jurídicas que rigen a las personas físicas y se refieren fundamentalmente a los aspectos relacionados con su estado civil y su capacidad legal.

este s m sing **1** Punto del horizonte por donde sale el Sol **2** Región de la Tierra situada al oriente de Europa, como la URSS, Asia y Asia Menor **3** Tratándose de países, los que tenían una organización comunista al oriente de Europa (se abrevia E).

este, esta, estos, estas adj **1** Que está cerca o al alcance del que habla en el espacio o en el tiempo: "Tengo *este* lápiz desde hace un mes", "*Esta* sustancia es explosiva", "*Estos* años ha llovido mucho", "Llegará una de *estas* semanas" **2** Señala uno o varios elementos de un conjunto próximos o cercanos al que habla: "*Esta* fruta sí es de buena calidad" **3** Resalta respecto de dos o más cosas ya expresadas, la que se dijo al último: "*Estas* acusaciones tendrán que ser probadas".

éste, ésta, esto, éstas, éstos pron **1** Indica lo que está al alcance o lo que está cerca espacial o temporalmente del que habla: "*Éstas* ya no sirven", "*Esto* es increíble", "*Éste* es mi hermano" **2** Señala uno o varios elementos de un conjunto o resalta algo que se acaba de decir: "Es difícil hacer un trabajo como *éste*", "Lo único que le quedaba eran sus esperanzas, como si *éstas* lo ayudaran", "Impuso sus predilecciones y sólo una de *éstas* era adecuada" **3** Señala lo que, respecto de dos o más cosas ya dichas, se nombró en último lugar: "Su trabajo reúne eficacia y calidad; es aquélla la que se adapta a *ésta*" **4** *En esto* En el momento referido, entonces: "Salían de su casa, *en esto*, los detuvo la policía".

estela[1] s f Monumento, generalmente de piedra, en el que se graba alguna cosa en conmemoración de algún acontecimiento: *una estela maya, las estelas funerarias de Egipto*.

estela[2] s f Señal que deja en el agua o en el aire el movimiento del cuerpo que los atraviesa: *estela de un barco, estela de un meteorito, estela de un avión*.

estelar adj m y f **1** Que pertenece a las estrellas o se relaciona con ellas: *un sistema estelar, atmósferas estelares* **2** Que es el más importante o el mejor dentro de un espectáculo: "Tiene el papel *estelar* dentro de la película", "La pelea *estelar* será la última", *tres combates estelares*.

estenosis s f sing y pl (*Med*) Estrechez anormal de un orificio o conducto: *estenosis aórtica, estenosis vascular, estenosis pulmonar*.

éster s m (*Quím*) Compuesto que resulta al mezclarse un ácido orgánico y un alcohol, y en el que el hidrógeno del primero ha sido sustituido por un radical; por lo general es un líquido incoloro con olor a frutas: *éster metálico, éster acético*.

estereofonía s f Técnica de reproducción o transmisión de los sonidos con la que se crea en el oyente el efecto de la distribución espacial de las fuentes sonoras, de manera que las recibe con una profundidad y perspectiva similares a las que tendría escuchándolas en forma directa. Consiste básicamente en registrar cada una de las fuentes de una emisión en pistas distintas, manteniendo las diferencias de intensidad con las que llegan a los oídos en la recepción directa, para luego transmitirlas a través de por lo menos dos bocinas independientes distribuidas adecuadamente.

estereofónico adj **1** Que se relaciona con la estereofonía o pertenece a esa técnica: *sonido estereofónico* **2** Tratándose de aparatos acústicos, que es capaz de reproducir los sonidos según los principios de la estereofonía: "Instalaron equipo *estereofónico* en el cine", *una televisión estereofónica*.

estéril adj m y f **1** Tratándose de tierras, plantas y otras cosas relacionadas con la agricultura, que produce muy poco o nada: *terrenos estériles* **2** Tratándose de personas o animales, que no puede reproducirse: *una mujer estéril, un hombre estéril, una cabra estéril* **3** Que es improductivo, poco o nada provechoso: *un escritor estéril, una idea estéril, trabajo estéril* **4** (*Med*) Que está desinfectado, libre de gérmenes o agentes patógenos: *una aguja estéril*.

esterilidad s f **1** Condición o estado de lo que es estéril: *esterilidad de la tierra, esterilidad de una mujer, esterilidad de un hombre* **2** (*Med*) Condición o estado de lo que ha sido desinfectado y está libre de agentes patógenos: *esterilidad de los instrumentos quirúrgicos*.

esterilización s f Acto y proceso de hacer estéril algo o a alguien: *esterilización de animales* **2** (*Med*) Acto y proceso de desinfectar algo eliminando los agentes patógenos que hay en él: *esterilización de los instrumentos médicos*.

esterilizar v tr (Se conjuga como *amar*) **1** Hacer estéril algo o a alguien: "Juana se sometió a una operación para *esterilizarse*", "Esas sales *esterilizan* la tierra" **2** (*Med*) Desinfectar o eliminar los gérmenes que se desarrollan en algún lugar: *esterilizar una jeringa, esterilizar el quirófano*.

esternón s m (*Anat*) En los vertebrados superiores, hueso plano que se localiza en la parte media y delantera del tórax, con el que las clavículas y siete pares de costillas se articulan.

estero s m **1** Extensión poco profunda de agua, cercana a la costa y dentro del área de desembocadura de un río, que es alimentada por la marea de pleamar y por las filtraciones fluviales; donde se desarrollan numerosas especies acuáticas, vegetales y animales: "El camarón de mar abierto es en general mucho más desarrollado que el que habita los *esteros*" **2** Cada uno de los brazos pequeños de un río que establece la comunicación entre los brazos mayores.

estertor s m **1** Ruido de la respiración de los moribundos producido por el paso del aire a través de las mucosidades acumuladas en la laringe, la tráquea y los bronquios **2** (*Med*) Ruido anormal en la respiración, que se presenta en distintas enfermedades de los bronquios y es provocado por el paso del aire a través de líquidos bronquiales.

estética s f **1** Parte de la filosofía que estudia la belleza y el arte, sus características y su relación con la sensibilidad y el conocimiento humanos: *estética*

trascendental, estética idealista, estética marxista **2** Establecimiento comercial en el que se da tratamiento para el cuidado del pelo, la piel, etc, generalmente para embellecerlos o darlesi mejor apariencia: "Corta el pelo en una *estética*".

estético adj **1** Que pertenece a la estética o se relaciona con ella: *estudios estéticos, investigaciones estéticas* **2** Que es bello: *un baile muy estético, un cuerpo estético*.

estiércol s m Excremento de cualquier animal, como el caballo, la vaca o el borrego, que suele utilizarse para abonar la tierra: *echar estiércol al pasto, limpiar el estiércol*.

estigma s m I **1** Marca, señal o huella que indica desgracia, vergüenza o deshonra: *un estigma de la esclavitud, los estigmas del vicio* **2** (*Med*) Señal o síntoma persistente de una enfermedad congénita o contraída: *estigmas de la viruela* **3** pl (*Relig*) Entre los católicos, marcas semejantes a las que dejaron los clavos en el cuerpo de Jesucristo en su crucifixión y que se dice aparecen sobre el cuerpo de algunos santos II **1** (*Bot*) Parte terminal del pistilo de una flor, áspera y pegajosa, que retiene el grano de polen y donde éste germina **2** (*Zool*) Cada uno de los pequeños agujeros por que penetra el aire en el aparato respiratorio de los insectos, arácnidos y miriápodos.

estilo s m I **1** Manera o carácter peculiar, singular o personal de hacer algo: *estilo periodístico, al estilo de Cervantes, estilo de gobernar* **2** Conjunto de características propias o bien definidas por una corriente o movimiento, especialmente artístico: *estilo gótico, estilo barroco, estilo modernista* **3** Calidad o elegancia que distingue a algo o a alguien o que tiene una persona en su comportamiento o en la manera de hacer algo: *una mujer con mucho estilo, jugar con estilo* **4** *Por el estilo* Parecido, semejante a: "Traía un sombrero con plumas, un saco de pieles y zapatos *por el estilo*" II (*Bot*) Filamento hueco que comunica el ovario con el estigma de una flor.

estimación s f **1** Acto de estimar algo o a alguien **2** Sentimiento que se tiene por alguien cuando se valoran y reconocen sus cualidades: "Se ha ganado la *estimación* de sus compañeros" **3** *Hacer una estimación* Hacer un cálculo sobre el precio o el valor de algo: "El seguro *hizo una estimación* aproximada sobre las pérdidas".

estimado I pp de *estimar* o *estimarse* II adj **1** Que es muy apreciado o muy querido: *mi estimado amigo* **2** Que se puede calcular: *el precio estimado de venta, valores estimados, cifras estimadas*.

estimar v tr (Se conjuga como *amar*) **1** Sentir afecto por alguien; valorar o apreciar las cualidades de una persona: *estimar a los amigos*, "Estima mucho a su profesor" **2** Calcular el precio de algo o reconocer su valor; juzgar alguna cosa o considerarla en cierto sentido: *estimar una joya, estimar un daño*, "Pedro *estimó* difícil la situación política".

estimulación s f Acto de estimular: *la estimulación de un órgano, estimulación del sistema nervioso, estimulación auditiva*.

estimulante adj m y f **1** Que estimula: "Sus palabras fueron muy *estimulantes* para nosotros" **2** s m Sustancia que excita la actividad funcional de diversos órganos: "El café es un *estimulante* del sistema nervioso".

estimular v tr (Se conjuga como *amar*) **1** Hacer que un organismo o una de sus partes o de sus funciones responda o reaccione: *estimular el corazón*, *estimular el apetito* **2** Dar algo a alguien para que actúe con mayor entusiasmo, fuerza o dedicación; o para que mantenga cierto esfuerzo; hacer que algo se desarrolle con mayor intensidad, fuerza o rapidez: *estimular a los estudiantes*, "El público *estimuló* al equipo mexicano", *estimular la inversión*.

estímulo s m **1** Acción, cosa o situación capaz de provocar alguna respuesta o reacción en un organismo o en una de sus partes o de sus funciones: *estímulos luminosos*, *estímulo doloroso*, *estímulo cerebral* **2** Aquello que impulsa algo o a alguien a desarrollarse o a actuar con mayor entusiasmo, viveza o energía, o a mantener determinado esfuerzo: *estímulos laborales*, "A los mejores vendedores les dieron un *estímulo* económico", "Necesitan un *estímulo* para seguir adelante".

estípite 1 (*Arq*) Especie de columna adosada a una pared, cuyo elemento principal tiene forma de cono truncado con la base más angosta hacia abajo. Es un elemento característico de las construcciones barrocas y churriguerescas **2** (*Bot*) Tallo en forma de columna que sostiene el píleo de muchos hongos macroscópicos **3** (*Bot*) Tallo corto de estructura similar a un tallo que forma parte del cuerpo de algunas algas pardas.

estirar v tr (Se conjuga como *amar*) **I 1** Hacer que una cosa flexible alcance su máxima extensión, que se alargue o se tense: *estirar la mano*, *estirar el cuello*, *estirar un resorte*, *estirar las sábanas* **2** prnl Extender los músculos al máximo con el fin de desperezarse: "Bostezó, *se estiró* y saltó de la cama" **3** prnl Crecer: "El niño *se estiró* durante las vacaciones" **4** (*Coloq*) Aprovechar alguna cosa al máximo, hacerla rendir lo más posible cuidándola o administrándola: *estirar el sueldo* **5** *Estirar la pata* (*Coloq*) Morir o morirse **6** *Estira y afloja*, *estire y afloje* (*Coloq*) Estado en el que dos o más personas con intereses opuestos van presionando o cediendo en sus condiciones para llegar a un acuerdo: "Estuvieron toda la tarde en el *estire y afloje* de la venta de la casa" **II** (*Hipo*) **1** Jalar la cuerda con la que se ha lazado un animal para derribarlo **2** Jalar la cola de la res, en la suerte charra de la coleada, para derribarla.

estirpe s f **1** (*Liter*) Conjunto de los individuos que conforman una rama o línea familiar: "Te entregaste regocijada al asesino de tu *estirpe*, desdichada Casandra", "Con nosotros terminará tu *estirpe*", "No niega su *estirpe*, será un músico brillante" **2** (*Agr*) Conjunto de animales de una raza determinada que descienden de un reproductor sobresaliente con gran poder hereditario para transmitir características especiales como alta producción o madurez sexual temprana: *una estirpe criolla de cabras*, *estirpe de caballos*.

estocada s f Golpe dado de punta con el estoque o espada y herida que ocasiona: "Mató al toro de una certera *estocada*".

estocástico adj (*Mat*) Que se relaciona con los fenómenos o los acontecimientos que ocurren al azar o aleatoriamente y su estudio: *procesos estocásticos*, *variables estocásticas*.

estoicismo s m **1** (*Fil*) Escuela filosófica fundada por Zenón de Citio en el año 300 aC en Atenas, cuya doctrina sostiene, como principios fundamentales, que existe una razón divina que rige el mundo según un orden necesario y perfecto; que el hombre debe guiar sus acciones exclusivamente por la razón, y que la indiferencia y desprecio hacia todas las emociones mediante el ejercicio de la virtud es el ideal del hombre sabio **2** Actitud de una persona que enfrenta los problemas con fortaleza de ánimo, y sabe dominar sus emociones: "Recibió la noticia de la muerte de su madre con *estoicismo*".

estoico 1 adj y s Que se relaciona con el estoicismo, pertenece a él, o que es seguidor de esta escuela filosófica: "Algunos de los principios *estoicos* fueron retomados por ciertas doctrinas modernas", *los estoicos griegos* **2** adj Que soporta con fortaleza de ánimo el dolor y el sufrimiento o que es indiferente a él, que domina sus emociones o no las manifiesta: "El muchacho sufrió *estoico* los desprecios".

estola s f **1** Prenda femenina, consistente en una banda ancha de pieles finas que se lleva sobre los hombros y cruzada al frente; es propia de ocasiones especiales: "Su mamá le prestó la *estola* para el baile de graduación", "Es tan ridícula que se pone *estola* para ir al mercado" **2** En la religión católica, banda larga y angosta, ensanchada en los extremos y con una cruz en cada uno de ellos, que forma parte de la vestidura de los sacerdotes y se lleva colgada al cuello y suelta por delante.

estolón s m (*Bot*) Tallo lateral que brota de la base de una planta y crece pegado al suelo, echando raíces que originan nuevas plantas.

estoma s m (*Bot*) Cada una de las aberturas microscópicas que se encuentran en toda la superficie de los tallos y hojas de los vegetales, a través de las cuales se realiza el intercambio de gases entre la planta y el exterior.

estómago s m **1** Órgano del aparato digestivo de muchos animales, desde los artrópodos y los moluscos hasta los humanos, en el cual se digiere el alimento con la ayuda de jugos gástricos segregados por unas glándulas que se encuentran en sus paredes; está entre el esófago y el intestino; en el ser humano, en la parte superior del abdomen: *una enfermedad del estómago* **2** Región anterior del cuerpo humano comprendida entre la zona superior de la cintura y las piernas: dolor de estómago, golpes en el estómago **3** *Ser alguien de buen estómago* Tener alguien buen apetito y resistencia para la comida pesada o indigesta: "Carlos *es de muy buen estómago*; no se enferma nunca" **4** *Tener alguien estómago* Ser capaz de soportar impresiones fuertes, situaciones sangrientas o de enfermedad grave, de criminalidad, etc: "Se necesita *tener estómago* para ser médico" **5** *Revolver el estómago alguna cosa* Causar indigestión, asco o repugnancia: "Esa basura me *revolvió el estómago*", "La demagogia ya *revuelve el estómago*".

estomatología s f Rama de la medicina que se ocupa de las enfermedades de la boca.

estomatólogo adj y s Médico especialista en enfermedades de la boca.

estopa s f Masa de hilo grueso y burdo que queda al depurar ciertas fibras textiles, como el lino y el cáñamo, que constituye un material absorbente usado en limpieza y para aplicar aceites y barnices en carpintería: "Compra *estopa* y gasolina blanca para limpiar el motor".

estoque s m Espada angosta con la que sólo se puede herir por la punta, como la que usan los toreros para matar a los toros: "Estuvo bien con la muleta y el *estoque*, y cortó oreja".

estorbar v tr (Se conjuga como *amar*) **1** Impedir o dificultar el paso por algún lugar o la comunicación entre dos puntos: "No te quedes ahí que *estorbas* la entrada" **2** Dificultar o impedir el cumplimiento de un propósito o el libre desarrollo de una actividad: *estorbar los planes de alguien*, "Dejó de lado todo lo que pudiera *estorbar* su desarrollo profesional".

estorbo s m **1** Persona o cosa que impide o dificulta el paso por algún lugar, que hace más difícil o imposible la realización de una actividad o el desarrollo de algo: "Siente que es un *estorbo* para sus hijos", "Ese mueble es un *estorbo*" **2** *Hacer estorbo* (*Popular*) Estorbar: "Pónganse en un lugar donde no *hagan estorbo*".

estornudar v intr (Se conjuga como *amar*) Echar aire por la nariz repentina e incontrolablemente como efecto de una contracción de los músculos de los órganos respiratorios, causada por irritación de la mucosa nasal, como cuando se está resfriado: *estornudar de catarro*, "El polen me hizo *estornudar*".

estrabismo s m (*Med*) Desviación anormal de uno o de los dos ojos que provoca que los ejes visuales no puedan dirigirse al mismo punto simultáneamente: "Su *estrabismo* es ocasionado por una parálisis ocular".

estratega s m y f Persona que conoce y maneja la estrategia, especialmente los militares: "Villa fue un gran *estratega*".

estrategia s f **1** Conjunto de medidas, acciones o procedimientos planeados y organizados cuidadosamente que sirven para llevar a cabo un propósito o alcanzar un fin determinado: *estrategia política, estrategia económica, estrategias legales*, "Tiene una muy buena *estrategia* para vender" **2** (*Mil*) Arte de planear y dirigir operaciones militares.

estratégico adj Que forma parte de una estrategia o se relaciona con ella: *operaciones estratégicas*, "Tenían un aliado *estratégico*: el petróleo", "Se colocó en un lugar *estratégico* para no ser visto".

estratificación s f **1** Acto de disponer en estratos, capas o niveles diferentes **2** (*Geol*) Disposición de rocas de diversa índole, en forma de capas o estratos sobrepuestos **3** *Estratificación social* En sociología, sistema de los distintos niveles o capas de una sociedad, a partir de las diferencias entre los individuos o los grupos según el modo en que un continuum, a través de diferencias graduadas y sobre la base de las características dicotómicas (ser más o menos rico, tener más o menos prestigio social, etc): *una escala de estratificación social, varios sistemas de estratificación social*.

estrato s m **1** (*Geol*) Cada una de las masas minerales homogéneas o capas de materiales, más o menos gruesas, sobrepuestas en un terreno sedimentario: *estratos rocosos superiores* **2** Grupo de una sociedad o clase social, de acuerdo con la posición económica y la ocupación que se tenga en un momento determinado: *estratos marginales, estratos medios de alto nivel educativo* **3** (*Anat*) Capa o serie de capas, como en la epidermis **4** (*Astr*) Capa nubosa muy baja, grisácea y traslúcida, que permite distinguir el disco solar; consta de gotitas de agua; excepcionalmente, en caso de temperaturas muy bajas, puede contener cristales de hielo, produce escasas precipitaciones; las partes más bajas forman nieblas nocturnas que se elevan por la mañana y se resuelven en cúmulos.

estratósfera s f Capa de la atmósfera situada entre la tropósfera y la mesósfera, y que se extiende desde los 8 hasta los 70 km de altura aproximadamente. En ella se encuentra la capa de ozono que protege la vida animal y vegetal de los rayos ultravioleta provenientes del Sol. (También *estratosfera*.)

estrechamente adj **1** De manera estrecha: *narraciones ligadas estrechamente entre sí, un hombre y una mujer estrechamente unidos* **2** De cerca: "Se vigila *estrechamente* el peso corporal", "Colaboraron *estrechamente* con el Instituto".

estrechar v tr (Se conjuga como *amar*) **1** Apretar afectuosamente la mano o el cuerpo de alguien: "Se *estrecharon* las manos", "La *estrechó* contra su pecho" **2** Hacer más cercana o más afectuosa una relación: *estrechar las relaciones entre los dos países* **3** Hacer algo más estrecho o más angosto: "La hoja se *estrecha* paulatinamente hacia el ápice", "Más adelante *se estrecha* la carretera".

estrecho adj **1** Que tiene poca anchura considerado desde su interior: *una calle estrecha, un cuarto estrecho, un jardín estrecho* **2** s m Porción de mar que queda comprendida entre dos tierras cercanas, por la que se comunican dos mares: *estrecho de Magallanes, estrecho de Behring* **3** Que resulta de poca anchura en relación con lo que se quiere meter dentro: *un pantalón estrecho, una camisa estrecha* **4** Que se da de manera muy íntima, en mucha colaboración o familiaridad, con mucho contacto: *una amistad estrecha, una comunicación estrecha* **5** Que es riguroso, preciso y fiel a las reglas o normas: *vigilancia estrecha, una aplicación estrecha del método* **6** Que es muy limitado o rígido de entendimiento o capacidad: *una mente estrecha, una idea estrecha*.

estrella s f **I 1** Cuerpo celeste que emite energía, generalmente producida por reacciones nucleares en su interior, como el Sol o Sirio **2** Cualquiera de los cuerpos celestes que se ven brillar en la noche, excepto la Luna **3** Figura con la que se representa a ese cuerpo celeste, formada generalmente por cinco puntas: *Estrella fugaz* Cualquier pedazo de materia celeste que, al entrar en la atmósfera de la Tierra, se quema y brilla **II** *Estrella de mar* Animal marino equinodermo de distintos géneros o especies, que tiene generalmente cinco brazos **III** Persona que destaca en su trabajo o profesión, en especial los actores o deportistas que han alcanzado fama o popularidad: *estrella de cine* **IV** Suerte o destino: *nacer con buena estrella, tener mala estrella*.

estrellado **I** pp de *estrellar* o *estrellarse* **II** adj **1** Tratándose del cielo durante la noche, que se ve lleno de estrellas: *una noche estrellada, el cielo profusamente estrellado* **2** Que tiene grietas o ranuras por efecto de un golpe: *vidrios estrellados* **3** Tratándose de un huevo de gallina, que se saca de su cascarón y se fríe sin batir: "Pidió arroz con un huevito *estrellado*".

estrellar v **1** prnl Chocar violentamente un vehículo que va a gran velocidad: "Se *estrellaron* con el coche nuevo y murieron instantáneamente", "El avión *se estrelló* en el cerro"

2 prnl Tropezar con un obstáculo insuperable: "*Se estrellaron ante la realidad*" **3** prnl Hacerse una o varias grietas en un objeto por recibir un golpe: "*Se estrelló el parabrisas, pero no se rompió*" **4** tr Romper alguna cosa arrojándola de manera que se golpee con otra: "*Mi mamá está estrellando los platos en el suelo*" **5** tr Hacer que una cosa golpee con mucha fuerza otra al lanzarla contra ella: *estrellar el balón en el travesaño*.

estremecer v (Se conjuga como *agradecer*, 1a) **1** prnl Temblar o conmoverse una persona por la intensidad de una emoción, una sensación o una impresión muy fuerte: "*Todo su cuerpo se estremeció de placer*", *estremecerse de frío* **2** tr Afectar profundamente a alguien, particularmente el miedo o el horror: "*La brusquedad de su voz la estremeció como si la hubiese golpeado*", "*Las atrocidades de la Alemania nazi estremecen al mundo*" **3** tr Producir o producirse una sacudida o movimiento; temblar la tierra y por consecuencia todas las cosas: "*La casa entera se estremeció con el terremoto*", "*La explosión estremeció los edificios de la zona*".

estrenar v tr (Se conjuga como *amar*) **1** Usar alguien alguna cosa nueva o por primera vez: *estrenar zapatos*, "*Estar estrenando coche*" **2** Representar por primera vez frente a un público cierto espectáculo: *estrenar una obra de teatro*, "*Acaban de estrenar su película*" **3** prnl Comenzar alguien en el desempeño de un cargo, función o empleo: "*Se estrenó como director*".

estreno s m **1** Función en la que se representa por primera vez cierto espectáculo ante el público: "*Fuimos al estreno de la ópera*", "*Esta semana habrá varios estrenos en la Cineteca*" **2** Acto de usar alguna cosa nueva o por primera vez: "*¿Cuándo nos invitas al estreno de tu casa?*".

estreñimiento s m Retención anormal del excremento en el intestino, provocada por diversas causas: "*Las ciruelas pasas son buenas contra el estreñimiento*", "*Maldito estreñimiento*".

estría s f **1** (*Arq*) Canal o surco recto, ondulado o en espiral, labrado a lo largo de una columna, pilastra o moldura, como elemento decorativo **2** Línea más o menos profunda marcada en una superficie: *estría olfatoria* **3** Línea o surco que queda marcado en la piel luego de su desgarre o distensión: "*Le quedaron estrías en el abdomen por el embarazo*".

estriado adj Que tiene estrías: *columna estriada*.

estribar v intr (Se conjuga como *amar*. Sólo se usa en tercera persona) Tener su fundamento o su causa una cosa en otra; estar conformado o constituido por otra cosa: "*En la palabra del hombre estriba mi placer y mi interés*", "*La significación profunda de la historia estriba en conocer al hombre y a su circunstancia*", "*La gran relevancia de esta teoría estriba en el hecho de que sus modelos no se pueden encasillar*".

estribillo s m **I 1** Verso o conjunto de versos que se repite total o parcialmente al final de cada estrofa en ciertas composiciones y en ocasiones aparece también al principio a manera de introducción: "*Y el estribillo dice: sanmarqueña de mi vida / sanmarqueña de mi amor*" **2** Frase que alguien introduce constantemente al hablar: "*La tía soltó su estribillo favorito: una señorita decente no anda sola en la calle*" **II** (*Trichilia bavanensis*) Arbusto de la fa-

milia de las meliáceas, de hojas formadas por tres a nueve hojuelas pinadas, flores aromáticas pequeñas en panículas y fruto en cápsula.

estribo s m **I 1** Cada una de las dos piezas de metal o madera que cuelgan de una correa a los lados de la silla de montar y sirven para que el jinete apoye los pies: "*Se alzó sobre los estribos de su montura*" **2** Plataforma o escalón que sirve para apoyar el pie al subir y bajar de un automóvil, camión o tren **3** *Estar alguien con un pie en el estribo* Estar a punto de salir de viaje **4** *Mozo de estribo* Muchacho que se encarga de cuidar los caballos y sus arreos en una caballeriza **5** *Perder alguien los estribos* Perder la calma y el control de uno mismo a causa de un disgusto: "*Sería mejor jugador si no perdiera los estribos tan fácilmente*" **6** *La del estribo* (*Coloq*) Última copa de licor que se toma antes de salir de un lugar: "*¿Nos echamos la del estribo?*" **II** (*Anat*) Hueso pequeño en la parte media del oído de los mamíferos, que se articula con el yunque **III 1** Barra de hierro doblada en ángulo recto por sus dos extremos, que sirve para asegurar la unión de dos piezas **2** (*Arq*) Refuerzo estructural, generalmente de acero, que lleva una columna o las trabes para contrarrestar una carga.

estribor s m (*Mar*) Lado derecho de una embarcación vista de popa a proa.

estrictamente adv **1** De manera estricta, en forma rigurosa y precisa: "*Se ajustaron estrictamente a los procedimientos señalados por la ley*" **2** Con exclusividad, sin admitir concesiones, imprecisiones u otras interpretaciones: *problemas estrictamente personales, estrictamente escolar, estrictamente religioso, lo estrictamente necesario para comer*.

estricto adj **1** Que exige o implica obediencia o aplicación exacta, rigurosa y precisa: *una ley estricta, un método estricto, una estricta disciplina* **2** Que se ajusta sin excepción a las normas o a las reglas: *un juez estricto, un maestro estricto, unos padres estrictos* **3** Que se obtiene en forma precisa y exacta: *una estricta simetría, un resultado estricto* **4** Que no admite error, concesión o distracción: *una dedicación estricta, una vocación estricta* **5** Que no admite imprecisión ni interpretación: *un cálculo estricto, el sentido estricto de una proposición* **6** Que es eso y no otro, ni implica otra cosa: *en estricta justicia, en estricta necesidad*.

estrofa s f Cada una de las partes de un poema formada por una combinación determinada de versos que posee una unidad rítmica y que suele repetirse o combinarse con otras a lo largo del mismo poema; por ejemplo, el terceto, la copla, la décima, etc: *la estrofa del himno*.

estropajo s m **1** Fibra natural muy porosa y absorbente que se usa para tallar y lavar cosas y como esponja para el baño: *tallarse con el estropajo* **2** Planta trepadora de la familia de las cucurbitáceas, de distintas especies, de cuyo fruto se obtiene esta fibra. Tiene flores monopétalas unisexuales de color amarillo, y su fruto es semicilíndrico, parecido al pepino, de 20 a 50 cm de largo.

estructura s f **1** Posición o conjunto de relaciones que guardan entre sí los elementos de algo: *estructura de la célula, estructura del átomo, estructura gramatical, estructura de una novela* **2** Armadura que sostiene las distintas partes de algo: "*La estructura del edificio es de acero*".

estructuración s f Acto de estructurar algo: *estructuración administrativa*, "Es necesario diseñar una nueva *estructuración* de esas empresas".

estructural adj m y f Que se refiere a la estructura de algo o se relaciona con ella: *el análisis estructural de una construcción*, *resistencia estructural*, *cambios estructurales de la sociedad*.

estructuralismo s m Teoría del conocimiento que concibe cualquier objeto de estudio como una estructura formada por un conjunto de elementos relacionados entre sí y dependientes unos de otros, y cuyo objetivo es establecer y analizar ese sistema de relaciones; método o procedimiento de investigación empleado en el análisis de dichas estructuras en las distintas ciencias, disciplinas o campos del conocimiento: *el estructuralismo lingüístico*, *el estructuralismo en la antropología*.

estructurar v tr (Se conjuga como *amar*) 1 Ordenar los elementos que conforman algo dándoles una estructura determinada: *estructurar un proyecto*, *estructurar una novela* 2 Formar, constituir la estructura de algo: "La salud depende del buen funcionamiento de los elementos que *estructuran* el cuerpo humano".

estuario s m Terreno lleno de agua, de poca profundidad, que rodea las orillas de un río o que se forma entre éste y el mar: *los estuarios de la costa del Pacífico*.

estudiante s m y f Persona que estudia en una escuela, particularmente la que cursa la educación media o superior: *estudiante de secundaria*, *estudiante de letras*.

estudiantil adj m y f Que pertenece a los estudiantes o se relaciona con ellos, que está formado por estudiantes: *movimiento estudiantil*, *periódicos estudiantiles*, *grupo estudiantil*, *vida estudiantil*, *líder estudiantil*, *población estudiantil*, *teatro estudiantil*.

estudiar v tr (Se conjuga como *amar*) 1 Aplicar la inteligencia y la memoria para llegar a conocer y entender alguna cosa: *estudiar el átomo*, *estudiar la vida*, *estudiar los problemas sociales* 2 Examinar algo reflexionando acerca de sus propiedades, ventajas, desventajas, etc: *estudiar un caso*, *estudiar un contrato* 3 Tener una ciencia o una disciplina intelectual algo como objeto de estudio: "La biología *estudia* los seres vivos" 4 Llevar ciertos cursos en una escuela: *estudiar preparatoria*, *estudiar leyes* 5 Ayudar a otra persona, particularmente a un actor o a un músico, a preparar un texto, repitiéndolo con ella "Le *estudiaba* la lección de piano todas las noches".

estudio s m 1 Acto de estudiar algo: *estudio de un proyecto* 2 Escrito en el que se expone el examen o el análisis de un tema: *un estudio de la vida de las abejas* 3 Dibujo, pintura o composición musical que se hace como ejercicio para desarrollar la habilidad y la técnica que se requieren en estas artes 4 Lugar, generalmente dentro de una casa, que se usa para el trabajo intelectual, artístico, escolar, etc: *el estudio de un pintor*, *el estudio de los niños* 5 Instalación destinada a la producción de películas o a la producción y emisión de programas de radio y televisión: *estudios cinematográficos*.

estudioso adj y s 1 Que se aplica con empeño y disciplina a sus estudios escolares: "Luis siempre ha sido muy *estudioso*" 2 Que se dedica al estudio constante, sistemático y profundo de alguna materia o

área: *un estudioso de las ciencias*, *una estudiosa del arte*, *los estudiosos de la historia mexicana*.

estufa s f 1 Mueble de cocina, de forma y tamaño variables, con una superficie horizontal en la que están los quemadores u hornillas sobre las cuales se guisan o se calientan los alimentos. Funciona por combustión de leña, carbón, gas, etc o por electricidad: *estufa de petróleo*, *estufa de gas* 2 Recipiente de metal o porcelana, generalmente redondo u ovalado, con tapa, patas y una chimenea, dentro del cual se quema carbón o cualquier otro combustible y que sirve para calentar una habitación o una casa: "Consiguió una *estufa* de porcelana en una tienda de antigüedades" 3 Horno grande que se usa en ciertos procesos industriales y agropecuarios para secar plantas o troncos verdes: *una estufa para chiles*.

estupendo adj Que es muy bueno o muy bello, de gran calidad; magnífico: *un estupendo violín*, *una cena estupenda*, *el estupendo crepúsculo*, *un estupendo museo*.

estúpido adj y s 1 Que es tonto, limitado o torpe; que denota falta de inteligencia: *un juego estúpido*, *un estúpido problema*, *argumentos estúpidos*, *celos estúpidos*, *prejuicios estúpidos* 2 (Ofensivo) Que molesta, fastidia o disgusta: "Contéstame, *estúpido*", *viejo estúpido*.

etapa s f 1 Cada uno de los periodos o partes en que se divide el desarrollo, trayecto o ruta de algo 2 *Por etapas* Por partes: "Un proyecto que se irá haciendo *por etapas*".

etcétera adv Y los demás de su misma clase, y así sucesivamente, y el resto (se abrevia etc): "En el mercado había limones, naranjas, zanahorias, *etc*", "Uno, dos, tres, cuatro, etc, hasta llegar a diez", "Hay tinta negra, roja, *etcétera*".

éter s m I (*Quím*) 1 Cada uno de los compuestos orgánicos cuya estructura molecular presenta un átomo de oxígeno entre dos radicales orgánicos. Se obtienen al deshidratar un alcohol y combinar con un ácido u otro alcohol. Por lo general son líquidos volátiles de olor agradable 2 Líquido incoloro, muy inflamable, volátil y tóxico, que se obtiene al deshidratar el alcohol etílico combinándolo con ácido sulfúrico. Se emplea como disolvente en perfumería y como anestésico: *éter etílico*, *éter sulfúrico* II 1 Para los filósofos de la antigüedad, sustancia ingenerable, incorruptible e inalterable de la que está formado el cielo 2 (*Liter*) Cielo, bóveda celeste 3 (*Fís*) Fluido invisible e impalpable que, según teorías anteriores a la de la relatividad, llena todo el espacio y constituye el soporte material para la propagación de las ondas luminosas, eléctricas o magnéticas.

eternidad s f 1 Duración infinita del tiempo; totalidad del tiempo para el que no hay principio ni final: "Guardo la *eternidad* en mi cabeza, para mí no hay antes ni después", "Es difícil concebir la *eternidad*" 2 Para ciertas doctrinas filosóficas y religiosas, condición de lo que es inmutable, de lo que no está expuesto a la acción del tiempo y carece de principio y fin, como la vida sin fin del alma después de la muerte para el cristianismo 3 Periodo muy largo o muy intenso que parece no tener fin: "Nada se compara con una *eternidad* de aquel momento", "Te esperé una *eternidad*", "Nos espera toda una *eternidad* para ser dichosos".

eterno adj **1** Que existe desde siempre o que existirá por siempre; que dura toda la eternidad: *la eterna pareja humana, alcanzar la paz eterna* **2** Que mantiene su validez o importancia por siempre; que no varía, que no se altera con el paso del tiempo: *una obra de arte eterna; la ciencia, la eterna maestra de los hombres* **3** Que se repite continuamente: "Estoy harta de sus *eternos* reproches" **4** Que dura mucho o parece no tener fin: "La espera fue *eterna*", "Mantuvo así su pistola durante segundos *eternos*", *un examen eterno* **5** El *Eterno* Dios: "Que el *Eterno* tenga misericordia de ti".

ética s f **1** (*Fil*) Ciencia que trata de la valoración moral de la conducta humana y cuyo objetivo central es establecer las normas o principios fundamentales que deben regirla a partir de la noción del bien: *un tratado de la ética moderna, principios de la ética aristotélica* **2** Conjunto de principios y normas morales que rigen el comportamiento de una persona, un grupo o una sociedad: *la ética cristiana, la ética profesional*.

ético adj **1** Que pertenece a la ética o se relaciona con ella: *postulados éticos*, "La elección de satisfactores plantea un problema *ético* y práctico" **2** Que se apega a los principios de la ética, o que actúa de acuerdo con ella: "No es *ético* aprovecharse de los males ajenos".

etimología s f (*Ling*) **1** Origen o procedencia de una palabra, tanto de su significante o aspecto sonoro y gráfico, como de su significado: *la etimología del nombre de México, la etimología de 'sintaxis'* **2** Parte de la lingüística que se ocupa del estudio del origen, la evolución y la historia de las palabras: *etimología latina, etimología del español* **3** *Etimología popular* Fenómeno de la conciencia que tienen los hablantes de su lengua, por el cual tienden a buscar y a asignar orígenes a las palabras de acuerdo con sus suposiciones y experiencias individuales, generalmente orientadas por el parecido fonético o semántico que encuentran entre ellas. Son etimologías populares, por ejemplo, la que dice que *mariachi* procede del francés *mariage* 'casamiento' o la que supone que *vagabundo* proviene de 'vagar por el mundo'; según la investigación contemporánea, *mariachi* se derivaría de la lengua pinult emparentada con la cora (de Jalisco y Nayarit) en la que significa 'tarima' o 'tablado', lugar en donde se baila por el nombre del árbol de donde se sacaba la madera para hacerlo; *vagabundo* viene del latín, en el que el sufijo *-bundus* (que también aparece en meditabundo, errabundo, moribundo, etc) sirve para dar fuerza activa a los adjetivos verbales.

etiqueta¹ s f **1** Pedazo de papel adherido o sujeto a algo que consigna ciertos datos de identificación, como el que llevan las mercancías y en el que se especifican las características del producto, marca, ingredientes e instrucciones de uso: "Antes de abrir el envase léase la *etiqueta*", "Los artículos importados deben traer una *etiqueta* en español", "Las muestras se colocan en frascos con una *etiqueta* donde se consigna su procedencia" **2** Concepto esquemático que se aplica a alguien o algo para indicar su carácter, ideología o tendencia: "A la verdadera ciencia no se le puede poner ninguna *etiqueta*", "Si hemos de ponerle una *etiqueta*, lo llamaremos conservador".

etiqueta² s f **1** Conjunto de normas sociales que rigen el comportamiento de las personas en situaciones formales o solemnes **2** *De etiqueta* Que es muy formal, que es propio de actos solemnes: *una ceremonia de etiqueta rigurosa*, "El papá de la ganadora traía un traje *de etiqueta* charra".

etnia s f Grupo social cuyos miembros comparten una identidad común basada por lo general en una lengua y en ciertos símbolos o costumbres tradicionales. Sus miembros casi siempre ocupan una misma posición política y económica dentro de una sociedad mayor; por ejemplo, los mayas y los nahuas son algunas de las *etnias* nacionales.

étnico adj Que pertenece a una etnia o se relaciona con ella: *grupos étnicos de México*.

eucalipto s m (*Eucalyphus globulus*) Árbol de la familia de las mirtáceas, de gran altura y rápido crecimiento, con hojas largas y angostas de color ceniciento, muy aromáticas, de donde se extraen esencias y aceites medicinales; hay varias especies: *una calzada de eucaliptos, un té de eucalipto*.

eucaristía s f (*Relig*) En el catolicismo, sacramento en el que el sacerdote al consagrar el pan y el vino mediante palabras rituales, los transforma en el cuerpo y la sangre de Cristo.

eucarístico adj Que pertenece a la eucaristía o se relaciona con ella: *celebración eucarística*.

eufemismo s m Sustitución de palabras o expresiones cuyo uso o significado el hablante considera vulgar, ofensivo, violento o tabú por otras que juzga inofensivas o socialmente aceptables. Como cuando se dice *blanquillo* en lugar de *huevo, persona de color* en vez de *persona negra*, o *hacer el amor* por *tener relaciones sexuales*.

eufonía s f El efecto acústico agradable que produce la combinación de los sonidos de ciertas palabras o frases.

eufónico adj Que se relaciona con la eufonía; que produce eufonía: *palabras eufónicas*.

euforia s f Estado de gran excitación anímica, acompañado de manifestaciones alegres y entusiastas provocado por una situación gozosa o por estar bajo los efectos de una sustancia estimulante: *en plena euforia de vida y de creación*, "Enmedio de la *euforia* nos pusimos a bailar".

europeo adj y s Que es natural de Europa, que pertenece a este continente o se relaciona con él: *expansión europea, sentir estético europeo*.

eutanasia s f Acto de provocar intencionalmente la muerte de alguien que padece un mal incurable, para evitar que siga sufriendo: *estar a favor de la eutanasia, los problemas legales de la eutanasia*.

evacuación s f Acto de evacuar: *la evacuación de un edificio, evacuaciones mucosas*.

evacuar v tr (Se conjuga como *amar*) **1** Sacar de un lugar las cosas o las personas que hay en él, dejarlo vacío o desocuparlo; principalmente sacar a las personas de una población o edificio por alguna emergencia o peligro: "Son necesarias tuberías que *evacuen* los desechos industriales", "*Evacuaron* las tropas de la ciudad", "Los bomberos lograron *evacuar* el edificio en llamas" **2** Expulsar el organismo los excrementos: "El niño no *evacua* desde antier".

evadir v tr (Se conjuga como *subir*) **1** Encontrar la forma de no tener una dificultad o de no cumplir con la obligación de hacer algo: *evadir la respuesta, eva-*

dir impuestos, evadir la vigilancia **2** prnl Huir una persona de donde está encerrada o encarcelada: *evadirse de la prisión* **3** prnl Alejarse o huir de las preocupaciones, de las obligaciones o de la realidad: "Cuando lee o escribe *se evade* de este mundo".

evaluación s f **1** Acto de evaluar alguna cosa: *la evaluación de un edificio, la evaluación de un daño* **2** Valor o precio determinado para alguna cosa: *una evaluación comercial, una evaluación fiscal.*

evaluar v tr (Se conjuga como *amar*) Calcular el valor de alguna cosa o su importancia tomando en cuenta varios elementos o juicios: *evaluar un plan industrial, evaluar un trabajo.*

evangélico adj **1** Que pertenece al evangelio o se relaciona con él: *moral evangélica, teología evangélica* **2** Que pertenece a alguna de las distintas sectas del protestantismo o se relaciona con ellas; protestante: "Mi madre es *evangélica* y mi padre católico", *las iglesias evangélicas.*

evangelio s m **1** Doctrina cristiana: "Cristo envió a los apóstoles a predicar el *evangelio*" **2** Cada uno de los cuatro primeros libros del Nuevo Testamento, donde se relata la historia de la vida de Jesucristo y sus enseñanzas; conjunto de estos libros: *el evangelio según San Juan, el evangelio según San Lucas* **3** En la ceremonia de la misa católica, capítulo del Evangelio que se lee después de la Epístola: "Durante el *Evangelio* los fieles permanecen de pie" **4** Lo que se considera verdad absoluta e indiscutible: "Todo lo que dice su padre es el *evangelio* para él".

evangelista 1 s m Cada uno de los cuatro autores bíblicos: san Juan, san Marcos, san Lucas y san Mateo, que escribieron los Evangelios **2** adj m y f Evangélico, protestante: *Templo evangelista, ministerio evangelista* **3** s m y f Persona que se dedica a redactar y transcribir cartas y documentos por encargo: "Las cartas de amor se las escribía un *evangelista*", "Todavía hay *evangelistas* en la plaza de Santo Domingo".

evangelización s f Acto de evangelizar: *la evangelización en Japón, la evangelización de los pueblos indígenas por los misioneros españoles.*

evangelizar v tr (Se conjuga como *amar*) Predicar la doctrina cristiana: "Entre los conquistadores había misioneros que vinieron a *evangelizar* a los indios".

evaporación s f Transformación de un líquido en vapor por medio de calor: "Se obtiene la sal por *evaporación* del agua de mar".

evaporar v tr (Se conjuga como *amar*) Convertir el agua u otro líquido en vapor, sacar el agua o la humedad a alguna sustancia: "El calor *evaporó* los charcos", *evaporarse la leche.*

evasión s f Acto de evadir o evadirse: *evasión de impuestos, la evasión de un preso, evasión de la realidad, evasión fiscal.*

evento s m **1** Acontecimiento imprevisto: *probabilidad de un evento* **2** Función o reunión que se organiza para algún fin particular en un momento determinado: *un evento político, un evento de la Cruz Roja.*

eventual adj m y f Que no es seguro, fijo o regular, que puede o no suceder, que depende de una circunstancia no prevista: *ingreso eventual, trabajador eventual, empleo eventual.*

eventualmente adv Algunas veces, de vez en cuando; ocasionalmente: "*Eventualmente* se hacen necesarios los transplantes de la córnea", "*Eventualmente* se cristaliza el alcohol".

evidencia s f **1** Calidad de aquello que se muestra o manifiesta con toda claridad, sin lugar a dudas y sin necesitar demostración: "La *evidencia* del progreso industrial pone a esa zona en el primer lugar" **2** Objeto, hecho o circunstancia que sirve para demostrar o probar algo: "No hay *evidencia* del crimen" **3** *Poner en evidencia* Mostrar o exhibir públicamente algo o el valor, la importancia, el error o el defecto de alguien: "El robo *puso en evidencia* la falta de vigilancia y el descuido del encargado del banco", "Desde que inició la conferencia *se puso en evidencia* su preparación".

evidenciar v tr (Se conjuga como *amar*) Mostrar, exhibir con toda claridad y certeza alguna cosa, de modo que no queden dudas sobre ella: "La investigación *evidenció* el fraude", "Las conclusiones *evidencian* la utilidad del debate".

evidente adj m y f Que se muestra o se manifiesta con toda claridad y certeza, sin lugar a dudas: "Es *evidente* que nadie le cree".

evidentemente adv De manera evidente, clara; sin duda alguna: "*Evidentemente* el miedo a fracasar lo hostiga", *un público evidentemente satisfecho,* "Luz está *evidentemente* nerviosa".

evitar v tr (Se conjuga como *amar*) Actuar para que no suceda algo o para no encontrarse con alguien: *evitar un accidente, evitar un problema, evitar enfermedades, evitar a un amigo, evitar a la suegra,* "*Evité* encontrarme con ella".

evocación s f Acto de evocar: *la evocación del pasado, evocaciones personales.*

evocar v tr (Se conjuga como *amar*) Traer a la mente un recuerdo o imagen: "El perfume de las flores *evoca* la primavera", "La *evocó* en su pensamiento", "Extrañas formas que *evocan* un paisaje lunar".

evolución s f **1** Serie de transformaciones o cambios graduales por los que pasa algo o alguien: *evolución de las especies, evolución de una enfermedad, evolución de una ciencia, evolución de una lengua, la evolución del niño* **2** Movimiento que hace una persona o un grupo de personas para cambiar de posición durante un ejercicio, una marcha, una danza, etc: *evoluciones militares, evolución acrobática.*

evolucionar v intr (Se conjuga como *amar*) **1** Ir cambiando algo o alguien; irse transformando o modificando: "Sabemos cómo *evoluciona* una estrella", "La enfermedad no ha *evolucionado* en diez días" **2** Hacer evoluciones los soldados, los bailarines, etc: "Los aviones *evolucionaban* peligrosamente en el aire haciendo diversas figuras".

evolutivo adj Que pertenece a la evolución o se relaciona con ella: *cambios evolutivos, proceso evolutivo, ciclo evolutivo.*

exactamente adv Con exactitud, con precisión; así es, en efecto: "Ésa es *exactamente* la forma", "Dijo *exactamente* lo contrario", "—¿Piensas trabajar? —*Exactamente*".

exactitud s f Cualidad o característica de algo o alguien de ajustarse perfectamente a otra cosa, ser fiel y preciso, ser puntual: *la exactitud de un instrumento, la exactitud de un cálculo, la exactitud de un tren, la exactitud de sus palabras.*

exacto adj Que es preciso, puntual, fiel: *descripción exacta, hora exacta, cálculo exacto, ciencias exactas.*

exageración s f **1** Acto de exagerar **2** Acción o aseveración desmedida, fuera de proporción y de racionalidad: "Es una *exageración* bailar 48 horas seguidas", "No es *exageración*, me salieron cinco leones...".

exagerado I pp de *exagerar* **II** adj **1** Que es excesivo o desmedido, que está fuera de proporción: "Hace un calor *exagerado*" **2** Que tiende a exagerar: "No le creas, es muy *exagerado*", *un maquillaje exagerado*, *un optimismo exagerado*, *su exagerada pedantería*, *preocupación exagerada*, *carga fiscal exagerada*.

exagerar v (Se conjuga como *amar*) **1** tr Presentar algo haciéndolo parecer más grande, más importante, mejor o peor de lo que en realidad es: "Los periódicos *exageran* la noticia" **2** intr Abusar o ir más allá de lo que es conveniente o justo: *exagerar con el alcohol*, *exagera con la dieta*.

exaltación s f **1** Acto de exaltar algo o a alguien o de exaltarse: *la exaltación al papado*, *una exaltación de Lucas Alamán* **2** Estado de ánimo al que llega una persona debido a alguna emoción o una pasión muy intensa: "Presa de *exaltación* llegó Soledad y dijo...".

exaltar v tr (Se conjuga como *amar*) **1** Provocar alguna cosa que una emoción o una pasión alcancen una intensidad muy elevada: *exaltarse los ánimos*, *exaltar los celos* **2** Hacer notar el mérito, el valor, la importancia, etc de algo o alguien; hacer elogio de ello: "Caso *exaltó* las cualidades críticas de Justo Sierra", "Siqueiros *exalta* la lucha revolucionaria proletaria" **3** Elevar a una persona a una posición de gran dignidad: "El obispo de Jalapa fue *exaltado* a cardenal".

examen s m **1** Consideración cuidadosa y detallada de las características, cualidades y circunstancias de algo: *examen médico*, *exámenes microscópicos* **2** Prueba que se hace para conocer la capacidad que tiene alguien para hacer algo, o para medir sus conocimientos: *examen de admisión*, *examen profesional*, "Los *exámenes* de historia serán el jueves".

examinar v tr (Se conjuga como *amar*) **1** Poner algo o a alguien bajo consideración cuidadosa y detallada para conocer sus características, cualidades o capacidades: *examinar a un enfermo*, *examinar un terreno*, *examinar con un microscopio* **2** Poner a prueba los conocimientos de alguien o su capacidad para hacer algo: *examinar a un alumno*, "Hoy se *examinaron* siete candidatos".

exasperar v (Se conjuga como *amar*) **1** tr Hacer que uno pierda la paciencia o se enoje mucho: "Me *exasperan* los trámites burocráticos", "Hasta su voz lo *exaspera*" **2** prnl Enojarse uno mucho o perder la paciencia por alguna razón: "*Se exaspera* porque ya no oye bien".

excavar v tr (Se conjuga como *amar*) Hacer agujeros o abrir zanjas en un terreno sacando la tierra: "Tardaron siete días en *excavar* el pozo", "Al *excavar* el túnel descubrieron piezas arqueológicas".

excedente adj m y f y s m Que excede o sobra de la cantidad o volumen necesario: *utilidades excedentes*, *recursos excedentes*, *el excedente de la producción*, *los excedentes agrícolas*, *absorber la mano de obra excedente*, *cortar el excedente*.

exceder v tr (Se conjuga como *comer*) **1** Llegar algo o alguien más allá de ciertos límites o limitaciones: *exceder en altura*, *exceder en fuerza*, "La realidad *excede* a la imaginación" **2** Superar algo o alguien los límites previstos, aconsejables u obligatorios: "*Excedió* por 5 k el peso permitido", "Que no *exceda* de diez hectáreas" **3** prnl Actuar alguien más allá de sus atribuciones o funciones, generalmente en contra de lo debido: *excederse la autoridad*, *excederse el empleado*.

excelencia s f **1** Cualidad superior, alta calidad, valor o mérito que está entre los mejores de su clase: *la excelencia de un producto*, "Le dieron un diploma en reconocimiento a su *excelencia* académica" **2** Cualidad, virtud muy alta, de gran valor, propia de algo o alguien: "El libro posee *excelencias* raramente alcanzadas", "Celebraron las *excelencias* de la cena" **3** Tratamiento de respeto o cortesía dado a personas que tienen ciertos cargos honoríficos: "En el acto estuvo presente su *excelencia* el embajador francés" **4** *Por excelencia* Indica que aquello a lo que se refiere representa mejor que nadie el papel o función que se dice: "Don Quijote, el idealista *por excelencia*...", "Los presupuestos son la herramienta de control *por excelencia*" **5** *Por excelencia* Ante todo, por sobre todas las cosas: "La Iglesia, conservadora *por excelencia*...", "El pensamiento mágico-mítico, dinámico *por excelencia*, del México antiguo".

excelente adj m y f Que es sumamente bueno, valioso, de la mejor calidad o que tiene las más altas cualidades: *un libro excelente*, *excelentes películas*, *un pintor excelente*, *una excelente maestra*.

excepción s f **1** Acto de dejar o estar algo o alguien fuera de una regla, de lo general o de lo común; situación que resulta de este acto: *hacer una excepción* **2** *Ser algo o alguien la excepción* Ser lo que está o queda fuera de la regla, de lo común o de lo general: "La lluvia *es la excepción* en el Mezquital", "El mal carácter del doctor García *es la excepción* en el hospital" **3** *A excepción de*, *con (la) excepción de* Menos, con la única falta de: "Vinieron todos, *a excepción* de mi tío", "Todos recibieron un premio *con excepción de* los que se portaron mal" **4** *Sin excepción* Sin que falte nada a nadie: "La ley vale para todos *sin excepción*" **5** *De excepción* De carácter extraordinario, fuera de la regla: *estado de excepción*, *situación de excepción*.

excepcional adj m y f **1** Que constituye la excepción, que es completamente distinto a lo común o general: "Sólo en casos *excepcionales* se pueden suspender las garantías individuales" **2** Que sobresale por su calidad, belleza o cualidades; extraordinario: "Tamayo es un pintor *excepcional*", *una mujer excepcional*.

excepto adv A excepción de, menos, fuera de, pero no, salvo: "Voy todos los días *excepto* los domingos", "Fueron todos *excepto* yo", "Cualquier color *excepto* el amarillo", "Todo le gusta *excepto* correr", "Nunca falta *excepto* cuando está enfermo".

excesivamente adv En forma excesiva; en exceso o con exceso: *una película excesivamente larga*, "El costo de la vida es *excesivamente* alto", "La realidad es *excesivamente* compleja".

excesivo adj Que se pasa de ciertos límites o limitaciones, en particular de los que parecen aconsejables, permitidos o debidos: *altura excesiva*, *una pena excesiva*, *un texto de excesiva dificultad para los alumnos*.

exceso s m **1** Acción, acontecimiento, cantidad, etc que va más allá de los límites normales o propios de algo o de alguien: *exceso de peso, exceso de confianza, excesos de la edad, los excesos de la policía* **2** *En exceso* Con exageración, sin considerar los límites aconsejables o permitidos: *fumar en exceso, comer en exceso* **3** *Ser algo un exceso* Ser demasiado: "Caminar 30 km diarios *es un exceso*", "Comerse cinco huevos *es un exceso*".

excitación s f Acto de excitar algo o a alguien y efecto que ello produce: *una fuerte excitación, la excitación de las pasiones, excitación sexual, la excitación de un oscilógrafo.*

excitar v tr (Se conjuga como *amar*) **1** Hacer que algún mecanismo se ponga en movimiento o que alguna sustancia entre en actividad mediante cierta clase de impulso: *excitar las celdas fotoeléctricas, excitar los átomos del uranio* **2** Provocar en algún ser vivo cierto comportamiento, avivar una reacción ya comenzada o reavivarla: *excitar el apetito, excitar el deseo sexual, excitar la imaginación.*

exclamación s f **1** Expresión de emoción, sorpresa, admiración o temor: "Lanzaban desesperadas *exclamaciones* de terror" **2** *Signos de exclamación* o *de admiración* Los que la indican (¡!): ¡Ay, qué miedo!

exclamar v intr (Se conjuga como *amar*) Expresar algo en voz alta y con fuerza, con sorpresa, dolor, alegría, etc: "Solamente *exclamaba*: ¡Viva la revolución!", " ¡Déjalo!, *exclamé* alarmado".

exclamativo adj y s **1** Que marca o expresa una emoción o una exclamación: *tono exclamativo* **2** (*Gram*) Tratándose de oraciones, que expresa una emoción como la sorpresa, la admiración o el temor, generalmente con una alteración del tono o con un aumento de intensidad en alguna sílaba, como en: "*¡Qué alegría verte!*", "*¡Serás capaz de contradecirme!*" **3** (*Gram*) Tratándose de adjetivos o adverbios, el que pone énfasis en una expresión emocional, como *qué* y *cuánto* en "*¡Qué* bonita es mi tierra!", "*¡Cuánto* te quiero!".

excluir v tr (Se conjuga como *construir*, 4) Sacar de un conjunto o de un lugar; eliminar: "Una respuesta *excluye* a todas las demás", "El espíritu y la materia no se *excluyen*", "Una alimentación que *excluye* la carne", "El concilio tridentino pretende *excluir* el estilo polifónico de los templos".

exclusiva s f **1** Derecho o autorización reservada a una persona o a un grupo y a nadie más: "Tiene la *exclusiva* para la venta de ese aparato en México" **2** *En exclusiva* En forma reservada para algo o alguien en especial: "Consiguió el reportaje *en exclusiva* para su revista".

exclusivamente adv Solamente, únicamente, en forma exclusiva: "El teatro se usaba *exclusivamente* como medio de propaganda religiosa", "Integran *exclusivamente* elementos musicales de procedencia europea", "Está diseñada *exclusivamente* para tubos de cobre".

exclusivo adj **1** Que está reservado para algo o alguien en particular o para un uso especial: *estacionamiento exclusivo para empleados, entrevista exclusiva para la televisión* **2** Que tiene calidad o clase y es difícil de conseguir: *ropa exclusiva, diseños exclusivos* **3** Que es completo o total: "Estamos a su *exclusivo* servicio" **4** Que es único: "Vine con el fin *exclusivo* de verlo".

excremento s m Conjunto de los desechos de la comida que, al final de la digestión, el cuerpo de seres humanos y animales expulsa por el ano.

excretor adj Que tiene por función echar hacia afuera ciertas sustancias o eliminarlas de un organismo, un órgano o un tejido: *conductos excretores.*

excursión s f Paseo que se hace por unas horas, uno o varios días, generalmente en grupo, al campo o a lugares lejanos con muchos atractivos: *ir de excursión, planear una excursión*, "Se fue a Europa en una *excursión*".

excusa s f **1** Motivo, razón o pretexto que uno alega para justificarse por no cumplir con una responsabilidad o cometer una falta: *buscar una excusa para no trabajar*, *preparar una excusa, servir de excusa* **2** (*Der*) Manifestación hecha por un juez, defensor o jurado, ante un tribunal o un superior, de los impedimentos que pueda tener para cumplir con imparcialidad su función en un caso determinado.

excusado I pp de *excusar* **II** s m Mueble de baño diseñado para orinar y defecar, consistente en un receptáculo conectado al drenaje o a una fosa séptica y un depósito donde sale el agua a presión para limpiarlo.

excusar v (Se conjuga como *amar*) **1** tr Disculpar o perdonar a alguien por una falta cometida, debido a algún atenuante: "Nos pide que lo *excusemos* por llegar tarde", "Esto explica los rezagos en el reparto de tierras pero no los *excusa*" **2** prnl Pedir disculpas o pedir perdón por una falta cometida: "Las mujeres *se excusaron* por no asistir a la asamblea" **3** *Excuso decir* Introduce la expresión de algo molesto o contrario a la opinión de otros: "*Excuso decirte* que te estás metiendo en lo que no te importa".

exento adj y s Que está libre de algún defecto o de algo negativo; que no está sometido a alguna carga u obligación: *exento de romanticismo, exento de compuestos metálicos perniciosos, exento de pago de impuestos.*

exhalar v tr (Se conjuga como *amar*) **1** Echar por la nariz o por la boca el aire que sale de los pulmones: *exhalar un suspiro* **2** Despedir, soltar algo o alguien un olor característico, generalmente agradable: "Las rosas *exhalan* perfume".

exhaustivo adj Que es pleno o total, que lo abarca todo hasta agotarlo: *análisis exhaustivos, un estudio exhaustivo, un examen exhaustivo.*

exhibición s f **1** Acto de exhibir: *la exhibición de una película, una exhibición de arte, exhibición de modas* **2** *De exhibición* Tratándose de encuentros deportivos, que se realiza únicamente para presentarse ante un público, sin que se compita por un título o clasificación: *una pelea de exhibición.*

exhibir v tr (Se conjuga como *subir*) **1** Presentar o mostrar ante un público: *exhibir una película, exhibir piezas de museo*, "*Exhibió* sus dotes de gran caballista", "*Exhibe* su falta de erudición y de gramática" **2** Mostrar o poner a la vista de la autoridad correspondiente algún documento: "*Exhibió* las pruebas ante el jurado", *exhibir los recibos de pago*, "Bastaba con *exhibir* las copias certificadas" **3** Entregar o pagar una cantidad de dinero: "El capital social fue *exhibido*" **4** prnl Presentarse en todas partes, dejarse ver en reuniones públicas: "Ese poeta se *exhibe* constantemente".

exhortar v tr (Se conjuga como *amar*) Invitar a una persona a otra a que actúe de determinada manera, a que haga cierta cosa que resulta conveniente, necesaria o moralmente buena: "Los *exhortó* a poner sus conocimientos al servicio del país", "*Exhortaron* a las partes en conflicto a llegar a un acuerdo diplomático", "Lo *exhortó* a tener una participación activa".

exigencia s f **1** Acto de exigir algo: *responder a las exigencias de los trabajadores* **2** Petición o reclamación que alguien hace de manera imperativa: *exigencia social, exigencias políticas* **3** Necesidad imperiosa de algo: *las exigencias de la producción agrícola*.

exigente adj m y f Que exige mucho a las personas o que exige mucha calidad en las cosas: *una maestra exigente*, "Es muy *exigente* con la comida", "Beethoven se mostró muy *exigente* consigo mismo".

exigir v tr (Se conjuga como *subir*) **1** Pedir algo de manera imperativa, principalmente aquello a lo que se tiene derecho: *exigir disciplina, exigir el salario mínimo, exigir justicia* **2** Requerir algo o alguien alguna cosa que le es indispensable o necesaria: "La paz y el bienestar del país *exigen* hombres honrados".

exiguo adj Que es muy escaso, muy poco o sumamente pequeño: "Con nuestros *exiguos* recursos no podemos comprar nada", *el exiguo capital de la familia, lo exiguo del presupuesto*.

existencia s f **1** Hecho de existir: "No se ha demostrado la *existencia* de seres vivos en otros planetas" **2** Tiempo que dura la vida de alguien o manera de vivirla: "La niña fue feliz durante toda su *existencia*, *una triste existencia* **3** Mercancía que se encuentra almacenada o disponible: "Barata de zapatos hasta agotar *existencias*" **4** *En existencia* En almacén, a disposición: "Hay poca azúcar *en existencia*".

existencialismo s m **1** Doctrina filosófica propuesta principalmente por Jean Paul Sartre, que sostiene que el ser humano no tiene una esencia dada de antemano, sino que su existencia le da la libertad y la responsabilidad de escogerla de manera constante e irremediable **2** Doctrina filosófica que parte del análisis de la existencia entendida como modo de ser propio del hombre, inspirada principalmente en las ideas de Kierkegaard y Heidegger.

existencialista adj m y f **1** Que pertenece al existencialismo o se relaciona con él: *filósofo existencialista* **2** Que pertenece al grupo de jóvenes que hicieron del existencialismo una moda al final de la Segunda Guerra Mundial y que se refiere a sus ideas, sus costumbres y su vestimenta.

existente adj m y f Que existe: "Se crearon nuevas rutas y se ampliarán las *existentes*", *las normas sociales existentes, el sistema económico existente, la información existente*.

existir v intr (Se conjuga como *subir*) **1** Haber algo en el espacio, en el tiempo o en la mente de alguien: *existir el universo, existir la Tierra, existir una planta, existir una idea* **2** Haber algo o alguien en la realidad, particularmente los seres y los objetos materiales: "Los dinosaurios *existieron*, los unicornios no" **3** Tener vida: "Mis bisabuelos ya no *existen*".

éxito s m **1** Resultado o conclusión buena o acorde con lo que se deseaba, de alguna acción, negocio o actividad: "La cosecha fue un *éxito*", "Tuvo *éxito* en sus estudios" **2** Aceptación amplia y favorable de algo o alguien por los demás: "El actor tuvo mucho *éxito*", *el éxito de una marca comercial*.

exósfera s f Capa superior de la atmósfera donde ésta termina disolviéndose en el espacio. (También *exosfera*.)

exótico adj Que pertenece a una cultura, un país o un ambiente totalmente distinto al propio, por lo que resulta raro o sorprendente: *las exóticas danzas orientales, frutas exóticas, un país exótico*.

expandir v tr (Se conjuga como *subir*) **1** Aumentar la extensión de alguna cosa, hacerla que abarque un espacio mayor: *expandir los pulmones* **2** prnl Extender alguna cosa su volumen o aumentar su intensidad como efecto natural: *expandirse un metal, expandirse la oscuridad*.

expansión s f **1** Acto de expandir algo o expandirse: *la expansión del acero, la expansión de una moda, la expansión de la ciudad de México, la expansión industrial* **2** Manifestación amplia y libre de los sentimientos o del placer: *una expansión de alegría, un centro de expansión para la juventud*.

expansionismo s m Doctrina o tendencia que apoya la expansión territorial o del poder de un país más allá de sus fronteras: *expansionismo económico*.

expectación s f Sensación de inquietud o ansiedad que provoca la espera de algo o alguien que interesa, se desea, se teme o se desconoce: "Hay *expectación* en el mundo entero por la posibilidad de una guerra en el Golfo Pérsico", "El anuncio del festival de rock ha creado gran *expectación* entre el público", "Se esperaba con gran *expectación* el momento del eclipse".

expectativa s f **1** Esperanza de conseguir algo, o espera para llegar a un fin: *crear nuevas expectativas de lectura, fomentar expectativas de mejores salarios, las expectativas creadas por los programas de construcción habitacional*, "Las *expectativas* de los distintos grupos políticos son motivo de recíproco recelo" **2** *A la expectativa* A la espera, en espera de algo: "Permanecen *a la expectativa* del anuncio de las nuevas medidas contra la contaminación", "*A la expectativa* de buenas noticias".

expedición s f **1** Acto de escribir un documento y darle validez una persona o una institución facultada para hacerlo: *expedición de un certificado escolar, la expedición de una licencia* **2** Acto de enviar por algún medio un mensaje o un documento: *la expedición de un telegrama, la expedición de una carta* **3** Excursión o viaje realizado con un propósito específico, que puede ser militar, científico, turístico, etc, y conjunto de personas que lo realiza: "Una *expedición* de cien mil hombres salió del país para ocupar las islas en disputa".

expediente s m **1** Conjunto de los documentos, reunidos y ordenados, que dan cuenta del proceso seguido por un asunto determinado, en muchos casos de tipo legal: *expediente agrario, expediente escolar, expediente médico, expediente de dotación de tierras, el expediente ante el juzgado de primera instancia* **2** *Cubrir el expediente* (*Coloq*) Hacer sólo lo indispensable para alcanzar a cumplir con un trabajo o una responsabilidad: "Visita a su familia una vez a la semana, sólo para *cubrir el expediente*".

expedir v tr (Se conjuga como *medir*, 3a) **1** Extender un documento, por lo general oficial o legal, para darle curso o hacerlo público: *expedir una licencia, expedir un certificado de estudios, expedir un informe financiero* **2** Dictar una ley o norma:

"La ley *fue expedida* el año pasado" **3** Enviar por correo u otro medio: *expedir una carta*, "*Expediremos* el paquete a su nombre y con porte pagado".

experiencia s f **1** Conocimiento al que se llega por la práctica o después de muchos años de vida: *un médico con experiencia, la experiencia de un científico* **2** Situación o emoción que alguien vive o siente, en particular cuando es muy intensa o poco común: *experiencia maravillosa, una experiencia horrible, las experiencias inolvidables de la juventud*.

experimentación s f **1** Acto de experimentar: *poner en experimentación, la experimentación de un nuevo compuesto* **2** Método científico consistente en provocar ciertos fenómenos o poner a prueba ciertos elementos con objeto de estudiar su actividad o sus efectos y resultados: *experimentación química, experimentación biológica*.

experimental adj m y f Que pertenece a la experiencia o se relaciona con ella, particularmente la científica, o con los experimentos: *física experimental, método experimental*.

experimentalmente adv En forma experimental, por medio de experimentos: "Esto se comprueba *experimentalmente* con la llamada jeringa de Pascal", "Se puede determinar *experimentalmente* que este proceso va acompañado por una absorción de calor", "*Experimentalmente* se ha producido hipotensión arterial".

experimentar v tr (Se conjuga como *amar*) **1** Someter algo a prueba o poner algo en práctica para observarlo, analizarlo y sacar alguna conclusión acerca de ello: *experimentar con ratas, experimentar nuevos medicamentos* **2** Vivir alguien cierta situación, sentir una sensación o emoción determinada, por lo general poco común o muy intensa: *experimentar una mejoría, experimentar una gran alegría*.

experimento s m Operación en la que se somete a prueba algo para estudiarlo o conocerlo y en la que se controlan las condiciones o las circunstancias que intervienen en ella.

experto 1 adj y s Que tiene conocimientos profundos y mucha experiencia en determinada materia, profesión u oficio: *expertos tiradores, un experto en ritmos tropicales, un experto nadador* **2** adj Que es propio de quien conoce bien un oficio o profesión y tiene experiencia en ellos: "Lo revisó con mirada *experta*" **3** s Persona especialista en un área determinada y con autoridad o capacidad suficiente para resolver asuntos relacionados con ella: "*Expertos* de la ONU deberán supervisar las operaciones de desarme", *un experto en literatura japonesa*.

expiración s f Acto de expirar: *expiración de un documento, fecha de expiración*.

expirar v intr (Se conjuga como *amar*) **1** Dejar de vivir, morir: "Esta mañana *expiró* su tío" **2** Vencer un plazo, llegar al término de su duración: *expirar un pasaporte, expirar otro sexenio, expirar el periodo de inscripciones*.

explicación s f **1** Acto de explicar algo: *una buena explicación, las explicaciones del maestro* **2** Indicación del uso de algo o sobre la manera de hacer algo: "Lee las *explicaciones* que traen las medicinas" **3** Razón o motivo con que alguien justifica sus actos para que otra persona los comprenda o no se sienta ofendido por ellos: *deber una explicación* **4** Causa, razón, condición o justificación de algo: "El calor del Sol es parte de la *explicación* de que haya vida", "La *explicación* se encuentra en los libros".

explicar v tr (Se conjuga como *amar*) **1** Decir o exponer algo a alguien con claridad y precisión para que lo comprenda: *explicar la regla de tres, explicar la historia* **2** Dar las indicaciones necesarias para hacer algo: *explicar un juego, explicar el uso de una máquina* **3** Ser algo la causa, razón o condición de otra cosa: "La contaminación del agua *explica* que haya enfermedades del estómago" **4** Dar a conocer los motivos que alguien tiene para hacer algo: "¡*Explícame* por qué llegaste tarde!" **5** prnl Comprender uno algo: "Ahora *me explico* por qué hay tanta gente en la calle".

explícitamente adv En forma explícita: "*Explícitamente* dijo que en aquella ocasión el golpe militar era inoportuno", "Manifestar *explícitamente* a cuál de las informaciones genéricas se refieren", *rescatar los valores explícitamente pictóricos*.

explícito adj Que es claro o evidente al expresarse o manifestarse: *el mexicanismo explícito de los muralistas, referencia explícita*, "No podría ser más *explícito* en sus respuestas".

exploración s f Acto de explorar algo o a alguien: *la exploración del espacio exterior, la exploración de un paciente*.

explorar v tr (Se conjuga como *amar*) **1** Recorrer algún lugar o una zona por todas partes para conocerlas: *explorar la selva, explorar una zona arqueológica* **2** Revisar cuidadosamente algún cuerpo por todas partes para darse cuenta de su estado: *explorar a un enfermo, explorar el intestino*.

explosión s f **1** Destrucción violenta de algo dejando salir lo que contiene, lanzando pedazos en todas direcciones y acompañada, generalmente, por fuerte ruido: *la explosión de una bomba* **2** Expansión violenta de alguna sustancia como efecto de reacciones químicas o atómicas, acompañada generalmente de un fuerte aumento de temperatura: *explosiones solares, explosiones atómicas* **3** Manifestación violenta y repentina de una emoción o de un sentimiento en una persona: *explosión de furia* **4** *Explosión demográfica* Crecimiento acelerado de la población: *controlar la explosión demográfica*.

explosivo adj y s Que puede explotar o producir una explosión: *una mezcla explosiva, material explosivo, un discurso explosivo*.

explotación s f **1** Acto de explotar los recursos naturales de la Tierra o de sacar provecho de algún negocio o industria: *explotación minera, explotación pesquera, explotación comercial* **2** Provecho abusivo del trabajo humano para sacar ganancias de ello: *explotación de las mujeres*.

explotado I pp de *explotar* **II** s y adj Persona de cuyo trabajo saca provecho abusivamente otra en su propio beneficio: "Una rebelión de los *explotados* contra la teocracia pudo dar fin a la brillante cultura", *humildes y explotados trabajadores del campo*.

explotar¹ v tr (Se conjuga como *amar*) **1** Sacar provecho de los recursos naturales de la tierra: *explotar el petróleo, explotar la plata, explotar la riqueza del mar* **2** Obtener una utilidad o sacar provecho de algo, principalmente de un negocio o industria: *explotar el mercado de libros, explotar una línea de camiones* **3** Aprovechar abusivamente el trabajo de otro en beneficio propio: *explotar a los obreros*.

explotar[2] v intr (Se conjuga como *amar*) **1** Destruirse violentamente algo produciendo un ruido muy fuerte y lanzando pedazos alrededor; incendiarse de pronto y con violencia alguna sustancia: *explotar una bomba*, *explotar un tanque de gas*, *explotar la gasolina*, *explotar un gas* **2** Manifestarse violentamente y de pronto un sentimiento en una persona: "*Explotó en furia*".

exponente 1 adj y s m y f Que expone o representa algo o a alguien: *un cantante*, *exponente de la canción ranchera* **2** s m (*Mat*) Expresión numérica o algebraica que expresa la potencia a la que una cantidad se ha de elevar, como en: 2^3, indica que 2 habrá de multiplicarse 3 veces por sí mismo.

exponer v tr (Se conjuga como *poner*, 10c. Su participio es irregular: *expuesto*) **1** Poner algo de manera que pueda ser visto o considerado por los demás: *exponer un cuadro*, *exponer un vestido* **2** Hacer claras al público las ideas o los argumentos de algún tema o doctrina: *exponer la filosofía existencialista*, *exponer un trabajo en clase* **3** Poner algo o quedar alguien de tal manera que reciba la acción o la influencia de otra cosa: *exponer la piel al sol*, *exponerse a la radiación* **4** Poner algo o a alguien en peligro de perderse o dañarse: *exponer la vida*, *exponer el campeonato*.

exportación s f **1** Venta de productos o mercancías de un país a otro: "Apoyó la *exportación* de ganado a Estados Unidos" **2** *De exportación* Destinado a ser vendido fuera del país: *petróleo de exportación*.

exportador adj y s Que exporta: *una campaña exportadora de productos pesqueros*, "Se otorgarán créditos a los *exportadores*", *países exportadores*.

exportar v tr (Se conjuga como *amar*) Llevar y vender al extranjero un producto nacional: "Países que *exportan* materias primas", "Los países que *exportan* petróleo deberían unirse".

exposición s f **1** Acto de exponer algo: *una exposición de pintura*, *tiempo de exposición de una película* **2** Muestra o presentación pública de algo: *exposición de maquinaria*, *exposición de libros* **3** Tiempo que un papel o placa fotográfica sensible se mantiene a la luz para imprimirse.

expresamente adv **1** De manera expresa: "Actividades *expresamente* prohibidas por las leyes" **2** De modo específico, en especial: "Vine *expresamente* a verlo", "Los cantos fueron compuestos *expresamente* para la ocasión".

expresar v tr (Se conjuga como *amar*) Hacer que lo que uno siente o piensa llegue a otra persona, principalmente mediante el lenguaje o mediante la obra de creación: *expresarse adecuadamente*.

expresión s f **1** Representación de los pensamientos o los sentimientos de alguien, particularmente mediante el lenguaje: *expresión verbal*, *expresión artística* **2** Signo lingüístico: *expresión idiomática*, *expresión correcta* **3** Fuerza y calidad con las que se hace llegar ideas o sentimientos artísticos a alguien: *un pianista con bella expresión*, *la expresión del actor* **4** Conjunto de rasgos, gestos o signos del cuerpo, especialmente de la cara de una persona o de un animal que muestra un estado de ánimo o una actitud: *expresión de dolor*, *expresión de inteligencia*, *expresión de duda* **5** Conjunto de números o símbolos que representan una cantidad o un concepto matemático.

expresionismo s m **1** Tendencia en las artes, principalmente en las plásticas, a magnificar o exaltar la expresión de las emociones y a privilegiar la subjetividad del artista, mediante la creación de imágenes deliberadamente distorsionadas y cargadas de un fuerte simbolismo. Es característica de la obra de ciertos pintores, como El Greco, Van Gogh y Munch: *expresionismo figurativo*, *expresionismo abstracto* **2** Movimiento pictórico, surgido en Alemania a principios del siglo XX como una reacción frente al impresionismo, que adoptó y desarrolló esta tendencia. De la pintura pasó a las otras artes, principalmente al cine donde dio lugar a grandes obras como *El gabinete del doctor Caligari* de Robert Wiene o *Nosferatu* de Murnau.

expresionista adj m y f Que pertenece al expresionismo o se relaciona con él: *cuadro expresionista*, *una obra teatral expresionista*, "El arte de Posada es *expresionista* desde el punto de vista formal".

expresivo adj **1** Que se refiere a la expresión o se relaciona con ella: *la capacidad expresiva de un artista*, *el poder expresivo de un gesto* **2** Que expresa abiertamente y con viveza lo que siente o piensa; que manifiesta claramente a los demás sus emociones: *un orador expresivo*, "Es muy *expresivo* con sus hijos" **3** Que muestra o comunica con claridad y fuerza las emociones o el pensamiento de alguien: "Tiene unos ojos grandes y *expresivos*", *un cuadro expresivo*.

expreso adj Que está dicho, expresado o especificado clara y abiertamente: *una disposición expresa*, *un deseo expreso*, *disposiciones expresas de la ley*.

exprimir v tr (Se conjuga como *subir*) **1** Hacer presión sobre una cosa para sacarle el líquido, jugo o sustancia que contiene, ya sea apretándola, retorciéndola o aplastándola: *exprimir una naranja*, *exprimir la ropa*, *exprimirse una espinilla* **2** (*Coloq*) Hacer uso de una cosa o de una persona al máximo de su capacidad para obtener el mayor provecho posible de ella: "Por más que me *exprimo* el cerebro no se me ocurre ningún ejemplo".

expropiación s f Acto de expropiar algo: *la expropiación petrolera*, *una expropiación de tierras*.

expropiar v tr (Se conjuga como *amar*) Quitar legalmente la propiedad de algo a alguna persona o empresa, por lo general mediante una indemnización, por motivos de interés público: "El presidente Cárdenas *expropió* el petróleo a las compañías extranjeras", "*Expropiaron* muchos terrenos para construir esa avenida".

expuesto I pp irregular de *exponer* o *exponerse*: "Personas que han sido *expuestas* a la radiación" **II** adj Que resulta peligroso o arriesgado: "Ser bombero es muy *expuesto*".

expulsar v tr (Se conjuga como *amar*) **1** Sacar o correr a alguien de alguna parte prohibiéndole su regreso: *expulsar a un alumno de la escuela*, *expulsar a un miembro de la asociación* **2** Echar algo fuera de sí, con violencia o de manera definitiva: *expulsar piedras de la vesícula*, *expulsar lava el volcán*.

expulsión s f Acto de expulsar algo o a alguien: *una expulsión de la universidad*, *la expulsión de un espía*, *una expulsión de gases*.

exquisito adj **1** Que se distingue por su gran calidad, su buen gusto, su elegancia o su refinamiento: "Era un hombre muy *exquisito*", *un arte exqui-*

sito, una educación exquisita **2** Que tiene un sabor extremadamente agradable, fino y delicado: *una comida exquisita, un platillo exquisito.*

extender v tr (Se conjuga como *perder*, 2a) **1** Hacer que algo se abra, se desenrolle o se desdoble en todo su tamaño: *extender una sábana, extender un papel* **2** Repartir algo por una superficie haciendo que cubra la mayor parte: *extender la pintura* **3** Dar a algo mayor duración, amplitud o difusión: *extender una acción, extender las facultades de una autoridad, extender una doctrina* **4** Escribir un certificado, un cheque, etc de acuerdo con los requisitos necesarios **5** prnl Ocupar algo una superficie: "La llanura *se extiende* muchos kilómetros" **6** prnl Abundar en algo: "El maestro *se extendió* en sus explicaciones".

extendido I pp de *extender* o *extenderse* **II** adj Que es más bien ancho y de poca profundidad o altura: "La sopa se sirve en un plato hondo y el guisado en uno *extendido*".

extensión s f Acto de extender o extenderse algo: "Logró una *extensión* de su zona" **2** Porción de espacio que ocupa, que cubre algo o hasta donde llega una influencia o una acción: "La *extensión* de México es muy grande", *la extensión de un cuerpo geométrico, la extensión de una emisión de radio* **3** Línea telefónica, dependiente de un conmutador o aparato central **4** *Por extensión* De manera parecida o semejante, de igual forma.

extensivo adj **1** Que se extiende, se aplica o puede extenderse o aplicarse a otros elementos además de los comprendidos o considerados generalmente: "Su propuesta se basa en una interpretación *extensiva* del reglamento" **2** *Hacer algo extensivo* Hacerlo válido para otros: "*Hizo extensiva* la invitación a todos los presentes".

extenso adj Que abarca mucho espacio, que es muy grande, muy largo o muy amplio: *el extenso valle, el extenso jardín, extensos litorales, una extensa llanura, una playa extensa, un extenso análisis, un texto muy extenso, una extensa bibliografía, extenso surtido de mercancía.*

exterior 1 adj m y f Que está situado en la parte de afuera de algo: *escalera exterior, realidad exterior* **2** s m Espacio o parte que queda fuera de algo, lo rodea o está a la vista: *el exterior de la casa, mirar al exterior* **3** adj m y f Que pertenece a países extranjeros o se relaciona con cuestiones ajenas a un grupo de personas: *relaciones exteriores, comercio exterior, asuntos exteriores* **4** s m pl Escenas tomadas fuera de un estudio cinematográfico o de televisión: *exteriores de una película.*

externo adj **1** Que es o viene de fuera, que sucede afuera o que se dirige hacia afuera: *médico externo, influencia externa, culto externo, endeudamiento externo* **2** Que está situado, se manifiesta o se percibe por fuera, que se aplica en la parte de afuera: "Le pegó a la pelota con la parte *externa* del pie", *signos externos, aspecto externo, de uso externo.*

extinción s f **1** Acto de extinguir algo o extinguirse: *la extinción del fuego, la extinción de una raza* **2** *En extinción* A punto de terminarse o desaparecer por completo: *especies en extinción.*

extinguir v tr (Se conjuga como *subir*) **1** Hacer que acabe el fuego o apagar por completo la luz: *extinguir la llama, extinguir un incendio* **2** Acabar por completo o hacer desaparecer totalmente alguna

cosa: *extinguirse una especie animal, extinguir una plaga, extinguirse poco a poco la vida.*

extirpar v tr (Se conjuga como *amar*) **1** Extraer, arrancar de raíz alguna cosa que resulta dañina o peligrosa: *extirpar las anginas, extirpar un tumor* **2** Acabar o destruir por completo algo malo o perjudicial: *extirpar la corrupción, extirpar los vicios.*

extorsión s f Acto de obtener alguna cosa de otra persona aprovechando su incapacidad para defenderse y usando medios violentos e inmorales: "Le quitó sus ahorros por *extorsión*", "Aumentan los casos de *extorsión* a los trabajadores y a los humildes".

extra adj m y f **1** Que se añade a lo acostumbrado o convenido: *trabajar horas extras, una cantidad extra,* "El partido se decidió en tiempos *extras*" **2** adv Aparte de lo convenido; además: "Les pagan *extra* si viajan a provincia" **3** Que es superior al resto: *un vino de calidad extra* **4** s m y f Actor que representa un personaje circunstancial en una película, una obra o un programa: "Trabajó de *extra* en una película de Buñuel".

extracción s f **1** Acto de extraer: *la extracción del petróleo, una extracción dental, la extracción de un quiste* **2** Origen, procedencia social o familiar de una persona: *de extracción porfiriana, de extracción humilde.*

extracto s m **1** Producto que contiene los elementos esenciales de una sustancia y que se obtiene al disolver esta última para luego incorporarla hasta darle el volumen o grado de concentración deseados: *extractos de plantas tóxicas, un extracto sólido, extracto de canela* **2** Escrito breve que incluye los datos o partes más importantes de un texto: *el extracto de un discurso, los extractos de las ponencias.*

extraer v tr (Se conjuga como *traer*, 7b) Sacar algo del cuerpo del que forma parte, en el que ha crecido, o de donde se ha metido profundamente: *extraer minerales de la tierra, extraer una muela, extraer un tumor, extraer una bala.*

extranjero 1 adj y s Que es originario o proviene de otro país que no es el propio: *moneda extranjera, visitante extranjero, inversión extranjera* **2** s m sing Cualquier país que no es el propio: *viajar por el extranjero, mercancías procedentes del extranjero.*

extrañado I pp de *extrañar* o *extrañarse* **II** adj Que está sorprendido o azorado ante alguien o algo: "La mira *extrañado*", "La anciana mira muy *extrañada* a su nieta", "Evangelina se mostró *extrañada*".

extrañar[1] v tr (Se conjuga como *amar*) **1** Sentir la falta de algo o de alguien querido o acostumbrado por uno; echarlo de menos: *extrañar a su patria, extrañar a la familia, extrañar su almohada* **2** *Extrañarle algo a alguien* Resultarle raro, extraño o sorprendente: "Y luego *les extraña* que la gente hable de revolución", "Me *extraña* que te portes de esa manera".

extrañar[2] v tr (Se conjuga como *amar*) Separar a una persona de la comunidad o el país al que pertenece o del lugar o puesto que ocupa en una organización: "A Irineo lo *extrañaron* del pueblo y no le permitieron regresar", "*Extrañaron* al embajador de su puesto".

extrañeza s f **1** Sentimiento de asombro o sorpresa ante algo poco común o inesperado: *causar extrañeza*, "Me miró con *extrañeza*, como si no me conociera" **2** (*Liter*) Calidad de extraño: "Pensaba en los encuentros que, por repetidos, tomaban color de *extrañeza*".

extraño adj y s **1** Que proviene, es o forma parte de un grupo, un país o una familia distinta de la del que habla: *un habitante extraño, un huésped extraño, una fiesta llena de extraños* **2** Que es diferente de lo acostumbrado, normal o común: *un vestido extraño, costumbres extrañas, ideas extrañas* **3** Que no comparte alguna cosa con los demás, que no tiene nada que ver con algo: "Germán es *extraño* al problema".

extraordinariamente adv De manera extraordinaria, de modo fuera de lo común; muy; sumamente: *un hombre extraordinariamente parecido a él, extraordinariamente resistente, extraordinariamente interesante, extraordinariamente afectuosa.*

extraordinario adj **1** Que es excepcional por su belleza o por sus cualidades, que sobresale por ser mucho mejor o mucho mayor: *un concierto extraordinario, un talento extraordinario, una exposición extraordinaria, fuerza extraordinaria,* "Los eclipses de Sol son *extraordinarios*" **2** Que está fuera de los programas regulares o previstos: *exámenes extraordinarios, elecciones extraordinarias.*

extravagante adj m y f Que es fuera de lo común, de lo establecido, aceptado o acostumbrado, que se distingue por ser lo opuesto a lo convencional o normal: *un vestido extravagante, un hombre extravagante, gustos extravagantes.*

extremadamente adv En extremo, de manera extremada; sumamente: *días extremadamente fríos, extremadamente sensible, extremadamente limpio.*

extremado adj Que es exagerado o excesivo, muy grande; gran: *un hombre de extremada sencillez, lujo extremado, la extremada miseria.*

extremar v tr (Se conjuga como *amar*) **1** Llevar alguna cosa a su extremo, a su grado más alto, a su máxima expresión: "*Extremaron* las medidas de seguridad en los bancos" **2** prnl (*Rural*) Estar los animales en celo: *extremarse las vacas.*

extremaunción s f (*Relig*) En la Iglesia católica, sacramento administrado por un sacerdote, que consiste en la unción con aceite consagrado de una persona cuya muerte es inminente, acompañada de oraciones especiales para pedir por la salud del cuerpo y del alma del moribundo.

extremidad s f **1** Parte final, última o más alejada del centro de algo: *extremidades de un cordón, extremidad de una planta* **2** Cada uno de los miembros del cuerpo de los seres humanos y de los animales, como los brazos, las manos, los pies, las patas y la cola.

extremo adj y s **1** Que está en la parte más lejana de un lugar determinado: *Extremo Oriente, la punta extrema de una isla, extrema derecha* **2** Que es lo más intenso o exagerado: *necesidad extrema, frío extremo* **3** s m Punto o parte de algo más alejado de su centro o parte en donde acaba: *extremo de una pista, extremo de un pasillo, extremo de una iglesia* **4** *De extremo a extremo* De lado a lado, de principio a fin: "Corrió *de extremo a extremo* del campo" **5** *En extremo, con extremo* Mucho, muy: "Es inteligente *en extremo*", "Se esforzó *en extremo*".

eyaculación s f Acto de eyacular.

eyacular v intr (Se conjuga como *amar*) **1** Expulsar por el pene el líquido seminal **2** (*Fisio*) Lanzar con firmeza un órgano su contenido.

f s f Séptima letra del alfabeto; representa el fonema consonante labiodental fricativo sordo. Su nombre es *efe*.

fa s m (*Mús*) **1** En las convenciones internacionales, sonido producido por una vibración absoluta de 352 ciclos por segundo y, en los instrumentos temperados, por una de 349.23 ciclos por segundo **2** Cuarta nota de la octava tonal que empieza en do **3** Tonalidad y acorde que tiene los siguientes accidentes o alteraciones: si bemol (*fa mayor*) y la bemol y si bemol (*fa menor*).

fábrica s f Establecimiento que tiene la maquinaria, herramientas e instalaciones necesarias para producir ciertos objetos: *fábrica de zapatos, fábrica de hielo, los dueños de la fábrica*.

fabricación s f Acto de fabricar alguna cosa: *fabricación de muebles, fabricación en serie, los costos de fabricación*.

fabricante adj y s m y f Que se dedica a la fabricación de objetos o mercancías: *un fabricante nacional, fabricantes de ropa, la empresa fabricante*.

fabricar v tr (Se conjuga como *amar*) Transformar la materia prima en objetos o mercancías utilizando herramienta y maquinaria: *fabricar dulces, fabricar sombreros*, "*Fabrican jabones y cosméticos*".

fábula s f **1** Narración de hechos fantásticos: *una fábula de brujas y princesas* **2** Hecho falso e inventado que se cuenta o se comunica a alguien: "Lo que te contaron de mí es pura *fábula*" **3** Narración de hechos imaginarios con la que se busca dar una enseñanza moral, cuyos personajes son por lo común animales u objetos inanimados a los que se atribuyen características, virtudes y defectos humanos. Puede estar escrita en verso o en prosa y generalmente termina con una moraleja; son famosas las de Esopo, las de La Fontaine y las de Samaniego **4** Serie de acontecimientos y relación que guardan entre sí en un relato, sea cuento, novela, película, etc: "¿Cuál es la *fábula* de *La muerte de Artemio Cruz*?" **5** *Ser* o *estar algo de fábula* Ser extraordinario, bellísimo, maravilloso: "Tlacotalpan *es* un pueblito *de fábula*".

fabuloso adj **1** Que tiene características de fábula: *una historia fabulosa de princesas y caballeros, una fabulosa fortuna, un desenlace fabuloso* **2** Que asombra por su carácter extraordinario, fuera de serie: *una casa fabulosa, un jugador fabuloso, un profesor fabuloso*.

facción s f **1** Cada una de las partes o rasgos de la cara de una persona: *de bonitas facciones, facciones delgadas* **2** Cada uno de los bandos que, aunque persigan una causa común, luchan entre sí para imponer sus propios objetivos particulares o sus puntos de vista a los demás: *la facción anarquista, una lucha de facciones*.

faceta s f **1** Cada una de las caras de un poliedro, como las que se tallan en las piedras preciosas: *las facetas del diamante* **2** Cada una de las caras o aspectos que presenta alguna cosa a la consideración de su observador: "Hay que ver las diferentes *facetas* de la vida nacional", "Bismarck, la reina Victoria y Porfirio Díaz son *facetas* de un mismo equilibrio aparente".

fácil adj m y f **1** Que se hace o se logra con poco esfuerzo: *una tarea fácil, un manejo fácil* **2** Que cambia de opinión constantemente y sin dificultad: *una persona fácil* **3** *Mujer fácil* La que se deja seducir sin gran esfuerzo **4** Que es posible o probable: "Es *fácil* que llueva".

facilidad s f **1** Cualidad de ser algo sencillo; de representar poco trabajo hacerlo o conseguirlo: *facilidad de transporte* **2** Disposición o capacidad para hacer algo sin mucho esfuerzo: *facilidad de palabra, facilidad para los números* **3** *Facilidades* Condiciones que hacen más fácil el logro o la realización de algo: *facilidades de pago, venta con facilidades*.

facilitar v tr (Se conjuga como *amar*) **1** Hacer fácil o posible la realización o el logro de algo: *facilitar un viaje, facilitarse un trabajo* **2** Dar a alguien los elementos o las condiciones necesarias para algo: *facilitar dinero, facilitar un transporte*.

fácilmente adv Con facilidad, de manera fácil y sencilla, sin dificultad: "Esto puede entenderse *fácilmente*", "Es una cosa *fácilmente* perceptible".

factible adj m y f **1** Que se puede hacer, realizar o llevar a cabo: *una solución factible, un convenio factible* **2** *Ser algo factible* Existir las condiciones que permiten que algo pueda llegar a realizarse, a tener lugar, a ocurrir, etc: "Un plan de cooperación *es* muy *factible*", "No *es factible* la ocurrencia de esos fenómenos".

factor s m **1** Elemento que contribuye a lograr cierto resultado: *factores de la producción, factores del clima* **2** Cantidad que se multiplica por otra.

factorial s m (*Mat*) Producto que se obtiene al multiplicar todos los números de una serie que comienza por la unidad y termina por un número *n*. Se simboliza con *n*!; así por ejemplo, 4! (el *factorial* de cuatro) da $4 \times 3 \times 2 \times 1 = 24$.

factura[1] s f Acto de hacer alguna cosa, como proceso laborioso y cuidado: *la factura de un poema, pases de estupenda factura, la factura de una bóveda*.

factura[2] s f Documento que certifica la compra de una mercancía o la prestación de un servicio, que entrega el vendedor a su cliente: *la factura de un coche, una factura oficial, dar factura, pedir la factura*.

facultad s f **1** Capacidad o aptitud que tiene alguien para hacer algo: *facultad de hablar, tener facultades* **2** Poder o derecho que tiene alguien de hacer cierta cosa: *las facultades del presidente* **3** Cada una de las secciones universitarias que otorga el grado de doctor: *Facultad de Medicina, Facultad de Derecho*.

fachada s f **1** Parte exterior de un edificio o construcción, en particular aquella en la que está la entrada principal: *la fachada principal de una iglesia*, "Van a pintar la *fachada* de la casa" **2** Apariencia engañosa que se le da a alguna cosa: "Le dieron al proyecto una *fachada* de legalidad".

faena s f **1** Labor que realiza una persona, determinada por las necesidades de su objeto e invirtiendo en ella su esfuerzo: *faenas agrícolas, faenas del campo, traje de faena* **2** En ciertas regiones, labor que efectúan los miembros de la comunidad en sus días libres y para beneficio colectivo **3** (*Tauro*) Lidia de un toro, poniendo en ella el torero su esfuerzo, su conocimiento y su valentía: "Ligó una gran *faena*, rematada con una buena estocada", "Le cuajó un *faenón* con capote y muleta", "La *faena* resultó sosa y aburrida".

fagáceo (*Bot*) **1** adj Árbol o arbusto de hojas sencillas, flores masculinas que crecen en torno a un eje colgante y femeninas solitarias; su fruto es una nuez o una bellota, como el encino, el castaño y la haya **2** s f Familia que forman estos árboles o arbustos.

fagocitosis s f sing y pl (*Biol*) Propiedad que tienen algunas células de englobar o digerir a otras, en particular las de la sangre, que así protegen al organismo de las bacterias y los microbios.

fagot s m Instrumento musical de viento, que consiste en un doble tubo de madera largo y recto, cuyas dos secciones están conectadas por una pieza curvada; de la más corta sale un tubo delgado y curvo de metal al que se une la boquilla de doble lengüeta, en tanto que la larga termina en una abertura por la que sale el aire. Se toca con varias llaves y orificios, que regulan el paso del aire; su extensión tonal supera las tres octavas; hace el papel de bajo entre los alientos de la orquesta.

faisán s m **1** (*Crax rulera*) Ave del orden de las gallináceas, del tamaño de un guajolote, de cola larga y ancha, alas cortas y con un copete eréctil y redondeado de plumas rizadas. El macho es negro con el abdomen blanco y tiene una protuberancia amarilla en el pico; la hembra es café oscura, con rayas blancas y negras en la cabeza. Habita en los bosques húmedos, desde el sur de Tamaulipas hasta Yucatán **2** (*Phasianus colchicus*) Ave del orden de las gallináceas, de cola larga y puntiaguda. El macho tiene el tamaño de un gallo, con un penacho corto y verde, carnosidades alrededor de los ojos, espolones en las patas y un collar de plumas blancas; tiene las alas de color café y los costados amarillos con motas negras. La hembra es más pequeña, de color café oscuro. Es originaria de Asia. Su carne es muy apreciada.

faja s f **1** Tira larga y relativamente ancha de tela que rodea la cintura para ceñir la ropa o como adorno: *una faja de torero, ceñirse la faja* **2** Tira elástica, que cubre desde la parte baja del tórax hasta la cadera, que se usa para reducir el vientre o como protección contra la formación de hernias: *ponerse faja, usar faja, apretar la faja* **3** Tira relativamente ancha de papel, tela, etc con que se rodea un libro, una revista o un periódico para que no se deshoje al enviarlo por correo **4** Zona larga y relativamente ancha que se distingue en una superficie: *la faja fronteriza, una faja de bosques de pinos, una faja arenosa* **5** (*Hipo*) Mancha alargada de pelo blanco entre la frente y la nariz del caballo.

fajar v tr (Se conjuga como *amar*) **1** Rodear y apretar con una faja la cintura: *fajar al bebé, fajarse el torero* **2** Meter los faldones de la camisa bajo el pantalón o la falda, acomodar el calzón o el pantalón en la cintura y ceñírselos adecuadamente: "¡Fájate bien, que te pareces a Cantinflas!", **3** *Fajarse los pantalones o los calzones* (*Coloq*) Hacer frente a una responsabilidad o una dificultad con decisión y enérgicamente: "Cuando murió su padre *se fajó los pantalones* con los gastos de la casa" **4** prnl (*Coloq*) Enfrentarse decididamente a alguien o con algo; emprender con energía una actividad fuerte o difícil: *fajarse con el contrario, fajarse con el trabajo, fajarse con el cargo* **5** (*Popular*) Acariciar y besar con deseo y apetito sexual a una persona: "Agarré a Pedro y Hortensia *fajando* en el coche", "Iván anda *fajando* a Rosita" **6** *Fajarse al reparo* (*Hipo*) Corcovear un caballo.

fajero s m Faja pequeña, con cintas en los extremos, con la que se rodea la cintura del bebé.

falacia s f Dicho o argumento falso con que se quiere demostrar o afirmar algo: "Es una *falacia* que el público sólo desee películas de violencia".

falange s f **1** (*Anat*) Cada uno de los huesos pequeños y largos que forman los dedos de las manos y de los pies; principalmente el primero de ellos, que se articula con el metacarpo o el metatarso: *primera falange, segunda falange, romperse una falange* **2** En la antigüedad, cuerpo de infantería armada y compacta de los ejércitos griegos **3** *Falange española* Movimiento político fascista, liderado por José Antonio Primo de Rivera, que propició el levantamiento nacionalista de Francisco Franco con que se inició la guerra civil española de 1936, y que le sirvió a éste para organizar y sostener su dictadura.

falangeta s f (*Anat*) Tercer hueso (tercera falange) de los que forman cada uno de los dedos de las manos o de los pies.

falangina s f (*Anat*) Segundo hueso (segunda falange) de los que forman cada uno de los dedos de las manos o de los pies.

falda s f **1 I** Prenda de vestir que se ajusta a la cintura o a la cadera y cae suelta cubriendo las piernas a diferentes alturas; hoy en día es una prenda exclusivamente femenina: *ponerse la falda, falda amplia, falda corta, falda larga, falda a la rodilla* **2** Parte del vestido que va de la cintura hacia abajo: *un vestido de falda recta* **3** *Falda pantalón* Pantalón de mujer, de piernas anchas y con vuelo **4** *Lío de faldas* Problema, generalmente amoroso, que se crea un hombre, generalmente por infidelidad **5** *Estar alguien pegado a las faldas* Depender una persona de la decisión o de las órdenes de una mujer, generalmente la madre o la esposa **II** Parte baja de una montaña **III** Ala del sombrero **IV** Corte que se saca de la carne de res o de carnero que cuelga de las agujas separada del hueso.

falsedad s f **1** Cualidad de lo falso, de la falta de verdad, de correspondencia con la realidad o de autenticidad de alguna cosa: *la falsedad de una promesa, actuar con falsedad, la falsedad del oropel* **2** Dicho o hecho falso: "Pidió que no se asentaran *falsedades* en el acta".

falsete s m **1** (*NO*) Puerta rústica, hecha del mismo material que una cerca **2** (*Mús*) Emisión muy aguda de la voz, particularmente la masculina, por arriba del tono más alto de su rango natural, que se alcanza haciendo vibrar únicamente las cuerdas vocales superiores: *cantar en falsete, hacer un falsete*.

falso adj **1** Que no es cierto o verdadero, que no corresponde a la realidad: *una respuesta falsa, un dato falso* **2** Que no es legítimo o auténtico, que es imitación de otra cosa: *un billete falso, un diamante falso* **3** Que aparenta cualidades o sentimientos que en realidad no tiene; que no es sincero: "Es una persona muy *falsa* y egoísta" **4** Que no está seguro o firme, que no tiene resistencia: "El piso está *falso*" **5** Que es sólo aparente: *una ventana falsa, una puerta falsa* **6** *Levantarle falsos a alguien* Decir mentiras sobre alguien **7** *En falso* Que falla, que no logra su objetivo: *un paso en falso, un golpe en falso, una salida en falso*.

falta s f **1** Hecho de no haber algo que es necesario o útil: *falta de agua, falta de comida* **2** Hecho de que alguien o algo no esté donde debe o se espera; anotación que se hace de este hecho: *falta de un alumno, tener faltas* **3** Acto de alguien en contra de lo que señala un reglamento o de lo que se considera justo o debido: *falta de ortografía*, "Cada dos *faltas* el jugador perderá un punto", *faltas a la moral* **4** *Hacer falta* Ser necesario: *hacer falta un martillo*, "Al abuelo le *hace falta* su familia" **5** *A falta de* De no haber, en vez de: "*A falta de* pan, tortillas" **6** *Sin falta* Con seguridad, puntualmente: "Te visitaré el domingo *sin falta*".

faltar v intr (Se conjuga como *amar*) **1** No haber una cosa que se necesita o desea, no tener una cosa lo que debe o se espera que tenga: *faltar luz, faltar leche, faltarle agua a la tierra, faltarle un botón a un saco* **2** Haber menos de algo: *faltar dinero* **3** No cumplir alguien con lo que debe: *faltar al respeto, faltar a la honradez* **4** No estar alguien presente en donde debe o no ir a donde se le espera: *faltar a clases, faltar a una cita* **5** Quedar algo por hacerse o un tiempo por transcurrir: "Nos *falta* componer una rueda", "*Falta* un mes para las vacaciones" **6** *¡No faltaba más!, ¡No faltaría más!* ¡De ninguna manera!, ¡por ningún motivo!, ¡por supuesto!

falla s f **1** Defecto de algo en su composición o en su funcionamiento: *fallas del acero, falla de una máquina* **2** (*Geol*) Rotura que se ha producido en la corteza terrestre: *una falla geológica, la falla de San Andrés* **3** Error o equivocación que alguien comete en el desarrollo de algo o en su solución: *un trabajo lleno de fallas*.

fallar¹ v intr (Se conjuga como *amar*) **1** Romperse o dejar algo de resistir: *fallar una viga, fallar las fuerzas* **2** Dejar algo de funcionar parcial o completamente, no dar el servicio o el resultado esperado o correcto: *fallar el corazón, fallar el motor, fallar la memoria* **3** Dejar alguien de cumplir con un compromiso o responsabilidad, no comportarse como se espera: *fallar en el trabajo, fallarle a los padres* **4** tr Hacer o decir algo que resulta falso, incorrecto, equivocado o desviado: "*Fallé* el disparo".

fallar² v intr (Se conjuga como *amar*) Decidir o resolver un juicio o proceso un tribunal o jurado que tiene autoridad para ello: "Tuviste suerte, *fallaron* a favor tuyo".

fallecer v intr (Se conjuga como *agradecer*, 1a) Morir una persona: "Mi abuela *falleció* a los 80 años", "Recibirá la herencia cuando *fallezca* su tío".

fallo s m Sentencia o decisión que da o toma un juez o un jurado en un juicio: *emitir un fallo*.

fama s f **1** Opinión pública que se forma acerca de una persona, de un grupo o de una institución por el carácter de sus obras, por su valor, por su aspecto, etc: *buscar la fama, hacerse de fama, buena fama, mala fama*, "La *fama* lo hizo presumido" **2** *Fama de* Opinión determinada y generalizada que una persona produce en un grupo y que lo caracteriza: *fama de flojo, fama de simpático, fama de impuntual* **3** *Tener fama* Ser conocido por mucha gente, o tener muchas personas determinada opinión de algo o de alguien: "Ese lugar *tiene* mucha *fama*", "Con esa *fama* que *tienes*...", "*Tiene fama* de trabajador".

familia s f **1** Grupo de personas emparentadas entre sí, tanto biológica como políticamente: *la familia de los González, una vieja familia* **2** Grupo de personas formado por el padre, la madre y los hijos, que vive en la misma casa: *una familia pequeña, mantener a la familia* **3** *En familia* En la intimidad: "Pasamos la Navidad *en familia*" **4** Conjunto de cosas que tienen muchas características en común: *una familia de plantas, una familia de palabras* **5** (*Biol*) Categoría con la que se clasifican plantas y animales por debajo del orden y por arriba del género: "La calabaza pertenece a la *familia* de las cucurbitáceas".

familiar adj m y f **1** Que pertenece a la familia o se relaciona con ella: *un retrato familiar, planeación familiar* **2** Que es conocido: "Su cara me parece *familiar*" **3** Que es natural, sencillo, sin ceremonias, como se usa en la vida diaria: *un lenguaje familiar, un trato familiar* **4** s m y f Persona de la misma familia; pariente: "Un *familiar* se hizo cargo de los hermanitos".

familiarizar v (Se conjuga como *amar*) **1** prnl Llegar alguien a conocer bien y habituarse con alguna persona o a alguna cosa: *familiarizarse con un oficio, familiarizarse con una lengua extranjera, familiarizarse un maestro con sus alumnos* **2** tr Hacer que una persona conozca y se acostumbre a algo o a alguien; que aprenda a tomarlo con naturalidad: *familiarizar a un alumno con la ciencia*.

famoso adj **1** Que es conocido por muchas personas, que tiene fama: "Laura será algún día una actriz muy *famosa*", "Es una región *famosa* por sus paisajes", *hacerse famoso* **2** Que es muy nombrado y citado, pero aún no lo conoce uno ni está familiarizado con él: "Te llamó por teléfono el *famoso* Adrián", "¿Y cuándo se aplica la *famosa* ley?".

fámula s f Sirvienta: "La *fámula* declaró que no reconoció al ladrón".

fanático adj y s **1** Que se apega con celo extremo, apasionada e irracionalmente a sus creencias y es intolerante con todo lo que no concuerde con ellas: *una secta fanática, fanáticos religiosos*, "El hospital fue atacado por un grupo de *fanáticos*" **2** Que tiene un gusto o inclinación extrema y entusiasta por algo o alguien: *fanáticos del teatro, fanáticos de un equipo de beisbol, fanáticas de un cantante*.

fanatismo s m Apego extremo, apasionado e irracional de una persona o un grupo de personas a alguna creencia, al punto de no tolerar cualquier cosa que las contradiga o que no concuerde con ellas: *caer en el fanatismo, fanatismo religioso*.

fandango s m **1** Composición musical que se canta y se baila, de ritmo vivo y alegre, en compás combinado de $^3/_4$ y $^6/_8$. Su verso es octosilábico, ordenado en seguidillas o en décimas principalmente. Se suele bailar sobre una tarima de madera, con zapateado en Veracruz, parte de Hidalgo y San Luis Potosí, Oaxaca, Guerrero, y también en Michoacán, Jalisco y Colima: "Qué bonito es el *fandango* cuando Lino lo acompaña" **2** Introducción instrumental y de ritmo rápido en compás ternario de los sones jaliscienses **3** Fiesta popular en la que se tocan sones, jarabes, etc **4** Fiesta alegre: "A Elvira le encanta el *fandango*", "Sus padres se fueron de *fandango* en la noche" **5** (*Coloq*) Situación desordenada y escandalosa: "...y que llega el marido de la señora y que se arma el *fandango*".

fanerógama s f y adj (*Bot*) Planta que tiene visibles sus órganos de reproducción, ya sea en forma de cono o de flor.

fantasía s f **1** Imaginación de un acontecimiento, un fenómeno o una sucesión de ellos, que forja una persona de acuerdo con sus deseos y sus temores, con o sin fundamento en la realidad: *tener una fantasía*, "Su *fantasía* desbordada le había sugerido riesgos inexistentes", "Supe que no era verdad, que era pura *fantasía*" **2** Capacidad que tiene una persona para imaginar ese tipo de acontecimientos o fenómenos: *un escritor de gran fantasía, la fantasía infantil* **3** *De fantasía* Vistoso, original y un tanto extravagante: *un vestido de fantasía, un barco de fantasía* **4** *De fantasía* Tratándose de joyas, que es vistoso y original, pero falso o imitado: *un collar de esmeraldas de fantasía, un prendedor de fantasía* **5** (*Mús*) Composición musical de estilo libre, muy característica de la música romántica, como la de Schubert, la de Berlioz, etcétera.

fantasma s m **1** Figura o imagen, generalmente de una persona muerta que, en la creencia de algunas personas, se aparece a los vivos para asustarlos o recordarles alguna mala acción: *ver fantasmas, un cuento de fantasmas* **2** *Pueblo fantasma* Pueblo que ha sido abandonado por sus habitantes **3** Poste pequeño y luminoso que se pone en las orillas de las carreteras para señalarlas **4** Falla en la transmisión o recepción de una imagen televisiva que hace que se perciba borrosa o doble.

fantástico adj **1** Que es producto de la fantasía o recibe de ella su carácter: *un cuento fantástico, animales fantásticos, un mundo fantástico, etimologías fantásticas* **2** Que es asombroso o extraordinario: "El Sol libera energía en cantidades *fantásticas*", una *fiesta fantástica* **3** Que es extraordinariamente grande: *una distancia fantástica, una altura fantástica*.

faraón s m Rey del antiguo Egipto: *la época de los faraones, el trono del faraón*.

faringe s f (*Anat*) Conducto muscular membranoso, posterior a las fosas nasales y la boca, por donde pasan los alimentos de la boca al esófago y circula el aire respirado hacia la laringe; en el ser humano está conectado también al oído medio, a través de la trompa de Eustaquio: *una infección de la faringe*.

farmacéutico 1 adj Que pertenece a la elaboración de las medicinas o se relaciona con esa técnica: *industria farmacéutica, métodos farmacéuticos* **2** s Persona que tiene por profesión la farmacia o es responsable de un establecimiento que se dedica a ella.

farmacia s f **1** Disciplina que se ocupa del estudio de las medicinas o medicamentos, sus propiedades y la manera de prepararlos: *estudiar farmacia* **2** Botica: *ir a la farmacia, una farmacia de turno*.

faro s m **1** Torre alta en cuya parte superior se instala un reflector muy potente, para que su luz sirva como señal a las embarcaciones en el mar, o para guiarlas por lugares peligrosos **2** Reflector muy potente, instalado en lugares altos y visibles, que sirve para guiar el vuelo y el aterrizaje de los aviones **3** Cada una de las lámparas que tienen los automóviles en su parte delantera, para alumbrar el camino cuando está oscuro.

farol s m **1** Lámpara que alumbra las calles o las entradas de las casas, consistente en una caja de vidrio y armazón de metal, en cuyo interior está el foco; antiguamente eran de aceite o de gas: "Por la cortina se filtra la luz del *farol* de la calle", *prender un farol* **2** (*Tauro*) Pase de capa o de muleta que hace el torero de frente al toro y que consiste en pasar la capa o la muleta sobre la cabeza **3** (*Popular*) Ojo: "¡Te apagaron un *farol*, mano!" **4** *Ser alguien un farol* Ser presumido y charlatán.

farsa s f **1** Obra teatral de cine o de televisión, cuya trama es generalmente sencilla, en la que se plantean situaciones exageradas, inverosímiles o absurdas, y sus personajes son grotescos y extravagantes, con el único propósito de hacer reír a sus espectadores; como en varias de Emilio Carballido **2** Género dramático formado por esa clase de obras: *un maestro de la farsa* **3** Situación falsa, absurda y ridícula: "El debate en la cámara resultó una verdadera *farsa*", "Me parecía imposible que tú, tan entera, tan cabal siempre, te prestaras a una *farsa* tan ridícula como la que estás representando".

fascículo s m **1** Cada uno de los cuadernos independientes, coleccionables y generalmente periódicos en que se divide una obra extensa para su venta: *presentación en fascículos* **2** (*Anat*) Haz o manojo de fibras musculares o nerviosas.

fascinar v tr (Se conjuga como *amar*) **1** Ejercer algo o alguien una atracción irresistible sobre una persona o un animal: "Hay insectos que, *fascinados* por la muerte, imitan las formas de la materia en descomposición", "Siento debilidad por las viudas. Me *fascinan* sus velos, sus lutos, sus suspiros, su melancolía" **2** Gustar algo o alguien en extremo o en demasía a otra persona: "La película me *fascinó*", "Le *fascinan* los moles oaxaqueños".

fascismo s m **1** Movimiento político italiano de carácter nacionalista y totalitario, que alcanzó el poder con Benito Mussolini en 1922 y que se unió a las fuerzas de Hitler en la Segunda Guerra Mundial **2** Ejercicio del poder que se sustenta en un sistema dictatorial, nacionalista, totalitario, represivo y antidemocrático, o ideología que propone ese tipo de sistema político o es partidaria de ella: *el fascismo alemán, el fascismo franquista, el fascismo de las dictaduras militares* **3** Sistema político que toma el poder o se mantiene en él por medio de la fuerza y la represión, en contra de la voluntad popular: *fascismo criollo, la amenaza del fascismo*.

fascista adj y s m y f Que pertenece al fascismo, se relaciona con él o es partidario de ese tipo de política: *un gobierno fascista, ejército fascista, ideas fascistas*, "El incendio de la biblioteca fue obra de los *fascistas*".

fase s f **1** Cada uno de los estados o etapas sucesivas por las que pasa algo que cambia o se desarrolla: *fases de la Luna, fases de una enfermedad* **2** (*Fís*) Magnitud por la que se caracteriza una función sinusoidal **3** (*Fís*) *En fase* Tratándose de fenómenos periódicos de la misma frecuencia, los momentos en que varían de la misma manera: *poner en fase, estar en fase, fuera de fase.*

fastidiar v tr (Se conjuga como *amar*) **1** Provocar algo o alguien molestia, cansancio y desinterés en una persona: "Me *fastidia* hacer lo mismo diariamente" **2** Dañar o perjudicar a una persona: "Llegó el policía y me *fastidió* con la multa que me puso", "Me *fastidia* que suenen las alarmas de los coches" **3** Echar o echarse a perder alguna cosa; arruinarse: "Nos *fastidió* la reunión con sus malos chistes", "Ya se *fastidió* la computadora".

fatal adj m y f **1** Que ocurre inevitable o necesariamente; que es obra del destino, en particular cuando se trata de acontecimientos desafortunados o desgraciados: *hecho fatal, relaciones fatales, instante fatal* **2** Que es desafortunado, tiene consecuencias indeseables o es muy malo: "Casarse con él fue una decisión *fatal*", "Esa medicina es *fatal* para el estómago", "Es *fatal* para el deporte y para los estudios", "La letra de Luis es *fatal*".

fatalidad s f **1** Fuerza independiente de la voluntad humana a la que se le atribuye una acción que determina necesariamente el curso de los acontecimientos y de la vida en general, particularmente cuando resultan desafortunados, desgraciados o un fracaso: "Su concepción de la historia rechaza toda *fatalidad*", "La *fatalidad* es inconmovible" **2** Acontecimiento desafortunado con malas consecuencias: "Fue una *fatalidad* entrar en ese negocio", "El viaje estuvo lleno de *fatalidades*".

fatalismo s m **1** Doctrina o actitud que sostiene que el curso de los acontecimientos está determinado por una fuerza independiente de la voluntad y de la acción humana: *el fatalismo de los filósofos de la posguerra* **2** Pesimismo: "Con ese *fatalismo* no se puede hacer nada".

fatalista adj y s m y f **1** Que pertenece al fatalismo, se relaciona con él o es partidario de esa doctrina: *ideas fatalistas, pensador fatalista* **2** Pesimista: "No seas *fatalista*, la cosa tiene remedio".

fatiga s f **1** Sensación y estado de profundo cansancio que se experimenta después de un gran esfuerzo físico, intelectual o emocional, y que suele manifestarse como falta de aliento: *sentir fatiga*, "La *fatiga* me aconsejó reposar en la banca arruinada de un jardín público" **2** (*Mec*) Pérdida de las propiedades mecánicas de un metal, debida al esfuerzo al que se le somete: *fatiga de compresión, fatiga de una barra* **3** *Fatiga retinal* (*Biol*) Retención de las imágenes en el ojo luego de cesar la excitación, debida a trastornos químicos de la retina **4** *Fatiga visual* (*Med*) Pérdida de sensibilidad de la vista, debida a la exposición prolongada a las imágenes de una pantalla de cine, de televisión o de computadora.

fauna s f Conjunto de los animales que viven en una determinada región, clima, medio, etc: *la fauna marina, la fauna polar, la fauna de la selva de Chiapas, fauna en peligro de extinción.*

favor s m **1** Ayuda o beneficio que se da o se hace a alguien: *hacer un favor, pedir un favor* **2** Acepta-

ción o apoyo que tiene o recibe una persona de los demás: "Cuenta con el *favor* del público" **3** *Por favor* Expresión de cortesía con la que se manifiesta una petición a alguien: "*Por favor*, lea este libro" **4** *A, en favor de* En beneficio de, como ayuda para, en ventaja de: "Una colecta *en favor* de la Cruz Roja", "Una ley *a favor* de los pobres", "Cinco a dos *a favor* del Cruz Azul" **5** *A, en favor* En la misma dirección de algo: *viento a favor, corriente a favor* **6** *¡Hágame el favor!* Expresión de asombro o de enojo con la que se busca el acuerdo de otra persona con la opinión de uno: "*¡Hágame el favor*, adultos que juegan a las canicas!".

favorable adj m y f **1** Que apoya o beneficia a algo o a alguien; que contribuye a su buen desarrollo y bienestar: *un acuerdo favorable, un clima favorable, una actitud favorable* **2** Que manifiesta aceptación, aprobación o conformidad con algo o con alguien: "Tiene una opinión muy *favorable* de su alumno", "La crítica de la obra ha sido *favorable*", "Su reseña no es nada *favorable*".

favorecer v tr (Se conjuga como *agradecer*, 1a) **1** Actuar en apoyo o en beneficio de algo o de alguien: *favorecer a su familia, favorecer el deporte, favorecer a los campesinos, favorecer la educación* **2** Hacer algo que alguien se vea mejor: "El pelo largo *favorece* mucho a Josefina", "El blanco la *favorece* mucho más".

favorito adj y s **1** Que es preferido o apreciado más que los demás; más gustado o estimado: *mi músico favorito, la canción favorita del público, su consejero favorito* **2** Que es el que tiene mayores posibilidades de triunfar en una competencia: *el caballo favorito, apostarle al favorito.*

fe s f **1** Creencia que se tiene acerca de la verdad, existencia, capacidad, oportunidad, etc de algo que no puede o no requiere ser demostrado: *tener fe en los hombres, tener fe en el médico, fe en el futuro* **2** (*Relig*) En el cristianismo, una de las tres virtudes llamadas teologales, por la que se cree en Dios y en lo que ha revelado: *acto de fe* **3** Conjunto de creencias que alguien tiene, particularmente las religiosas: *fe cristiana, fe musulmana* **4** *Buena fe* Sinceridad, honradez y buena intención con que se hace o se dice algo: *un hombre de buena fe, actuar de buena fe* **5** *Mala fe* Hipocresía, falta de honradez o mala intención en lo que se hace o se dice: *tener mala fe, hacer algo de mala fe* **6** *Dar fe* Certificar, quien tiene autoridad o permiso para ello, que algo es de cierta manera o ha sucedido en cierto modo **7** Documento que certifica algo: *fe de bautizo* **8** *Fe de erratas* Lista de los errores cometidos en la edición de un libro y de las correcciones correspondientes: "La *fe de erratas* inicia con el título".

febrero s m Segundo mes del año, tiene 28 días o 29 cuando el año es bisiesto; sigue a enero y precede a marzo: *carnaval de febrero, febrero loco.*

febril adj m y f **1** Que es característico de la fiebre o producido por ella: *estado febril, alucinaciones febriles* **2** Que se realiza con gran intensidad, con agitación o ansiosamente: "Y recitaba de un modo atropellado y *febril* versículos de la Biblia", "Continúa la *febril* carrera armamentista".

fecal adj m y f Que pertenece al excremento intestinal, las heces, o se relaciona con él: *materia fecal, una muestra fecal.*

fécula s f Sustancia orgánica, blanca y harinosa, del grupo de los carbohidratos, que se encuentra en las células de muchas plantas como reserva alimenticia. Se utiliza como alimento o en la industria: *fécula de papa, fécula de arroz.*

fecundación s f Acto de fecundar: *la fecundación de un óvulo, fecundación artificial.*

fecundar v tr (Se conjuga como *amar*) **1** Depositar o depositarse un tipo de célula sexual (llamada gameto masculino, como los espermatozoides) en el otro tipo de célula sexual (llamada gameto femenino, como los óvulos) y hacer que se forme un nuevo individuo **2** Depositar un macho sus células sexuales en una hembra y hacer que en ella se desarrolle un nuevo individuo **3** Hacer que algo produzca, especialmente la tierra o los seres vivos.

fecundo adj **1** Que es capaz de reproducirse y dar crías, retoños o hijos: *una mujer muy fecunda, una planta fecunda* **2** Que es muy productivo o da lugar a que la productividad aumente: *un trabajo fecundo, un maestro muy fecundo, con su fecunda imaginación de novelista.*

fecha s f **1** Indicación del tiempo en que sucede o se hace algo, principalmente la que señala el día, el mes y el año precisos: "La *fecha* de la carta es 8 de agosto de 1980" **2** Periodo determinado en que algo tiene lugar o está señalado para ello: "En esas *fechas* estaremos fuera" **3** *A,* hasta la fecha Al momento, hasta el momento actual: "La contabilidad *a la fecha...*", "*Hasta la fecha* no ha llovido".

federación s f **1** Unión de varios Estados libres y soberanos bajo un gobierno único que los organiza y los representa en ciertos asuntos políticos ante el exterior: *Estados de la federación, una federación de países* **2** Unión de varias organizaciones políticas, sociales, etc, de la misma clase e independientes unas de las otras: *federación sindical, federación deportiva.*

federal 1 adj m y f Que pertenece a la federación o se relaciona con ella: *gobierno federal, oficina federal* **2** s m Soldado o agente policiaco de la federación: "Los *federales* persiguieron a los contrabandistas en la frontera".

federalismo s m Doctrina política que defiende las ventajas de que diversos Estados libres y soberanos se organicen en federaciones para mejorar sus condiciones de vida, y sistema que la pone en práctica: "Hizo una enfática reafirmación del *federalismo* constitucional mexicano".

federalista adj y s m y f Que es partidario del federalismo y lo profesa: *una constitución federalista, las luchas entre federalistas y centralistas.*

federativo adj Que forma parte de una federación o la representa: *entidad federativa, dirigentes federativos, funcionario federativo.*

feldespato s m (*Geol*) Cada uno de los minerales formados por silicato de aluminio y por calcio, potasio, sodio o bario que en sus diversas variedades forma parte de la composición de muchas rocas.

felicidad s f **1** Estado de ánimo que se caracteriza por la alegría y la satisfacción; condición o situación que lo produce: *la felicidad de los niños,* "Sin salud no hay *felicidad*", *buscar la felicidad* **2** *¡Muchas felicidades!* Fórmula de cortesía con la que una persona expresa sus buenos deseos a otra, generalmente con motivo de su cumpleaños o de algún acontecimiento extraordinario, alegre y benéfico.

felicitación s f **1** Acto de felicitar a alguien: "Los novios recibieron las *felicitaciones* de sus amigos" **2** Mensaje que se envía para felicitar a alguien: *tarjetas de felicitación, un telegrama de felicitación.*

felicitar v tr (Se conjuga como *amar*) **1** Expresar una persona a otra sus buenos deseos o su reconocimiento de la alegría o la satisfacción que algo le ha producido: "Fue a *felicitarlos* con motivo del año nuevo", "Te *felicito* por tu triunfo", "Los *felicitaron* por haber terminado sus estudios" **2** prnl Alegrarse uno por alguna cosa: "Siempre *se felicitaba* por su soltería", "*Me felicito* de tener tan buenos y cariñosos hijos".

félido 1 s m y adj (*Zool*) Mamífero carnívoro que camina apoyando sólo los dedos; tiene cabeza redonda y hocico corto, patas anteriores de cinco dedos y posteriores de cuatro, uñas agudas que puede retraer, caninos muy desarrollados y un solo molar en la mandíbula superior, como el gato y el león **2** s m pl (*Zool*) Familia de estos animales.

felino 1 s m y adj Félido: "Es un bonito *felino*" **2** adj Que pertenece a los félidos, se relaciona o tiene alguna semejanza con ellos, especialmente con el gato: *agilidad felina, mirada felina.*

feliz adj Que tiene o causa felicidad, que goza de ella: *mujer feliz, día feliz, hogar feliz, ser feliz.*

femenil adj m y f Que está formado por mujeres: *un equipo femenil de esgrima, asociación femenil, el sector femenil del partido.*

femenino adj y s **1** Que pertenece a las mujeres o a las hembras, o se relaciona con ellas: *cuerpo femenino, mundo femenino* **2** Que tiene características tradicionalmente consideradas propias de las mujeres o rasgos físicos como los de ellas: *encanto femenino, manos femeninas, voz femenina* **3** Tratándose de seres vivos, el que tiene los elementos que habrán de ser fecundados, y por lo general, sostiene y alimenta al nuevo ser hasta que alcance vida independiente; que se relaciona con esas características y funciones: *planta femenina, célula femenina* **4** (*Gram*) Género que manifiesta el sexo de los animales o el que se atribuye a las cosas, como en *leona, perra, luna, vela, azúcar, mano,* y que se expresa en muchos casos por el morfema *-a* de los sustantivos y los adjetivos, como en: *dueña, gata negra, cruz roja, sartén chica.*

feminismo s m **1** Movimiento y conjunto de postulados con los que se lucha para lograr la igualdad efectiva de los derechos de la mujer con los que tiene el hombre y para combatir y suprimir las prácticas de dominación masculina y subordinación femenina **2** Actitud de quien forma parte de ese movimiento o defiende sus postulados.

feminista 1 adj m y f Que pertenece al feminismo o se relaciona con él: *movimiento feminista, reivindicaciones feministas* **2** s m y f Que es partidario del feminismo: *una manifestación de feministas.*

femoral adj y s m y f Que pertenece al fémur o se relaciona con él: *las articulaciones femorales, arteria femoral.*

fémur s m (*Anat*) Hueso del muslo de los animales vertebrados. Es el más largo del esqueleto humano; se articula con el hueso ilíaco en su parte superior y con la rótula y la tibia en la inferior.

fenol s m (*Quím*) Compuesto orgánico que se presenta en forma de masas cristalinas de color blanco, rosado o rojizo, de olor fuerte y desagradable, soluble en agua, alcohol y otros solventes; es muy tóxico y un fuerte irritante de los ojos. Por su gran reactividad tiene muchos usos en la industria química, en la fabricación de resinas, de colorantes sintéticos, de medicamentos, solventes, desinfectantes, germicidas, etcétera.

fenómeno s m **1** Hecho, acontecimiento o manifestación de algo material, mental, social, etc: *fenómeno natural, fenómeno químico* **2** Hecho, persona o animal extraordinario, anormal o monstruoso: *ser un fenómeno*.

fenomenología s f (*Fil*) Ciencia que tiene como propósito el examen o descripción de los fenómenos, tal cual aparecen. Para Hegel, tiene por objetivo mostrar el devenir de las diferentes formas o figuras de la conciencia, desde el saber natural, limitado e inmediato, hasta el saber absoluto; para Husserl, es la descripción de lo dado o lo que se muestra por sí mismo a la intuición en su pureza, orientada a alcanzar una intuición esencial o de las cosas mismas en su esencia.

feo adj **1** Que su apariencia o características resultan desagradables a los sentidos o son considerados como de mal gusto; que carece de belleza o de atractivo: *un hombre feo*, "La tiene la nariz muy *fea*", "¡Qué *feo* vestido!", *fea voz* **2** Que resulta desagradable, molesto o sin atractivo por ser contrario a lo que uno desea o por no favorecer cierta situación: "El partido estuvo *feo*", "El clima se ha puesto muy *feo*" **3** Que es desagradable, que supone dificultades, conflictos, molestias, riesgos, etc "La situación mundial está *fea*", "La discusión se puso muy *fea*", "Ten cuidado, esa carretera es muy *fea*" **4** adv De forma desagradable o contraria a los gustos de uno; de mala manera o de mal aspecto: "La medicina sabe y huele *feo*", "Le contestó *feo*", "No me mires *feo*" **5** *Sentir feo* Sentir tristeza o dolor por cierta cosa, o sentirse ofendido por algo: "*Sentí* muy *feo* cuando nos fuimos", "Sentimos *feo* cuando le pegaron", "Se *siente feo* que te regañen en público" **6** *Hacerle el feo a alguien* o *a algo* Hacer una ofensa o una grosería a alguien; rechazar o despreciar algo: "*Le hicieron el feo* en el baile", "No *le hagas el feo* a la comida" **7** *De a feo* (*Coloq*) De manera desagradable y notoria: "Me cortó mi novio *de a feo*".

feria s f I **1** Instalación de juegos, puestos de comida, espectáculos de circo y magia, etc que, por lo general, se pone en las poblaciones por un corto periodo durante fiestas civiles o religiosas: *feria de San Marcos, feria de la Candelaria, ir a la feria* **2** Exhibición temporal de productos comerciales e industriales con objeto de promover su mercado: *feria de maquinaria, feria del libro, feria ganadera* **3** *Irle a alguien como en feria* (*Coloq*) Irle muy mal, tener muchos fracasos, disgustos, dificultades, etc, o sufrir muchos golpes, heridas o dolores: "*Le fue como en feria* con ese negocio", "Al equipo *le ha ido como en feria*", "Nos peleamos con la policía y *nos fue como en feria*" II (*Popular*) **1** Moneda suelta o fraccionaria: "¿Me cambia un billete de cinco pesos por *feria*?" **2** Dinero: "Me volaron toda mi *feria*", "Tuve que darle una *feria* para que me ayudara" **3** *Y feria* Y tantos, y pico: "Esa botella cuesta como seis pesos *y feria*".

fermentación s f Cambio químico que sufre una sustancia orgánica por la acción de una bacteria o un microorganismo, como el que produce cierta levadura en el azúcar descomponiéndola en alcohol y bióxido de carbono. Es un proceso esencial para la elaboración de bebidas alcohólicas como el vino y la cerveza o de productos alimenticios como el pan, el jocoque, etcétera.

fermentar v tr (Se conjuga como *amar*) Transformar o descomponer una sustancia orgánica por la acción de bacterias o microorganismos como los mohos u hongos y la levadura: "Este vino se *fermentó* y se hizo vinagre".

feroz adj m y f **1** Que se defiende o ataca con violencia y sin piedad: *una bestia feroz, los feroces tigres, un rugido feroz* **2** Que ocurre o se manifiesta con agresividad y violencia: *una lucha feroz, un comentario feroz*.

ferretería s f Tienda en donde se venden herramientas, utensilios y materiales de fierro, otros metales y plásticos, que se usan en carpintería, cerrajería, albañilería, plomería, electricidad y otros oficios relacionados con la construcción y el mantenimiento de casas y jardines.

ferrocarril s m Medio de transporte que consiste en varios vagones unidos entre sí y jalados por una locomotora que los hace avanzar sobre una vía; tren: *tomar el ferrocarril, ferrocarril México-Guadalajara, las vías del ferrocarril*.

ferrocarrilero 1 adj Que pertenece al ferrocarril o se relaciona con este medio de transporte: *red ferrocarrilera, equipo ferrocarrilero, sindicato ferrocarrilero* **2** s Persona que trabaja en este medio de transporte: "Llegó con su gorra de *ferrocarrilero*".

ferry s m Barco que sirve para transportar personas, automóviles, trenes y mercancías entre puertos ribereños de un gran río o de un estrecho, como el que circula entre Mazatlán y La Paz; transbordador: *tomar el ferry, viajar en ferry*.

fértil adj m y f **1** Tratándose de tierras, plantas y otras cosas relacionadas con la agricultura, que produce abundantemente: *región fértil, suelo fértil, tierras fértiles* **2** Tratándose de personas o animales, que tiene la capacidad de reproducirse o que tiene muchos hijos o crías: *mujeres fértiles, un hombre fértil, ovejas fértiles* **3** Que es productivo o provechoso; que tiene o da riqueza: *un año fértil, una empresa fértil, una imaginación fértil*.

fertilidad s f **1** Capacidad del suelo de un terreno para alimentar a las plantas que en él crecen y producir frutos: *la fertilidad de un bosque, grados de fertilidad* **2** Capacidad que tiene un ser viviente para reproducirse: *la fertilidad de una mujer, un rito de fertilidad*.

fertilización s f Acto de fertilizar: *fertilización de un campo, fertilización de un óvulo*.

fertilizante s m y adj Sustancia con la que se abona la tierra y se fertiliza: *un fertilizante fosfatado, fertilizantes químicos, productos fertilizantes*.

fertilizar v tr (Se conjuga como *amar*) Hacer más fértil o productiva la tierra por medio de abonos: "Cuando se *fertilizó* con nitrógeno y potasio, aumentó la cosecha del algodón".

fervor s m **1** Actitud de veneración y esperanza con que se relaciona una persona con Dios, un santo o un objeto sagrado: "El *fervor* con que aquella gente se postraba ante la Virgen", "Conserva las armas del héroe con verdadero *fervor* cívico" **2** Actitud de fidelidad y confianza con que se relaciona una persona con otra a la que admira o con un objeto valioso para ella: *trabajar con fervor*, "Los aficionados del Guadalajara siguen a su equipo con *fervor*".

festejar v tr (Se conjuga como *amar*) Organizar o hacer una fiesta para recordar algún acontecimiento, para dar gusto a una persona en cierta ocasión o por algún motivo particular: *festejar la Navidad, festejar al maestro, festejar un cumpleaños*.

festejo s m **1** Acto de festejar: *un festejo a los padres, hacer festejos* **2** Fiesta o ceremonia durante la cual se festeja algo o a alguien: *un festejo decembrino, los festejos de la Feria de San Marcos*.

festival s m Conjunto de fiestas, espectáculos, conciertos, etc en un periodo determinado: *festival escolar, festival de música*.

festividad s f Fiesta o celebración con la que se conmemora algún hecho importante: *las festividades marianas, organizar una festividad*.

fetal adj m y f Que pertenece al feto o se relaciona con él: *actividad fetal, periodo fetal, evitar el sufrimiento fetal*.

feto s m Animal vivíparo durante el periodo prenatal, que va desde el momento en que adquiere la forma característica de su especie hasta el nacimiento; en el ser humano esta etapa comienza al finalizar el tercer mes de gestación.

feudalismo s m Sistema político, económico y social propio de la Edad Media, que se caracterizó por el dominio que la aristocracia ejerció sobre el resto de la sociedad, gracias a la concentración de tierras y a la división de éstas en feudos que los grandes señores ponían en manos de sus vasallos, dándoles el derecho a obtener beneficios y a mandar sobre las personas que los habitaban; el vasallo, en cambio, le juraba lealtad al señor, le garantizaba el poder sobre sus dominios y quedaba obligado a prestarle sus servicios como guerrero.

feudo s m **1** Territorio que un rey o un gran señor de la Edad Media daba a uno de sus vasallos para que lo gobernara y lo explotara para su beneficio; el vasallo, a cambio, se comprometía a guardar fidelidad al soberano o señor, a rendirle tributo, a prestarle ayuda militar, etc **2** Territorio o área en la que una persona ejerce su dominio sin respetar leyes, normas o derechos de los demás: "Se delimitan las competencias dentro de la empresa, cuidando que no surjan *feudos*".

fianza s f **1** Garantía que se da, generalmente en dinero, como prueba de la buena disposición que tiene para cumplir una obligación, o para que, en caso de producir algún daño, el afectado pueda cobrarse: *salir libre bajo fianza, pagar una fianza*, "Del alquiler del traje son $500 de la *fianza*" **2** (*Der*) Compromiso legal que adquiere una persona de responder por las obligaciones que otro ha contraído en el caso de que no las cumpla.

fiar v tr (Se conjuga como *amar*) **1** Vender o entregar alguna cosa sin exigir su pago inmediatamente y bajo la condición o la promesa de que se pagará más tarde: *fiar las botellas, fiar un terreno* **2** prnl Ponerse en manos de alguien o poner bajo su cuidado y protección algo de uno por la fe o la confianza que se le tiene: *fiarse de un amigo*, "No

me fío de tus promesas" **3** *Ser algo* o *alguien de fiar* Merecer la fe y la confianza de uno: "Sergio *es de fiar*", "Creo que esa editorial no *es de fiar*".

fibra s f **1** Cada uno de los hilos o filamentos de los que están compuestos los tejidos animales o vegetales: *fibra de lana, fibra de henequén, las fibras de un músculo* **2** Cada uno de los hilos o filamentos sintéticos o fabricados con los que se hacen telas, tejidos, etc: *fibra de nylon, fibra de celulosa, fibra de vidrio* **3** Conjunto de hilos metálicos reunidos en forma de bola, que sirve para pulir o tallar objetos, generalmente para limpiarlos **4** Energía o entusiasmo con el que se hace alguna cosa que implica esfuerzo: *pedalear con fibra, ponerle fibra al trabajo*.

ficción s f **1** Invención fantasiosa de acontecimientos o de personajes que no existen en la realidad: "En el arte, la experiencia y la *ficción* difícilmente son delimitables" **2** Obra literaria cuyo argumento o cuyos personajes no pretenden algún grado de realidad, en particular los que se refieren al futuro o a situaciones completamente hipotéticas: *una novela de ficción, un cuento de ciencia ficción* **3** (*Fil*) Construcción lógica destinada a representar la ley o el mecanismo de un fenómeno, que no corresponde necesariamente a su realidad objetiva **4** *Ficción legal* (*Der*) Prescripción que atribuye a una situación inexistente la consideración de real, otorgándole la eficacia de los efectos jurídicos que tendría si existiera.

ficticio adj Que es fingido, que aparenta la realidad sin serlo: *una escasez ficticia, un paraíso ficticio, un personaje ficticio*.

ficha s f **1** Pieza pequeña, de materiales diversos y generalmente aplanada, que en algunos juegos representa cierto valor; sirve para marcar las posiciones de los jugadores, como medio de cambio, etc: *fichas del dominó, fichas del juego de damas, fichas para el póker* **2** Tarjeta de cartulina o trozo de papel en que se escriben ciertos datos o señas de personas, libros, documentos, etc, o en que se anotan observaciones, y que generalmente se guarda junto con otras en cajas o archivos donde pueden consultarse fácilmente: *fichas de una biblioteca, fichas de los pacientes de un médico, fichas de la policía* **3** Pieza de cartón, papel, plástico u otro material con que se señala la posición de algo, el turno de alguien, o que sirve como contraseña: *ficha de entrada, ficha de un guardarropa* **4** *Ser alguien una ficha o una fichita* Ser alguien de cuidado o peligroso; ser un delincuente: "Ese Carlitos se reveló como toda una *ficha*".

fichera s f Mujer que se dedica a acompañar a los clientes de un bar, a bailar y a beber con ellos, a la que entregan una ficha por cada periodo de tiempo o por cada bebida ordenada: *trabajar de fichera, una película de ficheras*.

fichero s m Cajón en que se guardan o archivan fichas en las que se anotan datos, el conjunto de esas fichas y el mueble diseñado para ordenar esos cajones: *los ficheros de la biblioteca, un fichero de madera*.

fideicomiso s m (*Der*) **1** Contrato mediante el cual una o varias personas físicas o morales transfieren parte de sus bienes a una institución financiera, para que los administre y los emplee en la realización de determinado objetivo lícito, previamente establecido por ellas: *crear un fideicomiso* **2** *Fideico-*

miso público El que el Estado constituye legalmente para manejar un patrimonio público autónomo, destinado al financiamiento de proyectos, programas o actividades que beneficien a la comunidad **3** Organismo que se encarga de llevar a cabo los objetivos para los cuales ha sido establecido un contrato de este tipo.

fidelidad s f **1** Cualidad del comportamiento de una persona que mantiene y cuida su fe o su dedicación a algo o a alguien: *fidelidad conyugal, fidelidad a Dios* **2** Precisión o exactitud con la que se ejecuta alguna cosa a partir de una técnica o un modelo dados: *la fidelidad de una reproducción, una copia hecha con fidelidad al original* **3** *Alta fidelidad* Reproducción precisa y con gran calidad de sonido en un aparato de radio, en un tocadiscos, una grabadora, etcétera.

fiebre s f **1** Elevación anormal de la temperatura del cuerpo, generalmente acompañada de una aceleración del pulso y de la respiración, que indica alguna enfermedad o infección: *tener fiebre, control de la fiebre* **2** *Fiebre aftosa* Enfermedad de los rumiantes y los cerdos que se transmite al ser humano y se caracteriza por la erupción de ampollas en la cara y en los dedos **3** *Fiebre amarilla* Enfermedad infecciosa epidémica, común en la América tropical, caracterizada por dolores intensos de cabeza, estreñimiento, altas temperaturas y vómitos con sangre. La transmite la picadura de un mosquito **4** *Fiebre de malta* Enfermedad infecciosa caracterizada por cambios irregulares de temperatura, dolores en los miembros, debilidad creciente y anemia **5** *Fiebre palúdica* Enfermedad infecciosa transmitida por el mosquito anófeles, que se caracteriza por el aumento intermitente y periódico de la temperatura y una fuerte debilidad **6** *Fiebre tifoidea* Enfermedad infecciosa y contagiosa, que se caracteriza por aumento prolongado de la temperatura, extrema debilidad, evacuaciones y manchas en el abdomen; si no se combate con prontitud, puede causar la perforación del intestino y peritonitis **7** Excitación o entusiasmo de una persona o de varias por alguna cosa: *la fiebre del oro, fiebre de platillos voladores.*

fiel¹ adj m y f **1** Que se comporta de acuerdo con su dedicación o devoción a alguien o a algo, o cumpliendo con su compromiso de fe y lealtad a alguien: *un marido fiel, mi amiga fiel, mi discípulo fiel* **2** Que sigue siempre a su amo o dueño y no lo ataca: *un perro fiel* **3** Que está de acuerdo, con precisión y exactitud, con su modelo, su original o la realidad que reproduce o relata: *una copia fiel, una traducción fiel, una declaración fiel* **4** s m pl Personas que tienen una religión y cumplen con ella: *los fieles de la Iglesia.*

fiel² s m Aguja que marca el peso de algo en una báscula o la igualdad de los pesos puestos en los dos platillos de una balanza.

fieltro s m Tela gruesa que se hace con lana, pelo o borra prensados o aglomerados, con el que se fabrican sombreros, alfombras, etc: *un sombrero de fieltro negro, un mantel de fieltro.*

fiera s f **1** Animal salvaje, en especial los mamíferos carnívoros de dientes afilados y garras, como el león, el oso, el lobo, etc: *las fieras del bosque, un domador de fieras* **2** Persona muy violenta y agresiva o que se enoja con mucha facilidad: "Su hermano se pone como *fiera* cuando lo tratan mal" **3** *Ser alguien una fiera* Ser muy hábil para alguna cosa: "Alberto *es una fiera* para los negocios".

fiero adj Que es bravo, agresivo y amenazador: *una jefa muy fiera, un hombre fiero, un animal muy fiero, el fiero equipo azulgrana.*

fierro s m **I 1** Hierro: "Un alimento rico en *fierro*" **2** Trozo de metal, particularmente el que tiene forma de varilla: *herirse con un fierro,* "Con ese *fierro* pueden asegurar la ventana" **3** Marca que se pone al ganado para indicar el rancho al que pertenece: *el fierro de Piedras Negras* **II** (*Popular*) **1** Arma blanca, en particular el puñal: *clavarle el fierro* **2** Pistola **3** Pene **4** Pedal del acelerador del automóvil: *meterle fierro* **5** Dinero: *tener fierros,* "Me gasté todos mis *fierritos*".

fiesta s f **1** Reunión de personas en la que se divierten, bailan, comen, etc, generalmente para celebrar algo: *fiesta de cumpleaños, fiesta popular* **2** Día o temporada en que se celebra algún acontecimiento civil, patriótico o religioso, y se organizan actos y diversiones: *fiestas patrias, fiesta del santo patrón* **3** *Hacer fiestas a alguien* Dar muestras de simpatía y cariño: "El bebé *hace fiestas* a su mamá".

figura s f **1** Forma exterior de un cuerpo: *figura de mujer, buena figura, figura de una casa* **2** Representación de la forma de algo con un dibujo, una pintura, una escultura, etc: *libro de figuras, hacer figuras en la arena* **3** *Figura geométrica* La que se hace con líneas en una superficie, como el cuadrado, el círculo, el pentágono, etc **4** En la retórica tradicional, adorno de la expresión lingüística con el que se busca producir ciertos efectos al hablar o al escribir, como la exclamación, la metáfora, el juego de palabras etc **5** *Figura de construcción* En la retórica tradicional, construcción de las oraciones que se aparta de la normal, como el hipérbaton o el anacoluto **6** *Figura de dicción* En la retórica tradicional, modificación de la forma de una palabra al quitarle, cambiarle, aumentarle sonidos, morfemas, etc, como la síncopa, la metátesis, etc **7** Persona famosa: *figuras de la ópera, figuras del gobierno* **8** Cada una de las posturas o movimientos de un bailarín o un actor **9** *Figura del delito* Forma bien definida de un delito.

figurar v (Se conjuga como *amar*) **I** intr **1** Aparecer en alguna cosa o formar parte algo o alguien de ella: *figurar veinte preguntas en el cuestionario, figurar en la lista, figurar entre los invitados* **2** Ser algo o alguien importante o famoso, destacarse en alguna cosa: *figurar entre los mejores científicos, figurar en los bailes* **3** tr Representar las características externas de algo: "Estas rayas *figuran* los árboles" **II** prnl Imaginarse uno alguna cosa acerca de algo o de alguien, formarse una idea de ello o suponer alguna cosa al respecto: "La distancia a la que me encontraba *se me figuraba* infinita", "¡Uy, pues hace mucho, *figúrate,* mi mamá todavía vivía!", "*Se figuraba* en la playa, despreocupado, sin prisas".

fijación s f **1** Acto de fijar o de fijarse algo: *la fijación del nitrógeno, fijación de tarifas, fijación de un perno* **2** Idea o pensamiento obsesivo de una persona, que se manifiesta en toda ocasión: "Tiene una *fijación* de casarse con una rubia", "La tía Nina estaba llena de manías y de *fijaciones*".

fijamente adv De manera fija, firme y continuada: "Se le quedó viendo *fijamente*", "Contemplaba *fijamente* el cielo".

fijar v tr (Se conjuga como *amar*) **1** Poner algo en algún lugar o en otra cosa y asegurarlo para que no se mueva ni se caiga: *fijar un vidrio, fijar un cuadro, fijar una rueda* **2** Establecer algo de manera segura o definitiva: *fijar precios, fijar una fecha* **3** Fijar la vista, la mirada, etc Dirigir la vista a un punto y no moverla de él **4** prnl Mirar algo o a alguien con cuidado, atención e interés: *fijarse en el cielo, fijarse en una muchacha* **5** *Fíjate, fíjese,* etc Expresión con que una persona exhorta a otra a prestarle atención o a seguir un relato: "*Fíjate* que mi hija ya se va a casar", "Y ese día, *fíjese,* perdí el camión y no llegué a la cita".

fijo adj **1** Que permanece en un mismo lugar, que no puede moverse, cambiar ni desprenderse: *una estrella fija, una ruta fija, un muro fijo, una escalera fija* **2** Que está puesto o establecido de manera durable, sin sufrir o estar expuesto a cambios: *precios fijos, criterios fijos, una meta fija.*

fila s f **1** Conjunto de cosas o personas que están colocadas una detrás de otra o una junto a otra y forman una línea: *fila de coches, sentarse en primera fila, cerrar filas, formar filas, romper filas* **2** *Fila india* La formada por personas que van una detrás de otra: "Entraron a clase en *fila india*".

filamento s m Hilo delgado: *los filamentos de las plantas, el filamento de un foco.*

filarmónico 1 adj Que se dedica al cultivo y el aprecio de la música: *trabajadores filarmónicos, orquesta filarmónica, sociedad filarmónica* **2** s m En el sureste, armónica.

filatelia s f Dedicación al conocimiento y colección de timbres postales.

filatélico adj Que pertenece a la filatelia o se relaciona con ella: *museo filatélico, historia filatélica.*

filatelista s m y f Persona que se dedica a coleccionar timbres postales.

filete s m **I 1** Carne sin grasa y sin hueso, muy suave, que se extrae del lomo de la res o del cerdo: *puntas de filete a la mexicana, filete con papas* **2** Rebanada del lomo del pescado, limpia de espinas y huesos: *un filete de huachinango* **II** (*Hipo*) Aparato de metal que se pone en la boca del caballo; consta de un bocado, que va dentro de la boca y dos argollas en sus extremidades, de donde se amarran las riendas y las cabezadas **III 1** (*Impr*) Línea o raya, con la que se separan o destacan textos en tipografía **2** Remate de hilo en el borde de una prenda de vestir, particularmente en los cuellos y los puños de las camisas **3** Espiral del tornillo o de la tuerca **4** Borde que se pone en los cantos de cualquier objeto **5** (*Arq*) Filo delgado que separa dos molduras **6** (*Elec*) Cada uno de los pequeños espacios que quedan entre dos líneas de corriente.

filiación s f **1** Relación de parentesco que existe entre hijos y padres **2** Pertenencia de una persona a determinada corriente ideológica, intelectual, etc: *filiación política* **3** Conjunto de rasgos fisonómicos que identifican a un individuo: *media filiación.*

filipina s f Camisa recta, de tela delgada, blanca, con botones al frente, manga larga y cuello cerrado y alto, generalmente la que usan los meseros.

filipino s Que es originario de las islas Filipinas o que pertenece a este país asiático: *el archipiélago filipino.*

film s m Película cinematográfica: *un film de vaqueros,* "Exhibieron cuatro *films* representativos de Silvia Pinal".

filmación s f Acto de filmar o rodar una película: *hacer una filmación, comenzar la filmación, derechos de filmación.*

filmar v tr (Se conjuga como *amar*) Fotografiar o tomar una escena en movimiento con una cámara de cine: "Se *filmarán* aspectos de zonas arqueológicas", *filmar una película.*

fílmico adj Que pertenece a la producción, filmación, dirección, etc de las películas cinematográficas o se relaciona con ellas: *industria fílmica, una versión fílmica.*

filo s m **I 1** Borde agudo de alguna cosa, en especial el delgado y cortante de ciertos instrumentos como cuchillos, tijeras, navajas, etc: *el filo de una pared, el filo de un puñal, dar filo, sacar filo* **2** Tener *filo* algo Tener ese borde lo suficientemente delgado y fino para poder cortar **3** *Al filo de* Al borde de, muy cerca de: *al filo del agua, al filo de la media noche.* **4** *Ser algo de doble filo* Tener la posibilidad de dañar o perjudicar cuando se espera que beneficie o ayude: "Su obra *era de doble filo*: estimulaba el interés por el arte, pero a la vez impedía una comprensión abierta de la pintura" **5** *Sacarse o darse filo* Prepararse cuidadosamente para realizar alguna cosa **6** *En el filo de la navaja* En riesgo extremo: "Las negociaciones con el enemigo se dan *en el filo de la navaja*" **7** *Irse de filo* Irse de frente, pasarse de un límite, sin poderse detener: "Se me echó encima, me hice a un lado y que *se va de filo*" **II** (*Caló*) **1** Hambre **2** Ratero que interviene en el timo de la moneda.

filosofía s f **1** Reflexión sistemática sobre el universo y el ser humano, que busca conocer y explicar sus orígenes, finalidades, cualidades y relaciones: *filosofía griega, filosofía de Aristóteles, filosofía moderna, historia de la filosofía, lecciones de filosofía,* "Aún echamos de menos a nuestro maestro de *filosofía*" **2** Disciplina que reflexiona sobre distintos campos del conocimiento y de la actividad humana, y estudia las formas del pensamiento: *filosofía de la historia, filosofía de la religión, filosofía política, filosofía del derecho, filosofía del conocimiento* **3** *Tomar, aceptar o llevar algo con filosofía* Llevar algo con tranquilidad, tomar una actitud serena, reflexiva o llevadera ante las dificultades, problemas o adversidades: "*Llevó con* mucha *filosofía* la quiebra de su negocio", "Esas enfermedades hay que *tomarlas con filosofía*".

filosófico adj Que pertenece a la filosofía o se relaciona con ella: *sistema filosófico, actitud filosófica.*

filósofo s **1** Persona que tiene por profesión la filosofía, particularmente la que ha creado un sistema filosófico: *un filósofo mexicano, ser filósofo, los filósofos presocráticos* **2** Persona que vive ordenadamente, con apego a los valores intelectuales y con una actitud tranquila y reflexiva.

filtración s f Acto de filtrar o de filtrarse algo: *una filtración de agua, filtración de la luz, una filtración de información.*

filtrante adj m y f Que filtra o sirve de filtro: *elemento filtrante, base filtrante, material filtrante.*

filtrar v tr (Se conjuga como *amar*) **1** Dejar pasar un cuerpo poroso algunas partículas contenidas en un líquido; hacer pasar una sustancia por algún cuerpo poroso, para separar de ella alguna impureza u otras partículas que contenga: *filtrar un solvente, filtrar la gasolina, filtrarse el agua* **2** Impedir el paso de algún elemento o componente dañino de alguna cosa mediante algo que lo detenga o lo bloquee: *filtrar los rayos ultravioleta, filtrar el ruido en una grabación, filtrar el bagazo de una fruta* **3** Pasar alguna cosa a otra parte, a pesar de los impedimentos que se le pongan: "La información que, a pesar de todo, se *filtra* de los países marxistas", "El portavoz del gobierno trató de *filtrar* las graves noticias que llegaban al público" **4** prnl Meterse furtivamente una persona en alguna parte, a pesar de las medidas tomadas para impedirlo: "Logré *filtrarme* a la audiencia papal".

filtro¹ s m **1** Material poroso, como papel, tela, carbón, tezontle, etc o dispositivo especial que se utiliza para recoger ciertas partículas del líquido o la sustancia que se haga pasar a través de él: *filtro de agua, filtro de aceite, filtro de aire* **2** Dispositivo que impide el paso de ciertas radiaciones y deja pasar y actuar otras en alguna cosa: *filtro solar, filtro de color* **3** (*Elect*) Dispositivo que, en un circuito eléctrico, permite el paso únicamente de ciertas frecuencias **4** Cilindro de fibra que tienen los cigarros en el extremo que se lleva a la boca, para impedir el paso de sustancias tóxicas a los pulmones del fumador: *cigarros con filtro* **5** (*NO*) Pedacería de la carne del cerdo que se pone a freír con las lonjas para preparar el chicharrón.

filtro² s m Bebida mágica, en especial aquélla a la que se atribuye la propiedad de enamorar a quien la toma.

fílum s m Cada uno de los grupos mayores en que se divide la clasificación zoológica: *fílum de los cordados, fílum de las esponjas*.

fin s m I **1** Punto o momento en el que algo se acaba, se termina o se detiene, o en el que alguien se muere: *fin de un trabajo, fin de un camino, fin de la vida* **2** Fin de semana Del viernes en la tarde o el sábado al domingo: *pasar el fin de semana* **3** Sin fin Que no acaba, que no termina: *vueltas sin fin, problemas sin fin* **4** Un sin fin de Una gran cantidad de: *un sin fin de personas, un sin fin de alegría* **5** Al fin, por fin Hasta que: "¡Al fin llegaste!", "¡Por fin me hablas!", "¡Por fin te encontré!" **6** Al fin y al cabo Después de todo, de todas maneras: "Luego me pagas, *al fin y al cabo* no necesito el dinero" **7** A fin de cuentas Al final, en conclusión: "A fin de cuentas salimos ganando" **8** A fin de Al final de: *a fines del siglo pasado*, "Te pago *a fin de* mes" II **1** Objetivo que se da a algo o al que alguien trata de llegar: *fin de la justicia, tener buenos fines* **2** A fin de, con el fin de Con el propósito o la intención de: "Le escribí *a fin de* saber cómo estaba", "Te aviso *con el fin de* que te prepares" **3** Con fines Con objetivos o propósitos: *colecta con fines benéficos*.

final 1 adj y s m y f Que está en la última parte de algo, que sirve de fin o de conclusión: *palabras finales, examen final, punto final* **2** s m Parte o momento en el que algo se acaba: *el final de un libro, el final de una amistad* **3** Al final En la última parte, en el momento en el que algo termina: *al final de la calle, al final de la guerra* **4** A finales de, de

finales de, para final(es) de En, de, para o por la última parte de: *a finales de mayo, arquitectura de finales del siglo pasado, para final de semestre* **5** s f última prueba de una competencia o un concurso en la que se decide quién gana: "La *final* de futbol será mañana a las doce".

finalidad s f Resultado o fin preciso que se pretende alcanzar, al que se dirige una acción o los deseos de alguien: *la finalidad de una investigación*, "Su *finalidad* es ganar el torneo".

finalizar v tr (Se conjuga como *amar*) Llegar algo a su fin o poner fin a algo: *finalizar un juego, finalizar el año*, "Para *finalizar*...".

finalmente adv **1** Al final, por último: "*Finalmente* la curiosidad lo venció" **2** Después de todo, en conclusión: "*Finalmente*, no le ayudaron en nada".

finamente adv Con finura, de manera muy fina: "Todo *finamente* terminado con perlas", "Pique la cebolla *finamente*".

financiamiento s m **1** Acto de financiar algo: "Ofrecieron *financiamiento* para la obra" **2** Conjunto de los fondos con que se financia algo: *el financiamiento de una casa, financiamiento bancario*.

financiar v tr (Se conjuga como *amar*) Proporcionar alguien el dinero necesario para la realización de algo: "El gobierno *financia* la construcción de casas", *financiar una revista*.

financiera s f Compañía que da dinero, como préstamo o inversión, para hacer o impulsar obras, negocios, etcétera.

financiero 1 adj Que se relaciona con las finanzas o pertenece a ellas: *compañía financiera, estado financiero* **2** s Persona que tiene por actividad o profesión las finanzas.

finanzas s f pl **1** Conjunto de las actividades relacionadas con el gasto, el ahorro y el manejo de dinero público o privado: *las finanzas nacionales* **2** Dinero o capital del que alguien dispone: "Mis *finanzas* van de mal en peor".

finca s f **1** Propiedad inmueble, en particular la rural: *una finca cafetalera, una finca urbana, una finca agrícola* **2** (*NO*) Cercado de piedra.

fincar v tr (Se conjuga como *amar*) **1** Construir algo con buenas bases: "Se pensaba que la identidad debía *fincarse* en valores y conocimientos propios" **2** Construir una casa o los edificios de una finca: "Compró un terreno y está *fincando*" **3** Sustentar una afirmación con datos y testimonios: *fincar responsabilidades*.

finés adj y s Finlandés: *un músico finés, diseño finés*.

fingido I pp de *fingir* **II** adj Que se presenta como real, que es simulado: *llanto fingido, un fingido asombro, una sonrisa fingida*.

fingir v tr (Se conjuga como *subir*) Presentar como real algo que no lo es: *fingir sorpresa, fingir dolor*, "Finge que ya te vas", *fingir una enfermedad*.

finito adj Que tiene fin o límite en el espacio o en el tiempo: *fin infinito, línea finita, serie finita*.

finlandés 1 adj Que es originario de Finlandia o pertenece a este país europeo; finés: *embajador finlandés, bailes finlandeses* **2** s m Lengua que habla el pueblo de ese país.

fino adj **1** Que es poco grueso, que es delgado y de rasgos o conformación detallados: *una nariz fina, un cristal fino, arena fina, un rostro fino* **2** Que se comporta adecuadamente, con buenas maneras y cortesía: *una persona fina, fino amigo, trato fino* **3** Que hace las cosas con precisión, cuidado y calidad: *un relojero fino, una costurera fina* **4** Que está hecho con calidad, elegancia y cuidado, que tiene esas cualidades: *ropa fina, un mueble fino, un aparato fino* **5** Que percibe las cosas con profundidad y detalle o se da cuenta de los más ligeros y sutiles matices: *un olfato fino, humor fino, un investigador fino* **6** Que tiene un comportamiento notable, en particular cuando da lugar a precaución por parte de los demás: "Juanito es *fino* para hacer travesuras", "¡Cuidado con ese individuo: es *fino* para los fraudes!".

firma s f **1** Nombre de una persona o rúbrica característica de ella con la que se identifica por escrito, da autenticidad o autoriza un documento, o establece un compromiso: "Debes poner tu *firma* al reverso del cheque", *certificar la firma, falsificar una firma* **2** Acto de carácter oficial o legal en el que una o varias personas firman algún documento: "La *firma* de las escrituras será en la notaría" **3** Nombre o razón social de una compañía: *firma comercial, firma extranjera.*

firmamento s m Aspecto que ofrece el cielo, particularmente durante la noche, de una gran bóveda limitada por el horizonte y en donde se hallan la Luna y los demás astros: *observar el firmamento*, "La nebulosa de Orión es uno de los objetos inquietantes del *firmamento*".

firmar v (Se conjuga como *amar*) **1** tr Escribir una persona su firma: *firmar una carta, firmar un documento* **2** intr (*Popular*) Orinar.

firme adj m y f **1** Que está bien apoyado o sostenido, que no se mueve, que puede resistir una fuerza o un peso sin debilitarse o ceder: *una pared firme, tierra firme, un puente firme, una pieza firme* **2** Que es fuerte, constante y estable: *una amistad firme, un carácter firme* **3** Que es seguro, definido o definitivo: *una respuesta firme, una decisión firme* **4** *En firme* De manera definitiva, con seguridad, sin posibilidad de cambio, duda o anulación: *ofrecer en firme, un depósito bancario en firme, una venta en firme* **5** s m Capa de piedra o grava con la que se consolida el piso de una calle, una carretera, etc **6** *¡Firmes!* Orden con la que se manda principalmente a los soldados que yergan el cuerpo, se mantengan inmóviles y estén atentos.

firmemente adv Con fuerza, seguridad y decisión; con firmeza: *creer firmemente en la justicia, amarrar firmemente un cable.*

firmeza s f **1** Propiedad de las cosas que están bien apoyadas, que no se mueven o que resisten algo sin ceder o debilitarse: *la firmeza de una construcción* **2** Cualidad de lo que se mantiene sin cambios, es seguro o tiene fuerza y decisión: *la firmeza de un propósito* **3** Cualidad o actitud de las personas que mantienen con seguridad y decisión su carácter o su forma de ser: *una mujer de gran firmeza.*

fiscal 1 adj m y f Que pertenece a las finanzas públicas o a la hacienda pública, en particular a los impuestos o gravámenes que deben pagar los ciudadanos, o se relaciona con ellos: *declaración fiscal, evasión fiscal, derecho fiscal* **2** s m y f Persona que representa al ministerio público en los tribunales: "Pasaron ante el *fiscal* y entraron a su despacho", *un fiscal especial.*

física s f Ciencia que estudia las características de la materia y la energía, y establece leyes y principios de los fenómenos naturales: *los avances de la física moderna, física nuclear.*

físico¹ 1 adj Que pertenece a la física o se relaciona con ella: *fenómeno físico* **2** s Persona que tiene por profesión la física.

físico² 1 adj Que pertenece a las características materiales de un cuerpo o de un objeto, o que se relaciona con ellas: *antropología física, descripción física, cambio físico* **2** adj, y s m Que se relaciona con el estado corporal de una persona o con su aspecto exterior: *condición física, educación física*, "Ese joven tiene un buen *físico*" **3** (*Ver S*) Que tiene un aspecto muy arreglado o habla con mucha propiedad: *hablar físico.*

fisiología s f Parte de la biología que estudia el funcionamiento de los órganos de los seres vivos y los procesos que ocurren en ellos: *fisiología humana, fisiología cerebral.*

fisiológico adj **1** Que se relaciona con el funcionamiento de los órganos de los seres vivos o forma parte de él: *cambios fisiológicos, necesidades fisiológicas, suero fisiológico* **2** Que pertenece a la fisiología o se relaciona con ella: *análisis fisiológico.*

fisión s f (*Fís*) Ruptura del núcleo de un átomo pesado, que se produce cuando una partícula, generalmente un neutrón, choca con él; da lugar a la formación de átomos más ligeros, así como a la emisión de partículas que a su vez chocan con otros átomos, con lo que se producen reacciones en cadena, así como la liberación de grandes cantidades de energía. Constituye, junto con la fusión, el principio de la energía atómica: *fisión del uranio, fisión nuclear, una bomba de fisión.*

fisonomía s f Aspecto que presenta el conjunto de los rasgos de la cara de una persona, que la individualiza; aspecto externo y característico de alguna cosa: "Nunca olvidaré la *fisonomía* de Remedios Varo", "La *fisonomía* de la ciudad ha cambiado mucho en los últimos diez años".

fistol s m Alfiler grande y adornado con alguna gema, que se prende en la corbata de los hombres, poco más abajo del nudo: *ponerse un fistol, usar fistol.*

fisura s f Ruptura o fractura muy angosta que se produce en la superficie de alguna cosa o de algún material, pero que no llega a romperlo del todo: *una fisura en el fémur, una fisura en el concreto.*

fitoplancton s m (*Biol*) Conjunto de algas y otras plantas unicelulares que flotan en la superficie de los lagos y del mar y sirven de alimento a muchas especies animales.

flaco 1 adj y s Que tiene poca carne y poca grasa en su cuerpo: *un niño flaco, una pierna flaca, un pollo flaco* **2** adj Que es débil y de poca fuerza: *un argumento flaco, punto flaco, lado flaco.*

flagelado I pp de *flagelar* **II 1** adj (*Biol*) Tratándose de células y microorganismos, que tiene uno o más flagelos **2** s m pl (*Biol*) Clase de protozoarios con más de un flagelo.

flagelar v tr (Se conjuga como *amar*) **1** Golpear a una persona o un animal con un flagelo **2** Azotar a alguien o azotarse a sí mismo como penitencia por alguna culpa: "Los guardias romanos *flagelaban* a Jesús", "Eran monjas que se *flagelaban* por amor a Dios".

flagelo s m **1** Tira delgada y poco larga, de cuero, con que se golpea el cuerpo de una persona o de un animal, generalmente como castigo o tormento **2** Persona, actividad o fenómeno que repetidamente causan daños irreparables o castigan a otras o a ciertas cosas: "Valente Quintana fue siempre el *flagelo* de los malhechores", "El cólera se ha vuelto un *flagelo* de las poblaciones insalubres" **3** (*Biol*) Filamento largo y flexible, por cuyo movimiento ondulatorio se desplazan algunos microorganismos.

flama s f Combustión de algún cuerpo o de algún gas, incandescente y caliente, que se disipa al aire; en particular la que emite un quemador de gas: *la flama de una hornilla, una flama azul, una flama amarilla, graduar la flama del encendedor*.

flamboyán s m (*Delonix regia*) Árbol de la familia de las leguminosas, de gran belleza. Alcanza hasta 20 m de altura; su tronco es ancho, de corteza delgada y grisácea; la copa es amplia y aplanada, en forma de sombrilla. Tiene hojas pinadas, compuestas por una gran cantidad de hojitas que se cierran al atardecer; caedizas en determinada época del año. Sus flores son muy vistosas por su forma de mariposa, de color rojo escarlata con bandas amarillas y blancas. Da frutos en vainas aplanadas, hasta de 60 cm de longitud, que contienen varias semillas alargadas y duras. Es un árbol ornamental en zonas tropicales; framboyán, árbol del fuego, tabachín.

flamenco[1] **1** adj y s Que es originario de Flandes, región de la actual Bélgica, o se relaciona con ella: *un pintor flamenco, arquitectura flamenca* **2** s m Lengua de ese pueblo, dialecto del neerlandés: *hablar flamenco*.

flamenco[2] adj y s **1** Que pertenece a las costumbres y al baile de los gitanos andaluces, o se relaciona con ellos: *cante flamenco, baile flamenco, un cuadro flamenco* **2** *Ponerse flamenco* (*Coloq*) Enojarse o acalorarse en alguna discusión: "Por cualquier cosita, mi mujer *se pone flamenca*".

flamenco[3] s m (*Phoenicopterus ruber*) Ave palmípeda acuática que mide cerca de 1 m de altura, de patas largas, cuello largo y esbelto, pico robusto y curvo en su extremo, y plumaje color de rosa.

flan s m **1** Postre que se prepara a base de leche, huevo y azúcar batidos, en un molde revestido con caramelo y cuajado al baño María: *comerse un flan, venta de flanes y gelatinas* **2** *Ser algo o alguien un flan* (*Coloq*) Ser suave, fácil, sencillo y dócil: "La directora de la escuela *es un flan*; nunca nos causa problemas".

flanco s m **1** Cada uno de los costados del cuerpo del ser humano o de los animales: *los flancos de un caballo*, "La dermatosis se extiende por los *flancos*" **2** Cada uno de los lados de algún cuerpo, como los de una formación militar, de una montaña, etc: "Hasta que sintieron el chicoteo de las balas por uno de los *flancos*", "Celerino conocía los vericuetos tortuosos que escalaban los *flancos* de la montaña" **3** *¡Flanco derecho o izquierdo!* Orden que se da principalmente a los soldados para que giren hacia la derecha o la izquierda de la trayectoria que llevan.

flanquear v tr (Se conjuga como *amar*) **1** Colocarse algo o alguien a ambos lados de una persona o de alguna cosa: "El general estaba *flanqueado* por su estado mayor" **2** Atacar a una formación militar por alguno de sus lados, o darle la vuelta para atacarla por detrás.

flauta s f **1** Instrumento musical de viento, que consiste en un tubo largo de madera, de metal y en algunos casos de plástico, en uno de cuyos extremos hay una boquilla para soplar; a lo largo del tubo tiene agujeros que se tapan con los dedos o con llaves para modificar en esa forma la vibración del aire que produce el sonido: *flauta dulce, flauta de pico, flauta transversa* **2** En el sur, sureste y Veracruz, armónica **3** Taco hecho de una tortilla grande, alargado y dorado en aceite.

flautín s m Flauta pequeña, de un sonido más agudo y penetrante, afinada una octava más alta que la flauta.

fleco s m **1** Conjunto de hilos que cuelgan de alguna orilla de una prenda de vestir, para adornarla: "La chamarra tamaulipeca es generalmente de gamuza, adornada con *flecos* de la misma piel" **2** Mechón de pelo recortado sobre la frente, que usan algunas mujeres: *dejarse el fleco, cortarse el fleco*.

flecha s f **1** Arma arrojadiza, que consiste en una vara, en cuya punta se coloca una piedra o una pieza de metal en forma de V, y en su parte posterior lleva plumas que le sirven para conservar su dirección al ser disparada por un arco: *lanzar flechas, un haz de flechas* **2** Señal de esa forma, que sirve para indicar alguna cosa o mostrar la dirección o el sentido de una trayectoria: *seguir la flecha, poner flechas en el camino* **3** Eje que transmite el movimiento del motor a las ruedas de un vehículo **4** (*Arq*) Extremidad larga y afilada del campanario de una iglesia o de una construcción **5** Parte del arado que entra en la tierra **6** *Flecha de agua* (*Sagittaria sagittifolia*) Planta acuática de hojas aflechadas, largos pecíolos y flores blancas unisexuales.

flema s f **1** Mucosidad de la garganta que se arroja por la boca, debido a la inflamación de las vías respiratorias: *tener flemas, echar flemas* **2** (*Quím*) Residuo acuoso que queda de la destilación de productos alcohólicos **3** Temperamento apático, falto de emotividad: *la flema británica*.

fletar v tr (Se conjuga como *amar*) **1** Alquilar un medio de transporte, para llevar mercancías o pasajeros de un lugar a otro: *fletar un carguero, fletar un avión* **2** prnl (*Coloq*) Esforzarse en un trabajo: "Yo *me fleto* todo el día en el lavadero".

flete s m **1** Precio que cuesta el alquiler de un medio de transporte para llevar mercancías de un lugar a otro: *pagar el flete* **2** Precio que se paga por el transporte de una mercancía de un lugar a otro: *un flete de diez mil pesos*.

flexibilidad s f Capacidad o propiedad que tiene algo o alguien de ser flexible: *grados de flexibilidad, tener flexibilidad*.

flexible adj m y f **1** Que se puede doblar o ajustar a otras formas con facilidad: *un material flexible, un cuerpo flexible, una cubierta flexible* **2** Que se adapta con facilidad a situaciones diversas: *una persona flexible, un reglamento flexible*.

flexión s f **1** Acto de doblar o doblarse algo que tiene cierta elasticidad o que está articulado: *flexión del cuerpo, flexión de un metal* **2** (*Gram*) Característica de las palabras de algunas lenguas, como el español, en las que el cambio en la terminación o en su forma indica las relaciones que tienen con otras palabras de la oración; accidente gramatical **3** *Flexión nominal* (*Gram*) La de los sustantivos y adjetivos. En español es la de género y la de número **4** *Flexión verbal* (*Gram*) La de los verbos. En español es la de modo, la de tiempo, la de número y la de persona.

flexionar v tr (Se conjuga como *amar*) Doblar o hacer que se doble un objeto que tenga esa capacidad: *flexionar un brazo, flexionar un tripié*.

flojera s f Estado en que se encuentra una persona cuando le falta ánimo para hacer algo, no siente deseos de nada o no quiere trabajar: *tener flojera, dar flojera*, "¡Qué *flojera* leer un libro tan aburrido!".

flojo adj **1** Que está suelto, mal amarrado, mal ajustado o mal apretado: *un nudo flojo, un pantalón flojo, una tuerca floja, tierra floja* **2** Que tiene poca actividad, intensidad o magnitud: *un viento flojo, un esfuerzo flojo, una entrada floja al cine, un resultado flojo* **3** Que no trabaja o no le gusta trabajar, que tiene o siente flojera: *un empleado flojo, una niña floja*.

flor s f **1** Parte de las plantas fanerógamas en donde están sus órganos reproductores. Suele ser de formas y colores variados y vistosos y producir un olor agradable. Consta generalmente de una parte exterior o cáliz, compuesta por varias hojas llamadas sépalos, y una interior o corola, compuesta de varios pétalos, que protegen los órganos sexuales masculinos o estambres y los femeninos o pistilos **2** Halago sobre alguna cualidad de alguien, particularmente aquél con el que un hombre alaba a una mujer: *decir flores, echar una flor* **3** Parte más escogida o mejor de algo: *flor de la inteligencia, flor de la sociedad, flor de la juventud* **4** *Flor y nata* Parte más escogida de algo: "En el teatro se encontró la *flor y nata* de los industriales nacionales" **5** *En flor* Con flores alguna planta, en el mejor momento o estado de alguien: *naranjos en flor, niñez en flor* **6** *A flor de* En la superficie de algo o sobresaliendo ligeramente de ella: *a flor de agua, a flor de tierra, a flor de piel*.

flora s f Conjunto de las plantas que crecen en una región o en un periodo geológico: *la flora tropical, la flora del pleistoceno, la flora mexicana*.

floración s f Acto de florecer las plantas y tiempo que duran en ese estado.

florear v (Se conjuga como *amar*) **1** intr Brotar flores a una planta; florecer: "Las jacarandas ya están *floreando*" **2** tr Decir flores o piropos a una mujer: "Don Wenceslao se dedica al deporte que más le gusta: *florear* a cuanta chica pase a su lado" **3** intr Ejecutar el charro con la reata ya lazada varias figuras en el aire: *florear la reata* **4** prnl Estallar una herida o alguna planta por efecto de la infección, del calor, etc **5** tr Tañer sin parar dos o tres cuerdas de la guitarra.

florecer v intr (Se conjuga como *agradecer*, 1a) **1** Florear, dar flores una planta **2** Desarrollarse algo intensamente: *florecer las artes, florecer la ciencia*.

florero s m Recipiente o vaso en el que se ponen flores: *un florero de talavera*.

florete s m Espada de hoja muy fina y de cuatro aristas, sin aro en la empuñadura, y con un botón en la punta cuando se utiliza en la práctica deportiva de la esgrima.

florido adj **1** Que tiene flores: *un jardín florido* **2** Tratándose de la práctica de la expresión verbal, que tiene un estilo retórico, gran riqueza de vocabulario, etc: *un lenguaje muy florido, prosa florida* **3** (*Med*) Tratándose de ciertas erupciones cutáneas, que es de color rojo brillante **4** (*Med*) Tratándose de padecimientos, que es activo, progresivo y rico en sintomatología.

floripondio s m **1** Arbusto de la familia de las solanáceas, del género *Datura*; hay varias especies; sus flores son grandes, en forma de corneta, blancas y colgantes. Se cultiva en climas cálidos o templados; tiene un delicioso aroma, de efecto narcótico; es muy tóxico **2** *Floripondio del monte* (*Solandra guttata*) Planta solanácea, subleñosa, trepadora, de hojas ovales o elípticas, con flores amarillas con bandas moradas por dentro, de unos veinte centímetros de largo; su fruto es una baya; copa de oro **3** (*Popular*) Homosexual masculino pasivo.

flota s f **1** Conjunto de barcos de una compañía o de un país: *flota mercante, flota pesquera, flota de guerra* **2** Conjunto de aviones de una compañía o de un país: *la flota de Mexicana de Aviación* **3** (*Coloq*) Grupo de amigos de un joven: "Me fui de paseo con toda la *flota*".

flotación s f **1** Hecho de flotar algún objeto: *poner en flotación, estar en flotación* **2** *Línea de flotación* La que, en el costado de una embarcación, se establece entre la parte sumergida de su casco o la que se mantiene al aire **3** (*Quím*) Método por el cual se separan componentes de una sustancia, basado en su mayor o menor densidad **4** Procedimiento económico por el cual se somete la moneda de un país a la libre acción de la oferta y la demanda en relación con otra moneda u otro valor que le sirve como referencia: "El banco central puso en *flotación* el peso".

flotar v intr (Se conjuga como *amar*) **1** Permanecer algo o alguien en la superficie de un líquido sin hundirse: *flotar en el mar* **2** Sostenerse algún cuerpo en el aire sin caer: *flotar un papalote, flotar un zopilote* **3** Moverse constantemente una tela sostenida por un extremo bajo la fuerza del viento: *flotar la bandera* **4** Variar el valor de una moneda en relación con los precios del mercado internacional.

fluctuación s f **1** Acto de fluctuar: *las fluctuaciones del mercado, la fluctuación del clima, fluctuación de precios* **2** Diferencia que hay entre el valor de una cantidad que fluctúa y el promedio de sus valores en una unidad de medida.

fluctuar v intr (Se conjuga como *amar*) Variar constante o periódicamente alguna cosa respecto de lo que se considera su estado normal o de un parámetro que se considera fijo: "El costo *fluctúa* entre $100 y $120", "Su profundidad *fluctuaba* entre los dos y los tres metros", "El valor del dólar *fluctuó* ayer entre los $7 y los $7.50".

fluidez s f **1** Propiedad que tiene un cuerpo, como los líquidos o los gases, de fluir de un lado a otro: *conservar la fluidez*, "Gracias a su *fluidez*, el océano oxigena sus profundidades" **2** Capacidad que tiene algo o alguien de moverse o de actuar con facilidad y sin interrupciones: *fluidez monetaria, fluidez del crédito, hablar con fluidez*.

fluido adj **1** Que corre o fluye fácilmente como los líquidos y los gases: *metal fluido, corriente fluida, tránsito fluido* **2** s m Cuerpo o sustancia cuyas moléculas tienen mucha movilidad y cambian con facilidad de posición, como los líquidos y los gases:

*el paso de un fluido por la tubería, física de los flui-
dos* **3** Que es fácil, uniforme y móvil: *un lenguaje
fluido, estilo fluido* **4** s m Agente hipotético o de naturaleza desconocida que se considera como la causa o la esencia de algún fenómeno: *fluido vital.*

fluir v intr (Se conjuga como *construir*, 4) **1** Correr o
deslizarse sin dificultad un líquido de un lugar a otro,
por alguna parte o desde cierto punto: *fluir un río,
fluir la sangre por las venas, fluir lava del cráter*
2 Salir y correr algo en abundancia de alguna parte:
fluir las ideas, fluir un catarro, fluir el dinero.

flujo s m **1** Acto de fluir algo: *un flujo de agua, un
flujo de electrones* **2** Salida de alguna sustancia líquida del cuerpo: *flujo vaginal, flujo de la nariz*
3 Movimiento ascendente de la marea: *la hora
del flujo.*

fluorescente adj m y f Que brilla en la oscuridad,
como las lámparas que contienen gas ergón y vapor
de mercurio, cuando se someten a una descarga
eléctrica: *luz fluorescente, tubo fluorescente, una
carátula fluorescente.*

fluvial adj m y f Que pertenece a los ríos o se relaciona con ellos: *tráfico fluvial, navegación fluvial,
mapa fluvial.*

fobia s f Aversión o temor irracional producido por
la presencia de cierto tipo de objetos, personas o situaciones que no justifican por sí mismos tal reacción; es síntoma principal de la histeria de angustia:
*fobia a los perros, fobia a los lugares cerrados, fobia
a las arañas, tener fobia, sufrir de fobia.*

foca s f Mamífero acuático de la familia de los fóci-
dos que vive principalmente en las costas marinas
de clima frío y se alimenta de peces y otros animales acuáticos. Tiene el cuerpo alargado y estrecho
hacia la parte posterior, las extremidades en forma
de aletas y la cabeza parecida a la de un perro, aunque carece de oído externo. Su pelo es corto, liso,
fuerte y generalmente gris o amarillento. Bajo la
piel tiene una gruesa capa de grasa que lo aísla del
frío y le sirve como reserva de energía y para flotar. Se le caza por su piel y su grasa, se le domestica y entrena para actuar en los circos: *una foca
macho, una foca hembra.*

fócido (*Zool*) **1** adj, y s m Tratándose de algunos
mamíferos que tienen vida anfibia, que es semejante a los carnívoros, pero con los pabellones au-
ditivos rudimentarios y las extremidades adaptadas
a la natación, como la foca y la morsa **2** s m pl Familia de estos animales.

foco s m I **1** (*Fís*) Punto donde se reúnen los rayos
de luz reflejados por un espejo curvo o refractados
por una lente convergente, de donde parece provenir un haz de rayos divergentes: *un foco luminoso,
el foco de una lente* **2** *Poner en foco una imagen*
Modificar la distancia entre la lente y la película fotográfica o entre la lente y la pantalla, para que varíe su foco y la imagen resultante sea más nítida
3 (*Geom*) Con respecto a una curva, punto cuya distancia a cualquier punto de la curva se puede expresar de manera constante: *el foco de una parábola, los focos de una elipse* **4** Centro de irradiación de
un fenómeno social, político, cultural, epidemioló-
gico, etc: *el foco de la civilización mesoamericana,
un foco insurgente, el foco del muralismo mexicano,
focos de infección* II **1** Globo de cristal en el que se
ha hecho el vacío y dentro del cual está colocado un

hilo de platino u otro material, que se enciende al pasar por él una corriente eléctrica, iluminando el espacio en que se encuentre: *poner un foco, prender
el foco, apagar los focos* **2** *Prendérsele a uno el foco*
(*Coloq*) Tener una buena idea: "*Se le prendió el foco* y logró resolver el problema".

fofo adj Que es blando, esponjoso, sin fuerza ni
consistencia: *un músculo fofo, carne fofa, tener la
panza fofa.*

fogata s f **1** Fuego encendido con leña, que leva-
ta grandes llamas, para calentarse, alumbrarse o cocinar alguna cosa: *prender una fogata, hacer una
fogata,* "El ocasional parpadeo de una *fogata* en las
ruinas del pueblo" **2** *Darle fogata norteña a algo* o
a alguien (*Caló*) Realizar algún robo o atacar a alguien de manera decidida.

fogón s m Lugar en las cocinas antiguas o en muchas rurales contemporáneas, en donde se enciende el fuego para cocinar los alimentos; puede ser
desde un simple agujero, hasta una pequeña construcción de ladrillo en donde se enciende leña: "Ati-
zaba el *fogón* en donde se cocía el nixtamal".

foliar[1] v tr (Se conjuga como *amar*) Numerar las hojas o folios de un libro o cuaderno: "*Foliaron* rápidamente las actas del registro", "Por favor, *folia* estos papeles".

foliar[2] adj m y f (*Bot*) Que pertenece a las hojas de
las plantas o se relaciona con ellas: *tejido foliar, estructuras foliares.*

folículo s m (*Anat*) **1** Glándula u órgano en forma
de saco pequeño que se localiza en el interior de la
piel o en una mucosa y tiene generalmente una
función secretora: *un folículo sebáceo, un folículo
piloso* **2** *Folículo dentario* Órgano en forma de saco,
que se localiza en los maxilares y contiene un'diente antes de que salga **3** *Folículo ovárico* o *de De
Graaf* Cada una de las pequeñas vesículas en las
paredes de los ovarios, que contienen los óvulos
4 (*Bot*) Fruto seco que se abre por una hendidura
lateral para liberar sus semillas.

folio s m **1** Conjunto de hojas encuadernadas, generalmente del tamaño de medio pliego **2** *En folio*
Del tamaño de medio pliego **3** Numeración de las
páginas de un libro.

folklore s m **1** Conjunto de las costumbres, los vestidos, las fiestas, la música, las creencias, etc tradicionales de un grupo humano o de una nación: *el
folklore mexicano, el folklore suizo, el folklore de Tepito* **2** Disciplina que estudia esos aspectos de la
vida de un pueblo. (También *folklor, folclore* y *fol-
clor*. Generalmente se pronuncia *folclór*.)

folklórico adj **1** Que pertenece al folklore o se relaciona con él: *ballet folklórico, música folklórica* **2** *Ser
algo o alguien folklórico* (*Coloq*) Ser extravagante o
muy peculiar.

follaje s m **1** Conjunto de las ramas y las hojas de
los árboles y otras plantas: *un abundante follaje,
podar el follaje* **2** Conjunto de hojas y ramas que se
pone en los arreglos florales.

folleto s m Impreso o libro de muy pocas páginas:
un folleto publicitario, un folleto anónimo.

fomentar v tr (Se conjuga como *amar*) Impulsar y
proteger el crecimiento, la formación o el desarrollo de alguna cosa: *fomentar las especies marinas,
fomentar el gusto por la música, fomentar grupos
gangsteriles, fomentar la lectura.*

fomento s m **1** Acto de fomentar: *fomento de la producción, banco de fomento, fomento de las artes* **2** pl Paños humedecidos con agua caliente y algún otro remedio, como el vinagre, la sal, etc, que se aplican sobre la piel con fines curativos: "Póngase unos *fomentos* y se sentirá mejor".

fondear v (Se conjuga como *amar*) **1** intr Echar el ancla una embarcación para que quede fija en algún lugar: *fondear un barco, fondear en la bahía* **2** tr Reconocer el fondo del mar o de una laguna **3** prnl (*Popular*) Ahorrar, hacerse de fondos o guardar dinero; enriquecerse.

fondo s m **I 1** Parte interior y más baja de cualquier cosa hueca y cerrada como, por ejemplo, la de un recipiente: *fondo de la botella* **2** Parte más profunda de alguna cosa, más alejada del lugar desde donde se mira o parte posterior de algo: *fondo del mar*, "La pelota se fue hasta el *fondo* del campo", "Al *fondo* de la ciudad están los cerros" **3** Longitud perpendicular a la que se considera como frente en una superficie: "Este terreno tiene 20 m de *fondo*" **4** Plano posterior al que ocupan las figuras principales de una pintura, fotografía, etc: "En el *fondo* del cuadro hay una mujer bailando" **II 1** Parte más importante o esencial de algo que se encuentra bajo lo aparente o superficial: "Hay que llegar al *fondo* del problema" **2** Conjunto de las ideas sustanciales que se encuentran contenidas en una obra literaria, dramática, cinematográfica, etc y que se expresan a través de una forma **3** *Con* o *de fondo* Que contiene un pensamiento o una reflexión profunda: *una película de fondo, un libro de fondo* **4** *A fondo* Profundamente, con cuidado y rigor: "Analizó *a fondo* sus problemas" **5** *Bajos fondos* Conjunto de barrios pobres de una ciudad en donde existe mucha violencia **III 1** Dinero que posee una persona, organización, país, etc y que puede destinarse para financiar una obra determinada o para conseguir algo: "No tiene *fondos* en el banco", *fondo para la vivienda* **2** Conjunto de obras como libros, documentos, discos, etc, de los que dispone una institución y que, generalmente, puede ser consultado por el público: *el fondo de la biblioteca* **IV 1** Prenda de vestir femenina, generalmente de tela delgada, que se usa debajo de la falda o del vestido **2** *Medio fondo* Esta prenda, cuando no tiene corpiño.

fonema s m (*Fon*) Forma, considerada invariable, de cada sonido de una lengua, que sirve para distinguir unos signos de otros, como *pata* de *bata*. En español, como en varias lenguas, se representa por medio de una o varias letras; así, el fonema /b/, por ejemplo, es la forma invariable del sonido bilabial sonoro y se escribe con las letras *b* y *v*; el fonema /k/ es la forma del sonido velar oclusivo sordo, que se escribe con las letras *c, k* y *qu*.

fonética s f **1** Disciplina de la lingüística que estudia la manera en que se pronuncian o se oyen los sonidos del habla: *aprender fonética, fonética articulatoria, fonética acústica* **2** Pronunciación característica de una lengua por parte de una persona, un grupo social o una comunidad: *la fonética veracruzana*.

fonético adj Que pertenece a la fonética o se relaciona con ella: *alfabeto fonético, escritura fonética*.

foniatría s f Disciplina médica que se ocupa del estudio, el diagnóstico y el tratamiento de los trastornos de la voz humana.

foniátrico adj Que pertenece a la foniatría o se relaciona con ella: *un médico foniátrico, un laboratorio foniátrico*.

fonología s f Disciplina de la lingüística que estudia la organización, la estructura y la función de los fonemas de una lengua.

foráneo adj Que tiene su origen, proviene o se realiza fuera de la localidad o la región en donde está quien habla o considerada central para ciertos asuntos; que se relaciona con lo que está fuera de donde se habla o de cierta jurisdicción: *capital foráneo, empresas foráneas, autobuses foráneos*.

fórceps s m sing y pl Instrumento médico con forma de tenazas, que sirve para extraer al niño tomándolo por la cabeza, cuando hay dificultades en su parto: *aplicar fórceps*.

forestal adj m y f Que pertenece a los bosques o florestas y a su aprovechamiento; que se relaciona con ellos: *guardia forestal, explotación forestal, incendio forestal*.

forjar v tr (Se conjuga como *amar*) **1** Trabajar un metal en caliente y darle cierta forma con el martillo: "Se dedica a *forjar* hermosos barandales" **2** Darle forma a algo con esfuerzo y trabajo: "La Universidad *forja* la cultura y la investigación", "México se está *forjando* un porvenir", *forjarse un ideal* **3** Elaborar una mentira o una falsedad a base de elementos que pueden ser ciertos por separado, pero no en su conjunto: *forjar un engaño*, "Luisa creyó sus promesas y *forjó* castillos de sublime grandeza" **4** Preparar un cigarro, poniendo el tabaco o la mariguana en un papel y dándole la forma adecuada: *forjar un cigarro, forjarse un toque*.

forma s f **1** Conjunto de líneas y superficies que determina el contorno característico de algo o su aspecto externo; apariencia exterior o superficial de algo: *forma de una cara, forma de una silla* **2** *En forma de* Con aspecto de: *en forma de campana* **3** Relación o conjunto de relaciones entre elementos que se mantiene constante, independientemente de las variaciones de cada uno de ellos: *forma gramatical, forma de un razonamiento* **4** Modo o manera en que se hace algo: *leer en forma cuidadosa, bailar en forma elegante* **5** *Forma de ser* Manera característica de comportarse alguien: "Tiene una *forma de ser* muy agradable" **6** *Estar en forma* Estar en buenas condiciones físicas o mentales para hacer algo **7** *De forma que* De tal manera que: "Canta *de forma que* todos te oigan" **8** *En forma* Como se debe, sin dejar nada que desear: *una comida en forma, una fiesta en forma* **9** Hoja de papel impresa con las instrucciones que deben seguirse y los datos que se requieren para efectuar algún trámite.

formación s f Acto de formar algo o a alguien y su resultado: *una formación de gases, una formación sólida, una formación militar, formación musical*, "Nos preocupa la *formación* de la juventud".

formal adj m y f **1** Que pertenece a la forma o se relaciona con ella: *belleza formal, un aparato formal, lógica formal, un estudio formal* **2** Que es, se hace o se pone en práctica de acuerdo con ciertas formas estipuladas o conforme a ciertos requisitos: *una pregunta formal, una petición formal, una denuncia formal, un auto de formal prisión, una corrida formal* **3** Que cumple sus compromisos o sus promesas con puntualidad y cuidado: *un hombre formal, un novio formal.*

formalista adj m y f **1** Que prefiere o privilegia la forma sobre la sustancia o sobre el contenido de alguna cosa: *un filósofo formalista, una actitud formalista, una escuela formalista* **2** Que observa cuidadosamente las formas o se atiene a ellas por sobre cualquier otra cosa: *un maestro muy formalista.*

formalmente adv **1** De manera formal, o de acuerdo con ciertos requisitos: "Inicia *formalmente* sus funciones el sábado próximo", *declarar formalmente inaugurada una reunión* **2** Desde un punto de vista formal: "El modelo *formalmente* más simple es el conocido como serie cronológica".

formar v tr (Se conjuga como *amar*) **1** Dar a algo cierta forma o estructura, cierta organización, cierto orden: *formar un modelo, formar un seto, formar un grupo, formarse una idea* **2** Reunir o juntar personas, cosas o elementos para constituir un todo: *formar una bola de tierra, formarse una capa de nata* **3** Componer o constituir varios elementos un todo: "El equipo lo *forman* los mejores estudiantes" **4** Dar a alguien la enseñanza o el adiestramiento necesario para que haga algo: *formar médicos, formar hombres de bien* **5** Hacer una fila o poner varios elementos en ella: *formarse los soldados, formar la cola.*

formidable adj m y f Que tiene características asombrosas, fuera de lo común, o de gran calidad o valor: "Fueron los descubridores de un *formidable* fenómeno", "El *formidable* pelotero de los Cafeteros lanzará mañana", "Kepler, el *formidable* astrónomo, componía horóscopos", *una mujer formidable.*

formol s m Solución de olor fuerte y penetrante; se usa principalmente para evitar la descomposición de materias orgánicas, como desinfectante y germicida, y para curtir pieles: *poner en formol, conservar en formol.*

formón s m Herramienta de carpintería de la que existen muchas variedades. Consta de una hoja de acero de diversos anchos de entre 15 y 20 cm de largo y un mango de madera; sirve como sacabocados muy fino, generalmente se golpea con un mazo al momento de trabajar.

fórmula s f **1** Expresión simbólica de un hecho científico o de la composición de una sustancia: *fórmula matemática, fórmula de la relatividad, fórmula química, fórmula de una medicina* **2** Expresión corta y bien definida de la manera en que algo se hace, se resuelve o se consigue: *la fórmula del éxito* **3** Manera formal, apegada a determinadas costumbres sociales, de hacer algo: *fórmula de cortesía* **4** *Por fórmula* Por mera costumbre, sólo por cumplir: "Lo felicitó *por* mera fórmula".

formulación s f Acto de formular algo: *la formulación de un criterio artístico, hacer una formulación.*

formular v tr (Se conjuga como *amar*) **1** Expresar alguna cosa en términos precisos, claros y de poca extensión: *formular un deseo, formular una protesta* **2** Enunciar de manera precisa, clara y específica algún conocimiento: *formular una ley física, formular la composición de una sustancia.*

formulario s m Documento impreso que contiene ciertas preguntas o instrucciones y que se aplica con el fin de obtener determinada información: *formulario de inmigración, formulario de inscripción.*

fornicar v intr (Se conjuga como *amar*) Realizar dos personas el coito, fuera del matrimonio: "No *fornicarás*, dice el mandamiento".

foro s m **1** Lugar en donde llevan a cabo sus funciones los tribunales de justicia: *presentar un caso en el foro* **2** Lugar, en las cámaras legislativas, desde donde se presentan y se discuten iniciativas de leyes **3** Reunión durante la cual se presentan y discuten puntos de vista y opiniones de sus participantes: *un foro internacional, un foro sobre derechos de la mujer* **4** Lugar de un teatro en donde se realizan las representaciones: *subir al foro, salir al foro* **5** Edificio de los estudios cinematográficos y de televisión en cuyo interior se construyen los escenarios y se hacen las filmaciones.

forraje s m Pasto, paja o cereal como el sorgo, la alfalfa, etc con el que se alimenta el ganado.

forrajero adj **1** Que pertenece al forraje o se relaciona con él: *uso forrajero, producción forrajera* **2** Que sirve como forraje: *sorgo forrajero, plantas forrajeras.*

forrar v tr (Se conjuga como *amar*) **1** Cubrir con un forro un mueble o cualquier otro objeto: *forrar un sillón, forrar un traste con papel refractario, forrar una columna* **2** prnl (*Popular*) Comer bien antes de comenzar un viaje.

forro s m **1** Capa o cubierta de algún material con se cubre por completo alguna cosa para protegerla o para ocultarla: *un forro de cuero, poner un forro, el forro de un libro* **2** Conjunto de tablones o planchas de metal que cubren el esqueleto y el fondo de una embarcación **3** (*Coloq*) Persona guapa, sensual, de cuerpo muy bien formado: "Esa Marilyn es un verdadero *forro*".

fortalecer v tr (Se conjuga como *agradecer*, 1a) Mejorar la fuerza o el vigor de alguna persona o la solidez y la capacidad de alguna cosa: *fortalecer los músculos, fortalecerse el enfermo, fortalecer la economía, fortalecer el estado de derecho.*

fortalecimiento s m Acto de fortalecer algo o de fortalecerse una persona: *el fortalecimiento del corazón, el fortalecimiento de un anciano, el fortalecimiento de la economía.*

fortaleza s f **1** Fuerza y vigor que tiene una persona para enfrentar retos, luchas o dificultades: "Las caídas sólo prueban la *fortaleza* de la gente, su reciedumbre y su firmeza", "Esa educación le dio la *fortaleza* necesaria para ser independiente" **2** (*Relig*) Para el cristianismo, una de las cuatro virtudes cardinales, por la que se resiste tanto al temor como a la temeridad **3** Edificación sólida, bien defendida y bien armada con que se protege una región de amenazas de guerra: "La ciudad nació junto a una *fortaleza* levantada en el año 865".

forte adj m y f sing, adv y s m sing (*Mús*) Que debe sonar con gran volumen e intensidad.

fortín s m Pequeña construcción defensiva: *levantar un fortín, asaltar el fortín.*

fortuna s f **I 1** Casualidad o azar con que suceden las cosas: *la rueda de la fortuna*, "La *fortuna* lo volvió muy poderoso" **2** Suerte de alguien: *buena fortuna, mala fortuna* **3** *Por fortuna* Por casualidad, para bien de alguien: "*Por fortuna* no me robaron todo" **II 1** Conjunto de bienes de una persona o de un grupo, especialmente cuando es cuantioso: *una inmensa fortuna, una fortuna personal, amasar una fortuna, gastar la fortuna* **2** Cantidad muy grande de dinero, o gran valor de algo: "Ese coche vale una *fortuna*", "La sabiduría es una *fortuna*".

forzado I pp de *forzar*: "La ha *forzado*" **II 1** adj Que se logra o se realiza por la fuerza: *cumplimiento forzado, un encierro forzado, trabajos forzados* **2** adj Que es poco natural, fingido o poco espontáneo: una sonrisa forzada, *una aceptación forzada*.

forzar v tr (Se conjuga como *soñar*, 2c) **1** Lograr, por la fuerza, que alguna cosa actúe o se modifique en contra de su situación o estado normal: "Las válvulas se cierran *forzando* una arandela", *forzar una cerradura, forzar un movimiento del brazo* **2** Ejercer sobre algo o sobre alguien una fuerza o una carga excesiva, llevándolo a los límites de su resistencia o de su capacidad: *forzar la vista, forzar la marcha, forzar la atención* **3** Obligar a alguien, por la fuerza, a actuar en contra de su voluntad: *forzar a confesar a un prisionero, forzar a un niño a saltar* **4** Obligar, con fuerza, a una mujer o a un hombre a tener relaciones sexuales **5** Abrir con fuerza alguna cosa: *forzar una chapa, forzar una puerta*.

forzosamente adv De manera obligada o ineludible, a fuerza; necesariamente: "Había que investigarlo *forzosamente*", "Nos tuvimos que venir forzosamente a la ciudad".

forzoso adj Que es necesario, obligado o inevitable: *un descanso forzoso, una conclusión forzosa*, "Era *forzoso* luchar".

fosa s f **1** Agujero grande y relativamente profundo que se hace en la tierra: *una fosa marina, cavar una fosa* **2** Agujero grande y profundo que se hace en los cementerios para enterrar a los muertos **3** *Fosa común* La que se hace en los cementerios o en otros terrenos para enterrar cadáveres de personas pobres o desconocidas **4** *Fosa séptica* La que se hace en las casas o en los poblados que carecen de sistemas de alcantarillado para recibir y neutralizar aguas negras, excrementos y basura **5** Cavidad que se encuentra en la superficie de ciertos órganos del cuerpo humano y de otros animales: *fosas nasales, fosa ilíaca*.

fósforo s m **1** Elemento natural sólido, blando, de aspecto parecido a la cera, muy venenoso si se come o se aspira; arde espontáneamente cuando hace calor, huele en forma parecida al ajo. Se encuentra en ciertas rocas, en los huesos, los dientes y otros tejidos. Se utiliza en la industria para fertilizantes, medicinas, fuegos artificiales, etc: *fósforo blanco* **2** *Fósforo rojo* El que se obtiene por calentamiento del blanco; es menos peligroso que aquél, se usa para fabricar cerillos **3** *Cerillo*.

fósil s m y adj m y f Cuerpo o sustancia orgánica que se ha vuelto piedra o se ha mineralizado después de muchos siglos de quedar enterrado: *insectos fósiles, materia fósil, fósiles marinos*.

foso s m **1** Agujero cavado en el piso, profundo y de paredes rectas, sin salientes, que rodea una fortificación o que protege un terreno: *el foso de un fuerte*, "Los caballeros lograron cruzar el *foso* del castillo" **2** Lugar en donde se coloca la orquesta, bajo el nivel del proscenio y fuera de la vista del público, en los teatros de ópera y ballet **3** Lugar angosto y alargado, bajo el nivel del piso, desde donde los mecánicos trabajan la parte inferior de un automóvil en un taller de reparaciones.

foto s f Imagen de algo o de alguien, obtenida con una cámara fotográfica e impresa en papel: *tomar fotos, sacar fotos, revelar las fotos*.

fotografía s f **1** Técnica y arte de reproducir imágenes de objetos en ciertas superficies adecuadas para ello, como papel, cinta de celulosa, etc por medio de un aparato que capta la luz a través de una lente y la refleja en una placa cuya composición química la vuelve sensible a esa luz: *laboratorio de fotografía, enseñanza de la fotografía* **2** Cada una de las imágenes o retratos obtenidos con esa técnica: *sacar fotografías, mirar fotografías, una fotografía a colores*.

fotografiar v tr (Se conjuga como *amar*) Sacar o tomar fotografías, generalmente fijas, o hacer la fotografía de una película: "Contrataron a Gabriel Figueroa para *fotografiar* las dos cintas".

fotográfico adj Que pertenece a la fotografía o se relaciona con ella: *una cámara fotográfica, arte fotográfico, artículos fotográficos, álbum fotográfico, concurso fotográfico*.

fotógrafo s Persona que toma fotografías, particularmente la que lo hace como profesión: "Silvia es muy buena *fotógrafa*", *los fotógrafos del periódico*.

fotón s m (*Fís*) Cada una de las partículas atómicas que constituyen la luz; es la unidad mínima de energía luminosa, que viaja en el vacío a una velocidad de 300 000 km/h; cuanto de luz.

fotósfera s f Superficie luminosa y visible del Sol. (También *fotosfera*.)

fotosíntesis s f sing y pl (*Bot*) Proceso químico que efectúan las plantas verdes mediante la acción de la clorofila y otros pigmentos, consistente en absorber la luz solar a través de sus hojas y convertirla en energía para sintetizar los azúcares que necesita para desarrollarse y vivir.

fototactismo s m (*Biol*) Movimiento que realizan algunos organismos vivos en dirección a algún estímulo luminoso, como el que efectúan los girasoles y el heliotropo hacia el sol.

fototropismo s m (*Bot*) Crecimiento de una planta o de otro organismo orientado hacia un estímulo luminoso, como el de los tallos de los rábanos y del pasto, que se inclinan hacia la luz del Sol.

foxtrot s m sing Baile de parejas, originario de los Estados Unidos de América, popularizado desde principios del siglo XX; de dos tiempos, su primera versión, el *one step*, consistía en saltitos rápidos; posteriormente dio lugar a una versión más suave, con pasos laterales y medias vueltas.

frac s m Traje de etiqueta masculino, de color negro, que tiene una chaqueta corta hasta la cintura por delante y dos faldones rectos, largos hasta las corvas, por detrás; el pantalón es recto, generalmente con una banda de seda a los costados; se usa con faja, camisa con pechera y corbata de moño negra o blanca: *ponerse de frac, vestirse de frac para la boda, alquiler de fracs*.

fracasar v intr (Se conjuga como *amar*) Dejar de obtener el resultado deseado o esperado en algún proyecto, intento, esfuerzo, etc: *fracasar en un negocio, fracasar en los estudios, fracasar en una competencia, fracasar en la vida*.

fracaso s m Acto de fracasar: *el fracaso de una empresa, un fracaso amoroso*, "La fiesta fue un *fracaso*", *los fracasos de la selección*.

fracción s f **1** Parte de una cantidad o de alguna cosa que se puede contar o medir: *una fracción de terreno, una fracción de grado, una fracción del ejército, una fracción de segundo* **2** (*Mat*) Expresión numérica de partes de una unidad como ³/4, 0.25, etc **3** *Fracción decimal* (*Mat*) Cifra que representa partes de una unidad y que se escribe después del punto en una cantidad; así en 1.74 y 0.32, las fracciones decimales son 74 y 32 **4** *Fracción propia* (*Mat*) En un quebrado, aquélla en la que el denominador es mayor que el numerador, como ³/4, ⁹/11, etc **5** *Fracción impropia* (*Mat*) En un quebrado, aquélla en la que el numerador es mayor que el denominador, como ⁹/8, ⁴/3, etc **6** Parte numerada en que se subdivide un artículo de la ley: "La *fracción* XIV del artículo 27 constitucional" **7** *Fracción parlamentaria* Conjunto de diputados o senadores miembros de un partido político, que suele agrupar sus votos en las asambleas del poder legislativo.

fraccionamiento s m **1** Acto de fraccionar algo: *fraccionamiento de tierras, fraccionamiento de latifundios* **2** Zona de una ciudad en la que se fracciona un terreno muy grande en lotes de menor tamaño, en los que se construyen casas, parques, etc: *abrir un fraccionamiento, vivir en un fraccionamiento residencial.*

fraccionar v tr (Se conjuga como *amar*) **1** Dividir en varias partes una cantidad, una unidad o algo que se puede contar o medir: *fraccionar un entero, fraccionar un terreno* **2** Dividir una sustancia química en partes cuantificables según las necesidades del experimento o del proceso industrial.

fraccionario adj Que es parte o fracción de una unidad o de cierta cantidad: *números fraccionarios, moneda fraccionaria.*

fractura s f **1** Acto de fracturar o fracturarse algo: *la fractura de las rocas por acción del hielo* **2** Rotura que se produce en un cuerpo sólido y duro, sin que se separen en todo las partes resultantes, pero que daña su estructura: "Los últimos movimientos telúricos produjeron *fracturas* en el cauce del río" **3** Rotura de un hueso: *sufrir una fractura, una fractura leve.*

fracturar v tr (Se conjuga como *amar*) Romper un objeto sólido y duro por alguna parte: *fracturar una piedra, fracturar un ladrillo, fracturarse una losa de cemento, fracturarse el cráneo.*

fragata s f **1** Antiguamente, barco de vela de tres palos de la marina de guerra **2** Buque de guerra, usado como escolta o como patrulla, de cerca de 1 500 toneladas de desplazamiento, provisto de equipo de detección y armamento antisubmarino.

frágil adj m y f **1** Que se quiebra con facilidad, como el vidrio: *una taza muy frágil, un florero frágil* **2** Que es delicado, de poca fuerza o resistencia: *una niña frágil, una salud frágil, un carácter frágil.*

fragmento s m Parte o fracción de alguna cosa: *un fragmento de piedra, fragmentos de tejido, un fragmento de un libro.*

fragua s f **1** Horno o recipiente en el que se calientan los metales para trabajarlos y forjarlos: *la fragua del herrero* **2** Lugar en donde se encuentra ese horno.

fraguar v tr (Se conjuga como *amar*) **1** Trabajar un herrero el metal para darle la resistencia y la forma requerida; forjar el metal: *fraguar una espada, fra-*

guar *una varilla* **2** intr Alcanzar algún compuesto el punto, la solidez o la resistencia requerida: *fraguar el cemento, fraguar la cal* **3** Idear con preparación y cuidado alguna cosa: *fraguar un plan, fraguar un crimen.*

fraile s m **1** Religioso perteneciente a ciertas órdenes como la de los franciscanos, los dominicos, los benedictinos, etc: *un convento de frailes, fraile franciscano, los frailes trapenses* **2** Religioso: *una escuela de frailes* **3** (*Thevetia thevetioides*) Árbol de la familia de las apocináces; codo de fraile.

frambuesa s f **1** Fruta globosa, de aspecto granulado, con vello, semejante a la zarzamora pero de color rojo carmín, de sabor agridulce, con la que se elaboran mermeladas y otros dulces **2** (*Rubus idoeus*) Planta que da esos frutos, espinosa, de la familia de las rosáceas, de origen europeo y poco cultivada en México.

francamente adv **1** Con franqueza, sin dobleces ni hipocresía, con sinceridad: *hablar francamente, decir francamente* **2** Por completo, plenamente, sin duda: "Se sentía *francamente* agotado".

francés 1 adj y s Que pertenece a Francia, es originario de ese país de Europa o se relaciona con él **2** s m Lengua romance hablada por los habitantes de ese país europeo, los franco-canadienses y otros pueblos colonizados por Francia.

franciscano 1 adj y s Que pertenece a las fundaciones religiosas que observan la regla de San Francisco de Asís, en particular a la de los frailes menores fundada por él: *un monje franciscano, el convento de los franciscanos* **2** adj Que es pobre, humilde y dado a renunciar a los bienes o los honores: "Don Pepe lleva una vida *franciscana*".

franco¹ adj **I 1** Que es libre y sucede con libertad, sin obstáculos ni dificultades: *un franco acercamiento, una amistad franca* **2** Que está libre, sin obstáculos ni dificultades: *una vía franca, un terreno franco* **3** *Estar franco* Estar alguien libre de trabajo, sin una obligación que cumplir: "Los lunes *estoy franco*" **4** Que está libre de cargas, de impuestos o de reglamentos: *zona franca, puerto franco* **II 1** Que es sincero, claro y sin doblez: *un diálogo franco, una actitud franca, una franca alegría* **2** Que es sincero en su actitud, en su carácter y no oculta o disfraza nada: *un hombre franco, ser muy franco* **3** Que no deja lugar a dudas, que es algo en la realidad, que es claro y evidente: *un franco estancamiento, una franca equivocación.*

franco² adj **1** Que pertenece al pueblo germánico que vivió en el occidente de la actual Alemania y en Francia desde los primeros siglos de la era cristiana, o que se relaciona con ellos: *conquista franca, un guerrero franco* **2** s m Unidad monetaria de Francia, Bélgica y Suiza, de distinto valor en cada uno de esos países.

franja s f Parte larga y angosta de una superficie o de un plano que se distingue por su diferencia de color en relación con el resto, o por alguna cualidad característica suya: *un vestido de franjas, una franja de terreno, una franja de nubes, las franjas luminosas del arco iris.*

franqueza s f Actitud de alguien que expresa lo que piensa o siente sin ocultar nada, sin engaños: *hablar con franqueza, tratarse con franqueza, franqueza absoluta.*

frasco s m Recipiente de vidrio, de boca grande, generalmente con tapa y de tamaños muy variados, aunque generalmente más pequeño que una botella, que sirve para contener sustancias diversas: *frasco de perfume, frasco de dulces, frasco de pimienta, frasco de medicina, tapar un frasco*.

frase s f **1** Cualquier conjunto de palabras que tenga sentido: *una bella frase* **2** (*Gram*) Para la gramática tradicional, enunciado que no tiene verbo, como "los niños de la esquina" **3** *Frase hecha* Expresión que se repite siempre de la misma manera, como: "¡Ay, qué tiempos!", "Ya lo decía mi abuelita", "Ni nos daña ni nos beneficia", "Como anillo al dedo" **4** Manera propia de una persona, de un estilo o de una lengua, de ordenar las palabras en la oración y las oraciones entre sí: *la frase de Azorín, la frase del periodismo, la frase del español contemporáneo* **5** (*Gram*) Construcción: *frase nominal, frase verbal, frase adjetiva*.

fraternidad s f **1** Relación de afecto estrecho, unión y colaboración como de hermanos, que existe entre personas: *una fraternidad universal, un ambiente de fraternidad* **2** Agrupación de personas que busca establecer esa relación entre sus miembros: *las fraternidades estudiantiles alemanas*.

fraude s m **1** Engaño premeditado por medio del cual una persona se beneficia a costa de otra o de otras: *cometer un fraude*, "Sus promesas son un fraude", *un fraude agrario* **2** (*Der*) Acto mediante el cual una persona engaña a otra o se aprovecha de su error para obtener algo indebidamente, según el código penal.

fray s m sing Apócope de fraile, que antecede siempre al nombre: *fray Pedro de Gante, fray Servando Teresa de Mier, fray Bernardino de Sahagún*.

freático adj (*Geol*) Que se relaciona con las aguas acumuladas en el subsuelo sobre una capa impermeable y que alimentan manantiales y pozos: *nivel freático, manto freático*.

frecuencia s f **1** Repetición constante a ciertos intervalos de alguna acción o acontecimiento: *frecuencia de los viajes de un tren, frecuencia de la respiración* **2** Con frecuencia Repetidamente, muy a menudo: *viajar con frecuencia, soñar con frecuencia* **3** Número de vibraciones, ondas o ciclos de cualquier fenómeno periódico por unidad de tiempo: *baja frecuencia, frecuencia de la voz*.

frecuente adj m y f Que sucede o se repite a menudo o a cortos intervalos, que es común o usual: *lluvia frecuente, interrupciones frecuentes*, "Sus visitas ya no son tan *frecuentes*".

frecuentemente adv Con frecuencia, de manera repetida o continua, a menudo: *viajar frecuentemente, equivocarse frecuentemente*.

fregada s f (*Coloq*) **1** *De la fregada* Muy mal, muy difícil, lleno de problemas y adversidades; terrible o espantoso: "Para qué más que la verdad: la cosa está *de la fregada*", "Esto se va a poner *de la fregada*, ahí viene la policía", "En química me fue *de la fregada*", *vivir de la fregada, pasarla de la fregada*, "Este trabajito está *de la fregada*" **2** *Mandar a la fregada* Expresar que lo que uno siente por algo o por alguien es una molestia muy grande y que lo que uno desea es alejarlo de sí, ignorarlo por completo o, mejor, que desaparezca totalmente; actuar en consecuencia con estos sentimientos: "Man-

dó todo *a la fregada* y se fue de hippie", "*Mándalo a la fregada*, ¿qué se cree?", "Anda de malas porque su novia *lo mandó a la fregada*", "Le fui a pedir otra lana y *me mandó a la fregada*" **3** (*Ofensivo*) *Vete*—o *váyanse*— *a la fregada*, o *que se vaya* —o *vayan*— *a la fregada* Expresión con la que se manifiesta el intenso repudio o desprecio que se siente por alguien o por algo: "*Vete a la fregada*, pinche esquirol", "*Que se vaya a la fregada* con todo y sus influencias" **4** *Estar alguien que se lo lleva la fregada* Estar muy enojado o muy desesperado: "Le robaron el coche y *está que se lo lleva la fregada*", "*Estoy que me lleva la fregada*, hace dos meses que no encuentro trabajo" **5** *Irse a la fregada* o *llevarse la fregada algo* o *a alguien* Quedar en una situación adversa, difícil, lamentable, desesperada, etc; acabarse o morirse: "Nuestros proyectos *se fueron a la fregada* por falta de dinero", "Si nos agarra otra devaluación *nos lleva la fregada* en serio", "Empezó con la droga y *se lo llevó la fregada*", "*Se los llevó la fregada* a todos, ni un sobreviviente" **6** *¡Ah, oh, uh qué la fregada!* Expresión con la que se manifiesta molestia, desagrado, enfado, descontento o desencanto, por ejemplo ante una novedad o noticia que uno recibe y le resulta contraria a sus deseos: "*¡Ah qué la fregada!*, entonces a qué hora nos vamos a ir", "*¡Uh qué la fregada!*, si de eso depende ya estuvo que aquí nos quedamos" **7** *Y la fregada* Expresión con la que se suspende una enumeración y que enfatiza el carácter excesivo, reiterativo y de sobra conocido de lo que se relata: "Llegó con ambulancias, bomberos, policías *y la fregada*", "Apareció con su marido, tíos, primos, hijos *y la fregada*", "…que había tenido diez hijos, que había sufrido mucho, que yo era el mayorcito *y que la fregada*" **8** *Hasta (casa de) la fregada, en (casa de) la fregada* o *a casa de la fregada* Muy lejos, en un lugar muy apartado o distante: "Viven *hasta casa de la fregada*, allá donde el viento da vuelta", "En el centro te sellan el recibo y te mandan a cobrar *a casa de la fregada*", "Eso está *hasta la fregada*, yo no voy".

fregadazo s m (*Popular*) **1** Golpe, en particular el que es fuerte y violento, y marca o impacto que deja: "Lo agarró *a fregadazos* y por poco lo mata", "No vio el vidrio y se puso un santo *fregadazo*…", "Dirá lo que quiera pero trae su buen *fregadazo* en el ojo" **2** *De (a) fregadazo* Sin interrupción alguna o en el momento; de un tirón o de un jalón: "Acuérdate, eso lo hicimos *de fregadazo*, por eso salió tan mal", "Las mordidas son *de a fregadazo*, no hay crédito, joven" **3** (*Coloq*) Desembolso fuerte, en particular el inesperado, el que altera el presupuesto o el que molesta mucho tener que hacerlo: "El *fregadazo*, de puro hospital, fue de más de dos millones", "Ahí nos viene el *fregadazo* de los impuestos".

fregadera s f **1** (*Coloq*) Molestia reiterada o constante, daño que se hace a alguien o que provoca indignación: "Si te acobardas va a seguir haciéndote *fregadera* tras *fregadera*", "Le aguantó muchas *fregaderas* hasta que en una de esas lo mató" **2** Objeto de muy mala calidad; cualquier cosa que resulte despreciable: "Esta pinche *fregadera* ya ni sirve", "Esa *fregadera* de radio nunca ha sonado bien, mejor tírala" **3** *Déjate, déjense*, etc *de fregaderas* Expresión con la que se manifiesta la molestia que a uno le producen los pretextos, justificaciones, distracciones, etc a que alguien recurre, generalmente para no cumplir con alguna obligación o compromiso: "¡Ya *déjense de fregaderas* y pónganse a trabajar!", "Dile que *se deje de fregaderas* y que nos pague o lo demandamos".

fregadero s m Tina fija de piedra, metal o porcelana en la que se lavan los trastes de la comida; generalmente tiene un escurridor al lado: *lavar los trastes en el fregadero, taparse el fregadero.*

fregado 1 adj (*Coloq*) Que está en muy malas condiciones, que ha sufrido adversidades o golpes graves; que está en estado lamentable: "Estamos bien *fregados*, no nos alcanza ni para la comida", "No se ha recuperado, sigue bien *fregada*", "Está *fregadísimo*, se rompió el fémur y varias costillas", "Yo creo que mi coche no llega, ya está bastante *fregadón*" **2** s (*Popular*) Persona de la que se tiene una mala opinión o que le ha hecho a uno una mala jugada: "¡*Fregado* escuincle!, no me ande agarrando", "El *fregado* de su marido no le pasa ni para el gasto", "El *fregado* éste me quiso robar".

fregar v tr (Se conjuga como *despertar*, 2a) **I** Limpiar alguna cosa, como los pisos o los trastes, tallándola, pasando por ellos repetida y fuertemente jabón, zacate, un cepillo, etc o restregándola **II** (*Popular*, en ocasiones puede resultar ofensivo o grosero) **1** Causar daño o mucha molestia a algo o a alguien: "Con el aumento de impuestos nos *fregaron*", "¡Pinches moscos, cómo *friegan*!", "Están *friegue y friegue* con que les paguemos", "Si sigues *fregando*, te voy a romper la cara" **2** Causar grave daño a alguien, con malicia o premeditación: "Lo metió al negocio sólo para *fregarlo*: lo dejó en la ruina", "Mataron a tres; al primero se lo *fregaron* en la puerta del banco" **3** *Fregarse a alguien* Ganarle, vencerlo o dominarlo: "*Se lo fregó* en los últimos cien metros", "*Se fregó* al mero campeón" **4** *Fregarle algo a alguien* Quitárselo de mala manera, robárselo: "Cuando se quitó el saco *le fregaron* el dinero" **5** *Fregar alguien* (generalmente en pretérito y precedido del adverbio *ya*) Lograr o conseguir alguien lo que deseaba o se proponía: "*Ya fregué*, nombraron a mi amigo director general", "*Ya fregamos*, nos ganamos la lotería" **6** ¡*No la friegues!* Expresión con que se manifiesta molestia o descontento por alguna cosa: "¡*No la friegues!* ¡Qué tarde llegaste!", "¡*No la frieguen!* ¡Ya volvieron a bombardear!" **7** *Fregarse alguien* Sufrir o soportar alguien dificultades, fatigas, trabajo excesivo, etc: "Ni *fregándonos* toda la noche terminaremos el trabajo" **8** *Fregar algo* Echar a perder o descomponer alguna cosa: "El electricista *fregó* toda la instalación", "El motor *se fregó* con tanto uso", "Ya se volvió a *fregar* la maldita lavadora".

fregón adj (*Coloq*) **1** (En ocasiones puede resultar ofensivo) Que siempre está fastidiando; que molesta o friega mucho: "Es un niño insoportable, *fregón* y odioso", "Ahí está de *fregón*, insistiendo en que tenemos que llegar más temprano" **2** (*Coloq*) Que es muy capaz o brillante, que destaca o luce mucho; que es muy bueno: "Es un *fregón* para los negocios", "Ese cuate es bien *fregón* para las matemáticas", "Estoy en el grupo más *fregón* de toda la escuela", "¡Qué *fregón* trae su coche!, con escapes cromados", "Tiene una casa *fregona*".

fregonería s f (*Coloq*) Lo que resulta admirable por su calidad o belleza; aquello que destaca o luce mucho: "¡Qué *fregonería* de coche!", "Esa novela es una *fregonería*", "El tercer gol fue una auténtica *fregonería*".

freír v tr (Se conjuga como *reír*, 3b) Cocer un alimento en grasa o en aceite hirviendo: *freír el pollo*, "*Fría* la cebolla y el jitomate picado".

frenar v tr (Se conjuga como *amar*) **1** Hacer que se detenga el movimiento de un vehículo, o disminuirle la velocidad: "El chofer *frenó* de golpe en una calle oscura", "Tuvo que *frenar* para no atropellarlo" **2** Impedir que alguna cosa continúe su movimiento o que siga en acción o desarrollándose: *frenar la carestía, frenar la producción, frenar la inflación*, "La condena de Galileo *frenó* la investigación científica en Italia".

freno s m **I 1** Dispositivo con que se disminuye o se detiene el movimiento de un vehículo: *el pedal del freno, meter los frenos, pisar el freno* **2** *Freno de pie* El que, en un automóvil, se acciona mediante un pedal **3** *Freno de mano* El que, en un automóvil, se acciona mediante una palanca al alcance de la mano **4** *Frenos de tambor* Los que operan mecánicamente, por acción hidráulica en un tambor junto a la rueda, bloqueando su movimiento **5** *Frenos de disco* Los que consisten en un disco que presiona la rueda con toda su circunferencia, permitiendo un frenado más firme y suave **6** *Frenos de potencia* Los que, mediante un dispositivo electrónico, controlan el bloqueo de la rueda para que ésta no patine en el pavimento y conserve la adherencia de la llanta **II 1** Barra de fierro que se introduce en la boca del caballo y otros animales, mediante la cual se obliga al animal a detenerse cuando se tira de ella **2** *Morder* o *tascar el freno* Apoyarse con los dientes el caballo en una de las piernas del freno **3** *Morder* o *tascar el freno* Soportar una persona, con enojo pero sin manifestarlo, la sujeción o la prohibición que se le impone.

frente I s f **1** Parte superior de la cara, situada entre las cejas y la línea donde nace el cabello o donde empieza la curvatura del cráneo: *frente ancha, frente despejada, pegar con la frente* **2** *Frente calzada* Aquella en la que nace cabello a poca distancia de las cejas **3** *Con la frente alta, levantada*, etc Con orgullo o dignidad **4** *Arrugar* o *fruncir la frente* Mostrar disgusto, preocupación o desaprobación: "Sólo *arrugó la frente* cuando encontró a los niños en la milpa" **II** s m **1** Parte delantera de algo: *el frente de la casa, el frente de un camión* **2** *Al frente* En la parte delantera o en dirección a ella: "*Al frente* hay un mural", *mirar al frente, dar un paso al frente* **3** *Al frente de* A la cabeza, delante de: "El presidente Allende peleó *al frente de* su pueblo", "*Al frente de* la manifestación iba el rector Barros Sierra" **4** *Frente a* En el lado opuesto y delante de, en presencia de, ante: "San Juan de Ulúa está *frente a* Veracruz", "Vivo *frente a* la plaza", "Estamos *frente a* una grave situación" **5** *De frente a* Con la parte delantera dirigida hacia el punto que se toma como referencia: "Pusimos el cuadro *de frente a* la entrada", "Nos sentamos *de frente al* pizarrón" **6** *De frente* Directamente, con decisión, sin rodeos: *encarar un problema de frente, hablar de frente* **7** *Hacer frente a algo* Tratar algo directamente y con decisión: *hacer frente a la situación* *económica* **8** *Frente por frente* Uno en frente del otro: "Junto al puesto de chicharrones, *frente por frente* del mesón de La mulita" **9** *Frente a frente* Uno delante de otro, sin temor o miedo: *estar dos ejércitos frente a frente*, "Los dos hombres se pararon *frente a frente*" **III** s m **1** (*Mil*) Posición avanzada de un ejército, o lugar en el que se pelea en una guerra: *el frente alemán, frente de batalla*, "Mandar diez hombres al *frente*" **2** Organización o agrupación que se propone luchar por algo o defender alguna causa: *frente de liberación, frente republicano* **3** *Segundo frente* (*Coloq*) Amante de una persona casada: *tener su segundo frente*.

fresa[1] s f **1** Fruta pequeña de color rojo y forma de corazón, con granitos en toda su superficie, de tres a cinco centímetros de largo, de sabor agridulce y aroma agradable. Se come cruda, con crema, en conserva o en mermelada: *pastel de fresas, fresas con crema* **2** Planta herbácea de la familia de las rosáceas que da ese fruto; es de tallos rastreros, hojas trifoliadas y dentadas, y flores blancas o rojizas dispuestas en racimos; se cultivan varias especies como *Fragaria vesca, Fragaria moschata* y *Fragaria virginica*; también la hay silvestre, de fruto más pequeño y ácido (*Fragaria mexicana*) **3** adj (*Coloq*) Tratándose de jóvenes, que no participa en reuniones en que se fume mariguana, se consuman drogas o se beba mucho; que no se arriesga a contravenir normas y leyes: *un chavo fresa*, "Hay unos que son bien *fresas* y no entran en onda", "Si eres *fresa*, ¿por qué traes greña?".

fresa[2] s f Herramienta que sirve para pulir o perforar, que consiste en una punta generalmente de esmeril o de diamante, de varias formas y tamaños, que gira velozmente.

fresco I adj **1** Que es moderadamente frío: *brisa fresca, aguas frescas, lugar fresco* **2** s m Frío ligero y húmedo: "Recibí el *fresco* de la mañana", *tomar el fresco* **3** Que es o está bien ventilado y permite soportar el calor: *un vestido fresco, una casa fresca, una cama fresca* **4** Que está recién hecho o recién obtenido y conserva ciertas características; que es reciente: *flores frescas, tortillas frescas, pescado fresco, concreto fresco, noticia fresca* **5** Que es espontáneo, saludable, de aspecto natural o sereno: *sonrisa fresca, cutis fresco* **II** s m Pintura hecha a base de colores diluidos en agua en una pared o en un muro húmedo: *pintura al fresco*, "Los *frescos* del Vaticano" **III** adj y s Que se comporta de manera ofensiva, desvergonzada, molesta o insolente: "¡Qué mujer más *fresca*, no trabaja y encima cobra!", "Se le acercó un *fresco* en la calle para molestarla".

frescura s f **1** Cualidad de lo que es o está fresco: *la frescura de un jardín, la frescura del clima, la frescura del cutis* **2** Descaro o desvergüenza con la que alguien se comporta: "¡Qué *frescura*! Me pidió prestado y todavía no me paga el préstamo anterior".

fresno s m Árbol de la familia de las oleáceas, del género *Fraxinus*, que en México tiene cerca de quince especies. Crece en climas templados; alcanza hasta 18 m de altura; sus hojas se agrupan en torno a una ramita que les sirve de eje y son ovaladas y aserradas; su corteza es agrietada y su fruto, seco y alargado, mide de 2.5 a 4 cm. Es apreciado por su madera y se utiliza para adornar grandes avenidas, como la del Paseo de la Reforma en la ciudad de México.

frialdad s f **1** Sensación de frío que produce una cosa: *la frialdad del mármol* **2** Sentimiento de indiferencia, falta de compasión y hasta de agresión que produce alguna cosa o una persona en otra: "Recibió a Salvador con gran *frialdad*", "Le hablaba con marcada *frialdad*".

fricativo adj y s (*Fon*) Que se pronuncia haciendo pasar el aire por diversos obstáculos en la boca, como el velo del paladar, la lengua, los dientes, etc, razón por la que adquiere cierto sonido peculiar. Los fonemas /f/, /x/, /s/ son fricativos.

fricción s f **1** Efecto de resistencia, roce o dificultad de movimiento que se produce cuando se tocan dos cuerpos que van en dirección opuesta o cuando uno se desliza sobre el otro: *la fricción de una rueda en el riel, la fricción del aire sobre un coche* **2** (*Fís*) Fuerza que se opone al movimiento relativo de dos cuerpos **3** Acción de pasar la mano sobre el cuerpo de una persona muchas veces y con cierta presión: *la fricción de un músculo, una fricción curativa*, "Dame una *fricción*" **4** Efecto de desacuerdo y molestia que se produce entre dos personas cuando ambas tienen puntos de vista diferentes o actitudes opuestas: *una fricción familiar, fricciones internacionales*.

friega s f **I** Frotamiento de alguna sustancia, como el alcohol, en el cuerpo o en parte de él, generalmente para aliviar algún dolor o malestar: "Con una *friega* de alcohol alcanforado se le quitan esos dolores", "Me voy a dar una *friega* de té de flores de árnica" **II** (*Coloq*) **1** Situación adversa en la que uno se ve obligado a trabajar de manera excesiva, a esforzarse de más, a someterse a tareas agobiantes, a experiencias molestas o dolorosas, etc; acción de fregarse: "Fue una *friega*, empezamos a las siete de la mañana y a las diez de la noche seguíamos dándole", "La *friega* fue para ellos, a nosotros nos tocó lo más fácil", **2** *Parar, poner, dar*, etc *una friega* Hacer algo o alguien quede en muy malas condiciones, severamente dañado o golpeado. Provocar que una persona se vea en una situación adversa, difícil o, en general, contraria a sus deseos: "¡Qué *friega* me vinieron a *parar* con este trabajito!", "Pues ándese con pendejadas y verá qué *friega* le van a *dar* los zancudos", "Lo agarraron entre cuatro y le *pararon* tal *friega* que estuvo seis días en el hospital" **3** *En friega* Dándose mucha prisa, con un esfuerzo, dedicación o presión excesivos, como cuando se hace frente a algún asunto urgente o a numerosas obligaciones: "Nos traen *en friega*, hasta los domingos tenemos que trabajar", "Vámonos *en friega* o no llegamos", "Llevamos *en friega* todo el año y ni así salimos del atolladero".

frijol s m **1** Planta leguminosa, generalmente anual, cuyas diferentes especies se cultivan en todo México: *frijol negro, frijol bayo* **2** Semilla de esta planta, de aproximadamente 10 mm de largo y de distintos colores, según la variedad a la que pertenezca. Crece en vainas y es parte fundamental de la dieta de los mexicanos: *frijolitos refritos, sopa de frijol*.

frío adj **1** Que tiene una temperatura más baja de lo normal o de la que es agradable para alguien: *clima frío, agua fría* **2** *Tener frío* Sentirlo **3** s m Estado de la atmósfera en que la temperatura es más baja de lo acostumbrado: *hacer frío*, "Hace un *friecito* que cala" **4** Que no expresa sus emociones, no las tiene o no se deja llevar por ellas: *una persona fría, un público frío, un militar frío, una mente fría* **5** *En frío* Sin dejarse llevar por las circunstancias o por los sentimientos: "Ese asunto hay que discutirlo *en frío*" **6** *Estar alguien frío* Comenzar alguien una actividad como el deporte o el baile sin haber ejercitado los músculos previamente **7** *Quedarse frío* Quedar alguien sorprendido por algo imprevisto: *quedarse frío con una noticia.*

frito adj **1** Que se ha cocido en grasa o en aceite hirviendo: *pescado frito, huevos fritos, papas fritas* **2** *Estar frito alguien* (*Coloq*) Encontrarse en muy malas condiciones a causa de cierta situación dañina para él: "Goza de la protección de influyentes y políticos —¡Uf, entonces *estamos fritos!*" **3** *Traer o tener frito a alguien* (*Coloq*) Lograr que alguien alcance el mayor fastidio o la mayor molestia: "Me *tienes frito* con tanta pregunta inoportuna".

frondoso adj **1** Que abunda en hojas, ramas y flores: *un árbol frondoso, un bosque frondoso* **2** Que tiene una constitución corporal sana, fuerte y bella: *unas muchachas frondosas.*

frontal adj m y f **1** Que pertenece a la frente de los seres humanos o se relaciona con ella: *lóbulo frontal, hueso frontal* **2** Que pertenece al frente de alguna cosa: *volutas frontales, vértice frontal, la vista frontal de una iglesia* **3** Que ocurre o se produce de frente o contra el frente de algo: *un choque frontal, un frontal rechazo* **4** s m Tela que cubre la parte delantera del altar católico.

frontenis s m sing Deporte que juegan dos jugadores o dos parejas con raqueta y pelota de tenis en una cancha de frontón y según las reglas de este último.

frontera s f **1** Límite de un estado o línea que separa un estado o un país de otro: *viajar a la frontera, ciudades de la frontera, vigilancia de las fronteras* **2** Límite que existe o se considera entre dos cosas: *la frontera entre el bien y el mal.*

fronterizo adj **1** Que está en la frontera o límite entre dos estados o países, o que pertenece a ella: *ciudades fronterizas, tráfico fronterizo* **2** Que forma frontera entre dos cosas: *un concepto fronterizo entre la psicología y el psicoanálisis.*

frontero adj Que está frente a algo u ocupa una posición delantera: *la casa frontera, árbol frontero.*

frontón s m **1** (*Arq*) Remate superior triangular de una fachada, una ventana o una puerta **2** Juego de pelota entre dos jugadores o entre dos parejas, que consiste en golpear una pelota dura y muy elástica con una raqueta, para que rebote en una pared situada al frente de los jugadores; tras el rebote, sólo se permite un rebote más en el suelo o en alguna de las dos paredes, trasera o lateral de la cancha, que es un rectángulo de unos 8 m de ancho por 20 de largo **3** Cancha en la que se practica este deporte: *un frontón cerrado, entrar al frontón.*

frotar v tr (Se conjuga como *amar*) **1** Pasar alguna cosa sobre otra repetidas veces y ejerciendo presión sobre ella, para que se produzca algún efecto en ésta: "Cuando *frotas* la piel de un gato se oye un chasquido y hasta se ve un chisporroteo", "Frote la carne con cáscara de limón", "Puede pulirse *frotándolo* suavemente con algodón", frotarse los ojos **2** *Frotarse uno las manos* Prepararse para realizar o para lograr algo deseado o esperado: "*Se frotaba las manos* pensando en las ganancias".

fructífero adj Que es abundante en frutos o en resultados: *una planta muy fructífera, una labor fructífera, una vida fructífera.*

fructificar v intr (Se conjuga como *amar*) **1** Dar fruto las plantas o la tierra: *fructificar los naranjos* **2** Producir un trabajo o un esfuerzo, un resultado bueno y beneficioso: "Su enseñanza *fructifica* en sus alumnos".

fruncir v tr (Se conjuga como *subir*) **1** Encoger la piel de la cara una persona, a causa de algo que la moleste: *fruncir las cejas, fruncir el ceño, fruncir la boca*, "Olía tan mal, que *frunció* la nariz" **2** Recoger la superficie de algo en uno o varios dobleces: *fruncir una tela* **3** prnl (*Popular*) Sentir miedo o acobardarse ante algo: "¡No *te frunzas*, éntrale a la pelea!"

frustración s f **1** Acto de frustrar o de frustrarse algo: *la frustración de un asesinato, la frustración de un proyecto* **2** Sentimiento de fracaso o de falla propia, que se apodera de una persona a causa de algún error, algún desengaño o alguna cosa que no logra realizarse: "Mi papá tuvo su *frustración*: él quería ser ingeniero y resultó marino", "Lo iba invadiendo una profunda *frustración*, al ver que su pintura se derretía".

frustrado I pp de *frustrar*: "Su enfermedad lo ha *frustrado*" **II** adj y s Que ha fracasado o que ha sido defraudado: *intento frustrado, frustrada reunión, ansias amorosas frustradas.*

frustrar v tr (Se conjuga como *amar*) **1** Impedir que se realice alguna cosa que ya estaba preparada, arreglada o a punto de ponerse en obra: *frustrar un plan* **2** Quitar a alguien la posibilidad de que se realice su deseo o que su esfuerzo fructifique: "Éste es un sistema económico y político que permanentemente *frustra* las expectativas de la población".

fruta s f **1** Fruto comestible de las plantas, como la manzana, el melón, el mango, el plátano, la naranja, etc **2** Conjunto de esos frutos: *comer fruta, vender fruta* **3** *Fruta de horno* (*NO*) Pan dulce y pastelería en general.

frutal adj m y f Que da o produce fruta: *árbol frutal, cultivo frutal.*

fruticultor s Agricultor que se dedica al cultivo de árboles frutales y a su industrialización.

fruticultura s f Cultivo de árboles y plantas que producen fruta y conjunto de técnicas que para ello se siguen.

fruto s m **1** Parte de las plantas fanerógamas, producto de la fecundación del ovario, en la que están contenidas las semillas, generalmente rodeadas de una pulpa suave **2** Producto de la naturaleza: *fruto del campo* **3** Producto o resultado que se obtiene de algo: "El progreso no debería ser *fruto* de la guerra".

fuego s m **I 1** Desprendimiento de calor y luz en forma de llama, producido por algo que se quema: "El *fuego* de la leña" **2** *Fuegos artificiales* Dispositivos hechos a base de pólvora con los que se producen luces de colores y tronidos, generalmente para festejar algo, y las luces que producen **3** *Fuego fatuo* Llama pequeña y pálida que parece desprenderse de la tierra y es producto de la combustión del fósforo y otras materias orgánicas; se ve particularmente en los panteones **4** *Echar alguien fuego* Estar alguien muy enojado **5** *Poner las manos al o en el fuego por alguien* Estar uno seguro de la honradez, sinceridad o responsabilidad de alguien **6** Disparo de un arma como la pistola o el cañón:

"¡Alto el *fuego!*" **7** *Hacer fuego* Disparar **8** *Romper el fuego* Comenzar a disparar **9** *Cese* o *alto al fuego* Acto de dejar de disparar y pelear en una guerra **10** *Fuego graneado* Acto de disparar al mismo tiempo y de forma constante todos los soldados de un ejército o de un grupo armado **11** *Estar alguien entre dos fuegos* Estar alguien en un conflicto por no poder resolver dos situaciones contrarias **ll** Pequeña ulceración que aparece en la boca, generalmente producida por alguna enfermedad o por la falta de alguna vitamina.

fuelle s m **1** Utensilio que sirve para recoger aire y lanzarlo o inyectarlo en alguna dirección o dentro de alguna cosa, consistente por lo general en un tubo o en un prisma con varios pliegues flexibles que se inflan al abrirlo y se desinflan al cerrarlo sucesivamente: *el fuelle de una fragua, el fuelle de un acordeón* **2** Parte plegable y de características parecidas a las anteriores, que tienen ciertos objetos para aumentar su capacidad o su profundidad: *el fuelle de una cámara fotográfica* **3** Capacidad que tiene una persona para correr de un lado al otro o para trabajar sin descanso: "En el partido sobresalió el *fuelle* del defensa central".

fuente s f **1** Brote de agua que sale de la tierra: *fuentes de aguas termales* **2** Construcción por la que se hacen brotar chorros de agua en una calle, una plaza o un jardín: *un patio con fuentes* **3** Lugar o cosa donde principia o donde se produce algo: *el Sol, fuente de luz y calor*, "El pescado es una *fuente* valiosa de proteínas" **4** Origen de una información; libro, documento o texto que sirve de información a un autor: *notas recogidas en las más diversas fuentes, noticias de fuentes dignas de crédito* **5** *De buena fuente* De personas o medios bien informados: *saber algo de buena fuente* **6** Recipiente grande que se usa para servir comida: *una fuente de ensalada* **8** *Fuente de sodas* Restaurante en el que se venden refrescos, helados, café y otros alimentos ligeros.

fuera adv **1** En la parte exterior de algo; sin quedar incluido o considerado en algo: "Pintó por dentro y por *fuera*", *dar hacia fuera, fuera de México, fuera de la casa, fuera del tiempo, fuera de mis planes, fuera de mis obligaciones* **2** *Fuera de* Excepto por, salvo, aparte de: "*Fuera de* eso, estoy bien", "*Fuera de* que *se enojó, no sucedió más*" **3** *Fuera de* Sin: *fuera de proporción, fuera de lógica* **4** *Fuera de sí* Sin control, muy excitado y sin razonar **5** *A* o *en las afueras* Lejos del centro de una población, en sus límites: "Vive *a las afueras* de Tepoztlán" **6** *Fuera de borda* Motor de una embarcación que cuelga de la popa directamente hacia el agua.

fuereño s Persona que proviene de una población o de una región diferente de aquéllas en donde vive o nació quien habla: "En Semana Santa, Veracruz se llena de *fuereños*".

fuero s m **1** Privilegio o exención otorgados a una persona o a un grupo social: *disfrutar de fuero, tener fuero, el fuero de los diputados, fuero militar* **2** Derecho moral que se reconoce a una persona o a una actividad: *los fueros de la razón* **3** *Fuero interno* Libertad de pensamiento y de juicio que tiene una persona: "En mi *fuero interno*, sabía que eso era incorrecto" **4** *Ir* o *volver uno por sus fueros* Reivindicar sus propios méritos o derechos: "La

cantante *volvió por sus fueros* y ofreció un gran concierto" **5** Jurisdicción o autoridad a la que se somete un juicio: *el fuero común, el fuero penal*.

fuerte adj y s m y f **1** Que tiene mucha fuerza muscular, que tiene una constitución física sana y robusta: *fuerte como un toro* **2** Que es resistente, que no puede ser dañado, roto o vencido con facilidad: *tallos fuertes, una cuerda fuerte, un equipo fuerte* **3** Que tiene mucho valor, firmeza o seguridad en sí mismo: *una mujer fuerte, un hombre de carácter fuerte* **4** Que es muy intenso, vigoroso o muy abundante: *dolor fuerte, temblor fuerte, jalón fuerte, un fuerte aplauso, un sonido fuerte, fuertes lluvias* **5** Que tiene un sabor o un olor muy intenso, que tiene un alto grado de alcohol: *queso fuerte, licor fuerte* **6** *Plato, platillo fuerte* El más sustancioso o abundante en una comida **7** adv Con intensidad o fuerza, en abundancia: *llorar fuerte, trabajar fuerte, soplar fuerte, comer fuerte* **8** *Estar (muy) fuerte en algo* Tener gran dominio o capacidad para hacer algo: "El niño *está muy fuerte en* matemáticas" **9** *Ser algo el (punto) fuerte de alguien* Ser lo que alguien hace mejor o domina más: "Los deportes *son su punto fuerte*" **10** Que tiene poder para convencer, que produce gran impresión en uno: *fuerte razón, argumento fuerte, película fuerte* **11** Que tiene mucho poder o influencia: *naciones fuertes, empresa fuerte* **12** Que asciende a una gran cantidad de dinero: *fuertes multas, inversiones fuertes, fuertes impuestos* **13** *Palabra fuerte* Insulto, grosería **14** *Pretérito fuerte* (*Gram*) Pretérito de algunos verbos irregulares, que tiene el acento en la raíz y no en la terminación, como *tuve, cupe, dije, anduve*, etc **ll** s m Construcción militar con la que se protege un territorio: *el fuerte de Loreto, el fuerte de Santiago*.

fuertemente adv **1** Con fuerza: "Le estrechó *fuertemente* las manos", "Su corazón palpita *fuertemente*" **2** Con gran intensidad: *oler fuertemente, gritar fuertemente* **3** Muy: *fuertemente armados, fuertemente dañado, fuertemente arraigado*.

fuerza s f **1** Capacidad que tiene o alguien para hacer o mover algo pesado, para resistir la influencia o el peso de algo: *fuerza del viento, fuerza de un motor, fuerza muscular, fuerza física, fuerza de una viga, fuerza de carácter, fuerza mental* **2** *Fuerza bruta* La que actúa sin control de la inteligencia: "Los luchadores son simple *fuerza bruta*" **3** (*Fís*) Acción que se ejerce sobre un cuerpo y que es capaz de cambiar su estado de reposo o movimiento: *fuerza de gravedad, fuerza centrípeta, fuerza centrífuga* **4** *Fuerza electromotriz* (*Elec*) La que origina una diferencia de potencial eléctrico en los extremos de un circuito abierto, tiende a producir una corriente en un circuito cerrado y puede convertirse en trabajo mecánico **5** Capacidad que tiene una persona, un grupo de personas o un país para influir o dominar a otro: *la fuerza de un dirigente, la fuerza de un sindicato, la fuerza de China* **6** *Fuerzas sociales, económicas, políticas,* etc Conjunto de grupos sociales, económicos, etc, que influyen en cierta situación o determinarla **7** *Fuerza militar* o *fuerza armada* Ejército **8** *Fuerza pública* Cuerpo de la policía o conjunto de los policías **9** Capacidad que tiene algo como una idea, un argumento, etc para convencer: *fuerza de las palabras, fuerza de la lógica* **10** *A, por* *(la) fuerza* De manera obligada, necesariamente: *trabajar por la fuerza, comer a la fuerza,* "Para pasar el examen, *a la fuerza* hay que estudiar", "Por *fuerza* tiene que ganar" **11** *A fuerza de* A base de, insistiendo en: "Sacó su título *a fuerza de* estudiar" **12** *Fuerza mayor* Situación imprevista que obstaculiza o interfiere el desarrollo o la realización de algo: "Renunció por causa *de fuerza* mayor" **13** Clasificación de la capacidad o habilidad de un deportista o de un equipo deportivo: "Juega en la primera *fuerza*".

fuete s m Especie de látigo con que el jinete azuza al caballo; es una vara de unos 50 cm de largo, con una agarradera de cuero y algunos flecos en la punta: "Era en vano que Zoraida hostigara al animal azotándolo con un *fuete*".

fuga s f l **1** Acción de escapar apresuradamente de un lugar o de huir de una situación, en especial un reo de una prisión: *una fuga de prisioneros, un ejército en fuga, darse a la fuga, poner en fuga* **2** *Ley fuga* Acto en el que alguna autoridad civil o militar permite fingiendo que alguien huya para matarlo con ese pretexto **3** Escape accidental de un líquido o gas, de un conducto o de un recipiente **4** Acto de salir algo valioso, en forma oculta o clandestina, del país o del lugar al que pertenece, o del cual es originario: *fuga de capitales, fuga de divisas, fuga de información* **5** *Fuga de cerebros* Emigración de científicos hacia países extranjeros, a causa de la falta de interés del propio por conservarlos y darles trabajo **ll** *(Mús)* Obra musical o parte de ella para dos o más voces, que se puede tocar con varios instrumentos o en uno solo, como el piano o el órgano; consiste en repetir varias veces su tema central mediante una estructura de contrapunto y haciendo entrar cada voz en diferente tiempo; son famosas las de Bach.

fugarse v prnl (Se conjuga como *amar*) **1** Darse alguien a la fuga; huir para evitar un peligro inminente o escapar en forma oculta y rápidamente de la cárcel: *fugarse de las Islas Marías, fugarse de la casa* **2** Escapar alguna sustancia accidentalmente del recipiente que la contiene: *fugarse un ácido, fugarse el agua.*

fugaz adj m y f Que dura muy poco o se consume en un instante: *estrella fugaz, un fugaz relámpago, un amor fugaz.*

fulano s **1** Cualquier persona cuyo nombre se desconoce o no interesa precisar: "Le digo: 'Yo no soy policía, soy militar, soy *fulano*', "—¿Y quién te está molestando? —Pues *fulanito*", "La alcanzó y le dijo: ¡Ah, con que eres tú, *fulana*!" **2** *Fulano de tal* Cualquier persona cuyo nombre no interesa precisar, pero el resaltarla: "Y gritaba: si yo conozco a mucha gente: a *fulano de tal*, a zutano y a perengano" **3** Cualquier persona despreciable o de mala fama: "Hasta que un día la encontré acompañada del *fulanito* ese", "Y si te invita a bailar una *fulana*, no aceptes".

fulgor s m Brillo que despide un cuerpo durante la noche: "Una mujer inquietante, cuyas pupilas brillaban con *fulgores* metálicos", "Sobre los copetes de los cerros se apagaba el *fulgor* de las cuatro velas".

fumar v tr (Se conjuga como *amar*) **1** Aspirar con la boca y luego echar el humo, principalmente del tabaco de un cigarro, un puro o una pipa **2** *Fumar a*

alguien *(Popular)* Ponerle atención, hacerle caso: "Mayté ya no *me fuma*".

fumarola s f Mezcla de gases y vapor que sale por las grietas exteriores de un volcán o de un terreno volcánico: "En el Popocatépetl han aparecido, otra vez, varias *fumarolas*".

fumigar v tr (Se conjuga como *amar*) Rociar algo con un gas germicida o insecticida para combatir plagas de insectos, roedores u otros organismos dañinos: "Se *fumiga* para alejar a los alacranes", "Hay que *fumigar* el campo antes de la siembra".

función s f **1** Acción, actividad u oficio que cumple, desempeña o es propio de algo o alguien: *las funciones del organismo, la función del alimento,* "Tiene una *función* didáctica" **2** *(Mat)* Regla por la cual a cada valor de un conjunto corresponde exactamente un valor de otro conjunto **3** *En función de* En relación con otra cosa de la cual depende: "Las clases se darán *en función del* programa", "El precio de la masa se da *en función del* precio del maíz" **4** *(Gram)* Oficio o papel que desempeña una palabra dentro de la oración o, en general, cualquier signo dentro de otro de mayor tamaño o jerarquía. Por ejemplo, en "Juan come manzanas", el sustantivo *Juan* tiene la *función* de sujeto, mientras que el sustantivo *manzanas* tiene la *función* de objeto directo; en "Querer es poder", el verbo *querer* tiene la *función* de sujeto de la oración y, por eso, funciona como sustantivo **5** Acto público o exhibición de un espectáculo: "El cine de cuatro *funciones*".

funcional adj m y f **1** Que opera, actúa o se comporta según la función que le corresponde: *capacidad funcional, estructura funcional, un factor funcional* **2** Que sirve perfectamente para cumplir una función determinada: *una teoría funcional, una idea funcional* **3** Que tiene una forma, un diseño o un comportamiento capaz de cumplir su función de manera práctica, rápida y cómoda: *un mueble funcional, arquitectura funcional.*

funcionamiento s m Acto de funcionar algo: *funcionamiento de un reloj, funcionamiento de un hospital, el funcionamiento del organismo.*

funcionar v intr (Se conjuga como *amar*) Realizar o desempeñar algo o alguien la función que le corresponde: *funcionar el hígado, funcionar la máquina.*

funcionario s Persona que cumple una función de responsabilidad, especialmente administrativa, en una organización, institución o empresa: *funcionarios bancarios, una funcionaria pública.*

funda s f Cubierta de tela, cuero, papel u otro material flexible, en la que se mete un objeto para protegerlo: *la funda de una pistola, la funda de un disco, la funda de un cojín, poner una funda, quitar la funda, una funda de piel.*

fundación s f **1** Acto de fundar: *la fundación de una escuela, la fundación de un hospital* **2** Fondo que se crea para sostener económicamente alguna empresa de carácter científico, educativo, humanitario, etc: *una fundación de asistencia a los inválidos, una fundación científica.*

fundador adj y s Que funda algo, lo inicia o le sirve de base o principio: *una idea fundadora, los fundadores de la orden.*

fundamental adj m y f Que es o constituye lo principal, más necesario o básico de algo: *diccionario fundamental, actividad fundamental.*

fundamentalismo s m Movimiento conservador y reaccionario que se produce en alguna creencia religiosa, alguna tendencia política, etc, que busca regresar a los elementos básicos de su fe o de su ideología, generalmente agrediendo a los que no están de acuerdo con él y tratando de imponerse a cualquier precio: *fundamentalismo musulmán, fundamentalismo protestante*.

fundamentalmente adv De manera fundamental, básica o esencial: "La actuación del médico es *fundamentalmente* científica", "Perseguía fines de carácter *fundamentalmente* productivo".

fundamentar v tr (Se conjuga como *amar*) **1** Poner los fundamentos de algo: *fundamentar bien la estructura* **2** Dar las razones o argumentos necesarios para sostener, justificar o defender algo: *fundamentar una decisión, fundamentar una teoría*.

fundamento s m **1** Principio o base en que se apoya o descansa algo: *fundamentos de una estructura, fundamento de una idea, el fundamento de una teoría* **2** Origen, causa o elemento básico de una idea, un conocimiento o una enseñanza: *fundamentos de química, fundamentos de carpintería*.

fundar v tr (Se conjuga como *amar*) **1** Poner los primeros elementos de algo, empezar a construirlo o a elaborarlo: *fundar una ciudad, fundar un imperio* **2** Dar razones para sostener o defender algo, apoyarse en algo para afirmar alguna cosa: *fundar un juicio, fundar una opinión*.

fundición s f **1** Operación que consiste en derretir un metal sólido por la acción del calor, para vaciarlo posteriormente en moldes y producir algún objeto: *método de fundición, fundición del cobre* **2** Fábrica donde se funden metales: *la industria de la fundición*.

fundir v tr (Se conjuga como *subir*) **1** Derretir o convertir en líquido algo que se encontraba en estado sólido, particularmente un metal: *fundir hierro, fundir plata, fundirse la nieve bajo el sol* **2** Hacer o elaborar algún objeto con un metal en estado líquido y por medio de un molde: *fundir una campana, fundir cañones, fundir una escultura de bronce* **3** Unir o mezclar unas cosas con otras o todas entre sí, formando una unidad: *fundir dos metales, fundirse varias corrientes políticas en un partido* **4** Descomponer o descomponerse una instalación o un aparato eléctrico cuando se quema y se derrite alguno de sus componentes metálicos a causa de una falla en la corriente: *fundir un foco, fundirse un fusible, fundirse la televisión* **5** (*Coloq*) Causar a alguien algún daño, arruinarlo: "El aumento de los intereses *fundió* a los deudores".

fúnebre adj m y f **1** Que se relaciona con las ceremonias y los sentimientos que producen los muertos: *cortejo fúnebre, oración fúnebre, monumento fúnebre* **2** Que es triste, sombrío y desolado: *un aspecto fúnebre*, "Ahora podría deshacerse de los vestidos *fúnebres* que usaba".

funeral s m Ceremonia solemne con la que se vela y se entierra o se incinera el cadáver de una persona: "Todos sus amigos y parientes asistieron a sus *funerales*", "Los *funerales* de Eduardo Mata", "El presidente habló en el *funeral* del poeta".

funeraria s f Empresa que se encarga de proveer a los familiares de un muerto todos los servicios que requiere su velorio y su entierro o incineración.

funerario adj Que se relaciona con los funerales o pertenece a ellos: "Encontraron una tumba prehispánica con instrumentos *funerarios*", *una agencia funeraria, trámites funerarios*.

funesto adj Que ofrece malos presagios, que acarrea males y daños: "Tuve el vago presentimiento de que algo *funesto* iba a suceder", "La cínica intervención del procónsul Joel R. Poinsett fue de lo más *funesta* en los primeros años de nuestra vida independiente".

fungicida s m, y adj m y f Sustancia con la que se ataca y destruye plagas de hongos en plantas y animales, y hongos patógenos para el ser humano: *rociar fungicidas, agentes fungicidas*, "Debe evitarse el uso excesivo de *fungicidas*".

fungir v intr (Se conjuga como *subir*) **1** Desempeñar un trabajo o un papel de manera temporal: "Don Luis también *fungió* como embajador en Nicaragua" **2** Suplir a alguien en un cargo o hacer sus funciones: *fungir de secretario*, "En esta fiesta *funjo* como padrino".

funicular s m Vehículo de transporte entre montañas o para remontar grandes pendientes, que consiste en una canastilla en la que caben una o varias personas, colgada de un cable y movida mediante un motor en un extremo del cable y un sistema de poleas: *subirse al funicular, un funicular alpino*.

furgón s m **1** Carro de ferrocarril que se emplea para transportar carga: "En los muelles se descargan diariamente los *furgones*" **2** Carro militar cubierto, en el que se transportan armas, víveres y equipajes.

furia s f **1** Estado de enojo, agitación y violencia intensos: *provocar furia, gritos de furia*, "Después de tantas mentiras reaccionó con *furia*, estar hecho una furia" **2** Fuerza intensa y violenta que tiene algo, en particular los elementos de la naturaleza: *la furia del mar, la furia de la tempestad*.

furioso adj Que siente furia, que está poseído por la furia: "René está *furioso* y Óscar lo calma", "Pegaban y cortaban con *furiosa* rapidez", "Un *furioso* ataque de los bárbaros en el bosque".

fuselaje s m Cuerpo o estructura central de un avión en cuyo interior van los ocupantes y la carga, al cual están fijadas las alas y la cola.

fusible 1 s m Pequeña barra o tira de metal que se funde a baja temperatura; sirve para prevenir que se queme una instalación eléctrica ya que, cuando el flujo eléctrico rebasa una intensidad determinada, se funde, interrumpiendo así el circuito; cápsula en que está contenida esta tira metálica: *fundirse los fusibles de una casa, fusibles de cartucho, fusibles de tapón* **2** adj m y f Que puede fundirse: *material fusible a altas temperaturas, lámina fusible*.

fusil s m **1** Arma de fuego portátil formada por un cañón montado en una estructura de madera que dispara balas, como el máuser **2** *Fusil automático, fusil de repetición* El que está provisto de un cargador con varios proyectiles y se recarga automáticamente **3** *Fusil ametralladora* El que, además, dispara muchos tiros sucesiva y rápidamente.

fusilar v (Se conjuga como *amar*) **1** tr Matar generalmente con tiros de fusil a alguien que ha sido condenado a muerte por un tribunal: "El asesino *será fusilado* al amanecer" **2** prnl (*Coloq*) Plagiar, copiar o imitar un original sin citar el nombre del autor: "*Se fusilaron* cinco páginas del libro", "*Se fusilaron* su poema y lo publicaron con otro nombre".

fusión s f **1** (*Fís*) Cambio que experimenta un cuerpo sólido al pasar al estado líquido por medio del calor: *horno de fusión, metal en fusión, temperatura de fusión* **2** *Punto de fusión* (*Fís*) Grado de temperatura o calor en el cual se produce la fusión de un elemento **3** *Calor de fusión* (*Fís*) Calor necesario para la fusión de un metal, un mineral, etc **4** *Fusión nuclear* (*Fís*) Reacción nuclear en la que se unen núcleos de átomos desprendiendo cantidades enormes de energía **5** Unión de ideas, intereses, etc con determinado fin: *fusión de empresas, fusión de estilos*.

fusionar v tr (Se conjuga como *amar*. Generalmente se usa como pronominal) Unir dos o mas elementos en un todo haciendo que se mezclen: *fusionar empresas*.

fuste s m **1** Armazón de madera de la silla de montar que consta de dos planos inclinados, entre los cuales hay una abertura; una pieza redonda y plana en su parte superior o cabeza, y otra ovalada o teja en la posterior: "Dejando ver distintos piales y distintos lazos de cabeza, regresan felices, con los *fustes* degollados, a la hacienda" **2** (*Arq*) Cuerpo principal de una columna, entre la base y el capitel: "No han sido superados los efectos luminosos contenidos en el *fuste* de una columna dórica".

futbol s m **1** Deporte que se juega entre dos equipos de once jugadores cada uno, que consiste en pasar y golpear con el pie una pelota por el campo de juego para procurar que alguno la meta en el marco o portería del equipo contrario, tantas veces como sea posible a lo largo de 90 minutos de competencia, divididos en 2 tiempos de 45 minutos; futbol soccer **2** *Futbol americano* Deporte que se juega entre 2 equipos con 11 jugadores cada uno en el campo de juego, que consiste en ir llevando o lanzando un balón ovalado hasta llegar a la zona de anotación del campo que ocupa el equipo contrario, que trata de impedir ese propósito. Mientras un equipo tiene la oportunidad de avanzar hacia la meta contraria, el otro procura evitarlo deteniendo por la fuerza a los atacantes y tratando de interceptar sus pases o de quitarle el balón al que lo lleva. Cuando el equipo que ataca no logra avanzar un espacio determinado después de 4 intentos, los contrarios pasan a la ofensiva, y así sucesivamente **3** *Futbol rápido* Deporte de características y reglas semejantes a las del futbol, pero que se juega en una cancha dura, generalmente de pasto sintético, de medidas mucho más chicas, con 7 jugadores de cada bando.

futuro s m **1** Tiempo posterior al presente: *el futuro de la humanidad* **2** adj Que está por venir, suceder o existir: *paz futura, trabajo futuro, mundo futuro* **3** *Futuro de indicativo* (amaré, comeré, subiré) (*Gram*) Tiempo verbal que tiene varios usos: Indica que la acción se realizará después del momento en que se habla: "Te *llamaré* por teléfono el lunes", "*Jugaré* muy pronto" (En lugar de esta forma, en México por lo general se usa más el *futuro perifrástico*, que se hace con el presente de indicativo del verbo *ir*, la preposición *a* y el infinitivo del verbo: *voy a cantar, voy a comer*, etc). Expresa la posibilidad, la probabilidad o la duda acerca de algo presente: "Creo que *tendrá* unos 20 años", "¿*Será* posible que haya guerra?", ¿Qué horas *serán*?". Indica mandato: "No *matarás*" **4** *Futuro de subjuntivo* (amare, comiere, subiere) (*Gram*) Tiempo verbal con varios sentidos: Expresa que una acción venidera es sólo posible: "Quien así lo *hiciere*, que la nación se lo demande" (No se usa en lengua hablada, y en la escrita solamente en ciertos documentos legales). Se usa en ciertas frases hechas, como "Sea lo que *fuere*", "Venga quien *viniere*", etc (Véase "Uso de los tiempos verbales", p 23).

abcchdef **g** hijkllmnñopqrstuvwxyz

g s f Octava letra del alfabeto, su nombre es *ge*. Antes de *e*, *i*, representa el fonema consonante velar fricativo sordo /x/: *gesto*, *giro*. Ante *a*, *o*, *u*, *ü* o cualquier consonante representa al fonema consonante velar sonoro /g/: *gasto*, *agua*, *gota*, *guión*, *guerra*, *pingüino*, *güera*, *glacial*, *ignición*. Su articulación es oclusiva cuando aparece al inicio de la palabra o precedida de nasal, como en *gato*, *gusto*, *goma*, *ángulo*; en las demás posiciones su articulación generalmente es fricativa, como en *riego*, *agrio*, *dogma*, *ignorar*, *alguien*.

gabacho adj y s (*Coloq*) **1** Que es originario de los Estados Unidos de América, o pertenece a él; estadounidense, gringo: "Los hippies *gabachos* que visitan Chiapas o Oaxaca, nuevo turismo que no trae divisas, pero que nos trae bien", "Ya no queremos conjuntos *gabachos*, ya tenemos nuestra música" **2** Que es de piel blanca y cabello rubio, que es güero: *un alacrán gabacho*.

gabardina s f **1** Abrigo que se usa para protegerse de la lluvia; impermeable: "Don Rodrigo, con *gabardina* en el brazo y paraguas, entra al ayuntamiento" **2** Tela de trama diagonal y muy cerrada, más o menos repelente al agua y hecha de fibras como el algodón o el lino, con la que se confeccionan prendas de vestir: "No se puede entrar con una cuarenta y cinco, ni con traje de *gabardina* y sombrero texano".

gabela s f Impuesto, gravamen o carga económica que cobra una autoridad por diversos conceptos.

gabinete s m **I 1** Cuarto pequeño y resguardado, particularmente el de médicos y científicos: "Se combinan los trabajos de *gabinete* y las labores de campo", *una investigación de gabinete* **2** adj En dibujo industrial, tratándose de líneas oblicuas, la que se acorta a la mitad o los dos tercios de su longitud verdadera, para disminuir la distorsión del objeto **3** Cuarto pequeño y resguardado de las miradas de los parroquianos en un restaurante **4** Cuarto pequeño del excusado en un baño público **II** Mueble compuesto por varios cajones o con anaqueles y puertas para protegerlos: "Guarda los legajos en sus *gabinetes* correspondientes", *un gabinete de acero* **III** Conjunto de ministros de gobierno o de secretarios del despacho del mandatario de un país: *el gabinete presidencial*, *el gabinete económico*, *una junta de gabinete*.

gacela s f **1** Mamífero rumiante de la subfamilia de los antílopes, pequeño, esbelto y muy ágil; tiene las patas largas y delgadas, el vientre blanco y el lomo manchado de negro; ojos grandes y cuernos curvados como los de una lira. Habita en regiones semidesérticas de África y de Asia: *correr como gacela*, *ágil cual gacela* **2** *Ser alguien una gacela* Ser capaz de correr con gran velocidad y ligereza, o ser una joven delicada, graciosa y tierna.

gaceta s f Publicación periódica en la que se informa a los lectores de cuanto concierne a cierta organización, institución, actividad, etc: *gaceta universitaria*, *gaceta literaria*.

gacho adj **I 1** Inclinado hacia abajo, o con su apariencia normal disminuida: *cabeza gacha*, *un ojo gacho* **2** (*Rural*) Tratándose de ganado vacuno, que tiene uno de sus cuernos, o los dos, inclinados hacia abajo; tratándose de equinos, que tiene una oreja, o las dos, inclinadas hacia abajo: *un cuerno gacho*, *orejas gachas* **II 1** En actitud avergonzada o sometida: "Con la cabeza *gacha* siguió a su horrible verdugo" **2** (*Popular*) Feo, desagradable, de mala calidad: *un traje gacho*, "Ni en el carnaval me vestí tan *gacho*" **3** (*Popular* y *Caló*) Malo, de mala fe, con mala entraña: *un cuate gacho*, "Se lo chingó *gacho*" **4** interj (*Popular* y *Caló*) ¡Qué mal, qué feo, muy mal!: "Si te caen, valiste verga, *¡gacho!*", "Lo agarró la tira y le echó cana, *¡gacho!*".

gachupín s y adj (*Ofensivo*) Persona natural de España, en particular la que vive en México: "¡Viva México, mueran los *gachupines*!".

gafas s f pl **1** Anteojos, particularmente los que sirven para protegerse del sol: *ponerse las gafas*, *perder las gafas* **2** (*Mar*) Par de ganchos chatos y anchos, amarrados a cuerdas gruesas, que sirven para suspender objetos pesados.

gaita s f Instrumento musical de viento, que consiste en una bolsa de cuero, que funciona como fuelle, y tres tubos conectados a ella. Por uno de ellos se sopla para inflar la bolsa; otro, parecido a una flauta, se tañe para tocar la melodía, y el tercero emite constantemente una nota baja: *gaita gallega*, *tocar la gaita*, *gaita escocesa*.

gala s f **1** Adorno esplendoroso, rico y elegante con que se decora un lugar o se viste una persona: *un vestido de gala*, *ir de gala*, *lucir sus mejores galas* **2** *De gala* De gran suntuosidad, elegancia y ostentación: *función de gala*, *uniforme de gala*, *traje de gala*, *noche de gala* **3** *Hacer gala* Ostentar con abundancia o con exceso alguna cosa: *hacer gala de destreza*, *hacer gala de sabiduría*.

galán s m **I 1** Hombre bien parecido, elegante y gallardo, en particular, el que corteja o seduce a una mujer: "Se da aires de *galán*", "Te invito a la fiesta con tu *galán*" **2** Personaje masculino, serio y generalmente romántico, que hace uno de los papeles principales en una obra teatral, una película o un programa de televisión: "Llega el *galán*, se esconde en una pieza contigua al salón y…" **3** s (*Coloq*) Novio o amante de una persona: "Lourdes cambia cada semana de *galán*", "Adrián tiene muchas *galanas*" **II 1** *Galán de noche* (*Alti Oax*) Hueledenoche **2** *Galán de tarde*, *galán de día* (*Alti Oax*) Hueledediía.

galante adj m y f **1** Que es caballeroso, amable y halagador con las mujeres; que las agrada o las seduce con su trato y consideración: "Todas suspiraban por aquel *galante militar*", *ser muy galante* **2** Que es cortés, considerado y educado: *una galante contradanza, un saludo galante, un dicho poco galante* **3** *Mujer (de la vida) galante* Prostituta.

galaxia s f Conjunto formado por gran cantidad de estrellas, gas y polvo cósmico, que forma un sistema independiente, como la Vía Láctea: *galaxia espiral, galaxia anular, viajar por la galaxia*.

galera s f **1** Embarcación de vela y remos usada en la antigüedad: *las galeras romanas* **2** Cuarto grande y largo que sirve de almacén o de habitación, particularmente en las prisiones: *las galeras de la hacienda* **3** (*Impr*) Tabla rectangular en la que se ponen las líneas de letras, y tira de papel impresa que se obtiene de ella como primera prueba de composición: *corregir galeras, pruebas de galera*.

galería s f l **1** Corredor largo y bien iluminado de un edificio o de una construcción, que comunica a varios salones o cuartos **2** Corredor subterráneo de una mina, que da entrada a varios túneles y socavones **3** Piso más alto de un teatro, y público que asiste a él: *boleto de galería*, "La cantante recibió la ovación de la *galería*" **4** Edificio o local dedicado a la exhibición y venta de obras plásticas: *una galería de pintura* ll Bastidor con que se oculta la instalación y los ganchos de una cortina sobre una ventana o una puerta.

galleta s f **1** Pequeño pan sin levadura, delgado y quebradizo, dulce o salado, que se prepara principalmente con harina amasada en agua y se cuece al horno. Puede llevar huevo, mantequilla, chocolate, etc: *galletas saladas, comer galletas* **2** (*Coloq*) Fuerza física: *un boxeador de mucha galleta*.

gallina s f **1** (*Gallus gallus*) Ave doméstica, hembra del gallo, que se distingue de éste por ser más pequeña, carecer de espolones y tener la cresta más chica; es muy apreciada por los huevos que pone y por su carne **2** adj m y f Miedoso, cobarde **3** *Andar como gallina clueca* Estar muy orgulloso y aturdido por algo que se ha conseguido y se considera valioso: "*Anda como gallina clueca* con su bicicleta" **4** *Gallina ciega* Juego de niños que consiste en formar un círculo y vendar los ojos a uno que se sitúa en el centro, para que al detener a alguno de los que dan vueltas a su alrededor trate de identificarlo para que lo sustituya **5** *Piel o carne de gallina* Reacción de la piel por un susto o por frío, por la que se encoge y resaltan los poros: "Frankenstein nos puso la *piel de gallina*".

gallinácea s f (*Zool*) **1** Cualquier ave terrestre, de patas robustas, con tres dedos hacia adelante y uno hacia atrás, de alas cortas que no le permiten volar, pico corto y curvado en la punta, y cola bien desarrollada. La hembra empolla en un nido en el suelo. El macho suele ser muy diferente de la hembra en su aspecto **2** Orden que forman estas aves, como las gallinas domésticas, las codornices y los guajolotes.

gallo s m l **1** (*Gallus gallus*) Ave doméstica, macho de la gallina, que se caracteriza por tener cresta y carnosidades rojas pendientes a cada lado del pico, que es corto y arqueado; plumaje abundante y con brillo, y patas provistas de espolones. Se le aprecia por su bravura; su canto, en las primeras horas del amanecer, es característico: *pelea de gallos, cantar el gallo, gallo de pelea, gallo giro, gallo colorado* **2** *Gallo de la tierra* (*Tab*) Guajolote **3** *Gallo de papada* (*Tab*) Guajolote ll (*Coloq*) **1** Hombre valiente, presumido y peleonero: *ser muy gallo* **2** *Ser alguien gallo de otra persona* Ser su favorito en una lucha o en un enfrentamiento: "¡Dale duro, campeón, tú *eres mi gallo!*" **3** *Sentirse uno muy gallo* Presumir de uno valiente, de poderoso o de capaz para alguna cosa: "¡Conque *te sientes muy gallo* para la electrónica!" **4** *Comer gallo alguien* Estar en actitud agresiva y dispuesto a pelear **5** *Ser alguien un gallo duro de pelar* Ser difícil de vencer o de convencer: "Don Juan fue siempre un *gallo duro de pelar*" **6** *Ser alguien pico de gallo* Ser fanfarrón, charlatán o hablador: "Se me hace que tu novio es puro *pico de gallo*" **7** *Dejar a alguien como gallo desplumado* Dejarlo vencido y en ridículo **8** *Parecer alguien gallo* Mostrarse alguien permanentemente seductor con las mujeres lll (*Coloq*) **1** *En menos (de lo) que canta un gallo* Con mucha rapidez: "Dio la orden y *en menos que canta un gallo*, ya se había cumplido" **2** *Cantar otro gallo* (*Coloq*) Suceder algo de modo diferente, cambiar las cosas de manera que resulten favorables a uno: "*Otro gallo te cantaría* si el presidente fuera mi amigo" **3** *Dormírsele a uno el gallo* Descuidarse, no actuar a tiempo o quedarse dormido **IV 1** Sonido falso que emite alguien, sin querer, al estar hablando o cantando; es común en los adolescentes cuando cambian de voz: *salirle gallos, echar gallos* **2** Serenata: *ir de gallo, llevar gallo a la novia, correr un gallo* **V 1** *Pata de gallo* Arruga que sale en la comisura externa de los ojos, formada por una línea central y varias radiales de ella **2** Nudo con que se amarra una malla al cordel de una boya en un aparejo de pesca **VI** Juguete de palma tejida, de forma poliédrica, con semillas secas en su interior, en uno de cuyos vértices se insertan plumas y en otro una varilla, para agitarlo y que suene **VII** *Gallito* Proyectil con el que se juega al bádminton, que tiene forma de cono, un corcho en la parte más estrecha y el resto de plumas o de plástico **VIII** (*Coloq*) Flema que se escupe.

gama s f **1** Escala de elementos de una misma clase en que varían gradualmente: *gama musical, gama cromática, gama de disolventes* **2** Serie de elementos o de individuos que tienen alguna característica en común pero muestran variedad entre ellos: *la gama de los escritores jóvenes, una gama de productos químicos*.

gameto s m (*Biol*) Cada una de las dos células, femenina y masculina, que intervienen en la fecundación, las cuales al unirse dan origen a la formación de un nuevo individuo, como el óvulo y el espermatozoide en el ser humano y otros animales.

gana s f **1** Disposición favorable para hacer algo o deseo de algo: *de buena o mala gana, dar ganas, sentir ganas, tener ganas, aguantarse las ganas, quitar las ganas, calmar las ganas*, "Doña Ernestina ríe *de buena gana*", "Siempre que me acuerdo me dan *ganas* de llorar", "Por *ganas* no queda, ya verás" **2** Disposición para hacer alguna cosa, pero a capricho de uno: "Me amó cuando se le vino la *gana*", "La hizo bailar como le dio la *gana*", "Como la criaron tan consentida, está acostumbrada a hacer siempre su regalada gana" **3** *Hacer alguien lo que se le pega la gana*: Hacer su voluntad, sin considerar ninguna otra cosa: "Yo hago lo que se me pega la *gana*" **4** *Traerle ganas a algo* (*Coloq*) Buscar la oportunidad de conseguir o de lograr algo: "*Le había traído ganas* a ese viaje durante años" **5** *Traerle ganas a alguien* Buscar la oportunidad de enfrentarse con alguien o, si es una mujer, de enamorarla: "Yo *le traigo ganas* a Raúl: un día me las pagará", "*Le trae ganas* a Jimena; hoy la invitó al cine".

ganadería s f **1** Cría y explotación del ganado: *ganadería lechera, ganadería de carne, la ganadería sonorense* **2** Instalación en donde se lleva a cabo, junto con el ganado que se cría en ella: *poner una ganadería, una ganadería de toros bravos, los dueños de la ganadería*.

ganadero 1 adj Que pertenece al ganado o se relaciona con él: *rancho ganadero, producción ganadera* **2** s Persona que se dedica a la cría y explotación de ganado.

ganado s m **1** Conjunto de los animales cuadrúpedos de varias especies que se crían para sacar provecho de su carne, leche, cuero, etc, como las vacas, los toros, los borregos, las cabras, etc: *ganado de engorda, ganado de cría, ganado lechero* **2** *Ganado mayor* El que está constituido por animales grandes, como vacas, mulas, bueyes, etc **3** *Ganado menor* El que está constituido por animales pequeños, como ovejas, cabras, etcétera.

ganador adj y s Que gana un premio, un concurso, una competencia, etc; que tiene buenas probabilidades de ganarlos: *un caballo ganador, los ganadores de una carrera*.

ganancia s f **1** Beneficio o provecho que deja algo o que se obtiene de alguna cosa: *sacar ganancia, tener ganancia* **2** Total de ingresos que tiene una empresa, industria o comercio, descontando sus gastos: *las ganancias de la compañía* **3** Mejoría o logro que se obtiene en algo: "Ya es *ganancia* que un niño tan chiquito coma solo" **4** (*Ver S*) Pequeña parte de alguna cosa, que da el vendedor además de la cantidad convenida; pilón, ñapa.

ganar v tr (Se conjuga como *amar*) **1** Recibir cualquier clase de beneficio, especialmente dinero, por el trabajo, los negocios, un concurso, etc: *ganar dividendos, ganar un tanto por ciento, ganar un premio, ganar una apuesta* **2** Recibir alguien un sueldo por el trabajo que desempeña regularmente: *ganar el salario mínimo* **3** Hacerse de algo que resulta provechoso o satisfactorio, como fama, honores, confianza, etc: *ganar prestigio, ganar amistad* **4** Resultar el vencedor en algo, especialmente en una competencia o concurso: *ganar una carrera, ganar una pelea* **5** Llegar al lugar que se desea: *ganar la cumbre, ganar la orilla* **6** intr Mejorar en algo: *ganar en aspecto físico, ganar en seguridad*.

gancho s m **I 1** Instrumento de metal, madera o plástico, con uno de sus extremos curvo y, a veces, puntiagudo, que sirve para colgar, clavar o sostener cosas **2** Utensilio triangular, en cuyo vértice superior se añade una parte curveada, que sirve para colgar ropa **3** Aguja larga con uno de sus extremos curvo, que sirve para tejer o hacer labores de encaje **4** *Gancho de crochet* Aguja en cuyo extremo hay un ángulo muy cerrado, que sirve para hacer encaje o para bordar **5** En el sureste, utensilio con que se prende un mechón de pelo, para hacerse un peinado, que consiste en una barra delgada y plana de metal doblada por la mitad, y corrugada en uno de sus lados; pasador **6** *Al gancho* (*Norte*) Manera de vender carne de una res, que consiste en quitarle patas, cabeza y cuero, y entregarla colgada en un gancho **II 1** Cómplice de un estafador o de un ladrón, que se encarga de atraer con engaños a su víctima **2** Artificio del que se vale una persona para aprovecharse de otra, estafarla o inducirla a hacer alguna cosa: "Usaban como *gancho* un billete de lotería supuestamente premiado" **3** Mercancía barata pero atractiva, que regalan los vendedores para atraer a sus clientes y venderles otra cosa: *mercancía gancho* **III** (*Dep*) **1** En el box, golpe que se da de abajo hacia arriba, con el brazo doblado y en corto: *un gancho al hígado, dar un gancho, meter un gancho* **2** En el basquetbol, tiro que se lanza arqueando el brazo sobre la cabeza y girando la muñeca hacia adelante al soltar el balón.

ganglio s m (*Anat*) **1** Engrosamiento de diversas formas, tamaños y estructuras, que se encuentra en el trayecto de un vaso linfático o en un nervio: *inflamarse un ganglio* **2** *Ganglio linfático* Cada uno de los pequeños órganos que, solos o en grupo, se encuentran a lo largo de los vasos linfáticos y en los que se forman los linfocitos, además de servir como filtros a la linfa **3** *Ganglio nervioso* Cada una de las masas de sustancia nerviosa situadas a lo largo de los nervios, que funcionan como centro de influencia **4** *Ganglio basal* Cada uno de los varios órganos situados debajo de la corteza cerebral, como el tálamo, los cuerpos estriados, los tubérculos cuadrigéminos, etcétera.

ganso s **1** Ave palmípeda acuática, del orden de los anseriformes, que tiene el cuerpo grande y voluminoso, patas fuertes y cortas, cola pequeña, cuello más largo que el del pato y pico ancho; grazna fuertemente; la mayoría de las especies a que pertenece son migratorias, que llegan a México en invierno, como *Chen hyperborea* o ganso real, *Anser albifrons* o ganso salvaje o tlalalácatl, *Branta bernicla* o ganso de collar, en Baja California; *Branta canadensis* o ganso gritón, en el norte de México o *Branta hutchinsii*, o ganso graznador **2** Ave palmípeda del mismo orden, de gran tamaño y plumaje blanco o grisáceo, que se cría por su carne y por su hígado, con el que se prepara paté **3** *¡Me canso, ganso!* (*Coloq*) ¡Claro que sí, por supuesto!: "—¿Vendrás a visitarme? —¡Me canso, ganso!".

gaonera s f (*Tauro*) Pase de capa, que consiste en citar al toro de frente, pero sosteniendo la capa por detrás del cuerpo del torero, ya sea a la derecha o a la izquierda: *un quite por gaoneras*.

garabato s m **I 1** Rasgo mal hecho de una letra, que resulta difícil de comprender: *escribir garabatos* **2** Dibujo que no se puede interpretar, como los que hacen los niños pequeños **II 1** Instrumento de metal o madera, que tiene uno o varios ganchos en sus extremos, de donde se cuelgan objetos **2** Palo que se cuelga en las carnicerías o en las cocinas, que en su extremo inferior tiene tres o más ramas o ganchos naturales, en donde se engancha la carne **3** Gancho o conjunto de ganchos atados a una cuerda, con que se sacan cosas de los pozos **4** Palo largo, uno de cuyos extremos tiene una rama en ángulo, con que se aparta la hierba mientras se corta con el machete **III 1** (*Pisonia aculeata*) Arbusto muy ramificado y espinoso, de hojas de forma variable, flores unisexuales, sin corola, de fruto pequeño y pegajoso, y espinas ganchudas. De sus hojas se prepara una infusión para aliviar el reumatismo **2** Arbusto espinoso de distintas especies.

garage s m Lugar protegido en donde se guardan los automóviles; garaje: *meter la camioneta al garage, guardar el coche en el garage*, "En el *garage* caben cuatro coches". (Se pronuncia *garásh.*)

garantía s f **1** Seguridad que ofrece algo o se ofrece a alguien sobre la realización de cierto acto, el cumplimiento de cierta promesa o cierto trato, y compromiso que la afirma: "El cumplimiento del reglamento es una *garantía* para todos los socios", "Su capacidad es suficiente *garantía* de su trabajo", *ofrecer garantías, ofrecer en garantía, pedir una garantía* **2** *Garantías constitucionales* (*Der*) Conjunto de instituciones y procedimientos por los cuales la Constitución de un Estado asegura a sus ciudadanos el respeto de sus derechos; garantías individuales: *dar garantías, suspensión de garantías* **3** Cantidad de dinero o de bienes con los que se asegura cierto negocio o el respeto de cierto convenio: *los precios de garantía del maíz, depositar en garantía* **4** Seguridad que ofrece el fabricante o el vendedor de una mercancía, o el que presta un servicio sobre su calidad, duración y funcionamiento: *una lavadora con garantía, una garantía por un año, una compostura con garantía* **5** Documento en que se precisa esa seguridad y ese compromiso: *certificado de garantía, la garantía de un tractor.*

garantizar v tr (Se conjuga como *amar*) Dar u ofrecer garantía sobre alguna cosa: *garantizar los derechos individuales, garantizar el libre tráfico, garantizar un espectáculo, garantizar la conducta de un amigo, garantizar el pago.*

garbanzo s m **1** Semilla de forma más o menos esférica, de aproximadamente 1 cm de diámetro, color amarillo claro, que se come cocida o tostada, sola o en algún guiso: *caldo con garbanzos* **2** Planta herbácea del orden de las leguminosas que da esta semilla; mide alrededor de 40 cm, tiene hojas compuestas, flores blancas o azuladas y su fruto es una legumbre con una o dos semillas **3** *Ser algo garbanzo de a libra* (*Coloq*) Ser de gran valor, extraordinario.

gardenia s f **1** Flor de color blanco, de pétalos gruesos y aroma fuerte y agradable **2** (*Gardenia florida*) Arbusto de la familia de las rubiáceas que da esa flor. Llega a medir hasta 2 m de alto; sus hojas son lanceoladas, lisas y de color verde brillante: Se cultiva como planta ornamental.

garganta s f **1** Parte anterior o frontal del cuello y cavidad interior que va desde el velo del paladar hasta la entrada del esófago y comprende la laringe y la faringe: *padecimiento de la garganta, aclararse la garganta* **2** Espacio estrecho y profundo entre dos montañas.

gargantilla s f Adorno o joya que ciñe el cuello de una mujer a la altura de la garganta.

garlopa s f Cepillo de carpintería con que se pulen piezas grandes de madera; tiene mango y mide entre 10 y 15 cm de largo.

garnacha s f Alimento del grupo de los antojitos, que consiste en una tortilla de maíz pequeña, frita

en manteca, a la que se pone encima frijoles, salsa picante, y trocitos de chorizo, papas o carne.

garra s f **1** Mano o pata de los animales que tiene uñas curvas y agudas, como el águila o el león: *tener entre las garras* **2** Uña curva y afilada: *sacar las garras, afilar las garras* **3** *Caer en las garras de alguien* Caer bajo el dominio y la voluntad de alguien **4** *Hacer garras algo* Romperlo y dejarlo hecho tiras, en particular la ropa: "Se *hizo garras* el traje" **5** (*Popular*) Ropa en mal estado; harapos: "¡No señor, usté no va a ir así con esas *garras!* Tiene que llevar su traje azul" **6** Pasión y fuerza con la que se realizan algunas actividades, en particular las deportivas: "El Atlante siempre fue un equipo de *garra*", *jugar con garra.*

garrapata s f Arácnido de cuerpo ovalado y aplanado, que llega a medir 1 cm de largo; es parásito de los animales y del hombre, en cuyos cuerpos se fija para chuparles la sangre. Transmite enfermedades como la sarna.

garrocha s f **1** Vara muy larga, generalmente con una punta de metal en uno de sus extremos, que se utiliza para arrear animales **2** Vara muy larga y flexible con la que se practica una de las disciplinas atléticas, que consiste en saltar un obstáculo colocado a gran altura, apoyándose en ella para impulsarse, o con la que se ejecuta la suerte de saltar por encima de un toro de lidia: *salto de garrocha* **3** (*Ver*) Medida de longitud equivalente a 2.20 m.

garrote s m **1** Palo grueso y fuerte que se emplea para golpear alguna cosa: "Le dio con el *garrote* en la cabeza y casi lo mata" **2** *Garrote vil* Instrumento de tortura y muerte, que se usó en España para ejecutar a los condenados. Consiste en un poste fijo y un banquillo, en donde se sentaba el condenado. Su cuello se aprisionaba con un anillo de hierro, y mediante una manivela en la parte posterior, se hacía salir un punzón, que lo hería mortalmente en la nuca. Hoy está abolido.

garrucha s f Polea que se usa para sacar agua de los pozos; consiste en una rueda de madera o de hierro con una ranura a lo largo de su circunferencia, por donde pasa la cuerda.

garza s f **1** Ave del orden de las ciconiformes, de distintas especies, que se caracteriza por tener las patas muy largas y desnudas, el cuello alargado, la cabeza pequeña y el pico largo; su plumaje puede ser completamente blanco o de distintos colores; su tamaño varía entre 40 cm y más de 1 m, según la especie. Habita cerca de ríos y lagos o del mar y se alimenta de peces y crustáceos **2** *Sentirse alguien la divina garza* Ser muy presumido y pedante.

gas s m **1** Cuerpo sin forma que tiende a ocupar el espacio que lo contiene y se comprime o expande según la temperatura y la presión a la que se encuentre, como el oxígeno, el hidrógeno, el helio, etc: *los gases de la atmósfera, formación de gases explosivos* **2** *Gas natural* Aquel que se encuentra en el interior de la Tierra; se usa principalmente como combustible **3** *Gas butano* El que se obtiene de la destilación del petróleo crudo, se puede licuar y se usa como combustible doméstico o industrial **4** *Gas lacrimógeno* El tóxico que produce asfixia y abundantes lágrimas **5** *Gas carbónico* El que está formado por bióxido de carbono, que se produce en la combustión de materia orgánica y que constituye el elemento más importante en la síntesis de la clorofila de las plantas, las cuales lo toman de la atmósfera para luego producir oxígeno **6** Residuo en ese estado que deja la digestión y se acumula principalmente en el estómago y los intestinos.

gasa s f **1** Tela suave, muy delgada, de tejido abierto, de seda, algodón u otras fibras: *una cortina de gasa, un pañal de gasa* **2** Tela de esa clase, de algodón, que se usa para proteger heridas, absorber sangre, etc **3** En Tamazunchale, nudo de las cintas de los zapatos **4** Conjunto de curvas con que se establece la conexión entre dos o más vías rápidas para automóviles que se cruzan.

gaseoso adj Que se encuentra como gas, se relaciona con él o lo desprende: *estado gaseoso, agua gaseosa, bebidas gaseosas.*

gasolina s f Líquido volátil, muy inflamable, producto de la destilación del petróleo, formado por una mezcla de hidrocarburos y algunas otras sustancias como el tetraetilo de plomo, que sirve como antidetonante en los motores de los automóviles y otros vehículos: *gasolina de alto octano, gasolina blanca.*

gastado I pp de *gastar* **II** adj **1** Que ha perdido sustancia, forma, precisión, claridad, etc por el uso que ha recibido: *una camisa gastada, un cuello gastado, un filo gastado, una máquina muy gastada* **2** Que ha perdido valor o interés, por el uso que ha tenido: *una idea gastada, un argumento gastado.*

gastar v tr (Se conjuga como *amar*) **1** Utilizar algo que se acaba o se destruye al hacerlo: *gastar gasolina, gastar energías* **2** Usar algo constantemente y dar lugar a que pierda parte de su forma o deje de servir: *gastar una camisa, gastar los zapatos* **3** prnl Perder algo parte de su materia o su forma, o dejar de servir a causa de su uso constante: *gastarse una rueda* **4** Emplear cierta cantidad de dinero en la compra o en el pago de alguna cosa: *gastar en alimentos, gastar en renta* **5** *Gastar una broma* Hacer una broma: "Le gastaron una broma de muy mal gusto" **6** *Gastárselas alguien (Coloq)* Tener alguien un comportamiento o ciertas actitudes molestas hacia las personas, que lo caracterizan: "Llegó muy enojado y echó a todos sus invitados, ya sabes cómo *se las gasta*".

gasterópodo (*Zool*) **1** adj, y s m Tratándose de moluscos, que tiene el cuerpo protegido por una concha, generalmente en espiral, el pie en forma de amplia suela plana y tentáculos sensoriales en la cabeza, como el caracol y el abulón **2** s m pl Clase de estos animales.

gasto s m **1** Acto de gastar **2** Cantidad de algo que se utiliza o se emplea en alguna cosa: "El *gasto* de energía eléctrica ha aumentado" **3** Cantidad de dinero que se emplea en el pago o en la compra de algo, principalmente aquella que se destina a cubrir las necesidades de una familia: "Tomó $100 del *gasto*" **4** Entrega de dinero o pago que se hace por una cosa determinada: "Tengo que hacer muchos *gastos*" **5** *Gastos de representación* Los que una persona hace por necesidades de su trabajo y son pagados por quien lo contrata.

gástrico adj (*Biol*) Que pertenece al estómago o se relaciona con él: *jugos gástricos, cavidad gástrica, enfermedades gástricas.*

gastritis s f (*Med*) Inflamación aguda del estómago: *tener gastritis, curarse una gastritis.*

gastroenterología s f Disciplina médica, que se ocupa de estudiar el estómago y los intestinos humanos; particularmente de las enfermedades que pueden sufrir y su curación.

gastroenterólogo adj Médico especialista en las enfermedades del estómago y los intestinos, y en su curación.

gata s f l **1** Hembra del gato **2** (*Ofensivo*) Mujer que presta sus servicios en una casa: "En su casa tienen tres *gatas*" **3** *Salirle a uno la gata respondona* Protestar una persona constante e insistentemente **4** *A gatas* Sobre las manos y los pies o las rodillas: *andar a gatas,* "Me dio tanto miedo, que bajé la pirámide *a gatas*", "Tiene escalinatas que sólo pueden subirse *a gatas*" **II** En Colima, rastra triangular, con clavos en uno de sus lados, con que se afloja la tierra en los comederos de las salinas.

gatear v intr (Se conjuga como *amar*) **1** Andar apoyándose en manos y pies; andar a gatas: *gatear el bebé* **2** (*Popular*) Enamorar a las sirvientas jóvenes.

gatillo s m En las armas de fuego, como las pistolas y los rifles, palanca que se acciona con el dedo para soltar el percutor con que se golpea el fulminante que dispara la bala: *jalar del gatillo, apretar el gatillo.*

gato[1] s l **1** (*Felis catus, Felis domestica*) Mamífero carnívoro doméstico de la familia de los félidos que mide aproximadamente 50 cm de largo, tiene la cabeza redonda, la lengua áspera, orejas triangulares, cola larga, pelo suave y espeso, y largos bigotes. Cuando se asusta, eriza su piel; cuando siente placer emite un suave gruñido continuo; su voz es un sonido agudo, nasal y prolongado. Es independiente y silencioso. Existen muchas variedades que se distinguen por la forma de su cuerpo, la abundancia de pelo, el color, etc: *gato de angora, gato siamés, gato negro, el maullido de un gato* **2** *Gato montés* (*Lynx rufus*) Mamífero carnívoro de la familia de los félidos y de vida salvaje, que mide aproximadamente 60 o 70 cm de largo, tiene piernas largas y cola muy corta. Es de color café moteado, mezclado con gris y negro en las partes superiores, por debajo blanco con manchas negras; su cara está rodeada por una franja de pelo largo y tiene por lo general una borla en las orejas y en la punta de la cola **3** Cualquier mamífero de la familia de los félidos, como el león, el leopardo, el jaguar, etc: *los grandes gatos africanos* **4** *Defenderse como gato boca arriba* Defenderse con bravura y utilizando todos los medios de que se disponga **5** *Ponerle el cascabel al gato* Retar a alguien, provocarlo: "Ahí viene el maestro, a ver quién *le pone el cascabel al gato*" **6** *Buscarle tres pies al gato* Buscar dificultades a sabiendas de encontrarlas: "Ya te dije que es peligroso, no *le busques tres pies al gato*" **7** *Haber gato encerrado* Haber algo sospechoso en alguna situación: "Tanta amabilidad me hace creer que *hay gato encerrado*" **8** *Con un ojo al gato y otro al garabato* Con la atención puesta en dos cosas al mismo tiempo **9** *Poner ojo al gato* Poner atención a alguna cosa **10** *Manita de gato* Arreglo, generalmente superficial, de la apariencia de algo o de alguien: "Voy a darle *una manita de gato* a la casa antes de que lleguen los invitados" **11** *Dar gato por liebre* Engañar a alguien, haciendo pasar una cosa por otra de mejor calidad: "Te *dieron gato por liebre* con el coche que te vendieron" **II 1** (*Ofensivo*) Criado o sirviente **2** (*Coloq*) Personas, cuando son muy pocas en relación con las esperadas: "Al comenzar el concierto, sólo había tres *gatos*" **III** En el sureste, bíceps.

gato² s m Aparato mecánico, neumático o hidráulico que sirve para levantar vehículos y cargas a poca altura: "Necesito un *gato* para cambiar la llanta".

gato³ s m Juego que consiste en poner tres marcas en línea recta dentro de una cuadrícula de nueve casillas, antes de que lo haga el contrario, con quien se alternan las tiradas.

gaveta s f Cajón corredizo de un mueble, como un escritorio, un archivero, etcétera.

gavilán s m **1** Ave diurna de rapiña, muy similar al águila, pero de menor tamaño, que pertenece a varios géneros y especies, como la *Ictinia plumbea* y la *Accipiter gentiles*, entre otros. Es de cuerpo robusto, mide hasta 50 cm de largo, tiene el pico curvo y patas fuertes con uñas grandes que le sirven para cazar; el color de sus plumas varía según la especie y puede ser negro, gris, café o anaranjado; algunos tienen el vientre y el pecho claros, atravesados por rayas horizontes. Se alimenta de pequeños mamíferos, aves, reptiles o insectos **2** (*Hipo*) Borde que aparece en la parte posterior de los colmillos superiores de los caballos a los siete y catorce años de edad, debido al desgaste desigual de los dientes **3** Cada uno de los hierros que forman la cruz de la empuñadura de espadas, estoques, etc: "El matador remató la faena con una estocada hasta los *gavilanes*".

gavilla s f **1** Conjunto de cañas, ramas, paja, hierba, etc, mayor que un manojo y menor que un haz: *una gavilla de trigo* **2** Grupo reducido de ladrones o de cuatreros, particularmente en el campo: *una gavilla de bandidos.*

gaviota s f Ave acuática de la familia de los láridos, excelente voladora, más grande que una paloma y generalmente de color blanco; tiene el pico comprimido, alargado y terminado en punta o en gancho. Existen muchas especies que habitan en las islas cercanas a las costas o en lagos y lagunas, y se alimenta principalmente de los peces que pescan: *el vuelo de la gaviota.*

gay s y adj m y f Persona homosexual, en particular la de sexo masculino: "*Gays* de todo el mundo hicieron una convención en Acapulco", *ser gay.* (Se pronuncia *guéi.*)

géiser s m Abertura en la corteza terrestre de la que brotan, en forma intermitente y generalmente turbulenta, vapor, agua caliente y gas.

gel s m **1** (*Quím*) Forma que adoptan las sustancias coloidales cuando se dejan reposar; ofrece poca resistencia a los líquidos, pero predomina en ella la fase sólida **2** Sustancia sólida, suave, de aspecto gelatinoso y húmedo, como la jalea: *un gel para el pelo, gel de aloe.*

gelatina s f **1** Sustancia sólida, blanda y transparente que se obtiene al hervir los huesos, tendones, ligamentos, etc de los animales; se emplea como alimento y en medicina, bacteriología, fotografía, fabricación de cementos, pegamentos, etc: *gelatina natural* **2** Alimento preparado con esa sustancia, agua o leche y jugo de alguna fruta o pedazos de alguna verdura o de carne, que se pone en un molde hasta que solidifica: *una gelatina de limón.*

gemelo 1 s y adj Cada una de las personas o animales nacidos en un mismo parto y que tienen entre sí un gran parecido físico: *hermanos gemelos, gemelos idénticos* **2** s m y adj Cada uno de los dos músculos situados en la parte posterior y superficial de la pantorrilla, de forma oval y aplanados; funcionan como elevadores del talón y extensores del pie y son esenciales para caminar **3** s m pl Juego de dos tubos con lentes graduables que sirve para ver amplificadas las imágenes alejadas, en particular el que se usa para ver teatro, ballet, etc, desde lejos; binoculares: "Siempre que iba al hipódromo llevaba sus *gemelos*" **4** s m pl Juego de botones con que se cierran los puños de la camisa; mancuernillas **5** adj Que es igual a otro de su misma clase: *columnas gemelas, una catedral gemela.*

gemido s m Cada una de las emisiones de sonido grave y esforzado que produce una persona cuando siente dolor, pero también a veces placer físico: "A su cuarto llegaban los *gemidos* de los enfermos".

gemir v intr (Se conjuga como *medir*, 3a) Emitir una persona sonidos graves y esforzados desde el fondo de su garganta, por dolor o, a veces, por placer: "Estaba con los párpados cerrados, como desfallecida, y *gemía* de vez en cuando".

gene s m (*Biol*) Partícula que se encuentra en los cromosomas y tiene por función la transmisión de información hereditaria en la reproducción de los seres vivos; está constituida por diversas bases de aminoácidos, correspondientes al ácido desoxirribonucleico, que es el que determina la estructura general de los seres vivos; gen: *genes dominantes, un gene recesivo.*

genealogía s f **1** Serie de los antepasados o ascendientes de una persona o de un animal: *la genealogía de mi padre* **2** Documento que la contiene: *mandar hacer la genealogía familiar.*

generación s f **1** Acto de generar algo: *generación espontánea, generación eléctrica* **2** Conjunto de personas o de elementos de la misma especie, nacidos o producidos en el mismo periodo: *nueva generación, generación del Ateneo*, "José Mario y yo somos de la misma *generación*".

generador 1 adj Que origina o produce algo: "El trabajo es el principal *generador* de riqueza" **2** s m Máquina que produce energía, particularmente la que transforma energía mecánica, calorífica, etc en electricidad: *generador de corriente.*

general adj m y f **1** Que se aplica o incluye a la mayoría, a todos los casos o individuos: *bienestar general, asamblea general de maestros, regla general* **2** Que es común o usual: *opinión general* **3** Que se refiere o abarca las características más importantes de algo: *principios generales del derecho, leyes generales de la física, conclusiones generales* **4** Que no está especializado ni limitado a una sola área, campo, región, época, etc: *medicina general, historia general* **5** *En términos generales* Sin precisar, generalizando **6** *En general* Sin detallar, sin especificar; comúnmente: *hablar en general*, "*En general* eso es lo que sucede" **7** *Por lo general* o *en general* Comúnmente, en la mayoría de los casos: "*Por lo general* viene en las tardes", "*En general* llega tarde" **8** Que está en una posición de mayor autoridad y responsabilidad, que tiene a su cargo coordinar el trabajo de otras personas: *gerente general, direc-*

tor general, secretario general, procurador general **9** s Grado más alto de la jerarquía militar; persona que tiene este grado: *general de división, general de brigada, general brigadier*, "El *general* dio la orden", *las incursiones del general Francisco Villa*.

generalidad s f **1** Mayoría de los individuos o elementos de un conjunto, o de los casos que se presentan en ciertas condiciones: "Sus beneficios para la *generalidad* de los mexicanos son nulos" **2** Carácter de lo que se aplica o se atribuye a todos o a la mayoría: "Admitir la ignorancia como excusa para no cumplir las leyes destruiría su *generalidad*" **3** *Generalidades* Ideas, juicios o argumentos superficiales o poco precisos acerca de alguna cosa: *no perderse en generalidades, decir generalidades*.

generalización s f Acto de generalizar algo: *la generalización de una moda*, "Es una *generalización* injusta, pues se acusa a todos los alumnos por culpa de unos cuantos".

generalizado I pp de *generalizar* II adj Que se ha vuelto general o muy común: *un malestar generalizado, una idea generalizada*.

generalizar v tr (Se conjuga como *amar*) **1** Hacer común o general alguna cosa, difundirla o extenderla entre la mayoría: *generalizar una noticia, generalizar una situación, generalizarse un problema* **2** Atribuir alguna cosa a la mayoría o a la totalidad de los elementos de un conjunto; considerar algo como característico de todos los casos: "Tiende a *generalizar* sus juicios sobre las personas", "Aunque sea frecuente, no se puede *generalizar*".

generalmente adv Por lo general, en la mayor parte de los casos: "*Generalmente* el trabajo requiere tiempo", "No visita a sus parientes *generalmente*".

generar v tr (Se conjuga como *amar*) Dar origen a una cosa a partir de otra: *generar electricidad, generar ideas, generar empleos*.

genérico adj Que toca o corresponde a todo un género o a un tema general: "Se dio el nombre *genérico* de 'castas' a los mestizos mexicanos", "Explica algunos conceptos de esa técnica, al menos en forma *genérica*".

género s m I **1** Conjunto de objetos o de seres que tienen ciertas características iguales: *género humano, un género de insectos, género de alimentos* **2** (*Biol*) Grupo de plantas o de animales que tienen características en común, inferior al de familia y superior al de especie: *género Pinus, género Homo* **3** Conjunto de obras artísticas que comparten un tema, la forma de tratarlo o el material con que se realizan: *género policiaco, género lírico, géneros musicales* **4** (*Gram*) Flexión o accidente gramatical del sustantivo, el adjetivo, el artículo y el pronombre, que indica cuándo son masculinos, femeninos o neutros. Por lo que respecta a algunos nombres de animales, el género suele designar su sexo; en cuanto a otros nombres, el género sólo indica la terminación y la concordancia del sustantivo con el adjetivo. La terminación o morfema -*o* suele corresponder al género masculino y la terminación o morfema -*a*, al género femenino, como en *niño, perro, blanco* y *niña, perra, blanca*. Los nombres que acaban con otra vocal o en consonante se consideran, generalmente, masculinos: *bisturí, bambú, chile, camión, trolebús*; los que acaban en -*ción*, -*dad*, -*ed*, -*sis*, suelen considerarse femeninos: *función, ciudad, tranquilidad,*

merced, tesis. Hay muchas excepciones **5** *Estudios de género* Aquéllos dedicados a investigar el lugar que corresponde a las mujeres en la sociedad **6** *Género chico* Tipo de obra musical al que pertenece la zarzuela **7** *Género humano* Especie de los seres humanos y conjunto de ellos II Tela: *género de lana, género de algodón*.

generosamente adv Con generosidad, de manera generosa, con amplitud y largueza: "El público ha respondido positiva y *generosamente*", "Un banquete *generosamente* obsequiado por el ganadero", "Tendría que modificar *generosamente* mis cálculos".

generosidad s f **1** Cualidad de una persona o de una agrupación de personas de considerar algo o a alguien con nobleza, aprecio y confianza por sus cualidades y comportamiento: "Su *generosidad* lo lleva a creer en la honradez de sus amigos" **2** Comportamiento confiado, bien intencionado y desprendido de una persona: *la generosidad de un maestro* **3** Gusto de una persona por compartir sus bienes o riquezas; riqueza y liberalidad con que los da: "La *generosidad* de algunos mexicanos que dan incluso lo que no tienen", "Su *generosidad* siempre lo impulsa a dar limosna" **4** Riqueza y variedad con la que se maneja o se usa alguna cosa: "La *generosidad* con que Szering toca el violín", "La *generosidad* del doctor Atl con el paisaje".

generoso adj **1** Que se comporta con nobleza, buenas intenciones y aprecio hacia los demás: *un hombre generoso, una institución generosa* **2** Que comparte lo que tiene con desprendimiento y compasión: "Moctezuma obsequia, *generoso*, a los centinelas con joyas y mantas" **3** Que es característico de la generosidad: *un acto generoso, una actitud generosa* **4** Que se ofrece con liberalidad y largueza, sin escatimar: "Le sirvió varias y *generosas* copas de tequila".

genética s f Rama de la biología que estudia la herencia y los fenómenos relacionados con ella: *genética humana*.

genético adj **1** Que pertenece a los genes o a la genética o se relaciona con ellos: *herencia genética, mecanismos genéticos, ingeniería genética* **2** Que pertenece a la génesis, al origen de algo, o se relaciona con ellos: *un tema genético*.

genial adj m y f **1** Que es propio o característico del genio, de quien tiene aptitudes extraordinarias y gran capacidad creadora: *una obra genial, una idea genial, un músico genial* **2** Que es extremadamente oportuno y divertido: *un chiste genial, una respuesta genial*.

genio s m **1** Inclinación particular de alguien en la manera en que realiza su actividad o concibe las cosas: "El *genio* de Tomás para el conocimiento científico", "Hay que comprender en qué consiste el *genio* del presidente Cárdenas", "Sabina tiene *genio* para el teatro" **2** Carácter propio y peculiar que tiene alguna cosa: *el genio de la lengua, el genio de la pintura flamenca* **3** Capacidad extraordinaria de una persona para realizar creativa y brillantemente cierta actividad: *el genio de Mozart, el genio de Nabor Carrillo* **4** *Ser alguien un genio* Tener esa capacidad creadora: "Einstein fue un *genio*" **5** Personaje mítico o fantástico que gobierna y crea alguna cosa particular o protege cierto objeto o a cierta persona: *el genio de la lámpara de Aladino*.

genital 1 adj m y f Que pertenece a la generación o reproducción biológica, o se relaciona con ella: *aparato genital, glándula genital, aseo genital* **2** *Órganos genitales* Órganos externos de la reproducción, como el pene y la vagina: "Los *genitales* del macho se distinguen muy bien de los de la hembra".

genitivo adj y s (*Gram*) Caso de las lenguas declinables (como el sánscrito, el griego, el latín, el húgaro y el finés) que significa relaciones de dependencia, posesión, pertenencia o propiedad. En español —que no es una lengua de ese tipo— esas relaciones se manifiestan mediante la preposición *de*, generalmente, como en: *la casa de mi familia, la alegría de los niños, el padre de Jorge, una cáscara de limón*.

gente s f **1** Conjunto de personas: *gente pobre, gente buena, gente del pueblo* **2** Conjunto de personas que trabaja en el mismo lugar o bajo las mismas órdenes: "Trajo a su *gente* para la cosecha" **3** Familia o conjunto de personas cercanas a uno: *cuidar a su gente* **4** *Buena gente* Persona o grupo de personas de buenas intenciones, respetuosas y sinceras **5** *Mala gente* Persona o grupo de personas de malas intenciones, perversas o tramposas **6** *Gente decente* Persona o conjunto de personas virtuosas y educadas, según apreciación difundida por ellas mismas **7** *Gente bien* Persona o grupo de personas que tienen educación y bienes materiales, según su propia apreciación **8** *Gente bonita* Persona o conjunto de personas que viste y se arregla a la moda, con limpieza, se mueve en ciertos círculos sociales excluyentes y se comporta con ligereza y frivolidad.

gentil adj m y f **1** Que es amable, considerado y atento: *un hombre muy gentil, la gentil anfitriona* **2** Que tiene presencia graciosa, educada y discreta: *la gentil silueta de la bailarina* **3** s m y f Pagano: "La danza representa una batalla entre *gentiles* y cristianos", *convertir a los gentiles*.

gentilicio adj y s (*Gram*) Que expresa el origen o la nacionalidad de una persona, una cosa, una costumbre, como *mexicano, español, oaxaqueño, pachuqueño*, etcétera.

genuino adj Que es así de origen, de raíz, por nacimiento, y sin adulteración o modificación: "Ese testimonio de Bernal Díaz es de *genuino* valor histórico", "La obra provoca un *genuino* interés entre los historiadores", "Las piezas encontradas bajo la pirámide son *genuinas*", *una refacción genuina, una cantante de ranchero muy genuina*.

geofísica s f Ciencia que estudia los fenómenos físicos que ocurren en la Tierra, tanto en su interior —como el vulcanismo— como en su superficie, los océanos y la atmósfera.

geofísico 1 adj Que pertenece a la geofísica o se relaciona con ella: *la exploración geofísica* **2** s Persona que tiene como profesión la geofísica.

geografía s f Ciencia que estudia y describe la Tierra en su aspecto físico, de suelos, clima, ríos, mares, montañas, etc (*geografía física*), o como lugar donde habita la humanidad, en sus diferentes aspectos (*geografía humana, geografía política, geografía económica o geografía lingüística*).

geográfico adj Que pertenece a la geografía o se relaciona con ella: *localización geográfica, una carta geográfica, un estudio geográfico*.

geógrafo s Persona que tiene como profesión la geografía: "Jorge A. Vivó, distinguido *geógrafo*...".

geología s f **1** Ciencia que se ocupa de la historia de la Tierra, especialmente de la estructura y evolución de su corteza **2** Conjunto de características del suelo o de la corteza terrestre en un lugar o en un momento determinado: *la geología del valle de México, la geología del precámbrico*.

geológico adj Que pertenece a la geología o se relaciona con ella: *investigación geológica, una falla geológica*.

geólogo s Persona que tiene como profesión la geología: *encuentro de geólogos*.

geometría s f **1** Parte de la matemática que estudia la medida y las propiedades de la extensión y las relaciones que hay entre puntos, líneas, superficies y volúmenes: *geometría euclidiana, geometría de n dimensiones* **2** *Geometría analítica* Parte de la matemática que estudia las características de las líneas y las superficies por medio de ecuaciones **3** *Geometría descriptiva* Parte de la matemática que tiene por objeto la representación del espacio y del volumen en un solo plano.

geométrico adj Que pertenece a la geometría o se relaciona con ella: *un espacio geométrico, un análisis geométrico, una pintura geométrica*.

geotropismo s m (*Biol*) Característica del crecimiento de las plantas, por la cual sus raíces se orientan por la fuerza de gravedad de la Tierra.

geranio s m **1** Planta del género *Pelargonium* o *Geranium*, que se caracteriza por sus hojas redondas con un largo peciolo, la vellosidad que tienen sus tallos y hojas, y lo vivo de los colores, rojos o rosados, de sus flores. Se cultiva como ornamental **2** Flor de esta planta.

gerencia s f **1** Cargo, actividad o función del gerente de una empresa: *alta gerencia* **2** Conjunto de personas que desempeñan estos puestos en una empresa compleja: "La fusión de ambas empresas conllevará cambios en la *gerencia*" **3** Oficina del gerente.

gerente s m y f Persona que dirige una empresa, un negocio o alguno de sus departamentos: *gerente general, gerente de ventas, gerente de producción*.

geriatra s y adj m y f Médico especialista en enfermedades de la vejez.

geriatría s f Parte de la medicina que trata las enfermedades de la vejez.

germano adj y s **1** Que pertenece al conjunto de pueblos que en la antigüedad ocuparon la zona central de Europa, y a sus descendientes modernos, como los alemanes, los escandinavos, los ingleses, etc, o se relaciona con ellos: *las invasiones germanas, una tribu germana* **2** Particularmente, que es originario de Alemania o pertenece a este país europeo; alemán.

germen s m **1** Primera materia a partir de la cual se desarrolla un nuevo ser vivo: *el germen de una planta* **2** Parte de la semilla de la que brota la planta **3** Primer tallo que brota de la semilla: *germen de trigo* **4** Organismo microscópico o bacteria: *gérmenes patógenos, el germen de la tifoidea* **5** Principio elemental de donde brota alguna cosa: *el germen de la libertad, el germen de la revolución* **6** *En germen* En estado inicial, en sus principios: "Sus primeros poemas contienen ya, *en germen*, la grandeza de los últimos".

germinación s f **1** Proceso por el cual una planta se desarrolla desde su estado embrionario hasta su estado adulto **2** Desarrollo de alguna cosa, desde su primera idea o concepción hasta que se completa: "La *germinación* de un proyecto".

germinar v intr (Se conjuga como *amar*) **1** Comenzar a crecer una planta a partir de una semilla **2** Comenzar a desarrollarse algo, especialmente ideas, costumbres, etc: "El nacionalismo *germinó* durante el siglo XIX".

gerundio s m (*Gram*) Forma no personal del verbo que se expresa con los sufijos *-ando* (en verbos de la primera conjugación) y *-iendo* (en verbos de la segunda y la tercera conjugaciones), como *cantando*, *comiendo* y *subiendo*. Significa la duración pasajera o limitada de una acción. Con ciertos verbos auxiliares forma perífrasis, como en: "*Estaba comiendo* cuando llegaste", "*Vayan bajando* mientras me visto y los alcanzo"; generalmente tiene un valor adverbial que expresa modo, circunstancia o condición como en: "El mensajero llegó *corriendo*", "Terminó *exclamando* en voz alta...", "Los tenía *cantando* toda la tarde", "El libertador, *considerando* la situación, decidió comenzar el ataque". Cuando aparece en oraciones subordinadas manifiesta que la acción que significa es simultánea con la de la oración principal o que coincide con ella parcialmente, como en: "Recibió el premio *agradeciendo* al jurado...", "Encontré a Enrique *comiendo* en un restaurante". Tiene valor adjetivo en algunos casos, como el de "agua *hirviendo*".

gesta s f Conjunto de hazañas y hechos memorables o heroicos de un personaje o de un pueblo: *la gesta revolucionaria*, *un cantar de gesta*.

gestación s f **1** Formación y desarrollo de un animal vivíparo en el vientre de su madre, desde la fecundación del óvulo hasta su nacimiento, y periodo que tarda este proceso **2** Periodo y proceso de preparación y formación de alguna cosa: *la gestación de una idea*, *la gestación de un plan*.

gestar v prnl (Se conjuga como *amar*) **1** Formarse y desarrollarse un animal vivíparo en el vientre de su madre **2** Comenzar a tomar forma o a crearse alguna cosa: "Un espantoso drama *se gestaba* en aquella casa", "Muchos cambios *se gestaron* a principios del siglo XIX".

gestión s f **1** Cada uno de los procedimientos y los pasos, generalmente legales u oficiales, que se siguen para solucionar un asunto: "Me prometió que no tardaría en su *gestión*", "Se hacen *gestiones* diplomáticas para recuperar las joyas robadas" **2** Conjunto de acciones que realiza el responsable de dirigir, presidir u organizar alguna cosa, durante el periodo de su cargo: *la gestión del presidente de la república*, *la gestión de un embajador*, "Su *gestión* como secretario fue muy cuestionada".

gesto s m **1** Movimiento expresivo del cuerpo, en especial de la cara y las manos, con que se manifiesta el ánimo o el sentimiento: *un gesto grave y ceremonioso*, *un gesto de dolor*, *un gesto de burla* **2** Movimiento expresivo exagerado de la cara o de una de sus partes: *hacer gestos frente al espejo*, *un gesto de asco* **3** Actitud particular con que alguien trata a otra persona, en especial cuando es bondadosa o compasiva: "Tuvo un *gesto* en favor de los damnificados por el terremoto".

ghetto s m **1** Barrio en el que se obligaba a vivir a los judíos, por discriminación racial, en muchas ciudades europeas hasta el final de la Segunda Guerra Mundial: *el ghetto de Varsovia* **2** Barrio en que se ven obligadas a vivir personas de la misma raza, nacionalidad u origen, a causa de la discriminación que reciben por parte del resto de los habitantes de la ciudad: *el ghetto mexicano de Los Ángeles*. (Se pronuncia *gueto*.)

giba s f Abultamiento que se produce en el tronco del cuerpo de un animal, como en los camellos y dromedarios; joroba.

gigante s **1** Ser fantástico de figura humana pero de enorme tamaño y gran fuerza: *un cuento de gigantes*, *el gigante y el sastrecillo* **2** adj y s m y f Que es mucho más grande o voluminoso de lo normal: *un estadio gigante*, *un avión gigante*, *una botella gigante*, "Laura se veía ridícula bailando con ese *gigante*" **3** Que es más poderoso o mucho más importante de lo normal: *un gigante del pensamiento*, *una empresa gigante*.

gigantesco adj Que es del tamaño de un gigante; que es extraordinariamente grande: *una ola gigantesca*, *un edificio gigantesco*, *un fraude gigantesco*.

gil s m (*Caló*) Persona a la que se toma como víctima para un robo, una estafa o un timo: "Mientras uno entretenía al *gil*, el otro le sacaba la cartera".

gimnasia s f Conjunto de ejercicios físicos apropiados para desarrollar, fortalecer y dar flexibilidad al cuerpo: *hacer gimnasia*, *gimnasia reductiva*, *clase de gimnasia*.

gimnasio s m Lugar acondicionado para hacer gimnasia, o que cuenta con el equipo necesario para ejercitar el cuerpo y entrenar box, levantamiento de pesas, lucha, etcétera.

gimnosperma (*Bot*) **1** s y adj f Planta fanerógama, de flores masculinas o femeninas, en la cual las semillas no están encerradas en un ovario, sino al descubierto en bellotas, como el pino, el cedro y el abeto **2** s f pl Clase de estas plantas.

ginebra s f Bebida alcohólica que se obtiene de la fermentación de varios granos, principalmente el centeno, y su posterior destilación con sustancias aromáticas. Se suele tomar sola o mezclada con agua, jugo o refresco.

ginecología s f Parte de la medicina que se ocupa del estudio y tratamiento de las enfermedades propias de la mujer, en particular de las que contraen sus órganos reproductivos.

ginecólogo s Médico especialista en ginecología.

gira s f Viaje o recorrido hecho por una o varias personas por distintas ciudades, estados, países etc, para llevar a cabo ciertas actividades: *gira electoral*, *gira de trabajo*, *gira teatral*, *estar de gira*, *una gira turística*.

girar v tr (Se conjuga como *amar*) **1** Mover algo circularmente o alrededor de otra cosa: *girar el volante*, *girar una manivela*, *girar la rueda de la fortuna* **2** intr Dar vuelta algo o alguien: *girar a la izquierda*, *girar sobre los talones* **3** intr Tener una conversación, una película, una novela, etc un tema como centro: "La conferencia *giró* en torno a la reforma política" **4** Hacer que algo circule o se distribuya, en especial documentos financieros: *girar cheques*, *girar bonos*, *girar dinero por telégrafo*, *girar instrucciones* **5** *Girarla* (*Popular*) Dedicarse una persona a cierto oficio u ocupación: "¿Y tú, en qué *la giras*?", *girarla de policía*.

girasol s m **1** (*Helianthu annus*) Planta herbácea de la familia de las compuestas, hasta de 4 m de altura, de grandes hojas opuestas y alternas, y flores en cabezuelas amarillas de 20 a 30 cm de diámetro; sus semillas son comestibles y de ellas se extrae aceite, que se usa para cocinar y para fabricar jabones **2** Planta herbácea de la familia de las compuestas, de diversos géneros y especies, muy parecida a la anterior pero más pequeña, con flores en cabezuelas amarillas, anaranjadas o moradas.

giro[1] s m **I 1** Acto de girar: *el giro de las ruedas, el giro de las hélices* **2** Vuelta que da algo o alguien de una dirección a otra, o círculo que describe: *un giro de noventa grados*, "Dio un *giro* sobre sus talones" **3** Cambio de dirección o de orientación que se da o se toma en una conversación, un asunto o negocio: "La discusión tomó un *giro* desagradable", "El gobierno ha dado un *giro* económico a todo el problema" **II 1** Carácter de las actividades de un negocio o empresa: *cambiar el giro, el giro comercial* **2** Manera en que una persona o una comunidad elabora su habla y compone sus expresiones: *un giro idiomático, un giro rural, los giros típicos de Jalisco* **3** Manera peculiar con la que se construye o se concluye un discurso, un texto, una obra musical, etc: *un giro trágico, un giro romántico, un giro wagneriano* **III** Envío de dinero que hace una persona o una empresa a otra a través de un banco, el correo o el telégrafo: *giro bancario, giro postal.*

giro[2] adj m **1** Tratándose de gallos, el que tiene amarillas las plumas del cuello y las alas, y negras las del resto del cuerpo: *un gallo giro* **2** Que es valiente y audaz: *un charro giro* **3** adj Que tiene ligereza y salud, particularmente una persona después de haber estado enferma o incapacitada, o a pesar de su vejez: "Mi abuela ya anda muy *girita* después de la operación", "A sus 90 años todavía se ve bien *girito*".

giroscopio s m Giróscopo.

giróscopo s m **1** Disco que gira rápidamente alrededor de un eje, que conserva la misma dirección aunque se modifique la de su soporte; giroscopio **2** Dispositivo de esa clase, que sirve tanto para asegurar la estabilidad de aviones y barcos, como para ayudarlos a orientarse **3** Aparato con que se registra la velocidad del viento; giróstato.

gis s m **1** Pasta sólida hecha de yeso, generalmente de forma cilíndrica y alargada, que sirve para escribir en un pizarrón, para marcar telas, etcétera **2** *Andar gis* (*Popular*) Estar borracho.

glaciación s f (*Geol*) Aumento considerable de la formación y extensión de los glaciares, ocurrido en diferentes épocas de las eras geológicas, que ocasionó que grandes regiones de la superficie terrestre se cubrieran de hielo y los casquetes polares se extendieran hasta las zonas templadas. Fue provocado por la persistencia de climas muy fríos durante miles de años; cada una de las épocas en las que se dio este fenómeno, particularmente las de la era cuaternaria.

glacial adj m y f **1** (*Geogr*) Que pertenece a las zonas polares de la Tierra o se relaciona con ellas: *zona glacial, hielos glaciales* **2** Que es muy frío, que hiela o hace helarse: *aire glacial, temperatura glacial* **3** Que no manifiesta ninguna emoción ni sentimiento: *un hombre glacial, un saludo glacial.*

glaciar 1 s m Masa de hielo que cubre permanentemente una zona más o menos extensa de la superficie terrestre, como las que hay en el continente antártico, Alaska, Escandinavia, y en las cordilleras más altas, como los Andes y los Alpes **2** adj m y f Que se relaciona con esta masa de hielo o es característico de ella.

gladiola s f **1** (*Gladiolus grandis*) Planta de la familia de las iridáceas con una base o bulbo macizo del que sale el tallo, con hojas en forma de espada y flores en seis segmentos desiguales, generalmente blancas, rosas o rojas. Se cultiva en los jardines **2** Flor de esta planta.

glande s m (*Fisio*) Cabeza o extremo abultado del pene, que tiene forma de bellota y está cubierto por el prepucio.

glándula s f **1** Cualquiera de los órganos que producen y segregan sustancias necesarias para el funcionamiento del organismo de los seres vivos: *glándulas salivales, glándulas mamarias* **2** *Glándula endócrina* Cualquiera que segregue hormonas que van directamente a la sangre, como la pituitaria **3** *Glándula exócrina* Cualquiera que segregue sustancias que no sean hormonas, como las sudoríparas o las mamarias.

glaucoma s m (*Med*) Enfermedad del ojo que se caracteriza por un aumento de la presión en su interior, acompañado de endurecimiento del globo ocular, que produce atrofia de las fibras nerviosas de la retina y puede ocasionar ceguera.

glicerina s f Líquido transparente, sin olor, de sabor dulce, soluble en agua y alcohol, que se obtiene mediante procesos químicos de sustancias grasosas como el petróleo. Se usa en medicina, perfumería, cosméticos, tintas para imprenta, lubricantes, explosivos, etcétera.

global adj m y f **1** Que pertenece o se relaciona con el globo terrestre: *una estrategia global, mercado global, contaminación global* **2** Que abarca la totalidad de un conjunto o se refiere a ella; que se toma o se considera en conjunto: *el valor global de una propiedad, una visión global del problema.*

globalmente adv De manera global, en conjunto: "Consideradas las anomalías *globalmente*, no son muy graves".

globo s m **1** Cuerpo de superficie curva, cuyos puntos están a la misma distancia de su centro: *globo del ojo, el globo celeste, el globo terráqueo* **2** Bolsa de goma o de hule que se llena de aire u otro gas y tiene generalmente forma redonda, con la que juegan los niños: *comprar un globo, inflar globos* **3** *Globo cautivo* El que se amarra con un cable para que no se pierda y se usa en observatorios, como anuncio publicitario, etc **4** *Globo sonda* El que se envía a la atmósfera con instrumentos para hacer mediciones meteorológicas **5** *Globo aerostático* El que se hace de algún material flexible y resistente, y se llena de un gas menos pesado que el aire o de aire caliente; está provisto de una barquilla para llevar personas.

glóbulo s m **1** Pequeña esfera o cuerpo en forma de globo: *glóbulos medicinales* **2** *Glóbulo rojo* (*Biol*) Célula que transporta el oxígeno en la sangre; hematíe, eritrocito **3** *Glóbulo blanco* (*Biol*) Célula de la sangre cuya función es atacar las infecciones; leucocito: "Medir la concentración de *glóbulos blancos*".

gloria s f **1** (*Relig*) Lugar en donde están Dios, los ángeles y los santos, a donde van las almas de los justos después de su muerte: *volar a la gloria, alcanzar la gloria* **2** s m Parte de la misa en que se canta la oración así llamada: *cantar un gloria, el 'Gloria' de Vivaldi* **3** Fama, honor y buen nombre que se alcanza por alguna buena acción, un trabajo destacado o un comportamiento excelente: "El deportista se llevó la *gloria*", "La *gloria* fue para el escritor", "Las armas nacionales se han llenado de *gloria*" **4** Persona, institución u objeto que constituye el honor y la fama máximos de algo o de alguien: "García Márquez, *gloria* de Latinoamérica...", "La ley del amparo es *gloria* del derecho mexicano" **5** *Estar uno en la gloria* Estar feliz: "Rodeado de mujeres, Jaime *está en la gloria*" **6** *Saber algo a gloria* Resultar algo muy placentero o sabroso: "Con este calor, la cerveza *sabe a gloria*", "Le *supo a gloria* el encarcelamiento de su enemigo".

glorieta s f **1** Plaza circular situada en la confluencia de dos o más calles o avenidas, y alrededor de la cual circulan los automóviles **2** Plazoleta circular en un parque o un jardín, en la que desembocan varios caminos y, generalmente, se adorna con una fuente, un kiosco, un monumento, etcétera.

glorioso adj **1** Que merece admiración y es digno de honra y alabanza: *un pasado glorioso, la gloriosa cultura maya* **2** (*Relig*) Que pertenece a la gloria; que está en la gloria: *los misterios gloriosos, las almas gloriosas*.

glosario s m Catálogo de palabras de significado dudoso o desconocido para los lectores de una obra, o para los interesados en cierta especialidad, que se agrega al final de aquélla o se publica aparte con las explicaciones necesarias acerca de su significado: *un glosario de palabras antiguas, glosario de aviación*.

glotal adj m y f Que pertenece a la glotis o se relaciona con ella: *oclusión glotal, consonante glotal*.

glotis s f (*Fisio*) Orificio superior de la laringe, en donde se encuentran las cuerdas vocales.

glucosa s f Azúcar de sabor muy dulce que se disuelve mucho en agua y poco en alcohol; se encuentra en las células de frutos maduros como la uva, la pera, etc, o en el plasma sanguíneo normal.

glúteo 1 s m Cada una de las dos nalgas: "El dolor se extiende desde la región lumbar hasta los *glúteos*" **2** adj Que pertenece a la nalga o se relaciona con ella: *región glútea*.

gneis s m sing y pl (*Min*) Roca de la misma composición del granito pero en la que el cuarzo y los feldespatos forman una capa clara y granulada, y la mica y otros componentes aparecen en una franja oscura que se puede dividir en lajas.

gnomo s m y f Ser fantástico, de corta estatura, genio de las minas, o guardián de tesoros, dotado de diversos poderes: "Se le apareció un *gnomo* y le preguntó su nombre..."

gnosis s f **1** Conocimiento absoluto, inmediato e intuitivo de la verdad, obtenido sólo por la fe **2** Conocimiento supremo de la divinidad **3** Eclecticismo filosófico que se propone conciliar todas las religiones por el conocimiento esotérico de la divinidad **4** Acto de conocer.

gnóstico adj Que pertenece a la gnosis o se relaciona con ella, o con el movimiento filosófico del gnosticismo.

gobernador adj y s **1** Que gobierna: *gobernador militar* **2** s Cada uno de los jefes del poder ejecutivo de los estados de una república federal: *la gobernadora de Colima, el gobernador de Arizona*.

gobernante adj y s m y f Que gobierna, en especial quien dirige la vida política de un país: *clases gobernantes, reunión de gobernantes*.

gobernar v tr (Se conjuga como *despertar*, 2a) **1** Dirigir una sociedad o un país hacia el logro de ciertas finalidades, estableciendo las leyes y las disposiciones necesarias para alcanzarlas: "Durante los años que gobernó Salinas..." **2** Dirigir o guiar algo o el comportamiento de alguien: *gobernar una nave*.

gobierno s m **1** Acto de gobernar, en especial un país: *práctica de gobierno* **2** Conjunto de órganos e instituciones, con facultades y responsabilidades determinadas por las leyes, creados para atender la función pública de un país: *un gobierno estable, gobierno mexicano, trabajar en el gobierno* **3** Grupo de personas, generalmente ministros, secretarios de Estado, funcionarios públicos, etc, que tiene a su cargo la función ejecutiva en un país: *formar un gobierno, entrar en el gobierno*.

goce s m **1** Experiencia del gozo de alguna cosa; disfrute en el acto de alguna cosa: "¿Por qué los demás hombres no compartían con él ese *goce* supremo?", "El conocimiento de la danza moderna produce un mayor *goce* al bailar" **2** *Goce de sueldo* Pago del salario a pesar de que no trabaje uno o se ausente del trabajo: *licencia con goce de sueldo, un permiso sin goce de sueldo*.

gol s m Anotación en la portería de uno de los equipos oponentes en los juegos de futbol, futbol americano, hockey y otros: *meter un gol, ganar por cuatro goles*.

golf s m sing Juego que consiste en introducir una pelota pequeña y dura en una serie de hoyos cavados en un extenso parque, golpeándola con unos palos en cuyo extremo inferior hay un abultamiento semejante a una pala; gana quien logra meter la pelota en 9 o 18 hoyos con el menor número posible de golpes.

golfo¹ s m Gran extensión de mar que penetra profundamente en la costa.

golfo² adj y s **1** Que vive sin trabajo, sin disciplina y abandonado a sus suerte: "Un par de *golfos* encontraron a una niña abandonada" **2** Tratándose de mujeres, que entrega su cuerpo a cualquiera; que es fácil de seducir: "Saqué a bailar a una de las *golfas* que andaban por ahí".

golondrina s f Pájaro migratorio e insectívoro de alas largas y puntiagudas y cola bifurcada en forma de horqueta; su color varía de acuerdo con su especie, predominando el negro azulado; aparece al finalizar la primavera y emigra al terminar el verano.

golpe s m **I 1** Encuentro violento y repentino de un cuerpo con otro, bien sea accidental o bien provocado por uno de ellos, y efecto que se produce: *un golpe entre dos camiones, el golpe del martillo sobre el clavo, dar un golpe, pelear a golpes, recibir un golpe, tener un golpe en la cabeza* **2** Impresión intensa e inesperada que causa algo en alguien: "La noticia de que había muerto su primo significó un fuerte *golpe* para él", "La devaluación fue un tremendo *golpe*" **3** *Golpe de pecho* El que se da con el puño sobre el pecho, como señal de arrepentimiento o de religiosidad **4** *Darse golpes de pecho* Mostrar ante los demás arrepentimiento de algo o religiosidad, generalmente de manera excesiva o falsa: "Catalina *se da muchos golpes de pecho* pero roba a sus clientes" **5** *Golpe de mar* El que dan las olas inesperadamente sobre una embarcación, contra un arrecife o contra un rompeolas **6** *Golpe de Estado* Acto sorpresivo y por lo general ilegal en contra de algo o de alguien, en especial el que da en contra del gobierno legalmente constituido de un país una parte de sus miembros, como el ejército, o alguno de sus funcionarios **7** *Golpe de vista* Capacidad de alguien para apreciar algo inmediatamente: "Al primer *golpe de vista* comprendió que no era honrado" **8** *De golpe, de golpe y porrazo* De repente, sin previo aviso: "Las ventanas se abrieron *de golpe*", "*De golpe y porrazo* se puso a cantar en la Alameda" **9** *De (un) golpe* De una sola vez: "Entregaron toda la mercancía *de golpe*" **10** *No dar golpe* No trabajar o no atinar alguien en lo que se propone: "Humberto *no da golpe* desde hace un mes" **ll** Insignia militar, que se cose sobre las mangas de la casaca, el saco o la camisa.

golpear v tr (Se conjuga como *amar*) **1** Dar un golpe un cuerpo sobre otro o chocar con él: *golpear una piedra en el vidrio, golpear el balón en la pared* **2** Dar golpes repetidamente: "El mecánico *golpea* con su martillo toda la mañana".

goma s f **1** Sustancia viscosa que se extrae de la corteza de diversos árboles y se utiliza en la elaboración de pegamentos y de pigmentos **2** *Goma de borrar* Trozo de esa sustancia, previamente elaborado, o de hule, que sirve para borrar trazos de lápiz o de tinta en un papel **3** *Goma arábiga* Polvo fino amarillo o blanco, soluble en agua; se obtiene de cierta variedad de acacia, procedente del Sudán o de Senegal; se utiliza en la industria y en la elaboración de medicamentos **4** *Goma de tragacanto* La que se extrae de la planta de este nombre, que crece en Asia Menor y tiene varios usos farmacéuticos e industriales **5** *Goma laca* Resina de ciertos árboles de la India con la que se fabrica un barniz para madera; es base también de barnices fotográficos y del material con que se elaboraban los discos fonográficos **6** Cualquier material elástico, impermeable y resistente: *suela de goma, botas de goma, lancha de goma, pelotas de goma* **7** *Gomitas* Dulces pequeños, con forma de sombrero de hongo, de textura elástica, hechos a base de grenetina, azúcar y colorantes **8** *Goma de mascar* Chicle **9** (*Crón dep*) En el beisbol, base final del diamante en que se practica, que tiene forma de polígono irregular, en donde se marca la carrera **10** *Mandar a alguien a la goma* (*Coloq*) Deshacerse o desentenderse de él: "Tu novio te dejó plantada de nuevo, ¡ya *mándalo a la goma*!".

góndola s f **1** Lancha de quilla corta, que se prolonga hacia arriba por sus dos extremos y termina coronada con bellos adornos, de cuerpo oblongo, muy marinera, que utilizan los habitantes de Venecia, en Italia, para transportarse por los canales de esa ciudad: *viajar en góndola* **2** Vehículo de transporte sobre rieles, que se utiliza para cargar minerales, granos, etc; en las minas, consiste en un recipiente profundo, de corte trapezoidal, que puede inclinarse para descargar; en los ferrocarriles tiene varias formas

3 En las tiendas departamentales, mueble a manera de mesa donde se exhibe mercancía.

gordita s f **1** Tortilla más gruesa y generalmente más pequeña que la común, generalmente rellena, o que se prepara con frijoles refritos, salsa de jitomate y otros alimentos: *hacer gorditas, comerse unas gorditas* **2** Galleta de harina de maíz redonda y pequeña: *unas gorditas de La Villa.*

gordo adj y s **1** Que tiene más volumen, es más grueso o más ancho de lo normal por tener mucha carne o mucha grasa: *un hombre gordo, una vaca gorda, una linda gordita* **2** Que tiene mucha grasa o es muy espeso: *leche gorda, tocino gordo* **3** m Parte grasosa de la carne: "Quitó el *gordo* a su bistec" **4** Que es más grande o grueso de lo normal: *un libro gordo, un problema gordo* **5** s m Premio mayor de la lotería: "Carlos se sacó el *gordo*" **6** *Armar(se) la gorda* (*Coloq*) Comenzar una pelea o una fuerte dificultad: "*Se armó la gorda* cuando atacó a los presentes" **7** *Caer alguien gordo* (*Coloq*) Caer mal, resultar desagradable o molesto: "Me *cae gordo* por presumido y desdeñoso".

gordolobo s m (*Verbascum thapsus*) Planta herbácea de la familia de las escrofulariáceas, cuyo tallo alcanza hasta 2 m de altura; es de hojas ovaladas y flores que crecen en densos racimos. Hojas y flores se cuecen y se utilizan como calmante para la tos. En México predomina la variedad *Verbesina virgata.*

gordura s f Peso excesivo que se manifiesta en las personas y animales con la presencia de abundante tejido graso: *evitar la gordura.*

gorila s m **1** (*Gorilla gorilla*) Mono antropoide que habita en las selvas occidentales del África ecuatorial (Camerún, Gabón y Zaire); es el más fuerte de los primates; el macho llega a medir hasta 2 m de altura y a pesar más de 200 kg; sus brazos son muy largos y musculosos; es de piernas cortas; su cuerpo está cubierto con pelo oscuro y áspero; la cara, proyectada hacia adelante, se prolonga desde el cráneo alargado, de alta cresta y arcos ciliares salientes. Se alimenta de vegetales; vive en grupo, dirigido por un macho viejo **2** (*Coloq*) Militar que se ha apoderado por la fuerza de las armas del gobierno de un país: "Mientras esos *gorilas* sigan gobernando, nada se puede hacer por la vía democrática" **3** (*Coloq*) Individuo fuerte, malencarado y prepotente: "El líder llegó rodeado por sus *gorilas* a la asamblea de su sindicato".

gorjear v intr (Se conjuga como *amar*) Cantar los pájaros: "Soy un pobre pajarito / que por el monte gorjeo", el gorjear de los canarios.

gorjeo s m Canto de los pájaros: "El *gorjeo* de los gorriones".

gorra s f **1** Prenda de vestir con la que se cubre la cabeza; generalmente es de fieltro, de lana o de fibras sintéticas; tiene una visera: *una gorra de beisbolista, ponerse la gorra, quitarse la gorra* **2** *De gorra* (*Coloq*) Gratis, sin pagar: "Entré *de gorra* al cine", *viajar de gorra, comer de gorra.*

gorrión s m Ave del orden de las paseriformes, muy pequeña, de color pardo con manchas negras, pico corto y en forma de cono, patas generalmente con cuatro dedos, que se alimenta de granos e insectos; es el ave más común en México.

gorro s m **1** Prenda de vestir con la que se abriga la cabeza; generalmente es tejida: *un gorrito de niño,* *un gorro de nieve* **2** *Gorro frigio* Prenda con que se cubrían la cabeza los revolucionarios franceses, cuyo extremo más alto se dobla hacia abajo y es generalmente rojo; desde entonces es emblema de la libertad **3** *Estar uno hasta el gorro de algo o de alguien* (*Coloq*) Estar completamente fastidiado o aburrido de algo o del comportamiento de alguien: "*Estoy hasta el gorro* de sus comentarios", "*Estamos hasta el gorro* de sus desplantes" **4** *Estar alguien o ponerse hasta el gorro* (*Coloq*) Estar muy bebido o drogado: "Se nos presentaron cuatro individuos que *estaban hasta el gorro*" **5** *Valer gorro algo o alguien* (*Coloq*) Importar muy poco: "La pérdida de mi empleo *vale gorro*", "*Me valen gorro* tus quejas".

gota[1] s f **1** Forma que toma un líquido, como el agua, cuando se deja caer lentamente: "No hay ni una *gota* de agua", "Derramó su sangre hasta la última *gota*" **2** *Gota a gota* Dejando salir o caer una gota tras otra, pero espaciadamente: "Paladeó su vino *gota a gota*", "Se añade el bromo *gota a gota*" **3** *Sin gota* Sin nada: "Es una mujer *sin gota* de inteligencia" **4** *Caer cuatro gotas* Llover muy poco" **5** *Sudar la gota gorda* (*Coloq*) Trabajar o esforzarse mucho para lograr alguna cosa, o sufrir mucho por alguna causa: "Entregar el trabajo a tiempo nos hizo *sudar la gota gorda*" **6** *Como dos gotas de agua* Con características idénticas: "Juan y Pablo son *como dos gotas de agua*" **7** *Gotas* Medicamento líquido que se administra mediante un gotero: *gotas para los ojos*, *gotas para la nariz*.

gota[2] s f Enfermedad causada por el exceso de ácido úrico en el organismo, que se presenta como intensos dolores en las articulaciones, en particular la del dedo gordo del pie.

gotear v intr (Se conjuga como *amar*) Caer un líquido gota a gota: *gotear agua de una llave*, *gotear sangre de la nariz*.

gótico adj **1** Que pertenece a los godos y a otros grupos germánicos que se extendieron por Europa desde tres siglos antes de Jesucristo y fundaron varios reinos en España, Francia e Italia; que se relaciona con ellos: *leyes góticas, lengua gótica* **2** s m y adj Estilo artístico que apareció en Europa hacia el siglo XII, como una evolución del románico; se caracteriza en arquitectura por líneas rectas ascendentes que se entrecruzan como nervaduras en las bóvedas; por arcos que se alargan y forman un pico en su parte más alta —arcos ojivales—, y por la manera en que descarga el peso sobre contrafuertes y arbotantes, lo que permite crear amplios espacios y una sensación de ligereza en las construcciones. En escultura y pintura, las figuras son alargadas y las actitudes rígidas. Son ejemplos de este estilo las catedrales de Chartres y Estrasburgo en Francia, la de Colonia en Alemania o las de Burgos y Granada en España. En México hay algunos ejemplos en conventos del siglo XVI como el de Huejotzingo, Puebla: *una catedral gótica, gótico florido* **3** Que es característico del estilo literario romántico, de finales del siglo XVIII y principios del XIX, en el que, en un ambiente medieval, se crea una atmósfera de horror, con incidentes macabros y misteriosos: *novela gótica* **4** *Letra gótica* Tipo de letra de líneas rectas y angulosas, varios de cuyos caracteres son propios de ella, como las siguientes: **letra gótica**.

gozar v tr (Se conjuga como *amar*) **1** Sentir gusto o placer: *gozar la música, gozar la comida, gozar con ver a la novia* **2** Poseer sexualmente a una persona **3** *Gozar de* Tener alguien algo que le es útil o provechoso: *gozar de privilegios, gozar de la libertad, gozar de buena salud*.

gozo s m Emoción intensa de alegría y placer: *sentir gozo*, "Acudiré con mi corazón lleno de *gozo*", "Fuentes sabe destacar la antítesis y traerla a la luz, para *gozo* de sus lectores", "Tu belleza es un verdadero *gozo*".

grabación s f **1** Acto de grabar sonido en discos o en cintas magnetofónicas: *usar una grabación*, *la grabación de un concierto* **2** Cada una de las piezas o de los textos grabados de esa manera: *una grabación de Eduardo Mata, las grabaciones de Pedro Infante, oír una grabación*.

grabado s m **1** Arte y procedimiento de grabar ilustraciones o dibujos: *el grabado flamenco, un taller de grabado, grabado a mano* **2** Obra hecha por ese arte: *un grabado de Posada* **3** Ilustración de un libro: *mirar los grabados*.

grabador s Persona que se dedica a hacer grabados sobre una plancha de metal o de madera, para reproducirlos en una imprenta.

grabadora s f **1** Aparato electrónico que sirve para grabar y reproducir sonido: *usar la grabadora, apagar la grabadora, una grabadora portátil* **2** Empresa que se dedica a hacer grabaciones de música **3** adj f Que graba o se dedica a grabar sonido: *una máquina grabadora*.

grabar v tr (Se conjuga como *amar*) **1** Escribir o trazar sobre una superficie de piedra, metal o madera, letras o figuras: "*Grabaron* una inscripción sobre su tumba", "*Grabaron* sus nombres en el tronco de un árbol" **2** Trazar, dibujar o escribir algún texto o dibujo sobre una plancha previamente preparada para ello, con objeto de reproducirlo en una imprenta: *grabar ilustraciones, grabar una viñeta* **3** Registrar la música, las palabras o cualquier sonido en cintas magnetofónicas o discos para poderlos reproducir: "Lola *grabó* con acompañamiento de mariachi", "Le gusta *grabar* nuestras conversaciones" **4** *Grabársele algo a alguien* Imprimirse algo profundamente en la memoria o en la mente: "Se me *grabó* la fisonomía de los agentes", "Se me *grabaron* las preguntas", "Se me *grabó* su nombre".

gracia s f l **1** Cualidad de algo o de alguien que contribuye a hacerlo agradable o bello: "Tiene sus *gracias*, pero también sus defectos" **2** Habilidad de una persona para realizar algo con naturalidad, elegancia, soltura, armonía, etc: *bailar con gracia, cantar con gracia* **3** Acción de alguien que resulta agradable o divertida: *las gracias del niño, hacer una gracia* **4** Nombre y apellido de una persona: "¿Cuál es su *gracia*?" **5** *Tener algo gracia* Ser divertida alguna cosa: "Sus anécdotas *tienen* mucha *gracia*" **6** *Hacerle algo gracia a alguien* Resultar alguna cosa divertida para alguien: "*Me hacen gracia* sus exageraciones" **7** *No hacerle gracia algo a alguien* Resultarle molesto o enojoso **8** *Caer algo o alguien en gracia* Resultar agradable, simpático o divertido algo o alguien: "Le *cayó en gracia* tu amigo" **9** *Caer de la gracia de alguien* Perder alguien el favor o la estimación de una persona: "*Cayó de mi gracia* por ser tan grosero" **ll 1** (*Relig*) En el cristianismo, don dado por

Dios al ser humano para liberarlo del pecado y ayudarlo a alcanzar la vida eterna: *recibir la gracia* **2** *Estado de gracia* (*Relig*) En el cristianismo, estado libre de pecado en que se encuentra una persona **3** Beneficio o favor que se estima en mucho: *obtener la gracia del juez*.

gracias 1 interj Expresión cortés con que se agradece algún gesto amable, un favor o un servicio: *"Gracias,* no fumo", "Muchas *gracias* por ayudarme", "—¡Me permite pasar? —¡Mil *gracias!*", "Muchísimas *gracias,* no debía usted haberse molestado", "—*Gracias* por su molestia —¡De nada!" **2** *Dar las gracias* Agradecer alguna cosa: "Le *doy* mis más cumplidas *gracias* por su libro", "El poeta *dio las gracias* al público" **3** *Gracias a Dios* Expresión con que se completa el relato de algún acontecimiento favorable o benéfico para alguien: "Murió Enrique, pero *gracias a Dios* me dejó su herencia" **4** *Gracias a* Como efecto o resultado benéfico de alguna cosa: "Nos salvamos *gracias al* heroísmo del capitán del barco" **5** *Acción de gracias* Función religiosa dedicada a dar gracias a Dios por alguna cosa: *una misa de acción de gracias*.

gracioso adj **1** Que tiene gracia o la muestra: *una joven graciosa, un niño gracioso, un movimiento gracioso, un gesto gracioso* **2** Que es divertido o provoca risa: *un cuento muy gracioso,* "Lo *gracioso* era que Ricardo, con sus bufonadas, había desinhibido a la gente", "No le veo lo *gracioso* a esta película" **3** *Hacerse el gracioso* Tratar alguien de ser simpático o divertido en un momento inoportuno: "No *te hagas la graciosa*: si te tropiezas aquí y te caes, te matas" **4** En el teatro del Siglo de Oro, personaje de los principales, generalmente un criado que, además de hacer reír, es ingenioso y burlón.

grada s f **1** Asiento largo y sin respaldo, que se construye en un estadio o en una plaza de toros: "Se llenaron las *gradas* durante la corrida" **2** Escalón de la escalinata de entrada a un edificio de grandes proporciones **3** Pequeño escalón en el que uno puede sentarse: "Salí de la casa y me fui a sentar a las *graditas* del jardín".

grado s m **1** Cada uno de los niveles en que se divide una escala, de los valores que se asignan a sus diferencias cuantitativas o de los que componen una jerarquía: *grado de parentesco, grados escolares, quemaduras de tercer grado, grado militar* **2** Título superior al de licenciatura que otorga una institución de enseñanza superior: *grado de maestro, grado de doctor* **3** (*Geom*) Cada una de las 360 partes iguales en que se divide la circunferencia y con las que se miden arcos y ángulos, longitudes y latitudes geográficas; su símbolo es (°) **4** Unidad de medida de la temperatura en diferentes escalas; la más común es la de Celsius o escala centígrada, donde el grado cero corresponde a la temperatura de congelación del agua al nivel del mar, y los 100 grados a la de su evaporación: *grados Fahrenheit, grados Kelvin* **5** (*Gram*) Intensidad relativa de la significación de un adjetivo. Se manifiesta en tres formas: *la positiva,* que es el caso neutral: "Un vestido *blanco*", "Una niña *bella*"; la *comparativa*: "Una vestido *más blanco que* otro", "Una niña *más bonita que* otra", y la *superlativa*: "Un vestido *blanquísimo*", "El vestido *más blanco*", "Una niña *bellísima*", "La niña *más bella*" **6** *A tal grado* Con tanta

intensidad: "Insistió *a tal grado* que tuve que aceptar" **7** *En cierto grado* En cierta medida, hasta cierto punto, un poco: "*En cierto grado* tiene razón" **8** *De buen* o *mal grado* Con gusto y acomedimiento o no: "Le pedí que lavara el piso y lo hizo *de* muy *buen grado*".

graduación s f **1** Acto de graduar: *graduación de unos lentes* **2** División o medida en grados que tiene un aparato o instrumento: *la graduación de un termómetro,* "Sus anteojos tienen poca *graduación*" **3** Acto de obtener o recibir un grado académico: "La fiesta de *graduación* de la secundaria fue en un salón", *graduación de una carrera universitaria* **4** (*Mil*) Categoría o grado que tiene un miembro de la marina o el ejército: *un militar de alta graduación*.

graduado I pp de *graduar* **II** s Que ha terminado exitosamente ciertos estudios y ha recibido un grado: *baile de graduados, un graduado en ingeniería* **III** adj Que tiene marcas que señalan los grados de una escala: *una probeta graduada*.

gradual 1 adj m y f Que se desenvuelve, se desarrolla o progresa poco a poco, por grados, paulatina y no bruscamente: *el envenenamiento gradual del organismo, un desarme gradual y controlado, un cambio gradual, una transición gradual* **2** s m (*Relig*) En el catolicismo, salmo que se canta entre la epístola y el evangelio.

gradualmente adv De manera gradual, poco a poco, sin cambios o movimientos bruscos: "Una cantidad que crece *gradualmente*", "Se independizó *gradualmente*".

graduar v tr (Se conjuga como *amar*) **1** Dar a alguna cosa el grado, las características o la calidad requeridos o convenientes: *graduar los efectos de una reacción, graduar un licor* **2** Señalar en el indicador o en el cuadrante de un instrumento unos grados que habrán de servir como medida de alguna cosa: *graduar un termómetro, graduar un transportador* **3** Medir los grados que tiene algo: *graduar la vista, graduar el calor* **4** Aumentar o disminuir poco a poco la intensidad o el efecto de algo: *graduar las emociones, graduar la dificultad de una materia* **5** prnl Obtener una persona cierto grado militar o un diploma universitario: *graduarse de coronel, graduarse de maestro*.

grafía s f Signo o conjunto de signos con que se representa un sonido o se escribe una palabra.

gráfica s f Tabla en que se representan datos cuantitativos o las variaciones o frecuencias con que ocurre un fenómeno, por medio de líneas, barras o puntos: *gráficas de natalidad*.

gráfico adj **1** Que pertenece a la escritura, la imprenta, el dibujo, etc o se relaciona con ellos: *signo gráfico, artes gráficas* **2** Que está hecho a base de dibujos, fotografías, etc: *guía gráfica, manual gráfico* **3** Que es muy claro: *un ejemplo gráfico, una expresión gráfica* **4** Gráfica.

grafito s m **1** Forma cristalizada del carbono que se encuentra naturalmente en varias regiones del mundo, entre ellas México; es de color negro, blando y grasoso al tacto. También se obtiene sintéticamente por calentamiento del coque. Es resistente al calor y a la compresión. Se usa para fabricar lápices, pinturas, crisoles y equipos químicos e industriales **2** Trazo, dibujo o letrero tosco, grabado o escrito en las paredes y que en ocasiones resulta ofensivo, irónico o ingenioso; graffiti: *grafitos en los sanitarios.*

grajear v intr (Se conjuga como *amar*) Emitir su voz los grajos, pichos, zanates o cuervos.

gramática s f **1** Parte de la lingüística que estudia la estructura y las reglas de combinación de las palabras de una lengua; generalmente se divide en morfología o estudio de la composición de las palabras en morfemas, y sintaxis o estudio de sus combinaciones en la oración y en el texto o discurso. Estas divisiones no son siempre claras, pues dependen de diversas interpretaciones de las características de una lengua según criterios de función, semánticos y conceptuales **2** Conjunto de reglas y normas para hablar y escribir correctamente una lengua; gramática normativa **3** Libro en el que se exponen o estudian esos temas, sus reglas y sus normas: *una gramática escolar, una gramática académica, una gramática formal.*

gramema s m (*Gram*) Morfema cuya función consiste en manifestar relaciones gramaticales. Aparece ligado a otros gramemas o a algún lexema o libre, como las preposiciones, las conjunciones y los artículos. Por ejemplo, en "Los niños jugaban", *los* es un gramema que indica género masculino y número plural; en *niños, -o* es un gramema de género masculino y *-s* un gramema de número plural; en *jugaban, -aba* es un gramema de tiempo copretérito y modo indicativo y *-n* es un gramema de tercera persona del plural. Los gramemas forman siempre paradigmas o conjuntos cerrados de elementos lingüísticos; desinencia.

gramínea s f **1** (*Bot*) Planta monocotiledónea angiosperma de tallos cilíndricos, generalmente huecos, con nudos de los que brotan las hojas que abrazan el tallo, flores en espiga y granos secos cubiertos por las escamas de la flor, como por ejemplo el maíz, el arroz y el trigo **2** pl (*Bot*) Familia que forman estas plantas.

gramo s m Unidad básica de peso y de masa en el sistema métrico decimal, equivalente al peso o a la masa de 1 cm³ de agua destilada a la temperatura de 4 °C (se abrevia g).

gran adj m y f sing Apócope de *grande* que antecede siempre al sustantivo, como en "Un *gran río*", "Una *gran* mujer".

granada s f I **1** Fruto del granado, globoso, de 10 cm de diámetro y con una corteza delgada de color amarillo rojizo que encierra gran cantidad de granos rojos, dulces y jugosos, separados entre sí por una delgada película amarilla. Es comestible y tiene usos medicinales **2** *Granada* o *granadita (de) China* (*Passiflora lingularis*) Planta trepadora de la familia de las pasifloráceas de hojas ovaladas, flores grandes y blancas; su fruto es comestible, de forma oval, de cáscara dura amarilla o anaranjada y semillas envueltas en granos de pulpa acuosa de sabor agridulce II **1** Proyectil de forma oval que se lanza con la mano y explota en el momento del impacto; está hecho de hierro o bronce; tiene un explosivo en su interior y un detonador; granada de mano **2** Proyectil similar al anterior, que se dispara con una pieza de artillería.

granadera s f **1** Bolsa en que se llevan las granadas de mano **2** *A la granadera* Manera de terciarse el fusil a la espalda un soldado, para tener libres sus manos.

granadero s m **1** Cada uno de los soldados de artillería, encargado de lanzar granadas **2** Cada uno de los miembros del cuerpo de policía que, para controlar motines de civiles, lanzan granadas de gas lacrimógeno, aunque también utilizan garrotes, escudos y tanquetas de agua: "El 26 de julio, al término de un festival escolar, los *granaderos* agreden a los preparatorianos", "Los *granaderos* disolvieron la manifestación de trabajadores con polvos que provocan náuseas y vómitos".

granado[1] s m (*Punica granatum*) Árbol de la familia de las punicáceas, de 5 o 6 m de altura, ramas delgadas, hojas opuestas y angostas y flores rojas, cuyo fruto es la granada. Es de origen asiático y se cultiva en México en climas templados.

granado[2] adj Que es noble, ilustre o notable: "Asistieron los sabios más *granados*", "Lo más *granado* de la sociedad".

grande adj m y f **1** Que es muy amplio, extenso o largo, o tiene mucha altura, capacidad, duración, etc: *casa grande, tamaño grande, botella grande, país grande, grupo grande* **2** Que es muy fuerte o intenso: "Tiene una pena muy *grande*", "Su encanto era tan *grande* que todos lo admiraban" **3** Que tiene mucha importancia o valor: "Cervantes es uno de los *grandes* escritores de la humanidad" **4** Que tiene mayor edad que otro, que es viejo o de edad avanzada: "Los niños *grandes* fueron a una excursión y los pequeños fueron al parque", "Ya es un hombre *grande*" **5** *En grande* Con mucho lujo o bienestar; muy placenteramente: *vivir en grande, pasarla en grande.*

grandemente adv En gran o buena medida, en gran cantidad, mucho: "Se regocijó *grandemente*", "El sistema de filtros reduce *grandemente* la emisión de contaminantes".

grandeza s f **1** Carácter de lo que es grande: *la grandeza del Sol, la grandeza de una plaza* **2** Cualidad del espíritu generoso y magnánimo, amplio de miras y de sentimientos, capaz de grandes hazañas: "Para comprender la *grandeza* de Díaz Mirón hay que leerlo sin ingenuidad", "Se vuelve una comedia de enredo, con escaramuzas de reyes sin *grandeza* y de vasallos sin heroísmo", "Mirando la Gran Muralla, no pude menos que sentir la *grandeza* del espíritu humano".

grandioso adj Que resalta por su tamaño, su calidad o su belleza: *un edificio grandioso, una novela grandiosa, un crepúsculo grandioso.*

granero s m Lugar donde se guardan granos o cereales; troje: "El *granero* del pueblo está vacío", *sacar maíz del granero.*

granito s m Roca compacta y muy dura, compuesta por cristales de cuarzo, mica y feldespato, generalmente de color gris o rosado. Es abundante en la corteza terrestre y se utiliza mucho en la construcción: *una escalera de granito.*

granizar v intr (Se conjuga como *amar*) Caer granizo del cielo.

granizo s m Agua congelada en forma de bolitas muy duras, que se producen en las nubes y caen a tierra durante ciertas tormentas; cada una de esas bolitas: *caer granizo, una capa de granizo.*

granja s f **1** Instalación dedicada principalmente a la cría y explotación de animales en el campo, y conjunto de las casas o edificios que la forman: *una granja avícola, una granja de conejos.*

grano s m **1** Semilla y fruto de los cereales: *grano de maíz, grano de trigo, grano de arroz, grano de cebada* **2** Semilla comestible de algunas plantas, y a veces también su fruto, generalmente pequeña, dura, ovalada o redondeada, como la de las leguminosas (*grano de frijol, grano de soya*); la que se usa como condimento (*grano de pimienta, grano de mostaza, grano de anís*); la que crece en racimos o formando grupos (*granos de una granada*) y muchas otras (*granos de café, granos de cacao*) **3** Partícula pequeña de algo, generalmente dura y redondeada, que se encuentra suelta (*grano de sal, grano de arena*) o formando un cuerpo más o menos compacto o uniforme (*granos de una piedra, grano de una lija, papel fotográfico de grano fino*) **4** Pequeño abultamiento de la piel: *salirle un grano a uno, grano de pus* **5** *Poner, aportar*, etc, *alguien su grano o su granito de arena* Ayudar o contribuir en una empresa determinada: "El ingeniero Velázquez *puso su granito de arena* en la producción de combustibles" **6** *(Ir) al grano* Referirse a lo que es importante o principal: "Nos pidieron que *fuéramos* directamente *al grano*", "*Al grano*: ¿qué hacía usted en mi casa?".

granulado adj y s m Que se presenta en forma de granitos: *azúcar granulada, arena granulada*.

grapa s f **1** Varilla o alambre de metal doblado en ángulo recto por sus dos extremos, que se clava para sujetar juntas dos cosas o dos partes del mismo objeto: "Para fijar la tela al marco pueden usarse *grapas*" **2** Pequeña varilla fina doblada en ángulo recto por sus dos extremos, que se clava en el papel y se cierra, para sujetar varias hojas **3** Dispositivo de curación que se aplica para cerrar una herida; tiene diversas formas y es de diferentes materiales: "El uso de *grapas* de aluminio reduce la mortalidad" **4** (*Veter*) Úlcera que aparece en la parte anterior del corvejón y en la posterior de las rodillas del ganado caballar.

grasa s f **1** Sustancia orgánica de origen mineral, vegetal o animal que está formada por la combinación de glicerina con ciertos ácidos orgánicos; en los animales y vegetales tiene la función de reserva alimenticia. Es insoluble en agua, generalmente blanda y, a diferencia del aceite, es sólida a la temperatura ambiente. De ella se obtiene, por ejemplo, la manteca; es un magnífico lubricante y se usa también en la fabricación de jabones **2** La que se usa para dar color y brillo a la piel de los zapatos **3** *Dar grasa* Dar brillo al calzado, pulirlo: "Le *doy grasa* por cinco pesitos".

graso adj Que contiene grasa o tiene una textura semejante: *ácidos grasos, pelo graso*.

gratis adj y adv Que se hace o se da sin pago de por medio, sin cobro: *un viaje gratis, un paquete gratis, comer gratis, trabajar gratis*.

gratitud s m Sentimiento que se produce en una persona después de haber recibido un beneficio, una ayuda, un favor o un gesto amable de otra: *sentir gratitud, expresar su gratitud, mostrar gratitud*.

grato adj **1** Que produce alegría o un discreto placer, que resulta agradable: *un grato acontecimiento, un grato ambiente, un recuerdo grato, un personaje de grata memoria* **2** *Ser algo grato para uno* Resultar agradable o ser motivo de alegría: "Me es *grato* darles la más cálida bienvenida".

gratuito adj **1** Que no requiere pago, que se obtiene sin dar algo a cambio: *entrada gratuita, libros gratuitos, atención médica gratuita, un espectáculo gratuito* **2** Que es arbitrario y sin fundamento: *una afirmación gratuita, una agresión gratuita*.

grava s f Conjunto de piedras muy pequeñas, en especial las que se usan en albañilería y en la pavimentación de calles y carreteras: "El camino está resbaloso por la *grava* suelta".

gravable adj m y f Que se puede gravar con un impuesto; que, por sus características, da lugar a la aplicación de un impuesto: *capital gravable, ingresos gravables, utilidades gravables*.

gravamen s m Costo que se impone a una mercancía, a un servicio o a un capital por encima de su precio o su valor como contribución a la hacienda pública: *un certificado de gravamen, valores libres de gravamen, implantar gravámenes*.

gravar v tr (Se conjuga como *amar*) **1** Hacer que una responsabilidad o una obligación caiga sobre alguien: "La deuda externa *grava* indebidamente a todos los mexicanos" **2** Imponer un impuesto o un gravamen a una mercancía, a un trabajo o a algunas utilidades: *gravar la compra de casas, gravar las exportaciones*.

grave adj m y f **1** Que es malo, peligroso, dañino, o perjudicial: *una enfermedad grave, una noticia grave, un grave error, graves consecuencias* **2** *Estar grave* Estar muy enfermo y en peligro de muerte **3** Que es serio y austero, que corresponde a las posibles consecuencias perjudiciales de cierta acción: *una mirada grave, un hombre grave, un aire grave* **II 1** Que tiene un sonido bajo, de baja frecuencia: *una voz grave, notas graves, una bocina de sonidos graves* **2** (*Gram*) Tratándose de palabras, que lleva el acento en la penúltima sílaba, como examen, imagen, débil, tórax o fácil (Véase "Acentuación", p 32).

gravedad s f **1** Fuerza de atracción que ejerce la masa de un cuerpo sobre otros: "La acción de la *gravedad* de la Tierra produce la caída de los cuerpos" **2** Importancia que tiene algo debido a sus posibles consecuencias molestas, peligrosas, dañinas, etc: *la gravedad de su estado, la gravedad de las lesiones* **3** Compostura, seriedad y dignidad de alguien o con la que se hace algo: "Marchaba con mucha *gravedad* e indiferencia", "Dos monjes famosos por su ciencia y *gravedad*".

gravimetría s f (*Fís*) Medición de las variaciones de la gravedad terrestre, determinada por la distancia que hay entre un punto y el centro de la Tierra, y la presencia de masas más o menos densas en el subsuelo; medición de las fuerzas gravitacionales.

gravitación s f (*Fís*) Fuerza de atracción que todos los cuerpos ejercen entre sí, por ejemplo los celestes, y que es directamente proporcional a su masa e inversamente proporcional al cuadrado de la distancia que hay entre ellos: *la gravitación universal, ley de la gravitación* **2** Acto de gravitar: *la gravitación de un satélite artificial*.

gravitacional adj m y f Que pertenece a la gravitación, que es causado por esta fuerza o se relaciona con ella: *atracción gravitacional, movimiento gravitacional, campo gravitacional*.

gravitar v intr (Se conjuga como *amar*) **1** Tender un cuerpo celeste hacia otro o producirse el movimiento de uno en relación con otro como efecto de la gravitación: "Los planetas *gravitan* alrededor del Sol", "La Luna *gravita* alrededor de la Tierra" **2** Depender la realización de algo o la existencia de alguien de otra cosa u otra persona cuya energía o cuyo poder los determina: "La responsabilidad del trabajo *gravita* sobre su director", "Toda la familia *gravita* en torno a la abuela".

graznar v intr (Se conjuga como *amar*) Emitir su voz los patos y otras aves, como los gansos, los cuervos, las águilas, etcétera.

gregario adj Que sigue dócilmente a otros de su especie, que busca reunirse con la mayoría y actuar de la misma manera que ella: *un espíritu gregario, una persona de carácter gregario*.

gremio s m Conjunto o asociación de personas que tienen un mismo oficio o trabajo: *el poderoso gremio de los transportistas, el gremio de los carpinteros, el gremio cacahuatero*.

grenetina s f Sustancia sólida, incolora, transparente, inodora e insípida, que se obtiene de cocer los huesos y cartílagos de los animales; se emplea disuelta en agua o algún otro líquido en diversas preparaciones de alimentos, en la elaboración de medicamentos, en fotografía y en otros usos industriales.

greña s f **1** Melena o pelo largo, enmarañado y descuidado: "¡No te da vergüenza esa *greña*" **2** *Andar, llevarse, terminar de la greña* (*Coloq*) Tener malas relaciones dos personas entre sí: "Ella y su marido *andan de la greña*" **3** Conjunto de cerdas de la crin del equino **4** *A la greña* A pelo, agarrándose de la crin del animal **5** *En greña* Sin refinar, en bruto: *tabaco en greña, trigo en greña*.

grey s f **1** Rebaño de ganado menor, como los borregos **2** Conjunto de fieles cristianos, en relación con su pastor u obispo.

griego adj y s **1** Que es originario de Grecia, se relaciona con ella o se refiere a ella: *los clásicos griegos y latinos, los trágicos griegos, un templo griego, filosofía griega, teatro griego, un perfil griego* **2** s m Lengua que han usado los griegos a través del tiempo **3** (*Relig*) Que pertenece a la Iglesia católica ortodoxa, que utiliza el rito bizantino en griego.

grieta s f **1** Abertura estrecha y alargada que se produce en un cuerpo sólido a causa de la sequedad o de la contracción de sus elementos: *grieta de una montaña, una grieta en la tierra, la grieta de un muro* **2** Abertura o herida alargada, pequeña y superficial de la piel que aparece generalmente por falta de humedad: "Tenía los labios llenos de *grietas*".

grilla s f Ambiente de murmuración, chismes y calumnias, que se produce en círculos políticos, sindicales, empresariales, etc, debido a los intentos de varios de sus participantes por sacar ventajas personales y obstaculizar a sus rivales: *la grilla electoral, entrar a la grilla, hacerle grilla al rival*.

grillo s m **1** Insecto ortóptero de diversas especies del género *Gryllus*, de aproximadamente 3 cm de largo, de color negro rojizo brillante, antenas filiformes y largas, y patas posteriores muy fuertes, con las que salta súbitamente; el macho produce un sonido ronco, agudo y monótono, sobre todo de noche, frotando un par de alas atrofiadas y endurecidas; chapulín: *cantar los grillos* **2** Persona que se dedica a la murmuración y el chisme, tratando de obtener ventajas políticas, o de dañar a otras

cuando está en juego un puesto importante en una sociedad o en una empresa: "Nosotros sólo estamos en contra de los politiqueros, los *grillos* profesionales, que sólo buscan escalar puestos en la política nacional" **II** Par de argollas de hierro que se ponía a los prisioneros para que no pudieran escapar: "Fray Matías visitó a Canek en la cárcel, conoció su inocencia y le hizo quitar los *grillos*".

gringo adj y s (*Coloq*) **1** Que es originario de los Estados Unidos de América, que pertenece a este país o se relaciona con él; estadounidense: *tropas gringas, bancos gringos, moneda gringa, el equipo de los gringos*, "Los gringos la siguen fumando" **2** Que es rubio y habla una lengua extranjera **3** *A la gringa* Cada quien por su cuenta, cuando se va en grupo a un restaurante **4** *Ojo de gringa* (*Popular*) Billete de cincuenta pesos, cuando la tinta que se usaba en ellos era azul.

gripa s f Enfermedad infecciosa y epidémica caracterizada por catarro fuerte, fiebre, dolor del cuerpo y decaimiento: *tener gripa, pescar la gripa*.

gripe s f Gripa.

gris 1 adj m y f y s m Que es del color de la ceniza o del cielo cuando está nublado; que su color resulta de la mezcla de blanco y negro: *pantalón gris, ojos grises* **2** adj m y f Que es triste o desanimado: *una reunión gris, un día gris* **3** adj m y f Que no destaca o no sale de lo común: *actuación gris, mentalidad gris*.

grisáceo adj Que tiene aspecto o tono cercano al gris: *una tarde grisácea*.

gritar v (Se conjuga como *amar*) **1** intr Emitir la voz humana con gran intensidad y tono alto: *ponerse a gritar, querer gritar, gritar del susto, gritar de dolor* **2** tr Llamar o decir algo a alguien con voz muy alta: *gritar a un sordo*, "Los federales *gritaban* a sus enemigos que, ocultos, quietos y callados, se contentaban con seguir disparando", "Ella en paz acaso, le *grité* al oído las oraciones", "Ella había oído que el señor le *gritaba* de cosas a la señorita", "Ya iba yo a regresar cuando me *gritaron*: ¡aguas, Pascual!", "Llama a Delfino, *grítale* que venga" **3** *Gritarle a alguien* Regañarlo en voz alta y desconsideradamente: "¡A mí no me *grite*, vámonos respetando!".

grito s m **1** Emisión de voz de mucha intensidad: *un grito de alegría, hablar a gritos, los gritos de los niños* **2** *Dar o pegar de gritos* Gritar: "Le pegó un *grito* para que se detuviera", "Creyó que podía *dar de gritos* a todo mundo" **3** *A gritos* Gritando: *hablar a gritos, llorar a gritos*, "Lo llamaba a gritos" **4** *A grito pelado* (*Coloq*) A gritos: "Las verduleras peleaban *a grito pelado*" **5** *Dar el grito* Declararse alguien independiente y libre: "Luisa *dio el grito* a los catorce años" **6** *Estar en un grito* Tener un dolor muy intenso **7** *Poner el grito en el cielo* Enojarse o escandalizarse por algo: "Cuando vio al chofer dormido bajo el árbol *puso el grito en el cielo*" **8** *Ser algo el último grito de la moda* Ser lo más novedoso.

grosería s f **1** Descortesía o falta de educación, respeto y consideración en el trato a las personas: "No tengo por qué soportar su *grosería*" **2** Falta de pulimiento o de refinación en un producto: *la grosería del ixtle* **3** Palabra o expresión con que se insulta o se tiñe de agresividad y falta de respeto una comunicación o un discurso: *decir groserías, soltar una grosería, escribir groserías*.

grosero adj **1** Que se comporta sin educación, respeto y consideración hacia los demás: "Quizás hasta me porté *grosero*, pero ella no me dejó otra alternativa", "¡Qué niño tan *grosero!*" **2** Que no tiene pulimiento ni refinamiento: *una tela grosera, un trabajo grosero* **3** Que dice palabras o tiene expresiones insultantes y agresivas: *un hombre grosero*.

grotesco adj Que remeda algo con fealdad y mal gusto; que es feo y ridículo: "La imagen *grotesca* de un monarca levantino, que exige imposibles a la ciencia", "Colombina reacciona y trata de ser incitante, pero resulta *grotesca*".

grúa s f **1** Máquina que sirve para levantar y trasladar objetos pesados, que consiste de un brazo giratorio y capaz de elevarse a distintas alturas, montado sobre un eje que le sirve de soporte; en el extremo del brazo pende un cable que, manejado con una manivela o un motor y un juego de poleas, baja hasta el objeto que se ha de levantar y lo engancha: *una grúa telescópica, manejar una grúa* **2** Camión equipado con una máquina de ésas, que sirve para transportar vehículos descompuestos.

gruesa s f Unidad de medida de objetos pequeños que se pueden contar, equivalente a 12 docenas o 144 unidades: *una gruesa de naranjas*.

grueso adj **1** Que tiene mucho volumen, es corpulento o está gordo: *una pared gruesa, un hombre grueso* **2** s m Dimensión horizontal y perpendicular a la anchura de una figura de tres dimensiones, en particular cuando es sólida y su materia es densa: *el grueso de un tronco de árbol, el grueso de una tabla* **3** Que es rudo, salvaje, falto de claridad y de detalle: *una palabra gruesa, una inteligencia gruesa, un trabajo grueso* **4** s m Parte más grande de algo que se considera sin hacer distinciones: *el grueso del público, el grueso del ejército* **5** Que tiene una textura o una consistencia densa y pesada: *tela gruesa, voz gruesa* **6** (*Popular*) Difícil, complicado o peligroso: "Está *gruesa* la situación", "La fiesta se puso *gruesa* cuando llegó la policía".

gruñir v intr (Se conjuga como *reír*, 3b) **1** Emitir ruidos roncos, guturales y algo nasales los cerdos, o algunos otros animales, como los osos, los perros, o los felinos como alerta a otros animales **2** Hablar entre dientes con enojo: "¡Ya sabía que volverías!, *gruñó* la anciana con odio" **3** Emitir ruidos sordos el vientre: "Cuando miro el aguardiente / hasta me *gruñe* la panza".

grupa s f Parte trasera del lomo de los caballos, entre los riñones y los cuadriles, hasta el nacimiento de la cola.

grupo s m **1** Conjunto de personas o cosas reunidas, colocadas juntas o relacionadas entre sí por tener algo en común: *grupo de casas, grupo de amigos, grupo de palabras, trabajar en grupo* **2** *Grupo sanguíneo* (*Med*) Cada uno de los 4 tipos de sangre del ser humano, clasificados por la compatibilidad del suero y ciertos elementos de la sangre de un donador con los de un receptor: *grupo A, grupo universal* **3** *Grupo étnico* Conjunto de personas de la misma raza y cultura.

gruta s f Cavidad que se forma en la tierra a causa de la erosión, generalmente por disolución de las rocas calcáreas en contacto con agua acidulada por el anhídrido carbónico; está poblada de estalactitas y estalagmitas: *las grutas de Cacahuamilpa*.

guacamaya s f **1** Ave de plumaje de vistosos colores, entre los que por lo general predomina el verde, perteneciente a varias especies **2** (*Ara macau*) Ave de vívido color rojo escarlata, cuyas alas, de color azul intenso, cruza una banda amarilla; más de la mitad de su talla corresponde a su cola; su cara, desnuda, es color rosa; tiene el pico corto y encorvado; se encuentra desde Veracruz hasta Chiapas y Campeche **3** (*Ara militaris*) Ave de plumaje verde y frente roja, de alas y punta de la cola azules, de cara desnuda color rosa; se encuentra desde Sinaloa hasta Chiapas, a lo largo de la costa del Pacífico, así como también en Sonora, Chihuahua, San Luis Potosí y Tamaulipas **II 1** Árbol tropical de diversas familias y especies, que se caracteriza por el color llamativo de sus hojas o sus flores, anaranjadas, amarillas, rojas o azules, como la *Cassia reticulata* y la *Heliconia latispatha* **2** Mujer habladora y escandalosa.

guacamole s m Salsa que se prepara con pulpa de aguacate molida o picada, a la que, generalmente, se le agrega jitomate, cebolla y chile verde: *tacos con guacamole, carne asada con guacamole, una orden de guacamole*.

guacho adj y s **1** (*Ofensivo*) En el sureste, que es originario del interior del país **2** En el sur de Sonora y Sinaloa, soldado **3** En Sonora, chilango: "Es típico de los *guachos* creer que lo saben todo".

guadalajarense adj y s m y f Tapatío.

guadalajareño adj y s Tapatío.

guadaña s f **1** Herramienta manual con la que se siega el cereal al ras de tierra; consiste en una cuchilla larga, ancha y terminada en punta, ligeramente curvada, montada en un mango largo, que tiene dos agarraderas perpendiculares a él, una en el extremo y la otra cerca de la mitad **2** Navaja curva que se utiliza en las peleas de gallos.

guaje s m **I 1** (*Lagenaria siceraria*) Planta cucurbitácea rastrera, de flores de un solo pétalo, con fruto grande y abombado, se cultiva en climas cálidos **2** Fruto de esta planta de cáscara dura que, seco y vaciado, se usa como recipiente o vasija y, con las semillas dentro, como instrumento musical **3** *Ser alguien guaje* (*Coloq*) Ser tonto o bobo: "¡No seas *guaje*, así no se trabaja!" **4** *Hacer guaje a alguien* (*Coloq*) Engañarlo: "Le *hicieron guaje* con la treta del billete premiado" **5** *Hacerse guaje* (*Coloq*) Desentenderse de algo o no darse por enterado: "El empleado *se hace guaje* toda la mañana y no trabaja" **II 1** (*Leucaena suculenta*) Árbol de la familia de las leguminosas, de 6 a 15 m de altura, de hojas lanceoladas pequeñas, que nacen en ramificaciones de un solo eje, flores blancas y fruto en forma de vaina aplanada de 12 a 25 cm de largo, rojizo o morado. Sus semillas son comestibles cuando están tiernas y tienen valor medicinal **2** Árbol de la familia de las leguminosas cuyo fruto es una vaina aplanada y alargada, perteneciente a varias especies.

guajolote s m (*Meleagris gallopavo*) Ave doméstica de la familia de las gallináceas, que se caracteriza por tener la cabeza y el cuello desprovistos de plumas y recubiertos por una membrana carnosa de color rojo que le cuelga por debajo del cuello; es originaria de México y muy apreciada por su carne: *mole de guajolote*.

guamúchil s m (*Pithecollobium dulce*) Árbol de la familia de las leguminosas que alcanza de 5 a 20 m de altura; el diámetro de su tronco mide entre 60 y 80 cm; es de color grisáceo y está protegido por espinas. Sus hojas se componen de 4 hojuelas dispuestas por pares; sus flores son amarillentas y se agrupan en cabezuelas; da por fruto una vaina como de 15 cm de largo, encorvada, torcida y estrangulada, con semillas en su interior, de color negro brillante, rodeadas por un arilo blanco o rojizo, carnoso y dulce, que es su parte comestible. Su madera es resistente a la sequía; su corteza segrega un tinte amarillo, con el que se curten pieles; es astringente y se usa para quitar dolores de muela o de oídos; huamúchil.

guanábana s f **1** Fruto comestible de corteza verde hasta la madurez, cubierta de espinas tuberculadas flexibles, de forma ovoide o acorazonada, de aproximadamente 20 cm de largo; su pulpa es blanca y jugosa, de sabor agridulce; tiene semillas grandes de color café brillante; se come cruda, sobre todo en jugo o en helado **2** (*Annona muricata*) Árbol que da este fruto, de 4 a 8 m de altura, de hojas alternas, oblongas y lustrosas, y flores carnosas verde amarillentas. Se cultiva en climas cálidos, sobre todo entre Veracruz y Chiapas.

guanajuatense adj y s m y f Que es natural de Guanajuato, que pertenece a este estado o a su capital, la ciudad del mismo nombre, o que se relaciona con ellos: "*Guanajuatenses* de la calidad del pintor Diego Rivera...", *minas guanajuatenses, arte colonial guanajuatense.*

guano¹ s m **1** Excremento de aves marinas que sirve como fertilizante **2** Abono mineral elaborado a imitación del anterior.

guano² s m **1** (*Sabal mexicana*) Palma de tallo recto, sin ramificaciones, que alcanza hasta 25 m de altura; se caracteriza por sus hojas en forma de abanico, con pliegues de más de 1 m de diámetro. Desarrolla inflorescencias colgantes muy ramificadas, en las que se producen diminutas flores blancas y aromáticas. Sus frutos son redondos, de color negro lustroso. Con las hojas tiernas se hacen cintas, con las que se tejen sombreros y bolsas; con las maduras, se techan las viviendas campesinas y se fabrican escobas; su tallo se utiliza para construir paredes rústicas y cercas; se encuentra sobre todo en el sureste; palma real **2** Palma de la misma familia que la anterior y de características semejantes, como la *Sabal japa, Sabal morrisiana*, etcétera.

guante s m **1** Prenda que cubre la mano ajustándose a los dedos y sirve principalmente para protegerla: *guantes de seda, un guante de lana, ponerse los guantes* **2** Prenda con que se cubre la mano, hecha de cuero y algún material acolchonado, que se usa en deportes como el box o el beisbol **3** *Echarle el guante a alguien* Apresarlo: "La policía *les echó el guante* a los ocho asaltantes" **4** *Colgar los guantes* (*Coloq*) Retirarse de una actividad, en particular los boxeadores.

guapo adj **1** Que tiene un rostro o un cuerpo atractivo o bello: *una mujer guapísima, un muchacho muy guapo, ponerse guapa* **2** Que es resuelto, valiente y generalmente peleonero: *el guapo del barrio*, "Se me puso *guapo* y le tuve que pegar" **3** *Ponerse alguien guapo* (*Popular*) Ponerse espléndido, comportarse con generosidad: "Su padrino *se puso gua-*

po y nos invitó a cenar a todos" **4** (*NE*) Que es muy hábil y diestro, en particular las mujeres en las labores domésticas: "—Qué bonito suéter trae tu hijo —Lo hice yo —¡Qué *guapa*!".

guaracha s f Baile de origen cubano, de compás de cuatro cuartos, con una línea melódica característica, que se baila pausadamente en pareja.

guarda s m **1** Guardia: *guarda de un faro, ángel de la guarda* **2** *Guarda marina* Guardia marina **3** Hoja de papel que cubre la parte interior de las pastas o tapas de los libros, y las une con la primera y la última página; generalmente de un papel distinto, e ilustrada con patrones característicos en los libros antiguos **4** *Guarda guarda* En el sureste, juego de las escondidillas o escondidas.

guardar v tr (Se conjuga como *amar*) **1** Poner algo en algún lugar seguro o protegido: *guardar el dinero, guardar los útiles escolares* **2** Cuidar y proteger algo o a alguien: *guardar una posición, guardar la casa, guardarse de malas compañías* **3** Conservar algo sin que se haga manifiesto, mantener una actitud o un comportamiento durante cierto tiempo: *guardar un secreto, guardar rencor, guardarse una opinión* **4** Reservar alguna cosa para alguien evitando que otra persona la ocupe, la use, etc: *guardar un asiento en el cine, guardar lugar en la escuela* **5** Cumplir alguien con una convención o una norma: *guardar los días de fiesta, guardar compostura, días de guardar, guardar luto.*

guardia s f **1** Acto de cuidar o proteger algo o a alguien: *la guardia de una casa, la guardia de un territorio* **2** Conjunto de soldados o de personas armadas que vigilan algo o a alguien, lo cuidan y lo protegen: *la guardia de una fortaleza, la guardia presidencial, cambiar la guardia, burlar la guardia* **3** *Montar guardia* Hacerla una persona o varias durante cierto tiempo **4** s m y f Cada una de las personas que realizan esa tarea: *un guardia nocturno, llamar a los guardias* **5** *Guardia de honor* La que se hace a personas importantes o con cierta dignidad: "Rindieron una *guardia de honor* a los héroes" **6** *Guardia marina* Persona que estudia para ser oficial de la marina de guerra **7** Tiempo que dura la vigilancia, el cuidado y la protección de algo o de alguien, a cargo de una o varias personas determinadas: *una guardia de 8 horas* **8** *Estar de guardia* Estar realizando esa tarea durante cierto tiempo **9** Posición de defensa de una persona, en particular un boxeador, un esgrimista, etc **10** *En guardia* Preparado para defenderse o actuar.

guardiamarina s m Guardia marina.

guardián s Persona que cuida o vigila alguna cosa o a alguna persona: *un guardián del orden, el guardián del faro.*

guarismo s m **1** Cada uno de los signos, cifras o números arábigos que representan una cantidad, como 5, 25, 347, etc **2** Cantidad que se expresa por medio de números: *escribir guarismos, reducir a guarismos.*

guarnición s f **1** Unidad militar encargada de proteger una plaza **2** Protección que se adhiere o se construye en el borde de alguna cosa, para hacerlo más resistente e impedir daños a su interior: *una guarnición de la banqueta, las guarniciones de un mueble* **3** Cerco de metal que afianza las piedras preciosas montadas en una armazón **4** Acompañamiento de un platillo fuerte; generalmente consiste en una ensalada, papas o alguna otra verdura **5** Conjunto de correajes que se ponen a un equino para controlarlo y para amarrarle una carreta.

guarura s m (*Coloq*) Individuo fuerte, prepotente y de armas tomar, encargado de proteger a una persona, en particular a algún político o a algún empresario poderoso; guardaespaldas.

guatemalteco adj y s Que es natural de Guatemala, que pertenece a este país hispanoamericano o se relaciona con él.

guayaba s f **1** Fruta comestible del guayabo, del tamaño de un limón grande, de cáscara generalmente amarilla, con pintas cafés; su pulpa, amarilla o rosa, está llena de semillitas duras; es de sabor agridulce. Su aroma es intenso; se come cruda o cocida en almíbar, en dulces, ates y jaleas **2** *Ser alguien un hijo de la guayaba* (*Coloq*) Ser alguien desconsiderado, grosero, ladrón o de mala entraña.

guayabera s f Camisa de hombre, de algodón, lino o seda, generalmente de color blanco, con una tira de alforzas a cada lado, que se utiliza por fuera del pantalón en lugares cálidos.

guayabo s m **1** (*Psidium guayaba*) Árbol de la familia de las mirtáceas, que crece hasta 8 m de altura; su corteza es escamosa, rojiza y delgada; sus hojas son opuestas, de peciolo corto, con las nervaduras muy marcadas en el reverso; da una inflorescencia compuesta por una a tres flores pequeñas, blancas, con estambres numerosos. Su fruto es la guayaba. Sus raíces, hojas y corteza son astringentes contra la diarrea; sus frutos combaten a las lombrices intestinales. Crece en climas cálidos **2** Planta de la misma familia, como *Psidium molle* y *Psidium guianensis*.

guayín s m Automóvil de pasajeros que tiene un espacio amplio en la parte trasera, para carga o para personas y puerta por la parte de atrás.

gubernamental adj m y f Que pertenece al gobierno de un Estado o se relaciona con él: *una dependencia gubernamental, decisión gubernamental, un periódico gubernamental.*

gubia s f Herramienta de carpintería que se utiliza para tallar o labrar superficies curvas o acanaladas, que consta de un mango de madera y una varilla de hierro de media caña.

güero adj y s **1** Que tiene el pelo de color amarillo o de tono semejante; rubio: *una güera de ojos azules, los güeros del Norte*, "Vi la cola de un alacrán grande, nomás que *güero*, completamente *güero*", "Eran unas muchachas *güeras*, frondosas, pero eran muy rancheras", "¡Adiós, *güerita!*" **2** Manera cortés de dirigirse a una persona un vendedor de mercado o de baratijas: "¡Pásele *güero*, a ver qué se le ofrece!" **3** (*Rural*) Tratándose de huevos o frutas, que está descompuesto o que está hueco: *un palo güero*.

guerra s f **1** Lucha armada entre dos o más países: *una guerra de conquista, guerra mundial, declarar la guerra* **2** *Guerra civil* Lucha armada que sostienen entre sí los habitantes de un mismo país **3** *Guerra sin cuartel* Aquella en la que los combatientes no dejan de pelear ni están dispuestos a ceder en nada **4** *Guerra fría* Conjunto de amenazas y agresiones que se hacen dos o más países sin llegar a la lucha armada **5** *Guerra de nervios* o *psicológica* Nerviosismo o tensión causado voluntaria o involuntariamente por una persona o una situación **6** *Dar guerra* Hacer travesuras o causar molestias, particularmente los niños: "Sus nietos *dan* mucha *guerra*".

guerrear v intr (Se conjuga como *amar*) **1** Hacer la guerra en contra de alguien: "Tan luego se dio cuenta, comenzó a *guerrear* contra los españoles" **2** Hacer travesuras constantes los niños, como parte de sus juegos.

guerrera s f Saco militar sin solapas, que se puede abotonar desde el cuello.

guerrerense adj y s m y f Que es natural de Guerrero, que pertenece a este estado o se relaciona con él: *playas guerrerenses*.

guerrero adj y s Que hace la guerra, que se relaciona con la guerra o pertenece a ella: *pueblo guerrero, impulso guerrero, canto guerrero, un arma guerrera, un guerrero muy valiente*.

guerrilla s f Forma de lucha armada que consiste en organizar pequeños grupos de soldados o de combatientes, que enfrentan al enemigo en ataques parciales y de finalidades específicas, sin entrar en un combate abierto; generalmente se utilizan armas ligeras, pero de gran poder: *irse a la guerrilla, una guerra de guerrillas*.

guerrillero s Persona que forma parte de un grupo de combatientes dedicados a la guerrilla: "Mientras los *guerrilleros* conservadores cazaban liberales, los líderes políticos de la misma tendencia gestionaban el apoyo de Europa".

gueto s m Ghetto.

güey s m **1** (*Popular*) Buey: "Le vendí mis *güeyes* a mi compadre" **2** (*Popular, Ofensivo*) Persona desconocida y despreciada: "La entrada a la oficina estaba llena de *güeyes*", "Había un *güey* parado en el zoológico" **3** (*Popular, Ofensivo*) Tonto: "¡Qué *güey* soy, no traje el pasaporte!", "¿Qué me ve, *güey*?" **4** De tonto: "*De güey* que me dejo asaltar" **5** Entre los jóvenes, manera de conservar la atención de su interlocutor o de asegurar su solidaridad: "¡No, *güey*, te aseguro que no lo supe!".

guía I s m y f **1** Persona que encabeza a otra o a un grupo y le muestra el camino o la ruta por donde habrá de seguir: *un guía de la selva, el guía de unos excursionistas, una guía de turistas* **2** Persona que orienta y aconseja a otra sobre el modo de llevar su vida: *un guía de almas, una guía espiritual* **II** f **1** Explicación detallada del procedimiento o el método que debe seguirse para lograr algo o el uso adecuado que se debe hacer de una cosa: *una guía pedagógica, una guía de organización, una guía para hacer entrevistas* **2** Cualquier objeto, punto de un terreno o construcción, o marca que indique una dirección, establezca una trayectoria o señale la coincidencia de los elementos: *una línea guía, poner guías en el terreno* **3** Alambre o hilo que amarrado al extremo de un madero, un tubo con cable, etc sirve para jalarlo a través de una abertura pequeña hasta que se conecte con otro: "Deja una *guía* dentro del tubo para poder jalar el cable eléctrico" **4** Libro o folleto en que se describe un recorrido por un lugar determinado y se dan explicaciones acerca de lo que uno encuentra en él: *una guía de museo, una guía de la ciudad* **5** Lista de datos e informes a propósito de cierta materia: *una guía de autobuses, una guía de ferrocarriles* **6** Tallo principal o rama de las plantas trepadoras o rastreras: *las guías de la calabaza, una guía de* *enredadera* **7** Extremo nuevo de una planta: "La bugambilia ya echó sus *guías*" **8** Vara que se pone junto al tallo de una planta para dirigir su crecimiento: "Hay que ponerle una *guía* a los rosales" **9** Adorno de flores, papel, etc que se amarra a un hilo, a lo largo de una rama o de una cuerda: "Pusieron *guías* en el patio para la fiesta" **10** Pequeño canal por donde se hace pasar agua de riego: "Abrir *guías* en la hortaliza".

guiar v tr (Se conjuga como *amar*) **1** Ir algo o alguien delante de otros para indicarles el camino que deben seguir: *guiar una excursión, guiar turistas, guiar niños por el bosque* **2** Indicar ciertas señales o marcas un camino o una ruta para que las personas se dirijan correctamente a su meta: "La estrella *guiaba* a los Reyes Magos", "Sus huellas lo *guiaron* hasta su cueva" **3** Dirigir el que sabe alguna cosa en su desarrollo o a alguna persona en su actividad, para que tenga éxito: *guiar a los estudiantes hacia la ciencia, guiar una empresa* **4** prnl Dejarse llevar u orientarse por algo o por alguien para alcanzar un resultado: "Nos *guiamos* por la obra del doctor Chávez".

guinda 1 adj y s m y f Que es de color rojo quemado: *un suéter guinda, una corbata guinda,* "El *guinda* combina con el gris" **2** s f (*Prunus avium*) Fruta semejante a la cereza, pero más ácida, de color rojo oscuro; es originaria de Europa y casi no se cultiva en México.

guión s m **1** Escrito breve y esquemático que sirve de guía para un texto, un discurso, una clase, etc: *preparar un guión, escribir un guión* **2** Escrito que contiene el argumento y todas las indicaciones de escena, movimiento de los actores, de cámaras, encuadres, etc de una película cinematográfica, un programa de televisión o de radio **3** Trazo horizontal pequeño: *guión mayor, guión menor, entre guiones* (Véase "Signos de puntuación", p 34).

güiro s m **1** (*Lagenaria siceraria* o *Lagenaria vulgaris*) Planta rastrera de la familia de las cucurbitáceas, de hojas ovadas acorazonadas, flores monopétalas amarillas y fruto de variadas formas, que se usa, una vez vaciado su interior, como vasija o para hacer el instrumento musical del mismo nombre **2** Instrumento musical de las Antillas y México, que consiste en un guaje alargado, más ancho por uno de sus extremos, sobre el que se tallan varias estrías que, al rasparse con una varilla, producen una serie de chasquidos secos y roncos, con que se acompañan varios ritmos de baile, como el chachachá **3** (*Crescentia alata* o *Crescentia cujete*) Árbol de la familia de las bignoniáceas, hasta de 15 m de altura, de ramas extendidas, hojas trifoliadas, ovaladas, que forman una cruz con el pecíolo; sus flores son monopétalas, amarillentas, de 6 cm de largo; da un fruto globoso, de entre 15 y 30 cm de largo, de pulpa oscura y dulzona. Con su cáscara se hacen jícaras; se encuentra en Baja California y desde Sonora hasta Chiapas, en Veracruz, Tabasco y Yucatán.

guisado s m Platillo principal o fuerte de la comida, generalmente preparado con carne, acompañada de alguna salsa y en ocasiones verdura: *guisado de ternera,* "Nos sirvieron de *guisado* carne a la tampiqueña con frijoles refritos".

guisar v tr (Se conjuga como *amar*) Preparar los alimentos utilizando el fuego para hervirlos, hornear-

los o freírlos con el fin de que sean adecuados para consumirse: *guisar las verduras, guisar la carne.*

guiso s m Preparación de condimentos y salsas con que se sirve un guisado: "Esa carne la hace uno en un *guiso* de aceitunas, alcaparras, chiles curtidos, cebollas, yerbas y pasitas".

guitarra s f **1** Instrumento musical de cuerda, que consta de una caja plana y ovalada de madera, más estrecha en el centro, con un agujero circular en la tapa anterior y un brazo con trastes que sale de su extremo más angosto. Tiene 6 o 12 cuerdas, las cuales están fijas a un puente y se prolongan por el brazo hasta terminar en un número igual de clavijas con las que se afinan. Se toca haciendo vibrar las cuerdas con la mano derecha, al mismo tiempo que con los dedos de la izquierda se pisan contra el brazo para dar los distintos tonos y notas: *guitarra clásica, guitarra española* **2** Música que se interpreta con este instrumento y técnica que se emplea para tocarlo: *festival de guitarra, clases de guitarra.*

guitarrista s m y f Persona que toca la guitarra: *un gran guitarrista.*

guitarrón s m Instrumento musical característico del mariachi, que es una especie de gran guitarra, cuya caja de resonancia es muy amplia y acompaña la música con notas bajas: "Cintura de cuerda prima y pecho de *guitarrón*".

gula s f Apetito excesivo y desordenado por comer, aunque no se sienta hambre; para el cristianismo es uno de los pecados capitales.

gusano s m **1** Metazoario invertebrado de diversas especies, que tiene el cuerpo alargado y blando, carece de patas articuladas y se desplaza por medio de contracciones. Algunos son planos (platelmintos), como la solitaria; otros cilíndricos (nematomintos), como la lombriz intestinal, o otros tienen el cuerpo formado por segmentos en forma de anillos (anélidos), como la lombriz de tierra **2** Larva de cualquier insecto en forma de lombriz: *gusano de seda, gusano de maguey* **3** *Gusano de luz* Luciérnaga o cocuyo **4** *Ser alguien un gusano* Ser alguien insignificante, de poco valor o despreciable **5** (*Coloq*) Sensación de inquietud o curiosidad: "Le quedó el *gusanito* de saber qué pensaban de él".

gustar v (Se conjuga como *amar*) **1** tr Percibir el sabor de algo: *gustar el vino, gustar el polvo* **2** intr Encontrar uno algo o a alguien agradable, bello o bueno: *gustar de las fiestas, gustar de las novelas policiacas* **3** intr Resultar algo o alguien agradable, atractivo, sabroso, etc a una persona o a un animal; producir gusto o deleite en uno: "Le *gustan* las películas de terror", "A los ratones les *gusta* el queso", "Me *gustan* las chaparritas" **4** ¿*Gusta(s) usted (tú)?* Expresión de cortesía con la que se invita a alguien a hacer algo o a tomar alguna cosa: "¿*Gusta usted* venir con nosotros al cine?", "¿*Gustas* un café", "¿*Usted gusta*? —Gracias, no fumo".

gusto s m **1** Sentido con el que se percibe el sabor de las cosas; en el ser humano y los vertebrados el órgano de este sentido es la lengua: "Con el cigarro se va perdiendo el *gusto*" **2** Sabor que tiene una cosa: *gusto dulce, gusto amargo* **3** Placer que se encuentra en algo o que algo produce en uno: *sentir gusto, dar gusto* **4** *A gusto* Con satisfacción o placer; cómodamente: "En este restaurante se come *a gusto*" **5** Capacidad que permite distinguir o escoger algo por su calidad, su valor o su belleza: *buen gusto, gusto para el arte* **6** Inclinación que se tiene por algo: *gusto por la música, gusto por la bebida* **7** Manera de sentir o de apreciar algo, propia de una persona, una cultura, etc: *al gusto francés, de gusto decimonónico, gustos personales* **8** Capricho o voluntad propia: "Lo hago por mi *gusto*".

gustoso adj Que siente gusto o muestra sentirlo por hacer alguna cosa: "Aceptó *gustosa* la invitación", "Correspondería *gustoso* a su generosidad".

gutural adj m y f Tratándose de sonidos, que se produce en la garganta; ya sea tocando el dorso de la lengua el velo del paladar, moviendo la úvula o contrayendo la glotis, como los fonemas del español /x/ y /k/ o los de algunas lenguas amerindias simbolizados por /ʔ/.

h s f Novena letra del alfabeto; su nombre es *hache*. No representa ningún fonema del español actual, por lo que se le llama "muda". Antiguamente, y todavía en algunos dialectos del español, representa una aspiración en palabras como *hedor* o *humo*.

haba s f **1** Semilla con forma de riñón, plana, de 2 a 3 cm de largo, de color verde cuando fresca y blanquecino o amarillento cuando seca, y con una arruga oscura a lo largo de su canto, que se come tostada o cocida en diferentes platillos: *un caldo de habas, un tlacoyo de habas* **2** Planta herbácea que produce esa semilla, de la familia de las leguminosas y de varias especies, principalmente *Vicia faba*; es de tallo fuerte y hojas grandes; da flores en racimos, de forma amariposada y color blanco, lila o púrpura con manchas negras; su fruto es una vaina grande, recta y carnosa antes de madurar, con cinco o seis semillas en su interior **3** Planta trepadora de la misma familia, de varias especies, generalmente de flores pequeñas en espiga, amariposadas y varias semillas en su interior; algunas de ellas son comestibles **4** *Haba de San Antonio* (*Caesalpinia crista*) Arbusto ramoso y espinoso, de hojas bipinadas y pequeñas, de forma oval o redondeada; da flores verde amarillentas y una vaina cubierta de espinas, con dos semillas duras en su interior; se emplea en medicina tradicional como tónico y contra la fiebre **5** *Haba de San Ignacio* (*Hura polyandra*) Árbol de la familia de las euforbiáceas, hasta de 15 m de altura y de corteza grisácea y espinosa; tiene hojas caducas, alternas y anchas. Su fruto es una cápsula leñosa comprimida, que al madurar se abre con fuerza y esparce sus semillas a la distancia; es venenosa y crece en zonas tropicales; su madera se usa para hacer cajas **6** *¡Puras habas!* (*Popular*) Expresión con que se manifiesta burlonamente desprecio o desinterés por algo: "¡*Puras habas* de su dinero", "Que es galán de la pantalla… Mire joven, *¡puras habas!*".

habanera s f Danza y canción de origen cubano, en compás de ²/₄, sincopada, cadenciosa y pausada, como "La paloma".

habanero 1 adj y s Que es originario de La Habana, pertenece a esta ciudad cubana o se relaciona con ella: *el malecón habanero, playas habaneras* **2** s m Chile habanero **3** s m Licor de caña que se produce en Tabasco.

habano s m Cigarro puro hecho en Cuba: *fumarse un habano*.

haber¹ v auxiliar (Modelo de conjugación 17) **1** Se utiliza para formar los tiempos compuestos de toda la conjugación, dándoles el significado de una acción terminada, pasada o que dura por cierto tiempo: "*He* cantado varias veces en la catedral", "Ya *había* comido cuando me llamaron", "Lo *habríamos* resistido si *hubiéramos* sido más defensores" **2** *Haber de* Ser necesario que, ser posible que, tener que: "*Habrán de* llegar antes de medianoche", "*Has de* cumplir la ley", "*Han de* estar dormidos, pues no responden", "*Han de* ser las 5 de la tarde" **3** *Haber que* (Sólo se utiliza en tercera persona del singular) Ser necesario, conveniente o útil; tener que: "*Hay que* leer la Constitución", "*Habrá que* levantarse temprano", "*Hubo que* limpiar toda la casa", "No *hay que* comprarlo todo para ser felices" **4** tr Existir, estar, suceder; efectuarse algo: "*Hay* muchas mujeres bonitas", "No *hay* habitantes en la Luna", "*Había* mucha gente en la fiesta", "*Hubo* dos temblores", "*Había* cinco corridas de toros" **5** *No haber más que* Ser suficiente con, bastar con: "No *hay más que* verlo para saber que está enamorado" **6** *No haber más que* Sin quedar más que: "No *hay más que* decir", "No *hay más que* ver" **7** *No haber tal* No existir algo o no ser cierto algo: "No *hay tal* infierno", "No *hay tal*, no han puesto las tuberías" **8** tr (Sólo en tercera persona singular del presente de indicativo) Hacer cierto tiempo desde que sucedió o comenzó algo: "Años *ha* que no nos vemos", "Veinte años *ha*, el mar estaba limpio" **9** *Habérselas con alguien* Tener que tratar o pelear con alguien: "Iba solo por el campo y tuve que *habérmelas* con los seis bandidos" **10** *Allá te lo hayas* Tú sabrás lo que haces, allá tú: "*Allá te lo hayas* si no me pagas" **11** *No hay de qué* Respuesta cortés a una expresión de agradecimiento: "—Gracias por el regalo —*No hay de qué*" **12** *Bien o mal habido* Bien o mal conseguido: *dinero mal habido* **13** *¡Qué hubo, quehúbole!* (*Coloq*) Expresión de saludo entre amigos: "*¡Qué hubo*, cómo has estado?", "*¡Quehúbole*, compadre, cuánto tiempo sin vernos!". (Se pronuncia *quiubo*.) **14** *¡Qué hubo!* (*Popular*) Expresión de alerta a alguien, cuando se lo sorprende haciendo algo indebido o se sospecha de él: "*¡Qué hubo*, de qué se trata?", "*¡Qué hubo, qué hubo*, eso no se hace!".

haber² s m **1** Cualquier objeto que tiene una persona en su poder **2** pl Bienes que posee una persona, un negocio, una empresa, etc: "Entre sus *haberes* encontramos una pistola" **3** En los libros de contabilidad, columna en la que se anotan los ingresos de un negocio o de una persona: "La fábrica tiene en su *haber* un millón de pesos" **4** *Tener alguien algo en su haber* Ser algo responsabilidad o mérito de alguien: "Ya *tiene* cinco robos *en su haber*", "*Tiene en su haber* una victoria contra los yanquis".

hábil adj m y f Que tiene capacidad o aptitud para hacer cierta cosa, que se desenvuelve con facilidad y éxito en cierto ambiente o sabe conseguir lo que quiere: "Es muy *hábil* para las cosas manuales", *un político hábil*.

habilidad s f **1** Capacidad o aptitud que tiene alguien para hacer bien y con facilidad alguna cosa o para desenvolverse con éxito en algún asunto: "Tiene *habilidad* para los deportes", "Ha demostrado su *habilidad* para los negocios" **2** Actividad o acción que se hace dando muestras de la aptitud que se tiene para realizarla con facilidad: "El acróbata exhibió todas sus *habilidades*".

habitación s f **1** Acto de habitar: *la habitación de un edificio* **2** Lugar donde se vive o habita: *dar habitación*, *zonas de habitación* **3** Cada uno de los espacios separados por paredes en que se divide una casa, un departamento o un edificio, especialmente aquéllos en que se duerme: *la habitación de un hotel*, "Compró una casa de tres *habitaciones*".

habitacional adj m y f **1** Que pertenece a la habitación o necesidad de vivienda de las personas: *una política habitacional*, *uso habitacional* **2** Que está formado por viviendas o destinado a la habitación de las personas: *una unidad habitacional*.

habitante s m y f Persona o animal que forma parte de una población, que vive en un lugar determinado, como un país, una región, una colonia, un bosque, una casa, etc: "Un pueblo de 5 mil *habitantes*", "Los *habitantes* de la casa", "Los *habitantes* del bosque".

habitar v (Se conjuga como *amar*) **1** intr Vivir alguien en un lugar, particularmente en el que se ha instalado con su familia: *habitar en Campeche*, *habitar en un edificio* **2** tr Ocupar algún lugar para vivir: *habitar una casa*, *habitar un pueblo abandonado*.

hábitat s m (Su plural es *hábitats*) **1** Medio ambiente físico, químico, biológico etc en el que un organismo vive naturalmente: *cuidar nuestro hábitat*, *conservación y manejo de los hábitats* **2** Organización del espacio donde vive el ser humano y de las actividades que ahí realiza: "El arquitecto no entendió nuestro *hábitat*".

hábito s m **1** Conducta o práctica que repite alguien tantas veces, que se vuelve costumbre en él, de tal manera que termina por hacerla inconscientemente o sin necesidad de poner atención: "Tiene el *hábito* de cerrar la puerta con llave", "Tiene el *hábito* de cantar mientras se baña", "Es por *hábito* que me levanto a estas horas" **2** Disciplina que alguien adquiere mediante la repetición hecha con constancia de cierta actividad: "Se ha formado el *hábito* de estudiar por las tardes", "Tiene el *hábito* de la lectura" **3** *Crear* o *producir algo hábito* Tener algo la propiedad de convertirse en costumbre o de hacer que el que lo usa, consume o practica se sienta inclinado a volver a usarlo, consumirlo o practicarlo: "El cigarro *produce hábito*", "Esos fármacos *crean hábito*" **4** Vestido que usan los religiosos: *ponerse el hábito* **5** *Tomar los hábitos* Ingresar formalmente a una orden religiosa **6** *Colgar los hábitos* Abandonar determinada profesión u oficio.

habitual adj m y f Que es lo acostumbrado, que se hace por costumbre o es lo usual en alguien: *a la hora habitual*, "El tratamiento *habitual* de esas enfermedades...", *con su habitual alegría*, *su habitual tranquilidad*.

habituar v (Se conjuga como *amar*) **1** prnl Acostumbrarse a cierta cosa o adquirir un determinado hábito: *habituarse al río*, *habituarse a estudiar* **2** tr Hacer que alguien adquiera un hábito.

habla s f **1** Capacidad o facultad de hablar: *perder el habla* **2** Acto de hablar **3** Idioma: *las hablas neolatinas*, *países de habla española* **4** (*Ling*) Manifestación concreta de una lengua por un individuo o una comunidad: *el habla de Pito Pérez*, *el habla de Topolobampo*, *el habla del barrio de San Miguelito*, *el habla popular*.

hablador adj y s (*Coloq*) **1** Que tiende a decir o afirmar cosas sin fundamento, sin tener certeza de lo que dice, o solamente por aparentar o asombrar: "Es una mujer muy *habladora*; lo que afirma no es verdad", "Teodoro ha sido *hablador* toda su vida: ¿recuerdas cuando nos contó que construyó un barco en la azotea de su casa?" **2** Que habla mucho: "Una señora tenía un perico muy *hablador*".

hablante s y adj m y f Persona o conjunto de personas que habla, particularmente en relación con una lengua determinada: *población hablante de amuzgo*, *un hablante de español*.

hablar v intr (Se conjuga como *amar*) **1** Expresarse alguien emitiendo con la voz signos de una lengua: "¡Habló el niño!", *hablar en voz baja*, *hablar mal* **2** Expresarse alguien mediante señas, gestos o signos distintos a los de la lengua: *hablar en clave* **3** tr Expresarse alguien en una lengua determinada: *hablar español*, *hablar zapoteca*, *hablar inglés* **4** Decir un discurso o dar una conferencia en público: "*Hablará* el presidente ante la Cámara", "El poeta *hablará* a las 6 de la tarde" **5** Tratar algún tema o expresarse sobre algún asunto: "El libro *habla* de ingeniería", *hablar de religión* **6** *Hablar algo bien o mal de alguien* Ser algo motivo para que se piense bien o mal de alguien: "Esos negocios *hablan bien* del administrador" **7** *Hablar claro* Decir las cosas tal como son, sin suavizarlas, con apego a la verdad: "Lo vi y le *hablé claro*: le dije toda la verdad" **8** *Hablar en cristiano* Hacerlo en la lengua materna o de manera clara y sencilla **9** *Hablar en plata* Decir la verdad, con todo su peso, especialmente en asuntos de dinero **10** *Hablar en chino* Decir algo que nadie entiende **11** *Hablar por hablar* Decir algo sin tener certeza de ello, simplemente por hacer conversación **12** *Hablarse con alguien* Tener amistad con alguien **13** *Ni hablar* No, de ninguna manera: "—Yo pago la cuenta —¡*Ni hablar!* La pago yo" **14** *Ni hablar* Sin más que decir, definitivamente: "¡*Ni hablar!*, si te lo prometí, te lo cumplo".

hacendado s Propietario de una hacienda: *un gran hacendado*, *los hacendados porfiristas*.

hacendoso adj Que pone cuidado y dedicación en sus tareas, particularmente las domésticas: *una mujer hacendosa*, *unos niños hacendosos*.

hacer v tr (Modelo de conjugación 10b. Su participio es irregular: *hecho*) **1** Dar existencia a algo, crearlo o transformar alguien alguna cosa dándole una nueva forma: *hacer una mesa*, *hacer una casa*, *hacer una teoría*, "Y Dios *hizo* la luz", *hacer un castillo de arena*, *hacer una escultura*, *hacer un muñeco de nieve* **2** Llevar a cabo una acción, realizar una actividad u ocuparse de algo: "—¿Qué *haces*? —*Hago* la tarea", "*Haz* algo por él", "Los campesinos *hicieron* la revolución", *hacer una carrera*, *hacer un experimento*, *hacer ejercicio*, *hacer deporte*, *hacer el trabajo*, *hacer la limpieza*, *hacer los preparativos*, *hacer un rompecabezas* **3** Producir algo un resultado o tener un efecto, causar algo o alguien determinada reacción: "El jabón *hace* espuma", "La máquina *hace* ruido", "*Hacen* gracia sus chistes", "La leche le *hizo* daño", "Le *hará* bien el aire puro", "El payaso *hizo* reír a los niños", "Esa canción *hace* llorar", "Su compañía lo *hace* feliz", "La guerra *hace* sufrir a la población" **4** prnl Cambiar algo o alguien de estado o condición, transformarse en otra cosa o aparentar algo distinto de lo que se es: "El vino se *hizo* vinagre", "El agua se *hace* hielo", "Se *hará* estudioso", "El profesor se *hizo* enojón", *hacerse pobre, hacerse el loco, hacerse el muerto, hacerse tonto.* **5** *Hacer de* Desempeñar algo o alguien una función distinta de la que originalmente le corresponde o de la que practica con regularidad: "El camión *hizo de* hospital y nosotros *hicimos de* médicos", "Esa tabla *hace de* palanca" **6** Obtener algún resultado, ganar o conseguir algo: *hacer fortuna, hacer tres puntos, hacer amigos* **7** *Hacerse de* Obtener o lograr algo: *hacerse de dinero, hacerse de fama, hacerse de público* **8** *Hacérsele a uno algo* Suceder algo que uno desea: "Se le *hizo* ganar el juego" **9** *Hacer bueno algo* Cumplirlo o realizarlo: "Le *hizo* buena la promesa y se casaron" **10** *Hacérsele algo a uno* Imaginarse algo o suponerlo: "Se me *hace* que me engañas" **11** (Solamente en tercera persona del singular) Tener lugar algo, ocurrir: *hacer frío, hacer sol, hacer viento* **12** Tomar las medidas necesarias para que se lleve a cabo algo o para que alguien actúe de determinada manera: *hacer cambiar la puerta, hacer pintar la barda, hacer estudiar a los alumnos, hacer hablar al espía* **13** *Hacer por* Intentar o procurar algo: "Haremos todo por ganar", "Hicimos lo posible por llegar a tiempo", "El toro *hizo por* el torero" **14** Generalmente en presente y en copretérito seguido de gerundio o de participio, indica suposición: "Yo te *hacía* trabajando", "Te *hacía* dormido", "Mis padres me *hacen* estudiando" **15** Acostumbrar o acostumbrarse a algo: "*Hizo* a sus empleados a su forma de trabajar", *hacerse a la idea de envejecer* **16** Tomarle a alguien cierto tiempo realizar una cosa o tardar algo determinado tiempo en lograrse o en suceder: "Santiago *hace* 20 minutos a Cuernavaca", "El avión *hizo* 2 horas a Mérida", "La carne se *hace* en media hora" **17** (Solamente en tercera persona del singular) Haber pasado determinado tiempo desde que algo sucedió: "*Hace* 3 meses lo vi por última vez", "*Hace* 2 años empezó la guerra", "*Hace* 4 meses que murió", "Lo espero *hace* 10 minutos", "*Hace* dos horas que salió" **18** Emitir un animal un sonido que es propio de su especie: "El perro *hace* guau guau", "Los pájaros *hacen* pío pío" **19** Orinar o defecar: "El niño ya *hizo*", "Se *hizo* encima" **20** En infinitivo y seguido de algunos sustantivos indica que la acción expresada por éstos se lleva a cabo: *hacer trámites, hacer caricias, hacer la digestión, hacer burla, hacer un viaje, hacer bromas* **21** Sustituye a cualquier verbo recién usado o implícito: "Toca muy bien el piano, pero antes lo *hacía* mejor".

hacia prep **1** Indica la dirección que tiene o lleva algún movimiento, el lugar a donde va o mira algo o alguien, la finalidad o el objetivo al que tiende o alguien: *ir hacia el centro, dirigirse hacia el norte, dar vuelta hacia la derecha, camino hacia el mar*, "Vino *hacia* mí", "Mira *hacia* el centro de la plaza", "Se orienta *hacia* la libertad" **2** Indica la

orientación de una persona o de una cosa en favor de otras, el sentimiento, la actitud, etc, que tiene una persona por otra: *actitud hacia el trabajo, simpatía hacia ti* **3** Indica la cercanía o la proximidad en el espacio o en el tiempo: *hacia la orilla de la cama, hacia fines de siglo*.

hacienda s f **1** Propiedad rural de gran extensión, dedicada a la agricultura o a la ganadería: *hacienda lechera, hacienda tabacalera* **2** Conjunto de los bienes que tiene alguien: *administrar la hacienda* **3** *Hacienda pública* Conjunto de los bienes, rentas, impuestos, etc que administra el Estado para satisfacer las necesidades de la sociedad **4** *Hacienda de beneficio* (Min) Instalación en la que se benefician los metales, especialmente la plata.

hacinado I pp de *hacinar* **II** adj Que se encuentra amontonado en un espacio muy reducido: "Viven *hacinados* en un pequeño cuarto oscuro e insalubre", *paja hacinada en el establo*.

hacinar v tr (Se conjuga como *amar*) Poner unas cosas sobre otras, amontonadas y apretadas: *hacinar mercancías, hacinar latas*.

hacha s f **1** Herramienta que sirve para cortar leña, derribar árboles, etc que consiste en una pieza de hierro sólida y pesada, de forma trapezoidal, cuyo lado mayor es muy filoso y, por el otro, tiene un agujero en donde se inserta un garrote para manejarla: *afilar el hacha, un hacha de leñador* **2** Instrumento semejante al anterior, compuesto por una pieza filosa de metal o de piedra amarrada o encajada en un palo, que se usa para cortar o como arma **3** *Ser alguien muy hacha* (Coloq) Ser muy hábil para alguna cosa: "Luz *es muy hacha* para dar clases" **4** *Estar, sentirse como hacha* (Coloq) Estar bien preparado o en buenas condiciones para realizar alguna cosa: "*Me siento como hacha* para el examen" **5** *Qué... ni qué ojo de hacha* (Coloq) Expresión con la que se niega rotundamente alguna cosa: "¡*Qué* platillos voladores *ni qué ojo de hacha*!" **6** Molusco lamelibranquio hasta de 40 cm de largo por 20 cm de ancho, cuyo cuerpo está cubierto por dos conchas de color pardo oscuro y tiene un callo muy apreciado como alimento; se encuentra en ambas costas: *callo de hacha*.

hada s f En los cuentos infantiles, mujer, por lo general muy hermosa, con poderes mágicos que utiliza en favor de sus protegidos: *un cuento de hadas*, "Su *hada* madrina la salvó de los horribles hechizos de la bruja Escaldufa".

hado s m (Liter) Fuerza inevitable que determina la vida de las personas o los acontecimientos en los que participan: "El *hado* lo llevó hasta esa encrucijada", "Edipo no pudo renunciar a tan terrible *hado*".

hai ku s m (Lit) Composición poética breve, de una sola estrofa en versos de arte menor, en que generalmente se manifiesta una actitud meditativa ante la naturaleza; Juan José Tablada tomó su idea formal de la poesía japonesa y la introdujo al español; hai-kú, haiku; haikai: "¡Del verano, roja y fría / carcajada / rebanada / de sandía!". (Se pronuncia *jai ku*.)

halagar v tr (Se conjuga como *amar*) Agradar la vanidad o el amor propio de una persona, dándole muestras de aprecio, admiración, etc: "Lo *halagaba* que lo respetasen, pero no debía incurrir en exageraciones de autoridad", "Ya veo, tu vanidad empieza a sentirse *halagada*".

halcón s m y f Ave rapaz diurna que se caracteriza por tener el cuerpo esbelto y fuerte, cabeza pequeña, alas grandes, estrechas y puntiagudas, cola larga y pico curvo y dentado en la mandíbula superior; es muy rápida; se alimenta de otras aves, a las que agarra en pleno vuelo, así como de pequeños mamíferos, reptiles e insectos. Algunas de las especies que se encuentran en México son *Falco albigularis, Falco mexicanus* y *Falco peregrinus*.

halo s m **1** Meteoro luminoso de colores pálidos, que aparece en la atmósfera alrededor de la Luna o del Sol cuando hay nubes muy altas cargadas de cristales de hielo y se refracta en ellos la luz de esos dos astros **2** Resplandor difuso que se percibe alrededor de un objeto luminoso: "En todo el escenario la luz va disminuyendo y sólo un árbol conserva un *halo* fosforescente" **3** Círculo luminoso y resplandeciente que rodea las cabezas de los personajes sagrados en sus representaciones plásticas y que simboliza su santidad; aureola **4** Sensación específica que produce una persona a otra: "Tiene un *halo* de inocencia".

halógeno s m (*Quím*) Cada uno de los cinco elementos que conforman el grupo VII de la tabla periódica (flúor, cloro, bromo, yodo y ástato), cuyo comportamiento químico es muy semejante; reaccionan con el hidrógeno formando hidrácidos y con los metales formando sales haloideas; tienen varios usos industriales: *un faro de halógeno*.

hall s m Habitación o salón de la entrada de una casa o de un edificio, en particular de los edificios de oficinas o de hoteles; vestíbulo. (Se pronuncia *jol*.)

hallar v tr (Se conjuga como *amar*) **1** Dar con alguien o con algo sin buscarlo; descubrir accidentalmente alguna cosa: "*Halló* a un amigo en el zócalo", "*Hallé* un tesoro", "*Hallaron* un nuevo cometa" **2** Dar con alguien a quien se busca: "Lo *hallaron* después de 5 días" **3** prnl Estar algo o alguien en cierto lugar o en cierta situación: "Matamoros *se halla* al lado de la frontera", "Doña Lupe *se halla* bien de salud" **4** prnl (*Popular*) Sentirse bien en algún lugar: "Juanita no *se halla* en su nueva casa".

hallazgo s m Cosa hallada, especialmente la que no se ha buscado sino que se descubre accidentalmente: *hallazgos arqueológicos*.

hamaca s f **1** Red ancha, larga y resistente, hecha tradicionalmente de fibras naturales, como el algodón, el henequén o la seda, cuyos extremos quedan recogidos en un haz de hilos, que se cuelgan de unos soportes; sirve para acostarse en ella; se usa mucho en regiones tropicales en vez de cama: *acostarse en la hamaca, colgar la hamaca* **2** Lienzo de lona o de alguna otra tela resistente, que se usa de la misma manera.

hambre s f **1** Sensación que produce la necesidad y el deseo de comer: *no tener hambre, dar hambre, pasar hambre, tener un hambre de todos los diablos* **2** Insatisfacción de la necesidad de comer causada por la pobreza o por la falta general de alimentos: "Los países pobres tienen cada vez más *hambre*" **3** Deseo muy fuerte de algo: *hambre de conocimientos* **4** *Matar el hambre* Comer algo ligero, mientras llega el momento de satisfacerse del todo: "Tráigame unos charalitos, para *matar el hambre*".

hambriento adj **1** Que tiene mucha hambre, que padece de hambre: *un lobo hambriento*, "Llegamos cansados y *hambrientos*" **2** Que siente muchas ganas o necesidad de alguna cosa: *hambriento de afecto, hambrienta de cariños, hambriento de diversión*.

hamburguesa s f Tortita de carne molida, condimentada y frita que, por lo general, se sirve entre dos mitades de pan redondo y esponjoso, untada de mostaza y salsa de jitomate: *una hamburguesa con queso*.

harina s f **1** Polvo que se obtiene de moler las semillas de los cereales o de algunos tubérculos y legumbres, y también al secar y moler ciertos productos animales; sirve para la alimentación: *harina de trigo, harina de maíz, harina de papa, harina de pescado* **2** *Ser algo harina de otro costal* Ser algo muy diferente de aquello con lo que se compara, o de lo que se trata: "Está bien que vengas a jugar, pero que te quedes a cenar *es harina de otro costal*".

harto adj **1** Que ha comido demasiado, que está más que satisfecho: *estar harto* **2** adj y adv (*Popular*) Mucho, muy: "Tengo *hartas* ganas de viajar", "Cortamos *hartos* melones", "Bailamos rete*harto* en la fiesta", "Es *harto* difícil escribir un poema" **3** Que está cansado o molesto de hacer siempre la misma cosa o de sufrir siempre lo mismo: "*Harto* del trabajo se fue de vacaciones", "Ya estaba *harta* de oír quejas".

hasta prep **1** Indica el límite al que puede llegar o llega algo o alguien: "Llego *hasta* la frontera", "Fue *hasta* el centro", "El agua le llegaba *hasta* la cintura", "Corre *hasta* tu casa" **2** Señala el límite de la duración de algo o el momento en que se deja de realizar una acción: "Te espero *hasta* las 10", "Allí me quedo *hasta* el invierno", "No saldré *hasta* que regresen las niñas", "No llega *hasta* las 5", "No dijo nada *hasta* el último minuto", "No sabía nada *hasta* que tú no me lo contaste", "Espérate *hasta* que se quite la lluvia", "Trabaja desde la mañana *hasta* la noche" **3** Señala el límite de una cantidad: "Pantalones desde $200 *hasta* $1000", "Puedes sacar *hasta* cinco libros" **4** Indica el momento en que algo comienza a realizarse: "Cierran *hasta* las 7 de la tarde", "*Hasta* que tomé la medicina se me quitó el dolor" **5** conj También, aun, incluso: "*Hasta* nos alcanzó para comprar regalos", "*Hasta* yo me animé a nadar", "Allá hace calor *hasta* en invierno" **6** *Hasta mañana* Expresión con la que una persona se despide de otra, en especial cuando se encontrará con ella al día siguiente **7** *Hasta luego, hasta la vista* o *hasta pronto* Expresiones con las que uno se despide.

hato s m **1** Conjunto de animales de ganado mayor o menor: *un hato de vacas, un hato de ovejas* **2** Conjunto de cosas o de personas despreciables: *un hato de mentiras, un hato de borrachos* **3** Envoltorio de ropa: "Hizo un *hato* con sus pocas prendas y huyó de la casa".

haz s m l **1** Conjunto de paja, hierba, leña, cañas, etc reunidas verticalmente o atadas por un solo lugar, que se puede agarrar con una mano o abrazar: *un haz de paja, un haz de flechas, un haz de hilos* **2** (*Rural*) Medida de peso y volumen, que varía según la región y el objeto de que se trate: en Chihuahua y Durango, para el trigo en greña, equivale a 7 y 7.5 kg; en Guanajuato, para leña o caña de azúcar, a 69 kg y un metro cúbico; en Yucatán, para zacate, a 11.5 kg **3** Conjunto de rayos luminosos que parten de un mismo origen: *un haz de rayos láser* **4** (*Geom*) Conjunto de rectas que pasan por un punto determinado, o de planos que concurren en la misma recta **5** (*Anat*) Grupo regular de fibras musculares o nerviosas; fascículo **II** (*Bot*) Lado o cara superior de una hoja, por lo general más brillante que el envés.

hazaña s f Hecho o acto que resulta notable y valioso por el esfuerzo, la valentía, el sacrificio o la voluntad que requirieron para realizarse: "Su victoriosa defensa de Puebla resultó su mayor *hazaña*".

hebilla s f Pieza con la que se unen y aseguran los extremos de un cinturón, dos correas, etc; consiste en un marco o anillo, generalmente metálico, de cuyo centro sale un clavo o una varilla que se inserta en un ojal del otro extremo, que a su vez se aprieta pasando por la parte posterior de ese marco; o marco de las mismas características, que aprieta una correa por la presión que ejerce el cuerpo que ciñe sobre los extremos del marco: *la hebilla de un cinturón, zapatos de hebillas*.

hebra s f **1** Trozo de hilo que se ensarta en una aguja para coser o bordar con él: *doble hebra, pasar la hebra por el ojo de la aguja* **2** Fibra o filamento corto: *las hebras del espárrago* **3** Hilo o filamento que se forma en ciertas sustancias viscosas al espesarse o condensarse: *las hebras del caramelo, las hebras del pegamento* **4** Cada una de las tiras delgadas que conforman el queso de bola o de Oaxaca **5** (*Rural*) Reata de lazar.

hebreo 1 adj y s Que pertenece al pueblo judío o se relaciona con él, particularmente con las tribus semíticas que se establecieron antiguamente en Palestina y fundaron los reinos de Israel y Judea; judío, israelita: "Los *hebreos* buscaban la tierra prometida" **2** s m Lengua semítica que hablaban los antiguos judíos y en la que fue escrita gran parte del Antiguo Testamento de la Biblia; a partir del siglo XIX los judíos que comenzaron a regresar a Palestina iniciaron una revitalización de la antigua lengua y dieron fuerza a su versión moderna, incorporándole préstamos de otras lenguas europeas; desde 1948, es lengua oficial del Estado de Israel.

hectárea s f Medida de superficie que equivale a 10 mil metros cuadrados (se abrevia ha).

hectolitro s m Medida de capacidad que equivale a 100 litros (se abrevia hl).

hechicería s f Conjunto de prácticas mágicas y conocimientos tradicionales con los que se preparan y administran bebidas, remedios y amuletos para librar a las personas de intervenciones diabólicas o de mala fe, o para someterlas a esas intervenciones.

hechicero 1 s Persona que practica la hechicería: "Llegó a una casita donde vivía una *hechicera* y le pidió agua para llenar su calabazo" **2** adj Que cautiva por su encanto y su belleza: "Eres linda y *hechicera* / como el candor de una rosa".

hechizar v tr (Se conjuga como *amar*) **1** Administrar a una persona una bebida que la trastorna y somete su voluntad a otra, o ejecutar acciones y pases mágicos con el mismo objetivo o para causarle daño **2** Someter el encanto o la belleza de alguien el aprecio o la voluntad de otra persona: "Su expresión ingenua me *hechizó*".

hechizo I s m Cada uno de los remedios, de las bebidas o de los pases mágicos con que se trastorna

o se daña a una persona o se busca someter su voluntad: "No podrás pronunciar su nombre hasta que la luna nueva deshaga el *hechizo*" **II** adj Que ha sido hecho improvisadamente, sin ajustarse a las reglas o a los procedimientos genuinos para hacerlo: *una turbina hechiza, un compás hechizo*.

hecho I pp irregular de *hacer* **II 1** s m Acto, fenómeno, cosa que sucede o que existe: "Pude ver un *hecho* muy raro", "Un relato de los *hechos*", "La comunicación por satélite es un *hecho*", "El *hecho* de escribir" **2** *Hecho de armas* Acción o hazaña militar **3** adj Que está listo, terminado o maduro: *un negocio hecho, un asunto hecho* **4** adj Convertido en: "Llegó del extranjero *hecho* un gran sabio", "Salió *hecho* una fiera" **5** *Hecho y derecho* Completo, total: *un hombre hecho y derecho, un irresponsable hecho y derecho* **6** *De hecho* En realidad, efectivamente: "*De hecho*, mi trabajo consiste en eso" **7** *De hecho* Que es real y existe independientemente de que se le reconozca: *huelga de hecho, guerra de hecho*.

hediondo adj Que despide un olor fuerte y desagradable, como de materia orgánica podrida: *agua hedionda, unos zapatos hediondos*.

hegemonía s f Dominio o supremacía que ejerce un país, un pueblo, una cultura o un grupo de personas fuertes y poderosas sobre otros, limitando su libertad de acción o su independencia: "Los aztecas ejercieron plenamente su *hegemonía* sobre los pueblos vecinos", "El partido conservador se postulaba en favor de la *hegemonía* de los militares en la política nacional".

helada s f Congelamiento de la humedad atmosférica y formación de escarcha o hielo, que se produce cuando la temperatura del ambiente desciende de mucho: *caer a la helada*, "Las *heladas* echaron a perder la cosecha".

helado I pp de *helar* **II 1** adj Que tiene hielo o está muy frío: *agua helada, clima helado* **2** s m Dulce hecho de crema o agua helada con sabor generalmente de frutas: *un helado de vainilla, un helado de mango* **3** *Quedarse alguien helado* o *dejar helado a alguien* Quedar una persona, o dejarla, muy sorprendida o asustada: "Me quedé helado cuando me enteré del accidente", "La noticia lo dejó *helado*".

helar v intr (Se conjuga como *despertar*, 2a) **1** Hacer una temperatura inferior a los cero grados centígrados, producirse hielo o escarcha (Sólo se usa en tercera persona del singular): "En la madrugada *heló*" **2** prnl Cubrirse de hielo y echarse a perder las plantas por el frío: "Este año *se helaron* las cosechas" **3** *Estarse alguien helando* Tener mucho frío: "Voy a tomar algo caliente porque *me estoy helando*" **4** *Helarle* o *helársele a uno la sangre* Dejar o quedarse alguien muy asustado o sorprendido: "Drácula *le hiela la sangre* al público".

helecho s m Planta vascular de distintas especies, algunas sin tallo y otras con tallo leñoso, de hojas o frondas que se caracterizan por estar enrolladas en espiral al principio de su desarrollo; no tiene flores y sus órganos reproductores o esporas se forman en la cara inferior de las hojas. Mide desde unos cuantos centímetros hasta 18 m de altura; crece principalmente en zonas húmedas o templadas y es muy común como planta de ornato: *helecho macho, helecho hembra, helecho arborescente*.

hélice s f **1** Pieza de un motor que consiste en dos o más aletas o aspas dispuestas a lo largo de tantos radios de una circunferencia como aletas se requieran, ligeramente ladeadas, que giran en torno a un eje movido por el motor, o que lo hacen girar por la fuerza del viento; se utiliza como instrumento de propulsión de motores de avión, de embarcaciones, de ventiladores o de modernos molinos de viento **2** (*Geom*) Curva de longitud indefinida, que se genera dando vueltas sobre la superficie de un cilindro, sin cerrarse, y guardando la misma distancia entre sí todos los puntos de ella que están sobre la misma generatriz.

helicóptero s m Vehículo aéreo que se eleva y se desplaza por la acción de una o más hélices, que giran impulsadas por motores; aunque no desarrolla las velocidades de un avión, tiene la propiedad de despegar y aterrizar verticalmente y de mantenerse suspendido en el aire en un mismo lugar: *volar en helicóptero, un helicóptero militar.*

heliófita s f y adj Planta que requiere de la luz directa del sol para alcanzar su mayor desarrollo.

heliotropo s m **1** (*Heliotropum perusianum*) Planta semiarbustiva de hojas alternas, oblongas, agudas y rugosas, y flores pequeñas, aromáticas, de color lila, agrupadas en inflorescencias; se cultiva como ornamental **2** *Heliotropo cimarrón* (*Heliotropum curassavicum*) Planta herbácea de hojas alternas y gruesas y flores monopétalas de color blanco, agrupadas en inflorescencias, muy abundante en terrenos salobres.

helipuerto s m Pista en la que aterrizan y despegan helicópteros, y conjunto de las instalaciones necesarias para ello.

hematología s f Parte de la biología que se ocupa del estudio de la sangre, y rama de la medicina que estudia y trata sus enfermedades.

hembra s f **1** Animal o planta cuya función sexual es la de quedar fecundada y reproducir nuevos individuos de su misma especie: *una mosca hembra, una jirafa hembra* **2** Mujer, particularmente cuando se quiere resaltar su sexualidad: *una verdadera hembra, una real hembra* **3** Parte de algún objeto o instrumento que tiene un agujero en el que entra otra pieza: *hembra de un broche.*

hemeroteca s f Establecimiento o parte de una biblioteca dedicada a coleccionar y conservar diarios, revistas y publicaciones periódicas en general y a servir a los interesados en consultarlas: *la Hemeroteca Nacional, una hemeroteca personal.*

hemiplejia s f (*Med*) Parálisis que afecta la mitad del cuerpo, sólo un lado, debida principalmente a lesiones en los centros motores del cerebro o en la médula espinal: "Sufrió una *hemiplejia* cuando apenas tenía veinte años", *recuperarse de una hemiplejia.*

hemíptero s y adj m y f (*Zool*) Orden de insectos cuya boca tiene trompa que les sirve para chupar, que generalmente tienen dos alas anteriores coriáceas en su base y dos posteriores membranosas; tienen una metamorfosis sencilla, como la chinche y los pulgones.

hemisferio s m **1** Cada una de las dos mitades de una esfera dividida por un plano que pasa por su centro **2** Cada una de las dos mitades en que se divide la Tierra, ya sea por su ecuador o aproximadamente por algún meridiano, como el que está entre Europa y Asia o el que separa América del resto del mundo: *hemisferio norte, países del hemisferio, hemisferio occidental* **3** Cada una de las dos mitades en que se divide el cerebro: *hemisferio derecho, hemisferio izquierdo.*

hemistiquio s m (*Lit*) Cada una de las dos partes en que queda separado por la cesura un verso de arte mayor, como en el siguiente ejemplo de Rubén Darío: "La princesa está triste ¿qué tendrá la princesa? / los suspiros se escapan de su boca de fresa".

hemofilia s f (*Med*) Trastorno hereditario de la sangre, producido por deficiencias en los factores que propician la coagulación, y que se caracteriza por hemorragias espontáneas y sangrado excesivo de las heridas que, si no se atienden adecuadamente, pueden ocasionar la muerte; afecta solamente a los hombres, pero se transmite por línea materna.

hemoglobina s f Sustancia de los glóbulos rojos, formada principalmente por una proteína y un pigmento que da el color a la sangre. Contiene hierro y transporta el oxígeno a los tejidos del cuerpo.

hemólisis s f sing y pl (*Med*) Desintegración o disolución de las partículas de la sangre, particularmente de los glóbulos rojos, con la consiguiente liberación de hemoglobina.

hemolítico adj (*Med*) Que es propio de la hemólisis o se relaciona con ella; que provoca hemólisis: *anemia hemolítica, bacterias hemolíticas.*

hemorragia s f Salida más o menos abundante de sangre por rompimiento accidental o espontáneo de un vaso sanguíneo: *hemorragia interna, hemorragia nasal, contener una hemorragia.*

hemorrágico adj Que es característico de la hemorragia o se relaciona con ella.

hemorroide s f Pequeño tumor sanguíneo, formado por la dilatación varicosa de las últimas raíces de las venas del ano o la parte final del recto.

hemostático adj y s Que puede detener una hemorragia, ya sea un medicamento o un agente mecánico o físico.

hender v tr (Se conjuga como *perder*, 2a) Hacer un corte en una superficie con algún instrumento punzocortante, sin llegar a cortarla del todo o a separarla en dos partes: "El bisturí *hendió* limpiamente la piel del paciente".

hendir v tr (Se conjuga como *sentir*, 9a) Hender.

hendido I pp de *hender* o *hendir* **II** adj Que tiene o ha sufrido un corte en su superficie, o un hueco largo y pronunciado: *labio hendido, pata hendida.*

hendidura s f **1** Abertura poco profunda, estrecha y alargada en la superficie de algo: *una hendidura en una roca* **2** Parte hundida o sumida, poco profunda y estrecha de alguna cosa: *las hendiduras de un molde de pastel, las hendiduras de una escultura.*

henequén s m **1** Planta del género *Agave*, de hojas o pencas largas y angostas, con espinas pequeñas, semejante al maguey; se cultiva principalmente en Yucatán **2** Fibra que se saca de las pencas de esta planta con la que se producen cuerdas, costales, tapetes, etcétera.

heno s m **1** Planta epífita de distintas especies, de la familia de las bromeliáceas, de hojas largas, escamosas, de color plateado o ceniciento y flores pequeñas en espigas, que vive en las ramas de los árboles; se usa para adornar nacimientos y otros arreglos navideños **2** *Heno barbón* Planta epífita formada por filamentos de color gris verdoso, que cuelga de las ramas de los árboles **3** Hierba seca que se da al ganado como alimento: *heno de alfalfa, una paca de heno*.

hepática 1 s f y adj Planta briofita pequeña, de cuerpo aplanado o en forma de tallo ramificado, con estructuras similares a hojas, que se adhiere al terreno por medio de rizoides; vive en zonas húmedas o en el agua **2** s f pl (*Bot*) Clase de estas plantas.

hepático adj Que pertenece al hígado o se relaciona con él: *un cólico hepático, cálculos hepáticos*.

hepatitis s f sing y pl Inflamación del hígado caracterizada, a veces, por la coloración amarilla de la piel y del blanco de los ojos: *hepatitis crónica, hepatitis infecciosa*.

herbáceo adj Que tiene la naturaleza o características de hierba o de las hierbas: *una planta herbácea, un tallo herbáceo*.

herbicida s m y adj m y f Producto o sustancia que se utiliza para destruir o impedir el desarrollo de hierbas que dañan siembras y cultivos: "Un *herbicida* que ataca solamente a las plantas que tienen la hoja ancha".

herbívoro adj Tratándose de animales, que se alimenta de vegetales, particularmente de hierbas, como las vacas.

heredar v tr (Se conjuga como *amar*) **1** Recibir una persona bienes o dinero que otra le deja, generalmente a su muerte y por medio de un testamento: "*Heredó* la casa de sus padres" **2** Dejar una persona a otra los bienes que tenía, por lo general al morir y por medio de un testamento: "*Heredó* toda su fortuna a su sobrino" **3** Adquirir una persona conocimientos, cualidades, maneras de ser, hábitos, etc transmitidos por sus padres o sus ascendientes; transmitir una persona a sus descendientes alguna de estas características: "Juan *heredó* el carácter de su abuelo", "Mi madre me *heredó* el gusto por la música" **4** Tener un ser vivo determinadas características físicas que le han sido transmitidas genéticamente por sus ascendientes.

heredero 1 s Persona que hereda los bienes que otra le dejó: "Son tantos sus *herederos*, que la fortuna se acabará rápidamente" **2** *Heredero universal* Persona que hereda la totalidad de los bienes de otro: "Nombró a su hijo mayor su *heredero universal*" **3** adj y s Que ha heredado alguna cosa de sus padres o sus antecesores: "Somos *herederos* de una gran cultura".

herejía s f **1** (*Relig*) Para el catolicismo, doctrina contraria a alguno de los dogmas de la Iglesia, que se considera pecado cuando un católico la manifiesta y la sostiene: *la lucha contra las herejías* **2** Afirmación o posición contraria a cualquier dogma, principio, doctrina o creencia ampliamente compartidos: "El maltrato a los niños es una *herejía*".

herencia s f **1** Conjunto de bienes, derechos y obligaciones que al morir una persona deja legalmente a otra: "Recibió toda la *herencia* de su abuela" **2** Conjunto de conocimientos, cualidades, características culturales, etc que recibe una generación de sus antepasados: *la herencia cultural indígena, la herencia cultural española* **3** Fenómeno biológico por el cual los seres vivos transmiten a sus descendientes ciertas características físicas: "Algunas enfermedades mentales se transmiten por *herencia*"

4 Rasgo característico que es transmitido genéticamente por los seres vivos a sus descendientes: "Los ojos cafés son *herencia* de su madre".

herida s f **1** Rotura de los tejidos blandos de un organismo producida por un arma, un instrumento cortante, un fuerte golpe, etc: *herida de bala, cerrar una herida, una herida interna, desinfectar una herida* **2** Abertura que se hace en la piel para realizar una operación quirúrgica: "Ya le cerró la *herida* de la operación" **3** Pena o sufrimiento muy profundos: "Su muerte le produjo una *herida* de la que no ha podido recuperarse".

herido I pp de *herir*: "Lo han *herido* varias veces" **II** adj y s **1** Que tiene heridas o golpes: "Hubo tres *heridos* en el accidente" **2** Que se siente dolido, molesto o humillado por algún acto descortés, ofensivo o injusto: *un hombre herido en sus sentimientos*.

herir v tr (Se conjuga como *sentir*, 9a) **1** Romper o lesionar los tejidos blandos de un organismo con un instrumento cortante, un arma, mediante un fuerte golpe, etc: "Lo *hirieron* con un vidrio", "Mi gallo quedó *herido* y sangrando" **2** Producir alguna cosa una fuerte sensación o impresión en los sentidos: "La luz del sol *hirió* sus ojos" **3** Producir en alguien dolor, molestia o humillación con alguna palabra o un acto descortés, insultante o injusto: *herir el amor propio*, "Su ingratitud la *hirió* profundamente".

hermafrodita adj y s m y f Que tiene los órganos reproductores de los dos sexos: *planta hermafrodita, persona hermafrodita*.

hermanastro s Persona que, con respecto a otra, es hija del cónyuge del padre o de la madre de ésta: "Tiene dos hermanos y una *hermanastra*".

hermano s **1** Persona que, con respecto a otra, tiene el mismo padre y la misma madre que ella **2** *Medio hermano* El que sólo tiene el mismo padre o sólo la misma madre que otro; hermanastro **3** *Hermano gemelo* Uno con respecto a otro de los nacidos en el mismo parto; cuate **4** *Hermano siamés* Uno con respecto a otro de los que nacen unidos por alguna parte del cuerpo **5** *Hermano de leche* Hijo de una nodriza con respecto a otro, ajeno, al que ella crió **6** Ser vivo o cosa que, con respecto a otro, tiene los mismos padres o el mismo origen: *países hermanos, lenguas hermanas* **7** Persona que, con respecto a otra, siente tener el mismo padre o el mismo origen espiritual que ella: *hermanos de raza, hermanos de religión*.

hermético adj **1** Que cierra por completo una abertura, impidiendo el paso de cualquier cosa, incluso del aire, a través de ella: *una tapa hermética, un cierre hermético, una cavidad hermética* **2** Que no se puede descifrar o entender; que es oscuro e impenetrable: *un estilo hermético*, "En ocasiones, Miguel se muestra *hermético*, más que prudente" **3** (*Fil*) Que se relaciona con la doctrina y los escritos de Hermes Trismegisto (nombre griego del dios egipcio Toth), de carácter iniciático y místico.

hermosillense adj y s m y f Que es natural de Hermosillo, capital del estado de Sonora; que pertenece a esta ciudad o se relaciona con ella: *la universidad hermosillense, machaca hermosillense, los cítricos hermosillenses*.

hermoso adj Que tiene las cualidades de la belleza, la proporción, la perfección, la armonía, etc, que producen placer y gusto a la mente o a los sentidos:

cara hermosa, flor hermosa, ojos hermosos, paisaje hermoso, pensamiento hermoso, hermosa poesía.

hermosura s f Cualidad o aspecto de lo bello, lo proporcionado, lo perfecto, lo armónico, que producen placer a los sentidos o a la inteligencia: *la hermosura de una mujer, la hermosura de un paisaje, la hermosura de una sinfonía.*

hernia s f Tumor blando que se forma cuando un órgano o una parte suya se desplaza fuera de la cavidad en la que normalmente se halla contenido, a través de un orificio natural o accidental: *tener una hernia, reducir una hernia, una hernia abdominal, una hernia inguinal.*

héroe s m (Su femenino es *heroína*) **1** Persona a la que se debe admiración por haber realizado grandes hazañas en favor de una causa justa y que se considera como ejemplo por su valor, nobleza, etc: *los héroes de la revolución mexicana, niños héroes* **2** Persona que realiza algún acto extraordinario o muy importante en favor de alguien o que resulta determinante para el logro de algo: "El portero fue el *héroe* del partido", "Fuiste el *héroe*, salvaste a los niños" **3** Personaje principal de una obra literaria, teatral o cinematográfica: *el héroe de la novela, el héroe de la película* **4** Personaje mitológico o legendario que se caracteriza por su valentía, fuerza o habilidad, y que realiza hazañas extraordinarias o que, por sus cualidades, se le consideraba como hijo de un dios y de un mortal, como Aquiles y Hércules.

heroica adj Tratándose de drogas, la que se elabora a partir de la morfina.

heroico adj **1** Que ha realizado una acción extraordinaria de valor, sacrificio y abnegación, o que ha resultado ser un hecho de esa clase: *una figura heroica, una situación heroica, un esfuerzo heroico, un salvamento heroico* **2** (*Lit*) Tratándose de obras literarias, que narra las acciones de un héroe: *un poema heroico.*

heroína[1] s f Femenino de héroe: *la heroína de un cuento, una heroína histórica.*

heroína[2] s f Droga que produce la supresión temporal de la excitabilidad de las células del sistema nervioso central; se obtiene de la morfina, es muy tóxica y crea adicción.

heroísmo s m Comportamiento valeroso, arriesgado, noble y abnegado de una persona o de un grupo de personas: "Defendieron Veracruz con admirable *heroísmo*", "El *heroísmo* del pueblo chileno ha sido extraordinario".

herradura s f **1** Pieza de hierro plana, doblada en forma oval, con dos puntas romas y volteadas hacia adentro en sus extremos, que se clava en los cascos de los caballos para protegérselos y evitar que se desgasten o deformen al caminar **2** Objeto imantado con esa forma **3** Pan dulce que tiene esa forma, con consistencia de galleta, cuyos extremos se cubren con chocolate.

herramienta s f Instrumento o conjunto de instrumentos, por lo general de hierro u otros metales, con los que se hacen trabajos manuales, como los de los mecánicos, los herreros, los electricistas, etc: *una caja de herramienta, herramienta de precisión.*

herrero s Persona cuyo oficio consiste en trabajar el hierro y otros metales para hacer objetos como ventanas, puertas, barandales, herraduras, etcétera.

hercio s m Hertz.

hertz s m (*Fís*) Unidad de medida de la frecuencia de los fenómenos periódicos, equivalente a un ciclo por segundo; hertzio, hercio.

hertzio s m Hertz.

hervir v (Se conjuga como *sentir* 9a) **1** intr Burbujear y vaporizar un líquido cuando ha alcanzado una alta temperatura: *hervir el agua, hervir el mercurio* **2** tr Calentar un líquido hasta que burbujee y vaporice: "Hay que *hervir* la leche" **3** tr Poner algo en un líquido que está hirviendo para que se cueza: *hervir el pollo, hervir las verduras* **4** *Hervir en* Abundar algo o alguien en alguna cosa: *hervir en calentura, hervir en celos.*

hervor s m **1** Eliminación de aire en forma de burbujas y vapor, producido por el calentamiento de un líquido: "Se ponen los chiles a que den un *hervor* y se sirven luego", "Cuando suelte el *hervor*, retírelo de la lumbre", "A partir del primer *hervor*, retírela del fuego" **2** *Cocerse alguien al primer hervor* Dejarse convencer o arrastrar con mucha facilidad.

hesperidio s m Fruto carnoso o baya de cáscara gruesa, dividido generalmente en diez celdas o gajos cubiertos por membranas delgadas, como la naranja y la mandarina.

heterodoxo adj Que no sigue las reglas o principios de una doctrina, teoría, corriente, etc o se aparta de ellas: *un católico heterodoxo, un político heterodoxo, una hipótesis científica heterodoxa.*

heterogéneo adj Que está formado o compuesto de partes o elementos diferentes entre sí: *población heterogénea, una mezcla heterogénea*, "La medida suscitó opiniones de lo más *heterogéneas*".

heterótrofo adj (*Biol*) Que obtiene de otros organismos, ya sea vivos o muertos, como algunas bacterias, las plantas sin clorofila y todos los animales, las sustancias orgánicas de que se nutre.

hexaedro s m (*Geom*) **1** Cuerpo geométrico de seis caras **2** *Hexaedro regular* Cubo.

hexágono s m (*Geom*) Polígono de seis lados y seis ángulos: *calcular el área de un hexágono.*

hez s f **1** Sedimento de partículas o impurezas insolubles que se forma en algunos líquidos: *las heces del vino* **2** pl Excremento: "La solitaria deposita sus huevecillos en las *heces*" **3** Lo peor y más despreciable de algo: *la hez de la sociedad.*

hiato s m **1** (*Ling*) Reunión de dos vocales que pertenecen a sílabas distintas y por eso no forman diptongo, como *a-e* en *caer* o *e-í* en *leí* **2** Grieta, abertura, espacio notable entre dos cosas o entre dos momentos: "Se hizo un *hiato* en la conversación", "Hay un *hiato* entre los países pobres y los ricos".

hibernación s f **1** Condición vital de ciertos animales cuando reducen su actividad física y sus funciones metabólicas y caen en un sueño profundo para pasar los meses invernales **2** *Hibernación artificial* Disminución de la actividad del metabolismo humano con fines anestésicos, que se obtiene por medio de refrigeración y el uso de antihistamínicos y otras sustancias.

híbrido adj y s m **1** Tratándose de seres vivos, que es producto de la cruza de individuos del mismo género, pero de especies diferentes, como la mula: *maíz híbrido, híbridos de jitomate* **2** Que es producto de la mezcla o combinación de elementos de distinta clase, diferentes estilos, géneros, etc: "Un arte *híbrido*, con elementos españoles e indígenas".

hidalguense adj y s m y f Que es natural de Hidalgo, que pertenece a este estado o se relaciona con él: *minas hidalguenses.*

hidratación s f Absorción de agua por otra sustancia o por un cuerpo: *la hidratación de los tejidos, hidratación de una planta.*

hidrato s m (*Quím*) Compuesto formado por agua y otra sustancia: *hidrato de carbono.*

hidráulica s f (*Fís*) Parte de la mecánica que estudia las leyes que rigen el equilibrio y el movimiento de los líquidos, y elabora las técnicas destinadas al aprovechamiento de las corrientes de agua, a su conducción y almacenamiento, etcétera.

hidráulico adj **1** Que pertenece a la hidráulica o se relaciona con ella: *ingeniería hidráulica, obras hidráulicas* **2** Que emplea la energía del agua o se basa en los principios de equilibrio y movimiento de los líquidos para moverse o funcionar: *un martillo hidráulico, frenos hidráulicos* **3** Que se relaciona con las masas y las corrientes de agua y su aprovechamiento: *recursos hidráulicos, cargas hidráulicas* **4** Tratándose de cales o cementos, que se endurece al contacto con el agua.

hidrocálido adj y s Aguascalentense: *la capital hidrocálida, un torero hidrocálido.*

hidrocarburo s m Cada uno de los compuestos orgánicos formados de manera exclusiva por elementos de carbono e hidrógeno, que se obtienen principalmente del petróleo, el alquitrán de hulla y otras fuentes vegetales; la mayoría de ellos se emplean como combustibles, lubricantes y otros usos químicos: *la producción de hidrocarburos.*

hidrófita adj m y f (*Bot*) Tratándose de plantas, que vive en el agua o en lugares de mucha humedad, como el lirio.

hidrógeno s m Elemento químico gaseoso, incoloro, inodoro e insípido, catorce veces más ligero que el aire. Es el elemento más abundante en el universo, aunque en la tierra es muy raro en estado libre; entra en la composición de sustancias orgánicas, de muchos minerales y combinado con el oxígeno forma el agua: *una molécula de hidrógeno, bombas de hidrógeno.*

hidrografía s f **1** Rama de la geografía física que estudia los océanos, los lagos, los ríos, etc de la Tierra **2** Conjunto de los ríos, lagos, etc de una región: *la hidrografía de México.*

hidrólisis s f sing y pl (*Quím*) Reacción química que consiste en la formación de una o varias sustancias nuevas a partir de otra, por la acción del agua sobre ésta: *descomponer por hidrólisis.*

hidrología s f **1** Ciencia que trata de las propiedades físicas, químicas y mecánicas de las aguas continentales y marítimas, así como de su distribución, circulación y relaciones con el ambiente **2** Condiciones de un lugar desde el punto de vista de las aguas que hay en él: *la hidrología de Chiapas, la hidrología de Brasil.*

hidropesía s f (*Med*) Acumulación de líquido seroso en alguna cavidad o en el tejido celular del cuerpo humano, producida por diferentes causas.

hidróxido s m (*Quím*) Compuesto formado por un metal o un radical y uno o varios grupos constituidos por un átomo de oxígeno y uno de hidrógeno; los metálicos son bases para neutralizar los ácidos, formando sales.

hiedra s f **1** Planta trepadora cuyas ramas se extienden mucho y suelen cubrir los troncos de los árboles o las paredes **2** (*Coboea scandens*) Planta trepadora de hojas bipinadas, con hojuelas ovales, provistas de zarcillos; sus flores son solitarias, con forma de campana, moradas y de largo pedúnculo; su fruto es oval, de 4 cm de largo, anguloso, con semillas aplanadas; se cultiva como ornamental en el valle de México **3** (*Cryptostegia grandiflora*) Planta de jugo lechoso, de hojas ovales, flores monopétalas, moradas o rosadas, fruto que crece en dos folículos de unos 12 cm de largo; es originaria de la India y se cultiva en Sinaloa, Baja California y Tamaulipas **4** *Hiedra de la India* (*Ipomoea crassicaulis*) Arbusto de 1 a 2 m de altura, de hojas ovadas o lanceoladas y acuminadas; de flores monopétalas rosas o moradas y semillas negras y vellosas **5** *Hiedra roja* (*Quamoctli pennata*) Planta trepadora de hojas divididas, con sus segmentos filiformes y pinados, de flores escarlatas, con el limbo de cinco lóbulos **6** *Hiedra venenosa* (*Rhus radicans*) Planta trepadora leñosa, de hojas de tres hojuelas ovadas, enteras y dentadas; de flores verdosas en panículas y fruto globoso de 5 mm de diámetro; si se toca, produce erupción e inflamación dolorosa; bebérecua, chechén.

hiel s f **1** Bilis, principalmente la de los animales **2** Enojo, amargura y resentimiento que produce alguna cosa en una persona: "La *hiel* del infortunio y la pobreza se sienten en la boca día tras día".

hielo s m **1** Estado sólido que alcanza el agua cuando se enfría aproximadamente a cero grados centígrados: *hacerse hielo, cristales de hielo* **2** *Romper el hielo* Dirigirse una persona a otra, cuando la encuentra por primera vez o en una reunión, con objeto de comenzar la conversación, hacer el ambiente más agradable, etc **3** *Ley del hielo* Acuerdo sobreentendido o actitud generalizada entre varias personas de no hablar ni atender a otra: "Sus compañeros de trabajo le hicieron la *ley del hielo* por envidia".

hiena s f **1** Mamífero carnívoro de distintas especies, que habita en África y Asia occidental; es de tamaño y forma similar a un perro grande, pero con mayor desplante en su parte delantera; tiene pelaje gris o pardo, con manchas o rayas y una crin espesa; es muy agresivo; se alimenta de carroña o animales pequeños y su voz es parecida a una carcajada **2** (*Liter*) Persona cruel y cobarde: "¡Esa *hiena* no puede tener alma!".

hierba s f **1** Planta pequeña cuyo tallo es tierno y no leñoso, a diferencia de los arbustos y árboles, que generalmente brota sola y muere en el mismo año: *hierba del cáncer, hierba del perro, hierba del sapo, hierba del zorrillo, hierba loca, hierba mora* **2** Conjunto de esas plantas: *un terreno cubierto de hierba, la hierba del potrero* **3** Conjunto de plantas de cualquier especie que crece naturalmente en un terreno: "El camino se llenó de *hierba*", "Hay que quitar la *hierba* para poder sembrar" **4** *Hierba buena* Hierbabuena o yerbabuena **5** *Hierba mala* La que nace en terrenos cultivados y daña a las otras plantas **6** *Mala hierba* Persona que daña o perjudica a otras, entre las cuales actúa.

hierro s m **1** Metal muy abundante en la naturaleza, generalmente de color gris azulado, fácil de manejar y de combinar con otros materiales, magnetizable y oxidable. Se emplea mucho en la construcción de maquinaria, herramienta y edificios, y se utiliza para obtener el acero. En pequeñísimas cantidades es necesario para la vida **2** *Hierro dulce* El que no tiene impurezas **3** *Hierro forjado* El que resiste el óxido y puede soldarse fácilmente **4** *Hierro fundido* El que se procesa en altos hornos, contiene más carbón que el acero y se rompe con mayor facilidad **5** Cualquier varilla o herramienta de este metal: *hierro del arado* **6** Varilla con un dibujo particular en un extremo, que se pone al rojo vivo para marcar el ganado, y huella que deja en la piel esa operación.

hígado s m **1** Glándula de los animales vertebrados, que en el cuerpo humano está situada en la parte superior y derecha del abdomen, cuyas funciones son esenciales para la vida pues produce bilis, fija la grasas, destruye los venenos, etc: *dolor de hígado, golpear en el hígado* **2** (*Zool*) Glándula de otros animales que produce un líquido parecido al pancreático de los vertebrados y lo vierte en el estómago **3** *Tener alguien hígado(s)* Tener valor o presencia de ánimo para hacer algo o enfrentar algún peligro: "El médico *tiene* muchos *hígados* para manejar cadáveres" **4** *Echar los hígados* Hacer un gran esfuerzo por alguna cosa: "Llegó a la meta *echando los hígados*".

higiene s f **1** Conjunto de medidas y reglas que se practica con el fin de conservar la salud y prevenir las enfermedades, especialmente por medio de la limpieza: *hábitos de higiene, higiene escolar, higiene bucal* **2** *Higiene mental* Conjunto de medidas y reglas que tienen por objeto conservar en condiciones normales las funciones psíquicas: "Por pura *higiene mental*, tómate unas vacaciones" **3** Estado de limpieza y buena salud de alguna parte del cuerpo, de todo el cuerpo o de alguna cosa: *la higiene de las manos, la higiene del aparato respiratorio, la higiene de una cocina*.

higiénico adj Que es propio de la higiene o se relaciona con ella: *medidas higiénicas, hábitos higiénicos, un ambiente higiénico*.

higo s m I **1** Fruto de la higuera, de forma semejante a la de una pera, pero más pequeño, blando, con una piel fina y delgada de color verde, morado o negro; su pulpa de color rosa tirando a rojo, está llena de semillas muy menuditas; es muy dulce y se come fresco, en dulce o seco **2** Cada uno de los diversos árboles del género *Ficus* o higueras silvestres que crecen especialmente en Oaxaca; algunos son muy corpulentos y de raíces enormes. Sus semillas suelen nacer sobre un árbol, al cual cubren con sus raíces hasta ahogarlo: "Un pajarito voló / de un *higo* hacia una enramada" **3** *Higo amate* (*Ficus padifolia*) Árbol grande de la familia de las moráceas, con jugo lechoso, hojas ovadas o elípticas, de 4 a 12 cm, agudas o acuminadas; fruto globoso de 4 a 12 mm, a veces moteado de rojo o morado, comestible **4** *Higo loxe chico* (*Ficus kellermani*) Árbol grande de jugo lechoso; hojas oval-oblongas u abovado-ovales de 4 a 14 cm, el apéndice escotado y base subcordada; frutos de 5 a 6 mm por pares sésiles; se encuentra en Oaxaca **5** *Higo loxegrande* (*Ficus glaucescens*) Árbol de jugo lechoso de la familia de las moráceas con las estípulas de 1 a 2 cm; hojas oval-oblongas u abovado-ovales de 8 a 23 cm,

cortamente pilosas; fruto globoso, de 1.5 a 2.5 cm de diámetro, piloso II *Higos* (*Caló*) Sí.

higuera s f Árbol anual de la familia de las moráceas y de distintas especies, la principal es *Ficus carica*, que da el higo y la breva, y se cultiva en zonas templadas. Mide entre 2 y 4 m de altura; tiene el tronco torcido, la corteza gris, madera blanca y poco resistente, y segrega una savia lechosa de sabor amargo. Sus hojas son grandes, lobuladas con cortes abiertos a los lados, ásperas y caedizas, con un pedúnculo largo: "De niños nos gustaba subirnos a esa *higuera*".

hijastro s Hijo del cónyuge de una persona, con respecto a ésta, que no lo procreó; entenado.

hijo s **1** Persona o animal con respecto a su madre, a su padre o a ambos **2** *Hijo bastardo* En el siglo pasado, el nacido fuera del matrimonio, de padre conocido **3** *Hijo natural* o *hijo ilegítimo* El nacido de padres solteros o fuera del matrimonio **4** *Hijo adulterino* El que nace del adulterio de alguno de sus padres **5** *Hijo de leche* El criado por una nodriza en lo que respecta a ella **6** *Hijo político* El casado con el hijo de una pareja respecto de ésta **7** *Hijo de familia* El que vive en la casa paterna por ser menor de edad o por no haberse separado de ella **8** *Hijo de vecino* Cualquier persona **9** *Hijo de la chingada* (*Groser*) Persona despreciable o maligna: "¡Van a ver, *hijos de la chingada*, los voy a denunciar!", "A las puertas de la cantina sólo había *hijos de la chingada*" **10** *Hijo del maíz, de la tiznada*, etc (*Popular Ofensivo*) Hijo de la chingada **11** Cualquier descendiente de algo o de alguien: "Este rosal es *hijo* de aquel otro" **12** ¡*Hijos*! interj (*Coloq*) Exclamación de asombro o de ponderación de alguna cosa; híjole: "¡*Hijos*, me equivoqué!".

¡**híjole**! interj (*Coloq*) Exclamación de asombro o de ponderación de alguna cosa: "¡*Híjole*, apesta refeo!", "Había… ¡*híjole*, mucha gente!", "¡*Híjoles*, es un trabajo muy difícil!".

hilar v tr (Se conjuga como *amar*) **1** Elaborar las fibras textiles en hilo: *hilar el algodón, hilar la lana* **2** Producir el gusano de seda el hilo con que teje su tela **3** Decir en orden y con sentido una serie de palabras: "Ernesto no *hila* las oraciones bien hechas" **4** *Hilar delgado* o *fino* Inferir o interpretar con sutileza o agudeza alguna cosa de la acción realizada por alguien o de lo que ha dicho: "Suponer que rechazó tu invitación para no tener que saludar a tu primo es *hilar demasiado fino*".

hilaza s f Hilo grueso de algodón, de lino o de cáñamo, que se utiliza para tejer prendas de vestir: *unos zapatitos de hilaza*.

hilera s f I **1** Formación de personas o de cosas en una línea, ya sea una junto a la otra o una detrás de otra: "Le mostró la *hilera* blanca de sus dientes", *una hilera de árboles*, "Una *hilera* de soldados cerraban el paso", *una hilera de ladrillos* **2** *Hilera doble* (*Rural*) Siembra de semillas en hilera a cada lado del surco II **1** (*Zool*) Cada uno de los órganos que tienen las arañas en la terminación del abdomen, donde se encuentran las glándulas que secretan el hilo con que teje sus redes **2** (*Met*) Pieza que tiene uno o varios orificios de distintos tamaños o formas, a través de los cuales se hace pasar un metal fundido para producir hilos, varillas o barras del tamaño requerido.

hilo s m **1** Fibra muy delgada y flexible, como un cabello, generalmente hecha de algodón, lino, lana, etc, que se usa para coser o tejer **2** Fibra muy delgada y flexible de distintos materiales: *hilo de plata, hilo de cobre* **3** Fibra o filamento que forman las arañas y los gusanos de seda **4** Chorro muy delgado de algún líquido: *hilo de agua, hilo de sangre* **5** *Hilo de voz* Voz muy débil que apenas se oye **6** Sucesión de hechos, elementos, circunstancias o ideas que da coherencia o estructura a algo: *hilo conductor, hilo de la narración, perder el hilo* **7** *Al hilo* En la dirección de la fibra de una tela, de la veta de una madera, etc: *cortar al hilo* **8** *Al hilo* Uno tras otro: "Ganó ocho partidos *al hilo*".

hilván s m Costura de puntadas largas con que se unen provisionalmente las partes de una prenda, para que sirvan de guía a la costura definitiva; cada una de esas puntadas: *hacer un hilván, seguir el hilván*.

hilvanar v tr (Se conjuga como *amar*) **1** Coser a mano y con puntadas largas alguna cosa, como guía de la costura definitiva o para probar las medidas y el corte de la prenda: *hilvanar las mangas, hilvanar un pantalón* **2** Unir de manera coherente ideas o palabras: "Se golpeó tan fuerte, que no *hilvanaba* dos palabras".

himen s m (*Anat*) Membrana delgada que cierra parcialmente la entrada de la vagina de la mujer; por lo común se rompe durante la primera relación sexual, aunque puede mantenerse intacta después de varios actos sexuales o, por el contrario, romperse por cualquier otra causa.

himenóptero 1 s m y adj Insecto cuya boca puede chupar y masticar, de metamorfosis complicada, que tiene cuatro alas membranosas en un momento de su desarrollo, y un aguijón en el extremo del abdomen en algunas especies, como la abeja, la avispa y la hormiga **2** s m pl Orden de estos insectos.

himno s m **1** Composición poética de carácter solemne, en la que se exalta a una persona, su valor, su heroísmo, su santidad o los valores de un pueblo o de un grupo de personas: *los himnos protestantes, el himno socialista, un himno a la Virgen María* **2** Composición poético-musical que exalta el amor patriótico: *himno nacional,* "la letra del *himno* nacional mexicano es de Francisco González Bocanegra y la música de Jaime Nunó".

hincapié s m **1** Señalamiento insistente de la importancia o el valor de alguna cosa: "Ese *hincapié* en la primacía de la experiencia personal hace del metodismo una forma equilibrada de la vida religiosa" **2** *Hacer, poner hincapié* Resaltar o destacar alguna cosa, para insistir en su valor o en su importancia: "*Hizo hincapié* en la importancia de la medicina preventiva".

hincar v (Se conjuga como *amar*) **1** prnl Poner una o ambas rodillas en el piso o en otro lugar, manteniendo el cuerpo erguido, por lo general en actitud de súplica o adoración; arrodillarse: "Se *hincó* en el reclinatorio para rezar", "Cuando Juan llegó, al momento *se le hincó* para que lo perdonara" **2** Introducir con fuerza una cosa en otra para que quede fija y bien afianzada: *hincar los pilotes, hincar los palos de una cerca, hincar los dientes*.

hinchar v (Se conjuga como *amar*) **1** tr Hacer que aumente el volumen de alguna cosa, dilatándola o expandiéndola: "*Hinchaba* sus pulmones la brisa del verano", *hinchar las velas el viento, hinchar la madera la humedad* **2** prnl Aumentar el volumen de una parte del cuerpo a causa de una infección, un golpe muy fuerte, etc: "*Se le hinchó* la cara después de la pelea", "*Se hinchan* los ojos por la contaminación" **3** *Hincharse de dinero* (*Coloq*) Hacerse sumamente rico **4** *Hincbársele a uno los huevos* (*Popular, Ofensivo*) Darle a uno la gana de hacer alguna cosa: "Tú te quedas aquí hasta que a mí *se me hinchen los huevos*".

hinchazón s f Aumento del volumen de una parte del cuerpo, debido a una infección, un fuerte golpe, etc: "La picadura le produjo *hinchazón*", *aumentar la hinchazón, hinchazón de las piernas*.

hindú adj y s m y f **1** Que rige su vida por la práctica del hinduismo; hinduista **2** Indio: *gente hindú*.

hinduismo s m Religión de muchos habitantes de la India y de otras regiones del Océano Índico fundada en los Vedas, que son sus libros sagrados, creyente en Shiva, Vishnú y muchas otras deidades, en la reencarnación y en la veneración a las brahmanes; tradicionalmente articulada con el sistema social de castas, es la posición del individuo en ese sistema la que define su posición trascendente. No está organizada en una iglesia y prefiere juzgar lo que el individuo hace y no lo que piensa.

hipérbaton s m Figura de construcción de la oración, según la retórica, que consiste en alterar el orden regular de la sintaxis, como en: "Dulces daban al alma melodías..." de Sigüenza y Góngora, "...que del arte ostentando los primores..." de Sor Juana Inés de la Cruz, o en la oración: "Azota el huracán las costas del Pacífico".

hipérbole s f Figura de dicción de un discurso, según la retórica, que consiste en exagerar las características de algo o de alguien al describirlo o al hablar de él, o en exagerar la verdad de una afirmación, como cuando se dice de una persona que tiene la boca tan grande que se aconseja sola, o que la montaña del Zumate está tan alta, que desde allí se mira Inglaterra.

hipermetropía s f (*Med*) Anormalidad de la vista debida a un defecto del cristalino, por el que la imagen, en vez de formarse en la retina, lo hace detrás de ella, por lo cual cuesta trabajo mirar cosas situadas cerca de los ojos; ocurre de diferentes maneras y en diversos grados, y se corrige con lentes convergentes.

hipertrofia s f (*Fisio*) Desarrollo excesivo de un órgano o de una parte del cuerpo sin que se altere su estructura: *hipertrofia del páncreas, hipertrofia de la vejiga*.

hipismo s m Conjunto de prácticas y procedimientos para la crianza y el adiestramiento de los caballos, particularmente para practicar el deporte de la equitación.

hipo s m **1** Espasmo súbito del diafragma y de la glotis, que produce un ruido aspirado y un leve sobresalto: *tener hipo, dar hipo, quitarse el hipo* **2** *Estar algo o alguien de quitar el hipo* (*Coloq*) Ser algo o alguien asombroso, horrible o bello: "Es tan bella que *quita el hipo*".

hipocampo s m **1** Caballito de mar **2** En la mitología griega, ser marino, mitad caballo y mitad pez **3** (*Anat*) En el cerebro de los vertebrados, eminencia alargada de sustancia nerviosa, que se extiende hacia atrás desde el lóbulo olfativo.

hipocorístico adj y s (*Ling*) Tratándose de personas, forma cariñosa de nombrarlas, generalmente abreviada y en diminutivo como *Pancho* por Francisco, *Chema* por José María, *Meche* por Mercedes, *Chabelita* por Isabel, etcétera.

hipocresía s f Actitud de veracidad, lealtad, virtud o compromiso que muestra una persona que en realidad es falsa, desleal, mala o traicionera: "Comprendí que me había descubierto completamente, que le había revelado toda mi *hipocresía*", "Conozco sus pensamientos sin la careta de *hipocresía* que les pone ante todos los demás".

hipócrita adj y s m y f Que aparenta o finge virtudes y rectitud, o que disfraza o esconde sus verdaderos sentimientos o creencias: "Tus explicaciones son la mentira *hipócrita* con la que pretendes hacer buenos tus actos", "Eres un *hipócrita*, Alfonso".

hipódromo s m Campo o estadio que tiene una pista ovalada, en la que se efectúan carreras de caballos: "Le gustaba apostar en el *hipódromo*".

hipófisis s f sing y pl (*Anat*) Glándula de secreción interna, pequeña, rojiza, situada en la silla turca del cráneo y pendiente del cerebro por un pedículo; consta de dos lóbulos y produce numerosas e importantes hormonas que regulan el crecimiento de todos los tejidos orgánicos, dirigen el desarrollo y la función de la tiroides, de la corteza suprarrenal, las gónadas, la presión sanguínea, etcétera.

hipología s f Parte de la veterinaria que trata de los caballos en general.

hipopótamo s (*Hippopotamus amphibius*) Mamífero paquidermo de África, que mide aproximadamente 4 m de largo y 1.5 m de alto; pesa hasta 3 toneladas; tiene un cuerpo grande y gordo con patas cortas; su boca es enorme y sus orejas y ojos desproporcionadamente pequeños; su nariz destaca en la parte superior del hocico; es de piel gruesa, color gris pardusco; vive en grupos y pasa la mayor parte del tiempo sumergido en el agua de ríos y lagos; se alimenta de vegetales.

hipotálamo s m (*Anat*) Región del encéfalo situada en la base del cerebro, unida a la hipófisis por una fibra nerviosa; ejerce el control de las actividades viscerales, el equilibrio hídrico, la temperatura corporal, etcétera.

hipoteca s f **1** Bien que se ofrece como garantía de pago a un acreedor, que no se le entrega, salvo en caso de incumplimiento de la obligación garantizada: "Ofreció una casa en *hipoteca*", *constituir una hipoteca* **2** Pago periódico que se hace a un acreedor, de la deuda garantizada por ese bien: *pagar la hipoteca, rescatar la hipoteca.*

hipotenusa s f (*Geom*) Lado opuesto al ángulo recto en un triángulo rectángulo.

hipótesis s f sing y pl **1** Proposición acerca de algún tema, que se enuncia sin comprobación suficiente y que habrá de probarse de acuerdo con un método, generalmente científico: *una hipótesis acerca de la estructura de la materia, hacer hipótesis, comprobar una hipótesis* **2** *Hipótesis de trabajo* La que se hace con el simple objeto de iniciar un estudio, una discusión, etc, pero se retira en cuanto éstos se han orientado y han encontrado su objetivo y sus planteamientos propios.

híppie s y adj m y f Persona que busca llevar una vida más armónica con la naturaleza, libre de las restricciones sociales —en particular en materia sexual— y opuesta a la guerra, que adopta una actitud de oposición al consumo, los productos industriales y artificiales, y los gobiernos militaristas; viste con ropas folklóricas de la India, principalmente, pero también de los indios mexicanos; usa el pelo suelto y largo; barbas los hombres; a veces consume mariguana. Durante la década de 1960, personas de esa clase fueron activos militantes contra la guerra de Vietnam en los Estados Unidos de América, donde se originó su actitud y sus valores: *ropa hippie, música hippie, peinarse como hippie, irse de hippie.* (Se pronuncia *jípi* y a veces también se escribe así.)

hispánico adj Que es de origen español, que forma parte de la tradición histórica y cultural originada en España y transmitida a América: "Lo *hispánico*, al trasladarse a la Nueva España, tuvo que combinarse y mezclarse con lo indio", "En México, como en todos los países *hispánicos*, el caudillismo es una tradición perniciosa".

hispano adj Que es originario de España o se relaciona con este país: "El *hispano* José María Manzanares se llevó una ovación", "Hay gran interés por el cine *hispano*", *los países hispanos.*

hispanoamericano adj y s Que pertenece a Hispanoamérica o se relaciona con ella: *repúblicas hispanoamericanas, cuento hispanoamericano.*

histeria s f **1** Neurosis o trastorno emocional de síntomas clínicos muy variados, como parálisis o fobias; es más frecuente en la mujer que en el hombre **2** Excitación emocional incontrolable, de llanto, de risa, de miedo, etc que invade a una persona o a un grupo de personas: "En el interior de la sala se escuchaban gritos de *histeria*. En pocos minutos aquello parecía un manicomio".

histograma s m (*Med*) Descripción de la composición y estructura de los tejidos orgánicos: *un histograma del riñón* **2** (*Estad*) Representación gráfica de una función de distribución en la que por medio de rectángulos se indican los intervalos entre los que se distribuye la función, y donde las alturas de los rectángulos señalan el número de observaciones realizadas para cada uno de ellos.

histopatología s f (*Med*) Estudio de los cambios que sufren los tejidos orgánicos a causa de las distintas patologías o enfermedades.

historia s f **1** Conjunto de los hechos sociales, económicos, políticos, etc, que constituyen el desarrollo de la humanidad, de una raza, de un pueblo, etc, desde su origen hasta el presente **2** Disciplina que estudia y expone estos hechos de acuerdo con ciertos principios y métodos **3** Estudio y exposición de los sucesos ocurridos en un lugar o en una época determinados, o de los acontecimientos relacionados con algún aspecto de la actividad humana: *historia de la Edad Media, historia de México, historia del sindicalismo, historia de la ciencia, historia del arte* **4** Conjunto de los hechos que dan lugar a la existencia de algo o de alguien en particular: "La *historia* de su vida es muy triste" **5** Narración de un hecho real o imaginario: "Mi abuelo contaba muy bonitas *historias*" **6** Mentira o pretexto: "Déjate de *historias*", "¡No me vengas con *historias*!", "¡Otra vez con esa *historia*! **7** *Pasar a la historia* Haber perdido una cosa su importancia o actualidad: "Los trenes de vapor ya pasaron a la *historia*" **8** *Pasar a la historia* o *hacer historia* Ser algo recordado por tener gran importancia y valor: "Sus hazañas *pasarán a la historia*" **9** *Historia natural* Conjunto de las ciencias de la naturaleza, particularmente las que estudian la Tierra y clasifican sus elementos, materiales y pobladores, como la geología, la mineralogía, la botánica y la zoología **10** *Historia clínica* Resumen de las observaciones que hace un médico de la salud y las enfermedades de su paciente: "La *historia clínica* nos ayuda en el diagnóstico".

historiador s Persona que se dedica profesionalmente a la historia: *los historiadores de la Revolución Mexicana.*

histórico adj **1** Que pertenece a la historia o se relaciona con ella: *hecho histórico, investigación histórica* **2** Que tiene valor e importancia como para pasar a formar parte de la historia: "El *histórico* levantamiento de los zapatistas".

historieta s f Narración o cuento impreso e ilustrado con dibujos, como los *Episodios mexicanos*, los de *Chanoc*, los de *La familia Burrón*, etc; cómic.

hit s m **1** En el beisbol, bateo exitoso de la pelota, que consiste en impedir que la atrape un jugador del equipo contrario antes de que bote en el suelo: *pegar un hit, meter un hit, lanzar sin permitir un hit* **2** Éxito popular que obtiene una pieza musical o, en general, cualquier acierto semejante: *los hits del año, grabar un hit.* (Se pronuncia *jit.*)

hito s m **1** Acto o acontecimiento puntual, que marca un momento o un estado importante en el desarrollo o en la historia de alguna cosa: "La construcción de la Torre Latinoamericana marca un *hito* de la ingeniería mexicana de suelos" **2** *De hito en hito* De un punto a otro, en momentos sucesivos precisos: "Volteaba a mirarla *de hito en hito*, asombrado por su belleza".

hocico s m **1** Parte de la cabeza de algunos animales, generalmente alargada hacia adelante, donde se encuentran la boca y la nariz: *el hocico de un perro, el hocico de un gato* **2** *Irse de hocico* (*Popular*) Caer alguien de frente, de cara, o caer algo por su parte delantera: "El bailarín *se fue de hocico*" **3** (*Popular, Ofensivo*) Boca: "¡Cállese el *hocico*!".

hockey s m Juego que consiste en golpear una pelota o un disco con un bastón curvo por su parte inferior, para hacerla entrar en una red pequeña, colocada a cada extremo de un campo rectangular, ya sea de pasto o de hielo; se juega entre dos equipos de once jugadores cada uno, cuando es sobre pasto, o de seis, cuando es sobre hielo. (Se pronuncia *jóqui.*)

hogar s m **1** Casa en donde vive alguien, particularmente una familia: *quehaceres del hogar, formar un hogar* **2** Casa en donde se da refugio y cuidado a las personas desvalidas: *hogar para ancianos.*

hogaza s f Pieza grande de pan para rebanar.

hoguera s f Fuego que se hace en el suelo y al aire libre con ramas y troncos principalmente: *prender la hoguera, morir en la hoguera.*

hoja s f l **1** Cada uno de los órganos, generalmente verdes y planos, que nacen en las ramas de las plantas y que realizan funciones de transpiración y de fotosíntesis necesarias para la vida vegetal **2** *Hoja lanceolada* La que tiene forma de punta de lanza **3** *Hoja oblonga* La oval, de extremos redondeados **4** *Hoja acuminada* La lanceolada, cuyos extremos

son más redondeados **5** *Hoja aserrada* La que tiene muchas pequeñas puntas a lo largo de sus bordes **6** *Hoja pinada* La que está compuesta por muchas pequeñas hojitas, dispuestas simétricamente a lo largo de una rama **II 1** Lámina delgada de cualquier material, especialmente la de papel: *escribir en una hoja, un libro de cien hojas, una hoja de madera* **2** Cuchilla delgada y filosa de algunas herramientas y de armas blancas: *hoja del arado, hoja de una espada* **3** *Hoja de rasurar* o *de afeitar* Cuchilla de acero, delgada y filosa, que se usa para rasurar o afeitar **4** Cada una de las partes de una ventana o de una puerta que se abren y cierran **5** *Tener algo vuelta de hoja* Poder algo ser de otro modo **6** *Hoja de servicios* Documento en el que constan los servicios prestados por un empleado o un funcionario.

hojaldra s f **1** Pan dulce redondo, esponjado, de color café dorado, cuya capa exterior es fina, quebradiza y porosa **2** Hojaldre.

hojaldre s m o f Masa a base de harina y mantequilla con que se preparan panes o pasteles que, al cocerse, adquiere una consistencia de varias capas de hojas delgadas superpuestas: *pasta de hojaldre.*

hojear v tr (Se conjuga como *amar*) **1** Pasar las hojas de un libro, un cuaderno, etc sin mirar cuidadosamente lo que hay o dice en ellas **II** (*Rural*) **1** Echar hojas las plantas **2** Pasar ramas verdes sobre alguna persona o frotarla con ellas **3** Alimentar con hojas a un animal.

¡hola! interj Saludo familiar: "¡*Hola*, cómo estás?".

holán s m Olán.

holandés **1** adj y s Que pertenece a Holanda o a los Países Bajos, es originario de esta región de Europa o se relaciona con ella: *un barco holandés, técnica holandesa* **2** s m Lengua germánica que se habla en esta país europeo; neerlandés.

hombre s m **1** Animal mamífero del orden de los primates, de la especie *homo sapiens*, que se distingue de los animales por tener los pies y las manos bien diferenciados, andar erguido, tener el cráneo más grande, un mayor desarrollo mental y la capacidad de hablar **2** Conjunto de esos animales o seres **3** Ser dotado de razón y, según algunas religiones, de un alma inmortal **4** Persona del sexo masculino: "Hay equilibrio en la población de *hombres* y mujeres" **5** Persona del sexo masculino que ha llegado a su madurez o a la edad adulta: "Rodrigo ya es un *hombre*" **6** *Hombre público* u *hombre de Estado* El que se ocupa de los asuntos de gobierno **7** *Hombre de mundo* el que ha acumulado mucha experiencia en el trato social y se mueve en un ambiente internacional **8** *Hombre de palabra* El que cumple lo que dice o hace lo que promete **9** *Hombre rana* El que lleva puesto un equipo de buceo, con aletas, máscara, etc **10** *Hombre de la calle* El común y corriente **11** *Ser muy hombre* Ser, una persona del sexo masculino, fuerte y valiente **12** *Ser hombre al agua* Encontrarse sin poder hacer nada ante una situación difícil, estar perdido **13** interj Expresa admiración, emoción, asombro, etc: "¡*Hombre*, qué gusto verte!", "¡Pero, *hombre*, así no se hacen las cosas!".

hombrera s f **1** Cojincillo que se pone en algunas prendas de vestir, como los sacos o las chaquetas, sobre los hombros, para que ajuste bien la prenda **2** Adorno o refuerzo especial de las prendas de vestir en la parte correspondiente a los hombros **3** Escoriación o absceso que se produce en las espaldillas u hombros de los caballos y otros animales semejantes.

hombro s m **1** Cada una de las dos partes superiores y laterales del tórax del ser humano y de algunos animales, en donde el brazo se une al tronco: *hombros cargados, encogerse de hombros* **2** Parte de las prendas de vestir que cubre esa región: *romper el hombro de una camisa* **3** *A, en hombros* Cargado sobre los hombros, generalmente en señal de triunfo: "Silveti salió de la plaza *en hombros*" **4** *Mirar a alguien por encima del hombro* Mirarlo con desprecio o con sentimiento de superioridad: "Los Pérez siempre *miran por encima del hombro*" **5** *Meter* u *arrimar el hombro* Ayudar a alguien o impulsar algo quien está en una posición ventajosa desde la cual puede influir: "A Jorge, su suegro le *metió el hombro* en la empresa en que trabaja" **6** *Hombro con hombro* Juntos o con el mismo esfuerzo: "El diputado ofreció trabajar *hombro con hombro* con los campesinos".

homenaje s m Acto con el que se demuestra reconocimiento, admiración, respeto, etc a algo o a algo: *homenaje a la bandera, un homenaje a Bolívar, rendir homenaje.*

homeopatía s f Concepción de la medicina de carácter clínico, que concibe el organismo humano como una totalidad, tanto física como espiritual, y define los remedios con que se tratan las enfermedades de acuerdo con esa concepción, bajo el principio de administrar pequeñísimas dosis de medicamento que, en grandes cantidades, producirían los mismos síntomas que trata de curar.

homicida adj y s m y f Que mata a un ser humano: *un arma homicida, apresar al homicida, juzgar a un homicida.*

homicidio s m Acto de matar a una persona, sobre todo cuando constituye un delito: *cometer un homicidio, investigar un homicidio.*

homilía s f Discurso o sermón sobre un tema religioso, generalmente basado en algún pasaje de la Biblia, que pronuncia el sacerdote para transmitir su enseñanza a los fieles que lo escuchan: *decir una homilía, pronunciar una homilía.*

homófono adj, y s m (*Ling*) Respecto de una palabra o signo lingüístico, otro que se pronuncia igual y tiene distinto significado, por ejemplo, *cocer* como poner al fuego y *coser* como unir con hilo, o *errar* como equivocar o andar sin rumbo y *herrar* como poner herraduras.

homogéneo adj **1** Que está formado por elementos de la misma clase, de características semejantes o que guardan entre sí una proporción: *masa homogénea, mezcla homogénea, un grupo homogéneo* **2** Que es de la misma naturaleza o clase: *intereses homogéneos, gustos homogéneos.*

homógrafo adj, y s m (*Ling*) Con respecto a una palabra o signo lingüístico, otro que se escribe igual y tiene distinto significado, por ejemplo, *canto* de cantar y *canto* como lado de algo, o *banco* como mueble, *banco* como institución financiera y *banco* como conjunto de peces.

homología s f Relación de igualdad entre dos formas o entre dos estructuras.

homólogo adj **1** Que es igual en forma, en estructura o en la posición que ocupa en ésta; que tiene la misma jerarquía o función: "El presidente recibirá a su *homólogo* de Costa Rica" **2** (*Geom*) Tratándose de lado o de ángulos, que se corresponden en valor, estructura y proporciones **3** (*Biol*) Tratándose de estructuras biológicas, que surgen de movimientos embrionarios similares, son análogos en plan y desarrollos básicos, reflejan una dotación genética común y la misma relación evolutiva **4** (*Biol*) Tratándose de órganos, que son idénticos entre sí en forma y estructura, o que son mitades de un órgano superior.

homónimo adj, y s m **1** (*Ling*) Respecto de una palabra o signo lingüístico, otro que se pronuncia igual (*homófono*) o que se escribe igual (*homógrafo*) pero que tiene distinto significado, como *hecho* de hacer y *echo* de echar, o *capital* como ciudad principal y *capital* como conjunto de bienes **2** Con respecto a una persona o ciudad, otra que tiene el mismo nombre. Mérida de México, de Venezuela y de España son homónimos lo mismo que alguien que se llame Miguel Hidalgo lo es con respecto al héroe nacional.

homosexual adj y s m y f **1** Que experimenta atracción sexual por personas de su mismo sexo: *los derechos de los homosexuales, un artista homosexual* **2** Que pertenece a la homosexualidad o se relaciona con ella: *una relación homosexual, una tendencia homosexual.*

honda s f Tira de cuero u otro material flexible que se usa para lanzar piedras con fuerza, muy usual entre los pastores: *tirar con honda.*

hondo adj **1** Tratándose de accidentes de terreno, que alcanza mucha distancia hacia abajo, hacia el interior de la Tierra o desde la superficie: *un pozo muy hondo, una cueva honda, un río muy hondo, un hondo barranco* **2** En, *desde lo hondo* En o desde el fondo de algo: "*En lo hondo* del corredor habría un altar" **3** Que tiene una distancia mayor de lo normal entre su borde y su fondo: *un plato hondo, una bolsa honda* **4** Que tiene su origen o su raíz en la parte más interna del espíritu, que es muy íntimo: *un hondo sentimiento, un dolor hondo, una honda reflexión* **5** Que tiene su origen o su principio en los fundamentos o en la base de algo: *una honda crisis social, un hondo misterio humano.*

hondonada s f Parte de terreno que baja bruscamente y se hace más honda: "El arroyo baja por una *hondonada*", *las hondonadas de la sierra.*

hondureño adj y s Que es natural de Honduras, que pertenece a este país hispanoamericano o se relaciona con él.

honestidad s f **1** Virtud de la persona honrada, justa, respetuosa de los bienes de los demás: "El alcalde de queretano hizo promesa de *honestidad* y trabajo", "El señor Ávila posee *honestidad*, es trabajador y magnífico padre de familia" **2** Virtud de la mujer discreta, recatada y casta: "Lo que le importaba era la *honestidad* de sus hijas".

honesto adj **1** Que es honrado, no roba ni siente inclinación por los bienes ajenos y vive de su propio trabajo y sus propios logros: *gobernantes honestos, un tesorero honesto, una juez honesta* **2** Que es discreto, recatado y casto: *una mujer honesta, una conducta honesta, un vestido honesto.*

hongo s m **1** Planta talofita, sin clorofila, que vive como parásita de otras o se desarrolla sobre materia descompuesta. Es característico el sombrero que tienen varias de estas plantas, como las setas o los champiñones. Algunas especies, como las anteriores o el cuitlacoche, son comestibles; otras son tóxicas y producen alucinaciones, como el cornezuelo del centeno o el hongo de la razón, y algunas otras son venenosas **2** pl Clase de estas plantas **3** Sombrero de fieltro de copa semiesférica.

honor s m **1** Cualidad moral de una persona que consiste en comprometerse con sus ideas, cumplir sus compromisos, actuar siempre con honradez y ser leal y fiel a los demás: *un hombre de honor* **2** Buena reputación de alguien: *defender el honor, cuidar el honor de la familia* **3** Dignidad que se reconoce a alguien o privilegio que se le concede: "Tendrá el *honor* de representar a México", "Recibir el *honor* de un cargo público" **4** *Honores* Homenaje o ceremonia con la que se conmemora algo o se celebra a alguien: *honores a la bandera, hacer los honores a la cocinera* **5** *En honor a* Con respecto a, con apego a: "*En honor a* la verdad, no estudié la lección".

honorable adj m y f **1** Que es honrado o que actúa de acuerdo con las exigencias de su propio honor: "Es una persona *honorable* en su conducta, veraz en sus palabras, santa en su vida", *un hombre honorable* **2** Que es digno de respeto: *la honorable Cámara de Diputados.*

honorario[1] adj Que merece los honores y el tratamiento del empleo, del cargo o de la distinción aunque no los ejerza realmente: *socio honorario, presidente honorario, cónsul honorario.*

honorario[2] s m pl Pago que recibe una persona por su trabajo profesional: *honorarios médicos, pago de honorarios, recibo de honorarios.*

honra s f **1** Aprecio y respeto del honor y la dignidad propios: "¿Quién si no yo puede cuidar de mi *honra*?" **2** Buena fama o buena reputación que tiene alguien debido a su comportamiento moral y honrado: "Si lo expulsan de la judicatura pierde todo: su porvenir, su carrera, *su honra*", "Se escaparon de una muerte segura, con *honra* para el médico que los asistió", "Soy mexicano y lo tengo a mucha *honra*" **3** Reputación de castidad, discreción y recato de una mujer: "Mi *honra* está en manos de mi esposo, el señor marqués", "Yo no puedo defender algo que no existe y su *honra*, señora, dejó de existir tiempo ha" **4** Reconocimiento de la buena fama o del mérito de alguna persona: "Les agradezco cordialmente la *honra* que me hacen invitándome a formar parte de esta academia" **5** *Honras fúnebres* Ceremonia en la que se alaba las obras que realizó en vida un difunto: *unas solemnes honras fúnebres.*

honradez s f **1** Cualidad de una persona que actúa con justicia, maneja sus negocios o sus asuntos de dinero con apego a la moral y según la ley, y se comporta rectamente y de acuerdo con la verdad: *la honradez de un trabajador, la honradez de un juez* **2** Carácter de un negocio, un trato, un trabajo, etc en que se actúa con justicia, de acuerdo con la moral y la ley y con apego a la verdad: *la honradez de una administración, la honradez de un ayuntamiento.*

honrado I pp de *honrar*: "Me ha *honrado* con su presencia" **II** adj **1** Que actúa con honradez: *un ma-*

rido honrado, un funcionario honrado **2** Que es hecho con honradez: *un trato honrado, una disposición honrada.*

honrar v tr (Se conjuga como *amar*) **1** Reconocer las virtudes y los valores morales de alguien y el respeto que merece su persona: *honrar a un amigo, honrar a los héroes, honrar a una mujer* **2** Respetar la dignidad de algo o de alguien: *honrar a los padres, honrar a la patria* **3** Reconocer el mérito de alguien mediante un acto en el que se le elogia, un premio o un regalo: "*Honraron* a Gilberto Owen con un homenaje en Bellas Artes", "La condecoración *honró* al famoso científico" **4** Conceder a alguien un privilegio o designarlo para cierta tarea distinguida que es considerada un honor por quien lo recibe: "Lo *honraron* con ese título".

hora s f **1** Cada una de las 24 partes de 60 minutos en que se divide el día solar. Se cuenta a partir de la medianoche **2** Medida que, de este periodo, marca un reloj: *dar la hora,* "—¿Qué *hora es*? —Son las 3:30" **3** *Hora astronómica* La que determina el paso del Sol por el meridiano del lugar **4** *Hora civil* La que se establece oficialmente para cierta zona o país **5** *Hora de Greenwich* La del meridiano que pasa por ese pueblo de Inglaterra y a partir de la cual se rigen todas las naciones **6** *Hora muerta* La que se pasa sin actividad o se desperdicia por quedar libre entre dos periodos de trabajo: *las horas muertas del comercio,* "Tengo una *hora muerta* entre clase y clase" **7** Momento indicado, oportuno o propicio para hacer algo: *la hora de comer, la hora de descansar, llegar la hora* **8** *¡A buena(s) hora(s)!* Fuera de tiempo, cuando ya no hace falta o no tiene caso, demasiado tarde: "¡A buenas *horas* vino el médico!" **9** *Llegarle a uno la* o *su hora* Estar próximo a morir o morirse **10** *A última hora* En el último momento: "*A última hora* avisaron que no saldría el camión" **11** *A la hora de la verdad* o *a la hora de la hora* En el momento decisivo o crucial: "*A la hora de la hora* se sabrá quién es el mejor de los dos", "*A la hora de la verdad* no quiso firmar".

horario adj **1** Que pertenece a las horas o se relaciona con ellas: *huso horario, ángulo horario* **2** s m Manecilla del reloj que marca las horas **3** Estipulación de los periodos del día en que se lleva a cabo alguna cosa: *un horario de trenes, horario de salidas, horario de trabajo, horario de las funciones de cine.*

horchata s f Bebida refrescante hecha de arroz, almendras, pepitas de melón o chufas, mezclados con agua y azúcar.

horda s f **1** Grupo nómada primitivo que vivía de la caza y de la recolección y cuya organización social se considera como la más elemental y rudimentaria **2** Conjunto de personas que se comportan de manera irreflexiva, incivilizada y violenta: *las hordas fascistas, una horda de bandidos.*

horizontal adj m y f Que tiene todos sus puntos o partes a la misma altura o que traza una línea cuya altura no varía: *plano horizontal, posición horizontal, movimiento horizontal.*

horizonte s m **1** Línea que puede uno trazar con la vista desde cualquier punto de la superficie de la Tierra, en donde ésta parece terminar y juntarse con el cielo: *un horizonte montañoso,* "Distinguió tierra en el *horizonte* y gritó entusiasmado…" **2** Conjunto de hechos o acontecimientos que abarca algo o alguien, de posibilidades de desarrollo o de superación que ofrece alguna cosa, o de acción y de pensamiento que tiene alguien: *un horizonte histórico, un hombre de amplio horizonte, el horizonte de la biología, horizonte del arte.*

hormiga s f **1** Insecto himenóptero de diferentes especies, que tiene diversos tamaños y colores; su cuerpo tiene dos partes estrechas entre la cabeza y el tórax, y entre éste y el abdomen, que son abultados; tiene dos antenas y patas largas. Vive en colonias y escarba galerías bajo el suelo; forma una sociedad en la que hay hembras y machos, que se caracterizan por tener alas durante el periodo de la fecundación, y obreras, que son hembras estériles encargadas de todos los trabajos: *hormiga roja, hormiga arriera* **2** *Ponerse algo color de hormiga* Tomar una situación un giro peligroso o riesgoso: "La discusión *se puso color de hormiga*".

hormiguero s m **1** Conjunto numeroso de hormigas **2** Lugar donde viven, construido o transformado por ellas, generalmente en la tierra o en grietas, con varios túneles interiores.

hormona s f Sustancia o compuesto orgánico producido por glándulas internas y segregado directamente a la sangre para actuar en diversos procesos del cuerpo, como el metabolismo, el crecimiento, la reproducción, etc; en las plantas, sustancia sintetizada en pequeñas cantidades que actúa sobre diversos procesos vegetales.

hornear v tr (Se conjuga como *amar*) Cocer un alimento al horno: *hornear un pastel, hornear un pollo,* "Hornéese a 300 grados".

hornilla s f En una estufa, cada uno de los dispositivos que calientan los trastes de los alimentos, ya sea por donde sale el gas o el que se calienta mediante resistencias eléctricas: *una estufa de cuatro hornillas, una hornilla eléctrica.*

horno s m **1** Aparato en el que se concentra gran cantidad de calor y sirve para cocinar y calentar alimentos: *horno de barro, horno eléctrico, el horno de la estufa* **2** *Al horno* Manera de cocinar un alimento usando dicho aparato: *papas al horno, carne al horno* **3** Construcción hecha para producir y mantener una temperatura muy elevada, como la que se usa para fundir diversos materiales o para cocer ladrillos y cerámica **4** *Alto horno* El que se emplea en la industria siderúrgica para la producción de acero **5** *Horno crematorio* El que se usa para quemar cadáveres.

horqueta s f **1** Parte de un árbol o de un arbusto en donde el tronco y una rama o dos ramas unidos entre sí forman un ángulo agudo **2** Soporte cuya parte superior tiene dos ramas unidas formando un ángulo agudo **3** Hueso del pollo que tiene esa misma forma **4** (*Ver S*) Resortera.

horquilla s f **1** Utensilio o instrumento formado por dos piezas paralelas entre sí, unidas por uno de sus extremos; es de alambre doblado en dos, para sostener el pelo; de hierro, con ranuras en sus extremos, para accionar la caja de cambios de un automóvil; de hierro o de madera, con sus dos puntas afiladas, para remover forrajes, como la paja o el heno, etc **2** Adorno del peale de las mujeres, que tiene en su parte baja varios dientes que se entierran entre el pelo y, en la alta, algún grabado o relieve; se hacen de plata, de carey, etcétera.

horrible adj m y f Que provoca horror por su fealdad, su maldad, su crueldad, etc: *un horrible mausoleo, un crimen horrible, una enfermedad horrible, un sueño horrible.*

horror s m **1** Sentimiento de repulsión o de extremo desagrado o disgusto que causa algo feo, malo, cruel, trágico o mortal: *inspirar horror, lleno de horror,* "Sus ojos desorbitados y lascivos, sus labios babeantes y su estertor entrecortado sólo podían causarle *horror*", "Me haces olvidar el *horror* a las miserias de la vida", "¡Qué *horror* encontrarse encadenada a un marido!", "Nadie, medianamente en su juicio, puede alegrarse de los *horrores* de la guerra" **2** *Horrores* adv (*Coloq*) Mucho, en gran cantidad: "Estefanía me gusta *horrores*", "Sufría *horrores* con su entrenamiento", "Sabes que queremos *horrores*" **3** *De horror* Tratándose de obras literarias, teatrales, etc, que provoca ese sentimiento: *género de horror, cuentos de horror.*

hortaliza s f **1** Conjunto de las plantas comestibles, como las verduras y las legumbres, que se cultiva en huertos, y cada una de ellas, como la cebolla, el jitomate, la lechuga o la papa: *plantar hortalizas, cuidar la hortaliza* **2** Terreno en que se cultivan esas plantas: *tener jacal y hortaliza.*

hosco adj **1** Que es poco sociable, poco amigable, poco tratable, huraño: "Ancianos de gesto *hosco,* trabajadores de cansado andar", "Había regresado del pueblo, *hosco* y pensativo" **2** (*Rural*) Tratándose de ganado vacuno, que es de pelo rojizo negruzco y lomo tostado en negro.

hospedaje s m **1** Alojamiento que recibe una persona cuando está de viaje: *dar hospedaje, pagar el hospedaje, buscar hospedaje* **2** Acto de hospedar a alguien: "¡Muchas gracias por tu *hospedaje*!".

hospedar v tr (Se conjuga como *amar*) **1** Dar alojamiento a personas, generalmente de manera temporal: *hospedar a un amigo, hospedar a los turistas* **2** prnl Recibir alojamiento cuando uno está de viaje: "*Me hospedaba* en un hotelito sencillo".

hospital s m Establecimiento en el que se proporciona atención médica y se pueden internar enfermos.

hospitalidad s f Buen recibimiento, generosidad y cortesía que alguien da u ofrece a otra persona, especialmente cuando llega a su casa: *la hospitalidad mexicana, la hospitalidad de la familia Yáñez.*

hostia s f (*Relig*) Entre los católicos, hoja redonda, pequeña y muy delgada de pan sin levadura que se ofrece en el sacrificio de la misa y que simboliza el cuerpo de Cristo.

hostil adj m y f Que muestra enemistad, que es adverso a uno: *una actitud hostil, un acto hostil, un ambiente hostil, un hombre hostil.*

hostilidad s f **1** Apariencia de enemistad y sensación que uno recibe de ella: "Las fuerzas norteamericanas dieron muestras de *hostilidad* frente a Veracruz", "Al entrar en la sala sentí la *hostilidad* de los presentes", *mostrar hostilidad* **2** *Hostilidades* Agresiones guerreras: *suspensión de hostilidades, iniciar las hostilidades* **3** *Estallar, romper las hostilidades* Iniciar la guerra entre dos bandos.

hot cake s m Especie de crepa o tortilla gruesa, hecha a base de harina, huevo y mantequilla, cocida en un sartén o plancha engrasada, que se come caliente y bañada en miel: *una orden de hot cakes.* (Se pronuncia *jot kéik*.)

hot dog s m Salchicha caliente, metida en un pan alargado, o media-noche, que se unta generalmente con mostaza, salsa de jitomate y otros condimentos: *comer hot dogs.* (Se pronuncia *jot dog.*)

hotel s m Establecimiento público en el que se da alojamiento temporal a las personas, especialmente cuando viajan: *un hotel de primera clase, un cuarto de hotel.*

hoy adv **1** Este día, el día en que estamos: "*Hoy* no vino a clase", "No vino *hoy* al trabajo", "*Hoy* en la tarde voy al cine", "*Hoy* hace ocho días que se fue", "*Hoy* es miércoles", "De *hoy* en adelante me voy a levantar más temprano" **2** En esta época, actualmente: "Los niños de *hoy* parecen más despiertos que los de antes" **3** *Hoy por hoy, hoy en día* Actualmente, por el momento, por ahora: "*Hoy por hoy* la deuda externa del país es un serio obstáculo para el desarrollo".

hoyo s m **1** Agujero más o menos redondo que hay en un terreno o en otra superficie: *caerse en un hoyo*, "Se me hizo un *hoyo* en la media", "Las calles están llenas de *hoyos*" **2** *Hoyo negro* (*Fís*) Cuerpo u objeto cósmico que tiene un campo gravitacional tan intenso que nada, ni siquiera la luz, puede salir de él.

hoz s f Herramienta agrícola que sirve para segar cereales, forrajes o maleza, consistente en un hierro plano, curvado como media luna, con el filo por la parte de adentro, y un mango corto para agarrarlo.

huacal s m **1** Caja parecida a una jaula, hecha de varas o de tablas delgadas de madera, que se usa para transportar objetos delicados, como loza, fruta o verdura: *un huacal de jitomate, un huacal de uvas* **2** *Salirse uno del huacal* Dejar de cumplir o respetar ciertos límites impuestos por alguien o ciertas normas y reglas: "Varios de sus alumnos *se le salieron del huacal* a don Juan" **3** Parte del cuerpo del pollo formado por las costillas y la columna vertebral **4** En Tabasco, jícara.

huachinango s m Pez marino de la familia de los lutiánidos, de distintas variedades y especies; el más común mide 60 cm aproximadamente, es de color rojo y muy apreciado por su sabor; se pesca en ambas costas de México.

huamúchil s m Guamúchil: "Su rancho era de tierra ya muy trabajada, un cuarto miserable de adobe, tres tamarindos y dos *huamúchiles*".

huapango s m **1** Baile y canto popular de Veracruz, sobre todo en su parte norte, y del sur de Tamaulipas y las Huastecas potosina, hidalguense y queretana, de gran riqueza rítmica, interpretado generalmente por una o dos guitarras (jaranas y requinto), un violín y arpa; utiliza diversas formas estróficas, como la décima; se baila zapateando, con pasos rápidos y complicados, sobre una tarima de madera **2** Fiesta popular en la que se bailan huapangos y sones en Veracruz **3** Tarima en la que se zapatea ese baile y el son jarocho.

huarache s m **1** Especie de zapato indígena mexicano, hecho con tiras de cuero trenzadas y una suela del mismo material o, modernamente, de hule de llanta, que usa la mayor parte de los campesinos **2** Pedazo de hule con que se remienda un agujero de una llanta de automóvil **3** Tortilla de maíz ovalada, untada con frijoles, salsa y queso: *huarache con costilla.*

huasteco 1 adj Que es originario de las Huastecas (veracruzana, tamaulipeca, potosina, hidalguense o queretana), o se relaciona con ellas **2** s m Grupo indígena mexicano, de la familia maya, que habita actualmente en el noreste de San Luis Potosí y el norte de Veracruz, aunque sus dominios abarcaban también el noreste de Hidalgo y Querétaro y el sur de Tamaulipas desde el año 200 aC; la región en que vive es de clima cálido y húmedo, de fauna muy variada y rica vegetación; vive del cultivo del maíz, frijol, calabaza, yuca, camote, caña de azúcar, ajonjolí y frutas como el mango y el plátano. Su técnica agrícola tradicional es de tumba, roza y quema, con instrumentos como la coa y el azadón; fabrica artículos de palma. Su organización social se basa en la familia nuclear, agrupada en barrios o rancherías; se conservan los consejos de ancianos; su religión predominante es la católica, junto con el recuerdo de la veneración a los dioses antiguos del mar, la fertilidad, la lluvia, etc **3** s m Lengua de este pueblo, de la familia maya, hablada en tres variantes distinguibles entre sí en San Luis Potosí y el norte del estado de Veracruz.

huautli s m Alegría^2; huautle.

huauzontle s m (*Chenopodium bonus-henricus*) Planta herbácea de hojas alternas ovadas y flores verdosas pequeñísimas, amontonadas en panículas; las flores son comestibles y se preparan capeadas con huevo en tortas, rellenas de queso y embebidas en caldillo de jitomate y salsa de chile; guauzontle, huazontli.

huave s m **1** Grupo indígena mexicano que habita en los alrededores de las lagunas Superior e Inferior del golfo de Tehuantepec, en el estado de Oaxaca. Vive en un territorio cálido y seco, de lluvias periódicas y escasas, flora tropical y fauna acuática abundante. Pesca distintos tipos de peces, camarón y caimán en canoas que fabrica localmente. Sus actividades secundarias son el cultivo del maíz, frijol y una leguminosa llamada jícaco, además de la crianza de cabras y ovejas en pequeña escala **2** Lengua que habla este grupo indígena y que por sí misma forma una familia **3** adj y s m y f Que pertenece a este grupo indígena o se relaciona con él.

hueco adj **1** Que está vacío en su interior, no tiene materia o contenido, no es sólido ni compacto: *un tronco hueco, una pared hueca, una cáscara hueca* **2** s m Parte vacía y de poca profundidad en alguna cosa: *el hueco de la mano, un hueco de una barda, el hueco de una tabla* **3** s m Espacio que queda vacío entre dos cosas: *hacer un hueco en un librero, encontrar un hueco en el tren, meter piedritas en un hueco* **4** s m Tiempo que queda libre o desocupado en una actividad o entre dos momentos de ella: *hacer un hueco en una agenda, quedar un hueco entre dos clases* **5** Tratándose de un sonido, que retumba y es profundo: *una voz hueca, un timbre hueco* **6** Que no tiene contenido, importancia o solidez: *una propuesta hueca, palabras huecas.*

huéhuetl s m sing y pl Tambor vertical alargado, construido con un tronco de árbol ahuecado y cubierto con piel por uno de sus lados; se toca con las manos; se usa en muchas festividades religiosas tradicionales.

huelga s f **1** Suspensión temporal del trabajo realizada por los obreros o los empleados de una empresa, industria o institución con el fin de conseguir mejores condiciones de trabajo, respeto a sus derechos, cumplimiento de los compromisos que han contraído los patrones, etc: *estallar una huelga, derecho de huelga, ponerse en huelga* **2** (*Der*) Suspensión legal y temporal de trabajo realizada por los trabajadores para conseguir esos objetivos de acuerdo con lo que dispone la ley **3** *Huelga de brazos caídos* La que se hace dentro del local de trabajo, asistiendo a él pero sin realizar las actividades correspondientes **4** *Huelga de hambre* Suspensión total de alimento que se imponen una o varias personas para mostrar su decisión de morir si no se reconocen sus derechos o si no se aceptan sus demandas.

huelguista s m y f Persona que toma parte en una huelga: "Una colecta en favor de los *huelguistas*".

huella s f **1** Marca o serie de marcas que imprimen en el suelo a su paso los pies de una persona, las patas de un animal, las ruedas de un vehículo, etc: "El pájaro dejó sus *huellas* sobre la arena", "Iba siguiendo las *huellas* de aquellos pasos" **2** Señal o marca que deja alguna cosa sobre otra al tocarla, rozarla, golpearla, etc: "La *huella* de la bala quedó en la pared" **3** *Huella digital* La que dejan las líneas de las yemas de los dedos en alguna cosa al tocarla o presionarla; se utiliza para identificar a las personas: "Como no sabía firmar puso su *huella* digital en el acta" **4** Marca física o emocional que deja en alguien un esfuerzo, un sentimiento, una sensación, etc: *huellas de cansancio, huella de dolor* **5** Resto que indica la existencia anterior de algo: "Los fósiles son *huellas* de plantas o animales que vivieron hace miles de años" **6** *Seguir las huellas de alguien* Seguir el ejemplo de alguien, imitarlo **7** Plano horizontal de un escalón, en el que se pisa.

huérfano s y adj **1** Persona, generalmente menor de edad, que ha perdido a sus padres o a uno de ellos: *quedar huérfano, ser huérfano, huérfano de padre, huérfano de madre* **2** *Huerfanito* (*Coloq*) Fracción que queda aislada de un billete de lotería; cachito.

huerta s f Terreno destinado al cultivo de árboles frutales, verduras y legumbres de riego; conjunto de estos árboles, verduras y legumbres: *una huerta de aguacates, tener una huerta.*

huerto s m Terreno, generalmente pequeño, dedicado al cultivo de árboles frutales, verduras y legumbres de riego: *un huerto familiar, los huertos de Jacona, la producción de los huertos.*

hueso s m **1** Cada uno de los órganos duros de distintas formas y tamaños, compuestos de sustancias orgánicas y sales minerales, que forman el esqueleto de los animales vertebrados: *romperse un hueso, huesos de pollo* **2** Parte dura y leñosa de ciertas frutas en cuyo interior está la semilla, como en el durazno o el aguacate **3** *Estar* o *quedarse en los huesos* Estar muy delgada una persona **4** *No poder uno con sus huesos* Estar demasiado cansado **5** *Ser algo* o *alguien un hueso duro de roer* Ser difícil o complicado **6** *Calar algo hasta los huesos* Llegar o sentirse algo intensa o profundamente.

huésped s m y f **1** Persona a quien alguien tiene viviendo o alojada en su propia casa, sea por invitación o porque paga por ese servicio: "Los *huéspedes* de doña Cleotilde", *casa de huéspedes* **2** Persona, conjunto de personas, empresa, etc ajena o de fuera, que ha sido invitada por alguien a habitar, trabajar, etc en su propiedad o su país: *capitales huéspedes, los huéspedes de una compañía* **3** Persona que vive

o está alojada en un hotel: *salón para huéspedes, servicio para huéspedes* **4** Persona que da alojamiento o vivienda a otras en su propia casa: "La *huésped* se deshacía en atenciones" **5** (*Biol*) Animal o planta en cuyo cuerpo se aloja un parásito.

huestes s f pl Tropas de un general, de un país o de un bando, o conjunto de personas dispuestas a luchar dirigidas por un líder o en nombre de una causa: *la huestes napoleónicas, las huestes vasconcelistas, las huestes imperiales.*

huevo s m **I 1** Célula que resulta de la unión de los elementos masculinos y femeninos, a partir de la cual se forma un nuevo individuo **2** Cuerpo de forma relativamente esférica y alargada, que produce un animal hembra (ya sea ave, pez, reptil, insecto o batracio), que contiene la célula inicial de un nuevo ser viviente y varias membranas que lo nutren y lo protegen; algunos tienen una membrana dura que los cubre, llamada cascarón. Los que producen las gallinas, las tortugas y algunas peces, son muy apreciados como alimento **3** El producido por la gallina: *comprar una docena de huevos*, "El *huevo* es nutritivo" **4** *Huevo duro* El de gallina, cocido hasta que se endurece **5** *Huevo tibio* o *huevo pasado por agua* El de gallina cuando se cuece por poco tiempo, sin dejarlo cuajar **6** *Huevo estrellado* El de gallina cuando se saca de su cascarón y se fríe sin batirlo **7** *Huevo revuelto* El de gallina cuando se saca de su cascarón, se bate y se fríe **II** (*Popular*) **1** Testículo **2** *Tener huevos* Ser valiente o atrevido: "¡Ándale, demuéstrale que tú sí *tienes huevos* para pelear!" **3** *Con huevos* Con valor, con decisión: "Apriétalo con huevos" **4** *Subírsele a uno los huevos* Sentir miedo: "A la hora que me rodearon los guaruras, *se me subieron los huevos* hasta la garganta" **5** *Echarle huevos a algo* Hacer algo con ganas, con decisión, con esfuerzo: "Tú puedes con el trabajo, *échale huevos*" **6** *Morderse un huevo* Aguantarse algo o controlarse: "Quería decirle lo que pensaba y me tuve que *morder un huevo* para callarme".

huichol s m **1** Grupo indígena mexicano que habita la Sierra Madre Occidental en los estados de Jalisco, Nayarit y Durango. Su gobierno está formado por autoridades estatales y funcionarios propios, entre los que destacan los gobernadores de elección anual y los ejecutores llamados "coroneles". Rinde culto al Gran Espíritu, a los dioses agrícolas, al mar y al fuego; para los ritos ceremoniales utiliza un cactus alucinógeno, el peyote, al que llaman ellos jículi. Su artesanía está dedicada a la producción de tejidos, prendas de vestir bordadas, trabajos de chaquira y cuadros de estambre de rico colorido. Vive en un clima que varía de subtropical a subhúmedo, dependiendo de la altitud del terreno, con una flora generalmente boscosa. Con técnicas simples cultiva maíz, frijol, chile y calabaza en tierras comunales y también se contrata como peón para la recolección de tabaco, algodón y maíz en fincas particulares **2** Lengua del grupo huichol de la subfamilia pima-nahua, familia yutonahua, que habla este grupo indígena **3** adj y s m y f Que pertenece a este grupo indígena o se relaciona con él.

huida s f **1** Acto de huir: *salir de huida, ir de huida, preparar la huida, la huida al Brasil* **2** (*Hipo*) Salida brusca o inesperada del caballo, fuera de la dirección en que lo lleva el jinete.

huipil s m Prenda con que las mujeres, en particular las de pueblos indios de México, se cubren el tórax; es generalmente de algodón o manta blanca, amplia, con o sin bordados, escotada y llega hasta la cintura o los muslos: *un huipil oaxaqueño, un huipil chamula, un huipil otomí.*

huir v intr (Se conjuga como *construir*, 4) **1** Irse rápidamente de algún lugar para ponerse a salvo de algo o de alguien que resulta peligroso o amenazador: *huir del enemigo* **2** Irse, sin que se note, de algún lugar en donde se está prisionero: *huir de la cárcel, huir de un campo de concentración* **3** Hacer algo para no encontrarse con alguien, para evitar cierta situación o para no enfrentarse a ella: *huir de los acreedores, huir de los problemas.*

huisache s m Huizache.

huitlacoche s m Cuitlacoche.

huizache s m **1** (*Acacia farnesiana*) Árbol o arbusto de la familia de las leguminosas, de hasta 9 m de altura, de ramas espinosas, corteza delgada, vainas de color morado negruzco y flores amarillas muy olorosas. De su savia se extrae una sustancia llamada tanino que sirve para hacer tinta negra; el tronco produce un tipo de goma; de sus flores se obtiene la esencia de acacia que se utiliza en perfumería y sus hojas se usan como alimento para el ganado **2** Árbol o arbusto de la familia de las leguminosas, de distintas especies y variedades, que se caracteriza por ser silvestre y por contener tanino en sus vainas; sus ramas son espinosas.

hule s m **1** Goma elástica e impermeable que se obtiene del jugo lechoso de algunas plantas, principalmente moráceas y euforbiáceas, o se produce de manera sintética; se emplea en la fabricación de ligas, guantes para cirujanos, adhesivos, llantas para automóviles, etc; caucho, látex: *una bolsa de hule, suelas de hule* **2** Trozo de este material, especialmente cuando se presenta en tiras delgadas, a manera de tela; *taparse con un hule* **3** (*Castilla elastica*) Árbol de la familia de las moráceas del que se extrae esa goma. Es de clima húmedo y cálido; mide aproximadamente 25 m de altura y tiene hojas alternas, ásperas y alargadas, que miden entre 25 y 40 cm de longitud; sus flores son unisexuales y su fruto carnoso y en forma de disco.

hulla s f Carbón mineral fósil, producto de restos vegetales, que se utiliza como combustible.

¡hum! interj Expresión de duda, del momento en que se reflexiona, del momento en que se quiere dar por terminada una conversación o del buen sabor de alguna cosa; hm: "*Hum*, ese muchacho no podrá aprobar el examen", "*Hum*, se ve que no vienen muchos visitantes", "*Hum*, ya es mucha plática, mejor vamos a jugar", "¡*Hum*, qué delicioso está este helado!".

humanidad s f **1** Conjunto de todos los miembros de la especie *homo sapiens*: *el progreso de la humanidad, poner en peligro a la humanidad* **2** Conjunto de las características que distinguen a los seres humanos **3** Actitud bondadosa, compasiva y sensible hacia los problemas de los seres humanos: "Juan XXIII fue un ejemplo de *humanidad*" **4** (*Coloq*) Cuerpo de una persona: "Álvaro cayó con toda su *humanidad* al suelo" **5** pl Conjunto de las disciplinas o ciencias que estudian al ser humano en cuanto dotado de razón, inteligencia o historia, como la filosofía, los estudios literarios, la psicología, la lingüística, etcétera.

humanismo s m **1** Actitud filosófica, ética y estética, que considera al ser humano como el valor supremo que da sentido a la historia, la sociedad y la vida misma, del cual derivan los valores y las normas, y en sus posibilidades y sus límites se fundamenta el conocimiento **2** Cultivo del espíritu humano basado ante todo en la cultura literaria **3** Movimiento intelectual surgido en Italia y extendido después a toda Europa entre los siglos XIV y XVI, que rompió con el predominio de la escolástica medieval y centró su interés en la naturaleza humana, basándose en la enseñanza de la cultura clásica grecolatina.

humanista adj y s m y f **1** Que pertenece al humanismo o se relaciona con él: *el pensamiento humanista, los humanistas españoles* **2** Que actúa de acuerdo con el pensamiento del humanismo: "Cabrera es ejemplo de verdadera inteligencia y comprensión de la realidad, de inspiración *humanista* y realismo militante", "La Revolución Mexicana, un hondo sentido *humanista*, dedicó sus mejores esfuerzos a la educación" **3** Que se dedica al estudio y cultivo de las letras clásicas: "¿De cuál Alfonso Reyes he de hablarles? ¿Del conversador, del poeta, del diplomático, del *humanista*?".

humanitario adj **1** Que es solidario con la humanidad en general; que actúa en beneficio del ser humano, con caridad y compasión: *una sociedad humanitaria, espíritu humanitario, acción humanitaria* **2** Que es solidario con la vida y se preocupa por su conservación: "Las asociaciones de protección a los animales ofrecen grandes servicios *humanitarios*".

humano adj y s **1** Que pertenece a la humanidad, se relaciona con el conjunto formado por los hombres y las mujeres o es propio de su naturaleza: *cuerpo humano, vida humana, género humano, es humano equivocarse, es de humanos reír* **2** Que es bondadoso, sensible y compasivo, que es solidario con los demás: "Motolinía era muy *humano*".

humectante adj m y f Que humedece o proporciona humedad: *aplicar una crema humectante, acción humectante.*

humedad s f Cantidad de agua o de vapor de agua que contiene una cosa: *humedad del suelo, medir la humedad del aire.*

humedecer v tr (Se conjuga como *agradecer*, 1a) **1** Proporcionar humedad a algo o a alguien, mojándolo levemente con agua o un líquido semejante: "*Humedeció* sus dedos con saliva", "Antes de comer, *ha humedecido* Moctezuma sus labios con agua perfumada" **2** Producir humedad el cuerpo o dejar salir un poco de agua u otros líquidos: "Las lágrimas *humedecieron* los ojos de la muchacha".

húmedo adj Que tiene agua o está ligeramente mojado: *viento húmedo, clima húmedo, tela húmeda.*

húmero s m Hueso largo del brazo, que va del hombro al codo.

humildad s f **1** Actitud o cualidad de quien actúa con ánimo sencillo, moderado y respetuoso, libre de vanidad, presunción o pretensiones de fama, grandeza o reconocimiento: *tener humildad, hablar con humildad*, "Trabajó con *humildad* en bien de su familia" **2** (*Relig*) Para el cristianismo, virtud moral que consiste en reconocer las limitaciones propias y la situación de los seres humanos con respecto a Dios; es la primera de las virtudes en cuanto que elimina los obstáculos para la fe **3** Condición social de quien posee pocos recursos económicos, sin llegar a la miseria: "La *humildad* de su familia lo obligó a trabajar desde muy joven".

humilde adj m y f **1** Que tiene humildad o actúa con humildad: *palabras humildes, una humilde actitud* **2** Que pertenece a una clase social de bajos recursos económicos o se relaciona con ella: *un trabajador humilde, una colonia humilde* **3** Que se hace con pocos recursos o no tiene grandes pretensiones: *un humilde puesto de dulces, una producción teatral humilde.*

humillación s f Acto de humillar a alguien o de humillarse una persona: "A la larga se vería en la *humillación* de pedirle perdón", "Sintió una rabia y una *humillación* profundas".

humillar v tr (Se conjuga como *amar*) **1** Tratar a una persona de manera que sienta ofendida su dignidad o rebajada su altivez: "Su rectitud innata y su inteligencia lo hicieron comprender que con *humillar* a la gente no se obtienen jamás buenos resultados", "El funcionario, prepotente como todos, era muy arbitrario; a cualquiera lo *humillaba*, le hablaba golpeado", "Su falta de respeto y de obras van a terminar por *humillarla*" **2** prnl Rebajarse ante alguien, perdiendo la dignidad y adoptando una actitud servil: "La pasión lo hizo *humillarse* hasta la abyección" **3** (*Tauro*) Bajar la cabeza el toro.

humo s m **1** Gas más o menos denso y de color variable que se desprende de los cuerpos en combustión. Se compone principalmente de vapor de agua y pequeñas partículas de carbón **2** Vapor o gas que desprenden ciertos ácidos **3** *Subírsele los humos a alguien* (*Coloq*) Volverse vanidoso, altivo o antipático: "Desde que le dieron el premio se le subieron los *humos*" **4** *Bajarle los humos a alguien* (*Coloq*) Quitarle la vanidad o presunción: "Hay que *bajarle los humos* porque está insoportable".

humor¹ s m **1** Actitud o disposición emocional que tiene alguien para relacionarse con los demás o para hacer algo: "Si viene de buen *humor* le pedimos que no haga el examen", "No estoy de *humor* para esas cosas", "Siempre está de mal *humor*", "Con ese *humor* no se puede hacer nada" **2** *Sentido del humor* Capacidad que tiene alguien para descubrir el aspecto divertido de las cosas o para reconocer el valor del optimismo, de la risa o de la ironía: "Pese a todo no ha perdido su *sentido del humor*", "Es muy serio pero tiene un gran *sentido del humor*" **3** *Humor negro* Disposición de una persona para encontrar diversión en cosas o situaciones desafortunadas o que suponen cierta crueldad; cosa, situación, etc que produce risa, o busca producirla, por la forma en que en ella se presenta la mala fortuna o la crueldad: *el humor negro de un escritor, una película de humor negro.*

humor² s m **1** Cualquier líquido del cuerpo humano o animal **2** *Humor acuoso* Líquido del ojo que se encuentra entre la córnea y el cristalino **3** *Humor vítreo* Sustancia que ocupa la cámara posterior del ojo, detrás del cristalino.

humorismo s m Manera de concebir, enjuiciar y comunicar con ingenio, burla y una suave ironía los acontecimientos, por más serios y trágicos que sean: "Con algo de *humorismo*, hasta habría presentado a doña Margarita como la monja ecónoma del convento".

humus s m sing y pl Materia orgánica descompuesta, generalmente de color oscuro, que forma parte de la tierra y la nutre con varios minerales.

hundir v tr (Se conjuga como *subir*) **1** Hacer que algo o alguien penetre en el agua más abajo del nivel que tiene su superficie: *hundirse en el mar, hundir un barco, hundir las manos en un arroyo, hundir la cabeza bajo el agua* **2** Hacer que algo o alguien penetre en alguna cosa que lo cubra por completo: *hundir las raíces de una planta, hundirse el piso, hundir un cuchillo en la carne* **3** Perder algo su volumen normal, reduciéndose de tamaño: *hundirse los ojos, hundirse un cojín* **4** Modificar uno su posición o de una parte de su cuerpo como señal de tristeza, de humildad o de humillación: "El ánimo de don Carlitos pasa del escándalo a la postración. *Hunde* el pecho, suelta los hombros, baja los ojos", "La invadía la tristeza; sus ojos oscuros se *habían hundido* más" **5** prnl Dejarse invadir por alguna emoción intensa y triste: "Algunos luchan, otros *se hunden* en el pánico", "Sintió que *se hundía* en el abismo de la desesperación" **6** Fracasar algo completamente: *hundirse un negocio,* "La crisis *hundió* a muchas empresas".

húngaro adj **1** Que es originario de Hungría o pertenece a ella: *un matemático húngaro, comida húngara, rapsodias húngaras* **2** s m Lengua del grupo ugro-finés que se habla en ese país y algunas regiones vecinas **3** Gitano.

huracán s m Fenómeno meteorológico que se debe a una depresión atmosférica en la cual una masa de aire gira alrededor de un eje y se desplaza provocando fuertes vientos, lluvias intensas y marejadas sobre el mar Caribe y el Golfo de México.

hurgar v intr (Se conjuga como *amar*) Buscar detenidamente, removiendo las cosas y examinándolas hasta encontrar algo: "Violeta *hurgó* en su bolsa y sacó 10 monedas", "Los arqueólogos *hurgan* entre las ruinas restituyendo los objetos del pasado", "El animal tiene que hallar su sustento *hurgando* en los basureros".

hurtar v tr (Se conjuga como *amar*) Robar alguna cosa sin violencia y con disimulo: *hurtar comida, hurtar una cartera.*

hurto s m Acto de hurtar: *cometer un hurto.*

¡huy! interj Expresión de sorpresa, admiración o gran asombro: "¡*Huy*, qué susto!", "—¿Que si la quiere? —¡*Huy*, la adora!".

i s f Décima letra del alfabeto; representa el fonema vocal anterior /i/.

iceberg s m Bloque de hielo de enormes dimensiones que se desprende de los glaciares polares y flota a la deriva en los mares muy fríos. Llega a medir varios kilómetros de longitud y cientos de metros de espesor, de los cuales apenas una séptima u octava parte emerge del agua: "Los *icebergs* son un peligro para la navegación". (Se pronuncia *áisberg*.)

icono s m Imagen religiosa pintada en tabla, o hecha en relieve o mosaico con la técnica y el estilo característicos del arte bizantino, propia de las iglesias católicas orientales: "Presentaron una colección de *iconos* rusos de los siglos IX al XV".

ichcateco s m Ixcateco.

ida s f **1** Acto de ir o irse; recorrido que se hace al ir a un lugar: "Su *ida* nos dejó muy tristes", "Luego de la *ida* a Acapulco se quedaron sin un peso", "La *ida* fue en tren y el regreso en avión", "Compró sólo el boleto de *ida*" **2** *De ida, a la ida* Al ir a algún lugar: "*De ida* nos paramos en Perote a comprar dulces", "Nos encontramos a tu primo *a la ida*" **3** *De ida y (de) vuelta* En ambos sentidos de un camino o recorrido: "Paseamos siguiendo *de ida y vuelta* el trazo de la calzada".

idea s f **1** Representación mental de algo, sea concreto, como los seres y los fenómenos de la naturaleza, sea abstracto, como la verdad y el espíritu, o sea irreal, como los unicornios o los dragones **2** Opinión o juicio que alguien tiene o se forma sobre algo; manera de pensar de alguien: *las ideas políticas de un escritor*, "Me expresó sus *ideas* sobre el futuro", *las ideas de los adultos* **3** *Tener idea (Coloq)* Tener alguien capacidad o facilidad para hacer algo: "Tiene mucha *idea* para arreglar motores" **4** *No tener (ni la más mínima o remota) idea* No saber algo en absoluto: "No tengo ni *idea* del resultado", "No tengo ni la más remota *idea* de cuánto cueste" **5** *Darse una idea, hacerse una idea* o *formarse una idea* Saber de qué se trata algo, tener conocimientos generales acerca de ello: "Para *darse una idea* basta con leer la introducción" **6** Intención de algo, plan o proyecto que alguien tiene para hacer alguna cosa: "La *idea* de nuestro partido es el bienestar de todos los miembros de la sociedad", "Tiene la *idea* de cambiar de trabajo", "Tengo la *idea* de irme a vivir a provincia" **7** *Hacerse a la idea* Prepararse para algo o acostumbrarse a ello: "Se hizo *a la idea* de quedarse sin vacaciones".

ideal adj m y f **1** Que pertenece a las ideas o se relaciona con ellas **2** Que es imaginario, que sólo existe como idea, que no es real: *sociedad ideal, línea ideal, mujer ideal, un plan ideal* **3** s m Objetivo o fin al que algo o alguien aspira: *el ideal de la justicia*, "Mi *ideal* es vivir en paz".

idealismo s m **1** (*Fil*) Doctrina filosófica según la cual la naturaleza y el mundo real no pueden existir ni entenderse por sí mismos sino a través de la razón, la conciencia o el espíritu **2** Actitud de confianza en la buena fe, la sinceridad y la solidaridad de los hombres o en el resultado favorable de los acontecimientos; renuncia a los placeres o beneficios materiales en favor de los valores espirituales o de las causas sociales: *el idealismo de un misionero, el idealismo de la juventud.*

idealista adj y s m y f Que pertenece al idealismo como filosofía o como actitud ante la vida: *poesía idealista, espíritu idealista, sistema idealista, estética idealista*, "Para los soñadores e *idealistas*, el amor es una ilusión pasajera".

idear v tr (Se conjuga como *amar*) Crear con la mente alguna cosa, pensar como debe ser, hacerse, resolverse; inventar o imaginar: *idear el argumento de una novela, idear un motor no contaminante, idear una solución al problema.*

idéntico adj **1** Que tiene las mismas características de otro; que es exactamente igual o lo mismo que otro: "Los resultados fueron *idénticos* a los de la prueba anterior", "Esas enfermedades tienen síntomas *idénticos*", *cantidades idénticas* **2** Que su aspecto es muy parecido o igual al de otro; que tiene muchas características en común con otro: *gemelos idénticos*, "Me compré un vestido *idéntico* al tuyo".

identidad s f **1** Cualidad de ser algo igual a sí mismo **2** Conjunto de características que permite saber o reconocer quién es una persona o qué es alguna cosa distinguiéndola de otras: *identidad de una persona, identidad nacional, señas de identidad*, "No lograron establecer la *identidad* de su grupo sanguíneo" **3** Cualidad de dos cosas que se consideran iguales o la misma: *identidad de dos juicios, identidad de gustos* **4** *Principio de identidad* Principio lógico según el cual es verdadera toda afirmación en que el sujeto y el predicado sean el mismo, como en "Un árbol es un árbol" **5** (*Mat*) Ecuación o igualdad cuyos dos miembros tienen igual valor numérico y que se satisface independientemente del valor que se dé a sus variables, como $(a+b)^2 \equiv a^2+2ab+b^2$ **6** *Signo de identidad* (*Mat*) El que expresa la relación matemática entre los dos miembros de esta ecuación. Su representación gráfica es ($\equiv$).

identificación s f **1** Acto de identificar o identificarse: *la identificación de un virus*, "Lo llamaron para la *identificación* del cadáver", "Siente una gran *identificación* con el personaje" **2** Documento, como una credencial o un pasaporte, con el que una persona puede demostrar su identidad: "Necesitas una *identificación* para cobrar el cheque".

identificar v tr (Se conjuga como *amar*) **1** Establecer la identidad de una persona o de una cosa; distinguirla de otra, o de las demás: "*Identificaron* a los ladrones", "*Esos granitos se identifican fácilmente como sarampión*", *identificar las causas de un problema* **2** prnl Hacer uno que lo reconozcan como tal, generalmente presentando algún documento o dando una contraseña: *identificarse con una credencial* **3** Considerar dos o más cosas como iguales o la misma: "*Identifica* su bienestar personal con el bienestar social" **4** *Identificarse con* Reconocerse una persona o alguna cosa en otra por compartir con ella alguna característica o parecérsele: "*Se identifica con* su padre", "*Se identificó con* la heroína de la película".

ideología s f **1** Manera de pensar de alguien que determina su actitud y su interpretación de la realidad; conjunto de ideas, opiniones o valores, que constituyen la visión del mundo de una época, de una sociedad o de un grupo de personas: "*Esas creencias no van con su ideología*", "*No tiene una ideología definida*", *la ideología marxista, la ideología de la revolución mexicana* **2** Conjunto de ideas, opiniones, creencias o principios, que difunde y manipula un grupo o clase social para garantizar el poder o el dominio que ejerce sobre otros grupos o clases sociales y para reproducir las condiciones que lo hacen posible: *la ideología de la educación, la ideología de los medios de comunicación*.

ideológico adj Que pertenece a la ideología o se relaciona con ella: *estructura ideológica, una posición ideológica, una corriente ideológica*.

ideólogo s Persona que, con sus ideas y opiniones, constituye o ha contribuido a formar, definir o sustentar la ideología de un grupo, un movimiento o una tendencia: *los ideólogos del socialismo, los ideólogos de un partido político*.

idioma s m Lengua de un pueblo o nación; lengua que lo caracteriza: *idioma español, idiomas modernos*.

idiomático adj Que es particular o propio de un idioma: *un giro idiomático, riqueza idiomática*.

idiosincrasia s f Modo de ser propio de un individuo, un grupo o una sociedad, determinado por su cultura, su historia y su ideología: *la idiosincrasia del campesino mexicano*, "*Todo pueblo mana de su tradición y responde a la idiosincrasia en que se fraguó la formación nacional*".

idiota adj y s m y f **1** (*Ofensivo*) Que es muy tonto, muy torpe; estúpido, imbécil: "*No seas idiota*", "*Ese idiota me insultó*", *una pregunta idiota* **2** Persona que padece de retraso mental severo o que ha perdido la razón: "*Este muchacho va a volverse idiota*", "*Lo encerraron con los locos y los idiotas*".

ido I pp de *ir* o *irse*: "*Ya se ha ido*" II adj Que ya pasó, que ya terminó: "*Brindemos por el tiempo ido*", "*Todo esto nos remonta al recuerdo de los años idos*" III *Estar ido, andar ido, muy ido* (*Coloq*) Estar o andar muy distraído, ensimismado, ajeno a lo que sucede a su alrededor: "*Anda como ida por la emoción del viaje*".

idólatra adj y s m y f **1** Que adora y cree en ídolos: "*Eran pueblos idólatras*" **2** Que admira o ama algo o a alguien en forma excesiva: *ser un idólatra de la limpieza y el orden, idólatras de los Beatles*.

idolatrar v tr (Se conjuga como *amar*) **1** Adorar a un ídolo como si fuera el mismo dios al que representa **2** Querer, adorar o admirar excesivamente y sin límites algo o a alguien: "*Idolatra* a sus hijos".

idolatría s f **1** Práctica religiosa en la que se rinde culto a imágenes o figuras como si fueran divinidades: *la idolatría de los paganos* **2** Adoración o admiración excesiva que se siente por algo o alguien: *hermosa mujer, centro de mi idolatría*.

ídolo s m **1** Imagen o figura a la que se adora o se rinde culto por ser considerada una divinidad: *un ídolo de piedra, los ídolos aztecas* **2** Persona o cosa por la que uno siente una admiración o un amor extraordinario o excesivo: "*Un cantante que es el ídolo de la juventud*".

idóneo adj Que cumple mejor que ningún otro con los requisitos necesarios para un fin determinado; que es el más adecuado, el mejor para cierto propósito: "*Escogieron a la persona idónea para ese puesto*", "*Se debe encontrar el mecanismo idóneo para el mejor desarrollo de la prueba*".

iglesia s f **1** Conjunto de las personas que profesan una religión, particularmente la cristiana: *iglesia católica, iglesia protestante, iglesia griega, iglesia primitiva* **2** Institución formada por los sacerdotes de una religión (se escribe con mayúscula): "*Las relaciones entre la Iglesia y el Estado…*", *los intereses de la Iglesia* **3** Edificio destinado al culto de una religión, especialmente de la católica: "*Los domingos vamos a la iglesia*".

ignorancia s f **1** Situación o estado del que desconoce o no sabe alguna cosa; falta de conocimiento de algo: "*¡Hay que salir de la ignorancia!*", "*Abusan, se aprovechan de nuestra ignorancia*", "*Mi ignorancia de la noticia era completa*" **2** *Ignorancia supina* La que se tiene por descuido, por negligencia o por no saber lo que se puede y debiera saber; la que es absoluta sobre una cosa.

ignorante adj y s m y f **1** Que carece de conocimientos, de educación o cultura: "*Eso de los brujos es cosa de gente ignorante*", "*Dice que no habla con ignorantes*" **2** Que no sabe o desconoce alguna cosa: "*Sus padres, ignorantes de que se trataba de una broma, llamaron a la policía*".

ignorar v tr (Se conjuga como *amar*) **1** No saber algo, desconocer alguna cosa: "*Ignora* la historia de México", "*Ignoraba* la importancia del tema" **2** Pasar por alto a propósito, no prestar atención o no hacer caso: "*Ignoró* todo el tiempo la presencia de su familia".

igual adj m y f **1** Que es de la misma naturaleza, que tiene la misma cantidad, calidad o forma que otro, o que, en relación con una característica, la tiene en común con él: "*Mi casa es igual que la tuya*", "*Todos los hombres son iguales*", "*Nuestros derechos son iguales a los suyos*" **2** Que es constante o uniforme, que no varía: "*La fuerza aplicada debe ser siempre igual*" **3** adv De la misma manera: "*Te veo igual que siempre*", "*Camina igual que su padre*" **4** *Igual de* Tan o tanto… como: "*Su perro es igual de grande que el mío*" **5** *Al igual que* De la misma forma que, como: "*Al igual que a su esposa, le gusta la música*" **6** *Por igual* De la misma manera: "*Todas las piezas deben ajustarse por igual*" **7** *Dar igual* Ser indiferente, dar lo mismo: "*Me da igual hoy que mañana*", "*Todo le da igual*" **8** *De igual a igual* En las mismas condiciones, sin que haya diferencias: *hablar de igual a igual, pelear de igual a igual* **9** s m (*Mat*) Signo (=) que expresa la relación de igualdad entre dos cantidades o funciones.

igualar v tr (Se conjuga como *amar*) **1** Hacer que una cosa adquiera las mismas características que otra o se uniforme con ella: *igualar colores* **2** Tener algo o alguien el mismo valor, importancia o grado de una calidad que otro; hacer que una cosa alcance el mismo nivel que otra: "Héctor *iguala* en bravura a Aquiles", "No hay nada que *iguale* la belleza de sus paisajes", "Van a *igualar* los salarios", "Lo más difícil es *igualar* en la traducción el valor literario" **3** Tratar, considerar o juzgar a varias personas de la misma manera: "La ley *iguala* a los hombres" **4** prnl Adquirir el mismo valor, importancia o características que otro: "Cuando la mujer empieza a trabajar, empieza a *igualarse* al hombre" **5** Lograr el mismo número de anotaciones o puntos los competidores en un partido o enfrentamiento deportivo: "*Igualaron* a dos goles", "Hugo *igualó* el marcador en el último minuto" **6** Quitar las irregularidades o desniveles a algo, dejarlo liso o parejo: *igualar un terreno*.

igualdad s f **1** Condición o circunstancia de tener una misma naturaleza o de compartir alguna característica: *igualdad ante la ley, igualdad de trato*, "La *igualdad* entre hombres y mujeres sigue siendo una cuestión difícil" **2** Uniformidad en la distribución de los elementos de algo: *igualdad de trazos en un dibujo, la igualdad del paisaje* **3** (*Mat*) Expresión que indica la relación que hay entre dos cantidades o funciones que son iguales.

igualmente adv **1** Del mismo modo, por igual: "La contaminación nos afecta *igualmente* a todos", "Había cuatro maneras de dar con ellos, las cuatro *igualmente* ineficaces", "El resto del programa es *igualmente* interesante" **2** También, asimismo: "*Igualmente* dio a conocer varios proyectos de ley", "La presa contribuirá *igualmente*, a detener los estragos de la erosión" **3** Fórmula de cortesía usada como respuesta a un buen deseo; lo mismo para ti o para usted; lo mismo digo: "—¡Muchas felicidades! —Gracias, *igualmente*", "—Encantada de conocerlo —*Igualmente*", "—Que duermas bien —*Igualmente*".

iguana s f Reptil del grupo de los saurios, de distintas especies, que llega a medir hasta 2 m de largo, tiene la cabeza pequeña, una gran papada y una cresta quebrada a lo largo del dorso; su cola es grande. Es herbívoro, y habita en las zonas cálidas de América, cerca del agua, entre los árboles y por los huecos de las piedras. Su carne es. comestible, así como sus huevos.

ilativo adj **1** Que se sigue de otro razonamiento o se puede inferir del anterior **2** (*Gram*) Tratándose de oraciones, la coordinada consecutiva, como en "Pienso, luego existo", *luego existo* es ilativa; tratándose de conjunciones, las que introducen una de esas oraciones, como *luego, entonces*, etcétera.

ilegal 1 adj m y f Que es contrario a la ley o no es permitido por ella; que no es legal: "Lo encarcelaron por venta *ilegal* de drogas", *conducta ilegal* **2** s y adj m y f Inmigrante que carece de autorización legal para residir o trabajar en el país en el que está: "Ha aumentado el número de *ilegales* en la zona fronteriza", "Los trabajadores *ilegales* reciben sueldos mucho más bajos".

ilegítimo adj Que es contrario a la justicia, la legalidad o los principios, o se ha hecho o establecido al margen de ellos: "El sindicato asegura que la huelga patronal es *ilegítima*", "Los revolucionarios lucharon contra el gobierno *ilegítimo* de Huerta".

íleon s m (*Anat*) Tercera porción del intestino delgado que va del yeyuno hasta el ciego.

ilíaco (*Anat*) **I 1** s m Cada uno de los dos huesos planos o porosos en forma de cuadriláteros irregulares que constituyen el esqueleto de las caderas y, junto con el sacro y el cóccix, forman la pelvis; hueso coxal, hueso ilíaco **2** adj Que pertenece a este hueso o se relaciona con él: *fosas ilíacas* **3** adj Que pertenece al ilion o se relaciona con él **II** adj Que pertenece al íleon o se relaciona con esta porción del intestino. (También *ilíaco*.)

ilícito adj Que es contrario a las normas morales y a la ley; que no es legal, que no es lícito: "El exfuncionario fue acusado de enriquecimiento *ilícito*", *importaciones ilícitas*.

ilimitado adj Que no tiene límites establecidos ni restricción alguna: *poder ilimitado, crédito ilimitado, perspectivas ilimitadas*.

ilion s m (*Anat*) Hueso que constituye la porción ancha, superior y posterior del ilíaco, y forma la saliente de la cadera.

iluminación s f **1** Acto de iluminar **2** Cantidad de luz que recibe un espacio determinado, conjunto de luces que lo alumbran y manera en que están dispuestas: "El templo lució su mejor adorno a base de profusa *iluminación*", "Los salones de clase deben tener una *iluminación* adecuada" **3** Técnica que consiste en disponer de manera adecuada las luces para alumbrar un escenario teatral, un foro de cine o televisión y crear con ellas efectos visuales o ambientales: "Estudió *iluminación* teatral", "La película tiene una *iluminación* espléndida que realza su hermosa fotografía".

iluminado I pp de *iluminar* **II** s Persona que, inspirada supuestamente en una fuerza divina o sobrenatural, ha alcanzado un estado espiritual superior que le permite entender la esencia de todas las cosas: "Buda fue un *iluminado*".

iluminar v tr (Se conjuga como *amar*) **I 1** Proyectar luz sobre alguna cosa haciéndola visible o más clara; alumbrar: "Los faros del vehículo *iluminaban* el camino" **2** Alumbrar un lugar con luces especiales a fin de adornarlo, resaltar su forma o crear en él cierta atmósfera o cierto efecto visual: "*Iluminaron* las calles con foquitos de colores", "*iluminar* un escenario **3** Hacer brillar la cara, los ojos de alguien, una emoción: "La alegría *iluminó* el rostro de la muchacha" **4** Poner en claro alguna cosa, aclarar su sentido o su significado: "La intuición todo lo *ilumina* repentinamente" **5** Dar a alguien claridad o lucidez para entender o descifrar el sentido profundo y la esencia de las cosas: "¡Que Dios te *ilumine* hijo mío!" **II** Pintar con colores una figura, colorear: *iluminar un dibujo*, "Le regalaron un libro para *iluminar*", "Los pintores que *iluminaban* los grabados en madera trabajaban con pocos colores a la acuarela".

ilusión s f **1** Esperanza o entusiasmo que despierta algo o alguien que puede proporcionar grandes satisfacciones: *la ilusión de viajar*, "Espera su llegada con *ilusión*", *vivir de ilusiones*, "No rompas sus *ilusiones*" **2** *Hacerse ilusiones* o *hacerse la ilusión* Imaginarse uno en la situación que se desea o con posibilidades de lograr algo que es prácticamente imposible: "*Hacerse ilusiones* no cuesta nada", "Mejor ni *te hagas ilusiones*, seguro que reprobamos" **3** Imagen engañosa debida a una interpretación equivocada del estímulo que la produce: "Habrás tenido una *ilusión* visual, aquí no ha entrado nadie" **4** Imagen engañosa o falsa apariencia que se produce por la disposición y el contorno del estímulo que la genera o por las circunstancias en que éste es captado: "El parpadeo de la luz da la *ilusión* de movimiento", *ilusión óptica* **5** (*Psi*) Deformación de un elemento sensorial real, generalmente ocasionada por trastornos nerviosos o afectivos.

ilustración s f **1** Dibujo, grabado, fotografía o estampa que se imprime junto a un texto o en una exposición para hacerlo más claro o más atractivo: "Esta enciclopedia tiene más de mil *ilustraciones*", *las ilustraciones para las Églogas de Virgilio*, "En esta *ilustración* se muestra el mecanismo de la máquina" **2** Acto de ilustrar algo o a alguien: "Hizo muy buenas *ilustraciones* de su teoría", *la ilustración de los analfabetas* **3** Cultura o instrucción: "Su falta de *ilustración* es evidente" **4** Postura filosófica que se caracteriza por extender la crítica y el dominio de la razón a todos los campos de la experiencia humana, y por dirigir esta crítica y sus resultados al mejoramiento de la vida individual y colectiva de las personas, particularmente la corriente intelectual y política que tuvo lugar en Francia entre finales del siglo XVII y finales del XVIII y que se conoce también como el Siglo de las Luces: "El nuevo espíritu de la *Ilustración*" (se escribe con mayúscula).

ilustrar v tr (Se conjuga como *amar*) **1** Dar o proporcionar cultura, conocimiento o instrucción a alguien: "Nos *ilustró* con su sabiduría", "Los viajes *ilustran*" **2** Poner o presentar en un escrito grabados, láminas o dibujos, relacionados con el texto y que sirven para hacerlo más claro, más interesante o para darle mejor presentación: "*Ilustrarán* el libro con reproducciones de pintores famosos", "*Ilustró* con recortes de revista su trabajo de historia", "El espectro óptico se *ilustra* en la siguiente página" **3** Dar ejemplos para explicar algo; tener una cosa la propiedad de ejemplificar otra con precisión o de dar luz acerca de ella: "Para *ilustrar* esta teoría veamos los siguientes casos:", "El fenómeno citado *ilustra* claramente esta idea", "*Ilustró* su plática con mapas y gráficas".

ilustre adj m y f **1** Que destaca por sus grandes cualidades, méritos o importancia; eminente: *ilustres mexicanos, como Benito Juárez y Melchor Ocampo*, "Participaron algunas de las más *ilustres* escritoras", "El presidente dio la bienvenida a los *ilustres* visitantes" **2** Que tiene fama y prestigio social: "Presume de ser de familia *ilustre*".

imagen s f **1** Representación de la figura, la apariencia o las características de algo o de alguien: *la imagen de un paisaje, la imagen de una mujer, describir imágenes*, "Tenía una *imagen* distinta de tu pueblo", *la imagen del padre* **2** Objeto en el que se reproducen las características de una persona, de una cosa o que representa algo o a alguien: *la imagen de un santo, la imagen de un dragón, la imagen de la fortuna* **3** (*Fís*) Figura de un objeto reproducida por la reflexión de los rayos de luz que parten de él al ser recibidos en la retina del ojo, en un espejo, en una placa de fotografía o en una pantalla **4** *Ser la imagen de algo* o *de alguien* Reproducir la idea que alguien tiene de algo o de una persona: "Juan *es la* viva *imagen de* la alegría", "Esos barrios *son la imagen* misma *de* la miseria", "*Es la* viva *imagen de* su madre" **5** Idea que se desea tengan los demás de uno: *cuidar la imagen*, "Su *imagen* se vio afectada por esas derrotas".

imaginación s f **1** Facultad de los seres humanos para imaginar cosas: *desarrollar la imaginación, dejar volar la imaginación, la imaginación de los niños* **2** Idea falsa y sin relación con la realidad o fantasía que alguien elabora: "Es pura *imaginación* tuya que te persiga un fantasma".

imaginar v tr (Se conjuga como *amar*) **1** Crear o formarse en la mente la representación de algo real o inventado: "*Imaginé* una máquina del tiempo", "Me *imagino* el mar y sus olas" **2** Pensar en la posibilidad de algo o suponer alguna cosa: "*Imaginemos* que tú eres rico", "Me *imaginé* que llegarías mucho más tarde".

imaginario adj Que sólo existe en la imaginación, que no es real: *animal imaginario, línea imaginaria, soluciones imaginarias*.

imán[1] s m **1** Cuerpo que tiene la propiedad de atraer el hierro y de ejercer una fuerza sobre los conductores de corriente que se encuentran próximos a él; generalmente se trata de barras, herraduras o agujas de óxido negro de hierro: "Juntó todos sus alfileres con un *imán*" **2** Atracción que ejerce algo o alguien: "Las nuevas fábricas son un *imán* para los pobladores de las regiones vecinas", *el imán de los actores*.

imán[2] s m (*Relig*) Entre los musulmanes, persona encargada de dirigir sus ceremonias religiosas.

imantación s f Acto de imantar o imantarse algo; hecho de quedar algo magnetizado: "La fricción provocó la *imantación* de la polea".

imantar v tr (Se conjuga como *amar*) Magnetizar un cuerpo, darle las propiedades del imán: "Las agujas se *imantaron*", *imantar un alfiler*.

imbécil adj y s m y f (*Ofensivo*) **1** Insulto que se dirige a alguien que ofende por su total falta de inteligencia y sensibilidad: "¿Por qué voy a tenerle miedo, *imbécil*?", "Eres un *imbécil* que no ha hecho otra cosa que arruinar mi vida", "¡*Imbécil*, fíjate por dónde caminas!" **2** Que carece por completo de inteligencia, que es sumamente tonto; estúpido, idiota: "Ese pobre *imbécil* no sabe ni siquiera hablar bien", "Hizo un comentario *imbécil*" **3** Que es retrasado mental.

imeca s m Acrónimo de índice metropolitano de la calidad del aire que se utiliza para medir el grado de contaminación.

imitación s f **1** Acto de imitar algo o a alguien: "Hizo una buena *imitación* de Pedro Infante" *imitación servil* **2** Copia o reproducción de un producto original: "No me gustan las *imitaciones*, por más legítimas que parezcan", *una burda imitación* **3** *A imitación de* Imitando a, de igual manera que: "*A imitación de* sus hermanitas, jugaba a dormir a su muñeca".

imitar v tr (Se conjuga como *amar*) **1** Hacer algo como lo hace otro, tomar a alguien como modelo o realizar alguna cosa a semejanza de otra: *imitar a un cantante, imitar un gesto*, "*Imita* en todo a su hermano", *imitar un estilo* **2** Reproducir alguna cosa las características de otra: "Un papel que *imita* madera".

impaciencia s f Falta de paciencia, falta de calma o tranquilidad; inquietud, ansiedad: *gestos de impaciencia*, "Espero con verdadera *impaciencia*".

impaciente adj m y f Que no tiene paciencia, que no está tranquilo, que no es paciente, que no tiene calma: "Estaba *impaciente* porque no llegaba el avión", *los impacientes padres*.

impacto s m **1** Golpe violento de algo sobre un cuerpo, especialmente el de una bala o algún otro proyectil: *recibir un impacto* **2** Huella que deja o efecto que produce dicho golpe: "Todavía se notan los *impactos* sobre la fachada" **3** Impresión o efecto muy intenso que causa algo o alguien sobre otra cosa o persona: *el impacto de la economía, causar un buen impacto, un libro de impacto* **4** *Hacer impacto* Golpear violentamente sobre un cuerpo: "Los cohetes *hicieron impacto* en el avión enemigo".

imparcial adj m y f Que no es parcial, que es justo y objetivo, que no toma partido o no tiene predilecciones infundadas, que es equitativo: *juicio imparcial, observadores imparciales*.

impartir v tr (Se conjuga como *subir*) Dar, proporcionar o comunicar a una o varias personas cierta cosa, alguien que tiene derecho, autoridad o capacidad para hacerlo: *impartir clases*, "La educación que *imparte* el Estado...", *impartir asistencia médica, impartir justicia, impartir un sacramento*.

impedir v tr (Se conjuga como *medir*, 3a) Hacer que algo no pueda continuar, se interrumpa o no se pueda llevar a cabo: *impedir el paso, impedir una manifestación, impedir la huida*.

imperante adj m y f Que impera o que domina: *quebrantar el sistema imperante, usos y costumbres imperantes, la religión imperante*.

imperar v intr (Se conjuga como *amar*) Dominar, predominar o existir algo como costumbre, modo de ser, moda pasajera, etc: "La pobreza y la miseria que *imperan* en el campo...", "*Imperaba* un ambiente de zozobra y tristeza".

imperativo 1 adj Que se impone, que es urgente, de mucha importancia o que es impositivo: *necesidad imperativa, medida imperativa, tono imperativo, carácter imperativo* **2** s m Deber o exigencia que por su propia naturaleza implica la necesidad de cumplir con él: *el imperativo de dominar la naturaleza, los imperativos de la supervivencia* **3** s m y adj (*Gram*) Modo verbal con el que se expresa una orden, un mandato, una petición y, ocasionalmente, algún deseo, como en: "¡*Ven* aquí!", "¡*Váyanse* a otro lado!", "¡*Sé* feliz!". Generalmente las expresiones de este modo verbal se escriben entre admiraciones y sus formas específicas son las segundas personas del singular y del plural (ama, ame, amen). Cuando el mandato es negativo se usa la forma del presente de subjuntivo, como en: "¡No te *dejes*!", "No *obedezcas*", etc. Así también, muchas otras expresiones de mandato no se expresan por las formas del imperativo, sino mediante construcciones de subjuntivo, como en: "Diles que *traigan* el pan", o de indicativo, como en: "Ahora mismo *pagas* lo que le debes" o en "*Respetarás* a tu prójimo" **4** s m (*Fil*) En la ética de Kant, fórmula con la que se expresa un deber o una norma de la razón: *imperativo categórico, imperativo hipotético*.

imperfecto adj Que no es perfecto, que tiene uno o varios defectos o que está incompleto: *una rela-* ción *imperfecta, reconstrucción imperfecta*, "Es un texto *imperfecto* pero no carece de valor estético".

imperial adj m y f Que pertenece a algún imperio o emperador, o se relaciona con ellos: *el pasado imperial de Roma, los palacios imperiales*.

imperialismo s m Política exterior de un Estado que se caracteriza por sus tendencias expansionistas, belicistas y por la explotación económica de estados o pueblos menos poderosos: *el imperialismo de las grandes potencias*.

imperialista adj y s m y f Que pertenece al imperialismo o se relaciona con él; que sostiene este tipo de política o es partidario de ella: *potencias imperialistas, la estructura imperialista del capitalismo*.

imperio s m **1** Organización política que comprende a un estado central y poderoso y a uno o varios países o territorios sobre los que éste ha extendido su dominio, generalmente por medio de la conquista: *el Imperio Romano* **2** Hecho de ejercer alguien un dominio absoluto en cierta actividad: "El *imperio* de los atletas negros" **3** Poder de algo que impone su dominio: *el imperio de la razón*.

imperioso adj **1** Que se impone, que obliga, que es urgente o ineludible: "Reclama la *imperiosa* intervención del código penal", *la imperiosa necesidad de esta carretera*, "El deseo *imperioso* de que se muriera y dejara de rodar en el mundo" **2** Que ordena o manda en forma autoritaria o despótica: *mandar con voces imperiosas*.

impermeabilizar v tr (Se conjuga como *amar*) Preparar o tratar una cosa para que el agua o algún otro líquido no se filtre o pase a través de ella; hacerla impermeable: *impermeabilizar una casa*.

impermeable 1 adj m y f Que impide que el agua u otro líquido se filtre o pase a través de él: "Las paredes van recubiertas con un papel *impermeable*", "El núcleo está rodeado por una membrana *impermeable*" **2** s m Prenda de vestir hecha de un material que impide que el agua pase o se filtre; su corte es semejante al de un abrigo y se usa para protegerse de la lluvia.

impersonal adj m y f **1** Que no se refiere a ninguna persona en particular, que no muestra un estilo o una manera propia o personal: *una discusión impersonal, una carta impersonal* **2** *Tratamiento impersonal* El que se da a alguien sin usar la segunda persona, sino la tercera junto con su título o nombre como sujeto, como en: "¿Qué le servimos a la señora?", "Si el maestro me lo permite, le diré..." **3** (*Gram*) Que se expresa sin especificar qué persona realiza la acción, como en: "En septiembre *hay* muchas fiestas", "*Hace* calor", etcétera.

ímpetu s m **1** Fuerza violenta que impulsa y acelera el movimiento: "El proyectil transfiere al blanco todo su *ímpetu*" **2** Impulso vehemente de vitalidad, energía desbordante: *ímpetu de la juventud, nuevos ímpetus, cobrar ímpetu*.

implacable adj m y f Que no se puede aplacar, que no está quieto, que no deja de moverse; que no es flexible, que no se puede ablandar: *el implacable cauce del río de Heráclito, persecución implacable, mi implacable enemigo, un juez implacable*.

implantar v tr (Se conjuga como *amar*) **1** Establecer o instituir como algo definitivo, iniciar (un programa, una norma o un sistema): *implantar la semana de cuarenta horas, implantar nuevos sistemas de cul-*

tivo **2** Fijar o injertar un tejido u órgano en otro; fijar el huevo o el óvulo fecundado en el útero: *implantar el embrión, implantar un riñón*.

implementos s m pl Utensilios necesarios para una determinada actividad: *implementos agrícolas, implementos para la pesca*.

implicación s f **1** Acto de implicar o implicarse: *una implicación lógica, las implicaciones de un negocio* **2** Resultado o consecuencia necesaria de algo: *las implicaciones de un acuerdo*.

implicar v tr (Se conjuga como *amar*) **1** Hacer que alguien o algo participe en otra cosa o adquiera responsabilidad en ella: *implicarse en un fraude, implicarse en un enredo* **2** Contener una cosa algo, suponerla o traerla como consecuencia necesaria: "Este trabajo *implica* aprender cierta técnica", "El ataque *implicó* una declaración de guerra".

implícito adj Que trae consigo algo sin necesidad de expresarlo claramente: "La burla *implícita* en sus comentarios", "Muchas preguntas llevan *implícita* una cierta protesta", "La respuesta de tus preguntas está *implícita* en los párrafos iniciales".

implorar v tr (Se conjuga como *amar*) Pedir algo con ruegos e incluso lágrimas, expresando gran urgencia y ansiedad: *implorar indulgencia para un hijo, implorar su perdón*.

imponente adj m y f Que se impone por su belleza o su magnitud, que provoca respeto, admiración o miedo: *la imponente ciudad, la belleza imponente del valle de México, un toro imponente*.

imponer v tr (Se conjuga como *poner*, 10c Su participio es irregular: *impuesto*) **1** Hacer que algo se cumpla, se haga, se acepte o se respete, generalmente por medio de la fuerza o el poder: *imponer un castigo ejemplar, imponer una condena, imponer una ley* **2** prnl Hacer uno valer su autoridad, fuerza, personalidad o poderío: "El profeta *se impuso a* la multitud" **3** intr Provocar o infundir respeto, admiración o miedo: "Me *impone* tu presencia", "Le *impone* la oscuridad" **4** Dar o poner algo, como un nombre, un título o una distinción, a una cosa o a una persona: "Le *impusieron* a la nueva avenida el nombre de Miguel Allende".

importación s f Acto de importar algo del extranjero: *importación de alimentos*.

importancia s f **1** Valor o interés de algo o de alguien: "La *importancia* de la educación es indiscutible" **2** *Darse importancia* Presumir de algo, atribuirse mayor valor o interés del que se tiene en realidad: "Encontré a Pedro *dándose importancia* entre las alumnas de la secundaria".

importante adj m y f Que tiene valor o interés o que es conveniente para algo o alguien: *un asunto importante*, "Este libro es muy *importante*".

importar[1] v (Se conjuga como *amar*) **1** intr Tener algo o alguien valor o interés para una persona: "Me *importa* mucho lo que hagas", "No *importa* que no me regales nada" **2** tr Tener algo cierto valor o precio: "Su compra *importa* mil pesos".

importar[2] v tr (Se conjuga como *amar*) Introducir legalmente en un país productos o mercancías del extranjero, o traer a una región costumbres, modas, etc de otra: *importar cereales, importar libros, importar una moda*.

importe s m Costo, valor o precio de una cosa: *importe del cubierto, devolver el importe*.

imposibilidad s f Calidad de lo que es imposible o ausencia de posibilidad de algo: *la imposibilidad de dotar de agua potable, la imposibilidad de establecer control y vigilancia, la imposibilidad de comunicación, imposibilidad física*.

imposible adj m y f y s m **1** Que no se puede realizar, lograr, conseguir; que no puede ser o existir: *un trabajo imposible, un problema imposible de resolver, una teoría imposible* **2** Que no se puede soportar, sufrir o resistir: *un niño imposible, un calor imposible* **3** *Hacer (hasta) lo imposible por* Utilizar todos los medios para lograr algún propósito: "*Hicieron hasta lo imposible por* salvarle la vida".

imposición s f **1** Acto de imponer o imponerse: *imposición de un gobierno* **2** Obligación o exigencia que alguien establece por medio de la fuerza, la autoridad o el poder: "Hemos cumplido con las *imposiciones* del jefe" **3** *Imposición de pliego(s)* (*Impr*) Manera en que se acomodan las páginas en un pliego para su impresión y para que al doblarlo queden en el orden debido.

impositivo adj Que se impone como obligación a alguien, que es producto de una orden autoritaria, que actúa imponiendo su voluntad o su opinión como si no hubiera más razón que la suya: *medida impositiva, reglamento impositivo, padres impositivos*.

impotencia s f **1** Falta de poder para hacer algo: *lágrimas de impotencia*, "Se mordía los labios de rabia e *impotencia*" **2** Incapacidad del hombre para ejercer el acto sexual por defecto físico del pene o por falta de erección del mismo, acompañada o no de la imposibilidad para engendrar; la causa también puede ser psíquica.

impotente adj m y f **1** Que no puede hacer algo o que no tiene poder para hacerlo: "Se sintió *impotente* ante la tragedia", "El equipo se vio *impotente* ante un rival muy rápido" **2** Que padece impotencia sexual.

imprenta s f **1** Arte, técnica y profesión de imprimir libros, periódicos, láminas, etc **2** Taller en donde se imprime: *la imprenta de Juan Pablos*.

imprescindible adj m y f Que no se puede prescindir, que es indispensable, que es necesario: "Es *imprescindible* que exista libertad plena", *requerimientos imprescindibles*, "Hizo *imprescindible* la revisión de los supuestos".

impresión[1] s f **1** Efecto profundo que causa algo en la mente o en los sentimientos de alguien: "Ese choque me produjo una fuerte *impresión*" **2** Opinión superficial que se forma alguien acerca de algo: "Queremos saber sus *impresiones* después de su gira", *cambiar impresiones*.

impresión[2] s f **1** Acto de imprimir: *la impresión de un libro, una bella impresión, pruebas de impresión* **2** Marca o huella que deja una cosa al ser presionada sobre otra: *la impresión de un pie en la tierra*.

impresionante adj m y f Que impresiona intensamente a los sentidos por su belleza, su grandiosidad, su brillantez, etc: *personalidad impresionante, un drama impresionante, un impresionante eclipse de Sol*, "La clausura de los juegos olímpicos fue un espectáculo *impresionante*".

impresionar v tr (Se conjuga como *amar*) Que causa una impresión intensa a los sentidos: "La aparición de la inmensa escultura de Tláloc era para im-

presionar a cualquiera", "Le *impresionó* mucho la película de Tarkovsky".

impresionismo s m Escuela pictórica surgida en Francia a fines del siglo XIX que se propone reflejar las impresiones que de la realidad recibe el artista, especialmente los cambios de luz y sus efectos en la apariencia de la naturaleza.

impresionista adj y s m y f Que pertenece al impresionismo o se relaciona con él: "Monet, Renoir y Degas son pintores *impresionistas*".

impreso 1 adj Que ha sido imprimido: *tarjetas impresas* **2** s m Publicación, especialmente periódicos, revistas o folletos.

imprevisto adj y s m Que no se ha previsto, que no se puede prever: un *viaje imprevisto, costos imprevistos*, "No llegué porque tuve un *imprevisto, obligaciones imprevistas*.

imprimir v tr (Se conjuga como *subir*) **1** Fijar sobre algún material, especialmente papel, la figura, la marca o la huella de un texto, de un dibujo o un grabado, oprimiéndolo con fuerza **2** Fijar las imágenes del negativo de un rollo fotográfico, en papel u otro material, utilizando sustancias químicas **3** Obtener copias de un texto, de un dibujo, etc con la ayuda de máquinas especiales para hacerlo: "*Imprimieron* quince mil ejemplares de esa novela" **4** Dejar algo huella en otra cosa, presionando sobre ella: "Los niños *imprimieron* sus pies en el cemento" **5** Dar a algo cierto carácter, orientación, movimiento, etc: "El presidente *imprimió* su estilo al gobierno", "Le *imprimí* más velocidad al carro".

improductivo adj Que no produce, que no es productivo, que no da frutos ni resultados: *tierras improductivas, jornadas improductivas, personas económicamente improductivas*.

improvisación s f **1** Acto de improvisar: "Las *improvisaciones* del entrenador dieron por resultado otras dos derrotas", "Para evitar la *improvisación* de funcionarios..." **2** Copla, discurso, actuación, composición musical, etc que se va inventando a medida que se canta, dicta, representa o ejecuta: "Nos emocionó con una *improvisación* muy atinada".

improvisar v tr (Se conjuga como *amar*) **1** Hacer algo sin haberlo preparado antes, de manera que se vaya produciendo o inventando a medida que se va haciendo: *improvisar un discurso, improvisar una copla*, "Es un músico con mucho talento para *improvisar*", "En la obra los actores *improvisan* libremente" **2** Hacer algo sin los conocimientos o los elementos necesarios para ello: *improvisar un trabajo, improvisar una cortina* **3** Hacer de pronto alguna cosa que no estaba programada o preparada: *improvisar una fiesta, improvisar una junta* **4** *Improvisar a alguien* Poner a una persona a que realice una función para la cual no tiene preparación ni experiencia: "No podemos *improvisar* personal", "Lo *improvisaron* como coordinador", *improvisar un portero*.

improviso *De improviso* De pronto, en forma no prevista, no determinado de antemano: "*De improviso* llegó al pueblo un coronel", "*De improviso* salieron a su paso", "Se vio *de improviso* en una situación muy comprometida".

impuesto I pp irregular de *imponer*. "Han *impuesto* un nuevo horario" **II** s m Cantidad determinada de dinero que los habitantes de un país deben aportar al Estado para contribuir al pago de servicios públicos:

impuesto sobre el trabajo, impuesto sobre la renta, impuesto al valor agregado.

impugnar v tr (Se conjuga como *amar*) Declararse en contra de algo, oponerse a algo; refutar: "Sería difícil *impugnar* el razonamiento anterior", *impugnar* la nueva resolución, "Ahí mero *impugnamos* el resultado de las elecciones".

impulsar v tr (Se conjuga como *amar*) **1** Hacer que una cosa se mueva ejerciendo sobre ella una fuerza: "El viento *impulsa* la nave" **2** Hacer que algo o alguien realice determinada acción: "La tristeza la *impulsó* a llorar" **3** Dar fuerza a algo para que aumente o tome mayor importancia: *impulsar la economía, impulsar la educación*.

impulso s m **1** Fuerza que se ejerce sobre algo o alguien para que se mueva o fuerza que conserva algo o a alguien en movimiento: "Le faltó *impulso* para poder llegar al otro lado" **2** Estímulo o fuerza que hace que algo o alguien realice determinada acción o logre un mayor desarrollo: *impulso al deporte* **3** Deseo o motivo emocional que lleva a alguien a realizar cierta acción: "Sentí el *impulso* de besarte", *impulsos irresistibles*.

impulsor s m y adj Persona, mecanismo o fuerza que impulsa alguna cosa: *impulsor del progreso*, "Lully fue uno de los grandes *impulsores* de la música francesa", "Lanzado hasta su órbita por un *impulsor* Atlas", *engranaje impulsor principal*.

impureza s f **1** Calidad de lo que carece de pureza **2** Cada una de las partículas extrañas a una materia, que se mezclan con ella y la hacen impura: "La piedra caliza se ha combinado con las *impurezas* para formar una nata llamada escoria", *barros y otras impurezas de la piel*.

in adj m y f (*Coloq*) Que está a la moda: "Muy guapa la actriz con atuendo muy *in*".

inactivo adj Que no está activo, que está quieto o que no se mueve: *un niño inactivo*.

inadecuado adj Que no es adecuado o conveniente para un fin determinado: *un inadecuado punto de vista, un modelo inadecuado para ciertos problemas de la física moderna, empaque inadecuado al contenido, dosis inadecuadas*.

inadvertido adj Que no ha sido advertido o notado, que no se le ha tomado en cuenta: "El deseo de no pasar *inadvertido*", "Un detalle que ha pasado *inadvertido*...", "El trabajo efectuado hasta entonces no podía pasar *inadvertido*", "Enseñanzas que pasan *inadvertidas* en una primera lectura", "Los hallazgos anormales pasan *inadvertidos* durante días o semanas después del nacimiento".

inagotable adj m y f Que no se pueden agotar o acabar: "La catedral de Chartres es *inagotable*", *su inagotable buen humor*, "La bibliografía goethiana daba la impresión de lo *inagotable*".

inalienable adj m y f (*Der*) Que no se puede enajenar o traspasar a otro la propiedad, que no se puede vender o comercializar: *territorio soberano e inalienable, los inalienables derechos de las grandes mayorías nacionales*.

inanición s f Debilidad extrema por hambre o falta de alimento durante un tiempo prolongado: *muerte por inanición*.

inanimado adj Que no tiene vida o que está muerto: "Yacía sobre esa cama un cuerpo quieto e *inanimado*", *seres inanimados*.

inauguración s f Acto de inaugurar algo y ceremonia con la que este hecho se festeja: *la inauguración de los juegos olímpicos, la inauguración de un estadio*, "A la *inauguración* asistirá el director".

inaugural adj m y f Que inaugura, pertenece a una inauguración o se relaciona con ella: *acto inaugural, ceremonia inaugural, juego inaugural*.

inaugurar v tr (Se conjuga como *amar*) **1** Abrir; poner en funcionamiento o a disposición del público alguna obra, empresa, establecimiento, etc, generalmente con una ceremonia o festejo: *inaugurar una presa, inaugurar una fábrica, inaugurar una tienda, inaugurar una exposición* **2** Dar principio de manera formal alguna actividad: *inaugurar los cursos, inaugurar un proyecto*.

inca s m **1** Pueblo indígena instalado en el valle del Cuzco; conquistó un gran imperio que iba desde el actual Ecuador hasta Chile. Su economía se basaba en la agricultura, el cultivo más importante era el de la papa, además cultivaban maíz, cacao, jitomate, frijol y calabaza; también era importante la ganadería de llama, alpaca y vicuña, que se usaban como animales de carga y de los que se aprovechaba su lana para elaborar telas; eran grandes tejedores. Su arquitectura es notable, se caracteriza por el extraordinario trabajo de la piedra en grandes bloques regulares y lisos que se disponían sin necesidad de cemento o argamasa, lo que les permitió elevar enormes estructuras a pesar de desconocer el arco y la bóveda. El imperio estaba celosamente defendido por medio de grandes fortalezas situadas en puntos estratégicos, las más importantes eran: la de Sacsahuamán, Ollantay-tambo y Machu Picchu, además de Cuzco, la capital. Rendían un gran culto al Sol. Su lengua era el quechua **2** adj y s m y f Que pertenece o se relaciona con la cultura de este pueblo indígena **3** Moneda de la república de Perú equivalente a un sol de oro que se acuñó en cantidad muy limitada en 1880.

incandescente adj m y f Que despide o emite una luz, generalmente blanca o roja, al calentarse a una temperatura muy elevada: "Los filamentos de las lámparas *incandescentes* modernas se hacen de tungsteno porque no pierde su forma".

incansable adj m y f Que no se cansa, que es difícil de cansar: *manos diestras e incansables, un hombre incansable, un aleteo incansable*.

incapacidad s f **1** Falta de capacidad, posibilidad o aptitud para hacer algo: *nuestra incapacidad para crear un estudiante realmente libre y feliz, la incapacidad para satisfacer la demanda de alimentos* **2** (*Der*) Falta de capacidad o aptitud para adquirir o ejercer sus derechos: *la incapacidad del menor para defenderse del adulto* **3** Estado de enfermedad o de algún impedimento físico para trabajar; documento de la seguridad social que ampara tal situación y el derecho a cobrar salario sin trabajar: "Le dieron una *incapacidad* por seis meses porque se dañó la columna".

incapaz adj y s m y f **1** Que no es capaz, que no tiene capacidad física, intelectual o económica para hacer algo: "*Incapaz* de comprender lo que en realidad pasaba", "Era *incapaz* de conservar los empleos", *incapaz* de resignarse", "El gobierno de Porfirio Díaz se muestra *incapaz* de ofrecer una salida a la crisis", "Son *incapaces* de hacer algo por su propia iniciativa" **2** (*Der*) Que no tiene personalidad jurídica para ejercer sus derechos o disfrutar de ellos **3** (*Coloq*) Tratándose generalmente de niños, que se porta muy mal: "Sus hijos son *incapaces*, nadie los soporta".

incauto adj Que es ingenuo, que se deja sorprender o engañar fácilmente, que es muy confiado, que no tiene precaución o cuidado: *atraer a los incautos viajeros, incautos compradores*.

incendiar v tr (Se conjuga como *amar*) Quemar alguna cosa, hacer que el fuego consuma o destruya algo: *incendiarse un bosque*, "*Incendiaron* la bodega para cobrar el seguro".

incendio s m Fuego que se propaga y destruye todo lo que alcanza: "Los daños causados por el *incendio*...", "Los bomberos dominaron el *incendio*".

incentivo s m Algo que incita o atrae a una persona a hacer algo; especialmente un estímulo económico: *incentivos fiscales sobre exportaciones, tener un incentivo, planes de incentivos y premios*.

incertidumbre s f **1** Falta de seguridad, de confianza, de certeza, etc en relación con una situación o con un conocimiento; duda que se tiene sobre algo que se quisiera saber: *la incertidumbre sobre el porvenir*, "Las nuevas medidas son motivo de *incertidumbre* entre los inversionistas extranjeros", "Las elecciones se realizarán en un clima de gran *incertidumbre* política" **2** *Principio de incertidumbre* (*Fís*) El que postula la imposibilidad de establecer simultáneamente una descripción espacio-temporal rigurosa y una conexión causal precisa en los procesos físicos individuales.

incesante adj m y f Que no cesa, que no deja de suceder, que es continuo: *la producción incesante de máquinas, incesantes movimientos de innovación, diálogo incesante*.

incesto s m Relación sexual entre consanguíneos muy cercanos (dos personas procedentes por su nacimiento de un tronco común), generalmente prohibida en la mayoría de las culturas; en México constituye un delito: "La confesión apasionada del amor de Fedra por Hipólito y la justificación del *incesto*", "El *incesto* está normalmente latente en todos nosotros".

incidencia s f **1** Repercusión que puede tener un hecho preciso sobre un asunto o fenómeno: *la incidencia de la deuda sobre el presupuesto de la educación* **2** Forma o grado en que algo afecta a ciertas personas o individuos: *la más alta incidencia de renitis, la creciente incidencia de raquitismo primario, incidencia de parasitismo*.

incidente s m **1** Hecho o suceso generalmente de importancia secundaria; contratiempo que afecta el desarrollo normal de algo: *incidente de incalculables consecuencias, el lamentable incidente* **2** adj m y f Que incide: *la onda incidente, un rayo de luz incidente* **3** (*Der*) Procedimiento legalmente establecido para resolver cualquier cuestión que, con independencia de la principal, surja en un proceso.

incidir v tr (Se conjuga como *subir*) **1** Provocar una alteración en algo, repercutir en algo o afectarlo: "Factores que *inciden* en el alza del costo de la vida", "Ese gasto no *incidirá* en los precios", "La política *incide* en todas las actividades del hombre" **2** Incurrir o caer en una falta: *no incidir en errores* **3** Llegar un rayo de luz, una onda sonora, un proyectil, etc sobre una superficie: "La figura *incidía* dentro del plano visual del ojo" **4** (*Med*) Hacer una incisión o corte; cortar: *incidir el peritoneo*.

incienso s m **1** Resina aromática que se extrae de diversos árboles, se enciende y se quema generalmente en ritos religiosos para producir humo de intenso y muy agradable olor; copal: *esparcir incienso, levantarse el humo del incienso* **2** (*Bursera jurullensis*) Árbol de unos 7 m de altura, de corteza gris rojiza, lisa, que se desprende espontáneamente en laminillas muy finas; el tronco produce una resina que generalmente se recoge en septiembre y octubre, especialmente en los estados de Michoacán, Guerrero y Morelos, en el bosque caducifolio. Sus hojas se aglomeran en los extremos de las ramas, son compuestas de 7 a 10 pares de hojuelas ovales, opuestas, tienen el borde dentado y están cubiertas de denso vello. Sus florecillas, que brotan a los lados de los puntos de inserción de las hojas, producen un frutito carnoso con una sola semilla **3** Cada una de las varias especies del mismo género de las burseráceas y de otros géneros productores de resina aromática, todos ellos abundan en el Pacífico medio y en la Cuenca del Balsas.

incierto adj **1** Que no es seguro; que es dudoso: *una paz basada en un incierto equilibrio, el incierto porvenir, problemas de incierta solución* **2** Que no es claro, que no es definido; que es desconocido: *la hora incierta del atardecer, persona incierta, siluetas inciertas*.

incipiente adj m y f Que comienza, que apenas principia: *un incipiente desarrollo económico, nuestro incipiente régimen económico, la catarata incipiente en el ojo de una anciana*.

incisión s f Corte o división metódica de las partes blandas con un instrumento cortante: "Se practica la *incisión* con bisturí", *hacer una incisión abdominal*, "Se cierra la *incisión* con sutura".

incisivo 1 adj y s Que es capaz de cortar una cosa penetrando en ella: *diente incisivo* **2** adj Que analiza con tino y agudeza; que es penetrante: *un pensador incisivo, una crítica incisiva*.

inciso adj **1** Cortado: *líneas incisas* **2** s m Corte o división que se hace en un escrito largo, generalmente se señala con números y letras: *el inciso f) de la fracción IV, del artículo 18 de la citada ley, véase el inciso tercero*.

incitar v tr (Se conjuga como *amar*) Inducir, estimular o mover a una determinada acción: *incitar al pueblo, incitar a una revolución*.

inclinación s f **1** Acto de inclinar o inclinarse algo; hecho de estar algo inclinado: "Dale una *inclinación* de seis grados", "La *inclinación* del cristal permite cortar el aire", *la inclinación de una torre, la inclinación de un terreno* **2** Dirección que una línea o superficie tiene en relación con otra línea o superficie, particularmente horizontal o vertical: *la inclinación de una recta* **3** Disposición, interés, afición o predilección que alguien tiene y que mueve su voluntad en determinada dirección: "Su *inclinación* por los niños lo llevó a poner una escuela", "Siente *inclinación* por las ciencias", "Sus hijos tienen *inclinación* por el deporte", *inclinaciones sexuales*, "En su artículo deja ver sus *inclinaciones* políticas", *inclinaciones inconfesables* **4** Muestra de respeto que se hace moviendo la cabeza hacia delante o flexionando ligeramente el cuerpo: *saludar con una inclinación*.

inclinar v tr (Se conjuga como *amar*) **1** Mover una cosa de manera que quede en una posición distinta a la horizontal o a la vertical o de tal modo que, en relación con un eje horizontal o vertical, forme un ángulo distinto de 90°: *inclinar un vaso*, "El temblor *inclinó* la torre", *inclinarse un árbol* **2** prnl Decidirse en determinado sentido, apoyar o preferir cierta cosa, considerar algo como más probable o tener determinada tendencia: "*Nos inclinamos* por una solución pacífica", "*Me inclino* a pensar que tú tenías razón", "El jurado *se inclina* por obras académicas", *inclinarse por las letras* **3** Conducir a alguien que tenía ciertas dudas o reservas a que actúe o piense de determinada manera; hacer que la opinión, gusto o preferencia de alguien se manifieste en cierto sentido: "Los nuevos testimonios *inclinaron* al juez a revocar la sentencia", "El debate *inclinó* la votación a favor del candidato", "La alegría de su juego terminó por *inclinar* al público a su favor" **4** prnl Flexionar uno la cintura y bajar la cabeza generalmente para acercarse a algo o a alguien o como señal de respeto: "La madre *se inclinó* sobre la cuna", "*Se inclinó* para besarle la mano", "Los fieles *se inclinaban* al paso del Papa".

incluir v tr (Se conjuga como *construir*, 4) **1** Poner o meter algo o a alguien dentro de alguna cosa: *incluir un cheque en una carta, incluir a un alumno en la lista* **2** Contener una cosa a otra: "El precio *incluye* los gastos de transporte".

inclusive adv **1** Incluyendo a, con inclusión de: "Pidió vacaciones del primero al quince de julio *inclusive*", "Vinieron todos los niños, *inclusive* los de la guardería" **2** Hasta: "En ocasiones llueve *inclusive* en octubre", "Pues fueron muy amigos, *inclusive* vivieron juntos en su época de estudiantes".

incluso prep Hasta, aun: "El maestro nos ayudaba en todo, *incluso* a veces nos regalaba libros y comida", "Me llevó a mi casa e *incluso* me prestó dinero para el doctor".

incógnita s f (*Mat*) En una expresión algebraica, signo que se emplea para denotar un dato desconocido, cuyo valor se trata de obtener mediante el desarrollo de una ecuación o resolver un problema.

incoloro adj Que no tiene color, que es transparente: *un líquido incoloro, gases incoloros, cristales incoloros*, "El cristalino es una estructura biconvexa *incolora*".

incómodo adj **1** Que no es cómodo, que molesta o incomoda: *un asiento incómodo, una situación incómoda* **2** Que no está a gusto, que está molesto: "Me sentía inquieto, *incómodo*, avergonzado".

incompleto adj Que no está completo o terminado; que le falta algo: *idea incompleta, cajas incompletas, un trabajo incompleto*.

incomprensible adj m y f Que no se comprende o no se puede comprender: *la incomprensible complejidad del comportamiento*, "A un habitante de la Edad Media le resultaría *incomprensible* la neurosis de guerra de un maltrecho excombatiente yanqui de Vietnam".

incomprensión s f Falta de comprensión: *incomprensión, terror y odio ante lo no consentido*, "La *incomprensión* con que Manuel José Othón recibió al modernismo".

inconcebible adj m y f Que no se puede concebir por su grandeza o su importancia: "Dejó un volumen de trabajo casi *inconcebible* para haber sido desarrollado por un hombre solo".

incondicional 1 adj m y f Que no pone condiciones, que es absoluto, que no pone límites: *admirador incondicional de Rulfo, apoyo incondicional, un amigo incondicional* **2** adj y s m y f (*Coloq*) Que es servil sin límites: "Son sus *incondicionales*".

inconformidad s f Calidad de estar inconforme: "Manifiestan su total *inconformidad*", "Mostró cierta *inconformidad*".

inconsciencia s f **1** Estado de la persona que ha perdido el conocimiento o que no se da cuenta de lo que le rodea o sucede: "Después de la crisis sigue un periodo de *inconsciencia*" **2** Forma de actuar en la que no se miden las consecuencias de lo que se hace, comportamiento irreflexivo, irresponsable e imprudente: "La *inconsciencia* de esos jóvenes revela problemas...", "¿Hasta dónde no llegará su *inconsciencia* que se tiró a nadar en pleno mar abierto!".

inconsciente adj m y f **1** Que no tiene conciencia, que no está presente en el campo actual de la conciencia o que no ha tenido acceso a ella: *materia inconsciente, deseo inconsciente, conducta inconsciente, fuerzas inconscientes* **2** Que ha perdido la capacidad de percibir y darse cuenta de lo que le rodea: "Se quedó *inconsciente* después del accidente", "El enfermo sigue *inconsciente*" **3** adj y s m y f Que no mide las consecuencias de sus actos ni considera la importancia que algo puede tener, que actúa sin reflexionar y de manera irresponsable: "El incendio fue provocado por unos *inconscientes*", *un estudiante inconsciente, un funcionario inconsciente* **4** s m (*Psi*) Sistema constituido por el conjunto de hechos de la vida psíquica y afectiva de una persona que ha sido objeto de represión psicológica, es decir, a la que se le ha negado su acceso a los campos en que interviene la conciencia. Fue propuesto por Freud como factor determinante del comportamiento humano **5** *Inconsciente colectivo* (*Psi*) Base profunda de la psique, de origen hereditario que contiene modelos o patrones de conducta instintiva que no han sido objeto de la conciencia y que son comunes a todos los seres humanos. Es uno de los conceptos centrales de la teoría de Jung.

inconsistente adj m y f Que no es consistente, que no tiene consistencia: *una protesta inconsistente*.

incontenible adj m y f Que no se puede contener o reprimir: *pasiones incontenibles, una incontenible violencia, carcajadas incontenibles*.

incontinencia s f **1** (*Med*) Emisión involuntaria de materia cuya excreción se haya sometida normalmente a la voluntad: *incontinencia de orina* **2** Falta de continencia o de freno de los apetitos sexuales.

inconveniente adj m y f **1** Que no es conveniente, que no conviene, que causa problemas: "No tiene ningún *inconveniente*", "No habrá *inconveniente* por nuestra parte", *inconvenientes de la monarquía*, "Este sistema presenta graves *inconvenientes*" **2** *En estado inconveniente* (*Coloq*) En estado de ebriedad o embriaguez; ebrio, borracho.

incorporación s f Acto de incorporar o incorporarse: *incorporación voluntaria, incorporación al trabajo, incorporación de las masas al consumo, la incorporación del indio*.

incorporar v tr (Se conjuga como *amar*) **1** Agregar una cosa a otra o mezclarlas para que formen una unidad: *incorporar agua a la arena* **2** Unir a una persona o a un grupo con otro para que forme parte de él: *incorporar la escuela a la Secretaría, incorporarse al ejército* **3** Levantar a alguien que está tendido, acostado o sentado: "*Incorporó* al enfermo lentamente", "Se *incorporó* sin necesidad de ayuda".

incrédulo adj y s Que no cree, que se resiste a creer; que duda de todo lo que no está probado como evidente: "La tía Romelia se volvió *incrédula*", *Mallarmé incrédulo de Dios, pero crédulo del diablo*, "No seas tan *incrédulo*".

increíble adj m y f Que no se puede creer o que es difícil de creer: *con increíble frecuencia, con voluntad increíble, fuerza increíble, la increíble hazaña*.

incrementar v tr (Se conjuga como *amar*) Hacer que algo aumente: *incrementar la producción, incrementar los costos*.

incremento s m Acto de incrementar algo; aumento o crecimiento de cierta cosa: *incremento de las ventas, incremento de la exportación, incremento desmedido de precios*.

incrustar v tr (Se conjuga como *amar*) Meter o meterse un cuerpo o una masa en una superficie ajena y adherirse a ella: "Las viejas catedrales góticas se incrustan en el cielo", "Una de las balas *se incrustó* en el estómago".

incubar v tr (Se conjuga como *amar*) **1** Dar calor a los huevos (para que se forme un nuevo ser, especialmente las aves con sus cuerpos o en forma artificial: *incubar a 370 °C*, "Los huevecillos se *incuban* en dispositivos", "La gallina *incubó* sus huevos y nacieron seis pollitos" **2** Desarrollar una enfermedad infecciosa desde el contagio y su periodo de latencia hasta sus primeros síntomas: "*Incubó* el sarampión durante dos semanas" **3** Desarrollar cualquier idea, emoción o sentimiento antes de manifestarlo plenamente: *incubar la pasión y el dolor*.

inculcar v tr (Se conjuga como *amar*) Enseñar con firmeza o comunicar con convicción una idea o un sentimiento: "*Te inculcó miedo* de que los años pasen", "*La disciplina* que les inculca a los niños es demasiado rígida".

incurrir v (Se conjuga como *subir*) **1** intr Caer en una falta o cometer una falla: *incurrir en el error*, "*Incurre en* frecuentes contradicciones", *incurrir en ambigüedades*, "*Incurrió* en delitos muy graves, por lo que fue encarcelado" **2** tr (*Cont*) Contraer, hacerse cargo de un costo, un gasto o una deuda.

incursión s f **1** Entrada o inicio en un determinado campo del saber: *su incursión en las matemáticas* **2** Entrada violenta o invasión por fuerzas armadas en un determinado lugar o territorio: "Informaron los jefes policiacos sobre su *incursión* en la Ciudad Universitaria".

indagar v tr (Se conjuga como *amar*) Investigar buscando información o datos para saber lo que se desconoce: "*Indagar* si se cumple con la ley", *indagar su dirección*, "Cuanto más *indago* más descubro".

indecisión s f Falta de decisión, estado de duda o titubeo: "Puso fin a su *indecisión* y se casó con ella".

indeciso adj Que no se decide, que no toma una decisión, que titubea, que duda: "Elena permanece *indecisa*", *Teseo hombre indeciso, Mallarmé indeciso entre el naturalismo y el parnasianismo*.

indefinidamente adv En forma indefinida, sin límite de tiempo: "Una tonada que se repite *indefinidamente*", "Permanecemos *indefinidamente* a su exclusivo servicio", "El conflicto bélico parecía prolongarse *indefinidamente*".

indefinido adj **1** Que carece de límites o de características precisas, que no tiene una naturaleza definida o determinada, que es vago o no se refiere a nada en particular: *tiempo indefinido, color indefinido, actitud indefinida, tema indefinido* **2** *Artículo indefinido* (*Gram*) Artículo que al acompañar a un sustantivo indica que éste puede referirse a un elemento cualquiera de un conjunto, como *un* en: "Quiero *un* pastel", o *unas* en: "Vinieron *unas* personas". Son artículos indefinidos: *un, una, unos, unas*; artículo indeterminado **3** *Pronombre indefinido* (*Gram*) Pronombre que señala cosas o personas pero sin especificar su identidad, su naturaleza o su número, como *alguien, alguno, nadie, otro, cualquiera, pocos, muchos, algunos*, etcétera.

indemnización s f Acto de indemnizar a alguien y cantidad de dinero o cosa con la que se le indemniza: "Previa *indemnización*, se expropiaron los terrenos", *una justa indemnización*, "Por concepto de *indemnización* se pagarán $2 millones".

indemnizar v tr (Se conjuga como *amar*) Pagar cierta cantidad de dinero o dar algo a alguien por un daño que se le ha causado: *indemnizar a los accidentados*, "Lo *indemnizarán* por los terrenos que le expropiaron".

independencia s f Condición o estado de una persona, de una sociedad o de un país, que consiste en ser libre para decidir su conducta, su desarrollo y su historia sin que intervenga nadie: *independencia política, independencia cultural, independencia académica, independencia económica*.

independiente adj m y f **1** Que es libre para decidir su conducta, su desarrollo o su camino, que no depende de nadie: que no se deja llevar por la opinión o por la fuerza de otros: *un país independiente, una mujer independiente, un periódico independiente, un pensador independiente* **2** Que no depende de otra cosa, que está aparte o que funciona en forma separada: "Este capítulo es *independiente* de los anteriores", "La rotación específica es *independiente* de la concentración", *un cuarto independiente, dos estructuras independientes*.

independientemente adv Con independencia: *independientemente de su connotación científica, obras eternas independientemente de la época o de la nacionalidad*, "*Independientemente* del programa de agua potable, se está atacando el problema de falta de alcantarillado", *independientemente de la altura, independientemente de su origen*, "*Independientemente* de la fecha en que se paguen".

independizar v tr (Se conjuga como *amar*) Hacer independiente algo o a alguien, especialmente a un país respecto del que lo domina: *independizarse de Inglaterra, independizarse un sindicato*.

indeseable adj y s m y f Que se rechaza o es rechazado por considerarse peligroso, poco recomendable, molesto o sospechoso; que no se acepta: "El trato de *indeseable* que recibe el puertorriqueño en Estados Unidos...", *una indeseable guerra con armas nucleares, una limpia de indeseables, hábitos indeseables*.

indeterminado adj **1** Que carece de características precisas, que no tiene una naturaleza determinada o que no tiene límites definidos: *plazo indeterminado, gustos indeterminados* **2** *Artículo indeterminado* (*Gram*) Artículo que al acompañar a un sustantivo indica que éste puede referirse a un elemento cualquiera de un conjunto, como *una* en: "Vive en *una* casa", o *unos* en: "Llegaron *unos* amigos". Son artículos indeterminados: *un, una, unos, unas*; artículo indefinido **3** *Pronombre indeterminado* (*Gram*) Pronombre indefinido.

indicación s f **1** Acto de indicar **2** Señal o aviso que da información sobre alguna cosa, hace referencia a ella u obliga a realizarla: *indicaciones de tránsito* **3** Recomendación necesaria sobre alguna cosa, como por ejemplo sobre el uso correcto de algo o sobre lo que debe hacerse en determinada situación: *indicación médica*.

indicado I pp de *indicar*: "Están *indicadas* las dosis elevadas de antibióticos en estos casos" **II** adj Que es conveniente, apropiado o adecuado para un determinado fin: *las personas indicadas para ese puesto, la música indicada para ese momento, el tono más indicado para hablar con los niños*.

indicador 1 adj, y s m Que indica o sirve para indicar; especialmente en una máquina, un aparato, una aguja o una luz que se enciende para indicar algún cambio: *los indicadores luminosos*, "El movimiento del *indicador* no es suficiente", *indicadores económicos*, "El grado de desarrollo del comercio es uno de los *indicadores* decisivos del avance económico" **2** s m (*Quím*) Sustancia usada para indicar la realización de una reacción química, generalmente mediante un cambio de color.

indicar v tr (Se conjuga como *amar*) **1** Dar a entender algo a alguien mediante ciertas señales o signos lingüísticos; decirle a alguien alguna cosa: "Con los ojos me *indicó* dónde sentarme", "En la tienda me *indicaron* cuál era el camino a Silao", "El gerente le *indicó* cuáles serían sus funciones" **2** Dar a entender o dejar suponer, alguna señal o huella, alguna cosa: "Las gaviotas *indicaban* la cercanía del mar".

indicativo 1 adj Que indica algo o lo hace suponer: *datos indicativos de progreso, síntomas indicativos de enfermedad* **2** s m y adj (*Gram*) Modo verbal con el que se expresa que lo que se dice se considera como un hecho, como en: "No *tenemos* dinero", "No *habrá* función", "*Jugaba* toda la tarde", "*Habíamos platicado* toda la noche", "Ayer *llovió*.

índice s m **1** Cosa, hecho o situación que señala o indica algo: "La inflación es un *índice* de la crisis económica" **2** s y adj m Dedo de la mano que está entre el medio y el pulgar: "Con el *índice* señaló al culpable" **3** Lista en la que se dan por orden alfabético, cronológico, de aparición, etc, los temas, capítulos, nombres o materias contenidos en una publicación, junto con los números de las páginas en que aparecen u otra indicación para localizarlos: "El libro tiene el *índice* al final", *índice de una revista, índice analítico* **4** (*Comp*) Número que indica en una serie de elementos de la misma clase el lugar que le corresponde a cada uno de ellos dentro de esa serie **5** (*Mat*) Número o símbolo que se utiliza para diferenciar dos o más variables que se representan con el mismo signo, como en a_1, a_2, a_3 o en b', b'', etc **6** (*Mat*) Número que indica el grado de una raíz, como en $\sqrt[3]{276}$ el 3 indica que es una raíz cúbica **7** En estadística, número que se obtiene al relacionar las cantidades o valores con que se miden distintos elementos o fenómenos para tener una interpretación global de ellos, y cuyas variaciones indican los cambios en el tiempo o en el espacio que éstos experimentan: *índice de precios*, *índice de mortalidad*, *índice de desempleo* **8** Medida que se obtiene de la relación entre dos o más dimensiones de una cosa o un fenómeno: *índice cefálico* **9** *Índice de refracción* (*Fís*) Relación que hay entre el seno del ángulo de incidencia de un rayo al penetrar en un medio diferente y el seno del ángulo refractado.

indicio s m Cosa o circunstancia que da a pensar que algo puede o pudo suceder; señal que se considera como anuncio de que probablemente ocurra cierto hecho: "Aquí hay *indicios* de culturas antiguas", "El enfermo presentó *indicios* de cierta mejoría", "No hay el menor *indicio* del niño desaparecido".

indiferencia s f Actitud de una persona cuya voluntad no experimenta inclinación o predilección alguna; ausencia de cualquier sentimiento respecto de algo: "Es incomprensible la *indiferencia* de sus padres", *indiferencia ante un problema, indiferencia por el trabajo*, "No soporto su *indiferencia*".

indiferente adj m y f Que muestra indiferencia, que es igual o se queda igual, que no se altera su emotividad, que no se conmueve, que no se inmuta; que no muestra interés: "Mi presencia les era totalmente *indiferente*", *miradas indiferentes, una actitud indiferente, indiferente ante la corrupción ambiental, indiferentes a nuestras necesidades, las estadísticas con su frialdad indiferente*.

indígena adj s m y f Que nació o tuvo su origen en la tierra, la región o el país del que se trata; que se relaciona con los pueblos y las culturas originarias de un lugar: *indígenas americanos, indígena mexicano, indígenas asiáticos, una lengua indígena de Europa*.

indigenismo s m **1** Doctrina y política que busca lograr el respeto y el aprecio para los pueblos indígenas, especialmente de Hispanoamérica, y una vida justa, sana y pacífica para sus integrantes **2** (*Ling*) Vocablo procedente de una lengua amerindia, integrado al español, como *elote, papadzul, cacahuate, tomate,* etc, *los indigenismos del español mexicano*.

indigente adj s m y f Que carece de lo necesario para vivir, que no tiene lo imprescindible para subsistir, que es muy pobre; miserable: *medios indigentes, albergue para indigentes*.

indignación s f Sentimiento de gran enojo y actitud de rechazo que provoca algo que se considera injusto o alguien que ha actuado de manera indebida y reprobable: "La *indignación* por el fraude sigue aumentando", "Expresaron su *indignación* contra los traidores".

indignar v tr (Se conjuga como *amar*) Enojar o enojarse fuertemente a causa de algo o de alguien que se considera intolerable, que merece enérgica reprobación o que ofende la calidad de persona que uno tiene: "La matanza *indignó* a todos", "Esos abusos *indignan* a cualquiera", *indignarse por la corrupción, indignarse con los asesinos*, "Me *indigna* su falta de honestidad".

indio adj y s **1** Que desciende de los habitantes originarios de América o se relaciona con ellos: *indio maya, indio apache, indio araucano, pueblo indio, lengua india* **2** Que es originario de la India o se relaciona con este país asiático.

indirecta s f Expresión irónica con la que se da a entender algo que no se quiere decir explícitamente: "Después de tantas *indirectas*, decidió, por fin, ponerse a trabajar".

indirectamente adv En forma indirecta: "Genera *indirectamente* un número sustancial de fuentes de empleo", *enfermedades transmitidas directa o indirectamente a los humanos por la leche*.

indirecto adj y s **1** Que no va en forma recta o directa hacia un lugar o un fin, aunque se encamine a él: *luz indirecta* **2** *Complemento u objeto indirecto* (*Gram*) Palabra o conjunto de palabras, en la oración, que precisa el significado del verbo designando la persona, el animal o la cosa sobre la que recae indirectamente la acción; se puede reconocer prácticamente si se puede sustituir por los pronombres *le, les,* como: "Compré flores *a la vendedora del mercado*", "*Le* compré flores", "Escribimos una carta *a nuestros amigos*", "*Les* escribimos una carta". También se reconoce porque no se puede transformar en sujeto pasivo y por la presencia de la preposición *a* **3** *Estilo indirecto* El que consiste en citar textualmente las palabras de una persona, sino en narrarlas por medio de oraciones subordinadas con los cambios necesarios de pronombres, tiempos, etcétera.

indiscutible adj m y f Que no es discutible, que no necesita discutirse, que es aceptado por todos, que es evidente: "Los principios del conocimiento son *indiscutibles*", *su indiscutible calidad, el patriotismo indiscutible de Lázaro Cárdenas*.

indiscutiblemente adv De manera indiscutible, sin discusión: *el único procedimiento indiscutiblemente válido*, "Su posición filosófica que *indiscutiblemente* responde a una posición de clase".

indispensable adj m y f Que es necesario y no es posible privarse de ello: "El agua es un elemento *indispensable* para la vida".

indistintamente adv Sin distinción; uno u otro: "Se encuentran *indistintamente* en climas fríos o templados", "Se utilizan *indistintamente* tres formas de azufre", "Puede escribirse *indistintamente* con minúsculas o mayúsculas".

individual adj m y f Que pertenece al individuo o se relaciona con él; que es de una sola persona o está dirigido a una sola persona: *cama individual, trabajo individual*.

individualidad s f Cualidad de ser individual; cualidad de alguien o de algo de ser un individuo, separado, autónomo e independiente, con características, funciones o necesidades propias de él y no de otro, aunque haya mucha semejanza; conjunto de características de todo tipo que cada ser posee y que lo hacen distinguirse de los demás: *establecer su individualidad un adolescente, reprimir la individualidad, la individualidad del niño*.

individualismo s m **1** Actitud que antepone sus propios intereses a todo; egoísmo: "Su *individualismo* ha terminado por aislarlo" **2** Doctrina ética o sistema sociopolítico que considera al individuo como un ser autónomo, independiente de la sociedad y cuya libertad debe ser preservada. En el plano político y económico se traduce por la voluntad de limitar al máximo el poder del Estado y de las instituciones en general sobre el individuo. Considera que el individuo tiene un valor predominante sobre las comunidades de que forma parte: *el individualismo del contrato social de Rousseau, el individualismo del romanticismo, el individualismo de Stuart Mill.*

individualista adj m y f y s m y f **1** Que es partidario del individualismo **2** Que sólo se interesa en su propio bienestar sin considerar los intereses de los demás: *educación individualista.*

individualmente adv En forma individual; individuo por individuo: "Los microacontecimientos no influyen *individualmente* en los grandes acontecimientos", "El derecho de cultivar *individualmente* una parcela", "*Individualmente* es más caro que en grupo".

individuo s m **1** Cada miembro o elemento de una clase, particularmente cuando se trata de personas, animales o plantas **2** Miembro de alguna agrupación: *individuo de la Academia* **3** Persona, generalmente de sexo masculino: "Un *individuo* lo asaltó".

indizar v tr (Se conjuga como *amar*) **1** Hacer un índice para un libro o una colección de libros **2** (*Econ*) Relacionar las variaciones de valor (salario, préstamo, etc) con aquéllas de un elemento de referencia o con un índice determinado: *indizar un préstamo sobre el precio del oro.*

indocumentado adj y s **1** Que no ha sido documentado, que no tiene documentos **2** Persona que emigra ilegalmente a Estados Unidos con el fin de trabajar y ganar dólares.

índole s f Clase, tipo, naturaleza o conjunto de objetos, temas o hechos que tienen una serie de características comunes: *sin molestias de ninguna índole, actividades de índole cultural, objetos de índole personal, temas de índole social, sucesos de distinta índole, acontecimientos de toda índole.*

inducción s f **1** Acto de causar o producir un fenómeno determinado **2** (*Elec*) Producción de un campo magnético o de una fuerza electromotriz en un conductor o en un campo que se encuentra dentro del área de influencia de un campo eléctrico o magnético **3** Tipo de razonamiento que va de lo particular a lo general; forma de pensar o de producir conocimientos que se basa en el análisis de hechos concretos para establecer enunciados generales: *demostración por inducción*, "Estudia la *inducción* como problema lógico y psicológico".

inducir v tr (Se conjuga como *producir*, 7a) **1** Provocar que ocurra cierta cosa o fenómeno: *inducir el parto, inducir una reacción química* **2** Hacer que alguien se comporte o piense de determinada manera, influir en él para que haga cierta cosa o llevarlo a tomar una decisión: *inducir al vicio*, "Mis consejos lo *indujeron a* errar", "Su enfermedad lo *indujo a* renunciar" **3** (*Elec*) Producir un cuerpo una carga eléctrica o un campo magnético en un conductor o en un campo que se encuentra dentro de su esfera de influencia **4** Elaborar consideraciones generales a partir de datos o de hechos particulares: "...por lo que *indujo* que el asesino no podía ser el jardinero", "...de lo que *induce* que el origen remoto del hombre debe buscarse en los animales marinos".

inductivo adj Que se realiza por medio de la inducción o que se relaciona con ella: *razonamiento inductivo, método inductivo.*

indudable adj m y f Que no se pone en duda, que no se discute, que es evidente o seguro: "Es *indudable* que esa obra provoca un vivo y genuino interés", "Es *indudable* el nivel alcanzado por el conocimiento de las ciencias naturales", *indudables rezagos, de indudable procedencia maya, tema de indudable actualidad.*

indudablemente adv De manera indudable; sin duda: "Ha sido un detalle que, *indudablemente*, ha pasado inadvertido", "Las percepciones económicas que *indudablemente* generan bienestar", "*Indudablemente* este procedimiento tiene sus dificultades e inexactitudes".

indulgencia s f **1** Actitud de la persona que perdona con facilidad las ofensas, es bondadosa con los demás y tolerante o disimulado con los errores y defectos de otras personas: "Hay que tener cierta *indulgencia* con esos niños" **2** Perdón o tolerancia ante una falta o error: *pedir indulgencia* **3** (*Relig*) Entre los católicos, perdón que concede la Iglesia de las penas temporales debidas a los pecados cuya culpa ha sido absuelta: *ganar indulgencias* **4** *Indulgencia plenaria* (*Relig*) La que perdona la totalidad de la pena.

indulto s m Perdón total o parcial de una pena de la que se ha sido sentenciado por algún delito: *pedir un indulto, la gracia del indulto.*

industria s f **1** Actividad y organización laboral, económica y administrativa, que explota en grandes cantidades los productos naturales, los transforma y fabrica objetos con ellos o proporciona ciertos servicios a la sociedad: *industria metalúrgica, industria pesquera, industria hotelera* **2** Conjunto de las empresas que se dedica a esa actividad **3** *Industria pesada* La que fabrica productos y maquinaria de grandes proporciones o de mucho peso, particularmente de acero.

industrial 1 adj m y f Que pertenece a la industria o se relaciona con ella: *zona industrial, tecnología industrial* **2** s m y f Persona que dirige o es dueña de una industria: "Hubo una reunión de *industriales*".

industrialización s f Acto de industrializar: *la industrialización de un país, programa de industrialización, alto nivel de industrialización.*

industrializado I pp de *industrializar* **II** adj Que ha desarrollado la industria: *países industrializados.*

industrializar v tr (Se conjuga como *amar*) **1** Someter algún producto de la naturaleza a la explotación organizada de la industria: *industrializar el maguey, industrializar la madera* **2** Dirigir la actividad de un país hacia la producción industrial.

ineficaz adj Que no es eficaz; que no produce el efecto esperado: *una medicina ineficaz, un reformismo social tan inoperante como ineficaz*, "Posiblemente las leyes son buenas. Su aplicación, con frecuencia, resulta *ineficaz*".

ineludible adj m y f Que no se puede eludir o evitar: *consecuencia lógica e ineludible, una responsabilidad ineludible, el compromiso ineludible.*

inercia s f **1** (*Fís*) Propiedad de la materia de presentar resistencia a cambiar de estado, sea de reposo o de movimiento **2** Falta de iniciativa y de vitalidad que conduce a alguien a comportarse mecánicamente y a dejarse llevar por las circunstancias: "Por *inercia* repite lo que dicen los demás" **3** Fuerza que tiene algo, particularmente inmaterial, como las costumbres o las ideas, que hace que se mantenga sin alterarse: *la inercia de las tradiciones*.

inerte adj m y f **1** Que no tiene vida: *materia inerte*, "Lloró ante el cuerpo *inerte* de su amigo" **2** (*Quím*) Que carece de actividad para producir transformaciones químicas, que no reacciona químicamente con otras sustancias.

inesperado adj Que no se espera, que sorprende: *un encuentro inesperado, un hecho inesperado, la aparición inesperada de objetos*.

inestabilidad s f Calidad de inestable; falta de estabilidad: *inestabilidad política, inestabilidad metabólica, periodo de gran inestabilidad*.

inestable adj m y f **1** Que no es estable, que cambia mucho: *temperamento inestable* **2** (*Quím*) Que se descompone o se altera fácilmente.

inevitable adj m y f Que no se puede evitar: *un hecho inevitable, cambios inevitables, el inevitable aumento de la población, la inevitable lucha por la vida*, "El desorden resultó *inevitable*", "*Inevitable*, como la muerte".

inevitablemente adv Sin poderse evitar: "Porque necesaria e *inevitablemente* decide sobre el trabajo de sus subordinados".

inexistente adj m y f Que no existe, que carece de existencia: *riesgos inexistentes, un ser inexistente*.

inexplicable adj m y f Que no se puede explicar: *un llanto inexplicable, fluctuaciones inexplicables*.

infame adj m y f **1** Que es malvado, que es muy malo: *obra infame del diablo, infames calumnias* **2** Que es de pésima calidad, que es horrible la impresión que causa a los sentidos: *una comida infame, música infame, película infame*.

infancia s f **1** Periodo de la vida humana comprendido entre el nacimiento y el inicio de la adolescencia **2** Conjunto de las personas de esa edad: *la infancia mexicana* **3** Primer estado de algo después de su nacimiento o creación: *la infancia del mundo, la infancia de la humanidad*.

infante s **1** (*Liter*) Niño, generalmente muy pequeño: *una casa hogar para infantes abandonados, el delito de rapto de infante* **2** Soldado de infantería **3** En las monarquías, cualquiera de los hijos del rey, con excepción del primogénito: *la infanta Margarita de Austria pintada por Velázquez*.

infantería s f **1** Conjunto de soldados que van a pie y con armas ligeras: *la infantería carrancista* **2** *Infantería de marina* La que protege a los buques de guerra, arsenales y departamentos marítimos **3** Conjunto de personas que actúan de acuerdo con la consigna de un líder, especialmente en política.

infantil adj m y f **1** Que pertenece a la infancia o a los niños, que se relaciona con éstos: *juegos infantiles, un cuento infantil* **2** Que se comporta como si fuera un niño: *una mujer infantil, una actitud infantil*, "Es un pretexto muy *infantil*".

infarto s m (*Med*) **1** Privación de circulación sanguínea en un órgano, por obstrucción de vasos arteriales o venosos, y conjunto de fenómenos posteriores a esta obstrucción **2** *Infarto cardiaco* El debido a obstrucción coronaria aguda por trombosis o, más raramente por embolia: *infarto al miocardio* **3** Masa piramidal de tejido pulmonar infiltrado, produci-

da por la embolia o trombo de la arteria pulmonar: *infarto hemorrágico en el pulmón*.

infatigable adj m y f Que no se fatiga, que no se cansa; incansable: *el infatigable buscador de destinos, viajero infatigable*.

infección s f Penetración y desarrollo en el organismo de gérmenes que producen alguna enfermedad, y enfermedad así producida: "Las heridas deben lavarse para evitar cualquier *infección*", "Las *infecciones* intestinales aumentan en las épocas de calor".

infeccioso adj Que produce infección o es causado por ella: *germen infeccioso, enfermedad infecciosa*.

infectar v tr (Se conjuga como *amar*) **1** Transmitir a un organismo los gérmenes de una enfermedad **2** prnl Contaminarse un órgano o una herida con los gérmenes de una enfermedad: "La herida se *infectó* por falta de aseo".

infeliz adj y s m y f (*Coloq*) **1** Que no es feliz: "Era incapaz de hacer *infeliz* a nadie", "La hizo sentir la mujer más *infeliz*" **2** Que es de poco carácter, que tiene poca suerte; pobre: "No vaya a resultar que esa *infeliz* muera sin confesión", "Siquiera que el *infeliz* no ande rodando a la intemperie", "Un enorme cerdo mató, a mordidas, a una *infeliz* niña de tres meses" **3** Que es malvado; desgraciado: "¿Qué te has creído, *infeliz*?".

inferencia s f **1** Consecuencia o conclusión que se considera lógicamente implicada en determinada proposición o en ciertos hechos: *las inferencias de Newton* **2** Forma de razonamiento que parte de ciertos datos o de determinados hechos, descubre las consecuencias en ellos implicadas y formula conclusiones: "Hizo sus predicciones por *inferencia*".

inferior adj m y f **1** Que está debajo de otra cosa, más abajo que ella o en la parte más baja de algo: *piso inferior, parte inferior, puesto inferior* **2** Que es de menor calidad o importancia que otra cosa: *tabaco inferior, material inferior*.

inferioridad s f Calidad de inferior: *sentimiento de inferioridad, complejo de inferioridad, inferioridad social y económica*.

inferir v tr (Se conjuga como *sentir*, 9a) **1** Sacar una conclusión o descubrir una consecuencia que esté lógicamente implicada en cierta proposición o en determinados hechos: "Esto nos permite *inferir* que se mantendrá el índice de crecimiento", "De lo anterior no se *infiere* que..." **2** Razonar de tal forma que se obtenga ese tipo de conclusiones **3** Causar un daño, una lesión, una herida a alguien o hacerle una ofensa: "Por la lesión *inferida* el trabajador será indemnizado".

infernal adj m y f **1** Que pertenece al infierno o se relaciona con él: *las fuerzas infernales* **2** (*Coloq*) Que es terriblemente desagradable, como si perteneciera al infierno: "La camisa de fuerza es un aparato *infernal*", *un humor infernal, ruido infernal, calor infernal*.

infierno s m **1** Para los cristianos, lugar donde sufren castigo eterno los pecadores que mueren sin haberse arrepentido de sus faltas: *irse al infierno, temer al infierno* **2** Situación en la que se sufren penas muy intensas o conjunto de circunstancias dolorosas que alguien vive: *el infierno de la guerra, el infierno de la miseria*, "La enfermedad del niño fue un *infierno* para toda la familia" **3** Situación o lugar en el que existe mucha agitación, desacuerdos violentos y agresiones constantes: "Su casa es un *infierno*", "El estadio se convirtió en un *infierno*".

infiltración s f **1** Acto de infiltrarse: "Se inició el control de la humedad para evitar pérdidas por la *infiltración*", *infiltración de elementos nuevos dentro del marco de la poesía cortesana* **2** (*Med*) Acumulación o depósito de una sustancia extraña en un tejido y el estado patológico que sobreviene debido a ello: "Se encuentra en la artritis reumatoide una *infiltración* inflamatoria más o menos generalizada en los tejidos afectados", "Hay tejido activo de granulación con *infiltración* de leucocitos mononucleares" **3** En política trabajo de espionaje: "El gobierno mexicano descubrirá la *infiltración* de la CIA en nuestro país".

infinidad s f Conjunto numeroso, gran cantidad; multitud: *una infinidad de paredes de vidrio*, "Tenía *infinidad* de cosas que contarme".

infinitamente adv De manera infinita; mucho: "El periódico tiene un público *infinitamente* más numeroso que el libro", *infinitamente más poético, un espacio infinitamente vacío, infinitamente superior*.

infinitivo s m (*Gram*) Forma no personal del verbo que se construye añadiendo la terminación -*ar*, -*er*, -*ir* a la raíz, como en *cant-ar, com-er, sub-ir*. Tiene función de sustantivo por ser una especie de nombre del verbo, como en *el mirar, el comer, el dormir*. Se usa como sujeto y objeto de otros verbos, como en "*Querer* es *poder*", "Quiero *bailar*", "Me gusta *cantar*". Forma perífrasis con ciertos verbos auxiliares, como en "Voy a *ir*", "Deberías *comer*", "Habrá de *ser*".

infinito adj, y s m **1** Que es ilimitado, que no se puede medir o que se extiende indefinidamente; que es muy grande, inmenso, sin límites que se puedan percibir: *espacio infinito, un número infinito de combinaciones*, "Siente por ella un cariño *infinito*", *mirar al infinito* **2** (*Mat*) Que puede ponerse en relación de uno a uno con los números naturales; que no se puede acabar de contar, como los números pares, o que no se puede numerar ni contar, como el conjunto de los números irracionales. Se representa gráficamente con el símbolo ∞: *serie infinita*, "Esta función tiende a *infinito* cuando X tiende a cero".

inflación s f Proceso económico que consiste en el aumento generalizado y continuo de los precios. Se caracteriza porque no todos los precios suben de la misma manera ni al mismo tiempo que los de otros países; algunos productos nacionales pierden por eso la posibilidad de competir en el extranjero, disminuye la capacidad de compra de quienes reciben ingresos o sueldos fijos y, por el contrario, se concentran las ganancias en menos empresas. Este proceso afecta principalmente a las economías capitalistas y sobre todo a las de los países semiindustrializados, como México, Argentina o Brasil.

inflacionario adj Que pertenece a la inflación económica o se relaciona con ella: *proceso inflacionario, fenómeno inflacionario, presiones inflacionarias*.

inflamable adj m y f Que se inflama fácilmente, que enciende o prende fuego con facilidad: "El gas y la gasolina son sustancias altamente *inflamables*", *materias inflamables*.

inflamación[1] s f **1** Acto de inflamar o de inflamarse algo produciendo llamas: "La temperatura se man-

tiene baja para evitar la *inflamación* de los gases" **2** *Punto de inflamación* Temperatura a la que un líquido combustible despide vapores que al mezclarse con el aire resultan inflamables.

inflamación[2] s f Reacción de un tejido o de un órgano que consiste en el aumento de su volumen acompañado de dolor, sensación de calor y trastornos funcionales; puede ser ocasionada por agentes patógenos o sustancias irritantes, también aparece como consecuencia de un golpe: *inflamación intestinal, inflamación del codo*.

inflamar[1] v tr (Se conjuga como *amar*) **1** Prender fuego, arder una cosa produciendo llamas: *inflamarse un depósito de gasolina*, "Tienen un escape para evitar que los gases se *inflamen*", *inflamar una sustancia* **2** Encender un sentimiento o una pasión, emocionar intensa y repentinamente a alguien: "Sus palabras *inflamaron* mi corazón".

inflamar[2] v tr (Se conjuga como *amar*) Aumentar el volumen de un órgano o de un tejido ocasionando dolor, sensación de calor y trastornos funcionales; producirse la inflamación de una parte del cuerpo: *inflamarse el hígado*, "Para evitar que se le *inflamara* la rodilla le pusieron hielo", "Los irritantes *inflaman* los intestinos".

inflamatorio adj Que causa inflamación, que pertenece a la inflamación de algún órgano o se relaciona con ella: *una reacción inflamatoria, el proceso inflamatorio*.

inflar v tr (Se conjuga como *amar*) **1** Llenar de aire o gas algo flexible de manera que aumente de volumen: *inflar el globo, inflar las llantas* **2** Exagerar la importancia o la magnitud de algo, especialmente una noticia; hacer que parezca como más numerosa la cantidad de algo, falseando la realidad: *inflar las votaciones en favor del PRI* **3** prnl Sentirse superior y menospreciar a los demás; ensoberbecerse: "Se ha *inflado* mucho desde que lo nombraron jefe de personal" **4** intr (*Popular*) Tomar bebidas alcohólicas generalmente con el fin de emborracharse.

inflorescencia s f (*Bot*) Forma, orden de colocación, tamaño y cantidad de las flores de una planta; brote o racimo floral: "Sus *inflorescencias* tienen de una a tres flores".

influencia s f **1** Acto de influir: *la influencia del Sol sobre los planetas* **2** Autoridad, predominio o fuerza que tiene una persona sobre otra: *una mala influencia, la influencia de los amigos* **3** Capacidad de alguien, por el medio en que se mueve o por sus amistades, para ejercer cierto poder en algo o alguien: "Mi amigo tiene *influencia* sobre el líder del sindicato" **4** *Tener influencias* Tener amistad o parentesco con alguien que tiene autoridad, especialmente en asuntos públicos, o ejercer sobre él cierto poder, de tal manera que puedan obtenerse de esa relación favores, privilegios, concesiones, etc: "Lo sacaron de la cárcel porque tenía muchas *influencias*", "Tengo algunas *influencias* para conseguirte la licencia".

influenciar v intr (Se conjuga como *amar*) Influir: "No se deje *influenciar*".

influir v intr (Se conjuga como *construir*, 4) **1** Producir algo o alguien, de manera indirecta, un efecto sobre otra cosa o persona: *influir la Luna sobre las mareas, influir la suciedad en la salud, influir un pintor en sus contemporáneos* **2** Ejercer o tener alguien autoridad, predominio o fuerza sobre otra persona: *influir en un amigo, influir la mujer en las decisiones del esposo.*

influjo s m **1** Acto y resultado de influir: *el influjo de la teoría marxista, bajo el influjo del alcohol, el influjo de la Unión Soviética* **2** Flujo de la marea: *zona sometida al influjo de las mareas.*

información s f **1** Transmisión o comunicación de conocimientos o de datos a quienes no los tienen: *información política, información científica* **2** Conjunto de datos y conocimientos acerca de algo: *banco de información, información completa.*

informal adj **1** Que no es formal; que no cumple con las normas que se han establecido para darle validez o consideración: *una asamblea informal, una reunión informal, ropa informal* **2** Que no cumple con lo establecido o con ofrecimientos o propósitos que hace ante los demás, tratándose de personas: "Son *informales* y no entregan los pedidos a tiempo".

informante s m y f Persona que informa o proporciona información para la elaboración de una encuesta o una investigación: "Se conservan los textos de los *informantes* de Sahagún en un viejo folio del Códice Matritense", "Los *informantes* de Sonora comunicaron que al 'refresco' le llaman 'soda' y al 'bolillo', 'birote'.

informar v tr (Se conjuga como *amar*) **1** Hacer que alguien se entere de algo que desconoce o dar a conocer a alguien aquello que uno ha hecho: *informar al país, informar a su jefe* **2** prnl Conseguir informes acerca de algo o sobre alguien.

informática s f Conjunto de conocimientos científicos y de técnicas cuya finalidad es el tratamiento automático de la información por medio de computadoras, considerada dicha información como la base del conocimiento y de las comunicaciones en los ámbitos científico, tecnológico, económico y social.

informativo adj Que informa o que proporciona información: *boletín informativo, medios informativos, nota informativa, fuentes informativas.*

informe¹ s m **1** Acto de informar **2** Exposición detallada del estado de algún asunto o negocio, de lo sucedido en cierto momento o de la conducta de una persona: *informe de trabajo, informe presidencial, tener informes, pasar informes.*

informe² adj m y f Que no tiene una forma propia o que su forma es indeterminada: *sustancia informe, masa informe.*

infracción s f Acto que infringe una ley, una regla o un compromiso contraído; puede constituir un delito: *infracción a las libertades democráticas, libreta de infracciones, infracción al reglamento de tránsito.*

infraestructura s f Sistema o conjunto de elementos necesarios o básicos para la realización de una determinada actividad, técnica, industrial o económica en un país o una sociedad: *infraestructura económica, la infraestructura de la investigación científica, la infraestructura turística, la infraestructura pesquera.*

in fraganti locución latina En el mismo momento en que se está cometiendo una falta o un delito.

infrarrojo adj Que en el espectro luminoso se encuentra más allá del rojo, está formado por radiaciones térmicas y se detecta con dispositivos sensibles al calor: *banda infrarroja, rayos infrarrojos.*

infringir v tr (Se conjuga como *subir*) Violar o desobedecer una ley, una norma o una disposición: *infringir el reglamento, infringir un artículo del código civil,* "La persona que *infrinja* esta disposición será consignada a las autoridades".

infundir v tr (Se conjuga como *subir*) Provocar un sentimiento o una emoción: *infundir miedo,* "Me *infunde* mucho respeto".

ingeniería s f **1** Profesión y disciplina que trata de la aplicación de conocimientos científicos (físicos, químicos, matemáticos, geológicos, etc) para resolver problemas prácticos de construcción, fabricación, diseño o manejo en las distintas áreas de la industria y en aspectos concretos de la ciencia: *ingeniería civil, ingeniería electrónica, ingeniería atómica, ingeniería genética* **2** Conjunto de estos conocimientos y aplicaciones: "La *ingeniería* de este automóvil es muy buena".

ingeniero s m y f Persona cuya profesión es la ingeniería en cualquiera de sus especialidades: *ingeniero industrial, ingeniero agrónomo, ingeniero mecánico, los ingenieros del Politécnico.*

ingenio¹ s m **1** Facultad para encontrar los medios necesarios para resolver algún problema o lograr cierta cosa; capacidad inventiva de una persona: "Arregló el coche con puro *ingenio*", *el ingenio de los inventores* **2** Talento para idear relaciones, juicios, proposiciones, etc oportunos y agudos o graciosos: "Tiene mucho *ingenio* para contar las cosas", *un libro lleno de ingenio.*

ingenio² s m Lugar donde se procesa la caña para obtener azúcar y conjunto de las instalaciones que tiene ese fin: *los ingenios de Zacatepec.*

ingenioso adj Que tiene ingenio o lo muestra: *un niño ingenioso, alusiones ingeniosas, declaraciones ingeniosas, un niño ingenioso.*

ingenuidad s f Falta de malicia y de conocimiento, inocencia o simpleza en su comportamiento: "Procedí con mucha *ingenuidad*", "Hay que leerlo sin *ingenuidad*", "El optimismo es malo cuando se basa en la *ingenuidad* o en la ignorancia".

ingenuo adj **1** Que es sencillo y natural; que no tiene malicia: *ingenuo como un niño, una mirada ingenua* **2** Que no sospecha, en los actos y en las palabras de los demás, otro sentido que no sea el recto o el directo; que no descubre las malas intenciones: "Es demasiado *ingenuo* para la política", "No seas *ingenua*, lo hace para que no salgas de la casa".

ingerir v tr (Se conjuga como *sentir*, 9a) Introducir por la boca y hacer llegar al estómago alguna cosa, particularmente un alimento o una bebida: "Tienen prohibido *ingerir* bebidas alcohólicas", "Debe presentarse sin haber *ingerido* alimento", *ingerir un medicamento.*

ingestión s f Acto de introducir algo por la boca al organismo: "La *ingestión* de alimentos descompuestos puede causar enfermedades graves".

ingle s f Parte del cuerpo en la que se une el muslo y el abdomen: *la ingle derecha.*

inglés 1 adj y s Que pertenece a Inglaterra, es originario de este país europeo o se relaciona con él: *puntualidad inglesa* **2** s m Lengua que se habla en Inglaterra, Estados Unidos de América, parte del Canadá, Australia, parte de África y en muchas islas del Pacífico y del Atlántico.

ingrato adj **1** Que no es agradecido o no agradece los beneficios o el efecto recibidos: *hijos ingratos*, "No quisiera ni acordarme / de esa *ingrata* y cruel mujer" **2** Que no produce satisfacción, que es poco grato: "En esta vida *ingrata* / todo empieza y todo acaba" **3** Que no corresponde al trabajo que cuesta: *ingrata tarea*.

ingrediente s m Cada uno de los elementos que forman un compuesto o cualquier cosa que se mezcla con otras en la preparación de algo: *los ingredientes para la salsa, los ingredientes del concreto*, "*Ingredientes*: una lata de atún, dos dientes de ajo, una cebolla…".

ingresar v intr (Se conjuga como *amar*) **1** Entrar a formar parte de alguna asociación o como alumno de una escuela: *ingresar a un club, ingresar al colegio* **2** Entrar a alguna institución que realiza cierta actividad particular: *ingresar a un hospital* **3** Entrar en un negocio cierta cantidad de dinero.

ingreso s m **1** Entrada o inicio de actividades de alguien en una organización o institución: *alumnos de primer ingreso* **2** Cantidad de dinero recibida por alguien: *ingreso por habitante, fuentes de ingreso, ingreso nacional*.

inhalar v tr (Se conjuga como *amar*) Hacer entrar por las vías respiratorias un gas, un vapor o un polvo: *inhalar un medicamento, inhalar gasolina*.

inherente adj m y f Que es propio de la naturaleza de algo o de alguien, que está inseparablemente unido a cierta cosa o proceso: *la dignidad inherente al hombre, los síntomas inherentes a una enfermedad*, "Para resolver la contradicción *inherente* a esta relación…", *los problemas inherentes al desarrollo económico*.

inhibición s f **1** Acto de inhibir o inhibirse: "No había reservas ni *inhibiciones* de ninguna especie" **2** (*Biol*) Detención o disminución del funcionamiento normal de un órgano o un tejido, provocado por cualquier agente físico, químico, nervioso, psíquico, etc: *inhibición de los procesos de fermentación bacteriana* **3** (*Psi*) Defensa psíquica que frena un impulso o un deseo hacia determinada forma de actuar o expresarse: "El mero sentimiento sensual expresado sin *inhibición*".

inhibir v tr (Se conjuga como *subir*) **1** (*Biol*) Detener o disminuir el funcionamiento normal de un órgano o un tejido, por medio de un agente físico, químico, nervioso, etc: *inhibir la absorción de grasa, inhibir el crecimiento, inhibir el desarrollo folicular* **2** (*Psi*) Frenar o detener un impulso o un deseo: *inhibir nuestras potencialidades*.

inhumano adj **1** Que es poco sensible y solidario, que es duro o cruel: *un padre inhumano, el dictador inhumano* **2** Que no es propio del ser humano, o que va más allá de lo que éste puede soportar: *sufrimiento inhumano*.

iniciación s f **1** Acto de iniciar o iniciarse: *la iniciación sexual, iniciación a la lectura, la iniciación del ciclo de conferencias, la iniciación del trabajo de parto* **2** (*Relig*) Introducción solemne de una persona a una religión, secta o sociedad secreta por medio de ritos que se considera marcan al individuo, como la circuncisión.

inicial 1 adj m y f Que marca el principio o que es el primero de una serie: *tratamiento inicial, aumento inicial, escena inicial* **2** s f Letra con la que comienza una palabra, en especial, los nombres propios: "Sus *iniciales* son FCM".

inicialmente adv En un principio, al principio: "Una planta que *inicialmente* proporcionaría 1 200 toneladas de alimentos balanceados", "La construcción *inicialmente* tiene proyectadas 18 000 viviendas, "*Inicialmente* se desarrolló como centro agrícola y ferrocarrilero".

iniciar v tr (Se conjuga como *amar*) **1** Comenzar o dar principio algo: "El programa *se inició* con la presente administración", "Los trabajos *se iniciaron* con el informe del comité", "Apenas *inicié* las investigaciones" **2** Dar a alguien los primeros conocimientos de algo; admitir a alguien en una organización secreta y enseñarle sus principios: "Lo *iniciaron* en la música", *iniciar en la magia, iniciar en el espiritismo*.

iniciativa s f **1** Acción de proponer o emprender algo: *tomar la iniciativa, tener iniciativa, iniciativa de ley* **2** Cualidad que tiene alguien de inventar, proponer o resolver independientemente algo: *un muchacho con mucha iniciativa* **3** *Iniciativa privada* Sector de la producción formado por los propietarios y empresarios de las industrias y los comercios del gran capital.

inicio s m Punto en que se inicia o comienza algo; principio: *al inicio del torneo, inicio de la floración, inicio del viaje, los inicios del cine*.

inicuo adj **1** Que es muy injusto, que no es equitativo: "La denuncia sobre la *inicua* explotación de que son víctimas los campesinos" **2** Que es cruel o malvado, que muestra gran maldad o crueldad: *un crimen inicuo*.

injertar v tr (Se conjuga como *amar*) **1** Introducir o meter una parte de una planta con yemas, en el tronco de otra ya enraizada, de manera que ambas se desarrollen como una misma planta **2** Implantar un tejido o un órgano de una persona o un animal en otro, o de una parte del mismo individuo a otra con fines terapéuticos: *injertar piel* **3** Meter una cosa dentro de otra del mismo tipo, especialmente insertar en un escrito letras, palabras, líneas, ilustraciones, etcétera.

injerto s m **1** Inserción de una parte de la planta, para que se forme la unión orgánica de ambos al crecer **2** Planta provista de raíces, en la que se ha insertado otra planta, de manera que constituyan un solo organismo **3** Trozo de piel, hueso o cualquier tejido, que se corta de alguna parte del cuerpo y se trasplanta a otra, o a otro cuerpo: *injertos cutáneos* **4** Cada una de las varias especies de plantas parásitas (*Psittacanthus, Phoradendron*, etc), de la familia de las lorantáceas, que se desarrollan sobre diversos árboles quedando insertadas en ellos; algunas tienen usos medicinales en el campo **5** Inserción de algo dentro de otra cosa del mismo tipo, especialmente letras, palabras, líneas, ilustraciones en un escrito.

injustamente adv De manera injusta: "Padecen *injustamente* los rigores del tiempo", "El sector patronal elude dolosa e *injustamente* el pago de un salario remunerador", "Declaraban *injustamente* la guerra", "Los trabajadores son tratados *injustamente*".

injusticia s f Falta de justicia, calidad de injusto: *la injusticia opresora del amor, la injusticia social, víctima de la injusticia, las injusticias de la vida*.

injusto adj Que no es justo, equitativo o imparcial: *un ataque injusto, la injusta distribución del ingreso.*

inmediación s f **1** pl Alrededores o cercanías con respecto a un lugar: *en las inmediaciones de la frontera con Brasil, en las inmediaciones de la línea ecuatorial* **2** (*Der*) Comunicación directa entre el juez y las partes sin interferencia alguna.

inmediatamente adv De inmediato, enseguida, sin dejar intervalo de tiempo o de lugar: *resolver los asuntos urgentes inmediatamente, órdenes de embarcar inmediatamente,* "Se enteraba *inmediatamente* de cuanto ocurría en la ciudad", "*Inmediatamente* se nos vienen a la cabeza otros nombres", "*Inmediatamente* después se dio un balazo", "*Inmediatamente* renunciará", *reaccionar inmediatamente, obedecer inmediatamente,* "*Inmediatamente* después hay un río".

inmediato adj **1** Que sucede muy pronto, en seguida, sin tardanza: "Su respuesta fue *inmediata*", "Una medicina de acción *inmediata*" **2** *De inmediato* En seguida, sin tardanza: "Vine de *inmediato*", "Debes pagar de *inmediato*" **3** Que es el más cercano o próximo a algo: "Recogió el libro del escritorio *inmediato* al suyo", "Acudió a la oficina *inmediata* a su domicilio".

inmenso adj Que es muy grande, de grandes dimensiones o muy numeroso, a veces que no se puede medir o no se puede contar: *la inmensa casa, los ojos inmensos, aquel inmenso territorio, la inmensa mayoría de los casos.*

inmersión s f **1** Acto de sumergir o introducir en un líquido **2** (*Astron*) Desaparición de un astro detrás de otro durante una ocultación.

inmigración s f Entrada de extranjeros a un país en el que se establecen para vivir, o establecimiento de personas en un lugar distinto del que son originarias: "La *inmigración* española de los 30s", "Para evitar la *inmigración* de campesinos a la ciudad...".

inmigrante s y adj m y f Persona que sale de su país o de su tierra y se establece en otro: "Existen leyes especiales para los *inmigrantes*".

inminencia s f Calidad de inminente: *la inminencia del dolor, la inminencia de la guerra.*

inminente adj m y f Que está a punto de suceder o de llevarse a cabo: *peligro inminente, muerte inminente, la inminente sucesión presidencial.*

inmortal adj m y f **1** Que no muere: *una divinidad inmortal* **2** Que permanece a través del tiempo, que mantiene indefinidamente su valor, su vigencia, su intensidad, etc, que siempre es actual: *una obra inmortal, el inmortal autor de El Quijote, un amor inmortal.*

inmortalidad s f Cualidad de inmortal: *la inmortalidad de Dios,* "Discutían sobre la *inmortalidad* del alma", *la inmortalidad de Orozco, la inmortalidad de los poemas de Rubén Darío.*

inmortalizar v tr (Se conjuga como *amar*) Hacer que algo o alguien permanezca siempre vivo en la memoria de las personas o que su valor, vigencia, intensidad, etc se mantenga indefinidamente en el tiempo: "Dante *inmortalizó* a Beatriz en la *Divina Comedia*", "Los descubrimientos de Pasteur *inmortalizaron* su nombre".

inmóvil adj Que no se mueve, que está sin moverse: "Casandra permanece *inmóvil*", *mantener al paciente inmóvil, quedarse inmóvil.*

inmueble adj m y f y s m Bienes raíces, como casas y terrenos, bienes que no se pueden mover o transportar de un lugar a otro: *bienes inmuebles, gravar los inmuebles, alquiler de inmuebles.*

inmundicia s f Basura, suciedad o porquería; falta de limpieza física o moral: *el relato de sus inmundicias, una larga lista de inmundicias.*

inmune adj m y f **1** Que está protegido natural o artificialmente contra una enfermedad determinada: *inmune a la rubéola, inmune a una nueva infección* **2** Que disfruta de inmunidad parlamentaria, diplomática o de otro tipo.

inmunidad s f **1** Propiedad de un organismo de no contraer cierta enfermedad; se produce generalmente de manera artificial mediante vacunas: "Esta proteína parece estar relacionada con la *inmunidad* a ciertas infecciones", "Para garantizar la *inmunidad* se aplica otra dosis a los seis meses", "La *inmunidad* al veneno del alacrán es común en su familia" **2** (*Der*) Privilegio que se concede a algunos funcionarios gubernamentales, en virtud del cual quedan exentos de ciertas obligaciones: *inmunidad diplomática* **3** *Inmunidad parlamentaria* (*Der*) La que la Constitución confiere a los diputados y a los senadores y en virtud de la cual no pueden ser objeto de persecución penal sin la autorización de la Cámara a la que pertenecen.

inmunizar v tr (Se conjuga como *amar*) Hacer que un organismo desarrolle un estado de rechazo frente a cierta infección, de tal manera de no contraerla: "Esa vacuna *inmuniza* contra la polio".

innato adj Que se posee desde el nacimiento como parte de la naturaleza propia, sin que intervengan la experiencia, el aprendizaje u otra causa externa: "Tiene una facilidad *innata* para la música", "Platón sostenía la existencia de ideas *innatas*".

innecesario adj Que no es necesario, que no hace falta: *gastos innecesarios, información innecesaria, esfuerzos innecesarios.*

innegable adj m y f Que no se puede negar, que es evidente: "La fuerza de la pintura de Orozco es *innegable*", *innegables beneficios para la industria.*

innocuo adj Inocuo.

innovación s f Cosa que se produce, emplea, idea o dispone por primera vez, novedad que se introduce en algo: *innovación tecnológica,* "Hicieron muchas *innovaciones* en su casa", *innovación teatral.*

innovar v tr (Se conjuga como *amar*) Introducir algo nuevo para modificar o cambiar algo: "Un sistema político desea ser capaz de *innovar* en materia de reformas económicas y sociales".

innumerable adj m y f Que es tan numeroso que no se puede contar: *valor innumerable, innumerables razones, innumerables células, innumerables peligros.*

inocencia s f Cualidad de inocente: *la inocencia del acusado, la inocencia de un niño, la edad de la inocencia, quitar la inocencia.*

inocente adj m y f **1** Que está libre de culpa: "Declararon *inocente* al acusado" **2** Que no tiene malicia, que deposita su confianza en las demás personas sin poner en duda su bondad, su honestidad, etc: *pregunta inocente, niño inocente* **3** Que sólo reconoce el sentido directo de las cosas, no advierte segundas intenciones o no ha despertado a la vida sexual: "No seas *inocente*, lo que quiere es tu dinero", "Abusaron de una niña *inocente*".

inoculación s f **1** (*Med*) Introducción de los gérmenes de alguna enfermedad en un organismo; en medicina preventiva se practica para producir inmunidad: *inoculación de un virus, inoculación curativa* **2** (*Agr*) Introducción de bacterias fijadoras de nitrógeno en un terreno.

inocuo adj **1** Que no daña, que es inofensivo; innocuo **2** Que no tiene interés; anodino, innocuo.

inolvidable adj m y f Que no se puede olvidar: "El pecado posee la extraña cualidad de ser *inolvidable*", *guardar recuerdos inolvidables, un amor inolvidable, hazañas inolvidables*.

inoperante adj m y f Que no puede operar, que no es eficaz, que no produce el efecto deseado: *una ley inoperante*.

inorgánico adj **1** Que no tiene la organización o las propiedades características de los seres vivos, como los minerales **2** (*Quím*) Que no pertenece al grupo de compuestos del carbono: *sustancia inorgánica*.

inquietar v tr (Se conjuga como *amar*) Causar inquietud, preocupación o intranquilidad, generalmente por la falta de certeza sobre algo: "Le *inquietaba* la proximidad que ya se había establecido entre ellos", "Le *inquietaba* la forma en que su prima enfocaba el asunto", "Lo que me *inquieta* es que va a haber menos combustible".

inquieto adj **1** Que no es o no está tranquilo, generalmente a causa de alguna inseguridad, de algún temor o por nerviosismo: "El enfermo está muy *inquieto*", "Este perro es muy *inquieto*" **2** Que tiene muchos intereses e iniciativa y le gusta emprender y hacer cosas distintas: "Un grupo de estudiantes *inquietos* organizó las conferencias".

inquietud s f **1** Estado de ansiedad, de preocupación o de intranquilidad provocado generalmente por la falta de certeza con respecto a algo: "Su tardanza le produjo gran *inquietud*" **2** Deseo de saber, conocer y hacer cosas: "Juan es muy estudioso y tiene muchas *inquietudes*", *inquietud artística*.

inquina s f Mala voluntad, antipatía o aversión por una persona.

inquirir v intr (Se conjuga como *adquirir*, 2b) Pedir una información, demandar una respuesta; averiguar, investigar, preguntar: ¿Cuántos soldados están aquí? —*inquirió* Luis Cervantes", "¿Por qué? —*inquiere* Humberto".

inquisición s f **1** Acto y resultado de inquirir **2** Tribunal de la Iglesia católica encargado de descubrir, castigar y prevenir la herejía; fue instituido por el Papa Gregorio IX en 1229. En España fue instituido en 1478 por los reyes Fernando e Isabel, facultados por el Papa Sixto IV, su objeto era proceder contra los judíos conversos y otros apóstatas cuyas actividades secretas se consideraban peligrosas para la Iglesia y el Estado. En la Nueva España se estableció en 1571, se dedicó a combatir las herejías de los extranjeros, principalmente judaizantes, pero no se le dio poder sobre los indígenas. El castigo más riguroso era la muerte, generalmente en una hoguera; además existía la prisión perpetua o temporal, la confiscación de bienes y otros castigos temporales. También se juzgaban los casos de brujería y hechicería, así como ciertas costumbres como la bigamia, la posesión de libros prohibidos, etc (se escribe con mayúscula) **3** Edificio en que se reunía este tribunal.

inquisidor adj y s m **1** Que pregunta o interroga con exigencias: *mirada inquisidora, tono inquisidor* **2** Miembro del tribunal de la Inquisición: *los dominios de los inquisidores*.

insalubre adj m y f Que es dañino o perjudicial para la salud: *ambiente insalubre*, "Trabajan en condiciones *insalubres*".

insano adj Que no es sano; insalubre: *clima insano, pasión insana*.

inscribir v tr (Se conjuga como *subir*. Su participio es irregular: *inscrito*) **1** Anotar a una persona, a un animal o a una cosa en una lista o en un registro para que ingrese a una organización, pueda realizar una actividad o tome parte en algo: *inscribir a los niños en la primaria*, "El profesor nos *inscribió* en los cursos de francés", "*Inscribiremos* a nuestro perro en el concurso", "Hay 30 coches *inscritos* en la carrera", *inscribirse en un torneo, inscribirse en la universidad* **2** Grabar algo en piedra o en metal: *inscribir un nombre en una medalla*, "La fecha está *inscrita* en la estatua" **3** (*Geom*) Trazar una figura dentro de otra de tal manera que todos los vértices o todos los lados de una toquen a la otra sin cortarla.

inscripción s f **1** Acto de inscribir o inscribirse: *abrir las inscripciones*, "Las *inscripciones* serán en septiembre" **2** Texto grabado sobre metal o sobre piedra: *la inscripción de una moneda*.

inscrito pp irregular de *inscribir*: *inscrito en la más pura tradición del arte popular*, "Se encuentra *inscrito* en el registro civil".

insecticida s m y adj m y f Sustancia que sirve para matar insectos.

insecto s m **1** Animal artrópodo que se caracteriza por tener el cuerpo dividido en tres segmentos bien diferenciados: cabeza, tórax y abdomen. Está provisto de antenas, de tres pares de patas y generalmente de alas; su respiración es traqueal y muchas de sus especies sufren metamorfosis en su desarrollo. Ejemplo de estos animales son la mosca, la hormiga, la abeja, el grillo, la mariposa, la cucaracha, etc **2** pl Clase que forman estos animales.

inseguro adj **1** Que no tiene seguridad en sí mismo, tratándose de personas: *un hombre inseguro* **2** Que no proporciona seguridad, que puede fallar o que puede causar daño: *un edificio inseguro, una ciudad insegura, un coche inseguro*.

inseminación s f **1** Introducción del semen en la vagina **2** Fecundación del óvulo **3** *Inseminación artificial* La que se hace instrumentalmente para producir el embarazo **4** (*Agr*) Siembra.

inseparable adj m y f Que no se puede separar por estar unido por estrechos vínculos: *inseparables amigas, compañera inseparable del hombre*.

insertar v tr (Se conjuga como *amar*) **1** Introducir o incluir una cosa en otra, particularmente hacer que una cosa entre y ajuste en otra: "La aguja *se inserta* entre las dos vértebras", "*Inserte* la broca en el orificio del taladro" **2** Incluir un texto en un escrito o en una publicación: *insertar un anuncio en el periódico, insertar una cláusula en un contrato* **3** prnl (*Med*) Adherirse un músculo, un ligamento o un tendón a otro órgano, principalmente un hueso **4** prnl Estar o quedar una cosa incluida o comprendida en otra que la determina: "Estos problemas *se insertan* en el marco de la crisis económica".

insidia s f Mala intención, trampa o engaño con el que se pretende hacer daño a alguien.

insignia s f **1** Objeto que usan los miembros de una agrupación para identificarse entre ellos o para distinguirse como grupo: "Una estrella era la *insignia* del equipo" **2** Distintivo que se da a alguien como reconocimiento por sus méritos.

insignificante adj m y f Que no es importante, que no significa nada, que tiene poco o ningún valor, que no es digno de tomarse en cuenta: *un error insignificante, desempeñar un papel insignificante, personaje insignificante.*

insinuar v tr (Se conjuga como *amar*) **1** Dar a entender algo sutilmente, sin decirlo claramente: "Ni siquiera *insinuó* que tuviera celos", "*Insinúa* algo de lo que seguirá" **2** *Insinuársele (a alguien)* (*Coloq*) Acercarse indirectamente a alguien con intenciones sexuales o amorosas.

insistencia s f Acto de insistir en algo: "Ante la *insistencia* del público salió otra vez al escenario".

insistir v intr (Se conjuga como *subir*) **1** Repetir varias veces lo que se dice o lo que se hace para lograr el resultado que se busca: *insistir en una petición, insistir en un experimento* **2** Repetir varias veces lo que se dice para resaltar su importancia o su necesidad: *insistir en un argumento, insistir en que hace falta educación* **3** Mantenerse o sostenerse una persona firme en una actitud o posición: "*Insiste* en permanecer callado".

in situ locución latina En el lugar, en el sitio: *representante in situ de los grandes consorcios.*

insolación s f Enfermedad ocasionada por recibir demasiado tiempo los rayos del sol en la cabeza; se manifiesta por un estado de malestar general, dolor de cabeza, fiebre, mareos, etc: "Salió de pesca y regresó con una *insolación* horrible".

insolarse v prnl (Se conjuga como *amar*) Enfermarse o sentirse uno mal por haber estado demasiado tiempo bajo los rayos del sol, sufrir una insolación: "Nadó toda la mañana y se *insoló*".

insólito adj Que es raro, que no suele suceder, que está fuera de lo común o de lo acostumbrado: *suceso insólito, un caso insólito, una conclusión insólita.*

insoluble adj m y f **1** Que no se puede disolver, que no es soluble: *sustancia insoluble en agua fría, sal insoluble en alcohol* **2** Que no se puede resolver o solucionar: *problemas insolubles.*

insomnio s m Imposibilidad o incapacidad para conciliar el sueño, falta anormal de sueño; interrupción anormal del sueño o despertar precoz: *las noches de insomnio, el insomnio como un síntoma, padecer insomnio.*

insoportable adj m y f Que no se soporta o no se puede soportar por la molestia que causa; inaguantable: *un dolor de cabeza insoportable, un ruido insoportable, un niño insoportable.*

insospechado adj Que no se sospecha, que es sorprendente o inesperado; inimaginable: *fuerza insospechada, elevarse a alturas insospechadas, llegar a extremos insospechados, cambios insospechados.*

inspección s f **1** Acto de revisar cuidadosamente o inspeccionar que algo esté como es debido: *inspección cuidadosa de los documentos, inspección visual* **2** Oficina de uno o varios inspectores: *inspección de policía* **3** Examen directo que hace un juez

de un lugar, una cosa o una persona, involucrados en un proceso.

inspeccionar v tr (Se conjuga como *amar*) Hacer una inspección o examinar cuidadosamente algo: *inspeccionar el vehículo, inspeccionar las campañas electorales,* "El auditor debe *inspeccionar* cada uno de los almacenes".

inspector s Persona que se ocupa de la revisión cuidadosa de algo, de acuerdo con ciertas normas o reglas para verificar que se cumpla con ellas: *inspector de construcción,* "Los *inspectores* revisan las piezas y los productos acabados", "Ha desplazado *inspectores* para vigilar los precios oficiales en hoteles", *inspectores de vías generales de comunicación.*

inspiración s f **1** Acto de introducir aire en los pulmones: "Sus *inspiraciones* son muy lentas" **2** Estado, cosa o persona que impulsa el ánimo a la creación; lucidez o genialidad que aparece de manera repentina y espontánea en alguien y que produce ideas, soluciones o respuestas llenas de ingenio y de tino: *la inspiración artística,* "Esa mujer fue su fuente inagotable de *inspiración*", "Por más que me concentro no me llega la *inspiración*", "Una jugada llena de *inspiración*", "En un momento de *inspiración* escribió su teoría" **3** *De la inspiración de alguien* De la creación o de la obra de esa persona, de su cosecha: "*De la inspiración de* Agustín Lara cantaré...", "Nos interpretará, *de su* propia *inspiración...*" **4** Influencia específica que fundamenta o determina algo, particularmente el contenido de una obra, su estilo o la manera de pensar y de actuar de alguien: *escritos de inspiración liberal, teorías de inspiración aristotélica, consignas de inspiración fascista.*

inspirar v tr (Se conjuga como *amar*) **1** Hacer que entre aire a los pulmones: *inspirar por la boca* **2** Producir en una persona los sentimientos, ideas, deseos, etc que lo mueven a crear algo, como un verso, una melodía, un cuento, una nueva teoría, etc: "María le *inspiró* sus canciones más románticas", "La vida de los mineros me *inspiró* para escribir mi novela" **3** *Inspirarse en* Tomar alguna cosa o a alguna persona como base, como fundamento o como ejemplo para hacer o pensar algo: "*Se inspira en* hechos reales para escribir sus cuentos", "Este ensayo *se inspira* en la teoría de Freud" **4** Producir cierta impresión o determinado sentimiento: *inspirar confianza, inspirar ternura, inspirar miedo* **5** prnl (*Coloq*) Tener un momento de genialidad o de brillantez repentina en el que se producen ideas o soluciones llenas de ingenio y de tino: "Ahora sí que *te inspiraste*, con ese pretexto nunca nos descubrirán", "Deja que me *inspire* y verás".

instalación s f **1** Acto de instalar o instalarse **2** Conjunto de las cosas que han quedado puestas en el lugar que les corresponde para que funcionen: *instalación de gas, instalación eléctrica* **3** Lugar acondicionado para realizar cierta función: *instalaciones universitarias.*

instalar v tr (Se conjuga como *amar*) **1** Poner algo en el lugar que le corresponde para que funcione como es debido: *instalar la tubería, instalar una antena* **2** Poner en algún lugar los muebles, aparatos o instrumentos que hacen falta para que algo funcione como se desea: *instalar un hospital, instalar un taller* **3** Poner a alguien en cierto puesto para que cumpla alguna función o algún cargo: *instalar a un funcionario, instalar una comisión* **4** Establecer o establecerse alguien en algún lugar para vivir: *instalarse en una casa*.

instancia s f **1** *En primera, segunda*, etc *última instancia* En primer lugar o término, en último caso, como último recurso: "Esas reglas, *en última instancia*, son arbitrarias", "Repercute *en primera instancia* en la balanza de pagos" **2** Cada uno de los grados jurisdiccionales que la ley tiene establecidos para administrar justicia y sentenciar los juicios: *juez de primera instancia, juzgado de primera instancia* **3** *A instancias de (alguien)* Por petición o solicitud de alguien: *a instancias de ellos* **4** Institución que tiene a su cargo el ejercicio del poder: *las instancias oficiales, instancias gubernamentales*.

instantánea s f Fotografía instantánea: "Pegó las *instantáneas* a una cartulina".

instantáneo adj **1** Que sólo dura un instante; que es momentáneo: *arranque instantáneo, el oleaje instantáneo de una columna de humo* **2** adj Que es muy rápido, que no deja pasar el tiempo, que tiene un efecto casi inmediato: *alivio instantáneo*".

instante s m **1** Espacio pequeñísimo de tiempo: "Por un *instante* se quedó callado", "Los demás aparecieron en brevísimos *instantes*" **2** Momento exacto en que sucede algo: "Su vida cambió, a partir de ese *instante*" **3** *A cada instante* Continuamente, a cada momento: "Cambia de opinión *a cada instante*" **4** *Al instante* En seguida, inmediatamente: "El papel se quema al *instante*".

instintivo adj Que está determinado por el instinto y no por la voluntad: *la naturaleza instintiva del hombre, el juego instintivo de los organismos*.

instinto s m **1** Conjunto de comportamientos automáticos, inconscientes y heredados, de un individuo o de una especie, que determina algunas de sus conductas y su manera de responder a ciertos estímulos del medio ambiente. Es un factor importante para su supervivencia y puede ser alterado o modificado a través del aprendizaje: *instinto de conservación, instintos sexuales* **2** Tendencia irracional de una persona o de un animal a actuar de cierta manera: *instintos criminales* **3** Facilidad que alguien tiene naturalmente para hacer algo: *instinto para el baile, instinto poético*".

institución s f **1** Acto de instituir: "La *institución* de la Organización de las Naciones Unidas fue en 1945" **2** Organismo creado para desempeñar una función de gobierno o, en general, organismo de carácter permanente creado por el Estado: *la institución parlamentaria, una institución universitaria* **3** Organización fundamental de algo, como una sociedad o una ideología: *las nuevas instituciones democráticas, una institución del liberalismo* **4** Conjunto de leyes, normas o principios de una ciencia o de una agrupación: *instituciones del derecho, instituciones franciscanas*.

institucional adj m y f Que pertenece a una institución o se relaciona con ella: *la vía institucional, la medicina institucional*.

instituir v tr (Se conjuga como *construir*, 4) **1** Fundar alguna organización o sociedad para que cumpla cierta función, especialmente de carácter social o cultural: "Se *instituyó* el día de la libertad de prensa", *instituir una beca* **2** Establecer cierto principio

o norma para algo: *instituir una buena costumbre, instituir un nuevo procedimiento*.

instituto s m **1** Organismo fundado para cumplir una función específica, particularmente de orden educativo, científico, cultural o de servicio social: *instituto de investigación, instituto de primera enseñanza, instituto de asistencia a la niñez* **2** Corporación militar o religiosa: *instituto armado*.

instrucción s f **1** Acto de impartir o adquirir conocimientos o determinada formación: "Se ha hecho cargo de la *instrucción* de esos niños" **2** Conjunto de conocimientos que ha adquirido una persona sobre cierta cosa o que constituye su formación: "Debemos actualizar la *instrucción* científica de los profesores", "Ha recibido una sólida *instrucción*" **3** Enseñanza escolar o conjunto de conocimientos y tipo de formación que proporciona la escuela o algún sistema educativo: *instrucción pública, instrucción primaria, instrucción técnica, instrucción militar* **4** Serie de indicaciones que proporcionan los datos necesarios para utilizar algo, realizar una acción o conseguir cierta cosa: "No ponga a funcionar su aparato sin antes leer las *instrucciones*", *las instrucciones de un juego, instrucciones para preparar un pastel, instrucciones para llegar a un lugar* **5** Orden o disposición: "Por *instrucciones* del señor presidente…", *girar instrucciones*, "Tengo *instrucciones* precisas de no dejarte salir".

instructor adj y s Persona que instruye sobre alguna técnica o actividad: "Su instructor te enseñará cómo ajustar la máquina soldadora", *maestro instructor de defensa personal*.

instruir v tr (Se conjuga como *construir*, 4) **1** Proporcionar a alguien conocimientos o enseñanzas, darle una formación determinada o ponerlo al tanto sobre alguna cosa: *instruir a los niños*, "Instruyó sobre la situación de la fábrica" **2** prnl Adquirir uno ciertos conocimientos o una formación determinada, ponerse al corriente sobre alguna cosa: "*Se instruyó* en el manejo de la máquina", *instruirse en las artes marciales*.

instrumental adj y s m y f **1** Conjunto de instrumentos necesarios para llevar a cabo una actividad, especialmente aquellos de los que se sirve un médico cirujano: *el instrumental de la ciencia, mesa para instrumental, esterilizar el instrumental* **2** Que se interpreta con instrumentos musicales, en oposición a vocal o coral: *música instrumental, dialogar con el conjunto instrumental en el andante* **3** (Ling) En ciertas lenguas con declinación, caso que indica el instrumento o el medio con el cual se lleva a cabo la acción expresada con el verbo.

instrumento s m **1** Objeto que sirve para hacer algo: *instrumento de labranza, instrumento de medición, instrumento musical* **2** *Instrumento de cuerdas* El musical que produce sonido cuando se rasgan sus cuerdas, como la guitarra o el violín **3** *Instrumento de aliento* El musical que produce sonido cuando pasa el aire por su interior, como la flauta o la trompeta **4** *Instrumento de percusión* El musical que produce sonido cuando se le golpea, como el tambor **5** Cualquier medio que sirva para alcanzar un fin determinado: "Los conservadores fueron un *instrumento* para los fines de Napoleón III" **6** Documento en el que se establece algún procedimiento o se certifica algo: *instrumentos de un tratado internacional*.

insuficiencia s f **1** Calidad de insuficiente; escasez: *insuficiencia jurídica, insuficiencia de la oferta* **2** (*Med*) Disminución de la capacidad de un órgano para cumplir su función propia: *insuficiencia cardiaca, insuficiencia respiratoria*.

insuficiente adj m y f Que no es suficiente: *insuficiente preparación, recursos insuficientes, una producción insuficiente, nutrición insuficiente*.

insultar v tr (Se conjuga como *amar*) Dirigir a alguien palabras o expresiones ofensivas: "No *insultes* a tus compañeros", "Le pegué porque me *insultó*".

insulto s m **1** Palabra o expresión que ofende: *decir insultos* **2** Acción que ofende la dignidad de alguien: "Para mí es un *insulto* lo que me ofreces", "Es un *insulto* que tiren la comida al mar".

insumo s m Cualquier consumo de recursos: materiales, energía, depreciación de equipo, servicios de mano de obra e incluso tiempo, que tiene por objeto obtener un producto o resultado: *insumos importados, ahorro de insumos*.

insurgente adj y s m y f Que se rebela y lucha contra la autoridad política: *ejército insurgente*, "Morelos y otros *insurgentes* continuaron la batalla".

intacto adj Que no ha sido tocado, que ha quedado igual, que no se ha alterado o deteriorado: *la piel intacta, venero intacto*.

integración s f Acto de integrar o integrarse: *proceso de integración, integración económica, integración social, integración cultural*.

integral adj m y f **1** Que comprende todos los aspectos o todas las partes necesarias para estar completo: *una educación integral, una reforma integral* **2** Que con otros elementos forma una unidad o conjunto: *los órganos integrales del cuerpo humano* **3** s f (*Mat*) Operación matemática con que se calcula la acción total o la suma de valores tomados por la variable dependiente durante determinada variación de la variable independiente y resultado de esta operación. Así por ejemplo, la velocidad es la *integral* de la aceleración respecto del tiempo **4** s f (*Geom*) Área bajo la curva comprendida entre la curva, el eje de las abscisas y dos perpendiculares determinadas trazadas sobre ese eje.

íntegramente adv Por completo, por entero, de manera integral: *transmitir íntegramente el contenido poético*, "Lo leyó *íntegramente*", comprender *íntegramente la vida humana, satisfacer íntegramente*, "La pared de la izquierda abierta casi *íntegramente* por un gran ventanal".

integrante adj y s m y f Que integra: *los integrantes de un conjunto, los integrantes de una familia, los integrantes de la industria turística, los integrantes de los comités de lucha*.

integrar v tr (Se conjuga como *amar*) **1** Reunir y organizar los elementos que se necesitan para formar o completar algo: *integrar un grupo, integrar una exposición* **2** Formar parte de un conjunto: "Los diputados obreros *integraron* la comisión" **3** Hacer que algo o alguien entre a formar parte de algo: *integrar un grupo a la excursión, integrarse a la ONU*.

integridad s f Calidad de íntegro: *la integridad moral y física de las personas, la integridad celular*.

íntegro adj **1** Que está completo, que no ha sido dividido ni le falta alguna parte: *texto íntegro, sueldo íntegro* **2** Que es honrado, recto e incorruptible: *hombre íntegro, juez íntegro*.

intelecto s m Facultad de la mente del hombre de razonar; entendimiento, inteligencia: *la obra del intelecto, la vida del intelecto*.

intelectual adj y s m y f **1** Que se relaciona con la inteligencia o que es característico de ella: *trabajo intelectual, capacidad intelectual* **2** Que es abstracto o mental: *un instrumento intelectual, una teoría intelectual* **3** Que se dedica al pensamiento y al estudio, especialmente en las humanidades y otras ciencias **4** *Autor intelectual* Persona que ha hecho los planes para que otras realicen algo, en especial algún delito.

inteligencia s f Facultad que tienen los seres humanos de conocer y entender las cualidades o las relaciones de las cosas, de comunicarse mediante símbolos, de prever consecuencias, de aplicar sus conocimientos y experiencias para mejorar su comprensión y sus actividades **2** Capacidad, propia del hombre y en menor grado de algunos animales, para resolver problemas y adaptarse a nuevas situaciones **3** Comprensión: "Tiene una *inteligencia* clara de ese texto" **4** *En la inteligencia de* Bajo el supuesto, en la comprensión o con el sentido de: "Firmaré el cheque, *en la inteligencia de* que me dará usted un recibo".

inteligente adj m y f **1** Que tiene inteligencia: "El perro es un animal *inteligente*" **2** Que tiene gran capacidad para razonar, habilidad para resolver problemas y, por lo general, un gran número de conocimientos: "Es un hombre *inteligente*, de talento, de cultura" **3** Que está hecho con inteligencia: "Esa es una decisión *inteligente*".

intemperie s f **1** Conjunto de fenómenos climáticos que ocurren en la atmósfera, como la lluvia, el viento, el frío, el calor, etc considerados en relación con algo o con alguien que está expuesto a él: "La *intemperie* ha deteriorado algunas esculturas" **2** *A la intemperie* Al aire libre, al descubierto: "La temperatura es de 30 °C a la *intemperie*".

intemperismo s m **1** (*Geol*) Proceso de degradación y descomposición que sufren las rocas y los minerales debido a la corrosión atmosférica; intemperización **2** Daño que se produce en aquello que está expuesto directa y permanentemente a la intemperie: "Para darles mayor resistencia contra el *intemperismo* se les aplica un baño de cobre".

intención s f **1** Propósito que se pretende llevar a cabo; sentido que alguien da a sus actos; voluntad para alcanzar un cierto resultado: *la intención de un escrito*, "Tiene la *intención* de casarse contigo", "Lo dijo con la *intención* de molestar", "Su *intención* era matarse", "No es mi *intención* ofenderte" **2** *Buena intención* Idea o plan de hacer algo con sinceridad para bien de uno o de los demás **3** *Mala intención* Propósito de hacer un daño **4** *Primera intención* Modo de actuar espontáneo: "Mi *primera intención* fue correr" **5** *Segunda intención* Modo de actuar falso o propósito que tiene alguien de hacer el mal, disfrazado por otro acto de apariencia buena: "Su simpatía estaba llena de *segundas intenciones*".

intencionado adj Que tiene alguna intención o está hecho con intención: "La ley federal del trabajo es bien *intencionada*", *el abuso intencionado de grandes empresas, crimen intencionado*.

intencional adj m y f Que se hace con cierto propósito, que se ha previsto: *actitud intencional, homicidio intencional*.

intendencia s f **1** Conjunto de labores o tareas destinadas al mantenimiento, vigilancia y limpieza de una empresa, fábrica o edificio **2** Conjunto de personas que se encarga de realizar este trabajo **3** Oficina o casa del encargado o encargados de desempeñar estas labores o tareas **4** Cada una de las jurisdicciones político-administrativas bajo el mando de un intendente o gobernador general, en que se dividió la Nueva España a partir de 1786 y posteriormente las otras colonias españolas, como parte de las reformas borbónicas con el fin de restar poder al virrey y centralizarlo en la corona.

intendente s m **1** Persona que tiene a su cargo la coordinación de los trabajos de mantenimiento, vigilancia y limpieza de una empresa, una fábrica o un edificio **2** Durante la época colonial y a partir de 1786, gobernador de una intendencia que tenía bajo su mando todo lo relacionado con la justicia, la guerra, hacienda, fomento de actividades económicas y obras públicas.

intensamente adv En forma intensa; con intensidad: "Se trabajó *intensamente* en la modernización del programa", *estudiar intensamente, vivir intensamente cada minuto.*

intensidad s f **1** Cualidad de ser intenso: *la intensidad de una emoción* **2** Grado de energía, fuerza o actividad que alcanza algo o alguien: "La *intensidad* de la lluvia empieza a ser menor", "La *intensidad* del dolor varía según la posición".

intensificar v tr (Se conjuga como *amar*) Hacer más intenso, más fuerte o más enérgico: *intensificar la cooperación continental*, "México *intensificará* su ritmo de desarrollo económico".

intensivo adj Que se hace con intensidad o con gran esfuerzo: *curso intensivo, terapia intensiva.*

intenso adj Que es muy fuerte, que tiene mucha energía o que se manifiesta con gran intensidad: *frío intenso, lluvia intensa, mirada intensa.*

intentar v tr (Se conjuga como *amar*) Tener la intención o querer hacer algo y dar los pasos necesarios para lograrlo: "*Intentamos* todo sin ningún éxito", "*Intenté* subir al volcán", "*Intentará* ganar las elecciones", "*Intentó* golpearlo".

intento s m **1** Propósito de hacer algo: "Mi *intento* era convencerlo" **2** Esfuerzo que se hace para lograr algo: "Hizo varios *intentos* de aislar el microbio" **3** Acto que no alcanza su objetivo o que ha fallado: *intento de robo, intento de golpe de Estado.*

interacción s f Acción recíproca entre dos o más individuos o fuerzas: *la interacción de temperamento e influencias del medio cultural, la interacción del hombre y la sociedad.*

interamericano adj Que se refiere a las relaciones entre los distintos países de América: *cooperación interamericana, Banco Interamericano de Desarrollo, reunión interamericana.*

intercalar v tr (Se conjuga como *amar*) Poner una cosa en medio de otras de la misma clase; introducir entre los elementos de una serie uno nuevo: *intercalar una ficha*, "El autor *intercala* citas de los poetas griegos".

intercambiar v tr (Se conjuga como *amar*) Realizar un intercambio: *intercambiar experiencias, intercambiar productos.*

intercambio s m Acto de cambiar recíprocamente algo o a alguien dos o más personas, instituciones,

países, etc, o relación en la que las partes que la forman dan y reciben entre sí algo de cierta cosa: *intercambio cultural, intercambio de ideas, intercambio de golpes, intercambio de presos, intercambio comercial.*

interdental adj y s m y f (*Fon*) Que se pronuncia colocando la punta de la lengua entre los dientes incisivos superiores y los inferiores, como cuando los españoles pronuncian la *c* o la *z*.

interdependencia s f Dependencia recíproca o mutua entre dos o más cosas, o entre dos o más personas, instituciones, países, etc: *interdependencia económica, interdependencia afectiva.*

interés s m **1** Valor o importancia que tiene algo o alguien para las necesidades, el provecho o la ganancia de una o varias personas: *interés público, un mensaje de interés* **2** Actitud de atención, atracción o curiosidad por algo o alguien, actitud de deseo por lograr algo: "Veía los libros con *interés*", "Mostró su *interés* por la naturaleza" **3** Ganancia que obtiene alguien del dinero que presta, invierte o ahorra y porcentaje que debe pagar quien recibe dinero prestado **4** *Intereses creados* Los que tiene alguien en algún asunto y que impiden encontrarle una solución sencilla y rápida: "No es fácil cambiar el sistema, hay muchos *intereses creados*".

interesado I pp de *interesar* o *interesarse*: "Se han *interesado* en importar materias primas" II adj y s Que se interesa en algún asunto, especialmente el que hace una solicitud o promueve un trámite: "El *interesado* conservará la copia sellada" III adj Que sólo se mueve o actúa por el interés de obtener provecho material: "Fíjese que no soy *interesada*".

interesante adj m y f **1** Que despierta el interés por sus características o su valor: *un libro interesante, una persona interesante* **2** *Hacerse el interesante* (*Coloq*) Tratar de llamar la atención, de presumir, de darse importancia.

interesar v (Se conjuga como *amar*) **1** intr Producir o despertar, una cosa o una persona, el deseo o la inclinación hacia ella por sus características o su valor: "El dinero *interesa* a todos", "Le *interesaba* tener un buen amigo", "Les *interesa* la mitología" **2** tr Motivar el interés de alguien: "Logró *interesarnos* en ese tema" **3** prnl Sentir alguien interés por algo o por alguien: *interesarse por los problemas sociales, interesarse por una muchacha*, "No nos *interesa* meternos en vidas privadas" **4** tr Hacer que alguien tome parte en algún negocio o participe de un compromiso **5** tr Producir daño o alteración alguna cosa en un órgano del cuerpo: "La enfermedad *interesó* el corazón".

interferir v tr (Se conjuga como *sentir*, 9a) **1** Servir de obstáculo a algo o evitar o dificultar un propósito o un fin; interponer o interponerse: "Los nuevos programas del DIF no *interfieren* los proyectos asistenciales de otras instituciones" **2** Vigilar o controlar una autoridad el funcionamiento de algo, especialmente el de la comunicación privada; intervenir: *interferir las líneas telefónicas* **3** (*Fís*) Producir o causar interferencia; coincidir dos o más ondas, sonidos, rayos, corrientes, etc, en un mismo punto, por lo cual suceden diversos fenómenos.

interior adj m y f **1** Que está en el espacio que hay entre los límites de algo o alguien: *piso interior, interior de la casa, valor interior* **2** Que no da o mira al exterior, como un cuarto con la ventana al patio de una casa, una bolsa de un saco, etc **3** Que pertenece a los sentimientos, las emociones o los pensamientos de alguien o se relaciona con ellos: *vida interior* **4** s m Territorio de un país que no está cerca de las fronteras ni del mar **5** s m Territorio de un país excepto el que ocupa su capital **6** Que pertenece a la nación de la que se habla o se relaciona con ella: *política interior, desarrollo interior.*

interjección s f (*Gram*) Expresión lingüística que manifiesta una emoción, una actitud, un comentario, etc súbitos y espontáneos, como ¡Ay!, ¡Puff!, ¡Fuego!, ¡Caramba!, etcétera.

intermediario s y adj **1** Persona a través de la cual otras se relacionan, o que desempeña el papel de vínculo, mediador, etc entre ellas: "Quiero tratar este asunto sin intermediarios", "Tres sacerdotes se propusieron como *intermediarios* entre el gobierno y los secuestradores" **2** Persona que obtiene una ganancia al vender a alguien las mercancías que otro produce o distribuye, o al establecer una relación de compraventa entre dos o más personas, compañías, etc: "Los *intermediarios* encarecen la mercancía", *suprimir a los intermediarios.*

intermedio adj **1** Que se sitúa entre dos tiempos, dos espacios o dos grados: *niveles intermedios de preparación, un párrafo intermedio, una depresión intermedia entre las dos prominencias, tallas intermedias, edades intermedias, un tamaño intermedio* **2** s m Tiempo durante el cual se interrumpe una acción, una actividad o un evento, especialmente en una función de teatro, de cine o cualquier otro espectáculo: *los intermedios suntuosamente cubiertos por el mejor quinteto* **3** *Por intermedio de* Por medio de: *por intermedio del demonio.*

interminable adj m y f Que no termina, que no tiene fin, que se alarga con el tiempo y en el espacio, que dura mucho tiempo: "La caravana parecía *interminable*, *la interminable historia de silencios rencorosos, un cortejo fúnebre interminable, una secuela interminable de arbitrariedades y abusos, una enumeración interminable, "Se hace interminable* el ciclo de contaminación".

intermitente adj m y f Que aparece por intervalos, que no actúa continuamente, sino con interrupciones, que no es constante: *luz roja intermitente, zumbido intermitente, sanciones intermitentes, enfermedades intermitentes.*

internacional adj m y f **1** Que pertenece o se refiere a las relaciones entre las naciones, que no está determinado por una sola nación: *tratado internacional, ayuda internacional, tráfico internacional, capital internacional* **2** Que está compuesto por varias naciones, representantes o habitantes de ellas: *congreso internacional, competencia internacional.*

internacionalismo s m **1** Doctrina que predica la unión de todos los países, sobre una base de igualdad y sin detrimento del carácter nacional de cada uno, para asegurar la justicia internacional y la cooperación en todos los campos **2** Partido o asociación política internacional y socialista que preconiza la unión de todos los obreros del mundo para defender mejor sus derechos contra el capitalismo.

internado I pp de *internar* o *internarse* II s m Institución escolar y local en la que viven los alumnos, generalmente menores de edad: "Les paga un *inter-*

nado a las niñas" **III** *Medio internado* Régimen escolar en el que los alumnos comen en la escuela, pero no duermen en ella **IV** Conjunto de estudios de medicina durante los cuales los alumnos permanecen internos en un hospital: "Ya había yo estado trabajando en el *internado* en psiquiatría", Mi hermano hizo el *internado* en Madrid y el servicio en Chiapas".

internar v (Se conjuga como *amar*) **1** prnl Ir alguien hacia adentro de algo: *internarse en la selva, internarse en una caverna*, "Los extranjeros que *se internan en* el país" **2** tr Llevar a alguien a algún lugar para que lo cuiden, lo vigilen o lo curen; o encerrar a alguien en un lugar especial como castigo: "*Internaron* a su abuelita en estado de coma en el Centro Médico", "Lo *internaron* en el Reclusorio Oriente por haber asesinado a su esposa".

internista adj y s m y f Médico que se especializa en el tratamiento de las enfermedades generales, no quirúrgicas, de los órganos internos.

interno 1 adj Que está dentro de algo o de alguien, que sucede, se manifiesta o se aplica en el interior de una cosa o una persona: *órganos internos, asuntos internos, guerra interna, economía interna* **2** s Persona que ha sido internada en un hospital, una escuela o una cárcel **3** s Estudiante de medicina o médico que vive en el hospital en el que trabaja.

interponer v tr (Se conjuga como *poner*, 10c. Su participio es irregular: *interpuesto*) **1** Poner o ponerse algo entre dos cosas, dos personas o dos grupos, evitando la comunicación o la visión directa; poner obstáculos al libre paso entre dos lugares o a la libre comunicación: "Entre la lectura y el lector se *interpone* un ruido exterior", "Los soldados se *interpusieron* entre los obreros y la fábrica", "La gente, al buscar la salida, atropellaba a ancianos y niños y a cuanto obstáculo se *interpusiera*" **2** (*Der*) Hacer un recurso legal para defenderse de una acusación, una condena o un ataque: "*Interpuso* un amparo a la orden de desalojo".

interpretación s f Acto de interpretar algo o a alguien: *una interpretación de Marx, una interpretación psicoanalítica, una interpretación musical.*

interpretar v tr (Se conjuga como *amar*) **1** Explicar el sentido o el significado de algo de acuerdo con todos los datos o informes que se puedan tener y que ayuden a determinarlo: *interpretar la Biblia, interpretar un sueño, interpretar un acto individual* **2** Dar forma o sentido a lo dicho, escrito, expuesto o apenas indicado por alguien: *interpretar correctamente los deseos de la esposa, interpretar una declaración* **3** Dar forma o sentido con un artista a una obra musical, dramática, etc: *interpretar una sonata, interpretar a un personaje* **4** Traducir de una lengua a otra, especialmente cuando se hace inmediatamente en una conversación o un discurso: "*Interpreta* del francés con mucha facilidad".

intérprete adj y s m y f Que interpreta, particularmente el que traduce simultáneamente de una lengua a otra o el artista: *una mujer intérprete, un intérprete inglés-español, una destacada intérprete de la música de Manuel M. Ponce.*

interrogación s f **1** Acto de preguntar algo a alguien **2** Cada uno de los signos gráficos (*¿ ?*) que se emplean para marcar el comienzo y el final de una expresión interrogativa en un escrito.

interrogar v tr (Se conjuga como *amar*) **1** Hacer una o varias preguntas a alguien; preguntar: "¿Qué cosa ves? —*interrogó* el presidente", "¿De dónde vienen ustedes? —*interrogó* un oficial", "Moctezuma *interroga* a Doña Marina" **2** (*Der*) En un proceso de cualquier tipo, hacer una serie de preguntas a los testigos con el propósito de aclarar la existencia o inexistencia de ciertos hechos y las circunstancias de las mismas con el fin de dictar sentencia: "Se *interrogó* a los señores Antonio Carmona Sánchez y María Ramírez Carmona, quienes identificaron el cadáver".

interrogativo adj y s **1** Que pregunta o implica una pregunta: *un gesto interrogativo, una actitud interrogativa* **2** (*Gram*) Tratándose de oraciones, la que pregunta algo y pide una respuesta, se formula con una entonación particular; si es escrita, con interrogaciones y a veces con el uso de ciertas partículas interrogativas; oración interrogativa **3** *Pronombre, adjetivo* y *adverbio interrogativos* (*Gram*) Los que introducen expresiones interrogativas o preguntan algo o acerca de alguien, como *qué, quién, cómo, cuándo, dónde, cuánto*, etc; por ejemplo: "¿*Qué* quieres comer?", "¿*Quién* llegó?", "¿*Cómo* has estado?", "¿*Cuántos* libros te regalaron?".

interrumpir v tr (Se conjuga como *subir*) Detener temporalmente el desarrollo o la continuidad de algo: *interrumpir la conversación, interrumpir el paso, interrumpir la luz.*

interrupción s f **1** Acto de interrumpir **2** Pausa en el desarrollo o la continuidad de algo: *interrupción del tránsito, interrupción de las relaciones, interrupciones eléctricas.*

interruptor s m Aparato que sirve para cerrar y abrir un circuito eléctrico, en condiciones normales de funcionamiento y en condiciones anormales, como cuando hay un corto circuito; apagador: *interruptor de luces, interruptor automático.*

intersección s f **1** Punto o lugar en el que dos o más caminos se juntan o se cruzan: "Al llegar a la segunda *intersección* das vuelta a la izquierda" **2** (*Geom*) Punto o conjunto de puntos que tienen en común dos figuras o dos cuerpos geométricos: *intersección de dos planos, intersección de una parábola con una recta* **3** (*Mat*) Conjunto formado por los elementos que dos conjuntos tienen en común.

intervalo s m **1** Porción de tiempo, espacio o distancia que hay entre dos hechos o dos cosas de la misma naturaleza o entre los elementos de una serie: "Entre clase y clase hay un *intervalo* de 10 minutos", "Entre competencia y competencia había *intervalos* musicales", "Sólo en este *intervalo* de temperatura puede producirse la reacción" **2** *A intervalos (de)* o con intervalos *(de)* A cierta distancia uno de otro o con determinado espacio de tiempo entre uno y otro: "Las muestras de tierra deben tomarse *a intervalos de* 50 m", "Las vacunas deben aplicarse *con intervalos de* un mes", *a intervalos breves, con intervalos regulares* **3** (*Mat*) Conjunto de todos los valores comprendidos entre dos puntos determinados, incluyendo el valor de esos dos puntos, así, el *intervalo* [0,5] está formado por todos los valores que son iguales o mayores que 0 o iguales o menores que 5; intervalo cerrado **4** *Intervalo abierto* (*Mat*) Conjunto de todos los valores comprendidos entre dos puntos determinados excluyendo el valor de esos dos puntos, así, el *intervalo* [0,5] está formado por todos los valores que son mayores que 0 y menores que 5.

intervención s f **1** Acto de intervenir y periodo que dura este acto: *intervención del juez*, "Las *intervenciones* serán de 10 minutos", *intervención francesa* **2** Operación quirúrgica: *intervención del hígado.*

intervenir v intr (Se conjuga como *venir*, 12b) **1** Tomar parte en algo: "*Intervienen en* el desarrollo de la comunidad rural", "El coro solía *intervenir* cantando una parte del estribillo", "Todos los asistentes *intervinieron en* la discusión" **2** Entrar o meterse alguien en un asunto o en una acción que no inició ni determinó: *intervenir en una pelea, intervenir la policía* **3** tr Vigilar una autoridad, con o sin derecho, el desarrollo de algo, la contabilidad o administración de un negocio: *intervenir un teléfono, intervenir una empresa* **4** Entrar el ejército de un país en otro, vigilar y limitar el ejercicio de la soberanía de otro, generalmente sin que se lo hayan pedido o sin que tenga derecho a hacerlo: *intervenir Estados Unidos en Latinoamérica, intervenir la* URSS *en Afganistán* **5** tr Operar por medio de la cirugía: "Fue *intervenido* de emergencia a causa de una tromboflebitis".

intestinal adj m y f Que pertenece al intestino o se relaciona con él: *infección intestinal, inflamación intestinal, dolor intestinal, jugos intestinales.*

intestino **1** s m Porción del tubo digestivo que va del estómago al ano. En la mayoría de los vertebrados se extiende dando varias vueltas en forma de eses dentro del vientre **2** *Intestino delgado* Primera porción, más delgada y larga, de este órgano **3** *Intestino grueso* Parte más gruesa de este órgano que termina en el ano **4** adj Que ocurre en el interior, particularmente las luchas, conflictos, etc que suceden dentro de un país o de una organización social; interno, doméstico: "El país se debate en guerras *intestinas*", "El partido enfrenta luchas *intestinas*" impredecibles".

íntimamente adv **1** En lo más íntimo, profundamente: "La complacía *íntimamente*", *actitud íntimamente repudiada* **2** Muy cercanamente, de manera estrecha: "Los regímenes revolucionarios *íntimamente* ligados al pueblo", "El dinero aparece *íntimamente* asociado al sistema social".

intimidad s f **1** Calidad de íntimo: *los momentos de mayor intimidad* **2** Parte más interna o personal de un ser humano, sus sentimientos e ideas; vida privada, familiar o de un pequeño círculo de amistades cercanas: *en la intimidad de nuestro corazón, revelar su intimidad* **3** pl Secretos o elementos muy íntimos de una persona: "Yo conozco sus *intimidades*" **4** pl Relaciones sexuales amorosas.

íntimo adj **1** Que pertenece a lo más interno o profundo de alguien; que pertenece a su intimidad; especialmente en los afectos, sentimientos o pensamientos de una persona: *ese leve descontento íntimo, su íntima soledad, su íntima curiosidad, una íntima corriente de solidaridad humana* **2** adj y s Que pertenece a las relaciones familiares estrechas o a las amistades muy cercanas: *una ceremonia muy íntima, fiesta para los íntimos* **3** Que es agradable o acogedor, propio para las relaciones cercanas y afectuosas: *conseguir ese ambiente íntimo y familiar de las cocinas de antaño* **4** Que es muy cercano en las relaciones de cualquier tipo o en los afectos: *su amigo íntimo, su íntima amiga*, "Se aprovechó de sus *íntimas* relaciones con el monarca para colocar a todos sus yernos en la corte" **5** Tratándose de prendas de vestir, que se lleva debajo del vestido exterior: *ropas íntimas, una prenda íntima* **6** Que pertenece a las relaciones sexuales o amorosas: *una caricia íntima*, "Me daba vergüenza oír sus cosas *íntimas*", *tener relaciones íntimas*.

intoxicación s f Envenenamiento que se produce por ingerir o aspirar alguna sustancia tóxica o como resultado de la absorción continua de pequeñas cantidades de un tóxico: *intoxicación por plomo, intoxicación alcohólica, intoxicación medicamentosa*, "La *intoxicación* que produce el cigarro".

intramuscular adj m y f Que está en la parte inferior de un músculo o se pone dentro de él: *inyección intramuscular, por vía intramuscular*.

intransigencia s f Calidad del que no transige o no hace concesiones con las ideas o el comportamiento de los demás: *la intransigencia de los críticos*.

intransitivo adj y s (*Gram*) Que no admite o no tiene complemento u objeto directo, como los verbos *morir, caminar, correr*, son transitivos en uso intransitivo los verbos de estas oraciones: "*Come* en casa", "*Estudia* en la biblioteca", "*Espera* en el aeropuerto".

intravenoso adj Que se relaciona con la parte interior de las venas o entra en ellas: *vía intravenosa, inyección intravenosa, uso intravenoso de nembutal*.

intriga s f **1** Acto de intrigar o intrigarse **2** Manipulación secreta o desleal para obtener una ventaja o hacer daño a alguien: *intriga internacional* **3** Conjunto de hechos o enredos que forman la trama de una novela, una obra de teatro, etcétera.

intrigar v tr (Se conjuga como *amar*) **1** Despertar la curiosidad, tener una gran curiosidad (por saber o conocer algo oculto): "Eso era lo que más le *intrigaba*" **2** Hacer una manipulación desleal y secreta de la información o la comunicación para hacer daño o sacar ventaja: "Anduvo *intrigando* para conseguir el puesto de director".

intrínseco adj **1** Que pertenece a la naturaleza o esencia del objeto considerado; cualidad necesaria ligada a su esencia; inherente: *propiedad intrínseca, su naturaleza intrínseca, propiedades intrínsecas del medio ambiente* **2** (*Anat*) Que es esencial o exclusivo de una parte u órgano **3** (*Anat*) Tratándose de los músculos apendiculares de los vertebrados, que está situado en el mismo miembro y se origina desde el cinturón o desde los huesos del mismo miembro.

introducción s f **1** Acto de introducir: *introducción del agua, introducción de un canal, introducción de nuevas palabras* **2** Parte inicial de un texto, un discurso, una obra musical, etc en la que se explica su contenido o se expone algo en relación con él.

introducir v tr (Se conjuga como *producir*, 7a) **1** Hacer que entre algo en una cosa, principalmente cuando queda cubierto o rodeado por ella, poner alguna cosa entre otras; meter: *introducir el hilo en la aguja, introducir la llave en la cerradura, introducir un argumento en la discusión, introducir la mano en agua caliente, introducirse al hotel* **2** Hacer que alguien entre en algún lugar, se familiarice con un ambiente o situación, o conozca los primeros elementos de algo: "*Introdujo* a los visitantes al museo", *introducir en sociedad, introducir a un niño en la música, introducirnos en el estudio de la lengua* **3** Dar a conocer o hacer llegar a alguien algo nuevo para que lo adopte, lo practique, lo consuma, etc: *introducir una moda, introducir un nuevo producto en el mercado* **4** Provocar o causar cierto estado o situación: *introducir el desorden*.

intuición s f Conocimiento inmediato o directo; percepción sensible de las cosas; sin razonamiento, sólo a partir de la experiencia: *intuición del mundo, rechazo del racionalismo en beneficio de la intuición, la intuición probabilista del técnico y del científico*.

intuir v tr (Se conjuga como *construir*, 4) Percibir o conocer en forma inmediata, sin razonamientos: "*Intuyo* que puedo abandonarlo todo", *intuir el final de un libro*, "*Intuirá* las esencias de las obras de Bach y Haendel".

inundación s f Acto de inundar o de inundarse algo: "La *inundación* causó graves daños".

inundar v tr (Se conjuga como *amar*) **1** Cubrir un líquido, particularmente agua, un lugar o una superficie: "El río se desbordó e *inundó* el poblado", "Las lluvias *inundaron* la ciudad" **2** prnl Acumularse gran cantidad de agua o de otro líquido en un lugar que debería estar seco o que debería permitir que el agua corriera o se filtrara: *inundarse el baño*, "Al romperse la tubería *se inundó* la casa", *inundarse un terreno* **3** Llenar un lugar un número excesivo de personas o de cosas: "Los turistas *inundaron* las playas", "Las tiendas *se inundaron de* contrabando", "*Inundaron* su cuarto *de* ropa".

inusitado adj Que está fuera de lo usual, de lo esperado, de lo común; inesperado: *una época de transformaciones inusitadas*, "La población creció a un ritmo *inusitado*", *fenómeno inusitado*.

inútil adj m y f Que no es útil, que no sirve para nada, que no es productivo: "Ese dichoso marido es un holgazán, un *inútil*", *su cuerpo inútil, cosas inútiles, gastos inútiles*, "El teléfono estaba destrozado e *inútil*", "Sería *inútil* entrar en detalles".

inutilidad s f Calidad de inútil: "Su cuerpo envejecía hasta la *inutilidad*", *la inutilidad de la resistencia*, "La *inutilidad* de esas burocracias…".

inútilmente adv Sin utilidad, sin éxito, sin provecho: *buscar inútilmente*, "*Inútilmente* intentó hacer renacer el comercio".

invadir v tr (Se conjuga como *subir*) **1** Ocupar o tomar un lugar usando la fuerza o el poder, especialmente entrar un ejército en un territorio extranjero para someterlo o conquistarlo: "Los soldados rusos *invadieron* Afganistán y las tropas estadounidenses invaden Granada", *invadir tierras*, "La policía *invadió* la universidad" **2** Llenar un lugar un número excesivo de personas, animales o cosas, particularmente cuando son dañinos o molestos: "Los turistas *invadieron* el pueblo", "Los vacacionistas *invaden* las playas", "Los productos importados *invadieron* el mercado", "El sótano se *invadió* de ratas", "*Invadió* la casa de libros" **3** Extenderse o propagarse alguna cosa dañina en algo o en alguien hasta llenarlo o hasta estar presente en todas sus partes; apoderarse de una persona un sentimiento, una emoción, una idea, etc: "El gusano *invadió* la cosecha", "La peste *invade* la ciudad", "El cáncer *invadió* su organismo", "Dudas y temores *invaden* su mente".

invalidar v tr (Se conjuga como *amar*) Quitar validez, anular: *invalidar un contrato, invalidar un resultado, invalidar un matrimonio*.

invariable adj m y f Que no es variable, que no varía, que no cambia; que es constante: *una tasa invariable, la invariable marcha del tiempo*.

invariablemente adv De modo invariable o constante; siempre: "La pasión conduce *invariablemente* a la violencia", "Un tipo de choque vascular *invariablemente* mortal", "Se comenzará *invariablemente* con mayúscula".

invasión s f Acto de invadir: *invasión armada, luchar contra la invasión, invasión de insectos*, "En este puente vacacional se espera otra *invasión* de los centros recreativos".

invasor adj y s Que invade, que ocupa o toma por la fuerza un territorio ajeno: *ejército invasor, atacar al invasor, fuerzas invasoras, tropas invasoras*.

invención s f **1** Acto de inventar algo: "La *invención* de esas herramientas supone..." **2** Cosa inventada; invento: "La *invención* más importante de esa época es el papel" **3** Inventiva **4** Mentira o ficción: "Todo lo que ha dicho es pura *invención*".

inventar v tr (Se conjuga como *amar*) **1** Producir o idear por primera vez cierta cosa, elaborar algo nuevo aplicando el ingenio: *inventar una máquina, inventar el reloj, inventar una fórmula, inventar un juego* **2** Idear algo falso o inexistente para engañar a alguien o producir cierto efecto: *inventar un pretexto*, "Inventó todo un drama para no pagarme" **3** *Inventarle algo a alguien* Atribuirle a alguien algo de lo que no es responsable, decir o difundir mentiras acerca de una persona: "Le *inventaron* un amante para desprestigiarla" **4** prnl (*Coloq*) Tomar uno como real algo que no lo es: *inventarse un problema*, "Esas dificultades te las *inventas*".

inventario s m **1** Lista o descripción ordenada y detallada de los bienes y otras cosas pertenecientes a una persona o a una sociedad, generalmente de acuerdo con las prescripciones legales **2** Descripción de las mercancías de un comercio o negocio, generalmente con el fin de evaluar las ganancias y las pérdidas: diferencias entre los inventarios físicos y los libros, ajustar los inventarios de fin de año.

inventiva s f Capacidad de producir o idear cosas nuevas, facultad de inventar: "Esas actividades estimulan la *inventiva* de los niños".

inventivo adj Que tiene talento o disposición para inventar, que inventa cosas con mucha frecuencia y facilidad: *capacidad inventiva*, "A su genio *inventivo* debemos estas obras".

invento s m **1** Acto de inventar: "El *invento* de la imprenta revolucionó la cultura universal" **2** Cosa que el ingenio de alguien elabora o produce por primera vez: "El teléfono es un *invento* de Graham Bell", "Esos *inventos* los debemos a los mayas" **3** Mentira o ficción: "No le creas nada, son puros *inventos*", "Todo era un *invento* con fines publicitarios".

invernadero s m **1** Construcción especial, generalmente una estructura de hierro cubierta de vidrios para mantener un calor constante y proteger del frío el cultivo de ciertas plantas: *plaga de invernadero* **2** *Efecto invernadero* En meteorología, acción de la atmósfera que deja pasar muchas radiaciones solares que calientan el suelo, e intercepta los que éste emite hacia el espacio en forma de rayos infra-

rrojos, con lo que resulta cada vez más elevada la temperatura de la Tierra.

invernal adj m y f Que pertenece al invierno o se relaciona con él: *temporada invernal, lluvias invernales, ropa invernal*.

inversamente adv De manera inversa, al contrario: "La fecundidad se relaciona *inversamente* con la educación", "El grado de descomposición es *inversamente* proporcional al número de plaguicida es *inversamente* proporcional al número de halógenos presentes", "La fuerza de atracción gravitatoria entre dos cuerpos es *inversamente* proporcional al cuadrado de la distancia que los separa".

inversión¹ s f Cambio total del sentido, orden, dirección o posición de una cosa.

inversión² s f **1** Acto de invertir **2** Cantidad de dinero invertida en algún negocio: *una inversión de millones de pesos* **3** *Inversión térmica* Incremento anormal de la temperatura de la atmósfera cuando se incrementa la altitud debido a una capa de aire caliente, y que puede producir un aumento de la contaminación atmosférica.

inversionista s m y f Persona que invierte o hace inversiones de dinero o capital en valores bursátiles, en bienes muebles o bienes raíces, en negocios o industrias: *los inversionistas extranjeros, atraer a los inversionistas*.

inverso 1 adj Que es opuesto o contrario a otro: "En sentido *inverso* al de las manecillas del reloj" **2** *A la inversa* Al contrario, al revés, en sentido o de manera opuesta: *correr a la inversa, leer a la inversa*.

invertebrado adj y s Que no tiene columna vertebral: *animal invertebrado*.

invertir¹ v tr (Se conjuga como *sentir*, 9a) Cambiar el orden, la posición, el sentido o la dirección de algo, de manera que quede al revés de como estaba o como debería estar: "*Invirtieron* los rollos de la película".

invertir² v tr (Se conjuga como *sentir*, 9a) **1** Emplear cierta cantidad de dinero en algún negocio para tener ganancias: *invertir en maquinaria, invertir en una casa* **2** Ocupar tiempo, fuerzas, inteligencia, etc en algo para obtener algún resultado: "*Invirtió* toda su vida en ese libro".

investigación s f Acto de investigar algo: *investigación policiaca, investigación científica, investigación literaria*.

investigador adj y s **1** Que investiga: *agencia investigadora* **2** Persona que investiga, principalmente en cuestiones científicas, humanísticas o técnicas: "En 1895 muere en París el *investigador* Luis Pasteur, descubridor de la vacuna contra la hidrofobia", *investigadora de El Colegio de México, los investigadores en gerontología* **3** Persona que se ocupa de hacer investigaciones de tipo legal: *investigadores en la primera facción judicial*.

investigar v tr (Se conjuga como *amar*) **1** Hacer lo necesario para averiguar, descubrir o llegar a saber con certeza alguna cosa: *investigar una dirección, investigar un crimen*, "Las autoridades *investigan* su paradero" **2** Buscar, con la ayuda de ciertos instrumentos y de acuerdo con los principios de la ciencia, las características de la conducta o de la composición de algo: *investigar el espacio, investigar una célula, investigar un hecho histórico*.

invierno s m Estación del año que sigue al otoño y precede a la primavera. En nuestro hemisferio, el norte, tiene una duración de 89 días comprendidos aproximadamente entre el 23 de diciembre y el 20 de marzo; en el hemisferio sur consta de 93 días y 15 horas que van del 22 de junio al 22 de septiembre, es la estación más fría y en la que anochece más temprano: *un crudo invierno, ropa de invierno.*

invisible 1 adj m y f Que no se ve o no se puede ver: *reino invisible de los muertos, hilo invisible,* "Los campos magnéticos son *invisibles*", "Estas supernovas eran *invisibles* para un observador que no dispusiera de un telescopio de regular potencia" **2** s m (*Tab, Ver N*) Pasador para el pelo **3** s m (*Tab, Yuc*) Red muy fina que usan las mujeres para mantener el peinado.

invitación s f **1** Acto de invitar: *invitación a un concierto, invitación a una comida* **2** Tarjeta con la cual se invita a alguien para celebrar un acontecimiento: *invitaciones de boda, invitación para el estreno de una película.*

invitado I pp de *invitar.* "Los niños serán *invitados* por maestras de diferentes escuelas", "Fueron *invitados* para presenciar el espectáculo" **II** s Persona que ha recibido una invitación: *la lista de nuestros invitados, invitados especiales, en calidad de invitado, la invitada de honor.*

invitar v tr (Se conjuga como *amar*) **1** Pedir a alguien que vaya a algún lugar en el que se ofrece algo, como una comida o una fiesta: *invitar a un baile, invitar a una cena* **2** Ofrecer a alguien algo que pueda darle gusto o placer: *invitar un café, invitar a beber, invitar a sentarse* **3** Ofrecer algo una condición o circunstancia favorable para hacer alguna cosa: "El clima *invita* a la siesta", "El mar nos *invitaba* a bañarnos".

invocar v tr (Se conjuga como *amar*) **1** Llamar en auxilio, especialmente a los dioses o seres sobrenaturales: "La voz que *invoca* al cielo", *invocar a Tezcatlipoca* **2** Alegar razones, leyes, etc en favor de algo: "*Invocó* la nulidad del contrato".

involucrar v tr (Se conjuga como *amar*) **1** Mezclar o complicar a alguien en un asunto generalmente delicado o comprometedor: "Lo *involucraron* en el fraude", "Renunció para no *involucrar* a su familia" **2** prnl Tener uno que ver con cierta cosa, estar relacionado con ella: *involucrarse en un robo, involucrarse en la política* **3** Traer consigo cierta consecuencia, hacer que algo participe en alguna cosa o tenga que ver con ella: "Estas alternativas económicas *involucran* importantes presiones inflacionarias", "Es la fase de explotación que *involucra* mayores problemas técnicos".

involuntario adj Que se hace sin que intervenga la voluntad, sin intención o de manera inconsciente: *daño involuntario, error involuntario, movimiento involuntario, reacción involuntaria.*

inyección s f **1** Introducción a presión de una sustancia líquida en algo o en alguien: *inyección intramuscular,* "Le tiene miedo a las *inyecciones*", "Este aparato regula la *inyección* de gasolina al motor" **2** Medicamento o producto que se inyecta: "Un frasco con una *inyección* de complejo B" **3** Situación o persona que influye repentinamente en el ánimo de alguien, por lo regular avivándolo: "Su presencia fue una *inyección* de alegría para todos".

inyectar v tr (Se conjuga como *amar*) **1** Introducir a presión una sustancia líquida en el cuerpo pene-

trándolo con una jeringa; meter con fuerza o a presión un líquido o un gas en algo: *inyectar una vacuna, inyectarse una droga,* "El médico le *inyectó* penicilina al paciente", *inyectar gasolina al motor, inyectar concreto a un muro* **2** prnl Enrojecerse los ojos, debido a la concentración de sangre: "Cuando se enoja le tiembla la voz y se le *inyectan* los ojos" **3** Influir de manera eficaz e intensa en el ánimo de alguien, generalmente para que actúe con determinación o con alegría: *inyectar energía, inyectar optimismo.*

ion s m (*Quím y Fís*) **1** Átomo que se encuentra electrizado por haber perdido el equilibrio entre su carga positiva (protones) y su carga negativa (electrones) **2** *Ion positivo* El que ha roto su equilibrio por haber perdido uno o más electrones **3** *Ion negativo* El que ha perdido su equilibrio por haber ganado uno o más electrones.

iónico adj Que pertenece a los iones o se relaciona con ellos: *un enlace iónico, estructura iónica, compuestos iónicos.*

ionósfera s f Parte de la atmósfera comprendida entre los 60 y los 600 km de altitud, en la que tiene lugar una intensa ionización, es decir, que los átomos de aire, a causa de las radiaciones solares, pierden electrones y se convierten en iones positivos conductores de electricidad. (También *ionosfera.*)

ir v intr (Modelo de conjugación 19) **1** Dejar algo o alguien el lugar en que estaba para llegar a otro, alejarse de la persona que habla o del lugar en que ella está: "Arturo *fue* a Mérida", "Cuando venga *iré* a cenar con él", "La tropa *iba* hacia Cuautla", "El tren *va* de México a Ciudad Juárez", "*Fuimos* en camión", "*Vamos* en bicicleta", "*Iré* por fruta", "*Fue* por su maleta" **2** prnl Alejarse algo o alguien del lugar en que estaba: *irse una nube, irse las golondrinas,* "Me *voy* de aquí", "Se *fue* temprano", "Nos *iremos* cuando lleguen los demás" **3** *Ir por* Moverse o pasar algo o alguien por un lugar determinado: "El metro *va* por debajo del suelo", *ir por la calle, ir por el río* **4** Moverse, desarrollarse o desenvolverse algo o alguien de determinada forma, con cierta propiedad o haciendo alguna cosa; estar de cierta manera mientras se cambia de lugar o transcurre un proceso: *ir caminando, ir sentado,* "*Iba* hablando solo", "Se *fue* dormido todo el viaje", "Siempre *va* contento", "*Fuimos* de prisa", "Le *irá* bien en esa escuela", "Les *fue* mal en su matrimonio", "Ese negocio podría *ir* mejor", "¿Cómo *va* el enfermo?" **5** *Ir y venir* Moverse continuamente algo o alguien de un lugar a otro, cambiar algo constantemente de estado, valor, etc: *el ir y venir de la gente, el ir y venir de los precios* **6** *Ir a dar* o *ir a parar* Terminar en algún lugar o haciendo algo distinto de lo que se hacía: "La mercancía *fue a dar* a las bodegas", "El delincuente *fue a parar* a la cárcel", "*Fue a parar* de chofer" **7** Asistir alguien a algún lugar o presentarse en él: "Julio *fue* a un concierto", "Nadie *va* a las juntas" **8** *Ir de* Presentarse o asistir alguien a un lugar para cumplir una función o disfrazado de algo: "Se *fue* de embajador a Nicaragua", *ir de asesor, ir de payaso a un baile* **9** *Ir de* Asistir a alguna parte con el propósito de hacer algo determinado: *ir de compras, ir de viaje, ir de vacaciones* **10** prnl Salirse algo, particularmente un gas, del lugar en el que estaba contenido; suspenderse el suministro de ciertos servicios: *irse el gas de un refres-*

co, *irse el agua, irse la luz* **11** prnl Soltarse o salirse los hilos del tejido de una prenda: *irse la media* **12** prnl Desaparecer, consumirse o acabarse algo: *irse una mancha, irse el tiempo en estudiar, irse la noche,* "Siempre *se le va* el sueldo en pagar deudas" **13** prnl Morirse: "*Se* nos *va* el abuelo" **14** *Ir con cuentos, ir con chismes* (*Coloq*) Llegar a contarlos a alguien: "No le *vayas con cuentos* al patrón **15** *Irse de boca, de espaldas*, etc Caerse hacia delante, hacia atrás, etc o perder el equilibrio en esa dirección **16** Ocupar algo o alguien el lugar que le corresponde: "Ese libro no *va* ahí", "El padre *va* en la cabecera" **17** Quedar algo comprendido entre dos o más límites: "La lección *va* de la página 2 a la 9", "Esa calle *iba* del centro al mercado", "La carretera *va* de Zacapoaxtla a Cuetzalan", "Las vacaciones *fueron* de mayo a junio" **18** (Sólo en tercera persona) Ser algo, como una música, una canción, una historia, etc de determinada manera o hacerse algo, como un baile, un movimiento, en cierta forma: "¿Cómo *va* La Adelita?", "No sabemos cómo *van* esos versos", "Ya aprendí cómo *va* ese baile" **19** Apostar o jugar algo: "*Van* $10 al rojo", "Le *fui* al 7" **20** *Irle a algo* o *a alguien* Tomar partido por algo o por alguien: "Yo le *voy* al equipo de Zacatepec", o *a cuál irle* **21** *Ir con* Combinar o quedar bien una cosa con otra: "Un saco negro no *va con* un pantalón café", "Esa música *va con* mis gustos" **22** *Irle algo a alguien en alguna cosa* Depender una cosa del logro de otra o ser algo muy importante para la existencia de alguna cosa: "*Le va* la vida *en* esa competencia" **23** *No irle ni venirle algo a alguien* No importarle: "Esos problemas *ni le van ni le vienen*" **24** *Ir a* En presente, seguido de infinitivo, forma una perífrasis muy usual en México para expresar el tiempo futuro: *voy a comer, va a llover, vamos a leer* **25** *Ir y* Hacer algo de manera imprevista, de pronto o sorpresivamente: "*Fue y* tiró todas las copas", "Si no lo detienes, *va y* le pega" **26** *Ir para largo* Durar mucho tiempo, tardarse mucho: "Este trabajo *va para largo*" **27** *Írsele la lengua a alguien* Hablar de más, ser indiscreto: "A Juan *se le fue la lengua* y denunció a sus compañeros" **28** *Írsele los pies* Equivocarse, cometer un error: "Al gobernador *se le fueron los pies* al reprimir tan violentamente a los campesinos" **29** *Irse para atrás* Asombrarse, quedarse perplejo: "*Se fue para atrás* cuando le dijeron que tenía que terminar el trabajo en un mes" **30** *¡Vaya!* Exclamación que puede expresar disgusto, molestia o desilusión, sorpresa o alegría: "¡*Vaya*, ya era hora!", "¡*Vaya*, al fin terminamos!".

ira s f Sentimiento violento de enojo, intensa rabia y mucho coraje, a veces incontrolable, que lleva a cometer actos violentos inspirados por la furia y el deseo de venganza: *refrenar la ira, rojo de ira, abogado por la ira, una ira incontrolable.*

iracundo adj Que está dominado por la ira; furioso: *un rostro iracundo, iracundos gritos,* "Su *iracunda* mirada aterraba".

iridáceas s f pl (*Bot*) **1** Cada una de las plantas herbáceas de la familia del lirio blanco, cuya raíz es un bulbo o un rizoma; hojas radicales, cintiformes, lineares y angostas; flores con tres estambres, ovario inferior y perianto de seis piezas; fruto en cápsula y semillas con albumen carnoso **2** Familia que forman estas plantas.

iris s m sing y pl **1** Parte del ojo que le da su color, es una membrana circular, que tiene como centro la pupila, formada por fibras musculares que pueden contraerse; está bañada por el humor acuoso y se encuentra detrás de la córnea y delante del cristalino **2** Arco iris.

irlandés adj y s **1** Que es originario de Irlanda, isla europea, o pertenece a ella: "El *irlandés* James Joyce, autor de *Ulises*, renovó los procedimientos narrativos del siglo XX", "El *irlandés* Samuel Beckett escribió la famosa obra teatral *Esperando a Godot* sobre la vanidad de toda esperanza", *familias irlandesas emigradas a Estados Unidos, un perro irlandés* **2** s m Lengua de Irlanda procedente del antiguo céltico; gaélico; hablada por cerca de medio millón de personas.

ironía s f **1** Burla sutil en la que generalmente se dice justo lo contrario de lo que se piensa para hacer más notoria una observación: *amarga ironía,* "¿Estás cansada de tanto trabajar? —le preguntó con *ironía* a su compañera que siempre llega tarde a la oficina" **2** Contraste entre la realidad cruel o decepcionante y lo que se espera de ella: "¡Qué *ironía*! Falleció al mes de haberse sacado la lotería", "Con muchos trabajos consiguió lugar para ese vuelo y el avión se cayó, *ironías de la vida*".

irónico adj Que denota o implica ironía o que se relaciona con ella: *comentarios irónicos, una sonrisa irónica, un texto irónico.*

irracional adj m y f **1** Que no responde a la razón, es contrario a ella; ilógico, absurdo: *terror irracional, uso irracional de los insecticidas* **2** adj m y f y s m Que carece de razón; animal: *seres irracionales* **3** (*Mat*) Tratándose de número, que no es entero, ni expresable por un cociente de números enteros.

irradiación s f Acto de irradiar: *irradiación solar, irradiación del dolor.*

irradiar v tr (Se conjuga como *amar*) **1** Desprender en forma de rayos, especialmente luz o calor **2** Extenderse o diseminarse a partir de un punto central: "Dolor en el ombligo que *irradia* a la región lumbar" **3** Mostrar y comunicar involuntariamente una emoción o un sentimiento muy profundo: *irradiar felicidad, irradiar una inmensa ternura.*

irregular adj m y f **1** Que tiene alguna peculiaridad que lo hace distinto a los elementos o miembros de su clase, que constituye una excepción, se aparta del modelo o no se ajusta a las reglas que rigen para la mayoría: *verbo irregular, gene irregular* **2** Que tiene muchas variaciones, que sufre altas y bajas, que no es constante: *terreno irregular, pulso irregular,* "Sus calificaciones son muy *irregulares*", "Su desempeño es *irregular*" **3** Que está fuera del orden, de lo común, de lo establecido o de la ley: *contrato irregular, procedimiento irregular,* "Su situación migratoria es *irregular*", *alumno irregular.*

irregularidad s f **1** Calidad de irregular, anormalidad o anomalía: *las irregularidades de las conexiones de las tuberías* **2** Comportamiento que constituye un delito o una falta de honradez: *la irregularidad en la tenencia de la tierra,* "Algunas *irregularidades* que se cometen en las terminales de autobuses".

irremediable adj m y f Que no tiene remedio; que no se puede sustituir o remediar: *pérdida irremediable, un final irremediable.*

irresponsabilidad s f Falta de responsabilidad: "Reprobé álgebra por *irresponsabilidad* mía", "La *irresponsabilidad* de los choferes provoca accidentes".

irresponsable adj y s m y f **1** Que no es responsable, que es descuidado, que es inconsciente: *patrones irresponsables, juego irresponsable,* "Un *irresponsable* que arrojó una colilla de cigarro provocó el incendio" **2** Que no tiene responsabilidad por ser menor de edad o carecer de salud mental; que no es responsable de sus actos.

irreversible adj m y f Que no se puede revertir, que no se puede cambiar, que no se puede volver a su estado original: *proceso irreversible, daño cerebral irreversible,* "La descomposición es *irreversible*".

irrigación s f **1** Acto de regar un líquido que circula, cierta parte del cuerpo: *irrigación del cerebro* **2** Riego de un terreno: *la irrigación de los cultivos* **3** Conjunto de obras relacionadas con los sistemas de riego **4** (*Med*) Aplicación de un líquido medicinal que baña o riega cierta parte del cuerpo: *irrigación vaginal, irrigación cutánea.*

irrigar v tr (Se conjuga como *amar*) **1** Regar o circular un líquido en cierta parte del cuerpo: *irrigar el cerebro* **2** Bañar o regar cierta parte del cuerpo con agua o un líquido medicinal con fines terapéuticos: *irrigar el conducto auditivo con agua helada* **3** Regar un terreno de cultivo, generalmente por medios artificiales: *irrigar los campos de trigo.*

irritar v tr (Se conjuga como *amar*) **1** Causar molestia, inflamación o ardor (a una parte del cuerpo): "Una cánula demasiado larga puede *irritar* el endometrio", "*Se le irritaron* los ojos por el smog" **2** Causar molestia o enojo, hacer enojar; exasperar: "Su codicia *irritó* al capitán", "Se *irritó* ante tanta pregunta indiscreta".

irrumpir v tr (Se conjuga como *subir*) Aparecer o surgir repentina y violentamente: "¡Las condiciones de vida son tan difíciles y pobres! —*irrumpió* el maestro", "El pueblo *irrumpe* por las puertas del castillo", *irrumpir la policía.*

isla s f Porción de tierra rodeada de agua por todas partes: "Vacacionaba en una *isla*".

islamismo s m Religión fundada por Mahoma en Arabia en el siglo VII dC, cuyos dogmas y preceptos están contenidos en su libro sagrado el Corán, y civilización musulmana aunada a ella que abarca todas las circunstancias de la vida política, social e individual. Se practica en Arabia, Irán, parte de la India, Turkestán chino (Sin-Kiang), parte de África y Rusia meridional. Sus obligaciones de culto son cinco: La profesión de fe "No hay más Dios que Alá y Mahoma es su profeta"; la oración cinco veces al día y viernes en la mezquita precedida de abluciones rituales; la limosna legal o impuestos sobre los bienes (pagado en especie) para fines de beneficencia; el ayuno total (desde la salida hasta la puesta del Sol) del mes lunar del ramadán; la peregrinación a la Meca cuando menos una vez en la vida. No tiene sacerdotes debido a que el culto no tiene liturgia.

islandés adj y s **1** Que es originario de Islandia o pertenece a esta isla en los confines del Atlántico y del Ártico, a unos 1 000 km de la costa noruega y separada de Groenlandia por el canal de Dinamarca: *arenque islandés, barcos islandeses, volcanes islandeses* **2** s m Lengua hablada en Islandia desde su colonización por los vikingos noruegos.

islote s m Isla pequeña y despoblada, particularmente las rocosas de origen volcánico.

isómero adj (*Quím*) Tratándose de dos o más compuestos químicos, que tienen igual fórmula e igual peso molecular, pero diferentes propiedades físicas.

isométrico adj Que tienen la misma medida o iguales dimensiones: *líneas isométricas, ejes isométricos, planos isométricos.*

isósceles adj m y f sing y pl (*Geom*) Tratándose de triángulos, que tiene dos lados iguales.

isótopo s m (*Quím*) **1** Cada uno de los cuerpos o elementos idénticos, con el mismo número atómico (mismo número de electrones y protones), pero diferentes en el peso atómico (distinto número de neutrones) **2** *Isótopo radiactivo* El que presenta radiactividad, usado como foco para aplicaciones medicinales o industriales.

israelí adj y s m y f Que es originario del Estado de Israel, perteneciente a este país o se relaciona con él: *la ofensiva israelí, la agresión israelí, la guerra entre árabes e israelíes.*

israelita adj y s m y f **1** Que es originario del Estado de Israel, pertenece a este país o se relaciona con él: *el ejército israelita* **2** Que es descendiente de los habitantes del antiguo reino de Israel (Palestina); judío, hebreo: *la colonia israelita en México.*

istmo s m **1** (*Geogr*) Franja de tierra relativamente larga y estrecha que une dos partes del mismo continente, dos islas o una península y un continente: el istmo de Tehuantepec **2** (*Anat*) Paso estrecho que conecta dos cavidades o dos partes de un órgano: *istmo de la faringe, istmo de la aorta.*

itacate s m Provisión de alimentos que lleva una persona al trabajo, generalmente en el campo o cuando se va de viaje.

italiano 1 adj y s Que es originario de Italia, que pertenece a este país europeo o se relaciona con él: *pintura italiana, pastas italianas, cine italiano* **2** s m Lengua que se habla en Italia.

itzá 1 s m Grupo indígena maya que habitó en Tabasco y en la cuenca de los ríos Grijalva y Usumacinta entre 750 y 850 dC donde recibió la influencia de las culturas del Golfo de México y del Altiplano, como el culto a la Serpiente Emplumada a la que este pueblo llamó Kukulkán, nombre que también daba a su dirigente. Alrededor de 987 dC avanzó hacia la península de Yucatán donde ocupó varios lugares; cerca del año 900 conquistó una ciudad que tenía por lo menos cuatro siglos y se llamaba probablemente Uuc Yabnal, a la que puso por nombre Chichen Itzá o "Boca del pozo de los Itzá", ahí construyó con un estilo nuevo varios edificios como el Juego de Pelota, el Caracol, el Templo de los Tigres, el primer Castillo, etc; en esta ciudad se encuentran figuras que representan a los miembros del grupo como guerreros armados con lanzadardos, vestidos generalmente con mangas protectoras, pectorales en forma de mariposa, penachos de plumas rígidas y sandalias de talonera alta. Dominó un amplio territorio gracias a la alianza llamada Liga de Mayapán, que estableció con los xiúes de Uxmal y los cocomes de Mayapán, pero hacia 1185 Hunac Ceel de Mayapán deshizo esta alianza y conquistó Chichen Itzá, que siguió habitada por los itzá dominados aunque una parte de ellos la abandonó. Por el año 1400 se despobló Chichen Itzá, algunos de sus habitantes fueron a refugiarse a Champotón y otros a la isla de Petén Itzá en el lago Tayasal donde resistieron a los españoles durante largo tiempo, hasta que fueron conquistados por Martín de Ursúa en 1697. La historia de este grupo se encuentra fragmentada y mezclada con mitos y otros datos en los libros de Chilam Balam, lo mismo que en otros documentos como la Crónica de Matichu, por lo que ha tenido que reconstruirse a partir de los informes escritos incompletos, a menudo contradictorios, y los datos arqueológicos **2** adj y s m y f Que pertenece a este grupo o se relaciona con él: *dominio itzá, la arquitectura itzá*.

ixcateco s m **1** Grupo indígena mexicano que habita en la parte norte del estado de Oaxaca, en la región conocida como Mixteca Alta. Su gobierno está regido por autoridades que se eligen cada tres años: un presidente, un síndico y tres regidores. Por procedimientos tradicionales cultiva maíz, frijol, alverjón, chía, huauhtli, calabaza y mamey en parcelas tanto comunales como propias. El rendimiento insuficiente de la agricultura le obliga a tejer sombreros de palma para venderlos **2** Lengua del grupo mazateco, familia oaxaqueña que habla este grupo indígena **3** adj y s Que pertenece a este grupo indígena o se relaciona con él: *estudiar la lengua ixcateca, léxico ixcateco*.

ixtle s m **1** Fibra vegetal, especialmente la que producen ciertos magueyes como el *Agave ixtli, Agave lechuguilla, Agave palmaris, Agave sisalana,* que tienen usos industriales; se utiliza en la fabricación de cuerdas o tejidos **2** En charrería, reata de lazar.

ixtlero adj y s Que pertenece al ixtle o se relaciona con esta fibra, especialmente el trabajo que se desarrolla alrededor de ella: *zonas ixtleras de los estados de San Luis Potosí, Coahuila, Nuevo León y Tamaulipas,* "La actividad del tallado que realizan los *ixtleros*".

izar v tr (Se conjuga como *amar*) **1** Elevar una bandera o una vela en la asta o mástil que la sostiene por medio de un mecanismo de cuerdas y poleas: "Todas las mañanas *izan* la bandera en el Zócalo" **2** (*Mar*) Levantar una cosa jalando la cuerda o cable del que cuelga y que pasa por un punto más alto: *izar la carga*".

izquierda s f Corriente política que sostiene que la desigualdad y la injusticia son el resultado de determinadas estructuras sociales y pone el énfasis en la equidad como forma de propiciar un desarrollo con justicia.

izquierdo adj **1** Que está del lado del corazón: *mano izquierda, ojo izquierdo* **2** *Tener alguien mano izquierda* Tener alguien habilidad para tratar a otras personas según la situación.

j s f Decimoprimera letra del alfabeto; representa el fonema consonante velar fricativo sordo /x/. Su pronunciación varía desde la articulación fricativa hasta la aspiración. Su nombre es *jota*.

¡ja, ja, ja! interj Expresión con la que se imita y se representa el sonido de la risa, se usa especialmente para indicar burla, ironía o escepticismo: "Es lo más descabellado que he escuchado, *¡ja, ja, ja!*", "Yo estoy más viejo que Matusalén, *¡ja, ja!*, cincuenta y nueve años".

jabalí s m Mamífero cuadrúpedo del orden de los artiodáctilos, variedad salvaje del cerdo, más grande que éste, de cabeza más alargada y de hocico más prolongado provisto de grandes colmillos; su piel, muy gruesa, está cubierta por un pelaje tupido de color gris.

jabalina s f **1** Arma que consiste en una vara de aproximadamente 1 m de longitud, de punta afilada, que se usa para cazar y en competencias deportivas de lanzamiento **2** Hembra del jabalí.

jabón s m **1** Sustancia que se obtiene comúnmente de la combinación de sosa cáustica (hidróxido sódico) con un ácido graso; es soluble en agua y se presenta en forma de barra, de escamas o en polvo; se emplea para el lavado y la limpieza en general: *una pastilla de jabón, jabón de olor, jabón neutro* **2** *Jabón metálico* Aquel que contiene metales pesados y se destina a usos industriales como lubricante, en pinturas, etcétera.

jacal s m Casa pequeña y humilde, generalmente de un solo cuarto, construida con adobe, carrizo u otros materiales semejantes y con techo de paja: *los jacales de la ribera*, "Todita la madrugada / rondaba tu *jacalito* / pa ver si te podía ver / por algún agujerito".

jacaranda s f (*Jacaranda mimosaefalia*) Árbol de la familia de las bignoniáceas, de hermoso follaje formado por hojas bipinadas, ramificadas en multitud de hojuelas muy pequeñas, y flores monopétalas, de color morado azuloso, ventrudas y caedizas, en grandes racimos; fruto oval, duro, aplanado y con semillas aladas. Se cultiva como ornamental: *a la sombra morada de las jacarandas*, "*Jacarandas* y colorines alegran la ciudad en la primavera".

jacket s m Revestimiento de una corona dental que imita el esmalte, hecho de porcelana o material sintético. (También *jaket*; se pronuncia *yáket*.)

jade s m **1** Piedra muy dura, de aspecto jabonoso, de color entre blanco y verde oscuro, a veces con manchas rojizas, compuesta por silicatos de aluminio y calcio; fue muy apreciada por varias culturas antiguas como la olmeca, la teotihuacana, la zapoteca y la azteca, así como por la china y otras de Asia y Europa **2** Objeto hecho con esta piedra: *un jade azteca, un jade chino*.

jaguar s m (*Felis onca*) Mamífero carnívoro, felino, de gran tamaño, de piel generalmente amarilla, con manchas negras y blancas en el pecho y el abdomen. Sus dientes le sirven, especialmente, para desgarrar la carne de sus presas; sus patas y garras son muy poderosas. Se encuentra en América del Norte y del Sur; en varias culturas indígenas mexicanas tuvo un valor religioso y mítico importante.

jai-alai s m Juego de pelota de origen vasco, semejante al frontón, que se juega con una cesta especial que se ajusta al brazo del jugador.

jaiba s f **1** Crustáceo decápodo semejante al cangrejo, que alcanza hasta 15 cm, de colores que varían según su madurez; su caparazón generalmente es gris con matices de azul verde, las patas varían entre el azul y el blanco, con manchas rojizas o pardas, las articulaciones son amarillas y las pinzas coloreadas de azul. Es muy apreciado como alimento y al cocinarse adquiere un color rojizo. Se pesca en las costas del Golfo de México, especialmente en Tampico y Veracruz, y sus principales especies son: *Callinectes bellicosus, Callinectes arcuatus, Euphylax robustus*: *jaibas en chilpachole, jaibas rellenas, trampas móviles para pescar jaibas* **2** (*Caló*) Policía uniformada, policía secreta y radiopatrulla policiaca.

jalapeño adj y s Que es de Jalapa de Enríquez, capital del estado de Veracruz; que pertenece a esta ciudad o se relaciona con ella.

jalar v tr (Se conjuga como *amar*) **I 1** Traer hacia uno alguna cosa tomándola o cogiéndola de alguna de sus partes: *jalar un papel, jalar una silla*, "Empuje o *jale* la puerta" **2** Tomar algo, generalmente con las manos, y hacer fuerza para llevarlo o extenderlo en alguna dirección: *jalarse las mangas del suéter, jalar un cajón, jalar un botón, jalar las sábanas*, "Les *jalaba* las trenzas hasta que chillaban" **3** *Jalarle las orejas a alguien* (*Coloq*) Regañar a una persona, llamarle la atención: "Le *jalaron* las orejas por llegar tarde al trabajo" **4** *Jalarse las medias* (*Coloq*) Soltarse varios hilos de una media generalmente por haberse atorado o enganchado en alguna cosa: "Me *jalé* la media al bajarme del camión" **II 1** Arrastrar o llevar tras de sí a una persona, animal o cosa, conduciéndolos a otro lugar o en alguna dirección: "Los barcos *jalan* las redes con toneladas de tiburón hasta Mulegé", "Iba montado en su mula, *jalando* otra con la carga", "Clara *jaló* a su hija, obligándola a seguirla, mientras Raúl se mordía los labios de impotencia" **2** Llevar a alguien con uno por tener influencia sobre él o por haberlo convencido de algo: "Antes estudiaba mucho, pero ahora la *jalan* sus amigas y se la pasa en el café", "Su tío lo *jalaba* mucho hacia sus gustos **3** *Jalar parejo* (*Coloq*) Compartir, de manera equitativa, el esfuerzo, la dedicación, los gastos o algo similar: "Si queremos resolver el problema hay que *jalar parejo*", "—¿*Jalar parejo?*… los bueyes, yo hago lo que se me antoje" **4** *No jalar con alguien o nunca jalar con alguien* (*Coloq*) No tener amistad con una persona, no llevarse con ella o no querer cooperar con los demás: "*Nunca jalaba con* nosotros en las fiestas", "*No jala con* sus compañeros de clases" **5** (*Popular*) Robar: "*Jalaron* con el dinero y con los libros", "A ver qué me *jalo*, pensé; y que me voy a la Merced y que me apaño unos pantalones" **6** (*Ofensivo*) Molestar: ¡Ah cómo *jalas*! **III** (*Coloq*) **1** Ponerse en camino hacia determinada dirección o apresurar el paso una persona, arrancar un vehículo o aumentar su velocidad: "En la tercera calle das la vuelta y *jalas* a la izquierda", "*Jálale* por el pan, que ya van a cerrar", "No podía distinguir ni los árboles ni los montes esa noche, no sabía para dónde *jalar* y tenía miedo", *jalar cada quien por su lado* **2** Ejecutar una persona o un motor cierta actividad, funcionar algo o alguien adecuadamente: "Mi refrigerador, aunque viejito, todavía *jala*", "—¿Cómo va el negocio? —*Jalando* milagrosamente", "La nueva cajera parece que *jala*" **IV** *Jalársela* (*Coloq*) Exagerar: "No *te la jales* y levántate que la patada fue leve" **V** *Jalársela* (*Groser*) Masturbarse.

jalisciense adj y s m y f Que es natural de Jalisco, que pertenece a este estado o se relaciona con él: "El tequila es una bebida *jalisciense*".

jalón s m I **1** Acto de jalar: "Le dio un *jalón* fuerte al ciruelo y lo arrancó", *el firme jalón de un pez*, "La agarré del brazo y que le pego un *jalón*" **2** *Darle a alguien un o su jalón de orejas* (*Coloq*) Regañarlo, llamarle la atención: "El agente del Ministerio Público *le dio su jalón de orejas*" II (*Coloq*) **1** Distancia o trecho que recorrer, espacio entre dos lugares: "De Mazatlán a Hermosillo les queda todavía un gran *jalón*" **2** *De un jalón* De una sola vez; de golpe: "Se comió 10 tamales *de un jalón*" **3** (*Popular*) Trago de un licor fuerte: "Si se nos atora la comida, nos echamos unos *jaloncitos*" III *Dar* (*el*) *jalón* (*Popular*) Tratándose de mujeres, aceptar o buscar el contacto amoroso con los hombres IV Señal o estaca para marcar los límites de una construcción en un terreno o la dirección de cualquier obra, como la de un canal o de una carretera.

jamaica s f **1** (*Hibiscus sabdariffa*) Planta de la familia de las malváceas, de aproximadamente 2 m de altura, con tallos de color rojizo, hojas en forma de dedo partidas en tres lóbulos y bordes dentados; sus flores, solitarias y sin peciolo, tienen el cáliz y las brácteas gruesas y de color rojo o púrpura oscuro, la corola amarilla y el fruto en cápsula. Se cultiva en climas cálidos. Su flor y brácteas se emplean en la preparación de una bebida refrescante, con propiedades diuréticas y de sabor un poco ácido debido a sus cálices: *agua de jamaica*, "Compra flor de *jamaica*, tunas, limones y una piña para hacerles paletas a estos muchachos" **2** (*Popular*) Fiesta popular vespertina que se hace, generalmente, en las calles con música, baile, antojitos y bebidas refrescantes; kermés: "—Compadre, ¿vamos a la *jamaica?* —No, nomás se trata de ir a gastar dinero" **3** (*Popular*) Sangre.

jamás adv **1** En ningún momento, con absoluta imposibilidad de que algo suceda o haya sucedido: "*Jamás* aprendió un oficio", "*Jamás* lo volveré a ver", "*Jamás* lo olvidaré" "*Jamás* había pasado algo semejante", "No estudió *jamás*", "*Jamás* estudió", "Nunca *jamás* regresó", "Nunca digas *jamás*" **2** *Por siempre jamás* Para siempre: "*Por siempre jamás* le estaré agradecido" **3** *Jamás de los jamases* Jamás, nunca; de ninguna manera: "*Jamás de los jamases* me casaré con él".

jamba s f (*Arq*) Cada una de las dos partes que sostienen el dintel de una puerta o ventana.

jamón s m Pierna o espaldilla, generalmente de cerdo, salada, ahumada, cocida, etc: *rebanadas de jamón, torta de jamón, jamón cocido, jamón serrano*, "Sólo me permiten comer *jamón* de pavo".

japonés 1 adj y s Que es natural de Japón, que pertenece a este país asiático o se relaciona con él: *cultura japonesa, arte japonés*, "Los *japoneses* están viajando constantemente" **2** s m Lengua que se habla en Japón.

jaqueca s f Dolor intenso de cabeza que, generalmente, ataca sólo una parte de ésta y puede ir acompañado de trastornos visuales; por lo regular se asocia con alteraciones nerviosas, sensoriales o digestivas; migraña: "Tuve una fuerte *jaqueca*".

jaquet s m Traje de ceremonia para hombre formado por un saco negro y largo y un pantalón de rayas negras y grises; el saco tiene redondeados los ángulos de los costados, que se prolongan por detrás, a manera de cola partida en dos, hasta la altura de las corvas: *alquiler de fracs, jaquets, smokings y media etiqueta*. (También *jacket, jaket* y *yaquet*. Se pronuncia *yaquét* o *yaqué*.)

jarabe[1] s m **1** Líquido muy endulzado, hervido previamente con jugos de frutas o algún saborizante, semejante al almíbar pero menos espeso, que se usa en ciertos postres y en bebidas: *jarabe de grosella* **2** Líquido endulzado, hervido previamente con ingredientes medicinales, naturales o químicos, que se utiliza sobre todo para curar la tos: *jarabe de rábanos* **3** (*Puro*) *jarabe de pico* (*Coloq*) Palabrería hueca que no corresponde a ninguna realidad: *tanta política, tanta demagogia, tanta mentira en los gobernantes; puro jarabe de pico*.

jarabe[2] Baile popular, ejecutado por una o varias parejas sueltas, al compás de $3/4$ y de $6/8$, en el que es fundamental el zapateado y los giros; música y coplas con letras graciosas y picarescas que lo acompañan: *jarabe tapatío*, "Para bailar el *jarabe*, / para eso me pinto yo", "Éste es el *jarabe* loco, / que a los muertos resucita".

jarana s f **1** Instrumento musical parecido a una guitarra pequeña: *al compás del arpa, jarana y requinto*, "Vámonos hombro con hombro / tocando en la *jaranita*" **2** Baile popular de Yucatán y Campeche ejecutado por varias parejas; música que acompaña este baile, en que se alternan los compases de $3/4$ y $6/8$. Baile y música se interrumpen para que algún participante o recitador improvise *bombas* o coplas de tono picaresco: "Al son del viejo violín / mis *jaranas* canto yo / a las mujeres bonitas / que son de mi adoración".

jardín s m **1** Terreno en el que se cultivan flores, árboles y otras plantas para hacer de él un lugar agradable en donde descansar o divertirse: *jardín municipal, los jardines del castillo, sacar a los niños al jardín* **2** *Jardín botánico* Terreno e instalación en donde se cultivan plantas de todo tipo para hacer estudios botánicos **3** *Jardín de niños* Escuela en donde los niños menores de 7 años aprenden ciertos juegos y actividades que les ayudan en su desarrollo antes de entrar a la educación primaria.

jardinera s f **1** Construcción especial, instalación o maceta grande y alargada que se llena de tierra y sirve para cultivar y conservar plantas de ornato: *una jardinera llena de geranios* **2** *A la jardinera* Tratándose de guisos, que van acompañados de ciertas verduras, especialmente zanahorias y chícharos: *arroz a la jardinera, pollo a la jardinera.*

jardinería s f Arte de cultivar jardines y de construirlos: *rastrillo para jardinería, la famosa jardinería japonesa.*

jardinero s **1** Persona cuyo oficio es el cuidado de jardines: "El *jardinero* podó el pasto y los árboles", "Las mujeres son las flores / el hombre es el *jardinero* / que corta de las mejores" **2** Jugador de beisbol o softbol que, en el campo de juego, se dedica a cachar la pelota que ha traspasado el diamante: "El *jardinero* central atrapó la pelota".

jarocho 1 adj y s Que es natural de Veracruz, ciudad y puerto del estado del mismo nombre, que pertenece a esta ciudad y puerto o se relaciona con ellos: *puerto jarocho, carnaval jarocho,* "Veremos a las *jarochas* / al compás de las jaranas", *el gran jarocho Beto Ávila* **2** s m (*Caló*) Lenguaje peculiar del hampa; caló.

jarra s f **1** Recipiente, generalmente grande y de cerámica o vidrio, de cuello y boca anchos y con una asa; se usa para contener y servir líquidos: "Rompió la *jarra* con la pelota" **2** Cantidad de líquido que cabe en dicho recipiente: "Él solito se terminó las dos *jarras* de agua de limón" **3** Medida de capacidad para líquidos, con equivalencias diferentes en las distintas regiones del país **4** *En jarras* Con las manos apoyadas en la cintura: *ponerse en jarras.*

jarro s m I **1** Recipiente, generalmente de barro, con una asa y de diversos tamaños, que se usa, generalmente, para beber o contener líquidos: *bellos jarritos de Tlaquepaque,* "Fabrican *jarros,* cazuelas, ollas y otros objetos" **2** Cantidad de líquido que cabe en dicho recipiente: "Cenó un tamal y un *jarro* de atole", *un jarrito de café negro* **3** *Echar un jarro de agua fría a alguien* Quitarle una ilusión, una esperanza o un entusiasmo repentinamente **4** *Jarro de aire* Tubo que se utiliza en las instalaciones de plomería y que permite, en los depósitos de agua, la entrada de una corriente de aire que impulsa el agua hacia afuera II **1** *Jarro de oro* (*Erbichlia odorata*) Árbol de la familia de las turneráceas, de 7 a 15 m de altura; tiene hojas lanceoladas, flores amarillas, grandes y largamente pedunculadas, y fruto en cápsula de 4 cm; copa de oro, sanjuanero, azuche, chamiso **2** *Jarritos* (*Marginatocereus marginatus*) Órgano; planta cactácea, carnosa, espinosa, que alcanza hasta 10 m de altura, con tallos prismáticos de 10 a 15 cm de diámetro, con 5 o 6 costillas, y flores verdoso amarillentas. Se utiliza para construir cercas III *Jarritos* (*Caló*) Cómplices o secuaces de la policía.

jarrón s m Recipiente de mayor tamaño que la jarra o la botella, de boca ancha y cuerpo oval o redondo, que se usa generalmente como adorno para contener flores: *un jarrón chino, un jarrón lleno de margaritas.*

jaula s f **1** Caja formada de alambres, carrizos o varillas de madera, en la que se encierran generalmente pájaros de ornato, aves de corral u otros animales pequeños: "Cantaban cenzontles y canarios en *jaulas* de carrizo", "Las *jaulas* vienen equipadas con comederos y bebederos" **2** Especie de celda o prisión, generalmente con barrotes de hierro, para encerrar a las fieras: *la jaula de los leones* **3** (*Popular*) Cárcel, celda **4** Carro de ferrocarril con rejas de madera y sin techo que generalmente se utiliza para transportar ganado **5** En las minas, armazón generalmente de hierro, que se desliza entre grúas para subir y bajar por los pozos **6** (*Caló*) Casa habitación.

jauría s f Conjunto de perros entrenados para acorralar o atrapar presas en una cacería: "Lucían arreos de caza y una *jauría* les precedía".

jazmín s m **1** Flor de distintas plantas arbustivas del mismo nombre, que se caracteriza por ser de un solo pétalo, muy olorosa y, generalmente, blanca: "Llevaba *jazmines* en el pelo" **2** Planta arbustiva, que pertenece a diversas especies y familias, que da esta flor y que se cultiva principalmente en las regiones de climas cálidos: "Traigo aquí varias macetas / pero me falta un *jazmín*", *jazmín de San Juan, jazmín de perro* **3** (*Philadelphus mexicanus*) Arbusto de la familia de las saxifragáceas, subtrepador, hasta de 6 m, con ramas largas y hojas opuestas, ovadas o lanceoladas de 3 a 7 cm, con 3 nervaduras y borde dentado; sus flores son aromáticas, de color blanco o crema, de 3 a 4 cm y con estambres numerosos; jazmín del monte, jazmín de Hueyapan, mosqueta, jeringuilla, acuilote **4** *Jazmín de España, jazmín de olor, jazmín real, jazmín italiano* (*Jasminum grandiflorum*) Planta arbustiva de la familia de las oleáceas, de hojas opuestas, con 5 o 7 hojuelas elípticas y flores blancas estrelladas y aromáticas. Es originaria de la India; se cultiva como ornamental **5** *Jazmín blanco, jazmín de la India* (*Jasminum officinale*) Arbusto trepador de la familia de las oleáceas, de hojas opuestas, flores monopétalas, tubulosas, blancas y aromáticas. Es originaria de Persia; se cultiva como ornamental; gardenia **6** *Jazmín del cabo* (*Gardenia jasminioides*) Arbusto de la familia de las rubiáceas que alcanza hasta 2 m de altura, con hojas opuestas, lanceoladas y coriáceas y con flores blancas solitarias y aromáticas. Es originaria de China; se cultiva en climas cálidos; gardenia **7** *Jazmín azul* (*Plumbago scandens*) Planta subarbustiva y subtrepadora de la familia de las plumbagináceas, de 1 a 3 m, con hojas alternas, oblongas, aovadas y acuminadas con la base aguda y con flores tubulares y azulosas. Se cultiva en lugares cálidos; canutillo, hierba de alacrán, tlepatli, tlalchichinole **8** *Jazmín morado* (*Solanum jasminioides*) Arbusto trepador de la familia de las solanáceas, con hojas superiores triangular-ovadas hasta de 5 cm, agudas y obtusas, enteras y lisas y con hojas inferiores generalmente partidas; sus flores son monopétalas y blancas con tinte azul. Es originaria de América del Sur; se cultiva como ornamental.

jazz s m Música desarrollada originalmente por los negros de Estados Unidos alrededor de los años veinte, a partir de canciones propias de rituales africanos, blues, ragtime y música popular, como la de las marchas de las bandas integradas por instrumentos de metales. Se caracteriza por la improvisación, la gran importancia que se da a la peculiar interpretación de cada músico, los ritmos sincopados, el contrapunto y ciertos rasgos melódicos especiales, como los que producen sonidos tristes o depresivos, así como la introducción de técnicas vocales que manejan la voz como instrumento; se han dado distintas variantes, pero los instrumentos principales han sido la trompeta, el saxofón, el piano, el contrabajo y la batería. Entre sus músicos más famosos se encuentran: Louis Armstrong, Dizzie Gillespie y Miles Davis con la trompeta, Duke Ellington y Thelonius Monk en el piano y Charlie Parker con el saxofón. (Se pronuncia *yaz.*)

¡je, je, je! interj Expresión con la que se imita y se representa el sonido de la risa; se usa especialmente para expresar burla, ironía o escepticismo: "¡Que va a terminar la semana que viene! *¡Je, je, je!*", "¡Qué gracioso, *¡je, je!*".

jeans s m sing y pl Pantalón, generalmente de mezclilla de color azul; blue jeans: "Los *jeans* se han convertido en el uniforme universal", "Está feliz con el *jean* que le regalaron". (Se pronuncia *yins.* A veces se usa también el singular *jean.*)

jeep s m Marca registrada que designa un vehículo similar a un coche, más alto y pequeño que éste, muy resistente especialmente para caminos accidentados y que es utilizado sobre todo por el ejército: "Los *jeeps*, en fila, cruzaron los lodazales". (Se pronuncia *yip.*)

jefatura s f 1 Puesto de mando de una oficina dirigido por un jefe; ejercicio de este mando: *renunciar a la jefatura del ejército*, "En premio a su trabajo, quedó al frente de la *jefatura* de servicios técnicos" 2 Oficina donde se ejerce este mando: "Pasen primero a la *jefatura de enfermeras*" 3 Oficina de la policía bajo las órdenes de un jefe: "Me llevan a la *jefatura* y ahí me tienen encerrado, y luego de 15 días me consignan".

jefe s 1 Persona que manda o dirige a otra u otras: *jefe de Estado, jefe de estación, jefe de departamento, jefa de personal* 2 (*Coloq*) Padre o madre: "Mis *jefes* son buena onda", "Voy a comprar unas flores para mi *jefecita*", "Que tu *jefa* no maneje, siempre va a vuelta de rueda" 3 (*Popular*) Señor o señora: "—Pero jefe, ¿en cuánto me la va a dejar? No sea cargado", "¿Le revisamos también el aceite y el agua, jefa?".

jején s m 1 Mosco pequeñísimo, apenas visible, chupador de sangre, cuya picadura es muy irritante; abunda en los lugares cálidos de la costa: *un zumbadero de jejenes* 2 (*Rural*) Abundancia o multitud, principalmente de niños: "—¿Tiene hijos? —Sí. Tiene un *jején* de criaturas", *un jején de amigos*.

jerarca s m y f Persona que tiene una elevada categoría en una jerarquía: *jerarca de la Iglesia*.

jerarquía s f 1 Organización de elementos en una escala de niveles ascendentes o descendentes: *jerarquía eclesiástica, jerarquía militar, jerarquía conceptual* 2 Elemento o conjunto de elementos que ocupan cierto nivel o tienen cierto valor en esa escala: "Los adelantados de Indias fueron una *jerarquía* importante de los conquistadores españoles".

jerez s m 1 Vino blanco de origen español elaborado en la región andaluza de Jerez, de color ámbar, que puede variar entre el pálido y el oscuro, y cuyo sabor va del muy seco al dulce: *copa de jerez*, "Si es porque tomo tequila / mañana tomo *jerez*" 2 *Jerez seco* (*Caló*) Mariguana.

jeringa s f 1 Instrumento de vidrio o plástico que sirve para introducir o extraer sustancias líquidas en conductos, cavidades o tejidos del cuerpo; consta esencialmente de un tubo dentro del cual funciona un émbolo, que aspira e impele el líquido, y que puede sacarse por el extremo opuesto a aquel que tiene una cánula o bitoque al que se le ajusta una aguja hipodérmica: *esterilización de la jeringa*, "Sácale el aire a la *jeringa* antes de inyectar", "Nunca ve la *jeringa* mientras le sacan sangre" 2 (*Popular*) Molestia o impertinencia.

jeroglífico 1 s m Cada uno de los signos gráficos con que diversos pueblos han representado ideas, conceptos, nombres o palabras, mediante la copia relativamente abstracta del objeto representado, de los objetos relacionados con cierta idea o de los objetos cuyo nombre en la lengua oral se pronuncia de manera similar al del objeto que se representa; los signos egipcios, mayas o aztecas son ejemplo de esta forma de escritura. Conjunto de estos signos y sistema de escritura que constituye: *un jeroglífico olmeca, los jeroglíficos de Teotihuacan* 2 adj Que pertenece a esa clase de escritura o se relaciona con ella: *caracteres jeroglíficos*.

jersey s m 1 Tela o tejido de punto usado para confeccionar prendas de vestir: *un vestido de jersey* 2 Punto de tejido de agujas que consiste en hacer una vuelta de punto derecho y una vuelta de punto de revés. (Se pronuncia *yerséi* o *yérsi.*)

jesuita s m Religioso que pertenece a la Compañía de Jesús, orden religiosa fundada por San Ignacio de Loyola: "Los *jesuitas* fueron expulsados de España y de sus colonias en el siglo XVIII", "Estudió en un colegio de *jesuitas*".

jet s m 1 Avión que alcanza gran velocidad debido a la reacción que produce un chorro de gas arrojado con mucha potencia por el orificio del motor situado en la parte posterior; avión jet, avión de propulsión a chorro: *los jets de Aeroméxico*, "Merece el apoyo para la reparación mayor de aviones jet y de otros tipos". (Se pronuncia *yet.*) 2 *Jet set* (*Crón soc*) Gente de dinero, poderosa y famosa que, frecuentemente, viaja por todo el mundo en ese tipo de avión por placer o por diversión; gente rica: "Fueron al Armando's, sede en el puerto del *jet set*" 3 *Jet setter* (*Crón soc*) Que pertenece a ese grupo de personas: "Había vestidos para los jóvenes *jet setters*, cómodos de empacar y que lucen correctamente en Londres y otras ciudades".

jeta s f (*Popular*) 1 Cara, en especial la nariz y la boca: "Te voy a romper la *jeta*", *darse en toda la jeta* 2 Cara de enojo o de mal humor: "No pongas esa *jeta*", "Amaneció con una *jeta* que... no quise ni saludarlo" 3 (*Popular*) Labio: "Tengo reterrajadas las *jetas*" 4 *Echar una jeta* Dormir un poco, echarse un sueño: "Se fue al cuarto a *echar una jeta*".

¡ji, ji, ji! interj Expresión con la que se imita y se representa el sonido de la risa indicando incredulidad y, a veces, ironía: "¿No se enoja? Ya me voy... *¡Ji, ji, ji!*, es usted rechula", "Espérese tantito. —*¡ji, ji!* Mmm. —¿Usted se llama Celerina, verdad?".

jíbaro I 1 s m Grupo indígena amerindio, que habita en los valles interandinos de la zona amazónica de la república de Ecuador, en las orillas de varios ríos afluentes del alto Amazonas. Es muy belicoso y mantiene aún su aislamiento en medio de la densa selva tropical. Su economía se basa en la agricultura, practicada en los claros de la selva por las mujeres, y en la caza, actividad de los hombres; son polígamos, las mujeres están totalmente sometidas por los hombres y son las que desempeñan las labores más duras. Viven en casas comunales, hechas con troncos, lianas y hojas; cada una es ocupada hasta por 40 personas emparentadas entre sí y tiene un jefe, el patriarca, que ejerce el mando despóticamente y sólo establece contacto con los habitantes de las otras casas en caso de guerra, principal ocupación de los hombres. Cuando hay guerra, luchan con ferocidad y astucia para conseguir mujeres y las cabezas de sus enemigos; a estas últimas las reducen, hasta alcanzar el tamaño de un puño, y las exhiben colgándolas de sus cuellos o cinturones para demostrar su valor y porque creen que éste se incrementa **2** adj y s Que pertenece al pueblo amerindio o que se relaciona con él **3** s m Lengua hablada por este pueblo **II** adj y s Que es mestizo con ascendencia china, negra o india.

jícama s f **1** Tubérculo comestible semejante por su forma a una cebolla, aunque de mayor diámetro pues alcanza hasta 20 cm. Es muy jugoso, duro y quebradizo, blanco por dentro y envuelto por una película fibrosa de color café blanquecino. Se come crudo, rebanado o picado, con limón, sal y chile en polvo: "Al salir de clases se compra una *jícama*", "Échale *jícamas* a la piñata" **2** (*Pachyrhizus erosus*) Planta herbácea de la familia de las leguminosas de la que se obtiene ese tubérculo; tiene hojas compuestas de tres foliolos, hojuelas ovadorrómbicas, flores en forma de alas de mariposa, de color violáceo, que se dan en racimos, y fruto en una vaina de 8 a 14 cm; jícama de agua **3** Planta, semejante a la anterior, de diferentes especies, particularmente las que pertenecen a la familia de las leguminosas o de las convolvuláceas: *jícama de cerro, jícama de leche, jícama de conejo, jícama de monte*.

jícara s f **1** Vasija hemisférica de boca grande hecha de la corteza del fruto de varias plantas, como el guaje, la calabaza o el coco. En muchos casos se pinta de colores, se graba o se pule: "El chocolate se servía en *jícaras* y ahora, en tazas de porcelana" **2** Fruto globoso u ovoide del árbol del cuautecomate o jícaro, con pulpa y pepitas semejantes a las de la calabaza, de corteza dura y leñosa con la que se hacen vasijas; la pulpa se emplea en medicina popular, principalmente como expectorante y laxante **3** Nombre de diversos árboles de la familia de las bignoniáceas (*Crescentia alata* y *Crescentia cujete*) que producen frutos de cuya cáscara, partida cuidadosamente a la mitad, se hacen vasijas **4** Vasija hemisférica de cualquier material **5** (*Coloq*) Cabeza.

¡jijo! interj (*Popular*) **1** (*Ofensivo, Groser*) Hijo: "¡Me las va a pagar ese *jijo* de su tal por cual!", "¡Ya verás, *jija* de la chingada!", "*¡Jijo* de tu madre! ¡Cómo friegas!" **2** *¡Jíjole!, ¡jijos!* o *¡jijo!* Expresiones de miedo, asombro, incredulidad o enojo: "*¡Jijos*, qué corrupción!", "¡Ah, *jijo*! ¡Cuánto escuincle!".

jinete s m y f **1** Persona que va a caballo: "Los *jinetes* que no habían caído retrocedían a galope" **2** Persona que acostumbra montar caballo o es há-

bil para hacerlo: *jinetes de categoría juvenil,* "Manuel Hernández es un gran *jinete*".

jiote s m **I** Mancha reseca de la piel del hombre y de ciertos animales, con desprendimiento de pequeñas escamas **II 1** Árbol de la familia de las burseráceas, de distintas especies; tiene una corteza resinosa, que se divide en laminillas o escamas, hojas compuestas y flores pequeñas; cuajiote, palo mulato: *jiote blanco, jiote colorado* **2** (*Pseudosmodingium perniciosum*) Árbol pequeño y venenoso de la familia de las anacardiáceas; tiene el tronco liso, hojas pinadas de hojuelas redondeadas y flores pequeñas, su fruto es una drupa de 8 mm de largo.

jirafa s f Rumiante de la familia de los jiráfidos, de distintas especies, propio de las sabanas africanas y que llega a medir hasta 6 m de altura. Su cuello es sumamente largo, lo que le permite alcanzar la parte más frondosa de los árboles para alimentarse; tiene las patas muy delgadas, las traseras más cortas que las delanteras. Su piel es amarillenta con manchas poligonales de color café claro y en la cabeza, relativamente pequeña, tiene entre 3 y 6 cuernos poco desarrollados cubiertos de piel.

jitomate s m **1** Fruto redondo, de 6 a 8 cm de diámetro, de color rojo y piel lustrosa, muy utilizado para preparar variados platillos y salsas mexicanas características; jitomate bola **2** (*Lycopersicum esculentum*) Planta herbácea de la familia de las solanáceas que da ese fruto. Mide cerca de 1 m de altura, tiene flores amarillas en racimos y tallo semileñoso. Es originario de América y se cultiva en climas cálidos **3** *Jitomate guajito* o *guaje* Fruto alargado, de 8 cm de largo por 3 o 4 cm de diámetro; se utiliza, al igual que el de bola, para preparar salsas y variados platillos, aunque es menos jugoso y de piel más gruesa que aquél.

jocoque s m Alimento hecho de leche cortada o que se ha dejado agriar: *una olla de sabrosísimo jocoque,* "Le gusta comer frijoles con *jocoquí*". (También *jocoqui*.)

joder v tr (Se conjuga como *comer*) (*Popular, Ofensivo y Groser*) **1** Causar mucho fastidio o molestia a alguien; fregar, chingar: "Lo estuvo *jodiendo* hasta que se encabronó", "¡Ah, cómo *joden*! ¡Dejen dormir!", "Ya no me *jodas*, mañana te pago" **2** Causar daño o mal a alguien o perjudicarlo gravemente; fregar, chingar: "Con el recorte de presupuesto, *jodieron* a un resto de empleados", "Lo que *jode* es el desvelo", "Me *jodió* que me tratara como si no me conociera" **3** prnl Sufrir penas, trabajos o adversidades; fregarse, chingarse: "Todo el día *se jode* lavando ropa ajena", "¡Que *se joda*, está castigado!", "Desde chiquita he sabido lo que es *joderse* para ganar el pan" **4** Dañar alguna cosa, echarla a perder, descomponerla o arruinarla; fregar, chingar: "¡Ya *jodiste* la tele!", "Se *jodió* la cosecha con la helada", "Si sigues invitando a tus cuates vas a *joder* el negocio" **5** *Joderla* Echar a perder o malograr alguien un asunto o situación, por torpeza o descuido: "Tú mejor no digas nada, no vayas a *joderla*", "Este menso la *jodió* cuando se rió del policía" **6** Herir gravemente a alguien o matarlo; fregar, chingar: "Entre varios lo *jodieron* a golpes", "Lo *jodió* de un plomazo" **7** Robar alguna cosa a alguien; fregar, chingar: "En el camión le *jodieron* la cartera con todo su aguinaldo" **8** *¡Ya ni jodes!, ¡ya ni la jode!, ¡no la jodas!, ¡no jodan!* Expresiones que indican descontento ante lo dicho o hecho por alguien: "Siempre me dices mentiras, *¡ya ni jodes!*", "*¡Ya ni la joden*, otra vez subieron los precios!*", "—Mañana no vengo. —*¡No jodas*, hay un friego de chamba!".

jornada s f **1** Día de trabajo; tiempo del día en que se trabaja o medida de lo realizado o trabajado en un día: "En seis *jornadas* terminaron la siembra" **2** Medida del camino que se recorre en un día: "Yucatán está a dos o tres *jornadas* de viaje desde la ciudad de México" **3** Tiempo que toma hacer algo o plazo durante el cual se efectúa cierta cosa: *una larga jornada de discursos, jornadas deportivas, jornadas teatrales* **4** (*N*) pl Extensión grande de tierra árida y sin vegetación.

jornal s m Salario que recibe un obrero o un campesino por un día de trabajo: "Sus hijos hacen todo el trabajo para ahorrarse los centavitos del *jornal* de un peón".

jornalero s Persona que trabaja por día y que gana un determinado jornal como salario, en especial quien lo hace en el campo: "No ocupan *jornaleros* pues ellos hacen todo el trabajo", "El obrero ya no quiere seguir de *jornalero* y exige participar en la empresa", "Hay vaqueros, peones y *jornaleros*".

joroba s f **1** Abultamiento anormal en la espalda o en el pecho, producido por deformidad, desviación o caries de la columna vertebral: "Camina derecho, no te vaya a salir una *joroba* igual que a tu tío" **2** Protuberancia grande y de forma redondeada que tienen en el lomo ciertos animales, como los camellos, los cebúes o algunas ballenas **3** Abultamiento en la superficie de alguna cosa: "El colchón está lleno de *jorobas*".

jota[1] s f **1** Nombre de la letra *j* **2** *Ni jota* Absolutamente nada del conocimiento de alguna cosa: *no saber ni jota de alemán*, "El pobre no entiende *ni jota* de lo que hablamos", "No aprendió *ni jota* de matemáticas".

jota[2] s f Danza tradicional española de ritmo rápido y alegre, cuya música sigue un compás de $3/4$ o $3/8$; se baila por parejas y los ejecutantes, situados uno frente a otro, realizan una serie de saltos y giros acompañándose, por lo general, de castañuelas: *jota aragonesa, jotas valencianas*.

joto s y adj **1** m (*Popular, Ofensivo*) Hombre homosexual: "Los *jotos* iban vestidos de pavos reales", "*Joto* el último" **2** Miedoso, cobarde: "No seas *joto*".

joven adj y s m y f **1** Que tiene poca edad o no ha alcanzado su completo desarrollo o plenitud: *persona joven, árbol joven, terrenos jóvenes*, "Su papá murió muy *joven*" **2** s m y f Persona que está en la adolescencia o en los primeros años de la madurez: *una linda joven, un joven trabajador* **3** Que tiene energía, entusiasmo, capacidad creativa: "Einstein fue siempre *joven*", *un pensamiento joven, ideas jóvenes*.

joya s f **1** Objeto hecho de metales o piedras preciosas que se usa para adorno personal, como los anillos, las pulseras, los collares, etc: "Consideran a las mujeres muy aficionadas a gastar en *joyas* de oro", "Lució sus *joyas* y encajes el día de la recepción", "Le da miedo ponerse sus *joyas*" **2** Objeto o persona que tiene o al que se le adjudica gran valor: "La primera edición del 'Quijote' es una *joya*", "Miguelito es una *joya* para toda su familia".

joyería s f **1** Arte de hacer joyas; conjunto de las actividades relacionadas con este arte y con la comercialización de joyas; conjunto de joyas: *un taller de joyería, dedicarse a la joyería*, "Lo que presentaron en *joyería* esos artesanos fue sensacional", "Hay una exposición de *joyería*" **2** *Joyería de fantasía* La que está hecha con materiales no valiosos **3** Lugar donde se venden joyas: "Asaltaron una *joyería* en el centro".

juanete s m Deformación o abultamiento en la base del hueso, primera falange, del dedo gordo del pie: "Me duelen los *juanetes* cuando camino mucho".

jubilar v (Se conjuga como *amar*) **1** prnl Retirarse una persona de su trabajo por haber alcanzado cierta edad, por tener cierto número de años trabajando o por alguna enfermedad, y recibir un salario como pensión: "*Me jubilo* el año próximo", "Es bastante grande, ya va a *jubilarse*" **2** tr Declarar una empresa o una institución que una persona puede retirarse de su trabajo y continuar recibiendo un salario como pensión, debido a los años que ha trabajado en ella, a que ha alcanzado cierta edad o a alguna enfermedad: "Lo *jubilaron* dos meses antes de cumplir 60 años".

júbilo s m Alegría muy intensa que, por lo general, se expresa con entusiasmo: "Sus ojos resplandecían de *júbilo*", "Los fuegos artificiales provocaron alaridos de *júbilo* entre la gente", "Los niños contemplaban con *júbilo* al cerdito".

juchiteco adj y s Que es originario de Juchitán o pertenece a esta ciudad oaxaqueña: *pintores juchitecos*, "Los *juchitecos* opusieron resistencia a las fuerzas que querían tomar la plaza".

judaísmo s m Religión profesada por los judíos.

judas s m sing y pl **I 1** Muñeco de cartón, de figura grotesca, que representa al diablo, a algún personaje antipático o a alguien que se quiere ridiculizar. Se acostumbra llenarlo de cohetes que se hacen estallar para quemarlo, colgado de una cuerda, durante la fiesta que se celebra el sábado de gloria o el sábado santo: "Mientras algunos jóvenes quemaban a los *judas*, otros se preparaban para mojar a la gente", "Algunos *judas* caracterizaban a un expresidente" **2** Traidor, persona desleal y malintencionada: "Sólo un *judas* como él pudo acusarlos con el profesor" **3** *Ser* (como) *la piel de Judas* (*Coloq*) Ser alguien muy inquieto, travieso o rebelde: "Pancho *es la piel de Judas*; le encanta hacer enojar a sus hermanas" **4** *Estar uno que se lo lleva Judas* (*Coloq*) Estar muy enojado o en muy mala situación: "*Está que se lleva Judas* desde que le robaron el coche" **5** *¡Me lleva Judas!* (*Coloq*) ¡Me lleva la fregada!: "¡Carajo! *¡Me lleva Judas!* ¡Otra vez nos quedamos sin agua!" **II** (*Popular*) Agente de la policía judicial: "Unos *judas* lo apañaron en el conecte de mota" **III** (*Popular*) Santo, onomástico de una persona: "¿Que me vas a regañar? No, mañana es mi *judas*" **IV** *Estar, andar, etc hecho un judas* (*tronado*) o *parecer un judas* (*Popular*) Estar, andar, etc muy mal vestido o andrajoso.

judicial adj m y f Que pertenece a la administración de la justicia, a los jueces y a los juicios o se relaciona con ellos: *policía judicial, asunto judicial, poder judicial*.

judío adj y s **1** Que pertenece a la comunidad étnica descendiente de las tribus establecidas en la antigua Palestina o que se relaciona con ella; hebreo, israelita: *historia judía, literatura judía, judío alemán, judío polaco, judío español* **2** Que profesa la religión monoteísta fundada por Abraham y sigue la Ley de Moisés o Torá, doctrina contenida en el libro del mismo nombre (que corresponde a los cinco primeros libros de la Biblia o *Pentateuco*): *rito judío, ministro judío* **3** Que pertenece al moderno Estado de Israel o se relaciona con él; israelita: *ejército judío, gobierno judío* **4** Que pertenece a cualquiera de las doce tribus de origen semita que se establecieron en la antigua Palestina entre los siglos VI aC y I dC y fundaron los reinos de Israel y Judea **5** (*Ofensivo*) Que tiene un interés desmedido por el dinero, que lo atesora u obtiene ganancias exageradas de él: "Los comerciantes son muy *judíos* a la hora de poner precios".

judo s m Disciplina deportiva de lucha cuerpo a cuerpo, originaria del Japón, cuyo principal objetivo es el desarrollo de un equilibrio físico y moral. Los combates se realizan, siguiendo un estricto ritual de cortesía, entre dos contrincantes que intentan derribarse e inmovilizarse mutuamente utilizando una serie de llaves y movimientos característicos dirigidos a aprovechar la fuerza del adversario en beneficio propio: *campeonato de judo, maestro de judo.* (Se pronuncia *yúdo.*)

juego s m I **1** Actividad humana y de algunos animales que se realiza generalmente como diversión o pasatiempo y en la que se ejercita alguna capacidad o destreza: *juego infantil, juego de adivinanzas* **2** Actividad física o mental en la que compiten dos o más personas cumpliendo un reglamento: *juegos olímpicos, juego de mesa, juegos deportivos* **3** *Juego de azar* El que depende principalmente de la suerte de los participantes y no de su habilidad, como la ruleta, los dados o la lotería **4** *Estar* o *poner algo en juego* Estar o poner algo que es importante en una situación de riesgo o peligro: *estar en juego la reputación, estar en juego la paz, poner en juego el campeonato, poner en juego el prestigio* **5** *Juegos florales* Concurso de poesía que organiza alguna población, en el que se premia simbólicamente al ganador con una flor **6** *Juegos malabares* Los que consisten en mostrar habilidad para mover rápidamente objetos, especialmente con las manos y, por lo general, en circos y ferias II **1** Aparato mecánico destinado a la diversión, generalmente instalado en las ferias o en los parques, como la rueda de la fortuna, los caballitos, la resbaladilla, el avioncito, el trenecito y otros semejantes **2** *Juego de palabras* Dicho en el que se combinan ciertas palabras, aprovechando que se prestan a distintas interpretaciones o que presentan formas parecidas, para conseguir efectos divertidos **3** Efecto artístico o decorativo que se logra al combinar algo como luces, sonidos, flores, etc **4** *Ser* o *volverse algo un juego de niños* Ser algo de poca importancia o fácil de hacer: "Manejar *se está volviendo un juego de niños*" **5** *Dar juego a alguien* o *a algo* Hacer que algo o alguien tenga mayor participación en alguna cosa: "El director *le ha dado mucho juego a* su secretario" III **1** Conjunto de objetos que sirven para lo mismo o que se combinan entre sí: *juego de herramientas, juego de té, juego de blusa y falda, juego de cubiertos* **2** *Hacer juego* Combinar dos cosas entre sí: "El pantalón

hace juego con la camisa" **3** Capacidad de movimiento que tienen varios objetos o partes del cuerpo articulados entre sí: *juego de los engranes, juego de la rótula* **IV 1** Plan que tiene alguien para lograr sus objetivos: *mostrar el juego, descubrir el juego, caer en el juego* **2** *Hacerle el juego a alguien* o *a algo* Actuar alguien con aparente independencia de otro pero ayudándolo a conseguir sus fines; resultar la conducta de alguien provechosa para otro: "Ese sindicato *le hace el juego a* la empresa".

jueves s m sing y pl Cuarto día de la semana, que sigue al miércoles y precede al viernes. Para los cristianos, quinto día de la semana, como se observa en el calendario gregoriano: "La junta será el *jueves*", "Los *jueves* descansamos".

juez s m y f **1** Persona a la que se da autoridad para aplicar la ley y dictar las sentencias correspondientes en los casos en que interviene: *juez competente, juez de primera instancia* **2** Persona a la que se da autoridad y conocimientos para decidir sobre lo justo o lo injusto de algo y sobre su valor o su calidad: *juez de un concurso, juez imparcial*, "El jurado dio la salida a los jinetes" **3** (*Dep*) Persona con autoridad para determinar si la jugada es válida o no: *juez de línea, juez de silla* **4** *Juez de raya* Persona con autoridad para dictaminar sobre el resultado de una carrera de caballos; juez de llegada.

jugada s f **1** Cada una de las combinaciones, en particular las notables, que ocurren en un juego, o cada una de los movimientos o intervenciones de un jugador en el momento que le corresponde: "Brambila recibe y aguanta la *jugada*", "Una *jugada* de Mauricio y cayó el tanto del triunfo", *jugada de castigo*, "En una *jugada* me vendió mi casa" **2** *Hacer una* (*mala*) *jugada* o *hacerle una jugada a alguien* Llevar a cabo una acción contra alguien o en su perjuicio: "Vamos a *hacerle una jugada* a la portera; le hacemos que vaya y venga y…", "Y tan *malas jugadas que me ha hecho* mi corazón que ya no confío en él" **3** Acción percibida por el que la expresa como secreta, injusta o mala: "Lo conozco y sé sus *jugadas*, cuando está de mal humor ya sé que necesita ir a ver a su querida".

jugador s **1** Persona que toma parte en un juego: *un jugador de ajedrez, jugadores de frontón, una jugadora de cartas* **2** Persona que tiene el vicio de apostar en juegos de azar: *un jugador empedernido.*

jugar v tr (Modelo de conjugación 2d) I **1** Darse al juego, especialmente los niños, o hacer algo por placer, para divertirse, distraerse o pasar el tiempo: *jugar pelota, jugar canicas, jugar a las muñecas* **2** Tomar parte en un juego reglamentado o llevar a cabo un juego: *jugar un partido de ajedrez, jugar futbol, jugar carreras, jugar cartas, jugar dominó*, "Toluca y Zacatepec *juegan* mañana", "Los beisbolistas *jugaron* el partido a las tres de la tarde" **3** Efectuar un jugador, en el momento que le corresponde, uno de los movimientos del juego: *jugar la mula de seises, jugar el balón por la izquierda* II **1** intr Tratar algo o a alguien con poca seriedad y sin darle la importancia o el respeto que merece: *jugar con la salud, jugar con la muerte, jugar con la novia, jugar con los obreros, jugar con fuego, jugar con la vida de las personas inocentes* **2** *Jugar limpio* Hacer algo o tratar a alguien de manera honrada y con buena fe: *jugar limpio en los negocios* **3** *Jugar sucio* Actuar con mala intención o con mala fe: *jugarle sucio a un amigo* **4** prnl Arriesgar alguna cosa importante para uno o ponerla en peligro: *jugarse la fortuna, jugarse la vida* **5** *Jugarse el todo por el todo, jugársela* Hacer algo que implica que se puede ganar todo o perderlo por completo **6** *Jugar un papel* Desempeñar una tarea particular en algo, tener algo o alguien una importancia específica en otra cosa: "La educación *juega un papel* fundamental en el futuro de México" **III** *¡Juega!* ¡Sí!, ¡Claro!, ¡Por supuesto!, ¡Órale!: "—¿Vamos a la fiesta? —*¡Juega!*".

juglar s m Persona que, durante la Edad Media y a principios del Renacimiento en Europa, cantaba, bailaba, recitaba poemas trovadorescos, contaba noticias importantes, hacía juegos y divertía al pueblo para ganarse la vida: *una canción de juglar*, "Se presentaron los *juglares*".

jugo s m I **1** Líquido que se obtiene de las plantas, particularmente de las frutas, que se produce cuando se exprime alguna fruta o vegetal o cuando se cuece carne o verduras: *jugo de naranja, jugo de uva, jugo de carne, jugo de zanahoria* **2** Cada una de las sustancias líquidas que producen ciertas glándulas del cuerpo animal para realizar diversas funciones vitales: *jugos gástricos, jugo pancreático* **3** Parte provechosa, útil o rica de algo: *sacar jugo a un negocio* **II** (*Rural*) **1** Humedad de la tierra dispuesta para la siembra: "Hay siembra de temporal, siembra de riego y siembra de *jugo*" **2** *Sembrar a jugo* Cavar un surco hasta encontrar tierra húmeda y ahí depositar la semilla **3** *Jugo revuelto* Tierra en parte seca y en parte húmeda **4** *En dos jugos* En tierra que tiene una parte seca y otra húmeda: *sembrar en dos jugos.*

juguete s m **1** Objeto que sirve para jugar: *un juguete de madera*, "Teodomiro usa la herramienta de su padre como *juguete*" **2** *De juguete* A imitación de un objeto, que por eso se usa solamente para jugar: *caballito de juguete, un avión de juguete.*

juicio s m I **1** Capacidad humana de razonar, distinguir unas cosas de otras y de valorarlas: *tener juicio, estar en su juicio, estar fuera de juicio, perder el juicio* **2** Comprensión de las cosas que tiene una persona y que le permite actuar con sensatez, prudencia e inteligencia: *una mujer de mucho juicio*, confiar en el *juicio de los ancianos* **3** Opinión que alguien da después de examinar y razonar algo: "Sus *juicios* políticos son muy interesantes", *juicio artístico, juicios morales*, "A mi *juicio* los fantasmas no existen", "Quedará a *juicio* de ellos tomar la decisión" **4** Proceso que se desarrolla en un tribunal ante un juez, en el que se presentan pruebas y argumentos respecto de algo y se dicta la sentencia correspondiente: *juicio penal, juicio civil, los juicios de divorcio* **5** *Juicio final* (*Relig*) Dogma católico según el cual, después de muchas catástrofes y de la resurrección de los muertos, Jesucristo reunirá a todos los hombres colocando a su derecha a los justos, que irán al cielo, y a su izquierda a los pecadores, que irán al infierno; el día del juicio **6** *Poner en tela de juicio* Dudar o sospechar de lo que sucede o de lo que alguien hace o dice: "*Puso en tela de juicio* la veracidad de la historia", "Lo que afirma Eduardo debe *ponerse en tela de juicio*" **7** *El día del juicio* (*Coloq*) Nunca: "*El día del juicio* voy a encontrar lo que me robaron" **II 1** (*Fil*) Actividad racional

que produce un contenido de pensamiento con características que permitan considerarlo verdadero o falso y de esta forma se convierta en una aserción; proposición, que comporta sujeto y predicado, por la que se afirma o se niega una relación entre dos términos mediante una cópula afirmativa o negativa: *juicio analítico, juicio sintético.*

julio[1] s m Séptimo mes del año; tiene treinta y un días, sigue a junio y precede a agosto: "En los meses de *julio* hay mucha fruta", " En *julio* disminuyeron las siembras".

julio[2] s m **1** (*Fís*) Unidad de trabajo o energía del sistema metro-kilogramo-segundo, equivalente al trabajo realizado por una fuerza de un newton para mover un cuerpo la distancia de un metro en la dirección de esa fuerza **2** (*Elec*) Unidad de trabajo eléctrico equivalente al calor o energía que disipa, en un segundo, una corriente de un amperio al atravesar una resistencia de un ohmio; joule.

jumper s m Vestido de mujer sin mangas y, a veces, con tirantes, escotado por el frente y por la espalda, que por lo general se usa con una blusa debajo: *un jumper de niña, un jumper de maternidad.* (Se pronuncia *yómper.*)

junio s m Sexto mes del año; tiene treinta días, sigue a mayo y precede a julio: "Ni una gota de agua y con una calor; era *junio*".

junior 1 s y adj m sing Hijo que lleva el mismo nombre que el padre (se abrevia Jr.): *el junior Duvalier, Pedro Cortina (junior)* **2** s y adj m y f Joven de familia con poder económico y generalmente dueña o accionista de empresas importantes: "Hay muchos *juniors* manejando como locos", *junior hijo de familia acomodada, juniors ejecutivos* **3** adj y s m y f sing y pl (*Dep*) Que pertenece a la categoría de los que son más jóvenes o los que tienen aproximadamente entre 18 y 21 años, que se relacionan con este nivel o categoría: "Las pruebas de remo incluirán 4 remos largos senior y 4 remos largos *junior*", "Oliveira va a exponer el cetro medio junior del mundo", *categoría junior*, "El campeón mundial ligero *junior* Ricardo Arredondo concederá la revancha". (Se pronuncia *yúnior.*)

junta s f **1** Reunión de personas para discutir algún asunto: *una junta de padres de familia, una junta de la asociación*, "Hubo una *junta* de accionistas" **2** Grupo de personas que dirige o administra algo: *junta de mejoras, junta directiva, junta militar* **3** Unión que forman dos o más objetos: *poner soldadura en la junta, sellar las juntas* **4** Pieza que se pone entre dos o más objetos para unirlos con mayor solidez o firmeza: *juntas de un cilindro, juntas de una tubería.*

juntar v tr (Se conjuga como *amar*) **1** Poner varias cosas en un mismo lugar o poner una cosa al lado de otra, en contacto o en unión con ella: *juntar la ropa, juntar la basura en un rincón, juntar dos tubos, juntar los alambres* **2** Hacer que varias personas vayan al mismo lugar o queden en él: *juntar a los amigos, juntar a los niños en el patio* **3** Reunir cierta cantidad de alguna cosa o un conjunto de cosas de la misma clase: *juntar dinero, juntar comida, juntar timbres, juntar muestras de insectos* **4** prnl Unirse o acercarse una cosa a otra, reunirse dos o más personas: "Los dos ríos *se juntan* en ese valle", "*Nos juntamos* para estudiar todos los martes" **5** prnl

Tener amistad o mucho trato dos o varias personas entre sí: *juntarse con buenas compañías*, "Yo no *me junto* con ladrones", "*Con* los que más *me junto* son con mis primos" **6** prnl (*Popular*) Reunirse una pareja para vivir unida: "Tú dices si *te juntas* conmigo; no te aseguro que me case pronto, sino poco a poco", "José Guadalupe y Vicenta *se juntaron* hará seis años" **7** prnl (*Popular*) Unirse dos personas para hacer el amor: "Algunas noches solicita a Isabel, ella *se le junta* y después se le separa" **8** Hacer que los animales machos y hembras se unan para aparearse: "En los ranchos grandes *juntan* a los toros con las vacas poco antes de la primavera".

junto 1 adj pl Que están unidas o cercanas dos o más cosas: "Todas las bolsas están *juntas*", "Voltaje, amperaje y resistencia son tres cualidades que se encuentran siempre *juntas* en los circuitos", "Los tres huevos *juntos* se baten durante 10 minutos" **2** adj y adv Que se hace al mismo tiempo en compañía de otro o que está en el mismo lugar que otro; al mismo tiempo que otro o en el mismo lugar: *vivir juntos*, "Bailamos todos *juntos*", "Salían *juntos* desde jóvenes", "El ingeniero estaba *junto* y nos pusimos a platicar", *juntos pero no revueltos* **3** *Junto a* Al lado de o cerca de: "Los libros de pintura están *junto a* los de música", "Caminamos *junto a* mi hermana", "Dejé el periódico *junto a* la ventana", "...estarme recostadito / *juntito a* tu corazón" **4** *Junto con* En compañía de, en unión de: "Te envió un libro *junto con* esta carta", "Estudia *junto con* sus amigos" **5** *Salir junto con pegado* Irse una cosa por otra, resultar lo mismo o resultar una cosa igual a otra: "*Le salió junto con pegado* porque cuando vino Claudia para ayudarla con el quehacer, Dalia se fue".

jura s f **1** Acto solemne en que se promete obediencia y fidelidad a la patria, a la bandera, a un cargo o a algo semejante **2** (*Caló*) Policía.

jurado s m **1** Conjunto de personas encargadas de emitir un fallo en un concurso o en un proceso judicial: "El *jurado* estuvo integrado por expertos en artes populares", "Las acuarelas serán sometidas previamente a un *jurado* de selección", "El *jurado* no vacilará cuando te oiga tocar el violín", "El *jurado* popular interviene en procesos penales en delitos contra el orden público" **2** Cada una de las personas que integra este conjunto: "Un compositor argentino y un cantante español aceptaron ser *jurados* en el festival", "Se ofreció un coctel a la prensa para presentar a los *jurados* del certamen **3** *Estar o andar jurado* (*Popular*) Haber hecho una promesa a la Virgen de Guadalupe un alcohólico para dejar de beber: "Ahorita mi hijo *está jurado* y me entrega toda su quincena", "No viene con nosotros porque *anda jurado*".

juramento s m Afirmación o promesa solemne de algo en la que se pone, por lo general, alguna cosa o a algún ser sagrado, valioso o querido para el que promete, como garantía o como testigo de ello: *un juramento ante Dios, prestar juramento, juramento de fidelidad, juramentos de inocencia, el juramento a la bandera*.

jurar (Se conjuga como *amar*) **1** Afirmar o prometer algo con solemnidad poniendo, por lo general, alguna cosa o a algún ser sagrado, valioso o querido para el que promete, como garantía o como testigo de ello: "*Juré* que no iba a educar a mis hi-

jos como a mí me educaron", "Ella *juraba* que lo adoraba", "—No, te lo *juro*, yo no lo hice", *jurar sobre la Biblia, jurar en vano, jurar por Dios, jurar por la salud de su padre* **2** *Jurar bandera* Prometer lealtad a la patria comprometiéndose a luchar por ella.

jurídico adj Que pertenece al derecho, a las formas judiciales y a las leyes que rigen las relaciones de los ciudadanos, que se relaciona con ellos: *terminología jurídica, normas jurídicas*.

jurisdicción s f **1** Poder o autoridad de los jueces para administrar justicia o para poner en ejecución las normas jurídicas y territorio en el que las aplican: "El ejecutivo no pretende invadir *jurisdicciones* de los magistrados para impartir justicia", "Los extranjeros también están sujetos a la *jurisdicción* de los tribunales de la república", *anuncios instalados en cada una de las jurisdicciones*, "En la *jurisdicción* municipal de Tlanepantla se lleva a cabo un récord de 10 inhumaciones diarias", "Tienen el derecho de determinar los límites de sus mares territoriales y de su *jurisdicción* de acuerdo con sus condiciones geográficas", "Las solicitudes de tierra se presentarán ante la Delegación Agraria, de cuya *jurisdicción* sean vecinos los solicitantes **2** (*Tauro*) Parte del terreno en la que el torero ejecuta suertes con el toro o en la que el toro puede dar golpes laterales con un cuerno: "Cuando el toro llegaba a la misma *jurisdicción* del banderillero, éste se elevaba apoyándose sobre las dos garrochas".

jurisprudencia s f **1** Ciencia del derecho: *estudios de jurisprudencia* **2** Interpretación de la ley que señala la doctrina que deberá aplicarse cuando el derecho tenga fallas u omisiones; en México puede considerarse obligatoria cuando la Suprema Corte de Justicia o los Tribunales Colegiados de Circuito han emitido, en casos similares, cinco fallos consecutivos en el mismo sentido.

jurista s m y f Persona que se dedica al estudio del derecho o profesa esta ciencia: "Tuvo como maestros a destacados *juristas* mexicanos".

justamente adv **1** Ni más ni menos, precisamente o exactamente: "Fue ayer *justamente* cuando en un libro de Nietzsche hallé otra carta", "*Justamente* ninguno de ellos puede esperar nada optimista", "Hace *justamente* cinco años", "Se trata *justamente* de crear y elevar niveles", "*Justamente* mi producto es mejor porque no está industrializado" **2** Con justicia, en justicia: "Reprimía los reproches que tan *justamente* podía hacerme", "Exigían lo que *justamente* les correspondía".

justicia s f **1** Principio moral que guía las acciones humanas según la verdad, el respeto a los demás y el reconocimiento de lo que toca o pertenece a cada quien: *actuar con justicia, la búsqueda de la justicia, sentido de justicia* **2** Ejercicio y aplicación de este principio en la ley y su administración por parte de los jueces y las instituciones judiciales: *pedir justicia, administrar justicia, presentarse ante la justicia, tribunal de justicia* **3** *Hacer justicia* Reconocer lo que merece, le toca o le pertenece a alguien, su valor, su libertad y sus derechos, y actuar de acuerdo con ello: *hacer justicia a la conducta de un héroe, hacer justicia al esfuerzo de un alumno, hacer justicia a los campesinos* **4** *Hacerse justicia* Cobrarse alguien por propia mano algún daño u ofensa **5** *En justicia* Reconociendo lo que es verdad o lo que es debido: "*En justicia*, ese hombre no es culpable del fraude", "*En justicia*, el premio lo merecía Laura".

justificación s f **1** Acto de justificar algo: *la justificación de un proyecto, la justificación de una acción* **2** Razón o motivo que se da para explicar algún acontecimiento o un comportamiento: *la justificación de una conducta*, "Esos argumentos estúpidos no justifican lo que no tiene *justificación*" **3** (*Impr*) Establecimiento de la longitud de los renglones de una página en relación con la medida prevista.

justificar v tr (Se conjuga como *amar*) **1** Dar las pruebas, las razones o los motivos que vuelven válida, necesaria o justa alguna cosa: *"¿Quién podrá justificar* una invasión militar?", "Quería *justificar* su falta ante nosotros", "Te entiendo, pero no te *justifico*" **2** Ser algo o alguien la causa, el motivo, la explicación de algo o lo que lo vuelve válido, necesario o justo: "Nada *justifica* el aumento de precios", "El fin no *justifica* los medios" **3** (*Impr*) Establecer una medida determinada para el ancho de las líneas de una página, de manera que todas se ajusten a ella.

justo adj I **1** Que actúa o se comporta de acuerdo con la justicia: *un juez justo, una maestra justa* **2** Que está o va de acuerdo con la justicia, que cumple con ella: *un trato justo, una justa distribución de la riqueza, una ley justa* **3** s y adj Persona que ha vivido según la ley moral o la ley de Dios: *el paraíso de los justos, pagar justos por pecadores* II **1** Que corresponde con exactitud a algo o que tiene el tamaño, la cantidad, etc apropiados o necesarios para algo: "Llegó a la hora *justa*", "Paga solamente la cantidad *justa*", *el peso justo, el tamaño justo* **2** Que ajusta bien, sin sobrarle nada: *un suéter justo, un vestido muy justo* **3** adv Justamente, apretadamente, con dificultad, apenas: "Llegó *justo* a la hora debida" "Saltó *justo* a tiempo".

juvenil adj m y f Que es propio de la juventud o se relaciona con ella, que está formado por jóvenes o se refiere a ellos: *el entusiasmo juvenil, ropa juvenil, el equipo juvenil de futbol, organizaciones juveniles.*

juventud s f **1** Periodo de la vida entre la infancia y la madurez: "Venía acariciando esa idea desde su *juventud*", *la juventud de una mujer* **2** Conjunto de las características físicas y mentales propias de ese periodo: "Todavía conserva su juventud", *un viejo lleno de juventud* **3** Conjunto de las personas jóvenes: *la juventud mexicana, conciertos para la juventud.*

juzgado s m **1** Lugar donde se llevan a cabo los juicios legales: "En ese edificio se encuentran los *juzgados* del fuero penal", "Todavía alcanza usted abierto el *juzgado*", *escribiente del juzgado* **2** Órgano estatal de un solo juez, encargado en primera y única instancia de la administración de justicia: *ante el juzgado tercero, el juzgado noveno penal, el juzgado de primera instancia* **3** Juzgados de distrito Tribunales de primera instancia, constituidos para el conocimiento de asuntos cuya competencia corresponda a cuestiones del orden federal, los cuales forman parte exclusiva del poder judicial de la federación del Estado mexicano **4** Juzgado de lo familiar Órgano jurisdiccional encargado de los juicios contenciosos relativos a problemas familiares, como los del matrimonio y el divorcio, a cuestiones derivadas de la patria potestad o a problemas referentes al parentesco **5** Juzgado civil Órgano jurisdiccional encargado de aplicar la legislación regulada por los códigos civiles.

juzgar v tr (Se conjuga como *amar*) **1** Examinar algo o el comportamiento de alguien con la razón y de acuerdo con ciertos principios y llegar a una conclusión: *juzgar a un hombre público, juzgar la verdad de una teoría* **2** Examinar un juez, o quien tenga autoridad para hacerlo, algún asunto o la conducta de alguien de acuerdo con la ley: *juzgar a un prisionero, juzgar a un ladrón* **3** Considerar algo con responsabilidad y fundamento: "*Juzgué* necesario advertirle del peligro" **4** *A juzgar por* Tomando en cuenta que, de acuerdo con: "*A juzgar por* lo que dices, dirigir la economía es complicadísimo" **5** (*Popular*) Espiar disimuladamente u observar con disimulo: "Los vecinos se la pasan *juzgando* en la ventana".

k s f Decimosegunda letra del alfabeto; representa el fonema consonante velar oclusivo sordo. Su nombre es *ka*. En español sólo se emplea para escribir algunas palabras de origen extranjero, como *kilo*, *kaiser*, etc. Este fonema está también representado por la *c* antes de *a*, *o*, *qu* antes de *e*, *i*.

karate s m Arte marcial originario del Japón, que consiste en un sistema de combate sin armas, en el que se emplean el canto de las manos y los codos, los pies y las rodillas para lanzar con mucha fuerza y velocidad una serie de golpes de enorme contundencia o para impedir que los golpes del contrincante paralicen al adversario. Debido a su peligrosidad, como disciplina deportiva se practica golpeando ladrillos, maderas y otros materiales similares o en enfrentamientos entre dos combatientes que se lanzan los golpes pero sin tocarse: "En el *karate* le enseñan a uno a dominarse a sí mismo".

kermés s f Fiesta popular que se hace, generalmente, en las calles, organizada por vecinos o miembros de alguna asociación con el fin de reunir fondos para alguna obra de beneficio común; hay música, baile, venta de antojitos, golosinas y bebidas refrescantes, y también se organizan rifas, concursos y variados juegos: "Los sábados hacen *kermeses* en el parque", "Con el dinero reunido en las *kermés* construiremos dos laboratorios para las clases de química", "Se hacían toritos, muertes y judas para tronarlos en las *kermeses*". (También *kermesse*.)

kilate s m **1** Unidad de medida de la proporción del oro en una aleación, equivalente a $^1/_{24}$ parte del peso del oro puro: *oro de 24 kilates*, "El oro se enviaba en forma de barras y lingotes, que llevaban la marca del impuesto y los *kilates*" **2** Unidad de medida del peso de las piedras preciosas, como el diamante, equivalente a 200 mg aproximadamente: *un brillante de dos kilates* (se abrevia k).

kilo s m **1** Unidad de peso equivalente a mil gramos o a un decímetro cúbico de agua destilada; kilogramo: *"¿A cómo está el kilo de manzanas?"* **2** (*Coloq*) *Echarle los kilos a algo* Poner mucho entusiasmo y voluntad al hacer algo, hacerlo con muchas ganas: *"Le estamos echando los kilos* a este trabajo para entregarlo a tiempo" **3** *Kilos (y kilos) de algo* (*Coloq*)

Cantidad muy grande de algo: *"Tiraron kilos y kilos* de desperdicio" **4** *Kilito* En Sonora, medida regional para licores que equivale a 0.04 litros.

kilogramo s m Kilo: *diez kilogramos de acero* (se abrevia kg).

kilométrico adj **1** Que se refiere al kilómetro o se relaciona con él: *medidas kilométricas* **2** Que es muy largo: "Tuvimos que hacer una cola *kilométrica* en el banco" **3** (*Coloq*) Que es muy alto, tratándose de personas.

kilómetro s m **1** Medida de longitud equivalente a mil metros (se abrevia km) **2** *Kilómetro cuadrado* Medida de superficie equivalente al área de un cuadrado cuyos lados miden mil metros cada uno (se abrevia km^2).

kilovatio s m (*Elec*) **1** Kilowatt: "Sigue descompuesta la planta de Lechería con 70 mil kilovatios" **2** *Kilovatio hora* Kilowatt hora.

kilowatt s m (*Elec*) **1** Unidad de potencia o trabajo eléctrico equivalente a mil watts o vatios (se abrevia kw): "México tenía una potencialidad de generación de energía hidroeléctrica de 12 millones de *kilowatts*" **2** *Kilowatt hora* Unidad de energía o trabajo que equivale al trabajo realizado por una máquina cuya potencia es de mil watts en una hora (se abrevia kwh).

kinder s m Escuela para niños de 4 a 6 años de edad, donde aprenden juegos y actividades que los ayudan en su desarrollo y se preparan para la educación primaria; jardín de niños, kindergarden, kindergarten: "Ana ya va al *kinder*", "En ese centro escolar hay sección maternal, *kinder* y preprimaria", "Los *kinders* son mixtos". (También *kínder*.)

kiosco s m **1** Edificación techada, decorada según el gusto de la época, que se construye en un parque, en un jardín o en la plaza de un pueblo, que funciona como escenario público y donde suelen efectuarse conciertos y otros espectáculos. Su planta es redondeada o poligonal: "En la plaza de Santa María hay un hermoso *kiosco* estilo mozárabe" **2** *Puesto* en el que se venden periódicos, particularmente el construido con techo, como una caseta pequeña: "Cómprame una revista en el *kiosco* de la esquina". (También *kiosko* y *quiosco*.)

abcchdefghijk **l** llmñopqrstuvwxyz

l s f Decimotercera letra del alfabeto; representa el fonema consonante alveolar lateral fricativo sonoro. Su nombre es *ele*.

la¹ artículo definido femenino singular **I 1** Determina el género femenino del sustantivo al que acompaña: *la pediatra, la adolescente, la analista, la mano, la gladiola, la policía, la jirafa, la gata, la bebé, la margen, la estación, la tribu* **2** Determina el número singular del sustantivo al que acompaña: *la tesis, la dosis, la hepatitis, la sintaxis, la tijera, la lengua, la semana, la res, la mesa* **3** Precede a sustantivos femeninos que empiezan con *a* o con *ha* tónicas sólo cuando hay una palabra entre el artículo y el sustantivo: *la fina asa, la misma agua, la negra águila, la nueva arma, la dura hacha, la insaciable hambre* **4** Sustantiva adjetivos, participios y construcciones: *la blanca, la triste, la mexicana, la panda, la desvelada, la planchada, la barrida, la goleada del equipo contrario, la casada infiel, la de arriba* **5** Forma el grado superlativo al sustantivar adjetivos comparativos y frases adjetivas comparativas: *la más bella niña*, "*La más alta de sus hijas es la mayor*", "*Esta falda es la mejor*", "*Le gustó la más chiquita de las muñecas*" **6** Precede a oraciones de relativo o a construcciones cuyo antecedente es femenino y singular: "*De esas tazas, la que se rompió era la más fina*", "*—¿Qué foto te interesa? —La tercera y la de todo el grupo*" **II 1** Indica que el objeto, la persona o el animal significado por el sustantivo es conocido del que oye o ha sido mencionado antes: "*La secretaria trabaja muy bien*", "*Necesito un lápiz y una regla; el lápiz, para escribir; la regla, para medir*", "*Había una vez una princesa. La princesa estaba muy triste*" **2** Indica que el sustantivo al que precede se refiere a todo el conjunto o clase de objetos significados por ese sustantivo: "*La abeja es un insecto muy útil*", "*La mujer es bella*".

la² pronombre femenino singular de tercera persona. Señala a la mujer, al animal o al objeto, designados por un sustantivo femenino singular, del que se habla cuando funciona como objeto directo: "*Leí una novela; la leí en una tarde*", "*La vi venir de lejos*", "*—¿Le diste la bolsa? —Sí, se la di*" (Antecede al verbo cuando éste se conjuga: "*la leí*", "*la vi*", "*la llevé*"; lo sigue cuando se trata de un imperativo, un infinitivo o un gerundio: "*léala*", "*leerla*", "*leyéndola*").

la³ s m (*Mús*) **1** En las convenciones internacionales, sonido producido por una vibración absoluta de 440 ciclos por segundo; en los instrumentos temperados tiene la misma vibración **2** Sexta nota de la escala de do mayor **3** Tonalidad y acorde que tiene las siguientes alteraciones: do, fa y sol sostenidos (*la mayor*), o fa y sol sostenidos (*la menor*).

laberinto s m **I 1** Lugar formado por varios caminos o varios pasillos que se entrecruzan y del cual es difícil salir: "*El Minotauro esperaba a Teseo en el laberinto*", "*Nos hallamos de pronto en un laberinto de callejuelas retorcidas*" **2** Cosa enredada, difícil de entender: *el confuso laberinto de las noticias internacionales* **II 1** (*Anat*) Cavidad ósea del oído interno de los vertebrados que da muchas vueltas o giros y está constituida por el caracol, el vestíbulo y los conductos semicirculares **2** (*Lit*) Composición poética cuyos versos pueden leerse al derecho y al revés, o de alguna otra manera, sin que dejen de tener sentido.

labiada (*Bot*) **1** adj y s f Tratándose de plantas, que tiene hojas opuestas, flores de cáliz persistente y corola dividida en dos partes desiguales, una de las cuales se superpone a la otra al modo de los labios de la boca, como la albahaca, el tomillo y el romero **2** s f pl Familia de estas plantas.

labio s m **1** Cada uno de los bordes exteriores carnosos y móviles de la boca: *cerrar los labios, besar los labios* **2** *Labio leporino* El superior, hendido o partido por algún defecto de nacimiento **3** *No despegar alguien los labios* Quedarse callado; no hablar: "*Mientras lo incriminaban, Gilberto miraba a sus amigos sin despegar los labios*" **4** *Morderse uno los labios* Reprimir las ganas de hablar o de reír: "*Sintió la ofensa que le hacían, pero se mordió los labios para no empeorar las cosas*", "*El copete de doña Flor se meneaba mientras iba explicando, así que Juan la escuchaba mordiéndose los labios para no estallar en carcajadas*" **5** Borde de ciertas aberturas: *labios de una herida, labios de la vagina*.

labiodental adj m y f (*Fon*) Que se pronuncia tocando con los dientes incisivos superiores el borde del labio inferior, como en el fonema /f/.

labor s f **I 1** Trabajo o tarea, generalmente el que se realiza en el campo o en el hogar: *labores agrícolas, labores domésticas, una labor social* **2** Obra de costura, de tejido o de bordado **II** (*Rural*) **1** (*NE*) Extensión de tierra que se cultiva: *labor de maíz, labor de frijol*, "*Fueron a llevar semilla a su labor*" **2** Medida de superficie agrícola que varía según la región. En Nuevo León, Guanajuato, Puebla y Oaxaca equivale a 70.22 ha; en Michoacán varía entre las 3.5 y las 5 ha; en Tamaulipas es igual a 6 ha, etcétera.

laboral adj m y f Que pertenece o se relaciona con el trabajo: *jornada laboral, derecho laboral*.

laborar v intr (Se conjuga como *amar*) Trabajar, particularmente los obreros y los campesinos: "*Los trabajadores que laboran en la industria azucarera...*"

laboratorio s m **1** Lugar especialmente equipado para hacer experimentos o investigaciones científicas en física, química, biología, etc, o para preparar productos químicos o medicinas: "*Está trabajando en el *laboratorio* de la Facultad de Medicina" **2** Lugar en el que se hacen trabajos técnicos con equipo especializado: *laboratorio de fotografía, laboratorio de diseño*.

laborioso adj **1** Que implica o requiere mucho trabajo, cuidado y dedicación: "Se dedicaban a la *laboriosa* tarea de desyerbar su parcela" **2** Que trabaja mucho, con gusto y dedicación: "Luz es muy *laboriosa*", *un pueblo laborioso*.

labrado I pp de *labrar* II **1** s m Acto de labrar: *el labrado en mármol, un labrado en hueso* **2** adj Que tiene adornos o figuras en relieve: "Le regaló un cofrecito de madera *labrada*", *piedra labrada*.

labranza s f Trabajo o cultivo del campo: *instrumentos de labranza, tierras de labranza*.

labrar v tr (Se conjuga como *amar*) I **1** Cultivar la tierra; particularmente, hacer los surcos en ella: "Desde muy temprano salen a *labrar* los campos" **2** Trabajar un material dándole alguna forma específica; particularmente, trazar en relieve una figura haciendo surcos sobre algún material como la madera, la piedra, el hueso o el cuero: "Admirábamos los enormes bloques de piedra *labrados* por los olmecas", *labrar una inscripción* **3** Formar o crear algo: *labrarse un porvenir* **4** En los aserraderos, cortar y limpiar los troncos dejándolos listos para ser transportados, o cortarlos en tablas con la forma y el tamaño necesarios para su aprovechamiento II (*Rural*) Aplicar un hierro candente a alguna caballería, por lo general para cauterizarle una herida.

labriego s Persona que labra la tierra; campesino: *los labriegos de un ejido*.

lacandón s m **1** Grupo indígena mexicano que habita en la región selvática de la parte nororiental del estado de Chiapas, en las márgenes de los ríos que alimentan al Usumacinta. Su único gobierno es el liderazgo que ejerce el miembro más anciano de la comunidad. Rinde culto a los dioses mayas prehispánicos, entre ellos a Nojom Yum Chac, señor de la lluvia. Vive en pequeñas rancherías, dispersas en la selva, llamadas caribales. En una misma choza habitan familias numerosas, compuestas de 2 o 3 hombres adultos emparentados entre sí, con sus esposas e hijos. Los hombres pueden tener 2 o 3 esposas. Por lo general, las chozas más pequeñas se agrupan alrededor de la mayor. Su indumentaria, igual para los hombres que para las mujeres, es una túnica blanca; los hombres llevan el pelo largo y descuidado, mientras las mujeres se lo peinan cuidadosamente. Se calcula que en la actualidad su población no es mayor de cuatrocientos cincuenta individuos. La zona donde viven tiene un clima cálido y húmedo, lluvioso casi todo el año. La flora y la fauna de la región son muy ricas. Sus actividades principales son la pesca, la caza y el cultivo de maíz, frijol y tabaco **2** s Lengua del grupo winic, de la familia maya, que habla este grupo indígena **3** adj Que pertenece a este grupo indígena o se relaciona con él: *cultivos lacandones, selva lacandona*.

lacio adj **1** Tratándose del cabello, que crece liso, que no tiene ondas ni rizos: "Tiene el cabello largo, sedoso y lacio", *una cabellera lacia* **2** Ser alguien *lacio* Tener el cabello en esa forma: "Sus hermanos eran chinos, pero ella *es lacia*" **3** Que no tiene fuerza ni vigor: "No sé qué tengo, pero estoy *lacia*, *lacia*", *músculos lacios*.

lactancia s f Alimentación de los mamíferos al principio de su vida, a base de leche, y periodo o momento en que ésta tiene lugar: *época de lactancia, horas de lactancia*.

lácteo adj y s Que pertenece a la leche o se relaciona con ella: *productos lácteos, industria láctea, gérmenes lácteos*.

ladera s f Lado de una montaña: *la ladera del cerro, una brecha en la ladera*.

ladino I **1** s y adj Por contraposición al indio que conserva su lengua y sus costumbres, blanco, mestizo o indio que habla español o tiene costumbres occidentales: "Los pueblos indígenas siguen siendo víctimas de la explotación del *ladino*", "Un indio, si sube en la escala social, puede transformarse en *ladino*", *población ladina* **2** adj y s Que es listo, astuto o taimado: "Es un muchacho muy *ladino*. Creció en la calle", "*¡Ladina!* ¡Mentirosa! Me quiso asustar" **3** adj (*Rural*) Tratándose de animales, especialmente vacunos, que es salvaje o bravo: "Él laza toros *ladinos*", "Los mansos bajan al agua, los *ladinos* no" **4** adj (*Coloq*) Que es de sonido agudo: "Oí un grito *ladino*, de mujer", "—Qué perro tan *ladino*. —Es que está chiquito" II **1** s m Dialecto del español que emplean los judíos sefaradíes **2** adj y s Que pertenece a los judíos sefaradíes o se relaciona con ellos: *literatura ladina, liturgia ladina*.

lado s m I **1** Cada una de las regiones, zonas o partes de un todo que están alrededor de su eje o centro, o que rodean algo o a alguien: "La escuela está del *lado* norte de la ciudad", *el lado oscuro de la Luna*, "Volteó a todos *lados* y no vio a nadie" **2** Cada una de las dos partes que, situadas a izquierda y derecha de un cuerpo, unen su frente con su parte trasera; costado: "Le pegaron al coche en un *lado*", "La camisa le queda grande de los *lados*" **3** Cada una de las líneas o superficies que constituyen los límites de una figura geométrica o de un cuerpo y en cuyas intersecciones se forman ángulos: *los lados de un triángulo, los lados de un cubo* **4** Cada una de las dos caras de un objeto plano: *los lados de una moneda, los lados de una hoja de papel* **5** Cada una de las caras de un disco o de una cinta magnetofónica en las que se graban sonidos: "Esa cinta tiene un *lado* música de Agustín Lara" **6** *Al lado (de)* Junto, muy cerca: "La tienda está aquí *al lado*", "Se sentó *al lado de* su padre" **7** *Lado a lado* Tratándose de dos o más cosas o personas, juntas, muy cerca una de la otra, o solidariamente: "Sus casas estaban *lado a lado*", "Lucharon *lado a lado* contra el enemigo" **8** *De lado* Inclinado hacia la derecha o la izquierda, o moviéndose en cualquiera de esas direcciones: "Ponte *de lado* para la inyección", "Llevaba el sombrero *de lado*", "Se agacha y se va *de lado*" **9** *Mirar de lado* Mirar con disimulo, de reojo: "*Miraba de lado* a la famosa actriz, sin atreverse a hablarle" **10** *Hacer(se) a un lado* Quitar algo o a alguien o quitarse uno del camino o de enmedio; apartar o apartarse: "*Haz a un lado* esa silla", "*Nos hicimos a un lado* para que pasara el camión" **11** *El otro lado* (*Coloq*) Estados Unidos: "Traen fayuca *del otro lado*", "Viven en *el otro lado*" **12** *Al o del otro lado* Cruzando la frontera, en Estados Unidos: "Hacen el super *del otro lado*", "Trabajan *al otro lado*" **13** *Irse al otro lado* (*Coloq*) Morir: "Estaba preparado para *irse al otro lado* en cualquier momento" **14** *Ser alguien del otro lado* (*Coloq*)

Ser homosexual: "Todos creíamos que *era del otro lado*, pero nunca le preguntamos si era cierto" **II 1** Aspecto, carácter, cualidad, etc que se considera al observar, criticar o analizar algo o a alguien: "Por ese *lado* te conviene aceptar el trabajo", "Hay que ver el *lado* positivo de las cosas", "Elena tiene su *lado* bueno" **2** *Por mi, tu, su*, etc, *lado* En lo que se refiere a mí, a ti, a él, etc: "*Por mi lado* no hay problema" **3** *Por mi, tu, su*, etc, *lado* En forma independiente de los demás: "Él viajó *por su lado* y allá se encontraron", "Cada quien estuvo *por su lado* en la fiesta" **4** *Por otro lado* Además, considerando otra cosa: "*Por otro lado*, habló también de su país" **5** *Hacer a un lado* o *dejar de lado algo* o *a alguien* No ponerle atención, no considerarlo: "Hay que *dejar de lado* la enemistad", "*Haciendo a un lado* sus argumentos…" **6** *Estar o ponerse del lado de algo* o *alguien* Estar o ponerse a su favor: "Siempre *te pones de su lado*" **7** *Darle a alguien por su lado* Aceptar lo que dice o hace sin estar convencido de ello y sin tomarlo en cuenta, sólo por no discutir, por no hacer enojar, etc: "Si te regaña, *dale por su lado*" **III** (*Rural*) **1** *Lado de montar, del estribo* o *del criador* En las caballerías, el que corresponde a la izquierda **2** *Lado de la garrocha, de la lanza* o *de la vara* En las caballerías, el que corresponde a la derecha **3** *Hacer lado* Correr un jinete paralelamente a un animal, para evitar que se desvíe de la recta.

ladrar v intr (Se conjuga como *amar*) **1** Emitir el perro su sonido característico: "Perro que *ladra* no muerde" **2** (*Coloq*) Hablar de mala manera, dando gritos o insultando: "Hay que dejarlos en paz y no *ladrarles* que son unos cochinos".

ladrillo s m **1** Pieza hecha de barro cocido, de forma prismática, que se emplea en obras de albañilería: *piso de ladrillos, pared de ladrillo, ladrillo rojo, ladrillo térmico, ladrillo aparente* **2** Pan de masa compacta que tiene esta forma.

ladrón s y adj Persona que roba: "La policía busca a los *ladrones*", "Entraron *ladrones* a su casa y la dejaron vacía", "*Ladrón* que roba a *ladrón* tiene cien años de perdón", "Denuncié a los funcionarios *ladrones*" **2** s m Enchufe que se conecta a una fuente de electricidad o a un contacto y permite tomar corriente de él para más de un aparato: "Conecta la lámpara y el radio en el *ladrón*" **3** s m (*Rural*) Boquilla de desagüe que hay en algunas presas y otros depósitos de agua.

lagartija s f **1** Reptil iguánido del suborden de los saurios, que por lo general mide entre 12 y 15 cm de largo, aunque algunas especies alcanzan más de 30. Tiene el cuerpo alargado y comprimido verticalmente, la piel cubierta de escamas córneas, y es de color verdoso o grisáceo, con el vientre más claro. Su cabeza es de forma más o menos piramidal y sus cuatro patas están provistas de cinco dedos. Tiene una gran capacidad de regeneración en la cola, por lo que, si la pierde, desarrolla una nueva. Abunda en casi todos los climas y regiones y se alimenta de insectos: "Las *lagartijas*, felices de sol, se daban de panzazos y perseguían a las hormigas" **2** *Ser alguien una lagartija* o *estar hecho una lagartija* (*Coloq*) Ser o estar muy flaco: "Está hecho una *lagartija* desde que se divorció" **3** Ejercicio gimnástico para fortalecer los brazos, que se practica con el cuerpo tendido y boca abajo sobre el

piso; consiste en subir y bajar el cuerpo apoyándose en la punta de los pies y en las manos, puestas a la altura del pecho, procurando mantenerlo recto y sin tocar el suelo al bajar: "Hicimos veinte *lagartijas* y veinte abdominales".

lagarto s m **1** Reptil del orden *crocodilia*, familia *Alligatoridae*, de cuerpo cilíndrico y aplanado, de aproximadamente 2 m de largo; cabeza triangular, hocico corto con respecto al de los cocodrilos, y con la punta redondeada; vive en ríos y lagunas de las regiones tropicales. Su piel es muy apreciada para la fabricación de bolsas, cinturones, zapatos, etc. Existen dos especies, *Alligator mississipiensis*, que vive en los Estados Unidos, y *Caiman latirostris*, que vive en México; caimán, cocodrilo: "En Tabasco dicen que los ríos donde hay *lagartos* no se secan en tiempos de secas" **2** (*Coloq*) Persona astuta y avorazada: "Además de que evito el trato de *lagartos* y peticionarios".

lago s m Extensión de agua, más o menos profunda y permanente, rodeada de tierra por todas partes: *el lago de Chapala, el lago de Pátzcuaro*.

lágrima s f **1** Cada una de las gotas transparentes y saladas que brotan de los ojos cuando se llora; son segregadas por las glándulas lagrimales a causa de un dolor físico, una emoción, por irritación del ojo, etc: "Sintió que se le rodaban las *lágrimas*", "No derramó ni una sola *lágrima*", "Habló con *lágrimas* en los ojos", "El Himno del Agrarista arrancó *lágrimas* a los campesinos" **2** *Saltársele* o *salírsele las lágrimas a alguien* Comenzar a llorar, no poder controlar el llanto: "Cuando supo que Luis había terminado el doctorado, *se le saltaron las lágrimas* de alegría" **3** *Deshacerse en lágrimas* Llorar abundantemente y con mucho dolor **4** *Llorar a lágrima viva* Llorar con gran aflicción y abundantemente **5** *Lágrimas de cocodrilo* Las que derrama una persona hipócritamente **6** *Lagrimita* Dulce pequeño que se hace de diversos colores y en forma de esfera rellena de agua azucarada: "Compró unas *lagrimitas* en la tienda" **II** *Lágrimas de Job* o *lágrimas de San Pedro* (*Coix lachryma*) Especie de pasto, de la familia las gramíneas, de hasta 1 m de altura, de cuyas semillas, redondas, lisas y de color marfil, se hacen cuentas para collares y rosarios. Se cultiva en Morelos y otras regiones cálidas **2** Secreción que destilan algunos árboles después de la poda.

lagrimal 1 adj m y f Que pertenece a las lágrimas o se relaciona con ellas; que interviene en la formación y salida de las lágrimas del ojo: *secreción lagrimal, glándula lagrimal, saco lagrimal* **2** s m Ángulo del ojo, próximo a la nariz, en el que se encuentra el orificio por donde salen las lágrimas: "Tiene irritado el *lagrimal* del ojo izquierdo".

laguna s f **1** Extensión poco profunda de agua, rodeada de tierra por todas partes y más pequeña que el lago: "Los días de calor nos metíamos a la *laguna*", *la laguna de Tamiahua* **2** Vacío o hueco en el orden o continuidad de algo como un escrito, un discurso, la memoria, etc: *una laguna mental, una laguna en el razonamiento*.

laicismo s m **1** Doctrina o principio que establece la autonomía del Estado frente a la Iglesia, de modo que ésta no puede interferir en los asuntos de la vida pública y las instituciones civiles deben mantenerse libres de toda influencia religiosa **2** Carácter laico: *el laicismo de la educación* **3** (*Fil*) Principio de autonomía aplicable a toda actividad humana.

laico 1 adj y s Que carece de órdenes religiosas, que no forma parte del clero: "Estaban reunidos políticos, sacerdotes y *laicos*" **2** adj Que no toma en cuenta la instrucción o formación religiosa, que no la incluye: *enseñanza laica, pensamiento laico*.

lama[1] s f **1** Musgo o moho que se cría en el tronco y ramas de los árboles viejos o en los lugares húmedos, como las paredes y los techos: "Las paredes pudriéndose en humedad y *lama*" **2** Capa verde de plantas criptógamas que se forma en el agua de las lagunas o lagos, o en las aguas estancadas **3** (*Rural*) Lodo blando, arenoso o fino, de color blanquizco, que acarrean las corrientes de agua de lluvia de las montañas y que al esparcirse en las tierras bajas forma una capa de gran fertilidad **4** (*Rural*) Estiércol que sirve de abono en las tierras de labor **5** (*Mimulus guttatus*) Planta herbácea de la familia de las escrofulariáceas, de hojas opuestas y flores axilares amarillas, con el cáliz prismático; corola monopétala, bilabiada; cuatro estambres; fruto capsular. Se encuentra en Sonora y Chihuahua.

lama[2] s m Sacerdote o monje budista del Tíbet o de Mongolia.

lamentable adj m y f Que debe lamentarse o es digno de lamentarse porque provoca desilusión, vergüenza, tristeza, lástima, etc: "Su *lamentable* alusión al prócer fue gratuita e irrespetuosa", "Su manera de cantar es francamente *lamentable*", "Las calles están en estado *lamentable*".

lamentar v tr (Se conjuga como *amar*) **1** Sentir con pena, desilusión o tristeza alguna cosa: "*Lamentó* que no llegaras", "*Lamentamos* la muerte de su padre", "*Lamento* mucho lo ocurrido" **2** Sufrir, padecer alguna cosa triste o dolorosa: "Tuvieron que *lamentar* muchos fracasos", "Por fortuna no hubo desgracias personales que *lamentar*" **3** prnl Expresarse con pena, tristeza o desilusión por algún hecho desagradable o doloroso: "—Ahora va a resultar que no hay delito —se *lamentó* el periodista", "No ganas nada con *lamentarte*".

lamer v tr (Se conjuga como *comer*) **1** Pasar la lengua sobre alguna cosa, generalmente repetidas veces: *lamer un helado*, "El gato se *lame* la herida", "Los caballos *lamían* largamente el salitre de las paredes", "Así, como quien no quiere la cosa, le *lamió* un cachete a la pasada" **2** Pasar suavemente y repetidas veces una cosa sobre otra, particularmente un líquido: "Las olas les *lamían* los pies", "Las llamas *lamían* ya las ventanas del segundo piso" **3** *Lamerle el culo a alguien* (*Grosería*) Halagarlo por interés, sin ningún pudor ni dignidad: "Sigue ahí, *lamiéndole el culo* al director, a ver si le da un hueso".

lámina s f **1** Plancha delgada de un material cualquiera, particularmente la de metal: *charola de lámina, lámina de aluminio, lámina de hierro, lámina de madera, lámina de cartón* **2** Plancha de metal, generalmente de cobre, sobre la cual se graba o pinta una figura **3** Dibujo, pintura, fotografía, etc, que ilustra un libro: "Esta *lámina* representa al Zócalo", *láminas a colores* **4** (*Anat*) Superficie plana y delgada de un hueso, cartílago o tejido: *lámina vertebral, lámina dentaria* **5** (*Bot*) Parte más ancha de las hojas, los pétalos o los sépalos de una planta; limbo **6** *Lámina de agua* o *de riego* (*Agr*) Capa de agua

que se emplea para regar un terreno. Su medida se obtiene dividiendo la cantidad de agua empleada entre la superficie del terreno y representa el espesor de la capa de agua: "Se aplicó una *lámina de riego* de 75 cm".

lámpara s f **1** Artefacto que emite luz y sirve para alumbrar, como los que lo hacen por medio de una flama graduable alimentada por algún combustible líquido o gaseoso, o las que tienen focos que operan con pilas eléctricas: *lámpara de aceite, lámpara de petróleo, lámpara portátil* **2** Tubo o bulbo de vidrio, cerrado herméticamente, en cuyo interior hay un filamento metálico que se enciende o un gas que brilla al paso de una corriente eléctrica: *lámpara incandescente, lámpara de neón, lámpara de cuarzo* **3** Utensilio de formas y tamaños muy variados que cuenta con uno o varios soportes para focos eléctricos u otras fuentes de luz y tiene, por lo general, una o varias pantallas para suavizar o dirigir la luz: *lámpara de pie, lámpara de escritorio, lámpara de techo* **4** (*NE*) Luciérnaga.

lampiño adj **1** Tratándose de hombres, que no le sale o no tiene barba ni bigote: *un jovencito lampiño* **2** Que tiene poco o no tiene pelo o vello: *piernas lampiñas*.

lana s f **1** Pelo del borrego y otros animales, del que se hacen hilos y tejidos **2** Tela o hilo hechos de pelo de borrego: *una lana peinada, un traje de lana, un suéter de lana* **II** (*Coloq*) **1** Dinero: "Tiene mucha *lana* en el banco", "No tengo nada de *lana*", "Préstame una *lana*", "A la hora de la hora no quiso soltar la *lana*", *gente de lana, andar sin lana* **2** *Una (buena) lana* Mucho dinero: "Les salió en *una lana* arreglar el coche", "Yo que tú les cobraba *una buena lana* por hacerlo".

lance s m **I** Acto de lanzar alguna cosa, especialmente las redes para pescar o una pelota en un juego; lanzamiento: "Hacía el *lance* de pie, pero la lancha casi no se movía" **II 1** (*Tauro*) Cada una de las suertes, considerada aisladamente: *los primeros lances de la faena* **2** Acto de la vida real, o de una obra de ficción literaria, que constituye por sí mismo un episodio completo: *lances de violencia y de amor* **3** Desafío: "El *lance* de Alemania Federal en la ONU ha resultado aleccionador" **4** *Tirar(se) un lance* Arriesgarse, probar suerte **5** *Tirar(se) un lance* Acto de abordar a una conquistar amorosamente a alguien.

lanceolado adj (*Bot*) Que tiene forma de punta de lanza, con la parte más angosta situada en el extremo libre: *hojas lanceoladas, sépalos lanceolados*.

lancha s f Embarcación ligera, de remos o de motor, desprovista de cubierta: *una lancha torpedera, una lancha guardacostas, una lancha rápida, una lancha ballenera, lancha salvavidas*.

langosta[1] s f Crustáceo decápodo marino que mide entre 20 y 50 cm de largo. Tiene el cuerpo más o menos cilíndrico, el abdomen grande, dos pares de antenas, las laterales mucho más largas que las centrales, y la región terminal en forma de abanico. Su color puede ser rojo, café rojizo, anaranjado o azulado según la especie. Es muy apreciado por el sabor delicado de su carne blanca y suave, por lo que su pesca es muy abundante. En México se obtienen varias especies de gran importancia comercial, principalmente *Palinurus interruptus, Palinurus inflatus* y *Palinurus argus*.

langosta² s f **1** Insecto ortóptero de la familia de los acrídidos y de distintos géneros y especies, muy similar al chapulín pero de mayor tamaño. Se alimenta de plantas verdes y es muy voraz; algunas de las especies migran formando densas nubes que acaban con sembradíos enteros, por lo que constituyen un gran peligro para la agricultura **2** (*Rural*) Plaga de insectos que ataca los sembrados: "Le cayó *langosta* al maíz".

langostino s m Crustáceo decápodo, marino o de agua dulce, similar al camarón pero de mayor tamaño; algunas de sus especies, como *Macrolerachium heterocheries*, se caracterizan por tener un par de pinzas muy desarrolladas. Es comestible y su carne es muy apreciada: "Pidió unos *langostinos* al mojo de ajo", *langostinos a la mantequilla*.

lanza s f l **1** Arma formada por un palo largo que, en uno de sus extremos, termina en punta; a veces la punta va añadida y es de algún material más duro que la madera, como la piedra o el hierro: *una lanza india, una lanza romana* **2** *Romper lanzas* Enemistarse o iniciar una riña dos o más personas: "Los diputados *rompieron lanzas* en torno a la reforma educativa" **3** *Romper lanzas por algo o alguien* Defenderlo de quienes lo atacan: "Nunca estuvo dispuesto a *romper lanzas por* una doctrina tan endeble" **4** *Lanza en ristre* Dispuesto a reñir o combatir: "Entró al salón *lanza en ristre*, increpándonos a todos" **5** *Ser alguien (muy) lanza* (*Coloq*) Ser muy hábil o astuto: "Bernardo *es muy lanza* y no caerá en la trampa" **ll** Varilla de madera unida perpendicularmente al eje delantero de una carreta o un carruaje, con la cual se le da la dirección y a la que se amarran los caballos.

lanzar v tr (Se conjuga como *amar*) **1** Hacer que una cosa vaya a dar a alguna parte dándole un fuerte impulso, ya sea con la mano, con un mecanismo o con algún otro objeto: *lanzar una pelota, lanzar un cohete, lanzar una flecha* **2** Dirigir o enviar algo hacia algún lado, generalmente en forma violenta o agresiva: "Le *lanzó* una mirada de odio" **3** Dejar salir con fuerza una exclamación o expresión: *lanzar un grito, lanzar una queja, lanzar una carcajada* **4** Sacar por la fuerza a una persona del lugar donde habita o trabaja: "Lo *lanzaron* de su casa por no pagar la renta" **5** Dar a conocer alguna cosa o sacar a la venta un producto: "*Lanzaron* un nuevo disco" **6** prnl Iniciar una acción o dirigirse hacia algún lugar con decisión y fuerza: *lanzarse al ataque*, "Los vecinos *se lanzaron* a la calle para protestar" **7** *Lanzársele a alguien* (*Coloq*) Declararle una persona a otra su amor o su deseo por ella: "El idiota de Jaime *se le lanzó* a la mujer de su jefe".

lapa s f **1** Molusco gasterópodo marino, comestible, de los géneros *Patella Acmaea*, y de distintas especies, que tiene la concha cónica y ensanchada, lisa o con estrías, y vive en las rocas costeras, a las que se adhiere fuertemente con su músculo o pie ventral **2** (*Coloq*) Persona encimosa o que busca o sigue insistentemente a otra: "Nunca podemos estar solos porque su hermanito es una *lapa*".

lápiz s m **1** Útil o instrumento que se usa para escribir, dibujar o hacer marcas, generalmente a mano y sobre papel; consta de una mina o puntilla, de grafito o de pasta, colocada dentro de un trozo de madera largo y delgado, uno de cuyos extremos se afila para hacer aparecer la mina; el otro está comúnmente provisto de una goma de borrar: *lápiz y papel, dibujo a lápiz, lápices de colores, sacarle punta a un lápiz* **2** Barra pequeña de pasta que, según su composición, se aplica con diversos fines sobre una superficie; generalmente está contenida en un recipiente provisto de un mecanismo que la empuja hacia afuera para usarla, la jala y oculta para evitar que se seque y permite graduar su tamaño: *lápiz labial, lápiz graso, lápiz adhesivo*.

lapso s m Tiempo que pasa entre una fecha y otra o entre dos momentos determinados: *un lapso de horas, un lapso de quince días*.

largamente adv **1** Durante largo tiempo, durante mucho tiempo: "Era con ese ojo con el que miraba a su madre *largamente*", *las nupcias largamente preparadas* **2** De manera amplia o extensa; ampliamente: "Damián se explayó *largamente*", "Tenemos que hablar *largamente*", *sépalos largamente cuidados*.

largarse v prnl (Se conjuga como *amar*) **1** (*Coloq*) Irse abruptamente: "No les voy a decir ni una palabra, *me voy a largar* sin más ni más", "Que *se largue* a comer a la fonda", "¡Claro, como él *se larga* y nosotros nos quedamos aquí…!", "Tendrás que *largarte* de aquí y trabajar para mantenerte", "Todos los días *se larga* con los amigos a la pulquería" **2** *¡Lárgate!, ¡lárguese!, ¡lárguense!* interj Expresión con que se ordena violentamente a alguien que se vaya: "¡Lárgate de una vez! No te quiero ver más por aquí", "¡Lárguese de aquí cuanto antes, si no quiere que llame a mi marido!" **3** *Largar el pellejo* (*Popular*) Morir.

largo l adj **1** Que tiene o cubre una gran extensión; que tiene una longitud mayor que sus otras dimensiones o mayor que la que tienen otras cosas de su misma clase: *cabello largo, vestido largo, manga larga, cuello largo* **2** Que dura o supone mucho o bastante tiempo: *una larga espera, un viaje largo*, "Estuvo mirándola durante un *largo* rato", "Me dieron un plazo bastante *largo* para pagar" **3** Que es abundante o generoso: "Se echaban unos *largos* tragos de agua" **4** *A la larga* Pasado algún tiempo: "*A la larga* reconocerán tus méritos" **5** *Dar largas* Tardarse en realizar algo: "*Están dando largas* a mi demanda en el tribunal" **6** *Largo y tendido* Largamente, sin reparar en el tiempo: "Hablaron *largo y tendido* durante horas" **7** *Ir para largo* Dejar ver que tardará: "—¿Ya terminaron de cenar? —¡Uy, no, *va para largo!*" **8** *Pasar o seguir de largo* Seguir sin detenerse o sin prestar atención a algo o a alguien: "Quise detenerlo, pero *se siguió de largo*" **ll** s m **1** Dimensión mayor en una figura de dos dimensiones: *el largo de un rectángulo* **2** Dimensión horizontal mayor en las figuras de tres dimensiones: *el largo de una casa* **3** *A (todo) lo largo* Longitudinalmente o siguiendo el borde más extenso de algo; en toda su longitud: "Corte la tela *a lo largo*", "Paseaba *a lo largo de la calle*", "Había banderines *a todo lo largo del camino*" **4** *A lo largo de* Durante, mientras ocurre cierta cosa: "*A lo largo del* curso se harán visitas a fábricas", "Conocimos mucha gente *a lo largo del viaje*" **5** *A lo largo y ancho* Por todas partes, en toda su extensión: "Había flores *a lo largo y ancho* de la plaza" **lll** *¡Largo!* interj Expresión que se usa para ordenar violentamente a una persona que se vaya: "No te lo repetiré: ¡*largo* de aquí!,

"¡*Largo* de ahí, escuincles metiches!*", **IV** *Ser alguien largo* (*Coloq*) Ser mentiroso **V** s m Pan de dulce hecho de masa de galleta, de forma rectangular, con una hendidura longitudinal rellena de mermelada y cubierto de azúcar granulada **VI** (*Mús*) **1** s m Movimiento de una obra musical que se toca lentamente: "Escuchamos ese famoso *largo* del Barbero de Sevilla" **2** adj Lento.

larguero s m **1** Cada uno de los palos, tablas, postes, etc, que en una estructura o armazón están colocados en sentido longitudinal o constituyen las piezas más largas de ella, como los laterales de las puertas o el palo superior de una portería de futbol: *los largueros de una escalera*, "A continuación se desmontan los *largueros* diagonales…", "Estuvo a punto de anotar el segundo gol, pero estrelló el balón en el *larguero*" **2** Cada una de las vigas que, colocadas transversalmente, soportan el techo de una construcción.

lárido 1 s m y adj Ave acuática, palmípeda, de alas largas y puntiagudas, generalmente grises en el dorso y blancas por abajo, con el pico recto y comprimido lateralmente, que vive en las costas o cerca de lagunas, lagos, etc, como la gaviota y la golondrina de mar **2** s m pl (*Zool*) Familia de estas aves.

laringe s f Órgano musculocartilaginoso que forma parte del conducto respiratorio y cumple, además, el papel más importante en la emisión de la voz. Es parte de la mayoría de los vertebrados de respiración pulmonar y en los seres humanos se localiza en la parte anterior y superior del cuello, debajo de la base de la lengua, delante de la faringe y arriba de la tráquea, con la que se continúa; en su interior se encuentran las cuerdas vocales.

larva s f (*Zool*) En los animales que sufren metamorfosis, como los insectos, los crustáceos o los batracios, forma que tienen cuando acaban de salir del huevo y que representa la primera fase de su desarrollo hacia el estado adulto: *larvas de mosco, larvas de rana*.

las¹ artículo definido femenino plural **I 1** Determina el género femenino del sustantivo al que acompaña: *las pediatras, las adolescentes, las analistas, las manos, las gladiolas, las policías, las jirafas, las gatas, las bebés, las márgenes, las estaciones, las tribus* **2** Determina el número plural del sustantivo al que acompaña: *las tesis, las dosis, las sintaxis, las tijeras, las lenguas, las semanas, las reses, las mesas* **3** Sustantiva adjetivos, participios, construcciones u oraciones: *las morenas, las felices, las rancheras, las desveladas, las enjabonadas, las amoladas, las de abajo, las de enfrente, las que trabajan, las que se fueron* **4** Forma el grado superlativo al sustantivar adjetivos comparativos y frases adjetivas: *las más bellas niñas, las más chaparritas del salón*, "*Las mejores* computadoras son éstas, y *las peores*, las que usábamos hace un mes" **5** Precede a oraciones de relativo o a construcciones cuyo antecedente es femenino y plural: "De estas *faldas*, me gustaron *las rojas*", "—¿Qué *esculturas* te gustaron? —*Las* primeras" **II 1** Indica que los objetos, animales o personas significados por el sustantivo son conocidos del que oye o han sido mencionados antes: *las niñas de mi edificio*, "Era un rancho lleno de vacas. *Las* vacas se veían muy gordas" **2** Indica que el sustantivo al que precede se refiere a todo

el conjunto o clase de objetos significados por ese sustantivo: "*Las* tortillas constituyen uno de los alimentos más nutritivos de toda la población", "*Las* mujeres son maravillosas".

las² pronombre femenino plural de tercera persona. Señala a las mujeres, a los animales o a los objetos, designados por un sustantivo femenino plural, de los que se habla cuando este pronombre funciona como objeto directo: "—¿Leíste dos *novelas?* —Sí, *las* leí en una semana", "*Las* vi venir desde lejos", "¿Le diste las *bolsas?* —Claro, ya se *las* di" (Antecede al verbo cuando éste se conjuga: "*las* leí", "*las* vi", "*las* llevé"; lo sigue cuando se trata de un imperativo, un infinitivo o un gerundio: "léa*las*", "leer*las*", "leyéndo*las*").

lástima s f **1** Sentimiento de compasión, piedad o tristeza moderadas que provoca algo o alguien: "Sintió *lástima* por los estudiantes reprobados", "No me reveló la verdad, por *lástima*" "Yo tenía muchísima *lástima* de él" **2** *Lástima, lástima que, lástima de, qué lástima, qué lástima que, qué lástima de, es una lástima*, etc Expresiones empleadas para manifestar ligero pesar por algo o por alguien: "—¿Fuiste a la fiesta? —No. —¡*Lástima!*", "¡*Lástima que* ese mar esté tan lejos!", "Qué bonitos ojos tienes / *lástima que* tengan dueño", "No lo vi. ¡*Qué lástima!*, "*Qué lástima que* no hayas ido", "¡*Lástima de* gasto!" Ahora tíralo", "*Es una lástima que* no se aprovechen tantos kilómetros de costa", "*Es lástima* dejarlos ir" **3** *Dar lástima* Provocarla: "¿Qué no le *da lástima su hijo?*", "Me *dio lástima* tirarlo", "*Daba lástima* verlos" **4** *Estar algo o alguien hecho una lástima* Estar en una situación o estado lamentable: "La sala *está hecha una lástima*", "Después de la pelea, estaban *hechos una lástima*".

lastimar v tr (Se conjuga como *amar*) **1** Causar dolor, molestia o daño físico, generalmente leve, a una persona o a un animal: "Me *lastima* la correa del reloj", "Por suerte sólo se *lastimó* un brazo en el accidente", "Le *lastimó* una patita al gato" **2** Provocar a alguien un sentimiento doloroso: "Lo *lastimó* con sus palabras", "Si te *lastima* verlo, ¿para qué lo buscas?" **3** Dañar alguna cosa: "…un pedazo de roca donde la pica prefirió no *lastimar*".

lata¹ s f **1** Recipiente hecho de lámina delgada de hierro recubierta de estaño que se utiliza para envasar algo, principalmente alimentos: *una lata de atún, cerveza en lata, una lata de galletas, una lata de aceite, abrir una lata* **2** Lámina delgada con la que se hacen esos recipientes; hojalata, hoja de lata: *una jaula de lata*.

lata² s f **1** Molestia que causa algo o alguien a una persona; cosa o persona que molesta o fastidia: "Este dolor de muelas es una *lata*", "Su sobrino es una verdadera *lata*", "¡Qué *lata* con esos trámites!" **2** *Dar (la) lata* Causar algo o alguien molestias o fastidio: "Los niños *dieron* mucha *lata*", "Los cobradores *dan* mucha *lata*", "Me vino a *dar la lata* con sus quejas de siempre".

lata³ s f (*Rural*) Palo largo y cilíndrico que corre horizontalmente y sirve a manera de puerta en ciertos corrales o cercados rústicos: *corral de lata, corral de tres latas*.

latente adj m y f **1** Que existe en algo o alguien sin manifestarse, sin hacerse evidente; que está oculto dentro de algo o alguien: "El miedo a la guerra sigue *latente* entre los más viejos", "Los sueños pretenden explicar 'algo' *latente* que no quiere o no puede manifestarse", *deseos latentes* **2** Que tiene suspendidos su desarrollo o su actividad, pero puede activarse de nuevo en condiciones favorables: "El virus puede permanecer en estado *latente* durante muchos años dentro del organismo".

lateral adj m y f **1** Que está situado a un lado, es propio de un lado o se relaciona con él: *puerta lateral, un movimiento lateral* **2** Que es secundario o menos importante que aquello con que se relaciona y se considera central: *línea lateral de parentesco, problemas laterales* **3** adj m y f y s f Tratándose de una calle, una avenida, etc, que corre paralelamente a otra y está separada de ella por alguna división: *calle lateral, lateral del periférico* **4** (*Fon*) Que se pronuncia dejando pasar el aire por los lados de la lengua y no por el centro, como los fonemas /l/ y /ll/.

latido s m **1** Cada uno de los golpes que produce en el pecho el movimiento alternado de dilatación y contracción del corazón; se manifiesta también en las arterias y en ciertas partes inflamadas del cuerpo: *sentir los latidos* **2** Ese movimiento: *el latido cardiaco, un latido rítmico*.

latifundio s m Propiedad o conjunto de propiedades rurales de gran extensión, pertenecientes a un solo dueño. En México, el artículo 27 de la Constitución lo considera monopólico y condición para que el resto de la población quede sometida a unos cuantos grandes propietarios. Por ello lo combate con criterios para determinar la extensión afectable y la extensión permitida de tierra regidos en la Ley Federal de Reforma Agraria.

latifundista s m y f Persona que es dueña de un latifundio: "Los *latifundistas* se han opuesto enconadamente a la repartición de tierras".

látigo s m **1** Tira larga y delgada, de cuero o cuerda, unida a un mango; se usa por lo regular para hacer obedecer a los animales, haciéndola restallar para asustarlos o lanzándola y recogiéndola a gran velocidad para herirlos con su punta: "El domador enrolló su *látigo* y salió tan campante de la jaula de los leones", *el chasquido del látigo* **2** (*Hípo*) En la silla de montar charra, tira de cuero que se amarra por el lado izquierdo a la faja o cincho que sujeta la silla al caballo **3** Juego mecánico de feria que consiste en una serie de carros unidos a un eje alrededor del cual gira a gran velocidad, de manera que se producen fuertes y repentinas sacudidas: *subirse al látigo, marearse en el látigo*.

latín s m **1** Lengua de flexión, perteneciente al grupo indoeuropeo, que hablaban los antiguos romanos. De ella se derivaron las lenguas romances, entre las que se encuentra el español: *hablar latín, citar en latín, misa en latín* **2** *Latín clásico* El literario, particularmente el que se cultivó en el siglo I aC, en la época de Cicerón y Augusto **3** *Latín vulgar* El que se hablaba comúnmente en el imperio romano y del cual proceden directamente las lenguas romances; empleaba algunas expresiones que no se usaban en el latín clásico y su sintaxis era menos complicada que la de la éste **4** *Bajo latín* Latín literario cultivado en la Edad Media, especialmente por el clero.

latino adj **1** adj y s Que pertenece al Lacio, antigua región de Italia, o a los pueblos que, sometidos por los romanos, adoptaron su lengua y su cultura: *construcciones latinas, instituciones latinas* **2** Que pertenece al latín, que se refiere a esta lengua o que está escrito en ella: *literatura latina, palabra latina, alfabeto latino, los clásicos griegos y latinos* **3** Tratándose de una lengua o de una cultura, que se deriva del latín o de la antigua Roma: *lenguas latinas, pueblos latinos, barrio latino, temperamento latino, América latina* **4** Tratándose de la religión cristiana, que pertenece a la Iglesia occidental, por oposición a la griega, y tiene como patriarca y sumo pontífice al obispo de Roma: *Iglesia latina, ritos latinos* **5** (*Mar*) Tratándose de embarcaciones, que tiene velas triangulares.

latinoamericano adj y s Que es originario de alguno de los países americanos que fueron conquistados por España, Portugal o Francia, como México, Brasil y Haití; que pertenece a estos países o se relaciona con ellos: "Al congreso asistieron varios especialistas *latinoamericanos*", *la literatura latinoamericana*, "Le gusta mucho la música *latinoamericana*", "Nos encontramos con dos *latinoamericanos* en París".

latir v intr (Se conjuga como *subir*) **1** Dar latidos el corazón, las arterias o cualquier parte inflamada del cuerpo: *latía rápidamente*, "El corazón nos *latía* con violencia" **2** *Latirle algo a uno* (*Coloq*) Presentir uno alguna cosa, sospechar algo o de alguien, tener alguien una intuición favorable en relación con algo: "*Me late* que no vendrá", "*Me late* que no es honrado", "Esa idea no *me late*, mejor corrígela".

latitud s f **1** Extensión de un territorio: *la latitud del Llano de San Juan* **2** (*Astron* y *Geogr*) Coordenada que, en combinación con la longitud, permite definir la posición de un punto en la Tierra, en la superficie de un astro cualquiera o en la esfera celeste. Expresa en grados, minutos y segundos la distancia angular que hay entre dicho punto y un plano imaginario, que para la Tierra y los demás astros es su ecuador y para la bóveda celeste es el plano de la eclíptica: *la latitud de Zacatecas, una latitud cercana al trópico*.

latoso adj (*Coloq*) Que causa molestia o fastidio: "Castigaron a los niños *latosos* del salón", "Trapear es lo más *latoso* del quehacer".

laúd s m Instrumento musical de cuerda que consta de una caja de madera en forma de pera cortada longitudinalmente por la mitad, con un agujero circular en su cara plana y anterior, y un brazo que sale de su extremo más angosto. Tiene entre trece y veinte cuerdas, las cuales están fijas a un puente en la caja, y se prolongan por el brazo hasta una tablilla perpendicular a él, donde se encuentran las clavijas para afinarlas. Fue muy popular durante la Edad Media y hasta el siglo XVII; actualmente sólo se usa para interpretar música de esas épocas.

laurácea (*Bot*) **1** adj y s f Tratándose de plantas angiospermas dicotiledóneas, generalmente árboles y arbustos, que tiene hojas coriáceas persistentes, flores en umbela o panoja y fruto en forma de drupa o baya, como el laurel, el aguacate y el árbol de la canela **2** s f pl Familia de estas plantas.

laurel s m **1** (*Laurus nobilis*) Árbol de la familia de las lauráceas, siempre verde, que alcanza hasta 7 m de altura; sus hojas, del mismo nombre, son lanceoladas, verde oscuro y lustrosas por arriba, verde pálido y mates por debajo, y se usan como condimento y en preparaciones medicinales. Tradicionalmente son símbolo de gloria y fama: *té de laurel, una corona de laurel* **2** *Dormirse uno en sus laureles* Descuidarse imprudentemente, en especial por confiar demasiado en algún éxito anterior: "El pobre Pepe *se durmió en sus laureles* y este año no pudo refrendar el campeonato" **3** *Laurel de la India* (*Ficus nitida*) Árbol de gran follaje y amplia sombra, de hojas lanceoladas, grandes, verdes y brillantes, muy cultivado en regiones de clima tropical, en plazas y avenidas; por ejemplo en los zócalos de Mérida, Oaxaca, Morelia, Cuernavaca, etc **4** (*Litsea glaucescens*) Árbol americano de la familia de las lauráceas, de hasta 6 m de altura, de hojas aromáticas, elíptico-lanceoladas o lanceoladas, de entre 4 y 9 cm, flores en umbelas de 2.5 cm y fruto subgloboso u oval, de unos 10 mm, que parece un aguacate diminuto; sus hojas, del mismo nombre, se emplean como condimento **5** *Laurel blanco, laurel colorado* o *laurel rosa* (*Nerium oleander*) Arbusto de la familia de las apocináceas, originario del Mediterráneo, de hojas linear-oblongas, coriáceas y verticiladas, fruto en forma de folículos alargados y flores blancas o rosas, aromáticas, en forma de embudo con el limbo de cinco lóbulos; es venenoso y se cultiva para ornato; adelfa.

lava s f Materia compuesta por diversos minerales que sale en fusión o derretida de los volcanes cuando hacen erupción y que al enfriarse se vuelve roca.

lavabo s m Mueble de baño, consistente en una especie de vasija, generalmente de cerámica, ancha y poco profunda, que sirve para lavarse en él las manos, la cara, los dientes, etc; suele ir conectado a las tuberías del agua corriente y del desagüe: "Hay que cambiar las llaves del *lavabo*", "El jabón está en el *lavabo*".

lavada s f Acto de lavar o de lavarse: "Dale una *lavada* al coche", "La *lavada* de trastes fue rápida".

lavadero s m **1** Recipiente rectangular, largo y poco profundo, generalmente de cemento y provisto de una serie de estrías paralelas en el fondo, en el que se lava la ropa; por lo común se fija a una pared o a una base también de cemento y se conecta a las tuberías del agua corriente y del desagüe: "...y cuando trabajaba en la ropa ajena se iba a lavarla a los *lavaderos* ahí mismo en la vecindad" **2** Lugar donde se lava ropa **3** Lugar donde se lavan los platos; fregadero: "Todos los trastes están sucios en el *lavadero*" **4** (*Min*) Lugar, en el cauce del río, donde se recogen y lavan o benefician las pepitas de oro que arrastran las aguas.

lavado I pp de *lavar* **II** s m Acto de lavar o de lavarse: *lavado de coches*, "Hágase un buen *lavado* de dientes por la mañana".

lavadora 1 s f Aparato doméstico o industrial para lavar la ropa, que funciona con un motor eléctrico: "Echa tus pantalones a la *lavadora*" **2** *Lavadora de platos* o *de trastes* Aparato eléctrico para lavar la loza, los cubiertos, sartenes y, en general, todos los utensilios de cocina.

lavar v tr (Se conjuga como *amar*) **1** Limpiar algo, generalmente con agua y jabón: *lavar la ropa, lavarse la cara* **2** (*Min*) Separar o limpiar los minerales por medio de agua **3** Quitar o eliminar algún defecto o alguna mancha: *lavar el honor, lavar el*

prestigio **4** *Lavar dinero* Aparentar que un dinero habido ilegalmente, en particular por tráfico de drogas o evasión de impuestos, ha sido producido por medios legales, generalmente reportándolo como utilidades o gastos de una empresa que en realidad no los tiene **5** *Lavarle el cerebro a alguien* Inducirlo, generalmente de manera ilegítima, a pensar o decir algo en lo que normalmente no creería: "*Le lavó el cerebro* la directora y ahora anda diciendo que ésta es la mejor escuela de México".

laxante adj m y f y s m Que favorece o propicia la evacuación intestinal: *una medicina laxante*, "La papaya tiene un efecto *laxante*", *tomar un laxante*.

laxar v tr (Se conjuga como *amar*) Producir un alimento o una medicina evacuaciones intestinales frecuentes y blandas: *laxar el estómago*, "El mango estaba verde y me *laxó*".

lazar v tr (Se conjuga como *amar*) Atrapar o sujetar a alguien o algo, principalmente un animal, rodeándolo con el nudo corredizo de una cuerda o reata: "Demetrio *lazaba* las ametralladoras, tirando de ellas como si fueran toros bravos", "Había que *lazar* mula por mula y derribarlas".

lazo s m **I 1** Cuerda o reata, generalmente delgada: "Amarra las cajas con un *lazo*", "Le dio de golpes con un *lazo*" **2** Nudo, generalmente corredizo: "Haces un *lazo* en la cinta para apretarla bien al palo" **3** Nudo en forma de ocho, o de otra figura similar, que se hace en un hilo, cordón, listón, etc, para amarrar o adornar alguna cosa: *los lazos de un corpiño*, "Arreglaron el patio con *lazos* de papel crepé" **4** Cordón atado en forma de ocho que, en un casamiento religioso, se pone a la pareja de contrayentes para simbolizar su unión: "Fui madrina de *lazo* en la boda de Jorge y Silvia" **II** Nexo, relación que une a dos o más personas o elementos: *estrechar los lazos de amistad, lazos familiares*, "Deben intensificarse los *lazos* comerciales entre ambos países" **III** (*Coloq*) **1** *Echarle a uno un lazo* Hacerle caso, ponerle atención o interés: "Desde que se volvió rico ya ni *nos echa un lazo*" **2** *Poner a alguien como lazo de cochino* Maltratarlo o regañarlo duramente: "Su jefa lo *puso como lazo de cochino* por andar diciendo palabrotas" **IV** (*Charr*) Acto de lazar un animal; suerte charra que consiste en atrapar un toro, caballo, etc con una reata o cuerda provista de un nudo corredizo: "Los charros se lucieron dejando ver distintos piales y distintos *lazos* de cabeza".

le pronombre masculino o femenino de tercera persona singular **1** Indica objeto indirecto: "Anita *le* dio un beso", "Avísa*le* que llegaremos tarde" (Antecede al verbo cuando éste se conjuga: "*le* dio", "*le* cantó", "*le* gritamos"; lo sigue cuando se trata de un imperativo, un infinitivo o un gerundio: "da*le*", "gritar*le*", "cantándo*le*") **2** Se usa para repetir en la misma oración, pero por anticipado, el complemento indirecto: "No *le* dijo nada a su padre", "*Le* dio el libro a Mauricio", "Llegamos y *le* gritamos al cuidador" (Cuando el objeto directo está representado por un pronombre —lo, la, los, las—, *le* se transforma en *se*: "*Se* lo di", "*Se* las mandé", "*Se* lo advertí").

leal adj m y f **1** Que es sincero y actúa honradamente, con respeto y reconocimiento de sus principios morales y de sus compromisos; que no engaña ni traiciona: *un hombre leal, una esposa leal, amigos leales, un ejército leal a la patria*, "A mí *leal* entender, las cosas no están tan mal como parecen" **2** Tratándose de animales, que es fiel a su amo: *un perro leal, un caballo leal.*

lealtad s f **1** Cualidad de una persona que actúa sincera y honradamente, con respeto y reconocimiento de sus principios morales y de sus compromisos, y que no engaña ni traiciona: "La escuela logró sobrevivir a la crisis gracias a la *lealtad* de sus maestros" **2** Sentimiento de fidelidad, devoción o apego: *lealtad a la patria*, "Seguía con *lealtad* los principios que le inculcó su madre", "No sentía ninguna *lealtad* hacia sus compañeros de desgracia", "La conmovió la inquebrantable *lealtad* de su perro".

lección s f **I 1** Exposición de conocimientos relacionados con un tema, especialmente la que en una sola sesión hace un maestro ante sus alumnos o un alumno ante su maestro; clase: *dar la lección, escuchar la lección, lección de anatomía, lección de matemáticas* **2** Periodo o sesión en que el maestro hace esta exposición; clase: "La *lección* de gimnasia empieza a las ocho de la mañana" **3** Conjunto de los conocimientos que debe aprender o exponer un alumno en cada sesión; clase: *aprender la lección, exponer la lección* **4** Tomar la lección Escucharla el maestro de boca del alumno para calificar su aprendizaje **II 1** Enseñanza que alguien saca tomando como ejemplo algo o a alguien: "La actitud del delegado nos dio una *lección* de honradez", "Su respuesta nos sirvió de *lección*: no hay que preguntar tonterías en público", "Han fracasado ya tres veces, pero no han aprendido la *lección* y siguen insistiendo", *sacar una lección, aprovechar la lección* **2** Dar una lección Regañar, reprender o castigar: "Si no te estás callado, verás qué *lección* te doy".

lector adj y s Que lee: *un lector de periódicos, una buena lectora de novelas, un lector óptico, la cabeza lectora de una grabadora.*

lectura s f **1** Acto de leer: "La *lectura* del libro en voz alta nos llevó varias horas" **2** Escrito que se ha leído o texto para leer: *buenas lecturas, terminar una lectura* **3** Interpretación del sentido de un texto o de algunos de los signos que contiene, particularmente cuando se comparan sus variantes: "Hay varias *lecturas* posibles del Quijote".

leche s f **I 1** Líquido blanco, opaco y muy nutritivo, que producen las mamas de las hembras de los mamíferos, con el que alimentan a sus hijos: *leche materna, leche de vaca, leche de burra, dos litros de leche, leche en polvo, leche descremada, leche pasteurizada* **2** Leche malteada La que se bate hasta formar espuma y generalmente lleva algún ingrediente que le da sabor: "Tenemos *leche malteada* de fresa, vainilla y chocolate" **3** Cualquier jugo blanco que produzcan las plantas o se obtenga de ellas: *leche de coco, leche de almendras* **4** (*Med*) Suspensión compuesta por un hidróxido insoluble precipitado en agua; forma una mezcla espesa y, según el hidróxido que contenga, se usa para diversas cosas; magma, lechada: *leche de magnesia* **5** (*Groser*) Semen **II 1** Mala leche Mala intención: "Tiene muy *mala leche* con sus alumnos", "Perdóname, no lo hice por *mala leche*", "Se lo ocultó de pura *mala leche*" **2** ¡La leche! (*Coloq*) Expresión con que alguien se burla de la torpeza o tontería de otro **3** (*Popular*) Buena suerte: "¡Qué *leche* tienes!".

lechero adj **1** Que produce leche o se relaciona con la producción o comercialización de la leche: *vaca lechera, hacienda lechera, industria lechera*, "En el rancho se cría ganado *lechero* y porcino" **2** s Persona que reparte leche a domicilio: "El *lechero* pasa a las seis de la mañana".

lecho s m **1** (*Liter*) Cama: *el lecho conyugal*, "En una amplia cámara se erigía el *lecho* real", "Buscaste Casandra el *lecho* de Agamenón, el rey de los hombres" **II 1** Fondo de un mar, de un lago o de un río: *lecho marino, limpiar el lecho de un río* **2** (*Geol*) Cada una de las capas de pocos centímetros de espesor en que se subdivide un estrato, las cuales se diferencian entre sí por sus componentes minerales **3** (*Arq*) Capa de algún material que sirve de asiento a otra.

lechón 1 s m Cerdo pequeño que todavía mama: "La marrana tiene ocho *lechones*" **2** s (*Popular*) Persona que tiene muy buena suerte, o a la que las cosas le salen bien sólo por suerte: "Ganaron el partido nomás por ser *lechones*", "—¡Me saqué la lotería! —¡Qué *lechón* eres!".

lechuga 1 s f (*Lactuca sativa*) Planta herbácea de la familia de las compuestas, con tallo ramoso de 40 a 60 cm de altura, de hojas comestibles, grandes y verdes. Se cultivan muchas variedades, como la romana, la orejona, la arrepollada, etc, y generalmente se come en ensalada **2** Estar fresco como una lechuga Estar muy fresco y ágil.

lechuguilla s f **1** (*Agave lechuguilla*) Maguey o agave de la familia de las amarilidáceas, que alcanza de 50 a 70 cm de altura y tiene de 30 a 35 hojas o pencas con cierta concavidad en la base; las espinas de los márgenes son ganchudas como garras y la púa terminal es muy aguda. El tallo central o quiote es muy delgado (3 cm de diámetro en la base) y alcanza hasta 3 m de altura. De sus hojas se extrae una fibra muy fuerte y muy resistente a la tensión que sirve para hacer lazos, reatas, costales, etc. Las pencas machacadas y reducidas a tiras producen el xixi (shishi), que contiene saponina y se utiliza para lavar. Se produce silvestre en las regiones secas, áridas y montañosas del centro y norte de México, principalmente en San Luis Potosí, Coahuila, Chihuahua, Durango, Tamaulipas, Nuevo León y Zacatecas: *campesinos dedicados al tallado de la fibra de palma y lechuguilla*, "Más de diez mil toneladas de *lechuguilla* y palma son exportadas anualmente" **2** (*Agave aurea*) Maguey de la familia de las amarilidáceas, con pencas de aproximadamente 1 m de largo por 15 cm de ancho, con espinas marginales, triangulares y desiguales, a veces encorvadas hacia arriba, de 4 a 8 mm, sobre prominencias carnosas; apreciado porque de él se fabrica cierta clase de mezcal. Se encuentra en Sonora **3** (*Solidago mexicana*) Planta herbácea de hojas alternas elípticolineares, acuminadas, de unos 7 cm; inflorescencia de apariencia escorpioidea; flores en cabezuelas con el vilano de pelillos blancos **4** (*Senecio vulneraria*) Planta herbácea de la familia de las compuestas, de unos 15 cm de altura, de hojas largamente abovadas, blancas y tormentosas por abajo y flores en cabezuelas amarillas. Se encuentra en el valle de México y en el estado de Morelos; se usa como medicina para las úlceras; palancapatli **5** (*Pistia stratiotes*) Planta acuática, flotante, de hojas abovadas, sésiles, de 5 a 10 cm de largo por 2 a 5 cm de ancho y flores en una columna protegida por una espeta amarilla.

lechuza s f **1** Ave carnívora, nocturna, perteneciente a varias familias y especies (principalmente a la de las estrigiformes, como *Strix occidentalis, Strix fulvescens* y *Strix varia*), de cabeza redonda y voluminosa, con los ojos dirigidos hacia adelante y rodeados de un círculo de plumas; pico corvo y tarsos cubiertos de pluma. Su plumaje es suave y fofo, de colores apagados, predominantemente café grisáceo, más o menos oscuro, y tonos jaspeados; sus cuatro dedos forman garras aceradas. De vuelo silencioso, suave y fácil, caza principalmente animales pequeños, como reptiles, roedores y otras aves, a los que traga casi enteros, regurgitando después en forma de pelotitas las partes que no ha digerido. Vive principalmente en bosques de pinos y encinos **2** Pan de dulce en forma de rombo, dos de cuyos ángulos opuestos se han plegado hacia el centro y a cuyos lados se encuentran dos grandes círculos de mermelada, que semejan ojos.

leer v tr (Se conjuga como *comer*) **1** Interpretar las letras y demás caracteres en que algo está escrito; establecer la relación entre éstos y su significado, ya sea pronunciándolos en voz alta o mentalmente: *leer el periódico, leer en silencio, leer un libro escrito en código Braille* **2** Interpretar de esta manera cualquier conjunto de signos en que algo está escrito o representado: *leer una partitura musical, leer un mapa* **3** Ejecutar o poner en práctica algo que está escrito o representado de alguna forma; reproducirlo: "La cabeza de la grabadora *lee* la cinta magnética" **4** Interpretar ciertos signos o indicios, deduciendo o adivinando algo a través de ellos: *leer la mano, leer el café, leer el porvenir en las cartas,* "Se podía *leer* en su cara cuánto sufría" **5** *Leer entre líneas* Interpretar o deducir algo que no se dice explícitamente, especialmente en un escrito o en un discurso: "Defendió el proyecto en la junta, pero *entre líneas* se podía *leer* la desconfianza que le provocaba su director".

legado s m **1** Mandato que deja una persona en su testamento: *hacer un legado, dejar un legado* **2** Conjunto de bienes que una persona hereda a otra ordenándolo en su testamento: "Mi único *legado* fue un reloj" **3** Persona que representa a otra en alguna cuestión oficial o lleva un mensaje específico, en particular en las relaciones internacionales: *un legado de Carranza, enviar un legado* **4** Persona que nombra el Papa para que lo represente en alguna cosa o ejerza sus facultades en algún lugar: *un legado apostólico, un legado ante el gobierno.*

legal adj m y f **1** Que se relaciona con la ley o está determinado por ella: *acción legal, domicilio legal, representante legal* **2** Que se relaciona con el derecho o la justicia: *actividad legal, fundación legal* **3** Que cumple con las normas, las reglas o las leyes establecidas: *un establecimiento legal, mercancía legal,* "No es *legal* que el portero use las manos fuera del área" **4** Que es recto, justo, íntegro o cabal: "Pedro es un amigo muy *legal*", "Es que no es *legal* que lo trates así".

legalidad s f Calidad de legal de un acto, contrato o situación jurídica: *problemas de legalidad, el más denodado defensor de la legalidad republicana.*

legalmente adv En forma legal, conforme a la ley: *ganar legalmente las elecciones, las autoridades legalmente constituidas.*

legar v tr (Se conjuga como *amar*) **1** Dejar algo a alguien como herencia: "Al hijo mayor le *legaron* la casa", "*Legó* su biblioteca a la Universidad", "Nuestros antepasados nos *legaron* hermosos monumentos arquitectónicos" **2** Poner o dejar algo en manos de otra persona: *legar responsabilidades.*

legendario adj Que pertenece a una leyenda o se relaciona con ella: *los legendarios castillos que pueblan las leyendas caballerescas, la legendaria China, el legendario monstruo de Loch Ness.*

legislación s f **1** Acto de legislar: "Seguirá trabajando por una *legislación* sobre problemas de la mujer y el niño" **2** Conjunto de las leyes generales, o de las referentes a una materia específica del derecho, que están vigentes en un lugar y en un tiempo determinado: "Se vigilará el cumplimiento de la *legislación*", "Los patrones deben respetar la *legislación* laboral".

legislador 1 adj Que legisla: *órgano legislador* **2** s Miembro del poder legislativo de un Estado: "Arribó al país una delegación de *legisladores* rusos", "Se mantendrá una comunicación constante entre *legisladores* y ciudadanos".

legislar v tr (Se conjuga como *amar*) Elaborar y aprobar las leyes o las normas necesarias para gobernar o dirigir un país o una sociedad: "La sesión de la cámara se dedicó a *legislar* en materia de salud pública".

legislativo adj **1** Que pertenece a la legislación o a los legisladores o se relaciona con ellos: *actividad legislativa, asamblea legislativa* **2** *Poder legislativo* Órgano del gobierno de un Estado que se encarga de hacer las leyes y debatirlas en las cámaras de diputados y senadores.

legislatura s f Asamblea legislativa, particularmente la que integran las cámaras de diputados federales o estatales durante un periodo determinado: "La designación fue por decreto de la *legislatura* estatal", "Rindió su informe ante los integrantes de la LIX *Legislatura*".

legítimo adj **1** Que está hecho o ha sido establecido conforme a la ley o el derecho: *gobierno legítimo, en legítima defensa* **2** Que es justo, que actúa conforme a la razón o la verdad: *una protesta legítima* **3** Que es genuino, auténtico u original: *una pintura legítima de Frida Kahlo.*

lego adj y s **1** Que no conoce o no sabe de cierta materia: "Son cosas que entiende hasta el más *lego* en medicina" **2** En el catolicismo, que es miembro de la comunidad de los fieles pero no pertenece al clero: *una reunión de legos y religiosos* **3** (*Relig*) Entre los religiosos católicos, que pertenece a una congregación, fraternidad, etc, que obliga a cumplir con determinados votos pero que no ofrece la orden sacerdotal. Entre las monjas, que se ocupa de las labores domésticas: *hermana lega.*

legua s f **1** Medida de longitud equivalente a 4 190 m, que se aplica principalmente a las distancias de los caminos o de los recorridos: "Apenas unas cuantas *leguas* me separaban de mi pueblo", "En una jornada caminaron diez *leguas*" **2** *Legua marina* o *marítima* Medida de longitud que equivale a 5 555 m **3** *Verse, notarse, etc, algo a leguas* o *a la legua* Verse, notarse, etc, a gran distancia o desde lejos; ser algo muy evidente o notorio: "*A leguas se nota* que se pintó el pelo", "*Se ve a la legua* que ya está harta" **4** *Cómico, compañía*, etc, *de la legua* Cómico, compañía, etc, que va de lugar en lugar presentando sus espectáculos, generalmente callejeros y de pocos recursos: "Un buen día abandonó todo y se fue de *cómico de la legua* a recorrer el mundo".

legumbre s f Fruto formado por una vaina que se abre por los bordes y que encierra en su interior una o varias semillas; es característico el de las plantas leguminosas, como el frijol, el chícharo, etc **2** Verdura u hortaliza: *sopa de legumbres*.

leguminosa 1 adj y s f Tratándose de plantas, que tiene el fruto en forma de vaina, como el frijol, el chícharo, etc **2** s f pl Familia de esas plantas angiospermas dicotiledóneas.

lejanía s f **1** Lugar muy apartado del sitio en donde uno habla o al que se refiere: "En la *lejanía* se ven los volcanes", "Aquellas *lejanías* del desierto" **2** Carácter de lo que está a gran distancia de uno o de algún punto en el espacio o en el tiempo: *la lejanía del mar, la lejanía de las estrellas*, "Me sorprende tu constante *lejanía*", "Se mantuvo siempre en el aislamiento y la *lejanía*".

lejano adj **1** Que está lejos, apartado o retirado en el tiempo, en el espacio, etc: "Se alcanza a ver una luz *lejana*", "En un futuro no *lejano* se harán viajes a Marte", "Tienen sueldos muy *lejanos* de los que se perciben en otras instituciones" **2** Que mantiene una actitud de desinterés o desafecto con respecto a alguien o que tiene la atención puesta en otra parte y no hace caso de lo que lo rodea: "Un padre *lejano* y una madre débil hicieron de él una persona insegura", "Se podía adivinar en sus ojos tristes y *lejanos* una persistente nostalgia" **3** Tratándose de relaciones de parentesco, que pertenece a una rama familiar alejada, no consanguínea: *primos lejanos*, "Una tía lejana le heredó una fortuna".

lejos adv **1** A cierta distancia, generalmente grande, en el espacio o en el tiempo: "Vive muy *lejos* de la escuela", "Vete un poco más *lejos*", "Estás muy *lejos*, acércate", "Viene de muy *lejos*", "Desde *lejos* se veía el campanario", "Todavía está *lejos* el año 2000", "Aquellos años están ya muy *lejos* de mis recuerdos" **2** *A lo lejos* A gran distancia o en la lejanía: "*A lo lejos* se ve un bosque" **3** *Ir* o *llegar demasiado* o *tan lejos* Ir más allá de un límite razonable: "No vayas tan lejos en tus afirmaciones", "Has ido demasiado lejos en tus críticas" **4** *Lejos de* Al contrario, en lugar de: "*Lejos de* enojarme, se lo agradecí" **5** *De lejos* Por mucho: "Les ganó *de lejos* la carrera" **6** *Tener buen lejos* Verse bien o tener buen aspecto visto a la distancia: "*Tiene buen lejos*, pero ya de cerca se le notan las arrugas".

lelo adj y s **1** Que piensa y actúa con mucha lentitud y simpleza; tonto en extremo: "*Lela* y todo, sabía de climas, tempestades, nublados, cabañuelas, cordonazos y canículas", "Me dejó lelo con su respuesta".

lema s m **1** Idea o proposición que se expresa en una frase corta y sirve de guía o de norma al comportamiento de alguien, como "Sufragio efectivo, no reelección" a los gobiernos mexicanos posteriores a la revolución de 1910: "El *lema* de la UNAM, 'Por mi raza hablará el espíritu', está tomado de Vasconcelos" **2** Palabra o frase que sirve para identificar una obra sometida a concurso a fin de que el

jurado no conozca el nombre de su autor antes de emitir el fallo: "Para conocer el nombre del ganador abriremos la plica marcada con el *lema* 'Un corazón adicto'" **3** Pensamiento corto que un autor coloca al principio de un escrito, generalmente tomándolo de otro autor, para indicar que se basó o se inspiró en él o para resumir el tema que trata **4** (*Publ*) Frase corta y repetitiva con la que se anuncia un producto comercial; slogan **5** (*Mat*) Proposición que se debe demostrar antes de formular un teorema.

lencería s f **1** Ropa interior femenina, principalmente la que está hecha con telas y adornos finos, como seda y encajes, y lugar donde se vende esta ropa: "Trajo *lencería* francesa para vender aquí", *abrir una lencería* **2** Conjunto de tejidos y telas especiales para adornar prendas de vestir y lugar donde se venden: "Al vestidito se le aplica *lencería*: bordados, calados, encajes, etcétera".

lengua s f **1** Órgano carnoso, largo y movible, que se encuentra dentro de la boca fijado por su parte posterior, en los seres humanos y muchos otros animales, con el que se gusta y se traga el alimento; en los humanos es también uno de los órganos del habla **2** (*Ling*) Sistema de signos fónicos o gráficos con el que se comunican los miembros de una comunidad humana: *lengua española, lengua náhuatl, lengua otomí* **3** Uso de ese sistema, característico de un grupo de personas o que determina cierta situación de comunicación: *lengua culta, lengua popular, lengua literaria* **4** *Lengua materna* La que aprendió una persona a hablar en su infancia y con la que se comunica normalmente **5** *Lengua natural* La común y ordinaria, en oposición con los lenguajes científicos o artificiales **6** *Lengua franca* Sistema compuesto por signos de varias lenguas, con el que se comunican personas de distintas lenguas maternas **7** *Lengua muerta* La que desapareció por haber muerto todos los que la hablaban, como el fenicio, el hitita o, posiblemente, el olmeca **8** *Lengua viperina* Persona que habla mal de los demás, inventa chismes, etc **9** *Malas lenguas* Personas que hablan mal de los demás: "Dicen las *malas lenguas* que Zenón se robó el dinero" **10** *Irse alguien de la lengua* Hablar de más, decir lo que no debía: "Susana *se fue de la lengua* y descubrió todo el secreto" **11** *Morderse la lengua* Callar uno lo que desearía decir o hacer público: "El conferencista dijo muchas tonterías, y *no me* tuve que *morder la lengua*" **12** *Lengua de tierra* Parte larga y angosta de tierra que entra en el mar **13** *Lengua de fuego* Llamarada.

lenguado s m Pez teleósteo, perteneciente a distintas familias, que se caracteriza por tener el cuerpo oval, comprimido, casi plano, bordeado de aletas, y el cráneo asimétrico. Su cuerpo presenta dos caras completamente diferenciadas; la superior está pigmentada (generalmente de color gris o pardo) y en ella se encuentran situados los dos ojos, mientras que la inferior es lisa y blanca. Vive sobre las arenas del fondo marino; su carne es muy apreciada como alimento.

lenguaje s m **1** Conjunto de señales o signos que permite a los seres humanos comunicar lo que piensan o sienten, generalmente mediante sonidos articulados en palabras o mediante algún otro medio sensible: *lenguaje escrito, el lenguaje de la fotografía, el lenguaje de las manos* **2** Lengua: *el lenguaje de los* *esquimales* **3** Manera particular de hablar de una persona o de cierto grupo en cierta situación: *lenguaje elegante, lenguaje literario, lenguaje científico* **4** (*Ling*) Conjunto de señales o signos que permite a muchos seres vivos comunicarse con los de su especie: *lenguaje de las abejas, lenguaje de los delfines* **5** (*Ling*) Sistema de señales o de signos artificialmente construido para comunicar cierta clase de expresiones, mensajes u órdenes: *lenguaje formal, lenguaje matemático, lenguaje morse, lenguaje de las computadoras.*

lentamente adv Con lentitud, poco a poco; despacio: "Un enorme barco blanco entraba *lentamente* en las aguas azules", "El sol subía *lentamente* en el cielo", "Camina *lentamente*", "Bajó *lentamente* por los travesaños", "Se disuelve *lentamente*".

lente 1 s m o f Cristal pulido, cóncavo, convexo o de otra forma, que se utiliza en diversos instrumentos ópticos: *las lentes de un microscopio, un lente de acercamiento* **2** s m pl Juego de dos cristales, graduados o sin graduar, que, sostenido por un armazón que se apoya en la nariz y en las orejas, se coloca frente a los ojos y sirve para protegerlos o para corregir defectos de la vista; anteojos: *unos lentes bifocales, unos lentes de sol* **3** *Lente de contacto* Pequeño disco de cristal u otro material, suavemente curvado, que se ajusta al ojo directamente sobre la córnea para corregir algún defecto de la vista.

lenteja s f **1** Semilla comestible de color verde o pardo, muy apreciada por su valor alimenticio; es redonda y biconvexa, mide de 2 a 3 mm de diámetro, tiene la superficie lisa y es de consistencia dura: *limpiar las lentejas, sopa de lentejas, lentejas con plátano* **2** (*Lens esculenta*) Planta herbácea, anual, de la familia de las leguminosas papilonáceas, que da esta semilla; mide de 30 a 40 cm de altura, sus tallos se ramifican hasta terminar en zarcillos, tiene hojas oblongas, flores blancas con líneas moradas y su fruto es una vaina que contiene dos o tres semillas **3** (*Lemna minor*) Planta acuática, de la familia de las lemnáceas, que flota en las aguas estancadas y cuyas frondas se agrupan de tres en tres.

lentejuela s f Cada una de las pequeñas laminillas circulares, brillantes, de colores llamativos y con un orificio en el centro, que, cosidas o pegadas, se usan para adornar prendas de vestir, accesorios, etc: "Se mandó hacer una falda de china poblana con el escudo nacional bordado en *lentejuelas*", "Los danzantes lucían coronas de hojalata salpicadas de *lentejuelas* y espejillos".

lenticular adj m y f **1** Que tiene forma de lenteja: "La galaxia donde vivimos no es espiral sino *lenticular*" **2** (*Fís*) En óptica, que es propio de una lente o se relaciona con ella **3** (*Anat*) Que pertenece al cristalino del ojo o se relaciona con él **4** s m y adj (*Anat*) Hueso más pequeño de la cadena ósea del tímpano, entre la apófisis vertical del yunque y el estribo; hueso lenticular, apófisis lenticular.

lentitud s f Cualidad de un movimiento o de una acción de tardar mucho en realizarse o desarrollarse: "Camina con *lentitud*", "La *lentitud* de sus palabras me desespera".

lento adj **1** Que tarda mucho tiempo en moverse, en desarrollarse, en llevar a cabo algo o en ir de un lugar a otro: *una defensiva muy lenta, coche lento, burro lento, una lenta baja de los precios, paso lento*

2 adv Despacio: *correr lento, hablar lento* **3** *Fuego lento* Fuego de poca intensidad.

leña s f **1** Conjunto de ramas secas, pedazos de tronco o madera de cualquier clase que se utiliza para hacer fuego: *cortar leña, prender leña, leña para la chimenea* **2** *Echar leña al fuego* Dar más motivos o argumentos para avivar o continuar una discusión, una pelea, una discordia, etc: "Yo me callé la boca, para no *echar* más *leña al fuego*" **3** *Dar leña o repartir leña* (*Coloq*) Golpear a una persona o a muchas: "A los delanteros siempre les pegan, pero ellos tampoco dejan de *repartir leña* a diestra y siniestra" **4** *Leña amarilla* (*Mahonia fascicularis*) Arbusto de entre 1 y 3.5 m de altura, de hojas pinadas y espinosas y flores amarillas en racimos. Su fruto es una baya comestible; palo de teñir.

león s l **1** Mamífero carnívoro de la familia de los félidos, propio de los desiertos de África y de Asia del sur. Tiene aproximadamente 1 m de altura hasta la cruz y 2 de largo hasta el arranque de la cola, que es larga y termina en una pequeña bola de cerdas; sus dientes y uñas son muy fuertes y tiene el pelo entre amarillo y rojo. De ambos sexos es característico el rugido, y del macho una melena que le crece con los años **II** (*Coloq*) **1** *Ser alguien un león* Ser muy fuerte, valiente o difícil de vencer **2** *Ponerse alguien como (un) león o (una) leona; ponerse hecho un león o una leona* Enojarse, enfurecerse o actuar con arrojo y valentía ante una situación amenazante: "Cuando vio que querían pegarle a su hijo, *se puso hecha una leona*" **3** *Andar o estar alguien como león enjaulado* Estar muy nervioso o inquieto: "*Andaba como león enjaulado* por los pasillos de la clínica" **4** *Tirar a león a alguien* No hacerle caso o ignorarlo: "¿No que muy amigos? Mira nomás cómo te *tira a león*" **5** *Oler a león* Oler muy mal, particularmente a sudor: "Después del juego, sus camisetas quedan *oliendo a león*" **III** *León, león de montaña o león americano* Puma **IV** *León marino* Mamífero marino de la familia de los otáridos, parecido a la foca, que vive en las costas del Océano Pacífico, principalmente en las frías, y se alimenta de peces, pulpos y otros animales del mar. Sus cuatro extremidades tienen forma de aleta y las dos traseras, que están unidas hasta su base, pueden girar hacia adelante, lo que le permite desplazarse por el suelo con más facilidad que las focas. Tiene las orejas bien desarrolladas, aunque pequeñas, el pelo corto y grueso y, salvo en una especie (*Zolophus californianus*), los machos tienen melena **V 1** *Pata de león* (*Geranium hernandesii* y *Geranium mexicanum*) Planta herbácea de la familia de las geraniáceas, de hojas largamente pecioladas y flores de color rosa **2** (*Ranunculus petiolaris*) Planta de la familia de las ranunculáceas, de hojas lobulado-partidas y largamente pecioladas, y flores amarillas en cabezuelas; el jugo de su raíz produce ampollas en la piel.

leopardo s m **1** (*Panthera pardus*) Mamífero carnívoro de la familia de los félidos que llega a medir hasta 2.5 m desde la cabeza hasta la punta de la cola; es un animal sumamente ágil y rápido, de cabeza grande y redonda, cuello corto, cuerpo esbelto y patas cortas y fuertes. Tiene la piel de color rojizo, ocre amarilloso con manchas oscuras y redondas o totalmente negra, y pelaje largo o corto, según la variedad. Habita en los bosques, sabanas y regiones semidesérticas de África y Asia del Sur **2** *Leopardo güinduri* En Tamaulipas y parte de Veracruz, ocelote.

lepra s f Enfermedad infecciosa, crónica, que afecta principalmente la piel, las mucosas y el sistema nervioso y es producida por la bacteria *Mycobacterium leprae*. Presenta variedades distintas, que dependen del grado de inmunidad del enfermo; en su forma menos grave, se caracteriza por la presencia de lesiones cutáneas y nerviosas, tales como manchas, úlceras y tumores, con pérdida de la sensibilidad en las áreas afectadas. El tipo más severo, en cambio, presenta lesiones profundas que provocan mutilaciones de la piel y partes del cuerpo, deformaciones del rostro, ceguera, parálisis o atrofia de los miembros, y pueden ocasionar la muerte.

les pronombre masculino o femenino plural de tercera persona **1** Indica objeto indirecto: "Anita *les* dio un beso", "Avísa*les* que llegaremos tarde" (Antecede al verbo cuando éste se conjuga: "*les* dio", "*les* cantó", "*les* gritamos"; lo sigue cuando se trata de un imperativo, un infinitivo o un gerundio: "da*les*", "gritar*les*", "cantándo*les*") **2** Se usa para repetir en la misma oración, pero por anticipado, el complemento indirecto: "No *les* dijo nada a sus padres", "*Les* dio el libro a sus hijos", "Llegamos y *les* gritamos a los cuidadores" (Cuando el objeto directo está representado por un pronombre —*lo, la, los, las*—, *les* se transforma en *se*: "*Se* lo di", "*Se* las mandé", "*Se* lo advertimos").

lesbiana s y adj f Mujer homosexual: *una pareja de lesbianas, una joven lesbiana*.

lesbianismo s m Inclinación homosexual en las mujeres y condición de la mujer lesbiana: "Claudia no pretende que la gente entienda el *lesbianismo*, pero sí que lo respete".

lesión s f **1** Daño que causa en alguna parte del cuerpo una herida, un golpe o una enfermedad: *lesión cerebral, lesión en una pierna, recibir muchas lesiones* **2** Daño que sufre algo: *una lesión de la economía, una lesión moral*.

lesionado s y adj Persona que ha sufrido una lesión o una herida; herido: "La ambulancia de la Cruz Roja recogió a los *lesionados*", "Algunos de los *lesionados* presentan golpes contusos en todo el cuerpo", "Tenía casi todos los huesos *lesionados*".

lesionar v tr (Se conjuga como *amar*) **1** Causar una herida o una lesión a una persona o a un animal: "El balazo le *lesionó* una pierna", "Al saltar la cerca, el caballo se *lesionó*", "Se *lesionó* y tuvo que abandonar" **2** Causar daño, afectar algo o a alguien: "Aseguró que esas medidas *lesionaron* los intereses de los trabajadores", *lesionar la economía*.

letal adj m y f Que provoca la muerte o es capaz de ocasionarla: "La sustancia tuvo efectos *letales* en algunas especies", *una dosis letal de plomo, armas letales, el letal frío de Siberia*.

letargo s m **1** Estado de sueño poco profundo pero prolongado y pesado que producen ciertas enfermedades o el haber tomado ciertos medicamentos que actúan sobre los nervios **2** Estado de poca actividad, insensibilidad y casi ninguna voluntad: *sumirse en el letargo, el letargo de una tarde calurosa*.

letra s f l **1** Cada uno de los signos o símbolos que, escritos o impresos, representan los fonemas de una lengua y en conjunto forman su alfabeto: *las letras latinas, una letra griega* **2** *Letra mayúscula, capital*

o *capitular* La que es de mayor tamaño que las más comunes y generalmente tiene un trazo distinto al de éstas; se usa para comenzar un escrito o un párrafo después de punto, para escribir los nombres propios o algunas abreviaturas y siglas como DEM, que es la sigla de Diccionario del Español de México **3** *Letra minúscula* La de menor tamaño, de trazo por lo general diferente al de la mayúscula, que se usa en todos los otros casos, como: a, b, m, q, etc **4** *Letra de molde* o *de imprenta* La que se usa en los impresos **5** *En letras de molde* o *de imprenta* Impreso: "Siempre quiso ver su nombre *en letras de molde*", "Hizo todo lo posible porque la noticia no apareciera *en letras de imprenta*" **ll** (*Impr*) **1** *Letra redonda, romana* o *romanilla* La más común, que es recta en su eje vertical y generalmente redondeada, como M y m **2** *Letra cursiva, itálica* o *bastardilla* La que tiene cierta inclinación a la derecha e imita la escritura hecha a mano, como *M* y *m* **3** *Letra negrita* o *negrilla* La que es más gorda que lo común, como **M** y **m** **4** *Letra blanca* La que no es negrita, como M y m **5** *Letra versal* Mayúscula de imprenta, como M **6** *Letra versalita* La que tiene los rasgos de la mayúscula pero del tamaño de la minúscula, como M **7** *Letra gótica* La que es recta y angulosa, como 𝔐 y m **lll 1** Escrito de cualquier clase, particularmente una carta o un mensaje: "Por obediencia, Conchita no debía de escribirle ni una *letra*, ni recibir una *letra* del padre Fito" **2** Forma particular de escribir una persona o una escuela: *buena letra, letra de doctor* **3** *Letra manuscrita* Escritura que se hace directamente con la mano, normalmente usando un lápiz, una pluma u otro utensilio manual **4** *Letra redondilla* Escritura manuscrita de rasgos verticales y redondeados: "Cada diez de mayo le entregaba una composición en *letra redondilla*" **5** *Letra cursiva* Escritura que se hace de corrido, enlazando todos los rasgos dentro de cada palabra: "Lo primero que hacíamos era poner nuestro nombre en *letra cursiva* sobre la hoja" **6** *Letra de molde* o *de imprenta* Escritura que se hace a mano imitando los tipos o caracteres de imprenta: "Durante años las escuelas sólo han enseñado a escribir en *letra de molde*", "Escribió su nombre en la libreta con grandes *letras de imprenta*" **IV 1** Sentido literal de alguna cosa, sin alteración ni interpretación: "Siendo clara la ley, y aplicable en su *letra*...", "Y así aprendí —concluyó Canek— a leer no la *letra* sino el espíritu de todas estas historias" **2** *A la letra, al pie de la letra* o *letra por letra* Tal como está escrito, se dice o se ordena, sin interpretar ni modificar nada: "Una carta que *a la letra* dice:...", "Sigue la doctrina jurídica *al pie de la letra*", "Hizo todo lo que le mandé *al pie de la letra*", "Cumplió sus promesas *letra por letra*" **V** Palabras que acompañan una canción o una obra musical: *la letra de un corrido, la letra del himno nacional, ponerle letra a una melodía* **VI** pl **1** Literatura: "Se aficionó a las *letras* desde adolescente" **2** Conjunto de las obras literarias de una época o de una cultura: *letras modernas, letras clásicas, letras mexicanas* **3** Conjunto de los estudios literarios o de los estudios humanísticos: *maestro de letras, letras mexicanas, hombre de letras* **4** *Letras sagradas* o *divinas* La Biblia: "Al cabo del tiempo toleró la fama de hombre sabio en *letras sagradas* y profanas" **5** *Primeras letras* Primeros estudios: "Hice las *primeras letras* y luego el curso de taquimecanografía", "Aprendió sus *primeras letras* en un colegio marista" **6** (*Coloq*) *No saber ni una letra de algo* No saber nada de un asunto o un tema determinado: "*No sabe ni una letra* de historia de México" **VII 1** *Letra (de cambio)* Documento con el que alguien se compromete a pagar una deuda en un plazo determinado y bajo ciertas condiciones: *firmar una letra* **2** *Ser, volverse o convertirse algo en letra muerta* Ya no cumplirse o seguirse; perder vigencia: "Hay artículos constitucionales que parecen *ser letra muerta*", "La letanía de las posadas *se está volviendo letra muerta*".

letrero s m Escrito breve que anuncia, indica o informa alguna cosa, particularmente el impreso, pintado o grabado en un cartel, lámina, etc, que se coloca en un lugar público o visible para mucha gente: "Antes de la caseta está el *letrero* de desviación", "Mandó hacer un *letrero* con el nombre de la tienda", "Las calles están llenas de *letreros* publicitarios".

leva s f **1** Reclutamiento forzoso de civiles para integrarlos al ejército, como el que practicaron los distintos gobiernos durante la Revolución Mexicana: "…corremos también nosotros, huyendo de la *leva*, seguidos por estos condenados del gobierno" **2** Conjunto de soldados reclutados de esa forma **3** *Echar levas* (*Popular*) Decir mentiras **II** (*Mec*) Pieza que gira en torno a un punto que no es su centro: *árbol de levas*.

levadura s f Masa o sustancia formada por ciertos hongos unicelulares que generalmente crecen unidos entre sí formando una cadena y tienen la propiedad de producir enzimas que provocan la fermentación de distintas materias orgánicas: *levadura de pan, levadura de cerveza*.

levantamiento s m **1** Acto de levantar o levantarse: *levantamiento de pesas, levantamiento de una prohibición, levantamientos geológicos* **2** Movimiento, generalmente popular, que se opone al gobierno establecido y emprende acciones violentas en su contra; rebelión: *levantamiento armado*, "La paz de siglos se ve interrumpida al fin por el *levantamiento* de los insurgentes".

levantar v tr (Se conjuga como *amar*) **I 1** Mover o dirigir algo o a alguien hacia arriba; sostenerlo o ponerlo en un lugar más alto: *levantar la mano, levantar la cabeza, levantar la mirada, levantarse el humo, levantar el telón, levantar pesas*, "*Levantó* a su hijo en brazos para que pudiera ver a los payasos" **2** prnl Sobresalir; estar situada en algún sitio cierta cosa de una altura considerable: "La columna de la Independencia *se levanta* en el Paseo de la Reforma", "La Sierra de Álica *se levanta* sobre Tepic" **3** prnl Aparecer o hacerse visible algo que abulta una superficie: *levantarse un chichón, levantarse un volcán* **II** Separar o quitar algo del lugar o del objeto al que está pegado o sobre el que descansa: *levantar un vendaje, levantarse la pintura, levantarse una costra* **III 1** Poner algo o a alguien de pie o en posición vertical: *levantar un poste, levantarse de una silla, levantarse de la cama* **2** Despertar: "Me *levanté* a las seis de la mañana", "Nos *levantaron* los cuetes a media noche" **3** prnl Aliviarse alguien de alguna enfermedad: "Después de la indigestión, *se levantó*, aunque estaba muy débil" **4** *Levantar (la) cabeza* Sobreponerse a algún mal o a alguna adversidad: "La crisis golpeó tan fuerte a los constructores que al-

gunos todavía no logran *levantar cabeza*" **IV 1** Construir una obra de albañilería, un edificio, un monumento, etc: *levantar un muro, levantar una torre, levantar una estatua* **2** *Levantar tipo o tipografía* (*Impr*) Componer en letras de imprenta el texto que se va a imprimir **V 1** Dar mayor fuerza o intensidad a algo: *levantar la voz, levantar el ánimo* **2** Provocar o impulsar el surgimiento de algo o hacer que aumente su intensidad: *levantar aplausos, levantar un alboroto* **3** Poner en estado de lucha o de guerra a un conjunto de personas o a una comunidad: *levantar en armas, levantarse los obreros contra sus patrones* **VI 1** Recoger alguna cosa: *levantar la cosecha* **2** *Levantar el aguamiel* (*Rural*) Recogerla succionándola a través de un guaje largo, hueco y perforado en sus extremos **3** *Levantar tierra* (*Rural*) En el cultivo del maíz, arrimar tierra al pie de las plantas, generalmente usando el arado, después de haber limpiado la maleza **4** Recoger y ordenar las cosas que se han usado o están tiradas: *levantar la cama, levantar la cocina, levantar la basura, levantar el campamento* **5** Reunir o recabar datos acerca de algún acontecimiento o de una situación: *levantar una encuesta, levantar un censo* **VII 1** Dejar constancia de algo por escrito, generalmente ante una autoridad o durante un acto formal: *levantar una queja, levantar un acta* **2** *Levantar falsos, infundios*, etc Decir mentiras en contra de alguien **VIII 1** Dar por terminado un acto formal o solemnemente iniciado: *levantar la sesión, levantar la huelga* **2** Suprimir o dejar sin efecto una prohibición, una sanción, un castigo o una pena: *levantar una condena, levantar un embargo, levantar la veda* **IX 1** (*Coloq*) Alcanzar, lograr: "El coche *levanta* hasta 150 km por hora" **2** *Levantarla* (*Popular*) Lograr algo o alguien lo que se propone; tener éxito: "Ese chavo no *la levanta*".

leve adj m y f **1** Que tiene poca fuerza o intensidad; que tiene poco peso o es poco perceptible: *una protesta leve*, "A lo lejos, un *leve* sonar de campanas", "Lo rechazó con un *leve* movimiento de cabeza", *unas pisadas leves* **2** Que tiene poca importancia o poca gravedad: "Tuvimos un problema *leve* en la mañana", *un resfriado leve* **3** Que es tranquilo o suave; que no tiene complicaciones y se desarrolla con facilidad: "Vendrán horas más *leves*… que alejarán ese sopor opaco, grave" **4** (*Coloq*) Que representa poca dificultad o implica poco esfuerzo: "Estuvo en el examen" **5** *Llevársela leve* (*Coloq*) Actuar o hacer alguna cosa con tranquilidad y prudencia, poniendo poco esfuerzo o sin preocuparse demasiado por ella: "*Llévatela leve* en la chamba, ya no hagas tantos corajes".

levemente adv Ligeramente, en forma leve, con suavidad o sin poner mucho peso: "Sonrió *levemente*", "La besó *levemente* en la mejilla", "Pisábamos *levemente* sobre la tierra", "Una de las balas hirió *levemente* a Ángel", "Trácese *levemente* la línea de base", "Me apoyé *levemente* en el hombro de Federico".

lexema s m (*Gram*) Morfema que manifiesta la unidad de significado de una palabra o de un conjunto de palabras que se forman con él. Aparece generalmente ligado a gramemas de género, número, modo, tiempo o persona, como en: *librería*, en donde *libr-* es el lexema; *amante*, en donde el lexema es *am-*, o *rodar* en donde el lexema es *rod-*; puede aparecer libre, y en ese caso coincide con la palabra, como en *cruz, jardín*, etcétera.

léxico s m **1** (*Ling*) Conjunto de las palabras de una lengua determinada: *léxico del español, léxico del tarasco* **2** (*Ling*) Conjunto de las palabras pertenecientes a cierto grupo social, a cierta región, a cierta clase de trabajo o especialidad, o al utilizado por una persona: *léxico infantil, léxico tabasqueño, léxico del hampa, léxico electrónico, léxico rico, léxico elegante* **3** Obra que lo reúne o lo explica: *un léxico de la agricultura* **4** adj Que pertenece al vocabulario y a las palabras o se relaciona con ellos: *estudio léxico, aspectos léxicos.*

lexicografía s f **1** Arte de componer diccionarios **2** Conjunto de técnicas y criterios que se aplica para la elaboración de léxicos o de diccionarios, como la recolección, la documentación y el análisis de palabras.

lexicográfico adj Que pertenece a la lexicografía o se relaciona con ella: *práctica lexicográfica, equipo lexicográfico.*

lexicógrafo s y adj Persona que tiene por profesión la lexicografía: "Siete *lexicógrafos* y una secretaria trabajan en este diccionario".

lexicología s f Disciplina que tiene por objeto el estudio de las palabras, particularmente su origen o etimología y las relaciones que existen entre ellas por su forma o por su significado.

ley s f **I 1** Regla o norma obligatoria y general que establece una autoridad para guiar y limitar la acción y el comportamiento de los miembros de una sociedad de acuerdo con los fines generales de ésta: *ley del trabajo, ley militar* **2** Conjunto de esas reglas: *la ley mexicana, conforme a la ley* **3** pl Estudio de estas reglas y profesión de los que lo practican; derecho: *estudiante de leyes, carrera de leyes,* "Francisco eligió las *leyes* como profesión" **4** Norma que regula o guía algo: *las leyes de un juego, leyes del mercado* **5** Conjunto de las normas o preceptos de una religión: *la ley mosaica, la ley de Mahoma* **6** Ley *marcial* (*Der*) La que establecen autoridades militares cuando, en casos excepcionales legalmente definidos, se encargan de mantener el orden público **7** Ley *orgánica* (*Der*) La que regula la organización de algún servicio público o institución **8** Ley *seca* La que prohíbe la venta y el consumo de bebidas alcohólicas **9** Ley *fuga* Ejecución ilegal de un prisionero al que se suelta a propósito para luego pretextar que huía: *aplicar la ley fuga* **10** Ley *de la ventaja* (*Dep*) En futbol, la que establece que el árbitro puede dejar de marcar una falta cuando así conviene al equipo que la sufre **11** Orden o condición impuesta por algo o alguien: *ley del más fuerte, ley de la selva* **12** Ser *alguien la ley* Ser la autoridad o el que manda: "Nada de protestas: aquí yo *soy la ley*" **13** Con *todas las de la ley* Tal como debe ser, con todo lo necesario: "Maclovio y María se casaron *con todas las de la ley*" **14** Tener *buena ley* o s*er de (buena) ley* Ser fiel, leal, noble o justa una persona: "Juan *es* un muchacho de muy *buena ley*", "Le *tiene buena ley* a su mujer" **15** La *ley* (*Coloq*) La policía: "Estábamos entrando a la fiesta cuando llegó *la ley*" **II** Cantidad de oro o plata que debe contener una moneda: "La *ley* 0.720" **III** Fórmula o enunciado de alguna relación constante o de alguna regularidad que se comprueba empíricamente en cierta clase de fenómenos: *ley de la gravedad, ley de la relatividad* **IV** (*Rural*) **1** Tratándose de un gallo de pelea, calidad que tiene para el combate: *ley baja, ley brava* **2** Ley *profunda* o *suprema* Tratándose de gallos de pelea, calidad del que combate con vigor y muestra valentía hasta el momento de morir.

leyenda s f **I 1** Historia tradicional en que se cuentan hechos extraordinarios o maravillosos, inspirados o no en la realidad, como la de la Llorona, la de Xtabay, la del Cid, etc: *contar leyendas, una leyenda indígena, la leyenda del rey Arturo* **2** Pensamiento o afirmación imaginarios o falsos acerca de algo o de alguien: "Que México sea el cuerno de la abundancia es una *leyenda*", "Ésas son puras *leyendas*, no las creas" **II** Letrero, texto que acompaña una ilustración o que aparece escrito en cualquier objeto: *la leyenda de una moneda, la leyenda de un frasco de medicinas, la leyenda de un monumento.*

lía s f Cuerda delgada hecha con fibras vegetales torcidas, trenzadas o tejidas: "Amarró la caja con una *lía*".

libelo s m Escrito en el que se calumnia o difama a una persona, institución, etc: "Anda circulando un *libelo* anónimo donde se distorsionan los actos del candidato".

libélula s f Insecto del grupo de los odonatos, de cabeza y ojos grandes, abdomen alargado y cuatro alas transparentes, delgadas y estrechas, que no se pliegan sobre el cuerpo. Se alimenta de insectos que captura al vuelo y vive cerca del agua; caballito del diablo.

liberación s f Acto de liberar o liberarse: *liberación de presos, liberación de precios, liberación de una sustancia, la liberación femenina.*

liberado I pp de *liberar* **II** Que mantiene una actitud contraria a ciertos prejuicios morales y sociales, en particular a aquellos relacionados con la sexualidad y con las conductas masculinas y femeninas convencionales: "Jose es una mujer *liberada* e independiente", "Los papás de Diana son muy *liberados* y la dejan salir de viaje con el novio".

liberal adj m y f **1** Que es generoso, desinteresado y confía más en la voluntad y en la conciencia del individuo en ideas y reglas de conducta fijas y preestablecidas: *un padre liberal, una maestra liberal, una escuela muy liberal* **2** Que es partidario del liberalismo: *partido liberal, movimiento liberal* **3** s m y f Miembro de un partido liberal o persona que simpatiza con las ideas del liberalismo: "Los *liberales* dieron a México la solidez política que le faltaba después de la Independencia" **4** Tratándose de profesiones, que se ejerce públicamente y en libre competencia, sin percibir remuneración del Estado u otra institución sino sólo de quienes reciben un servicio profesional, como la abogacía y la medicina.

liberalismo s m Conjunto de ideas y prácticas políticas surgidas en Europa entre los siglos XVII y XVIII, particularmente durante la Revolución Francesa, que, por considerar que la libertad de pensamiento y acción del individuo son valores originarios y fundamentales del ser humano, sostiene la necesidad de propiciar su desarrollo mediante la defensa de las garantías individuales, de la libertad de trabajo y de expresión, de la libre empresa, de la razón y del progreso en contra de la arbitrariedad de la autoridad tradicional y su intervención en la economía. En México, estas ideas fueron determinantes para la consolidación de la independencia en el siglo XIX, pues impusieron el valor de la ley y la razón sobre el autoritarismo del régimen colonial, defendieron la igualdad ante la ley de todos los mexicanos, se opusieron a la intolerancia de la Iglesia y dieron los primeros pasos para la creación de un Estado democrático, representativo y tolerante, tal como se hizo manifiesto en la Constitución de 1857.

En el siglo XX este conjunto de ideas y prácticas, sin perder sus características esenciales, ha destacado más su defensa de la libre competencia y la iniciativa privada frente al poder del Estado, aunque también defiende la necesidad de que este último intervenga para combatir la formación de monopolios y regular la actividad económica. Benito Juárez, Vicente Riva Palacio, Matías Romero, Sebastián Lerdo de Tejada, Guillermo Prieto e Ignacio Manuel Altamirano fueron algunos de los más destacados defensores de estas ideas.

liberar v tr (Se conjuga como *amar*) **1** Poner en libertad o dejar libre algo o a alguien que estaba prisionero o bajo el dominio de otro: "Luego de cobrar el rescate *liberaron* al secuestrado", "Abrió la jaula para *liberar* a los canarios", *liberar a los presos, liberar un país* **2** Descargar o dejar a alguien libre de una obligación, una pena o una molestia: *liberar a los conscriptos, liberar de una promesa*, "A los dieciocho años se *liberó* de los pesados lazos familiares" **3** Soltar o dejar alguna cosa libre de aquello que la sujeta, la limita, la restringe o la reprime: "Al ser accionada, la palanca *libera* un resorte", *liberar los precios, liberar las emociones* **4** Dejar salir o echar fuera de sí alguna cosa, generalmente como resultado de realizar una actividad o por sufrir los efectos de la que realiza otro: *liberar energía, liberar calor*, "Las reacciones atómicas *liberaron* una gran cantidad de radiación".

libertad s f **1** Facultad o posibilidad que tiene una persona o un conjunto de personas de elegir o hacer algo según su propio juicio, sus intereses, deseos, etc, sin depender del dominio, el poder o la autoridad de otra u otras: "Tienes *libertad* para elegir a tus amigos", "Gastaba su dinero con entera *libertad*", "Trabajábamos en paz y con mucha *libertad* hasta que llegó el inspector" **2** Estado de quien puede actuar de esta manera o condición de lo que no está sujeto o sometido a prohibiciones ni restricciones: "Los niños gozaban de la *libertad* con que podían jugar en aquel patio", "Vivía con la esperanza de recuperar la *libertad* que había perdido al aceptar tantas responsabilidades", "Los pájaros volaban en *libertad*", *libertad de precios* **II 1** Facilidad que tiene una persona para hacer algo y, particularmente, naturalidad con que se desenvuelve en una situación o trata a otras personas: "Se mueve con mucha *libertad* entre los políticos", "Toca el piano con una *libertad* asombrosa", "En el campo encontró *libertad* para pensar" **2** *Tener libertad(es) con alguien* o *tomarse la libertad de* Permitirse un trato de mucha familiaridad o confianza con otra persona: "Tengo suficiente *libertad con él* como para pedirle ese favor", "*Me tomé la libertad de* prestarle tu dinero" **3** *Tomarse libertades* Abusar de la confianza de alguien o propasarse en el contacto corporal con otra persona **III** (*Der*) **1** Posibilidad que tiene una persona de actuar según su criterio, siempre y cuando no viole una ley: *derecho a la libertad*, "No hay justicia sin *libertad*" **2** Situación jurídica de quien goza de esta

posibilidad: "Los reos fueron puestos en *libertad*" **3** Cada uno de los derechos que garantizan a los ciudadanos la posibilidad de elegir y actuar según su criterio en los asuntos relacionados con la vida pública: *libertad de expresión, libertad de reunión, libertad de culto, libertad de imprenta, libertad política* **4** *Libertad provisional* Aquella en la que se deja libre a un procesado, siempre que llene los requisitos legales y cuando la media aritmética entre la pena máxima y la mínima por el delito que se le atribuye no pase de cinco años **5** *Libertad bajo palabra* o *bajo protesta* (*Der*) La provisional, cuando se concede en casos especiales definidos por la ley **6** *Libertad preparatoria* (*Der*) La que se concede a los que han cometido por primera vez un delito, han tenido buena conducta en la cárcel y han cumplido la mitad o $3/5$ partes de su condena, según el caso.

libertador s y adj Persona que libera algo o a alguien, particularmente la que da la libertad a un pueblo o país que ha estado bajo el dominio de otro: *los libertadores de la patria*.

libertino adj y s Que es inmoral, dado a los vicios y a los excesos, principalmente sexuales: *costumbres libertinas, los libertinos ingleses*.

libido s f (*Psi*) Deseo sexual o energía psíquica de carácter eminentemente sexual pero que puede presentarse bajo diferentes pulsiones de vida: *la teoría de la libido de Freud*.

libra s f **I** Unidad de peso del sistema inglés de medidas, que en el sistema métrico decimal equivale aproximadamente a 0.453 g **II 1** Unidad monetaria de la Gran Bretaña; libra esterlina **2** Unidad monetaria de Egipto, Israel, Jamaica y otros países.

librar v tr (Se conjuga como *amar*) **I 1** Salvar a alguien de un peligro; evitar que sufra algún mal o daño: "Dios te *libre* de un costeño con el machete en la mano", "Su buena suerte lo *libró* de una derrota humillante" **2** Salvar o evitar un obstáculo, dificultad, etc: "Apenas alcanzaron a *librar* el poste al dar la vuelta" **3** Dejar libre; liberar algo o a alguien: "Mi abogado nos *librará* en el acto", "*Libró* un brazo y pudo desatarse" **4** Eximir a alguien de una responsabilidad, descargarlo de una obligación o pena: "*Libró* de culpa a los jefes de la armada" **5** prnl Deshacerse de algo o alguien molesto, dañino, desagradable, etc, o dejar de padecerlo: "Por fin nos *libramos* de la gorda", "No me ha podido *librar* del dolor de cabeza" **6** intr (*Coloq*) Pasar libremente algo o alguien por un espacio reducido: "Un coche grande no *libra* por este callejón" **II** Expedir un documento: "Pidió que se *libraran* las órdenes de aprehensión contra los denunciados" **III** Emprender o desarrollar una batalla, una lucha, un encuentro, etc: "*Libró* una heroica lucha contra el invasor", "Eso encendió la chispa en la batalla que *librarían* los jóvenes románticos".

libre adj m y f **1 1** Que puede elegir o hacer algo según su propio juicio, sus intereses, deseos, etc, sin depender del dominio, el poder o la autoridad de otra persona, grupo, institución, etc: *una mujer libre, una sociedad libre* **2** Tratándose de países, comunidades, instituciones, etc, que garantiza a sus habitantes o miembros la posibilidad de actuar, expresarse y decidir según su criterio en relación con los asuntos de interés público, siempre y cuando no violen la ley: *país libre, sindicato libre* **3** Que se lleva a cabo sin restricciones ni obstáculos; que permite la participación de cualquiera: *enseñanza libre, investigación libre, concurso libre* **4** *Libre de* Sin necesidad de cumplir con algo; sin tener que padecer algo: *libre de impuestos, libre de responsabilidades, libre de enfermedades, libre de castigo, libre de culpa* **5** *Entrada libre* Posibilidad que se da a cualquier persona de asistir a un acto sin necesidad de pagar **6** *Día, tarde, hora,* etc *libre* Periodo del que puede disponerse sin tener que cumplir con un trabajo, una tarea, etc: "El maestro de dibujo nos dio la *hora libre*" **7** Que se puede disponer de él por no estar ocupado ni apartado: *espacio libre, cuarto libre,* "No encontramos ni un taxi *libre*" **8** Que se desenvuelve o se hace con naturalidad; que se mueve sin encontrar ningún obstáculo o resistencia: *movimiento libre,* "No pudimos apretar la placa porque el tornillo quedó *libre*" **9** Que no se apega a la norma generalmente reconocida o que no sigue al pie de la letra el texto, las indicaciones, las normas, etc, o los interpreta según su criterio: *unión libre, traducción libre, actuación libre* **II** s m Taxi: "El *libre* me costó $70", "A las 11 es difícil encontrar un *libre*".

librecambio s m (*Econ*) Práctica económica basada en la supresión de cualquier medida estatal que obstaculice el intercambio comercial entre los países, como las restricciones a las importaciones y los subsidios a las exportaciones, de tal modo que el comercio exterior queda sujeto únicamente a las leyes del mercado; libre cambio.

libremente adv Con libertad, sin impedimento, sin restricción, sin obstáculos: "Caminan *libremente* por los parques", *circular libremente, escoger libremente, trabajar libremente, celebrar libremente el contrato*.

librería s f Establecimiento dedicado a la venta de libros y local donde se realiza dicha venta: *librería local, librería universitaria*.

librero 1 s m Mueble que sirve para colocar libros: *librero de madera,* "Francisco hace sus propios *libreros*" **2** s Persona que se dedica a vender libros: "Hay pocos *libreros* con el oficio de Rafael Porrúa, Polo Duarte o Roberto Castrovido".

libro s m **I 1** Conjunto de hojas de papel impresas y encuadernadas en el que se trata algún tema: *libro de texto, escribir un libro, libro de arte, libro de poemas* **2** Cada una de las partes en que se divide una obra extensa, un tratado o un código: "El primer *libro* de la Eneida" **3** Cuaderno, generalmente grande y de pastas duras, en el que se lleva el registro de algo: *libro de cuentas, libro de comercio, libro de actas* **4** *De acuerdo con, según, siguiendo,* etc *el libro* Conforme a lo establecido u ordenado; aplicando ortodoxamente las reglas: "El árbitro marcó el foul *siguiendo el librito*, pero se le olvidó la ley de la ventaja" **II** (*Zool*) Tercera de las cuatro cavidades que forman el estómago de los rumiantes.

licencia s f **1** Permiso o autorización que se da a alguien para que haga algo o desarrolle una determinada actividad, principalmente el que se da por escrito y formalmente: "Pidió *licencia* para salir de la asamblea", *licencia para manejar, licencia sanitaria, licencia para cazar* **2** Permiso que se da a una persona para que deje de cumplir temporalmente con cierta obligación: "Le dieron una semana de *licencia* en el trabajo" **3** (*Lit*) *Licencia poética* Libertad de un escritor para cambiar o pasar por alto alguna norma del lenguaje y caso en que lo

hace **4** *Tomarse la licencia* o *muchas licencias* Abusar de la libertad que se tiene o permitirse algún exceso: "Se tomó la *licencia* de increpar al jefe", "Se toma muchas *licencias* con su madre".

licenciado s **1** Abogado: "Antes de demandar, pídele consejo al *licenciado* Castellanos" **2** Persona que ha obtenido en una universidad la licenciatura que la habilita para ejercer su profesión: *licenciado en economía, licenciada en historia*.

licenciatura s f Título que otorgan las instituciones de enseñanza superior a los alumnos que han terminado una carrera, cumpliendo así con los requisitos que los facultan para ejercer su profesión: "Obtuvo la *licenciatura* en ingeniería en el Politécnico", *licenciatura en psicología*.

lícito adj **1** Que es permitido por la ley y la moral o que es aceptado por un determinado sistema de reglas o normas: "En la compañía sólo se realizan actividades *lícitas*", "Según las reglas gramaticales, no es *lícito* anteponer estos adverbios (tan, más, muy y menos) a los adjetivos superlativos" **2** Que está de acuerdo con la razón o el sentido común: "Es *lícito* suponer que aumentarán los conflictos en esos países".

licor s m **1** Bebida alcohólica destilada, principalmente el aguardiente mezclado con esencias o extractos vegetales: *licor de café, licor de cereza* **2** (*Quím*) Sustancia o solución líquida.

licuado **I** pp de *licuar* **II** s m Bebida que se prepara con agua o leche y algún otro ingrediente, como frutas, cereales, etc, mezclados en una licuadora: *un licuado de fresa, un licuado de plátano con huevo,* "¿Apostamos los *licuados*?".

licuadora s f Aparato eléctrico para licuar, moler o mezclar alimentos, que generalmente consiste en una base provista de motor sobre la cual embona un recipiente en forma de vaso alto en cuyo fondo hay unas aspas giratorias muy filosas: "Las fresas se muelen en la *licuadora* con un vaso de leche", *una licuadora de seis velocidades*.

licuar v tr (Se conjuga como *amar*) **1** Convertir en líquido una sustancia sólida o gaseosa: *licuar el gas butano, licuar un metal* **2** Moler o mezclar alimentos en una licuadora para darles una consistencia líquida u homogénea: "Ponga en la licuadora el chocolate, la leche y el nescafé y *licue* por un minuto", "Se *licua* el mango con bastante azúcar".

líder s m y f **1** Persona que encabeza y dirige un grupo político, social, religioso, etc: *un líder obrero, la líder sindical, los líderes del Tercer Mundo* **2** adj y s m y f Que ocupa el primer lugar en una clasificación cualquiera o encabeza una competencia deportiva: *la compañía líder en el ramo, el equipo líder, el líder de una carrera ciclista*.

liderato s m **1** Liderazgo **2** Posición que, en una competencia deportiva, un campeonato, torneo, etc, ocupa el jugador o el equipo que lo encabeza: "Con esta victoria los tampiqueños se afianzan en el *liderato* de su grupo".

liderazgo s m Condición del líder; hecho de encabezar o dirigir un grupo político, social, religioso, etc: "Varias facciones intentan alcanzar el *liderazgo* del sindicato", *ejercer el liderazgo de un pueblo*.

lideresa s f (Su masculino es *líder*) Mujer que tiene o ejerce un liderazgo: *las lideresas obreras, una lideresa de las artes*.

lidia s f Acto de lidiar un toro: "Fue aclamado durante la *lidia* del cuarto toro, al que mató pie a tierra".

lidiar v intr (Se conjuga como *amar*) **1** Enfrentar algo o a alguien que resulta molesto, desagradable, problemático, etc: *lidiar con los quehaceres de la casa*, "Todo el día estuvo *lidiando* con los niños", "Prefiero pelearme con un oso a *lidiar* con tu mamá" **2** Pelear, luchar, combatir: *lidiar los ejércitos enemigos* **3** tr Enfrentar al toro el torero, haciendo una serie de suertes para provocar y esquivar sus embestidas, hasta matarlo; torear: "Mañana se *lidiarán* cinco toros en la Plaza México".

liendre s f Huevo del piojo: "Lo tuvieron que rapar porque tenía la cabeza llena de *liendres*".

lienzo s m I **1** Trozo de tela, particularmente el que se hace de algodón, de color blanco y sirve para limpiar, para secar, para hacer alguna curación o para colar un alimento: "Se cubre con un *lienzo* limpio y húmedo", "Cuélelo a través de un *lienzo* doblado en dos", "Seque muy bien las fresas con el *lienzo*", "Aplique *lienzos* bien calientes sobre la picadura", "Y a mí me estarán cortando / *lienzos* para mi mortaja" **2** Tela preparada para pintar sobre ella, o la que ya está pintada: "Aún no le he visto los pinceles, ni la paleta, ni el *lienzo*", "Transporté al *lienzo* su rostro y su gesto maravilloso" **3** Tramo continuo de tela: *una cortina de dos lienzos*, "Corté del *lienzo* un trozo de 20 cm" **4** Tramo continuo de pared en un edificio, una muralla, una barda, etc II (*Rural*) **1** Tratándose de un corral o cercado, tramo que corre en línea recta **2** Corral o cercado, especialmente el que sirve para lazar y colear al ganado; coleadero: *el lienzo charro* **3** *Hacer lienzo* Tratándose de jaripeos y charreadas, formar una fila los jinetes para obligar a la res a correr en la dirección que conviene a la suerte **4** *Hacer lienzo* Ayudar III (*Rural*) En el cultivo del maíz, primera vez que se arrima tierra al pie de las plantas, generalmente usando el arado, después de haber limpiado la maleza.

liga s f **1** Acto de ligar: "Desgraciadamente, le faltó la *liga* en los muletazos" **2** Tira o banda elástica que sirve para unir o sujetar ciertas cosas: "En su época todavía se sostenían las medias con *ligas*", "Sujetó los papeles con una *liga*" **3** Unión, mezcla o aleación: "Se curan eléctricamente colas sintéticas para que den *ligas* perfectas" **4** Relación que une a dos o más personas, grupos, instituciones, etc: *liga amistosa, ligas entre la arquitectura y la ingeniería*, "El doctor fue elegido por sus *ligas* con los laboratorios" **5** Conjunto de equipos deportivos que pertenecen a una misma categoría y compiten entre sí: "Equipos de la *liga* juvenil", "Dirigentes de las *ligas* futbolísticas" **6** Unión o alianza de varios países, personas; etc, con un fin determinado: *liga de comunidades agrarias* **7** Planta, de distintos géneros, que produce un fruto o un jugo pegajoso, particularmente *Euphorbia xanti*, de cuyos bulbos se extrae un jugo lechoso que se emplea en las trampas que se ponen a ciertas aves pequeñas, como los chichicuilotes **8** Planta hemiparásita o parásita, de diversos géneros, que vive pegada a otra, como *Phoradendron tomentosum, Phoradendron velutinum* y *Oricanthus cordifolium*.

ligadura s f I (*Med*) **1** Hilo, alambre, cordón u otro medio que sirve para unir, ligar, fijar o estrangular alguna parte del cuerpo, como venas, vasos y otros conductos: "Conviene poner dos *ligaduras* por de-

bajo de las pinzas", *ligaduras de catgut, ligaduras de seda* **2** Acto u operación de aplicar este medio: *ligadura de la arteria apendicular, ligadura de vasos, ligadura de trompas* **3** *Ligadura animal* La que se hace con tejidos animales, *catgut*, tendón de cola de canguro, asépticos después de una preparación conveniente y que, abandonada en el organismo, se reabsorbe lentamente **4** *Ligadura doble* La de un vaso en dos puntos para la sección del mismo entre éstos **5** *Ligadura elástica* Banda o cinta de hule tensa, empleada en la estrangulación de hemorroides y de tumores pediculados II (*Mús*) Pequeño arco que, colocado sobre dos o más notas musicales indica que deben ser fraseadas dentro de una misma intención melódica o que deben ejecutarse sin interrupción.

ligamento s m (*Anat*) **1** Cada una de las membranas fibrosas o fascículos que, insertas en los huesos o en los cartílagos, mantienen unidos los huesos de las articulaciones y permiten su movimiento: *los ligamentos de la rodilla, los ligamentos del hombro* **2** Cada una de las láminas membranosas que mantienen un órgano en su lugar.

ligar v tr (Se conjuga como *amar*) I **1** Unir o relacionar estrechamente, por lo general con lazos afectivos, amistosos, emocionales o de simple convivencia: "Un amante al que sólo la *ligaban* escenas violentas", "Ellos fueron los únicos con quienes me *ligó* el agradecimiento", "La muy estrecha amistad que me *liga* con Héctor" **2** Relacionar o relacionarse desde un punto de vista lógico, intelectual, histórico o temático: *ligar estrechamente entre sí estas narraciones*, "Tres novelas que forman el ciclo nacionalista *ligado* al campo", "Las conexiones que *ligan* la arqueología con la historia", "Tamayo se ve *ligado* a la más rancia tradición pictórica" **3** Unir o relacionar con fines comunes: "La economía es una ciencia *ligada* por naturaleza con intereses sociales", *ligar las ciudades y el campo* **4** Unir o unirse físicamente dos o más cosas: "Al oriente, el volcán se *liga* a la sierra de Tenango", "A continuación *ligamos* los dos extremos de la arteria con catgut" **5** Unir metales, especialmente el oro y la plata, con cierta cantidad de otros metales **6** Unir los ingredientes de una mezcla por medio de un elemento adecuado: "Con estiércol *ligaban* la argamasa", "*Ligue* la mezcla con huevo antes de ponerla al fuego" **7** Ejecutar dos o más actos sin interrupción: *ligar tres muletazos, ligar las notas de una frase musical*, "Rubén no *liga* tres palabras seguidas" **8** *Ligar o ligarse (las trompas)* Operación que consiste en estrangular las trompas de Falopio para evitar el embarazo: "Julieta *se ligó* después del tercer hijo", "Juan no quiso *ligar* a su gata hasta que tuviera por lo menos una camada de gatitos" II (*Coloq*) **1** Manifestar interés por entablar relaciones amorosas mediante miradas, gestos o palabras: "Este maestro se la pasa *ligando* con las estudiantes" **2** Entablar una relación amorosa: "*Ligó* con el vecino del 602" **3** *Ligarse a alguien* Lograr una persona que otra se interese en ella o establezca con ella una relación amorosa: "Se la *ligó* durante las vacaciones" **4** Conseguir algo: "*Ligué* un aventón a Cuernavaca", "*Ligó* un trabajito muy bien pagado".

ligeramente adv **1** Un poco, apenas, levemente: *los labios ligeramente abiertos, otra versión ligeramente discrepante, recargarse ligeramente en la pared*, "Una bala roza *ligeramente* la cabeza del chinaco", *ligeramente más ancho, ligeramente más oscuros,* "La temperatura se eleva *ligeramente", marcar ligeramente el doblez* **2** Con ligereza, con rapidez: "Se desplaza *ligeramente* hacia el noreste".

ligero adj **1** Que pesa poco, que se levanta fácilmente: *caja ligera, mesa ligera, persona ligera,* **2** Que se mueve con facilidad y rapidez: *nave ligera, tren ligero, un corredor ligero, artillería ligera* **3** Que tiene poca materia: *abrigo ligero, comida ligera* **4** Que tiene poca fuerza, poca intensidad o profundidad: *viento ligero, sueño ligero,* "No nos quedó ni la más *ligera* sombra de duda" **5** Que tiene poca dificultad: *esfuerzo ligero, trabajo ligero* **6** Que tiene poca importancia o poca seriedad: *enfermedad ligera, una observación ligera, un juicio ligero, una comedia ligera* **7** *A la ligera* Superficialmente: *hablar a la ligera, revisar a la ligera* **8** *Ser una mujer ligera de cascos* Ser coqueta e inclinada a relacionarse íntimamente con los hombres **9** adv Con rapidez; velozmente: "Se daba cuenta de que debía caminar más *ligero".*

liguero s m Prenda interior femenina consistente en una especie de faja corta o larga que lleva a cada lado dos tiras elásticas con broche, las cuales sirven para sujetar las medias a la altura de las ingles: *un liguero de encaje.*

lija s f **1** Cartón que tiene una o dos caras cubiertas por arena o polvo de vidrio y se usa como abrasivo para pulir madera, metal y otros materiales: "Se debe usar una nueva pieza de *lija* para cada tipo de metal" **2** Piel seca de algunas especies de tiburón que se emplea para lo mismo II Pez marino de la familia de los monocántidos, de distintas especies, que tiene el cuerpo corto y más o menos alto, cubierto de escamas con una o más espinas cada una, y dos aletas dorsales, la primera con espinas y la posterior con radios. Habita en las costas del Golfo de México y el Pacífico.

lila I s f **1** (*Syringa vulgaris*) Arbusto de la familia de las oleáceas, de hasta 6 m de altura, que tiene las hojas ovadas, truncadas o ligeramente acorazonadas; sus flores, olorosas y pequeñas, crecen en racimos y son típicamente de color morado claro, aunque también las hay blancas y azules, según la variedad. Se cultiva como planta ornamental **2** Flor de este arbusto **3** adj m y f y s m Que es del color más típico de esta flor; que es color morado claro o del color que resulta de la combinación de rojo con azul y blanco: *un vestido lila* II s f **1** (*Pittosporum tobira*) Arbusto de entre 2 y 3 m de altura, de hojas obovadas, gruesas, coriáceas y lisas, y flores aromáticas con cinco pétalos, blancas o amarillentas, en umbelas terminales. Se cultiva como planta ornamental **2** Flor de este arbusto III s f **1** (*Melia azedarach*) Árbol de la familia de las meliáceas que alcanza más de 9 m de altura, de hojas bipinadas con hojuelas lanceoladas y aserradas; sus flores, que crecen en panículos, son aromáticas, de color rosa o morado claro, y su fruto es una drupa amarillenta con cuatro semillas. Se cultiva en climas cálidos; lila de China, lila de las Indias **2** Flor de este árbol.

liliácea 1 adj y s f (*Bot*) Tratándose de plantas angiospermas monocotiledóneas, por lo común herbáceas, que es anual o perenne, tiene una raíz tuberculosa o bulbosa y fruto capsular o en baya con muchas semillas, como la azucena, el tulipán, la cebolla y el ajo **2** s f pl (*Bot*) Familia de estas plantas.

lima¹ s f **1** Fruta parecida al limón, pero de mayor tamaño, que tiene la cáscara gruesa, lisa, de color amarillento verdoso, y una tetilla o saliente muy abultada en una de sus bases. Su pulpa es jugosa, de sabor agridulce y está contenida en gajos: "Échale cacahuates, *limas* y tejocotes a la piñata", "Jaime hace una sopa de *lima* deliciosa", *un refresco de lima* **2** (*Citus limetta*) Árbol que da esta fruta; es pequeño, espinoso, de hojas elíptico-ovales y flores blancas. Se cultiva en climas cálidos **3** Pan de dulce, redondo y esponjado, que tiene una tetilla de la misma masa en el centro y costras de harina y huevo a su alrededor.

lima² s f **1** Herramienta manual que sirve para pulir metal, madera o algún otro material, consistente en una barra de acero templado, de dos o tres caras, con al menos una de sus superficies estriada o granulada: "Limpie la *lima* con un cepillo antes de usarla" **2** Barra pequeña y plana, hecha de cartón duro, madera o metal, con una o ambas caras ásperas, estriadas o granulosas, que sirve para desgastar y alisar el canto de las uñas: "Préstame una *lima* que ya me rompí una uña".

limar v tr (Se conjuga como *amar*) **1** Alisar o pulir algún material, como metal, madera, etc, desgastando su superficie con una lima o con otra herramienta: "Escaparon de la celda *limando* los barrotes de la ventana", "La sierrita es para *limar* la ampolleta y destaparla" **2** Pulir o dar un mejor acabado a una obra artística o a un escrito: "Yo diría que aún debes *limar* un poco tu actuación", *limar un artículo* **3** *Limar asperezas* Suavizar los desacuerdos entre dos personas; hacer que la relación entre dos o más personas sea menos tensa, agresiva o conflictiva, etc: "La plática nos sirvió para *limar asperezas,* pero no para reconciliarnos".

limbo s m I **1** Para los católicos, lugar al que van las almas de los niños, y de los adultos sin uso de razón, que mueren sin haber sido bautizados **2** (*Relig*) Para el cristianismo, lugar y estado de reposo en que quedaron detenidas las almas de los santos y de los patriarcas antiguos hasta que Cristo, con su ascensión, les abrió las puertas del cielo **3** *Estar alguien en el limbo* Estar muy distraído o sumido en sus pensamientos: "Estaban en el limbo cuando firmaron el contrato" II **1** (*Bot*) Parte más ancha y generalmente plana de una hoja, un sépalo o un pétalo; lámina **2** (*Anat*) Borde de algunos órganos: *limbo de la córnea, limbo alveolar* **3** (*Astron*) Borde del disco o contorno aparente de un astro **4** Pieza circular provista de una escala graduada que llevan algunos instrumentos de medición, astronómicos o topográficos, como el teodolito.

limitación s f **1** Acto de limitar: "La *limitación* de la producción petrolera será empleada como arma política" **2** Circunstancia o característica de algo o alguien que constituye un límite o impedimento para su mayor avance, desarrollo, realización, etc: "Es un artículo interesante, aunque con las *limitaciones* propias de un trabajo escolar", "Estoy consciente de mis *limitaciones*", "Su enfermedad nunca ha sido una *limitación* para ella, "Desde entonces vivimos con muchas *limitaciones*".

limitado adj **1** Que tiene límites, generalmente estrechos; restringido: *un valor limitado, un espacio geográfico limitado, un alcance limitado, un uso li-*

mitado, *los limitados logros de la burguesía liberal, recursos muy limitados, nuestra limitada producción, conclusiones limitadas* **2** Que es poco inteligente o que entiende poco: "Es una persona muy *limitada,* pero que se cree superior".

limitar v tr (Se conjuga como *amar*) **1** Poner límites a una extensión: *limitar un potrero* **2** Fijar la capacidad, la amplitud o la influencia de alguna acción o actividad: *limitar funciones, limitar un cargo* **3** *Limitar con* Tener una extensión su término en algún sitio o separarse de él o de otra extensión en cierto punto o línea; colindar: "México *limita con* Estados Unidos", "El rancho *limita con* la barranca" **4** prnl Hacer uno solamente lo que le indicaron, le ordenaron o le corresponde: *limitarse a cumplir con su trabajo, limitarse a cantar* **5** prnl Reducirse uno en algo: *limitarse en sus gastos.*

límite s m **1** Punto o línea que señala, real o imaginariamente, la separación entre dos cosas o el final de una superficie o de un cuerpo: *límite de un terreno, límite estatal, los límites de una mesa* **2** Fin o término de alguna cosa: "Cuidado, que mi paciencia tiene un *límite*", "Adriana no tiene *límite* cuando se trata de beber", *una bondad sin límites,* "La elasticidad de estos materiales tiene *límite*", *límite de responsabilidades* **3** Momento que indica el término de algún periodo o la validez de algo dentro de un plazo: *jugar sin límite de tiempo, poner un límite de edad* **4** *Situación límite* (*Fil, Psi*) Para el pensamiento existencialista, situación en la que los hombres experimentan su condición original de estar condenados al sufrimiento, a la culpa, a la muerte, etc **5** (*Mat*) Valor máximo al que puede acercarse una cantidad, sin alcanzarlo nunca **6** *Llevar al límite, hasta su (ese) límite* o *hasta los límites* Llevar algo hasta donde es posible, al final o hasta cierto extremo: "Se trata de una actitud que, *llevada al límite,* raya en la locura", "No hay que *llevar las cosas hasta ese límite*", "*Llevaron* su tristeza *hasta el límite* de la desesperación" **7** *Pasarse del límite* o *rebasar (todos) los límites* Hacer algo que no se puede permitir o tolerar: "Gustavo *se pasa del límite* hablando mal de la gente" **8** *No tener límites* (*Coloq*) Ser excelente o muy bueno: "El nuevo disco de los Rolling *no tiene límites*".

limo s m Lodo formado por agua y tierra mezclada con materia orgánica, que se sedimenta en el fondo de los ríos, los lagos, etcétera.

limón s m **1** Fruto del limonero, de color amarillo o verde, esférico, de 4 a 6 cm de diámetro, con una pequeña saliente en su base, de pulpa jugosa y ácida reunida en 10 gajos. Contiene muchas vitaminas, en particular ácido ascórbico (o vitamina C); se le utiliza para preparar bebidas, medicinas y como condimento **2** Limonero.

limonero s m (*Citrus aurantifolia*) Árbol espinoso, de la familia de las rutáceas, de 4 a 5 m de alto, hojas alternas y lustrosas y flores blancas y aromáticas; su fruto es el limón. Se cultiva mucho en climas cálidos y húmedos; limón.

limosna s f **1** Dinero o cosa cualquiera que se regala a una persona pobre o sin recursos para ayudarla: "Cada vez hay más niños pidiendo *limosna* en la calle" **2** Dinero que dan los fieles a las iglesias, a las órdenes religiosas, etc, para ayudar a su sostenimiento o para contribuir a sus obras benéficas: "Después del sermón un acólito recoge las *limosnas*" **3** Pedir

uno *de algo su limosna* (*Coloq*) Ser alguna cosa aquello de lo que uno está más deseoso o necesitado: "—¿Qué te parecerían unas vacaciones? —*¡De eso pido mi limosna!*".

limosnero s Persona que pide limosna; mendigo: "Antes a los *limosneros* se les daba de la comida que sobraba", "¿O cree usted que me voy a lanzar de *limosnero* a la calle?"

limpiador 1 adj y s Que limpia: *crema limpiadora, limpiadores de boquillas* **2** s m Varilla provista de una tira de hule que, gracias a un pequeño motor, se desliza repetidamente sobre el parabrisas de un vehículo para mantenerlo limpio de agua o de otras sustancias que impidan al conductor ver con claridad a través de él; limpiaparabrisas: "Ese *limpiador* está rayando el cristal", "Me robaron los *limpiadores* y no puedo manejar con lluvia".

limpiar v tr (Se conjuga como *amar*) **1** Quitar la suciedad de alguna cosa: *limpiar la casa, limpiarse las uñas* **2** Quitar de alguna cosa lo que le sobra, la estorba o la daña: *limpiar lentejas, limpiar de espinas los nopales, limpiar una milpa* **3** Poner algo en orden: *limpiar el escritorio, limpiar la despensa* **4** *Limpiarse el cielo* (*Rural*) Despejarse **5** (*Coloq*) Dejar algo o a alguien sin nada; despojarlo de todo lo que tiene: "Me *limpiaron* en el póker", "Los ladrones *limpiaron* la tienda".

limpieza s f **1** Cualidad de limpio: *limpieza de manos, la limpieza de un cuarto, limpieza de alma* **2** Acto de limpiar algo, particularmente la casa: *comenzar la limpieza, hacer la limpieza* **3** Honradez con la que alguien trabaja se comporta: *la limpieza de un funcionario* **4** Capacidad, habilidad y perfección con la que alguien realiza algo o con la que se muestra lo realizado: *la limpieza de un dibujante, la limpieza de un trabajo.*

limpio adj **1** Que no tiene suciedad ni manchas o que no las produce: *casa limpia, cara limpia, un motor limpio* **2** Que tiene la costumbre de lavarse; que se conserva sin suciedad o no la produce: *un gato limpio* **3** Que no está mezclado con nada o no tiene impurezas: *agua limpia,* "Trabajamos duro, pero ya están *limpias* las lentejas" **4** Que no tiene nada que le sobre, le estorbe o le dañe; que no tiene añadidos, adornos, etc: *un pescado ya limpio de escamas, un cielo limpio, un campo limpio,* "Quitaron todos los cuadros hasta dejar *limpia* la pared" **5** Que es honrado o bueno; que actúa conforme a las normas o a la moral; que no tiene o no hace trampas: *un contador limpio, un juego limpio, un alma limpia* **6** Que está bien hecho, con claridad y buena calidad: *un trabajo limpio, un resultado limpio* **7** Que no es obsceno ni sexualmente malo: *una historia limpia, unas relaciones limpias* **8** *A golpe limpio, a tiro limpio, a machetazo limpio,* etc Valiéndose sólo de muchos golpes, tiros, machetazos, etc: "Las tropas de Pancho Villa entraron a Torreón *a tiro limpio*" **9** *En limpio* En claro, como resultado final, sin tachaduras ni borrones: *sacar una conclusión en limpio, ganar dinero en limpio, un escrito en limpio* **10** *¡Limpias!* (*Coloq*) En los juegos de canicas, interjección que, dicha por un competidor antes de que otro grite "¡sucias!", le permite despejar y emparejar el terreno delante de la canica con que tira.

linaje s m **1** Respecto de una persona o de un animal, o un grupo de personas o animales, conjunto de individuos que descienden de él o conjunto de individuos de los que él desciende: "Conchita viene de un antiguo *linaje* de hombres ilustres", "Don Julián fundó un largo *linaje* de excelentes charros", *el linaje de un toro de lidia* **2** Clase o condición de personas, animales o cosas: *una familia de gran linaje, linaje real*, "Eran delincuentes de todo *linaje*", "Estanques de agua dulce o salada, para todo *linaje* de aves".

linaza s f Semilla del lino, de la que se obtiene un aceite muy utilizado en la elaboración de pinturas, jabones, etc: *aceite de linaza.*

lindo adj **1** Que es agradable a los sentidos, particularmente a la vista: *lindo paisaje, una linda casa, una melodía muy linda* **2** Que es agradable o gracioso de forma o de carácter: *una linda persona, un niño lindo* **3** *De lo lindo* Mucho, muy bien: *divertirse de lo lindo, trabajar de lo lindo.*

línea s f **I 1** (*Geom*) Serie ininterrumpida de puntos contiguos, como la que forma la intersección de dos planos: *línea recta, línea curva, línea quebrada, línea ondulada* **2** Serie de puntos contiguos que se inscriben, real o imaginariamente, en un plano: *línea de un dibujo, línea ecuatorial* **3** Marca larga y estrecha que se distingue en la superficie de algo, principalmente en alguna parte del cuerpo humano: *líneas de la cara, líneas de la mano* **4** Sucesión de puntos contiguos que forman el borde o contorno de algo o alguien: *línea de un edificio, línea del horizonte, línea aerodinámica*, "Admirábamos las *líneas* curvas de María Victoria" **5** *Guardar, mantener* o *conservar la línea* Conservarse alguien delgado y esbelto **6** Tratándose de pinturas, dibujo, por oposición a color: "Tiene buena mano para la *línea*, pero echa a perder las figuras cuando las colorea" **II 1** Serie de objetos o de elementos de un conjunto situados uno detrás del otro o uno al lado del otro: *línea de árboles, línea de botellas* **2** Serie genealógica de una familia: *línea materna, línea paterna* **3** (*Dep*) En el futbol y otros deportes, conjunto de los jugadores de un equipo que al inicio del juego se sitúan uno al lado del otro en cierta zona de la cancha y que a lo largo de él desempeñan la misma función: *línea media, línea defensiva* **4** *En línea* En orden sucesivo: "Anotó cinco carreras *en línea*", *producción en línea* **5** *Línea de producción* Instalación industrial o fabril que permite fabricar en serie un producto: "El nuevo Ford está ya en la *línea de producción*" **III 1** Serie de palabras, caracteres o signos escritos horizontalmente, en un renglón, o verticalmente, en una columna: *escribir unas cuantas líneas, las líneas de una estela maya* **2** *Entre líneas* Tratándose de algo que se dice o escucha, se escribe o se lee, de manera tal que sugiere o da a entender algo que no se expresa literalmente: "En el artículo del periódico se lee *entre líneas…*", "Pero *entre líneas* sugería que el caso no estaba cerrado" **3** *A grandes líneas* o *en líneas generales* A grandes rasgos, de manera general, sin dar detalles: "Podemos describirlo, *en líneas generales*, como un hombre sensato" **4** (*Mús*) Conjunto de notas que se producen una detrás de otra, por oposición a las que suenan juntas: *línea melódica, la línea del fagot* **IV 1** Dirección que sigue un cuerpo al moverse o trayectoria que recorre: *caminar en línea recta, línea de tiro, línea de una pelota* **2** (*Crón dep*) En beisbol, pelota que, después de ser golpea-

da por el bateador, describe una trayectoria paralela al suelo: "Sacó una *línea* por tercera", *línea de hit* **3** Trayecto fijo que sigue un medio de transporte, como los barcos, los autobuses, etc: *un camión de línea, la línea Mexico-Veracruz, la línea Monterrey-San Antonio* **4** Empresa de transporte cuyos vehículos siguen cierto trayecto: *una línea aérea, una línea marítima, una línea de camiones* **V 1** Estilo o manera peculiar de algo o alguien: "No va con su *línea* hablar mal de los demás", "Muy *en su línea*, dijo que sí pero no" **2** *De primera línea* De la mejor calidad: *un equipo de primera línea* **3** Orientación o tendencia que sigue una persona o un grupo de personas: *una línea nacionalista, un marxista de línea dura, apartarse de la línea* **4** *Tirar, soltar, recibir*, etc *línea* (*Coloq*) Decirle a alguien cómo debe comportarse o qué lineamientos debe seguir o escuchar y acatar alguien estos lineamientos: "El director general nos *tiró línea* sobre qué hacer en caso de huelga", "Estaban ahí nomás, esperando *recibir línea* del diputado" **5** Campo o rama de una actividad o de un negocio: *línea comercial*, "La joyería no entra en nuestra *línea* de trabajo" **6** Conjunto de las variedades de un producto que ofrece un fabricante: *línea de cacerolas, línea de jabones, línea de cosméticos* **7** *Línea blanca* Conjunto de los aparatos eléctricos y muebles que se utilizan en la cocina o en la limpieza **VI 1** Cable o cuerda que se tiende entre dos puntos extremos: *tender una línea los alpinistas, las líneas del puente colgante* **2** Hilo de seda, lino o nylon que, provisto de un anzuelo, sirve para pescar: *lanzar la línea* **3** Vía o conducto por el que circula algo o que sirve para transportar o trasmitir algo: *línea férrea, línea telefónica, línea eléctrica, líneas de abastecimiento de agua* **4** Circuito o señal que permite el funcionamiento de un aparato de comunicación, principalmente el teléfono: "El teléfono está descompuesto, no da *línea*", "Un momento, por favor, el Dr. Lara está en la otra *línea*" **5** *En línea* (*Inform*) Tratándose de computadoras, en conexión constante con un procesador central: *consultar un catálogo en línea* **VII 1** Marca o señal larga y estrecha que indica alguna cosa, generalmente los límites de algo, su comienzo o su fin: *línea de arranque, línea de meta* **2** *Línea de flotación* La que marca el nivel al que llega el agua en un cuerpo que flota, principalmente en un barco **3** *Línea de combate* o *de fuego* (*Mil*) Zona en que dos ejércitos enemigos entran en batalla; frente **4** (*Mil*) Formación y serie de fortificaciones militares preparadas para una batalla: *cruzar las líneas enemigas* **5** *En toda la línea* Completamente: "Derrotaron al equipo de tenis *en toda la línea*" **6** *La línea* (*Coloq*) La frontera, en especial la que divide a los Estados Unidos de México: *cruzar la línea* **VIII** *Línea ágata* (*Impr*) En tipografía, unidad de medida del largo de una columna, equivalente a $1/14$ de pulgada o 0.199 cm: "Los periodistas suelen calcular las páginas en *líneas ágata*".

lineal adj m y f **1** Que pertenece a la línea o se relaciona con ella: *geometría lineal, metro lineal, dibujo lineal* **2** Que evoca o recuerda una línea, particularmente por constar de puntos sucesivos o proceder siguiendo una secuencia de pasos: *tiempo lineal, desarrollo lineal* **3** (*Bot*) Que tiene bordes paralelos y es por lo menos cuatro veces más largo que ancho: *hojas lineales* **4** (*Elec*) Tratándose de un circuito, una resistencia, un condensador u otro dispositivo eléctrico, que tiene una salida cuya magnitud varía en proporción directa con la magnitud de la entrada **5** (*Mat*) Tratándose de la incógnita o variable de una función, que es de primer grado y puede representarse gráficamente, en un sistema de coordenadas rectangulares, como una línea recta.

lineamiento s m Cada uno de los pasos, reglas, objetivos, etc que se establecen con el fin de organizar, regular o lograr el desarrollo de algo o alguien: "Se expusieron los *lineamientos* de la nueva estrategia económica", "Los manuales reúnen en forma sistemática todos los *lineamientos* del trabajo a desarrollar".

linfa s f (*Fisio*) Líquido coagulable, transparente, amarillento o blanquecino, rico en glóbulos blancos y proteínas, que constituye el medio donde se alojan las células de los vertebrados; sirve como intermediario en el intercambio entre éstas y la sangre, pues permite a las células tomar los nutrientes de la sangre y también arrastra con ella los productos de la actividad celular a través de vasos muy delgados hasta ciertas venas, donde se mezcla con la sangre.

linfático adj (*Med*) Que pertenece a la linfa, se relaciona con ella o la contiene en abundancia: *vasos linfáticos, ganglios linfáticos, sistema linfático.*

lingüista s m y f Persona que tiene por profesión la lingüística.

lingüística s f Ciencia que estudia la estructura de las lenguas, la manera como se hablan, su historia, su origen y los fenómenos humanos que se manifiestan en ellas: *lingüística general, lingüística hispánica, lingüística histórica, lingüística temática.*

lingüístico adj Que pertenece a la lengua, al lenguaje o a la lingüística o se relaciona con ellos: *expresión lingüística, signo lingüístico, investigación lingüística, problemas lingüísticos.*

lino s m **1** (*Linum usitatissimum*) Planta herbácea anual, de entre 20 y 60 cm de altura, hojas pequeñas, lanceoladas, y flores azules con cinco pétalos; su semilla (la linaza) es un grano pequeño, aplanado y de color gris brillante **2** Fibra que se obtiene del tallo de esta planta, con la que se hacen hilos y telas muy apreciados por su frescura, y tela hecha de esta fibra: *un traje de lino, una blusa de lino.*

linóleo s m Tejido resistente de yute que lleva en una de sus caras un recubrimiento de materia plástica, compuesto de linaza, resinas y polvo de corcho. Se emplea principalmente para cubrir pisos y, por lo general, está estampado con figuras de colores; linoleum: "Pusieron alfombra en las recámaras y *linóleo* en la sala".

linterna s f **1** Lámpara de mano que proyecta un haz de luz concentrado: "El policía alumbró con la *linterna* mi maleta", "Ya no tiene pilas la *linterna*" **2** *Linterna mágica* Aparato óptico que se emplea para proyectar imágenes fijas sobre superficies planas, compuesto por una fuente de luz encerrada en una caja y un sistema de lentes **3** (*Coloq*) Ojo: "Al tuerto Godínez le apagaron la *linterna* de una cuchillada" **4** (*Arq*) Torre pequeña, o construcción similar, que se levanta sobre las cúpulas, tejados o cubos de escalera, y cuenta con varias ventanas o huecos para dar paso a la luz e iluminar las partes altas de aquéllos.

lío s m **1** Situación confusa, conflictiva o problemática: "...y entonces llegó la policía y se armó tremendo lío", "¡A mí no me metas en tus *líos*. Yo no sé nada!" **2** (*Coloq*) *Estar, andar,* etc *uno hecho un lío o hecho líos* Estar, andar, etc muy confundido, sin entender alguna cosa: "*Estoy hecha un lío* con las cuentas" **3** *Estar, quedar hecha un lío alguna cosa* (*Coloq*) Estar o quedar muy desordenada, muy confusa, etc: "La casa siempre *queda hecha un lío* cuando viene mi sobrino".

liquen s m Planta que nace de la simbiosis de un hongo y un alga, y que crece en forma de costra sobre la corteza de los árboles, en la superficie de las rocas o de algunas paredes, etc; sirve como alimento y para hacer tintes.

liquidación s f **1** Acto de liquidar **2** (*Econ, Der*) Remate de los bienes de una empresa que se hace antes de su disolución para saldar sus deudas o para repartir entre sus socios las ganancias que haya obtenido: *la liquidación de una bancarrota,* "Se plantea la *liquidación* de las empresas descentralizadas" **3** Pago total de una deuda: "En junio hizo la *liquidación* del crédito" **4** Remuneración a la que tiene derecho un empleado cuando termina su relación laboral: "Los choferes despedidos exigen su *liquidación*" **5** Venta al menudeo con rebajas de precios; barata: "Venga a la *liquidación* de la ropa de invierno".

liquidámbar s m **1** (*Liquidambar styraciflua*) Árbol de la familia de las hamamelidáceas, de tronco recto y corpulento, que mide entre 30 y 35 m de altura; tiene hojas lobuladas, grandes y aromáticas y da un fruto globoso y erizado de puntas. Su madera, dura y rojiza, se emplea para hacer barriles, palillos, chapas, etc **2** Jugo líquido o viscoso, de olor penetrante, sabor amargo y color amarillento, que fluye de la corteza de este árbol y se solidifica y endurece al salir de ella. Se usa como incienso y, en medicina tradicional, para preparar ungüentos y emplastos curativos.

liquidar v tr (Se conjuga como *amar*) **I 1** Pagar completamente o saldar una deuda: "El aguinaldo le sirvió para *liquidar* sus deudas" **2** Rematar las propiedades de un negocio, antes de disolverlo, con el fin de pagar sus deudas o repartir sus ganancias entre sus socios: *liquidar una empresa* **3** Pagar el empleador a un empleado la remuneración a que éste tiene derecho cuando termina su relación laboral: *liquidar a los trabajadores* **4** Vender un comercio mercancías rebajadas: "La tienda *liquidó* toda la ropa de invierno" **5** Terminar definitivamente con algo o con alguien: *liquidar un problema, liquidar un conflicto, liquidar a un agente secreto* **6** (*Coloq*) Matar a alguien: *liquidar a un agente secreto* **II** (*Quím*) Hacer líquida una sustancia sólida o gaseosa: "Si el fenol se solidifica en el embudo, puede *liquidarse* calentándolo con suavidad en la llama".

líquido adj y s m **I** Tratándose de un cuerpo material, que se halla en un estado intermedio entre los gases y los sólidos; que es fluido y no tiene forma propia sino que se adapta a la del recipiente que lo contiene pero que, a diferencia de los gases, no se dispersa aun teniendo una superficie libre y no puede expandirse o comprimirse más que dentro de ciertos límites; que tiene el estado de la materia en que normalmente se presentan el agua, la leche y la sangre: *una medicina líquida, oxígeno líquido, un líquido transparente* **II** Tratándose de dinero u

561

otro valor, que se puede disponer de él inmediatamente o que se dispone de él después de pagar los descuentos que le corresponden por impuestos, primas, etc: *una inversión líquida, el sueldo líquido* **III** adj (*Fon*) Tratándose de una consonante, que en su pronunciación combina un cierre y una abertura del canal vocal, ya sea en forma simultánea, como ocurre con la lateral /l/, ya en forma sucesiva, como ocurre con la vibrante /r/, y que por ello tiene una sonoridad cercana a la de las vocales y puede formar grupos consonánticos con /p/, /b/, /t/, /d/, /k/ y /g/ como *pl-, gl-, pr-, dr-*, etcétera.

lira¹ s f **1** Instrumento musical de cuerda, formado por un caparazón de tortuga o un cuerpo de madera como caja de resonancia, de cuyos lados salen dos cuernos o brazos curvados unidos en lo alto por una barra que sirve para tensar las cuerdas que corren desde la caja. Fue un instrumento usado por griegos, romanos y otros pueblos de la antigüedad **2** (*Coloq*) Guitarra **3** (*Lit*) Estrofa compuesta por cinco versos, tres de siete sílabas (el primero, el tercero y el cuarto) y dos de once (el segundo y el quinto), que riman consonantemente de la siguiente manera: aBabB, como en los siguientes versos de Garcilaso de la Vega, de los que la estrofa recibió su nombre: "Si de mi baja lira / tanto pudiera el son que en un momento / aplacase la ira / del animoso viento / y la furia del mar y el movimiento".

lira² s f Unidad monetaria italiana.

lírica s f Género poético que expresa las ideas, las emociones o los sentimientos personales del autor: *la lírica popular mexicana.*

lírico adj **1** Que pertenece a la lírica o se relaciona con ella: *un poema lírico, un poeta lírico, un lenguaje lírico, composiciones líricas* **2** (*Mús*) Que forma parte del género dramático cuyas obras se cantan, como la ópera, la opereta y la zarzuela, o que se relaciona con él: *una pieza lírica, un tenor lírico, el arte lírico* **3** Que ha aprendido por gusto o solamente a base de práctica, sin recibir lecciones: *un pianista lírico, un medico lírico* **4** A lo lírico o *a la lírica* Según la intuición o el sentir de uno y sin conocimientos que lo respalden.

lirio s m **1** (*Crinum giganteum*) Planta ornamental de la familia de las amarilidáceas que tiene un bulbo en forma de globo, de aproximadamente 15 cm de largo, flores blancas de seis segmentos y hojas lanceoladas que llegan a medir hasta 90 cm de largo por 10 de ancho. Es originaria de África **2** Planta epífita perteneciente a la familia de las orquidáceas y a diversos géneros, como *Laelia furfuracea, Laelia anceps, Epidendrum falcatum,* etc **3** Planta bulbosa, casi siempre cultivada para adorno, que pertenece a la familia de las amarilidáceas, a la de las liliáceas o a la de las iridáceas, como el *lirio* listado (*Crinum kirki*), el *lirio* morado (*Iris germanica*), el *lirio* rojo (*Amaryllis reginae*), etc **4** *Lirio acuático* o *lirio de agua* (*Eichhornia crassipes*) Planta acuática de la familia de las pontederiáceas, de hojas arrosetadas y brillantes con el pecíolo hinchado y flores azules en espigas; suele encontrarse flotando en lagos y lagunas, donde a veces forma plaga.

lisa s f (*Mugil cephalus*) Pez marino de cuerpo alargado que alcanza una talla de hasta 60 cm. Tiene el lomo de color verde olivo, los costados plateados, seis o siete franjas cafés y una mancha púrpura cerca de la aleta pectoral. Habita en mares tropicales y templados, en aguas costeras, estuarios de aguas saladas y en ocasiones penetra hasta aguas dulces. Prefiere los fondos arenosos y lodosos, de donde toma su alimento tamizándolo por medio de un filtro formado por numerosas espinas. Es común en las costas del Golfo de México y en las del Pacífico y su carne se consume fresca o seca; cabezuda, cabezona, curisma, churra: "Capturan camarón, mojarra y *lisa*", *hueva de la lisa*, "Para tirar la atarraya / sacando robalo y *lisa* / y una que otra acamaya".

liso adj **1** Que tiene una superficie pareja, uniforme y suave, sin desniveles, ondulaciones, arrugas o asperezas: *un terreno liso, una tabla lisa, pelo liso, piel lisa* **2** Que no tiene adornos ni relieves: *un papel liso, un plato liso, una pared lisa* **3** Que tiene en todo un mismo color; que no tiene dibujos: *una tela lisa, una corbata lisa.*

lista s f **1** Relación escrita, generalmente en forma de columna, de nombres, cantidades, números, etc: *lista de precios, lista de materiales, lista de alumnos* **2** *Pasar lista* Nombrar a las personas apuntadas en una de estas relaciones para confirmar su presencia en algún sitio o leer en voz alta las palabras que contiene una de estas relaciones para comprobar alguna cosa respecto de ellas: *pasar lista en clase, pasar la lista de las tareas* **3** *Lista negra* Relación secreta de nombres de personas en contra de las cuales se tiene algo: "La *lista negra* de la CIA debe contener millones de nombres" **4** *Lista de correos* Oficina de correos que se encarga de las cartas y paquetes de aquellas personas que, por carecer de domicilio postal propio o haberlo así solicitado, acuden a ella a recogerlos, y relación que esta oficina hace de los nombres de las personas que acuden a ella con este fin: "Le escribíamos a la *lista de correos* del pueblo de Blanca", *apuntarse en la lista de correos* **5** Tira delgada de tela, papel, etc, o banda que está dibujada sobre alguna superficie: *una tela de listas blancas y negras.*

listo adj y s **1** Que está preparado y en condiciones para hacer algo o para usarse: "Estoy *listo* para salir", La comida está *lista*" **2** Que comprende las cosas con facilidad y rapidez; que es capaz de reaccionar rápida y acertadamente ante un problema: "Es un muchacho muy *listo*" **3** Que actúa con astucia o malicia para lograr lo que se propone: "Son muy *listos* para agenciarse fondos ajenos" **4** *Pasarse alguien de listo* (*Coloq*) Actuar con excesiva malicia: "Se quiso *pasar de listo* con la maestra y lo expulsaron", "No te pases de listo conmigo o ya verás cómo te va".

listón s m **1** Cinta de tela, generalmente de colores brillantes, con la que se adornan prendas de vestir, sombreros, el cabello, etc: "De la feria yo te traje / una flor con un *listón* / el *listón* para tus trenzas / la flor pa' tu corazón" **2** Tira de madera muy delgada, larga y angosta: "Se usan *listones* para fijar las tejas".

litera s f **1** Cada una de las camas individuales que, colocadas sobre soportes a cierta altura una de otra, forman un solo mueble: "Dormíamos en unas *literas* de latón, mi hermana en la de abajo y yo en la de arriba" **2** Cada una de las camas estrechas que están colocadas a distintas alturas en las paredes de dormitorios pequeños, como los de los trenes, los barcos, las celdas, etc: "Les dieron un camarote con cuatro *literas*".

literal adj m y f **1** Que se lee, se escribe, se copia, etc letra por letra, ajustándose exactamente a lo que dice o con el sentido que se considera exacto o auténtico: *una transcripción literal, una cita literal, sentido literal* **2** Tratándose de una traducción, que se hace palabra por palabra, apegándose lo más posible a la forma del original: *versión literal*.

literalmente adv En forma literal o en sentido literal; al pie de la letra: "No quiere decir que toda esa región haya sido *literalmente* conquistada por las armas", "Polución *literalmente* significa manchar, profanar y nunca adulterar o infectar".

literario adj Que pertenece a la literatura o se relaciona con ella: *concurso literario, estilo literario, calidad literaria*.

literatura s f **1** Arte cuyo medio de expresión es la lengua; sus géneros más comunes son la poesía, la narrativa, el teatro y el ensayo: *clases de literatura* **2** Conjunto de las obras artísticas compuestas por una persona o por los escritores de una época, una cultura, un género, etc: *la literatura de Carlos Fuentes, literatura mexicana, literatura del siglo XX, literatura indigenista* **3** Conjunto de las obras escritas acerca de cierto tema: *literatura médica, literatura científica*, "En español disponemos de poca literatura sobre estas tecnologías".

lítico adj Que pertenece a la piedra o se relaciona con ella; que está hecho de piedra: *la industria lítica, herramientas líticas*.

litigante adj y s m y f Que interviene en un litigio, particularmente los abogados que a ello se dedican: *una abogada litigante*.

litigar v intr (Se conjuga como *amar*) Intervenir en un pleito judicial o litigio, especialmente como abogado: "Hace años que se dedica a la asesoría y no *litiga*".

litigio s m **1** Pleito o diferencia entre personas o instituciones a propósito de cierto derecho, que se somete a los tribunales: *un litigio de tierras, llevar a litigio, tener una demanda en litigio* **2** *Estar algo en litigio* Estar en disputa esperando la resolución de un tribunal: "Las propiedades de la compañía aún *están en litigio*".

litografía s f **1** Técnica de impresión que se basa en el principio de que el agua y la grasa no se mezclan; consiste en trazar o transferir a una superficie plana —ya sea una piedra calcárea o una plancha metálica previamente tratadas— un dibujo, un texto, una fotografía, etc, fijando la imagen con un crayón o tinta grasa, que rechaza el agua, mientras que las áreas en blanco se humedecen con agua o alguna sustancia química que rechace la grasa. Repitiendo este proceso se pueden obtener numerosas copias impresas en papel: *un taller de litografía* **2** Copia o reproducción obtenida mediante esta técnica: *una litografía de Rivera*.

litoral **1** s m Zona de tierra que está en contacto con el mar; conjunto de las costas de un océano, un país, un continente, una isla, etc: *el litoral del Golfo de México, el litoral cubano* **2** adj m y f Que pertenece a la zona de contacto entre el mar y la tierra o se relaciona con esa región: *arrecife litoral, franja litoral*.

litósfera s f Capa sólida y externa del globo terrestre que forman las rocas; penetra desde la superficie o corteza hasta el manto, a varios kilómetros de profundidad. (También *litosfera*.)

litro s m Unidad de capacidad del sistema métrico decimal, equivalente al volumen de un decímetro cúbico y cantidad de alguna cosa, principalmente un líquido, que cabe en él: "Calcule en *litros* la capacidad del aljibe", *un litro de leche, un litro de gas, comprar granos por litro*.

liturgia s f **1** Conjunto de los actos y ceremonias que conforman el culto público y oficial de una Iglesia: *liturgia católica, liturgia protestante* **2** Conjunto de los actos rituales que conforman la ceremonia de la misa católica.

litúrgico adj Que pertenece a la liturgia o se relaciona con ella: *celebración litúrgica, oración litúrgica, drama litúrgico*.

liviano adj **1** Que pesa poco; ligero: *paredes livianas de yeso, ropa liviana, lentes livianos* **2** Que es de poca gravedad o importancia: *una infección liviana* **3** Que es fácil de hacer, de procesar, de asimilar, etc: *un trabajo liviano, una comida liviana* **4** Que toma con ligereza sus afectos, principalmente sus relaciones amorosas; que es infiel o inconstante: *una mujer liviana*.

lívido adj Que es o está sumamente pálido: "Tenía la cara *lívida* de rabia", "Alicia, *lívida*, demudada, no sabe qué hacer".

lo¹ artículo definido neutro **1** Forma el sustantivo abstracto o el sustantivo de una cualidad cuando se antepone a adjetivos calificativos: *lo rojo, lo bueno, lo bello, lo útil* **2** Señala algo sucedido o dicho anteriormente cuando precede a una oración de relativo, a una construcción introducida por preposición o a un pronombre posesivo: "*Lo* que *me interesa* no es eso", "*Lo* de ayer no tiene importancia", "Cada quien tiene *lo suyo*" **3** Seguido de un adjetivo o de un adverbio *de que*, señala la intensidad del grado o de la cualidad expresados por dicho adjetivo o adverbio: "Si supieras *lo mucho que* te quiero", "No te imaginas *lo rápido que* corre", "*Lo encantadora que* es".

lo² pronombre masculino singular de tercera persona **1** Señala al hombre, al animal o al objeto, designado por un sustantivo de género masculino, del que se habla cuando funciona como objeto directo: "Me prestaron el *libro*, no me *lo* regalaron", "No *lo* he visto", "—¿Les dijiste que vinieran? —Ya se *lo* dije" (Antecede al verbo cuando éste aparece en forma conjugada: "*Lo* vi ayer", "Se *lo* regalé"; lo sigue cuando se trata de un imperativo, un infinitivo o un gerundio: "Cómpra*lo*", "Hay que dárse*lo*", "Está haciéndo*lo*") **2** Representa un predicado nominal o una oración completa de cualquier género o número: "El niño es inteligente: sí, *lo* es", "Luz estaba cansada, aunque no *lo* parecía", "Sólo hay dos posibilidades: o están listos o no *lo* están".

loa s f **1** Expresión o discurso solemne en el que se alaba algo o a una persona: *loas a la patria, loa a los héroes* **2** (*Lit*) Composición breve que servía de prólogo a las obras dramáticas, principalmente de la época barroca, en la que se expresaban alabanzas a la persona a la que se dedicaba la obra, al autor o a los personajes de la misma **3** (*Tab*) Regaño.

lobo s m **1** **1** Mamífero carnívoro salvaje de la familia de los cánidos y de distintas especies, cuyo aspecto es muy similar al de un perro pastor alemán; tiene la cabeza grande, el hocico largo y fuerte, orejas erectas, cuerpo robusto y patas largas; mide aproximadamente 1.70 m de la cabeza a la punta de la cola y tiene el pelaje de color café grisáceo o gris. Se alimenta de animales silvestres, pero también ataca al ganado por lo que ha sido intensamente perseguido. En México habita la especie *Canis mexicanus*, aunque actualmente sólo se le encuentra en zonas aisladas de la Sierra Madre Occidental y de las montañas áridas de Chihuahua y Coahuila: "El aullido de los *lobos* a lo lejos los hizo temblar de miedo", "De tanto anunciar la llegada del *lobo*, nadie le creyó cuando fue verdad", "También hay leones enjaulados, tigres, *lobos* y zorras que forman un infierno de ruidos" **2** *Lobo marino* (*Zalophus californianus*) Mamífero marino carnívoro que tiene el cuerpo voluminoso, alargado y estrecho hacia la parte posterior, con la cabeza parecida a la de un perro y las extremidades en forma de aleta; es muy similar a la foca pero, a diferencia de ella, posee orejas y además puede caminar en tierra sobre sus aletas. Es un hábil nadador y buceador que se alimenta fundamentalmente de peces; habita en las aguas frías de las costas del Pacífico al norte del país y en el golfo de California **ll** *Lobo de mar* Marino muy experimentado que conoce a la perfección su oficio: "El capitán era un viejo *lobo de mar* al que todos respetaban" **lll** adj (*Hipo*) Tratándose de caballos, que es de color bayo oscuro con la crin, la cola y las patas más oscuras: *la yegua loba*.

lóbulo s m **1** Parte redondeada y saliente de algunas cosas, particularmente de varios órganos del cuerpo: *lóbulos frontales*, *lóbulos del pulmón*, *lóbulo cerebral*, *lóbulo hepático* **2** *Lóbulo* (*de la oreja*) Parte inferior, redondeada y carnosa, del pabellón de la oreja: "Humedeció con saliva sus dedos índice y pulgar y con ellos acarició los *lóbulos de las orejas*".

local I adj m y f **1** Que pertenece al lugar en el que está o donde se desarrolla: *médico local*, *equipo local*, *conflicto local*, *oficina local* **2** Que pertenece o afecta a una parte o región de algo o de alguien: *anestesia local* **ll** s m Edificio o lugar cerrado dedicado a cierta actividad: *local comercial*, *local deportivo*, "Se encerraron en el *local*".

localidad s f **1** Lugar poblado que se reconoce por tener un nombre y una categoría política, y puede ser desde una ranchería hasta una ciudad: "De las más de cien mil *localidades* registradas en el censo…", *localidad de doscientos habitantes*, "En las *localidades* más pobres es difícil encontrar un médico" **2** Cada uno de los asientos destinados para el público en un local donde se exhiben espectáculos: "El teatro tiene quinientas *localidades*" **3** Boleto destinado al público, que corresponde a cada uno de estos asientos: "Se agotaron todas las *localidades*".

localización s f **1** Determinación del lugar en el que se encuentra algo o alguien: *la localización de un pueblo en el mapa*, *la localización de un niño perdido* **2** Lugar preciso y bien determinado en el que se encuentra algo o alguien: *la localización de un pozo*, *la localización de un terreno*, *la localización de una fábrica*.

localizar v tr (Se conjuga como *amar*) **1** Determinar el lugar preciso en donde algo o alguien se encuentra: *localizar al responsable*, "Ya *localicé* al veterinario", *localizar una epidemia*, *localizar un pozo*, "Al fin *localizaron* la falla" **2** prnl Encontrarse, situarse o concentrarse alguien o algo en cierto pun-

to o en cierta región: "Buena parte de la población *se localiza* en la ciudad de México", "La plaga *se localizó* sobre unos cafetales cercanos".

loción s f Sustancia líquida preparada con alcohol, agua y esencias aromáticas principalmente, que se usa para perfumar y refrescar la cara o el cuerpo o que tiene determinadas propiedades que ayudan a cuidar y embellecer la piel o el cabello: "¡Qué rico huele tu *loción*!", "Después de la limpieza, apliquese una *loción* astringente en el rostro", *loción capilar*.

loco adj y s **1 1** Que no tiene juicio o que tiene algún daño, generalmente cerebral o nervioso, que se manifiesta en alteraciones del juicio, la memoria, la percepción o la capacidad de adaptación: "Cada día hay más gente *loca*", "Los *locos* del hospital salieron de día de campo", *loco furioso*, "Hay que estar *loco* para aceptar esa proposición" **2** Que actúa de manera extraña, poco común o poco razonable, que es excesivo o que no tiene coherencia: *estar loco de atar*, *estar medio loco*, *gritar como loco*, *correr como loco*, "Sé lo *loca* y resbalosa que es en cuanto ve unos pantalones", "Tuve un sueño muy *loco*", "Me vuelve *loco* tanto ruido" **3** *Hacerse el loco* Hacerse el distraído, el que no entiende o no se entera: "No *te hagas el loco* y paga la cuenta" **4** *A lo loco* Sin reflexionar, sin medir las consecuencias, con exceso: *gastar a lo loco*, *hablar a lo loco* **ll 1** Que es muy grande o muy intenso: *una suerte loca*, *unas ganas locas* **2** *De locos* Excesivo, demasiado grande o muy intenso: *un trabajo de locos*, *un frío de locos* **3** *Loco de* Lleno intensamente de una emoción o de un sentimiento: *loco de pasión*, *loca de alegría*, *locos de furia* **4** *Loco por o loco con* Muy entusiasmado por o con: *loco por una mujer*, *loca con la astronomía*, "Anda *loco* con su nieto" **5** *Volver loco a alguien* Gustarle mucho: "Úrsula *volvía locos* a todos los hombres" **6** *Traer loco a alguien* Provocar en alguien una atracción o sentimiento amoroso muy intenso: "Marina *trae loco* a Eduardo" **7** *Traer loco a alguien* Abrumarlo con trabajo o molestias: "Silvia *lo trae loco* con sus celos", "Los trabajos de la escuela *la traen loca*" **lll** *Hierba loca* Planta herbácea de la familia de las leguminosas de diversas especies, que se caracteriza principalmente por ser venenosa para el ganado y por crecer en abundancia y sin cultivo.

locomotor adj Que sirve para desplazar o desplazarse, que se relaciona con el desplazamiento o es propio de él: *los apéndices locomotores de un insecto*, *rehabilitación del aparato locomotor*.

locomotora s f **1** Vehículo impulsado por motor de vapor, de combustión interna o eléctrico, que arrastra los vagones de un ferrocarril: "Desde aquí vi el tren con sus vagones y su *locomotora*", "Unos días antes había chocado su tren de pasajeros con dos *locomotoras* estacionadas" **2** *Locomotora de patio* La que sirve para mover vagones y hacer maniobras en los patios de las estaciones de tren.

locución s f (*Gram*) Combinación fija de dos o más palabras, que tiene un valor sintáctico unitario o un significado diferente al de la suma de los significados de las palabras que la componen. Se suelen distinguir varios tipos de locuciones desde una perspectiva sintáctica y entonces se clasifican de acuerdo con la función que desempeñan en la oración, distinguiendo las *locuciones adverbiales*, por ejemplo: *de* *pronto, a la ligera, de vez en cuando*; las *locuciones conjuntivas*: *a pesar de, en contra de, con tal que*; las *locuciones prepositivas*, por ejemplo: *en torno a, sobre la base de* o *en pos de*. Pueden ser también combinaciones originadas en la experiencia histórica de una comunidad o de una familia lingüística, como: *armarse la de San Quintín, ver moros en la costa, hacerle lo que el viento a Juárez* o *el burro hablando de orejas* y entonces resultan de difícil estudio y clasificación.

locura s f **1** Estado en que se encuentra quien está loco o fuera de sus cabales: *la locura de don Juan, un caso de locura* **2** Acción extraña, poco común o poco razonable: *cometer locuras*, "Unos opinan que es una *locura* intentar la realización de ese proyecto", "Dejé de ser comerciante por una *locura* mía", "Ese juego es una *locura*" **3** *Con locura* Con intensidad o con exageración: "Lo quiere *con locura*".

locutor s Persona que tiene como oficio o profesión hablar en algún medio de difusión, como el radio o la televisión, para anunciar, dar noticias o cualquier tipo de información, o para presentar y conducir diversos programas.

lodo s m **1** Materia blanda, oscura, más o menos espesa y pegajosa, que resulta al mezclarse el agua con la tierra, como la que se forma en los terrenos después de la lluvia: "El niño está jugando con el *lodo*" **2** Cualquier mezcla más o menos densa de agua y materias sólidas: "Para el sondeo en la perforación se emplean *lodos pesados*" **3** (*Liter*) Mala reputación o deshonra: "Los errores y las flaquezas han dejado demasiado *lodo* en la vida".

logaritmo s m (*Mat*) Exponente que indica la potencia a la que debe elevarse un número constante, llamado base, para obtener otro número dado; por ejemplo, 2 es el logaritmo de 100 en base 10, porque se eleva la base 10 al cuadrado, el resultado es precisamente 100.

lógica s f **1** Disciplina que trata de la estructura y las relaciones que hay entre los diferentes elementos del discurso, como son los conceptos y los juicios, y establece los principios formales del razonamiento: *lógica formal, lógica dialéctica, lógica trascendental* **2** Manera particular que algo o alguien tiene de discurrir o razonar: *la lógica del pensamiento infantil, la lógica del pensamiento primitivo, la lógica que impera en el mundo occidental, la lógica de una película* **3** *Por lógica* Por un razonamiento común o normal, que lleva como consecuencia natural a una determinada conclusión: "*Por lógica* supe que aquella situación no podía durar mucho", "*Por lógica* te debías haber callado".

lógicamente adv En forma lógica, conforme a la lógica: "Las iniciativas fueron presentadas en último momento y, *lógicamente*, no hubo tiempo para que fueran dictaminadas y discutidas".

lógico adj **1** Que se relaciona con la lógica o se apega a sus normas y principios: *doctrina lógica, un postulado lógico, un método lógico* **2** Que es consecuencia normal de algo, que es natural, razonable o coherente: "Después de lo que le hicieron, es *lógico* que no quiera volver a verlos", "La reacción *lógica* hubiera sido pedir disculpas", "Si todos los días come así, es *lógico* que esté gordo" **3** s Persona que tiene por profesión la lógica: "En el congreso había *lógicos* y matemáticos de todo el mundo".

logotipo s m Dibujo o diseño gráfico impreso o en relieve con el que se identifica el nombre de una institución, empresa o corporación, la marca de un producto, etc: *el logotipo de un club*, "Haremos un *logotipo* para la compañía".

lograr v tr (Se conjuga como *amar*) **1** Llegar a tener algo que se deseaba o conseguir el resultado que se buscaba: *lograr una fortuna, lograr irse de viaje, lograr sus fines* **2** prnl Completarse un intento con buenos resultados o terminar felizmente algo: "*Se* le *logró* el hijo", "*Se logró* la cosecha".

logro s m Acto de lograr o conseguir algo: "Lucha por el *logro* de sus ideales", *el logro de una meta*, "El derecho de huelga es el *logro* más importante de esa época", "Estos *logros* de la ciencia permitieron eliminar las distancias".

loma s f **1** Terreno ligeramente elevado en relación con una superficie plana de tierra **2** *Tras lomita* (*Popular*) Con proximidad, a muy corta distancia, adelantito, cerquita: "Allí nomás *tras lomita* / se ve Dolores Hidalgo".

lombriz s f **1** Gusano del fílum de los anélidos, de color pardo rojizo oscuro o rojo pálido, cuerpo cilíndrico y alargado dividido en anillos. Mide de 10 a 25 cm en su estado adulto y vive en terrenos húmedos: *lombriz de tierra*, "Esa maceta está llena de *lombrices*" **2** Gusano nematelminto, de color blanco lechoso o rosado amarillento, que vive como parásito en el intestino del hombre y de algunos animales, y del cual hay muchas especies: *lombriz intestinal*.

lomo s m I **1** Parte superior del cuerpo de los cuadrúpedos comprendida entre el cuello y las ancas: *el lomo de un caballo*, "Los terneros arqueaban el *lomo*" **2** Carne de cerdo o de res que forma esta parte del animal: "Cocinaron *lomo* de puerco en cerveza", "Hay que freír los *lomos* en la mantequilla" **3** *A lomo(s)* (*de*) Sobre la espalda o el dorso de los cuadrúpedos: "Sufrían insolación y se les tuvo que conducir *a lomo* de caballo", "Se puede recorrer a pie o *a lomo* en un día", "El niño ya cargaba sus ocho arrobas de leña *a lomos de* la acémila" **4** *Hacer lomo* (*Hipo*) Arquearlo el caballo cuando lo ensillan debido a que sufre alguna molestia o por mala costumbre, indicando que va a corcovear **5** Parte inferior y central de la espalda en el cuerpo humano: "Lupe viene con la carga en el *lomo*", *tener el lomo adolorido* **6** *Sobarse el lomo* (*Coloq*) Trabajar dura e ininterrumpidamente una persona: "Ahora sí que *se sobaron el lomo*" **7** *Hacer lomo* (*Popular*) Soportar resignadamente una persona o aparentar despreocupación II **1** Parte exterior de un libro, opuesta al corte de las hojas, en la que generalmente se imprime el título, el nombre del autor y el de la editorial **2** Parte opuesta al filo en los instrumentos cortantes: *el lomo de una navaja* III **1** Parte más alta del surco o tierra que levanta el arado entre dos surcos **2** *Lomo de toro* Montículo de tierra o bordo de poca elevación, perpendicular o transversal a un camino IV **1** *Lomo de caballo* (*Torrubia potosina*) Árbol pequeño de la familia de las nictagináceas; tiene hojas opuestas, agudas o acuminadas y flores apétalas **2** *Lomo lagarto de hoja gruesa* (*Zanthoxylum procerum*) Árbol de la familia de las rutáceas, que alcanza hasta 15 m de altura, espinoso, con hojas compuestas y hojuelas oblongas o elípticas muy brillantes y flores blancas en corimbos terminales **3** *Lomo lagarto de* *hoja menuda* (*Acacia glomerosa*) Árbol espinoso de la familia de las leguminosas, cuyo tronco presenta aguijones cónicos; tiene hojas compuestas con folíolos y hojuelas lineares, flores blancas en cabezuelas globosas y fruto en forma de vaina delgada.

lonche s m **1** (*Popular*) Lunch: "Se llevan su *lonche* para irse a trabajar al campo" **2** (*N, OCC*) Torta o sandwich: "Preparamos unos *lonches* de jamón y queso para la fiesta".

longaniza s f **1** Trozo largo y angosto de tripa, relleno de carne de puerco finamente picada y condimentada con chiles, especias, ajos y vinagre: *torta de longaniza, longaniza con queso* **2** (*Popular*) Pene.

longitud s f **1** Dimensión de una línea: *longitud de una recta, longitud de una curva* **2** Con respecto a una figura de dos dimensiones, la mayor de ellas: *la longitud de un rectángulo, la longitud de una tabla* **3** Cuando se está frente a un objeto, la dimensión horizontal mayor que se aleja del observador: *longitud de un carro, longitud de un avión* **4** (*Astron, Geogr*) Coordenada que, en combinación con la latitud, permite definir la posición de un punto en la Tierra, sobre la superficie de un astro cualquiera o en la bóveda celeste. Expresa en grados, minutos y segundos la distancia angular que hay entre dicho punto y una línea imaginaria, que para la Tierra es el meridiano de Greenwich **5** *Longitud de onda* (*Fís*) Tratándose de una onda periódica, distancia que hay entre dos de sus puntos que tienen fases iguales en dos ciclos consecutivos.

longitudinal adj m y f **1** Que pertenece a la longitud o se relaciona con ella: *medida longitudinal* **2** Que se extiende, se hace o que está colocado a lo largo, en la misma dirección de la longitud de algo: *corte longitudinal, vigas longitudinales.*

lorantácea (*Bot*) **1** s y adj f Planta parásita o semiparásita, siempre verde, de hojas perennes, flores unisexuales y fruto en baya, como el injerto y el muérdago **2** s f pl Familia que forman estas plantas.

loro s m Ave arborícola de la familia de las psitácidas, de distintos géneros y especies, que se caracteriza por tener el cuello corto y ancho, la cabeza grande y redondeada, pico fuerte y ganchudo, y las patas cortas y robustas con cuatro dedos. Es de tamaño mediano, entre 20 y 50 cm de largo, y tiene la cola corta y redondeada. El color de su plumaje es predominantemente verde brillante; su voz natural es un grito agudo y estridente, pero su lengua grande y carnosa le permite emitir sonidos articulados, por lo que puede imitar y repetir palabras, con mayor o menor habilidad, cuando se le mantiene en cautiverio. Vive en regiones tropicales o subtropicales; perico: "Vivía solo, con un *loro* viejo como única compañía".

los[1] artículo definido masculino plural **I 1** Determina el género masculino del sustantivo al que acompaña: *los pediatras, los poetas, los días, los cometas, los pollos, los informes, los rubíes, los espíritus, los niños* **2** Determina el número plural del sustantivo al que acompaña: *los atlas, los tórax, los trabalenguas, los judas, los pantalones, los dedos, los sillones* **3** Sustantiva cualquier palabra, construcción u oración: *los bienes, los blancos, los chicos, los jóvenes, los decires, los andares, los ajes, los quizás, los tal vez, los de arriba, los que no son puntuales* **4** Forma el grado superlativo al sustantivar adjetivos comparativos y frases adjetivas comparativas: *los más altos de la escuela, los mejores del mundo, los menos viejos, los más bonitos muebles* **5** Precede a oraciones de relativo o construcciones cuyo antecedente es un sustantivo masculino y plural o cuando son dos o más sustantivos y uno de ellos es masculino: "Sacaron a los *alumnos*, pero sólo a *los* que se portaron mal", "De todos los *libros*, sólo me interesan *los* de botánica", "El *niño* y la *niña* fueron al parque; *los* dos jugaron toda la tarde" **II 1** Indica que los objetos o las personas significados por el sustantivo son conocidos del que oye o han sido mencionados antes: "*Los* alumnos de tercero son estudiosos", "Había muchos estudiantes, *los* de primaria iban de rojo y *los* de secundaria iban de azul" **2** Señala que el sustantivo al que precede se refiere a todos los integrantes de un conjunto: "*Los* compañeros de mi hijo son muy educados y trabajadores", "*Los* perros son los mejores amigos del hombre", "*Los* manteles de la casa de mi abuelita están siempre muy limpios", "*Los* mangos son riquísimos".

los[2] pronombre masculino plural de tercera persona Señala a los hombres, animales u objetos, designados por un sustantivo de género masculino, de los que se habla cuando funciona como objeto directo: "Me prestaron los *libros*, no me *los* regalaron", "No *los* he visto" (Antecede al verbo cuando éste aparece en forma conjugada: "*Los* vi ayer", "Se *los* regalé". Lo sigue cuando se trata de un imperativo, un infinitivo o un gerundio: "Cómpra*los*", "Hay que dárse*los*", "Van haciéndo*los*").

losa s f Piedra plana, grande, angosta y generalmente rectangular o cuadrada que se emplea para pavimentar o para cubrir las sepulturas: *losa de concreto, losa de mármol*, "Se mete varilla según el plano y se acomoda la *losa* ligera en el piso y la *losa* maciza para los techos".

lote s m **1** Cada uno de los conjuntos de animales con características muy semejantes o que han recibido un tratamiento específico: "El peor *lote* le correspondió a Luis Procuna", "Se separaron los ratones hembras en tres *lotes* para su estudio", *el lote testigo* **2** Cada uno de los terrenos en que se divide una extensión muy grande de tierra: "Compraron un *lote* en el nuevo fraccionamiento", "Hay muchos *lotes* baldíos en esta ciudad", "Vive en la manzana 214, *lote* 22, de la colonia San Felipe", "Sembramos jitomate en un *lotecito* que tenemos ahí", *lote de coches, la distribución equitativa de lotes entre aquellos comerciantes que los soliciten* **3** Conjunto de cosas similares, en particular el saldo de mercancías que se vende a bajo precio: *lote de camisas*, "En el *lote* de libros que compré había unos interesantes".

lotería s f **1** Juego público y autorizado en el que se sortean diversas sumas de dinero entre los poseedores de billetes numerados especiales, vendidos previamente, y que consiste en elegir al azar algunas de las muchas cifras que corresponden a la numeración de los billetes, asignándoles los premios, también elegidos al azar: *el sorteo de la lotería*, "Ayer compré dos cachitos de *lotería*" **2** *Sacarse la lotería* o *tocarle (a alguien) la lotería* Obtener uno de los principales premios de este juego: "—¿Cuándo vas a arreglar tu coche? —¡Uy! Cuando *me saque la lotería*", "Hace un año que *le tocó la lotería*" **3** Juego de azar que consta de un mazo de cartas, las cuales llevan impresa una figura diferente cada una, y un conjunto de cartones en los que están impresas series de doce o quince casillas con figuras diversas. El juego consiste en ir descubriendo las cartas una a una, generalmente cantadas por uno de los jugadores o por el pregonero, para que los participantes vayan marcando en sus cartones las casillas correspondientes hasta que uno de ellos logra llenar una línea o su cartón y anunciarlo: "El Sol, la chalupa, el valiente, el catrín, el borracho y la dama son cartas de la *lotería*", "Traes la enagua color tuna, ¡a poco te comió la Luna!, grita el pregonero de la *lotería* cuando sale la carta de la Luna" **4** interj Expresa que tiene un cartón de figuras totalmente lleno y, por lo tanto, que ha ganado este juego.

lubricación s f Acto de lubricar: "La *lubricación* de la bomba se hace con aceite".

lubricante s m y adj m y f Sustancia que sirve para lubricar, como los aceites para motores: "Del petróleo se obtienen combustible y *lubricantes*", "Arranque suavemente ya que los *lubricantes* de la caja y del eje trasero están fríos".

lubricar v tr (Se conjuga como *amar*) **1** Causar una sustancia viscosa o cremosa, como el aceite o la grasa, que algo sea resbaladizo o más suave: "El aceite del motor *lubrica* todas las piezas móviles", "El diferencial y el mecanismo de cambio se *lubrican* con un aceite especial" **2** Poner aceite o grasa a las piezas de un motor para evitar su desgaste por efecto de la fricción y hacer que se deslicen con facilidad: "*Lubrique* la broca continuamente", "Las herramientas y la maquinaria se deben limpiar y *lubricar* periódicamente".

lucero s m **1** Cualquiera de los cuerpos celestes que se ven brillar en el cielo, con excepción de la Luna y el Sol **2** *Lucero del alba, de la mañana, de la oración* o *de la tarde* El planeta Venus: "*Lucero de la mañana* / préstame tu claridad / para seguirle los pasos / a esa joven que hoy se va" **3** Mancha blanca que tienen en la frente algunos animales, como ciertos caballos o toros.

lucido I pp de *lucir* o *lucirse* **II** adj Que sobresale por atractivo, vistoso o brillante; que resulta un éxito o que permite el lucimiento de alguien: *una fiesta muy lucida*, "Quisiera ser perla fina / de tus *lucidos* aretes", "La afición ovacionó la *lucida* actuación del torero".

lúcido adj **1** Que es claro y sistemático en su razonamiento, argumentación, percepción o expresión: *mente lúcida*, "Es una novela lenta pero *lúcida*", *poeta lúcido*, "Hay que ser lúcida y enérgica para que no se la lleve la corriente", *ingenio lúcido, lúcida clasificación* **2** *Estar lúcido* Haberse recuperado de un estado transitorio de semiinconsciencia o seguir manteniendo la claridad de mente o pensamiento: "Toda la noche deliró, pero en la mañana ya *estaba lúcido*", "A pesar de sus noventaidós años todavía *está lúcido*".

luciérnaga s f **1** (*Lampyris noctiluca*) Insecto nocturno de la familia de los coleópteros, de cuerpo blando, que se caracteriza por las marcadas diferencias entre el macho y la hembra. El macho mide aproximadamente 12 mm; tiene dos alas anteriores duras y gruesas, y patas finas y largas. La hembra es de mayor tamaño, no tiene alas, sus patas son cor-

tas y su abdomen es alargado, formado por anillos negruzcos con el borde amarillo que despiden, de manera intermitente, una luz blanco verdosa fosforescente **2** Cocuyo.

lucimiento s m Acto de sobresalir o efecto que se logra con ello en los demás: *el lucimiento de la reina de la primavera, acontecimiento de gran lucimiento, el lucimiento de una fiesta*, "Sólo busca su *lucimiento* y se olvida del equipo".

lucir v tr (Modelo de conjugación 1a) **1** Mostrar en forma vistosa, atractiva o elegante: *lucir un vestido, lucir las piernas, lucir canas, lucir sus conocimientos*, "Tiendas y almacenes *lucían* paredes recién pintadas", "La iglesia *lució* su mejor adorno con los arreglos florales blancos y la iluminación" **2** intr Tener cierto carácter o determinado aspecto: "*Luce* muy mal con ese vestido" **3** prnl Ganarse la atención y el aprecio de los demás con alguna intervención de éxito o con su inteligencia y valor; quedar muy bien o tener éxito: "*Se lució* al rescatar a los heridos", "Los alumnos *se lucieron* ante el inspector", "*Se luce* en clase cada vez que puede", "Sus padres *se lucieron* con esa fiesta" **4** prnl (*Coloq*) Portarse mal, quedar mal o hacer un mal papel: "¡Ay, hijitos! Sí que *se lucieron* delante de las visitas" **5** *Lucirle a alguien el dinero, el sueldo* o *el tiempo* Sacarle provecho o utilidad: "A mí ya no *me luce el dinero*", "*El sueldo* es pequeño pero *me luce* mucho", "Hoy sí que *me lució el tiempo*" **6** Brillar o arrojar luz algunos cuerpos celestes: *lucir las estrellas*, "El Sol *lucía* muy alto".

lucro s m Ganancia o beneficio económico que se obtiene del comercio, de negocios o de la prestación de servicios: "Los doctores debemos actuar sin afán de *lucro*", "Aparentan motivos políticos pero persiguen el *lucro* ilícito".

lucha s f **1** Esfuerzo que se realiza para conseguir algo, vencer ciertas dificultades o dominar una situación: *lucha contra la guerra, lucha electoral, lucha contra el miedo, lucha incesante por alcanzar niveles de dignidad humana, la lucha diaria por sobrevivir en esta ciudad, lucha contra las absurdas desigualdades sociales, hacer la lucha* **2** Enfrentamiento o uso violento de la fuerza para vencerse entre sí personas o animales: *la lucha armada*, "La *lucha* entre los gallos fue brevísima y de una ferocidad casi humana", "Después de años de *lucha*, de prisioneros y de fusilados, triunfaron", *una lucha sin cuartel* **3** Oposición o enfrentamiento de ideas, sentimientos o hechos de una persona: "Era una *lucha* permanente entre su identidad de escritor y su necesidad de salvarse", *las luchas internas de esa mujer* **4** Cada una de las diferentes modalidades y disciplinas deportivas de pelea cuerpo a cuerpo; generalmente se ejecuta entre dos personas que tratan de derribarse siguiendo ciertas reglas: *lucha libre, lucha grecorromana*.

luchador s **1** Persona que lucha por algo o alguien o en su contra: *luchador incansable por la causa del pueblo*, "Ahí se apostaron los *luchadores* que defendían con armas al gobierno" **2** Persona que practica alguna de las disciplinas deportivas de lucha: "Santo, el enmascarado de plata, era su *luchador* favorito", "Las edades de los *luchadores* fluctúan entre ocho y dieciocho años, y las categorías se establecen con 3 kg de diferencia".

luchar v intr (Se conjuga como *amar*) **1** Hacer esfuerzos para conseguir algo, vencer alguna dificultad o dominar una situación: *luchar por la justicia y la paz, luchar por la libertad, luchar contra la enfermedad, luchar con la naturaleza* **2** Usar la fuerza personas o animales para tratar de vencerse unos a otros violentamente; las personas, con armas en muchos casos: *luchar contra el enemigo, luchar en la guerra, luchar un león con un tigre*.

luego adv **1** Después, más tarde: "Te lo regreso *luego*", "*Luego* vengo", "*Luego* hablamos" **2** Pronto, sin tardanza: "Entrégamelo *luego* porque lo necesito", "Acaba *luego*; te espero en la puerta" **3** *Luego luego* Inmediatamente después: "Recogimos el libro y *luego luego* nos fuimos" **4** Más adelante, en un lugar cercano o inmediato: "Roberto vive aquí *luego*, a tres casas de la mía", "Primero está la tienda y *luego* la carnicería" **5** *Desde luego* Por supuesto: "*Desde luego* que te lo presto" **6** ¡Hasta *luego*! ¡Hasta pronto!, ¡hasta la vista!, ¡adiós! **7** (*Popular*) A veces: "*Luego* no llegan los trenes ni los camiones", "*Luego* opina uno, pero de nada sirve", "*Luego*, en las noches me quedaba solita, me ponía a tejer" **8** conj Por lo tanto, por consecuencia, en conclusión: "Pienso, *luego* existo", "No lo vi en el teatro, *luego* no encontró boleto".

lugar s m **1** Porción delimitada de espacio que puede ser abierta, como el campo, o cubierta, como un edificio; habitada, como una ciudad, o deshabitada, como el desierto; precisa y localizada, como la que ocupa o le corresponde ocupar a un objeto o a una persona, o tan general y vasta, como el mar: *un lugar de La Mancha*, "Visité varios *lugares*: San Cristóbal, Palenque y el Sumidero", *lugares de interés: la catedral, el palacio y las ruinas*, "Pon tu ropa en su *lugar*", "Siéntate en ese *lugar*", "Hazme un *lugar* junto a ti", "Dejamos *lugar* para tus libros", "Hay tres *lugares* en el camión", *un buen lugar en los toros* **2** Posición o localización que alguien ocupa en un orden jerárquico o en una estructura, función que le corresponde desempeñar en cierta situación: "Llegó a la meta en tercer *lugar*", "Tiene un importante *lugar* en la dirección", "Sacó el último *lugar* de su clase", *el lugar de los trabajadores en la producción*, "Su *lugar* está junto a su familia" **3** *En primer lugar* Antes que nada, primeramente **4** *En lugar de* En vez de, a cambio de: "*En lugar de* dormir, deberíamos caminar", "Vine yo al baile *en lugar de* mi prima" **5** *Estar algo fuera. de lugar* Resultar inoportuno o inadecuado en cierto momento o situación: "Tus preguntas *están fuera de lugar*" **6** *Poner a alguien en su lugar* Señalar con energía a alguien los límites de su comportamiento frente a los demás: "Se puso a dar de gritos y lo tuve que *poner en su lugar*" **7** *Dar lugar a* Ser algo causa o motivo de otra cosa: *dar lugar a críticas, dar lugar a malos entendidos* **8** *Tener lugar* Suceder o efectuarse cierto acto o fenómeno: "El temblor *tuvo lugar* en la madrugada", "La conferencia *tendrá lugar* el martes" **9** *Lugar común* Expresión o idea muy usada o repetida que ha perdido su valor o interés: "Sus discursos están llenos de *lugares comunes*" **10** *Ha lugar* Cabe, procede algún comentario en los tribunales o en las cámaras legislativas: "*Ha lugar* la aclaración".

lujo s m **1** Exceso de adorno o de riqueza: *el lujo de un vestido, los lujos de los millonarios, a todo lujo* **2** *De lujo* De la mejor calidad, muy fino y elegante: *un vestido de lujo, un coche de lujo, una cena de lujo* **3** *Darse el lujo de* Permitirse una persona cierta actividad, cierto comportamiento o el disfrute de cierto objeto como algo único y extraordinario en relación con su actividad, comportamiento o situación usuales, o porque le sobre capacidad, medios o dinero para hacerlo: *darse el lujo de ir a un restaurante, darse el lujo de negarse a trabajar, darse el lujo de perder mil pesos* **4** *Con lujo de* Con exceso o con gran cantidad de algo que no es necesario: "Los dispersaron *con lujo de* violencia", *con lujo de detalles*.

lujoso adj Que es excesivamente fino, caro u ostentoso, que está hecho con exceso de adorno o de riqueza: *mansión lujosa, coche lujoso, la presentación de lujosas ediciones a propósito del aniversario de la muerte del autor*.

lujuria s f **1** Deseo sexual exacerbado, principalmente el que resulta inmoral o morboso: "Los hombres la miraban con *lujuria*", "Era libidinoso y estaba poseído por la *lujuria*" **2** Inclinación desmedida hacia el disfrute de los placeres sensuales: "Algo quedaba en ellas de la sangre ardiente e inmortal de sus antepasados negros y de la *lujuria* de la raza árabe" **3** Exceso de estímulos o de elementos que excitan los sentidos: *la lujuria de la selva*.

lumbago s m Dolor en la región lumbar.

lumbar adj m y f Que pertenece a la región de la espalda que abarca la cintura y la cadera, que se relaciona con esta parte del cuerpo: *dolor lumbar, vértebras lumbares*.

lumbre s f I **1** Fuego o llama que calienta, quema y da luz producida por carbón, leña o gas: *la lumbre del brasero*, "Se pone el comal en la *lumbre*", "Hacemos *lumbre* para calentar nuestras tortillas y cenar", "Mi mamá estaba sentada junto al tlecuil de la *lumbre*, calentándose" **2** Fuego, producido por un cerillo o un encendedor, usado generalmente para prender algo: "Présteme usted su *lumbrita* / para encender mi cigarro", "No acerque ninguna *lumbre* a la batería cuando estén quitados los tapones de las celdas" **3** *Dar lumbre* Prender un cigarro: "Se acercó a *darme lumbre*" **4** Luz, brillo o resplandor, especialmente los emitidos por astros: "El lucero no aparece, / me basta con su *lumbrita*, / para saber que aparece" **5** Conjunto de chispas o de resplandores: "Azotaba las piedras y las piedras echaban *lumbre*", "Los cascos del caballo sacaban *lumbre*" II (*Coloq*) **1** *Estar alguien que echa lumbre* Estar muy enojado: "Está que echa *lumbre* por todas las injusticias" **2** *Llegarle la lumbre a los aparejos* Estar en una situación muy difícil o desesperada, estar en apuros: "Ahora sí *nos llegó la lumbre a los aparejos*" III **1** Parte anterior de la herradura, que generalmente echa chispas al golpear en las piedras **2** (*Hipo*) Parte central y delantera del borde inferior del casco de los caballos, burros o mulas.

lumbrera s f I **1** (*Arq*) Abertura en el techo de una habitación o en la bóveda de una galería, que comunica con el exterior y proporciona luz y ventilación; tragaluz: *las lumbreras de las mansardas francesas* **2** (*Mar*) Abertura con cubierta de cristal para dar luz y ventilación a ciertos lugares de los barcos, especialmente a las cámaras; tragaluz, claraboya **3** (*Ing*) Abertura, generalmente controlada por una válvula, por la que un fluido entra o sale del cilindro de un motor o de una bomba: *lumbreras de admisión y escape de los cilindros* **4** En los cepillos de carpintero, abertura central por donde salen las virutas **II** Persona notable por su inteligencia y sabiduría **III** Palco de la plaza de toros y de algunos estadios, cubierto y con divisiones.

luminosidad s f **1** Capacidad de producir, despedir o reflejar luz un cuerpo o la materia en general: *la luminosidad de la galaxia, la luminosidad del cielo al amanecer, la luminosidad de un paisaje* **2** (*Astron*) Cantidad de luz emitida por un cuerpo celeste que recibe una placa fotográfica a través de un objetivo.

luminoso adj Que despide luz o la refleja: "Un cuerpo *luminoso* atravesó por el firmamento", *una fuente luminosa, una pantalla luminosa.*

lumpen s m **1** En la terminología marxista, parte del proletariado miserable o en condiciones de pobreza extrema tal que le impide adquirir conciencia de clase y unirse a la revolución proletaria **2** s m y adj Persona que pertenece al estrato social más bajo: "A pesar del éxito en el ring, él sigue siendo *lumpen*".

luna s f **I 1** Cuerpo celeste, satélite de la Tierra: *viaje a la Luna, exploración de la Luna* **2** Satélite de cualquier planeta: *lunas de Marte, lunas de Júpiter* **3** *Luna nueva* o *novilunio* Periodo durante el cual la Luna no se ve desde la Tierra porque se encuentra en conjunción entre ésta y el Sol [●] **4** *Luna creciente* o *cuarto creciente* Periodo entre la Luna nueva y Luna llena, en el cual la Luna se ve como medio disco iluminado en forma de C al revés [◑] **5** *Luna llena* o *plenilunio* Periodo durante el cual la Luna puede verse totalmente iluminada, ya que toda la parte que da a la Tierra recibe los rayos del Sol [○] **6** *Luna menguante* o *cuarto menguante* Periodo entre el de Luna llena y Luna nueva en el cual la Luna se ve como medio disco iluminado en forma de C [◐] **7** *Luna tierna* (*Popular*) Luna nueva: "En *luna tierna* no se puede piscar ni podar" **8** *Luna maciza* (*Popular*) Luna llena **II 1** *Estar, andar, vivir* o *pasársela en la luna* (*Coloq*) Estar distraído, no enterarse de lo que sucede alrededor: "Laura *está en la luna*", "Marcela *se la pasa en la luna*" **2** *Luna de miel* Periodo inmediato al matrimonio en el que, generalmente, los recién casados salen de viaje: "Se fueron de *luna de miel* a Mérida" **III 1** Espejo o cristal grueso con el que se hacen los espejos **2** *Lunita* o (*media*) *luna* Parte donde nace la uña, de color blanco y en forma de arco **3** Pan de galleta en forma de medio círculo, color café claro, adornado con incisiones a manera de rayas paralelas y un punto de mermelada en el centro.

lunar¹ s m **1** Pequeña mancha oscura que sale en algunos lugares de la piel: "Conchita tiene un precioso *lunar* junto a la nariz", "Ese *lunar* que tienes, / cielito lindo / junto a la boca" **2** Círculo pequeño, de color contrastante con el resto de una superficie, con el que se adorna una tela: *un vestido de lunares amarillos, una corbata con lunares blancos* **3** Persona o animal de comportamiento negativo con relación a un grupo, defecto o detalle de alguna cosa que la hace desmerecer: "A Manolo Martínez le tocó el *lunar* del encierro", "Su actitud pedante fue el *lunar* de la fiesta" **II** adj m y f Que pertenece a la Luna o se relaciona con ella: *órbita lunar, paisaje lunar, eclipse lunar, disco lunar.*

lunch s m Comida ligera que se toma a media mañana, principalmente la que se lleva al trabajo o a la escuela: "Traigo un jugo y una torta de queso para el *lunch*", *la hora del lunch.* (Se pronuncia *lonch*.)

lunes s m sing y pl **1** Primer día de la semana, que sigue al domingo y precede al martes, dedicado por la mayoría de las personas al inicio del trabajo semanal. Para los cristianos, segundo día de la semana, se observa en el calendario gregoriano **2** *Hacer san lunes* Prolongar alguien el descanso o la diversión del fin de semana hasta este día, sin asistir a desempeñar su trabajo o sus actividades obligatorias: "Todas las semanas *hago san lunes*", "*Hice san lunes* y no fui a la escuela".

lupa s f Lente convexa de aumento, sostenida por un aro y un mango, que se usa particularmente para ver o leer letras y dibujos muy pequeños.

lustrar v tr f (Se conjuga como *amar*) Sacar brillo a algo, frotándolo constantemente: *lustrar objetos de plata, lustrar los zapatos.*

lustro s m Periodo de cinco años: *los avances de la industria del libro de los últimos lustros, funcionar desde hace varios lustros.*

luto s m **1** Duelo causado por la muerte de una persona y manifestado socialmente mediante señales y símbolos, como el silencio, la suspensión o la no asistencia a fiestas, práctica de ciertas ceremonias religiosas, banderas a media asta —cuando es oficial—, falta de adornos, uso de telas y ropas negras, etc: *luto riguroso, luto por un muerto, estar de luto* **2** Periodo que dura la manifestación social de esa pena: *un luto de quince días, guardar tres días de luto* **3** *De luto* De negro, con ropa negra: *ponerse de luto, andar de luto, ropa de luto* **4** *De medio luto* Con ropa de colores opacos, generalmente gris o negro con blanco.

luxación s f Desplazamiento o cambio de lugar de un hueso o de una de sus partes provocado por un golpe, causas congénitas o ciertos movimientos bruscos: *luxación de la rodilla, luxación de cadera*, "Tardará tres meses en recuperarse de la *luxación*".

luxemburgués adj y s Que es natural de Luxemburgo o de su capital, la ciudad del mismo nombre o que pertenece a ellos.

luz s f **1** Forma de energía, como la del Sol, el fuego o la electricidad, que permite ver los objetos sobre los que se refleja al estimular los órganos de la vista; estado de la atmósfera cuando es de día o cuando hay luna en la noche: *un día lleno de luz, la luz de las estrellas, las luces fosforescentes de los cocuyos*, "De pronto descubre la *luz* que se cuela por un resquicio", "Había demasiada *luz*", "La televisión no prende, creo que se fue la *luz*", "Regresaron del campo todavía con *luz*" **2** (*Fís*) Radiación electromagnética capaz de producir en los ojos la sensación de la vista, cuando su longitud de onda va de aproximadamente 4000 a 7700 angströms **3** Objeto o aparato que sirve para alumbrar: *las luces de la ciudad*, "Al coche le falta una *luz*", *acercar la luz, apagar la luz de la cocina* **4** *Luz de bengala* Fuego artificial que produce chispas cuando se enciende, muy utilizado en las fiestas tradicionales **5** *Salir* o *sacar a* (*la*) *luz* Hacer algo visible o del conocimiento de los demás, publicar alguna cosa: *sacar a la luz un fraude, salir a la luz una novela*, "Lograron *sacar a luz* únicamente lo significativo" **6** *Dar a luz* Parir una mujer: "Su esposa *dio a luz* anoche" **7** *A todas luces* Claramente, sin lugar a dudas: "Es *a todas luces* insuficiente" **8** *A la luz de* Según hace ver o pensar: "*A la luz de* los últimos acontecimientos…" **9** *Dar, echar, arrojar*, etc *luz sobre algo* Servir algo para aclarar o explicar un asunto **10** Espacio interior de un conducto: *luz de un tubo, luz de una vena* **11** (*Arq*) Distancia horizontal o dimensión del espacio interno entre los apoyos de un arco, dos vigas o entre dos muros de

contención; claro **12** *Ni sus luces* (*Popular*) No estar una persona, no saber nada de ella: "Lo esperé pero *ni sus luces*" **13** *Tener* o *dar luz verde* (*Coloq*) Tener o dar autorización para hacer algo: "Así seguirán hasta que el rector les *dé luz verde*" **14** (*Popular*) Dinero: "Ustedes siquiera tuvieron mucha *luz* y la gozaron" **ll** (*Rural*) **1** *Dar luz* Hacer que los animales vean algún claro o lugar sin árboles y se encaminen hacia él **2** *Quitar la luz* Impedir que los animales se encaminen hacia un claro.

ll s f Decimocuarta letra del alfabeto; representa, al igual que *y*, el fonema consonante palatal africado y sonoro /y/, en gran parte de las regiones hispanohablantes, entre ellas México. Su nombre es *elle*.

llama[1] s f Gas encendido, luminoso y caliente que se desprende de los cuerpos que se queman: *las llamas de la hoguera, una llama del incendio*, "Las *llamas* se habían extinguido".

llama[2] s f Mamífero rumiante de la familia de los camélidos, de cabeza mediana, hocico delgado y puntiagudo, ojos grandes, cuello largo y erguido, pelaje lanoso de color variable, patas delgadas y cola corta. Vive en América del Sur, en las regiones andinas; se utiliza como bestia de carga y se aprovecha su leche, carne, cuero y pelo.

llamada s f **1** Acto de llamar o de hacer que una persona ponga atención en algo o alguien, acuda o hable con uno: *una llamada de auxilio, llamadas telefónicas*, "El disparo fue una *llamada* de atención" **2** Señal en los textos impresos, que consiste generalmente en un número pequeño colocado al final de una palabra, con la que se llama la atención del lector para remitirlo a una nota o a la referencia bibliográfica de una cita **3** Serie de tres señales o invitaciones dirigidas al público con intervalos de pocos minutos para anunciarle el inicio de un espectáculo o su continuación: "Vamos a sentarnos, ya están dando la tercera *llamada*", *última llamada* **4** Serie de tañidos de campana de las iglesias para llamar a los fieles a misa, que consiste primero en un solo golpe de campana, después dos golpes seguidos y al final los tres **5** (*Mil, Mar*) Toque de trompeta, corneta o clarín con el que se ordena reunirse a las tropas **6** *Llamada de atención* Regaño: "A su hijito le hace falta una buena *llamada de atención*" **7** (*Hipo*) Jalón suave que se da a la rienda para que el caballo realice ciertas acciones, como detenerse, dirigirse hacia la derecha o hacia la izquierda.

llamado I pp de *llamar*: "He *llamado* tres veces a su casa y no me contestan": "Uno a uno fueron *llamados* por el mayor" Conocido como, así nombrado: "Las *llamadas* monedas fuertes también se devaluaron", "Las sociedades, mal *llamadas* primitivas, fueron el tema fundamental de su plática", "Todavía no existía el *llamado* Tercer Mundo y vivíamos mejor", "Hay que proteger el *llamado* 'espíritu mexicano' contra el contagio de las ideas exóticas", "Hay que estar en condiciones de trasponer la etapa *llamada* narcisismo primario" II s m **1** Invitación, petición o convocatoria para que se haga algo: "Se hizo un *llamado* a la prudencia con respecto al problema del petróleo", "Supone un *llamado* a la libertad verdadera; es decir, un *llamado* a lo imposible", *hacer un llamado* **2** s y adj Persona que ha

sido convocada para hacer algo o para asistir a cierto lugar: "Muchos son los *llamados* y pocos los escogidos" **3** s m En el cine o en el teatro, compromiso o acuerdo de los actores y técnicos con la empresa para trabajar un día.

llamar v tr (Se conjuga como *amar*) I Dar nombre o designar de cierta manera: "Lo *llamamos* Ojo de Águila", "Aquí lo *llaman* elote; en Argentina, choclo", "Me *llamo* Luis", "El gato se *llama* Mamerto", "Deificaron al divisionario de Jiquilpan y de cariño le *llamaron* Tata Lázaro", "Eso que *llamas* espontaneidad no fue más que desconfianza", "Mariquita se *llamaba* / la que vive junto al río", "¿Cómo se *llama* la óptica a la que vas?" II **1** Decir en voz alta el nombre de una persona o de un animal, o hacer algún ruido, seña o gesto para que alguien se acerque o ponga atención en algo: *llamar al niño*, "Trató de no alejarse mucho para poder oír si lo *llamaban*", "Su prima lo *llamó*: —Ramón, ven por un instante", "Loco de alegría, la *llamó* casi a gritos", *llamar al perro*, "¿Para qué nos *llamaron*? **2** Pedir, invitar u ordenar a alguien que haga algo o asista a cierto lugar: "El licenciado nos *llamó* para que a las cuatro de la tarde firmáramos la demanda", *llamar al pueblo en socorro del gobierno, llamar a consejo, llamar a filas* **3** intr Tocar o golpear algo, como una puerta, un timbre o una campana, para que alguien escuche, ponga atención o abra la puerta: "No podía imaginar quién *llamaba* a su puerta" **4** Marcar un número de teléfono para hablar con alguien: "Lo *llamaron* de su casa y salió inmediatamente", *llamar a un amigo*, "En la mañana te *llamó* por teléfono tu mamá", "La *llamó* para felicitarla y ella contestó conmovida" **5** *Llamar las campanas* Tocar las campanas de la iglesia anunciando que se va a celebrar misa: "El 31 de diciembre *llaman* las campanas a misa de gallo" **6** *Llamar la atención de alguien* Despertar la curiosidad o la atracción de una persona: "*Le llamó la atención* una arañita que era la belleza misma", "El dinero *le llama* mucho la atención", "De las catorce esculturas, *le llamaron la atención* las tituladas 'Nosotros' y 'Los amantes'", "Se viste así para *llamar la atención* de los demás" **7** *Llamar la atención a alguien* Hacerle ver, con fuerza o dureza, su error o su responsabilidad en algo: "El profesor les *llamó la atención* a los alumnos indisciplinados".

llamativo adj Que despierta atracción, que atrae la mirada o la atención: *un vestido muy llamativo, una mujer llamativa*.

llano adj **1** Que es liso, uniforme, sin altos ni bajos: *un terreno llano, una superficie llana* **2** s m Terreno plano, sin elevaciones ni barrancos, de cierta extensión: *los llanos de Dolores, bajar a los llanos, Guadalajara en un llano*, "Yo lo veía atravesar el *llano*" **3** Que es simple, sencillo, franco y abierto: *habla llana, el pueblo llano*, "La simple y *llana* corrupción impedirá la aplicación de las medidas anticontaminadoras" **4** s y adj Palabra grave (Véase "Acentuación", p 32).

llanta s f **1** Cada una de las piezas circulares de hule sobre la cual se apoya y se desplaza la mayoría de los vehículos; van montadas sobre la rueda y generalmente infladas con aire a presión: *la llanta de un triciclo, las llantas de un coche, poncharse una llanta* **2** Tubo circular de hule que inflado sirve para flotar en el agua: "Ya nada sin *llanta*" **3** Acumulación de grasa alrededor de la cintura de algunas personas: "Hace ejercicio para bajar las *llantas*", "He bajado 3 kg, pero aún tengo *llantitas*".

llanto s m Acto de llorar, a veces acompañado por sollozos: *romper en llanto, contener el llanto,* "¡Y ahora! ¿Por qué ese *llanto?*".

llanura s f Terreno de gran extensión, plano, sin elevaciones o barrancos de importancia: *la llanura veracruzana del Papaloapan,* "Una gran *llanura* se extiende entre La Malinche y Perote", "Hay pastizales en *llanuras* y en lomeríos".

llave s f **1** Utensilio de metal, generalmente dentado, que se introduce en una cerradura y sirve para abrirla o cerrarla, o para echar a andar un mecanismo: *la llave de la puerta, cerrar con llave,* "La *llave* del motor es la más grande" **2** *Llave maestra* La que sirve para abrir cerraduras distintas **3** *Echar llave* Cerrar con llave **4** *Bajo llave* Cerrado con llave **5** *Bajo siete llaves* Guardado con mucha seguridad **6** Dispositivo que sirve para abrir o cerrar el paso de un gas o de un líquido, generalmente agua: "La *llave* del agua caliente es la de la izquierda" **7** Instrumento que sirve para apretar o aflojar partes de un mecanismo, como tuercas, tornillos o birlos: *llave de cruz, llave inglesa* **8** (*Mús*) Válvula de metal de los instrumentos de viento que sirve para regular el paso del aire y producir diversos sonidos **9** (*Mús*) Símbolo que se pone al principio del pentagrama e indica el tono en que han de interpretarse los signos de las notas; clave: *llave de sol, llave de fa* **10** Medio que sirve para conseguir cierta cosa o para descubrir algo; clave: *la llave del éxito* **11** Signo { o } con el que se indica en un escrito que varios enunciados, renglones o elementos se refieren a una cosa o se comprenden como una unidad: *hacer un cuadro sinóptico usando llaves, trazar una llave* **12** Forma de inmovilizar o aprisionar a una persona con la que se está peleando o luchando: "Le aplicó una *llave* romana y le rompió el brazo" **13** En Durango, cuerno: "Esa vaca, las *llaves* gachas, es muy brava".

llegada s f **1** Acto de llegar: *la llegada de las lluvias, la llegada del invierno, el día de mi llegada, la llegada de Cortés, llegada al aeropuerto internacional, llegada y salida de trenes,* "La meta de *llegada* en Pachuca se va a instalar frente al palacio de gobierno" **2** *Darle una llegada* o *una llegadita* (*Coloq*) Darle una probada o probadita a algo, especialmente a una comida, bebida o cigarro: "*Dale una llegadita* a mi copa" **3** *Darle una llegadita* (*Coloq*) Darle un golpe o un golpecito: "*Le di una llegadita* al coche de mi vecina" **4** (*Popular*) Acto de herir con arma blanca o con arma de fuego; herida de arma blanca o de fuego.

llegar v intr (Se conjuga como *amar*) **I 1** Tener el movimiento o el desarrollo de algo o de alguien su fin, meta o interrupción en cierto punto o momento: *llegar a la ciudad, llegar a la casa, llegar a medianoche, llegar tarde al trabajo,* "Los pescadores *llegan* hasta Baja California" **2** *Hacer llegar algo* Enviar algo a determinada persona: "Le *hizo llegar* sus condolencias", "—¿Y el libro que te pedí? —Te lo *hago llegar* en la tarde" **3** Durar hasta cierto momento o pasar por una etapa determinada dentro de un desarrollo: *llegar a viejo, llegar al año 2000, llegar a tercer año* **4** Tener algo o alguien cierto límite de medida, de crecimiento o de cantidad, o tener la medida, la cantidad, la calidad o el tamaño requerido para algo: *llegar a varios metros de altura, llegar al borde de la capacidad, llegar al peso normal,* "Los asistentes no *llegaban* a doscientos", "La oferta no *llegó* al precio que tenía la mercancía", "Es tan pequeño que no *llega* a la ventana" **5** Extenderse algo hasta cierto límite: "El humo *llega* hasta Tepozotlán", "El camino *llega* hasta el pueblo" **II 1** Empezar el desarrollo de algo, suceder, ocurrir o tener lugar alguna cosa que se esperaba o preveía: *llegar el invierno, llegar la vejez, llegar la crisis* **2** Conseguir alguien ser lo que esperaba o buscaba; cumplirse algún deseo en un momento dado: *llegar a director, llegar a comandante, llegar a ser agricultor* **3** *Llegar (muy) lejos* Conseguir una persona sobrepasar sus metas o destacar en lo que buscaba o esperaba: "Sus hijas *van a llegar muy lejos*" **4** *Llegarle al alma* o *llegarle a uno* Conmover lo profundamente: "La muerte de esa niña y el dolor de su mamá *me llegaron al alma*", "Esa película *me llegó*" **5** *No llegarle (ni) a los talones a alguien* (*Coloq*) No alcanzar ni sobrepasar a una persona en lo que hace o en aquello que la caracteriza: "Yo *no le llego ni a los talones* a mi mamá en la cocina", "—¿Y qué tal su novio? —Mmm... *no le llega ni a los talones* a Miguel" **6** *No llegar (ni) a* (*Coloq*) No alcanzar el dinero para algo: "*No llegamos ni a* frijoles y quieres comer bisteces" **7** *Llegarle el agua al cuello a alguien* Encontrarse o estar en una situación muy difícil o muy crítica: "Este año, con la crisis, *nos llegó* a todos *el agua al cuello*" **8** *Llegarle la hora a alguien* Tener que enfrentarse a una situación muy difícil o morirse **9** *Llegar a las manos* Iniciar una pelea con los puños después de una discusión: "Al terminarse el partido, dos entrenadores *llegaron a las manos*", "Afortunadamente no *llegaron a las manos*, pero ya no se hablan" **10** *Llegarle* (*Popular*) Lograr iniciar un noviazgo o conseguir tener relaciones amorosas con una mujer: "Ya *le llegó* después de dos semanas de andar juntos" **11** *Llegarle a uno* (*Popular*) Herir a una persona con arma blanca.

llenar v tr (Se conjuga como *amar*) **I 1** Poner una cosa en otra de manera que la ocupe por completo o poner gran cantidad de cosas en determinado espacio; hacer que cosas o personas ocupen casi en su totalidad un espacio vacío o reunir a muchas personas en un mismo lugar: "Mañana *llenaremos* el tanque de gasolina", "*Llena* esos vasos de vino", "Sus hijos *llenaron* la casa de flores", "El maestro *llenó* el pizarrón con fórmulas", "Le gusta *llenar* las paredes de fotografías", "*Llenaron* de propaganda la ciudad", "El torero *llenó* la plaza", "Despedía un encanto tan grande que por ella el teatro *se llenaba*", "Todas las mañanas *llenaba* recipientes con agua, se lavaba y peinaba", "Podemos *llenar* páginas enteras de historias fantásticas", *llenar huecos*, "Tenemos que *llenar* las lagunas que él dejó" **2** Ocupar cierto espacio casi en su totalidad o al máximo de su capacidad, haber muchas personas o gran cantidad de cosas en determinado espacio: "El agua *llenaba* la fuente", "Los aficionados *llenaron* el estadio", "El salón *se llenó* de estudiantes", "La plaza *se llenó* de vendedores" "Los servidores de Moctezuma *llenaban* dos o tres dilatados patios", "Las playas *se llenaron* de vacacionistas", "La calle *se llenó* de coches", "La renuncia del gobernador *llenó* las planas de los periódicos", "La casa *se llenó* de polvo", "Sale la Luna y el patio *se llena* de luz" **II 1** prnl Comer o tomar hasta no poder más: "Comió dos guisados y *se llenó*", "*Me llené* de pan y ya no quise comer", *llenarse de frijoles, llenarse de cerveza* **2** Producir un alimento o una bebida la sensación de estar satisfecho o de no poder comer o beber más: "Las verduras no lo *llenan*", "Los refrescos nada más *llenan* y quitan el hambre", *llenar las tortillas* **III** Dar, dirigir o manifestar a una persona algo en abundancia: "Cuando su abuelita vio las pinturas, lo *llenó* de besos", *llenar de alabanzas a los presidentes, llenar de insultos* **IV** Producir en alguien una emoción o una sensación muy intensa, sentirlas: "Su carta me *llenó* de alegría", "La noticia *llenará* de dolor a su familia", "Vi en premier una función que me *llenó* completamente", "Sus hijas la *llenan* de felicidad", *llenarlo la música, llenarse de tristeza, llenarse de esperanzas* **V 1** Satisfacer plenamente o cumplir un deseo, una necesidad, una condición, etc: "Estos sembradíos *llenan* una función sumamente importante en la economía rural", "Sus razones no me *llenan*", *llenar las necesidades*, "Este joven *llena* los requisitos para ocupar el puesto de gerente" **2** Escribir o marcar los datos que se piden o se requieren en un documento, en un formulario o en algo similar: *llenar una solicitud, llenar un sobre*, "Hay que *llenar* los melates para ver si salimos de pobres".

lleno adj **I 1** Que está ocupado por algo o lo contiene en toda o casi toda su capacidad, extensión o duración, que tiene mucha cantidad de algo: *una fuente llena, un salón lleno*, "Le aguardaba una carpeta *llena* de asuntos pendientes", *una sonrisa llena de afecto, enredaderas llenas de flores*, "La entrevista estuvo *llena* de cordialidad", *hablar con la boca llena, libros llenos de noticias extraordinarias* **2** s m Asistencia que ocupa todos los lugares de un local: "Hubo un *lleno* en la plaza de toros" **3** *De lleno* Por completo, íntegramente: *dar el sol de lleno, golpear de lleno, entrar de lleno en la producción* **II 1** Que está satisfecho por haber comido o bebido hasta no poder más: "Casi no comí, pero me siento muy *lleno*", "No, gracias, ya estoy *llena*" **2** *Estar lleno de aire* En Oaxaca, estar hambriento **III** *Palabra llena* (*Ling*) La que tiene significado léxico o significación, en oposición a la que sólo desempeña una función gramatical.

llevar v tr (Se conjuga como *amar*) **I 1** Pasar a una persona o una cosa del lugar en que uno está a otro, mover algo una cosa consigo: *llevar el mandado, llevar carga un camión, llevar agua las nu-*

bes, "Tú *llevas* al bebé y yo a la niña", "La chalupa *lleva* muchas flores" **2** Servir algo de medio para llegar a algún lugar o a cierta situación: "Esta carretera *lleva* a Malinalco", "La respuesta nos *llevará* a la solución del problema", "Las reformas políticas y sociales *llevarán* al país a un orden social más avanzado", "La insuficiencia renal aguda *lleva* a la muerte al paciente" "La bebida los *lleva* a cometer actos irreparables" **3** Hacer que alguien siga cierta dirección, llegue a determinado lugar o situación o alcance cierto fin: "Sus amigos lo *llevan* por mal camino", "El maestro *lleva* a sus alumnos hacia el conocimiento", "Su marido la *llevó* a la desesperación", "Yo te *llevo* a tu casa con gusto", "Los socios lo *llevaron* a la ruina" **4** Hacer llegar una persona o hacer llegar una cosa a alguien: "*Llévame* con tu hermano", "*Llévame* con tu doctor", "La secretaria les *lleva* café a las once", *llevar un mensaje al director* **5** Hacer que algo o alguien pase a estar en cierto lugar: "*Llevó* la mano al revólver, pero no lo usó", "Desalentado, me *llevé* las manos a la cabeza", "*Llevó* la leche al refrigerador", "*Llevaron* a los detenidos a la cárcel", "*Llevaron* los heridos al hospital" **II 1** Haber pasado alguien cierto tiempo haciendo algo en determinada situación, en cierto estado o en determinado lugar: "*Llevo* doce años trabajando", "*llevan* muchos años de casados, "*Lleva* dos semanas enfermo", "Nos *llevará* una generación superar el desarrollo de la ciudad", "Ya *llevo* un resto en la ciudad, como dos o tres años", "Durante año y medio que *llevan* de actuar..." **2** Ocupar o necesitar algo cierto tiempo, material, esfuerzo o energía para su realización o logro: "Este libro me *llevó* mucho tiempo", "Cortar caña *lleva* mucho esfuerzo", "Tejer ese suéter *lleva* mucho trabajo y mucha lana", "El rodaje de esa película *llevó* varios años en su preparación" **3** Seguido de algunos participios, indica que se ha realizado una acción o se ha reunido o alcanzado cierta cantidad de algo en lo que se está haciendo: "Resuman lo que hasta aquí *llevamos* dicho", "*Llevo* montadas varias exposiciones", "*Llevo* muy *atrasada* la redacción de esa reseña", "*Llevan leídas* dos páginas", "*Lleva caminados* cinco kilómetros", "*Se lleva avanzado* el 45% de la inversión programada", "Son turistas impresionados por lo que *llevan visto* de la ciudad en ocho días", "*Llevan acumulados* tres puntos" **4** prnl Obtener o recibir una cosa como resultado de haber hecho algo: "*Se llevó* la mayoría de los aplausos", "El torero *se llevó* una oreja del primero y dos del segundo", *llevarse una gran ovación, llevarse los honores, llevarse la victoria, llevarse una regañada* **5** Tener algo o alguien ventaja sobre otro o mayor cantidad de algo que otro: "Este equipo le *lleva* dos puntos a aquél", "Le *llevo* dos años a mi hermana" **6** *Llevarse de calle* Ganar o superar con mucha ventaja a otra persona o cosa: "Este hotel *se lleva de calle* al de la esquina", "Sebastián *se llevó de calle* a sus sinodales", "*Nos llevamos de calle* al equipo contrario" **7** *Llevar las de perder, llevar las de ganar* Tener los elementos en su contra o en su favor para perder o ganar **8** Considerar, en las operaciones aritméticas, la cantidad que debe agregarse a la columna anterior: "Nueve por ocho, setenta y dos; dos y *llevo* siete" **III** prnl **1** Arrastrar o arrancar de su lugar, generalmente con violencia o rapidez, robar:

"La corriente *se llevó* varios animales", "Queman nuestras casas y *se llevan* a nuestras mujeres" "Los hampones *se llevaron* mi coche de la puerta de mi casa", "*Se llevaron* a un niño y lo registraron como suyo" **2** Apartar alguien a una persona del lugar donde se encuentra y hacer que viva en su compañía: "Aquí se casan jóvenes, mejor dicho, *se llevan* a las novias porque no se pueden casar" **IV 1** Tener alguien que hacer cierta cosa o tener bajo su responsabilidad cierta tarea, estar al frente de un asunto o situación: "Este primer semestre *vamos a llevar* el curso de propedéutica", "Sólo *llevamos* ocho materias, *llevamos* cálculo, biología, inglés…", *llevar los libros de una empresa*, *llevar un negocio*, *llevar el archivo*, *llevar la casa* **2** Hacer algo de cierto modo o de determinada manera, tener cierta actitud ante algo: *llevar con paciencia un problema*, "*Lleva* su pena con resignación", "*Llevamos* una vida muy ajetreada", *llevar bien la edad* **3** Seguir alguien una acción que se está desarrollando, generalmente interviniendo en ella: *llevar el ritmo*, *llevar la melodía*, *llevar la cuenta*, "Otros *llevan* con palmas el compás" **4** *Llevar(se)* algo a cabo o a efecto, *llevar adelante* Realizar o efectuar algo: "*Llevaron a cabo* un ciclo de cine", "El mitin *se llevó a cabo* el 1º de mayo", "No *se llevó a efecto* la exhumación de los 17 cadáveres", *llevar a efecto la producción*, "*Llevó adelante* programas de descentralización" **5** *Llevar el (un) papel* Representar un papel en una actuación: "El actor *llevó uno de los papeles* estelares de la serie Plaza Sésamo", "Ofelia Guilmáin *llevará el papel* central de dicha pieza" **V 1** Usar o tener puesta cierta prenda de vestir, algún tipo de arreglo, determinado adorno o alguna cosa consigo: *llevar pantalones*, *llevar el pelo corto*, "Los huicholes *llevan* suntuosas galas", "La novia *llevará* un modelo de encaje estilo antiguo, una corona de azahares y vaporoso velo ", "*Llevaban* la cara teñida de amarillo", "Las pestañas se oscurecen con rímel, pero las cejas se *llevan* claras", "Todavía *llevaba* el cuchillo en la mano cuando me metí a la casa donde me agarraron" **2** prnl Usarse en la actualidad, estar de moda: "No soy partidaria del amor libre ni de muchas monadas que *se llevan* hoy en día", "Esos vestidos largos sí *se llevan*", "El crepé no *se lleva*" **3** Tener algo o formar parte de algo: "Los sueños *llevan* en sí un mensaje que en todo tiempo ha preocupado al hombre", "En el pecado *lleva* la penitencia", "La sopa *lleva* chile y papas", "El saco *lleva* bolsas", "La caja *llevaba* cuarenta latas" **4** Tener una cosa o una persona algo como un nombre, un título, una indicación o una marca: "*Llevaba* el nombre de su padre", "La conferencia *lleva* por título 'La contaminación'", "Los lingotes de oro *llevaban* la marca del impuesto y los kilates", "Kepler dio a conocer las leyes que *llevan* su nombre", "Se usan las abreviaturas cuando, tratándose de monedas, pesos o medidas, *llevan* delante cifras" **VI** prnl **1** Tener cierto trato una persona con otra, particularmente cuando existe mucha confianza entre ellas: *llevarse bien*, *llevarse con el vecino*, "Dicen que ya no *se llevan*, pero siguen viviendo juntos", "*Nos llevamos* perfecto", "¡Qué, *ya nos llevamos* tan fuerte?" **2** *Llevarse a cuartos* Tener dos o más personas un trato exageradamente cordial **3** Poderse mezclar dos cosas o poderlas combinar: "El agua y el aceite no *se llevan*

y parece que tampoco los escritores", "El vino blanco no *se lleva* con el mole", "El blanco y el rojo *se llevan*", "Esa blusa no *se lleva* con la falda" **VII** (*Coloq*) **1** *Llevarse a alguien el diablo, el demonio, el tren, la trampa, la trompada, la tostada, la chingada, etc* o *estar, andar, etc que se lo lleva el diablo, el demonio, el tren, etc* Tener o sentir coraje, enojo, indignación o desesperación intensos: "*Anda que se lo lleva la tostada* desde que le robaron el coche" **2** *Llevarse el diablo, el demonio, patas de cabra, pifas, el tren, la trampa, la tostada, la trompada, la chingada, la tristeza, etc* Fracasar, terminar mal, acabarse o morirse: "Por no estar bien preparado *se lo llevó la trompada*", "Si no trabajamos en serio, a este negocio *se lo va a llevar la trampa*" **3** *¡Me lleva!, ¡me lleva la que me trajo!* Indica coraje, enojo, indignación o desesperación intensos ante algo inesperado, molesto o problemático: "*¡Me lleva!*, volvieron a robar en mi casa", "¡Ya me manchó todititita! *¡Me lleva la que me trajo!*" **VIII** Con algunos sustantivos, indica que se realiza la acción significada por ellos, como *llevarse una sorpresa*, *llevar un susto*, *llevar el control*, *llevar un registro*, *llevar una representación*, *llevar ventaja*.

llorar v intr (Se conjuga como *amar*) **1** Salir lágrimas de los ojos, generalmente por algún dolor, por tristeza y a veces por una intensa alegría: *llorar de pena*, *llorar de hambre*, *llorar de risa*, *soltarse a llorar*, *llorar por los muertos*, "Y que se suelta *llorando* y yo sin saber qué hacer", "No *lloro* porque te vas / ni *lloro* porque te alejas / *lloro* porque a mí me dejas" **2** *Llorarle los ojos a alguien* Provocar algo irritación en los ojos y que le salgan lágrimas: "Le *lloraban los ojos* por el humo", "No quiere picar cebolla porque *le lloran los ojos*" **3** tr Lamentar algo o quejarse: "Todavía *lloran* la muerte de su hija", *llorar la pérdida de la libertad*, *llorar tu ausencia*, "Mejor no apuestes porque luego andas *llorando*" **4** *Llorarle a alguien* (*Coloq*) Suplicar, rogar o pedir algo a una persona utilizando lamentaciones: "Le subieron el sueldo después de andar *llorándole* al jefe", "Ahí *va a llorarle* a su ex para que regresen", "Ella *me lloraba* que hacía falta la lana".

llorón adj y s **I 1** Que llora con facilidad o mucho: "Su hijito es muy *llorón*" **2** (*Coloq*) Que se lamenta o se queja excesiva o continuamente, que ruega, suplica o denuncia a alguien con lamentaciones, que es cobarde o tiene mucho miedo: "Es una *llorona*, nada le parece bien", "Va de *llorón* a ver si se suben la calificación", "Es bien *llorón*, no le entra a los trancazos" **II** s Sauce llorón.

llorona s f **1** Alma en pena de una madre que asesinó a sus hijos ahogándolos en el río. Vaga por las noches principalmente en los lugares cercanos a un río o cuando hay tormenta llorando y lamentando la muerte de sus hijos, según una creencia tradicional **2** *Hacerle la llorona a alguien* (*Popular*) Suplicar, rogar o pedir algo con lamentaciones: "Le *hace la llorona* a su amigo para que le dé otra oportunidad".

llover v intr (Se conjuga como *mover*, 2c) **1** (Sólo en tercera persona del singular) Caer gotas de agua de las nubes: *llover a cántaros* **2** *Lloverle a alguien* Llegarle cierta cosa en abundancia; sucederse una tras otra y de manera ininterrumpida determinada cosa: "Ahora sí que *nos llovió* trabajo", *lloverle insultos*, *lloverle golpes*, "Ya supe que has destacado como pintor y que *te llueven* los encargos" **3** *Llover(le) sobre mojado* (*Coloq*) Repetirse alguna cosa, particularmente cuando resulta desafortunada o molesta: "A México *le llueve sobre mojado*" **4** *Lloverle en su milpita* (*Coloq*) Ocurrirle a una persona una serie de buenos o malos acontecimientos: "Este año aún no *me ha llovido en la milpita*".

lluvia s f **1** Agua en forma de gotas que cae de las nubes a la superficie de la Tierra: *lluvia torrencial, amainar la lluvia, época de lluvias* **2** Gran cantidad de cosas que caen o llegan al mismo tiempo: *lluvia de estrellas, lluvia de insultos, lluvia de regalos* **3** *Lluvia de coral* o *lluvia de Venus* (*Russelia equi-*

setiformis) Arbusto de la familia de las escrofulariáceas, con ramas angulares cuyas hojas, opuestas, ovadolanceoladas y caedizas, están colocadas en sus extremidades por lo que las ramas cuelgan; sus flores, de 2 cm, son rojas, tubulosas y forman racimos. Se cultiva como planta ornamental **4** *Lluvia de oro* (*Tecoma stans*) Arbusto pequeño, de 1 a 8 m, de la familia de las bignoniáceas; tiene hojas opuestas y pinadas, con cinco y hasta trece hojuelas ovalada, agudas y aserradas; sus flores son amarillas, de un solo pétalo y cinco lóbulos, y su fruto es una cápsula linear, de 10 a 20 cm por 8 o 10 mm de ancho, con semillas aladas. Sus hojas tienen aplicación medicinal y son de sabor amargo.

m s f Decimoquinta letra del alfabeto; representa el fonema consonante bilabial nasal sonoro. Su nombre es *eme*.

macehual s m Hombre de clase humilde, que se encargaba de trabajar la tierra o de servir a un noble, en la jerarquía indígena prehispánica: "Emigraron los nobles y sólo permanecieron los *macehuales* en esas tierras".

maceta s f **1** Recipiente de barro cocido o de otro material, con la boca más ancha que el fondo, y que lleno de tierra se usa para cultivar algunas plantas: "Adornan los balcones con *macetas* de geranios" **2** (*Coloq*) Cabeza **3** Pieza de madera o de hierro, semejante a un mazo corto y pequeño, que se emplea para romper piedra o concreto, para clavar estacas o, en general, para golpear cosas **4** Mazo corto con que se calafatean las costuras de los botes, en Veracruz **5** Tarro para tomar pulque.

maciza s y adj f Carne sin grasa y sin hueso que suele comerse en tacos o en guisos como el pozole; carne maciza: *tacos de maciza, maciza de res, maciza de cerdo*.

macizo I **1** adj Que forma una masa compacta, sólida, pesada y sin huecos; que es sólido, duro, grueso o fuerte: *oro macizo, plata maciza, un muro macizo, un caballo de ancas macizas* **2** s m Conjunto de montañas que forma un grupo o una unidad: *macizo continental* **3** s m Conjunto de flores, plantas, árboles, etc, que forma un grupo compacto: *macizo de álamos, macizo de ramas* **4** adj (*Coloq*) Que es compacto, parejo, duro y fuerte: *lluvia maciza*, "El frío *macizo* me iba invadiendo" **5** *Darle, entrarle*, etc *macizo a algo* (*Popular*) Dedicarse con fuerza y ahínco a hacer algo: "Le *entramos macizo a* los taquitos en la boda", "Pancho *le da macizo a* la computadora" **6** *Estar macizo* Estar algo o alguien en la plenitud de la vida o estar maduro: "Ya *están macizas* sus hijas, una tiene 18 y la otra 20", "La mazorca ya *está maciza*" **7** s (*Popular*) Persona que está intoxicada por haber consumido mariguana II s m Puntada de gancho que se teje hacia arriba, perpendicularmente al tejido de base, y forma una especie de pilar.

machaca s f Carne seca, desmenuzada y machacada de res que, por lo general, se guisa con cebolla, jitomate, chile verde y huevo; es un platillo típico de los estados del norte del país; machacado; "¡Qué bien me caerían unas burritas de *machaca*!", "Almorzó *machaca* con huevo".

machacar v tr (Se conjuga como *amar*) **1** Oprimir, aplastar o golpear repetidamente alguna cosa con algo pesado para disminuir su volumen, desmenuzarla o pulverizarla: *machacar los frijoles, machacar un mineral en el mortero* **2** Insistir con obstinación en alguna cosa: "Me *ha machacado* mi baja estatura toda la vida", "Hay que *machacar* muy bien las fórmulas para que te las aprendas".

machete s m **1** Instrumento cortante parecido a un cuchillo, pero muy grande y pesado, que consta de un mango de madera o metal y una hoja metálica, ancha y filosa de un lado, que termina en punta o en gancho; se emplea para cortar cañas, pencas o leña, para abrir brechas en los campos o como arma: *machete de monte, machete costeño, machete cañero*, "Se oía el golpe del *machete*", "Me fajaba yo un *machete* y a darle al monte", "Dios te libre de un costeño / con su *machete* en la mano" **2** (*Coloq*) Repetición obstinada de alguna cosa para lograr memorizarla: "Hay que echarle *machete* al curso de anatomía".

machismo s m Actitud del hombre que considera que el sexo masculino es naturalmente superior al femenino, y la manifiesta con prepotencia, a la vez que con paternalismo hacia las mujeres, así como mediante demostraciones de fuerza y virilidad.

machito s m **1** Víscera de cerdo, de carnero, de cabrito o de res que es muy apreciada como alimento; tripa macho, macho rabón, macho **2** pl Cortes de esta víscera que generalmente se comen fritos o asados al pastor: *tacos de machitos*.

macho s y adj m **1** Animal o planta que tiene los órganos masculinos de la reproducción o produce células sexuales capaces de fecundar a otras: *perro macho, planta macho, macho y hembra* **2** Hombre que considera al sexo masculino como naturalmente superior al femenino, exalta las características tradicionalmente atribuidas a los hombres y pretende imponerse y dominar a las mujeres o demostrar su fuerza, su virilidad, etc, ante ellas u otros hombres: *macho mexicano*, "¡Aguántese como los *machos*!" **3** Que es valiente, fuerte o tiene alguna de las características que tradicionalmente se atribuyen a los hombres: "¡Yo soy muy *macho*, hijos de la chingada!", *una mujer muy macha* **4** *A lo macho* (*Coloq*) Sin engaños ni mentiras, con valentía: "—¿Me lo dice usted *a lo macho*?" **5** Hombre, especialmente cuando se quiere destacar su sexualidad: "Regresó convertido en un *macho* alto y fuerte" **6** Animal de sexo masculino que resulta del cruce de una yegua y un burro o de un caballo y una burra; es estéril, útil como bestia de tiro; mulo **7** *Montarse alguien en su macho* o *no bajarse de su macho* (*Coloq*) Tomar una actitud, una posición, etc, sostenerla con terquedad y no abandonarla ni ante razones **8** Pieza o parte de un mecanismo que entra en otra: *clavija macho, macho de un broche* **9** Víscera de cerdo, de res, de carnero o de cabrito que generalmente se come frita o asada al pastor; machito; tripa macho; macho rabón **10** Canal principal en los sistemas de riego; machuelo **11** Grano de arroz, o de algún otro cereal, que queda con cáscara entre los que ya están descascarados o limpios **12** (*Tauro*) Cada una de las borlas que, en el traje del torero, cuelgan de la montera o de las hombreras, y especialmente la que remata los cordones con que se ciñe el calzón a las corvas.

madeja s f **1** Porción muy grande de hilo recogido sobre sí mismo en numerosas vueltas o dobleces iguales para que no se enrede: *una madeja de estambre, una madeja de hilaza* **2** Conjunto de hechos, ideas, circunstancias o individuos que forman un sistema coherente y complejo: "Hay una bien integrada *madeja* de intermediarios, comerciantes y acaparadores", *seguir el hilo de la madeja*.

madera s f **1** Parte fibrosa y compacta que tienen los árboles debajo de la corteza. Una vez cortada y preparada, se usa para construir casas, muebles, etc; convertida en pulpa sirve para hacer papel, plástico, goma, etc: *madera dura, madera laminada, madera de pino* **2** pl Instrumentos de aliento, hechos generalmente de ese material, que se usan en las orquestas, como la flauta, el fagot, el clarinete, el oboe, el corno inglés, etc: "En el tercer tiempo de la sinfonía entran las *maderas*" **3** *De buena madera* De gran resistencia, de naturaleza fuerte, de buen linaje: "Sus padres son *de buena madera*, ya están cerca de los 90 años y están sanos" **4** *Tener alguien madera de algo* Tener alguien capacidad o habilidad para algo: "Sabina *tiene madera de artista*" **5** *Tocar madera* Defenderse alguien de algún daño supuesto tocando, por superstición, algo hecho de madera: "*Toco madera*, no me vaya a romper una pierna".

maderismo s m Movimiento político mexicano que luchó contra la reelección de Porfirio Díaz y desembocó en la revolución armada de 1910. Su cabeza, Francisco I. Madero, fundó el Partido Nacional Antirreeleccionista y promulgó el Plan de San Luis, llamando al pueblo a levantarse en armas contra Díaz el 20 de noviembre de 1910; a él se unieron, entre otros, los generales Orozco, Villa y Zapata. Al triunfo del movimiento, Madero fue electo presidente y tomó posesión del cargo el 6 de noviembre de 1911, pero el golpe de estado de Victoriano Huerta lo obligó a renunciar a la presidencia; más tarde, Huerta mandó asesinarlo (22 de febrero de 1913), hecho que provocó nuevos levantamientos armados y la revitalización del movimiento.

maderista adj y s m y f Que es partidario del maderismo o se relaciona con este movimiento político: *las fuerzas maderistas*, "Los *maderistas* tomaron Ciudad Juárez".

madrastra s f Esposa del padre, con respecto a los hijos llevados por éste al matrimonio: "Nunca se llevó bien con su *madrastra*", "Mi *madrastra* era la que hacía la comida".

madre s f I **1** Mujer o hembra de los animales que tiene o ha tenido hijos o crías, respecto de ellos o éstas **2** *Madre de familia* La responsable de sus hijos ante diversas instituciones sociales: *reunión de madres de familia* **3** Título que reciben las religiosas o monjas: *madre superiora, madre maestra* **4** *Madre patria* País donde uno nació o en donde tiene su origen: *volver a la madre patria* II (*Groser*) **1** *Tener* (o *no tener*) *madre* Tener vergüenza, honor, pundonor: "Yo no soy un hijo de la chingada, yo sí tengo madre", "Es que Beatriz de plano *no tiene madre*" **2** *¡Qué poca madre!* Expresión de disgusto o molestia extrema: "No quisieron darnos un poco de agua, *¡qué poca madre!* **3** *Darle a alguien en la madre, partirle la madre* Golpear o derrotar a alguien: "Nos encontramos con los de Romita y *les dimos en la madre*", "Anda buscando a Agripino para *partirle la madre*" **4** *¡En la madre!* ¡Qué mal, qué mala suerte!: "Perdí todo mi dinero. —*¡En la madre!*" **5** *Ni madre(s)* No, de ninguna manera: "¿Que le venda mis bueyes? —No, *ni madres*" **6** *Valer algo madre(s)* Tener muy poco valor o ninguno; no importarle a uno en absoluto: "*Me vale madre* que no quieras casarte conmigo", "Tú, tus millones y tus tías *me valen madres*" **7** Cosa despreciable: "¡Pásame la *madre* esa, el martillo, güey!", "Me pidieron bolillos, teleras, pan dulce y no sé qué *madres*" **8** *Caerle de madre a alguien* Maldecir a alguien si no hace algo o cumple su compromiso: "¿Me estás diciendo la verdad? *¿Te cae de madre?*" **9** *¡A toda madre!* ¡Qué bien, qué buena suerte! ¡De lo mejor!: "Se compró un coche *a toda madre*", "Me invitaron a la playa… *¡A toda madre!*" III **1** Causa u origen de algo: "La ociosidad es *madre* de todos los vicios" **2** Terreno por donde corren las aguas de un río o de un arroyo: *salirse el río de madre*.

madrigal s m **1** (*Lit*) Composición poética breve, de tema amoroso generalmente, en la que se combinan libremente versos de siete y once sílabas, como el famoso de Gutierre de Cetina: "Ojos claros, serenos, / si de un dulce mirar sois alabados / ¿por qué si me miráis miráis airados?…" **2** Composición musical breve, característica del Renacimiento italiano, para coro y generalmente sin acompañamiento instrumental, de tema amoroso o bucólico; son famosos los madrigales de Monteverdi.

madriguera s f **1** Hoyo o excavación que algunos animales hacen en la tierra para protegerse y tener sus crías: *madriguera de un conejo, madriguera de los topos* **2** Lugar en el que se esconden algunos animales para protegerse: *madriguera de peces, madriguera de tiburones* **3** Lugar en el que se esconde la gente que está fuera de la ley: *una madriguera de ladrones y contrabandistas*.

madrileño adj **1** Que es originario de Madrid o pertenece a esta ciudad española **2** s m Pan dulce oval, grueso, decorado con azúcar horneada y un punto de mermelada en el centro.

madrina s f **1** Mujer que presenta o acompaña a una persona en la ceremonia de su bautizo, matrimonio, confirmación, etc y acepta ciertas obligaciones morales y religiosas hacia ella: *madrina de primera comunión, madrina de bautizo* **2** Mujer que inaugura alguna cosa durante una ceremonia: *madrina de un barco* **3** Animal manso que se une a otro mediante una cuerda, para domesticarlo, y conjunto de caballo y jinete que guían a un potro cerrero para domesticarlo **4** Individuo que sirve de espía y ayuda a un policía: "No hay nada peor que los pinches tiras y sus *madrinas*".

madrugada s f Periodo del día comprendido entre la media noche y el amanecer, particularmente las horas más próximas a la salida del Sol: *despertarse de madrugada, llegar de madrugada*.

madrugar v intr (Se conjuga como *amar*) **1** Levantarse al amanecer o muy temprano en la mañana: "Hay que *madrugar* para ir a la escuela" **2** Adelantarse alguien a otra persona en la realización de algo o en algún asunto, particularmente cuando con ello le hace algún mal: "Les *madrugó* a sus parientes reclamando primero la herencia".

maduración s f Acto de madurar una cosa o una persona; proceso por el que algo o alguien alcanza su completo desarrollo o madurez: *maduración del óvulo, maduración de un fruto, maduración política*.

madurar v intr (Se conjuga como *amar*) **1** Adquirir los frutos un estado de madurez o completo desarrollo: *madurar los mangos* **2** Adquirir su pleno desarrollo físico, intelectual o emocional una persona: *madurar los jóvenes* **3** Llegar algo a su completo desarrollo: "El proyecto *maduró* sin dificultades" **4** tr Desarrollar algo hasta darle una forma acabada y más o menos definitiva: "Newton fue *madurando* sus ideas sobre la gravedad" **5** Empezar a supurar un absceso, un tumor o un grano.

madurez s f **1** Estado o condición de lo que ha llegado a su total desarrollo: *madurez de un grano, madurez sexual, madurez artística, madurez de un sistema político* **2** Edad, situada entre la juventud y la vejez, en que una persona ha completado el desarrollo de sus facultades físicas, intelectuales y afectivas; edad adulta: "Vivió su *madurez* en el extranjero" **3** Prudencia o buen juicio con que actúa una persona: *expresarse con madurez*.

maduro adj **1** Tratándose de plantas, y especialmente de frutos, que ha alcanzado el mejor punto de su desarrollo o está listo para recolectarse o comerse: *una cosecha madura, una piña madura* **2** Que está bien o completamente desarrollado, posee todas sus características o facultades, o se encuentra en un estado ideal para algo: "Esta ciencia no está completamente *madura*", "Un animal sexualmente *maduro*" **3** Tratándose de personas, que está en la edad adulta, entre la juventud y la vejez: *una mujer madura, un hombre en edad madura* **4** Que es prudente, actúa con inteligencia o tiene buen juicio: "Es un hombre mentalmente *maduro*", "Una conversación seria y *madura*" **5** Entre dibujantes técnicos, copia de un plano constructivo, que sirve como matriz para otras más.

maestría s f **1** Habilidad, destreza y dominio alcanzados por una persona en su oficio, su arte o su profesión: "Hay que destacar la *maestría* del pintor", "Vargas Llosa ha llegado a una envidiable y temible *maestría* en la construcción de la novela" **2** Conjunto de estudios universitarios inmediatamente posteriores a la licenciatura, cuyo objetivo es lograr una especialización en la materia: *obtener la maestría, título de maestría*.

maestro s **1** Persona que enseña en alguna escuela o da clases de alguna materia: *maestro de primaria, maestro de música* **2** Persona que tiene muchos conocimientos acerca de algo, en particular de ciencia o de arte, o que ha enseñado a alguien cosas de mucho valor: *un maestro de la pintura, un maestro de la mecánica* **3** Persona que ejerce un oficio con gran habilidad y enseña a sus aprendices: *maestro zapatero, maestro albañil, maestro tornero, maestro panadero* **4** *Maestro de obras* Albañil que dirige la construcción de un edificio según las indicaciones de los planos del arquitecto o ingeniero: *contratar un maestro de obras* **5** *Maestro de capilla* Persona que dirige, y a veces compone, la música que se toca y se canta en una iglesia **6** *Maestro de cere-*

monias Persona que dirige el desarrollo de una ceremonia o presenta a los asistentes, organizando su actividad, etc **7** Persona que ha seguido los cursos de posgrado posteriores a la licenciatura y que anteceden al doctorado, para obtener el grado académico de la maestría en alguna universidad: *maestro en ciencias, maestro en antropología* **8** adj Que enseña o pone el ejemplo: *un estudio maestro, una acción maestra* **9** adj Tratándose de aparatos, mecanismos, sistemas, etc, que regula todas sus funciones o puede reemplazarlas; que constituye la parte principal de algo: *control maestro, llave maestra, tablero maestro, viga maestra*.

mafia s f **1** Sociedad clandestina de criminales, de origen siciliano, manejada patriarcalmente por cabezas de los grupos o familias que la componen: *los negocios de la mafia, el padrino de la mafia* **2** Asociación clandestina de criminales, que tiende a monopolizar las actividades ilícitas que desempeña: *la mafia del narcotráfico, una mafia de robacoches* **3** Grupo de personas que se asocian en complicidad y por conveniencia, para tratar de dominar un campo de actividad e imponer sus condiciones y a sus amigos: *una mafia intelectual, una mafia universitaria, mafia sindical*.

magia s f **1** Conjunto de creencias, ritos, procedimientos e instrumentos que pretende dominar a la naturaleza o lograr efectos extraordinarios invocando a las fuerzas sobrenaturales o diabólicas, y apelando a relaciones ocultas, pero efectivas, entre unos objetos y otros **2** *Magia blanca* La que, estando dedicada a hacer el bien **3** *Magia negra* La que busca el mal **4** Conjunto de procedimientos, trucos, ilusiones, etc, mediante los cuales se da la impresión de que algo ocurre o se hace sin causa natural o de forma extraordinaria: "El espectáculo incluía actos de *magia*" **5** (*Como*) *por arte de magia* o *acto de magia* De manera extraordinaria o repentina, sin que haya causa aparente: "Apareció *como por arte de magia*" **6** Cualidad de lo que cautiva, es maravilloso o extraordinario: *la magia del futbol, la magia de la televisión, la magia de la música*.

mágico adj Que es característico o propio de la magia; que se produce por medio de la magia o del encanto: *poderes mágicos, fórmula mágica, palabras mágicas, alfombra mágica*.

magistrado s **1** (*Der*) Funcionario judicial que forma parte de un tribunal colegiado: *magistrado del tribunal superior* **2** *Primer magistrado* Gobernante de un país: "El *primer magistrado* habló al término de la reunión".

magma s m **1** (*Geol*) Masa mineral rica en sílice que se encuentra fundida a temperaturas y presiones muy altas en las profundidades de la corteza terrestre; a través de los volcanes sale a la superficie en forma de lava y, al enfriarse, se solidifica formando rocas **2** Masa espesa o de consistencia pastosa, como la que queda después de extraer la parte más fluida de una sustancia orgánica o inorgánica **3** Preparado compuesto por un hidróxido insoluble que, precipitado en agua, forma una suspensión espesa y opaca que puede sedimentarse por reposo. Según el hidróxido que contenga (de bismuto, de magnesio, de hierro, etc) se emplea como laxante en la preparación de pinturas de agua; leche, lechada.

magnético adj Que tiene las propiedades del imán, se relaciona con él o con el magnetismo: *hierro magnético, campo magnético, cinta magnética, fenómenos magnéticos.*

magnetismo s m **1** Fuerza de atracción que ejerce un imán sobre el fierro **2** Conjunto de fenómenos físicos producidos por las fuerzas de atracción y repulsión de un imán o de una corriente eléctrica, como la formación de campos de fuerza y la atracción de los polos terrestres sobre las agujas imantadas de las brújulas **3** Parte de la física que estudia estos fenómenos **4** Poder de atracción que algunas personas tienen sobre otras: "El *magnetismo* de Marilyn Monroe es indiscutible".

magnetizar v tr (Se conjuga como *amar*) **1** Comunicar a un cuerpo las propiedades del imán **2** Atraer a alguien de manera irresistible: "Era un orador que *magnetizaba* a las multitudes".

magnífico adj Que es de gran calidad, hechura o belleza: *un trabajo magnífico, una obra magnífica, una magnífica persona, un monumento magnífico, dos volcanes magníficos, una pintura magnífica.*

magnitud s f **1** Tamaño, volumen o extensión de algo: *un edificio de gran magnitud* **2** Importancia o gravedad de algo: *una contribución científica de gran magnitud, la magnitud de un desastre* **3** Cantidad o medida de algo conforme a una escala determinada, como la que representa el brillo de una estrella o la fuerza de un temblor, el valor de un vector, etcétera.

magnolia s f **1** Flor blanca, grande, solitaria, de dulce aroma, de pétalos aterciopelados, que brota en primavera y se marchita en pocos días **2** (*Magnolia grandiflora*) Árbol que da esta flor, corpulento, frondoso, siempre verde, que alcanza a medir hasta 20 m de altura; sus hojas son ovales, alternas, coriáceas, verdes lustrosas por su frente y cafés rojizas y opacas por el envés; su fruto es oval, seco, que se abre para soltar muchas semillitas.

mago s **1** Persona que se dedica a la magia o la ejerce: "El circo traía un *mago* sensacional", "Una historia de hadas, brujas y *magos*", *el mago Merlín* **2** Persona que tiene una habilidad extraordinaria y cautivante para algo: *un mago del beisbol, el mago de la música*, "Pelé era un *mago* con el balón".

maguey s m Planta perteneciente a la familia de las amarilidáceas y al género *Agave*, de muy diversas especies; es de tallo corto, hojas gruesas y carnosas en forma de lanza, terminadas en una punta muy dura y provistas de espinas en forma de gancho en los bordes. Crece en lugares cálidos y secos. Algunas de sus especies se usan para la fabricación de fibras textiles y papel; muchas otras, para la elaboración de bebidas alcohólicas como el tequila, el mezcal, el pulque, el sotol, el aguamiel, etc: *maguey tuxtleco, maguey de tequila, maguey cimarrón.*

maíz s m **1** Planta de la familia de las gramíneas, originaria de América, que mide entre uno y tres metros de altura, tallo cilíndrico y nudoso, hojas largas, planas y puntiagudas. Sus flores masculinas crecen en la extremidad del tallo, en espigas, mientras las femeninas crecen en racimos; después de la fecundación, éstas se convierten en mazorcas o elotes donde se desarrollan los granos. Es una planta muy útil, ya que se aprovecha casi en su totalidad; por ejemplo, los tallos y las hojas secas se usan para fabricar papel, los tallos y las hojas verdes para forraje, las mazorcas desgranadas (olotes) se usan como alimento para el ganado y como combustible, etc **2** Grano de esta planta, de grandes propiedades nutritivas, por lo general blanco, aunque lo hay también de otros colores según la variedad a la que pertenezca. Constituye uno de los principales alimentos en México y en otros pueblos de América desde la época prehispánica, en que tenía una gran importancia. Se prepara de muy diversas formas: tierno, maduro en platillos como el pozole, molido y hervido en el atole, hecho masa en las tortillas y los tamales, etcétera.

majada s f **1** Lugar en donde se recoge el ganado en las noches **2** Excremento del ganado.

maje adj y s m y f (*Coloq*) **1** Que es tonto o ingenuo: "¡Qué *maje* eres; así no se corta la madera" **2** *Hacer maje a alguien* Engañarlo, hacerlo tonto: "Tu mujer *te hace maje* todos los días a las cinco y media", "*Se hizo el maje* cuando lo interrogaron" **3** (*Caló*) Persona a la que se va a robar.

majestad s f **1** Carácter de la grandeza que impone respeto y admiración: "El cortejo se movía lenta, acompasadamente, con *majestad*", *la majestad de una montaña* **2** Tratamiento que se da a los reyes: "Su *majestad*, sea usted bienvenido".

mal¹ 1 adj, y s m Apócope de malo, antes de sustantivos masculinos: *mal humor, mal ejemplo, mal maestro* **2** s m Lo que es destructivo, injusto, dañino, incorrecto, etc y la intención que tiene alguien de hacerlo o relacionarse con ello: *luchar contra el mal, el imperio del mal* **3** s m Lo que resulta destructivo, dañino o inconveniente para alguien: "Le están haciendo un *mal* dándole todo lo que quiere" **4** s m Enfermedad que alguien sufre: "Tiene un *mal* hereditario", "Le vino un extraño *mal*", *mal de San Vito, mal de Parkinson* **5** *Mal menor* Situación o consecuencia menos dañina que otra que alguien sufre, si se considera el resto de las situaciones o consecuencias que podían sucederle en un momento determinado: "Que sólo se rompiera el vidrio resultó *un mal menor*", "Limitar la circulación de automóviles en esta zona es el *mal menor*" **6** *¡Menos mal!* Expresión de alivio ante algo que mejora, soluciona o resuelve una situación: "¡Menos mal que lo supiste a tiempo!" **7** *Mal de ojo* Influencia dañina que se atribuye a la mirada de alguien según algunas supersticiones.

mal² adv **1** En contra de lo debido, correcto, conveniente o deseado: *hablar mal, portarse mal, salir mal un plan* **2** De modo imperfecto, con menos precisión, exactitud, agudeza, etc que la normal: *trabajar mal, ver mal, oír mal* **3** *Hacer mal algo a alguien* Dañarlo, enfermarlo o lastimarlo: "La comida *le hizo mal*" **4** *Mal que bien* Con dificultad, no sin esfuerzo, sin lograr completamente lo que se desea o lo que se debe: "*Mal que bien* ahorraron algo", "*Mal que bien* entregamos el trabajo", "*Mal que bien* ganaron" **5** *Poner en mal* o *a mal* Crear enemistad, hacer que una persona tenga problemas con otra o pierda su prestigio ante ella: "*Puso a mal a los hermanos*", "*Me puso en mal* con el jefe" **6** *Tomar algo a mal* Interpretar algo de manera que resulte molesta u ofensiva: "Ya lo conoces, *no tomes a mal* sus críticas".

maldad s f **1** Determinación de la voluntad para hacer el mal; carácter propio de lo que se hace con la intención de dañar a alguien, destruir algo, etc: *la maldad de un tirano, la maldad de un torturador, la maldad de sus palabras* **2** Acto hecho con el propósito de dañar a alguien o que resulta destructivo, injusto, incorrecto, etc: "Ésa es *maldad*, pues los arbolitos se van quemando, se secan y mueren, y ustedes acabaron con esas vidas" **3** Hablando de niños pequeños, travesura: *hacer maldades*.

maldecir v tr (Se conjuga como *decir*, 13, excepto en el futuro y el pospretérito de indicativo y la 2a persona del imperativo, en que su conjugación es regular; el participio es regular —*maldecido*— o irregular: *maldito*) **1** Invocar el mal para alguien o desear que alguien lo sufra: "Y entonces él *maldijo*: Malhaya, que se lleve al diablo el alma de este bandido", "A las cinco de la mañana le tocó un balazo al capitán que estaba *maldiciendo* un día antes" **2** Manifestar odio, aversión o rechazo hacia algo o alguien: "Soy un cobarde, sé que me odiarás y me *maldecirás*", "*Maldicen* en su fuero interno aquella profesión absurda y desalmada".

maldición s f **1** Acto de maldecir algo o a alguien: *una maldición divina, la maldición del ahorcado* **2** Dicho con que una persona expresa su odio y su deseo de que otra reciba un daño: "Cayó sobre él la *maldición* de sus antepasados", "Lanzó una *maldición* a su verdugo antes de morir", "Una *maldición* espantosa pesa sobre esa familia" **3** Dicho grosero u ofensivo: "De cada tres palabras que dice, dos son *maldiciones*", "Gritos, pedradas, *maldiciones* contra la presidencia", "Asaltaron al enemigo enmedio de gritos y *maldiciones*".

maldito adj **1** Que sufre una maldición, o pesa una maldición sobre él: *una casa maldita, un fistol maldito, un camino maldito* **2** Que es extremadamente malo, perverso; que acarrea o provoca males y desgracias: "Ahora sí, *maldita* bruja / ya te chupaste a mi hijo", "Enseñaba los dientes con su sonrisita de *maldito*" **3** Que merece desprecio o rechazo por su maldad o su capacidad para causar daño: *maldito dinero, maldito alcohol, maldita mujer, malditos especuladores* **4** *¡Maldita sea!* Expresión de absoluto disgusto por alguna causa: "¿Por qué tuvo que engañarla? *¡Maldita sea!*", "Me corrieron del trabajo, *¡maldita sea!*" **5** *Maldito el, la*, etc Expresión de absoluta negación de aquello que se dice: "*¡Malditas las* ganas que tengo de verlo!", "*¡Maldita la* hora en que me casé contigo!".

maleabilidad s f Cualidad de lo que es maleable.

maleable adj m y f **1** Tratándose de metales, que es susceptible de ser extendido en forma de planchas o de láminas, generalmente a base de golpe repetido **2** Tratándose de otros materiales, que se puede moldear fácilmente, como el barro y la plastilina.

malear v tr (Se conjuga como *amar*) **1** Enseñar a una persona malos hábitos, malas costumbres, o inculcarle malas ideas: "La juventud de aquí se *malea* por tanto gringo mariguano que viene a divertirse", "Las juntas de conciliación están *maleadas* por la corrupción general" **2** Echarse a perder alguna cosa: *malearse la leche*.

malecón s m Muro que se construye a orillas del mar, de un río, un lago, etc y sirve para contener sus aguas y a veces como embarcadero: *pasear por el malecón*.

malestar s m Sensación o estado de incomodidad, indisposición, inquietud o insatisfacción física o anímica, generalmente vaga o indefinida: *malestar estomacal*, "El *malestar* social va en aumento".

maleta s f I **1** Recipiente, generalmente rectangular, de piel, de lona o de plástico, con un asa en la parte superior, que se usa para guardar y transportar la ropa y los utensilios de viaje: *guardar la ropa en la maleta, pesar la maleta, registrar la maleta* **2** *Hacer la maleta* Prepararse para abandonar un lugar: "El jefe nos dijo que fuéramos *haciendo las maletas*" II adj m y f (*Coloq*) Que hace mal las cosas, que le falta habilidad y destreza: "¡Paco, eres un *maleta!*", "¡Qué bola de *maletas* son esos futbolistas!".

maletín s m **1** Maleta pequeña, que se usa para llevar cosas: *un maletín de médico, cargar el maletín* **2** Funda cilíndrica de cuero en que se guarda la manga de hule de los vaqueros y se amarra a la silla de montar.

maleza s f **1** Cualquiera de las variadas especies de hierbas no comestibles que quitan alimento a las plantas cultivadas y a veces sirven de refugio a plagas **2** Conjunto de matorrales, hierbas y arbustos que forman una espesura y hacen difícil el paso.

malhaya interj ¡Que le sobrevenga el mal!, ¡que sea maldito!: "*¡Malhaya* sea el sueño en que me dormí!", "*¡Malhaya* quien se murió!".

malicia s f **1** Capacidad adquirida para sospechar de las buenas intenciones o de la bondad de alguna cosa: "Aceptó el trato con *malicia*, como sabiendo que lo engañaban" **2** Viveza y segunda intención con que actúa alguien: "Luisa, agazapada en el suelo, como un animalito, echa chispas de *malicia* esperando al gato".

malicioso adj **1** Que expresa malicia, que tiene la capacidad de percibir el engaño o las verdaderas intenciones de alguien, aunque se las oculte: "La mirada lagañosa del ojo sano tenía un aire *malicioso*, calculador, burlón, autocompasivo y tierno" **2** Que muestra viveza y segunda intención: "Y volviéndose al negro con una sonrisa *maliciosa*, pero llena de afecto, le preguntó: ¿Verdad que ya te civilizaste, mi tigre del Kilimanjaro?".

maligno adj **1** Que actúa impulsado por el deseo de hacer el mal o por la maldad: *una mujer maligna, espíritus malignos* **2** Que refleja la maldad o es producto de ella: "Se dibujaba en su boca un rictus *maligno*", "Me sorprendió la *maligna* crueldad del comentario" **3** Que causa daño: *un tumor maligno*.

malinchismo s m Tendencia de algunos mexicanos a preferir lo extranjero o al extranjero —en particular si es blanco, güero y germánico— sobre sus propios compatriotas, sus propios productos o sus propios valores y tradiciones.

malinchista adj m y f Que prefiere lo extranjero o al extranjero sobre lo propio: *ser malinchista, economistas malinchistas, actitud malinchista*.

malo adj **1** Que destruye, es injusto o se opone a la vida; que tiene la intención de actuar de esa manera: *mala voluntad, malos fines, mala persona* **2** Que es contrario a lo establecido en un momento dado, que se opone a lo que se considera justo o deseable: "Era *malo* que las mujeres fueran a la universidad", "Es *malo* no respetar a las demás personas" **3** Que hace daño, que resulta inconveniente, desagradable, desafortunado, incompleto, etc para algo o para alguien: *mala comida, clima malo, mala digestión, malos olores, momento malo* **4** Que es de menor calidad que la debida, conveniente o deseada: *mala novela, ropa mala, malos métodos* **5** *Estar, ponerse, andar,* etc *malo* Estar, ponerse, andar, etc enfermo **6** *Ser algo lo malo* o *estar lo malo en algo* Constituir algo una dificultad, un daño o una molestia: "*Lo malo es* que perdí mis libros", "*Lo malo está en* que no podremos llegar a tiempo" **7** *Estar* o *andar de malas* Sufrir alguien muchos problemas, dificultades, contratiempos o desgracias: "*Está de malas*, ahora se quedó sin trabajo" **8** *Estar, andar,* etc *de malas* Estar enojado, molesto o disgustado: "*Anda de malas* desde que lo dejó la novia" **9** *Por las malas* Por la fuerza, con violencia o en contra de su voluntad: "Lo llevaron a la escuela *por las malas*", "Si no quiere por las buenas lo hará *por las malas*" **10** *A la mala* De manera impropia, violenta o ilegítima; dañando o perjudicando a alguien premeditadamente: "Se quedó con la herencia *a la mala*".

maltratar v tr (Se conjuga como *amar*) **1** Tratar mal a una persona, con golpes, regaños, insultos, desprecio, etc: "Desde que vine a su lado me *ha maltratado*, me ha golpeado a su antojo" **2** Tratar con descuido alguna cosa, causándole daños, desgaste excesivo, mal funcionamiento, etc, o producir alguna cosa esos perjuicios: "Los niños *maltrataron* mis rosas", "El polvo y la sequedad me *maltratan* el cutis".

malla s f **1** Tejido de alambre o de hilo entrelazados de manera que forma cuadriláteros o rombos, utilizado para hacer redes de pesca, levantar cercas, construir losas ligeras de cemento, etc: *una malla de alambrón, tejer una malla, malla cerrada, malla abierta* **2** pl Especie de pantalón de algodón, nylon o lana, elástico, que se ajusta al cuerpo: *ponerse mallas, unas mallas rojas*.

mam s m **1** Grupo indígena mexicano que habita en la región del Soconusco. Su régimen político tiene como base el ayuntamiento de las cabeceras municipales, cuyos delegados se encuentran en las rancherías. Vive en una zona montañosa, de clima, flora y fauna que varían con la altitud del terreno. En pequeñas parcelas familiares de temporal cultiva maíz, frijol y café, y además participa en campos cafetaleros ejidales y algunos de sus miembros se contratan como jornaleros. Cría ovejas, cabras y aves de corral. Extrae de los árboles una goma aromática, llamada copal, muy usada en ceremonias religiosas; también elabora azúcar mascabado **2** Lengua del grupo winic, familia maya, que habla este grupo indígena **3** adj y s m y f Que pertenece a este grupo indígena o se relaciona con él.

mama s f **1** Cada uno de los órganos glandulares y salientes que tienen las hembras de los mamíferos, en los que producen la leche con que amamantan a sus crías; teta, chichi **2** (*Rural*) Mamá: "¡Ay *mama*, no brinque tanto, que nos podemos salir del carretón!".

mamá s f Madre: "Diana va a ser *mamá*", "Mi *mamá* es lexicógrafa", "Las *mamás* de los niños de quinto, favor de pasar al patio".

mamada s f **1** Acto de mamar **2** (*Groser*) Tontería que alguien dice o hecho absurdo que realiza: "¡Qué de *mamadas* dices!", "¡Cómo que te arrepientes! ¡Ésas son *mamadas*!".

mamado I pp de *mamar* **II** adj (*Groser*) Que está muy fuerte, que tiene gran musculatura: "Liliana está tan *mamada*, que puede madrearse a cualquiera".

mamar v intr (Se conjuga como *amar*) **I 1** Chupar la cría con la boca la leche de su madre **2** Dar de mamar Amamantar a la cría una hembra **3** tr Adquirir una persona desde su muy temprana infancia cierta educación, ciertos hábitos, ciertas cualidades: *mamar el gusto por la música, mamar el interés por la política* **II** (*Groser*) **1** Emborracharse una persona **2** Chupar con la boca los órganos genitales de una persona: *mamar la verga, mamar la panocha* **3** *No mamar* No decir o hacer cosas imprudentes o absurdas: "*No mames*, pinche Héctor, estás diciendo mentiras", "*No mamen* ¿cómo van a construir un muro de metal de 3000 km de alto?".

mambo s m Baile de género tropical, de origen cubano, de ritmo semejante al de la rumba aunque más rápido y entrecortado; se baila solo o en parejas, con pasos fantasiosos y muy elaborados, como el "Mambo número ocho" de Pérez Prado.

mameluco s m Vestido de una sola pieza, que se ajusta al cuerpo desde la cabeza hasta los pies, que usan los niños pequeños para dormir.

mamey s m **1** Fruto comestible de forma ovoide de 8 a 20 cm de largo, de cáscara café rojiza, quebradiza, rasposa y fácilmente desprendible; pulpa de color rojo anaranjado o café y de sabor dulce; en su interior tiene uno o dos huesos alargados, duros, lisos, brillantes y de color café **2** (*Calocarpum sapota*) Árbol de la familia de las sapotáceas que da este fruto, mide de 10 a 30 m de altura, tiene hojas oblongolanceoladas y flores blancas hermafroditas en grupos de 3 o 4. Se cultiva en tierras calientes de México, de América Central y en muchas islas de las Antillas **3** Fruto comestible de 8 a 20 cm de diámetro, subgloboso o elipsoide, de cáscara gruesa café amarillenta y pulpa amarilla **4** (*Mammea americana*) Árbol que da este fruto, mide de 15 a 20 m de altura, tiene hojas opuestas elípticas u ovales, lustrosas y de color verde intenso; sus flores son blancas, aromáticas, con cinco pétalos. Se cultiva principalmente en Veracruz, Tabasco y Chiapas.

mamífero 1 s m y adj Animal vertebrado que se caracteriza por tener pulmones para respirar, una temperatura constante, pelo, y glándulas mamarias, las hembras, con las que producen leche para alimentar a sus crías, como el conejo, el oso, el gato, el perro, el mono y el ser humano **2** s m pl (*Zool*) Clase de estos animales.

mamut s m Tipo de elefante extinto, de largos colmillos curvos y un poco retorcidos, perteneciente al género *Mammuthus* y a distintas especies, que vivió en el periodo glacial o pleistoceno y del cual se encuentran abundantes restos fósiles en casi todo el planeta. Aunque a veces alcanzaba gran tamaño, sus proporciones eran generalmente las del actual elefante e incluso un poco más pequeñas. Tenía una gruesa capa de grasa bajo la piel, de aproximadamente 8 cm de espesor, y por lo común estaba cubierto de pelo largo, de color café rojizo.

maná s m **1** (*Relig*) Según el Antiguo Testamento, alimento que Dios hizo caer del cielo milagrosamente a los israelitas para que se nutrieran durante su largo peregrinar por el desierto **2** (*Bot*) Sustancia azucarada que secretan diversas plantas y se solidifica rápidamente, como la que fluye de la corteza de algunos fresnos, que se emplea como laxante.

manada s f **1** Conjunto de cuadrúpedos salvajes que andan juntos y son de la misma especie: *manada de lobos, manada de elefantes* **2** Conjunto de animales domésticos que cuida un pastor; rebaño: *manada de cabras.*

mánager s m y f **1** Persona que instruye y entrena a un boxeador en ese deporte: *el mánager del Ratón Macías* **2** Estratega y entrenador de un equipo de beisbol. (Se pronuncia *mánayer.*)

manantial s m Lugar donde el agua brota naturalmente de la tierra.

manatí s m y f Mamífero acuático del orden de los sirenios, que mide aproximadamente 3 m de largo y llega a pesar una tonelada; tiene cabeza pequeña, cuello corto, cuerpo grande y grueso, cola ancha, horizontal y aplanada; no tiene miembros posteriores, y los anteriores tienen forma de aleta. Las hembras tienen dos mamas redondas a la altura del pecho y amamantan a sus crías sosteniéndolas con las aletas. Vive de plantas acuáticas, en aguas marinas y fluviales tropicales, en el Caribe y el Amazonas. Su carne es comestible y con su piel se fabrican látigos y bastones; está en peligro de extinción.

manazo s m Golpe que se da con la palma de la mano: *dar un manazo, dar de manazos.*

manco adj **1** Que le falta un brazo, parte de éste o una mano, o que ha perdido el movimiento en él: *estar manco, quedar manco, manco del brazo derecho* **2** Tratándose de animales cuadrúpedos, que le falta una de las patas delanteras o parte de ella, o que ha perdido el movimiento en ella **3** Tratándose de vacas de ordeña, que tiene una o varias tetas atrofiadas o inservibles.

mancuerna s f **1** Cuerda con que se amarra un cuerno y una pata de la res, para inmovilizarla **2** Par de animales amarrados por los cuernos uno al otro **3** Pareja de personas que actúan juntas o de común acuerdo: *una mancuerna de jugadores* **4** Par de botones separados y generalmente con adornos, con que se abrochan los puños de la camisa; mancuernillas **5** Par de bloques de panela.

mancuernilla s f Cada uno de los botones adornados que, mediante una cadenita o una traba, se utilizan para abrochar los puños de la camisa: *unas mancuernillas de oro.*

mancha s f **1** Porción de alguna cosa, como una gota de líquido, un fragmento de comida, etc que ensucia y echa a perder una cosa por ser de apariencia o color distinto del que domina en ella: *una mancha de pintura en la camisa, una mancha sobre el papel* **2** Zona o parte de una cosa que tiene aspecto o color diferente del que predomina en ella: *manchas en la cara, una mancha de flores en el pasto* **3** Conjunto numeroso de animales pequeños, que se mueven juntos y en grandes cantidades: *una mancha de atún, una mancha de langosta* **4** Cosa que pone en duda o va en contra de la buena reputación de alguien: *una mancha en su expediente, una vida sin mancha.*

manchar v tr (Se conjuga como *amar*) **1** Ensuciar dejando manchas: *"Manchó el mantel blanco", "Manchó sus manos con tinta"* **2** Llenar de manchas: *"Se le manchó la cara por el exceso de sol"* **3** En pintura, hacer un estudio para observar los efectos de las luces y las sombras **4** Empañar o poner en mal la reputación de alguien o la propia: *"Manchó el buen nombre de su familia".*

manda s f Promesa o voto que se hace a Dios o a un santo, si éstos conceden algún favor o alguna gracia: *hacer una manda, cumplir una manda, "Se fue a pagar una manda al bendito señor de Chalma, que lo arrancó de una muerte segura".*

mandado I pp *de mandar* **II** (*Coloq*) **1** Conjunto de alimentos que se compran diariamente para preparar la comida: *ir al mandado, traer el mandado, comprar el mandado* **2** Hacer un mandado Ir a llevar algo, comprar alguna cosa, etc por encargo de una persona **3** Hacerle los mandados a alguien Ser una persona inferior a otra, e incapaz de causarle daños o preocuparla: *"Todos los recomendados y todas las viejas gritonas me hacen los puros mandados", "Se siente tan seguro, que la vida le hace los mandados"* **4** Comerle a alguien el mandado Adelantarse a aprovechar alguna cosa que estaba destinada a otra persona o que esperaba recibir o gozar otra persona: *"Me tardé en aceptar el trabajo y me comieron el mandado"* **III** (*Coloq*) adj Que se aprovecha de algo, que busca sacar ventaja de alguna cosa, que transgrede los límites de lo decente o acostumbrado: *"¡Órale, no sea mandado, deje en paz mi falda, quieto con las manos!", "Lo invité a comer, y el muy mandado llegó con once amigos".*

mandamiento s m (*Relig*) Cada una de las diez normas de comportamiento religioso y moral dadas por Dios a Moisés, que fundan las religiones judía y cristiana.

mandar v tr (Se conjuga como *amar*) **I 1** Expresar quien tiene autoridad o ascendiente, su voluntad de que otra haga algo: *"El director mandó a los alumnos que se formaran"* **2** Tener alguien autoridad sobre algo o sobre un conjunto de personas: *"¿Quién manda aquí?", "El capitán manda a sus marineros"* **3** Encargar a alguien, que acepta subordinarse a una persona, generalmente mediante el pago de su servicio, que haga algo: *mandar arreglar la plancha, mandarse hacer un traje* **II** Hacer que algo o alguien vaya o llegue a algún lugar: *mandar un telegrama, mandar flores, mandar un mensajero.*

mandarina s f **1** Fruta redonda y ligeramente achatada, de color naranja por dentro y por fuera, de cáscara gruesa, cuya pulpa, jugosa y aromática, está contenida en gajos: *comerse una mandarina, agua de mandarina* **2** (*Citrus nobilis* o *citrus deliciosa*) Árbol que da esa fruta, de hojas lanceoladas, muy olorosas, y flores pequeñas y blancas, originario de China y cultivado en climas cálidos.

mandatario s **1** (*Periodismo*) Gobernante de un estado o de un país: *el primer mandatario, reunión de mandatarios, el mandatario tamaulipeco* **2** (*Der*) Persona que, mediante un contrato de mandato, acepta representar a otra en la ejecución de determinados actos jurídicos.

mandato s m **1** Acto de mandar **2** Orden o disposición de una autoridad: *un mandato legal, por mandato del juez* **3** Periodo durante el cual una persona tiene autoridad para mandar: *el mandato presidencial, un mandato temporal.*

¡mande! Expresión de cortesía con la que uno contesta a alguien que lo llama o cuando no ha escuchado algo: *—¡Raúl! —¡Mande!".*

mandíbula s f **1** Hueso plano y móvil, situado en la parte inferior de la cara; tiene forma de herradura y en él se encuentran las muelas y los dientes inferiores; maxilar inferior: *apretar la mandíbula* **2** *Mandíbula superior* Formación ósea constituida por dos maxilares inmóviles, en la que están sujetos los dientes y las muelas superiores, y por el hueso palatal; maxilar superior **3** Cada una de las piezas córneas que forman el pico de las aves **4** Cada una de las dos piezas duras que tienen en la boca ciertos insectos para masticar los alimentos.

mando s m **1** Capacidad que tiene o que se le da a alguien para mandar: *entregar el mando, don de mando* **2** *Al mando de* De manera que ordena o dirige; bajo las órdenes de o bajo la autoridad de: "*Al mando de* la escuela quedó la profesora Rodríguez", *un batallón al mando del general García* **3** *Alto mando* Conjunto de personas que tiene la máxima autoridad en algo, principalmente en el ejército **4** Mecanismo o dispositivo con el que se maneja o se dirige alguna máquina: *tablero de mando, cabina de mando.*

mandolina s f Instrumento musical de cuerda, que consta de un brazo o mástil unido a una caja de resonancia pequeña, de madera, de forma oval y con la parte trasera abultada; tiene cuatro pares de cuerdas, que se tañen con una uñeta de concha o de hueso, con movimientos rápidos y repetidos, produciendo un sonido trémolo.

mandril s m y f Mono de aproximadamente 90 cm de largo, de cabeza grande, cola corta y pelaje largo y espeso de color pardo en el dorso y amarillento en el vientre. Tiene el hocico alargado y grueso, con unos abultamientos transversales desde la nariz hacia atrás, surcados por rayas azules en los machos; sus nalgas, desnudas, están recubiertas de callosidades rojas. Es omnívoro, fiero e inteligente; vive en manadas en las selvas occidentales de África.

manecilla s f Cada una de las agujas o flechas que señalan las horas, los minutos y los segundos en un reloj o en un cronómetro analógico, o que señalan magnitudes en los instrumentos de medición.

manejador s m **1** Mánager de boxeo: "El campeón de los pesos ligeros y su *manejador* darán una conferencia de prensa" **2** Persona que maneja un automóvil; chofer.

manejar v tr (Se conjuga como *amar*) **1** Usar, manipular o dirigir algo para lo cual se necesita cierto conocimiento o determinada cualidad, o cuyo empleo requiere cuidado: "María *maneja* el dinero de toda la familia", *manejar mal un negocio, manejar una escuela, manejar sustancias peligrosas* **2** Usar algo de manera adecuada o tener los conocimientos suficientes para dominar algo: *manejar una herramienta, manejar los colores un pintor, manejar dos idiomas* **3** Dirigir un vehículo: *manejar un coche, manejar una bicicleta* **4** Hacer que algo pase o que alguien se comporte según la voluntad de uno, sin que se note o sin que éste se dé cuenta: *manejar una situación, manejar al marido* **5** prnl Comportarse alguien de manera apropiada en determinada circunstancia o en forma adecuada a la situación: "No sabe *manejarse* entre políticos", *manejarse entre los niños.*

manejo s m **1** Acto de manejar: *el manejo de un insecticida, el manejo de un aparato, el manejo de la forma artística, el buen manejo de la lengua* **2** Buenos o *malos manejos* Dirección y administración honrada o no de algún negocio: "Ha habido muchos *malos manejos* en la compañía de alimentos".

manera s f **1** Carácter particular con el que alguien hace algo o conjunto de pasos que se siguen para producir o realizar algo: *manera de escribir, manera de hablar, manera de jugar, manera de trabajar,* "La *manera* de obtener el resultado es..." **2** Conjunto de características que distinguen una cosa o un proceso, o cada una de las variantes de algo: *la manera primitiva de producir, la manera renacentista de pintar, la manera poblana de hacer el mole* **3** Conjunto de actitudes, ademanes, expresiones, etc que muestra el carácter o la educación de una persona: *manera agresiva, maneras suaves, maneras cortés, manera grosera* **4** *A la manera de* Según lo hace o lo dice alguien de acuerdo con su estilo: *a la manera de los clásicos, a la manera de los deportistas* **5** *A manera de* Como, en calidad de, como si fuera: *a manera de excusa, a manera de préstamo, a manera de sombrero* **6** *De manera que* Así es que, por lo que: "Sabías que estaba prohibido, *de manera que* no te quejes" **7** *De (tal) manera que* Para que, en tal forma que: "Escríbelo *de manera que* se entienda", "Corrió *de tal manera que* nadie lo alcanzó" **8** *De cualquier manera* Sea como sea, sin importar cómo: "*De cualquier manera* iré a verte", "Se viste *de cualquier manera*" **9** *De todas maneras* En cualquier caso, sea como sea: "No me invitaron, pero vine *de todas maneras*", "*De todas maneras* te quiero" **10** *En cierta manera* En cierto sentido, de alguna forma: "*En cierta manera* tiene razón" **11** *Sobre manera* Muchísimo, extremadamente: "Me molesta *sobre manera* que me llamen en la noche".

manga s f **1** Parte de algunas prendas de vestir que cubre el brazo o la parte superior de él: *doblarse las mangas,* "Tú tejes las *mangas* y yo el delantero", *manga corta,* "Esta *manga* me queda larga" **2** *En mangas de camisa* Sin saco, sin ninguna prenda que cubra la camisa: "Llegó *en mangas de camisa* y no lo dejaron entrar" **3** Capa impermeable, por lo general de hule, que se usa principalmente en el campo para protegerse de la lluvia **4** Utensilio que se usa para colar o filtrar líquidos; consta de una franela o de una tela semejante, de forma cónica, que va cosida en su parte superior a un aro de metal provisto de un mango: "Tiene una *manga* para hacer el café" **5** Utensilio de cocina hecho de una tela resistente en forma de cono que se rellena de pasta o de masa; en la punta tiene una pequeña abertura por la que se hace salir a presión el relleno con la consistencia o con la forma que se desea: *manga de repostería, manga para churros* **6** Red para pescar, particularmente la que tiene forma cónica **7** Tubo o cono de tela ligera que se coloca horizontalmente para indicar o conocer la dirección del viento **8** Espacio comprendido entre dos paredes o construcciones convergentes, por el que se lleva el ganado a un corral o a un embarcadero **9** *Tener manga ancha* o *ser de manga ancha* Dejar pasar cosas, acciones o situaciones que no están; ser tolerante, benévolo o poco exigente **10** *Sacarse algo de la manga* Inventar alguna cosa o emitir un juicio, una opinión, etc sin tener ninguna base para sostener lo que se afirma: "Todo lo que dijo del viaje *se lo sacó de la manga*".

manganeso s m Metal de color gris claro, quebradizo y frágil, pero muy refractario, que se extrae de distintos minerales mediante procesos químicos, ya que no se encuentran en estado puro en la naturaleza; se emplea en la fabricación de acero y de otras aleaciones y también como purificador en metalurgia; es además un elemento importante para la vida de plantas y animales.

mangle s m Árbol o arbusto tropical que crece especialmente en las costas y pertenece a diversas especies y familias (combretáceas, rizoforáceas, verbenáceas y celastráceas). Sus semillas germinan en el fruto y sus brotes descienden hasta el suelo, donde arraigan sumergidas. Sus hojas, frutos y corteza se usan para curtir pieles, y su madera, muy resistente al agua, para la construcción de útiles de navegación, muelles, etc: *mangle blanco, mangle dulce, mangle rojo, mangle aguabola.*

mango[1] s m **1** Parte por donde se agarra un instrumento, una herramienta, un arma, etc: *mango de un cuchillo, mango de un martillo* **2** *Tener el* o *la sartén por el mango* Tener el poder o los elementos necesarios para dominar una situación o para dirigirla en el sentido que uno quiere.

mango[2] s m **1** Fruto comestible de color amarillo o amarillo rojizo, de aproximadamente 15 cm de largo y forma ovalada, con un extremo terminado en punta y ligeramente desviado; su piel es delgada y su semilla grande y generalmente aplanada; pertenece a distintas variedades y es muy apreciado por el sabor de su pulpa: *mango de Manila, mango criollo, mango petacón* **2** (*Mangifera indica*) Árbol de la familia de las anacardiáceas que produce este fruto. Es de origen asiático, crece en climas tropicales y llega a medir hasta 15 m de altura. Su tronco es recto y de corteza negra y rugosa; sus hojas duras y lanceoladas; su copa grande y espesa, y sus flores pequeñas y amarillentas. Se cultiva por su fruto **3** s m y f Persona muy atractiva: "En la playa se ve cada *mango* que le quita el aliento a uno".

manguera s f **1** Tubo flexible de hule, lona, plástico, etc, que sirve para conducir agua, otros líquidos o gas desde un surtidor a otra parte: *conectar una manguera* **2** Tubo muy grande de lona, cerrado en uno de sus extremos y con aberturas laterales por las que entra el viento, que se iza al aire libre y se introduce por su extremo abierto a algún lugar cerrado y profundo para ventilarlo.

manía s f **1** Perturbación mental que se manifiesta como una obsesión o idea fija: "Simón tenía la *manía* de domar caballos y dejar la doma a medias", "Le advierto que yo tengo la *manía* de la puntualidad" **2** Hábito o gusto excesivo e irracional por alguna cosa, que resulta ridículo y molesto: *la manía de comprar zapatos, la manía de llamar por teléfono a deshoras* **3** *Tenerle manía a alguien* Tenerle mala voluntad o antipatía **4** (*Psi*) Enfermedad o síndrome mental que se caracteriza por diversos trastornos del humor, como la exaltación eufórica, la agitación incesante e infatigable, la agresividad, la cólera, la incoherencia de las ideas, dificultades para recordar y para conservar la atención, etcétera.

maníaco adj Que padece de alguna manía: "Ese hombre es un *maníaco*, que se levanta diario a las 3:16 de la mañana". (También *maniaco*.)

maniático adj Que se deja llevar por sus manías, sin control de sí mismo: "Tose todo el tiempo, de puro *maniático*", "Ahora que Victoria tenía ya ochenta años se había convertido en una vieja *maniática*, iracunda, caprichuda y avara".

manicomio s m Hospital en donde se recluye y se atiende a los locos o enfermos mentales: *irse al manicomio, encerrarse en un manicomio, interno en un manicomio.*

manido adj Que ha sido usado o tratado demasiadas veces; que es demasiado sabido o conocido: *ideas manidas, un truco muy manido.*

manifestación s f **1** Acto de manifestar o manifestarse algo o alguien: *la manifestación de una enfermedad, una manifestación del sentimiento* **2** Manera en que algo se da a conocer o se hace perceptible: *manifestaciones artísticas, manifestaciones emocionales* **3** Marcha de mucha gente por las calles para dar a conocer su apoyo o su desacuerdo con alguna cosa: *manifestación obrera, manifestaciones estudiantiles.*

manifestar v tr (Se conjuga como *despertar*, 2a) **1** Hacer o dejar percibir algo: *manifestar una emoción, manifestarse un fenómeno* **2** Dar a conocer o hacer pública alguna cosa: *manifestar una opinión, manifestar desacuerdo, manifestar una idea.*

manifiesto 1 adj Que se presenta o se hace perceptible claramente: *una verdad manifiesta, un error manifiesto* **2** *Poner* o *quedar algo de manifiesto* Descubrir o hacerse notar algo con toda claridad: "Con sus preguntas *puso de manifiesto* su ignorancia" **3** s m Documento por medio del cual una persona o un grupo de personas hace públicas las ideas, tesis, intenciones, proposiciones, etc que sostiene: *manifiesto comunista, manifiesto surrealista.*

manija s f Pieza de metal que sirve como soporte, como agarradera o como dispositivo para echar a andar alguna cosa, dispuesta al alcance de la mano y moldeada para que ésta la maneje con comodidad: *la manija de una puerta, la manija de un freno, girar la manija, jalar la manija.*

maniobra s f **1** Operación compleja mediante la cual se ejecuta una acción determinada: *hacer una maniobra, realizar una maniobra,* "Su maniobra consiste en introducir el marco de la red a poca profundidad", *maniobras de carga y descarga* **2** Movimiento militar complejo, que se efectúa como entrenamiento o ejercicio táctico **3** Acción encubierta y a veces ilegal que alguien realiza para obtener ciertos fines, generalmente incorrectos o poco honrados: *una maniobra totalitaria, una maniobra del partido en el poder, una burda maniobra.*

manipulación s f Acto de manipular algo o a alguien: *un aparato de fácil manipulación, manipulaciones quirúrgicas, manipulación de las conciencias.*

manipular v tr (Se conjuga como *amar*) **1** Mover alguna cosa con las manos diestra y hábilmente: *manipular una grúa, manipular los controles, manipular botellas* **2** Manejar alguna cosa con habilidad y conocimiento: *manipular conceptos, manipular números* **3** Modificar alguien con habilidad y malicia alguna cosa, para que se ajuste a sus deseos o a sus intereses: *manipular los votos, manipular los registros de un acontecimiento* **4** Influir sobre alguna persona con malicia y fines incorrectos o inmorales, sin que ésta se dé cuenta, para beneficiarse de sus acciones: *manipular a un sindicato, manipular a un hijo.*

mano[1] s f **1** Parte del cuerpo humano y del de los primates, unida al antebrazo por la muñeca, que comprende la palma y cinco dedos, de los cuales el pulgar se opone a los otros cuatro: *coger con la mano, sostener con la mano, mirarse las manos, una mano grande, una bella mano* **2** Cada una de las dos patas delanteras de los cuadrúpedos: *las manos de un perro* **3** Instrumento, generalmente cilíndrico, duro y macizo, con el que se muele o se hace polvo alguna cosa: *mano del metate* **4** Mano de obra Trabajo que realiza un obrero o trabajador manual: "De *mano de obra* fueron $ 2000" **5** (*Poner*) *manos a la obra* Comenzar a hacer algo: "Apenas dieron la orden, *pusimos manos a la obra*", "¡*Manos a la obra*, hay que terminar pronto!" **6** *Manos muertas* Conjunto de propietarios, como la Iglesia y las comunidades indígenas, que no podían vender sus bienes ni disponer de ellos y por eso los hacían quedar fuera de las relaciones económicas del liberalismo, hasta que se dictaron las leyes de Reforma a mediados del siglo XIX **7** *Tener* o *estar algo* o *alguien a la mano* Estar algo o alguien cerca de una persona o a su disposición **8** *A mano derecha* o *a mano izquierda* Al lado derecho o izquierdo de algo o alguien, en esas direcciones: "*A mano derecha* está la catedral, *a mano izquierda*, el Ayuntamiento" **9** *A mano armada* Con armas: robo *a mano armada*, agresión *a mano armada* **10** *A manos de* Por causa y acción de: "Murió *a manos de* los asaltantes" **11** *Ir a parar, terminar*, etc, *algo a* o *en manos de* Llegar algo hasta quedar en posesión o bajo el dominio de alguien: "La carta *fue a parar a manos de* la policía" **12** *Con las manos en la masa* (*Coloq*) En el preciso momento en que alguien hace o tiene consigo algo indebido: "Apresaron al ladrón *con las manos en la masa*" **13** *De mano en mano* De una persona a otra: "El boletín circuló *de mano en mano*" **14** *De primera mano* De manera directa; sin usar, nuevo: *información de primera mano, conocimiento de primera mano,* "Compré una lente *de primera mano*" **15** *De segunda mano* De manera indirecta, con cierta duda; usado: *noticia de segunda mano, ropa de segunda mano* **16** *Irse, llegar a las manos* Llevar una discusión hasta la lucha física; pelear: "Discutieron de política con tanta pasión, que *se fueron a las manos*" **17** *Juego de manos* El que comienza como pelea o lucha ficticia, pero luego puede convertirse en pelea real **18** *Levantarle la mano a alguien* Amenazar a alguien con pegarle **19** *Ponerle la mano encima a alguien* Cogerlo o apresarlo, generalmente con violencia, o pegarle **20** *Doblar las manos* Darse una persona o un animal por vencido, dejar de luchar **21** *En manos de* En poder de alguien, bajo su responsabilidad: "El asunto ya quedó *en manos del* tribunal", "Su vida está *en manos del* médico" **22** *En buenas* o *malas manos* Bajo buen o mal cuidado: "Su hijo está *en buenas manos*" **23** *Cargar la mano* en o *sobre algo* o *alguien* Exagerar la exigencia de algo o sobre algo, tener demasiado rigor con alguien: "Le *cargo la mano* en el precio", "Ya *cargaron la mano* por mucho tiempo sobre los obreros" **24** *Ir a la mano de algo* o *de alguien* Vigilar el desarrollo de algo, contener la conducta de alguien: "Hay que *ir a la mano de* las ventas", "Tengo que *irle a la mano* al niño" **25** *Tener* o *traer algo entre manos* Tener alguien ciertos planes o propósitos, generalmente secretos: "Algo se

traen *entre manos* Víctor y Verónica, que no lo quieren decir" **26** *Meter mano* Intervenir alguien en lo que no debe o en lo que desconoce: "*No metas mano* en los asuntos de la familia" **27** *Meter mano* Actuar sobre alguna cosa, generalmente para mejorarla o modificarla: *meterle mano al motor, meter mano en el texto* **28** *Ser alguien mano larga* (*Coloq*) Ser alguien dado a coger lo que no debe, a robar o a golpear a los demás **29** *Mano negra* Intervención oculta e indebida en algo: "En la quiebra del negocio hubo *mano negra*" **30** *Hacer alguien lo que está en su mano* Hacer alguien todo lo que le sea posible para ayudar a alguien o para lograr algo **31** *Dar una mano, echar una mano* (*Coloq*) Ayudar a alguien **32** *Echar mano de* Recurrir a algo o a alguien para resolver un problema o para ayudarse: "Hubo que *echar mano de* todos los bomberos de la ciudad" **33** *Meter la mano en el fuego por alguien* Confiar completamente en alguien **34** *Lavarse las manos* Desentenderse o no asumir la responsabilidad de algo **35** *Ser mano derecha de alguien* Ser su principal ayuda **36** *Tener mano izquierda* Ser alguien hábil para tratar a las personas o para desenvolverse en una situación determinada **37** *Untar la mano de alguien* (*Coloq*) Sobornarlo **38** *A manos llenas* En abundancia: "Gastaba dinero *a manos llenas*" **39** *Mano a mano* Competencia o encuentro en el que alternan dos personas, particularmente toreros **40** *Pedir* o *dar la mano de alguien* Pedir o dar a una mujer en casamiento generalmente a sus padres y durante una ceremonia **41** *Darse algo la mano* Tocarse dos cosas entre sí, ayudarse o ser muy similares: "Los extremos políticos *se dan la mano*" **42** *De manos a boca* De pronto, de repente: "*De manos a boca* me encontré con mi antigua novia" **43** Partida de cartas, cada uno de los juegos que la componen y el conjunto de barajas que tiene cada participante: *echar una mano, dar cartas en cada mano, jugar una mano* **44** *Ser mano* Ser primero en un juego **45** *Llevar la mano* Llevar la iniciativa o ser el primero en un juego **46** *Estar* o *quedar a mano* (*Coloq*) Estar o quedar en igualdad de circunstancias, sin deberse nada uno a otro **47** Cada una de las veces en que se cubre algo con pintura o alguna otra sustancia: *una mano de esmalte, dar una segunda mano* **48** *Mano de gato* (*Coloq*) Arreglo provisional o superficial de algo o alguien: "Fue al tocador a darse *una mano de gato*".

mano[2] **1** interj Expresión de confianza y solidaridad entre personas, especialmente entre hombres: "¡Hola, *mano*, cómo te ha ido?", "No hay que ser, *mano*, ayúdame!", "¡Ay *manito*, qué fuerte estás!", "Mira *manita*, yo lo haré por ti" **2** s (*Coloq*) Hermano, compañero, persona querida.

manojo s m Conjunto de objetos, especialmente de tallos con hojas, flores, plantas comestibles, etc que se pueden coger de una vez con la mano: "El *manojo* de perejil cuesta un peso", *comprar un manojo de cilantro, un manojito de violetas, un manojo de llaves, un manojo de billetes.*

manopla s f **1** Guante acolchonado, de cuero, que usan los beisbolistas para atrapar, recoger o recibir la pelota: *la manopla del catcher* **2** Guante sin separaciones para los dedos, o con una sola división para el pulgar, que se pone a los bebés **3** Arma de hierro que se ajusta a los cuatro dedos cerca de los nudillos de la mano, para golpear.

manso adj **1** Que acepta el mandato, se somete a él o a las órdenes y decisiones de otra persona: "Para don Vasco, los indios eran gente tan *mansa*, tan nueva y tan de cera blanda para todo cuanto de ella hacerse quisiera" **2** Que actúa pacíficamente, que es apacible, suave y de buen comportamiento: "Los *mansos* e inocentes pobladores naturales de aquel ficticio paraíso" **3** Tratándose de animales, que no es feroz ni bravo, sino que deja que otros animales o personas se le acerquen: *un perro manso, un caballo manso* **4** (*Tauro*) Que carece de la fuerza y la agresividad naturales a su casta: "De la corrida en general, dijo que fue *mansa*, descastada" **5** Tratándose de plantas o frutos, que es cultivado y no silvestre: *un maguey manso*.

manta s f **1** Tela de algodón burda y gruesa que se usa principalmente para la fabricación de ropa: *camisa y calzón de manta* **2** Pieza de tela gruesa, generalmente rectangular o cuadrada, que se usa para protegerse del frío; cobija: *taparse con una manta, poner mantas en la cama* **3** *Manta de cielo* Tela de algodón delgada, rala y transparente, que se usa principalmente como pañal o como colador.

mantarraya s f Animal marino de la clase de los elasmobranquios y de distintas especies, entre las que se encuentran *Manta birostris* y *Mobula lucasana*. Su cuerpo, visto por arriba, se caracteriza por dos enormes aletas terminadas en punta y fusionadas al tronco y a la cabeza, lo que le da un aspecto general de romboide aplastado; de su cabeza salen dos grandes protuberancias a manera de cuernos y tiene una cola larga y delgada. Llega a medir más de 7 m de una punta a otra de las aletas y es de color negro o gris oscuro por el dorso, y blanco o gris claro por el vientre; vive en mares tropicales.

manteca s f Sustancia sólida y grasosa que se saca de algunos animales, particularmente del puerco, y de algunos vegetales, que se usa para cocinar o como medicina: *manteca de cacao, manteca de cerdo*.

mantecada s f Pan suave y muy esponjoso hecho con harina, huevos, azúcar y manteca, que por lo general se hornea en un molde de papel encerado.

mantel s m I **1** Cubierta de tela o de otro material, que se pone sobre la mesa de comer para protegerla o para adornarla: *un mantel calado, poner el mantel* **2** *Mantel individual* El pequeño, que cubre solamente la parte de la mesa en que se sienta un comensal **3** *Estar* o *ponerse de manteles largos* Preparar con lujo y abundancia una comida para celebrar algún acontecimiento II (*Coleus blumer*) En Chiapas, planta herbácea de tallos cuadrangulares, hojas opuestas y flores en espiga, que se extiende sobre el suelo como un manto y se cultiva como planta ornamental.

mantener v tr (Se conjuga como *tener*, 12a) **1** Hacer lo necesario para que algo o alguien continúe en cierto estado o situación: *mantener el fuego, mantener con vida una planta, mantener la lucha, mantenerse quieto* **2** Dar a una persona o a un conjunto de personas dinero, alimento, casa, vestido, etc, para que viva: *mantener a los abuelos, mantener a la familia* **3** Realizar cierta acción con continuidad: *mantenerse en pie, mantener buenas relaciones* **4** Seguir teniendo cierta opinión o cierta actitud a pesar de lo que otras personas argumenten en contra: *mantener una teoría, mantener una declaración*.

mantenimiento s m **1** Acto de mantener algo o a alguien **2** Conjunto de cuidados, reparaciones, etc, que se necesita hacer a alguna instalación o a alguna máquina para que siga sirviendo o funcionando: *mantenimiento de un edificio, dar mantenimiento al tractor*.

mantequilla s f Sustancia alimenticia formada por la grasa de la leche y separada de ésta por batimiento o agitación; es muy apreciada en la cocina y se consume mucho untada en pan: "Batió *mantequilla* para hacer un pastel", *freír en mantequilla*.

mantilla s f **1** Prenda de tul, de encaje o de seda, que usan las mujeres para cubrirse la cabeza, especialmente al entrar a la iglesia **2** *Mantilla española* La que es muy grande, ricamente bordada, que se usa con una elegante peineta en festividades religiosas o para ir a los toros **3** (*Charr*) Tela gruesa de lana, semejante al sarape, forrrada de lona por su parte inferior, con dibujos en la orilla y fleco en su parte posterior, que se usa debajo de la silla vaquera **4** Lienzo de tela que se pone a los bebés a manera de pañal **5** (*Impr*) Tejido recubierto con caucho o algún compuesto sintético, que en las prensas de offset transfiere la imagen de la plancha al papel; superficie impresora de las prensas rotativas, con que se imprimen los periódicos.

manto s m **1** Prenda de vestir abierta y sin mangas, a manera de capa, que cubre generalmente de los hombros a los pies **2** Velo largo que cae hasta la cintura **3** (*Geol*) Capa del globo terrestre que se encuentra entre el núcleo y la corteza **4** Superficie de tierra porosa en la que se acumula el agua u otro líquido debido a que su fondo es una capa impermeable: *manto petrolífero*.

manual adj m y f y s m **1** Que se hace o se opera con las manos; que se relaciona con esas clase de trabajo: *trabajo manual, habilidad manual, trabajador manual, control manual* **2** Que puede manejarse con facilidad: "El diccionario se presenta en una edición *manual*" **3** s m Libro o tratado breve, generalmente de carácter didáctico, que presenta las nociones básicas de una disciplina o de una materia de manera sistemática, o señala las que deben seguirse para hacer algo: *manual de química, manual de contabilidad, manual de redacción, manual de operaciones, manual de contratación*.

manubrio s m Pieza con que se dirige una bicicleta o una motocicleta, que consiste de un tubo largo, generalmente curveado en sus extremos, fijo perpendicularmente al eje de la rueda delantera.

manufactura s f **1** Proceso industrial en el que se transforman materias primas en productos elaborados manualmente o por medio de maquinaria; fabricación, elaboración: *manufactura del papel, manufactura de zapatos* **2** Producto o artículo fabricado de este modo: "Es necesario abrir mercados para las *manufacturas* mexicanas".

manufacturar v tr (Se conjuga como *amar*) Transformar materias primas, manualmente o empleando maquinaria, para producir mercancías en gran escala; fabricar, elaborar: "Son cincuenta fábricas las que *manufacturan* aceite de cártamo".

manuscrito I adj Que está escrito a mano: *una carta manuscrita* II s m **1** Documento escrito a mano: *un manuscrito del siglo XV, los manuscritos de los misioneros* **2** Texto original de una obra literaria o científica, que después reproduce una imprenta: *entregar un manuscrito, revisar el manuscrito.*

manzana s f **1** Fruto del manzano, comestible, de forma redondeada con una hendidura en cada uno de sus polos; su cáscara es delgada, de color rojo, amarillo o verdoso y su pulpa es amarillenta, carnosa, jugosa, de sabor agridulce y con 4 o 5 semillas en el centro de color café: *puré de manzana, pastel de manzana, regalar una manzana* **2** *Manzana de la discordia* Situación, cosa o persona que provoca un conflicto o que es objeto de pleito entre dos o más personas: "La herencia fue la *manzana de la discordia* entre los hermanos" **3** Cartílago de la garganta que sobresale en el cuello, especialmente en el de los hombres; manzana de Adán: "Era delgado, con la *manzana* muy pronunciada" **4** Conjunto de casas o terrenos que forman una unidad y que están limitados o circunscritos por calles: "Vivimos en la misma *manzana*", "Lo nombraron jefe de *manzana*".

manzanilla s f l **1** Planta herbácea de la familia de las compuestas, cuyas especies más importantes son *Matricaria chamomilla* y *Anthemis nobilis*. Tiene los tallos ramosos, hojas con segmentos cortos y lineares y flores pequeñas, olorosas, en cabezuelas solitarias de centro amarillo y corona blanca o amarilla. Es muy apreciada por sus propiedades medicinales; con sus flores se preparan cocimientos o infusiones digestivas, para calmar espasmos estomacales, cólicos y gastritis nerviosa, así como para lavar los ojos en caso de conjuntivitis: *un té de manzanilla* **2** (*Arctostaphyla pongeus*) Arbusto de 1 a 3.5 m de altura, de corteza lisa y rojiza, de hojas anchas, ovales o lanceoladas, con flores como jarrita en racimos densos y frutos muy pequeños, globosos, café oscuros, comestibles, de sabor agridulce; pingüica **3** Tejocote, en Michoacán y Chiapas ll Hongo comestible de píleo convexo, plano, de color naranja con tonalidades violáceas lll Vino blanco originario del sur de Andalucía: *un chato de manzanilla*.

manzano s m Árbol de la familia de las rosáceas cuyo fruto es la manzana. Mide de 5 a 6 m de altura, su tronco es de color gris verdoso, con ramas gruesas; las hojas son ovaladas, dentadas y puntiagudas, y las flores olorosas, generalmente de color blanco; se cultiva en climas templados y fríos.

maña s f **1** Habilidad que desarrolla uno para hacer alguna cosa, conociendo su comportamiento, su capacidad y sus limitaciones: *tener maña, darse maña*, "Hay que darse *maña* para entrar al cine sin pagar", "Logré componer el radio con *maña*" **2** Característica singular que tiene el funcionamiento de alguna cosa: "No he logrado encontrarle la *maña* a este aparato", "Mi coche tiene sus *mañas*" **3** Mal hábito o costumbre que tiene alguien: *malas mañas*, "Tiene la *maña* de rascarse constantemente las narices", "El viejito está lleno de *mañas*".

mañana s f l **1** Periodo entre la media noche y el mediodía, especialmente el amanecer al mediodía: "Trabajamos hasta las tres de la *mañana*", "Jugaba toda la *mañana*" **2** *De mañana* Temprano, en las primeras horas del día: "Me levanté muy de *mañana*" **3** *En la mañana, por la mañana* Durante las primeras horas del día, antes de mediodía: "*En la mañana* salgo para Navojoa", "Nos veremos el lunes *por la mañana*" **4** adv En el día siguiente al de hoy: "*Mañana* nos vemos", "*Mañana* en la tar-

de iremos a la plaza" **5** *Pasado mañana* En el día que sigue al de hoy y uno más: "Hoy es miércoles, *pasado mañana* es viernes" **6** *¡Hasta mañana!* Despedida que se da en la noche o cuando dos personas dejan de verse en un día, para volverse a encontrar al día siguiente.

mapa s m **1** Representación a escala muy reducida, que se hace sobre un plano, de las características geográficas de un astro o de una parte de él: *mapa de la Tierra, mapa de la Luna* **2** Representación de ese tipo de una región de la Tierra en la que se destaca algún aspecto, como la división política, la orografía, los ríos y los lagos, ciertas características económicas o demográficas, etc: *mapa agrícola, un mapa de México, un mapa de carreteras* **3** *Mapa celeste* El que representa una parte del cielo, como una constelación o una galaxia **4** Dibujo en el que se representa la ruta o el camino que se debe seguir para llegar a un lugar: "Nos hizo un *mapa* para llegar a su casa", *el mapa del tesoro*.

mapache s m y f (*Procyon lotor*) Mamífero carnívoro de cuerpo ancho, patas cortas y robustas con cinco dedos, cabeza ancha, de hocico puntiagudo y orejas cortas; alrededor de los ojos tiene una mancha negra, a manera de antifaz; mide de 40 a 60 cm de largo; su piel es gris o amarillenta, combinada con negro, y su cola tiene varios anillos blancos y negros; sus patas delanteras son prensiles; lava sus alimentos antes de comerlos. Habita cerca de ríos y lagos y se alimenta de crustáceos, peces, roedores y frutas.

mapamundi s m Mapa en el que se representa la superficie total de la Tierra, generalmente dividido en dos hemisferios.

maqueta s f Reproducción en tres dimensiones y a muy pequeña escala de una construcción, de un lugar, de un hecho histórico, etc: *la maqueta de un edificio, la maqueta de un barco*, "Pidieron a los alumnos una *maqueta* de la batalla de Puebla".

maquila s f **1** Acto de maquilar: *la maquila de ropa* **2** Renta de un semental **3** Pago en especie que se da al molinero por su trabajo.

maquilar v tr (Se conjuga como *amar*) **1** Hacer para una fábrica, generalmente en pequeños talleres, aquellas partes del proceso de producción de una mercancía que requieren un trabajo manual o unitario, como el ensamblado de algunas piezas de aparatos electrónicos, la hechura de ojales y el pegado de botones en la confección de ropa, etc: *maquilar vestidos*, "Maquilan para compañías extranjeras" **2** Realizar para el dueño de un terreno agrícola trabajos relacionados con el cultivo, como la preparación de la tierra, la siembra, etcétera.

maquillaje s m **1** Acto de maquillar a alguien y aspecto que produce **2** Sustancia cosmética que se usa para maquillar, en particular la que se emplea para cubrir el cutis, darle color y restarle brillo; conjunto de esas sustancias: *correrse el maquillaje, un equipo de maquillaje* **3** Conjunto de los rasgos que se pintan o simulan en la cara o en el cuerpo de un actor para caracterizar su personaje.

maquillar v tr (Se conjuga como *amar*) **1** Aplicar al cutis sustancias cosméticas que lo cubren y le dan color, así como pinturas especiales en los ojos, labios, mejillas, etc para embellecer el rostro: "Le mostró cómo debe *maquillarse* de acuerdo con la última moda" **2** Aplicar en el rostro o en el cuerpo de un actor cosméticos y sustancias especiales para darle los rasgos de su personaje o crear cierto efecto plástico en sus facciones: *maquillarse de payaso, maquillar al primer actor.*

máquina s f **1** Sistema de piezas mecánicas que se utiliza para hacer un trabajo determinado, generalmente transformando cierta energía en otra distinta: *máquina de vapor, máquina de escribir, máquina de coser* **2** Vehículo que lleva el sistema de arrastre en un ferrocarril: "La *máquina* viene echando humo y pitando".

maquinaria s f **1** Conjunto de máquinas: *maquinaria pesada, maquinaria agrícola* **2** Mecanismo: *maquinaria del reloj, maquinaria del pozo.*

maquinista s m y f **1** Persona que maneja u opera una locomotora **2** Operador de una máquina.

mar s m o f **1** Masa de agua salada que cubre gran parte de la superficie terrestre: *la vida en el mar, la explotación del mar, mirar la mar* **2** Cada una de las regiones extensas, cubiertas de agua salada, que se pueden delimitar geográficamente: *mar de Cortés, mar Mediterráneo, mar Báltico* **3** *Mar interior* El que queda dentro de las fronteras de un país o dentro de un continente, como el *mar* Caspio o el *mar* Muerto **4** *Mar territorial* (*Der*) Región del mar comprendida dentro de una faja de 12 millas náuticas a lo largo de las costas de un país, sobre la cual éste tiene soberanía **5** *Mar patrimonial* (*Der*) Región del mar comprendida dentro de una faja de 200 millas náuticas a lo largo de las costas de un país, sobre la cual se pretende que éste tenga derechos exclusivos de explotación de sus recursos naturales, tanto en la superficie como en el fondo, pero en la que se permite la navegación y el tendido de cables submarinos **6** *Alta mar* Parte del mar situada a una distancia de la costa donde ya no hay la protección que ofrecen los puertos, las bahías, etc **7** *Mar abierto* El que está lejos de la costa, y el que puede golpear con violencia una costa desprotegida **8** *Mar de fondo* Agitación del agua producida por tormentas en el mar **9** *Haber mar de fondo en algo* Existir dificultades o intereses importantes y ocultos en determinada situación: "*Hay mar de fondo* en la situación centroamericana" **10** *Hacerse a la mar* Comenzar a navegar una embarcación y entrar en alta mar **11** *Picarse el mar* Agitarse por alguna causa natural, como las tormentas, los vientos fuertes, etc **12** Gran cantidad de algo: *un mar de lágrimas, un mar de gente* **13** *A mares* Mucho: *llorar a mares.*

maraca s f **1** Instrumento musical de percusión que consiste en una calabaza seca, ovalada o redonda, con piedritas o semillas en su interior y con un mango de madera en uno de sus extremos; se usa como acompañamiento de diversos ritmos hispanoamericanos, agitándola acompasadamente con la mano: *tocar las maracas* **2** pl (*Popular*) Pesos: "No-más traigo cien *maracas*".

maratón s m **1** Carrera a pie de resistencia, que se practica en una distancia aproximada de 40 km; como competencia olímpica, su longitud es de 42.190 km: *correr el maratón, ganar el maratón* **2** Competencia de distancia y velocidad sobre un recorrido muy largo: *el maratón del Balsas* **3** Competencia en la que los participantes deben resistir la mayor cantidad posible de tiempo realizando una actividad determinada: *un maratón de baile.*

maravilla s f **1** Cosa, situación o persona que produce gran admiración o asombro por su carácter extraordinario o que ocasiona gran alegría por satisfacer un deseo intenso: "Esa escultura es una *maravilla*", *hacer maravillas, una maravilla de mujer, las maravillas de Acapulco,* "¡Qué *maravilla*!, me dieron el trabajo" **2** *A las mil maravillas* o *de maravilla* Muy bien, a la perfección, de manera extraordinaria: "Como de costumbre, nos trataron *de maravilla*", "El plan nos salió *a las mil maravillas*", "—¿Cómo te va? —*De maravilla*".

maravilloso adj Que es extraordinario, admirable: *una novela maravillosa, un paisaje maravilloso.*

marca s f **1** Acto de marcar: *marca de las reses, la marca de la ropa* **2** Indicación o señal que se pone o que lleva algo para que se note, distinga o reconozca: *marca de una ganadería* **3** Señal o rastro característico que deja alguna cosa en una superficie o en una imagen: "Se fue sin dejar *marca*", *la marca de un pie en la arena* **4** *Marca registrada* La que es de uso exclusivo de la persona o compañía que la patentó; se indica con el símbolo ® **5** Resultado deportivo que se establece como el mejor, que los demás competidores tendrán que sobrepasar: *establecer una marca, romper una marca* **6** *De marca* De una calidad indicada, de lo mejor: *un vino de marca, un caballo de marca, un científico de marca.*

marcado I pp de *marcar* **II** adj **1** Que tiene una marca: *cartas marcadas, un camino marcado* **2** Que es notorio o claramente perceptible: *una marcada diferencia, un contraste marcado.*

marcador s m **1** Registro de los tantos o los puntos anotados por los participantes en una competencia deportiva: *marcador parcial, marcador final, empatar el marcador* **2** Lápiz o pluma de punta muy ancha, que sirve para hacer trazos gruesos sobre alguna superficie.

marcar v tr (Se conjuga como *amar*) **1** Poner una señal o una indicación para que algo se distinga, se note o resalte: *marcar el ganado, marcar los libros, marcar el mapa* **2** Indicar algo algún hecho, hacerlo notar: "El Sol *marca* las 10 de la mañana", "El reloj *marca* las horas", *marcar los puntos de un juego* **3** Operar las teclas, los botones, el disco, etc, de un aparato para escribir un número y obtener cierto resultado: *marcar un teléfono, marcar en una registradora* **4** Indicar mediante ciertas señales, como golpes o sonidos, el ritmo de algo: *marcar el compás, marcar el paso* **5** En juegos como el tenis, el futbol, basquetbol, etc, anotar un gol, un punto, un tanto.

marco¹ s m **1** Armazón que rodea a un objeto y sirve para reforzarlo, darle forma o adornarlo: *marco de una pintura, marco de madera* **2** Conjunto de elementos, ideas, situaciones, etc que rodean a algo y sirven para comprenderlo o para que se desarrolle: *marco natural, marco de referencia, marco de amistad, marco teórico* **3** Armazón rectangular en donde debe entrar el balón para marcar un gol en el futbol.

marco² s m Unidad monetaria alemana.

marcha s f **1** Acto de marchar: *la marcha militar, la marcha del mundo* **2** Mecanismo eléctrico que enciende un motor: *la marcha del coche* **3** Pieza musical para apoyar el ritmo deseado del paso, especialmente de los militares: *marcha dragona, la marcha de Zacatecas* **4** Competencia atlética que consiste en caminar velozmente, sin que queden en ningún instante ambos pies en el aire **5** *A marchas forzadas* Caminando o haciendo más trabajo de lo normal: *llegar a Torreón a marchas forzadas* **6** *A toda marcha* Con toda la rapidez que sea posible: *irse a toda marcha* **7** *Abrir la marcha* o *romper la marcha* Comenzar a caminar o a hacer algo **8** *Dar marcha atrás* Arrepentirse de algo: "El diputado *dio marcha atrás* al reconocer su error" **9** *En marcha* En camino, en movimiento **10** *Sobre la marcha* Al mismo tiempo que se avanza, a medida que se hace algo: "Resolver las dudas *sobre la marcha*".

marchante s **1** Persona que compra habitualmente en un mismo puesto de mercado o tienda, con respecto a quien le vende **2** Vendedor con respecto a la persona que habitualmente le compra en su puesto o en su tienda.

marchar v intr (Se conjuga como *amar*) **1** Andar con ritmo y paso continuo, como los militares: *marchar los soldados, marchar en la escuela* **2** prnl Irse: "Ya *se marchó* a su casa" **3** Funcionar una máquina o un mecanismo: *marchar el motor, marchar la bomba* **4** Desarrollarse alguna cosa durante cierto tiempo y sin interrumpirse: *marchar los negocios*.

marchitar v tr (Se conjuga como *amar*) **1** Hacer que una planta se seque: "El sol *marchitó* las flores" **2** prnl Secarse una planta, perder su frescura y su vigor: *marchitarse una rosa*, "Los árboles *se marchitaron* por la sequía", "Cámbiale el agua a las camelias para que no *se marchiten*" **3** prnl Envejecer algo o alguien; perder su lozanía, su vitalidad, su alegría, etc: "La joven *se marchitó* entre cuatro paredes", *marchitarse una esperanza* **4** Hacer que algo o alguien pierda su frescura, su vigor, su alegría, etc: "Las faenas del campo *marchitaron* sus manos".

marea s f Movimiento de avance y retroceso alternativo que experimentan las aguas marinas en relación con las costas. Este movimiento se debe al efecto que produce la atracción gravitacional de la Luna y, en menor grado del Sol, sobre las aguas de la Tierra; también las configuraciones locales, las condiciones atmosféricas, etc influyen sobre las particularidades de estos movimientos: *bajar la marea, corriente de marea*.

marear v tr (Se conjuga como *amar*) **1** Provocar mareo el movimiento de un vehículo, una enfermedad o la acción de alguna sustancia: "El café me *marea*", "La *mareó* el camino tan curveado" **2** Molestar a alguien con multitud de peticiones, solicitudes, requerimientos, ruido, movimiento, etc: "Ya me *mareó* con su ir y venir" **3** (*Coloq*) Engañar a una persona hablándole sin parar, ofreciéndole multitud de cosas, etcétera.

mareo s m Estado de malestar físico general caracterizado por alteraciones en el sentido del equilibrio, que producen sensación de ausencia, de aturdimiento y de que todo da vueltas; generalmente va acompañado de náuseas y desfallecimiento que pueden ocasionar vómitos y la pérdida del conocimiento. Se produce por debilidad, intoxicación, alteraciones fisiológicas, etc: *los mareos del embarazo*, "Los viajes en barco le causan *mareo*".

marfil s m Material del que están formados los colmillos de los elefantes, y los dientes, muelas y otros huesos de los vertebrados. Es muy duro, de color blanco cremoso o amarillento, y muy apreciado por la textura y el brillo que adquiere al ser pulido: *figura de marfil tallado*.

margarina s f Sustancia alimenticia preparada con grasas vegetales, de consistencia, color y sabor muy similares a los de la mantequilla, y que se usa en lugar de ésta: *pan con margarina, freír en margarina, untar margarina*.

margarita s f **I 1** Flor de pétalos blancos y centro amarillo, de varias familias, que se deshoja pétalo a pétalo para averiguar si un enamorado es correspondido, preguntando: "¿Me quiere mucho, poco o nada?" **2** (*Callistephus chinensis*) Planta herbácea compuesta, de hojas recortadas y flores en cabezuela con los pétalos blancos y el centro amarillo; es originaria de Asia y se cultiva por su belleza; *margarita reina* **3** (*Polianthes tuberosa*) Planta herbácea de tallo recto, ramificado, que alcanza hasta 1 m de altura, de flores aromáticas agrupadas en cabezuelas, con los pétalos blancos y el centro amarillo **4** *Margarita pequeña* o *enana* (*Bellis perennis*) Planta herbácea compuesta, de cabezuelas terminales, amarillas en el centro y de pétalos blancos; se cultiva como ornamental por la belleza de sus flores **5** *Margarita de campo* (*Lantana camara*) Arbusto espinoso de hojas ovadas y ásperas, de flores amarillas, anaranjadas o rojas, amonopétalas, dispuestas en cabezuelas, y de fruto negro. Se encuentra en lugares cálidos; venturosa, hierba de Cristo **II 1** Nudo con que se anudo con el reinal **2** *Punto de margarita* Puntada del bordado que simula la flor de este nombre **3** Disco de máquina de escribir o de impresora, en cuyos bordes están grabadas las letras y otros símbolos gráficos **4** Coctel preparado a base de tequila, jugo de limón y cointreau, servido en una copa escarchada con sal **III 1** Pan dulce suave, en forma de media esfera, con una bolita en su parte superior, de color café oscuro, con manchas de azúcar color beige **2** Pan dulce tipo galleta, que simula una margarita de color café claro, espolvoreado con azúcar.

margen[1] s m Espacio estrecho de tierra que queda al filo del agua de un río, un arroyo, un lago, etc: "Tropezaron con una choza prendida a los riscos de la sierra; luego, con tres casuchas regadas sobre las *márgenes del río*".

margen[2] s m **1** Espacio en blanco que se deja alrededor de una página manuscrita o impresa, en particular el que se deja del lado izquierdo: *poner márgenes a un cuaderno, trazar el margen, anotar en los márgenes*, "Al margen del acta obra la firma del reo" **2** *Al margen* Sin intervenir en el asunto o tema central, sin alterarlo: "No es cierto que los ejércitos puedan permanecer *al margen* de las situaciones políticas", "Un conocimiento que no se difunde queda *al margen* de la sociedad" **3** Porción o espacio de acción o de modificación que deja o permite algún cálculo o alguna norma: *un margen de error, un margen de seguridad, un margen de tolerancia, un margen de negociación* **4** *Dar margen* Dejar la posibilidad de agregar algo a una cosa, de desarrollarse alguna cosa imprevista, de tolerar algo o de aceptarlo: "La debilidad de sus argumentos *dio margen* a un alud de refutaciones", "Se suprimieron los medicamentos para *dar margen* a una reacción del propio cuerpo".

marginación s f Acto de dejar algo o a alguien fuera de consideración en un asunto, de negarle los beneficios que reciben los demás, y situación en

591 mariscal

que quedan los así tratados: "Los procesos de acumulación capitalista simultáneamente constituyen mecanismos de *marginación* y de opresión", *la marginación de los indios mexicanos.*

marginado I pp de *marginar* **II** adj y s Que no ha recibido los beneficios que han recibido los demás, o que no ha sido considerado en algún asunto: *colonias marginadas, grupos marginados, intelectuales marginados.*

marginal adj m y f **1** Que es secundario, es accesorio o queda al margen de alguna cosa: *una anotación marginal, un país marginal* **2** Que está o vive al margen de la vida social o de la corriente central de una actividad: *un escritor marginal, poblaciones marginales* **3** (*Econ*) Que está en el límite entre el beneficio o ganancia y el déficit; que está en precario equilibrio entre costo y ganancia: *utilidad marginal, costos marginales.*

marginalidad s f Situación de quien vive o se desarrolla al margen de algo, o de lo que resulta secundario o accesorio: marginalidad social, la marginalidad de un costo.

marginar v tr (Se conjuga como *amar*) **1** Dejar algún asunto fuera de una discusión, o posponerlo mucho: "Sus modelos económicos *marginan* la importancia de los fenómenos políticos" **2** Dejar a alguien fuera de consideración o de los beneficios que reciben los demás: *marginar a los ancianos, marginar el esfuerzo de la mujer.*

mariachi s m **1** Conjunto de músicos que tocan jarabes, sones, corridos, etc con violines, vihuelas, tambora, guitarrones, trompetas modernamente y, a veces, arpa, vestidos con trajes de charro: "De Cocula es el *mariachi* / de Tecalitlán los sones…", *música de mariachi, llevar un gallo con mariachi* **2** Cada uno de los músicos que componen ese conjunto **3** (*Coloq*) Que es torpe o poco hábil para hacer alguna cosa: "No seas *mariachi*, así no se agarra la herramienta".

marica s m y adj m (*Coloq*) **1** Hombre afeminado u homosexual **2** Que es cobarde, miedoso o llorón: "¡No seas *marica*, esos golpes no duelen!".

maricón (*Coloq*) **1** s m Homosexual masculino, principalmente el de modales y gustos afeminados: "La fiesta estaba llena de *maricones*", "¿Sabías que tu amigo es *maricón*?" **2** adj Que es cobarde, miedoso o llorón: "La muy *maricona* no quiso nadar con nosotros en el mar".

marido s m Hombre casado, con respecto a su mujer.

mariguana s f **1** (*Cannabis indica*) Planta herbácea anual, de la familia de las urticáceas, que llega a medir 3 m de altura; tiene el tallo erecto, hojas opuestas, palmeadas, con cinco hojuelas lanceoladas y aserradas; sus flores, en espiga, son pequeñas y verdosas. Toda la planta es pilosa y segrega una goma, principalmente en las hojas jóvenes y en las inflorescencias. Es originaria de Europa. Desde la antigüedad se cultiva su variante *Cannabis sativa*, porque de sus tallos se extrae la fibra textil llamada cáñamo; de sus hojas secas se extrae una sustancia que actúa sobre el sistema nervioso y provoca alteraciones pasajeras de la conciencia, la percepción, y las capacidades de comunicación y motriz, así como estados momentáneos de exaltación y euforia. Las hojas se fuman en cigarros o en pipa o se mezclan con alimentos; en medicina tradicional se ingieren como sedativo y antirreumático. Es una droga tradicionalmente popular; su cultivo y su uso están prohibidos **2** Conjunto de hojas e inflorescencias de esta planta, secas y listas para su consumo: *un carrujo de mariguana, fumar mariguana, vender mariguana.*

marimba s f Instrumento musical de percusión formado por una serie de tablillas de madera de diferentes longitudes, que se hacen percutir o sonar por medio de palillos o varillas de madera que tienen una pequeña bola maciza en la punta: *música de marimba, bailar con la marimba, las marimbas de los portales de Veracruz.*

marina s f **1** Conjunto de barcos, instalaciones y trabajadores del mar: *marina de guerra, marina mercante* **2** Pequeño puerto de abrigo, muelle e instalaciones que sirve al deporte de la navegación en yate o lancha **3** Pintura en que se representa una escena de mar: *pintar una marina.*

marinería s f **1** Profesión de los que se dedican a la navegación en el mar o en los ríos **2** Conjunto de marineros **3** Plaza o empleo que, en la jerarquía naval, puede desempeñar desde el aprendiz de marinero o grumete hasta el cabo de mar.

marinero 1 s m Persona que trabaja en un barco y no forma parte de sus oficiales **2** adj Que navega con facilidad y seguridad, tratándose de embarcaciones: *una lancha muy marinera.*

marino 1 adj Que pertenece o está relacionado con el mar: *alga marina, animal marino* **2** s m Militar que presta sus servicios en la armada marítima de un país: *marino mexicano, desfile de marinos.*

mariposa s f **1** Insecto diurno del orden de los lepidópteros que, en su estado adulto, posee una trompa chupadora enrollada en espiral y cuatro alas en forma de medio corazón, más grandes que su cuerpo y casi siempre de dibujos y colores muy vistosos; de ellas, el par anterior se extiende hacia adelante de la cabeza y es más amplio que el posterior. Sufre una metamorfosis completa; en su primera fase es una larva u oruga (como la del tabaco y los llamados gusanos de seda y del maguey) y más tarde, al entrar en la fase de ninfa, forma un capullo o crisálida del que sale completamente desarrollada: *mariposa gavilana, mariposa cuatro espejos, revolotear de mariposas* **2** Llave, tuerca o tornillo provisto de dos prolongaciones, generalmente planas, de forma parecida a la de las alas de las mariposas, que sirven para apretarlo o aflojarlo: *mariposas de una bicicleta* **3** (*Mec*) Pieza del carburador de un automóvil que consta de un eje sobre el cual se mueve una placa metálica que sirve como válvula **4** Estilo de natación en que los brazos extendidos se lanzan hacia adelante al mismo tiempo y luego entran al agua permitiendo al nadador alzar la cabeza y tomar aire: *nadar de mariposa* **5** Tipo de red que, extendida a ambos lados de una embarcación pesquera, tiene forma de alas de mariposa; es típica del estado de Michoacán **6** Planta o flor, de muy diversas familias y especies, que por su forma o la disposición de sus colores se parece a las mariposas, y especialmente a sus alas.

mariscal s m (*Mil*) **1** Antiguamente, militar encargado de alojar y atender a la tropa de caballería **2** *Mariscal de campo* Grado máximo al que llegan los oficiales de los ejércitos de algunos países.

marisco s m Animal marino invertebrado muy apreciado como comestible, en especial los crustáceos y los moluscos, como el camarón, el ostión, el pulpo, el callo de hacha, etc: *sopa de mariscos*, "Los *mariscos* están muy caros".

marítimo adj Que pertenece a la navegación o al mar; que se relaciona con ellos: *transportación marítima, industria marítima, zona marítima*.

mármol s m Piedra caliza, dura y muy densa que adquiere mucho brillo cuando se pule; está formada por finos cristales de carbonato cálcico o por carbonato mixto de calcio y magnesio, generalmente combinados con impurezas, en particular arcillas, a las que debe sus dibujos veteados y sus diversas coloraciones. Se emplea para hacer esculturas y como material de construcción y de decoración: *mármol de Carrara, suelo de mármol*, "La mesa tiene una plancha de *mármol*".

marqués s 1 En la alta edad media europea, señor que comandaba las tropas de varios condados fronterizos 2 Título nobiliario de categoría inferior a la de duque y superior a la de conde, en los países monárquicos o que conservan esas jerarquías: "El virrey don Félix Berenguer, *marqués* de Marquina, mandó construir una fuente que nunca tuvo agua".

marrano s 1 Cerdo: "Capea con huevo las patas del *marrano*" 2 adj y s Que es sucio o se ha ensuciado voluntariamente o por desidia; que se comporta de manera indebida, contraria a la honradez y la limpieza: "¡Mira nada más, estás hecho un *marrano*", "Esos empleados son unos *marranos*" 3 Antiguamente, en España, judío converso al catolicismo, que conservaba sus prácticas religiosas ocultamente.

marro s m 1 Herramienta semejante al martillo, que consiste en una pieza sólida de hierro, rectangular, con los bordes limados, montada en un fuerte mango de madera; se utiliza para romper piedras o golpear objetos grandes y resistentes 2 (*Caló*) Bolillo: "¿No tienes unos *marros*, aunque sean duros?".

marroquí adj y s m y f Que es originario de Marruecos, pertenece a este país árabe o se relaciona con él: *las mezquitas marroquíes*.

marsupial s m y adj m y f 1 Animal mamífero que se caracteriza por carecer de placenta, cuyas crías nacen en estado prematuro y terminan de completar su desarrollo dentro de una bolsa que tienen sus madres en el abdomen, dentro de la cual se encuentran las mamas con que se alimentan, como los canguros y los tlacuaches 2 s m pl (*Zool*) Orden de estos animales.

martes s m sing y pl Segundo día de la semana, que sigue al lunes y precede al miércoles. Para los cristianos, tercer día de la semana, como se observa en el calendario gregoriano.

martillo s m 1 Herramienta compuesta de un mango sobre el que se halla una pieza de hierro, formando una T, plana en un extremo y, generalmente con una o dos uñas en el otro; se emplea principalmente para clavar y sacar clavos o para golpear algo: *cincel y martillo, martillo de carpintero*, "Le pegó con un *martillo*" 2 (*Anat*) Pequeño hueso del oído medio que se articula con el yunque mediante una cabeza; tiene dos prolongaciones y está en contacto con la membrana del tímpano; su forma es parecida a la de la herramienta 3 Pieza de un mecanismo que golpea, como la que hace sonar las cuerdas de un piano: *martillo de la alarma de un reloj, martillo de una pistola*.

mártir s y adj m y f 1 Persona que muere o sufre tormento por amor a Dios y en defensa del cristianismo 2 Persona que muere en la defensa de una causa o por mantenerse fiel a sus ideales: *un mártir de la democracia, mártires del sindicalismo* 3 Persona que padece graves sufrimientos por amor a otras: "Esa mujer es una *mártir* de su hogar".

marxismo s m 1 Doctrina filosófica elaborada por Carlos Marx, de carácter materialista y científico, fundamento del comunismo, que sostiene que el trabajo es la base del valor, en contra de las doctrinas que privilegian otros elementos, como la utilidad; propone por eso que el precio de las mercancías debe estar determinado por su valor para la sociedad y no por la explotación del trabajador y la especulación que le impone la burguesía propietaria de los medios de producción; afirma que el motor de la historia es la lucha de los trabajadores por liberarse de las cadenas que le impone el capital y que, una vez victoriosos, su dictadura conducirá a una sociedad realmente libre, sin clases y sin Estado 2 *Marxismo-leninismo* Desarrollo de la doctrina marxista elaborado por Vladimir Ilich Lenin, caracterizado por su esfuerzo por poner en práctica la doctrina en las condiciones históricas posteriores a la Primera Guerra Mundial y en la Unión Soviética particularmente. Consistió en una crítica al gradualismo de la social-democracia, en una reflexión sobre el imperialismo y sus contradicciones internas, en el carácter revolucionario del proletariado y en el papel de vanguardia que concede al partido comunista. La desaparición del comunismo en los países de Europa oriental, aunque no sea imputable al pensamiento leninista, ha resultado la crítica más devastadora a su pensamiento.

marxista 1 adj m y f Que pertenece al marxismo o se relaciona con él: *pensamiento marxista, teoría marxista* 2 s m y f Partidario de esa doctrina filosófica.

marzo s m Tercer mes del año, tiene treinta y un días, sigue a febrero y precede de su abril: "La feria del mango se celebra en *marzo*".

mas conj 1 Señala las limitaciones o las restricciones que se ponen o se advierten a la afirmación en la oración principal; pero: "Quiso salir temprano *mas* se quedó dormido", "Recibe bastante dinero *mas* tiene muchos gastos" 2 Señala una excepción o una atenuación a lo afirmado en la oración principal; sino: "No vino Pedro *mas* vino su hermano".

más adv 1 Indica aumento, ampliación, superioridad o exceso de algo en comparación con otra cosa, con otro estado o momento de eso mismo: *más bonito, más fácil, más alto, más lejos, más ancho, trabajar más, comer más, faltar más agua, haber más brillo, tener más brillo*, "El Pico de Orizaba es *más* alto que el Popocatépetl", "El avión viaja *más* rápido que el tren", "Me gusta *más* el invierno que el verano", "Cuídate *más*", "El cielo está *más* azul que ayer" 2 *El, lo, la, los, las más* Manifiesta el grado superlativo de los adjetivos o los adverbios: *el más guapo, la más alegre, lo más pronto, los más rápidos, las más inteligentes* 3 Especialmente: "Lo acepto con gusto, *más* viniendo de ti", "Iré a Cancún, *más* si tú me invitas" 4 *Más de* Significa una cantidad mayor que otra supuesta o calculada, pero generalmente cercana a ella: *más de la mitad, más de dos mil pesos, más de cien años* **5** *Los más* o *las más* La mayoría, la mayor parte: "*Los más* son jóvenes", "*Las más* de las asistentes eran madres de familia" **6** *A lo más* Cuando mucho, como máximo: "Se necesitaran cien copias *a lo más*", "*A lo más* cuesta quinientos pesos" **7** *A más de* Además, por añadidura: "¡*A más de* lo que hiciste, no te arrepientes!" **8** *En más de* En mayor cantidad o grado: "Vende su casa *en más de* lo que vale", "Juzgó mi trabajo *en más de* lo que supones" **9** *De más* De sobra, de estorbo: "No estaría *de más* insistir en que practiquen las divisiones", "Me dieron veinte pesos *de más*" **10** *No haber* o *no tener más que* No haber o no tener otro además: "*No tengo más que* este abrigo", "*No hay más* avión *que* aquél" **11** *Ni más ni menos* Exactamente, precisamente: "Este abrigo es *ni más ni menos* lo que yo quería", "Se trata *ni más ni menos* que del premio mayor" **12** *No más* Solamente, únicamente: "Vinieron *no más* tres invitados", "*No más* míralo y lo entenderás" **13** *Sin más* (*ni más*) Así, sin aviso, sin otras consideraciones: "Lo corrió *sin más ni más*", "Y así, *sin más*, nos van a cobrar cien pesos" **14** *Más bien* Antes bien, sino que: "No te lo presto, *más bien* te lo regalo" **15** *Más que* Sino, excepto, únicamente: "Nadie lo sabe, *más que* tú", "No quiero a nadie *más que* a ti" **16** *Es más* Inclusive: "No estoy enojada con él, *es más*, ayer lo vi" **17** *Más o menos* Aproximadamente: *un cálculo más o menos exacto* **18** Signo (+) que se utiliza en la suma o adición.

masa s f **1** Cantidad de la materia que constituye un cuerpo: *una gran masa, una masa de agua, una masa de aire* **2** Mezcla homogénea y relativamente sólida de varias sustancias, como la de nixtamal para hacer tortillas, la de harina y levadura para hacer pan, etc **3** Cuerpo homogéneo, relativamente sólido y sin forma: "Encontramos una *masa* extraña y húmeda" **4** (*Fís*) Resistencia que opone un cuerpo a cambiar de estado, sea que esté en reposo o en movimiento, y medida de esta resistencia **5** Conjunto de muchos elementos de una misma clase, reunidos unos junto a otros, y particularmente, grupo muy numeroso de personas: *masa de nubes, masa humana, lucha de masas* **6** *En masa* En grupo o en conjunto; todos al mismo tiempo: *ejecuciones en masa, ataque en masa*.

masaje s m Movimiento giratorio o en vaivén y rítmico con que una persona aprieta y oprime fuerte pero suavemente una parte del cuerpo de otra, para relajar o desinflamar sus músculos: *dar masaje, hacerse un masaje, un masaje facial, masaje reductivo*.

mascada s f Pañuelo grande de seda u otra tela suave, generalmente cuadrado, con que se tapa uno el cuello y, las mujeres, la cabeza: *ponerse una mascada, una mascada estampada*.

máscara s f **1** Cubierta que se pone en la cara para ocultarla o para representar a un personaje mítico o teatral, generalmente pintada con los rasgos y las figuraciones necesarias: *una máscara de diablo, ponerse una máscara, quitarse la máscara* **2** Actitud fingida o falsa con que se dice alguna cosa o se comporta una persona ante otra: "Desea arrancar la *máscara* a su madrastra, para contemplarla en su verdadera fealdad" **3** Cubierta protectora de la cara, en particular la que sirve para impedir que gases tóxicos lleguen a ser aspirados: *una máscara antigás, una máscara de soldado* **4** *Mascarita* (*Tiarus*

alinacea) Pájaro pequeño, de color verde grisáceo, con el pecho y la cabeza negros y la garganta y las cejas amarillas **5** *Mascarita* Pájaro pequeño, de distintas especies, gris parduzco por encima y blanco por el vientre, de cabeza negra y cara blanca: *mascarita mexicana, mascarita montañesa*.

mascarilla s f **1** Máscara que cubre la nariz y la boca, para facilitar o impedir la inhalación de un gas o para filtrar el aire que se respira: *una mascarilla de oxígeno* **2** Sustancia cosmética que se pone en la cara durante cierto tiempo para limpiar o embellecer el cutis: *ponerse una mascarilla, hacerse una mascarilla* **3** Vaciado de alguna sustancia maleable, como la arcilla, que se hace sobre la cara de una persona o de un cadáver para que, al secar, conserve las particularidades de su rostro.

masculino adj, y s m **1** Que pertenece a los hombres o a los machos; que se relaciona con ellos: *órgano masculino, población masculina* **2** Que tiene características tradicionalmente consideradas propias de los hombres o rasgos físicos como los de ellos: *manos masculinas, carácter masculino* **3** Tratándose de seres vivos, que tiene los elementos necesarios para fecundar a los femeninos: *flor masculina, célula masculina* **4** (*Gram*) Uno de los dos géneros gramaticales con que se clasifican palabras del español, relacionado con el sexo de ciertos animales o con el que se atribuye a las cosas, como en *burro, perro, sol, motor, mango, brazo*, y que se expresa en muchos casos por el morfema -*o* de ciertos sustantivos y de los adjetivos, como en: *amo, gato negro, planeta rojo, el análisis cuidadoso*.

masivo adj **1** Que es sólido y compacto, que tiene una consistencia homogénea y sin fragilidad; que tiene mucha masa: *una estrella masiva, una escultura masiva* **2** Que actúa en grandes cantidades, con gran fuerza, con gran extensión; que se difunde ampliamente: *una dosis masiva de antibióticos, un infarto masivo, emigración masiva, medios de comunicación masiva*.

masón adj y s Que pertenece a la sociedad secreta de la masonería o se relaciona con ella; francmasón: *símbolos masones, familia masona*, "Hubo una reunión de *masones*".

masonería s f **1** Sociedad internacional, más o menos secreta, que predica la fraternidad universal y una ideología laica —aunque defiende la existencia de Dios— de carácter ilustrado, racionalista y liberal. Fundada en Inglaterra a principios del siglo XVIII, se ha extendido a numerosos países en los que ha influido políticamente de maneras diversas; en México, el pensamiento y la moral del liberalismo en el siglo XIX recibieron de ella su más determinante influencia; francmasonería **2** Conjunto de principios, instituciones y prácticas de esta sociedad.

masoquismo s m **1** Perversión sexual de quien siente placer en la humillación, el maltrato o los golpes que le da la persona amada **2** Actitud de gozar con el sufrimiento propio.

masticar v tr (Se conjuga como *amar*) Moler los alimentos sólidos con los dientes: "No *mastiques* con la boca abierta".

mástil s m **1** Palo largo y grueso que, colocado verticalmente en una embarcación, sirve para sostener las velas **2** Cualquier palo fuerte que, colocado verticalmente, sostiene algo o forma parte de una cosa

3 Tablilla o palo delgado y largo de los instrumentos de cuerda como la guitarra o el violín, donde están las cuerdas que se pisan con los dedos.

masturbación s f Acto de masturbar.

masturbar v tr (Se conjuga como *amar*) Estimular uno mismo, generalmente con masajes, los órganos genitales y otras zonas erógenas del cuerpo para inducir el orgasmo.

mata s f **1** Planta de poca altura: *andar entre las matas*, "Un muchacho tomaba el sol entre las *matas*" **2** Planta todavía pequeña, que luego habrá de desarrollarse o que sirve como pie para trasplantarla: "Fue a Veracruz y se trajo cincuenta *matas* de mango" **3** Grupo o manojo de alguna cosa enraizada: *una mata de algas, una mata de pelo* **4** *A salto de mata* De un lugar a otro y sin descanso: "Andaba Villa *a salto de mata* por la sierra, perseguido por los pelones" **5** *Mata de golondrina* (*Euphorbia prostrata, Euphorbia adenoptera, Euphorbia maculata*) Planta herbácea de tallos erectos y muy ramosos y pubescentes, de hojas redondeadas, opuestas y pequeñas, flores blancas y un capullito como fruto, en donde hay tres semillas; es de uso medicinal, pero algunas especies producen un jugo cáustico que irrita peligrosamente los ojos.

matacaballo s m **I 1** (*Illicium floridanum*) Arbusto de la familia de las magnoliáceas, hasta de 3 m de altura, que tiene hojas elípticas o lanceoladas y flores de color morado; su follaje se considera venenoso **2** (*Calatola mollis*) Árbol hasta de 20 m de altura, de hojas grandes elípticas, flores en espiga y fruto comestible parecido al aguacate; la almendra del hueso de su fruto es vomitiva y purgante **II** (*AltiC* y *Huast*) Campamocha **III** *A matacaballo* A toda prisa y con sumo esfuerzo: "Estaba sitiado, había hasta tropa, pero llegaron los zapatistas *a matacaballo* y echaron a los federales".

matador adj **1** Que mata: "Troya será expugnada y a mi hermano Héctor, de sonrisa candorosa, lo llamarán el *matador* de hombres" **2** s m Torero que ha recibido la alternativa: "El nuevo *matador* se vio nervioso con la muleta" **3** Que es muy cansado o agotador: *un trabajo matador*.

matanza s f **1** Acto de matar a un gran número de personas o de animales: "La artillería de largo alcance vuelve más impersonal la *matanza* y otorga al asesino un sentimiento de inocencia" **2** Acto de matar animales, generalmente en los rastros, para proveer de carne a una comunidad.

matar v tr (Se conjuga como *amar*) **1** Quitar la vida a alguien o a algo: *matar a un hombre, matar una gallina* **2** prnl Morir alguien en un accidente o suicidarse: "Se *mató* el corredor de coches", "Se *mataron* los tripulantes de un avión", *matarse de un balazo* **3** prnl Trabajar excesivamente o sacrificarse por algo o alguien: *matarse en la oficina, matarse escribiendo, matarse por una idea* **4** Reducir la intensidad o el movimiento de algo: *matar la pelota, matar el color, matar el sonido*.

match s m (*Crón dep*) Encuentro de box, competencia de golf o partido de tenis: "Los protagonistas del *match* son el Caguama Castañeda y José Murillo", "A continuación se jugará el primer *match* de dobles", "El equipo juvenil derrotó al canadiense en los *matches* jugados en el club de golf México". (Se pronuncia *mach.*)

mate[1] adj m y f Que es opaco o no tiene brillo: *un color mate, barniz mate, sonido mate.*

mate[2] s m **1** Movimiento del juego de ajedrez que pone fin a una partida, por dejar al rey sin posibilidad de escapar a las piezas que lo amenazan: *jaque y mate, dar mate* **2** *Darle mate a algo* o *a alguien* (*Coloq*) Terminar o consumir algo o matar a alguien: "Vamos a *darle mate* al pastel", "Le dieron *mate* en la cárcel".

matemática s f Ciencia que estudia las relaciones entre las cantidades, las magnitudes y las formas espaciales: *estudiar matemáticas, matemáticas aplicadas, un libro de matemáticas, matemática moderna.*

matemático adj **1** Que pertenece a la matemática o se relaciona con ella: *cálculo matemático, problema matemático, física matemática* **2** s Persona que tiene por profesión la matemática **3** Que es exacto o preciso: *tener una mentalidad matemática, conducta matemática.*

materia s f **1** Sustancia de la que están hechos los cuerpos, que ocupa un espacio y se puede percibir con los sentidos: *estructura de la materia, estados de la materia* **2** *Materia prima* Cualquier producto, especialmente vegetal o mineral, que se obtiene de la naturaleza o se fabrica para transformarlo en artículos elaborados y mercancías industriales **3** Tema o asunto del que se trata o que se enseña en una escuela: *materia de discusión, lista de materias* **4** *Entrar en materia* Comenzar a tratar a fondo alguna cosa **5** *En materia de* En cuestión de, hablando de: *un especialista en materia de suelos* **6** *Materia gris* (*Coloq*) Inteligencia.

material adj m y f **1** Que tiene materia, que se relaciona con la materia: *un mundo material, ser material* **2** Que es perceptible o se puede comprobar: *pruebas materiales* **3** Que se relaciona con la naturaleza física del ser humano o con los bienes perecederos: *necesidades materiales, intereses materiales* **4** s m Sustancia o elemento que se utiliza para fabricar o construir algo: *material de construcción, material de curación, ahorro de materiales* **5** s m Conjunto de instrumentos, aparatos, sustancias o elementos que se emplean en algo: *material de laboratorio, material de investigación.*

materialismo s m **1** (*Fil*) Doctrina filosófica que sostiene que lo primario y fundamental, lo que origina el universo y la vida, es la materia o la naturaleza misma, la cual ha existido desde siempre y no ha sido creada. De ahí que afirme que lo real o el ser antecede y determina al pensar y al conocer: *el materialismo de Demócrito, el materialismo francés, el materialismo moderno* **2** *Materialismo dialéctico* El propuesto por Marx y Engels que considera la realidad como un todo estructurado y en constante movimiento según la lucha y mutua influencia de los opuestos que coexisten en todo proceso **3** *Materialismo histórico* Teoría de Marx en la que se explica la historia de la sociedad a partir de la manera en que los hombres se relacionan con la naturaleza y entre sí para producir su vida material. Considera que estas relaciones, económicas en última instancia, y la lucha de clases que de ellas se deriva son las que determinan el curso de la historia, la acción y el pensamiento de los seres humanos **4** Actitud de una persona más interesada en los bienes materiales y en su propio placer que en otros valores.

materialista[1] adj y s m y f **1** Que se relaciona con el materialismo o sostiene las tesis de esta doctrina filosófica: *teoría materialista, pensamiento materialista* **2** Que da prioridad a los bienes materiales sobre los espirituales: *una cultura materialista*.

materialista[2] s y adj m y f **1** Camión en el que se transportan materiales de construcción: "Dos *materialistas* chocaron en la esquina", "Prohibido el paso a *materialistas*" **2** Persona que tiene por oficio conducir este tipo de transporte: "Se peleó con un chofer *materialista*".

materialmente adv Verdaderamente, de hecho, en plano: "El público *materialmente* abarrotó la sala Netzahualcóyotl", "El dinero del gasto *materialmente* ya no me alcanza".

maternal adj m y f Que es propio o característico de las madres; que supone el cariño, la ternura y la dedicación propias de una madre: *cuidados maternales, trato maternal, sentimiento maternal*.

maternidad s f **1** Estado y calidad de ser madre: *una maternidad feliz, maternidad responsable, vivir con gusto la maternidad* **2** Establecimiento o parte de él dedicado a la atención de las mujeres cuando van a dar a luz y durante los primeros días de vida del recién nacido.

materno adj Que pertenece a la madre o que se relaciona con ella: *hogar materno, herencia materna, abuelo materno*.

matiz s m **1** Cada uno de los grados diferentes que puede tener un color dentro de cierta gama: *los matices del rojo, igualar el matiz* **2** Rasgo peculiar o pequeña diferencia que existe o se percibe en alguna cosa: *los matices de una pintura, un matiz nuevo en la música popular*.

matlatzinca s m **1** Cada uno de los pueblos mesoamericanos que habitaron el valle de Toluca y fundaron pueblos independientes entre sí que se aliaron con frecuencia para combatir a enemigos comunes. En el siglo XII fueron dominados por los toltecas; dos siglos más tarde por los chalcas, hasta que éstos fueron derrotados por los tepanecas de Azcapotzalco. Ante el creciente poder de los mexicas en el siglo XV, los hueyebeches o gobernantes tomaron decisiones que separaron a los pueblos: los de Teotenango y Tenancingo optaron por una independencia absoluta mientras los de Tzinacatépec, Tecáxic-Calixtlahuaca y Xiquipilco se aliaron con los tarascos. Estas divergencias los debilitaron y dieron lugar a migraciones que aprovecharon tanto mexicas como tarascos, quienes los impulsaron a combatirse entre sí. Durante la conquista española, los matlatzincas se rindieron sin presentar resistencia **2** Grupo indígena mexicano que habita principalmente en el valle de Toluca, en el actual Estado de México, cuyo gobierno indígena ha desaparecido y ha sido sustituido por autoridades municipales. Su religión se basa en la católica con algunos rasgos de creencias indígenas. Sus casas son de paredes de adobe, con techo de teja de un agua, suelo de tierra apisonada, una puerta y una ventana. En las rancherías, el techo es de zacate, de dos aguas. Por procedimientos artesanales elaboran hilados y tejidos de lana y algodón, cuerdas y costales de ixtle. El clima de la región en que viven es templado y húmedo. Como el suelo es fértil y está bien irrigado, permite el cultivo de maíz, trigo, frijol y calabaza en parcelas familiares reducidas. Crían en pequeña escala ganado vacuno, caballar, ovino y caprino, y también practican la apicultura. Producen pulque en abundancia y lo consumen principalmente en las fiestas religiosas **3** Lengua de la familia otomí-pame de este grupo indígena **4** adj y s m y f Que pertenece a la cultura de alguno de estos pueblos o se relaciona con ellos.

matorral s m **1** Terreno lleno de arbustos y yerbas grandes: *meterse al matorral* **2** Conjunto de arbustos o matas grandes.

matraz s m Recipiente de vidrio, de forma esférica, con la base redonda o plana y cuello angosto, que se emplea en los laboratorios para contener, mezclar y calentar sustancias.

matriarcado s m Forma de organización de una sociedad en la que la autoridad y el poder están en manos de las mujeres.

matrimonial adj m y f Que es propio del matrimonio o se relaciona con él: *compromiso matrimonial, vida matrimonial, cama matrimonial*.

matrimonio s m **1** Unión legal o religiosa de un hombre y una mujer: *matrimonio civil, matrimonio religioso, contraer matrimonio* **2** Pareja formada por un hombre y una mujer casados entre sí: "En esta casa vive un *matrimonio*".

matriz s f **1** Útero: *desarrollo de la matriz, cáncer en la matriz* **2** Molde que sirve para reproducir objetos iguales al original, como discos, monedas, letras para imprimir, etc **3** adj m y f y s f Que es el origen, el principio o la primera fundación de otras cosas de su misma clase: *casa matriz, la matriz de un banco* **4** Parte de un talonario en el que se encuentran los datos correspondientes a los talones que se desprenden de él **5** (*Mat*) Conjunto de números o símbolos algebraicos ordenados en m renglones y n columnas **6** *Matriz cuadrada* (*Mat*) La que tiene el mismo número de renglones que de columnas.

maullar v intr (Se conjuga como *amar*) Emitir los gatos su voz característica, que es aguda, nasal y lastimera.

maullido s m Voz de los gatos; cada una de las emisiones que hacen de ella: *dar maullidos*, "No soporto esos *maullidos*".

maxilar adj m y f **1** Que pertenece a la quijada o mandíbula o se relaciona con ella: *una fractura maxilar, senos maxilares* **2** *Maxilar superior* Cada uno de los dos huesos cortos y compactos que, junto con el hueso palatal, constituyen la mandíbula superior **3** *Maxilar inferior* Mandíbula inferior o quijada.

máxime adv Sobre todo, con mayor razón: "Hay que cuidar del dinero, *máxime* si cuesta tanto trabajo ganarlo".

máximo 1 adj Que es insuperable en tamaño, importancia, intensidad, etc: *altura máxima, temperatura máxima, jefe máximo, círculo máximo, autoridad máxima* **2** s m Punto o límite más alto o extremo al que puede llegar algo: *máximo de resistencia, máximo de presión*.

maya s m **1** Pueblo indígena del norte de la península de Yucatán que creó una gran cultura, como lo muestran las ruinas arqueológicas de Chichen Itzá, Uxmal, Tulum, etc, y, entre otros, los libros del *Chilam Balam* y los *Cantares de Dzibalché* **2** Lengua que hablaba ese pueblo y que en su forma moderna se sigue hablando en Yucatán, Campeche y

Quintana Roo **3** Grupo de pueblos indígenas de América que desde la antigüedad habitan en parte del sureste de México y del territorio de Guatemala, Belice y Honduras, creadores de obras arqueológicas como las de Petén, Copán, Palenque y otras **4** Familia de lenguas de las que forma parte la lengua hablada actualmente en la península de Yucatán y a la que pertenecen el quiché, el chol, el tzotzil, el tzeltal y otras, que hablan los integrantes de ese grupo y en las que se escribió el *Popol Vub* y el drama *Rabinal Achí* **5** adj y s m y f Que pertenece a esos pueblos y a esa familia de lenguas o se relaciona con ellos: *imperio maya, cultura maya.*

mayate s m **1** Escarabajo de varias especies del orden de los coleópteros (*Hallorina dugesi, Cotinis mutabilis, Scarabeus stercorius, Scarabeus sacer*), caracterizado por su boca masticadora y sus alas anteriores coriáceas, que forman una especie de estuche para su segundo par de alas, más largas y membranosas; en particular, el de color verde metálico, cuyas larvas crecen en el estiércol **2** (*Popular*) Hombre homosexual activo.

mayo¹ s m **1** Quinto mes del año, tiene treinta y un días, sigue a abril y precede a junio: *mayo, mes de las flores*, "¡Cuídate de las tormentas de *mayo!*" **2** (*Zephyranthes carinata*) Planta herbácea de la familia de las liliáceas, con bulbos de 10 a 12 cm, hojas angostas y flores solitarias rosadas, formada cada una por seis hojas que la envuelven. Se localiza principalmente en la meseta central de México.

mayo² s m **1** Grupo indígena mexicano que vive en el sur del estado de Sonora y el norte del estado de Sinaloa, en poblados dispersos entre la parte baja de los ríos Yaqui, Mayo y Fuerte, así como en barrios de ciudades predominantemente mestizas de la región, como Navojoa, Etchojoa y Los Mochis. Su gobierno es municipal, pero existen también autoridades paralelas, aunque no muy poderosas, ejercidas por quienes encabezan las sociedades de danzantes. Su religión estuvo muy influida por los misioneros jesuitas durante 150 años, de principios del siglo XVII a mediados del siglo XVIII, y después por los franciscanos que los sustituyeron; por eso tienen una serie de celebraciones en las que el culto católico va acompañado de ritos y danzas de tradición indígena como las pascolas, la danza del venado, la del coyote, etc. La mayoría de sus casas consta de uno o dos cuartos con paredes de varas o carrizos entretejidos con barro, piso de tierra y techo con muy ligera inclinación cubierto de paja y barro sobre morillos; hay además una enramada que sirve de cocina con un fogón de barro. En los pueblos se cultiva con técnicas sencillas maíz, frijol, calabaza y alegría para el consumo familiar, lo que se complementa con la recolección de frutos del mezquite y de muchos cactos de la región, así como con la caza de animales y la cría de ganado vacuno y ovino; actualmente algunos ejidos se trabajan en forma cooperativa con el empleo de maquinaria agrícola y técnicas modernas; sin embargo, también hay personas que carecen de tierras y trabajan como peones en los campos de los distritos de riego, en las minas, en pesquería y en otras industrias de la región **2** Lengua que habla este grupo indígena, que es una variedad de la lengua cahita, del grupo taracahita, subfamilia pimanahua, fa-

milia yutonahua **3** adj y s m y f Que pertenece a este grupo indígena o se relaciona con él: *las casas mayos, el trabajo del hombre mayo, la región mayo.*

mayonesa s f Salsa que se prepara con yemas de huevo, sal, limón y aceite crudo, batidos hasta que adquieren una consistencia espesa y uniforme; con ella se aderezan pescados, verduras, etcétera.

mayor adj m y f **1** Que es superior en calidad o en cantidad, que es más grande: *mayor resistencia, mayor cuidado, mayor tamaño* **2** Que tiene más edad: *hijo mayor, hermano mayor* **3** s m pl Persona adulta: *respetar a los mayores* **4** s m (*Mil*) Grado militar inferior al de teniente coronel y superior al de capitán primero **5** *Escala, modo* o *tono mayor* (*Mús*) El que sigue el esquema siguiente: tono, tono, semitono, tono, tono, tono, semitono (como las teclas blancas del piano, que forman una escala en do *mayor*) **6** *Intervalo mayor* (*Mús*) El que tiene entre sus notas una distancia de segunda, tercera, quinta, sexta o séptima (la cuarta no suele considerarse), igual a la del esquema anterior **7** *Acorde mayor* (*Mús*) El que está formado por una tercera y una quinta (por ejemplo, el acorde de do *mayor* se forma con do, su tercera, mi, y su quinta, sol) **8** s m (*Mat*) Signo (>) que, colocado entre dos cantidades, indica que la primera es más grande que la segunda **9** *Al por mayor* Mucho, en gran cantidad: "Hay daños *al por mayor*".

mayorazgo s m **1** Régimen legal especial, vigente durante la Colonia, al que se sometían algunos bienes patrimoniales y según el cual éstos no podían ser enajenados ni gravados, y sólo podían transmitirse por herencia, la cual correspondía, generalmente, al hijo varón mayor de cada generación **2** Conjunto de los bienes sometidos a este régimen **3** Hijo mayor, heredero de los bienes familiares en ese régimen.

mayordomía s f Institución del catolicismo indio y mestizo, encargada del cuidado del culto y de la organización, administración y sostén de las fiestas religiosas en los barrios de los pueblos, cuya representación se confiere temporalmente a individuos honorables y respetados.

mayordomo s m **1** Sirviente principal de una casa o de una hacienda, encargado de la administración de los gastos y de dirigir el trabajo de los otros sirvientes **2** Empleado de confianza que, en algunas empresas o en las haciendas, se encarga de dirigir y regular las labores de sus trabajadores **3** Cargo honorífico que se da a una persona honorable y respetada en cada barrio de un pueblo o en ciertas agrupaciones religiosas, por el cual se encarga, durante cierto periodo, de cuidar y proveer el culto de su santo patrono en la capilla correspondiente y de preparar y sostener las fiestas religiosas y otros servicios de la comunidad.

mayoría s f **1** Mayor parte de algo, mayor número de algo: *mayoría de los ciudadanos, mayoría de votos, mayoría de las enfermedades* **2** Conjunto formado por la mayor parte de los miembros de una agrupación o una sociedad: *diputados de la mayoría, votación de la mayoría* **3** *Mayoría de edad* Edad a partir de la cual se considera que una persona puede votar y es responsable de sus actos; en México, a los 18 años.

mayoritario adj Que pertenece a la mayoría, se relaciona con ella o está formado por ella: *una deci-*

sión *mayoritaria*, un partido *mayoritario*, "La población *mayoritaria* es de origen indígena".

mayormente adv De manera principal o especial: "Los pastizales no se benefician *mayormente* con esas lluvias concentradas", "No les preocupaba *mayormente* lo que para nosotros es tan apasionante".

mayúsculo adj **1** Grandísimo: *un susto mayúsculo* **2** s f y adj Letra que es más grande que las otras (minúsculas) y, en muchos casos, de forma diferente; se usa al principio de los nombres propios, en siglas, cuando se inicia un enunciado o después de punto; por ejemplo, A, B, C son *mayúsculas*.

mazahua s m **1** Grupo indígena mexicano que habita en el Estado de México y en la zona occidental del Distrito Federal. Su gobierno es municipal pero subsiste el consejo de ancianos. Su religión se basa en el catolicismo con vestigios de creencias indígenas. Conserva interesantes versiones de la danza de *Moros y cristianos* y baila también *Los pastores*, baile ejecutado por mujeres que llevan sombreros de paja y báculos. Sus casas tienen cimientos de piedra, paredes de adobe sin ventanas, techo de teja o de paja de dos aguas y suelo de tierra. Por lo general, la casa consta de una habitación que sirve también de cocina y bodega. Trabajan tierras de temporal extremadamente pobres; cultivan maíz, frijol y calabaza utilizando la coa de madera y el arado. Su industria doméstica es la alfarería, de muy buen acabado; también elaboran sogas, bolsas y ropa de lana decorada con figuras geométricas de plantas y de animales, y tejidos de paja. Venden la mayoría de estos productos en las zonas urbanas **2** Lengua del grupo otomazahua, familia otomí-pame, que habla este grupo indígena **3** adj y s m y f Que pertenece a este grupo indígena o se relaciona con él.

mazateco s m **I 1** Grupo indígena mexicano que habita principalmente en el norte del estado de Oaxaca y en algunas partes de los estados de Veracruz y Puebla. Su gobierno es municipal en la mayoría de los pueblos, aunque en algunos subsiste el consejo de ancianos. Su religión se basa en la católica pero rinde culto a "los dueños" y a los "espíritus de las aguas"; practican la magia y la hechicería y para algunos de sus ritos usan plantas alucinógenas. Generalmente se casan las personas con un mismo barrio. Sus casas son de materiales distintos, según la zona, y para su construcción se solicita en una fiesta la ayuda de parientes y amigos. Cultivan café, caña de azúcar, tabaco, arroz, ajonjolí, cacao, achiote y barbasco **2** Lengua del grupo mazateca, familia oaxaqueña, que habla este grupo indígena **3** adj y s Que pertenece a este grupo indígena o se relaciona con él: *los brujos mazatecos, la mujer mazateca* **II** Mazateco.

mazatleco adj Que es originario de Mazatlán, ciudad del estado de Sinaloa, o se relaciona con ella.

mazo¹ s m Herramienta con que se golpea fuertemente un cuerpo sólido, consistente en un mango largo de madera, al que se inserta en una de sus puntas un bloque cuadrangular pesado y grande, de hierro o de madera.

mazo² s m Atado compacto de objetos de la misma clase: *un mazo de barajas, un mazo de velas.*

mazorca s f **1** Fruto del maíz, de forma alargada y cónica, que tiene gran cantidad de granos alrededor de una especie de espiga, con los que se preparan muchos alimentos, como la tortilla o el tamal, y que sirve también para alimentar al ganado **2** Fruto compuesto por una gran cantidad de granos o semillas agrupados: *mazorca de cacao.*

me Forma átona del pronombre de primera persona masculino y femenino singular (Cuando se usa con infinitivo, gerundio o imperativo, se pospone al verbo: mirar*me*, diciéndo*me*, óye*me*) **1** Indica objeto directo: "Matilde *me* vio", "*Me* señaló con el dedo" **2** Indica objeto indirecto: "*Me* dijo que vendría", "Cánta*me* una canción" **3** Es morfema obligatorio en la conjugación de verbos pronominales: *me arrepentí, me senté.*

meandro s m Curva que forma naturalmente el curso de un río: *los meandros del río Lerma.*

mecánica s f **1** (*Fís*) Parte de la física que estudia el movimiento y equilibrio de los cuerpos: *leyes de la mecánica* **2** Actividad, oficio o profesión que se relaciona con las máquinas o con los mecanismos, particularmente con su funcionamiento: "Tiene facilidad para la *mecánica*".

mecánico adj **1** Que se relaciona con la mecánica o que pertenece a ella: *energía mecánica, ingeniero mecánico, taller mecánico* **2** Que es ejecutado por una máquina o que utiliza algún mecanismo para su movimiento: *movimiento mecánico, pala mecánica, juegos mecánicos* **3** Que se ejecuta sin intervención de la conciencia o de la voluntad: *comportamiento mecánico, ejercicio mecánico* **4** s m Persona que tiene por oficio el mantenimiento y la reparación de máquinas o motores.

mecanismo s m **1** Sistema de piezas o partes que realiza cierta función empleando o transformando energía mecánica: *mecanismo de arrastre* **2** Manera en que funciona una parte de una máquina: *mecanismo de la dirección* **3** Manera en que funciona una cosa: *el mecanismo de la respiración, el mecanismo de una oficina, mecanismo electoral.*

mecanografía s f Técnica para escribir en máquina rápida y correctamente, empleando todos los dedos de ambas manos.

mecanógrafo s Persona que tiene por oficio la mecanografía "Contrataremos dos *mecanógrafas*".

mecate s m **1** Cuerda hecha principalmente de fibras o hilos de ixtle de maguey torcidos o trenzados; por lo general se usa para amarrar, colgar o sujetar algo: "Amarró la caja con un *mecate*", "Jalaron el bulto con un *mecate*", "Le pegaba con un *mecate*" **2** *A todo mecate* (*Coloq*) Muy bien, de gran calidad, de gran lujo: "Nunca me he sentido tan *a todo mecate*", "Se compró un coche *a todo mecate*", "Hizo una fiesta *a todo mecate*".

mecenas s m y f sing y pl Persona rica y poderosa que financia y protege la labor artística o científica de otra, por aprecio de su belleza y calidad o por contribuir a hacer un bien a los demás.

mecer v tr (Se conjuga como *agradecer*, 1a) **1** Mover de un lado para otro alguna cosa que está suspendida o apoyada por uno de sus puntos: *mecer las hojas el viento, mecer una cuna, mecer un columpio* **2** Mover algo o a alguien rítmicamente y con suavidad, de un lado hacia otro, sin que cambie de lugar: *mecer a un niño, mecer las olas una barca.*

mechón s m Porción de pelo o de fibras, separada del resto: "Le caían gruesos *mechones* sobre el cuello".

medalla s f Pieza de oro, plata u otro metal, generalmente circular, que tiene alguna inscripción o algún símbolo grabado en una cara o en las dos; se usa para conmemorar alguna cosa, como reconocimiento al triunfo o al mérito de alguien o como manifestación de devoción: *una medalla de oro, medallas olímpicas, una medalla de la Virgen.*

médano s m Montículo de arena que se forma en los terrenos contiguos al mar por acción del viento.

media s f Prenda de vestir tejida o de punto. Cuando es de mujer, suele ser de nylon y cubrir todo el pie y la pierna; si es de hombre, suele ser de algodón o de lana y cubrir desde el pie hasta debajo de la rodilla: *medias sin costura, medias elásticas, medias de futbol.*

mediado I pp de mediar **II** *A mediados de* A la mitad aproximada de un lapso o de un periodo de tiempo: *a mediados del siglo, a mediados de semana, a mediados de mayo, a mediados del año.*

mediana s f **1** (*Geom*) Recta que, en una figura plana divide en partes iguales todas las cuerdas trazadas paralelamente en una dirección; en un triángulo, recta que une uno de sus vértices con un punto situado a la mitad del lado opuesto **2** (*Estad*) Valor que, en una serie ordenada, ocupa el lugar central de ella *calcular la mediana.*

medianamente adv En forma intermedia, en un punto medio, ni poco ni mucho: *medianamente culto, medianamente industrializado, medianamente inteligente, medianamente rico.*

mediano adj Que es de magnitud, tamaño, duración, etc intermedia entre pequeña y grande, corta y larga: *estatura mediana, mediano calado, un frasco mediano, edad mediana, categoría mediana, mediano plazo, industria mediana.*

mediante prep Por medio de, con la ayuda de, haciendo uso de: "Subimos los muebles *mediante* cuerdas y poleas", "Se puede conseguir un pase *mediante* las oficinas indicadas".

mediar v intr (Se conjuga como *amar*) **1** Transcurrir el tiempo entre dos momentos determinados o el tiempo de un plazo antes de su límite: "Cuando *mediaban* las horas muertas, se acercó al lecho del gran sacerdote", "Hay que considerar el intervalo que *media* entre las dos fechas" **2** Quedar algo en medio de dos cosas: "La distancia que *media* entre México y Cuernavaca se va acortando con la velocidad de los coches modernos", "*Media* un abismo de significados entre la página y la mirada del lector" **3** Intervenir alguien entre dos personas o dos grupos para ponerlos de acuerdo o conciliarlos: "Tuvo que *mediar* el abogado entre las partes en pugna", "El gobierno *medió* en el acuerdo logrado en Guatemala" **4** Intervenir alguien en favor de otra persona, para beneficiarla: "Le pidió que *mediara* ante sus padres, para que lo perdonaran".

medicamento s m Sustancia que sirve para curar o tratar una enfermedad: *aplicar un medicamento, tomarse un medicamento*, "El *medicamento* no le ha hecho efecto", *recetar medicamentos.*

medicina s f **1** Ciencia que estudia las enfermedades del cuerpo humano y la manera de prevenirlas y curarlas: *medicina general, medicina interna, medicina nuclear* **2** *Medicina veterinaria* Ciencia que estudia las enfermedades de los animales superiores y la manera de prevenirlas y curarlas **3** Sustancia con la que se previene o se cura una enfermedad, o con la que se calman las molestias que produce.

medición s f Acto de medir y medida que así se obtiene: *medición del nivel de agua, medición geográfica, medición de la presión.*

médico adj y s **1** Que pertenece a la medicina o se relaciona con ella: *estudios médicos, diagnóstico médico, ciencia medica* **2** Persona que tiene por profesión la medicina y tiene autorización para ejercerla: *médico general, médico cirujano, médico pediatra, médico veterinario* **3** *Médico de cabecera* El que atiende siempre a una persona y conoce sus particularidades **4** *Médico forense, médico legista* El que está asignado a un juzgado para diagnosticar y dictaminar enfermedades, heridas y muertes que tienen efectos legales.

medida s f **1** Acto de medir: *hacer una medida, tomar una medida* **2** Cualquiera de las unidades previamente establecidas con que se mide algo: *medida decimal, medida de volumen, una medida de azúcar* **3** Extensión, volumen, capacidad, etc de algo: *la medida de un terreno, la medida de la Tierra, la medida de una cubeta* **4** *A medida que* Según, en proporción con otra cosa, en correspondencia con ella: "*A medida que* pasa el tiempo se vuelve uno más viejo", "*A medida que* se resuelven los problemas, aparecen otros" **5** *A la medida, a* (*la*) *medida de* De acuerdo, según el tamaño o la dimensión de algo o alguien: *un traje a la medida, una solución a la medida del problema*, "Lo hice *a la medida de* tus deseos" **6** Disposición, orden o mandato que se da para solucionar algo: *medida de control, tomar medidas* **7** *Con medida* Con prudencia, sin excesos ni exageraciones: *comer con medida, divertirse con medida* **8** *Sin medida* Exageradamente: *beber sin medida, llorar sin medida* **9** *En cierta medida* De alguna manera, hasta cierto punto, casi: "*En cierta medida* tiene razón tu madre".

mediero s Campesino que trabaja la tierra de otra persona a cambio de recibir la mitad de los beneficios de la cosecha.

medieval adj m y f Que pertenece a la Edad Media o se relaciona con ella: *literatura medieval, arte medieval, ediciones medievales.*

medio adj **1** Que es, tiene o ha llegado a la mitad de algo: *medio día, media botella, medio camino* **2** Que está en el centro de algo o cerca de él, que está igualmente alejado de sus extremos o entre dos extremos: *dedo medio, término medio, posición media, oído medio* **3** *En medio* En el centro de algo, entre dos personas o cosas: *en medio del círculo*, "La casa que está *en medio* es la de mi tío" **4** s f (*Mat*) Cantidad que resulta de sacar el promedio de varios números, por ejemplo, la *media* de 5+15+10 es igual a 10 (30 entre 3) **5** *A medias* En dos mitades, por mitades: "Pagamos la cuenta *a medias*" **6** *A medias* De manera incompleta, sin terminar, no del todo o sin cuidado: *estudiar a medias*, "Lo arregló *a medias*" **7** adv Un poco, no del todo: "Alicia está *medio* loca", *caminar medio chueco, andar medio borracho* **8** Que agrupa, contiene o constituye la mayoría de los elementos de un conjunto: *medio mundo*, "*Media ciudad* está en obras" **9** *De por medio* Que determina el desarrollo de una situación o lo dificulta: *intereses de por medio* **10** *Estar algo o alguien de por medio* Estar algo o alguien en peligro o sin seguridad: *estar de por medio la salud* **11** s m Conjunto de condiciones físicas, biológicas, químicas, etc en las que vive un animal o una planta y que influyen o determinan su desarrollo; *medio ambiente* **12** s m Conjunto de circunstancias y de personas en el cual se desenvuelve social o profesionalmente alguien: *el medio de los economistas, el medio teatral* **13** s m Elemento o recurso que sirve o se usa para algo: *medios financieros, medio de transporte.*

mediocre adj m y f Que es de poca calidad o que tiene una capacidad nada destacada, ni buena ni mala; que no es valioso ni brillante: *un libro mediocre, un trabajo mediocre, un escritor mediocre, una maestra mediocre.*

mediodía s f **1** Momento en el que el Sol está en el punto más alto de su elevación en el horizonte; corresponde aproximadamente a la hora en que ha transcurrido medio día, es decir a las doce horas **2** Tiempo entre la mañana y la tarde, aproximadamente entre las doce y las quince horas: la luz del mediodía, "Paso por ti al mediodía" **3** Sur, uno de los puntos cardinales.

medir v tr (Modelo de conjugación 3a) **1** Determinar la extensión, el volumen, la capacidad, la intensidad, etc de algo con respecto a una unidad establecida, mediante instrumentos graduados con ella o por medio de cálculos: *medir un terreno, medir la temperatura, medir el tiempo* **2** Calcular los efectos que puede tener una acción, o comparar, generalmente por medio de una competencia, la capacidad de alguien en relación con otro o de varios entre sí: *medir las consecuencias, medirse dos boxeadores*, "Los ejércitos se medirán en el combate" **3** Contenerse al decir o al hacer algo: *medir las palabras, medir los sentimientos* **4** prnl Ponerse una prenda de vestir para ver si queda bien: *medirse un sombrero, medirse unos pantalones.*

meditar v tr (Se conjuga como *amar*) Pensar cuidadosa y concentradamente alguna cosa, considerando todos sus aspectos y matices: "Estuve *meditando* sobre las pruebas tomistas de la existencia de Dios", "Tienes que *meditar* bien el paso que vas a dar", *meditar una definición.*

mediterráneo adj Que pertenece a las regiones que bordean el mar del mismo nombre, situado entre el sur de Europa, el norte de África y Asia Menor, particularmente las que formaron parte de la Antigüedad clásica y, ahora, las de cultura europea, o que se relaciona con ellas: *culturas mediterráneas, clima mediterráneo.*

médula s f **1** Sustancia grasosa, blanda y blanquecina que se encuentra en el interior de los huesos: *un caldo de médula* **2** Conjunto de cordones de sustancia blanca, envueltos por las meninges, que corre por el interior de la columna vertebral y forma parte del sistema nervioso; médula espinal **3** *Médula oblonga* Bulbo raquídeo **4** Parte central y más importante de algo: *la médula de una idea, la médula de un asunto.*

medular adj m y f **1** Que pertenece a la médula o se relaciona con ella: *canal medular* **2** Que constituye la parte central o esencial de alguna cosa o se relaciona con ella: "Los diputados discutirán hoy los puntos *medulares* de la reforma constitucional", *un tema medular.*

medusa s f Animal marino, celenterado, de cuerpo gelatinoso y transparente con tonalidades brillantes, que tiene forma de casco o de campana con tentáculos en su borde; agua mala.

meiosis s f sing y pl (*Biol*) Fase de la reproducción de las células gaméticas (óvulos y espermatozoides) y proceso por el que se dividen en dos células nuevas, cada una de las cuales posee sólo la mitad de los cromosomas de la especie; al unirse, durante la fecundación, el óvulo y el espermatozoide reunirán sus cromosomas completándose así la dotación de la nueva célula; reproducción cromática.

mejilla s f Cada una de las dos partes carnosas de la cara que se encuentran debajo de los ojos y entre las orejas y la boca; cachete: *un beso en la mejilla*, "Las lágrimas rodaron por sus mejillas".

mejor adj m y f y adv **1** Que es más bueno, está más bien o es más adecuado a algo que otra cosa del mismo tipo; que se hace más bien con respecto a otro momento, otra persona u otra cosa: *un libro mejor, una casa mejor, mejor de salud, correr mejor, nadar mejor, una mejor solución* **2** Ser mejor *hacer algo* (Sólo en tercera persona singular) Ser preferible o más adecuado: "Será *mejor* irnos", "Es *mejor* olvidarlo" **3** *A lo mejor* Posiblemente, tal vez: "*A lo mejor* me saco la lotería", "*A lo mejor* no viene".

mejora s f **1** Hecho y resultado de arreglar o modificar algún objeto en su aspecto, sus condiciones, su funcionamiento, etc para que cumpla mejor su cometido: *introducir mejoras materiales, hacer mejoras a un edificio* **2** Cambio favorable en la salud de alguna persona que sufre una enfermedad o los daños causados por un accidente; mejoría **3** Cada uno de los aumentos en los ofrecimientos de pago que se hacen al pujar en una subasta **4** En Michoacán, primera limpieza que se hace en los plantíos de caña de azúcar.

mejoramiento s m Hecho de mejorar las condiciones, las propiedades o las características de algún objeto: *mejoramiento económico, mejoramiento de un cultivo, mejoramiento de la alimentación.*

mejorana s f (*Origanum mejorana*) Planta herbácea que mide de 30 a 60 cm de altura, de hojas oblongas ovadas y flores en espiga, de color morado o blanquecino; sus hojas son aromáticas y se emplean como condimento.

mejorar v tr (Se conjuga como *amar*) **1** Pasar o hacer pasar algo o a alguien de cierto estado o situación a otro mejor o preferible: *mejorar la economía, mejorar el tiempo, mejorar un producto*, "José va *mejorando* en sus estudios" **2** Tener alivio o recuperarse la salud de alguien: "Ya *mejoró* el enfermo".

mejoría s f Cambio favorable en la situación de alguna cosa o de alguna persona: *tener una mejoría, haber una mejoría*, "La salud del actor experimentó una leve *mejoría*", "Subió la bolsa, alentada por la *mejoría* de las cotizaciones internacionales".

melancolía s f **1** Sentimiento vago, duradero y sosegado de tristeza y desinterés por las cosas, que invade a una persona por diferentes causas: *sentir melancolía, caer en la melancolía*, "Entre los jarales, las ranas cantaban la implacable *melancolía* de la hora" **2** (*Psi*) Trastorno psicótico caracterizado por periodos de depresión profunda, acompañada por diversas alteraciones físicas, del humor y del comportamiento.

melancólico adj **1** Que siente o sufre de melancolía: "Gutiérrez Nájera y Amado Nervo, dos tristes *melancólicos*, apesadumbrados y neurálgicos poetas" **2** Que manifiesta melancolía o produce ese sentimiento en uno: "La mujer lo miró con sus tiernos ojos *melancólicos*", "El cielo adquiere un tono grisáceo *melancólico* y amenazador", *música melancólica*.

melga s f (*Agr*) Porción, generalmente rectangular, de terreno sembrado, limitado por bordos o canales y con algún sistema de riego y drenaje: *sembrar en melgas*.

meliácea s f y adj (*Bot*) Cada una de las plantas angiospermas y dicotiledóneas, de climas cálidos, generalmente compuestas de pequeñas hojas alternas que crecen a los lados de un mismo pecíolo, flores que brotan en racimos, casi siempre donde una rama se une a otra o al tronco, y fruto en forma de cápsula, como la caoba.

melodía s f **1** Canción o pieza musical: *cantar una melodía, una bella melodía* **2** (*Mús*) Serie de notas de distintos tonos que se organizan con arreglo a cierto criterio del arte musical: *una melodía de Schubert* **3** Estrofa musical que se repite en una composición y que constituye su tema: *las melodías de las obras de Mario Stern*, "La *melodía* de esa canción es muy pegajosa".

melón s m **1 1** Fruto comestible de forma casi esférica, de distintas variedades, que mide entre 20 y 25 cm de diámetro, de cáscara gruesa, rugosa o lisa, de color amarillento, verde o blanquecino, estriada de polo a polo; su pulpa, de color anaranjado o verde claro, es dulce, carnosa y aromática; tiene en el centro una cavidad llena de pepitas amarillas, también comestibles: *melón chino, horchata de melón* **2** (*Cucumus melo*) Planta herbácea de la familia de las cucurbitáceas y de distintas variedades que da este fruto. Tiene tallos rastreros muy largos, provistos de zarcillos, hojas pecioladas y vellosas y flores solitarias amarillas; se cultiva en regiones de clima cálido o templado **3** *Melón zapote* En Jalisco, papaya **4** *Saberle a uno algo a melón* (*Popular*) Resultar algo insuficiente o poco útil **5** *Pan dulce* esponjoso, de aspecto semejante a la fruta, con estrías hechas de betún blanco de azúcar **II** adj (*NE*) Tratándose de reses, que no tiene cuernos.

membrana s f **1** Tejido vivo, delgado y flexible, que envuelve y protege algunos órganos o segrega determinadas sustancias: *membrana celular, membrana mucosa* **2** Capa delgada y generalmente tensa, natural o artificial, que se emplea en particular por sus cualidades para transmitir vibraciones o resonar: *membrana de un tambor*.

membrillo s m **1** Fruto comestible, de forma similar a la pera, pero más redondo, que mide cerca de 10 cm de diámetro; es de color amarillo, su pulpa es aromática, áspera y ácida, por lo que se preparan con ella mermeladas, dulces y jarabes: *un ate de membrillo, licor de membrillo* **2** (*Cydonia oblonga*) Arbusto de la familia de las rosáceas, que da este fruto. Es muy ramoso, de hojas ovadas u oblongas, pilosas por debajo, y flores solitarias blancas o rosadas.

memela s f Tortilla más gruesa que las comunes, alargada en forma de óvalo: *memelas de queso, memelas con chile pasilla*.

memoria s f **1** Capacidad de guardar en la mente el recuerdo de experiencias y sensaciones pasadas, y de reproducirlo en un momento posterior: *memoria humana, pérdida de la memoria* **2** Recuerdo de algo pasado: "Tengo una *memoria* muy clara de mi infancia", "Todavía queda *memoria* de la Revolución" **3** *De memoria* Valiéndose de lo que se recuerda, sin consultarlo o comprobarlo; sin usar la inteligencia: *repetir de memoria, saber de memoria, exponer de memoria, aprender de memoria* **4** Escrito que contiene datos, antecedentes, desarrollos de algún acontecimiento pasado o de experiencias pasadas de alguien: *memoria escolar, memoria anual, memoria estadística, las memorias de Pancho Villa* **5** Dispositivo electrónico en el que se almacena información en una computadora o en una calculadora.

memorizar v tr (Se conjuga como *amar*) Grabar algo en la memoria, generalmente repitiéndolo varias veces: *memorizar las tablas de multiplicar, memorizar una obra de teatro*.

mención s f **1** Acto de mencionar algo o a alguien: "En las *Cartas* de Cortés hay una *mención* de Julio César" **2** *Hacer mención de* Nombrar algo o a alguien, de paso, en una conversación o en un escrito: "*Hizo mención* de los vascos al hablar de España" **3** *Mención honorífica* Reconocimiento que se hace del valor del trabajo de una persona: *otorgar mención honorífica*, "Luis aprobó su examen profesional con *mención honorífica*".

mencionado **I** pp de *mencionar* **II** Que ya se mencionó, se citó o se habló de ello anteriormente: *el mencionado hospital, la mencionada entrevista, los resultados mencionados*.

mencionar v tr (Se conjuga como *amar*) Nombrar algo o a alguien, generalmente de paso, en una conversación o en un escrito: "Cuando hablaba de la guerra de independencia, olvidé *mencionar* al Pípila".

menear v tr (Se conjuga como *amar*) **1** Mover una parte del cuerpo de un lado a otro y repetidamente: *menear la cabeza, menear la cadera, menear los brazos* **2** Mover alguna cosa repetidamente, con suavidad y sin cambiarla de lugar: *menear la sopa, menearse una rama, menearse las olas* **3** *Menearle a algo* (*Coloq*) Apurarlo, darle prisa, tratar de resolverlo con rapidez: "*Menéale*, que llegamos tarde", "A ver si puede *menearle a* mi demanda en el juzgado".

meneo s m Acto de menear algo: "¡Niña, qué *meneos* son ésos?"

menester s m **1** Trabajo, actividad u ocupación que realiza o desempeña una persona por necesidad, ya sea física y de su propia vida, o aceptada como responsabilidad: "Tenía que desempeñar los más diversos *menesteres* para tener contento al patrón" **2** *Ser menester algo* Ser necesario o preciso para alguna cosa: "*Fue menester* ponerle una camisa de fuerza", "*Es menester* que los educadores participen en las decisiones escolares" **3** *Haber menester de algo* Necesitar alguna cosa para realizar o cumplir otra: "No se le cobrará el agua que *hubiere menester* para su sustento diario".

mengano s Cualquier persona cuyo nombre se desconoce o no interesa precisar, después de referirse a otra anterior o fulana: "Fulana es esposa de *mengano* y hermana de zutano".

menguante adj m y f Que va disminuyendo o que se va haciendo más pequeño poco a poco, en especial tratándose de las fases de la Luna: *cuarto menguante*.

meninge s f Cada una de las tres membranas (duramadre, aracnoides y piamadre) que envuelven el encéfalo y la médula espinal.

meningitis s f sing y pl Inflamación de las meninges que aparece como consecuencia de una infección, de un golpe, del alcoholismo, etc: *meningitis cerebral*.

menisco s m **1** (*Fís*) Forma curva, cóncava o convexa, que adopta la superficie libre de un líquido contenido en un recipiente estrecho **2** (*Fís*) Lente que tiene una de sus caras cóncava y la otra convexa **3** (*Anat*) Cada uno de los cartílagos de forma semilunar, que forman parte de las articulaciones; particularmente los que se encuentran en la rodilla: *operarse los meniscos*.

menonita 1 s m y f Persona que pertenece a la secta protestante derivada del anabaptismo, fundada por Mennon Simmons en el siglo XVI, cuyos miembros conforman un grupo religioso y étnico de origen centroeuropeo, caracterizado por la rigidez y la austeridad de sus costumbres y su pacifismo. Viven en comunidades dedicadas a la agricultura y la ganadería, y a la fabricación de quesos; su religión rige todos los aspectos de su vida, por lo que rechazan cualquier obligación que provenga de otras autoridades, incluso las civiles, así como la mezcla con otras personas. En México hay varias comunidades en los estados de Chihuahua, Zacatecas y Durango **2** adj m y f Que pertenece a ese grupo religioso o se relaciona con él.

menopausia s f Suspensión definitiva de los ciclos menstruales en la mujer, que ocurre de forma natural alrededor de los cincuenta años de edad, debido a la disminución de la función de los ovarios; periodo de la vida en que ocurre esta suspensión y conjunto de síntomas que lo acompañan, como la irritabilidad, la depresión, etcétera.

menor adj m y f **1** Que es inferior en tamaño, en calidad o en cantidad; que es más pequeño: *menor tamaño, menor efecto, menor esfuerzo* **2** Que tiene menos edad: *hermana menor, hijo menor* **3** s m Persona que tiene menos de 18 años: *prohibido a menores* **4** Que tiene menos importancia o valor que otro: *obra menor, escritor menor* **5** *Escala, modo o tono menor* (*Mús*) El que sigue el esquema: tono, semitono, tono, tono, tono y semitono o alguna variante, como tono, semitono, tono, tono, semitono, tono y tono (*escala menor natural*); agregando medio tono a la séptima de esta última escala se obtiene la *escala menor armónica* y agregándoselo también a la sexta resulta la *escala menor melódica* **6** *Intervalo menor* (*Mús*) El que tiene medio tono menos que el intervalo mayor correspondiente, como entre fa y sol bemol **7** *Acorde menor* (*Mús*) El que tiene medio tono menos en el intervalo de tercera, como do, mi bemol, sol **8** s m (*Mat*) Signo (<) que, colocado entre dos cantidades, indica que la primera es más pequeña que la segunda.

menos adv **1** Indica disminución, restricción, inferioridad, falta de algo en comparación con otra cosa o con otro estado o momento de eso mismo: *menos alto, menos productivo, menos lejos, menos lleno, menos tarde, dormir menos, tener menos dinero, haber menos luz*, "Graciela es *menos* afortunada que Victoria", "Este año produjeron *menos* caña que el anterior", "Don Joaquín se siente *menos* bien que

ayer", "Gano *menos* que los demás" **2** *El, lo, la, los, las menos* Manifiesta el grado superlativo de inferioridad de los adjetivos o los adverbios: *la menos elegante, el menos cuidadoso, lo menos fácil, los menos caros, las menos brillantes* **3** Excepto, a excepción de: "Te doy todo *menos* la vida", "Están todos presentes *menos* los González" **4** *Menos de* Una cantidad menor que otra supuesta o calculada, pero generalmente cercana a ella: "*Menos de* cien personas", "Hace *menos de* un mes", "*Menos de* dos kilos" **5** *Los menos* o *las menos* La minoría, la menor parte: "*Los menos* son religiosos", "*Las menos* eran enfermeras" **6** *A lo menos, de menos, cuando menos, por lo menos* Como mínimo, por lo bajo: "*A lo menos* te costará diez pesos", "*De menos* hace cinco años que salí de Tampico", "*Cuando menos* hay 5 cm de agua", "*Por lo menos* me pagarán los gastos" **7** *Al menos, cuando menos, por lo menos* Siquiera, en el peor de los casos: "*Al menos* llamó para despedirse", "*Cuando menos* cuida bien a los niños", "*Por lo menos* no dejó deudas" **8** *A menos que* o *al menos que* A no ser que, sólo que: "No canto, *a menos que* tú me acompañes", "No ha llegado, *al menos que* yo sepa" **9** *En menos* En menor cantidad o grado: "Calculó *en menos* el precio de esa vaca", "Consideró *en menos* el aumento de temperatura" **10** *De menos* En menor cantidad que la esperada o la debida: "Midió 10 cm *de menos*", "Aquí hay $4 *de menos*" **11** *Ni más ni menos, nada menos* Precisamente, exactamente: "Le abrió la puerta *ni más ni menos* que su suegro", "Perdí *nada menos* que mi cartera" **12** *Hacer menos* No dar a alguien su lugar o su importancia: "En las fiestas siempre lo *hacen menos*" **13** *Echar de menos* Sentir o notar la falta de algo o la ausencia de alguien: "*Echó de menos* una enciclopedia en esta biblioteca", "*Eché de menos* a mis amigos" **14** *Hacerse menos* Mostrarse inseguro o falto de confianza con alguien o al enfrentar una situación: "Entre tantos eruditos, Javier *se iba haciendo menos*" **15** Signo (–) que se utiliza en la resta o sustracción.

mensaje s m **1** Manifestación de un conocimiento, una noticia, un sentimiento, etc de una persona a otra, oralmente o por escrito: *enviar un mensaje, un mensaje publicitario, un mensaje secreto* **2** Manifestación pública, generalmente ante una asamblea, de ciertas ideas, datos, noticias, etc importantes para los participantes en ella, cuyos objetivos son generalmente políticos, sociales, humanitarios, etc: *un mensaje presidencial, un mensaje papal* **3** Sentido, generalmente moral o educativo, que se manifiesta en un libro, una película, un anuncio, etc: *una novela con mensaje, el mensaje de una película*.

mensajero adj y s **1** Que lleva mensajes: *enviar un mensajero, una paloma mensajera* **2** Que anuncia o anticipa la llegada de algo o de alguien: "Los cometas eran considerados *mensajeros* de catástrofes futuras".

menso adj (*Coloq*) Que es de poca inteligencia, tonto o ingenuo: "¡No seas *menso*, al estadio olímpico no se vende!", "Y yo de *mensa* dándote dinero para que te gastes en otra".

menstruación s f Expulsión periódica, en las mujeres y algunas hembras de mamíferos, del óvulo que no ha sido fecundado y de la membrana sanguínea que recubre la parte interna de la matriz. En la mujer dura de tres a ocho días y ocurre, por lo general, cada veintiocho.

mensual adj m y f **1** Que ocurre, aparece o se repite cada mes: *una publicación mensual, salario mensual, examen mensual* **2** Que abarca el lapso de un mes o se refiere a ese lapso: *promedio mensual, intereses mensuales, gasto mensual*.

menta s f **1** Esencia de sabor fuerte, un poco picante, con que se condimentan algunos guisos o se preparan dulces, licores, etc: *chicles de menta, licor de menta* **2** (*Mentha piperita*) Planta herbácea que tiene el tallo morado y cuadrangular, hojas opuestas, óvalo-lanceoladas, de borde aserrado, y flores tubulares de color morado, muy aromáticas, de las que se extrae aquella esencia.

mentada[1] s f Cada una de las veces en que se ha insultado a alguien mentando a su madre: "Lo único que nos queda es echar habladas y *mentadas*; hacer rugir nuestro ronco pecho", "Protestaron, descontentos, con un ruido loco: *mentadas*, patadas en el piso, y chiflidos".

mentada[2] s f Dulce de menta, en forma de cojín, con rayas verdes o rojas sobre fondo blanco.

mentado I pp de *mentar* **II** adj Que ha sido nombrado varias veces o repetido constantemente: *el mentado Pancho Villa*, "Y seguimos esperando la tan *mentada* recuperación económica".

mental adj m y f Que pertenece a la mente o se relaciona con ella: *rigor mental, enfermedad mental, cálculo mental, funcionamiento mental*.

mentalidad s f Manera en que una persona o un pueblo comprende las cosas y se relaciona con ellas: *mentalidad moderna, mentalidad matemática, mentalidad indígena, mentalidad religiosa*.

mentalmente adv **1** Con la mente, con el pensamiento o para los adentros de uno: *calcular mentalmente, decir mentalmente*, "Divide *mentalmente* 48 entre 3", "*Mentalmente*, mide la amplitud del lago" **2** De la mente: "Una juventud fuerte y vigorosa, física y *mentalmente*", "Recibió un disparo que lo inmovilizó física pero no *mentalmente*".

mentar v tr (Se conjuga como *despertar*, 2a) **1** Pronunciar el nombre de alguien o de algo, hablar de él o de eso en un momento determinado o referirse a él o a eso: "No me *mientes* a tu prima, que no la soporto" **2** *Mentar la madre* Insultar a alguien diciéndole que chingue a su madre.

mente s f **1** Conjunto de las operaciones del pensamiento, la inteligencia, la memoria, el juicio y la conciencia: *enfermedades de la mente, investigación de la mente* **2** Capacidad del ser humano de pensar, imaginar e inventar cosas: *tener una gran mente, una mente clara, una mente diabólica* **3** Lugar supuesto en donde se desarrolla esa capacidad y sus operaciones **4** *Tener* o *traer algo en mente* Tener una idea, un proyecto: "*Tengo en mente* viajar el año próximo".

mentir v intr (Se conjuga como *sentir*, 9a) Decir lo contrario de lo que es verdad, de lo que uno piensa, sabe o cree, con el propósito de engañar a otra persona: "¿Y si el viejo nos *hubiera mentido*? ¿Si en vez de veinte hombres resultaran cincuenta?", "La verdad es que hacer política no significa *mentir* y sembrar la confusión, sino aclarar los problemas y discutirlos", "No me *mientas*".

mentira s f **1** Afirmación falsa, contraria a la verdad, a lo que uno piensa, sabe, cree o siente, hecha con la finalidad de engañar a otra persona: *decir mentiras, ser mentira* **2** *Mentira piadosa* La que se dice a alguien para ocultarle una verdad dolorosa que lo haría sufrir **3** *Parecer algo mentira* Resultar algo difícil de creer, asombroso o extraño: "*Parece mentira* que esto haya cambiado mi vida en un momento", "¡Cómo has crecido, *parece mentira* que yo te haya cargado alguna vez en mis brazos!".

mentiroso adj y s **1** Que miente, dice mentiras o acostumbra decirlas: "Tu recomendado resultó un canalla, un tramposo y *mentiroso*", "Este hombre es más *mentiroso* que un político que conozco", "*Mentirosa*, me quisiste asustar con la historia del fantasma" **2** Que es falso, contrario a la verdad: "Salió a la luz la vida oscura, *mentirosa* y poco lícita del vecino".

mentón s m Parte de la cara, prominencia de la mandíbula, situada debajo de la boca.

menú s m **1** Lista de los platillos que se sirven en una comida o que ofrece un restaurante, y conjunto de esos platillos: *pedir el menú, revisar el menú, componer el menú, un menú vegetariano* **2** Lista de tareas o rutinas que puede ejecutar un programa de computadora.

menudo adj **1** Que es pequeño, fino o delgado: *manos menudas, lluvia menuda, trabajo menudo* **2** Que es poco importante, sin valor: *detalles menudos, anotaciones menudas* **3** *A menudo* Con frecuencia, varias veces: "Los visito *a menudo*", "*A menudo* encuentro errores" **4** Grande, difícil: "¡Menudo lío!", "¡Menudo problema!", "¡Menudo tamaño!" **5** s m Platillo mexicano hecho con panza y patas de res, jitomate, chile, etc; pancita.

meñique s y adj m Quinto dedo de la mano, el más pequeño: "Se fracturó el *meñique*", *dedo meñique*.

meramente adv Solamente, únicamente, exclusivamente: *lo meramente estético, meramente cuantitativo, designación meramente administrativa, razones meramente económicas*.

mercadeo s m **1** Conjunto de operaciones comerciales relacionadas con la venta y la publicidad que se hace de una mercancía **2** (*Publ*) Conjunto de técnicas utilizadas en los lugares de venta de una mercancía, para favorecer su promoción de acuerdo con las características del establecimiento comercial y el lugar que se le asigna; marketing.

mercado s m **1** Lugar donde se reúne la gente para comprar y vender mercancías, y particularmente el edificio público donde hay puestos para toda clase de alimentos y mercancías como verdura, fruta, carne, flores, etc: *día de mercado, mercado de ropa, ir al mercado* **2** Conjunto de las actividades de comercio, y de las personas o los países que compran cierta mercancía o cierto servicio: *mercado del petróleo, mercado del café, mercado de trabajo, mercado turístico, mercado europeo* **3** *Mercado negro* El que se realiza en forma clandestina, con mercancías prohibidas y violando las leyes o reglamentos fiscales, generalmente a precios superiores a los autorizados.

mercadotecnia s f Disciplina o conjunto de estudios que se ocupan de las condiciones de comercialización de una mercancía en relación con sus posibles consumidores, o de las motivaciones que influyen en las decisiones de compra de un grupo determinado de personas: *una investigación de mercadotecnia, estudiar mercadotecnia*.

mercancía s f Cualquier cosa que sea objeto de compra o venta: "El precio de las *mercancías* crece más rápidamente que los salarios".

mercantil adj m y f Que pertenece al comercio de mercancías o se relaciona con él: *sociedad mercantil, ingresos mercantiles, derecho mercantil.*

mercantilismo s m **1** Conjunto de prácticas o de políticas económicas que buscan consolidar la riqueza nacional y el poder del Estado mediante la acumulación de metales preciosos o de reservas monetarias; entre estas prácticas tienen principal importancia las que tienden a lograr un balance comercial favorable, como las restricciones a las importaciones, la regulación de las aduanas, etc **2** Doctrina económica que propone un sistema basado en ese tipo de políticas. Tuvo su auge en Europa durante los siglos XVI y XVII **3** Interés desmedido por obtener dinero o riquezas, que rige el comportamiento de alguien o que determina la realización de algo: "El *mercantilismo* dirige hoy la investigación científica".

mercantilista 1 adj y s m y f Que pertenece al mercantilismo, se relaciona con él o es partidario de esa política económica: *la escuela mercantilista, teoría mercantilista, los mercantilistas ingleses del siglo XVII* **2** adj m y f Que tiene sus intereses centrados en obtener dinero o riqueza; que actúa en función de los beneficios materiales que pueda lograr para sí sin tomar en cuenta las necesidades, los deseos, etc de las demás personas: *actitud mercantilista, cultura mercantilista.*

merced s f **1** Gracia que hace una persona a otra, beneficio que le otorga con liberalidad y por gusto: "La Virgen morena, deificada y concediendo *mercedes* a su grey", "Hágame la *merced* de tomar esta yegüita en vez de la cosecha" **2** *Merced real* Durante la Colonia, adjudicamiento de tierras, rentas o títulos nobiliarios por parte del rey a algún súbdito en Nueva España, como premio a sus servicios o como mero favor **3** *Merced a* Gracias a la generosidad de: "Salvaron la vida *merced* a la embajada, que los protegió de los fascistas" **4** *A merced de* Dependiendo de la voluntad, el dominio, o la fuerza de alguien, sin poder salir de ellos por sí mismo: "La barca giraba sin rumbo, *a merced de* las olas", "Todo su futuro está *a merced de* un déspota" **5** *Su merced* (*Rural*) Fórmula de tratamiento cortés a una persona desconocida o respetada: "Refrene la ira *Su merced*, su hijo no es culpable", "No quiero mentirle a *Su merced*, pero la mera verdad, son un titipuchal de soldados".

mercería s f Tienda o departamento de un almacén en donde se venden hilos, botones, estambres, y todo lo relacionado con la costura, el tejido y la confección de ropa.

mercurio s m Metal líquido a temperatura ordinaria, de color plateado brillante, tóxico, muy pesado y que tiene la propiedad de dilatarse uniformemente al aplicársele calor; se utiliza en la fabricación de termómetros y barómetros, en la extracción de metales, como el oro y la plata, etcétera.

merecer v tr (Se conjuga como *agradecer*, 1a) **1** Llegar alguien a cierta situación después de haber hecho algo por lo que deba dársele un premio o un castigo: *merecerse un homenaje, merecer la cárcel* **2** Tener algo o alguien ciertas cualidades o defectos tales que se debe tratárselle o considerársele en cierta forma: *merecer respeto, merecer atención* **3** *Merecer la pena* Valer algo o alguien el trabajo o el cuidado que pide: "Ese cuadro *merece la pena*, hay que ponerlo en el museo".

merecido I pp de *merecer* **II** *Mi, tu, su... merecido* Castigo que se impone a alguien por las faltas, los perjuicios que ha cometido o los daños que ha causado desde tiempo atrás: "Por fin ese asesino recibió *su merecido*".

merengue s m **I 1** Batido de claras de huevo, de consistencia quebradiza y color blanco, utilizado para hacer pasteles y dulces **2** Postre hecho a base de claras de huevo batidas a punto de turrón, azúcar y algún saborizante, cocido al horno **II** Baile antillano, particularmente de República Dominicana y Colombia, de compás de $2/4$ y ritmo rápido, que se baila en parejas y haciendo figuras colectivas.

meridano adj Que es natural de Mérida, capital del estado de Yucatán; que pertenece a esta ciudad o se relaciona con ella: *henequén meridano, catedral meridana, municipio meridano.*

meridiano s m **1** (*Geogr*) Cada uno de los círculos imaginarios, perpendiculares al ecuador, que pasan por los polos y sirven como referencia para determinar la longitud de un lugar de la Tierra; semicírculo que va de polo a polo en la esfera terrestre: *meridiano de Greenwich* **2** (*Astron*) Círculo máximo de la esfera celeste que pasa por los polos y por el cenit del observador.

meridional adj m y f Que está al sur de algún lugar, de alguna región o que se relaciona con el sur: *Asia meridional, aguas meridionales.*

merienda s f Comida ligera que se toma entre las 6 y las 8 de la noche, generalmente a base de leche, chocolate, pan o tamales.

mérito s m **1** Valor de la obra, de la conducta o del esfuerzo de una persona, en relación con la responsabilidad, el compromiso o la capacidad que implicó lograrlos: *tener mérito, el mérito de un compositor, el mérito de las investigaciones químicas* **2** *De mérito* Notable, de un valor que merece reconocimiento: *obras de mérito, un maestro de mérito* **3** *Hacer méritos* Llevar a cabo actos dignos de elogio, generalmente con el fin de obtener una recompensa: "*Hace méritos* para que lo asciendan de puesto".

meritorio 1 adj Que tiene mérito o es digno de mérito: "Las condiciones adversas que tuvo que enfrentar hacen aún más *meritorio* su triunfo" **2** s Persona que trabaja sin sueldo para hacer méritos y aprender, para después ganar una plaza y una remuneración.

mermelada s f Dulce de conserva hecho con fruta cocida con miel o azúcar: *mermelada de fresa, mermelada de naranja.*

mero[1] adj **1** Que no tiene ni requiere otra precisión, otra calificación ni otra intención: "Y dime, por *mera* curiosidad, ¿esa chica cuenta con alguna experiencia?", "La *mera* verdad, en mi casa no se conoce la pobreza", "Tiene la ventaja de no ser una *mera* suposición, sino un hecho", "Éste es un *mero* punto de vista" **2** (*Coloq*) Que es sólo y nada más que, que es eso mismo, que es precisamente eso: "¿Es usted?—Sí, yo *mero*", "¿Pa quén jue la revolución? ¿Pa los catrines? ¡Si ahora nosotros vamos a ser los *meros* catrines!", "A mí, a lo *mero* macho, me da igual" **3** (*Coloq*) Que es propiamente eso: "Las *meras* fiestas ya pasaron" **4** (*Coloq*) Preciso, mismo: "A la *mera* hora, se arrepintió", "Es del *mero* pueblo de Cojumatlán" **5** (*Coloq*) *El mero mero* El más importante, el principal: "¿Quién es el *mero mero* de esta oficina?", "En esta región, yo soy el *mero mero petatero*"

6 (*Coloq*) *Ya mero* Ya casi, por poco: "*Ya merito se acaban los nopales*", "*Ya mero y me caigo*" **7** adv Solamente, precisamente, exactamente: "Ahí *mero* hablaron las mujeres, en donde acababan de recoger a sus muertos", "Nos vemos en la esquina, ahí *mero*".

mero² s m Pez marino teleósteo, del género *Epinephelus* y de diversas especies; tiene una sola aleta dorsal con los primeros radios espinosos y los últimos blandos, y la anal con tres radios espinosos; alcanza hasta 1 m de largo; es de cuerpo casi oval y achatado, y cabeza grande. Su carne fina y delicada es muy apreciada; abunda en las costas del Golfo de México.

merolico s m **1** Persona que vende medicamentos y baratijas en las plazas públicas anunciándolas con una retahíla de promesas, relatos de curaciones maravillosas, ofertas extraordinarias, etc **2** *Hablar como merolico* Hablar mucho sin decir nada.

mes s m **1** Cada una de las doce partes en que se divide el año: *mes de febrero, mes de diciembre, un mes de treinta días* **2** Espacio de tiempo de aproximadamente treinta días: "Se fue hace seis *meses*".

mesa s f **1** Mueble compuesto por una plataforma sostenida por una o varias patas, encima de la cual generalmente se pone o se hace algo: *mesa del comedor, mesa de centro, mesa de trabajo, mesa de costura, mesa de carpintero, mesa de operaciones* **2** *Mesa de noche* Buró **3** *Mesa redonda* Acto durante el cual varias personas se reúnen a discutir acerca de algo **4** *Mesa directiva* Conjunto de personas que tiene a su cargo dirigir una asamblea, una agrupación, etc **5** *Poner la mesa* Poner en ella un mantel, platos, cubiertos, vasos, etc, para comer **6** *Sentarse a la mesa* Sentarse una o varias personas en un lugar frente a ella para comenzar a comer: "...total que *nos sentamos a la mesa* después de las cinco" **7** *Alzar* o *levantar la mesa* Recoger el mantel, los platos, cubiertos, vasos, etc que se usaron para comer, y limpiarla **8** *Tener la mesa puesta* o *encontrarse con la mesa puesta* Tener o encontrarse con todo dispuesto para algo, sin haber hecho ningún mérito o preparativo para ello: "Ramón se *encontró con la mesa puesta*, su padre le heredó la fábrica" **9** (*Geol*) Elevación del terreno cuya parte superior ha quedado plana y horizontal como efecto de la resistencia a la erosión de las rocas que la componen, como las que se encuentran en la región del Bajío.

mesero s Persona que tiene por oficio atender a la clientela de un restaurante o de un establecimiento semejante, proporcionándole la carta, tomándole la orden y sirviéndole los alimentos o las bebidas que haya pedido: *una mesera muy atenta, dejarle propina al mesero*.

meseta s f **1** Terreno plano y relativamente extenso en lo alto de una elevación: "Desde lo alto de la *meseta* se podía contemplar el maravilloso paisaje abrupto y desértico" **2** (*N*) Parte superior y plana de una loma o de un cerro.

mesoamericano adj y s Que pertenece a Mesoamérica o se relaciona con esta área cultural que comprende gran parte de México y de Centroamérica, en la que habitaron distintos grupos indígenas con un desarrollo cultural común y que formaron civilizaciones muy avanzadas, como los mayas, los nahuas, los olmecas, etc: *arquitectura mesoamericana, ciudades mesoamericanas*.

mesófita s f y adj (*Bot*) Planta que necesita una cantidad regular de agua para desarrollarse.

mesón¹ s m Establecimiento modesto en que se da hospedaje a los viajeros, generalmente por una noche o poco tiempo: "El viejo y su hija se apostaban invariablemente junto al puesto de chicharrones, frente por frente del *mesón* de La Mulita".

mesón² s m (*Fís*) Una de las series de partículas subatómicas inestables, con masas intermedias entre las de los electrones y las de los nucleones, de cargas positivas, negativas o iguales a cero.

mesósfera s f Capa de la atmósfera terrestre situada entre los 50 y los 90 km de altitud; en ella se dan las temperaturas más bajas de toda la atmósfera. (También *mesosfera*.)

mesozoico adj, y s m Que pertenece al periodo geológico o era secundaria, que abarca las épocas en que se depositaron las rocas triásicas, jurásicas y cretáceas; entonces vivieron los grandes reptiles; duró aproximadamente desde hace 190 millones hasta hace 70 millones de años.

mestizaje s m **1** Mezcla de razas distintas, y en América especialmente el cruzamiento entre indígenas y españoles: *el mestizaje en la Nueva España*, "Al norte, donde no se dio este *mestizaje*..." **2** Conjunto de los individuos que resulta de ese cruzamiento.

mestizo adj y s **1** Que proviene de la unión de razas distintas, y en América particularmente la persona que es hija de blanco e indígena: *sangre mestiza, pueblos mestizos* **2** Que resulta de la cruza de dos razas distintas: *ganado mestizo*.

meta s f **1** Punto final de una carrera: "En el maratón sólo cinco corredores llegaron a la *meta*" **2** Zona o instalación a donde debe llegar una pelota, jugada bajo ciertas reglas, en deportes como el futbol, el polo, el hockey, etc **3** Fin u objetivo al que se dirigen las acciones o deseos de alguien: "Su *meta* era dar la vuelta al mundo".

metabólico adj Que pertenece al metabolismo o se relaciona con él: *una reacción metabólica, trastornos metabólicos*.

metabolismo s m **1** Conjunto de transformaciones químicas, físicas y biológicas que experimentan las sustancias que producen o ingieren los organismos vivos. Consta de dos fases, una de carácter constructor (anabolismo) en la que las sustancias simples se transforman en complejas para ser aprovechadas por el organismo, y otra de carácter destructor (catabolismo) en la que las sustancias complejas se convierten en productos de desecho **2** *Metabolismo basal* (*Biol*) Gasto mínimo de energía que se necesita para mantener las funciones vegetativas; equivale a la cantidad de calor producida por un individuo en estado de reposo y después de haber ayunado de doce a dieciocho horas.

metafísica s f **1** Disciplina filosófica fundamental, que tiene por objeto el conocimiento del ser y las causas o principios primeros del universo **2** Especulación filosófica, abuso de la reflexión y expresión abstracta y complicada.

metafísico adj Que pertenece a la metafísica o se relaciona con ella: *certeza metafísica, problemas metafísicos, explicaciones metafísicas*.

metáfora s f Figura retórica que consiste en referirse a cierto objeto, acción o relación, con palabras cuyo significado, de acuerdo con la tradición, designa objetos, acciones o relaciones diferentes, pero con los que guarda un parecido o cierto paralelismo, según las experiencias que se tengan de ellos o de sus partes o manifestaciones, como "Un corazón de *oro*", "La *flor* de la vida", "La *aurora* de tu mirada", etcétera.

metal s m **1** Cuerpo mineral simple, sólido a temperatura normal (excepto el mercurio), maleable, buen conductor de la electricidad, de cierto brillo característico, capaz de formar óxidos básicos, como el hierro, el plomo, el níquel, etc **2** *Metales preciosos* El oro, la plata y el platino **3** pl (*Mús*) Conjunto de los instrumentos de viento generalmente de latón, como la trompeta, el trombón, el saxofón, etc, que forman parte de la orquesta sinfónica ordinaria.

metálico adj **1** Que es de metal, que pertenece a los metales o se relaciona con ellos: *mesa metálica, hilo metálico, industria metálica* **2** Que se parece al metal o tiene características que son propias de los metales: *brillo metálico, sonido metálico* **3** s m Dinero en efectivo: "El premio será en *metálico*".

metalurgia s f **1** Conjunto de conocimientos y técnicas que se emplean para extraer, procesar e industrializar los metales: *impulsar el desarrollo de la metalurgia* **2** Ciencia que estudia la estructura y las propiedades de los metales.

metalúrgico adj Que pertenece a la metalurgia o se relaciona con ella: *instalaciones metalúrgicas, ingeniero metalúrgico, investigaciones metalúrgicas.*

metamorfosis s f sing y pl **1** Conjunto de cambios estructurales que experimentan ciertos animales al pasar de su forma larvaria a su forma adulta, como la transformación que sufre el renacuajo al convertirse en rana o el gusano en crisálida y después en mariposa **2** Transformación de una cosa en otra o cambio profundo que experimenta algo o alguien: "En el cuento aparece la *metamorfosis* de la princesa en cisne", "Su manera de ver la vida ha sufrido una *metamorfosis*".

metatarso s m (*Anat*) **1** En los vertebrados terrestres, parte del esqueleto del pie comprendida entre el tarso (que sostiene el talón) y las falanges de los dedos; en el ser humano está formado por cinco huesos y constituye el esqueleto de la planta del pie **2** En los insectos, primera articulación del tarso cuando se agranda marcadamente.

metate s m Plancha de piedra en la que se muelen granos como los de maíz o los de cacao; es rectangular y pulida; se sostiene sobre tres pequeñas patas y forma un plano inclinado hacia adelante, ligeramente curvo y levantado en su extremo más bajo. El molido de los granos se hace con un cilindro (*mano del metate*) también de piedra.

metátesis s f (*Ling*) Transposición del orden de los fonemas en un vocablo, como en *itsmo* en vez de *istmo*, *prefección* en vez de *perfección*, *munstro* en vez de *monstruo* o *estuata* en vez de *estatua*.

metazoario (*Zool*) **1** s m y adj Animal formado por una gran cantidad de células que se distinguen entre sí por su forma, su estructura y su función, y se agrupan para formar tejidos, órganos y aparatos; entre ellos se encuentran los vertebrados, los moluscos, los gusanos, etc; metazoo **2** s m pl Tipo de estos animales; metazoos.

metazoo s m y adj (*Zool*) Metazoario.

meteorito s m Pequeño cuerpo celeste que gravita en el espacio interplanetario y que ocasionalmente es atraído hacia la superficie de algún astro; al atravesar la atmósfera terrestre forma una estrella fugaz y cuando es muy pequeño arde y se volatiliza por completo.

meteoro s m **1** Fenómeno atmosférico, como la lluvia, la nieve, la niebla, el calor, el viento, el arco iris, etc **2** Estela luminosa que dejan los meteoritos al atravesar la atmósfera; estrella fugaz.

meteorología s f Ciencia que estudia las propiedades de la atmósfera y los hechos que en ella ocurren, como los cambios climatológicos, la influencia de los rayos solares, la presencia de fenómenos químicos, físicos y eléctricos que la afectan, etcétera.

meteorológico adj Que pertenece a la meteorología o que se relaciona con los fenómenos atmosféricos: *observaciones meteorológicas, cambios meteorológicos.*

meter v tr (Se conjuga como *comer*) **1** Hacer que algo o alguien quede dentro de alguna cosa o entre en alguna parte: *meter el dinero en la bolsa, meter al ladrón en la cárcel, meter la llave en la cerradura, meter un clavo en la pared* **2** Hacer que alguien tome parte en algo: *meterse en una asociación, meter a un amigo en un negocio* **3** Lograr que alguien crea o acepte algo en lo que no había pensado ni le interesaba o que se produzca cierta emoción en él, que de otra manera le sería ajena: *meter ideas en la cabeza, meter miedo* **4** Presentar un documento en cierta oficina para comenzar un trámite: *meter una solicitud, meter una protesta* **5** prnl Dedicarse a algo, hacerlo con entusiasmo y energía, o participar ampliamente en ello: *meterse de cura, meterse en la música, meterse en el trabajo* **6** *Meterse a* Tomar para sí facultades, capacidades o tareas que no le corresponden: *meterse a defensor, meterse a redentor, meterse a juzgar* **7** Dedicar cierto tiempo, esfuerzo o dinero a alguna cosa: *meter ganas, meterle años al diccionario, meter una fortuna en el negocio* **8** Hacer que alguien reciba algo que lo dañe o le duela: *meter de golpes, meter una regañada, meter una cuchillada* **9** Recoger la tela que sobra o sobresale de una prenda para que se ajuste bien a una persona: *meterle a una falda* **10** *Meterse con alguien* Tener una relación estrecha con alguien, hablar mal de una persona o molestarla: *meterse con la hija del patrón* **11** *Meter la pata* (*Coloq*) Hacer algo equivocado o cometer errores **12** *Meter ruido, barullo*, etc Hacer ruido, barullo, etcétera.

metiche adj m y f (*Coloq*) Que interviene en los asuntos ajenos, que se mete en lo que no le incumbe; entrometido: "Mi suegro es un *metiche* sin ninguna consideración ni sensibilidad".

metilo s m (*Quím*) Radical compuesto de un átomo de hidrógeno y tres de carbono, componente del alcohol metílico y otras sustancias.

metódico adj **1** Que se hace con método: *un análisis metódico, una exposición metódica* **2** Que actúa o piensa siguiendo cierto método: *un hombre metódico, un investigador metódico.*

metodismo s m Rama del protestantismo fundada en Inglaterra en el siglo XVIII por John Wesley, separada del anglicanismo y orientada por la doctrina heterodoxa calvinista de Arminio, según la cual la libertad de elección humana puede existir sin limitar el poder de Dios; sostiene que la salvación puede alcanzarse por la fe; tiene los sacramentos del bautismo y la eucaristía; se caracteriza por su énfasis en la experiencia religiosa personal, en la tolerancia y en la conciencia social de sus creyentes.

método s m **1** Modo sistemático de hacer alguna cosa: *método de pensamiento, método científico, método de enseñanza* **2** Libro que contiene un conjunto de enseñanzas sistemáticamente expuestas: *método de inglés.*

metodología s f Estudio y exposición de los métodos que se aplican en cierta disciplina, desde el punto de vista de su sistematicidad, sus aplicaciones, etc: *metodología pedagógica, metodología de la ciencia.*

metodológico adj Que pertenece a la metodología o se relaciona con ella: *bases metodológicas, procedimiento metodológico.*

metonimia s f Figura retórica que consiste en significar algo con el nombre de otra cosa, ligada a ella por una relación de causa a efecto, de continente a contenido, etc, como en "tomarse una *copa*" (su contenido), "leer a *Cervantes*" (su obra), "traicionar a la *bandera*" (la patria), etcétera.

métrica s f (*Lit*) Orden y estructura de los versos de un poema en cuanto al número de sílabas que lo componen, y la repartición de sus acentos y sus pausas; arte que trata de ese orden y esa estructura: *métrica del endecasílabo, métrica española.*

métrico adj Que pertenece al metro o a la medida, que se relaciona con ellos: *cinta métrica, unidad métrica, sistema métrico decimal.*

metro¹ s m **1** Unidad de longitud que equivale a la distancia que hay entre el polo Norte y el ecuador dividida por 10 millones; corresponde aproximadamente, en un adulto, a la distancia que hay entre el hombro de un brazo y la punta de los dedos del otro brazo extendido. Actualmente se define como 1.650 763.73 veces la longitud de onda de la luz naranja que emite el criptón 86; es la base del sistema métrico decimal (se abrevia m) **2** *Metro patrón* o *tipo* Barra de platino e iridio que tiene esta medida de longitud y es reconocida por la Oficina Internacional de Pesos y Medidas **3** *Metro cuadrado* Unidad de medida de superficie en ese mismo sistema equivalente a un cuadrado de un metro de lado (se abrevia m²) **4** *Metro cúbico* Unidad de medida de volumen equivalente a un cubo de un metro de lado (se abrevia m³) **5** (*Lit*) Métrica.

metro² s m Ferrocarril urbano, subterráneo, de superficie o elevado: *tomar el metro, viajar en metro.*

metrópoli s f **1** Ciudad en la que se concentran actividades económicas y administrativas y donde viven muchas personas, particularmente la capital de un país o de un estado: *la migración a las metrópolis, una metrópoli industrial,* "El desarrollo de *metrópolis* como Guadalajara y Monterrey…" **2** País que tiene colonias, en relación con éstas: "En su lucha por independizarse de las *metrópolis*, estos países sufrieron dolorosas guerras".

metropolitano adj Que pertenece a la metrópoli o se relaciona con ella: *vida metropolitana, catedral metropolitana.*

mexica s m Grupo indígena mesoamericano, hablante de náhuatl, que hacia 1327 fundó Tenochtitlán y posteriormente Tlatelolco, las dos ciudades gemelas que después constituirían el centro de la actual ciudad de México. En el siglo XV formó la Triple Alianza, con los tepanecas de Tlacopan y los acolhuas de Texcoco, que dominó políticamente desde la costa del Pacífico a la del Atlántico y hasta la actual zona fronteriza entre México y Guatemala. Junto con otros grupos, se le conoce también como azteca, porque se piensa que procede de un lugar hasta hoy desconocido que la tradición llama Aztlán **2** adj y s m y f Que pertenece a este grupo indígena o se relaciona con él: *la tradición mexica, los ritos mexicas.* (Se pronuncia *meshica.*)

mexicalense adj y s m y f Que es natural de Mexicali, capital del estado de Baja California, que pertenece a esta ciudad o se relaciona con ella: "Aumentó la vigilancia en la frontera *mexicalense*", *cultivos mexicalenses de algodón y cebada.*

mexicanismo s m **1** Gusto por lo mexicano, manifestación de un carácter propio de lo mexicano o los mexicanos: el *mexicanismo de André Breton, el mexicanismo de Tamayo, el mexicanismo del mole* **2** Palabra, construcción o significado utilizado en el español de México de manera característica o exclusiva, en comparación con otras variedades de la lengua española, como la preferencia por *platicar* en vez de *conversar, tlapalería* en vez de *ferretería, escuincle* en vez de *niño, papalote* en vez de *cometa,* el uso del pretérito en vez del antepresente, etcétera.

mexicanización s f Acto de volver o volverse mexicano algo o alguien, en particular cuando pasan a ser propiedad del estado bienes o empresas que pertenecían a extranjeros: *la mexicanización del petróleo, la mexicanización de la minería.*

mexicano 1 adj y s Que pertenece a México o se relaciona con él: *territorio mexicano, cocina mexicana, cultura mexicana* **2** s Persona que nació en los Estados Unidos Mexicanos o que tiene esa nacionalidad **3** s y adj Náhuatl.

mexiquense adj y s m y f Que es natural del Estado de México o se relaciona con él.

mezcal s m **1** Bebida alcohólica que se obtiene de la destilación del jugo que se extrae de las cabezas asadas de distintos tipos de maguey **2** Nombre de diversas especies de maguey pertenecientes a la familia de las amarilidáceas **3** Penca de maguey cocida o asada que se mastica para absorber el jugo que contiene.

mezcla s f **1** Acto de mezclar algo: *la mezcla de arena y grava, hacer la mezcla* **2** Materia que resulta de reunir materiales distintos: *mezcla química, mezcla orgánica* **3** Compuesto de arena, cal y agua, o de cemento, arena y agua, que se usa en albañilería.

mezclar v tr (Se conjuga como *amar*) **1** Unir varios elementos para que formen una sola materia, una sola sustancia o una sola unidad de carácter uniforme: *mezclar azúcar y agua, mezclar pueblos, mezclarse dos razas* **2** Poner varias cosas diferentes o reunir a personas distintas de manera no ordenada ni en algún lugar: *mezclar libros, mezclar amigos* **3** Comprometer a alguna persona en algún asunto, sin que ella lo desee: "Los acusados *mezclaron* a un amigo en el delito" **4** prnl Meterse en algún asunto o situación, generalmente poco conveniente, turbio o de legalidad dudosa: *mezclarse en un pleito, mezclarse en un fraude.*

mezclilla s f **1** Tela de algodón burda y resistente, generalmente de color azul, muy usada para confeccionar ropa informal o de trabajo: *un pantalón de mezclilla, un overol de mezclilla* **2** (*Mniotilta varia*) Pajarito blanco, con rayas negras a lo largo de su cuerpo, menos en el vientre, originario de Alaska y Canadá, que emigra en invierno hacia el sur, en particular hacia Yucatán.

mezquino 1 adj Que carece de nobleza, generosidad y dignidad; que resulta miserable por tener sentimientos bajos o buscar en todo momento su provecho: "No podía creer que tuviera intereses tan *mezquinos*", "Es tan *mezquina* que explota a sus hijos" **2** adj y s Que se apega exageradamente a los bienes materiales, que evita o limita sus gastos en exceso: "Prefirió comprar el mueble más corriente sólo por *mezquino*", "No te dará nada, es un *mezquino*" **3** adj Que es muy pequeño, insignificante o no tiene ningún valor: *un sueldo mezquino* **4** s m Abultamiento de la piel parecido a un grano que brota generalmente en las manos o en los pies y se debe a un estado nervioso o a una infección.

mezquita s f Edificio dedicado a la oración en común de los musulmanes; la sala de oración es generalmente rectangular y tapizada con alfombras; suele tener un patio con una fuente al centro para las abluciones, y una torre o minarete, desde donde se convoca a los fieles en las horas dedicadas a la oración.

mezquite s m (*Prosopis juliflora*) Árbol de la familia de las leguminosas que puede alcanzar gran altura, pero de ordinario mide 2 a 3 m; tiene ramas espinosas y dispersas; sus hojas son bipinadas con numerosas hojuelas; sus flores blanco verdosas, de olor agradable, crecen en espigas; su fruto crece en vainas lineares y comprimidas, de 10 a 25 cm de largo y muy delgadas. Su corteza produce una goma color ámbar; su madera, pesada y resistente, se usa para hacer durmientes, postes y muebles; sus hojas y frutos son muy buen forraje para el ganado. Hay varias especies en casi todo el país: *mezquite amarillo, mezquite blanco, mezquite colorado, mezquite chino*.

mezzosoprano s f Voz femenina más grave que la de soprano y más aguda que la de contralto; persona que tiene esa voz.

mi¹ adj m y f Apócope de mío, que precede siempre al sustantivo: *mi libro, mi lápiz, mi abuela, mis tíos, mis primas*.

mi² s m (*Mús*) **1** Tercera nota de la escala de do mayor; en las convenciones internacionales, sonido producido por una vibración absoluta de 330 ciclos por segundo y, en los instrumentos temperados, por una de 329.63 ciclos por segundo; se transcribe con la letra *e* **2** Tonalidad y acorde que tienen las siguientes alteraciones: fa, sol, do y re sostenidos (*mi mayor*), o fa, do y re sostenidos (*mi menor*).

mí pronombre de primera persona singular **1** Se usa siempre con preposición: *para mí, a mí, de mí, por mí, contra mí* (Cuando se utiliza la preposición con, es *conmigo*) **2** ¡*A mí qué!* No me importa: "Si te reprueban, ¡a mí qué!" **3** *Por mí* En cuanto a mí concierne: "*Por mí* puedes hacer lo que quieras".

mica s f **1** Hoja de plástico transparente, flexible y resistente: "Los dibujos están separados por *micas*", *imprimir una mica* **2** Mineral compuesto por silicones de aluminio y de potasio, que se presenta en forma de láminas de distintos colores, delgadas y flexibles, unidas unas con otras. Tiene una gran resistencia al calor, por lo que se utiliza como aislante térmico o calorífico y en iluminación para dar tonalidades distintas a la luz artificial.

micelio s m (*Bot*) Parte de un hongo formada por numerosos filamentos; tiene la función de tomar los nutrientes del medio en que vive.

microbio s m Organismo animal o vegetal microscópico, en especial algunos que producen enfermedades: "Hay que lavarse bien las manos para que no queden *microbios*".

micrófono s m Aparato que convierte el sonido en corriente eléctrica y lo hace transmitirse en un sistema de teléfono, de radio o de grabación sonora; básicamente consiste en un diafragma que vibra con las ondas del sonido y transmite diferentes presiones a un conjunto de granos de carbón, por las cuales varía la corriente que pasa por ellos: *hablar por el micrófono, grabar con un micrófono*.

micrómetro s m Instrumento óptico y mecánico con el que se miden magnitudes muy pequeñas.

microonda s f Radiación electromagnética que tiene una longitud de onda entre un milímetro y un metro y una frecuencia de entre 10^9 y 10^{12} ciclos por segundo; se emplea en los sistemas de comunicación para transmitir señales.

microorganismo s m Planta o animal muy pequeño que sólo puede observarse a través de un microscopio; microbio.

microscópico adj **1** Que pertenece al microscopio o se relaciona con él **2** Que se realiza por medio del microscopio: *análisis microscópico* **3** Que es tan pequeño que sólo puede observarse por medio de un microscopio: *organismo microscópico*.

microscopio s m **1** Instrumento óptico que permite ver objetos muy pequeños, incluso algunos no perceptibles a simple vista, al producir una imagen considerablemente aumentada de ellos mediante una combinación de lentes y un haz luminoso; microscopio óptico **2** *Microscopio electrónico* El que en vez de luz utiliza haces de electrones que lo hacen mucho más potente.

michoacano adj y s Que es natural de Michoacán; que pertenece a este estado o se relaciona con él: "Ilustres *michoacanos* como Melchor Ocampo y Lázaro Cárdenas", *biblioteca michoacana, regiones michoacanas*.

miedo s m Sensación que se experimenta ante algún peligro, posible daño o ante algo desconocido, y que se manifiesta generalmente con pérdida de la seguridad, actitudes poco racionales, temblor, escalofríos, palidez, etc; temor *miedo al dolor, miedo a la muerte, miedo a las víboras, miedo al castigo*.

miedoso adj Que es susceptible a sentir miedo, que se comporta con miedo en muchas situaciones: "Pedro, toda su vida, había sido *miedoso*", "Yo soy *miedosa*, me da miedo la oscuridad en donde sea".

miel s f **1** Líquido amarillo, espeso, dulce y pegajoso que producen las abejas al transformar en su organismo el polen, el néctar y el agua que toman de las flores, y con el cual alimentan a sus larvas. Es muy apreciado por su sabor y por sus propiedades alimenticias; miel de colmena: *pan con miel* **2** Líquido espeso y dulce que se prepara hirviendo en agua con azúcar el jugo de alguna planta o fruta: *miel de maíz, miel de maple, miel de piloncillo*.

miembro s m **1** Cada una de las extremidades del ser humano y de los animales, como los brazos, las piernas, las patas, la cola, etc **2** *Miembro viril* Pene **3** Individuo que forma parte de una agrupación:

"Los *miembros* del sindicato se reunirán hoy", *miembro del ejército, miembro de la academia* **4** Elemento de un todo, especialmente cuando tiene cierta unidad en sí mismo y se diferencia de los otros con los que forma una unidad: *miembro de una ecuación, los miembros de la oración.*

mientras conj y adv **1** Al mismo tiempo que: "Trabaja *mientras* sus hijos están en la escuela", "Lee *mientras* oye música", "Yo limpio la casa, *mientras* tú lavas los platos" **2** Entre tanto, en espera de que algo suceda: "Siéntate *mientras* llegan los demás", "Estudió mecánica *mientras* salía de la prisión" **3** *Mientras tanto* Al mismo tiempo que: "Cristina hace el dibujo, *mientras* tanto, Isabel escribe los letreros" **4** *Mientras que* En tanto que, en contraste, por lo contrario: "Él fue amable contigo, *mientras que* tú no dejaste de herirlo" **5** *Mientras más... menos o más, mientras menos... más o menos* Cuanto más, cuanto menos: "*Mientras más* gana, *menos* satisfecho se siente", "*Mientras menos* se entere, *menos* le dolerá".

miércoles s m sing y pl Tercer día de la semana, que sigue al martes y precede al jueves. Para los cristianos, cuarto día de la semana, como se observa en el calendario gregoriano.

mies s f (*Liter*) Cereal maduro: *la cosecha de las mieses.*

migra s f (*N, Popular*) Policía del servicio de inmigración de los Estados Unidos de América: "¡Aguas, ahí viene la *migra*!".

migración s f **1** Acto de trasladarse un conjunto de personas de una región o de un país a otro para establecerse en él: "La *migración* del campo a las ciudades se ha convertido en un problema" **2** Acto de viajar periódicamente ciertas especies de animales de una región a otra en busca de mejores condiciones climatológicas o de las condiciones ambientales propicias para su reproducción: *la migración de las golondrinas.*

migraña s f Dolor de cabeza violento e intenso, que suele afectar a un solo lado del cerebro, generalmente en su región temporal, acompañado por náusea y vómito: *tener migraña, sufrir de migrañas.*

migratorio adj **1** Que se relaciona con la migración de personas: *leyes migratorias, autoridades migratorias, fenómenos migratorios* **2** Que se relaciona con los animales que emigran periódicamente: *aves migratorias.*

mijo s m **1** (*Panicum miliaceum*) Planta herbácea de la familia de las gramíneas que llega a medir hasta 2 m de altura; sus hojas son largas y puntiagudas, y sus flores colgantes reunidas en espigas **2** Grano de esta planta; es pequeño, redondo y de color blanco amarillento, se emplea en la producción de cereales o como alimento para pájaros.

milagro s m **1** Acontecimiento extraordinario y maravilloso, producto de la intervención de Dios o de otra fuerza sobrenatural: *hacer milagros, conceder un milagro*, "Yo le pedí al Ánima sola que me ofreciera el *milagrito*", "El Señor de Chalma hace muchos *milagros*" **2** Acontecimiento o intervención de alguien que resulta extraordinario y benéfico: *un milagro de la técnica, un milagro de la naturaleza* **3** Figurita de oro o plata, generalmente con forma de corazón, de cruz, o de persona arrodillada, que se cuelga en las vestiduras de la imagen de un santo para agradecerle un favor extraordinario recibido

4 *Colgarle un milagro a alguien* (*Coloq*) Atribuirle a alguien alguna acción, generalmente condenable: "*Le colgaron el milagro* de haber embarazado a la muchacha" **5** *De milagro* De manera inexplicable y repentina: "Nos salvamos *de milagro*, pues el coche quedó completamente destruido", "Una cultura no se hace *de milagro*" **6** *Hacer uno milagros* (*Coloq*) Hacer más de lo que se supone posible: "Tenemos que *hacer milagros* con nuestro sueldo" **7** ¡*Qué milagro!* Expresión con que saluda uno a quien ha dejado de ver hace mucho tiempo y se presenta sorpresivamente: "¡Pepe, *qué milagro*, dónde has andado?" **8** (*Caló*) Billete de mil pesos: "Ese bato traía puros *milagros*".

milagroso adj Que hace milagros o es producto de un milagro: "Abuelita le reza a un santo muy *milagroso*", *una imagen milagrosa, una curación milagrosa, un resultado milagroso.*

milenio s m Periodo de mil años: *el final del milenio*, "El hombre tardó *milenios* en considerar a la mujer como persona".

milicia s f **1** Conjunto de técnicas, formas y procedimientos que emplea un ejército para sostener una guerra o estar preparado para hacerla **2** Profesión de los soldados o servicio que prestan en un ejército: *dedicarse a la milicia* **3** Conjunto de los soldados: *una milicia disciplinada* **4** Conjunto de civiles armados para defender una región, un país o un bando ideológico: *formar una milicia, las milicias republicanas.*

miligramo s m Medida de peso, milésima parte de un gramo (se abrevia mg).

mililitro s m Medida de capacidad, milésima parte de un litro, equivalente a un centímetro cúbico (se abrevia ml).

milímetro s m Medida de longitud equivalente a la milésima parte de un metro (se abrevia mm).

militante adj y s m y f Que forma parte activa de un bando, un gremio, un partido, o que sostiene activamente una idea, lucha por una causa social, etc: *un viejo militante comunista, una feminista militante, militantes priistas.*

militar[1] adj m y f Que se relaciona con la milicia o el ejército: *colegio militar, zona militar* **2** s m y f Persona que tiene la milicia por profesión; miembro del ejército: *un militar de alta graduación, los militares mexicanos.*

militar[2] v intr (Se conjuga como *amar*) **1** Formar parte de una unidad del ejército: "Víctor *milita* en la caballería" **2** Formar parte de un partido político, de una tendencia o de una doctrina: *militar en el partido ecologista.*

militarismo s m Influencia del ejército en el gobierno de un país, en sus puntos de vista, en su organización, etc: *el militarismo sudamericano, el militarismo internacional.*

milpa s f **1** Tierra donde se cultiva el maíz y, a veces, otras plantas **2** Sembradío de plantas de maíz.

milla s f **1** Medida de longitud terrestre, equivalente a 1609 m; se emplea sobre todo en países de cultura inglesa **2** Medida internacional de longitud marina, equivalente a 1852 m **3** *Prueba de la milla* En atletismo, carrera en la que se recorre esa distancia.

millar s m Conjunto formado por mil unidades: *un millar de palabras, un millar de estudiantes.*

millonario adj **1** Que tiene más de un millón de pesos en dinero y en riquezas: *una excéntrica millonaria, volverse millonario* **2** Que consiste en una cantidad muy elevada de dinero: *una deuda millonaria, un fraude millonario.*

mimar v tr (Se conjuga como *amar*) Tratar a alguien con gran ternura, acariciándolo delicadamente y satisfaciendo cualquier pequeño deseo que exprese: *mimar a un niño, mimar a la novia, mimar a un enfermo*, "Su mamá lo *mima* mucho".

mímica s f Conjunto de los gestos que hace alguien para manifestar sentimientos, emociones e ideas sin hablar; arte que enseña a realizarlos con elegancia y precisión: "Carolina fue condiscípula suya, algo más joven que ella, excelente en su *mímica*, expresiva y graciosa".

mimo¹ s **1** Persona que se dedica al arte de la mímica: *un gran mimo francés, función de mimos* **2** (*Periodismo*) Actor cómico: *un mimo mexicano.*

mimo² s m Cada uno de los gestos de cuidado, cariño y ternura con que alguien trata a otra persona: "Lo llenó de mimos para que olvidara su sufrimiento".

mina s f **1** Excavación y conjunto de instalaciones que se hacen para extraer minerales del subsuelo: *las minas de Guanajuato*, "El trabajo en esas *minas* es duro y peligroso" **2** Acumulación natural de algún mineral explotable: *una mina de plata* **3** Situación, cosa o persona que permite a alguien obtener grandes beneficios sin necesidad de esforzarse o que proporciona mucho de alguna cosa útil: "Ese negocio es una *mina*", "Todos quieren ese puesto: es una *mina*", "Quiso encontrar su *mina* en ese matrimonio", *una mina de datos* **4** Arma que se coloca oculta bajo el suelo o en algún otro lugar y que estalla cuando se presiona su detonador: *un campo lleno de minas, mina antitanque, mina submarina* **5** Barra delgada de carboncillo o de grafito del lápiz o del lapicero, que tiene la propiedad de dejar marcado su trazo al hacerla pasar por ciertas superficies, principalmente de papel o de cartón, que por gastarse al escribir puede reponerse.

mineral s m **1** Sustancia inorgánica que entra en la composición de la corteza terrestre y de otros planetas y satélites de suelo rocoso **2** Sustancia de forma cristalina y composición química característica, que puede expresarse mediante una fórmula, y tiene propiedades físicas constantes; generalmente se encuentra dispersa en una roca, como la mica, el cuarzo, etcétera **3** adj m y f Que pertenece a las sustancias naturales inorgánicas o se relaciona con ellas: *los estudios sobre el reino mineral* **4** Parte que se aprovecha de la materia extraída de una mina: *separar el mineral de las rocas.*

mineralogía s f Ciencia que estudia los minerales.

minería s f **1** Conjunto de conocimientos y de técnicas que se aplican a la extracción de minerales en las minas **2** Conjunto de las empresas e industrias que se dedican a la explotación de las minas: *la minería mexicana.*

minero 1 s Persona que trabaja en una mina: *los mineros de Pachuca* **2** adj Que pertenece a las minas y a su explotación o se relaciona con ellas: *un campo minero, producción minera.*

mingitorio s m Mueble de baño público dedicado exclusivamente a que orinen los hombres; suele ser un recipiente elevado a unos 50 cm sobre el piso y dotado del mecanismo que permite lavarlo tras cada uso; también puede ser una especie de canal, con agua corriente.

mínimo 1 adj Que es lo más pequeño en cantidad o intensidad: *temperatura mínima, mínimo esfuerzo, detalles mínimos, salario mínimo* **2** s m Cantidad o límite más pequeño al que se puede reducir algo o con los que puede funcionar: *mínimo de consumo, mínimo de energía.*

ministerio s m **1** Función de quien da o imparte alguna cosa a los demás y lo considera un deber de rectitud y de servicio: *el ministerio sacerdotal, el ministerio del médico* **2** Función propia de lo que se ha establecido para impartirse a los demás y guía que ello establece: *el ministerio de la ley, el ministerio de la doctrina* **3** Cada una de las divisiones administrativas del gobierno de un Estado, responsables de la ejecución, el control y la conducción técnica y política de determinados asuntos; secretaría: *el Ministerio de Asuntos Exteriores, el Ministerio de Fomento* **4** Edificio en el que tiene su domicilio una de esas divisiones administrativas **5** *Ministerio Público* (*Der*) Cuerpo de funcionarios judiciales encargado de promover la acción legal en cada caso que se presente, según lo establezca la ley; representa el interés de la sociedad en los tribunales: *un agente del Ministerio Público.*

ministro s **1** Persona que ejerce un ministerio, en particular el sacerdote o pastor de una iglesia protestante: *un ministro de la iglesia* **2** Dirigente de cada uno de los ministerios en los que se divide el Poder Ejecutivo de un Estado: *Consejo de Ministros, el ministro de Asuntos Exteriores* **3** *Primer ministro* Jefe del gobierno en los países de régimen parlamentario, en quien reside el Poder Ejecutivo pero no la soberanía del Estado: *el primer ministro canadiense* **4** Representante diplomático de un país o de una delegación **5** *Ministro sin cartera* El que tiene la jerarquía de quien ejerce un ministerio dentro de un gobierno pero sin estar a cargo de un ministerio en particular **6** *Ministro plenipotenciario* Grado de la jerarquía diplomática internacional por debajo del grado de embajador **7** *Ministro residente* Grado inmediatamente inferior al de plenipotenciario **8** (*Der*) Miembro de la Suprema Corte de Justicia de México.

minoría s f **1** Conjunto de personas o de cosas que tiene características o comportamientos diferentes a los de la mayor parte de sus miembros: *la minoría de los casos, una minoría de los experimentos, una minoría política, una minoría racial, una minoría lingüística, las minorías indígenas* **2** Conjunto de personas que, en una asamblea, una votación, etc se inclinan o votan por personas o soluciones diferentes de las que prefiere la mayor parte de sus componentes: *una minoría socialista, el voto de la minoría* **3** *Minoría de edad* Estado legal de los menores de edad.

minoritario adj Que pertenece a la minoría o se relaciona con ella: voto minoritario, partidos minoritarios, grupos minoritarios.

minucioso adj Que cuida y atiende los más pequeños detalles de su trabajo, de sus responsabilidades, deberes o actividades: *un investigador minucioso, un joyero minucioso, un juez minucioso, una costurera minuciosa.*

minué s m **1** Danza y música de origen francés, muy apreciada entre los siglos XVII y XVIII, de compás ternario, dividida en dos o tres temas que se repetían sucesivamente, y se bailaba en parejas haciendo diversas figuras corteses y majestuosas **2** Movimiento de compás ternario, que en la sinfonía clásica y en la sonata suele ser el tercero.

minuendo s m (*Mat*) En la operación de la resta, cantidad de la que se quita o se resta otra, que es el sustraendo; por ejemplo, en 18 menos 12, el *minuendo* es 18.

minúsculo 1 adj Que es pequeñísimo: *un animal minúsculo* **2** s f y adj Letra que es más pequeña que la mayúscula y, en muchos casos, de forma diferente: "A mayúscula, a *minúscula*".

minuta s f **1** Proyecto o borrador de un escrito o documento, que sirve de base para elaborarlo posteriormente **2** Resumen de lo discutido y decidido en una reunión o en una junta, a partir del cual se elabora el acta correspondiente: *tomar la minuta* **3** Lista de los platillos que se sirven en una comida; menú: *la minuta de un banquete*.

minuto s m **1** Cada una de las 60 partes iguales en que se divide una hora: "Son las 3 de la tarde con 15 *minutos*", "Todo sucedió en *minutos*" **2** *Minuto de silencio* El que se guarda en señal de duelo **3** (*Geom*) Cada una de las 60 partes iguales en que se divide un grado de circunferencia.

mío pronombre y adjetivo posesivo de primera persona. Indica que algo pertenece a la persona que habla: "Esa bicicleta es *mía*", "Un amigo *mío*", "Las camisas son *mías*", "No quiero ese cuaderno, quiero el *mío*" (Siempre concuerda en género y número con lo que se posee).

miopía s f **1** Defecto de la vista, que consiste en que los rayos luminosos procedentes de objetos a distancia forman la imagen en el ojo antes de llegar a la retina, por lo que se ven borrosos **2** Limitación de la inteligencia de una persona para comprender los alcances de algo o su importancia: *la miopía de un burócrata, la miopía de un dirigente*.

mira s f **1** Pieza con que se apunta mejor a algo o se precisa el objetivo en un arma de fuego o un telescopio; suele ser una ranura en una pequeña placa de metal en un rifle, o un juego de lentes: *ajustar la mira, una mira telescópica* **2** Objetivo que se persigue o que constituye la finalidad de alguna cosa: "Nuestra más alta *mira* es un pueblo educado y feliz", "Lucrecia tiene sus *miras* puestas en la política" **3** *Con miras a* Con el objetivo o la finalidad de: "Se dedicó a la psicología, *con miras a* alterar y controlar las opiniones, las ideas y los valores de los demás", "Hoy entrenaron *con miras al* campeonato centroamericano".

mirada s f **1** Acto de mirar: "Su *mirada* se extendió sobre los cerros" **2** Vista y manera de mirar alguna cosa: "Recorrió todo el lugar con la *mirada*", *una mirada amorosa, una mirada de odio* **3** *Echar una mirada* Mirar algo rápidamente y a la ligera: *"Échale una mirada* a este texto".

mirar v tr (Se conjuga como *amar*) **1** Ver algo o a alguien con atención: *mirar un libro, mirar a las muchachas* **2** *Mirar de reojo* Hacerlo discretamente, con disimulo, desprecio o temor: "Felisa *miraba de reojo* al actor cada vez que éste se descuidaba", "Don Emiliano lo *miró de reojo* y respondió indignado…"

3 *Mirar de arriba abajo* Examinar algo o a alguien con la vista y completamente, en particular cuando se muestra desaprobación o desprecio: "Mi abuelo lo *miró de arriba abajo* porque no traía corbata" **4** Considerar algo o a alguien para estimarlo o valorarlo: "Bien *mirado*, el negocio no me conviene", "*Mira* con cuidado si José es un buen amigo" **5** Buscar algo o investigar acerca de ello: "*Mira* si encuentras mi reloj", "*Miré* por todas partes, pero no encontré nada" **6** *Mirar por algo o alguien* Cuidarlo y protegerlo: "Su tía *miró* por ellos desde que quedaron huérfanos" **7** *Mirar con buenos o malos ojos* Sentir simpatía o antipatía por algo o alguien: "La suegra la *mira con buenos ojos*" **8** *Estar alguien o ser algo de mírame y no me toques* Estar alguien muy débil o muy sensible, ser algo muy frágil: "Este jarrón *es de mírame y no me toques*" **9** intr Estar un lugar orientado en cierta dirección o frente a algo: "Mi casa *mira* a la calzada".

miriápodo (*Zool*) **1** s m y adj Artrópodo terrestre de cuerpo alargado y dividido en muchos segmentos; tiene respiración traqueal y está provisto de un par de antenas y de múltiples patas articuladas, como el ciempiés; vive en regiones húmedas y cálidas generalmente debajo de piedras y troncos. Algunos son venenosos y otros causan daños a los cultivos **2** s m pl Clase de estos animales.

miriópodo adj y s m (*Zool*) Miriápodo.

mirtácea 1 adj y s (*Bot*) Que pertenece a la familia de plantas dicotiledóneas de hojas opuestas, flores tubulosas blancas o rojas, y fruto en cápsula con semillas sin albumen; de sus hojas y su corteza se extraen aceites esenciales; comprende más de 750 especies que crecen en regiones cálidas; entre ellas el eucalipto, el arrayán, la guayaba y el clavo **2** s f pl Familia de estas plantas.

misa s f **1** Ceremonia de la religión católica en la que el sacerdote ofrece a Dios el pan y el vino como el sacrificio del cuerpo y la sangre de Jesucristo: *ir a misa, oír misa, misa de difuntos, misa solemne* **2** *Cantar misa* Decir el sacerdote recién ordenado su primera misa **3** *Decir misa* Celebrar esta ceremonia.

miscelánea s f **1** Reunión de objetos diversos, en particular cuando se trata de una publicación, en que los textos son de diferentes géneros y materias **2** Tienda pequeña en la que se venden objetos diversos de consumo doméstico, como refrescos, dulces, pan, artículos de papelería y regalos sencillos.

miserable adj m y f **1** Que es muy pobre, de poquísima cuantía: *un sueldo miserable, una vivienda miserable*, "Una cruz forrada con rosas de papel desteñido; el resto del templo desnudo, gélido, *miserable*" **2** Que es falto de satisfacciones o de dicha: *una vida miserable*, "Estamos perdiendo el tiempo de una forma *miserable*, camaradas" **3** adj y s m y f Que es falto de generosidad, de dignidad, de respeto o de bondad: "Iré a hablar con el abuelo de ese *miserable*", "Quisiera verme rodeada de lujos extravagantes, aunque me sintiera *miserable* por dentro".

miseria s f **1** Pobreza extrema en la que vive alguien: *vivir en la miseria, estar en la miseria* **2** Poquísima cantidad de algo, en particular de dinero: *ganar una miseria*, "Les pagan una verdadera *miseria*" **3** Desgracia extrema que sufre alguien durante cierto tiempo o toda su vida: *las miserias de la guerra, una historia llena de miseria* **4** Comportamiento o actitud indigna, innoble y egoísta de alguien: *la miseria de un patrón hacia sus empleados.*

misericordia s f **1** Virtud por la cual una persona siente compasión y pena por los sufrimientos y las desgracias de otra y trata de ayudarla a librarse de ellos: *tener misericordia*, "Es notable la *misericordia* de doña Lolita hacia los pobres" **2** Compasión por los males o los sufrimientos de una persona que le nace a quien tiene la posibilidad de suavizarlos o de perdonarlos: *la misericordia de Dios, la misericordia de un juez, pedir misericordia un condenado.*

misil s m Cohete dotado de explosivos y guiado por algún sistema electrónico, que se utiliza en las guerras contemporáneas: *un misil teledirigido, un misil tierra-aire, un misil nuclear.*

misión s f **1** Encargo que se hace a alguien y poder que se le da para hacerlo: *misión especial, misión diplomática* **2** Grupo formado por las personas encargadas de hacerlo: "La *misión* mexicana en la ONU" **3** Tarea que se ha dado a alguien para que la realice: *una misión educativa, la misión del gobierno* **4** Región o zona en donde predican los misioneros: *tierra de misión, las misiones en Oriente* **5** Edificio religioso en donde los misioneros viven y predican: *la misión de los Ángeles.*

misionero 1 adj Que pertenece o se relaciona con las misiones, particularmente las religiosas o las que se proponen fines humanitarios: *actividad misionera, una brigada misionera, maestros misioneros* **2** s Persona que predica y enseña la religión cristiana entre quienes no la conocen: *los misioneros españoles, un misionero santo.*

mismo adj y pron **1** Que es uno solo en diferentes momentos o circunstancias: "Lleva puesta la *misma* camisa que el otro día", "Es el *mismo* doctor pero con barbas", "Asuntos de la *misma* naturaleza", "Pasan la *misma* película en varios cines" **2** adj y adv Que es precisamente uno y no otro: "Escribe todo en el *mismo* renglón", "Yo *mismo* lo vi", "El doctor *mismo* me dio de alta", "Mañana *mismo* tiene que estar listo", "Aquí *mismo* vamos a vivir", "Tengo confianza en mí *misma*" **3** Que se mantiene igual, sin cambio en las características que lo identifican: "El pueblo es el *mismo* que hace diez años", "Eres el *mismo* que cuando te conocí" **4** Que es exactamente de igual tamaño, cantidad, etc, o que tiene características muy parecidas: "Tienen el *mismo* dinero en el banco", "Pedro gana el *mismo* sueldo que Arturo", "Tienen la *misma* cara" **5** Que es común, que le corresponde a varios, que es compartido por distintas cosas o personas: *llevar el mismo nombre, apuntar al mismo blanco*, "Se sientan en la *misma* banca", "Comen del *mismo* plato" **6** *Dar lo mismo, ser lo mismo* Ser algo igual o indiferente: "*Da lo mismo* que corras, no llegarás a tiempo", "*Es lo mismo* que me acompañes, puedo ir sola" **7** *Lo mismo que* De igual manera que, tanto como: "Me gusta bailar *lo mismo que* cantar" **8** *Por lo mismo* Por esa causa o razón, por eso: "—Irán todas tus tías. —*Por lo mismo* no quiero ir" **9** *Lo que es lo mismo* En otras palabras, dicho de otro modo.

miss s f **1** Tratamiento que se da a la maestra en ciertas escuelas: "¡Aguas, ahí viene la *miss*, nos va a descubrir!", "Oiga *miss*, ¿puedo salir del salón?", *miss Anita, miss Guzmán* **2** Señorita ganadora de un concurso de belleza: *miss México, miss Acapulco.*

míster s m Hombre ganador de un concurso de físico-culturismo: *míster México.*

misterio s m **1** Hecho, acontecimiento o cosa cuyo origen, causa o razón está oculto para la inteligencia o es inexplicable: *un misterio histórico, los misterios del espacio*, "Es un *misterio* de qué vive Filomeno" **2** Rito o doctrina cuyo sentido se mantiene oculto o sólo se revela a los iniciados: *los misterios de Eleusis en la religión griega* **3** En el cristianismo, asunto que la razón no alcanza a comprender y que sólo se conoce o se cree por la fe: *misterio de la Trinidad, misterio de la encarnación* **4** En el cristianismo, cada uno de los momentos de la vida, pasión y muerte de Jesucristo, cuando forman parte de ciertas devociones y oraciones como el rosario; imagen que los representa: *misterio gozoso, primer misterio.*

misterioso adj Que encierra un misterio o un secreto; que resulta inexplicable, que oculta algo: "Sólo vio quietud y verdura en el bosque *misterioso*", "¡Qué *misterioso* es el silencio y la noche aletargada de Luna", "Simulaban ser periodistas para ocuparse de quehaceres *misteriosos*", "Su destino final fue la *misteriosa* y esotérica isla de Avalón".

mística s f **1** (*Relig*) Parte de la teología católica que trata de la unión del ser humano con la divinidad, de los grados de esa unión y especialmente de la contemplación de Dios **2** Actitud y esfuerzo de una persona por alcanzar la unión con la divinidad y gozar en su contemplación **3** Ideal que guía de manera trascendente, fundamental o absoluta el comportamiento o las acciones de alguien: *una mística de lucha, una mística del olimpismo, las místicas colectivistas.*

misticismo s m Actitud o estado religioso o espiritual que cree en que el conocimiento de Dios, la divinidad o lo absoluto puede alcanzarse con la intuición y el abandono en su contemplación hasta unirse con ellos en el éxtasis.

místico 1 adj Que pertenece a la mística o al misticismo o se relaciona con ellos: *un ambiente místico, el uso místico del peyote, exaltación mística, una transfiguración mística*, "Los caballeros andantes buscan por entre breñales y veredas la aventura *mística* y el misterio terrenal, el renombre y el amor" **2** s Persona que alcanza la unión con Dios y se entrega a ella en éxtasis, como San Juan de la Cruz.

mitad s f **1** Cada una de las dos partes iguales en que se divide algo: *la mitad de una naranja, la mitad de un terreno* **2** Punto o parte de alguna cosa que está a la misma distancia de cada uno de sus extremos: *partido por la mitad, a la mitad del río, a la mitad del viaje* **3** *Mitad y mitad* Por partes iguales: "¿Nos comemos un melón *mitad y mitad*?".

mítico adj Que pertenece al mito o se relaciona con él: *un lugar mítico, tiempo mítico, imágenes míticas.*

mitin s m Reunión en la que se discuten asuntos políticos y sociales, particularmente con el objeto de plantear demandas; organizar acciones, etc: *un mitin sindical*, "Se efectuaron varios *mítines* en la ciudad".

mito s m **1** Historia o relato que expresa de manera simbólica la actitud de un grupo social frente al mundo y refuerza o inaugura una tradición capaz de regular su conducta como comunidad: *mitos griegos, mitos solares, mito de Quetzalcóatl, mitos modernos* **2** Historia, persona o cosa imaginaria o ficticia que se intenta hacer pasar por real o verdadera: "Eso de que era inteligente es un *mito*".

mitología s f Conjunto de narraciones sagradas y tradicionales de un grupo social acerca del origen y las relaciones entre los dioses, el origen del mundo y de las cosas que lo componen: *la mitología griega, la mitología náhuatl.*

mitote s m **1** Fiesta muy alegre y ruidosa: *ir al mitote, hacer un mitote* **2** Reunión de personas en la que hay mucho alboroto, desorden y peleas: "La manifestación llegó al Zócalo, atacó la policía y se armó un gran *mitote*" **3** Ceremonia religiosa del ciclo agrícola, que realizan desde la antigüedad varias culturas indias mexicanas, como los nahuas, los coras, tepehuanes y huicholes, que se caracteriza por una danza en la que hombres al centro y mujeres al exterior, forman dos círculos en torno al fuego, y ataviados con flores y sonajas en los pies, giran en sentido contrario al de las manecillas del reloj, mientras beben tesgüino, para invocar a las deidades o a los santos que benefician la siembra, la cosecha, etcétera.

mixe s m **1** Grupo indígena mexicano que habita en las montañas del Macizo del Cempoaltépetl, en el estado de Oaxaca. Cada una de las comunidades que lo forman elige su propio representante. Su religión se basa en la católica pero rinde culto al rayo, al aire y al agua, con ofrendas que deposita en las cuevas, los ríos y las cumbres de los montes. Por procedimientos artesanales producen alfarería, prendas de vestir de lana y algodón, cuerdas y redes. En el trabajo agrícola utilizan la coa y el arado de madera y cultivan maíz, frijol, chile, calabaza y chayote en las laderas de los montes o en pequeños valles; también sus miembros se emplean como jornaleros **2** Lengua de la familia zoque que habla este grupo indígena **3** adj y s m y f Que pertenece a este grupo indígena o se relaciona con él.

mixiote s m **1** Membrana de color blanco más o menos transparente que recubre la penca del maguey; se utiliza para preparar guisos y para envolver los gusanos comestibles que habitan en esta planta **2** Platillo que se prepara poniendo a cocer al vapor carne, generalmente de carnero o de pollo, envuelta en la membrana de las pencas del maguey: *mixiotes de carnero, mixiotes de conejo, mixiotes de pollo.*

mixteco s m **1** Pueblo indígena mesoamericano cuyos antepasados ocuparon en la época prehistórica, alrededor de 3 000 años aC, una región cuyo centro estaba donde ahora convergen los estados de Oaxaca, Puebla y Guerrero, pero que se extendía en varias direcciones. En ese tiempo eran nómadas, se sustentaban de la caza y la recolección de semillas y frutos silvestres, cuyo conocimiento les permitió tomar parte importante en el aprovechamiento de plantas y el establecimiento de la vida sedentaria en aldeas de cultivadores. Posteriormente recibieron influencias de la cultura olmeca de La Venta y más tarde contribuyeron al establecimiento de la cultura teotihuacana, aproximadamente a principios de nuestra era, de la que también recibieron fuertes influencias a través de Cholula, donde había pobladores mixtecos. Los códices permiten trazar la historia de algunos de sus señoríos a partir del año 700 dC, pero la inexistencia de grandes centros ceremoniales parece indicar que nunca hubo señoríos muy fuertes y que los más pequeños eran conquistados por uno de los mayores y luego por otro en una pugna constante de hegemonías. Se sabe que algunos de los señoríos más destacados fueron los de Nochixtlán, Tilantongo, Tlaxiaco, Tututepec y Teozacoalco. Siguiendo este proceso de expansión territorial, alrededor del siglo XI ocuparon los fértiles valles centrales de Oaxaca, donde vivían los zapotecos, algunos de los cuales después de luchar contra los invasores se refugiaron en la región del istmo de Tehuantepec mientras que otros aceptaron vivir con los mixtecos en lugares como Cuilapan, Monte Albán, Tlacolula, Zaachila y Mitla. Así se restableció un rico sistema de mercados en el que se intercambiaban productos de una región por los de otra e incluso por bienes provenientes de fuera. Los mexicas, atraídos por las riquezas de la región mixteca, conquistaron Coixtlahuaca y pusieron una guarnición en Tlaxiaco, durante el gobierno de Moctezuma Ilhuicamina; Axayácatl llegó a Tehuantepec, mientras que Ahuízotl y Moctezuma Xocoyotzin continuaron la guerra frente a la resistencia común de mixtecos y zapotecos. En 1520 las tropas de los españoles y sus aliados indios, al mando de Pedro de Alvarado y Francisco de Orozco, llegaron al valle de Oaxaca iniciando así la conquista de la Mixteca y de otras regiones vecinas. En la actualidad este grupo habita en la región occidental del estado de Oaxaca y en la parte de Guerrero que colinda con ella; algunos pueblos viven aislados en el sur del estado de Puebla. Su gobierno es municipal pero en muchas comunidades hay también un consejo de ancianos formado por quienes han sido funcionarios municipales. Su religión se basa en la católica, pero también adoran a algunos seres sobrenaturales como al Dueño de los Cerros, que cuida a los animales y plantas silvestres y castiga a las personas que se portan mal, o a Savi, dios de la lluvia, a quien hacen ofrendas en las cuevas. Las familias y los vecinos se ayudan entre sí y todo el pueblo acepta la obligación de trabajar en obras de beneficio común. Sus casas son rectangulares y circulares, con paredes de adobe, varas, bajareque o troncos, según sea el clima, y techo de dos aguas cubierto con palma; generalmente un cuarto sirve de dormitorio y almacén y otro como cocina; hay también graneros, corrales y baños de vapor anexos. Cada pueblo usa vestimenta de diferente color, bordada o con otros detalles que la distinguen. Cultivan principalmente maíz, frijol y calabaza, pero también maguey, frutos tropicales, chile y otras plantas, dependiendo de la región; utilizan la coa, el azadón o el arado antiguo según las condiciones del terreno. En varios pueblos se hace cerámica para uso doméstico; en muchos se hila y se teje la ropa, especialmente para las mujeres y, en la Mixteca Alta, se tejen sombreros, tenates y petates de palma, con cuya venta ganan dinero para comprar lo que no producen; los hombres se emplean también como peones en los ingenios o en el corte de caña, y también como braceros **2** Lengua de la subfamilia mixteca, familia oaxaqueña, que habla este grupo **3** adj y s Que pertenece a este grupo indígena o se relaciona con él: *los códices mixtecos, la tradición mixteca.*

mixto adj Que se compone de elementos diversos, cuyas naturaleza o características separadas no se pierden: *una técnica mixta, una escuela mixta, un rancho mixto, capital mixto, sistema mixto.*

mmm interj Emisión con que se señala concentración en algo que uno está haciendo, reflexión, duda o saboreo de alguna cosa: "*Mmm...* ¡hay tantas cosas que platicar!", "El helado está... *mmm...* riquísimo".

mobiliario s m Conjunto de muebles de una habitación o de una casa: *mobiliario colonial, un mobiliario moderno.*

moco s m **I 1** Sustancia viscosa que segrega la nariz: *tener mocos, sacarse los mocos, sonarse los mocos* **2** *Llorar a moco tendido* (*Coloq*) Llorar en abundancia y sin consuelo **3** (*Popular*) Semen **II 1** Apéndice carnoso y blando que tiene el guajolote sobre el pico **2** *Moco de guajolote* (*Popular*) Pene, cuando no está erecto **III 1** *Moco de guajolote, de cócono* o *de pavo* (*Polygonum mexicanum, Polygonum persicaroides*) Planta herbácea de lugares muy húmedos, de hojas alternas, angostas y elípticas de 10 a 12 cm de largo, con vainas, flores en espiga y sin corola, de color rosa fuerte **2** *Moco de pavo* (*Amaranthus caudatus*) Planta herbácea robusta, hasta de 1.5 m de altura, de hojas ovadas con largo pecíolo y flores rojas y colgantes en espiga; crece en lugares cálidos.

mochila s f **1** Bolsa amplia de lona, cuero o plástico que se carga en la espalda, sostenida por correas de los hombros, que usan soldados, excursionistas o exploradores para llevar equipo, ropa o alimentos **2** Bolsa de cuero, plástico, etc que usan los escolares para llevar sus libros, cuadernos, etcétera.

moda s f **1** Uso o costumbre en el vestido, en la conducta social, en el gusto, etc que dura una temporada y después cambia: *moda invernal, moda intelectual, moda francesa* **2** *A la moda* Según el gusto del momento: *un vestido a la moda, una señorita a la moda* **3** *Estar de moda* Corresponder algo al gusto o estilo del momento, tener alguien reconocimiento público en cierto momento: "Los pantalones a la rodilla *están de moda*", "Valente Reyes, el escritor, *está de moda*".

modal adj m y f **1** (*Gram*) Que pertenece al modo verbal, a su expresión morfológica o se relaciona con él **2** Que se relaciona con los diversos modos en que se realiza o se afirma algo: *lógica modal* **3** s m pl Conjunto de actitudes, ademanes, movimientos y expresiones con que se comporta una persona en la sociedad: *buenos modales, malos modales,* "Su femineidad, sus *modales* de dama me tenían fascinado", *los modales de mesa.*

modalidad s f Manera de presentarse o de realizarse alguna cosa: "Cantará canciones rancheras, una nueva *modalidad* de este cantante", "Las nuevas unidades académicas introducirán otras *modalidades* educativas".

modelar v tr (Se conjuga como *amar*) **1** Hacer a mano figuras con materiales como la cera, el barro, etc: *modelar un jarrón* **2** Mostrar en público una persona los modelos de ropa que hace un diseñador o vende un almacén en una exhibición especial: *modelar ropa, modelar trajes de baño.*

modelo s m y f **1** Objeto o persona que uno se propone copiar o imitar: *un modelo de casa, una modelo para un pintor* **2** Objeto cuyas características de diseño, forma, tamaño, color, etc lo distinguen de otros objetos de la misma clase: *un modelo de automóvil, un modelo antiguado* **3** Persona o forma de comportamiento cuyo valor humano o moral se de-

sea o se propone imitar: "El maestro debería ser *modelo* para sus alumnos" **4** Presentación esquemática, abstracta, más pequeña o más simple que se hace de un objeto complejo para facilitar su comprensión: *un modelo matemático, un modelo a escala, el modelo del átomo, el modelo del ADN* **5** Persona, generalmente de buena figura, que trabaja poniéndose la ropa que vende una tienda de modas o un almacén, que actúa en cine o televisión anunciando algo o es retratada en diarios y revistas con ese mismo objeto.

moderación s f **1** Acto de moderar algo o a alguien **2** Cualidad de quien actúa con prudencia y razonablemente, quien mide sus actos y sus palabras, quien no comete excesos: *hablar con moderación, beber con moderación.*

moderado I pp de *moderar* **II** adj **1** Que actúa midiendo sus actos o sus palabras y sin cometer excesos: *un hombre moderado, ruido moderado, velocidad moderada* **2** Que no es fuerte ni intenso pero tampoco débil: *lluvia moderada, clima moderado* **3** adj s Que no sigue tendencias políticas extremas: *un partido moderado, un moderado en política.*

moderar v tr (Se conjuga como *amar*) **1** Disminuir la fuerza o la intensidad de alguna cosa para evitar su exceso: *moderar la velocidad, moderar el paso, moderar el ruido, moderar la alimentación* **2** Actuar en una reunión, en una discusión o en una lucha tratando de que los participantes no se excedan en sus acciones, en pasión o en violencia: *moderar un debate, moderar un combate deportivo* **3** prnl Cuidarse de caer en excesos en la alimentación, el trabajo, el juego, etc: *moderarse en la bebida, moderarse en las fiestas.*

moderato adv, adj m y f y s m (*Mús*) A velocidad moderada, intermedia entre el allegro y el andante.

modernismo s m **1** Afición por lo moderno en costumbres, artes, diseño y materiales **2** Movimiento literario de finales del siglo XIX, de gran importancia en Hispanoamérica, cuyo principal representante fue Rubén Darío, que se caracterizó por el preciosismo y la artificialidad en la forma poética, la exploración de las posibilidades rítmicas de la lengua, la apertura hacia el verso libre, el gusto por los símbolos elegantes y los ambientes exóticos y aristocráticos. En México se sumaron al movimiento sobre todo Manuel Gutiérrez Nájera, en su revista Azul, y Amado Nervo; en España, Manuel Machado, Juan Ramón Jiménez y Valle Inclán entre otros **3** Movimiento artístico europeo de finales del siglo XIX y extendido al XX, caracterizado por su reacción en contra del academicismo y la moralidad hipócrita de la época y la búsqueda de nuevos planteamientos estéticos en arquitectura (Olbrich, Horta, Gropius), pintura (Klimt, Beardsley) y artes decorativas (incluso el Bauhaus en Alemania) **4** Movimiento católico de principios del siglo XX que considera que Dios no puede ser objeto de conocimiento por la razón y sostiene que el fundamento de la fe es la necesidad que tiene el ser humano de Dios; considera los dogmas como símbolos variables y reduce a Jesucristo a su dimensión humana y los sacramentos a señales para alimentar la fe.

modernista adj m y f Que pertenece al modernismo o se relaciona con él: *bailes modernistas, un edificio modernista, poetas modernistas.*

modernización s f Acto de modernizar algo: *modernización económica, la modernización de un teatro, la modernización de la industria.*

modernizar v tr (Se conjuga como *amar*) Hacer que algo se adapte, se ajuste o cambie de acuerdo con las exigencias o las necesidades del presente: *modernizar la industria, modernizar la educación.*

moderno adj Que pertenece a la época presente o a la más reciente en la historia de algo, que se relaciona con ella: *historia moderna, matemáticas modernas, hombre moderno, instrumento moderno.*

modestia s f **1** Sentimiento que produce en uno la conciencia de sus limitaciones y se manifiesta en la sencillez y la mesura de su comportamiento: *sentir modestia*, "Matilde tenía los ojos bajos, por *modestia.* Alguien la había elegido desde lejos y venía a invitarla a bailar", "Éste es un pueblo que admira, antes que el rango, la *modestia*" **2** Actitud de contención en las acciones, de combate a la propia vanidad, que manifiesta una persona: "Donde quiera que vayas preséntate con *modestia* y compostura" **3** Aspecto de limitación en sus medios y en sus bienes, de vida o de existencia austera que presenta una persona, el lugar en donde vive o sus pertenencias: "Vive con *modestia* a pesar de su alto rango".

modesto adj **1** Que actúa con modestia o la manifiesta en su actuación: *una persona modesta*, "El padre de Soutine, el *modesto* sastre Salomón Soutine, a duras penas llegaba a alimentar a su familia", "Un acróbata, *modesto* y tímido como muchas personas de mérito" **2** Que tiene un aspecto limitado, austero y sin pretensiones: "No llegábamos a diez las personas que nos movíamos dentro del *modesto* recinto de Durango 93", *un hotel modesto, una modesta contribución.*

módico adj Tratándose de magnitudes, en especial de cantidades, que es reducido o no alcanza un gran monto: *precios módicos, un salario módico.*

modificación s f **1** Acto y resultado de modificar algo o a alguien: *la modificación de la conducta, modificación social, modificación de los métodos pedagógicos* **2** (*Biol*) Cambio secundario en los caracteres anatómicos y fisiológicos de un ser vivo, que se da por influencia del medio ambiente y que no es hereditario.

modificador adj, y s m **1** Que modifica **2** (*Gram*) Palabra o construcción que precisa, delimita o amplía el significado de un núcleo sintáctico que puede ser sustantivo o verbo. Los *modificadores del sustantivo* son los artículos como *la playa rocosa* y los adjetivos como *rocosa* en "*la playa rocosa*" y los complementos con preposición o adnominales como *de rocas* en "la playa *de rocas*". Los *modificadores del verbo* son el objeto directo, como *manzanas* en "quiero *manzanas*", el objeto indirecto como *le* y *a Juan* en "*le* di el libro *a Juan*", y el circunstancial como *rápidamente* en "vino *rápidamente*".

modificar v tr (Se conjuga como *amar*) Cambiar algunas partes o aspectos de una cosa sin que se modifique o altere del todo o se transforme en otra: *modificar un horario, modificar una ley, modificar la fachada de una casa.*

modismo s m Expresión verbal característica de una lengua, del modo de hablarla en un país, en una región, o en cierto estilo de expresión, compuesta por dos o más palabras, cuyo significado es diferente de la simple unión de los significados de cada una de ellas; desempeña diferentes funciones gramaticales y difícilmente puede traducirse a otra lengua; como multitud de los indicados en este diccionario como acepciones numeradas pero en letra cursiva, por ejemplo: *uno a uno, a tontas y a locas, mentar la madre, ser de armas tomar, irle a uno como en feria*, etcétera.

modista s m y f Persona que diseña, corta y cose prendas de vestir para mujeres: *ir a la modista, una modista parisina.*

modo s f **1** Forma en que algo se presenta o manera de hacer algo: "Hay distintos *modos* de resolver un problema" **2** Forma, manera o estilo característico o propio de algo: *el modo de actuar de los adolescentes, los modos de la pintura moderna* **3** pl Manera de ser alguien: *buenos y malos modos* **4** (*Gram*) Flexión o accidente del verbo que manifiesta la actitud del hablante con respecto a lo que está diciendo, es decir, si lo considera como un hecho real, como un hecho pensado o hipotético, o como algo que pide, ordena o ruega que se haga. A la primera actitud corresponde el *modo indicativo*, como en "Carlos *vino* ayer", en que se considera un hecho el que Carlos haya venido; a la segunda, el *modo subjuntivo*, como en "Espero que *venga*", en que sólo se piensa, se desea o se supone el *venir*; a la tercera corresponde el *modo imperativo*, como en "¡*Ven!*", con lo que se ordena o se pide a alguien que venga. En español, el modo indicativo se conjuga en diez tiempos, el subjuntivo en seis, mientras que el imperativo se expresa con las segundas y terceras personas del indicativo o con formas del subjuntivo cuando se niega: "¡No *vengas!*" **5** *Al modo de* Como, de la misma manera, según: "Escribe al *modo* de los clásicos" **6** *A* (*mi, tu,* etc) *modo* Como, de la misma manera que yo, tú, etc: "Trata de resolver las cosas *a tu modo*" **7** *De modo que* Así es que, en conclusión, de tal suerte que: "¡*De modo que* preferiste esconderte!" **8** *De este modo* Así, tal y como **9** *De cierto modo* En cierta forma, en cierto sentido: "*De cierto modo* soy amigo del presidente" **10** *De todos modos* De cualquier manera, sea como sea, inevitablemente **11** *Grosso modo* A grandes rasgos, en general: "El presupuesto de gastos es, *grosso modo*, de $10 000" **12** *Ni modo* Sin remedio, sin otra posibilidad o sin que pueda hacerse otra cosa; expresa también indiferencia por lo sucedido: "Si no me quieres, *ni modo*".

modoso adj Que tiene modos o gestos muy educados, de acuerdo con las convenciones sociales que los definen; generalmente, que exagera en sus buenas maneras: *una niña muy modosa.*

modular[1] v tr (Se conjuga como *amar*) **1** Variar alguna de las cualidades de un sonido para que se oiga afinado, suave y agradable: *modular la voz, modular la dicción* **2** (*Fís*) Variar la amplitud o la frecuencia de una onda o la velocidad de los electrones en un rayo o flujo de éstos: *modular ondas de radio* **3** Modificar las características o cualidades de una cosa para quitarle exceso, fuerza, violencia, etc: *modular el carácter.*

modular[2] adj m y f Que está formado por módulos o elementos separados que se pueden combinar o componer de varias maneras, o que es un elemento de esa clase: *muebles modulares, un equipo de sonido modular.*

mofarse v prnl (Se conjuga como *amar*) Señalar los defectos o los errores de otra persona con risa o con sarcasmo para ridiculizarla; burlarse de ella: "Se *mofa* de su mujer, de su peinado encopetado y sus pretensiones de nobleza".

mofle s m Dispositivo que se coloca a la salida de los gases de la combustión del motor de un automóvil, con la finalidad de silenciar el ruido que producen las explosiones.

mohín s m Gesto o mueca leve y fugaz de disgusto o contrariedad que generalmente se hace frunciendo los labios: *hacer un mohín*.

mohína s f Muina.

mohíno adj **1** Que está disgustado o triste y de mal humor **2** Tratándose de ganado caballar o vacuno, que tiene el pelo muy negro con tonos grises, hirsuto y sin brillo.

moho s m **1** Grupo de hongos de la clase ficomicetos, que se cría sobre materia orgánica formando pequeñas capas y produciendo su descomposición **2** Capa de óxido que se forma sobre los metales por influencia del aire y la humedad: *salirle moho a una herramienta*.

mohoso adj Que tiene moho o está cubierto por él: *un fierro mohoso*.

mojado I pp de *mojar* **II 1** adj Que tiene agua o algún otro líquido en su superficie o los ha absorbido ligeramente: *zapatos mojados, pelo mojado, manos mojadas*, "Guadalajara Guadalajara / hueles a pura tierra *mojada*" **2** s (*Coloq*) Persona que se introduce ilegalmente buscando trabajo a los Estados Unidos de América, cruzando el río Bravo: "Se fue de *mojado*, pero lo pescó la policía".

mojar v tr (Se conjuga como *amar*) Hacer que caiga agua o algún otro líquido sobre la superficie de un cuerpo, que se humedezca por ello o que lo absorba ligeramente: "*Mojaron* el suelo para que no se levante el polvo", "*Mojar* el pan en el café", "Los niños *mojaban* a las personas que pasaban", *mojarse la cabeza, mojarse la cancha, mojarse bajo la lluvia*, "Si te *mojaste*, cámbiate de ropa".

mojarra s f **1** Pez de numerosas familias, géneros y especies, hasta de 20 cm de largo, de cuerpo muy ovalado y muy delgado de frente; es de diversos colores, abunda en ambas costas y en los ríos y su carne es muy apreciada, aunque de muchas espinas, como la mojarra blanca (*Diapterus olisthotomus*), la mojarra plateada (*Gerres cinereus*), o la mojarra peineta (*Diapterus peruvianus*) **2** (*Ver S*) Machete corto, de hoja ovalada y ancha.

mojón s m Piedra que se usa como señal de los límites de un terreno o de cualquier superficie que se delimite en el campo.

mojonera s f **1** Conjunto de los mojones con que se delimita un terreno **2** Pequeña edificación con que se señalan los límites de una superficie.

mol s m (*Quím*) Unidad de peso de los elementos y de los compuestos químicos, que equivale a su peso molecular en gramos.

molar¹ 1 s m Muela: *primer molar* **2** adj Que se relaciona con las muelas o que pertenece a ellas: *diente molar, un absceso molar*.

molar² s m (*Quím*) Concentración de una solución que se expresa en el número de moles disueltos por litro de disolución; molaridad.

molaridad s f (*Quím*) Molar².

molcajete s m Recipiente de forma semiesférica de piedra, con tres patas cortas, en cuya cavidad se muelen, con una piedra llamada tejolote, condimentos, especias, etc: "La salsa de jitomate y chile hecha en el *molcajete* es mucho más sabrosa".

molde s m **1** Recipiente de yeso, metal, madera, etc en cuyo interior está grabada o escarbada la figura del objeto que se quiere elaborar, y donde se vierte el material líquido o pastoso que, al solidificarse, constituye el objeto deseado: *vaciar en un molde, un molde refractario* **2** Especie de sello con que se estampa o se da forma a un objeto plano y delgado: *un molde de galletas* **3** Modelo de papel, que sirve para cortar las partes de un vestido **4** En tipografía, forma de las letras con la que se imprime **5** Procedimiento establecido que se sigue para repetir alguna cosa: *seguir el molde, romper viejos moldes*.

moldear v tr (Se conjuga como *amar*) Dar forma a una sustancia o un material maleable, mediante sucesivos golpes o pulidos: *moldear el hierro, moldear una pieza*.

moldura s f Borde realzado de diversos materiales que se añade como adorno o protección a una superficie o a una arista: *molduras cromadas, una moldura dorada*.

mole¹ s f Cosa de gran tamaño y muy pesada: *la mole del edificio*, "El toro lo embistió, una auténtica *mole* de 600 kilos".

mole² s m **1** Salsa de chile que puede llevar tomates verdes, especias y condimentos variados, generalmente ajonjolí, y en algunas de sus variedades también chocolate o cacahuates; pasta que con ella se prepara: *mole poblano, mole verde, enchiladas de mole, arroz con mole* **2** Guiso de carne de pollo, de guajolote o de cerdo que se prepara con esta salsa: "En la boda sirvieron un *mole* exquisito" **3** *Mole de olla* Platillo que se prepara con carne, generalmente retazo con hueso, elotes, verduras, chile y otros condimentos y especias. Se sirve en el caldo en el que se cuecen todos estos ingredientes: "Un buen *mole de olla* te dejará como nuevo" **4** *Darle a alguien en su (mero) mole* (*Coloq*) Tratar con alguien sobre temas que le gustan mucho o de cosas que domina muy bien: "Con la plática de los caballos te dieron en tu mero mole" **5** *Ser algo el (mero) mole de alguien* (*Coloq*) Ser lo que mejor domina o lo que más le interesa: "La geometría es su mole", "La natación siempre ha sido su mero mole".

molécula s f Unión de átomos que constituye la unidad más pequeña de la materia, capaz de existir en forma independiente y conservando todas sus propiedades químicas: *una molécula de agua, moléculas orgánicas*.

molecular adj m y f Que pertenece a las moléculas o se relaciona con ellas: *peso molecular, estructura molecular, biología molecular*.

moler v tr (Se conjuga como *mover*, 2c) **1** Romper algo en trozos muy pequeños o hacerlo polvo: *moler la piedra, moler el maíz* **2** Hacer presión sobre algo hasta que se rompa en trozos muy pequeños y suelte su jugo: *moler la caña, moler el chocolate* **3** (*Coloq*) Molestar repetidamente a alguien: "¡Deja de *moler*!".

molestar v tr (Se conjuga como *amar*) **1** Producir molestia en alguien: "Esa luz *molesta* a los automovilistas", *molestar el ruido*, "Le *molesta* hacer esos trámites" **2** intr Sentirse uno mal, incómodo e intranquilo a causa de alguna alteración en la salud o en el funcionamiento de algún órgano; dolerle a uno algo de manera no muy intensa, pero sí de modo que le impida sentirse a gusto o hacer algo: "Aún me *molesta* la herida", "Le *molesta* la rodilla", "Cuando juega le *molesta* el hombro" **3** prnl Ofenderse o sentirse uno por lo que otra persona ha hecho o dicho: "*Me molestó* que no me invitaran a la fiesta", "*Se molestó* porque lo dejamos plantado" **4** *¿Lo molesto con...?* Expresión cortés con la que se pide algo: "*¿Lo molesto con mi dinero?*", "*¿La molesto con* los papeles?".

molestia s f **1** Sensación de mal humor y desagrado o de incomodidad que tiene una persona cuando algo o alguien le causa dificultades, interfiere en sus asuntos o le hace llevar a cabo una actividad que no le gusta: *crear molestias, causar molestia*, "Perdone las *molestias* que ocasiona esta obra", *la molestia de vivir en la ciudad* **2** Cosa, persona, situación, etc que provoca esta sensación: "La basura es una *molestia* para todos", "Esos trámites son una verdadera *molestia*" **3** Sensación desagradable y de intranquilidad que produce alguna cosa que altera la salud o perturba el funcionamiento de algún órgano; dolor, más bien ligero, pero que incomoda o causa alguna limitación: "Sufre las *molestias* propias de la digestión", "Si le sigue la *molestia* puede duplicar la dosis" **4** *Tomarse la molestia de* Ocuparse de algo, dedicar tiempo a cierta cosa o poner atención en ella a pesar del desagrado, la incomodidad o la dificultad que le cause a uno: "*Se tomó la molestia de* avisarle a tu hermano", "No *se tomó la molestia de* verificar los datos".

molesto adj **1** Que molesta o causa molestia: *un dolor molesto, un molesto ruido*, "El humo del cigarro es especialmente *molesto*" **2** Que siente molestia por alguna cosa: "Está *molesta* por su herida", "Ya está muy *molesto* con tanto trámite inútil".

molido I pp de *moler* II adj **1** Que ha sido triturado o desmenuzado en pedazos muy pequeños: *pan molido, oro molido, carne molida* **2** Que está muy cansado o agotado por un esfuerzo físico muy fuerte y prolongado: "Llegó *molido* del viaje".

molienda s f **1** Acto de moler granos u otras cosas **2** Cantidad de grano u otros cuerpos que se ha molido en un tiempo determinado **3** Temporada durante la cual se efectúa.

molino s m **1** Instrumento que sirve para moler, hacer polvo o exprimir algo: *molino de café, molino de carne, molino de maíz, un molino eléctrico* **2** Instalación o lugar en que se hace ese trabajo: "Ve al *molino* a comprar harina" **3** *Molino de viento* Construcción que consta de grandes aspas para recibir la fuerza del viento y mover una máquina que muele o que genera electricidad, o una bomba capaz de extraer agua de un pozo artesiano.

molusco s m Animal invertebrado que tiene cuerpo blando, a veces cubierto por una concha; vive en el mar, como el pulpo; en agua dulce, como la almeja, o en la tierra, como el caracol. Es muy apreciado como alimento.

molleja s f **1** Carnosidad que se forma en las glándulas de algunos animales, especialmente del ganado vacuno, que crece debajo del pescuezo; es muy apreciada como alimento **2** Estómago de las aves en que se muele el alimento.

mollete s m Bolillo tostado o dorado, untado con mantequilla o con frijoles refritos.

momento s m **1** Periodo o espacio de tiempo muy corto: "Llego en un *momento*" **2** *En este momento* Ahora, en este preciso instante: "*En este momento* estoy leyendo", "Me voy *en este momento*" **3** *Del momento* De actualidad, de moda: "María Conesa fue la estrella *del momento* a principios de siglo", *la noticia del momento, el cantante del momento* **4** *Al momento* De inmediato, en seguida: "Lleva este recado *al momento*" **5** *A cada momento* Repetidamente: "*A cada momento* te distraes" **6** *De momento* Por ahora, pasajeramente: "*De momento* me siento bien", "Tuvimos un obstáculo *de momento*" **7** *Por el momento* Por ahora, en este instante: "*Por el momento* ya trabajaste bastante" **8** *Por momentos* A veces, en ocasiones, rápidamente: "*Por momentos* me parece ver fantasmas", "Empeora *por momentos*" **9** *En ningún momento* Jamás, nunca: "*En ningún momento* he dicho eso" **10** interj Expresión con la que se pide a alguien que se detenga: "*¡Momento!*, aún no has pagado" **11** *Momento angular* (*Fís*) Producto de la multiplicación de la fuerza aplicada en un punto determinado de un cuerpo en rotación circular, por la distancia que hay entre ese punto y el eje de rotación.

momia s f **1** Cadáver que, naturalmente o mediante embalsamamiento, se ha desecado sin descomponerse: *las momias de Guanajuato, hacerse momia* **2** Cadáver vendado de pies a cabeza que, en las películas, recupera el movimiento y siembra el terror: *vestirse de momia, un disfraz de momia, la momia egipcia* **3** Persona muy vieja, enjuta y delgada hasta los huesos.

monada s f **1** Apariencia o gesto simpático y tierno: *hacer monadas*, "¡Qué *monada* de vestidito!" **2** *Ser algo o alguien una monada* Ser bonito, simpático y gracioso: "Calzando unas botas altísimas, la *monada* que era Denise atravesó el salón".

monarca s m **1** Persona en quien recae la soberanía de un Estado y lo gobierna: *un monarca persa, la voluntad del monarca* **2** (*Crón dep*) Campeón de algún deporte: *el monarca de los pesos gallos, el monarca de la liga de futbol*.

monarquía s f **1** Forma de gobierno de un Estado en la cual un rey o un emperador ejerce la soberanía total o limitadamente: *la monarquía francesa, monarquía absoluta* **2** *Monarquía institucional* Aquella en la cual una constitución o ley fundamental rige para todos los miembros del Estado, incluido el rey, y hay un parlamento libremente elegido por los ciudadanos **3** Estado gobernado por un monarca **4** Tiempo que dura el reinado de una persona: *la monarquía de Carlos V*.

monárquico adj y s Que se relaciona con la monarquía, que pertenece a ella o es partidario de este sistema político: *régimen monárquico, estado monárquico, partido monárquico*.

monasterio s m Residencia fija de una comunidad de monjes, generalmente aislada de las ciudades o pueblos: *un monasterio benedictino, un monasterio budista*.

monaural adj m y f **1** Que se produce por la estimulación de un solo oído **2** Tratándose de grabaciones de sonido, que suena por una sola bocina o que suena de la misma manera en cualquier bocina; monofónico: *un disco monaural*.

moneda s f **1** Pieza generalmente redonda y plana, hecha de metales como el oro, la plata, el cobre o el níquel, en cuyas caras están grabados su valor y algún símbolo del país al que pertenece; se utiliza para comprar y vender: *una moneda de a peso, una moneda de a 10* **2** Unidad de valor del dinero de un país determinado, como el peso en México o el quetzal en Guatemala.

monetario adj Que pertenece a la moneda o que se relaciona con ella: *un sistema monetario, valor monetario, reforma monetaria.*

mongol adj y s **1** Que es originario de Mongolia o pertenece a esta cultura, región y país asiático: *el desierto mongol, el complot mongol, comida mongol* **2** Lengua de ese pueblo, del grupo altaico.

monismo s m Conjunto de doctrinas filosóficas que consideran que el conjunto de todas las cosas en el universo es reductible a una sustancia única, y de esa manera se propone superar la distinción entre la materia y el espíritu o la mente, ya sea proponiendo que el espíritu se reduce a materia (monismo materialista), ya sea que la materia es una manifestación del espíritu (monismo idealista), ya sea haciendo emerger la mente de la materia.

monja s f **1** Mujer perteneciente a una orden o congregación religiosa que, generalmente, vive en comunidad en un convento: *una monja josefina, un colegio de monjas* **2** Pan dulce ovalado y abultado, color café claro con una cresta blanca encima.

monje s m Miembro de una orden religiosa que vive en comunidad en un monasterio o un convento: *un monje franciscano, vida de monje.*

mona s f **1** Hembra del mono **2** (*Coloq*) Borrachera: *agarrar la mona* **3** *Dormir la mona* (*Coloq*) Quedarse dormida una persona a causa de la borrachera que se puso.

mono[1] s **1** Mamífero primate del suborden de los simios, que se caracteriza por poder oponer los dedos pulgares de las cuatro extremidades a los otros dedos, y usar su cola para agarrar objetos, como el mono araña, el tití y los changos **2** Muñeco: *monos de peluche* **3** *Monitos* Caricatura o serie de caricaturas como las que componen las tiras cómicas y las películas de dibujos animados: *los monitos del periódico, película de monitos, un mono de Rius* **4** *Mono sabio* (*Tauro*) Monosabio **5** Traje de trabajo que cubre todo el tronco y las extremidades, que usan mecánicos, choferes, algunos pilotos, etcétera.

mono[2] adj Que es bonito, simpático o agradable: *una muchacha muy mona, un vestido mono.*

monocotiledónea adj y s f (*Bot*) Planta fanerógama angiosperma, que tiene un solo cotiledón en el embrión germinado.

monofásico adj Tratándose de corriente eléctrica alterna, que se suministra en un solo circuito.

monogamia s f Régimen social que norma la unión o el matrimonio de un hombre con una sola mujer.

monografía s f Estudio o trabajo que trata sobre un solo tema específico: *una monografía histórica, una monografía de la Iglesia, una monografía sobre Francisco Javier Mina.*

monólogo s m **1** Acto de hablar o parlamento de una persona sola, en particular en una obra teatral: "Este *monólogo* expresa el lamento de Fausto por haber vendido su alma al diablo" **2** *Monólogo interior* (*Lit*) Parlamento de una persona consigo misma.

monopolio s m Concentración exclusiva en una sola empresa o en un solo grupo de empresas, de la producción, distribución o venta de ciertos productos o servicios: *monopolio bancario, monopolio de la industria camaronera, monopolio tecnológico.*

monosabio s m Mozo que desempeña varias tareas en el ruedo durante la corrida de toros, como echar arena, limpiar la sangre, ayudar al picador, etcétera.

monoteísmo s m Doctrina o creencia religiosa basada en la idea de la existencia de un solo dios: *el monoteísmo árabe, el monoteísmo del cristianismo.*

monoteísta adj m y f Que profesa el monoteísmo o se relaciona con él: *una religión monoteísta, un pueblo monoteísta.*

monótono adj **1** Que tiene un solo tono, que tiene una variación de sonido o de color muy limitada: "La voz clarísima y *monótona* de la telefonista repite siempre lo mismo", "Desde mi cama sigo oyendo el monótono ritmo del tambor y la flauta" **2** Que ocurre o se presenta siempre igual o con muy poca variación: "El tren, con su vaivén *monótono*, lo mecía hasta dormirlo", *una arquitectura monótona, una vida monótona.*

monstruo s m **1** Ser cuya figura o cuyo comportamiento es contrario a la naturaleza de la que proviene, o muestra gran diferencia en comparación con los demás de su especie: *un monstruo de dos cabezas, el monstruo de Frankenstein, un monstruo marino* **2** Persona cuya maldad o fealdad es extraordinaria: "No es posible que de una misma madre hayan nacido un ángel y un *monstruo*", "¡Nerón, has vivido como un *monstruo*, muere al menos como un emperador!" **3** Persona de características extraordinarias: *un monstruo sagrado de las letras mexicanas, un monstruo de las matemáticas* **4** Que es extremadamente grande: *una ciudad monstruo, un avión monstruo.*

monstruoso adj **1** Que tiene características de monstruo o se comporta como tal: "Se le enchueca la boca en un rictus de máscara *monstruosa*", *un ser monstruoso* **2** Que es extremadamente malo, maligno, feo o inhumano: *una guerra monstruosa, una verdad monstruosa, monstruoso genocidio.*

monta[1] s f **1** Acto de montar: *hacer una buena monta, la monta del campeón* **2** Acto de copular un animal con otro, en particular los bovinos y los equinos: *la monta de una vaca, monta natural.*

monta[2] *De poca monta* De poca importancia, de poco valor: *un robo de poca monta, una dificultad de poca monta.*

montada s f **1** Acto o hecho de haber montado una máquina: *la montada de una fresadora* **2** Policía a caballo: "La *montada* se lanzó contra los campesinos que protestaban".

montado I pp de *montar* II adj Que está o va sobre su cabalgadura.

montaje s m **1** Acto de montar una máquina o una de sus piezas para que funcione: *el montaje de un telescopio, el montaje de un coche, cadena de montaje* **2** Acto de preparar la representación de una obra teatral con una escenografía y música determinadas y de acuerdo con el plan de sentido que se propone su director: *un montaje de Macbeth, un nuevo montaje de Julio Castillo* **3** Selección, ordenación y recomposición de escenas en una película cinematográfica o en una grabación magnetofónica **4** Fotografía recompuesta a base de partes de otras fotografías, cuya finalidad es alterar la veracidad de su original y engañar a alguien.

montaña s f **1** Terreno muy elevado y de gran extensión que se levanta sobre una planicie: *cruzar la montaña, escalar montañas, una cadena de montañas* **2** *Montaña rusa* Juego mecánico que hay en algunas ferias; consiste en una construcción, generalmente grande, que sostiene una vía ondulada, con curvas, fuertes subidas y bajadas pronunciadas, por la que se deslizan vehículos que transportan personas aficionadas a esas distracciones.

montar v tr (Se conjuga como *amar*) **I 1** Poner una cosa sobre otra, de manera que ésta la sostenga y las dos queden firmemente colocadas: *montar una viga en la pared, montar una pieza en un soporte, montar una piedra preciosa en un anillo, montar la carrocería de un coche, montar un sistema de alumbrado* **2** Subir a un caballo u otro animal y controlarlo según las necesidades de uno: *montar a caballo, montar en burro, montar un toro* **3** Subir a un vehículo terrestre: "El capitán dispuso que subieran a los coches; él mismo *montó* al que conducía Aguirre" **4** (*Rural*) Penetrar el órgano sexual de un macho al de la hembra, en particular los cuadrúpedos **5** *Montarse en su macho* (*Coloq*) Empeñarse en hacer algo o insistir tercamente en algo: "De que el abuelo *se monta en su macho*, no hay quien lo baje" **6** *Montar los puntos* Poner los puntos en una aguja de tejer **7** *Montar en cólera* Enojarse fuertemente **II 1** Construir o armar alguna cosa, colocando cada una de sus partes o piezas en su lugar correspondiente: *montar una máquina, montar un motor* **2** Organizar todos los elementos necesarios para que pueda llevarse a cabo alguna cosa: *montar una obra de teatro, montar una función de box, montar un hospital, montar un negocio* **3** Preparar con elementos reales pero dispersos o de diferente procedencia alguna cosa, para engañar a alguien: *montar una escena de celos, montar una campaña de difamación* **III** Alcanzar una cantidad o una suma de dinero cierto límite: "La deuda *monta* mil millones de pesos" **IV** *Montar guardia* Estar un guardia o un vigilante en alerta durante cierto tiempo.

monte s m **1** Terreno extenso de elevación variada, cubierto de vegetación como árboles, arbustos y matorrales, donde puede haber animales salvajes y caza **2** Terreno cubierto de hierba y matorrales, que no se ha cultivado **3** En ciertos juegos de baraja o en el dominó, conjunto de cartas o fichas que quedan disponibles para todos los jugadores, según las reglas particulares del juego **4** *Monte de piedad* Establecimiento público de ayuda que presta dinero a bajo interés sobre objetos o prendas que se depositan en él en garantía del préstamo.

montera s f Gorra que usan los toreros, de terciopelo negro y pasamanería de seda, que tiene una bola como remate característico a cada lado.

monto s m Cantidad o suma de dinero: *el monto de un salario, el monto de los gastos, el monto del presupuesto, el monto de una apuesta.*

montón s m **1** Conjunto de cosas en desorden, a veces reunidas verticalmente, en una pila: *un montón de cenizas, un montón de tierra, un montón de basura, un montón de naranjas* **2** (*Coloq*) Gran cantidad de algo: *un montón de dinero, un montón de gente, un montón de cosas, un montón de palabras*

3 *De a montón, a montones* (*Coloq*) En gran cantidad, mucho: "Hay flores *de a montón*", "Las vacas se mueren *a montones*" **4** *Ser algo* o *alguien del montón* Ser común y corriente, como la mayoría, sin nada característico: *una güerita del montón, un músico del montón* **5** *Beneficio* o *labor de montón* (*Rural*) Cuidado que se da al maíz poco antes de su floración, quitándole tierra al pie de la mata, para que se desarrollen mejor sus raíces y se vuelva más resistente al viento **6** *Echarle montón a alguien* (*Popular*) Atacarlo muchos individuos al mismo tiempo.

montura s f **1** Animal sobre el que se monta alguien: "El jefe americano se alzó sobre la cabeza de su *montura*" **2** Silla de montar y sus arreos: *una montura charra* **II** Soporte de alguna cosa, sobre el cual se coloca y se fija: *la montura de un anillo, montura de un telescopio.*

monumental adj m y f **1** Que tiene carácter o tamaño propio de un monumento: *una escultura monumental, la plaza de toros monumental, un museo monumental* **2** Que es de grandes proporciones o desmesurado: *una ignorancia monumental, un error monumental, una monumental tontería.*

monumento s m **1** Obra arquitectónica o escultórica con la que se honra y se conmemora algo o a alguien: *el monumento a la Independencia, un monumento a Zapata, monumentos funerarios* **2** Obra que resulta de valor o importancia histórica, artística, etc: *monumentos nacionales, un monumento literario* **3** En la devoción católica, altar o caja en cuyo interior se deposita una hostia consagrada el Jueves Santo para consumirla al día siguiente: *visitar los monumentos, instalar el monumento.*

moño s m **1** Lazo de listón o de otro material anudado en forma de mariposa o de ocho, que generalmente se usa como adorno del pelo de las mujeres, de prendas de vestir o para anudar las agujetas de los zapatos: *un moño rojo, hacerse moños, hacerse el moño de las agujetas, corbata de moño* **2** *Ponerse uno sus moños* (*Coloq*) Resistirse a hacer o a aceptar alguna cosa, como efecto de la soberbia, de la vanidad o de las exigencias que uno tenga **3** Pan dulce de diversas composiciones, pero con la forma de esta clase de lazos.

mora[1] s f **1** Fruto redondo o drupa, jugoso, de color rojo oscuro o hasta negro, generalmente comestible, de alguna de varias plantas de diferentes familias y especies, como *Morus microphylla, Morus celtidifolia, Rubus adenotrichos, Rubus palmeri, Malphigia umbellata, Solanum nigrum, Solanum salvifolium, Conostegia xalapensis*, etc **2** *Mora amarilla* (*Chlorophora tinctoria*) Arbusto o árbol hasta de 25 m de altura, con tronco hasta de 60 cm de diámetro, de corteza grisácea o morena clara, ramas extendidas y espinosas, hojas alternas, ovales y acuminadas o aserradas, a veces lobuladas, de color verde oscuro, de flores en espiga, las masculinas, y en cabezuelas las femeninas; da una madera amarilla fuerte y durable, y también una tintura **3** *Mora blanca* (*Morus alba*) Árbol originario de China, de la familia de las moráceas, de hojas alternas ovadas, aserradas y agudas, que da frutos blancos o violáceos compuestos por pequeñas drupas rodeadas de pulpa; sus hojas sirven de alimento al gusano de seda; morera **4** *Mora negra* (*Morus nigra*) Árbol originario de Persia, cuyo fruto es una baya rojiza oscura, compuesta de pequeñas drupas, de sabor ácido **5** *Mora hedionda* (*Cassia atomaria* o *cassia emarginata*) Árbol de la familia de las leguminosas, de 3 a 7 m de altura, con hojas pinadas con tres a cinco pares de hojuelas oblongas, de 2 a 13 cm de largo, pubescentes por debajo; sus flores son amarillas, grandes, que crecen en racimos; su fruto es una vaina aplanada. Su follaje es de olor desagradable.

mora² s f Tardanza o retraso en el pago de alguna cosa, y cantidad que se cobra como castigo: "Nos vinieron a cobrar la *mora*".

morada s f Casa, habitación o lugar donde vive alguien: "Nos recibió en su humilde *morada*", "Prohibieron el allanamiento de *morada*".

morado adj, y s m Que es del color que resulta de la combinación de rojo con azul: *una col morada*, *un ojo morado*.

moral s f **1** Conjunto de valores, principios o normas por el que se rigen, sobre la base de la convicción y la obligación personales, las relaciones que los seres humanos establecen entre sí y que permiten juzgar, en relación con el bien y el mal, las distintas formas del comportamiento humano: *la moral de la Edad Media, la moral contemporánea, una moral religiosa, una moral atea, una nueva moral* **2** Estudio de estos valores, principios o normas, y del comportamiento relacionado con ellos **3** adj m y f Que pertenece a ese conjunto de valores, que actúa de acuerdo con ellos o se relaciona con el sentido del deber: *problema moral, comportamiento moral, obligación moral* **4** Confianza en uno mismo, vitalidad o ánimo con el que se enfrenta alguna situación: *la moral del equipo en un partido*, *perder la moral*, "Su *moral* lo sacó adelante", *tener alta la moral*.

moraleja s f **1** Lección o enseñanza que se deduce o se expresa al final de una fábula o de alguna otra narración, como en las de Esopo o las de Samaniego **2** Lección o enseñanza que se obtiene de alguna experiencia: "Saca la *moraleja* de lo que dañan tus mentiras".

moralmente adv **1** De acuerdo con la moral o desde ese punto de vista: "Se creía obligado *moralmente* hacia mí" **2** Desde el punto de vista de la confianza en uno mismo o del ánimo con que enfrenta alguna situación: "Está *moralmente* desecha".

moratoria s f Suspensión temporal de una decisión o de la aplicación de una medida, en tanto no se revisa o se corrige: "De no haber acuerdo se declarará la *moratoria* de pagos", *proponer una moratoria antinuclear*.

morbilidad s f **1** Capacidad de contraer una enfermedad o de caer enferma una persona: "Los neoplasmas son causa importante de *morbilidad* y de mortalidad" **2** Índice del número de personas que se enferman en una comunidad en un periodo determinado: "La tasa de *morbilidad* materna sigue siendo alarmante".

morboso adj **1** Que tiende a enfermar o a causar enfermedades: *un estado morboso* **2** Que provoca actitudes o comportamientos morales contrarios a los que convienen a la salud o a la virtud; que es enfermizo moralmente: *una curiosidad morbosa*, *un libro morboso*, *una película morbosa*.

morder v tr (Se conjuga como *mover*, 2c) **I 1** Clavar los dientes un animal o un ser humano sobre la car-

ne de otro, en la pulpa de un fruto, etc para desgarrarlo, o partirlo y después comerlo: *morder una pierna, morder una manzana, morderlo a uno un perro* **2** Clavar los colmillos una víbora para inyectar su veneno **3** Apretar fuertemente un objeto a otro, impidiendo su movimiento: "El cierre *mordió* la tela de mi pantalón" **4** *Morderse la lengua* o *los labios* Abstenerse, con esfuerzo, de decir alguna cosa crítica u ofensiva para otra persona, o arrepentirse inmediatamente después de haber comenzado a hacerlo e interrumpirse: "¿Como el que le atormenta a usted? —*Se mordió los labios*, había preguntado casi sin querer" **5** *Morderse un huevo* (*Popular*) Resistir con gran esfuerzo y hasta dolor hacer alguna cosa: "Yo le llegaba a la heroína pero le paraba cuando sentía que ya la estaba necesitando. Entonces *me mordía un huevo* para no aficionarme" **6** *Morder el anzuelo* Caer en una trampa **II** (*Coloq*) Exigir indebidamente un policía o cualquier burócrata o funcionario el pago de dinero a alguien para no aplicarle la ley, justa o injustamente, o para facilitarle los trámites de algún asunto **III** *Morder el polvo* Caer uno o verse completamente derrotado; morir. ˙

mordida s f **1** Acto de morder **2** Huella, cicatriz y pedazo de carne o de pulpa que se arranca al hacerlo: "Mira, aquí en el brazo me dejó su *mordida*", "Dame una *mordida* de tu pastel", "Un enorme cerdo mató a *mordidas* a un niño" **3** (*Coloq*) Cantidad de dinero que exige una persona a un policía, un burócrata o un funcionario una persona para no aplicarle la ley, aunque lo merezca; para no aplicársela injusta, arbitraria y prepotentemente; para que logre terminar un trámite en un plazo razonable, o para ayudarle a aprovecharse indebidamente de alguna cosa: *dar mordida, cobrar mordida*.

morelense adj y s m y f Que es natural de Morelos, que pertenece a este estado o se relaciona con él.

moreliana s f Dulce de leche con azúcar quemada originario de Morelia, de sabor semejante al de la cajeta, que se presenta en forma de disco pequeño con un diámetro aproximado de 8 cm.

moreliano adj y s Que es natural de Morelia, capital del estado de Michoacán; que pertenece a esta ciudad o se relaciona con ella: *arte virreinal moreliano*, "Saludó a las *morelianas*".

moreno adj **1** Que es de piel blanca pero oscurecida o de un color semejante al café: *una mujer morena, la Virgen morena, un hombre moreno* **2** Que es de color café: *azúcar morena, pan moreno*.

morfema s m (*Gram*) Parte más pequeña o unidad mínima de un signo o palabra que tiene significado. Se divide en lexemas (o raíces), que son los morfemas cuyo significado designa objetos del mundo sensible o conceptual, y en gramemas (o desinencias), que son aquellos cuyo significado es una relación gramatical. El morfema engloba lo que en la gramática tradicional es conocido con los nombres de raíz y desinencia o terminación. En "Los pájaros cantaban", los morfemas son: *los, pájar-, -o-, -s, cant-, -a-, -ba-* y *-n*.

morfina s f Droga de acción narcótica que se obtiene del opio; se emplea en medicina de manera muy controlada porque causa hábito con facilidad.

morfología s f **1** Estudio y exposición de la forma y estructura de algo: *morfología animal, morfología terrestre* **2** (*Gram*) Parte de la gramática que estudia las palabras desde el punto de vista de los morfemas que las componen. Tradicionalmente se divide en flexión y derivación. Estudia, por ejemplo, los morfemas de género y número de los sustantivos, y los de modo, tiempo, número y persona de los verbos, así como la formación de palabras con prefijos o sufijos.

morfosintaxis s f sing y pl (*Gram*) Parte que algunas teorías gramaticales han dedicado al estudio simultáneo de las combinaciones de las palabras en la oración y de los morfemas en las palabras, por considerar que ambos fenómenos son interdependientes.

moribundo adj y s **1** Que está a punto de morir: "Tres bellas damas lo recogieron *moribundo*" **2** Que está a punto de llegar a su fin o desaparición: *una sociedad moribunda*.

morir v intr (Se conjuga como *dormir*, 9b). Su participio es irregular: *muerto*) **1** Dejar de vivir una persona, un animal, una planta o cualquier organismo; fallecer: *morir un anciano, morir un caballo, morir una rosa, morir una célula,* "Se *murió* en un accidente", "Se *murieron* sus pájaros" **2** Dejar de existir algo por completo: *morir una lengua, morir una tradición, morir un volcán* **3** *Morir(se) de* Sentir algo con gran intensidad: *morir de frío, morirse de vergüenza, morirse de ganas* **4** *Morir(se) por algo o por alguien* Desear algo o a alguien con mucha fuerza o ser muy aficionado a alguna cosa: "*Me muero por un pastel*", "*Se muere por tener una hija*", *morirse por el teatro,* "*Me muero* por esa morena".

mormón adj y s Que pertenece a la secta de origen cristiano llamada Iglesia de Jesucristo de los santos de los últimos días, fundada por su profeta John Smith en los Estados Unidos de América a mediados del siglo XIX, sobre la base de revelaciones hechas a él por Dios para restaurar la limpieza y la verdad del Evangelio; sostiene que la Trinidad está formada por tres personas físicamente distintas y que, si el individuo lleva una vida acorde con el Evangelio, puede alcanzar más tarde un carácter divino. Su culto consiste en cantos, himnos y una especie de la Eucaristía; no tiene un clero profesional; sostiene una permanente actividad misionera, combate el alcohol, el cigarro, el café y el té; originariamente poligámico, en décadas recientes se ha inclinado por la monogamia; persona que se relaciona con esta secta.

moro adj y s **1** Que es originario de África septentrional, donde estaba la antigua provincia de Mauritania, o pertenece a ella **2** Que pertenece a los pueblos árabes musulmanes que invadieron a España, vivieron ahí entre los siglos VIII y XV y dejaron en ella su gran cultura **3** *Haber moros en la costa* Haber motivo para temer alguna cosa, debido a la presencia de alguien que puede intervenir peligrosamente **4** *Ver moros con tranchete* Ver amenazas en donde no las hay: "Tu fantasía puede jugarte una mala pasada, haciéndote *ver moros con tranchete*" **5** *Moros y cristianos* Danza que se baila en muchos pueblos, generalmente con motivo de la fiesta de Santiago, en que los danzantes se visten, unos con máscaras de musulmanes, y otros con máscaras de cristianos, dicen ciertos parlamentos y ejecutan un baile en que combaten con espadas **6** *Moros y cristianos* Arroz blanco con frijoles negros **7** *Ponerle a alguien un ojo moro* (*Coloq*) Golpearlo en la cara y dejarle un derrame alrededor del ojo.

moronga s f Salchicha elaborada con tripa de cerdo rellena de sangre cocida y condimentada con cebolla, tomillo, yerbabuena, orégano, etc, a la que suele añadirse arroz; se come frita y en tacos, o guisada en salsa verde; morcilla, rellena, sangre.

morral s m Bolsa de ixtle, de piel o de otro material, que se cuelga al hombro para llevar objetos y cargar comida.

morsa s f (*Odoboenus rosmarus*) Mamífero marino de las regiones árticas, parecido a la foca pero de mayor tamaño, de cuerpo macizo y piel gruesa. Los machos tienen un par de largos colmillos puntiagudos en el maxilar superior; se alimenta principalmente de moluscos y crustáceos y se caza por su piel, su grasa y sus colmillos.

mortal 1 adj y s m y f Que ha de morir: *seres mortales, el común de los mortales* **2** adj m y f Que puede de causar o producir la muerte: *una sustancia mortal, una picadura mortal, un golpe mortal* **3** adj m y f Que inspira el deseo de muerte o de matar: *un odio mortal, una pasión mortal* **4** adj m y f Que es angustioso, muy pesado o penoso: *un miedo mortal, un cansancio mortal*.

mortalidad s f **1** Carácter de lo que es mortal, está sujeto a la muerte o la produce: *la mortalidad humana, la mortalidad de los organismos, la mortalidad producida por un veneno* **2** Índice del número de personas, de animales o plantas que mueren en una comunidad o en una región, relacionado con otros factores demográficos: *tasa de mortalidad, mortalidad infantil*.

mortandad s f Cantidad de muertes que produce una guerra, una epidemia o algún desastre, o relación cuantitativa que hay entre los muertos y el tamaño de una población: "La epidemia produjo una gran *mortandad*", *reducir la mortandad infantil*.

mortero s m **1** Utensilio de cerámica, madera o metal, semejante a un tazón, que sirve para machacar sustancias y mezclarlas **2** Tronco vaciado en su interior, grueso y resistente, de forma cónica, que se emplea para descascarar el arroz a golpes de un mazo cilíndrico con extremidad cónica **3** Mezcla pastosa de arena, cemento y agua, que se utiliza en albañilería **4** Pieza de artillería de gran calibre, que consiste en un tubo corto y grueso, de cuyo interior se impulsan las granadas.

mortificar v tr (Se conjuga como *amar*) **1** Provocar alguna cosa o hacer alguien que una persona sienta excesiva preocupación por algo o se considere responsable de una falla: "Se *mortifica* mucho cuando sus hijos le piden más dinero y no tiene qué darles" **2** Castigar el cuerpo y la voluntad como penitencia o como práctica ascética.

mosaico[1] s m **1** Placa de cerámica de diversas formas geométricas, pero generalmente cuadrada, decorada con grecas o con dibujos de diversos tipos, que se usa como recubrimiento de pisos y paredes: *una fábrica de mosaicos, poner mosaicos, tapizar con mosaico* **2** *Mosaico veneciano* Pequeña placa de cerámica vidriada, generalmente cuadrada, que sirve para recubrir paredes o pisos de baños, albercas, etc **3** Conjunto plano de diversas figuras, dibujos, representaciones, etc: *un mosaico de pueblos, un mosaico de posibilidades* **4** (*Bot*) Enfermedad viral de las plantas, que se manifiesta por una decoloración irregular de las hojas, o manchas de color verde claro, oscuro y amarillo.

mosaico² adj Que pertenece a Moisés o se relaciona con él: *ley mosaica, decálogo mosaico.*

mosca s f I **1** (*Musca domestica*) Insecto díptero de color negro, con alas transparentes, una trompa que posa en todas partes y patas peludas, que vuela en torno a las personas en las casas, sobre todo cuando hay comida, e infesta la basura o busca la carroña: *espantar las moscas, matar moscas, volar la mosca* **2** Insecto parecido al anterior, de gran número de especies del género *musca* **3** *Mosca prieta* (*Anastepha ludens*) Insecto que se alimenta chupando la savia de los cítricos y constituye una plaga dañina **4** *Mosca cafetera* Díptero del género *simulium*, que produce larvas acuáticas en los arroyos de la selva tropical, transmisora de la oncocercosis, frecuente en Chiapas y Oaxaca **5** *Mosca tsetsé* (*Glossina palpalis, Glossina fusca*) Díptero que transmite el microbio que produce la enfermedad del sueño; de mayor tamaño que la doméstica, pica con su trompa II (*Coloq*) **1** *Papar moscas* Estar alguien distraído y con la boca abierta **2** *No pararse ni las moscas* No ir ni acudir nadie a algún lugar: "En el nuevo restaurant *no se paran ni las moscas*" **3** *No oírse ni el zumbido de una mosca* Estar todo en absoluto silencio **4** *Por si las moscas* Por si acaso, por si las dudas: "Es difícil que lleva, pero se llevó el paraguas, *por si las moscas*" **5** *No matar alguien ni una mosca* Ser alguien incapaz de hacer algo malo **6** *Caer como moscas* Morir personas o animales en cantidad, silenciosamente y sin defensa: "Tras la explosión, la gente empezó a *caer como moscas*" **7** *Ser alguien una mosca muerta* Aparentar desvalidez, ingenuidad o inocencia: "¡Dios nos libre de esas viejas *moscas muertas*!" **8** *Verse alguien como mosca en leche* Destacar notablemente la apariencia o el color oscuro de la piel de una persona en cierta situación **9** *Hacerle mosca a alguien* Estorbarle constantemente y de manera impertinente **10** *Andar mosca* (*Popular*) Estar uno receloso o desconfiado **11** *Viajar de mosca* Viajar colgado de la parte exterior de un autobús y, consecuentemente, sin pagar **12** *Aflojar la mosca* (*Popular*) Entregar el dinero que uno trae **13** *Patas de mosca* Letras pequeñas y poco claras III **1** Cebo para pescar, que consiste en la reproducción de uno de estos insectos **2** En el box, categoría en la que compiten boxeadores cuyo peso es de 48 a 51 kg: *peso mosca, título mosca* **3** *Mujer u hombre mosca* Acróbata capaz de ascender por las fachadas de los edificios **4** *Moscas volantes* Fenómeno ocular o de la vista, que consiste en percibir telarañas o cuerpos luminosos en el aire.

moscardón s m Insecto díptero de la familia de los múscidos, parecido a la mosca pero hasta de 1.5 cm de longitud, de color oscuro y cuerpo muy velludo, que produce un molesto zumbido al volar.

mosco s m **1** Insecto díptero de varias especies de la familia de los culícidos, de cuerpo muy fino, alas transparentes, patas largas y delgadas, que produce un zumbido agudo y penetrante al volar y cuya hembra se alimenta de la sangre que chupa al ser humano y a otros animales, produciendo una pequeña inflamación de la piel y comezón; transmite enfermedades contagiosas, como el paludismo en las regiones tropicales, que lleva el *Anopheles maculipennis*, habitante de aguas estancadas, o el dengue; zancudo **2** *Mosco de pájaro* Díptero del género *co-*

rixa, común en los lagos, en donde se recolecta como alimento para pájaros; sus huevecillos o ahuautles son un manjar muy apreciado **3** Especie de aguardiente destilado de frutas, que se consume en varias regiones, como en los estados de México y de Michoacán: *tomarse un mosco.*

mosquito s m Mosco.

mostaza s f **1** Salsa de color amarillo y sabor fuerte, ligeramente picante, a veces con granitos negros, que se utiliza como condimento y para aderezar ciertos alimentos, como la carne, los hot dogs, las hamburguesas, etc: *un filete a la mostaza, untar mostaza* **2** (*Brassica nigra*) Planta de la familia de las crucíferas, de hojas alternas, flores amarillas en espiga y fruto con varias semillas negras, muy pequeñas, de las cuales se obtiene esa salsa **3** *Mostaza blanca* (*Brassica alba*) Planta parecida a la anterior, pero con semillas de color claro **4** adj y s Que tiene el color de esa salsa **5** *Mostaza montés* (*Nicotiana glauca*) Planta solanácea, abundante en lugares secos; tabaco cimarrón.

mostrador 1 adj Que muestra **2** s m Mueble de distintas formas, generalmente con vidrios al frente, en el que se exhiben o se presentan los objetos que se ponen a la venta: "Pidió un par de zapatos que estaban en el *mostrador*", *empleado de mostrador, ventas al mostrador.*

mostrar v tr (Se conjuga como *soñar*, 2c) **1** Poner a la vista de alguien alguna cosa, señalarla para que se note: *mostrar la mercancía, mostrar un resultado* **2** Explicar a alguien, con la ayuda de ejemplos, alguna cosa o cómo se hace algo: *mostrar un ejercicio, mostrar el procedimiento* **3** Hacer que alguien note un sentimiento o una emoción: *mostrar coraje, mostrar extrañeza.*

mota¹ s f **1** Partícula de hilo o de pelusa que se forma en la tela de lana o de algodón **2** Partícula de cualquier material que se pega a la ropa **3** Bola de fibra de la planta del algodón **4** Bola de algodón u otro material, compacta y muy suave, que usan las mujeres para ponerse polvo en la cara **5** Mancha o círculo pequeño en el estampado de una tela **6** (*Rural*) Agrupamiento predominante de cierta clase de árboles en un lugar: *una mota de encino.*

mota² s f (*Popular*) Mariguana: *fumar mota, quemar mota, un toque de mota.*

motín s m **1** Movimiento, generalmente violento, de protesta y oposición contra una autoridad: *un motín obrero, un motín contra un jefe corrupto de policía, un motín de prisioneros* **2** Movimiento de insurrección y de negación a cumplir las órdenes de sus superiores los miembros de una unidad militar, de la tripulación de una nave, etc: *un motín a bordo.*

motivación s f **1** Acto de motivar algo o dar motivo a alguien: *motivación de actitudes* **2** Hecho o acción que provoca cierto comportamiento de una persona: *las motivaciones de un crimen, una buena motivación para estudiar.*

motivar v tr (Se conjuga como *amar*) Dar una acción o un acontecimiento lugar a otra cosa; actuar sobre algo o alguien para que efectúe cierto acto: *motivar una discusión, motivar una investigación*, "Su apoyo lo *motivó* a continuar trabajando."

motivo s m **1** Hecho o situación que da lugar a algo o lo provoca: *el motivo de un accidente, los motivos de una rebelión, los motivos de una renuncia* **2** Propósito o finalidad que tiene alguien al hacer algo: *motivos personales, tener un buen motivo* **3** *Dar motivo para algo* Dar pretexto para que alguien haga algo o provocar ese acontecimiento: "No *des motivo* para que te despidan" **4** *Con motivo de* En ocasión de: "Habrá una fiesta *con motivo de* su cumpleaños" **5** *Por ningún motivo* De ningún modo, de ninguna manera: "*Por ningún motivo* se permitirá la entrada a menores" **6** Elemento de una obra artística que le sirve de tema central o que se repite muchas veces en ella: *un motivo musical, una fachada con motivos barrocos.*

moto[1] s f **1** Motocicleta: *carreras de motos, andar en moto, caerse de la moto* **2** *Con moto* (*Mús*) con cierta velocidad: *andante con moto.*

moto[2] adj (*Popular*) Que está intoxicado de mariguana: *estar moto, andar moto.*

motocicleta s f Vehículo de motor, de dos ruedas.

motor 1 s m Aparato que genera fuerza o produce movimiento al transformar un tipo de energía en otro: *motor eléctrico, motor diesel, motor de energía solar* **2** adj Que produce movimiento o se relaciona con él: *neuronas motoras, trastornos motores.*

mover v (Modelo de conjugación 2c) **1** tr Hacer que algo o alguien deje el lugar o la posición en que estaba y pase a otro lugar o posición: *mover una silla, mover a un niño, mover la cabeza, moverse las hojas de los árboles, moverse la tropa* **2** *Mover a* Provocar o ser algo la causa de que alguien haga algo o se despierte en alguien un sentimiento: *mover a compasión*, "La pobreza *mueve* a desesperación".

movida s f **1** Acto de mover alguna cosa, en particular cuando el movimiento se hace una sola vez: "Con esa *movida* puso en jaque al rey" **2** (*Popular*) Asunto o negocio que emprende alguien, a sabiendas de que es ilícito o ilegal: "Yo conozco sus negocios y sus *movidas*, como la de la jugadita y como lo del opio", *una mala movida, una movida chueca* **3** (*Popular*) Amante, persona con la que tiene uno relaciones sexuales ilícitas o clandestinas: "Le dijo a su señora que salía de viaje, pero se fue con su *movida*".

movido I pp de *mover* **II** adj **1** Que resulta agitado, de gran actividad o movimiento: *una fiesta muy movida, un asunto movido* **2** Que actúa siempre con iniciativa y prontitud para alcanzar sus objetivos: "A sus sesenta años es muy *movida*: llama por teléfono, hace citas, compra acciones".

móvil 1 adj m y f y s m Que se mueve o puede moverse: *una pieza móvil, unidad móvil, carga móvil, puente móvil*, "El valor de la velocidad de un *móvil* en un tiempo dado" **2** s m Escultura o adorno que consiste en una serie de figuras colgantes, en equilibrio de par en par o en combinaciones de varios niveles: *un móvil de Calder, un móvil de conchas* **3** s m Motivo principal para que alguien actúe de cierta manera: "La dominación política y la riqueza son los *móviles* de estos caciques", "No se ha encontrado el *móvil* del crimen".

movilidad s f Capacidad que tiene algo o alguien para moverse o modificarse: *recuperar la movilidad, la movilidad del cuerpo, la movilidad social, la movilidad de los precios.*

movilización s f Acto de movilizar: *una movilización militar*, "Los bajos salarios han provocado una movilización obrera".

movilizar v tr (Se conjuga como *amar*) **1** Poner en movimiento y estado de alerta a las tropas: "Un mensajero de Pablo González llegó en el mismo instante, con órdenes de que se *movilizaran* las fuerzas" **2** Poner en movimiento a un grupo de personas para realizar cierta tarea con rapidez y eficacia: "Los veterinarios se *movilizaron* a la zona de la infección a fin de hacer las investigaciones del caso" **3** Mover algún conjunto de cosas siguiendo un plan, con rapidez y eficacia: "Hay un número suficiente de furgones preparados para *movilizar* esa cosecha".

movimiento s m **1** Acto de mover algo o a alguien, o de moverse: *el movimiento de la mano, el movimiento de la Tierra* **2** (*Mús*) Velocidad con la que se ejecuta el compás, como la del allegro, la del andante, la del lento, etc **3** (*Mús*) Cada una de las partes en que se divide una sonata, una sinfonía, etc, de acuerdo con la velocidad con la que se debe ejecutar **4** Conjunto de acciones que emprende un grupo de personas para lograr cierto resultado, de acuerdo con una meta o un objetivo ideológico o intelectual preciso: *movimiento por la paz, movimiento revolucionario, movimiento surrealista.*

mozo 1 s m Persona que sirve en las casas, en alguna empresa o institución, o a otra persona, para hacer tareas pesadas, para llevar y traer cosas, etc: *un mozo de restaurante, llamar al mozo, enviar al mozo* **2** Mozo de estribo o de espuelas El que va junto al caballo de su patrón **3** *Mozo de estoques* (*Tauro*) El que recibe la confianza del torero, le guarda las espadas y le ayuda en varias necesidades **4** adj Que es joven o tuvo juventud: *años mozos*, "Tiene dos hijos *mozos*" **5** *Buen mozo, buena moza* Joven bien parecido, atractivo o guapo.

mucama s f Mujer que se ocupa de la limpieza de la casa o del arreglo diario de los cuartos en los hoteles; recamarera, sirvienta.

mucosa s f Membrana que recubre las paredes de algunos conductos o partes internas del cuerpo, que tienen directa o indirectamente contacto con el exterior, como las fosas de la nariz, el intestino, etc: *la mucosa intestinal, la mucosa nasal.*

mucosidad s f Secreción viscosa que se produce en alguna mucosa.

mucoso adj Que tiene consistencia líquida o semisólida y viscosa: *una sustancia mucosa, una secreción mucosa, un tejido mucoso.*

muchacha s f **1** Sirvienta: *llamar a la muchacha, conseguir muchacha* **2** Muchacha de entrada por salida Sirvienta que no habita en la casa para la que trabaja, sino que va y viene periódicamente.

muchacho s Persona que no ha llegado todavía a la edad adulta, particularmente la que se encuentra en la adolescencia: *los muchachos del pueblo, una muchacha de pelo corto.*

muchedumbre s f Multitud de personas reunidas en alguna parte: "La *muchedumbre* deseaba salir al mismo tiempo", "Diariamente vemos en los aeropuertos a verdaderas *muchedumbres*, alegremente dispuestas a cruzar los océanos".

mucho 1 adj y pron Que es abundante, numeroso o de mayor cantidad que lo normal: "Tiene *muchas* ganas de verte", "Ha dado *muchos* problemas", "Son *muchas* las molestias", "Tus *muchos* esfuerzos han valido la pena", "Hay *muchas* más personas que ayer y mañana tendremos *muchos* más invitados", "Vinieron *muchos* a la reunión", "Ése es mal de *muchos*", "*Muchas* de las acusaciones son infundadas" **2** adv En alto grado o intensidad, con abundancia, en mayor cantidad o de mayor duración que lo normal: "Trabajaba *mucho*", "Ahora funciona *mucho* mejor", "Está *mucho* peor que entonces", "Si tarda *mucho* no lo podré esperar", "No te detengas *mucho* en ese problema" **3** *Cuando mucho* A lo más, como máximo: "Habrán esperado 15 minutos *cuando mucho*" **4** *Ni mucho menos* En absoluto, de ninguna manera: "Esto que te digo no es una crítica *ni mucho menos*", "No es estúpido *ni mucho menos*" **5** *Ni con mucho* Ni lejanamente, por más que se haga: "No terminaremos en diciembre *ni con mucho*", "No se parece a su hermano *ni con mucho*" **6** *Por mucho que* A pesar de todo lo que, por más que: "*Por mucho que* grites te quedarás en casa", "*Por mucho que* te esfuerces no llegarás a tiempo" **7** *Ser mucho, ser mucho para* (Se usa en tercera persona singular) Ser de gran valor o importancia en sí mismo, ser excesivo o demasiado en relación con algo o alguien: "*Es mucho* maestro", "*Es mucho* cantante", "*Es mucho* jugador para un equipo tan mediocre", "*Es mucha* explicación para un problema tan simple" **8** interj ¡Bravo!, muy bien, bien hecho: "Hazlo como te dije… ¡Mucho, mucho! Hazlo otra vez".

muda s f **1** Acto de mudar, especialmente las plumas de las aves o la piel de algunos animales, como los reptiles **2** Conjunto de ropa que se cambia de una sola vez: *una muda de cama, tres mudas para el viaje*.

mudar v tr (Se conjuga como *amar*) **1** Cambiar por completo de aspecto, de vestido, de opinión una persona: "Nada permanece igual y la gente, como las aves de pluma, *muda* de condición", "¡Pero cómo lo encuentro *mudado*, cambió usted la levita, el bastón y el sorbete!" **2** Cambiar de plumas los pájaros o de piel ciertos animales **3** Cambiar los dientes un niño: "Mariana ya está *mudando*" **4** Cambiar de casa: "Te pondré un departamentito, para el sábado estará listo y te *mudarás* en seguida".

mudo 1 adj y s Que está incapacitado físicamente para hablar: *un hombre mudo, una escuela para mudos* **2** adj Que no habla o no quiere hablar en un momento determinado: "El señor permaneció *mudo*, asombrado por el acontecimiento" **3** adj Que no se manifiesta: *un mudo e intenso dolor, una comprensión muda* **4** adj (Gram) Tratándose de letras, que se escriben pero no se pronuncian, como la hache en español.

mueble 1 s m Cada uno de los objetos que facilitan la vida y sus funciones en el interior de una casa, hecho de algún material resistente y durable, como las camas, las mesas, las estufas, etc: *comprar muebles* **2** adj m y f Que se puede mover o trasladar de un lugar a otro: *bien mueble*.

mueca s f Contorsión de la cara de una persona, causada por un dolor o un disgusto: *hacer muecas*, "Luisa empieza a reírse sin risa, sólo con la *mueca* de la risa", "El rostro de Verónica se relajó y sus bellos labios se curvaron en una *mueca amarga*".

muela s f **1** Diente que está detrás de los caninos, ancho y con la parte superior especialmente formada para moler el alimento: *el maldito dolor de muelas* **2** *Muela del juicio* Cada una de las que salen en el extremo posterior de las mandíbulas, general-

mente en la edad adulta **3** Piedra en forma de disco que se hace girar sobre otra y que sirve para moler el grano en los molinos **4** Pan dulce, de forma semejante a este diente, salpicado en su superficie con azúcar granulada.

muelle¹ 1 s m o f Pieza elástica, generalmente de metal, que se utiliza en varias máquinas para suavizar su movimiento, regularlo o hacerlo más estable: *los muelles de un camión, las muelles de un reloj* **2** adj m y f Que es blando y cómodo: *un asiento muelle, una vida muelle*.

muelle² s m Construcción hecha a la orilla del mar, de una laguna o un río que sirve principalmente para facilitar la carga y descarga de los barcos: *llegar al muelle, el muelle de pescadores, los muelles de un puerto*.

muerte s f **1** Fin o término de la vida de algo o alguien: *la muerte de un anciano, la muerte de un toro, la muerte de un árbol* **2** *Muerte natural* La que sucede por vejez o por alguna enfermedad y no ha sido causada por un accidente o por una persona **3** Esqueleto humano que, con una guadaña en la mano, simboliza el fin de la vida **4** Desaparición o destrucción total de algo: *la muerte de un imperio, la muerte de un lago, la muerte de una estrella* **5** *Dar muerte* Matar **6** *A muerte* Hasta el final, hasta que alguien muera: *luchar a muerte, odiar a muerte* **7** *De muerte* Muy intenso, muy fuerte, muy grave: *un susto de muerte, un golpe de muerte, un herido de muerte* **8** *De mala muerte* Peligroso y miserable, sin esperanza: *un hotel de mala muerte, un trabajo de mala muerte*.

muerto I pp irregular de *morir* **II** adj y s **1** Que no tiene vida, que ha perdido la vida: *un hombre muerto, un bosque muerto*, "Hubo varios *muertos* en el accidente" **2** adj Que ha perdido color o viveza: *un rojo muy muerto* **3** adj Que no tiene actividad o energía, que ya no rige, que no está en vigor: *obra muerta, horas muertas, letra muerta* **4** *Estar muerto de risa, de hambre*, etc Sentir intensamente algo como la risa, el hambre, la alegría, etc **5** *Cargarle a alguien el muerto* Atribuirle a alguien la responsabilidad de cierta cosa, culparlo de algo **6** *Estar muerto por alguien* Sentir pasión o deseo por alguien **7** *Ser un muerto de hambre* Ser tacaño o mezquino **8** *Nadar* o *hacer el muertito* (*Coloq*) flotar bocarriba.

muestra s f **1** Parte pequeña de alguna mercancía, que se ofrece o se toma para probar su calidad: *muestra de tela, una muestra gratis* **2** Parte de alguna cosa o conjunto pequeño de elementos de algo, que se toma con ciertos métodos para asegurar que sea representativo del total y se somete a estudio, experimentación, etc: *una muestra de sangre, una muestra estadística, una muestra de lectores* **3** Modelo que se ha de imitar: *poner la muestra, dar la muestra* **4** Señal de alguna cosa: *dar muestras de alegría, muestra de cansancio*.

muestreo s m Procedimiento seguido para seleccionar un conjunto de muestras de un objeto que se va a investigar, de acuerdo con un método estadístico que permita extrapolar, posteriormente, resultados válidos acerca de ese objeto: *un muestreo periódico, realizar un muestreo*.

mugir v intr (Se conjuga como *subir*) Emitir su voz los toros o las vacas, que consiste en un sonido grave y esforzado.

mugre s f **1** Huella polvorienta o grasosa y oscura, que deja sobre la ropa, el cuerpo o algún objeto el contacto con la tierra, muchos alimentos, los desperdicios o los humores del cuerpo: "Dejó los billetes llenos de *mugre* sobre la mesa", "Traía las rodillas llenas de *mugre* por jugar a las canicas", *un overol con mugre* **2** (*Coloq*) Objeto de poco valor o de poca utilidad en relación con lo que espera uno de él: "Vende toda clase de *mugres*", "Lo que me paga es una *mugre*" **3** adj m y f (*Coloq*) Que no sirve o no vale nada: *un mugre coche, un mugre fotógrafo*.

muina s f (*Popular*) Enojo muy fuerte que siente uno: "Según ella mi abuela murió de una *muina* que le hicimos pasar", "Yo no lo saludo; todavía tengo harta *muina*".

mujer s f **1** Ser humano de sexo femenino **2** Conjunto de esos seres: *los derechos de la mujer*, "Darán una conferencia sobre la situación de la *mujer* campesina" **3** Persona del sexo femenino que ha dejado de ser niña: "Paz, a los 13 años, ya es una *mujer*" **4** Persona del sexo femenino que, respecto de un hombre, está casada con él: "Quiero mucho a mi *mujer*" **5** *Mujer de* Persona del sexo femenino que tiene la cualidad, la condición o la ocupación de: *mujer del campo, mujer de hogar, mujer de letras, mujer de empresa* **6** *Mujer pública, mujer de la calle, mujer galante* o *mujer de la vida alegre* La que se dedica a la prostitución **7** *Mujer fatal* La que cautiva con sus encantos a los hombres, conduciéndolos a la perdición **8** *Mujer de mundo* La que tiene experiencia en el trato social **9** *Ser muy mujer* Ser, una persona del sexo femenino, valiente, segura de sí misma y llena de las virtudes que tradicionalmente se le atribuyen, como el encanto, la gracia, etcétera.

mula s f **1** Animal que nace de la cruza de burro con yegua, generalmente estéril; se usa como bestia de carga y se caracteriza su fuerza y su terquedad: *a lomo de mula, ensillar la mula* **2** *Ser alguien una mula* o *muy mula* (*Coloq*) No tener consideración por los demás: "Ese maestro es *muy mula*" **3** *Trabajar como mula* Trabajar duro y sin descanso **4** Ficha doble en el juego del dominó: *la mula de seises*.

mulato s y adj Persona cuyos padres son uno de raza blanca y el otro de raza negra.

muleta s f **1** Apoyo con el que se ayuda a andar quien está impedido de una pierna o de un pie por alguna fractura o algún otro mal; consiste generalmente en un pequeño soporte acojinado sobre el que se apoya la axila, y un palo o una armazón larga, cuyo extremo inferior se apoya en el suelo: *usar muletas, andar de muletas* **2** (*Tauro*) Instrumento para lidiar un toro, que consiste en una varilla larga, que sirve de soporte a una franela roja con que se ejecuta el último tercio: *una faena de muleta, pasar la muleta por la cara* **3** *Tener uno mucha muleta* (*Coloq*) Tener uno muchos medios para tratar a una persona, eludiendo una confrontación o la necesidad de comprometerse con ella.

muletazo s m (*Tauro*) Cada uno de los pases que da el torero al toro con la muleta: "Echó pie a tierra y dio extraordinarios muletazos".

multa s f Pena en dinero que se impone a quien ha contravenido algún reglamento o alguna ley, o ha cometido algún delito no muy grave: *cobrar una multa, pagar la multa, imponer una multa, sancionar con multa*.

multifamiliar s m Edificio muy grande de departamentos en que vive un gran número de familias.

multinacional adj m y f Que está constituido por muchas naciones, o con la participación de muchas naciones: *una fuerza de paz multinacional, un estado multinacional, una empresa multinacional*.

múltiple 1 adj m y f Que tiene muchos elementos, está formado por varios y diversos aspectos, o se manifiesta de muchas maneras: *un pacto múltiple, un experimento múltiple, un matrimonio múltiple, múltiples manifestaciones artísticas, múltiples consecuencias* **2** s m Dispositivo de diversas máquinas, que reparte la corriente eléctrica, el flujo de combustible, etc a diversos cables o diversos conductos.

multiplicación s f **1** Acto de multiplicar: *la multiplicación de los panes y los peces, la multiplicación de un virus* **2** (*Mat*) Operación aritmética que consiste en sumar abreviadamente un número, llamado multiplicando, tantas veces como lo indica otro, llamado multiplicador, por ejemplo: la *multiplicación* de 12 por 7 consiste en sumar siete veces el número doce: $12 \times 7 = 84$.

multiplicar v tr (Se conjuga como *amar*) **1** Aumentar la cantidad o el número de elementos de un conjunto: *multiplicar los gastos, multiplicar semillas* **2** prnl Reproducirse los seres vivos y aumentar por eso su número: "Los conejos *se multiplican* rápidamente" **3** (*Mat*) Hacer la operación aritmética de la multiplicación **4** prnl Aumentar alguien su trabajo y su esfuerzo para resolver o terminar varias cosas a la vez: "Jorge *se multiplica* viajando, dando conferencias, escribiendo libros y dando clases".

múltiplo adj y s m **1** (*Mat*) Tratándose de un número, que contiene a otro un número exacto de veces. Por ejemplo, 25 es *múltiplo* de 5; 16 es múltiplo de 4 **2** (*Gram*) Tratándose de un adjetivo numeral, que expresa multiplicación, como *doble, triple, cuádruple, céntuplo*, etcétera.

multitud s f Conjunto muy grande de personas o cosas: "La *multitud* que salía del estadio provocó un accidente", "Tenía en su casa una *multitud* de cuadros y obras de arte".

mundial adj m y f Que pertenece a todos los habitantes de la Tierra o se relaciona con ellos o con el planeta en que vivimos: *guerra mundial, campeonato mundial, clima mundial*.

mundo s m **1** Conjunto de todo lo que existe **2** Planeta Tierra: *dar la vuelta al mundo, recorrer el mundo, geografía del mundo* **3** Cada uno de los planetas en donde pueda haber vida: *viajar a otros mundos, visitantes de otros mundos* **4** Parte de la realidad, de la historia, de la organización social, de la cultura, etc que tiene ciertas características en común: *mundo animal, mundo mineral, mundo antiguo, mundo indígena, mundo de los negocios, mundo científico* **5** Parte material de la vida: *alejarse del mundo, placeres del mundo* **6** *Tener mundo* Tener experiencia y trato social **7** *De mucho mundo* Con gran conocimiento de otros países o costumbres **8** *El otro mundo* La región donde supuestamente están los muertos; la vida posterior a la muerte **9** *Nuevo Mundo* América: "Colón descubrió el Nuevo Mundo en 1492" **10** *Viejo Mundo* Europa, Asia y aquellas partes de África que conocían los europeos antes de 1492 **11** *Un mundo, medio mundo* Una gran cantidad: *un mundo de gente, un mundo de* *dificultades*, "Asistió *medio mundo* a la fiesta" **12** *Todo (el) mundo* Toda la gente: "*Todo mundo* salió corriendo".

munición s f **1** Esfera pequeña de plomo que se dispara con la escopeta o con un rifle de juguete **2** Cualquiera de los proyectiles de que dispone un soldado o el ejército para entrar en batalla: *tener munición, proveer municiones* **3** *De munición* Corriente y barato, generalmente hablando de ropa y bastimentos: "Se usa el sombrero de palma, blusa y calzón blancos, zapatos *de munición* y muchas veces huaraches".

municipal adj m y f Que pertenece al municipio o se relaciona con él: "Los pobladores tomaron el palacio *municipal*", *presidente municipal*.

municipio s m **1** Territorio y conjunto de sus habitantes, que constituye la base de la división territorial y de la organización política y administrativa de los estados o las provincias de un país; elige directa y democráticamente a sus gobernantes, que forman el ayuntamiento; tiene personalidad jurídica propia y maneja su patrimonio de acuerdo con las leyes correspondientes **2** Gobierno de esta unidad: "El *municipio* organizó una feria".

muñeca¹ s f **1** Figura de mujer o de niña, que se utiliza como juguete o como adorno: *jugar a las muñecas, una muñeca de porcelana* **2** Mujer bella: *ser una muñeca* **3** Bolita de trapo que se utiliza para aplicar sustancias a diversas superficies, como barniz a la madera **4** Bolsa pequeña de tela, en que se guarda algún ingrediente de cocina que no debe disolverse en el líquido en que se sumerge **5** Mazorca tierna del maíz, cuando comienza a formarse el grano, envuelta en hojas y de cuya punta salen los estilos como cabellos rubios o rojizos.

muñeca² s f Articulación del brazo con la mano: *mangas hasta la muñeca, romperse la muñeca, cortarse las muñecas.*

muñeco s **1** Figura de ser humano, niño o adulto, que se utiliza como juguete, como adorno o como sustituto: *un muñeco de madera, el muñequito de la rosca, entrenar con un muñeco* **2** Persona de gran belleza **3** *Muñequitos* Dibujos en serie que aparecen en las historietas impresas o en las películas: leer los muñequitos, una película de muñecos animados.

mural adj m y f y s m Que se hace o se pone sobre un muro y, particularmente, la pintura al fresco: *periódico mural, un mural de Orozco.*

muralismo s m **1** Arte de la pintura al fresco **2** Movimiento pictórico mexicano, iniciado hacia 1922 por José Clemente Orozco, Diego Rivera y David Alfaro Siqueiros, que se caracteriza por el interés de pintar, particularmente sobre los muros de los edificios públicos, escenas y temas histórico-sociales en los que la historia y la vida del pueblo mexicano se enfocan como una epopeya de la historia universal; se critica a los explotadores del pueblo y del indio en distintas épocas y se exalta a los líderes de los movimientos populares mexicanos, a estos movimientos y en general a los valores del nacionalismo y del socialismo. Los murales de Diego Rivera en Palacio Nacional y en la Secretaría de Educación Pública son un ejemplo.

muralista adj y s m y f Que pinta murales, principalmente el que forma parte del movimiento del muralismo: *un muralista famoso, un pintor muralista.*

muralla s f Pared o muro de gran tamaño, que rodea una fortaleza o a una ciudad para defenderla del ataque del enemigo.

murciélago s m Mamífero nocturno del orden de los quirópteros, de cuerpo pequeño, gris o negro, con dos alas membranosas, orejas grandes y caninos fuertes; es ciego y se orienta por el eco que produce los sonidos que emite. Durante el día se cuelga boca abajo de los techos de cuevas o lugares oscuros. Algunas especies transmiten la rabia.

murmullo s m **1** Ruido suave y confuso que se percibe cuando alguien habla a distancia o con la voz baja: "Las voces decrecen. Apenas oigo el *murmullo* monótono de las letanías", "Se escucharon débiles aplausos entre *murmullos* de impaciencia y desaprobación" **2** Ruido suave y tranquilo que hace el agua corriente de un arroyo o el viento al mover las hojas de los árboles.

murmurar v tr (Se conjuga como *amar*) **1** Decir algo a alguien en voz baja y poco clara: "Me *murmuró* unas palabras al oído", "*Murmuró* dos o tres palabras de disculpa" **2** intr Decir algo acerca de una persona tratando de que esta no se entere, para causarle algún daño u ofender su honradez o su virtud: "Hablan entre sí, chismean, *murmuran* de Casandra, la califican y la calumnian" **3** Hacer un ruido suave y monótono las aguas de un arroyo o las hojas de los árboles al moverlas el viento.

muro s m Pared de una casa, de un edificio o la de piedra que sirve para proteger un terreno: *construir los muros, un muro de contención.*

musa s f **1** Cada una de las nueve hijas de Júpiter y Mnemosine que protegían las artes liberales: Euterpe, la música; Terpsícore, la danza; Melpomene, la tragedia; Talía, la comedia; Erato, la poesía erótica y anacreóntica; Polimnia, la poesía lírica; Calíope, la elocuencia; Clío, la historia y Urania, la astronomía **2** Fuente de inspiración de los poetas, como Beatriz para Dante, Laura para Petrarca o Fuensanta para López Velarde.

muscular adj m y f Que pertenece a los músculos o se relaciona con ellos: *relajación muscular, fibra muscular, tono muscular.*

músculo s m **1** Tejido de fibras elásticas y fuertes que sirve para mover los órganos de los animales: *el músculo cardiaco, músculos glúteos, los músculos de los brazos* **2** *Hacer músculo* Hacer ejercicio para tener una buena figura.

museo s m Lugar o edificio en donde se conservan y exponen objetos de valor artístico o de interés histórico o científico para que se les contemple, estudie o aprecie: *museo de pintura, museo de antropología, museo de historia natural.*

musgo s m **1** Grupo de plantas de distintas especies, criptógamas briofitas herbáceas, que crece formando una capa blanda sobre la tierra, las piedras, los árboles y en general en lugares húmedos y oscuros **2** pl Clase que forman estas plantas.

música s f **1** Conjunto de sonidos combinados entre sí, que generalmente producen una sensación de belleza **2** Arte de componer y combinar sonidos entre sí para producir una sensación de belleza entre sus oyentes: *música antigua, música clásica, música contemporánea* **3** *Música de boca* (*Ver N*) Armónica **4** *Música de viento* (*Crón dep*) Chiflido que reciben los que pierden en una competencia o los árbitros cuando fallan en sus decisiones **5** *Ser música para algo* No tener ninguna facilidad para cierta cosa, o comportarse de manera egoísta con alguien, sin querer comprenderlo: "*Es muy música para los idiomas*", "*No seas música*, préstame los apuntes".

musical adj m y f **1** Que pertenece a la música o se relaciona con ella: *ideas musicales, obra musical, instrumento musical* **2** Película u obra de teatro cuyo argumento entrelaza escenas de baile y canciones; comedia musical.

músico s Persona que tiene por profesión la composición o la ejecución de la música: "Carlos Chávez fue un gran *músico*", "La orquesta tiene muy buenos *músicos*".

musitar v tr (Se conjuga como *amar*) Hablar en voz muy baja y entrecortadamente: "Lupe lo vio perderse en la distancia y *musitó*, devotamente: ¡Dios Nuestro Señor te acompañe!", "Temblando nerviosamente *musitó*: está bien... voy en seguida".

muslo s m **1** Parte superior de la pierna, desde la rodilla hasta la cadera: "Tiene una herida en el *muslo*", "Se desgarró el *muslo*" **2** En los animales, parte semejante, la más carnosa y ancha de la pata: *un muslo de pollo*.

mustélido (*Zool*) **1** s m y adj Animal carnívoro, relativamente pequeño, perteneciente a muy diversas especies, de patas cortas, cuerpo flexible, un solo molar en la mandíbula superior y no más de dos en la inferior **2** s m pl Familia de estos animales, que incluye algunos muy apreciados por su piel, como el armiño, el visón y la nutria, y algunos predadores muy destructivos, como la comadreja.

mustio adj **1** Que está recogido en sí mismo, triste y apagado: *una flor mustia, un perro mustio* **2** Que está replegado y aparenta tristeza, ocultando su mal comportamiento: "El chamaco travieso, tan *mustio*, parece un angelito".

musulmán 1 s y adj Persona que profesa la religión revelada por Dios o Alá a Mahoma, su profeta, y contenida en el libro sagrado del Corán; sostiene que Dios creó el mundo en un acto de caridad y que a cada ser de la naturaleza le dio también sus leyes propias; reconoce cinco deberes del buen practicante: la profesión explícita de su fe, la oración, el diezmo, el ayuno durante el Ramadán y la peregrinación a La Meca; mahometano **2** adj Que se relaciona con esta religión o con quienes la profesan; mahometano, islámico.

mutación s f **1** Acto de mutar **2** En los seres vivos, aparición de una característica biológica que no tenían generaciones anteriores: "Los informes genéticos indican una probable *mutación*".

mutar v intr (Se conjuga como *amar*) **1** Cambiar por completo alguna de las características de un ser vivo o aparecer una nueva y desconocida, de una manera inesperada: *mutar un virus, mutar un gene* **2** Cambiar por completo y repentinamente un elemento de alguna cosa.

mutilado I pp de *mutilar* **II** adj Que le ha sido cortada o quitada una parte a algo o a alguien: *un soldado mutilado, un miembro mutilado, un manuscrito mutilado*.

mutilar v tr (Se conjuga como *amar*) Cortar a un todo una o varias de sus partes dejándolo incompleto: *mutilar un brazo, mutilar una oreja*, "La guerra es matar, degollar, *mutilar*, asesinar sin ver visto".

mutuamente adv En forma recíproca, uno al otro: *apoyarse mutuamente, festejarse mutuamente, confesarse mutuamente sus pecados*.

mutuo adj **1** Que da uno al otro, que ejerce uno en otro, que siente uno y otro: *ayuda mutua, confianza mutua, apoyo mutuo, repulsión mutua, recelo mutuo, respeto mutuo* **2** (*Der*) Contrato por el cual una persona se obliga a transferir una suma de dinero o la propiedad de alguna cosa a otra, y la otra a devolver a la primera otro tanto equivalente, de la misma especie y calidad.

muy adv Apócope de mucho **1** Modifica adverbios y adjetivos calificativos que no sean comparativos: "Llegó *muy* pronto", "Respondió *muy* tarde", "Se puso *muy* rojo", "Un estadio *muy* grande", "Un niño *muy* vivo", "Él es *muy* hombre" **2** *Creerse alguien* (*el o la*) *muy muy* (*Coloq*) Presumir o valorarse en exceso: "*Se cree la muy muy* con su vestido nuevo".

n s f Decimosexta letra del alfabeto; representa el fonema consonante alveolar nasal sonoro. Su pronunciación se vuelve bilabial, labiodental, dental, palatal o velar según el punto de articulación de las consonantes a las que precede, como en: *enviar, convenir, enfermo, endurecer* o *blanco*. Su nombre es *ene*.

nabo s m **1** (*Brassica napus*) Planta herbácea de la familia de las crucíferas y de distintas variedades, que mide de 60 a 80 cm de altura; sus hojas son grandes y en forma de punta de lanza; sus flores, pequeñas y de color amarillo, crecen en espigas, y sus frutos son largos y estrechos con numerosas semillas negras. Se cultiva en hortalizas por sus raíces comestibles **2** Raíz de esta planta, de color blanco, gruesa, carnosa y de forma más o menos esférica o alargada, según la variedad. Se come cruda o cocida **3** (*NO*) Nopal.

nacer v intr (Se conjuga como *agradecer*, 1a) **1** Salir un nuevo ser del seno de su madre: *nacer un niño, nacer un becerro* **2** Salir del huevo un animal: *nacer un pollo, nacer un lagarto, nacer un insecto* **3** Brotar vello, pelo o plumas del cuerpo de un animal **4** Brotar ramas, hojas, flores y frutos de una planta **5** Brotar agua naturalmente o comenzar a correr en cierto lugar: *nacer una fuente* **6** Comenzar a formarse o a expresarse alguna cosa: *nacer una idea, nacer un sentimiento*, "No es un proyecto nuevo, *nació* hace más de 25 años en El Colegio de México" **7** Tener alguien cierta habilidad o capacidad desde niño, o estar aparentemente destinado para algo: *nacer sabio, nacer para pintor, nacer para sufrir* **8** *Nacerle a uno algo* Aparecer un sentimiento, una emoción o una sensación en uno espontáneamente: *nacerle a uno ayudar a los demás*.

nacido I pp de *nacer*: "Ha *nacido* la radiología vascular", "Ha *nacido* la cirugía del corazón" **II 1** *Recién nacido* Que acaba de nacer o que nació hace poco: "Fue entonces cuando el *recién nacido* lloró", "La partera sostiene en los brazos a un *recién nacido*", "Le quitaron a su hijo *recién nacido*", "Tiene un bebé *recién nacido* precioso" **2** *Bien nacido* Que es noble de nacimiento o por su comportamiento **3** *Mal nacido* Que es de origen oscuro o que es despreciable en su comportamiento **III** s m (*Popular*) Forúnculo o tumor.

nacimiento s m **1** Acto de nacer: *el nacimiento de un hijo, el nacimiento de unos perritos, el nacimiento de una mariposa* **2** Representación católica tradicional del momento, situación y lugar en donde nació Jesucristo, hecha generalmente con figuras de barro, que corresponde a la época de la Navidad **3** Lugar en donde nace algo: *el nacimiento del pelo, el nacimiento de las hojas* **4** Lugar en donde brota naturalmente agua o donde comienza a correr: *nacimiento de un manantial, el nacimiento de un río*

5 *De nacimiento* Que se tiene o existe desde ese momento o desde el origen de algo: *tonto de nacimiento, rico de nacimiento*, "Este lunar es de *nacimiento*".

nación s f **1** Conjunto de los habitantes de un país que tiene las mismas leyes y el mismo gobierno; en general, que tienen el mismo origen étnico, la misma cultura y la misma lengua: *nación mexicana, nación israelita, nación judía, nación huichol, nación otomí* **2** Territorio de ese país: "Se ha extendido la noticia por toda la *nación*".

nacional adj m y f Que pertenece a la nación o se relaciona con ella: *territorio nacional, bandera nacional, industria nacional*.

nacionalidad s f Condición jurídica de la persona que ha nacido en cierta nación o país, o ha adquirido los derechos y las obligaciones de los nacidos en ella: *nacionalidad mexicana, adquirir la nacionalidad*.

nacionalismo s m Doctrina política aparecida en Europa y en Estados Unidos a fines del siglo XVIII que se caracteriza por considerar la nación o el Estado nacional como base de toda actividad social, cultural y económica, y por buscar la autodeterminación política y cultural de la nación como efecto de la soberanía popular, la democracia y la igualdad de todos sus habitantes. Apareció como resultado de la difusión de los valores burgueses y democráticos del siglo XVIII y se extendió a los países recién constituidos en el resto del mundo por efecto de sus esfuerzos de modernización y participación independiente en el concierto de las naciones. Esta doctrina se ha combinado a lo largo de su historia con muy diferentes corrientes políticas y económicas; así, en varios países europeos desde mediados del siglo XIX y entre varias dictaduras militares iberoamericanas, el nacionalismo se convirtió en una doctrina de derecha, impulsada por las capas adineradas para oponerse, en particular, a la difusión del socialismo. En esas versiones de la doctrina, la nación se vuelve un concepto mítico, originado en las raíces raciales y culturales del pueblo y ajeno a los conflictos históricos y a la interdependencia de todos los pueblos de la Tierra. En otros países, particularmente en México, el nacionalismo es una doctrina revolucionaria, opuesta al intervencionismo extranjero y fundada en la soberanía popular, la democracia, la secularización de la vida institucional y el aprecio de los valores culturales de los varios grupos humanos que forman la nación.

nacionalista adj y s m y f Que es partidario del nacionalismo, se funda en él o se orienta por él: *ideología nacionalista, movimiento nacionalista, un gobierno nacionalista, política nacionalista*.

nacionalización s f Acto de nacionalizar: *naciona-lización de inmigrantes, leyes de nacionalización.*

nacionalizar v tr (Se conjuga como *amar*) **1** Otorgar a un extranjero la nacionalidad de un país: *naciona-lizar a un inmigrante, nacionalizarse mexicano* **2** Hacer que por adquisición, indemnización o de otra manera, bienes o propiedades que estaban en manos de extranjeros pasen a las de los nacionales, o las que eran privadas pasen a pertenecer al Esta-do: *nacionalizar la industria automotriz, naciona-lizar el petróleo,* "En 1982 se *nacionalizó* la banca".

naco adj y s (*Coloq, Ofensivo*) **1** Que es indio o indí-gena de México **2** Que es ignorante y torpe, que carece de educación: *un pinche tira naco.*

nada s f **1** Ausencia de cualquier cosa, inexistencia de algo: *surgir de la nada,* "El universo se creó de la *nada*" **2** Cosa mínima o cantidad mínima de algo: "Ganó por una *nada*", "Una *nada* de sal" **3** pron Ninguna cosa: "*Nada* importa", "El que *nada* debe, *nada* teme", "No quiero *nada*", "Nunca logré *nada*", "Jamás haré *nada* que te dañe" **4** *Nada de* Ninguna cosa de un conjunto de ellas: *nada de ropa, nada de dinero* **5** adv Ni un poco: "No está *nada* preo-cupado", "No ha hecho *nada* para mejorar" **6** *Antes que nada* Primeramente, de inmediato: "*Antes que nada* llámame por teléfono" **7** *Como si nada* Sin es-fuerzo, como si no importara: "Se subió a la monta-ña *como si nada*" **8** *De nada, por nada* Expresión cortés con la que se responde a quien da las gracias: "—Gracias por el regalo —¡*De nada!*" **9** *Nada como* Ninguna cosa mejor que: "*Nada como* una siesta des-pués de comer", "Nada como las vacaciones" **10** *Na-da más* Sólo, eso es todo: "*Nada más* vine yo", "De la estación regresamos a casa y *nada más*" **11** *Por nada* (*del mundo*) Bajo ninguna circunstancia, por ningún motivo: "No lo hago *por nada*", "*Por nada del mundo* me saldré de la casa".

nadador 1 adj y s Que nada: "Quisiera ser pescadi-to / chiquitito y *nadador* / pa'alcanzar ese barqui-to", "Esos perros son buenos *nadadores*" **2** s y adj Persona que practica la natación: *nadadores olím-picos,* "Tiene cuerpo de *nadadora*".

nadar v intr (Se conjuga como *amar*) **1** Avanzar una persona o un animal sobre la superficie del agua o en su interior, impulsándose con el movimiento de sus extremidades: *nadar en el río, nadar entre arre-cifes, echarse a nadar, nadar a la orilla* **2** Flotar al-go en la superficie de un líquido: "Había algas *na-dando* por todas partes" **3** *Nadar en* Tener uno algo en abundancia: *nadar en dinero* **4** *Nadarle a uno algo* Quedarle muy grande o ancho: "Como ha adelgazado tanto, la falda *le nada*".

nadie pron **1** Ninguna persona: "*Nadie* vino", "*Nadie* vive", "No vino *nadie*", "Nunca vi a *nadie*" **2** *Ser al-guien un don nadie* Ser alguien poco importante, no tener personalidad ni carácter.

nado 1 s m Cada uno de los estilos en que se prac-tica el deporte de la natación: *nado de pecho, nado de mariposa, nado libre* **2** *A nado* Nadando: "Cru-zó la bahía *a nado*".

nagual·s m I **1** Animal que una persona tiene como compañero inseparable y que es su doble, según la tradición de algunos pueblos: "Tiene su *nagual* de cascabel" **2** Brujo, hechicero; indio viejo que su-puestamente tiene ojos que echan lumbre y se trans-forma en perro o coyote: *el sacerdote nagual,* "Yo

sé que tú eres *nagual* y tú te comes las terneras" **II 1** (*Rural*) Buey viejo **2** (*Caló*) El que usa zapatos tenis o de suela blanda para entrar a robar.

nahua adj y s **1** Náhuatl: *el nahua y otras lenguas nativas* **2** pl Pueblo náhuatl: *fuentes históricas na-huas, los antiguos sabios nahuas.*

nahual s m Nagual.

náhuatl 1 s m Lengua de distintos grupos indígenas, como los mexicas, colhuas, xochimilcas, tlaxcaltecas, cholultecas o toltecas; se habla principalmente en algunas regiones de los actuales estados de Morelos, Tlaxcala, Guerrero, Veracruz, Michoacán, México, el Distrito Federal y en ciertas zonas de América Cen-tral. Era la lengua más difundida en Mesoamérica en el momento de la conquista y en ella se escribió la mayoría de las obras que se refieren al México prehis-pánico, como los poemas de Nezahualcóyotl y la Cró-nica Mexicayotl **2** adj y s m y f Que pertenece o se relaciona con la lengua y la cultura correspondien-te a estos grupos indígenas: *literatura náhuatl, po-emas nahuas, escritura náhuatl, música náhuatl, pa-labras nahuas, los nahuas de Tenochtitlán.*

nalga s f **1** Cada una de las dos partes carnosas y redondeadas situadas bajo la espalda de los seres humanos y formadas principalmente por los mús-culos llamados glúteos: "Le pusieron varias inyec-ciones en las *nalgas*" **2** Parte superior de cada una de las extremidades posteriores o inferiores de al-gunos animales: "El caballo Cantorita / ya está heri-do de una *nalga*".

namás adv (*Popular*) Nomás, nada más: "Andan aquí *namás* pa arriba y pa abajo", "*Namás* vengo cada ocho días".

nana s f **1** Mujer que se encarga del cuidado y aten-ción de los niños de una casa: "El parque cercano al que las llevan sus *nanas* todas las mañanas", *la nana rusa,* "La nana *ignorante* pero cariñosa", "Pri-mero fui *nana,* luego recamarera, luego cocine-ra, luego lavandera" **2** En Sonora y Oaxaca, abuela **3** (*Altí C*) Abeja reina **4** (*Rural*) Tratándose de ani-males, madre.

nance s m (*Tab*) Nanche: *dulce de nance.*

nanche s m **1** Fruto comestible, globoso, de apro-ximadamente 2 cm de diámetro, de cáscara delga-da, lisa y de color amarillo, pulpa blanca, de sabor agridulce y aromática, con una semilla grande y dura en el centro. Se come también en dulce, y con él se preparan bebidas refrescantes y un licor muy fuerte: *nanche curtido* **2** (*Byrsonima crassifolia*) Árbol o arbusto de la familia de las malpigiáceas y distintas variedades, que da este fruto. Alcanza has-ta 10 m de altura, tiene las hojas anchamente ova-les, de color verde brillante en el haz y opaco en el envés; sus flores, de color amarillo rojizo, crecen en racimos terminales. Su corteza se emplea en medi-cina tradicional como astringente, para combatir la diabetes y las infecciones intestinales o de la boca. Se cultiva en regiones de clima cálido **3** Árbol o arbusto de la familia de las malpigiáceas de muy distintas especies, cuyo fruto es una drupa peque-ña y redonda **4** *Nanche ceituna* o *de la costa* (*NO*) (*Zizyphus sonorensis*) Arbusto o árbol pequeño de la familia de las ramnáceas que alcanza hasta 10 m de alto, de hojas ovadas y flores en grupos axilares. Su fruto, rojo, globoso y pequeño, contiene una sustancia jabonosa.

naranja 1 s f Fruta redonda de color amarillo rojizo, que mide de 8 a 10 cm de diámetro y cuya pulpa, jugosa y agridulce, está encerrada en gajos contenidos a su vez en una cáscara más o menos gruesa **2** adj m y f y s m Que es del color de esa fruta o parecido a éste: *una pelota naranja, un vestido naranja, unas sillas naranjas.*

naranjo 1 s m Árbol frutal de la familia de las rutáceas que da la naranja; pertenece a varias especies, entre las cuales la más importante es *Citrus sinensis*, con distintas variedades. Mide entre 4 y 6 m de altura, tiene el tronco liso y ramoso, copa abierta de follaje siempre verde, y hojas ovaladas pecioladas de color verde brillante; su flor es el azahar. Se cultiva en climas cálidos **2** adj y s (*Rural*) Tratándose de caballos, que tiene el pelaje de color amarillo más o menos claro.

narcisismo s m **1** Amor exagerado por uno mismo: *profundo narcisismo* **2** En psicoanálisis, fijación afectiva de uno mismo, en la que el individuo se ama a sí mismo o a sus propias imágenes: *narcisismo primario.*

narcótico s m y adj Sustancia que suprime temporalmente la excitabilidad de las células del sistema nervioso central, produce sueño y tiene propiedades analgésicas y sedantes; su empleo en medicina es delicado porque puede producir hábito, como la heroína y la morfina: "La venta de *narcóticos* está rigurosamente controlada", *acción narcótica.*

nardo s m **1** (*Polianthes tuberosa*) Planta bulbosa de la familia de las amarilidáceas, de tallos simples que miden entre 60 cm y 1 m de altura, y hojas radicales, muy largas y angostas. Sus flores, blancas y muy aromáticas, crecen en espigas; se cultiva como planta ornamental: *varita de nardo* **2** Flor de esta planta: "Le gusta poner *nardos* para perfumar la casa".

nariz s f **1** Parte de la cara de los seres humanos que sobresale entre los ojos, debajo de la frente y arriba de la boca; tiene dos orificios por donde se respira y permite pasar el aire a los pulmones; en ella se encuentra el sentido del olfato: *una nariz chata, una nariz aguileña* **2** Parte de la cabeza de muchos vertebrados que tiene la misma función que en el ser humano: *la nariz de un perro, la nariz de un oso hormiguero* **3** Sentido del olfato: *tener buena nariz, una nariz sensible* **4** *Meter uno la nariz* o *las narices en algo* Interesarse en algo que no le corresponde **5** *No ver más allá de sus narices* Tener poca capacidad para comprender alguna cosa **6** *Darse de narices con alguien* Encontrarlo de pronto y sin preverlo: "Se fue de paseo y al dar la vuelta en la esquina *se dio de narices* con el director" **7** *Darse de narices en algo* o *con algo* Encontrar que alguna cosa es muy difícil de superar o resolver: "Todos *se han dado de narices* en este teorema" **8** *En mis narices, tus narices,* etc Delante de uno, sin tomar en cuenta su carácter, posición u opinión, o sin darse cuenta de su presencia: "Hablaba mal de mí, *en mis narices*" **9** *Romperle a alguien las narices* Golpearlo **10** Parte saliente, aguda y delantera de algún objeto: *la nariz de un avión, la nariz de un barco.*

narración s f **1** Acto de relatar algo: *la narración de una batalla, la narración de un juego, una narración viva y emocionante* **2** Exposición de una historia o de los detalles de algún acontecimiento, generalmente por placer, por interés literario o por necesidad de documentar cuidadosamente lo sucedido.

narrador s y adj **1** Persona que narra: "Salen de escena todos menos el anciano que tomará el papel de *narrador* de la historia" **2** Escritor de cuentos o novelas: *una antología de narradores latinoamericanos;* "Ovidio, el fantástico *narrador* de las Metamorfosis...", *narradores contemporáneos.*

narrar v tr (Se conjuga como *amar*) Decir o escribir cómo sucedió algún acontecimiento o los detalles de una historia, generalmente por diversión, por interés literario o por deseo de dejar registro de lo sucedido: *narrar un cuento, narrar un viaje.*

narrativa s f Conjunto de novelas, cuentos y en general obras literarias que narran o cuentan alguna historia: *narrativa argentina.*

narrativo adj Que pertenece a la narración o se relaciona con ella: *la literatura narrativa.*

nasal adj m y f **1** Que pertenece a la nariz o se relaciona con ella: *fosas nasales, gotas nasales* **2** (*Fon*) Que se pronuncia dejando salir el aire por la nariz, como la /m/, la /n/ y la /ñ/.

nata s f **1** Película o capa cremosa que se forma en la superficie de la leche que se deja reposar o se enfría después de hervida; se usa en repostería, para hacer mantequilla y suele comerse untada en pan: "Quítale la *nata* al café con leche", *pan de nata* **2** Película o capa delgada que se forma en la superficie de un líquido: *una nata de aceite en el mar* **3** (*Met*) Residuo que queda en la purificación de metales y minerales; escoria **II** (*Chis*) (*Calonyction aculeatum*) Planta trepadora de jugo lechoso, de la familia de las convolvuláceas, frecuentemente con espinas carnosas en el tallo; hojas alternas de base acorazonada, a veces con tres a cinco lóbulos; flores blancas monopétalas con el tubo de 8 a 12 cm. El jugo o savia se utiliza para cuajar el hule **III** (*Popular*) **1** *La pura nata* Lo más selecto **2** Semen.

natación s f Deporte que consiste en flotar y avanzar sobre la superficie del agua combinando de varias formas el movimiento de brazos y piernas: *una competencia de natación.*

natal adj m y f Que pertenece al nacimiento o se relaciona con él, especialmente que se refiere al lugar donde se ha nacido: *país natal, suelo natal, tierra natal, ciudad natal, estado natal, su natal Mexicali.*

natalicio s m Día del nacimiento de alguien y cada uno de sus aniversarios: *natalicio de Benito Juárez.*

natalidad s f Índice del número de nacimientos en una población determinada y en un tiempo dado: *aumento de la natalidad, control de la natalidad.*

nativo adj y s Que ha nacido en un determinado lugar, que es originario de un lugar, generalmente en oposición a inmigrantes, visitantes o turistas que pertenecen a diferentes culturas: *la oligarquía nativa, la cultura nativa, lenguas nativas, pescadores nativos, comunidades nativas de la selva, nativos de la misma tribu, nativos de Quintana Roo.*

nato adj **1** Nacido **2** Tratándose de personas, que ha nacido con tal inclinación, cualidad o defecto: "Juan es un músico nato", *líder nato.*

natural adj m y f **1** Que pertenece a la naturaleza o se relaciona con ella: *ciencia natural, fenómeno natural* **2** Que se ha creado en la naturaleza, existe o se tiene desde su principio, sin que intervenga el ser humano: *instinto natural, un puerto natural, disposición natural para el arte* **3** Que sucede o se comporta de acuerdo con las leyes de la naturaleza; que es normal: *una reacción natural, muerte natural* **4** *Al natural* Tal como es, sin modificación ni adorno: "Las mujeres son más bellas *al natural*", *unos camarones al natural* **5** s y adj m y f Persona que es originaria de un lugar, que nació allí: "Soy *natural* de Chilpancingo".

naturaleza s f **1** Conjunto de todas las cosas del universo que no han sido creadas o modificadas por el hombre, y carácter que tienen en su existencia o en su comportamiento: *naturaleza física, la naturaleza terrestre, amar a la naturaleza* **2** Conjunto de las características fundamentales y particulares de algo: *la naturaleza humana, la naturaleza de un mineral, la naturaleza de una doctrina* **3** Carácter de una persona: *naturaleza nerviosa, hombre de naturaleza agresiva* **4** *Naturaleza muerta* Pintura en la que se representan animales muertos, frutos o vegetales cortados y otros objetos de uso doméstico.

naturalidad s f **1** Calidad de natural: "Sus obras alcanzan una perfecta apariencia de *naturalidad*" **2** Actitud tranquila, normal y sin afectación; comportamiento que se muestra frente a lo común o lo cotidiano: *hablar con naturalidad.*

naturalismo s m **1** Conjunto de doctrinas filosóficas que consideran que el principio de todas las cosas es la naturaleza y no hay nada superior o diferente de ella **2** Corriente literaria del siglo XIX y principios del XX que trató de destacar el carácter natural del comportamiento humano y la influencia del medio ambiente y de las funciones fisiológicas en él, mediante una expresión realista, basada en la observación, y pretendidamente sin prejuicios. Grandes impulsores de la misma fueron Zola en Francia y Federico Gamboa en México **3** Actitud que se basa en la confianza y la búsqueda de lo natural en la vida y en la sociedad, a veces por considerar que la cultura y la civilización corrompen una naturaleza buena por principio.

naturalista adj y s m y f Que se relaciona con el naturalismo o es partidario de esta doctrina filosófica: *tesis naturalista, novela naturalista.*

naturalmente adv **1** Desde luego, como es natural, como es lógico, enfatizando lo que se afirma: "*Naturalmente* no trajiste la credencial", "*Naturalmente* que no estoy refiriéndome a hipótesis o a teorías sin fundamento", "*Naturalmente* hubo diversidad en las opiniones" **2** De manera natural o espontánea, sin artificio, sin cuidado: "Canta *naturalmente*", "En tierra caliente las plantas crecen *naturalmente*".

naufragar v intr (Se conjuga como *amar*) **1** Hundirse una embarcación durante un viaje como efecto de un choque accidental: *naufragar un barco*, "La Flecha *naufragó* frente a Veracruz" **2** Salir mal un intento o un negocio ya comenzado: *naufragar los esfuerzos, naufragar una empresa.*

naufragio s m **1** Hecho de naufragar: *el naufragio del Titanic, un naufragio financiero* **2** Embarcación que queda hundida en el fondo del mar, de un lago, etcétera.

náufrago adj y s **1** Que ha sufrido un naufragio: "Sólo rescataron a unos cuantos *náufragos*" **2** *Comer como náufrago* (*Coloq*) Comer mucho o vorazmente: "Esos niños *comen como náufragos*".

náusea s f **1** Malestar físico caracterizado por las ganas de vomitar y las contracciones que anteceden al vómito: "Tengo dolor de estómago y *náusea*", "Son toxinas que producen *náuseas* y vómito" **2** Repugnancia que provoca en uno una cosa sumamente desagradable: "Me aburre hasta la *náusea*".

náutico adj Que pertenece a la navegación o se relaciona con ella; naval: *escuela náutica.*

nauyaca s f (*Bothrops atrox*) Víbora muy venenosa del grupo de los ofidios crotálidos, llega a medir hasta 2.5 m de largo. En cada ojo y las fosas nasales tiene una hendidura que semeja ser otra narina por lo que también se le llama cuatro narices; esta hendidura es característica de la familia de los crotálidos, comunica con una foseta termorreceptora que le permite seguir en la oscuridad el rastro de calor que dejan las posibles presas de sangre caliente; habita preferentemente en tierras bajas y cálidas; otras especies son: *nauyaca real* (*Bothrops asper*), *nauyaca saltadora* (*Bothrops nummifer*), *nauyaca del frío* (*Bothrops godmani*), *nauyaca de pestañas* (*Bothrops schlegii*).

navaja s f **1** **1** Instrumento cortante, semejante a un cuchillo, cuya hoja se dobla sobre el mango para que el filo quede guardado entre las dos piezas que lo forman: *afilar una navaja* **2** Lámina pequeña de acero, delgada y filosa, que se usa para rasurar: *navaja de rasurar* **3** Cualquier hoja filosa de metal que sirva para cortar algo: *navaja circular* **II** adj y s (*Ver, Tab, Yuc*) Muchacho astuto y mañoso.

naval adj m y f **1** Que pertenece a los barcos o a la navegación, que se relaciona con ellos: *ingeniero naval, historia naval* **2** Que pertenece a los barcos de guerra y a la marina militar o se relaciona con ellos: *zona naval, base naval.*

nave s f **1** Embarcación, barco de vela o de motor: *naufragar una nave, nave de guerra* **2** Vehículo aéreo cualquiera, como un avión, un helicóptero o el diseñado para viajar al espacio exterior: *despegar la nave, poner en órbita una nave*, "Lanzarán una nave espacial tripulada" **3** (*Coloq*) Automóvil: "Préstame tu *nave* para llevar a mi chava a pasear" **4** *Quemar alguien las o sus naves* Renunciar definitivamente a una actividad o situación estable o duradera, cancelando toda posibilidad de regresar a ella: "A sus cuarenta años decidió *quemar las naves* y empezar una nueva vida" **II** (*Arq*) **1** Cada uno de los espacios amplios y de gran altura, delimitados por muros, arcadas o columnas, que conforman las áreas principales de las iglesias o de ciertos edificios de grandes dimensiones: "Están restaurando la *nave* mayor de la Catedral" **2** Local o construcción de planta muy espaciosa y techos muy altos, como los que se usan en las bodegas o para albergar instalaciones fabriles: "Se rentan oficinas y *naves* industriales".

navegación s f **1** Técnica de la dirección del movimiento de una nave por mar, aire o espacio, que consiste en el establecimiento de su ruta, la orientación y la determinación de su posición en un momento dado, y el manejo de sus controles: *navegación marítima, navegación aérea* **2** Tráfico de naves por una región marina o aérea determinada: *abrir a la navegación, zona de navegación.*

navegante 1 adj y s m y f Que practica o se dedica a la navegación: "Los vikingos fueron extraordinarios *navegantes*" **2** s m y f Persona que, en un barco, en un avión o en una nave espacial se encarga de establecer la ruta, vigilar las condiciones del tiempo, etcétera.

navegar v intr (Se conjuga como *amar*) **I 1** Moverse en una embarcación, particularmente en el mar: *navegar a Acapulco*, "El barco *navega* rumbo a Manzanillo" **2** Volar un avión o una nave espacial de un lugar a otro: *navegar por el cielo* **3** Dirigir una embarcación de acuerdo con las técnicas y los conocimientos requeridos: *saber navegar* **II 1** En Chihuahua, trabajar **2** (*N*) Padecer, sufrir o luchar por sobrevivir o conseguir algo: "Aquí, como siempre, *navegando* con los hijos".

navidad s f **1** Celebración cristiana que conmemora el nacimiento de Jesucristo y que se festeja el 25 de diciembre: "Pasamos la *Navidad* con mis suegros" (se escribe con mayúscula) **2** Época de festividades que comienza con las posadas y acaba el día de reyes: *vacaciones de navidad*.

navío s m **I 1** Buque de vela antiguo y bien fortificado, particularmente de guerra, con dos o tres cubiertas o puentes, tres palos con velas y dos o más baterías de cañones por banda: "Tras las enormes riquezas que llevaban los *navíos* a España, iban presurosos los piratas" **2** Buque, barco grande: "A lo lejos se ve un *navío*" **3** Navío insignia (*Mar*) El que va comandado por el almirante o comodoro **II** (*NO*) (*Conzattia sericea*) Árbol de la familia de las leguminosas, que mide entre 10 y 15 cm de altura, hojas bipinadas con hojuelas oblongas, obtusas y sedosas; flores papilionadas de color amarillo que crecen en racimos, y cuyo fruto es una vaina aplanada y aguda en sus dos extremos.

nayarita adj y s m y f **1** Que es natural de Nayarit, que pertenece a este Estado o se relaciona con él; nayaritense: *tabaco negro nayarita, industrias nayaritas* **2** Que es originario o que pertenece al grupo indígena cora que vive en la sierra del Nayarit.

nayaritense adj y s m y f Nayarita.

nazi adj y s m y f Que pertenece al nazismo, que es partidario de ese movimiento político o se relaciona con él: *un soldado nazi, un terrorista nazi, un campo de concentración nazi*.

nazismo s m Movimiento de masas nacido en Alemania en 1919, dirigido por el Partido Nacional Socialista Obrero Alemán y llevado al poder por Adolfo Hitler, caracterizado por su autoritarismo antidemocrático, el totalitarismo que asigna al gobierno y el imperialismo en sus relaciones internacionales. Apoyado principalmente por la baja clase media asalariada, y mediante la manipulación de ciertos valores tradicionales alemanes, destruyó el movimiento sindical libre, atacó al resto de los partidos políticos, impuso el control total del Estado sobre la economía, desarrolló una economía de guerra que acabó con el desempleo y proclamó una superioridad racial cuya principal víctima resultó ser la población judía. Inició la Segunda Guerra Mundial y terminó derrotado militarmente, tras terribles años de persecuciones y matanzas a sus oponentes.

nebulosa s f (*Astron*) Enorme concentración de materia cósmica, de forma imprecisa, a veces oscura y otras iluminada por la luz de estrellas cercanas, como la Gran Nebulosa de Orión o la del Caballo.

nebuloso adj **1** Que tiene o está rodeado de nubes o niebla: *un cielo nebuloso* **2** Que es poco claro y confuso: *un razonamiento nebuloso*.

necesariamente adv De manera necesaria u obligada; obligatoriamente, forzosamente: "La poesía no *necesariamente* deja de ser poesía cuando cuenta o reflexiona", "Tendremos que partir *necesariamente* de nosotros mismos como hombres que somos", "Lo abstracto viene *necesariamente* de lo concreto", "La falta de gasolina, de gas, de electricidad, *necesariamente* redunda en falta de productos industriales", "La dictadura invisible del capital no se ejerce *necesariamente* por medio de la violencia", "El impacto de la inflación importada no afecta *necesariamente* los precios de los alimentos", "Un prematuro de menos de dos kilos requiere *necesariamente* atención especializada".

necesario adj **1** Que hace falta, se requiere forzosamente o es imprescindible; que debe hacerse, tenerse o ser para que algo exista, funcione, se desarrolle, etc; que es condición indispensable para algo: "El oxígeno es *necesario* para la vida", "Trabajamos con todo el equipo *necesario*", "Es *necesario* que compres un sartén", "Pusimos las reglas *necesarias* para el juego" **2** Que es inevitable; que no puede dejar de ser, funcionar, etc: "Consideremos los efectos *necesarios* de instalar aquí una fábrica", *consecuencias necesarias* **3** Que es bueno o conveniente: "Es *necesario* distraerse de vez en cuando".

necesidad s f **1** Carácter de lo que es necesario, se requiere sin falta o es condición indispensable para la vida, el funcionamiento, el desarrollo, etc, de algo o de alguien: *la necesidad de alimentarse para vivir*, "No tiene la *necesidad* de trabajar para sostenerse" **2** Falta o carencia que debe ser resuelta para que algo o alguien exista, viva, funcione, se desarrolle, etc; estado, cosa o circunstancia de la que depende la existencia, vida, desarrollo, etc, de algo o alguien: *vivir en la necesidad, robar por necesidad*, "La *necesidad* es la madre de la inventiva", "Casa, vestido y sustento son *necesidades* imperiosas", *artículos de primera necesidad, necesidades de los campesinos* **3** Circunstancia o carácter de lo que es, funciona o se cumple de manera inevitable o necesaria: *la necesidad de las leyes físicas* **4** Hacer alguien sus *necesidades* (*Popular*) Orinar o defecar.

necesitado adj y s Que carece de lo necesario, que tiene muchas necesidades; pobre: "Quieren dar protección a los estudiantes *necesitados*", *la población más necesitada*.

necesitar v tr (Se conjuga como *amar*) Carecer de algo que hace falta o es imprescindible; no poseer algo que se requiere forzosamente; sentir o tener la necesidad de algo: "El niño *necesita* alimento", "El rosal ya *necesita* agua", "*Necesito* ir a la oficina", "*Necesito* que me hagas un favor".

necio adj **1** Que insiste tercamente en repetir sus errores, en aferrarse a las ideas o en mantener una postura equivocada: "Le dije que no fuera, pero como es una *necia* no me hizo caso", "No se puede, no seas *necio*" **2** Que carece de razón o de inteligencia; que es tonto y terco: "Hombres *necios* que acusáis / a la mujer sin razón…", "A palabras *necias*, oídos sordos".

necrosis s f sing y pl **1** (*Med*) Muerte de un tejido, de un órgano o de una zona localizada de ellos, como la que se produce de forma natural en la epidermis, o la que provoca la falta de irrigación sanguínea, una infección o un infarto: *necrosis hepática masiva, necrosis difusas en la piel* **2** (*Bot*) Muerte de un tejido vegetal.

néctar s m **1** Jugo azucarado que tienen las flores en el fondo de su cáliz y que chupan los insectos **2** Bebida delicada y suave, como la que se decía que bebían los dioses en la Antigüedad.

nefritis s f (*Med*) Inflamación de los riñones.

nefrología s f Rama de la medicina que estudia los riñones y sus enfermedades.

negación s f **1** Acto de negar algo: "La *negación* del préstamo fue inmediata", *una negación completa* **2** Expresión lingüística, o de cualquier otro código, que consiste en señalar la falsedad o la inexistencia de algo: "Me contestó con una *negación*", *negación lógica, adverbio de negación*.

negar v tr (Se conjuga como *despertar*, 2a) **1** Decir que algo es falso o inexistente: "*Niego* que existan los fantasmas", "Colón *negó* que la Tierra fuera plana" **2** Dejar de reconocer o no admitir algún hecho o algún acontecimiento: "*Niegan* los derechos del pueblo", "El acusado *negó* ser culpable" **3** Decir que no a algo que se pide o se ofrece, o dejar de conceder algo: *negar un permiso, negar una solicitud, negar un favor* **4** Prohibir que alguien haga algo o que algo se realice: *negar la entrada a menores de edad* **5** Desconocer a alguna persona o rechazar su relación o amistad: "*Niega* a sus amigos, es un ingrato" **6** Ocultar a alguien o fingir ausencia una persona ante otra: "La *negaban* cada vez que le hablaba por teléfono" **7** prnl Oponerse a hacer algo: *negarse a trabajar, negarse a confesar.*

negativo 1 adj y s f Que expresa o contiene una negación: *una respuesta negativa, una actividad negativa, un dato negativo, responder con negativas* **2** adj Que no ayuda ni es útil o eficaz; que resulta contrario a lo que se quería: *medida negativa, solución negativa, persona negativa* **3** adj Que es o se considera opuesto, inverso o contrario respecto de alguna cosa, particularmente de las que se tienen por normales, básicas, buenas, primarias, elementales, etc: *valores negativos, cargas eléctricas negativas, imagen negativa* **4** adj Que pertenece a los números menores que 0 o se relaciona con ellos; que expresa una cantidad que no se tiene o que se debe: *cifra negativa, cantidades negativas, saldo negativo* **5** s m Película fotográfica en la que se imprimen los tonos claros y oscuros de forma inversa a la de su luminosidad real y de la que luego se sacan copias que reproducen las imágenes tal como se ven en la realidad: *negativos fotográficos, revelar los negativos, velarse un negativo.*

negligé s m Camisón de mujer, de tela fina, muy delgada y transparente. (Se pronuncia *negliyé*.)

negociación s f **1** Acto de negociar: *la negociación de una venta* **2** Serie de reuniones, intercambios de puntos de vista, demandas, etc realizadas entre dos o más personas, grupos o representantes de un país o de una organización para llegar a un acuerdo o concluir un negocio: *la negociación de un divorcio, las negociaciones de un sindicato, entrar en negociaciones* **3** Empresa o industria: "Es dueño de varias *negociaciones*", *una negociación textil.*

negociante s m y f **1** Persona que se dedica a un negocio determinado: "Su padre es un buen *negociante* en abarrotes" **2** Persona que se preocupa excesivamente por el dinero al ejercer su profesión o llevar a cabo una actividad: "Ese pintor es más bien un *negociante*".

negociar v (Se conjuga como *amar*) **1** tr Tratar, dos o más personas o agrupaciones, un asunto de interés común con el fin de llegar a un acuerdo que sea conveniente para ambas partes: "Los dos países *negociaron* el precio del petróleo", *no negociar con los delincuentes, negociar la contratación de braceros* **2** intr Llevar a cabo una determinada operación o actividad económica con el fin de obtener ganancias; comerciar: "Estados Unidos y Japón *negocian* con todo el mundo".

negocio s m **1** Actividad u operación de carácter económico en la que se busca una ganancia, como el comercio o la inversión: "Su *negocio* es la venta de carros usados" **2** Establecimiento donde se realiza una determinada actividad económica, como una tienda o un restaurante: "Tiene un *negocio* de abarrotes en su pueblo" **3** *Hacer negocio* Obtener una ganancia económica negociando o sacar utilidad especulativa de algún asunto: "Hizo *negocio* con la venta de los boletos" **4** Asunto: "Ocúpate de tus *negocios* y no te metas en los míos" **5** *Negocio redondo* El que sale muy bien **6** *Negocio sucio* El ilegal o poco honrado.

negra s f **1** (*Mús*) Nota que consiste en un círculo lleno con plica y que equivale a la mitad de una redonda **2** Negrita.

negrita s y adj f Letra impresa que destaca en el texto por tener un trazo más grueso y oscuro que el del tipo común: "Las entradas de este diccionario están en *negritas*".

negro adj y s **1** Que tiene un color como el del carbón, el de la noche sin luna o el del petróleo **2** Que es más oscuro que otra cosa: *pan negro, café negro* **3** Que es malo, impuro o cruel: *magia negra, negras intenciones* **4** Que es triste o desafortunado: *suerte negra, negro porvenir, día negro* **5** s Individuo de la raza así llamada, originaria de África **6** *Pasarla(s), pasárselas o vérselas negras* Padecer muchas dificultades y penas: "*Se las vio negras* cuando enviudó y se quedó con dos hijos pequeñitos".

nel adv (*Popular*) No: "Dijeron que iban a venir, pero *nel*, jalaron para otro lado", "*Nel* maestro, esa onda no me pasa", "Y tú que dijiste, ya me fregué a ese tarugo, pues *nel* pastel".

nene s **1** Niño pequeño, desde el recién nacido hasta el de aproximadamente 6 años: "Luisa es una *nena* muy bonita" **2** Joven, muchacho: "Llegaron unas *nenas* guapísimas a la fiesta".

neoleonés adj y s Que es natural de Nuevo León, que pertenece a este estado o se relaciona con él; nuevoleonés, neolonés, nuevoleonense.

neolítico 1 s m Periodo de la prehistoria durante el cual ocurren grandes avances en el desarrollo de la humanidad, como la expansión de la agricultura que implicó una tendencia a la sedentarización y la aparición de las primeras aldeas y poblados; el descubrimiento de la rueda, la domesticación de ciertos animales y la cría de ganado; el empleo de herramientas de piedra pulida; la aparición de nuevas técnicas como la alfarería y el tejido, lo mismo que los primeros medios de transporte, como la navegación fluvial **2** adj Que pertenece a este periodo o se relaciona con él: *arte neolítico, pueblos neolíticos.*

neologismo s m Palabra o expresión que se ha formado recientemente o se ha tomado prestada hace poco tiempo de otra lengua; nueva acepción o uso de una palabra ya existente.

neolonés adj y s Neoleonés: *la capital neolonesa.*

nervadura s f **1** (*Biol*) Cada unó de los nervios de las hojas o de las alas de los insectos, que forman un patrón o diseño y resaltan en su superficie **2** (*Arq*) Cada una de las molduras salientes, a modo de cordones, que adornan las bóvedas góticas.

nervio s m **1** Cada uno de los órganos con forma de cordón o de hilo que salen del cerebro y la médula espinal y se reparten por todo el cuerpo para transmitir al cerebro las sensaciones y, a los otros órganos, los impulsos que salen de aquél: *nervio óptico, nervio ciático* **2** pl Conjunto de las emociones de una persona, particularmente cuando son angustiosas: *tener nervios, estar enfermo de los nervios, alterarse los nervios, calmar los nervios* **3** Cualquier tejido blanco, duro y resistente de la carne que se consume en la comida: *una carne con nervio, el nervio de la falda* **4** Gusto y entusiasmo con los que alguien realiza una actividad; solidez y dirección con que trabaja un grupo de personas o una empresa: *el nervio de un ciclista, un torero con nervio, un negocio con nervio.*

nerviosamente adv Con nerviosidad, en un estado de nerviosismo o excitación nerviosa: "Enciende *nerviosamente* un cigarro", "*Nerviosamente* empezó a buscar entre la pila de folders".

nervioso adj **1** Que pertenece a los nervios o se relaciona con ellos: *sistema nervioso, tejido nervioso* **2** Que se altera, excita o irrita fácilmente: *una persona nerviosa.*

netamente adv Con claridad, con nitidez, sin confusión, sin duda; claramente: *un camino nacionalista netamente mexicano*, "La esencia del marxismo es *netamente* internacionalista".

neto adj **1** Que es limpio, puro, claro o bien definido: *sensación neta* **2** (*Contab*) Tratándose del precio o valor de una cosa, que resulta después de deducir gastos: *las utilidades netas de la compañía, el aumento neto, ingreso neto por hectárea, ganancia neta* **3** Tratándose de pesos o contenidos, que no considera su envase o su empaque: *contenido neto, peso neto.*

neumología s f Rama de la medicina que se encarga del estudio de los pulmones y de las vías respiratorias en general, así como de sus enfermedades y de las formas de prevenirlas o curarlas.

neumonía s f (*Med*) Inflamación, generalmente infecciosa, del tejido pulmonar.

neuralgia s f (*Med*) Dolor intenso e intermitente a lo largo de uno o varios nervios, que ocurre sin que haya inflamación de los mismos, y provocado por muy diversas causas: *neuralgia del trigémino.*

neurología s f Especialidad de la biología y de la medicina que estudia el sistema nervioso y el tratamiento de sus enfermedades.

neurólogo s Persona que tiene por profesión la neurología.

neurona s f (*Fisio*) Célula que constituye la unidad funcional del sistema nervioso, formada por un cuerpo del que sale un hilo largo, llamado axón, con el que se conecta a otras células de su misma clase, y otros más pequeños, las dendritas, que también establecen conexiones con otras neuronas.

neurosis s f sing y pl Afección psíquica causada por desórdenes del sistema nervioso o por algún conflicto que sucede en el inconsciente y tiene sus raíces en la historia infantil del sujeto (el deseo y la satisfacción); se caracteriza por trastornos afectivos y emocionales, como la angustia, las fobias y las obsesiones, de las que la persona es consciente pero no puede librarse, que no alteran la integridad de sus funciones mentales: *explosión de la neurosis*, "Cuando la represión es violenta, la *neurosis* asume un carácter particularmente angustioso", *neurosis infantil, neurosis de guerra.*

neurótico adj y s **1** Que pertenece a la neurosis o se relaciona con ella: *estado neurótico*, **2** Que está afectado de neurosis: "El *neurótico* no puede confrontar los peligros a un nivel consciente".

neutral adj m y f **1** Que no se inclina ni a un extremo ni a otro de dos cosas que están en oposición; que no toma partido; que es imparcial: *grupos neutrales, una sede neutral* **2** Tratándose de la caja de velocidades de un vehículo automotor, posición en la que no está en juego ninguna fuerza, en la que no hay movimiento; punto neutro o punto muerto: "Ponga la palanca de velocidades en *neutral*".

neutro adj y s m **1** Que es indiferente, que no se distingue claramente por ninguna de las características opuestas que puede presentar **2** (*Quím*) Que no presenta reacción ácida ni alcalina: *reacción neutra* **3** (*Fís, Elec*) Que no tiene carga eléctrica ni positiva ni negativa: *alambre neutro* **4** (*Gram*) Tratándose de género, que no es ni masculino, ni femenino; en español el artículo *lo* y los pronombres *esto, eso,* y *aquello*, en otras lenguas, como el alemán o el latín, se manifiesta morfológicamente en los sustantivos y adjetivos **5** (*Zool*) Tratándose de animales, que no tiene sexo **6** Tratándose de colores, que no tiene brillo: *colores neutros* **7** Que no destaca por nada, que es plano o que no manifiesta ninguna emoción: *una respuesta neutra.*

neutrón s m (*Fís*) Partícula atómica eléctricamente neutra, que junto con el protón, conforma el núcleo de los átomos, excepto el del hidrógeno.

nevar v intr (Se conjuga como *despertar*, 2a. Sólo se usa en tercera persona) Caer nieve: "La noche anterior había *nevado* en abundancia", "Cuando *nieva* hace mucho frío".

nevería s f Establecimiento donde se venden nieves, helados y refrescos: "Se citaron en la *nevería* Roxy para platicar y tomar un helado".

newcastle s m (*Veter*) Enfermedad viral contagiosa y aguda que afecta a las aves, y cuyos síntomas principales son tos, estornudos, tortícolis y diarrea, y en el caso de las gallinas ponedoras, la interrupción en la producción del huevo. (Se pronuncia *niucástle.*)

nexo s m **1** Unión o relación entre dos cosas: *nexos diplomáticos, establecer nexos entre países* **2** (*Gram*) Palabra que sirve para relacionar a otras palabras, construcciones u oraciones entre sí. Los nexos se dividen en *preposiciones* y *conjunciones.*

ni conj **1** Une oraciones negativas o elementos que tienen la misma función: "No come *ni* duerme", "No encontró a su hermano *ni* a su primo", "*Ni* vino *ni* lo vi", "*Ni* supo cómo hacerlo *ni* le interesó", "No estaban *ni* Paula *ni* Samuel" **2** *Ni que* Niega una suposición: "*Ni que* fuera tonto", "*Ni que* fuera millonario" **3** *Ni modo* Sin remedio, sin otra posibilidad o sin que pueda hacerse otra cosa; también expresa indiferencia por lo sucedido: "—Se echó a perder el dibujo. —*Ni modo*".

nica adj y s m y f (*Coloq*) Nicaragüense.

nicaragüense adj y s m y f Que es natural de Nicaragua, que pertenece a este país hispanoamericano o se relaciona con él: *revolución nicaragüense, pueblo nicaragüense*.

nicotina s f Sustancia tóxica que contienen las hojas del tabaco; es un alcaloide líquido, aceitoso, soluble en agua, alcohol y éter, de color blanco acuoso que se vuelve amarillo oscuro en contacto con el aire. Es el agente que más afecta la salud de los fumadores. Se emplea como insecticida.

nicho s m **1** Cavidad más o menos profunda hecha en el espesor de un muro como elemento ornamental, y cuya forma más característica es la de semicilindro abovedado con la base horizontal. Sirve para colocar en ella figuras de objetos decorativos o imágenes religiosas: "El convento es un edificio de puertas góticas y ventanales coronados de *nichos* y estatuas del Renacimiento" **2** Hueco profundo en un muro, hecho para guardar objetos; principalmente, el que se forma en criptas o cementerios para guardar féretros o urnas funerarias: "Pequeños recipientes de estuco fueron encontrados en algunos *nichos* de las tumbas zapotecas" **3** *Tener o poner a alguien en un nicho* Tenerlo en la más alta consideración y estima; considerarlo digno de devoción: "Ni se te ocurra hablar mal de su padre, Conchita lo *tiene en un nicho*" **4** *Nicho ecológico* (*Biol*) Papel que juega un organismo dentro del ecosistema al que pertenece con el medio y otros organismos.

nidada s f **1** Conjunto de los huevos o polluelos de un nido **2** (*Popular*) Guarida.

nido s m **1** Refugio de tamaño variable que forman las aves con hierba, pluma, paja o con cualquier material blando para poner en él sus huevos y cuidar a sus crías: *un nido de palomas, un nido de golondrinas* **2** Lugar que se construye o hueco en donde se meten algunos animales para vivir, como los ratones, las hormigas, las cochinillas, etc: "En la casa hay un *nido* de ratas" **3** Lugar en donde se reúnen maleantes: *un nido de ladrones, un nido de drogadictos* **4** *Nido de ametralladoras* (*Mil*) Refugio que construyen los soldados para poner en él las ametralladoras, protegerse y disparar.

niebla s f Suspensión de gotas de agua muy pequeñas en el aire, cerca del suelo, que se forma cuando existen ciertas condiciones de humedad y temperatura: "La *niebla* que había en la carretera no nos dejaba ver bien las curvas".

nieto s Con respecto a una persona, hijo de su hijo o de su hija: "La anciana acaricia cariñosamente la mano de su *nieta*".

nieve s f **1** Agua congelada que cae de las nubes, blanca y suave, y que vista con lente de aumento muestra los cristales que la componen **2** Dulce que se come congelado, hecho generalmente con agua, jugo de fruta, azúcar, etc: "De postre hay *nieve* de limón", *nieve de tamarindo*.

nihilismo s m (*Fil*) Filosofía que niega la existencia de los valores absolutos como Dios, el bien, la verdad, y propugna la falta de fundamento de lo existente; propone la creación, libre de todas las ataduras políticas y morales.

nimio adj Que tiene muy poca importancia o valor, que es insignificante: "Comenzaron hablando de detalles *nimios*".

ningún adj Apócope de *ninguno*: *ningún niño, ningún pájaro, ningún martillo, ningún otro invitado, ningún alto puesto*.

ninguno adj **1** Ni una sola persona o cosa; ni uno solo de los elementos de un conjunto: *ninguna alumna, ningunos árboles, ninguna de las flores*, "No compró *ninguno* de los libros" **2** pron Refuerza la negación: "No tiene valor *ninguno*", "No ofrece *ninguna* ventaja".

niña s f **1** Círculo pequeño y negro que se encuentra en el centro del ojo y permite que pase más o menos luz a su interior **2** *Como la niña de* (*tus, sus*, etc *ojos*) Con el mayor cariño y aprecio: "Quiere a sus hijas *como a la niña de sus ojos*", "Me cuidas el libro *como a la niña de tus ojos*".

niñez s f **1** Periodo de la vida humana que abarca desde el nacimiento hasta el inicio de la adolescencia: "Se conocen desde la *niñez*", "Su *niñez* la pasó en Sinaloa" **2** Conjunto de los niños; infancia: *la niñez mexicana, asistencia a la niñez*.

niño s **1** Persona que está en la primera época de su desarrollo físico y mental, que llega hasta los 14 años aproximadamente: *los niños de la escuela*, "Las *niñas* juegan en el patio" **2** Hijo de poca edad: "Tengo dos niños" **3** *Niño de pecho* El que todavía se alimenta de leche materna **4** *Niño de brazos* El que es todavía menor y no camina **5** adj Que se comporta de manera ingenua, inocente, despreocupada, o no tiene madurez: "Esa mujer todavía es muy *niña*", "¡No seas *niño*, contrólate!".

níquel s m Metal blanco, maleable, conductor de electricidad y muy resistente a la oxidación. Se usa en varias aleaciones para hacer monedas, artículos industriales y en cerámica: *una moneda de níquel*.

nitrato s m **1** (*Quím*) Cualquiera de las sales que resultan al combinarse el ácido nítrico con un radical: *nitrato de plata, nitrato de potasio* **2** *Nitrato de sodio* Compuesto que se presenta en forma de cristales transparentes, incoloros, inodoros y de sabor salado, amargoso, que se emplea principalmente como abono.

nítrico adj Que pertenece al nitrógeno o se relaciona con él: *ácido nítrico, óxido nítrico*.

nitrógeno s m Elemento químico gaseoso, transparente, sin olor y sin sabor, que constituye casi el 80% de la atmósfera. Es elemento fundamental para la vida y también se usa en muchas y diferentes industrias como la de refrigeración, la de alimentos y la fabricación de amoniaco.

nivel s m **1** Altura a la que llega una línea horizontal o una superficie: *nivel del agua, nivel de un techo, nivel de una calle* **2** Punto al que ha llegado algo en una escala vertical o en una jerarquía: *nivel de educación, nivel administrativo* **3** Aparato o escala con que se determina la diferencia de altura de dos o más objetos o el plano en el que se encuentran: *nivel de agua, nivel de albañil* **4** *A nivel* A cierta altura respecto de otra cosa en posición horizontal: *un muro a nivel, poner una ventana a nivel* **5** *Al nivel de* A la misma altura que o en el grado jerárquico de: *al nivel del mar, al nivel de la calle, al nivel de los demás, a nivel de directores*.

nivelar v tr (Se conjuga como *amar*) **1** Poner en el mismo nivel, igualar una superficie para que quede pareja, para que quede perfectamente horizontal: *nivelar los terrenos* **2** Medir con un nivel o aparato con que se determina la diferencia de altura; especialmente en ingeniería **3** Poner al mismo nivel, igualar a las personas: "La muerte *nivela* a todos los seres sobre la Tierra".

níveo adj (*Liter*) Que es blanco como la nieve; que es semejante a la nieve; que está cubierto por la nieve: *sus níveas manos, los níveos paisajes*.

nixtamal s m Maíz cocido en agua de cal o con ceniza para que suelte el ollejo, con el que se prepara la masa para hacer tortillas, pozol, etc: *un molino de nixtamal*.

no adv **1** Niega el significado del verbo al que antecede y el de toda la oración en la que está incluido: "*No* vayas", "Margarita *no* quiere dormir", "*No* me lo dio", "*No* todos los jóvenes que estudian en la escuela son deportistas", "*No* porque tú lo digas tiene que ser cierto", "Ya *no* llueve", "*No* hace frío", "*No* me lo dio" **2** Como respuesta a una pregunta, niega o rechaza lo que se expresa: "—¿Está lloviendo? —*No*", "—¿Quieres venir? —*No*" **3** Se antepone al verbo cuando la negación se refuerza con nada, nunca, ninguno, etc: "*No* he visto *nada*", "*No* he jugado *nunca*" **4** Se usa en interrogaciones esperando una respuesta afirmativa, para expresar extrañeza o sorpresa, para pedir confirmación de lo que ya se sabe, o como fórmula de cortesía para pedir que alguien actúe como se indica: "¿*No* se te antojan unas fresas con crema?", "Ya aprendiste la lección ¿*no*?", "¿*No* me pasas el azúcar? **5** Expresa duda y temor en ciertas oraciones subordinadas: "Que *no* vayan a descubrirlo" **6** Se antepone a sustantivos o adjetivos: *no asistencia, no agresión, no intervención, no alineados* **7** Seguido de la preposición *sin* o palabras con prefijo negativo, forma construcciones afirmativas: "Ganó la carrera *no sin* esfuerzo" **8** Se sustantiva: "Me contestó con un *no* rotundo" **9** *No bien* Apenas, inmediatamente que, tan luego como: "*No bien* cerré la puerta, me puse a temblar", "*No bien* lo supo, salió corriendo" **10** *No más* Sólo, solamente; nomás: "*No más* me pagaron un día de trabajo", "*No más* termino este cuadro y me voy" **11** *No más* Basta de: *no más llantos, no más mentiras* **12** ¿*No que no*? Manifiesta irónicamente la afirmación de algo que se había negado: "¿*No que no* lo harías?", "¿*No que no* la volvería a ver? **13** *A que no* Expresa un reto: "*A que no* alcanzas el techo", "*A que no* te atreves a decírselo".

noble adj m y f **1** Que actúa de buena fe, con generosidad y lealtad: *una persona noble, un carácter noble* **2** Que es de buena fe, no se presta a engaño o truco, es generoso, fiel o leal: *un acto noble, el noble mexicanismo de López Velarde, un noble ideal* **3** Que no daña ni se presta a engaño, que su efecto es siempre benéfico: *la noble institución del amparo, un vino noble* **4** Que tiene calidad y flexibilidad o capacidad para adaptarse a cualquier forma: *madera noble, un material noble* **5** (*Quím*) Tratándose de elementos, que no reacciona con otros o que lo hace muy limitadamente, como el helio, el neón, el oro, la plata y el platino **6** s y adj m y f Persona que tiene o hereda ciertos privilegios reconocidos por una monarquía, o que es de buena cuna o de alto rango: *los nobles europeos, noble ascendencia*.

nobleza s f **1** Cualidad de ser noble: *la nobleza de un alumno, la nobleza de una acción, la nobleza*

de una norma, la nobleza del metal **2** Conjunto de las personas nobles en una monarquía: *la nobleza austríaca, la nobleza azteca*.

noción s f **1** Idea general que se tiene o se forma sobre algo: *nociones físicas*, "La *noción* de espacio que propuso Einstein fue fundamental para la física" **2** Conocimiento elemental o introductorio que se tiene de algo: *nociones de matemáticas* **3** *Tener noción de algo* Saber acerca de ello, estar enterado: "*Tenía noción de* tu visita, pero no sabía la fecha".

nocivo adj Que hace daño, que perjudica: *sustancias nocivas para la salud*, "La langosta es una plaga muy *nociva*".

nocturno adj **1** Que pertenece a la noche o se relaciona con ella: *animal nocturno, tren nocturno, escuela nocturna* **2** *Centro nocturno* Lugar en el que por la noche se presentan espectáculos que generalmente combinan música, canto, baile y comedia **3** s m Pieza musical de carácter romántico escrita para piano, con un estilo sentimental y melancólico, como varias de Chopin.

noche s f **1** Tiempo comprendido entre la puesta del sol y el amanecer, durante el cual hay oscuridad: *noche estrellada, noche de Luna, noche lluviosa, noche calurosa* **2** *Noche buena* La del 24 de diciembre de cada año durante la cual se celebra la Navidad **3** *Noche vieja* La del último día de cada año **4** *Cerrar la noche* Oscurecer completamente al terminar la puesta del sol **5** *Caer la noche, hacerse de noche* Comenzar la noche **6** *De noche* Cuando ya es noche, durante ese periodo: *llegar de noche, vivir de noche, salir de noche* **7** *A media noche* A hora avanzada de la noche, especialmente a las 12 pm o después de esta hora que marca el inicio del tiempo cronológico del siguiente día **8** *De la noche a la mañana* De pronto, de repente: "*De la noche a la mañana* se volvió millonario" **9** *Pasar la noche en blanco* No dormir ni descansar **10** *Buenas noches* Saludo que se da al encontrar a alguien por la noche, y despedida que se da al acostarse.

nochebuena s f **1** Noche buena **2** (*Euphorbia pulcherrima*) Arbusto de la familia de las euforbiáceas, que alcanza hasta 6 m de altura, de hojas oblongas y largas, flores apétalas pequeñas de color amarillo, rodeadas por grandes hojas bracteales rojas de la misma forma que las hojas. Florece en invierno y es muy usada como ornamento en la época navideña: "Tiene una *nochebuena* enorme en el jardín" **3** Inflorescencia de este arbusto.

nogal s m **1** Cada uno de los árboles del género *Juglans*, de fina madera oscura, apreciada en ebanistería, de aproximadamente 15 m de altura, tronco de hasta 1.5 m de diámetro y nuez de diversos tamaños y formas, muy apreciada como alimento: *Juglans major, Juglans mollis, Juglans regia, Juglans pyriformis, Juglans rupestris, Carya illonoensis, Carya olivaformis*: *escritorio de nogal*, "El *nogal*, por ser una madera pesada, dura y fuerte, se emplea en la ebanistería", "El abedul, el roble y el *nogal* tienen hojas anchas que caen en otoño" **2** *Nogal cimarrón* o *nogal corriente* (*Cedrella dugessii*) Árbol de la familia de las meliáceas.

nómada adj y s m y f Que vive desplazándose de un lugar a otro, sin establecer en ninguno su residencia permanente: *un pueblo nómada, vida nómada, los nómadas americanos*.

nomás adv **1** Nada más, simplemente, exclusivamente: "Estoy aquí *nomás* mirando", "Vive *nomás* con su madre y su hermana" **2** *Nomás que* Tan pronto como: "*Nomás que* tenga dinero, te invito a comer".

nombramiento s m **1** Acto de nombrar a alguien para que desempeñe un cargo o empleo determinado: "Esperaba que le dieran un *nombramiento* como profesor" **2** Documento en que se certifica que una persona fue designada para desempeñar un determinado cargo o empleo: *firmar un nombramiento*.

nombrar v tr (Se conjuga como *amar*) **1** Dar nombre a algo o a alguien, o decirlo: *nombrar en orden alfabético, nombrar las plantas* **2** Designar a alguien para que desempeñe cierto cargo, cierta tarea, etc: *nombrar un director, nombrar representantes*.

nombre s m **1** Palabra con la que se distingue o significa cualquier objeto: *el nombre de una estrella, el nombre de una flor, el nombre de una herramienta* **2** Palabra o conjunto de palabras con que se designa a una persona para distinguirla de las demás: "Mi *nombre* es Pedro Páramo" **3** *Nombre de pila* Palabra o conjunto de palabras con las que se designa a una persona para distinguirla del resto de los miembros de su familia: "Mi *nombre* es Joaquín, mi apellido, Lara" **4** Palabra o conjunto de palabras con las que se designa alguna cosa y se distingue de otras de su clase: *el nombre de una compañía, el nombre de una mercancía* **5** Fama o buen crédito de algo o alguien: *cuidar el buen nombre, hacerse de nombre* **6** *Nombre comercial* El de algún negocio o producto, que se patenta o registra **7** *A nombre de* Para cierta persona, en favor suyo: "Un cheque *a nombre de* Juan Luis Vives", "Lo inscribo *a nombre de* mi mejor amigo" **8** *En nombre de* En favor de cierta persona, en representación suya: "Vengo *en nombre de* todos mis compañeros" **9** *En el nombre de* Por: "*En el nombre de* Dios, ¡déjenme en paz!", "¡*En el nombre de* la justicia, no hagan eso!" **10** *No tener nombre algo* Ser algo indignante: "Robar a los pobres *no tiene nombre*" **11** (*Gram*) Sustantivo **12** *Nombre propio* (*Gram*) El que designa algo o a alguien y lo distingue de los demás de su especie, como *Aureliano Buendía, México, Firuláis*, etc **13** *Nombre común* (*Gram*) El que designa a todos los elementos de una clase o de una misma especie, como *perro, gato, hombre, país, coche*, etcétera.

nomenclatura s f **1** Lista de nombres de personas o cosas: *nomenclatura de las calles, nomenclatura astronómica* **2** Conjunto de vocablos propios de una especialidad: *nomenclatura química* **3** Conjunto de reglas para nombrar los objetos de una ciencia y lista de los nombres así formados: "En botánica, la *nomenclatura* se hace tomando en cuenta el género y la especie de las plantas" **4** (*Ling*) Lista de vocablos que constituyen las entradas de un diccionario.

nomeolvides s m o f sing y pl **1** (*Myosotis scorpioides*) Planta herbácea de la familia de las borragináceas, de hojas alternas, oblongo lanceoladas y flores en racimos, de color azul claro **2** Flor de esta planta.

nómina s f **1** Relación en la que se incluyen los nombres de los empleados de un lugar, el sueldo que percibe cada uno de ellos, así como los descuentos, retenciones, etc, que se le hacen: "Apare-

ce en la *nómina* de varias dependencias gubernamentales" **2** Monto total de los salarios que se pagan a los empleados de un lugar: "Los asaltantes se llevaron la *nómina* de la quincena".

nominal adj m y f **1** Que pertenece al nombre o se relaciona con el: *convención nominal* **2** (*Gram*) Que se relaciona con el nombre o sustantivo y con el adjetivo o pertenece a ellos: *sintagma nominal, predicado nominal* **3** s m (*Gram*) Clase de palabras formada por el sustantivo y el adjetivo, porque ambos tienen flexión de género y número **4** Que existe solamente de nombre, pero no realmente o no completamente: *sueldo nominal, valor nominal*.

nominativo 1 s m y adj (*Gram*) Caso de las lenguas declinables (como el sánscrito, el griego, el latín, el húngaro o el finés) que expresa en términos generales lo que sería el sujeto de la oración **2** s m Título o documento oficial o de una sociedad comercial puesto a nombre de una persona.

non adj m y f y s m Tratándose de números naturales, que no es múltiplo de 2, como 3, 5, 15, etc; número impar: *un número non de personas*, "Siempre le apuesta a los *nones*".

nonato adj Que no ha nacido, o que no ha nacido en forma natural, sino por medio de una operación cesárea.

nopal s m Planta cactácea de los géneros *Platyopuntia* y *Nopalea*, cuyo tallo se forma con paletas ovaladas, planas y espinosas, o pencas, en cuyos bordes crecen flores rojas o amarillas y dan las tunas como fruto; cada una de estas pencas. Son comestibles la penca y la tuna: *nopalitos navegantes*.

noquear v tr (Se conjuga como *amar*) **1** Derribar un boxeador a su oponente con un golpe, dejándolo inconsciente o sin poder reaccionar en un periodo reglamentario para seguir el combate: "Lo *noquearon* en el quinto round" **2** Dejar inconsciente a alguien con un golpe: "De un tubazo lo *noqueó*".

noreste s m sing **1** Punto del horizonte intermedio entre el Norte y el Este **2** Región de la Tierra, de un país o de una zona determinada, situada en esa dirección, respecto de su centro: "Nuevo León y Tamaulipas están al *noreste* de la República", "Vive en el *noreste* de la ciudad".

noria s f **1** Pozo de agua, principalmente el que tiene en la boca una cerca de piedra o ladrillo: "Sacábamos agua de la *noria* con una cuerda y una cubeta" **2** Mecanismo para extraer agua de un pozo, consistente, por lo general, en una palanca jalada por un animal de tiro, la cual acciona un engranaje que a su vez mueve una banda sin fin de la cual penden una serie de recipientes que van entrando al pozo y subiendo el líquido alternadamente: "Las bestias que movían la *noria* yacían tumbadas sobre las baldosas del patio".

norma s f **1** Idea o juicio que guía la conducta de las personas de acuerdo con ciertos valores y determinados fines: *una norma jurídica, una norma de trabajo* **2** Criterio que establece los procedimientos o métodos más eficaces para hacer o lograr algo: *norma administrativa, normas de empleo* **3** *Norma lingüística* Conjunto de criterios histórica y socialmente establecidos que guía la manera de hablar y escribir una lengua y determina lo que es correcto o incorrecto **4** Manera usual o común de hacer algo o de suceder algo: "La *norma* es que llegue a trabajar a las diez de la mañana", "La *norma* es que llueva todas las tardes".

normal adj m y f **1** Que es común, usual o frecuente; que sucede en la mayor parte de los casos: *persona normal, situación normal, actividad normal, uso normal, clima normal* **2** s f (*Geom*) Línea o plano perpendicular a otro; con respecto a una curva, perpendicular a su tangente en el punto de tangencia **3** Escuela normal de maestros: "Estudia en la *normal*, para ser maestro de primaria".

normalidad s f Calidad de normal; condición normal: "Después de la discusión todo volvió a la *normalidad*", "Prácticamente se ha logrado la *normalidad* en todos los servicios", "Con terapia, los enfermos pueden regresar a la *normalidad*".

normalizar v tr (Se conjuga como *amar*) Hacer que algo recupere su estado normal, o que alcance una condición regular y estable: "Se necesitan soluciones rápidas para *normalizar* la situación económica", "Mañana se *normalizará* el suministro de energía eléctrica", *normalizar la producción*.

normalmente adv **1** En forma normal, con normalidad: "Seguirán trabajando *normalmente* durante un par de semanas", "El incesto, el fetichismo, la homosexualidad están *normalmente* latentes en todos nosotros", "Todos los panteones están dando servicio *normalmente*", *desarrollarse normalmente* **2** De acuerdo con la norma, generalmente: "El desarrollo acelerado implica *normalmente* un considerable volumen de inversiones", "Los usuarios acuden *normalmente* por las mañanas", "La Comisión Federal Electoral *normalmente* tiene ligas importantes con funcionarios públicos".

normar v tr (Se conjuga como *amar*) **1** Determinar alguna cosa la manera en que debe ocurrir o llevarse a cabo algo, regirla o regularla: "Los principios que *norman* el proceso de la educación", "Se pretende establecer las bases que *normen* el criterio seguro para aplicar adecuadamente el control biológico" **2** Someter alguna cosa a ciertas normas, reglas o principios: "Las instituciones participantes *normarán* sus respectivas constituciones".

noroeste s m sing **1** Punto del horizonte intermedio entre el Norte y el Oeste **2** Región de la Tierra, de un país o de una zona determinada, situada en esa dirección respecto a su centro: "La Universidad de Sonora atrae a muchos estudiantes del *noroeste*", "La ventana da al *noroeste*".

norte s m **1** sing Punto del horizonte situado a la izquierda de una persona que ve de frente al este; punto del horizonte que señala la Estrella Polar **2** Región de la Tierra o de un país situada en esa dirección, respecto de su centro: *América del Norte, el norte de México* **3** Temporal con vientos fuertes provenientes de esa dirección, que azota la costa del Golfo de México, generalmente entre los meses de octubre y febrero: *un norte en Veracruz* **4** Indicación, consejo o señal que sirve para orientar a alguien: "Le dieron un *norte* para conseguir una beca", "Dame *nortes* para vender la mercancía".

norteamericano adj y s **1** Que es originario de Estados Unidos de América o que pertenece a dicho país: *la embajada norteamericana, música norteamericana, un norteamericano de Boston* **2** Que pertenece a América del Norte o se relaciona con ella: *bosques norteamericanos*.

norteño adj Que pertenece al norte o se relaciona con él; que es originario del norte del país o está ubicado en esa región: *viento norteño, música norteña, ciudades norteñas*.

noruego 1 adj y s Que es originario de Noruega, pertenece a ese país escandinavo o se relaciona con él: *bacalao noruego* **2** s m Cada una de las lenguas nórdicas que se hablan en ese país.

nos 1 Forma átona del pronombre de primera persona, masculino y femenino, plural. Indica objeto directo: "Elvira *nos* encontró", "Tu hermano *nos* vio cuando entrábamos al mercado". Indica objeto indirecto: "La maestra *nos* dio el libro", **2** Apócope de *nosotros*: "Aquí entre *nos*..." (Cuando se usa con infinitivo, gerundio o imperativo, se pospone al verbo: *cuidarnos, buscándonos, danos*; si se liga a la primera persona del plural, la forma verbal pierde su -*s* final: *vámonos, sentémonos*). Es morfema obligatorio en la conjugación de verbos pronominales: *nos arrepentimos, nos lavamos*.

nosotros pronombre de la primera persona plural **1** Indica que la persona que lo expresa se incluye en un conjunto de personas que realizan cierta acción: *nosotros cantamos, nosotros corremos, nosotros pensamos*. Cumple todas las funciones del sustantivo: "*Nosotros* queremos ir", "Habló muy bien de *nosotros*", "A *nosotros* no nos gusta", "Lo hizo por *nosotras*" **2** Suelen utilizarlo en vez del de primera persona del singular los representantes de alguna autoridad, jerarquía o institución, como efecto de cortesía: "*Nosotros* creemos que eso es lo correcto".

nostalgia s f Sentimiento de tristeza que produce en uno la falta de algo o alguien muy querido que está lejos o ya no se tiene, unido al deseo de estar junto a él o de recuperarlo; en particular, el que uno siente cuando está lejos de su hogar o de su patria: *nostalgia del pasado*, "A pesar de tener muchos años aquí sigue sintiendo *nostalgia* por su pueblo", "Habla de con *nostalgia*".

nota s f I **1** Escrito breve que informa, aclara, explica o comenta algo: *nota periodística, nota de pie de página, publicar una nota* **2** Papel que comprueba o hace constar un pago: *nota de consumo, nota de remisión* **3** *Tomar nota(s)* Tener en cuenta por medio de la memoria o de un escrito lo esencial de algo con objeto de recordarlo o ampliarlo después **4** Señal o indicio de algo característico: *nota de buen gusto*, "La *nota* dominante de su estilo es el humorismo" **5** *Dar la nota* Mostrar una actitud desfavorable y censurable en determinada situación: "Ramón *dio la nota* en su fiesta de cumpleaños" **II** Cada una de las representaciones de los sonidos que se utilizan en la música, y esos sonidos: *leer las notas, dar una nota aguda, la duración de una nota, la nota fa*.

notable adj m y f Que se distingue o tiene importancia por ser grande, interesante o extraordinario: *una persona notable, un notable músico*.

notablemente adv De manera notable o notoria; considerablemente; mucho: "La actitud espiritual del poeta ha cambiado *notablemente*", "El margen de error se ha reducido *notablemente* en las grandes encuestas", "Aumentaría *notablemente* la producción agrícola", "Reduce *notablemente* la incidencia de la enfermedad".

notación s f Sistema de signos o símbolos con los que, convencionalmente, se representa algo, y cada uno de estos signos: *notación musical*.

notar v tr (Se conjuga como *amar*) Observar o darse cuenta de algo que se distingue o sobresale: *notar una ausencia, notar un fenómeno, notar un gesto*.

notario s m y f Funcionario público que da fe de decisiones personales y de actos que se realizan en su presencia y que dan lugar a obligaciones o compromisos legales, como testamentos, contratos o escrituras de compraventa: *ir al notario, un notario público, certificar ante notario*.

noticia s f **1** Informe que se da acerca de algún acontecimiento reciente: *noticias de la guerra, una gran noticia, una mala noticia* **2** *Dar noticia* Informar o dejar constancia acerca de algún acontecimiento o de una persona: "*He dado noticia* en páginas anteriores de la versión española de *Las Heroidas* francesas" **3** *Tener noticia(s) de algo* o *alguien* Saber o tener información de algo o alguien: "*Tenemos noticias de* que el cometa de 1433 fue observado en Polonia y en China", "Aún no *tengo noticias de* Gastón".

noticiero s m Publicación o emisión radiofónica, televisiva o cinematográfica, que contiene y da a conocer noticias al público: *noticiero político, noticiero matutino, escuchar el noticiero*.

notificación s f **1** Acto de notificar: *notificación oficial* **2** Documento oficial en el que se notifica algo: "Recibió la *notificación* de desahucio".

notificar v tr (Se conjuga como *amar*) Hacer saber, comunicar formalmente alguna cosa, en particular algún asunto oficial, legal, administrativo y por los medios preestablecidos para el caso: "Se le *notificó* que una demanda de embargo había sido entablada en su contra".

notorio adj **1** Que se nota claramente, que puede ser visto o percibido con facilidad; que es claro o evidente: "Las altas temperaturas alteran en forma *notoria* la calidad del producto", "Aceptó con *notorio* mal humor", "Existe una desigualdad *notoria* entre los competidores" **2** Que destaca o sobresale; que es digno de mención o reconocimiento: *una antología de los autores más notorios*", "Apuntó algunos de los aspectos más *notorios* de la doctrina".

nova s f (*Astron*) Estrella muy débil que experimenta repentinamente una gigantesca expansión para luego regresar, en un lapso de pocos meses, a su magnitud anterior. La inmensa proporción en la que aumentan sus radiaciones hace que sea posible verla en el firmamento durante ese periodo.

novato adj y s Que es nuevo en la práctica de un oficio, profesión, o de determinada materia; que carece de experiencia en lo que hace; principiante: "El entrenador permitió la entrada de los dos *novatos* al final del partido", *una periodista novata*.

novedad s f **1** Condición de lo que es nuevo, ocurre o es percibido, experimentado, conocido por primera vez: "La *novedad* de sus diseños asombró a todos" **2** Hecho o situación reciente, desconocido o inesperado; noticia de este hecho o situación: "El tema era una *novedad*", "¿Hay alguna *novedad*?", "Nos topamos con la *novedad* de que lo quitaron de su puesto" **3** pl Artículos de reciente aparición o acordes a la última moda.

novedoso adj Que implica novedad; que atrae o llama la atención por su novedad: *una idea novedosa, estilos novedosos*.

novela s f **1** Obra literaria escrita en prosa, generalmente extensa, en la que se narran acciones de personajes imaginarios: *una buena novela, un escritor de novelas* **2** Conjunto de estas obras pertenecientes a cierto autor, a una corriente o escuela literaria, a cierta región o país o a cierta época, que trata un tema particular o que tiene ciertos personajes característicos: *la novela de José Revueltas, la novela realista, la novela latinoamericana, la novela de la Revolución*.

novelista s y adj m y f Escritor de novelas: *un novelista mexicano, jóvenes novelistas*.

novelístico adj Que pertenece a la novela o se relaciona con ella: *producción novelística, estilos novelísticos, acción novelística*.

novena s f Entre los católicos, serie de rezos o de misas y oraciones que se dicen durante nueve días consecutivos con motivo de alguna celebración especial, para pedir por el alma de una persona fallecida, o con algún otro fin: "Se acerca el tiempo de rezar la *novena* de nuestra Señora de la Salud".

noviazgo s m Relación que hay entre los novios, principalmente la que se considera preámbulo para el matrimonio: *formalizar una pareja su noviazgo*.

noviembre s m Undécimo mes del año, tiene treinta días, sigue a octubre y precede a diciembre.

novillada s f **1** (*Tauro*) Corrida en la que se lidian sólo novillos: "La feria taurina constará de una *novillada* y ocho corridas de toros" **2** Conjunto de novillos: "La *novillada* que envió el ganadero resultó bastante mala".

novillero s (*Tauro*) Persona que sólo torea novillos por no haber tomado la alternativa como torero: "Calmó sus ansias de *novillero* y pensó que sería mejor dedicarse a otra actividad".

novillo 1 s Toro o vaca joven, mayor de año y medio y menor de cuatro años, en especial el que no está domado: "Se quedó con dos *novillas* y un semental" **2** s m Toro bravo de tres años, apto para ser toreado por personas que todavía no toman la alternativa **3** s m (*Rural*) Toro joven, castrado, que se destina a la engorda o al tiro de arado.

novio s **1** Respecto de una persona, la que mantiene con ella relaciones amorosas y tiene generalmente la intención de contraer matrimonio **2** Persona que se casa o acaba de hacerlo: *vestido de novia, viaje de novios*.

novohispano adj y s Que se originó en la Nueva España (hoy México) o pertenece a ella: *población novohispana, poetas novohispanos*.

nube s f **1 1** Masa que se encuentra suspendida en la atmósfera y está formada por la acumulación de pequeñas gotas de agua y cristales de hielo provenientes de la condensación del vapor de agua que hay en el aire: *pasar las nubes, mirar las formas de las nubes* **2** Agrupación de gran cantidad de partículas, suspendidas en el aire y visibles en conjunto, de algunas sustancias como el polvo, el humo o la ceniza: "Después de la erupción, el volcán quedó envuelto en una *nube* de ceniza" **3** Conjunto compuesto por un número indeterminado y muy grande de elementos, agrupados sin una organización visible: *una nube de pájaros, una nube de* mosquitos ‖ **1** *Estar o andar alguien en las nubes* Estar distraído, tener el pensamiento en otra parte: "Mónica *anda* siempre *en las nubes*" **2** *Por las nubes* Muy alto: "El precio del jitomate se puso *por las nubes*" **3** *Poner a alguien por las nubes* Hablar muy bien de alguien, elogiarlo: "*Puso por las nubes* a su entrenador" **III** Pequeña mancha blanca que se forma en la parte exterior de la córnea del ojo e impide la visión por ese lugar; catarata **IV** (*Gypsophila paniculata*) Planta herbácea de 60 a 90 cm, de la familia de las cariofiláceas, con hojas linearlanceoladas, de 3 cm; flores pequeñas y blancas en panículas bifurcadas, cultivada como ornamental.

nuca s f Parte posterior y superior del cuello, donde éste se une con la cabeza: "Podíamos ver perfectamente su *nuca*, tonsurada y rugosa".

nuclear adj m y f **1** Que ocupa un lugar central o fundamental, que pertenece al núcleo o se relaciona con él: *un argumento nuclear, una parte nuclear* **2** Que pertenece o se relaciona con el núcleo del átomo: *física nuclear, energía nuclear*.

núcleo s m **1** Elemento o parte fundamental o central de alguna cosa: *el núcleo de un asunto, el núcleo de un cometa* **2** (*Biol*) Partícula de la célula, rica en proteínas, que contiene los cromosomas y realiza una función fundamental en su crecimiento y su producción **3** (*Fís*) Parte central del átomo, formada por los protones y los neutrones, que tiene carga positiva **4** (*Gram*) Palabra que ocupa el lugar central de uno de los dos componentes funcionales de la oración, sujeto y predicado, y que por eso no puede omitirse. En la oración "El tronco del árbol soporta tempestades", el sujeto es 'el tronco del árbol' y su *núcleo* es 'tronco'; el predicado es 'soporta tempestades' y su *núcleo* es 'soporta'. Ambos núcleos concuerdan siempre en número y persona.

nudillo s m Parte exterior de cada articulación de las falanges de los dedos de la mano, especialmente cuando están doblados o flexionados.

nudo s m ‖ **1** Cruce de los extremos de dos hilos, de dos cuerdas o cables, o de ambos extremos de un mismo hilo, cuerda o cable, que se cierra y se aprieta cuanto más se jalan sus extremos con objeto de amarrar, asegurar o sostener algo: *un nudo corredizo, un nudo marinero, el nudo de la corbata* **2** *Nudo ciego* El muy apretado y complicado, que cuesta trabajo desatar ‖ **1** Abultamiento del tallo o de alguna rama de una planta, de donde salen nuevas ramas, guías o retoños y que, en la madera, se ve redondo, de color más oscuro y es más duro que el resto: *los nudos de una caña, el nudo de una tabla* **2** Abultamiento que se forma en un músculo, un tendón o un hueso por algún esfuerzo excesivo, una herida, una enfermedad o en el lugar en que suelda una fractura **3** (*Med*) Masa de células o de fibras que tiene ciertas funciones o que se forma así en algún órgano: *el nudo del encéfalo, el nudo sinusal* **III 1** (*Geogr*) Lugar en donde se cruzan o se unen dos sierras o cordilleras: *el nudo mixteco de Oaxaca* **2** Punto en donde se reúnen varios elementos de algo, a veces de modo complicado: *los nudos de una red gráfica, el nudo de una novela* **IV** (*Mar*) Unidad de medida de la velocidad de una nave, correspondiente a una milla marina o 1.852 km/h **V** *Tener, sentir*, etc *un nudo en la garganta* Sentir una emoción tan fuerte que se contrae la gar-

ganta y dan ganas de llorar: "La inocencia del niño le *hizo un nudo en la garganta*".

nuera s f Con respecto a una persona, la esposa de su hijo: "Mis padres tienen tres *nueras* y ningún yerno", "Vienen a comer mis nietos… y mi *nuera*".

nuestro Pronombre y adjetivo posesivo de la primera persona del plural. Indica la pertenencia a dos o más personas, en cuya representación alguien habla, por lo que siempre es plural en relación con los poseedores, y puede ser singular o plural con respecto a lo que se posee; de nosotros: *nuestro padre, nuestros nietos, nuestras casas*, "Ese terreno es *nuestro*", "Tu blusa es amarilla, la *nuestra* es roja" (Siempre concuerda en género y número con lo que se posee). Algunas personas lo utilizan en vez del pronombre de la primera persona del singular, como efecto de cortesía: "Esa es *nuestra* opinión". Suelen utilizarlo en vez del de primera persona del singular los representantes de alguna autoridad, jerarquía o institución.

nueva s f Noticia: *buenas nuevas*.

nuevamente adv De nuevo, una vez más: "*Nuevamente* lo interrumpen", "Comenzó *nuevamente* la restauración de Brujas", *consultar nuevamente al médico*, "Rellene con esto las papas y métalas *nuevamente* al horno".

nuevo adj **1** Que tiene poco tiempo o acaba de ser hecho o fabricado: *un pantalón nuevo, una casa nueva* **2** Que se percibe o se conoce por primera vez: *un sabor nuevo, una canción nueva* **3** Que se añade o modifica algo que ya existía o se conocía: *una nueva ley, un nuevo impuesto* **4** *De nuevo* Otra vez, una vez más: "Llegó tarde *de nuevo*", "Quiero leer ese libro *de nuevo*".

nuevoleonense adj y s m y f Neoleonés.

nuevoleonés adj y s Neoleonés: *la emprendedora población nuevoleonesa*.

nuez s m ‖ **1** Fruto del nogal, comestible, que consiste en una drupa ovalada, de cáscara dura y seca de color café indehiscente. Tiene solamente una semilla de dos cotiledones, de superficie irregular, rugosa y de color café amarillento, que contiene aceite en su composición y no se adhiere a la cáscara; cuando el fruto ha madurado se deseca y agrieta, por lo que se puede separar con facilidad **2** *Nuez encarcelada* La de forma ovalada y de varios tamaños, de cáscara lisa y delgada, de color café, de consistencia dura en las pequeñas y blanda en las grandes; sus cotiledones son rugosos, de sabor agradable y contienen mucho aceite; es el fruto de *Carya illonoensis, Carya olivaformis, Juglans pecan, Hicoria pecan, Juglans mollis, Juglans mexicana*. Se cultiva en Nuevo León, Tamaulipas, Chihuahua, Coahuila, Durango, San Luis Potosí, Sonora; Hidalgo, Guanajuato, Jalisco, Morelos y Oaxaca: *pastelitos de nuez, ensalada de apio y nueces* **3** *Nuez de castilla* La de forma redonda, cuya cáscara o corteza es rugosa, dura y de color amarillento claro, cotiledones blanquecinos, contiene poca grasa y es de sabor agradable; es el fruto de *Juglans regia*. Se cultiva en Nuevo León, Chihuahua, Coahuila, Durango, San Luis Potosí y Sonora **4** *Nuez de la India* La de forma redonda, cuya cáscara o corteza es rugosa, dura y de color amarillento claro y cotiledones blanquecinos comestibles; marañón, es el fruto de *Anacardium occidentalis* o

Anacardium excelsum **5** *Nuez moscada* Fruto sub-globoso de 20 a 25 mm, rojizo o amarillento, que se abre en dos valvas; sus semillas están rodeadas de un arilo escarlata. Tanto la almendra como el arilo son aromáticos; se usa como condimento. Es el fruto de *Myristica fragrans,* árbol de la familia de las miristicáceas, de hojas alternas, flores pequeñas y axilares. Es planta de Nueva Guinea que no se cultiva en México: *sazonar con pimienta y nuez moscada* **6** *Nuez vómica* Semilla de *Strycnos nuxvomica,* loganiácea de Oceanía, de forma redondeada y aplanada, dura, de color gris, de sabor acre; se emplea en medicina en pequeñísimas dosis por su acción particular sobre el sistema nervioso, pero en grandes dosis constituye un veneno muy violento, la estricnina, muy usada para destruir roedores y otros animales **7** *Nuez calatola* (*Calatola mollis*) Planta icacinácea; el mesocarpio del fruto es comestible con sabor a jícama, pero la almendra se usa como vomitivo o purgante; se produce principalmente en el estado de Puebla **II** Prominencia del cartílago de la laringe, en la parte anterior del cuello, principalmente de los hombres; manzana de Adán.

nulo adj **1** Que no es válido, que no tiene validez legal: "La credencial es *nula* si no lleva la firma del interesado" **2** Que no sirve, que no existe, que es incapaz: *un nulo espíritu creativo,* "La posibilidad de una cura radical es *nula* cuando hay metástasis", "La asistencia de personas de clase alta fue casi *nula*", "Es *nulo* para las matemáticas".

numeración s f **1** Acto de numerar y conjunto de los números asignados a elementos de una misma clase: *la numeración de una calle, la numeración de las páginas, la numeración de los asientos* **2** Sistema de reglas con el que se puede expresar un número cualquiera mediante una cantidad limitada de signos o caracteres; conjunto ordenado de números: *numeración arábiga, numeración maya.*

numerador s m (*Mat*) Número que, en los quebrados o fracciones, indica las partes de la unidad que contiene esa fracción; por ejemplo, en $^3/_4$, el 3 es el *numerador.*

numeral adj m y f **1** Que se relaciona con el número: *sistema numeral* **2** s m Palabra, signo o carácter que representa a un número; por ejemplo, *diez, 10* o *X* representan a ese número (Los *numerales* tienen función de adjetivo cuando acompañan a un sustantivo, como *dos* en "Tengo *dos manzanas*", tienen función de pronombre cuando se usan solos, como *dos* en "Tengo *dos*").

numerar v tr (Se conjuga como *amar*) Dar un número a cada elemento de un conjunto y, particularmente, ordenar o clasificar conforme a la serie de los números: *numerar los exámenes, numerar las calles.*

numérico adj Que pertenece a los números o se relaciona con ellos: "La desigualdad *numérica* los habría aniquilado", "El miedo que infunde la superioridad *numérica*", *expresión numérica, una relación numérica, valor numérico.*

número s m **1** Lo que expresa la cantidad de elementos que contiene un conjunto, o la magnitud de alguna propiedad de una cosa o proceso, como su longitud, superficie, volumen, tiempo, distancia o velocidad: "El *número* de habitantes de México es de 80 millones", "El *número* de horas trabajadas es de 2 mil" **2** Símbolo o signo con el que se expresa dicha cantidad o magnitud, como 7, VII, ∴, etc **3** *Número par* El que se puede dividir exactamente entre 2, como 2, 4, 6, 8, etc **4** *Número impar* o *non* El que no se puede dividir exactamente entre 2, como 1, 3, 5, 7, etc **5** *Número positivo* El que es mayor que 0, como 0.25, 4, 853, etc **6** *Número negativo* El que es menor que 0, como −0.25, −4, −853, etc **7** *Número primo* (*Mat*) El que solamente es divisible por sí mismo y por la unidad, como 5, 7, 101, etc **8** *Número natural* (*Mat*) El que expresa la unidad o cualquier suma de unidades; sirve para contar, como 1, 2, 3, 4, 5, etc **9** *Número entero* (*Mat*) El que resulta de sumar o restar números naturales, corno 0, 1, −1, 2, −2, etc **10** *Número fraccionario* (*Mat*) El que expresa la cantidad de partes iguales de una unidad, como $^3/_4$, 3.25, 0.40, etc **11** *Número racional* (*Mat*) El que resulta de dividir un número entero por un número entero; generalmente se usa para medir, como 6, −7.31, 0, 3.333…, −1.8686…, −$^1/_2$, etc **12** *Número irracional* (*Mat*) El que no se puede expresar como la división de 2 enteros, como π, $\sqrt{2}$, *e,* −$\sqrt{5}$, etc **13** *Número real* (*Mat*) El que es racional o irracional, como 0, 1, −3, −$^1/_2$, $^5/_8$, 1.4, 876, *e,* −$\sqrt{7}$, etc **14** *Número complejo* (*Mat*) El que resulta de sumar un número real al producto de algún número real por $\sqrt{-1}$, como 2+5$\sqrt{-1}$, 8+5$\sqrt{-1}$, etc **15** *Número redondo* El que expresa a otro de manera aproximada, menos precisa pero más práctica de acuerdo con el fin que se persiga, como 100 a 98, 3.70 a 3.68, 5000 a 5010, 4.5 a 4.487: "En *números redondos* gasté $ 4000" **16** *Número cardinal* (*Gram*) El que expresa unidades de una serie, como uno, dos, cien, etc **17** *Número ordinal* (*Gram*) El que expresa orden de los elementos en una serie, como primero, segundo, décimo, decimoquinto, vigésimo, etc **18** *Número partitivo* (*Gram*) El que expresa parte de una unidad, como mitad, cuarto, quinto, onceavo, quinceavo, vigésimo, decimonovena, etc **19** *Número compuesto* El que se expresa con más de un signo o símbolo, como 21, 538, etc **20** (*Gram*) Flexión de los sustantivos, los adjetivos y los verbos que indica cuando se trata de uno o de más de un elemento del conjunto significado por ellos. En español se divide en *singular* y en *plural.* Por ejemplo, *casa, manzana, grande, bueno, tiene, quiere* están en *singular,* mientras que *casas, manzanas, grandes, buenos, tienen, quieren* están en *plural.* El *número plural de los adjetivos y de los sustantivos* se expresa mediante el gramema -*s* que se añade al lexema en singular terminado en vocal no acentuada o en *e* acentuada, como en *sillas, libres, manos, pies,* etc, y el gramema -*es* que se añade al lexema en singular cuando acaba en consonante o vocal acentuada que no sea *e,* como en *camiones, mares, cebúes, alhelíes,* etc. Otras maneras de expresar el *número* son excepcionales **21** Cada una de los cuadernos o tomos de una publicación periódica: "Un *número* de *La Extra*", "Un *número* de la *Revista de la Universidad*" **22** Cada una de las partes en que se divide una función o espectáculo: *un número acrobático, un número bailable,* "El mejor *número* fue el de los payasos" **23** *De número* Tratándose de una sociedad o agrupación con una cantidad limitada de miembros, cada uno de ellos: *académico de número.*

numeroso adj **1** Que está formado por un gran número de elementos: "Soy pobre y de familia *numerosa*", *un grupo numeroso* **2** pl Que son abundantes; muchos: *numerosos problemas, numerosas ofertas, numerosos campesinos*.

nunca adv En ningún momento, ni una sola vez: "*Nunca* he mentido", "*Nunca* te veré", "*No* confesaré *nunca*", "*No* he ido *nunca* a Cancún".

nupcial adj m y f Que pertenece a la boda o casamiento o se relaciona con ellos: *cortejo nupcial, bendición nupcial, marcha nupcial*.

nutrición s f **1** Acto de nutrir o nutrirse: *la nutrición de una planta, la nutrición de un niño* **2** Conjunto de las sustancias con las que crece y se conserva un organismo vivo: *una buena nutrición, nutrición balanceada, estudios de nutrición*.

nutricional adj m y f Que se refiere a la nutrición o es propio de ella: *hábitos nutricionales, deficiencias nutricionales*.

nutrido I pp de *nutrir* **II** adj Que está integrado por gran cantidad de elementos; que es numeroso o abundante: *un nutrido grupo de campesinos, una nutrida investigación, aplausos nutridos*.

nutriente s m Cada una de las sustancias que mantienen la vida y aseguran el crecimiento de un organismo: *nutrientes vegetales, nutrientes minerales*.

nutrir v tr (Se conjuga como *subir*) **1** Proporcionar a un organismo las sustancias adecuadas y necesarias para su crecimiento y conservación: "La leche, el huevo y la carne *nutren* al niño" **2** Mantener o dar nuevas fuerzas a una idea o a un sentimiento: "Se *nutría* con buenas lecturas".

nutritivo adj Que es capaz de proporcionar al organismo sustancias buenas para su crecimiento, desarrollo o conservación; alimenticio: "El garbanzo es muy *nutritivo*", "Existen en el mercado muchos productos de dudoso valor *nutritivo*".

nylon s m Marca registrada y nombre comercial de las fibras sintéticas obtenidas de ciertos procesos petroquímicos. Las fibras se caracterizan por tener su estructura interna organizada en el mismo sentido del eje del hilo, y por ser muy resistentes y elásticas; se utilizan sobre todo en la fabricación de telas: *unas medias de nylon, una camisa de nylon*. (Se pronuncia *náilon*.)

abcchdefghijklllmn **ñ** opqrstuvwxyz

ñ s f Decimoséptima letra del alfabeto; representa el fonema consonante palatal nasal sonoro. Su nombre es *eñe*.

ñapa s f **1** (*Chis, Ist, Ver, Tab*) Porción extra de una mercancía o artículo pequeño que da el vendedor al cliente como regalo; pilón **2** (*Tab*) Robo de cosas de poco valor.

ñero (*Popular*) **1** s Amigo, compañero: "Mira *ñero*, tú eres un cuate a todo dar", "Nos echamos una cas-

carita con los *ñeros* de la cuadra", "Los *ñeros* de la prepa organizaron su reventón en pleno Zócalo" **2** s y adj Persona que se considera vulgar, carente de educación por pertenecer a una clase social baja: "Habla como *ñero*", "Está muy *ñero* su galán".

ñoño adj Que carece por completo de gracia, ingenio o interés; que es soso y aburrido: "Cada vez son más *ñoñas* las telenovelas", "¿Cómo puede andar con ese hombre tan *ñoño*".

abcchdefghijklllmnñ O pqrstuvwxyz

o[1] s f Decimoctava letra del alfabeto; representa el fonema vocal posterior medio. Su nombre es *o*.

o[2] conj **1** Señala que entre dos o más posibilidades sólo una se realiza; relaciona a dos o más personas o cosas significando que hay que escoger entre ellas o que se contraponen, como en: "¿Fue niño *o* niña?", "Te lo llevo *o* te lo mando", "¿Apuestas 100 *o* 200 pesos?", "¿Lo tomas *o* lo dejas?", "¿Quieres pan *o* tortillas?", "Irás con tu primo *o* con tu hermano", "¿Vienes *o* te vas?" **2** En ciertos casos indica que los elementos que relaciona no se excluyen entre sí y que puede realizarse cualquiera de las posibilidades que se señalan, como en: "Pegamento para papel *o* madera", "Un aviso para el padre *o* la madre", "Entréguelo al presidente, al secretario *o* al tesorero" **3** Advierte que de no cumplirse cierta cosa, otra sucederá necesariamente, como en: "Estudias *o* repruebas", "Obedeces *o* te castigo"; esta advertencia puede enfatizarse añadiendo una *o* al principio del enunciado, como en: "*O* me pagan *o* los demando" **4** Relaciona dos ideas o expresiones que son lo mismo, quieren decir lo mismo, o la segunda explica a la primera, como en: "La lingüística *o* ciencia del lenguaje", "Napoleón *o* el vencedor de Austerlitz", "El morfema *o* terminación".

oasis s m sing y pl **1** Zona aislada dentro de un desierto en la que hay vegetación debido a la existencia de corrientes subterráneas de agua que allí salen a la superficie **2** Circunstancia o acontecimiento afortunado o agradable, que sucede de manera ocasional y aislada dentro de una situación general de penalidad: "Esos días de paz fueron un *oasis*".

oaxaqueño adj y s Que es natural de Oaxaca, que pertenece a este estado o a su capital, la ciudad de Oaxaca de Juárez; que se relaciona con ellos: *tamales oaxaqueños, mole oaxaqueño*.

obedecer v (Se conjuga como *agradecer*, 1a) **1** tr Cumplir lo que se manda, hacer aquello que se ordena o a lo que se está obligado: *obedecer las leyes, obedecer a los padres, obedecer una sentencia* **2** *Obedecer a* Tener algo su causa o su origen en otra cosa: "La solución encontrada *obedece* a las condiciones del problema".

obediencia s f **1** Acto de obedecer: "Lo castigaron por una falta de *obediencia*", "La *obediencia* tiene sus límites" **2** Actitud de la persona que cumple con lo que se le manda o pide, que se comporta de acuerdo con las leyes o las normas: *obediencia ciega, la obediencia a un reglamento* **3** *Voto de obediencia* Acto por el cual un religioso se obliga a someterse a la autoridad y dirección de sus superiores.

obediente adj m y f Que cumple lo que se le pide u ordena; que se atiene a lo estipulado; que obedece: *un niño dócil y obediente*, "Siempre he sido muy *obediente* de las leyes".

obertura s f Parte inicial de ciertas obras musicales, como algunas óperas, suites u oratorios, que sirve de introducción a las mismas; es una composición instrumental que puede ser independiente del resto de la música de la obra o incluir algunos de los temas principales de la misma.

obeso adj Tratándose de personas, que es excesivamente gordo, que pesa mucho más de lo que se considera normal.

obispo s m Sacerdote cristiano que dirige y administra un distrito eclesiástico; en la Iglesia católica es nombrado directamente por el papa.

objeción s f Razón, observación o argumento que se emplea para oponerse a otro o para desaprobar alguna cosa: "Tengo que hacerle algunas *objeciones* a su teoría", "Le han puesto muchas *objeciones* a su trabajo", "¿Tiene usted alguna *objeción*?".

objetar v (Se conjuga como *amar*) Dar alguna razón en contra de algo, señalar los inconvenientes de alguna cosa o presentar un argumento para desaprobar la validez de otro: *objetar un plan, objetar una propuesta, objetar una hipótesis*, "Le objeté que no tenía tiempo".

objetividad s f Cualidad de elaborar juicios u opiniones con imparcialidad, tomando en cuenta sólo la realidad de los hechos y sin permitir que intervengan las emociones o los intereses de uno; condición del juicio elaborado de esta manera: "El fervor opaca cualquier asomo de *objetividad*", "Habló con toda *objetividad* del problema", *la objetividad fría de la descripción, objetividad científica*, "Dudo de la *objetividad* de sus críticas".

objetivo I adj **1** Que pertenece al objeto o se relaciona con él; que existe o sucede realmente o puede comprobarse, independientemente de cada persona: *un cálculo objetivo, la realidad objetiva, un fenómeno objetivo* **2** Que se basa en los hechos, que es imparcial y desinteresado, que está libre de la influencia de otras cosas o de otras personas: *juicio objetivo, un estudio objetivo, una mente objetiva* **II** s m **1** Lente o sistema de lentes que se dirigen hacia el objeto que se desea mirar **2** Resultado o finalidad precisos a los que se dirige una acción: "El *objetivo* de la visita era pedir su ayuda", "Uno de mis *objetivos* es escribir un libro de fábulas infantiles" **3** Zona o lugar a donde se dirigen las acciones militares durante una guerra: "El *objetivo* principal era la zona de abastecimiento del puerto".

objeto s m **1** Cosa **2** Todo lo que pueda ser materia, asunto o cuestión que alguien perciba o conozca, particularmente lo que sea real o comprobable por los demás: *un objeto de la naturaleza, un objeto mental, el objeto de la física, un objeto filosófico* **3** Aquello que se intenta hacer o lograr, o hacia donde se dirige la acción: *el objeto de un esfuerzo, el ob-*

jeto *de una reunión, el objeto de una explicación*, "Tú eres el *objeto* de mi amor" **4** (*Gram*) Palabra o conjunto de palabras que, en la oración, tienen la función de precisar el significado del verbo designando a la persona, el animal o la cosa sobre los cuales cae directa o indirectamente su acción, y adquieren por ello el carácter de modificadores verbales. Se clasifican como *objeto directo* cuando designan el *objeto* que recibe directamente la acción del verbo, como en "Vendo *flores*", "Leo *un libro*" o "Escribimos *una carta* a nuestros amigos", en donde son las *flores* lo que se vende, *un libro* lo que se lee y *una carta* lo que se escribe; y *objeto indirecto* cuando designan al *objeto* en que viene a terminar la acción ejercida por el verbo en el *objeto directo*, cuando lo hay, como en: "Compré flores *a la vendedora del mercado*" o "Escribimos una carta *a nuestros amigos*", en donde la acción verbal directa sobre las flores y la carta tiene por término *a la vendedora del mercado* y *a nuestros amigos*. Las funciones de *objeto directo* y de *objeto indirecto* se pueden reconocer a partir del sentido de la oración, de la posición de los vocablos dentro de ella, y del uso de las preposiciones. El *objeto directo* se distingue prácticamente si se puede sustituir por los pronombres de *objeto directo*, *lo, la, los, las*: "Vendo flores" / "*Las* vendo", "Leo un libro" / "*Lo* leo", "Escribimos una carta a nuestros amigos" / "*La* escribimos"; y transformando la oración en pasiva, en cuyo caso el *objeto directo* se convierte en sujeto pasivo y el sujeto de la oración activa en agente: "*Las flores* son vendidas", "*El libro* es leído por mí", "*La carta* es escrita por nosotros". El *objeto indirecto* se reconoce prácticamente si se puede sustituir por los pronombres de *objeto indirecto*, *le* y *les*: "Compré flores a la vendedora del mercado" / "*Le* compré flores", "Escribimos una carta a nuestros amigos" / "*Les* escribimos una carta"; también se reconoce por el hecho de que no se puede transformar en sujeto pasivo, y por la presencia de la preposición *a*. Generalmente el *objeto directo* se construye sin preposición cuando se trata de animales y cosas, y con *a* cuando se trata de personas: "Vendo flores", "Cazamos patos", "Miramos estrellas", "Beso *a* Verónica", "Miro *a* mi tío", "Saluda *al* señor", pero hay muchas excepciones a esta regla: cuando se personifica alguna cosa: "Temer *a* la muerte", "Llamar *a* la justicia"; cuando la acción del verbo cae sobre los miembros de un conjunto: "Mirar *a* la gente", "Juntar *al* rebaño"; y cuando se trata de destacar el objeto entre otros: "Matar *al* gato", "Observar *a* la estrella".

oblicuo adj **1** Que está inclinado, que no es vertical ni horizontal con respecto a una línea o a una superficie y no forma con ella ni un ángulo recto ni una paralela: "Poner el tubo de ensayo en posición *oblicua*", *plano oblicuo, línea oblicua* **2** Que es o se hace de manera indirecta o disimulada, que no se hace de frente ni abiertamente: "Le lanzó una mirada *oblicua*", "Expresó sus temores de modo *oblicuo*".

obligación s f **1** Hecho de tener alguien que actuar o comportarse de cierta manera porque algo o alguien se lo impone, lo exige con autoridad o por la fuerza: *cumplir una obligación, la obligación de respetar la ley* **2** Cada una de las acciones o de los comportamientos que alguien debe llevar a cabo: *lista de obligaciones, tener obligaciones* **3** Documento notarial o privado por el cual se reconoce una deuda y se promete su pago.

obligado I pp de *obligar* u *obligarse* **II** adj Que es forzoso, ineludible o imprescindible: "Esas embarcaciones constituyen el puente *obligado* entre ambos lugares", *la convivencia obligada*.

obligar v tr (Se conjuga como *amar*) **1** Hacer que alguien haga algo o se comporte de cierta manera, recurriendo para ello a la autoridad o a la fuerza: "Nos *obligan* a trabajar como negros", "Los *obligaremos* a rendirse" **2** Ganar alguien la voluntad o el compromiso de otra persona mediante acciones en favor de ella: "El señor Hernández *obligó* a mi hermano con tantas atenciones" **3** prnl Adquirir uno voluntariamente cierto compromiso o responsabilidad: *obligarse a respetar lo estipulado en un contrato*.

obligatorio adj Que debe cumplirse forzosamente por haber sido dispuesto por una autoridad o por estar establecido en una ley; que constituye una obligación: *enseñanza obligatoria*, "El uso del cinturón de seguridad es *obligatorio*".

oboe s m Instrumento musical de viento, formado por un tubo de madera de 50 o 70 cm de largo, con 6 agujeros y varias llaves, que termina ensanchándose ligeramente en forma de cono y tiene en su extremo anterior una lengüeta o caña doble de carrizo por donde se sopla para producir el sonido: *concierto para oboe de Mozart*.

obovado (*Bot*) adj En relación con una hoja o pétalo, que tiene contorno con figura de huevo, con la parte angosta hacia la base.

obra s f **1** Objeto que resulta de la aplicación del trabajo humano a un material o a un conjunto de ideas: *una obra de ingeniería, una obra de arte, una obra científica, una obra literaria* **2** Edificio, puente, carretera, etc que está en construcción: *visitar las obras, dirigir las obras, maestro de obras* **3** Compostura o renovación que se hace en un edificio e implica trabajo de albañilería: *tener obra en casa, estar en obra* **4** *Obra negra* Tratándose de un edificio o construcción, que sólo tiene la estructura básica, sin acabados **5** Efecto producido por el poder o la fuerza de algo: *obra del clima*, "La inundación fue *obra* de la tormenta" **6** *Por obra de* Por la acción de, a causa de: *por obra de encantamiento, por obra del huracán* **7** Acto de alguien, considerado por su valor moral: *buenas obras, malas obras, obra de caridad, obra de misericordia* **8** *Obra pública* Construcción dedicada al servicio de la sociedad, como los caminos, los monumentos, las presas, etc **9** *Obra de teatro* Texto dramático y representación que se hace de él: *poner una obra de teatro* **10** *De obra* De hecho, realmente: "Pecó de intención y de *obra*" **11** *Hacer mala obra* Causar algún daño o trastorno a alguien.

obrar v intr (Se conjuga como *amar*) **1** Actuar en forma determinada: *obrar de mala fe, obrar con inteligencia, obrar según dicta la ley* **2** Estar algo en manos de alguien o en poder de alguna sección administrativa: "El manuscrito *obra* en mi poder", "La escritura *obra* en la oficina del notario" **3** Hacer efecto algo: *obrar la medicina, obrar la curación* **4** Defecar: "¿Ya *obró* el enfermo?".

obregonismo s m Corriente política o militar encabezada por Álvaro Obregón, quien en el Plan de Agua Prieta desconoce al gobierno de Venustiano Carranza y derrota a su ejército; ocupa la presidencia de la República Mexicana del 1º de diciembre de 1920 al 30 de noviembre de 1924; su gestión tuvo como tarea fundamental la reorganización del país, la pacificación de los últimos jefes revolucionarios levantados en armas, la renegociación de la deuda externa, la organización del sistema bancario y monetario, el inicio de la reforma agraria y la creación de la Secretaría de Educación Pública. El 1º de julio de 1928 Obregón fue reelegido presidente y el 17 del mismo mes fue asesinado por José de León Toral.

obregonista adj y s m y f Que pertenece al general y presidente Álvaro Obregón o se relaciona con él: *el régimen obregonista, el gobierno obregonista*, "Nosotros éramos *obregonistas*".

obrero 1 s Persona que trabaja manualmente en una fábrica o en una industria, a cambio de un salario y que forma con los otros trabajadores de su condición una clase social: *una manifestación de obreros*, "Los *obreros* emplazaron a huelga" **2** *Obrero calificado* El que realiza un trabajo manual especializado **3** adj Que pertenece a los obreros o se relaciona con ellos: *sindicato obrero, clase obrera, vida obrera*.

obscurecer v intr (Se conjuga como *agradecer*, 1a) Oscurecer.

obscuridad s f Oscuridad.

obscuro adj Oscuro.

obsequiar v tr (Se conjuga como *amar*) Dar alguna cosa a alguien como muestra de afecto o para agradarlo; regalar: "Le *obsequiaron* múltiples juguetes", "Le pidió que le *obsequiara* una copia del poema".

observación s f **1** Acto de observar: *la observación de un fenómeno, la observación de la conducta* **2** Anotación o comentario corto que se le hace a alguien a propósito de alguna cosa: "El crítico le hizo varias *observaciones* a su obra".

observador adj y s **1** Que observa o que tiende a observar con detenimiento lo que lo rodea: "Como todo escritor, es una persona *observadora* y sensible", "Las supernovas son evidentes para cualquier *observador* que conozca la posición de las estrellas **2** Persona que observa una situación determinada sin participar en ella, particularmente la que asiste a presenciar el desarrollo de un conflicto o proceso a fin de dar cuenta de él a una autoridad o a la opinión pública: "La ONU envió *observadores* a la zona de combates".

observancia s f **1** Cumplimiento de una orden, disposición o deber: *la observancia de las leyes*, "El manejo de alimentos requiere la *observancia* de rigurosas normas de limpieza" **2** Obediencia o respeto hacia algo o alguien: "Le debemos *observancia* sumisa".

observar v tr (Se conjuga como *amar*) **1** Mirar con atención y examinando sus detalles o su conducta: *observar un insecto, observar las estrellas, observar a los pacientes* **2** Darse uno cuenta o notar alguna cosa en particular: "He *observado* que la discusión te molesta", "*Observa* cómo vuela esa mosca" **3** Hacer notar algo: "El diputado *observó* que no se había cumplido con el procedimiento" **4** Hacer uno exactamente lo que se ordena o cumplir con la ley: *observar los reglamentos, observar un mandamiento*.

observatorio s m Lugar o edificio desde donde se observa algo, especialmente fenómenos astronómicos o meteorológicos.

obsesión s f Idea fija, preocupación o deseo que se impone a la mente o al espíritu en forma repetitiva y que no se puede reprimir o evitar; puede convertirse en una cuestión patológica (fobias y manías) cuando se apodera por completo de la persona y le provoca un estado de angustia o ansiedad profundos: *la obsesión política, la obsesión de un cineasta, las obsesiones y los rituales compulsivos*.

obsidiana s f Roca volcánica, negra o de color muy oscuro, que tiene aspecto de vidrio; fue muy utilizada por los indios prehispánicos para hacer cuchillos, flechas, espejos, collares y otros objetos tallados.

obstáculo s m **1** Cosa que impide o dificulta el paso: "Dejaron el camino lleno de *obstáculos* para detener al enemigo", *salvar un obstáculo* **2** Cada uno de los tablones, vallas o elevaciones que hay que saltar en cierto tipo de carreras deportivas: "El caballo se detuvo frente al segundo *obstáculo*", "Perdió puntos por derribar dos *obstáculos*" **3** Cosa, situación o persona que se presenta como impedimento o que produce dificultades para el cumplimiento de un propósito o para el desarrollo de algo: "Nos han puesto muchos *obstáculos* para salir del país", "La injusticia es el mayor *obstáculo* para el progreso".

obstante 1 *No obstante* Sin que estorbe, perjudique o interfiera: "Estaba muy ocupado pero, *no obstante*, me recibió", "Lo haré como me gusta, *no obstante* tus consejos" **2** *No obstante que* A pesar de que, aunque: "Asistió a clase, *no obstante que* estaba enfermo".

obstetricia s f Rama de la medicina que se encarga del embarazo, el parto y el puerperio.

obstrucción s f **1** Acto de obstruir, generalmente por medio de un obstáculo, del paso o la circulación libre por un lugar: *obstrucción en la vía, obstrucción en el respiradero de salida* **2** (*Med*) Acumulación de materias sólidas o líquidas en el interior de un conducto o un vaso: *obstrucción de las vías respiratorias, obstrucción uretral, obstrucción vascular*.

obstruir v tr (Se conjuga como *construir*, 4) **1** Impedir el libre paso por algún conducto, camino, etc, o de un lugar a otro: "Los camioneros *obstruyeron* la carretera", "Un coche *obstruye* la entrada del garage" **2** Impedir o dificultar el desarrollo de una acción: "Las injusticias *obstruyen* el progreso del país" **3** prnl Quedar algo, como un conducto o abertura, tapado o cerrado en alguna de sus partes: *obstruirse una arteria*.

obtención s f Acto de obtener algo: *la obtención de un crédito, la obtención del oxígeno*.

obtener v tr (Se conjuga como *tener*, 12a) Llegar a tener algo que uno busca, pide o merece; llegar a cierto resultado o producto que se pretende alcanzar: *obtener ganancias, obtener un aumento salarial, obtener un premio, obtener ácido sulfúrico*.

obtuso adj **1** Que no termina en punta, que es de extremo plano o redondeado: *base obtusa* **2** Que es tonto o necio, que es incapaz de comprender: "La censura sólo puede detener a mentes *obtusas*".

obviamente adv De manera obvia; sin duda; por supuesto: "*Obviamente* los precios de los víveres seguirán subiendo, mientras no haya seguridad en el campo", "*Obviamente*, la formación de un yacimiento es parte de algún episodio de la historia geológica", "*Obviamente* al desaparecer los peces se multiplican los microorganismos de que se alimentan".

obvio adj **1** Que es claro, evidente: "Es *obvio* que desde el punto de vista de Freud, no hay esperanza de ningún mejoramiento fundamental de la sociedad", "Es *obvio* que la baja calidad del producto reduce la demanda de los consumidores" **2** Que sólo tiene una posibilidad o alternativa: "Si no tengo dinero y me pides un préstamo, la respuesta es *obvia*".

oca s f **1** Ave semejante al ganso, de plumaje muy blanco **2** Juego de mesa que consiste en un cartón con 63 casillas pintadas y numeradas formando una espiral; cada una de ellas tiene una figura pintada que representa diversos objetos, como ríos, puentes y pozos, y cada nueve representa una oca o ganso; cada jugador mueve su ficha según los números marcados por un dado y gana el que primero llega a la casilla 63.

ocarina s f Instrumento musical de aliento, pequeño o en forma de pájaro, con varios orificios que se tapan con los dedos para modular las notas; produce un sonido similar al de la flauta.

ocasión s f **1** Circunstancia o conjunto de circunstancias que rodean un hecho, particularmente si lo facilitan: "En esa *ocasión* me quedé dormido sin darme cuenta", "¡Qué buena *ocasión* para conocernos!" **2** *De ocasión* De oportunidad y poco precio: *muebles de ocasión, aviso de ocasión.*

ocasional adj m y f Que sucede por accidente; que no es frecuente; casual: *ataques ocasionales, encuentro ocasional, transacciones ocasionales.*

ocasionalmente adv De manera ocasional; por accidente; rara vez; a veces: "Se presenta con mayor frecuencia en la edad adulta y *ocasionalmente* en personas de 20 a 30 años".

ocasionar v tr (Se conjuga como *amar*) Ser algo o alguien causa o motivo para que algo suceda: *ocasionar un accidente, ocasionar disgustos.*

occidental adj m y f **1** Que pertenece al occidente o se relaciona con él: *las costas occidentales del país, la región occidental de Chihuahua, las culturas occidentales, el arte occidental* **2** (*Astron*) Tratándose de planetas, que se oculta en el horizonte después de que se ha puesto el sol.

occidente s m sing **1** Punto oeste del horizonte: "En el *occidente* del territorio mexicano existen regiones mineras", *Guadalajara, la Perla de Occidente* **2** Tratándose de civilizaciones, culturas, sociedades o formas de organización política, las desarrolladas principalmente en Europa y adoptadas por algunas naciones de otros continentes; tradicionalmente se caracterizan por el predominio del racionalismo, el espíritu científico y tecnológico, el individualismo, el concepto de que la soberanía del Estado reside en el pueblo y el pluralismo político; conjunto de países que tienen estas características: *la civilización de Occidente, el pensamiento racionalista de Occidente, la cultura de Occidente* **3** Conjunto de los países capitalistas, particularmente americanos y europeos, en oposición a los países socialistas: "Los científicos de *occidente* y del mundo socialista investigan afanosamente las causas del cáncer".

occipital (*Anat*) **1** adj m y f Que pertenece al occipucio o se relaciona con él: *región occipital, orificio occipital* **2** s m y adj m y f Hueso impar en forma de rombo irregular, que conforma la parte superior, inferior y media del cráneo.

occipucio s m (*Anat*) **1** Parte posterior e inferior de la cabeza **2** Hueso occipital.

oceánico adj Que pertenece al océano o se relaciona con él: *mareas oceánicas, abismos oceánicos.*

océano s m **1** Extensión de agua salada que cubre algo más del 70% de la superficie de la Tierra: "Las primeras formas vivas aparecieron en el *océano* hace millones de años" **2** Cada una de las grandes subdivisiones de esa extensión, producida por la presencia de los continentes: *océano Pacífico, océano Atlántico, océano Índico.*

ocelote s m (*Felis Pardalis*) Mamífero carnívoro de la familia de los felinos, propio del continente americano, que mide aproximadamente 1 m de largo hasta el nacimiento de la cola y 50 cm de altura. Su pelo es espeso, brillante, suave y de color gris o rojo amarillento con manchas cafés bordeadas de negro, alargadas en los hombros y en el cuello y casi redondas en la parte posterior. Se alimenta principalmente de aves y mamíferos pequeños o medianos a los cuales caza de noche. Habita desde el sur de Estados Unidos hasta la Patagonia. Se caza por su piel y puede ser domesticado.

ocio s m **1** Estado en el que se ha terminado de trabajar y que se dedica al descanso o a la diversión: *las horas del ocio, sus ratos de ocio* **2** Diversión u ocupación para los momentos de descanso: *los salones sociales dedicados al ocio.*

ocioso adj **1** Que está sin trabajar o sin realizar ninguna actividad, que no tiene ocupación: "A mi padre no le gusta estar *ocioso*", "Mantiene a dos hijos *ociosos*" **2** Que está inactivo, sin producir o sin funcionar: *tierra ociosa, dinero ocioso*, "La mitad de las instalaciones de la fábrica están *ociosas*" **3** Que es inútil, que no conduce a resultado alguno, que no produce ningún provecho o beneficio: *una discusión ociosa, un entretenimiento ocioso.*

oclusivo adj **1** Que cierra o tapa por completo algún conducto: *un movimiento oclusivo, un fenómeno oclusivo* **2** (*Fon*) Que se pronuncia impidiendo por un instante la salida del aire de la boca mediante el contacto completo de los órganos articulatorios, como sucede con los fonemas /p/, /t/ o /k/ en: *padre, acto* y *banco.*

ocote s m **1** Árbol del género *Pinus*, de la familia de las coníferas, perteneciente a distintas especies, que se caracteriza por producir mucha resina; crece en tierras altas de clima frío y alcanza de 20 a 25 m de altura en la mayoría de sus especies **2** Madera de este árbol que se utiliza para la construcción, para la elaboración de muebles y como combustible.

ocre adj y s m **1** Mineral terroso constituido por arcilla y óxido de hierro o manganeso, de color amarillo tendiendo a café; se emplea en pintura: "Las rocas que muestran su *ocre* como el orín las viejas armaduras" **2** Color neutro mezcla de amarillo y café o gris oscuro: *el barro en tonos crema y ocre.*

octágono s m (*Geom*) Figura geométrica de ocho lados y ocho ángulos.

octano s m (*Quím*) **1** Hidrocarburo saturado líquido, que existe en el petróleo; es inflamable, insoluble en agua, soluble en éter y poco soluble en alcohol **2** *Índice de octano* Unidad que expresa el poder antidetonante de un carburante.

octava s f (*Lit*) Combinación métrica de ocho versos **2** *Octava real* (*Lit*) La compuesta de endecasílabos que riman el primero con el tercero; el segundo, cuarto y sexto; y el séptimo y octavo **3** (*Mús*)

Intervalo entre una nota y la de ocho grados, superior o inferior de la escala diatónica; y conjunto de las ocho notas comprendidas **4** (*Relig*) En la Iglesia católica, conmemoración de una fiesta durante un periodo de ocho días, contando el de la fiesta; el día final de esa conmemoración.

octavilla s f **1** (*Lit*) Estrofa formada por ocho versos de arte menor y de rima consonante, como: "Hermosa flor de aguacate / centro de mi idolatría / centro de mi idolatría / hermosa flor de aguacate / voy a formarte un combate /con toda mi artillería / y sólo que Dios me mate / negrita no serás mía" **2** Guitarra más bien pequeña que tiene seis cuerdas metálicas dobles.

octubre s m Décimo mes del año; tiene treinta y un días, sigue a septiembre y precede a noviembre.

ocuilteco s m **1** Grupo indígena mexicano que habita el municipio de Ocuilan en el Estado de México. Su religión se basa en el catolicismo pero conserva algunas creencias prehispánicas. Viven en un territorio fértil y bien irrigado, de clima templado, a más de 2 500 m sobre el nivel del mar. Cultivan maíz, frijol, chile, trigo, haba, papa y árboles frutales. Hilan y tejen algodón y lana para la elaboración de cobijas y prendas de vestir y trabajan también la fibra dura del maguey para la producción de costales y cuerdas **2** Lengua del grupo matlatzinca, familia otomí-pame, que habla este grupo **3** adj y s Que pertenece a este grupo indígena o se relaciona con él.

ocular adj m y f Que pertenece al ojo o a la vista, o se relaciona con ellos: *globo ocular, inspección ocular* **2** s m Lente o sistema de lentes de un instrumento óptico, como un telescopio o un microscopio, sobre el que se aplica el ojo, y que cumple una función complementaria a la del objetivo: *el ocular de un teodolito.*

oculista s m y f Médico especialista en oftalmología; oftalmólogo: "Tengo cita con el *oculista*".

ocultar v tr (Se conjuga como *amar*) Poner o mantener algo de modo que no se pueda percibir o notar: *ocultar un tesoro, ocultar un sentimiento.*

ocultismo s m **1** Creencia en las realidades ultrasensoriales (no empíricas), inaccesibles al uso exclusivo de la razón, y que desafían las leyes de la naturaleza **2** Conjunto de ciencias ocultas o conocimientos reunidos a este respecto y las técnicas destinadas a percibir y captar el poder de estas realidades. Su práctica se remonta a la más alta antigüedad y se basa siempre en la magia que trata de evocar los poderes ocultos por medio de rituales para cambiar el orden de la naturaleza, como llamar a los muertos para conocer el futuro; utilizar fetiches para conseguir la muerte o la resurrección de personas, etc. Entre las principales ciencias ocultas están: la alquimia, la necromancia, la astrología y la cábala: "Ha crecido el interés por el *ocultismo*".

oculto adj **1** Que está escondido o tapado, que no se muestra o no se da a conocer; que es secreto o misterioso: "Celerino conocía los caminos *ocultos* bajo las hierbas", *planes ocultos, sentimientos ocultos, causas ocultas* **2** *Ciencias ocultas* Conjunto de creencias y prácticas secretas destinado a apropiarse de fuerzas o poderes sobrenaturales y manejarlos a voluntad, como la alquimia, la adivinación y la cábala; ocultismo.

ocupación s f **1** Acto de ocupar: *la ocupación de un edificio* **2** Actividad o trabajo al que se dedica una persona, especialmente el que hace para ganarse la vida: "Es una mujer llena de *ocupaciones*", "Mi *ocupación* es el comercio" **3** Situación durante la cual un ejército se queda en territorio de otro país, interviniendo en su vida interna: *fuerzas de ocupación, la ocupación francesa.*

ocupado I pp de *ocupar* u *ocuparse*: "Ayer fue ocupada la casa nueva" II adj **1** Que está lleno, tratándose de lugares; que se está usando, tratándose de cosas; que está haciendo un trabajo o llevando a cabo una actividad: "Todos los cuartos del hotel están *ocupados*", "Esa mesa ya está *ocupada*", "Tiene *ocupada* la computadora", "Estamos muy *ocupados* terminando el diccionario" **2** Tratándose de teléfonos, que la línea se está usando en ese momento y por lo tanto no puede entrar otra llamada: "Marca *ocupado*", "Suena *ocupado*", "Sigue *ocupado* el teléfono de la escuela".

ocupar v tr (Se conjuga como *amar*) **1** Llenar un espacio o un lugar: "Los muebles *ocupan* todo el cuarto" **2** Estar alguien en un lugar o entrar en él para habitarlo o para trabajar en su interior: "Su nieto *ocupa* la casa", "*Ocupo* la oficina de enfrente" **3** Entrar en un lugar, generalmente por la fuerza, y quedarse en él ejerciendo un dominio: "El ejército *ocupó* la ciudad" **4** Tener alguien determinado puesto o cargo, tomar posesión de él: "Su padre *ocupa* el puesto de director" **5** Tener una posición determinada dentro de una serie, enumeración o jerarquía: "*Ocupó* el primer lugar en la carrera" **6** Utilizar algo o emplear a alguien para hacer alguna cosa: "*Ocupa* sus ratos libres en leer", "No *ocupan* ayudantes, ellos hacen todo el trabajo" **7** prnl Dedicarse alguien a cierta actividad: *ocuparse de los niños, ocuparse en leer* **8** *Ocupar algo a alguien* Mantener algo la atención de alguien o ser objeto de su actividad por cierto tiempo: "El tema que *nos ocupará* hoy es el de la vacunación".

ocurrencia s f **1** Cosa que sucede o hecho de ocurrir algo: "La *ocurrencia* de estos fenómenos..." **2** Idea, proposición o acción original que se le ocurre a alguien, generalmente de manera repentina, y en particular la que es ingeniosa y aguda o disparatada: *las ocurrencias que tienen los niños, una feliz ocurrencia*, "Ha tenido la *ocurrencia* de pintar la fachada a cuadros azules y amarillos", "¡Qué *ocurrencia*!, tirarse al mar sin saber nadar".

ocurrir v intr (Se conjuga como *subir*) I (Sólo en tercera persona) **1** Suceder un acontecimiento en cierto momento y lugar; aparecer algo que no se preveía: *ocurrir una desgracia, ocurrir un fenómeno atmosférico* **2** *Ocurrírsele algo a alguien* Venirle a alguien de repente una idea o un pensamiento a la mente o una palabra a la boca: "Se me *ocurrió* que sería fácil encontrar el fin del arco iris", "Se me *ocurre* que las cosas no son como dices" II Ir a algún lugar: "*Ocurra* a la oficina de correos", "*Ocurrí* a la delegación de policía".

ocho 1 s m y adj m y f Número que sigue al siete y precede al nueve **2** s m Figura en forma de la representación de este número generalmente acostado: "La patinadora hace *ochos* en el hielo" **3** *Apuntarse un ocho* (*Coloq*) Tener una idea o acierto brillante, estupendo: "*Se apuntaron un ocho* con la fiesta" **4** *¡Qué... ni que ocho cuartos!* (*Coloq*) Expresión con que se niega o rechaza rotundamente lo dicho o hecho por alguien o se hace burla de ello: *¡Qué enfermo ni que ocho cuartos!* Lo que tienes es flojera de trabajar".

oda s f Composición poética, por lo común de género lírico, de forma y extensión variadas, que trata temas muy diversos y se caracteriza por su tono elevado o intenso: las odas de Píndaro, una oda amorosa, las odas de Neruda.

odiar v tr (Se conjuga como *amar*) Sentir odio: "El pueblo lo *odia* porque usted impone desde hace 30 años a sus autoridades", "*Odiaba* vivir en aquella miseria", "*Odio* todos esos trámites".

odio s m Sentimiento profundo y violento de rechazo, intolerancia y hostilidad, que se experimenta hacia algo o hacia alguien al que se considera enemigo, el causante de graves daños o extremadamente desagradable: "Del *odio* al amor sólo hay un paso", "Del *odio* entre los pueblos surgen las guerras", *desahogar el odio.*

odioso adj **1** Que es digno de odio, que provoca odio: *una injusticia odiosa, el odioso tirano* **2** Que resulta insoportable por ser muy molesto, desagradable o antipático: "Fue un viaje *odioso*", *una música odiosa*, "Con los años se ha vuelto muy *odioso*".

odisea s f Situación extraordinaria en la que alguien enfrenta una serie de riesgos, vicisitudes o trabajos, antes de alcanzar su meta o su objetivo, particularmente cuando se trata de un viaje o la realización de alguna cosa: "La filmación de la película fue toda una *odisea*", "En ese entonces ir de Veracruz a la capital era una *odisea*".

odontología s f Estudio de los dientes y sus enfermedades y tratamiento de los mismos.

oeste s m sing **1** Punto del horizonte por donde se pone el sol; occidente **2** Tratándose de países, los que tienen una organización capitalista, particularmente los de Europa occidental y los Estados Unidos: *diplomáticos del Oeste.*

ofender v tr (Se conjuga como *comer*) Herir o humillar la dignidad, el honor o los sentimientos de alguien: "No quería *ofender* a nadie con mis observaciones", "Se *ofendió* porque le ofrecieron dinero".

ofensa s f Acto o palabra con que se ofende, hiere o humilla la dignidad, el honor o los sentimientos de alguien: *recibir ofensas, ofensas personales.*

ofensiva s f **1** Acción agresiva o violenta dirigida a vencer o dominar a un enemigo, un adversario deportivo, o a un rival en cualquier clase de enfrentamiento: *planear una ofensiva militar*, "Desde que inició el partido se lanzó a la *ofensiva*" **2** En ciertos deportes como el futbol americano, conjunto de jugadores de un equipo que se encargan de atacar a la defensiva contraria tratando de anotar puntos: "Lo mejor de los 'Pieles Rojas' es su agresiva *ofensiva*" **3** *Tomar la ofensiva* Tomar alguien la iniciativa en el ataque, en un enfrentamiento.

ofensivo adj **1** Que ofende: *palabras ofensivas, escenas ofensivas* **2** Que se relaciona con el ataque o la ofensiva, o es propio de ellos: *jugador ofensivo, tácticas ofensivas, el espíritu ofensivo de un soldado.*

oferta s f **1** Acto de ofrecer o proponer algo a alguien porque le puede beneficiar, le puede interesar o ser útil, o le hace falta: *una oferta de matrimonio, una oferta de empleo, una oferta de ayuda financiera, hacerle una oferta de 500 mil por su casa* **2** Presenta-

ción de alguna mercancía o de algún servicio para su venta en el mercado en un momento determinado: *la oferta de bienes y servicios, la oferta de aparatos eléctricos, la oferta de trabajo, la ley de la oferta y la demanda* **3** Conjunto de mercancías, bienes o servicios, y cada uno de ellos, que se ofrecen a menor precio de lo normal o a precio conveniente para el comprador: *una buena oferta* **4** *En oferta* A la venta a precios bajos: *muebles en oferta, ropa en oferta, hacer una oferta.*

ofertorio s m (*Relig*) **1** Parte de la misa católica en la que el sacerdote ofrece a Dios la hostia y el vino del cáliz diciendo ciertas oraciones especiales y algún versículo tomado de un salmo o de otra parte **2** Canto que entona el coro o el sacerdote durante esta parte de la misa cuando es cantada.

oficial adj m y f **1** Que tiene o ha recibido la autorización necesaria para algo: *comunicación oficial, novio oficial* **2** Que proviene del gobierno, se relaciona con él y tiene su autorización: *documento oficial, acto oficial* **3** s m y f Persona que ha terminado de aprender algún oficio manual o mecánico y todavía no es maestro: *un oficial de albañilería* **4** s m y f Persona que prepara los documentos que ha de resolver su jefe en cualquier oficina: *oficial mayor* **5** s m y f (*Mil*) Militar que tiene grado, desde el subteniente hasta el general de división: *escuela de oficiales, un oficial naval.*

oficialmente adv En forma oficial: "Se desmentían *oficialmente* todas las noticias procedentes del extranjero", "*Oficialmente* nunca declararon la guerra", "En 926 se fundó *oficialmente* Xochimilco", "Baja California ha sido declarada *oficialmente* libre de la garrapata".

oficiante s y adj m y f Persona que celebra un oficio o rito religioso, particularmente la que lo dirige o toma parte directa en él: *los oficiantes en el rito de Quetzalcóatl, las oficiantes griegas*, "El sacerdote *oficiante* los declaró unidos en matrimonio".

oficiar v tr (Se conjuga como *amar*) **1** Celebrar un oficio o rito religioso, y particularmente decir misa un sacerdote: *oficiar una boda*, "El padre Peresinda sólo *oficiaba* los domingos" **2** *Oficiar de* Desempeñarse como o tomar el oficio de, particularmente cuando se hace de manera temporal o provisoria: "Jaime *ofició de* moderador en la conferencia".

oficina s f Lugar de trabajo en el que se realizan actividades administrativas y de atención al público o donde se ofrece algún servicio profesional: *oficinas de gobierno, oficina del director.*

oficinista s m y f Persona que trabaja en una oficina: *los oficinistas del gobierno, las oficinistas de una línea aérea.*

oficio s m **I 1** Trabajo al que se dedica alguien, particularmente el manual o mecánico, que se aprende más con la práctica que con estudios especiales: *oficio de pintor, oficio de carpintero, escritor de oficio* **2** Función que cumple alguna cosa: *el oficio de una máquina, el oficio de un verbo* **3** *Sin oficio ni beneficio* Sin utilidad, sin empleo ni provecho: "Es una persona *sin oficio ni beneficio*" **II 1** Comunicación escrita de la administración pública con la cual se exponen, tramitan y resuelven asuntos: *enviar un oficio, presentar un oficio* **2** *De oficio* Tratándose de asuntos legales o judiciales, que se practica por ley, sin que se requiera petición de una persona:

"El fraude se persigue *de oficio*", *defensor de oficio* **III** Ceremonia religiosa: *oficio de difuntos, los oficios de Semana Santa.*

ofrecer v tr (Se conjuga como *agradecer*, 1a) **1** Poner a la disposición de alguien alguna cosa o algún servicio para que disfrute de ello: *ofrecerle su casa*, "Un grupo de médicos *ofrece* sus servicios gratuitamente", *ofrecerle una copa, ofrecerle un aventón*, "*Ofrecían* jugo de naranja", *ofrecer trabajo a un mayor número de personas*, "Le *ofreció* todo su apoyo", "Yo no te *ofrezco* riquezas, *te ofrezco* mi corazón" **2** Dar un banquete, una fiesta o una comida para celebrar o agradar a alguien: "El gobierno mexicano *ofreció* una comida al cuerpo diplomático", *ofrecer un banquete después de la boda* **3** Prometer a alguien alguna cosa: "Le *ofreció* que la llevaría a su casa", "Heriberto le *ofreció* dejar de fumar", *ofrecer un descuento, ofrecer mejores niveles de vida, ofrecer soluciones* **4** Dar una función de teatro, de música, etc: "*Ofreció* un concierto y tocó una sonata para dos pianos de Mozart", "Mendelssohn *ofreció* sus primeros recitales de piano a los nueve años" **5** Dedicar a una divinidad o a un santo un sacrificio o una buena obra para ganarse su ayuda o para mostrarle su predilección: *ofrecer flores a la Virgen María* **6** Decir la cantidad que se está dispuesto a pagar por algo: "Le *ofrezco* $ 1 000 por su becerro", "Le *ofreció* $ 500 mil por la casa", "Me voy adonde *ofrezcan* mejor salario" **7** Mostrar algo cierto aspecto: "El castillo de Chapultepec *ofrece* una bellísima vista desde el Paseo de la Reforma" **8** Traer consigo, caracterizarse: "Esa solución *ofrece* varias ventajas", "La situación no *ofrece* ninguna salida" **9** prnl Presentarse, darse la ocasión: "*Se nos ofreció* la oportunidad de conocer a Borges", "A continuación *se ofrece* la versión integral".

ofrecimiento s m Acto de ofrecer algo a alguien o de ofrecerse para algo: *hacer un ofrecimiento, un ofrecimiento de trabajo.*

ofrenda s f Objeto que se ofrece, particularmente a una divinidad o en memoria de alguien: *ofrenda floral, ofrendas a Quetzalcóatl*, "El día de muertos llevan sus *ofrendas* al panteón".

oftalmología s f Rama de la medicina que se encarga del estudio del ojo, de sus enfermedades y tratamiento: *clínica de oftalmología.*

oftalmólogo s adj Médico especialista en oftalmología; oculista: "La *oftalmóloga* me recetó lentes".

¡oh! interj **1** (*Liter*) Expresa énfasis o exaltación al invocar algo o a alguien: "¡*Oh* destino cruel y tiránico!", "¡*Oh* dioses del Olimpo! ¡Acudid!", "¡*Oh* mujer de rodillas duras! / no acertamos a compadecerte" **2** Se emplea casi exclusivamente en textos literarios; en habla coloquial su uso resulta afectado o irónico. Indica admiración o sorpresa, exaltación, tristeza, alegría: "¡*Oh*... te odio!", "¡Suéltame... *oh*!, ¡*Oh*, mi amor, soy tan feliz!", "¡*Oh* no! ¡Otra vez arroz!" **3** Señala molestia, enfado o rechazo: "¡*Oh*, ya no molestes!", "¡*Oh*, qué lata!" **4** Se usa para detener a las cabalgaduras: "¡*Oh*, caballo!".

ohmio s m (*Elec*) Unidad de resistencia eléctrica necesaria para que la fuerza de un voltio produzca una corriente de un amperio; ohm.

oído s m **1** Sentido por el cual se perciben los sonidos: *perder el oído, tener oído* **2** Cada uno de los órganos que sirven para oír, que en los seres humanos y los animales vertebrados está a los lados de la cabeza **3** Aptitud para percibir y reproducir con precisión sonidos musicales: *tener buen oído* **4** *De oído* Sin recurrir a una partitura musical: *tocar de oído* **5** *Ser duro de oído* Tener poca o ninguna aptitud para la música o el verso **6** *Al oído* En secreto: *hablar al oído*, "Se lo dijo *al oído*" **7** *Dar oídos* Creer alguien lo que se le dice: "*No des oídos* a los rumores" **8** *Ser todo oídos* Estar uno muy atento a lo que se dice: "*Soy todo oídos* para que me cuentes esa historia" **9** *Oídos sordos* Hacerse el sordo, no escuchar lo que no le conviene: "El gobierno hace *oídos sordos* a las protestas de los trabajadores".

oidor s m Durante la Colonia, ministro de justicia que en las audiencias del reino oía y sentenciaba los casos y pleitos.

oír v tr (Modelo de conjugación 6) **1** Percibir sonidos por medio del oído: *oír música, oír ruido* **2** Poner atención a lo que alguien dice: "Te *oigo*, sigue contándome", "*Oye* mis peticiones" **3** *¡Oye!, ¡Oiga!* Expresiones con las que se busca que alguien atienda a lo que se le dice: "¡*Oye*! ¡Ven acá!", "¡*Oiga*! ¿Qué se está usted creyendo!" **4** *¿Oyes?, ¿Me oye usted?* Expresiones con las que se pide a alguien que ponga atención o se confirma si lo está haciendo: "¿*Oyes*? Alguien está en el corral", "Le decía que... ¿*Me oye usted?*, le decía que...".

ojal s m **1** Agujero, generalmente alargado y estrecho y con los bordes reforzados con costuras, que llevan algunas prendas en uno de los extremos y sirve para meter en él un botón o algún listón que hay en el otro lado y abrochar la prenda: *los ojales de una blusa, los ojales de un saco* **2** Abertura en forma de ojo: *cuello de ojal.*

¡ojalá! interj Expresa un deseo intenso de que algo suceda: "¡*Ojalá* pueda usted ayudarme!", "¡*Ojalá* todo salga bien!", "¡*Ojalá* pudiéramos estar más tiempo juntos!", "¡*Ojalá* que me recuerden!", "¡*Ojalá* que llueva!", "¡*Ojalá* y me equivoque!", "¡*Ojalá* y se vuelva a repetir!".

ojeada s f Mirada rápida o superficial que se dirige a alguna cosa, principalmente a un escrito: *echar una ojeada*, "Aun los más escépticos no pueden dejar de dar una *ojeada* al horóscopo".

ojear v tr (Se conjuga como *amar*) Pasar la vista con rapidez sobre alguna cosa, principalmente un texto escrito, poniendo atención sólo en lo más notorio o importante: *ojear el periódico, ojear una revista.*

ojera s f Área semicircular de color violáceo o ligeramente abultada que se marca debajo del párpado inferior, por constitución natural o por cansancio, enfermedad o deshidratación: "Las *ojeras* hacían más profundos sus ojos claros".

ojete (*Ofensivo, Groser*) **1** s y adj m y f Persona sumamente cobarde y de malas intenciones, que actúa de mala fe y con el propósito de dañar a los demás o aprovecharse de ellos: "Le pone a la madre a un *ojete* que en realidad merece la pinche muerte", "Es una vieja *ojeta* y culera" **2** adj Que es sumamente malo, perjudicial; que está hecho con el propósito de hacer daño, o de sacar provecho de alguien: "Le tupen a la onda sin ninguna represión *ojeta*" **3** s m Ano.

ojillo s m **I** Cada uno de los orificios pequeños y circulares por los que se pasan las agujetas de los zapatos, o en los que se introduce el clavito de la hebilla de los cinturones, o cualquier cosa que sirva para atar o abrochar algo **II** (*Ver*) (*Paullinia tomentosa*) Arbusto trepador de la familia de las sapindáceas, de hojas compuestas de cinco hojuelas, flores blanquecinas en racimos, y fruto en cápsula triangular con semillas negras.

ojiva s f **1** Figura de ángulo curvilíneo, formada por dos arcos de círculo iguales y encontrados por su lado cóncavo, que se cortan en uno de sus extremos **2** (*Arq*) Arco que tiene esta forma; arco apuntado **3** (*Arq*) Arco o cerradura diagonal tendido bajo las aristas de una bóveda a la cual sirve de refuerzo **4** Pieza delantera o superior de un proyectil, de forma más o menos cónica y con el extremo redondeado o en punta, como la que lleva la carga explosiva en los proyectiles nucleares o atómicos.

ojo s m **I 1** Cada uno de los dos órganos de la vista de los seres humanos y de los animales, con forma parecida a la de un globo pequeño, que se encuentra en la cabeza, ya sea al frente o a los lados de la cara: *ojos verdes, ojos rasgados* **2** Cada uno de los órganos de la visión que en número variable tienen los insectos y los arácnidos **3** *Ojos de apipizca* (*Coloq*) Los que son muy pequeñitos, tratándose de personas **4** *Tener alguien (buen) ojo* Tener aptitud para darse cuenta de algo con sólo verlo **5** *Ojo clínico* Aptitud de algunos médicos para darse cuenta de una enfermedad con sólo ver al enfermo **6** *Abrir los ojos* Darse cuenta con claridad y realismo de las cosas: "Esa guerra falsa en la que participamos me *abrió los ojos*" **7** *A ojo, a ojo de buen cubero* Al cálculo, a juicio, sin medir o pesar las cosas: *dibujar a ojo, valuar una casa a ojo de buen cubero* **8** *A ojos cerrados* Con plena confianza: "Apoyo al candidato *a ojos cerrados*", "Compré la casa *a ojos cerrados*" **9** *A ojos vistas* Claramente, evidentemente: "*A ojos vistas* ese reloj es mejor que el otro" **10** *A ojo de pájaro* Sin detalle, en forma panorámica **11** *Saltar algo a los ojos* Hacerse evidente: "Me *saltó a los ojos* el error después de buscarlo por días" **12** *Costar un ojo de la cara* Costar mucho: "El hospital le ha *costado un ojo de la cara*" **13** *Echar (un) ojo* Mirar algo superficialmente o con rapidez: "*Échale un ojo* a este libro" **14** Signo o marca que se pone en los escritos para llamar la atención **15** *Echar el ojo* Mirar algo o a alguien mostrando deseo por ello: "Ya le *eché el ojo* a su hijo para marido de la mía" **16** *Írsele a uno los ojos* Desearlo mucho: "*Se le van los ojos* por ese juguete" **17** *Mirar con buenos* o *malos ojos* Apreciarlo bien o mal **18** *No pegar* (*los*) *ojo(s)* No conciliar el sueño **19** *Con el ojo pelón* (*Coloq*) Sin dormir, con insomnio: "Estuve toda la noche *con el ojo pelón*" **20** *Tener* o *traer entre ojos a alguien* Tenerle mala voluntad y tratar de perjudicarlo **21** *Hacerle ojo* o *mal de ojo a una persona* (*Popular*) Causarle un daño o una enfermedad a una persona la mirada maligna de otra persona **II 1** Agujero que atraviesa alguna cosa de lado a lado: *ojo de una aguja, ojo de la cerradura, ojos de la tijeras* **2** *Ojo de la tempestad* u *ojo del huracán* Parte central de una tempestad o de un huracán en la que no hay nubes, viento ni lluvia, y en la que todo está en calma **3** *Ojo de agua* Fuente o manantial **III 1** *Ojo de pescado* Callo redondo, generalmente en los dedos de los pies o en las manos **2** *Volverse ojo de hormiga* Esconderse, desaparecer **3** *Ojo de venado* (*Mucuna sloanei*) Leguminosa cuyo fruto del mismo nombre es una especie de haba oscura con un ani-

llo amarillento que semeja el ojo de un venado. Se usa como amuleto para protegerse de ciertos maleficios **4** Cada una de las plantas que tienen en común las semillas globosas y duras, de color café con una banda negra, de aproximadamente 2 cm, como: *ojo de cangrejo, ojo de culebra, ojo de zanate* o *chanate* (*Rhynchosia pyramidalis*) de la familia de las leguminosas; *ojo de gallo, ojo de loro, ojo de pollo* (*Sanvitalia procumbens*) de la familia de las compuestas **IV 1** *Ojo de buey* Claraboya o ventana redonda u ovalada **2** *Ojo mágico* Dispositivo transparente y pequeñísimo que permite ver a través de una puerta.

okey (*Coloq*) **1** adv De acuerdo, está bien, bueno: "—¿Quieres encargarte de avisarle? —*Okey*", "*Okey*, ya entendí", "No llegues tarde, ¿*okey*?" **2** s m Visto bueno, aprobación (se abrevia ok).

ola s f **1** Cada una de las elevaciones periódicas que se forman y propagan en la superficie del mar o de un lago por distintas causas como el viento, y que, por lo general, al llegar a la orilla, alcanzan mayor altura para luego romper contra ella y deshacerse en espuma: "...las *olas* que constantemente azotan el malecón", *el rumor de las olas* **2** Fenómeno atmosférico que, al propagarse, ocasiona una elevación o disminución brusca e intensa de la temperatura: "Una *ola* de calor invade el sureste del país" **3** Manifestación repentina de alguna cosa que va extendiéndose o propagándose con rapidez: "Sus declaraciones levantaron una *ola* de protestas", "La policía no ha podido frenar la *ola* de violencia" **4** (*Coloq*) Moda, tendencia o movimiento característico de los jóvenes que lo siguen: "Hubo roqueros de la vieja y la nueva *ola*", *la nueva ola de cineastas mexicanos*.

olán s m Adorno que llevan algunas prendas, consistente en una tira de tela, de encaje o tejida, fruncida o plegada que va cosida formando ondas que caen sueltas; holán: *una falda de olanes, el olán de la colcha*.

¡ole! interj Expresa festejo o animación ante lo hecho o dicho por alguien; se emplea principalmente entre el público taurino para celebrar los buenos lances de los toreros, o en los espectáculos de baile o música flamenca para animar las ejecuciones de los artistas: "¡*Ole*, matador!", "Escuchó *oles* con la capa en quites por chicuelinas".

oleácea (*Bot*) **1** adj y s f Tratándose de plantas, que son dicotiledóneas de hojas opuestas y alternas; flores hermafroditas, algunas veces unisexuales, y fruto en cápsula, baya o drupa, como el fresno, el jazmín o el olivo de cuyo fruto se extrae aceite **2** s f pl Familia de estas plantas.

oleaginoso 1 adj Que tiene aceite o se parece a él: *una sustancia oleaginosa* **2** s f y adj Planta que contiene aceite en su fruto o en su semilla, como el cacahuate, la almendra, la aceituna y la linaza: "La producción de *oleaginosas* creció rápidamente".

óleo s m **I 1** Pintura preparada con pigmento y aceite secante, que se emplea en las artes gráficas: "Me regalaron una caja con *óleos* y pinceles" **2** Obra plástica realizada con este tipo de pinturas: "La exposición incluye grabados y *óleos* del artista oaxaqueño" **3** *Al óleo* Que está pintado con pinturas de este clase: *un retrato al óleo, paisajes al óleo* **II** (*Relig*) **1** Aceite consagrado que se usa en ciertos sacramentos del rito católico: *óleo de los enfermos* **2** *Santos óleos* Aquellos con los que el sacerdote católico unge al moribundo para darle la extremaunción.

oler v (Se conjuga como *mover*, 2c) **1** tr Percibir los olores con la nariz: *oler las flores, oler perfume* **2** intr Echar algo o alguien de sí un olor determinado: *oler bien, oler a limpio, oler a basura* **3** intr Sospechar uno algo oculto y, a veces, malo o dañino: "Me *huele* que nos darán una sorpresa", "No me *huele* bien este asunto".

olfato s m **1** Sentido por medio del cual se perciben los olores a través de la nariz **2** Intuición, instinto o facilidad para darse cuenta de algo que no es muy claro: "Tiene *olfato* para los buenos negocios".

olfatorio adj Que pertenece al olfato o se relaciona con él: *nervio olfatorio, vía olfatoria.*

oligarquía s f **1** Forma de gobierno de un Estado en la que el poder está en manos de un reducido grupo de personas pertenecientes a las clases privilegiadas: "En el siglo XIX padecimos los efectos de una *oligarquía* vitalicia" **2** Grupo reducido de personas que detentan el poder económico o político dentro de un Estado, una sociedad o una organización determinada: "Las *oligarquías* recurren a todos los medios para conservar sus privilegios", "Trata de negarlo pero su familia pertenece a la *oligarquía*".

olimpiada s f **1** Conjunto de competencias deportivas internacionales que se celebra cada cuatro años entre atletas no profesionales y en un lugar convenido de antemano: "Ganó una medalla de oro en natación durante la *olimpiada* de México" **2** Fiesta de carácter religioso que se celebraba cada cuatro años en la antigua ciudad griega de Olimpia y en la que tenían lugar diversas competencias deportivas y artísticas **3** Periodo comprendido entre dos celebraciones de esta fiesta; equivalía a cuatro años y se contaba a partir de la celebración de la primera olimpiada, en el año 776 aC: "La ciudad fue tomada en la *olimpiada* 127".

olímpico adj **1** Que es propio de las olimpiadas o se relaciona con ellas: *competencia olímpica, protocolo olímpico, campeones olímpicos* **2** Tratándose de instalaciones deportivas, que tienen las características establecidas por el reglamento de las olimpiadas: *cancha olímpica, alberca olímpica* **3** Que se manifiesta abiertamente y de forma altanera y soberbia: "Le contestó con *olímpico* desprecio".

oliva s f **1** Aceituna: *aceite de oliva* **2** (*Anat*) Masa pequeña en forma de aceituna que hay en cada hemisferio del cerebro **3** (*Anat*) Prominencia en forma de aceituna que hay a los lados de las pirámides anteriores del bulbo raquídeo.

olivo s m (*Olea europea*) Árbol de la familia de las oleáceas y de distintas variedades, cuyo fruto es la aceituna. Mide entre 6 y 8 m de altura; tiene el tronco grueso y torcido, hojas opuestas, lanceoladas u oblongas, de color verde oscuro en el haz y ligeramente blanquecino en el envés; sus flores son olorosas, de color blanco amarillento y están dispuestas en racimos o panículas. Es originario de Asia, y se cultiva en muchos lugares del país, principalmente en regiones de clima cálido y seco.

olmeca s m **1** Grupo indígena mesoamericano, hablante de una lengua hasta ahora no identificada, posiblemente emparentada con el maya, que convivió con grupos de distintas familias lingüísticas, como el zapoteco y el chinanteco. Ocupó la zona comprendida entre el Golfo de México, el río Papaloapan y la cuenca del Balsillo-Tonalá en el periodo Preclási-

co (de 1200 a 100 aC aproximadamente). Los principales centros político-religiosos pertenecientes a este grupo y hasta ahora descubiertos son La Venta, Tres Zapotes, San Lorenzo, Río Chiquito, Laguna de los Cerros, Remolino y Cerro de las Mesas. La Venta es el primer centro mesoamericano que muestra haber sido planeado rigurosamente siguiendo un eje central. Su desarrollo cultural se manifestó en el manejo de la escritura jeroglífica, la numeración y el calendario, en la elaboración de cerámica con distintos estilos artísticos y en el desarrollo de la escultura de grandes monolitos con forma de altares, estelas, figuras humanas y cabezas colosales de 1.60 a 3 m de alto. La calidad pantanosa de la zona olmeca hizo necesaria la construcción de drenajes que permitieron el desarrollo de su agricultura complementada con la caza, la pesca y la recolección. Su influencia cultural fue notable en algunos lugares de Centroamérica, Oaxaca, Guerrero y el Estado de México **2** *Olmeca xicalanca* Grupo indígena mesoamericano de posible origen popoloca y mixteco que ocupó Cholula hacia 800 dC. Dominó el centro de Veracruz y el sur de Oaxaca, y posiblemente llegó hasta Centroamérica. Recibió a los toltecas después de la caída de Tula, hasta que fue desalojado por ellos en 1292 dC. Este grupo no guarda ninguna relación con el anterior **3** adj y s m y f Que pertenece a alguno de estos dos pueblos o se relaciona con ellos: *la escultura olmeca, el dominio olmeca, la herencia olmeca.*

olor s m **1** Desprendimiento de ciertas sustancias químicas de los cuerpos que estimulan el sentido del olfato al percibirlo por la nariz: *el olor de las rosas, el olor de la gasolina, el olor de la yerbabuena* **2** Impresión determinada que causa este desprendimiento en el sentido del olfato: *tener buen olor*, "Hay un *olor* desagradable", "No percibo ningún *olor*" **3** *En olor de santidad* Con fama de santo: "El obispo Guizar y Valencia murió *en olor de santidad*".

olote s m Parte dura y central de la mazorca del maíz sin los granos.

olvidar v tr (Se conjuga como *amar*) **1** Dejar de tener presente en la memoria: *olvidar una fecha, olvidar a los abuelos* **2** Dejar algo en alguna parte sin darse cuenta: *olvidar las llaves, olvidar el dinero*, "Se me olvidaron los libros", "Que no *se te olvide* comprar el periódico" **3** Perder el cuidado de algo o dejar de atenderlo: "Se *olvidaron* de ese parque", *olvidar un cultivo.*

olvido s m **1** Falta de memoria, ya sea sobre conocimientos o aptitudes adquiridas, ya sea sobre recuerdos; acto de olvidar: *olvido de una fecha, olvido del título del libro, olvido del nombre del autor* **2** *Echar al olvido, pasar al olvido, caer en el olvido, hundirse en el olvido, sumirse en el olvido* Pertenecer al pasado; olvidar **3** Falta de atención o de cuidado; descuido: "La situación de *olvido* y abandono que impera en la Costa Grande" **4** Acto de perdonar ofensas o de no castigar crímenes: *olvido de los crímenes cometidos por la dictadura argentina.*

olla s f **1** Vasija de barro o metal, honda, de figura abombada o redonda, con una o dos asas, que sirve para cocer alimentos: "Los frijoles cocidos en *olla* de barro son más ricos" **2** *Olla express* o *de presión* La de acero inoxidable grueso, con tapa que cierra herméticamente y una válvula por la que sale gradualmente el vapor; en ella se cuecen los alimentos con mayor rapidez debido a que en su interior se alcanzan temperaturas muy elevadas por efecto de la presión del vapor **3** Recipiente grande y hondo usado en la industria, como el que se emplea para fundir metales: *olla de colado*, "El hierro fundido se transporta en grandes *ollas*" **4** *Olla de grillos* Lugar o situación en que hay mucha gente que habla al mismo tiempo, o que hay gran confusión: "La asamblea del sindicato fue una *olla de grillos*".

ombligo s m **1** Cicatriz redonda, arrugada y generalmente hundida que hay en la parte media del vientre, la cual marca el lugar donde estuvo inserto el cordón umbilical: "Le pone fajita al bebé para que no se le salte el *ombligo*", "No la dejan usar bikini porque enseña el *ombligo*" **2** (*Coloq*) Centro, punto de mayor importancia, atracción o influencia: "Se siente el *ombligo* del mundo" **3** *Ombligo de Venus* (*Hydrocotyle umbellata*) Planta aromática de la familia de las umbelíferas, que tiene tallos rastreros, hojas circulares con el pecíolo insertado en el centro, y pequeñas flores blancas en umbela; se emplea en la medicina tradicional para curar ciertas afecciones del hígado **4** *Ombligo de tierra* (*Peperonia umbilicata*) Planta herbácea de la familia de las pipiráceas, de hojas pequeñas y circulares con el pecíolo en el centro, que tiene un tubérculo subterráneo de forma globosa y con sabor a pimienta.

ominoso adj **1** Que es azaroso y de mal augurio: "Por su aparición repentina y *ominosa*, los cometas eran considerados mensajeros de catástrofes futuras" **2** Que es sumamente malo e indignante; que merece ser condenado o aborrecido; abominable: "Produjo consternación la noticia del *ominoso* asesinato".

omisión s f Acto de omitir, de no incluir o de no hacer algo: "La *omisión* de ese artículo en el diccionario es muy grave", *culpa por omisión.*

omitir v tr (Se conjuga como *subir*) Dejar de hacer, decir o consignar algo, dejar fuera algo, no incluirlo: "*Omitió* los nombres de los culpables", *omitir un dato*, "El alumno puede *omitir* algunos de los párrafos de este capítulo".

omnívoro adj Que se nutre de toda clase de alimentos, tanto de origen animal como de origen vegetal, como los seres humanos.

omóplato s m Cada uno de los dos huesos planos y triangulares que forman la parte posterior de los hombros. (También *omoplato*.)

onanismo s m Práctica de la masturbación.

oncología s f Rama de la medicina que se encarga del estudio y tratamiento de los tumores, especialmente de los cancerosos o malignos, que tienen un crecimiento sin regulación, capacidad de invadir los tejidos locales y de metastatizar.

onda s f **I 1** Cada una de las elevaciones que se forman en la superficie del mar o de un lago por distintas causas, como el viento **2** Cada una de las curvas en forma de ese acostada que se producen en ciertas cosas flexibles: *onda de pelo, onda de una tela* **3** (*Fís*) Movimiento que se propaga de un punto a otro de cierto medio, sin comunicarse a la totalidad del mismo, como el del sonido o la vibración y que se mide en relación con el tiempo en que se vuelve a repetir: *ondas de radio, ondas electromagnéticas* **II** (*Coloq*) **1** Comportamiento o forma de actuar, actitud o actividad que se adopta en un mo-

mento dado: "Andaba en otra *onda*", "Está en la *onda* de la música", *una onda gruesa, una onda padre, ondas diferentísimas*, "Esa maestra es muy *buena onda*", "¡Qué *mala onda*, no devolverle el libro que le prestó", *respetar la onda de cada quien* **2** *Agarrar, coger* o *captar la onda* Adquirir una habilidad o entender algo: "Ya le *agarré la onda* a las computadoras" **3** *Írsele la onda a uno* Perder el hilo del discurso, la corriente del pensamiento o el curso de las ideas: "*Se me fue la onda* a la hora del examen y no supe qué contestar" **4** *Sacar de onda* Confundir, ser difícil de interpretar: "Me *sacan de onda* sus explosiones de violencia" **5** *Entrar en onda* Entrar en un determinado ambiente y adaptarse o asimilarse a él: "Son bien fresas, no *entran en onda*" **III** *De la onda* Corriente que a mediados de los años 60 tomó como tema a los jóvenes, con un énfasis especial en el rock y en la experiencia de las drogas, como la mariguana, el peyote o el LSD, y dio tratamiento literario a su lenguaje coloquial, lenguaje juvenil de aquella época que hoy se ha extendido ampliamente. Entre sus principales exponentes están José Agustín y Parménides García Saldaña.

onde adv y conj (*Popular*) Donde: "Me quiere poner en lista, / *onde* están las calaveras", "Sólo a la mujer amamos / en la tierra *onde* vivimos".

ónde adv (*Popular*) Dónde: "No halla por *ónde* empezar", "Yo no sé *ónde* ponen las cosas".

ondear v intr (Se conjuga como *amar*) Moverse algo en forma de ondas, impulsado por el viento: "Las banderas *ondean* sobre la puerta principal", "El vestido *ondeaba* con el aire de la carretera".

ondular v (Se conjuga como *amar*) **1** tr Hacer ondas el pelo: "Se le *ondula el pelo* con la humedad" **2** intr Moverse formando ondas: "El lago de Chapala *ondula* con el viento", "La víbora va *ondulando* sobre el piso".

onomatopeya s f Vocablo o conjunto de fonemas que imitan el sonido de los animales, algunos sonidos de las personas o de ciertas cosas, como *miau, guau, kikirikí, pío pío, tic tac, ja ja ja, tan tan.*

onza[1] **1** s f Unidad de peso equivalente a 28.76 g: *una onza de canela, tres onzas de anís* **2** *Onza troy* Moneda de plata que se emplea en las transacciones bancarias.

onza[2] s f **1** (*Felis jagouaroundi*) Mamífero carnívoro americano de la familia de los félidos, parecido a un gato doméstico, esbelto, con cuello y rabo largos y piernas cortas; es de color café rojizo o negro opaco; tiene el vientre pálido y pequeños puntos salpicados; en México vive en las planicies y en las zonas tropicales; leoncillo **2** *Onza real* Jaguar **3** (*Acinonyx venaticus*) Mamífero carnívoro de la familia de los félidos, de unos 60 cm de altura, con el pelaje pinto como el del leopardo y aspecto de perro; vive en las llanuras de Asia y África; se puede domesticar y se emplea para cazar gacelas y antílopes; leopardo cazador.

opaco adj **1** Que impide el paso de la luz, que no la refleja o no tiene brillo: *color opaco, material opaco, ojos opacos* **2** Que no destaca, que no se hace notar: *una persona opaca* **3** Que es triste, que está sin ánimo o que no tiene emoción ni alegría: *una fiesta opaca, un relato opaco, una opaca impresión.*

ópalo s m Mineral compuesto de sílice y una pequeña proporción de agua; opaco o transparente, de diversos colores combinados, duro y quebradizo; se utiliza en joyería. Algunas variedades son: *el ópalo de fuego*, translúcido de color rojo o anaranjado; *el ópalo noble*, blanco o gris con reflejos de arco iris, y el *xilópalo*, que contiene madera fósil; se encuentran en Zimapán, Hidalgo, en Querétaro y en San Luis Potosí.

opción s f **1** Libertad para elegir: "Tiene *opción* a uno más" **2** La elección misma: *la opción por los pobres* **3** (*Der*) Facultad que se concede a un sujeto para que elija entre varias obligaciones alternativas: *arrendamiento de bienes inmuebles con opción de compra*, "Según dicha *opción*, puede elegir entre la fianza y el encarcelamiento".

ópera s f **1** Obra dramática en la que la música es el elemento esencial; incluye cantos con el acompañamiento de orquesta, como recitativos, arias y coro; consta de una obertura y varios actos: *la ópera Carmen de Bizet, la ópera italiana, los famosos cantantes de ópera* **2** *Ópera bufa* Ópera con argumento cómico; *ópera cómica*.

operación s f **1** Acto de operar, especialmente cuando se trata de una intervención quirúrgica: *operación cesárea* **2** Acto de compraventa o cualquier transacción comercial: *operación bancaria* **3** Conjunto de acciones de un ejército con un plan y un fin determinado: *operación militar*, "Según fuentes oficiales se trata de *operaciones* rutinarias".

operador 1 s Persona que se encarga de hacer funcionar un aparato o una máquina: *operador de autobús, operador de computadora, operadora de teléfonos* **2** s f y adj Compañía o asociación que se encarga de promover, distribuir y organizar tareas relacionadas con alguna actividad específica: *operadora de bolsa, Compañía Operadora de Teatros* **3** s (*Mat*) Símbolo con el cual se representa la operación que se debe realizar entre una u otra, o bien la relación entre ellos: +, ×, ÷, :, =, >, etcétera.

operar v tr (Se conjuga como *amar*) **1** Abrir alguna parte del cuerpo humano o animal con los instrumentos apropiados para quitar algún órgano o corregir su funcionamiento: "Lo *operaron* del corazón" **2** Hacer funcionar, manejar o manipular algún aparato o maquinaria: *operar una máquina* **3** Llevar a cabo varios movimientos o acciones; funcionar o actuar de cierta manera: "Los bancos *operarán* como sociedades anónimas", "Los delincuentes que *operaban* en Ciudad Universitaria", "*Operaban* dos centrales de teléfonos", "*Operaron* con pérdidas netas", "*Operarán* nuevos barcos sardineros", "*Se operó* una transformación política".

operativo 1 adj Que produce un determinado efecto o resultado, que funciona, que actúa: *eficiencia operativa, sistema operativo* **2** s m Acción de tipo militar para conseguir determinados fines en poco tiempo: *un gran operativo policiaco*, "El *operativo* militar por aire fue un éxito".

opérculo s m **1** Capa o membrana del cuerpo de varios seres vivientes que tapa o cierra ciertas aberturas, como las de las agallas de los peces, las conchas de los moluscos o las cápsulas de algunos frutos **2** Capa delgada de cera con la que las abejas tapan las celdillas del panal para proteger la miel a las crías.

opereta s f Ópera de carácter ligero, sentimental o cómico, de estilo popular y con algunos diálogos hablados: "En la *opereta* 'La bella Helena' se hace una sátira de la mitología".

opinar v intr (Se conjuga como *amar*) Decir alguien lo que piensa acerca de algo o de alguien, particularmente después de haber reflexionado: *opinar de política, opinar sobre un trabajo*.

opinión s f **1** Juicio o concepto que se forma alguien acerca de algo o de alguna persona: *dar una opinión, una opinión autorizada, buena opinión* **2** *Opinión pública* Conjunto de los juicios o las ideas que se forma una sociedad, con que juzga y critica los actos de sus miembros o sus gobernantes.

opio s m Sustancia que se obtiene por la desecación del jugo lechoso que contienen las cápsulas de la amapola conocida como adormidera (*Papaver somniferum*) cuando está verde; es de color café amarillento y sabor amargo. Contiene más de veinte alcaloides, entre ellos morfina, codeína y papaverina, muchos de los cuales son narcóticos. Su acción es distinta según la dosis. Se emplea como analgésico general del dolor en todas sus formas; puede crear adicción.

oponer v (Se conjuga como *poner*, 10c) **1** prnl Estar en contra: "*Se opone* el comercio a la auditoría fiscal", "Los españoles peninsulares *se oponían* a la independencia de México", "*Se opone* a la especulación", "*Me opongo* a la intervención de la policía y el ejército en la vida privada de las personas" **2** tr Poner dos o más cosas unas frente a otras para que contrasten sus diferencias: *oponer colores pálidos con fuertes*, "*Oponía* las doctrinas liberales y progresistas a las conservadoras y retrógradas" **3** *Oponer resistencia* Resistir o resistirse a un ataque, no dejarse: "Trató de *oponer resistencia* a los asaltantes".

oportunamente adv Con oportunidad: "Se le notificó reiterada y *oportunamente*", "Hemos cumplido *oportunamente* con adeudos contraídos", *consultar oportunamente al dentista*.

oportunidad s f Situación, condición o posibilidad que se ofrece o sucede en cierto momento y que resulta conveniente para alguien: *dar una oportunidad, una oportunidad de trabajo, una feliz oportunidad, tener una oportunidad*.

oportuno adj **1** Que se hace o sucede en el momento adecuado o conveniente, que está en donde hace falta o en un momento determinado: *un tratamiento oportuno, en el momento oportuno, una intervención oportuna, un lugar oportuno, información oportuna* **2** *Ser alguien (muy) oportuno* Ser ingenioso o gracioso en un momento o una situación determinada: "Sergio siempre ha sido *oportuno*".

oposición s f **1** Acto de oponer u oponerse: *la oposición de los ciudadanos a la instalación de una fábrica contaminante* **2** Característica o conjunto de rasgos que hace que dos o más cosas sean diferentes o contradictorias entre sí: *la oposición entre la vida del campo y la de la ciudad*, "Una fuerte *oposición* entre lo que predica y su manera de vivir" **3** Conjunto de partidos o tendencias políticas que defienden posiciones o ideas contrarias a las del gobierno: *los partidos de la oposición*, "La propaganda de la *oposición* ha ido en aumento" **4** Procedimiento mediante el cual se selecciona a uno entre los candidatos que se someten a concurso para obtener un puesto: "No se presentó a la *oposición* para la cátedra de matemáticas", *concurso de oposición* **5** (*Astron*) Posición de dos astros situados a ambos lados de un tercero y alineados con él.

opresión s f Acto de oprimir: *sufrir una opresión en el pecho, opresión política, opresión militar.*

oprimir v tr (Se conjuga como *subir*) **1** Hacer presión sobre algo: *oprimir un botón, oprimir el pecho* **2** Actuar sobre alguien con fuerza excesiva, con autoritarismo y abusando de él: *oprimir al pueblo, oprimir a los obreros, oprimir a las mujeres.*

optar v intr (Se conjuga como *amar*) **1** Escoger una posibilidad entre varias: *"Optaron por esperar hasta la noche", "Optaron por retirarse a sus domicilios", "Se optó por seguir el primer camino", "Tal vez opté por lo más fácil"* **2** Aspirar a algo, en especial a un empleo o un grado que uno cree merecer o poder conseguir: *tesis para optar por un grado académico.*

óptica s f **1** (*Fís*) Parte de la física que trata de la luz, de cómo se genera y se propaga, de los efectos que produce y de cómo es percibida por el ojo, mediante el fenómeno de la visión: *leyes de la óptica, tratado de óptica* **2** Establecimiento en el que se venden lentes y generalmente se gradúa o se mide la vista **3** Punto de vista o forma de considerar alguna cosa: *"Se debe criticar desde una óptica real y verdadera", la óptica de los políticos.*

óptico adj **1** Que pertenece al ojo o se relaciona con él: *nervio óptico* **2** Que pertenece a la óptica o se relaciona con ella: *instrumentos ópticos, fenómeno óptico, leyes ópticas.*

optimismo s m **1** Tendencia a considerar o a apreciar las cosas por su aspecto más favorable o a esperar de ellas lo mejor; confianza que se tiene en el buen resultado de una empresa o en la bondad de alguien: *"Las lluvias renovaron el optimismo de los ganaderos", "Javier envió un mensaje de optimismo a sus compañeros de provincia", "El optimismo es malo cuando se basa en la ingenuidad o la ignorancia"* **2** (*Fil*) Posición filosófica que atribuye al universo y al mundo la mayor perfección posible, como la de la metafísica aristotélica, la de la escolástica y la de Leibniz, o que sostiene que hay coincidencia entre la realidad y la racionalidad, como la de Hegel.

optimista adj y s m y f **1** Que tiende a considerar o a apreciar las cosas por su aspecto más favorable, o supone que son o serán lo mejor posible; que tiene confianza en el buen resultado de una empresa, en la bondad de alguien, etc: *"Es un hombre muy optimista", cálculos optimistas* **2** (*Fil*) Que sostiene las tesis filosóficas del optimismo.

óptimo adj Que es tan bueno que no puede ser mejor; excelente: *óptimas condiciones, óptimo aprovechamiento, un resultado óptimo, calidad óptima.*

optometría s f Medición de la capacidad visual con el fin de prescribir lentes en caso necesario: *centro de optometría, estudio de optometría.*

optometrista s m y f Persona especializada en optometría: *"El optometrista me recomendó usar lentes de contacto".*

opuesto I pp irregular de *oponer* u *oponerse* **II** adj Que es lo contrario, que está enfrente o en el lado más alejado, o en la situación contraria con respecto a otra: *"Se detuvo entre los peatones que caminaban en sentido opuesto", palabras con significado opuesto, en el polo opuesto, una persona del sexo opuesto, "El pensamiento y la vida son polos opuestos", "La realidad que encuentran en la capital es totalmente opuesta a la que habían imagina-* do", *la margen opuesta del río, página opuesta, dos formas opuestas de aprehender, dos tendencias opuestas, las caras opuestas de la misma moneda, fuerzas opuestas.*

opus s m (*Mús*) Indicación acompañada por un número que indica el orden cronológico en la obra completa de un compositor (se abrevia *op*): *"Desde el primer movimiento de la sonata opus 13, llamada 'Patética', se siente el ascenso de Beethoven".*

ora I 1 adv (*Popular*) Ahora: *"Ora verás", "Si anoche dormiste sola, / ora dormirás conmigo", "Orita vengo", "Ora ya no quiero ir", "Ora sí ganaste poco", "Ora es cuando", "Ora llévense los caballos", "Será mañana porque ora ya es noche", "Ora que te vengo a ver, / no te vayas a enojar", "Ora quién sabe qué irá a hacer la señora"* **2** interj (*Popular*) Órale: *"¡Ora, no empujen!", "¡Ora pues! Se lo dejo en quince"* **II** conj (*Liter*) Ahora; ya: *"Ora aceptaba, ora negaba el hecho, no salía de su confusión".*

oración s f **1** Invocación religiosa para dirigirse a un ser divino, especialmente a Dios o a los santos, para rendir culto o para pedir o agradecer algo: *"El Padre Nuestro es la oración por excelencia de los cristianos", "Ya están en oración"* **2** (*Gram*) Unidad de la lengua que se caracteriza por tener un significado completo, es decir, por poderse comprender sin necesidad de otras explicaciones, de señas o de referencias a la situación que rodea su expresión. Así por ejemplo: "Todos los hombres piensan" o "En el campo hay plantas" son enunciados que se pueden entender solos, mientras que: "Hombres" o "En el campo", siempre dejan con la duda de lo que el hablante habrá querido decir acerca de ellos. Gramaticalmente, la oración se caracteriza por estar compuesta de un sujeto y un predicado, es decir, por signos que se refieren a alguien o algo de lo que se habla, y por signos que se refieren a lo que se dice de quien o de lo que se habla. Formalmente la oración está compuesta e integrada por lo menos por un verbo conjugado. Estas características son las que hacen decir que la oración es una unidad sintácticamente independiente. Hay **oraciones simples**, las que tienen un solo verbo, como: "Raúl duerme en su casa", "Cantan los pájaros", y **oraciones compuestas**, las que están formadas por varias oraciones simples. Hay varios criterios de clasificación de los tipos de oración según la manera como manifiestan el pensamiento del hablante (afirmación, duda, sorpresa, desconocimiento, etc), según las relaciones que se crean entre el sujeto y el predicado, y según las formas en que se relacionan todos sus elementos y varias oraciones entre sí. Según la manera de expresar las intenciones del hablante, las oraciones pueden ser: **oraciones declarativas** como: "Un triángulo tiene tres lados", "La Tierra no es cuadrada"; **oraciones interrogativas** como: "¿Te gusta el paseo?"; **oraciones imperativas** como: "Come la sopa", "No mires directamente al sol"; **oraciones exclamativas** como: "¡Qué bonitos son los volcanes!". Otra clasificación de las oraciones se hace según que en el predicado haya algo o alguien en que termine o recaiga la acción, es decir, cuando hay complemento directo son **oraciones transitivas** como: "La señora vende verdura", "Mi hermana lava su ropa", "No tomes agua"; aquéllas en las que eso no sucede, es decir, que no tienen complemento directo son las *oraciones intransitivas* como: "María corre por el campo", "Los animales mueren", "Brillan poco las estrellas". Un caso especial es el de las *oraciones atributivas*, en las que el predicado expresa una característica o cualidad propia del sujeto, por medio de un verbo copulativo y un adjetivo o una frase nominal: "Mi novia es muy bella", "El maestro es inteligente", "La nieve es blanca". También se clasifican en *oraciones reflexivas*, en las que la acción del predicado cae sobre el propio sujeto: "Yo me peino", "Nos bañamos", y *oraciones recíprocas*, en las que se trata de varias personas o cosas reunidas en el sujeto, que reciben la acción del predicado: "Los amigos se encontraron en la calle", "Fernando y Paula se quieren". Un caso especial es el de las *oraciones impersonales* en las que no se determina el sujeto: "Anoche llovió", "Nieva en invierno", "Se cree que habrá huelga". Según las relaciones del sujeto con el predicado, las oraciones pueden ser: *oraciones activas*, aquellas en las que el predicado recibe la acción del sujeto, como en: "Yo abro la puerta" o "No quiero carne" y *oraciones pasivas*, aquellas en las que la relación se invierte y el sujeto pasa a recibir la acción del predicado, como en: "La puerta fue abierta por mí", "El trabajo ha sido terminado", "Fueron rescatados los heridos" (En estos casos lo que era sujeto en la oración activa pasa a ser *agente* de la oración pasiva, también llamado *sujeto lógico*). En español son más comunes las oraciones activas. Según la forma en que se relacionan los elementos de la oración y las oraciones entre sí, las clasificaciones pueden ser muchas, de acuerdo con los puntos de vista de cada gramática o de cada doctrina gramatical. Las más conocidas, por la manera de relacionarse, son: *oraciones yuxtapuestas*, aquellas en las que no hay ninguna partícula que las una, como: "Yo canto, tú bailas", "La noche cae, los focos se prenden"; *oraciones coordinadas*, aquellas en las que lo significado por ellas tiene la misma importancia, están unidas por una conjunción y, por lo tanto, están en un mismo nivel sintáctico: "Laura juega y Salvador mira" —que se llaman *copulativas* por el nexo utilizado—, "O vas o te quedas", "Se te antoja ir al cine o salimos a pasear" —llamadas *disyuntivas*—, y las *adversativas*: "Corre pero se cansa", "Me gusta el libro pero no lo entiendo"; finalmente las *oraciones subordinadas*, en las que una de las oraciones se vuelve principal y las otras dependen de ella o se le subordinan. Estas últimas se pueden subclasificar de muchas maneras: *sustantivas*, las que se subordinan como parte del sujeto: "*Quienes lleguen temprano* serán premiados", o como parte del objeto: "Dijo *que quería agua*", *adjetivas* o *relativas*, las que se subordinan para modificar el sujeto o el predicado: "La vaca *que compramos* da poca leche", "Sembramos las semillas *que nos vendieron en la tienda*"; *adverbiales* o *circunstanciales*, las que expresan modo, tiempo, lugar, etc: "Lo hice *como ordenaste*", "Nos iremos *cuando salga el camión*", "Puse el letrero *donde todos lo pudieran ver*", "No vino a la escuela *porque estaba enferma*", "Estudió mucho, *por lo que ganó un premio*", "*Si vienes*, lo hacemos juntos", etcétera.

orador s Persona que pronuncia un discurso o que habla en público: "Se le concedió la palabra a otro *orador*", *orador político*.

oral adj m y f **1** Que pertenece a la boca, o se relaciona con ella: *vía oral, mucosa oral* **2** Que usa la lengua hablada, que se expresa verbalmente, de viva voz: *tradición oral, poesía oral, examen oral* **3** (*Fon*) Que no implica nasalización.

¡órale! interj (*Popular*) Expresión empleada para estimular a alguien a hacer algo: "¡*Órale* a darle!", "¡*Órale*, vamos!", "¡*Órale* bájate!", "¡Y *órale*! ¡a trabajar!", "¡*Órale* vamos a poner la estufa!".

orangután s m (*Pongo pygmaeus*) Mono antropoide de gran tamaño, más de 1 m de altura y más de 100 kg de peso, encorvado y con el vientre desarrollado, abundante pelo rojizo en todo el cuerpo, cabeza gruesa; la cara está encuadrada por dos prominencias de color azul negro, el cuello es voluminoso, y en él se encuentran, en los machos, los característicos sacos laríngeos, que le dan un curioso aspecto; los brazos son tan largos que tocan el suelo cuando está erguido. Los miembros posteriores, arqueados, tienen un pulgar rudimentario. En el suelo camina sólo en cuatro patas, y por lo general se desplaza lentamente. Construye su nido entre las ramas de los árboles. Se alimenta de vegetales. En la actualidad sólo sobrevive en las selvas de Sumatra y Borneo, islas asiáticas.

orar v intr (Se conjuga como *amar*) Dirigir oraciones a Dios o a otra divinidad: "Inclinó su frente para *orar*", "Hay tres formas de *orar*: alabando a Dios, dándole gracias y pidiéndole beneficios".

oratoria s f Arte de hablar con elocuencia para conmover o convencer al auditorio.

oratorio¹ s m **1** Recinto pequeño destinado para orar; capilla: "Entró al *oratorio* y se arrodilló", "En el centro del *oratorio* estaba Tláloc" **2** (*Mús*) Composición de carácter religioso interpretada por solistas, coro y orquesta, en una sala de conciertos o en una iglesia, principalmente en cuaresma: "El Mesías es un *oratorio* de Händel".

oratorio² adj Que se relaciona con la oratoria: "Aprovechó sus recursos *oratorios* para ganar votos", "Es una pieza *oratoria* de calidad".

órbita s f **1** (*Astron*) Trayectoria generalmente elíptica que sigue un cuerpo o una partícula al moverse alrededor de un centro, como un planeta o un cometa alrededor del Sol, un satélite alrededor de un planeta, etc **2** (*Anat*) Cada una de las dos cavidades formadas por los huesos de la cara y situadas debajo de la frente, en las que se encuentran los ojos **3** Espacio o ambiente que abarca la influencia de una persona o un grupo de personas: "Sólo se mueve en la *órbita* de los intelectuales".

orbital 1 adj m y f (*Astr*) Que pertenece a las órbitas o se relaciona con ellas **2** s m (*Anat*) Punto más bajo del borde inferior de la órbita **3** s f (*Fís*) Órbita que describe un electrón alrededor del núcleo de su átomo.

orca s f (*Orcinus orca*) Cetáceo de unos 10 m de largo y varias toneladas de peso, cabeza pequeña con un hocico ancho y puntiagudo y provisto de 20 a 24 dientes en cada mandíbula, cónicos, muy fuertes y afilados; aletas pectorales muy largas, alta, grande y triangular la dorsal; cola de más de 1 m de ancho; el color del cuerpo es negro o azul oscuro con zonas blancas en las partes inferiores, en los ojos y detrás de las aletas pectorales. Vive en todos los mares, tanto cálidos como fríos; es de extraordinaria voracidad y muy feroz, se alimenta de focas y ataca incluso a las ballenas.

orden[1] s m **1** Manera en que se ponen o se arreglan varios elementos de acuerdo con el lugar que les corresponde o con un criterio determinado, y criterio o regla con el que se disponen: *el orden de las calles, el orden de los libros, orden de antigüedad, orden alfabético* **2** Posición normal o invariable que guardan los elementos de un conjunto: *el orden de los astros en el cielo, el orden de los dedos* **3** Funcionamiento correcto o comportamiento normal de algo: *guardar el orden, orden público* **4** *En orden* Como corresponde, como se debe, en su lugar: *poner la casa en orden, un escritorio en orden* **5** *En orden* Según un criterio o regla determinados: *en orden de aparición, en orden alfabético* **6** *Orden del día* De los asuntos que deben tratarse en una reunión o asamblea: *el orden del día de una asamblea* **7** Nivel o grado de importancia, magnitud o calidad: *una estrella de primer orden, fuerzas del orden de cien toneladas por metro cuadrado* **8** (*Biol*) Categoría de la clasificación de las plantas y los animales, inferior a la clase y superior a la familia: "El ratón pertenece al *orden* de los roedores" **9** Cada uno de los estilos de la arquitectura clásica grecorromana: *orden dórico, orden jónico*.

orden[2] s f **1 1** Expresión de la voluntad de alguien que tiene autoridad para que otra persona haga algo o se comporte de cierta manera: *dar una orden, cumplir órdenes* **2** *A la orden de, bajo las órdenes de* En situación de subordinación o de obediencia respecto de alguien: *ponerse a las órdenes del director, estar bajo las órdenes del general, "¡A la orden, mi coronel!"* **3** *A tus, a sus órdenes* Manera cortés de ponerse a disposición de otras personas: "Me pongo *a tus órdenes* en mi casa, en la calle de Hidalgo 20", "¡A sus órdenes, señora!" **4** Pedido de los platillos que uno quiere comer en un restaurante, y cada porción de alguno de ellos: *tomar la orden, una orden de frijoles* **5** Documento por el cual una persona se obliga o adquiere derechos para realizar algo: *orden de pago, orden de aprehensión, orden de compra* **6** *A la orden del día* A la moda, al uso: "Los asaltos están *a la orden del día*", "El desempleo está *a la orden del día* en todo el mundo" **II 1** *Orden sacerdotal* Entre los católicos, sacramento que consagra a alguien como sacerdote **2** Entre los católicos, grupo de personas que forman una institución regida por ciertas reglas o votos religiosos: *la orden franciscana, la orden agustina* **3** Honor que consiste en considerar a cierta persona miembro de un grupo seleccionado por ciertos méritos: *orden de la Legión de Honor, orden del Águila Azteca*.

ordenación s f **1** Acto de ordenar o tener cierto orden las cosas o varios elementos dentro de un conjunto; orden: *la ordenación de las estaciones, la ordenación de los temas del curso* **2** Entre los católicos, acto de ordenarse sacerdote y ceremonia en la que se lleva a cabo: "La *ordenación* de Pedro fue en la catedral".

ordenada s f (*Geom*) En un sistema de coordenadas, línea o eje vertical que sirve para determinar la posición de un punto en el plano (eje de las Y); distancia que separa al punto del eje de las abscisas.

ordenado adj Que guarda o sigue un orden; tratándose de cosas, que cada una ocupa el lugar que le corresponde; tratándose de personas, que tiene todas sus cosas en orden o que sigue un orden en sus acciones: "El cuestionario está escrito en forma *ordenada*", *un programa ordenado y jerarquizado, un sistema fiscal ordenado y coherente,* "Es una mujer muy *ordenada* en sus cosas".

ordenamiento s m **1** Acto de ordenar o poner orden: *el ordenamiento de los temas* **2** (*Der*) Conjunto de disposiciones legales relativas a alguna rama de la actividad social: "Se acordó el nuevo *ordenamiento* de anuncios comerciales y publicitarios", *ordenamientos jurídicos,* "En breve se darán a conocer los *ordenamientos* fiscales aprobados".

ordenanza 1 s f (*Der*) Conjunto de normas referentes a una norma de la administración pública; reglamento: *ordenanzas municipales* **2** s m (*Mil*) Soldado que está al servicio de un oficial.

ordenar[1] v tr (Se conjuga como *amar*) Poner varias cosas en el lugar que les corresponde, en cierto arreglo o serie, u organizarlas: *ordenar alfabéticamente, ordenar la ropa, ordenar números*.

ordenar[2] v tr (Se conjuga como *amar*) **1** Decir a alguien, con autoridad o usando la fuerza, que haga algo o se comporte de cierta manera: "*Ordenó* la captura de Villa", "Me *ordenó* vaciar el contenido de la bolsa" **2** Entre los católicos, dar a alguien los grados o las órdenes sacerdotales **3** prnl Recibir alguien estas órdenes: *ordenarse sacerdote*.

ordeñador adj y s Que ordeña, tratándose de personas o del aparato mecánico que se emplea para ordeñar: *limpieza de la máquina ordeñadora*.

ordeñar v tr (Se conjuga como *amar*) Extraer la leche de la ubre de las vacas y otros animales, haciendo presión con las manos o por medio de una máquina: "*Ordeñan* muy temprano".

ordinal adj m y s m Tratándose de números, que indica el orden o la colocación en una serie, como primero, tercero, undécimo, etcétera.

ordinario adj **1** Que es común y corriente, que es lo más usual: *asamblea general ordinaria, examen ordinario, sesión ordinaria* **2** Que es de muy baja calidad, que es corriente: *muebles ordinarios* **3** Que no tiene educación, que es burdo en su comportamiento: *un hombre muy ordinario*.

orea s f En la mitología griega, cualquiera de las ninfas de los bosques.

orear v tr (Se conjuga como *amar*) Exponer al aire o al viento alguna cosa para quitarle la humedad o un mal olor, o para refrescarla: "Suelos de color rojo que se endurecen al *orearse*".

orégano s m **I 1** (*Origanum vulgare*) Planta herbácea de la familia de las labiadas, de hojas opuestas y aromáticas, que se usa como condimento; tiene tallos vellosos, flores rojas en espiga, fruto seco y globoso: *ponerle orégano al pozole* **2** Cada una de las varias plantas aromáticas, especialmente de la familia de las verbenáceas del género *Lippia* y algunas labiadas, que incluyen ciertas especies cuyas hojas se usan como condimento **II** (*Caló*) **1** Marihuana **2** Oro.

oreja s f **I 1** Cada una de las dos partes externas del oído de los seres humanos y de la mayoría de los mamíferos, que se sitúa a los lados de la cabeza: *orejas grandes, orejas paradas* **2** *Parar la oreja* (*Coloq*) Escuchar con atención: "*Paras la oreja* y luego me cuentas" **3** (*Popular*) Delator **4** *Jalarle las orejas a alguien* (*Coloq*) Llamarle la atención **II 1** Cada una de las asas de una vasija o un recipiente: *la oreja de una* *taza* **2** Pan dulce elaborado con masa de hojaldre que tiene esta forma **III 1** *Oreja de burro* (*Echeveria gibbiflora*) Planta de la familia de las crasuláceas, de aproximadamente 1 m de altura, de tallos carnosos, hojas muy gruesas dispuestas en roseta, anchamente abovadas, de unos 30 cm de largo, y flores anaranjadas en panículas sobre un eje largo. Se encuentra en lugares sombreados y húmedos **2** *Oreja de ratón* Cada una de las diversas plantas de distintas familias, como la *Dichondra argentea*, planta herbácea y rastrera de la familia de las convolvuláceas, de hojas pequeñas, arriñonadas, sedosas y plateadas, y flores verde amarillentas **3** *Oreja de liebre* (*Asclepias glaberrima*) Planta herbácea de la familia de las asclepiadáceas, con jugo lechoso, hojas opuestas y flores blanquecinas en umbela; yerba del chicle **4** *Oreja de puerco* (*Auricularia delicata*) Planta criptógama de la familia de las agaricáceas; es un hongo comestible con receptáculo en forma de concha, de color café claro, con la superficie aterciopelada **5** Cada una de las diversas plantas de distintas familias que generalmente tienen hojas gruesas como: *oreja de oso* (*Saxifraga crassifolia*), *oreja de sapo* (*Distreptus spicatus*), *oreja de venado* (*Clusia salvinii*) **IV** *Oreja de plata* (*Ergaticus ruber*) Pajarito de color rojo ladrillo con una mancha plateada o gris pálido en los oídos, alas y cola cafés.

orfebre s m y f Persona cuyo oficio es labrar objetos en metal, como joyas, vasijas, charolas, etcétera: "Son famosos los *orfebres* de Taxco por sus trabajos en plata".

orgánico adj **1** Que pertenece a los órganos de los seres vivos y, en general, a la vida y a las sustancias de las que está constituida, que se relaciona con ellos: *evolución orgánica, química orgánica* **2** Que está constituido por varias partes o elementos que funcionan en un todo o constituyen un conjunto coordinado: *la ley orgánica de la Universidad, movimiento orgánico, desarrollo orgánico* **3** (*Quím*) Que pertenece al grupo de compuestos del carbono.

organigrama s m Dibujo o esquema que muestra la organización y la estructura de una empresa, de una institución o de uno de sus departamentos: *el organigrama de la Universidad.*

organismo s m **1** Conjunto de órganos y partes de un ser vivo que funcionan como un todo: *las células del organismo, un organismo joven y sano* **2** Ser vivo: *organismos unicelulares, organismos marinos* **3** Asociación de personas agrupadas para realizar un trabajo y que, por lo general, es parte de una organización mayor: "El gobierno creó un *organismo* especial para el control de precios".

organización s f **1** Acto de organizar u organizarse: *la organización de un mitin, la organización de una industria* **2** Conjunto de elementos que forman un todo, y su funcionamiento: *la organización de un tejido vegetal, la organización de la sociedad* **3** Agrupación de personas que buscan un objetivo determinado o realizan cierta función: *organización estudiantil, organización campesina, organizaciones no gubernamentales.*

organizado I pp de *organizar* u *organizarse*: "*Han organizado* un baile para reunir fondos" **II** adj Que tiene un orden, que responde a cierta organización: *el comercio organizado, una economía organizada, los campesinos organizados.*

organizador adj y s Que organiza o tiene especial capacidad para organizar: *el espíritu organizador de Carranza, el comité organizador, los organizadores de este concierto, organizadora de los censos.*

organizar v tr (Se conjuga como *amar*) **1** Establecer o modificar algo para que funcione ordenada y efectivamente: *organizar una oficina, organizar un sindicato* **2** Planear y poner en funcionamiento alguna actividad: *organizar una fiesta, organizar una asociación, organizar una huelga* **3** prnl Formarse espontáneamente alguna actividad entre las personas que asisten a cierto lugar: *organizarse una protesta, organizarse una pelea.*

órgano s m **I** Parte de un animal o de una planta que tiene una función determinada, como el corazón, el hígado y el oído en los primeros o, en las plantas, las hojas o la raíz **II 1** Agrupación que tiene una labor determinada: *órgano del Estado* **2** Medio por el cual se comunica o se informa algo a la gente, como el periódico, el radio o la televisión: *órgano informativo, órgano de difusión* **III 1** Instrumento musical de viento que produce sonido por medio del aire que se comprime a través de tubos de diferentes tamaños; tiene uno o varios teclados y pedales: *música de órgano* **2** *Órgano de boca* Armónica mexicana y que, entre otros usos, sirve para formar cercas o linderos.

orgullo s m **1** Satisfacción de sí mismo, de los propios méritos, cualidades y de lo que a uno le pertenece: "El *orgullo* con que señalaba las fotografías de las hijas", *sentir orgullo* **2** Sentimiento de superioridad y menosprecio de los demás: "De su *orgullo* ha nacido la discriminación por los extranjeros".

orgulloso adj Que siente o tiene orgullo: *orgulloso de la patria, cristianos orgullosos.*

orientación s f **1** Determinación o localización de un lugar o de cierto punto con respecto a los puntos cardinales, posición que tiene algo con respecto al punto al que se dirige: *la orientación de un observatorio, la orientación de un barco* **2** Sentido de orientación Capacidad que tiene alguien o algún animal de ir de un lugar a otro y saber hacia dónde queda un punto determinado: "El *sentido de orientación* de las ballenas es sorprendente" **3** Información o conjunto de indicaciones que se le da a alguien sobre la forma de llegar a alguna parte o de alcanzar ciertos objetivos: *orientación escolar, ventanilla de orientación, orientación vocacional* **4** Tendencia intelectual o ideológica: *orientación científica, orientación marxista.*

oriental adj y s m y f Que pertenece al punto oriente del horizonte o al Este de Europa y Norte de África, especialmente a Asia: *la costa oriental de México, civilizaciones orientales, teatro oriental, sedas orientales, dibujos orientales.*

orientar v tr (Se conjuga como *amar*) **1** Colocar algo en una posición determinada con respecto a los puntos cardinales o en cierta dirección, determinar la situación en que se encuentra algo con respecto a esos puntos: "*Orientaron* el templo de Malinalco hacia el sur", *orientar una antena, orientar un barco a la costa* **2** Dirigir una actividad hacia un fin determinado: "Debemos *orientar* el aprovechamiento de petróleo a fines más productivos" **3** Informar, mostrar o indicar a alguien el camino o la dirección que debe seguir: "En las calles hay letreros que *orientan* a los turistas", "El maestro *orienta* a sus alumnos sobre la investigación que deben presentar".

oriente s m sing **1** Punto Este del horizonte: *viajar hacia el oriente* **2** Tratándose de civilizaciones, culturas, sociedades o formas de organización política, las desarrolladas principalmente al Este de Europa y Norte de África; tradicionalmente se caracterizan por el espíritu religioso, por el concepto de que la soberanía del Estado reside fuera de la sociedad, la estratificación social, el despotismo y el lujo de sus antiguos gobernantes: *los dioses de Oriente, la literatura de Oriente, música de Oriente, viajar a Oriente* **3** *Cercano* o *Medio Oriente* Conjunto de las regiones y países de Asia Menor, así como de los de lengua árabe en el norte de África **4** *Lejano* o *Extremo Oriente* Conjunto de las regiones y países de Asia, particularmente China, Japón, Corea y la península de Indochina **5** Brillo peculiar de las perlas.

orificio s m Abertura generalmente pequeña que atraviesa de un lado a otro, o sirve como paso de entrada o salida, especialmente de ciertos conductos o de ciertas cavidades del cuerpo: *el orificio occipital, el orificio uretral, el orificio de la válvula, el orificio del tubo.*

origen s m **1** Lugar, momento, fenómeno o acto en el que comienza a existir alguna cosa: *el origen del universo, el origen del hombre americano, el origen de la vida, el origen de una idea* **2** País o región del que procede alguien: *origen mexicano, origen maya* **3** Condición social de la que proviene alguien: *origen humilde, origen burgués* **4** Causa primera de algo: *origen volcánico, origen bacteriano, el origen de nuestro proceso inflacionario, origen histórico, los orígenes de una guerra, el origen de la falta de producción* **5** *De origen* Que proviene de cierto lugar o momento, que es así desde su comienzo o nacimiento: *francés de origen, cubano de origen, defectos de origen, envasado de origen.*

original adj m y f **1** Que se relaciona con el origen de algo, que existe o es de cierta manera desde su principio o nacimiento: *lengua original, forma original* **2** Que es producto de la invención o del ingenio de alguien, sin copiar o imitar algo anterior: *un invento original, una teoría original, una novela original* **3** s m Obra o producto del ingenio de alguien, que no es copia ni imitación: *un original de Tamayo, un original de Villaurrutia* **4** s m Primera versión de un escrito, dibujo, plano, etc: *sacar copias del original* **5** Que es novedoso, singular o único, que es extraño y fuera de lo normal: *un hombre muy original, una moda original.*

originalidad s f Calidad de original: "Destacan por su *originalidad* las Heroidas", *la originalidad de su estilo*, "Se distingue por la *originalidad* de sus regalos".

originalmente adv En su origen, desde su origen: "Dichas tierras son *originalmente* parte de las naciones árabes", "Especies de animales que *originalmente* se encontraban sólo en el océano Índico", "El timbre que *originalmente* fue emitido para correo ordinario en 1915".

originar v tr (Se conjuga como *amar*) **1** Ser causa, motivo o pretexto para alguna cosa: *originar un debate, originar un desastre, originar confusión* **2** prnl

Tener algo su principio, comienzo o causa en alguna parte o cierto acontecimiento: "El incendio *se originó* en el sótano".

originario adj **1** Que da origen a algo: *las fuentes originarias del Fausto* **2** Que procede, viene o tiene su origen en algún lugar: *originario de Zacatecas, originario de Brasil, originario de Chiapas.*

orilla s f Zona extrema de algo o línea que marca su límite: *a la orilla del mar*, "Llegaron hasta las *orillas* de la ciudad", *orilla de una mesa, orilla de un plato*, "Los animales están en la *orilla* del corral", "Bordó la *orilla* inferior del delantal".

orillar v tr (Se conjuga como *amar*) **1** Llevar a alguien a una situación extrema o conducirlo a que actúe de determinada manera, generalmente presionándolo o negándole la posibilidad de hacer otra cosa: "Sus fraudes nos *orillaron* a la miseria", "El hambre los *orilló* a robar", "Esta injusticia me *orilló* a renunciar" **2** Mover una cosa o a una persona hasta un lado de manera que quede o vaya por la orilla: "*Orilló* su coche para revisarle las llantas" **3** prnl Irse hacia la orilla: "*Se orilló* para dejar pasar a los camiones".

orina s f Sustancia líquida secretada por los riñones, de color ambarino, de olor peculiar, reacción ligeramente ácida y sabor salado amargo, que es conducida a la vejiga por los uréteres y expelida por la uretra: *análisis de orina, muestras de orina, el ácido úrico de la orina.*

ornamental adj m y f Que adorna, pertenece a los adornos o se relaciona con ellos: *objetos meramente ornamentales, carácter ornamental, el aspecto ornamental de un edificio.*

oro s m **1** Metal precioso, de color amarillo brillante, al que pueden dársele distintas formas. Es muy pesado, inalterable e inoxidable y se encuentra en la naturaleza no combinado con otros metales: *lingotes de oro, oro puro, oro de 18 kilates, joyas de oro, moneda de oro* **2** Riqueza, dinero: *ambición de oro* **3** *Oro negro* Petróleo **4** *De oro* Que tiene mucho valor, que es muy bueno, o que ha alcanzado un gran desarrollo: *una mujer de oro, edad de oro, siglos de oro.*

orografía s f Parte de la geografía que estudia y describe las montañas.

orquesta s f **1** Grupo de músicos que tocan diferentes instrumentos —cuerdas, percusiones, alientos—, conducido por un director con el fin de interpretar música polifónica: *orquesta de cámara*, "Eduardo Mata fue director de la *orquesta* sinfónica de la UNAM" **2** Lugar de un teatro o sala de espectáculos donde se colocan los músicos que toman parte en una representación, generalmente situado entre el escenario y los asientos **3** Conjunto de los asientos que, en un teatro, están más cerca del escenario en el piso principal: "Se agotaron los boletos de *orquesta*".

orquidácea (*Bot*) **1** s f y adj Planta herbácea, monocotiledónea, de tallo corto o ausente, hojas por lo común pseudobulbos, flores de formas extrañas y colores variados; muchas de ellas se desarrollan en los troncos y las ramas de los árboles tropicales, como la vainilla **2** s f pl Familia de estas plantas.

orquídea s f Cada una de las plantas herbáceas de la familia de las orquidáceas, perennes o anuales, epífitas, saprofitas y aun semiacuáticas. Producen inflorescencias racimosas con un eje central que domina a las laterales. Son casi siempre hermafroditas con simetría bilateral. Las coloraciones de las flores comprenden toda la gama y multitud de formas extrañas. Crecen en zonas tropicales y templadas. En México hay cien géneros con más de quinientas especies y gran número de variedades. Se cultivan con fines ornamentales. Algunas especies son: *Cattleya citrina, Laelia majalis, Oncidium tigrinum.*

orto s m (*Astron*) **I 1** Salida del Sol o de otro astro por el horizonte **2** Oriente o Este como punto cardinal **II** (*Quím*) **1** Derivado de un anhídrido ácido que resulta de su combinación con el número máximo posible de moléculas de agua **2** Posición 1,2 de los derivados bencénicos, el grado que posee el mayor número de hidróxidos en los ácidos o sus derivados **III** (*Fot*) Reproducción de los colores en grados correctos de luminosidad, pero sin color alguno **IV** (*Caló*) Bolsa posterior del pantalón.

ortodoxo adj y s **1** Que cumple o sigue con precisión las reglas o normas de determinada doctrina: *psicoanalistas ortodoxos* **2** Que pertenece a la Iglesia cristiana de rito bizantino de ciertos países de Europa oriental, como Rusia y Grecia, desligada de la obediencia al papa: *catedral ortodoxa.*

ortografía s f (*Gram*) Conjunto de reglas que establecen cuál es la manera correcta de representar los sonidos o fonemas de una lengua por medio de letras y otros signos, y manera de hacerlo: *tener buena o mala ortografía* (Véase "Reglas de ortografía y puntuación", p 27).

ortopedia s f Especialidad de la medicina que estudia y trata en forma quirúrgica o terapéutica las lesiones de los huesos, de las articulaciones, de los músculos y de los tendones.

ortóptero 1 adj, y s m Que pertenece al orden de los insectos de metamorfosis sencilla y boca masticadora, con las alas del primer par resistentes y las del segundo amplias y membranosas, como el chapulín y el grillo **2** s pl Orden formado por estos insectos.

oruga s f **1** Larva de los insectos lepidópteros en forma de gusano, con doce anillos y apéndices abdominales de función locomotora; la cabeza córnea, de la boca masticadora, provista de mandíbulas generalmente se alimenta de hojas **2** Vehículo que avanza con una cadena sinfín constituida con amplias placas metálicas articuladas unas con otras, que se enrollan sobre dos ruedas, de las cuales una es motriz y dentada, y la otra gira.

os Forma átona del pronombre de segunda persona, masculino y femenino, plural. Funciona como objeto directo u objeto indirecto: "Tras una pausa Cortés agrega: —Yo no *os* entiendo, Moctezuma", "Garantizo a la Patria, con fundamento en las virtudes que *os* reconozco, que como buenos y leales mexicanos sabréis cumplir con vuestro deber"; "Yo *os* envidio mujeres de Táuride" (Se usa en ciertos textos literarios, jurídicos y eclesiásticos y en algunos discursos políticos. También se emplea para reproducir el español peninsular o el de la Nueva España).

osadía s f Atrevimiento para hacer algo que significa correr un riesgo o un peligro: *la osadía del ladrón* **2** Descaro o desvergüenza para faltarle al respeto a alguien; insolencia: "Ha tenido la *osadía* de volver a pedir prestado", "Pagará cara la *osadía* de abrir mi bolsa".

osado I pp de *osar* **II** adj Que tiene osadía, que es atrevido o insolente: "Se expresaba en forma tan

osada como no se había visto antes", *entrevistas osadas* **III** *A osadas* (*Liter*) Atrevidamente, de manera osada: "*A osadas* pretendía hablar".

osar v intr (Se conjuga como *amar*) **1** Atreverse a correr el riesgo de hacer algo peligroso o difícil: *osar adentrarse en la selva de la poesía* **2** Tener la audacia de hacer algo, actuar con desvergüenza o desfachatez: "Frente a la evidencia *osó* todavía negar su responsabilidad".

osario s m Lugar destinado a almacenar los huesos que se sacan de las sepulturas.

oscilación s f Acto de oscilar: *oscilación eléctrica, oscilación política.*

oscilar v intr (Se conjuga como *amar*) **1** Moverse de un lado a otro, o entre dos extremos, como los péndulos: *oscilar una onda, oscilar una torre por el viento* **2** Variar de posición, de valor o de precio dentro de ciertos límites o entre dos puntos extremos: "Las tasas de interés *oscilan* entre 40 o 50%".

oscilatorio adj Que oscila o se relaciona con las oscilaciones: *movimiento oscilatorio, temblor oscilatorio, capacidad oscilatoria de los electrones.*

oscurecer v (Se conjuga como *agradecer*, 1a) **1** intr (Sólo se usa en tercera persona del singular) Ponerse oscuro, hacerse de noche: "En invierno *oscurece* muy temprano", "Quiero salir antes de que *oscurezca*" **2** tr Perder claridad, hacerse oscuro: "Con la edad se le *oscureció* el pelo", "*Oscurece* las ideas con su redacción".

oscuridad s f **1** Ausencia o falta de luz: *la oscuridad de la noche*, "Le tiene miedo a la *oscuridad*" **2** Falta de claridad con la que algo se presenta, carácter confuso o complicado de algo: *la oscuridad de sus ideas, la oscuridad de esos temas.*

oscuro adj **I 1** Que carece de luz o que recibe muy poca luz: *cuarto oscuro, calle oscura, día oscuro*, "No le gustan las casas *oscuras*" **2** *A oscuras* Sin luz: "El teatro se quedó *a oscuras*" **3** Que es de un color próximo al negro o que es de tono fuerte en la escala de un color: *ojos oscuros, rebozos oscuros, anteojos oscuros, café oscuro* **II 1** Que es humilde o poco conocido: *un oscuro albañil, un oscuro crítico* **2** Que es confuso, que es poco claro o difícil de entender: *una exposición oscura, ideas oscuras* **3** Que es incierto o inseguro: *porvenir oscuro* **4** Que despierta sospechas sobre su legalidad o corrección, que da la impresión de hacerse fuera de la ley o de manera indebida: *oscuras ambiciones, un negocio oscuro, un oscuro asunto.*

óseo adj Que pertenece a los huesos o se relaciona con ellos, que está hecho de hueso o formado por huesos: *crecimiento óseo, médula ósea, sistema óseo, formación ósea*, "En el museo se conservan fragmentos *óseos* muy antiguos".

oso s **I 1** Mamífero grande y pesado, de pelo largo e hirsuto, cola rudimentaria, plantígrado; se alimenta de frutos, insectos y también de carne; se mueve con cierta torpeza, pero es hábil para moverse en terrenos escarpados a través de precipicios y despeñaderos **2** *Oso negro* (*Ursus americanus*) Mide aproximadamente 1 m de largo y llega a pesar hasta 150 kg. Su piel es negra o café, habita en bosques de pino y encino o en zonas desérticas y montañosas. Su carne es comestible, la grasa se usa para cocinar y tratar cueros, y la piel alcanza un alto valor comercial. Tiene hábitos solitarios, excepto durante el corto periodo de apareamiento, que ocurre a principios del verano, cuando la pareja vive reunida por varias semanas, después se separa y los machos se dedican a recolectar nueces y bayas caídas almacenándolas para el periodo de sueño invernal. Por la intensa cacería está amenazado de extinción. Se alimenta de una gran variedad de vegetales y animales **3** *Oso plateado* (*Ursus horribilis*), *Oso pardo* (*Ursus arctos*) y otras variedades **4** *Oso blanco* o *polar* (*Thalarctos maritimus*) Mamífero de la familia de los fisípedos, mide hasta casi 3 m de largo y pesa hasta 700 kg, tiene hocico puntiagudo, patas cubiertas de pelo muy denso y armadas de poderosas uñas. Su pelaje es espeso y largo, de color blanco en los jóvenes y amarillento en los adultos. Vive más sobre el mar helado que sobre tierra firme, duerme sobre el hielo. Es hábil nadador y se nutre de peces, moluscos, crustáceos e incluso focas y nutrias. En tierra firme caza zorras y carnívoros de escaso tamaño, aunque en algunas ocasiones se atreve con rumiantes; feroz enemigo de los animales domésticos de los esquimales, es perseguido por el hombre, que se alimenta de su carne, se viste con su piel y utiliza su grasa como combustible **5** *Oso panda* u *oso bambú* Mamífero de la familia de los prociánidos, de aproximadamente 1 m de largo, pelaje muy denso, de color blanco y negro; es carnívoro y vive en el Tíbet y en el Himalaya, escondido entre las malezas de bambú **6** *Oso koala*, u *oso perezoso* Mamífero marsupial trepador, pequeño y rechoncho, de la familia de los falangéridos, que habita en Australia. Mide 60 cm de largo, carece de cola y su pelaje blando y tupido es ceniciento en su región dorsal y blanco en la ventral; el hocico es ancho, lampiño y de color oscuro, y las orejas grandes; es solitario y seminocturno; se alimenta exclusivamente de hojas de eucalipto, en cuyos árboles habita. Nunca bebe agua, ni suda, ni tiene parásitos. Es de movimientos lentos y carácter apacible. Los dos sexos viven separados, sólo en periodos de celo los machos reúnen un pequeño harén. Los recién nacidos (embriones de menos de 2 cm de longitud) se deslizan hacia la bolsa que, a diferencia de los demás marsupiales, se abre hacia atrás, y permanecen 6 meses en ella, al cabo de los cuales se suben periódicamente al dorso de la madre hasta que completan su desarrollo **7** *Oso mielero* (*Potus flavus*) Mamífero semejante a un mono, con cola larga y prensil, cara aplanada, ojos grandes, orejas muy pequeñas, redondeadas y finamente peludas; cuerpo robusto con piernas cortas; color café grisáceo, mide alrededor de 50 cm; vive en los bosques tropicales, lluviosos y perennifolios. Se alimenta de pequeños mamíferos, aves, huevos, insectos, larvas y frutas, especialmente higos y plátanos; la miel es su alimento preferido **8** *Oso hormiguero* (*Myrmecophaga tetradactyla*) Mamífero arbóreo de cabeza alargada y orejas diminutas, piernas cortas, gruesas y fuertes con afiladas garras, cola prensil fuertemente musculada. No tiene dientes y se alimenta principalmente de insectos coloniales, particularmente termitas y hormigas que viven en los árboles; obtiene los insectos desgarrando sus nidos con sus poderosas patas delanteras y lamiendo los enjambres que salen para defender la colonia **‖** *Hacer el* o *un oso* (*Coloq*) Hacer el ridículo, exponerse a la burla o la lástima: "Papá, no vayas a *hacer el oso*".

ostentar v tr (Se conjuga como *amar*) **1** Hacer alarde, exhibir algo valioso para atraer la admiración o la envidia: *ostentar orgullosos su marca de fábrica*, "Un sombrero que *ostenta* el águila de general de división" **2** Tener algo, como un puesto o un título: "*Ha ostentado* el título de secretario general".

ostión s m Molusco bivalvo marino de la familia de las ostras, mide alrededor de 10 cm pero llega a alcanzar hasta 17. Su concha es generalmente de color gris y el interior de color metálico lustroso. Se alimenta de plancton y partículas en suspensión. Vive enterrado en la arena o adherido a las rocas. Es muy apreciado como alimento de alta calidad proteínica. En México hay muchas especies pero sólo unas cinco son aprovechadas comercialmente: *Crassostrea virginica* en el Golfo de México, de Tamaulipas a Campeche, y *Crassostrea corteziensis* o *Crassostrea margaritacea* en el Pacífico: "Es muy sabroso el *ostión* ahumado", *coctel de ostiones*.

ostra s f **1** Molusco acéfalo marino bivalvo de conchas rugosas; ostión: *ostra perlera* **2** *Ser* o *estar como ostra* Ser poco comunicativo o aburrirse mucho.

otear v tr (Se conjuga como *amar*) **1** Mirar desde lo alto y a distancia, revisando un terreno o un espacio para descubrir algo: "Algunos zopilotes *oteaban* el páramo", "Desde lo alto *oteó* las lejanías" **2** Observar con cuidado para descubrir algo por alguna señal o indicio: *otear las aspiraciones del pueblo*.

otomí s m **1** Grupo indígena mesoamericano cuyos antepasados ocuparon desde la época prehistórica el sur del altiplano donde hoy se encuentran en el Distrito Federal, el Estado de México e Hidalgo, así como, posiblemente, parte de Puebla y Tlaxcala. Parece haber participado en la creación de la cultura teotihuacana, pero siempre al lado de otros grupos indígenas a los que se atribuyen las grandes obras conocidas por la arqueología. En tiempo del apogeo de Tenochtitlán tenía fama de ser un pueblo de guerreros hábiles y valientes por lo que formaba cuerpos mercenarios a las órdenes de los mexicas; de tal modo, el ejército otomí fue el primero contra el que tuvo que luchar Cortés cuando llegó a Tlaxcala. El único documento de origen seguramente otomí es el Códice de Huichapan, escrito en el siglo XVIII, pero con informaciones mucho más antiguas. En la época colonial los otomíes fueron colonos y guerreros aliados de los españoles en la conquista y colonización de las tierras de los chichimecas en lo que ahora son los estados de Guanajuato, Querétaro, parte de Michoacán y San Luis Potosí. Actualmente habita en los estados de Hidalgo, Guanajuato, Querétaro y pequeñas zonas de Puebla y Tlaxcala. Su gobierno es municipal; su religión está basada en la católica en algunas comunidades y en la protestante en otras, pero en muchos lugares se identifica a los antiguos con personajes cristianos, además de creer en distintos seres sobrenaturales como las brujas que chupan la sangre de niños pequeños y de ancianos, nahuales que pueden transformarse en animales o en objetos inanimados y causar daños, o los espíritus del agua. Las familias, bajo la autoridad del padre, cooperan en diferentes tareas para salir adelante y con frecuencia se ayudan unas a otras cuando tienen algún parentesco o compadrazgo. La zona en que habita este grupo abarca gran variedad de climas y terrenos, desde la selva de la Huasteca hidalguense hasta el casi desierto del Valle del Mezquital y desde las sierras muy frías del Monte de las Cruces hasta los valles calientes cercanos a Veracruz, por lo que sus casas, vestidos y cultivos son muy variados dependiendo de la región de que se trate. Con coa, barreta, azadón y arado tirado por bueyes, cultivan maíz, frijol, calabaza y chile en todas partes, y otras plantas distintas, según la región, como trigo, cebada, maguey y nopales en tierra fría, o cacahuate, plátano y café en tierra caliente. También crían animales para consumo interno y para la venta, así como animales de trabajo. Sus artesanías más comunes son la cestería, la cerámica, el hilado y los tejidos de lana y de ixtle. Por la poca productividad de la tierra en algunas zonas, los hombres se emplean como peones en los ingenios, en el trabajo agrícola, en las ciudades o como braceros en Estados Unidos, y las mujeres como sirvientas en las ciudades **2** Lengua de la familia otomame que habla este grupo indígena **3** adj y s m y f Que pertenece a este grupo indígena o se relaciona con él: *los ayates otomíes, la familia otomí, los otomíes de Hidalgo*.

otoñal adj m y f **1** Que es propio del otoño o se relaciona con esta estación: *cielo otoñal, clima otoñal, moda otoñal* **2** Que está en la edad madura cercana a la vejez; que se relaciona con esta edad o es propio de ella: *una actriz otoñal, belleza otoñal.*

otoño s m Estación del año que sigue al verano y precede al invierno. En nuestro hemisferio, el norte, tiene una duración de 89 días y 19 horas, comprendidos aproximadamente entre el 23 de septiembre y el 22 de diciembre; en el hemisferio sur consta de 92 días y 20 horas que van del 21 de marzo al 21 de junio: *los vientos de otoño, una tarde de otoño.*

otorgar v tr (Se conjuga como *amar*) Dar algo a una persona o a un grupo de personas como privilegio, gracia, favor o premio: *otorgar un perdón, otorgar un premio, otorgar el indulto*, "Se *otorgó* un aumento al salario mínimo", *otorgar créditos.*

otorrinolaringología s f Parte de la medicina que se ocupa del estudio y tratamiento de las enfermedades del oído, la nariz y la garganta.

otro adj y pron **1** Indica algo o a alguna persona distintos de aquellos de los que se habla: "Quiero *otro* libro, no ése", "Canta *otra* canción, la anterior ya la oí", "¿En dónde están los *otros* hijos?", "No vino ese hermano, sino el *otro*" **2** Uno más: "Quiero *otro* helado", "Mira *otro* avión", "Dame *otra* vuelta", "Si no quieres galletas, yo sí quiero *otra*" **3** Siguiente, próximo: "No des vuelta en esa calle, sino en la *otra*", "Al *otro* día se despertó cansado".

ouija s f Tablero con las letras del alfabeto y con otros signos, que tiene un tablero más pequeño sobre él, que se mueve con una presión ligerísima e imperceptible por las manos, y que selecciona las letras y signos que deletrean el mensaje que supuestamente viene de los espíritus de los muertos: "¿Jugar a la *ouija*". (Se pronuncia *uija*.)

out s m I En el beisbol, hecho de caer la pelota fuera del campo de juego: "Con un *out* Vega recibe base", *par de outs* II **1** Estar *out* (*Coloq*) Estar fuera, estar fuera de moda: "Esa música ya no le interesa a nadie, está *out*" **2** Estar *out* (*Coloq*) Estar agotado, estar muy cansado. (Se pronuncia *áut*.)

ovación s f Aplausos o aclamación ruidosa de una colectividad para premiar la actuación exitosa o triun-

fo de una persona: *las fuertes ovaciones del público*, "Le tributaron cerrada *ovación*", "Cuando apareció el equipo mexicano la *ovación* no se hizo esperar".

ovacionar v tr (Se conjuga como *amar*) Aplaudir o aclamar ruidosamente y con intensidad el triunfo de alguien: "El público la *ovacionaba* a rabiar".

óvalo s m Figura o curva cerrada que tiene forma de elipse o de huevo: *el óvalo de la cara.*

ovario s m **1** Cada una de las dos glándulas reproductoras femeninas, situadas a uno y otro lado del útero; en ellas se producen los óvulos **2** (*Bot*) Parte inferior del pistilo de las flores que contiene los óvulos.

oveja s f **1** Hembra del borrego: *mansas ovejas* **2** *Oveja negra, oveja descarriada, oveja perdida* (*Coloq*) En un grupo familiar o social, la persona cuyo comportamiento es considerado negativo y censurado: *la oveja negra de la familia* **3** Entre los cristianos, el alma con respecto a Cristo el Buen Pastor.

overol s m Traje de trabajo de tela resistente, de una sola pieza que se compone de pantalón y camisa integrados, o pantalón con un gran peto que cubre la parte delantera; se usa para proteger todo el cuerpo en trabajos en los que la ropa normal se ensucia y estropea: "Se puso su *overol* para pintar la casa".

ovillo s m I **1** Bola de hilo, lana, cuerda, etc: *ovillo de hilo blanco* **2** *Hacerse ovillo* Contraerse, enrollarse o encogerse una persona por miedo, dolor u otra causa natural: "*Se hacía ovillo* a causa del dolor de estómago" **3** *Encontrarle la punta al ovillo* Encontrarle el principio a algo: "Es difícil *encontrarle la punta al ovillo* de la corrupción" II (*Mich*) (*Hura polyandra*) Planta de la familia de las euforbiáceas, es venenosa; haba de San Ignacio.

ovino adj y s Que pertenece al ganado lanar que incluye a las ovejas, borregos o carneros, y cabras: *razas ovinas productoras de lana y carne.*

ovíparo adj y s m (*Zool*) Tratándose de animales, que pone huevos en los que se desarrolla el embrión antes de su nacimiento; como las aves, los insectos y los mamíferos monotremas: *especies ovíparas, características de los ovíparos.*

ovoide 1 adj m y f Que tiene forma de óvalo o de huevo: *figura ovoide, un fruto ovoide* **2** s m (*Crón dep*) Balón que tiene esta forma, como el que se usa para jugar al futbol americano.

ovulación s f (*Fisio*) Proceso de formación y desprendimiento periódico del óvulo maduro en el ovario de una hembra para que pueda recorrer su camino y llegar a la matriz.

ovular[1] v intr (Se conjuga como *amar*) Producir óvulos la hembra o descargarlos del ovario: *comenzar a ovular, ovular periódicamente.*

ovular[2] adj m y f **1** Que pertenece al óvulo o huevo, que se relaciona con él: *proceso ovular* **2** Que tiene forma de huevo: *una cápsula ovular.*

óvulo s m **1** Célula reproductora o gameto femenino que se forma en el ovario de las hembras y se fertiliza al entrar en contacto con un espermatozoide o gameto masculino **2** (*Bot*) Estructura multicelular, situada en la base del pistilo de las flores, que contiene las células reproductoras femeninas (ovocélulas u oosferas) de la planta **3** Medicamento sólido y blando que se funde a la temperatura del cuerpo y se administra por vía vaginal; se emplea generalmente como desinfectante o anticonceptivo.

oxidación s f **1** Acto de oxidar u oxidarse: *la oxidación de los metales* **2** (*Quím*) Reacción química que produce un incremento de oxígeno en un compuesto **3** (*Quím*) Reacción química en que se incrementa la valencia positiva de un compuesto o radical debido a la pérdida de electrones.

oxidar v tr (Se conjuga como *amar*) **1** Producir la acción del oxígeno del aire o del agua una capa de óxido rojizo sobre la superficie de un metal, particularmente del hierro: *oxidarse una tubería*, "La lluvia *oxidó* la reja" **2** (*Quím*) Combinar un elemento o un radical químico con oxígeno **3** (*Quím*) Perder electrones un elemento o radical, incrementando su valencia positiva.

óxido s m **1** Capa rojiza que se forma en algunos metales, principalmente el fierro, como resultado de su reacción con el oxígeno del agua o del aire, y que generalmente provoca su corrosión: "El tubo se llenó de *óxido*" **2** (*Quím*) Compuesto químico formado por la combinación de oxígeno con otro elemento, especialmente con un metal: *óxido de plomo*, *óxido carbónico*.

oxígeno s m Sustancia simple, gaseosa, invisible y sin olor; es uno de los componentes principales del aire, esencial para la respiración: "Las plantas verdes, durante la fotosíntesis, liberan *oxígeno*", "El agua es un compuesto formado por hidrógeno y *oxígeno*", "Los contaminantes consumen mucho *oxígeno*".

oyamel s m (*Abies religiosa*) Árbol grande de la familia de las coníferas, propio de las tierras altas y frías. Tiene ramillas en cruz, hojas lineares, agudas, y flores masculinas en forma de conillos violáceos. Su madera es ligera, blanca y poco durable; se aprovecha principalmente para hacer papel y para obtener el aceite de trementina.

oyente adj y s m y f **1** Que oye, principalmente a un hablante, en una conferencia, en una conversación o en una emisión de radio: *un oyente educado, el público oyente* **2** Que asiste a un curso escolar, sin estar inscrito en él: "Es *oyente* en la clase de química".

ozono s m Oxígeno cuya molécula consta de tres átomos en vez de dos. Gas azul de olor muy fuerte, peligroso para la respiración, pues ataca las mucosas. Se forma en la atmósfera entre los 15 y 40 km de altura, al ser disociadas las moléculas de oxígeno del aire por los rayos ultravioleta del sol. Representa un papel vital al interceptar las radiaciones ultravioleta de menos de 2 800 angström (Å); si éstas llegaran al suelo, la vida animal y vegetal sería imposible sin una protección especial. La capa protectora que representa podría ser destruida por los freones utilizados como gases propulsores en las bombas de aerosoles. Se utiliza para destruir gérmenes patógenos, para purificar el aire y estabilizar las aguas. Se emplea también para blanquear textiles y para el envejecimiento de licores.

p s f Decimonovena letra del alfabeto; representa el fonema consonante bilabial oclusivo sordo. Su nombre es *pe*.

pabellón s m **1** Cada una de las construcciones o áreas de un edificio, permanentes o temporales, acondicionadas para una finalidad específica, como las de una exposición, un hospital, etc: *el pabellón de México en la feria de Bruselas, el pabellón de cirugía de Huipulco* **2** Ensanchamiento cónico con el que termina la boca de algunos instrumentos de viento: *el pabellón del corno* **3** Parte externa del oído; oreja **4** Velo que cubre una cama, un altar, etc y que cuelga de una parte alta para protegerlos **5** Bandera de una nación: *el pabellón tricolor*.

paca s f **1** Bulto bien apretado de lana, algodón, paja, alfalfa, etc **2** (*Caló*) Paco **3** (*Caló*) Botín de un robo.

paceño adj y s **1** Que es natural de La Paz, capital del estado de Baja California Sur, que pertenece a esta ciudad o se relaciona con ella **2** Que es natural de La Paz, capital de Bolivia, que pertenece a esta ciudad hispanoamericana o se relaciona con ella.

pacer v intr (Se conjuga como *yacer*, 1b, pero sólo en 3a persona) (*Liter*) Comer el ganado pasto y hierba en el campo o en los potreros; pastar.

paciencia s f Calma y tranquilidad para esperar, para hacer algo tedioso, reiterativo o minucioso, para tratar con niños, con personas insistentes, cerradas o tercas, o que solicitan la atención constante de uno; capacidad de mantener esta actitud en situaciones adversas: "Están abusando de su *paciencia*", "Tiene una *paciencia* inagotable", *colmar la paciencia*, "Se me esta agotando la *paciencia*", "Tengo que armarme de *paciencia* para hablar con el jefe", "Me hizo perder la *paciencia* y renuncié".

paciente **1** adj m y f Que soporta con tranquilidad y sin desesperarse situaciones dolorosas, que tiene paciencia ante circunstancias difíciles, incómodas o conflictivas: "Los abuelos son muy *pacientes* con sus nietos", "Esa *paciente* enfermera atiende a los enfermos mentales" **2** s m y f Persona que padece una enfermedad y está en tratamiento para curarse, con respecto a aquellas encargadas de cuidarla y curarla, como médicos, enfermeras, etc: "Está muy grave la *paciente* del Dr Vallarta", "La Dra Pérez tiene muchos *pacientes* para la consulta de esta tarde" **3** (*Gram*) adj y s m Tratándose de sujetos, que recibe la acción del agente en la oración pasiva, como en: "El artista fue saludado por Mario", en donde el *artista* es el sujeto *paciente*.

pacífico adj Que es amistoso y tranquilo, que le gusta estar en paz con las demás personas o que resuelve los conflictos o diferencias que tiene con alguien por medio del entendimiento y la razón, sin recurrir a la violencia: *convivencia pacífica, pueblos pacíficos*, "Se proponen solucionar el problema por la vía *pacífica*", "La utilización de la energía nuclear con fines *pacíficos*".

pacifismo s m Conjunto de doctrinas éticas, jurídicas y sociales que buscan resolver los conflictos entre pueblos y entre naciones mediante la razón, la negociación, el respeto a los derechos humanos y la aplicación de la ley, en vez de que se resuelvan mediante la violencia, la guerra o el crimen.

pacifista adj m y f Que forma parte del pacifismo o actúa de acuerdo con ese conjunto de doctrinas: *una manifestación pacifista, el movimiento pacifista*.

pactar v tr (Se conjuga como *amar*) Hacer un pacto: *pactar obreros y empresarios, pactar con el diablo, pactar una tregua*.

pacto s m **1** Acuerdo entre personas, grupos, instituciones, etc por el que se comprometen a cumplir ciertos compromisos en la medida en que atañan a cada parte: *un pacto de defensa, un pacto de no agresión, un pacto diabólico, un pacto secreto, firmar un pacto, establecer un pacto, hacer un pacto* **2** (*Der*) Acuerdo de voluntades entre personas, por el que se establece una relación jurídica y obligaciones unilaterales o bilaterales **3** (*Der*) Acuerdo que se establece en un contrato, pero que no es esencial para su existencia.

pachanga s f (*Coloq*) **1** Fiesta muy ruidosa y de mucho alboroto: *hacer una pachanga, ir a una pachanga*, "En toda la vecindad no hay quien haga una *pachanga* como las nuestras" **2** Desorden ruidoso y poco digno: "Eso no es una corrida de toros, es una *pachanga*", "Llegó el marido, la abuela, y la policía de la esquina y hasta el boticario. ¡Qué *pachanga* se armó en ese momento!".

pachuqueño adj y s Que es natural de Pachuca de Soto, capital del estado de Hidalgo, que pertenece a esta ciudad o se relaciona con ella: *minería pachuqueña, pastes pachuqueños*.

padecer v tr (Se conjuga como *agradecer*, 1a) Sentir una persona física o moralmente un dolor, un daño o un castigo; tener una enfermedad: *padecer de los nervios, padecer unas reumas muy fuertes, padecer un desengaño, padecer una tifoidea*.

padecimiento s m **1** Acto de padecer: *una vida de mucho padecimiento, los padecimientos de un pueblo pobre* **2** Enfermedad, daño o dolor que alguien tiene: *un padecimiento intestinal, un padecimiento nervioso*.

padrastro s m **1** Marido de la madre, con respecto a los hijos de ésta, tenidos en matrimonios anteriores: "Mi *padrastro* nunca me pegó, pero no le debo nada" **2** Pedacito de pellejo que se levanta junto a las uñas de las manos y causa ardor y molestia: *salirle a uno un padrastro, quitarse un padrastro*.

padre s m **1** Hombre, o macho de los animales, con respecto a los hijos, o a las crías, que ha tenido **2** *Padre de familia* El que es cabeza de su hogar **3** Hombre que por haber creado, fundado o impulsado notablemente algo es reconocido como la cabeza o figura principal en cualquier actividad humana: "Hidalgo es el *padre* de la Independencia" **4** pl Padre y madre: "María Luisa vive con sus *padres*" **5** Título que reciben los sacerdotes de la Iglesia católica: *padre confesor, padres jesuitas* **6** *Padre Nuestro* Oración que, por haber sido enseñada por Jesucristo, es fundamental del cristianismo **7** *Ser* o *estar algo padre* (*Coloq*) Ser o estar muy bueno, muy divertido, de buena calidad, etc: "¡Qué *padre* casa!", "Esa película está *padre*", "Acabo de leer un libro *padrísimo*", "Mi tío es una persona muy *padre*".

padrino s m **1** Hombre que presenta o acompaña a una persona en la ceremonia de su bautizo, matrimonio, confirmación, etc y cumple con ciertas obligaciones morales y religiosas: "Desde que murieron sus padres vive con su *padrino* de bautizo" **2** Hombre que representa a las personas que reciben algún honor o grado, o que inaugura alguna cosa durante una ceremonia: "El *padrino* del equipo les regaló los uniformes" **3** *¡Bolo, padrino!* Expresión con que los chiquillos piden al padrino el regalo que tradicionalmente ofrece al terminar la ceremonia del bautizo **4** Hombre que protege o ayuda a alguien.

padrón s m Registro de todas las personas, ciudadanos, miembros de sociedades, etc que desempeñan cierta actividad o que tienen ciertos derechos y obligaciones en común, elaborado por algún órgano competente y que sirve para conocer con precisión sus características o para identificarlos en un momento determinado: *el padrón electoral, padrón de causantes mayores, padrón de industrias textiles.*

paganismo s m Conjunto de las creencias religiosas politeístas y las personas que las profesan, desde el punto de vista de las religiones monoteístas, como el cristianismo, el judaísmo y el islamismo.

pagano adj y s Que no cree en el Dios de los judíos, los cristianos y los musulmanes; que cree en deidades relacionadas con la naturaleza: *pueblos paganos, religiones paganas.*

pagar v tr (Se conjuga como *amar*) **1** Dar a alguien dinero o alguna otra cosa a cambio de mercancías, del trabajo realizado o por servicios recibidos: *pagar $20, pagar el sueldo, pagar el autobús* **2** *Pagar al contado, al chas-chas* Hacerlo con moneda de curso legal **3** *Pagar a crédito* Hacerlo mediante la firma de un compromiso avalado por un banco, que generalmente se ocupa de recibir pagos parciales, cargados con intereses **4** Corresponder al afecto o a algún beneficio recibido: *pagar con respeto, pagar mal* Satisfacer un delito, una falta, un error, etc con la pena o el castigo que le corresponde: *pagar con cárcel, pagar con la muerte* **5** *Ser alguien pagado de sí* (*mismo*) Ser presumido: "Gilberto es *muy pagado de sí*".

pagaré s m Documento por el cual una persona se compromete a pagar cierta cantidad de dinero en una fecha determinada: *firmar un pagaré, cobrar un pagaré, endosar un pagaré.*

página s f **1** Cada una de las dos caras de una hoja de papel de un cuaderno, libro, revista, etc, y lo escrito o impreso en ellas: "El libro tiene 200 *páginas*", "Leyó quince *páginas* de la novela", "Su diario tiene *páginas* en blanco" **2** Periodo, episodio o hecho memorable: "Escribieron con su sacrificio la *página* más hermosa de nuestra historia".

pago s m **1** Acto de pagar: *el pago de una deuda, el pago de una cosecha, pronto pago, hacer un pago* **2** Cantidad de dinero o de otra cosa que se entrega para pagar algo: *un pago al contado, recibir el pago, suspender los pagos* **3** *En pago de* Para pagar algo: *en pago de la consulta, en pago de sus servicios.*

pairo *Al pairo* (*Mar*) Tratándose de barcos de vela, con las velas tendidas, pero paralelas a la dirección del viento: *ponerse al pairo.*

país s m Territorio que constituye una unidad política y generalmente también geográfica, como México, la República Dominicana o Estados Unidos de América: *país de origen, vino del país, países subdesarrollados, países hermanos.*

paisaje s m **1** Conjunto que forman todas las cosas que se alcanzan a ver desde cierto lugar y que se consideran como una unidad visual, particularmente el campo y la naturaleza, cuando se observan con una actitud contemplativa: "La erupción del volcán modificó el *paisaje*", "Este lugar tiene unos *paisajes* maravillosos", *paisaje boscoso, paisaje tropical* **2** Pintura o fotografía que reproduce escenas de la naturaleza: "Los *paisajes* de José María Velasco y del doctor Atl son extraordinarios".

paisano s **I 1** Respecto de una persona, otra que es originaria del mismo país, ciudad o región: "¡Qué gusto verte, *paisano!*", "Ese químico tan famoso, premio Nobel, es mi *paisano*" **2** Habitante del campo de la región de que se habla: "Llegó una multitud de *paisanos*, provenientes de los poblados vecinos a Saltillo" **3** (*Coloq*) Persona de origen semítico: "Su patrón es un *paisano* libanés", "La playa estaba llena de *paisanos*, con sus estrellas de David al pecho" **4** *De paisano* Con ropa de civil, sin uniforme, tratándose de militares **II** (*N*) Correcaminos.

paja s f **1** Tallo seco y amarillento del trigo, la cebada, el centeno, etc, y conjunto de estos tallos que, triturados o cortados, se utilizan para alimentar el ganado, para hacer construcciones rudimentarias o tejer sombreros y otras artesanías: "Estas plantas producen *pajas* muy resistentes", *sombreros de paja, jacales de paja* **2** Cosa que tiene poca importancia, poco interés, que resulta inútil o es de relleno: "La mayor parte del documento es pura *paja*".

pájaro s m **I 1** Ave pequeña y voladora de cualquier tipo, como la golondrina, el canario, el gorrión, el colibrí, el pájaro carpintero, el martín pescador, etc **2** *A ojo de pájaro, a vuelo de pájaro* Tratándose de fotografías, mapas, dibujos, etc, que muestra la imagen de algo tomada verticalmente desde lo alto: "Un mapa de la ciudad *a ojo de pájaro*" **3** *A ojo de pájaro, a vuelo de pájaro* En forma rápida y superficial: *una revisión a vuelo de pájaro* **II 1** *Pájaro de cuenta* Persona en la que no puede confiarse, por haber cometido delitos anteriormente **2** (*Coloq*) Pene, en particular el de los niños.

paje s m **1** Criado joven que, en épocas pasadas y en las monarquías, se ocupa de atender a sus amos o de acompañarlos: "La princesa Caramelo / a su *paje* Pirulí / lo mandó con el monarca / a decir por fin que sí" **2** Niño que, durante la boda religiosa, sostiene la cola del vestido de la novia o, en general, le sirve de acompañante: "Ocho encantadores *pajecitos* escoltaron a los novios".

pala s f **1** Herramienta de tamaños diversos, compuesta por una lámina más o menos rectangular de hierro o madera, algo cóncava y afilada en el extremo opuesto a su mango; se usa principalmente para mover materiales sólidos o pastosos, mezclarlos, removerlos, cavar en la tierra, etc: *pala y azadón, echar carbón con la pala, meter el pan al horno con una pala* **2** Herramienta u objeto de forma parecida a la primera, como el que se usa en la cocina para servir, mezclar o sacar los alimentos del sartén o de otros trastes, el que se emplea para jugar al frontón, etc **3** Parte más ancha y plana de alguna cosa: *pala de un remo, palas de una hélice, pala de una charretera, pala de los dientes incisivos* **4** Tratándose de animales bovinos o equinos, cada uno de los dientes incisivos centrales; pinza **5** *Pala mecánica* Máquina que consta de un brazo hidráulico, en cuyo extremo se halla una plancha de hierro más o menos curva o una especie de cucharón del mismo material, uno de cuyos bordes tiene cuñas; sirve para hacer zanjas profundas, remover tierra en grandes cantidades, etcétera.

palabra s f **1** Unidad del vocabulario de una lengua, formada por uno o más fonemas o una o más letras, a la que corresponde un significado, como todas las que están escritas y separadas por espacios en blanco en este diccionario **2** *Palabra llena* (*Ling*) La que tiene un significado referido a la experiencia del mundo, como los sustantivos, los adjetivos, los verbos y los adverbios **3** *Palabra vacía* (*Ling*) La que tiene un significado que relaciona unas palabras con otras en una oración, como las preposiciones, las conjunciones, los artículos y los pronombres **4** *Malas palabras, palabras gruesas, palabras malsonantes* o *palabrotas* Las que insultan a alguien o molestan su sensibilidad por significar cosas socialmente consideradas como malas o prohibidas **5** *Palabra clave* De una oración, un párrafo o un texto, aquella cuyo significado es más importante para comprenderlos, o que dirige la búsqueda de un sistema de recuperación de información **6** *Palabra reservada* (*Comp*) En programación, aquella que tiene un valor algorítmico unívoco **7** *Hablar a medias palabras* Hablar confusamente, sin decir las cosas claramente **8** *Comerse alguien las palabras* Hablar rápida y confusamente sin pronunciar todas las palabras **9** *Palabra por palabra* Tal y como alguien lo dice: "Me repitió la letanía *palabra por palabra*" **II 1** Capacidad de hablar: *el don de la palabra* **2** *Ser alguien de pocas palabras* Hablar alguien poco **3** *Cruzar (la) palabra con alguien* Tener trato con alguna persona **4** *No tener uno palabras para algo* No poder uno decir o explicar algo **5** *Quitarle a alguien las palabras de la boca* Decir uno lo que estaba a punto de decir otra persona **6** *Dejar a alguien con la palabra en la boca* Interrumpir o cortar la conversación **7** *En una palabra* o *en pocas palabras* En resumen, en conclusión: "*En una palabra*: no me gusta esa novela" **8** *Decir alguien la última palabra* Resolver algo definitivamente o dejar de discutir algún asunto, afirmando uno su posición **9** *De palabra* Solamente dicho, pero no escrito: *prometer de palabra, resolver un asunto sólo de palabra* **III 1** *Medir las palabras* Hablar con cuidado para decir solamente lo conveniente y lo que no moleste a alguien **2** *Ser algo palabras mayores* Ser algo muy importante: "Declarar una guerra ya *son palabras mayores*" **3** *Hacerse de palabras* Comenzar a discutir o a pelear dos

personas **4** *Palabra de honor* Promesa o compromiso que hace alguien de actuar o comportarse en cierta forma, o de asegurar que es verdad lo que afirma **5** *Hombre de palabra* El honrado, leal y cumplido **6** *Bajo palabra* Con el compromiso o la promesa de alguien: *libertad bajo palabra* **7** *Faltar a la palabra* Romper uno su compromiso o su promesa de hacer algo o de comportarse en cierta forma **8** *No tener uno palabra* Ser incumplido, desleal o insincero **IV 1** *Pedir la palabra* Pedir permiso o turno en una reunión para decir algo **2** *Dar la palabra* Conceder permiso a alguien para decir algo en una reunión **3** *Tomar la palabra* Hablar en una reunión **4** *Llevar la palabra* En una reunión, dirigir la discusión o el debate, asignando turnos a los participantes.

palacio s m Edificio amplio, monumental y lujoso que, por lo general, ha servido de residencia a un jefe de Estado, alto funcionario o persona acomodada, o edificio público destacado, en particular donde tiene su sede el gobierno de una unidad política: *palacio nacional, palacio real, palacio de gobierno, palacio municipal, ir a palacio*.

paladar s m **1** Parte interna y superior de la boca, en forma de bóveda, compuesta por los huesos del maxilar superior y los huesos palatinos, los cuales están cubiertos por una mucosa gruesa que se prolonga en la parte posterior en una membrana llamada velo del paladar **2** Gusto o sensibilidad particular que tiene alguien para percibir el sabor de los alimentos: "Un manjar para *paladares* delicados" **3** Gusto o sensibilidad que tiene una persona para apreciar o percibir cuestiones materiales, intelectuales o artísticas: "Tiene un *paladar* muy exquisito para la música".

palanca s f **1** Barra rígida que se mueve sobre un punto de apoyo y permite multiplicar la fuerza o el movimiento; se usa para levantar, mover o transportar un objeto pesado **2** Manija que sirve para echar a andar un mecanismo: *palanca del freno* **3** *Palanca de velocidades* La que controla el embrague de los engranes de velocidad en un automóvil **4** *Palanca al piso* La de velocidades, insertada en el piso del automóvil, a la derecha de quien lo maneja **5** Influencia que se emplea para conseguir algún fin: "Como tenía *palanca* hizo el trámite muy rápido", "Todo lo quiere arreglar con *palancas*".

palapa s f **1** Construcción rústica que consiste en un techo de hojas secas de palma, a manera de sombrilla, o sostenida por postes y largueros de madera, como la que se hace como techo de muchas chozas, o la que se emplea en las playas y lugares calurosos para protegerse del sol **2** (*Orbignya guacoyule*) Palma que mide 40 m de altura, con hojas pinadas de 7 a 8 m de largo, flores unisexuales agrupadas en grandes conjuntos protegidos por una bráctea, y fruto pequeño y leñoso, en cuyo interior hay una almendra oleaginosa, muy apreciada en varias aplicaciones; crece en la costa del Pacífico desde Nayarit hasta Chiapas; palma de coquito de aceite **3** Hoja de esta palma, que se emplea en la construcción de techos.

palatal adj y s m y f (*Fon*) Que se pronuncia apoyando el dorso de la lengua en el paladar duro, como en los fonemas /ñ/, /ch/ o /y/.

paleolítico 1 s m Etapa de la prehistoria, de 2 500 000 a 40 000 años de antigüedad, que corresponde a la aparición de los primeros tipos humanos; se caracteriza por la fabricación y uso de herramientas rudimentarias talladas en piedra, la existencia nómada y depredadora de pequeños grupos de individuos, y la aparición, al final, de pinturas rupestres y pequeñas esculturas de piedra: *las cavernas del paleolítico* **2** adj Que pertenece a esta etapa o se relaciona con ella: *un hacha paleolítica.*

paleozoico 1 s m y adj Era geológica iniciada hace 600 millones de años y terminada hace 230 millones de años, durante la cual se formaron grandes cadenas de montañas, aparecieron los primeros insectos, peces, anfibios y reptiles, así como las plantas terrestres, a excepción de las angiospermas: *los fósiles del paleozoico* **2** adj Que pertenece a esta era geológica o se relaciona con ella.

palestino adj y s Que es originario de Palestina o pertenece a esta región del Medio Oriente: *el pueblo palestino, refugiados palestinos.*

paleta s f l **1** Dulce o helado que como mango un palito: *una paleta de caramelo macizo, una paleta de limón*, "Le gustan las *paletas* de vainilla cubiertas de chocolate" **2** Tabla delgada, generalmente ovalada y con un agujero lateral, por donde se inserta el dedo pulgar para sostenerla, en donde mezcla el pintor los colores que está utilizando **3** Gama de colores que utiliza característicamente un pintor: *la paleta de Velasco* **4** Cada una de las tablas de madera o de hierro que se fijan radialmente a una rueda para aprovechar la fuerza del agua o para impulsar una embarcación **5** Cada una de las tablillas o aspas de las hélices de motores o ventiladores que sirven para impulsar aviones o embarcaciones, o para agitar el aire **6** Tabla trapezoidal de madera con que se destapan las matas de maíz que quedaron enterradas en el primer beneficio **ll 1** Hueso de muchos animales de forma plana y triangular, que se encuentra arriba de las patas delanteras y sirve de unión entre éstas y el tórax; omóplato, escápula **2** Cada una de las patas delanteras de algunos animales, como la res, el caballo y el cerdo.

paliacate s m Pañuelo grande y cuadrado, de tela principalmente roja, con dibujos repetidos a manera de azulejo, que se utiliza principalmente en el campo y en la industria para cubrir el cuello o la cabeza, o para enjugarse el sudor.

pálido adj **1** Que ha perdido color en la piel, generalmente como síntoma de una enfermedad, de cansancio o de un susto: "Se fue cayendo para atrás, tiesa, fría, *pálida*, tal como si hubiera muerto", "Su rostro estaba tan *pálido* que parecía de cera" **2** Que es muy claro, falto de intensidad o de saturación, tratándose de colores: *rosa pálido, azul pálido* **3** Que no manifiesta alguna cosa en su verdadera fuerza o con toda la emoción que tiene: "La carta es una *pálida* crónica de lo que realmente vio".

palindroma s m Palabra o frase que se lee igual de izquierda a derecha que de derecha a izquierda, como *salas* o *Dábale arroz a la zorra el abad.*

palma¹ s f **1** Planta angiosperma monocotiledónea de diversas variedades y especies, que se caracteriza por tener el tallo leñoso, cilíndrico y recto, liso, áspero o espinoso, con un penacho de hojas muy grandes en forma de abanico o de pluma en la parte superior. Sus flores son pequeñas y su fruto es una drupa o baya según la variedad. De algunas especies se aprovecha el tallo para construcciones rústicas y de otras, el aceite que producen; es propia de climas tropicales, aunque algunas variedades se pueden cultivar en climas templados **2** pl Familia que forman estas plantas **3** Planta de la familia de las liliáceas, de características semejantes a la anterior, pero de hojas simples **4** Hoja de estas plantas que se emplea en el tejido de sombreros, canastas, etc o en la construcción de techos y muros.

palma² s f **1** Cara interior de la mano, ligeramente cóncava, que va desde la muñeca hasta los dedos: "Apoyó las *palmas* sobre la silla", "Me leyeron las líneas de la *palma*" **2** pl Aplausos: "Se oyeron las *palmas* del público cuando apareció el actor" **3** *Batir palmas* Aplaudir **4** *Llevarse alguien las palmas* Sobresalir una persona en una competencia, concurso, acto, etc y merecer por ello el aplauso general: "Los payasos *se llevaron las palmas* en la función".

palmera s f **1** (*Phoenix dactylifera*) Planta de la familia de las palmas que crece hasta 20 m de altura; su tronco es áspero, cilíndrico y de aproximadamente 30 cm de diámetro; tiene hojas grandes, de 3 a 4 m de largo, y flores amarillas; su fruto, llamado dátil, cae en grandes racimos debajo de las hojas **2** Palma: "Junto a la carretera se ven muchas *palmeras*", "Nos sentamos bajo la sombra de una *palmera*".

palo s m l **1** Trozo de madera, más largo que grueso, relativamente recto y cilíndrico: *palo de escoba, cerca de palos* **2** Madera de algún árbol: *silla de palo, cuchara de palo* **3** Árbol, cuando se clasifica según alguna característica particular, sus frutos o sus usos: *palo de rosa, palo de Campeche, palo santo, palo de tinte, palo blanco* **4** Golpe dado con un trozo de madera de esa forma: *dar de palos, moler a palos* **5** *Palo de ciego* Intento que hace alguna persona de atinar en algo, aunque no sepa cómo hacerlo **ll 1** Cada uno de los maderos largos, redondos y gruesos, fijo verticalmente a una embarcación, de donde se amarran las velas: *palo mayor* **2** *Palo de golf* Especie de bastón en cuyo extremo tiene una protuberancia dura, de diversos pesos, formas y espesores, con que se golpea la pelota en ese deporte **3** *Palo ensebado* Madero largo al que se unta sebo y se fija vertical u horizontalmente en una feria, para que los interesados muestren su destreza al tratar de recorrerlo sin caerse **4** Trazo recto de algunas letras o números que se prolonga hacia arriba o hacia abajo, como en la *p* o en la *d* **5** Cada una de las cuatro series en que se divide una baraja **lll** *Echarse un palo* (*Popular*) Realizar el coito.

paloma s f l **1** Ave de pico delgado y alas cortas, particularmente blancas, aunque el plumaje varía según las especies, que busca anidar en fachadas y campanarios. En México se conocen veinticuatro especies, de las cuales predominan las *Columba livia, cayennensis, fasciata, speciosa, nigrirostris, Columbina passerina, minuta, talpacoti, flavirostris* y *Zenaidura macroura* y *asiática* **2** *Paloma mensajera* La que se entrena para llevar y traer mensajes a largas distancias **3** *Paloma de la paz* La blanca, dibujada con una ramita de olivo en el pico **ll 1** Persona inocente y buena, que es fácil de engañar **2** Ayuda, colaboración o auxilio que se solicita: "Dame una *palomita* para cargar este bulto" **3** *Hacer palomas* En el juego de las canicas, golpear la de un contrincante para mandarla fuera del círculo en que se juega y obligarlo a recomenzar **4** En el futbol, remate con la cabeza de un balón a media altura, para el que el jugador se tire hacia adelante **5** (*Popular*) Órganos sexuales, tanto el masculino como el femenino **6** Cohete de forma triangular, de gran potencia explosiva **III 1** *Palomita de San Juan* (*Termis margipennis*) Insecto neuróptero, semejante al comején y la polilla, que abunda en las tardes lluviosas de junio y julio y carcome la ropa **2** *Palomitas* Granos de maíz que, al tostarse, revientan como pequeñas flores blancas y se comen con mantequilla y sal **3** (*Ver S*) Papalote **4** Trazo que se utiliza como señal de acierto o aprobación, especialmente en trabajos escolares (√) **5** (*Cestrum laxum*) Arbusto de la familia de las solanáceas, de 2 a 4 m de altura, de hojas lanceoladas, agudas o acuminadas, flores tubulosas de 16 a 22 cm de largo, con corolas de cinco lóbulos y estambres inclusos, que crece desde San Luis Potosí hacia el sur, hasta Oaxaca.

palomilla s f Grupo de niños o de muchachos que se reúne para compartir su tiempo libre y divertirse: "Toda la noche hay boruca; van *palomillas* enteras, muchachos con muchachas o muchachos solos, los que salen y los que ya estaban en la plaza", *juntarse la palomilla, andar en palomilla*.

palomo s m **1** Macho de la paloma **2** Caballo de color blanco mate **3** Parte del baile del jarabe, que representa una escena de amor entre palomas; el hombre simula las alas con su sarape y la mujer con su rebozo.

palpar v tr (Se conjuga como *amar*) **1** Percibir alguna cosa solamente con el tacto: "En la oscuridad *palpaba* las esquinas de las paredes, los bordes de los cuadros, la textura de los tapices" **2** Mover los dedos y las manos y ejercer diferentes grados de presión en el cuerpo de alguien, para reconocer ciertos síntomas: "El médico le *palpó* el vientre, en busca de señales de inflamación" **3** Resultar algo tan evidente que se reconoce con facilidad: "Se *palpa* el descontento del pueblo".

palpitación s f **1** Cada uno de los golpes intermitentes que da el corazón en el pecho: *sentir la palpitación* **2** Cada uno de esos golpes, de mayor intensidad, que siente una persona a causa de alguna emoción intensa o de una enfermedad: *tener palpitaciones*.

palpitar v intr (Se conjuga como *amar*) **1** Golpear intermitente y suavemente el corazón en el pecho: "Está vivo, su corazón todavía *palpita*" **2** Aumentar la intensidad del golpeteo del corazón, a causa de un esfuerzo o de una emoción intensa: *palpitar el corazón de alegría*, "Su corazón *palpitaba* con el susto" **3** Moverse y tensarse periódicamente una parte del cuerpo, como efecto de la emoción o del nerviosismo: "Tiende hacia el soldado los brazos desnudos y le muestra cómo, bajo el vestido, le *palpita* el vientre" **4** Manifestarse intensa e involuntariamente una emoción: "El pánico *palpitaba* en la voz de Clara".

paludismo s m Enfermedad infecciosa producida por un parásito de la sangre (hematozoario de Laveran) que se desarrolla originariamente en mosquitos del género *Anopheles*, que lo transmiten al ser humano y a otros animales por picadura. La enfermedad se desarrolla con fiebres características, aumento del volumen del bazo y destrucción de los glóbulos rojos.

pambazo s m **1** Pan de trigo esponjoso, suave y liso, de forma ovalada y color café claro: "Compra teleras, *pambazos* y pan dulce" **2** Antojito que se prepara con este pan, relleno con carne, chorizo, papa y otros condimentos, y frito en aceite o manteca **3** *Tener cara de pambazo* (*Popular*) Ser de cara grande, redonda y lisa, o muy empolvada o maquillada de color blanco.

pame s m **1** Grupo indígena mexicano que habita en la Sierra Gorda, en los estados de San Luis Potosí, Querétaro e Hidalgo. Su gobierno es municipal pero algunas comunidades del norte conservan el viejo cargo político de "gobernador de indios", que actualmente tiene más funciones religiosas que administrativas. Su religión se basa en la católica pero identifica a Cristo con el Sol y a la Virgen con la Luna. Construye sus viviendas con paredes de vara o tablas; en ocasiones se trata de dos cuartos próximos, uno de los cuales sirve de cocina y el otro de dormitorio. Produce cerámica y teje canastos, cuerdas y petates o esteras. El clima de la región en que vive es templado en los valles, con poca lluvia y vegetación pobre. Por procedimientos simples, cultiva maíz, frijol, calabaza y garbanzo, recolecta maguey, quelite y nopal; con la fruta de este último elabora queso de tuna y con la savia del maguey fabrica miel negra. Caza principalmente venados y conejos **2** Lengua de la familia otomí-pame que habla este grupo indígena **3** adj y s m y f Que pertenece a este grupo indígena o se relaciona con él: *las creencias pames, los pames de la sierra*.

pan s m **1** Alimento hecho principalmente de harina de trigo amasada con agua, levadura y sal, que se cuece al horno en piezas de diversas formas y tamaños: *una pieza de pan, comerse un pan, comprar el pan* **2** *Pan blanco* o *pan francés* El ordinario, de sabor ligeramente salado, como los bolillos o birotes, las teleras, etc **3** *Pan negro* El que se fabrica con harina menos refinada, que conserva más componentes del trigo **4** *Pan integral* Aquel que se prepara con harina que ha conservado toda la riqueza del trigo **5** *Pan de caja* El rectangular, preparado y cortado industrialmente en rebanadas delgadas **6** *Pan de muerto* El que se prepara para el 2 de noviembre, día de muertos, como ofrenda; es hemisférico, con una bola de azúcar en su polo y cuatro adornos como huesos que parten de ella hacia abajo **7** *Pan dulce* El que se prepara como postre o como merienda, con azúcar y muy diversas formas; bizcocho **8** *Pan ázimo* El que se prepara sin levadura **9** Cualquier alimento básico o necesario: *ganarse el pan, robar el pan a los pobres* **10** *A pan y agua* Castigado a la dieta mínima **11** *Ser algo el pan de cada día* Ser algo lo acostumbrado, lo que ocurre todos los días: "La falta de agua *es el pan de cada día*" **12** *Llamar al pan, pan y al vino, vino* Decir las cosas con claridad y sin rodeos **13** *Ser algo pan comido* Ser muy fácil de hacer o de conseguir: "Ganar esa carrera es *pan comido*" **14** *Ser alguien más bueno que el pan* Ser extremadamente bueno.

pana s f **1** Tela gruesa de algodón, que se caracteriza por su acabado semejante a una sucesión de gruesos cordones, dispuestos longitudinalmente: *un pantalón de pana* **2** En la pesca de río, canoa que se mantiene quieta, sosteniendo un extremo de la red, mientras que otra embarcación termina de echarla.

panadería s f Lugar o tienda en donde se vende pan.

panadero s Persona que se dedica a hacer o a vender pan.

panal s m **1** Conjunto de los hexágonos de cera dispuestos en series paralelas, que las abejas construyen dentro de las colmenas para depositar la miel: "Me picaron las abejas / pero me comí el *panal*" **2** Construcción semejante que hacen las avispas.

panameño adj y s Que es natural de Panamá, que pertenece a este país hispanoamericano o se relaciona con él.

páncreas s m sing y pl Órgano glandular de los animales vertebrados, que en el ser humano mide aproximadamente 15 cm de longitud y está situado en la cavidad abdominal, detrás del estómago. Secreta un jugo, formado principalmente por la tripsina y otras enzimas, que pasa al intestino y contribuye a la digestión; segrega también insulina, que reduce la cantidad de glucosa en la sangre, y glucagón, que produce el efecto contrario.

pandero s m **1** Instrumento musical de percusión, que consiste en una especie de tambor plano, de caja muy angosta, en la cual están insertados varios pares de címbalos o de cascabeles. Se toca agitándolo, golpeándolo con la mano o haciendo resbalar con fuerza el dedo pulgar de un extremo a otro: "Toca el *pandero* en la estudiantina" **2** Pana.

panela s f **1** Azúcar sin refinar, moldeada en forma de cono truncado **2** *Cabeza de panela* (*Oax*) Conjunto de dos semiesferas de azúcar sin refinar, envueltas juntas **3** *Cara de panela* (*Oax*) Cada una de esas dos semiesferas **4** Queso fresco al que no se le escurre el suero.

panfleto s m Escrito breve de propaganda o de denuncia política, agresivo y exaltado, a veces calumniador y anónimo.

panga s f **1** (*Ver S*) Embarcación de motor, que consiste en una plataforma ancha, en la que se pueden transportar automóviles y camiones de un lado al otro de un río o de una laguna, siguiendo un cable que le sirve de guía **2** (*NO*) Pequeño bote pesquero, sin cubierta, impulsado por motor o con vela.

pánico s m **1** Miedo extremo, que lleva a la pérdida del dominio de uno mismo: *sentir pánico*, "Tres individuos ebrios, armados con pistolas, sembraron el *pánico* anoche" **2** *Pánico escénico* Miedo que se apodera del actor al presentarse ante el público.

panificadora s f Establecimiento en donde se hace y vende el pan.

panocha s f **1** Bloque de piloncillo en forma de cono truncado **2** (*Popular*) Vagina.

panorama s m **1** Vista de conjunto que se tiene desde un lugar determinado: *un panorama de montes nevados*, "Desde el mirador, el *panorama* de la ciudad es muy bello" **2** Aspecto que presenta una situación futura: "El *panorama* social de esa gente es alarmante", "Nuestro *panorama* político es muy negro" **3** Resumen generalizador de alguna cosa: "En el prólogo, nos ofrece un *panorama* de la literatura española moderna".

panqué s m Pan de masa suave y esponjosa, hecho con harina, huevos, manteca y azúcar, y horneado en un molde de papel encerado; puede ser una pieza grande y rectangular, que se corta en rebanadas, o una pieza chica, en forma de cono truncado e invertido: *un panqué de pasas*.

pantaleta s f Calzón de mujer: *pantaleta de algodón.*

pantalón s m **1** (El plural es ambiguo: puede referirse a uno o a varios) Prenda de vestir que va por lo general de la cintura hasta los tobillos y cubre cada pierna en forma independiente: *pantalón a la cadera, pantalón de pana, pantalones cortos, pantalón para caballero* **2** *Llevar alguien los pantalones* Ejercer la autoridad en la dirección de algo, especialmente de la casa: "El hermano mayor es quien lleva los pantalones" **3** *Ponerse, amarrarse, fajarse,* etc *los pantalones* Actuar con energía, autoridad y responsabilidad: "*Se fajó los pantalones* y puso a sus hijos en su lugar".

pantalla s f **1** Objeto que protege de la luz, el calor, el sonido, etc: *pantalla de una lámpara* **2** Superficie blanca sobre la que se proyectan películas: *pantalla panorámica* **3** *Llevar a la pantalla* Filmar, hacer películas: "*Llevarán a la pantalla* la vida de Pancho Villa" **4** Superficie sobre la que se proyecta una imagen de televisión, radar o rayos X **5** Persona o cosa que atrae la atención y que oculta lo que otra está haciendo: "Mientras él roba, la mujer y los hijos le sirven de *pantalla*" **6** (*Coloq*) Aspecto superficial de algo o alguien; apariencia: "Parece que sabe mucho, pero es pura *pantalla*".

pantano s m **1** Terreno cubierto por aguas estancadas, poco profundas, de fondo movedizo y con una densa vegetación acuática: "Antiguos ríos hoy convertidos en *pantanos*".

panteísmo s m Doctrina filosófica que identifica la causalidad divina con la causalidad natural, ya sea porque cree que el mundo es una emanación o manifestación de Dios, o porque cree que aquél es manifestación de éste.

panteón s m **1** Lugar destinado a enterrar a los muertos: "Después de velarlo lo llevaron al *panteón*", "Se ofreció una misa por su alma en la capilla del *panteón*" **2** Conjunto de todos los dioses de un pueblo o de una religión: *el panteón romano, el panteón azteca.*

pantera s f **1** (*Panthera pardus*) Variedad de leopardo que se caracteriza por tener la piel completamente negra **2** *Ser alguien una pantera* Ser muy valiente y osado **3** *Injertarse en pantera* Enojarse violenta y agresivamente.

pantimedia s f Prenda femenina que consta de un calzón y dos medias, que cubren desde la cintura hasta los pies, generalmente de nylon.

pantorrilla s f Parte posterior y abultada de la pierna, que abarca desde debajo de la corva hasta el tobillo; chamorro: *unas pantorrillas bien torneadas.*

pants s m pl **1** Pantalón holgado y cómodo, de algodón, nylon u otra tela ligera, que se usa para hacer ejercicio o para conservar el calor mientras se descansa: *ponerse unos pants, andar de pants* **2** Traje deportivo que consta de unos pantalones de esta clase y una chaqueta o sudadera de la misma tela.

pantufla s f Zapato cómodo, de tela o piel muy suave, suela delgada y generalmente sin tacón, que se usa para andar en casa: *ponerse las pantuflas, unas pantuflas de lana.*

panucho s m Tortilla de maíz rellena de pasta de frijol y carne sazonada, deshebrada o picada y frita en manteca, condimentada generalmente con cebolla picada; es antojito típico de Yucatán: *panuchos de cazón, panuchos de cochinita pibil.*

panza s f **1** Vientre de los seres humanos y de los demás vertebrados, particularmente el que es grande: *doler la panza, estar enfermo de la panza, tener panza* **2** Primera de las cuatro cavidades en que se divide el estómago de los rumiantes **3** Platillo que se prepara cociendo el estómago de una res, generalmente condimentado con chile, epazote y sal, y se sirve con caldillo o sin él: "Después de trabajar se van a comer una *pancita*".

pañal s m **1** Tela suave y absorbente que se pone entre las piernas y sujeta a la cintura de los bebés o de personas con incontinencia, para recoger la orina y el excremento **2** *Pañal desechable* El que está hecho de papel absorbente y se tira después de usarse **3** *Estar algo en pañales* Estar apenas iniciándose: "Hay áreas en las que la medicina todavía *está en pañales*".

paño s m **I 1** Tela de lana, de tejido muy tupido **2** Cualquier tela lisa para diversos usos: *paños calientes, poner un paño en la herida* **3** (*Rural*) Pañuelo **4** (*Popular*) Pedazo de tela que se dobla en forma triangular, para cubrirse la cabeza; pañoleta **5** *Paños menores* Conjunto de la ropa interior que se usa en contacto con la piel, como el calzón, la camiseta, el brassiere, etc **6** *Paño de lágrimas* Persona que sirve de consuelo y apoyo a otra **II 1** Plano de una pared: *medir un paño* **2** *Al paño* En el mismo plano de una pared: *poner azulejos al paño* **III** Mancha oscura que aparece en la piel de la cara, a veces relacionada con el embarazo en la mujer.

pañuelo s m **1** Prenda que consiste en un pedazo cuadrado de tela, generalmente de algodón, con los bordes reforzados, que se usa principalmente para limpiar la nariz y enjugar las lágrimas **2** Pieza de tela cuadrada y estampada, que se usa como adorno de la ropa o para cubrir la cabeza o el cuello: *un pañuelo de seda* **3** *Pañuelo desechable* Hoja sencilla o doble de papel suave y absorbente, que se tira después de usarse **4** En Chiapas, servilleta.

papa[1] s f **1** Tubérculo carnoso, rico en almidón y muy apreciado como alimento. Mide de 3 a 8 cm de diámetro, es de color amarillo con una cáscara delgada, rojiza o blanquecina según la variedad a que pertenece: *puré de papa, papas al horno, papas fritas,* "A Javier no le gustan las *papas*" **2** Planta herbácea de la familia de las solanáceas, de distintas variedades, que da este tubérculo. Mide de 30 a 60 cm de altura, de tallo irregular, hojas lanceoladas y flores blancas o azules **3** (*Coloq*) Mentira: *decir puras papas*.

papa[2] s m **1** Jefe supremo de la Iglesia católica; Su Santidad, Santo Padre, Soberano o Sumo Pontífice (se escribe con mayúscula) **2** *Papa negro* Sobrenombre que algunas personas dan al Superior General de los jesuitas debido al poder que le atribuyen y al color de la sotana que usan los sacerdotes de esta orden.

papá s m **1** (*Coloq*) Padre: "Mi *papá* es bombero", "Su *papá* le regaló un libro", "*Papá*, ¿me das dinero?" **2** pl Padre y madre: "Sus *papás* la quieren mucho".

papaloquelite s m Planta herbácea o arbustiva, de la familia de las compuestas y de distintas especies, de hojas aromáticas, lineares y lanceoladas, y flores en cabezuelas de color morado; sus hojas se comen crudas o como condimento de algunos guisos; se emplean también en medicina tradicional contra los cólicos, la indigestión y las reumas; pápalo.

papalote s m Juguete formado por un armazón muy liviano de distintas formas que tensa una pieza de papel, tela o plástico ligero y tiene una cola larga; se hace volar con la presión del viento sujetándolo por medio de un hilo largo; cometa: "Iban a la playa a volar su *papalote*", "Cuando había fiesta el cielo se llenaba de *papalotes*".

papaya s f **1** Fruto comestible de forma oblonga que mide de 20 a 40 cm de largo; su cáscara es de color verde amarillento y su pulpa carnosa, generalmente amarilla o anaranjada y de sabor dulce. Tiene una cavidad en el centro en la que se encuentran numerosas semillas pequeñas y redondas de color negro **2** (*Carica papaya*) Planta de la familia de las caricáceas que da este fruto, mide de 3 a 4 m de altura, tiene el tallo erguido, cilíndrico, sin ramas y con grandes hojas que nacen en su parte más alta. Es propio de regiones con clima cálido; papayo.

papel s m **I 1** Hoja delgada y flexible hecha de fibra de madera, trapo y otras materias vegetales, que sirve para escribir, dibujar e imprimir cosas en ella, para limpiar, envolver o cubrir objetos, absorber líquidos, filtrarlos, etc: *papel rayado, papel cuadriculado, flores de papel* **2** *Papel carta* Hoja rectangular de papel, de 28 × 21.5 cm **3** *Papel oficio* Hoja rectangular de papel, de 34 × 21.5 cm **4** *Papel carbón* Hoja recubierta con una sustancia entintada, que se intercala entre dos hojas de papel, para reproducir en la segunda lo que se escriba en la primera **5** *Papel de china* El muy delgado y casi transparente **6** *Papel higiénico* El que consta de varias hojas pequeñas y cuadradas de papel absorbente y suave, y se utiliza para limpiarse los restos de excremento **7** *Papel manila* El que tiene la cara anterior lustrosa y la posterior burda y mate **8** *Papel cuché* El que se recubre con yeso, cola u otras sustancias, muy brillante y quebradizo **9** *Papel de estraza* El poco refinado y sin blanquear, que se utiliza para envolver **10** *Papel de lija* El que tiene una capa de material abrasivo en una cara **11** *Papel moneda* El que se utiliza para imprimir billetes de banco **12** *Papel secante* El que tiene un recubrimiento de sustancia absorbente en una de sus caras, y sirve para secar la tinta en un escrito **13** *Papel periódico* El poco refinado, ligeramente absorbente, que se utiliza para imprimir periódicos **II 1** pl Documentos oficiales que identifican a una persona o una cosa ante diversas autoridades o instituciones: *tener papeles en regla, mostrar los papeles en la aduana, salir sin papeles* **2** Documento financiero que se negocia en la bolsa de valores **3** Parte de una obra de teatro que representa un actor: *aprender el papel, el papel de Celestina, el papel de Don Juan Tenorio* **4** Función que cumple algo o alguien en alguna situación o en alguna organización: *hacer el papel de mandadero, un papel muy importante en el municipio, hacer buen papel*.

papeleo s m **1** Conjunto de los trámites que se efectúan para resolver algún asunto, en particular cuando resultan excesivos y molestos **2** Conjunto de las labores relacionadas con el manejo de documentos en una oficina: *haber mucho papeleo*.

papelería s f **1** Tienda en donde se vende papel y otros materiales para escribir, dibujar, envolver, etc **2** Conjunto formado por el papel y los otros materiales que se requieren para escribir, dibujar, envolver, etc: *venta de papelería, fabricantes de papelería*.

paperas s f pl **1** Enfermedad viral, contagiosa, que suele causar una inflamación dolorosa de las glándulas salivales, detrás de las orejas, y con mayor frecuencia de las parótidas; se transmite por saliva infectada y ocurre en niños de 5 a 15 años, generalmente; hay vacunas para prevenirla; orejones, parotiditis **2** Enfermedad contagiosa, causada por el *streptoccocus equi*, que ataca a los caballos entre 1 y 5 años de edad; inflama las vías respiratorias altas y los ganglios linfáticos, en los que además se forman abscesos; hay secreción mucosa abundante y purulenta, faringitis y laringitis graves, fiebre, decaimiento y falta de apetito; gurma.

papila s f **1** Elevación o pequeño abultamiento cónico, de tejido blando, generalmente provisto de terminaciones nerviosas, que se forma sobre la piel y en algunas mucosas **2** *Papilas gustativas* Agregado de células sensoriales superficiales que constituyen el elemento del sentido del gusto; en el ser humano, como en la mayoría de los mamíferos y en ciertos reptiles, se encuentran en la lengua **3** *Papila óptica* Punto en la retina que corresponde a la entrada del nervio óptico.

papilionada adj Tratándose de flores, que tiene los pétalos dispuestos de manera semejante a una mariposa, como el trébol.

paquete s m **1** Conjunto de cosas bien dispuestas y envueltas en papel o en cartón: *un paquete de ropa, un paquete de cigarros* **2** Conjunto de servicios que se ofrecen coordinadamente y por el mismo precio: *un paquete turístico* **3** (*Coloq*) Gran reto o dificultad que tiene que enfrentar alguien: "La reforma de la ley es un *paquete* para los diputados **4** *Darse alguien paquete* (*Coloq*) Presumir de algo: "*Se da mucho paquete* desde que se sacó la lotería".

paquidermo (*Zool*) **1** s m y adj Mamífero de piel gruesa, omnívoro o herbívoro, que tiene las patas hendidas con un número par de dedos, cubiertos cada uno por una uña (cuyo conjunto forma la pezuña), como el elefante, el cerdo, el hipopótamo, el rinoceronte o el jabalí **2** s m pl Grupo de estos animales.

par 1 s m Conjunto de dos elementos de la misma clase: *un par de zapatos, un par de medias, un par de bueyes* **2** adj y s m Que es igual a otra cosa: *el par de un guante* **3** *Sin par* Sin igual, único: *un artesano sin par, una belleza sin par* **4** *A la par* Al mismo tiempo, en la misma situación, sin distinción: *correr a la par, juzgar a la par,* "*A la par* que baila, toca el violín" **5** *De par en par* Completamente: *abrir la ventana de par en par.*

para prep **1** Señala el objetivo, fin, término o destino de una acción: "Trabaja *para* vivir", "Estudia *para* aprender", "Te ayudo *para* que acabes pronto" **2** Indica el lugar o el punto en donde termina la acción: "El tren va *para* Oaxaca", "Voy *para* mi casa", "Corrió *para* el fondo del patio" **3** Señala un plazo determinado: "Un pastel *para* el día de tu santo", "Termino el trabajo *para* la semana próxima", "10 minutos *para* las 5" **4** Indica la persona a la que está destinado algo: "Un regalo *para* el maestro", "Películas *para* niños", "Lo tomó *para sí*", "*Para nosotros* es lo mismo" **5** Indica la función de un instrumento o de otra cosa o el objetivo que se les da: "Lámpara *para* escritorio", "Agua *para* beber", "Alimento *para* pájaros", "Tierra *para* mace-

tas", "¿*Para* qué sirve un martillo?" **6** Indica también aquello en contra de lo cual actúa algo: "Pastillas *para* la tos", "Vacuna *para* el sarampión" **7** Señala la manera como alguien considera o juzga algo: "*Para* muchos países, el peor problema es el hambre", "*Para* la Ley, todos somos iguales" **8** Expresa cierta comparación o el modo de considerar algo en ciertas circunstancias: "Es alto *para* su edad", "No está mal *para* un principiante" **9** Señala la consecuencia de una acción: "*Para* colmo, se fue la luz", "*Para* su desgracia, descubrieron el fraude" **10** Señala aquello en lo que alguien tiene aptitud o capacidad: "Oído *para* la música".

parábola s f **1** (*Lit*) Relato alegórico del que se desprende una enseñanza moral o una verdad importante: *la parábola del hijo pródigo* **2** (*Geom*) Curva plana y abierta en la que la distancia de cualquiera de sus puntos a un punto fijo situado dentro de ella, su foco, es igual a la distancia que hay entre ese mismo punto de la curva y una recta situada fuera de ella, llamada directriz.

parabrisas s m sing y pl Vidrio inastillable que llevan al frente los automóviles para proteger del viento y la lluvia a sus pasajeros.

paracaídas s m sing y pl Dispositivo para frenar la caída de un cuerpo desde un avión, que consiste en una tela muy grande, ligera y resistente, sujeta por cuerdas a un arnés. Al desplegarse en el aire, la tela se extiende como una sombrilla y amortigua la caída: *lanzarse en paracaídas, tirarse en paracaídas.*

parada s f **1** Acto de parar o de pararse: *hacer una parada en el camino* **2** Momento y lugar en la ruta de un vehículo en donde se detiene por cualquier motivo o para dejar subir y bajarse a sus pasajeros: *la parada del camión* **3** *Hacer la parada* Hacer una seña con la mano al conductor de un autobús o al conductor de un automóvil para que se detenga.

paradigma s m **1** Ejemplo o modelo que se ha de imitar: *un paradigma de bondad, un paradigma de democracia* **2** (*Ling*) Conjunto de elementos lingüísticos asociados entre sí por relaciones de oposición que los estructuran y que se reconocen mediante sucesivas sustituciones de cada uno de ellos en un contexto fijo, que produzcan un cambio de significado; por ejemplo, el paradigma de la conjugación de un verbo terminado en *-ar* (como amar) en presente, se distingue del de la conjugación en pretérito por sus gramemas o desinencias: *am-o, am-as, am-a,* frente a *am-é, am-aste, am-ó...*; el paradigma de sufijos diminutivos en español se descubre manteniendo fijo el lexema o raíz y alterando sus gramemas finales: *pie-cito, pie-cecito, pie-cico, pie-cecillo, pie-cillo.*

parado 1 pp de parar **II** adj **1** Que está en posición vertical, derecho o hacia arriba: *árboles parados, estacas paradas, cabellos parados* **2** Que está de pie: *gente parada, un hombre parado* **3** *Caer uno parado* (*Coloq*) Ser bien recibido al presentarse en un lugar o al integrarse a un grupo: "El debutante David Silveti *cayó parado* ante la afición leonesa" **4** *Estar uno bien parado* (*Coloq*) Tener uno buenas relaciones con gente importante: "Mi tío *está muy bien parado* con el gerente" **5** *Quedar, salir bien o mal parado* (*Coloq*) Resultar favorecido o perjudicado en alguna situación: "*Quedó bien parado* en el sindicato" **III** adj Que está detenido, no se mueve, no funciona o no trabaja: *un motor parado, un coche parado, una fábrica parada, un reloj parado*.

paradoja s f **1** Figura retórica que consiste en afirmar al mismo tiempo dos cosas contrarias entre sí, como la siguiente: "Todo lo que afirmo es mentira" **2** Contradicción que se forma entre dos ideas, acontecimientos o acciones contrarios entre sí: "Continúa la *paradoja* de enorgullecerse del pasado indio de los mexicanos, pero seguirlos maltratando como en la época de la Colonia".

paradójico adj Que encierra una paradoja o la crea: "Es *paradójico* que, mientras más departamentos construyan, menos los quieran rentar".

paraestatal adj m y f y s f Que forma parte de los bienes del Estado, pero no del conjunto que maneja la administración pública: *una empresa paraestatal, trabajar en una paraestatal*.

paráfrasis s f Reelaboración de un relato o de un argumento, generalmente simplificándolo o abreviándolo: *una paráfrasis del Quijote*.

paraíso s m **1** Jardín maravilloso en el que colocó Dios a Adán y Eva después de crearlos, según la Biblia **2** (*Relig*) Lugar a donde irán las personas virtuosas después del Juicio Final, a gozar de la presencia de Dios, según el cristianismo **3** Cualquier lugar en donde uno se sienta muy bien y goce de amplia libertad: "Esta isla es un *paraíso*", *paraíso fiscal* **4** (*Melia azedarach*) Árbol de 9 m de altura o más, de hojas bipinadas, con hojuelas lanceoladas y aserradas, de flores aromáticas rosas o lilas en panículas, cuyos estambres se encuentran en un tubo, y una drupa amarillenta y translúcida con cuatro semillas como fruto; se cultiva en climas cálidos.

paraguas s m sing y pl Cubierta portátil para protegerse de la lluvia y de los rayos del sol, formada por un bastón del que salen varillas que pliegan o extienden una tela impermeable: "En tiempo de lluvias siempre carga su *paraguas*", "Vendía *paraguas* en el almacén", *abrir el paraguas*.

paraguayo adj y s Que es natural de Paraguay, que pertenece a este país hispanoamericano o se relaciona con él: *mate paraguayo*.

paralelamente adv Al mismo tiempo, en forma paralela: "Practica una técnica propia y *paralelamente* avanza en su investigación".

paralelepípedo s m (*Geom*) Cuerpo geométrico de seis caras, cada una de las cuales es igual y paralela a su opuesta.

paralelismo s m **1** Relación que hay entre dos líneas o dos planos paralelos **2** (*Lit*) Recurso poético que consiste en la repetición de una palabra, una frase o un concepto, para intensificar el sentido de un texto o darle cierto ritmo, como en: "Mañana me voy, mañana / mañana me voy de aquí...".

paralelo adj y s **1** (*Geom*) Tratándose de líneas o planos, que sus puntos están siempre a la misma distancia de los de otra línea o plano y nunca se cortan: *trazar una línea paralela, una calle paralela a otra* **2** s f pl Aparato de gimnasia que consiste en dos barras colocadas de esta forma **3** Que sucede o se desarrolla de manera semejante o al mismo tiempo que otra cosa: *vidas paralelas, fenómenos paralelos, un fraude sin paralelo* **4** s m (*Geogr*) Cada uno de los círculos imaginarios, paralelos al ecuador, que se utilizan como punto de referencia para determinar la latitud de un lugar en la Tierra.

paralelogramo s m (*Geom*) Cuadrilátero cuyos lados opuestos son paralelos entre sí, como el cuadrado y el rectángulo.

parálisis s f sing y pl **1** Falta de movimiento o de sensibilidad en alguna parte del cuerpo, o en todo, producida por una enfermedad: *parálisis de la cara*, "Sufre de *parálisis* en las piernas" **2** *Parálisis cerebral infantil* Enfermedad producida por la falta de desarrollo de una porción de la médula espinal; se caracteriza por espasmos y falta de control muscular **3** *Parálisis general progresiva* Enfermedad progresiva de origen sifilítico que se caracteriza por la debilitación de la inteligencia y la movilidad, produce demencia y provoca la muerte **4** *Parálisis infantil* Poliomielitis.

paralítico adj Que sufre parálisis, particularmente en las piernas: "Podría quedar *paralítico*".

paralizar v tr (Se conjuga como *amar*) **1** Producir parálisis: "El golpe le *paralizó* el brazo" **2** Detener por completo el movimiento o la actividad de algo o de alguien: *paralizar el tráfico, paralizar la economía* **3** Dejar inmóvil a alguien una emoción fuerte: "El miedo la *paralizó*".

paramédico s Persona que tiene estudios suficientes de medicina como para impartir los primeros auxilios a un accidentado.

parámetro s m (*Mat*) Magnitud a la que se asigna un valor constante, de la cual depende una función, una ecuación o una expresión matemática.

paranoia s f (*Psi*) Estado de desorden mental o de psicosis crónica, caracterizado por delirios fijos o constantes, como el de persecución o el de grandeza, y la tendencia a sobreinterpretar las cosas.

parar v tr (Se conjuga como *amar*) **I 1** Poner algo o a alguien verticalmente: *parar una viga, parar un anuncio, parar a un enfermo* **2** *Parar la oreja* (*Coloq*) Ponerse alerta para escuchar algo: "¡*Para la oreja*, a ver si se entera de quién ganó el premio!" **3** *Parar la trompa* (*Coloq*) Fruncir los labios para dar un beso o como gesto de enojo **4** *Parársele a uno* (*Popular*) Tener un hombre una erección del pene **5** *Pararse el cuello con algo* (*Coloq*) Tener algo que presumir: "Con tantos libros, El Colegio puede *pararse el cuello*" **II 1** prnl Ponerse de pie: *pararse de la mesa, pararse de la cama, pararse ante los mayores* **2** *Pararse de puntas* (*Coloq*) Ponerse de pie sobre las puntas de los dedos, para alcanzar algo o para ver mejor **3** Preparar alguna cosa para algo: *parar un gran equipo de basquetbol* **III 1** Dejar de moverse o de actuar algo, o impedir que siga moviéndose: *parar una máquina, pararse un reloj, parar de llover, parar de hablar, parar un tren* **2** intr Hacer un alto alguna cosa o alguna persona cuando se mueve: "El autobús *para* en la esquina", *parar en un puesto de periódicos* **3** intr Quedarse alguien por cierto tiempo en algún lugar cuando está de viaje: *parar en un hotel, parar en la casa de un amigo, parar en Morelia* **4** *Parar de contar* (*Coloq*) Expresión con que se termina una enumeración, cuando se quiere resaltar su limitación: "Me regalaron un libro, una caja de chocolates y *para de contar*" **5** *Parar la cosa* (*Coloq*) Terminar algo: "Dejaron de pelear, se disculparon mutuamente y ahí *paró la cosa*" **6** *Ir a parar* (*Coloq*) Llegar algo o alguien a cierto lugar o alcanzar cierta situación: "Nos equivocamos de camino y *fuimos a* *parar* a Chalma", "Los policías son los asaltantes; ¡a dónde *iremos a parar*?" **7** Impedir que algo continúe su acción: *parar un golpe, parar un levantamiento* **8** intr Llegar algo o alguien a cierto estado o situación, como final de un recorrido o un esfuerzo: *parar en la cárcel, ir a parar en manos ajenas, parar en director de una compañía.*

pararrayos s m sing y pl Varilla metálica terminada en punta y unida a tierra o al agua mediante algún conductor eléctrico, que se pone en lo alto de las construcciones o de los barcos para recibir las descargas de los rayos y eliminarlas sin que causen daño.

parasitismo s m **1** Propensión de ciertas plantas, ciertos animales o ciertos órganos a alojar parásitos y permitir que se desarrollen **2** Tendencia de ciertos grupos sociales o de ciertos organismos a permitir que haya quien viva de ellos sin trabajar ni participar en sus responsabilidades.

parásito s m y adj **1** Organismo animal o vegetal que, por su naturaleza, vive a expensas de otro organismo vivo del que obtiene directamente sus nutrientes. Algunos viven dentro de su huésped y otros sobre su superficie: *tener parásitos,* "Estos *parásitos* causan graves daños a la ganadería", *lombrices parásitas, planta parásita* **2** Persona o grupo de personas que viven de otra o de otras sin aportar ningún beneficio y sin cumplir con obligación alguna: "Es un *parásito* de su familia", *parásito social* **3** Ruido que perturba o interfiere señales radiofónicas.

parcela s f **1** Extensión pequeña de terreno que forma parte de una división territorial mayor, generalmente de un ejido **2** Terreno agrícola que mide generalmente entre una y tres hectáreas, según la ley.

parcial adj m y f **1** Que comprende, considera, abarca, etc sólo una parte o un aspecto del todo: *pago parcial, reparación parcial, parálisis parcial* **2** Que juzga o procede de manera injusta, que se deja llevar por predilecciones infundadas, que no es equitativo: *crítica parcial, resolución parcial.*

parcialidad s f Opinión, actitud, etc en la que se manifiesta una predilección o un rechazo infundados por algo o por alguien, o juicio, comportamiento, etc que busca favorecer o perjudicar a alguien en forma injusta: "La *parcialidad* del jurado provocó las protestas del público", "Para evitar cualquier posible *parcialidad* de los árbitros…".

parcialmente adv De manera parcial, en parte, con parcialidad o sin justicia ni equidad: *parcialmente cierto, cumplir parcialmente, juzgar parcialmente.*

parche s m **1** Pedazo de tela, cuero u otro material, que se cose o se pega a otro para cubrir un agujero, alguna imperfección o como adorno: *pegar un parche, poner un parche* **2** Pedazo de gasa u otra tela limpia y absorbente que se pone encima de una herida para protegerla y ayudar a que sane **3** Compostura o remiendo que se hace a alguna cosa **4** *¡Ojo al parche! (Coloq)* Atención, cuidado con lo que está haciendo: "El ácido es muy venenoso, *¡ojo al parche!*" **5** *Sacarle al parche (Popular)* Sentir miedo a algo y no querer enfrentarlo: "Lo retó el campeón, pero *le sacó al parche*" **6** *Pegar el parche (Popular)* Conseguir alguna cosa o lograr alguien sus propósitos mediante engaños: "Quiso entrar a la asamblea diciendo que era periodista, pero no *pegó su parche*" **7** Cada una de las dos piezas de cuero de un tambor, en donde se golpea.

pardo adj **1** Que es de color oscuro y opaco, predominando café o gris, como la tierra: *una gatita parda, ojos pardos* **2** Que es sospechoso, sin definición clara: *pardas intenciones.*

parecer[1] v copulativo o predicativo (Se conjuga como *agradecer*, 1a) **1** Tener algo o alguien cierto aspecto o apariencia, producir la impresión de ser de cierta manera: *parecer listo, parecer tonto, parecer bueno, parecer fácil* **2** prnl Tener algo o alguien un aspecto o una apariencia semejante al de otra cosa o al de otra persona: *parecerse a su abuelo, parecerse a Acapulco* **3** Resultar algo o alguien de cierto aspecto o apariencia conocidos o experimentados por uno (Solamente en tercera persona): "Me *parece* sencillo de copiar", "Me *pareció* que lo había visto antes" **4** *Según parece, parece que, a lo que parece* Por lo que se ve, como se observa, por lo que se sabe: "*Según parece* hoy no vendrá nadie", "*Parece que* llueve", "*A lo que parece* la tormenta fue muy fuerte".

parecer[2] s m Opinión o juicio que tiene una persona acerca de otra o de alguna cosa: "Dio su *parecer* sobre el asunto", "Coincidieron todos los *pareceres* sobre esa secretaria", *tomar el parecer.*

parecido I pp de *parecer* **II 1** adj Que se parece o es similar a otro: "Es muy *parecido* a su padre", "A mí me pasó algo *parecido*", "Julia y Leonor son muy *parecidas*" **2** s m Carácter de semejanza entre personas o cosas: "El *parecido* entre ustedes es asombroso", "Hay cierto *parecido* entre los dos escritores" **3** *Bien* o *mal parecido* De buena o mala apariencia física, atractivo o guapo: *un joven bien parecido, una alumna bien parecida,* "No es guapa, pero no tiene *mal parecido*".

pared s f **1** Obra de albañilería que se levanta del suelo hasta una altura generalmente superior a la de las personas, hecha de adobe, ladrillo, piedra, madera, etc, que sirve para dividir un cuarto de otros, proteger una zona de una casa del clima, o sostener un techo: *las paredes de una casa, reloj de pared* **2** Cualquier división o envoltura de una cavidad u órgano: *las paredes de la nariz, las paredes del intestino.*

paredón s m **1** Pared alta y gruesa **2** Corte vertical de la ladera de una montaña **3** Pared frente a la cual se fusila a un condenado a muerte: "Una descarga cerrada / estremeció el *paredón*" **4** *Enviar o condenar a alguien al paredón* Sentenciarlo a muerte.

pareja s f **1** Conjunto formado por dos personas o cosas que se complementan, son semejantes o tienen alguna relación entre sí, como macho y hembra, hombre y mujer, etc **2** Cada uno de los miembros de ese conjunto con respecto al otro: *tener pareja, ser pareja de baile, la pareja de un calcetín.*

parejo adj **I 1** Que es uniforme, liso, que no tiene desniveles ni desigualdades: *un piso parejo, una pared pareja, una altura pareja, un color parejo,* "¡Pa qué tanto brinco, estando el suelo *parejo*!" **2** Que es igual, equivalente o proporcional: "Las leyes deben ser *parejas* para todos", *una cuota pareja, una exigencia pareja* **3** Que está equilibrado, que los elementos que lo conforman o intervienen en él son de la misma calidad o lo hacen bajo las mismas condiciones: *un juego muy parejo, un matrimonio parejo* **II** Que se comporta o actúa igual con todos; que es justo e imparcial: "Siempre fue muy *pareja* con sus hijos", "Es un hombre leal y *parejo*" **III** adv **1** De manera uniforme, igual u homogénea: *jugar parejo, pintar parejo, estar parejo* **2** *Al parejo* En la misma proporción, cantidad o fuerza; con el mismo esfuerzo: "Cantaban *al parejo* con el coro", "Gastamos todos *al parejo*" **3** *Por parejo* Por igual, en la misma proporción: "Repartieron premios *por parejo*" **4** *Jalar parejo* (*Coloq*) Participar en algo en la misma medida que los demás, con solidaridad y compromiso: "La gente *jaló parejo* con los donativos", "A la hora de los problemas, *jala parejo* con su familia" **5** *Ser parejo* (*Coloq*) Ser justo e imparcial: "Hay que *ser parejo*: o todos coludos o todos rabones" **6** *Agarrar parejo* (*Coloq*) Aceptar o tomar cualquier cosa, sin seleccionar ni distinguir su valor, su belleza o su calidad: "La policía *agarró parejo* y se llevó a todos a la delegación", "Es de los que *agarran parejo*, le gustan feas o bonitas" **7** *Poner parejo a alguien* (*Coloq*) Regañarlo o golpearlo: "Lo encontró robando y lo *puso parejo*".

parentesco s m **1** Relación que existe entre los que pertenecen a una misma familia: *parentesco cercano*, "¿Qué *parentesco* tienes con ella?" **2** (*Der*) Vínculo jurídico que existe entre las personas que descienden de un mismo padre (*parentesco de consanguinidad*); entre el marido y los parientes de su esposa, entre la esposa y los parientes de su marido (*parentesco de afinidad*), y entre los padres adoptivos y la persona adoptada (*parentesco civil*) **3** *Parentesco espiritual* (*Relig*) Entre los católicos, el que contrae con sus padrinos y con el que lo bautiza, la persona que recibe el bautismo; el de la persona que recibe la confirmación con su padrino **4** Relación entre dos cosas que tienen un origen común: *el parentesco entre la lengua española y la francesa*.

paréntesis s m sing y pl **1** Signo de puntuación formado por dos rasgos curvos u opuestos ( ) empleado para encerrar una oración, frase o construcción que se intercala en otra sin alterar su significado ni su sintaxis, para dar una explicación breve, remitir a otro escrito o a otra parte del mismo, etc; a veces se emplea sólo el segundo rasgo, para separar los números, letras, etc que sirven para ordenar una clasificación o una enumeración (Véase "Signos de puntuación", p 34) **2** Enunciado que se intercala en otro mayor y funciona como una explicación, referencia, etc de éste **3** Interrupción de algo por cierto tiempo: "Se hizo un *paréntesis* en la conversación".

pargo s m Pez de la familia de los lutiánidos y de varias especies, algunas de las cuales alcanzan más de 1 m de largo; su carne es comestible y muy apreciada por su sabor; habita en aguas del Golfo y del Pacífico, principalmente cerca de los arrecifes.

paria s m y f Persona que pertenece a la casta más baja, en la sociedad de la India que sigue la religión de Brahma **2** Persona a la que se excluye de toda relación social por considerarla inferior o indigna de un trato recíproco: *vida de paria*, "Se convirtió en una *paria* lamentable".

paridero s m Lugar que en un rancho o finca ganadera se reserva a las hembras que están próximas a parir para que ahí den a luz.

pariente s m y f Respecto a una persona, otra que pertenece a su misma familia: *invitar a los parientes*, *tener muchos parientes*, "Una de sus *parientes* le arregló el asunto", *pariente lejano*.

parietal adj m y f **1** (*Biol*) Que pertenece a la pared de un órgano o se relaciona con ella **2** s m y adj m (*Anat*) Cada uno de los dos huesos planos que conforman la región media y superior del cráneo; están situados detrás del hueso frontal, delante del occipital y encima de los temporales **3** (*Anat*) Que se relaciona con estos huesos o con la región del cráneo que ocupan: *lóbulos parietales*.

parir v tr (Se conjuga como *subir*; generalmente no se usa la primera persona del singular del presente de indicativo) **1** Realizar la hembra de los vivíparos la función natural o inducida de dilatación del cuello uterino y expulsión de una o varias crías y sus placentas; dar a luz: "*Parirá* antes de la fecha indicada", "Alicia *parió* gemelos sin mucho dolor", "La vaca ya *parió*", "Inés *parió* una niña lindísima" **2** *Poner a parir a alguien* Hacer que alguien se encuentre en dificultades: "*Me pusieron a parir* con ese examen de anatomía".

parlamentario 1 adj Que pertenece al parlamento o se relaciona con él: *sesión parlamentaria, un régimen parlamentario* **2** s Cada uno de los miembros de un parlamento: "En nombre de los *parlamentarios* mexicanos, el diputado Peraza agradeció la atención" **3** s Persona que ha sido designada oficialmente para pactar algún asunto de gran importancia con un bando contrario o con el enemigo: "Envió *parlamentarios* con el general Taylor para demandarle la rendición" **4** adj Que se relaciona con asuntos de esa clase: *una misión parlamentaria*.

parlamento¹ s m **1** Asamblea formada por un grupo de personas elegidas democráticamente por sus conciudadanos, que tiene a su cargo el ejercicio del poder legislativo: "El *parlamento* aprobó la ley de protección al ambiente", "Estas propuestas se discutirán en el *parlamento*" **2** Lugar donde se reúne esta asamblea: "Los inconformes tomaron el *parlamento*".

parlamento² s m Cada una de las frases, oraciones o textos que dice un actor en una representación teatral o que le corresponde a cada personaje en una obra dramática: "A Laura se le olvidó su *parlamento* y tuvo que improvisar", *los parlamentos de Otelo, memorizar un parlamento*.

parnasianismo s m (*Lit*) Movimiento poético francés de la segunda mitad del siglo XIX, que se caracteriza por su oposición al intimismo romántico y se inclina por una poesía culta e impersonal, la búsqueda de una armonía plástica del poema y de una factura impecable. Entre sus adeptos destacan: Théophile Gautier, Charles Baudelaire, Paul Verlaine e incluso Stéphane Mallarmé.

paro s m **1** Interrupción o suspensión súbita de la actividad de alguna cosa: *un paro cardiaco, un paro respiratorio* **2** Suspensión temporal del trabajo en una empresa, como señal de protesta por parte de sus trabajadores: *un paro de protesta, un paro laboral, un paro nacional de universitarios* **3** (*Caló*) Ayuda que da un cómplice al carterista, para distraer a su víctima: *hacer el paro*.

párpado s m Piel delgada y movible que cubre el ojo del ser humano y de la mayoría de los vertebrados, excepto los peces y algunos reptiles: *cerrar los párpados*, "Chato y de *párpado* caído".

parque s m **1 1** Terreno de cierta extensión, sembrado con árboles, flores y pasto, a veces con fuentes y estatuas, dedicado al descanso, el placer y la distracción: *parque público, el parque de un palacio* **2** *Parque zoológico* Terreno en donde se cuidan y exhiben animales de diferentes especies, particularmente los salvajes: *ir al parque zoológico* **3** *Parque nacional* Zona de alguna región del país cuya flora y fauna se protege de la acción del ser humano para conservar sus especies y sus condiciones de vida **II 1** Lugar dedicado al almacenamiento de instrumentos, herramientas y materiales de una actividad particular: *parque de ferrocarriles, parque de intendencia, parque de artillería* **2** Conjunto de las balas y las municiones de que dispone un ejército o un grupo de soldados: "Si el general Anaya hubiera tenido *parque*, los invasores norteamericanos no habrían vencido en Churubusco".

párrafo s m Parte o división de un escrito con sentido propio y que se separa del resto con un punto y aparte: "Ese capítulo tiene diez *párrafos*".

parrilla s f **1** Rejilla de hierro, con o sin patas, que se pone sobre la lumbre para asar alimentos: *chuletas a la parrilla, pescado a la parrilla* **2** *Parrilla eléctrica* Plataforma dotada de una resistencia en su superficie, que al calentarse sirve para cocinar o calentar alimentos **3** Rejilla de diversos materiales, que sirve como protección al radiador de un coche **4** Armazón que se instala en el techo de un choche y que sirve par llevar bultos o maletas **5** Rejilla de alambre o varilla con que se arma una losa ligera de un techo **6** *Parrilla de salida* Cuadrícula pintada sobre el pavimento de una pista de carreras, en donde se colocan los competidores para iniciar su carrera.

párroco s m Sacerdote que tiene a su cargo una parroquia.

parroquia s f **1** Iglesia o templo en el que se proporcionan servicios religiosos a los habitantes del territorio que queda bajo su jurisdicción y que se encuentra a cargo de un sacerdote: "La doctrina la imparten los sábados en la *parroquia*" **2** Territorio o distrito que está bajo la jurisdicción de una iglesia y conjunto de fieles que habitan en él: "Se organizaron para hacer obras de caridad en su *parroquia*".

parsec s m (*Astron*) Unidad de medida de distancias estelares, correspondiente a 3.26 años luz y equivalente a 206 265 veces la distancia que hay entre la Tierra y el Sol.

parte s f l **1** Cierta cantidad de algo mayor, determinada o indeterminada, que se toma, se da, se separa o se divide de ello: *una parte de una manzana, parte del pueblo, parte del tiempo, parte del dinero, una gran parte de los regalos, parte de una herencia* **2** Cierta región, lugar, zona o punto de la Tierra o del universo: *una parte de América, parte de la selva, algunas partes de la ciudad, en partes del camino, parte del cielo, en la parte más profunda del mar* **3** *De parte a parte* De un lugar a otro, de un lado al otro, de un extremo a otro: "Los viajeros cruzaron México *de parte a parte*" **4** Cierto aspecto, característica, lado o matiz de algo o alguien: *la parte trasera, la parte alta, una parte bella, las partes interesantes, una parte de un prisma, parte del carácter* **5** *En parte* De manera incompleta, no del todo: "Esa ciudad es bonita *en parte*", "*En parte* sí me gusta estudiar biología" **6** *Parte por parte* Con detenimiento y orden, tomando en cuenta todos los elementos, sin dejar de considerar nada: "Resuelve el problema *parte por parte*", "Fuimos buscando la solución *parte por parte*" **7** *Por partes* Separando o considerando con cuidado uno a uno los elementos de algo: *limpiar la casa por partes, revisar el trabajo por partes, ir por partes* **8** *Ser algo o alguien parte de* Pertenecer a un conjunto mayor o constituirlo junto con otros elementos: "*Somos parte* del pueblo mexicano", "Estos tornillos *son parte* del motor" **9** Cada una de las personas o agrupaciones que tiene que ver o que participa en algo común a ellas: *la parte acusadora, un acuerdo entre las partes* **10** *Tomar parte* Entrar en un asunto común a varios, estar presente y actuar en alguna cosa junto con otros: *tomar parte en las decisiones, tomar parte en la conversación, tomar parte en el delito* **11** *Ponerse de parte de alguien o de algo* Apoyar a una persona, contribuir a sostener alguna cosa cuando hay otras que participan en el mismo acto o el mismo asunto: *ponerse de parte de los débiles, ponerse de parte de la ley, ponerse de parte de sus amigos* **12** *De parte de* Por encargo o petición de, a nombre de: "Le envían esta gallina *de parte de* don Zenón", "Vine a hablarte *de parte de* tu novio", "¿*De parte de* quién?" **13** *Hacer alguien lo que esté de su parte* Hacer lo que debe, le corresponde o lo que puede: "*Hemos hecho todo cuanto estaba de nuestra parte* para complacerlos" **14** Cada uno de los personajes de una obra de teatro, cine, televisión o radio, que toca representar a un actor: "Tú haces la *parte* de don Juan, tú la de doña Inés y tú la de don Luis" **15** Cada uno de los fragmentos musicales de una obra, que corresponde tocar a un músico: *la parte del corno, la parte del violín* **II** s m **1** Noticia que da regularmente una persona a su superior acerca del desarrollo de algo, especialmente entre militares: *un parte de guerra, los partes del frente, un parte de sin novedad* **2** Escrito con el cual se comunica algún acontecimiento a quien corresponde conocerlo: *un parte médico, un parte oficial* **3** *Dar parte* Avisar algo a quien corresponde saberlo para que actúe: *dar parte a la Cruz Roja, dar parte de un accidente* **III** *Partes de la oración* (*Gram*) Cada una de las distintas clases de palabras en que la gramática tradicional clasifica los signos que intervienen en una oración, de acuerdo con ciertos criterios, sea por la forma que tienen, por la función que desempeñan en ella o por el significado que portan. Como la clasificación proviene de la gramática griega y se ha venido discutiendo y modificando durante siglos, tiene algunas variantes: para la Academia de la Lengua son nueve: artículo, nombre, adjetivo, pronombre, verbo, adverbio, preposición, conjunción e interjección; para Andrés Bello, el gran gramático del siglo XIX, son siete: sustantivo, adjetivo, verbo, adverbio, preposición, conjunción e interjección (el artículo y el pronombre pasan a definirse entre los nombres, sustantivos o adjetivos). Cada clasificación hecha implica una doctrina gramatical que la fundamente.

partero s Persona que se dedica a asistir a las mujeres en el parto, capacitada para ello profesionalmente o por la experiencia tradicional: *un médico cirujano partero, una partera empírica*.

participación s f **1** Acto de participar: *participación en una reunión, participación de un sentimiento, participación de matrimonio* **2** Tarjeta generalmente impresa en la que se da a conocer algo a familiares y amigos: *una participación de boda, enviar las participaciones*.

participante adj y s m y f Que participa en alguna cosa: *las delegaciones participantes, los maestros participantes, los participantes en el torneo.*

participar v intr (Se conjuga como *amar*) **1** Tener o tomar uno parte en alguna cosa: *participar en un concurso, participar en un negocio* **2** Tener alguien algo en común con otra persona: *participar de una opinión, participar de la alegría* **3** tr Hacer saber a otra persona alguna cosa, generalmente con cierta formalidad: *participar una noticia,* "Le *participamos* nuestra nueva dirección en la que…".

participio s m (*Gram*) Forma no personal del verbo, que puede tener carácter verbal, adjetival y aun de sustantivo. Se divide históricamente en *participio pasivo* o *pasado* y *participio activo* o *presente.* El primero se forma con los sufijos -*ado* para los verbos de la primera conjugación e -*ido* para los de la segunda y la tercera conjugación: *amado, comido, subido.* Algunos se forman de manera irregular, con los sufijos -*to*, -*so* y -*cho*: *roto, visto, impreso, dicho,* etc. El *pasivo* forma los tiempos compuestos de la conjugación: *he amado, he comido, he subido,* así como ciertas perífrasis: *estar cansado, ir dormido.* Con el verbo *ser* forma oraciones pasivas: "El libro *fue publicado*", "La manzana *fue cortada*". Tiene valor adjetivo en casos como: *la niña consentida, un mueble roto, una cara lavada*; y sustantivo en *partido, amada, vista,* etc. Tanto en sus usos perifrásticos como en sus valores adjetivo o sustantivo, tiene flexión de número y género. El *participio activo* se formaba con los sufijos -*ante* para los verbos terminados en -*ar*, -*iente* para los terminados en -*er*, -*ir*. Todos se han convertido en adjetivos y sustantivos, como: *amante, humeante, doliente, teniente, sirviente, oyente,* etcétera.

partícula s f **1** Parte muy pequeña de algo: *una partícula de polvo, una partícula de oro* **2** (*Fís*) Parte muy pequeña de materia, como el átomo, la molécula, etc **3** *Partícula elemental* (*Fís*) La que no se puede considerar como divisible, sino unitaria, como el mesón y el quark **4** (*Gram*) Parte invariable de la oración, especialmente la conjunción y la preposición.

particular adj m y f **1** Que es propio de una sola persona o de un solo grupo, de su carácter, interés o pertenencia, de su uso o provecho exclusivo: *vida particular, gusto particular, asunto particular, coche particular,* "Por las tardes toma clases *particulares*", *fiesta particular, colegio particular* **2** Que es diferente o extraño, que no tiene las características propias del género, clase, etc al que pertenece o del modelo con el que se compara: *un comportamiento muy particular, una historia particular, un sabor particular* **3** Que es específico: *una cuestión particular, un tema particular* **4** s m Tema o asunto del que se trata: "Y sobre este *particular* dijo: …" **5** *En particular* Especialmente, con la atención puesta en cierto asunto: "Esta obra se interesa *en particular* por el español mexicano".

particularidad s f Circunstancia, rasgo o detalle que caracteriza a algo o a alguien y que lo hace original: "Sustancias que tienen la *particularidad* de no diluirse en agua", "Conservó las *particularidades* que le había heredado su padre".

particularizar v tr (Se conjuga como *amar*) **1** Distinguir o caracterizar algo o a alguien por ciertos rasgos peculiares: "Eso es lo que *particulariza* la obra de los muralistas" **2** Referirse a un caso determinado: "Podría haber hablado en general, sin *particularizar*" **3** Describir o precisar algo con detalle: "Me habló de su enfermedad sin *particularizar*".

particularmente adv De manera particular o específica, en especial: *un ejemplo particularmente elocuente,* "La contaminación afecta *particularmente* a los niños y a los ancianos".

partida¹ s f **1** Acto de partir algo en pedazos **2** *Partida de madre* (*Groser*) Derrota a golpes o moralmente, que le inflige una persona a otra: "Te voy a dar una *partida de madre* de la que te acuerdes toda tu vida".

partida² s f **1** Acto de partir alguien hacia alguna parte: *la partida de una expedición* **2** Grupo pequeño de personas armadas que recorren alguna región persiguiendo ciertos fines: *una partida de soldados, una partida de cuatreros* **3** Registro civil o eclesiástico de nacimiento, bautizo, matrimonio o defunción; acta **4** Cada uno de los apartados o tipos de gastos de un presupuesto financiero: *la partida de maquinaria, la partida de sueldos* **5** Cada cantidad de una mercancía que se entrega junta: *una partida de aceite, una partida de trigo* **6** Cada una de las veces en que se juega algún juego de salón, como el ajedrez, el dominó, etc **7** *Jugarle a alguien una mala partida* Causarle daño, perjudicarlo con algún acto voluntario o involuntario.

partidario adj y s **1** Respecto a ciertas ideas, acciones, etc, que está de acuerdo con ellas, las considera buenas, las sigue o las defiende: *partidario de la democracia,* "No es *partidario* de la violencia", "Ellas son *partidarias* de repartir las ganancias" **2** Que pertenece a un partido político o se relaciona con él: *militancia partidaria, ideología partidaria.*

partido I pp de *partir* II **1** s m Agrupación de personas con los mismos intereses, opiniones o aficiones: "Tú eres de mi *partido*", "Somos del *partido* de los madrugadores" **2** *Tomar partido* Decidirse por alguna cosa, luchar por ella o defenderla: *tomar partido en una discusión,* "Tomo *partido* por los intereses nacionales" **3** *Partido político* Organización de ciudadanos que comparten la misma ideología y el mismo conjunto de valores políticos y que luchan por tomar o conservar el poder **4** *Sacar partido* Sacar ventaja o provecho de alguna cosa o hacer que rinda más: "Es difícil *sacar partido* del salario", "Podrías *sacar partido* de esos conocimientos" **5** *Tener partido alguien* Tener una persona varios admiradores o pretendientes: "¿Cómo hará Rosita para *tener* tanto *partido*?" **6** *Ser alguien un buen partido* Tener alguien suficiente preparación y dinero como para suponerse que ofrece a otro una vida matrimonial segura III s m Cada una de las competencias o de los juegos que llevan a cabo los participantes en ellos, de acuerdo con ciertas reglas: *un partido de futbol, un partido de tenis, un partido de ajedrez* IV s m Raya del pelo.

partir¹ v tr (Se conjuga como *subir*) **1** Hacer de algo varias partes: *partir una naranja, partir un lápiz, partir una propiedad, partir en dos, partir en pedazos* **2** Abrir en pedazos alguna cosa con un arma, una herramienta o un golpe violento: *partir un coco, partir una piedra, partirse la cabeza* **3** Abrir algún fruto de cáscara dura: *partir nueces, partir un pistache*

4 En ciertos juegos de cartas, levantar una parte de la baraja y ponerla debajo del resto para acabar de barajarla e iniciar un juego; cortar.

partir² v intr (Se conjuga como *subir*) **1** Irse una o varias personas de algún lugar para otro: "*Partirán* de Ciudad Juárez hacia Tapachula", "Cortés *partió* de Cholula para conquistar Tenochtitlán", "*Partió* sin avisar" **2** Tener alguna cosa su principio en cierto momento: "Nuestro trabajo *parte* de 1972" **3** Tomar un hecho, un acontecimiento o una proposición como base para una discusión, un análisis, una decisión, etc: "Si *partimos* de que la Tierra no es plana...", "*Parte* de que no quiere engañarte" **4** *A partir de* Desde; tomando en consideración: "*A partir de* 1810, México es independiente", "*A partir de* lo que se sabe, no es posible sacar una conclusión".

partitivo adj (*Gram*) Tratándose de sustantivos o adjetivos, que expresa una parte determinada de un todo; va seguido de la preposición *de* que introduce el todo del cual se toma una parte: *la mitad del pan, un cuarto de litro, la tercera parte de un libro, un poco de agua, alguno de los niños, ninguno de nosotros, muchos de ellos, ¿cuál de todos?, cualquiera de los niños*, etcétera.

partitura s f Texto completo de una obra musical: *leer una partitura*, "Dirigió el concierto sin *partitura*", *una partitura de Eduardo Mata*.

parto s m **1** Acto de parir: *atender el parto, trabajo de parto*, "El *parto* de Sofía fue psicoprofiláctico", *parto prematuro* **2** *Mal parto* Aquel en el que se produce la pérdida o muerte del feto o los productos de la concepción, generalmente ocurrido antes de la fecha probable del nacimiento normal; aborto: "Mi tía murió de un *mal parto*", "Ella tuvo un *mal parto*".

parúlido (*Zool*) **1** s m Ave pequeña, de cuerpo esbelto y pico delgado, que tiene plumas de colores brillantes y variados; hace sus nidos en los árboles y se alimenta de insectos, como el verdín y el arriero **2** s m pl Familia de estas aves.

parvada s f **1** Conjunto de aves que vuelan juntas: *una parvada de pericos, una parvada de zanates, una parvada de palomas* **2** (*Rural*) Conjunto numeroso de aves de corral: *una parvada de pollos*.

pasa s f Uva seca que ha sido desecada al sol o artificialmente para su consumo; pasita.

pasada s f **1** Acto de pasar: *la pasada del río, la hora de pasada del tren* **2** Cada aplicación de algo a otra cosa: *una pasada de pintura, una pasada de barniz* **3** *De pasada* Sin detenerse mucho tiempo en alguna parte, o de manera que se aproveche el ir a hacer algo para otra cosa: "Te iré a ver aunque sólo sea *de pasada*", "Si vas al centro, *de pasada* compra los libros" **4** *Jugar a alguien una mala pasada* Hacer algún daño o mal a alguien: "Le jugaron una *mala pasada* y no le dieron su dinero".

pasado I pp de *pasar* **II** adj **1** Que ha sucedido, que ya terminó, que es inmediatamente anterior a hoy o a lo que es actual: "Todo tiempo *pasado* fue mejor", *la vida pasada, la noche pasada, el año pasado* **2** s m Tiempo que ya sucedió o terminó y las cosas que ocurrieron en él: *el pasado de la humanidad, el pasado de una vida, mirar al pasado, las enseñanzas del pasado* **3** s m (*Gram*) Pretérito (Véase "Uso de los tiempos verbales", p 23) **4** Que ya no es actual, que ha sido superado o ha perdido importancia: *una noticia pasada, una teoría*

pasada, un sistema pasado **5** Que está echado a perder o que ha perdido su consistencia, principalmente los alimentos: *una fruta pasada*.

pasador s m **1** Cerrojo sencillo, que consiste en una barra de hierro que pasa a través de dos grapas, puestas en la hoja de la puerta, o que penetra en un agujero del marco **2** (*Mec*) Varilla que sirve de eje en las bisagras o charnelas, o en los eslabones de ciertos tipos de cadenas **3** Gancho pequeño, que consiste en una lámina delgada de metal doblada en dos, cuyas puntas se tocan, que sirve para sujetar un mechón de pelo **4** (*Mar*) Instrumento de madera, de hueso o de fierro, de forma cónica, que sirve para abrir los cordones de los cabos cuando se empalman unos con otros **5** En el jaripeo, animal que corre velozmente.

pasaje s m **1** Dinero que paga una persona para hacer uso de un transporte y boleto que se da como comprobante de ese pago o para tener derecho a ser transportado: "De *pasaje* son más de $1000", "Los niños mayores de tres años pagan pasaje", "Olvidé mi *pasaje*" **2** Conjunto de personas que viajan en un vehículo: *tratar bien al pasaje*, "El *pasaje* lleva dos horas esperando" **3** Callejón o paso estrecho que va de un lugar a otro o que comunica dos casas, dos habitaciones, etc: "El *pasaje* está lleno de locales comerciales", "La casa tiene muchos *pasajes* secretos" **4** Parte de una composición literaria o musical: "El *pasaje* que alude a la vida de Jesús", *pasajes de influencia budista*, "Interpretaron *pasajes* variados de la obra de Ponce".

pasajero 1 adj Que dura poco tiempo, pasa con rapidez o tiene una presencia breve: *una molestia pasajera, una ilusión pasajera, un amor pasajero* **2** s Persona que viaja o se transporta en un vehículo sin conducirlo o sin trabajar en él: *los pasajeros del tren*, "Los *pasajeros* del vuelo...", "Las *pasajeras* del barco hicieron amistad".

pasamanos s m sing y pl Tira de madera, varilla gruesa o tubo de metal que se coloca al lado de una escalera y a la altura de las manos, para servir de ayuda al subir o bajar.

pasante 1 s m y f Persona que ha cursado y aprobado todas las materias requeridas para una licenciatura o un posgrado, pero no ha presentado todavía su examen profesional o de grado: *un pasante de derecho, pasantes de doctorado* **2** s m y adj m (*AltiC*) Papel carbón.

pasaporte s m **1** Documento que expide una autoridad gubernamental a una persona para que pueda viajar al extranjero: *sacar el pasaporte, refrendar el pasaporte*, "Se identificó con un *pasaporte*" **2** *Dar pasaporte a alguien* (*Coloq*) Echarlo de algún lugar o correrlo de algún sitio.

pasar v tr (Se conjuga como *amar*) **I 1** Hacer que algo o alguien deje de estar en algún lugar o situación para que esté en otro: "*Pasa* esos libros de la caja al librero", "*Pasaron* al inspector de la zona norte a la sur", "*Pásate* a mi lado" **2** intr Dejar de estar algo o alguien en alguna parte o en alguna situación para estar en otra: "El niño *pasó* a segundo de primaria", "*Pasó* a primer lugar" **3** Hacer llegar o dar algo a alguien: *pasar la voz, pasar la noticia, pasar la cuenta*, "*Pásame* la sal" **4** Proyectar o transmitir algo como una película, un programa de televisión, etc: "A las siete *pasan* el noticiero" **5** Contagiar una enfermedad o provocar que alguien sienta, sufra, etc algo que uno tiene: *pasar la tosferina, pasar el miedo, pasar la mala suerte* **6** *Pasar a mejor vida* Morirse: "Su padre ya *pasó a mejor vida*" **7** (*Popular*) Regalar algo: "*Pásame* tu anillo", "¡*Pásame* a tu vieja!" **II 1** Atravesar o cruzar algo de un lado a otro: *pasar el río, pasar la calle, pasar la sierra* **2** Hacer que algo vaya o ir una cosa o una persona a través de algo: "*Pasa* el hilo por el ojo de la aguja", "El tren *pasa* por el túnel" **3** Tragar algo: *pasarse el bocado, pasar la medicina con dificultad, pasarse el humo* **4** Dejar alguna cosa que algo fluya por su interior, que salga o se filtre a través de ella: "El tubo *pasa* mucha agua", "El motor *pasa* aceite" **5** Dirigir, llevar, acompañar, etc a una persona hacia el interior de un lugar o invitarla a que entre en él: "*Pasa* a las señoras a la sala", "La enfermera nos *pasó* al consultorio", "Buenos días, *pase* usted" **III 1** Introducir algo o a alguien en algún lugar atravesando una frontera, una barrera o burlando la vigilancia: *pasar braceros, pasar contrabando,* "Me dejaron *pasar* unos chocolates" **2** intr Hacer una escala o cruzar por cierto lugar una persona o un transporte, como parte de su recorrido: "El tren *pasa* por el túnel", "El camión *pasa* en la esquina", "*Paso* por tu casa al salir del trabajo", "*Pasamos* por México y Cuernavaca" **3** *Pasar de largo* Seguir algo o alguien su curso o camino sin detenerse: "El autobús *pasó de largo* y nos dejó en el pueblo" **4** *Pasarle algo por la mente, la cabeza,* etc *a alguien* Aparecer una idea momentáneamente en el pensamiento de alguien: "*Me pasó por la mente* que ese número sacaría el premio" **5** En ciertos juegos como la baraja o el dominó, no jugar o no apostar en el turno que le corresponde a uno **IV 1** Superar o rebasar algo o alguien a otra cosa o persona en cierta cualidad, estado o circunstancia: "*Pasa* en estatura a todas sus compañeras", "Nos *pasó* en la carretera, a la altura de Tres Marías" **2** *Pasarse de* Ir más allá de algo, de cierto punto o límite; ser o representar algo exageradamente: *pasarse de bueno,* "Se *pasa de cortés*", *pasarse de listo* **3** *Pasarse de la raya* Ir más allá de lo permitido, conveniente o tolerable: "*Se pasó de la raya* y lo expulsaron" **4** *Pasarse de copas* o *pasársele a uno las copas* Emborracharse: "Todos los sábados *se le pasan las copas* **5** *Pasarse de rosca* (*Coloq*) Exagerar en alguna cosa **V 1** *Pasar a* Dejar de hacer algo para comenzar a hacer otra cosa: *pasar al ataque, pasar a la discusión* **2** intr Cambiar algo o alguien de situación o de estado: *pasar de contador a gerente, pasar de frío a caliente, pasar de héroe a traidor* **3** prnl Cambiar de bando o de partido una persona: "Iturbide *se pasó* a los insurgentes", *pasarse a la reacción* **4** Volver a escribir un texto determinado en otro lugar, con otras características, o traducirlo a otro idioma: *pasar a máquina, pasar en limpio, pasar al inglés* **5** Dar vuelta o mover una hoja, una tarjeta, etc para ver la siguiente: *pasar las páginas de un libro, pasar las fichas de la biblioteca* **6** *Pasar por* Hacer que alguien crea que uno es de cierto carácter o que tiene ciertas cualidades: *pasar por listo, pasar por abogado* **VI** Hacer que algo recorra una superficie o un lugar: *pasarse la mano por la cabeza, pasar un trapo por la mesa, pasar la vista por el paisaje* **VII 1** intr Transcurrir el tiempo: *pasar los años, pasar las horas* **2** intr Suceder cierto fenómeno o acontecimiento: "¿Qué *está pasando*?", "Lo que

pasa es que así no se trabaja", "¿Que *pasó*, por qué no viniste?" **3** intr Haber terminado de suceder o de realizarse alguna cosa: *pasar la lluvia, pasar el dolor, pasar las elecciones* **4** Vivir o experimentar por un tiempo determinado alguna situación generalmente poco común o desagradable: *pasar por una operación, pasar tristeza, pasar hambre* **5** prnl Olvidársele a uno algo o no darse cuenta de alguna cosa: "*Se* me *pasó* avisarte", "*Se* te *pasó* el acento" **6** prnl Echarse a perder un alimento por no haberse consumido a tiempo: *pasarse la fruta, pasarse el queso* **VIII 1** Aceptar o no tomar en cuenta alguna cosa: *pasar un error, pasar una ofensa* **2** *Pasar por alto* No tomar en cuenta alguna cosa: *pasar por alto un dato, pasar por alto la conducta del alumno* **3** Cumplir algo o alguien con los requisitos necesarios para algo: *pasar un examen, pasar los trámites, pasar el control de calidad* **4** *Pasarla sin* Poder hacer algo sin la ayuda o sin la presencia de algo o de alguien: *pasarla sin alimentos, pasarla sin marido* **5** *Pasarle algo o alguien a uno* (*Popular*) Gustarle, parecerle bien: "Esa chamarra tuya *me pasa* un resto, mano".

pascua s f **1** Fiesta, la más solemne de los judíos, que se celebra después de la primera luna llena de primavera en memoria de la liberación del cautiverio en Egipto **2** Para los cristianos, fiesta solemne de la resurrección de Jesucristo, que se celebra el primer domingo posterior al plenilunio de primavera (se escribe con mayúscula): *celebrar la Pascua, ¡Felices Pascuas!, misa de Pascua* **3** Para los católicos, cada una de las fiestas solemnes del nacimiento de Jesús, la adoración de los Magos, y la venida del Espíritu Santo sobre los apóstoles: *pascua de Navidad, pascua de Pentecostés* **4** *Santas pascuas* Expresión con que se da por terminado un pleito, tras la reconciliación de los participantes en él: "Tú te quedas con la casa, yo con el coche y *santas pascuas*" **5** (*Rivea corymbosa*) Planta trepadora de hojas largamente ovadas, de base cordada, acuminadas, de 5 a 6 cm, con largo peciolo; flores monopétalas acampanadas, blancas, que crecen en grupos como sombrilla; su fruto tiene una semilla cónica, a la que se atribuyen propiedades narcóticas; flor de la Virgen **6** *Pascua florida* Ave falconiforme de color blanco.

pase s m **1** Acto de pasar: *el pase a la universidad* **2** Movimiento con que se hace pasar alguna cosa a otra persona: *dar un pase, un pase a gol, hacer un pase mágico* **3** (*Tauro*) Movimiento que ejecuta el torero con la capa o la muleta para que el toro pase sin cornarlo: *un pase por la cara, dar pases* **4** Documento que se entrega a alguien, en donde se le concede el derecho para pasar a alguna parte: *un pase para el cine.*

pasear v intr (Se conjuga como *amar*) Ir por alguna parte, por diversión y por gusto: *pasear por el campo, pasear a caballo, llevar a pasear al perro.*

paseíllo s m (*Tauro*) Desfile de los toreros y sus cuadrillas por el ruedo al iniciar la corrida de toros.

paseo s m **1** Acto de pasear: *un bonito paseo, irse de paseo* **2** Lugar por donde se puede pasear, en especial una calle ancha con árboles, fuentes y monumentos, como el Paseo de la Reforma en la ciudad de México o el Montejo en Mérida.

pasilla s m y adj m (*Capsicum annuum*) Chile seco que mide entre 12 y 19 cm de largo y de 2 a 4 de ancho, de color café oscuro o negro, poco picante y ligeramente dulce; cuando está verde es la chilaca; chile pasilla: *salsa de pasilla*.

pasillo s m **1** Espacio largo y angosto entre habitaciones de una casa o entre prados de un jardín, que sirve para comunicarlos: *salir al pasillo, caminar por el pasillo* **2** Tapete largo y angosto que sirve para proteger el piso en lugares de mucho paso.

pasión s f **1** Sentimiento o deseo muy intenso: *las pasiones del alma, la pasión amorosa* **2** Sufrimiento muy fuerte de alguien: *la pasión de Jesucristo* **3** (*Ling*) Estado de un objeto que recibe la acción de algo.

pasivo adj **1** Que no actúa por sí mismo, que deja actuar a los demás sin hacer él nada: *un hombre muy pasivo, una actitud pasiva* **2** (*Gram*) Tratándose de oraciones, aquellas en las que el sujeto recibe la acción significada por el verbo, como en "La puerta fue abierta por mí", en la que es la puerta la que recibe la acción de ser abierta. En estos casos, lo que era sujeto en la oración activa, como "yo" en "Abrí la puerta", pasa a ser agente de la oración pasiva también llamado sujeto lógico; en nuestro ejemplo sería *por mí*. En español no son muy frecuentes las oraciones pasivas **3** s m (*Cont*) Cantidad total de las deudas de una persona o de una empresa.

paso s m **1 1** Acto de pasar: *el paso de los camiones, el paso del tiempo, el paso de las aves* **2** Lugar o camino por donde se puede cruzar de un lado a otro o que se dispone para facilitar la circulación: *el paso de la montaña, paso de peatones, paso provisional* **3** Posibilidad de circular por algún lugar o de entrar a alguna parte: "No hay *paso*", "Nos dieron *paso* por la calle lateral" **4** Región estrecha de mar o de un río: *Paso del Norte* **II 1** Cada uno de los movimientos que hace una persona al andar, entre el momento en que levanta y adelanta un pie y el momento en que pisa, para que el otro pie haga lo mismo: *un paso firme, dar un paso, oír pasos* **2** Espacio que se adelanta en cada uno de esos movimientos: "La tienda está a pocos *pasos* de aquí", "Camina veinte *pasos* al norte y treintaiuno al oeste para encontrar el tesoro" **3** Manera de caminar o ritmo con el que se camina: *paso redoblado, paso corto, paso veloz, paso lento, a paso de carga, apretar el paso, marcar el paso, cambiar el paso* **4** *Al paso* A buen ritmo pero descansadamente: *ir al paso* **5** *A ese paso* o *a este paso* Con esa velocidad, con ese ritmo: "*A ese paso*, no terminarán nunca el edificio" **6** Cada uno de los movimientos que se ejecutan en un baile: *paso de ballet, paso de son jarocho, un paso del jarabe tapatío* **7** Movimiento regular de un caballo, una mula, etc cuando camina **8** *A cada paso* En cada instante, repetidamente: "No me interrumpan *a cada paso*" **9** *Paso a paso* Poco a poco, lenta y cuidadosamente: "Se acercó *paso a paso* a la puerta" **10** Cada uno de los puntos o etapas que hay que seguir o cumplir para hacer o lograr algo: "El primer *paso* es entregar los documentos", *los pasos para hacer una resta* **11** *Paso por paso* Con rigor y cuidado, siguiendo o cumpliendo uno a uno los requerimientos o las reglas de algo: "Haz esa investigación *paso por paso* para que te salga bien" **12** *Al paso que* A la misma velocidad que, a la vez que: "Trabaja *al paso que* los demás", "Ella escribía los nombres *al paso que* yo se los dictaba" **13** *Seguir los pasos de alguien* Seguir su ejemplo: "*Ha seguido los pasos* de su abuelo y será un gran ingeniero" **14** *Andar en malos pasos* Portarse al-

guien mal o tener malas compañías: "Ese muchacho *anda en malos pasos*" **15** *Volver uno sobre sus pasos* Repetir o corregir uno lo que ha hecho **III 1** *De paso* Sin detenerse, por poco tiempo; al tratar otro asunto, aprovechando la ocasión: *ir de paso, estar de paso*, "Hablamos también de la cosecha, pero sólo *de paso*, al tratar del ganado" **2** *Salir al paso* Detener algo o a alguien de repente o bruscamente, por lo general para impedirle que continúe su camino o lo que estaba haciendo: "Hay que *salirles al paso* a los acaparadores", "Le *salieron al paso* los ladrones" **3** *Salir del paso* Resolver una situación en cierta forma, a veces improvisadamente: "*Salimos del paso* con una buena excusa", "*Salieron del paso* vendiendo la casa" **IV** Pieza cómica y breve del teatro español clásico, que se representaba en los intermedios de otras obras, como los de Lope de Rueda.

pasodoble s m Marcha y baile en compás de $2/4$, de aire enérgico y vivaz, que se toca en la plaza de toros o para animar las fiestas, como "Silverio Pérez", de Agustín Lara.

pasquín s m **1** Escrito satírico y mordaz, por lo general anónimo, que se coloca en un lugar público o se reparte entre la gente, en contra del gobierno o de alguna persona **2** Revista o periódico cuyo contenido o impresión es tendencioso, sensacionalista y de mala calidad.

pasta s f **1** Masa moldeable y consistente, como la que se hace de harina para preparar alimentos o la que se usa sin mezclar con diversos fines, según los ingredientes que contenga: *pasta para fideos, sopa de pasta, pasta de anchoas, pasta de porcelana, pasta para pegar* **2** pl Conjunto de los alimentos que se preparan con masa de harina de trigo, como los fideos, los macarrones, los ravioles y los tallarines: "No comas tantas *pastas* porque engordan" **3** pl Conjunto de las galletas o panecillos dulces que se preparan con harina de trigo: "Nos ofrecieron *pastas* y té" **4** *Ser alguien de buena* o *mala pasta* Tener buen o mal carácter, trato o personalidad: "Es una mujer de muy buena *pasta*" **5** (*Popular*) Pastilla de droga.

pastar v intr (Se conjuga como *amar*) Comer el ganado pasto o hierba en el campo: "Había llevado sus vacas a *pastar* en el cerro".

pastel s m **1** Postre o golosina que se hace con pasta de harina de trigo horneada y rellena, mezclada o cubierta de crema, fruta, mermelada, etc: *pastel de chocolate, pastel de fresa, pastel de cumpleaños* **2** *Pastel de carne* Platillo que se prepara con leche, huevos, pan y otros ingredientes, mezclados con carne molida, y cocido al horno; pasta de harina rellena de carne molida y otros ingredientes, cocida al horno **3** Lápiz compuesto de una materia colorante que produce tonos opacos o tenues: *retrato al pastel* **4** Obra pictórica hecha con estos lápices: *pintar una serie de pasteles* **5** adj m Tratándose de colores, que tiene tonos opacos y tenues: *azul pastel* **6** (*Impr*) Conjunto de tipos, líneas o planas, que se encuentra en desorden, o defecto de impresión causado por un exceso de tinta **7** *Salir, aparecer, descubrirse el pastel* Hacerse público o notorio algo, generalmente indebido, que se quería mantener secreto.

pastilla s f **1** Porción pequeña de cualquier pasta comprimida, generalmente delgada y redonda, de diversas sustancias medicinales o de dulce: *pastillas de menta, pastillas para la tos* **2** Porción sólida y pequeña de algún material: *una pastilla de jabón* **3** Dispositivo electrónico que contiene la aguja y las conexiones correspondientes de un tocadiscos, o dispositivo electrónico pequeño y cerrado, que se inserta en algún aparato y realiza diversas funciones de mando o de control.

pastizal s m Terreno en el que abundan pastos que sirven para alimentar al ganado.

pasto s m **1** Cualquiera de las plantas de la familia de las gramíneas, de hojas angostas y cortas y flores en espigas: *un jardín con pasto* **2** Cualquier hierba que come el ganado en el campo: "Esos *pastos* constituyen casi la única fuente de alimento para el ganado" **3** Terreno extenso cubierto de pasto; pastizal: *regiones de pastos fértiles*.

pastor 1 s Persona que cuida y lleva el ganado, principalmente ovejas y cabras, a los pastizales para que coma: "De niño era *pastor*" **2** s m Sacerdote, en cuanto a su función de cuidar y proteger a los miembros de su iglesia: *pastor de almas, pastor de la Iglesia* **3** s m Hombre que dirige y oficia las ceremonias religiosas en la Iglesia protestante.

pastoral adj m y f Que corresponde a la función de cuidar, proteger y conducir a sus fieles un sacerdote: *celo pastoral, tarea pastoral, carta pastoral*.

pastorear v tr (Se conjuga como *amar*) Conducir el ganado, principalmente ovejas y cabras, a los pastizales y cuidar de él mientras come.

pastoreo s m **1** Acto de llevar el ganado a los pastizales para que coma y cuidar de él **2** Alimentación del ganado en pastizales y actividades relacionadas con esta forma de alimentación: "Conocían la ganadería y el *pastoreo*", "El sistema de *pastoreo* se emplea en Jalisco, en Michoacán…".

pastoril adj m y f Que pertenece a los pastores o se relaciona con ellos; particularmente cuando se habla de obras de arte: *novela pastoril, una escena pastoril, música pastoril*.

pastura s f Pasto o hierbas ya cortados, frescos o secos, con que se alimenta el ganado.

pata s f l **1** Cada uno de los miembros que sostienen el cuerpo de los animales y con los que caminan: "Enseñó a su perro a caminar en dos *patas*", "El caballo se rompió una *pata*" **2** Parte inferior de estos miembros en algunos animales, sobre la que se apoyan y donde están los dedos: "Se comió una *pata* de pollo" **3** Cada una de las piezas que sostiene un mueble: *una mesa de tres patas, las patas de la cama* **4** *Estirar la pata* (*Popular*) Morirse **5** *Írsele a uno las patas* o *meter la pata* (*Popular*) Equivocarse, cometer una indiscreción o hacer algo mal: "*Metió la pata* y lo corrieron del trabajo" **6** *Mala pata* (*Coloq*) Mala suerte: "Tiene tan *mala pata* que le tocó lluvia en sus vacaciones" **7** *Patas arriba* (*Coloq*) En desorden, al revés: "Cuando regresó, encontró su casa *patas arriba*" **8** *Poner a alguien de patitas en la calle* (*Coloq*) Correr a una persona de un lugar o sacarla por la fuerza: "Se peleó con su papá y lo *puso de patitas en la calle*" **9** *Llevarse a alguien entre las patas* Causarle daño o perjuicio sin quererlo, sólo porque se interpuso en algo **10** *Ser alguien pata de perro* (*Coloq*) Gustarle mucho salir de viaje o estar fuera de su casa **II 1** *Pata de gallo* (*Cynodon dactylon*) Planta de la familia de las gramíneas, de hojas muy delgadas, de 1 a 10 cm de largo, con inflorescencias de cuatro a cinco espigas parecidas a las patas de un ave **2** *Pa-*

tas de gallo Arrugas que salen en el ángulo externo del ojo **3** *Patas de chivo* (*Popular*) El diablo.

patada s f l **1** Golpe que da un animal con una pata o un ser humano con un pie: *dar patadas, dar de patadas, tirar una patada, soltar una patada* **2** *A patadas* Con muchas patadas: "Lo corrió *a patadas*" **3** *En dos patadas* (*Coloq*) Rápidamente, en poco tiempo: "Llegamos a su casa en *dos patadas*" **4** Cada uno de los movimientos de las piernas al nadar, con que se impulsa uno **5** *Patada de ahogado* (*Coloq*) Esfuerzo desesperado e inútil que realiza una persona como último recurso para salir de alguna dificultad **6** *De la patada* (*Coloq*) Muy mal, muy molesto: "No lo soporto, me cae *de la patada*", "Hace un frío *de la patada*" **II 1** Golpe que da un arma de fuego al retroceder con fuerza después de disparar **2** *Dar (la) patada* (*Popular*) Oler algo muy fuerte o subirse rápidamente una bebida alcohólica: "Ese mezcal sí que *da patada*".

patear v tr (Se conjuga como *amar*) **1** Golpear un animal con su pata alguna cosa; golpear un ser humano con el pie: "Lo *pateó* un burro", *patear la pelota* **2** Dar patada un arma de fuego.

patente[1] adj m y f Que es claro, que se percibe o comprueba con facilidad y claridad, que es evidente: *una inestabilidad patente, un efecto patente*, "La preocupación por los problemas económicos es cada día más *patente*", "No falta quien haga *patente* un amable elogio a su cocina".

patente[2] s f **1** Documento de registro y autorización legal en que se reconoce un derecho exclusivo para la explotación industrial o comercial de un producto, una marca, etc: *patente exclusiva, derechos de patente, uso de patentes, medicina de patente* **2** (*Mar*) Documento de autorización para navegar una embarcación **3** *Patente de corso* Derecho que concedían algunos países a particulares para atacar embarcaciones de sus enemigos, como lo hacía Inglaterra durante la Colonia para que piratas franceses u holandeses atacaran embarcaciones españolas **4** *Patente de corso* Privilegio que alguien se toma para cometer delitos, amparado por su carácter de autoridad: "Los patrulleros, con sus placas, tienen verdaderas *patentes de corso* para extorsionar a los indefensos automovilistas".

patentizar v tr (Se conjuga como *amar*) Hacer patente, manifiesta o evidente alguna cosa, subrayarla: "El partido *patentizó* su sincera adhesión al señor presidente".

paternal adj m y f **1** Que es propio o característico de los sentimientos amorosos que tienen los padres por sus hijos, o de las actitudes de dedicación y de protección que manifiestan por ellos: *cariño paternal, sonrisa paternal* **2** Que es como un padre, que trata a las personas con la misma actitud con la que los padres tratan a sus hijos; que es amoroso y brinda protección: *consejo paternal*, "Nos recibió un anciano muy *paternal*".

paternalismo s m Actitud protectora y de superioridad que tiene alguien con otra u otras personas, particularmente la que ejerce una autoridad tomando a su cargo las responsabilidades que un subordinado considera como propias: "Se rebeló contra el *paternalismo* de su jefe".

paternidad s f **1** Estado, calidad o circunstancia de ser padre: *una paternidad deseada, paternidad res-*

ponsable, "La *paternidad* lo ha hecho cambiar mucho" **2** (*Der*) Relación jurídica que existe entre los padres y sus hijos.

paterno adj Que es propio del padre o que se relaciona con él: *cariño paterno, responsabilidad paterna, línea paterna*.

patético adj Que conmueve profundamente, que provoca intensa pena o tristeza: "Ana María había salido de su inmovilidad y miraba al médico sin brillo en la mirada, con *patética* expresión de fatalismo", "Vacila, *patético*, melodramático, antes de despeñarse y hacerse polvo".

patín s m **1** Extremo de una viga, de una trabe o de una columna que le sirve de apoyo y de sujeción; en vigas o rieles con una sección transversal como H, cada pieza vertical puede formar su patín, si es la que queda en contacto con el suelo **2** Placa de metal que tiene fijas cuatro ruedas, que se ajusta al zapato para caminar o correr sobre ella; zapato que tiene ruedas o una cuchilla, que sirve para deslizarse en el suelo o sobre hielo: *un par de patines, ponerse los patines, patines de ruedas, patines de hielo* **3** *Patín del diablo* Juguete que consiste en una plancha provista de dos ruedas y un manubrio, sobre la cual se sube un pie, mientras con el otro se da impulso **4** *A patín* (*Coloq*) A pie: *irse a patín* **5** Entre los jóvenes, tema o asunto del que se ocupa una persona: "La maestra Bermejo es una chava que tiene ya un rato dándole al *patín* cancionero" **6** *Agarrar el patín* (*tu, su*) Entre los jóvenes, comprender alguna cosa, ponerse a tono: "O *agarras tu patín* o ahuecas el ala, maestro".

patinaje s m Deporte que consiste en correr y realizar ciertas figuras acrobáticas moviéndose sobre patines: *pista de patinaje, campeonato de patinaje*.

patio s m **1** Espacio abierto en el interior de una casa o de un edificio: *los patios de palacio, el patio de mi casa* **2** Espacio abierto en una fábrica o en una estación de ferrocarril donde se almacenan materiales o se hacen maniobras: *máquina de patio, hacer maniobras de patio*.

pato s **1** (*Anas platyrhyncha*) Ave palmípeda, acuática, de pico plano más ancho en la punta que en la base, de cuello y torso cortos, de varias especies y colores, que nada en las lagunas y en los lagos; el macho de la especie más común tiene cabeza verde, con un collar blanco y el pecho rojizo, en tanto que la hembra es de plumaje café apagado: *un pato silvestre, cacería de patos, pato a la naranja* **2** ¡*Al agua, patos!* Expresión con que se estimula a alguien para que se decida a hacer algo **3** *Hacerse pato* (*Coloq*) Hacerse tonto: "No *te hagas pato*, ya págame lo que me debes" **4** *Pagar el pato* (*Coloq*) Padecer un castigo inmerecido a causa de otros: "El causante del choque fue un taxista, pero yo salí *pagando el pato*" **5** Vasija con un cuello angosto y ligeramente curvo, que se utiliza para recibir la orina de hombres enfermos que están en cama.

patógeno adj Que tiene la propiedad de causar alguna enfermedad: *gérmenes patógenos, agente patógeno, bacterias patógenas*.

patología s f Rama de la medicina que estudia las enfermedades y sus efectos en el organismo: *patología clínica, un laboratorio de patología*.

patológico adj **1** Que pertenece a la patología o se relaciona con ella: *investigación patológica* **2** Que constituye una enfermedad, que es enfermizo: *una secuela patológica, una actitud patológica, una afección patológica, un estado patológico*.

patria s f **1** Nación en la que se ha nacido y de la que uno siente formar parte: *la patria mexicana, honores a la patria* **2** *Patria potestad* Conjunto de las facultades y deberes que tienen los padres o reciben los tutores para con los menores, en relación con su persona y sus bienes.

patriarca s m **1** Hombre que ejerce la autoridad absoluta sobre un grupo familiar o una comunidad **2** (*Relig*) Para los judíos, cada uno de los tres jefes religiosos del Antiguo Testamento: Abraham, Isaac y Jacob, a los que se considera ancestros del pueblo judío y los primeros adoradores de Dios, y cada uno de los doce hijos de Jacob que fundaron las doce tribus hebreas **3** (*Relig*) Obispo de ciertas diócesis de la Iglesia católica ortodoxa, como la de Constantinopla, la de Alejandría y la de Jerusalén.

patriarcado s m **1** Forma de organización familiar basada en la autoridad del padre **2** (*Antrop*) Forma de organización social dominada por el principio de la superioridad del padre o en la que el control de la vida política, religiosa y doméstica está a cargo de los hombres mayores de la comunidad **3** Cargo o dignidad de los patriarcas de la Iglesia, y tiempo que dura.

patrimonio s m Conjunto de bienes que posee una persona, una institución, un país, etc, o que alguien recibe o hereda de sus antepasados: *patrimonio familiar, patrimonio universitario, patrimonio nacional, patrimonio cultural*, "Esos terrenos eran todo su *patrimonio*".

patriota s y adj m y f Persona que ama y respeta a su patria, que le es leal y trabaja y lucha por ella: "Miles de *patriotas* combatieron el golpe de estado".

patriótico adj Que corresponde al amor, el respeto y la lealtad a la patria: *entusiasmo patriótico, fervor patriótico, un acto patriótico*.

patriotismo s m Sentimiento de lealtad, amor y respeto que alguien tiene hacia su patria y que lo impulsa a trabajar y luchar por ella: *el patriotismo de los niños héroes, patriotismo irlandés*.

patrocinar v tr (Se conjuga como *amar*) **1** Dar una persona, empresa o institución el dinero necesario o el apoyo material para que alguien haga algo, o para la realización de un proyecto, programa, etc: "Su papá le *patrocina* los viajes", "La Secretaría *patrocina* programas culturales" **2** Pagar una empresa o una institución la transmisión de un programa televisivo o de radio a cambio de ser anunciada durante ella: "El programa sobre las obras maestras de arte lo *patrocinaban* las Galerías de México" **3** (*Der*) Defender o proteger un abogado a una persona durante un juicio: "El acusado debe elegir a alguien que lo *patrocine*".

patrocinio s m **1** Acto de patrocinar algo o a alguien: "El concierto se realizó bajo el *patrocinio* de la embajada de Argentina" **2** (*Der*) Defensa o protección que da un abogado a una persona durante un juicio.

patrón s **1** Persona que dirige o manda en alguna cosa, que es propietaria de una fábrica o un negocio y que contrata trabajadores: *el patrón de una oficina, el patrón de un barco, la patrona de una casa, los patrones de la empresa* **2** Santo a cuya protección se encomienda una iglesia, un pueblo, una persona, etc; patrono: *el patrón de los albañiles; San José, patrón de los carpinteros* **3** Objeto que se toma como regla; modelo o esquema: *el metro patrón, un patrón para un vestido.*

patronal adj m y f **1** Que pertenece al patrón o se relaciona con él: *clase patronal, intereses patronales* **2** Que corresponde al patrono o se relaciona con él: *una fiesta patronal.*

patronato s m **1** Grupo de personas que tiene a su cargo el cuidado y la vigilancia de los bienes que posee una institución u organismo que desempeña labores no lucrativas y de interés social: *el patronato universitario, el patronato del hospital de beneficencia* **2** Corporación que desempeña desinteresadamente una actividad de interés social, como las que se forman para proteger a las personas desvalidas, para proporcionar servicios elementales a los desamparados, etc: "*El patronato* recauda fondos para construir escuelas rurales", "Fundó un *patronato* para dar sustento y educación a los niños huérfanos" **3** (*Relig*) Entre los católicos, calidad o dignidad que confiere la Iglesia oficialmente a determinados santos como patronos o protectores de cierta comunidad: *el patronato de Nuestra Señora de Guadalupe, el patronato de San José.*

patronímico adj y s m (*Gram*) Nombre de una familia, que se transmite de padres a hijos, como González, López, García, etc; apellido.

patrono s **1** Persona que protege y ayuda a algo o a alguien: *patrono de las artes, patrono de pintores* **2** Miembro de un patronato: *patrono del Monte de Piedad* **3** Santo bajo cuya protección y cuidado se pone algo o alguien; patrón: *Santa Cecilia, patrona de la música.*

patrulla s f **1** Grupo de militares, policías, gente armada o personas que recorre continuamente una zona para vigilarla y mantener su seguridad y su orden: *una patrulla nocturna, una patrulla de soldados* **2** Grupo de barcos o aviones que recorren continuamente una zona para vigilarla: *una patrulla naval* **3** Automóvil de policía: *una patrulla de caminos*, "Más de diez *patrullas* llegaron al lugar del crimen", "Se oía la sirena de la *patrulla*".

paulatinamente adv Poco a poco, con lentitud, paso a paso: "Las nubes, primero negras, *paulatinamente* se fueron tornando de un violeta oscuro", "Una elipse que *paulatinamente* va achatándose".

paulatino adj Que avanza, ocurre o se desarrolla poco a poco pero continuamente: "La asimilación *paulatina* de los estilos universales a los nacionales corresponde a un proceso evolutivo histórico", "Se ha producido un cierre *paulatino* de esas salas de exhibición".

pausa s f **1** Interrupción breve de una acción: "Hizo una *pausa* en su discurso para beber agua", "Aprovechamos la *pausa* para salir del salón" **2** Con (toda) *pausa* Con lentitud o tardanza, tomándose mucho tiempo: "Se vistió con toda *pausa*" **3** (*Mús*) Breve intervalo de silencio, y signo con el que se representa: "El director de la orquesta marcaba las *pausas* con energía".

pausado adj Que actúa con lentitud, tomándose su tiempo: "Gana a saltos la banqueta, y adopta un paso *pausado*, seguro", "Dentro de la rapidez inclemente de la vida moderna, conserva un ritmo *pausado* y sereno".

pauta s f **1** Idea, acción o cosa que sirve de guía para hacer algo o que se toma como modelo o ejemplo a seguir: *dar la pauta, llevar la pauta*, "La filosofía medieval siguió la *pauta* marcada por Aristóteles" **2** Línea o conjunto de líneas que se trazan en un papel y sirven de guía para lo que se va a escribir en él, en particular las que forman el pentagrama de la escritura musical.

pavimentación s f Acto y resultado de pavimentar: *gastos de pavimentación, obras de pavimentación.*

pavimentar v tr (Se conjuga como *amar*) Cubrir el suelo con pavimento: "*Pavimentaron* las calles del pueblo", "Deberían *pavimentar* este camino".

pavimento s m **1** Capa dura, resistente y aplanada, compuesta de grava con chapopote, cemento u otros materiales, con la que se cubre la superficie de las calles o de los caminos para facilitar el tránsito de vehículos y personas: *pavimento industrial, callejones sin pavimento*, "Repararon el *pavimento*" **2** Suelo cubierto con esta capa: "Lesionado, cayó al *pavimento*", "Voló tres metros sobre el *pavimento*".

pavo s m **1** Guajolote: "Hicieron un suculento *pavo* para la Navidad" **2** *Pavo real* (*Pavo cristatus*) Ave gallinácea cuyo macho tiene la cabeza y el cuello azules, el cuerpo y las alas de colores metálicos y tornasolados, verdes y dorados, un penacho de plumas en la cabeza y una larga cola que, extendida, alcanza hasta 1.5 m de envergadura, con plumas largas iridiscentes, en cuyo extremo tienen una mancha oval; la hembra es más pequeña, de color ceniciento, con plumas verdes en el cuello y sin una cola como la del macho; también la hay totalmente blanca **3** *Pavo de monte* (*Agriocharis ocelata*) Ave muy parecida al guajolote, pero con círculos de colores en la cola, de cabeza desnuda, de piel azulada, con verrugas anaranjadas esparcidas en la coronilla.

pay s m Pastel que consiste de una pasta horneada en un molde profundo, rellena de fruta, queso, carne, etc: *un pay de piña, pays de queso.*

payasito s m Prenda de vestir de algodón o nylon que se ciñe al cuerpo, con o sin mangas, y cubre desde los hombros hasta la entrepierna o los tobillos, usada principalmente por gimnastas y bailarinas.

payaso s m **1** Artista de circo, cómico, que usa ropa estrafalaria y maquillaje grotesco para escenificar situaciones absurdas o ridículas, que hagan reír **2** adj y s (*Ofensivo*) Que es molesto o antipático por su comportamiento falsamente cómico.

paz s f **1** Situación o estado de las personas y las sociedades que tienen tranquilidad y calma en su vida y en sus relaciones con los demás: *paz en la conciencia, paz interior, paz doméstica, paz social* **2** Estado de respeto mutuo, tranquilidad y buenas relaciones entre dos o más países: *hacer la paz, firmar un tratado de paz*, "El respeto al derecho ajeno es la *paz*" **3** *Descansar en paz* Estar ya muerta una persona y quedar sólo su memoria: "Mis padres *descansan en paz*".

peatón s m Persona que transita a pie por la calle o por un camino: "No hay seguridad para los *peatones*".

peca s f Mancha pequeña, de color café o rojiza, que sale en la piel por efecto de los rayos solares: "Tiene la nariz llena de *pecas*".

pecado s m **1** (*Relig*) Acción o pensamiento que va en contra de las leyes de Dios o de los preceptos de una religión: *cometer un pecado, confesar un pecado, per-*

donar los pecados **2** *Pecado mortal* Entre los católicos, el que es de tal naturaleza y gravedad que priva al alma de la gracia santificante, supone el castigo eterno para quien lo comete y requiere del sacramento de la confesión para ser perdonado **3** *Pecado venial* Entre los católicos, el que es de poca gravedad o se realiza con atenuantes y del que se puede conseguir el perdón mediante oraciones y buenas obras **4** (*Relig*) Estado de culpa en el que se encuentra aquel que ha cometido una falta y no ha recibido la absolución o el perdón: *estar en pecado* **5** *Pecado original* En las religiones judaicas, estado de culpa que, desde la desobediencia de Adán, es inherente a la naturaleza humana y que se supera o perdona mediante el sacramento del bautismo **6** Acto que se considera erróneo, desatinado, incorrecto, etc o que le trae malas consecuencias a quien lo realiza: "Su *pecado* fue dejarse llevar por las circunstancias", "Nuestro *pecado* fue el exceso de confianza" **7** *Llevar en el pecado la penitencia* Sufrir como consecuencia directa de una falta, de un error, de un exceso, etc, algún resultado desagradable.

pecador adj y s **1** Que peca o ha pecado: *una mujer pecadora, redimir a los pecadores* **2** *Yo pecador* Oración católica que comienza de esa manera: *rezar un "Yo pecador"*.

pecar v intr (Se conjuga como *amar*) **1** Ofender a Dios o cometer una falta contra algún precepto de una Iglesia: "*Pecó* de pensamiento, palabra y obra" **2** Errar o cometer una falta **3** *Pecar de* Ser o tener alguien algo, que generalmente se considera bueno, en exceso, de tal manera que le resulta contraproducente o le causa problemas: *pecar de generoso, pecar de confiado, pecar de ingenuidad*.

peciolo s m Parte de la hoja que la une al tallo de la planta (también *pecíolo*).

pectoral adj m y f **1** Que se relaciona con el pecho o pertenece a él: *cavidad pectoral, una lesión pectoral* **2** Que alivia la tos o sirve para despejar las vías respiratorias: *un jarabe pectoral* **3** s m Adorno grande y vistoso para el pecho: *un pectoral de oro, un pectoral de plumas* **4** s m Cruz grande que llevan en el pecho los obispos y otros sacerdotes de alta jerarquía de la Iglesia católica.

peculiar adj m y f **1** Que es propio o característico de algo o de alguien, que lo hace distinto a otros: "El tono *peculiar* de su voz", "Nos recibió con su *peculiar* alegría", "El sabor *peculiar* del ajo", "Lo *peculiar* de este trabajo…" **2** Que es poco común o raro, que no se apega a lo establecido: "Sus procedimientos tienen características muy *peculiares*".

peculiaridad s f Característica, aspecto o rasgo propio de algo o de alguien que lo diferencia de los demás o lo hace original: "Tiene la *peculiaridad* de olvidar lo que debe", "Con la *peculiaridad* de que no te cobran los impuestos", "Esta *peculiaridad* física suele traducirse en desadaptación social", *las peculiaridades de la sociedad mexicana*.

pecho s m **1** Parte del cuerpo humano y de algunos animales, situada entre el cuello y el vientre, y en cuyo interior se encuentran los pulmones y el corazón protegidos por las costillas **2** Cada una de las mamas de una mujer **3** *Dar el pecho* Dar de mamar una mujer a su hijo **4** *Tomar a pecho* Tomar algo con mucha seriedad y sensibilidad: "Me *tomé a pecho* las críticas de mis amigos" **5** *Abrirle el pecho a alguien* Contarle sus más íntimos asuntos **6** *¡A lo hecho, pecho!* Expresión con que se exhorta a alguien a asumir su responsabilidad: "*¡A lo hecho, pecho!* Ahora te casas".

pedagogía s f Disciplina que se ocupa de estudiar las condiciones en que se educa a los escolares, los mejores métodos para lograrlo y las técnicas que se aplican en ello: *cursos de pedagogía*.

pedagógico adj Que pertenece a la pedagogía o se relaciona con ella: *emplear métodos pedagógicos, una actitud pedagógica*.

pedagogo s Persona que se dedica al estudio de la pedagogía o a mejorar las condiciones y los métodos de enseñanza.

pedal s m Pieza o palanca de un aparato o de un instrumento que hace funcionar un mecanismo al presionarla o al moverla con el pie: "Se le rompió un *pedal* a la bicicleta", *pedal del freno, los pedales del piano, carrito de pedales*.

pedante adj y s m y f Que hace alarde de lo que sabe o de lo que cree saber en momentos inoportunos y tratando con desprecio a los demás: "Volvió a preguntar la mosquita que, en asuntos de teatro, era tan curiosa y tan *pedante* como un crítico teatral".

pedazo s m **1** Parte de alguna cosa que se separa de ella o se considera aparte: *un pedazo de pan, un pedazo de carne, cortar un pedazo de papel, un pedazo de tierra* **2** *Hacer pedazos* Destruir algo o alguien separando por completo su cuerpo o su unidad en muchas partes; causar a alguien un gran daño moral: "*Hizo pedazos* la carta", "Los críticos *bicieron pedazos* su nueva novela", "Se *bizo pedazos* el avión al estrellarse", "Sus detractores lo *bicieron pedazos* en el Senado" **3** *Estar hecho pedazos* Estar alguien en muy malas condiciones físicas o anímicas: "Después de la muerte de su amigo, quedó *becho pedazos*" **4** *Caerse a pedazos* Estar algo muy deteriorado o dañado: "El centro de la ciudad se está *cayendo a pedazos*" **5** *Pedazo de* Expresión con que se intensifica un insulto: "Dile a este *pedazo de imbécil* que deje de molestar", *pedazo de tonto, pedazo de bestia*.

pedernal s m Mineral cristalino y compacto, compuesto principalmente por silicio; su color es gris o amarillo grisáceo y tiene la propiedad de producir chispas al ser golpeado con otro mineral o con una pieza de hierro. Se usa para encender fuego.

pedestal s m Base sólida, más o menos alta, de un monumento, una columna, etc: *un pedestal de mármol, poner un pedestal, construir un pedestal*.

pediatra adj y s m y f Que es especialista en el tratamiento médico de los niños: *un médico pediatra, ir al pediatra, visitar a la pediatra*.

pediatría s f Rama de la medicina que se ocupa del estudio y el tratamiento de las enfermedades, los accidentes y el desarrollo de los niños.

pedicurista s m y f Persona que se dedica al cuidado de los pies.

pedido I pp de *pedir* **II** s **1** Acto de pedir a alguien que entregue o lleve una mercancía: *hacer un pedido, surtir un pedido*, "Se reciben *pedidos* por teléfono" **2** Mercancía o conjunto de mercancías que entrega un vendedor a su cliente: "Se entregan *pedidos* a domicilio" **3** *Sobre pedido* Únicamente a solicitud expresa: "El equipo se surte *sobre pedido*", "Es un coche tan lujoso, que sólo se fabrica *sobre pedido*".

pedir v tr (Se conjuga como *medir*, 3a) **1** Expresar una persona a otra lo que desea, necesita o requiere para que se lo dé o se lo conceda: *pedir dinero, pedir limosna, pedir cariño, pedir ayuda, pedir paz y tranquilidad* **2** Expresar un hombre, o un enviado de él, a los padres de su novia su deseo de casarse con ella, generalmente durante una ceremonia: "¡Mañana *piden* a mi hermana mayor!" **3** Estar algo o alguien en tal situación que parece necesitar remedio: "Los vidrios ya *piden* que los laves", "La huelga *pide* a gritos una solución".

pedo s m (*Ofensivo*) **I** Expulsión por el ano de gas intestinal: *echarse un pedo* **II 1** Pelea o situación que causa conflicto o preocupación: "Después del juego se armó un gran *pedo*", "Yo traía coca y ése es mi *pedo*; no me van a dejar salir", "¡Qué te pasa, cabrón, cuál es tu *pedo*?" **2** *Ponerse alguien al pedo* Ponerse en actitud de pelea o de desafío **3** *Hacerla de pedo* Poner las cosas difíciles: "Ya deja de lamentarte, deja de *hacerla de pedo*" **4** *Ni pedo* Ni modo: "Ya nos tocaba caer, *ni pedo*" **5** *Al pedo* Con gran exigencia, en las mejores condiciones, en excelente estado: "El jefe nos trae *al pedo* en el trabajo", "El motor del coche está *al pedo*" **III 1** adj y s Que está o es borracho: *andar pedo*, "Es una vieja muy *peda*" **2** Borrachera: *agarrar un pedo*.

pedología s f Ciencia que se encarga del estudio de los suelos dedicados al cultivo; de su origen, evolución, morfología y sus propiedades físicas y químicas.

pedrada s f **1** Golpe dado con una piedra: "Se enfrentaron a *pedradas*", *tirar pedradas, agarrarse a pedradas* **2** Comentario dirigido velada o indirectamente, en contra de alguna persona, de manera irónica o sarcástica: "Se dedicó a tirarle *pedradas* a su colega durante toda la conferencia".

pedregal s m **1** Terreno cubierto de piedras **2** En Baja California, lugar en donde se crían las madreperlas.

pedúnculo s m Parte delgada que une dos porciones de un organismo entre sí, una porción a su cuerpo principal o el cuerpo principal a una superficie; particularmente, la que une las hojas, las flores y los frutos con su planta.

pegajoso I adj **1** Que se pega con facilidad, o se le adhieren fácilmente las cosas; que tiene una consistencia viscosa, como la de la goma líquida: *un chocolate pegajoso, una sustancia pegajosa* **2** Que se contagia con facilidad: *una enfermedad pegajosa* **3** Que es fácil de recordar y por ello tiende uno a repetirlo constantemente: *un sonsonete pegajoso, una canción muy pegajosa* **4** Que fastidia por ser excesivamente cariñoso: *un novio pegajoso, una niña pegajosa* **II** s **1** (*Selloa glutinosa*) Planta herbácea de la familia de las compuestas, que alcanza hasta 1 m de altura y tiene el tallo leñoso en su parte inferior; sus hojas son alternas, sésiles y lineares, y sus flores están dispuestas en cabezuelas de color amarillo; produce una sustancia viscosa **2** (*Boletus brevipes*) Hongo comestible de estípite corto y sombrero convexo o casi plano, y carne blanca o amarillenta **3** Planta herbácea de distintas familias y especies, que se caracteriza por tener pelillos, cerdas o estambres, ganchudos en algunos casos, que se adhieren a las cosas.

pegamento s m Sustancia que sirve para pegar una cosa con otra, como el engrudo y la goma: *poner pegamento, pegamento acrílico*.

pegar¹ v tr (Se conjuga como *amar*) **1** Hacer que una cosa quede fija o unida a otra, generalmente utilizando alguna sustancia: *pegar una estampa, pegar las patas de la silla, pegar un botón* **2** prnl Unirse dos cosas entre sí por sus propias características o naturaleza: *pegarse los imanes, pegarse el arroz* **3** Poner una cosa muy cerca de otra o de manera que se toquen: *pegar los muebles a la pared* **4** *Pegar el sol* Dar el sol en alguna parte: "A mis flores les *pega el sol* toda la mañana" **5** prnl Acercarse mucho una persona a otra hasta tocarla; seguirla continuamente por acompañarla o sacar provecho de ella: *pegarse la gente en el autobús, pegarse al líder, pegársele a un político* **6** prnl Acompañar o seguir una persona a otras sin que la inviten a hacerlo: *pegarse a un desfile, pegarse con los invitados a una fiesta* **7** *Pegarle una persona algo a alguien* Contagiarle alguna enfermedad, o transmitirle sin intención algún hábito, costumbre, característica, etc: "Ya le *pegaste* la gripa", "Me *pegó* su manera de hablar" **8** intr Combinar o quedar bien una cosa con otra: "No *pegan* los zapatos negros con el pantalón café" **9** Lograrse algo o tener éxito: *pegar la enredadera, pegar el fuego, pegar una moda* **10** *Pegár(se)le a uno la gana* Sentir uno disposición para hacer o aceptar alguna cosa: "Yo trabajo cuando *me pega la gana*".

pegar² v intr (Se conjuga como *amar*) **1** Dar de golpes a algo o a alguien: *pegar a la pelota, pegar a un niño, pegar con un palo a la piñata* **2** Golpear una cosa con otra: "El viento *pega* en la ventana", "Los cables *pegan* en los árboles" **3** tr Realizar alguien o algo cierta acción de manera sorpresiva, brusca y con fuerza: *pegar un salto, pegar un grito* **4** tr Provocar en alguien una emoción de manera repentina: *pegar un susto*.

peinar v tr (Se conjuga como *amar*) **1** Pasar el peine o un cepillo por el pelo, para desenredarlo, alisarlo y arreglarlo; recoger el pelo o arreglarlo dándole una forma determinada: *peinar al niño, peinar la cabellera, peinar de cola de caballo, peinarse de chongo, peinar al perro* **2** *Peinar canas* Llegar una persona a la vejez: "Nos conocimos jóvenes y ahora ya todos *peinamos canas*" **3** Alisar o desenredar las hebras o las fibras de algún material, una tela o un tejido: *peinar el algodón, peinar la lana* **4** Revisar con cuidado un terreno o una zona, dividiéndolo en bandas a cargo de una persona o de un grupo que las recorre: "La policía *peinó* la zona, sin encontrar rastro del asesino" **5** (*Publ*) Reducir un texto periodístico o publicitario quitándole palabras o párrafos para aligerarlo y adecuarlo al espacio disponible en una publicación.

peine s m **I 1** Utensilio que consiste en una hilera de pequeñas púas o dientes muy cercanos unos de otros, que al pasarse sobre el pelo separa ordenadamente cada cabello o mechones pequeños de ellos, desenredándolos y arreglándolos: *un peine de carey, pasarse el peine* **2** En el telar, pieza inerte en cuyas púas pasan los hilos de la urdimbre para que no se enreden **3** En la industria textil, utensilio semejante, con púas de alambre, que sirve para limpiar y separar unas fibras de otras **4** En los teatros, parte del telar que consiste en un enrejado de madera, entre cuyos listones se colocan las poleas por donde se deslizan las cuerdas que sostienen los telones, las bambalinas, etc **5** (*Zool*) Conjunto de cerdas que tienen los artrópodos en los extremos de sus patas **6** *¡Ya apareció el peine!* (*Coloq*) ¡Ya salió a relucir la verdad! **II 1** *Peine de mico* (*Apeiba tiborbu*) Árbol hasta de 15 m de altura, de hojas alternas, elíptico ovales, de 10 a 20 mm de largo, de base cordada, con cinco nervaduras y con pelillos estrellados por debajo; sus flores son amarillentas y su fruto, globoso y deprimido, de 8 a 10 cm, cubierto de espinas flexibles; su corteza contiene fibra utilizable; se encuentra desde Veracruz hasta Chiapas **2** *Peine de bruja* (*Erodium cicutarium*) Planta herbácea de la misma familia que los geranios, pequeña, de hojas divididas, de flores rosas en umbela; da pequeños frutos sostenidos por un filamento enroscado en forma de tirabuzón **3** (*Petastoma patelliferum*) Planta trepadora de hojas opuestas bifoliadas, con zarcillos terminales ovados, flores violáceas con el cáliz extendido como un plato y corola tubulosa, en forma de campana, morada pálida, de 4 cm de largo; su fruto es una cápsula lineal de 20 a 30 cm de largo por 10 a 13 mm de ancho.

peineta s f **1** Pequeño peine que usan las mujeres para sostener un mechón de pelo **2** Peine de dientes largos y gruesos coronado por una placa convexa, generalmente de carey, labrada o adornada con joyas, que se ponen las mujeres de tradición española para sostener la mantilla en ocasiones de gran solemnidad religiosa.

pejelagarto s m Pez de varias especies, como *Lepisosteus manjuari* y *Lepisosteus oseus*, de cuerpo alargado y casi cilíndrico, que alcanza una longitud de 60 cm, aunque puede llegar a medir 2 m, cubierto de escamas romboidales duras, y que tiene una boca característicamente larga, provista de numerosos dientes grandes y puntiagudos; habita en ríos y lagunas de la costa del Golfo de México; su carne, blanca y de sabor delicado, es muy apreciada; catán.

pelado I pp de *pelar* **II** adj **1** Que ha perdido o no tiene pelo, piel, cuero, cáscara o vegetación: *estar pelado, un dedo pelado, un perro pelado, una naranja pelada, un cerro pelado* **2** s (*Coloq*) Persona de baja condición social, sin educación o irrespetuosa: "Esa tarde, la alameda estaba llena de *pelados*" **3** (*Coloq*) Que acostumbra hacer y decir groserías, que es irrespetuoso: "¿Cómo que 'hazte', cabrón? ¡No seas *pelado*!" **4** s (*NE*) Individuo: "¡Ah, qué *pelado* tan vacilador!".

pelar v tr (Se conjuga como *amar*) **I 1** Cortar el pelo de la cabeza: "El peluquero *peló* a tres niños", "Se *pela* todos los meses" **2** Arrancar las plumas a un ave; desplumar: *pelar el pollo, pelar un pavo* **3** Quitar o levantar la piel, la corteza o la capa que cubre algo: *pelar una jícama, pelar papas*, "Tomó mucho sol y se le está *pelando* la cara", *pelar un cable* **4** (*Coloq*) Dejar a alguien sin nada, particularmente sin dinero en un juego en el que se apuesta, o ganarle en una competencia: "Fuimos al hipódromo y nos *pelaron*" **5** *Ser duro de pelar* Ser algo trabajoso de hacer o de conseguir, o ser alguien difícil de tratar para obtener de él alguna cosa o para convencerlo de ella **6** *Pelárselas por algo* (*Coloq*) Tener uno un deseo intenso de lograr, alcanzar o recibir alguna cosa **7** *Pelarle la verga* o *pelársela a alguien* (*Groser*) Ser incapaz de derrotar a alguien: "A mí, el campeón mundial *me la pela*" **II** prnl **1** (*Popular*) Irse, huir: *pelarse con el dinero* **2** *Pelar gallo* (*Popular*) Huir, abandonar alguna cosa **3** (*Popular*) Morirse: "El pobre don Chon *se peló* pal otro barrio".

peldaño s m Cada uno de los escalones de una escalera, considerados por su huella: *subir los peldaños, descender un peldaño.*

pelea s f Acto de pelear: *una pelea cuerpo a cuerpo, una pelea de gallos, una pelea de pandillas.*

peleador 1 adj Que pelea o que le gusta pelear: "Pero no es *peleador* como otros que apenas toman y echan pleito" **2** s m (*Crón dep*) Boxeador: *un peleador de peso gallo.*

pelear v intr (Se conjuga como *amar*) **1** Usar la fuerza o las armas personas o animales para defenderse, oponerse a otros e intentar derrotarlos, dominarlos o matarlos: *pelear dos ejércitos, pelear los niños en el patio, pelear los perros* **2** Esforzarse alguien mucho por alcanzar o lograr algo, particularmente cuando hay circunstancias o personas que se lo dificultan o tratan de impedírselo: *pelear por una vida mejor, pelear por dar educación a los hijos.*

película s f **1** Capa sólida o líquida, muy delgada, que recubre o que se forma en la superficie de cualquier cosa: *una película de hielo, la película que rodea a un órgano* **2** Cinta preparada con ciertas sustancias químicas que permite grabar en ella imágenes tomadas a través de la lente de una cámara fotográfica: *una película en blanco y negro, una película a color* **3** Obra cinematográfica impresa sobre esas cintas: *mirar una película, filmar una película, una película de charros, una película de Cantinflas, una gran película de Fernando de Fuentes* **4** *De película* Espectacular, grandioso: "Es una montaña *de película*".

peligrar v intr (Se conjuga como *amar*) Estar algo o alguien en una situación en la que puede sufrir un daño o verse perjudicado: "*Peligra* su vida", "El florero *peligra* en ese lugar", "Todo *peligra* en tus manos", *peligrar la fe.*

peligro s m Circunstancia en la que existe la posibilidad de que suceda algo malo o dañino, y objeto o persona que puede causar o producir ese mal o ese daño: "Hay el *peligro* de que el río se desborde", "Intentemos alejar el *peligro* de una guerra nuclear", "Ese hombre borracho es un verdadero *peligro* para todos".

peligroso adj Que encierra un peligro, que puede ocasionar o hacer un mal o un daño: *una carretera peligrosa, un loco peligroso*, "Fumar es *peligroso*".

pelo s m **I 1** Cada uno de los hilos delgados y flexibles producidos por la piel, que cubren y protegen el cuerpo de la gran mayoría de los animales mamíferos y de algunos otros, como el chango, el caballo, el perro, etc; conjunto de estos hilos, en especial los que salen en la cabeza: *hacerse el pelo, pelo chino, pelo güero*, "Fue a la peluquería a cortarse el *pelo*", "Se cepilla el *pelo* todos los días", *los pelos de la nariz*, "A Carmen le producen alergia los *pelos* de gato" **2** *A pelo* Sobre la piel del caballo, sin montura: *montar a pelo* **3** *Tomar(le) el pelo a alguien* Engañarlo, burlarse de él: "*Me tomaron el pelo*, me dijeron que regalaban la leche" **4** *Poner(se) los pelos de punta* Causar mucho miedo, gran intranquilidad o exasperación: "Maneja de tal manera que *te pone los pelos de punta*", "Cuando vi al policía *se me pusieron los pelos de punta*", "Los niños *le ponen los pelos de punta*" **5** *De pelo en pecho* Valiente, cumplidor y serio: *un hombre de pelo en pecho* **6** *No tener pelos en la lengua* Decir las cosas como son, con claridad y franqueza **7** *Con pelos y señales* Con todo detalle: "Cuéntame tus aventuras *con pelos y señales*" **8** *Al pelo* A la medida, con oportunidad: "Esa camisa te queda *al pelo*", "Lo que dijo vino *al pelo*" **9** *De medio pelo* De poca calidad, valor o categoría; de segundo uso: *un teatro de medio pelo*, *un abrigo de medio pelo* **ll** Cada uno de los hilos que nacen en el fruto, tallo, hojas, etc. de ciertas plantas: *pelos de elote*.

pelón 1 adj y s Que no tiene pelo en la cabeza o que se lo ha cortado al rape: *hombre pelón*, "*Pelón* pelonete, cabeza de cuete..." **2** adj Que está descubierto o expuesto; que no tiene lo que normalmente lo protege o cubre: *cable pelón, foco pelón* **3** adj (*Coloq*) Que es muy difícil o complicado: *un problema pelón, una tarea pelona*, "Está *pelón* sacarse la lotería".

pelota s f **1** Cuerpo esférico u ovalado, generalmente de plástico, de cuero, o de hule macizo forrado con hilo y piel, inflado con aire a presión, que se usa para jugar y para practicar algunos deportes: *pelota de futbol, pelota de beisbol*, "Rompimos el vidrio con la *pelota*", "La *pelota* se ponchó", "Mató la *pelota* con el pecho y tiró a gol" **2** Cuerpo más o menos esférico y generalmente de material blando: *pelota de trapo, pelota de esponja* **3** *Echarle la pelota a alguien* Hacer que alguien dé la cara por algo o hacer que una persona aparezca como responsable de cierta cosa: "Sobre el dinero perdido *se echan la pelota* los unos a los otros", "Le echó la pelota a su jefe inmediato" **4** *Hacerse pelotas* (*Coloq*) Confundirse, perder el orden: "Se hizo *pelotas* y lo reprobaron", "La defensa *se hizo pelotas* y le metieron gol a su equipo".

pelotón s m **1** (*Mil*) Grupo de once soldados, bajo las órdenes de un sargento: *pelotón de infantería* **2** Conjunto numeroso y generalmente desordenado de cosas o de personas que van juntas: "*Pelotones* de coches llegaban por todas las carreteras", "Un *pelotón* de aficionados se dirigía al estadio".

peluca s f **1** Cabellera postiza hecha con pelo natural o sintético, que se ajusta a la cabeza: *ponerse una peluca* **2** (*Popular*) Porción de licor que se añade al café o al té; piquete.

peludo adj Que tiene mucho pelo o vello: *un perro peludo, mano peluda*.

peluquería s f **1** Oficio del peluquero y conjunto de las técnicas de corte y arreglo del pelo: "Don Regino se dedica a la *peluquería*" **2** Establecimiento en donde se corta y se arregla el pelo, principalmente el que se dedica al pelo de los hombres: "Ya tienes que ir a la *peluquería*".

peluquero s Persona que tiene por oficio cortar y arreglar el pelo.

pelvis s f sing o pl **1** Armazón del esqueleto humano y de algunos primates, que sirve de sostén a la columna vertebral y se articula con las extremidades inferiores sobre las cuales descansa. Está formado por los huesos coxales, sacro y cóccix; es más ancho en las mujeres y un poco más largo en los hombres **2** Cavidad formada por estos huesos, que comprende desde la parte inferior del tronco hasta la región en que los muslos se articulan con el cuerpo. En su interior se encuentran los órganos geni-

tales, otros órganos secretores y la porción final del tubo digestivo.

pellejo s m **1** Piel de los animales, principalmente cuando se arranca del cuerpo: *el pellejo del pollo, un pellejo duro* **2** Pedazo de la capa más superficial de la piel, que se levanta o se desprende: *quitarse un pellejito* **3** Piel o cáscara muy delgada de algunas frutas, como la uva y el jitomate **4** Parte muy grasosa, dura y gelatinosa de la carne: "Compra medio kilo de *pellejo* para los gatos" **5** *Arriesgar, salvar,* etc *el pellejo* Arriesgar, salvar, etc la vida **6** *Ponerse en el pellejo de alguien* Tratar de comprender las dificultades o los sufrimientos de alguien como si fueran propios.

pena s f **I 1** Castigo que impone una autoridad a quien ha cometido un delito: *pena de prisión, pena de muerte* **2** *So pena de* Bajo la amenaza o el castigo de: "Nadie debe salir del salón *so pena de* expulsión" **3** *Pena capital* La de muerte **ll 1** Tristeza o compasión que produce en una persona el daño, el dolor, la pobreza, la enfermedad, etc de otra: "Siento *pena* por la muerte de tu abuelo", "Me da *pena* ver a esa niña tan triste", "¡Cuánta *pena* me dan los ancianos abandonados!" **2** Dificultad y esfuerzo que implica lograr algo: "Pasamos muchas *penas* para pagar la casa" **3** *Valer* o *merecer algo la pena* Valer o merecer el esfuerzo: "La alegría de los niños *merece la pena* de trabajar por ellos", "Ese muchacho no *vale la pena*" **4** *A duras penas* Con mucho esfuerzo: "*A duras penas* logró decir tres palabras" **5** *Sin pena ni gloria* Sin interés, sin destacar: "Terminó la obra de teatro *sin pena ni gloria*" **III** Vergüenza que siente alguien por algo o timidez delante de alguien: "Me da *pena* molestar", "Tiene *pena* de hablar contigo".

penacho s m **1** Conjunto de plumas que tienen algunas aves en la parte superior de la cabeza **2** Adorno hecho con plumas de colores que se pone en sombreros o se usa sujeto a la cabeza: "Los danzantes llevaban grandes *penachos*".

penal adj m y f **1** Que merece la aplicación de una pena o que se relaciona con las penas que se aplican a quienes cometen faltas o delitos: *un hecho penal, acción penal, derecho penal, juez penal, juzgado penal* **2** s m Edificio en donde se purgan las penas impuestas en un juicio, de acuerdo con la ley; cárcel, penitenciaría: "Escaparon unos reclusos del *penal* del estado" **3** (*Dep*) En el futbol, tiro libre desde 11 m del marco de la portería, que se concede a un equipo como castigo a una falta grave, de acuerdo con su reglamento, cometida por el equipo contrario; penalty: *tirar un penal, cobrar un penal*.

penalty s m (*Dep*) En el futbol y otros deportes, como el waterpolo y el hockey, penal: "Con un *penalty*, empataron los mexicanos con Argentina". (Se pronuncia *pénalti*.)

penar v (Se conjuga como *amar*) **1** intr Sufrir un dolor o una pena: "La Llorona *penaba* todas las noches", "El muerto *ha de estar penando* en el purgatorio" **2** tr Imponer una pena a alguien o señalar la ley el castigo que corresponde a cierta falta o delito: "Al prisionero lo *penaron* con diez años de cárcel", "Aprovechar el cargo para enriquecerse, *está penado* por la Ley".

penca s f **1** Racimo formado por un conjunto de frutos o de hojas y por el eje que los sostiene; es característico de la planta del plátano y de las amarilidáceas como el maguey **2** Cada una de las hojas de ese racimo: *una penca de maguey* **3** Ramificación a manera de hoja carnosa que forman el tallo y las ramas de algunas plantas cactáceas como el nopal: "Se hierven las *pencas* para que suelten la baba".

pendejo adj y s (*Grosero*) **1** Que es tonto en extremo, que resulta despreciable: "No seas hablador, *pendejo*, fíjate en lo que dices", "Uno no se pasa la vida estudiando, para que venga cualquier *pendejo* a quererle enseñar su oficio", "De *pendejo* me meto a esa cueva", "¡Ya cállese, vieja *pendeja*!" **2** *Hacerse pendejo* Hacerse tonto, disimular o eludir la responsabilidad: "Todos estamos en el pedo, no *se hagan pendejos*" **3** *A lo pendejo* A lo tonto, sin prever ni calcular los efectos: "No puedes salir a la calle *a lo pendejo*, a que te asalten".

pender v intr (Se conjuga como *comer*) **1** Estar algo o alguien sostenido por la parte superior, con el peso colgando: "Los ahorcados *pendían* de los postes de telégrafo", "Sostuvo a Raquel en el brocal; sus delgadas piernas *pendían* en el vacío", "De su hombro izquierdo *pendía* un machete campero" **2** Haber un peligro inminente, capaz de ocurrir en un momento dado: "*Pende* la amenaza de una huelga general" **3** *Pender algo de un hilo* Estar a punto de ocurrirle algo grave o definitivo: "Su empleo *pende de un hilo*, basta que el jefe llegue de mal humor, y lo pierde".

pendiente¹ 1 adj m y f Que cuelga, que está suspendido de algo: *lámparas pendientes, una medalla pendiente de una cadena* **2** s m Arete: *unos pendientes de plata* **3** adj m y f Que está por realizarse o por llevarse a cabo, que aún no se termina o todavía no se resuelve: "Tenemos una cita *pendiente*", "Los partidos *pendientes* se jugarán la próxima semana", *pagos pendientes, trabajo pendiente* **4** s m Preocupación o inquietud que produce en una persona algo o alguien: "Estuvo toda la noche con el *pendiente* de que te hubiera pasado algo", "Tiene el *pendiente* de los exámenes finales" **5** *Estar pendiente de* Poner mucha atención e interés en algo o en alguien: "Estaba *pendiente* de sus palabras", "Está *pendiente de* todos sus caprichos" **6** *Estar al pendiente* Estar al cuidado de una cosa o de una persona, vigilarla, preocuparse por ella o dedicarle una atención especial: "En mi ausencia *estáte al pendiente* de la correspondencia", "Su padre siempre *estaba al pendiente* del negocio", "El médico *está al pendiente* del enfermo".

pendiente² s f Plano o terreno inclinado, y grado de inclinación que tiene respecto a otro horizontal: "Se volcó en una *pendiente* de la carretera", "Una *pendiente* apropiada al drenaje", "La *pendiente* debe ser de 30°", *una pendiente muy pronunciada.*

pendular adj m y f Que pertenece al péndulo o se relaciona con él, particularmente con su movimiento: *oscilación pendular.*

péndulo s m Objeto compuesto por un cuerpo pesado y un hilo o varilla del cual pende para poder oscilar: *reloj de péndulo.*

pene s m Órgano sexual masculino; en el hombre está situado en el bajo vientre y tiene funciones reproductoras y excretoras.

peneque s m Antojito hecho a base de masa de tortilla, de forma oval y alargada, generalmente lleno de queso, envuelto en huevo y frito en manteca.

penetración s f **1** Acto de penetrar: *la penetración del agua por las rendijas, la penetración de la vista, la penetración en la fortaleza enemiga* **2** Capacidad que tiene alguien para darse cuenta de cosas difíciles o sutiles; cualidad de lo que es atinado, profundo y agudo: *la penetración de un detective, la penetración de un juicio.*

penetrante adj m y f **1** Que se introduce o que penetra profundamente en algo o en alguien: *herida penetrante* **2** Que llega hasta lo más importante, oculto o profundo de algo: "Hicieron un análisis *penetrante* de la situación", *una crítica penetrante*, "Su *penetrante* ironía" **3** Que se percibe con mucha fuerza o intensidad: *una voz penetrante*, "...y su *penetrante* mirada", *olores penetrantes.*

penetrar v tr (Se conjuga como *amar*) **1** Entrar algo en otra cosa cuya materia ofrece resistencia, o entrar alguien con esfuerzo y dificultad en algún lugar protegido o defendido: *penetrar una aguja la carne, penetrar una flecha en el agua, penetrar la vista en el espacio, penetrar la luz en una cueva, penetrar una línea de batalla, penetrar los ladrones en un banco* **2** Afectar algo con mucha intensidad los sentidos o los sentimientos: *penetrar un grito los oídos, penetrar una traición el alma* **3** Llegar a entender o a descubrir algo oculto, secreto o complicado: *penetrar en el pensamiento budista*, "Penetraremos en el mundo fascinante de la biología molecular".

pénfigo s m (*Med*) Enfermedad cutánea que se caracteriza por la aparición de ampollas de distintos tamaños en las mucosas y en la piel, llenas de un líquido amarillento que, al romperse, dejan úlceras superficiales dolorosas.

penicilina s f Cada una de las sustancias con propiedades antibióticas producidas por mohos del género *Penicillium* o que se obtienen sintéticamente y se emplean para combatir distintos tipos de bacterias: "Le recetaron *penicilina* cuando le dio bronquitis".

península s f Territorio rodeado de agua por todas partes menos por una, relativamente estrecha, por la cual se une a una extensión de tierra mayor: *la península de Baja California, península de Yucatán, península ibérica.*

penitencia s f Obligación o castigo que impone un sacerdote a quien le confiesa sus pecados para satisfacer la falta o las faltas que ha cometido; pena, mortificación, privación, etc que uno mismo se impone por alguna culpa o por otro motivo: *cumplir la penitencia, hacer penitencia.*

penitenciaria s f **1** Establecimiento en donde se encierra a las personas juzgadas culpables de algún delito que amerita la pérdida de la libertad; cárcel **2** *Penitenciaría apostólica* Tribunal católico presidido por un cardenal, con sede en el Vaticano, que se ocupa de asuntos del fuero interno, decide casos de conciencia, etcétera.

penoso adj **1** Que causa pena o tristeza: *una muerte penosa, un penoso accidente* **2** Que es doloroso o difícil, que cuesta mucho esfuerzo: *un penoso aprendizaje, un trabajo penoso* **3** Que causa pena o vergüenza: *un olvido penoso, una penosa obligación* **4** Tratándose de personas, que sienten vergüenza al tratar con los demás: *una niña muy penosa.*

pensador s Persona que se dedica a la reflexión y el análisis profundo de temas importantes, como los filósofos: "*Pensadores* como Gaos han expuesto...".

pensamiento s m **1** Capacidad que tiene el ser humano de someter su experiencia a análisis, juicio, deducción, etc y de sacar de ello ideas, conclusiones, invenciones, etc **2** Acto de ejercer esa capacidad y cada uno de sus resultados: *el pensamiento acerca de la libertad, un pensamiento sobre la ley, tener muchos pensamientos* **3** Lugar supuesto donde se ejerce esa capacidad: "Tengo varias ideas en mi *pensamiento*", "No puedo sacar ese tema de mi *pensamiento*" **4** Conjunto de ideas y conceptos que ha desarrollado una persona, un grupo de personas o que tiene vigencia en cierta época: *el pensamiento de Samuel Ramos, el pensamiento de la Revolución Mexicana* **5** *Buenos* o *malos pensamientos* Ideas buenas o malas que puede tener alguien, particularmente las de carácter moral o sexual.

pensar v tr (Se conjuga como *despertar*, 2a) **1** Ejercer la capacidad del pensamiento para formarse ideas acerca de lo que uno percibe y siente, someterlas a juicio y sacar conclusiones a propósito de ellas: *pensar las cosas, pensar las acciones, pensar lo dicho, pensar en los demás, pensar en un sentimiento, pensar acerca de las estrellas, pensar acerca de la naturaleza* **2** Tener o formarse una idea, opinión, etc acerca de algo o de alguien, llegar a una conclusión a propósito de algo: "*Pensé* que era más joven", "*Pensaba* que no te iba a gustar", "*Piensa* que convendría estudiar mejor la historia" **3** Tener la intención de hacer algo: "*Piensa* visitar el museo el sábado próximo" **4** *Pensar bien* o *mal de alguien* Formarse buena o mala opinión de alguien, confiar o desconfiar de él **5** *Dar qué pensar* Producir ciertas sospechas o la intuición de que algo no anda bien o no es del todo claro: "La amistad de Orlando con los contrabandistas *da qué pensar*", "Sus constantes viajes a la isla *dieron* mucho *qué pensar*".

pensativo adj Que está pensando, que tiene toda su atención puesta en sus pensamientos: "Iba tan *pensativa*, que no nos vio", "Ha estado *pensativo* toda la noche".

pensión s f **1** Pago regular que se da a una persona como beneficio por haber trabajado cierto número de años en una empresa, cuando llega a la vejez o ha sufrido algún accidente o una enfermedad que le impiden seguir haciéndolo; pago que reciben los parientes con derecho a ello, cuando ha muerto esa persona: *recibir la pensión, cobrar la pensión, fondo de pensiones* **2** *Pensión alimenticia* Pago regular que reciben el cónyuge y los hijos de una persona que se divorcia del primero, y queda obligada a ello por una sentencia judicial, durante un plazo determinado en la sentencia **3** Pequeño hotel o casa en donde se reciben huéspedes por periodos relativamente largos: *una pensión para estudiantes* **4** Servicio de alojamiento, alimentos, lavandería, etc que reciben los huéspedes de un hotel o de una casa de huéspedes: *pensión completa, media pensión* **5** Estacionamiento público o privado donde los usuarios, mediante el pago de una cuota, pueden dejar el coche el tiempo necesario.

pentágono s m (*Geom*) Figura geométrica de cinco lados: *calcular el perímetro de un pentágono*.

pentagrama s m Conjunto de las cinco líneas paralelas y equidistantes sobre el que se escribe la música: *compases del pentagrama, escribir sobre el pentagrama*.

pentatlón s m **1** Competencia atlética en la que los participantes deben competir en cinco pruebas diferentes: carrera de 200 y 1500 m; lanzamiento de disco y jabalina, y salto de longitud **2** *Pentatlón moderno* Competencia atlética que comprende las siguientes cinco pruebas: equitación, esgrima, natación, tiro y carrera de 4000 metros.

pentecostal adj y s m y f Que pertenece a alguno de los grupos religiosos cristianos que buscan una experiencia de renovación o de renacimiento espiritual semejante a la de los primeros discípulos de Cristo al recibir la venida del Espíritu Santo; consideran el bautismo como un nacimiento al orden sobrenatural; practican el lavado de los pies como una regeneración y buscan el don de lenguas y la curación divina.

pentecostés s m (*Relig*) **1** Fiesta de los judíos instituida en memoria de la ley que Dios les dio en el Monte Sinaí, que se celebra cincuenta días después de la Pascua del cordero **2** Fiesta cristiana de la venida visible del Espíritu Santo sobre los Apóstoles, que sucedió cincuenta días después de la Pascua de la resurrección de Cristo.

penumbra s f **1** Escasa claridad en la que no se distinguen los contornos de las cosas: "Es una hora cualquiera del atardecer: la indefinida, dulce secuencia de los minutos en *penumbra* que preceden a la noche" **2** (*Astron*) Zona de transición entre el área iluminada de un astro y la sombra que lo oculta durante un eclipse.

peña[1] s f Roca de gran tamaño que sobresale en un terreno o en el mar: *trepar una peña*.

peña[2] s f **1** Grupo de amigos o de compañeros que acostumbran reunirse en un café o en un bar, generalmente para platicar de cierto tema: *peña literaria, peña taurina* **2** Lugar en el que se reúnen.

peñasco s m Peña grande y generalmente elevada.

peón s m **1** Persona que hace un trabajo no especializado, como el de ayudante en el campo o el de aprendiz en algunos oficios como la albañilería: *peones de una hacienda, peón de albañil* **2** (*Tauro*) Torero subalterno que ayuda en la lidia **3** Cada una de las ocho piezas que tiene cada jugador a su juego del ajedrez, colocadas en la segunda fila del tablero en el momento de empezar la partida. Se mueven hacia adelante avanzando una casilla cada vez, y pueden comer diagonalmente a la pieza que esté en esa dirección y en la casilla inmediata: *comerse un peón*, "Le dio jaque mate con el *peón*".

peor adj m y f y adv **1** Que está más mal que otra cosa del mismo tipo o más mal que en otro momento; que es menos conveniente, se hace más mal o es más malo con respecto a otra cosa, otra persona, otro momento, etc: "Se inscribió en la *peor* escuela de todas", "Estas manzanas están *peor* que las otras", "Unos libros son *peores* que otros", *el peor momento, los peores resultados*, "Esta máquina funciona *peor* que las demás", "Antes caminaba *peor*", *hacer peor las cosas, cada vez peor* **2** *Ser peor* hacer algo Ser más malo o menos adecuado, tener más malas consecuencias: "*Será peor* no ir a trabajar", "*Es peor* pasar este asunto por alto" **3** *Ir de mal en peor* Ir o estar cada vez más mal: "Carlos *va de mal en peor*", "La economía de la empresa *va de mal en peor*".

pepenador s **1** Persona que se dedica a recoger, uno por uno, objetos de la basura **2** Persona que recoge uno a uno los granos que quedan en el suelo al levantar una cosecha de frijol u otra planta.

pepenar v tr (Se conjuga como *amar*) **1** Recoger del suelo, una por una, cosas esparcidas en él: "Está *pepenando* las migajas dejadas por los comensales" **2** (*Coloq*) Agarrar, recoger o conseguir alguna cosa en particular: "Anda *pepenando* firmas y dinero para un desplegado".

pepino s m **1** Fruto comestible, alargado y cilíndrico, de cáscara delgada, color verde oscuro y generalmente lisa, de pulpa blanca, carnosa y jugosa, con varias pepitas en su centro; se come crudo en ensalada o se prepara en encurtidos **2** (*Cucumis sativus*) Planta herbácea anual, de la familia de las cucurbitáceas que da este fruto; es de tallo rastrero, áspero y grueso, hojas grandes en forma de corazón y flores amarillas **3** *Pepino silvestre* (*Cucumis auguria*) Planta herbácea, trepadora o rastrera, de la misma familia, de flores pequeñas monopétalas y fruto oval, espinoso, de pulpa verdosa, que es comestible; crece en algunas regiones de Oaxaca y Yucatán **4** *Pepino de maceta* (*Solanum muricatum*) Arbusto de la familia de las solanáceas, de hojas oblongo lanceoladas, flores azules monopétalas y frutos ovoides amarillos; se cultiva por ornato **5** (*No*) *importar un pepino* (*Coloq*) (No) importar para nada: "*Me importa un pepino* lo que diga ese envidioso".

pepita s f **1** Semilla plana y ovalada de algunas frutas, como el melón, la sandía y la pera, y en especial la de la calabaza, que se come seca o se aprovecha en la elaboración de diversos platillos: *horchata de pepita de melón*, *mole de pepita*, "Pidió un peso de *pepitas*" **2** Trozo de oro o de otro metal que se encuentra en los terrenos de aluvión después de haber sido separado de la veta y esparcido por la erosión de una corriente de agua **3** Enfermedad del aparato digestivo de las gallinas que les produce un pequeño tumor en la lengua.

pequeño adj **1** Que es de poco tamaño, intensidad, importancia, cantidad, etc: *hombre pequeño*, *ruido pequeño*, *sueldo pequeño*, *pequeña fiesta* **2** Que es de poca edad: *niño pequeño*.

per capita locución latina adv Por cabeza, por individuo, como promedio de una cantidad variable, en relación con cada uno de los miembros de un grupo: "El crecimiento del producto nacional bruto *per capita* fue de 3%". (Se pronuncia *per cápita* y también se escribe así.)

pera s f **1** Fruto del peral, comestible, de forma más o menos cónica y redondeado en la parte inferior que es la más ancha; su cáscara es delgada, de color verde amarillento o café claro y su carne jugosa, dulce y de consistencia suave o algo áspera y granulosa, según su especie. En la parte central e interior tiene varias semillas negras, planas y ovaladas: *cultivar peras*, *peras en almíbar* **2** *Ser una perita en dulce* Ser alguien bueno, tener muchas cualidades y actuar con buenas intenciones: "Tu jefe no es ninguna *perita en dulce*" **3** *Pedir peras al olmo* Esperar de algo o de alguien una cosa que no puede dar, hacer o cumplir **4** Bomba de goma, hueca, de forma parecida a la de este fruto y generalmente unida a un tubo en su parte más delgada; sirve para impulsar aire o un líquido; es común en medicina para aplicar lavativas, inyectar aire, etc y en perfumería, para dar presión a los atomizadores,

etc; perilla **5** (*Dep*) Especie de globo de cuero, muy resistente, redondeado y más ancho en la parte inferior que, inflado con aire y colgado de su extremo más delgado, sirve para que entrenen los boxeadores golpeándolo repetidas veces.

peral s m (*Pirus communis*) Árbol de la familia de las rosáceas, que da la pera. Mide entre 3 y 14 m de altura, según la variedad; tiene el tronco y las ramas rectas, leñosas y lisas; las hojas puntiagudas, lisas y cerosas en el haz, y flores blancas redondas; muchas de sus variedades se cultivan principalmente en el norte del país.

percatarse v prnl (Se conjuga como *amar*) Percibir alguna cosa tomando conciencia de ella; darse cuenta de algo que estaba presente y no se había notado: "*Se percató* al cabo de un rato de que yacía sobre esa cama un cuerpo quieto, inanimado", "Para las generaciones posvictorianas es mucho más inquietante *percatarse* de sus apetitos sexuales reprimidos, que de su propia enajenación".

percepción s f **1** Acto y capacidad de percibir: *percepción visual* **2** Dinero que cobra una persona por su trabajo, una institución por sus servicios o el gobierno como impuestos.

percibir v tr (Se conjuga como *subir*) **1** Recibir en los centros nerviosos superiores las impresiones que registran sus sentidos al ser estimulados: *percibir un sonido*, *percibir un olor* **2** Darse cuenta de algo: *percibir la diferencia entre dos cosas*, *percibir un peligro* **3** Recibir una cantidad de dinero como pago por un trabajo, como sueldo, como pensión, etc: *percibir $2 000 mensuales*.

percusión s f **1** Acto de golpear alguna cosa o golpe con el que se hace repercutir o sonar algo: *las técnicas de percusión de la batería*, *percusión del gatillo sobre el fulminante* **2** pl Conjunto de los instrumentos musicales que se tocan golpeándolos, como la marimba, el tambor, los platillos, el triángulo, etc **3** (*Med*) Método de exploración clínica que consiste en golpear ligeramente alguna parte del cuerpo del paciente y escuchar el sonido que produce; de ello se pueden extraer algunas conclusiones sobre el estado de salud o las condiciones de la zona golpeada: *percusión abdominal*, *percusión torácica*.

perder v tr (Modelo de conjugación 2a) **1** Dejar de tener algo, no saber dónde quedó una cosa que se tenía o alguna persona con la que se estaba, no conseguir algo que se esperaba: *perder la pluma*, *perder las llaves*, "Si no quieres *perder* ese dinero, guárdalo bien", "Rosa *perdió* a su niño en el parque", *perder un trabajo*, *perder un premio*, *perder una oportunidad*, *perder el avión* **2** Dejar de percibir las cosas con los sentidos o con alguno de ellos a causa de una enfermedad, un golpe, etc: *perder la conciencia*, *perder el habla* **3** Perder la cabeza, el habla, el control, etc Dejar de tener dominio de uno mismo, generalmente por alguna emoción intensa: "Vi una sombra en la ventana y *perdí* el habla" **4** Resultar derrotado en una competencia, en un juego o en la guerra: *perder un partido*, *perder por dos puntos*, *perder al ajedrez*, *perder una batalla* **5** Dejar de tener el dinero que uno apostó en un juego de azar: *perder en las carreras de caballos*, *perder $100 en la ruleta* **6** Ignorar o desconocer dónde se está; equivocarse de dirección y no llegar al lugar que se quería: *perder la ruta*, *perder el camino*, *perderse en el* *bosque, perderse en la ciudad*, "El abuelo *se perdió*" **7** Dejar de seguir el desarrollo, la continuidad de algo o no entender sus relaciones: *perder el hilo de la plática, perder la trama*, "Nos *perdimos* el final de la película", *perder el paso*, "Son cifras tan grandes que uno se *pierde*", *perderse en un problema* **8** Disminuir la intensidad, la calidad o la cantidad de algo: *perder el ánimo, perder el afecto, perder fuerza, perder energía, perder calor, perder 10 kilos* **9** Causar un daño moral duradero y grave a alguien: "El vicio lo *perdió*", "*Se perdió* por sus malas compañías" **10** Sufrir la ausencia o muerte de alguien: *perder a un compañero*.

pérdida s f **1** Acto de perder: *la pérdida de un libro, pérdida de valor, pérdida de la memoria, pérdida de la salud, pérdida de la conciencia, pérdida de energía* **2** pl Cosas que se pierden: "No se ha calculado el valor de las *pérdidas*", "Las *pérdidas* ascienden a $5 000 000".

perdidamente adv Por completo, irremediablemente, sin solución, salida o salvación: "Max y yo estábamos *perdidamente* borrachos", "Estaba *perdidamente* enamorada de él".

perdido I pp de *perder* **II** adj **1** Que ha dejado de estar a la vista de alguien o no se sabe su localización: *una ciudad perdida, un monedero perdido, el eslabón perdido*, "*Perdida* entre las ramas, canta la tórtola", "Detrás venía Canek con un indio muerto. Lo había matado una bala *perdida*" **2** Que ha dejado de tener noción de su propio ser, de su propia situación o del lugar en que se encuentra: "Una maravillosa tierra de nadie en la que tanto los visitantes como los nativos de la ciudad se sabían *perdidos*", "Sólo tenía unos ojos vidriosos, *perdidos* en la nada", "El pobre está *perdido* de borracho" **3** adj y s Que ha cometido graves pecados y no alcanza su salvación: "Si tenemos pasión por los *perdidos*, seremos buenos buscadores de almas", *una mujer perdida* **4** Que se ha gastado o dilapidado: *tiempo perdido, un esfuerzo perdido, recuperar lo perdido* **5** De perdida (*Coloq*) Por lo menos, al menos: "*De perdida* me gano como unos 60 pesos a la semana".

perdón s m **1** Acto de perdonar: *el perdón de un error, pedir perdón, dar el perdón* **2** Manera cortés de introducir la petición de algo o intervenir en algo: "*Perdón*, ¿qué hora es?".

perdonar v tr (Se conjuga como *amar*) **1** Renunciar a castigar una culpa, una falta, una ofensa, etc, o a cobrar una deuda a alguien: "Le *perdonaron* dos años de cárcel", "Me *perdonó* los $50 que le debía" **2** Permitir que alguien no cumpla con una obligación: "Me *perdonaron* el pago de los impuestos" **3** No perdonar algo No poder estar sin algo: "*No perdona* su café por la mañana" **4** Manera de introducir la petición de algo o de intervenir en algo: "*Perdone*. ¿Hacia dónde queda el Zócalo?", "¿Me *perdonaría* una palabra?".

perdurar v intr (Se conjuga como *amar*) Durar alguna cosa por mucho tiempo y a pesar de cambios, vicisitudes y obstáculos: "El uso de la piedra tallada *perduró* en Asia durante las edades del bronce y del hierro", "Los objetos preservaban su cuerpo, sus humores, sus estados de ánimo. *Perduraba* allí como un fantasma tierno y amado por todos", "*Perduran* solamente las grandes obras".

perecer v intr (Se conjuga como *agradecer*, 1a) Morir, acabarse algo: "Esta clase de espectáculo está condenado a *perecer*", "Todos los ocupantes del avión *perecieron* en el accidente".

peregrinación s f **1** Viaje que emprende un grupo de personas, generalmente a pie, con una finalidad religiosa, como visitar un lugar sagrado o para alcanzar un beneficio: *peregrinaciones a la Villa de Guadalupe*, "Cándido hizo su *peregrinación* a Lourdes" **2** Grupo de personas que hacen juntas este viaje: "Vimos pasar la *peregrinación*".

perejil s m (*Patroselium sativum*) Planta herbácea de la familia de las umbelíferas, crece hasta 70 cm de altura, sus tallos son delgados y ramificados; sus hojas olorosas y de bordes irregulares. Se cultiva y es muy apreciado como condimento.

perengano s Cualquier persona cuyo nombre se desconoce o no interesa precisar, después de referirse a otras tres anteriores, que son fulano, mengano y zutano: "Hubo un testigo que dijo: fue fulano, pero otro agregó: no, fue mengano, el tercero declaró que fue zutano, pero podría haber sido perengano".

pereza s f Estado de ánimo en que una persona no está dispuesta al movimiento, a la acción o al trabajo: *tener pereza, sentir pereza*.

perezosa s f (*Alti Oax*) Silla plegable y reclinable, que tiene asiento de tela.

perezoso 1 adj y s Que siente pereza, que no está dispuesto a hacer algo o lo hace con lentitud y desgano: "Siempre fue *perezosa*. Se acostaba en la hamaca el día entero y allí se quedaba soñolienta" **2** s m Mamífero de dos géneros distintos y varias especies, cuyo cuerpo está cubierto por un pelaje largo y áspero; tiene la cabeza pequeña, la cola corta y las patas muy largas, con dos o tres dedos en ellas; pasa la mayor parte del tiempo colgado de las ramas de los árboles; se caracteriza por la lentitud con que se desplaza; se alimenta de hojas; vive en las selvas tropicales de América del sur.

perfección s f **1** Cualidad de algo o alguien que satisface plenamente lo que se espera de él, desarrolla todas sus facultades, no tiene errores ni defectos y es ideal o insuperable en su género: *la perfección del vuelo del águila*, "Un análisis hecho con *perfección* metódica", "Revisaba varias veces su texto en busca de la *perfección*" **2** Cosa que tiene esta cualidad: "Su escultura es una *perfección*", "Su explicación no fue una *perfección*" **3** A la perfección En forma total y correcta, sin errores ni faltas: "Esta máquina está hecha *a la perfección*", "Se aprendió *a la perfección* las tablas de multiplicar".

perfeccionamiento s m Acto de perfeccionar algo o perfeccionarse: *un curso de perfeccionamiento, el perfeccionamiento de una máquina*.

perfeccionar v tr (Se conjuga como *amar*) **1** Dar a alguna cosa las cualidades más acabadas y mejores que se pueden alcanzar: *perfeccionar un invento, perfeccionar una técnica* **2** prnl Mejorar una persona su preparación, sus conocimientos o sus habilidades: "Después de *perfeccionarse* en Londres, volvió a México".

perfectamente adv Con perfección o a la perfección, sin errores ni fallas, en forma total o adecuada: "Entiende *perfectamente* el español", "El trabajo está *perfectamente* organizado", "Su motor trabaja *perfectamente*".

perfecto adj **1** Que tiene el mayor grado de calidad o de valor que se puede encontrar o desear: *una mujer perfecta, un ejemplo perfecto, un perfecto caballero* **2** Que ha alcanzado un estado o una situación insuperable: *un orden perfecto, un crecimiento perfecto* **3** Que es completo, total o logrado: *un perfecto idiota*, "No hay un crimen *perfecto*".

perfil s m **1** Línea o figura que muestra una de las caras laterales de algo, particularmente de un rostro; aspecto lateral, contorno o sección que muestra un corte vertical de algo: *perfil de una persona, caballos de perfil alargado* **2** *Perfil griego* El que tiene la nariz recta desde su arranque en la frente **3** *De perfil* De lado, que se hace de lado o muestra sólo un lado de algo: "Se puso *de perfil* para lanzarle la bola al bateador", "Le tomaron una fotografía *de perfil*" **4** Línea que sigue el borde o la orilla de algo: *el perfil de las montañas* **5** Conjunto de los rasgos que caracterizan o distinguen a algo o a alguien: "Una actitud política de *perfiles* propios", *el perfil de un terreno* **6** Caracterización o estudio breve que se ocupa de los rasgos principales de algo: "Presentó un *perfil* de la economía nacional".

perfilar v (Se conjuga como *amar*) **1** prnl Delinearse algo en el espacio, mostrar su contorno o perfil: "Las montañas se *perfilaban* a lo lejos" **2** prnl Comenzar algo o alguien a hacerse reconocible o a mostrar sus características; anunciarse o dejar adivinar lo que es o hace, podrá ser o hacer: "La ciencia *se perfila* como determinante para el desarrollo" **3** tr (*Met*) Grabar un dibujo sobre un metal con ayuda de un buril **4** tr (*Met*) Dar a una barra de metal un perfil particular, generalmente distinto de los más comunes, que tienen secciones verticales redondas, cuadradas, rectangulares, etcétera.

perforación s f **1** Acto de perforar algo: *la perforación de un pozo, hacer una perforación* **2** Agujero u hoyo que deja en un cuerpo algo que lo penetra: "Mira las *perforaciones* que dejaron los balazos".

perforar v tr (Se conjuga como *amar*) Hacer un agujero o un hoyo en alguna cosa, penetrando profundamente en ella o atravesándola: *perforar una lámina*, "La bala le *perforó* el intestino".

perfume s m **1** Olor agradable, particularmente el que despiden las flores: *perfume de azucenas, perfume de un bosque* **2** Sustancia que generalmente se prepara con esencia de flores u otros vegetales, y se emplea para dar buen olor a algo, esparciéndola para que libere su aroma, o a alguien, frotándosela en el cuerpo: *perfume francés*".

perico s m I **1** Ave de la familia de los psitácidos, de distintos géneros y especies, que tiene el cuello corto y ancho, la cabeza grande y redondeada, pico fuerte y ganchudo, con la parte superior encorvada sobre la inferior, y las patas cortas y robustas con cuatro dedos; mide entre 20 y 50 cm de largo, tiene la cola corta y redondeada, su plumaje es predominantemente verde brillante, aunque algunas especies tienen plumas amarillas, azules, rojas o blancas en la cabeza o en la punta de las alas; su voz natural es un grito estridente y agudo, pero su lengua grande y carnosa le permite emitir sonidos articulados, por lo que puede imitar y repetir palabras cuando se le mantiene en cautiverio. Vive en regiones tropicales o subtropicales y se alimenta fundamentalmente de los frutos de los árboles;

loro: *una parvada de pericos*, "El cura tenía un *perico* y siempre que iba al confesionario se lo llevaba junto a él. Resulta que el *perico* aprendió la fórmula de confesar..." **2** *Periquito australiano* Ave de la misma familia y de distintas especies, de unos 15 cm de largo, de color verde, azul, amarillo o gris, y en ocasiones con manchas blancas en las alas **3** *Echar perico* (*Coloq*) Platicar dos amigos por el gusto de hacerlo: "Lili y Mariema se fueron al café a *echar perico*" **4** *Hablar como perico* (*Coloq*) Hablar mucho y decir poco **5** *No pasar de perico perro* No salir de la mediocridad o el anonimato **6** *Poner a alguien como (al) perico* (*Coloq*) Maltratarlo o regañarlo con dureza **7** *Perico el de los palotes* Cualquier persona: "Tú no puedes irte de la casa así como así, como *Perico el de los palotes*" **8** *Darse* o *echarse un pericazo* Entre los drogadictos, aspirar cocaína por la nariz II **1** Herramienta con que se aprietan o aflojan tuercas, que tiene dos picos curvos, ajustados por un tornillo sinfín **2** Silla alta para bebé III (*Rynchosia pyramidalis*) Planta trepadora de la familia de las leguminosas, que tiene hojas trifoliadas, flores papilionadas de color amarillo con rayas oscuras y fruto en vaina; sus semillas, duras y pequeñas, son venenosas.

pericón s m (*Tagetes lucida, Tagetes florida*) Planta herbácea que crece silvestre; alcanza 1 m de altura, tiene hojas opuestas lanceoladas y aserradas y flores amarillas en cabezuelas, con olor de anís. Sus flores tienen propiedades medicinales y, al quemarse secas, sirven para ahuyentar a los moscos.

periferia s f Contorno de alguna cosa, zona que rodea a otra: *la periferia de la ciudad, vivir en la periferia, la periferia de una herida*.

periférico 1 adj Que pertenece a la periferia de algo o se relaciona con ella: *un anillo periférico, zonas periféricas, trastornos periféricos* **2** adj y s m (*Comp*) Tratándose de equipo de cómputo, todos los aparatos que requiere el procesador central para que opere la computadora, como el teclado, la impresora, etcétera.

perífrasis s f sing y pl (*Gram*) **1** Construcción que consta de un verbo auxiliar conjugado, seguido de otro en infinitivo, gerundio o participio. Muchas veces se utiliza en lugar de una forma verbal flexionada para dar ciertos matices a su significado. El infinitivo suele ir precedido por la conjunción *que* o por alguna preposición. Entre las perífrasis más usuales en español están: *ir a + infinitivo*: "Voy a escribir", que indica una acción futura o el propósito de realizarla; *tener que + infinitivo*: "Tengo que trabajar", que expresa obligación o necesidad; *haber de + infinitivo*: "Han de ser las 7", que manifiesta la posibilidad de que algo suceda o esté sucediendo; *estar + gerundio*: "Estoy estudiando", cuyo sentido es de duración; y *haber + participio*: "No he ido al cine en mucho tiempo", que forma los tiempos compuestos del indicativo y el subjuntivo **2** *Perífrasis pasiva* La que se forma con el verbo *ser* como auxiliar y el participio del verbo principal: *ser amado, fue comido, fue cantado* **3** Reproducción del sentido de algo dicho, con otras construcciones u otras palabras.

perilla s f **1** Agarradera o botón con forma de pera, que facilita el manejo de algún instrumento: *girar una perilla, la perilla de una puerta* **2** Barba que se deja crecer en el mentón.

perímetro s m (*Geom*) Línea que rodea o limita una figura, y medida de esta línea: *el perímetro de un terreno, el perímetro de un círculo*.

periódicamente adv Cada cierto tiempo: "Las tarifas se revisan *periódicamente*", "Pasa *periódicamente* por el mismo lugar".

periódico 1 adj Que sucede, aparece o se repite cada cierto tiempo: *una reunión periódica, crisis periódicas, movimiento periódico* **2** s m Publicación diaria o a espacios regulares de tiempo, que da noticias, relata acontecimientos actuales y anuncia cuestiones o sucesos de interés: *leer los periódicos, un gran periódico, periódico mensual*.

periodismo s m Conjunto de actividades profesionales relacionadas con el tratamiento y la publicación de noticias por medio de los medios de comunicación, especialmente de los periódicos: *periodismo radiofónico, periodismo deportivo, periodismo internacional, la carrera de periodismo*.

periodista s m y f Persona que tiene como oficio o profesión el periodismo.

periodístico adj Que pertenece al periodismo o se relaciona con él: *un artículo periodístico*.

periodo s m **1** Espacio de tiempo durante el cual sucede algo: *un periodo de ocho meses, periodo de crecimiento, periodo precolombino* **2** Espacio de tiempo, de una duración bien determinada, en el que sucede algún fenómeno: *el periodo de rotación de la Tierra* **3** Tiempo que tarda en producirse en todas sus etapas un fenómeno repetitivo: *el periodo de una onda, el periodo de un cometa* **4** Salida de sangre de la matriz de una mujer o de las hembras de muchos mamíferos, producida por la función biológica natural de desechar los óvulos que no resultan fertilizados; este fenómeno se repite en la mujer, generalmente, cada veintiocho días; menstruación. (También *período*.)

peripecia s f Cada uno de los acontecimientos diversos y variados que conforman una acción o el desarrollo de un relato: *un viaje lleno de peripecias, vivir muchas peripecias*.

peristáltico adj Que se contrae periódicamente, tratándose del movimiento de los intestinos.

perito s m Persona cuya opinión o dictamen se consulta debido a que su conocimiento y práctica en un asunto o materia específica lo acreditan como experto: *un arqueólogo perito, un perito criminalista, contratar a un perito*.

peritoneo s m (*Anat*) Membrana serosa que envuelve los órganos del abdomen.

perjudicar v tr (Se conjuga como *amar*) Hacerle daño a algo o a alguien, causarle perjuicios de cualquier índole: "El aumento de precio de los libros *perjudica* principalmente a los estudiantes", "La sequía *perjudicó* los cultivos de maíz".

perjudicial adj m y f Que causa daño o perjuicio o que es capaz de causarlos: "Tan *perjudicial* como el cacique es el que se deja sobajar", "Algunas plantas son *perjudiciales*".

perjuicio s m **1** Hecho, situación o cosa que produce daños, molestias o dificultades: "La corrupción causa graves *perjuicios* a la economía del país", "Las heladas han causado muchos *perjuicios* a la población" **2** (*Der*) Ganancia o beneficio que alguien ha dejado de obtener: "Exige una indemnización por daños y *perjuicios*" **3** *En perjuicio de* Con resultados malos o negativos para una persona o cosa; dañando a alguien o en contra de algo o de alguien: "Fuma *en perjuicio de* su salud", "Esas medidas van *en perjuicio de* los asalariados".

perla s f **1** Pequeña esfera más o menos irregular y densa, normalmente de color blanco o grisáceo, que se forma en el interior de algunos moluscos por una acumulación concéntrica de capas de nácar alrededor de un cuerpo extraño; es muy apreciada en joyería y su valor depende del tamaño, brillo, color y regularidad de su forma **2** *De perlas* De maravilla, a la perfección: "El vestido le queda *de perlas*", "El aumento de sueldo me cae *de perlas*" **3** Píldora esférica, transparente y de una sustancia soluble, dentro de la que se administra alguna medicina o alimento: *perlas de hígado de bacalao*.

permanecer v intr (Se conjuga como *agradecer*, 1a) Estar algo o alguien en un lugar, estado o situación determinado y continuar en él sin presentar cambios: *permanecer en la capital, permanecer en casa, permanecer enfermo, permanecer inundado*.

permanencia s f Estado de aquello que se mantiene, se queda o se conserva en un mismo lugar, actitud o situación: *la permanencia de problemas sociales*, "Su *permanencia* en el extranjero lo hizo madurar".

permanente 1 adj m y f Que dura, se mantiene o se conserva indefinidamente: *trabajo permanente, daño permanente, comisión permanente* **2** s m Ondulación artificial del pelo que dura mucho: "Fue al salón a hacerse un *permanente*".

permeabilidad s f Propiedad que tienen algunos materiales de permitir que el agua u otro fluido se filtre a través de ellos: "La *permeabilidad* de esas tierras es muy buena".

permeable adj m y f Que permite que el agua u otro fluido se filtre a través de él, que puede ser penetrado por un líquido: *suelos permeables, roca permeable, un material permeable al aceite*.

permiso s m **1** Declaración mediante la cual una persona, generalmente una autoridad, acepta que otra puede hacer algo o comportarse de cierta manera: *pedir permiso, dar permiso, faltar sin permiso, tener permiso para entrar al hospital* **2** Escrito en el que se hace esa declaración: *permiso de importación, permiso de entrada* **3** *Con permiso* Expresión con la que una persona pide cortésmente a otra que le permita pasar de un lugar a otro o con la que se interviene en alguna conversación: "*Con permiso*, voy a salir", "*Con permiso*, yo no estoy de acuerdo".

permitir v tr (Se conjuga como *subir*) **1** Dar alguien permiso a otra persona para que haga algo o se comporte en cierta forma: *permitir la salida, permitir la importación de leche* **2** Tener algo la capacidad de hacer cierta cosa o las características necesarias para obtener un resultado determinado: "Esta máquina *permite* cosechar más rápido", "Sus aptitudes le *permitieron* encontrar un buen trabajo".

perno s m Barra metálica cilíndrica de diversas funciones: sirve para unir dos piezas movibles, como las de las bisagras, para transmitir el giro de una pieza a otra, cuando en alguno de sus extremos se fija un engrane, o para fijar una pieza penetrando en ambas y con remaches en los extremos.

pero conj **1** Indica oposición, contradicción o restricción entre los significados de dos oraciones: "Quiere sacar buenas calificaciones, *pero* no estudia", "Quise salir temprano de mi casa, *pero* no pude", "Trabaja mucho, *pero* no le pagan" **2** Introduce cierto matiz de aprobación o desaprobación de algo: "Ese actor es bueno, *pero* no me simpatiza" **3** Relaciona dos significados opuestos indicando que uno le resta importancia o valor al otro: "Mi caballo es viejo, *pero* muy fiel", "Tiene una camisa descolorida y fea, *pero* muy limpia" **4** Introduce la justificación de algo, cuya equivocación o cuyo carácter negativo se reconoce. "Es cierto que no hizo la tarea, *pero* es que estuvo enfermo", "Claro que debía haberle avisado, *pero* no encontré la manera de hacerlo" **5** Enfatiza la oración a la que introduce, destacando un matiz contradictorio o de desaprobación: "*Pero* ¡cómo se atrevió a hablarte así?", "¡*Pero* es injusto!", "Haz lo que quieras, *pero* no dejes de estudiar" **6** s m Defecto u objeción: "Este dibujo no tiene *pero*", "Tengo varios *peros* que ponerle al trabajo", *no hay pero que valga.*

perón s m (*Pirus pumila*) Variedad de la manzana, de color verde o amarillo, y sabor un tanto ácido.

peroné s m (*Anat*) Hueso externo de la pierna, paralelo a la tibia, más largo y delgado que ésta, que se articula a ella por sus dos extremos: en la rodilla y el tobillo.

perpendicular adj m y f y s f (*Geom*) Que forma un ángulo recto con otra línea o plano: *trazar una perpendicular, una calle perpendicular a la avenida.*

perpetuar v tr (Se conjuga como *amar*) Hacer que algo dure o se conserve para siempre: "Para *perpetuar* la especie, la mujer está dotada de órganos especiales", "Con esos símbolos geométricos los navajos *perpetúan* su historia".

perpetuo adj **1** Que dura o se conserva para siempre: *nieve perpetua, movimiento perpetuo* **2** Tratándose de algunos cargos, que se conserva hasta la jubilación de quien lo ocupa: *secretario perpetuo.*

perro s m **1** Mamífero cuadrúpedo de la familia de los cánidos, domesticado desde hace mucho tiempo; pertenece a muy diversas razas, casi todas creadas artificialmente por el hombre mediante cruzas. Se caracteriza por su ladrido, aunque algunas razas son mudas, por sacar la lengua cuando está o ha estado en actividad, ya que suda a través de ella, por mover rápidamente la cola en señal de alegría o de excitación y por lo desarrollado que tienen el olfato la mayoría de sus razas. Se le entrena como guardián, pastor, cazador, guía, etc y es muy apreciado por la ayuda y compañía que presta como animal doméstico: *perro chihuahueño, perro pastor, perro callejero* **2** *Ser alguien un perro* Ser persistente y bravo para algo **3** *Tener* o *llevar vida de perros* Tener o llevar una vida triste, sufrida o maltratada **4** *Echar los perros a alguien* (*Coloq*) Mostrarle claramente su interés por él, en particular cuando es de carácter amoroso **5** Estudiante del primer año de licenciatura **6** *Perro caliente* Hot dog.

persecución s f Acto de perseguir: *la persecución de los criminales, una persecución política, una campaña de persecución.*

perseguir v tr (Se conjuga como *medir*, 3a) **1** Seguir a alguien o a algún animal para alcanzarlo: *perseguir a un ladrón, perseguir a una fiera* **2** Buscar insistentemente a alguien causándole molestias: "Lo *persiguen* sus acreedores", "Las adolescentes *persiguen* al actor" **3** Molestar y tratar de causar daño una per-

sona a otra: "Lo *persiguen* por sus ideas políticas", "La *persigue* el jefe de la oficina" **4** Presentarse alguna cosa con insistencia a la conciencia o al ánimo de una persona: "Lo *persiguen* los remordimientos", "Nos *persigue* la mala suerte" **5** Tratar de destruir por completo algún animal o alguna cosa dañina: *perseguir la garrapata, perseguir un virus.*

persignar v tr (Se conjuga como *amar*) Entre los católicos, poner los dedos índice y pulgar de la mano derecha en cruz y trazar con ellos otra cruz en la frente, en la boca y en el pecho, y después una más amplia de la frente al pecho, al hombro izquierdo y al derecho, para terminar besándolos, al mismo tiempo que se recita una oración, para encomendarse a Dios o como inicio y fin de actos religiosos: "Los bragados se *persignan*, tosen y se apretujan entre sí disimulando su espanto". (Se pronuncia *persinar*.)

persistencia s f **1** Acto de persistir alguien en algo o alguna cosa: *la persistencia en luchar, la persistencia de una infección, la persistencia de la memoria* **2** (*Fís*) Fenómeno que consiste en conservar la impresión visual durante corto tiempo, después de haber desaparecido lo observado.

persistente adj m y f Que persiste: *un déficit persistente, un persistente dolor, una falla persistente.*

persistir v intr (Se conjuga como *subir*) **1** Que mantiene su efecto o se conserva aun cuando su acción o su momento ya han desaparecido: "Termina la tormenta, amaina la lluvia, *persisten* una gotas", "La sociedad burguesa que brotó bajo el porfiriato no sólo *ha persistido*, sino que se ha cimentado como clase de ideas modernas" **2** Que mantiene su esfuerzo a pesar de que ya no se requiere, o su pretensión aunque no se acepte: "Echeverría subrayó que México *persiste* en seguir una política exterior independiente", "Es alentador que sus programas hayan continuado y *que persista* el deseo de incursionar por el espacio" **3** Que continúa fallando o actuando a pesar de que se haya corregido, o actuando a pesar de que se ha tratado de impedirlo: "La falla del motor *persistía* después de la compostura", "El hambre *persiste* en el campo mexicano.

persona s f **1** Individuo de la especie humana: *una buena persona*, "Vinieron varias *personas*" **2** *En persona* Por uno mismo o uno mismo presente: "Cantó Caruso *en persona*", "Allí estaba Vasconcelos *en persona*" **3** *Persona física* La que tiene derechos y obligaciones determinados por la ley **4** *Persona moral* Conjunto de individuos que forma una asociación o grupo con una personalidad jurídica distinta de la de cada uno de sus miembros **5** Entre los cristianos, el Padre, el Hijo y el Espíritu Santo, que forman la Santísima Trinidad **6** (*Gram*) Flexión del verbo y del pronombre manifestada en gramemas o morfemas gramaticales, que señalan a cada uno de los participantes en una conversación o de los que se habla en ella. *Primera persona* es la que habla; son los pronombres personales *yo* y *nosotros* los que la designan; los posesivos *mío, nuestro*, etc; y los gramemas *-o* en la mayor parte de los casos, y *-nos* del verbo en *amo, como, subo, amamos, comemos, subimos. Segunda persona* es la que oye; son los pronombres personales *tú, usted* (*vosotros*), *ustedes, tuyo, suyos*, etc, y *-s* y *-n* (*o -is*) en *amas, comes, subes, aman* (*amáis*), *comen* (*coméis*), *suben* (*subís*). *Tercera persona* es aquella de la que se habla: *él, ella, ellos, suyo, suyos*, etc, y *-a, -e* en la mayor parte de los casos, y -*n* en *ama, come, sube, aman, comen, suben.*

personaje s m **1** Persona cuyas cualidades o características, o el cargo que desempeña, la distinguen de las demás y la vuelven importante: *un personaje del cine, una fiesta llena de personajes, un personaje criminal* **2** Cada uno de los seres humanos o animales, reales, ficticios o simbólicos, que participan en una obra literaria, dramática o cinematográfica: *un personaje de novela, un personaje de cine, los personajes de una obra teatral.*

personal 1 adj m y f Que pertenece a la persona o se relaciona con una sola persona: *interés personal, asunto personal, impresión personal* **2** s m sing Conjunto de las personas que trabajan en un establecimiento o institución: *el personal de una fábrica.*

personalidad s f **1** Forma de organización de las distintas características que determinan el comportamiento y la apariencia de una persona: *desórdenes de la personalidad, una personalidad agradable, una personalidad agresiva* **2** Manera de ser característica y original que tiene una persona y que hace que su presencia llame la atención de los demás: *tener personalidad* **3** Persona que destaca en un determinado campo o actividad: *personalidades políticas, una personalidad de las letras.*

personalmente adv En persona, por uno mismo o en lo que se refiere a uno mismo: "No lo conozco *personalmente*", "Llevó sus cartas *personalmente*", "*Personalmente*, no pertenece a ningún partido político".

perspectiva s f **1** Unidad visual formada por un conjunto de cosas que se observan desde cierto punto de vista, particularmente cuando se miran desde lejos, apreciando la distancia y el horizonte: "Desde esta *perspectiva* tenemos una vista más hermosa", *la perspectiva de la ciudad* **2** Arte o técnica de dibujar o pintar sobre una superficie el volumen y la profundidad de los objetos, así como la distancia que media entre ellos, tal como se ven desde cierto lugar o punto de vista: *un dibujo en perspectiva, leyes de la perspectiva* **3** Punto de vista desde el cual se consideran o se plantean las cosas, o visión de conjunto que se tiene sobre algún tema, acontecimiento, etc: "Según la *perspectiva* platónica, el arte…", "Su *perspectiva* del problema es interesante", "El análisis está hecho desde una *perspectiva* marxista" **4** Posibilidad o alternativa que se presenta en el futuro de algo o de alguien: *las perspectivas de la economía,* "Sus composiciones dan una nueva *perspectiva* al desarrollo de la música" **5** *En perspectiva* En proyecto, de manera posible o probable para el futuro: "Tiene *en perspectiva* un viaje a Europa", "Tenemos *en perspectiva* un nuevo diccionario".

perspicacia s f Capacidad del ingenio o del entendimiento de descubrir lo que se oculta en la acción o el comportamiento de alguien o lo que, sin manifestarse clara o directamente, constituye su verdadero sentido u objetivo: "Su *perspicacia* y su sentido del humor lo hacen un narrador muy ameno".

perspicaz adj m y f Que tiene la capacidad de descubrir razones, intenciones, motivos, etc ocultos o poco patentes en la actuación o el comportamiento de las personas; que se da cuenta de cosas que pasan inadvertidas para los demás; que refleja esa capacidad: *un detective perspicaz,* "Su hija es muy *perspicaz*", *mirada perspicaz.*

pertenecer v intr (Se conjuga como *agradecer,* 1a) **1** Ser algo propiedad de alguien: "Ese libro me *pertenece*", "La herencia *pertenece* a los hijos" **2** Formar parte de algo: *pertenecer a un sindicato, pertenecer a un país, pertenecer a una categoría.*

perteneciente adj m y f Que pertenece a alguien o a algo: "El convento de Yuriria, *perteneciente* a la orden agustina".

pertenencia s f **1** Acto de formar parte de algo: *pertenencia a un partido, pertenencia a una clase social* **2** pl Cosas que son propiedad de alguien: "Le robaron todas sus *pertenencias*".

pertinente adj m y f Que es adecuado u oportuno, que viene al caso: *una observación pertinente,* "Considero *pertinente* aclarar…", "Es *pertinente* señalar…", *datos pertinentes.*

perturbación s f Alteración del orden, de la calma o del estado normal de algo o de alguien: "Sufría *perturbaciones* nerviosas", *perturbación de la paz pública, perturbación atmosférica.*

perturbar v tr (Se conjuga como *amar*) Alterar el orden, la calma o el estado normal de algo o de alguien: *perturbar el orden público, perturbar el ánimo,* "El ruido *perturba* la atención".

peruano adj y s Que es natural del Perú, que pertenece a este país hispanoamericano o se relaciona con él: *tradiciones peruanas, un vals peruano.*

perversidad s f Cualidad o condición de lo perverso, del que actúa o halla placer fuera de lo que se considera bueno, moral o normal: *la perversidad de los tiranos, perversidad asesina.*

perverso adj Que actúa fuera o en contra de lo que se considera bueno, moral o normal, o que halla placer en actos que se consideran malos, anormales o antisociales: *impulso perverso, actos perversos.*

pesa s f **1** Pieza de un cierto peso, generalmente de metal y que sirve para equilibrar una balanza y saber cuánto pesa un objeto, para dar movimiento a algunos relojes de pared, o como contrapeso en ciertos mecanismos que sirven para subir o bajar cosas **2** pl Barra de hierro provista de dos balas o ruedas del mismo material en los extremos, generalmente muy pesada, que se carga o levanta en ciertos ejercicios de gimnasia: *levantar pesas, hacer pesas.*

pesadilla s f **1** Sueño en que suceden cosas horribles o espantosas, o en donde uno experimenta situaciones angustiosas o terribles: *tener una pesadilla, despertar de una pesadilla* **2** Escena o acontecimiento penoso o terrible que uno presencia o sufre: "El pillaje, la ceniza del incendio, la algarabía, los jadeos y los quejidos de los heridos se sumaban en esa *pesadilla*".

pesado adj **1** Que pesa mucho: *un mueble pesado* **2** Que se hace con mucho esfuerzo o cuesta trabajo terminar: *un trabajo pesado* **3** Que está muy cargado de materia o de adornos: *un edificio pesado, una escultura pesada* **4** Que es lento o de movimientos difíciles y confusos: *un camión pesado, un animal pesado* **5** Que es molesto o difícil de soportar: *broma pesada, persona pesada* **6** Que es aburrido y falto de interés: *una novela pesada, un tema pesado* **7** Que es difícil de digerir, asimilar, comprender o captar: "Nos dieron una comida muy *pesada*", *una argumentación pesada.*

pésame s m Manifestación de dolor o de pesar por la muerte de alguien: *dar el pésame.*

pesar[1] v intr (Se conjuga como *amar*) **1** Tener algo o alguien determinado peso: *pesar mucho, pesar toneladas* **2** tr Medir con algún instrumento el peso de algo: *pesar la fruta con una balanza*, "Ayer me pesé" **3** Tener algo o alguien mucho peso o más del esperado o deseado: "Empaca primero todo lo que *pesa*", "Este diccionario no *pesa*" **4** Ser algo o alguien una fuerte responsabilidad, obligación, carga o motivo de cansancio para una persona: "El cuidado de sus padres *pesa* sobre sus hombros", "Los años ya le *pesan* a don Benito" **5** Tener algo o alguien mucha influencia en algo o ser muy importante para que algo se realice o se decida: "El voto obrero *pesará* en las elecciones", "La opinión de don Serapio *pesa* mucho en la decisión" **6** Causar algo o alguien a una persona un sentimiento o una emoción de culpa, de responsabilidad o de tristeza: "Esa mentira te *pesará* siempre", "Me *pesó* mucho la muerte de mis padres" **7** *Pese a* Aunque moleste o disguste a, sin tomar en cuenta: "Defenderé mis ideas *pese a* todos", "*Pese a* mis súplicas, se fue de la casa" **8** *Pese a que* Aunque, a pesar de que: "*Pese a que* no me invitaron, iré a la fiesta" **9** *Mal que me, te*, etc *pese* Aunque no quiera, quieras, etc: "*Mal que me pese* tendré que sonreír".

pesar[2] s m **1** Sentimiento o emoción de culpa, de responsabilidad, de tristeza o de nostalgia: *pesar por la muerte de un gran hombre, pesar por una falla, pesar por abandonar su país* **2** *A pesar de* Sin tomar en cuenta algo, aun en contra de algo o alguien: "Salió *a pesar de* estar enfermo", "Siguió fumando *a pesar de* la orden del médico", "*A pesar de* que no entendí todo, la obra me gustó".

pesca s f **1** Acto de pescar: *la pesca del atún, salir de pesca* **2** Oficio de pescar **3** Conjunto de animales que se pueden pescar o que se han pescado: *zona de pesca, buena pesca* **4** *Pesca de altura* La que se efectúa en aguas relativamente alejadas de la costa **5** *Pesca pesca* (*Yuc*) Juego infantil en el que uno de los participantes tiene que tocar a algún otro, para que lo sustituya; roña.

pescado s m Pez sacado del agua y muerto, particularmente el comestible: *comer pescado, comprar pescado, pescado a las brasas*.

pescador 1 s Persona que se dedica a la pesca por oficio o por afición: *las aventuras de un pescador* **2** adj y s Que pesca peces: *pájaro pescador*.

pescar v tr (Se conjuga como *amar*) **1** Sacar del agua peces y otros animales marinos por medio de anzuelos, redes, etc: *pescar un robalo, pescar camarón* **2** Alcanzar o detener algo o a alguien, principalmente cuando está en movimiento, a punto de irse o cuando puede escapar: *pescar una pelota*, "Pescaron al niño antes de que se cayera", *pescar un taxi*, "Todavía *pescamos* el tren de las 6", *pescar al ladrón* **3** Sorprender a una persona haciendo algo indebido o que no quería que se supiera: "Lo *pescó* durmiendo en el trabajo", "La *pesqué* dándole un beso" **4** Contraer o coger una enfermedad: *pescar un catarro, pescar una tifoidea*.

pescuezo s m Parte del cuerpo del ser humano y de muchos vertebrados, que une la cabeza con el tronco; cuello: *alargar el pescuezo, torcer el pescuezo*, "Gaspar quedó tendido a lo largo, con el *pescuezo* roto", "El camaleón de collar resopla inflando su enorme *pescuezo*".

pesebre s m Recipiente semejante a un cajón en donde se pone la pastura para que coman los caballos, las vacas, etcétera.

pesero s m **1** Coche o camioneta de transporte público, con ruta y tarifa fijas; colectivo: *tomar el pesero* **2** Chofer de este tipo de transporte: "Los *peseros* pidieron un aumento en las tarifas".

peseta s f **1** Unidad monetaria española **2** Moneda de 25 centavos o, en general, 25 unidades: "Llaman a cualquier cargador, le dan una *peseta*, firma la nómina y sale a decir cualquier cosa".

pesimismo s m **1** Tendencia a considerar o a apreciar las cosas en su aspecto más desfavorable, o a esperar de ellas lo peor; actitud de desconfianza en lo que respecta al resultado de una empresa, las intenciones de una persona, etc: "Su *pesimismo* le impedía abrigar esperanzas", "Veía el problema con cierto *pesimismo*" **2** (*Fil*) Posición filosófica que sostiene que nuestro universo es el peor posible, que el mal y los dolores superan al bien y a los placeres y que el mundo es la manifestación de una fuerza irracional; son representantes de esta posición: Schopenhauer, Hartmann y otros.

pesimista adj y s m y f **1** Que tiende a considerar o a apreciar las cosas por su aspecto más desfavorable, o espera de ellas lo peor: *ideas pesimistas, pronósticos pesimistas*, "Los *pesimistas* dicen que la reforma propuesta es inútil" **2** (*Fil*) Que sostiene las tesis filosóficas del pesimismo.

pésimo adj Que es lo más malo, de la peor calidad: *un poeta pésimo, una pésima traducción, un libro pésimo, una solución pésima*.

peso[1] s m **1** Fuerza con la que un cuerpo es atraído hacia el suelo a causa de la gravedad de la Tierra, y que aumenta en la misma medida que la masa del cuerpo: *el peso de una persona, el peso de una caja, el peso de una pluma* **2** Medida de esa propiedad de los cuerpos: *calcular el peso de una carga de leña* **3** Cosa que cuesta trabajo y esfuerzo levantar del suelo o de donde se encuentre: *cargar pesos, llevar mucho peso* **4** *Peso bruto* El que tiene una mercancía con todo y envase o empaque **5** *Peso neto* El de la materia o la sustancia de una mercancía sin considerar su envase o empaque **6** *Peso muerto* El que comprende el peso de la carga y el del propio vehículo que se transporta **7** Sensación de carga y dificultad que produce una preocupación, una pena, un remordimiento, etc: *sentir un peso en el alma, quitarse un peso de encima* **8** *De peso* De importancia, fuerte y considerable: *razones de peso, argumentos de peso, una persona de peso* **9** *En peso* En el aire, sin apoyo: *llevar a una persona en peso* **10** *Quitarle a uno un peso de encima* (*Coloq*) Darle a uno una buena noticia acerca de algo que le tenía preocupado, o liberarlo de algún compromiso o responsabilidad.

peso[2] s m **1** Unidad monetaria de México y muchos otros países hispanoamericanos: *un peso mexicano, un peso cubano, peso filipino* **2** *Ponerse o estar algo de a peso* (*Coloq*) Ponerse o estar muy difícil o peligroso: "Cuando vimos venir a cinco gorilas, pensamos que las cosas se pondrían *de a peso*".

pesquero adj Que pertenece o a la pesca o se relaciona con ella: *un barco pesquero, la industria pesquera, puerto pesquero*.

pestaña s f **1 1** Cada uno de los pelillos que nace en el borde de los párpados para proteger el ojo del polvo: *rizarse las pestañas, pestañas postizas* **2** *Quemarse las pestañas* (*Coloq*) Leer y estudiar mucho **3** *Pararse de pestañas* (*Coloq*) Enojarse mucho una persona por algún error cometido por otra **4** *No pegar pestaña* (*Coloq*) No dormir **II 1** Borde que se deja en un papel o en cualquier otra superficie, para pegar o ajustar en él alguna otra cosa **2** Borde tejido de una tela.

peste s f **I 1** Enfermedad epidémica o pandémica que se propaga rápidamente causando gran mortandad: "Entre la *peste* y los carrancistas estuvimos cerquitas de acabarnos" **2** *Peste bubónica* Infección aguda de roedores y humanos, causada por el bacilo *Yersinia pestis*, que se manifiesta como pústulas en la piel, particularmente del cuello y las axilas, fiebre muy alta, delirio, vómito y decaimiento general; si no se ataca a tiempo, es mortal **II 1** Mal olor de alguna materia putrefacta **2** *Decir* o *echar pestes de alguien* (*Coloq*) Hablar muy mal de alguien: "*Echaba pestes de* los políticos".

petaca s f **1** Recipiente de cuero o sintético en el que se lleva la ropa cuando sale uno de viaje; maleta, veliz **2** (*Coloq*) Nalga.

pétalo s m Cada una de las hojas blancas o coloreadas que forman la corola de la flor.

petate s m **1** Tejido hecho con tiras de hoja de palma de forma rectangular sobre el que duermen las personas, particularmente en el campo **2** Tejido de palma con el que se elaboran distintos objetos como sombreros, canastas, etcétera.

petición s f **1** Acto de pedir y escrito por medio del cual se pide algo: "A la *petición* de mano asistieron los hermanos del novio", "La *petición* tendrá carácter oficial", *petición de tierras* **2** Cosa pedida: "Cumplieron las *peticiones* de sus trabajadores", "No estamos en condiciones de aprobar esas *peticiones*" **3** *A petición de* Por haberlo pedido alguien: "*A petición del* público se darán cinco funciones más", "*A petición de* los diputados se investigará la contabilidad de esas empresas" **4** (*Der*) Derecho constitucional que tienen todos los ciudadanos de dirigirse a las autoridades públicas en demanda de algo que consideren justo o conveniente.

peto s m **1** Protector del pecho en una vestidura, una armadura o un traje de esgrima o de catcher de beisbol: *pantalón con peto* **2** Protección acolchonada que usan los caballos de los picadores **3** Parte inferior del caparazón de la tortuga **4** Pez sierra.

petróleo s m Aceite mineral natural consistente en una mezcla de hidrocarburos principalmente; se encuentra en yacimientos en el interior de la tierra y en el fondo del mar y de las lagunas; es de olor fuerte y de color oscuro. De su destilación se obtienen productos empleados como fuentes de energía, como la gasolina y el diesel, y de sus derivados, plásticos, fibras sintéticas, disolventes, aceites, lubricantes, adhesivos, etcétera.

petrolero adj y s Que pertenece al petróleo o se relaciona con él: *una compañía petrolera, un barco petrolero, explotación petrolera, industria petrolera, sindicato de petroleros.*

petroquímica s f y adj Industria que emplea el petróleo y sus derivados para elaborar productos químicos como los plásticos, fertilizantes, sustancias medicinales, etc: *desarrollo de la petroquímica, petroquímica básica.*

petroquímico adj Que pertenece a la petroquímica o se relaciona con ella: *planta petroquímica.*

pez s m **1** Animal vertebrado acuático, ovíparo, de sangre fría, que tiene branquias para respirar, generalmente escamas en el cuerpo y varias aletas para moverse. Por lo general su cuerpo es alargado y comprimido a los lados, aunque también los hay de muchas otras formas: *pez gato, peces de colores, pez espada* **2** *Pez gordo* Persona muy importante y rica, generalmente un político o un narcotraficante: *una fiesta llena de peces gordos.*

pezón s m **1** Botoncito de la teta de las hembras, por donde alimentan a sus crías: "Apartó la blusa sin despojarse de ella, dejando a la vista los *pezones* pequeños y erguidos, un poco más morenos que la piel" **2** Rabito que une una hoja o una flor a la rama.

pi[1] s m **1** Decimosexta letra del alfabeto griego; su grafía es π **2** (*Mat*) Símbolo de la relación entre la circunferencia y el diámetro de un círculo, equivalente a 3.141592.

pi[2] s m Platillo tabasqueño hecho con carne de cerdo y pimienta verde.

piadoso adj **1** Que siente conmiseración o actúa con piedad: "Cuando llegó la patrulla ya había gente *piadosa* rezando y llorando, como si hubiera pertenecido a su propia familia" **2** Que cumple cuidadosamente con sus deberes religiosos: *una mujer piadosa.*

piamadre s f Membrana vascular fina y semitransparente; es la más interior de las tres meninges, la que está en contacto inmediato con la superficie cerebroespinal.

pianista s m y f Persona que tiene por profesión tocar el piano: *el pianista de la orquesta.*

piano 1 s m Instrumento musical de cuerda y percusión compuesto de una serie de cuerdas metálicas de distinta longitud y diámetro, que se tensan ordenadas de mayor a menor en una caja de resonancia y son golpeadas por unas piezas en forma de martillo, que se accionan presionando con los dedos una serie de teclas: *piano de cola, piano vertical, concierto de piano* **2** adv (*Mús*) De manera suave y tenue: "Esta parte se toca *piano*" **3** *Piano piano* o *pian pianito* Poco a poco, lentamente: "Las cosas se aprenden *pian pianito*".

pianola s f Piano que tiene un mecanismo consistente en un rollo de papel perforado mediante un código correspondiente a las notas, cuya lectura se transmite al teclado para que suene sin intervención de las manos de quien la pone en funcionamiento, que se concreta a bombear aire al mecanismo mediante los pedales.

piar v intr (Se conjuga como *amar*) Emitir su voz los pájaros, sobre todo cuando están recién nacidos, o los pollos.

piara s f Conjunto de cerdos.

pibil adj m y f (*Yuc*) Cocido bajo tierra, como se hace tradicionalmente con la barbacoa, o en horno: *cochinita pibil.*

pica s f **1** Lanza formada por un palo que tiene en uno de sus extremos una punta, generalmente pequeña, como la que usa el picador en la fiesta de los toros **2** pl Uno de los cuatro palos de la baraja francesa que se representa con la figura de un corazón invertido en color negro; espada: *el rey de picas* **3** Carta que pertenece a este palo: "Me falta una *pica* para hacer color".

picador s m (*Tauro*) Miembro de la cuadrilla de un torero, cuya función consiste en montar a caballo y picar al toro con la pica.

picante adj m y f **1** Que pica o produce ardor, particularmente las sustancias que estimulan el gusto o el olfato provocando esta sensación de ardor, como el chile, la pimienta, la mostaza, etc: *salsa picante*, "Te hace falta un caldo bien *picante*" **2** s m Chile o salsa preparada con chile: *ponerle picante a los tacos* **3** Que tiene una gracia maliciosa o que trata, generalmente con ingenio, algún asunto reservado o propio para adultos: *una obra picante, un chiste picante*, "Hizo comentarios muy *picantes*".

picaporte s m **1** Cerradura de una puerta en la que un pequeño perno cilíndrico truncado por uno de sus extremos, se inserta en un agujero del marco para cerrar automáticamente la puerta **2** *Derecho de picaporte* Privilegio o prerrogativa que concede algún alto jefe o funcionario a sus subalternos, para entrar a su despacho sin solicitarle audiencia.

picar v tr (Se conjuga como *amar*) **I 1** Tomar las aves su alimento **2** Morder o herir las aves con el pico, o ciertos animales como los insectos o las víboras: "Me *picó* el perico", "¡Cómo *pican* los mosquitos!" **3** Comer una persona muy poco de una comida o de algún alimento: "El bebé apenas *picó* las zanahorias" **4** Herir con algo puntiagudo pero superficialmente: *picar al toro, picar con una jeringa* **5** Morder los peces el anzuelo **6** Avivar a un caballo, un burro o una mula con la espuela, con las piernas o a gritos: *picar al caballo* **7** Golpear con algún instrumento puntiagudo la piedra o algún material duro para labrarlos **8** Caer o hacer caer una pelota de arriba hacia abajo con fuerza, para que bote **II 1** Cortar algo en trozos muy pequeños: *picar papel, picar cebolla* **2** prnl Agujerearse la ropa, la madera o algunos metales por causa del clima o de los insectos **III 1** intr Producir algo comezón o ardor en una persona o en un animal: *picar la lana, picar las mordeduras de los mosquitos, picar el sol* **2** intr Producir ardor en el paladar algún alimento, como el chile: *picar el mole, picar la salsa* **IV** Hacer algo o alguien que una persona tome interés en alguna cosa; despertar o avivar el orgullo de una persona: *picarse con una novela, picarse en el juego, picar al jugador contrario* **V** prnl Producirse oleaje en el mar o en una laguna a causa del viento.

pícaro adj y s **1** Que tiene cierta malicia generalmente graciosa: "El muy *pícaro* se quedó con mi dinero" **2** s m (*Lit*) En la novela picaresca española del Siglo de Oro, personaje de origen humilde, astuto, simpático, algo sinvergüenza y descarado, que vivía al margen de la ley a la que siempre sabía burlar: *el pícaro Guzmán de Alfarache*.

pick up s m Camioneta cuya parte trasera es una plataforma abierta para llevar carga: "Se fueron al rancho en la *pick up*". (Se pronuncia *picóp*.)

pico s m **1** Parte de la cabeza de las aves, córnea y aguda, que recubre las mandíbulas y les sirve para tomar sus alimentos o defenderse: *un pájaro de pico largo, pico de un águila* **2** Extremo o saliente de ciertos objetos que terminan en punta: *pico de una jarra, el pico de una reja* **3** Herramienta formada por un palo de madera en uno de cuyos extremos lleva una barra de acero terminada en punta, que se utiliza para excavar: "Llevaron sus *picos* y empeza-

ron a escarbar" **4** Parte alta y con forma de punta de una montaña, y la misma montaña en ciertos casos: *el Pico del Águila, el Pico de Orizaba* **5** *Costar, valer, etc algo un pico* Ser muy caro, suponer un gasto muy elevado: "Hacer una carretera *cuesta un pico*" **6** *...y pico* Más una cantidad pequeña de algo que sobrepasa la medida entera o cerrada: *tres kilos y pico*, "Compré 8 m *y pico* de tela", "Me dieron $20 *y pico* de cambio".

pictórico adj Que pertenece al arte de la pintura o se relaciona con él: *una exposición pictórica, una obra pictórica, movimiento pictórico.*

pichón s m **1** Cría de la paloma **2** Cría de cualquier pájaro **3** Jugador inexperto e ingenuo: "Contra esos *pichones* quién no gana", *agarrar pichón* **4** Persona ingenua, a la que se engaña fácilmente.

pie[1] s m **I 1** Parte inferior de cada una de las dos piernas del cuerpo humano, en la que se sostiene y con la que camina: *planta del pie, dedos del pie, pies grandes, pies planos* **2** Parte parecida en algunos animales: *los pies de un mono* **3** *A pie* Caminando, sin usar otro medio de transporte: *ir a pie, llegar a pie, andar a pie* **4** *De pie* En posición vertical, parado: *estar de pie, ponerse de pie* **5** Parte de un calcetín o de una bota que cubre esa parte del cuerpo **6** *Buscarle tres o cinco pies al gato* Buscar dificultades o peligros por actuar con demasiada audacia o descuido: "Le estás *buscando tres pies al gato* si peleas con ese boxeador" **7** *Cojear de un pie* Tener cierta debilidad, defecto o vicio **8** *Irse o andarse con pies de plomo* Actuar con mucha prudencia y precaución **9** *Con (el) pie derecho* Con éxito, con buena suerte: *levantarse con el pie derecho* **10** *Con (el) pie izquierdo* Con mala suerte: *levantarse con el pie izquierdo* **11** *De pies a cabeza* Por completo: *mojado de pies a cabeza* **12** *Echar pie a tierra* Bajarse del caballo **13** *Estar con un (o el) pie en el estribo* Estar a punto de irse o de comenzar un viaje **14** *Estar con un (o el) pie al pie del cañón* Cuidar algo constantemente, vigilarlo, estar siempre dispuesto **14** *Estar con un (o el) pie en el estribo* Estar a punto de irse o de comenzar un viaje **15** *Estar algo en pie* Continuar algo siendo válido: "Mi ofrecimiento *está en pie*" **16** *Ir uno por su (propio) pie* Ir uno mismo a alguna parte sin ayuda o por su propia voluntad **17** *Írsele a uno los pies* Equivocarse, cometer una imprudencia **18** *No dar pie con bola* Equivocarse por completo, no entender nada **19** *Perder pie* Dejar de tocar el fondo de un río, del mar, etc **20** *Poner pies en polvorosa* Huir, escapar **21** *En pie de guerra* Preparado para la guerra o con aspecto amenazante **II** Tallo o tronco de una planta, que se injerta o se siembra para que retoñe: *un pie de rosal* **III 1** Parte inferior de algo, que le sirve de apoyo: *pie de una lámpara, pie de una copa* **2** *Al pie de o a los pies de* En la parte inferior o donde comienza algo elevado: *al pie de la montaña, a los pies de la sierra* **3** pl Parte de la cama opuesta a la cabecera **4** Parte inferior de un escrito o de una hoja de papel: *firmar al pie de la página, una nota de pie de página* **5** Pie de imprenta Indicación que se pone en un libro acerca de su editor, lugar y año de edición, generalmente en la parte inferior de una página **6** Explicación o comentario que se pone debajo o a un lado de una ilustración, un grabado o una fotografía en un libro o impreso **7** *Dar pie a algo* Dar ocasión o motivo para algo: "Su mala explicación *dio pie a* muchas confusiones" **8** *Creer algo a pie juntillas* Creerlo firmemente y por completo **IV 1** Medida de longitud usada principalmente en países de cultura inglesa, equivalente a 30.5 cm **2** Tratándose de versos, unidad rítmica de repetición formada por dos o más tiempos (débiles y fuertes o breves y largos) que no pueden dividirse en dos o más partes iguales.

pie² s m pay. (Se pronuncia *pái.*)

piedad s f **1** Sentimiento de pena o compasión por una persona que sufre o que es desgraciada: *por piedad*, "La ayudó por *piedad*" **2** (*Relig*) Virtud cristiana de ser devoto de las cosas sagradas, de amar a Dios y a los hombres **3** Representación pictórica o escultórica en la que la Virgen María sostiene el cuerpo de Jesucristo recién bajado de la cruz: *la Piedad de Miguel Ángel, la Piedad de los Remedios*, "Pintaron una *piedad* conmovedora".

piedra s f **1** Cuerpo mineral, sólido y duro, que abunda especialmente en regiones montañosas, en los acantilados junto al mar, en el interior de la tierra cuando se escarba, como pedazos de alguna construcción destruida, etc: *piedra de río, piedra volcánica, lanzar piedras, recoger piedras* **2** Material sólido y duro, de diferentes composiciones minerales, que se utiliza en la construcción, generalmente cortado en forma de cubos o de prismas: *muro de piedra, camino de piedra* **3** *Piedra angular* La que se pone en la esquina de un edificio y sostiene dos paredes **4** *Ser algo la piedra angular* Ser algo la base o fundamento de otra cosa: "La Revolución Mexicana es la *piedra angular* del México contemporáneo" **5** *Piedra de toque* La que usan los plateros para probar la calidad de una pieza de oro o de plata **6** *Ser algo piedra de toque* Valer como muestra o punto de referencia de otra cosa con la que se relaciona o a la que pertenece: "Los discursos del diputado *son la piedra de toque* para imaginar lo que se hace en la Cámara" **7** *A piedra y lodo* Cerrado por completo: "A las 11 de la noche la tienda está ya *a piedra y lodo*" **8** *Poner la primera piedra* Dar inicio simbólicamente a la construcción de algo: "Doña Esther *puso la primera piedra* del hospital" **9** *Piedra filosofal* La que, según los antiguos alquimistas, servía para convertirlo todo en oro.

piel s f **1** Tejido resistente y flexible que cubre el cuerpo de los seres humanos y de muchos animales: *una piel suave, cuidarse la piel, enfermedad de la piel* **2** Este tejido, separado del cuerpo del animal después de muerto, y tratado para usarlo como tapete, abrigo, etc: *piel de tigre, piel de víbora, una cartera de piel, un abrigo de pieles* **3** Tejido suave y delgado que cubre ciertos frutos, como el durazno, el nanche, la ciruela, etcétera.

pienso s m Forraje o hierba seca con que se alimenta al ganado: "Después de tomar el *pienso* los terneros berreaban fuertemente".

pierna s f **1 1** Cada una de las dos extremidades inferiores del cuerpo humano y de algunos primates; comprenden desde la articulación de la cadera hasta el pie y constituyen los órganos de la locomoción; parte de dicha extremidad comprendida entre la rodilla y el pie: *lastimarse una pierna, unas piernas bonitas* **2** *Hacer pierna* Ejercitar esas extremidades para fortalecerlas: "Andaba en bicicleta para *hacer pierna*" **3** *Estirar las piernas* Dar un paseo, caminar un momento, etc para mover las piernas después de haber estado mucho tiempo sentado o inmóvil: "Salió al jardín a *estirar las piernas*" **4** *Con (muchas)*

piernas Con gran capacidad para correr velozmente: *un jugador con muchas piernas* **5** *Dormir a pierna suelta* Dormir totalmente relajado, sin preocupaciones y muy a gusto **II** Parte de los miembros inferiores de las aves y de las patas posteriores de los cuadrúpedos, comprendida entre la rodilla y la articulación con los huesos del tarso, cuando es comestible: *pierna de pollo, pierna de cerdo* **III** (*Teatro*) Pieza angosta y larga de tela, que se pone en los laterales de un escenario, y cubre desde el techo hasta el suelo para disimular las entradas y salidas de los actores o para tapar la utilería.

pieza s f **1** Cada uno de los elementos que constituyen una unidad o un conjunto: *pieza de motor, pieza de ajedrez, pieza de artillería, un traje de dos piezas* **2** Cada uno de los espacios limitados por paredes en que se divide una casa o un departamento y que se comunican entre sí **3** Obra teatral o musical generalmente corta: *una pieza ligera, una pieza para bailar, piezas para piano* **4** (*Lit*) Obra teatral de carácter serio en la que se tratan temas modernos en forma realista o naturalista: *las piezas de Ibsen* **5** Cada uno de los animales que se han cazado o pescado: *cobrar una buena pieza* **6** *Quedarse de una pieza* Llevarse una fuerte impresión **7** *Ser alguien de una pieza* Ser honrado y firme: "Cirilo *es de una pieza*" **8** *Ser alguien una pieza* Ser de cuidado, travieso o sinvergüenza.

pigmentación s f **1** Colorido más o menos intenso o saturado de alguna cosa: *la pigmentación de la piel, pigmentación de un huevo* **2** Acto de dar color o teñir alguna cosa: *un proceso de pigmentación.*

pigmento s m **1** Sustancia que da color a las células y tejidos vegetales o animales **2** Sustancia que se emplea para dar color a las pinturas.

pija s f Tornillo de cabeza plana y extremo puntiagudo, que se utiliza en carpintería o, en general, cuando se quiere perforar alguna cosa a la vez que se atornilla.

pijama s f Traje cómodo y flojo para dormir, que generalmente consta de un pantalón y una camisa; piyama: "Un hombre de porte muy distinguido, envuelto en un finísimo abrigo negro, debajo del cual asomaba el pantalón de su *pijama*". (Se pronuncia *piyama*.)

pila s f **l 1** Conjunto de cosas puestas unas encima de otras: *una pila de platos, una pila de libros* **2** Gran cantidad de algo: *una pila de años, una pila de insultos* **ll 1** Recipiente, generalmente hermético, de metal, que contiene sustancias capaces de reaccionar químicamente al entrar en contacto y de producir, así, energía eléctrica: *pila hidroeléctrica, pila voltaica, pila seca, pilas de una lámpara, radio de pilas* **2** Unidad individual de un aparato que transforma la energía radiante en energía eléctrica: *pila solar, pila nuclear, pila fotovoltaica* **III 1** Recipiente de piedra, cemento, cerámica, etc en donde generalmente se almacena agua: "Lavan los trastes en la *pila* que está en el patio" **2** *Pila bautismal* La que se utiliza en las iglesias para administrar el sacramento del bautismo.

pilar s m **1** Columna que sirve de apoyo o de sustento a una construcción: *los pilares del corredor* **2** Elemento de sustentación o que sirve de apoyo a alguna cosa: "La libertad y la democracia son los dos grandes *pilares* en los que descansa la justicia".

pilastra s f Soporte rectangular y vertical que sobresale de la pared, adornado según los modelos arquitectónicos de la antigüedad griega: "En la Casa de los de La Canal hay *pilastras* colosales tanto en la fachada como en el patio".

píldora s f **1** Pastilla medicinal en la que el medicamento está envuelto en una capa de gelatina o de alguna otra sustancia que impide percibir su mal sabor y tragarla con facilidad: *tomar una píldora*, *píldora anticonceptiva* **2** *Dorarle la píldora a alguien* (*Coloq*) Exponerle alguna dificultad o un problema serio disimulándolos con supuestas ventajas **3** *Tragarse la píldora* (*Coloq*) Aceptar alguien las explicaciones o la oferta que le hace otra persona, sin darse cuenta del engaño que hay en ello.

píleo s m **1** (*Bot*) Especie de gorro que forma la parte superior del hongo **2** Capelo de los cardenales.

pilón s m **1** Pequeña cantidad de alguna cosa, que se añade como regalo a su comprador; ñapa: *pedir el pilón, dar el pilón* **2** *De pilón* De más, como regalo: "Las casadas dos por cinco / y las suegras *de pilón*" **3** Piloncillo.

piloncillo s m Pieza de azúcar poco refinada, con forma de cono truncado, que sirve para endulzar pasteles, café y ciertos platillos: "Se pone a cocer el dulce de *piloncillo* con canela y con clavo".

pilote s m Pilar de concreto armado que se entierra en el piso para que sirva de cimiento a edificios de gran altura y pesados; cualquier estaca de madera fuerte que, enterrada en el piso, sirve de apoyo a una construcción.

piloto s m **1** Persona con entrenamiento y conocimientos especiales que maneja naves aéreas o marinas, o automóviles de carreras: *un piloto aviador, un piloto de carreras* **2** Primer grado de la marina mercante, con el que se puede conducir una embarcación pequeña **3** adj Que sirve para guiar o probar alguna cosa, antes de darla a conocer a todos o de ponerla en práctica indiscriminada: *un grupo piloto, un programa piloto, pruebas piloto* **4** En las estufas de gas, pequeño conducto en el que se mantiene la flama ardiendo, para encender la hornilla.

pimienta s f **1** (*Pimenta dioica*) Árbol de la familia de las mirtáceas que alcanza hasta 15 m de alto, de corteza lisa blanco amarillenta, hojas opuestas, medianas, oblongas o elípticas y con puntas transparentes. Sus flores están divididas en cuatro partes y son pequeñas **2** Fruto que da este árbol, en forma de globo, pequeño y aromático. Se usa principalmente como condimento, pero también de él se extrae un aceite que se usa en medicina como estimulante y antiséptico.

pinacate s m Escarabajo de color negro que se cría en lugares húmedos y que se caracteriza por despedir un olor desagradable.

pincel s m **1** Brocha delgada y fina que, mojada en pintura, en acuarela, en óleo, etc, utilizan los pintores para pintar **2** Carácter del trazo y el colorido de un pintor: *el pincel de Siqueiros, el pincel de Tamayo* **3** (*Centaurea cyanus*) Planta herbácea ornamental que mide de 30 a 60 cm de altura, tiene hojas largas y angostas y da flores azules, moradas o blancas **4** *Pincel electrónico* En los tubos de rayos catódicos, haz de electrones que, sometidos a la acción de campos electromagnéticos, barre la pantalla **5** *A pincel* (*Coloq*) A pie: *irse a pincel*.

pinchar v tr (Se conjuga como *amar*) Picar superficialmente algo blando con una aguja, un alfiler, un puñal, una espada, etc: *pinchar el brazo del paciente, pinchar al toro.*

pinchazo s m Acto de pinchar algo y cada una de las veces en que eso sucede: *el pinchazo de una aguja, sentir el pinchazo, dar un pinchazo.*

pinche adj m y f (*Groser*) Que es despreciable, mezquino, de mala calidad, de mal gusto: "¿Qué se podía esperar de un *pinche* empleado?", "Al rato dejo el *pinche* hábito de fumar", "De nadie era la culpa. Del destino, de la vida, de la *pinche* suerte, de nadie", "Deja darle en la madre a esta *pinche* puta, por ojete y culera", "Seguro se va a estrellar porque es mucho carro para un *pinche* tira naco", *una pinche camisa, un pinche perro, una pinche casa.*

pineal adj m y f Que tiene forma de piña: *glándula pineal, cuerpo pineal.*

ping pong s m Juego que consiste en un ir y venir de una pelota ligera y quebradiza, a la que golpean los contrincantes con raquetas cortas de madera, como palas, sobre una mesa dividida en dos por una red.

pinnípedo (*Zool*) **1** s m y adj Mamífero que tiene cuerpo parecido al de un pez, con manos como aletas de dedos largos unidos con membranas, pelaje espeso y piel con abundancia de grasa, como la foca y la morsa; vive en mares fríos y se alimenta de peces **2** s m pl Orden de estos animales.

pino s m Árbol de distintas especies y variedades, que mide de 5 a 50 m de altura; tiene las ramas extendidas y hojas en forma de aguja, agrupadas y protegidas en su base por una vaina; su fruto, llamado bellota, cono o piña, es de forma cónica y está compuesto por numerosas escamas leñosas agrupadas en torno a un eje. Es un árbol siempre verde, más o menos resinoso, propio de los bosques de zonas frías y altas. Su madera se utiliza en la fabricación de muebles, durmientes de ferrocarril, duelas, papel, etc y de su resina se obtiene el aguarrás y la brea; algunas especies tienen una semilla llamada piñón que es comestible. Es el árbol con el que se adornan muchas casas en la época de Navidad.

pinole s m Harina de maíz tostado, a veces endulzada con azúcar o piloncillo y mezclada con cacao, canela o anís. Se come sola o se prepara como bebida fría o caliente disuelta en agua.

pinta s f **1** Mancha pequeña en el pelaje de los animales o en la piel de las personas: *tener pintas, salirle pintas a uno* **2** Aspecto, imagen, características, etc que se le atribuyen a algo o a alguien por su mera apariencia: *buena pinta*, "Tiene *pinta* de delincuente", "Le vi *pinta* de italiana" **3** Escapada que hacen los estudiantes, faltando a clases: *irse de pinta* **4** Entre los cholos del norte, cártel.

pintado I pp de *pintar* **II 1** *Que ni pintado* (*Coloq*) Muy bien, muy adecuado o conveniente para el caso: "El vestido que me regalaste me quedó *que ni pintado*" **2** *Estar pintado* (*Coloq*) Negarle a alguien su autoridad o su derecho a opinar, no tomarlo en cuenta: "Tú tomas las decisiones y yo, *estoy pintado*" **3** *El más pintado* (*Coloq*) El más valiente o arrojado: "¡A ver, quién es *el más pintado* de ustedes?, dijo Villa".

pintar v tr (Se conjuga como *amar*) **1** Cubrir con pintura la superficie de un objeto: *pintar una casa, pintar un mueble* **2** prnl Ponerse pintura en la cara: *pintarse la boca, pintarse los ojos* **3** Representar algo o a alguien sobre alguna superficie como papel, tela, un muro, etc por medio de líneas y colores: *pintar un paisaje, pintar un retrato, pintar un mural* **4** Describir o representar vivamente algo o a alguien con palabras: "Tu hermano es muy distinto a como me lo *pintaste*" **5** Empezar a mostrarse la inclinación, desarrollo o camino que seguirá algo o alguien: "Esto *pinta* muy mal", "Yo creo que tu hijo *pinta* para arquitecto" **6** *Pintarse alguien (solo) para hacer algo* Tener alguien mucho talento o facilidad para hacer algo y no necesitar más motivo para hacerlo que el gusto que le produce: "Para bailar el jarabe, / para eso *me pinto yo*" **7** prnl (*Popular*) Irse, huir o fugarse: "*Píntate* antes de que llegue la policía".

pinto adj **1** Que tiene manchas en la piel o en la cáscara: *una vaca pinta, un gallo pinto, frijol pinto* **2** Tratándose de caballos, que tiene la piel negra con manchas blancas **3** *Poner pinto a alguien* (*Coloq*) Regañarlo o insultarlo fuertemente: "La *puse pinta* por todos los errores que cometió" **4** *Tan malo es el pinto como el colorado* (*Coloq*) Tan malo es uno como el otro **5** *Mal del pinto* Enfermedad producida por la bacteria *Treponema carateum*, que se caracteriza por la aparición de manchas que carecen de color en la piel.

pintor s **1** Persona que tiene por oficio pintar objetos como paredes, puertas, muebles, etc **2** Persona que se dedica al arte de la pintura: "José Clemente Orozco fue un gran *pintor* mexicano".

pintoresco adj Que gusta o llama la atención por su aspecto singular, característico y bello o simpático: *un pueblo pintoresco, un lenguaje pintoresco, un paisaje muy pintoresco.*

pintura s f **1** Sustancia generalmente líquida o espesa con la que se da color a alguna cosa: *pintura roja, pintura negra, pintura de agua, pintura de aceite* **2** Arte de combinar líneas, colores y composiciones en un papel, una tela, un muro, etc para producir una emoción estética en el espectador: *pintura clásica, pintura mexicana, pintura moderna* **3** Obra que se produce con ese arte: "Una *pintura* de Rufino Tamayo", "¡Qué bonitas *pinturas* las de José María Velasco!" **4** *Pintura a la acuarela* La que se hace con sustancias de color disueltas en agua **5** *Pintura al fresco* La que se hace sobre techos o muros con ciertas técnicas especiales **6** *Pintura al óleo* La que se hace con sustancias de color disueltas en aceite **7** *Pintura al pastel* La que se hace con lápices blandos de colores **8** Lápiz de color, tubo de pasta, etc que se usa para pintar: *llevar sus pinturas a la escuela.*

pinza s f sing o pl **1** Instrumento de distintos materiales y formas, compuesto por dos palancas unidas en un punto, cuyas puntas o extremos se unen o separan bajo la presión de los dedos y que sirve para agarrar algo con fuerza: "Aflojo la tuerca con las *pinzas*", *pinzas para las cejas*, "Se sacó la espina con una *pinza*", *pinza de cirujano, pinzas para colgar la ropa* **2** *Tratar con pinzas* (*Coloq*) Tratar algo o a alguien con gran cuidado y delicadeza: "*Trátalo con pinzas* porque está muy enojado" **3** Órgano de ciertos animales artrópodos, como el alacrán y el cangrejo, compuesto por dos especies de valvas que se pueden cerrar para prensar algo **4** Movimiento o estrategia militar, deportiva, etc, que consiste en atacar al oponente desde dos flancos contrarios: "Sus hombres avanzaron por ambos lados de

la cañada en un movimiento de *pinzas*" **5** Pliegue que se hace a las prendas de vestir, generalmente cosido, para que se ajusten mejor a la forma del cuerpo **6** Cada uno de los dientes incisivos de los caballos; pala.

piña s f **1** Fruto comestible de forma oval que mide aproximadamente 20 cm de largo, de pulpa amarilla, jugosa y aromática; su cáscara es dura, llena de pequeñas salientes y tiene en la parte superior un penacho de hojas fuertes y puntiagudas **2** (*Ananas comosus*) Planta de la familia de las bromeliáceas que da ese fruto. Mide de 1 a 1.5 m de altura, de hojas largas, duras y espinosas, que están agrupadas en forma de roseta por lo que su aspecto es muy similar al del maguey. Tiene en el centro un eje con flores en la parte superior, el cual se convierte en un fruto jugoso y suculento; las flores se atrofian y quedan como escamas en la superficie **3** Fruto del pino y otras coníferas, de forma más o menos cónica, compuesto por una serie de escamas leñosas que encierran las semillas o piñones; bellota, cono.

piñanona s f (*Monstera deliciosa*) Planta ornamental de grandes hojas verde oscuras en forma de corazón y con perforaciones, y tallo retorcido; crece silvestre en tierras tropicales.

piñata s f Figura hueca hecha con una olla de barro, o de cartón, forrada con papel de colores, que se llena de fruta, dulces, juguetes, etc y se cuelga de un lazo para que un grupo de personas pasen una tras otra con los ojos vendados a tratar de romperla con un palo. En México tradicionalmente se rompe en la época de posadas, aunque también es común en las fiestas infantiles: "En la posada hubo *piñatas*, ponche y velitas".

piñón[1] s m **1** Semilla del pino, en particular la del *Pinus cembroides*, la cual tiene 10 mm de largo, de forma parecida a una gota, de cáscara dura color café, y pulpa rosa pálido; es comestible y se utiliza en muchos dulces mexicanos, así como en los chiles en nogada **2** Árbol o arbusto de varias especies, de la familia *Jatropha*; algunos tienen semillas tóxicas **3** *Estar a partir un piñón* (*Coloq*) Llegar dos personas a un alto grado de amistad y colaboración.

piñón[2] s m (*Mec*) Engrane de diversas formas, pero generalmente cónico truncado, que va insertado en un eje y que sirve para transmitirle el movimiento de otro engrane.

pío[1] s m **1** Voz del pollo o de las crías de los pájaros **2** *No decir (ni) pío* (*Coloq*) No decir nada, aceptar lo que se ordena o lo que se afirma, reprimiendo una respuesta: "El viejo Quiroz guarda la viola en su estuche *sin decir pío*, mientras el director lo insulta".

pío[2] adj Que se inclina a la piedad, a la conmiseración de sus semejantes, a ayudarlos y a cumplir con sus obligaciones religiosas; piadoso: *un hombre pío, obras pías, una actitud pía.*

piojo s m **1** (*Pediculus humanus*) Insecto de unos 2 mm de largo, de cuerpo pardo ovalado, sin alas, con patas terminadas en uñas, antenas cortas y trompa; es parásito del ser humano; se aloja en el cabello, donde pone sus huevos y de donde chupa sangre para alimentarse; el blanco vive entre la ropa y es transmisor del tifo **2** *Hacer piojito* (*Coloq*) Rascar suavemente la cabeza de alguien, como caricia **3** Crustáceo de 2 a 3 cm de largo, parásito de los cetáceos y otros animales marinos.

pipa s f **1** Caña en uno de cuyos extremos hay un recipiente donde se pone tabaco, y en el otro una boquilla para aspirar el humo que produce su combustión: *fumar pipa, una pipa de espuma de mar* **2** *Andar pipa* (*Coloq*) Estar borracho o ligeramente intoxicado **II** Camión dotado de un tanque en la parte trasera, que se usa para transportar líquidos; camión cisterna: *una pipa de agua.*

pipián s m Salsa hecha con semillas de calabaza tostadas y molidas, chile ancho, ajonjolí y otras especias; se utiliza para adobar carne o papas, huevos, etc: *pato en pipián, carne en pipián.*

pipiltin s m pl Señores importantes entre los mexicas, como los sacerdotes, los militares y los funcionarios del gobierno.

piquete¹ s m **1** Acto de picar un objeto puntiagudo o un insecto: *el piquete de una aguja, un piquete de alacrán, piquetes de mosco* **2** Herida o inflamación que deja la picadura de un insecto o la penetración de un objeto puntiagudo: *curarse un piquete* **3** Golpe repentino en una parte del cuerpo con el dedo o con cualquier objeto relativamente agudo: "Le di *un piquete* en las costillas para que se callara" **4** Dolor intenso, repentino y claramente localizado que se experimenta en alguna parte del cuerpo: *sentir un piquete en el corazón* **5** Pequeña cantidad de alcohol, aguardiente o licor, que se agrega a una bebida: *café con piquete.*

piquete² s m Pequeño grupo de personas, particularmente de soldados, que acude a algún lugar con un objetivo determinado: "El general Ángeles le envió un *piquete* de soldados para acompañarlo de regreso al campamento".

pirámide s f **1** (*Geom*) Cuerpo geométrico cuya base es un polígono y cuyas caras son triángulos que se unen en un mismo punto llamado vértice: *pirámide triangular, pirámide pentagonal* **2** *Pirámide trunca* o *truncada* (*Geom*) La que no termina en un vértice sino en un polígono igual a su base pero de menor tamaño **3** Construcción de base casi siempre cuadrangular que termina en punta o en una pequeña plataforma: *la gran pirámide de Tenochtitlán, las pirámides de Egipto.*

pirata s m y f **1** Navegante que antiguamente se dedicaba a robar en las costas y a asaltar barcos en el mar, y modernamente a pescar sin autorización en aguas jurisdiccionales de otro país diferente del suyo: *los piratas de la Tortuga, el pirata Lorencillo,* "Apresaron a varios *piratas* japoneses en el mar de Cortés" **2** adj m y f Que pertenece a los piratas o se relaciona con ellos: *barco pirata* **3** adj m y f Que copia, reproduce y vende ilegalmente y sin pagar los derechos correspondientes un disco, una cinta magnetofónica o de video, o un libro: *edición pirata, grabación pirata.*

piratería s f **1** Actividad de los piratas en los puertos, costas o altamar, consistente en robos y saqueos; modernamente, robo de la riqueza marina de un país: "Vivían de la *piratería*" **2** Robo o uso ilegal de alguna obra: *piratería editorial.*

pirinda s m y f Matlatzinca que vivía entre los purépechas en Michoacán.

pirinola s f Juguete que consiste en una pequeña rueda de madera u otro material, por cuyo eje pasa un perno puntiagudo en un lado, romo del otro, por donde se hace girar; también lo hay de caras biseladas, en las cuales se escriben ciertas instrucciones de apuesta.

pirul s m (*Schinus molle*) Árbol frondoso de hasta 10 m de altura, que crece principalmente en la Mesa Central de México, en tierras áridas; sus hojas son compuestas y olorosas; da flores pequeñas y casi blancas (las femeninas en un árbol y las masculinas en otro) y frutos en racimos, formados por bolitas color de rosa, de unos 5 mm de diámetro, con una semilla de sabor a pimienta, que les gustan los pájaros. Su madera se usa para fabricar fustes y como combustible, y la resina que produce, para elaborar barnices y algunos remedios; pirú.

pisar v tr (Se conjuga como *amar*) **1** Poner un pie encima de algo: *pisar el suelo, pisar la calle, pisar un charco, pisar de puntillas, pisar fuerte* **2** Entrar por primera vez o alguna vez en alguna parte: "No vuelvas a *pisar* esta casa; te odio", "Aquel que *ha pisado* la escuela, me comprenderá" **3** *Pisarle a alguien los talones* Ir inmediatamente detrás de él, o a muy corta distancia **4** Hacer presión con el pie, la mano o los dedos sobre alguna superficie: *pisar el acelerador, pisar un botón* **5** Copular macho y hembra de los pájaros o, en general, los animales.

pisca s f Recolección o cosecha de los productos del campo, en especial del algodón o del maíz.

piscar v tr (Se conjuga como *amar*) **1** Cosechar el maíz desprendiendo las mazorcas del tallo y quitándoles las hojas que las cubren; cosechar algodón o café desprendiéndolos con las manos **2** prnl (*Rural*) Amarillar el nixtamal y adquirir un sabor desagradable por tener demasiada cal.

piscina s f Estanque artificial, construido y equipado para la práctica de la natación; alberca: "Siguió a la muchacha hasta la *piscina* y la miró zambullirse".

piso s m **1** Superficie lisa, construida o adaptada para caminar encima de ella, particularmente dentro de las casas y los edificios: *piso de tierra, piso de madera, mirar al piso, caer al piso* **2** Cada uno de los niveles de un edificio o de una casa: *una casa de dos pisos, subir al tercer piso, alquilar un piso.*

pista s f **1** Camino perfectamente liso, sólido, bien nivelado y resguardado, sobre el cual puede correrse a gran velocidad: *una pista para carreras automovilísticas, una pista de aviones* **2** Superficie perfectamente bien delimitada y lisa sobre la cual se practican ciertos deportes o se ejecutan movimientos de destreza y habilidad: *una pista para los cien metros planos, pista de hielo, pista de baile, pista de canotaje* **3** Especie de carril, de surco o de banda sobre los que se graba el sonido en un disco o en una cinta magnetofónica o las señales binarias en un dispositivo de memoria de computadora electrónica **II** Señal, huella o rastro que deja algo o alguien en algún lugar, que permite investigar sus características o la trayectoria que sigue: *dejar pistas, una pista falsa, seguir una pista.*

pistache s m Fruto del árbol *Pistacia vera*, que consiste en una cápsula dura, de color claro, de unos 15 mm de largo, en cuyo interior hay una semilla ovalada de color verde; la semilla se tuesta o se sala y se come o se utiliza para hacer helados y postres: *nieve de pistache.*

pistilo s m Órgano femenino de la flor, formado por los ovarios, el estilo y el estigma, que por lo general se encuentra en el centro de ella rodeado por los estambres.

pistola s f **1** Arma de fuego de cañón corto, que se dispara con una sola mano: *sacar la pistola, disparar la pistola, amenazar con una pistola* **2** *Pistola ametralladora* La que dispara balas en ráfaga automáticamente **3** *Hacer uno algo por sus pistolas* (*Coloq*) Hacer algo por propia iniciativa o por su cuenta, sin que nadie se lo pida o sin pedir permiso: "Natalia cambió el esquema *por sus pistolas*" **4** Herramienta que se maneja con una sola mano y se acciona con un gatillo, que sirve para pintar, poner remaches, desatornillar tuercas, etc: *pintar a pistola, una pistola neumática* **5** Instrumento de tocador que se acciona con un gatillo y sopla aire para secar el pelo.

pistolero s m Persona que lleva pistola y la saca por cualquier motivo o que lo hace con el pretexto de proteger a su patrón: "Había contratado a un *pistolero* profesional en Matamoros para asesinar a Efraín", "Una vez consumado el atentado, el segundo *pistolero* corrió a la esquina de Miraflores".

pistón s m **1** (*Mec*) Pieza o parte de una máquina, especialmente de las bombas y los motores, que se mueve dentro de un cilindro dando impulso a un fluido o recibiéndolo de él: *los pistones de un automóvil* **2** Pieza de algunos instrumentos de viento que, introduciéndose en la columna de aire, cambia la longitud de ésta y el tono de la nota por lo tanto: *los pistones de una trompeta* **3** En las armas de fuego, parte central de la cápsula donde se coloca el explosivo.

pita s f Cuerda o cordel delgado que se elabora con fibras de varias plantas de las familias amarilidáceas y bromeliáceas.

pitaya s f **1** Fruto generalmente comestible, semejante a la tuna, de colores amarillo, morado, rojo, etc, de sabor agridulce, que se usa para preparar bebidas refrescantes o nieve; pitahaya **2** Planta cactácea de diferentes especies que produce este fruto, terrestre o epífita. Es de tallo carnoso sin espinas; sus flores son grandes y vistosas, blancas, amarillas, rojas o de otros colores, que se abren en la noche y despiden un suave aroma; las más conocidas son la orejona (*Hylocereus undatus*) y la dulce (*Lemaireocereus thurberi*).

pito s m **1** Pequeño instrumento de viento, cilíndrico, que da un solo sonido agudo, generalmente: *tocar el pito* **2** Cilindro dotado de una lengüeta que, al vibrar, emite un sonido agudo, como señal de alarma, de cambio de turno en una mina, etc **3** (*Popular, Ofensivo*) Pene: *agarrar el pito, meter el pito* **4** *Valer* o *importar un pito* (*Coloq*) Valer muy poco o no importar nada: "Me *importa un pito* lo que le suceda, desgraciado" **5** *Pitos y flautas* Baratijas, chucherías, cosas sin valor: "¡Este niño se fue a gastar el dinero en *pitos y flautas!*" **6** Flor de algunas plantas leguminosas, compuesta por varias bayas alargadas, como la del colorín.

pituitaria s f Glándula endocrina que se encuentra en la base del cráneo, que controla al resto de las glándulas endocrinas del cuerpo humano y de otros mamíferos, y segrega varias hormonas, como la del crecimiento, las que dirigen la producción de óvulos y espermatozoides o la que permite guardar el equilibrio de agua en el cuerpo.

piyama s f Pijama.

pizarrón s m Trozo de material duro y plano, generalmente de forma rectangular y de color verde, negro o blanco, sobre cuya superficie se pueden hacer trazos con gis o con un lápiz especial y luego borrarlos con un pedazo de fieltro o de tela afelpada; se usa principalmente en los salones de clase de las escuelas: *escribir sobre el pizarrón, borrar el pizarrón, pasar al pizarrón*.

pizca s f Porción muy pequeña de algo, en especial la que se toma con la punta de los dedos pulgar e índice: "Una *pizca* de nuez moscada".

pizcar v tr (Se conjuga como *amar*) Piscar.

pizza s f Masa de harina de trigo generalmente en forma circular, gruesa, horneada, y cubierta con salsa de tomate, queso y otros ingredientes. (Se pronuncia *pitsa*.)

pizzicato s m Sonido de las cuerdas de un instrumento musical cuando se pellizcan con los dedos. (Se pronuncia *pitsicáto*.)

placa s f **1** Trozo delgado y liso de algún material duro: *placa de acero, placas óseas* **2** Trozo delgado y liso de metal u otro material, que sirve como insignia o distintivo, acredita la pertenencia a una organización, la propiedad de un objeto, etc: *placa de policía, placa de automóvil* **3** Superficie plana, de metal u otro material duro, que se coloca en un edificio, junto a una escultura, etc, y da noticia de su construcción, conmemora algún acontecimiento o informa sobre algo: *placa conmemorativa, develar una placa* **4** Negativo fotográfico formado por una superficie plana, de cristal, metal u otro material, cubierta por una sustancia sensible a la luz: *imprimir una placa*, "Tomaron una *placa* radiográfica de sus pulmones" **5** (*Med*) Área o zona que se distingue del resto de una superficie **6** Entre los cholos del norte, policía **7** Dentadura postiza.

placenta s f Órgano esponjoso, plano y redondeado que se forma durante el embarazo en el útero de la mayoría de las hembras de los mamíferos; a través de él se alimenta al hijo y se eliminan los desechos que produce.

placer[1] s m **1** Sensación o emoción agradable que se tiene cuando se satisface una necesidad o un deseo: *el placer de comer, el placer de dormir, el placer de la música, el placer de leer un buen libro, el placer de besar* **2** *A placer* En el grado o la medida en que produce satisfacción; sin interrupciones, plenamente: *dormir a placer, platicar a placer*.

placer[2] v intr (Se conjuga como *agradecer*, 1a, pero su pretérito de indicativo en tercera persona del singular también puede ser *plugo* y en tercera persona del plural *pluguieron*; su presente de subjuntivo en tercera persona del singular *plega* o *plegue*; su pretérito de subjuntivo en tercera persona del singular *pluguiera* o *pluguiese*; y su futuro de subjuntivo en tercera persona del singular *pluguiere*; sólo se usa en textos muy cultos o antiguos) Causar satisfacción o agrado: "Me *place* invitarte a cenar", "Me *place* su compañía".

plaga s f **1** Colonia de insectos, animales o plantas que ataca los cultivos y los daña: *la plaga del gusano barrenador* **2** *Ser una plaga* Ser alguien o algo molesto, estorboso o dañino.

plaguicida s f Sustancia que se utiliza en los cultivos, los jardines, etc, para evitar o combatir las plagas que los atacan.

plan s m I **1** Conjunto de los propósitos que tiene alguien y de la forma en que piensa llevarlos a cabo: *un plan de vacaciones, hacer planes para mejorar la* *alimentación de la familia* **2** Programa de acciones, procedimientos y objetivos que se piensa para algo: *plan de trabajo, los nuevos planes de estudios, plan de ataque* **3** *En plan (de)* En actitud o disposición de: *estar en plan de fiesta, andar en plan de pelea, en plan amigable* ll **1** (*Ver S*) Línea de flotación de una canoa **2** Llano o superficie plana del terreno.

plana s f **1** Cada una de las dos caras de una hoja de papel: *una plana del periódico, una plana del cuaderno, primera plana* **2** *Corregir o enmendar la plana a alguien* Corregir a alguien los errores que ha cometido: "El presidente le *corrigió la plana* al funcionario en su discurso" **3** *Plana mayor* Conjunto de los jefes militares o de cualquier otra organización que tiene a su cargo las decisiones más importantes acerca de algo: "El general Ángeles era de la *plana mayor* del ejército de Pancho Villa", "*La plana mayor* de la industria se reunió el jueves".

plancton s m Conjunto de animales y plantas pequeñísimos que flotan en el mar o en aguas dulces y que se dejan llevar pasivamente por las corrientes.

plancha s f **1** Placa o lámina plana, generalmente gruesa y pesada, de metal, concreto u otro material, que se pone horizontalmente en algún lugar: *planchas de hierro, grabar sobre una plancha de cobre, planchas de concreto prefabricado* **2** Instrumento formado por una placa metálica pesada, de forma triangular, que se calienta y se pasa sobre la tela de un vestido u otra prenda de vestir que lo requiera, para desarrugarlos o alisarlos; está provisto de un asa y generalmente funciona con electricidad: *calentar una plancha, pasar la plancha por los puños de la camisa* **3** Máquina provista de un gran rodillo metálico, muy pesado, que se hace pasar sobre la tierra de una calle, un terreno, etc, para aplanarla y darle firmeza; aplanadora **4** (*Dep*) Posición gimnástica que consiste en mantener el cuerpo en una postura horizontal, sosteniéndolo únicamente con las manos **5** *Ser una plancha* (*Coloq*) Ser algo o alguien pesado o aburrido: "La película *era una plancha*" **6** *Darle plancha a alguien* (*Coloq*) Dejarlo esperando; plantarlo: "Olvidé la cita y *le di plancha*" **7** *Pegarse plancha alguien* (*Coloq*) Llevarse una sorpresa desagradable: "*Hoy me pegué plancha* en el centro: las tiendas estaban cerradas".

planchar v tr (Se conjuga como *amar*) Quitar las arrugas a las prendas de vestir, cortinas, manteles, etc, por medio de una plancha caliente o de una máquina que despide vapor: *lavar, tender y planchar*, "Roció la ropa para *plancharla*", "Su esposa ya no le *plancha las camisas*".

planeación s f **1** Acto de planear algo: *la planeación de la siembra, la planeación de un festival* **2** Conjunto de las medidas y los procedimientos que se efectúan para realizar algo: *planeación familiar*.

planear[1] v tr (Se conjuga como *amar*) Hacer planes sobre la manera en que se habrá de llevar a cabo cierto propósito: *planear un edificio, planear un viaje, planear cómo levantar la cosecha*.

planear[2] v intr (Se conjuga como *amar*) Mantenerse en el aire o descender lentamente un ave sin mover las alas, o un avión sin usar el motor: "Un águila *planeaba* en el desierto buscando alimento".

planeta s m Cuerpo celeste que no emite luz propia y gira alrededor del Sol, como la Tierra, o de otra estrella.

planetario adj **1** Que pertenece a los planetas o se relaciona con ellos: *sistema planetario, movimiento planetario* **2** Que comprende a toda la Tierra: *una crisis planetaria, la población planetaria* **3** s m Dispositivo complejo con que se representa el mapa del cielo y el movimiento de sus constelaciones y planetas, como medio de explicación de cuestiones astronómicas; edificio en el que se aloja, generalmente una gran cúpula semiesférica.

planicie s f Terreno plano de gran extensión; llanura: *planicie costera, planicie tamaulipeca*.

planificación s f **1** Acto de planificar algo: *planificación familiar* **2** Plan general, preciso y estructurado, que se elabora para llevar a cabo una tarea compleja en un tiempo determinado: *la planificación de una industria, la planificación de una ciudad*.

planificar v tr (Se conjuga como *amar*) Elaborar un plan completo, cuidadoso, detallado y totalmente estructurado en cuanto a tiempo, recursos, acciones, etc para llevar a cabo una tarea compleja, en la que intervienen diversos participantes: *planificar el crecimiento de una ciudad*, "Hay que emplear sistemas modernos de información que nos permitan *planificar* eficazmente la producción agrícola".

planilla s f **1** Hoja de papel dividida en varias casillas, en las que se pegan timbres o sellos, o se marcan de alguna forma para obtener alguna cosa: *una planilla de ahorros* **2** En la década de los veinte, conjunto de boletos para viajar en tranvía o en autobús **3** Lista de personas pertenecientes a una misma agrupación, que se proponen para dirigir una organización y por las que se vota en bloque: *la planilla comunista, la planilla azul*.

planisferio s m **1** Mapa que representa, en un solo plano, la esfera terrestre o la celeste **2** Mapa que representa, en dos hemisferios, la totalidad de la superficie de la Tierra o de otro astro; mapamundi.

plano[1] adj Que tiene un suelo, un piso, un aspecto parejo, uniforme, nivelado o relativamente sin elevaciones ni agujeros: *una calle plana, un terreno plano* **2** s m (*Geom*) Superficie que generan dos rectas que se cortan en un punto **3** s m Dibujo que representa, mediante ciertas técnicas y geométricamente, la forma y distribución de las características de un terreno, un edificio, una ciudad, una máquina, etc: *el plano de una escuela, el plano de Villahermosa, el plano de un tractor* **4** s m Cada una de las superficies imaginarias verticales que representan las distintas profundidades o distancias de una escena real o en perspectiva: *estar en primer plano, poner en segundo plano* **5** *Plano inclinado* Superficie que forma un ángulo agudo con el suelo o con el horizonte, por medio de la cual se facilita el movimiento de algo pesado **6** *De plano* Sin duda, sin reservas, definitivamente: "*De plano* me encanta esa película", "*De plano* no te creo", "*De plano* estás loco, ¡prestarle el coche a ese mocoso!".

planta s f **1** Parte inferior del pie, la que se pisa y en la que se apoya el cuerpo: *apoyar las plantas* ll **1** Ser orgánico que vive sin poder cambiar de lugar, particularmente el que es verde y tiene raíz, tallo, hojas, etc como la alfalfa, el maíz, el pasto, la hiedra, el maguey, el pirul, la rosa o el naranjo **2** *De planta* Con carácter permanente o fijo: *velador de planta, investigador de planta* **3** Conjunto de herramientas y trabajadores del que se dispone para hacer cierto trabajo: *planta industrial, planta mecánica* **4** Conjunto de trabajadores relativamente fijos con el que cuenta un negocio o una institución: *planta de empleados, planta de profesores* **III 1** Cada uno de los niveles o pisos de una casa o de un edificio: *casa de dos plantas, planta baja* **2** Plano de la sección horizontal de cada uno de los pisos o niveles de una construcción **IV** Instalación en la que se produce energía o se fabrican ciertos productos: *una planta de luz, planta textil, planta petroquímica.*

plantación s f **1** Acto de plantar **2** Terreno sembrado con plantas de cierta especie: *una plantación de caña, una plantación de algodón.*

plantar v tr (Se conjuga como *amar*) **I 1** Meter en la tierra una semilla o una planta para que eche raíces y viva: *plantar árboles, plantar maíz, plantar papas* **2** Poner algo en posición vertical introduciéndolo parcialmente en el suelo para que quede fijo: *plantar postes, plantar una cerca* **3** prnl Mantenerse alguien firme y decididamente en un lugar o en una opinión: *plantarse en medio del camino, plantarse en una idea* **II 1** Dar un golpe brusca y determinadamente: *plantar una cachetada* **2** Abandonar a alguien o faltar a una cita con alguien sin aviso y sorpresivamente: *plantar a la novia, plantar a un amigo.*

planteamiento s m **1** Acto de plantear algo **2** Cada uno de los argumentos que ofrece alguien a otra persona para explicar una cosa o tratar de resolverla o comprenderla en su totalidad: "De acuerdo con este *planteamiento*, podríamos pensar que el factor trabajo ha mejorado su situación".

plantear v tr (Se conjuga como *amar*) Exponer las características o las particularidades de algún asunto para que se pueda discutir y resolver o solucionar: *plantear un problema, plantear una propuesta, plantear una hipótesis.*

plantel s m **1** Conjunto de instalaciones escolares o universitarias, o conjunto de las instalaciones de esa clase, que tiene una escuela o una universidad en una región geográfica particular: "El director habló a todos los alumnos del *plantel*", "Los dirigentes de los diversos *planteles* de las preparatorias populares hace varios meses que efectúan reuniones conjuntas" **2** (*Crón dep*) Conjunto de jugadores de un equipo de futbol, de beisbol, etc de los que puede disponer su entrenador para un juego determinado.

plántula s f (*Bot*) Embrión vegetal en su primer estadio de desarrollo.

plaqueta s f Elemento corpuscular de la sangre de los vertebrados que interviene en la coagulación.

plasma s m **1** (*Med*) Parte líquida e incolora de la sangre y de la linfa en la que se encuentran las sustancias que sirven de alimento a los tejidos y las que son desechadas como residuos de la actividad celular **2** (*Biol*) Protoplasma **3** (*Fís*) Gas completamente ionizado, generalmente por encontrarse a temperaturas muy elevadas, como el que existe en las estrellas o en la corona solar. Forma una mezcla homogénea, eléctricamente neutra, de núcleos atómicos y electrones en estado libre. Es buen conductor de la electricidad y es afectado por los campos magnéticos. Por sus propiedades físicas específicas se le considera como el cuarto estado de la materia.

plasmar v tr (Se conjuga como *amar*) Manifestar con precisión y eficacia en un material determinado una idea que uno tiene o la concepción plástica

o artística que ha venido elaborando: "Fue compañera silenciosa del hombre que intentaba *plasmar* en el lienzo una nueva forma de pintar".

plástica s f Conjunto de técnicas y procedimientos de las artes que se expresan por medio del color, la forma, el espacio o el volumen como la pintura, la escultura y la arquitectura, y conjunto de las obras así expresadas: *la plástica mexicana.*

plasticidad s f **1** Propiedad que tiene un material para adquirir diferentes formas y resistir deformaciones y tensiones, adaptándose a las condiciones que se le impongan: *la plasticidad de un suelo, la plasticidad del barro* **2** Capacidad que tiene el cerebro para adaptarse a diferentes condiciones de percepción y responder a nuevos estímulos **3** Calidad plástica de una obra de arte: *una obra de gran plasticidad, la plasticidad de la obra de Gerszo.*

plástico[1] s m **1** Material sintético que puede ser moldeado sometiéndolo a cierta temperatura y que tiene la propiedad de retener la forma que se le ha dado al cesar la acción térmica. Está compuesto por la unión de numerosas moléculas y generalmente contiene como elemento principal una sustancia orgánica sintética o semisintética; es poco resistente al calor y a la corrosión pero su adaptabilidad, su baja conductividad eléctrica, su ligereza y blandura, entre otras de sus propiedades, lo hacen un material con muchísimas aplicaciones en la industria; se usa en la fabricación de equipos eléctricos, envases, juguetes, piezas para automóvil, artículos domésticos y para oficina, esponjas sintéticas, pinturas y barnices. Se emplea también como material de construcción y para rellenar colchones y tapicerías. Según su uso, se fabrica en formas diversas, como láminas, espumas rígidas y suaves, fibras, etc y en ocasiones se presenta imitando materiales naturales **2** Trozo de este material, especialmente cuando se presenta en tiras o capas delgadas, a manera de tela: "Se cubrieron de la lluvia con un *plástico*" **3** adj Que está hecho de este material: *recipientes plásticos, empaques plásticos.*

plástico[2] adj **1** Que puede cambiar de forma, que es flexible, dúctil o moldeable: *materiales plásticos, metales plásticos, propiedades plásticas* **2** (*Biol*) Que puede adaptarse a las condiciones de su medio ambiente o cambiar a lo largo de su historia evolutiva: *una especie plástica* **3** (*Med*) Que puede reconstituirse, regenerarse o formar un tejido **4** Que da forma o moldea: *cirugía plástica, fuerza plástica* **5** Que se relaciona con las artes que se expresan con el color, la forma, el movimiento o el volumen; que pertenece a la plástica: *artes plásticas, aspectos plásticos del teatro* **6** Que tiene mucha vivacidad y produce la sensación de tener volumen, movimiento, color, etc: *una evocación plástica, una descripción muy plástica.*

plata s f Metal precioso, blanco, brillante, sonoro, flexible, fácil de combinar con otros y buen conductor del calor y la electricidad, que se usa para hacer monedas, obras artísticas, joyas y algunos instrumentos de precisión: *plata mexicana, minas de plata, monedas de plata.*

plataforma s f **1** Superficie horizontal, plana, descubierta y más o menos elevada, que se construye sobre el suelo o volada sobre alguna cosa, y sirve de base para algo: "Pusieron una *plataforma* para los bailarines", *plataforma petrolera, plataforma de un tranvía, plataforma de lanzamiento* **2** (*Geol*) Extensión de terreno plano, particularmente la que tiene cierta elevación **3** *Plataforma continental* (*Geol*) Extensión de tierra de poco declive que se encuentra alrededor de los continentes, bajo el mar, y que generalmente tiene más de 200 m de altura con respecto al fondo marino **4** *Plataforma submarina* (*Geol*) Superficie plana que constituye el fondo de las cuencas marinas **5** Vagón descubierto de ferrocarril que sirve para transportar carga **6** *Plataforma espacial* Base o estación situada en el espacio extraterrestre **7** Programa de acción política, económica y social que elabora un gobierno, un partido político, una institución, etc: *plataforma política de un candidato, la plataforma panista*.

plátano s m **1** Fruto comestible en forma de baya, casi cilíndrico, largo y ligeramente arqueado, que crece en racimos que se agrupan en torno a un eje y forman las pencas. Su cáscara es lisa, fibrosa por dentro y fácilmente desprendible, de color verde cuando no está maduro y amarillo, morado o café oscuro al madurar, dependiendo de la especie o variedad a la que pertenezca; su pulpa es blanda, dulce y aromática, con numerosas semillas pequeñas y atrofiadas en el interior. Su tamaño es de aproximadamente 20 cm (*plátano tabasco*), aunque algunas de sus variedades miden menos de 10 cm (*plátano dominico*) y otras llegan a medir más de 30 cm (*plátano macho*). Por lo general se come crudo, pero en algunos casos también se prepara frito, cocido o asado: *plátanos con crema, plátanos machacados, arroz con plátano* **2** Planta herbácea de la familia de las musáceas, de distintas especies y variedades, algunas de las cuales dan ese fruto. Tiene un eje o tallo falso formado por las bases superpuestas de las hojas que han caído, de cuya parte superior sale un penacho de hojas grandes y anchas con los bordes partidos o rasgados y divididas por una gruesa nervadura central. Sus flores nacen en racimos colgantes en la parte alta de la planta, y de ellas surgen los frutos. Se cultiva en zonas de clima cálido y muy húmedo.

plateado adj **1** Que es del color de la plata o tiene plata en su superficie: *cabellos plateados, una vasija plateada* **2** s Proceso por el cual se baña en plata algún objeto de otro metal.

plateresco s m y adj Estilo arquitectónico español que tuvo su auge en el siglo XVI; se caracteriza por su gran ornamentación y lujo y por la reunión de diferentes estilos, como el clasicismo renacentista, el gótico, el mudéjar, etc, con las formas y los adornos que empleaban los plateros u orfebres de la época; son comunes en él los medallones, las columnas recubiertas de guirnaldas, los nichos, etc. Ejemplos de este estilo son, en España, las fachadas de las universidades de Alcalá y Salamanca y, en México, el exconvento de Acolman en el Estado de México y la Casa de Montejo en Mérida.

plática s f **1** Acto de hablar acerca de algo o de alguien dos o más personas: *una plática de sobremesa, una plática muy agradable, estar de plática* **2** Conferencia que sostiene alguien acerca de algún tema: *dar una plática, una plática sobre el cuidado de los niños* **3** Capacidad que tiene alguien de hablar acerca de muchos temas con conocimiento,

amenidad y gusto: "La *plática* del boticario nos absorbía durante horas".

platicar v (Se conjuga como *amar*) **1** intr Hablar dos o más personas unas con otras intercambiando ideas, contando cosas, etc; conversar: *platicar con los amigos* **2** tr Contar o relatar algo: "Es una historia que me *platicaron*".

platillo s m **1** Objeto o pieza pequeña en forma de plato o disco: *platillos de una balanza* **2** Combinación particular de elementos comestibles, como carnes, verduras, condimentos, etc que se ha fijado en la tradición cultural como sabrosa y alimenticia, y que se transmite por medio de una receta, como el mole poblano, la carne arrachera, las chalupas, el huachinango a la veracruzana, el pan de cazón, las crepas de cuitlacoche, etc **3** Instrumento musical de percusión que consiste en un disco cóncavo de metal que se golpea con otro disco igual o con una baqueta **4** *Platillo volador* Nave espacial de forma circular aplanada, en la que se cree que viajan seres extraterrestres.

platino s m **1** Metal precioso del color de la plata pero menos brillante, muy pesado, dúctil, resistente a la fusión y a los ácidos, excepto el agua regia **2** Cada una de las dos escobillas que, en el distribuidor del motor del automóvil, transmite la chispa del encendido a las bujías.

plato s m **I 1** Plataforma redonda, con bordes y de un diámetro tal que quepa entre las dos manos sin extender los brazos hacia los lados, en la que se sirve la comida: *un plato de porcelana, poner los platos en la mesa, lavar los platos* **2** *Plato hondo* El que tiene mayor capacidad, para contener líquidos como la sopa **3** Alimento contenido en ese recipiente: *servir los platos, un plato de arroz* **4** *Plato fuerte* El principal de una comida **5** Platillo **6** *Comer del mismo plato* (*Coloq*) Tener una gran amistad **7** *No quebrar ni un plato* (*Coloq*) No hacer nada malo: "Teresa parece que *no quiebra un plato*, pero no hay que confiarse" **8** *Ser alguien plato de segunda mesa* (*Coloq*) Ser tomado en cuenta sólo como sustituto de otra persona: "Si te peleaste con tu novia no me busques a mí; no soy *plato de segunda mesa*" **9** *Pagar los platos rotos* (*Coloq*) Ser culpado o castigado por algo que no hizo o en lo que participó de manera secundaria **10** *Echarse a alguien al plato* (*Coloq*) Matarlo; seducirlo para hacer el acto sexual: "Yo iba tan encorajinado que si me lo encuentro, *me lo echo al plato*" **II 1** Pieza circular y plana de una máquina: *los platos de los frenos* **2** Cada uno de los discos de la balanza, en los que se deposita lo que se va a pesar y las pesas **III** *Plato y taza* (*Asclepia curassavica*) Planta venenosa; flor de culebra.

platón s m **1** Plato grande en el que se ponen los alimentos que no sean líquidos, para que se sirvan los comensales **2** Contenido de este recipiente: *un platón de mariscos, un platón de carne*.

playa s f **1** Terreno más o menos plano, cubierto de arena o de piedras pequeñas, a la orilla del mar, de un lago o de un río: *una bella playa de arena fina* **2** Lugar a la orilla del mar en donde se va a vacacionar: *pasar una semana en la playa*.

playera s f Camiseta de algodón, generalmente de manga corta y sin cuello: *playera de rayas*.

plaza s f **1** Lugar amplio y abierto en el interior de una población, en donde se reúne la gente para platicar, comerciar, manifestar sus ideas y divertirse; como el Zócalo de la ciudad de México, la Plaza de Armas de Veracruz, la de Aranzazú de Guadalajara, etc **2** Lugar amplio o edificio en donde se venden alimentos, utensilios domésticos, ropa, etc: *hacer la plaza, ir a la plaza* **3** Edificio o instalación circular en cuyo centro hay un ruedo de arena, y alrededor gradas, en donde se celebran corridas de toros; plaza de toros **4** Población o lugar en donde se prepara un ejército para luchar contra otro: *defender la plaza, rendir la plaza* **5** Lugar destinado a que lo ocupe una persona en un vehículo: *un autobús de 40 plazas* **6** Puesto que se ofrece para una persona en un negocio o en una institución: *una plaza de secretaria*, "Esas *plazas* quedarán congeladas".

plazo s m **1** Espacio limitado de tiempo durante el cual se tiene que hacer algo: *tener un plazo de dos meses para presentar un trabajo, terminarse el plazo de inscripciones* **2** Cada una de las partes de una cantidad total de dinero que se paga en fechas fijadas de antemano: *pagar un plazo, plazos mensuales* **3** *A plazos* En varios pagos, en abonos: *venta a plazos, pagar a plazos.*

plebeyo adj y s **1** Que pertenece a las clases sociales más bajas, particularmente a las de la Roma antigua, o se relaciona con ellas **2** En las sociedades con régimen monárquico, que carece de algún título de nobleza: "Perdió la herencia por casarse con un *plebeyo*" **3** Que es grosero, innoble o vulgar: *un espectáculo plebeyo.*

plegar v tr (Se conjuga como *despertar*, 2a) **1** Hacer que un objeto plano o extendido, como una tela, se reúna y forme una o varias cúspides, o se retraiga en sí mismo: *plegar un papel, plegar una sábana, plegar una carpa, plegar las alas* **2** prnl Aceptar uno las órdenes o el punto de vista de alguien, renunciando a lo que le dicta su propia voluntad o su razón: "*Se plegó* a los deseos de su padre", "No *te pliegues* a lo que manda esa doctrina tan errónea".

plegaria s f Oración que se dirige a Dios o a un santo para pedirle su ayuda, su intervención o su misericordia: *elevar una plegaria, rezar una plegaria, plegarias a la Virgen.*

pleistoceno s m y adj Periodo principal de la era cuaternaria, que abarca cuatro glaciaciones, con una duración aproximada de uno a dos millones de años, en el que aparecen restos fósiles humanos.

pleito s m **1** Discusión, conflicto o disputa que sostienen dos o más individuos o grupos, particularmente si implica un enfrentamiento violento: *provocar un pleito, pleito de cantina, andar de pleito* **2** (*Der*) Conflicto de intereses entre dos partes, sometido a un juez para que sea resuelto en favor de una u otra: *pleito civil* **3** *Irse a pleito* Someter una disputa o conflicto a la autoridad de un juez **4** *Poner pleito a alguien* Entablarlo en su contra **5** Pelea de box: "Ganó el *pleito* por el título mundial".

plenitud s f Calidad de lo pleno; momento o situación en que algo o alguien alcanza su mayor perfección, se cumple o se realiza por completo: "No vivió Acuña lo suficiente para haber madurado hasta la *plenitud*", "Necesitamos emplear, con *plenitud*, la libertad que nos heredaron nuestros antepasados", *la plenitud de la vida, la plenitud de un artista.*

pleno adj **1** Que está lleno, que contiene todo lo que es capaz de contener: *un cáliz pleno, pleno de*

emoción, *pleno de alegría* **2** Que ha alcanzado su realización completa, su límite máximo: *conciencia plena, vida plena, plena libertad* **3** Que se encuentra en su momento más importante, en su más rico desarrollo o desenvolvimiento: *en plena acción, en pleno florecimiento* **4** Que está en medio de algo, sometido a ello por completo: *a plena luz, en pleno sol* **5** *En pleno* En su totalidad: *el cuerpo diplomático en pleno, el claustro en pleno* **6** s m Reunión o junta de la totalidad de los miembros de alguna institución: *un pleno de profesores, el pleno sindical.*

plenamente adv Por completo, totalmente, con plenitud: *vivir plenamente, disfrutar plenamente*, "Estamos *plenamente* convencidos de su inocencia", *plenamente dedicado al trabajo.*

pleonasmo s m Figura de construcción que consiste en utilizar de manera redundante más palabras de las necesarias para significar algo, como "lo vi con mis propios ojos", "mas sin embargo", "me duele mi cabeza", etcétera.

pleura s f Cada una de las dos membranas serosas que cubren los pulmones y la superficie interna de la cavidad torácica.

plica s f (*Mús*) Línea vertical que parte hacia arriba o hacia abajo de las notas escritas en el pentagrama, según sean más altas o más bajas que la nota principal.

pliego s m **1** Hoja de papel de forma rectangular que se presenta sin doblar y del tamaño en que se fabrica: *pliego de cartulina, pliego de papel manila*, "Nos dieron 7 000 *pliegos* para imprimir la revista" **2** Hoja de papel de forma cuadrangular, plegada o doblada por la mitad una o más veces, y conjunto de páginas que resultan de estos dobleces: "Un cuaderno de 12 *pliegos*", "Un libro de 32 *pliegos*" **3** Impreso que consta de una sola hoja doblada una o más veces y sin empastar: "Su poesía se divulgó en *pliegos* sueltos" **4** Documento o escrito en el que se manifiesta o declara algo: *pliego petitorio.*

pliegue s m **1** Especie de cúspide, onda, surco o hendidura que se forma en una superficie extensa y plana cuando deja de estar extendida, se dobla o se arruga suavemente: *los pliegues del casimir, los pliegues de una falda, los pliegues de la piel* **2** (*Geol*) Ondulación de los estratos de un terreno como efecto de empujes laterales.

plisar v tr (Se conjuga como *amar*) Hacer en una tela una serie de pliegues o dobleces consecutivos o superpuestos, especialmente en faldas y otras prendas de vestir.

plomada s f **1** Pesa de plomo u otro metal pesado, generalmente cilíndrica o de forma cónica invertida, que se cuelga de un hilo para marcar la verticalidad de un muro o para señalar con precisión un punto en el suelo **2** Pesa que se utiliza para conducir al fondo de un río, el mar, etc una escala con que se mide su profundidad **3** Pesa de plomo de diversas formas, que se cuelga de trecho en trecho en una red para mantenerla vertical **4** En tipografía, tira metálica de 6 a 12 puntos que utiliza el linotipista en la justificación y el blanqueado de líneas.

plomería s f **1** Oficio y conjunto de técnicas que se utilizan en la colocación y conexión de las tuberías de agua, de drenaje, de gas y de los muebles de baño y de cocina en una construcción **2** Conjunto de los tubos, conexiones, cajas, etc que forman las instalaciones de agua, de gas y sanitarias de un edificio o de una casa.

plomero s Persona que se dedica a la plomería: *llamar al plomero*.

plomizo adj Que es del color del plomo, o del cielo cuando se nubla y se anuncia una tormenta.

plomo s m **1** Metal blando, pesado y dúctil, de color gris azuloso, opaco, resistente a la corrosión, buen absorbente del sonido y las vibraciones, de baja conductividad eléctrica y relativamente impenetrable a las radiaciones; se obtiene de la galena (*sulfuro de plomo*) y se emplea en la fabricación de tuberías, cubiertas de cables, baterías, municiones, aleaciones para soldadura, fusibles, tipos de imprenta, como aislante, para dar peso a redes y anzuelos, etc. Su ingestión puede provocar intoxicaciones graves, como el saturnismo, e incluso la muerte. En medicina se usa como astringente y en el tratamiento de quemaduras e inflamaciones **2** Pesa que se cuelga de un hilo y sirve para determinar las líneas verticales en la construcción de edificios; plomada **3** *A plomo* Vertical, trazado con una plomada: *un muro hecho a plomo* **4** *Caer a plomo* Caer libremente, con todo su peso o fuerza **5** Bala o conjunto de balas que dispara un arma de fuego: "Le metieron *tres plomos*", *echar plomo* **6** *Ser algo* o *alguien un plomo* (*Coloq*) Ser muy aburrido: "Esa novela *es un plomo*".

pluma s f I **1** Cada una de las cubiertas suaves, generalmente coloridas y muy ligeras que cubren el cuerpo de las aves y constituyen la mayor parte de la superficie de sus alas y su cola. Está compuesta por una especie de tallo o caña, del cual salen, de manera más o menos oblicua, densamente y a ambos lados, unos pelillos que forman una superficie plana: *plumas de quetzal*, *plumas esponjadas*, "Le cortaron las *plumas* para que no se echara a volar", *una almohada de plumas, un abanico de plumas, un penacho de plumas* **2** Una de esas, grande y de caña gruesa, cuya punta se recortaba en ángulo agudo y, mojada en tinta, se utilizaba antiguamente para escribir **3** Cilindro largo y angosto en cuyo extremo inferior se fija una punta de metal u otro material duro y flexible, que mojada en tinta, se usa para escribir **4** *Pluma fuente* o *estilográfica* Cilindro largo, angosto y hueco en su interior, provisto de un depósito recargable, del que fluye la tinta hacia una punta metálica, cuyo diseño permite descender la tinta por capilaridad y escribir muchas páginas sin volver a cargarlo **5** *Pluma atómica* Cilindro largo y angosto, en cuyo interior se fija un cartucho o un tubo delgado relleno de tinta, que se puede cambiar al agotar su carga, y tiene como punta una pequeña esfera de metal o plástico que gira y se entinta a medida que se escribe; bolígrafo **6** Oficio, habilidad o estilo de un escritor: *vivir de la pluma, tener una pluma irónica* **7** Escritor: "Alfonso Reyes fue una de nuestras mejores *plumas*" **8** *Nombre de pluma* Seudónimo o sobrenombre con que una persona firma sus escritos: "Azorín era el *nombre de pluma* de José Martínez Ruiz" II *Peso pluma* (*Dep*) En el box, categoría o división en que compiten los boxeadores que pesan hasta 57.152 kg: *campeonato nacional de peso pluma* III **1** Brazo de palanca dotado de un sistema de poleas, que constituye el mecanismo de una grúa **2** Palanca de madera o metal que sirve para cortar el paso a la entrada de un lugar **3** En los vehículos

motorizados, parte de los limpiadores del parabrisas en que va colocada la goma **4** Uña de hueso, plástico y otros materiales con que se tañen algunos instrumentos de cuerda; plumilla **5** Llave de las cañerías; pluma de agua.

plúmbago s m **1** (*Plumbago capensis*) Arbusto semitrepador, de hojas opuestas ovadas o elípticas y flores azules, tubulosas, con cáliz granuloso, colocadas en racimos; jazmín azul **2** Color azul relativamente pálido y fresco, característico de esa flor **3** Planta de varias especies del género *plumbago*, como *Plumbago scandens*.

plural 1 adj m y f Que es variado, que tiene diferentes elementos o aspectos, que reúne distintas características, condiciones o tendencias: *un problema plural, una sociedad plural, un pensamiento plural* **2** s m (*Gram*) Número que tienen los sustantivos, adjetivos y artículos cuando se refieren a más de un objeto, y los verbos cuando su sujeto es más de una persona o cosa. El sustantivo "casas" está en *plural*, así como el adjetivo "rojos" y el verbo "comieron". El *plural* de los sustantivos y los adjetivos se forma generalmente con los gramemas -*s* y -*es* como en: *coches y peces*. El de los verbos con los gramemas -*mos* (-*áis*, -*éis*) y -*n* en *comemos, amáis queréis, corren*, etcétera.

pluralismo s m **1** (*Fil*) Doctrina que sostiene que el mundo está compuesto por distintos géneros de sustancias irreductibles a un género único y absoluto: *el pluralismo de Leibniz* **2** Consideración de que a un determinado hecho pueden corresponder distintas interpretaciones, de que a cierto problema pueden convenir diversas soluciones, etc, sin ser necesariamente unas más acertadas o correctas que las otras: *pluralismo estético* **3** Organización social en la que distintos grupos étnicos, religiosos, sociales, políticos, etc mantienen una participación independiente y un desarrollo de su cultura o de sus intereses particulares dentro de los límites de una civilización común **4** Concepción política que propone una organización social basada en la coexistencia de un alto número de grupos o de centros de poder, con programas y objetivos distintos —incluso opuestos entre sí—, que limiten, contrarresten y hasta eliminen el poder del Estado o sus tendencias centralistas y autoritarias.

pluscuamperfecto adj (*Gram*) Tratándose de la conjugación de los verbos, la que corresponde al antecopretérito del modo indicativo (*había amado*) y al antepretérito del modo subjuntivo (*hubiera* o *hubiese amado*).

plusvalía s f **1** Aumento de valor de un bien: *la plusvalía de un terreno* **2** (*Econ*) Diferencia que existe entre el valor proporcionado o incorporado a una mercancía por el trabajo y el salario que reciben los trabajadores por producirla; en ella se basa la ganancia que pueden obtener los dueños de los medios de producción.

pluvial adj m y f Que se relaciona con la lluvia o es efecto de ella: *precipitación pluvial*.

pluviómetro s m Instrumento para medir la cantidad de agua de lluvia que cae durante un tiempo determinado en cierto lugar.

población s f **1** Conjunto de personas que habita un territorio: *la población de una ciudad, población mundial* **2** Conjunto de individuos o elementos que pertenecen a la misma especie o tienen algo en común: *población de bacterias, población universitaria* **3** Lugar habitado: "Nos faltan 30 km para llegar a la siguiente *población*".

poblado 1 adj Que está habitado u ocupado por cierta cantidad de seres o de cosas: *una región muy poblada, un bosque poblado, cejas pobladas* **2** s m Lugar habitado por pocas personas: *los poblados de la sierra de Puebla, un poblado ribereño.*

poblano adj y s Que es natural de Puebla, que pertenece o se relaciona con este estado o con su capital, la ciudad del mismo nombre: *camotes poblanos, china poblana, mole poblano, chiles poblanos.*

poblar v tr (Se conjuga como *soñar*, 2c) **1** Ocupar un lugar de manera estable y permanente con cualquier clase de seres vivos: *poblar una región con habitantes, poblar un bosque de pinos, poblar una colmena* **2** Haber en un lugar determinado cierta cantidad de cosas de la misma clase: "Las estrellas *pueblan* el cielo".

pobre adj y s m y f **1** Que carece de lo necesario para vivir o lo tiene muy limitado: *una familia pobre, un pueblo pobre, un país pobre,* "En México hay muchísimos *pobres*" **2** adj m y f Que carece de alguna cosa necesaria para producir cierto resultado o cumplir ciertas condiciones: *tierra pobre, una cosecha pobre, una inteligencia pobre* **3** Que es ingenuo, de buena intención, modesto, apocado y corto: *pobre de espíritu, un pobre hombre* **4** adj m y f Que sufre por algo e inspira lástima o compasión: *pobre gente, pobre animal, pobre de mí.*

pobreza s f **1** Situación o estado de las personas en que carecen de lo necesario para vivir o lo tienen muy limitado: *la pobreza de los otomíes, la pobreza de un maestro* **2** Estado o condición de alguna cosa que carece de lo necesario para producir cierto resultado o cumplir con ciertas condiciones: *la pobreza del Valle del Mezquital, la pobreza de un mineral.*

pocilga s f **1** Lugar en donde viven los cerdos **2** Lugar muy sucio y de mal olor: "Mi casa no es una *pocilga*, por eso la cuido, la limpio y la arreglo".

poco 1 adj y pron (Como adjetivo precede al sustantivo) Que es de menor cantidad que lo normal, que es limitado: "Tiene *poco* apetito", "Vinieron *pocos* visitantes", "Sale *poca* agua", "Con tus *pocas* fuerzas no podrás levantarlo", "Se presentaron *pocos* al examen", "Son *pocos* los que escriben" **2** adv En menor cantidad o de menor duración que lo normal, con baja intensidad: "El autobús paró *poco* en Tlaxcala", "Duerme *poco*", "Estudia *poco*", "Se siente *poco* el frío" **3** adv (Precede a otro adverbio) Próximamente o inmediatamente: "Vino *poco* después", "*Poco* antes de que llegaras" **4** *A poco de* Unos instantes después de: "*A poco de* terminar la clase comenzó el aguacero" **5** *Un poco de* Una pequeña cantidad de: *un poco de agua, un poco de dinero, unos pocos de los visitantes, una poca de gracia* **6** *Poco a poco* Despacio, lentamente: "*Poco a poco* fueron avanzando", *caminar poco a poco, aprender a leer poco a poco* **7** *Dentro de poco* Próximamente, en un tiempo cercano: "*Dentro de poco* saldremos de viaje" **8** *Hace poco* Recientemente, últimamente: "*Hace poco* leí ese libro" **9** *Por poco (y)* Casi: "*Por poco* me caigo", "*Por poco y* me equivoco" **10** *Poco más o menos* Aproximadamente: "Tiene *poco más o menos* 14 años" **11** *Tener en poco* Considerar algo o a alguien sin va-

lor o no darle la importancia que tiene **12** *¿A poco?* Expresión que indica admiración, sorpresa o incredulidad: " *¡A poco* no vas a venir?".

pocho adj (*Coloq*) **1** Que desciende de mexicanos pero es de nacionalidad estadounidense, o que es mexicano pero emigrado a los Estados Unidos de América y al hablar español introduce anglicismos y muestra poco conocimiento y aprecio de la lengua: "Tony era mexicano, pero nacido allá, *pocho*, ni mexicano ni americano" **2** s m Mezcla de español con inglés, al hablar o escribir: *escribir en pocho, un anuncio en pocho.*

poda s f Acto de podar una planta.

podador adj y s Que poda: *una máquina podadora.*

podar v tr (Se conjuga como *amar*) Cortar las ramas de un árbol u otra planta para dirigir su crecimiento y ayudarlo a crecer mejor.

poder¹ v tr (Modelo de conjugación 11b; precede siempre a otro verbo en infinitivo) **I 1** Tener algo o alguien la capacidad, la fuerza o el derecho de hacer algo: *poder mirar, poder trabajar, poder caminar, poder golpear, poder ordenar, poder salir, poder descansar* **2** *Poder con alguien o con algo* Ser uno capaz de comprenderlo, dominarlo o soportarlo: "Yo *puedo con* las matemáticas", "Veré si *puedo con* este niño tan travieso", "No *puedo con* el pesado de tu marido" **3** *No poder más con* Estar uno tan cansado o molesto con algo, que ya no es capaz de seguir con ello o continuarlo: "No *puedo más con* esta caminata", "*No puedo más con* los alumnos de la escuela" **4** *A más no poder* Con el máximo esfuerzo, en grado máximo: "Estudió *a más no poder*", "Es valiente *a más no poder*" **5** *No poder menos que* Ser incapaz de dejar de hacer algo o de actuar en cierta forma: "*No pude menos que* aceptar la invitación", "*No puedes menos que* agradecérsela" **6** *Poderle algo a uno* Serle doloroso moralmente: "*Me pudo* mucho que Antonio me abandonara" **II 1** Tener algo o alguien la posibilidad, la autorización o el permiso de actuar de cierta manera: *poder entender, poder faltar a clases, poder resistir el cansancio, poder besar a la novia* **2** Haber la posibilidad de que algo suceda: "*Puede* estallar una huelga", "*Pudo* haber caído un meteorito", "*Puede* llegar Susana el día menos esperado" **3** *Puede que* Es posible que: "*Puede que* llueva", "*Puede que* haga calor", "*Puede que* pierda" **4** Encontrar o hallar la posibilidad, la oportunidad o el momento de hacer algo: "*Pude* conocer a María Félix, pero llegué tarde al teatro", "¿*Podrías* traerme unas frutas del mercado?", "Si *puedo*, te llevaré el periódico" **5** *¿Se puede?* Expresión con que se pide permiso para entrar en algún lugar.

poder² s m **1** Capacidad, derecho o fuerza que tiene o recibe algo o alguien para hacer algo: "Tiene mucho *poder* de concentración", "¿Conoces a alguien con *poder* de adivinar el futuro?", "El presidente tiene *poder* para gobernar al país", "El *poder* de las armas es terrible" **2** Capacidad legal o autorizada que tiene o recibe alguien para actuar en ciertos asuntos y a nombre de otro, y documento que lo certifica: "No tiene *poder* de decisión", "Le doy *poder* para que hable por mí", "Se casaron por *poder*" **3** *Carta poder* Documento en que una persona autoriza a otra para tramitar algo o actuar en su nombre en cierto asunto, verificado por testigos **4** Capacidad que tiene algo o alguien, por su naturaleza o composición, para actuar o comportarse de cierta manera: "Esta máquina tiene *poder* para levantar 20 toneladas", "Mi rifle es de alto *poder*", "Esa medicina tiene *poder* suficiente para acabar con la enfermedad" **5** *En poder de* Bajo la custodia o el dominio de una persona, institución, etc: "La carta está *en poder de* un notario", "Los documentos obran *en poder del* juez" **6** Gobierno de un Estado: *el poder político*, "Hay países en que los militares han tomado el *poder*", *la lucha por el poder* **7** *Poderes públicos* Los que forman el gobierno de un Estado democrático; se dividen en Poder Legislativo, el que se ocupa de elaborar, discutir y aprobar las leyes; Poder Ejecutivo, el que se ocupa de hacer ejecutar esas leyes; y Poder Judicial, el que se ocupa de vigilar el cumplimiento de las leyes y administrar justicia **8** Conjunto de personas o de organizaciones que domina sobre ciertos asuntos e impone su voluntad e intereses en ellos: *el poder financiero, el poder religioso, el poder científico* **9** *De poder a poder* De igual a igual, cada uno con toda su capacidad y fuerza: "El toro y el torero se enfrentaron *de poder a poder*".

poderío s m Dominio, fuerza o influencia que se tiene y se puede ejercer sobre algo o alguien: *poderío azteca, poderío español, poderío económico, poderío técnico, poderío militar*.

poderoso adj **1** Que tiene poder, en particular el político, militar o económico: *un político poderoso, un país poderoso, una poderosa flota de guerra, un poderoso banco* **2** Que tiene mucha fuerza o energía y actúa con ella: *una poderosa bomba, un arma poderosa, un transmisor poderoso, un poderoso motor* **3** Que tiene mucha capacidad o eficacia para lograr ciertos fines: *un poderoso teorema, una poderosa argumentación*.

podrido I pp de *podrirse* **II** adj Que está corrompido o echado a perder: *una fruta podrida, un gobierno podrido*.

podrirse v prnl (Se conjuga como *subir*, pues su lexema cambia a *pudr-* al conjugarse; su participio es *podrido*) Pudrirse.

poema s m Obra literaria, de extensión variable, generalmente escrita en versos rimados y medidos, o libres con cierto ritmo. Por ejemplo:

"¿Quién me compra una naranja
para mi consolación
una naranja madura
en forma de corazón?"
(José Gorostiza).

"Adiós también el reloj,
las horas me atormentaban
pues clarito me decían
las horas que me faltaban"
(*Corrido de Benjamín Argumedo*).

poesía s f Uso artístico de la lengua que generalmente se vale del verso (medido o no, con rima o sin ella), las metáforas, las imágenes y otros recursos para expresar alguna cosa, como las ideas o los sentimientos del autor —*poesía lírica*—, las hazañas de un héroe —*poesía épica*—, etcétera.

poeta s m y f Persona que escribe poesía: *un poeta modernista, una poeta contemporánea*.

poética s f Conjunto de concepciones, tradiciones y medios de expresión característicos de una corriente literaria, una época o un poeta particular: *la poética modernista, la poética del renacimiento, la poética de Tomás Segovia*.

poético adj Que se refiere a la poesía o resulta bello, armonioso, equilibrado y lleno de pasión: *forma poética, imágenes poéticas, lenguaje poético, un paisaje muy poético*.

poetisa s f Mujer poeta: *la poetisa tlacotalpeña*.

polaca s f **1** (*Coloq*) Política, como ocupación de enredo, tergiversación y chisme: *dedicarse a la polaca* **2** (*NO*) Patilla del pelo.

polaco adj **1** Que es originario de Polonia, pertenece a esta nación europea o se relaciona con ella: *un músico polaco, la resistencia polaca* **2** Lengua de esta nación, de la familia eslava **3** (*Rural*) Tratándose de pollos y gallinas, que tiene plumas hirsutas a ambos lados de la cabeza.

polar adj m y f Que pertenece al polo o a los polos, o se relaciona con él o con ellos: *animal polar, regiones polares*.

polarización s f **1** Acto de polarizar o de polarizarse algo **2** (*Fís*) Alteración que sufre la luz al ser reflejada o al atravesar un medio, como consecuencia de lo cual sus propiedades dejan de ser iguales en todas las direcciones perpendiculares al sentido de su propagación **3** (*Quím*) Separación de las cargas positiva y negativa de una molécula **4** División de un grupo de personas en dos extremos opuestos: *una polarización política*.

polea s f Rueda que gira alrededor de un eje y tiene en su perímetro un canal por donde pasa una cuerda o cadena; se sostiene en un lugar fijo y sirve para levantar objetos pesados con mayor facilidad, como la que se usa para sacar agua de los pozos: *poleas de madera, sistema de poleas*.

polémica s f Discusión viva y apasionada que se produce entre personas que sostienen argumentos contrarios: *entablar una polémica, una polémica enconada*.

polémico adj Que produce debate o polémica; que sostiene o defiende argumentos que mueven a otras personas a contradecirlos o rebatirlos: *un libro polémico, un hombre muy polémico*.

polen s m Polvo, generalmente amarillo, que se produce en las anteras de las flores y que contiene las células sexuales masculinas; al entrar en contacto con el estigma las fecunda.

policía s f **1** Cuerpo civil o militar encargado de vigilar el orden público, garantizar la seguridad de los ciudadanos y perseguir a los delincuentes de acuerdo con las leyes de un Estado: *policía judicial, policía federal, policía militar* **2** Cuerpo civil encargado de vigilar el cumplimiento de ciertas leyes de un Estado: *policía fiscal, policía sanitaria* **3** s m y f Miembro de uno de estos cuerpos.

policiaco adj Que pertenece a la policía o se relaciona con ella: *el cuerpo policiaco, un régimen policiaco, una novela policiaca*.

poliedro s m (*Geom*) Cuerpo geométrico formado por caras planas.

poliéster s m (*Quím*) Resina termoestable obtenida de la condensación de poliácidos con polialcoholes o glicoles. Se usa principalmente en la fabricación de fibras textiles, pinturas, películas y otros productos plásticos que, reforzados con una armadura de fibra de vidrio, permiten la fabricación de grandes piezas utilizadas en la construcción de embarcaciones, carrocerías de automóviles, etc: *un suéter de poliéster, resina poliéster*.

polifacético adj Que tiene muchas facetas, variantes o aspectos: *un actor polifacético, un trabajo polifacético*, "Su *polifacética* trayectoria…".

polifonía s f (*Mús*) Combinación de varias voces o sonidos simultáneos, rítmicamente idénticos y sobre todo en contrapunto, característica de la música anterior al siglo XVI.

poligamia s f Régimen matrimonial en el que el hombre tiene varias esposas al mismo tiempo.

polígono s m **1** (*Geom*) Figura geométrica plana y cerrada, limitada únicamente por segmentos de recta, como el triángulo, el cuadrado, el pentágono, etcétera **2** *Polígono de tiro* Campo cercado y bien protegido en donde se hacen prácticas de tiro con armas de fuego.

polilla s f **1** Mariposa nocturna con alas horizontales y estrechas, cabeza amarillenta y antenas casi verticales, cuya larva destruye los tejidos de los materiales en que anida, especialmente la lana y la madera **2** Larva de este insecto: "Aplican insecticidas para matar la *polilla*" **3** *Sacudirse la polilla* Ponerse en actividad o en movimiento después de haber estado inactiva mucho tiempo una persona adulta.

polín s m Trozo largo y fuerte de madera, de corte cuadrado o rectangular, que sirve como base o apoyo a la duela de un piso, o para sostener la cimbra de un techo.

polinización s f Paso del polen producido en las anteras de una flor al estigma donde se lleva a cabo la fecundación; generalmente se realiza por medio de los insectos o del viento.

polio s f Apócope de *poliomielitis*; parálisis infantil.

poliomielitis s f Enfermedad contagiosa que consiste en la inflamación y degradación de la sustancia gris de la médula espinal. Es producida por virus que atacan las células motoras de las astas anteriores de la médula espinal, ocasionando parálisis, atrofia y deformidad permanente de ciertos músculos; polio, parálisis infantil.

pólipo s m **1** (*Biol*) Animal marino celenterado que vive fijo en el fondo del mar y tiene varios tentáculos alrededor de la boca; suele formar colonias: "Un excesivo crecimiento de algas ha sofocado los *pólipos* de coral" **2** (*Med*) Tumor blando, generalmente con varias ramificaciones como pies, que se desarrolla en una membrana mucosa, especialmente en la nariz, la vagina o la matriz.

politeísmo s m Doctrina religiosa o filosófica que sostiene la existencia de varios dioses.

politeísta adj y s m y f Que se relaciona con el politeísmo o es partidario de esta doctrina; que cree en la existencia de varios dioses: *religión politeísta, concepción politeísta, pueblo politeísta*.

política s f **1** Manera en que se dirigen, organizan y administran las actividades de una sociedad o de un país con respecto a sus diferentes componentes y a su relación con otros países: *la política interna de México, la política internacional de Cuba, el arte de la política* **2** Conjunto de las medidas, orientaciones y procedimientos que se establecen para dirigir y organizar cierto aspecto de la actividad de una sociedad o de un país: *una política económica, la política de población, política de investigación científica* **3** Conjunto de las actividades que llevan a cabo los ciudadanos, organizados en partidos, asociaciones, grupos, etc para

obtener el apoyo de los demás, derrotar a sus contrarios y ganar el poder en un Estado: *hacer política, dedicarse a la política, lucha política* **4** *Hacerle política a alguien* (*Coloq*) Hablar mal de alguien, ponerle trampas, causarle molestias, etc para deshacerse de él un grupo de personas.

político 1 adj Que pertenece a la política o se relaciona con ella: *autoridad política, ideas políticas, fuerza política, partido político* **2** s Persona que se dedica a la política: "Es un gran *político*" **3** adj Que sabe cómo tratar a la gente para conseguir lo que quiere: "Siempre te trata bien, es muy buen *político*" **4** *Parentesco político* El que se adquiere por afinidad, al casarse, con la familia del cónyuge.

polka s f Danza de dos tiempos, rápida, originaria de Polonia, muy popular durante el siglo XIX y ahora parte de la música popular del norte de México; se baila en parejas y haciendo figuras colectivas, como túneles, cadenas, etc; como "El barrilito", "Las coronelas" o "Las bicicletas"; polca.

polo s m **1** Cada uno de los dos puntos extremos y opuestos por los que pasa el eje de rotación de una esfera o un astro **2** Tratándose de la Tierra, región cubierta de hielo que rodea a cada uno de estos dos puntos: *Polo norte* o *ártico, Polo sur* o *antártico* **3** *Polo celeste* (*Astron*) Cada uno de los dos puntos de la esfera celeste situados encima de los extremos del eje de rotación de la Tierra **4** *Polo magnético de la tierra* Cada uno de los dos puntos situados cerca de los polos geográficos de la Tierra hacia los que apuntan los extremos de la aguja de una brújula **5** Centro o punto de referencia, respecto de otro que ocupa un sitio diametralmente opuesto o tiene propiedades o valores contrarios: *polos anterior y posterior del globo ocular, polo positivo, polo negativo*, "Sus ideas y las de su hermana estaban en *polos* opuestos" **6** Lugar o punto donde coinciden o desde donde divergen varias cosas, generalmente del mismo tipo; centro de mucha importancia o desde el cual se inicia o irradia algo: *polos del flujo magnético, polos del huso acromático, polos de desarrollo* **7** *Polo animal* o *germinativo* (*Zool*) Punto superior del huevo, que tiene poco o nada de yema, en el que comienza el desarrollo embrionario **8** *Polo vegetativo* (*Zool*) Punto interior del óvulo o huevo que contiene la parte nutritiva o yema.

polvera s f **1** Cajita que se lleva en la bolsa o recipiente de tocador que sirve para contener polvo cosmético y la borla con que se aplica: *una polvera de plata* **2** Placa de hojalata que se ajusta en la parte posterior de la carrocería de un coche, delante de las ruedas, que sirve como adorno y protección contra el polvo.

polvo s m **1** Conjunto de partículas muy pequeñas de tierra y otras sustancias, que está disperso por el aire y que suele formar una capa sobre las cosas: "Cuando regresó de vacaciones, su escritorio estaba lleno de *polvo*" **2** Cualquier sustancia reducida a partículas muy finas y secas: *polvo de oro, leche en polvo* **3** *Hacer polvo a alguien* Derrotar, acabar con alguien, dejarlo triste o apenado: "La muerte de su padre lo *hizo polvo*" **4** *No verle a alguien (ni) el polvo* Perder de vista a alguien que se ha alejado muy rápidamente de uno, quedar en gran desventaja con respecto a él: "Está tan bien entrenado que los demás competidores *no le van a ver ni el polvo*".

pólvora s f **1** Explosivo compuesto de nitrato potásico o sódico, carbón vegetal y azufre; es sensible al calor y se usa en la fabricación de cohetes y como detonante en las armas de fuego **2** *Mojársele a alguien la pólvora* (*Coloq*) Ser incapaz, en un momento dado, de atacar a su contrario en un juego o en una discusión **3** *Gastar la pólvora en infiernitos* (*Coloq*) Desperdiciar la fuerza o la capacidad en tareas, trabajos o empresas menores y de menor importancia.

polvorón s m Especie de galleta de masa suave, elaborada con manteca y cubierta con azúcar, que se deshace fácilmente en la boca.

polla s f Bebida hecha con huevos batidos, leche, azúcar y jerez dulce, con vainilla o canela, que se sirve fría.

pollo s **1** Cría de cualquier ave, especialmente de la gallina; su carne es comestible **2** Persona joven y guapa: "Conocí a una *pollita* preciosa en la alameda".

pomada s f **1** Mezcla suave de una sustancia grasosa y otros ingredientes cosméticos o curativos, que se unta en alguna parte del cuerpo: *pomada de árnica, pomada de concha nácar, ponerse pomada* **2** *Hacer pomada a alguien* o *algo* (*Coloq*) Destruirlo, acabar con él, derrotarlo: "Estaba dispuesto a *hacer pomada* a la izquierda marxista" **3** *De pomada* (*Coloq*) De la aristocracia, de los que así se sienten: *una fiesta de gente de pomada*.

pomo s m l **1** Frasco pequeño, de boca ancha, de vidrio o de cerámica, que sirve para contener pomada, crema o algún ungüento **2** (*Popular*) Botella de bebida alcohólica **ll 1** Pequeña esfera o semiesfera que sirve como agarradera de la cerradura de una puerta; perilla **2** Extremo superior del mango de una espada.

ponchar v tr (Se conjuga como *amar*) **1** Perforar la llanta de un coche o algún otro objeto inflado, como una pelota o un globo **2** En el juego del beisbol, hacer el pitcher que un bateador falle tres veces en golpear la pelota, o un jugador del campo tocar con la pelota a un corredor, o tocar con la pelota la almohadilla a donde se dirige el corredor: "Valenzuela *ponchó* en orden a seis bateadores".

ponche[1] s m Bebida caliente, hecha con ron, alcohol de caña, o algún otro licor, frutas, azúcar, canela y té: *un ponche de granada, servir el ponche*.

ponche[2] s m **1** En el juego de canicas, golpe con ventaja que el vencedor sobre la canica del contrario, levantando la suya entre los dedos para dispararla desde lo alto, más cerca y con mejor puntería **2** Canica de un solo color y no transparente.

ponche[3] s m En el juego de beisbol, eliminación de un bateador por fallar tres veces el intento de pegar a la pelota, o por impedirle al corredor llegar a la base, tocando antes la almohadilla o tocándolo a él con la pelota.

ponderación s f **1** Acto de ver o de analizar algo con cuidado para apreciarlo en su justa medida **2** Énfasis que se pone en cierta cualidad de algo o de alguien.

ponderar v tr (Se conjuga como *amar*) **1** Valorar algo, analizar o examinar una cosa, una situación, etc, considerando minuciosamente sus pros y sus contras para apreciarla en su justa medida: *ponderar una teoría, ponderar los resultados* **2** Destacar cierta cualidad de algo o de alguien: "Siempre *pondera* la inteligencia de su mujer".

ponencia s f Exposición o comunicación que se presenta a la consideración de una asamblea, en un congreso, etc: *presentar una ponencia, una ponencia sobre derechos humanos*.

poner v tr (Modelo de conjugación 10c. Su participio es irregular: *puesto*) **l 1** Hacer que algo o alguien pase a estar o quede en cierto lugar, posición, circunstancia o estado: *poner los platos en la mesa, poner la ropa en el cajón, poner al niño boca arriba, poner en dificultades, poner en duda, poner en ridículo, poner de mal humor* **2** prnl Situarse, colocarse o quedar algo o alguien en cierto lugar, posición, circunstancia o estado: *ponerse a la sombra, ponerse de rodillas, ponerse de frente, ponerse enfermo, ponerse caro, ponerse a estudiar, ponerse triste, ponerse rojo de vergüenza* **3** Cubrir el cuerpo de alguien con una prenda de vestir: *poner los pañales al bebé, ponerse las enaguas, ponerse de traje* **4** Hacer que algo se mezcle o pase a formar parte de otra cosa: *poner sal a la comida, poner cal al cemento, ponerle leche al café* **5** Dar a algo o a alguien cierta característica, papel o función: "A la niña la *pusieron* de ángel", "Lo *puso* de ejemplo", *poner a un amigo por testigo*, "Lo *pondremos* a cargar cajas" **6** Dar a algo o a alguien un nombre: "Le *pusieron* Juan al niño", "Le *pondremos* 'Charamusca' matarilerilerón" **7** Hacer que algo quede preparado o dispuesto para cumplir cierta función o determinado objetivo: *poner la mesa, poner el café, poner una escuela* **8** Tratar o considerar algo o a alguien de cierta forma, que no podrá eludir o contradecir: *poner como lazo de cochino, poner barrido y regado, poner como trapeador* **9** *Ponerse al corriente* o *al día* Actualizarse en algo, dejar de tener algo pendiente o atrasado: *ponerse al día en conocimientos, ponerse al corriente en el trabajo, ponerse al día en los pagos* **10** *Poner algo o a alguien por encima* Preferirlo o darle un lugar de mayor importancia: "*Pongo por encima* la salud de mi familia" **11** Enfrentar a alguien con otra persona, medirse o compararse con ella: *ponerse con alguien de su tamaño*, "*Ponte* con mi hermano" **12** *Ponerse bastante atrás* (*Popular*) Emborracharse **13** *Ponerse un cuete* (*Popular*) Emborracharse **14** Expulsar o dejar salir sus huevos los animales ovíparos, como las gallinas, las tortugas, etc **ll 1** Dar, dedicar o aplicar algo que uno tiene, como un sentimiento, una facultad, etc, a algo o a alguien: *poner la confianza en los alumnos, poner esperanzas en la lotería, poner el trabajo al servicio de la causa, poner atención, poner esfuerzo*, "*Puso* todo su cariño en ella" **2** Dejar algo al juicio, responsabilidad, cuidado, etc de una persona: "*Pongo* el asunto en tus manos" **lll** Representar algo en el teatro o exhibir una película o un programa determinado en cine, televisión o radio: *poner La Celestina, poner El Compadre Mendoza* **IV 1** Hacer la suposición de que algo es real o verdadero: "*Pon* que encuentras un tesoro. ¿Qué harías?" **2** *Poner por caso* Suponer algo: "*Pongamos* por caso que dice la verdad" **V** *Ponerse el sol* Meterse el sol, dejarse de ver tras el horizonte **VI** prnl Seguido de la preposición a y de otro verbo en infinitivo indica el inicio de una acción: *ponerse a cantar, ponerse a correr, ponerse a comer*, "Los niños *se pusieron a llorar*", "Ya es hora de *ponerse a trabajar*".

poniente s m Punto en el horizonte por donde se pone el sol; occidente, oeste: "Llegando a la avenida, tomas hacia el *poniente*".

pontífice s m **1** Supremo gobernante de la Iglesia Católica Romana; papa: *el sumo pontífice* **2** Obispo o arzobispo de una diócesis.

pony s m Caballo de una raza de pequeña estatura, que generalmente se utiliza para que lo monten los niños.

pop adj m y f sing y pl **1** Que pertenece a la cultura de masas, promovida y educada por las industrias de la diversión, el consumo y la publicidad, particularmente la que proviene de los Estados Unidos de América, o que se relaciona con ella: "Mujeres hermosas, jóvenes melenudos, atuendos estrafalarios, superminis, botas, el México *pop* se puso en marcha" **2** *Música pop* La que se produce en esos medios, destinada al consumo del gran público y especialmente a la juventud, cuya base es el rock and roll y la balada tradicional, y se caracteriza por la melodía simple, el ritmo, y el uso de instrumentos eléctricos, magnificado por grandes altavoces, desde los Beach Boys hasta los Beatles, o por las piezas de Enrique Guzmán y César Costa **3** *Arte pop* Tendencia plástica estadounidense que busca el valor pictórico en la pintura comercial y los anuncios publicitarios; es decir, sustituyendo la obra por la voluntad interpretativa de quien la mira, por ejemplo, en la pintura de Andy Warhol; pop art.

popa s f Parte posterior de una embarcación, en donde se coloca el timón, opuesta a la proa.

popelina s f Tela de algodón de fina urdimbre, que se usa para hacer camisas, blusas y vestidos ligeros.

popoloca s m **1** Grupo indígena mexicano que vive en el sur del estado de Puebla. Su gobierno es municipal y su religión se basa en la católica. Habita en casas que constan de un solo cuarto rectangular, de paredes de adobe o varas, con piso de tierra y techo de dos aguas cubierto de zacate o palma, en el que unas prolongaciones llamadas orejas cubren unas aberturas que sirven para ventilar la casa; junto a la habitación hay con frecuencia un temazcal o baño de vapor. Produce, principalmente como artesanía femenina, excelente cerámica que combina motivos prehispánicos con otros de origen europeo, así como canastos y sombreros de palma. Cultiva maíz, frijol negro, alegría, naranja, limón y papaya en terrenos de temporal. En tiempo de cosecha, los hombres se emplean como peones para el corte de caña o la recolección de jitomate en los estados de Veracruz y Morelos **2** Lengua de la familia mazateca, familia oaxaqueña, que habla este grupo indígena **3** adj y s m y f Que pertenece a este grupo indígena o se relaciona con él: *canastos popolocas.*

popoluca s m **1** Grupo indígena mexicano que habita en la parte suroriental del estado de Veracruz, al occidente del río Coatzacoalcos, parte en la sierra y parte en los valles próximos a la costa, en una zona caliente, húmeda y de una vegetación exuberante. Los popolucas viven del cultivo, por procedimientos tradicionales, del maíz, frijol, calabaza, chayote, camote, tomate, jícama, piña y papaya; de la caza, particularmente de algunas aves, del venado, el jabalí y el conejo, y de la pesca con atarraya y barbasco. Su religión se basa en la católica, pero rinde culto a divinidades de las antiguas creencias indígenas, como a los pequeños chaneques y al dios del maíz. Las casas en que viven los popolucas constan de un solo cuarto rectangular; las paredes están hechas con tablas, el suelo es de tierra y, el techo, de cuatro aguas, lo hacen con zacate **2** Lengua de la familia zoque que habla este grupo indígena **3** adj y s m y f Que pertenece a este grupo indígena o se relaciona con él.

popular adj m y f **1** Que se relaciona con el pueblo, que pertenece o se origina en el: *fiesta popular, sector popular, lenguaje popular* **2** Que es conocido o tiene fama entre la mayoría: "Llegó a ser el cantante más *popular* de su época".

popularidad s f Aceptación o éxito que algo o alguien tiene entre un grupo de personas: "La *popularidad* de Pedro Infante, Jorge Negrete y Javier Solís fue enorme".

popularizar v tr (Se conjuga como *amar*) **1** Dar a conocer algo a la mayoría de la gente: "Pedro Vargas *popularizó* esa canción en México" **2** Poner al alcance del pueblo alguna cosa: "El antiguo proyecto de *popularizar* la educación".

populismo s m Conjunto de corrientes sociales, económicas y políticas que se extendió particularmente en América Latina después de la Segunda Guerra Mundial, caracterizado por su antiliberalismo, su fuerte nacionalismo, su oposición al control del poder por ciertos grupos y la movilización de masas en torno a un líder apreciado y seguido por todos; se apoyó, en donde logró triunfar, en los sindicatos obreros y en parte del ejército. El ejemplo más claro es el de Juan Domingo Perón en Argentina.

por prep **1** Indica el agente que realiza la acción del verbo en construcciones con sentido pasivo: "Las heridas causadas *por* él mismo", "Se vieron cercados *por* la tropa", "La atmósfera recién lavada *por* la lluvia" **2** Señala la causa o el motivo de algo, el medio o la manera en que se realiza una acción: "Nunca me perdonaré *por* mi culpa le haya sucedido ese accidente", "*Por* eso decidí volver a la escuela", "Lo hace *por* tu bien", "Se impuso *por* su inteligencia", "Aceptó *por* la fuerza", "Escribe *por* gusto", "Lo puso *por* orden alfabético" **3** Indica el lugar encima o a través del cual se pasa o se transita: *por la calle, por la banqueta, por la puerta, por la escalera, por mar, por aire, por aquí, por arriba, por debajo, por los lados* **4** Indica la zona o región sobre o en la cual se realiza una acción: "Pasar el peine *por* el pelo", "Cortar la madera *por* la parte más débil", "Hablar *por* la boca" **5** Señala aproximación a cierto tiempo o fecha: "Regresa *por* Navidad", "Salió *por* un mes", "*Por* ahora es suficiente", "*Por* lo pronto no diré más" **6** Indica cierta proporción de algo respecto del total o de una medida: *por año, por hora, por metro, por kilo, por docena, por ciento* **7** Expresa repartición de algo entre varios: *por cabeza, por niño, por escuela* **8** Introduce el precio o la cantidad de algo: "Lo vendió *por* $1 000" **9** Indica equivalencia o intercambio de dos cosas: "Cambio pesos *por* tostones", "Te doy un caramelo *por* tu lápiz" **10** Manifiesta apoyo o favor hacia alguien o algo: "Vote *por* líderes honrados", "Haré todo lo que pueda *por* ti", "Brindo *por* tu felicidad" **11** Expresa la opinión que tiene alguien de otra persona o la idea que se tiene de ella: "Lo da *por* sabio", "La toma *por* mentirosa" **12** Introduce el modo como alguien se relaciona con otra persona: "Te acepto *por* amigo", "La toma *por* esposa" **13** Introduce algo o a alguien que toma el lugar o papel de otro: "No uses el cuchillo *por* cuchara", "Vinieron mis tíos *por* mis padres" **14** Expresa la operación aritmética de la multiplicación, que se representa con (×), colocado entre dos cantidades: "Cinco *por* cinco, 5 × 5" **15** Señala lo que se va a buscar o a llevar de un lado a otro: "Voy *por* agua", "Salió *por* pan", "Subió *por* el libro" **16** Manifiesta una acción que debe realizarse o está en espera de efectuarse: *un trabajo por entregar, una investigación por terminar* **17** Señala la manera como se realiza una acción: "Acabó *por* llorar", "Empieza *por* explicarme todo", "Termina *por* cantar" **18** Entre dos repeticiones de un mismo verbo en infinitivo, expresa generalmente la falta de objetivo o de sentido de la acción: *hablar por hablar, decir por decir* **19** Entre dos repeticiones de un mismo sustantivo, indica generalmente la validez o justificación intrínseca de lo que se expresa: *el arte por el arte, la bondad por la bondad* **20** Forma una gran cantidad de construcciones, como: *por lo tanto, por más que, por poco, por si acaso, por si las dudas, por si no, por ejemplo, por favor* o *por fin.*

porcelana s f **1** Cerámica fina, transparente y brillante, usada en la elaboración de vajillas; cualquier vasija u objeto hecho de este material: *porcelana china, taza de porcelana* **2** Material hecho de una mezcla de arcillas, cuarzo y feldespato, de gran resistencia, impermeable a los líquidos y gases. Se usa en la fabricación de piezas de aislamiento eléctrico, bujías de automóvil, utensilios para laboratorio, recipientes para reacciones, etc **3** Revestimiento vítreo unido a un metal por fusión, de gran dureza, resistente a la corrosión, fácil de limpiar, que se usa en la fabricación de equipos para reacción química, en reflectores de luz, etcétera.

porcentaje s m **1** Relación que guarda una cantidad con otra, considerada total, y expresada como una fracción de ésta; tanto por ciento: *un porcentaje de la población, sacar el porcentaje, calcular el porcentaje* **2** Medida de la producción efectiva o real de una cosa con respecto al total supuesto o requerido de ella, o al total de otra de la que forma parte, calculada sobre cien: *el porcentaje de grasa en la leche, el porcentaje de humedad en la atmósfera, el porcentaje de la población económicamente activa.*

porciento s m Porcentaje; junto a números se representa %: "La propiedad de la tierra se concentraba en un *porciento* de la población, que iba del 2.9 en Guanajuato al 0.5 en el Estado de México".

porcino adj Que pertenece al cerdo o se relaciona con él: *ganado porcino, enfermedad porcina.*

porción s f **1** Parte de algo que se separa, se considera como separada del resto, o cantidad de una cosa que sólo comprende una parte limitada de ella: *una porción de sal, una porción de tierra* **2** Parte que le corresponde a una persona de una cosa que se ha dividido para repartirla entre varias: *una porción de pastel, una porción abundante de arroz.*

porche s m Espacio techado y abierto en el frente de una casa: "En el verano sacaban las mecedoras al *porche*".

porfiriano adj y s Porfirista: *arquitectura porfiriana, clases porfirianas, ejército porfiriano.*

porfiriato s m Periodo de gobierno de Porfirio Díaz; porfirismo: "Durante el *porfiriato*, la actividad política...", "En el *porfiriato* se desarrolló...".

porfirismo s m Periodo de la historia de México durante el cual tuvo lugar la dictadura del general Porfirio Díaz, que comprendió los años que van de 1877 a 1911, y doctrina que lo sustentó. El gobierno de Porfirio Díaz trató de fomentar la modernización del país por medio de la inversión extranjera y del desarrollo tecnológico de las haciendas, aplicando una política favorable a los latifundistas y a las compañías extranjeras. La centralización económica, política y militar del país, la reorganización fiscal de los ingresos y el saneamiento de las finanzas públicas, fueron otras características de su política. Entre las obras hechas por su gobierno destacan la construcción de más de 20 mil km de vías férreas y una importante red telegráfica. En mayo de 1911 Porfirio Díaz renunció a la presidencia tras la toma de Ciudad Juárez por las tropas maderistas.

porfirista adj y s m y f Que pertenece al porfirismo, se relaciona con el gobierno del general Porfirio Díaz o es partidario de su política: *educación porfirista, dictadura porfirista*, "Los *porfiristas* tomaron el poder en 1877".

poro[1] s m Hueco muy pequeño que se forma entre las moléculas de algunos cuerpos, particularmente cada uno de los orificios que hay en la superficie de los tejidos animales y vegetales; en la piel de los mamíferos constituye la abertura de las glándulas sudoríparas: *sudar por los poros.*

poro[2] s m **1** Bulbo comestible de color y consistencia semejante al de la cebolla pero de forma alargada; es muy apreciado como alimento: *sopa de poro y papa* **2** Planta herbácea de la familia de las liliáceas que da este bulbo; mide aproximadamente 40 cm de altura, es de color verde oscuro, con hojas alargadas y flores blancas dispuestas en umbelas.

porosidad s f Característica porosa que tiene una superficie: *la porosidad de un tejido.*

poroso adj Que tiene poros, que facilita la filtración de aire, líquidos o humedad: *tabique poroso, un hueso poroso, madera porosa.*

porque conj Debido a que, a causa de que, por motivo o razón de que: "No vino *porque* estaba enfermo", "El campo está muy verde *porque* ya llovió", "No terminé la tarea *porque* se fue la luz".

porqué s m Motivo, causa o razón de algo: "El libro de los *porqués*", "No entiendo el *porqué* de su actitud", "Damar un buen *porqué* de tu comportamiento".

porquería s f **1** Cualquier cosa sucia, maloliente y desagradable, como las heces, la basura, etc **2** Comida de mala calidad y capaz de hacer daño: *comer porquerías*, "Dime Chanoc, ¿desde cuándo bebes las mismas *porquerías* que tu padrino?" **3** Mala acción que hace una persona a otra: "Eso que me ha hecho es una *porquería*" **4** Escrito mal hecho, de mala intención: "Ahora la gente creerá que soy quien escribe esas *porquerías*".

porra s f I **1** Dicho con el que se exhorta o se arenga a un bando político, un equipo deportivo, etc para apoyarlo, animarlo o festejar sus aciertos; generalmente tiene un ritmo particular y a veces rima, como "Siquiti bun a la bin bon ban, la bio, a la bao, a la bin bon ban..." **2** *Echar porras a alguien* (*Coloq*) Animarlo o manifestarle admiración y apoyo: "Cuando llegó el maestro, todos le *echaban porras*" **3** Grupo de personas que se reúne para gritar porras al bando que apoyan: *la porra universitaria, la porra del "América"* **4** En la plaza de toros, sector del tendido en donde se sienta un grupo entusiasta y crítico de la afición **II 1** *Mandar a alguien a la porra* (*Coloq*) Mostrar a alguien enojo, desdén y ánimo de desentenderse de él: "Si tu novio te engaña, *mándalo a la porra*" **2** *De porra* (*Coloq*) Travieso: "¡Escuincle *de porra*, ya deja de molestar!".

portada s f **1** Cubierta o tapa de un libro, una revista, un disco fonográfico, etc, donde generalmente se anuncia lo que contiene: "Salió su nombre en la *portada* de la revista" **2** Página de un libro en la que van escritos el título y los nombres del autor y el editor; portadilla **3** Fachada principal de un edificio, particularmente de una iglesia **4** (*Arq*) Conjunto de los elementos arquitectónicos y de adorno que se hallan en la fachada de un edificio, particularmente en la fachada principal de una iglesia: *la portada de la iglesia del Carmen, portada lateral*.

portador adj **1** Que lleva algo consigo, de un lugar a otro: *el portador de una carta, una señal portadora* **2** s Persona que lleva en su cuerpo el germen de una enfermedad y actúa como propagadora, sin estar enferma ella misma: *portador del SIDA, portador de un virus* **3** s Persona que presenta un documento financiero para su cobro o aceptación: *un cheque al portador*.

portal s m **1** Corredor cubierto y amplio con columnas o arcadas que forma parte de la arquitectura de algunos edificios. Es muy común en las construcciones coloniales que dan a las plazas: "Los mercaderes ponen sus puestos en los *portales*", "Nos vemos en el *portal* del palacio municipal" **2** Pieza o espacio inmediato a la puerta principal de una casa o de una construcción, que sirve de paso para las escaleras o comunica con las demás habitaciones: "Se quedó en el *portal* esperando a sus amigos", "Todas las mañanas barren el *portal*".

portar v tr (Se conjuga como *amar*) Llevar alguien algo consigo: "Se prohíbe *portar* armas", "*Portaba* su espada de duelo", "La novia *portaba* vestido de seda", *portar uniforme*.

portarse v prnl (Se conjuga como *amar*) Comportarse de cierta manera: "*Se han portado* muy bien conmigo", "*Pórtate* a la altura de las circunstancias", "Los alumnos que se *porten* mal…".

porte s m **1** Precio que se paga por transportar alguna mercancía o paquete: *porte por pagar* **2** Aspecto de una persona y actitud habitual con que se presenta: "El cuerpo parece esbelto y atractivo, pero más que nada lo que atrae es su *porte*", *un porte distinguido, un porte altivo* **3** (*Mar*) Peso que puede de cargar una embarcación.

portería s f **1** Pieza o conjunto de piezas a la entrada de un edificio en donde vive el portero **2** En el futbol, el hockey y el water polo, marco rectangular por donde debe entrar el balón o el disco para marcar un gol o un tanto.

portero s **1** Persona encargada de cuidar la entrada de un edificio y, generalmente, de mantenerlo limpio **2** *Portero eléctrico* Dispositivo eléctrico mediante el cual se puede abrir la puerta de un edificio desde cualquiera de sus departamentos **3** En el futbol y otros juegos semejantes, jugador encargado de impedir que entre un gol o un tanto en su portería.

portezuela s f Puerta de un coche o de una carroza de caballos.

pórtico s m Entrada de un edificio, cuyo techo se sostiene sobre columnas de estilo clásico o suntuosas.

portorriqueño adj y s Puertorriqueño.

portugués adj y s **1** Que es originario de Portugal, pertenece a este país ibérico o se relaciona con él: *un barco portugués, un rejoneador portugués, música portuguesa* **2** s m Lengua romance, que se habla en Portugal, Brasil y otras regiones africanas y asiáticas **3** s m (*Megarhynchus pitangua*) Pájaro pequeño, de corona negruzca y largas cejas blancas, que tiene una raya negra y ancha sobre los oídos, garganta blanca, pico negro y muy grueso, alas cafés con bordes amarillentos, cola verde negruzca y vientre amarillo claro; vive en las costas.

porvenir s m Conjunto de los acontecimientos que habrá de vivir una persona, un grupo de personas o una comunidad: *adivinar el porvenir, el porvenir de México, preocuparse por el porvenir, labrarse un porvenir* **2** *Tener porvenir* Tener alguien las aptitudes, los estudios o las posibilidades que le permitan vivir bien y felizmente.

pos[1] *En pos de* En busca de algo o de alguien, tras de él o ello: *en pos de nosotros, en pos de aventuras, en pos de la revancha*.

pos[2] conj (*Popular*) Pues: "*Pos* orita no puedo", "¿*Pos* cuánto quieres que te pague?".

posada s f **1** Casa modesta que da alojamiento al viajero **2** *Dar posada* Dar alojamiento a una persona **3** Cada una de las nueve fiestas que se celebran entre el 16 y el 24 de diciembre, para conmemorar el viaje de María y José a Belén antes del nacimiento de Jesús; en ellas se reza el rosario y una letanía, se hace una procesión con los peregrinos y se cantan los textos para pedir y dar posada; más tarde se rompen piñatas, se reparte la colación y la merienda o se toma ponche.

posar v intr (Se conjuga como *amar*) **I 1** Descender un ave y apoyar sus pies en alguna parte: "Cuervos y gorriones se *posaban* en los tejados y en las alambradas", **2** prnl Bajar lentamente una sustancia en un líquido hasta el fondo del recipiente **3** Hacer descansar suavemente una cosa en otra: "*Posó* la mano sobre su rodilla y se quedó reflexionando", *posar la vista en un libro* **II** Ponerse una persona en pose, en particular para un artista cuando hace un retrato: "Jamás *posó* voluntariamente para mí", "Los turistas *posaron* frente a las pirámides".

pose s f **1** Posición del cuerpo que adopta una persona frente a otra, generalmente un artista o un espectador: "Le regalé un retrato en *pose* de bañista" **2** Posición falsa que adopta una persona para engañar a otra: *adoptar una pose*, "Dizque conocen su pintura, pero son pura *pose*".

poseedor adj y s Que posee algo: "Ambos son *poseedores* de estas tierras", *avisar al poseedor*.

poseer v tr (Se conjuga como *comer*) **1** Tener alguien algo de lo cual puede disponer, usar y aprovechar según su propia voluntad: *poseer muchas propiedades, poseer tierras, poseer una fábrica* **2** Estar alguien *poseído* No ser dueño de la propia voluntad; ceder a una pasión o ante una fuerza sobrenatural: *estar poseído de celos, estar poseído del diablo* **3** *Poseer a una mujer* Tener con ella relaciones sexuales.

posesión s f **1** Hecho o circunstancia de poseer algo: *la posesión de un rancho*, "La *posesión* de las riquezas por unos cuantos" **2** Objeto que alguien posee: *tener muchas posesiones, una posesión en Guelatao, extender sus posesiones* **3** *Estar algo en pose-*

sión de alguien Tenerlo alguien: "Sus bienes *están en posesión del* juez", "*En posesión de* todas sus facultades mentales..." **4** *Dar posesión* Entregar algo a alguien formal u oficialmente: *dar posesión de la presidencia*, *dar posesión de la oficina* **5** *Tomar posesión* Recibir algo formal u oficialmente; ponerse alguien en algún lugar para usarlo o dedicarlo a sus fines: "El presidente electo *toma posesión* el 1 de diciembre", "Doña Julia *tomó posesión* de su vivienda" **6** Estado mental o emocional de un ser humano en que parece no tener voluntad propia, sino estar dominado por otra o por alguna cosa que no controla: *posesión diabólica, una posesión pasional.*

posesivo adj **1** Que tiene la actitud o el deseo de poseer algo o de imponer su voluntad sobre otros: *un hombre posesivo, una madre posesiva* **2** (*Gram*) Tratándose de pronombres, el que indica a qué persona gramatical —primera, segunda o tercera— le pertenece algo: *mío (mía, míos, mías), tuyo, suyo, nuestro*, etc: "Perdí mi libro, no el *tuyo*" **3** (*Gram*) Tratándose de adjetivos, los que acompañan a sustantivos e indican a qué persona gramatical le pertenece algo: *mí (mío, mía, míos, mías, mís), tu, su, nuestro*, etc: "*Su* hijo es muy travieso", *hija mía.*

posibilidad s f **1** Hecho o circunstancia de ser posible algo: "La *posibilidad* de que haya habitantes en otros mundos", "Una gran *posibilidad* de tener éxito", "Calcular las *posibilidades* de que gane uno un juego" **2** Aptitud o capacidad que tiene algo o alguien de hacer algo o comportarse de cierta manera: "En este banco tienes la *posibilidad* de ahorrar", "Esta máquina tiene la *posibilidad* de adaptarse a cualquier clima y trabajo" **3** pl Medios físicos, mentales, financieros, etc que tiene alguien o algo para hacer alguna cosa: *gastar según sus posibilidades*, "Las *posibilidades* de la administración son pocas", *un estudiante con muchas posibilidades.*

posible adj m y f **1** Que puede existir, ser real o ser verdad dependiendo de ciertas circunstancias o condiciones: *un mundo posible, una amistad posible, una enfermedad posible, una respuesta posible* **2** Ser algo posible Existir ciertas circunstancias que pueden hacer que algo ocurra, sea real o verdadero: "*Es posible* que me vaya", "*Es posible* que tenga frío", "*Es muy posible* que nos equivoquemos" **3** *Hacer algo posible* Hacer que sea real o suceda: "El gol de Hugo *hizo posible* el triunfo".

posiblemente adv Puede ser, tal vez, es posible, a lo mejor: "*Posiblemente* tenga usted razón", "*Posiblemente* venga".

posición s f **1** Manera de estar algo o alguien en sí mismo o respecto de otras personas o cosas: *ponerse en posición vertical, tener la cabeza en posición erguida*, "La torre está en *posición* inclinada" **2** Lugar que ocupa algo o alguien en cierto espacio o respecto de otras personas o cosas: "Encontramos muy buenas *posiciones* para ver el desfile", *la posición de la Luna respecto de la Tierra* **3** Situación o condición que tiene alguien dentro de su sociedad o respecto de una jerarquía: *estar en posición desahogada, tener una buena posición, una mujer de posición, hacerse una posición* **4** Manera de pensar y actuar alguien con respecto a algún asunto o tema: *una posición liberal, una posición intransigente* **5** Posición militar Lugar protegido y estratégicamente situado, desde donde se lanzan ataques o se vigila al enemigo.

positivamente adv De manera positiva, en forma positiva: *reaccionar positivamente*, "Las gotas quedan cargadas *positivamente*", "*Positivamente* sorprendido de la acogida que le dieron".

positivismo s m (*Fil*) **1** Sistema filosófico formulado por Augusto Comte, según el cual sólo la experiencia puede dar cuenta de la realidad y, en consecuencia, niega la metafísica, la especulación y la religión, y hace de la ciencia el único medio válido para preguntarse sobre el mundo y la existencia, y para dominar la naturaleza y comprender al ser humano: "Entonces nos lanzamos a leer a todos los filósofos a los que el *positivismo* condenaba como inútiles, desde Platón hasta Kant" **2** *Positivismo lógico* Desarrollo posterior de esta doctrina, basado en el análisis de la lengua por medio de la lógica, como la manera adecuada de verificar los enunciados de las ciencias, y de esa manera asegurar el conocimiento verdadero.

positivista adj m y f Que pertenece al positivismo filosófico o se relaciona con él: *pensamiento positivista, análisis positivista.*

positivo adj **1** Que expresa o contiene una afirmación: *una respuesta positiva, una oración positiva* **2** Que es útil, eficaz o provechoso: *una actitud positiva, un acto positivo* **3** Que pertenece a los números mayores que cero o se relaciona con ellos; que expresa una cantidad mayor que cero: *cifras positivas, saldo positivo* **4** (*Fís*) Que tiene la propiedad de atraer electrones: *polo positivo, carga eléctrica positiva* **5** Impresión fotográfica en la que la luz aparece tal como se ve en la imagen real **6** (*Gram*) Tratándose de adjetivos o adverbios, que no llevan morfemas de comparación ni son superlativos; así, en *bueno, mejor, óptimo*, el positivo es *bueno.*

posponer v tr (Se conjuga como *poner*, 10c. Su participio es irregular: *pospuesto*) Dejar para más tarde o retrasar una actividad o cierto acto previamente anunciado o convenido: *posponer una huelga, posponer una convención, posponer un viaje.*

pospretérito s m (*Gram*) Tiempo verbal del modo indicativo (*amaría, comería, subiría*), que expresa acciones posteriores a otras ya pasadas, por ejemplo en: "Dijo que lo haría", la acción de *hacer* es posterior a la acción pasada de *decir*. Muchas veces indica la posibilidad o la probabilidad de algo referida al pasado o al futuro: "Cuando llegué serían las 10". Se usa en oraciones condicionales: "Si pudiera, lo *haría*". Se emplea también en expresiones de cortesía: "*Querría* pedirle un favor" (Véase "Uso de los tiempos verbales", p 23).

postal 1 adj m y f Que pertenece al correo y a la correspondencia, o se relaciona con ellos: *timbre postal, giro postal, empleado postal, servicio postal, franquicia postal, código postal* **2** s f Tarjeta en cuyo anverso hay una fotografía o una ilustración y en el reverso hay lugar para escribir un mensaje relativamente corto, que se utiliza particularmente para enviar noticias o recuerdos cuando se viaja por lugares interesantes: *enviar una postal, coleccionar postales, una postal de Acapulco.*

poste s m Palo largo y fuerte o columna de concreto o fierro que se clava en el suelo y se utiliza como apoyo para sostener cables, lámparas, una techumbre o alguna señal: *un poste de teléfonos, postes de luz, el poste del semáforo.*

posterior adj m y f Que pasa o está después que otra cosa o detrás de ella: *una fecha posterior, la página posterior, la parte posterior del edificio.*

posteriormente adv Más tarde, después, más adelante en el tiempo, con posterioridad a algo: *"Posteriormente* los legisladores rusos ofrecieron una conferencia", "La novela de contenido social apareció *posteriormente".*

postizo adj **1** Que sustituye o reemplaza a lo original: *dientes postizos, una mano postiza* **2** Que se añade a lo natural, para embellecerlo o para ocultar su fealdad o su mal estado: *pestañas postizas* **3** s m Añadido de pelo que oculta su falta o se agrega para cierto peinado.

postre s m **1** Platillo, generalmente de dulce o de fruta que se sirve al final de las comidas: "De *postre* pidieron fruta", "¿Qué hay de *postre*?", "De *postre* comeremos pastel", "Los *postres* árabes son muy ricos" **2** *A la postre* Al final, después de todo, en definitiva o en última instancia: "Una afirmación que *a la postre* resultó inexacta", "Con esas cosas *a la postre* se perjudican", "El Chololo Díaz anotó el gol que *a la postre* les dio la victoria".

postulado s m **1** Proposición que se admite como base de un razonamiento lógico o de una demostración científica **2** Principio o verdad evidente que no requiere demostración, axioma: *los postulados de la geometría euclidiana.*

postular v tr (Se conjuga como *amar*) **1** Proponer alguna cosa, generalmente como fundamento de otra; sostener cierta idea, teoría, actitud, etc o considerarla en cierto sentido: "Esta concepción *postula* que una educación…", "Se *postularon* en contra de la intervención militar" **2** (*Lóg*) Proponer una idea o un razonamiento como axioma o como fundamento para una demostración **3** Proponer a alguien para que ocupe un puesto o desempeñe una función: "Lo *postularon* como candidato a director", "*Fue postulado* como candidato a presidente".

postura s f **1** Manera de estar situado un cuerpo en el espacio o forma en que están dispuestas sus partes; posición: *una postura incómoda, una postura para relajarse* **2** Actitud o manera de pensar y de actuar de alguien en relación con cierto tema o asunto: *postura política* **3** Precio que ofrece un comprador por una mercancía que se subasta.

potable adj m y f Que se puede beber: *agua potable, alcohol potable.*

potasa s f Hidróxido de potasio en forma de barra o de escamas, de color blanco o amarillento, soluble en agua, alcohol y glicerina, que se usa principalmente en la fabricación de jabones y de blanqueadores; potasa cáustica.

potasio s m Elemento químico, metálico, de color plateado, más blando que la cera y más pesado que el agua. Se inflama en contacto con el aire y es muy tóxico por inhalación o ingestión. Es esencial para el crecimiento de los vegetales, por lo que algunos de sus compuestos se usan mucho como abono. Sus sales se emplean en medicina como laxantes, desinfectantes, antiácidos, etcétera.

potencia s f **1** Capacidad que tiene algo o alguien para realizar cierta función o actividad, particularmente la que requiere energía física: *potencia visual, potencia auditiva, potencia sexual, la potencia de un motor, la potencia de un radio* **2** (*Fís*) Capacidad para producir trabajo, medida por la cantidad producida en una unidad de tiempo; se mide en caballos de vapor, caballos de fuerza, vatios, etc **3** Capacidad principalmente militar que tiene un país para influir sobre otros y llegar a imponerles su voluntad: *una potencia naval, un enfrentamiento de potencias* **4** (*Mat*) Producto que resulta de multiplicar un número por sí mismo cierto número de veces: *elevar a la segunda potencia* **5** *En potencia* Con capacidad o posibilidad de convertirse en cierta cosa: *un artista en potencia, un criminal en potencia.*

potencial adj m y f y s m Que tiene capacidad para algo pero no se ha manifestado, que tiene la posibilidad de realizarse o manifestarse: *una fuente potencial de energía, un enemigo potencial, el potencial hidroeléctrico de México.*

potencialidad s f Capacidad latente o no manifiesta, pero posible o probable que tiene alguna cosa: "Tiene una *potencialidad* de generación de 12 millones de kw", "Se comprobó la *potencialidad* carcinógena de la energía radiante".

potencialmente adv En potencia, con capacidad o posibilidad de darse, ocurrir o manifestarse: *población potencialmente productiva, potencialmente peligroso.*

potente adj m y f Que tiene potencia: *un potente motor, potentes telescopios.*

potosino adj y s Que es natural de San Luis Potosí, que pertenece a este estado o a su capital, la ciudad del mismo nombre, o que se relaciona con ellos: *la catedral potosina, la Huasteca potosina.*

potranca s f Yegua joven, que no pasa de tres años.

potrero s m Terreno cercado en el que se cría ganado; generalmente se siembran en él pastos para la alimentación del ganado de engorda.

potro s m **1** Caballo joven, menor de cuatro y medio años, generalmente no domesticado ni castrado **2** Antiguo instrumento de tortura, compuesto por una mesa grande en donde se acostaba al torturado y, mediante tornillos y cuerdas, se jalaban sus miembros para descoyuntarlo **3** Aparato de gimnasia que consiste en un gran cilindro de madera, cubierto de cuero y montado sobre patas, en el que se ejecutan varios saltos y movimientos **4** Hernia en la ingle o en el escroto.

pozo s m **1** Hoyo, generalmente circular y profundo, que se hace verticalmente en la tierra para poder extraer agua de alguna capa subterránea; obra que se levanta a su alrededor para protegerlo y evitar accidentes **2** *Pozo artesiano* Aquel en el que el agua brota o asciende naturalmente hasta la superficie al perforarse la capa que la contiene. Este fenómeno se produce siempre y cuando el manto acuífero se encuentre entre dos capas impermeables y su fuente esté en un lugar más elevado que el que ha sido perforado **3** Excavación profunda que se hace para extraer petróleo **4** Hoyo, generalmente vertical, que se hace en las minas para extraer el mineral, para permitir el acceso a sus distintas secciones, para facilitar la ventilación, etc **5** Hoyo profundo o depresión brusca y circunscrita que hay en el fondo del mar **6** Parte o lugar de un río que tiene mayor profundidad **7** *Pozo airón* Sima profunda **8** *Pozo negro* Fosa séptica **9** Depósito profundo de agua del que están provistos algunos barcos para conservar vivos a los peces que se han capturado **10** *Pozo negro* (*Fís*) Hoyo negro **11** *Pocito* Tortura que consiste en introducir la cabeza del torturado en un recipiente lleno de agua hasta que esté a punto de ahogarse **12** *Ser un pozo sin fondo* Pedir o requerir algo o alguien siempre más de alguna cosa, particularmente dinero; no tener una persona o una cosa límite, no llenarse, colmarse o quedar satisfecho con nada: "Esa obra es un *pozo sin fondo*" **13** *Ser un pozo* Tener algo o alguien alguna cosa en abundancia: "El profesor *es un pozo de* sabiduría" **14** En algunos juegos de cartas, como la canasta, conjunto de barajas que se va formando con el descarte de los jugadores y que forma parte del juego: *llevarse el pozo*.

pozole s m Guiso de granos de maíz cacahuazintle con carne de puerco, especialmente cabeza, orejas y trompa; en general se prepara con chile y con mucho caldo. Se sirve con orégano, cebolla, rábanos, lechuga y otros condimentos: *pozole rojo, pozole blanco, pozole verde*.

práctica s f **1** Ejercicio de una capacidad, habilidad, conocimiento o arte: *la práctica del discurso, la práctica de un deporte, la práctica de la medicina, la práctica de la danza* **2** Habilidad adquirida por ese ejercicio: *tener práctica, la práctica de un maestro* **3** Uso constante que alguien hace de su movimiento y habilidad, y método o costumbre que sigue en ello: "Tiene una *práctica* muy personal desde hace veinte años", "Su *práctica* consiste en poner primero los ladrillos a cierta distancia" **4** Uso habitual y acostumbrado de algo: *las antiguas prácticas religiosas*, "La *práctica* aconseja poner primero estos tornillos y después aquéllos" **5** Ejercicio de un conocimiento o habilidad, guiado por un conocimiento o habilidad: *una práctica atlética, prácticas de campo* **6** Aplicación de un conocimiento elaborado en la teoría o la especulación para comprobar su validez y contrastar la realidad con la teoría: *poner en práctica una teoría, comprobar una ley física en la práctica* **7** Cumplimiento de los preceptos y las reglas de culto de una religión: *la práctica del catolicismo*.

prácticamente adv **1** En forma práctica o experimentable: "*Prácticamente* no tiene acceso a los créditos", "Se plantea la construcción de un museo que ha de ser *prácticamente* una réplica del de Antropología" **2** Desde un punto de vista realista, en realidad, de hecho: "Díaz Mirón es *prácticamente* un poeta de un solo libro", "El manejo global de la información es *prácticamente* imposible".

practicar v tr (Se conjuga como *amar*) **1** Poner en actividad o ejercer una capacidad, habilidad, conocimiento o arte: *practicar la lengua, practicar la dicción, practicar la competencia, practicar el piano, practicar la biología* **2** Hacer algo constante y repetidamente: *practicar caminatas, practicar visitas a los museos* **3** Poner en actividad una costumbre o un conocimiento de manera regular y tradicional: *practicar la agricultura* "Los aztecas *practicaban* sacrificios humanos" **4** Hacer cierta operación o actividad con conocimiento y eficacia: *practicar una intervención quirúrgica, practicar auditorías* **5** Ejercer una profesión: *practicar la ingeniería, practicar la abogacía* **6** Cumplir con los preceptos y las reglas de culto de una religión: *practicar el luteranismo, practicar el cristianismo*.

práctico adj **1** Que pertenece a la práctica o se relaciona con ella: *un conocimiento práctico, una habi-*

lidad *práctica, un trabajo práctico, una guía práctica* **2** Que sabe cómo hacer algo con habilidad, eficacia y utilidad: *un hombre práctico, un médico muy práctico* **3** Que sabe cómo hacer algo por haberlo hecho por mucho tiempo, y no por haber tenido una enseñanza formal: *un médico práctico, un aficionado práctico* **4** Que es útil, cómodo, sencillo y fácil de usar: *un aparato muy práctico, una casa práctica* 5 s m Marino cuyo trabajo consiste en dirigir la entrada de los barcos a puerto, porque conoce muy bien el lugar: "Al entrar a Veracruz, el capitán deja el timón al *práctico*".

pragmatismo s m **1** (*Fil*) Doctrina propuesta por William James y John Dewey a finales del siglo XIX, según la cual el conocimiento y la verdad son efectos de la acción del ser humano, orientado por finalidades prácticas como la utilidad y la conveniencia **2** Actitud y comportamiento de una persona o de un grupo de personas, por la que sus actos son buenos si sus efectos les resultan útiles o provechosos: *el pragmatismo del gobierno estadounidense, el pragmatismo de un líder* **3** Conjunto de tendencias filosóficas y lingüísticas contemporáneas, derivado de la filosofía del lenguaje ordinario y del replanteamiento de la crítica de la razón práctica de Kant, según las cuales hablar es una acción práctica, de la que deriva el entendimiento, el conocimiento y una moral basada en la razón y la comunicación y no en entidades metafísicas.

precario adj **1** Que está en situación inestable o insegura: "Los artistas del circo se encuentran sin trabajo y en *precaria* situación", "El concierto se efectuó con una orquesta *precaria*" **2** (*Der*) Tratándose de un beneficio, el que se concede a alguien pero es revocable a voluntad de quien lo concede.

precaución s f Cuidado o atención especial que se pone en la realización de algo para evitar algún problema, inconveniente o peligro: "Hay que cruzar la calle con *precaución*", "Se toman todas las *precauciones* para evitar accidentes", "Tuvo la *precaución* de informar a su jefe antes de tomar la decisión", *circule con precaución*.

precedente 1 adj m y f Que aparece, sucede o va antes que otro; anterior: *el párrafo precedente, el año precedente* **2** s m Cosa, hecho o circunstancia que ha sucedido antes que otra que es semejante a ella y con la cual se relaciona o le sirve de referencia: "Estas investigaciones constituyen el *precedente* más importante de los actuales estudios genéticos" **3** Sentar un *precedente* o *sentar precedentes* Quedar algo como ejemplo, modelo o referencia para tratar casos semejantes: "Sus logros financieros *sentaron un precedente* en la economía del país" **4** *Sin precedente(s)* Que no puede compararse con otro ni referirse a él; que nada que haya sucedido antes se le asemeja: *una cifra sin precedentes*, "Se harán inversiones *sin precedente* en nuestra historia".

preceder v tr (Se conjuga como *comer*) Ir o estar algo o alguien delante de otro, ocurrir o hacerse una cosa antes que otra: "La A *precede* a la B", "En la lista tu nombre *precede* al mío", "El equipo de Chiapas *precedió* al de Jalisco en el desfile", "Los truenos *precedieron* a la tormenta".

precepto s m Regla de acción o de comportamiento que se establece con validez general: "El juez apoya su resolución en *preceptos* legales", "El cumplimiento de los *preceptos* religiosos".

precio s m **1** Cantidad de dinero que hay que pagar por algo: *el precio de la carne, aumentar los precios* **2** Esfuerzo o sacrificio que uno tiene que hacer u ofrecer para conseguir algo: "El sacrificio de muchas vidas fue el *precio* de la libertad" **3** *No tener precio una cosa* Valer mucho: "Su ayuda *no tiene precio*" **4** *A cualquier precio* A costa de lo que sea, sin importar el esfuerzo, el sacrificio o el dinero que se tenga que pagar: "Conseguirá lo que quiere *a cualquier precio*".

precioso adj **1** Que es bellísimo: *una mujer preciosa, un cuadro precioso, un precioso vestido, una preciosa cara* **2** Que es muy apreciado o valorado; que se cuida, se protege y se admira: *metales preciosos, una piedra preciosa, una libertad preciosa, un dato precioso.*

precipicio s m Hondonada vertical y muy profunda con que se interrumpe el suelo en un valle o en una montaña; pendiente brusca, profunda y muy pronunciada en una montaña, cerro, etc: "Se detuvieron en el borde del *precipicio*".

precipitación s f **1** Acto de precipitar algo o de precipitarse: "La *precipitación* de los acontecimientos se debió a la improvisación" **2** Prisa excesiva o falta de reflexión con la que se hace algo: "Estos errores fueron producto de nuestra *precipitación*", "Hizo su maleta con mucha *precipitación* y salió corriendo" **3** Caída de la humedad atmosférica condensada en forma de lluvia o congelada en forma de granizo o de nieve **4** (*Quím*) Sedimentación de pequeñas partículas en una suspensión; operación de separar alguna sustancia sólida del líquido en el que estaba contenida o disuelta y de depositarla en forma de polvo o de cristal.

precipitado 1 adj Que actúa sin la preparación y la reflexión adecuada, u ocurre demasiado pronto en relación con lo esperado o lo deseable: "Es un jugador veloz pero muy *precipitado*", *respuesta precipitada, decisión precipitada* **2** s m (*Quím*) Depósito o sedimentación de partículas en una suspensión.

precipitar v tr (Se conjuga como *amar*) **1** Acelerar el desarrollo de algo más allá de lo adecuado; hacer que una cosa suceda antes de lo previsto o de manera apresurada: "La enfermedad de su hermana *precipitó* su viaje", "No *precipites* las cosas" **2** prnl Desarrollarse una cosa más rápido o más pronto de lo esperado, hacer uno algo sin haberlo reflexionado lo suficiente, con demasiada prisa, sin dedicarle la atención debida: *precipitarse los acontecimientos*, "En ese estado puede *precipitarse* la crisis", "No se *precipiten*, aún tenemos tiempo" **3** prnl Caer algo o alguien desde un lugar elevado: "Se *precipitó* de la azotea", *precipitarse un peñasco* **4** (*Quím*) Separar las partículas de una suspensión.

precisamente adv Justamente, ni más, ni menos: "*Precisamente* la víspera de Navidad", "Hoy *precisamente* se inaugura la exposición".

precisar v tr (Se conjuga como *amar*) **1** Explicar, aclarar o concretar algo con todo detalle y sin lugar a dudas: *precisar los planes* **2** Necesitar algo o a alguien para alguna cosa particular y bien determinada: "*Preciso* de los servicios de un anestesista", "El ejido *precisa* de agua para producir".

precisión s f **1** Carácter de ser preciso: *la precisión de un horario, la precisión de una cita, la preci-*sión *de un informe, la precisión de un escrito, la precisión de un arma* **2** *De precisión* Que actúa o funciona con seguridad, eficacia y exactitud: *instrumentos de precisión, mecanismo de precisión.*

preciso adj **1** Que trabaja o actúa con extremo cuidado, rigor, detalle o puntualidad: *unas reglas precisas, una definición precisa, un hombre preciso, un reloj muy preciso, una máquina precisa* **2** Que produce resultados seguros, bien definidos y exactos: *un cálculo preciso, una observación precisa, una información precisa* **3** *Ser algo preciso* Ser necesario para una finalidad particular y determinada: "*Es preciso* que seas tú quien firme el documento", "*Será preciso* que vayas a la reunión a explicar las cosas" **4** Que sucede o se realiza en un momento bien determinado o en cierto instante particular: "La obra comienza a la hora *precisa*", "Hay una fecha *precisa* para inscribirse en la escuela".

precoz adj m y f **1** Que sucede antes de lo normal o se adelanta al tiempo en que podría ocurrir: *maduración precoz, envejecimiento precoz, un tratamiento precoz, un diagnóstico precoz* **2** Tratándose de personas, que desarrolla una característica o un comportamiento más maduro que el que correspondería a su edad o, tratándose de sus obras, que alcanza una calidad mayor que la que correspondería a su capacidad en ese momento o esa época: "Comenzó su narrativa con un libro *precoz*", *un niño precoz, un genio precoz.*

precursor adj Que precede o es anterior a algo de su misma clase, al cual anuncia o del cual constituye la preparación de su presencia: *los precursores de la revolución, un precursor de la ciencia moderna, un virus precursor, precursores del ozono.*

predador adj y s Depredador.

predecir v tr (Se conjuga como *decir*, 13; excepto en el futuro y pospretérito de indicativo, que son regulares) Anunciar por adivinación, presentimiento, intuición, etc que cierta cosa va a suceder; anunciar anticipadamente algo con base en algunos elementos que se consideran como indicios de lo que va a ocurrir: "Su abuelo *predijo* el accidente", *predecir el clima*, "En sus cuentos *predice* los viajes a la Luna".

predeterminación s f **1** Acto de predeterminar **2** Fijación o establecimiento de las características de algo previamente a su elaboración, o decisión tomada de antemano a propósito de alguna cosa o del comportamiento de alguien: *la predeterminación de un cálculo, predeterminación divina.*

predeterminado adj Que ha sido previamente determinado o definido de antemano: *un momento predeterminado, una acción predeterminada.*

predeterminar v tr (Se conjuga como *amar*) Establecer o definir una cosa o sus características previamente a su elaboración o su construcción, o fijar el comportamiento de algo o alguien antes de que se manifieste: *predeterminar una votación, predeterminar la conducta.*

predicación s f **1** Acto de predicar **2** Discurso de un sacerdote o un evangelizador, en el cual enseña a los demás su doctrina religiosa: "La palabra de la *predicación* despierta la fe, condición necesaria para la eficacia del sacramento" **3** (*Lóg*) Atribución de propiedades o de características a un objeto de conocimiento, considerado como sujeto de una oración o de una proposición.

predicado s m (*Gram*) Conjunto de signos lingüísticos que manifiesta aquello que se dice del sujeto de la oración, es decir, expresa la acción que realiza, una propiedad, una característica o una situación suyas. Se reconoce preguntándose: "¿Cuál es la cosa que hace el sujeto?" Así, en "El niño prepara todas las tardes sus tareas para la escuela", a la pregunta "¿Qué hace *el niño*?" (sujeto) la contestación es: *prepara todas las tardes sus tareas para la escuela* (predicado). El núcleo del predicado es el verbo. Su significación la modifican o la completan los adverbios ("*prepara bien*", por ejemplo) y las construcciones o complementos de objeto directo, indirecto o circunstancial. En el ejemplo anterior, el núcleo del predicado es *prepara* y tiene tres modificadores, uno circunstancial *todas las tardes*, uno directo *sus tareas* y uno indirecto *para la escuela*. El núcleo del predicado concuerda con el núcleo del sujeto en número y persona: *prepara*, tercera persona, número singular, concuerda con *el niño*. Al predicado se le llama *simple* cuando consta de una sola palabra: "Juan *canta*", o de una perífrasis: "Juan *está cantando*", y se le llama *compuesto* cuando tiene uno o varios núcleos verbales: "Juan *canta y baila* en el teatro". Cuando el núcleo del predicado es el verbo *ser, estar* u otro *copulativo* o *predicativo* recibe el nombre de *predicado nominal*: "Este torito *es pinto*".

predicador s m **1** Persona que predica una doctrina religiosa: "Del seno de su orden salían *predicadores* ardientes y escritores ilustres", *la orden de los predicadores* **2** (*Lóg*) Cada una de las proposiciones con que se atribuye una propiedad a un sujeto.

predicar v tr (Se conjuga como *amar*) **1** Explicar alguna cosa, particularmente de carácter moral o religioso, con el propósito de convencer a los demás y de hacerlos seguir su ejemplo o enseñanza: *predicar el patriotismo*, *predicar la bondad*, *predicar con el ejemplo*, *predicar el budismo* **2** Decir un sacerdote o un pastor un sermón en el templo: "Fray Servando *predicó* el 12 de diciembre" **3** prnl (*Lóg* y *Gram*) Establecerse una función del predicado al término o sujeto de un enunciado de manera que manifieste una propiedad suya, por ejemplo, en el enunciado "Sócrates es mortal", "es mortal" se *predica* de Sócrates.

predicativo s m y adj (*Gram*) Parte del predicado que modifica al mismo tiempo el núcleo del predicado y el núcleo del sujeto, con el cual concuerda en género y número; esta función se manifiesta generalmente con un adjetivo, una construcción adjetiva, un participio o un sustantivo, como en los ejemplos siguientes: "El hombre llegó *triste*", "La gente cantaba *llena de felicidad*", "Los cuadros están *colgados*", "Mi tío es *agricultor*".

predicción s f Anuncio anticipado de algo que va a suceder; cosa, situación, etc que alguien propone considerando que va a ocurrir en el futuro: "Falló su *predicción* del clima", "Actualmente es imposible hacer *predicciones* de los temblores", "Las *predicciones* para 1997 son que el presidente de la república renunciará".

predilección s f Preferencia que se tiene por algo o por alguien; gusto, cariño o inclinación especial que se siente por alguna cosa o por alguna persona en relación con otras: "Tiene *predilección* por las morenas", "Manifiesta abiertamente sus *predilecciones*".

predio s m Terreno delimitado en una ciudad o en el campo, que es propiedad de alguien: *un predio urbano, predios rurales*, "Los colonos demandan la regularización de los *predios*".

predominante adj m y f Que predomina sobre los demás o sobre otros: *un rasgo predominante del carácter, un partido político predominante, un color predominante, una acción predominante*.

predominar v intr (Se conjuga como *amar*) Lograr algo o alguien imponer su mayor fuerza o poder sobre otros semejantes: "*Predomina* el viento del sur", "En la infección intestinal *predomina* la diarrea", "*Predominan* los partidos de izquierda en el parlamento".

predominio s m Acto de predominar algo o alguien: "Hay que derrotar el *predominio* de los absolutistas", "Se busca el *predominio* del capital mexicano".

prefacio s m **1** Texto inicial de un libro, que sirve como preparación a su lectura; prólogo **2** (*Relig*) Oración de acción de gracias que introduce al canon en la misa católica.

preferencia s f **1** Hecho de preferir algo o a alguien: "La *preferencia* de los ancianos sobre los adultos", "Mostraba una clara *preferencia* por el ganado vacuno sobre el lanar" **2** Circunstancia de considerar algo o a alguien en primer lugar o antes que a los demás: "Al producirse el incendio se atendió con *preferencia* a las mujeres y a los niños", "Los empresarios de los cines deberían dar *preferencia* a las buenas películas".

preferente adj m y f **1** Que se prefiere entre otros de su misma clase: "Vende energéticos de manera *preferente* a los países latinoamericanos", "En casa de la condesa le dieron un lugar *preferente* en uno de los sitios *preferentes* de la mesa" **2** En graderías de un estadio, una plaza de toros, etc, asiento más cercano al terreno y con mejor vista.

preferentemente adv De manera preferente: "Trabaja *preferentemente* en el extranjero".

preferible adj m y f Que se prefiere o es más conveniente que otros para alguna cosa: "Es *preferible* llegar mañana, descansados, que ahora, agotados", "Es *preferible* usar otra fórmula".

preferido I pp de *preferir* **II** adj y s Que se prefiere a otros: *mi autor preferido, su hija preferida*, "Su *preferido* es Pancho".

preferir v tr (Se conjuga como *sentir*, 9a) Decidir que uno gusta más de una cosa o una persona que de otra, que la considera más útil, adecuada, deseable, etc que otra u otras: "*Prefiero* comer espinacas que frijoles", "*Prefiero* a Alberto", "*Preferiríamos* ir al cine que al teatro".

prefijo s m (*Ling*) Morfema que se antepone a un lexema o raíz y que modifica su sentido, como *re-* en *rehacer, releer, repensar* que indica repetición; como *in-, im-, i-* en *inaceptable, improbable, ilegible* que indican negación; *pre-* en *preprimaria* que indica anterioridad, etcétera.

pregonar v tr (Se conjuga como *amar*) **1** Decir alguna cosa en voz alta y para que la oigan todos: "Mi dicha es tanta, que *pregono* mi amor", "Mandó que *pregonaran* la sentencia" **2** Anunciar en voz alta la mercancía que se ofrece en venta.

pregunta s f **1** Manifestación de lo que uno desea conocer o saber a otra persona, dándole a entender que uno espera respuesta: *hacer una pregunta*, "responder una pregunta, una pregunta sin respuesta, una buena pregunta **2** Cada uno de los temas o puntos que un alumno debe responder o desarrollar en un examen: *resolver las preguntas.*

preguntar v tr (Se conjuga como *amar*) Manifestar a alguien aquello que uno quiere saber o conocer y que espera le sea respondido: "Los niños se pasan la vida *preguntando*", "Me *preguntó* a dónde iba".

prehispánico adj Tratándose de América o de lo que es propio de ella, que es anterior a la conquista y colonización españolas: *época prehispánica, cultura prehispánica, arte prehispánico.*

prehistoria s f **1** Época más antigua en la historia de la humanidad, anterior a la aparición de la escritura: "De lo poco que conocemos de la *prehistoria*...", "El museo abrirá tres salas más dedicadas a la *prehistoria*" **2** Ciencia que estudia esa época: "La paleontología es una de las herramientas más útiles de la *prehistoria*".

prejuicio s m **1** Opinión o juicio determinado que una persona se forma de otra o de algo antes de conocerlo: "Leyó la obra con *prejuicios*", "Hace sus investigaciones sin *prejuicios*" **2** Juicio o criterio moral que tiene una persona por su educación, sus costumbres, las convenciones sociales, etc que la mueve a considerar de antemano como malas o reprobables ciertas cosas o a determinadas personas, y limita su libertad para conocerlas objetivamente o para relacionarse con ellas; actitud infundada de reserva o de rechazo que se tiene ante algo o ante alguien: *prejuicio racial, prejuicio religioso, prejuicios sexuales, una persona libre de prejuicios,* "Es una familia con muchos *prejuicios*".

preliminar adj m y f Que prepara, introduce o desarrolla de manera inicial alguna cosa: *una investigación preliminar, un estudio preliminar, un planteamiento preliminar, un juego preliminar.*

preludio s m **1** Ejecución inicial de alguna cosa, que sirve como preparación o introducción a su pleno desarrollo: "Aquel beso sólo fue el *preludio* de un gran amor" **2** Composición musical independiente, que se concibe como primera en el desarrollo de un concierto, o primer movimiento o parte de una obra mayor, que tiene carácter introductorio: *un preludio y fuga de Bach, preludios de Chopin.*

prematuro adj Que se manifiesta o tiene lugar antes del momento en que, de acuerdo con su ciclo de desarrollo, debe ocurrir o se espera que ocurra: *un nacimiento prematuro, calvicie prematura, heladas prematuras, muerte prematura.*

premeditar v tr (Se conjuga como *amar*) Pensar o calcular largamente algo, con todos sus detalles y circunstancias, antes de llevarlo a cabo: *premeditar un plan, premeditar un crimen.*

premiar v tr (Se conjuga como *amar*) Dar un premio a algo o a alguien: *premiar a los alumnos, premiar al equipo ganador, premiar al producto más atractivo y barato.*

premio s m **1** Objeto que se da a alguien como regalo por haber hecho algo importante, valioso, destacado o extraordinario: *dar un premio al mejor estudiante, un premio al mejor atleta,* "Recibió un *premio* por haber inventado una medicina que salvará muchas vidas" **2** Objeto o cantidad de dinero que recibe quien gana una rifa, un sorteo o un concurso: *el premio mayor de la lotería, los premios de*

la tómbola, un premio de literatura **3** Objeto o cantidad de la misma sustancia o del mismo material que se añade a una mercancía, para atraer más compradores: "Esa caja de galletas trae *premio*".

premisa s f **1** (*Lóg*) Cada proposición o conjunto de proposiciones a partir de las cuales un razonamiento puede llegar a una conclusión; particularmente las dos que constituyen el antecedente de un silogismo: *una premisa falsa* **2** Base o antecedente necesario para hacer o tratar algo: "Establecimos las *premisas* de un convenio provechoso para todos", *sentar las premisas para una discusión.*

prenda s f **1 1** Objeto que se entrega a alguien o se pone a su disposición para garantizar el cumplimiento de una obligación, o que se da a una persona como prueba de algo, principalmente de afecto: *dejar una prenda,* "Para entrar te piden una *prenda*", "Le dio una *prenda* de amor" **2** En *prenda* Como garantía del pago o cumplimiento de algo: "Dejó su reloj *en prenda* en el Monte de Piedad", "Le pidieron $1 000 *en prenda*", "Dejó *en prenda* su licencia para que le prestaran el libro" **3** Persona o cosa a la que se ama intensamente: "Sus hijos son sus *prendas* más queridas" **4** *Soltar prenda* Decir o confesar algo que se considera confidencial: "Sobre el presupuesto no quiso *soltar prenda*" **II** Cada una de las piezas confeccionadas en tela, piel, etc con las que se cubre el cuerpo para vestirlo, como la falda, el pantalón, etc; prenda de vestir: *prenda íntima, prendas de invierno.*

prendedor s m **1** Adorno que se prende a la ropa con un alfiler, o al pelo, para sujetarlo, con alguna horquilla: *un prendedor de plata* **2** En el sureste, gancho para sujetar el pelo; pasador.

prender[1] v tr (Se conjuga como *comer*) **1** Sostener fija una cosa con un alfiler, un gancho, etc: *prenderse el pelo,* "Prendió el vestido con alfileres" **2** Detener o apresar a una persona, por haber cometido un delito: "Prendieron al criminal".

prender[2] v tr (Se conjuga como *comer*) **1** Hacer que arda, se queme o produzca fuego alguna cosa: *prender una fogata, prender un cerillo, prender un cigarro* **2** *Prender fuego* o *lumbre* Quemar o incendiar algo, ponerle fuego: "Le *prendió fuego* a la papelería" **3** Poner a funcionar un aparato o mecanismo que trabaja generalmente con electricidad o gas: *prender la televisión, prender la luz, prender el calentador* **4** intr Hacer efecto alguna cosa: *prender una vacuna* **5** intr Lograr algo un buen resultado, surtir efecto: "Esa idea *prendió* entre los estudiantes".

prendido I pp de *prender* **II** adj (*Coloq*) Que está muy acicalado, bien vestido y arreglado: "Todos iban muy *prendiditos* a la boda" **1** (*Coloq*) Que es muy activo, que no para, o que produce emoción intensa y exaltación.

prensa s f **1** Máquina que sirve para apretar, comprimir o exprimir algo, compuesta generalmente por dos plataformas entre las cuales se pone el objeto de la presión: *una prensa de uva, una prensa de metal, una prensa de papel* **2** Máquina con la que se imprimen libros, periódicos, hojas, etc y taller en donde se hace ese trabajo: *meter en la prensa, parar las prensas, montar una prensa* **3** Conjunto de las publicaciones periódicas, particularmente los diarios, y de los que trabajan en ellas, cuyo objetivo es informar a la opinión pública de los acontecimientos importantes y del estado del gobierno, y orientarla en sus juicios: *dar a la prensa, la prensa local, la prensa internacional, un corresponsal de prensa, leer una noticia en la prensa, libertad de prensa*.

prensar v tr (Se conjuga como *amar*) Apretar algo con una prensa o con otro objeto, de manera que reciba una fuerte presión y quede aplanado, compacto o fijo: *prensar papel, prensar madera, prensar libros para encuadernarlos*.

preñar v tr (Se conjuga como *amar*) Fecundar o hacer concebir a una hembra o a una mujer.

preocupación s f **1** Sensación de inquietud y de intranquilidad producida por un problema, una duda, la falta de información acerca de algo o de alguien que a uno le importa, etc: "Las *preocupaciones* de su trabajo no lo dejan dormir", "Su hijo se ha convertido en una *preocupación* constante para ellos" **2** Interés, atención, cuidado o dedicación que alguien pone en algo que considera valioso o importante: "Su mayor *preocupación* ha sido la educación de sus hijas", "Desde su juventud ha tenido *preocupaciones* políticas".

preocupado I pp de *preocupar* **II** adj Que siente preocupación: "Miré el rostro *preocupado* de Alicia", "¿Qué tienes? te noto *preocupado*".

preocupar v tr (Se conjuga como *amar*) **1** Ocupar constantemente el pensamiento de alguien alguna cosa que le causa inquietud, temor o ansiedad, o algún asunto que debe resolver o solucionar: "Los estudios de su hijo lo *preocupan*", *preocupar a los amigos* **2** prnl Dedicar atención, esfuerzo y tiempo a algo o a alguien, porque siente uno responsabilidad acerca de ello: *preocuparse por los invitados, preocuparse de que todo salga bien*.

prepa s f (*Coloq*) Apócope de preparatoria: *ir a la prepa, pasar a prepa*.

preparación s f **1** Acto de preparar: *la preparación de una fiesta, la preparación de una máquina, la preparación de un examen* **2** Conjunto de los conocimientos que alguien tiene acerca de una materia determinada: "Esa escuela da una buena *preparación*", "Tiene *preparación* científica" **3** Sustancia o tejido preparado para que se examine en un laboratorio **4** Sustancia preparada en una farmacia: *hacer preparaciones, tomar una preparación*.

preparado I pp de *preparar* **II** adj Que ha recibido una buena educación y sabe resolver las cuestiones que se le plantean en su profesión: *un hombre bien preparado, maestras preparadas, un médico muy preparado* **III** s m Medicamento que se ha elaborado en una farmacia de acuerdo con la receta que dio el médico.

preparar v tr (Se conjuga como *amar*) **1** Hacer lo necesario para algo o alguien esté listo o dispuesto para usarse, cumplir una función, alcanzar un objetivo, etc: *preparar una sorpresa, preparar a un familiar para darle una noticia, prepararse para el invierno, preparar a un alumno para el examen* **2** Hacer las operaciones necesarias para obtener un producto: *preparar la comida, preparar una medicina, preparar un compuesto*.

preparativo s m Cada una de las acciones que se llevan a cabo para preparar algún acontecimiento o alguna actividad: *hacer los preparativos, preparativos de boda, preparativos de guerra*.

preparatoria s f Conjunto de los estudios posteriores a la secundaria, que capacita a una persona para cursar la educación superior, y local o plantel en donde se imparten esos estudios: "Cuando termine la *preparatoria* voy a estudiar economía", "Voy a la *preparatoria* del pueblo".

preparatorio adj Que antecede a otra cosa y la prepara: *una reunión preparatoria*, "Se impartirá un curso *preparatorio* para los profesores interesados".

preponderancia s f Situación de mayor peso, importancia e influencia de algo o de alguien en alguna cosa particular: "La oposición política va ganando *preponderancia*", "La política de principios de México conserva su *preponderancia* en el campo internacional".

preposición s f (*Gram*) Palabra invariable que establece un nexo entre cualquier elemento de una oración y un complemento, constituido generalmente por un sustantivo o un pronombre, que recibe el nombre de *término de la preposición*. Manifiesta relaciones de muy variados significados, por ejemplo: "Vi *a* tu hermano", "Voy *a* salir", "Viene *de* Durango", "Jarra *de* vidrio", "Vaso *de* leche", "Vive *con* su hermano", "Habla *desde* allá", "Llegó *en* diciembre", "Lo hace *por* sus hijos", "Me habló *sobre* la situación", etcétera.

prepucio s m **1** Pliegue suelto de la piel que cubre el pene, que protege el glande **2** *Prepucio del clítoris* Pliegue mucoso formado por los labios menores que cubren el clítoris.

presa¹ s f **1** Animal o persona que se caza, prende o se trata de capturar: *ir tras la presa*, "La *presa* escapó a pesar de estar herida" **2** *Ser alguien presa de algo* Ser víctima o estar dominado por algo: *ser presa del miedo* **3** *Hacer presa de alguien o algo* Agarrar algo e impedir que se escape, dominar algo a alguien: "El águila *hizo presa del* conejo", "El terror *hizo presa del* público".

presa² s f Construcción con la que se retiene y almacena el agua en una región para conservarla y repartirla durante todo el año en las tierras que riega, y en muchas de ellas para generar electricidad; generalmente está compuesta por un muro alto, construido en el cauce de un río o al final de un cauce artificial, y unas compuertas que permiten el paso regulado del agua: *la presa de Malpaso*.

presbítero s m **1** En el catolicismo, hombre que ha recibido las órdenes sacerdotales, que le permiten decir misa **2** En la Iglesia presbiteriana, persona que tiene autoridad.

prescindir v intr (Se conjuga como *subir*) Dejar de tomar en cuenta a alguien o algo, o de usar alguna cosa, por considerarlo inconveniente: "Tendrá que *prescindir* de las grasas, si quiere curarse", "Aunque te moleste Pedro, no puedes *prescindir* de él en el trabajo".

prescribir v tr (Se conjuga como *subir*; su participio es irregular: *prescrito*) **1** Ordenar a alguien que actúe de cierta manera: *prescribir una dieta*, "Le *prescribió* descanso absoluto" **2** Ordenar a alguien que tome cierta medicina si quiere curarse: *prescribir vitaminas, prescribir penicilina* **3** Llegar a su término el plazo legalmente señalado para ejercer un derecho, cumplir con una obligación o disfrutar de una posesión: "Las deudas contraídas por los campesinos *prescribirán* en el término de un año".

prescripción s f **1** Acto de prescribir **2** Extinción del plazo para ejercer un derecho o cumplir con una obligación, bajo las condiciones establecidas por la ley: *la prescripción de una acción penal.*

presencia s f **1** Hecho o circunstancia de estar algo o alguien en un lugar determinado: "La *presencia* de una banda de asaltantes alarmó a los habitantes del pueblo" **2** *En presencia de* Delante de, frente a: "No hables así *en presencia de* tu padre", "Estamos *en presencia del* monumento más importante de la ciudad" **3** Aspecto o apariencia física de alguien: "Es una mujer de *presencia* agradable" **4** *Tener alguien presencia* Tener alguien personalidad atractiva o que se hace notar: "Es un científico desgarbado pero *tiene* mucha *presencia*" **5** *Presencia de ánimo* Serenidad o control ante circunstancias difíciles.

presenciar v tr (Se conjuga como *amar*) **1** Estar uno presente cuando sucede algo: *presenciar una discusión, presenciar un accidente* **2** Asistir uno a un espectáculo: *presenciar un desfile, presenciar una función teatral.*

presentación s f **1** Acto de presentar: *la presentación de una mercancía nueva, la presentación de una exposición, la presentación de los novios* **2** Manera como se presenta una cosa: *una medicina en dos presentaciones* **3** Apariencia que tiene una persona: *buena presentación.*

presentar v tr (Se conjuga como *amar*) **1** Poner algo o a alguien de manera que pueda verse, generalmente para que pueda ser reconocido, examinado o juzgado: *presentar nuevos vestidos, presentar a los detenidos, presentar pruebas, presentar un espectáculo* **2** Tener algo o alguien cierto aspecto o característica a la vista o al juicio de alguien: *presentar síntomas, presentar dificultades* **3** Dar a conocer a alguien a otra u otras personas: *presentar a un artista, presentar al nuevo director, presentar al novio con los padres* **4** prnl Asistir alguien a algún lugar: *presentarse al juzgado,* "Se presentó de improviso" **5** *Presentarse algo (a alguien)* Suceder(le): "*Se* me *presentaron* problemas", "*Se* me *presentó* una oportunidad", "*Se presentó* de nuevo el fenómeno".

presente adj m y f **1** Que está en el mismo lugar que quien habla, que sucede en el momento en que se habla, que está o sucede en el momento del que se habla: "La señora, aquí *presente*, es una gran pianista", "Frente a las dificultades *presentes* es necesario encontrar una solución", "Mi abuelo estuvo *presente* en la toma de Torreón con los villistas" **2** s m Época o momento actual, que se vive ahora: *vivir el presente,* "La enseñanza en el *presente* ha cambiado mucho" **3** s m Regalo **4** (*Gram*) *Presente de indicativo* (*amo, como, subo*) Tiempo verbal que tiene varios usos: indica que la acción significada por el verbo sucede al mismo tiempo en que uno habla: "¡Qué frío *hace*!", "*Leo* este libro". Significa que la acción es algo que se acostumbra hacer o es habitual: "*Comemos* a las 2 de la tarde", "Los muchachos *juegan* todos los domingos". Manifiesta una acción que es o se considera verdadera, que pasa siempre o a la que no se le supone un límite: "La Tierra *gira* alrededor del Sol", "El que la *hace*, la paga", "Todos los hombres *son* mortales", "El universo *se expande*". Hace que el tiempo de la acción se entienda como actual o próximo, o que la acción se entienda como

segura: "Mis tíos *vienen* de Guadalajara para la Navidad", "*Firmo* el contrato cuando te vea", "Luego te lo *doy*". Vuelve actual, para los fines del relato, una acción pasada o histórica: "Colón *descubre* América en 1492". Se usa en el antecedente (prótasis) y en el consecuente (apódosis) de las oraciones condicionales: "Si *estudias*, te daré un premio", "Si corres, lo *alcanzas*". Significa mandato: "¡Te *bañas* de inmediato!", "Cuando veas salir el sol, me *avisas*" **5** (*Gram*) *Presente de subjuntivo* (*ame, coma, suba*) Tiempo verbal que tiene varios usos: significa que la acción del verbo sucede al mismo tiempo que otra o después de ella: "Cuando *salga*, lo atrapas", "Me pidieron que *hable* en la junta". Acompaña como complemento a verbos que expresan duda, deseo o posibilidad: "Deseo que *estés* bien", "No sé si *cante*", "No creo que *venga*". Expresa mandato: "¡Que me *dejes* en paz!", "¡Que se *callen*!". Manifiesta la negación del imperativo: "No *vayas* a casa" (Véase "Uso de los tiempos verbales", p 23).

presentimiento s m Sensación que tiene alguien de que algo va a ocurrir sin tener razones o motivos para suponerlo: "Tuvo el *presentimiento* de que algo bueno iba a pasar", "Jugué a la lotería con el *presentimiento* de que me la sacaría".

presentir v tr (Se conjuga como *sentir*, 9a) Tener la sensación de que algo va a ocurrir sin tener argumentos o razones para suponerlo: *presentir la muerte, presentir un temblor, presentir un accidente.*

preservar v tr (Se conjuga como *amar*) Proteger algo o a alguien de algún daño o peligro: *preservar a la niñez de los vicios, preservar al bosque de las llamas.*

preservativo s m **1** Sustancia que sirve para evitar que un alimento se eche a perder **2** Funda delgada y flexible, generalmente de látex, para el pene, que sirve para protegerlo del contagio de enfermedades venéreas, como el sida o la sífilis, o como medio de control de la fecundación; condón.

presidencia s f **1** Acto de presidir: *la presidencia de una asamblea* **2** Empleo, cargo o función del presidente de una empresa, institución, país, etc **3** Local en el que están sus oficinas: "Mañana habrá un concierto en la *presidencia* municipal".

presidencial adj m y f Que pertenece al presidente o se relaciona con él: *silla presidencial, campaña presidencial, elecciones presidenciales.*

presidente s m **1** Persona que está al frente de algo, particularmente de una institución, una asociación, un comité, etc: *el presidente de la reunión, el presidente de una empresa* **2** Persona que, en una república, resulta electa para dirigir el gobierno o el poder ejecutivo del Estado: *presidente de la república, presidente del gobierno, presidente del consejo de ministros.*

presidio[1] s m **1** Edificio en donde se mantiene prisioneras a las personas que han cometido algún delito y han recibido una condena judicial; cárcel: *ir al presidio* **2** En Chihuahua, conjunto de viviendas que comparten un patio y una entrada comunes; vecindad **3** Antiguamente, población relativamente fortificada o guarecida en la frontera norte.

presidio[2] s m Conjunto de personas que preside el desarrollo de una reunión política o académica, y lugar, generalmente elevado, en donde se colocan para hacerlo; presidium: *formar el presidio,* "El rector subió al *presidio*".

presidir v tr (Se conjuga como *subir*) **1** Tener la dirección o la máxima autoridad en una institución, una asociación, una empresa, etc: *presidir una compañía financiera*, *presidir un país* **2** Estar alguien presente como personaje principal en una reunión, acto social o ceremonia: "El director de la escuela *presidió* la entrega de premios" **3** Ser algo el elemento predominante: "El buen humor y la cordialidad *presidieron* la entrevista".

presión s f **1** Fuerza que ejerce algo o alguien sobre la superficie de un cuerpo y que produce el efecto de apretarlo o comprimirlo: *hacer presión con los dedos*, *poner presión sobre la plastilina* **2** (*Fís*) Esfuerzo que se ejerce uniformemente en todas direcciones, y se mide por su fuerza en una unidad de área **3** *Presión atmosférica* (*Fís*) La que hay en cualquier punto de la atmósfera por efecto del peso de los gases que la componen: *la presión atmosférica al nivel del mar*, *la presión atmosférica de Venus* **4** *Presión arterial* Tensión arterial **5** *Tomar la presión a alguien* Medir su tensión arterial **6** Insistencia con la que alguien demanda a una persona que actúe o se comporte de cierta manera: *trabajar bajo presión*, *ejercer presión sobre un empleado* **7** *A presión* Que recibe o ejerce la acción de una fuerza de esa clase: *cierre a presión*, *envase a presión*.

presionar v tr (Se conjuga como *amar*) **1** Ejercer fuerza o presión sobre la superficie de una cosa para apretarla o comprimirla: *presionar un botón*, *presionar el pedal del freno*, "*Presionó* sobre la herida para drenarla" **2** Orillar o inducir a una persona a actuar de cierta manera, generalmente distinta a la que voluntariamente hubiera elegido, mediante insistencias constantes, creándole situaciones conflictivas o problemáticas, o por otros medios que limiten su libertad: "Renunció porque lo *presionaron*", "Lo *presionaron* con chantajes y amenazas", "Tenemos que *presionarlo* para que haga su tesis", "Si no lo *presionas* no hace nada".

preso adj y s **1** Que está en prisión: *un hombre preso*, *presos políticos*, *presos del fuero común* **2** Que ha quedado atrapado y sin escape por alguna circunstancia: *quedar preso en una trampa*.

prestación s f **1** Trabajo, cuidado o cualquier otra actividad que alguien realiza para otra persona en su beneficio: *la prestación de un servicio* **2** Beneficio o servicio que se concede a una persona como parte de las obligaciones que adquiere una institución con ella: *prestaciones médicas*, *prestaciones sociales*, *aumentar las prestaciones*.

préstamo s m Cantidad de dinero u objeto que se presta a alguien: *pedir un préstamo*, *pagar un préstamo*, *conseguir un préstamo*, *devolver un préstamo*.

prestar v tr (Se conjuga como *amar*) **1** Dar a alguien alguna cosa o dinero para que lo tenga, lo use o lo aproveche durante cierto tiempo, con la condición de que después lo devuelva: *prestar $100*, *prestar un libro*, *prestar ropa* **2** Dedicar un trabajo, atención o cuidado a alguna actividad de otra persona o a otra persona para ayudarla: *prestar ayuda*, *prestar auxilio*, *prestar fuerzas*, *prestar entusiasmo* **3** Estar uno dispuesto a recibir alguna información de otra persona: *prestar oídos*, *prestar atención*, *prestar crédito* **4** prnl Ofrecerse uno a hacer algo en beneficio de otra persona: *prestarse a ayudar*, *prestarse a trabajar* **5** prnl Dar algo ocasión u oportunidad para

otra cosa (sólo en tercera persona): "La reunión *se prestó* a muchos comentarios", "El eclipse *se presta* para estudiar la corona solar".

prestigio s m Buena opinión que se forma la sociedad de una persona, de su comportamiento moral o de su capacidad artesanal, profesional o científica, o de la calidad de una institución: *tener prestigio*, *perder el prestigio*, *un médico de prestigio*, *un almacén de prestigio*.

presto[1] adj Que está dispuesto, preparado o listo para actuar o para recibir alguna cosa: "Estamos *prestos* a intervenir en donde se nos indique", "La comida está *presta* a consumirse".

presto[2] s m (*Mús*) Velocidad rápida con que se ejecuta un pasaje musical o un movimiento de una composición.

presumido I pp de *presumir* **II** adj y s Que hace alarde de algo, particularmente de su belleza o de su arreglo: *una joven presumida*, *andar de presumido*.

presumir v (Se conjuga como *subir*) **I 1** intr Hacer una persona notorio un rasgo, una cualidad, una característica, etc que tiene o se atribuye, generalmente con la intención de despertar la admiración de otras personas; exhibir ostentosamente alguna propiedad: "*Presume* de valiente", "*Presume* de saberlo todo", "Dime de qué *presumes* y te diré de qué careces" **2** tr Mostrar alguien con satisfacción y orgullo algo que tiene o que ha hecho: "Nos *presumió* su casa", "Le *presumimos* nuestro trabajo" **II** tr Suponer algo teniendo algún fundamento para ello o a partir de ciertos indicios: "*Presumo* que ya estarás enterado de todo".

presunción s f **1** Acto de presumir o actitud de aquel que se comporta como si fuera mejor que las demás personas y buscando que se den cuenta de ello: "Se vestía con mucha *presunción*", "La *presunción* de sus palabras era insoportable" **II 1** Suposición **2** (*Der*) Aceptación de un hecho que se desconocía o se consideraba incierto, basándose en otro que sí se conoce con certeza; presunción judicial **3** *Presunción de inocencia* (*Der*) Principio que afirma que una persona es inocente en tanto no existan pruebas evidentes y plenas de que ha cometido algún delito.

presunto adj Que se presume, se sospecha o se supone que ha hecho alguna cosa: *el presunto ladrón*, *su presunta víctima*.

presuponer v tr (Se conjuga como *poner*, 10c) **1** Dar algo por sentado o considerar algo como un hecho, en relación con algo posterior, que depende de ello o requiere de ello para confirmarse o realizarse: "*Presuponen* que ya tienes conocimientos de gramática", "*Presupongo* que tus papeles están en regla", "Estas filosofías *presuponen* la creación del universo" **2** Llevar uno consigo cierta condición para realizarse, implicar una cosa otra o requerir de ella: "Esas obras *presuponen* inversiones millonarias", "Este trabajo *presupone* dedicación y mucha paciencia".

presupuestal adj m y f Que forma parte de un presupuesto de gastos o se relaciona con él: *déficit presupuestal*, *control presupuestal*.

presupuesto s m **1** Cálculo que se hace de lo que costará algo o de la cantidad de dinero que se gastará en cierta cosa: *presupuesto de una reparación*, "El *presupuesto* de la obra que nos presentó el arquitecto es muy elevado", "Reducirán el *presupuesto* para viajes" **2** Conjunto de gastos e ingresos que se prevén en el ejercicio de cierta actividad o en la operación de un negocio: "Los diputados discuten el *presupuesto* para el próximo año" **3** Suposición: *un presupuesto falso, partir de un presupuesto*.

pretender v tr (Se conjuga como *comer*) **1** Querer alguien conseguir alguna cosa, porque la merece o porque espera se le conceda: *pretender un premio, pretender terminar los estudios*, "Los objetivos que se *pretenden* son importantes" **2** Afirmar alguien alguna cosa de la que los demás dudan: "*Pretende* haber visto marcianos", "*Pretendía* ser enviado del emperador de Alemania" **3** Aspirar alguien a hacerse novio o esposo de otra persona y hacérselo notar con regalos, cortesías, etcétera: "Jonás anda *pretendiendo* a Judith".

pretendiente adj y s m y f Que pretende alguna cosa o a alguna persona, especialmente a una mujer con fines amorosos: *un pretendiente al trono*, "Rosa tuvo muchos *pretendientes*".

pretensión s f **1** Hecho de pretender algo: "Tener buenas escuelas es una justa *pretensión* popular", "Tiene la *pretensión* de ser el mejor científico del mundo" **2** Ambición desmedida de lograr algo: *un hombre de muchas pretensiones*.

pretérito adj y s **1** Que ya pasó o sucedió: *pretéritas ocasiones, los tiempos pretéritos, generaciones pretéritas* **2** *Pretérito de indicativo* (Gram) (*amé, comí, subí*) Forma que indica que la acción significada por el verbo ya pasó, ya terminó o es anterior al momento en que se habla: "*Nació* en Mérida", "*Estudió* la primaria", "*Creí* que me caía", "*Corrió* hasta que lo detuvieron" **3** *Pretérito de subjuntivo* (Gram) (*amara o amase, comiera o comiese, subiera o subiese*) Forma que indica que la acción del verbo sucede al mismo tiempo o después de otra, ya sea pasada, presente o futura: "El maestro le pidió que se *presentase* al examen", "Mandó que *podara* los árboles". Manifiesta la posibilidad de que algo suceda o haya sucedido o una opinión acerca de ello: "Si *agradeciera* los favores, sería mejor", "No *debieron* haberse molestado", "Quizá *viniera* porque *necesitara* algo". Se usa en las oraciones condicionales: "Si *tuviese* dinero, me compraría una casa", "Si me *besaras*, viviría feliz". Manifiesta cortésmente un deseo o una pregunta: "*Quisiera* hablar con usted", "Si me *volviese* a explicar el problema…" (Véase "Uso de los tiempos verbales", p 23).

pretexto s m **1** Razón o motivo que alguien inventa para disculparse por algo; circunstancia que alguien alega como justificación o causa de su comportamiento y que en realidad no existió o no tuvo que ver con lo que hizo: "Siempre tienen *pretextos* para no trabajar", "Si no vamos, tendremos que darle algún *pretexto*", "¿Qué *pretexto* me pondrás ahora?" **2** Justificación de la que alguien se vale para hacer o tratar de hacer algo, particularmente la que le sirve para actuar ocultando sus verdaderas intenciones: "Con el *pretexto* de los exámenes la invité a mi casa", "Con el *pretexto* de su enfermedad quiere que le hagamos su trabajo", "La devaluación les sirvió de *pretexto* para volver a subir los precios".

pretina s f Tira o cinta de tela que rodea y ajusta a la cintura en ciertas prendas de vestir, como faldas y pantalones.

prevalecer v intr (Se conjuga como *agradecer*, 1a) **1** Hacerse valer o conservar su mayor valor alguna

cosa sobre otras que se oponen y compiten con ella: "Sólo en regímenes democráticos, en donde *prevalece* el respeto a la dignidad y al derecho humano, pueden florecer las ideas", "La fuerza bruta no habrá de *prevalecer* sobre la razón" **2** Imponerse una situación sobre otras, a pesar del esfuerzo que se hace para impedirlo o a pesar de su carácter dañino: "La situación que *prevalece* en el campo es motivo de descontento", "Luchó contra los sistemas administrativos que *prevalecían* en la industria".

prevención s f **1** Acto de prevenir alguna cosa: "La *prevención* de las enfermedades que atacan al ganado" **2** Cálculo que se hace y medida que se toma con anterioridad para resolver alguna cosa o enfrentar alguna dificultad: *prevención de accidentes, métodos de prevención, hacer una prevención* **3** Disposición que se toma para regular o delimitar una acción: "Esta *prevención* está contenida en la norma procesal que se transcribe".

prevenir v tr (Se conjuga como *venir*, 12b) **1** Poner sobre aviso a alguien, advertirle algo o predisponerlo en cierto sentido: "Me *previno* del peligro", "Lo *previne* de los riesgos", "Nos *previnieron* en contra tuya" **2** Tomar las medidas o precauciones necesarias para enfrentar una situación difícil, peligrosa, etc: *prevenir una enfermedad*, "Más vale *prevenir* que lamentar", *prevenirse para el frío*.

preventiva s f Luz de color ámbar de los semáforos, situada entre la roja y la verde, que indica que deben comenzar a detenerse los automóviles: "No respetó la *preventiva* del semáforo y chocó".

preventivo adj Que previene algo, particularmente cuando se trata de daños, accidentes, etc: *movimiento preventivo, medicina preventiva, policía preventiva, luz preventiva*.

prever v tr (Se conjuga como *ver*, 14. Su participio es irregular: *previsto*) **1** Anticipar que algo va a suceder; saber o suponer que algo ocurrirá por ciertos cálculos, indicios, señales, presentimientos, etc: "Los astrónomos mayas *previeron* varios eclipses", *prever una desgracia* **2** Tomar en cuenta cierta posibilidad, considerar algo por adelantado o que si ocurre cierta cosa: "Las sanciones que *prevee* la ley" **3** *Estar, ser* o *tener algo previsto* Estar o tener algo pensado, planeado o establecido: "El viaje lo tenemos *previsto* para octubre", "Estos casos no fueron *previstos* por el programador".

previamente adv De manera anticipada, con anterioridad: "Se determinó *previamente* el lugar del encuentro", "El programa se grabó *previamente*".

previo adj Que se realiza o sucede antes de cierta cosa con la cual se relaciona y a la que generalmente prepara, condiciona o hace posible: "Hicimos los trámites *previos* a la obtención del registro", "Era necesaria una labor *previa* de convencimiento", *previa cita, previo aviso*.

previsión s f **1** Acto de prever o de estimar anticipadamente cierta cosa: *previsión del tiempo, confirmar una previsión* **2** Acto de tomar las precauciones necesarias para no sufrir daños o dificultades, o de calcular las consecuencias que algo tendrá para poder aprovecharlas, enfrentarlas o evitarlas: *previsión social, previsión de accidentes, sentido de previsión*, "Por falta de *previsión* nos quedamos sin agua" **3** *En previsión de* Con el objeto de prevenir algo o de protegerse de ello; por si sucede cierta cosa o para no ser sorprendido por ella: *"En previsión de* un posible ataque militar se construyen refugios", *"*Se amparó *en previsión de* una posible demanda".

previsto I pp de *prever* **II** adj Que se ha considerado o planeado de antemano: *la fecha prevista, la cantidad prevista, el total previsto.*

prieto adj **1** Que tiene piel oscura, como la de la mayor parte de los mexicanos: "Una buena tierra, un marido trabajador y un chilpayate *prieto* y sonriente con ojos abiertos como espantado", "Que ahora sí yo ya me voy / y me llevo a mi *prietita"* **2** Que es de color muy oscuro o negro: *un caballo prieto, la gallina prieta, frijoles prietos, zapote prieto.*

priista adj y s Que pertenece al Partido Revolucionario Institucional, es miembro de este partido o se relaciona con él: *el candidato priista, gobierno priista, propaganda priista.*

prima s f **1** Cantidad que se paga como garantía de un contrato **2** Precio proporcional que se paga en la compra de un seguro de vida, de pérdidas materiales, etc **3** Cantidad adicional de dinero, proporcional al trabajo o a la producción, que se otorga a un trabajador como premio o gratificación: *prima de vacaciones* **4** Cuerda más delgada y primera en orden, que produce el sonido más agudo de un instrumento como la guitarra.

primacía s f **1** Superioridad o predominio de algo o de alguien en cierta actividad, en relación con otros semejantes o con otras de su misma especie: *la primacía de los gimnastas soviéticos*, "La *primacía* de la filosofía aristotélica se dejó sentir varios siglos", *la primacía de la flota inglesa* **2** *Dar primacía a algo o a alguien* Darle preferencia o considerarlo más importante en relación con otra cosa o con otra persona: "Se dará *primacía* a la producción de alimentos básicos".

primaria s f Escuela en la que se enseña a leer y escribir, junto con los conocimientos básicos de la historia, la geografía, la naturaleza y el comportamiento cívico; lugar o edificio en donde se realiza: *estudiar la primaria, maestra de primaria, ir en primaria, hacer la primaria, certificado de primaria.*

primario adj **1** Que está al principio de algo o en una primera etapa: *enseñanza primaria, era primaria, infección primaria* **2** Que es básico o fundamental: *colores primarios, necesidades primarias, instintos primarios.*

primate s m Mamífero de organización superior, como el mono y el ser humano, que tiene dentadura completa, las extremidades superiores terminadas en cinco dedos protegidos por uñas, de los cuales uno, el pulgar, se opone a los demás y permite agarrar los objetos, dos mamas en el pecho de las hembras y la corteza cerebral más desarrollada, como características principales.

primavera s f Estación del año que sigue al invierno y precede al verano. En nuestro hemisferio, el norte, tiene una duración de 92 días y 20 horas comprendidas, aproximadamente, entre el 21 de marzo y el 21 de junio; en el hemisferio sur consta de 89 días y 19 horas que van del 23 de septiembre al 22 de diciembre; es la estación en la que florecen las plantas: "En *primavera* hace mucho calor", "Pasaron la *primavera* en Cuernavaca".

primaveral adj m y f Que pertenece a la primavera, se relaciona con ella o tiene aspecto fresco y tierno: *lluvia primaveral, un vestido primaveral.*

primer adj Apócope de *primero* cuando precede a un sustantivo masculino singular: *un primer momento, primer ministro, primer jefe, primer movimiento.*

primeramente adv En primer lugar, antes que nada: "*Primeramente*, hay que aclarar esto".

primero adj **1** Que aparece, sucede, se percibe o se considera antes que otra cosa o que otra persona: *primera intención, primeras letras, artículo primero, primeros pasos* **2** Que es mejor, más importante o principal: *primera calidad, primera dama, el primero de la clase, el primer ministro* **3** adv Antes, en un momento anterior a otra cosa o antes que otra persona: "*Primero* estudia y luego juegas", "Llegó *primero"* **4** *Primero que* Preferentemente: "*Primero* muerto, *que* ladrón", "*Primero* me quedo sin trabajo, *que* aceptar esa situación" **5** *De primera* De la mejor calidad, de lo mejor: *un trabajo de primera, ropa de primera.*

primitivo adj **1** Que pertenece o se relaciona con el comienzo o el origen de algo, que está más cerca de su principio: *mundo primitivo, arte primitivo, forma primitiva, estado primitivo* **2** Que pertenece o se relaciona con grupos humanos que desconocen la escritura y ciertas técnicas agrícolas y de caza: *sociedad primitiva, pueblos primitivos, los primitivos de Australia* **3** s m (*Gram*) Palabra que, por no poderse reducir a otra más simple dentro de la misma lengua, se considera originaria para todas las de su familia formal y semántica, y se convierten en sus derivadas, como pan, leche, amar mirar, ver, etc **4** Que es tosco, rudo, sin educación: *costumbres primitivas, modales primitivos.*

primo s **1** Hijo de su tío o de su tía con respecto a una persona: *tener primos, conocer a las primas* **2** *Primo hermano* El que es hijo de un hermano de su padre o de su madre **3** *Primo segundo* El que es hijo de un primo de su padre o de su madre.

primogénito adj y s Que es el primero de los hijos que tiene una pareja: "El *primogénito* se llama Santiago, como su padre".

primordial adj m y f **1** Que está en el origen primero de algo: "Todo es tiempo *primordial*; tiempo nutricio, fuente de la vida", *los instintos primordiales del ser humano* **2** Que tiene una importancia mayor, que antecede a cualquier otra: "La función *primordial* de una biblioteca nacional es ser la memoria escrita de un pueblo".

princesa s f **1** Hija de un rey **2** Esposa de un príncipe **3** Mujer que gobierna un principado.

principal adj m y f Que se considera en primer lugar, que es más importante o destacado: *personaje principal, motivo principal, puerta principal.*

principalmente adv De modo principal, sobre todo: "Se inspira en Virgilio, *principalmente*", "Deslindaron tierras *principalmente* en las zonas boscosas".

príncipe s m **1** Hijo de un rey; particularmente el heredero al trono: *el príncipe de Asturias* **2** Soberano o gobernante de un principado **3** *Príncipe azul* Enamorado ideal, guapo y rico, que fantasean encontrar las mujeres **4** *Príncipe de Gales* Casimir o tela de lana a rayas que forman cuadros, combinada en tonos de gris **5** adj Tratándose de libros, que es de la primera edición, cuando ha habido varias: *una edición príncipe* **6** Dulce de ciruela y nuez.

principiante adj m y f Que se inicia en cierta actividad, que todavía es inexperto e ingenuo: *una competencia de principiantes*, *un profesor principiante*, *una masajista principiante*.

principiar v (Se conjuga como *amar*) **1** tr Dar inicio a algo o hacer algo por primera vez: "*Principió a leer la los seis años*" **2** intr Tener algo su inicio, pasar a existir una cosa que aún no existía: *principiar las lluvias*, *principiar los exámenes*.

principio s m **1** Primer instante de la existencia de algo: *el principio del mundo*, *el principio del tiempo*, *el principio de la vida* **2** Causa primera o creadora de alguna cosa: "*¿El universo tuvo principio?*" **3** Lugar o momento en el que nace, de donde parte o de donde surge algo: *el principio de un río*, *el principio del camino*, *el principio de una historia* **4** *Dar principio* Tener algo su momento de partida o su primer momento: *dar principio una función* **5** *Al principio*, *a principios de* En el primer momento, cuando comienza: *al principio de la obra*, *a principios de siglo* **6** Cualquiera de las proposiciones básicas o primarias de una ciencia, o de los fundamentos de un conocimiento, de una técnica, etc: *principios de física*, *principios de lógica*, *principios de contabilidad* **7** Cada uno de los criterios morales fundamentales que guían la conducta de una persona: *un principio de honradez*, *principios éticos*, *tener principios*, *un hombre de principios* **8** Ley fundamental o conjunto de criterios que determinan el funcionamiento de algo: *los principios de la máquina*, *el principio de Arquímedes* **9** *Principios generales del derecho* Cada uno de los criterios o ideas fundamentales de un sistema jurídico determinado, que suele presentarse en forma de aforismos y que guían la interpretación jurídica **10** *En principio* Provisionalmente, en general: "*En principio estoy de acuerdo con tus ideas*".

prior s En algunas religiones, superior de una orden o de un convento.

prioridad s f Importancia o superioridad que merece o se concede a una cosa en relación con otras, o cualidad por la que se le concede preferencia: *definir prioridades*, "*La alimentación y la educación del pueblo tendrán prioridad en el plan de gobierno*", "*Se dará prioridad a las industrias nacionales*".

prisa s f **1** Rapidez o velocidad con la que se hace algo; manera de actuar en la que se busca emplear el menor tiempo posible: "*Comió con mucha prisa y se fue al hospital*", "*La prisa con la que hace todo es la causa de sus errores*" **2** Necesidad o urgencia de hacer algo o de que suceda cierta cosa lo más pronto posible, y presión o apremio que siente quien se encuentra en esa situación: "*La prisa se debe a que mañana salimos de viaje*", "*Por las prisas olvidó el pasaporte*", "*No es recomendable trabajar con prisas*" **3** *Tener prisa*, *andar de prisa*, etc Tener poco tiempo para hacer algo, para llegar a un lugar, etc; tener urgencia de hacer cierta cosa distinta a la que se está haciendo y circunstancia del que así se encuentra: "*Acelera, que tenemos prisa*", "*Tengo mucha prisa, la cita era a las 10*", "*Tengo prisa por casarse*", "*Ando de prisa porque tengo un examen*", "*Iba con mucha prisa y no pudo quedarse más tiempo*" **4** *A (toda) prisa* o *de prisa* Rápidamente, a gran velocidad: "*Hizo la tarea a toda prisa para irse a jugar*", *caminar de prisa*, "*Su corazón latía muy a prisa*" **5** *Dar*

se prisa Hacer con mayor rapidez lo que se está haciendo para terminar con ello lo antes posible: "*Date prisa que llegamos tarde*" **6** *De prisa (y corriendo)* Rápidamente y de forma apresurada, descuidada o atropellada: "*Hace el trabajo de prisa y corriendo*, y luego tiene que repetirlo*".

prisión s f **1** (*Der*) Sanción penal que consiste en privar a alguien de su libertad, encerrándolo en una cárcel por haberse juzgado que ha cometido un delito señalado con esa pena: "*El castigo es de seis años de prisión*", "*Se dictó formal prisión al homicida*" **2** Cárcel en la que se cumple esa pena: *salir de prisión*, *construir una prisión*.

prisionero s **1** Persona que ha sido apresada o que permanece en prisión: *hacer prisionero*, *tomar prisioneros*, *liberar a los prisioneros*, *caer prisionero*, *presentar al prisionero* **2** *Prisionero de guerra* El militar que ha caído en poder del ejército enemigo: "*Proporcionaron una lista completa de los prisioneros de guerra norteamericanos*".

prisma s m **1** (*Geom*) Cuerpo geométrico cuyas bases son iguales y paralelas, y cuyas caras son paralelogramos: *prisma triangular* **2** (*Fís*) Objeto de vidrio, generalmente con forma de prisma triangular, que sirve para descomponer los rayos de luz en los diferentes colores del arco iris.

privada s f Calle o parte de una calle generalmente cerrada en uno de sus extremos, o conjunto de casas independientes que comparten un patio y una entrada general.

privado I pp de *privar*: *un hombre privado de la vista*, *un niño privado del habla* II adj **1** Que se hace con la participación de pocas personas, entre los amigos más cercanos o la familia: *fiesta privada*, *función privada* **2** Que tiene carácter personal, particular o íntimo: *vida privada*, *asunto privado* **3** Que se relaciona con las personas en su carácter de individuos y no en el de su actividad social o pública; particularmente en el régimen liberal, que pertenece a los individuos y no al Estado: *propiedad privada*, *capital privado*, *derecho privado* **4** s m Lugar cuya entrada está permitida a poca gente, especialmente para asegurar que lo que allí se trata no se haga público: *el privado de una oficina*, "*Cenaron en el privado del restaurante*".

privar v tr (Se conjuga como *amar*) **1** Quitar a una cosa o a una persona algo que le pertenecía, formaba parte suya, necesitaba o lo completaba: *privar de la libertad*, *privar de adornos*, *privar de facultades*, *privar de un órgano* **2** Prohibir o impedir a alguien alguna cosa a la que estaba acostumbrado, que le causaba placer etc: *privar de dulces*, *privar de descanso*, *privar de visitas* **3** Hacer que alguien pierda la conciencia con un golpe o una emoción muy intensa: "*Le pegó tan fuerte que lo privó*", "*Se privó de coraje*" **4** prnl Dejar de tener o hacer alguna cosa voluntariamente: "*Se privó de las fiestas y los bailes*" **5** intr Tener algo mucha aceptación o llegar a dominar, por su interés o valor, entre las personas: "*Privaba un ambiente de seriedad*", "*Priva el gusto por los colores fuertes*".

privilegiado adj y s **1** Que goza de privilegios: *una casta privilegiada*, *un amigo privilegiado*, *los privilegiados del poder* **2** Que goza de unas condiciones de vida o de trabajo muy superiores a las de los demás: *las clases privilegiadas*, *una minoría privile* *giada* **3** Que goza de una situación excepcional: *una situación privilegiada, un trabajo privilegiado* **4** Que está dotado de cualidades excepcionales: *una mente privilegiada, un escritor privilegiado.*

privilegio s m **1** Permiso que se da a alguien exceptuándolo de una obligación con la que otras personas tienen que cumplir; facilidad especial que se concede a alguien para que haga cierta cosa o actúe de determinada manera: "En su trabajo disfruta de muchos *privilegios*", "Tienen el *privilegio* de no asistir a la clase de historia", "No es justo otorgar esos *privilegios*" **2** *Es un privilegio o tengo (tenemos) el privilegio de* Frase cortés con la que alguien reconoce el honor o el gusto que le produce poder disfrutar de algo especial o de contar con la atención de una persona muy importante. Se usa generalmente para presentarlos al público: "*Es un privilegio* poder transmitir para ustedes este concierto".

pro 1 s m Ventaja o conveniencia que presenta alguna cosa: "Firmar el contrato tiene muchos *pros*", "Hay que conocer bien el *pro* y el contra de este ofrecimiento" **2** prep En favor de: "Formó un bloque de diputados *pro* Ignacio Aguirre" **3** *En pro* En favor de: "Hizo gran labor *en pro* de la fiesta taurina".

proa s f Parte delantera de una nave, particularmente de una embarcación: *de proa al sol.*

probabilidad s f **1** Circunstancia de que algo pueda suceder o existir, o de que sea verdadero: *la probabilidad de encontrar petróleo, la probabilidad de una hipótesis* **2** (*Mat*) Relación que existe entre el número de acontecimientos o de casos que se presentan realmente y el número de los que son posibles: *la probabilidad de un error, la probabilidad de una reacción.*

probable adj m y f **1** Que puede creerse que suceda o que exista, que se puede demostrar: *el clima probable para el día de hoy, una solución probable* **2** *Es probable (que)* Ser de creerse o de esperarse que algo suceda o exista: "*Es probable que* llueva", "*Es probable* que venga hoy" (sólo en tercera persona).

probablemente adv De manera probable, de manera que puede suceder, existir o ser verdadero: "*Probablemente* haga erupción el volcán".

probar v tr (Se conjuga como *soñar, 2c*) **1** Examinar alguna cosa haciéndola pasar por diferentes experimentos y dándole distintos tratamientos para determinar sus cualidades, características y capacidades en relación con su naturaleza o con lo que se busca en ella: *probar la resistencia de un cable, probar una veta de mineral, probar la reacción de un organismo* **2** Comparar alguna cosa con las necesidades de otra o con lo que se espera de ella: *probar una herramienta, probarse un vestido, probar un producto* **3** Tomar un poco de algún alimento para conocer su sabor: *probar la barbacoa, probar un pastel* **4** Someter a alguien a varias situaciones, experiencias, etc para conocer su carácter, su capacidad y sus límites: *probar a un empleado, probar a un amigo* **5** Dar todos los datos, informes, testimonios, razonamientos y experimentos necesarios para demostrar que algo es verdadero: *probar una teoría, probar una acusación* **6** intr Resultar algo conveniente o adecuado para otra cosa o para una persona: "Le *prueba* el clima frío".

problema s m **1** Conjunto de hechos, acontecimientos o ideas que constituyen una dificultad, una contradicción o un asunto de solución desconocida: *un problema laboral, un problema moral, un problema científico* **2** Planteamiento que se hace de un conjunto de datos conocidos sobre algún objeto, situación, acontecimiento o idea, para encontrar los datos que se desconocen acerca de ello y solucionar las preguntas que uno se hace a ese propósito: *un problema aritmético, problemas de física.*

problemática s f Conjunto de problemas relacionados con alguna disciplina, actividad o situación: *la problemática del campo, la problemática de la psicología, la problemática del comercio informal.*

problemático adj Que causa problema, que es difícil o dudoso: "Las teorías físicas son muchas veces *problemáticas*", "Moverse en esta ciudad es muy *problemático*".

procedencia s f Lugar, persona, cultura, circunstancia, etc del que procede algo o alguien: "Favor de anotar el sitio de *procedencia*", *ganado de procedencia europea, artesanías de procedencia maya.*

procedente adj m y f **1** Que procede de cierto lugar o tiene su origen en alguna cosa: *procedente del extranjero, agua procedente del mar, procedente de una reacción química* **2** Que resulta conforme a lo más conveniente, a la costumbre o al derecho: "Es *procedente* que se implanten limitaciones al uso de automóviles por los particulares", "Ya se giraron las órdenes de aprehensión *procedentes*".

proceder¹ v intr (Se conjuga como *comer*) **I 1** Tener algo o alguien su origen o su principio en otra cosa o en algún lugar: *proceder del mono, proceder de Australia* **2** Venir algo o alguien de cierto lugar en donde comenzó su camino: "Llegó el tren que *procede* de Tehuantepec" **II 1** Pasar a poner en obra o en acción alguna cosa para la que se hicieron preparativos anteriormente: *proceder a abrir la sesión, proceder a explicar la lección de historia* **2** (Sólo se usa en tercera persona) Comprender o tener lugar cierto efecto como consecuencia lógica, natural u oportuna de alguna ley, costumbre o acontecimiento: "La demanda de extradición no *procede*", "Después de lo ocurrido, *procede* pedir una explicación a las autoridades" **3** Actuar o comportarse una persona de cierta manera en correspondencia o a consecuencia de una circunstancia determinada: *proceder bien, proceder con prudencia, proceder equivocadamente.*

proceder² s m Modo de actuar o de comportarse alguien en correspondencia o como consecuencia de una circunstancia determinada: "Has equivocado tu *proceder* en esta situación".

procedimiento s m Serie de instrucciones, pasos y operaciones que se siguen con cierto orden para realizar algo: *un procedimiento matemático, los procedimientos legales, manual de procedimientos.*

prócer s m y f Persona de gran dignidad o respeto, particularmente la que ha realizado alguna obra de gran importancia o es considerada entre los fundadores o héroes de una nación: "Celebraron el natalicio de doña Josefa Ortiz de Domínguez, *prócer* de la Independencia de México".

procesamiento s m Acto de procesar, con algún instrumento o con un método, alguna materia: *procesamiento electrónico de datos, procesamiento de información, procesamiento del petróleo, procesamiento de alimentos.*

procesar v tr (Se conjuga como *amar*) **1** Someter algo a un conjunto de tratamientos u operaciones con un fin determinado para que se produzcan cambios, modificaciones o transformaciones en su naturaleza o características: *procesar la caña, procesar basura, procesar información* **2** Someter a alguien a un proceso judicial: *procesar por robo, procesar por violación.*

procesión s f Marcha en hileras y acompasada o solemnemente de un grupo de personas, en particular la que se organiza como parte de una festividad religiosa: "A la plaza acudían los fieles a participar en la *procesión* del Santo Entierro", "Una *procesión* interminable de estudiantes se veía afuera del museo".

proceso s m **1** Conjunto de los cambios y las modificaciones que se producen en las características o en la naturaleza de algún objeto o de algún fenómeno durante su evolución o desarrollo: *el proceso de una enfermedad, el proceso de formación del hierro, el proceso de la fotosíntesis* **2** Conjunto de los cambios o las transformaciones que sufre algún material o alguna sustancia durante el tratamiento al que se le somete, y este tratamiento: *el proceso de refinación del petróleo, un proceso químico* **3** En proceso En elaboración, en construcción: "La obra está *en proceso*" **4** (*Der*) Conjunto de los actos regulados por la ley con los cuales se busca, se desarrolla y se obtiene la aplicación del derecho en el caso que se trate: *un proceso penal, un proceso civil.*

prociónido 1 adj y s Que es carnívoro, terrestre, plantígrado, con dedos separados y garras afiladas, como el mapache, el cacomiztle o el coatí **2** s m pl Familia que forman esos animales, del suborden de los fisípedos.

proclamar v tr (Se conjuga como *amar*) Declarar a voz en cuello y por todas partes, o hacer pública una declaración de valor trascendental, de importancia, de aprecio o de compromiso con alguna cosa: "En diciembre de 1855 se *proclamó* emperador a Agustín de Iturbide", "El dictador de Irak *proclamó* su decisión de nacionalizar su petróleo", "En esos himnos se *proclama* la gloria de los aztecas".

proclítico adj y s (*Gram*) Tratándose de gramemas como los pronombres, los artículos y otras partículas monosilábicas, que preceden inmediatamente a una palabra y forman con ella una unidad acentual, aunque la escritura los mantenga separados, como en "Se lo dijo", en donde *se* y *lo* son proclíticos.

proctología s f (*Med*) Especialidad médica dedicada al estudio de las enfermedades y las fallas del recto, y a su tratamiento.

procurador s y adj **1** Persona que tiene el cargo de promover, defender y representar los intereses de alguien o de alguna comunidad: *un síndico procurador del agua, procurador del consumidor, procurador agrario* **2** (*Der*) Abogado que cumple en el proceso judicial la función de representar a las partes **3** *Procurador de justicia* (*Der*) Abogado nombrado por el jefe del Poder Ejecutivo de un estado o de la República, que encabeza al ministerio público, dirige la policía judicial, representa a la federación o al estado en ciertas controversias y presta asesoría jurídica al Poder Ejecutivo.

procurar v tr (Se conjuga como *amar*) **1** Intentar de buena fe y con esfuerzo hacer o lograr algo: "Pro-

cura terminar tu tarea con más cuidado", "*Procuraremos* llegar más temprano" **2** Ofrecer los medios necesarios para que alguien haga su trabajo, logre su bienestar, etc: *procurar alojamiento, procurar herramientas y semillas, procurar cuidados* **3** Cuidar del bienestar de alguien: "Su mamá los *procura* mucho con la comida".

prodigar v tr (Se conjuga como *amar*) Dar alguna cosa con generosidad y abundancia: "Ahora que lo veía desvalido le *prodigaba* su ternura", "*Prodigaba* su amor a todos sus fieles".

prodigio 1 s m Acontecimiento o acto excepcional y maravilloso, que parece sobrenatural o producto de la magia: "La aparición de la Virgen fue el *prodigio* más notable de esa centuria", "No sabía si el cometa era un *prodigio* demoníaco o divino" **2** adj Que tiene facultades excepcionales o realiza acciones semejantes y maravillosas: *un niño prodigio* **3** *Hacer prodigios* Lograr buenos resultados sin que se explique la manera de conseguirlos: "Hacía *prodigios* para pagar renta, escuela, comida y diversiones con el salario más mínimo de la empresa".

prodigiosa s f (*Alti S* y *C*) (*Brickellia cavanillesi*) Planta arbustiva de la familia de las compuestas, de unos 3 m de altura, de hojas opuestas, aserradas y ovadas de 3 a 9 cm de largo, flores en cabezuelas, cuyas hojas de sabor más bien amargo se usan como tónico o estimulante estomacal; atanasia, gobernadora, hierba de becerro.

prodigioso adj Que resulta sorprendente por inexplicable, extraordinario o maravilloso: *hechos y fenómenos prodigiosos, un músico prodigioso, una escultura prodigiosa.*

producción s f **1** Acto de producir y resultado u objeto producido: *la producción minera, la producción ganadera, un aumento en la producción, la producción textil, la producción literaria* **2** *Producción en serie* o *en cadena* Procedimiento industrial que consiste en dividir el proceso de fabricación de un objeto en partes, de acuerdo con el tipo de trabajo que requieren, la maquinaria que utilizan y la especialización de los obreros, con el fin de producir más y en menos tiempo.

producir v tr (Modelo de conjugación 7a) **1** Dar la Tierra, su suelo, los elementos que la componen o los seres que en ella viven, sustancias, materiales, frutos o crías: *producir una cosecha, producir plata, producir azufre, producir ganado* **2** Fabricar objetos o mercancías una industria con maquinaria, materia prima y trabajo de sus obreros: *producir acero, producir cemento, producir radios* **3** Dar una ganancia o un beneficio el trabajo o el dinero invertido en la explotación de la tierra, en una industria o en las finanzas: *producir capital, producir plusvalía, producir intereses* **4** Tener cierto resultado el esfuerzo y el trabajo de una persona: *producir una obra de arte, producir un objeto artesanal, producir una investigación científica* **5** *Producir cine, teatro, radio* o *televisión* Financiar la elaboración de una película, la puesta de una obra de teatro, etc, o dirigir todos los procesos técnicos que requiere su realización **6** Tener algo efecto o causarlo alguien en el cuerpo o en el ánimo de una persona: *producir dolor, producir heridas, producir alegría, producir tristeza* **7** prnl Suceder algo como efecto de ciertas circunstancias: *producirse un temblor, producirse una pelea.*

productividad s f **1** Capacidad para producir algo: *la productividad del campo* **2** Capacidad para producir más de algo en relación con el trabajo y los medios que se invierten en ello: *aumentar la productividad, medir la productividad.*

productivo adj Que produce, en particular, con mayor rendimiento de lo normal: *población productiva, un terreno productivo, proceso productivo, inversión productiva, un hombre productivo.*

producto s m **1** Objeto producido, beneficio obtenido o resultado de una actividad: *productos minerales, un producto eléctrico, los productos de una inversión, el producto de una discusión* **2** (*Mat*) Cantidad que resulta de una multiplicación.

productor adj y s **1** Que se dedica a producir algo: *una fábrica productora de muebles, un productor de café* **2** s Persona que financia la elaboración de una película, la presentación de una obra de teatro, etc, o que dirige las tareas técnicas que requiere.

proeza s f Acción heroica, valerosa o muy difícil, que alguien realiza: *las proezas de Aquiles.*

profecía s f Anuncio anticipado de un acontecimiento posterior que habrá de tener lugar; en particular el que es producto de la inspiración divina: *la profecía de Quetzalcóatl, cumplirse una profecía.*

proferir v tr (Se conjuga como *adquirir*, 2b) Emitir palabras o expresiones en voz alta: *proferir una oración,* "Llegó, profirió unas cuantas maldiciones y se fue", *proferir groserías.*

profesar v tr (Se conjuga como *amar*) **1** Ejercer una profesión: *profesar la filosofía, profesar la abogacía* **2** Declarar o practicar una creencia o una doctrina, particularmente cuando es religiosa: *profesar el cristianismo, profesar el mahometanismo* **3** Entre los católicos, ingresar en una orden religiosa haciendo los votos correspondientes: *profesar de religiosa* **4** Tener o mostrar cierto sentimiento hacia alguien: *profesar admiración, profesar antipatía.*

profesión s f **1** Acto de profesar: *profesión de fe, profesión de lealtad* **2** Actividad u ocupación a la que alguien se dedica, especialmente la que requiere estudios universitarios, algún entrenamiento especial y licencia para ejercerla, como la medicina, la ingeniería, la antropología, la música, etc **3** *De profesión* Con los estudios y el entrenamiento necesarios o con dedicación completa: "Es abogado de *profesión* pero trabaja como comerciante", *un marino de profesión.*

profesional adj m y f **1** Que pertenece a alguna profesión o carrera, o que se relaciona con ella: *examen profesional, capacitación profesional, estudios profesionales* **2** Que demuestra habilidad, conocimiento y seriedad por parte de quien lo hace o lo dice: *un trabajo profesional, ser muy profesional* **3** Que se dedica a alguna actividad u ocupación de tiempo completo y para ganarse la vida: *jugador profesional* **4** s m y f Persona que se dedica a alguna actividad de tiempo completo y como medio de vida o que tiene un gran dominio sobre su profesión: *un profesional de la danza, una profesional de la natación.*

profesionista s m y f Persona que ha estudiado una profesión y la ejerce: *un profesionista de gran valor, una gran profesionista.*

profesor s Persona que enseña una ciencia, un arte u otra actividad: *profesor de física, profesora de primaria, profesor de gimnasia, profesor universitario.*

profeta s m y f **1** Persona que tiene el don de hacer profecías; en particular el que lo hace inspirado por Dios: *el profeta Ezequiel, un antiguo profeta* **2** (*Jacquinia aurantiaca*) En Chiapas, árbol de 10 m de altura, con hojas alternas de 3 a 6 cm, elípticas, coriáceas y con una espina aguda; sus flores son anaranjadas, monopétalas y en corimbo; de unos 8 mm, su fruto es globoso y pequeño.

profundamente adv **1** Con profundidad, en forma profunda, por completo: *dormir profundamente, respirar profundamente, profundamente conservador, profundamente revolucionario* **2** En lo más íntimo, con la más profunda pasión o convicción: *profundamente conmovido, odiar profundamente, profundamente agradecido.*

profundidad s f **1** Distancia que hay entre la superficie de algo y la parte delantera y la de atrás: *la profundidad de un pozo, aguas de mucha profundidad, excavaciones de 15 m de profundidad* **2** Lugar o parte más profunda, central o escondida de algo: *en las profundidades del alma* **3** Penetración, hondura, intensidad o fuerza a la que llega algo: *la profundidad de sus conocimientos, una novela sin profundidad, la profundidad de su sueño, la profundidad de su amor.*

profundizar v tr (Se conjuga como *amar*) **1** Hacer más hondo un agujero o una cavidad: *profundizar una grieta, profundizar un pozo, profundizar una herida* **2** Estudiar o analizar alguna cosa con mayor detalle y mejorando los conocimientos que se tienen: *profundizar en un tema, profundizar en un fenómeno* **3** Llevar cierto proceso a un desarrollo mayor, más importante y más radical: *profundizar una medida política, profundizar una transformación económica.*

profundo adj **1** Que tiene su parte más baja a gran distancia de su boca, sus bordes o la superficie desde donde se la considera: *un pozo profundo, un barranco muy profundo, un mar profundo, un río profundo* **2** Que llega o se encuentra a una distancia mayor que la normal hacia abajo o hacia adentro: *una cueva profunda, una raíz profunda, una mina profunda* **3** Que tiene una gran distancia desde su parte delantera hacia atrás o hacia adentro: *una selva profunda, un salón profundo* **4** Que penetra, alcanza o se encuentra en la parte más interna, importante o central de algo, que penetra en los pensamientos y las emociones más íntimas de alguien: *análisis profundo, exploración profunda, reflexión profunda, amor profundo, un profundo sentimiento de dignidad* **5** Que alcanza gran intensidad: *sueño profundo, rojo profundo* **6** Que puede penetrar en lo más lejano, interno o íntimo de algo: *una vista profunda, una inteligencia profunda* **7** Que proviene de lo más lejano o interno de alguien: *una voz profunda, una mirada profunda.*

profuso adj Que es numeroso o abundante y se extiende o se esparce por muchas partes: "Hubo una *profusa* difusión de los acuerdos", "Estaba adornado a base de una *profusa* iluminación", "Era un tapiz de *profuso* motivo floral".

programa s m **1** Exposición previa de las partes que componen una actividad y del orden en que habrán de presentarse y cumplirse: *un programa de trabajo, un programa para el impulso a la pesca* **2** Lista de los actos de que habrá de constar una reunión o un espectáculo: *un programa de festival, el programa del teatro, un programa de la conmemoración de la Independencia* **3** Exposición de la distribución y el orden de las materias de un curso o de los cursos que componen cierto grado de enseñanza: *el programa de ciencias sociales, el programa de la enseñanza secundaria* **4** Conjunto de instrucciones claramente establecidas y ordenadas, escritas en un código o lenguaje determinado, con el que se hace funcionar una computadora para resolver cierto problema o cumplir cierta finalidad **5** Cada una de las funciones, películas, noticieros, etc que transmite una estación de radio o de televisión: *un programa policiaco, un programa en vivo.*

programación s f **1** Elaboración y ordenamiento de los programas que lleva a cabo una institución o que ofrece un cine, un teatro, un canal de televisión o una estación de radio; conjunto de esos programas: "Su *programación* se basa en series de entretenimiento y de concurso", *programación musical*, "Se discutió la *programación* del sector educativo para este sexenio" **2** Elaboración de un programa de computadora electrónica.

programador 1 adj y s Que programa o hace programas **2** s Persona que se dedica a elaborar programas para manejar una computadora electrónica, de acuerdo con los objetivos que se le pidan, los datos que han de elaborarse y los resultados que se desea obtener.

progresar v intr (Se conjuga como *amar*) **1** Moverse algo en cierta dirección o desarrollarse en el tiempo: *progresar una curación, progresar la historia* **2** Desarrollarse en cierta medida una sociedad, un país o la humanidad hacia las finalidades de la idea del progreso: *progresar el pueblo de Real del Monte, progresar México* **3** Desarrollarse en cierta medida alguno de los aspectos de la civilización: *progresar la técnica, progresar las comunicaciones* **4** Mejorar la vida, el estado económico o cultural, etc de una persona: "Ricardo *ha progresado* mucho: de barrendero ha llegado a jefe de oficina".

progresista adj y s m y f Que es partidario del progreso o profesa una ideología de esa clase, en particular en cuestiones políticas: *un partido progresista, un gobierno progresista, un dirigente progresista.*

progresivamente adv En forma progresiva, poco a poco: *aumentar progresivamente la gasolina, agravarse progresivamente.*

progresivo adj Que tiene un movimiento constante y en una sola dirección; que crece constantemente: *un avance progresivo, una degradación progresiva del suelo, una enfermedad progresiva.*

progreso s m **1** Movimiento de algo hacia adelante o desarrollo de algo en el tiempo: *el progreso de un planeta en su órbita, el progreso de una enfermedad* **2** Idea del desarrollo gradual e ilimitado de la civilización humana hacia mejores formas de existencia, de conocimiento y de comportamiento moral: *luchar por el progreso* **3** Idea de ese desarrollo en cada aspecto de la humanidad: *progreso científico, progreso económico.*

prohibición s f **1** Acto de prohibir: *la prohibición del alcohol, respetar la prohibición* **2** Declaración que hace quien tiene facultad para ello, por la cual se niega a alguien el permiso de llevar a cabo cierta clase de acciones, traficar ciertas mercancías o servicios, o comportarse de cierta manera: "Según el Corán, los tapetes de oración no deben reproducir imagen alguna de lo vivo. Los turcos respetan esa *prohibición*", "Dio a conocer el texto de la *prohibición* emitida por el ayuntamiento".

prohibido I pp de *prohibir* **II** adj y s Que no está permitido, que es ilícito o ilegal: *un arma prohibida, juegos prohibidos, autores prohibidos, la atracción por lo prohibido*, "Quedan *prohibidas* en absoluto las tiendas de raya".

prohibir v tr (Se conjuga como *subir*) Negar a alguien, quien tiene facultad o autoridad para ello, que haga alguna cosa: "Se *prohíbe* fumar", "El ayuntamiento *prohibió* la venta de estupefacientes", "Te *prohíbo* que vayas a esa fiesta".

prójimo s m Cualquier persona respecto de otra: *amar al prójimo*, "Ayuda a tu *prójimo*", "Mira, vecino y buen *prójimo* —agrega Juan Lucas—, acepta estos regalos".

proletariado s m Clase social formada por el conjunto de los trabajadores que no poseen los medios de producción o capital, los cuales deben vender su fuerza de trabajo a cambio de un salario y generan una plusvalía que beneficia a los dueños de los medios de producción: *proletariado industrial, proletariado agrícola.*

proletario 1 s Trabajador que no posee los medios de producción o capital, vende su fuerza de trabajo a cambio de un salario y genera una plusvalía que beneficia al dueño de los medios de producción: *proletarios urbanos, proletarios del siglo XIX* **2** adj Que pertenece a estos trabajadores o se relaciona con la clase social que forman: *lucha proletaria, barrios proletarios.*

proliferación s f Reproducción o multiplicación extensa y rápida de un organismo, o de una misma clase de objetos o personas: *la proliferación de una bacteria, la proliferación de armas nucleares, la proliferación de vendedores ambulantes.*

proliferar v intr (Se conjuga como *amar*) Reproducirse rápidamente el número de seres de la misma clase o de las mismas características, o el número de casos de cierto fenómeno: "En la cama *proliferaban* las chinches", "*Ha proliferado* el cólera en México".

prólogo s m **1** Escrito que en una obra literaria, científica, etc precede al texto propiamente dicho y en el que, muchas veces, una persona distinta pondera el valor o las cualidades de la obra, así como da información acerca del autor y el origen de la misma; prefacio: "En su *prólogo* a los cuentos de Allan Poe, Borges escribe…", "En el *prólogo* los autores expresan su agradecimiento a varias personas" **2** Cosa que antecede inmediatamente a otra y la prepara o la presenta: "Esto fue el *prólogo* a todas mis desgracias".

prolongación s f **1** Acto de hacer algo más largo, extenso o duradero **2** Respecto de algo, parte que se le añade para continuarlo o para hacerlo más largo, en especial el camino que se abre como continuación de otro: *la prolongación de una calle*, "Cerraron la *prolongación* de la avenida", "La *prolongación* de la carretera llegará a León" **3** Parte alargada de una cosa que sobresale de ella: *la prolongación del intestino.*

prolongado I pp de *prolongar* **II** adj y s Que se prolonga, que dura más tiempo de lo normal: *la prolongada sequía, lo prolongado de la discusión.*

prolongar v tr (Se conjuga como *amar*) Hacer algo más largo o más extenso; hacer que dure un tiempo mayor al previsto o abarque mayor espacio: "La discusión se *prolongó* durante cinco horas", *prolongarse una fiesta, prolongar una carretera, prolongar un plazo*.

promedio 1 s m Resultado que se obtiene al sumar varias cantidades y dividir el total entre el número de cantidades sumadas; media: *el promedio de 4, 5 y 9 es 6* **2** *En promedio* Por término medio, en general: "En *promedio* hay quince niños por salón" **3** adj m y f Que es común, normal o general: *inteligencia promedio, estudiante promedio*.

promesa s f **1** Expresión de la voluntad de una persona por la que se obliga a hacer algo o asegura cierta cosa a alguien: "Le hizo la *promesa* de estudiar más", "No hagas *promesas* que no puedas cumplir" **2** *Promesa de venta* Contrato preparatorio de uno definitivo de compraventa **3** Persona que parece tener las características necesarias para realizar algo con perfección o de manera destacada: "Esta niña es una *promesa* de la natación", "Ese muchacho es una *promesa* literaria".

prometedor adj Que resultará bueno, importante, hábil, valioso, etc a juzgar por las cualidades o las características que ya tiene: *un libro prometedor, un estudiante prometedor, un concierto prometedor*.

prometer v tr (Se conjuga como *comer*) **1** Declarar alguien su voluntad de obligarse a hacer o dar algo a otra persona, por gusto o por agradecimiento de un favor recibido: *prometer un premio, prometer un sacrificio* **2** Dar algo o alguien muestras de que puede convertirse en algo bueno o de que puede producir algún beneficio: "Ese alumno *promete*", "La temporada de lluvias *promete* una buena cosecha".

prometido adj y s Que prometió: *la tierra prometida*, "Lo *prometido* es deuda" **2** s Persona que ha formalizado su compromiso de casarse con otra.

promoción s f **1** Acto de promover: *la promoción de un producto industrial, promoción comercial* **2** Cambio de categoría que recibe una persona en la jerarquía de la empresa en que trabaja: *recibir una promoción* **3** Conjunto de las personas que comienzan un ciclo de estudios al mismo tiempo: *la joven promoción de ingenieros*.

promotor adj y s **1** Que promueve alguna cosa o a alguien: *un promotor de box, promotor de la paz, promotora del desarrollo* **2** *Promotor de la fe* (*Relig*) En el catolicismo, miembro de la Sagrada Congregación de Ritos del Vaticano, encargado de dudar de los candidatos a beatificación o santificación y de poner objeciones a sus causas.

promover v tr (Se conjuga como *mover*, 2c) **1** Favorecer la realización de algo: *promover una fiesta, promover una manifestación* **2** Hacer que una acción ya iniciada continúe o se desarrolle con más efectividad: *promover un trámite, promover la cultura, promover el ahorro* **3** Elevar a una persona a un nivel jerárquico o a un puesto de mayor importancia: *promover un coronel a general, promover a un contador a contralor general*.

promulgación s f Acto de promulgar o publicar oficial o solemnemente algo, particularmente una ley, un decreto, una constitución, etc que desde ese momento empieza a aplicarse.

promulgar v tr (Se conjuga como *amar*) Publicar oficial o solemnemente algo, particularmente una ley que desde ese momento empieza a aplicarse: "En 1926 se *promulgó* la ley de industrias mineras".

pronombre s m (*Gram*) Clase de palabras que sustituyen al sustantivo o a una construcción sustantiva y desempeñan todas sus funciones en la oración. Su designación no es fija como la de los sustantivos, sino que depende de la persona que habla en una conversación. Así, *yo* designa al que lee estas líneas y no a una persona particular, *tuyo* designa a cualquier persona u objeto que pertenezca a aquella con la que se habla y no a una determinada y fija para siempre. De acuerdo con el significado que tienen, los *pronombres* se clasifican en: *pronombres personales*, que son los que sustituyen al sustantivo en diferentes funciones sintácticas: *de sujeto: yo, tú, él, ella, ello, nosotros, nosotras (vosotros), ustedes, ellos, ellas*: "*Tú* corriste muy rápido", "*Ella* comió manzanas"; *de objeto directo: me, te, lo, la, nos (os), los, las* y el reflexivo *se*: "El maestro *nos* vio", "Rita *se* bañó"; *de objeto indirecto: me, te, le, nos (os), les* y el reflexivo *se*: "Te dio una manzana"', "*Nos* contó un cuento", "*Se* lavó las manos"; *de complemento con preposición: mí, ti, él, ella, ello, nosotros, nosotras (vosotros), ustedes, ellos, ellas* y el reflexivo *sí*: "El libro es para *mí*", "Lo hizo por *ti*", "Pensó para *sí* mismo". Los *pronombres demostrativos* son los que señalan cosas o personas: *éste, ése, aquél*, etc, según la cercanía o la lejanía de aquello que se señala respecto del que habla: "—¿Qué libro? —*Ése*", "—¿Cuáles niños? —*Aquéllos*. Los *pronombres indefinidos* señalan cosas o personas pero sin especificar su identidad, porque no se conoce o no se requiere: *alguien, alguno, nadie, otro, cualquiera*, etc, o porque su cantidad es imprecisa: *algunos, pocos, muchos*, etc "¿Viste a *alguien*?", "No vino *nadie*", "Sírveme *poco*". Los *pronombres posesivos* son los que significan posesión o pertenencia de algo o alguien por algo o por alguien: *mío, tuyo, suyo, nuestro (vuestro), suyo*, etc: "Ese lápiz es *mío*", "Aquella casa es *nuestra*". Los *pronombres relativos*, por último, son los que indican alguna cosa o persona de la que se ha hablado antes: *quien, cuyo, cual, que*, etc: "Mi amigo, de *quien* le hablé, vendrá hoy", "Leí el libro del *cual* me habías dicho tantas cosas". Gramaticalmente, relacionan una oración subordinada que funciona como adjetivo con un elemento de la oración principal, y sustituyen a ese elemento —llamado antecedente— en la subordinada. Por ejemplo, en "El niño que vino ayer era simpático", *que* relaciona a *vino ayer* con su antecedente *el niño*, y sustituye a *el niño* en la subordinada (*el niño*) *vino ayer*.

pronominal adj m y f (*Gram*) Que se relaciona con el pronombre o participa de su valor o función: *relación pronominal, una oración pronominal, los verbos pronominales*.

pronosticar v tr (Se conjuga como *amar*) Determinar con ciertas probabilidades de acierto la evolución que tendrá alguna cosa en el futuro, la realización de alguna cosa o su comportamiento futuro, a partir del análisis de los datos de que se disponga: *pronosticar el clima, pronosticar la curación de un enfermo, pronosticar el ganador de un juego*.

pronóstico s m **1** Anuncio anticipado de algo, generalmente de carácter probabilístico, que se hace en función de ciertos indicios; creencia u opinión que tiene una persona sobre lo que será el desarrollo, el resultado, etc de un acontecimiento futuro: *pronóstico del tiempo*, "Atinaron cinco ganadores en sus *pronósticos* para las carreras", "Contra todos los *pronósticos* ganó el equipo visitante" **2** Curso probable de una enfermedad según el juicio del médico: "Si tolera el tratamiento, el *pronóstico* es bueno", "En estos casos el *pronóstico* es más grave en personas jóvenes" **3** *Pronóstico reservado* El que no puede hacerse por falta de síntomas claros para el médico **4** *De pronóstico* De grandes proporciones, del que puede esperarse cosas insospechadas: "Para el domingo tendremos un partido de *pronóstico*", "Tiene una suegra de *pronóstico*".

pronto adv **1** En poco tiempo, en breve: "Volveré *pronto*", "Se curó *pronto*" **2** En menor tiempo del que se espera: "El invierno llegó *pronto*", "Hoy atardeció *pronto*" **3** *Tan pronto como* En el momento en que: "Búscame *tan pronto como* llegues", "Tomó la palabra *tan pronto como* se lo permitieron" **4** *Por lo pronto* Por el momento, hasta ahora, provisionalmente: "*Por lo pronto*, hemos terminado la primera etapa", "*Por lo pronto*, tenemos que repetir el trabajo" **5** *De pronto* De repente, intempestivamente: "Platicábamos tranquilamente, *de pronto* se oyó un disparo" **6** adj Que sucede en poco tiempo: "Exigieron su *pronto* pago", "Reclaman la *pronta* solución del problema", "Deseamos su *pronta* recuperación" **7** adj Que está dispuesto para ser usado o para hacer algo; listo: "Está *pronto* para responderle", "La comida está *pronta*".

pronunciación s f Acto de emitir y articular los fonemas al hablar y manera como se hace: *problemas de pronunciación*, "Su *pronunciación* del inglés es muy buena", *pronunciación británica*.

pronunciado I pp de *pronunciar* o *pronunciarse* **II** adj y s Que es muy marcado o muy definido; que resalta al contrastarse: *una curva pronunciada, un cansancio pronunciado, lo pronunciado de su nariz*.

pronunciar v tr (Se conjuga como *amar*) **1** Emitir y articular sonidos para hablar: "En inglés las vocales no se *pronuncian* igual que en español" **2** Decir algo en voz alta, formal o públicamente: "*Pronunció* un discurso de bienvenida" **3** prnl Tomar partido por algo públicamente, opinar en favor o en contra de algo: "Se *pronunció* en contra de la pena de muerte" **4** (*Der*) Dictar una resolución judicial, especialmente una sentencia **5** *Pronunciar alguien sus votos* (*Relig*) Para los católicos, comprometerse una persona a cumplir con sus votos al tomar los hábitos religiosos.

propagación s f Acto de propagar o de propagarse algo: *la propagación de una enfermedad, la propagación del sonido*.

propaganda s f **1** Difusión de ideas, opiniones, información política, religiosa, comercial, etc que se hace con la finalidad de que alguien actúe o piense en cierto sentido: *la propaganda de un partido político, la propaganda de un producto, reglamentar la propaganda* **2** Cosa que se usa con ese fin: *carteles de propaganda deportiva, folleto de propaganda*, "Algunos estudiantes repartieron *propaganda* política en los camiones", *cerillos de propaganda*.

propagar v tr (Se conjuga como *amar*) **1** Extender algo de manera que, partiendo de un punto o foco, tome muchas direcciones, ocupe una superficie cada vez mayor o aumente su fuerza, influencia, etc: "El viento *propagó* el incendio", "El fuego se *propagó* con mucha velocidad", "El dolor empieza en la médula y se *propaga* a todo el cuerpo", "Se *propaga* por el sistema nervioso" **2** Hacer que algo llegue y se extienda entre muchas personas: *propagar una noticia, propagar una doctrina, propagar el terror* **3** Hacer que cierta variedad o especie viva se reproduzca y se extienda por alguna parte: *propagar una especie, propagar las truchas en los lagos*.

propiamente adv **1** Con carácter adecuado e indicado para hacer algo: *comportarse propiamente* **2** De manera precisa: "Ese artículo era *propiamente* un resumen de su libro", "César Franck no es un compositor romántico *propiamente dicho*".

propiciar v tr (Se conjuga como *amar*) **1** Favorecer algo o hacer posible su realización: *propiciar la creación de industrias, propiciar el descontento* **2** Hacer que alguien se muestre benigno o gane su favor; hacer propicio: "Construyeron sus templos para *propiciar* a las divinidades".

propicio adj Que es favorable o benigno, que reúne las características que permiten que algo ocurra o pueda hacerse: *clima propicio, ambiente propicio*, "Las condiciones para sembrar son *propicias*".

propiedad s f **1** Derecho que tiene o recibe alguien de usar y disponer de alguna cosa para sí mismo, según su voluntad y de manera exclusiva, dentro de los límites permitidos por la ley: "El capitalismo permite la *propiedad* privada", *los defensores de la pequeña propiedad* **2** Objeto del que uno dispone o alguien con ese derecho: *tener una propiedad, vender una propiedad* **3** Cada una de las características o rasgos esenciales que definen o determinan la naturaleza, conducta, etc de una persona o de una cosa: *las propiedades físicas de la materia, una propiedad de la inteligencia, las propiedades curativas de una planta* **4** Carácter adecuado e indicado de alguna cosa para cierto propósito: *la propiedad de sus modales, la propiedad de una palabra*.

propietario adj y s **1** Que tiene derecho de propiedad sobre alguna cosa, particularmente sobre bienes inmuebles: *institución propietaria, propietario de un terreno* **2** Que ejerce cierto cargo o empleo de forma titular, a diferencia del que lo hace como suplente: *senador propietario*.

propio adj **1** Que es de alguien o de algo, de su propiedad o pertenencia: *nombre propio, casa propia, brillar con luz propia* **2** *Propio de* Característico de algo o de alguien, que lo distingue o lo manifiesta en cierta forma: *una enfermedad propia de la vejez, un entusiasmo propio de la juventud, propio de los hombres, propio de las matemáticas* **3** Que resulta adecuado o indicado para algo: "Un vestido *propio* para la ocasión", "Una aclaración *propia* para la situación" **4** De sí mismo, para sí mismo: *defensa propia, provecho propio* **5** Mismo: "Lo supe por el *propio* Erasmo" **6** s m Mensajero que envía alguna persona: "Te mandaré el libro que necesitas con un *propio*".

proponer v tr (Se conjuga como *poner*, 10c. Su participio es irregular: *propuesto*) **1** Manifestar una persona a otra las razones que tiene para desear o considerar conveniente la realización de algo: *pro-*

poner un plan, proponer un convenio, proponer un tema de estudio, proponer a un alumno para una beca **2** prnl Decidirse a llevar a cabo una tarea o un plan determinado: *proponerse ser el mejor estudiante, proponerse resolver un problema.*

proporción s f **1** Relación de correspondencia entre las posiciones, las dimensiones o las cantidades de las partes de un todo: *una proporción de 2 a 1, las proporciones del cuerpo humano, la proporción de un edificio, las proporciones de un compuesto químico* **2** Relación entre las dimensiones de una superficie o de un volumen: *las proporciones de una hoja, las proporciones de un terreno, las proporciones de un cubo* **3** (*Mat*) Igualdad de dos razones, por ejemplo: $1/2 = 3/6$ o 1 es a 2 como 3 es a 6 **4** pl Medida de la intensidad, la fuerza o la importancia de algo o de alguien: *las proporciones de un temblor, una explosión de grandes proporciones, las proporciones de un descubrimiento, pérdidas y daños de incalculables proporciones.*

proporcional adj m y f Que tiene o está en proporción con otra cosa: "La fuerza de atracción de dos cuerpos es directamente *proporcional* al producto de las masas de ambos cuerpos", *un aumento de sueldos proporcional al del costo de la vida.*

proporcionar v tr (Se conjuga como *amar*) **1** Dar a alguien aquello que necesita para cierta finalidad y que por sí mismo no podría obtener: *proporcionar herramientas, proporcionar una oportunidad* **2** Establecer ciertas relaciones de disposición, orden, tamaño, cantidad, etc entre las partes de un todo o de las partes entre sí: *proporcionar una pintura, proporcionar la fachada de una iglesia.*

proposición s f **1** Acto de proponer: *una proposición formal, una proposición matrimonial* **2** Acción, actividad o plan que se propone para algo: *proposiciones de trabajo, una proposición concreta, proposición de paz* **3** (*Lóg*) Expresión de un juicio, formada por dos términos: el sujeto y el predicado.

propósito s m **1** Voluntad que tiene alguien de actuar o comportarse de cierta manera: *buenos propósitos*, "La maestra tiene el *propósito* de enseñar a pintar a sus alumnos" **2** Objeto, situación o estado al que alguien quiere llegar o se propone obtener: "Mi *propósito* es lograr una mejor cosecha este año", "Tiene el claro *propósito* de llegar a ser astronauta" **3** *A propósito (para)* Adecuado o conveniente: "Traer un lápiz *a propósito para* la clase de letra que usaremos" **4** *A propósito* Con intención, voluntariamente: "Me pegó *a propósito*", "Lo hizo *a propósito*" **5** *A propósito de* o *a este propósito* Acerca de lo que se dice o se trata: "*A propósito de* significados, ¿entiendes éste?", "*A este propósito*, querría añadir...".

propuesta s f **1** Idea, acción, plan o proyecto que se somete al juicio de alguien, particularmente al de una autoridad; proposición: *propuesta de tesis, una propuesta interesante* **2** *A propuesta de* Por sugerencia o iniciativa de: "La reparación de la calle fue hecha *a propuesta de* la junta de vecinos".

propulsión s f **1** Fuerza que empuja alguna cosa hacia adelante, particularmente una nave o un vehículo: "La energía nuclear es también un medio de *propulsión* para naves espaciales", *propulsión eléctrica, propulsión a gas* **2** *Propulsión a chorro* Impulso que da a un avión o a un proyectil un motor que, por su parte delantera, absorbe aire y lo com-prime con una turbina, para dejarlo salir con gran fuerza por detrás.

prosa s f Forma común de la expresión lingüística hablada o escrita que se rige por normas y medidas literarias distintas de las que rigen al verso: *prosa poética, una obra en prosa.*

proseguir v tr (Se conjuga como *medir*, 3a) Continuar o seguir una actividad, o lo que ya se había comenzado e interrumpido brevemente: "Cesaron de hablar. Los murmullos decrecieron como el eco de un trueno. Luego, Alonso *prosiguió*: Dentro de un momento...", "Con los parámetros antes citados se *prosiguió* el análisis".

prosodia s f **1** (*Gram*) Parte de la gramática que trata de la correcta pronunciación de los fonemas, la acentuación de las sílabas y las palabras, y la medida de las sílabas en el verso, según la concepción tradicional **2** (*Fon*) Estudio de los rasgos sonoros que afectan la cadena hablada, cuyos límites no corresponden a los de los fonemas sino a los de la sílaba, la palabra o la oración, como el acento, la duración de la sílaba, la nasalidad, el tono, etcétera.

prosódico adj Que pertenece a la prosodia o se relaciona con ella: *rasgo prosódico, acento prosódico* (Véase "Acentuación", p 32).

prospección s f Estudio de la potencialidad o de la capacidad que tiene alguna cosa para producir o dar resultados en el futuro, a partir del análisis de los datos reunidos previamente: *una prospección de la industria del acero*, "En el mundo moderno, la exploración y la *prospección* mineras son parte integral de la industria".

prosperar v intr (Se conjuga como *amar*) **1** Mejorar una situación, ir consiguiendo alguien lo que quería o ir haciendo mejor alguna cosa: "El negocio *ha prosperado* mucho", *prosperar en el trabajo, prosperar un país* **2** Avanzar un asunto o desarrollarse con éxito: "Sus objeciones no *prosperaron*", *prosperar un noviazgo.*

prosperidad s f Situación de lo que prospera o de quien prospera, tiene éxito o mejora sus condiciones: *prosperidad económica, prosperidad nacional.*

próspero adj Que prospera, que tiene éxito, es rico o muy productivo: *un país próspero, una región próspera, un hombre próspero, un próspero año.*

próstata s f (*Anat*) Glándula pequeña, de color rojizo, que se encuentra rodeando el cuello de la vejiga y una porción de la uretra en los machos de los mamíferos; produce un líquido blanquecino y viscoso que se mezcla con el esperma.

prostitución s f Ocupación de algunas personas que consiste en entregar su cuerpo a la satisfacción de los deseos sexuales de otra, generalmente a cambio de dinero o de favores: *una casa de prostitución, la prostitución de las menores.*

prostituta s f Mujer que entrega su cuerpo a la satisfacción de los deseos sexuales de otra persona a cambio de dinero o de favores.

protagonista s y adj m y f **1** Personaje principal en una obra dramática o en una obra de ficción: *el protagonista de la película, papel protagonista* **2** Persona que desempeña un papel importante en cualquier acontecimiento: *los protagonistas de un debate.*

protagonizar v tr (Se conjuga como *amar*) **1** Representar un actor un papel en una obra dramática; particularmente, representar alguno de los personajes principales en ella: "*Protagoniza* al villano en la telenovela" **2** Participar alguien en algún acontecimiento como figura principal: "Fue el pueblo quien *protagonizó* la defensa de la ciudad".

protección s f **1** Acto de proteger: *la protección del ganado, la protección de una casa, la protección sanitaria* **2** Objeto con el cual se protege algo: *la protección de un mecanismo, una protección antimagnética, poner protecciones en los postes.*

protector adj y s **1** Que protege algo o a alguien: *una sociedad protectora de animales, el protector de una familia, protector de las artes* **2** Objeto, mecanismo o dispositivo que protege alguna cosa, como una construcción, un motor, etc, de daños que puedan ocurrirle: *una cubierta protectora, mascarilla protectora, un protector de descargas.*

protectorado s m **1** Sistema jurídico que coloca a un país o estado bajo la dependencia o tutela de otro que tiene gran poder, principalmente en lo que se refiere a su política exterior y a su defensa militar, en tanto que aquél conserva sus propias autoridades y leyes internas **2** Territorio en que se ejerce esta tutela: *un protectorado estadounidense, los protectorados británicos en la India.*

proteger v tr (Se conjuga como *comer*) **1** Poner a cubierto a alguien o algo para impedir que pueda sufrir algún daño: *proteger del sol, proteger la semilla de los pájaros, proteger las manos con guantes* **2** Hacer lo necesario para impedir que algo o alguien pueda sufrir algún daño o quede expuesto a un peligro: *proteger a los niños de las enfermedades, protegerse de los ladrones, proteger la libertad, proteger al país* **3** Ayudar a una persona facilitándole medios para que se desenvuelva e impidiendo algo o alguien la moleste o la dañe: *proteger a un amigo, proteger a un pariente, proteger a los inversionistas.*

protegido I pp de *proteger* II s Persona que está bajo la tutela o protección de otra, que generalmente la cuida o la ayuda a mejorar su situación: "El diputado tiene sus *protegidos*", "Juanita es la *protegida* de doña Perfecta".

proteína s f Compuesto orgánico esencial para la vida celular; está formado por muchos aminoácidos, que se combinan en cadenas complejas que contienen carbono, hidrógeno, oxígeno y nitrógeno y, en ocasiones, también azufre, fósforo, hierro o yodo; se encuentra presente en las células tanto de los animales como de los vegetales y tiene formas funcionales muy importantes, como las enzimas, la hemoglobina, las hormonas, los genes, los virus, los anticuerpos, etc; es uno de los componentes básicos de la piel, el pelo y las uñas. Su ingestión es fundamental para el crecimiento y para el adecuado funcionamiento del organismo. La carne, el pescado, los huevos y la leche son los principales alimentos de los que el ser humano obtiene este compuesto: *proteína animal, proteína vegetal,* "Una dieta rica en *proteínas*".

protesta s f I **1** Manifestación de inconformidad o desacuerdo con alguien o con algo: "Elevaron su *protesta* contra tal injusticia", "La *protesta* se llevó a cabo en la plaza del pueblo", "Se organizaron manifestaciones y paros de *protesta*", "Marcharon en abierta *protesta* contra la corrupción" **2** *Bajo protesta* Haciendo saber su inconformidad o desacuerdo: *declarar bajo protesta,* "Cumplieron las órdenes ba-

jo protesta" II **1** Promesa formal de hacer algo o de cumplir con una obligación: "Sé que sabrán cumplir con su *protesta*", *tomar la protesta* **2** *Rendir protesta* Comprometerse solemnemente alguien que recibe un cargo a cumplir con sus obligaciones: "*Rindió protesta* como presidente municipal de esta ciudad" **3** *Bajo protesta de decir verdad* Comprometido jurídica y moralmente a decir la verdad: "Contestará a las preguntas *bajo protesta de decir verdad*".

protestante adj y s m y f Que pertenece al protestantismo, profesa el cristianismo en cualquiera de las diferentes iglesias posteriores a la Reforma luterana o se relaciona con él: *un teólogo protestante, una secta protestante.*

protestantismo s m Conjunto de doctrinas religiosas e iglesias cristianas, derivadas de la Reforma que inició Martín Lutero en el siglo XVI, de varios elementos de la doctrina y la práctica de la Iglesia católica romana. Se caracteriza por el rechazo a la jerarquía y la autoridad romana, en particular, el papado; su afirmación del valor del Evangelio sobre las prácticas, las devociones y el magisterio eclesiásticos; el valor primordial que concede a la lectura y la práctica individual del Evangelio, que desde entonces se comienza a traducir a las lenguas modernas, para hacerlo llegar a cada persona, y el papel central de la fe para alcanzar la salvación.

protestar v (Se conjuga como *amar*) **1** intr Expresar alguien su desacuerdo, rechazo o repudio por una situación, una proposición, un hecho, etc que considera injusto, ilegal, arbitrario o inadecuado: "*Protestaron* contra la intervención policiaca", "*Protestaremos* por el aumento de precios", "El público *protestó* por la decisión del árbitro" **2** tr Declarar, asegurar o afirmar algo formalmente: "*Protestó* cumplir sus obligaciones".

protocolo s m **1** Conjunto de los libros o volúmenes en los que el notario asienta las escrituras públicas y las actas de diversos actos y hechos jurídicos sometidos a su conocimiento y autorización **2** Acta o conjunto de actas que se toman durante el desarrollo de una reunión, una asamblea o un procedimiento experimental en un laboratorio **3** Acta en la que se asienta un acuerdo internacional o diplomático: *ratificar un protocolo, firmar un protocolo* **4** Conjunto de reglas ceremoniales con que se rigen las relaciones diplomáticas entre países **5** Conjunto de reglas ceremoniales y de cortesía con que se rige cierta actividad social: *el protocolo olímpico, observar el protocolo.*

protón s m Partícula atómica de carga eléctrica equivalente a la del electrón, pero positiva; forma por sí sola el núcleo del hidrógeno y, con el neutrón, el de los demás átomos.

protoplasma s m (*Biol*) Sustancia más o menos fluida que contiene proteínas, agua y otras sustancias orgánicas e inorgánicas; constituye la forma básica de la materia organizada y viviente, y es la sustancia fundamental de la célula.

protozoario 1 s m y adj (*Zool*) Animal formado por una sola célula, generalmente microscópico, que vive preferentemente en el agua y a veces forma colonias con los individuos llevan una vida autónoma. Algunas especies viven como parásitos de otros animales, como las amibas, que producen disentería, y el plasmodium, que produce paludismo **2** s m pl (*Zool*) Fílum de estos animales.

provecho s m **1** Beneficio, utilidad o ganancia que se obtiene o se recibe de algo o de alguien: *sacar provecho, tomar provecho*, "Trabajó para *provecho* de sus hijos" **2** *De provecho* Tratándose de personas, que es trabajadora, responsable, honrada: *una mujer de provecho, un profesionista de provecho* **3** *En provecho de* Para beneficio o en favor de algo o de alguien: "Se esforzó *en provecho de* la escuela" **4** *Buen provecho* Expresión de cortesía con que se le desea a alguien que disfrute de aquello que come.

proveedor adj y s Que hace llegar o proporciona lo necesario para alguna actividad, en particular, las mercancías, las materias primas y otros elementos que utiliza una industria, un comercio, una sociedad, etc: *un mecanismo proveedor, proveedor de armas, proveedores de alimentos básicos, proveedor de plata*.

proveer v tr (Se conjuga como *comer*. Tiene forma de participio regular: *proveído* y de participio irregular: *provisto*) Abastecer o suministrar lo necesario para que se consiga cierta cosa: *proveer combustible, proveer la luz, proveer de materias primas*.

proveniente adj m y f Que proviene de cierto lugar o de cierto punto; que tiene su origen en él o procede de cierta acción: *proveniente de África, proveniente de Pachuca*, "Llegó un préstamo *proveniente* de financiamiento francés".

provenir v intr (Se conjuga como *venir*, 12b) Proceder o venir una persona o una cosa de otra; tener su origen en ella: "Los alumnos *provienen* de distintas escuelas", "La mayoría *provenía* de familias humildes", "Las mercancías *provenían* de China".

proverbio s m Sentencia o frase que tiene una forma fija y expresa un consejo o un pensamiento con el que se quiere enseñar algo, como "El dinero no hace al caballero": *los sabios proverbios chinos, proverbios de Salomón*.

providencia s f **1** Medida, disposición o precaución que se toma con el fin de preparar algún acontecimiento futuro: *tomar providencias*, "Su primera *providencia* consistió en abrir zanjas para impedir que se extendiera el fuego" **2** (*Relig*) Cuidado que Dios tiene de sus creaturas (se escribe con mayúscula): "La *Providencia* sabe mejor que nosotros lo que debemos hacer", "Fue la *Divina Providencia* la que me salvó del accidente".

provincia s f **1** Conjunto del territorio de un país, exceptuando su capital: *viajar por la provincia, vivir en provincia, plazas de provincia, ciudades de provincia* **2** División administrativa del territorio en ciertos países: *la provincia de Cuenca, las provincias de Italia*.

provisión s f **1** Acto de proveer **2** Conjunto de objetos, como ropa, alimentos, etc que se reúne o se guarda para no pasar hambre o penurias: *tener una provisión de chocolate, un tren de provisiones, almacenar provisiones* **3** Reserva que se hace de alguna cosa para poder cumplir con un contrato o mantener un presupuesto de gastos.

provisional adj m y f Que se hace o vale temporalmente y mientras se realiza algo o se elabora de manera definitiva: *gobierno provisional, libertad provisional, una reparación provisional*.

provisto adj Que tiene o incluye ciertos objetos o elementos necesarios para hacer algo o iniciarlo: "Tiene seis patas *provistas* de ruedas", "Llegó *provisto* de libros y lápices para estudiar".

provocación s f Acto de provocar: *la provocación de una guerra, la provocación de una reacción, una provocación policiaca*.

provocador adj y s Que provoca algo, en particular quien promueve una reacción violenta o radical en un movimiento social o político, para atraer la represión y justificarla: "Es *provocadora* de la neurosis y de todas las enfermedades mentales", "Las dietas *provocadoras* de cálculos están basadas en melazas", "¿Qué buscan los *provocadores*, sea cual sea su signo? Impedir las reformas".

provocar v tr (Se conjuga como *amar*) **1** Hacer que ocurra una cosa como consecuencia de otra: *provocar una explosión, provocar un dolor, provocar un accidente, provocar una discusión* **2** Causar en una persona una reacción violenta o precipitada debido a determinadas actitudes, palabras, etc: "Mide tus palabras, no lo *provoques*", "Esos vestidos tan escotados *provocan* al público" **3** Despertar un sentimiento o una sensación en alguien: *provocar ternura, provocar alegría, provocar tristeza, provocar miedo*.

provocativo adj Que provoca el deseo sexual: "Una hermosa señora, de vestido entallado y *provocativo* escote", "Paula se irguió frente a él, tratando de adoptar la pose más *provocativa*".

próximamente adv En fecha próxima, en un futuro próximo, dentro de poco tiempo, pronto: "La película se estrenará *próximamente*".

proximidad s f Hecho de estar algo cercano en el espacio, en el tiempo o en el afecto: "A la *proximidad* de la tropa, la gente se escurría a ocultarse en las barrancas", "Ante la *proximidad* del día de muertos, comenzó a preparar la ofrenda", "Le inquietaba la *proximidad* que ya se había establecido entre ellos".

próximo 1 adj Que está o sigue inmediatamente después de otro: *año próximo, mes próximo, poblado próximo, acontecimiento próximo, próximo problema, próximo campeonato* **2** Que está cerca: *próximo a mi casa, próximos a casarse, parientes próximos*.

proyección s f **1** Acto de proyectar o de proyectarse: *proyección de una imagen, la proyección de una película, proyección de piedras* **2** (*Fís*) Conjunto de los rayos que, desde una fuente de luz, caen sobre una superficie **3** (*Geom*) Operación que consiste en trazar desde un punto o desde cada punto de una figura, una línea que se intersecta con un plano en cierto ángulo **4** *Proyección ortogonal* Procedimiento de dibujo por el cual se representa un cuerpo mediante líneas paralelas y perpendiculares que parten de cada uno de sus puntos a cada uno de tres planos perpendiculares entre sí **5** *Proyección cartográfica* Procedimiento mediante el cual se representa en un plano la elipsoide terrestre **6** (*Psi*) Operación mental por la cual una persona encuentra en otra o en alguna cosa ciertas cualidades, sentimientos o deseos que rechaza en ella misma.

proyectar v tr (Se conjuga como *amar*) **1** Echar algo o a alguien con violencia en cierta dirección o en varias direcciones como efecto de una explosión o un golpe: "El volcán *proyecta* piedras, gases y cenizas en torno de su cráter" **2** Extender un rayo de luz o el contorno de una imagen sobre una superficie: "El faro *proyecta* su luz desde gran distancia", "La Tierra se *proyecta* sobre la Luna durante el eclipse" **3** Hacer visible una imagen sobre una superficie o en un punto determinado: *proyectar una película*, *proyectar por televisión* **4** (*Geom*) Trazar en un papel las líneas que corresponden al corte de la figura de un objeto por un plano determinado **5** Dibujar en un papel todos los detalles correspondientes a los distintos planos de una construcción: *proyectar una presa, proyectar una carretera* **6** Idear la elaboración o la construcción de una cosa; planear algo: *proyectar una máquina, "Proyectamos salir de vacaciones en diciembre".*

proyectil s m **1** Objeto que se lanza, generalmente con el fin de golpear un blanco y por medio de un arma: *disparar un proyectil, proyectiles de un cañón* **2** *Proyectil dirigido* Cohete provisto de una bomba, que se controla por radio para dirigirlo con precisión a su blanco.

proyecto s m **1** Idea que se tiene de algo que se quiere hacer y de cómo hacerlo: *tener proyectos, proyecto de viaje, proyecto de trabajo* **2** Dibujo o escrito en que está contenida esa idea y los detalles acerca de cómo debe realizarse: *un proyecto arquitectónico, un proyecto de investigación* **3** Elaboración provisional o preliminar de un estudio, un convenio, una ley, etc que se presenta a quien habrá de darle su carácter definitivo: *"El presidente envió un proyecto de ley a las Cámaras".*

prudencia s f **1** Actitud de una persona mediante la cual prevee y reconoce un riesgo o un peligro posible en una actividad o en un acontecimiento y toma las precauciones necesarias para enfrentarlos o modifica su conducta para eludirlos o resolverlos sin perjuicio: *obrar con prudencia, llamar a la prudencia, tener prudencia, "Ten prudencia al hablar, para no causar un agravio involuntario"* **2** (*Relig*) Para el catolicismo, una de las cuatro virtudes cardinales, que consiste en distinguir lo bueno de lo malo y obrar de acuerdo con ello.

prudente adj m y f **1** Que actúa con prudencia: *una mujer prudente, un funcionario prudente* **2** Que es razonable, que es suficiente en cantidad o medida: *a prudente distancia, un plazo prudente.*

prueba s f **1** Acto de probar o someter algo a un examen cuidadoso para conocer su naturaleza, sus propiedades, su comportamiento bajo ciertas circunstancias, etc, o a alguien para evaluar sus capacidades, conocimientos, habilidades, etc: *una prueba de resistencia, una prueba química, hacer una prueba a un empleado, una prueba de aptitudes* **2** Evaluación de los conocimientos, habilidades, etc de una persona, especialmente de un estudiante, y sistema o procedimiento con el que se hace: *resultar bien en una prueba, prueba escrita, pruebas orales, entregar las pruebas* **3** Parte pequeña o muestra de alguna cosa tomada con el fin de someterla a examen, estudiarla, conocer sus propiedades, etc: *pruebas de sangre, tomar una prueba de la superficie lunar* **4** Impresión que se hace de un escrito, un grabado, una fotografía, etc con el fin de revisarla y corregirla antes de hacer la impresión definitiva: *prueba de un grabado, prueba fotográfica, "Laura hace muy bien las pruebas de imprenta"* **5** Cosa, argumento, etc que se da como evidencia de algo o sirve para formular un juicio, una conclusión, una teoría, etc: *presentar pruebas, "No hay pruebas de que Julián lo haya robado", "Busca pruebas de lo que afirmas"* **6** *A prueba* Bajo observación o estudio; para examinar sus características o cualidades antes de tomar una

decisión, formular un juicio o llegar a una conclusión definitiva: *"Este modelo de automóvil todavía está a prueba", "Le dieron un contrato a prueba"* **7** *De prueba(s)* Destinado a servir como muestra o ejemplo sobre el cual se estudia, se experimenta, corrige, etc: *modelo de pruebas, máquina de prueba* **8** *A prueba de* Con la fuerza, resistencia y calidad necesarias para soportar la acción de algo: *una tela a prueba de agua, un reloj a prueba de golpes.*

psicoanálisis s m sing y pl Disciplina que tiene por objeto de estudio los procesos mentales no conscientes y sus alteraciones, y conjunto de técnicas que se emplean tanto para la exploración del inconsciente como para el tratamiento de los trastornos que guardan relación con él o con las impresiones en él contenidas. El papel determinante de las vivencias infantiles en la formación de la personalidad adulta y la importancia de la sexualidad, como móvil del comportamiento humano, destacan entre sus hallazgos: *estudiar psicoanálisis, hacerse un psicoanálisis.*

psicoanalista s m y f Persona que se dedica al estudio y la práctica del psicoanálisis: *ir al psicoanalista, una psicoanalista lacaniana, un médico psicoanalista.*

psicoanalítico adj Que pertenece al psicoanálisis o se relaciona con él: *teoría psicoanalítica,* terapia psicoanalítica, *una asociación psicoanalítica.*

psicología s f **1** Ciencia que estudia las funciones o procesos mentales como la memoria, el razonamiento, la inteligencia, etc, y las sensaciones, las percepciones y el comportamiento del ser humano (y a veces de algunos animales superiores) en relación con su medio ambiente físico o social: *profesor de psicología, maestría en psicología, psicología médica, congreso de psicología* **2** Conjunto de los sentimientos y las formas de comportamiento que caracterizan a una persona o a un tipo, clase o grupo de individuos: *psicología femenina, psicología del mexicano.*

psicológico adj Que pertenece a la psicología o se relaciona con ella: *un estudio psicológico, una novela psicológica.*

psicólogo s **1** Persona que se dedica a la psicología y al tratamiento de las perturbaciones mentales: *un psicólogo clínico, ir al psicólogo* **2** Persona que tiene la habilidad de reconocer intuitivamente el carácter y las reacciones de las personas.

psicosis s f sing y pl (*Psi*) Enfermedad mental en la que el paciente pierde la conciencia de la realidad y elabora una nueva construcción de la misma: *psicosis de miseria, psicosis de guerra.*

psicoterapia s f Tratamiento de las enfermedades o los trastornos mentales, especialmente de los de origen nervioso, que ofrece un psicólogo o un psicoterapeuta: *psicoterapia de grupo.*

psiquiatra s m y f Médico especialista en el estudio, el diagnóstico y el tratamiento de enfermedades o perturbaciones mentales: *ver a un psiquiatra.*

psiquiatría s f Especialidad de la medicina que se ocupa del estudio y el tratamiento de las enfermedades mentales.

psíquico adj Que pertenece a la mente, como realidad de la vida y la actividad humana diferente de su carácter físico; que pertenece al alma o al espíritu o se relaciona con ellos: *la vida psíquica, trastornos psíquicos, una perturbación psíquica.*

púa s f **1** Punta de fierro con la que se pica o que sirve para impedir el paso de animales o personas por algún lugar: *un alambre de púas* **2** Espina grande y recta de una planta o de un animal, como las de los magueyes, del erizo o del puerco espín **3** Trozo corto de una rama o de una planta leñosa, con forma de cuña en su parte inferior, que sirve para injertarse a otra planta **4** Pieza plana y pequeña de madera, concha, hueso, etc con que se tañe algún instrumento de cuerda, como la mandolina.

pubertad s f Etapa de la vida humana en que se pasa de la infancia a la adolescencia; se caracteriza por la aparición de los caracteres sexuales secundarios, como el crecimiento del vello en las axilas y el pubis, el desarrollo de los senos en las mujeres, o el cambio de voz en los hombres, así como por el inicio de la actividad de las glándulas reproductoras; generalmente ocurre hacia los doce años en las mujeres y hacia los catorce en los hombres.

pubis s m sing y pl **1** Parte baja del abdomen que se cubre de vello desde la pubertad **2** Hueso que forma la parte anterior del ilíaco.

publicación s f **1** Acto de publicar: *la publicación de una noticia, la publicación de un libro* **2** Texto impreso o que se ha dado a conocer al público, particularmente un libro, una revista, un periódico, un folleto o un artículo.

públicamente adv De manera pública, frente a todos o del conocimiento de todos; en público: "Discutieron *públicamente* sus puntos de vista".

publicar v tr (Se conjuga como *amar*) **1** Hacer algo público o del conocimiento de todos: *publicar una noticia, publicar una sentencia* **2** Imprimir, editar y sacar al mercado un escrito: *publicar un libro, publicar un artículo, publicar un folleto, publicar una novela, publicar un cuento, publicar un poema*.

publicidad s f **1** Circunstancia de ser o de hacerse algo del conocimiento público: "La *publicidad* del asunto ha contribuido a que se solucione" **2** Conjunto de medios y procedimientos empleados para dar a conocer algo, generalmente para llamar la atención del público hacia ello o para fomentar la adquisición y el consumo de mercancías: *agencia de publicidad, publicidad comercial* **3** Conjunto de anuncios, programas de radio, cine o televisión, etc destinados a atraer la atención del público para alcanzar ciertos fines: *una campaña de publicidad, publicidad impresa, publicidad radiofónica*.

publicista s m y f Persona que se dedica a planear y organizar la manera en que se hace publicidad a un producto, una empresa, etc para incitar a los consumidores a comprarlo o a utilizar sus servicios.

publicitario adj Que pertenece a la publicidad o se relaciona con ella: *un anuncio publicitario, una campaña publicitaria, un éxito publicitario*.

público adj **1** Que es del conocimiento o del interés de todas las personas: *un asunto público, una necesidad pública* **2** Que es para el uso, el aprovechamiento o el beneficio de todos: *un parque público, la vía pública, los servicios públicos, la hacienda pública, una escuela pública* **3** Que sucede o se hace delante de todos: *un escándalo público, una reunión pública, una discusión pública* **4** *En público* A la vista de todos, delante de todos; públicamente: "Los dirigentes de los sindicatos discutieron *en público*" **5** Que se relaciona con el estado o con el gobierno de un país, que pertenece al estado: *funcionario público, finanzas públicas, acto público, edificios públicos* **6** s m Conjunto de los miembros de una sociedad o de los ciudadanos de un país en cuanto fundamento de su existencia y su historia, y en cuanto corresponsables de su gobierno: "Se dio a conocer al *público* un nuevo proyecto de ley agraria" **7** s m Conjunto de personas que presencian cierto espectáculo o a las que se dirige cierta información: "El *público* salió satisfecho de la función", *el público de una radiodifusora, el público de un cine, el público de un periódico*.

pudrirse v prnl (Se conjuga como *subir*; su participio es *podrido*) Descomponerse la materia orgánica como efecto de su desarrollo, por la acción de hongos y bacterias: "Para evitar que *se pudra...*", *pudrirse un cadáver, pudrirse la fruta*.

pueblo s m **1** Conjunto de personas que habitan un territorio y tienen una cultura, unas tradiciones y unas formas de comportamiento comunes: *el pueblo mexicano, el pueblo yaqui, el pueblo totonaca, un pueblo primitivo, el arte de un pueblo, el trabajo del pueblo* **2** Conjunto de los habitantes de un país o un estado: *el pueblo de Nicaragua, el pueblo nayarita* **3** Cualquier conjunto indiferenciado de personas en un lugar determinado: *gente del pueblo, hablar con el pueblo* **4** Población de un número reducido de habitantes: *el pueblo de Paso del Macho, los pueblos del estado de Tamaulipas*.

puente s m **1** Construcción u objeto hecho de piedra, madera o metal, fijo, provisional o desmontable, que comunica dos lugares separados por agua, por un barranco, etc: *puente levadizo, puente colgante, puente giratorio, puente para peatones, puente de un río* **2** Pieza metálica que usan los dentistas para sujetar los dientes artificiales en los naturales: *tener un puente, ponerse un puente* **3** Periodo en el que se une un fin de semana con uno o más días de fiesta, incluyendo días en los que administrativamente se debe trabajar: "No, el viernes tampoco porque hacemos *puente*", "¿Cuántos *puentes* hay este año?" **4** Tablilla que se coloca perpendicularmente sobre la tapa de los instrumentos de cuerda con el fin de mantener elevadas las cuerdas **5** Elemento que sirve para establecer una relación entre dos cosas: "En la pintura se crea un *puente* entre el alma de los personajes y el espectador" **6** *Puente aéreo* Servicio ininterrumpido de transporte por avión que se establece entre dos lugares **7** Plataforma con barandilla que va a cierta altura y de un costado al otro del barco, desde el que el oficial de guardia comunica las órdenes.

puerco s m **1** Cerdo: *manteca de puerco, frijol con puerco, carne de puerco en chile verde* **2** adj y s Que es o está sucio, físicamente o en el aspecto moral: "Este *puerco* contrabandista viene cargado de drogas" **3** *Puerco espín* (*Coandu mexicanus*) Mamífero roedor del tamaño de un gato grande, con una larga cola prensil y piernas cortas; la parte dorsal del cuerpo se encuentra cubierta de espinas cortas y rígidas, de color blanco en la base y negras en la punta; la parte baja de la piel es suave, negra y tan larga que casi cubre las espinas; tiene ojos pequeños brillantes de color café y orejas pequeñas. Se encuentra en los bosques tropicales del sur de México.

puerperio s m Periodo posterior al parto, hasta que los órganos genitales vuelven a su completa normalidad; tarda aproximadamente seis semanas.

puerta s f **1** Abertura en un muro o en una pared que comunica el exterior con el interior de un edificio, una habitación con otra, etc: *la puerta de la calle, puerta principal, puerta de la cocina, tocar la puerta, abrir la puerta* **2** Superficie de madera, metal o algún otro material, generalmente fija por uno de sus lados a la pared o a un objeto, de manera que cubre una abertura y permite o impide el acceso: *la puerta del coche, la puerta del buró, puerta giratoria, puerta corrediza* **3** *Abrir la puerta a* o *para algo* Permitir o dar ocasión a que algo suceda, comience o se desarrolle: "La falta de información abre la *puerta* a los rumores" **4** *Cerrar la puerta a algo* o *a alguien* Impedir que algo se realice o que alguien logre lo que busca: "La actitud del funcionario *cerró las puertas a* una solución pacífica" **5** *Dar puerta* (*Coloq*) Sugerir una mujer, con su actitud, que está dispuesta a aceptar los requerimientos de un hombre **6** *A puerta cerrada* En privado, sin participación pública: *una reunión a puerta cerrada* **7** *De puerta en puerta* De una casa a otra: *una encuesta de puerta en puerta* **8** *Estar algo en puerta* Estar próximo o en posibilidades de suceder: "La crisis está *en puerta*" **9** *Llamar a la puerta de alguien* Pedirle ayuda.

puerto s m **1** Lugar de la costa del mar o de la orilla de un río, natural o artificialmente protegido del viento y de los golpes del agua, que sirve para atracar los barcos, desembarcar a los pasajeros y descargar las mercancías: *llegar a puerto, puerto pesquero, puerto de altura* **2** Lugar situado en un paso entre montañas, en donde puede haber refugio **3** *Puerto aéreo* Aeropuerto.

puertorriqueño adj y s Que es natural de Puerto Rico, que pertenece a este país hispanoamericano o se relaciona con él; portorriqueño.

pues conj **1** Ya que, debido a que, puesto que: "Esperamos las lluvias, *pues* aquí no hay agua", "Les gustó la obra *pues* estaba bien actuada", "No lo visité, *pues* no tuve tiempo" **2** En consecuencia, por lo tanto: "La solución del problema sirvió, *pues*, para unir grupos enemigos", "Su curación depende, *pues*, de que permanezca en cama", "Espero, *pues*, su más pronta respuesta", "*Pues* habría que pensarlo" **3** Subraya o enfatiza una expresión: "*Pues* sí", "*Pues* claro", "*Pues* se lo merecía", "*Pues* cállate", "*Pues* deja de molestar".

puesta s f Acto de poner o ponerse algo: *una puesta de sol, una puesta en escena, puesta en marcha, puesta al día, puesta al corriente.*

puesto I pp irregular de *poner* **II** Bien o mal *puesto* Bien o mal presentado o arreglado: *una mujer bien puesta, una exposición mal puesta* **III** s m **1** Lugar que corresponde ocupar a algo o a alguien: "Los alumnos están en sus *puestos* en el patio", "El músico tiene su *puesto* al lado del director" **2** Empleo o cargo de una persona en un negocio, una institución o una agrupación: "Tiene un *puesto* de cobrador", "Le dieron el *puesto* de secretario", "Concursó por un *puesto* de profesor" **3** Lugar o zona destinada a cierta actividad: *un puesto de vigilancia* **4** Lugar o pequeña instalación, generalmente temporal, que se pone en la calle, en una feria o en una exposición para mostrar algo o vender algu-

na mercancía: *los puestos del mercado, el puesto de una fábrica de coches en la exposición* **IV** *Puesto que* Debido a que, ya que, puesto que: "*Puesto que* tienes pruebas, debe ser cierto", "*Puesto que* no quieres salir, te tendrás que quedar solo".

pugna s f Oposición constante y obstinada entre dos personas o entre dos bandos que tratan de vencerse mutuamente o imponerle al otro sus•condiciones: "El presidente y el congreso están en *pugna*".

pugnar v intr (Se conjuga como *amar*) Luchar alguien obstinada y esforzadamente por conseguir alguna cosa, en contra de otra persona o de otro bando que busca lo contrario: "Vamos a *pugnar* por que haya elecciones generales", "Una nueva moral está *pugnando* por brotar".

pulga s f **1** Insecto que pertenece a distintas familias y diversos géneros del orden de los sifonápteros. Su cuerpo es comprimido, de aproximadamente 2 mm de longitud y color negro rojizo; tiene tres pares de patas largas y fuertes, especialmente las traseras, lo que le permite dar grandes saltos; en la boca tiene dos filamentos largos y agudos con los que atraviesa la piel de aves y mamíferos, y chupa de ellos la sangre que le sirve de alimento. Vive como parásito del ser humano (*Pulex irritans*), del perro (*Ctenocephalides canis*) y de otros animales y es vehículo frecuente de enfermedades infecciosas, como la *pulga de la rata* (*Xenopsylla cheopis*), que transmite la peste bubónica y el tifo **2** *Tener* o *ser de malas* o *pocas pulgas* Ser de mal genio o irritable y con tendencia a actuar violentamente **3** *Pulga de agua* o *de mar* Crustáceo pequeño, de aproximadamente 1 mm de longitud, del orden de los anfípodos o de géneros diversos (*Cyclops, Daphnia, Talitrus*, etc), de cuerpo comprimido, oscuro o de colores brillantes, que vive en el mar o en agua dulce y también en las playas donde se le puede ver saltar; es un eslabón importante en la cadena alimenticia de los animales marinos y constituye uno de los alimentos principales de las ballenas.

pulgada s f Medida de longitud que en el sistema inglés corresponde a la doceava parte de un pie y en el sistema métrico decimal equivale a 2.54 cm.

pulgar s y adj m Dedo más corto y grueso de la mano, formado por dos partes (o falanges) y no por tres, como los otros dedos, a los cuales, en los seres humanos y otros primates, puede oponerse: *uña del pulgar, dedo pulgar.*

pulgón s m Insecto hemíptero de varias especies, que mide de 1 a 2 mm de largo, de cuerpo blando y color diverso (verde, café, amarillo, negro); tiene tres pares de patas y uno de antenas, un pico hueco, largo, delgado y puntiagudo, que introduce en las plantas para chupar la savia; vive en grupo y secreta una mielecilla que atrae a las hormigas; es parásito de las plantas y causa grandes daños: *el pulgón de la papa, el pulgón verde del durazno.*

pulir v tr (Se conjuga como *subir*) **1** Alisar una superficie, frotándola o tallándola, para quitarle lo áspero o lo opaco; hacerla brillante o suave al tacto: *pulir una piedra, pulir un vidrio, pulir un metal* **2** Mejorar algo haciendo que luzca más o que sea más agradable; refinar el comportamiento de una persona: *pulir una novela, "Pulió* su inglés en Inglaterra" **3** prnl Hacer uno alguna cosa de manera que llame la atención por bien hecha o de forma muy refinada y exquisita: *pulirse en un trabajo, pulirse con la cena*.

pulmón s m **1** Órgano de la respiración de los seres humanos y de los vertebrados que viven o pueden vivir fuera del agua. Es de consistencia esponjosa, blanda y flexible, por lo que puede dilatarse y comprimirse al inhalar o expulsar el aire, cuyo oxígeno pasa a la sangre. Aunque hay excepciones (como los reptiles, que sólo tienen uno), la mayoría de los vertebrados poseen dos de estos órganos, alojados en la cavidad torácica a manera de sacos; los de los seres humanos, situados entre la primera costilla y el diafragma, son de tamaños distintos: el derecho se divide en tres porciones o lóbulos y es mayor que el izquierdo, que sólo se divide en dos **2** (*Zool*) Órgano respiratorio de algunos animales que no son vertebrados, como los arácnidos y los moluscos **3** *Pulmón de acero* Aparato médico que ayuda a mantener por largo tiempo la respiración artificial. Consiste en una cámara, cerrada herméticamente, donde se producen modificaciones rítmicas de presión que provocan dilataciones y encogimientos rítmicos en el tórax del paciente **4** Área arbolada, particularmente la que sirve como fuente de oxígeno a una zona urbana.

pulmonar adj m y f Que pertenece a los pulmones o se relaciona con ellos: *alvéolos pulmonares, enfisema pulmonar*.

pulmonía s f Inflamación o congestión de los pulmones, generalmente causada por alguna infección.

pulpa s f **1** Parte más tierna de los vegetales, de los frutos o de la carne de un animal, particularmente cuando está libre de semillas, huesos, etc: *pulpa de mango, pulpa de ternera* **2** Parte central y más tierna del tronco o del tallo de las plantas leñosas que se usa en la fabricación de papel: *pulpa de madera* **3** Pasta que resulta de triturar o amasar frutas, verduras, etc: *pulpa de tamarindo* **4** (*Med*) Parte más blanda de un tejido: *pulpa dentaria, pulpa cerebral, pulpa vertebral*.

púlpito s m **1** Pequeña plataforma elevada, generalmente adosada a una columna lateral de la nave de una iglesia, dotada de un barandal y un pequeño techo, desde donde el sacerdote predica: *subir al púlpito, hablar desde el púlpito* **2** Medida de un recipiente para beber pulque.

pulpo s m Molusco de ocho tentáculos provistos de ventosas, de diversas especies, como *Octopus bimaculatus* y *Octopus vulgaris*; es carnívoro; se alimenta de diversos organismos, como los moluscos bivalvos, cuyas conchas rompe con sus fuertes mandíbulas, caracoles, crustáceos y sus propios brazos, que después regenera, cuando el alimento escasea. Cuando se siente atacado, segrega una especie de tinta oscura que lo protege. Algunas especies llegan a medir hasta 3 m. Es apreciado como alimento y como carnada para la pesca.

pulque s m **1** Bebida alcohólica, blanca y espesa, que se obtiene por fermentación del jugo del maguey (aguamiel) y cuya concentración de alcohol no suele ser mayor de 10% del volumen total **2** *Pulque curado* El que ha sido mezclado con el jugo ácido de alguna fruta, como la piña, la tuna, etc o de algún vegetal como el apio.

pulsación s f **1** Cada uno de los latidos, movimientos o cambios periódicos de algo: *pulsaciones del*

corazón, pulsaciones de luz en una estrella **2** Acto de pulsar un instrumento musical de cuerdas: "El maestro les pedía claridad y limpieza en la *pulsación* de la guitarra".

pulsar[1] v tr (Se conjuga como *amar*) **1** Hacer vibrar las cuerdas de un instrumento musical tocándolas con los dedos o por medio de un mecanismo: *pulsar una guitarra, pulsar un clavecín* **2** Calcular o examinar las propiedades o consecuencias de algo para encontrar la mejor manera de tratarlo, abordarlo, etc: *pulsar el alcance de la huelga*.

pulsar[2] s m (*Astron*) Fuente celeste que emite ondas de radio en impulsos muy intensos y breves que se repiten con gran rapidez, como las estrellas de neutrones: *el parpadeo de un pulsar*.

pulsera s f Banda, aro o cadena delgados, de diversos materiales, que rodea la muñeca o el brazo y sirve generalmente como adorno o para sostener alguna cosa, como un reloj u otros objetos: *una pulsera de oro, un reloj de pulsera*.

pulso s m **1** Movimiento regular que produce la circulación de la sangre en las arterias al ser bombeada por el corazón y que se percibe en forma de pequeños golpes o latidos en varias partes del cuerpo, especialmente en las muñecas y en el cuello: *tener el pulso débil, acelerarse el pulso, tomarle el pulso al enfermo* **2** Pulsación o latido **3** Firmeza o seguridad de la mano que permite mantenerla inmóvil y controlar sus movimientos con precisión: *tener buen pulso*, "El café le altera el *pulso*" **4** *A pulso* Usando la mano y la muñeca, sin apoyar el brazo: *dibujar a pulso* **5** *A pulso* Por medio del esfuerzo propio y con mucha dedicación, sin ayuda, cabalmente: "Obtuvieron la victoria *a pulso*", "Se ganó *a pulso* el reconocimiento de sus compañeros".

pulular v intr (Se conjuga como *amar*) Brotar o surgir un conjunto de cosas o de individuos, extenderse y manifestarse en cantidad: "Las pulgas *pululaban* su piel", "Todo el día *pulula* en torno al rey su aburrido séquito".

pulverizar v tr (Se conjuga como *amar*) **1** Convertir en polvo alguna sustancia sólida: *pulverizar el chocolate, pulverizarse una roca* **2** Destruir por completo: "*Pulverizó* los argumentos opuestos".

puma s m (*Felis concolor*) Felino americano, parecido al tigre pero de pelo suave y de un solo color, que varía entre el gris amarillento y el café rojizo. Llega a medir más de 1 m hasta el arranque de la cola, que es larga y oscura en su punta. Se alimenta principalmente de venados, a los que caza de noche; león americano.

punta s f **1** Extremo más delgado de una cosa o punto en el que termina algo que forma un ángulo: *punta de un cuchillo, punta de un lápiz, punta de un cuerno, punta de la nariz, punta del pie*, "Se golpeó con una *punta* de la mesa" **2** *En punta* En forma de ángulo, haciéndose cada vez más delgado: *terminar en punta* **3** Barra de metal en forma de aguja que se va adelgazando progresivamente en uno de sus extremos y sirve para grabar, hacer trazos sobre metal, etc: *punta de trazar, punta de cortar* **4** *Punta seca* Instrumento y técnica que se emplean para hacer un grabado sobre una plancha de cobre u otro metal, e impresión que se hace con la plancha así grabada **5** *Caminar, bailar, pararse*, etc, *de* o *en puntas* o *puntitas* Hacerlo apoyando sólo la parte anterior de los pies y alzando el talón **6** *Poner los pelos o los nervios de punta* Provocar en alguien un estado de nerviosismo, desesperación o miedo extremos: "La noticia *le puso los nervios de punta*" **7** *De punta en blanco* Muy bien vestido y arreglado, con gran corrección **8** *De punta y talón* Con gran cortesía y respeto, siguiendo las costumbres antiguas o tradicionales **II 1** Extremo más alto o más alejado de algo: *punta de un árbol, punta de un edificio* **2** Extremo cualquiera de algo: *puntas de una cuerda, puntas de una viga* **3** Parte más avanzada de algo; delantera: "Tres caballos pelearon la *punta*", "El piloto mexicano tomó la *punta* al salir de la última curva" **4** *De punta a punta* De lado a lado, de principio a fin: "Recorrió la cancha *de punta a punta*" **III** Lengua de tierra baja y poco extensa que penetra en el mar haciéndose cada vez más delgada: *Punta Peñasco* **IV 1** En la elaboración del pulque, primera tina de jugo de maguey (o aguamiel) ya fermentado, del cual se toma una pequeña porción, llamada semilla, para acelerar la fermentación del aguamiel que se extrae después **2** *Punta de ganado* Conjunto poco numeroso de ganado, particularmente el formado por los animales que van delante de él **3** Conjunto de personas consideradas según una característica negativa: *una punta de ladrones, una punta de idiotas* **IV** *A punta de* Violentamente y valiéndose de; por medio de: "Lo corrieron *a punta de patadas*".

puntada s f **I 1** Cada una de las pasadas que se da con la aguja y el hilo en una tela cuando se cose, y las figuras que forman el hilo: *puntada pequeña, puntada de festón* **2** Tejido de agujas o de gancho que forma diversas figuras: *puntada inglesa, puntada de ojal* **II** (*Coloq*) Acción o dicho sorpresivo, simpático, fuera de lo común o disparatado que se le ocurre a alguien: "¡Qué buena *puntada*: un pirata honrado!", *aventarse una buena puntada*.

puntal s m **I 1** Viga fuerte que, apoyada en el suelo, sirve para sostener una pared o un techo en peligro de caerse **2** Persona o institución que sirve de apoyo firme a alguna cosa: *un puntal del teatro mexicano, los puntales del pensamiento socialista* **II 1** (*Mar*) Altura de la embarcación desde el plano de la quilla hasta la cubierta principal **2** Estaca que se utiliza para sembrar en Veracruz y Oaxaca **3** adj m y f Tratándose de ganado, el que conserva los cuernos puntiagudos, sin recortar o despuntar.

puntería s f Habilidad o destreza para dar en un blanco disparando o lanzando algo: *tener buena puntería, afinar la puntería*.

puntiagudo adj Que tiene la punta aguda: *un cuchillo puntiagudo, una varilla puntiaguda*.

puntilla s f **I** Varilla delgada de grafito que se encuentra en el núcleo de un lápiz, con la que se escribe; varilla aun más delgada, que se inserta en un lapicero para escribir: "Con la *puntillita* sola acabó de escribir lo que quería" **II 1** Cuchillo corto y puntiagudo con que se descabella a los toros para matarlos instantáneamente: "Mató con una gran estocada, y el toro no necesitó *puntilla*" **2** *Dar la puntilla a algo* Terminar por completo o definitivamente con algo que ya estaba en mal estado o en entredicho: "Con ese argumento le *dio la puntilla* a su tesis" **III** Ribete de encaje con que se termina o se adorna una tela o un tejido de gancho **IV** *De puntillas* Con las puntas de los pies y levantando los talones al caminar, para no hacer ruido.

punto s m **I 1** Marca o señal muy pequeña, casi sin dimensiones, que se manifiesta, a la vista, por tener un color diferente al de la superficie en que aparece; al oído, por su corta duración y el contraste de intensidad que tenga con otros sonidos; al tacto, por su relieve o depresión con respecto a la superficie lisa en que se encuentre: *un punto luminoso, puntos rojos, los puntos de la clave Morse, un punto sonoro, un punto en la piel, los puntos de una pared* **2** (*Gram*) Signo ortográfico (.) que indica una pausa larga: *punto y seguido, punto y aparte* **3** *Punto y coma* (*Gram*) Signo ortográfico (;) que señala una pausa mayor que la de la coma y menor que la del punto **4** *Dos puntos* (*Gram*) Signo ortográfico (:) que anuncia una explicación, una enumeración o una cita posterior **5** *Puntos suspensivos* (*Gram*) Signo ortográfico (...) que indica que la expresión no es completa (Véase "Signos de puntuación", p 34) **6** *Punto decimal* Aquel que se utiliza con frecuencia para separar los números enteros de las fracciones, como 1.5, 2.67, etc **7** *Poner los puntos sobre las íes* Aclarar algo que se discute para que no haya duda ni confusión **II 1** Posición exacta y precisa en cierto espacio: *un punto del mapa, encontrarse en un punto de la ciudad* **2** (*Geom*) Lugar o posición geométrica sin longitud, anchura ni profundidad: *un punto de una recta, punto de intersección* **3** *Punto cardinal* Cada una de las cuatro direcciones en que se divide el horizonte, determinadas por la posición del Sol en los equinoccios: la salida, el Este; la puesta, el Oeste; y la de los dos polos, Norte y Sur **4** *Punto de vista* Posición, actitud o criterio con el que se considera o se juzga algo: *tener un punto de vista, cambiar puntos de vista* **5** *Hasta cierto punto* En cierta medida, en cierto modo: "*Hasta cierto punto* estoy contento de terminar el trabajo" **III 1** Estado en que se encuentra algo o alguien en un momento determinado de una acción: *punto crítico, punto de arranque, un punto conflictivo, un punto estable* **2** Estado en que se encuentra la preparación de un alimento: *a punto de turrón, a punto de caramelo* **3** *Estar o poner algo en su punto* Estar o ponerlo en su mejor condición: "La fiesta *está en su punto*", "Hay que *poner* la máquina *en su punto* para que funcione" **4** *Punto muerto* Posición del engranaje en la caja de velocidades de un motor, particularmente un coche o un camión, en el que el movimiento del árbol del cigüeñal no se transmite a las ruedas para que caminen **5** *Punto muerto* Situación en que no hay movimiento, no se avanza o no hay cambio: "Las conversaciones para el desarme están en *punto muerto*" **6** Grado al que llega una situación, un sentimiento, etc: *llegar a un punto de enfrentamiento, estar en un punto insostenible* **7** *Subir algo de punto* Llegar alguna situación a un nivel difícil o pasar de lo normal, excesado o conveniente: "La pelea *subió de punto*" **IV 1** Instante preciso en que sucede algo o en que se encuentra un fenómeno o un acontecimiento: *el punto culminante de la historia, punto de evaporación* **2** *A punto de* Inmediatamente antes de, casi por o para: *a punto de estallar, a punto de comer, a punto de salir* **3** *En punto* A la hora exacta: *8 en punto*, "Nos veremos en la plaza *en punto* de las 6" **4** *Al punto* De inmediato, sin retardo: "Al *punto* salió gritando: ahí vienen los colorados" **5** *Poner punto final a algo* Terminarlo por completo: "Hay que *poner punto final* a la corrupción" **V 1** Unidad con la que se cuentan los objetos ganados en un juego, los resultados obtenidos en una competencia o los aciertos de un alumno en un examen: *ganar un punto, llevar varios puntos, tener 70 puntos sobre 100* **2** Cada uno de los temas, asuntos o cuestiones que forman parte de un escrito, una exposición, una discusión, etc: *un punto filosófico, un punto de debate, un punto de interés, un punto clave, un texto compuesto por varios puntos* **3** *Punto por punto* Cada uno de esos temas, asuntos o cuestiones, uno tras otro: *discutir punto por punto, revisar punto por punto* **4** Aspecto del carácter o del conocimiento de una persona que se destaca de cierta manera: *punto débil, punto fuerte* **VI 1** Medida del grueso o del grado de dureza de la punta de un lápiz o de una pluma: *punto fino, punto mediano, punto duro* **2** Cada una de las diferentes maneras de pasar el hilo con una aguja por la tela: *punto de cruz, punto atrás* **3** Rotura pequeña que se hace en un tejido: *irse un punto.*

puntuación s f **1** Conjunto de los signos como el punto, la coma, el punto y coma, etc, que sirven para precisar el significado de las oraciones en un texto, marcar las pausas en la lectura, señalar partes importantes y guiar la entonación que le corresponde si se lee en voz alta (Véanse "Signos de puntuación", p 34) **2** Acto de utilizar estos signos en un escrito: "La *puntuación* mal usada confunde" **3** Relación de los puntos que obtiene uno o varios competidores.

puntual adj m y f **1** Que llega a tiempo, en punto de la hora señalada: *una persona puntual, una línea aérea muy puntual* **2** adv Que ocurre o se hace en el momento indicado o previsto: *salir puntual un tren, comenzar puntual una función* **3** Que cumple, abarca o considera algo con detalle, que hace algo tomando en cuenta todos sus puntos: *observación puntual de las leyes, informe puntual* **4** Que se relaciona con algún detalle de algo o con uno solo de sus puntos: *una crítica puntual, referencias puntuales* **5** Que es exacto, evidente, que no deja lugar a dudas: *una verdad puntual* **6** Que puede considerarse como un punto o como equivalente a un punto: *masa puntual de un cuerpo.*

puntualidad s f **1** Cualidad de asistir a las citas a la hora convenida o de cumplir los compromisos en el tiempo previsto: *premiar la puntualidad de los alumnos, falta de puntualidad* **2** Cualidad de lo que ocurre en punto de la hora indicada: *la puntualidad de los aviones, la puntualidad de las lluvias* **3** *Puntualidad inglesa* La que tiene aquel que llega a sus citas o compromisos exactamente a la hora fijada **4** Cualidad de algo que es exacto, preciso, detallado y oportuno: *puntualidad en las observaciones.*

puntualizar v tr (Se conjuga como *amar*) Precisar con todo detalle cada uno de los puntos de que consta un razonamiento o un texto: "*Puntualiza* hasta dónde llega el derecho de propiedad".

puñado s m Cantidad de algo que cabe en un puño; cantidad pequeña de algo: *un puñado de maíz, un puñado de arena, un puñado de malvivientes.*

puñal s m Arma de acero, de 20 a 30 cm de largo, con una hoja delgada sin filo y una punta afilada: *enterrar un puñal.*

puño s m **I 1** Mano cerrada: *apretar los puños, con el puño en alto, golpear con el puño* **2** *De su puño y letra, de su propio puño* Escrito personalmente: *una carta de su puño y letra* **3** *Meter o tener en un puño a alguien* Obligarlo a actuar de cierta manera, impidiéndole toda alternativa: "Después de que perdieron la votación, los *tenían* a todos *en un puño*" **4** *Con sus propios puños* Con esfuerzo y lucha: "Se ganó la confianza *con sus propios puños*" **II 1** Parte de la manga de una prenda de vestir que rodea la muñeca: *ensuciarse los puños, puños postizos* **2** Parte de un objeto por donde se agarra con toda la mano: *el puño de un bastón, el puño de un cuchillo* **III 1** Cantidad de algo que cabe en la mano cerrada; puñado: *un puño de sal*, "Para hacer tamales de frijol le echas un *puño* de frijoles, dos pedacitos de tequesquite..." **2** (*Rural*) Medida de objetos sólidos equivalente a medio litro **3** (*Rural*) Medida de peso para chile verde, equivalente a un kilo, y para chile seco a 250 g **4** *A puño cerrado* (*Rural*) Sistema de siembra que consiste en arrojar cada vez los granos que quepan en la mano cerrada.

pupila s f Abertura situada en el centro del iris, capaz de dilatarse y contraerse para regular la luz que entra en el ojo.

pupilo s m Niño o joven que está bajo la custodia, protección o cuidado de una persona mayor: "Tanto la niña como los adolescentes se colocan en actitud de *pupilos* frente a sus maestros y escuchan con reverencia".

pupitre s m Mueble de madera que consta de un asiento y de una mesa compuesta generalmente por una caja, en la que pueden guardarse libros, cuadernos, etc, con una tapa móvil y ligeramente inclinada sobre la cual se escribe; su uso es común en las escuelas: "Llegó y se sentó en el último *pupitre* del salón", "No sé, respondió desde su *pupitre*".

puramente adv Solamente, exclusivamente, sin otros elementos: *una razón puramente personal, una existencia puramente imaginaria, puramente cerebral, necesidad puramente física.*

puré s m **1** Pasta de verduras o frutas cocidas, molidas y coladas: "Comieron salchichas con *puré* de papa", *puré de manzana* **2** *Hacer puré a alguien* (*Coloq*) Destruirlo física o moralmente: "Lo hicieron *puré* en su examen profesional".

purépecha adj y s m y f Tarasco.

pureza s f Carácter de lo que está o se conserva con su naturaleza original, o cualidad de quien se conserva así, ajeno a la mezcla, la contaminación o el pecado: *la pureza de un mineral, la pureza de una idea, la pureza del agua, la pureza de un estilo, la pureza de una mujer, la pureza del corazón.*

purgar v tr (Se conjuga como *amar*) **I 1** Eliminar alguna cosa todo lo que altere su pureza, su calidad o lo que la dañe u obstaculice: *purgar un metal, purgar una tubería, purgar un carburador* **2** Dar a un enfermo algún remedio para que sus intestinos liberen los desperdicios que los dañan: *purgar al niño, purgar a un caballo* **II 1** Padecer una pena para limpiarse ante la sociedad de las faltas cometidas, o ante Dios de los pecados: "Está *purgando* una larga condena por asesinato", "Paco y Pepe *purgan* sus pecados".

purgatorio s m (*Relig*) Entre los católicos, lugar y estado por el que pasan las almas de los que mueren en gracia sin haber hecho la penitencia suficiente durante su vida antes de llegar al cielo: *rezar por las ánimas del purgatorio.*

purificar v tr (Se conjuga como *amar*) Quitar de algo o de alguien lo que lo ensucia, daña o contamina para que quede en un estado de pureza o limpieza: *purificar el agua, purificar el alma.*

puro[1] adj **1** Que conserva su naturaleza original, que no está mezclado con nada, que no tiene elementos extraños: *oxígeno puro, oro puro, café puro, seda pura* **2** Que está limpio, que no está contaminado: *agua pura, leche pura, aire puro, un cielo purísimo* **3** Que es sincero, honesto, que no tiene nada de maldad: *un corazón puro, una mirada pura, un amor puro, sentimientos puros* **4** Que no ha tenido relaciones sexuales: *una mujer pura* **5** Que no tiene aplicación práctica, que es teórico: *matemáticas puras, ciencias puras* **6** Nada más que, solamente (antepuesto al sustantivo): *pura verdad, pura mentira, pura envidia, pura piedra, puras mujeres, puras tortillas, puras promesas, puro sufrir, puro jugo, con las puras manos* **7** *De puro, por puro* Sólo por: "*De puro* coraje no fui", "*De puro* gritar se quedó ronco", "*Por pura* casualidad lo vi", "Lo hice *por puro* gusto" **8** *A puro* A base de: "Lo trata *a puro* golpe", *hablar a puros gritos,* "Bailan *a puro* brinco".

puro[2] s m Rollo de hojas de tabaco, alargado y grueso, que se hace para fumar: "Cuando nació su hijo nos regaló *puros* a todos".

púrpura s f **I 1** Colorante y color rojo fuerte, como el de la sangre venosa, que antiguamente se obtenía de un molusco gasterópodo del género *Murex* y hoy se elabora artificialmente: *teñir de púrpura, una blusa púrpura, una alfombra púrpura* **2** Tela de ese color con que se elaboran las vestiduras suntuosas de reyes, cardenales, etc: *la púrpura cardenalicia* **II 1** Síntoma de diversas enfermedades, que se caracteriza por la aparición de manchas rojas en la piel, procedentes de pequeños estallidos de vasos capilares subcutáneos **2** *Púrpura retiniana* Pigmento de los bastones de la retina, que tiene color rojo en la oscuridad y blanco en la luz.

pus s f o m Líquido espeso, generalmente de color amarillento o verdoso, que segregan los tejidos inflamados y las heridas infectadas: *salir el pus,* "Hay que sacar la *pus* y lavar bien".

pústula s f Elevación de la piel causada por el pus que produce una infección: *formarse pústulas, reventarse una pústula.*

puta s f (*Groser*) **1** Mujer que entrega su cuerpo a la satisfacción de los deseos sexuales de otra persona, a cambio de dinero; prostituta: "¡Ahí va esa *puta*, méndiga, no le da vergüenza ofrecerse por las calles!" **2** Expresión con que se intensifica el significado de otra: "¡Esto no es suerte, son chingaderas; en mi *puta* vida vuelvo a jugar contigo!" **3** *¡Puta madre!* Expresión de asombro: "¡*Puta madre*, qué susto me dio el pinche temblor!".

putativo adj Que se considera o se tiene por propio: *un hijo putativo, un padre putativo.*

puto s m (*Groser*) **1** Hombre homosexual: *un bar de putos* **2** adj, y s m Que es cobarde o miedoso: "No seas *puto*, éntrale a los madrazos", "Es re *puto*, no va porque hay perro".

q s f Vigésima letra del alfabeto. Su nombre es *cu*. Unida a una *u* que no se pronuncia ante *e*, *i*, representa el fonema velar oclusivo sordo /k/: *quemar*, *queso*, *arquetipo*, *quince*, *quizá*, *arquitecto*. Algunas palabras que provienen de lenguas extranjeras y algunos latinismos en español la conservan con valor de /k/: *quantum*, *quórum*, *quid*, *quark*, *quasar*, *Qatar*, etcétera.

quanta s m (*Fís*) Plural de quantum.

quantum s m (*Fís*) Cuanto².

quasar s m Cuasar.

que¹ pronombre relativo (Esta forma sirve para los dos géneros y los dos números. Con el artículo forma el relativo compuesto: *el que*, *la que*, *lo que*, *los que*, *las que* que posee variación de género y número, y puede construirse en concordancia con el antecedente: "Fueron las primeras elecciones en *las que* yo participé", "Eran cinco niños *los que* llegaban temprano", "Es un libro *el que* está perdido", "Era mi alumna *la que* me saludó", "Hacer ejercicio es *lo que* quiero") **1** Introduce una oración subordinada con valor adjetivo u oración de relativo, y dentro de ésta sustituye a la construcción nominal que le sirve de antecedente. Por ejemplo en "Los alumnos *que* apenas comienzan sus estudios necesitan más ayuda", *que* introduce la oración de relativo *que apenas comienzan sus estudios* y en ésta sustituye al antecedente *los alumnos*, por lo que la oración subordinada sería "Los alumnos apenas comienzan sus estudios". Dentro de la oración de relativo, *que* puede tener cualquiera de las funciones del sustantivo; como sujeto: "El niño *que* vino preguntó por ti", como objeto directo: "Devuélveme el libro *que* te presté"; como complemento circunstancial: "La pluma con *que* escribes es mía", etc **2** *Lo*... *que* Tan, cuán, cuánto: "*Lo* bonita *que* era", "*Lo* fácil *que* resultó", "*Lo* bien *que* se porta", "Tú no sabes *lo que* te quiero", "No te imaginas *lo* divertido *que* resultó"

que² conj **1** Introduce oraciones subordinadas que desempeñan algunas de las funciones del sustantivo, es decir, indica que la oración que le sigue tiene valor de sujeto: "Me gusta *que* canten", "Es posible *que* llueva"; de objeto directo: "Supe *que* vendrán a visitarnos", "Me pidieron *que* vayas a la oficina"; o de complemento circunstancial: "Aspira a *que* lo elijan" **2** Introduce oraciones con significado de deseo, petición, orden, etc: "*Que* entren", "¡*Que* se callen!", "Ojalá *que* ganes" **3** Introduce oraciones que sirven de complemento a ciertos sustantivos: "El hecho de *que* no venga", "La esperanza de *que* se alivie" **4** Con los adverbios *más* y *menos* forma el grado comparativo de los adjetivos: *más grande que*, *menos fuerte que*, *más bello que*, *menos oscuro que* **5** Introduce el segundo término de una comparación cuando sigue a adjetivos comparativos como *mayor*, *menor*,

mejor, *peor*, *igual*, *mismo*, etc: "El Pico de Orizaba es *mayor que* el Popocatépetl", "Su hijo es *igual que* él" **6** Introduce verbos en infinitivo después de *haber* y *tener* para significar obligación: "*Hay que* ir", "*Tenemos que* estudiar" **7** Entre oraciones coordinadas puede tener valor de conjunción copulativa, disyuntiva o causal: "Él podrá decirlo mejor *que* yo", "No iré a la fiesta, *que* seas tú, *que* sea el mismo presidente municipal quien me lo pida", "Con seguridad viene, *que* ya lo prometió" **8** En oraciones adverbiales actúa como conjunción consecutiva: "Tanto me dijo *que* me convenció"; concesiva: "Tuvo *que* reconocer su error, *que* no suele hacerlo"; o disyuntiva: "Quiera *que* no, lo tendrá que hacer" **9** Entre repeticiones del mismo verbo en tercera persona del singular del presente de indicativo, significa la repetición de la acción, su progreso o su persistencia: "Ese señor habla *que* habla y no hace nada", "Y venía la hormiguita corre *que* corre a guardar su comida" **10** Entre dos verbos, el segundo de los cuales no esté subordinado al primero, expresa el modo en que se realiza éste: "Baila *que* da gusto", "La cosa está *que* arde" **11** Forma una gran cantidad de construcciones adverbiales: *antes que*, *luego que*, *así que*, *luego que*, *ya que*, *ahora que*, *siempre que*, *con tal que*, *a menos que*, *por mucho que*, etc **12** *Uno que otro* Alguno, algunos entre varios: "Conozco a *uno que otro* de los invitados" **13** *A que* Seguro que: "*A que* no empieza puntual la función", "*A que* te ganó en la carrera" **14** *Yo que tú*, *él*, etc Yo en tu, su, etc lugar: "*Yo que tú* no le hacía caso a ese muchacho"

qué 1 pronombre interrogativo Indica o manifiesta la interrogación, pregunta por el sujeto, el objeto, el complemento indirecto o el circunstancial, interroga acerca de la naturaleza, la cantidad, la calidad, la manera, la dirección, etc de algo: "¿*Qué* es esto?", "¿*Qué* comes?", "¿*Qué* miras?", "¿*Qué* quieres?", "¿De *qué* es?", "¿*Qué* vinieron?", "¿*Ya* sabes *qué* hacer?", "No entendemos por *qué* se afirma eso" **2** adj interrogativo Indica la pregunta sobre un atributo del sujeto: "¿*Qué* tinta usas?", "No sé *qué* tinta usas", "¿En *qué* escuela estudia?", "No sé, no dijo en *qué* escuela estudia", "¿*Qué* niños han llegado?", "No sabemos *qué* niños han llegado" **3** En oraciones exclamativas enfatiza lo que significan: "¡Ay *qué* tiempos, señor don Simón!", "¡*Qué* bien hiciste la tarea!" **4** *¡Qué de!* ¡Cuánto!, ¡cuánta!, etc: "¡*Qué de* gente!", "¡*Qué de* libros!", "¡*Qué de* chácharas venden!" **5** *¿Qué tal?*, *¿Qué hay?*, *¿Qué hubo?* Expresiones de saludo **6** *¿Y qué?* No importa, para mí no importa: "No haré la limpieza, *¿y qué?*" **7** Según el significado negativo y afirmativo de una oración exclamativa o interrogativa, enfatiza el significado contrario: "¡*Qué* no habrá de suceder en adelante!", "¡De *qué* sirve esforzarse tanto!"

quebrada s f **1** Abertura profunda, angosta y accidentada en un terreno, un cerro, entre riscos o entre farallones **2** Corriente de agua que a veces circula por una de ellas.

quebradizo adj Que se quiebra con facilidad, que es muy frágil: *material quebradizo, pelo quebradizo, madera quebradiza*.

quebrado adj **1** Que está roto: *un hueso quebrado, una rama quebrada* **2** *Línea quebrada* La compuesta de segmentos rectos en distinta dirección **3** Que está en quiebra: *un negocio quebrado, un industrial quebrado* **4** s m (*Mat*) Expresión numérica de las porciones que se toman de una unidad dividida en partes iguales, por ejemplo $^3/_4$, $^1/_4$, etcétera.

quebrantar v tr (Se conjuga como *amar*) **I 1** Ir en contra de lo establecido por una ley, un mandato, una norma, etc: *quebrantar el quinto mandamiento, quebrantar un rito* **2** Debilitarse la salud o resentirse su moral: "Se le *quebrantó* la salud con los años" **3** prnl (*Mar*) Arquearse la quilla de un barco **II 1** Entibiar un líquido, quitarle lo frío **2** (*Hipo*) Domar un potro a medias.

quebrar v (Se conjuga como *despertar*, 2a) **I** tr **1** Romper algo rígido y frágil, separarlo en dos o más partes o hacerle una fisura por efecto de un golpe, una caída o una presión muy fuerte: *quebrar un vaso, quebrar un plato, quebrar una piñata, quebrar un huevo, quebrarse una pierna, quebrarse un diente* **2** intr Cambiar la dirección de una línea o de un plano o hacer que un vehículo cambie de dirección; dar vuelta: "La carretera *quiebra* a la derecha", "La luz *se quiebra* al pasar por el agua", "En la esquina *quiebras* a la izquierda" **3** Mover bruscamente la cintura o la cadera hacia un lado **II 1** intr Fracasar económicamente un negocio porque su capital no es suficiente para pagar las deudas contraídas **2** prnl Darse por vencido o sentirse derrotado ante una situación: "No *se quiebra* ante las amenazas" **3** *Quebrarse la cabeza* Pensar mucho en algo: "*Se quiebra la cabeza* pero no puede resolver el problema" **4** *Quebrársele la voz a alguien* Hablar con voz débil y entrecortada a causa de una emoción o del llanto **III** (*Popular*) **1** tr Matar o asesinar: "A su papá se lo *quebraron* durante la Revolución" **2** prnl Morirse: "Ese viejito ya *se quebró*" **IV** (*Rural*) **1** En Guerrero, castrar a los animales **2** En la zona pulquera, capar el maguey prematuramente **3** En el sureste, abrir la mazorca del cacao para extraerle el grano.

queda s f **1** En tiempos de guerra o de una situación extraordinaria, hora establecida en la noche para que todas las personas se recojan en su casa; y toque que sirve de señal para marcar su inicio: *la hora de queda, toque de queda* **2** (*Mil*) Tiempo que se señala como dedicado al descanso o a la retirada; y toque para indicarlo.

quedar v intr (Se conjuga como *amar*) **1** Haber alguna cosa después de que se resolvió, se solucionó, se redujo, se terminó o se gastó aquello de lo que formaba parte: "Ya le *queda* poco tiempo", "Ese es el consuelo que me *queda*", *quedar la duda, quedar la tristeza, quedar más por añadir, quedar una incógnita, quedar medio litro de leche, quedar poca gasolina* **2** Haber algo como único resultado, respuesta o posibilidad para una acción o una situación determinada: "Nos *queda* la alegría de que hayan salido adelante", *quedar las ganas de vivir*, "No me

queda sino la resignación", "Sólo *queda* agradecérselo" **3** Haber todavía alguna cosa por hacerse después de que otras ya se hicieron: *quedar mucho trabajo, quedar problemas por resolver* **4** Pasar a cierta situación o estado como resultado de alguna acción o acontecimiento: *quedar tranquilo, quedar conforme, quedar enterado, quedar claro, quedar ciego, quedar malherido* **5** *Quedar de, quedar en* Ponerse de acuerdo dos o más personas o convenir en hacer alguna cosa: "*Quedamos en* vernos a las cinco de la tarde", "*Quedamos de* comer juntos pasado mañana" **6** *Quedar bien* o *mal con alguien* Producir en alguien cierta impresión o motivarle cierta opinión buena o mala acerca de uno: "Con mi regalo, *quedé* muy *bien* con mi suegro" **7** *Quedar bien* o *mal algo* Tener algo un resultado bueno o malo: "Te *quedó bien* la pintura", "Nos *quedó mal* la decoración" **8** *Quedar a deber algo* No pagar todo el precio o el monto de algo en un momento determinado: "Me *quedó a deber* mil pesos" **9** *Quedar algo en veremos* Estar algo pendiente, sin solución ni término: "Las obras de la nueva carretera *quedaron en veremos*" **10** *Quedar en pie* Mantener un compromiso o una obligación: "*Queda en pie* mi ofrecimiento" **11** *Quedar hecho trizas* Estar algo completamente destruido como efecto de algún golpe o estar alguien muy triste y deprimido por algún suceso **12** Haber todavía cierta distancia por recorrer para llegar a algún lugar o cierto periodo entre el presente y el futuro en que algo se efectuará o sucederá: "*Quedan* muchos kilómetros para Yuriria", "*Nos quedan* tres semanas para terminar de corregir" **13** Estar algo situado en determinado lugar o a cierta distancia de otro: "La escuela *queda* en la calle principal", "Su casa *queda* lejos de aquí" **14** Llegar algo o alguien a cierto lugar y no serle posible continuar: "La mula *quedó* a mitad de camino", "Emilio *quedó* en medio del campo" **II** prnl **1** Llegar alguien a algún lugar y pasar en él cierto tiempo o estar en algún lugar realizando cierta acción durante cierto tiempo: "Se *quedó* en Alvarado una semana", "*Nos quedamos* platicando toda la noche" **2** (*Coloq*) Morirse o morir: "Atravesó la carretera sin precaución y ahí *quedó*", "*Se quedó* en la mesa de operaciones" **3** *Quedarse con algo* Conservar alguien algo en su poder, en lugar de devolverlo o hacerlo llegar a otra persona: "*Quédate con* el cambio", "*Se quedó con* mis apuntes" **4** *Quedarse con los brazos cruzados* No actuar frente a una situación o no intervenir en ella **5** *Quedarse en blanco* No entender lo que se ha visto o escuchado: "*Me quedé en blanco* cuando explicaron la ecuación" **6** *Quedarse (para vestir santos)* (*Coloq*) No casarse **7** *Quedarse vestido y alborotado* (*Coloq*) Esperar inútilmente que algo bueno suceda **8** *Quedarse de a seis* (*Coloq*) Sorprenderse: "*Me quedé de a seis* cuando me dijeron que me habían sacado del premio" **III 1** *Quedarle algo a una persona o a una cosa* Tener algo, con respecto a una cosa o a una persona, cierto tamaño más o menos adecuado para ella o vérsele bien, lucirle: "Ese vestido *te queda* muy bien", "El pantalón *le queda* al niño", "La cobija no *le queda* a la cama", "La camisa *te queda* bien", "La falda *le queda* grande" **2** *Por (mí, ti*, etc) *que no quede* (*Coloq*) Que no sea uno la causa de que algo no se lleve a cabo: "*Por mí que no quede*, yo he hecho todo lo posible para terminar a tiempo".

quedo I adj **1** Que tiene poca intensidad, tratándose de sonidos: *voz queda, ruido quedo, el quedo rumor del viento* **2** Que se hace con lentitud: *paso quedo* **II** adv **1** En voz baja: *hablar quedito, reír quedo, llorar quedito* **2** Con suavidad: "¡Ay no, vieja, no te mandes, yo te pego *quedito*!" **3** Despacio o con lentitud: *correr quedito, besar quedito*.

quehacer s m **1** Tarea o trabajo que mantiene ocupado a alguien, que se efectúa por convicción o por imposición: *el quehacer del escritor, dar quehacer a los demás* **2** Tarea de limpiar y ordenar la casa; quehaceres domésticos: *hacer el quehacer, terminar el quehacer, batallar con el quehacer*.

queja s f **1** Expresión verbal con la que se manifiesta dolor, pena o molestia: "Se oían las *quejas* de los enfermos", "Su pena era muy grande pero no emitió ninguna *queja*" **2** Protesta o reclamación que se hace a causa de desacuerdo o inconformidad: *presentar una queja, las quejas de los consumidores*, "Pidió audiencia para exponer sus *quejas*", *dar la queja*.

quejarse v prnl (Se conjuga como *amar*) **1** Expresar un sentimiento de dolor, pena o molestia con palabras, gritos o gemidos: "*Se quejaba* de un fuerte dolor de cabeza", "*Se quejaba* amargamente por la muerte de su hijo", *quejarse a gritos* **2** Manifestar una persona su enojo, inconformidad o desacuerdo por algo o con alguien: "*Se quejaron* por el mal servicio del hotel", "*Se quejó* de sus profesores", *quejarse ante las autoridades*.

quejoso adj y s **1** Que se queja de alguna cosa ante una autoridad o instancia administrativa: "Debe sobreseerse el juicio porque los *quejosos* carecen de legitimación procesal" **2** Quejumbroso: "Rosario, *quejosa*, los recibe" **3** (*Saltator atriceps*) Ave de los tanágridos, de cabeza negra con cejas blancas y garganta blanca con bordes negros; la parte superior del cuerpo es verde amarillenta y la de abajo gris; generalmente es muy ruidoso.

quelite s m Planta herbácea silvestre, de distintas variedades y especies; es comestible cuando está tierna, como el *Amaranthus hybridus* y *Chenopodium album*: *quelite de agua, quelite apestoso, quelite de fraile, quelite morado*.

quelonio s m y adj **1** Reptil con cuatro extremidades cortas y cuerpo protegido por una concha dura o caparazón que cubre la espalda y el pecho; mandíbulas córneas y sin dientes, como la tortuga y el galápago. Existen unas 250 especies marinas o fluviales, semiacuáticas o terrestres **2** s m pl Orden formado por estos reptiles.

quema s f **1** Acto de quemar algo: "La tradicional *quema* de judas", "Terminaban su carrera y los estudiantes organizaron la *quema* de batas" **2** Labor agrícola, previa al barbecho, consistente en quemar un terreno que se va a dedicar al cultivo.

quemada s f **1** Acto de quemar o quemarse: "Se dio una *quemada* horrible con el aceite hirviendo", "Me di una buena *quemada* con el atole" **2** (*Coloq*) Acto de evidenciar ignorancia o torpeza: "Se dio una buena *quemada* al escribir una solicitud de trabajo llena de faltas de ortografía" **3** En Durango, juego infantil parecido al beisbol, en el que uno de los niños trata de pegarles con la pelota a los otros cuando corren de una base a otra.

quemado I pp de *quemar* **II 1** adj Que adquirió un color moreno a causa del sol o del fuego: "Ese niño está muy *quemado* porque se quedó todo el día en la playa", *azúcar quemada, dulces de leche quemada* **2** s m Acto de quemar: *procedimiento de quemado* **3** s m (*Agr*) Acto de quemar árboles y plantas silvestres o restos de plantas cultivadas para preparar un terreno para la siembra **III** adj (*Coloq*) Que ya ha sido muy visto u oído y, por lo tanto, no causa interés y más bien resulta aburrido o molesto **IV** s m pl Juego infantil parecido al volibol, donde los de un equipo tratan de pegarles con la pelota a los del otro, que resultan castigados, pues tienen que colocarse detrás del equipo contrario **V** *Quemado de Olinalá* En la Costa Chica de Guerrero, bebida que se prepara con aguardiente, chocolate y jugo de limón.

quemador I adj Que quema: *una máquina quemadora* **II** s m **1** Dispositivo de una estufa, un calentador, una caldera, etc en donde se prende la flama **2** Azotador **3** Cada uno de los árboles o plantas urticantes de distintas familias, como *Cnidosculos angustidens*, de la familia de las euforbiáceas.

quemadura s f **1** Lesión que sufre un tejido orgánico al entrar en contacto con el fuego, con una sustancia corrosiva o con algo muy caliente, y señal o marca que deja: *una quemadura superficial*, "El piloto tenía *quemaduras* en los brazos", *quemaduras de segundo grado* **2** Lesión o destrucción de un tejido vegetal debida al calor o al frío excesivo.

quemar v tr (Se conjuga como *amar*) **I 1** Destruir o consumir el fuego: *quemar leña, quemar un papel* **2** Producir el fuego o algo excesivamente caliente una herida característica en el cuerpo o en alguna de sus partes: "La lumbre le *quemó* la mano", "Cuidado con el caldo, que *quema*" **3** Producir ciertas sustancias ciertas heridas como las que produce el fuego en el cuerpo humano: *quemar un ácido, quemar los rayos cósmicos* **4** Producir algo una sensación de ardor y dolor como la que produce el fuego: *quemar los rayos del sol, quemar la piel una planta* **5** (*Rural*) Secarse o pudrirse las plantas a causa del hielo, la humedad o el calor **6** Gastar o consumir alguna cosa: *quemar gasolina, quemar energías, quemar esfuerzos* **II 1** *Quemarse las pestañas* (*Coloq*) Leer o estudiar mucho **2** *Quemar las naves* Tomar una decisión extrema, de la que ya no se puede uno arrepentir **3** (*Coloq*) Desacreditar o desacreditarse una persona: "Con la ponencia que presentó se *quemó* ante sus compañeros" **4** *Quemársele las habas a alguien* (*Coloq*) Estar ansioso de que suceda algo: "Se le queman las habas porque llegó el día de la fiesta" **III 1** (*Popular*) Fumar mariguana **2** (*Caló*) Matar, asesinar.

querencia s f (*Rural*) **1** Inclinación y apego de ciertos animales y del ser humano por el lugar donde se criaron, donde están sus cosas queridas o donde se sienten seguros: "Dicen que me han de quitar / las veredas por donde ando: / las veredas quitarán / pero las *querencias* cuándo" **2** Ese lugar: "Nos quedamos aquí en la capital, o nos regresamos a la *querencia*", "Cerró al toro en la *querencia*, en la zona de chiqueros" **3** Amor, querer: "No quisiera ni acordarme / de esa ingrata y cruel mujer / que siendo yo su *querencia* / no me supo corresponder".

querer[1] v tr (Modelo de conjugación 11a) **I 1** Tener el deseo, la voluntad o las ganas de obtener o de hacer algo; tener la intención de hacer o de lograr alguna cosa: "*Quiere* una casa nueva", "*Quieres* todo lo que ves", "Yo *quiero* platicar con usted", "*Quiere* que vengas", "*Queremos* jugar", "*Quiero* tomar té", "*Quiero* terminar pronto el trabajo", ¿Qué *quieres* ser cuando seas grande?" **2** Sentir cariño o amor por alguien o por algo: "*Quiero* a mis amigos", "Su esposa lo *quiere* mucho", "*Quiere* a sus muñecas" **3** *Sin querer* Involuntariamente, por descuido: "Te pegó *sin querer*" **4** Necesitar algo alguna cosa: "Esa planta *quiere* más sol" **5** Pedir una determinada cantidad de dinero por alguna cosa: "¿Cuánto *quieres* por ese abrigo?" **6** *Quererse morir* (*Coloq*) Tener una impresión o una emoción muy intensa: "*Me quise morir* cuando lo vi bañado en sangre", "*Se quiso morir* cuando se dio cuenta de que le habían robado su cartera" **7** *Estar como quiere* (*una persona*) (*Coloq*) Ser muy guapa, muy bien parecida **II** (*Coloq*) **1** Expresa una petición o una orden: "¿*Quieres* darme la sal?", "¿*Quieres* hacerme el favor de pasar?", "¿*Quieres* callarte?" **2** Existir la posibilidad de que suceda algo, estar algo a punto de ocurrir o estar alguien próximo a hacer una cosa: "*Quiere* llover", "Ya *quiere* salir el sol", "El niño ya *quiere* empezar a caminar" **3** Poder ponerse una cosa a funcionar después de haberlo intentado varias veces: "El coche no *quiere* arrancar", "Esta leña no *quiere* prender", "Ya *quiso* prender la lavadora" **III 1** *Querer decir* Significar, dar a entender una cosa: "Semestral *quiere decir* que aparece o sucede cada seis meses" **2** *Como quiera que sea* De cualquier modo: "*Como quiera que sea*, podría haberse disculpado por su violencia" **3** *Cuando quiera, cuando quieras* En cualquier momento, cuando sea: "*Cuando quieras* que salga, avísame" **4** *Donde quiera* En cualquier lugar, donde sea: "*Donde quiera* que estés..." **5** *Quien quiera* Cualquier persona, el que sea: "*Quien quiera* puede entrar al cine" **6** (*Coloq*) *Quiera que no* A pesar de todo: "*Quiera que no* vamos a terminar a tiempo" **7** (*Coloq*) *Quiera o quieras que no* Aunque no esté o estés de acuerdo; aunque no lo crea o creas: "*Quiera que no*, tiene que tomar su medicina", "*Quieras que no*, me espantaste".

querer² s m Amor, cariño: "Yo pretendí a una morena / que era todo mi *querer*", "Yo soy rielera, tengo mi Juan / él es mi encanto, yo soy su *querer*".

queretano adj y s Que es natural de Querétaro, que pertenece a este estado o a su capital, la ciudad del mismo nombre, o se relaciona con ellos: *un ejidatario queretano*.

querido I pp de *querer*: "Tú siempre me has *querido* contar cosas que no me interesan" **II** s Persona con quien se tienen relaciones amorosas ilícitas; amante: "Uno para mi *querida* y otro para mi rival", "Es mi hijo, no mi *querido*" **III** adj Que se le tiene cariño o estimación, a veces usado en forma irónica: "El coronel, mi *querido* enemigo, fue pasado por las armas", "Creo que mientes *querido*, con tal de ganar el premio", *Sonora querida, mi querida Huasteca, mi más querida amiga, los seres queridos*.

querosén s m Líquido aceitoso de color blanquecino que se obtiene de la destilación y refinación del petróleo; se usa como combustible para lámparas, estufas, aviones de reacción, etcétera.

querreque s m Pájaro de la familia de los *Picidae*, de color castaño, cabeza roja con el penacho de plumas hacia atrás, alas cortas, patas con cuatro dedos y pico recto. Vive en regiones tropicales o boscosas y se alimenta de insectos que atrapa al picar insistentemente los troncos de los árboles, produciendo un sonido muy característico que da origen a su nombre; pájaro carpintero: "Un *querreque* en un estero / cantaba desesperado".

quesadilla s f Tortilla de maíz o de harina de trigo doblada por la mitad, rellena de diversos alimentos como queso, papa, hongos, picadillo, chicharrón, flor de calabaza, etc, cocida en comal o frita.

queso s m **1** Producto alimenticio, sólido, que se obtiene de la leche cuando se cuaja y se le quita el suero. Sus diferentes variedades dependen de los procedimientos empleados en su elaboración y del grado de madurez que alcance: *queso fresco, queso añejo, queso de cabra, queso de Oaxaca* **2** *Queso de puerco* Alimento hecho con carne de puerco picada y prensada **3** *Queso de tuna* Dulce hecho con tunas secas, prensadas hasta formar una pasta sólida como el queso lácteo.

quetzal¹ s m (*Pharomachrus mocinno*) Ave trepadora de aproximadamente 25 cm desde la cabeza hasta el nacimiento de la cola; cabeza, cuello, alas y parte superior verde esmeralda con varios reflejos; pecho rojo; cola que tiene por debajo unas plumas cortas, blancas y negras, y por arriba muy largas, como listones, de unos 70 cm, verdes y flexibles; copete de plumas verdes; pico breve y curvo, y patas de cuatro dedos. La hembra es verde por arriba, parda por debajo, con el vientre rojo y la cola corta. Vive en las selvas del sureste de México y en Guatemala, en los troncos de los árboles viejos y secos, los cuales perfora de un lado a otro para entrar y salir del nido sin maltratar su cola. Es una de las aves más bellas del mundo. Se consideró ave sagrada entre los antiguos mexicanos que daban a sus plumas el mismo valor de la esmeralda y que constituían el mejor tributo, como adorno del manto de los emperadores aztecas; fue también ave mitológica como símbolo de la belleza de los dioses, y aun hoy sus plumas se usan como talismán.

quetzal² s m Unidad monetaria de Guatemala que lleva grabada la imagen de tal ave.

quexquémetl s m Prenda de vestir que consiste en una tela cuadrada de algodón o de lana con una abertura en el centro, por la que se introduce la cabeza, quedando las puntas sobre el pecho, la espalda y los hombros; quesquémel, quexquemil.

quicio s m **1** Hueco formado por una puerta o ventana y el muro de alrededor donde se apoya el marco: "Se sentó en el *quicio* de la puerta" **2** *Sacar de quicio a alguien* Hacer que pierda la calma; exasperarlo: "*Me saca de quicio* y desearía golpearla", "Los niños lo sacaban de *quicio*".

quiebra s f **1** Fracaso o declive de algo, en especial de carácter económico: *negocio en quiebra, la quiebra de la democracia* **2** (*Der*) Situación en la que un negocio no puede obtener efectivo suficiente para cumplir con el pago de sus obligaciones, como consecuencia de que el pasivo es superior al activo. El negocio quebrado pierde el derecho de administrar los bienes y se procede a su liquidación: "La herencia lo salvó de la *quiebra*", "Ha recibido empresas en *quiebra* y las ha sacado adelante" **3** *Quiebra económica* o *financiera* (*Econ*) Situación que se da cuando la bolsa de valores baja de manera drástica el precio de los valores negociados; entonces hay un crack o hundimiento de los títulos.

quien pronombre relativo masculino y femenino **1** Señala generalmente a una persona en la oración de relativo, en la que puede ser sujeto: "Tu amigo, *quien* estaba presente, me lo dijo", o complemento: "Las personas a *quienes* saludaste son muy famosas" **2** La persona que, aquél que: "*Quien* encuentre una bolsa que la entregue al vigilante" **3** *Quien quita y* (*Coloq*) ¡Ojalá!: "*Quien quita y* nos sacamos la lotería" **4** *No ser* (*una persona*) *quien para* (*algo*) (*Coloq*) No ser la persona adecuada o no tener la autoridad o los conocimientos necesarios: "*No soy quien* para corregirte", "Usted *no es quien* para prohibir nada" **5** *Quien más, quien menos* (*Coloq*) Cualquiera: "*Quien más, quien menos* todo mundo se equivoca".

quién pronombre interrogativo masculino y femenino **1** Qué persona: "*¿Quién vino?*", "*¿Quiénes cantaron?*", "Te diré *quién* vino" **2** Qué persona, tiene valor exclamativo: "*¿A* su edad?, *¡quién* lo hubiera dicho!*", "*¡Quién* fuera tú para divertirse tanto!*" **3** *Quién..., quién...* Uno..., otro...: "Ante la crisis, *quién* aconseja una cosa, *quién* la otra".

quienquiera pronombre indefinido (Su plural es *quienesquiera*) Cualquiera, la persona que sea: "Que pasen, *quienesquiera* que sean", "*Quienquiera* que me llame dile que salí".

quieto adj **1** Que no se mueve, que está inmóvil: "Hugo se había quedado *quieto*", *un cuerpo quieto e inanimado* **2** Que está muy tranquilo, que está en silencio: "Todo se queda *quieto*, muy solo, sin ningún ruido", "Los nervios le impedían permanecer *quieto*", "Estése *quieto* porque va a despertar a la niña", *la tarde quieta*.

¡quihubo! interj (*Coloq*) **1** ¡Hola!, ¡qué tal!: "¡*Quihubo* Octavio! —¿*Quihubo* tú?", "¿*Quihubo* Petronio, dónde andabas?*" **2** Se usa como llamada de atención: "¡*Quihubo*, no se duerma!".

¡quihúbole! interj (*Coloq*) ¡Quihubo!: "¿*Quihúbole*, muchacho!, ¡Cuánto tiempo sin verte!"

quijada s f Cada una de las dos mandíbulas de los mamíferos, en especial la inferior, en la que se encajan los dientes y las muelas: "Derribó al joven de un golpe seco en la *quijada*".

quilla s f **I** (*Mar*) **1** Pieza metálica o de madera que va de la proa a la popa de un barco, en la parte inferior, y en la que se sostiene el armazón **2** *Dar quilla* Inclinar un barco de costado, de modo que descubra esta parte, para componerlo o limpiarlo **II** (*Zool*) **1** Parte ósea, saliente y afilada, del esternón de las aves que vuelan y de los murciélagos **2** Cada una de las partes salientes y afiladas que tiene la cola de algunos peces.

quimera s f **I 1** Monstruo mitológico que tenía cabeza y pecho de león, cuerpo de cabra y cola de dragón o de serpiente, y que escupía llamas. Otras veces tenía una cabeza de cabra con cola y cuerpo de león **2** Monstruo engañoso e imposible, hecho de opuestos o deformaciones: "No confundamos lo nacional con lo nacionalista surgido de una mutilación, de una *quimera*" **3** Cosa imposible que sólo ocurre en la fantasía: "La felicidad permanente es una *quimera*" **II** (*Zool*) Familia de peces elasmobranquios, que tiene las branquias cubiertas por un pliegue de la piel, grandes placas dentales, el maxilar superior unido firmemente al cráneo, y el hocico corto, redondeado o cónico, como el pez ratón (*Hidrolagus colliei*), de Baja California.

química s f Ciencia que estudia las propiedades, la composición y la estructura de la materia, los cambios o transformaciones que se producen en ella al combinarse y la energía que resulta de ellos: *química inorgánica, química orgánica*.

químico 1 adj Que se relaciona con las propiedades, la composición, la estructura y las combinaciones de la materia, y con los cambios y la energía que se producen en ella; que pertenece a la química o se relaciona con ella **2** s Persona que tiene por profesión la química.

quincena s f **1** Cada una de las dos partes en que se divide un mes, regularmente de quince días: *primera quincena de diciembre, segunda quincena de marzo* **2** Salario que se recibe a la mitad y al final de cada mes: "Era día 10 y ya se había terminado su *quincena*" **II** (*Mús*) **1** Intervalo de quince notas sucesivas que comprende dos octavas **2** Registro del órgano que corresponde a este intervalo.

quinina s f (*Quím*) Alcaloide blanco que se extrae de la corteza de la quina, inodoro y de sabor amargo; sus sales se utilizan en medicina como estimulante y en contra del paludismo.

quinquenio s m Periodo de cinco años, tratándose de cuestiones políticas, económicas o administrativas: *un balance del quinquenio*.

quinta s f Casa rodeada de jardines, árboles frutales, bosque o cualquier tipo de áreas verdes, situada generalmente en el campo o en las orillas de la ciudad, para pasar en ella los días de descanso: "Compró una *quinta* a orillas del río".

quintanarroense adj y s m y f Que es natural de Quintana Roo, que pertenece a este estado o se relaciona con él.

quinto adj y pron **I 1** Que ocupa el lugar inmediatamente posterior al cuarto de una serie: *quinto año, quinto mandamiento, el quinto concierto para piano de Beethoven, el quinto piso* **2** Quinta parte, cada una de las cinco porciones iguales en que se divide algo: *un quinto de la población*, "Le dieron dos *quintos* de la cosecha" **3** (*Coloq*) *El quinto infierno, el quinto patio, el quinto sueño* El último extremo de algo: "Se fue hasta *el quinto infierno*", "Vive en *el quinto patio* de esa vecindad", "No oyó nada porque estaba en *el quinto sueño*" **4** *No hay quinto malo* (*Coloq*) Que está o sucede en este número ordinal y por lo tanto es de buena suerte o es algo positivo: "Inténtalo de nuevo, *no hay quinto malo*" **II** (*Coloq*) **1** s m Moneda de cinco centavos: "Ya no hay nada que cueste un *quinto*" **2** *No tener ni* (*un*) *quinto* No tener la más mínima cantidad de dinero: "*No tenía ni un quinto* para comprarle leche al niño" **3** *En la quinta chilla* En la miseria; sin dinero: "Cuando se casaron estaban *en la quinta chilla*".

quiosco s m **1** Edificación techada, decorada según el gusto de la época, que se construye en un parque, en un jardín o en la plaza de un pueblo, que funciona como escenario público y donde suelen efectuarse conciertos y otros espectáculos. Su planta es redondeada o poligonal **2** Puesto en el que se venden periódicos, particularmente el construido con techo, como una caseta pequeña. (También *kiosco* y *kiosko*.)

quirófano s m Local equipado para que en su interior se realicen operaciones quirúrgicas; sala de operaciones: "Entró al *quirófano* hace dos horas".

quiromancia s f Adivinación, por medio de las líneas de la mano, del destino de una persona y de su carácter.

quiropedista s m y f Pedicurista.

quiropráctica s f Sistema de curación basado en la teoría de que las enfermedades son causadas por un trastorno del sistema nervioso y se corrigen mediante la manipulación de las vértebras, especialmente por la reducción manual de las luxaciones de la columna vertebral.

quiropráctico s y adj Persona especializada en la quiropráctica.

quirúrgico adj Que pertenece a la cirugía o se relaciona con ella: *intervención quirúrgica, métodos quirúrgicos, tratamiento quirúrgico.*

quiste s m **I** (*Med*) Tumor benigno formado por un saco cerrado de crecimiento lento que contiene líquido o una sustancia semisólida: *quiste del pulmón, quiste mamario, quistes en los ovarios* **II** (*Biol*) **1** Membrana con la que se envuelve y protege un animal o un vegetal microscópico en un medio adverso: "Los protozoarios pueden vivir encerrados en un *quiste*" **2** Membrana con el organismo que encierra.

quitar v tr (Se conjuga como *amar*) **1** Tomar algo o a alguien del lugar en que estaba; apartarlo o separarlo de donde estaba, de lo que formaba parte o de quien lo tenía: *quitar los libros de la mesa, quitar la tranca de la puerta, quitar el mueble de la entrada, quitar al niño de la corriente de aire, quitar los botones de la camisa, quitarle la comida a una persona* **2** prnl Tomar uno lo que traía puesto y apartarlo de sí: *quitarse los zapatos, quitarse los anteojos* **3** Hacer que desaparezca o se elimine algo que causa daño, estorba o ensucia: *quitar las manchas,* "Con el ejercicio *se nos quitó* el frío", *quitar la*

hierba, "No *se me quita* la tos" **4** Actuar algo o alguien para que una persona deje de sentir algo: *quitar la tristeza,* "Me *quitó* el hambre el pastel que me comí", *quitar las ilusiones* **5** Quitar un peso de encima Actuar algo o alguien para que una persona deje de tener una preocupación: "Las noticias me *quitaron un peso de encima*" **6** Interrumpir la acción, el funcionamiento o el servicio de algo: *quitar el agua, quitar las medicinas, quitar la luz* **7** prnl Dejar de manifestarse o de ocurrir algún fenómeno: *quitarse la lluvia, quitarse el calor, quitarse el ruido,* "*Se* me *quitó* el dolor de cabeza" **8** Disminuir la cantidad o la intensidad de algo: *quitar trabajo, quitar responsabilidades, quitar luz, quitar presión* **9** No quitar algo No impedir una cosa que otra se realice, no importar para otra cosa: "Lo cortés *no quita* lo valiente", "La ignorancia de la ley *no quita* la responsabilidad" **10** Impedir que alguien disfrute de un bien: *quitar la libertad, quitar la tranquilidad* **11** Quitar la vida Matar **12** Apartar o alejar a alguien de alguna cosa: "*Quitó a* su hijo del vicio", *quitarse de tonterías* **13** Quitarse algo de la cabeza Dejar de pensar en algo y de preocuparse por ello **14** Quien quita y (*Coloq*) Ojalá, con suerte: "*Quien quita y* encuentre novio" **15** Quitando de (*Coloq*) Con excepción de, salvo: "*Quitando a* los más chicos, todos pueden entrar a la fiesta".

quitina s f Sustancia orgánica nitrogenada que da consistencia y dureza a la capa que recubre el cuerpo de los artrópodos, como el cangrejo, la cucaracha, la langosta, etc, y a las membranas celulares de ciertos hongos y de algunas algas y bacterias.

quizá adv Tal vez, acaso, posiblemente: "*Quizá* venga mañana", "*Quizás* no te llegó mi carta", "*Quizá* no me hayas entendido". (También *quizás*.)

r s f Vigesimoprimera letra del alfabeto. En posición inicial de palabra y cuando es inicial de sílaba después de *l, n, s,* o *b,* representa el fonema consonante ápicoalveolar sonoro vibrante múltiple, como en *ratón, alrededor, Enrique, Israel,* y *subrayar.* Cuando este mismo fonema ocurre entre dos vocales, se representa gráficamente duplicando la letra, como en *perro, carro, corro,* etc. En posición intermedia y entre vocales representa el fonema consonante ápicoalveolar vibrante simple, como en *pero, caro, coro,* etc. Su nombre es *ere* o *erre.*

rábano s m **1** Raíz comestible, carnosa, redonda y pequeña o cilíndrica y alargada, blanca por dentro y generalmente roja por fuera, que tiene un sabor picante y suele comerse en ensalada o como entremés **2** (*Raphunus sativus*) Planta herbácea anual, de la familia de las crucíferas que da esta raíz; mide entre 60 y 80 cm de altura, tiene el tallo ramoso y velludo, hojas grandes y flores generalmente amarillas o blancas **3** *Importar algo un rábano* (*Coloq*) No importar nada: "Me *importa un rábano* que me quieras o que no me quieras".

rabia s f **1** Enfermedad viral propia de algunos animales, principalmente del perro, el lobo y el gato, en cuya saliva se encuentra el virus rábico que se extiende a través de los vasos linfáticos y ataca el sistema nervioso. Se transmite al hombre y a otros animales por mordedura; su periodo de incubación es muy variable, de uno a seis meses, y produce trastornos de la sensibilidad y del movimiento. El enfermo padece aversión a beber cualquier líquido (hidrofobia), sufre espasmos acompañados de salivación espumosa y contracturas musculares; la excitación nerviosa va en aumento y llega a verdaderos ataques de furor seguidos de parálisis hasta que sobreviene la muerte. Declarada la enfermedad, es incurable; pero existe la vacuna antirrábica que aplicada al inicio del periodo de incubación es muy eficaz; hidrofobia **2** Sentimiento de profundo enojo o disgusto que incluso hace perder a uno el control sobre sus actos: "Me da mucha *rabia* que te traten mal sin motivo".

rabino s m **1** Jefe espiritual de una comunidad judía; actualmente preside las ceremonias religiosas y la oración, bendice las uniones matrimoniales y celebra las exequias fúnebres. Además desempeña el papel de consejero moral de la comunidad que preside **2** Cada uno de los doctores de la Ley judía que sentaron las bases de la doctrina talmúdica en los primeros años de nuestra era.

rabo s m **I 1** Cola de los animales terrestres: "El perro lo recibía siempre moviendo el *rabo*", "El torero cortó cuatro orejas y un *rabo*" **2** Tallo u hojas largas de una fruta o verdura: *cebollas de rabo* **3** *Con el rabo entre las piernas* (*Coloq*) Avergonzado: "Sa-

lió de la junta *con el rabo entre las piernas*" **4** *Ser alguien un (viejo) rabo verde* (*Coloq*) Tener un hombre viejo la costumbre de pretender a las jóvenes con fines amorosos **5** *Rabo* o *rabillo del ojo* Ángulo que forman los párpados al unirse en el extremo externo del ojo **6** *Ver, mirar,* etc *con el rabillo del ojo* Ver, mirar, etc de reojo, disimuladamente o con desconfianza y cautela: "No quería que Gloria se fuera sin haberla saludado, así que se pasó todo el concierto *vigilándola con el rabillo del ojo*" **7** *Rabo de mestiza* Guiso de caldillo de jitomate con rajas de chile poblano, queso y huevos estrellados **8** *Rabo de buey* (*Rural*) Sistema de siembra de maíz y otros granos que consiste en depositar la semilla inmediatamente detrás del arado que abre el surco y taparla en seguida con la tierra que otro arado remueve **II 1** *Rabo de lobo* o *de bobo* (*Chamaedorea lindeniana*) Palma pequeña de hojas pinadas, abundante en la región del Istmo de Tehuantepec **2** *Rabo de iguana* o *de lagarto* (*Acacia iguana*) Planta leguminosa de climas tropicales, de 12 a 15 m de altura, de recias espinas a manera de garfios **3** *Rabo de chango, de mico* o *de mono* (*Cyathea princeps*) Helecho arborescente de 10 m o más de altura **4** *Rabo de zorra* (*Piper angustifolium*) Árbol de la familia de las piperáceas, de hojas elíptico-lanceoladas de 16 cm, aromáticas, e inflorescencias en espigas apretadas y apretadas.

racial adj m y f Que es propio o característico de la raza o se relaciona con ella: *origen racial, un problema racial, discriminación racial.*

racimo s m **I 1** Conjunto de flores o frutos agrupados a lo largo de un eje o tallo principal: *racimo de uvas, racimos de plátano* **2** Conjunto de elementos enlazados de cualquier tipo: racimos de átomos o moléculas **II 1** (*Chis, VerS, Alti Oax*) Medida que se emplea para pesar plátanos y que fluctúa entre 5 y 50 kg **2** (*Tab*) Medida que se usa para pesar cocos de aceite y que fluctúa entre 34 y 57 kilogramos.

ración s f Porción de cualquier tipo, especialmente la que se refiere a algún alimento que se reparte a intervalos regulares entre personas o animales: *una ración diaria, una buena ración de lentejas.*

racional adj m y f Que se relaciona con la razón; que está dotado de razón o se hace conforme a ella: *actividad racional, una justificación racional, una actitud racional, un ser racional.*

racionalismo s m **1** Confianza en las posibilidades de la razón humana como medio del conocimiento y guía de la acción, por encima de la experiencia y los sentimientos **2** (*Fil*) Doctrina filosófica, opuesta al empirismo, que considera a la razón como la fuente principal del conocimiento humano verdadero, lógico y universal: *racionalismo kantiana.*

racismo s m Doctrina que sostiene la superioridad de una raza en particular, a la que usualmente le atribuye el derecho a dominar a las demás: *el racismo nazi*, "Tratan a los indios con el *racismo* típico de los terratenientes del sureste", "Nelson Mandela ha combatido toda su vida el *racismo* de los blancos en Sudáfrica".

racista adj y s m y f Que es partidario del racismo o se relaciona con él: *sociedad racista*.

radar s m Aparato que permite registrar y localizar con precisión la presencia de objetos en el aire, en el espacio o en la superficie terrestre, proyectando ondas de alta frecuencia y captando las que rebotan como un eco al chocar con algún cuerpo. Como la velocidad de las ondas emitidas es constante (igual a la velocidad de la luz), se puede determinar la distancia a la que se encuentra el objeto y, si se mueve, su dirección y su velocidad. También sirve para conocer el relieve de una superficie, trazar mapas, etcétera.

radiación s f Emisión y propagación de energía en forma de ondas o partículas (como los rayos alfa, beta y gamma, los fotones, los electrones y los neutrones), a través del espacio o de cierto medio.

radiactividad s f Radioactividad.

radiactivo adj Radioactivo: *lluvia radiactiva*.

radiador s m Dispositivo de enfriamiento de ciertos motores, particularmente de los de los automóviles, que consiste de una serie de tubos o conductos muy estrechos a lo largo de los cuales corre agua, aire o algún líquido refrigerante: "Verifique el nivel de agua en el *radiador* de su coche", *el radiador de un refrigerador*.

radiar v tr (Se conjuga como *amar*) **1** Aplicar radiaciones en tumores cancerosos con el fin de destruirlos **2** Difundir o propagar energía en un medio cualquiera, particularmente bajo sus formas luminosa y calorífica; irradiar **3** Transmitir algo por radio: *radiar un partido de futbol*.

radical I 1 adj m y f Que es completo o total, sin limitaciones ni atenuantes; que su acción es definitiva y obra sobre el origen o las causas de algo: *cambio radical, soluciones radicales*, "El efecto destructor de esas armas es *radical*", "Su carácter se ha transformado de manera *radical*" **2** adj y s m y f Que se inclina por soluciones extremas, que no admite términos medios, en particular, que sostiene esta actitud en la política: *una ideología radical, partidos radicales*, "Para las cuestiones legales es muy *radical*" **II** s m **1** (*Mat*) Signo gráfico ($\sqrt{\ }$) con el que se indica una raíz **2** (*Gram*) Lexema o raíz de una palabra **3** (*Quím*) Grupo de átomos que se encuentran en algunos compuestos y que no sufren cambios al pasar por diversas reacciones químicas **4** adj (*Bot*) Que pertenece a la raíz de las plantas o se relaciona con ella; particularmente, que brota directamente de la raíz: *tallo radical*.

radicalmente adv En forma radical, de raíz, por completo, totalmente: "El ambiente general había cambiado *radicalmente*", *modificar radicalmente el arte de la dirección y de la actuación, concepciones radicalmente antagónicas*, "La situación hoy es *radicalmente* distinta", *corregir radicalmente la situación, cambiar radicalmente*.

radicar v intr (Se conjuga como *amar*) **1** Tener alguien su residencia o domicilio permanente en una ciudad, en un país o en un lugar determinado: *radicar en México*, "Artistas que *radicaban* en nuestro país", *radicar en el interior de la República*, "Más de 25 millones de mexicanos *radicaban* en el campo" **2** Estar, encontrarse, hallarse o residir en algo la importancia, significación o alcance de otra cosa: "El peligro *radica* en dejarse hipnotizar por el canto de la sirena", "Lo importante de su cargo *radica* en la elevación de sus ingresos **3** (*Der*) Arraigar.

radio¹ s m o f **1** Aparato capaz de captar las ondas electromagnéticas empleadas en radiodifusión para transmitir sonidos: *escuchar el radio* **2** Aparato eléctrico capaz de enviar y recibir estas ondas: *llamar por radio*, "Los soldados disponían de un *radio* para comunicarse con el cuartel" **3** Sistema de comunicación que emplea ondas electromagnéticas para transmitir mensajes hablados, música u otros sonidos destinados al público; radiodifusión: *noticias trasmitidas por la radio, estaciones de radio*.

radio² s m **1** (*Geom*) Segmento de recta que une el centro de un círculo con cualquier punto de su circunferencia **2** *Radio de acción* Alcance máximo de influencia, eficacia o acción de algo o de alguien en todas las direcciones: *el radio de acción de una emisión, el radio de acción de una compañía, el radio de acción de una autoridad*.

radio³ s m (*Anat*) Hueso que está situado junto al cúbito y es un poco más corto que él, con el cual forma el antebrazo.

radio⁴ s m (*Quím*) Elemento metálico, sólido, de color blanco que se vuelve negro al contacto con el aire; es radioactivo y muy tóxico. Se emplea en medicina para hacer radiografías y para la radiación de tumores cancerosos.

radioactividad s f Propiedad de algunos elementos pesados, como el radio, el uranio y el torio, cuyos átomos se desintegran espontáneamente emitiendo rayos alfa, beta o gamma. (También *radiactividad*.)

radioactivo adj Tratándose de un elemento pesado, que se desintegra espontáneamente emitiendo rayos alfa, beta o gamma, los cuales son capaces de penetrar cuerpos opacos y causar lesiones en los tejidos vivos cuando la dosis recibida sobrepasa los cincuenta rems: *material radioactivo, sustancias radioactivas*. (También *radiactivo*.)

radiodifusión s f Sistema de comunicación que emplea ondas electromagnéticas para transmitir mensajes hablados, música u otros sonidos destinados al público; radio.

radiodifusora s f Estación de radio que tiene las instalaciones necesarias para la transmisión de programas sonoros por medio de ondas electromagnéticas: *una excelente radiodifusora*.

radiografía s f **1** Fotografía obtenida por rayos X, utilizada sobre todo en medicina para hacer un examen fiel de los órganos internos del cuerpo humano; también se emplea en arqueología, metalurgia, criminalística, etc: *tomar una radiografía, una radiografía del cráneo* **2** Procedimiento para obtener este tipo de fotografías.

radiología s f Parte de la medicina que trata del examen del cuerpo por medio de los rayos X, de la interpretación de las radiografías y del tratamiento de las enfermedades por medio del radio y otros elementos radioactivos: *la radiología cardiovascular*.

radioterapia s f Tratamiento o terapia de ciertas enfermedades por medio de los rayos X o de cualquier otro tipo de radiación: *radioterapia profunda sobre el sitio del dolor*, "Se están preparando médicos oncólogos tanto en la *radioterapia* como en la quimioterapia y cirugía".

raíz s f I **1** Parte de la planta que toma de la tierra o del agua las sustancias necesarias para nutrirse; por lo general se desarrolla bajo tierra **2** Parte de una cosa que metida en otra, le sirve de sostén: *la raíz de un diente*, *la raíz del pelo* **3** Origen de una persona o causa de alguna cosa: *tener raíces mexicanas*, *la raíz de un problema* **4** *Echar raíces* Quedarse alguien a vivir o a trabajar en algún lugar y compartir su historia **5** *De raíz* Por completo, desde su origen o desde sus causas: *atacar la injusticia de raíz*, *resolver un problema de raíz*, *arrancar de raíz un mal* **6** *A raíz de* A causa de, con motivo de: "*A raíz de* la independencia, muchos colonos se fueron del país" **7** *Bien raíz* El que no puede llevarse de un lugar a otro, como las parcelas, las casas, los edificios, etc; bien inmueble: "Invirtió su capital en *bienes raíces*", "No, señor, su casa es un *bien raíz*" **II** (*Gram*) Lexema **III** (*Mat*) **1** Operación inversa a la de elevar un número a una potencia; consiste en encontrar el o los números que multiplicados por sí mismos una vez (es decir, elevados al cuadrado), dos veces (elevados al cubo), etc, dé por resultado un número determinado llamado radicando; por ejemplo, la *raíz* o *raíz cuadrada* de 25 es 5, la *raíz cúbica* de 27 es 3, etc: "Saque la *raíz* de 81" **2** (*Mat*) Resultado de esta operación; por ejemplo, 5 es la *raíz* o *raíz cuadrada* de 25, 3 es la *raíz cúbica* de 27, etc: "Obtenga la *raíz* de 49", "La *raíz* cúbica de 50 no es un número entero" **IV 1** (*Rural*) Camote **2** *Raíz de cocolmeca* o *raíz de China* (*Smilax cordifolia*) Planta trepadora, de rizoma leñoso y duro, hojas cordiformes y fruto globoso en umbelas **3** *Raíz del gato* Planta herbácea de la familia de las valerianáceas (*Valeriana edulis, Valeriana ceratophylla, Valeriana sorbifolia*) cuya raíz tiene un olor desagradable **4** *Raíz del indio* Planta de la familia de las aristoloquiáceas (*Aristolochia anguicida, Aristolochia foetida*) o de la de las poligonáceas (*Rumex hymenosepalus*) a la que se le atribuyen propiedades curativas para la mordedura de las serpientes **5** *Raíz de Jalapa* (*Ipomoea purga*) Planta herbácea, trepadora, de la familia de las convolvuláceas; tiene hojas alternas, cordiformes, de 6 a 15 cm de largo, flores monopétalas de color rojizo, fruto en forma de cápsula y raíz tuberosa; se emplea como purgante y vomitivo.

raja s f I **1** Grieta o hendidura larga y delgada de una superficie: "Le hizo una *raja* en la cara con el cuchillo" **2** (*Rural*) En Chihuahua, surco en que se siembra el maíz y que se repasa con el arado cuando nace la planta para facilitarle la salida **3** (*Groser*) Vulva de la mujer; rajada **4** Pedazo largo y delgado de algún vegetal: *tres rajitas de canela, canela en raja, pele el aguacate y córtelo en rajas* **5** Pedazo largo y delgado de chile: *un taco de rajas, rajas con crema* **6** *Sacar raja* (*Popular*) Sacar provecho u obtener ventaja **II** (*Rural*) Boñiga seca que se emplea como combustible.

rajar v (Se conjuga como *amar*) **I** tr **1** Hacer o hacerse una grieta o hendidura larga y estrecha en una su-

perficie: "Varios vasos se *rajaron* con el agua caliente", "Los vidrios de los edificios se *rajaron* con el terremoto", "Le *rajó* la ceja de un codazo" **2** Partir o romper en rajas alguna cosa, especialmente la leña: *rajar ocotes* **II** (*Coloq*) **1** prnl Desdecirse o dejar de cumplir un compromiso contraído; darse por vencido ante una situación peligrosa o muy arriesgada; acobardarse: "Le cae de madre al que *se raje*", "Ay Jalisco no *te rajes*" **2** *Rajar* o *rajar leña* Delatar o confesar algún delito: "No le hablamos desde que *rajó* con la maestra" **III** *Rajar el surco* o *rajar la calle* (*Rural*) Marcar de nuevo con el arado la calle o parte baja de los surcos para que la tierra cubra el tallo de la planta que se encuentra en lo alto del surco o bordo.

rallar v tr (Se conjuga como *amar*) Desmenuzar o cortar algún alimento raspándolo o frotándolo contra un utensilio de metal provisto de pequeñas asperezas filosas y orificios por donde pasan los pedacitos: *rallar queso, rallar zanahoria*.

rally s m Carrera, generalmente de automóviles o motocicletas, en que los concursantes sólo alcanzan la meta después de haber pasado por un cierto número de etapas o de haber superado diversas pruebas: "El *rally* abarcará un total de 1700 km". (Se pronuncia *ráli*.)

rama s f I **1** Cada una de las partes que nacen del tronco o del tallo de una planta, en las que brotan las hojas, las flores y los frutos **2** Cada una de las partes en que se divide algo considerado como origen o núcleo de alguna cosa: *una rama genealógica, las ramas de la medicina, una lengua de la rama latina* **3** *Andarse* o *irse por las ramas* Desviarse del asunto central o más importante de un discurso o de una discusión **4** *En rama* Recién cortado, sin elaboración: *algodón en rama* **II** (*Impr*) Marco de metal donde se coloca el tipo ya formado en páginas para su impresión **III 1** *Rama de oro* (*Galphimia glauca*) Arbusto de la familia de las malpigiáceas, de hasta 5 m de alto, hojas alternas, ovadas, provistas de pequeñas glándulas en la base o en el ápice del peciolo y flores amarillas en forma de estrella que crecen en grandes racimos. Se encuentra de Sonora a San Luis Potosí, Morelos, Michoacán y Jalisco; flor de diciembre, palo de muerto **2** *Rama del sapo* Planta herbácea de la familia de las portulacáceas, de hojas obovadas y flores generalmente de cinco pétalos y dos sépalos (*Talinum attenuatum* o *Talinum patens*), de color rosa o amarillo (*Talinum paniculatum*).

ramificación s f **1** Acto de ramificar o ramificarse algo **2** Cada una de las partes, conductos, ramas, etc que salen o se derivan de una rama o tronco común: *la ramificación de un río, ramificaciones nerviosas, la ramificación de las arterias*.

ramificar v tr (Se conjuga como *amar*) Dividir o dividirse alguna cosa en distintas partes o ramas unidas a un eje o relacionadas con él; hacer que salgan partes más pequeñas o menos importantes de un centro o núcleo: *ramificarse un tronco, ramificar un camino*, "La guerrilla se fue *ramificando*".

ramo s m I **1** Manojo de flores, tallos o ramas cortadas de la planta que se usan generalmente como adorno: *un ramo de flores silvestres, un ramo de claveles, un ramo de rosas, un ramito de azahares, un ramito de perejil, un ramito de yerbas de olor* **2** *Domingo de Ramos* (*Relig*) Entre los católicos, el domingo que precede al de Pascua y que conmemora la entrada de Cristo a Jerusalén, donde fue recibido por una multitud que agitaba palmas **||** Subdivisión en el campo de las actividades humanas, especialmente en la industria y la agricultura: *el ramo petrolero, el ramo de la construcción, el ramo del algodón.*

rana s f Animal anfibio de cuerpo más o menos globoso, tronco corto y grueso, cabeza en forma triangular unida directamente al tronco, boca grande y ojos saltones; sus patas delanteras son cortas mientras que las traseras, largas y fuertes, le sirven para saltar; su piel, lisa y húmeda, es de color verde oscuro con manchas negras; se alimenta de insectos y gusanos que atrapa con su lengua larga y rápida. Su respiración es básicamente pulmonar, aunque también puede respirar a través de la piel tanto en la tierra como bajo el agua. Es la forma adulta del renacuajo.

ranchería s f **1** Conjunto muy pequeño de casas levantadas al campo y de condición muy humilde; caserío: "Al ir a San Cristóbal cruza uno por varias *rancherías*" **2** (*Rural*) Conjunto de habitaciones para los peones de un rancho o de una hacienda.

ranchero 1 s Persona que es dueña de un rancho o que vive en él y se dedica al trabajo del campo **2** adj Que pertenece a los ranchos o a sus habitantes o que se relaciona con ellos: *unas botas rancheras, una salsa ranchera, vida ranchera, las canciones rancheras* **3** adj y s (*Coloq*) Que es tímido o vergonzoso: *una muchacha muy ranchera*, "¡No seas *ranchero*, saluda a los demás!".

rancho s m I **1** Terreno relativamente extenso dedicado al cultivo y a la cría de animales, generalmente provisto de uno o más edificios donde viven sus dueños y trabajadores y donde se guarda la herramienta, el grano, etc **2** (*Rural*) Finca rural, pequeña y humilde, y casco de la misma **3** (*Rural*) En Tabasco, barraca que se levanta en el campo de manera provisional **4** *Hacer* o *poner rancho aparte* Independizarse **||** Comida que se hace para muchos, como la que se les da a los soldados.

ranglan adj m y f sing y pl Tratándose de sacos, abrigos, suéteres u otras prendas de vestir, que tiene las mangas anchas y holgadas, sin costuras en los hombros, que suben de abajo del nivel de las axilas hasta la línea del cuello; raglán: *manga ranglan.*

rango s m Cada una de las categorías, clases o niveles en que se divide una jerarquía o una clasificación: "Tiene el *rango* de capitán", *rango social, rango político*, "Transmite en el *rango* de los 100 Mhz".

rapaz adj m y f y s **1** Que practica el robo o que se apodera de algo aprovechando su fuerza y la debilidad o inocencia de alguien **2** *Ave rapaz* Ave de rapiña, como el buitre.

rápidamente adv Con rapidez; a gran velocidad, en poco tiempo: *hablar rápidamente*, "Cruzó *rápidamente* por la carretera", "*Rápidamente* se dio aviso al cuerpo de bomberos", "*Rápidamente* se ha desarrollado la industria química", "La población ha crecido muy *rápidamente*", "El tamaño del tumor ha aumentado muy *rápidamente*", *dirigirse rápidamente a los servicios médicos de emergencia, caminar rápidamente.*

rapidez s f Gran velocidad con la que algo se hace o sucede, circunstancia de ocurrir una cosa durando poco tiempo o cualidad de que se veloz: "Comió con *rapidez* y salió corriendo", "Me asombró la ra-

pidez con la que respondió a mis preguntas", *rapidez de movimientos, la rapidez de un jugador*, "Tuvimos que llevarlo con *rapidez* al hospital", "La *rapidez* con la que se va la vida".

rápido 1 adj y adv Que dura o tarda poco tiempo, que se mueve, actúa o se realiza con gran velocidad: *movimiento rápido, un viaje rápido, un caballo rápido, una atleta rápida, correr rápido, hablar muy rápido, ser rápido para multiplicar* **2** s m Lugar en el cauce de un río en donde la corriente se mueve a mayor velocidad y es muy tumultuosa: *los rápidos del río Balsas.*

rapiña s f **1** Carácter o calidad del que se apodera de algo haciendo uso de la fuerza o aprovechándose de la debilidad, el descuido, la desprotección, etc de alguien; calidad del que tiene una ambición desmedida y sin escrúpulos: "Los bandidos cometieron actos de vandalismo y *rapiña*", "Se disputaron la herencia de su tío con verdadera *rapiña*" **2** *Ave de rapiña* Ave falconiforme, como el águila, el zopilote y el halcón, de garras robustas y pico fuerte y encorvado, que se alimenta de carroña de los animales que caza.

rapsodia s f **1** Composición musical de forma libre, generalmente de carácter épico, heroico o popular: *rapsodia española de Ravel, rapsodias húngaras de Liszt* **2** En la antigua Grecia, serie de extractos de poemas épicos, especialmente los de Homero, que recitaban los cantores que iban de un lugar a otro.

raqueta s f **1** Instrumento constituido por un marco generalmente oval, de madera o de metal, que sostiene una red de cuerdas de tripa o nylon, y provisto de un mango largo, que sirve para golpear o lanzar generalmente una pelota al aire y jugar diferentes deportes: *raqueta de tenis, raqueta de badminton, raqueta de squash* **2** *Raqueta de ping-pong* La constituida por una superficie ovalada de madera recubierta de alguna materia elástica por uno de sus lados o por ambos y provista de un mango corto.

raquítico adj **1** Que es muy débil, endeble, sin la fuerza mínima normal, o que es pequeñísimo, que su cantidad es excesivamente pequeña en relación con la que se necesita o desea: "Se está poniendo *raquítico* por no comer", *una comida raquítica, un salario raquítico* **2** (*Med*) Que padece raquitismo.

raquitismo s m Enfermedad ocasionada por una mala alimentación o por trastornos nutricionales que producen una importante carencia de vitamina D. Se presenta durante el periodo de crecimiento y se caracteriza por la deformación de los huesos debida a la falta de solidez del tejido óseo; suele ir acompañada de adelgazamiento, dolores musculares, fiebre, decaimiento general, afecciones nerviosas y diversas alteraciones orgánicas.

raro 1 adj y adv Que no es común, que es extraño o se comporta extrañamente, que es peculiar o actúa fuera de lo normal: *un raro producto químico, una palabra rara, hablar raro*, "Los toreros visten algo *raro* y yo diría que son una excelente combinación de bailarines y carniceros" **2** adj Que es uno de los pocos de su clase, que sucede o se da pocas veces: *un documento raro, un libro raro* **3** adj Que es poco frecuente: "Es *raro* que después de la estrofa se repita íntegro el estribillo", *un raro talento literario* **4** adj (*Coloq*) Que es homosexual: *un chico raro.*

rascacielos s m sing y pl Edificio muy alto, de muchos pisos, como la Torre Latinoamericana: "Los *rascacielos* con su monótona arquitectura…".

rascar v tr (Se conjuga como *amar*) **I 1** Frotar la piel con las uñas o con algo áspero para calmar la comezón: "Se *rascó* la herida y se la infectó", "Al gato le gusta *rascarse* el lomo contra el tronco de los árboles", "¡*Ráscame* la espalda, por favor!" **2** Frotar, restregar o escarbar algo con las uñas o con algún instrumento: "El perro *rascaba* la tierra", "*Rascamos* la puerta con una lámina para quitarle la pintura" **3** *Rascarse la panza* o *la barriga* (*Coloq*) No hacer nada, flojear: "¿Y crees que yo nomás *me voy a rascar la panza* mientras veo cómo se acaban mis ahorros?" **4** *Rascarse con sus (propias) uñas* (*Coloq*) Valerse por sí mismo o atenerse a sus propios recursos: "Y si nos descubre, pues ya que cada cual *se rasque con sus propias uñas*" **5** *Rascar la pared* o *las paredes* (*Coloq*) Estar desesperado o ansioso: "La Delfina no llegaba y él ya andaba *rascando las paredes* de angustia" **II** intr (*Rural*) En Puebla, cosechar la papa.

rasgar v tr (Se conjuga como *amar*) Romper algo hecho de un material suave, como el papel o la tela, comúnmente jalándolo con fuerza en direcciones opuestas y sin usar ningún instrumento: "Se *rasgó* el vestido", "*Rasgué* el tapiz de la pared".

rasgo s m **1** Cada una de las líneas o de las formas que constituyen el rostro o que configuran una expresión facial: *rasgos angulosos, rasgos finos, rasgos indígenas, rasgos femeninos* **2** Línea o trazo, particularmente la que adorna las letras **3** Característica propia de algo o de alguien o aspecto peculiar que lo distingue: "El *rasgo* más interesante de esta filosofía…", *rasgos caracterológicos* **4** *A grandes rasgos* De manera general, sin detalles: "*A grandes rasgos*, nuestro trabajo consiste en…", *una narración a grandes rasgos* **5** Acto que realiza una persona y que resulta significativo por su delicadeza, amabilidad, cortesía, etc: *un rasgo de humildad, un rasgo generoso*.

raso adj **1** Que es liso y uniforme, que tiene una superficie plana y homogénea, sin asperezas ni desniveles: *campo raso, una tabla rasa* **2** Que está lleno hasta el borde y de manera uniforme: *una taza rasa de arroz* **3** Que se mueve o pasa a poca altura del suelo: *vuelo raso*, "Lanzó una pelota *rasa*" **4** Tratándose del cielo, de un terreno, un paisaje, etc, que está despejado, abierto o limpio: "Miraba el cielo *raso* mientras pensaba", *dormir a campo raso* **5** Que no tiene grado o título; que pertenece al nivel más bajo de una jerarquía: *soldado raso, policía raso* **6** s m Tela delgada, lisa y muy brillante: *una falda de raso*.

raspar v tr (Se conjuga como *amar*) **1** Frotar o rozar con algo áspero, arrancando pequeños pedacitos de una superficie: *raspar la piel, rasparse las rodillas, raspar antes de lijar, raspar las paredes* **2** Eliminar la parte enferma de un tejido en un órgano; especialmente hacer un legrado en el útero después de un aborto **3** (*Coloq*) Molestar la garganta un licor o un vino fuertes: "Este tequila *raspa* muy feo" **4** *Raspar el maguey* (*Rural*) Desprender la viruta del tronco o cajete del maguey, estimulando la producción de aguamiel.

rasposo adj **1** Que raspa, que es áspero al tacto o al paladar: *sabor rasposo, fibra rasposa*, "Esta tela es muy *rasposa*" **2** Que es accidentado, torpe, poco

suave o pulido; áspero: "Llevaban una relación muy *rasposa*", *un hombre de trato rasposo*.

rastrear v tr (Se conjuga como *amar*) **I 1** Seguir el rastro dejado por algo o alguien para encontrarlo o averiguar dónde fue a parar: *rastrear a un animal, rastrear las huellas de los ladrones* **2** Recorrer cuidadosamente una superficie determinada en busca de alguna cosa o de alguna persona perdida: "*Rastrearon* la sierra en busca de sobrevivientes" **II** (*Agr*) Trabajar la tierra con rastrillo para desbaratar los terrones, sacar las piedras, alisar el terreno, etc **III** Arrastrar una red u otro instrumento de pesca muy cerca del fondo de un río, una laguna, etc para pescar o encontrar algo.

rastreo s m Acto de rastrear: "El equipo consiste en: un telescopio, un montaje para *rastreo* y su sistema de detección fotoeléctrica", "Los *rastreos* se hicieron en un solo sentido".

rastrillo s m **1** Herramienta de labranza que consta de un mango largo, de madera o metal, provisto en un extremo de varios dientes rectos que forman con él un ángulo recto; se emplea para remover o arrastrar la tierra, hojas, etc **2** Herramienta de forma y uso similares a los de la anterior, pero más chica, que se usa en jardinería **3** Herramienta que consta de un mango y púas fuertes que se utiliza para extender la piedra o mezclar arena, cal o cemento con agua **4** Instrumeto manual provisto de una navaja que se usa para rasurarse **5** Instrumento que sirve para la extracción de almejas.

rastro[1] s m Señal o huella que deja en cierto lugar alguna cosa o una persona que estuvo en él o pasó por él: *buscar el rastro de los asaltantes, huir sin dejar rastro, borrar los rastros*.

rastro[2] s m Lugar o establecimiento en el que se mata al ganado para producir la carne con que se consume en la alimentación: "Existe el proyecto de acercar los *rastros* a las empacadoras de carne".

rasurar v tr (Se conjuga como *amar*) **1** Cortar al ras o a la altura de la piel el pelo o el vello del cuerpo, particularmente la barba y el bigote, con una navaja, un rastrillo u otro instrumento semejante: "Se *rasura* todas las mañanas", "Perdió la apuesta y tuvo que *rasurarse* la barba", "Hay que *rasurar* al paciente antes de operarlo" **2** (*Coloq*) Quitarle algo a alguien o ganárselo en alguna apuesta; pelar: "Me *rasuraron* veinte pesos que traía".

rata s f **I 1** Mamífero roedor que pertenece al género *Rattus* y a una multitud de especies; alcanza hasta 50 cm de largo y es de cabeza pequeña, hocico puntiagudo, orejas tiesas, cuerpo ancho, de pelaje generalmente gris oscuro, patas con reducción del pulgar y cola larga, cubierta de escamitas entre las que despuntan algunos pelos; en general es muy voraz y prolífico, además de veloz, buen nadador, trepador y cavador: *un tropel de ratas, los chillidos de las ratas, una terrible plaga de ratas*, "El barco estaba infestado de *ratas*", "No era posible exterminar de una sola vez a todas las *ratas* de la bodega" **2** *Rata de maguey* o *rata conejo* (*Neotoma mexicana*) Roedor de campo que en algunos lugares se consume como alimento **II 1** (*Popular*) Ladrón, ratero: "Se esfumó el muy *rata*" **2** *Rata de biblioteca* (*Coloq*) Persona que se pasa la vida en las bibliotecas o trabaja siempre con libros **3** *Rata de iglesia* o *de sacristía* Persona que se pasa la vida en la iglesia.

ratero s y adj (*Coloq*) Ladrón, especialmente el que roba cosas de poco valor: "Hay que cuidarse mucho de los *rateros*", *un nido de rateros*, "Son muy *rateros*, los desdichados".

ratificar v tr (Se conjuga como *amar*) Confirmar, dar por válido o verdadero algo que ya se había afirmado antes: *ratificar su acatamiento a la ley*, "El senado no *ratificó* el convenio".

rato s m **1** Espacio corto de tiempo: *esperar un rato, tardar un rato* **2** *Al rato* Dentro de poco tiempo o al poco tiempo: "*Al rato* vamos a comer", "Y *al rato* nos fuimos de ahí" **3** *A ratos* De vez en cuado, con interrupciones o intervalos: *dormir a ratos, caminar a ratos*, "Tengo dolor de cabeza *a ratos*" **4** *Pasar el rato* Pasar el tiempo haciendo algo entretenido o agradable o hacer algo para distraerse: "*Pasamos el rato* viendo televisión", "No creas que canta profesionalmente; lo hace sólo por *pasar el rato*" **5** *Pasar un buen* o *mal rato* Gozar o sufrir con algo o con alguien durante cierto tiempo: "La simpatía del licenciado nos hizo *pasar un buen rato*" **6** *Para rato* (*Coloq*) Por más tiempo del que se podría esperar o por mucho tiempo; en abundancia o sin peligro de merma: "Tenemos campeón *para rato*", "No te preocupes, *tenemos* frijoles *para rato*", "Entonces sí que teníamos trabajo *para rato*", "En esta laguna había peces *para rato*" **7** *Tener algo para rato* o *ir algo para rato* (*Coloq*) Tardar o haber tardado ya cierto tiempo: "*Tiene para rato* que lo esperamos", "Ya *va para rato* que trabaja en esa tienda" **8** *En un chico rato* (*Coloq*) En cualquier momento: "*En un chico rato* ese dolor le da a usted un buen susto".

ratón s m **I** **1** Mamífero roedor que pertenece al género *Mus* y sus diversas especies. Mide unos 20 cm de largo, la mitad de los cuales pertenecen a la cola. Es de color gris ceniciento o café oscuro; tiene cabeza pequeña, ojos muy vivos, hocico largo y puntiagudo, bigotes de pelo fuerte, dientes muy afilados, orejas pequeñas y muy tiesas y cola con poco pelo. Es muy prolífico, ágil y astuto, pero temeroso. Habita tanto en las ciudades como en el campo: *plaga de ratones*, "Poníamos queso para atraer a los *ratones* a la trampa", "Marta la tiene miedo a los *ratones*" **2** *Ratón campestre de cola bicolor* Roedor que pertenece al género *Reithrodontomys* y a varias especies. Mide 16 cm de largo, la mitad de los cuales corresponden a la cola. Su pelaje es del color del ante con ciertos matices rojizos, un poco más oscuro en el lomo, y blanco sucio por debajo y en la cola. Habita en casi todo el territorio mexicano **3** *Ratón de pinceles* (*Perognathus penicillatus*) Roedor que mide apenas 5 cm desde el extremo anterior de la cabeza al nacimiento de la cola, que es más larga pues alcanza hasta 5 cm y termina en un mechón de pelo **4** *Ratón de bolsa* (*Perognathus flavus*) Roedor campestre que tiene cierta semejanza con el tlacuache por la bolsa de que está dotado **5** *Ratón lavandero* (*Procyon lotor*) Mapache **6** *Ratón tlacuache* o *ratón de monte* (*Didelphys dorsigera*) Tlacuache muy pequeño **7** *Ratón viejo* (*Rural*) Murciélago **II** *Ratón de biblioteca* Persona encerrada siempre en la consulta, examen y exploración de los libros de una biblioteca **III** (*Polynemus octonemus*) Pez que habita en aguas tropicales, cuyas aletas ventrales se encuentran formadas por varios radios filamentosos que dan la aparien-

cia de barbillas; tiene dos aletas dorsales, la anterior espiniforme exclusivamente, y es de color gris en el dorso y pálido en el vientre **IV** (*Comp*) Instrumento pequeño que se puede deslizar en cualquier dirección sobre una superficie. Está conectado por un cable a la computadora y sirve para mover y operar analógicamente el cursor de la pantalla del monitor y ejecutar órdenes.

raya[1] s f **1** Línea o franja, generalmente recta, que se distingue en alguna superficie: *una raya roja, un cuaderno de doble raya, una corbata a rayas, la raya del pantalón* **2** Línea que se marca en la cabeza al dividir el pelo en dos direcciones, normalmente con un peine: *raya de lado, peinarse de raya enmedio* **3** Línea o señal que indica alguna cosa, generalmente los límites de algo, su comienzo o su fin: *raya de salida, raya de meta*, "Estuve andando hasta la *raya* de Guatemala" **4** *La raya* (*Popular*) Momento final de la vida; la muerte **5** *A raya* Dentro de ciertos límites: *mantener a raya al enemigo, tener a raya a los animales* **6** *Pasarse de la raya* Pasarse de un límite **7** *Pintar alguien la raya* o *su raya* (*Coloq*) Fijar un límite o poner fin a algo: "Susana me *pintó la raya* cuando quise darle un beso", "Yo aquí *pinto mi raya*", "*Pinto mi raya* que ya no juego" **8** *Morir en la raya* Morir en el cumplimiento de su deber **II** (*Rural*) **1** En Morelos y Durango, surco **2** En Tamaulipas, pequeño canal de riego **3** *Raya vedada* En las carreras de caballos, la de salida que no deben tocar los caballos hasta el momento de iniciar la competencia **4** *Raya del centro* En las peleas de gallos, línea central de las tres paralelas que se trazan en el suelo **5** *Rayas de parar* En las peleas de gallos, cada una de las dos líneas paralelas a la anterior **6** *Mala raya* Mancha de la fuente de los caballos, llamada cordón, que se desvía a uno y otro lado **7** *Raya de mula* o *raya mulera* Faja de color oscuro que tienen en el lomo algunos caballos o mulas, desde la cruz hasta el nacimiento de la cola.

raya[2] s f Pago o salario, por lo general el que se hace cada semana: *día de raya, tiendas de raya*.

raya[3] s f Cada uno de los peces selacios pertenecientes al suborden de los ráyidos, de diversos géneros y especies, de cuerpo aplanado en forma de triángulo o rombo, y cola larga y delgada, como la *raya mariposa* (*Gymnura marmorata*), la *raya de espina* (*Urolophus halleri*), la *raya chata* (*Dasyatis sabina*), etcétera.

rayar[1] v (Se conjuga como *amar*) **I** tr **1** Hacer uno o más rayas sobre una superficie: *rayar un papel* **2** Maltratar una superficie haciendo rayas sobre ella, especialmente la de los discos fonográficos, de modo que ya no suenen bien o repitan un fragmento en forma ininterrumpida: "Se *rayó* el disco" **3** *Rayárse-la* (*a uno*) (*Ofensivo*) Mentarle la madre **II** *Rayar en* Llegar casi al límite de convertirse en otra cosa: "Sus versos amorosos *rayan* en lo erótico", "Su música *rayaba* en lo extraordinario" **III** intr Amanecer, comenzar a aparecer la luz del día: "*Rayando* el sol me despedí", *rayar el alba*, "*Rayaba* el día cuando entramos al pueblo" **IV** (*Rural*) **1** *Rayar el caballo* Detener o frenar bruscamente un caballo que va a galope, valiéndose sólo del freno, de modo que las patas traseras se detengan en seco o se deslicen sobre la tierra, dejando una marca: "Comienzan a ra-

yar sus caballos" **2** tr En Tlaxcala, pasar el arado por un terreno ya barbechado y aplanado para a continuación dejar caer las semillas en los surcos y taparlos con el azadón.

rayar[2] v tr (Se conjuga como *amar*) **1** Pagar el salario a los trabajadores o recibirlo éstos, en especial cuando se hace semanalmente: "Ellos *rayan* cada sábado", "No lo habían *rayado* en tres meses" **2** (*Coloq*) Beneficiarse o resultar alguien beneficiado, especialmente por recibir un regalo o algo que no esperaba: "*Te rayaste* con la grabadora", "A lo mejor ya *rayaste*".

rayo s m **1** Descarga eléctrica que se produce entre dos nubes o entre una nube y la tierra o el mar; aparece como un destello de luz muy intensa que traza una o más rayas quebradas contra el cielo (relámpago) y da lugar a un fuerte ruido (trueno): "Los niños entraron a la casa porque tenían miedo de los *rayos*", *tormenta de rayos, caer un rayo* **2** Cada una de las líneas de luz, o de cualquier otra radiación, que parten de un centro o foco y siguen alguna de las direcciones en que se propaga la radiación, generalmente trazando una línea recta; trayecto geométrico que en teoría sigue la energía que se transmite en ondas y representación gráfica de este trayecto: *los rayos del sol*, "Sólo le puso cuatro *rayos* a la estrella de su dibujo" **3** Franja de luz o de otra radiación que se produce o se considera en forma aislada: *rayo de un faro*, "Se filtraba un *rayo* de luz por la puerta entreabierta" **4** Cada una de las piezas largas, y generalmente cilíndricas, que van del centro de un objeto a su borde y le sirven como estructura: *rayos de una rueda de bicicleta, rayos de un paraguas* **5** pl Serie de haces formados por unos cuantos cabellos teñidos de un color más claro que el resto del cabello: "Me hice unos *rayitos* en el salón de belleza" **6** *Rayo verde* Destello de luz verde que se ve algunas veces al salir o ponerse el sol y se debe a la refracción de la luz en la atmósfera **II 1** (*Fís*) Onda electromagnética o conjunto de partículas que transportan o propagan energía: *rayos alfa, rayos beta, rayos caloríficos* **2** *Rayos X* o *rayos equis* Conjunto de ondas electromagnéticas de muy corta longitud y capaces de atravesar cuerpos opacos; se emplean en medicina para tomar radiografías **3** *Rayos catódicos* (*Fís*) Flujo de electrones que, en una cámara al vacío, van de un polo eléctrico caliente (cátodo) a otro frío (ánodo); se emplean para producir rayos X, imágenes en los televisores, etc **4** *Rayo láser* o *laser* Rayo luminoso muy intenso, potente y concentrado, producido por una fuente que emite partículas de luz (fotones) en forma ordenada, y no desordenadamente, como ocurre en la naturaleza; se usa en investigaciones físicas, astronómicas, médicas, en cirugía de gran precisión y en los aparatos que reproducen la información contenida en los discos compactos **III** (*Coloq*) **1** *Como (de) rayo* De prisa, con mucha rapidez: "¡Vente *como de rayo*!" **2** *Echar rayos (y centellas)* Estar muy enojado o tener mucha cólera: "Viene *echando rayos*", "Está que *echa rayos*" **3** *Oler* o *saber a rayos* Oler o saber muy mal: "La comida del hospital *sabe a rayos*".

raza s f **1** Cada uno de los grupos en que se divide una especie, particularmente zoológica, de acuerdo con ciertas características que sus individuos tienen en común y que se trasmiten genéticamente, como el color de la piel, el tipo de pelo, etc: *la raza blanca, la raza negra, raza de toros, razas de perros* **2** *De raza* Que pertenece a un grupo animal de características seleccionadas: "Nunca había perdido: era un gallo giro, *de raza*", *un caballo de pura raza* **3** Grupo humano que se distingue de los demás por ciertos rasgos culturales, históricos, lingüísticos, religiosos, etc: *la raza aria, la raza judía, razas semíticas* **4** *La raza de bronce* Los mexicanos **5** Clase o condición de una persona: "Juan y María no son de la misma *raza*", "Sus modales muestran que es un muchacho de buena *raza*" **6** (*Coloq*) Conjunto de familiares o de amigos: "Llegó a la fiesta con toda su *raza*", "¿Qué pasó, *raza*?".

razón s f **1** Capacidad de la inteligencia por la cual se pueden considerar varios datos, argumentos o proposiciones y sacar de ellos conclusiones y juicios: *usar la razón, aplicar la razón* **2** Cada uno de los argumentos, proposiciones, demostraciones, etc que se dan para convencer a alguien de lo verdadero o cierto que uno afirma: *dar razones, ofrecer razones, tener una razón* **3** *Razón de Estado* Justificación que ofrece el gobierno de un país o su dirigente para hacer algo o actuar de una manera conveniente a la situación política, pero no siempre apegada a la justicia **4** Verdad o justicia que hay en lo que alguien hace o dice: *tener la razón, dar la razón, asistir la razón* **5** *Dar la razón a alguien* Aceptar que está en lo correcto: "Me *dio la razón* cuando le mostré las pruebas" **6** *Con razón* Con motivo justo, con buena justificación: "*Con razón* quiere renunciar si lo tratan tan mal" **7** *Perder uno la razón* Volverse loco o actuar irracionalmente **8** *Entrar en razón; meter, poner o hacer entrar en razón* Desistir o hacer desistir a alguien de una actitud irracional o equivocada: "Se armó de paciencia y al fin logró *hacerlo entrar en razón*" **9** Causa o motivo para que algo suceda o alguien haga algo: "Todos los fenómenos tienen su *razón*", "¿Qué *razón* tienes para comportarte así?" **10** *Razón de ser* Motivo fundamental de algo: "La *razón de ser* de esta ley es la paz y el respeto entre los ciudadanos" **11** *En razón de* En cuanto a, por lo que se refiere a, por lo que toca a: "*En razón de* su edad, decidieron no tomarla en cuenta" **12** *Dar razón de algo o de alguien* Informar acerca de algo o de alguien: "*Dame razón* de tu familia" **13** *Razón social* Nombre por el cual se identifica legalmente un negocio o una institución **II 1** (*Mat*) Cociente que representa la relación entre dos cantidades o magnitudes, por ejemplo ¾ o 3 es a 4 **2** *A razón de* En la proporción de: "Se repartieron los lápices *a razón de* cuatro por persona".

razonable adj m y f **1** Que tiene fundamento en la razón o la justicia, que no es excesivo, que es moderado: *una estimación razonable*, "Parece *razonable* pensar que basta contratar los servicios de una organización de especialistas", *precios razonables* **2** Que es suficiente en cantidad o calidad: *un tiempo razonable*, "Puede tener una utilidad *razonable*" **3** Tratándose de personas, que es sensato, que reflexiona antes de actuar: "Es un niño muy *razonable*".

razonamiento s m **1** Acto de razonar **2** Serie de ideas o de proposiciones que sirven para llegar a una conclusión o para demostrar algo: "No entiendo tu *razonamiento*".

razonar v tr (Se conjuga como *amar*) **1** Elaborar las ideas, las proposiciones y los argumentos que se ofrecen a propósito de algo para llegar a cierta conclusión o juicio: *razonar un teorema matemático, razonar un proyecto* **2** Discutir con alguien acerca de alguna cosa, estableciendo los motivos, los argumentos y las conclusiones que van sacándose: *razonar con un niño, razonar con los miembros del sindicato* **3** Meditar o exponer los motivos, los argumentos o las pruebas que uno tiene para proponer cierta idea o afirmación: *razonar un voto*.

re s m (*Mús*) **1** En las convenciones internacionales, sonido producido por una vibración absoluta de 297 ciclos por segundo y, en los instrumentos temperados, por una de 293.66 **2** Segunda nota de la escala tonal que empieza en do **3** Tonalidad y acorde que tiene las siguientes alteraciones o accidentes: fa sostenido y do sostenido (*re mayor*) y do sostenido (*re menor*).

reacción s f **1** (*Fís*) Acción de un cuerpo contraria a otra ejercida sobre él: *la reacción a una fuerza* **2** Respuesta que da un organismo vivo a un estímulo ejercido sobre él: *reacción a una enfermedad, reacción al dolor, reacción a los antibióticos* **3** Transformación y efectos que produce la combinación de sustancias químicas: *la reacción del ácido sulfúrico con el agua* **4** *Reacción en cadena* Aquella que tiene como efecto producir otra igual a ella, y así sucesivamente **5** Manera en que alguien responde a una situación o a un acontecimiento: *una reacción de sorpresa* **6** Manera de actuar contraria a la actuación o al comportamiento de otras personas, en particular la que se opone a los cambios políticos, sociales, económicos, etc llevados a cabo por las tendencias progresistas: *cerrarle el paso a la reacción, las fuerza de la reacción*.

reaccionar v intr (Se conjuga como *amar*) **1** Responder a cierto estímulo una persona o un ser orgánico: *reaccionar a la luz, reaccionar al ruido* **2** Responder en cierta forma una persona a algún estímulo o a algún acontecimiento: *reaccionar con furia* **3** Transformarse o producir cierto efecto una sustancia al combinarse con otra: "El sodio *reacciona* con el agua" **4** Responder positivamente un organismo o un órgano a un tratamiento médico; defenderse de una enfermedad: "Un organismo que *reacciona* contra las enfermedades infecciosas…", "No *reaccionó* después de la transfusión de sangre".

reaccionario adj y s Que se opone a cualquier cambio o progreso en lo político, lo social o lo económico: *ideas reaccionarias, pensamiento reaccionario*.

reactivo (*Quím*) **1** adj Que produce una reacción: "El hidrocarburo es muy *reactivo*" **2** s m Sustancia que se utiliza para producir una reacción y descubrir la presencia de otra sustancia: "Se emplean *reactivos* como el zinc", *papel reactivo*.

reactor s m **1** Aparato que sirve para que se produzcan en su interior y de manera controlada reacciones nucleares, sea para investigarlas o sea para producir energía; reactor nuclear **2** Avión cuyo motor o motores trabajan a base de reacciones a la presión que produce en su interior el aire que se le inyecta **3** (*Quím*) Aparato en el que tienen lugar reacciones químicas durante cierto proceso.

real[1] adj m y f Que existe de hecho; que tiene o ha tenido existencia objetiva, por oposición a imagi-

naria o supuesta; que es verdadero o efectivo: *un personaje real, hechos reales, un peligro real, la vida real, el mundo real, un beneficio real*, "La historia no es *real*, pero muchos se pondrían el saco".

real[2] adj m y f Que se relaciona con algún rey, alguna reina o una monarquía o que pertenece a ellos: *la familia real*.

real[3] **1** *Real de minas* Pueblo o distrito en cuya circunscripción se explota o se explotaba algún mineral, especialmente el oro y la plata **2** *Sentar alguien sus reales* Instalarse en algún sitio, generalmente de mal modo o por la fuerza, o imponerse alguien haciendo valer su fuerza o su autoridad: "Apenas llegó a la fábrica, *sentó sus reales* y dejó claro quién mandaba ahí" **3** *Real de sembradura* (*Rural*) En Tabasco, medida de superficie equivalente a 0.400 hectáreas.

realidad s f **1** Calidad o condición de lo que es real, verdadero o existe de hecho: *la realidad de un hecho físico, la realidad de una guerra* **2** Conjunto de todo lo que existe de hecho: "La *realidad* es mucho más compleja de lo que tú te imaginas" **3** Condición objetiva o verdadera en que algo o alguien existe o vive: "Absortos en su torre de marfil, no se dignan a mirar la *realidad* del país", "El contacto con aquella *realidad* lo hizo cambiar de ideas" **4** *En realidad* De veras, verdaderamente: "*En realidad* no tengo el dinero que tú crees".

realismo[1] s m **1** Actitud que consiste en considerar las cosas tal como son, sin ilusiones ni falsas esperanzas, y a actuar en consecuencia: "Tienes que aprender a mirar las cosas con *realismo*", "No es pesimismo, es *realismo* puro" **2** Corriente artística que se propone representar fielmente la vida real: *el realismo de Mariano Azuela, realismo cinematográfico* **3** Conjunto de ideas filosóficas según las cuales las cosas existen por sí mismas, independientemente de la conciencia de quien las percibe.

realismo[2] s m Doctrina, opinión o tendencia política favorable a la monarquía.

realista[1] adj m y f **1** Que ve o enfrenta la realidad tal como es: *una mujer realista, una medida realista* **2** Que pertenece al realismo o se relaciona con él: *un escritor realista, una película realista*.

realista[2] adj y s m y f Que es partidario de la monarquía: *el ejército realista*.

realización s f **1** Acto de realizar, hacer o llevar a cabo algo: *la realización de una labor, la realización de un proyecto, realizar una película* **2** Acto de realizarse alguien: *la realización de sí mismo* **3** Venta de mercancías a precios bajos que se hace durante cierto tiempo o hasta acabar con las existencias y para salir pronto de ellas: "La *realización* anual de nuestros almacenes…", *realización de la ropa de invierno*.

realizador s Persona que hace una película como director y creador de ella, que dirige el rodaje y es el responsable del plan de trabajo, del producto final y de sus cualidades estéticas; o responsable principal de un programa de televisión o radio; director: "El *célebre realizador* norteamericano Cecil B. de Mille", "Luis Buñuel, el más importante *realizador* que haya trabajado para el cine nacional", "El *realizador* soviético Andréi Tarkovsky tuvo problemas con la censura por su película 'Andrei Rublev'".

realizar v tr (Se conjuga como *amar*) **1** Hacer algo real y efectivamente; llevarlo a cabo: *realizar un trabajo, realizar una inspección, realizar una labor educativa, realizar un viaje*, "El congreso se *realizó* en la ciudad de La Paz" **2** Convertir algo en realidad al hacerlo o ponerlo en obra: *realizar los sueños, realizar las ilusiones* **3** Vender algo a bajo precio, particularmente una tienda para que se acaben sus existencias o para tener pronto su valor en dinero: *realizar la ropa de mezclilla, realizar mercancías* **4** prnl Lograr alguien su pleno desarrollo en alguna actividad o mediante cierta conducta: *realizarse en el trabajo, realizarse en la ciencia, realizarse como mujer, realizarse como maestro*.

reanudar v tr (Se conjuga como *amar*) Volver a una actividad que se había interrumpido; iniciar de nuevo lo que se había suspendido: *reanudar relaciones diplomáticas*, "Es posible que hoy mismo se *reanude* el paso de los vehículos", "La temporada habrá de *reanudarse* el domingo 7 de julio", "El enfermo está en condiciones de *reanudar* sus actividades".

reaparecer v intr (Se conjuga como *agradecer*, 1a) Volver a aparecer, especialmente una publicación periódica o un artista en algún espectáculo: "La angustia *reaparece*", "El diario *reaparecerá* el mes que entra", "Roberto Cobos 'Calambres' *reaparecerá* en la televisión", "La estrella Maricruz Olivier se ha decidido a *reaparecer* en el teatro".

reata s f **1** Cuerda burda de fibra retorcida o trenzada que se usa para atar o sujetar algo, o, en charrería, para hacer suertes y lazar animales: "Ponía *reatas* en los tubos y hacía columpios", *enredar una reata, florear la reata* **2** (*Groser*) Órgano sexual masculino: "Se sacó la *reata* para mear" **3** *Meter la reata* (*Groser*) Perjudicar: "Nos metieron la *reata* en el examen" **4** *Ser alguien bien o muy reata* (*Coloq*) Ser valiente o muy bueno para algo: "Gilberto dice que *es muy reata* para el billar" **II** (*Rural*) En Guanajuato, medida que se usa para pesar camote, equivalente a 8 kilogramos.

rebajar v tr (Se conjuga como *amar*) **I 1** Disminuir una cantidad de dinero, especialmente bajar un precio o un costo: "*Rebajaron* a setenta mil pesos la multa impuesta" **2** Bajar de categoría o de nivel: "De jefe de sección que era, lo *rebajaron* a coordinador" **3** Humillar o humillarse: "Sería mucho *rebajarme* si le pidiera un préstamo", "La misoginia *rebaja* la dignidad de la mujer" **4** Disminuir la altura, el volumen o el tamaño de algo: *rebajar el tacón, rebajar una tabla* **5** Disminuir la concentración o la intensidad de algo: *rebajar la pintura con aguarrás, rebajar con agua el alcohol*, "*Rebajó* el azul rey con blanco".

rebanada s f Cada una de las tajadas o trozos delgados en que se corta o divide un alimento, especialmente el pan: *una rebanada de jitomate, rebanada de melón, rebanadas de queso, rebanadas de robalo, cebolla en rebanadas, rebanadas de jamón*.

rebanar v tr (Se conjuga como *amar*) Cortar en pedazos regulares alguna cosa, especialmente un alimento: "El pastel se *rebana* con un cuchillo", *rebanar cebolla*, "*Rebane* muy finamente la col".

rebaño s m **1** Grupo numeroso de animales, particularmente los de cría que cuida un pastor, como los borregos, las ovejas y las cabras: *un rebaño de chivos, pastar un rebaño, un rebaño de elefantes* **2** Conjunto de personas, generalmente numeroso, que se reúnen en torno a alguien o a algo que las guía: "El líder iba al frente de su *rebaño*", "El sacerdote era humilde con su *rebaño*".

rebasar v tr (Se conjuga como *amar*) **1** Pasar de cierto límite; sobrepasar: "*Rebasa* los bordes del cauce", "*Rebasó* los quinientos millones de dólares", "No *rebase* los 100 km por hora" **2** Colocarse una persona o cosa más adelante que otra, dejándola atrás, particularmente un automóvil a otro o un corredor a otro: "No *rebase* por la derecha", "El marchista mexicano fue *rebasando* uno a uno a todos los punteros", "Después de *rebasar* el Ecuador se dirigieron hacia el Oriente" **3** *Rebasar en* Sobrepasar en cierta cosa, superar o aventajar en algo: "Lo *rebaso en* edad", "Me *rebasa* por mucho *en* millones" **4** Provocar desconcierto o dejar a alguien sin saber qué hacer; sobrepasar su entendimiento o su capacidad de actuar: "No dejes que los acontecimientos te *rebasen*", "Esa discusión me *rebasa*".

rebelarse v prnl (Se conjuga como *amar*) **1** Negarse una persona o un grupo de personas a obedecer a quien tiene autoridad o ejerce poder sobre ellos: *rebelarse contra la dictadura, rebelarse contra el patrón, rebelarse contra los padres* **2** Oponer resistencia a algo o a alguien: *rebelarse contra la injusticia, rebelarse contra la arbitrariedad del cacique, rebelarse contra las modas dominantes*.

rebelde 1 adj y s m y f Que se niega a obedecer a la autoridad o a cumplir con las imposiciones de alguien: *los ejércitos rebeldes, un ataque de los rebeldes* **2** adj m y f Que es difícil de dirigir, guiar, controlar o ajustar a los deseos de alguien: *un caballo rebelde, un niño rebelde, cabello rebelde*.

rebeldía s f Actitud de oposición a una autoridad o a lo que ésta dispone; incumplimiento o desacato explícito y abierto de una orden, de una convención social, de una imposición, etc: *la rebeldía de los jóvenes*, "Su *rebeldía* le costó el exilio", "Se han presentado brotes de *rebeldía* en varios países".

rebelión s f **1** Acto de rebelarse: *la rebelión contra la tiranía* **2** Levantamiento de gran cantidad de personas, generalmente para protestar contra alguna autoridad o para combatirla violentamente: *una rebelión popular*, "la rebelión en Yucatán".

rebozo s m Banda ancha y larga, de tela o tejida, con que las mujeres, particularmente las campesinas y las indígenas, se cubren la espalda, el pecho y a veces la cabeza, y que también utilizan para cargar a sus hijos pequeños; se fabrica de algodón, lana, seda, etc y en varios colores, especialmente oscuros con delgadas rayas blancas: *un rebozo de Santa María del Río* **2** *Rebozo de bolita* El que es de gran calidad y está hecho a mano y cuyo hilo antiguamente se vendía en bolitas.

rebuznar v intr (Se conjuga como *amar*) **1** Emitir un burro su sonido característico **2** (*Coloq*) Decir tonterías: "Ése sólo abre la boca para *rebuznar*".

recabar v tr (Se conjuga como *amar*) Recoger y reunir cosas dispersas: *recabar pruebas*, "Estamos *recabando* firmas para un desplegado".

recado[1] s m Aviso, mensaje o información breve que se le deja a una persona o se le hace llegar: *tomar un recado*, "Traigo muchos *recados* de tus parientes", "No me dieron tu *recado*", "Mándale *recado* de que no voy a ir".

recado[2] s m **1** En Yucatán y Tabasco, conjunto de especias con que se sazona un guiso **2** En Yucatán, especie de tortita seca que se prepara con especias molidas (canela, epazote, azafrán, chiles diversos, etc) y que generalmente se amasa a base de jugo de naranja agria.

recaer v intr (Se conjuga como *caer*, 1d) **1** Volver a enfermarse alguien que ya se había aliviado **2** Caer de nuevo en un error ya cometido antes **3** Caer sobre una persona una responsabilidad, una elección, etc; corresponderle: *"Recayó* tal designación en la persona del general de la Garza", "No es justo que la carga del crecimiento *recaiga* sobre los más pobres", "Sobre él *recaen* todas las responsabilidades" **4** Caer en algún sitio; afectar directamente algo: "El acento *recaería* sobre la nota indeseada".

recalcar v tr (Se conjuga como *amar*) **I** Dar énfasis a determinadas palabras o a cierta afirmación, subrayando la pronunciación o insistiendo en la afirmación: *recalcar cada palabra*, "Si no hace exactamente lo que le digo, lo mataré, *recalcó* Eleazar", "Quiero *recalcar* los hechos más importantes" **II** (*Rural*) Sacudir un costal u otro recipiente lleno de semillas para que éstas se asienten y aprieten y quepa en él una mayor cantidad.

recámara s f **I 1** Cuarto o habitación en una casa o departamento, que se utiliza como dormitorio: "Cada vivienda contará con tres *recámaras*, *departamentos con dos recámaras* **2** Conjunto de muebles apropiados para esta habitación, generalmente constituido por una o varias camas, burós, tocador y cómoda o ropero: *una recámara de caoba* **II 1** En las armas de fuego, lugar del cañón opuesto a la boca, en el que se coloca el cartucho **2** En el interior de una mina, lugar donde se guardan los explosivos.

recargar v tr (Se conjuga como *amar*) **1** Apoyarse una persona o apoyar alguna cosa en algo que le sirve de sostén: "Nos *recargamos* en un árbol", "Beatriz *se recarga* en el hombro de Gabriel", *"Recargamos* la escalera en la barda" **2** Tener demasiado algo; tener algo en exceso: "Están *recargados* de trabajo", "El argumento está *recargado* de incidentes", *recargado de adornos* **3** Llenar excesivamente un recipiente: *recargar las bolsas de mercancía* **4** Tener demasiado lleno el estómago o el intestino **5** Volver a cargar algún aparato de combustible o de energía, o un arma de proyectiles: *recargar la batería*, *recargar de gas el encendedor*, *recargar la pistola* **6** Volver a cargar cualquier vehículo para transportar algo: *recargar el camión de naranjas* **7** En algunos deportes, desplazar a un jugador empujándolo con el cuerpo.

recaudación s f **1** Acto de recaudar: *la recaudación del impuesto predial*, *recaudación fiscal* **2** Cantidad recaudada, especialmente la que procede del pago de diversos impuestos fiscales o de alguna colecta con fines benéficos: *el volumen de la recaudación*.

recaudar v tr (Se conjuga como *amar*) Recibir y reunir dinero u otros bienes por medio del cobro o de una colecta: "Se concede el 45% a cada estado sobre lo que se *recaude* en su territorio", "Es indiferente el lugar donde se *recaude* el impuesto", *recaudar fondos para la Cruz Roja*.

rección s f (*Gram*) **1** Relación de dependencia de unas palabras con respecto a otras dentro de la oración, especialmente de un verbo, que exige o implica la ausencia o la presencia obligatoria de una preposición o de cierta forma gramatical para introducir un complemento, por ejemplo, *carecer* tiene como *rección* obligatoria la preposición *de*, lo mismo que *arrepentirse*; otros ejemplos: *competer a*, *recurrir a*, *oponerse a*, *afecto a*, *digno de*, etc **2** En lenguas en las que existen casos, como el latín, son las preposiciones las que tienen una *rección* con respecto a cada caso; así, se dirá que la *rección* de *ex* es ablativo; o bien, las clases de palabras son las que exigen o tienen la *rección* de un determinado caso; así, se dirá que el adjetivo puede tener *rección* de genitivo, dativo o ablativo.

recepción s f **1** Acto de recibir o recibirse: "La *recepción* de documentos es de seis a ocho", "Después de su *recepción* como abogado, empezó a trabajar en la Suprema Corte de Justicia" **2** Oficina de un hotel, una tienda, una empresa, etc, destinada a recibir al público para atenderlo y, en general, darle información sobre el lugar en que se encuentra: "Pregunté en la *recepción* y me dijeron que ya no tenían habitaciones vacantes", "En la *recepción* le entregan su gafete" **3** Reunión social para recibir a alguien o, en general, para celebrar algo, en la que suelen servirse bebidas y alimentos: "Antes de comenzar el Congreso, el presidente ofreció una *recepción* a los enviados de los diferentes países", "Para celebrar el premio, sus padres organizaron una *recepción*".

receptor adj y s **1** Que recibe: "Hay que rectificar los grupos sanguíneos y el factor RH del donador de sangre y del *receptor*" **2** Aparato o equipo que recibe las señales enviadas por otro: *un receptor de radio*, *un aparato receptor*, *antenas receptoras* **3** (*Biol*) Elemento del sistema nervioso adaptado especialmente a la recepción de los estímulos, como un órgano o un nervio sensoriales.

recesión s f Estado de crisis de la economía de un país en que disminuye o se estanca la producción, aumenta el desempleo, hay inflación y se desequilibra la balanza de pagos con el exterior: *periodo de recesión*, *combatir la recesión*.

recesivo adj **1** (*Biol*) Tratándose de genes o de caracteres hereditarios, que permanece en estado latente en un individuo y sólo se manifiesta en su descendencia cuando se combina con otro igual presente en la pareja: *gene recesivo*, "Los ojos azules y el pelo rubio son rasgos o caracteres de tipo *recesivo*" **2** Que tiende a la recesión o la provoca: *prácticas económicas recesivas*.

receso s m Suspensión temporal de una actividad o de una reunión: "Hicimos un *receso* para tomar café", *pedir un receso*, *receso legislativo*.

receta s f **1** Nota en que un médico especifica los medicamentos que hay que administrar a un enfermo y la manera de hacerlo: *surtir las recetas*, *receta médica* **2** Conjunto de instrucciones sobre los ingredientes necesarios y la manera de elaborar algún platillo: *recetas de cocina* **3** (*Contab*) Relación de partidas (es decir, de lo que se recibe y lo que sale) que se pasa de una contaduría a otra.

recetar v tr (Se conjuga como *amar*) **I 1** Prescribir un médico alguna cosa, particularmente un medicamento, señalando la dosis y la forma en que debe administrarse: "Usted mismo me *recetó* que me fuera a vivir fuera del D. F.", "Le *recetó* lentes oscuros", "El doctor me *recetó* estas inyecciones" **2** Aconsejar o recomendar: "Todos me *recetaban* unas buenas vacaciones, pero yo no tenía con qué" **II** (*Coloq*) **1** Golpear o imponer a alguien un daño, una derrota, etc: "Entonces le *recetó* tres bofetadas", "El Necaxa le *recetó* un 2-0 al Atlas, y eso fue poco" **2** prnl Comer o dar cuenta de algo: "*Me receté* una buena chuleta con papas" **3** prnl Adjudicarse alguien un beneficio, generalmente abusando del poder que tiene: "Los jefes, como siempre, *se recetaron* una buena gratificación".

recibimiento s m Acto de recibir a alguien y forma en que se recibe una cosa o a una persona: "Nos dieron un *recibimiento* muy emotivo", "Se espera un gran *recibimiento* para los atletas mexicanos", "El libro tuvo un *recibimiento* alentador".

recibir v tr (Se conjuga como *subir*) **I 1** Tomar uno algo que le dan o le envían; aceptarlo, tomar posesión de él o hacerse cargo de él: *recibir un regalo, recibir una carta*, "El portero no quiso *recibirle* la notificación" **2** Tomar alguien conocimiento de algo que se le dice o se le hace llegar: *recibir una noticia, recibir una orden, recibir un encargo* **3** Ser objeto de algo: *recibir un homenaje, recibir una felicitación, recibir un castigo, recibir un disgusto* **4** Sufrir la acción de una persona o cosa; verse afectado por ella o padecer sus consecuencias: *recibir los rayos del sol, recibir un golpe*, "El techo *recibió* todo el peso del árbol que tumbó el viento" **5** Resistir alguien el golpe o el embate de algo o alguien que viene contra él: "*Recibió* el balón con el pecho", "Lo *recibió* con un codazo en la cara" **6** (*Tauro*) En la suerte de matar, esperar al toro el torero y darle la estocada sin moverse de su sitio **II 1** Hacer pasar a alguien a donde uno está o admitirlo dentro de algún grupo, sociedad, etc: *recibir a los invitados*, "Sólo *recibirán* a diez estudiantes más" **2** Salir a encontrar a alguien que va a llegar o ir a esperarlo en algún lugar: "Todas las tardes *recibía* a su papá en la puerta", "*Recibió* a Julio en la estación" **3** Acoger a alguien **III** prnl Obtener una persona su título profesional: "*Se recibió* de antropólogo".

recibo s m **1** Documento que se da a una persona como comprobante de que ha hecho un pago o de que alguien ha recibido de ella cierta cosa: "Presentó *recibos* de gastos médicos por más de cincuenta mil pesos", "Cuando le dejes la mercancía, pídele un *recibo*", *el recibo de la renta* **2** Recepción de algo: "El correo tiene a su cargo el *recibo*, transporte y entrega de la correspondencia", *acusar recibo*.

recién adv (Apócope de *reciente*, que se antepone al participio) Hace poco tiempo; recientemente: *un recién nacido, recién llegados, recién casados, recién terminado, recién hecho*.

reciente adj m y f Que ha sucedido o se ha producido hace relativamente poco tiempo; que pertenece al pasado cercano: *libro reciente, historia reciente*.

recientemente adv Hace poco tiempo: "Fue descubierto *recientemente*", *su novela recientemente publicada*, "La galería *recientemente* inaugurada por el gobernador", "La rodilla que *recientemente* le fue operada", "*Recientemente* Nicaragua otorgó dos nuevas concesiones a la Texaco", *leyes estatales recientemente promulgadas*.

recinto s m **1** Espacio comprendido entre ciertos límites, especialmente el cerrado, y que se utiliza para actos solemnes: *recinto electoral, recinto oficial del* Congreso del Estado, "El *recinto* lucía bellamente engalanado" **2** En Coahuila, rancho.

recio I adj **1** Que es fuerte y resistente: *recia madera de mezquite, una mujer recia y emprendedora* **2** Que es duro, áspero o difícil de tratar: *el carácter recio del arzobispo de Canterbury* **3** Que es intenso o violento: "La *recia* lucha que los enfrentó…" **II** adv (*Coloq*) **1** Con mucha fuerza: "Me cuadraba que lloviera *recio* y tupido", "Pégale *recio* a la pelota" **2** Con un sonido fuerte o imponente: "Una calandria cantaba / no *recio* pero seguido", "Gritó tan *recio* que hasta la tierra tembló", "No me hables *recio*" **3** De manera muy rápida: "Mire lo *recio* que va".

recipiente s m Utensilio que sirve para contener algo, particularmente líquidos, como una taza, un bote, las botellas, etc: "Ponga el caldo en un *recipiente*", "Estos *recipientes* deben desinfectarse antes de volverlos a usar", *un recipiente para el aceite*.

reciprocidad s f **1** Relación de correspondencia entre dos personas o cosas: *reciprocidad en el trato, reciprocidad de intereses* **2** En *reciprocidad* Por corresponder: "Juan le regaló una camisa y ella, *en reciprocidad*, lo invitó a cenar".

recíproco adj **1** Que se corresponde uno a otro; mutuo: *confianza recíproca, atracción recíproca* **2** *Oración recíproca* (*Gram*) La que expresa una relación o una acción que llevan a cabo dos sujetos, cada uno de los cuales la dirige al otro. En "Juan y María se quieren mucho" la relación es *recíproca* porque Juan quiere a María y María quiere a Juan **3** *Verbo recíproco* (*Gram*) Aquel que, cuando se construye con sujeto en plural y el pronombre *se*, suele tomar el significado de una acción mutua, como *tutearse, pelearse*, etcétera.

recital s m Concierto de un músico o cantante solista; o sesión en la que se leen o declaman poemas: *recital de arias de ópera en la Sala Chopin*, "Félix Mendelsohn ofreció sus primeros *recitales* de piano a los nueve años".

recitar v tr (Se conjuga como *amar*) **1** Decir en voz alta un poema, imándolo con cierta entonación y movimientos o gestos corporales: *recitar poesías de Bécquer*, "Pepita *recita* en todas las fiestas" **2** Repetir en voz alta algo que se sabe de memoria: *recitar la lección, recitar las tablas de multiplicar, recitar avemarías*.

reclamación s f Queja con la que uno expresa que no está satisfecho o no está de acuerdo con algo: "Salida de la mercancía no se admiten *reclamaciones*", "Haga su *reclamación* por escrito", *atender una reclamación*, "Las *reclamaciones* no se hicieron esperar".

reclamar v tr (Se conjuga como *amar*) **1** Expresar alguien su inconformidad, disgusto, molestia, etc ante una persona, por lo que ésta ha hecho o por algo de lo cual la considera responsable: "Le *reclamó* por dejarla plantada", "Lo expulsaron por *reclamarle* al árbitro", "Si no te dejaron bien la plancha, ve a *reclamar*" **2** Exigir o demandar alguna cosa a la que alguien se considera con derecho o que resulta indispensable para algo o para alguna persona: *reclamar un aumento de sueldo, reclamar justicia, reclamar atención*, "Estos problemas *reclaman* soluciones inmediatas".

reclusorio s m Lugar en que permanecen encerrados los presos mientras cumplen su condena; cárcel, prisión: *el reclusorio para mujeres*.

recluta s m y f Persona que se alista voluntariamente o es alistada en forma obligatoria en el ejército.

recobrar v tr (Se conjuga como *amar*) **1** Volver a tener algo que se había perdido; recuperarlo: *recobrar la calma, recobrar su prestigio, recobrar su libertad*, "Después de varias horas recobró el sentido" **2** prnl Recuperarse de una enfermedad, de un desmayo, de una pena moral, etc; reponerse o restablecerse: "No se *recobró* jamás".

recoger v tr (Se conjuga como *comer*) **I 1** Levantar alguna cosa que está tirada o fuera de su lugar; coger algo que se ha caído: *recoger la basura del suelo, recoger los libros de la mesa, recoger un pañuelo* **2** Poner en orden alguna cosa o algún lugar, acomodando y limpiando lo que está en él: *recoger la mesa, recoger el cuarto* **3** Doblar, plegar o enrollar algo que estaba abierto o extendido; hacer que reduzca su tamaño, su volumen o la extensión que cubre: *recoger el brazo, recoger las redes, recoger las velas de un barco, recogerse el cabello, recogerse las mangas, recoger las líneas de batalla* **4** Recoger el caballo (*Rural*) Tirar de las riendas haciendo que el caballo acerque la barba al cuello **II 1** Reunir, juntar o recibir en un solo lugar algo que está disperso o separado: *recoger la cosecha*, "El maestro *recoge* los exámenes a las seis", "Las cortinas *recogen* el polvo que entra por la ventana", "La antología sólo *recoge* cinco canciones mixes", "El informe no *recoge* los datos aportados por la comisión de aguas" **2** Apoderarse de algo una autoridad o impedir que circule o se difunda: "Les *recogieron* la mercancía, que era de contrabando", *recoger la licencia*, "La policía *recogió* la edición completa de dicha revista" **III 1** Ir a buscar a alguien al lugar en donde está para llevarlo a otra parte, o pasar alguien a cierto sitio para recibir algo y llevárselo consigo: *recoger a un amigo en la estación, recoger a los niños de la escuela, recoger la correspondencia* **2** Dar a alguien protección, ayuda, casa y alimento: *recoger a un huérfano, recoger a un inválido* **IV** prnl **1** Retirarse a algún lugar apartado o concentrar los pensamientos en alguna cosa, apartándose de todo lo demás: *recogerse en un convento, recogerse a reflexionar, recogerse a rezar* **2** Regresar alguien a su casa al final del día a descansar y a dormir: "Nos *recogemos* temprano".

recogido I pp de *recoger* o *recogerse* **II** adj y s Tratándose de niños, que ha sido adoptado por una pareja o una familia o que vive en una institución para niños huérfanos o abandonados: "La vida con los *recogidos* no era mala", "La heroína de las telenovelas siempre empiezan como niñas *recogidas*".

recolección s f Acto de recolectar: *la recolección del maíz, la recolección del algodón*, "Los pueblos nómadas vivían de la caza y la *recolección*", *recolección de datos*.

recolectar v tr (Se conjuga como *amar*) **1** Recoger frutos u otros productos vegetales: *recolectar fresa, recolectar alcachofas* **2** Recoger cosas de la misma clase dispersas en varios lugares: *recolectar versiones de La Llorona, recolectar perlas, recolectar información, recolectar basura*.

recolector adj y s **1** Que recolecta algo o se dedica a hacerlo; que sirve para recolectar alguna cosa: *los recolectores de la cosecha, tribus de recolectores, los camiones recolectores de basura, recolectores de aguas negras* **2** s Persona que recoge las contribuciones o impuestos en una región; recaudador: *un recolector de Hacienda*.

recomendable adj m y f Que se recomienda, que es digno de recomendarse, que es aconsejable o conveniente: *la solución adecuada y recomendable*, "Es *recomendable* el examen de los resultados", "Es *recomendable* sembrar de tres a cuatro semillas por cada planta", "Lo *recomendable* es que el ganado no beba agua que no sea potable".

recomendación s f **1** Acto de recomendar **2** Escrito en el que se recomienda a alguien: "Se solicita sirvienta con *recomendaciones*", *pedir una recomendación, carta de recomendación*.

recomendar v tr (Se conjuga como *despertar*, 2a) **1** Encargar a alguien que ponga atención o cuide alguna cosa o a otra persona: *recomendar a un niño con el maestro, recomendar la vigilancia de una máquina* **2** Aconsejar a alguien que haga algo por su propio bien: "Te *recomiendo* que estudies", "No les *recomiendo* que vean esa película" **3** Hablar a alguien en favor de cierta persona o de cierto asunto: *recomendar a un estudiante, recomendar un proyecto*.

recompensa s f **1** Cosa que se da como premio a alguien: *una recompensa en dólares*, "Ofrecieron una *recompensa* de mil pesos a quien encontrara a su perro", "Le ofrecieron una secretaría como *recompensa* por los servicios prestados", "Alguna *recompensa* me han de dar" **2** Dinero que se pide o se paga por liberar a alguien que ha sido secuestrado: "La familia del ganadero entregó la *recompensa* a los plagiarios", "No se supo a cuánto ascendió la *recompensa*".

reconocer v tr (Se conjuga como *agradecer*, 1a) **I 1** Identificar o distinguir algo o a alguien que se conocía de antemano: *reconocer una cara*, "Me lo encontré en la feria, pero no me *reconoció*", *reconocer a un amigo entre la multitud*, "*Reconocí* tu coche en el estacionamiento" **2** Distinguir o descubrir alguna cosa: "*Reconocí* un gesto de amargura en su rostro" **3** Examinar algo cuidadosamente para establecer su naturaleza, su identidad, el estado en que se encuentra, etc, o para formarse un juicio acerca de ello y actuar en consecuencia: *reconocer el territorio enemigo, reconocer a un enfermo, reconocer el interior de un barco* **II 1** Aceptar que algo es cierto o verdadero, particularmente si antes se había dudado de ello o si se le había tomado por falso: *reconocer una razón*, "*Reconozco* que tu idea es mejor que la mía", "*Reconoce* que Rodolfo es inteligente" **2** Aceptar que algo le pertenece a uno o que uno es responsable de ello: *reconocer una culpa, reconocer un error*, "*Reconoció* su firma frente al gerente" **3** Aceptar o admitir cierta relación de parentesco: *reconocer a un hijo*, "La *reconoció* como esposa ante el juez" **4** Aceptar a alguien como superior o como autoridad; aceptar que algo es válido o legítimo: "*Reconocieron* al señor Hernández como nuevo director", *reconocer a un gobierno, reconocer la independencia de un país*.

reconocido I pp de *reconocer*: "Para el año 1180 Brujas era *reconocida* capital de Flandes" **II** adj **1** Que es famoso o célebre, que es conocido por muchos debido a sus cualidades o méritos: *reconocidos escritores, personas de reconocida capacidad intelectual, una institución reconocida, pintores reconocidos, de calidad reconocida* **2** Estar reconocido con alguien Sentir agradecimiento por lo que ha hecho alguien: "Le estoy *reconocida* por la ayuda que nos ha brindado en momentos tan difíciles".

reconocimiento s m **1** Acto de reconocer: *reconocimiento de un territorio, reconocimiento de un enfermo, reconocimiento de un compromiso, reconocimiento de un sindicato* **2** Manifestación de agradecimiento a alguien por el esfuerzo que se tomó por algo, por alguien o por la ayuda que dio: *un reconocimiento público, un reconocimiento oficial.*

reconsiderar v tr (Se conjuga como *amar*) Volver a considerar o analizar algún asunto, generalmente en la actitud de rectificar o cambiar de opinión: "*Reconsideraron* su actitud", "Los diputados prefieren *reconsiderar* la iniciativa".

reconstrucción s f Acto de reconstruir: *la reconstrucción de un edificio, normas de emergencia para la reconstrucción, la reconstrucción de la Edad Media, cine de reconstrucción histórica.*

reconstruir v tr (Se conjuga como *construir*, 4) **1** Volver a construir lo que se ha destruido, especialmente casas y edificios; armar de nuevo algo que se ha desarmado o volver a dar forma a algo que la ha perdido; rehacer: *reconstruir la ciudad, reconstruir un jarrón chino, reconstruir una muela, reconstruir el esqueleto de un dinosaurio* **2** Tratándose de hechos o cosas que pertenecen al pasado, deducir cómo fueron o qué forma tenían, reproducirlos o recrearlos: "*Reconstruyen* los hechos", *reconstruir la historia.*

recopilación s f Acto de recopilar: "Para nuestro estudio son necesarios la *recopilación* y el análisis de documentos, encuestas y publicaciones", "El libro es una *recopilación* de sus cuentos más conocidos".

recopilar v tr (Se conjuga como *amar*) Reunir o juntar datos, documentos, escritos u otros materiales que tratan de la misma materia, que son del mismo autor, etc: *recopilar las leyes del siglo XIX, recopilar las obras de Tomás Segovia, recopilar corridos mexicanos*, "*Recopilaron* muchísima información sobre los batracios mexicanos".

record s m **1** En los deportes, medida o marca que sobrepasa todo lo que se había alcanzado antes: *batir el record, romper el record* **2** Hecho que sobrepasa todo lo que se había visto en cierto campo: "Un negocio que bate todos los *récords*" **3** Registro, diario o memoria de lo que sucede en determinado ámbito: "Yo tengo que vigilar, tengo que llevar un *record* diario de lo que hacen", *un record mensual* **4** Trayectoria en el desempeño de un trabajo; expediente: "En los veinte años de servicio que tiene, lleva un *record* impecable". (Se pronuncia *récord* y a veces también se escribe así.)

recordar v tr (Se conjuga como *soñar*, 2c) **l 1** Traer a la memoria una persona, un hecho, una idea, una experiencia, etc: *recordar a los abuelos, recordar una fiesta, recordar una excursión, recordar una emoción, recordar una cita* **2** Hacer que una persona traiga a la memoria o tenga presente algo o a alguien: "Te *recuerdo* que debes tomar tu medicina", "Le *recordé* el nombre de nuestro viejo maestro" **3** Hacer una cosa o una persona que alguien traiga a la memoria otra que se parece a ella o con la que se relaciona; evocar una cosa o una persona a otra: "Tu hijo me *recuerda* a tu abuela materna", "Este bosque nos *recordaba* los que aparecen en los cuentos de hadas" **4** (*Coloq*) *Recordarse* Acordarse: "Melina Mercouri, *¿se recuerdan* de ella?, fue

entrevistada aquí la semana pasada" **II** (*Popular*) **1** intr Despertarse: "Y así, para cuando la mamá *recuerda*, la bruja ya se chupó al hijo" **2** tr Hacer que alguien despierte.

recorrer v tr (Se conjuga como *comer*) **1** Andar cierta distancia: *recorrer diez kilómetros* **2** Pasar por toda la extensión de algo o alguien tocando sucesivamente cada uno de sus puntos: *recorrer la carretera de Tuxpan, recorrer toda la república, recorrer las manecillas la carátula del reloj*, "Lo *recorrió* con la mirada antes de contestarle", "Un escalofrío le *recorrió* el cuerpo", "Armando *recorrió* a besos el brazo de Margarita", *recorrer un cuarto buscando cuarteaduras* **3** Mover de uno en uno todos los elementos de un conjunto sin alterar su orden o la relación que guardan entre sí; particularmente, espaciarlos o apretarlos para que ocupen más o menos espacio: *recorrer los renglones de una página, recorrer las sillas*, "*Recórranse* hacia el fondo, por favor" **4** Mover algo o a alguien a un sitio contiguo al que ocupa: "*Recorre* la cama un poco más a la derecha".

recorrido I pp de *recorrer*: *camino recorrido* **II** s m **1** Acto de recorrer: *un recorrido placentero*, "Hicimos un *recorrido* por Oaxaca" **2** Conjunto de los puntos o lugares por los que algo o alguien pasa en un trayecto, viaje, etc: *el recorrido de un balón*, "Se descompuso el autobús a medio *recorrido*".

recortar v tr (Se conjuga como *amar*) **1** Cortar una superficie de papel, de tela o de cualquier otro material siguiendo ciertos límites o marcas o formando una figura: *recortar el periódico*, "*Recorte* el molde", *recortar triangulitos de papel* **2** Cortar lo que ha pasado de cierto límite o medida: *recortarse el bigote, recortar el pasto* **3** Hacer más pequeño, reducir o disminuir la cantidad de algo: *recortar el presupuesto, recortar los sueldos* **4** Dibujar o dibujarse el contorno de una figura en el horizonte: "La última claridad del día *recortaba* la cima", "El juvenil perfil del torero se *recorta* sobre el cielo" **5** (*Coloq*) Criticar o hablar mal de una persona o de una cosa: "En la fiesta se la pasaron *recortando* a todo el mundo".

recorte s m **1** Acto de recortar **2** Pedazo de un periódico o de algún otro impreso que se recorta con el fin de conservarlo o utilizarlo para algo: *recortes de periódicos* **3** pl Partes excedentes de cualquier materia que se recorta: *recortes de chocolate* **4** Crítica que se hace a alguien o algo: "Se dedicaron al *recorte* de los invitados a la boda" **5** (*Tauro*) Quiebre que hace el torero para evitar la embestida del toro.

recostar v tr (Se conjuga como *soñar*, 2c) **1** Apoyar o inclinar la cabeza o la parte superior del cuerpo, una persona que está de pie o sentada: "Se *recostó* en el respaldo de la silla", *recostar la cabeza sobre los brazos* **2** Apoyar cualquier objeto colocándolo inclinado sobre otro: *recostar las tablas sobre la pared* **3** prnl Acostarse por poco tiempo, generalmente sin desvestirse: "Se *recuesta* y duerme".

recreación s f **1** Acto de recrear: *la recreación de un lugar, la recreación de una época* **2** Actividad que se hace como diversión o para distraerse; juego, espectáculo, lugar, etc, que tiene esa finalidad: *parque de recreación infantil, una recreación educativa.*

recrear v tr (Se conjuga como *amar*) **1** Crear de nuevo alguna cosa, darle vida otra vez o reproducir sus características: "En su novela *recrea* la vida del México antiguo", "La película *recrea* el ambiente de un hospital", "Sus sentimientos religiosos se *recreaban* en la contemplación" **2** Divertir, agradar o producir algo alegría, distracción y bienestar: "Los payasos *recreaban* a los niños", "Un paisaje que *recrea* la vista" **3** prnl Pasar alguien el tiempo de manera agradable, placentera o alegre: *recrearse con la música*, "Salían a *recrearse* en los bosques".

recreativo adj Que tiene como finalidad divertir o distraer: "En esos terrenos se hará un parque *recreativo*", *juegos recreativos, labores recreativas*.

recreo s m **1** Pausa que se hace en las escuelas entre clase y clase para que los niños jueguen y se distraigan y para que los profesores descansen: "Llevó su torta para el *recreo*", "En el *recreo* jugamos futbol", "El *recreo* dura veinte minutos" **2** *De recreo* De recreación, para divertirse o distraerse: *lugar de recreo, un viaje de recreo*.

recta s f **1** Línea que no tiene curvas ni ángulos y cubre la menor distancia posible entre dos puntos, como la que describe un objeto que cae libremente: *trazar una recta* **2** *Recta numérica* (*Mat*) La que representa gráficamente al conjunto de los números reales; por convención, a la derecha del cero se consideran los positivos y a la izquierda los negativos **3** *Recta final* Tramo sin curvas de una pista de carreras, antes de llegar a la meta; periodo final de alguna cosa: "Adrián Fernández rebasó al último corredor justo en la *recta final*", "Ahora entramos a la *recta final* del programa".

rectangular adj m y f Que tiene la forma de un rectángulo o que tiene un ángulo recto: *una cajita rectangular*, "La cancha es *rectangular*".

rectángulo (*Geom*) **1** s m Paralelogramo de cuatro lados, dos largos y dos cortos, que forman ángulos rectos **2** adj Que tiene un ángulo recto: *triángulo rectángulo*, "La forma del triedro *rectángulo* es la manifestación arquitectónica más acabada que podemos señalar".

rectificar v tr (Se conjuga como *amar*) **1** Corregir una falla o un error: "El gobierno de la ciudad se ha visto obligado a *rectificar* dichas medidas", "Escribió al periódico para *rectificar* la mala transcripción del reportero", "El juez de silla *rectificó* la llamada del juez de línea" **2** Contradecir a alguien en lo que dice, por considerar que es erróneo: "Aunque sabía que el profesor se había equivocado, no se atrevió a *rectificarlo* en público" **3** Modificar o cambiar una actitud u opinión para mejorarla **4** (*Mec*) Ajustar una pieza para que tenga exactamente las medidas que requiere o ajustar una máquina para que funcione con exactitud: "Mandamos rectificar la plancha de la prensa para que imprimiera parejo" **5** (*Quím*) Enriquecer el vapor durante la destilación poniéndolo en contacto con el líquido que resulta de su condensación, con el que se encuentra a contracorriente **6** (*Elec*) Transformar una corriente alterna en continua mediante algún procedimiento o aparato.

recto adj I **1** Que no tiene curvas ni ángulos: *un camino recto, una tabla recta* **2** Que es vertical, que no se inclina hacia algún lado: *un respaldo recto, un edificio recto, una pared recta* **3** Que sigue una trayectoria sin ángulos ni curvas y no se desvía de ella: *un golpe recto, un trazo recto* II Que no se desvía de su deber bajo ninguna circunstancia: *un juez recto, un policía recto* III s m (*Impr*) Página de un libro que,

cuando se abre, queda a la derecha de uno **2** (*Anat*) Última parte del intestino, que termina en el ano.

rector 1 adj Que rige o gobierna alguna cosa: *un Estado rector de la economía, una idea rectora, tener un papel rector en la sociedad* **2** s Persona que gobierna o dirige una institución universitaria, un colegio o ciertas comunidades religiosas: *el rector de la universidad, el rector del monasterio*.

rectoría s f **1** Órgano superior de gobierno de una universidad, un colegio o ciertas comunidades religiosas: *obras pagadas por la propia rectoría* **2** Lugar u oficina donde lleva a cabo sus funciones el rector: "Los manifestantes tomaron la *rectoría* durante tres horas", "Tuvieron una junta en *rectoría*".

recua s f Conjunto de animales de carga, especialmente de mulas.

recubrir v tr (Se conjuga como *subir*. Su participio es irregular: *recubierto*) Cubrir por completo una superficie, particularmente poniendo sobre ella una capa delgada de algo: "La mucosa nasal *recubre* al cornete", "Siqueiros terminó por *recubrir* con mosaico de vidrio la obra en el edificio universitario".

recuento s m **1** Cuenta o conteo que se hace de algo: *hacer un recuento de los lugares comunes, el recuento de la votación* **2** Relato o resumen que se hace de algo: *un recuento histórico*, "Entonces inició un breve *recuento* de su vida".

recuerdo s m **1** Presencia de algo o alguien en la memoria: *recuerdos de la infancia, el recuerdo de un amigo, guardar un bello recuerdo, tener un buen recuerdo* **2** Objeto que se guarda como símbolo de algo que se quiere mantener en la memoria: *dar un recuerdo*, "Quédate con ese caracol como *recuerdo* de tu visita al mar", "Compraba *recuerditos* de toda clase en cada viaje".

recuperación s f Acto de recuperar o recuperarse: *la recuperación de una inversión*, "Tuvo una recuperación lenta después de su operación".

recuperar v tr (Se conjuga como *amar*) **1** Volver a tener algo que se había perdido o prestado: "*Recuperó* todos los libros que había prestado a sus alumnos", "*Recuperó* el terreno que le habían robado" **2** prnl Aliviarse o volver a tener salud, fuerzas o tranquilidad después de una enfermedad o una pena: "*Se recuperó* después de la operación", "Apenas se está *recuperando* de la muerte de su madre" **3** Reponer el tiempo perdido: "*Recuperé* los días que falté trabajando horas extras" **4** (*Comp*) Hacer que aparezca en la pantalla de una computadora algo que previamente se había grabado en algún dispositivo de memoria electrónica: *recuperar un archivo, recuperar la información de un diskette*.

recurrir v intr (Se conjuga como *subir*) I **1** Ir ante alguien para solicitar su ayuda, protección, apoyo o intervención en algún asunto: *recurrir a los tribunales, recurrir a los amigos, recurrir a los especialistas* **2** Servirse de alguna cosa para protegerse o defenderse de algo en una situación determinada, o para encontrar la solución de alguna cosa que uno mismo no puede resolver: *recurrir a las armas, recurrir a la astucia, recurrir al diccionario* II Volver a aparecer algo después de cierta interrupción: *recurrir una enfermedad* III (*Der*) Interponer un recurso.

recurso s m **1** Acto de recurrir a algo o a alguien: "No se tolerará el *recurso* a la violencia" **2** Cada uno de los bienes o medios de que dispone alguien para realizar algo: *recursos materiales, recursos económicos, un recurso ganadero* **3** Cada una de las capacidades, habilidades o posibilidades que tiene alguien para hacer alguna cosa o resolver alguna dificultad: *un hombre de recursos,* "Mi único *recurso* es mi trabajo" **4** pl Medios materiales de que dispone una persona para vivir: *una familia de pocos recursos* **5** (*Der*) Cada uno de los medios judiciales con los que se impugnan decisiones administrativas o judiciales: *interponer un recurso, recurso de amparo, recurso de apelación, recurso contencioso administrativo.*

rechazado I pp de *rechazar* **II** adj y s Que no ha sido aceptado; particularmente, que no ha sido admitido en una institución educativa: "Sobre el escritorio del director se apilaban montones de artículos *rechazados*", *estudiantes rechazados,* "Muchos de los *rechazados* de la prepa pudieran ser buenos estudiantes", *solicitudes rechazadas.*

rechazar v tr (Se conjuga como *amar*) **1** Hacer una persona o una cosa que otra persona o cosa se aleje o se separe de ella: *rechazar a un pretendiente, rechazar al enemigo, rechazarse dos polos del mismo signo* **2** Negarse alguien a aceptar alguna cosa: *rechazar una oferta, rechazar una acusación.*

rechazo s m **1** Acto de rechazar: *rechazo del nacionalismo imperante, el rechazo al abstencionismo, un abierto rechazo,* "Nada podría herirla más que su *rechazo*" **2** *De rechazo* De rebote, como consecuencia: "Tiró una piedra contra la pared y *de rechazo* le dio a la pobre Lola".

rechinar v (Se conjuga como *amar*) **1** intr Sonar en forma aguda y desagradable dos cosas que se frotan entre sí: "*Rechinó* la puerta apolillada", "A la tortilladora y le *rechina* todo" **2** tr Hacer que una cosa produzca este sonido al frotarse con otra: *rechinar los dientes,* "Salió disparado, *rechinando* llantas y dejando una estela de humo" **3** *Estar alguien que rechina* (*Coloq*) Estar muy enojado.

red s f **1** Malla tejida con hilo, cuerda o alambre, de diferentes formas y tamaños, que se usa para pescar, cazar, separar espacios, etc: *echar la red, caer en las redes, una red de ping-pong* **2** Trampa, engaño o ardid: *tender las redes, caer en las redes de alguien,* "Finalmente logró atrapar a Celia en sus *redes*" **II 1** Conjunto de personas o cosas que actúan coordinadamente o se entrelazan para cumplir ciertas funciones o alcanzar ciertos fines: *una red telefónica, construir una red de computadoras, una red de caminos, una red de espionaje* **2** Conjunto de establecimientos comerciales de un mismo ramo que se distribuyen por varios lugares de una ciudad o de un país para abarcar un mercado mayor: *una red de zapaterías* **III** (*Rural*) Medida de peso que varía según la región y la cosa que se pese; así, por ejemplo, en Chiapas equivale a 23 kg cuando se trata de lana; en Oaxaca varía entre 30 y 60 kg si se trata de maíz en mazorca y entre 20 y 35 kg si se trata de paja, etcétera.

redacción s f **1** Acto de redactar: "Se dedican a la *redacción* de contratos" **2** Escrito, particularmente el que se hace como ejercicio para aprender a redactar correctamente: "La maestra nos pidió una *redacción* sobre la bandera" **3** Manera en que está redactado un texto: "La *redacción* del relato es vivaz y variada" **4** Conjunto de personas que escriben o corrigen los artículos de un periódico, revista, etc, y lugar donde hacen este trabajo: *jefe de redacción,* "Perteneció a la *redacción* del periódico", "Llegan muchas cartas de los lectores a esta *redacción*".

redactar v tr (Se conjuga como *amar*) Poner algo por escrito, dándole el orden y la forma requeridos: *redactar una carta,* "Ya está *redactando* su tesis", *redactar un diccionario.*

redactor s Persona que se dedica a redactar textos, o a corregirlos, especialmente para un periódico, una revista o para un diccionario: *el primer redactor de romances caballerescos,* "Trabaja como *redactora* para *El Universal*", "Entró como ayudante del *redactor* de noticias".

rededor s m **1** Orilla o borde de una cosa: "Haga a todo el *rededor* un dobladillo", "Llega uno de los marinos con la cara sucia, particularmente la boca y sus *rededores*" **2** *Al rededor* Alrededor **3** *En redor* Alrededor: "Caminaba *en rededor* de los rosales, murmurando".

redención s f **1** Acto de redimir: *intento de redención* **2** (*Relig*) Entre los cristianos, salvación del género humano por la pasión y muerte de Jesucristo.

redila s f Cada una de las rejas de madera que se fijan alrededor o a los costados de la plataforma de carga de un vehículo, particularmente un camión: *un carro de redilas,* "Era chofer de un camión, de ésos de *redila* que andan por los caminos", "Las *redilas* deben ser lo suficientemente altas y resistentes para impedir que se caiga el cargamento", *quitarle las redilas a una camioneta.*

redimir v tr (Se conjuga como *subir*) **1** Liberar a alguien de una culpa o una pena: *redimir los pecados* **2** Liberar a alguien, particularmente de alguna obligación: "Se *redimen* obligaciones anticipadamente", *redimir a los esclavos.*

rédito s m Interés que se cobra cuando se hace un préstamo monetario o que se paga cuando se ha recibido un crédito; en general, utilidad o rendimiento de un capital: *cobrar réditos, pagar los réditos al banco.*

redoble s m Toque continuo, vivo y sostenido que se obtiene golpeando rápidamente el tambor con los palillos o baquetas: "Suena un ligerísimo *redoble* del tambor".

redonda 1 *A la redonda* Alrededor, en torno a un punto determinado: "En diez leguas *a la redonda* no hay nada" **2** s f (*Mús*) Nota que tiene el mayor valor en la notación musical, equivalente a dos blancas o a cuatro negras.

redondeado adj Que tiene una forma que se acerca a la redonda: *caderas redondeadas, abdomen redondeado, piedras redondeadas.*

redondilla s f Estrofa de cuatro versos octosílabos, en la que riman el primero con el último y el segundo con el tercero: *las redondillas de Sor Juana.*

redondo adj **1** Que tiene la forma de un círculo o de una esfera, como una rueda o una bola: *una ventana redonda, un molde redondo, ojos redondos* **2** Que es completo sin que le sobre o falte algo: *una novela redonda y perfecta, un negocio redondo, números redondos.*

redova s f **1** Instrumento musical de madera hueca que se sujeta a la cintura y se toca con dos palillos o baquetas, comúnmente mientras se baila de punta y tacón; es típico del estado de Nuevo León **2** Danza y música semejante a la polka que se baila en el norte de México.

reducción s f **1** Acto de reducir algo: *una reducción de la presión, una reducción de la jornada de trabajo, una reducción de impuestos, la reducción de una novela, una reducción intelectual* **2** *Reducción al absurdo* Prueba de la falsedad de un juicio que se hace mostrando la falsedad de sus consecuencias, y también de la verdad de un juicio mostrando la falsedad del juicio que lo contradice: "Ahora demostraremos la falsedad del argumento por *reducción al absurdo*" **3** (*Quím*) Proceso químico mediante el cual un átomo, un elemento o una sustancia disminuyen su carga negativa; particularmente, reacción en que esto le ocurre a una sustancia por combinarse con hidrógeno o perder oxígeno.

reducido I pp de *reducir* o *reducirse* **II** adj Que es muy pequeño o muy estrecho, que es de dimensiones pequeñas o en número restringido o limitado: *un número reducido de textos, reducida lista de suscriptores, créditos muy reducidos, un costo reducido, reducidas tasas de interés, un área muy reducida*, "Los grupos son *reducidos*".

reducir v tr (Se conjuga como *producir*, 7a) **1** Disminuir algo en su tamaño, cantidad, duración, intensidad, etc; hacerlo más pequeño, generalmente conservando sus características principales y sin que deje de ser útil o de cumplir cierta función: *reducir una fotografía, reducir la fuerza de la voz, reducir las páginas de un discurso, reducir el volumen de un paquete, reducir las vacaciones, reducir la ración de comida, reducir el gasto de combustible* **2** Convertir o transformar una cosa en otra, generalmente cortándola en pedazos o haciendo que pierda su valor: *reducir los árboles a leña, reducir a añicos un cristal*, "La ciencia avanza que es una barbaridad: ahora *reduce* a cubitos el caldo de gallina" **3** Destruir o deshacer algo haciendo que deje ciertos restos o quedar de algo ciertos restos después de gastarse o consumirse: "El terremoto *redujo* a escombros la ciudad", "No se tentó el corazón para *reducir* a polvo sus argumentos", "El cine se *redujo* a cenizas" **4** *Reducirse a* Consistir algo sólo en cierta cosa o limitarse alguien a hacer sólo cierta cosa: "Su plan *se reduce a* atacar la inflación", "El artículo *se reduce a* comentar las características principales del espectáculo", "El funcionario *se redujo a* responder las preguntas de manera afirmativa o negativa" **5** Presentar o considerar algo como si fuera más sencillo de lo que es, atribuyéndole una causa o una solución más simple que la verdadera: "Todo lo *reduce* a agresión y necesidad material", "Por no *reducir* el problema a causas psicológicas...", "Quiso *reducir* toda la discusión a una mera cuestión de semántica", "*Reduce* la solución del conflicto a una negociación entre los líderes" **6** Someter a alguien u obligarlo, generalmente por la fuerza, a respetar algo o a no pasar de ciertos límites: *reducir al enemigo*, "La policía *redujo* a los bandidos", *reducir a la impotencia* **7** (*Med*) Colocar en su sitio alguna parte del cuerpo o devolver una hernia a su lugar: *reducir una luxación* **8** (*Mat*) Cambiar la forma de una expresión matemática sin alterar su valor: *reducir horas a minutos, reducir de pesos a centavos, reducir quebrados al común denominador* **9** Convertir una unidad monetaria en otra: *reducir dólares a pesos*.

redundar v intr (Se conjuga como *amar*) Resultar en beneficio o en perjuicio de alguien o algo: "Reduc-

ción de costos que *redundará* en beneficio del campesino", "Ello *redundaría* en beneficio del espectáculo", "La falta de gasolina necesariamente *redunda* en falta de productos industriales".

reemplazar v tr (Se conjuga como *amar*) **1** Poner una cosa en lugar de otra semejante: "*Reemplace* las llantas antes de que estén completamente lisas", "La tubería de bronce ha *reemplazado* en gran parte la de hierro", *reemplazar el carbono por oxígeno*, "Esta fauna es *reemplazada* por otra" **2** Ocupar el lugar dejado por otra persona o cosa: "Estoy temporalmente aquí, *reemplazando* al contador", "Este modelo *reemplaza* al anterior". (También *remplazar*.)

reestructuración s f Acto de reestructurar: *la reestructuración del transporte, nueva reestructuración agrícola, la reestructuración de un crédito*.

refacción s f **1** Pieza que sirve para sustituir a otra semejante en una máquina; pieza de repuesto: *refacciones automotrices, falta de refacciones, llanta de refacción* **2** Préstamo para aliviar una situación económica difícil.

referencia s f **1** Acto de referir algo o de referirse a algo: *una referencia histórica, hacer referencia a un hecho* **2** Indicación en un escrito del lugar en el que se puede encontrar mayor información o explicación acerca de alguna cosa: *las referencias de un diccionario, las referencias del catálogo de una biblioteca* **3** Informe que se da acerca de la personalidad, honradez, capacidad, etc de una persona: *dar referencias, pedir referencias*.

referente 1 *Referente a* Que se refiere a algo o está relacionado con ello: *referente al amparo en materia agraria, lo referente al capital extranjero, datos referentes al poder adquisitivo, referente al último censo industrial* **2** s m (*Ling*) Aquello a lo que se refiere o remite un signo lingüístico en la realidad extralingüística, tal como es entendida por la experiencia de un grupo humano.

referir v tr (Se conjuga como *sentir*, 9a) **1** Contar o relatar un acontecimiento, un pensamiento, una experiencia, etc, de viva voz o por escrito: "Nos *refirió* sus aventuras en el mar", "Este libro *refiere* la caída de Monte Albán en manos de los mixtecos" **2** *Referir(se) a* Remitir a algo o aludir a ello; tener algo como significado o querer decir cierta cosa: "Esta palabra *refiere* a una situación particular", "¿A qué *se refiere* ese cartel en la calle?", "¿A qué *te refieres* cuando hablas de eso?" **3** Remitir a alguien a algún sitio, indicarle a dónde debe ir, a quién debe ver o en qué lugar tiene que buscar para resolver alguna cosa: "Me *refirió* al jefe de la oficina", "*Refiérase* al registro electoral de su localidad", "Te puedes *referir* a una enciclopedia".

refinado I pp de *refinar* **II** adj **1** Que ha pasado por un proceso de refinación o purificación: *azúcar refinada* **2** Que es producto de un perfeccionamiento en la educación, la cultura o el arte: *una mujer muy refinada, un arte refinado, los refinados modistos de París* **3** Que se ha perfeccionado hasta alcanzar una mayor sensibilidad, una mayor finura, más sutileza, más efectividad, etc: *los modelos más refinados de simulación de temblores, un refinado y desastroso egoísmo*.

refinar v tr (Se conjuga como *amar*) **1** Hacer más fina y pura una sustancia eliminando sus impurezas: *refinar azúcar, refinar petróleo* **2** Perfeccionar los conocimientos, la cultura o la educación de alguien eliminando lo que se considera vulgar o desagradable: "Ha ido *refinando* sus gustos", "Debería *refinar* su lenguaje" **3** Mejorar o perfeccionar alguna cosa haciéndola más detallada, fina o efectiva: *refinar la técnica de un jugador, refinar un método*.

refinería s f Instalación industrial en la que se refina algún producto, particularmente la que se dedica a refinar petróleo.

reflector s m **1** Lámpara eléctrica que produce un rayo de luz muy intensa y concentrada, el cual puede dirigirse a voluntad: *alumbrar con reflectores*, "El rayo del *reflector* iluminaba el cielo anunciando el estreno de la película", "Los *reflectores* apuntaban ya a toda la cancha" **2** Lámina brillante que se monta sobre un soporte móvil y sirve para dirigir a algún sitio la luz que se refleja en ella. Se emplea mucho en fotografía **3** (*Astron*) Telescopio.

reflejar v tr (Se conjuga como *amar*) **1** Proyectar algo la imagen de lo que tiene delante debido a que la luz regresa al chocar con ello: "El lago *refleja* la montaña", "La luz que *reflejaban* los vidrios me deslumbró" **2** (*Fís*) Recibir una superficie algo, como un rayo de luz, una onda de radio, etc, y proyectarlo, generalmente restándole intensidad, en cierto ángulo o en determinada dirección: "La antena sirve para *reflejar* las microondas hacia la estación central" **3** Dejar ver algo cierta cosa o manifestarse una cosa en otra: "Sus cuadros *reflejan* su espíritu religioso", "Sus estudios no *reflejan* verdaderamente la complejidad del asunto", "El dolor se *reflejaba* en su cara".

reflejo s m I **1** Acto de reflejar o reflejarse **2** Imagen que produce algo que se refleja en alguna superficie: "Miró su *reflejo* en el agua", "Los vampiros no tienen *reflejo* en los espejos" **3** Destello que produce la luz al reflejarse en algún lugar: "Los *reflejos* del sol sobre el agua", "Me deslumbró el *reflejo* del coche al pasar" **4** Manifestación de una cosa en otra: *el reflejo de la economía en la política* **5** *Ser una persona un (el) reflejo de otra* Ser parecida a ella físicamente o imitarla en los actos: "Marina *es el* vivo *reflejo* de su madre", "José *es* sólo un pálido *reflejo* de su abuelo" **6** *Ser una cosa reflejo de otra* Mostrarla o ser consecuencia de ella: "Sus éxitos *son* un buen *reflejo* de su dedicación", "Los aumentos a los precios *reflejan* una mala administración" **II** Reacción automática e involuntaria del sistema nervioso a algún estímulo: *tener buenos reflejos, un reflejo condicionado*.

reflexión[1] s f Acto de reflejar o reflejarse: *la reflexión de la luz, la reflexión de una imagen en el espejo, la reflexión de microondas*.

reflexión[2] s f Acto de reflexionar y razonamiento que se deriva de este acto: *la reflexión filosófica, una reflexión profunda*.

reflexionar v intr (Se conjuga como *amar*) Pensar o considerar con detenimiento y cuidado alguna cosa, considerando sus causas, implicaciones, consecuencias, etc: *reflexionar sobre la guerra*, "No tuve tiempo de *reflexionar*", "*Reflexioné* sobre mi actitud y estoy apenado".

reflexivo adj **1** Que pertenece a la reflexión o se relaciona con ella: *un espíritu reflexivo, ángulo reflexivo, actitud reflexiva* **2** (*Gram*) Que se refiere al sujeto de la oración: *pronombre reflexivo, oración reflexiva, verbo reflexivo*.

reforestación s f Acto de reforestar: "Se lleva a cabo una *reforestación* del Distrito Federal".

reforestar v tr (Se conjuga como *amar*) Volver a sembrar árboles en una zona para reponer los que se han cortado o han muerto: "Deberán *reforestar* los bosques del Ajusco", "Si los leñadores *reforestaran* cada vez que cortan un árbol, nunca se causarían daños a la naturaleza".

reforma s f Acto de reformar: *la reforma de una casa, la reforma religiosa*, "Proponen varias *reformas* a la ley electoral".

reformar v tr (Se conjuga como *amar*) **1** Hacer cambios, modificaciones o correcciones a algo para rehacerlo, restablecerlo, quitarle defectos o volver a ponerlo en actividad o funcionamiento: *reformar un edificio, reformar un vestido, reformar una orden religiosa, reformar una ley* **2** prnl Corregir alguien su conducta: "El papá de Pedro ya se *reformó* y dejó de beber".

reforzar v tr (Se conjuga como *soñar*, 2c) **1** Hacer que algo o alguien tenga más fuerza o más resistencia: "Operaciones que *refuerzan* los músculos", *reforzar una estructura* **2** Apoyar o animar algo o a alguien dándole mayor fuerza: "El sector público *refuerza* la acción revolucionaria", *reforzar la organización gubernamental*.

refracción s f (*Fís*) Cambio de dirección que sufre un rayo de luz, una onda de sonido, etc, al pasar oblicuamente de un medio a otro de densidad diferente, como del aire al agua, o de una región de un medio a otra de distinta densidad.

refractar v tr (Se conjuga como *amar*) (*Fís*) Hacer que un rayo de luz, una onda de sonido, etc, cambie su dirección al pasar oblicuamente de un medio a otro de diferente densidad, como del aire al agua, o de una región de un medio a otra de distinta densidad: "Un prisma *refracta* la luz", "La luz se *refracta* al entrar al agua".

refractario adj y s **1** Que es resistente a las altas temperaturas: *platón refractario, vidrio refractario* **2** Que es resistente a ciertas sustancias o medicamentos: *infecciones refractarias a las sulfamidas* **3** Que se opone a algo, que no se deja afectar por ello: "Es *refractario* a la demagogia".

refrán s m Dicho o sentencia popular y tradicional que se expresa en una frase de forma más o menos fija, generalmente rítmica o rimada, y da un consejo o saca una moraleja, frecuentemente valiéndose de una alegoría, como "De tal palo tal astilla", "Del dicho al hecho hay mucho trecho", "No por mucho madrugar amanece más temprano", etcétera.

refrescar v (Se conjuga como *amar*) **1** tr Hacer disminuir la temperatura de algo que está muy caliente; ponerlo fresco: "Nos *refrescamos* el rostro con agua" **2** intr (Sólo en tercera persona) Disminuir el calor del ambiente: "En la tarde *refresca* mucho" **3** *Refrescar la memoria* Recordarle a uno algo: "Si no se acuerda, *refréscale la memoria*".

refresco s m **1** Bebida preparada, especialmente la que no es alcohólica y se envasa industrialmente: *comprar refrescos, tomarse un refresco, un refresco de limón* **2** Persona que, por estar descansada, sustituye a otra en alguna actividad: *los refrescos del ejército, un refresco en la posición de defensa* **3** *De refresco* Que sirve para volver a darle fuerza o vigor a algo: *personal de refresco, tropas de refresco*.

refrigeración s f **1** Acto de refrigerar: *refrigeración de productos agropecuarios, técnicas de refrigeración* **2** Sistema o aparato que sirve para refrigerar: *apagar la refrigeración,* "Se descompuso la *refrigeración* del cine".

refrigerador s m Aparato generalmente eléctrico que produce frío y sirve para conservar productos perecederos, especialmente alimentos: "Saca la mantequilla del *refrigerador* con anticipación".

refuerzo s m **1** Acto de reforzar **2** Persona, cosa o elemento que se usa para reforzar: *refuerzo horizontal, un refuerzo del cuartel general, los refuerzos de la selección juvenil.*

refugiado I pp de *refugiar* o *refugiarse* II s y adj Persona que se ve obligada a residir fuera de su país por sufrir en él persecuciones políticas o por estar en contra de su gobierno: "La protección de México a los *refugiados* españoles…".

refugiar v tr (Se conjuga como *amar*) **1** Dar refugio o protección a alguien: *refugiar a los perseguidos,* "La *refugió* en su casa mientras encontraba dónde vivir" **2** prnl Protegerse de algo en algún lugar o ponerse a salvo de cierto peligro o penalidad haciéndose de un refugio: "*Se refugió* de la nieve en un hospital", *refugiarse de la lluvia,* "Se *refugiaron* en México".

refugio s m **1** Lugar donde alguien puede protegerse o donde se halla resguardado, seguro y fuera de peligro: "Una cueva sirvió de *refugio* a los animales", *refugio alpino, refugio antiaéreo* **2** Protección, cuidado o seguridad que algo o alguien ofrece a quien se halla en peligro o desprotegido: "Halló *refugio* y consuelo en casa de sus abuelos".

regadera s f **1** Utensilio provisto de multitud de perforaciones que se coloca en la punta de un tubo de agua corriente para que ésta salga a presión y en varios chorros, particularmente el que se pone a cierta altura en un baño y sirve para bañarse: *darse un baño de regadera, ponerle una regadera al fregadero* **2** Lugar del baño, generalmente aislado por una cortina, donde se coloca este utensilio y donde uno se baña: *meterse a la regadera,* "Sufrió un accidente en la *regadera*" **3** Utensilio que se utiliza para regar las plantas; consta de un recipiente cilíndrico provisto de un asa y de un tubo que surge casi de su base y en cuya punta tiene un ensanchamiento cubierto de perforaciones que permite la salida del agua.

regalar v tr (Se conjuga como *amar*) **1** Dar algo a alguien para que sea suyo y con la idea de agradarlo o festejarlo o como muestra de afecto: "Le *regalé* un libro", "Me *regaló* un retrato", "Le *regaló* cien pesos", "Nos *regaló* unas gorditas de harina", "Le *regalaron* un vestido", "Le *regaló* un violín", "Les *regalamos* juguetes", "*Regaló* medicinas" **2** Ponerle fáciles las cosas a alguien, darle alguna ventaja o permitir su triunfo, generalmente por cometer algún error: "Al expulsar a Hernández, el árbitro le regaló el *partido* al Monterrey", *regalar un set* **3** Dar o darse algún placer, deleitarse: "Se *regaló* con una buena cena", "Me *regaló* con un viaje".

regalía s f Retribución que se paga a un autor por la venta de sus libros: *cobrar las regalías.*

regalo s m **1** Cosa que uno da a alguien para que sea suya y con el fin de complacerlo, festejarlo, mostrarle afecto, etc: *un regalo de cumpleaños* **2** Hacer un re-galo Regalar algo: "Le *hizo un regalo* en su aniversario de bodas" **3** De regalo Como regalo, sin costo, gratis: *recibir unos patines de regalo, comprar un producto y recibir dos jabones de regalo.*

regañar v tr (Se conjuga como *amar*) Llamar la atención a alguien con dureza o enojo por alguna falta que ha cometido o por haber obrado mal: "*Regañó* a su hijo porque llegó tarde", "Los *regañó* el maestro por no haber estudiado la lección".

regaño s m Acto de regañar: "No le importaban los *regaños* de su padre", "El *regaño* se debió a que reprobó matemáticas".

regar v tr (Se conjuga como *despertar*, 2a) **1** Echar agua sobre el suelo de manera que se extienda o se esparza sobre él, particularmente sobre la tierra para beneficiar a las plantas que en ella crecen: *regar un campo de cultivo, regar el pasto, regar un rosal,* "Los sábados *riegan* el jardín", *regar el patio* **2** Suministrar o llevar un río, un canal, etc agua a cierta región: "El Papaloapan *riega* parte de Veracruz" **3** Derramar un líquido sobre una superficie, esparcir lago en algún sitio o dejar muchas cosas desordenadas o tiradas en algún lugar: "El gato *regó* la leche en el piso", "*Regó* el café por toda la casa", "Se le había roto la bolsa, así que fue *regando* las canicas por toda la calle", "*Regaron* sus juguetes por toda la sala **4** Regarla (*Coloq*) Cometer uno o más errores; echar a perder alguna cosa: "La *regó* contándole a su mamá lo que pasó", "No hay como él para *regarla* cuando se trata de hacer sumas".

regata s f Carrera deportiva de embarcaciones ligeras: *la regata internacional de canotaje, regatas en lanchas de motor.*

regatear v tr (Se conjuga como *amar*) **1** Discutir el precio de una mercancía el comprador y el vendedor; especialmente el comprador para conseguir una rebaja: "No me gusta *regatear* en el mercado" **2** Dar de algo lo menos posible; tratar de ahorrar al conceder algo; escatimar: "Un apoyo que se no se *ha regateado*", "Los toreros no *regatearon* esfuerzos y el festejo resultó redondo" **3** Querer rebajar los méritos o las cualidades de alguien: "No le *regateo* su inteligencia, pero le falta generosidad".

regateo s m Acto de regatear: *entrar en el regateo,* "Ricardo es muy bueno para el *regateo*".

regazo s m **1** En una mujer sentada, hueco que se forma entre la cintura y las rodillas, generalmente cubierto por la falda: *dormir en su regazo,* "Ella tenía los libros sobre el *regazo*" **2** Lugar donde se encuentra refugio, consuelo o cariño.

regencia s f **1** Acto de regir, mandar o gobernar: *junta provisional de regencia* **2** Empleo o función de regente **3** Tiempo que dura el gobierno de un regente: "Durante su *regencia*…".

regeneración s f Acto de regenerar o regenerarse algo o alguien: *la regeneración de un órgano, regeneración de un drogadicto.*

regenerar v tr (Se conjuga como *amar*) **1** Poner o ponerse en buen estado algo que se había deteriorado; renovar o renovarse alguna cosa: *regenerarse un tejido,* "Esas sustancias *regeneran* la piel" **2** Hacer que alguien que ha adquirido vicios, malas costumbres o comportamientos indeseables se convierta en una persona digna: "El trabajo *regeneró* a esa joven", *regenerar a un delincuente* **3** prnl Hacerse responsable y moralmente buena una persona que tenía vicios, malos hábitos etc: "Pese a todo, al final de su vida, *se regeneró*", "Cuando tuvo su primer hijo se *regeneró*".

regente s m y f **1** Persona que rige, manda o gobierna un determinado territorio: *el regente de la ciudad* **2** Persona que ejerce el poder durante la minoría de edad de un monarca **3** adj y s m y f (*Gram*) Tratándose de una palabra, que rige o determina la forma que debe tener otra que la acompaña o la relación en que debe estar con ella; por ejemplo *querer* es un verbo *regente* que exige un *subjuntivo*, por lo que se dice *quiero que vayas* y no *quiero que vas.*

regidor s Funcionario público que forma parte de un gobierno municipal o de un ayuntamiento: *regidor de hacienda, regidor de mercados.*

régimen s m **1** Conjunto de las características generales de una forma de gobierno, de una sociedad o de un Estado: *régimen capitalista, régimen colonial, regímenes monárquicos* **2** Manera de dirigir un gobierno: *el régimen cardenista, los regímenes revolucionarios* **3** Conjunto de reglas, disposiciones y prácticas por el que se rige o funciona algo: *el régimen de una prisión, el régimen de propiedad ejidal* **4** Conjunto de reglas y prescripciones que guían el cuidado de la salud: *régimen alimenticio, régimen de ejercicio* **5** (*Gram*) Determinación sistemática de la forma en que una palabra se relaciona con otra en la oración, especialmente la de la preposición con el verbo que la acompaña, como la de *arrepentirse*, que siempre va seguido de la preposición *de* (*arrepentirse de*) o la de *carecer*, que también exige *de* (*carecer de*), etcétera.

regimiento s m Unidad de soldados de caballería o de artillería que está bajo las órdenes de un coronel o de un general brigadier.

regiomontano adj y s Que es natural de Monterrey, capital del estado de Nuevo León; que pertenece a esta ciudad o se relaciona con ella: *población regiomontana, un gran escritor regiomontano.*

región s f **1** Parte de un territorio que forma una unidad según ciertas determinaciones geográficas, económicas, étnicas, etc: *las regiones de un país, regiones polares, una región agrícola, región de clima templado, región pantanosa, la región yaqui, regiones militares* **2** Parte o zona determinada de un organismo o un órgano: *región torácica, región frontal de la cabeza.*

regional adj m y f Que pertenece a una región o que se relaciona con ella: *economía regional, organismo regional, reunión regional, baile regional.*

regir v tr (Se conjuga como *medir*, 3a) **1** Determinar o señalar la manera en que deben comportarse los miembros de una sociedad y el modo en que ésta debe organizarse: "La ley *rige* para todos", "Son varios los principios que *rigen* la vida social" **2** Determinar algo la manera de ocurrir o de llevarse a cabo cierta cosa: "La gravedad *rige* sobre el sistema planetario y el universo entero" **3** prnl· Apegarse algo o alguien a determinado principio, costumbre, norma, etc o tener algo como referencia para comportarse de determinada manera: "*Se rigen* por una moral muy severa", "*Se regían* por el calendario lunar" **4** Estar vigente una ley o una obligación: "El contrato *rige* por tres años" **5** (*Gram*) Determinar una palabra la forma que debe tener otra que la acompaña o la re-

lación en que debe estar con ella; por ejemplo, el verbo 'querer' *rige* subjuntivo, por lo que se dice "Quiero que vayas" y no "Quiero que vas".

registrado I pp de *registrar* o *registrarse*: "Ha *registrado* alzas hasta de un 25%", "Que todos los causantes estén *registrados*", "Están *registrados* 914 camaroneros" II adj Que aparece en un registro: *delegados registrados, pilotos registrados, los estudiantes registrados para un examen, títulos registrados, correspondencia registrada.*

registrar v tr (Se conjuga como *amar*) I Revisar con cuidado y parte por parte alguna cosa para descubrir lo que hay en ella: *registrar un camión, registrar los bolsillos* II **1** Escribir o anotar algo para tener memoria de ello o hacer que conste en una lista o en una relación: *registrar una fecha, registrar un hecho histórico, registrar el equipaje en la ventanilla, registrarse en un hotel* **2** Hacer constar algo ante una autoridad y asentarlo ésta en un libro o en una lista oficial, generalmente como prueba de que se ha cumplido con los requisitos legales necesarios para hacer algo y se tiene permiso para ello: *registrar una firma, registrar un contrato, registrar un nacimiento, registrar la mercancía en la aduana, registrarse en Hacienda* **3** Hacer constar un aparato o un instrumento determinada señal: "Los sismógrafos *registraron* un temblor", "La computadora no *registró* esos nombres" **4** (*Coloq*) Darse alguien cuenta de algo, entenderlo o grabarlo en su memoria: "Le dije que viniera a las cinco, pero no *registró*", "Sí, me lo presentaron, pero no *registré* su nombre".

registro s m I **1** Acto de registrar o registrarse: *el registro del equipaje, el registro de un accidente, el registro de una sociedad* **2** Libro, lista o relación donde se apuntan cosas, particularmente aquél donde una autoridad hace constar que alguien ha cumplido con los requisitos legales necesarios para algo: *apuntarse en el registro de un hotel, buscar un nombre en el registro* **3** Oficina donde una autoridad guarda estos documentos e institución que se encarga de hacerlos: *registro municipal, registro de la propiedad* **4** *Registro Civil* Institución que se encarga de anotar los nacimientos, matrimonios, divorcios y defunciones de las personas para todas las finalidades a las que puedan servir II Abertura en el suelo o en la pared de algún lugar por donde se puede examinar o reparar una instalación oculta: *el registro de una cisterna, un registro eléctrico* III (*Mús*) **1** Rango de sonidos que alcanza una voz humana o algún instrumento musical **2** Pieza movible del órgano y otros instrumentos de teclado con la que se varía el timbre y la intensidad de los sonidos, y cada timbre que produce **IV** (*Impr*) Coincidencia o superposición de los renglones impresos a ambos lados de una hoja, de manera que lo de un lado no se transparenten sobre las interlíneas del otro lado, o posición relativa que deben guardar entre sí varias planchas que se imprimen por separado, especialmente cuando se reproduce una imagen a color: *un registro perfecto, cuidar el registro.*

regla s f I Instrumento hecho con distintos materiales, delgado, largo y con un sin graduación, que sirve para trazar o medir líneas rectas II **1** Expresión o enunciado que señala lo que se considera bueno y justo para el ser humano y que por ello debe determinar o guiar su conducta **2** Principio o enunciado que dirige o señala la manera de hacer algo; procedimiento que debe seguirse para lograr cierta cosa: *una regla de conducta, reglas de un juego, reglas de ortografía, reglas de versificación, una regla matemática* **3** *En regla* De acuerdo con el reglamento, en la forma debida, según lo manda la ley: *papeles en regla, documentos en regla* **4** *Como regla general* o *por regla general* De manera general, por lo común, normalmente: "Los nortes aparecen entre octubre y marzo, *por regla general*" **III** En las mujeres, periodo de tres a ocho días, que ocurre por lo general cada veintiocho, durante el cual, al no haber fecundación, el organismo elimina por la vagina los óvulos y la membrana sanguínea que recubre la parte interior de la matriz; menstruación.

reglamentación s f **1** Acto de reglamentar: *reglamentación de las agencias de colocaciones* **2** Conjunto de reglas referentes a determinada actividad: *la reglamentación de las inversiones extranjeras.*

reglamentar v tr (Se conjuga como *amar*) Imponer un reglamento; ponerle reglas a algo: "Hay que *reglamentar* el trabajo de los menores para evitar abusos", *reglamentar las importaciones.*

reglamentario adj Que pertenece a algún reglamento o se relaciona con él: *una reunión reglamentaria, el uniforme reglamentario.*

reglamento s m Conjunto de reglas, procedimientos y guías que elabora una autoridad para determinar la aplicación de una ley o que elabora alguien para regir una actividad colectiva: *reglamento de la ley del trabajo, reglamento de construcción, reglamento escolar, reglamento de futbol.*

regocijar v tr (Se conjuga como *amar*) Llenar o llenarse de regocijo, de gozo o de alegría: "La victoria *regocijó* a todo el pueblo", "La *regocijó* la visita de sus hermanas", "En su corazón de sabio se *regocijó* grandemente."

regocijo s m Gozo y alegría intensa: *causar regocijo, regocijo estudiantil.*

regresar v intr (Se conjuga como *amar*) **1** Volver algo o alguien al lugar de donde viene o del que salió: *regresar al pueblo, regresar a la casa* **2** tr (*Coloq*) Hacer que alguien vuelva al lugar del que salió: "Lo *regresaron* a su casa en un camión", "Nos *regresaron* del colegio por no haber pagado la colegiatura" **3** Visitar nuevamente algún lugar: *regresar a Campeche, regresar al museo*, "Dijo que pasaría otra vez por aquí, pero ya no *regresó*" **4** Volver a hacer cierta actividad o a estar con alguien que se había dejado o abandonado: *regresar a clases, regresar al comercio*, "*Regresó* con sus padres" **5** tr Dar a una persona algo que se le había perdido o que ella había prestado; dar a alguna institución o a alguna persona algo que no tenía pero que le pertenece: *regresar un préstamo, regresar un libro.*

regresivo adj Que regresa a estados o formas anteriores; que va hacia atrás: *tendencias regresivas, un fenómeno regresivo.*

regreso s m Acto de regresar: *el regreso a la casa, el viaje de regreso, el regreso a clases.*

regulación s f Acto de regular: *regulación de la inversión extranjera, regulación de los mercados, regulación renal.*

regulador adj y s m **1** Que regula o sirve para regular: *la naturaleza sabia y reguladora*, "El mar es nuestro *regulador* térmico mundial" **2** (*Elec*) Dispositivo que mantiene la tensión de un circuito o de un alternador dentro de ciertos límites o permite su variación de acuerdo con una manera prefijada: *reguladores de voltaje* **3** (*Mec*) Válvula automática para mantener constante la presión del gas en las tuberías de suministro **4** (*Mús*) Signo formado por dos líneas en ángulo muy agudo con el que se indica al ejecutante la intensidad creciente o decreciente que debe darse a los sonidos.

regular[1] v tr (Se conjuga como *amar*) **1** Hacer que algo funcione o se produzca de acuerdo con un orden, regla o ley, de manera uniforme o bajo control: *regular la salida de agua, regular la venta de artículos de lujo* **2** Determinar una ley, una norma, un principio o una regla la actividad o el comportamiento de algo o de alguien: "Esta ley *regula* las relaciones comerciales".

regular[2] adj m y f **1** Que es uniforme, que está determinado por una regla o un orden: *respiración regular, el desarrollo regular de las clases, el servicio regular de autobuses* **2** Que vive bajo las reglas de cierta agrupación: *ejército regular, clero regular* **3** adj m y f y adv Que tiene un tamaño, una calidad, una intensidad o una cantidad media; que no es ni mucho ni poco, ni bueno ni malo, etc o que actúa o se hace de una manera común y corriente, ni bien ni mal: *una comida regular, sentirse regular de salud*, un comportamiento regular, "El niño lee *regular*" **4** *Por lo regular* En general, usualmente: "*Por lo regular* no trabajo los sábados".

regularmente adv **1** Por lo regular; generalmente: "Viene *regularmente* los viernes" **2** De manera regular, a intervalos fijos: "Los pedidos, que se les enviaban *regularmente* cada dos meses, fueron cancelados", "Este espacio hace que las letras se separen *regularmente*" **3** Ni bien ni mal: "Habla *regularmente* el francés".

rehilete s m **1** Juguete infantil que consta de un palito o alambre con una especie de molinito o hélice en uno de sus extremos, cuyas aspas o ruedas giran con el viento: *rehilete tricolor* **2** (*Rural*) Movimiento rápido y circular del caballo de silla, al que se hace girar sobre las patas exclusivamente. (Se pronuncia *reguilete.*)

reina s f (Su masculino es *rey*) **I 1** Mujer que gobierna un país con monarca o soberana: *la reina de Inglaterra, la reina de Holanda* **2** Esposa del rey **3** Persona o animal de sexo femenino, o cosa de género femenino, que tiene ciertas características que la hacen sobresalir entre las demás de su clase: *la reina de la danza*, "La rosa es la *reina* de las flores", *la reina de la comedia*, "Venecia es la *reina* del Adriático" **4** Hembra fértil entre los insectos que viven en enjambre: *abeja reina* **5** Carta de la baraja con la figura de una reina: *reina de corazones* **6** Pieza del juego de ajedrez, la más fuerte tanto para el ataque como para la defensa **7** Dulce de leche en forma de pirámide trunca coronada por media nuez **II 1** *Reina de la noche* Planta cactácea, de distintos géneros y especies (como *Epiphyllum oxypetalum, Hylocereus purpusii* y *Nyctocereus serpentinus*), cuyas flores se abren por la noche y exhalan su perfume **2** *Reina Margarita* (*Callistephus chinensis*) Planta herbácea de la familia de las compuestas que tiene hojas recortadas y flores en cabezuelas de bordes blancos y centro amarillo; se cultiva como ornamental.

reinado s m **1** Periodo durante el cual gobierna un rey o una reina: *el reinado del Rey Sol* **2** Predominio de una cosa en una época determinada: *el reinado de la violencia.*

reinante adj m y f Que reina o que predomina: *la casa reinante, la dinastía reinante, el espíritu de unidad reinante en el convivio, la confusión reinante, un caos reinante.*

reinar v intr (Se conjuga como *amar*) **1** Gobernar un Estado un rey o una reina: "Carlos V *reinó* en España y Alemania" **2** Tratándose de una dinastía, una familia, etc, gobernar uno de sus miembros como soberano de un Estado: "La casa de Windsor *reina* todavía en Inglaterra" **3** Dominar alguien alguna cosa imponiéndole su voluntad o sus gustos; dominar algo extendiendo su influencia o su carácter sobre otra cosa: "El cine comercial *reina* en nuestras salas de exhibición", "*Reina* la calma en la ciudad".

reino s m **1** Territorio gobernado por un rey o por una reina: *los castillos del reino*, "El *reino* cayó en manos de los invasores" **2** Cada uno de los grandes grupos o divisiones en que las ciencias clasifican a los seres y a las cosas de la naturaleza. Tradicionalmente son tres: el animal, el vegetal y el mineral, aunque en la actualidad algunos autores reconocen otros intermedios **3** Área o campo que es propio de algo o que comprende cierta actividad: *el reino de la física, el reino de la imaginación.*

reír v intr (Modelo de conjugación 3b) **1** Expresar alguien una emoción o un sentimiento, generalmente de alegría y placer, con un gesto que consiste en estirar los labios o abrir la boca de manera que los dientes queden a la vista, entrecerrar los ojos y emitir sonidos entrecortados, a veces este gesto va acompañado de un mayor brillo en los ojos y de una serie de contracciones del diafragma que hacen que los hombros se sacudan: *reírse de un chiste, reírse de las payasadas de los niños, reír con las cosquillas* **2** prnl Burlarse de algo o de alguien: "Se *rieron* de mí", "Me *río* de tantas mentiras".

reiterar v tr (Se conjuga como *amar*) Repetir algo, volver a decir algo que ya se había dicho antes, decirlo varias veces: "*Reiteramos* nuestro ofrecimiento de cooperación económica", "*Reiteró* su petición respecto al proyecto de venta de empresas estatales".

reja s f **1** Conjunto de barrotes paralelos, o de varillas, alambres, etc trenzados en una especie de malla, que sirven para proteger puertas, ventanas o cerrar un espacio: *la reja de salida, calles con rejas*, "Rodearon su hortaliza con una *reja* de alambre" **2** *Entre rejas* o *tras las rejas* En la cárcel o dentro de una jaula: *poner a los ladrones tras las rejas, un lobo atrapado entre rejas* **3** Zurcido que se hace entretejiendo el hilo al coser **II** Pieza de hierro del arado que entra en la tierra y sirve para romperla y revolverla **III** (*Rural*) En Michoacán, medida de peso para fruta que equivale a 25 o 35 kilos.

rejoneador s m (*Tauro*) Jinete que hiere al toro con una lanza de madera provista de una cuchilla de acero en la punta.

relación s f **1** Forma en que dos o más elementos, objetos, personas, etc se unen, se colocan unos respecto de otros, se corresponden o se influyen; modo en que establecen conexiones o lazos mutuos o manera en que actúan entre ellos: *relación numérica, una relación de dependencia, relación recíproca, rela-*ciones desiguales, relaciones de dominación, relación de causa-efecto, relaciones familiares, relaciones de parentesco* **2** Trato recíproco entre dos o más personas: *establecer relaciones amistosas, iniciar una relación amorosa, tener relaciones sexuales, enfriarse una relación, llevar una relación cortés, tener buenas relaciones con la familia* **3** Tener relaciones Tener amigos en actividades importantes, particularmente del gobierno: "No le costará nada encontrar chamba: *tiene* muchas *relaciones*" **4** *Relaciones públicas* Conjunto de formas que emplea una oficina o una empresa para notificar al público algo, y departamento encargado de llevar a cabo esa información **5** *En relación con* o *con relación a* Por lo que toca a, en lo que se refiere a cierta cosa, considerando algo como punto de referencia o comparándolo con ello: "*En relación con* tu carta del día primero...", "Los precios de estos productos aumentaron setenta por ciento *con relación a* los del año pasado", "*En relación con* tu propuesta..." **II 1** Narración que se hace de algún acontecimiento, particularmente con fines históricos o jurídicos: *una relación de los hechos, la relación cronológica de una guerra, la relación de un congreso* **2** Lista de personas o de cosas sobre la que se basa una revisión o un control: *relación de personal, relación de tareas, relación de pasajeros.*

relacionado I pp de *relacionar* o *relacionarse*: *asuntos relacionados con la administración pública, asuntos relacionados con los servicios de información científica*, "No había antecedentes familiares *relacionados* con esta enfermedad", *todo lo relacionado con el mar y la pesca* **II** adj Que tiene buenas relaciones con personas importantes, poderosas o influyentes.

relacionar v tr (Se conjuga como *amar*) I **1** Establecer alguna relación entre dos o más elementos, objetos o personas: *relacionar dos fenómenos, relacionar ideas*, "Siempre me *relaciona* con Guamúchil, y yo ni siquiera he estado ahí" **2** prnl Establecer amistad, especialmente con una o más personas importantes y con el fin de aprovechar su influencia: "En tu profesión tienes que *relacionarte* muy bien si quieres sobresalir", "*Se sabe relacionar*" **3** Poner a una persona en relación con otra: "Me *relacionó* con un científico muy importante" **II** Hacer una lista de objetos o de personas: *relacionar mercancías.*

relajo I s m (*Coloq*) **1** Desorden, alboroto o escándalo: *armar un relajo, terminar una fiesta en relajo*, "Había un *relajo* afuera de su casa" **2** *Echar relajo* Divertirse armando un barullo o un alboroto: "Fuimos a *echar relajo* a la feria", *echar relajo en clase* **3** *De* o *por relajo* De o por broma: "No te lo tomes a pecho, lo dijo *de relajo*", "*Por puro relajo* le dijimos que eras casado" **4** Lío, complicación o engorro: "Es un *relajo* hacer trámites en las oficinas de Hacienda" **II** (*Rural*) Tratándose de caballos, que es bronco, mal adiestrado o de mala índole.

relámpago s m **1** Resplandor brillante e instantáneo que se produce en las nubes por una descarga eléctrica natural y que a veces acompaña a un trueno: "Hubo una tempestad muy fuerte con truenos y *relámpagos*" **2** *Relámpago enterrado* En Durango, el que es vertical y se ve a lo lejos, porque se cree que se entierra y que indica lluvias probables **3** *De* *relámpago, como (de) relámpago* Con gran rapidez: "El movimiento defensivo del animal fue *de relámpago*", "Lléveme *como relámpago* al aeropuerto" **4** adj m y f Que es muy rápido y breve: "Hicieron una incursión *relámpago* tras las líneas enemigas", *guerra relámpago*.

relatar v tr (Se conjuga como *amar*) Narrar o contar una historia o un hecho: *relatar un viaje, relatar una batalla*, "Esos romances *relatan* aventuras extraordinarias".

relativamente adv En forma relativa: *una inversión relativamente modesta, tasas relativamente bajas, un plazo relativamente amplio, un espacio relativamente limitado, un hecho relativamente reciente, un número relativamente reducido, una cantidad relativamente grande, relativamente fácil*.

relatividad s f **1** Hecho de ser algo relativo en sus características o en relación con otros hechos: *la relatividad de una opinión, la relatividad de un conocimiento* **2** (*Fís*) Conjunto de las teorías físicas formuladas por Einstein que establecen, entre otras cosas, que la velocidad de la luz es constante, independientemente de que se mida moviéndose en su misma dirección o en la contraria, por lo que constituye el único sistema universal de referencia; establecen también que esta velocidad es irrebasable y que la materia y la energía son dos manifestaciones distintas de la misma realidad física; que las medidas en el espacio son relativas y dependen de las condiciones en que se tomen; que el tiempo pasa más lentamente para un objeto mientras más rápidamente se mueve; que la gravedad es una propiedad de la configuración geométrica del espacio, el cual forma con el tiempo un universo de cuatro dimensiones, etcétera.

relativo adj **1** Que depende de otra u otras cosas o fenómenos, de la manera en que se considere o de cierta relación o referencia; que no es absoluto, que está sujeto a las circunstancias: *valor relativo, fuerza relativa, importancia relativa*, "Todo es *relativo*" **2** *Relativo a* En relación con, en lo que toca o se refiere a; que pertenece a o se relaciona con: "En lo *relativo a* tu beca...", "Es un asunto *relativo a* la herencia", *temas relativos a la filosofía* **3** adj y s m (*Gram*) Palabra que relaciona una oración subordinada con una principal calificando o determinando a uno de sus elementos, el cual se llama antecedente; tienen esta función los *pronombres relativos: que, cual, quien, cuyo, el que* y *el cual*, por ejemplo en: "Compré el disco *que* me pediste", "Se lo mandaré a *quien* me digas". También los *adverbios relativos: donde, cuando, cuanto* y *como*, por ejemplo en: "Van a tirar la escuela *donde* estudié", "La forma *como* contestó me hizo pensar que se había enojado" **4** *Oración de relativo* (*Gram*) La subordinada introducida por uno de estos pronombres o adverbios y que desempeña la función de adjetivo de alguno de los elementos de la oración principal, por ejemplo en: "La niña *que vino ayer* era su hija", *que vino ayer* es la *oración de relativo*.

relato s m **1** Acto de relatar: *el relato de un asalto* **2** Cuento o narración breve: "En ese año publicó sus primeros *relatos*", *un libro de relatos*.

relegar v tr (Se conjuga como *amar*) **1** Abandonar algo; hacer que pase a segundo término, que pierda importancia o se olvide: "Iban *relegando* cada

vez más asuntos tan apasionantes como la prisión de Madero", *relegar al olvido* **2** Poner o dejar a alguien más atrás de lo que estaba o más abajo en una jerarquía; colocarlo en una situación desventajosa: "Poco a poco fueron *relegándolo* al décimo lugar", "*Relegan* a los extranjeros para que al final acepten los trabajos más pesados".

relevante adj m y f Que destaca, que es importante; sobresaliente: *la personalidad relevante de la cultura italiana, publicaciones relevantes de la época, información relevante*.

relieve s m I **1** Configuración de una superficie que tiene partes que sobresalen o resaltan: *relieve de un terreno, un relieve muy abrupto* **2** Parte que resalta o sobresale de una superficie **3** Obra escultórica que se hace sobre una superficie, tallando sólo una parte del bulto de la figura y dejando el resto como empotrado en ella: *figura en relieve, relieve de una moneda, relieves de los templos griegos* II **1** Importancia o mérito de algo o de alguien: "Su obra alcanzó gran *relieve* durante la década pasada" **2** *Dar relieve* Dar más importancia, variedad o belleza a algo: "Los diálogos dieron un mayor *relieve* a su novela" **3** *Poner de relieve* Resaltar, destacar o mostrar la importancia, el interés o la belleza de algo o alguien: "*Puso de relieve* la urgencia de resolver los problemas de riego".

religión s f Conjunto coherente de creencias que un grupo de personas tiene acerca de la divinidad (de un Dios o de varios dioses) y de la relación de dependencia que lo une a ella, o de lo sagrado en general y del lugar que ocupa el género humano en el orden universal, y sistema de dogmas, preceptos y prácticas culturales y tradicionales que observa para rendirle culto, para normar su vida, relacionarse con otros hombres, con la naturaleza, etc: *religiones politeístas, una religión monoteísta, religiones prehispánicas, la religión judía, la religión católica, religión protestante, religión budista, religiones animistas, religiones totémicas*.

religioso adj **1** Que pertenece a la religión o se relaciona con ella: *creencias religiosas, ceremonia religiosa, emoción religiosa* **2** Que tiene religión; particularmente, que actúa siempre de acuerdo con ella: "Su abuelita siempre ha sido muy *religiosa*" **3** s Persona que ha profesado en una orden religiosa: *un religioso franciscano*.

relinchar v intr (Se conjuga como *amar*) Emitir el caballo su voz o sonido característico.

reliquia s f **1** Objeto o costumbre que se conserva del pasado después de mucho tiempo y que normalmente se considera de valor: *reliquias sumerias*, "El fasto de los viejos palacios queda como única *reliquia* de aquella época" **2** (*Relig*) Entre los católicos, resto de algún santo o de cualquier objeto que se considera sagrado y que generalmente es objeto de veneración por parte de los creyentes: *la capilla de las reliquias*.

reloj s m **1** Instrumento que sirve para medir el tiempo y dividirlo en intervalos regulares de horas, minutos y a veces segundos; generalmente a través de un movimiento continuo, como el paso del sol por el cielo, el de la arena por un cuello de cristal angosto, el vaivén de un péndulo, etc; el más común está provisto de una maquinaria de movimiento uniforme que hace avanzar dos o tres manecillas que marcan el paso del tiempo: *reloj de bolsillo, reloj de pulsera, reloj de pared, reloj de péndulo, reloj de cuerda, reloj digital, reloj de sol, reloj de arena* **2** *Reloj despertador* El que está provisto de una alarma que suena en un momento predeterminado **3** *Como reloj* Con la precisión y exactitud de un reloj: "Se levanta *como reloj* a las seis de la mañana" **4** *Contra reloj* Competencia deportiva de velocidad en la que cada participante realiza la prueba de manera independiente y buscando terminarla en el menor tiempo posible: *prueba de quinientos metros contra reloj.*

reluciente adj m y f Que brilla mucho: "Un machete *reluciente* en el que pega el sol y relampaguea", *todo muy limpio y reluciente,* "Estrellita *reluciente,* / préstame tu claridad".

rellenar v tr (Se conjuga como *amar*) **1** Llenar algo que es o está hueco o que se ha ahuecado: "Con esta preparación se *rellenan* las gorditas", "Los chiles se *rellenan* con el picadillo", *rellenar los canelones,* "*Rellene* el pollo con la pulpa", *rellenar los baches, rellenar las muelas con amalgama* **2** Tratándose de formularios y otros documentos, escribir los datos que se solicitan en los blancos que se dejan expresamente para ello: "*Rellene* esta forma antes hacer la solicitud".

relleno s m **1** Cosa que se utiliza o sirve para rellenar, especialmente los ingredientes con que se rellena un platillo y los materiales con que se rellenan los huecos de una construcción: *relleno de carne picada* **2** adj Que está lleno de algo: *un chile relleno, jaiba rellena* **3** *De relleno* Añadido con el fin de que llene un hueco, de que abulte o alargue alguna cosa, particularmente para cumplir con el tamaño o la duración que se espera de ella: "En la asamblea había muchas personas *de relleno*", "Nos pasaron dos cortos *de relleno*", "Escribió tres párrafos *de relleno*".

remanente adj m y f y s m Que queda o permanece: *material remanente, deuda remanente, pagar el remanente de la venta del producto.*

remar v tr (Se conjuga como *amar*) Mover los remos para impulsar una embarcación: "Me gusta ir a *remar* al Bosque de Chapultepec".

rematar v tr (Se conjuga como *amar*) **1** Terminar alguna cosa o dar fin a cierta actividad o a parte de ella, generalmente con algo que la realce, la culmine o la adorne: "*Remató* su actuación con un corrido", "*Remató* la faena con un pase de pecho" **2** intr Terminar algo de cierta manera: "Las estrofas *rematan* con la repetición de los dos últimos versos", "El vestido *remata* en una tira bordada" **3** Dar fin a la vida de una persona o de un animal que estaba mal herido: "Prefirió *rematar* a su gato", "Lo *remató* de dos balazos" **4** En algunos deportes, terminar una jugada dando un golpe fuerte y contundente a la pelota para que el contrario no pueda contestarla o detenerla: "Aprovechó el rebote para *rematar* solo frente a la portería", "*Remató* de derecha frente a la red", *rematar de cabeza* **5** Asegurar una costura o tejido reforzando la última puntada con otras o haciendo un nudo **6** Vender una cosa subastándola al mejor postor: "La galería *rematará* sus cuadros", "*Remataron* los coches decomisados" **7** Vender el saldo de una mercancía abaratándolo para salir pronto de él: "A partir de marzo *rematarán* la ropa de invierno".

remate s m **1** Detalle, adorno, rasgo, etc, que hay en la parte superior, final o extrema de alguna cosa, o con el que se termina algo: *el remate de un arco, una seda con remates dorados,* "Me gusta el *remate* de esa canción", "…una serie de naturales y un *remate* muy torero" **2** Puntada reforzada o nudo con que se termina un tejido o una costura **3** En algunos deportes, golpe o tiro rápido y fuerte, difícil de contestar o de detener, que se lanza para culminar una jugada anotando un punto: *fallar un remate, remate a gol,* "Los *remates* del tenista Osuna eran incontestables" **4** Venta de alguna cosa al mejor postor **5** Venta a precios bajos del saldo de alguna mercancía.

remediar v tr (Se conjuga como *amar*) Deshacer o contrarrestar algún mal o daño, corregir algún error o subsanar alguna falta u omisión: "Intentaron *remediar* las contradicciones".

remedio s m **1** Medio, procedimiento o cosa que sirve para resolver un problema, deshacer un daño o curar una enfermedad: *un remedio para la falta de agua,* "La locura de Julián no tiene *remedio*", "Todavía no inventan ningún *remedio* contra el amor", "Me recomendó, como *remedio* para la gripa, que sudara mucho", *un remedio casero, un remedio a base de hierbas, dar un remedio* **2** *Poner remedio* Poner fin, dar solución, remediar: "Es urgente *poner remedio* a las prácticas desleales en el comercio", *poner remedio al alcoholismo* **3** *No tener o no haber más remedio que* Ser completamente necesario que, o no quedar más alternativa que: "*No tuvo más remedio que* buscar ayuda", "*No nos quedó más remedio que* vender el coche" **4** *Ni para remedio* (*Coloq*) Ni siquiera un poco; nada: "No tengo dinero *ni para remedio*", "No ganábamos *ni para remedio*".

remendar v tr (Se conjuga como *despertar,* 2a) **1** Coser algo que está roto: *remendar calcetines* **2** Reforzar o reparar algo pegándole o añadiéndole un trozo de su mismo material o de otro: *remendar la tubería.*

remisión s f **1** Acto de remitir: *remisión de una carta, remisión a las notas de un libro, remisión a la delegación de policía, nota de remisión* **2** (*Med*) Disminución de la intensidad de los síntomas de una enfermedad, especialmente de la fiebre **3** (*Relig*) Entre los cristianos, perdón de una falta, que implica la extinción completa de la culpa y la consiguiente reconciliación con Dios: *remisión de los pecados* **4** (*Der*) Acto jurídico por medio del cual el acreedor libera al deudor de una obligación: "Espera conseguir la *remisión* de la deuda".

remitente s m y f **1** Persona que envía o remite una carta, un paquete o cualquier tipo de correspondencia: "En caso de no encontrarse al destinatario, devuélvase al *remitente*" **2** Datos de esta persona (su nombre y su dirección postal) que se escriben en el sobre de la carta o en la envoltura del paquete para que se sepa quién lo envía y desde dónde o para indicar que se le responda a esa dirección o que se le haga llegar a ella su carta o paquete en caso de que no haya podido ser entregado a su destinatario: "La carta no tenía *remitente*" **II** adj m y f (*Med*) Tratándose de enfermedades, que se caracteriza por la disminución de la intensidad de sus síntomas o por la interrupción de ellos: *una infección remitente, fiebre remitente.*

remitir v tr (Se conjuga como *subir*) I **1** Mandar o enviar algo o a alguien de un lugar a otro, de una situación a otra: *remitir una carta al extranjero, remitir a las notas de un libro,* "Lo remitieron a la clínica de oncología", "Los remitieron a la delegación de policía" **2** *Remitirse a* Atenerse a algo ya hecho, dicho o expresado: *remitirse a los hechos,* "A las pruebas *me remito*" **II** Ceder o perder intensidad alguna cosa, particularmente una enfermedad: *remitir la fiebre,* "Esperaban que de un momento a otro *remitiera* la tormenta".

remo s m I **1** Palo largo y delgado que se ensancha en una de sus puntas (o en las dos) y sirve para mover una embarcación sumergiéndolo en el agua y empujando o jalando de él, generalmente haciendo palanca sobre un punto de apoyo colocado en la borda: *cuatro remos largos, regatas de remos* **2** *Remo de canalete* o *de popa* En Veracruz, el que se usa a manera de timón para gobernar una canoa y normalmente está hecho de una sola pieza de madera de roble **II 1** Cualquiera de los miembros o cuartos de los cuadrúpedos **2** *Basto de remos* (*Rural*) Caballo cuyos remos son burdos, toscos o desproporcionados **3** Ala de ave.

remojar v tr (Se conjuga como *amar*) Sumergir algo en agua o en algún otro líquido, especialmente un alimento para que se suavice o la ropa sucia para que suelte la mugre: "Se *remojan* las lentejas en agua fría toda la noche", "Se *remojan* las pasas en el ron", "*Remoje* el pan en leche", "Ponga a *remojar* la grenetina", "Ponga el arroz a *remojar* en la leche", *remojar la ropa.*

remolacha s f Betabel: *azúcar de remolacha.*

remolino s m I **1** Movimiento giratorio y muy rápido de viento, de polvo o de agua: "El polvo de la llanura se levantaba en *remolinos*", *remolinos abajo del agua* **2** Conjunto de pelos rebeldes que crecen en distintas direcciones, particularmente el que les crece a las personas en la parte más alta de la cabeza: "Es difícil peinar a Luisa porque, en vez de un *remolino*, tiene dos" **3** Aglomeración desordenada de gente en movimiento **II** En Sonora, capullo muy perfumado de un gusano que se da en la región cálida de este estado; gusano de olor **III** *Remolino del pellejo* (*Caló*) Ano.

remolque s m **1** Acto de mover algo jalándolo, arrastrándolo o tirando de él: *el remolque de un barco* **2** Vehículo jalado por otro, particularmente uno que no tiene motor y es arrastrado por otro que sí lo tiene: "La lancha llevaba un *remolque* de provisiones para dejarlo en la isla", *un camión con dos remolques,* "Tenían un *remolque* equipado para ir de excursión" **3** Tratándose de transportes terrestres, conjunto que forman uno o más de estos vehículos sin motor y el que los jala o arrastra: "Normalmente manejaba un *remolque* entre la frontera y Hermosillo" **4** (*Mar*) Cuerda o cabo que sirve para que una embarcación jale o arrastre a otra **5** *A remolque* Jalando o arrastrando **6** *A remolque* (*Coloq*) Por la fuerza, obligatoriamente o arrastrándolo.

remontar v tr (Se conjuga como *amar*) I **1** prnl Ir hacia atrás en el tiempo o datar de tiempo atrás: "*Nos remontamos a* la época de la colonia", "Estos cantos *se remontan* a principios de siglo" **2** Ir hacia el origen o la fuente de un río nadando a contracorriente: *remontar la corriente, remontar los rápidos*

3 Superar un obstáculo, una dificultad, una situación adversa, etc: *remontar un problema, remontar una crisis,* "No les dio tiempo de *remontar* el marcador" **II** prnl **1** Elevarse un ave o alguna cosa por el aire: "El papalote *se remontó* por los aires", "El águila *se remontaba* en las alturas" **2** Subir, escalar o superar una altura: "Había que *remontar* la sierra" **3** prnl Huir al monte los animales o las personas que son perseguidas **III 1** Proveer de nuevos caballos al ejército **2** Poner suelas nuevas al calzado.

remorder v intr (Se conjuga como *mover*, 2c). Sólo se usa en tercera persona) Producir en uno sentimientos de culpa, arrepentimiento y preocupación por haber actuado contra los principios o valores que uno mismo sostiene: "Me *remuerde* la conciencia por no haberlos ayudado", "Me *remuerde* mucho haberlo despedido".

remordimiento s m Sentimiento de culpa, arrepentimiento y preocupación provocado por haber actuado contra lo que uno mismo considera justo, conveniente o bueno: "El *remordimiento* lo hizo confesar", "Roban y engañan sin el menor *remordimiento*", *remordimientos de conciencia.*

remoto adj I **1** Que está lejos en el tiempo o en el espacio: *algún lugar remoto, el pasado remoto, desde la más remota antigüedad* **2** Que es poco probable: *una remota probabilidad* **II** (*Caló*) Viejo, usado o gastado.

remover v tr (Se conjuga como *amar*, 2c) **1** Mover algo de modo que cada uno de sus elementos o cada una de sus partes cambie de lugar pero el conjunto que forman se conserve en el mismo sitio: volver: *remover cenizas, remover escombros, remover la tierra,* "Remueva la mezcla durante unos minutos", *remover la pintura* **2** Quitar algo o a alguien del sitio o del puesto que ocupa: *remover rieles,* "Lo removieron de su cargo de director" **3** Conmover profundamente: "Le *removía* hasta los huesos ver aquella tragedia".

remuneración s f **1** Acto de remunerar: *la remuneración de los empleados* **2** Pago que alguien recibe por hacer un trabajo o brindar un servicio: *una remuneración justa, percibir una remuneración.*

remunerar v tr (Se conjuga como *amar*) Pagar a alguien por un trabajo o un servicio: *remunerar a los empleados.*

renacer v intr (Se conjuga como *agradecer*, 1a) Volver a nacer o surgir de nuevo; tomar fuerza nuevamente o reaparecer: "El henriquismo *renació* con el aval de Cárdenas", "A fines del siglo XIX el comercio de Brujas *renació* con la construcción de nuevos canales", "Mis temores fueron *renaciendo* a medida que me acercaba a la ciudad", "Me sentí *renacer* después del accidente".

renacimiento s m **1** Periodo histórico europeo que se inicia a mediados del siglo XV y termina a finales del siglo XVI; se caracteriza por un gran desarrollo de las artes y las ciencias, inspirado en la antigüedad clásica grecolatina: *las esculturas del renacimiento, el renacimiento italiano* **2** Desarrollo, auge o vigencia que tiene nuevamente algo: *el renacimiento del rock, el renacimiento de la filosofía de Hegel.*

renacuajo s m Larva de la mayoría de los anfibios, particularmente la de la rana. Su cuerpo es esférico, sin patas y con una cola muy larga; tiene branquias externas ramificadas, vive en el agua y se alimenta de sustancias vegetales y de pequeñísimos animales acuáticos. Su desarrollo hasta convertirse en adulto atraviesa por metamorfosis muy diversas.

En la primera etapa las branquias externas se van atrofiando a la vez que se desarrollan otras internas y aparecen las extremidades, primero las posteriores y luego las anteriores. En etapas posteriores las branquias internas desaparecen, se forman los pulmones y, por último, se reabsorbe la cola.

renal adj m y f Que pertenece a los riñones o se relaciona con ellos: "Se atiende de problemas *renales*", *arteria renal*.

rencor s m Resentimiento duradero hacia alguien motivado por alguna ofensa o daño recibido: *rencor acumulado*, "No me guarda *rencor*", *llena de rencor*, "El *rencor* no es buen consejero".

rendición s f Acto de rendir o rendirse: *la rendición incondicional de un regimiento*, *rendición ante el ejército enemigo*.

rendimiento s m **1** Utilidad o ganancia que algo o alguien produce en relación con su cantidad o con el esfuerzo, el trabajo o el capital que se invierte en él: *un motor de gran rendimiento*, *aumentar el rendimiento de un material*, *el rendimiento de una fábrica* **2** Interés o utilidad que paga un banco u otra institución financiera: "Esta cuenta le ofrece un *rendimiento* anual del 12%".

rendir v tr (Se conjuga como *medir*, 3a) **I 1** Obligar a alguien, particularmente a los soldados de un ejército, a dejar de combatir, a entregar sus armas y someterse: "Los insurgentes lograron *rendir* al ejército de la tiranía" **2** prnl Declarar una persona o un ejército que ha perdido una batalla o una guerra, entregar sus armas a su vencedor y someterse a él: "Los huertistas *se rindieron* al general Villa" **3** Cansar extremadamente o vencer algo a una persona: "Lo *rindió* el sueño" **II 1** Producir algo o alguien un buen resultado, o cierta utilidad o ganancia, en relación con su cantidad o con el esfuerzo, el trabajo o el capital que se invierte en él: *rendir una cosecha*, *rendir una máquina*, *rendir un obrero*, "Se dedicaron a sembrar café porque el maíz no les *rendía* lo suficiente" **2** Alcanzar o ser suficiente para algo: "No me *rindió* el gasto", "Una taza de arroz *rinde* para cuatro personas" **III** Ofrecer a alguien algo que merece o entregarle algo que uno está obligado a darle: *rendir culto a la Virgen*, *rendir homenaje*, *rendir pleitesía*, *rendir cuentas*.

renegar v intr (Se conjuga como *despertar*, 2a) **1** Negar o avergonzarse de algo en lo que se ha creído, especialmente de una religión **2** Sentir o mostrar alguien desprecio por el parentesco o la relación que lo une a una persona, o negar o desconocer la existencia de tal relación: *renegar de sus padres* **3** Estar de mal humor o enojado y protestar constantemente por todo: "Ya no lo aguanto, se la pasa todo el día *renegando*".

renglón s m **1** Cada una de las líneas rectas y horizontales que se trazan en una página: *dejar un renglón en blanco*, "Empezó a escribir en el segundo *renglón*" **2** Serie de palabras o caracteres escritos en una línea horizontal: "Ese *renglón* no se entiende", *unos renglones inolvidables* **3** Tema, asunto o problema que se trata de manera independiente, separado de otros del mismo orden: "En el *renglón* de la producción teatral, se ha representado...", "Es muy

importante la autosuficiencia en el *renglón* de los alimentos" **4** *No quitar el dedo del renglón* Insistir en cierta cosa, recordarle a alguien que es necesario que haga cierta cosa o que ponga atención en algo; estar al pendiente de algún asunto: "No han quitado *el dedo del renglón* y exigen el pago de sus honorarios", "No quitaré el dedo del renglón hasta que les cumplan lo prometido" **5** *A renglón seguido* De manera inmediata, a continuación: "Dijo que no saldría y, *a renglón seguido*, se metió en la cama".

rengo adj Cojo.

reno s m (*Rangifer tarandus*) Mamífero rumiante de la familia de los cérvidos que habita en las regiones árticas, de cornamenta ramificada tanto en los machos como en las hembras, pelaje grisáceo y pezuñas gruesas y corvadas. Se utiliza como bestia de tiro que arrastra hasta 200 kg en trineo y en algunas partes incluso se emplea como bestia de carga y de silla. Se aprovecha su leche, su piel e incluso sus cuernos y huesos se utilizan como materias primas para industrias rudimentarias: *los abnegados renos de Santa Claus*.

renovable adj m y f Que se renueva o puede renovarse: *los recursos naturales no renovables*.

renovación s f Acto de renovar o renovarse: *la renovación moral*, *las renovaciones de la tecnología*, *la renovación de hombres e ideas*.

renovar v tr (Se conjuga como *soñar*, 2c) **1** Sustituir algo o a alguien reemplazándolo por otro nuevo, generalmente porque ha envejecido o caducado, para rectificar algo o para hacer frente a nuevas condiciones: *renovar los pasaportes*, "Se *renovaron* los contratos", "Ayer *renové* el préstamo de libros", "Hay que *renovar* las pólizas", *renovar una alianza* **2** Iniciar de nuevo alguna cosa o reanudar algo que se había interrumpido: "La muerte de Juárez renovó la guerra civil", "Después del incidente se *renovaron* las condolencias", "*Renovaron* su amistad" **3** Hacer que algo recupere su vigor, su fuerza o su vitalidad, o que sea más actual o moderno: *renovar las suelas de los zapatos*, "Es necesario *renovar* las llantas de un coche", *renovar la técnica*.

renta s f **1** Cantidad de dinero que se paga o se cobra por el uso temporal de algo, especialmente de una vivienda; alquiler: *pagar renta, un mes de renta, cobrar la renta* **2** Ingreso económico: *impuesto sobre la renta* **3** Ganancia o rendimiento periódico que produce un capital o un bien: "Inversiones que producen una gran *renta* cada año", "Gilberto vive de sus *rentas*" **4** *Renta nacional* (*Econ*) Suma total del valor de los bienes y servicios de un país durante un periodo determinado **5** *Renta per cápita* Resultado de dividir el producto nacional de un país entre el número de sus habitantes o de un país entre el número de sus habitantes **6** *Renta vitalicia* (*Der*) Contrato por el cual el deudor se obliga a pagar periódicamente una pensión durante la vida de una o más personas determinadas, mediante la entrega de una cantidad de dinero o de una propiedad mueble o inmueble, cuyo dominio se transfiere.

rentar v tr (Se conjuga como *amar*) Pagar o cobrar cierta cantidad de dinero por el uso temporal de algo, especialmente de una vivienda; alquilar: *rentar un departamento, rentar un coche, rentar un traje*, "Me *rentará* su casa durante seis meses", "Ahora no le alcanza ni para *rentar* un cuarto".

renuncia s f **1** Acto de renunciar: "¿Esto significa una *renuncia* a seguir adelante?" **2** Documento en el que una persona manifiesta su decisión de dejar de trabajar para otra o para cierta empresa, institución, etc: "Firmó su *renuncia*", "De seguir las cosas así, tendrá que presentar su *renuncia*".

renunciar v intr (Se conjuga como *amar*) Dejar o abandonar voluntariamente algo como un trabajo, una actividad, un derecho, un deseo, una organización, etc: "*Renunció* a su puesto en la dirección de la escuela", *renunciar a escribir novelas*, "*Renunciaron* a la parte de la herencia que les correspondía", "*Renunció* a la lucha por la libertad", "*Renunció* a los placeres en nombre de la religión", *renunciar al partido*.

reñir v intr (Se conjuga como *medir*, 3a) **1** Pelear: "A fin de año mi padre *riñó* con su amigo", "Habían oído *reñir* a sus padres" **2** (*Caló*) Robar.

reo s **1** Persona condenada a prisión por haber cometido un delito; preso: *un motín de reos* **2** (*Der*) Persona que es demandada en un juicio civil: *abogado defensor de reos*.

reojo *Mirar* o *ver de reojo* Mirar o ver sin mover la cabeza, disimuladamente o con molestia.

reorganización s f Acto de volver a organizar alguna cosa o de reorganizarse algo: "Estudian la *reorganización* del tránsito de la capital", *reorganización administrativa*.

reparación s f **1** Acto de reparar: *reparación de una máquina* **2** Compensación se hace o da por una ofensa, una falta, etc: *reparación de daños*.

reparar v tr (Se conjuga como *amar*) I **1** Poner en buenas condiciones, arreglar o componer algo que está descompuesto o en mal estado: "Mandó *reparar* el coche", "Le *repararon* su reloj" **2** Remediar o compensar un error, una falta o un daño: "Trató de *reparar* el daño que había hecho reponiendo los vidrios rotos" **3** *Reparar fuerzas* Reponerlas, generalmente comiendo y descansando: "Nos detuvimos a medio camino para *reparar fuerzas*" II *Reparar en* **1** Darse cuenta o caer en la cuenta de algo; notar o advertir la presencia de algo o de alguien: "*Reparé en* que ya no traía el monedero", "Ya voy —dijo Julia, *reparando* en Miguel, que acababa de cruzar la puerta" **2** Detenerse a pensar: "No *reparó* en gastos para la boda de su hija" III **1** Dar saltos los caballos y otros animales de montar cuando se asustan o como medio de defensa: "Si les aviento el sombrero / ya verán cómo *reparan*" **2** (*Rural*) Detener el ganado que se arrea.

repartición s f Acto de repartir: *repartición de bienes*, *repartición de tierras*, *una repartición justa*.

repartir v tr (Se conjuga como *subir*) **1** Dividir una unidad en varias partes (o un conjunto en sus unidades) y dar éstas a varias personas o ponerlas en distintos sitios; particularmente, dividir una unidad en tantas partes iguales como personas haya para dárselas o lugares para ponerlas: "Vamos a *repartir* el pastel entre los niños", *repartir la tierra*, *repartir las ganancias*, *repartirse el trabajo*, *repartir las cartas de la baraja*, "*Repartió* las lentejas en tres tazas" **2** Entregar o llevar a alguien alguna cosa que formaba parte de un conjunto o estaba reunida con otras de su clase: *repartir el correo*, *repartir el periódico*, *repartir invitaciones*, "*Reparten* la leche a domicilio" **3** Dar algo a todos y a cualquiera, a diestra

y siniestra, sin discriminación: *repartir golpes*, *repartir insultos*, "Anda por ahí, *repartiendo* propinas como si fuera rico".

reparto s m **1** Acto de repartir: *el reparto de la correspondencia*, *el reparto de tierras*, *hacer más justo el reparto de la riqueza* **2** *Reparto de utilidades* Distribución anual de una parte de las ganancias de una empresa entre sus empleados o trabajadores **3** Servicio de entrega: *reparto de leche a domicilio* **4** Conjunto de actores que toman parte en una obra de teatro, en una película, etc: "El director escogió un magnífico *reparto*".

repasar v tr (Se conjuga como *amar*) I **1** Volver a pasar por un mismo lugar: *repasar los caminos andados* **2** Volver a pasar la mirada por un lugar: "*Repasó* con la vista las figuras que estaban alrededor" **3** Volver a poner la atención en algo; recordarlo: *repasar hechos antiguos*, "Dice Chucho que, cuando creyó que se iba a ahogar, *repasó* toda su vida en dos segundos" **4** Estudiar o explicar repetidamente algo para reafirmar los conocimientos: "*Repasaba* con ahínco unas tablas de multiplicar", "Al final del curso, el maestro *repasa* las lecciones más difíciles" **5** Coser o recoser una ropa que está rota o descosida **6** (*Popular*) Planchar **7** (*Popular*) Poner por segunda vez la masa en la piedra de moler o metate: "Quebrábamos el nixtamal y lo *repasábamos*" **8** En las fábricas de textiles, verificar unos peines especiales la cantidad de hilos que debe llevar una tela: "Se *repasa* la cantidad de hilos que tienen las telas" II (*Min*) Mezclar el mineral de plata con azogue.

repeler v tr (Se conjuga como *comer*) **1** Rechazar con fuerza; impedir algo que otra entre en contacto con ella o la penetre: *repeler un ataque*, "Estas telas *repelen* los líquidos" **2** Causar en alguien un sentimiento de aversión o de rechazo muy intenso; repugnar: "Su aspecto me *repele*", "Le *repele* la idea de trabajar con ellos".

repente *De repente* De manera repentina, inesperada, de pronto: "*De repente* me quedé solo", "Se me ocurrió *de repente* que podría irme", "*De repente* se oyó un grito", "El clima cambió *de repente*".

repentinamente adv De manera repentina, inesperadamente, de pronto: "Estrellas que *repentinamente* explotan con violencia", "Cristina *repentinamente* se puso de pie", "*Repentinamente* se puso a llorar", "Murió *repentinamente*".

repentino adj Que sucede de pronto, sorpresivamente, sin ser esperado ni previsto: *muerte repentina*, *movimiento repentino*, "Tuvo un cambio *repentino* de actitud".

repercusión s f Acto de repercutir: *las repercusiones de la devaluación del dólar*, *una importante repercusión económica*.

repercutir v intr (Se conjuga como *subir*) **1** Traer consecuencias, causar ciertos efectos: "Estabilidad económica que *repercute* en el bien colectivo" **2** Producir el sonido un eco; resonar: "Con una detonación de poca intensidad que no *repercutía*", "El estallido le *repercutió* en la cabeza como un golpe seco y contundente".

repertorio s m **1** Conjunto de obras musicales o teatrales que alguien tiene listas para ejecutarlas o representarlas: *un selecto repertorio de música clásica*, "Le pedimos que cantara 'El sinaloense', pero no lo tenía en su *repertorio*" **2** Lista de textos o de otros objetos que están ordenados en una serie: *un repertorio de textos, repertorio de voces populares.*

repetición s f **1** Acto de repetir: *la repetición de un discurso, la repetición de una obra de teatro, la repetición de una investigación* **2** *De repetición* Tratándose de un mecanismo, que repite automáticamente su acción, generalmente a intervalos regulares: *un rifle de repetición, un reloj de repetición.*

repetidamente adv En forma repetida; varias veces: "*Repetidamente* hemos visto que Paz busca la unión de los opuestos", "Las dosis pequeñas continuadas han fracasado *repetidamente*".

repetido I pp de *repetir* o *repetirse* **II** adj **1** Que se repite: *repetidas veces, repetidos fracasos, repetidas denuncias, repetidas crisis, repetidos triunfos* **2** *Tener* o *haber algo repetido* Tener algo dos o más veces o haber dos o más ejemplares de la misma cosa: "Si quieres, te regalo este disco: lo *tengo repetido*", "Me enseñó su colección de timbres, donde *había* muchos *repetidos*".

repetir v tr (Se conjuga como *subir*) **1** Volver a hacer o a decir algo que se hizo o se dijo antes: *repetir la tarea, repetir una canción, repetir la lección, repetir un experimento*, "Su artículo no hace más que *repetir* cosas que ya todos sabemos" **2** Suceder o darse algo en la misma forma que antes: *repetirse un fenómeno, repetir un huracán* **3** Imitar o copiar alguna cosa: "Los niños *repiten* todo lo que sus padres hacen", "Los changos *repetían* sus gestos", "El espejo *repetía* su imagen, deformándola" **4** Comer una segunda ración de algo: *repetir sopa, repetir ensalada, repetir postre* **5** Venir a la boca el sabor de algo que se comió; eructar: *repetir la sopa, repetir el postre, repetir el ajo, repetir la cebolla.*

repleto adj Que está muy lleno o lleno hasta el límite: *canastos repletos de viejas flores, repleto de humo, un gran escritorio repleto de revistas.*

réplica s f **1** Objeción que se opone a alguna afirmación: "No admitió *réplicas*", *un reproche histórico sin réplica posible* **2** Respuesta, particularmente la que un actor da a otro en un diálogo: "No le daba una buena *réplica* a la primera actriz" **3** (*Der*) Derecho concedido al actor en una demanda civil o de trabajo, de aclarar su contenido una vez conocida por él la contestación del demandado, a efecto de precisar las cuestiones de hecho y de derecho en que haya fundado su acción, antes de que sea fijada por el juez o tribunal **II** Reproducción o copia de una obra artística original: *una réplica del calendario azteca, una réplica de la Diana Cazadora.*

replicar v intr (Se conjuga como *amar*) **1** Dar una respuesta o contestación: "Pueden oírlo —*replicó* ella" **2** Objetar o argumentar contra las afirmaciones o las órdenes de alguien: "Cállate y no *repliques*" **3** (*Der*) Contestar el demandante en un juicio a la respuesta del demandado.

repollo s m (*NO, Ver, Tab*) (*Brassica oleracea*) Col: *ensalada de repollo, sopa de repollo.*

reponer v tr (Se conjuga como *poner*, 10e. Su participio es irregular: *repuesto*) **I 1** Cambiar o sustituir algo que se ha gastado, que ha envejecido o caducado, que se ha acabado o extinguido, que ha muerto, etc; reemplazar: "Se nos murieron tres caballos y hay que *reponerlos*, *reponer el agua que se evapore, reponer rieles, reponer materiales, reponer el dinero* **2** prnl Recuperar la tranquilidad o el equilibrio emo-

cional o económico; restablecerse de alguna enfermedad o malestar: "Se tomó unas vacaciones para *reponerse* de la riña conyugal", *reponerse de una enfermedad*, "Para *reponerme*, me voy a echar un sueñito", "Todavía no *me repongo* del impacto que significaron las inscripciones escolares" **II 1** Volver a poner en escena una obra teatral que ya se había puesto antes **2** intr Responder o contestar en un diálogo; replicar: "—Todos son buenos muchachos —*repuso* Demetrio", "No sabemos nada, —*repuso* Evaristo secamente".

reportaje s m Investigación periodística que hace un reportero sobre un tema determinado; generalmente va acompañada de entrevistas a especialistas en ese tema e imágenes fotográficas o filmaciones: *un reportaje sobre los indios otomíes, reportaje sobre Tulum*, "Hizo un *reportaje* excepcional sobre la delincuencia juvenil".

reportar v tr (Se conjuga como *amar*) **I 1** Informar sobre algo o dar noticia de algún hecho, particularmente un periodista y desde el sitio donde ocurre: "Según nos *reporta* Castejón, Acapulco está que no se puede dar ni un paso", "No se *han reportado* daños por el temblor", "Siete bibliotecas *reportaron* mantener el catálogo por autor, título y materia", "En México se *reportan* estos insectos en los cultivos de algodón y melón", "*Reportó* que el trigo en surco es más resistente", "La industria *reporta* grandes pérdidas" **2** prnl Presentarse alguien en un lugar o dar noticia de sí mismo: "*Me reporté* tarde", "Él siempre *se reporta* por teléfono los sábados" **3** Denunciar algo o a alguien ante una autoridad o informar a quien corresponda de algún suceso, especialmente malo: "Fueron a la delegación a *reportar* el asalto", "*Reportaron* a tres policías por abuso de autoridad", "*Reportaron* el incendio a los bomberos", "*Reportaron* la fuga de gas ante la compañía", "*Reporté* tu teléfono" **II** Dar como resultado o tener por consecuencia: "El beneficio que *reportará* a nuestro país el adiestramiento de cada candidato", "Las ventajas que les *reportará* el curso", "Trabajar ahí no me *ha reportado* más que disgustos".

reporte s m **1** Acto de reportar o reportarse **2** Conjunto de datos sobre un asunto determinado, particularmente el que se hace a partir de lo visto u oído; informe: *el reporte meteorológico, un reporte de la Cruz Roja local, reportes trimestrales* **3** Nota sobre alguna infracción de tipo administrativo: "Se le pone un *reporte* en su expediente" **4** Prueba de litografía que sirve para reproducir el dibujo de una piedra en otra para aumentar el número de reproducciones; transporte.

reportero s Periodista que informa sobre algún hecho desde el lugar donde ocurre o que elabora un reporte: *entrevista con el reportero*, "No se permitió el acceso a los *reporteros*".

reposar v intr (Se conjuga como *amar*) **I 1** Permanecer en estado de inactividad; descansar alguien después de haber hecho algún esfuerzo o para recuperarse de alguna enfermedad: "Antes de cenar le gusta *reposar* escuchando música", "Nos sentamos a *reposar* después de la carrera", "*Repose* unos días y se sentirá mejor" **2** *Reposar la comida* Descansar después de comer **3** Permanecer algo cierto tiempo sin que se le mueva o altere, particularmente un alimento o algún compuesto, de manera que adquiera mayor consistencia, que absorba determinada sustancia, se separe o se asiente alguno de sus ingredientes, etc: "El pescado se deja *reposar* media hora en limón y sal", "Cuando el caldo *haya reposado* se le quita la capa de grasa" **II** Estar una cosa apoyada en otra que la detiene o la sostiene, tener una cosa su base en otra; descansar: "El edificio *reposa* sobre una columna central", "Sus argumentos *reposan* en teorías no confirmadas".

reposición s f Acto de reponer: *presupuesto para reposición de equipo, necesidades de reposición de embarcaciones camaroneras.*

reposo s m **1** Acto de reposar: *el reposo dominical* **2** Estado de algo o de alguien que se encuentra inactivo, sin moverse, tranquilo o quieto; "Esas moléculas pueden permanecer en *reposo* durante años", "El médico le mandó guardar *reposo*", *reposo absoluto.*

representación s f Acto de representar: *una representación gráfica, una representación teatral, una representación diplomática, una representación de Tláloc, una representación matemática de la energía,* "La *representación* que yo me había hecho de tu pueblo era distinta a la realidad".

representante adj y s m y f Que representa algo o a alguien; particularmente, que tiene la responsabilidad y el derecho de hablar, juzgar y decidir en nombre de algo o de alguien: *una agencia representante, un representante oficial, un representante escolar, una representante comercial.*

representar v tr (Se conjuga como *amar*) **1** Reproducir por medio de algún dibujo, pintura, fotografía, gráfica, etc, la imagen o las características visibles de algo o de alguien: "Ese mural *representa* la vida en México hace cinco siglos", "La foto *te representa* cuando eras niño" **2** Reproducir simbólicamente o mediante ciertos signos convenidos de antemano las características o la imagen de algo o de alguien: "El ángel *representa* la independencia", "La cruz *representa* a Cristo", "Esta gráfica *representa* el aumento de precios" **3** Estar alguien en lugar de otra persona o tener ante alguien la responsabilidad y el derecho de hablar, juzgar o decidir en nombre de otra persona, de una institución o de un país: "El ministro *representó* al presidente en la ceremonia", "Los diputados *representan* al pueblo en el congreso" **4** Actuar una obra teatral en un escenario: "*Representaron* una obra de Calderón de la Barca en la escuela" **5** Dar alguien la impresión de tener cierta edad o de sentirse en cierto estado: "Representa 25 años" **6** Dar alguien la impresión de ser algo o actuar de cierto modo: "*Representas* muy bien al funcionario ocupado e importante" **7** Equivaler una cosa a otra en cierta proporción; significarla: "Este libro *representa* un largo esfuerzo", "La decisión de autorizar la vacunación escolar *representó* un gran adelanto social".

representativo adj **1** Que sirve para representar algo, que puede tomarse como muestra o ejemplo de una cosa: "El incidente que vimos ayer es *representativo* de la sociedad en que vivimos", "Es el pintor más *representativo* de su escuela" **2** *Gobierno representativo* El constituido por los representantes de la voluntad de la mayoría, elegidos en votación secreta, para ejercer el poder.

represión s f Acto de reprimir: *represión a los partidos de oposición, represión a los estudiantes, represión de los deseos.*

reprimido I pp de *reprimir* o *reprimirse* **II** adj Que es objeto de rechazo o represión; que no se expresa abiertamente: *el odio reprimido del niño, deseos reprimidos, sexualidad reprimida.*

reprimir v tr (Se conjuga como *subir*) **1** Evitar o castigar alguna autoridad, usando la fuerza, cualquier acto de rebelión en contra suya o a cualquier persona o cosa que considere como peligrosa para el ejercicio de su poder: "*Reprimieron* la manifestación contra el intervencionismo", "*Reprimieron* a los miembros del sindicato y acabaron con la huelga", *reprimir a los mineros* **2** Contener u ocultar impulsos, deseos, emociones, etc; impedir que se manifiesten o se expresen abiertamente: "*Reprimió* su dolor y su llanto", "*Reprimió* su enojo" **3** Frenar o evitar el desarrollo de alguna cosa: "Las sulfamidas *reprimen* la proliferación bacteriana".

reprobar v tr (Se conjuga como *soñar*, 2c) **1** No aprobar un examen escolar por no demostrar que se tienen los conocimientos mínimos necesarios para ello: "Cursos para los alumnos que *habían reprobado*", "No *reprobé* ninguna materia", "Temía *reprobar* los exámenes finales" **2** Poner a un alumno una calificación que indica que no tiene los conocimientos necesarios sobre la materia examinada: "El que sabe pasa y el que no sabe lo *repruebo*" **3** No aprobar el comportamiento de alguien, considerarlo negativo desde un punto de vista moral; censurar: "*Reprueba* el divorcio de su hijo".

reprochar v tr (Se conjuga como *amar*) Echarle en cara o reclamarle algo a alguien, especialmente una falta moral: "Le *reproché* su impuntualidad", "Le *reprocharon* que no los hubiera defendido", "Yo nunca se lo *reproché*, aunque no e•tuviese muy de acuerdo con él", "Nunca me *reprochaba* nada".

reproche s m Acto de reprochar: *una serie de reproches*, "Me preparé a escuchar sus *reproches*", "Le lanzó una agria mirada de *reproche*".

reproducción s f **1** Acto de reproducir o reproducirse: *la reproducción de una planta, órganos de la reproducción* **2** Copia idéntica o equivalente a la cosa copiada: *una reproducción del calendario azteca, reproducción de obras maestras.*

reproducir v tr (Se conjuga como *producir*, 7a) **1** Volver a producir algo, hacer de nuevo una cosa o imitarla: "Para conjugar esas plantas tuvo que *reproducir* en un invernadero el clima de la selva", *reproducir un cuadro, reproducir un barco en miniatura, reproducir el contenido de un libro* **2** prnl Producir un ser viviente otros seres semejantes a sí mismo: *reproducirse los conejos.*

reptar v intr (Se conjuga como *amar*) Andar o arrastrarse tocando el suelo con el vientre, como los reptiles: "*Reptó* hasta el refugio".

reptil s m **1** Animal vertebrado, ovíparo, de respiración pulmonar y piel cubierta de escamas que, por carecer de extremidades o por tenerlas muy cortas, camina arrastrando el cuerpo, como las serpientes, lagartijas, tortugas, etc **2** pl (*Zool*) Clase formada por estos animales.

república s f **1** Forma de gobierno de una nación en la que la soberanía reside en el pueblo, que elige a sus representantes y gobernantes para que ejerzan el poder durante el plazo determinado por su constitución: *república central, república federal, república socialista, república popular* **2** País que tiene esta forma de gobierno: *la república mexicana, la capital de la república* **3** *República de las letras* Conjunto de las personas sabias y eruditas.

republicano 1 adj Que pertenece a la república o se relaciona con ella: *gobierno republicano, constitución republicana, institución republicana, sentimiento republicano* **2** adj y s Que es partidario de la república: *espíritu republicano, periódico republicano, un verdadero republicano, el exilio de los republicanos españoles.*

repugnancia s f Sentimiento o sensación de asco o de rechazo hacia algo que se considera desagradable: "Sentía *repugnancia* ante tanta suciedad".

repulsión s f **1** Acto de repeler; particularmente, propiedad que tienen algunas cosas de rechazar o no admitir a otras: *repulsión entre dos átomos, repulsión de polos magnéticos* **2** Rechazo profundo que se experimenta por algo o por alguien que desagrada mucho o cuya presencia, contacto, relación, etc suscita en uno un sentimiento ingobernable de aversión: "Las serpientes siempre le han causado *repulsión*", "Siente *repulsión* por la bebida", "Su *repulsión* por los tiranos no ha disminuido".

reputación s f **1** Opinión o juicio que las personas se forman acerca de algo o de alguien con base en sus características, comportamiento, etc y en relación con determinados valores morales o sociales; fama de una cosa o persona: *una mujer de dudosa reputación, un restaurante de mala reputación*, "Se cuida de hacer algo que pudiera dañar su *reputación*" **2** *Tener una cosa* o *una persona reputación de algo* Ser algo o alguien considerado en cierta forma, haber sobre él o ello determinada opinión: "Tiene *reputación* de buen carnicero", "Ese taller tiene *reputación* de ser muy caro".

requerimiento s m Acto de requerir: *los requerimientos mundiales de materias primas, atender todos los requerimientos que el país tiene en este momento, requerimientos diarios de agua por persona* **2** Acto de notificar algo oficialmente con autoridad a una persona y documento en que consta: *recibir un requerimiento de Hacienda, un requerimiento judicial.*

requerir v tr (Se conjuga como *sentir*, 9a) **1** Necesitar cierta cosa o a cierta persona: *requerir ayuda, requerir esfuerzo y cuidado, requerir atención médica*, "Los niños *requieren* del amor y del cuidado de sus padres" **2** Hacer saber a alguien que se necesita algo de él, principalmente una autoridad, o solicitar o pedir su presencia en algún sitio: "Se *requiere* su presencia en el juzgado", "*Requirieron* incluso a los médicos que no estaban de guardia", *requerir material para una obra* **3** *Requerir en o de amores* Solicitar una persona a otra que establezca con ella una relación amorosa.

requinto s m **1** Guitarra pequeña que se afina cinco puntos más arriba que lo usual, muy común en México, Perú, Colombia y Centroamérica; y músico que la toca: "El trío se componía de dos guitarras de acompañamiento y un *requinto*", "Al compás del arpa / jarana y *requinto* del Papaloapan" **2** Guitarra común que actúa como solista en un conjunto musical, por lo general punteando la melodía o adornándola con virtuosismo; y persona que la toca: "Leoncio toca el *requinto* en un grupo de rock" **3** Clarinete pequeño y de tono agudo que se emplea en las bandas de música; músico que lo toca: "Se lució el *requinto*".

requisito s m Elemento, circunstancia o acto necesario para poder hacer cierta cosa, para que ocurra o para que se lleve a cabo; condición indispensable para alcanzar o conseguir algo: "La higiene es un *requisito* para la salud", "Para ocupar ese puesto es *requisito* ser mexicano por nacimiento", "*Requisitos*: casado, menor de treinta años, titulado, con experiencia en el manejo de sustancias químicas…", "Nadie llena los *requisitos*".

res s f **1** Cualquier animal perteneciente a la clase de los bovinos (ovejas, chivos, etc), particularmente el toro y la vaca: "Vendió todas sus *reses*" **2** *Carne de res* Carne de toro o de vaca **3** En las peleas de gallos, gallo que ha muerto en la pelea.

resaltar v (Se conjuga como *amar*) **1** tr Hacer notoria alguna cosa o destacar la importancia de algo o de alguien: "*Resaltó* la urgencia de mejorar las relaciones comerciales", "El barniz hace *resaltar* la belleza de la madera" **2** intr Sobresalir o destacarse algo o alguien entre otras personas o cosas: "*Resalta* entre los alumnos por su inteligencia", "Dos carteles *resaltaban* en el muro".

resanar v tr (Se conjuga como *amar*) Restaurar o reparar los daños o defectos de una superficie lisa; particularmente, rellenar con yeso o cemento los huecos de una pared.

resbalar v intr (Se conjuga como *amar*) **1** Deslizarse algo o alguien sobre una superficie; especialmente, patinar alguien en forma involuntaria y caer: "Deja *resbalar* el manto por sus hombros", "Sintió que las lágrimas *resbalaban* por su rostro", "Me *resbalé* y se me quebró este brazo" **2** *Resbalársele algo a alguien* (*Coloq*) No hacer caso de regaños o castigos por haber cometido alguna falta; ser cínico, mostrar cinismo **3** *Resbalársele a alguien una persona* (*Coloq*) Insinuársele amorosamente: "Se le resbalaba a cuanto hombre veía" **4** *Resbalar del patín* (*Popular*) Morirse.

resbaloso adj **1** Que puede ocasionar que algo o alguien resbale: *caminos resbalosos*, "El piso estaba mojado y *resbaloso*" **2** (*Popular*) Que se insinúa amorosamente: "Y se lo loca y *resbalosa* que es en cuanto ve unos pantalones", *vieja resbalosa.*

rescatar v tr (Se conjuga como *amar*) Salvar algo o a alguien de un peligro, liberarlo de alguna prisión o recuperar algo que se había perdido: "El héroe *rescata* entonces a la princesa", "*Rescataron* al embajador que había sido secuestrado", "*Rescataron* los restos del avión a 10 km al norte de este puerto", *rescatar las tierras de manos extranjeras.*

rescate s m **1** Acto de rescatar: *el rescate sistemático de los vestigios ocultos bajo tierra, el rescate de la dignidad humana de miles de mexicanos*, "El *rescate* de los restos se hizo con bastante dificultad" **2** Precio que se paga por rescatar a alguien que ha sido secuestrado: "Ella pagaría el *rescate* que pidieran", "No se sabe el monto del *rescate*".

reseco adj Que está muy seco, particularmente algo que normalmente está húmedo: *la tierra roja y reseca, la piel reseca y arrugada, tener la garganta reseca, sentir la boca reseca.*

resentimiento s m Sentimiento de rencor hacia alguien de quien se considera se ha recibido algún daño: "El *resentimiento* de quienes no perdonan".

resentir v tr (Se conjuga como *sentir*, 9a) **1** Sentir o experimentar profundamente algún mal o algún daño: "Muchos agricultores aseguran que *resienten* pérdidas totales", "Nuestro país *resiente* cada día más la escasez de granos" **2** prnl Volver a sentir cierta dolencia o molestia física que ya se había sentido antes: "*Se resintió* de una vieja lesión en el muslo derecho" **3** prnl Repercutir en un lugar algo que sucede en otro: "En 1970 *se resintieron* en México los efectos de la crisis mundial" **4** prnl Perder fuerza o resistencia física: "El edificio *se resintió* con el terremoto", "Su salud *se resintió* con tanto ajetreo".

reserva s f **1 1** Cantidad o porción de algo que se guarda para usarse en momentos de carestía o de necesidad, cuando se ha terminado la provisión de que se disponía o para suplir la carencia de algo: *reserva de granos*, "La *reserva* de gasolina es de cinco litros", *grasas de reserva* **2** (*Mil*) Parte del ejército que no participa en una acción militar o que no está en servicio activo y que puede ser llamada en caso de necesidad **3** En equipos deportivos, jugador o conjunto de jugadores que pueden suplir a los titulares o a los que están jugando en un partido: "Harán un torneo de *reservas*", "Por malo lo regresaron a la *reserva*", "Ganó el campeonato gracias a que tenía muy buenas *reservas*" **4** *De reserva* Guardado o apartado con el fin de que sirva en otro momento: "El agua *de reserva* se deposita en la cisterna adyacente", "Guardaba en el ropero un dinerito *de reserva*" **II 1** Actitud de discreción, cuidado, prudencia, desconfianza, etc con la que se hace algo, o de aceptación condicionada de cierta cosa: "Es mejor tratarlo con alguna *reserva*", "Habló sin *reservas* de su enfermedad", "Aceptó la acusación con ciertas *reservas*" **2** *A reserva de* A condición de, a no ser que algo lo impida: "Deja el informe así, *a reserva de* que confirmemos los datos", "Nuestro presupuesto es de tres millones de dólares, *a reserva de* que haya otra devaluación", "El juego será el jueves, *a reserva de* que llueva" **III** Territorio destinado a un fin particular, como el desarrollo de cierto medio natural, o a su explotación por un grupo indígena; reservación: *reserva ecológica, una reserva marina, la reserva de los comanches*.

reservación s f **1** Acto de reservar; particularmente, acto de apartar un lugar en un medio de transporte, en un hotel, en un restaurante, para un espectáculo, etc: *pagar una reservación, tener reservaciones*, "Haga sus *reservaciones* con una semana de anticipación" **2** Territorio destinado a un fin particular, como el desarrollo de cierto medio natural, o a su explotación por un grupo indígena; reserva: *reservación forestal, reservación indígena*.

reservado I pp de *reservar* o *reservarse* **II** adj **1** Que obra con cautela o discreción; que no expresa fácilmente sus ideas, sus sentimientos, etc: *un hombre reservado* **2** Que está destinado sólo a aquellas personas que tienen autorización: *información reservada* **3** s m En un lugar público, como un restaurante, una cantina, etc, sitio privado donde pueden aislarse las personas: "Hicieron su reunión anual en un *reservado* del restaurante La Coruña", *alquilar un reservado, un reservado para cincuenta personas*.

reservar v tr (Se conjuga como *amar*) **1** Guardar o apartar algo para emplearlo más tarde o en el futuro: "*Reservé* un poco de dinero para las vacaciones",

reservar un cuarto de hotel, reservar lugares para el teatro, reservar boletos de avión, "*Reservó* un terreno para sembrar tomates" **2** Guardar para sí algo; esconderlo o posponerlo para mostrarlo o darlo en el futuro: "*Reservó* sus juicios para otra ocasión", *reservarse una noticia*, "La vida nos *reserva* sorpresas" **3** prnl Ejercer el derecho o el poder exclusivo sobre alguna cosa: "El gobierno *se reserva* la explotación de algunos recursos, como el petróleo", "*Nos reservamos* el derecho de admisión" **4** Dar a algo o a alguien un fin específico; destinar algo exclusivamente para ciertas personas, condiciones o cosas: "Esta competencia la *reservamos* para los motores chicos", "En el plano original esos terrenos se *reservaron* para hacer parques".

resfriado s m Catarro: "Pescó un *resfriado* al salir del baño", *curarse de un resfriado*.

resguardar v tr (Se conjuga como *amar*) **1** Proteger o protegerse de un peligro, un daño o de las inclemencias del tiempo: "Utilizó el fuego para *resguardarse* del frío" **2** Proteger algo guardándolo muy bien o poniéndolo bajo vigilancia: "*Resguardaban* el edificio cinco policías armados".

resguardo s m **1** Acto de resguardar o resguardarse **2** *Ponerse alguien a resguardo* Resguardarse: "Se puso *a resguardo* de la lluvia bajo un cobertizo" **3** *Poner algo a resguardo* Guardar algo muy bien o ponerlo bajo vigilancia: "*Puso* sus joyas a buen *resguardo* en el banco" **4** Vigilancia que se establece en un lugar para evitar la introducción de contrabando en un país: *resguardo aduanal* **5** Conjunto de personas que realizan ese oficio **6** Escrito en que se hace constar el depósito o la comunicación de un documento, el pago de una deuda, el cumplimiento de una obligación, la entrega de un bien, etc: *resguardo bancario por el depósito de joyas*.

residencia s f **1** Acto de residir o encontrarse establecido en un lugar: "Lleva cinco años de *residencia* en este pueblo" **2** Lugar en que se reside: "Tienen su *residencia* en Baja California" **3** Casa en que se vive, particularmente la que es muy grande o lujosa: "Dieron una gran fiesta en su *residencia*" **4** Casa o edificio en que vive un grupo de personas afines por la ocupación, la edad, etc: *residencia de estudiantes, residencia de los jesuitas, residencia de médicos* **5** Entrenamiento clínico que realizan los estudiantes de medicina recién licenciados formando parte del cuerpo médico de un hospital y residiendo en él: *hacer la residencia, terminar la residencia* **6** (*Relig*) Entre los católicos, ley que obliga a los clérigos a residir en el lugar donde tienen un cargo o en la diócesis que les corresponde **7** Permiso que algunos países conceden a los extranjeros para que puedan permanecer en el temporal o indefinidamente y tengan ciertos derechos y obligaciones que los visitantes extranjeros comunes no tienen: *obtener la residencia* **8** *Juicio de residencia* En las antiguas colonias españolas de América, juicio que se les entablaba a los funcionarios públicos al término de su desempeño para revisar el comportamiento que habían tenido.

residente adj y s m y f **1** Que reside en un determinado lugar o tiene ahí su domicilio: *empresas extranjeras residentes en México* **2** Que vive en el mismo lugar donde desempeña su trabajo: *médico residente en el Hospital de Cardiología*.

residir v intr (Se conjuga como *subir*) **1** Vivir o habitar en un lugar determinado; tener ahí su domicilio: "*Residió* algún tiempo en Perú", "*Reside* en México" **2** Encontrarse, consistir algo en cierta cosa o estar algo en cierto lugar: "En ese punto *reside* nuestro desacuerdo", "Es allí donde *reside* el problema", "En las repúblicas, la soberanía *reside* en el pueblo".

residual adj m y f Que pertenece al residuo o a los residuos de algo; que se relaciona con él o con ellos: "La estimación de la existencia de orina *residual*...", *arenas residuales, aguas residuales domésticas*.

residuo s m **1** Parte o porción que queda de algo o que resulta de su actividad, funcionamiento o destrucción: *residuos de madera, residuo de la combustión*, "Estos objetos celestes son *residuos* de una estrella que..." **2** (*Mat*) Resultado de la resta.

resignación s f Acto de resignarse o conformarse con una situación de dolor o de sufrimiento; aceptación de una situación que implica ciertas condiciones desagradables: "Cumplió su deber con *resignación* ejemplar", "Mi furia se convirtió en *resignación*".

resignarse v prnl (Se conjuga como *amar*) Conformarse o aceptar algo doloroso o desagradable: "Ya sólo nos queda *resignarnos* ante la fatalidad de los hechos", "No nos habituaremos, ni *nos resignaremos*", "Se veía en muchas ocasiones forzada a *resignarse* con lo inevitable".

resina s f **1** Sustancia que produce la savia de ciertas plantas y que se obtiene principalmente de la corteza de los árboles de la familia de las coníferas. Es una mezcla de ácidos orgánicos, aceites esenciales e hidrocarburos no saturados; tiene un brillo vidrioso y su consistencia va de sólida o semisólida a viscosa, dependiendo de la temperatura a la que se someta. No es conductora de electricidad, es combustible y soluble en alcohol y en éter pero no en agua. Se emplea principalmente en la fabricación de barnices, adhesivos y tintas de imprenta **2** Sustancia sintética que tiene los mismos usos.

resistencia s f **1** Acto de resistir: *la resistencia a un esfuerzo, una resistencia de siglos, la resistencia de un organismo, la resistencia militar* **2** (*Fís*) Fuerza con que se opone un cuerpo a otro u otros que actúan sobre él: *la resistencia del aire, la resistencia del acero* **3** (*Elec*) Dispositivo que se pone en un circuito eléctrico para que se oponga al paso de la corriente o la convierta en calor: "Se volvió a quemar la *resistencia* de la plancha".

resistente adj m y f **1** Que resiste, que es muy fuerte: *una cama ancha y resistente, un algodón de fibra blanca, limpia y resistente* **2** Que se opone o resiste al efecto de algo, especialmente de algún medicamento; o que se defiende del ataque de algo, como un microbio: *resistente a los analgésicos*.

resistir v tr (Se conjuga como *subir*) **1** Tener algo o alguien la fortaleza, la dureza o la capacidad para aguantar o soportar la acción de una fuerza, una presión, una enfermedad, el paso del tiempo, etc sin romperse, destruirse o debilitarse: *resistir una carga, resistir una tonelada, resistir el viento, resistir el corazón, resistir una pena, resistir la tentación, resistir por años, resistir sin cambios, resistir siglos un edificio colonial* **2** Luchar en contra de un enemigo que ataca para no ser derrotado a uno: *resistir el ataque enemigo, resistir el avance de la infantería* **3** prnl Oponerse uno con paciencia, valor

y fuerza moral a algo que puede hacerle daño: *resistirse a la traición, resistirse al halago* **4** prnl Negarse a hacer algo o estar poco dispuesto a hacerlo: "*Me resisto* a pensar que todo eso sea verdad", "Como el gato *se resistía* a bañarse, tuve que echar mano de las cuerdas".

resolución s f l **1** Acto de resolver: *la resolución de un problema* **2** Decisión que se toma para terminar algún asunto o alguna dificultad: *la resolución de un conflicto* **3** Decisión y valor con que se actúa una persona: "Encaró la crisis con *resolución*" **ll** Calidad o nitidez en la reproducción de un sonido o de una imagen: *una televisión de alta resolución*.

resolver v tr (Se conjuga como *mover*, 2c. Su participio es irregular: *resuelto*) **1** Encontrar la solución o la respuesta a una duda, problema o dificultad: *resolver una operación, resolver un conflicto* **2** Decidir, tomar una determinación acerca de algo: "Mañana le *resolveré* acerca de su petición", "El juez *ha resuelto* en su favor", "*Resolvió* no asistir a la ceremonia", "Finalmente se *resolvió* a tomar cartas en el asunto" **3** *Resolverse* algo en Acabar en algo alguna cosa o reducirse a ella: "Las cosas *se resolvieron* en una gran bronca", "Sus temores *se resolvían* siempre *en* discusiones con su esposa".

resonador s m y adj Dispositivo que aumenta o refuerza la voz o los sonidos por resonancia: *el resonador de la cabeza, el resonador del pecho, los resonadores del piano*.

resonancia s f **1** Acto de resonar: *resonancia de un violín, caja de resonancia* **2** Sonido que se produce en un cuerpo o en un medio que recibe las vibraciones de otro, generalmente prolongándolas y aumentando su intensidad: "Su voz produjo una gran *resonancia* en el salón" **3** Transmisión de las vibraciones de un cuerpo vibrante a otro; simpatía **4** *Resonancia magnética* (*Fís*) Fenómeno por el cual un sistema nuclear en movimiento reacciona ante un campo o una fuerza externos que tienen una frecuencia de vibración determinada **5** Difusión, fama o importancia pública que alcanza algo o alguien: *una noticia de gran resonancia, un invento de resonancia mundial*.

resonar v intr (Se conjuga como *soñar*, 2c) **1** Producir sonido un objeto, un instrumento musical, etc, debido a la influencia que ejercen sobre él las vibraciones o sonidos de otro; vibrar por simpatía: "El paso de los camiones dejaba *resonando* el piano", "Después del último acorde, las cuerdas de la guitarra seguían *resonando*" **2** Extenderse y prolongarse un sonido transmitiendo sus vibraciones a un cuerpo o medio que las repite y generalmente las hace más intensas: "La voz *resonó* en el pasillo" **3** Persistir algo en la memoria o tener constante fama, importancia, etc: "Todavía *resuenan* los nombres de los viejos castillos de Manzanares y de Tintagel".

resorte s m **1** Pieza elástica, generalmente de metal y de forma espiral, que tiene la propiedad de volver rápidamente a su forma original cuando se deja de ejercer sobre ella alguna fuerza, de recuperarla con mayor o menor lentitud dependiendo de la que se ejerza o de mantenerse en un estado de tensión constante bajo una fuerza o una resistencia constante; esta propiedad se aprovecha en muchos objetos y máquinas para producir un movimiento regular (como en la cuerda de los relojes), para hacer que una pieza vuelva a cierta posición (como en las plumas atómicas), para hacer menos fuerte o pesada una caída o un golpe (como en la suspensión de los automóviles), para hacer más blando un mueble (como una cama o un sillón), etc: *los resortes de un colchón, el resorte de un rifle* **2** Tira o banda elástica que se pone en ciertas prendas de vestir para que se ajusten al cuerpo o lo aprieten: *el resorte de los calcetines, el resorte de una blusa, el resorte de las mangas* **3** Medio con que se busca influir en algo o en alguien; palanca: "Tiene muchos *resortes* en el gobierno", "Usó todos sus *resortes* para conseguir la beca" **4** Responsabilidad o área de acción de alguien: "El riego es del *resorte* de la Secretaría de Agricultura".

respaldar v tr (Se conjuga como *amar*) **1** Dar o brindar apoyo, sostén o ayuda: *respaldar la iniciativa, respaldar sindicatos burócratas*, "*Respaldo* a Cárdenas" **2** Responder como fiador de alguien a quien se le ha concedido un crédito **3** (*Comp*) Hacer una copia de seguridad del archivo o documento en que uno trabaja, con el fin de que no se pierdan los cambios que se le han hecho en caso de que ocurra un corte de electricidad u otro accidente: "*Respalde* sus documentos cada quince minutos".

respaldo s m **1** Parte de un asiento en la que se apoya la espalda: *respaldo reclinable*, "El *respaldo* es muy chico para su estatura" **2** Apoyo o adhesión que se recibe de alguien para hacer algo: *respaldo oficial*, "Cuenta con el *respaldo* de los trabajadores" **3** *De respaldo* Tratándose de espectáculos, que se presenta como complemento del acto principal: "Además de la pelea por el título mundial habrá otros tres combates *de respaldo*" **4** (*Comp*) Copia de seguridad que se hace del archivo o documento que se está trabajando: *hacer un respaldo cada media hora*, "Se fue la luz antes de que pudiera hacer un *respaldo* de los datos", *respaldo automático*.

respectivamente adv En forma correspondiente, siguiendo en una serie el orden de otra similar o paralela; en relación de uno a uno y en el orden mencionado: "Víctor Urquidi y Andrés Melo, Presidente de El Colegio de México y de la Barra de abogados, *respectivamente*...", "Mario Ruiz de Chávez y Luis Manuel Caro, propietario y suplente *respectivamente*", "Un sistema de voltajes trifásicos equilibrados, de secuencia positiva y negativa *respectivamente*".

respectivo adj Que corresponde o pertenece a determinada persona o cosa, o a determinado miembro de un conjunto: "Los invitados asistieron con sus *respectivas* esposas", "Cada quien arregló como quiso su *respectivo* departamento".

respecto *Al respecto, con respecto a, respecto de* En relación con, acerca de, en lo referente a, sobre: "Hay poca claridad *con respecto a* este asunto", "¿Cuál es el tipo de cambio del peso *con respecto al* dólar?", "No me dijo nada *respecto de* ti".

respetable adj m y f **1** Que es digno de respeto: *un señor respetable, una respetable ancianita, una actitud respetable* **2** (*Coloq*) Que es digno de tomarse en cuenta por su dimensión o cantidad: *a respetable distancia*, "José Luis tiene una cultura histórica *respetable*" **3** *El respetable* (*Coloq*) El público de un espectáculo: "Una faena del agrado del *respetable*".

respetar v tr (Se conjuga como *amar*) **1** Apreciar la dignidad de una persona y ser solidario con su ma-

nera de ser; reconocer el valor, la importancia, la seriedad, etc de alguien o de algo: *respetar a los compañeros, respetarse los esposos, respetar el trabajo de los demás, respetar una opinión, respetar el medio ambiente* **2** Cumplir voluntariamente alguna norma o disciplina; adaptar el comportamiento de uno a lo señalado por alguna ley o reglamento: *respetar la vigilia, respetar una dieta, respetar un horario, respetar las señales de tránsito* **3** Tratar a alguien con atención, cuidado y cortesía: *respetar a los mayores* **4** *Hacerse respetar* o *darse a respetar una persona* No tolerar que se le trate sin consideración o imponer su dignidad ante alguien o en algún sitio: "El problema del profesor Gómez es que no *se hace respetar* por los alumnos", "El general *se daba a respetar* con sólo aparecer".

respeto s m **1** Actitud moral por la que se aprecia la dignidad de una persona y se considera su libertad para comportarse tal cual es, de acuerdo con su voluntad, intereses, opiniones, etc, sin tratar de imponerle una determinada forma de ser y de pensar: *tener respeto por los demás, el respeto de los amigos, el respeto entre padres e hijos* **2** Reconocimiento del valor, la importancia, la seriedad, etc de algo o de alguien: *respeto a la vida, respeto a la naturaleza, respeto a la libertad*, "Siente mucho *respeto* por los grandes artistas", "Sócrates se ganó el *respeto* de sus conciudadanos", "Pérez no tiene *respeto* ni por sí mismo" **3** Actitud de atención, cuidado y cortesía con que uno trata a otra persona: *respeto a los ancianos, faltar al respeto* **4** *Faltarle al respeto* o *perderle el respeto a alguien* Tratarlo de mala manera o groseramente: "¡No *le faltes al respeto* a tu padre!", "Y a entrado en copas *le perdió el respeto* a su comadre" **5** Actitud de aceptación o de conformidad de una persona con una norma moral, social o religiosa: *respeto a la ley, respeto a la Constitución, respeto al reglamento, respeto a los mandamientos* **6** *De respeto* De consideración por su tamaño, su cantidad o su calidad: "El toro tenía un par de cuernos *de respeto*", *una fortuna de respeto*.

respetuoso adj Que actúa con respeto, que respeta ciertos valores, ciertas normas y principios: "Yo soy *respetuoso* con todos", *respetuosa de la vida humana, respetuoso de las órdenes del gobierno*.

respiración s f **1** Función de los seres vivos que consiste en tomar del aire o del agua el oxígeno que necesitan para vivir y eliminar de su interior el dióxido de carbono producido por sus funciones metabólicas: *la respiración humana, la respiración de las plantas, respiración celular* **2** Realización de esta función: *perder la respiración, respiración artificial* **3** *Dejar a alguien sin respiración* Sorprenderlo, asustarlo o causarle una gran impresión; dejarlo sin aliento: "Las noticias *me dejaron sin respiración*" **4** Entrada y salida de aire en un lugar cerrado: *la respiración de una mina*.

respirar v intr (Se conjuga como *amar*) **1** Tomar los seres vivos el oxígeno que necesitan para vivir y expulsar de su interior el dióxido de carbono producido por sus funciones metabólicas **2** tr Tomar por la nariz cualquier sustancia gaseosa: *respirar aire puro, respirar el perfume de las flores* **3** Tener ventilación o contacto con el aire alguna cosa, particularmente un líquido que ha estado encerrado: *dejar respirar el vino, respirar el pulque* **4** Tener alguien calma, tranquilidad o descanso después de salir de una preocupación o temor: "Cuando supe que no estabas enferma, *respiré*", "*Respiró* cuando supo que terminaría a tiempo su trabajo" **5** *No dejar (ni) respirar a alguien* No dejarlo descansar o vigilarlo muy estrictamente: "Las penas *no lo dejaban respirar*", "Los secuestradores *no lo dejaron ni respirar* durante tres semanas" **6** *Sin respirar* Sin descansar; sin hacer otra cosa ni desviar la atención un solo instante; sin pronunciar palabra ni hacer ruido: "Trabajó *sin respirar* durante tres semanas", "Mirábamos el espectáculo *sin respirar*".

respiratorio adj Que pertenece a la respiración o se relaciona con ella: *aparato respiratorio, vías respiratorias, paro respiratorio, enfermedad respiratoria*.

responder v (Se conjuga como *comer*) **I** tr Decir alguien algo, oralmente o por escrito, en relación con una pregunta, petición o demanda que le ha hecho otra persona; dar señales de que se ha escuchado o percibido algo o atender un llamado o una llamada; contestar: "Me pidió que le llevara a la universidad y le *respondí* que no tenía coche", *responder un saludo, responder una carta, responder preguntas, no responder el teléfono, responder una señal* **II** intr **1** Actuar de cierta manera o adoptar cierta actitud como consecuencia de algo hecho por otra persona o por cierto acontecimiento: *responder con una sonrisa, responder a balazos, responder con precaución a un peligro* **2** Dar algo o alguien el resultado esperado, el fruto o rendimiento correspondiente al interés, el esfuerzo, el trabajo o la inversión que se puso en él o en ello: "Los alumnos *responden* al trabajo del maestro", "El campo *respondió* a las necesidades del país" **3** Reaccionar algo o alguien a cierta acción ejercida sobre él o ello: "La tierra *responde* a las lluvias", *responder a las medicinas, responder al castigo, responder al mal trato* **4** Ser algo adecuado, conforme o consecuente con otra cosa: "Los resultados *responden* a lo esperado", "Su actitud no *responde* a su deber", "Su calidad *responde* a su fama" **5** Mostrar algo o alguien semejanza o parecido con lo que se había anunciado acerca de ello o de él: "La belleza de Pátzcuaro *responde* a lo que se dice de ese lago" **6** Tener o tomar alguien la responsabilidad de alguna acción o encargo, o la responsabilidad por las acciones y el comportamiento de otra persona: *responder por el dinero, responder por la seguridad, responder por sus hijos, responder por un amigo* **7** (*Coloq*) Contestar o replicar de mala manera o groseramente: "¡No le *respondas* a tu madre!" **8** *Responder al nombre de* Tener cierto nombre, así llamarse: "El gato *responde al nombre de* Anacleto".

responsabilidad s f **1** Condición de la persona que, en situación de libertad, se hace sujeto de obligación en lo que respecta al valor moral de los actos que realiza y puede dar cuenta de ellos: *tener responsabilidad, aceptar responsabilidad, la responsabilidad de una buena obra, la responsabilidad de un error* **2** Cada una de las actividades o de las personas cuyo cuidado, dirección, desarrollo, vigilancia, etc quedan bajo la obligación y la voluntad de alguien que debe dar cuenta de ello: "Trabajar bien es *responsabilidad* de cada uno", "La educación de los hijos es *responsabilidad* de los padres", "Proteger y ayudar a las personas es *responsabili-*

dad de la policía" **3** Circunstancia de ser alguien causante o de haber participado en un acto malo, equivocado o dañino: "La *responsabilidad* del accidente es del chofer del camión".

responsabilizar v tr (Se conjuga como *amar*) **1** Hacer responsable a alguien: *responsabilizar a los hijos*, "Ahora nos *responsabilizan* del buen o mal funcionamiento de las instalaciones" **2** prnl Asumir una persona sus obligaciones y dar cuenta de ellas o tomar bajo su responsabilidad algo o a alguien: "Debes *responsabilizarte* de tus asuntos", "Hace compromisos y no *se responsabiliza* de ellos", "*Se responsabilizó* de la educación de sus sobrinas" **3** Atribuir a una persona la responsabilidad de algo, considerar a alguien como culpable de cierto hecho o como el que debe dar cuenta de él: "*Responsabilizó* a los médicos de la muerte de su padre", "Como siempre, *responsabilizaron* al entrenador por el fracaso de la selección".

responsable adj y s m y f **1** Que tiene responsabilidad o la acepta; que actúa con responsabilidad: *una mujer responsable, un estudiante responsable, un funcionario responsable* **2** Que está encargado de algo y tiene la obligación de dar cuenta del modo en que lo dirige, lo cuida, lo mantiene, etc: *el médico responsable de un hospital, el químico responsable de una planta, el responsable de una farmacia* **3** Que es culpable de algo: "Los muchachos negaron ser *responsables* del incendio", "El juez lo encontró *responsable* de negligencia médica".

respuesta s f **1** Acto de responder: *respuesta a las preguntas, la respuesta a una enfermedad* **2** Cosa que se dice o se hace para responder algo o a alguien: "La *respuesta* era no", "Nos dio una *respuesta* equivocada" **3** *Dar respuesta* Responder: "No dio respuesta a mi carta" **4** Solución que se da a un problema: *hallar la respuesta, tener una respuesta*.

resta s f **1** Acto de restar: "La vejez significa una *resta* continua de aptitudes" **2** (*Mat*) Operación aritmética que consiste en quitar una cantidad (llamada *sustraendo*) de otra (llamada *minuendo*) para encontrar la diferencia que existe entre ambas; y esta misma diferencia, que es el resultado de la operación. Así, por ejemplo, si a 12 le quitamos 7, quedan 5 (lo que se expresa como 12−7=5), donde 5 es la *resta* de 12 menos 7; sustracción: *hacer una resta, comprobar una resta*.

restablecer v tr (Se conjuga como *agradecer*, 1a) **1** Hacer que vuelva o volver alguna cosa a su estado anterior; reiniciarse algo o volver a funcionar: "Se *restableció* la calma después del temblor", *restablecer el orden público*, "Se *restableció* el servicio de luz", "*Restablecieron* la monarquía" **2** prnl Recuperar uno la salud: "Se *restableció* con reposo y una dieta rica en fósforo".

restablecimiento s m Acto de restablecer o restablecerse: "El enfermo ha tenido un *restablecimiento* lento", *el restablecimiento del suministro eléctrico*.

restante adj y s m y f Que queda o sobra de un todo o de un conjunto: "Se decora con la crema *restante*", "Tres de ellas murieron ese día, al día siguiente murieron las *restantes*".

restar v tr (Se conjuga como *amar*) **1** (*Mat*) Quitar una cantidad (llamada *sustraendo*) de otra (llamada *minuendo*) para encontrar la diferencia que existe entre ambas. Así, por ejemplo, si a 12 le quitamos

7, quedan 5 (lo que se expresa como 12−7=5); sustraer **2** Quitar a algo o a alguien alguna cosa que le es propia o hacer que disminuya su capacidad, su intensidad, su importancia, etc: *restar energía a un motor, restar volumen a un sonido, restar autoridad a una persona* **3** Quedar todavía algo de alguna cosa a la que se le ha quitado alguna parte; quedar todavía algo por hacer o suceder de alguna tarea o acontecimiento: *"Restan cinco minutos de juego", "Resta un poco de frijoles", "Nos resta limpiar la cocina"* **4** (*Crón dep*) En ciertos deportes, particularmente el tenis, responder el saque del contrario: *"Leo Lavalle resta ahora de revés recto".*

restauración s f **1** Acto de restaurar: *trabajos de restauración* **2** Restablecimiento de un antiguo régimen político y periodo que lo abarca.

restaurante s m Establecimiento público en el que se preparan y venden alimentos, generalmente cocinados en platillos muy variados y servidos por meseros: *"Subieron los precios en los restaurantes", comer en un restaurante.* (También se pronuncia y se escribe *restorán* y en ocasiones se escribe *restaurant* y se pronuncia *restauránt*.)

restaurar v tr (Se conjuga como *amar*) **1** Reparar algo que se ha dañado, de manera que recupere su antiguo aspecto o su antigua función, especialmente un edificio o una obra de arte: *"Se restauró Brujas en el siglo XVIII", "Un mueble antiguo que restauramos", restaurar el tabique nasal* **2** Recuperar o restablecer alguna cosa: *restaurar la confianza, restaurar el buen nombre de alguien.*

restirador s m Mesa alta, de superficie amplia y generalmente inclinada, o capaz de inclinarse en diversos ángulos, que utilizan los dibujantes y arquitectos para colocar el papel sobre el que trabajan.

resto s m **I 1** Parte que queda de algo: *un resto de tela, "Pasamos el resto del día jugando al futbol"* **2** pl Partes o elementos que quedan de algo o de alguien roto, destruido, acabado o muerto: *los restos mortales, restos de una época, restos de una iglesia* **3** (*Mat*) Tratándose de una división, cantidad que queda sin dividir. Por ejemplo, si dividimos 13 entre 6, el resultado es 2 y sobra 1: 1 es el *resto* **4** Echar el resto Poner un jugador todo lo que le queda por apostar en una sola jugada; poner alguien todos los medios de que dispone en un último intento por lograr algo: *"Echó el resto al final de la carrera y ganó"* **II** *Un resto* o *el resto* (*Popular*) Mucho, bastante: *"Esa chava me gusta un resto", "Caminamos un resto en Cuernavaca", "Visitó a la Güera un resto de veces", "Había el resto de gente en el estadio", "Hacía el resto de tiempo que no venía".*

restricción s f Acto de restringir o restringirse: *la restricción de importaciones, las restricciones al uso de los suelos, restricciones al presupuesto.*

restrictivo adj Que restringe o prohíbe alguna cosa; que limita el uso, desarrollo, práctica, etc de algo: *métodos restrictivos, medidas restrictivas.*

restringir v tr (Se conjuga como *subir*) **1** Limitar o disminuir la extensión o la amplitud de algo, especialmente un gasto, una libertad o un derecho: *"Debe restringirse el despilfarro", restringir los créditos en forma brusca, restringir el amparo agrario* **2** prnl Limitarse por elección a un área pequeña de actividades: *"El tejedor se restringía a los dibujos rectangulares", restringirse a un solo tipo de libros.*

resucitar v (Se conjuga como *amar*) **1** intr Volver a la vida después de morir; revivir: *"Al tercer día resucitó..."* **2** tr Hacer que alguien vuelva a la vida; revivir: *"Éste es el jarabe loco / que a los muertos resucita"* **3** tr Restablecer o resurgir algo que había desaparecido o se había dejado de usar: *resucitar las modalidades coloniales del vivir.*

resuelto I pp de *resolver* o *resolverse*: *"Para que los problemas sean resueltos", "El problema de la carestía de la vida no se ha resuelto", El doctor Almagro se había resuelto a arrancar el mal de raíz* **II** adj **1** Que ya ha tenido solución: *problema resuelto* **2** Que no se detiene ante nada para obtener lo que desea; que es atrevido y audaz; que es o está decidido a hacer algo: *"Aguirre es un hombre resuelto a todo", una actitud tranquila y resuelta.*

resultado I pp de *resultar*: *"No ha resultado nada de todo aquello* **II** s m Efecto, consecuencia o conclusión de una acción, un proceso, un cálculo, etc; cosa o manera en que termina algo: *el resultado de un experimento, el resultado de una presión, el resultado de un comportamiento, el resultado de una resta, el resultado de un juego.*

resultante adj y s m y f **1** Que resulta, que es el resultado: *la cifra resultante, el ahorro resultante de la estabilidad de precios, la mezcla resultante, residuos radiactivos resultantes de la utilización de la energía nuclear* **2** (*Mat*) Resultado de la eliminación de la variable entre dos ecuaciones **3** (*Mec*) Fuerza o vector que resulta de la combinación de dos o más fuerzas que actúan sobre un cuerpo.

resultar v intr (Se conjuga como *amar*) **1** Suceder alguna cosa o producirse algún acontecimiento o fenómeno como consecuencia de otro anterior; acabar algo en cierta cosa o terminar alguien de cierta manera: *resultar herido, "De este trabajo han resultado muchas cosas útiles"* **2** Tener algo o alguien cierto efecto o producir en otro cierta consecuencia: *"Esas lluvias resultaron benéficas para la agricultura", "Fumar resulta nocivo para la salud"* **3** Dar algo buen efecto o venir a ser consecuente o provechoso: *"Trabajar en casa resulta, pues está uno más tranquilo"* **4** Manifestarse algo o alguien con cierta apariencia o con ciertas características: *"Su cara redonda, de ojillos vivos y sonrisa abierta, resulta simpática"* **5** *Resultar que* Suceder algo de forma inesperada o de manera contradictoria con lo que uno desea o espera: *"Ahora resulta que quiere ser su amigo", "Uno quiere irse de vacaciones, pero resulta que no tiene dinero".*

resumen s m **1** Exposición breve, oral o escrita, de las ideas, aspectos o partes más importantes de algo: *resumen de un libro, resumen de una novela, resumen de un artículo, resumen de una conferencia* **2** *En resumen* En pocas palabras: *"En resumen, los insurgentes ganaron a los realistas".*

resumir v tr (Se conjuga como *subir*) **1** Hacer una descripción, una exposición, un relato, un texto, etc más corto, conservando sus partes, aspectos o ideas más importantes: *resumir un libro, resumir una clase, "Los datos más importantes se resumen en el cuadro siguiente"* **2** Reunir en una sola varias cosas, unirlas o hacer una síntesis de ellas: *"Presume de haber hallado un estilo que resume el rigor, la ortodoxia y la eficacia", "En esta obra resume muchas y muy variadas influencias".*

resurgir v intr (Se conjuga como *subir*) Volver a surgir, volver a aparecer: *"Resurgió el silencio inolvidable"*, *resurgir la esperanza*.

resurrección s f **1** Acto de resucitar o volver a la vida después de la muerte: *la resurrección de los muertos*, *la resurrección de Jesucristo* **2** *Resurrección de la carne* (*Relig*) Entre los cristianos, la de todos los muertos el día del juicio final.

retablo s m Conjunto de pinturas, o de pinturas y esculturas, que representa algún suceso; particularmente el que tiene tema religioso y constituye la decoración de un altar: *el retablo de Huejotzingo realizado en 1586*, "El famoso *retablo* de los Reyes fue terminado hacia 1725", *madera estofada para los retablos*, *los retablos dorados*, *el retablo de El cordero místico de Van Eyck en la Catedral de San Bavón en Gante*.

retar v tr (Se conjuga como *amar*) **1** Proponer una persona a otra que compita, luche o pelee con ella; desafiar o provocar a alguien: *retar a duelo*, "Lo *reto* a cruzar el río a nado", "Me *retó* pero no acepté", "El boxeador *retó* a su rival" **2** (*Coloq*) Esperar una persona o un equipo a que termine una competencia o una lucha para enfrentarse con el vencedor de ella: *"Reto* al que gane", "Hagan cola, que aquí *retamos* muchos".

retardar v tr (Se conjuga como *amar*) **1** Posponer para más tarde o más adelante; hacer algo más tarde de lo que podía haberse hecho: *"Retardaron* mucho el arreglo final", "El tratamiento no debe *retardarse*" **2** Hacer más lento: "La perilla sirve para graduar la velocidad, para acelerar o *retardar* el proceso".

retención s f Acto de retener: *retención de los líquidos*, *retención de impuestos*, *retención de orina*.

retener v tr (Se conjuga como *tener*, 12a) **1** Guardar en sí, conservar para sí una cosa, sin devolverla ni soltarla, o impedir que algo o alguien se separe, se vaya o se aleje de uno: "El niño no *retiene* líquidos", "Esos materiales *retienen* el calor", "La profesora logró *retener* la atención de sus alumnos durante tres horas" **2** Conservar en la memoria: "Ya no *retiene* los nombres de las personas" **3** Detener a una persona el pago de su salario o parte de él, para que cubra algún préstamo, para el pago de alguna diferencia fiscal, etc: *retener un impuesto*, *retener una cuota*.

retina s f Membrana del ojo, situada entre la coroides y el cuerpo vítreo, que constituye la pared interna del globo ocular. Recibe de modo invertido las imágenes formadas en el cristalino y las transmite al cerebro a través del nervio óptico: *desprendimiento de retina*.

retirada s f **1** Acto de retirarse: "Los trenes de Villa pudieron emprender la *retirada* en perfecto orden", *cortar la retirada*, *batirse en retirada* **2** Toque militar que se usa para indicar este movimiento de retroceso: "Tocaron *retirada*".

retirado I pp de *retirar* o *retirarse*: "Deberán ser *retirados* de allí en un lapso de sesenta días" **II 1** adv (*Popular*) Lejos, a gran distancia: "Hay veces que le toca muy *retirado*", "Pasaron muy *retirado* de allí" **2** adj Que está alejado, distante o separado: "Junto a este librero, un poco *retirada*, estaba la ventana" **III** adj Que se ha jubilado en su trabajo o ya no presta servicio en un ejército: *un contador retirado, un militar retirado*.

retirar v tr (Se conjuga como *amar*) **1** Mover algo o a alguien del lugar en que estaba hacia otro más apartado o alejado: *retirar las sillas de la pared*, *retirarse del borde de una barranca* **2** Quitar alguna cosa de donde estorba o porque ya no se usa y ponerla en otra parte: *retirar una señal de tránsito*, *retirar los restos de un accidente* **3** Declarar alguien que ya no mantiene lo que proponía o afirmaba: *retirar un proyecto*, *retirar una protesta* **4** Sacar dinero o valores de una cuenta o un depósito bancario propio: *retirar diez mil pesos* **5** prnl Dejar una persona de trabajar o prestar servicios en donde lo hacía, generalmente por haber alcanzado cierta edad o cierto número de años de trabajo: "El médico *se retiró* a los 80 años de edad" **6** prnl (*Coloq*) Irse alguien de cierto lugar o a su casa, particularmente al final del día o después de terminar su trabajo: "El jefe *se retira* tarde", "—¿Está el Dr. Lara? —Lo siento, *se retiró* hace diez minutos" **7** prnl Irse alguien a un lugar remoto o solitario o apartarse del trato de las personas: *"Se retiró* a un pueblo de Sonora".

retiro s m **1** Acto de retirar o retirarse: *el retiro de los anuncios comerciales de mal gusto*, *el retiro de sus tropas*, "Siempre que cualquier socio haga *retiros* en exceso..." **2** Lugar apartado o remoto: *su escondido retiro* **3** Encierro durante el cual una persona se aleja de su vida ordinaria con el objeto de orar o meditar sobre la vida espiritual; generalmente se hace en un convento donde se guarda silencio: "Se van a ir de *retiro* a Cuernavaca" **4** Alejamiento del servicio activo y pensión que se recibe por ello; jubilación: *un fondo para el retiro*, *planes de retiro por vejez o incapacidad*.

reto s m **1** Acto de retar: *reto a muerte* **2** Meta o finalidad cuyo logro compromete el orgullo de quien lucha por alcanzarla, por la dificultad que supone y por el esfuerzo que requiere: *los grandes retos de la humanidad*, *el reto de progresar con justicia*, *el reto de escribir una novela*.

retorcer v tr (Se conjuga como *mover*, 2c) **1** Dar vueltas a una cosa haciendo girar uno de sus extremos cuando el otro está fijo, o haciendo que ambos extremos giren en sentido contrario, de manera que rote sobre su propio eje o se enrede en sí misma: *retorcer la ropa para exprimirla*, *retorcer alambres*, "Ambos meditan *retorciéndose* los bigotes" **2** prnl Moverse mucho un animal o una persona, ondulando, doblándose y estirándose, enredándose y desenredándose, generalmente a causa de un dolor: "Los tlaconetes *se retuercen* cuando les echan sal", "Cayó como chimicuil en comal, *retorciéndose* todito", *retorcerse de dolor*, "Las serpientes *se retorcían* en el pozo", *retorcerse de risa* **3** *Retorcerle el pescuezo (a alguien)* (*Popular*) Matarlo **4** Tergiversar o cambiar el sentido de las palabras que alguien dice, generalmente complicándolo.

retórica s f **1** Conjunto de reglas, procedimientos y figuras del lenguaje que emplea un orador o un escritor en un discurso con el fin de embellecerlo, hacerlo convincente o conmovedor: *la retórica de Cicerón*, *la retórica moderna* **2** Exceso de ornamentación al hablar o escribir, que generalmente muestra exageración y falta de sinceridad: *un escrito cargado de retórica* **3** *Ser algo (pura, mera, etc) retórica* Ser falso, no significar nada o no querer decir nada: "Las promesas que nos hizo *son pura retórica*".

retornar v intr (Se conjuga como *amar*) Regresar o volver al punto de partida, ya sea un lugar, una situación o una ocupación determinada: "*Retornaremos* a la isla", "*Retornó* a su país", "*Retornaron* a la normalidad".

retorno s m **1** Acto de retornar; regreso: *retorno al país natal, la hora del retorno*, "A su *retorno* de la gira que actualmente efectúa en Europa", *el retorno de sangre al corazón, el retorno a la normalidad* **2** Calle cerrada pero con espacio suficiente para que los coches puedan dar vuelta y regresar por ella: "Viven en el tercer *retorno* de la calle Épsilon" **3** Punto de una carretera en donde se puede dar vuelta para entrar a los carriles que van en sentido contrario: "Próximo *retorno* a 5 km" **4** Pieza o tecla de una máquina de escribir o de una computadora que coloca el papel o el cursor una línea más abajo y pegado al margen izquierdo **5** *Eterno retorno* (*Fil*) Teoría que considera que la historia del mundo es cíclica, compuesta de etapas que se repiten. Se halla en las cronologías griegas primitivas, en Heráclito y en los estoicos, así como en las religiones antiguas de Asia. Modernamente fue renovada por Nietzsche, quien le atribuyó un carácter moral: cada instante de la vida tiene un valor de eternidad, ya que debe volver a suceder un número infinito de veces.

retortijón s m Dolor intenso y espasmódico del intestino debido a contracciones del diafragma: *sentir retortijones*, "Me dieron *retortijones* por comerme ese chorizo".

retractarse v prnl (Se conjuga como *amar*) Desdecirse o arrepentirse de algo que se ha dicho; reconocer formalmente lo que se ha dicho es falso: "*Se retractó* de la acusación que había hecho".

retraer v tr (Se conjuga como *traer*, 7b) **1** Hacer que algo vuelva a su posición inicial o normal; o que regrese a la situación de donde se apartó: *retraer los cuernos un caracol, retraer un brazo, retraerse un ejército* **2** prnl Retirarse una persona a una vida aislada o solitaria, o no dejar que se manifiesten sus emociones, sentimientos, gustos, etc: "Santa Anna *se retrajo* a su finca".

retrasar v (Se conjuga como *amar*) **1** tr Posponer para más tarde o más adelante: *retrasar la boda, retrasar el viaje* **2** prnl Llegar tarde o con retraso: *con la intención de no retrasarme* **3** prnl Estar listo más tarde de lo planeado o de lo esperado, debido a ciertos obstáculos: "*Se retrasó* el trabajo con tantas interrupciones".

retraso s m **1** Acto de retrasar o retrasarse: "No admite *retrasos*", *con un retraso de siglos, provocando un serio retraso en la actividad económica*, "Llegó con una hora de *retraso*" **2** Situación o estado de lo que es menos avanzado con relación a otros o con relación a lo normal en su desarrollo: *el retraso democrático del país, retraso político, cultural, social y económico, retraso mental*.

retratar v tr (Se conjuga como *amar*) **1** Representar por medio de la pintura, la escultura, el dibujo, la fotografía, etc la imagen de una persona o cosa: "Diego Rivera *retrató* a varias actrices mexicanas", "Las fotos la *retratan* vestida para la boda", "La *retraté* cuando empuñaba el arma", "Los cuadros de Velasco *retratan* fielmente el paisaje mexicano" **2** prnl Posar o servir de modelo para un retrato: "*Se retrataron* con los novios", "Ya *me retraté*, el jueves te doy las fotos", "El águila *se retrató* en el dinero" **3** Describir con precisión algo o a alguien, reflejar con exactitud alguna cosa: "Es una obra que *retrata* a los campesinos mexicanos", "Su novela *retrata* las inquietudes y los valores de la época" **4** *Retratarse a alguien* (*Coloq*) Darle un golpe fuerte: "Quise rematar al marco, pero se me atravesó un defensa y *me lo retraté*".

retrato s m **1** Representación de una persona o una cosa mediante la pintura, el dibujo, la escultura, la fotografía, etc: *un retrato al óleo*, "El famoso *retrato* de Felipe IV hecho por Velázquez...", "Hizo un *retrato* a lápiz de su padre", "Puso en el buró un *retrato* en blanco y negro de sus hijos", *un retrato tamaño credencial, un retrato familiar*, "Colgó de la pared un gran *retrato* de la basílica de Guadalupe" **2** Descripción precisa y detallada de las características de algo o de alguien: "El *retrato* que hace de sus personajes es magnífico", "Su obra es un *retrato* de la época" **3** *Ser una persona el* (*vivo*) *retrato de otra* Ser una persona muy parecida a otra: "*Es el vivo retrato de* su padre".

retroceder v intr (Se conjuga como *comer*) Volver hacia atrás en el espacio o en el tiempo: *sin retroceder un paso*, "Los jinetes *retrocedían* a todo galope", "*Retrocedió* unos pasos", "Permítasenos *retroceder* un instante al siglo anterior", *retrocediendo a la época colonial*.

retroceso s m **1** Acto de retroceder: *sufrir un retroceso cultural, retroceso económico* **2** Tecla de una máquina de escribir o de una computadora que mueve la hoja o el cursor un espacio hacia atrás, eliminando o no lo que había en él.

reuma s f **1** Reumatismo **2** Dolor reumático: "Mi mamá padece de *reumas*". (También se escribe y se pronuncia *reúma*.)

reumático adj y s **1** Que se relaciona con el reumatismo o se refiere a él: *dolores reumáticos* **2** *Fiebre reumática* (*Med*) Tipo de reumatismo agudo, debido a una infección por estreptococos del tipo A; se caracteriza principalmente por la inflamación y el dolor de las articulaciones, en especial de las rodillas, los codos, las muñecas y los tobillos, acompañados generalmente por una descompensación o lesión cardiaca; su tratamiento es a base de antibióticos o sulfas.

reumatismo s m (*Med*) Conjunto de enfermedades que se caracterizan por la inflamación y rigidez de los músculos o las articulaciones del aparato locomotor, acompañadas de dolores que pueden llegar a ser muy intensos: "Padece *reumatismo* deformante".

reumatología s f Parte de la medicina que se ocupa del estudio y tratamiento de los diversos reumatismos y en general de las afecciones de las articulaciones.

reunión s f **1** Acto de reunir o reunirse: *organizar una reunión* **2** Conjunto de cosas o de personas que se unen para alguna finalidad: "La *reunión* se cambió de casa para tener más espacio", *una reunión de documentos*.

reunir v tr (Se conjuga como *subir*) **1** Unir o juntar varias cosas o personas de manera que formen un conjunto o una unidad o que actúen al mismo tiempo o con el mismo fin: *reunir libros para hacer una biblioteca, reunir dinero para hacer un viaje, reu-*

nirse dos bancos, reunir fuerzas en un ejército, reunir a los amigos **2** Volver a unir lo que se ha separado: *reunir a la familia, reunir los pedazos de un florero, reunir las partes de una máquina* **3** Reunir *los requisitos* Cumplir con ellos; tener todo lo que hace falta para algo: "Al fin encontramos una persona que *reúne los requisitos* para el papel", "No me aceptaron en el trabajo porque según ellos no *reunía los requisitos*".

revancha s f **1** En los deportes, oportunidad que se da a un perdedor de competir nuevamente contra quien lo ha vencido: *dar la revancha, una pelea de revancha* **2** Ofensa o daño que se hace contra alguien de quien antes se ha recibido una ofensa o un daño; venganza: *buscar revancha*, "El resultado fue una clara *revancha* de lo que aconteció hace dos meses" **3** *Tomar revancha* Vengarse: "En cuanto pudo *tomó revancha* por aquellos insultos".

revelación s f **1** Acto de revelar o revelarse: *la revelación de un crimen, la revelación de un secreto* **2** Manifestación de una verdad oculta o que no se podría conocer con la simple inteligencia humana, especialmente la que hace una divinidad a una persona en particular: *la revelación de los misterios divinos, la revelación hecha a Moisés* **3** Persona o cosa que inesperadamente muestra talento, valor, calidad, etc: "Este actor fue una *revelación*", "La novela premiada fue una *revelación*".

revelar v tr (Se conjuga como *amar*) **1** Dar a conocer algo que se mantenía oculto o secreto: *revelar una opinión, revelar un secreto, revelar una confesión, revelar un sentimiento* **2** Dejar ver algo; mostrarlo por primera vez: "Su mirada *revela* una gran fuerza", "Se *revelaba* como un gran actor", "En esa novela *reveló* un talento desconocido" **3** Manifestar una verdad oculta o algo que no se podría conocer con la simple inteligencia humana: *revelar el futuro, revelar algo la magia* **4** Hacer visible, utilizando determinadas sustancias, la imagen impresa en una película o en una placa fotográfica: *revelar una película, revelar un rollo, revelar una fotografía, revelar un negativo.*

reventar v tr (Se conjuga como *despertar*, 2a) **1** Romper o hacer un agujero en la superficie de algo que está lleno de aire, líquido, etc, provocando que su contenido salga con mucha fuerza o presión: "Se *reventó* el globo", "El clavo *reventó* la llanta", "Con el temblor se *reventó* la tubería" **2** Romper alguna cosa ejerciendo una fuerte tensión o presión sobre ella: "Jalaron el cable hasta que lo *reventaron*", "*Reventó* un vaso con las manos" **3** intr Abrirse la capa o envoltura que recubre alguna cosa dejando salir lo que está dentro de ella, como los frutos cuando están muy maduros y los granos de maíz cuando se hinchan por el calor: "Los jitomates están a punto de *reventar*", "Se *reventó* la yema del huevo" **4** intr Abrirse una flor, extender sus pétalos: "Como capullos a punto de *reventar*" **5** intr Deshacerse en espuma las olas del mar al chocar con las rocas o con la playa **6** Llevar a una persona o a un animal hasta el límite de sus fuerzas, al agotamiento o a la desesperación: "Con la carrera *reventó* al caballo", "Los persiguieron y asustaron hasta *reventarlos*" **7** Producir alguna cosa o persona molestia, gran desagrado, enojo o impaciencia en alguien: "Le *revienta* que la llamen 'primorcito'", "Me *revientan* sus aires de gran-

deza" **8** prnl (*Coloq*) Excederse bebiendo alcohol, desvelándose, etc; irse de fiesta o pachanga: "Gustavo *se revienta* todos los viernes".

reverberación s f **1** Permanencia de un sonido después de que ha dejado de vibrar aquello que lo emite **2** (*Fís*) Reflexión interna de la luz o el calor por un cuerpo.

reverencia s f **1** Respeto o veneración que se tiene a alguien o algo que se considera digno de admiración: *escuchar con reverencia* **2** Inclinación hacia adelante de la parte superior del cuerpo que se hace en señal de respeto: *con una gran reverencia, haciendo una leve reverencia, hacer reverencias.*

reversa s f En los vehículos automotores, marcha hacia atrás, dispositivo que hace retroceder y posición de la palanca de velocidades en que funciona este dispositivo: "Venían en *reversa* a gran velocidad", "Se le trabó la *reversa* al camión", *meter reversa*, "Ponga la palanca de velocidad en *reversa*".

reverso s m **1** En los objetos que tienen dos caras, como las monedas, las medallas o las hojas de papel, parte opuesta al frente; revés: "La nueva moneda presenta en su *reverso* motivos mixtecas y zapotecas", *en el reverso de la boleta* **2** Ser el reverso de la medalla Ser lo contrario o la antítesis de la cosa o persona con que se compara: "Ramón es el *reverso de la medalla* de Luis".

revés s m I **1** Lado opuesto o contrario al frente o a la parte que va hacia afuera de algo: *el revés del papel*, "Plancha la camisa por el *revés*" **2** Al revés De manera opuesta, contraria o totalmente distinta a la normal, usual o establecida: "Todo lo haces *al revés*", "Acomodó las cosas *al revés* de como se le dijo" **3** Golpe que se da con la mano, con una raqueta u otro objeto, separando el brazo del cuerpo desde el lado contrario al suyo: "Contestó el saque con un *revés*", "Su *revés* no es muy bueno", "Le pegó a la pelota de *revés*" II Desgracia, derrota o contratiempo que alguien sufre: "Un *revés* más y el equipo quedará eliminado", "La compañía tuvo varios *reveses* el año pasado".

revestir v tr (Se conjuga como *medir*, 3a) **1** Cubrir por completo una cosa con otra que se pega o se une a ella, generalmente para que la proteja, la haga más resistente, le dé una mejor presentación, etc: *revestir con plástico, revestir un tubo con acero, revestir las paredes con papel tapiz* **2** Poner encima del vestido de alguien, generalmente de un sacerdote, algún ropaje especial: "Con mantos rituales *revistieron* al arzobispo" **3** Mostrar con claridad cierta cualidad: "La ceremonia *revistió* gran solemnidad", "El problema *reviste* gran importancia".

revisar v tr (Se conjuga como *amar*) **1** Mirar o examinar algo o a alguien con cuidado y parte por parte para asegurarse del estado en que se encuentra o mejorar su aspecto, su funcionamiento, etc: *revisar la limpieza de las manos, revisar los uniformes de los niños, revisar una máquina, revisar los ejercicios, revisar el trabajo* **2** Examinar algo con la intención de encontrar algún dato que se busca: *revisar los periódicos, revisar la lista de inscripciones.*

revisión s f Acto de revisar algo, de verificarlo o de hacerle las correcciones que se consideran necesarias: *revisión de estilo, revisión del gasto*, "La *revisión* que el maestro hace de nuestras definiciones resulta muy útil".

revista s f **1** Publicación periódica, generalmente en forma de cuadernillo sin lomo, en que aparecen varios escritos, del mismo o de varios géneros, sobre diferentes asuntos o sobre un asunto en especial: *revista mensual, revista semanal, revista científica, revista ganadera, revista de modas, revista de poemas* **2** *Revista musical* Espectáculo teatral que generalmente consiste en una serie de cuadros en los que hay música, canciones y bailes **3** *Pasar revista* Revisar un grupo de personas o cosas para ver si están en el lugar o el estado debidos; especialmente, un militar a sus tropas.

revivir v intr (Se conjuga como *subir*) **1** Volver a la vida algo o alguien que está o parece estar muerto; resucitar: *revivir una planta* **2** tr Volver a vivir algo pasado a través del recuerdo o de la imaginación: "No debí *revivir* esos recuerdos tristes", "*Revivió* los febriles y angustiosos momentos de su primera gran creación" **3** tr Volver a surgir algo que había desaparecido: *revivir actitudes revanchistas*.

revolcar v tr (Se conjuga como *soñar*, 2c) **1** Derribar a alguien haciendo que dé muchas vueltas sobre sí mismo; particularmente, tirarlo al suelo y darle varias vueltas ahí: "Señores por ahí va el toro, / no los vaya a *revolcar*", "Me *revolcó* una ola" **2** prnl Tirarse al suelo dando vueltas sobre él: "Yo me baño con agua limpia / no me *revuelco* en el lodo" **3** Pasar algún alimento por algún polvo, como harina o pan molido, de manera que quede cubierto por él: "Los chiles *se revuelcan* en la harina", "*Revuelque* los filetes en el pan y el queso revueltos" **4** *Revolcar (a alguien)* Humillarlo, ponerlo en evidencia, especialmente en una discusión o examen: "La *revolcaron* en su examen profesional" **5** prnl (*Ofensivo*) Tener relaciones sexuales: "Los hallaron ahí, *revolcándose* en la milpa".

revolera s f (*Tauro*) Suerte de capa a una mano en la que el torero hace girar el capote por encima de su cabeza en el momento del remate: *templadas verónicas rematadas con revolera*.

revolución s f **1** Movimiento político, generalmente acompañado de lucha armada, que tiene por consecuencia el rompimiento con la situación anterior de una sociedad y la creación de nuevas formas de gobierno, de nuevas leyes y de nuevas maneras de comportarse sus miembros: *la revolución de 1910, la revolución francesa, la revolución cubana* **2** Cambio profundo e importante de alguna cosa o de alguna actividad humana: *la revolución industrial, una revolución científica, la revolución cibernética* **3** Cada una de las vueltas completas que da alguna cosa, como una rueda, una manecilla de reloj, etc: *la revolución de la Tierra en torno al Sol, un motor que gira a cinco mil revoluciones por minuto*.

revolucionario adj y s Que pertenece a alguna revolución o se relaciona con ella; especialmente, que es partidario de la revolución, que la promueve o trabaja por ella: *la lucha revolucionaria de los mineros, el movimiento revolucionario, el gobierno revolucionario, artistas revolucionarios, los generales revolucionarios*.

revolver v tr (Se conjuga como *mover*, 2c. Su participio es irregular: *revuelto*) **1** Dar vueltas a una o varias cosas, generalmente para formar una mezcla homogénea; particularmente, dar vueltas a un ingrediente para que se mezcle con otro u otros, o a varios a la vez para que se mezclen entre sí: *revolver claras y yemas, una pala para revolver los huevos*, "*Revuelva* la mermelada o el puré de chabacano con la crema", "*Revuelva* la crema con el jitomate", "Se *revuelven* los frijoles con la masa", "*Revuelva* de vez en cuando las papas para que no se peguen a la olla" **2** Alterar el orden, desordenar o desorganizar un conjunto de elementos: "*Revolvió* mis cajones y no encuentro nada", "*Revolvió* mis libros y ahora no encuentro el que busco" **3** prnl Mezclarse en la mente o en el pensamiento cosas, asuntos o temas diferentes; hacerse bolas: "Se *revolvió* con los temas del examen y lo reprobaron", "Se me *revolvieron* las palabras y ya no supe ni lo que decía" **4** prnl Mezclarse unas personas con otras pertenecientes a diferentes grupos: "Los zapatistas *nos revolvimos* con los carrancistas" **5** prnl *Revolverle el estómago a alguien* (*Coloq*) Causarle náuseas, provocarle asco algo repugnante, ya sea desde un punto de vista físico o moral: "*Le revolvía el estómago* ver cómo la trataban", "Hasta *se me revuelve el estómago* de ver la cochinada ésa" **II 1** prnl Agitarse, dar vueltas sobre sí mismo, especialmente tratando de liberarse de algo o de escapar de una prisión: "*Revolviéndose* a furiosas patadas", "El secuestrado *se revolvía* en un costal" **2** Agitarse o moverse algo emocionalmente; inquietarse: "Algo *se revolvía* muy adentro de su ser" **3** (*Hipo*) Hacer dar vueltas a un caballo, levantando las manos y pivoteando sobre las patas con toda rapidez **4** prnl (*Tauro*) Tornar el toro rápidamente sobre el objeto que acaba de acometer: "Tocó a su enemigo que *se le revolvía* pronto".

revólver s m Arma de fuego de corto alcance provista de un cilindro giratorio en el que se colocan varias balas que pueden dispararse una después de otra sin necesidad de volver a cargarla; pistola: "Impulsivamente llevó la mano al *revólver*", "Estiró la mano y sacó el *revólver*".

revoque s m Cubierta de cal, yeso u otro material que se pone en los muros o paredes: *los revoques manchados de las casas*.

revuelta s f Rebelión o insurrección de un grupo social: *la revuelta trágica*.

revuelto I pp de *revolver* o *revolverse* **II** adj **1** Que está en desorden o muy trastornado: *el pelo revuelto*, "Encontré la casa muy *revuelta*", "Tan *revuelta* andaba todavía la ciudad…" **2** Tratándose de líquidos, que está sucio o turbio, principalmente por haberse agitado su sedimento: "El agua está muy *revuelta*" **3** Que está formado por una mezcla de ingredientes que forma una mezcla homogénea: *yerbas revueltas, huevos revueltos* **III** adj (*Hipo*) Tratándose de caballos, que se vuelve con docilidad y ligereza en poco espacio.

rey s m (Su femenino es *reina*) **1** Hombre que gobierna un país como monarca o soberano: *el rey de España, el rey de Suecia* **2** *A cuerpo de rey* En forma espléndida, ofreciendo todas las comodidades: *recibir a alguien a cuerpo de rey* **3** Persona o animal de sexo masculino, o cosa de género masculino, que tiene ciertas características que lo hacen sobresalir entre los demás: *el rey del acero*, "El león es el rey de la selva", *el rey de los cómicos*, "El Golden Gate de San Francisco es el *rey* de los puentes" **4** Carta de la baraja con la figura de un rey: *rey de*

diamantes 5 Pieza más importante del juego del ajedrez; es la que hay que capturar o matar para ganar el juego.

rezagar v (Se conjuga como *amar*) **1** prnl Quedarse atrás: "Los sectores que *se rezagaron* y registraron decrementos" **2** tr (*Rural*) Conservar aparte, separar: *rezagar el tabaco*.

rezar v (Se conjuga como *amar*) **1** tr Dirigirse con palabras a la divinidad para alabarla, pedirle gracias o pedirle perdón por alguna falta; particularmente, recitar un creyente una oración para Dios o para los santos; orar: *rezar a Huitzilopochtli, rezar para que llueva, rezar el Padre Nuestro* **2** intr Estar dicho algo en ciertos términos: "La canción *reza* así...", "La carta *reza*..." **3** intr Ser algo del gusto o de la responsabilidad de alguien: "Dejar de dormir en las noches no *reza* conmigo".

rezo s m **1** Acto de rezar: "No merecen sus lágrimas ni sus *rezos*", "En lugar de *rezos* se oyen puras malas palabras", "El día de los muertos, *rezos* y *rezos*" **2** En Veracruz, cuerda pequeña para atar animales.

ribera s f Franja de tierra que bordea el mar, un río, una laguna, etcétera.

rico adj y s **1** Que tiene mucho dinero o muchos bienes: *un hombre rico, una empresa rica* **2** Que es variado y abundante; que tiene mucho de algo útil o apreciable; que tiene gran variedad de cosas, recursos, etc: *lenguaje rico, una historia rica, regiones ricas* **3** *Rico en algo* Que lo tiene en abundancia; abundante en algo: *rico en proteínas, rico en experiencia* **4** Que es lujoso o fino; que es de gran valor o caro: *ricas telas, palacio rico* **5** Que sabe bien: *un pastel rico, una fruta rica*.

ridículo adj, y s m **1** Que causa risa sin querer hacerlo o a su pesar: *nombres ridículos, adoptar poses ridículas*, "Llegó a la fiesta con un vestido *ridículo*", "Me costó una cantidad *ridícula*", "Le pagan un sueldo *ridículo*" **2** *Hacer el ridículo* Actuar de manera que causa risa o burla o hacer algo de manera lamentable: "Quiso bailar como rumbera pero sólo *hizo el ridículo*" **3** *Poner, ponerse o quedar en ridículo* o *caer en el ridículo* Poner, ponerse, quedar o caer en una situación embarazosa o digna de risa o burla: "Se corre el riesgo de *caer en el ridículo*", "Lo *puso en ridículo* frente a sus alumnos", "Prefirió no siquiera intentar responder a su pregunta, para no *caer en el ridículo*" **4** *Caer en el ridículo de* o *llegar al ridículo de* Incurrir en el grave error de; llegar hasta el extremo equivocado de: "*Cayó en el ridículo de* hacer cónsul a su caballo", "*Llegó al ridículo de* afirmar que en Inglaterra no hay una monarquía".

riego s m **1** Acto de regar: *el riego de la parcela* **2** *De riego* Destinado a regar: *tierras de riego, agua de riego, sistema de riego*.

riel s m **I 1** Barra larga de metal por la que se desliza alguna cosa; particularmente, cada una de las dos que van paralelas sobre el suelo y sirven para que sobre ellas circulen los trenes, los tranvías, etc: "La puerta corre sobre un *riel* de acero", *reparar los rieles del tren* **2** *Sobre rieles* Muy bien, de manera excelente: "Lleva la vida *sobre rieles*" **3** (*Caló*) Zapatos **II** *Andar* o *estar riel* (*Popular*) En Sonora, andar sin dinero o estar pobre.

rienda s f **I 1** Cada una de las cuerdas o correas que, unidas por sus extremos al bozal, a las argollas o al freno, sirven para gobernar o dirigir a los caballos u otros animales: "Soltábamos entonces las *riendas* de nuestras cabalgaduras", "La muchacha le jala la *rienda* a la mula" **2** *Tomar* o *llevar las riendas* Tomar el mando o la dirección de algo: *tomar las riendas del poder, llevar las riendas de la Universidad* **3** Dirección, guía o freno en la conducta de alguien: "Vive en la capital solo y sin ninguna *rienda*" **4** *Jalarle las riendas a alguien* Llamarle la atención **5** *Soltarle las riendas a alguien* Dejarlo en entera libertad para actuar **6** *Dar rienda suelta a algo* Liberar sus sentimientos o emociones, seguir sus deseos sin freno, sin ponerles límite: "*Dar rienda suelta* a su gusto por la ostentación de su talento", "Permite *dar rienda suelta* a la fuerza y la destreza de la mano" **II** *Buena rienda* (*Rural*) Entre los galleros, gallo que en la pelea gira con violencia **III** (*Caló*) **1** Cadena de reloj **2** Órgano genital masculino **3** pl Pechos, senos.

riesgo s m **1** Posibilidad de que ocurra una desgracia o algo indeseado, de sufrir un daño o de tener un fracaso: *el riesgo de contraer una enfermedad*, "Debes medir el *riesgo* de esas inversiones", "El *riesgo* de un error en el registro es mínimo", *los riesgos del alpinismo* **2** *Correr el riesgo* Exponerse a un peligro, a sufrir un daño o a tener un resultado negativo: "El país *corrió el riesgo* de una descapitalización", "*Corres el riesgo* de perder tu trabajo", "Esas heridas *corren el riesgo* de infectarse", "Tuvo la oportunidad de competir antes por el campeonato, pero prefirió no *correr el riesgo* entonces" **3** *A riesgo de* Afrontando cierto peligro, con la posibilidad de que se presente una situación adversa o negativa: "*A riesgo de* enfermarse realizó el viaje", "Dijo la verdad *a riesgo de* que lo despidieran".

rifa s f Sorteo de alguna cosa que consiste en dar o vender una serie de boletos numerados y colocar una serie igual de boletos (o boletas, esferas, etc) en un recipiente, de donde se saca uno al azar; gana el premio quien tiene en su boleto el mismo número que lleva el boleto sacado del recipiente: *efectuar la rifa de una pulsera de oro, hacer una rifa*.

rifle s m **1** Arma de fuego provista de un cañón largo y acanalado por dentro que se dispara apoyándola en el hombro: "Se echó el *rifle* al hombro e hizo cuatro disparos", *rifles de alto poder, tomar el rifle para derrocar la tiranía* **2** *Ser* o *estar como rifle* (*Coloq*) Ser o estar muy guapo un hombre o muy bonita una mujer **3** *Como rifle* (*Coloq*) Muy bien preparado para algo; listo: "Llegó *como rifle* al examen de matemáticas".

rigidez s f **1** Propiedad de lo que presta resistencia a ser doblado, es inflexible o muy duro: *rigidez muscular*, "La *rigidez* de este material no permite usarlo..." **2** Propiedad de lo que no acepta cambios ni modificaciones, o carácter del que es muy severo y sigue hábitos de comportamiento muy estrictos: *la rigidez de las autoridades*, "La *rigidez* de su educación le hace ver con malos ojos esas relaciones".

rígido adj **1** Que presenta mucha resistencia a ser doblado, que es duro e inflexible: *armazón rígida*, "Después del golpe el brazo se le puso *rígido*" **2** Que no acepta cambios ni modificaciones, que se apega estrictamente a determinadas normas, que es intransigente y severo o que no expresa ni manifiesta ninguna emoción: "Estudió en una escuela muy rígida", "Su jefe es muy *rígido*", *una dieta rígida*.

rigor s m I **1** Exactitud, precisión, disciplina y minuciosidad en una actividad: *el rigor científico de Newton*, *rigor teórico*, *una lección de rigor narrativo* **2** *En rigor* Con precisión, estrictamente: "*En rigor*, cada uno se ha empeñado en sustituir lo cotidiano por lo heroico" **3** *De rigor* De costumbre, habitual; obligado o impuesto por la costumbre: *el pésame de rigor*, *los trámites de rigor* II **1** Dureza y serenidad en el trato con los demás, especialmente rigidez en la disciplina y en los castigos: "Trata a sus hijos con mucho *rigor*", *el rigor de la vigilancia* **2** Condición extremosa o desagradable de las condiciones atmosféricas: *el rigor del invierno*, *el rigor de las secas*.

riguroso adj **1** Que está hecho con mucho cuidado, que muestra rigor, exactitud o precisión: *la aplicación rigurosa de un método*, *el estilo riguroso y austero de Fritz Lang* **2** Que es lo más rígido posible de acuerdo con ciertas normas: *de luto riguroso*, *de rigurosa etiqueta*, *un examen riguroso*, *una rigurosa dieta*, *rigurosas normas de limpieza y sanidad* **3** Tratándose del clima, que es muy extremoso e inclemente: *un invierno riguroso*, *en lo más riguroso del verano*.

rima s f **1** Igualdad o semejanza de los sonidos de dos o más palabras o versos a partir de su última vocal acentuada **2** *Rima consonante* Aquella en que coinciden todos los sonidos a partir de la vocal acentuada, como en enc*anto* y ll*anto*, ser*ena* y su*ena*; consonancia **3** *Rima asonante* Aquella en que sólo coinciden las vocales a partir de la que lleva el acento, como en lig*era* y der*echa*, pl*ano* y p*ato*; asonancia **4** *Rima pareada* La que se produce entre el primer verso de un poema y el segundo, el tercero y el cuarto, el quinto y el sexto, etc, de la siguiente forma: aa bb cc **5** *Rima alternante* o *alterna* La que se produce entre el primer verso y el tercero, el segundo y el cuarto, etc: abab **6** *Rima cruzada* o *abrazada* La que se produce entre el primer verso y el cuarto, el segundo y el tercero: abba **7** *Octava rima* Composición poética cuyas estrofas están formadas por ocho versos de once sílabas que riman entre sí de forma consonante y siguiendo el esquema ABABABCC; octava real **8** *Sexta rima* Composición poética que consta de seis versos de rima consonante generalmente dispuestos ABABCC o AABCCB; sextina **9** *Tercia rima* Composición poética cuyas estrofas constan de tres versos que riman encadenadamente del siguiente modo: ABA BCB CDC, etc; tercetos encadenados.

rímel s m Marca registrada de maquillaje para pintarse las pestañas: "Las pestañas se destacan con *rímel*", "Quiero ser *rímel* de tus pestañas / para ver a donde ven tus ojos". (También se escribe *rimmel*.)

rin s m Aro de metal sobre el que se monta una llanta, particularmente de un automóvil, una motocicleta o una bicicleta.

rincón s m **1** Espacio interior que determina el ángulo formado por dos o más planos o superficies: "Pusieron el mueble en el *rincón* de la sala", "Había telarañas en cada *rincón*" **2** Lugar pequeño y apartado, o sitio oculto, de difícil acceso: *los rincones de México*, "Buscó la fotografía de su hija en todos los *rincones* de la casa".

rinoceronte s m Mamífero herbívoro de África y Asia que llega a medir hasta 3 m de largo y 1.5 m de altura hasta la cruz; es de piel muy gruesa, áspera y rugosa, de color gris oscuro o ceniciento; de patas gruesas y cortas, terminadas en tres dedos con las uñas hendidas; de cabeza grande y estrecha con uno o dos cuernos o colmillos encorvados situados por encima de la nariz; hocico puntiagudo y ojos pequeños; tiene las orejas también puntiagudas, rectas y cubiertas de pelo y la cola corta y terminada en una borla de cerdas tiesas y muy duras. Vive en lugares cenagosos y es fiero cuando lo atacan o irritan. Pertenece a diversas especies de los géneros *Ceratotherium*, *Diceros*, *Rhinoceros*, *Dicerorhinus*.

riñón s m I **1** Cada uno de los dos órganos glandulares que purifican la sangre y producen la orina en los vertebrados. En los seres humanos tienen la forma de un óvalo aplanado que se estrecha a la mitad por uno solo de sus lados, miden alrededor de 11.5 cm de largo y están situados en la región lumbar, uno a cada lado de la columna vertebral **2** Recipiente que tiene esta forma y se adapta fácilmente a las diversas partes del cuerpo; se usa en clínicas y hospitales para recibir la pus de los abscesos o cualquier desecho de una curación y también para esterilizar ciertos instrumentos **3** *Riñón artificial* Aparato que sirve para purificar la sangre y eliminar de ella la urea; consta de una cánula que recoge la sangre del paciente, generalmente insertada en el pliegue de uno de sus codos, de un tubo de celofán sumergido en una solución salina y de una cánula que devuelve la sangre al torrente sanguíneo del paciente, generalmente a través de la arteria radial II pl **1** Vigor o fuerza, particularmente de la que se tiene en la cintura: "Todavía tenía *riñones* para cabalgar", "Se acabó los *riñones* lavando ajeno" **2** Valentía o arrojo: "No tiene *riñones* para decirme esas cosas a la cara".

río s m **1** Corriente continua de agua que va por un cauce natural y desemboca en otra, en un lago o en el mar: *río Bravo*, *río Suchiate* **2** Gran cantidad de algo que fluye o circula: *ríos de gente saliendo del cine*, *ríos de lava*.

riqueza s f **1** Abundancia de dinero o de bienes que alguien posee: "Su *riqueza* asciende a muchos millones" **2** Abundancia, diversidad, alta calidad o valor de los recursos, productos, elementos, cualidades que algo o alguien tiene: *la riqueza de la tierra*, *la riqueza del lenguaje*, *riqueza de colorido*, *riqueza espiritual*, *la riqueza histórica de México*.

risa s f Acto de reír y gesto o serie de movimientos que lo acompañan: *atacarse de la risa*, *morirse de risa*, *risa forzada*, *risa amarga*, *risa loca*, *tener una risa muy sonora*.

risco s m I Peñasco alto y escarpado II (*Caló*) Ratero.

rítmico adj Que pertenece al ritmo o se relaciona con él; que tiene ritmo: *un movimiento rítmico*, *el rítmico latido de su yugular*, *ejercicios rítmicos*, "Lo 'mexicano' se expresa en esa obra a través de ciertos giros melódicos y *rítmicos*".

ritmo s m **1** Manera básica en que se combinan sonidos fuertes y débiles, o largos y cortos, o sonidos y silencios, y esquema o patrón que forma esa combinación y que se repite de manera regular a lo largo del tiempo: *el ritmo de un baile*, *un ritmo sincopado*, *a ritmo de marcha*, *el ritmo del corazón*, *el ritmo de un verso* **2** Regularidad con que se presenta una cosa o un conjunto de cosas: *ritmo de la presentación de las lluvias*, *ritmo biológico*.

rito s m **1** Conjunto de ceremonias litúrgicas que celebra una comunidad religiosa o una Iglesia siguiendo unas reglas determinadas: *rito judío*, *rito cristia-*

no, *rito de la Iglesia ortodoxa griega, ritos musulmanes* **2** Cada una de estas ceremonias: *rito bautismal, rito matrimonial* **3** Ceremonia o práctica de carácter simbólico que una comunidad celebra siguiendo unas reglas fijas y en la cual se escenifican mitos religiosos, se celebran o institucionalizan los cambios de posición social de los individuos (como el de entrar a la adolescencia y el de contraer matrimonio), etc: *rito funerario, ritos aztecas de guerra, ritos mágicos* **4** (*Psi*) Conjunto de gestos recurrentes e invariables, vacíos de significación simbólica, que realiza una persona como rechazo inconsciente de algo.

ritual 1 adj m y f Que pertenece al rito o se relaciona con él: *cantos rituales, ceremonias rituales,* "La pintura facial tenía un significado *ritual*", *el carácter ritual del teponaztli y el huéhuetl* **2** s m Rito: *un antiguo ritual, los rituales aztecas, rituales de bautismo, los rituales compulsivos.*

rival s m y f En relación con una persona o con un animal, otra u otro que compite con ella o con él para obtener cierta cosa: "El campeón expone la corona ante un *rival* mexicano", "Ese gallo no tiene *rival*", "Sus familiares siempre han sido *rivales*".

rivalidad s f **1** Oposición o competencia que se da entre dos o más personas que desean lo mismo: "Existe gran *rivalidad* entre ambos jugadores", "La *rivalidad* entre sus pretendientes ha ido en aumento" **2** Enemistad que produce esa oposición o competencia: "Los pleitos por la herencia han creado una fuerte *rivalidad* entre los hermanos".

rizar v tr (Se conjuga como *amar*) Hacer uno o más rizos con algo o en algo: *rizarse el pelo, rizarse las pestañas,* "El viento *riza* la superficie del mar".

rizo s m Porción de pelo o tira de algún material flexible que da vueltas sobre sí misma en forma de espiral: "Le llegaban los *rizos* hasta los hombros", "Para que te peines, china, / esos *rizos* que me matan, / le compré tu peine de oro", "Los listones caen formando *rizos* sobre el pecho del vestido".

rizoma s m Tallo subterráneo, grueso y horizontal, del que nacen otros tallos, raíces y hojas.

robalo s m Pez marino de la familia *Centropomidae*, que mide, en promedio, 50 cm de largo, aunque a veces alcanza más de 90; de cuerpo largo, con dos aletas dorsales, tiene una raya horizontal oscura característica entre el dorso plateado y el vientre blanco. Habita en los dos litorales de México y remonta los grandes ríos. Es comestible, muy apreciado por su sabor.

robar v tr (Se conjuga como *amar*) **1** Quitar a alguien algo que tiene o le pertenece, sin su permiso, con violencia o con engaño: *robar una herramienta, robar dinero* **2** *Robar una casa* Entrar ladrones en ella y llevarse cuanto encuentran **3** Quitar indebidamente o en contra de su naturaleza una cosa a otra: *robar horas al sueño, robar tierra al mar, robar un beso* **4** Atraer la atención, los sentimientos, etc de alguien, generalmente en contra de su voluntad: *robarle el corazón, robarle tiempo* **5** *Robar cámara* alguien (*Coloq*) Atraer la atención de los demás, quitándosela a quien la tenía o la merecía **6** En ciertos juegos, como el dominó o las cartas, tomar fichas o cartas de las que están disponibles en el monte, de acuerdo con las reglas.

roble s m **1** Árbol del género *Quercus* de la familia de las fagáceas, hasta de 15 m de altura; de hojas anchas color verde claro, de bellotas solitarias o por pares; su madera es dura y compacta; en México existen multitud de especies; encino; roble de duela: "Las maderas duras que se usan en ebanistería son el *roble*, el abedul y el arce", "El *roble* y el nogal tienen hojas anchas que caen en otoño" **2** Árbol de la familia de las bignoniáceas que puede alcanzar hasta 25 m de altura y un diámetro de 70 cm. De tronco recto y una copa en estratos con ramas horizontales y delgadas. Sus hojas están compuestas de cinco hojillas palmeadas que caen en el momento de floración. Las flores son tubulares y están dispuestas en racimos terminales; son de color blanco, lila o rosa y sus frutos son cápsulas estrechas hasta de 35 cm de largo y contienen numerosas semillas aladas. Es apreciado por su gran belleza y colorido cuando florece, por lo que sirve de ornato en parques y jardines. Su madera es de buena calidad para la construcción de casas y la fabricación de muebles. Su corteza cocida se usa como medicina para la diabetes y el tratamiento del paludismo, la tifoidea y algunos casos de parasitosis. Se encuentra en selvas altas o medianas desde la vertiente del Golfo hasta la costa del Pacífico, de Tamaulipas hasta el norte de Chiapas y de Nayarit hasta Chiapas. Existen varias especies; roble blanco, roble colorado, roble prieto; macuilí; maculís, macuelis, macuil, macuilis.

robo s m **1** Acto de robar: *el robo de una vaca, el robo a un banco* **2** Actividad de los que se dedican a robar: *el robo de casas, el robo de llantas* **3** Cada uno de los objetos robados o su conjunto: *un robo por un millón de pesos.*

robustecer v tr (Se conjuga como *agradecer*, 1a) Dar a algo o a alguien mayor solidez, fuerza y resistencia; hacer algo más robusto o más fuerte: *robustecer un músculo, robustecer los pulmones, robustecer una institución, robustecer la agricultura.*

robusto adj Que es fuerte, resistente y sólido; que tiene un aspecto fuerte, sano y ligeramente grueso: *un percherón fuerte y robusto,* "Diego de Rivera pintaba *robustos* y saludables niños indígenas", *de complexión robusta.*

roca s f **1** Bloque duro y generalmente grande, compuesto por materias minerales, que forma la corteza terrestre, y en particular el que sobresale de la superficie del agua o de la tierra como un peñasco o una gran piedra; puede tener origen en las profundidades de la corteza y alcanzar la superficie de la Tierra en forma de lava o magma que luego se solidifica (*roca ígnea, magmática, eruptiva, efusiva* o *volcánica*), o solidificarse dentro de la misma corteza (*roca intrusiva* o *plutónica*); también puede formarse en la superficie de la Tierra (*roca exógena*), ya sea por sedimentación en el fondo de las aguas (*roca sedimentaria*), ya por haber sido arrancada de algún continente por la erosión (*roca detrítica* o *clásica*), o puede estar constituida por restos orgánicos (*roca orgánica*), de origen calcáreo (*roca calcárea*), como las que se componen con las conchas de algunos animales, o de origen vegetal, como en el caso del carbón vegetal; puede también resultar de la transformación de una roca preexistente (*roca metamórfica* o *cristalofílica*), como ocurre con la pizarra, originada en la arcilla, o el mármol, originado en la caliza. Según su consistencia, puede rayar el vidrio y el acero (*roca dura*) o ser rayada por un metal y, en ciertos casos, aun por una uña (*roca blanda*); puede desmoronarse entre las manos (*roca deleznable*) o bien moldearse y adquirir una forma cualquiera cuando está sometida a una fuerza de presión (*roca plástica*), como la arcilla 2 *Roca madre* La que al transformarse produce los materiales de que se compone el suelo 3 *Roca viva* La que está en la superficie, a flor de tierra.

rociar v tr (Se conjuga como *amar*) 1 Esparcir agua en forma de pequeñas gotitas: *rociar las flores, rociar comida fresca* 2 Esparcir gotas de algún líquido en alguna superficie: *rociar el pescado con vino* 3 Esparcir alguna cosa, de modo que se disperse al caer: "*Los niños rociaron* la casa con confeti", *rociar municiones*.

rocío s m 1 Humedad atmosférica que se condensa en forma de pequeñas gotas, como las que se ven en la madrugada sobre la superficie de las hojas y de las flores 2 Gotas pequeñas que se esparcen sobre una cosa para humedecerla.

rock s m 1 Género de la música popular estadounidense, producto de la mezcla de ritmos de jazz y blues con tradiciones campiranas, surgido en la década de 1960 como evolución del rock and roll y rápidamente internacionalizado. Aunque utiliza varios esquemas rítmicos de compás binario, tiene una amplia libertad rítmica y melódica. Utiliza instrumentos eléctricos con profusión, así como percusiones. Se baila de diferentes maneras, pero lo caracteriza la libertad de pasos y movimientos, y el abandono del baile en pareja. Entre sus más claros representantes se encuentran "The Who", los "Rolling Stones" y John Lennon. En México, se ha convertido en un género musical del folklore urbano, de importante valor social, entre grupos como el de Javier Bátiz, "El Tri" o "Café Tacuba"; rock and roll 2 *Rock and roll* Música de baile de origen estadounidense, surgida a finales de la década de 1950 con Chuck Berry, Bill Haley y Elvis Presley, de ritmo rápido en compás binario, principalmente, que se baila haciendo diversas figuras casi acrobáticas en pareja, y se toca con guitarras eléctricas y batería. En México destacaron Enrique Guzmán y "Los locos del ritmo", así como Julissa, entre otros.

rodada s f 1 Huella de una rueda: *dejar las rodadas, una rodada dispareja* 2 Medida del diámetro de una rueda o de una llanta: *rodada 28*.

rodaja s f 1 Rebanada redonda de algún alimento: "Ya para servirse se le ponen rodajas muy finas de jitomate y cebolla", *naranja en rodajas, zanahorias en rodajitas* 2 (*Hipo*) Pieza circular de hierro, calada con espigas, que gira sobre un perno situado en la parte posterior de la espuela.

rodaje s m 1 Movimiento propio de la rueda o de un vehículo con ruedas: *iniciar el rodaje de un coche, marcas de rodaje* 2 Acto de rodar o filmar una película: "El próximo febrero comenzará el *rodaje*", *películas en pleno rodaje*.

rodar v intr (Se conjuga como *soñar*, 2c) **I** 1 Moverse una rueda o un objeto circular o esférico: "*Rueda* la pelota", "La piedra que *rueda* y *rueda* no sirve para cimiento" 2 Caer algo o alguien dando vueltas: "Dos gruesas lágrimas *rodaron* por sus mejillas", "Un muchacho perdió la pisada y *rodó* al abismo", "Uno de los paquetes *rodó* al suelo" 3 (*Hipo*) Caer el caballo hacia adelante al correr 4 Ir

algo o alguien de un lugar a otro sin quedarse en ninguno en forma estable: *rodar por el mundo* 5 Dejar que rueden las cosas Dejar que las cosas tomen cualquier camino, sin ninguna dirección, sin ningún freno, disciplina o cuidado: "Han dejado que *rueden* los problemas de la contaminación" **II** Filmar una película: "Se *había rodado* en una hacienda de Tulyehualco".

rodear v tr (Se conjuga como *amar*) 1 Ir algo o alguien alrededor de otra cosa: *rodear un cerro, rodear un lago* 2 Haber o poner varias cosas o personas alrededor de algo o de alguien: "Los árboles *rodean* la laguna", "El cementerio *rodea* la iglesia", "La abuela *está rodeada* por sus nietos", "La policía *rodeó* a los asaltantes" 3 Tomar un camino más largo que el usual para llegar a alguna parte o para evitar pasar por otra: *rodear por la orilla del río*, "Tuve que *rodear* para no encontrarme con los enemigos" 4 Reunir el ganado en un lugar determinado del campo, arreándolo, para algún propósito.

rodeo s m 1 Acto de rodear 2 Camino más largo que el usual, tomado o seguido para llegar a alguna parte: *hacer un rodeo, dar un rodeo, seguir un rodeo* 3 Reunión de ganado en algún lugar y para diferentes propósitos, particularmente la que se hace en un corral o en una plaza para ejercitar la habilidad de montar potros salvajes o reses, lazarlos, etcétera.

rodilla s f 1 Región de las extremidades inferiores del cuerpo humano que comprende la articulación de los huesos del muslo y la pierna, en especial la cara prominente y anterior de esta región: *lastimarse una rodilla*, "Le dio una patada en la *rodilla*" 2 Región de las patas delanteras de los cuadrúpedos que comprende la articulación del antebrazo con la caña 3 *De rodillas* Con las rodillas apoyadas en el suelo: "Limpiaba el piso *de rodillas*" 4 *De rodillas* En forma suplicante: "Te lo pido *de rodillas*".

rodillo s m 1 Cilindro sólido de diversos materiales que gira sobre sí mismo, y se utiliza para mover cuerpos pesados, para esparcir sustancias en una superficie plana, para oprimir algún material de manera uniforme a lo largo de su superficie, etc: "La mesa se desplaza con un mecanismo de *rodillo*" 2 Utensilio de cocina en forma de cilindro y generalmente de madera, que sirve principalmente para extender la masa para hacer galletas o pan.

roedor s m y adj 1 Animal mamífero como el ratón, la rata, el castor, la ardilla, etc, cuyos dientes incisivos (dos en la mandíbula inferior y dos o cuatro en la superior) le crecen en forma continua, por lo que tienen que roer constantemente cosas duras 2 s m pl Orden que forman estos animales.

roer v tr (Se conjuga como *comer*. Generalmente se usa sólo en la tercera persona del singular y del plural. La primera persona del presente de indicativo puede decirse: *roo, roigo, royo*; el presente de subjuntivo, *roa, roiga, roya, roas, roigas, royas*, etc) 1 Morder con los dientes una cosa de tal forma que se le vayan desprendiendo algunas partes o pedazos: "Los ratones *roen* los libros", *roer un hueso* 2 Penetrar poco a poco y de manera continua en algo hasta destruirlo o dañarlo; y desgastando alguna cosa: "Los remordimientos le *roen* la conciencia", "Los celos me están *royendo* el alma", "Esos ácidos *roen* el estómago".

rogar v tr (Se conjuga como *soñar*, 2c) **1** Pedir algo, generalmente un favor, con humildad e insistencia: "Adelita, por Dios te lo *ruego*, / con tus ojos me vas a llorar", "Se puso a *rogarme* que no le hiciera daño", "Se lo *ruego*", "Que *rueguen* a Dios por nosotros" **2** *Hacerse (del) rogar* No decidir alguien acerca de algo o no aceptar una proposición para darse importancia o para que le insistan: "No *te hagas del rogar* y vamos al cine", "Sí te quiere, pero le gusta *hacerse del rogar*".

rojizo adj Que tiende a tener color rojo: *el sol rojizo*, *flores rojizas*, *una luz rojiza*.

rojo adj y s m **1** Que tiene un color como el de la sangre: *un lápiz rojo*, *un sol rojo* **2** *Al rojo (vivo)* Tan caliente y en tal estado como el de un carbón encendido: *un hierro al rojo* **3** *Poner(se) alguien rojo* Subirle la sangre a la cabeza por vergüenza o timidez **4** Que tiene actitudes políticas revolucionarias, particularmente los comunistas: "Los *rojos* tomaron el poder", *un sindicato rojo*.

rolar v intr (Se conjuga como *amar*) (*Popular*) Estar algo o alguien en circulación, rodando o participando activamente en diversas actividades: "Me exigía que le diera pesos fuertes de aquellos de cuño zacatecano, que como sabes ya no *rolan*", "Anduvimos *rolándola* para uno y otro lado porque no podíamos estar en la casa".

rollo s m **1** Cilindro que se forma con una hoja o tira de papel, de tela u otro material plano y largo, dando vuelta sobre sí mismo: *un rollo de papel*, *un rollo de alambre* **2** Conjunto de objetos agrupados en forma circular: *un rollo de cohetes*, *un rollo de billetes*, *un rollo de vainilla* **3** Tira de película fotográfica enrollada en un carrete: *un rollo de 35 mm*, *un rollo a colores* **4** Pan en forma de espiral: *rollos de canela* **5** (*Popular*) Tema de una conversación, un discurso o un libro, cuando es largo, pesado y aburrido, o poco digno de crédito: "Nos echó un *rollo* de dos horas y no dijo nada", "Esa película es un *rollo*", "Ya basta con el *rollo* de que ahora sí mejorarán las cosas", echar rollo, tirar un rollo.

romana s f Instrumento que sirve para pesar, que consiste en una barra metálica de brazos muy desiguales, con el fiel sobre el punto de apoyo. En el extremo del brazo más corto se pone (en una canasta o colgado de un gancho) lo que se desea pesar y sobre el brazo más largo, que está graduado, se hace correr una pieza de cierto peso (a la que se le pueden agregar pesas para aumentarlo) hasta que la balanza se nivela. El lugar de la escala de la barra larga, donde se logra la nivelación, indica el peso que se desea conocer.

romance s m **1** s m y adj m y f Cada una de las lenguas derivadas del latín, como el español, el catalán, el francés o el rumano: *hablar en romance*, *una lengua romance* **2** s m Composición poética cultivada desde la Edad Media, en la que riman en forma asonante los versos pares y son libres los impares; con mucha frecuencia los versos son octosílabos: *un romance de Sor Juana*, *el romance de Román Castillo* **3** s m Historia medieval generalmente en verso que relata la vida de un héroe de caballerías **4** s m Aventura amorosa o amorío: *tener un romance*, *vivir un romance*, *un tórrido romance*.

románico 1 s m y adj Estilo artístico que se desarrolló en Europa durante los siglos X al XII, tras la relativa estabilización social y religiosa que siguió a la caída del Imperio Romano. Sus edificios, principalmente conventos e iglesias, mezclan herencias de la arquitectura romana con la bizantina y la desarrollada por pueblos germánicos. Se caracteriza por el arco de medio punto, la bóveda de cañón corrido, los muros masivos, el gusto por los relieves que representan escenas religiosas, el dibujo geométrico y el añadido de pequeñas capillas semicirculares en torno a la planta de las basílicas. Sus mejores ejemplos se encuentran en Francia, en las regiones de Tolosa o del Rosellón; el bautisterio de Florencia es otro gran ejemplo. En México, las primeras construcciones franciscanas tienen rasgos de ese estilo **2** adj Que proviene del latín: *las lenguas románicas*.

romano adj y s **1** Que es originario de Roma, pertenece o se refiere a esta ciudad, particularmente a la civilización que tuvo en ella su centro en la antigüedad: *un ciudadano romano*, *fuentes romanas*, *derecho romano*, *Imperio Romano* **2** Que pertenece a la religión católica, de la que Roma es sede, o se relaciona con ella: *católico romano*, *el papa romano*, *la curia romana*.

romanticismo s m **1** Movimiento cultural surgido en Alemania e Inglaterra a finales del siglo XVIII y después difundido al resto de Europa y a América durante la primera mitad del siglo XIX. Se desarrolló como una reacción contra las normas del neoclasicismo y se caracterizó principalmente por la búsqueda de la libertad en la expresión de los sentimientos y la pasión, el individualismo, el regreso a formas y expresiones del folklore nacional, la exaltación de los valores espirituales y el idealismo filosófico. Se manifestó en todas las artes, así como en diversos aspectos de la civilización occidental, dando lugar a reformas sociales, políticas y morales; también tuvo una gran influencia en el pensamiento de los independentistas americanos. Algunos representantes de este movimiento son Goethe, Lord Byron, Mary Shelley, Víctor Hugo y Mariano José de Larra en literatura; Hegel en filosofía; Beethoven, Schubert y Chopin en música **2** Cualidad de algo o de alguien que tiene o comparte las características de este movimiento: *el romanticismo de Bécquer* **3** Carácter de alguien o de alguna cosa que resulta sumamente sentimental, idealista, apasionado, melancólico, y, en general, cuando las emociones predominan sobre la razón o el espíritu práctico: "Había mucho *romanticismo* en sus propuestas para mejorar la situación de los estudiantes", "Me gustan los boleros por su *romanticismo*", *el romanticismo de una novela rosa*.

romántico adj y s **1** Que pertenece al romanticismo o se relaciona con él: *novela romántica*, *escritor romántico*, *los románticos alemanes* **2** Que resulta sentimental, soñador, idealista, apasionado o melancólico, generalmente en relación con el amor: "Es una mujer muy *romántica*", "Le gustan las historias *románticas*".

rombo s m (*Geom*) Paralelogramo que tiene sus cuatro lados iguales y dos de sus ángulos mayores que los otros dos.

romboide s m (*Geom*) Paralelogramo cuyos lados adyacentes son desiguales y dos de sus ángulos mayores que los otros dos.

romeritos s m pl **1** (*Dandia mexicana*) Planta herbácea de la familia de las quenopodiáceas, de hojas carnosas, lineares, de 1 a 2 cm, de sabor salado. Es comestible; crece en terrenos salobres o se cultiva, especialmente en el Valle de México. Se usa como parte del guiso llamado revoltijo (especie de mole con nopalitos tiernos, papas y tortas de camarón seco) que es típico de la cuaresma **2** (*Porophyllum Seemannii*) Arbusto pequeño de la familia de las compuestas, de hojas opuestas las de abajo y alternas las de arriba; flores en cabezuelas; sus hojas tienen olor especial y son comestibles; pipichas, papaloquelite.

romero[1] s m **1** (*Rosmarinus officinalis*) Arbusto de la familia de las labiadas, de alrededor de 2 m de altura, hojas lineares, opuestas, coriáceas, de unos 2 cm, muy aromáticas, blanquecinas por el envés; flores bilabiadas de color lila o azul pálido. Es originario del sur de Europa; se cultiva en huertos y jardines. En México, además de como condimento, se usa como planta medicinal, en cocimiento para favorecer la digestión o macerado en alcohol para friccionar las articulaciones dolorosas en casos de reumatismo: "Lo lavó con agua fresca y ramitas de *romero*" **2** *Romero cedro, romerito* o *romerillo cimarrón* (*Cowania mexicana*) Arbusto de la familia de las rosáceas, de 1 a 2 m de altura, hojas de 5 a 10 mm, trifoliadas, con las hojuelas lineares, glanduloso-punteadas; es de flores blanco amarillentas; su fruto tiene un apéndice plumoso y su corteza es fibrosa **3** (*Naucrates ductor*) Pez teleósteo marino de mares tropicales, templados, compañero del tiburón porque se alimenta de los restos que dejan estos animales; pez piloto.

romero[2] s Persona que va en peregrinación, generalmente a un lugar sagrado.

rompeolas s m sing y pl Muro fuerte o dique que se interna en el mar desde la orilla para proteger una bahía o un puerto del embate de las olas.

romper v tr (Se conjuga como *comer*. Su participio es irregular: *roto*) **I 1** Hacer pedazos una cosa: *romper un vaso, romper un papel, romperse un hueso* **2** Hacer agujeros en una tela, en un cuero o en una placa delgada de algo por efecto del uso, de un golpe, etc: *romper los pantalones, romperse los zapatos, romper el asiento de una silla* **3** Abrir la tierra con el arado **4** intr Golpear violentamente una cosa contra otra y destruirse o deshacerse: *romper el viento en la sierra, romper las olas en el arrecife* **5** *Romperse la cabeza* Pensar mucho para encontrar una solución a algún problema **6** *Romperle la cara, el hocico, la madre a alguien* (*Popular*) Lastimarlo a golpes o derrotarlo por completo con mejores razones en una discusión **II 1** Hacer que se detenga brusca y sorpresivamente el desarrollo de algo: *romper la plática, romper el orden del desfile, romper relaciones diplomáticas, romper un noviazgo, romper con un amigo, romper con una doctrina* **2** Dejar de cumplir, en un momento o en un caso dado, una ley o un acuerdo: *romper un contrato, romper un mandato constitucional* **III 1** Entrar algo violenta y fuertemente en un medio que después recupera sus condiciones anteriores: *romper el aire, romper el agua, romper la selva* **2** Vencer la resistencia de algo contra lo que se lucha o terminar con una cosa que representa una limitación, una dificul-

tad o un peligro, generalmente utilizando la fuerza: *romper el sitio, romper las formaciones enemigas, romper la presión administrativa* **3** intr Comenzar algo de pronto: *romper el día, romper el fuego, romper a llorar, romper a hablar* **4** Ir más allá de un límite determinado o juzgado insuperable o llevar una actividad más allá de los límites conocidos o aceptados: *romper la barrera del sonido, romper una marca, romper con la tradición, romper con la costumbre* **5** *Romper el hielo* (*Coloq*) Romper la formalidad de una reunión social.

rompevientos 1 s m sing y pl Conjunto de árboles y arbustos que se plantan perpendicularmente a la dirección de los vientos dominantes para formar una cortina que rompa la fuerza del viento y dé protección a huertos, jardines, sembrados o edificios **2** Chamarra elaborada con un material especialmente ligero y resistente contra el viento.

rompimiento s m **1** Acto de romper o de romperse algo: *el rompimiento de las moléculas* **2** Suspensión de las relaciones que sostenían dos o más personas, organizaciones, países, etc: *rompimiento matrimonial*, "Temen que haya un *rompimiento* de las pláticas sobre desarme" **3** Cambio brusco en el desarrollo de algo.

rompope s m Bebida elaborada a base de huevo, leche, azúcar, licor y canela o vainilla.

ron s m Bebida alcohólica que se obtiene por la destilación de melazas fermentadas de la caña de azúcar, de olor y sabor fuerte: "Se remojan las pasas en el *ron*", *ron blanco, ron añejo*, "Se tomó tres *rones* y un tequila".

ronco 1 adj Que tiene o emite un sonido grave y profundo o áspero y de poco volumen, particularmente la voz: *hablar con voz ronca* **2** *De mi (tu, su) ronco pecho* (*Coloq*) Improvisadamente o según mi (tu, su) voluntad, deseo, gusto; de acuerdo con mis (tus, sus) conocimientos, facultades, etc: "Dictó la conferencia *de su ronco pecho*" **3** s m Pez del orden de los perciformes, perteneciente a las familias *Pomadasyidae* o *Sciaenidae* a muy diversos géneros, que habita principalmente en aguas marinas templadas y cuya vejiga natatoria es frecuentemente grande y capaz de producir un sonido; es comestible y se le pesca con fines comerciales y por deporte; roncador.

roncha s f **I 1** Elevación o bulto, generalmente rojizo y molesto, que sale en la piel y es provocado por causas muy diversas, como piquetes de insectos, alergias o ciertas enfermedades: "Se intoxicó con camarones y la cara se le llenó de *ronchas*" **2** *Sacarle algo o alguien a uno ronchas* Serle sumamente desagradable y molesto: "Su hipocresía me *saca ronchas*" **3** *Hacer alguien (su) roncha* (*Coloq*) Conseguir con trabajo una pequeña ganancia o ventaja en algún negocio; reunir con grandes esfuerzos cierta cantidad de dinero: "Ya *estoy haciendo mi ronchita* para comprarme un coche" **4** *Levantar algo roncha* (*Coloq*) Resultar una noticia o un comentario verdaderos demasiado molestos para alguien: "La noticia de que el ministro no tenía estudios *levantó roncha* en círculos políticos" **II** (*Rural*) Fiebre carbonosa del ganado.

ronda s f **I 1** Trayecto que sigue regular o rutinariamente una persona, en o alrededor de una ciudad, de uno de sus barrios o de un edificio, para realizar ciertas actividades, como vigilar, entregar algo, comprobar alguna cosa, etc: *la ronda del velador, la ronda del lechero*, "Al cabo de unos meses se sintió en la calle como en su casa. *La ronda* era infaliblemente tranquila" **2** Trayecto de vigilancia de una fortaleza, una muralla, una ciudad, etc, que efectúan miembros del ejército o de la policía **3** Paseo nocturno generalmente de jóvenes para tocar y cantar por las calles: *noche de ronda* **4** *Hacerle la ronda a alguien* (*Coloq*) Cortejarlo o pretenderlo con intenciones amorosas, particularmente un hombre a una mujer **5** Ciclo completo de turnos de los participantes en un juego o en una competencia: *una ronda de dominó, dos rondas eliminatorias* **6** Cada una de las veces en que se distribuyen bebidas a un conjunto de personas: "Yo pago la siguiente *ronda*", *cinco rondas de tequila* **7** Rueda o círculo que forman varias personas cogidas de la mano, especialmente los niños, para bailar dando vueltas, sobre todo en los juegos infantiles: *bailar en ronda* **8** Canción que acompaña ciertos juegos infantiles que se llevan a cabo formando una rueda, como la de San Miguel, la de Doña Blanca, etcétera.

rondana s f Pequeña pieza circular y delgada, como un disco, generalmente de metal con un agujero en el centro, que se utiliza para que haya un ajuste perfecto entre una tuerca y un tornillo.

rondar v tr (Se conjuga como *amar*) **1** Andar persistentemente dando vueltas alrededor de algo o de alguien con alguna intención: "Ya van cuatro veces que veo *rondar* por aquí los zopilotes", "Es de los que *rondan* a las muchachas, las ilusionan, las vuelven locas, y cuando llega la hora de la verdad, desaparecen" **2** Venir a la mente insistentemente un pensamiento; darle vueltas en la cabeza: "Me anda siempre rondando la idea de irme a Italia".

rondó s m (*Mús*) **1** Composición musical, instrumental o vocal que se caracteriza por la múltiple repetición de un tema que alterna con varias coplas o varios desarrollos diferentes **2** Forma musical, utilizada frecuentemente en las sonatas, sinfonías y conciertos clásicos, constituida generalmente por un tema central, repetido varias veces.

ronronear v intr (Se conjuga como *amar*, sólo se usa en la tercera persona) Emitir los gatos un sonido ronco y monótono, que se toma generalmente como señal de satisfacción: "La gata *ronronea* cuando la acarician".

roña s f **1** Enfermedad de la piel provocada por parásitos externos o ácaros, que producen irritación, comezón, caída de pelo y formación de ampollas; sarna **2** Suciedad o mugre, especialmente la que está muy adherida y cuesta trabajo eliminar **3** Juego infantil en el que participan varios niños, en el que uno de ellos trata de tocar a los demás persiguiéndolos y cuando alcanza a uno de ellos, lo toca y le pasa a éste el turno.

ropa s f **1** Cualquier prenda, generalmente de tela, que sirve para vestir: *ropa de cama, ropa de mujer, ropa blanca* **2** *Ropa interior* La que se usa debajo del vestido exterior, como los calzones, las camisetas, etcétera.

ropón s m Vestidito largo, generalmente de color blanco, con que se viste al bebé en la ceremonia de su bautismo. Se elabora generalmente con tira bordada, piqué o encaje.

rosa s f **1** Flor del rosal formada por numerosos pétalos en capas concéntricas; es muy apreciada por su aroma, textura y colorido: "Llenó la casa de *rosas* rojas para recibir a su mujer" **2** adj m y f y s m Que tiene un color como el de las encías; rosado, color de rosa **3** *Rosa de los vientos* Figura en forma de estrella con treinta y dos puntas que marcan los treinta y dos rumbos en que se dividen las direcciones del círculo del horizonte a partir del Norte, como Nornoreste, Este noreste, Este sureste, etc **4** *Pintarle o ponerle a alguien el mundo (de) color de rosa* (*Coloq*) Mostrar a alguien una situación como si fuera muy fácil, agradable, bonita, etcétera.

rosáceo adj **1** Que es de color semejante al rosa **2** (*Bot*) Tratándose de plantas, que pertenece a la familia del rosal silvestre o de la mayoría de los árboles frutales, que tienen flores de cinco pétalos y cinco sépalos, como el tejocote, el capulín, el durazno y el membrillo **3** s f pl Familia de estas plantas.

rosado adj Que es de color rosa, semejante al de las encías: *una cara rosada, gusano rosado, abulón rosado, vino rosado*.

rosal s m Arbusto de la familia de las rosáceas, perteneciente a distintas especies y variedades de tallo espinoso y hojas elípticas, alternas, con el borde aserrado. Su flor es la rosa y se cultiva como planta ornamental: *un jardín repleto de rosales*.

rosario s m **1** (*Relig*) Entre los católicos, rezo con el que se recuerdan los misterios de la vida, pasión, muerte y resurrección de Jesucristo y la asunción y coronación de la virgen María; está compuesto por cinco series de diez avemarías, un padre nuestro y un gloria **2** Hilo de cuentas que se usa para este rezo: "Le mandaron un *rosario* de Roma" **3** Serie prolongada de algo: *un rosario de asaltos, un rosario de coches*.

rosca s f **1** Conjunto de estrías en espiral, resaltadas en el cuerpo de un tornillo o hundidas en el de una tuerca o en un tubo, que sirve para acoplarlos uno con otro o a otra pieza: *un tubo con rosca de unión*, "Cuando las *roscas* casan, la tuerca se atornilla con el perno" **2** Pan de forma circular con un hueco enmedio; o cualquier alimento que se presenta en esta forma: *rosca de Reyes, roscas de canela, rosquitas de manteca, rosca de atole, rosca de lenteja, un molde de rosca* **3** *Hacerse rosca* Doblar el cuerpo sobre sí mismo, en forma relativamente circular, especialmente los animales, como las serpientes; enroscarse **4** *Hacerse rosca* (*Coloq*) Evadirse o resistirse a hacer algo, o a asumir una responsabilidad: "No te hagas rosca, paga la cuenta".

rostro s m **1** Cara de las personas: *un rostro desencajado, un rostro lívido* **2** Pico de un ave.

rotación s f **1** Acto de rotar alguna cosa o una persona: *la rotación de la Luna, la rotación de la Tierra* **2** Cambio alternativo o periódico del lugar o posición que ocupan los elementos de un conjunto, o de un elemento por otro: *rotación de puestos, rotación de funciones* **3** *Rotación de cultivos* (*Agr*) Técnica agrícola que consiste en sembrar alternativamente distintos productos en un terreno para evitar que se agote.

rotar v (Se conjuga como *amar*) **1** intr Dar vueltas un cuerpo sobre su propio eje: *rotar la Tierra, rotar un balón* **2** tr Cambiar periódica o alternativamente de posición o de lugar los elementos de un conjunto; cambiar un elemento de un conjunto por otro: "*Rotaron* a los jugadores del equipo" **3** tr (*Agr*) Alternar los cultivos en un terreno para evitar que se agote: "Cada ciclo agrícola *rotan* los cultivos de maíz y de frijol".

roto I pp irregular de *romper*: "Como si algo se me hubiera *roto* dentro", "Este círculo vicioso se *ha roto* en ciertos países" **II** adj Que ha perdido su unidad o su integridad, tratándose de cosas; que ha sido partido en pedazos o le falta algún pedazo: *cántaro roto, un vidrio roto, plato roto, pantalón roto* **III** adj (*Popular* y *Ofensivo*) Tratándose de personas, la que viste y tiene maneras de clase media: "Es una *rotita* presumida".

rotonda s f **1** Construcción o edificio cuya base es de forma circular **2** Plaza en forma de rueda o círculo, generalmente arreglada como jardín: *la rotonda de los hombres ilustres*.

rótula s f (*Anat*) Hueso en forma de disco, plano y móvil, situado delante de la rodilla y que protege el frente de la articulación del fémur con la tibia.

rotundo adj Que es absoluto o completo; que se logra o se completa en su mayor expresión: *negación rotunda, contracción rotunda, unas aseveraciones rotundas, afirmaciones rotundas,* "La franqueza —abierta y *rotunda*— hiere los tímpanos de ciertos espíritus".

rotura s f **1** Acto de romper una cosa, de hacerle agujeros o alguna fisura: "La tormenta produjo la *rotura* de muchas ventanas", *la rotura de un vaso sanguíneo* **2** Agujero, grieta, ranura o fisura que hay en una superficie que ha sido rota, estrellada, quebrada, etc: "La jarra tiene una *rotura* por la que se sale el agua" **3** Interrupción o terminación del desarrollo de algo, por voluntad de quien lo hace o de quien participa en él; ruptura: *la rotura de las negociaciones*.

round s m **1** En el box, cada una de las partes en que se divide la pelea: *pelea a diez rounds, un round de sombra* **2** (*Crón dep*) Conjunto de los turnos en que juegan los equipos participantes en un torneo, particularmente cuando se trata de torneos internacionales, organizados en el extranjero: *un round preliminar, el round europeo de Copa Davis.* (Se pronuncia *ráund*.)

roza s f **1** Corte o eliminación de la hierba de un terreno para sembrar en él **2** *Roza, tumba y quema* Transformación de un terreno virgen en uno cultivable mediante tres acciones sucesivas: cortar la hierba, tirar los árboles y quemarlo todo, de manera que quede dispuesto para sembrarse en él; suele acarrear graves alteraciones al medio ambiente.

rozar¹ v tr (Se conjuga como *amar*) **1** Tocar algo apenas, suave o ligeramente: "El viento *rozaba* las ramas", "El vestido *rozaba* el suelo", "*Rozándole* el brazo con las yemas de los dedos", "Una bala *roza* ligeramente la cabeza del chinaco" **2** Lastimar la piel superficialmente, irritándola: "Los pañales *rozaron* al bebé" **3** Tocar ligeramente cierto tema o apenas acercarse a él: "En varias ocasiones *rozó* el asunto de la historia médica".

rozar² v tr (Se conjuga como *amar*) Cortar o eliminar la hierba de un terreno, generalmente con machete, para poder sembrar: *a rozar monte.*

rubeola s f Enfermedad infecciosa que afecta principalmente a los niños; se manifiesta entre catorce y veintiún días después de haber tenido lugar la contaminación, por la erupción de pequeños puntos de color rojo pálido que se extienden por todo el cuerpo; va acompañada de fiebre por lo regular no muy alta y no suele tener complicaciones; sólo resulta peligrosa cuando una mujer embarazada contrae la enfermedad en los primeros meses de embarazo, ya que el virus puede llegar al feto y producir malformaciones congénitas. (También se dice y escribe *rubéola* y *rubiola*.)

rubiácea 1 s f y adj Planta dicotiledónea de hojas simples y enteras, opuestas o verticiladas, flores en el cáliz pegado al ovario y frutos en forma de baya o drupa, como el café **2** s f pl Familia que forman estas plantas.

rubio adj **1** **1** Tratándose del pelo de los seres humanos, que es de color amarillo o dorado, más claro que el castaño; güero: "Lo último que recuerdo de aquella noche: sus grandes ojos verdes y su pelo *rubio* agitado por la brisa" **2** Tratándose de tabaco, que es de color café claro cercano al amarillo, por oposición al negro u obscuro **3** Tratándose de cervezas, la que es de color amarillo claro, cercano al dorado; clara **II** s f **1** (*Rubia tinctorum*) Planta herbácea de raíz larga y delgada, roja por fuera y por dentro, que tiene la notable propiedad de teñir de rojo los huesos de las personas que la toman. De ella se obtiene un colorante rojo. Sus tallos y hojas se usan para pulir metales o como forraje; también se utilizan como remedio contra el escorbuto, contra el raquitismo como astringentes y diuréticos **2** (*Ocynus chrysurus*) Especie de pargo de las costas del Golfo de México **3** (*Rabirubia inermis*) Especie de pargo de las costas del Pacífico.

rubor s m **1** Color rojo subido en las mejillas, generalmente en señal de vergüenza; sonrojo: "El *rubor* le encendía las mejillas" **2** Colorante rojo que usan algunas mujeres en las mejillas.

rúbrica s f **1** Trazo o rasgo que individualiza la firma de cada persona: "En el acta aparecen las *rúbricas* de los cónyuges y del notario" **2** Terminación singular y característica del autor de alguna cosa: "Puso su *rúbrica* a la interpretación de la sinfonía" **3** *Bajo la rúbrica* Bajo el título, encabezado o apartado, que se usa para indicar el tema de cada capítulo de un libro o de cada sección de una revista o de un periódico.

ruco adj y s (*Popular*) **1** Que está viejo o que es anciano: "La fiesta estaba llena de *rucos*", *un maestro muy ruco* **2** s f (*Ofensivo*) Mujer: "Esa *ruca* anda muy jacarandosa".

ruda s f (*Ruta graveolens*) Planta herbácea de la familia de las rutáceas, de tallos ramosos y hojas alternas y compuestas, de color azul cenizo; sus flores son amarillas y los frutos pequeños y redondeados, tiene un olor fuerte, más bien desagradable, y es de sabor amargo. Se usa en infusiones ligeras como estimulante del flujo menstrual; en dosis elevadas produce envenenamiento.

rudeza s f Carácter de lo que carece de delicadeza o de finura, o de aquel que es brusco, descortés y algo violento: "Se arrepintió de la *rudeza* de sus palabras", "Lo echaron con *rudeza*", "Lo expulsé por su *rudeza*".

rudimentario adj Que es simple, elemental o poco elaborado: "Cultivan la tierra con técnicas *rudimentarias*", *conocimientos rudimentarios.*

rudo adj **1** Que actúa con brusquedad, de manera descuidada, con excesivo ímpetu o con cierta violencia; que es poco amable, descortés, demasiado severo o duro: *un jugador rudo*, "Es una mujer *ruda*, sin ningún escrúpulo", *modales rudos*, "Da un trato muy *rudo* a sus empleados" **2** Que requiere de un gran esfuerzo físico o supone cierta violencia: *las labores rudas del campo*, "Le gustan los deportes *rudos*".

rueda s f **1** Círculo de metal, madera, plástico, etc, de canto relativamente ancho que, fijado a un eje, gira o se mueve sobre el piso, generalmente como soporte para transportar un carro o muchos otros vehículos: *una rueda de vagón*, *las ruedas de una carreta* **2** Cualquier objeto con esa forma: *una rueda de pescado*, *una rueda de reloj* **3** *Rueda de la fortuna* Máquina formada por una o hasta tres grandes ruedas a cuyo alrededor cuelgan canastillas con asientos para las personas, que gira verticalmente con ayuda de un motor, muy usual en las ferias o parques de juegos mecánicos **4** *Rueda de prensa* Reunión de periodistas, organizada o convocada para informar sobre un asunto específico **5** *Rueda encantada* Juego de canicas que consiste en trazar un círculo en el suelo, en cuyo interior quedan las canicas, e intentar expulsar de allí las canicas de los contrarios.

ruedo s m **1** Parte final del vestido o la falda: "Adornó el *ruedo* de su vestido con encaje" **2** (*Tauro*) Círculo de la arena de la plaza de toros en la que se celebra la corrida: *dar una vuelta al ruedo*, *salir del ruedo*, *en el centro del ruedo* **3** *Lanzarse al ruedo* Enfrentar un riesgo: "En la polémica con el maestro, David *se lanzó al ruedo* y explicó sus objeciones".

ruego s m **1** Acto de rogar: "Se muestran indiferentes a nuestros *ruegos*" **2** Petición llena de necesidad o de sentimiento que se hace a alguien para obtener algo que se necesita o se desea mucho; súplica: "Los *ruegos* de su madre le valieron el perdón", "Sus *ruegos* fueron escuchados".

rugir v intr (Se conjuga como *subir*. Sólo se usa en tercera persona) **1** Emitir su voz característica ciertas fieras, como el león o el tigre **2** Producir un ruido fuerte y violento el mar o el viento: *rugir las olas* **3** Gritar fuerte y violentamente un hombre: "¡Pez vela a la borda! —*Rugió* el capitán" **4** (*Coloq*) Hacer ruido los intestinos: "Le *rugen* las tripas de hambre" **5** (*Popular*) Oler algo muy mal; apestar: "Le *rugen* los pies" **6** *Estar algo que le ruge* (*Popular*) Resultar algo muy difícil: "Llegar a Marte *está que le ruge*" **7** *¡Ya rugiste!* (*Popular*) ¡Tú lo has dicho, tú te has comprometido, hágase así!: "—Te invito a la cantina —*¡Ya rugiste!*".

rugoso adj tiene arrugas: *la piel rugosa del elefante*.

ruido s m **1** Sonido o conjunto de sonidos sin orden ni sentido, desagradable, repentino o poco claro, como el de una máquina, el de un palo al caer al suelo o el de mucha gente en la calle: *hacer ruido*, *un ruido en la noche*, *los ruidos de la feria* **2** Gran cantidad de comentarios, exclamaciones, discusiones, etc que produce algo entre el público: *meter ruido*, *provocar mucho ruido una noticia*.

ruidoso adj Que hace o produce ruido: *una carcajada ruidosa*, *estertores ruidosos*, *fiestas ruidosas*.

ruina s f **1** Parte que queda de una construcción que se ha destruido parcial o totalmente: "En Mérida visitamos las *ruinas*", "Desde aquí se ven las *ruinas* del convento" **2** *En ruinas* Destruido, semidestruido o en muy malas condiciones: "El temblor dejó *en ruinas* la ciudad", "La casa está en *ruinas* pero el terreno es muy bueno" **3** *Estar algo o alguien hecho una ruina* Estar muy abandonado, en muy mal estado: "¿Te acuerdas de su marido?... —Pues ahora *está hecho una ruina*" **4** Estado o circunstancia del que ha perdido todo su dinero, sus bienes o su poder económico: "Su visión comercial nos llevó a la *ruina*", "Dejaron al país en la *ruina*", "Si sigues gastando así vas a ir a la *ruina*" **5** Hundimiento o destrucción de algo, pérdida o abandono de los valores de una cultura: *la ruina del Imperio Romano*, "La *ruina* moral que amenaza a la sociedad..." **6** *Ser la ruina de algo o de alguien* Ser la causa de la destrucción o del hundimiento de algo, o el motivo de que algo o alguien se quede en la miseria: "La disipación *fue la ruina* de esa sociedad", "Ese negocio *es la ruina*", "La política belicista de esos países *será su ruina*".

ruiseñor s m (*Luscinia megarhynchos*) Pájaro de color pardo, con el vientre blancuzco y la cola color castaño, que mide cerca de 17 cm de largo, notable por la belleza de su canto, que emite al atardecer; vive en los bosques frondosos y húmedos del centro y el sur de Europa, y del sur de Inglaterra: *cantar como un ruiseñor*.

ruleta s f **1** Juego de azar, que consiste en apostar a que un balín, lanzado a rodar sobre un disco dividido en 36 casillas negras y rojas sucesivamente numeradas, cae en cierto número: *jugar a la ruleta* **2** *Ruleta rusa* Juego suicida que consiste en apuntar a su propia sien una persona con un revólver, en cuyo cilindro hay una sola bala, hacerlo girar al azar, y disparar.

rumano 1 adj Que es originario de Rumanía, pertenece a este país de Europa oriental, o se relaciona con él **2** s m Lengua que se habla en ese país, de la familia romance.

rumba s f Ritmo y baile de origen afrocubano, agitado, en compás de cuatro tiempos y ritmo sincopado de tres, que se baila haciendo diversas figuras, especialmente con la cadera.

rumbo s m **1** Trayecto o dirección que se traza en un plano o en un mapa para llegar a cierto punto: *marcar el rumbo*, *seguir el rumbo*, *torcer el rumbo*, *enderezar el rumbo* **2** Camino que se sigue para llegar a algún lado o para alcanzar cierta finalidad: *con rumbo desconocido*, *sin rumbo fijo*, *precisar el rumbo*, *señalar el rumbo* **3** *Rumbo a* Con dirección a: *rumbo a casa*, *rumbo al Sol* **4** Zona en donde se localiza o se encuentra algo: "Sólo a lo lejos, por el *rumbo* de las cañadas, el ruido de los camiones que bajan material desde la mina", "Acuden a otros *rumbos* a conocer la pirámide".

rumiante 1 s m y adj m y f Mamífero cuya pezuña o casco está formado por un número par de dedos cubiertos por una uña; se alimenta de vegetales, carece de dientes incisivos en la mandíbula superior, tiene el estómago compuesto por cuatro cavidades, y la particularidad de rumiar sus alimentos, como la vaca, la cabra, el carnero, etc **2** s m pl Grupo de estos animales.

rumiar v intr (Se conjuga como *amar*) **1** Masticar de nuevo los alimentos, devueltos del estómago a la boca, animales como el toro, la vaca, la jirafa, etc

2 Considerar y reconsiderar alguna cosa: "*Rumiaba* la idea de volver al ejército".

rumor s m **1** Ruido sordo, monótono y continuo, que se percibe de trasfondo: "Al amanecer el *rumor* alcanzó el mercado; el alud estaba en marcha y nadie podía detenerlo", *el rumor del mar, el rumor de la lluvia* **2** Noticia que circula de boca en boca, pero que no tiene confirmación: *correr un rumor,* "Son tantos los *rumores* y son los albañiles tan mitoteros, que no se le puede dar importancia a lo que afirman".

rupestre adj m y f **1** Que pertenece a las rocas o se relaciona con ellas: *plantas rupestres* **2** *Pintura rupestre* Pintura o dibujo prehistórico hecho sobre una roca, generalmente en el interior de una caverna.

ruptura s f **1** Acto de romper una persona una relación con otra, con una idea, etc: "Yo no estaba de acuerdo, por eso surgió la *ruptura*", "Fue entonces cuando se produjo la *ruptura* entre el partido socialista y el comunista" **2** Momento y hecho de romperse alguna cosa: *la ruptura de una membrana, la ruptura de la fuente.*

rural adj m y f **1** Que pertenece al campo o está relacionado con él: *escuela rural, maestro rural, comunidad rural, comercio rural* **2** adj y s m y f Que forma parte de la guardia militar o de policía que vigila el campo: "Llegaron los *rurales* a perseguir a los contrabandistas".

ruso adj y s **1** Que es natural de Rusia, que se relaciona con esta república euroasiática: *literatura ru-* sa, *los zares rusos* **2** Soviético: *cosmonauta ruso, embajada rusa,* "Millones de *rusos* murieron en la Segunda Guerra" **3** s m Lengua oficial de la Unión de Repúblicas Socialistas Soviéticas y de muchos de los países independientes que la constituían, que pertenece al grupo eslavo oriental.

rústico adj **1** Que es propio del campo o de las personas que viven en él; rural: *cabaña rústica, un predio rústico* **2** Que es simple, poco elaborado o tosco, que no tiene refinamientos: *modales rústicos* **3** *Rústica (Impr)* Encuadernación más barata que se hace con tapas de papel o cartulina: "Esta colección se presentará en piel y en *rústica*".

ruta s f Camino que se sigue y lugares por los que se pasa para ir de un lugar a otro: *la ruta más corta, la ruta de un camión.*

rutácea adj (*Bot*) **1** Tratándose de plantas, que son angiospermas dicotiledóneas, de hojas alternas u opuestas, con flores tetrámeras o pentámeras y fruto dehiscente o en hesperidio, como el naranjo **2** s f pl Familia de estas plantas.

rutina s f **1** Acción repetida y acostumbrada; manera siempre igual de hacer las cosas: *caer en la rutina, seguir una rutina, dejarse llevar por la rutina* **2** *De rutina* Por costumbre, siguiendo una planeación previamente establecida: *un chequeo de rutina, pruebas de rutina.*

rutinario adj Que se hace por rutina: *un trabajo rutinario, revisión rutinaria.*

s s f Vigesimosegunda letra del alfabeto; representa el fonema consonante fricativo sordo, predorsoalveolar en la mayor parte de México, Hispanoamérica y Andalucía, apico alveolar en Castilla y otras regiones de España. Su nombre es *ese*.

sábado s m Sexto día de la semana, que sigue al viernes y precede al domingo. Para los cristianos, séptimo o último día de la semana como se observa en el calendario gregoriano; para los judíos, también último día de la semana, que se dedica al culto en vez de al trabajo.

sabana s f Llanura generalmente muy extensa en la zona tropical, con vegetación de pastos altos y plantas herbáceas como las que hay en las costas veracruzanas y tabasqueñas.

sábana s f **1** Pieza de tela ligera que se pone sobre la cama. Generalmente se usan dos: una que cubre el colchón y sobre la cual uno se acuesta, y otra que va encima de ésta y se destiende para meterse debajo de ella: *sábanas de algodón* **2** *Pegársele las sábanas (a alguien)* (*Coloq*) Levantarse más tarde de lo debido o lo acostumbrado **II 1** Trozo de carne de res que se ha aplanado hasta dejarlo muy delgado **2** Trozo muy delgado de papel que se usa para liar o hacer cigarros **III** (*Caló*) Sí.

saber¹ v tr (Modelo de conjugación 10d) **I 1** Tener en la mente ideas, juicios y conocimientos bien formados a propósito de alguna cosa: *saber mucho, saber matemáticas, saber historia* **2** Tener información, darse cuenta de lo que sucede alrededor: "*Sé* que es una persona muy amable", "*Sabemos* claramente en qué situación estamos" **3** Tener alguien la educación, habilidad y práctica necesarias para hacer algo: *saber leer, saber nadar, saber cocinar* **4** Ser alguien capaz de hacer algo: *saber resolver problemas, saber convencer a los demás, saber ir a otro lado de la población* **5** *A saber* Introduce una enumeración: "Los días de la semana son siete, *a saber*: lunes, martes…" **II** (*Coloq*) **1** *A saber* No conocer: "*A saber* cuándo llegue" **2** *Quién sabe* Nadie conoce, todos ignoramos, no sé: "*Quién sabe* si será verdad lo que dice" **3** *Sepa* (*Coloq*) Se ignora, no sé: "*Sepa* cuántas personas habrá aquí" **4** *No querer saber nada* Rechazar enérgicamente algo: "*No quiere saber nada* de volver a la escuela" **5** *Hacer saber* Comunicar algo: "*Hazme saber* cuándo llegas".

saber² s m Conjunto de los conocimientos, los juicios y las maneras de comprender la experiencia y la vida natural y social que rodean a una persona o a una comunidad: *una mujer de gran saber, el saber del maestro, el saber de los griegos antiguos, el saber de los mayas*.

saber³ v intr (Modelo de conjugación 10d) **1** Tener alguna cosa, como una fruta, la comida, un dulce, una bebida, etc cierto sabor: "*Sabe* dulce", "*Sabe*

mal", "*Sabe* a chile", "*Sabe* a limón" **2** Producir algo en uno cierta sensación o gusto: "El viaje fue tan corto que no me *supo*", "Su actitud me *sabe* a mala fe".

sabiduría s f Conjunto de los conocimientos profundos de la vida y la naturaleza que permite la comprensión general de las cosas y de las acciones, y la elaboración de juicios claros, generosos y prudentes: *la sabiduría del mundo antiguo, la sabiduría de un anciano, la sabiduría de un buen maestro*.

sabino¹ s m **1** (*Taxodium mucronatum*) Ahuehuete **2** (*Cupressus benthami*) Árbol de la familia de las pináceas, de hojas escamiformes, ramillas aplanadas; fruto globoso, dehiscente, con las escamas peltadas. Se encuentra en Tulancingo y otros lugares del estado de Hidalgo.

sabino² s m y adj Caballo cuyo pelaje de color alazán está manchado de blanco, con las cerdas de crin y cola de color alazán claro, cara y extremidades blancas.

sabino³ adj Que pertenece a cierto pueblo de la Italia antigua que habitaba entre el Tíber y los Apeninos.

sabio adj y s **1** Que tiene conocimientos profundos de algo: *una persona sabia, un sabio en química* **2** Que tiene una comprensión general de la vida y el medio en que se desarrolla, tiene buen juicio y es prudente: "Conocí a un pescador muy *sabio*, a pesar de no haber ido nunca a la escuela" **3** adj Que contiene o muestra algún conocimiento profundo de algo: *un consejo sabio, una obra sabia, una actitud sabia, unas sabias palabras*.

sable s m **1** Arma similar a la espada aunque más larga que ésta y de forma ligeramente curva y, por lo general, con un solo filo: *el sable del general* **2** (*Trichiurus lepturus*) Pez marino de cuerpo alargado y comprimido, de color plateado, que habita en las aguas del Golfo de México.

sabor s m **1** Sensación que algunas sustancias producen en la lengua: *sabor dulce, sabor amargo, sabor de naranja, sabor a chocolate, gelatina sin sabor* **2** Impresión o gusto que provoca en uno alguna cosa, algún acontecimiento o alguna emoción: *el sabor de la provincia, el sabor de un buen concierto*.

saborear v tr (Se conjuga como *amar*) **1** Percibir con atención el sabor de algo, particularmente cuando agrada o se disfruta: *saborear un pescado, saborear un vino, saborear un pastel* **2** Percibir con gusto y placer alguna cosa: *saborear la música, saborear una conversación con los amigos*.

sabroso adj **1** Que es agradable al sentido del gusto, que es rico en sabor, que está bien sazonado: *sabrosos tamales, chocolate sabroso, sabroso pan cubierto con ajonjolí, sabrosas carnitas* **2** Que produce una sensación agradable, física o mentalmente: *sabroso olor a ajo*, "El agua debe estar *sabrosa* para nadar", *ritmos sabrosos, sabroso hablar popular*.

sacar v tr (Se conjuga como *amar*) **I 1** Tomar algo de donde estaba guardado, metido u oculto y ponerlo para que se vea o en otro lugar: *sacar los libros de la mochila, sacar dinero de la caja, sacar un pañuelo de la bolsa, sacar la pistola, sacar las plantas al patio* **2** Hacer que salga alguna sustancia de otra o de algún cuerpo, haciendo presión sobre él o sometiéndolo a cierto proceso: *sacar el jugo, sacar sangre, sacar el oro de la veta* **3** *Sacarle jugo a algo* Obtener de ello el mayor provecho: "*Sácale jugo a* tus estudios, no te arrepentirás", "*Le sacó jugo a* sus vacaciones" **4** Lograr con esfuerzo y habilidad que alguien acepte, conceda o regale alguna cosa: *sacar dinero a un millonario, sacar un permiso al director* **5** Hacer que se quite alguna cosa que ensucia otra: *sacar una mancha, sacar la basura del agua* **6** Ir una persona adonde está otra para pedirle que baile con ella: *sacar a bailar, sacar a la hija del presidente municipal* **7** Apartar a una persona o a una cosa del lugar o de la situación en que se encuentra: *sacar a un hombre del vicio, sacar al niño de la escuela* **II 1** Encontrar la respuesta o la solución a algún problema, deduciéndola de los datos considerados o a partir de ciertas señales o indicios que se tienen: *sacar cuentas, sacar la conclusión* **2** *Sacar en claro* Llegar a una conclusión o a un término respecto de algo: "Lo que pude *sacar en claro* es que no nos pagarán mañana" **3** Tomar notas de un libro o copiarlo: *sacar datos, sacar copias* **4** *Sacar de dudas* Dar la información necesaria para que alguien deje de dudar: "*Sácame de dudas*, dime si vas a venir o no" **5** Obtener cierto documento después de hacer los trámites necesario: *sacar la licencia, sacar el pasaporte, sacar un acta de nacimiento* **III 1** Ganar alguna cosa en un juego de azar, en una competencia o un concurso: *sacarse la lotería, sacar un premio* **2** Alcanzar cierto resultado después de esforzarse por ello: *sacar buenas calificaciones, sacar un buen trabajo* **3** *Sacar una fotografía* Tomarla con una cámara en un momento dado o revelarla **4** Tomar tela o algún otro material de una cosa para agrandarla: *sacarle a la falda* **5** Heredar una persona o un animal ciertos rasgos de sus ascendientes: *sacar los ojos del padre, sacar el buen carácter de la abuela* **IV 1** Poner en movimiento la pelota, darle el primer impulso o lanzarla por primera vez para iniciar o continuar un juego: "Le tocó *sacar* al equipo contrario", *sacar el portero, sacar el basquetbolista* **2** Hacer que sobresalga algo de un límite, de una línea o de un cuerpo: *sacar la cabeza del agua, sacar la mano por la ventana* **3** *Sacarle determinada medida de ventaja a alguien o a una cosa* Ser algo o alguien más alto o más grande que otro por determinada medida, o llevarle cierta ventaja: "Juan *le saca* la cabeza a Pedro", "El nuevo edificio *le saca* diez metros al viejo" **4** Hacer visible o dar a conocer alguna cosa: *sacar una noticia en el periódico, sacar a luz un libro, sacar un secreto al público* **5** Hacer, producir o inventar alguna cosa y darla a conocer al público: *sacar una nueva máquina, sacar una moda* **6** *Sacar adelante* Ayudar, proteger o impulsar a una persona o una empresa: "Quedó viuda muy joven pero *sacó adelante* a los hijos" **V** (*Coloq*) **1** *Sacarle* (*al bulto o al parche*) Huirle o temerle a algo o a alguien, evadir una responsabilidad, generalmente por miedo: "No *le saques al bulto* y enfrenta los problemas

con tu jefe" **2** *¡Sáquese!, ¡Sácate!* interj ¡Fuera de aquí!: "¡*Sáquese* perro mugroso!" **3** *¡Sácatelas!* interj Expresión que indica sorpresa ante algo inesperado: "Estaban jugando con los cerillos y *¡sácatelas!* que va llegando su mamá" **4** Forma multitud de construcciones, como: *sacar la lengua, sacar la cara, sacar las uñas, sacar la vuelta, sacar las tripas.*

sacarosa s f (*Quím*) Azúcar común, la que se usa como endulzante o que sea de caña o de remolacha.

sacerdote s m Hombre dedicado y consagrado a la celebración de ritos y ceremonias religiosas; entre los católicos, el que ha recibido las órdenes que se requieren para oficiar la misa. (Su femenino es sacerdotisa, en las religiones en que las mujeres celebran los ritos.)

sacerdotisa s f Mujer dedicada y consagrada a la celebración de ritos y ceremonias religiosas.

saciar v tr (Se conjuga como *amar*) Satisfacer plenamente una necesidad, como las de comer y beber, o satisfacer por completo un deseo, una ambición, etc: *saciar la sed, saciar el hambre, saciar sus instintos, saciar su curiosidad.*

saco[1] s m Prenda de vestir que cubre el tórax, desde el cuello hasta la cadera, generalmente con solapas, mangas, bolsas y abotonado al frente: *un saco de casimir, un saco de lino.*

saco[2] s m **1** Costal: *un saco de café, un saco de azúcar* **2** Bolsa grande y resistente, de cuero o de lona, que se usa para llevar equipaje a la espalda durante una excursión o expedición, o la que es suelta, flexible y sin una forma bien definida, con la que se lleva el equipaje al viajar: *un saco de viaje* **3** *Saco de dormir* Bolsa grande, resistente y abrigadora, que se cierra generalmente con un zíper, en la que se mete uno a dormir cuando está en un campamento de excursión **4** *Echar algo en saco roto* Olvidarlo o no ponerle atención **5** Pequeño recipiente en forma de bolsa: *el saco lagrimal.*

saco[3] *A saco* A saquear: "Los realistas entraron *a saco* en Guanajuato".

sacramental 1 adj m y f (*Relig*) Que pertenece a los sacramentos cristianos o específicamente católicos: *la gracia sacramental, liturgia sacramental, signo sacramental* **2** s m En la Iglesia católica, acción u objeto que en su desempeño o uso tenga alguna relación con un sacramento, como la oración, el agua bendita o el pan bendito; son medios para recibir la gracia actual para hacer el bien y evitar el mal.

sacramento s m (*Relig*) En el cristianismo, acto instituido por Jesucristo por el que se confiere la gracia santificante al alma de aquel que recibe sus efectos; entre los católicos son siete: bautismo, confirmación, penitencia, eucaristía, extremaunción, orden sacerdotal y matrimonio.

sacrificar v tr (Se conjuga como *amar*) **1** Ofrecer alguna cosa, generalmente la vida de algún animal, a la divinidad en señal de homenaje, petición o arrepentimiento de algo: "Los antiguos hebreos *sacrificaban* corderos a Dios", "Los guerreros enemigos eran *sacrificados* a los dioses" **2** Imponer a alguien cierta tarea, renuncia o esfuerzo para que merezca algo o para procurarle bienestar a otras personas: *sacrificar jóvenes en la guerra, sacrificarse uno por la justicia* **3** Someter la calidad o el éxito de alguna cosa a disminución en favor de otra que interesa más: *sacrificar la belleza por la utili-*

dad, sacrificar un programa de riego por llevar agua a la ciudad **4** Matar animales en el rastro.

sacrificio s m **1** Ofrecimiento de alguna cosa, generalmente un animal, a la divinidad en señal de homenaje, petición o arrepentimiento de algo: *un sacrificio a Huitzilopochtli, hacer sacrificios a los dioses* **2** Esfuerzo, pena o trabajo que se impone una persona para conseguir o merecer algo, para ganar la voluntad o el bienestar de otra: *un sacrificio económico, hacer un sacrificio para ganarse el amor* **3** Matanza de animales, generalmente en el rastro: *el sacrificio de miles de reses.*

sacristán s m Hombre que, en las iglesias católicas, se encarga de asistir al sacerdote, de preparar el altar, tocar las campanas y, en general, del cuidado del templo y la sacristía: "Ya se murió don Ferruco / ya lo llevan a enterrar / con un gato que es el cura / y un ratón de *sacristán*".

sacristía s f Lugar dentro de una iglesia católica o anexa a ella, donde se guardan los objetos empleados en el culto, y donde los sacerdotes se ponen sus vestiduras para oficiar la misa.

sacro adj **I** Que pertenece al culto divino o se relaciona con él: *el sacro recinto, música sacra* **II** (*Anat*) **1** s m Hueso corto y plano, impar, central y simétrico, oblicuo, compuesto de cinco piezas soldadas (vértebras sacras) en forma de pirámide cuadrangular, con una base, un vértice y cuatro caras (anterior, posterior y laterales). Situado debajo de la quinta vértebra lumbar y encima del cóccix, entre los huesos coxales, con todos los cuales se articula. Contribuye a formar la columna vertebral y la pelvis **2** adj Que se refiere a este hueso o al lugar donde está situado: *región sacra, los segmentos sacros, los nervios sacros.*

sacudir v tr (Se conjuga como *subir*) **1** Mover violentamente a uno u otro lado: "*Sacudió* su melena alborotada", "El escalofrío le *sacudía* el tronco", "El sismo *sacudió* varios poblados de esa región" **2** Golpear o agitar algo en el aire para quitarle el polvo: "Sigue *sacudiendo* la alfombra" **3** Pasar un trapo o un plumero por una superficie para quitar el polvo: *sacudir el piano* **4** Liberarse de algo o de alguien, o rechazarlo: *sacudirse la tradición de dependencia*, "*Sacudiéndose* todas las señales de timidez se resolvió a actuar", "Los pueblos deberán *sacudirse* todo el tutelaje" **5** Causar gran conmoción o alteración: "Los intereses vitales que *sacuden* al hombre", "Las convulsiones políticas que en ese tiempo *habían sacudido* al país", *sacudir a la opinión pública.*

sadismo s m **1** (*Psi*) Perversión en la que la satisfacción sexual va ligada al sufrimiento o a la humillación de la pareja **2** Placer y gusto que se experimenta con el sufrimiento del otro.

sagrado adj **1** Que es objeto de culto religioso o se relaciona con él: *historia sagrada, vasos sagrados, cánticos sagrados, textos sagrados, el altar sagrado más importante de la Meca, Virgen sagrada María, un recinto sagrado* **2** Que es digno de un gran respeto: "El dolor es *sagrado*", *los más sagrados derechos del pueblo, las libertades más sagradas del hombre, el ejido es una herencia sagrada* para las nuevas generaciones del campo" **3** Se utiliza para enfatizar la importancia de algo: *la sagrada ira de la tía Charo, mis sagrados alimentos*, "Para mí, el sueño es *sagrado*".

sal s f **1** Sustancia mineral blanca, cristalina, muy soluble en agua, que se encuentra en el agua del mar, en minas, manantiales, etc, importante para la vida, muy usada para condimentar o conservar alimentos: *sal de cocina, sal de mesa* **2** (*Quím*) Compuesto que se forma al sustituirse los átomos de hidrógeno de un ácido por los de alguna sustancia radical básica, como *la sal de potasio* y *la sal de yodo* **3** *Echarle a alguien la sal* Pronosticarle algo desafortunado o traerle mala suerte.

sala s f **1** Habitación grande de una casa en donde se reciben visitas; muebles que se usan en ella: *pasar a la sala, comprar una sala* **2** Espacio amplio y principal de un edificio en el que se realizan reuniones y otros actos: *sala de conferencias, sala de conciertos, sala de cine* **3** Habitación amplia destinada a alguna actividad particular: *sala de operaciones, sala de espera* **4** Habitación en donde se reúne un tribunal de justicia para celebrar audiencias y despachar los asuntos que le corresponden, y conjunto de magistrados o jueces que resuelven cierta clase de asuntos: *sala de lo civil, sala de apelación, quinta sala.*

salado adj **1** Que contiene sal, a veces, en exceso: *agua salada, galletas saladas, pescado salado* **2** (*Coloq*) Que tiene mala suerte: "Estaba tan *salado*, que el día que se sacó la lotería se murió de un ataque".

salamandra s f Batracio urodelo parecido al lagarto, pero más pequeño, de cabeza aguda, ojos grandes y la cola hendida, de color negro manchado de amarillo y cuya piel secreta un líquido corrosivo. Hay varias especies. Se considera tradicionalmente que es invulnerable al fuego: *salamandra moteada.*

salario s m Cantidad fija de dinero que recibe regularmente una persona, generalmente un obrero, a cambio de su trabajo: *aumento de salario, salario de un trabajador, salario de un jardinero*, "El salario mínimo es insuficiente".

salchicha 1 s f Embutido de carne, especialmente de puerco, de diversos tamaños y que se consume cocido o frito: *salchichas con puré de papa, salchichas cocteleras* **2** s m y f Raza de perro de piernas muy cortas y cuerpo alargado.

saldar v tr (Se conjuga como *amar*) **1** Liquidar o pagar por completo una cuenta pendiente: "En enero *saldaré* la deuda" **2** Vender a bajo precio una mercancía **3** Dejar aclarada dos o más personas una diferencia que tenían; terminar de cumplir con una obligación que se había contraído con alguien: "*Saldaron* sus discrepancias después de un año de pleitos", "Aún no *ha saldado* sus compromisos con la ley", *saldar cuentas.*

saldo s m **1** Cantidad que resulta de la comparación entre lo que se tiene y lo que debe pagarse, entre el debe y el haber: *saldo positivo, saldo negativo, saldos insolutos* **2** Resultado o conclusión que se obtiene de algo que sucede o se completa: "El *saldo* de la discusión favoreció al conferencista", "Un herido fue el *saldo* del accidente" **3** Conjunto de cosas o partes de algo que quedan en una tienda después de que las mejores han sido seleccionadas o vendidas: "Remataron todos sus *saldos*".

salida s f **l 1** Acto de salir o salirse: *la salida de la Luna, la salida de Toluca hacia Zitácuaro, la salida de la escuela, una salida al cine, una salida de la vía* **2** Momento en que se sale de algún lugar: *la salida* *de la fábrica, la salida de un cine* **3** Momento en que un medio de transporte sale hacia su destino: *la salida del tren, la salida de un vuelo* **4** Lugar por donde se sale de algún edificio, alguna ciudad, etc: *la salida de emergencia, la salida de la ciudad de Colima* **5** Paseo que realizan varias personas: *una salida al campo, una salida al mar* **II 1** Solución que se encuentra o se ofrece para algo: "No hay otra *salida* que enfrentar el problema" **2** Dicho ingenioso, sorpresivo y adecuado a la situación, que expresa alguien: "Nos hace reír mucho con sus *salidas*".

saliente 1 adj m y f Que sale o sobresale: *el alcalde saliente, la artista saliente, pómulos salientes* **2** s f Parte que sobresale de una superficie: *barroquismo de salientes y bajorrelieves.*

salina s f **1** Mina o yacimiento de sal **2** Conjunto de instalaciones en las que se trata el agua de mar o de manantiales salados para obtener sal.

salino adj Que se relaciona con la sal o tiene sus propiedades, que contiene sales: *domos salinos.*

salir v intr (Modelo de conjugación 8) **I 1** Pasar de la parte interior de algo a la exterior o de adentro hacia afuera: *salir de la casa, salir del autobús, salir de una cueva, salir del mar* **2** Partir de un lugar: *salir de México, salir de Juchitán* **3** Dejar de asistir a algún lugar en donde se ha pasado cierto tiempo o dejar de realizar cierta actividad a la que se ha dedicado algún tiempo: *salir de secundaria, salir del trabajo, salir de la oficina, salir de la cárcel, salir del comercio, salir del mercado* **4** Ir a divertirse o a pasar algo de tiempo en actividades diferentes de las cotidianas: "Hace mucho que no *salimos*", *salir al teatro*, "Su amiga la *invitó a salir*" **5** Dejar de sufrir alguna molestia o de tener alguna dificultad o preocupación: *salir de una enfermedad, salir de un peligro, salir de un apuro, salir de deudas* **II 1** Representar alguien cierto papel en una obra de teatro, cine o televisión: *salir de Melibea, salir de agente secreto* **2** Llegar la corriente de un río o la circulación de alguna cosa a cierto punto de otra: "La avenida Juárez *sale* a la plaza", "El río Tula *sale* al Pánuco" **3** Dejarse ver o manifestarse algo en cierto momento o en cierto punto: *salir el Sol, salir un grano, salir el pelo, salir una noticia* **4** Comenzar a aparecer, brotar o nacer algo: "Ya le *salieron* las hojas al colorín", "Ya le están *saliendo* los dientes", "Se le *salieron* las lágrimas" **5** Tener su origen: "La idea *sale* de la experiencia", "Todos *salimos* de los mismos antepasados" **III 1** Parecerse una persona a alguno de sus ascendientes: "*Salió* a su padre", "En los ojos *salió* a su tía" **2** Resultar algo de una operación o como efecto de otra cosa: *salir las cuentas, salir bien los exámenes, salir muy sabrosa la comida, salir electo un diputado, salir un premio* **3** Manifestarse una característica de alguien en cierto momento: "Le *salió* lo travieso al niño", "Le *salió* el genio a la maestra" **4** Decir algo de pronto y a veces sin consecuencia con lo dicho anteriormente: "Ya *salió* con sus tonterías", "Me *sale* con que no quiere estudiar, después de diez años de escuela" **IV 1** *Salirse con la suya* Hacer su voluntad contra el parecer de otros: "*Se salió* con la suya" y vendió la casa" **2** Ofrecerse cierta oportunidad o cierto asunto a alguien de pronto e inesperadamente: "Le *salió* un viaje", "Nos *salió* trabajo" **3** Costar algo cierta cantidad de dinero: "¿A cómo *sale* esta tela?", "Me *sale* caro pagar tanta comi-

da" **4** prnl Dejar de seguir cierto comportamiento, cierta línea de acción o de funcionamiento, cierto cauce: *salirse del tema, salirse de la norma, salirse del carril* **5** prnl Pasar un líquido los límites de lo que lo contiene, o tener lo que lo contiene alguna fuga por donde se pasa el líquido: *salirse de madre un río, salirse el agua del tanque*, "Esta botella *se sale*" **6** Deshacerse uno de algo que le estorba: *salir de un mal negocio* **V** Forma muchas construcciones, como *salir como de rayo, salir con cajas destempladas, salirse del huacal, salir bien parado.*

saliva s f I Líquido viscoso, claro y alcalino que, en los vertebrados terrestres y algunos invertebrados, es producido por ciertas glándulas cuyos conductos desembocan en la cavidad bucal. Su función es humedecer y ablandar los alimentos a fin de facilitar su masticación o deglución y, en algunos casos, ayudar a disolverlos **II** (*Coloq*) **1** *Gastar saliva* Hablar inútilmente: "Es un necio, ya no *gastes saliva*, no lo vas a convencer" **2** *Tragar saliva* Aguantarse de exteriorizar el enojo o la indignación: "Ante esa respuesta *tragó saliva* pero después se le salieron las lágrimas de rabia y de coraje".

salmo s m Cada uno de los 150 poemas o cánticos religiosos hebreos que constituyen un libro de la Biblia y que sirven de oraciones en la liturgia judía y cristiana, atribuidos en su mayor parte al rey David; son cantos de alabanza a Dios, súplicas o lamentos: *las enseñanzas de los salmos.*

salmón s m **1** (*Salmo salar*) Pez teleósteo de color gris oscuro en el lomo y blanco azuloso en el vientre, carne rosa anaranjada, cuerpo grueso y cabeza apuntada, que remonta los ríos cercanos a la costa del Atlántico del Norte nadando contra la corriente para reproducirse y desovar; puede alcanzar hasta 1.50 m y es muy estimado por el sabor de su carne **2** adj y s Que es de color rosa anaranjado, como el de la carne de este pez: "Vestía una blusa de seda color *salmón*".

salón s m **1** Habitación de una casa o de un edificio, de mayor tamaño que la sala, destinada a diferentes finalidades: *salón de clases, los salones de palacio, salón de actos, salón de fiestas, salón de baile* **2** *Salón de belleza* Establecimiento comercial en el que se dan tratamientos a la piel, el pelo, las uñas, etc, especialmente para mujeres.

salpicadera s f Cada una de las piezas salientes y curvadas de la carrocería de automóviles, bicicletas y otros vehículos, que cubren parte de las ruedas de los mismos y protegen de las salpicaduras que ocurren al rodar: *abollarse una salpicadera, cambiar las salpicaderas de un coche.*

salpicar v tr (Se conjuga como *amar*) **1** Saltar en gotas o esparcir un líquido, especialmente agua o aceite caliente y cubrir de pequeñas manchas: "Se mojan los pies en el mar y se *salpican*", "Minotauro *salpica* con su sangre los muros del laberinto" **2** Esparcir un poco por todos lados cosas materiales o inmateriales: *hablar salpicado de extranjerismos, corona de hojalata salpicada de lentejuelas y espejillos, una conversación salpicada de picardía.*

salpullido s m Erupción leve formada por gran cantidad de pequeñas ronchas o granos extendidos en una zona de la piel y provocada por causas muy diversas: "Cuando tomo mucho sol me sale *salpullido*", "El bebé tiene *salpullido*".

salsa s f **I** Mezcla de sustancias comestibles que se prepara para condimentar ciertos platillos: *salsa de chile pasilla, salsa mexicana, salsa blanca, salsa verde, salsa picante* **II** (*Coloq*) **1** *Ser o creerse muy salsa* (*Coloq*) Ser o creerse alguien muy inteligente o muy hábil: "*Se cree muy salsa* porque fue el único que aprobó el examen de matemáticas" **2** *Sentirse en su propia salsa* Sentirse en su ambiente, agusto: "Se siente *en su propia salsa* hablando con los especialistas de cómputo" **3** *Traer en salsa a alguien* Traerlo muy agobiado o muy atareado: "El jefe *nos trae en salsa*" **4** *Traer en salsa a alguien* Traer ganas de darle de golpes.

salsifí s m (*Tragopogon pratensis* o *porrifolius*) Planta herbácea de la familia de las compuestas, originaria del sur de Europa, cultivada por su raíz comestible, larga y carnosa que se cocina como un vegetal: *salsifíes empanizados*, "Tenemos col, nabo, *salsifí*, brócoli y lechuga".

saltar v intr (Se conjuga como *amar*) **I 1** Levantarse con fuerza y ligereza del suelo una persona o un animal para caer en el mismo lugar o en otro diferente: *saltar de gusto, saltar al agua, saltar sobre su presa* **2** Echarse o tirarse una persona o un animal desde cierta altura: *saltar en paracaídas, saltar de un tren, saltar de un árbol* **3** tr Pasar por encima de algo sin tocarlo, levantándose con fuerza del lugar en que se estaba para caer del otro lado: *saltar una barda, saltar obstáculos, saltar una zanja* **4** Levantarse de un lugar brusca y repentinamente: *saltar de la cama, saltar de la silla* **5** Manifestar un sentimiento levantándose una o varias veces, brusca y repentinamente en donde uno está: *saltar de gusto, saltar de contento, saltar del susto* **6** Levantarse alguna cosa del suelo a cierta altura para caer en el mismo lugar o en otro distinto: *saltar una pelota, saltar una rueda* **7** Salir algo hacia arriba con fuerza y repentinamente: *saltar agua del manantial, saltar chispas un cable, saltar el aceite* **II 1** Romperse o quebrarse alguna cosa de repente y con fuerza, como efecto de la presión, de un golpe, etc: *saltar en pedazos un vidrio, saltar un resorte* **2** Desprenderse algo del lugar en que estaba fijo o del que formaba parte: *saltar un adorno de la fachada, saltar un botón, saltar los tornillos de una máquina* **3** Pasar de una posición, de un lugar o de una situación a otra, sin tocar o cruzar las posiciones, lugares o situaciones intermedios: *saltársele una cadena al engranaje, saltar de cartero a jefe de oficina postal, saltar de la alegría a la tristeza* **III 1** prnl Dejar de decir, leer, escribir o copiar parte de algo: *saltarse un tema, saltarse un párrafo* **2** Hacerse notar entre los de su misma especie; ser muy notorio: *saltar a la vista, saltar al oído* **IV 1** (*Tab*) Desembarcar, llegar a tierra **2** (*Rural*) Aparecer a los caballos ciertas protuberancias en la nuca, lo que, según los rancheros provoca que el animal tropiece con frecuencia **3** (*Rural*) Aparecer a las plantas las semillas o empezar a formarse las partes donde éstas se producen.

salterio s m **1** Antiguo instrumento musical con caja de resonancia de figura triangular, sobre la que la serie de cuerdas va en disminución de longitud. Se pulsa con plectros, uñas de metal o las uñas de los dedos **2** Libro que contiene los salmos de la Biblia en orden numérico.

saltillense adj y s m y f Que es natural de Saltillo, capital del estado de Coahuila, que pertenece a esta ciudad o se relaciona con ella; saltilleño, saltillero: "La catedral *saltillense* es de estilo barroco", *centro agrícola y ganadero saltillense*.

saltilleño adj y s Saltillense.

saltillero adj y s Saltillense.

salto s m **I 1** Movimiento mediante el cual el cuerpo se levanta del suelo para caer en el mismo lugar, encima de algo o para pasarlo o atravesarlo: *dar un salto, salto de altura, salto de longitud, salto de obstáculos, un salto desde un trampolín* **2** *De un salto* Dando un salto: "*De un salto* subió al escenario" **3** *Salto mortal* Aquel en el cual el cuerpo da una vuelta completa en el aire, haciendo girar los pies sobre la cabeza, antes de volver a caer **4** Movimiento brusco con el que se cambia la posición del cuerpo: *levantarse de un salto* **II 1** Paso o cambio más o menos repentino de una cosa a otra: *un salto en la historia, el salto de lo moderno a lo contemporáneo* **2** Cambio considerable en el valor, la medida, la cantidad de algo: *un salto en los precios, un salto brusco en la temperatura* **III 1** *Salto de agua* Caída de agua donde hay un desnivel grande en el terreno **2** *A salto de mata* De un lugar a otro, sin residencia fija, huyendo: "Los bandidos andaban *a salto de mata*".

salubridad s f **1** Condición de salud e higiene en que alguien o algo se encuentra: *la salubridad de los alimentos, la salubridad del salón de clase, la salubridad del medio ambiente* **2** Conjunto de los servicios relacionados con la protección y conservación de la salud pública.

salud s f sing **1** Condición del organismo de los seres vivos, o de alguna de sus partes, en que su vida se desarrolla y funciona normalmente: *tener buena salud, estar delicado de salud, una planta llena de salud* **2** Buen funcionamiento de algo: *la salud de la sociedad, la salud de la economía* **3** interj Expresión con la que se desea bienestar a alguien después de que estornuda, y con la que se brinda: "¡*Salud* por tu éxito!".

saludable adj m y f Que tiene buena salud, o que es bueno para la salud; que es sano: *una mujer muy saludable*, "El ejercicio es muy *saludable*".

saludar v tr (Se conjuga como *amar*) **1** Dirigir un saludo a alguien generalmente mediante fórmulas de cortesía (buenos días, buenas tardes, buenas noches, hasta mañana, ¡adiós!, hasta luego, etc) al encontrarse o despedirse: "Responde cortésmente a quien te *salude* o pregunte algo" **2** (*Mar*) Bajar un poco los barcos sus banderas en señal de bienvenida o para desear buen viaje a otra embarcación **3** (*Mil*) Realizar los soldados ciertos actos, como llevarse la mano derecha a la gorra, efectuar descargas de artillería, movimientos de las armas, ciertos toques, etc en honor de alguien o de algo.

saludo s m Palabra, expresión o gesto con el que se muestra atención a una persona al encontrarse con ella o al despedirse de ella, o que se hace llegar a alguien con la misma intención: "Nos vimos de lejos y sólo nos hicimos un *saludo*", *un saludo cortés, negar el saludo*.

salvación s f Acto de salvar o de salvarse: *la salvación de los heridos, el equipo de salvación, la salvación del alma*.

salvado I pp de *salvar* **II** s m Cáscara desmenuzada del grano de los cereales, principalmente del trigo, que, luego de la molienda, se separa al cernir la harina. Se utiliza como alimento para el ganado, aunque también se aprovecha para el consumo humano: *galletas de salvado*: "Nana Caliche no sale al mandado, porque su cerdo le come el *salvado*".

salvador 1 adj y s Que salva: "Lo aclamaron como el *salvador* de la ciudad", "Una idea *salvadora* acudió a su mente" **2** s m Entre los cristianos, Jesucristo (se escribe con mayúscula): *la resurrección del Salvador, la piedad del Salvador.*

salvaje I adj y s m y f Que se ha desarrollado o ha permanecido sin contacto con la cultura y la civilización humanas, que no ha sido domesticado: *cerdo salvaje, potro salvaje* **II 1** Que pertenece a una cultura considerada primitiva, de costumbres incivilizadas o poco refinada: *tribu salvaje, los salvajes del centro de África* **2** Que es muy violento y de mucha crueldad: "Las *salvajes* hordas que invadieron Europa", *un salvaje asesino, un bombardeo salvaje* **3** Que actúa sin reflexionar, violentamente y sin darse cuenta del peligro: "Leopoldo es un *salvaje* cuando juega al futbol".

salvajismo s m **1** Estado, condición o costumbres propias de los salvajes o incivilizados: *el salvajismo de las tribus africanas* **2** Carácter o actitud de quienes actúan con violencia, crueldad y ferocidad: *el salvajismo de los invasores*, "El árbitro fue víctima del irrefrenable *salvajismo* del público" **3** Acto de crueldad o de violencia.

salvar v tr (Se conjuga como *amar*) **1** Lograr que algo o alguien no sufra un daño, no caiga en un peligro, no corra un riesgo o no muera: *salvar de un accidente, salvar de una trampa, salvar de una caída, salvarse de milagro* **2** prnl Entre los cristianos, ir al cielo después de morir **3** Evitar o superar una dificultad, un riesgo o un obstáculo: *salvar una situación difícil, salvar la barrera, salvar las trincheras enemigas* **4** Cruzar algo dejándolo atrás o hacerlo en cierto tiempo: *salvar la sierra, salvar el mar, salvar la cordillera en tres días.*

salvedad s f **1** Limitación, condición o excepción que existe para el cabal cumplimiento de alguna cosa que se dice o hace; razonamiento que limita o condiciona los alcances de aquello que se dice o hace: "Pudo haber sido un asesinato, con la *salvedad* de que no hay pruebas", "Hay que hacer la *salvedad* de que no siempre ocurre esto" **2** (*Cont*) Declaración de cierta duda, limitación o desacuerdo, en relación con una partida contabilizada, que hace un auditor en su informe sobre ella: "Se debe dar una opinión sin *salvedad* cuando se ha cumplido con las normas de auditoría".

salvia s f **1** Cada una de las muchas plantas muy distintas entre sí, principalmente de las familias de las labiadas, verbenáceas o loganiáceas; plantas herbáceas o arbustivas, de tallos cuadrangulares y hojas opuestas, frecuentemente ovadas, aserradas, olorosas; sus flores son monopétalas, tubulosas, con el limbo bilabiado, el labio superior con dos dientes y el inferior con tres y dos estambres: *Hyptis laniflora, Lippia geminata, Buddleia perfoliata*, etc **2** (*Salvia officinalis*) Planta labiada europea, propia de terrenos áridos, de flores moradas; se utiliza como condimento o como tónico estomacal.

salvo¹ 1 prep y adv Con o a excepción de, excluyendo a, sin incluir a, fuera de: "Todos los maestros vinieron, *salvo* dos", "Hace de todo, *salvo* cocinar", "Asistió toda la familia, *salvo* el abuelo", "*Salvo* raras excepciones, a todos los niños les gusta el agua", "Todos se fueron de vacaciones, *salvo* yo" **2** *Salvo que* A menos que: "Allí estaré a primera hora, *salvo que* no quieras que vaya".

salvo² 1 adj Que se ha salvado o escapado de un peligro, que no ha sufrido daño: "Lo encontraron a la orilla del río sano y *salvo*" **2** *A salvo* Fuera de peligro: "Poner *a salvo* las provisiones", "Estar *a salvo* de las envidias".

sámara s f (*Bot*) Fruto seco, indehiscente, que tiene el pericarpio extendido y en forma de ala, lo que permite ser transportado por el viento; como el del cedro, la caoba y el fresno.

san I adj m sin₍ Apócope de santo: *San Cristóbal, San Andrés, San Martín, San Felipe, San Antonio, San Pedro, San Pablo* **II** s m (*Chis*) Cada una de las plantas leguminosas, como el jinicuil (*Inga spuria*) y el guatope (*Inga fissicalyx*); tzan, coctzán (en tzeltal).

sanar v intr (Se conjuga como *amar*) Recuperar la salud; curarse: "Tardó mucho en *sanar* de las heridas".

sanatorio s m Establecimiento por lo general particular, donde se interna a los enfermos para que reciban atención médica, de manera especial donde se trata a los enfermos de tuberculosis pulmonar o a los enfermos mentales: *el sanatorio de Huipulco, el sanatorio de San Hipólito.*

sanción s f **1** Castigo o pena que se aplica por una falta legal o administrativa: *sanciones penales, aplicar sanciones, imponer sanciones administrativas* **2** Aprobación dada a cualquier ley, acto, uso o costumbre; confirmación de la legitimidad de algo.

sancionar v tr (Se conjuga como *amar*) **1** Imponer una sanción; castigar: "El tribunal de instrucción lo *sancionó* con la excesiva pena de cuatro años", "Sancionan el robo de las tierras", "Se *sancionará* con multa y reparación del daño" **2** Aprobar o autorizar cualquier acto, uso o costumbre: "El derecho a la información está *sancionado* en la Declaración de los Derechos del Hombre".

sancochar v tr (Se conjuga como *amar*) **1** Cocer superficialmente un alimento, especialmente la carne, antes de sazonarla: *sancochar la carne* **2** (*Tab*) Hervir o cocer en agua un alimento: *sancochar los huevos, sancochar el atole, sancochar los frijoles* **3** (*Tab*) Hervir la ropa sucia para que suelte la mugre y después lavarla.

sandalia s f Zapato ligero que deja al descubierto casi todo el pie, principalmente el que consiste en una suela con correas o cintas para sujetarse: *sandalias de plástico, sandalias de tacón.*

sandía s f **1** Fruta de gran tamaño de forma casi esférica o alargada, que llega a pesar hasta 18 kg; de cáscara dura, muy gruesa, lisa y brillante, de color verde, a veces rayada de blanco; su pulpa acuosa es de color rojo y de sabor dulce, con abundantes semillas negras aplanadas: *el vendedor de sandías, tajadas de sandía*, "La *sandía* que es colorada / tiene lo verde por fuera", *agua de sandía* **2** (*Citrullus vulgaris*) Planta rastrera de la familia de las cucurbitáceas, parecida a la calabaza, que da ese fruto. Se cultiva en los lugares cálidos. Es originaria de África **3** Cada una de las diversas plantas herbáceas, trepadoras, de la familia de las cucurbitáceas, como: *la sandía de culebra* (*Melothria pendula*) o *la sandía de ratón* (*Melothria scabra*).

sandunga s f Zandunga.

sandwich s m **1** Bocadillo hecho generalmente con dos rebanadas de pan de caja por lo regular untadas con mantequilla, mayonesa, mostaza u otros ingredientes, sobre las que se colocan los alimentos fríos, como jamón, pollo, queso, huevo, etc: *un sandwich de jamón y queso* **2** *Club sandwich* El constituido por tres rebanadas de pan, generalmente tostadas, entre las cuales se coloca pollo, jamón, tocino, queso, lechuga y jitomate, que se sirve cortado en cuatro partes triangulares **3** adj y s Que está o queda entre dos cosas o personas, especialmente cuando hay muy poco espacio o intervalo entre ellas, o cuando ha sido comprimido o aplastado: *la generación sandwich*, "Los camiones hicieron *sandwich* a un coche pequeño" **4** Material compuesto de capas superpuestas unidas entre sí por un material diferente.

saneamiento s m Acto de hacer algo más sano o más limpio: *el saneamiento del medio ambiente*, "Se seguirá con el *saneamiento* de las finanzas públicas", *obras de saneamiento*.

sanear v tr (Se conjuga como *amar*) **I 1** Proporcionar los elementos necesarios para proteger la salud de las personas, manteniendo los lugares limpios, libres de organismos que puedan causar enfermedades: "Hay que *sanear* esos terrenos antes de construir" **2** Liberar un medio social o una institución de vicios y malas costumbres; mejorar o poner remedio a una mala situación: "Desea *sanear* de vicios ancestrales a la dirección de tránsito", "Hay que *sanear* las finanzas públicas" **II** (*Der*) Indemnizar el vendedor al comprador por los daños y perjuicios que le causen los defectos del objeto adquirido.

sangre s f **I 1** Líquido más o menos espeso, de color rojo, que circula por las venas y arterias del cuerpo del hombre y de algunos animales **2** Parentesco, familia o raza: *un hombre de sangre mestiza*, "Desprecia a los de su misma *sangre*" **3** *Ser de sangre azul* Para algunas personas de otros tiempos, ser de ascendencia noble o aristocrática **4** *Traer, llevar algo en la sangre* Tener alguna característica muy profunda por naturaleza o por herencia: "*Trae en la sangre* la pasión por la pintura" **II 1** *Subírsele a uno la sangre a la cabeza* Perder la calma, enojarse uno al grado de perder el control **2** *Hervirle a uno la sangre* Estar uno muy enojado **3** *Helársele a uno la sangre* Tener uno mucho miedo **4** *Írsele a uno la sangre a los pies* Asustarse mucho, horrorizarse **5** *Sangre fría* Calma y tranquilidad que no se pierde fácilmente, capacidad de hacer cualquier cosa sin remordimiento: "Me asombra su *sangre fría*" **6** *A sangre fría* En forma premeditada, sin ninguna compasión: *asesinato a sangre fría* **7** *A sangre y fuego* Con violencia, destruyéndolo todo: *conquistar un pueblo a sangre y fuego* **III** (*Coloq*) **1** *Beberle* o *chuparle la sangre a otro* Hacerle pasar malos ratos y muchos corajes **2** *Sudar sangre* Pasar uno muchos trabajos y penalidades **3** *Hacerse uno mala sangre* Preocuparse o atormentarse de antemano por algo que puede suceder **4** *Sangre ligera* Persona simpática **5** *Sangre pesada* Persona antipática **6** *Tener sangre de horchata* o *sangre de atole* Ser una persona calmada, tener un carácter que se altera difícilmente **IV 1** *Pura sangre* Tratándose de caballos y de otros animales, que son de raza pura: *pura sangre inglés*, *pura sangre árabe* **2** *Media sangre* Tratándose de caballos, que es el producto de la mezcla de dos razas o variedades puras; cruzado, mestizo **V 1** *Sangre de conejo* Pulque curado de tuna de color rojo **2** *Sangre de Baco* En Guerrero, bebida obtenida de la fermentación de uvas silvestres **3** *Sangre de drago, sangre de perro, chorro de sangre, llora sangre* (*Croton draco*) Árbol de la familia de las euforbiáceas, de hasta 25 m de altura, de hojas alternas tomentosas y ovadas; flores pequeñas en grandes racimos; su fruto es una capsulita trilobada; su corteza produce un jugo rojo, tiene propiedades febrífugas y su cocimiento endurece las encías **4** *Sangre de drago* (*Jatropha spathulata*) Arbusto de la familia de las euforbiáceas, de tallos oscuros, lisos y correosos; hojas fasciculadas, lineares a espatuladas, a veces lobuladas, de 1 a 7 cm; flores muy pequeñas; fruto con una semilla globosa negra de 8 a 10 mm; sus tallos tienen un jugo claro astringente **5** *Sangre de drago, palo de sangre* (*Pterocarpus officinalis*) Árbol de la familia de las leguminosas de hasta 24 m de altura, hojas pinadas con 7 a 9 hojuelas de 10 a 18 cm oblongas ovadas; flores amarillas en racimos; fruto de 7 a 10 cm, suborbicular indehiscente, estipitado; su corteza produce un líquido rojo **6** *Sangre de toro* (*Cordia cylindrostachya*) Arbusto de la familia de las borragináceas, de 1 a 3 m de altura; hojas linear lanceoladas u oblongas, aserradas, ásperas arriba y pubescentes abajo; flores en espigas, corola blanca de 4 mm; fruto drupáceo; azotacaballo **7** *Sangre de toro* (*Hamelia versicolor*) Arbusto de la familia de las rubiáceas de 1 a 3 m de altura, de hojas generalmente ternadas, ovadas a elíptico oblongas, vellosas abajo; flores monopétalas anaranjadas al principio y después rojas, de 8 a 13 mm; fruto rojo globoso de 5 a 7 mm; coralillo **8** *Sangre de doncella* (*Begonia gracilis*) Planta herbácea de la familia de las begoniáceas, de aproximadamente 1 m de altura, con bulbo subterráneo; tallos rojizos carnosos y frágiles; hojas alternas, asimétricas, acuminadas; flores de color rosa unisexuales. Vive en lugares húmedos y sombreados; ala de ángel **9** *Sangre de Cristo* (*Lychnis coronaria*) Planta herbácea de la familia de las cariofiláceas de 30 a 80 cm de altura, de hojas oblongas; flores de aproximadamente 30 mm de color rojo, cáliz con dientes filiformes; es originaria de Asia y Europa, se cultiva como ornamental.

sangría s f **I 1** Acto de sangrar; evacuación artificial de sangre **2** Corte superficial que se hace en el tronco de un árbol para que fluya la resina **II 1** Gasto continuo o despilfarro sin que haya ninguna compensación: "No hay presupuesto que aguante esas *sangrías*" **2** Robo hecho poco a poco, especialmente en el erario público o en alguna empresa **III** (*Impr*) Al principio de una línea escrita, espacio en blanco que indica el inicio de un párrafo **IV** Bebida refrescante hecha a base de vino tinto con agua de limón **V** (*Zebrina pendula*) Planta herbácea rastrera de la familia de las comelináceas, de hojas alternas y suculentas, cuya superficie inferior es de color rojo morado; flores rosas o rojas, protegidas por brácteas desiguales; moradilla, matal, matalí, matalt **VI** (*Rural*) Extracción de agua represada y oquedad por donde se saca esta agua.

sangriento adj **1** Que causa gran derramamiento de sangre: *una revolución sangrienta, la guerra más sangrienta, una ola sangrienta de asesinatos políticos* **2** Que está hecho con gran agudeza, que es despiadado y cruel, que hiere o ataca sin piedad: *una burla sangrienta.*

sanguíneo adj **1** Que pertenece a la sangre o a su circulación, que se relaciona con ellas: *vaso sanguíneo, presión sanguínea* **2** *Grupo sanguíneo* Cada uno de los diferentes tipos en que se clasifica la sangre humana de acuerdo con la compatibilidad entre un individuo donador y un receptor.

sanidad s f Condición de salud e higiene; salubridad: "Se deben observar normas rigurosas de limpieza y *sanidad* en las embarcaciones pesqueras", *Dirección General de Sanidad Animal.*

sanitario 1 adj Que se relaciona con la protección de la salud pública, en particular con las condiciones de higiene que la garantizan: *reglamento sanitario, licencia sanitaria, control sanitario de alimentos y bebidas* **2** s m Baño: *sanitario de hombres* **3** s m Mueble de baño en el que se evacuan la orina y los excrementos; excusado, retrete, taza.

sano adj **1** Que tiene buena salud, que no está enfermo: *niños fuertes y sanos* **2** *Sano y salvo* Sin haber sufrido ningún daño: "Llegó *sano y salvo*" **3** Que está en buen estado, que no está echado a perder ni dañado: *madera sana, manzana sana, dientes sanos* **4** Que es bueno para la salud física y mental: *un clima sano, alimentación sana, lecturas sanas, vida sana* **5** Sin vicios, sin perversión ni malicia: *sana intención, actitud sana, un consejo sano, una política sana* **6** *Cortar por lo sano* Poner fin en forma rápida a algún asunto que causa problemas o preocupaciones.

santo adj **I 1** Que es perfecto y libre de todo pecado, según el cristianismo **2** adj y s Que, según la Iglesia católica, ha alcanzado la perfección y la salvación en Dios: *Santo Tomás, Santa Cecilia*, "Ese hombre ha sido declarado *santo*" **3** Que pertenece a Dios o a algo sagrado o se relaciona con ello: *la Santa Iglesia, un lugar santo, los santos evangelios* **4** Que sigue cuidadosamente los mandamientos religiosos y lleva una vida ejemplar: *una mujer santa, una persona santa* **5** Cada uno de los seis días de la semana entre el domingo de Ramos y el de Pascua: *lunes santo, jueves santo* **6** s m Celebración del día del nombre de una persona de acuerdo con el santoral o calendario cristiano: "Hoy por ser día de tu santo / te las cantamos así", *un regalo por tu santo* **II** (*Coloq*) **1** *No ser santo de la devoción de uno* No sentir simpatía o aprecio por algo o alguien **2** *Írsele a uno el santo al cielo* Distraerse de algo **3** *Darse de santos* Dar gracias de haberse salvado de un daño o de un contratiempo **4** *A santo de qué* Por qué razón, con qué motivo: "¿*A santo de qué* tengo que darle dinero?" **5** *Santo y seña* Descripción precisa y detallada de algo: "Me dio *santo y seña* de lo que había sucedido en la reunión" **6** *Santo y seña* Palabra o expresión que debe decir alguien para identificarse, particularmente los soldados en la noche, cuando hacen guardia **7** Seguido de ciertos sustantivos, enfatiza su significado: *mi santa voluntad, santo remedio*, "Lo esperé toda la *santa* tarde" **8** *Tener el santo volteado* En Durango, estar de malas **III** (*Caló*) **1** Barra de metal para fracturar cerraduras; santoniño **2** Informe acerca de los lugares adecuados para robar.

santuario s m **1** Templo que tiene una particular importancia religiosa, por la gran cantidad de fieles que acuden a él o por estar dedicado a la veneración de la imagen o las reliquias de un santo o una divinidad de especial devoción entre los fieles: *el Santuario de Atotonilco, el Santuario de Guadalupe*, "En todos los centros urbanos prehispánicos encontramos uno o dos *santuarios* principales" **2** Lugar por el que se tiene particular respeto, por desarrollarse en él cierta actividad con absoluta entrega y dedicación o por que en él se puede encontrar cosas de especial valor espiritual o intelectual: *el santuario de las artes, el santuario de las ciencias* **3** Reserva biológica: *el santuario de la mariposa monarca* **4** (*Arq*) Parte anterior del tabernáculo.

sapo s m Anfibio de piel áspera, generalmente de color oscuro verdoso, cubierta de pequeños abultamientos parecidos a granos o a verrugas y provista de unas glándulas que segregan una sustancia blanquecina de mal olor o tóxica en diversos grados. Suele medir entre 8 y 9 cm de largo, aunque algunas especies, como el sapo marino (*Bufo marinus*), alcanzan un tamaño de hasta veinte centímetros. Tiene cuatro patas cortas provistas de cinco dedos, carece de cola y sus movimientos son torpes y lentos, aunque salta con gran agilidad y precisión para atrapar insectos que constituyen los lombrices uno de sus principales alimentos. Vive casi siempre en lugares muy húmedos y sombreados, es de costumbres nocturnas y sólo se acerca al agua para reproducirse. Pertenece a muy diversos géneros, de los cuales el *Scaphiopus* y el *Bufo* son los más comunes en México.

sapotácea (*Bot*) **1** s f y adj Planta angiosperma dicotiledónea, de hojas alternas, enteras, brillantes, duras y flexibles; flores pequeñas, solitarias o agrupadas en racimos, que crecen en las axilas de las hojas o de las ramas; tienen una o más semillas brillantes y fruto carnoso con cáscara gruesa y a veces rugosa; crece como árbol o como arbusto en climas tropicales, como el chicozapote, el mamey y el caimito **2** s f pl Familia que forman estas plantas.

saquear v tr (Se conjuga como *amar*) **1** Llevarse por la fuerza y en forma desordenada, todo cuanto encuentra a su paso un conjunto de personas que entra violentamente a un lugar determinado, en particular, durante una guerra o revuelta: "El pueblo irrumpe por las puertas del castillo y *saquea* el tesoro", "Las tropas *saquearon* e incendiaron la ciudad" **2** Despojar ilegalmente un lugar de los bienes que guarda; apoderarse en forma ilícita de las posesiones ajenas: "Propios y extraños han *saqueado* durante décadas las ruinas arqueológicas", "Los acusó de *saquear* las empresas públicas" **3** Llevarse o acabar con todas las cosas que están guardadas en un lugar: "Les invité un café, pero ellos acabaron *saqueando* el refrigerador".

saqueo s m Acto de saquear: "Se ha librado una constante lucha contra la agresión y el *saqueo* extranjeros", "Ha disminuido el acervo debido al *saqueo* de libros en la biblioteca".

sarampión s m Enfermedad infantil infecciosa y altamente contagiosa; es producida por un virus y se manifiesta diez u once días después de haber tenido lugar la contaminación. Los síntomas más frecuentes son: catarro, conjuntivitis acompañada de molestias oculares cuando el paciente se expone a la luz y la aparición de pequeños puntos blanquecinos en la mucosa bucal y en la zona de las mejillas; a continuación tiene lugar la erupción de pequeñas manchas de color rosado que en poco tiempo confluyen en manchas notorias, se inician en la cabeza y en la cara y luego se extienden a todo el cuerpo; en esta fase de la enfermedad se producen fiebres muy altas. A partir de la tercera semana de convalecencia la piel presenta descamaciones, baja la fiebre y la infección termina por ceder quedando el organismo inmunizado contra este virus. Esta enfermedad puede tener complicaciones graves, como la encefalitis, la neumonía y la sordera.

sarape s m Especie de cobija de lana o algodón tejidos, de forma rectangular y, por lo general, de colores vivos, adornada con dibujos o grecas, que se usa como cobertor de cama o encima del cuerpo a manera de capa, en cuyo caso lleva una abertura en el centro en forma de ojal para pasar por ella la cabeza; zarape: "Los *sarapes* de Saltillo son los más finos", "Dormí con dos *sarapes* porque tenía frío".

sarcasmo s m Burla amarga y cruel o insultante: *sonreír con sarcasmo*.

sarcófago s m Sepulcro antiguo hecho generalmente de piedra, metal o madera, como el que usaron los griegos, romanos, egipcios y etruscos para enterrar a sus muertos.

sardina s f **1** (*Sardinops sagax*) Pez pequeño, alargado, de aproximadamente 30 cm; el color del dorso va del verde oscuro al azul, la parte vertebral es plateada. Una de las especies de mayor importancia en la pesca mexicana es la *sardina monterrey*, particularmente abundante en el Golfo de California y en las cercanías del puerto de Guaymas; forma cardúmenes agrupados por edades, habita las capas superficiales de los océanos, cerca de las costas. Es muy apreciada como alimento: *plantas empacadoras de sardina, toneladas de sardina, un plato con tres sardinas* **2** *Como sardinas en lata* (*Coloq*) Muy apretados en algún lugar **3** (*Popular*) Caballo flaco **4** En el estado de Hidalgo, en carpintería, sierra grande con mangos transversales en los extremos, que es manejada por dos personas.

sardo¹ adj y s Que es originario de Cerdeña o pertenece a esta isla italiana: *la música sarda, las costas sardas*.

sardo² s m (*Popular*) Soldado: "Yo vine a pelear contra los *sardos*, por eso de la educación socialista", "Ni los *sardos* ni la tira cayeron en la trampa".

sardo³ adj (*Rural*) Tratándose de reses, que tiene el pelaje integrado por pelos de color negro, blanco y rojizo.

sargazo s m (*Sargassum vulgare*) Alga de la familia de las feofíceas, común en los mares cálidos, que presenta una especie de tallo ramificado y vejigas llenas de aire que le sirven como flotadores. Los marineros la consideran indicio de aguas poco profundas y por lo tanto peligrosas para la navegación.

sargento s m Grado militar inferior al de teniente y superior al de cabo; persona que tiene este grado: "Lo ascendieron a *sargento*", "El *sargento* me pidió mis papeles".

sarna s f Enfermedad cutánea, infecciosa y transmisible que afecta al hombre y los animales; se caracteriza por surcos superficiales, la aparición de am-

pollas y, en los animales, caída de pelo, así como por intensa comezón. Es provocada por una especie de ácaro, cuya hembra excava túneles en la piel para depositar sus huevecillos; las larvas, al desarrollarse, viven como parásitos dentro de la piel. Es frecuente en lugares con muy malas condiciones higiénicas.

sarro s m **1** Capa de materia dura que se forma en recipientes, cavidades o conductos que contienen o por los que circula algún líquido que lleva partículas en suspensión, las cuales al depositarse se van adhiriendo al fondo y las paredes: "Van a lavar el tinaco para quitarle el *sarro*" **2** Sustancia espesa o calcárea, de color amarillento, que se deposita y adhiere al esmalte de los dientes. Está constituida por restos proteicos, sales minerales y bacterias, entre otros elementos; es una de las principales causas para la aparición de infecciones en las encías y los tejidos de sostén de los dientes, por lo que debe ser retirado periódicamente por un dentista.

sartén s m o f **1** Recipiente de cocina, especie de cacerola extendida y poco profunda, generalmente de fierro u otro metal, con mango largo, que se utiliza para freír alimentos: "Se le pone al *sartén* mantequilla", "Fríe todo ese recaudo en un *sartén*" **2** En Zacatecas, palangana o bandeja de gran diámetro y poca profundidad que sirve para lavarse las manos y la cara **3** *Tener el sartén o la sartén por el mango* (*Coloq*) Tener la autoridad y el poder de decisión; ser dueño de la situación: "El patrón siempre tiene el *sartén* por el mango" **II** (*Caló*) Órgano genital femenino.

sastre¹ s m y f Persona que tiene por oficio cortar y confeccionar trajes para hombre y mujer, principalmente la que los hace a la medida: "Necesitas un buen *sastre* para que te hagas un traje bonito".

sastre² s m Pájaro pequeño de dos especies distintas (*Psaltriparus minimus* y *Psaltriparus melanotis*), que mide aproximadamente 10 cm de longitud, tiene la cola larga y es de color gris pálido con el vientre y el pecho blancos, algunos tienen una mancha negra alrededor de los ojos. Vive en zonas boscosas, se alimenta de insectos y emite un gorjeo de notas altas y metálicas; sastrecillo sencillo, sastrerito orejinegro.

satélite s m **1** Astro secundario sin luz propia que gira alrededor de un planeta: "La Luna es el *satélite* de la Tierra" **2** *Satélite artificial* Aparato que gira alrededor de la Tierra, sujeto a las mismas leyes que rigen los movimientos de la Luna, y lanzado generalmente con fines de investigación científica o como transmisor de señales telefónicas, radiofónicas o televisivas **3** Persona o cosa que depende de otra para subsistir o la imita en sus actos o actitudes: "Juan es un *satélite* de Pedro", *ciudad satélite, economía satélite, estados satélites*.

satín s m Tela muy fina, parecida a la seda, lisa y brillante; satén, raso: "Estaba preciosa con su traje de *satín*".

sátira s f **1** Escrito o discurso que ataca a alguien o algo en tono de burla y con mordacidad: "Su teatro es una *sátira*" **2** (*Lit*) En la literatura latina, composición poética o en prosa que criticaba las costumbres o vicios públicos, o de alguien en particular.

satisfacción s f **1** Acto de satisfacer: *la satisfacción del hambre, la satisfacción del deseo* **2** Sensación placentera que resulta del deseo o la necesidad cumplidos: *una satisfacción profunda, llenarse de satisfacción*.

satisfacer v tr (Se conjuga como *hacer*, 10b. Su participio es irregular: *satisfecho*) **1** Hacer que una necesidad desaparezca o se cumpla un deseo: *satisfacer la sed*, *satisfacer un capricho*, "Es bueno que los niños *satisfagan* su curiosidad", "El buen servicio fue lo que más *satisfizo* a nuestros clientes", "*Satisficieron* sus necesidades de agua", "Sería necesario que *satisficieran* todos los requisitos" **2** Cumplir algo o alguien ciertos requisitos o condiciones: *satisfacer los cálculos*, *satisfacer los términos de un contrato* **3** Pagar lo que se debe: *satisfacer una deuda* **4** Dar las explicaciones y excusas necesarias para borrar una ofensa.

satisfactor s m Bien o servicio que satisface la demanda del mismo, por necesidad o deseo, especialmente cuando su consumo es esencial para satisfacer las necesidades humanas: *satisfactores alimenticios*, *hacer llegar ese satisfactor en forma eficiente y accesible al consumidor*.

satisfactoriamente adv De manera satisfactoria: *terminar satisfactoriamente la secundaria*, *resolver satisfactoriamente un problema*.

satisfactorio adj **1** Que cumple con lo esperado, deseado o requerido; que satisface ciertas necesidades o expectativas: *un resultado satisfactorio*, "Las relaciones se están desarrollando de manera *satisfactoria*" **2** Que es grato, agradable; que satisface el gusto o los deseos de alguien: "El viaje resultó muy *satisfactorio*".

satisfecho I pp irregular de *satisfacer* **II** adj Que se siente contento, complacido: "Está muy *satisfecha* con sus hijos", "Estaba muy *satifecha* de su trabajo", *un hombre satisfecho de sí mismo*, "Quedó *satisfecha* con la respuesta" **III** Que ha saciado su hambre, su sed, o alguna necesidad o deseo: "Ya estoy *satisfecho*, no quiero postre".

saturación s f **1** Acto de saturar o saturarse: *grado de saturación*, *punto de saturación* **2** (*Publ*) Método que consiste en la transmisión continua, por distintos medios de comunicación masiva, de un mensaje publicitario, a fin de lograr una gran penetración en el público.

saturado adj **1** Que está completamente lleno de algo: "El ganado bebe agua fuertemente *saturada* de parásitos" **2** (*Quím*) Tratándose de un líquido o de una solución, que a una temperatura y a una presión determinadas, encierra la cantidad máxima de una sustancia disuelta; neutralización de las valencias de un compuesto: *ácidos no saturados*, *hidrocarburos saturados*.

saturar v tr (Se conjuga como *amar*) **1** Llenar totalmente de manera que no quepa nada más; satisfacer a plenitud: "Cuando el mercado se *satura*, el gerente llama al jefe de ventas", "La dignidad y la responsabilidad que *saturan* al hombre libre", *saturar los cuadrantes con una programación de gran impacto* **2** (*Quím*) Combinarse un cuerpo con otro satisfaciendo al máximo su afinidad química; o hacer que todas las valencias de un elemento estén neutralizadas.

sauce s m **1** Árbol de la familia de las salicáceas que crece en las orillas de los ríos y a veces alcanza una altura de hasta 20 m; tiene, por lo general, hojas alternas, lanceoladas y aserradas, verdes por un lado y blanquecinas por el otro, flores unisexuales reunidas en espigas, sin cáliz ni corola, y semillas con pelillos algodonosos. Algunas especies tienen ramillas más o menos largas que se utilizan en cestería; sauce blanco **2** *Sauce llorón* o *de Babilonia* (*Salix babylonica*) Especie introducida en México, de tronco grueso, copa amplia y ramillas muy largas, flexibles y colgantes; mide alrededor de 6 m de altura.

sauco s m **1** (*Sambucus mexicana*) Árbol o arbusto de la familia de las caprifoliáceas, que tiene la corteza gris y escamosa, hojas compuestas, grandes y con mucha médula al igual que las ramas; sus flores pequeñas, aromáticas y blancas crecen en grupos numerosos, su fruto es muy pequeño y negruzco. En medicina tradicional, se emplea el cocimiento de las flores como estimulante y sudorífico, al igual que en cataplasmas como desinflamante **2** *Sauco hediondo* (*Citharexylum berlandieri*) Árbol o arbusto de la familia de las verbenáceas, de ramas colgantes y hojas opuestas y oblongas o rómbicas; sus flores son pequeñas y tienen el cáliz tubular en forma de campana y la corola tubulosa; su fruto es drupáceo y de color negro.

savia s f Líquido o jugo que circula por el sistema vascular de las plantas; es el elemento que las nutre y está compuesto principalmente por agua, sales minerales, azúcares y productos orgánicos del metabolismo: *savia bruta*, *savia elaborada*.

sax s m (*Coloq*) Saxofón: "Se reintegró a la banda con su *sax* barítono".

saxofón s m Instrumento musical de viento, hecho de metal, que está formado por un tubo cónico encorvado en forma de U, con varias llaves para los dedos y boquilla de madera, es característico de las bandas y los grupos de jazz; sax.

sazón I 1 adj y s f Tratándose de frutos, que está a punto de alcanzar su madurez o que ya está maduro: "Algunos fruticultores cosechan el mango en verde *sazón*" **2** s m Buen gusto o habilidad para cocinar y dejar en su punto la comida: "Su abuela tiene muy buen *sazón*" **II** *A la sazón* En aquel momento, en ese tiempo; entonces: "*A la sazón* se encontraba de vacaciones en Italia".

sazonar v (Se conjuga como *amar*) **1** tr Poner condimentos a los alimentos o guisarlos de manera que adquieran un sabor agradable: "Se *sazona* con sal y pimienta", "Déjelos *sazonar* treinta minutos a fuego suave", "*Sazone* el pescado con el limón" **2** intr Llegar los frutos a su plena madurez.

se[1] pronombre de tercera persona, masculino y femenino, singular y plural. Indica objeto indirecto y sólo se usa cuando hay un pronombre de objeto directo combinado con él; si no, es *le*. Por ejemplo, *se lo dio*, *se los dio*, *se lo gritó*.

se[2] Forma reflexiva y recíproca del pronombre de tercera persona, masculino y femenino, singular y plural **1** Indica que el sujeto de la oración es el mismo que recibe la acción del verbo y por ello funciona como objeto directo: "El niño *se* baña", "La maestra *se* disfrazó de payaso", o bien como objeto indirecto: "Las muchachas *se* lavaron las manos", "El señor *se* puso el sombrero" **2** Indica que la acción del verbo es hecha y recibida por las dos o más personas o cosas que forman el sujeto: "Mi padre y el arriero *se* saludaban todas las mañanas", "Los hermanos *se* peleaban a diario" **3** Indica que el sujeto de la oración recibe la acción del verbo, pero no la ejecuta: "La casa *se* cayó", "La puerta *se* abrió", "El vidrio *se* rompió", "El nadador *se* ahogó" **4** Enfatiza la participación del sujeto en la acción del verbo (y se podrían hacer oraciones sin él): "La señora *se* bebió el café", "Los turistas *se* subieron a la pirámide" **5** Añade cierto matiz de costumbre a ciertos verbos intransitivos que significan movimiento o desarrollo de algo: "Mi primo *se* dormía en clase de historia", "Aquí los sábados *se* va a la plaza" **6** Forma oraciones pasivas, generalmente sin agente expreso: "*Se* rentan departamentos", "La caña *se* cultiva en Veracruz" **7** Forma oraciones en que el sujeto es impersonal: "*Se* dice que habrá guerra", "*Se* avisa al público que no habrá función" **8** Forma parte obligatoriamente de la conjugación de verbos pronominales como *arrepentirse*, *dignarse*, etcétera.

sebo s m Grasa sólida y dura de origen animal. Derretida o fundida se utiliza para la elaboración de velas, jabones, etc: "Las mujeres llevaban velas de *sebo* y flores de cempasúchil".

secante[1] **1** adj m y f Que seca o sirve para que algo seque con mayor rapidez: "A la pintura se le añade una sustancia *secante*", *papel secante* **2** s m Objeto provisto de un papel o cartoncillo poroso que se usa para absorber la tinta sobrante cuando se escribe: "En su escritorio tiene tres plumas y un *secante*".

secante[2] **1** s f y adj m y f (*Geom*) Línea recta o superficie plana que corta a una línea o superficie curva: *la secante de una circunferencia*, *recta secante* **2** s f (*Mat*) Con respecto a un ángulo, función trigonométrica definida por la división de la hipotenusa entre el cateto adyacente de cualquier triángulo rectángulo formado sobre ese ángulo; con respecto a un arco, ésta misma función considerando el ángulo que corresponde a ese arco.

secar v tr (Se conjuga como *amar*) **1** Dejar algo sin humedad o sin agua: *secar la ropa*, *secar los platos*, *secarse el pelo*, *secarse la tierra*, *secarse un río* **2** prnl Perder una planta su savia y dejar por ello de florecer y vivir.

sección s f **1** Corte que se hace en un cuerpo sólido, generalmente en sentido transversal al de la dirección de su fibra: *una sección de un tallo*, *una sección de un hueso* **2** (*Geom*) Figura que resulta de la intersección de un plano con otro o con un cuerpo: *sección horizontal de una máquina*, *sección vertical de un edificio* **3** Cada una de las partes en las que se divide un todo o un conjunto: *sección de una oficina*, *sección de una universidad*, *sección de un libro* **4** (*Mil*) Cada uno de los tres grupos en que se divide una compañía de soldados, formados a su vez por tres pelotones, y dirigidos por un teniente.

seccionar v tr (Se conjuga como *amar*) Dividir o cortar en secciones: *seccionar un órgano para su estudio*, *seccionar una hoja*.

seco adj I **1** Que carece de agua o tiene poca agua o humedad: *tierra seca*, *clima seco*, *viento seco*, *un arroyo seco*, *frutas secas*, *chiles secos*, *carne seca* **2** Que perdió su savia y por ello ha dejado de vivir: *una planta seca*, *hojas secas* **3** s f pl Temporada en la que no llueve; en México, por lo general, entre noviembre y abril: *temporada de secas* II **1** Que carece de gracia, de adorno, de riqueza de expresión o de ingenio: *un estilo seco*, *una expresión seca* **2** Que es poco cariñoso, demasiado serio y cortante en su trato: *un director seco*, *un joven muy seco* **3** Que es ronco, áspero y sordo: *una tos seca* **4** Tra-

tándose de bebidas alcohólicas, que no es dulce: *un martini seco*, *un vino blanco seco* III **1** *A secas* Simplemente, sin adornos ni rodeos, sin nada más: "Y me dijo que no me quedaría; así, *a secas*" **2** *En seco* De pronto, bruscamente, sin rodeos: "Lo tuve que parar *en seco* pues estaba tomándose más atribuciones que las permitidas".

secreción v tr (*Fisio*) **1** Función o proceso en virtud del cual un tejido u órgano separa ciertas sustancias de la sangre y las modifica o elabora con ellas un producto nuevo, que vierte fuera de sí o devuelve a la sangre **2** Sustancia segregada: *secreción mucosa*, *secreción serosa*, *secreción lagrimal*, *secreciones purulentas*.

secretar v tr (Se conjuga como *amar*) (*Fisio*) Echar fuera de sí alguna sustancia que procesa o elabora en su interior un órgano, un tejido o una célula: "Las células que tapizan el interior de esa cavidad *secretan* enzimas".

secretaría s f **1** Cargo de secretario **2** Oficina en cualquier establecimiento o institución, generalmente público, que se encarga de los asuntos administrativos y donde trabaja el secretario: *Secretaría de Hacienda*, *secretaría de la escuela*, *secretaría del hospital*.

secretario s f **1** Persona encargada de cumplir las órdenes, tomar dictado, escribir correspondencia o llevar los archivos de un empleado superior en una oficina: *secretaria taquígrafa*, *secretaria bilingüe*, *secretaria ejecutiva*, "Jose es una *secretaria* muy eficiente" **2** Persona encargada de establecer correspondencia con otras personas, redactar actas, dar fe de acuerdos y registros de una asociación, sindicato, etc: *secretario de actas*, *secretario de organización* **3** *Secretario de Estado* Persona nombrada por el jefe de Estado de una nación para ser encargue de ejecutar los acuerdos correspondientes a cierta rama de la administración pública: *secretario de gobernación*, *secretario de agricultura* **4** *Secretario particular* El que se encarga de los asuntos particulares de su jefe o de los que pertenecen a su cargo o autoridad.

secreto **1** s m y adj Conocimiento de algo que alguien mantiene oculto o que sólo es compartido por un número reducido de personas; cosa que no se hace pública, se disimula o disfraza para evitar que se descubra, conozca o divulgue: "Nunca reveló el *secreto* que le confió su hermano", *guardar un secreto*, *confesar un secreto*, *secreto de Estado*, *información secreta*, *fórmula secreta*, *policía secreta* **2** s m Procedimiento o cosa más o menos oculta que resulta fundamental para algo o que es la clave de su calidad o perfección: "El *secreto* de este pastel consiste en hornearlo a baja temperatura", "El *secreto* de la salud está en una buena alimentación", "La simpatía es todo el *secreto* de su fama" **3** *En secreto* De manera oculta o confidencial: "Firmaron un pacto *en secreto*", "Me lo dijo *en secreto*".

secta s f Grupo de personas con las mismas creencias u opiniones religiosas o políticas, cuyo origen generalmente se debe a una división o separación del grupo más extendido o aceptado y que por lo regular tiene un líder o guía espiritual: *una secta vegetariana*, *diversas sectas del comunismo*.

sector s m **1** (*Geom*) Parte del círculo comprendida entre dos radios y el arco que delimitan **2** Cada una de las partes de una sociedad o de una agrupación, formadas por personas de la misma actividad, de la misma posición política, etc: *sector campesino, sector progresista, sector público* **3** Cada una de las partes en que se divide cierto conjunto con el fin de revisarlo, vigilarlo, administrarlo, etc: *sector norte de la ciudad, sector de máquinas.*

secuaz s y adj m y f Con respecto a una persona, otra que la sigue o la apoya, principalmente la que la ayuda a cometer un delito; seguidor, cómplice: "Denunció a sus *secuaces*", *los secuaces del estafador.*

secuela s f **1** Circunstancia, hecho que resulta o se desprende de otro y está condicionado por éste; consecuencia: *las secuelas de una enfermedad,* "Su inclinación tuvo *secuelas* negativas" **2** Serie de consecuencias que acarrea alguna cosa: "La mala organización propició una *secuela* interminable de arbitrariedades y abusos".

secuencia s f **1** Disposición o serie ordenada de las cosas que ocurren continuadamente una después de otra y guardan entre sí una relación o forman unidad: *secuencia de preguntas, secuencia de accidentes, secuencia de escenas cinematográficas* **2** (*Mat*) Conjunto de operaciones ordenadas de tal manera que cada una determina la siguiente **3** (*Relig*) Entre los católicos, especie de himno que no tiene metro regular y que se dice o canta en ciertas misas, como la de Pascua, Pentecostés o Corpus Christi.

secuestrador s y adj Persona que secuestra a alguien o alguna cosa: "Los *secuestradores* piden varios millones por liberar al magnate", "El gobierno se niega a acceder a las exigencias de los *secuestradores*", *secuestrador aéreo.*

secuestrar v tr (Se conjuga como *amar*) **1** Privar de su libertad a una persona reteniéndola por la fuerza con el propósito de exigir alguna cosa a cambio de su liberación, o de ocasionarle algún perjuicio a ella o a sus familiares: "*Han secuestrado* a muchos empresarios en los últimos meses", "Hubo un intento frustrado de *secuestrar* al rector" **2** Tomar con violencia y de forma ilegal alguna cosa, principalmente un vehículo de pasajeros, para exigir un rescate a cambio de su devolución, como forma de presión para exigir reivindicaciones políticas, etc: *secuestrar un avión* **3** (*Der*) Depositar una cosa que está en litigio en manos de un tercero, en tanto la autoridad resuelve quién tiene derecho a ella.

secuestro s m **1** Acto de secuestrar a alguien o algo: *intento de secuestro, ola de secuestros, secuestro político* **2** (*Der*) Depósito temporal de una cosa que está en litigio en manos de un tercero, en tanto la autoridad decide a quién pertenece legalmente: *secuestro judicial, secuestro de bienes.*

secular adj m y f Que tiene su origen uno o varios siglos atrás, que existe desde hace mucho tiempo: *las costumbres seculares, la lucha secular entre el bien y el mal.*

secundaria s f **1** Conjunto de estudios que se realizan después de los elementales y antes de la preparatoria: "Acabo de terminar la *secundaria*" **2** Lugar o edificio en donde se realizan estos estudios: "Íbamos a la *secundaria* pero hubo un accidente y no pudimos llegar".

secundario adj Que es o que está en segundo lugar, que no es fundamental, que es menos importante: *personajes secundarios, caracteres sexuales secundarios, tareas secundarias.*

sed s f **1** Necesidad o deseo intenso de tomar líquido, especialmente agua: *calmar la sed, tener hambre y sed, apagar la sed* **2** Deseo intenso de algo, especialmente de cosas inmateriales: *sed de justicia.*

seda s f **1** Hilo formado por el líquido que segregan algunos artrópodos, como las arañas y las orugas, y en especial un gusano que al contacto con el aire forma una hebra muy fina, brillante y flexible **2** Hilo o tela hecho con las hebras que produce el gusano de seda y que se caracteriza por su brillo, suavidad y finura: *blusa de seda, mascada de seda* **3** *Seda cruda* La que conserva su gama natural, los pequeños nudos de la hebra y no ha sido teñida **4** *Estar o andar como (una) seda* o *como (una) sedita* (*Coloq*) Comportarse con suavidad y docilidad una persona: "Después de que le llamó la atención el jefe *anda como una sedita*".

sede s f **1** Lugar en el que se asienta o tiene su domicilio una organización importante, como el gobierno de un país o la dirección de un organismo; sitio en el que tiene lugar una actividad importante: *la Oficina Internacional del Trabajo con sede en Ginebra,* "Se designará la *sede* del próximo congreso" *la sede de la cultura mexica, la sede del Imperio Romano* **II** (*Relig*) **1** En la Iglesia católica, jurisdicción de un prelado (obispo, arzobispo, papa) y, particularmente, lugar en el que tiene capital su diócesis: *sede arzobispal* **2** *Santa Sede* En la Iglesia católica, la que corresponde a la diócesis o jurisdicción del Papa y se encuentra en Roma.

sedentario adj **1** Que supone poco movimiento o esfuerzo físico, que se hace sentado y sin agitación, en particular tratándose de las actividades a que se dedica una persona o de la vida que lleva: *trabajo sedentario* **2** Tratándose de grupos humanos o de especies animales, que vive y se desarrolla en el mismo lugar en el que ha nacido, sin moverse de él: "Eran pueblos agricultores y *sedentarios*", *crustáceos sedentarios.*

sedición s f (*Der*) Acción que se emprende masivamente y sin armas en contra de una autoridad para obligarla a actuar en cierto sentido, para abolir o reformar la Constitución, para alterar el orden legal o jurídico, etc: *incitar a la sedición.*

sedimentación s f Acto de sedimentar o sedimentarse: "Se ha calculado el ritmo de *sedimentación* de los diferentes depósitos".

sedimentar v tr (Se conjuga como *amar*) Depositar en el fondo de un recipiente, una cuenca o un cauce, las materias sólidas que se hallaban suspendidas en un líquido o en el aire; asentar, precipitar: "Después de *sedimentarse*, se decanta y se filtra el líquido".

sedimento s m Materia que se asienta o se deposita después de haber estado suspendida en un líquido o en el aire: *sedimentos submarinos,* "Un exceso de *sedimentos* contamina las aguas".

sedoso adj Que es suave, delicado, terso o brillante, como la seda: *cabellos sedosos, piel sedosa.*

seducción s f **1** Acto de seducir **2** Cualidad de quien seduce o lo que seduce; capacidad de seducir: "Puso en su sonrisa toda su *seducción*".

seducir v tr (Se conjuga como *producir,* 7a) **1** Atraer sexualmente a alguien; conquistar amorosamente; abusar sexualmente: "Las indias violadas o *seducidas* por los españoles", "Un mes después de que me *se-*

dujo abandonó la escuela" **2** Atraer de manera irresistible, fascinar intensamente: "La política-ficción no *seduce* al lector, sino que lo inquieta", "Nunca se deja *seducir* por una belleza superficial".

segmento s m Parte o porción definida de una cosa: *segmento de una recta, segmento de un gusano.*

segregar v tr (Se conjuga como *amar*) **1** Separar de un todo varios de los elementos que lo constituyen: *segregar un pelotón, segregar un distrito, segregar a los negros* **2** Echar de sí un objeto o una persona alguna sustancia que produce o se origina en su interior: *segregar saliva, segregar jugos.*

segueta s f Herramienta consistente en una hoja, por lo general de acero, recta, angosta y larga con numerosos dientes puntiagudos en uno de sus bordes; la cual, sujeta a un armazón en forma de marco, se usa para cortar metal u otros materiales duros: "Necesitas una *segueta* para cortar el tubo".

seguidilla s f **1** (*Lit*) Estrofa muy empleada en la lírica popular, constituida generalmente por dos heptasílabos (versos primero y tercero) sin rima, y dos pentasílabos (versos segundo y cuarto) asonantes. A veces termina en un estribillo formado por tres versos, dos pentasílabos (verso primero y tercero) con rima asonante distinta, y un heptasílabo libre (verso tercero) **2** pl Danza popular española y su música correspondiente **3** En el juego del póker, cinco cartas en orden numérico progresivo; escalerilla **4** (*Tab*) Juego infantil de la roña.

seguido I pp de *seguir* **II** adj pl Que van unos detrás de otros sin que haya ningún corte o interrupción: "No ha comido durante tres días *seguidos*" **III 1** adv Con mucha frecuencia: "*Seguido* viene a visitarnos" **2** *En seguida* Inmediatamente después: "Llegamos y *en seguida* nos atendieron", "Su casa está *en seguida* del mercado".

seguir v tr (Se conjuga como *medir*, 3a) **I 1** Ir detrás de alguien o algo recorriendo el mismo camino: "Para no perderme *seguí* a mi hermano", *seguir a una persona, seguir la presa, seguir a un ladrón* **2** Recorrer un camino o trayectoria sin apartarse de él: *seguir el río*, "Si *sigues* la calle llegas al parque" **3** Estar alguna cosa inmediatamente después de otra, por lo general dentro de un conjunto ordenado o de una jerarquía: "La casa que *sigue* es la de mi hermano", "Lea usted el párrafo que *sigue*", "La e *sigue* a la a" **4** Tomar como modelo a alguien o algo; tomarlo como punto de partida para hacer alguna cosa o para actuar en armonía con él o con ello: "En este párrafo *sigue* a un filósofo alemán", "Sólo *sigue* sus ideas y sus instintos", "Tú cantas y yo te *sigo* con la guitarra" **5** Permanecer atento y enterado del desarrollo de alguna cosa o de la vida de alguien: *seguir el hilo de la conversación*, "*Sigue* paso a paso la vida de su cantante favorito" **6** Llevar, cursar o asistir regularmente a algún tipo de enseñanza: *seguir una carrera, seguir una clase, seguir un curso* **II 1** intr Estar alguna cosa ocurriendo o sucediendo todavía sin haberse interrumpido; estar en una misma situación o estado que ha comenzado antes y no se ha interrumpido: "*Sigue* lloviendo", "¿*Sigues* estudiando?", "No ha venido porque *sigue* enfermo", "*Seguimos* en silencio" **2** *Seguirse algo de otra cosa* Deducirse alguna cosa como consecuencia de otra: "De tu afirmación *se sigue* que vas a dejar de estudiar".

según prep y adv **1** De acuerdo con, conforme a, de igual o similar manera que: "Actuamos *según* sus instrucciones", "*Según* vea las cosas, decidiré qué hacer", "Procedamos *según* la ley" **2** De acuerdo con cierto autor, con cierto escrito o con cierta persona, sobre la base de: *el evangelio según San Marcos, la política según Platón*, "*Según* los alarmistas el sismo estaba a punto de repetirse", "*Según* ella, lo ocurrido confirma sus sospechas" **3** Tan pronto como, al mismo tiempo que: "Guardaban los costales *según* iban saliendo del camión".

segundo¹ adj y s Que es o que está inmediatamente después de lo primero en orden, en el tiempo o en el espacio: *segundo lugar, segunda mesa, segunda edición*, "El *segundo* en llegar fui yo".

segundo² s m Cada una de las sesenta partes en que se divide un minuto.

seguramente adv **1** De modo seguro: "*Seguramente* te dijo que no vendría" **2** Con mucha probabilidad: "*Seguramente* lloverá", "*Seguramente* les acarreará una multa", "*Seguramente* se encuentra en alguna biblioteca particular".

seguridad s f **1** Condición de estar libre de peligro, daño, pérdida o falla: *la seguridad de un edificio, la seguridad de un puente, la seguridad de un ciudadano, la seguridad de un avión* **2** Situación del ánimo de una persona en la que tiene firmeza, certeza y confianza en lo que hace y en lo que dice: *la seguridad de sus afirmaciones, la seguridad de un chofer, la seguridad de un funcionario* **3** Circunstancia de que algo pueda efectivamente suceder o realizarse: *la seguridad de un fenómeno atmosférico, la seguridad de una cita* **4** *De seguridad* Que impide algún peligro, daño, accidente, etc, o lo previene: *cinturón de seguridad, fusible de seguridad* **5** *Seguridad social* Organización pública que ofrece a los trabajadores inscritos en ella servicios médicos, cuidado y alojamiento a los ancianos, ayuda a los hijos de los derechohabientes, pensiones a los jubilados, etc, a cambio de una cuota proporcional a la capacidad económica de cada asegurado.

seguro adj **1** Que es o que está libre de todo peligro, daño, pérdida o falla: *una casa segura, un refugio seguro, una máquina segura, una inversión segura* **2** Que es firme, constante, invariable: *una pared segura, una decisión segura, un proyecto seguro, una sustancia segura* **3** Que tiene certeza y confianza en sus afirmaciones y actitudes, que sabe lo que hace y dice: *un hombre seguro, un maestro muy seguro, una mujer segura de sí misma* **4** adv De manera cierta o verdadera, sin duda: "*Seguro* voy a la fiesta", "*Seguro* que nos equivocamos" **5** *A buen seguro, de seguro* Ciertamente, con seguridad: "*De seguro* encuentro a mis amigos en la plaza" **6** *Sobre seguro* Sin riesgo ni peligro: *trabajar sobre seguro, decidir sobre seguro* **II** s m Contrato por el cual se compromete una compañía a pagar a una persona, a una empresa o institución, a quien ellos designen, cierta cantidad de dinero por una pérdida o un daño que pueda suceder, a cambio del pago de una cuota o prima proporcional al valor de lo asegurado y en relación con los riesgos a que esté expuesto: *seguro de vida, seguro contra incendios, seguro contra accidentes de trabajo* **III** s m **1** Instrumento que sirve para que el funcionamiento de algún aparato sea regular y no falle: *seguro de un arma, seguro eléctrico* **2** Alfiler doblado, cuya punta se encaja en una entrada que impide que se suelte y pueda hacer daño: *poner un seguro al pañal del niño.*

seis adj m y f y s m **1** Número que sigue al cinco y precede al siete **2** *Dejar de a seis a alguien* o *quedarse de a seis alguien* (*Coloq*) Dejar muy sorprendido a alguien o quedarse muy sorprendido, impresionado, asombrado: "*Me dejó de a seis* con su cinismo", "Se va a *quedar de a seis* con el regalo".

selección s f **1** Acto de separar, tomar o escoger de un conjunto de personas o de cosas, las que se consideren mejores de acuerdo con cierto criterio: *la selección de los estudiantes, una selección de canciones, una selección de libros infantiles* **2** *Selección natural* Según la teoría de la evolución de Darwin, proceso natural por el cual los individuos de una especie adquieren o pierden al azar ciertas características biológicas; los cambios que aseguran una mejor adaptación al medio ambiente dan al individuo que las posee mayores posibilidades de sobrevivir y de reproducirse, y al heredarlas a sus descendientes se hace más factible la supervivencia de su especie.

seleccionado I pp de *seleccionar* **II** s Jugador de algún deporte que forma parte del equipo oficial de un país o que lo representa en competencias internacionales: *los seleccionados olímpicos* **III** s m Equipo deportivo formado por los mejores jugadores de un país: *el seleccionado de basquetbol,* "El *seleccionado* mexicano se enfrentará al equipo italiano".

seleccionar v tr (Se conjuga como *amar*) Separar o escoger entre un conjunto de cosas o elementos los que se consideran mejores con arreglo a cierto criterio: *seleccionar alumnos, seleccionar deportistas, seleccionar animales, seleccionar libros.*

selectivo adj **1** Que implica selección, que se hace o se practica con el propósito de seleccionar: *prueba selectiva, criterio selectivo* **2** *Ser alguien selectivo* Ser exigente o cuidadoso al seleccionar: "Es muy *selectiva* para sus amistades", "Tenemos que *ser selectivos* en lo que hemos de producir".

selecto adj **1** Que es de excelente calidad; que se selecciona por ser considerado como lo mejor de su clase: *música selecta, obras selectas de la literatura, verdura selecta* **2** Tratándose de un grupo de personas, que se considera poseedor de refinamiento, de un alto nivel cultural, o de ciertas cualidades especiales que lo hacen distinto al común de la gente: *un público selecto, selecta concurrencia.*

selva s f **1** Terreno intertropical de clima húmedo y cálido poblado por una gran cantidad de especies animales, particularmente insectos, y por muchas clases distintas de plantas; puede mantener su vegetación siempre verde (*selva siempre verde* o *perennifolia*) o bien perder sus hojas durante unos meses al año (*selva caducifolia*); sus plantas pueden tener una altura promedio menor de 10 m (*selva baja*) o mayor, de hasta 30 m o más (*selva alta*); es el sistema ecológico más rico en vida arbórea: *selva lacandona, selva brasileña* **2** Bosque o terreno de vegetación muy tupida: *la selva negra alemana* **3** Asunto, problema o cuestión desordenada, intrincada, confusa o muy compleja: "Su libro es una *selva* de números".

sellar v tr (Se conjuga como *amar*) **1** Poner un sello entintado o impreso sobre un papel, que generalmente significa que algo ha sido pagado, entregado, recibido o que tiene cierto valor como documento autorizado: *sellar la copia* **2** Cerrar perfectamente, en general aplicando alguna sustancia o material especial: *sellar la sutura, sellar aberturas de tubos* **3** Dar por terminado o concluido un trato o convenio: "Los judíos y palestinos *sellaron* la paz con un abrazo" **4** (*Rural*) Sembrar todo un campo o llenar enteramente de plantas que se siembran en determinada porción de terreno.

sello s m **1** Utensilio consistente en una plancha de metal o de hule en la que está grabado algún dibujo o una leyenda particular, sujeta a un mango y que al mojarse en tinta se estampa en ciertos documentos para darle autoridad o validez **2** Lo que queda estampado o impreso con este utensilio: "Debe traer el *sello* que le ponen en la frontera" **3** Trozo de papel oficial que se pega en ciertos documentos o lugares: *sellos de clausura* **4** Antiguamente, trozo de plomo o de cera que cerraba un documento para evitar que fuera abierto por otra persona que no fuera el destinatario **5** Lo que caracteriza a alguien o algo y lo distingue de lo demás: "Esas familias llevan el *sello* de la aristocracia espiritual".

semana s f **1** Conjunto de siete días consecutivos, medido ya sea de domingo a sábado, o de lunes a domingo **2** Cualquier conjunto de esos siete días: "El miércoles hará una *semana* que vi a mi abuelo" **3** *Fin de semana* Tiempo que abarca el sábado y domingo, en el que algunas personas no asisten a su lugar de trabajo y se dedican a descansar y a sus ocupaciones personales **4** *Entre semana* En cualquier día que no sea sábado o domingo: *trabajar bien entre semana* **5** *Semana inglesa* Periodo de ocho horas de trabajo de lunes a viernes, y eventualmente cuatro horas por la mañana del sábado **6** Salario ganado en una semana o dinero que se entrega para gastar en una semana **7** *Semana Santa* o *Semana Mayor* La que celebran los cristianos entre el domingo de Ramos y el domingo de Pascua de Resurrección.

semántica s f Parte de la lingüística y de la lógica que tiene por objeto de estudio el significado de las palabras o de las expresiones lingüísticas.

semblante s m Cara de una persona, especialmente cuando expresa o refleja sus emociones o su estado físico: "El *semblante* se le había iluminado al decirlo", "Escondía el *semblante* pálido y doliente de la anciana", "No halló eco en el *semblante* grave de su padre", "Tiene muy mal *semblante* después de no haber dormido durante tantas noches", "Regresó de las vacaciones contento y con muy buen *semblante*".

sembradío s m Terreno que se siembra o que está sembrado: *un sembradío de calabaza.*

sembrado s m Terreno cultivado: *tener un sembrado de papas.*

sembrar v tr (Se conjuga como *despertar*, 2a) **1** Poner semillas de alguna planta o repartirlas en cierta cantidad y orden en la tierra que se va a cultivar: *sembrar maíz, sembrar alcachofas* **2** Poner los elementos, dar lugar y facilitar la formación, el crecimiento o la difusión de algo: *sembrar conocimientos, sembrar lealtad, sembrar discordia, sembrar miedo* **3** Repartir alguna cosa con abundancia: *sembrar de flores el camino, sembrar de confeti las calles* **4** (*Popular*) Tirar al suelo, echar a tierra; derribar: "Ya me *sembró* el caballo".

semejante I 1 adj m y f Que se parece a alguna cosa o persona, que comparte con ella ciertos rasgos, características, etc: "Tiene un gran bigote *semejante* al de su padre", *dos colores semejantes* **2** s m Persona, con respecto a otra u otras, considerada como parte del género humano; prójimo: "Ayudaba a sus *semejantes*, aun a costa de grandes sacrificios" **II** adj (*Coloq*) **1** Que es de gran tamaño, volumen, nivel, etc: "Quería que cargara *semejante* cantidad de maíz", *semejante animal* **2** Que es o se considera malo, insuficiente o despreciable: "No hablaba con tipos *semejantes*", "No se puede trabajar con *semejante* herramienta".

semejanza s f **1** Carácter o cualidad de tener algo o alguien rasgos, características, maneras o detalles que también tiene otra cosa u otra persona, pero no todos juntos ni en la misma combinación: *la semejanza de dos parientes* **2** A *semejanza* De manera parecida, como: "El hombre fue creado *a imagen y semejanza* de Dios".

semejar v copulativo o predicativo (Se conjuga como *amar*) Tener una cosa el aspecto o la apariencia de otra; parecer: "Las varas con limas *semejaban* resplandecientes cirios fúnebres", "Las danzas *semejaban* justas o torneos".

semen s m Líquido blanquecino y espeso producido por los órganos reproductores masculinos, particularmente por los testículos y la próstata, en el cual están los espermatozoides.

semental s y adj m Animal macho que se destina a la reproducción de su especie: *toro semental*, *semental caprino*, "Ese caballo es un *semental* muy caro".

sementera s f Tierra sembrada; sembrado: *una sementera de hortalizas*.

semestre s m **1** Periodo de seis meses: "Se suscribió por un *semestre* a la revista" **2** Cada uno de los dos periodos en que se divide el año escolar, fiscal, etc: "Está en el tercer *semestre* de la carrera de letras".

semiconductor s m (*Elec*) Cuerpo cristalino que tiene propiedades eléctricas, intermedias entre las de los metales y las de los aislantes, las cuales varían con la temperatura o el voltaje, como el germanio, el silicio, el selenio y los arseniuros y fosfuros de galio: *un semiconductor puro*, *semiconductores amorfos y cristalinos*.

semilla s f **I 1** Parte de la planta que se encuentra en el interior del fruto o huevo, una vez fecundada, puesta en la tierra o en condiciones adecuadas, germina y produce una nueva planta de la misma especie: *semilla de algodón*, *semillas de la naranja*, *semillas de calabaza*, *semilla de ajonjolí* **2** Conjunto de estas partes, que se siembra en un terreno: *echar semilla*, *guardar semilla* **3** Causa u origen de algo: *una semilla de esperanza*, *semilla de una gran obra* **II** (*Rural*) **1** Madre de la cochinilla (*Coccus cacti*) que se coloca en las pencas de los nopales para su reproducción **2** En la elaboración del pulque, aguamiel de la mejor calidad que se deja fermentar con el objeto de utilizarse para activar la fermentación del aguamiel fresco **3** *Semilla brincadora* Semilla de una planta euforbiácea (*Sebastiana pavoniana* o *Sebastiana ramirezii*) que tiene la peculiaridad de moverse y saltar impulsada por la larva de un lepidóptero que se aloja en ella y que se desarrolla en el transcurso de varios meses **4** *Semilla palomera* La del maíz de granos pequeños que se emplea en la ali-

mentación de las palomas **5** *Semilla del piojo* La de una planta hipocrateácea (*Hippocratea celastroides* o *Hippocratea excelsa*) que se usa como insecticida **6** *Semilla de culebra* (*Abrus precatorius*) Planta trepadora de la familia de las leguminosas, de hojas pinadas con numerosas hojuelas oblongas; flores papilionadas moradas en racimos; fruto en vaina con seis semillas pequeñas, negras en la parte del hilio. Las hojas y la raíz tienen sabor dulzón; las semillas son venenosas **7** *Semilla de la Virgen* (*Rivea corymbosa*) Planta trepadora de la familia de las convolvuláceas, de hojas largamente ovadas, de base cordada; acuminadas, de 5 a 6 cm con largo peciolo, flores monopétalas, tubuloso-campanuladas, blancas, de 2 a 4 cm en grupos umbeliformes; fruto con una semilla cónica, morena de 4 a 5 mm. A las semillas se les atribuyen propiedad narcóticas.

seminario s m **1** Colegio exclusivamente dedicado a la preparación de candidatos al sacerdocio: *huir del seminario con la fe hecha pedazos*, "Estudió en el *seminario* Conciliar de México" **2** Grupo de trabajo o estudio generalmente dirigido o coordinado por un profesor, en el que los estudiantes participan activamente; y lugar donde se lleva a cabo: *seminario sobre el desarrollo de la comunidad rural*, *el seminario de reforma fiscal*, *seminario de la cultura mexicana*, *seminario de tesis*.

semita adj y s m y f **1** Que pertenece a un grupo étnico originario de Asia occidental, como los hebreos y los árabes, y que habla lenguas emparentadas (semíticas), como el arameo, el hebreo y el árabe **2** (*Coloq*) Judío **3** s f Pan dulce hecho de salvado o harina oscura, de color café claro tendiendo al gris, de forma redonda, endulzado con piloncillo y espolvoreado de malta, lo que le da un aspecto polvoso. (También *cemita*.)

semitono s m (*Mús*) Cada una de las dos mitades en que se divide el intervalo de un tono en la escala musical; la octava tiene doce semitonos, en tanto que la escala de do mayor comprende dos, uno entre mi y fa y otro entre si y do.

senado s m **1** Institución política de un Estado democrático constituida por los representantes de las diversas colectividades territoriales del país; es parte del Poder Legislativo. En México está formado por dos miembros de cada estado de la Federación y dos del Distrito Federal, elegidos directamente por sufragio de los ciudadanos del estado al que representan y para un periodo de seis años. Con la Cámara de Diputados forma el Congreso de la Unión; Cámara de Senadores: "La iniciativa de ley será discutida por el *Senado*" (se escribe con mayúscula) **2** Edificio o local en el que se reúne la Cámara de Senadores a deliberar: "La biblioteca está cerca del *senado*".

senador s Miembro de un consejo legislativo o Senado. En México es elegido por sufragio directo de los ciudadanos de cada estado de la Federación, a los que representa por un periodo de seis años. Su función principal es examinar las iniciativas de ley que recibe de los diputados para su aprobación, modificación o rechazo: *senador por Sinaloa*.

sencillamente adv **1** Con sencillez: *hablar sencillamente*, *vivir sencillamente* **2** Tan sólo, sin más, sin otras consideraciones: "*Sencillamente* no me da la gana", "Es simple y *sencillamente* imposible lo que dices", "*Sencillamente* se levantó y se fue".

sencillez s f Cualidad de sencillo, natural, sin profundidad, ni complicaciones: *vestir con sencillez,* "Me gusta la *sencillez* con que habla", *la hermosa sencillez de su estilo poético,* "La *sencillez* es una de sus virtudes".

sencillo adj I **1** Que es natural y no tiene complejidad: *una planta sencilla, una persona sencilla* **2** Que se hace o se presenta tal como es, en su forma original, sin adornos ni complicaciones: *una obra sencilla, un edificio sencillo, un estilo sencillo* **3** Que está constituido por uno solo de los elementos que pueden formarlo; que corresponde a un solo elemento o a una sola persona: *un cuarto sencillo, un tallo sencillo* **4** Que no ofrece dificultad: *un asunto sencillo, un trabajo sencillo* II s m (*Rural*) Dinero suelto en moneda fraccionaria.

sendos adj pl (Siempre antecede al sustantivo) **1** Indica que los elementos a los que se refiere corresponden uno para cada una de las personas o cosas que se mencionaron: "Hugo y Óscar tras tomar *sendas* revistas, fueron a los sillones para gozarlas", "Ambos murieron en *sendos* accidentes" **2** (*Popular*) Que es grande o extraordinario: "Se sirvieron *sendos* platazos de pozole".

senectud s f **1** Etapa de la vida que sigue a la madurez, generalmente comienza a los 60 años y en ella comienzan a declinar las facultades del individuo; vejez: "Un público fanático que no perdona los primeros signos de la *senectud*", "Son problemas de salud propios de la *senectud*" **2** Conjunto de personas ancianas: *programas de ayuda a la senectud.*

seno[1] s m **1** Cada una de las dos protuberancias o glándulas mamarias situadas en la parte delantera del tórax de las mujeres; en ellas se produce la leche durante el periodo de lactancia; pecho **2** Espacio o hueco que queda entre los pechos y el vestido: "Guardó el dinero en el *seno*" **3** Espacio, cavidad o hueco, especialmente de ciertos huesos de la cara y en general de la anatomía humana y animal: *seno maxilar, seno frontal* **4** Cavidad de la matriz donde la mujer o la hembra de los mamíferos lleva al hijo antes del parto; útero: "María llevaba en su *seno* a Jesús" **5** *En el seno de* Dentro de, en el interior de, en medio de: *en el seno de la familia,* "En el *seno de* las sociedades modernas…", "Murió *en el seno de* la Iglesia católica".

seno[2] s m (*Geom*) Con respecto a cualquiera de los dos ángulos agudos de un triángulo rectángulo, función trigonométrica definida por la división del cateto opuesto al ángulo considerado entre la hipotenusa; con respecto a un arco, esta misma función, considerando el ángulo que corresponde a ese arco.

sensación s f **1** Impresión o efecto más o menos vago e indefinido que produce algo en los sentidos o en la mente: *sensación de frío, sensación de ahogo, sensación de hambre, sensación de tristeza,* "Tengo la *sensación* de que algo malo va a suceder" **2** (*Psi*) Modificación subjetiva experimentada por un organismo como consecuencia de la acción de un estímulo **3** Impacto grato o impresión intensa que causa algo o alguien: "El espectáculo fue la *sensación* del año", "El traje de baño de Olga causó *sensación*".

sensacional adj m y f Que causa sensación, que impresiona fuertemente por ser extraordinario o fuera de lo común: *un reportaje sensacional, un encuentro de futbol sensacional, una mujer sensacional.*

sensato adj **1** Que se comporta con cordura y sentido común, que sus actos están determinados por la prudencia y el buen juicio: "Desde niño ha sido muy *sensato*", "Una mujer *sensata* no se casaría con un loco" **2** Que es producto de la prudencia y el buen juicio o se apega a ellos: *palabras sensatas, una decisión sensata.*

sensibilidad s f **1** Capacidad para percibir o sentir algo, o para reaccionar a algún estímulo, especialmente la de los seres animados que captan los estímulos por medio de los sentidos: *sensibilidad al dolor, la sensibilidad de los nervios,* "Los gatos tienen mucha *sensibilidad*", la sensibilidad de una película fotográfica" **2** Capacidad de percibir emocional o intelectualmente los afectos, las sensaciones o las impresiones que provoca una persona, una situación o un objeto: *sensibilidad artística, herir la sensibilidad.*

sensible adj m y f I **1** Que es capaz de percibir o experimentar sensaciones, o de responder a fenómenos de poca intensidad: *órganos sensibles, aparatos sensibles, organismos sensibles a determinadas sustancias* **2** Que se puede percibir por medio de los sentidos o de la inteligencia: *mundo sensible* **3** Que tiene una percepción aguda y especial: *artista sensible* **4** Que produce pena o dolor: *una pérdida sensible, el sensible fallecimiento de su hijo* **5** Que se impresiona fácilmente; que puede ser afectado o dañado con facilidad: "Es tan *sensible* que la noticia la hizo llorar", *una planta sensible* II (*Mús*) Séptima nota de la escala natural, mayor o menor, o de aquella que tiene la misma sucesión de tonos y semitonos, que dista de la octava en medio tono.

sensiblemente adv **1** De modo tal que se percibe con facilidad: "Ha disminuido *sensiblemente* la visión fiscal", "La calidad del producto mejoró *sensiblemente*" **2** Con los sentidos: *captar intelectual y sensiblemente el mundo exterior.*

sensitiva s f (*Mimosa pudica*) Planta herbácea de la familia de las leguminosas, de tallo espinoso, hojas compuestas de dieciocho pares de hojuelas lineales y flores en cabezuelas rosadas; su fruto es una vaina articulada de 3 cm con varias semillas en su interior. Las hojas y hojuelas se pliegan al menor contacto. Se encuentra en lugares cálidos; dormilona.

sensitivo adj **1** Que se refiere a los sentidos, especialmente al tacto, o se relaciona con ellos: *sistema nervioso sensitivo, trastornos sensitivos* "Dichoso el árbol que es apenas *sensitivo*" **2** Que tiene mucha sensibilidad; que percibe natural e intuitivamente lo que para la mayoría pasa inadvertido; sensible: "En cada detalle refleja una naturaleza privilegiadamente *sensitiva*".

sensorial adj m y f Que pertenece a los sentidos; que se relaciona con las funciones sensitivas o se refiere a ellas: *percepción sensorial, estímulos sensoriales, trastornos sensoriales.*

sensual adj m y f Que provoca deleite o placer a los sentidos, especialmente cuando tiene relación con el deseo sexual: *movimientos sensuales, voz sensual, mirada sensual.*

sensualidad s f Cualidad de disfrutar plenamente el placer de los sentidos, o de provocar el deseo que se asocia a estos placeres, particularmente el sexual: *la sensualidad de los gatos, la sensualidad de un cantante,* "La *sensualidad* de sus movimientos los volvía locos", *sensualidad en la mirada.*

sentado I pp de *sentar* o *sentarse*: "No me he *sentado* en toda la mañana" II adj Que está en la posición que generalmente se adopta cuando se utiliza un determinado asiento: "Se encontraba *sentado* en un sillón" III *Dar por sentado* Dar por seguro: "*Dio por sentado* que todos los niños estaban vacunados", "*Dieron por sentado* el triunfo".

sentar v tr (Se conjuga como *despertar*, 2a) I 1 Poner a alguien de manera que se apoye sobre las nalgas en una silla o cualquier otra cosa que sirva de asiento: *sentar al niño en su silla*, *sentar al enfermo*, *sentarse en un sillón* 2 Colocar alguna cosa sobre otra o al lado de otra, de manera que queden bien apoyadas entre sí, o una en otra: *sentar un muro*, *sentar una viga* 3 *Sentarse a la mesa* Ponerse una persona enfrente de una mesa y sentado en una silla para comenzar a comer, a trabajar o a discutir algún asunto 4 Hacer que algo sirva como punto de apoyo o de partida para alguna cosa o considerarlo como tal: *sentar las bases*, *sentar precedentes* 5 prnl Producir alguna cosa cierto efecto en una persona, en su organismo o en su apariencia: "*Me sentó* bien el descanso" 6 *Sentar cabeza* Llegar alguien a una situación estable y segura, económica y emocionalmente II Hacer que un caballo marque dos rayas en el suelo con los cascos de las patas, levante el tren delantero y remeta el trasero, al frenar bruscamente.

sentencia s f 1 Pena o castigo a que ha sido condenada una persona por un juez después de haberla encontrado culpable en un juicio: "Cumple una *sentencia* de dos años de cárcel" 2 (*Der*) Resolución emitida por un juez con la que se da fin a un juicio o proceso: "Fue una *sentencia* apegada a la ley", "El abogado solicitó una aclaración de la *sentencia*" 3 Expresión corta, más o menos invariable, por lo general de origen culto, que encierra una reflexión, juicio o consejo sobre la vida, como: "El más áspero bien de la fortuna / es no haberla tenido por alguna" de Alonso de Ercilla.

sentenciar v tr (Se conjuga como *amar*) 1 Condenar un juez a una persona o recibir determinado castigo tras declararla culpable de algún delito: "Lo *sentenciaron* a cadena perpetua", *sentenciar a la hoguera* 2 Expresar un juicio, resolución o reflexión serio o grave: "El médico *sentenció* gravemente: —Hay que operarlo" 3 *Sentenciársela a alguien* (*Coloq*) Amenazarlo con vengarse de él.

sentencioso adj Que expresa una sentencia moral, especialmente con solemnidad y afectación: *el coro sentencioso y razonador*, "Ernestina reaccionó *sentenciosa* y firme".

sentido s m I 1 Cada una de las capacidades que tienen los seres humanos y los animales de percibir acontecimientos y estímulos físicos: *sentido de la vista*, *sentido del oído*, *sentido del tacto*, *sentido del olfato*, *sentido del gusto* 2 Capacidad de los seres humanos para percibir, comprender, apreciar y razonar alguna cosa, o de los animales para percibir o apreciar algo: *sentido de orientación*, *sentido musical*, *sentido de responsabilidad* 3 *Perder el sentido* Desmayarse 4 *Poner uno sus cinco sentidos en algo o en alguien* Ponerle toda la atención, cuidado y concentración de que se es capaz 5 *Estar alguien en sus cinco sentidos* Tener conciencia de sí mismo, estar despierto 6 *Sexto sentido* Intuición: "Las madres tie-

nen un *sexto sentido* para percibir lo que les pasa a sus hijos" 7 En Oaxaca, sien 8 (*Rural*) Oído, oreja II 1 Comprensión que tiene alguien de lo que otra persona quiere comunicarle, de lo que él mismo intenta manifestar o de lo que vale, importa, señala o se propone algún escrito, alguna conversación, alguna acción o algún acontecimiento: "¿Cuál es el *sentido* de lo que dices?", "El *sentido* de una afirmación es que interesa más explicarse con claridad que hacerlo elegantemente", "El *sentido* del esfuerzo humano es la superación de sus propias limitaciones", "No sé qué *sentido* tenga pelearse dos países por una isla miserable" 2 Cada una de las maneras en que se puede interpretar un texto, o lo dicho por alguien: "La justicia, en su *sentido* de valor moral…", "Ese dicho tiene dos *sentidos*" 3 *Sentido común* Comprensión general y regular que se supone tienen todas las personas acerca de las cosas 4 Dirección de una línea o de un movimiento desde cada uno de sus extremos: *el sentido de una calle*, *el sentido de un vector* III adj 1 Que manifiesta o explica un sentimiento: *un discurso muy sentido*, *un sentido pésame* 2 Que se ofende muy fácilmente: *una mujer muy sentida* 3 (*Coloq*) Tratándose de trastes que se rompen, como cazuelas de barro, platos y vasos, que está a punto de romperse por tener ya una rajadura o hendidura: "Hay que tirar esa olla porque ya está *sentida*" 4 Tratándose de caballos, que es sensible y atiende con prontitud a los castigos que se le aplican; que tiene una sensibilidad extraordinaria en el olfato y en el oído, que le permite percibir a distancia la presencia del hombre y de otros animales.

sentimental adj y s m y f 1 Que se refiere a la vida afectiva, especialmente al amor: "La juventud es la etapa del aprendizaje *sentimental*" 2 Que se deja llevar por sus emociones y sentimientos, que es propenso a exteriorizarlos: "Esa niña es muy *sentimental*, por todo llora" 3 adj m y f Que pertenece a los sentimientos o se relaciona con ellos: "Las joyas que le robaron tenían sobre todo un valor *sentimental*, porque pertenecían a su madre o se las habían regalado personas muy queridas" 4 adj m y f Que expresa en forma excesiva los sentimientos y emociones: *una novela sentimental*, *música sentimental*.

sentimiento s m 1 Estado mental producido por la percepción de alguna cosa alegre, triste, tierna, molesta, etc en la persona que la experimenta: *un sentimiento de culpa*, *un sentimiento de respeto*, *un sentimiento de frustración*, *un sentimiento de dolor*, *un sentimiento de entusiasmo*, *un sentimiento de compasión*, *un sentimiento de amor* 2 Capacidad que tiene alguien para manifestar esos estados mentales: *cantar con sentimiento*, *hablar con sentimiento* 3 Dolor o tristeza por una ofensa o por algún suceso: "Le dio mucho *sentimiento* que su hijo le reclamara tantas cosas del pasado", "Le da mucho *sentimiento* que lo comparen con su hermano".

sentir[1] v tr (Modelo de conjugación 9a) 1 Percibir por medio de los sentidos y experimentar el efecto que causa en el cuerpo y en la mente de uno: *sentir frío*, *sentir hambre*, *sentir miedo*, *sentir la proximidad de una persona*, *sentir celos*, *sentir una gran pasión*, *sentir ternura*, *sentir remordimiento* 2 prnl Tener uno la sensación o la idea de algo que le sucede o le afecta: *sentirse enfermo*, *sentirse mal*, *sentirse cansado*, *sentirse inferior*, *sentirse viejo*, *sentirse res-

ponsable, sentirse libre **3** Tener por triste o doloroso algún acontecimiento: *sentir la muerte de un familiar* **4** Tener cierta opinión a partir del modo en que ha percibido o experimentado uno algo: "Lo digo como lo *siento*", "*Siento* que el problema es diferente" **5** prnl Ofenderse uno por lo que otra persona le ha dicho o hecho: "*Me sentí* con él por no invitarme a su fiesta" **6** Percibir con anticipación algunos animales algún acontecimiento: "Los perros se pusieron a ladrar cuando *sintieron* que temblaría" **7** prnl Debilitarse alguna cosa por efecto de alguna fuerza excesiva o algún golpe: *sentirse una pared, sentirse un hueso*.

sentir² s m Opinión que se forma alguien de algo según el modo en que lo percibe y experimenta: "Explicó su *sentir* en lo que respecta a la ayuda que se les da a los huérfanos".

seña s f **1** Gesto que se hace especialmente con las manos, los brazos, la cabeza o la cara para comunicar algo sin necesidad de hablar: *una seña soez, lenguaje de señas de los sordomudos* **2** *Hacer señas* Hacer un gesto para comunicar algo sin hablar: "Las mujeres sonreían al verlo y le *hacían señas*", "Tuvo que *hacerle señas* para que se detuviera" **II 1** *Dar las señas* Dar información o descripción detallada sobre un problema o un lugar: "Espero reconocer a Clara por *las señas* que Marcia me *dio*" **2** *Señas particulares* Aquellas que caracterizan la identidad y fisonomía de una persona: "Comunicó las *señas particulares* del asesino" **3** Huella o vestigio que deja alguien o algo: "Todavía traigo la *seña* del golpe", "No había *señas* de los ladrones" **4** Marca o señal que se emplea para acordarse de algo: "Puso una *seña* en la página donde había dejado la lectura".

señal s f **1** Marca que se pone en alguna cosa para separarla o distinguirla de otras: *una señal en un árbol, las señales de un terreno, una señal en un libro* **2** Indicación o aviso de algún acontecimiento, que se interpreta como tal en ciertos fenómenos naturales o en ciertas características de las cosas a partir de las experiencias comunes de los miembros de una comunidad y una cultura: "Cuando vi el cielo gris, pensé que era *señal* de tormenta", "Los aztecas creían que los eclipses eran *señal* de daño para las mujeres embarazadas", "Apareció el cometa y lo vieron como *señal* de catástrofe" **3** Trazo, dibujo, representación o gesto que se conviene como indicación de otra cosa: *señales de tránsito, la señal de la cruz, la señal para comenzar una carrera* **4** Marca, indicio o huella que queda de algún acontecimiento y que permite conocer sus características: *una señal en la cara, señales de una erupción volcánica* **5** Corte o taladro que se hace a algunos animales para marcarlos en las orejas, en la nariz o en la papada **6** Cada uno de los estímulos eléctricos, luminosos, de radio, etc, y el conjunto de todos ellos, con el que se envía un mensaje cifrado o codificado: *señales de radar, señales de televisión, señales Morse*.

señalar v tr (Se conjuga como *amar*) **1** Poner o colocar en algo una marca o cualquier otra cosa que sirva para hacerlo notar o distinguirlo: "Para no perder la página del libro, la *señalé* con un doblez", "Para poder estudiar la migración de algunos animales, los *señalan* con una cinta en la oreja" **2** Mostrar o indicar con el dedo o de otra manera: "Como había mucha gente lo *señaló* para que pudiera verlo" **3** Lla-

mar la atención hacia algo o subrayarlo: "Debemos *señalar* la importancia de este trabajo" **4** prnl Destacarse una persona o hacer que algo destaque: "*Se ha señalado* por sus servicios a la Nación" **5** Determinar o fijar algo como un plazo, una obligación, etc: "Acabo de entrar y aún no me *señalan* mis obligaciones", "Hay que *señalar* la fecha del examen".

señor s **1** Persona adulta: "Ese *señor* me dijo que viniera aquí", "Había una *señora* que no dejaba de hablar" **2** Tratamiento de cortesía que se da a cualquier persona adulta **3** Dueño de una cosa o que tiene poder o dominio sobre algo o alguien: "El rey es mi *señor*", "La *señora* de la casa no está" **4** *Ser alguien todo un señor* Ser una persona que inspira respeto y estimación, generalmente por su personalidad fuerte o por su trato amable y distinguido **5** Dios: "Tláloc, poderoso *señor* del agua…", *Señor de Israel* **6** adj (Antepuesto al sustantivo) Que es grande, muy bueno o de gran calidad: "Tienen una *señora* casa", "Es un *señor* cantante".

señora s f **1** Mujer casada o que ya no es joven: *la señora Martínez*, "Antes, las *señoras* grandes les dejaban el quehacer a las hijas" **2** Esposa: "Le presento a mi *señora*", *señor López y señora*.

señorita s f **1** Mujer joven o soltera: *la señorita González* **2** (*Popular*) Doncella, virgen: "Despreció a su novia porque ya no era *señorita*" **3** Forma de tratamiento para las secretarias o las empleadas de oficina o de comercio: "*Señorita*, me podría enseñar el vestido que está en el aparador", "*Señorita*, a qué hora llega el doctor".

sépalo s m Cada una de las hojas que forman el cáliz de la flor.

separación s f **1** Acto de separar o separarse: *separación de una pareja, separación de poderes, separación de elementos, la separación de la Iglesia y el Estado, la separación entre el pasado y el futuro* **2** Objeto o espacio que impide la unión entre dos o más objetos, lugares, etc: *muro de separación, separación entre surcos* **3** *Separación de bienes* Régimen matrimonial en el que cada uno de los esposos conserva la propiedad de sus bienes personales y ninguno de los dos tiene derecho a disponer de los bienes del otro.

saparadamente adv En forma separada; por separado: "Analizaremos, *saparadamente*, el comercio interior y el comercio exterior de México".

separado I pp de *separar* o *separarse* **II 1** adj Que está aparte: *sistemas separados, contabilidad separada, letras separadas, recipientes separados*, "Desde hace un año viven *separados*" **2** *Por separado* Aparte, no en conjunto: *examinarse por separado, discutirse por separado, presentarse por separado, lavar por separado, batir por separado la crema*.

separador s y adj Objeto que sirve para separar: *una separadora de papel, los separadores de la carpeta*.

separar v tr (Se conjuga como *amar*) **1** Tomar elementos de un conjunto o partes de alguna cosa deshaciendo o descomponiendo su unidad: *separar átomos de hidrógeno y oxígeno del agua, separar la plata de las piedras, separar el grano de la paja, separar el pensamiento de las sensaciones, separarse dos esposos* **2** Quitar alguna cosa de entre otras para lograr cierto propósito: *separar las terneras de las vacas, separar la fruta buena de la podrida* **3** Alejar a una persona o una cosa de otra cuyo contacto generalmente es dañino, peligroso o inconveniente; poner o ponerse fuera de contacto: *separar a los que pelean*, *separar los cables de electricidad*, *separar a un enfermo contagioso*, "Unas cuantas leguas me *separaban* de mi pueblo", *separar las sillas de la pared para que no la dañen* **4** Hacer que alguien deje de desempeñar cierta función o cierto empleo, generalmente por decisión de su superior: *separar al jefe de oficina*, *separarse de una compañía*.

sepia 1 s m y adj m y f Color o colorante café oscuro, que se extraía de un molusco del mismo nombre **2** s f (*Sepia officinalis*) Molusco que segrega un líquido café oscuro.

septentrional adj m y f Que está o se origina en el norte de algún lugar o de alguna región; que se relaciona con el norte: *la parte septentrional de México*, *viento septentrional*.

séptico adj **1** Que se relaciona con la descomposición de la materia orgánica: *bacterias sépticas*, *tanque séptico*, *fosa séptica* **2** (*Med*) Que es producido por organismos infecciosos o que provoca infección: "La fiebre es de tipo *séptico*", *un aborto séptico*.

septiembre s m Noveno mes del año; tiene treinta días, sigue a agosto y precede a octubre: *septiembre, mes de las fiestas patrias*, *noche mexicana del 15 de septiembre*.

sepulcro s m **1** Construcción, generalmente en los panteones, para cubrir o encerrar los restos de uno o más muertos **2** En las iglesias católicas, lugar en el altar en el que se encuentran depositadas las reliquias de los mártires; cavidad o hueco, cubierto y sellado, hecho sobre la misma piedra que constituye el altar.

sepultar v tr (Se conjuga como *amar*) **1** Enterrar un cadáver, ponerlo en la sepultura, en una cripta o en un nicho: "Antes de morir, pidió que la *sepultaran* en su pueblo" **2** Cubrir por completo a una persona o una cosa una masa de tierra, piedras o lodo: "Se desmoronó una buena parte de tierra y *sepultó* a tres albañiles", "Varias casas fueron *sepultadas* por la lava" **3** Esconder, ocultar algo como un recuerdo o pensamiento, evitando que vuelva a aparecer: "Pretenden *sepultar* el recuerdo de aquel triste hecho", *sepultar un secreto*.

sepultura s f **1** Acto de sepultar a alguien: *recibir cristiana sepultura* **2** Agujero profundo que se hace en la tierra para enterrar un cadáver; lugar en el que está sepultado un muerto: "Éste es el jarabe loco / que a los muertos resucita / salen de la *sepultura* / meneando la cabecita" **3** *Dar sepultura* Sepultar, enterrar a un difunto: "Le *dieron sepultura* en el panteón de Dolores".

sequedad s f **1** Calidad de seco, condición de lo que carece de agua o tiene poca humedad: *la sequedad del clima*, *sequedad de la piel*, *sequedad de la garganta* **2** Actitud severa, dura, carente de amabilidad o afecto: "Yo creo que está enojado pues me contestó con *sequedad*".

sequía s f Falta o escasez prolongada de lluvias que afecta a una región: "Estas lluvias tempraneras anuncian larga *sequía*", "La pasada *sequía* aumentó el precio de los forrajes y afectó a la ganadería".

séquito s m Grupo de personas que acompañan al rey, al presidente o a otro personaje en alguna ceremonia, o que se reúnen en torno suyo como muestra de adhesión.

ser[1] v copulativo o predicativo (Modelo de conjugación 18) **1** Afirmar la existencia de algo o de alguien, de su naturaleza, de parte de ella o de su identidad: "*Soy* el único habitante de esta casa", "*Somos* mujeres", "*Es* una piedra", "*Son* coyotes, no lobos", "*Son* mis dedos", "Los niños *son* inteligentes", "Esta señora *es* mentirosa", "Mi papá *es* campesino", "Ese señor *era* el mejor médico del pueblo", "La casa *es* de adobe", "Matar *es* delito", "El lunes *es* el primer día de la semana" **2** Formar parte de algo, tener su origen en ello o pertenecer a algo: "El joven *es* de la clase vecina", "Mi familia *es* de Córdoba", "El caballo *va a ser* de su hijo", "El libro *era* mío" **3** Considerar o juzgar algo o, a alguien de una manera determinada: "*Es* necesario que trabajes", "*Fue* fácil convencerlo", "*Sería* justo que lo premiaras" (En todas las acepciones anteriores, este verbo introduce el predicado nominal, cuya función es relacionar al sujeto de la oración con su atributo; el predicado nominal puede formarse con un sustantivo, un adjetivo, un pronombre o una construcción nominal) **4** intr Existir algo o alguien en sí o por sí mismo: "*Ser* o no *ser*", "Dios *es*", "El universo *es*" **5** intr Tener algo o alguien cierta característica, cierta manera de presentarse o cierto objetivo: "Esta camisa *es* para tu hermano", "La fiesta *es* de niños", "Los pagos *son* a plazos", "La discusión *era* en serio", "Tomás no *es* para estos asuntos" **6** intr Suceder algo o efectuarse: "Las carreras *serán* el domingo en el rancho", "La pelea *fue* en ese lugar", "¿Dónde *son* las inscripciones?" **7** intr Costar o valer algo cierta cantidad: "¿A cómo *son* los jitomates?", "¿Cuánto *es*?", "*Son* diez pesos por las espinacas" **8** intr Servir para alguna cosa, resultar útil para algo: "Esta agua *es* para beber", "El libro *es* para leer" **9** Como auxiliar, forma oraciones pasivas con el participio de los verbos transitivos: "Ese maestro *es querido* por todos sus alumnos", "Las calificaciones *serán entregadas* por el director" **10** Destaca cualquier función de la oración a la que se anteponga: "*Fue* el clima lo que dañó la cosecha", "Así *es* como se hace el mole" **11** *Ser de* (Sólo se usa en tercera persona y seguido de infinitivo) Tener algo o alguien alguna característica o valor particular: "*Es de verse* cómo se prepara el atleta", "Tanta riqueza no *es de creerse*", "Los progresos *son de verse*" **12** *A no ser que* A menos que: "Llegaré a tiempo, *a no ser que* pierda el camión" **13** *De no ser por* De no haber actuado, ayudado o contribuido...; gracias a...: "*De no ser por* tu ayuda, habría reprobado el examen" **14** *Es decir, o sea, esto es* Lo que es lo mismo o significa lo mismo: "Los vertebrados, *es decir*, los animales que tienen columna vertebral..." **15** *Como sea, cuando sea, donde sea* De cualquier manera, en cualquier momento, en cualquier lugar: "Termínalo *como sea, cuando sea y donde sea*" **16** *Es más* De hecho, inclusive: "No te necesito hoy, *es más*, prefiero que no vengas".

ser[2] s m **1** Lo que tiene existencia en sí mismo, se comprende como objeto real, efectivo, con una naturaleza y características que le pertenecen o se le atribuyen: *los seres vivos*, *seres imaginarios*, *un ser dotado de razón*, *un ser acuático* **2** sing Naturaleza de alguien y conciencia que tiene de ello: "Lo creo desde lo más profundo de mi *ser*", "Tiene un *ser* muy resistente, vigoroso y prudente" **3** *Ser humano* Cada uno de los individuos de la especie humana **4** sing

Carácter esencial, fundamental de algo o de alguien, valor e importancia que tiene: *el ser de lo mexicano, el ser de la lengua, el ser de una idea.*

serenar[1] v tr (Se conjuga como *amar*) Adquirir calma o tranquilidad; calmar o tranquilizar especialmente el enojo u otra emoción intensa como el miedo: "Los años, sin restarle ímpetus, como que lo *han serenado*", "Señora, ¡por Dios! *serénese*".

serenar[2] v tr (Se conjuga como *amar*) Recibir el sereno o la humedad de la noche a la intemperie: "El gallo que se *serena* / debajo del árbol canta".

serenata s f Conjunto de piezas musicales o de canciones que se interpretan durante la noche frente a la casa de la persona que se festeja o que se quiere enamorar; o que se tocan en las noches de fiesta en las plazas: *llevarle serenata a la novia*, "Le llevaron *serenata* el día de su cumpleaños", "Le gustaba mucho ir a las *serenatas*".

serenidad s f Estado de calma o tranquilidad, aun en situaciones de gran tensión o emoción: "No debo perder la *serenidad*", *conservar la serenidad*, *recobrar la serenidad*, "Trató de aparentar *serenidad*".

sereno[1] adj 1 Que no está alterado por emociones intensas, que está tranquilo: *una mente serena, una actitud serena y firme* 2 Tratándose del clima, las condiciones meteorológicas o el ambiente en general, que no está alterado por fenómenos violentos como truenos, relámpagos, vientos o aguaceros; que muestra cielo claro o despejado; que está silencioso y sin mucho movimiento: *la noche serena y fría.*

sereno[2] s m 1 Humedad nocturna de la atmósfera 2 *Al sereno* A la intemperie por la noche: *poner al sereno la ropa blanca* 3 Antiguamente, persona encargada de vigilar por la noche las calles para velar por la seguridad de las personas: "Si el *sereno* de la esquina / me quisiera hacer favor / de apagar su linternita / mientras que pasa mi amor" 4 *Será el sereno* (*Coloq*) Será por cualquier motivo o pretexto: "*Será el sereno*, pero el hecho es que nunca puede llegar temprano".

sereno[3] s m (*Ageratum conyzoides*) Planta herbácea de la familia de las compuestas; tiene hojas opuestas ovado agudas y aserradas, y flores en cabezuelas moradas.

seriamente adv 1 Con seriedad: *calificar seriamente, comentar seriamente esta declaración, pensar seriamente, considerar seriamente la estabilidad política*, "Quiero hablar muy *seriamente* contigo" 2 De manera seria, gravemente: "Camboya se encuentra *seriamente* amenazada", "Las embarcaciones se veían *seriamente* averiadas por los violentos huracanes", *lesionado seriamente, perjudicar muy seriamente a los cultivos invernales, afectar seriamente a la industria de la construcción.*

serie s f 1 Conjunto de cosas relacionadas entre sí o con ciertas características comunes, que están puestas, aparecen o suceden una tras otra: *una serie de edificios públicos, una serie de fenómenos, una serie de notas musicales, una serie de preguntas* 2 *Una serie de televisión* Cierto número de programas, cada uno completo en sí mismo, ligados por un tema o un conjunto de personajes: *una serie infantil* 3 (*Mat*) Sucesión de cantidades que se derivan unas de otras según una ley determinada: *serie estadística, serie cronológica* 4 *En serie* Uno tras otro: *producción en serie, dificultades en serie* 5 *Fuera de*

serie Poco común, extraordinario: *un científico fuera de serie, unas deportistas fuera de serie.*

seriedad s f 1 Actitud de reflexión, responsabilidad, rigor o atención que manifiesta una persona: *hablar con seriedad, la seriedad de un periodista* 2 Actitud de rigidez para manifestar alguien sus sentimientos o tomar las cosas con buen humor: *la seriedad de un hombre* 3 Circunstancia de ser algo cierto, real, verdadero y por ello importante y de cuidado: *la seriedad de la situación económica, la seriedad de un asunto oficial.*

serio adj 1 Que actúa o se comporta con cuidado, reflexión, responsabilidad, rigor y atención: *un hombre serio, un médico serio, un chofer serio* 2 Que ríe poco, tiene poco humor o manifiesta poco sentimientos: "Tiene un marido muy *serio*, por eso no la invitamos" 3 Que es real, cierto, verdadero y por ello importante y de cuidado: *un problema serio, un descubrimiento serio, una afirmación seria, una enfermedad seria* 4 *En serio* De verdad, sin bromas: *hablar en serio, pensar en serio, trabajar en serio.*

sermón s m 1 Discurso de contenido religioso, generalmente con un mensaje moral, en particular el que dirigen los sacerdotes a los fieles: *el sermón de Navidad, el Sermón de la montaña* 2 Serie de consejos, recomendaciones o regaños, de tipo paternalista, que resulta pesada, larga y aburrida para el que tiene que escucharla: "Se la pasa echándoles *sermones* a sus empleados".

seroso adj (*Med*) Que pertenece al suero o se relaciona con él; que contiene suero o que tiene características semejantes a los de esta sustancia: *secreción serosa, líquido seroso.*

serpentín s m 1 En ciertos aparatos como el alambique, tubo en espiral o en línea quebrada (por el que pasa algún fluido que hay que enfriar o calentar) rodeado de un depósito con agua u otro material de refrigeración que sirve para la condensación de vapores: *circular el agua por el serpentín* 2 Pieza de acero en las llaves de las armas de fuego y chispa, con la que se forma el movimiento y muelle de la llave.

serpiente s f Reptil ofidio, generalmente de gran tamaño; existen muchas especies. Este animal ha sido objeto de culto en las culturas precolombinas de México; víbora: *la serpiente emplumada, la serpiente devorada por el águila azteca, serpiente de fuego, serpiente enroscada, templo con columnas de serpientes.*

serranía s f Región o zona montañosa de gran altura: *la serranía del Ajusco*, "Soy un pobre venadito / que habita en la *serranía*".

serrano 1 adj y s Que se relaciona con la sierra o la serranía, que habita ahí o es propio de ellas: *pueblos serranos* 2 s y adj m (*Capsicum annum*) Variedad de chile, cuyos frutos de color verde brillante miden entre 3 y 4 cm de largo y son muy picantes; chile serrano: "Hicimos una salsa con jitomate, cebolla y chilitos *serranos*".

serrote s m Serrucho.

serrucho s m Herramienta que sirve para cortar madera; consta de un mango y una hoja de acero ancha, con dientes de sierra en uno de sus bordes: "Los *serruchos* se utilizan para cortes toscos".

servicial adj m y f Que tiene buena disposición para prestar servicios; que le gusta ayudar y hacer favores: *un amigo servicial.*

servicio s m **1** Actividad, trabajo o esfuerzo que lleva alguien a cabo cuando está sometido a la voluntad de otra persona que le da órdenes y tiene poder sobre él: *estar al servicio de alguien, trabajadores a su servicio* **2** Grupo de personas que desempeñan los quehaceres domésticos en una casa a cambio de salario; servidumbre **3** En una casa, espacios destinados al uso de la servidumbre o relacionados con ella: *escalera de servicio, puerta de servicio, cuarto de servicio* **4** *Al servicio de* Bajo las órdenes de, para satisfacer las necesidades o deseos de: *al servicio del Estado, al servicio de la niñez, al servicio del pueblo, al servicio de los clientes, al servicio del imperialismo* **5** Conjunto de las actividades o los trabajos que desempeña alguien voluntariamente para otra persona, particularmente los que se hacen para la nación o el gobierno, y conjunto de las personas que las realizan: *servicio público, servicio diplomático, servicio secreto, trabajadores al servicio del Estado, servicio divino, servicio militar* **6** Trabajo que realiza alguien voluntariamente en favor de otra persona o como contribución a una tarea colectiva: *servicio social, prestar servicios, hoja de servicios, servicios distinguidos* **7** Conjunto de actividades, equipos, organización y personal que se dedican a satisfacer las necesidades del público: *el servicio de transportes, servicios públicos, servicio telefónico, servicio de limpieza, falta de servicios, servicios informativos, jefe de servicios, servicio mecánico* **II 1** *Hacer a alguien un servicio* Ayudarlo con algo: "Me *hizo un gran servicio* con las explicaciones que me dio para los exámenes" **2** *En servicio* Preparado para funcionar, funcionando o trabajando en un momento dado: *teléfono en servicio* **3** Rendimiento, calidad del trabajo y eficacia de algo o de alguien: *un buen servicio, el servicio de una máquina, el servicio de un empleado* **4** *Poner algo en servicio* Ponerlo a trabajar o a funcionar: *poner en servicio un hotel, poner en servicio un coche* **5** *Fuera de servicio* Dejar de funcionar, no estar trabajando o funcionando en un momento dado: "El elevador está *fuera de servicio*" **III 1** Conjunto de platos, tazas, cubiertos, vasos, manteles, etc que se utiliza para servir comida, especialmente en los restaurantes: *retirar el servicio* **2** Lanzamiento de una pelota al jugador contrario en un partido de tenis, volibol, etcétera.

servidor s I **1** Persona que sirve o ayuda a otras; sirviente: "Empezaron a mandar a los *servidores* de Moctezuma", *los servidores de las grandes haciendas* **2** *Servidor público* Persona que trabaja en las oficinas de gobierno **3** *Su servidor, Servidor de usted* Forma de cortesía para comunicarle al oyente o al destinatario de una carta que se está a sus órdenes para lo que se le ofrezca: *Su atento y seguro servidor*, "Y me repito su *servidor* y amigo que lo estima" **II** (*Comp*) Computadora que a través de una serie de programas es capaz de coordinar y atender a un cierto número de computadoras subsidiarias.

servidumbre s f **1** Conjunto de los sirvientes o criados de una casa: "Salió por la puerta de la *servidumbre*", "Eso facilita el trabajo de la *servidumbre*" **2** Condición del siervo o del que está privado de su independencia: *la lucha contra la servidumbre de una nación* **3** (*Der*) Limitación del derecho de propiedad que obliga a cumplir determinados pagos o imposiciones.

servil adj m y f **1** Que se humilla ante los que tienen poder o autoridad, adoptando una actitud excesivamente servicial, complaciente y aduladora a fin de halagarlos: *un hombre servil y ambicioso* **2** Que es propio de quien se humilla ante el poder, la autoridad o influencia de otro, o está hecho con el fin de adular o servir a sus intereses: "La imitación *servil* sólo ha producido nuevas formas de dependencia", "Desplegados de texto *servil* e inexacto que hacen más confusa la situación" **3** Que es propio de los siervos o se relaciona con ellos; que se refiere al sometimiento de unas personas por otras: "Algunos trabajadores migratorios viven en condiciones prácticamente *serviles*".

servilleta s f **1** Trozo de tela o de papel que sirve para limpiarse los labios durante la comida o para protegerse de ensuciarse la ropa con algún alimento: "Ponga su *servilleta* sobre las piernas", "Limpió sus manos con una *servilleta*", "Estaba dibujando su perfil en una *servilleta*" **2** Pedazo de tela que sirve para secar los trastes después de lavarlos o para envolver o cubrir alimentos.

servir v tr (Se conjuga como *medir*, 3a) I **1** Estar alguien en condición de dependencia de la voluntad, el mandato o los deseos de otra persona: "La mujer *sirvió* a una familia durante muchos años en Estados Unidos", *servir al emperador* **2** Poner alguien su trabajo, su esfuerzo o su capacidad bajo las órdenes de otra persona: *servir a la nación, servir al gobierno, servir a una dama* **3** Estar alguien en actividad en el ejército: *servir en la caballería, servir en la zona militar* **4** Trabajar alguien para el público, a cuyas necesidades se somete: *servir en una oficina de gobierno, servir en un almacén, servir en un restaurante* **5** *Para servirlo, Para servirle, Para servir a usted* Fórmula de cortesía que manifiesta buena disposición ante otra persona: "Soy Roque Lugo, *para servir a usted*" **6** Poner algún alimento en el plato, el vaso u otro recipiente de una persona; poner a la disposición de alguien todo lo necesario a la hora de las comidas: *servir la sopa, servir arroz, servir agua, servir el mole, servir el desayuno* **II 1** *intr* Ser algo o alguien útil para alguna finalidad: "Damos indicaciones que *servirán* para cortar y coser vestidos", "Sus errores le *sirvieron* para que no le dieran el empleo", "Este puente *servirá* para llegar más pronto" **2** *prnl* Hacer uso alguien de alguna cosa para cierta finalidad: *servirse de la cuchara, servirse del arado* **3** *intr* Estar algo en condiciones de funcionamiento, de uso o de capacidad para algo: *servir un martillo*, "Ya no *sirve* el pantalón" **4** *intr* En algunos deportes como el volibol, el tenis, etc, poner en juego la pelota.

sesión s f **1** Cada una de las reuniones que tienen dos o más personas, generalmente en forma periódica y de manera ordenada o programada, para tratar algún asunto, discutir un tema, recibir cierta enseñanza, etc: *abrir la sesión, una sesión de la Cámara de Diputados*, "En la *sesión* anterior vimos las gráficas de barras" **2** Acto público en el que se efectúa alguna actividad, generalmente artística o educativa: "Programaron varias *sesiones* de danza y de poesía al aire libre".

seso s m I **1** Sustancia nerviosa que constituye el encéfalo o cerebro, contenida dentro del cráneo, especialmente cuando se trata de la parte comestible del de algunos animales, como bovinos, porcinos, ovinos, etc: *sesos a la francesa* **2** Conjunto de capacidades intelectuales de una persona: "Un mequetrefe de mercader sin *sesos*", "No tiene *seso* para dirigir" **3** *Devanarse los sesos, romperse los sesos, calentarse los sesos* Romperse la cabeza, pensar mucho sobre algo complicado **4** *Sorberle el seso (los sesos) a alguien* Hacerle perder la razón a alguien, volverlo loco: "Este primor de mujer me *ha sorbido el seso*" **5** *Perder el seso* Volverse loco **6** *Volarse la tapa de los sesos* Matarse de un balazo en la cabeza **II** *Seso vegetal* (*Blighia sapida*) Árbol de la familia de las sapindáceas de hasta 20 m de altura; de hojas alternas con cuatro pares de hojuelas obovadas a elípticas; flores pequeñas blanco verdosas, aromáticas, en grandes inflorescencias; fruto en cápsula grande oblongo triangular, rojo, con tres cavidades; semillas negras rodeadas de una substancia carnosa blanca que es comestible cuando se cuece, pero cruda es venenosa. Es originario de África.

set¹ s m En algunos deportes como el tenis y el volibol, cada una de las series de un número determinado de juegos o de puntos en que se divide un partido: "Los partidos del torneo de tenis serán de dos a tres *sets*", "El primer *set* lo ganaron 15-10".

set² s m Escenario construido dentro de un foro cinematográfico o de televisión, en que se filman escenas de una película o un programa: "En un *set* minúsculo, pero elegantemente decorado, se desarrolla el programa", "Los *sets* hollywoodenses ofrecían una versión pintoresca de nuestro país".

seudónimo s m Nombre que es adoptado en lugar del propio, especialmente por los escritores y los actores: "El Duque Job es el *seudónimo* de Manuel Gutiérrez Nájera", "Cantinflas es el *seudónimo* de Mario Moreno".

severidad s f **1** Actitud del que exige a los demás o a él mismo un apego estricto a normas, principios, convicciones, etc, o del que no tolera faltas, errores o desviaciones: "La *severidad* del profesor ha hecho que sus alumnos le teman", *regañar con severidad*, "Su *severidad* le ha costado una úlcera" **2** Propiedad de lo que resulta muy duro, estricto o rígido, de lo que no tiene atenuantes o no los considera: *la severidad de una enfermedad, la severidad del clima, la severidad de un juicio* **3** Aspecto serio, inquisidor o duro de algo: *la severidad de su mirada*.

severo adj **1** Que exige de los demás o se impone a sí mismo un apego estricto a normas, principios, convicciones, etc, o que no tolera faltas, errores o desviaciones: *padres severos*, "La maestra es *severa* pero justa" **2** Que resulta muy duro, estricto o rígido; que no tiene atenuantes o no los considera: *crítica severa, castigo severo*, "Vivimos una crisis *severa*", *enfermedad severa* **3** Que es de aspecto muy serio o solemne: *un traje severo*.

sexenio s m Periodo de seis años, en particular, el que corresponde constitucionalmente a cada ejercicio del Poder Ejecutivo Federal o de algunas gubernaturas estatales: "La expropiación del petróleo ocurrió durante el *sexenio* del presidente Cárdenas".

sexismo s m Actitud, consciente o inconsciente, de discriminación o menosprecio hacia las personas de uno u otro sexo, en particular hacia las mujeres, fundada en el supuesto de que la condición femenina o masculina es inferior física, mental, cultural y moralmente con respecto a la otra, y de que el valor social del individuo está determinado naturalmente por el sexo al que pertenezca.

sexo s m **1** Condición orgánica de los animales y las plantas que divide las funciones de la reproducción entre machos y hembras: *sexo masculino, sexo femenino* **2** Conjunto de hombres o de mujeres: *el sexo fuerte, el sexo débil* **3** Órganos externos de la reproducción, en particular los genitales: "Se tapó el *sexo* con las manos".

sexta s f **1** Tercera de las cuatro partes iguales en que dividían los romanos el día **2** (*Relig*) En el catolicismo, rezo eclesiástico, hora menor que se dice después de la tercia (hacia medio día) **3** (*Mús*) En la escala, intervalo de una nota a la sexta ascendente o descendente **4** (*Mús*) Acorde formado por la nota fundamental, una tercera y una sexta.

sextante s m (*Astr*) Instrumento óptico cuyo cuadrante tiene sesenta grados o sea la sexta parte del círculo, que sirve para medir la altitud del Sol o de los astros y permite determinar la posición geográfica de un barco o de un avión: "Generalmente con el *sextante* se miden las alturas de los cuerpos celestes", *los espejos del sextante*.

sexto adj y s **1** Que sigue al quinto en orden y precede al séptimo: *sexto piso, sexto lugar, sexta delegación, por sexto día consecutivo, el sexto capítulo, la sexta sinfonía de Beethoven, sexto año* **2** Cada una de las seis partes en que se divide un todo: "Le dio la *sexta* parte del pastel", "Le tocó a cada hijo un *sexto* de la herencia".

sexual adj m y f Que pertenece al sexo o se relaciona con él: *comportamiento sexual, relación sexual, órganos sexuales, moral sexual*.

shock (*Med*) s m Síndrome consecutivo a la disminución prolongada del volumen de sangre en circulación y caracterizado generalmente por baja presión sanguínea, pulso débil, palidez y sudoración: *shock septicémico, shock bacteriémico, pacientes en shock, estado de shock* **2** *Shock anafiláctico* Reacción inmediata que sobreviene al organismo al ser integrada una proteína para la cual la persona está sensibilizada.

short s m **1** (El plural es ambiguo: puede referirse a uno o varios) Pantalón corto que llega aproximadamente hasta la mitad del muslo **2** En el beisbol, jugador defensivo que cubre el área media del campo de juego y se coloca detrás de la segunda base; shortstop: "Sacó una rola lenta por el *short*, quien confiado la fildeó y la perdió en el último momento".

show s m Espectáculo artístico, principalmente el que está compuesto por números musicales, cómicos, de magia, etc, como los que se presentan en centros nocturnos o se transmiten por televisión.

si¹ conj **1** Introduce la condición, la suposición o la hipótesis en una oración de esa clase: "*Si* estudias, apruebas", "Te lo doy, *si* me prometes cuidarlo", "*Si* lloviera, no podría salir de casa", "*Si* mi vista no falla, quien viene es tu hermano", "*Si* los cálculos son correctos, llegaremos en la noche", "*Si* Juan tiene veinticinco manzanas y *si* las quiere repartir entre cinco amigos..." **2** Resalta la contradicción existente entre dos acciones o acontecimientos sucesivos: "*Si* ayer me dijiste que no venías, ¿qué haces ahora aquí?", "*Si* yo no lo he visto, ¿cómo podré señalártelo?" **3** Da mayor énfasis a la expresión de una duda, un deseo o una afirmación: "¿*Si* no me hubiera podido encontrar?", "¡Si tú me quisieras!", "¡Si ya lo he dicho muchas veces!" **4** Manifiesta la ignorancia de uno con respecto a alguna cosa, su carácter dudoso o indefinido: "No sé si había leído ya este libro", "A ver si puedes venir a visitarme" **5** Introduce una oración interrogativa indirecta: "Pregúntale si quiere chocolate", "Dile que si quiere bailar" **6** Expresa la importancia o el valor que le da uno a algo o a alguien: "Tú sabes si soy capaz de eso y de mucho más", "Valientes, si los hay" **7** Como si, que si Expresa comparación: "Me vio como si no me conociera", "Iba por la calle como si el mundo le perteneciera", "Había más ruido y gente que si fuera cinco de mayo en Puebla" **8** Por si Por si acaso, porque tal vez: "Te lo digo por si te interesa" **9** Si no De otra manera, en otro caso: "Llega temprano a la plaza, si no ya no encontrarás nada" **10** Si bien Aunque: "Si bien ya lo sabía, es mejor que me lo repitas".

si² s m (Mús) **1** En las convenciones internacionales, sonido producido por una vibración absoluta de 495 ciclos por segundo y, en los instrumentos temperados, por una de 493.88 ciclos por segundo **2** Séptima nota de la escala de do mayor **3** Tonalidad y acorde que tiene las siguientes alteraciones: do, re, fa, sol y la sostenidos (si mayor), o do, fa, sol y la sostenido (si menor).

si¹ 1 Pronombre reflexivo de tercera persona, masculino y femenino, singular y plural, cuando sigue a una preposición: "Lo hizo por sí mismo", "Piensa para sí", "Está fuera de sí", "Volvió en sí" **2** De por sí Por sí solo, sin tomar en cuenta otra cosa: "Entender otro idioma ya es de por sí difícil".

si² adv 1 Manifiesta una respuesta afirmativa a una pregunta: "—¿Te gusta el limón? —Sí", "—¿Quieres venir conmigo? —Sí" **2** Da énfasis a una afirmación: "Ella sí quiere ir de paseo", "Esto sí que me gusta", "Ahora sí lo logré" **3** s m Permiso o aceptación: "Hay que conseguir el sí del director" **4** Dar el sí Conceder algo o permitirlo, particularmente una mujer al hombre que le propone noviazgo o matrimonio **5** Porque sí Sin causa justificada, por capricho: "Vine porque sí", "—¿Por qué le pegaste? —Porque sí".

sic adv latino Así, de este modo. Se usa entre paréntesis, en las transcripciones de textos o documentos, para indicar que cierta palabra o expresión que puede parecer equivocada, está así en el original: "Tecolota (sic) qué haces ahí / sentada en esa pader (sic)", "Como que quiere llover, / como que quiere hacer aigre (sic)".

sida s m Síndrome de inmunodeficiencia adquirida. Enfermedad transmisible por vía genital y sanguínea, generalmente mortal, que se caracteriza por una deficiencia de las respuestas inmunitarias del organismo, la cual propicia diversas infecciones.

sideral adj m y f Que se relaciona con las estrellas y, en general, con los astros, o que pertenece a ellos; sidéreo: espacio sideral, tiempo sideral.

sidéreo adj Sideral: día sidéreo, hora sidérea.

siderurgia s f **1** Conjunto de técnicas relacionadas con la extracción y explotación del hierro y con la producción del acero y de aleaciones ferrosas: el desarrollo de la siderurgia **2** Industria que se dedica a la obtención y aprovechamiento del hierro y de las aleaciones ferrosas: "La siderurgia adquiere cada día mayor importancia en la economía del país".

siderúrgico 1 adj Que pertenece a la siderurgia o se relaciona con ella: técnica siderúrgica, equipo siderúrgico, horno siderúrgico **2** s f Planta donde se funde y procesa el hierro: la Siderúrgica Lázaro Cárdenas.

sidra s f Bebida alcohólica espumosa cargada de gas, que se obtiene de la fermentación del jugo de manzana: la sidra de Huejotzingo.

siembra s f **1** Acto de sembrar: la siembra del algodón, la siembra del trigo **2** Tiempo en que se efectúa ese acto: llegar las siembras **3** Campo sembrado con alguna planta particular: regar la siembra.

siempre adv **1** En todo tiempo o en cualquier momento; constantemente: "Siempre hace calor en Villahermosa", "Siempre viene", "Trabaja siempre" **2** Cada vez: "Siempre que te llaman, te escondes", "Siempre que me lo pidas, podré ayudarte" **3** De siempre Que se acostumbra, acostumbrado, usual: "La clase comienza a la hora de siempre", "Vendrán los amigos de siempre" **4** Desde siempre Desde que uno sabe o recuerda; desde un principio: "Los conozco desde siempre", "La Tierra es redonda desde siempre" **5** Para siempre, por siempre jamás Para toda la vida, definitivamente: "Se fue para siempre", "Te lo juro por siempre jamás" **6** Siempre que, siempre y cuando Con la condición de que, si: "Te regalaré un libro, siempre que te lo merezcas", "Podremos salir de viaje, siempre y cuando tenga dinero" **7** Siempre (sí), siempre (no) (Coloq) Por fin, decididamente, en especial cuando se cambia o se corrobora algo: "Siempre sí quiero estudiar", "Siempre no me voy", "¿Siempre aceptaste el trabajo?", "Siempre sí era cáncer", "Siempre se murió".

sien s f Cada uno de los dos lados anteriores y laterales de la cabeza; corresponde a la zona comprendida entre la frente, la oreja y la mejilla: "Se dio un balazo en la sien", "Se presionaba las sienes con los dedos", "Ponte chiquiadores en las sienes".

sierra s f **1** Herramienta que consiste en una hoja de acero provista de dientes y sostenida por un mango o armazón; se emplea para cortar cosas duras, como madera, piedra o metal: sierra de mano, sierra circular **2** Cadena de montañas: Sierra Madre Occidental, Sierra de la Bufa **3** (Scomberomorus sierra o Scomberomorus maculatus) Pez que alcanza hasta 1.50 m de longitud, de color plateado, azuloso en la porción dorsal y con manchas bronceadas en el cuerpo; su cabeza es puntiaguda, tiene muchos dientes finos y filosos; es muy apreciado como alimento: "Compramos sierra para hacer ceviche", filete de sierra.

siervo s **1** Durante el feudalismo, persona que servía en un feudo y estaba sujeta a la voluntad del rey o del señor feudal; siervo de la gleba **2** Persona sometida a otra, que cumple en todo su voluntad o la obedece ciegamente, especialmente la dedicada al servicio de un dios.

sífilis s f (Med) Enfermedad venérea infecciosa y contagiosa, causada por el microorganismo Treponema pallidium, que se caracteriza por diversos estadios clínicos sucesivos y un periodo de latencia asintomático de varios años de duración. Puede afectar cualquier tejido u órgano vascular y transmitirse de la madre al feto (sífilis congénita).

sigla s f Serie de letras iniciales de un nombre de varias palabras que se emplean como abreviatura, por ejemplo, IMSS es la *sigla* del Instituto Mexicano del Seguro Social; ONU es la *sigla* de la Organización de las Naciones Unidas; SIDA es la *sigla* del Síndrome de Inmunodeficiencia Adquirida.

siglo s m **1** Periodo de cien años: *un cuarto de siglo, medio siglo, vivir un siglo* **2** Periodo de cien años que se cuenta tomando como punto de referencia el nacimiento de Jesucristo: *varios siglos antes de Jesucristo, siglo XX, escritores del siglo XVIII* **3** Época en la que se vive: *habitante del siglo, ideas del siglo* **4** pl Espacio muy largo de tiempo: "Hace *siglos* que no te veo, ingrato".

significación s f **1** Idea o conjunto de ideas a las que remite una palabra, una expresión, un hecho, etc; significado: *un número infinito de significaciones, significación ambigua, la significación de un rito, significación profunda del mundo indígena* **2** Importancia o valor de algo: *un acto de poca significación*, "La *significación* de estas obras es histórica", *la significación de los zapatistas, la significación política del neoliberalismo.*

significado I pp de *significar* **II** s m Objeto, acción, relación, idea o emoción al que se refiere o remite cierta expresión lingüística: "Un diccionario describe siempre los *significados* de las palabras **III** s m (*Ling*) Parte del signo lingüístico correspondiente a las ideas, imágenes o formas de los objetos, las acciones, las relaciones, etc del mundo sensible representadas en una lengua.

significante adj y s **1** Que puede significar o significa algo: *un detalle significante, una acción significante de su actitud* **2** s m (*Ling*) Aspecto sonoro o gráfico de un signo lingüístico; por ejemplo, el *significante* de *signo* es la serie de letras que componen esta palabra.

significar v tr (Se conjuga como *amar*) **I 1** Representar alguna cosa, algún acontecimiento o alguna relación mediante un signo o un símbolo; indicar alguna cosa por medio de una señal: "Xóchitl *significa* 'flor' en náhuatl", "La hoz y el martillo *significan* el comunismo", "Cuando el césar bajaba su dedo pulgar, *significaba* la muerte del gladiador", "El águila *significa* poder, altura y fuerza para algunas culturas" **2** Tener algo cierto sentido, querer decir algo o darlo a entender: "¿Qué *significa* el honor para un hombre?", "Que te amo *significa* que estoy dispuesto a dejarlo todo por ti", "Su gesto *significó* el disgusto que sentía" **II 1** Tener alguna cosa, algún acto o algún suceso cierto valor o importancia para alguien: "Inglaterra *significaba* el liberalismo para el siglo XIX", "Su viaje *significó* un éxito" **2** Significar mucho, poco, etc Tener cierto valor: "Gastar un millón de pesos no *significa* nada para un petrolero", "Eusebio *significa* mucho para su familia" **3** Tener una cosa o un acontecimiento cierto efecto o consecuencia: "La inflación *significa* un daño para el pueblo", "Un error *significaría* muerte" **III** prnl Hacerse notar o destacarse por algún hecho o rasgo particular: "Su gobierno *se significó* por su honradez".

significativo adj Que significa mucho, que tiene un peso o un significado importante: *una mirada significativa, un gesto significativo, un hecho significativo, avances significativos, un aumento significativo, cambios significativos, una vasta y significativa obra, diferencias significativas.*

signo s m **1** Objeto, fenómeno o forma que representa a otra cosa, bien sea por la experiencia de una persona, bien por la tradición social o bien por convención, como que las gaviotas son *signo* de la cercanía del mar, que una palabra es *signo* de alguna cosa para una comunidad lingüística o que algunas indicaciones de tránsito son *signo* de la dirección que deben seguir los vehículos **2** (*Ling*) Unidad de una forma sonora, compuesta por una serie de fonemas, perceptible por el oído o, cuando se trata de letras, por la vista o el tacto, llamada significante, y una forma conceptual que representa algún objeto, alguna acción o alguna relación del mundo sensible o mental, llamada significado, que se reconoce como tal a través de la materialidad del significante y con la condición de que el hablante que la emite y el oyente que lo recibe sepan la misma lengua. La extensión de un signo lingüístico puede ser mínima, como la del morfema, o llegar a tener el tamaño de una oración o de un texto cuando se la analiza con ciertas características. En los signos *vivir, gato, un elefantito*, sus significantes son: / bibír /, / gáto /, / unelefantíto /, y sus significados: 'hecho de tener vida', 'infinitivo'; 'felino doméstico', 'género masculino'; 'artículo indefinido, masculino, singular', 'mamífero paquidermo', 'pequeño', 'género masculino', independientemente del uso que tengan en una oración particular **3** Cualquier marca o trazo que se utilice para representar algo: *signos de puntuación, signos musicales, signos aritméticos, signos del zodiaco.*

siguiente adj m y f Que está o que va inmediatamente después en el espacio o en el tiempo: *al día siguiente, al año siguiente, la siguiente pregunta*, "Las palabras del presidente fueron las *siguientes*: amigos campesinos…", *la calle siguiente*, "En los *siguientes* libros encontrará toda la información".

sílaba s f (*Ling*) Estructura fundamental de la agrupación de fonemas en una lengua, basada en la combinación de vocales y consonantes que se produce en una sola emisión de voz; puede haber diferentes combinaciones de esas dos clases de fonemas; en español, por ejemplo, hay sílabas de una sola vocal, como *a, o, y*; otras formadas por una o dos consonantes seguidas de vocal, como *tra, ve* en *atravesar*, llamadas *sílabas abiertas*; y otras que llevan vocal pero terminan en consonante, como *sar* en *atravesar*, llamadas *sílabas cerradas*. Por su acento, en español hay *sílabas tónicas*, como *li-* en *libro, lor* en calor o *rá* en *rápido*, mientras que las no acentuadas son *sílabas átonas* como *bro* en *libro, ca* en *calor y pi, do* en *rápido*. Otras lenguas, como el latín o el griego, consideraban sus sílabas largas o breves por la duración de sus fonemas vocálicos.

silbar v intr (Se conjuga como *amar*) **1** Producir sonidos agudos lanzando el aire por la boca, a través de un pequeño orificio formado con los labios apretados; chiflar: "Cuando ya es tiempo de comenzar, *silban* ocho o diez hombres muy recio" **2** tr Entonar una melodía de esa forma: "Se alejó *silbando* una canción de moda" **3** Producir sonidos por medio de un silbato: "El árbitro *silbó* dos veces" **4** Producir el aire un sonido muy agudo al pasar por un lugar estrecho o al hacer vibrar algo; producir un sonido similar alguna cosa al cortar el aire: "A lo lejos se oye *silbar* el tren", "El viento *silbaba* entre las ramas", "El cohetón subió *silbando* muy alto y luego explotó".

silencio s m **1** Hecho de no escucharse ningún ruido o sonido: *el silencio de la noche*, "Un *silencio* de muerte invadió la estancia" **2** Circunstancia de permanecer alguien callado, sin emitir o producir sonidos: "La única respuesta fue su *silencio*" **3** *En silencio* Sin hablar, sin queja, sin respuesta: "Dejó transcurrir varios minutos *en silencio*", "Escucha *en silencio* los planes", *comer en silencio*, "Contemplábamos todo aquello *en silencio*" **4** Hecho de no hablar de algo o de no tratar cierto tema: "El *silencio* de las autoridades en torno al conflicto es alarmante" **5** *Guardar silencio* Mantenerse alguien sin hablar ni producir sonidos o sin manifestar su opinión sobre algo: "*Guardamos* un minuto de *silencio* en señal de duelo", "*Guardamos silencio* para escuchar el discurso" **6** interj Expresión con la que se pide u ordena a alguien que se calle o deje de hacer ruido: "*¡Silencio!*, que no puedo trabajar" **7** (*Mús*) Intervalo corto en una pieza musical en que se deja de tocar o cantar; pausa: "Después del acorde hay un *silencio*", *un silencio de un compás* **8** *Estarse silencio* o *silencia* (*Popular*) Permanecer en silencio, estarse callado o quieto: "Niña, *estáte silencia* que vas a despertar al bebé".

silencioso adj **1** Que está o se mantiene en silencio; que actúa, funciona o se realiza sin hacer ruido o haciendo poco ruido: "Todo estaba *silencioso* y abandonado", *el silencioso goce de la lectura* **2** Que calla; que acostumbra mantenerse en silencio o hablar poco; que no suele externar sus pensamientos o emociones: *grupos silenciosos de vecinos*, "Fue la compañera *silenciosa* del pintor", "Le intrigaba aquel hombre *silencioso*", "Esta vez la mayoría no fue *silenciosa* y rompió su habitual mutismo".

sílice s f Mineral constituido por la combinación de dos átomos de oxígeno con uno de silicio. Se encuentra en la naturaleza en forma de arena, cuarzo, pedernal, etc y se emplea en la fabricación del vidrio y de materiales refractarios: *obtención de la sílice*.

silicio s m Elemento que constituye una cuarta parte de la corteza terrestre, no se encuentra en estado puro sino en forma de compuestos (sílice y silicatos). Es un metaloide o un nometal, según la clasificación que se adopte, que forma cristales de color amarillo oscuro. Se obtiene de la arena, las rocas, el cuarzo, etc y se emplea para la construcción de transistores, semiconductores y otros objetos electrónicos para la aleación de metales, etcétera.

silicosis s f sing y pl Enfermedad broncopulmonar producida por la inhalación de polvo de sílice o de otros minerales; asma de los mineros, enfermedad de los picapedreros.

silo s m Lugar protegido y seco que se dispone para almacenar y conservar granos, cereales, forrajes, etc; generalmente están en el campo y se trata de construcciones cónicas o depósitos subterráneos hechos con materiales aislantes.

silogismo s m (*Lóg*) Razonamiento deductivo que consta de dos premisas y de una conclusión que se sigue necesariamente de la relación entre ellas, por ejemplo: "Todos los hombres son mortales; Sócrates es un hombre; luego Sócrates es mortal".

silueta s f **1** Forma que presenta una persona o una cosa vista a contraluz: *distinguir la silueta, reconocer la silueta* **2** Figura o dibujo que muestra sólo el contorno de una persona u objeto.

silvestre adj m y f Que vive o se da en estado natural, sin haber sido cultivado o domesticado: *flores silvestres, pato silvestre, miel silvestre*.

silla s f l **1** Mueble compuesto por una plataforma horizontal colocada a cierta altura del piso (50 cm aproximadamente) y provisto de un respaldo; por lo general tiene patas y a veces brazos; sirve para que se siente una persona: *una silla de madera*, *la silla del bebé* **2** *Silla de ruedas* La que tiene ruedas laterales grandes y sirve para que se transporten personas inválidas o con imposibilidad para caminar **3** *Silla eléctrica* La que sirve para electrocutar a los condenados a muerte **4** *Silla curul* La que ocupan los diputados y los senadores en las cámaras; curul **5** *Silla de montar* Armazón, generalmente de madera cubierta de cuero, en la que se sienta el jinete en un caballo **6** *Silla gestatoria* La portátil en la que es llevado el papa católico en ciertas ceremonias **7** *Silla de manos* o *silla de la reina* (*Coloq*) Asiento que forman dos personas cruzando los brazos **8** *Silla turca* (*Anat*) Corte que presenta el hueso esfenoides en su parte superior; fosa pituitaria o hipofisaria **II** (*Chib*) Cualquier chile.

sillón s m Asiento con brazos, generalmente acojinado y cómodo: *sentarse en el sillón*.

sima s f Parte profunda de la superficie terrestre o hueco muy profundo en algún lugar de la Tierra: *las simas del océano Pacífico*, "Los exploradores bajaron de la cima de la montaña a la *sima* del barranco en donde termina".

simbiosis s f sing y pl (*Biol*) Asociación íntima de organismos de diferentes especies en la que ambos resultan beneficiados.

simbólico adj Que se expresa por medio de un símbolo o que simboliza algo: *el simbólico pago de cinco pesos, entrega simbólica, el simbólico lazo del matrimonio, representación simbólica, el lenguaje simbólico, lógica simbólica*.

simbolismo s m **1** Modo de expresión o representación que emplea símbolos, y en especial el que les da un significado más o menos oculto o espiritual: "El *simbolismo* de sus fotografías produce una sensación extraña", "Hay cierto *simbolismo* en los nombres" **2** Conjunto o sistema de símbolos que emplea alguien o que son comunes en una religión, una disciplina, etc: *simbolismo cristiano, simbolismo mágico* **3** Sistema particular de signos convencionales y arbitrarios propios de una ciencia, una disciplina, etc: *simbolismo matemático, simbolismo musical* **4** Movimiento poético y literario que surgió en Francia a fines del siglo XIX como reacción frente a las escuelas naturalista y parnasiana; se caracteriza por buscar la expresión artística principalmente a través de la evocación y la sugerencia; son representantes de este movimiento Verlaine, Rimbaud y Mallarmé.

simbolista adj y s m y f **1** Que se expresa con símbolos o tiene predilección por ellos: *un escritor simbolista* **2** Que pertenece al simbolismo o se relaciona con este movimiento poético: *poetas simbolistas, los simbolistas franceses*.

simbolizar v tr (Se conjuga como *amar*) Representar algo por medio de un símbolo: "La bandera *simboliza* la patria", "La medalla *simboliza* el triunfo", "*Simbolizó* la muerte con una mujer sin rostro".

símbolo s m **1** Objeto, fenómeno natural, imagen, persona o cosa cualquiera que está en lugar de otro al cual evoca por tener con él alguna relación, por asociación, por convención o por algún otro mecanismo que hace depender su valor de una interpretación, y especialmente el que constituye un signo visible que representa una abstracción, un valor social, un concepto, etc: "La paloma es el *símbolo* de la paz", *símbolos religiosos, símbolos solares,* "Galileo es un *símbolo* de la ciencia moderna", "Son incontables los *símbolos* de Tláloc, dios de la lluvia" **2** Signo convencional y arbitrario con el que algunas disciplinas expresan cantidad, valor, posición, duración y otras relaciones y cualidades de los elementos o unidades que emplean: *símbolos matemáticos, símbolos musicales, símbolos fonéticos* **3** *Símbolo químico* El que representa a un elemento químico empleando una letra inicial mayúscula: "El *símbolo químico* de la plata es Ag" **4** (*Relig*) Entre los católicos, fórmula en que se resume su fe y se hace profesión de ella durante ciertos ritos, como los de bautismo y la ordenación sacerdotal; credo: *símbolo apostólico, símbolo de Nicea.*

simetría s f **1** Relación de equilibrio, correspondencia o igualdad que existe entre la forma, el tamaño, la distribución, el color, etc, de dos cosas o partes de una misma cosa: *simetría de un cuadro, simetría de fuerzas* **2** *Simetría bilateral* La que se establece entre los dos lados, que define una línea o un plano **3** *Simetría radial* La que se establece entre las partes de un todo, cuando están colocadas alrededor de un eje o centro, de tal manera que, al trazarse cualquier línea o plano que pase por él, se distribuyen equilibradamente a cada uno de sus lados.

simétrico adj Que tiene simetría: *figuras simétricas, disposición simétrica, dos lados simétricos.*

símil s m Comparación de dos o más elementos diferentes, reales o irreales, que guardan entre sí un parecido o cierto paralelismo y figura retórica que consiste en expresarla; por ejemplo: *los luchadores como duros olmos, tus ojos azules como el mar, ágil cual gacela.*

similar adj m y f Que se parece a otra cosa o a otra persona, que tiene características o apariencias que se relacionan o tienen algo en común con las de otro: "A esos problemas les damos un tratamiento *similar*", "Sigue un comportamiento *similar* al de su padre", "Construyen un estadio *similar* al de Saltillo", *experiencias similares, culturas similares, situaciones similares, métodos similares, casos similares.*

similitud s f Cualidad, condición o circunstancia de tener una persona o una cosa rasgos, elementos o propiedades semejantes a las de otra; aspecto, característica o situación que tienen en común o en el que se parecen dos o más personas o cosas: *similitud histórica,* "Las *similitudes* de nuestros países…".

simón adv (*Popular*) Sí, claro, por supuesto: "—¿Estudias? —*Simón*, estoy en la prepa", "*Simón*, todo lo que ella dice es cierto".

simpatía s f **1** Sentimiento de agrado, aceptación, solidaridad o afinidad que una persona tiene por algo o por alguien y actitud con la que se manifiesta este sentimiento: *muestras de simpatía,* "Había una gran *simpatía* entre todos los hermanos", "Recibieron el regalo con *simpatía*" **2** Manera de ser natural, espontánea, amigable y graciosa que caracteriza a una persona, provocando gusto por su compañía y

haciéndola atractiva y agradable para los demás: "Carlos derrocha *simpatía*", "El niño cautivó a todos con su *simpatía*" **3** Relación en la que dos o más personas o cosas se influyen entre sí o en la que una influye sobre otra: *la simpatía entre el cuerpo y el alma* **4** (*Fís* y *Mús*) Influencia que ejerce la vibración de un cuerpo o de una cuerda musical sobre otro u otros cuerpos o cuerdas, de manera que éstos también vibran sin necesidad de ser tocados o pulsados.

simpático adj **1** Que inspira simpatía, que simpatiza a los demás, que es agradable, tratándose de personas: "Mi nuevo jefe es joven, guapo y muy *simpático*" **2** Que es muy agradable, que tiene cierto encanto: *un pueblito simpático, una película simpática* **3** (*Anat*) Que pertenece al sistema nervioso vegetativo o independiente de la voluntad, constituido por dos cadenas nerviosas extendidas a cada lado de la columna vertebral, que presentan en su trayecto numerosos ganglios, los cuales reciben ramas aferentes de la médula y emiten ramas eferentes múltiples, unas de las cuales se unen a los nervios raquídeos y craneales y otras se distribuyen por los diversos órganos; enerva los músculos de fibra lisa y el corazón, y tiene una relación íntima con las secreciones, movimientos vasculares y procesos de la nutrición: *sistema nervioso simpático.*

simpatizar v intr (Se conjuga como *amar*) Sentir o tener simpatía por alguien: "En cuanto vio al maestro le *simpatizó*", "*Simpatizaron* desde que se conocieron".

simple adj m y f **1** Que está constituido por una sola sustancia: *elementos simples, gases simples* **2** Que tiene una naturaleza o una composición hecha con pocos elementos: *forma simple, un vestido simple, una comida simple* **3** Que es poco complicado o implica poca dificultad: *un problema simple, una solución simple* **4** Que no tiene sabor, que le falta sazón; desabrido: "Esta sopa le quedó muy *simple*" **5** adj y s m y f Que es ingenuo o tonto: *una persona simple* **6** Que no está repetido, que está formado por un solo elemento: *un documento simple.*

simplemente adv Sencillamente, sin ninguna condición: *vivir simplemente la vida,* "Todo es *simplemente* para nuestra tranquilidad", "*Simplemente* no la veo", "*Simplemente* quiero decirles que muy pronto tendrán una buena noticia", "*Simplemente* se niega a opinar al respecto", "*Simplemente* use la cabeza y actúe".

simplificar v tr (Se conjuga como *amar*) Hacer algo más fácil, más sencillo o menos complicado: *simplificar un trámite, simplificar las cosas* **2** Hacer que las cosas parezcan menos difíciles o graves de lo que son.

simulación s f **1** Acto de simular o fingir; acto de aparentar o representar lo real: *simulación de temblores,* "La *simulación* es una técnica de prueba y error para manejar modelos matemáticos", "Sistema de *simulación* que ayuda a los alumnos a comprender las operaciones sin distorsionar" **2** (*Der*) Manifestación voluntaria de las partes por medio de la cual declaran o confiesan falsamente lo que en realidad no ha pasado.

simular v tr (Se conjuga como *amar*) Representar o hacer parecer algo que no es o no sucede en realidad, fingir algo que no es: "*Simulaba* dormir profundamente", "Procesos en los que se *simula* desde la generación del temblor a lo largo de una falla geológica", "Las danzas *simulaban* combates o batallas", *simular amistad.*

simultáneamente adv En forma simultánea; al mismo tiempo: "Salieron *simultáneamente*", *imprimir simultáneamente, interruptores operados simultáneamente*, "Un templo dedicado *simultáneamente* a dos divinidades: Huitzilopochtli y Tláloc".

simultáneo adj Que ocurre o se hace al mismo tiempo que otra cosa: *observaciones simultáneas, cultivo simultáneo de maíz y frijol.*

sin prep **1** Expresa falta o carencia de algo: "Estamos *sin* trabajo", "Lo hice *sin* ganas", "Nos quedamos *sin luz*" **2** Además de, aparte de: "Le robaron veinte mil pesos *sin* contar las alhajas" **3** Seguida de infinitivo, niega la acción del verbo: "Se fue *sin* comer", "Faltó *sin* avisar", "Lo ofendió *sin* darse cuenta" **4** *No sin* Expresa una afirmación débil: "Aceptó, *no sin* poner muchas condiciones" **5** *Sin embargo* No obstante, a pesar de que: "Está enferma, *sin embargo* vino a trabajar", "No cumple con su trabajo, *sin embargo* goza de todos los privilegios".

sinagoga s f **1** Templo dedicado al culto judío, especialmente a oír la doctrina de Moisés y a orar: *asistir los sábados a la sinagoga* **2** Congregación religiosa de los judíos.

sinalefa s f (*Ling*) Fusión en una sola sílaba, de la sílaba final de una palabra con la inicial de la palabra siguiente, que ocurre cuando la primera termina en vocal y la segunda empieza así; como en el enunciado "la intención", que silábicamente se divide: lain | ten | ción.

sinaloense adj y s m y f Que es natural de Sinaloa, que pertenece a este estado o se relaciona con él: *agricultura sinaloense.*

sinceramente adv Con sinceridad: "Contestó *sinceramente*", "Agradece *sinceramente*", "Felicitamos *sinceramente*", *hablar sinceramente.*

sinceridad s f Cualidad del que es o de lo que es sincero: "Respondió con *sinceridad* a todo lo que le preguntamos", "Agradezco la *sinceridad* de sus palabras".

sincero adj Que obedece a lo que realmente se piensa o se siente, se origina en ello o lo manifiesta; que dice lo que considera verdadero y actúa como lo que es, sin encubrimientos ni engaños: *una aceptación sincera, un pésame sincero, una respuesta sincera, una amistad sincera, amor sincero.*

síncopa s f **1** (*Ling*) Pérdida o supresión de uno o más sonidos en el interior de una palabra, como en *navidad* por *natividad*, en *compartimento* por *compartimiento*, o en *sismo* por *seísmo* **2** (*Mús*) Alteración en el patrón regular del acento en una composición, que consiste en el enlace del tiempo débil de un compás con el tiempo fuerte que le sigue.

sindical adj m y f Que pertenece a un sindicato o se relaciona con él: *líder sindical, organización sindical, libertad sindical, movimiento sindical.*

sindicalismo s m **1** Movimiento laboral y político realizado por los sindicatos o por los trabajadores para organizarse en sindicatos: "Publicarán una historia del *sindicalismo* en México", *sindicalismo independiente* **2** Doctrina y movimiento político que propone el control sobre los medios de producción y de distribución por los trabajadores mediante la acción sindical.

sindicalizar v tr (Se conjuga como *amar*) **1** Hacer que uno o varios trabajadores formen un sindicato o se incorporen a él: "Quieren *sindicalizar* a los empleados de limpieza" **2** prnl Organizar un sindicato o pasar uno a formar parte de él: "Es conveniente que los choferes de taxis *se sindicalicen*", "No puede *sindicalizarse* por ser empleado de confianza".

sindicato s m **1** Asociación formada por los trabajadores de una empresa, de una institución o por los que tienen una misma profesión, para defender intereses comunes, generalmente económicos, y mejorar las condiciones laborales: *sindicato de ferrocarrileros, sindicato de profesores, sindicato de actores*, "El *sindicato* decidió irse a la huelga" **2** *Sindicato blanco* o *charro* El que hace alianzas con el patrón o con las autoridades y no defiende los intereses de los trabajadores **3** *Sindicato patronal* (*Der*) Asociación de patrones que actúa con la finalidad de defender los intereses económicos de sus agremiados.

síndico s m Miembro del ayuntamiento, elegido por votación popular, encargado de cuidar y atender asuntos propios de la comunidad a la que representa: "Yo soy el *síndico* procurador del agua".

síndrome s m (*Med*) **1** Conjunto o serie de síntomas que existen a un tiempo y definen clínicamente una enfermedad determinada **2** *Síndrome de abstinencia* Conjunto de trastornos que presenta un adicto o un paciente acostumbrado a determinada droga, cuando se le priva súbitamente de la misma **3** *Síndrome de ansiedad* Conjunto de síntomas que acompañan los estados de ansiedad: palpitaciones, respiración rápida, sudor, palidez y a veces pánico **4** *Síndrome de Down* Afección malformativa compleja debida a una aberración cromosómica que se manifiesta desde el nacimiento. Los pacientes tienden a ser tranquilos, raras veces lloran y presentan hipotonía muscular. Hay un retraso del desarrollo físico y mental. Son características la microcefalia, la braquicefalia y el occipucio aplanado. Los ojos son oblicuos y en general se observan pliegues epicánticos. El puente de la nariz es aplanado y a menudo la boca permanece abierta debido a que la lengua es de gran tamaño, presenta pliegues y carece de fisura central. Las manos son cortas y anchas, con un solo pliegue palmar; los dedos son cortos con incurvación del quinto dedo que a menudo sólo tiene dos falanges. Alrededor de 35% de los pacientes presenta cardiopatía congénita. En la actualidad la mayoría de los pacientes sin cardiopatía importante sobreviven hasta la edad adulta, aunque el proceso de envejecimiento parece ser acelerado, registrándose la muerte durante la cuarta o quinta década de la vida. La incidencia aumenta en los hijos nacidos de madres mayores de 40 años; mongolismo **5** *Síndrome de inmunodeficiencia adquirida* Sida.

sinécdoque s f (*Lit*) Figura de retórica o metáfora que altera la significación de una palabra para designar el todo por sus partes (como *cabeza* por *individuo* y *pan* por *alimento*) o, a la inversa, una parte por el todo (como la *ciudad* por los *habitantes de la ciudad*), el género por la especie (como los *felinos* por los *gatos*) o, al contrario, la especie por el género (como los *ratones* por los *roedores*), al objeto por el material de que está hecho (como *plata* por *dinero*), al plural por el singular (como *el veracruzano* por *los veracruzanos*), etcétera.

sinfonía s f Composición musical para orquesta que generalmente consta de tres o cuatro movimientos: *las sinfonías de Beethoven*.

sinfónica s f Gran orquesta que incluye la mayor variedad instrumental y numerosos ejecutantes (alrededor de cien), que se dedica a interpretar generalmente música clásica: "Ha tocado en las mejores *sinfónicas* del mundo".

sinfónico adj Que pertenece a la sinfonía o se relaciona con ella: *obra sinfónica, concierto sinfónico*.

single s m (*Crón dep*) **1** En el beisbol, hit que permite al bateador llegar a primera y a los corredores avanzar a la siguiente base; sencillo: "Luego del doblete, Valenzuela entra a la goma con *single* del segundo bat" **2** pl En algunos deportes como el tenis, partido que se efectúa entre dos jugadores contrarios: "En el primer *singles*, el checoslovaco venció al tenista estadounidense".

singular 1 adj m y f Que es único, raro, extraordinario: *una habilidad singular, un empleo singular, un carácter singular* **2** s m (*Gram*) Número que tienen los sustantivos, adjetivos, pronombres y artículos cuando se refieren a un solo objeto o persona, y los verbos cuando su sujeto es una sola persona o cosa. El sustantivo *casa* está en singular, así como el adjetivo *rojo* y el verbo *comió*. En vista de que este número no se expresa con una determinada terminación o gramema propio, como sucede en el plural, algunas doctrinas lingüísticas propugnan porque se considere la existencia de un "gramema cero" para dicho caso.

siniestra s f **1** La mano izquierda **2** *A diestra y siniestra* A la derecha y a la izquierda: *dar palos a diestra y siniestra, recetar medicinas a diestra y siniestra*.

siniestro s m **1** Daño grave causado por una fuerza natural, como el fuego, la lluvia, los terremotos, etc: *sofocar el siniestro*, "*Siniestro* ocasionado por un irresponsable que arrojó una colilla" **2** adj Que es malvado o dañino; que muestra maldad, que es malintencionado: *una sonrisa siniestra, un personaje siniestro, un plan siniestro, el más siniestro asesino* **3** adj Que causa horror o espanto; terrible: *presagios siniestros, la pareja siniestra*.

sino[1] conj **1** Niega una expresión afirmando su contraria: "No come carne *sino* verduras", "No me gusta cantar *sino* bailar", "No me simpatiza, *sino* que me irrita", "Lo más grande no es despreciar las riquezas, *sino* saber hacer buen uso de ellas", "Yo no trabajo sentada *sino* parada" **2** Excepto, exclusivamente, tan sólo: "A nadie se lo he dicho, *sino* a mi hermana", "No te pido más *sino* que me oigas", "No vi *sino* el soberbio despertar de aquella vida", "La vida no es *sino* una metáfora".

sino[2] s m Destino, suerte: "Su *sino* es trabajar sin descanso", "Su *sino* fue que se encontraran diez años después".

sinónimo adj y s m Tratándose de palabras, que tiene el mismo significado que otra de significante diferente. *Así, comenzar y empezar, pavo, pípil y guajolote; puerco, cerdo y cochino; platicar y conversar, aburrimiento y fastidio; vientre y panza*, etc. En realidad, siempre se puede diferenciar entre dos palabras que parecen ser sinónimas, bien por el nivel de lengua en que se usan, por su valor más general en el conjunto de la lengua a la que pertenecen o por algún matiz semántico.

sinopsis s f sing y pl Visión general y esencial de un asunto, presentada en forma breve y ordenada, por escrito u oralmente; resumen, esquema: *sinopsis del argumento, presentar una sinopsis*.

sinóptico adj **1** Que permite la visión general de un todo, o de un conjunto de elementos esenciales de un asunto por su presentación esquemática y breve, que tiene esta presentación o forma de sinopsis: *cuadro sinóptico, caracterización sinóptica, mapa sinóptico, tablas sinópticas* **2** (*Geogr*) Que se relaciona con los cambios atmosféricos y las condiciones temporales cuando se dan o representan simultáneamente en una extensión más o menos amplia: *meteorología sinóptica, horario sinóptico mundial, evolución sinóptica*.

sinovial adj m y f (*Med*) **1** *Líquido sinovial* Líquido transparente y viscoso, compuesto de mucina y una pequeña cantidad de sales minerales, que segregan ciertas membranas para lubricar las articulaciones **2** *Membrana sinovial* Capa de tejido fibroso que segrega ese líquido y que cubre las vainas de los tendones, las cavidades de las articulaciones y las bolsas mucosas.

sintagma s m (*Ling*) Orden sucesivo o temporal que siguen los elementos lingüísticos al hablar o escribir. Dos o más fonemas en contraste en la cadena hablada como los que forman la emisión sonora de /eskuéla /; dos o más morfemas que componen una palabra, como *cantar*; dos o más palabras que componen una oración, como *los gatos persiguen a los ratones*, forman sintagmas.

sintaxis s f sing y pl **1** Modo en que se relacionan las partes de una oración o las oraciones entre sí: *errores de sintaxis, tener buena sintaxis* **2** (*Gram*) Parte de la gramática que se ocupa del estudio de las combinaciones de palabras y de las funciones que desempeñan en la oración, y del modo en que se relacionan las oraciones entre ellas.

síntesis s f sing y pl **1** Formación de una unidad o un elemento con características propias, distintas a las de los elementos que se combinaron para formarla: *una síntesis cultural*, "México es la *síntesis* de varios pueblos" **2** Exposición corta o abreviada, pero completa, del tema o el contenido de una materia: *la síntesis de un libro, escribir la síntesis de una discusión* **3** (*Quím*) Operación que consiste en elaborar una sustancia nueva a base de otras sustancias o elementos más sencillos o diferentes: *síntesis de un ácido, la síntesis vitamínica* **4** *En síntesis* En resumen, de manera abreviada o reducida **5** (*Fil*) Proposición que resulta de la unión de una tesis con una antítesis.

sintético adj **1** Que es resultado de una síntesis o que la produce: *un trabajo sintético, una obra sintética, un método sintético* **2** Que se obtiene mediante síntesis química o algún procedimiento industrial que reproduce la composición y las propiedades de un objeto natural: *alimentos sintéticos, fibra sintética, madera sintética* **3** (*Ling*) Tratándose de las características estructurales de una lengua, la que reúne en una sola palabra varios morfemas, como el latín o el náhuatl.

sintetizador 1 adj Que sintetiza **2** s m (*Elect*) Aparato electrónico capaz de engendrar simultáneamente sonidos de cualquier altura (frecuencia) e intensidad (amplitud) y de combinarlos con armónicos para reproducir sintéticamente los sonidos complejos de los instrumentos musicales o para crear timbres que ninguno de éstos puede producir.

sintetizar v tr (Se conjuga como *amar*) **1** Hacer una síntesis: *sintetizar un pensamiento, sintetizar por escrito, sintetizar los resultados* **2** (*Quím*) Preparar un compuesto por síntesis: "Las grasas pueden ser *sintetizadas* con moléculas formadas durante la digestión de los carbohidratos", "La amiba *sintetiza* nuevas grasas", *una mucoproteína sintetizada por el hígado*.

síntoma s m **1** Alteración orgánica o funcional con la que se manifiesta una enfermedad y que, en ocasiones, permite conocer su naturaleza: "El dolor de cabeza es *síntoma* de muchas enfermedades", "El catarro y la sensación de cuerpo cortado son *síntomas* de gripa", *síntomas de intoxicación* **2** Fenómeno, hecho o circunstancia que permite suponer la existencia de algo, o que es indicio o señal de cierta cosa: "El buen apetito es *síntoma* de buena salud", "No hay *síntomas* de mejoría en las relaciones internacionales".

sintonizar v tr (Se conjuga como *amar*) Ajustar un receptor de ondas de radio, telegrafía o telefonía, de manera que sólo se amplifiquen las ondas de una frecuencia dada; poner el aparato receptor en sintonía con una estación emisora: *sintonizar la XEW*.

sinuoso adj **1** Que tiene o presenta curvas irregulares, ondulaciones retorcidas y escabrosas, o que se desarrolla en esa forma, que es complejo e intrincado: *calle sinuosa, terrenos sinuosos, curso sinuoso de un río*, "Envejeció rodeada de gatos y de sombras *sinuosas* y torturantes" **2** Que es disimulada, tortuosa, retorcida o escabrosa la actitud de una persona o de alguna de sus manifestaciones, que no es directa o esconde el objetivo que persigue utilizando medios, a veces, reprobables o cercanos a lo que se considera inconveniente: *pensamiento sinuoso, argumentos sinuosos*, "Doña Remilgos pretende desviar esa conversación tan *sinuosa*".

sinvergüenza I s y adj m y f Persona que actúa cínicamente y comete actos reprobables: "Eres una *sinvergüenza* que no te importa andar desprestigiándote como una cualquiera", "Estaba bebido el muy *sinvergüenza*", "Hay muchos funcionarios corruptos y *sinvergüenzas*" **II 1** (*Mimosa pigra*) Arbusto de la familia de las leguminosas, de 1 a 2 m de altura, espinoso, de hojas bipinadas, con numerosas hojuelas lineares de 5 mm; flores color de rosa, en cabezuelas; fruto en vaina híspida, linear oblonga, con 15 a 20 semillas. Las hojuelas se pliegan cuando se tocan; dormilona **2** (*Bryophyllum pinnatum*) Planta herbácea de la familia de las crasuláceas, de 1 m de altura, hojas opuestas, con tres hojuelas ovales, gruesas y crenadas de 8 a10 cm, y flores rojizas tubulosas; bruja.

sionismo s m Movimiento político y religioso que pretendía el establecimiento y consolidación de un Estado judío en Palestina, antes de la creación del Estado de Israel en 1948 y cuyo desarrollo ha traído consigo grandes dificultades y luchas armadas entre judíos y árabes, debidas a un nacionalismo exacerbado, como se puso de manifiesto durante las guerras árabe-israelíes de agosto de 1956 y junio de 1967.

siquiera 1 adv Cuando menos, por lo menos, tan sólo: "*Siquiera* tendrá donde comer", "Quédate *siquiera* una semana", "No se le ocurrió *siquiera* desmentirla", "Ni *siquiera* respondió", "*Siquiera* préstame diez pesos" **2** *Ni siquiera* No (intensifica la negación): "*Ni siquiera* respondió", "*Ni siquiera* se le ocurrió desmentirlo".

sirena¹ s f **1** Criatura fantástica con cabeza, torso y brazos de mujer, y cuerpo de pez de la cintura hacia abajo que, según antiguas creencias, habita en las aguas del mar, y posee ciertos poderes mágicos y proféticos: "La *sirena* se embarcó / en un buque de madera" **2** Ser mitológico que, según los antiguos griegos, habitaba en el mar y tenía la facultad de hechizar a los marinos con sus encantos, atrayéndolos al agua para luego devorarlos o haciéndolos estrellar sus naves contra los arrecifes; se le representaba como un pájaro con cabeza y pechos de mujer, o como una mujer alada o con patas de ave: "Odiseo se salvó del canto de las *sirenas*, haciéndose amarrar al mástil del barco".

sirena² s f Silbato o aparato que emite sonidos muy fuertes y característicos que pueden oírse a grandes distancias, como el que llevan los barcos o las ambulancias y patrullas para anunciar su paso, o el que se usa en algunas partes para dar la alarma en caso de guerra o emergencia: "La acción comienza entre dos silbatazos dados por la *sirena* del barco", *la sirena de una fábrica*.

sirvienta s f Mujer que trabaja como empleada en una casa particular, dedicada a las labores domésticas; criada: "Se solicita *sirvienta* de planta", "Muchas *sirvientas* mexicanas que trabajan en Estados Unidos son explotadas vilmente por sus patrones".

sirviente s m y f Persona que está al servicio de otra: *los sirvientes del rey*.

sisa s f Línea o corte curvo que se hace en las telas o tejidos de las prendas de vestir y que corresponde a la región de las axilas: "La blusa le aprieta de la *sisa*", *tomar la medida de la sisa*.

sismo s m Serie de sacudidas bruscas y repentinas de la superficie de la tierra, provocada por distintas causas, como la actividad volcánica o reajustes en la corteza terrestre; temblor, terremoto: "Al siguiente día hubo otro *sismo* muy fuerte", "Dada la intensidad del *sismo* se cree que su epicentro haya sido en las zonas telúricas cercanas".

sistema s m Conjunto de elementos, reglas, partes, etc, relacionados entre sí, particularmente el que sirve para alguna cosa, permite el funcionamiento de algo o produce cierto resultado: *sistema nervioso, sistema lingüístico, sistema solar, sistema político*.

sistemáticamente adv En forma sistemática; siguiendo un sistema o un orden; siempre de la misma manera: *formular sistemáticamente la misma pregunta, observar sistemáticamente las estrellas dobles*, "*Sistemáticamente* rehuyes la realidad", "Me he negado *sistemáticamente*".

sistemático adj Que actúa o se hace siguiendo un orden o un método determinado; que se realiza por sistema, pertenece a un sistema o se relaciona con él: "Su padre era una persona muy rigurosa y *sistemática*, *clasificación sistemática, análisis sistemático, explotación sistemática*.

sistematizar v tr (Se conjuga como *amar*) Organizar en forma sistemática, estructurar elementos dispersos en un sistema: "Se *sistematizaron* esos programas hacia el desarrollo rural", *sistematizar y clasificar los conocimientos, sistematizar los datos de costos dispersos en multitud de empresas*.

sitio[1] s m **I 1** Lugar que ocupa algo o alguien, o que le corresponde: *un sitio distinguido, un sitio determinado, sitios olmecas,* "No lo dejes ahí, ponlo en su *sitio*", "No irán a ningún *sitio*" **2** Lugar en donde esperan taxis o coches de alquiler a que se les llame para salir a dar servicio: *un coche de sitio* **3** Lugar que le corresponde a algo o a alguien entre los de su clase o especie: "La sociología tiene su *sitio* entre las ciencias humanas", "Ese artista ya tiene su *sitio* bien ganado" **4** *Poner a alguien en su sitio* Hacerle entender a alguien que se ha tomado atribuciones indebidas **II 1** *Sitio de crianza* En el sureste, finca rural, destinada especialmente a la cría del ganado vacuno **2** *Sitio de labor* En el sureste, hacienda que se dedica principalmente a la agricultura **3** *Sitio de aves de corral* En San Luis Potosí, terreno con superficie de una hectárea **4** En Oaxaca, medida agraria equivalente a cuatro hectáreas.

sitio[2] s m Cerco que una fuerza militar tiende alrededor de otra, o de una ciudad o pueblo, para impedir que se aprovisione de armas, alimentos, etc, y debilitarla antes de atacarla definitivamente: *el sitio de Cuautla, romper el sitio.*

situación s f **1** Posición que guarda algo o alguien en relación con otra persona o con otra cosa: *la situación de un edificio en la avenida, un hotel en la mejor situación, la situación de una ciudad en el mapa* **2** Estado pasajero o momentáneo en que se encuentra algo o alguien en relación con otros anteriores o posteriores: *la situación política, la situación del mundo, una buena situación* **3** *Tener* o *estar alguien en (una) situación* Tener los medios económicos y el prestigio social convenientes para algo: "*Está en* muy buena *situación*", "No *tiene una situación* apropiada para darse esos lujos" **4** *Estar algo* o *alguien en situación de* Tener a alguien los medios o la capacidad de: "*Estoy en situación de* ayudarle".

situar v tr (Se conjuga como *amar*) **1** Poner algo o a alguien en un lugar determinado con respecto a otro o localizarlo con precisión en relación con otro: *situar una población en el mapa, situar bien una casa, situar las coordenadas de un punto* **2** prnl Tener lugar o llevarse a cabo algo en cierto momento: "La peregrinación de los aztecas se *sitúa* en una época crítica", "La acción se *sitúa* en el siglo XVIII" **3** Depositar cierta cantidad de dinero a nombre de alguien, en un lugar preciso o para cierta finalidad: "*Situó* mil francos en un banco de París".

slogan s m **1** (*Publ*) Frase publicitaria, breve y atractiva, con la que se anuncia algún producto, servicio, etc, y con la que se pretende lograr la identificación inmediata de éste entre los consumidores: *el slogan de una bebida, registrar un slogan* **2** Frase breve y contundente en la que se sintetiza cierto pensamiento, ideología o con la que se identifica algún grupo, corriente, etc: *un slogan político.* (Se pronuncia *eslógan.*)

smog s m Concentración de humos, polvos, gases y otros residuos contaminantes que flotan suspendidos en el aire, particularmente en las grandes ciudades y zonas industriales, que forma una especie de bruma o nube y altera las condiciones naturales de su medio ambiente; esmog: "Los vecinos se quejan de los malos olores y del *smog*".

smoking s m Traje de vestir masculino que se usa en situaciones formales; el saco tiene el cuello y las solapas forradas de seda o raso, y se lleva con camisa blanca y corbata de moño: *smoking negro, smoking blanco.*

so prep **1** *So pena de* A riesgo de, bajo la amenaza de: "Hay que hacerlo con cuidado, *so pena de* equivocarse" **2** *So pretexto de* Con el pretexto de: "No lo dejaron entrar *so pretexto de* su edad".

sobaco s m (*Popular*) Concavidad situada debajo del hombro en la zona de la unión del brazo con el tronco; axila.

soberanía s f **1** Circunstancia en la que alguna persona, una sociedad o un Estado está en posibilidad de determinar por sí mismo su comportamiento, tomar sus propias decisiones y actuar sin que otra persona u otro Estado intervenga o lo influya: *la soberanía del pueblo mexicano* **2** Carácter de un Estado como órgano supremo e independiente de autoridad: *respeto a la soberanía* **3** *Soberanía territorial* Conjunto de los poderes que ejerce un Estado en su propio territorio, sin que intervenga o los limite otro Estado.

soberano 1 adj Que tiene o ejerce la máxima autoridad y no está sometido al control o poder de otro: *acto soberano, pueblo soberano, nación soberana* **2** s Persona que, en la monarquía, tiene el poder supremo: *los soberanos de España, la soberana inglesa* **3** adj Que es grande o tiene el más alto grado de intensidad, profundidad, etc: *una inteligencia soberana* **4** adj (*Coloq*) (Antepuesto al sustantivo) Que es grande o extremo: *una soberana cuereza*: "Le importa un *soberano* cacahuate la justicia".

soberbia s f Excesivo aprecio de sí mismo y desprecio de los demás; considerado uno de los siete pecados capitales por los cristianos; falta de humildad, arrogancia: "No permitas que la *soberbia* entre en mí", *la soberbia del candidato, la soberbia del nuncio,* "Su *soberbia* la perdió".

soberbio adj **1** Que muestra soberbia, arrogancia u orgullo; que no tiene humildad: "Es altivo y aun *soberbio*", *el soberbio Mister Nixon, un presidente autoritario y soberbio* **2** Que es de gran valor, de gran belleza, de gran calidad o de gran tamaño; magnífico, extraordinario o espléndido: *un soberbio espectáculo, una actuación soberbia, su soberbia labor, soberbias y definitivas pinturas, una soberbia pieza de diseño.*

sobra s f **1** *De sobra* De más, muy, por demás: "Motivos *de sobra* para alarmarse", "Eso tú lo sabes *de sobra*", *un hecho de sobra conocido,* "*De sobra* es conocido que el mayor número de muertos se registra en los menores de un año", "Hizo comida *de sobra*" **2** pl Aquello que sobra después de utilizar lo necesario, especialmente de la comida; restos, residuos: "Le regaló las *sobras* de la cena", "Preparó la comida con las *sobras* de la semana", *sobras de tela* **3** pl (*Tab, Ver, Huast, Alti Oax*) Migajas de pan **4** pl (*Ver*) Asientos de café.

sobrante 1 adj m y f Que sobra: *comida sobrante, papel sobrante* **2** s m Elemento de un conjunto o cantidad de algo, que queda luego de haber usado, consumido o gastado el resto: "Los baleros engranados en exceso expulsarán el *sobrante* de grasa dentro del motor", "Los *sobrantes* de metal se quitan y se vuelven a fundir".

sobrar v intr (Se conjuga como *amar*) **1** Haber más de lo necesario o quedar todavía parte de algo que se usó, consumió, gastó, etc: "*Sobró* mucha comida de la fiesta", "Me *sobraron* dos metros de tela", "Le *sobra* el tiempo", "Con el dinero que *sobró* comprarán libros para la biblioteca" **2** Estar de más: "*Sobran* los comentarios", "Aquí hay una persona que *sobra*" **3** *Salir sobrando* Estar de más: "Lo escrito más arriba *sale sobrando*".

sobre[1] prep **1** Indica la posición de una cosa a mayor altura que otra o de algo que se apoya en ella por su parte de arriba: "Las nubes están *sobre* los cerros", "El pájaro vuela *sobre* los árboles", "El libro está *sobre* el escritorio", "Se puso el rebozo *sobre* la cabeza" **2** Expresa aumento o añadido de alguna cosa a otra ya existente: "Les piden dos mil pesos más *sobre* lo convenido", "*Sobre* el trabajo que ya tenía, le piden todavía más", "Pagar peso *sobre* peso", "*Sobre* cornudo, apaleado" **3** Indica que algo o alguien está situado en un nivel o en una jerarquía superior a la de otra cosa o persona; que tiene mayor importancia: "El presidente está *sobre* los ministros", "*Sobre* el sargento hay una larga jerarquía militar", "El interés del país está *sobre* los intereses personales **4** Indica que algo está situado en un punto de mayor altura, que domina a otros: "Las ventanas se abren *sobre* el río", "Las montañas se alzan *sobre* el valle" **5** Introduce el tema o el asunto de que trata algo: "Tomaré un curso *sobre* cuidados infantiles", "Habló *sobre* sus experiencias didácticas" **6** Señala el objeto que tiene alguna relación financiera: *impuesto sobre la renta*, *préstamo sobre una casa* **7** *Estar sobre algo* o *alguien* Introduce el objeto o la persona que se cuida o se vigila: "*Está sobre* sus hijos para que estudien", "Hay que estar *sobre* el trabajo diariamente" **8** Indica la persona o la institución a la que se envía cierta cantidad de dinero mediante un cheque o un giro: "Enviar cien pesos *sobre* Torreón".

sobre[2] s m Cubierta o especie de bolsa, generalmente de papel, en la que se meten las cartas o documentos que se llevan o se envían de un lugar a otro: "En el *sobre* escribes tu nombre y dirección", "Mete los papeles en un *sobre* para que no se te pierdan", *un paquete de sobres*.

sobrecarga s f **1** Exceso de carga: *sobrecarga del corazón, sobrecarga mecánica, sobrecarga emotiva* **2** Impresión tipográfica que se estampa oficialmente en un timbre de correos para alterar su valor, modificar su uso, conmemorar un acontecimiento, etc: *los timbres emitidos por Haití en 1904 con sobrecarga de 1906.*

sobrellevar v tr (Se conjuga como *amar*) **1** Aguantar o soportar con paciencia alguna carga o dificultad: "Don Enrique *sobrelleva* con dignidad su pobreza", *sobrellevar el mundo* **2** Resignarse a vivir con los defectos de otra persona: *poder comprenderse y sobrellevarse*.

sobrenatural adj m y f Que pertenece a un orden de existencia independiente o por encima del natural; que se relaciona con él o se comporta fuera de las leyes de la naturaleza y no puede ser explicado por ellas; que es extraordinario o prodigioso: *seres sobrenaturales, fenómenos sobrenaturales, dones sobrenaturales*, "Ella tenía una belleza *sobrenatural*", "Sintió que un frío *sobrenatural* le corría por la espalda", *un hecho sobrenatural*.

sobrepasar v tr (Se conjuga como *amar*) **1** Exceder un límite; ir más allá de un punto determinado: *sobrepasar el límite de velocidad*, "La población de la escuela *sobrepasa* los diez mil estudiantes" **2** Superar, aventajar algo o a alguien: "Lo *sobrepasa* en altura", "Estas experiencias *sobrepasan* cualquier otra de nuestra vida cotidiana" **3** prnl Excederse uno en el trato con otra persona, al hacer o decir algo que la ofende o humilla: "Le dio una cachetada porque quiso *sobrepasarse* con ella".

sobreponer v tr (Se conjuga como *poner*, 10c. Su participio es irregular: *sobrepuesto*) **1** Poner una cosa encima de otra: *líneas sobrepuestas al espectro*, "Se *sobreponen* a las figuras grandes letreros" **2** prnl Dominar sus impulsos o emociones una persona, superar las adversidades o los problemas, no dejarse abatir por el dolor o la tristeza: "*Sobrepóngase* a la realidad", "Se *sobrepone a* su manera de ser", "Tengo que *sobreponerme*", "Tal fue su terror, pero *se sobrepuso* y continuó avanzando".

sobresaliente adj m y f Que se distingue, que destaca entre los de su clase; que es notorio o notable: "Lo más *sobresaliente* del concierto fue la intervención de la solista", *una escritora sobresaliente, un alumno sobresaliente*.

sobresalir v intr (Se conjuga como *salir*, 8) Ser notable algo o alguien entre otras cosas o personas; distinguirse por encima de ellas o tener un lugar más destacado: "La cúpula de la catedral *sobresale* entre los edificios", "Celia se esfuerza por *sobresalir* en su profesión".

sobresaltar v tr (Se conjuga como *amar*) **1** Producir algo o alguien una reacción fuerte y repentina de miedo o susto en uno: "El repiqueteo de un timbre *sobresaltó* a Rita" **2** prnl Tener una reacción repentina de miedo ante un estímulo inesperado: "Sentí una mano sobre mi hombro. Me *sobresalté* y lancé una imprecación".

sobrevenir v intr (Se conjuga como *venir*, 12b) **1** Ocurrir o suceder algo de manera inesperada o improviso: "Estaba a punto de presentarme ante el gran público cuando *sobrevino* mi ceguera", *sobrevenir una crisis* **2** Suceder alguna cosa luego de otra, como consecuencia de ella, o además de ella: "La evaporación del agua se acelera y *sobreviene* la desecación de los depósitos lacustres", "Después de la tempestad, *sobreviene* la calma".

sobrevivir v intr (Se conjuga como *subir*) Vivir o permanecer en vida después de que otras personas han muerto o perdurar algo pasada la época a que corresponde: "Le *sobreviven* su esposa y sus hijos", "Sólo *sobreviven* los más aptos", "La revista sólo logró *sobrevivir* seis meses".

sobrino s Hijo del hermano o hermana, o del primo o prima: "Tengo cinco *sobrinos* y tres *sobrinas*".

sobrio adj **1** Que es moderado y discreto, que no es ostentoso; que se comporta, se viste, actúa con discreción y medida: "La doctora es una mujer muy *sobria*", *una casa sobria, un vestido sobrio* **2** Que no está borracho, que no está bajo los efectos del alcohol: "A pesar de todas las cervezas que me tomé, me sigo sintiendo *sobrio*".

social adj m y f **1** Que pertenece o se relaciona con las sociedades humanas o animales: *organización social, vida social, fenómeno social, actividad social, ciencias sociales, justicia social, seguridad*

social 2 Que pertenece a las agrupaciones mercantiles o financieras, que se relaciona con ellas: *capital social, razón social* **3** Que se relaciona con las actividades que las personas organizan para convivir, como las fiestas, las visitas, etc: *hacer vida social*, "Laura lleva una intensa vida *social*".

socialismo s m **1** Conjunto de ideas y movimientos políticos, económicos y sociales que se basan en el reconocimiento de la vida, los derechos y la propiedad colectiva como fundamento del desarrollo de la sociedad, en contraposición a los intereses individuales y a la propiedad privada, y que por ello busca transformar, principalmente, las relaciones económicas que dan origen a las diferencias sociales, y establecer un gobierno en que participen y estén representados todos los ciudadanos **2** Sistema político, social y económico basado en esas ideas: *socialismo marxista, socialismo de Estado.*

socialista adj y s m y f Que se relaciona con el socialismo, que simpatiza con él o que pertenece a sus partidos: *pensamiento socialista, la Internacional Socialista, países socialistas.*

socializar v tr (Se conjuga como *amar*) **1** Pasar a ser propiedad del Estado o de otro organismo colectivo las industrias, propiedades, etc particulares: *socializar los ferrocarriles, socializar los medios de producción, socializar los servicios médicos* **2** Introducir a una persona a las formas de comportamiento, los valores, las costumbres, etc de la sociedad de la que forma parte: *socializar a los niños.*

socialmente adv Desde un punto de vista social o referido a las relaciones humanas en la sociedad, especialmente entre las diversas clases sociales: "Tanto forma como contenido poéticos están determinados histórica y *socialmente*", *una obra socialmente útil*, "Ciertas actividades deportivas pueden proporcionar satisfactores *socialmente* aceptables a tendencias agresivas", "El conflicto entre indios y mestizos se manifestará *socialmente* bajo la forma de la lucha agraria".

sociedad s f **1** Conjunto de seres humanos que conviven entre sí, comparten el trabajo y el curso de su historia, se organizan para cumplir ciertas tareas y desarrollan una cultura que los caracteriza: *la sociedad mexicana, la sociedad azteca, las sociedades indígenas* **2** Grupo de personas que se reúnen o se asocian para realizar actividad común o para defender ciertos intereses comunes: *sociedad filatélica, sociedad de amigos de la música, sociedad deportiva, sociedad de padres de familia* **3** Agrupación de personas que reúnen su capital, sus propiedades o su trabajo para producir o fabricar algo, dar algún servicio, etc y ganar dinero con ello: *una sociedad anónima, sociedad de responsabilidad limitada* **4** Sociedad conyugal (*Der*) Régimen por el que pueden optar dos personas al casarse, que establece la comunidad de sus bienes durante el matrimonio **5** Grupo de personas con un alto nivel económico: *un baile de sociedad, una mujer de sociedad, una presentación en sociedad* **6** Conjunto de animales de la misma especie que conviven en el mismo espacio y comparten su existencia: *sociedad de las abejas, sociedad de los chimpancés.*

socio s **1** Miembro de una asociación: "Para ser *socio* del club tienes que pagar una cuota anual", *socia de la beneficencia española* **2** En relación con una persona, otra que tiene inversiones en común con ella, que constituye con ella una sociedad comercial o que se le ha unido para formar una empresa, un negocio, etc: "Vino a buscarte el *socio* de tu hermano", *asamblea de socios, socio de una fábrica* **3** Socio capitalista (*Der*) El que aporta el capital en una sociedad mercantil **4** Socio industrial (*Der*) El que aporta su trabajo y tiene derecho a una participación especial sobre las utilidades.

socioeconómico adj Que implica la combinación de aspectos sociales y económicos, se relaciona con esa combinación de factores o resulta de ella: *estudio socioeconómico.*

sociología s f Ciencia que estudia las sociedades humanas, sus características, su historia, sus conflictos, etc: *sociología mexicana, sociología de la pobreza, sociología demográfica.*

sociológico adj Que pertenece a la sociología o se relaciona con ella: *estudio sociológico, investigaciones sociológicas.*

sociólogo s Persona que tiene por profesión la sociología: "Este problema es para un *sociólogo*".

socket s m Pieza eléctrica que sirve de base para sostener focos y para establecer la conexión entre éstos y el cableado: *cambiar el socket de una lámpara*. (También se escribe *sóquet*.)

socorrer v tr Brindar auxilio o ayuda a alguien que lo necesita mucho: *socorrer a los pobres*, "El santísimo Señor de Chalma me ha de hacer el milagro de *socorrerme*".

sódico adj (*Quím*) Que se relaciona con el sodio o que lo incluye en su composición: *carbonato sódico, acetato sódico, jabones sódicos, sales sódicas.*

sodio s m Elemento metálico de color plateado, sólido y blando como la cera, que se descompone en el agua a temperatura ordinaria y arde fácilmente al ser calentado. Su manejo es peligroso debido a que es muy tóxico e irritante y fácilmente inflamable. Se emplea en la fabricación de hule sintético, de cables eléctricos, de luces para automóviles, como enfriador en los reactores nucleares, etcétera.

soez adj m y f Que es indecente, grosero, ofensivo o indigno: *gente soez, palabras soeces, señas soeces, intención soez.*

sofá s f **1** Asiento para dos o más personas, con respaldo y brazos, cómodo y normalmente acojinado: *sofá de cuero*, "Se recostó en el *sofá*" **2** Sofá cama El que se convierte en una cama.

sofisticado adj **1** Que ha perdido naturalidad, que es afectado, especialmente en su aspecto, en sus modales, en su comportamiento y en su arreglo: *sofisticadas gafas oscuras, su mujer tan distante y sofisticada, moda sofisticada* **2** Que es muy complejo y evolucionado, que posee los últimos perfeccionamientos de la técnica: *instrumentos altamente sofisticados* **3** Que es muy refinado y sutil; que es muy elaborado o complicado: *un razonamiento muy sofisticado.*

sofocar v tr (se conjuga como *amar*) **1** Impedir la respiración, la falta de oxígeno o el exceso de calor; ahogar, asfixiar: "Teníamos que ponerle oxígeno porque se *sofocaba*", "Un excesivo crecimiento de algas ha *sofocado* los pólipos de coral" **2** Apagar o extinguir el fuego y apagar o calmar la sed: "Una sed que sólo podía *sofocar* el agua", "*Sofocaron* rápidamente el siniestro".

soga s f **1** Cuerda gruesa hecha de fibra o de otros materiales trenzados y retorcidos: "Se había roto la *soga* del pozo", "Lazó un toro con la *soga*", "Ataron el barco al muelle con las *sogas*" **2** *Tener la soga al cuello* Hallarse abrumado o amenazado por una situación grave o peligrosa: "Actuó con precipitación porque *tenía la soga al cuello*".

sojuzgar v tr (Se conjuga como *amar*) Dominar o someter con violencia: "*Sojuzgar* un pueblo".

sol[1] s m **1** Estrella alrededor de la cual giran la Tierra y otros planetas que forman parte del mismo sistema, y de la cual reciben luz y calor (se escribe con mayúscula) **2** Conjunto de las radiaciones que emite esta estrella y que llegan a la Tierra como luz o calor: *sentarse al sol, tomar el sol, hacer mucho sol* **3** *De sol a sol* Desde que sale hasta que se pone esta estrella en el horizonte: *trabajar de sol a sol* **4** Cualquier estrella que tenga un sistema de satélites.

sol[2] s m (*Mús*) **1** En las convenciones internacionales, sonido producido por una vibración absoluta de 396 ciclos por segundo y, en los instrumentos temperados, por una de 391.99 ciclos por segundo **2** Quinta nota de la escala de do mayor **3** Tonalidad y acorde que tiene el fa sostenido (*sol mayor*), o el si y el mi bemoles, en la armadura, más el fa sostenido cada vez que aparece (*sol menor*).

solamente adv **1** Sólo, de forma única, de modo exclusivo, únicamente: "*Solamente* quiero que me diga usted la verdad", "Se acordó *solamente* de unos cuantos nombres", "Los trabajadores agrícolas mexicanos resultan no *solamente* más baratos, sino mucho mejor calificados" **2** *Solamente que* A menos que, únicamente que, con la única condición de que: "—¿Puedo salir? —*Solamente que* hagas tu tarea".

solanácea (*Bot*) **1** s y adj f Planta dicotiledónea, de hojas simples y alternas, flores acampanadas y fruto carnoso en cápsula o baya, como el jitomate, el tabaco, la berenjena y los chiles **2** s f pl Familia que forman estas plantas.

solapa s f **1 1** Doblez en forma de triángulo con la punta hacia afuera, que llevan como adorno algunas prendas de vestir abiertas al frente, en los bordes superiores de los delanteros: *las solapas del saco* **2** Extensión lateral de la cubierta de un libro, la cual va doblada hacia adentro y en la que, por lo general, están impresos datos o comentarios sobre el autor de la obra: "La nota de presentación aparece en la *solapa* del libro" **II** (*Caló*) **1** *De a solapa* Del bolsillo en el que se guarda la cartera: *afanar de a solapa* **2** Solo.

solar[1] adj m y f Que pertenece al Sol, proviene de él o se relaciona con él: *corona solar, actividad solar, rayos solares, atracción solar*.

solar[2] s m **1** Terreno en el que se puede construir un edificio o está ya construido, o el que sirve como huerto o corral en una casa de campo: *registro del solar, tener un solar* **2** Suelo en donde se ha nacido: *el solar patrio*.

soldadera s f Mujer que acompañaba a los ejércitos revolucionarios en el movimiento de 1910. Algunas de ellas formaron parte regular de esos ejércitos.

soldado s m **I 1** Persona que sirve en el ejército de un país **2** Militar sin graduación: *soldado raso, soldado de primera* **3** Partidario disciplinado de alguna doctrina: *los soldados de Cristo* **II 1** Crustáceo decápodo; ermitaño **2** En Córdoba, Veracruz, hormiga grande y feroz.

soldadura s f **1** Acto de unir o soldar entre sí dos cosas o partes de una cosa, especialmente las metálicas: *soldadura por calor, taller de soldadura, soldadura de un hueso* **2** Lugar en el que se unen estas dos partes o cosas: "La varilla se quebró por la *soldadura*" **3** Material que se emplea para soldar metales, generalmente formado por una aleación de plomo y estaño que se funde a menor temperatura que las piezas que se quiere unir **4** *Soldadura autógena* La que se hace fundiendo los extremos de las piezas que se van a unir y sin añadir una aleación extraña.

soldar v tr (Se conjuga como *soñar*, 2c) **1** Unir entre sí dos cosas o dos partes de una misma cosa: *soldar un hueso roto* **2** Unir entre sí dos metales o dos partes del mismo metal por medio de presión, electricidad, calor, etc, utilizando para hacerlo, generalmente, una aleación de estaño y plomo que se funde a menor temperatura que las partes que se van a unir: "Se *sueldan* los tubos para evitar una fuga de agua", "Si no se funden los metales, no *soldarán*".

soledad s f **1** Falta de compañía, circunstancia de estar solo: "Me gusta la *soledad*", "La *soledad* como nota distintiva de la adolescencia", *una soledad de pequeños recuerdos inasibles* **2** Sentimiento doloroso por la ausencia, la muerte o la pérdida de una persona, o la falta de algo: *aguantar la soledad, el peso de la soledad*.

solemne adj m y f Que se celebra con toda formalidad y siguiendo rigurosamente determinadas reglas; que es muy serio, respetuoso o ceremonioso: *misa solemne, bienvenida solemne, juramento solemne, expresión solemne, tono solemne, persona solemne*.

solemnidad s f **1** Calidad de solemne: "La *solemnidad* de sus palabras contrastaba con su vestimenta" **2** Acto o ceremonia, generalmente de carácter oficial, que se apega rigurosamente a ciertas reglas, con gran seriedad y formalidad **3** (*Der*) Cada una de las formalidades necesarias para que un acto jurídico tenga validez ante la ley.

soler v intr (Se conjuga como *mover*, 2c. Sólo se conjuga en presente y copretérito de indicativo, y es raro en presente de subjuntivo. Siempre va seguido de un verbo en infinitivo) **1** Tener alguien la costumbre de hacer algo: "El vendedor *suele* venir los viernes", "*Suele* trabajar hasta muy tarde" **2** (Sólo se usa en tercera persona del singular) Ser algo frecuente: "*Suele* llover en la tarde", "*Suele* haber temblores".

solfeo s m Canto de las notas pronunciando sus nombres silábicamente, como ejercicio para el aprendizaje básico de la música: "De los 13 a los 20 años de edad estudió música, *solfeo*, piano y guitarra".

solicitar v tr (Se conjuga como *amar*) **1** Pedir algo con cuidado y de acuerdo con ciertos procedimientos: *solicitar audiencia, solicitar un permiso, solicitar la inscripción a la escuela* **2** Buscar la atención, la compañía o la amistad de una persona, particularmente la de alguna persona atractiva y simpática: "La vecina es muy *solicitada* por sus compañeros".

solicitud s f **1 1** Acto de solicitar: "En las denuncias están implícitas las *solicitudes* de justicia" **2** Documento en el que se pide alguna cosa con cierta formalidad y de acuerdo con determinados procedimientos: *llenar una solicitud de empleo*, "Las *solicitudes* de ingreso se recibirán durante todo el mes" **3** *A solicitud de* En respuesta a la petición de, bajo o por pedido de: "Habrá becas y medias becas *a solicitud del* público", "El procedimiento se estableció *a solicitud de* las autoridades" **II** Actitud amable y diligente que alguien tiene al atender o servir a alguien: "Nos atendieron con *solicitud* y esmero".

sólidamente adv De manera sólida, firme, estable: *sólidamente construido.*

solidaridad s f **1** Relación que hay entre personas que tienen un interés común y las hace respetarse y ayudarse unas a otras: *solidaridad humana, solidaridad sindical* **2** Manifestación de apoyo y respeto a una persona, causa, idea, etc: "Nicaragua recibió la *solidaridad* de México".

solidario adj **1** Que es propio o producto de la solidaridad; que se relaciona con ella: *responsabilidad solidaria,* "Se solicita la ayuda *solidaria* de la población", *actitud solidaria* **2** Que se solidariza con otro u otros, que se adhiere a su causa o interés; que hace causa común con ellos: *trabajadores solidarios, un ciudadano solidario.*

solidarizarse v prnl (Se conjuga como *amar*) Unirse una persona, una agrupación, una institución, etc, a otra u otras y compartir con ella o con ellas los actos, los intereses, las opiniones o los sentimientos; adherirse a algo o comprometerse con ello: "Los maestros *se solidarizaron* con la huelga de los trabajadores", "Julián *se solidariza* con la pena de Adolfo".

solidificar v tr (Se conjuga como *amar*) Hacer sólido; particularmente convertir en sólido un líquido: "El aire *solidifica* y endurece el pegamento", "El hierro fundido *se solidifica* por enfriamiento con agua", "Las lavas poco fluidas *se solidifican* rápidamente".

sólido 1 s m y adj Estado de la materia cuyas moléculas están muy cercanas unas de otras y por ello presentan un volumen estable, relativamente invariable y resistente a la deformación **2** adj Que es resistente, que no se deforma fácilmente: *un sillón sólido, unos zapatos sólidos* **3** adj Que es firme, estable, serio en sus actitudes, opiniones, sentimientos: *decisiones sólidas, base sólida, amistad sólida.*

solista s y adj m y f Músico o cantante que interpreta composiciones para una sola persona, o los solos de una obra coral u orquestal: "Como *solista* ha tocado en las mejores orquestas del mundo".

solitaria s f Gusano de color blanquecino que llega a medir hasta 10 m de largo, constituye el estado adulto de varios platelmintos del género tenia. Vive como parásito en el intestino delgado, al cual se fija por medio de cuatro ventosas que posee en su parte anterior. Provoca trastornos de distinta gravedad en el organismo y en casos extremos puede ocasionar la muerte del individuo parasitado.

solitario I adj **1** Que le gusta la soledad; que suele estar solo; que actúa o realiza cierta actividad sin compañía: *un hombre solitario, un asaltante solitario* **2** Que carece de compañía, que no tiene amistades o afectos: "Las mascotas sirven de consuelo a los seres *solitarios*" **3** Que está solo, aislado, que no forma parte de un grupo: *una lágrima solitaria, flores solitarias* **4** Que está desierto, que no lo ocupa o no lo transita nadie o casi nadie: "La voz resonó sin respuesta a lo largo del corredor *solitario*", "Me alejé de prisa por las calles *solitarias*" **II** s m **1** Cualquier juego para un solo jugador: *jugar solitario con las fichas del dominó*, "Con las cartas se pueden jugar muchos *solitarios* diferentes" **2** Diamante más o menos gran-

de que va montado solo en un anillo u otra joya **3** Pájaro de la familia de los túrdidos de distintas especies, de color grisáceo, con el pecho amarillento y manchado, y con un aro alrededor de los ojos. Es un ave migratoria y se le encuentra principalmente durante el invierno, en zonas boscosas de clima frío o templado **4** Mapache.

solo adj **1** Que es uno, que es único, que no está junto con otro de la misma clase: *un solo sombrero, un solo hombre, una sola mano* **2** Que no tiene compañía ni ayuda; que se encuentra sin gente: *una mujer sola, un niño solo*, "Se quedó *sola* la oficina" **3** *A solas* Sin ayuda o compañía: *estudiar a solas* **4** s m Movimiento dancístico ejecutado por un solo bailarín **5** s m Pieza o parte de una pieza que se toca o se canta sin acompañamiento: *un solo de violín.*

sólo adv Únicamente, solamente: "*Sólo* tengo un día para hacerlo", "Pide *sólo* una".

soltar v tr (Se conjuga como *soñar*, 2c) **I 1** Dejar de sostener algo en las manos: *soltar la bolsa, soltar un libro, soltar la mano de una persona* **2** Permitir o hacer que algo deje de estar fijo en otra cosa, sostenido o amarrado en algo: *soltar un broche, soltar un cable, soltar la carga, soltar al perro* **3** Dejar en libertad a personas o animales que estaban encerrados, encarcelados o sometidos por la fuerza: *soltar a un preso, soltar a un venado, soltar a un rehén* **4** Dejar que algo que estaba detenido o interrumpido siga su curso o su desarrollo: *soltar el agua, soltar la corriente* **5** Dejar de hacer presión sobre algo o sobre alguien: *soltar el botón, soltar el acelerador* **II 1** prnl (*Coloq*) Evacuar frecuentemente el estómago a causa de alguna indigestión o enfermedad: *soltarse el niño*, "La papaya *me soltó*" **2** Dejar que salga de uno alguna manifestación emocional, alguna expresión o algún ruido fisiológico: *soltar una lágrima, soltar un estornudo, soltar un ¡ay!* **3** Echar algo de sí alguna cosa: *soltar jugo la carne* **III 1** prnl Alcanzar alguien habilidad y facilidad para hacer algo y empezar a hacerlo con naturalidad y frecuencia: *soltarse hablando inglés, soltarse a caminar el bebé* **2** *Soltar la lengua* Empezar a hablar, a decir algo que uno sabe y que es confidencial o secreto **3** *Soltar el hervor* Comenzar algo a hervir **4** Hacer uno algo brusca y repentinamente o comenzar de pronto a hacer algo: *soltar un golpe, soltar una carcajada, soltarse a llorar, soltarse corriendo, soltarse a cantar, soltarse un aguacero.*

soltero 1 adj y s Que no está casado: *mujer soltera*, "No había ningún *soltero* en la fiesta" **2** s m (*Alti Oax, Ist*) (*Petrea arborea*) Planta trepadora de la familia de las verbenáceas, de hojas sueltas, coriáceas y ásperas, flores azules en racimos y cuyo fruto es una cápsula indehiscente; flor de Santa María.

solubilidad s f Capacidad de una sustancia que puede mezclarse uniformemente con otra, disolverse en ella y formar una solución; cualidad de lo que es soluble: *solubilidad del azúcar, solubilidad de una sustancia en agua, solubilidad en alcohol.*

soluble 1 adj m y f y s m Que se puede disolver: *café soluble, sustancia soluble en ácido* **2** adj Que tiene solución o puede ser resuelto: *problema soluble.*

solución¹ s f **1** Respuesta que se encuentra a un problema o término feliz y aceptable para los participantes en un conflicto: *la solución de un problema matemático, una solución exacta, la solución de* *una guerra* **2** *Solución de continuidad* Interrupción que aparece en el desarrollo de algo.

solución² s f Mezcla de dos o más sustancias disueltas en un líquido: *una solución yodatada.*

solucionar v tr (Se conjuga como *amar*) Dar respuesta o solución a un problema; resolver un asunto: "Se *solucionó* el conflicto planteado por los campesinos", "Los alumnos tenían cinco minutos para *solucionar* el problema".

solvente¹ adj m y f **1** Que cumple con rapidez sus compromisos, puede pagar sus deudas o no las tiene; que es digno de créditos o préstamos monetarios: *una persona solvente, una empresa solvente, un país solvente* **2** Que se comporta con rectitud y es digno de confianza: *una persona moralmente solvente.*

solvente² s m y adj m y f Sustancia líquida que puede disolver a otra y formar con ella una mezcla uniforme; disolvente: "Se usa aguarrás como *solvente*", *compuestos solventes.*

sollozar v intr (Se conjuga como *amar*) Llorar con gemidos intermitentes y convulsiones del tórax por un dolor intenso e incontenible: "Sentían ambos un infantil deseo de abrazarse y *sollozar* de alegría", "Corrí al corral *sollozando* por la muerte de mi primer amor", "*Sollozaba* como ahogada por una tremenda desesperación".

sollozo s m Acto de sollozar: "Lanzó un *sollozo* de desesperación", *prorrumpir en sollozos.*

sombra s f **1** Zona oscura formada en una superficie por la proyección de la figura o silueta de un cuerpo que recibe luz, como la de uno mismo en las paredes **2** Lugar o zona en donde la luz del Sol o de una lámpara no llega: *estar en la sombra, buscar la sombra* **3** *A la sombra de* Bajo la protección o bajo el dominio de: "Guadalupe estuvo muchos años a la *sombra* de Miguel" **4** *Hacer sombra a alguien* Ser una persona motivo de que otra no destaque: "Su hermana siempre le *hizo sombra*" **5** *Ser sombra de alguien* Seguir siempre una persona a otra **6** (*Popular*) Aparición, fantasma: "Vimos *sombras* en el rancho" **7** (*Popular*) Techo ligero para protegerse del sol **8** *Estar* o *poner a la sombra* (*Popular*) Estar alguien en la cárcel o encarcelarlo.

sombrero s m Prenda de vestir con la que se cubre la cabeza; generalmente consta de un ala alrededor de la copa: *sombrero de palma, sombrero de charro, sombrero de copa* **2** *Quitarse el sombrero ante alguien* Reconocer el valor de alguien, sentir admiración por alguna persona.

sombrilla s f Objeto para protegerse del sol, que consta de un bastón o poste del cual salen varillas que pliegan o extienden una tela que los cubre; puede ser portátil como un paraguas, o grande como los que se fijan en el suelo en lugares al aire libre: *una sombrilla de seda*, "Pusieron en el jardín una mesa con *sombrilla*" **2** *Importarle* o *valerle sombrilla algo* o *alguien a uno* (*Coloq*) Importarle poco o nada: "Me importa *sombrilla* lo que digan".

sombrío adj **1** Que tiene poca luz, que está nublado: *un amanecer sombrío*, "Estas selvas son muy *sombrías, cielos grisáceos y sombríos* **2** Que es triste, melancólico, que causa depresión: *una mujer flaca y sombría, un sombrío adagio, mirada sombría.*

somero adj **1** Que es ligero, superficial; que trata algún asunto sin penetrar en su sentido profundo, o sin considerar sus detalles o pormenores: *un aná-*

lisis somero, una idea somera de algo **2** Que tiene poca profundidad, que no es muy hondo: *las aguas someras de las costas* **3** Que está muy cerca de la superficie, a muy poca profundidad: *suelos someros.*

someter v tr (Se conjuga como *comer*) **1** Imponer alguien a otra persona o a un conjunto de personas su voluntad, su fuerza o su dominio: *someter al enemigo, someter a un pueblo, someter a los conservadores* **2** Poner a la consideración y al juicio de alguna autoridad alguna cosa: *someter un proyecto, someter un informe* **3** prnl Aceptar lo que imponen las circunstancias o la decisión de otras personas: *someterse al voto mayoritario, someterse a la opinión de los demás* **4** Hacer que alguna cosa o alguna persona reciba la acción de algo: *someter a examen, someterse a una operación.*

somnífero adj, y s m Que produce sueño: *sustancia somnífera*, "No abuses de los *somníferos*".

son s m l **1** Composición musical que se canta y se baila; su acompañamiento musical suele hacerse con violines, jaranas, requintos, arpas, guitarras, guitarrones y a veces panderos (los mariachis también recurren a trombones, trompetas o clarinetes) y su letra reviste diversas formas estróficas (coplas, décimas, seguidillas, etc). Es interpretada por un solista que alterna con los estribillos del coro y los trozos instrumentales, que se bailan generalmente zapateando sobre una tarima de madera. Tiene gran influencia de las tradiciones musicales afrocubanas y españolas, y es de ritmo animado y brillante, como "La bamba", "El querreque" y "La negra": *son jarocho, son huasteco, sones guerrerenses, sones de Jalisco* **2** Composición musical bailable, de tradición afrocubana, que consta de un motivo variante, generalmente improvisado por una sola voz, alternado con las exposiciones melódicas fijas que canta un coro. Es típica de toda la región central americana, desde México hasta Venezuela: *son cubano, bailar un son*, "Celia Cruz canta sus *sones* con el corazón", *son de merengue* **3** Sonido, melodía, acompañamiento o ritmo de un instrumento a una composición musical: "Bailaron al *son* de los tambores" ll **1** *En son de* Con la intención o ánimo de, en actitud de: "No venían *en son de* guerra" **2** *Sin ton ni son* Sin coherencia, sin orden: "Se puso a hablar *sin ton ni son*", "Hace las cosas *sin ton ni son*".

sonaja s f l **1** Juguete para niños pequeños que consiste en una pieza hueca de distintas formas y materiales, con o sin mango, que lleva numerosas semillas, cascabeles o pequeñas piezas de plástico o de metal, que hacen ruido al agitarlo: *sonaja de plástico* **2** Instrumento musical de percusión, parecido a una maraca, hecho de metal y con semillas secas en su interior: "Acompañan sus danzas con cascabeles y *sonajas*" **3** Cada uno de los pequeños discos de metal que hay en el aro de los panderos **4** Ave paseriforme de distintas especies, que mide entre 15 y 18 cm de largo, tiene el pico más o menos largo, delgado y ligeramente curvo, las plumas de color café, con rayas claras u oscuras en las alas, y el pecho blanco y liso o con manchitas negras; su voz es fuerte y similar al sonido de una matraca ll (*Caló*) Golpiza.

sonar¹ v intr (Se conjuga como *soñar*, 2c) **1** Producir ruido o sonido una cosa: "Su voz *sonó* ronca", *sonar el teléfono, sonar el despertador* **2** Pronunciarse las letras: "La *b* no *suena* en español", "La *u suena* diferente en francés y en español" **3** Parecer o tener algo cierta apariencia: "Eso *suena* a telecomedia", *sonar bien un negocio* **4** tr Limpiar de mucosidades la nariz expulsándolas bruscamente: *sonarse la nariz, sonar al bebé* **5** tr Tocar un instrumento musical o algún objeto que produzca ruido: "*Sonaron* las campanas enmedio del silencio", "Hizo *sonar* las monedas en el mostrador de la tienda" **6** Oírse alguna cosa o el nombre de alguien en público a propósito de algo o de alguien: "Arturo *suena* para diputado" **7** *Sonarse a alguien* (*Coloq*) Pegarle, o ganarle ampliamente en una competencia, en un enfrentamiento, etc: "Si te vuelve a molestar *lo suenas*", "*Le sonaron* al favorito".

sonar² s m **1** Sonido propio de algo: *el sonar de las campanas, el sonar de los tambores* **2** (*Mar*) Aparato que sirve para localizar submarinos, bancos de peces y, en general, objetos sumergidos.

sonata s f Composición musical para piano o para violín, flauta, etc, generalmente con acompañamiento de piano, que consta de tres o cuatro movimientos: *las sonatas de Beethoven.*

sonda s f **1** (*Med*) Instrumento cilíndrico, largo y por lo general delgado, rígido o flexible que se introduce en un conducto o cavidad orgánica, sirve para explorar y extraer o introducir una substancia; hay diversas clases: *sonda acanalada, sonda gástrica,* "Se introduce la *sonda* hasta la uretra", *sonda uterina,* "Introduce una *sonda* por la nariz" **2** Instrumento destinado a medir la profundidad de los mares **3** Especie de gran taladro que sirve para abrir en los terrenos perforaciones de gran profundidad **4** Instrumento que se introduce en las tuberías para arrancar y extraer la suciedad, los residuos o los cuerpos extraños que las obstruyen **5** Vehículo espacial, generalmente sin tripulación, que se envía a explorar el espacio exterior.

sondear v tr (Se conjuga como *amar*) **1** Explorar cautelosamente la manera de pensar o de comportarse de una persona; tratar de conocer las intenciones de alguien: "Usted ha estado *sondeándome* para cerciorarse del grado de mi confiabilidad" **2** *Sondear el terreno* Examinar cuidadosamente la situación **3** Medir la profundidad del mar o penetrar con algún instrumento en él, en el suelo o en otros medios o materias para explorarlos, determinar su estructura interna y descubrir cosas aprovechables.

sondeo s m **1** Acto de sondear: *una tarea de minuciosos sondeos, los sondeos de la opinión pública* **2** Perforación o pozo de pequeño diámetro que se hace para reconocer el terreno, para beneficiar materiales en estado líquido o gaseoso, como por ejemplo el petróleo y el gas natural: *sondeos marinos* **3** Perforación que se hace en el suelo para reconocer el terreno y determinar la índole de los cimientos necesarios para una construcción.

soneto s m Poema que consta de catorce versos de once sílabas (endecasílabos) distribuidos en dos estrofas de cuatro versos (cuartetos) y dos de tres (tercetos), en la forma clásica las rimas son consonantes y se ajustan en los cuartetos a la forma ABBA ABBA; en los tercetos varían la forma pero son comunes las disposiciones CDC DCD, CDE CED y CDE CDE: *sonetos de Sor Juana, sonetos de Quevedo, sonetos de Garcilaso.*

sonido s m Vibración propia de los seres y objetos, algunos instrumentos y de la voz humana, y sensación característica que produce en el oído: *sonido de flauta, velocidad del sonido, sonido de tambor.*

sonorense adj y s m y f Que es natural de Sonora, que pertenece a este estado o se relaciona con él: *carne sonorense.*

sonoro adj **1** Que suena o va acompañado de sonido: *golpe sonoro, película sonora* **2** Que produce un sonido muy agradable, intenso o vibrante: *instrumento sonoro, verso sonoro* **3** Que hace o permite que el sonido se difunda y se oiga bien: *habitación sonora* **4** (*Fon*) Que se pronuncia haciendo vibrar las cuerdas vocales, como la /b/, la /m/ o la /d/.

sonreír v intr (Se conjuga como *reír*, 3b) **1** Hacer un gesto que consiste sobre todo en alargar ligeramente los labios a lo ancho de la cara, generalmente para expresar satisfacción, simpatía, o bien, ironía, burla, etc **2** Mostrarse una cosa con buen aspecto o favorable a alguien: "El porvenir le *sonríe*".

sonriente adj m y f Que sonríe; que expresa alegría, agrado, ironía, etc: *cara sonriente, mirada sonriente, niños sonrientes.*

sonrisa s f Gesto de la cara en el que se alargan un poco los labios hacia los lados, con el que se expresa simpatía, agrado, satisfacción o cierta ironía: *una sonrisa irónica, una sonrisa amable.*

sonrojar v tr (Se conjuga como *amar*) **1** Hacer que le salgan los colores a la cara de alguien, que se ponga rojo, por haberlo avergonzado; ruborizar: "Las burlas lo *sonrojaron*", "La secretaria lo *sonroja* con sus preguntas" **2** prnl Ponerse uno rojo de vergüenza; ruborizarse: "Cuando le pidieron que cantara se *sonrojó*", "Le dieron un beso y *se sonrojó*".

soñador adj y s Que es dado a imaginar cosas agradables o placenteras y a dejarse llevar por sus aspiraciones, ideales, etc, sin tomar en cuenta la realidad; que expresa los sueños románticos de alguien: "Aquellos *soñadores* capaces de convertir sus sueños en realidades", "Lo dijo en un tono *soñador*", *una mirada soñadora.*

soñar v tr (Modelo de conjugación 2c) **I 1** Representar en la imaginación o en el inconsciente hechos que se perciben como reales mientras se duerme: "Anoche *soñé* que era una niña", "*Soñé* que me iba de viaje contigo" **2** Imaginar como posibles o reales cosas o hechos agradables: "*Soñaba* con dedicarse a la pintura", "*Soñaba* con escribir una novela", "*Sueña* con tener una casa" **II** (*Caló*) Matar, asesinar.

sopa s f **I** Platillo, generalmente líquido, que se hace cociendo carne, verdura, pasta, etc, en agua: *sopa de fideo, sopa de frijol, sopa de pescado, sopa de arroz* **II 1** *Estar alguien hecho una sopa* (*Coloq*) Estar empapado, especialmente a causa de la lluvia **2** *Darle a alguien una sopa de su propio chocolate* Vengarse de alguien utilizando sus mismos métodos **3** *Encontrarse a alguien hasta en la sopa* Encontrarlo muy frecuentemente **4** *No haber más que de una sopa* No haber elección: "No hay más que de una sopa, o terminas el trabajo o lo terminas" **5** *Hacer la sopa* En el juego del dominó, revolver las fichas **III 1** (*Caló*) *Soltar la sopa* Confesar **2** Condena, sentencia judicial **IV** *¡Sopas!* interj (*Popular*) Expresión que se utiliza para indicar la sorpresa que provoca un ruido escandaloso y repentino: "Había mucha neblina y *¡sopas!* que se estrellan como diez coches", "Iba con la charola llena de vasos y *¡sopas!*, que se tropieza con una carriola y los rompe toditos".

sope s m Gordita de maíz con un borde en la orilla, generalmente frita, en cuya parte superior se le ponen frijoles molidos y refritos; carne, pollo o chorizo desmenuzado, salsa con chile, y algunos otros ingredientes como queso, crema y lechuga. Se acostumbran principalmente en la ciudad de México, en el Estado de México, Jalisco, Colima, Michoacán, Guerrero y Oaxaca.

soplar v intr (Se conjuga como *amar*) **I 1** Echar o soltar el aire por la boca juntando y alargando los labios: "Le *sopló* a la velita de su pastel" **2** *Soplar vidrio* Hacerlo a través de un tubo y sobre vidrio caliente para moldearlo **3** Correr el viento haciéndose sentir: "Por las noches *sopla* un viento helado" **II** (*Coloq*) **1** Decirle disimuladamente a alguien la respuesta de una pregunta que le han hecho para que pueda contestarla: "Gracias por *soplarme*", "El profesor lo sorprendió *soplando* y lo reprobó" **2** prnl Soportar o aguantar algo que resulta muy aburrido, desagradable, molesto, etc: "Se *sopló* toda la ceremonia", *soplarse un sermón*.

soplete s m Aparato construido esencialmente por un tubo, que utiliza una mezcla de gas y aire a presión y produce una llama muy caliente que sirve por ejemplo para fundir diversos materiales, como el metal o el vidrio: "La llama del *soplete* desaparece con un fuerte chasquido", *soplete para soldar, encender el soplete*.

soplo s m **1** Pequeña corriente de aire que se produce al expirar con cierta fuerza: "Luego tiró el cerillo, enfrió con unos *soplos* de su boca la madera quemada", "Llegaba una ligera corriente de aire a cuyo *soplo* parpadeó la llama" **2** Al respirar, acto de expirar el aire que se arroja por la boca: *soplo de vida* **3** Fuerza que inspira o crea: "Tú que ostentas el *soplo* sagrado de la adivinación" **4** (*Med*) Ruido anormal percibido por auscultación del corazón o del pulmón; y lesión que implica: *soplos o arritmias extrasistólicas, soplos de tono bajo, soplos diastólicos* **5** *En un soplo* Muy rápidamente, sin darse cuenta: "Se le fue la infancia de sus hijas *en un soplo*" **6** (*Coloq*) Acto de delatar; delación.

soportar v tr (Se conjuga como *amar*) **1** Sostener el peso de algo para impedir que se caiga: "Las columnas *soportan* el edificio" **2** Sufrir con paciencia algo desagradable o la presencia y la actitud de una persona: "No *soporto* el dolor", "*Soportaba* sus gritos", "*Soportaba* sus regaños", "No *soporto* el calor".

soporte s m Cosa que sirve de apoyo a otra, o que la sostiene y sujeta: *los soportes del tinaco, los soportes del techo, soporte técnico*.

soprano 1 s m Voz más aguda de los humanos, especialmente de las mujeres y de los niños: "La composición fue realizada para *soprano*" **2** s m y f Persona que tiene esta voz: *la soprano María Callas*.

sor s f sing Tratamiento que se antepone al nombre propio de las monjas (se escribe por lo general con mayúscula): *Sor Juana Inés de la Cruz, Sor Filotea, sor Teresa*.

sorber v tr (Se conjuga como *comer*) **1** Ingerir un líquido o una sustancia espesa, aspirándola con los labios muy juntos o valiéndose de un popote: *sorber la sopa, sorber un refresco, sorber el helado* **2** *Sorber los mocos* (*Coloq*) Aspirar con fuerza la mu-

cosidad de la nariz **3** *Sorberle el seso a alguien* Obsesionarlo, apoderarse de su pensamiento o su ánimo alguna cosa o alguna persona: "Esa mujer le ha *sorbido* el seso".

sordera s f Privación del sentido del oído o disminución de la facultad de oír: "El sarampión puede producir *sordera*".

sordo adj y s **1** Que no puede oír o que no oye bien: *ser sordo de nacimiento* **2** Que no hace caso a lo que se le pide o se le dice: "Permaneció *sordo* a mis ruegos" **3** Que es de sonido bajo o apagado o de timbre poco claro: *una voz sorda, un zumbido sordo, un gemido sordo* **4** Que no se muestra o se manifiesta en forma clara y abierta: *un dolor sordo, una lucha sorda entre dos sindicatos* **5** adj (*Fon*) Que se pronuncia sin vibración de las cuerdas vocales, como /p/, /t/, /k/, o /s/ **6** (*Hipo*) Tratándose de caballos, que no atiende al castigo que se le aplica por medio de la espuelas, las riendas o el fuete.

sordomudo adj y s Que no puede oír ni hablar: *escuelas para sordomudos*.

sorgo s m (*Sorghum vulgare*) Planta herbácea de la familia de las gramíneas, perteneciente a distintas variedades; es parecida al maíz, de caña recta, hojas alargadas y lanceoladas, flores agrupadas en un eje con numerosos granos cafés o amarillos. Se utiliza principalmente como alimento para el ganado y con las espigas se hacen escobas.

sorprendente adj m y f Que provoca sorpresa, asombro o admiración por ser extraordinario, fuera de lo común, maravilloso, etc: "Tenía unos ojos azules enormes, llenos de una *sorprendente* inocencia", *una coincidencia sorprendente, un escritor sorprendente*.

sorprender v tr (Se conjuga como *comer*) **1** Producir en alguien una reacción repentina de sorpresa o asombro con algo que no esperaba; tomar desprevenido: "Nos *sorprendió* la noticia de que todo estaba resuelto", "Me *sorprende* que vengas a la fiesta", "Lo *sorprendió* la muerte en plena juventud creativa" **2** Descubrir a alguien en una situación o cuando realiza cierta acción en la que no esperaba o suponía ser visto: *sorprender al ladrón, sorprender a un niño que copia*.

sorpresa s f **1** Reacción emocional espontánea que produce en alguien algún acontecimiento inesperado: "¡Qué *sorpresa* encontrarte aquí!", "Fue una agradable *sorpresa* saber que aprobaste el examen" **2** Acontecimiento, acción u objeto que produce esa clase de reacción: "Te voy a dar una *sorpresa*", "Me encontré con la *sorpresa* de que llegó antes" **3** adj m y f Que es inesperado, que sucede sin aviso previo: *un regalo sorpresa, una fiesta sorpresa* **4** *Tomar o coger algo a alguien por sorpresa* Sucederle o presentársele algo a alguien inesperadamente: "La noticia del premio la *tomó por sorpresa*".

sortija s f Aro que se usa en los dedos de las manos como adorno; anillo: *sortija de diamante, sortija de matrimonio*.

sosa s f **I** Sustancia blanca, de base sólida, capaz de atraer la humedad y de hacerse paulatinamente líquida; tiene una acción muy corrosiva sobre la piel y al disolverse en agua produce gran cantidad de calor. Con los ácidos forma sales, con los aceites, jabones y con la sílice, vidrios; se emplea en la fabricación de seda artificial, películas de celulosa y jabón, en la refinación del petróleo, en la industria textil y en la del papel. En las casas se utiliza para destapar cañerías; *sosa cáustica, hidróxido de sodio* II (*Solanum hispidum*) Planta vellosa de la familia de las solanáceas, alcanza hasta 4 m de altura; ramas espinosas; hojas ovadas, agudas, generalmente lobuladas, hasta de 20 cm; flores monopétalas blancas de 12 a 15 mm, y fruto en forma de baya de 1 a 1.5 cm.

soso adj y s **1** Que no tiene sal o la tiene en poca cantidad; que es desabrido: *comida sosa* **2** Que carece de gracia o de interés: *un chico muy soso, una película sosa.*

sospecha s f Opinión o creencia que se forma una persona acerca de algo o de alguien con base en ciertos indicios, en particular la que pone en duda o hace desconfiar de la legalidad, honestidad, bondad, etc de cierta cosa o de determinada persona: "Tengo la *sospecha* de que está mintiendo", "Existe la *sospecha* de un gigantesco fraude", "Tus *sospechas* son infundadas".

sospechar v (Se conjuga como *amar*) **1** tr Suponer algo acerca de alguna cosa o de alguna persona sobre la base de ciertos indicios, particularmente cuando se cree que existe algo malo, ilegal, desafortunado, etc: "*Sospechan* que todo se deba a su enfermedad", "*Sospecho* que en su casa tiene armas", "*Sospecha* que lo van a correr de su trabajo" **2** intr Desconfiar de algo o de alguien; suponer que una persona es culpable de algo: "*Sospechaba* de las cuentas que le hacían", "El detective *sospecha* del jardinero", "Siempre *sospechan* del marido".

sospechoso 1 adj Que parece tener malas intenciones o ser ilegal; que da la impresión de haber cometido alguna falta: *comportamiento sospechoso*, "El manejo del negocio es muy *sospechoso*", *relaciones sospechosas* **2** s Persona que se supone ha cometido algún delito o falta: *detener al sospechoso*, "La *sospechosa* será juzgada".

sostén s m **1** Persona o cosa que sostiene a otra o alguna otra cosa: *el sostén de un muro, los sostenes de un puente* **2** Persona que se ocupa de pagar los gastos de nutrición, vivienda y vestido de otra: "Enriqueta es el *sostén* de su casa", "Sus hijos son el *sostén* de ese anciano" **3** Brassier.

sostener v tr (Se conjuga como *tener*, 12a) **1** Coger algo o a alguien con las manos para que no se caiga o poner alguna cosa que lo cargue o en la que se apoye: *sostener a un anciano, sostener la bolsa, sostener un techo, sostener una escalera* **2** Continuar alguien haciendo alguna cosa que requiere esfuerzo o trabajo, continuar desarrollándose cierto acontecimiento: *sostener la carrera por kilómetros, sostener el ritmo, sostener la lucha, sostenerse una huelga* **3** Afirmar alguien alguna cosa en contra de opiniones o argumentos contrarios: *sostener sus ideas, sostener la imposibilidad de viajar al pasado, sostener sus juicios* **4** Apoyar a alguien en su actitud, sus compromisos o sus dificultades: *sostener a un amigo* **5** Pagar alguien los gastos de alimentación, habitación, vestido, etc de otra persona: *sostener a la familia, sostenerse solo* **6** Realizar varias personas durante cierto tiempo entrevistas, conversaciones, etc: "Los estadistas *sostuvieron* una reunión en Viena".

sostenido I pp de *sostener*: "Una viga *sostenida* por una columna" II adj m (*Mús*) Tratándose de notas, que se toca medio tono más alto que su sonido natural: *do sostenido, fa sostenido* **3** s m (*Mús*) Accidente musical que indica que una nota se toca medio tono más alto que su sonido natural. Se representa con el signo # **4** *Doble sostenido* (*Mús*) Accidente musical que indica que una nota se debe tocar dos semitonos más arriba.

sota s f Cada una de las cuatro cartas de la baraja española que tienen la figura de un paje, y que corresponden al número diez de los distintos palos: *sota de oros, sota de copas, apostarle a la sota.*

sotana s f Prenda de vestir que usan ordinariamente los sacerdotes católicos, consistente en un vestido recto, largo hasta los talones, de manga larga y, por lo general, de color negro y abotonada al frente.

sótano s m Cuarto o espacio subterráneo situado entre los cimientos de una casa o edificio, debajo del suelo exterior: "El estacionamiento está en el *sótano* de la tienda", "Mandó acondicionar uno de los *sótanos* de la casa como baño".

sotavento s m **1** Lado opuesto a aquel de donde viene el viento que recibe una embarcación o un lugar cualquiera: *la vertiente del sotavento de la Sierra Madre* **2** Lado de la embarcación opuesto al del viento.

sotol s m **1** Cada una de las diversas plantas, de hojas largas y angostas con espinas en sus bordes y una púa terminal, de la familia de las liliáceas o de las amarilidáceas, del género *Dasylirion*, especie de agave. Abunda en el norte, especialmente en Chihuahua, el tronco se usa en la construcción de chozas y como combustible cuando está seco. La pulpa la come el ganado. De una de sus especies se produce una bebida alcohólica **2** Aguardiente que se obtiene de esta planta, típico de los estados de Chihuahua, Zacatecas y Durango.

soviético adj y s Que es natural de la Unión de Repúblicas Socialistas Soviéticas, que pertenece a este país de Europa y de Asia o se relaciona con él; ruso: *ajedrecista soviético*, "Los *soviéticos* no asistirán a las olimpiadas", *política soviética*.

soya s f **1** (*Glycine max*) Planta de la familia de las leguminosas originaria de Asia; llega a medir hasta 1 m de altura, tiene el tallo y las hojas vellosos, flores pequeñas de color azul violáceo en racimos y vainas con tres o cuatro semillas en su interior **2** Semilla de esta planta, parecida al frijol pero de color amarillo o violáceo. Es comestible y muy nutritiva por su alto contenido de proteínas; con ella se elaboran varios productos alimenticios: *frijol de soya, salsa de soya, aceite de soya.*

spaghetti s m Pasta alimenticia de origen italiano, hecha de harina, en forma de hebras largas y delgadas, más gruesas que el fideo: *spaghetti a la boloñesa*. (Se pronuncia *espaguéti* y suele escribirse *espagueti*.)

sport adj m y f **1** Tratándose de prendas de vestir, que es propio para usarlo en ocasiones informales: *saco sport, camisa sport* **2** Tratándose de vehículos, que es propio para competencias deportivas, o que alcanza velocidades más altas que el promedio: *coche sport, bicicleta sport*. (Se pronuncia *espórt*.)

squash s m Juego de pelota parecido al frontón, que se practica en canchas pequeñas de cuatro paredes, con una raqueta de mango largo y una bola rápida o lenta de hule, entre dos o cuatro jugadores. (Se pronuncia *escuásh*.)

staccato s m (*Mús*) Forma de interpretación que consiste en reducir, en mayor o menor grado, el valor anotado de una o más notas, sustituyendo el tiempo restante con silencios, de manera que los sonidos sucesivos así ejecutados quedan separados unos de otros. En la partitura se indica mediante un punto o un signo en forma de triángulo arriba o abajo de la nota.

status s m Posición o situación de una persona con relación a los demás, dentro de un sistema social, legal o profesional, que se manifiesta por diversos indicadores (de consumo, de prestigio, etc). En sociedades de clases el individuo lo obtiene por una movilidad social; en sociedades de castas se confiere desde el nacimiento sin posibilidades de cambio: *status colonial, status jurídico, status social, el status ideal de la mujer,* "El vivir en las Lomas y tener un Mercedes Benz le daba cierto *status*". (Se pronuncia *estátus* y suele escribirse *estatus*.)

su adjetivo posesivo de tercera persona masculino y femenino; apócope de *suyo*, que precede siempre al sustantivo: *su lápiz, su silla, su padre, sus animales, sus temores, sus risas.*

suave adj m y f **1** Que es blando o liso al tacto: *piel suave, madera suave, papel suave* **2** Que es agradable y dulce a los sentidos: *viento suave, música suave, sabor suave* **3** Que es tranquilo y quieto: *vida suave, un espíritu suave* **4** Que es lento, medido o acompasado: *una corriente suave, un movimiento suave, una voz suave* **5** Que tiene poca intensidad: *color suave, sonido suave, fuego suave* **6** Que es poco pronunciado; que no es brusco: *bajada suave, curva suave* **II** (*Coloq*) **1** Que es muy agradable o muy satisfactorio: "¡Qué *suave* irse de vacaciones!", "Pasamos unas vacaciones bien *suaves*" **2** adv De acuerdo, sí: "—¿Vamos al cine? —*Suave*" **3** *Ya estuvo suave* Ya basta, ya fue suficiente: "*Ya estuvo suave* de abusar siempre de los más débiles" **4** *Dar la suave* Darle por su lado a alguien, adulándolo o concediéndole aparentemente la razón.

suavemente adv De manera suave: *cerrar suavemente la puerta, tocar suavemente su piel.*

suavidad s f Propiedad de lo que es suave: "La reconoció por la *suavidad* de sus manos", "Siempre me ha gustado la *suavidad* de sus movimientos", "Sus dibujos se caracterizan por la *suavidad* de líneas, tonos, texturas y colores".

suavizar v tr (Se conjuga como *amar*) **1** Hacer que una cosa dura adquiera una consistencia blanda o que algo áspero se torne liso, de manera que su superficie no preste resistencia al tacto: *suavizar la carne,* "Esa crema *suaviza* la piel" **2** Hacer menos molesta, dolorosa, desagradable o violenta alguna cosa; presentarla de tal forma que no produzca una reacción muy intensa: *suavizar una noticia,* "No sé cómo *suavizarle* las cosas" **3** prnl Ponerse suave alguna cosa, perder la aspereza, dureza o intensidad que tenía: *suavizarse la mantequilla, suavizarse un conflicto, suavizarse una tormenta.*

subalterno 1 adj y s Que tiene una categoría inferior o secundaria en una jerarquía; que está bajo las órdenes o autoridad de otra persona; subordinado: *jefes subalternos,* "Era de esos funcionarios que aprovechaban al *subalterno* para todo" **2** s m (*Mil*) Oficial que tiene un grado inferior al de mayor en el ejército, o al de capitán de corbeta en la armada **3** s m (*Tauro*) Torero que forma parte de la cuadrilla de un matador: "Recibirán a los *subalternos*

que fueron examinados en la Plaza México: dos banderilleros y un picador".

subarrendar v tr (Se conjuga como *despertar*, 2a) Rentar uno alguna cosa a una persona que a su vez la renta a otra, o darla ella en arriendo: *subarrendar un departamento, subarrendar un edificio de oficinas,* "Está prohibido *subarrendar* el coche".

subarrendatario s Persona que subarrienda alguna cosa: *el subarrendatario del local.*

subconjunto s m (*Mat*) Agrupación de sólo algunos elementos de un conjunto que comparten ciertas características entre sí: "En un conjunto de patos, el *subconjunto* de los patos blancos, el *subconjunto* de los patos cafés, etcétera".

subdesarrollado adj Tratándose de países, regiones, pueblos, etc, que tiene un desarrollo (económico, tecnológico, científico, etc) pobre o inferior con respecto al alcanzado por las naciones más ricas y poderosas, y según el modelo que éstas proponen: "Ha señalado que los países *subdesarrollados* son ante todo sociedades desigualmente desarrolladas", *zona subdesarrollada.*

subdirector s Persona que ocupa el puesto inmediato al de director y lo suple cuando no está: *el subdirector de una escuela, la subdirectora de la empresa, el subdirector general.*

súbdito 1 s y adj En relación con un señor feudal o con un rey, persona que está sujeta a su voluntad, que le ha jurado obediencia; vasallo: "El tributo impuesto a los *súbditos...*", *los súbditos de Moctezuma* **2** s Ciudadano de un país en cuanto obligado al cumplimiento de las normas civiles: *súbdito español, súbdito alemán.*

subdividir v tr (Se conjuga como *subir*) Dividir una de las partes en que fue dividida una cosa: *subdividir una parcela,* "Cada uno de estos grupos se *subdivide* en otros más pequeños".

subida s f **1** Acto de subir: *la subida a una montaña, la subida de los precios* **2** Lugar por donde se sube: *la subida del camión* **3** Terreno inclinado, pendiente por el que se sube a algún lugar: "El coche se quedó sin frenos en una *subida*".

subir v intr (Modelo de conjugación regular) **1** Pasar de un lugar a otro más alto: *subir a la azotea, subirse a un árbol* **2** tr Llevar alguna cosa o a alguna persona de un lugar a otro más alto; ponerla en ese otro lugar: *subir las maletas al tren, subir la comida a la alacena, subir a los niños al camión* **3** tr Ir por alguna cosa que va de un lugar a otro más alto: *subir una escalera, subir un cerro* **4** tr Hacer más alta una cosa o aumentarla hacia arriba: *subir la pared, subir una viga* **5** tr Aumentar la cantidad, la intensidad, la calidad, especialmente el precio de algo: *subir los precios,* "Ayer *subió* la carne y la gasolina", *subir el nivel del agua, subir el volumen del radio, subir el ruido, subir la producción de acero* **6** Aumentar algo la altura en la que se mueve: *subir un globo, subir un papalote, subir un avión* **7** Pasar alguien a ocupar un nivel o grado mejor de empleo, o de categoría social: *subir a gerente, subir mucho* **8** *Subírsele el alcohol, las copas,* etc *a alguien* Emborracharse o sentir los efectos de haber tomado bebidas alcohólicas en exceso **9** *Subírsele algo (a la cabeza) a alguien* Hacer algo que una persona se sienta más importante o más valiosa de lo que es: "*Se le subió* el puesto de secretario".

súbitamente adv De forma súbita, de pronto, de repente: "*Súbitamente* dulcificó el tono de su voz".

súbito 1 adj Que ocurre o se produce de pronto, de forma inesperada, repentina: *un cambio súbito, una respuesta súbita, la aparición súbita, un súbito mareo* **2** *De súbito* De pronto, repentinamente: "Recordó *de súbito* lo que debía hacer".

subjetividad s f Característica del juicio, la emoción, el razonamiento, etc de alguien, cuando están determinados por las propias ideas o los sentimientos de quien los tiene o los hace, sin tomar en consideración a los demás o sin intentar alcanzar la objetividad: *la subjetividad de una obra de arte, la subjetividad de una opinión*.

subjetivismo s m Actitud de alguien que juzga y razona a partir de sus propias ideas y sentimientos, sin intentar ser objetivo o sin tratar de comprender a los demás: *el subjetivismo de un poeta*, "Cuando se hace justicia no hay lugar para el *subjetivismo*".

subjetivo adj Que pertenece al sujeto, se relaciona con él o depende de su conciencia, sus sentimientos, sus consideraciones, etc, o que no toma en cuenta el mundo real u objetivo; que es personal: *juicio subjetivo, nociones subjetivas*, "Debe evitarse que en la selección de candidatos influyan apreciaciones *subjetivas*".

sublevación s f **1** Acto de sublevar o de sublevarse: *una sublevación militar* **2** Movimiento de rebelión y lucha en contra de un gobierno o de otra autoridad: "Se han sumado muchos obreros y varios campesinos a la *sublevación*".

sublevar v tr (Se conjuga como *amar*) **1** Hacer que una persona o un grupo de personas se rebele y luche en contra de alguna autoridad, por lo general gubernamental: *sublevar al pueblo* **2** prnl Ponerse abiertamente en contra de una autoridad, negarse a obedecerla y disponerse a luchar contra ella: "Los campesinos de Morelos se *sublevaron* y tomaron el palacio municipal", "Los mineros amenazaron con *sublevarse*" **3** Producir algo o alguien mucho enojo o indignación: "La *subleva* su falta de honradez".

sublimar v tr (Se conjuga como *amar*) **1** Llevar algo a su mejor estado, a su mejor calidad o situación o a su mayor grandeza: "Los grandes filósofos *subliman* la realidad de la mente humana", "En los sonetos de Pellicer, la lengua española se *sublima*" **2** (*Psi*) Transformar la energía propia de los instintos sexuales perversos, o de los impulsos agresivos y destructivos, en actividades socialmente valoradas, principalmente en la creación artística y en la producción intelectual **3** (*Quím*) Pasar la materia directamente del estado sólido al gaseoso, sin cruzar por el estado líquido: "El hielo seco a la temperatura y la presión ambiente se *sublima*", "El yodo se *sublima*".

sublime adj m y f **1** Que es muy elevado en la escala de los valores morales, intelectuales y estéticos; que causa gran admiración o gran felicidad; maravilloso, excelso: *un goce sublime, el sublime deleite, la sublime aspiración de liberar la patria del dominio imperialista, el sublime movimiento lento de este cuarteto de Beethoven, sublimes sacrificios* **2** Tratándose de personas, que da pruebas de virtudes o cualidades excepcionales: *Carmen Serdán, heroína sublime del movimiento social reivindicador de 1910*.

subliminal adj m y f (*Psi*) Que se percibe en un nivel inferior al umbral de la conciencia, que no se tiene conciencia de un estímulo, debido a que éste es de poca intensidad, muy lejano o muy breve: *publicidad subliminal*.

submarino I 1 adj Que ocurre o está debajo de la superficie del mar: *corriente submarina, volcán submarino* **2** Que está especialmente diseñado para usarse debajo del agua: *cámara submarina* **3** Embarcación que puede sumergirse y navegar debajo de la superficie del agua; es de forma más o menos cilíndrica y consta de dos cascos muy resistentes que le permiten soportar la presión del mar a grandes profundidades y mantener en su interior una presión próxima a la de la atmósfera. Es por lo general una nave de guerra, aunque los hay también diseñados para exploraciones científicas: *submarino atómico, submarino ruso* **II** s m Bebida alcohólica que se prepara poniendo en un tarro una copa de tequila volteada y luego llenando el tarro de cerveza, para que ésta se vaya mezclando lentamente con el tequila.

subordinación s f **1** Relación de dependencia de un elemento a otro o de dependencia de la autoridad, las órdenes, el dominio, etc de una persona con respecto a otra: *la subordinación de la economía al interés de la sociedad, la subordinación del Tercer Mundo* **2** (*Gram*) Relación de dependencia entre dos oraciones, de las cuales una depende sintácticamente de la otra, que se convierte en la principal. Se puede clasificar en varios tipos según la función que desempeñe la construcción subordinada en la oración principal: la *subordinación sustantiva*, que a su vez puede ser *de sujeto*, como en: "*Quienes madruguen* llegarán a tiempo", o *de objeto*, como en: "Dijo *que quería agua*"; la *subordinación adjetiva*, como en: "La fruta *que comemos* está sabrosa", y la *subordinación adverbial*, que puede ser *de modo*: "Lo pintaron *como les pedí*", *de tiempo*: "Saldremos *cuando estés preparado*", *causal*, como: "La visitó *porque estaba enferma*"; *consecutiva*, como: "Llovió demasiado, *por lo que se perdió la cosecha*"; *condicional*, como: "*Si lo encuentro*, te lo doy", etcétera.

subordinado adj y s **1** Que está bajo la autoridad de algo o alguien, que es menos importante: "El jefe decide sobre el trabajo de sus *subordinados*" **2** *Oración subordinada* (*Gram*) La que depende de una principal a la que completa o determina; generalmente es introducida por conjunciones y tiene función de sujeto o de algún complemento, como en "Quiero que vengas", *que vengas* es la oración subordinada con función de complemento u objeto directo.

subordinar v tr (Se conjuga como *amar*) **1** Poner una cosa o a una persona en relación de dependencia con otra: "Hay que *subordinar* el bien individual al bien común" **2** prnl Acatar una orden, un mandato, una ley, etc; apegarse a lo que se estipula o comportarse de acuerdo con ello: *subordinarse al reglamento*, "Nos *subordinaremos* a lo que decida la mayoría".

subrayar v tr (Se conjuga como *amar*) **1** Poner una raya horizontal bajo algo escrito para destacarlo; marcar de alguna manera una parte de un texto con la misma finalidad: "*Subrayen* los vocablos que no conozcan", "En los ejemplos *subrayamos* la palabra definida" **2** Destacar algo al hablar diciéndolo con mayor énfasis, repitiéndolo, etc: "*Subrayó* que algunos pagos estaban vencidos", "En su discurso *subrayó* las necesidades del municipio" **3** Referirse a algo destacando alguno de sus aspectos; llamar la atención sobre cierta cosa: "Quiero *subrayar* la importancia de su trabajo".

subsecretario s **1** Persona que está abajo de las órdenes inmediatas del secretario de una oficina o dependencia y está facultado para suplirlo: *el subsecretario del sindicato* **2** Persona que está al frente de alguna de las áreas en las que se divide una Secretaría de Estado y está bajo las órdenes directas del ministro: *el subsecretario de Ingresos de la Secretaría de Hacienda, el subsecretario de Cultura Popular de la SEP.*

subsecuente adj m y f Que ocurre, está o va inmediatamente después de algo; subsiguiente: *los días subsecuentes a un accidente, sesiones subsecuentes.*

subsidiar v tr (Se conjuga como *amar*) Dar o conceder a una institución, a una corporación, a una persona, etc, una cierta cantidad de dinero para favorecer sus actividades o ayudarla: "La Universidad *subsidió* la investigación", "El servicio de transporte está *subsidiado* por el gobierno".

subsidiario adj, y s f Que depende de algo principal, es secundario o suplementario; que obedece a alguna cosa de mayor importancia: *compañía subsidiaria, intereses subsidiarios,* "Estas lesiones son *subsidiarias* del tratamiento quirúrgico", *ventas entre subsidiarias de la misma compañía.*

subsidio s m Suma de dinero o conjunto de bienes con los que se ayuda o favorece a una institución, organización, persona, etc, y particularmente la que un Estado otorga a ciertas instituciones con el fin de alentar su funcionamiento, pagar parte de sus gastos, abaratar los productos o servicios que proporciona a los ciudadanos de escasos ingresos, etc: *recibir subsidio, subsidios federales,* "La población de la capital goza del *subsidio* al transporte público".

subsistencia s f **1** Hecho de subsistir o de continuar existiendo, de procurarse los bienes necesarios para mantenerse vivo: "La *subsistencia* de esta empresa depende de su organización", *una agricultura de subsistencia* **2** pl Conjunto de esos bienes: "La Cruz Roja envió *subsistencias* a los damnificados".

subsistir v intr (Se conjuga como *subir*) **1** Permanecer o mantenerse vivo; sobrevivir: "Producen lo necesario para *subsistir*" **2** Existir todavía, permanecer o durar sin cambios: *subsistir un problema, subsistir una creencia.*

substancia s f Sustancia.

substitución s f Sustitución.

substituir v tr (Se conjuga como *construir*, 4) Sustituir.

substracción s f Sustracción.

substraer v tr (Se conjuga como *traer*, 7b) Sustraer.

substrato s m Sustrato.

subsuelo s m (*Geol*) **1** Terreno que está debajo de la superficie terrestre cultivable, o capa más o menos profunda de un terreno: *estudiar el subsuelo, agua del subsuelo,* "En esa región el *subsuelo* es poco firme" **2** Terreno más profundo, del cual se extraen riquezas minerales: "Las riquezas del *subsuelo* pertenecen a la Nación".

subteniente s m (*Mil*) Grado de la jerarquía militar que está inmediatamente abajo del teniente; es el grado inferior de la escala de oficiales.

subterráneo 1 adj Que está o que ocurre debajo de la tierra: *río subterráneo, drenaje subterráneo,* "Te seguiré a donde vayas en ese peregrinar *subterráneo*" **2** s m Túnel, pasillo o conducto abierto debajo de la tierra: "Hay un *subterráneo* que une los dos edificios", "Cavaron un *subterráneo* para escapar".

suburbano adj Que pertenece a las zonas cercanas a una ciudad o se relaciona con ellas; que está ubicado en las afueras de una ciudad: *transporte suburbano, fraccionamiento suburbano.*

suburbio s m Barrio de las afueras de una ciudad; colonia popular donde vive gente pobre.

subvención s f Aportación económica que el Estado o un organismo otorga a una persona, un grupo, una institución, etc, para ayudarlos a alcanzar un fin determinado o a cumplir funciones; subsidio: "El instituto recibió una *subvención* del gobierno", "El banco cuenta con un fondo de *subvenciones*".

subversión s f Acto de subvertir: *subversión de los estudiantes, castigar la subversión.*

subvertir v tr (Se conjuga como *sentir*, 9a) Hacer que algo deje de marchar con normalidad o de acuerdo con el orden establecido: *subvertir el orden.*

succión s m Absorción, aspiración o extracción de un líquido que se realiza con la boca o con algún instrumento, haciendo un vacío parcial: "El instinto de *succión* ayuda a los recién nacidos a alimentarse", "Para extraer el agua del subsuelo tuvieron que utilizarse bombas de *succión*".

succionar v tr (Se conjuga como *amar*) Extraer algo, generalmente un líquido, absorbiendo o aspirando con la boca o con algún instrumento que permita hacer cierto vacío: "Se abre la herida, *se succiona* el veneno y se escupe", "Al contacto con el pezón, el bebé *succiona*", *succionar con una bomba.*

sucedáneo adj y s m Que sustituye o puede sustituir a otra persona, sustancia o cosa a la que comparte ciertas características: "La sacarina es *sucedánea* del azúcar, *sucedáneos del café.*

suceder[1] v intr (Se conjuga como *comer*) Producirse o tener lugar un fenómeno o un acontecimiento; sólo se usa en tercera persona: *sucedió una desgracia, suceder un eclipse de Luna,* "Lo que *sucede* es que no me entiendes".

suceder[2] v tr (Se conjuga como *comer*) Seguir una cosa a otra en una serie, o una persona a otra en algún puesto o capacidad: "Los números se *suceden* unos a otros", "Al día *sucede* la noche", "Su hijo lo *sucedió* al frente de la compañía".

sucedido I pp de suceder **II** s m Hecho, cosa que sucede, suceso: "Saboreaban sus frijoles mientras comentaban el extraordinario *sucedido*".

sucesión s f **1** Acto de suceder o de venir después de alguien o algo o tomar su lugar: *sucesión presidencial* **2** Serie de personas o cosas que se siguen una después de la otra: *una sucesión rápida de imágenes, una larga sucesión de reyes* **3** Transmisión legal a un heredero de los bienes de una persona muerta: *la sucesión de la empresa.*

sucesivamente adv En forma sucesiva, sucediéndose uno a otro: "Las partículas pasan *sucesivamente* por el punto considerado", "Primero pasaron los más pequeños, luego los medianos, y así *sucesivamente*".

sucesivo adj **1** Que sucede a otro; que ocurre inmediatamente después de otro: "Cada incremento *sucesivo* será tal que la carga se vaya duplicando", "Estos materiales son sometidos a calentamientos y enfriamentos *sucesivos*" **2** Que está conformado por elementos que se suceden uno a otro: *una serie sucesiva de imágenes*, "Siguen un orden *sucesivo* en las anotaciones" **3** *En lo sucesivo* En adelante, a partir de determinado momento: "*En lo sucesivo*, todos los acuerdos se harán por escrito".

suceso s m Acontecimiento, hecho o cosa de interés o importancia: *un suceso real, comentar los sucesos del día, la narración del suceso*.

suciedad s f **1** Condición de lo que está sucio: *la suciedad de las calles* **2** Aquello que ensucia o mancha; mugre, basura, porquería: "Están expuestos a la *suciedad* y contaminación bacteriana", "Hay mucha *suciedad* en el parque".

sucio adj **1** Que tiene manchas, mugre o polvo; que no está limpio: *cara sucia, manos sucias, zapatos sucios* **2** Que no es puro; pardusco: *un color sucio, una tela muy sucia* **3** Que tiene basura, impurezas o porquerías: *viento sucio, agua sucia* **4** Que va contra lo honrado, leal o puro, contra lo aconsejable moral o legalmente: *una conducta sucia, un abogado sucio, un negocio sucio, un pensamiento sucio* **5** Que es inmoral, perverso o pornográfico: *un viejo sucio, una mente sucia* **6** *En sucio* De manera provisional, sin el cuidado que requiere lo definitivo: *una tarea en sucio, un proyecto en sucio*.

sucumbir v intr (Se conjuga como *subir*) **1** Morir después de un largo combate contra una enfermedad, en una catástrofe o en una lucha: "*Sucumbió* después de una larga agonía", "Muchos jóvenes *sucumbieron* en la guerra de Vietnam" **2** Dejarse vencer por los deseos o las pasiones: *sucumbir a la tentación*.

sucursal s f Cada uno de los establecimientos en los que una empresa comercial, financiera, etc, ofrece sus servicios, y que dependen de su central o matriz: "Abrirán una *sucursal* del instituto en esta ciudad", "Las monedas conmemorativas pueden adquirirse en las *sucursales* del Banco de México".

sudadera s f **1** Prenda de vestir de algodón muy grueso, que cubre el torso, se utiliza especialmente para hacer deporte y sudar: "Le regalé una *sudadera* azul" **2** Acto de sudar mucho y con frecuencia: "En tierra caliente es un problema la *sudadera*" **3** Parte inferior y ancha del arción de la silla de montar charra, que sirve para proteger la pierna del jinete del sudor del caballo.

sudadero s m (*Rural*) Manta que se coloca entre el lomo de los animales y la silla o la carga para impedir rozaduras y que absorbe el sudor del animal.

sudar v intr (Se conjuga como *amar*) **I 1** Exhalar sudor a través de la piel; transpirar: "Empezó a *sudar* de miedo", *sudar a mares*, "Le *sudaban* las manos", "Yo *sudé* frío" **2** Despedir humedad o cubrirse de humedad, especialmente las plantas o algunos alimentos: "Ase los chiles y envuélvalos en un paño húmedo para que *suden*" **3** tr Mojar o empapar con sudor: "*Sudó* la camisa" **II 1** Conseguir algo o hacer alguna cosa con mucho esfuerzo: "*Sudó* con los exámenes finales" **2** *Sudar sangre, sudar tinta, sudar la gota gorda* Sufrir mucho o hacer grandes esfuerzos: "*Sudó la gota gorda* para comprar su casa" **3** *Hacer sudar (a alguien)* Hacerlo sufrir: "Los alumnos *hicieron sudar* al maestro con sus preguntas" **III** *Poner a sudar (una prenda)* (*Popular*) Empeñarla a cambio de dinero.

sudcaliforniano adj y s Que es natural de Baja California Sur, que pertenece a este estado o se relaciona con él: *puertos sudcalifornianos, pesca sudcaliforniana*.

sudor s m **1** Humor transparente, incoloro, de sabor salado y olor característico, que segregan las glándulas sudoríparas a través de los poros de la piel. Contiene sales, grasas y urea, entre otros elementos, y cumple las funciones de mantener la humedad de la piel, ayudar a regular la temperatura corporal, así como de contribuir a la eliminación de las sustancias del organismo: *el sudor de la nuca, el sudor de la frente*, "Los segundos se dilataban pavorosamente y se empapó de un *sudor* frío" **2** Gotas que se forman en la superficie de algo por efecto de la humedad.

sueco **1** adj y s Que es natural de Suecia o que se relaciona con este país de Europa: "La organización *sueca* de la sociedad", "Los *suecos* ganaron el torneo de tenis" **2** s m Lengua escandinava que se habla en Suecia.

suegro s El padre o la madre del cónyuge: "Comimos con mis *suegros* y mis cuñados", "Me llevo bien con mi *suegra*".

suela s f **1** Pieza inferior del zapato, con la que se pisa: "Usaba unos zapatones enormes con *suelas* de hule", *gastarse las suelas buscando trabajo, cambiarle la suela a un zapato* **2** Cuero curtido, grueso y resistente, con que se hace esa pieza del zapato: "La *suela* se vende por kilo y el hule por lámina" **3** *No llegarle alguien ni a la suela de los zapatos a otra persona* (*Coloq*) Ser muy inferior a ella.

sueldo s m Cantidad fija de dinero que se paga regularmente a un trabajador, particularmente al empleado de una empresa, una institución, etc: *cobrar el sueldo, subir el sueldo*.

suelo s m **I 1** Superficie que se pisa: *el suelo de una casa, suelo de asfalto, suelo de un carro* **2** Superficie de la tierra: *echarse al suelo, sembrar el suelo* **II** (*Coloq*) **1** *Poner a alguien por los suelos* (*Coloq*) Regañar fuertemente a alguien o hablar muy mal de él **2** *Por los suelos* (*Coloq*) Muy desprestigiado o en malas condiciones: "La administración *está por los suelos*", "Traigo el ánimo *por los suelos*" **III** pl (*Rural*) Residuos del maíz, la cebada y otros granos.

suelto adj **1** Que está libre, que no está encerrado: "Un asesino anda *suelto* en la ciudad" **2** Que no está sujeto o amarrado, que no está fijo o pegado a otra cosa: "Le gusta traer el pelo *suelto*", "Sólo faltaba atar los cabos *sueltos*" **3** Que está separado del resto de los elementos del conjunto al que pertenece, o es independiente de ellos: "Toda esta poesía empieza a divulgarse en pliegos *sueltos*", "Se oyen frases *sueltas*", "También venden puros *sueltos*" **4** Que sus elementos se separan fácilmente; que no forma un conjunto compacto o aglutinado: *tierra suelta*, "La arena se añade a la cal para hacer la masa más *suelta*" **5** Tratándose de prendas de vestir, que es amplio, que no se ciñe al cuerpo: *un saco suelto* **6** Que es fluido, fácil: *estilo suelto, lenguaje suelto* **7** Que actúa o hace determinada cosa relajadamente, con ligereza y habilidad, sin inhibiciones o tensión: "Es muy *suelto* para bailar", *un torero suelto, ser suelto para hablar en público* **II** (*Coloq*) **1** *Estar* o *andar uno suelto (del estómago)* (*Coloq*) Tener diarrea **2** Conjunto de monedas; dinero fraccionario; cambio: "No tengo *suelto* para el camión".

sueño s m **1** Estado de una persona o de un animal que duerme, durante el cual el cuerpo descansa: *sueño reparador*, *sueño ligero*, *sueño pesado* **2** Representación inconsciente de fantasías, recuerdos y deseos de una persona mientras duerme: *tener un sueño*, *interpretación de los sueños*, *un sueño horrible* **3** Necesidad o ganas de dormir: *tener sueño*, "Lo venció el *sueño*" **4** Esperanza, deseo o proyecto: *un sueño dorado*, "Vivir en el campo es mi *sueño*" **5** *Echar(se) un sueño* o *un sueñito* Dormir un rato: "Voy a *echarme un sueñito* mientras espero" **6** *Írsele a uno el sueño* No poder dormir: "*Se me fue el sueño* esperando que llegaran mis hijas" **7** *Entre sueños* Despierto a medias: "Oí un ruido *entre sueños*".

suero s m **1** Parte de ciertas sustancias orgánicas, principalmente de la leche y la sangre, que se mantiene clara y líquida cuando el resto se coagula: "Con el *suero* de la leche se hace el requesón" **2** Parte de la sangre que se utiliza para el tratamiento de algunas enfermedades como la hemofilia **3** Parte de la sangre de animales inoculados con algún virus que sirve de vacuna para inmunizar contra una enfermedad: *suero antirrábico* **4** Sustancia preparada con agua destilada y distintos tipos de sales, glucosa, etc que se inyecta o se administra oralmente y sirve para contrarrestar los efectos de la deshidratación, de una hemorragia o para nutrir a alguien que no puede ingerir alimentos: "Después de la operación estuve varios días con *suero*" **5** *Suero fisiológico* Solución salina.

suerte s f I **1** Manera casual o azarosa de encadenarse los acontecimientos o los hechos de la vida de alguien: "Ha sido la *suerte* la que determinó mis estudios" **2** Circunstancia de resultar un acontecimiento o una acción favorable o no para alguien: *tener suerte, tener mala suerte*, "¡Qué *suerte* que te encontré!" **3** Casualidad o azar al que se deja la solución, el desarrollo o el resultado de algo: *echar a la suerte* **4** Demostración de alguna habilidad, particularmente la de los magos: *hacer suertes, una suerte charra* **5** Cada una de las partes de la corrida de toros o de los pasos que se dan en ella: *la suerte de banderillas, la suerte de Chicuelo* **6** *Por suerte* Afortunadamente: "¡*Por suerte* lo supe a tiempo!" **7** *Tocarle a uno algo por suerte* Ganarlo en un sorteo o de casualidad II **1** *Toda suerte de* Toda clase o tipo de: "En el mercado hay *toda suerte* de frutas" **2** *Ser algo una suerte de* Ser una especie de, parecerse a: *una suerte de camión pero en chico* **3** Manera de hacer algo: "Si lo haces de esta *suerte*, te será más sencillo" **4** *De suerte que* De manera que, por lo que: "Ya sabía que no tendría clases, *de suerte que* no vine" III (*Rural*) Terreno de caña de azúcar o destinado para su cultivo IV (*Caló*) Robo.

suéter s m Prenda de vestir tejida para protegerse del frío, que cubre los brazos y el tronco; puede ser de algodón, lana o fibras sintéticas, abierto o cerrado, y de cuello alto o escotado: "Nos quitamos el *suéter* porque hacía calor", "Le tejió un *suéter* de lana", *barata de suéteres*.

suficiente adj m y f **1** Que tiene la cantidad, la capacidad, la fuerza o la importancia necesaria para algo: "Ya tenemos *suficiente* agua", "Tiene *suficiente* inteligencia para estudiar cualquier cosa", "No hay motivo *suficiente* para aumentar los precios" **2** *Ser* o *sentirse alguien suficiente* Creer una persona que es capaz de hacer algo o que puede comportarse como si lo fuera; presumido o pedante: "Se siente muy *suficiente* para vencer a todos".

suficientemente adv De manera suficiente: *ser lo suficientemente inteligente, suficientemente importantes, suficientemente interesantes, suficientemente poderosas, suficientemente profundo*.

sufijo s m (*Ling*) Morfema que se añade al final de un lexema o raíz, como *ismo, ero, ería, ble,* etc en: *agrarismo, zapatero, frutería, contable*.

sufragar[1] v tr (Se conjuga como *amar*) Pagar los gastos ocasionados por algo; costear: "Organizaron un festival para *sufragar* los gastos de la biblioteca".

sufragar[2] v intr (Se conjuga como *amar*) Votar en elecciones políticas: *credencial para sufragar*.

sufragio s m **1** Voto que se da en una elección política: "Fue elegido por *sufragio* popular", "Obtuvieron el diez por ciento de los *sufragios*" **2** *Sufragio universal* Forma de votación en la que tienen derecho a participar todos los ciudadanos: "En México las elecciones políticas son por *sufragio universal*" **3** *Sufragio restringido* Sistema electoral en el que sólo tienen derecho a votar los ciudadanos que reúnen ciertos requisitos de carácter social o económico.

sufrimiento s m Hecho o circunstancia de sufrir alguien algún dolor o alguna pena: *sufrimiento físico, sufrimiento moral*.

sufrir v tr (Se conjuga como *subir*) **1** Experimentar o sentir un dolor físico o moral; aguantar o resistir con paciencia alguna pena o molestia: "*Sufre* de constantes dolores de cabeza", "*Sufrió* mucho por la enfermedad de su esposa", "Tiene que *sufrir* las tonterías de su jefe" **2** Experimentar alguna cosa, particularmente si es dañina o molesta, o ser el objeto en el que tiene lugar cierta acción o fenómeno: "Los niños *sufren* el aire contaminado", "La ciudad ha *sufrido* cambios enormes".

sugerencia s f Acto de sugerir y lo que se sugiere: *aceptar o rechazar sugerencias*, "Las *sugerencias* fueron hechas por una comisión integrada por el sector oficial y el privado".

sugerir v tr (Se conjuga como *sentir*, 9a) Dar levemente la idea a alguien de hacer alguna cosa; insinuar o indicar levemente alguna idea: "Con una seña *sugirió* que me levantase", "Le *sugerimos* que se abstenga de cantar", *sugerir los cambios necesarios*, "Datos que *sugieren* una pancreatitis crónica", "Éste es el último menú que te *sugerimos* para desayunar; así que decídete".

sugestión s f **1** Acto de sugestionar o dominar la voluntad de alguien, por ejemplo a través de la hipnosis: *las sugestiones del hipnotizador* **2** Acto de sugerir; sugerencia: *comentario lleno de sugestiones, acertadas sugestiones*.

sugestionar v tr (Se conjuga como *amar*) **1** Influenciar o dominar la voluntad de una persona llevándola a actuar de determinada forma: "Pero no debo dejarme *sugestionar* por una simple imagen irreal" **2** prnl Dejarse llevar por una idea fija o constante: "*Se sugestionaba* y pensaba que iba a morir de la misma enfermedad que su mamá".

suicida s **1** s m y f Persona que se suicida: "Fueron cientos los *suicidas* en la Guayana" **2** adj m y f Que arriesga la vida o la compromete en un acto muy peligroso: *batallón suicida, piloto suicida* **3** adj m y f Tratándose de un acto, un objeto, etc, que se hace o usa con el fin de darse muerte; que causa o puede causar gran daño o la destrucción a quien lo lleva a cabo o a quien lo emplea: *un experimento suicida*, "El circo presentaba un espectáculo de acrobacia *suicida*".

suicidarse v prnl (Se conjuga como *amar*) Quitarse la vida voluntariamente: "La situación está como para *suicidarse*", "*Se suicidó* de un balazo".

suicidio s m Acto de suicidarse o quitarse la vida voluntariamente: "Escribió una nota antes del *suicidio*", "Aumentaron los *suicidios*".

suizo adj y s Que es originario de Suiza o se relaciona con este país de Europa: *chocolates suizos*, "Compré un reloj *suizo*", *montañas suizas*, *franco suizo*, *corredor suizo*.

sujeción s f **1** Acto de sujetar: "Los elementos de *sujeción* serán clavos, tornillos…", *banda de sujeción* **2** Hecho de estar alguien bajo el dominio o el control de otro, o de estar en la obligación de acatar ciertas condiciones, órdenes, etc: "Se mantiene bajo total *sujeción* al campesino", *sujeción a las leyes* **3** (*Lit*) Figura retórica que consiste en plantear una pregunta para responderla en el mismo texto con una aseveración que es como la réplica o la consecuencia de ella; como en "¿Qué es la vida? / Un frenesí / ¿Qué es la vida? / Una ilusión".

sujetar v tr (Se conjuga como *amar*) **1** Coger, amarrar o fijar con firmeza: "*Sujeta* bien esa tabla", "*Sujetó* el azadón con una sola mano" **2** Obligar a alguien a cumplir ciertas condiciones o a comportarse dentro de ciertos límites: "Hay que *sujetarse* a lo convenido", "Se *sujeta* a una fuerte disciplina" **3** Someter algo o a alguien: "Los aztecas lograron *sujetar* a todos los pueblos vecinos".

sujeto¹ adj Que depende de otra cosa o está condicionado por ella: "La fecha del concierto está *sujeta* a cambio", "El reglamento está *sujeto* a aprobación".

sujeto² s m **1** Asunto o materia del que se habla o se escribe **2** Persona: "Viven cuatro *sujetos*", "Este *sujeto* es un poco sospechoso" **3** Persona en cuanto individuo que tiene percepciones, emociones y pensamientos a propósito del mundo que la rodea, su forma según su propia experiencia, su propio criterio o juicio y actúa o se comporta consecuentemente con su voluntad y su libertad: "Yo quiero ser el *sujeto* de mi propia historia", "Son los pueblos el verdadero *sujeto* de la historia" **4** (*Lóg*) Término del que se predica alguna cosa **5** (*Gram*) Conjunto de signos lingüísticos que significan personas, animales o cosas que realizan alguna acción, que tienen alguna característica o alguna propiedad, que se sitúan en alguna circunstancia. Se reconoce preguntándose: ¿Quién o qué es lo que actúa o a lo que se refiere el predicado? Así, en: "El niño prepara todas las tardes sus tareas para la escuela", a la pregunta ¿Quién prepara todas las tardes sus tareas para la escuela? (predicado) la contestación es: *el niño* (sujeto). *El núcleo del sujeto* suele ser un sustantivo, su significado lo completan varios modificadores, como el artículo, el adjetivo o alguna construcción nominal, como: "de la casa vecina" en "El niño *de la casa vecina* prepara todas las tardes sus tareas para la escuela". El núcleo del sujeto y el del predicado concuerdan en número y persona: *el niño prepara*, "*Tú dijiste* que vendrías". Al *sujeto* se le llama **simple** cuando consiste en un solo núcleo o una sola construcción no-

minal, por ejemplo: "*Juan* estudia historia", y **compuesto** cuando tiene más de un núcleo, por ejemplo: "*Juan e Inés* estudian historia" o "*El perro de la esquina y el gato de mi casa* se pelean". Cuando el *sujeto* se indica solamente con el gramema de persona del verbo, como en "grito", "grit*amos*", se llama **sujeto morfológico, implícito** o **tácito**.

sulfato s m (*Quím*) Compuesto formado por la combinación del ácido sulfúrico con un radical mineral u orgánico. Es una sal que, según el radical que contenga, se emplea para cosas diversas: *el sulfato de cobre*, por ejemplo, se usa en la fabricación de baterías y de hule sintético, en la agricultura, en la industria textil, en la del petróleo, la del cuero, etc; el sulfato cálcico se emplea en la fabricación de cemento, pinturas, papel, etcétera.

sulfúrico adj (*Quím*) **1** Que contiene azufre: *ácido sulfúrico, anhídrido sulfúrico* **2** *Ácido sulfúrico* Líquido oleoso, muy cáustico, con muchas aplicaciones industriales de acción deshidratante, como en la fabricación de colorantes, plásticos, explosivos, perfumes, medicamentos, fibras artificiales y refinación del petróleo.

sulfuro s m (*Quím*) **1** Compuesto de azufre y otro elemento, derivado del ácido sulfhídrico, sustituyendo sus hidrógenos por metales o radicales monovalentes: *sulfuro de carbono, sulfuro amónico* **2** *Sulfuro de plomo* Compuesto que se utiliza para vidriar loza.

suma s f **1** Operación aritmética que consiste en agregar una cantidad a otra. Se representa con el signo (+) **2** Resultado de esta operación **3** Reunión de varios elementos, particularmente de dinero: *una suma de factores, una suma de dinero* **4** Recopilación de todos los asuntos o temas de una disciplina o de una ciencia: *la Suma Teológica de Santo Tomás de Aquino* **5** *En suma* En resumen: "*En suma*, no terminaste el trabajo".

sumamente adv En grado sumo; muy: "Le estoy sumamente agradecido".

sumando s m (*Mat*) Cada una de las cantidades que se suman: "El orden de los *sumandos* no altera la suma", "Borra ese *sumando*".

sumar v tr (Se conjuga como *amar*) **1** Reunir en una sola varias cantidades: "4 + 6 *suman* 10", "Sus cartas *sumaban* quinientos puntos" **2** Agregar, añadir: "A esta situación hay que *sumar* una creciente presión demográfica" **3** prnl Adherirse a alguna causa, opinión o grupo: "Nuestro sindicato se *suma* a los sindicatos independientes existentes", "Se *suman* a una actitud de solidaridad social", "Me *sumo* a la protesta por la injusticia".

sumergir v tr (Se conjuga como *subir*) **1** Meter completamente en un líquido: *sumergirse en el mar, sumergir las tortillas en una salsa, sumergirse un barco* **2** Atraer algo profundamente la atención de alguien, de manera que se compenetre de ello o que no pueda distraerse con otras cosas: "La novela *sumerge* al lector en la vida de sus personajes" **3** prnl Dedicarse a algo por completo, sin dejar tiempo para ninguna otra actividad; meterse de lleno en algo: *sumergirse en el estudio* **4** Hacer que algo o alguien quede en una situación muy mala, desafortunada, etc, resultando, además, muy difícil salir de ella: "*Sumergió* al país en la miseria".

suministrar v tr (Se conjuga como *amar*) Dar, proporcionar o proveer de alguna cosa, particularmente de lo que se necesita o se requiere para el funcionamiento de algo o la actividad de alguien: *suministrar alimentos, suministrar información, suministrar armas, suministrar asistencia tecnológica, suministrar calor.*

suministro s m Acto de proporcionar una cosa necesaria; abastecimiento o dotación de algo que hace falta: *suministro de energéticos, suministro de víveres, suministro de agua.*

sumir v tr (Se conjuga como *subir*) **I 1** Meter algo o a alguien bajo el agua, la tierra u otra cosa, cubrirlo total o parcialmente empujándolo o jalándolo hacia lo hondo de ella; hundir, sumergir: *sumir los pies en el lodo, sumir la cabeza en el agua*, "Ten cuidado, no te vayas a *sumir* en las arenas movedizas" **2** prnl Formarse una depresión en un terreno: *sumirse el piso* **3** Formar una concavidad en la superficie, hundirla por efecto de un golpe o presionándola: "Que le meto una patada atrás de la salpicadera del coche y se la *sumo*", "¡*Sume* la panza!" **II 1** Provocar algo o alguien que una persona quede completamente atrapada, dominada por una situación determinada, un estado, una emoción, etc: "La muerte de su esposo la *sumió* en la desesperación", *sumir en la pobreza* **2** prnl Abstraerse una persona en sus pensamientos, ensimismarse, o dejarse llevar por un sentimiento profundo: *sumirse en la reflexión, sumirse en el éxtasis.*

sumisión s f Aceptación plena del poder o de la autoridad que otra persona o las circunstancias imponen sobre uno: "Le exigieron *sumisión* a las normas de la empresa", "Siempre tuvo una actitud de *sumisión* ante la vida", "Los vasallos juraban *sumisión* al rey".

sumo adj **1** Que es lo más alto; superior; supremo: *el sumo sacerdote* **2** Mucho, gran: *hacer algo con sumo cuidado, ser algo de suma importancia* **3** *A lo sumo* Cuando mucho: "*A lo sumo* tendría veinte años".

suntuoso adj Que es lujoso en extremo; que es sumamente elegante, magnífico, rico y espléndido: *un suntuoso palacio, la suntuosa vestimenta de un rey, las suntuosas alcobas.*

supeditar v tr (Se conjuga como *amar*) Depender de la existencia o autoridad de algo o alguien; estar sujeto a a algo o a algo: "La producción de la seda está *supeditada* al cultivo de la morera", "Los países pobres están *supeditados* a los países ricos".

superación s f **1** Acto de superar o superarse: *la superación de un problema, la superación personal* **2** Mejoramiento de alguna cosa o persona: *superación profesional.*

superar v tr (Se conjuga como *amar*) **1** Ser algo o alguien mayor o mejor que otro cuando se les compara, resultar algo de mayor tamaño, intensidad, fuerza, cantidad, etc: "El nuevo edificio *supera* al viejo en capacidad", "Su hermano lo *supera* en inteligencia" **2** Pasar más allá de algún punto o límite, vencer cierto obstáculo: *superar una etapa, superar dificultades* **3** prnl Lograr alguien mejorar su trabajo, su conducta, sus ideas, etc: *superarse en los estudios*, "Su meta es *superarse* en todo".

superficial adj m y f **1** Que pertenece a la superficie o se relaciona con ella; que está o ocurre en la superficie: *textura superficial, extensión superficial, tejido superficial, herida superficial* **2** Que es meramente exterior, que no va más allá de lo estricta-

mente formal o aparente; que considera las cosas en su aspecto más externo, sin penetrar en su sentido profundo: *una amistad superficial, una plática superficial, un libro superficial.*

superficialidad s f **1** Carácter de lo que se mantiene en la superficie, le corresponde o no alcanza profundidad: *la superficialidad de una capa terrestre* **2** Carácter de quien no profundiza en sus pensamientos o emociones y se queda con los más simples y no reflexionados: *la superficialidad de una joven, la superficialidad de un actor.*

superficie s f **1** Límite o capa exterior de un cuerpo, que lo separa de los demás y lo hace distinguible en el espacio: *la superficie de la Tierra, la superficie del agua, la superficie de la piel* **2** (*Geom*) Extensión formada por la longitud y la anchura **3** Aspecto exterior de algo: *mirar un libro por la superficie* **4** *De superficie* Que se mueve o manifiesta sobre la superficie terrestre o del mar: *correo de superficie.*

superfluo adj Que no es necesario, que no es útil, que está de más: "Te sería lícito gozar de lo *superfluo* siempre que no negaras a otros lo necesario", "Se gasta el dinero en cosas *superfluas*", *evitar gasto superfluo de energía*, "Era *superfluo* verificar la autenticidad de la firma".

superior adj m y f **1** Que está en la parte más alta de algo o más arriba que otra cosa: *extremidades superiores, piso superior, ángulo superior derecho de la hoja* **2** Que tiene o alcanza un nivel, grado, calidad, etc mayor o mejor que otro: *una temperatura superior a mil grados, una inversión superior a cincuenta millones de pesos, un vino superior* **3** s Persona que tiene un rango mayor que otra, particularmente la que dirige alguna empresa, institución, etc: *consultar a los superiores, el padre superior.*

superioridad s f **1** Condición de aquello o de quien es mejor o es mayor en cantidad, tamaño, etc que otro o que el resto: *superioridad física, superioridad numérica* **2** Persona o conjunto de personas que tiene mayor autoridad que otras; alto mando: "Podré desempeñar fielmente la misión que la *superioridad* me ha encomendado".

superlativo adj y s **1** Que tiene o alcanza un grado muy alto, el más alto de una cualidad o de cierta característica: *un dolor superlativo, una pasión superlativa, un susto superlativo, unas ideas superlativas* **2** s m (*Gram*) Expresión del grado máximo o más alto que alcanza lo significado por un adjetivo o un adverbio mediante un proceso de derivación o anteponiendo el adverbio *muy*. Generalmente, la derivación se hace uniendo al lexema de la palabra la terminación o gramema derivativo *ísimo*, como en *grande: grandísimo, blanco: blanquísimo, útil: utilísimo*; anteponiendo el adverbio *muy* a la palabra cuyo superlativo se desea formar, como en *muy grande, muy blanco, muy útil.* Para algunas palabras hay dos formas superlativas: la regular española, como *malísimo, buenísimo* o *bonísimo*, y la que se ha tomado del latín: *pésimo* y *óptimo.* Algunas formas superlativas son de construcción irregular, como *fortísimo, bonísimo, sapientísimo, celebérrimo, libérrimo*, etc (de *fuerte, bueno, sabio, célebre* y *libre*). Se llaman **superlativos partitivos** o **relativos** los que señalan una comparación entre miembros de un conjunto: "*El mejor* estudiante de su clase", "La ciudad *más grande* del mundo".

supernova s f (*Astron*) Estrella cuyo brillo aumenta repentinamente en proporciones gigantescas y alcanza, durante un breve lapso, una magnitud hasta más de cien millones de veces mayor que la que tenía originalmente, como resultado de una violenta explosión en su interior que lanza al espacio gran cantidad de masa.

superstición s f Creencia o práctica irracional, basada en la ignorancia y en la magia; interpretación de lo que es desconocido o misterioso que no se basa en la razón; como la creencia en que el número 13 es de mala suerte: *la superstición del mal de ojo*.

supervisar v tr (Se conjuga como *amar*) Vigilar o dirigir la realización de una actividad determinada, una persona con autoridad o capacidad para ello: "Una comisión internacional *supervisará* la liberación de los prisioneros", "El director *supervisó* personalmente los trabajos".

supervisión s f Acto de supervisar: *supervisión de un trabajo*, "Se encargará de la *supervisión* general de las obras arquitectónicas".

supervisor s Persona encargada de dirigir y vigilar determinada actividad en una empresa, institución, etc: "El *supervisor* corregía, modificaba y perfeccionaba lo que el entrevistador había hecho", *supervisora de enfermeras*.

supervivencia s f **1** Hecho de mantenerse alguien con vida o de existir alguna cosa después de un tiempo determinado o a pesar de ciertas circunstancias adversas: "Algunas variedades aborígenes van siendo desplazadas por otras nuevas en la lucha por la *supervivencia*", "El tratamiento ha permitido aumentar la *supervivencia* de los pacientes", "Es inexplicable la *supervivencia* de estos vicios" **2** Hecho de poder satisfacer las necesidades elementales para la vida, como la vivienda, el vestido y la alimentación: "Actualmente la mujer tiene la misma capacidad de *supervivencia* que el hombre".

superviviente s y adj m y f Persona o cosa que continúa viviendo después de un tiempo determinado o de un hecho adverso en el que otros han muerto o desaparecido: *los supervivientes de la generación pasada*, *los supervivientes de un accidente aéreo*.

suplemento s m **1** Cosa que se añade a otra para hacerla más grande o más completa: *suplemento alimenticio* **2** Parte que se añade a una publicación periódica y que por lo general tiene un contenido especial: *suplemento cultural* **3** (*Geom*) Ángulo o arco suplementario.

suplente adj y s m y f Que está en lugar del titular o de la cosa o persona a la que le corresponde desempeñar cierta función; que puede remplazar a otro; *diputado suplente, una suplente del maestro, un motor suplente, portero suplente*.

súplica s f **1** Petición que uno hace con humildad, respeto o sentimiento, de alguna cosa que desea o necesita; ruego: "Reitero a usted la *súplica* de que acepte nuestras disculpas", "Seguía clamando su angustiosa *súplica*" **2** (*Der*) Recurso del derecho mexicano anterior a 1934, que consistía en la segunda apelación de un fallo ante la Suprema Corte de Justicia; *recurso de súplica*.

suplicante adj y s m y f Que suplica o que expresa una súplica: "De pronto me veía convertido en humilde *suplicante*", "Me vio con ojos *suplicantes*", "Sus palabras eran *suplicantes*".

suplicar v tr (Se conjuga como *amar*) Pedir con insistencia y humildad algo a alguien, en especial alguna cosa que uno necesita o desea profundamente: "Le *suplico* que sea breve", "Yo te lo *suplico*: no hables más".

suplir v tr (Se conjuga como *subir*) **1** Ocupar una persona el lugar o el puesto que tenía otro, provisional o definitivamente, y desempeñar las funciones que ésta realizaba: "Un delantero *suplió* al defensa lesionado", "Por *suplir* al cajero me dieron una gratificación", "Tenemos que buscar a alguien que *supla* al chofer" **2** Compensar la falta o carencia de algo con cierta cosa; emplear a alguien para que cumpla con lo que otro hacía o usar una cosa en lugar de otra por resultar más accesible, eficaz o provechosa: "*Suple* la falta de preparación con la experiencia", "*Suplimos* al bodeguero con uno de los veladores", "Se intenta *suplir* los energéticos derivados del petróleo con energía solar".

suponer v tr (Se conjuga como *poner*, 10c. Su participio es irregular: *supuesto*) **1** Considerar algo como existente, cierto o verdadero en apoyo de un determinado argumento o de cierto propósito: "*Supongamos* que hay habitantes en otros mundos", "*Supón* que tienes mil pesos" **2** Creer que algo sucede o alguien actúa en cierta forma a partir de lo que se sabe o se tiene noticia: "*Supongo* que llegará tarde", "*Supongo* que llueve, pues se siente húmedo el viento" **3** Tener alguna cosa cierta consecuencia necesaria: "Un cambio de trabajo *supone* otros cambios, como de horario, de amigos, etcétera".

suposición s f **1** Acto de suponer: "Bajo la *suposición* de que viajaremos a cien kilómetros por hora…", "Mi *suposición* es que no aceptará tu propuesta" **2** Afirmación, idea, acontecimiento, etc que se considera válido, con carácter eventual: "Es sólo una *suposición*, no estoy seguro".

supremo adj **1** Que tiene el máximo grado, nivel, cualidad, etc: "Los demás hombres no compartían con él ese goce *supremo*", "…se levanta ante nosotros como una de las formas *supremas* de la generosidad", *esfuerzo supremo* **2** Que es superior a todos, que nada o nadie lo supera, está por encima de él o tiene autoridad sobre él: "La Asamblea General es el órgano *supremo* de esta Institución", *el jefe supremo de la nación africana*.

supresión s f Acción y resultado de suprimir algo: *supresión de la prensa libre, supresión del dolor*.

suprimir v tr (Se conjuga como *subir*) Eliminar o hacer desaparecer algo: *suprimir un impuesto*, "Debe *suprimirse* la venta de esos combustibles", "Hemos *suprimido* las notas a pie de página".

supuesto I pp irregular de *suponer* **II** adj Que es dudoso, que no es cierto sino fingido: *una supuesta amistad, un supuesto tesoro* **III** s m Afirmación, acontecimiento o hecho que se considera cierto, real o verdadero para algún propósito: *un supuesto equivocado*, "Bajo el *supuesto* de que tenga razón…" **IV 1** *Supuesto que* Ya que, puesto que: "*Supuesto que* ya entendieron, pasaremos a otra lección" **2** *Dar algo por supuesto* Partir de la base de que algo es cierto, verdadero o conocido por todos: "Doy por *supuesto* que ya saben leer" **3** *Por supuesto que* Claro que, ciertamente que: "*Por supuesto que* iremos a visitarte" **4** *¡Por supuesto!* ¡Claro!, ¡Cierto!, ¡Sin duda!: "—¿Aprobaste el examen? —*¡Por supuesto!*".

sur s m sing **1** Punto del horizonte situado a la derecha de una persona que ve de frente al Este, o contrario al que señala la Estrella Polar **2** Región de un país situada en esa dirección con respecto a su centro, en esa dirección con respecto al Ecuador o en esa dirección con respecto a Europa y a Estados Unidos de América: *el sur de México, América del Sur, el diálogo norte-sur* **3** Viento que sopla de esa dirección.

surcar v tr (Se conjuga como *amar*) **1** Hacer surcos en la tierra con el arado: "El campesino *surca* su parcela" **2** Atravesar alguna superficie algo semejante a un surco, como una línea profunda, un pliegue, etc: "Las arrugas *surcan* su rostro" **3** Moverse algo cortando o abriendo el medio por el que se desplaza, como si fuera atravesar un surco: *surcar un barco el mar*.

surco s m **1** Excavación alargada, angosta y poco profunda que se hace paralelamente en la tierra con el arado, para sembrarla después: "Se ponen directamente las semillas en el *surco*", "Hacer *surcos* de doce metros de longitud" **2** Línea o pliegue muy marcado, profundo o alargado: "Tenía un *surco* en la frente" **3** (*Geol*) Depresión alargada del terreno entre dos series de elevaciones o cimas **4** (*N*) Carril donde se juegan carreras de caballos **5** Tronco u origen de varios tallos; o conjunto de tallos unidos en un cuerpo con raíces comunes.

sureste s m sing **1** Punto del horizonte situado entre el sur y el este **2** Región de un territorio, país, etc, situada en esa dirección, respecto de su centro: "Visitaremos Villahermosa y otras ciudades del *sureste*", *el sureste de Asia, el sureste de Francia.*

surgir v intr (Se conjuga como *subir*) **1** Salir algo de la tierra o de otra parte en la que no se percibía, particularmente brotar el agua: *surgir flores, surgir un manantial, surgir árboles* **2** Presentarse o manifestarse alguna cosa de pronto e inesperadamente: *surgir una propuesta, surgir una dificultad, surgir un negocio* **3** Destacarse alguna cosa entre otras o sobre cierta superficie y hacerse notar, generalmente de pronto o inesperadamente: *surgir un rascacielos, surgir un pueblo en el desierto.*

suroeste s m sing **1** Punto del horizonte, intermedio entre el sur y el oeste **2** Región de un territorio, país, etc, situada en esa dirección, con respecto a su centro: "Chile está en el *suroeste* de América".

surrealismo s m Movimiento artístico definido en 1924 por el francés André Bretón, que preconiza el automatismo psíquico como medio para expresar el funcionamiento real del pensamiento, sin ningún control de la razón e independiente de toda preocupación estética o moral. Su producción se caracteriza por una vocación libertaria sin límites y por una exaltación de la imaginación, de los procesos oníricos, de humor corrosivo y de la pasión erótica (*amour fou*), utilizados como provocación o armas de lucha contra la tradición cultural burguesa y contra todas las formas represivas del orden moral establecido. Diversos críticos han encontrado que gran parte de la cerámica y otras artesanías mexicanas, lo mismo que la obra de José Guadalupe Posada y otros creadores populares son ubicables en este movimiento: "Luis Buñuel en colaboración con Salvador Dalí creó la película *Un perro andaluz*, una de las obras más revolucionarias del *surrealismo*", *el surrealismo en la poesía.*

surtido adj y s m Que es muy variado, que incluye elementos de diverso tipo: *extenso surtido de mercancía*, "Amplio *surtido* de brocas que se usan para taladrar", "Hay un *surtido* bastante grande de colores, tallas y modelos".

surtir v tr (Se conjuga como *subir*) **1** Proveer de lo que se necesita: *surtir las necesidades del país*, "Surten de materia prima a las fábricas" **2** prnl Adquirir provisiones; comprar mercancías: "Después seguían *surtiendo* las recetas", *surtir la botica* **3** *Surtir efecto* Conseguir el efecto que se pretendía; ser efectivo: "La amenaza no *surtió efecto* en los ciudadanos", "*Surtirán efectos* retroactivos" **4** (*Popular*) Golpear: "Si llega uno de bufón, pues lo *surten* a uno".

susceptible adj m y f **1** Que es capaz de experimentar cierta modificación: *susceptible de aplicarse, susceptible de tener otros significados, susceptibles de relacionarse, susceptibles de embargo* **2** Que se ofende con facilidad, que es muy sensible o delicado: "Ese niño es muy *susceptible*, no le puedes levantar la voz".

suscitar v tr (Se conjuga como *amar*) Provocar u ocasionar cierta reacción, respuesta o consecuencia: "Lo anterior ha *suscitado* enconadas polémicas", "Logró *suscitar* el interés del público".

suscribir v tr (Se conjuga como *subir*, su participio es irregular: *suscrito*) **1** Abonarse para recibir alguna publicación periódica: "Ayer se *suscribió* a *La Jornada*", "Como regalo de cumpleaños lo *suscribí* a *El Financiero*" **2** Apoyar con una firma un escrito: "*Suscribirán* esta tarde el convenio comercial México-China", "Las asociaciones *suscribieron* un compromiso ante la Secretaría de Agricultura y Recursos Hidráulicos", "*Suscribieron* todos los sectores un convenio", *suscribieron una declaración conjunta* **3** prnl Obligarse a contribuir en algún proyecto o alguna obra; comprometerse: "La administración gubernamental *se suscribe* a los principales tratados internacionales", *suscribir temporalmente partes complementarias del capital.*

suspender v tr (Se conjuga como *comer*) **1** Detener por algún tiempo o definitivamente una acción o una obra: *suspender labores, suspender los vuelos, suspender el servicio, suspender una conferencia, suspender una fiesta, suspender un trabajo* **2** Quitar a alguien por un tiempo un beneficio, un sueldo o un empleo: "*Suspendieron* al profesor de matemáticas", "Lo *suspendieron* de su trabajo por dos meses" **3** Colgar o detener una cosa en alto o en el aire: *suspender una lámpara.*

suspensión s f **1 1** Acto de detener o interrumpir el desarrollo de alguna cosa por cierto tiempo: *la suspensión de una obra, la suspensión de los pagos* **2** Orden y acto por los que se impide a alguien recibir cierto beneficio o continuar haciendo algo: *la suspensión del salario, una suspensión administrativa* **II 1** Manera de estar en un líquido una sustancia que no se mezcla con él, y compuesto de esta clase: *partículas en suspensión, una suspensión medicinal* **2** Conjunto de piezas mecánicas que soportan la carrocería de un vehículo para protegerla de los golpes y movimientos bruscos que se producen cuando camina: *la suspensión de un coche.*

suspenso 1 s m Tiempo de espera de una noticia, un resultado o una decisión, y especialmente en una película o un relato, la angustia o ansiedad que se experimenta esperando el desenlace: *escenas de suspenso, películas de suspenso* **2** *En suspenso* En espera de la relación o desenlace (de algo): "Era justo dejarlo *en suspenso*" **3** adj Que se queda pasmado o atónito ante algo: "Ruth se quedó *suspensa*".

suspirar v intr (Se conjuga como *amar*) **1** Dar suspiros por algún sentimiento intenso, especialmente por amor: "*Suspiró* aliviada", "La joven *suspiró* con profunda tristeza", "*Suspiro* y lloro tu ausencia", "*Esos ojitos / que me hicieron suspirar*" **2** Desear intensamente algo: "Ya *suspiraba* por un descanso".

suspiro s m **1** Aspiración profunda seguida de una exhalación audible, que generalmente expresa alivio, pena o algún sentimiento profundo: "Di un *suspiro* de alivio", "Exhaló un *suspiro* de mansa conformidad", "Me pones nervioso con tanto *suspiro*" **2** *El último suspiro* El de la muerte o el fin de algo **3** *En un suspiro* Muy rápidamente: "*En un suspiro* se le fue la infancia de sus hijas" **4** Dulce parecido al merengue **5** (*Mús*) Pausa breve.

sustancia s f **1** Parte fundamental y constituyente de las cosas: *la sustancia de un cuerpo, la sustancia de una idea, la sustancia de un conocimiento* **2** Materia o jugo que se extrae de algún cuerpo, o que se produce para algún propósito medicinal, químico, etc: *una sustancia vegetal, una mezcla de sustancias*.

sustancial adj m y f Que es muy importante, que es esencial: "El tiempo cambia la superficie, no lo *sustancial*", "Se lograron *sustanciales* ahorros", *cambio sustancial, avances sustanciales, un aumento sustancial, diferencias sustanciales*.

sustancialmente adv De manera esencial, en forma importante, principalmente: *frenar sustancialmente la capacidad productora de la economía, una economía basada sustancialmente en las actividades agrícolas*, "Esto no afecta *sustancialmente* al sistema, pero produce escozor"..

sustantivar v tr (Se conjuga como *amar*) Hacer que cualquier clase de palabra se comporte como sustantivo, que funcione como sujeto u objeto de un verbo o como término de preposición, por ejemplo en: "*Dormir* bien es bueno para la salud", "*Dormir* es un verbo que se *ha sustantivado*".

sustantivo 1 adj Que es esencial o importante: *una contribución sustantiva al pensamiento* **2** s m (*Gram*) Clase de palabras que significan objetos, procesos, etc distinguidos e identificados como tales por una comunidad lingüística; su principal función es la de constituir el núcleo del sujeto de la oración, y también funciona como núcleo de los complementos directo, indirecto y circunstancial, por ejemplo en: "Los niños cantaron una canción a sus papás", *niños* cumple la función de núcleo del sujeto; *canción*, la de núcleo del complemento directo y *papás* la de núcleo del complemento indirecto. Suele tener marcas de género y número (*-o* para el masculino: *maestro, gato, freno*; *a* para el femenino: *maestra, gata, piedra*; *-s* para el plural: *maestros, gatas, ramas*). Se clasifican en *sustantivos propios*, los que designan personas: *María, Pedro, Hernández*; países, ciudades, estados, lugares geográficos: *Francia, Italia, Montevideo, La Paz, Zacatecas, Tamaulipas, Pánuco, Ceboruco*; etc; títulos de libros u otras obras: *Santa, Muerte sin fin, Redes*, etc; y *sustantivos comunes*, los que significan objetos, personas, relaciones, acciones como *niño, arañas, lluvia, correspondencia*, etcétera.

sustentar v tr (Se conjuga como *amar*) Sostener, apoyar o defender cierta posición, dar argumentos a favor; basar: *una actitud sustentada en una sola decisión*, "El andamiaje que *sustenta* al discurso", "Una política *sustentada en* los créditos", "*Sustentará* dos conferencias", *sustentar una tesis*, "Los principios en que México *sustenta* su política exterior".

sustento s m **1** Alimento necesario para sobrevivir; mantenimiento: "Al indio le basta para su *sustento* un cuartillo de maíz", *ganar el sustento con el sudor de la frente*, "La tierra de la que sacaba su *sustento*".

sustitución s f Acto y resultado de poner a una persona o cosa en lugar de otra: *sustitución de un sistema político, sustitución del maíz por trigo, sustitución de una rueda*.

sustituir v tr (Se conjuga como *construir*, 4) Poner a una persona o cosa en lugar de otra: *sustituir un mueble, sustituir un análisis, sustituir un término, sustituir a un empleado*, "*Sustituyen* con fibras sintéticas a las fibras naturales", "Los ferrocarriles *sustituyeron* a las diligencias".

sustituto s y adj **1** Persona que está en lugar de otra, que cumple la función o hace las veces de ésta: "Era el infortunado *sustituto* del padre, a quien ella odiaba y temía", *deudor sustituto* **2** Cosa que se pone o se usa en lugar de otra, que puede sustituirla por tener características similares: "La margarina es un *sustituto* de la mantequilla", "Hasta hoy no han surgido formas *sustitutas* de los partidos políticos".

susto s m **1** Sobresalto o impresión intempestiva y momentánea de miedo por algo que sucede inesperadamente, o que amenaza repentinamente: "Se llevaron el *susto* de su vida", "Evitar que la paciente sufra un *susto*", "El *susto* que se llevó fue tan grande que hasta se desmayó" **2** En la medicina tradicional, perturbación del estado emocional que se atribuye a una causa natural o sobrenatural, implica un desequilibrio orgánico de sintomatología variable, acorde con la patología regional, producto de condiciones sociales y ecológicas predominantes; espanto.

sustracción s f **1** Acto de sustraer: *sustracción de documentos, sustracción de agua* **2** (*Mat*) Resta.

sustraendo s m (*Mat*) Cantidad que se resta de otra, por ejemplo, en 8 menos 6, 6 es el *sustraendo*.

sustraer v tr (Se conjuga como *traer*, 7b) **1** Sacar algo de donde está, particularmente una cosa de otra de la que forma parte **2** Robar o apoderarse de algo sin violencia: "*Sustrajo* mil pesos de la caja" **3** (*Mat*) Restar **4** Evitar algo o apartarse de ello: "No es posible *sustraerse* al cambio".

sustrato s m **1** (*Geol*) Capa terrestre que se encuentra debajo del terreno que se considera **2** Cosa, idea, situación, etc que se encuentra debajo de otra o es anterior a ella y le sirve de base, la fundamenta o la determina: *sustrato biológico, sustrato de una ideología* **3** (*Ling*) Supervivencia de ciertos rasgos propios de una lengua en otra que la sustituye: *el sustrato náhuatl en el español de México* **4** (*Quím*) Sustancia o materia sobre la que actúa una enzima.

sutil adj m y f **1** Que es delgado, muy fino, poco perceptible: *una tela sutil, un aire sutil* **2** Que es discreto para hacer o decir algo; que es fino o que apenas se insinúa: *palabras sutiles, sutiles indirectas*.

sutileza s f **1** Calidad de sutil, fino y delicado: "Velasco supo incluir en sus paisajes con una *sutileza* y un buen gusto inauditos, la grandiosa naturaleza de México, su flora y su fauna, su aire, sus sitios románticos, sus aspectos sociales y su historia completa" **2** Gran habilidad y perspicacia en la expresión: *la sutileza de sus comentarios.*

sutura s f **1** (*Med*) Costura con que se unen dos partes de una herida: *quitar los puntos de la sutura, la sutura de un músculo* **2** (*Anat*) Articulación inmóvil de los huesos del cráneo y de la cara **3** (*Bot*) Línea de unión de algunas estructuras.

suyo pronombre y adjetivo posesivo de tercera persona; como adjetivo se usa siempre pospuesto al sustantivo **1** Indica que algo pertenece a la persona de quien se habla, a la persona a la que se habla cortésmente, o a las que se habla: "Esa casa es mía y no *suya*", "Estas flores son mías, y *suyas* también", "La tierra es *suya*" (Siempre concuerda en género y número con la cosa que se posee) **2** *De suyo* En sí mismo, de por sí: "Escribir un cuento ya es *de suyo* difícil como para que se lo pidas en un día" **3** *Tener algo lo suyo* Tener algo dificultad o importancia en sí mismo: "Ganar un juego al mejor equipo *tiene lo suyo*" **4** *Hacer alguien de las suyas* Actuar alguien con sus maneras características, particularmente cuando molesta, daña o crea dificultades: "El zorro ya anda *haciendo de las suyas* en el gallinero" **5** *Salirse alguien con la suya* Conseguir o lograr alguien un propósito determinado: "La muchacha *se salió con la suya* y se fue al baile" **6** *Los suyos* Su familia: "—¿Cómo están *los suyos*?".

swing s m Baile que implica un balanceo, con una música muy rítmica inspirada en el jazz, que estuvo de moda en la década de los cuarenta.

t s f Vigesimotercera letra del alfabeto; representa el fonema consonante dental oclusivo sonoro. Su nombre es *te*.

tabacalero 1 adj y s Que se relaciona con el cultivo, la industria o la comercialización del tabaco, o pertenece a ellos: *hacienda tabacalera, zona tabacalera, compañía tabacalera* **2** s Persona que trabaja en el cultivo o la industria del tabaco: "Serán incorporados los *tabacaleros* al servicio social".

tabaco s m **1** (*Nicotiana tabacum*) Planta anual de la familia de las solanáceas que mide por lo regular 1.5 m de alto, con hojas alternas y oblongas de 15 a 40 cm de largo, según la variedad de que se trate; flores de un solo pétalo, rosadas o rojas, y fruto en cápsula con numerosas semillas pequeñas en su interior. Sus hojas, secas y procesadas de distintas formas, se usan para hacer cigarros y puros, se fuman en pipa o se mascan en forma de rollitos prensados. Es originaria de América y su cultivo se ha extendido a todo el mundo; se cultiva en climas cálidos: "En esa región se dan el café y el *tabaco*" **2** Hoja de esta planta picada y procesada: *fumar tabaco oscuro, tabaco rubio, tabaco de pipa, mascar tabaco.*

tabachín s m **1** Flamboyán (*Delonix regia*) **2** (*Caesalpina pulcherrima*) Arbusto de la familia de las leguminosas, de hojas alternas bipinadas, con las hojuelas oblongas; sus flores crecen en grandes racimos, rojas con amarillo, veteadas o amarillas, con largos estambres; da una vaina aplanada de 10 a 12 cm que contiene tanino, por lo que se emplea para curtir pieles; la raíz produce un tinte rojo; se usa también en medicina rural.

tábano s m Insecto díptero de distintas especies, muy parecido a la mosca común aunque de mayor tamaño; mide de 2 a 3 cm de longitud, es de color oscuro y se alimenta de la sangre de algunos animales, principalmente caballos y vacas, a los que pica con su trompa: "Se espantaba los moscas y los *tábanos* que la acosaban, con un perezoso movimiento de cola".

tabasqueño adj y s Que es natural de Tabasco, que pertenece a este estado o se relaciona con él: *plantas eléctricas tabasqueñas, petróleo tabasqueño.*

tabique s m **1** Cualquier pieza de caras rectangulares hecha de arcilla cocida que se usa como material de construcción: *una pared de tabiques* **2** División plana y delgada entre dos espacios, en particular la de las fosas nasales: "*Tabique* de boxeador".

tabla s f **1** Pieza de madera delgada y plana que se usa en la construcción de muebles, casas, etc: "Se necesitan diez *tablas* para hacer la cama" **2** Pieza delgada y plana de cualquier otro material: *tabla de mármol, tabla de acero* **3** pl Escenario de un teatro **4** *Tener alguien muchas tablas* Tener experiencia en alguna profesión, principalmente en el teatro **5** Cada uno de los pliegues que van superpuestos en una falda, vestido o blusa, y se usan como adorno **6** Lista, catálogo o cuadro de materias, temas, números, etc: *tabla de precios, tabla de elementos químicos, tablas de multiplicar* **7** *Quedar tablas* Empatar en un juego, particularmente en el ajedrez.

tablero s m **1** Tabla de madera rectangular y lisa que, colocada verticalmente, forma parte de una puerta, una pared, etc **2** Tabla, superficie, o bastidor plano donde se coloca algo, generalmente para que esté expuesto a la vista del público, o donde se anota algo, se lleva el registro de alguna cosa o se da información: "Las mariposas estaban expuestas en *tableros* largos", "Comprueba la llegada del avión en el *tablero* luminoso", "Anotaron el gol en el *tablero* del estadio" **3** Bastidor en que se agrupan los indicadores o los controles de un aparato o de un sistema: *tablero de mando, tablero de instrumentos de un avión, tablero de interruptores* **4** (*Tauro*) En la plaza de toros, barrera o valla que circunda al ruedo **5** (*Arq*) Parte cuadrada, resaltada y pintada de un retablo; cuadro resaltado o rehundido que adorna un muro o contiene adornos **6** (*Arq*) En las pirámides, cada uno de los planos verticales que se alternan con los inclinados y a veces van adornados, como en la pirámide del Tajín, donde están formados por una sucesión de nichos **7** (*Arq*) Parte plana que corona el capitel de una columna.

tableta s f **1** Pequeña tabla que se usa como base para sostener alguna cosa, particularmente alimentos sólidos, como el queso **2** Lámina pequeña, de bordes redondeados, de algún material que puede deglutirse, como el chocolate o algún medicamento: *una tableta de chocolate, un analgésico en tabletas.*

tabú s m **1** (*Antrop*) Persona, animal, planta, etc a los que está prohibido nombrar, tocar o tratar, según las creencias mágicas o religiosas de una comunidad **2** Objeto, hecho o persona de los que no se debe hablar entre los miembros de un grupo o de una comunidad: *un tabú sexual*, "Es *tabú* entre los políticos hablar del asesinato del general Serrano".

tácito adj Que se entiende sin haberse expresado explícitamente; callado, implícito: *aprobación tácita, aceptación tácita, sujeto tácito.*

taco s m I **1** Tortilla de maíz o de harina enrollada y generalmente rellena de algo, como frijoles, salsa, carne, etc: "Nos comimos unos *tacos de pollo*", *tacos de cochinita, un puesto de tacos* **2** Comida, generalmente ligera o poco abundante; bocado: *dar un taco, convidar un taco, echarse un taco* **3** Hacer taco algo o a alguien Envolverlo o enrollarlo de manera que forme un bulto apretado o compacto: "Hizo taco su ropa para llevársela", "Hicieron taco al bebé con una cobija", "Se hizo taquito para protegerse del frío" **4** *Echarse un taco de ojo* (*Coloq*) Mirar a una persona bella o guapa **II 1** Palo de madera dura, delgado, largo y redondeado, con el que se impulsan las bolas en el juego de billar: *poner tiza al taco* **2** Trozo de madera, o de algún otro material, duro, grueso y corto, generalmente de forma rectangular: "Pusieron un *taco* de madera bajo las ruedas del coche para que no se moviera" **3** Cada una de las piezas cónicas que tienen en la suela los zapatos de futbol para dar firmeza al paso cuando se juega sobre pasto o tierra: "Se le cayeron dos *tacos* a mis zapatos", "Entró con los *tacos* por delante" **III** (*Coloq*) **1** *Darse taco* Darse importancia: "*Se da* mucho *taco* con su motocicleta nueva" **2** *Ponerle* o *echarle mucha crema a los tacos* Adornar demasiado algo que uno cuenta o presumir con exceso algo que uno hizo **3** ¡*Acá los tacos!* ¡Pongan atención, mírenme! **4** *A mí, mis tacos* A mí, lo que me corresponde o lo que me compete.

tacón s m Parte del calzado que se une a la suela en el lugar correspondiente al talón para levantar esa parte del pie: *tacón alto*, "Se cayó porque se le rompió el *tacón*".

táctica s f Plan o sistema que se adopta para conseguir cierta cosa, particularmente la organización, los dispositivos, las reglas, etc a que recurren los militares para vencer al enemigo en un combate: *táctica guerrillera, táctica política*.

táctico adj Que pertenece a la táctica o se relaciona con ella: *dispositivo táctico, jugada táctica*.

tactismo s m (*Biol*) **1** Movimiento que en los seres vivos no fijos a la tierra, y particularmente en los unicelulares, se produce en respuesta a un estímulo exterior como la luz, la temperatura, etc; reacción por la que se produce este movimiento **2** *Tactismo positivo* El que conduce al ser vivo hacia la fuente del estímulo **3** *Tactismo negativo* El que aleja al ser vivo de la fuente del estímulo.

tacto s m **1** Sentido con el que se perciben ciertas características de las cosas al tocarlas, como su textura, temperatura, forma, etc, y que está localizado en toda la piel, principalmente en la de las manos **2** Manera en que los objetos se presentan a este sentido: "La seda tiene un *tacto* muy suave" **3** *Al tacto* Al tocarlo: "Es muy frío *al tacto*" **4** Habilidad o sensibilidad que tiene alguien para tratar a otra persona o para resolver un problema: "Tiene mucho *tacto* con los niños".

tafeta s f Tela de seda o de alguna fibra semejante, muy tupida, generalmente lustrosa y un tanto rígida: *un listón de tafeta*, "Le compraron un vestido de *tafeta* azul para su cumpleaños".

taiga s f Terreno de subsuelo helado, poblado por bosques de coníferas en su mayor parte, limitado al norte por la tundra y al sur por la estepa; se encuentra principalmente en el norte de Rusia, en Siberia y Canadá.

tajante adj m y f **1** Que corta, separa o divide completamente alguna cosa: "No se puede trazar una división *tajante* entre las esferas racional e irracional de la actividad humana" **2** Que es total, que no admite términos medios o conciliación alguna: "Plantea ante los gobiernos la disyuntiva *tajante*: anarquía o represión" **3** Que no admite réplica, que es definitivo, terminante: "En tono *tajante* advirtió:...", "Su negativa fue *tajante*".

tajo s m **1** Corte profundo y liso que se hace en alguna cosa con un instrumento filoso: "Como si tronchara dos pencas de nopal tierno, corta de dos *tajos* las orejas del maestro" **2** Corte recto, liso y muy inclinado que se hace en un terreno, para que pase una carretera o un canal: *el tajo de Nochistongo* **3** *Tajo de sembradura* En Morelos, medida de superficie equivalente a 0.6 de hectárea **4** *Romper, cortar, etc de* (*un*) *tajo* Romper, cortar, etc súbita y definitivamente con algo: "Propuso *romper de tajo* con sus parientes".

tal adj m y f, y pron **1** Que es como se indica o se afirma, igual, semejante o de las mismas características: "Hay que inventar métodos adecuados para lograr *tal* producción", "Hizo un esfuerzo *tal*, que se lastimó", "*Tales* asuntos deben resolverse con cuidado", "El *tal* representante de la colonia y hablando como *tal* se comprometió a mejorar los servicios", "El *tal* aumento de sueldos no lo hemos visto" **2** Tanto o tan grande: "Cometió *tal* falta, que lo castigaron", "Se organizó *tal* protesta, que tuvieron que huir", "Hay *tal* ruido que no te oigo" **3** *Un tal, una tal* Seguido por el nombre de una persona, expresa poco conocimiento de ella o saber de ella solamente el nombre: "*Un tal* Pedro Páramo", "*Una tal* Güera Rodríguez" **4** adv De igual manera, así, en la misma forma: "*Tal* se sentía, que no podía articular palabra", "Termina *tal* como comenzó" **5** *Tal cual, tal como* o *tal y como* En la misma forma, así, como es por sí mismo: "Te entrego el dinero *tal como* lo encontré", "Lo repetí *tal y como* me lo dijiste", "A mí me gusta el tequila *tal cual*, sin sal ni limón" **6** *Con tal de* Siempre y cuando, bajo la condición de con el fin de: "Me esforzaré mucho, *con tal de* sentirme tranquilo al final", "No importa cómo lo logres hacer, *con tal de* que lo intentes" **7** ¿*Qué tal?* Expresión familiar de saludo o ¿*Qué tal?* Cómo, que pasaría o qué se pensaría: "¿*Qué tal* se portaron en la fiesta?", "¿*Qué tal* que se apagara la luz en este momento?" **9** *Tal para cual* Uno para otro, de la misma manera lo uno que lo otro: "Se entienden muy bien, son *tal para cual*", "Uno llevaba una macana, pero el otro un palo. ¡*Tal para cual!*".

tala s f Acto de cortar los árboles de un bosque o de un terreno: "La *tala* inmoderada ha creado problemas ecológicos en varias zonas".

taladrar v tr (Se conjuga como *amar*) **1** Hacer agujeros profundos en algo, a veces hasta traspasarlo, con un taladro u otro instrumento: *taladrar la pared, taladrar una tabla* **2** Lastimar el oído un sonido fuerte y desagradable: "Por favor ya no cantes que me *taladras* los oídos".

taladro s m Instrumento manual o eléctrico de distintos tamaños y formas, que sirve para hacer agujeros en materiales duros; consta de una manivela o de un motor que hace girar velozmente la broca fija a él por medio de una pieza de boca ajustable: *taladro de dentista, taladro de precisión*, "Necesito un *taladro* para poner unos taquetes en la pared".

tálamo s m **1** (*Liter*) Lecho nupcial; cama de los casados: *las delicias del tálamo* **2** (*Anat*) Núcleo gris de cada hemisferio cerebral, situado encima del hipotálamo, cuya función es coordinar los impulsos nerviosos que provienen del resto del sistema.

talar[1] v tr (Se conjuga como *amar*) Cortar los árboles de un bosque o de un terreno: *talar un monte*, "Si se *tala*, que se reforeste".

talar[2] adj m y f Tratándose de vestiduras, que llega hasta los talones: *un hábito talar.*

talega s f **1** Bolsa de tela burda para guardar cosas; talego **2** (*Huast*) Funda para almohada **3** pl (*Grosero*) Testículos **4** *A la trompa talega* (*Coloq*) Sin pensar, sin orden, descuidadamente: "Hace las cosas *a la trompa talega*".

taleguilla s f (*Tauro*) Pantalón ceñido que llega arriba del tobillo, que forma parte del traje de luces del torero: "El toro lo enganchó por la *talequilla*".

talento s m **1** Capacidad que tiene una persona para comprender las cosas que le atañen y poner en práctica su conocimiento o sus habilidades para manejarlas o resolverlas: *mujer de talento, unas páginas llenas de talento, argumentar con talento* **2** Capacidad que tiene alguien para obtener resultados notables en cierta actividad o para desenvolverse exitosamente en ella: *talento para las matemáticas, jugar con talento,* "Para los negocios se requiere un *talento* que no tienes" **3** Medida de peso y moneda usada en la antigüedad entre los griegos, los romanos y los asirios.

talofita s f y adj (*Bot*) Planta de cuerpo simple, sin tejidos ni órganos especializados, que se reproduce asexualmente por esporas o tiene órganos sexuales unicelulares, como las algas y los líquenes.

talón s m **I 1** Parte posterior del pie humano: *alzar los talones, golpearse un talón* **2** Parte de un calcetín, zapato, etc, que cubre esa parte del pie: "Traía rotos los *talones* de las medias" **3** *Pisarle a alguien los talones* Seguirlo de muy cerca o estar a punto de alcanzarlo: "El policía *iba pisándole los talones* al ladrón" **4** *Talón de Aquiles* Parte vulnerable o débil de una persona o cosa: "La retaguardia era el *talón de Aquiles* del ejército invasor" **5** *No llegarle a alguien a los talones* (*Coloq*) No poder igualarlo en calidad, habilidad, valor, etc **II** (*Hipo*) Cada una de las partes carnosas, blandas y abultadas que tienen los caballos, burros, mulas, etc, en la parte posterior del casco, junto a la corona **III 1** (*Mús*) Parte inferior y posterior del arco del violín y del de otros instrumentos musicales, situada junto al mango **2** (*Arq*) Adorno formado por dos curvas contrapuestas unidas entre sí y cuyo perfil es semejante al del talón de los pies humanos **IV** Cada una de las partes separables de un documento o comprobante, particularmente la que retiene para sí la persona o institución que lo expide: *talón de un cheque, talón de un recibo por honorarios.*

talonario s m Cuadernillo formado por los talones de ciertos documentos: *talonario de cheques, talonario de recibos.*

talud s m **1** Pendiente de un terreno o inclinación del paramento de un muro, desmonte o terraplén **2** (*Arq*) En las pirámides, cada uno de los planos inclinados que alternan con los verticales.

talla[1] s f **1** Estatura, tamaño o grosor del cuerpo de alguien o algo: *un hombre de gran talla,* "Ahora se dedican a la captura de peces de mayor *talla* que antes", *insectos de poca talla* **2** Medida de la ropa que usa una persona y tamaño de su cuerpo o de alguna de sus partes, en relación con esta medida: *talla de una falda, talla del cuello de una camisa,* "¿Qué *talla* es Laura? —Es *talla* siete" **3** Importancia o calidad de una persona o cosa: "España ha dado pocos escritores de la *talla* de Cervantes", *espectáculos de la talla de las charreadas.*

talla[2] s f **1** Acto de tallar o esculpir algún material: *la talla de la madera, talla de pieles* **2** Obra o escultura producida de esta manera: *una talla de gran valor* **3** Acto de repartir la baraja: "La *talla* es un oficio bien pagado en algunos casinos extranjeros".

tallar v tr (Se conjuga como *amar*) **I 1** Cortar pequeños pedazos de un madero en el sentido de sus fibras o de una piedra en el sentido de sus vetas, rebajar sus dimensiones y formar de esa manera figuras: *tallar una puerta, tallar un bajorrelieve, tallar una esmeralda* **2** En el sureste, raspar la penca de la lechuguilla, el henequén u otras plantas para sacar sus fibras **3** En el sureste, suavizar un cuero frotándolo con sebo para curarlo **4** Pasar la mano repetidamente sobre una parte del cuerpo para quitarse una molestia, un dolor muscular, o un cuerpo extraño que se le haya pegado a la piel: *tallarse los ojos, tallar la pantorrilla, tallar la espalda con jabón* **5** Frotar con energía algún objeto para suavizarlo, lavarlo o limpiarlo: *tallar la ropa, tallar el piso* **6** prnl (*Coloq*) Trabajar continuamente, con sacrificio y esfuerzo: "Se talló toda la vida para sacar adelante a sus hijos" **II 1** Llevar la banca en el juego de baraja **2** Hacer tajos en la carne de un pescado **III** En Sinaloa, contar historias divertidas.

tallarín s m Pasta alimenticia de harina de trigo, cortada en tiras largas, planas y angostas: *sopa de tallarín, tallarines con crema.*

talle s m **1** Proporción que guarda la unión del tórax o del pecho con el abdomen o vientre en relación con el tamaño y la complexión del cuerpo: *tener el talle fino, tomar a alguien por el talle* **2** Parte de un vestido que cubre esa región del cuerpo humano: *subir el talle, medir el talle.*

taller s m **1** Lugar donde se hacen trabajos manuales, generalmente usando herramienta especializada: *taller de carpintería, taller mecánico, talleres gráficos, taller de soldadura* **2** Lugar donde trabaja un pintor o escultor: "Fuimos a conocer el *taller* de Clausell" **3** Seminario o curso donde se practica un arte, una ciencia o una técnica: *taller de redacción, taller de fotografía.*

tallo s m Órgano o parte que sirve de sostén a las ramas, hojas, flores y frutos de algunas plantas y a través del cual circulan y se distribuyen las sustancias que necesita para subsistir; puede ser delgado y flexible (*tallo herbáceo*) o rígido, duro y relativamente grueso (*tallo leñoso* o tronco): *tallo del perejil, tallo de un clavel, tallo de un árbol.*

tamal s m **1** Alimento que consiste principalmente en una masa de maíz y manteca, de forma rectangular, con bordes redondeados y relativamente aplanada, cocida al vapor y envuelta en una hoja de maíz o de plátano; generalmente se rellena con carne y salsa verde o roja (*tamal verde, tamal rojo*), o con dulce (*tamal de dulce*); hay una gran variedad de preparaciones **2** *Tamal de cazuela* Guiso de carne cortada en trozos pequeños, con una salsa de tomate y masa de maíz, que se cuece al horno en una cazuela **3** *Hacer de chivo los tamales* (*Popular*) Engañar o defraudar a alguien, particularmente ser una persona infiel a su pareja: "Se divorció porque *le hacían de chivo los tamales*".

tamaño 1 s m Conjunto de las medidas o las proporciones de alguna cosa: *el tamaño de un mueble, el tamaño de una persona, el tamaño de una mano*

2 adj (Se usa antepuesto al sustantivo) Que tiene un gran volumen, gran cantidad, importancia, etc: *tamaña casa, tamaño perro, tamaño problema*.

tamarindo s m I **1** (*Tamarindus indicus*) Árbol asiático de la familia de las leguminosas, de hasta 30 m de altura, de hojas pinadas con hojuelas numerosas; sus flores son amarillas con bandas rojas y crecen en racimo; su fruto es una vaina gruesa morena de cáscara quebradiza, con semillas rodeadas de una pulpa rojiza. Se cultiva en climas cálidos **2** Fruto de este árbol cuya pulpa ácida y de sabor agradable se emplea para hacer refrescos, dulces, paletas, nieves, y en medicamentos laxantes: *agua de tamarindo* II (*Coloq*) Agente de tránsito.

tamaulipeco adj y s Que es natural de Tamaulipas, que pertenece a este estado o se relaciona con él: *llanura costera tamaulipeca, bosques tamaulipecos*.

también adv **1** De la misma manera, igualmente, en la misma forma, de modo parecido: "Tú *también* lávate las manos", "A mí *también* me invitaron", "Conozco la Villa y *también* el Zócalo", "*También* me gustan las manzanas" **2** Además: "Baila y *también* canta".

tambor s m I **1** Instrumento musical de percusión formado por un cilindro hueco, de madera, metal o algún otro material, cubierto en una o las dos bases por una piel o membrana tensada sobre la cual se golpea con las manos o con uno o dos palos llamados baquetas: *tocar el tambor, tambores de una batería, redoble de tambores* **2** Persona que toca este instrumento en una banda, una orquesta, etc: "Pablo era *tambor* en la escolta de la escuela" **3** *A tambor batiente* De manera aguerrida, triunfalmente o con gran pompa: "Terminaron la lucha *a tambor batiente*", "Anunciaron su victoria *a tambor batiente*" II **1** (*Mec*) Pieza cilíndrica y normalmente hueca que forma parte de algunos mecanismos; suele emplearse como recipiente y contener dentro de sí otra pieza o mecanismo, o como amortiguador de diversos movimientos o golpes: *tambor de los frenos de un automóvil, tambor de la cuerda de un reloj, tambor de un timón* **2** (*Arq*) Muro o construcción de forma cilíndrica que sirve de base a una cúpula **3** (*Arq*) Aposento o construcción pequeña que se hace dentro de otra **4** (*Arq*) Cada una de las partes cilíndricas que forman una columna que no ha sido hecha de una sola pieza **5** (*Arq*) Pieza de la parte más alta o capitel de una columna de estilo corintio sobre la que aparecen superpuestos los adornos en forma de hojas de acanto **6** Armadura de una cama formada por una estructura donde se coloca la serie de resortes o muelles que sostienen el colchón **7** (*Med*) Tímpano del oído.

tambora s f **1** Tambor grande de doble base y timbre bajo, principalmente el que se cuelga al cuello para tocarlo por ambas bases con un par de mazos: "No todos los que chiflan son arrieros, ni músicos los que cargan la *tambora*" **2** Conjunto musical, típico del estado de Sinaloa y Zacatecas, formado por un tambor de este tipo, platillos e instrumentos de aliento (clarinetes y tubas) principalmente: "...que me siga la *tambora* / que me toquen 'El quelite' / después 'El niño perdido' / y por último 'El torito' / pa que vean cómo me pinto / Ay, ay, ay, mamá por Dios".

tameme s m Cargador, particularmente el que lleva su carga sobre la espalda y el que tenía ese oficio en el México prehispánico.

tampiqueño adj y s Que es natural de Tampico, que pertenece a esta ciudad portuaria tamaulipeca o se relaciona con ella.

tampoco adv Expresa la negación de algo después de que se ha negado otra cosa: "*Tampoco* he visto esa película", "No conozco a tus padres y *tampoco* a tus hermanos", "El niño no durmió y *tampoco* su madre", "No fueron a la plaza temprano y *tampoco* más tarde: no fueron".

tan adv Apócope de *tanto*, que antecede al adjetivo o al adverbio, a los que modifica: "¡Qué canción *tan* bella!", "No era *tan* fácil derrotar al enemigo", "Puedes intentarlo, todavía no es *tan* tarde", "El castigo fue *tan* grande como la culpa", "Ponlo *tan* estirado como puedas", "Es *tan* alto que impresiona", "De *tan* amable resulta empalagoso".

tanda s f **1** Serie de acciones que se hacen en conjunto u objetos que se asignan en conjunto: *tanda de verónicas, tanda de derechazos, tanda de naturales, tanda de cervezas, tanda de magueyes* **2** Sistema de ahorro de dinero que hace un grupo de personas, que ponen periódicamente una cantidad fija en un fondo común, y reciben el total de su ahorro en un turno determinado por un sorteo: "Josefina organizó una *tanda* de $500.00", "A Luz le toca la *tanda* la segunda quincena de octubre" **3** Representación de teatro popular, especialmente cada una de las partes o secciones en que se dividía, muy usual antiguamente en México: *las tandas del Teatro Principal* **4** Turno para llevar a cabo alguna acción: "En el trabajo nos sorteamos la *tanda* de noche".

tanga s f Calzón muy pequeño que cubre por lo general sólo el pubis.

tangente 1 s f y adj m y f (*Geom*) Línea o superficie que tiene un punto en común con una línea o superficie curva sin que se corten entre sí: *la tangente de una circunferencia, recta tangente, círculos tangentes* **2** s f (*Mat*) Con respecto a un ángulo, función trigonométrica definida por la división del cateto opuesto entre el cateto adyacente de cualquier triángulo rectángulo formado sobre ese ángulo; con respecto a un arco, esta misma función considerando el ángulo que corresponde a ese arco **3** *Salirse, irse*, etc *por la tangente* Evadir un problema o una situación difícil dando rodeos o valiéndose de la habilidad o la astucia: "Es muy astuta: se quiso *salir por la tangente*".

tangible adj m y f **1** Que se puede tocar, que puede ser percibido mediante el tacto: "¿Eres *tangible*, o tan sólo un espejismo?" **2** Que se puede percibir, que es real o material: "La acción es rápida y los resultados *tangibles*", "La tortura es la expresión *tangible* del mal".

tango s m **1** Baile originario de los arrabales de Buenos Aires, de movimiento lento, ritmo sincopado, que se baila en parejas haciendo diversas figuras, tocado por un bandoneón acompañado por algunas cuerdas o piano, y de letras amorosas y quejumbrosas; Carlos Gardel es su intérprete más famoso, por ejemplo en "Volver" o "Cambalache" **2** *Hacer (un) tango* (*Coloq*) Exagerar un sentimiento: "No quise acompañarla y me *hizo un tango* con lágrimas, gritos y pataleos".

tanque s m **1** Depósito para almacenar o transportar algún líquido o gas: *tanque de agua, tanque de* *gasolina, tanque de petróleo, tanque de gas, tanque de oxígeno* **2** Vehículo de guerra blindado y armado que puede avanzar sobre terrenos irregulares: *volar un tanque, atacar con tanques.*

tanto adj, pron y adv **1** Que hay en gran cantidad o en alto grado, que actúa o sucede con intensidad: *tanto trabajo, tanta sopa, tantos problemas, tantísima gente,* "Vinieron *tantos* que no pude contarlos", *amar tanto, esperar tanto, comer tanto* **2** *Tanto… cuanto, tanto… como* En mayor, igual o menor medida, cantidad, intensidad que: "Estudia *tanto como* se lo permite su trabajo", "*Tanto* más quiere, *cuanto* más tiene", "Tiene *tanto* menos harina *como* es posible" **3** adj y pron pl Tratándose de números, indica que se desconoce o se mantiene impreciso: "Estamos a *tantos* de julio", "Tiene treinta y *tantos* años" **4** *Uno de tantos* Uno entre varios: "En *una de tantas* me saco el premio" **5** *Un tanto* Un poco, algo: "Está *un tanto* triste" **6** *Por tanto, por lo tanto* En consecuencia, en conclusión **7** *En tanto que, entre tanto* Mientras que, al mismo tiempo que: "Estudia tu lección, *en tanto que* yo acabo de coser", "Muele el maíz, *entre tanto* yo traigo la sal" **8** s m Unidad con la que se cuentan los puntos en ciertos juegos: "Ganamos por tres *tantos* a cero" **9** *Estar* o *ponerse al tanto* Tener conocimiento de algo o adquirirlo: "*Estoy al tanto* de la noticia".

tañer v tr (Se conjuga como *comer.* Cuando en la terminación o desinencia aparece una "i" seguida de vocal, la "i" es absorbida por la "ñ" debido a que ambas son palatales) Hacer sonar una campana con un badajo o ciertos instrumentos de cuerda pulsándolos con los dedos: *tañen* las campanas, "La campana de la iglesia *tañó* a muerto", *tañer la cítara.*

tap s m Zapateado estadounidense que se ejecuta con unos zapatos en cuyas puntas y talones hay pequeñas placas que resuenan, de carácter acrobático y teatral en su origen, que a partir de los años veinte se baila con acompañamiento de jazz, como lo hacían Fred Astaire y Ginger Rogers en el cine: *bailar tap, bailarín de tap, zapatos de tap.*

tapa s f **1** Pieza que cubre o cierra por la parte superior alguna cosa, como un recipiente, una caja, un cofre, etc: *la tapa de una caja, la tapa de la olla* **2** Cada una de las dos cubiertas de un libro encuadernado: *un libro con tapas de cuero* **3** Capa que cubre y protege el tacón de los zapatos en la parte con la que se pisa **4** Pieza más o menos rectangular del centro de la pierna de la res cortada para el consumo: *tapa de aguayón* **5** *Tapa de los sesos* Parte superior del cráneo: "Se levantó la *tapa de los sesos* de un balazo".

tapanco s m Piso que se construye debajo del tejado de una casa, por encima del techo o del cielo raso de los cuartos, que generalmente se utiliza para guardar utensilios y vestidos viejos o para almacenar semillas.

tapar v tr (Se conjuga como *amar*) **1** Impedir algo o alguien con otra cosa u otra persona se vea, se note, quede al descubierto o sin protección; poner una tapa: *tapar un frasco, tapar un cuadro, tapar una ventana* **2** Poner algo encima a algo o a algo para protegerlo del frío, la lluvia, etc: "*Tapé* al niño con una cobija", "*Tápate* la espalda para que no te quemes" **3** Impedir alguna cosa que haya circulación de una parte a otra de algún objeto o entre dos lugares

cercanos: *tapar un agujero, tapar la entrada* **4** Evitar que los errores o las fallas de alguien sean notadas: "Entre todos lo *tapamos* con el director" **5** *Tapar el Sol con un dedo* (*Coloq*) Tratar inútilmente de ocultar algo que es demasiado notorio.

tapatío adj y s Que es natural de Guadalajara, capital del estado de Jalisco; que pertenece a esta ciudad o se relaciona con ella; guadalajarense: *sombrero tapatío, jarabe tapatío.*

tapete s m **1** Pieza tejida de lana, algodón o fibras sintéticas que se utiliza para cubrir un piso: *tapetes persas, tapetes de Temoaya, tejedores de tapetes* **2** Tener, poner o estar algo *sobre el tapete* Estar, poner o tener algo a discusión o sometido a juicio o análisis: "*Puso* sus problemas *sobre el tapete* y pidió consejo".

tapia s f Muro, barda o pared, generalmente rústico, hecho de adobe, madera u otros materiales, que sirve para separar o dividir un terreno: *tapia de bejuco entretejido.*

tapir s m (*Tapirus terrestris*) Animal mamífero de la familia de los perisodáctilos, de aproximadamente 2 m de largo y 1 m de alto, cuerpo robusto de color café opaco y patas cortas, de cuatro dedos las delanteras y tres las traseras; su hocico es alargado y curvado hacia abajo en forma de trompa pequeña. Vive en zonas de clima tropical de Asia y América, cerca de los ríos, lagos o pantanos.

tapiz s m **1** Obra textil bordada, anudada o hilada en cuya trama están representadas figuras o imágenes mediante la combinación de hilos de distintos colores, y la cual se cuelga en las paredes para decorarlas: "La exposición incluía cuadros, *tapices* y piezas de cerámica", *un tapiz de Picasso* **2** Tela gruesa, lisa o estampada, especial para forrar y decorar muebles, paredes, etc: "El gato Mamerto rompió el *tapiz* del sofá", "Las sillas del comedor llevan *tapiz* floreado" **3** *Papel tapiz* Papel grueso, estampado y, generalmente, con un recubrimiento plástico, especial para cubrir y adornar las paredes: "Compramos el *papel tapiz* para el baño", *papel tapiz de rayas amarillas sobre fondo blanco.*

tapizar v tr (Se conjuga como *amar*) **1** Cubrir o forrar un mueble o una pared con tapiz: "Mandé *tapizar* las sillones con lana cruda" **2** Cubrir alguna cosa una superficie por completo: "El público arrojó toda clase de prendas que *tapizaron* el ruedo", "*Tapizaron* las bardas con propaganda política".

tapón s m **1** Objeto de corcho, plástico, etc que entra a presión en la boca de las botellas o en algún orificio y sirve para taparlos o cerrarlos: *tapón de sidra, el tapón del lavabo* **2** Pedazo de algodón o de gasa con que se cubre o se obstruye una herida o alguna cavidad del cuerpo: "Le pusieron un *tapón* en la nariz para que dejara de sangrar" **3** Objeto o cosa que impide el paso o la circulación: "Se formó un *tapón* de basura en la tubería" **4** Dispositivo pequeño y de rosca que se usa en las instalaciones eléctricas para protegerlas de un sobrecalentamiento. Consta de un pequeño trozo de metal que se funde cuando hay una sobrecarga, interrumpiendo el circuito eléctrico y por consiguiente la circulación de la corriente: "Hubo un corto y se fundieron los *tapones*".

taquete s m Pedazo cilíndrico y pequeño de madera, plástico o metal, que se encaja en un hueco hecho para tal efecto en una pared para luego fijar a él clavos, tornillos, etc de los que se han de colgar o fijar objetos pesados: "Puso un *taquete* en el techo para colgar la maceta", *los taquetes del librero.*

taquigrafía s f Escritura rápida y concisa con que se transcribe un discurso en el momento en que se lo pronuncia, que consta de un sistema especial de signos que abrevia palabras y sintagmas, usado por las secretarias de directores, funcionarios, etc para no perder palabras cuando les dictan recados, oficios, cartas, etcétera.

taquígrafo s Persona que sabe taquigrafía y la utiliza en su oficio: "Se solicita una *taquígrafa*".

tara[1] s f **1** Defecto físico o psíquico, generalmente de carácter hereditario **2** Defecto moral de una persona o de una sociedad: *taras ancestrales.*

tara[2] s f Peso del envase de una mercancía o del vehículo en que se la transporta, que se descuenta del peso total en tratos comerciales: *la tara de un vagón de ferrocarril.*

tarado[1] adj **1** Que tiene alguna tara o defecto psíquico o físico **2** (*Ofensivo*) Tonto, estúpido, idiota: "No seas *tarado*, quítale la cáscara", "Hay unos cuantos *tarados* que se creen dueños de los bancos", "Para *tarado* no se estudia".

tarado[2] adj Que tiene un peso conocido y se ha marcado consecuentemente: "El hidróxido húmedo se pone en un vaso de vidrio fino *tarado*".

tarahumara s m **1** Grupo indígena mexicano que vive disperso en las sierras y en los profundos cañones del suroeste del estado de Chihuahua, principalmente en rancherías muy alejadas entre sí y en algunos pueblos. En éstos el gobierno lo ejerce un gobernador o siríame con cuatro o cinco ayudantes, siguiendo la tradición que le impusieron durante la Colonia los misioneros jesuitas; las rancherías, por otra parte, están regidas por el curandero, que es a la vez sacerdote y gobernador. Su religión mezcla elementos cristianos como la celebración de la Semana Santa y la Navidad, la veneración a la Virgen María, el uso de crucifijos, etc, con otros de origen prehispánico, como considerar divinidades al Sol y a la Luna, etc. Sus casas son rectangulares, con el piso de tierra y el techo de una sola agua; dos de las paredes son fijas y de troncos mientras que las otras dos son de tablones que se quitan y se ponen según se necesite. El vestido de los hombres se compone de un taparrabos en forma de pañal sujeto por una faja, una camisa de algodón con mangas amplias, una banda de lana para sujetar el pelo y huaraches de cuero. Las mujeres usan varias faldas de algodón sujetas por una faja ancha; camisa, banda para el pelo y huaraches parecidos a los de los hombres. Por lo común cada familia tiene pequeñas parcelas alejadas unas de otras en las que cultivan maíz, frijol, calabaza y papa utilizando el arado de madera jalado por bueyes; crían además cabras y algo de ganado bovino para el consumo propio, que se complementa con la cacería de venados, ardillas y otros animales. Los hombres trabajan frecuentemente en aserraderos particulares o cooperativos, o se emplean como peones en las minas. Los miembros de este grupo tienen una gran resistencia para correr, por lo que se autodenominan "rarámuris", que quiere decir "corredores"; durante las fiestas se celebran competencias entre los pueblos en las que cada equipo corre empujando con el pie una bola de madera a lo largo de un valle, a veces por muchos kilómetros

y durante un día y una noche completos; las mujeres también compiten haciendo rodar un aro con un bastón mientras corren. En las carreras se dan fuerza untándose y consumiendo tesgüino, que un aguardiente, y peyote, que es un cacto con propiedades alucinógenas y que tiene un valor religioso para ellos **2** Lengua del grupo taracahita, subfamilia pimanahua y familia yutonahua que habla este grupo indígena **3** adj y s m y f Que pertenece a este grupo indígena o se relaciona con él: *las carreras tarahumaras, el gobernador tarahumara.*

tarántula s f Araña de distintas especies, que se caracteriza por ser de gran tamaño, por tener las patas y el cuerpo cubiertos de pelo, y el abdomen muy abultado; vive en agujeros que cava en la tierra o en las grietas de los árboles, los cuales tapiza de un espeso tejido. Se alimenta de las presas que caza acechándolas tras sus escondites o persiguiéndolas a saltos, pues no tejen telarañas para atraparlas; su picadura es venenosa aunque muy poco dañina para el hombre: "Vimos una *tarántula* del tamaño de una rata".

tarasco s m **1** Grupo indígena mesoamericano que habita en la mayor parte del estado de Michoacán desde una época no determinada. Originalmente era un pueblo sedentario, agricultor y pescador que habitaba las islas y los alrededores de los lagos michoacanos y convivía con otros grupos étnicos como los nahuas. Hacia el siglo XIII dC los tarascos huacúsechas o guanáxeos, un grupo de nómadas procedentes de algún lugar septentrional montañoso próximo a la zona de Pátzcuaro, sostuvieron guerras y contactos pacíficos con el pueblo anterior en la zona de los lagos y fundaron Pátzcuaro como centro militar y religioso. Hacia finales del siglo XIV, la alianza formada por algunos descendientes de los tarascos sedentarios, y los sucesores del pueblo huacúsecha fue dirigida por el caudillo Tariácuri en la conquista de la zona de los lagos y la de tierra caliente hasta las márgenes del río Balsas. Hacia principios del siglo XV el pueblo tarasco estableció Cuyuacanlhuatzio, Pátzcuaro y Michuacan-Tzintzunzan como tres capitales dedicadas a Curicaueri, dios del fuego, y de Xarátanga, diosa de los agricultores. Militarmente se distinguió por haber resistido el ataque de los mexicas en distintas épocas. Su trabajo de metales, como el cobre, a base de martillado en frío, fundición, filigrana y soldadura fue el más adelantado de Mesoamérica; también es de importancia la elaboración de distintos objetos de madera, plumas y pieles, el desarrollo de la alfarería, la pintura y el laqueado, así como el labrado de piedras duras, entre otras la obsidiana, el cristal de roca y la turquesa. Actualmente habita las zonas montañosas y las de los lagos de la región noroccidental del estado de Michoacán. Vive de la pesca, la agricultura y la ganadería, y produce una gran variedad de artesanía de cerámica, piel, madera y cobre; purépecha **2** adj y s Que es originario de este grupo indígena o que se relaciona con él: *la cerámica tarasca, el cobre tarasco* **3** Lengua que habla este grupo indígena.

tardar v intr (Se conjuga como *amar*) **1** Ocupar algo o alguien un tiempo determinado para hacer algo: "El tren *tarda* doce horas en llegar a Guadalajara", "Me *tardé* tres días en terminar el trabajo" **2** Ocupar algo o alguien más tiempo del normal, conveniente o esperado para hacer algo: "Ya *tardó* mucho en salir", "No te *tardes* por favor" **3** *A más tardar* En un tiempo máximo de, cuando más: "Te pago *a más tardar* en tres días", "Dáselo *a más tardar* el lunes".

tarde s f **1** Periodo o espacio de tiempo que hay desde el mediodía hasta el anochecer: "Lo busqué toda la *tarde*", "Nos vemos en la *tarde*", "Va a la escuela por la *tarde*", "Pasó a recogerlo ayer en la *tarde*" **2** *Buenas tardes* Saludo que se da durante este periodo **3** adv A hora avanzada del día o de la noche: "Se levanta muy *tarde*", "Llegó *tarde* y ya todos estábamos dormidos" **4** adv Después de la hora fijada, acostumbrada o conveniente: "Siempre llega *tarde* a trabajar", "Llegaron *tarde* y ya no pudieron hacer nada", "Aquí desayunamos *tarde*" **5** *Más tarde* Algún tiempo después: "Me regaló una pluma y *más tarde* me pidió que se la devolviera" **6** *Tarde o temprano* En un momento u otro, de cualquier manera, quiera o no quiera: "*Tarde o temprano* se sabrá la verdad" **7** *De tarde en tarde* De vez en cuando, raramente: "Voy a los toros *de tarde en tarde*".

tardeada s f Fiesta o reunión que se efectúa en la tarde: "En verano, hay bailes y *tardeadas* todos los fines de semana".

tardío adj Que ocurre después de lo acostumbrado o previsto; que tiene lugar pasado su tiempo o su momento: *lluvias tardías, consejo tardío*.

tarea s f **1** Trabajo que alguien tiene la obligación de hacer: *las tareas de un empleado, las tareas de la casa* **2** Trabajo que se encarga a los alumnos para que lo hagan en su casa: "Me dejaron mucha *tarea* de matemáticas" **3** Trabajo que se asigna a un jornalero para que lo realice en un tiempo determinado, por lo general en un día **4** Medida de volumen, peso o superficie que varía según el producto y la región de que se trate.

tarifa s f Precio fijo o tabla de precios fijos o establecidos que se paga por una mercancía o un servicio: *aumento de tarifas, tarifas ferroviarias, tarifas de importación, tarifa aérea, tarifa única*, "Le podemos ofrecer nuestra *tarifa* preferencial".

tarima s f **1** Plataforma que se construye generalmente de madera, para elevar ligeramente sobre el suelo un mueble, como la que hay en los salones de clase, donde se coloca el escritorio o la silla del profesor, para bailar en ella, para colar una losa, etc: "Las *tarimas* se hacen por medio de polines corridos" **2** (*NO*) Cama rústica que consiste en una armazón con cuatro patas, cuyo bastidor lleva una serie de tiras de cuero entretejidas.

tarjeta s f **1** Pedazo rectangular de papel, generalmente grueso y pequeño, en el que se anotan datos, observaciones, etc: "Anotó el teléfono en una *tarjeta*", *tarjetas de archivo, checar la tarjeta* **2** *Tarjeta de presentación* o *de visita* La que tiene impreso el nombre y con frecuencia la dirección, el título o el cargo de una persona y que sirve para anunciarse, presentarse, para dar a conocer el remitente de alguna cosa, etc **3** *Tarjeta postal* La que se envía por correo y está ilustrada por un lado, generalmente con la fotografía de algún lugar turístico, y en el otro tiene espacio para escribir y poner los timbres postales **4** *Tarjeta de Navidad* La que se envía o se da durante esa época para expresar afecto y buenos deseos **5** *Tarjeta de crédito* La que tiene anotado el nombre, la fir-

ma y el número de cuenta del cliente de un banco o casa comercial y con la que puede comprar artículos o pagar servicios a crédito **6** (*Comp*) Pedazo rectangular de cartulina en el que mediante perforaciones que representan caracteres se introduce información o instrucciones en una computadora.

tarot s m Baraja de 78 cartas, formada por 22 arcanos mayores y 56 menores, en los que están representados personajes arquetípicos, cualidades, fenómenos, etc, de origen egipcio y cabalístico, que se utiliza para adivinar el porvenir: *leer el tarot*.

tarro s m Recipiente de vidrio o de cerámica, generalmente con asa, cilíndrico y más alto que ancho: *tarro de cerveza, tarro de miel, tarro de mostaza*.

tarso s m **1** (*Anat*) Parte posterior del pie formada por siete huesos pequeños dispuestos en dos hileras y situada entre los huesos de la pierna y el metatarso **2** (*Zool*) Conjunto de huesos cortos situados entre los huesos de la pierna y el metatarso; forman parte de las e::tremidades posteriores de los batracios, reptiles y mamíferos **3** (*Zool*) Conjunto de los huesos que están entre la tibia y el metatarso y constituyen la parte más delgada de las patas de las aves **4** (*Zool*) Parte terminal de las patas de los insectos que consta de uno o cinco artejos y termina en un par de uñas.

tarugo 1 adj y s (*Coloq*) Que es poco inteligente, que es tonto: "¡Yo de *taruga* me dejo!", "Le voy a dar sus trancazos pa que se le quite lo *tarugo*", "¿Y usted qué se trae, viejo *tarugo*? **2** s m Pedazo de madera corto y grueso que sirve como pieza de sostén o refuerzo en obras de carpintería: "Se emplearán elementos complementarios de madera como soportes, *tarugos* y cuñas".

tasa s m **1** Cantidad fijada por una autoridad como precio de un artículo o como pago por algo **2** Medida, en términos porcentuales, del aumento de una cantidad a partir de otra que se toma como base de comparación: *tasa de interés, tasa de mortalidad, tasa de natalidad* **3** *Sin tasa* Sin medida o límite: *comer sin tasa, hablar sin tasa*.

tasajo[1] s m Trozo largo de carne seca y salada; cecina: *tasajo de res*.

tasajo[2] s m **1** Planta cactácea de distintas especies, espinosa y de tallos carnosos y erguidos que alcanza hasta 4 m de altura; crece en Sonora, Nayarit, Durango y Sinaloa **2** (*Opuntia imbricata*) Planta carnosa, espinosa, de tallos subcilíndricos, articulados, que mide entre 2 y 3 m de altura; sus flores son pequeñas, de color morado y su fruto anaranjado. Crece en lugares pedregosos del centro y norte del país; joconostle **3** Pitaya.

tasar v tr (Se conjuga como *amar*) **1** Fijar una autoridad el precio de un artículo o la cantidad mínima o máxima que se debe pagar por algo **2** Determinar o estimar el valor o la medida de algo.

tatarabuelo s El padre o la madre del bisabuelo o bisabuela: "Mis *tatarabuelos* eran árabes".

tataranieto s El hijo del bisnieto o bisnieta: "Se casó con la *tataranieta* de Porfirio Díaz".

taurino adj Que pertenece a la fiesta de los toros o se relaciona con las corridas de toros: *ambiente taurino, afición taurina, notas taurinas*.

tauromaquia s f Arte y técnica de torear.

taxi s m Automóvil de transporte público, conducido por un chofer, que lleva pasajeros adonde éstos deseen a cambio del cobro de una suma determinada, generalmente, por una tarifa autorizada y medida por un aparato especial que toma en consideración la distancia y el tiempo del viaje: *tomar un taxi*, "Pide un *taxi* por teléfono".

taxista s m y f Persona que conduce un taxi: "Tres asaltantes de *taxistas* fueron detenidos", "Pedí a la *taxista* que me esperara".

taza s f **1** Recipiente pequeño con oreja o asa, de cerámica, plástico o algún otro material, que se usa por lo general para tomar líquidos: *una taza de porcelana china, una taza de Tonalá* **2** Cantidad de algo que cabe en ella: "Por cada *taza* de arroz se ponen dos *tazas* de agua" **3** Recipiente del excusado.

te Forma átona del pronombre de segunda persona, masculino y femenino, singular **1** Indica objeto directo: "Luis *te* vio", "*Te* escribió una hermosa carta" **2** Indica objeto indirecto: "Juan *te* prestó el libro", "*Te* dijo que estudiaría", "*Cómete* esa sopa" (Cuando se usa en infinitivo, gerundio o imperativo, se pospone al verbo: *buscarte, llamándote, vete*) **3** Es morfema obligatorio en la conjugación de verbos pronominales: *te arrepentiste, te sentaste*.

té s m Bebida que se obtiene hirviendo en agua hojas, tallos, flores, cortezas, etc de ciertas plantas: *té de manzanilla, té de limón, té de canela, té negro*.

tea s f Astilla de madera resinosa o untada de grasa que se usa para encender el fuego, como antorcha para alumbrar, etc: "Una *tea* prende fuego a los navíos".

teatral adj m y f **1** Que es propio del teatro o se relaciona con él: *compañía teatral, métodos teatrales, medio teatral* **2** Tratándose de actitudes, gestos, expresiones, etc, que es deliberadamente exagerado o afectado, que parece propio de una representación: "Con tono *teatral* le dijo que no quería, ni por casualidad, volver a verlo".

teatro s m **1** Arte de representar mediante la actuación historias o argumentos reales o ficticios, por lo general basados en un texto y con la ayuda de ciertos recursos como telones, muebles, luces, vestidos especiales, etc: *teatro clásico, teatro realista, teatro del absurdo, teatro experimental* **2** Género literario de las obras escritas para ser representadas y en las que la narración de los hechos está dada por las acciones y los diálogos de los personajes: *un escritor de teatro* **3** Conjunto de las obras dramáticas de un autor, una época, un país, etc: *el teatro de Carballido, el teatro del Siglo de Oro español, el teatro mexicano* **4** Lugar especialmente acondicionado para representar en él obras de este género u otros espectáculos: "En este *teatro* se han presentado los mejores actores" **5** Lugar o escenario en el que ocurre algún hecho importante o sobresaliente: *el teatro de una batalla* **6** *Hacer teatro* Fingir alguna cosa o exagerar la pasión o el sentimiento: "*Está haciendo teatro* porque no le cumplieron sus caprichos".

tecla s f **1** Cada una de las barras, generalmente de madera o marfil, que en un piano, un órgano, un acordeón, etc, accionan, al oprimirlos, el mecanismo que hace sonar cada nota del instrumento: "Se sentó al piano y aporreando las *teclas* pretendió ejecutar una sonata" **2** Cada una de las piezas de una máquina de escribir, una computadora, etc, que llevan en su superficie una letra u otro signo, y que, al oprimirlas, accionan las palancas o dispositivos que imprimen en el papel o muestran en la pantalla los caracteres correspondientes, o ejecutan alguna función determinada: *las teclas de la calculadora, oprimir una tecla*.

teclado s m **1** Conjunto de las teclas de un piano u otro instrumento parecido, de una máquina de escribir, una computadora, etc: "El resto de sus obras para *teclado* lo escribió Bach para clavicordio", "La perforadora tiene un *teclado* como de máquina de escribir" **2** Instrumento musical eléctrico que se toca con la técnica del piano pero produce sonidos y timbres diferentes: *tocar los teclados*.

técnica s f Conjunto de los procedimientos que se siguen para elaborar un objeto complejo o para manejar alguna cosa, y habilidad que tiene una persona para hacerlo: *la técnica de un artesano, la técnica de un pintor, la técnica agrícola, un nadador con una técnica depurada*.

técnicamente adv **1** De manera técnica o de acuerdo con la técnica: *producir técnicamente un compuesto químico*, "Es una persona capacitada *técnicamente*", "Son materias *técnicamente* diferentes" **2** Considerando los resultados o los efectos, como si se hubiera seguido la técnica adecuada para lograrlo o como si se hubiera apegado a la regla: "*Técnicamente*, es un error administrativo", "Aquella noche, Clemente fue noqueado *técnicamente*".

técnico adj **1** Que pertenece a la técnica o se relaciona con ella: *carrera técnica, planeación técnica, apoyo técnico, desarrollo técnico* **2** s m Persona que está capacitada para realizar un trabajo especializado, generalmente práctico o de apoyo a los profesionales: *técnico automotriz, técnico en aparatos domésticos, técnico en dibujo, técnico en computación* **3** Que se orienta a la obtención de resultados prácticos, supeditando la teoría a dicho fin **4** *Nombre, vocabulario, lenguaje*, etc *técnico* Palabra o conjunto de términos que tienen un significado específico para una ciencia, una técnica o un arte, como *lexema* en lingüística, *infarto* en medicina, o *chaflán* en albañilería.

tecnología s f **1** Estudio y elaboración de conceptos, dispositivos, aparatos, etc de carácter complejo, destinados a realizar operaciones difíciles, peligrosas o imposibles para el cuerpo humano, generalmente basado en los conocimientos que producen las ciencias, así como de los procedimientos empleados para hacerlos funcionar: *intercambiar tecnología dos países, desarrollar la tecnología, tecnología industrial* **2** *Tecnología de punta* Conjunto de esos estudios y de los dispositivos o aparatos más recientemente creados, u orientados por el conocimiento científico más recientemente comprobado.

tecnológico adj Que pertenece a la tecnología o se relaciona con ella: *avances tecnológicos, asesoría tecnológica, instituto tecnológico*.

tecolote s m **1** (*Bubo virginianus*) Búho de la especie más extendida en México y de los de mayor tamaño, pues llega a medir hasta 50 cm de altura, que vive en bosques de encinos y de coníferas; vuela sin hacer ruido, gracias a la disposición de sus plumas en las alas **2** Cualquiera de las aves de la familia *Strigidae*, en cuya cabeza las plumas semejan la existencia de orejas o de cuernos, a diferencia de las lechuzas, que no las tienen: *tecolotito ocotero, tecolotito de flámulas, tecolote fusco, tecolote gritón, tecolote orejas cortas*.

tecomate s m **1** Vasija de forma hemisférica y boca grande, hecha de barro o con la corteza de ciertos frutos como guajes o calabazas **2** Planta de la familia de las bignoniáceas de dos especies distintas (*Crescentia alata* y *Crescentia cujete*) que da frutos de cáscara dura con la que se hacen vasijas; cuautecomate, jícara **3** Fruto de esta planta.

tecorral s m (*Rural*) Cerca de piedras amontonadas que rodea un terreno: "Zenaida estaba parada arriba del *tecorral*".

techar v tr (Se conjuga como *amar*) Poner techo a un espacio: *techar una terraza, techar un alberca,* "*Techaron* la plaza de toros".

techo s m **1** Superficie o parte de una construcción que la tapa por la parte de arriba: *las vigas del techo, techo de palma* **2** Cubierta superior de un vehículo: *abollarse el techo.*

tegumento s m **1** (*Zool*) Piel o mucosa que cubre algunas partes del cuerpo de los animales, particularmente la que constituye su capa externa: *tegumento cutáneo* **2** (*Bot*) Tejido vegetal que recubre algunas partes de las plantas.

teja s f **1** Pieza de barro cocido en forma de canal que se utiliza para cubrir por fuera los techos: *teja tradicional,* "Por las *tejas* escurre el agua" **2** Pedacito de barro o cualquier objeto que se usa en el juego del avión u otros semejantes **3** Parte trasera del fuste de la silla de montar, de forma semicircular **4** (*Caló*) Peso de plata.

tejabán s m Techo o cobertizo construido sobre palos altos, sin paredes, que puede ser de teja, de carrizos, de paja o de lámina de cartón y que sirve para proteger ciertas cosas de la intemperie, como la pastura o los granos. (También *tejaván.*)

tejer v tr (Se conjuga como *comer*) **1** Entrelazar hilos para formar una tela **2** Entrelazar estambre, hilos, cordones, tiras de mimbre, etc para producir un objeto determinado: *tejer un suéter, tejer un sombrero de palma, tejer una canasta* **3** Formar ciertos animales, como las arañas, una especie de red con el hilo que segregan **4** Preparar poco a poco, y haciendo coincidir distintas cosas, el desenlace de algo; elaborar una trama, un argumento, etc uniendo ideas o sucesos: "Cada quien *teje* su propio destino", *tejer un fraude.*

tejido s m **1** Labor que consiste en entrelazar estambre, hilos, listones, etc para producir, por ejemplo, prendas de vestir: "Dedica sus tardes al *tejido*", *clases de tejido* **2** Manera de realizar dicha labor y el objeto que resulta de ella: "Le gustan los *tejidos* a gancho", *un tejido artístico* **3** Agrupación de células o de fibras anatómicas que entrelazadas o adheridas entre sí forman un conjunto estructural: *tejido muscular, tejido nervioso.*

tejocote s m **1** Fruto globoso de aproximadamente 3 cm de diámetro; su cáscara es áspera y de color amarillo o anaranjado; la pulpa, espesa y de sabor agridulce, tiene cinco semillas pequeñas y duras. Se come crudo o cocido en dulce, sobre todo en la época navideña: "La piñata tenía cacahuates, *tejocotes*, cañas y jícamas" **2** (*Crataegus mexicana*) Árbol de la familia de las rosáceas que da ese fruto. Mide de 4 a 5 m de altura; su tronco es leñoso, ligeramente liso y de ramas espinosas; las hojas son ásperas y aserradas, y tiene flores blancas, de olor agradable, que crecen en racimos.

tejón s m **1** (*Nasua narica*) Mamífero de la familia de los prociónidos de color gris, pardo o negruzco, un poco más grande que un gato, de hocico alargado, cola tan larga como el cuerpo y mucho pelo. Vive en las sierras de clima caliente, es omnívoro, domesticable y, en manada, causa graves daños a los cultivos **2** (*Taxidea taxus*) Mamífero de la familia de los mustélidos, de aproximadamente 50 cm de largo, de color pardo, cuerpo fuerte y grueso, cabeza aplanada con unas rayas blancas alrededor de los ojos, y otra que sale de la nariz hacia arriba; sus patas son gruesas y cortas, y la cola pequeña y tiesa. Su piel tiene pelo abundante y le cuelga a los lados, por lo que se ve más ancho de lo que es. Con sus fuertes garras puede cavar rápidamente túneles en el suelo formando madrigueras subterráneas; tlalcoyote.

tela s f **1** Producto que se hace entrelazando hilos de materiales como el algodón, la lana o alguna fibra sintética, hasta lograr un lienzo apretado y con diversas texturas, con el que se fabrica ropa, tapices, etc: *una camisa de tela de algodón,* "Compró diez metros de *tela* para las cortinas", "Encuadernamos los libros con *tela*" **2** Película o membrana delgada que cubre alguna cosa: *la tela de la cebolla* **3** Tela de alambre o *tela metálica* Red hecha de alambre, como la que se usa para cercar **4** Tejido que hacen las arañas y algunos gusanos **5** *Poner* o *estar algo en tela de juicio* Poner algo en duda o estar sujeto a discusión **6** *Haber tela de donde cortar* Haber mucho que decir acerca de algo.

telar s m **1** Armazón de madera o de metal en que se tejen telas entrelazando los hilos del material que se use **2** *Telar de cintura* Armazón sencilla, fija por un lado a la pared, y a la cintura del tejedor por el otro, en que se tejen telas y prendas de vestir **3** Estructura que cuelga de la parte superior del foro de un teatro, donde se fijan diversos elementos del escenario de la obra que se representa.

telaraña s f Tela que tejen las arañas.

telecomunicación s f **1** Transmisión a larga distancia de mensajes orales, escritos, en clave, de imágenes, etc, que se efectúa por medio de conductores eléctricos o sistemas electromagnéticos: *enviar una telecomunicación* **2** pl Conjunto de los medios de comunicación a distancia, como el teléfono, el radio y el telégrafo: *red global de telecomunicaciones, el desarrollo de las telecomunicaciones vía satélite.*

telefónico adj Que se refiere o pertenece al teléfono; que se relaciona con este sistema de comunicación: *llamada telefónica, aparato telefónico, línea telefónica, directorio telefónico.*

teléfono s m **1** Sistema de comunicación oral a larga distancia, que convierte el sonido en impulsos eléctricos, que se transmiten por cable o por microondas: "En su pueblo no hay *teléfono*" **2** Aparato por el cual se emite y se recibe dicha comunicación, que consta de un auricular para escuchar, un micrófono para hablar y un disco o un teclado con números para marcar el número del aparato al que se desea hablar: *un teléfono antiguo,* "En su cuarto tiene un *teléfono*" **3** Número o clave que permite establecer dicha comunicación: "Dame tu *teléfono*"

telegráfico adj Que pertenece al telégrafo o se relaciona con él: *oficina telegráfica, enviar un mensaje telegráfico.*

telegrafista s m y f Persona que opera un telégrafo.

telégrafo s m **1** Sistema de comunicación a larga distancia, que opera mediante la transmisión por cable de impulsos eléctricos, correspondientes a un código organizado a base de impulsos cortos o largos, definido por el alfabeto Morse **2** Aparato por el cual se emiten y se reciben dichas señales.

telegrama s m Mensaje, generalmente breve, que se transmite por telégrafo: *mandar un telegrama, poner un telegrama*, "Le envié un *telegrama* para felicitarlo por su cumpleaños".

telenovela s f Serie de emisiones de televisión formada por gran cantidad de escenificaciones teatrales, organizadas en capítulos, en las que por lo común se representa una historia amorosa o sentimental, generalmente de modo melodramático: "Se pasa toda la tarde viendo las *telenovelas*", "El episodio se alargaba con unos parlamentos ridículos, casi de *telenovela*".

teleología s f Doctrina filosófica que, en sentido metafísico, considera el universo como un conjunto de fenómenos orientados por una finalidad; y en sentido científico propone que hay fenómenos, por ejemplo los biológicos, que se muestran como encadenamientos de elementos ordenados hacia un fin, para explicar muchos comportamientos orgánicos.

teleológico adj (*Fil*) Que pertenece a la teleología o se relaciona con ella; que se orienta hacia los fines de las cosas: *preocupaciones teleológicas*.

teleósteo (*Zool*) **1** s m y adj Pez que tiene el esqueleto completamente óseo, escamas delgadas y vejiga natatoria, como el atún, la sardina, la trucha, la carpa, los caballitos de mar, etc **2** s m pl Grupo que forman estos peces y que incluye a la gran mayoría de las especies existentes.

telera[1] s f Pan salado de trigo, suave y esponjoso por dentro y dorado por fuera, ancho y de forma semiovalada, que se caracteriza por tener un par de hendiduras paralelas en su cara superior, que lo dividen a lo largo en tres partes: "Compra bolillos y *teleras* para hacer unas tortas".

telera[2] s f **1** Pieza de ciertos instrumentos, que tiene forma de listón o varilla, como cada uno de los maderos paralelos que conforman las prensas de carpinteros, encuadernadores, etc **2** (*Rural*) Pieza del arado que sirve para regular la inclinación de la reja y la profundidad con que se labra la tierra **3** (*Mar*) Palo que tiene varios agujeros a través de los cuales se pasan los cabos que salen de un mismo punto para separarlos.

telescopio s m Instrumento óptico que, mediante lentes y espejos que amplían las imágenes, permite ver objetos lejanos; se utiliza principalmente para observar los astros.

televisión s f **1** Sistema de transmisión de imágenes y sonido a distancia mediante ondas electromagnéticas, que llevan los puntos de luz captados por la cámara, transformados en variaciones de corriente, a un aparato receptor **2** Aparato receptor y reproductor de dichas imágenes; televisor: *comprarse una televisión, apagar la televisión* **3** Conjunto de instalaciones, equipo, etc relacionado con dicha transmisión y el contenido de la misma: *un canal de televisión, un programa de televisión, televisión educativa*.

televisor s m Aparato receptor y reproductor de televisión: *un televisor a color, un televisor portátil*.

telex s m Sistema de comunicación telegráfica, que convierte automáticamente el código de impulsos eléctricos en letras de una máquina de escribir, muy utilizado por la prensa internacional; mensaje enviado o recibido por este sistema: *vía telex, exclusivo telex, por telex*. (Se pronuncia *télex*.)

telón s m **1** Cortina grande que puede abrirse y cerrarse en el escenario de un teatro: *levantarse el telón, caer el telón* **2** *Telón de fondo* Cortina pintada situada al fondo del escenario, que representa la parte del decorado más alejada del público.

telpochcalli s m Entre los nahuas, escuela a la que asistían casi todos los niños y jóvenes que no pertenecían a la nobleza. En ella se enseñaban los elementos fundamentales de religión y moral y se les adiestraba para la guerra.

telson s m (*Zool*) Segmento o anillo terminal del cuerpo de los crustáceos y de algunos otros invertebrados, provisto en ocasiones de dos apéndices.

tema s m **1** Idea, asunto o motivo principal sobre el que gira el desarrollo de una conversación, discurso, novela, película, etc: "El *tema* de la obra es la Revolución Mexicana" **2** (*Mús*) Idea musical que constituye el punto de partida de una composición o melodía y que se repite, en distintas formas, en el desarrollo de una obra musical.

temática s f Conjunto de los temas que trata una obra o que desarrolla un autor: *su temática fantástica, la temática de los murales, la temática de sus poemas, una temática aburrida*.

temático adj **1** Que pertenece a un tema o se relaciona con él: *hallazgos formales y temáticos, originalidad temática* **2** (*Gram*) Tratándose de morfemas, que se añade a la raíz para constituir un tema de flexión; por ejemplo, la *vocal temática* de los verbos es *-a-* en amar, *-e-* en comer e *-i-* en subir.

temazcal s m Baño de vapor tradicional mesoamericano, generalmente construido en un cuarto de adobe, parecido a un horno, en cuyo interior se ponen piedras al fuego, que se rocían constantemente con agua y con algunas hierbas olorosas. (También *temascal*.)

temblar v intr (Se conjuga como *despertar*, 2a) **1** Mover de forma involuntaria, rápida y continua el cuerpo o alguna de sus partes: *temblar de frío, temblar de rabia, temblar de miedo*, "Le tiemblan las manos por tomar tanto café" **2** *Temblarle la voz a alguien* Vibrarle la voz a alguien, generalmente por haberse emocionado o por nerviosismo: "Cuando agradeció el homenaje, *le temblaba la voz*" **3** Moverse repentinamente la superficie de la tierra debido a alguna alteración de la corteza terrestre, a la actividad de un volcán, etc, provocando en ocasiones daños graves al suelo y a las construcciones: "¿*Está temblando*?", "Esperamos que no vuelva a *temblar*".

temblor s m **1** Movimiento involuntario y continuo del cuerpo o alguna de sus partes: "La enfermedad le ocasionaba un *temblor* de piernas y manos" **2** Vibración que deforma un sonido o una imagen: "El *temblor* de su voz revelaba su nerviosismo" **3** Movimiento repentino de la superficie de la tierra producido por alteraciones en la corteza terrestre, por la actividad de un volcán, etc. Puede ser de diversas magnitudes y duración y en ocasiones provoca daños muy graves a las construcciones y a la morfología del suelo: "Un fuerte *temblor* despertó a los capitalinos", "Los daños ocasionados por el *temblor* ascienden a más de mil millones de pesos".

tembloroso adj Hablando de seres vivos, de sus acciones o de sus miembros, que tiembla, que se mueve de manera involuntaria rápida y continuamente: "Aquel pequeño cuerpo azorado y *tembloroso* que parecía iba a echar fuera su corazón", "Dijo con voz *temblorosa* que quería el divorcio".

temer v tr (Se conjuga como *comer*) **1** Tener la sensación de que puede suceder algo malo o dañino: "*Teme* a los fantasmas y a los espíritus chocarreros", "Lo contemplo con espanto, *temiendo* que caiga lumbre de la cruz" **2** Sentir miedo de alguien o de alguna cosa: "*Temía* que los agentes de la judicial lo aprehendieran", "*Se teme* que avance el huracán y afecte a toda la península de Yucatán" **3** *Temerse uno que* Dar a conocer a alguien, cortésmente, la suposición o la sospecha de que: "*Me temo que* estás equivocado", "Usted sabe que su padre quiere que Vicente sea contador, y mucho *me temo que* se opondrá vivamente a que sea torero".

temeroso adj **1** Que siente temor, que está asustado, con miedo o recelo: "Es la respuesta de un ser *temeroso* de la vida", "No se atrevió a presentar oposición alguna, *temeroso* de ser puesto en ridículo" **2** Que muestra o expresa temor; que es producto del temor: *mirada temerosa, respuesta temerosa*.

temor s m Sentimiento de inquietud y miedo prolongado, causado por la amenaza de un daño supuesto o posible: "Vive lleno de *temores*", *temor a la enfermedad*.

temperado adj **1** (*Mús*) Tratándose de instrumentos, que está afinado según las reglas de temperamento de la octava en doce semitonos iguales: *clavecín bien temperado* **2** Templado.

temperamento s m **1** Carácter predominante de una persona, manifiesto en la manera en que se comporta generalmente y en situaciones particulares: *temperamento violento, temperamento nervioso, sólido temperamento* **2** Manera de ser de una persona constante y perseverante en lo que emprende, segura de sí misma o intensa en sus reacciones o impulsos afectivos: *tener temperamento*, "Ignacio es un hombre de *temperamento*" **3** (*Mús*) Sistema de afinación de la octava que modifica la relación de vibraciones entre los doce semitonos, de manera que la relación de vibraciones entre la nota fundamental y su octava es de una a dos, y las relaciones entre los semitonos son iguales por lo que, por ejemplo, el sonido de una nota sostenida coincide con el del bemol de la nota siguiente; así, el sol sostenido equivale rigurosamente al la bemol, cosa que no ocurría en el sistema antiguo de afinación basado en la escala pitagórica.

temperatura s f **1** Grado de calor de los cuerpos o del ambiente: "Estos motores funcionan a altas *temperaturas*", "Se registraron bajas *temperaturas*" **2** Calor anormal del cuerpo, producido generalmente por alguna enfermedad: "El niño tiene *temperatura*", "Si la aumenta la *temperatura*, báñelo".

tempestad s f Fuerte perturbación de la atmósfera, que produce vientos muy fuertes, enrachados; lluvia, granizo o nieve abundantes, relámpagos y truenos. En el mar produce una violenta agitación con olas de hasta 10 m de altura: "La fuerte lluvia que

después se convirtió en *tempestad*", *los damnificados por la tempestad*, "Después de la *tempestad* reina la calma".

templado I pp de *templar* o *templarse* II adj **1** Que tiene una intensidad, una fuerza o una tensión ajustada a ciertas condiciones o circunstancias: *acero templado, cerámica templada* **2** Que tiene una temperatura poco extremosa: *bosque templado, clima templado con lluvias, zonas templadas*, "Hay más especies en los mares *templados* del Norte" **3** (*Tauro*) Que se ejecuta de acuerdo con la fuerza de la embestida del toro, midiéndola y valorándola: "Ejecutó unos naturales largos, *templados* y con mucho arte" **4** Tratándose especialmente del vidrio, que es resistente y sin transparencia ni brillo: *vidrio templado* **5** (*Popular*) Que se comporta con serenidad, fortaleza y seguridad en situaciones peligrosas: *un hombre muy templado*.

templanza s f **1** Moderación de los apetitos o de las pasiones: "¿En dónde perdí la visión, la *templanza*, la posibilidad de calmar?" **2** Para el catolicismo, una de las cuatro virtudes cardinales **3** Benignidad o tibieza del clima o de la temperatura: *la perfumada templanza del aire* **4** (*Tauro*) Temple: "Un toreo magistral, sosegado, con gran *templanza*".

templar v tr (Se conjuga como *amar*) **1** Quitarle intensidad a algo, suavizarlo o darle la tensión que requiere: *templar la temperatura, templar un cable* **2** Poner algo a una temperatura media, de manera que no quede ni frío ni caliente: *templar el agua, templar la leche* **3** Dar a un material la dureza, fuerza o elasticidad que requiere, modificando la temperatura que tiene al fundirse mediante diversas técnicas de enfriamiento: *templar el acero, templar el vidrio* **4** Dar al carácter de alguien serenidad, fortaleza y seguridad **5** (*Mús*) Afinar un instrumento musical respetando su timbre característico: *templar un violín, templar la guitarra* **6** (*Tauro*) Ajustar el movimiento de la capa o de la muleta a la fuerza de la embestida del toro para que el pase resulte equilibrado y limpio.

temple s m **1** Acto de templar un material, como el acero o el vidrio, y punto de dureza o elasticidad que se obtiene: "El charro cuando viaja lleva reatas de distinto *temple*" **2** Técnica de la pintura que consiste en preparar los colores con líquidos pegajosos y calientes, como la cola o el engrudo, para pintar murales, particularmente **3** Entereza, valentía o energía para enfrentar los problemas o dificultades con serenidad: *una persona de temple* **4** (*Tauro*) Capacidad que tiene el torero para percibir justamente la fuerza de la embestida del toro y ajustar sus pases a ella, con valentía y sin eludir el riesgo: "Volvió a triunfar en el cuarto con mucho *temple* en sus derechazos y naturales" **5** (*Mús*) Justeza con que está afinado un instrumento de cuerda, según las características propias de su timbre.

templo s m Construcción o lugar destinado al culto religioso: *un templo azteca, un templo católico*.

temporada s f **1** Espacio determinado de tiempo durante el cual sucede algo o se lleva a cabo alguna actividad especial: *temporada de vacaciones, temporada de conciertos, temporada de mucho trabajo, temporada invernal* **2** *De temporada* Que se da o se usa sólo en cierta época: *fruta de temporada, un vestido de temporada*.

temporal¹ adj m y f **1** Que ocurre en el tiempo, pertenece al tiempo o se refiere a él: "La ubicación *temporal* y espacial de la economía" **2** Que dura poco tiempo o un tiempo determinado; que no es definitivo: *libertad temporal, exposición temporal, empleados temporales, éxito temporal, ausencia temporal* **3** s m Perturbación atmosférica que se caracteriza por la abundancia de lluvia y la violencia del viento, ya sea en tierra o en el mar **4** s m (*Rural*) Temporada de lluvias: *llegar el temporal* **5** *De temporal* Que depende de la época de lluvia: *siembras de temporal, tierras de temporal, agricultura de temporal.*

temporal² (*Anat*) **1** adj m y f Que pertenece a las sienes o se relaciona con ellas: *arteria temporal, nervios temporales* **2** s y adj m Hueso lateral del cráneo que ocupa la región de las sienes **3** s y adj m Músculo que se inserta sobre este hueso, cuya función es elevar la mandíbula inferior en la masticación.

temporalmente adv Por un tiempo determinado o por poco tiempo: "Cerraron el cine *temporalmente*", "Trabajó *temporalmente* en una empresa".

temprano 1 adj y adv Que sucede o se manifiesta antes de lo esperado o de lo normal: *una lluvia temprana, una actividad temprana, un nacimiento temprano, una inteligencia temprana, llegar temprano, comer temprano* **2** adv En las primeras horas del día: *salir temprano, despertar temprano* **3** adv Antes de tiempo o del momento oportuno: "Se presentaron *temprano* para el examen".

tenate s m Canasto de palma que se usa principalmente para transportar comestibles.

tenaza s f Instrumento generalmente de metal, formado por dos brazos largos movibles, trabados por un eje, como tijeras, cuyas puntas se unen y aprietan una con otra para prender o asir alguna cosa **2** En algunos artrópodos, como el cangrejo o el alacrán, cada una de las terminales prensiles que tienen en la parte anterior del cuerpo; pinza **3** (*Pite collobium brevifolium*) Árbol de la familia de las leguminosas, de 9 m de alto, de hojas pinadas y flores banco amarillentas; su fruto es una vaina de 7 a 12 cm de largo por 15 mm de ancho. Su madera es dura y pesada; crece en los estados de Coahuila, Nuevo León, Tamaulipas y San Luis Potosí.

tendedero s m Lugar en donde se tiende o se pone a secar la ropa: "El *tendedero* está en la azotea".

tendencia s f Dirección que lleva o tiene algo o alguien en relación con cierto objetivo o límite que persigue: *tendencia de un movimiento, una tendencia artística, una tendencia democrática.*

tender v tr (Se conjuga como *perder*, 2a) **1** Poner alguna cosa a lo largo de una superficie horizontal o siguiendo una línea: *tender una tela sobre la mesa, tender los papeles en el escritorio, tender las cartas, tender un cable telefónico, tender un cable de electricidad, tender la vía del ferrocarril, tender un puente* **2** Alisar las sábanas y las cobijas de una cama, para que quede dispuesta para usarse **3** Poner la ropa mojada al aire y al sol para que se seque **4** prnl Echarse uno horizontalmente: *tenderse en la cama* **5** intr Tener algo o alguien cierto objetivo o límite hacia el cual dirigirse: *tender un número a cero, tender a correr, tender hacia la familia.*

tendero s Persona que atiende o es dueña de un puesto o tienda de comestibles y abarrotes: "El *tendero* de la esquina siempre me fía".

tendido s m **1** Acto de tender algo: *el tendido de una vía de ferrocarril* **2** adj Que está colocado sobre una extensión horizontal o desplegado por completo: *ropa tendida* **3** adj Tratándose de camas, que sus sábanas y cobijas están frescas, lisas y preparadas para su uso: *una cama tendida* **4** Disposición provisional de cosas a la venta, extendida en un trecho de la calle **5** En las plazas de toros, gradería descubierta y próxima a la barrera: *llenar los tendidos, gran entusiasmo en los tendidos*, "El público abandonaba los *tendidos*" **6** (*Rural*) Especie de bastidor de madera, de forma rectangular, que sobre bancos o pies derechos, sirve para colocar las tinas de cuajar de leche, en los tinacales **7** adj y s Muerto que se está velando antes de ser enterrado.

tendiente adj m y f Que tiende, que está dirigido a lograr un determinado objetivo: "Se tomaron medidas *tendientes* a alentar las exportaciones", "Se lleva a cabo un programa *tendiente* a mejorar las condiciones laborales en la empresa".

tendón s m (*Anat*) **1** Cada uno de los cordones fibrosos mediante los cuales se insertan los músculos en los huesos o en otros órganos. Están formados por tejido conjuntivo, son de color blanco brillante y de forma cilíndrica o aplanada: *los tendones de la mano* **2** *Tendón de Aquiles* El ancho y fuerte, que une los músculos de la pantorrilla con el hueso calcáneo.

tenedor¹ s m Utensilio de mesa que forma parte de los cubiertos y que consiste generalmente en un mango con tres o cuatro puntas delgadas; sirve para trinchar, picar o sostener los alimentos y para llevarlos a la boca: "Los *tenedores* se colocan a la izquierda y los cuchillos a la derecha", *tenedor para pescado.*

tenedor² adj y s **1** Que tiene o posee algún documento o título de crédito: *tenedor de acciones* **2** *Tenedor de libros* Persona que tiene a su cargo la contabilidad de un negocio o institución.

tenencia s f **1** Posesión actual y material de algo: *tenencia ilegal de mercancías*, "El pago por *tenencia* de automóvil" **2** *Tenencia de la tierra* (*Der*) Posesión, titularidad o derecho por el cual se explota y aprovecha tanto la propiedad social del ejido cuanto la propiedad comunal de las rancherías, pueblos, tribus y demás comunidades agrarias, por parte de los respectivos sujetos, ejidatarios y comuneros **3** Cargo u oficio de teniente: *jefe de la tenencia.*

tener v tr (Modelo de conjugación 12a) **1** Haber alguna cosa entre las manos de una persona, a su alcance o bajo su cuidado: "Aquí *tengo* las llaves", "Tenemos varios libros en la biblioteca", "Tengo un grupo de cuarenta niños" **2** Formar parte de una persona cierto rasgo físico o cierta cualidad: "*Tiene* unos ojos preciosos", "*Tiene* mucha inteligencia", "*Tenía* cinco años cuando visitó a su abuelo" **3** Sentir alguien alguna cosa en su cuerpo o alguna emoción: "*Tengo* mucho frío", "*Tenemos* mucha tristeza por lo sucedido" **4** Estar algo o alguien compuesto por varias cosas, órganos o elementos: "Los humanos *tenemos* cinco dedos en cada mano", "El coche *tiene* cinco asientos" **5** Haber alguna cosa o existir personas en cierta relación con uno, suceder algo que afecta en lo que debe tomar parte: "*Tendrás* muchos amigos", "¿*Tienes* novia?", "Mañana *tendremos* una junta", "*Tuve* una pelea con el vecino", "Que *tengas* un buen día", "*Tuvimos* una agradable sorpresa" **6** Estar alguien en capacidad de hacer algo o de actuar de cierta manera: "*Tiene* fuerza suficiente para resistir el trabajo", "Ese hombre *tiene* mucha influencia en los demás" **7** Considerar algo o a alguien en cierta forma o haberse formado cierta opinión de él: "Lo *tengo* por estudioso", "*Tengo* a orgullo el recibirlo en mi casa" **8** Haber alguna cosa en propiedad de alguien o bajo su dominio y voluntad: "*Tienen* mucho dinero", "*Tiene* una fábrica y cincuenta obreros a su servicio", "El cacique *tiene* casas, ranchos, caballos y peones" **9** prnl Dejar alguien de avanzar, moverse o actuar por voluntad propia; detenerse: "*Ténganse* de entrar en este lugar", "*Tente* Satanás" **10** *Tener que* Estar alguien en la necesidad o en la obligación de hacer algo: "*Tengo que* salir temprano", "*Tendrás que* repetir la pregunta", "*Tuvimos que* aceptar la oferta" **11** *Tener a bien* Considerar conveniente: "*Tuvo a bien* invitarme" **12** *Tener que ver una cosa con otra* Estar ambas relacionadas: "Un buen producto siempre *tiene que ver con* la calidad del trabajo" **13** *Tener para sí* Considerar o juzgar uno algo: "*Tengo para mí* que eso es mentira" **14** *Tener lugar algo* Realizarse, suceder, ocurrir: "El examen *tendrá lugar* el lunes" **15** Seguido de participio, manifiesta una acción terminada: "*Tengo terminada* la mesa", "*Tiene preparado* su discurso" **16** Seguido de sustantivo, forma muchas construcciones de significados diversos, que se pueden comprender según las acepciones anteriores: *tener fe, tener memoria, tener confianza, tener control, tener la culpa, tener cuidado, tener conciencia*, etcétera.

teniente s m y f (*Mil*) **1** Oficial subalterno en el Ejército y la Fuerza Aérea. Es superior en grado al subteniente e inferior al capitán segundo; tiene bajo su mando una compañía: "Permítame, mi *teniente* —aventuró el sargento", "La aprehensión estuvo a cargo del *teniente* Eustaquio Correa", "Fui soldado en Pueblo Viejo / *teniente* y hasta mayor" **2** *Teniente coronel* Grado perteneciente a la categoría de jefe en el Ejército y la Fuerza Aérea. Es superior al mayor e inferior al coronel.

tenis s m **1** Juego en el que dos o cuatro jugadores, en una cancha rectangular dividida en dos por una red, golpean con raquetas una pelota, que debe pasar sobre la red y botar en terreno contrario más de una vez, para ganar un punto: *un torneo de tenis, pelotas de tenis, cancha de tenis, un partido de tenis* **2** s m sing y pl Zapato originariamente de lona, con suela de goma, utilizado para jugar ese deporte, y ahora de diversos materiales sintéticos, suave, ligero y elástico, utilizado para hacer diversos deportes **3** *Colgar los tenis* (*Popular*) Morirse.

tenor[1] s m y adj (*Mús*) **1** Timbre más alto de las voces masculinas; cantante que tiene ese timbre: *tenor lírico, un gran tenor* **2** Timbre bajo de algunos instrumentos de viento, como las flautas, los clarinetes, los saxofones, etcétera.

tenor[2] s m Contenido específico y de cierto estilo de un texto: *al tenor de la ley, el tenor de una novela*, "Lo llenó de reproches, groserías, insultos y otras lindezas de ese *tenor*".

tensar v tr (Se conjuga como *amar*) Aumentar la tensión o la tirantez de una cosa: *tensar una cuerda, tensar un cable*.

tensión s f **1** Estado o condición de un objeto sobre el que actúan dos o más fuerzas iguales que lo mantienen estirado, y medida de estas fuerzas: *ten-*

sión de un resorte, la tensión de una liga, la tensión de una viga **2** *En tensión* En el estado de un cuerpo sometido a esas fuerzas: *estar un material en tensión, poner un cable en tensión* **3** *Tensión arterial* Presión de la sangre sobre las paredes de las arterias, producida por la intensidad de los latidos del corazón, la resistencia que le oponen los vasos sanguíneos, la circulación y el volumen de la sangre **4** (*Elec*) Diferencia de potencial eléctrico entre dos puntos, que se mide en voltios: *alta tensión* **5** Estado físico y mental de una persona sometida a fuerte presión de trabajo, a angustia, impaciencia o intranquilidad: *estar en tensión, una enorme tensión emocional* **6** Estado de conflicto entre personas, comunidades o países, en que la situación puede estallar violentamente: *tensión internacional*.

tenso adj Que se encuentra en estado de tensión: *un cable tenso, músculos tensos*, "La asamblea se desarrolló en un ambiente muy *tenso*", "La cena fue silenciosa y *tensa*".

tentación s f **1** Deseo que siente alguien de actuar de cierta manera o de relacionarse con alguien o con cierto objeto, en contra de lo correcto, lo permitido o lo ordenado: *sucumbir a la tentación*, "No nos dejes caer en la *tentación*", *las tentaciones del demonio* **2** Impulso poderoso que siente alguien a hacer alguna cosa o a actuar de cierta manera: "No pudo resistir la *tentación* de besar su mano" **3** Persona u objeto que despiertan ese deseo o ese impulso: "Las tiendas están llenas de *tentaciones*".

tentado I pp de *tentar* **II** adj Que siente tentación: "Estuvo *tentado* de abandonar todas las cosas".

tentar v tr (Se conjuga como *amar*) **1** Tocar alguna cosa para percibir su forma, su textura, su movimiento, etc: "Aquí está la cajita; está llena; ¡*tiéntala, tiéntala*!; ¿ves que está llena?", "Ese burrito no se deja *tentar* por cualquiera" **2** Hacer que alguien sienta tentación: "La *tienta* la idea de hacer un largo viaje", "¿A quién se le ocurre meterse por los cabarets del río y dejarse *tentar* por bailarinas y marineros?" **3** *Tentar a Dios* (*Relig*) Entre los cristianos, tratar de poner a prueba un atributo de Dios, como la misericordia; se le considera un pecado grave.

tentativa s f **1** Intento de llevar a cabo una acción: "Se retiró sin hacer la menor *tentativa* por averiguar el paradero de Matilde" **2** (*Der*) Ejecución incompleta de actos encaminados, directa e inmediatamente, a cometer un delito que no se consuma por causas ajenas a la voluntad del agente, pero sin que éste haya desistido de hacerlo: *una tentativa de fraude, tentativa de asesinato*.

tentativo adj Que se hace para probar, ensayar o experimentar alguna cosa; que tiene carácter provisional o revisable: *una definición tentativa*, "Propongamos una fecha *tentativa*".

tenue adj m y f Que es poco intenso o muy delgado; que apenas se percibe, es muy delicado, suave o leve: *una voz tenue, una tenue luminosidad, una coloración tenue*.

teñido s m Acto de teñir: *el teñido de una tela*.

teñir v tr (Se conjuga como *medir*, 3a) **1** Dar a algo un color distinto del que tenía, haciendo que absorba algún colorante o tinte: *teñir un vestido, teñir el pelo* **2** Dar a algo un determinado matiz, apariencia o carácter: "Sus palabras estuvieron *teñidas* de cariño y sinceridad".

teocintle s m (*Euchlaena mexicana*) Planta silvestre de la familia de las gramíneas, parecida al maíz, con el cual parece estar relacionada, de granos largos, angulosos y pequeños, que se aprovecha como forraje.

teodolito s m Instrumento óptico de precisión que sirve para medir ángulos horizontales y verticales, por medio de un telescopio montado sobre un eje vertical, cuya inclinación se mide en un círculo vertical graduado, y cuya orientación se determina mediante la brújula y un círculo horizontal graduado.

teología s f **1** Reflexión o estudio sistemático de la existencia y los atributos de Dios, o sobre las cosas divinas y su relación con el ser humano y con el mundo: *un libro de teología, teología católica, la teología de Santo Tomás de Aquino, teología protestante* **2** Conjunto de doctrinas y teorías que se ocupan de estos temas: *estudiar teología*.

teológico adj Que pertenece a la teología o se relaciona con ella: *fundamentación teológica, una interminable discusión teológica*.

teólogo s Persona que se dedica a la teología o tiene amplios conocimientos de ella: *los teólogos protestantes, los teólogos medievales*.

teorema s f Proposición demostrable, particularmente la que se demuestra a partir de axiomas matemáticos: *el teorema de Pitágoras, el teorema fundamental de la aritmética, el teorema de Tales*.

teoría s f **1** Conjunto ordenado y organizado de proposiciones, relaciones y demostraciones con que se da una explicación acerca de cierto objeto considerado: *una teoría de la materia, la teoría de la evolución, hacer una teoría* **2** Conjunto de conocimientos que se tienen acerca de algo, considerado aparte de su práctica: *teoría musical, teoría política* **3** *En teoría* En principio, sin considerar la práctica o la realidad: *saber medicina en teoría, "En teoría, todos somos geniales"*.

teóricamente adv **1** De modo teórico; en lo que a la teoría se refiere: *"No basta que los ordenamientos jurídicos sean teóricamente perfectos"* **2** En teoría, sin considerar la práctica o la realidad: *"Teóricamente, la situación económica del país ha mejorado", "Las opiniones que se presentan provienen teóricamente de las fuentes bibliográficas"*.

teórico 1 adj Que pertenece a la teoría o se relaciona con ella: *modelo teórico, postulados teóricos, enseñanza teórica* **2** s Persona que conoce ampliamente la teoría de una ciencia, un arte, etc, o contribuye a desarrollarla: *"Además de su fama como compositor de ópera, fue un notable teórico musical"*.

teotihuacano adj y s **1** Que está relacionado con la ciudad de Teotihuacán, con la cultura que en ella floreció y con el pueblo o pueblos que la edificaron y habitaron, entre los cuales se supone que estuvieron los totonacas y los nahuas aunque no se sepa con certeza quiénes fueron **2** *Cultura teotihuacana* La que se desarrolló en Teotihuacán, ciudad mesoamericana localizada en el Altiplano mexicano, a partir del periodo Preclásico y que alcanzó su mayor auge durante el Clásico. La ciudad era un importante centro ceremonial en el que, según la leyenda, los dioses se habían reunido para crear el quinto sol; estaba dividida en barrios para las distintas clases sociales y en ella se edificaron construcciones de impresionante grandeza, como la Pirámide del Sol, la más imponente y antigua, la Calzada de los Muertos, la Pla-

za, la Pirámide de la Luna, la Ciudadela, el Templo de Quetzalcóatl, etc, utilizando la fuerza de trabajo de las aldeas vecinas. Los sacerdotes formaban la clase dominante y se ocupaban del gobierno de la ciudad; bajo su dirección se desarrollaron las artes que cultivaron; la arquitectura se caracterizó por la construcción de pirámides con un tablero vertical rodeado por un reborde y apoyado sobre un talud bajo; por la edificación de casas con numerosas habitaciones que rodeaban a patios cuadrados, y por el uso de drenajes; tanto en los templos como en algunas viviendas destacadas se usó profusamente una pintura mural de rico colorido en el que predominaban los rojos; en cerámica se crearon formas como vasos cilíndricos con tres pies y una tapa cónica, braseros cónicos con una máscara al frente rodeada de alas y abundante decoración, ollas en forma de flor, etc; la escultura, a veces de gran tamaño, da la impresión de ser cuadrada por sus grandes planos lisos. Esta cultura abarcó el territorio comprendido entre Guatemala, al sur, y los desiertos al norte del país, e influyó notablemente sobre las culturas del valle de México que la sucedieron. Alrededor del año 700 dC, al revestir los gobernantes un carácter militar en vez de ser exclusivamente sacerdotal, la ciudad sufrió severas invasiones e incendios; la clase dominante parece que se trasladó hacia Azcapotzalco y Cholula, donde se encuentran los últimos vestigios de esta cultura. La ciudad ya estaba en ruinas en la época de los aztecas.

teozintle s m Teocintle.

tepache s m **1** Bebida refrescante que se prepara con el jugo fermentado de la piña o de otras frutas y se endulza con piloncillo o azúcar **2** *Regar el tepache* (*Coloq*) Hacer algo inconveniente, indebido o indiscreto; cometer algún error o echar a perder algo.

tepalcate s m **1** Fragmento de un recipiente o utensilio de barro: *"Al romper la piñata le cayeron todos los tepalcates encima"* **2** Utensilio viejo o pieza antigua y deteriorada de barro.

tepehua s m **1** Grupo indígena mexicano que habita en la zona limítrofe de los estados de Veracruz, Hidalgo y Puebla, en los municipios de Ixhuatlán de Madero, Tlalchichilco y Zontecomatlán del estado de Veracruz, el municipio de Huehuetla en Hidalgo y el municipio de Mecapalapa en Puebla. Su gobierno depende de un alcalde, un agente municipal y un juez auxiliar, con cuatro topiles o alguaciles y varios policías. En su religión se rinde culto al Sol (Wilchaan), a la Luna (Malkuyú), al Dueño del Agua (Xalapának Xkan) y a otros seres sobrenaturales. Su casa es un solo cuarto rectangular con paredes de varas entretejidas, rellenadas con paja y cubiertas de lodo, techo a cuatro aguas de palma o zacate y piso de tierra. Junto a la casa se construye un temazcal o baño de vapor de piedra y lodo. La región en que habita es de clima cálido y húmedo, con vegetación natural de selva baja, en la que abundan maderas preciosas; en ella cultiva, con técnica de roza, frijol, tomate, camote, yuca, lenteja, cebolla, ajonjolí y algunas frutas como pagua, mango, aguacate, ciruela, lima, melón y naranja, utilizando como instrumentos de labranza el machete, el arado y la coa o espeque. Los hombres se emplean comúnmente como jornaleros en los cultivos de caña de azúcar, café y vainilla **2** Lengua de la familia totonaca que habla este grupo indígena

3 adj y s m y f Que pertenece a este grupo indígena o se relaciona con él: *los mitos tepehuas, la región tepehua, los rituales funerarios de los tepehuas.*

tepehuán adj y s Tepehuano.

tepehuano s m **1** Grupo indígena mexicano dividido en dos subgrupos, el tepehuano del norte y el tepehuano del sur, que viven en regiones separadas; el primero habita en el municipio de Guadalupe y Calvo en el estado de Chihuahua; el segundo, en los pueblos de Mezquital y Pueblo Nuevo en el estado de Durango y en Huajícori en el estado de Nayarit. Tiene un gobierno tradicional encabezado por gobernadores que permanecen en su cargo dos años y son auxiliados por capitanes, mayordomos y rezanderos. Su religión se basa en la católica pero con una gran influencia de creencias antiguas; se adora a Dios Padre, identificado con el Sol, a Jesús Nazareno, identificado con la Luna, a la madre María, que es la Virgen de Guadalupe, a la Estrella de la Mañana y a Ixcaitiung. Generalmente construye su casa de madera con el piso en un nivel superior al del suelo. Hila y teje ixtle y algodón, especialmente para hacer morrales; también fabrica butacas con una armazón de madera atada, sin clavos y con forro de cuero, llamados equipales. La región en que vive es montañosa, de flora pobre y espinosa, pero hay también valles en los que cultiva, con técnicas tradicionales, maíz, calabaza, frijol y, en las zonas más cálidas, caña de azúcar, cacahuate, naranja, lima y aguacate. En las zonas serranas más pobres se dedica a la recolección de frutos, al comercio, o se emplea como peón en los aserraderos o como asalariado agrícola en la costa de Nayarit **2** Lengua del grupo pima, subfamilia pima-nahua, familia yutonahua, que habla este grupo indígena **3** adj y s Que pertenece a este grupo indígena o se relaciona con él; tepehuán: *los equipales tepehuanos, las casas tepehuanas, los tepehuanos de Durango.*

tepetate s m **1** Roca amarillenta formada por un conglomerado poroso; cortada en bloques se emplea en construcción; es muy apreciada por su capacidad astringente: *tierras de puro tepetate, muro de tepetate* **2** Tierra de una mina que no tiene metal.

tepiqueño adj y s Que es natural de Tepic, capital del estado de Nayarit, que pertenece a esta ciudad o se relaciona con ella: *panocha tepiqueña, aguardiente tepiqueño, bailes tepiqueños.*

tepochcalli s m Telpochcalli.

teponaxtli s m Teponaztle.

teponaztle s m Tambor de origen prehispánico, consistente en un tronco ahuecado y cerrado por sus dos extremos, que lleva a los lados, diametralmente opuestas, dos lengüetas cortadas en su superficie, las cuales producen vibraciones distintas; se toca horizontalmente, golpeándolo con un par de baquetas forradas de hule; teponaztli.

teponaztli s m Teponaztle: "El carácter ritual del *teponaztli* y del huéhuetl se confirma por sus representaciones votivas en los códices y vasos sagrados".

tepozán s m **1** (*Buddleia americana* y *Buddleia cordata*) Arbusto o árbol pequeño de la familia de las loganiáceas, de ramillas cuadrangulares, hojas elípticas u oblongas, blanquecinas y tomentosas por su cara inferior, las cuales despiden un olor alcanforado al estrujarlas **2** Árbol pequeño de la familia de las loganiáceas y de distintas especies, que se caracteriza por tener las hojas tomentosas y las flores en cabezuelas: *tepozán cimarrón, tepozán verde.*

tequesquite s m Sal natural, compuesta de carbonato de sosa y cloruro de sodio, que aparece al evaporarse el agua de los lagos salobres; se utiliza para cocinar: "La calabaza se cuece con tres o cuatro pedazos de *tequesquite*".

tequila s m Bebida alcohólica que se obtiene de la fermentación y destilación del aguamiel del *Agave tequilana*: *tequila de Jalisco, tomarse un tequilita.*

tequio s m **1** Durante la época de la Colonia, trabajo o labor que imponían los españoles a los indios como tributo **2** Parte del mineral que extraían los mineros y que debían entregar al dueño de la mina **3** Trabajo que realiza cada miembro de una comunidad en favor de las necesidades colectivas, sin paga, en muchos pueblos indios y mestizos: "El *tequio* era traer tablas de cedro y hacer los muebles que necesitara la iglesia".

terapeuta s m y f **1** Persona, como el médico, que se dedica a curar enfermedades con remedios, dietas y ejercicios **2** Persona que se dedica a aliviar, mediante sus conocimientos psicológicos y psicoanalíticos, diversos problemas de carácter nervioso o mental: "Tengo sesión con el *terapeuta*".

terapéutica s f Parte de la medicina que se ocupa del tratamiento para buscar la curación de las enfermedades o aminorar sus efectos: *la terapéutica con antibióticos, terapéutica psicológica.*

terapéutico adj Que pertenece a la terapéutica o se relaciona con ella; que sirve para curar o aliviar enfermedades: *propiedades terapéuticas, el valor terapéutico del ejercicio.*

terapia s f Serie de cuidados o tratamientos para curar o aliviar enfermedades físicas o psíquicas: *terapia intensiva, terapia psicoanalítica, terapia antibacteriana, terapia recreativa o afectiva.*

tercer adj Apócope de tercero, que antecede al sustantivo masculino: "Al *tercer* día resucitó de entre los muertos", *tercer acto, tercer mundo.*

tercero adj y pron **1** Que ocupa el lugar inmediatamente posterior al segundo en una serie: *tercera categoría, tercera columna*, "Tu caballo entró en segundo lugar y el mío en *tercero*", "Mi hija fue la *tercera* del salón", "Llamé al *tercero* de la fila" **2** *Tercera parte* Cada una de las tres porciones iguales en que se divide algo: "Todavía nos deben las dos *terceras* partes del sueldo" **3** s Que no forma parte de la relación entre hablante y oyente, del trato o convenio entre dos o más personas: "La acción no afecta a *terceros*", "No hemos considerado a un *tercero*, cuya opinión puede ser importante".

tercio s m I **1** Cada una de las tres partes iguales en que se divide, puede dividirse o se considera dividida una cosa: *el último tercio del siglo, los dos tercios de la población*, "Corte las naranjas horizontalmente a los dos *tercios* de altura", *los tercios del caballo* **2** (*Tauro*) Cada una de las tres áreas concéntricas en que se divide el ruedo, principalmente la que ocupa el lugar intermedio: "Después de hacer el paseíllo lo llamaron al *tercio* para recibir los aplausos" **3** (*Tauro*) Cada una de las tres etapas en que está dividida la lidia de toros: *tercio de varas, tercio de banderillas, tercio de muleta* **4** *Hacer mal tercio* (*Coloq*) Resultar molesta o impertinente la presencia de uno cuando se está junto a dos personas que preferirían estar solas: "Ya me voy, no me gusta *hacer mal ter-cio*" **5** adj Tercero: "...incluía las dos *tercias* partes de la Cámara de Diputados" **II** (*Rural*) **1** Bulto o fardo de cierta mercancía, principalmente el que puede ser cargado por un hombre: "Entraron en la lluvia con sus pesados *tercios* a la espalda", *un tercio de leña* **2** (*Rural*) Medida de capacidad para productos áridos que equivale a cien litros **3** (*Rural*) Medida de peso para productos agrícolas que tiene distintas equivalencias en las zonas del país donde se emplea y según el producto de que se trate.

terciopelo s m **1** Tela velluda y tupida, generalmente de seda o de algodón, formada por dos urdimbres y una trama: *asientos de terciopelo rojo, pantuflas de terciopelo, una gorra de terciopelo negro, terciopelo brocado* **2** Nombre de varias plantas amarantáceas, del género *Celosia*, cultivadas en climas cálidos **3** Nauyaca, cuatro narices.

terco adj **1** Que mantiene sus ideas y actitudes a pesar de que haya en contra razones convincentes: "¿Por qué eres tan *terco?*", *terco como una mula* **2** Tratándose de materiales, que es difícil de trabajar o muy duro: "La madera puede ser muy *terca* cuando no la trate usted bien".

térmico adj **1** Que pertenece a la temperatura o se relaciona con ella: *energía térmica, cambios térmicos* **2** Que conserva la temperatura: *material térmico*.

terminación s f **1** Acto de terminar algo: *la terminación de un mueble, la terminación de un plazo,* "Festejaron la *terminación* de las actividades escolares" **2** (*Gram*) Gramema.

terminado I 1 pp de *terminar* **2** *Dar por terminado algo* Considerarlo acabado o finalizado: "Concluida la aventura cardenista, la Revolución *había dado por terminados* sus proyectos de reforma social y política" **II 1** s m En la elaboración o fabricación de un producto, acto de proporcionarle el acabado o toque final: "Haga un dobladillo de rollo a mano para que su *terminado* sea más fino" **2** *Producto terminado* Producto que ya está en condiciones de venderse o de usarse **3** adj Que tiene la apariencia o el aspecto de cierto material: *un candelabro policromado terminado en barniz, mesa terminada en caoba* **III** adj Tratándose de números con más de un dígito, aquel con el que terminan: "Ganaron todos los números *terminados* en 5".

terminal 1 adj y s m y f Que constituye el fin o punto extremo de alguna cosa: *una enfermedad terminal, terminales nerviosas* **2** adj (*Bot*) Que está en el extremo de cualquier parte de una planta: *inflorescencia terminal* **3** s f Estación a la que llegan y de la que salen los vehículos de una línea de transportes, y que, por lo general, constituye el último punto de un recorrido: *terminal de autobuses, terminal aérea,* "Yo me bajo en la *terminal*" **4** s f Pieza de la parte extrema de un conductor eléctrico con la que se hacen las conexiones: *la terminal de una batería* **5** s f (*Comp*) Aparato mediante el cual se proporcionan datos a una computadora o se obtiene información de ella. Por lo general consiste en una máquina con teclado y pantalla en la que se escribe o se recibe la información: "Tiene en su oficina una *terminal* de la computadora de la empresa".

terminante adj m y f Que es definitivo y concluyente: *prohibición terminante,* "Lina en todo momento fue sabia y *terminante*".

terminar v (Se conjuga como *amar*) **1** tr Poner término a alguna cosa o llevar a su fin una acción: *terminar un vestido, terminar una casa, terminar de comer, terminar la lectura* **2** intr Llegar algún acontecimiento o alguna actividad a su fin, tener algo su fin en cierto punto o en cierto momento: "Las clases ya *terminaron*", "*Terminarán* las lluvias", "Aquí *termina* esta canción", "La obra *termina* en mucho ruido y confusión", "Sus zapatos *terminan* en punta" **3** intr Llegar alguien a cierta conclusión o decisión como resultado de un acontecimiento o una situación anterior: "*Terminó* por aburrirse e irse", "*Terminó* por aceptar la oferta".

término s m **I 1** Punto último al que llega algo; momento final de algún acontecimiento o alguna acción: *el término de un viaje, llegar una carrera a su término, el término de un plazo, el término de un ejercicio* **2** Señal que fija los límites de un terreno, de una división política o administrativa, o de la extensión que cubre una autoridad: *el término norte de una propiedad, los términos del estado de Hidalgo, el término municipal* **3** Espacio de tiempo señalado para que algo suceda o se cumpla: "Presentarse a la oficina en un *término* de diez días" **4** Situación o estado en que alguien encuentra a otra persona o una cosa en cierto momento: "Encontré la casa en unos *términos* desastrosos" **5** Posición que ocupa algo en una serie o en una enumeración: *en primer término, poner en segundo término* **6** Cada uno de los puntos, datos, reglas, condiciones, razones o argumentos que entran en una exposición, una discusión, un contrato, etc: *los términos de la ley, los términos de la propuesta, establecer los términos del debate* **7** Palabra considerada en relación con aquello que designa: *un término científico, un término técnico* **8** *En último término* Como último recurso, si no hay otra solución: "*En último término,* le avisaremos más tarde lo que ha pasado" **9** *Estar en buenos* o *malos términos con alguien* Tener con alguien amistad o enemistad **II 1** (*Lóg* y *Gram*) Cada uno de los dos elementos que forman la proposición: sujeto y predicado **2** (*Mat*) Cada una de las expresiones numéricas o algebraicas que intervienen en una operación o en un cálculo; por ejemplo en: 4 + 8 + (2 × 3), cada número es un término y (2 × 3) es término a su vez **3** *Por término medio* En promedio, más o menos, aproximadamente: "*Por término medio* los niños entran a primaria a los seis años de edad".

termita s f Insecto del grupo de los isópteros y de distintas especies, de cuerpo alargado y patas largas, que forma colonias de gran cantidad de individuos, los cuales presentan características físicas diversas según la función que cumplan en la organización social; así, los machos y las hembras encargadas de la reproducción desarrollan alas durante la época de fecundación, en tanto que los soldados se caracterizan por tener la cabeza muy grande y enormes mandíbulas, y los obreros por ser más pequeños y por carecer, generalmente, de ojos. Vive en galerías que excava bajo la tierra o en montículos que construye con tierra y saliva, los cuales alcanzan varios metros de altura; se alimenta de madera y papel y es muy voraz, por lo que llega a constituir verdaderas plagas en las regiones tropicales donde habita.

termodinámica s f Rama de la física que se encarga de estudiar las relaciones entre los fenómenos térmicos y los fenómenos mecánicos, particularmente de la transformación de calor en trabajo y viceversa: *las leyes de la termodinámica*.

termómetro s m Instrumento que sirve para medir la temperatura. En su forma más común, de uso doméstico, consiste en un tubo de vidrio cerrado que termina en un pequeño depósito que contiene mercurio. Esta sustancia se dilata cuando se expone al calor y el nivel en el que se estabiliza indica la temperatura en una escala graduada en el mismo tubo: *poner un termómetro en la pared, leer el termómetro, un termómetro rectal*.

ternera s f **1** Cría hembra de la vaca, particularmente la que tiene menos de cuatro meses de nacida **2** Carne de ternero: *tallarines con ternera, ternera a la naranja*.

ternero s m **1** Cría macho de la vaca, particularmente la que tiene menos de cuatro meses de nacida: "Los *terneros* berreaban fuertemente" **2** *Ternero recental* El que todavía no ha pastado y se alimenta sólo de leche.

terno s m **1** Conjunto de tres piezas que hacen juego, principalmente el traje formado por tres prendas como saco, chaleco y pantalón o falda **2** Juego de taza y plato pequeño.

ternura s f Sentimiento de afecto que inspira la frescura, la inocencia o la candidez de un niño o de un retoño, la desvalidez de una persona o las cosas que se relacionan con ellos: *hablar con ternura*, "Lo miró con *ternura*", "Los niños le producen mucha *ternura*", *la ternura de una canción de cuna*.

terraja s f Herramienta que consiste en una barra de acero con un agujero enmedio, en donde se ajustan las piezas que labran las roscas de los tornillos, las tuercas, los tubos, etcétera.

terrateniente s y adj m y f Persona que posee tierras, particularmente la que es dueña de grandes extensiones agrícolas: "Un grupo de *terratenientes* controla la producción de jitomate".

terraza s f **1** Plataforma al aire libre que se construye como parte de una casa, de un departamento, de un edificio, etc: *comer en la terraza* **2** Plataforma horizontal de terreno cultivable, por lo general en forma de amplio escalón, que se construye en la ladera de una montaña, con ella se puede controlar el escurrimiento de las aguas y reducir la erosión: *terrazas de arroz*, "Siembran el maíz en *terrazas*".

terremoto s m Serie de sacudidas repentinas y violentas de la superficie de la Tierra, producida por alteraciones de la corteza terrestre debidas al movimiento de las placas tectónicas, a la erupción de un volcán, etc; en particular, la que es de gran intensidad y provoca graves daños a las construcciones o afecta la morfología del suelo; temblor, sismo: "El *terremoto* fue de ocho grados en la escala de Richter".

terrenal adj m y f Que se refiere a la vida material o a la vida en la Tierra, en oposición a la vida espiritual o divina; terreno: *intereses terrenales, sufrimientos terrenales, goces terrenales*.

terreno 1 adj Que pertenece a la Tierra o a la vida material; que se relaciona con ellas: *existencia terrena, vida terrena, comunidad terrena, realidades terrenas, espíritu terreno* **2** s m Extensión variable de tierra: "Compré un *terreno* para construir una ca-

sa", "Voy a cultivar mi *terreno*" **3** s m Conjunto de técnicas, conocimientos, etc que forman una actividad determinada: *el terreno de las artes, el terreno de la literatura, el terreno de la economía*.

terrestre adj m y f **1** Que se refiere al planeta Tierra: *órbita terrestre, corteza terrestre, superficie terrestre* **2** Que se refiere a la tierra en oposición al mar o al aire: *transporte terrestre, animales terrestres*.

terrible adj m y f **1** Que causa o inspira terror: *una guerra terrible, un temblor terrible* **2** Que causa una impresión fuerte y mala: *una película terrible, un actor terrible* **3** Ser alguien terrible Tener alguien un comportamiento que causa dificultades: "El niño *es terrible*", "El jefe *es terrible*".

terriblemente adv **1** De modo terrible, en forma espantosa, de manera que provoca horror: "Fue *terriblemente* golpeada por unos desconocidos" **2** De modo excesivo, con exageración, en grado sumo: "Se nos presenta todo de un modo *terriblemente* confuso", *terriblemente autoritarias, terriblemente abrumado*.

territorial adj m y f Que pertenece al territorio o se relaciona con él: *mar territorial, jurisdicción territorial, ley de protección territorial*.

territorio s m **1** Extensión de tierra delimitada en alguna forma: *territorio árido, un territorio inhóspito* **2** Extensión de tierra que pertenece a una nación, un país, un estado o una región: *territorio nacional, territorio mexicano, territorio apache, recorrer un territorio, territorio de Sonora* **3** Zona que cubre una autoridad: *el territorio de un juzgado*.

terror s m Miedo muy intenso, particularmente el causado por un peligro o una amenaza desconocidos, ante los cuales no se encuentra uno cómo protegerse: *terror a los reptiles, causar terror un maremoto, época del terror*.

terrorismo s m **1** Recurso violento, absoluto e indiscriminado con que alguien o alguna institución busca imponer sus creencias o sus objetivos a los demás: *terrorismo religioso, terrorismo literario* **2** Uso de la violencia, particularmente a base de bombas, secuestros, asesinatos, sabotajes, etc, con el fin de causar terror e inseguridad entre los habitantes de una población o entre los miembros de un grupo social, para alcanzar ciertos fines políticos: *terrorismo de izquierda, terrorismo de derecha*.

terso adj Que es liso, parejo, sin arrugas ni defectos, suave y agradable al tacto: *piel tersa*, "Rozaba suavemente con sus labios su vientre *terso*".

tertulia s f Reunión social a la que asiste un grupo pequeño de personas para realizar alguna actividad recreativa o cultural, principalmente la que se efectúa con cierta frecuencia: *las tertulias literarias, tertulia musical*, "Todos los domingos arman su *tertulia* en el casino".

tesis s f sing y pl **1** Proposición o conjunto de proposiciones acerca de algún tema o problema, al que se llega por medio de razonamientos y argumentos: *sostener una tesis, las tesis de la física contemporánea* **2** Trabajo que presenta un estudiante universitario a propósito de algún tema para aspirar al título correspondiente: *una tesis de licenciatura, defender la tesis*.

tesitura s f Altura propia de la voz de un cantante o de la extensión sonora de un instrumento: *la tesitura de barítono*.

tesorero s **1** Persona que se encarga de cuidar y manejar los fondos monetarios de un grupo, una organización, una dependencia, etc: "El *tesorero* del sindicato rindió su informe ante la asamblea" **2** Funcionario que tiene bajo su responsabilidad el tesoro público: *el tesorero del municipio, el tesorero de Jalisco, los malos manejos de tesorero.*

tesoro s m **1** Conjunto de objetos valiosos, como joyas, piedras preciosas, dinero, etc, que se encuentran reunidos en cierto lugar: *descubrir un tesoro*, "Enterramos el *tesoro*" **2** Conjunto de los bienes del Estado; tesoro público, erario **3** Persona o cosa de mucho valor o a la que se tiene gran aprecio: "Estos libros son su *tesoro*" **4** Diccionario que reúne la mayor cantidad posible de vocablos de una lengua, independientemente de su uso o desuso, generalidad o especialidad, con el fin de guardar memoria completa de ella.

testamento s m l **1** Declaración de la última voluntad de una persona, en la que dispone de sus bienes y nombra herederos **2** (*Der*) Acto jurídico, unilateral, personal, revocable, libre y formal, por medio del cual una persona física capaz dispone de sus bienes y derechos, y declara o cumple deberes para después de su muerte **3** *Testamento público abierto* El que se otorga ante notario en presencia de tres testigos idóneos, ante quienes el testador manifiesta su voluntad y, de acuerdo con ella, el notario lo redacta **4** *Testamento público cerrado* El que se entrega al notario en presencia de tres testigos en un sobre cerrado, lacrado y con la firma del testador, los testigos y el notario **5** *Testamento ológrafo* El escrito de puño y letra por el testador **ll 1** *Antiguo* o *Viejo Testamento* Parte de la Biblia que comprende los escritos de Moisés y todos los demás anteriores a la venida de Jesucristo **2** *Nuevo Testamento* Parte de la Biblia que contiene los evangelios y otras obras canónicas posteriores al nacimiento de Jesucristo.

testículo s m Cada una de las dos glándulas que forman parte del aparato reproductor masculino y que producen los espermatozoides. En el hombre tiene forma de huevo y está dentro de una pequeña bolsa, el escroto, que cuelga de la base del pene.

testigo s m y f **1** Persona que presencia un hecho o acontecimiento: "Fue el único *testigo* de nuestra entrevista" **2** Persona que da testimonio o declara sobre alguna cosa que conoce o presenció, generalmente ante un juez: "Lo llamaron como *testigo* del crimen" **3** *Testigo ocular* El que presenció o pudo ver aquello de que se trata, y tiene conocimiento directo de ello: *los testigos oculares de un delito* **4** *Testigo de cargo* (*Der*) El que declara en contra del procesado **5** *Testigo de descargo* (*Der*) El que declara en favor del procesado **6** *Testigo instrumental* (*Der*) El que hace su declaración ante un notario **7** (*Cientif*) Parte de los individuos, de los organismos, de las sustancias, etc que intervienen en un experimento, pero sin que se les aplique la prueba de que se trata, con la finalidad de poder después comparar con ellos los resultados que se obtuvieron: "En el *testigo* se obtuvo un mayor porcentaje de parasitismo".

testimonio s m **1** Declaración que alguien hace de algo que presenció o de alguna cosa que se supone sabe, particularmente en un juicio: "Su *testimo-*

nio fue decisivo para el jurado", *prestar testimonio* **2** Cosa que sirve como prueba de algo o que lo demuestra: "Aceptaron las cartas como *testimonio* de su relación con la difunta", "Le agradezco sus *testimonios* de afecto" **3** Documento legal en el que se da fe de algo: "El notario expedirá el *testimonio* donde constan sus bienes".

teta s f (*Coloq*) **1** Cada una de las mamas o pechos de la mujeres y de las hembras de los animales; chichi: "Empezó a picotear las *tetas* de la muchacha", "Andaban en la playa con las *tetas* al aire" **2** *Dar teta* Amamantar: "Claudia le *dio teta* a Julián hasta que cumplió un año" **3** *De teta* Que está en periodo de lactancia: "Tiene unas gemelitas de dos años y una bebé *de teta*".

tétanos s m sing y pl Enfermedad infecciosa aguda que ataca al sistema nervioso central. Es producida por una bacteria tóxica que se introduce al cuerpo por heridas externas no desinfectadas, particularmente cuando éstas son producidas por algún metal. Se caracteriza por causar rigidez muscular acompañada de espasmos intermitentes; cuando no se trata adecuadamente puede ocasionar la muerte por asfixia: *vacuna contra el tétanos.*

tetilla s f (*Anat*) En los hombres y en general en los machos de los mamíferos, cada uno de los pezones poco desarrollados.

textil adj m y f **1** Que está compuesto por hilos que pueden tejerse: *fibra textil*, "El henequén es una planta *textil*" **2** Que pertenece a la fabricación de tejidos o de telas o se relaciona con ella: *industria textil, ingeniería textil.*

texto s m **1** Conjunto de signos lingüísticos, en particular los escritos, con el que se comunica algo: *un texto científico, un texto literario* **2** Parte citada de una obra escrita: *un texto constitucional, un texto bíblico* **3** Conjunto de lo escrito en un libro, aparte de su portada, sus notas, sus índices, etc **4** *Texto de enseñanza* El que se considera como base para la enseñanza de algo.

textual adj m y f **1** Que pertenece al texto, se refiere a un texto o se relaciona con él: *análisis textual* **2** Que reproduce con exactitud un texto o lo que alguien ha dicho: "Las citas *textuales* se escriben entre comillas", *palabras textuales.*

textura s f Calidad de la superficie de algo; modo característico en que está conformada la superficie de una cosa, particularmente cuando se puede apreciar con el tacto o con la vista, como en los tejidos y en algunas pinturas: *la textura de una tela, la textura de los cuadros de Velázquez*, "La *textura* de su piel es muy suave".

tezontle s m Piedra volcánica porosa de color rojo oscuro: *una barda de tezontle.*

thinner s m Sustancia volátil e inflamable hecha a base de disolventes, que se emplea para diluir lacas, barnices y pinturas. (También *thiner* y *tiner.*)

ti pronombre de segunda persona singular. Se usa siempre con preposición: *a ti, de ti, hacia ti, por ti, para ti.* Cuando se utiliza la preposición *con*, es *contigo.*

tianguis s m sing y pl Grupo de puestos provisionales, más o menos extenso, para vender o intercambiar mercancías de muy diversa índole, que generalmente se instala en determinado lugar un día fijo de la semana; mercado.

tibia s f (*Anat*) Hueso mayor, interno, de los dos que se hallan entre la rodilla y el pie de algunos vertebrados como el ser humano.

tibio adj **1** Que tiene una temperatura intermedia entre lo frío y lo caliente; templado: *aire tibio, agua tibia, una tarde tibia* **2** Que tiene poca intensidad al hacer o expresar algo: *tibio contraataque, respuesta tibia, una tibia recepción.*

tiburón s m Animal marino, elasmobranquio, del orden de los escualos, cuyo tamaño varía entre menos de 1 m y más de 14 m de largo, según la especie a la que pertenezca; se caracteriza por tener el cuerpo alargado, fusiforme, con varias aberturas branquiales a cada lado de la cabeza, la boca grande en forma de arco o media luna, provista de varias hileras de dientes filosos, aletas de forma trapezoidal o triangular, y piel dura, cubierta por numerosos granitos espinosos. La carne de algunas de su especies es comestible; de su hígado se extrae un aceite rico en vitaminas A y D, mientras que su piel se emplea para pulir madera y otros materiales. Es un animal muy voraz y algunas de sus especies mayores atacan ocasionalmente al ser humano, por lo que son muy temidas: *tiburón blanco, tiburón chato*, "En estas playas sí hay *tiburones* pero no se acercan a la orilla".

tic s m **1** Movimiento rápido, repetitivo e involuntario de uno o más músculos, generalmente de la cara, y análogo a un movimiento voluntario, como el parpadeo, que puede deberse a un hábito gestual nervioso o formar parte de un trastorno neurológico: "Padecía un *tic* nervioso que la obligaba a abrir desmesuradamente los ojos" **2** Actitud o gesto estereotipado que alguien adopta recurrentemente: "Tiene muchos *tics* de actor".

tico adj y s (*Coloq*) Que es originario de Costa Rica, pertenece a este país o se relaciona con él; costarricense: *la comida tica*, "Tengo unos amigos *ticos*", *la capital tica.*

tiempo s m **I 1** Medida de la sucesión de estados por los que pasa la materia, de su movimiento, su cambio o su transformación: *el tiempo del universo, el tiempo del mundo, el tiempo de la vida* **2** Medida convencional del desarrollo de algo, como los segundos, las horas, los años, los siglos, etc **3** Medida de la existencia de alguna cosa o de alguna acción desde su principio o nacimiento: *un corto tiempo, un tiempo de cinco años*, "Te espero desde hace *tiempo*" **4** Momento o plazo adecuado, posible u oportuno para hacer algo: *tener tiempo, cada cosa a su tiempo* **5** *A tiempo* En el momento debido u oportuno: *llegar a tiempo, huir a tiempo* **6** *De tiempo en tiempo* De vez en cuando, a veces: "Hacemos fiestas de *tiempo en tiempo*" **7** *Matar el tiempo* Hacer alguna cosa entre tanto sucede otra o sólo para divertirse **8** Cada uno de los actos, acciones o partes en que se divide algún acontecimiento, alguna actividad o algún fenómeno: *el primer tiempo de un partido de futbol, un tiempo de una sinfonía, el tiempo de maduración de una fruta* **9** (*Mús*) Velocidad con la que se ejecuta un movimiento de una obra musical: *a tiempo de vals, a tiempo lento, a tiempo de allegro* **10** (*Mús*) Medida de la duración de las notas que forman un compás, como $^2/_4$, $^4/_4$, $^6/_8$, etc **II 1** Estado de la atmósfera en un momento dado: *hacer buen tiempo, tiempo lluvioso* **2** *Al tiempo* A la temperatura ambiente: *un refresco al tiempo* **III** (*Gram*) Flexión del verbo, que

situúa la acción significada por él con respecto al momento en que se enuncia —antes, simultáneamente o después— o con respecto a algún otro momento determinado en la propia oración en que aparece —anterior, simultáneo o posterior—. En español se expresa en formas *simples*, como *amo, amaba, canté, subiría*, etc y *compuestas* por el verbo auxiliar *haber* y el participio del verbo en cuestión (Véase "Uso de los tiempos verbales", p 23).

tienda s f **1** Establecimiento o local en el que se vende cierto tipo de mercancías: *una tienda de ropa, una tienda de abarrotes* **2** *Tienda de campaña* Casa o refugio armable para dormir en el campo o en la playa, que consiste en una estructura o armazón que se encaja en la tierra para sostener una tela que la cubre, con frecuencia impermeable para protegerse de la lluvia.

tienta 1 *A tientas* Sin poder ver, palpando o tentando: *caminar a tientas, andar a tientas* **2** s f (*Tauro*) Prueba que se hace de la bravura de una vaquilla, para predecir la de los toros que posteriormente engendre; generalmente se hace azuzándola con una garrocha, para probar su embestida; otras, toreándola.

tiento s m **1** Delicadeza y prudencia para tratar alguna cosa con una persona o para hacer algo que la afecte: "Hay que darle la noticia con *tiento*", "Le quitó con mucho *tiento* el cordón que lo apretaba" **2** (*Hipo*) Cada una de las correas largas que lleva a los lados la silla de montar y que sirven para atar el cabestro de la bestia que se monta, o para asegurar la maleta o el sarape del jinete: "Los *tientos* eran de gamuza", "Iba tras la silla, prendido a los *tientos*" **3** Rasgueo armonioso que hace el guitarrista como ensayo antes de comenzar a tocar una pieza **4** (*Mús*) Composición musical española, popular en el Renacimiento y el Barroco, de forma libre, generalmente para vihuela, guitarra o clavicémbalo, como algunos de Alonso de Mudarra.

tierno adj **1** Que es de corta edad, de germinación reciente, de poco tiempo de vida o de reciente elaboración: *fruta tierna, nopalitos tiernos, tierna infancia, pan tierno* **2** Que provoca o muestra ternura: "Valeria es una niña muy *tierna*", *una mirada tierna, una madre tierna.*

tierra s f **1** Planeta en el que vivimos, tercero en distancia de los que giran alrededor del Sol (se escribe con mayúscula): *la rotación de la Tierra, de la Tierra a la Luna* **2** Superficie de este planeta que no está cubierta por agua: *tierra a la vista, llegar a tierra* **3** Material desmenuzable compuesto por partículas minerales y orgánicas que forman esa superficie o el suelo del planeta: *un puño de tierra, tierra húmeda, productos de la tierra* **4** Superficie o terreno que se puede cultivar: "La *tierra* es de quien la trabaja" **5** Lugar donde ha nacido una persona: "Me voy para mi *tierra*", "¡Viva mi *tierra*!" **6** *Tierra firme* La que pertenece a un continente **7** *Tomar* o *tocar tierra* Aterrizar un avión o llegar a puerto una embarcación **8** *Tierra adentro* Lugar que en los continentes y en las islas está distante de las costas o de las riberas **9** (*Elec*) Suelo, considerado como polo y conductor eléctrico de potencial prácticamente nulo, y cable o instalación que se dispone para conducir al suelo una carga eléctrica **10** *Dar en tierra con algo* o *con alguien* Derribarlo o arruinarlo **11** *Venirse a tierra algo* Caerse, fracasar o arruinarse alguna cosa: "El avión *se vino a tierra*", "Nuestros proyectos *se vinieron a tierra*" **12** *Echar algo por tierra* Deshacer, destruir o echar a perder algo; acabar con las esperanzas que se tenían en algo: "Los resultados *echaron por tierra* sus pronósticos", "*Echó por tierra* mis sueños" **13** *Echar(le) tierra a algo* (*Coloq*) Ocultarlo, tratar de que no se sepa o intentar olvidarlo: *echarle tierra a un asunto, echarle tierra a un fraude* **14** *Echarle tierra a alguien* (*Coloq*) Hablar mal de él: "Aprovechó la situación para *echarle más tierra* al procurador" **15** *Tragarse a alguien la tierra* (*Coloq*) Desaparecer alguien, no volverse a saber nada de él: "Después de ser presidente *se lo tragó la tierra*".

tieso adj **1** Que está duro, rígido, que no puede doblarse o moverse fácilmente; que ha perdido flexibilidad, tratándose de materia naturalmente blanda o flexible: "Avancé a gran velocidad, con los miembros *tiesos* de pánico", *tortillas tiesas, pelo tieso, ponerse tieso* **2** Que carece de gracia y soltura en sus movimientos o actitudes; que carece de naturalidad o resulta inexpresivo: "Jaime es muy *tieso* para bailar", *una actriz tiesa,* "Un monumento grandilocuente y fostuoso, digno de esa *tiesa* estatuaria que desola las plazas y las glorietas del país" **3** s y adj (*Popular*) Muerto, difunto: "Lo dejaron *tieso* de un balazo", "Se quedó *tiesa* del susto".

tifo s m (*Med*) **1** Tifus **2** *Tifo abdominal* Tifoidea.

tifoidea s f Enfermedad infecciosa producida por el bacilo de Eberth (*Salmonella typhosa*) que entra al organismo por vía digestiva y se alberga en el intestino, en el bazo y en los ganglios mesenterios. Sus síntomas principales son estupor, diarrea, erupción de manchas rosadas en el abdomen y en la espalda, y fiebre alta que suele durar tres semanas. Puede ocasionar graves ulceraciones y perforaciones en el intestino y aumento del volumen del bazo, y llegar a causar la muerte cuando no se trata oportunamente; fiebre tifoidea.

tifus s m (*Med*) **1** Género de enfermedades infecciosas producidas por distintas especies del bacilo *Rickettsia*; su pronóstico es grave y sus síntomas característicos son fiebre alta, postración y delirio **2** *Tifus abdominal* Tifoidea **3** *Tifus exantemático o petequial* Enfermedad febril, infecciosa y contagiosa, producida por la *Rickettsia prowazekii*, que es transmitida al ser humano por los piojos *Pediculus humanus corporis* y *Pediculus humanus capitis*. El enfermo sufre una gran depresión física y mental, la temperatura le sube mucho y tiene erupciones en todo el cuerpo **4** *Tifus murino* Forma del *tifus exantemático* producida por la *Rickettsia typhi* que es transmitida al ser humano por ratas contaminadas por la picadura de la pulga de la rata (*Xenopsylla cheopis*).

tigre s m **1** (*Felis tigris*) Mamífero carnívoro de la familia de los félidos, parecido al gato pero de gran tamaño, pues llega a medir más de 3 m de largo, pelaje amarillo atravesado por rayas negras, con excepción del vientre, que es blanco. Habita en Asia y es muy temido por su gran ferocidad **2** (*Felis onca*) Felino americano de gran tamaño y pelaje amarillo con manchas negras, como el leopardo y el jaguar **3** *Ser alguien un tigre* Ser muy agresivo y violento al atacar y al defenderse.

tijera s f **1** Instrumento cortante compuesto por dos hojas filosas del mismo tamaño, generalmente puntiagudas en un extremo y provistas de un ojo en el otro, que se cruzan en un punto donde las sujeta un eje que les permite girar para superponerse y cortar lo que se interpone entre ellas: *tijeras para papel*, "La abertura se amplía con *tijeras*", "Le cortaron el pelo con *tijera*" **2** Pieza, objeto o mecanismo formado por dos partes largas que se cruzan o se unen en algún punto: *la tijera de una bicicleta, la tijera de un techo de dos aguas* **3** *De tijera* Que tiene un mecanismo formado por dos piezas que se cruzan y se articulan en un punto, lo que permite extenderlo o plegarlo: *silla de tijera, escalera de tijera* **4** (*Dep*) En las luchas, llave que consiste en prensar al contrincante con las piernas, cruzando una sobre otra, para derribarlo **5** (*Dep*) Tiro que efectúa un jugador de futbol lanzándose de espaldas y de lado, levantando y cruzando las piernas para pegarle a la pelota en el aire: "Metió un gol de *tijera*" **6** *Cortado(s) con* o *por la misma tijera* (*Coloq*) Tratándose de dos o más personas, que tienen caracteres similares o se parecen entre sí: "Luis y Pedro están *cortados por la misma tijera*".

tila s f **1** Árbol de la familia de las tiliáceas y de distintas especies (principalmente la *Tilia mexicana*), que tiene hojas cordadas con los bordes aserrados y flores pequeñas de color amarillo, que crecen en cimas terminales, las cuales nacen en una bráctea larga y angosta. Con sus hojas se prepara una infusión empleada para combatir la excitación nerviosa y el insomnio, así como los cólicos y la tos **2** (*Ternstroemia sylvatica*) Árbol pequeño que alcanza aproximadamente 4 m de altura, de hojas angostas, oblongo-lanceoladas y flores axilares de color blanco; el té hecho con sus hojas se emplea en medicina tradicional como calmante; tila grande.

tilde s m o f Pequeño trazo que se escribe sobre alguna letra para distinguirla de otras, como el acento, el que caracteriza a la letra *ñ*, etcétera.

tiliche s m (*Coloq*) Pertenencia personal, de poco valor a causa del uso o del maltrato: "Busca entre tus *tiliches* para ver si tienes esa pieza", "En ese cuarto guardamos los *tiliches*".

timbal s m Especie de tambor constituido por una caja en forma de media esfera, generalmente de cobre, cubierta por una membrana cuya tensión se puede regular por medio de llaves para variar su tono; en las orquestas modernas suele haber dos o tres de estos instrumentos de percusión, afinados en distinta nota; tímpano: *tocar los timbales*.

timbre[1] s m **1** Mecanismo que emite un sonido agudo y penetrante para llamar la atención o alertar en contra de un posible daño o peligro; consta, por lo general, de una campana semiesférica y de un pequeño martillo que la hace sonar al golpearla repetidas veces, movido por impulsos eléctricos o por un resorte: "Tocaron el *timbre* de la casa", *el timbre del despertador, el timbre del teléfono* **2** Tono y tesitura en que suena un instrumento musical o una voz y que lo distingue de otros del mismo tono o intensidad: *el timbre del oboe, el timbre de la flauta, el timbre de la cantante*.

timbre[2] s m Comprobante del pago de los derechos postales o de ciertas obligaciones con el Estado que se pega en los sobres o paquetes de la correspondencia y en algunos documentos oficiales; generalmente es una estampa pequeña rectangular o cuadrada en la que está impresa la cantidad que ampara; estampilla: "Harán una emisión de *timbres* alusivos a los juegos olímpicos", *timbres fiscales*.

timidez s f Carácter de aquel que siente miedo, inseguridad o vergüenza en el trato normal con otras personas; actitud con la que se manifiesta este carácter: *la timidez de un joven*, "Me pide con *timidez* que les tome una fotografía".

tímido adj **1** Que no se atreve a hablar o a actuar en público, que siente vergüenza o miedo ante el trato social, o que es inseguro y le cuesta trabajo entrar en confianza: "No seas *tímido* y dame un beso", "Yo era *tímido* hasta entonces", "Mónica es una niña muy *tímida*, estudia pero no participa en clase" **2** Que tiene poca decisión, fuerza o seguridad: *una respuesta tímida*.

timón s m **1** Plancha de madera o de metal que se coloca verticalmente en el lugar en que termina la popa de una embarcación y que sirve para dirigirla o gobernarla **2** Pieza similar de submarinos y naves aéreas **3** Pieza y mecanismo que mueven y controlan dicha plancha desde dentro de la embarcación, el avión o el submarino: *llevar el timón* **4** Pieza alargada, de madera o metal, semejante a una lanza, que une el arado con el animal de tiro **5** Dirección o gobierno de un negocio, una empresa o una institución: *coger el timón, perder el timón*.

tímpano s m **1** Porción del órgano auditivo que comprende el aparato transmisor del sonido y el órgano de acomodación. Es una cavidad irregular, situada en la base del cráneo, que contiene los huesecillos del oído (martillo, yunque, estribo y lenticular); se comunica con las fosas nasales por medio de la trompa de Eustaquio y con el oído externo por una membrana extendida y tensa (membrana timpánica); oído medio **2** (*Mús*) Timbal **3** (*Impr*) Base o marco acolchonado en el que se coloca el papel en las prensas.

tina s f Recipiente grande y profundo, rectangular o redondo, fijo o portátil, hecho generalmente de lámina, cerámica o plástico, que se usa para bañarse, para lavar ropa, etc: *baño de tina, meterse a la tina*.

tinaco s m Recipiente o depósito grande, generalmente cilíndrico y muy profundo, de metal, de asbesto o de fibra de vidrio, que se usa para contener y almacenar agua en las casas; generalmente se coloca en las azoteas, desde donde se distribuye el agua a través de una tubería.

tiniebla s f Oscuridad profunda y sobrecogedora: "En el camino cayeron por completo las *tinieblas*", "Avanzaron despacio y en *tinieblas* por ambos lados de la cañada", "Dentro de mi alma / ya no hay *tinieblas* / ya no hay *tinieblas* / ya salió el sol".

tino s m **1** Acierto o buena puntería para dar en el blanco al que se apunta: *tener buen tino* **2** Habilidad para hacer o decir algo en la forma más acertada, conveniente y adecuada: *hablar con tino*.

tinta s f **1** Sustancia, generalmente líquida y de color negro, que se usa para escribir, dibujar o imprimir sobre papel: *acabársele la tinta a una pluma, mancha de tinta, tinta de imprenta* **2** Dibujo o cuadro hecho con esta sustancia: "Compró dos *tintas* de Cuevas" **3** Color de esta sustancia: "La portada del libro fue impresa a dos *tintas*" **4** Líquido que se

emplea para teñir algo de algún color, generalmente negro: *tinta para zapatos* **5** Líquido que segregan los pulpos, los calamares y otros moluscos para protegerse tiñendo el agua de un color oscuro **6** *Tinta invisible* o *tinta simpática* La que sólo permite ver lo que se ha escrito o trazado con ella después de aplicarle un reactivo **7** *Media tinta* En pintura, capa de tono intermedio que se aplica a un fondo sobre el cual se pintan luego los claros y los oscuros **8** *Medias tintas, a medias tintas* Tratándose de ideas, opiniones, noticias, etc, las que son vagas e imprecisas; las que se tienen o dan sin precisión, de manera vaga o indeterminada: "Sólo acertó a decir *medias tintas*", "Entendió todo, pero a *medias tintas*" **9** *De buena tinta* De persona o institución digna de crédito y confiable: *saber algo de buena tinta* **10** *Sudar tinta* Costarle a alguien mucho esfuerzo hacer alguna cosa: "*Sudamos tinta* para redactar la definición de esta palabra".

tinte s m **1** Acto y resultado de teñir; teñido: "Me cobraron cien pesos por el corte de pelo y el *tinte*" **2** Sustancia colorante con la que se tiñe: *tintes para telas* **3** Tonalidad del color de alguna cosa: "En cuanto a la coloración, puede mostrar un *tinte* rosado" **4** Matiz o carácter determinado que muestra alguna cosa, principalmente cuando no es determinante, notorio o evidente: "Dieron al reportaje un *tinte* amarillista" **5** Control de los aparatos de televisión o los monitores de computadora con el que se regula la intensidad de los colores de la imagen **6** (*Haematoxilan campechianum*) Árbol espinoso de la familia de las leguminosas que alcanza hasta 15 m de altura; tiene el tronco retorcido y las ramas hendidas, hojas pinadas, con hojuelas anchas, flores amarillas que despiden un olor desagradable y vainas aplanadas y cortas. De su madera se extrae una sustancia colorante amarillo rojiza que se emplea para teñir. Se cultiva en los estados del sur y sureste del país; tinta, palo tinte, palo de Campeche.

tinto adj **1** Que es de color rojo oscuro: *vino tinto* **2** Que está manchado o teñido: *tinto en sangre*.

tiña s f Enfermedad contagiosa del cuero cabelludo que puede extenderse a otras partes del cuerpo; es producida por un hongo (*Achorion schoenleinii*) que se desarrolla en los folículos pilosos. Se caracteriza por la aparición de costras amarillentas, secas, que despiden un olor peculiar y se agrupan en forma de panal en el cuero cabelludo; puede ocasionar la pérdida completa del pelo; tiña favosa.

tío s Con respecto a una persona, el hermano de su padre o de su madre.

típicamente adv De manera típica, característica, peculiar: *una tienda típicamente mexicana, peces típicamente migratorios, una paisaje típicamente hondureño, típicamente vestida*.

típico adj Que es característico, peculiar o representativo de algo o de alguien, generalmente de las costumbres de un país, una región o una época: *traje típico, baile típico, comida típica mexicana*.

tipo s m **1** Objeto que sirve como ejemplar, modelo o paradigma de otros que se basan en él o se copian de él: *un tipo de avión, un nuevo tipo de estructura* **2** Conjunto de las características o propiedades que definen a un conjunto de cosas o de personas: *un tipo de individuo, tipo asiático, un vestido de tipo juvenil, un tipo de queso* **3** Clase o naturaleza de algo:

cierto tipo de trabajo, mercancías de varios tipos **4** Figura o actitud corporal de una persona: *buen tipo, una mujer de tipo distinguido* **5** s Persona, considerada como diferente de otras, pero sin individualizarla: *un tipo con cara criminal*, "¡Qué *tipo*! ¡Siempre ha sido así!", "¿Y quién es esa *tipa*?" **6** Cada una de las figuras de letras, números, etc, de metal u otro material, que se usa en una imprenta: *tipo Bodoni, tipo Baskerville, tipo Garamond*.

tipografía s f **1** Conjunto de las técnicas y los procedimientos que permiten reproducir textos por medio de caracteres o tipos en relieve, que se imprimen en papel **2** Estilo o forma en la que se imprime un texto, en lo que se refiere al tipo de los caracteres, la formación de las páginas, etc: "Se cuidó mucho la *tipografía* del diccionario para que su lectura fuera clara y atractiva".

tira[1] s f **1** Pedazo largo y angosto de una cosa delgada: *tira bordada, una tira de boletos, tira de metal, tiras de tela adhesiva, tira de cartón, tocino en tiras* **2** *Tira cómica* Serie de dibujos o caricaturas en que se narra una pequeña historia cómica.

tira[2] s m y f (*Caló*) Policía: "Me apañó la *tira* y me dio una zoquetiza chida, mano", "¡Aguas, ahí vienen los *tiras*!", *el pinche tira*.

tirada s f I Acto de tirar con un arma: "En *tirada* de jabalina quedó en cuarto lugar", "Compró el rifle porque le gusta eso de la *tirada*" II **1** (*Impr*) Acto de imprimir algún libro o periódico **2** (*Impr*) Total de ejemplares impresos en un solo turno o de una sola edición; tiraje **3** Serie o conjunto de cosas de la misma especie que se hacen de una vez, en un solo turno, sin interrupción: *una tirada de versos* **4** *De* (*o en*) *una tirada* (*Coloq*) De una sola vez, sin interrupción: "Hizo el recorrido *de una tirada*" III (*Coloq*) Propósito, meta u objetivo que tiene alguien: "La *tirada* es terminar el trabajo el año próximo", "No sé cuál es su *tirada*, pero ya me fastidió verlo todos los días aquí" IV (*Caló*) Manera de robar que consiste en que el ladrón tire al suelo un paquete de supuestos billetes para que su víctima lo encuentre pero, al ser requerido por el ladrón de que lo comparta con él, termine por darle dinero para quedarse con el paquete.

tirado I pp de *tirar* II adj **1** Que ha quedado sobre el suelo o alguna otra superficie horizontal y, a veces abandonado por alguien: "Me encontré un reloj *tirado*", "Está *tirado* sobre la banqueta", "Se pasa el día *tirada* en la cama" **2** Que se ha abandonado o entregado a algo, falto de ánimo o voluntad: *tirado a los vicios, tirado al juego*, "Mira como ando, mujer, por tu querer / *tirado* a la borrachera y a la perdición" **3** *No estar* o *no andar tan tirado* (*a la calle*) (*Coloq*) No estar tan mal o en muy malas condiciones, o no andar mal vestido y arreglado: "Su novio *no está tan tirado a la calle*", "Ese coche todavía *no está tan tirado*", "Gana poco, pero *no anda tan tirado a la calle*" **4** (*Mar*) En relación con un barco, que tiene mucha eslora y poca altura de casco.

tirador adj y s **1** Persona que sabe tirar o disparar con un arma y acertar en el blanco: "Expertos *tiradores*, ubicados en lugares estratégicos", "Llegó a ser un gran *tirador*" **2** (*Ver N, Ver S* y *Tab*) Instrumento en forma de Y, generalmente hecho de una horqueta, que tiene ligas elásticas en cada uno de sus extremos superiores y un pedazo de piel en los otros extremos de las ligas, con el que se disparan piedras **3** (*Rural*) Persona que tira o esparce la semilla en la siembra al voleo.

tiraje s m (*Impr*) **1** Acto de imprimir los ejemplares de una edición de un libro o de un periódico: *comenzar el tiraje, hacer el tiraje* **2** Número de ejemplares que se imprimen: "El *tiraje* consta de mil ejemplares más sobrantes para reposición".

tiranía s f **1** Gobierno que domina al pueblo y ejerce el poder de una manera injusta, arbitraria y cruel, sin respeto a ninguna ley: *luchar contra la tiranía, derrocar a la tiranía* **2** Empleo duro y arbitrario de la autoridad; abuso de cualquier poder, fuerza o ventaja para imponer algo: "Nunca pudo escapar de la *tiranía* de su familia".

tiránico adj Que pertenece a la tiranía, ejerce esta forma de poder o se relaciona con ella: *gobierno tiránico, represión tiránica*.

tiranizar v tr (Se conjuga como *amar*) **1** Gobernar o ejercer el poder en forma despótica y arbitraria; implantar una tiranía **2** Imponer alguien su voluntad a otros obligándolos por la fuerza.

tirano adj y s **1** Que gobierna o ejerce el poder en forma despótica, arbitraria y cruel, sin apego a las leyes ni a la razón: *gobierno tirano, derrocar al tirano* **2** Que impone su voluntad de manera arbitraria, que es muy dominante: "Fue una *tirana* con su hijo", *un padre tirano*.

tirante adj y s m **1** Que está muy tenso o estirado, a veces tanto que puede romperse o reventarse: "Esta línea mantendrá la red siempre *tirante* y tendida hacia la superficie", *dejar tirante la cuerda* **2** Que resulta difícil mantener o armonizar, tratándose de relaciones entre personas o entre instituciones o estados: "La famosa aunque un tanto *tirante* amistad entre Goethe y Schiller, no es un caso frecuente en la historia de la literatura", "Las relaciones entre México y los Estados Unidos son cada día más *tirantes*" **3** Cada una de las dos tiras de tela o elástico que sostienen de los hombros una prenda de vestir, especialmente pantalones o faldas: *usar tirantes, ponerse los tirantes* **4** Cuerda o correa para tirar de un carruaje **5** En la construcción, pieza, viga o cable que soporta un esfuerzo de tensión y sostiene o nivela una estructura **6** Cada uno de los tres hilos del papalote, que unidos entre sí y al cordel le dan el equilibrio y la inclinación necesarios para que suba cuando hay viento.

tirar v tr (Se conjuga como *amar*) I **1** Hacer caer alguna cosa o a alguna persona empujándola o aventándola: *tirar un libro, tirar la leche, tirar un boxeador a otro* **2** Echar algo a la basura o deshacerse de ello: *tirar los huesos del pollo, tirar papeles, tirar un suéter viejo* **3** Destruir alguna construcción o alguna cosa que está en pie: *tirar una casa, tirar una estatua, tirar una pared, tirar un árbol* **4** Lanzar algún proyectil o dispararlo con un arma: *tirar piedras, tirar la pelota, tirar flechas, tirar un balazo, tirar una bomba* **5** Mover alguna parte del cuerpo para golpear o dañar algo o a alguien: *tirar una patada, tirar un mordisco* **6** prnl Darse uno impulso para caer de cierta manera en alguna parte: *tirarse un clavado, tirarse en paracaídas, tirarse al suelo* **7** prnl Dejarse uno caer horizontalmente en alguna parte: *tirarse en la cama, tirarse en el suelo* **8** *Tirarse a matar* (*Tauro*) Lanzarse el torero sobre el toro para clavarle la espada **9** Dejar algo en desorden: "No *tiren* los juguetes" **10** Usar alguna cosa inadecuadamente y causar con ello su desgaste, su consumo o su pérdida; desperdiciar: *tirar el agua*, *tirar el dinero* **11** Imprimir cierto número de ejemplares de un libro, un periódico, etc: "*Tiraron* una edición de diez mil ejemplares" **II 1** *Tirar a* (*Coloq*) Tender alguien a convertirse en alguna cosa: "*Tira a* músico", "Su hija *va tirando* cada vez más a soltera", *tirar a presidente* **2** *Tirar a* (*Coloq*) Tener algo o alguien cierta cualidad o característica que parece semejante a otra o a alguna de otra cosa o de otra persona: "Su pelo *tira a* negro", "Los rasgos de su cara *tiran a* los de su padre" **3** *Tirarle a* (*Coloq*) Intentar alguien lograr o convertirse en alguna cosa: *tirarle a jefe*, "¿A qué *le tiras*?" **III** Dibujar una línea de un punto a otro **IV** Hacer fuerza algo o alguien con una cuerda o con las manos, para que otra cosa u otra persona se le acerque o se mueva; jalar: *tirar los bueyes de una carreta*, *tirar la cuerda hacia uno*.

tiro¹ s m **I 1** Acto de lanzar o tirar alguna cosa: *tiro con arco*, "Hizo varios *tiros* con su resortera" **2** Acto de lanzar o golpear una pelota, una bola, etc, en algunos deportes: "Nunca falla sus *tiros* a la canasta", "Metió gol con un *tiro* de castigo" **3** Disparo que se hace con un arma de fuego, proyectil que con ella se lanza, sonido que produce y marca que deja en el lugar del impacto: "De tres *tiros* que le dieron nomás uno era de muerte", "Le quedan dos *tiros* a la pistola", "Había dos *tiros* en la pared" **4** *Tiro de gracia* El que se da a una persona o a un animal que está agonizando, para rematarlo **5** *Salirle a uno el tiro por la culata* (*Coloq*) Hacer alguien una cosa buscando una consecuencia determinada y resultar que obtiene la contraria: "Le llevó gallo para conquistarla y le *salió el tiro por la culata*", "Quiso ser amable y le *salió el tiro por la culata*" **6** *Tiro al blanco* Deporte, ejercicio o juego que consiste en disparar con un arma o en lanzar alguna cosa a un blanco; lugar acondicionado para practicarlo: "Ganamos en las pruebas de *tiro al blanco*", "En la feria hay varios puestos de *tiro al blanco*" **7** En algunos juegos, cada una de las veces que un jugador tira o le toca su turno: *un tiro de dados*, "Si caes en el pozo pierdes dos *tiros*" **8** Canica con la que tira el jugador para golpear las demás **II** (*Popular*) Pleito que tiene una persona con otra: *echarse un tiro*, "Al *tiro*, vampiro, porque lo tiro, lo piro, lo güiro, lo pateo, lo cateo y, si se cae, lo meo" **III 1** Acto de imprimir o tirar un libro, una revista, etc; tirada: "Es una publicación con *tiro* periódico" **2** Número de ejemplares de una obra que se imprimen de una vez; tiraje, tirada: "El libro tendrá un *tiro* de tres mil ejemplares" **IV** (*Coloq*) **1** *De a tiro* Verdadera, total o absolutamente: "*De a tiro* hiciste mal", "Nos tratan *de a tiro* mal" **2** *Ni a tiros* De ninguna manera: "Éste no se casa *ni a tiros*", "*Ni a tiros* se mete al agua" **3** *Estar, quedar*, etc *algo o alguien al tiro* Estar, quedar, etc algo o alguien muy bien, listo o preparado para algo: "La película *está al tiro*", "La bicicleta *quedó al tiro*" **4** *Andar echando tiros* Estar alguien muy elegante, llamar la atención por el cuidado y atractivo de su arreglo: "*Anda echando tiros* con su traje nuevo" **V** Conjunto de animales que jalan un carro, un arado, etcétera.

tiro² s m **1** Abertura o pozo que comunica una galería subterránea con la superficie y sirve para ventilarla: *el tiro de una mina* **2** Hueco de una chimenea que va desde su base hasta el techo, por el que sale el humo al exterior y por donde entran las corrientes de aire que facilitan la combustión **3** Tramo de una escalera **4** Longitud de una tela o de una pieza de tejido **5** En un pantalón, distancia que va desde la unión de las piernas hasta la cintura: "Ese pantalón me queda grande del *tiro*".

tiroides s m f sing y pl Glándula endocrina situada en la zona media y anterior del cuello, por delante de los anillos de la tráquea; está formada por dos lóbulos unidos por una zona estrecha llamada istmo; segrega diversas hormonas para cuya síntesis es indispensable el yodo; la principal es la tiroxina, que regula el metabolismo basal e intermedio y también los fenómenos del crecimiento. A su vez la secreción de esta glándula viene regulada por el lóbulo anterior de la hipófisis y por el hipotálamo.

tirón s m **1** Acto de tirar o jalar con violencia y súbitamente; jalón: *dar un tirón*, *un tirón de orejas* **2** *De un tirón* De una vez, sin interrupción y sin parar: "Nos fuimos hasta Mazatlán *de un tirón*" **3** Esfuerzo que hace alguien para lograr finalmente alguna cosa: "Ándale, ya estás acabando, te falta el último *tirón*".

tirria s f (*Coloq*) Sentimiento de aversión, antipatía, disgusto y repulsión ante algo o alguien: *tenerle tirria a una persona*, *darle tirria alguna cosa*.

titán s m **1** En la mitología griega, cada uno de los gigantes hijos de Urano (el Cielo) y Gea (la Tierra) que vencieron a Cronos, tomaron el cielo y fueron más tarde derrotados por Zeus y arrojados al Tártaro **2** Persona o cosa que destaca por su vigor o su fuerza: "Las pirámides son obras de *titanes*" **3** Persona que destaca por tener enormes cualidades para algo: *un titán de la canción ranchera*.

titubear v intr (Se conjuga como *amar*) **1** Tener dificultad para realizar cierta acción, o para moverse de cierta manera: "El anciano *titubeaba* frente al escalón, sin decidirse a elevar el pie" **2** Tener dificultad para decidirse a actuar de cierta manera: "Sergio *titubeaba* entre despedirse o permanecer en la puerta", "Alfonso *titubeó* al tomar el micrófono".

titubeo s m Acto de titubear: "Esto ha sido resuelto sin (*titubeos*, sin vacilaciones", "Da, sin *titubeos*, la respuesta adecuada".

titulado I pp de *titular*: "De mis compañeras se han *titulado* cuatro" **II** adj **1** Que se titula: "Su última participación cinematográfica la hizo en el filme de Cantinflas *titulado*: "Conserje en condominio" **2** Persona que tiene un título profesional: "Soy contador público *titulado*".

titular¹ v tr (Se conjuga como *amar*) **1** Poner título a algo: "Le es muy difícil *titular* sus cuadros" **2** prnl Llamarse algo, como una obra artística, de determinada manera: "Su próximo libro se *titulará* 'Viaje a Plutón'" **3** prnl Obtener una persona su título profesional: "El año pasado se *titularon* casi todos mis compañeros de generación".

titular² **1** adj m y f Que ha sido nombrado para ejercer cierto cargo o empleo: *profesor titular*, *director titular* **2** s m Expresión lingüística que, en grandes letras, encabeza una noticia de un periódico o una revista: *aparecer un titular*, *los grandes titulares*.

título s m **1** Palabra o conjunto de palabras con que se da a conocer el nombre, el tema o el asunto de un libro, de una obra teatral, de una película, etc **2** Nombre que se da a alguna persona por sus méritos o sus cualidades: *título de campeón, título de mejor estudiante* **3** Dignidad como la de conde, marqués, cardenal, lord, etc que otorga a sus súbditos un rey, un papa, etc **4** Documento en el que se declara por una autoridad, la profesión o la especialidad comprobada académicamente de alguien: *título de dentista, título de maestro* **5** Cada una de las partes, numeradas o designadas con cierto nombre, en que se divide una ley, un estatuto, etc **6** Documento jurídico en el que se otorga un derecho o se establece una obligación: *título de propiedad, título de inafectabilidad* **7** Documento financiero: *título al portador, título nominal* **8** *A título de* En calidad de: "Lo dijo *a título de* respuesta".

tlaconete 1 s m Baboso o babosa: *los tlaconetes del jardín* **2** s m y f (*Coloq*) Que es pequeño, chaparro, sobre todo hablando de los niños: "¡Semejante *tlaconete* y ya quiere tener novia!".

tlacoyo s m (*AltiC*) Tortilla gruesa de forma ovalada o elíptica, rellena de masa de haba, frijol, requesón, etc, que se deja ver por una rendija longitudinal en el centro. Se prepara con queso rallado, salsa, nopalitos, etc; tlatlaoyo, clacoyo.

tlacuache s m Animal mamífero del orden de los marsupiales, por lo general de color gris, que llega a medir hasta 45 cm de largo sin considerar la cola. Tiene el hocico puntiagudo, las orejas cortas y redondas, las patas cortas en relación con el cuerpo y una cola larga que le sirve para colgarse y para coger cosas y transportarlas. La hembra tiene una bolsa en la que lleva a sus crías mientras terminan de desarrollarse. Se alimenta de carroña, frutos, verduras y de huevos y polluelos de aves, por lo que es considerado plaga cuando habita cerca de los gallineros; es un animal de hábitos nocturnos y tiene la peculiaridad de fingirse muerto cuando se le atrapa. En algunas regiones se le da caza y se consume como alimento.

tlalcoyote s m Tejón.

tlapalería s f Tienda en la que se venden utensilios para electricidad, albañilería, plomería, carpintería y para otros oficios semejantes; ferretería: "Compré la pintura en la *tlapalería* de la esquina", "Mi hermano trabaja en una *tlapalería*".

tlapaneca s m y f Tlapaneco.

tlapaneco s m **1** Grupo indígena mexicano que vive en la región oriental del estado de Guerrero, en la zona de Atlixco y Zapotlán y en la Costa Chica. Su gobierno es municipal aunque todavía tienen importancia los consejos de ancianos. Su religión se basa en la católica pero rinde culto al dios de la Montaña, al dios del Agua y a la Madre Tierra. Viven en casas de una planta rectangular de 3 o 4 m con techo de dos aguas, de zacate, palma o teja, y los muros son por lo general de bajareque; junto a la casa se construye un pequeño baño de vapor. Como artesanía tejen sombreros de palma y petates; se dedican también a la carpintería, la alfarería y la cestería. Con la coa, y en ocasiones con el arado de madera tirado por una yunta de bueyes, cultivan maíz, frijol, caña de azúcar, café y tabaco. También se dedican a la cría de gallinas, cabras y cerdos, y a

la obtención de miel de abeja **2** Lengua de la familia tlapaneca-subtiaba que habla este grupo **3** adj y s Que pertenece a este grupo indígena o se relaciona con él.

tlatoani s m Entre los nahuas, persona que pertenecía a la nobleza.

tlaxcalteca 1 s m Grupo indígena mexicano de lengua náhuatl que se estableció en el actual estado de Tlaxcala en los primeros años del siglo XIII. Nunca fue sometido por los aztecas y a la llegada de los españoles se alió con ellos e intervino en la conquista de Tenochtitlán, por lo que lograron ciertos privilegios como la exención de impuestos. Colaboró además con los conquistadores en la colonización de algunas regiones, llegando en el sur hasta el Istmo de Panamá y en el norte hasta Texas **2** adj y s m y f Que se relaciona con este pueblo indígena o pertenece a él: *historia tlaxcalteca, los cuatro señoríos tlaxcaltecas* **3** adj y s m y f Que es natural de Tlaxcala o se relaciona con este estado o con su capital, la ciudad de Tlaxcala de Xicoténcatl; tlaxcalteco: *monumentos tlaxcaltecas, la capital tlaxcalteca.*

tlaxcalteco adj y s Tlaxcalteca: "Allí permanecían *tlaxcaltecos* y los veracruzanos", *artesanía tlaxcalteca, ruinas tlaxcaltecas.*

toalla s f **1** Pieza rectangular de tela absorbente, gruesa y por lo general afelpada, que sirve para secarse: *toalla para las manos, toalla de baño* **2** *Toalla desechable* o *de papel* Hoja de papel absorbente que sirve para secarse las manos.

tobillera s f **1** Calcetín que llega hasta el tobillo, usado principalmente por niños y jovencitas: *tobilleras blancas, tobilleras de punto* **2** Venda elástica para asegurar el tobillo.

tobillo s m Parte más delgada y baja de la pierna, donde ésta se une con el pie y en la que hay dos pequeñas protuberancias óseas, una interior que es una saliente de la tibia y una exterior que corresponde al peroné: *torcerse el tobillo*, "Le gusta usar faldas hasta el *tobillo*".

tocadiscos s m sing y pl Aparato que sirve para reproducir el sonido grabado en discos; consta de un platillo giratorio y una cabeza fonocaptora con una aguja que se conecta al amplificador y las bocinas; el de discos compactos tiene, en vez de aguja, un rayo láser: *un tocadiscos de 33 rpm, un tocadiscos compacto.*

tocada s f **1** (*Coloq*) Concierto espontáneo o improvisado de rock: "¿No fuiste a la *tocada*?" **2** En una pelea de gallos, golpe fuerte que da un gallo a otro sin sacarle sangre.

tocado I pp de *tocar* **II 1** adj Que ha sido mencionado, discutido o hablado: "Volviendo a tan *tocado* tema" **2** adj y s (*Coloq*) Que muestra señales de locura o de desequilibrio mental: *estar tocado* **3** s m Adorno de la cabeza de una persona: "El *tocado* era de azahares y de tul".

tocador s m **1** Mesa o cómoda con espejo, que sirve generalmente para que las mujeres se peinen, se pinten y se arreglen frente a él; además se utiliza para guardar adornos y cosméticos: *una pieza de cristal para el tocador* **2** Habitación en donde se pueden arreglar y peinar las personas, porque tiene espejo y lavabo: *el tocador de damas, pasar al tocador* **3** *Artículos de tocador* Cosméticos para el arreglo personal, como jabón, crema, maquillaje, loción, desodorante, etcétera.

tocante 1 adj m y f Que se refiere a; que se relaciona con: "No sabe nada *tocante* a los santos", "Se trataron temas *tocantes* a la vivienda popular" **2** (*En lo*) *tocante a* En lo que respecta a, en lo que se relaciona con, a propósito de: "*En lo tocante a* las cuotas de los trabajadores...", "*Tocante a* las drogas casi no le podría dar una explicación".

tocar v tr (Se conjuga como *amar*) **I 1** Poner la mano o alguna parte del cuerpo, generalmente con suavidad, en algo o en alguien y percibirlo con el tacto: *tocar una rosa, tocar un alambre, tocar el hombro, tocar la frente* **2** Poner momentáneamente una cosa que uno tiene, en contacto con otra o con alguien: *tocar un alacrán con un palo, tocar una sustancia con una tablilla, tocar a alguien con un bastón* **3** Estar en contacto una cosa o una persona con otra totalmente o en alguna de sus partes: "Las ramas del árbol *tocan* mi ventana", *tocarse dos cables, tocar un barco el fondo* **4** Llegar una persona o un transporte a cierto punto o lugar durante su recorrido: *tocar puerto, tocar el avión varias ciudades* **II 1** Hacer sonar alguna cosa, particularmente un instrumento musical, según un arte para hacerlo: *tocar la campana, tocar la guitarra* **2** Hacer sonar algo como señal o aviso de algún acontecimiento: *tocar la sirena, tocar a muerto, tocar diana* **III 1** Producir algún acontecimiento un efecto emocional en alguien: "La miseria nos *toca* a todos profundamente", "El llanto de un niño siempre le *toca* el corazón de los adultos" **2** Hablar o tratar cierto tema al margen de otro, o superficialmente: "Este libro *toca* la época del virreinato", "*Tocamos* el asunto de los inmigrantes con el embajador" **3** *Tocarle algo a alguien* Corresponder alguna cosa a una persona, pertenecerle o ser tarea o responsabilidad suya: "A cada niño *le tocan* dos lápices", "*Nos tocó* lavar las paredes", "*Me tocaba* la mitad de la herencia" **4** *Por lo que toca a, en cuanto toca a, en lo tocante a* Por lo que se refiere a o corresponde a: "*Por lo que toca a ti*, con lo que has hecho basta", "*En lo tocante a* campañas de vacunación, se han efectuado varias".

tocayo s Con respecto a una persona, otra que tiene el mismo nombre de pila que ella: "Tu hermana Laura es mi *tocaya*", "Pancho, te vino a buscar tu *tocayo* Pancho Segovia".

tocino s m Grasa firme entreverada con hebras de carne magra que se obtiene del lomo del cerdo, ahumado y salado, generalmente en rebanadas delgadas: *cien gramos de tocino en tiras*, "El *tocino* se pica en cuadritos", "Meche el cuete con el *tocino*", *huevos estrellados con tocino frito*.

todavía adv **1** Hasta este momento o hasta cierto momento: "*Todavía* está dormido", "No ha acabado *todavía*" **2** Aún, en mayor grado o cantidad: "Es *todavía* más estudioso que su hermano", "Jugó *todavía* mejor que la vez pasada" **3** A pesar de ello, por si fuera poco, encima: "Te hizo daño y *todavía* lo justificas", "Tienes de todo y *todavía* buscas más".

todo adj y pron **1** Que se considera, se manifiesta, se ofrece, se toma o se comprende por completo, en su totalidad, en cada uno de sus elementos o partes: *todo México, toda la ropa, todos los perros, todo el mundo, todo el libro, todas las mujeres, vinieron todos, bailan todas*, "*Todo* está listo" **2** sing Indica que

lo que se dice corresponde a cada uno de los elementos de un conjunto sin excepción: "*Todo* hombre es mortal", "*Toda* persona tiene sentimientos" **3** Cada determinado tiempo, sin excepción: "Nos vemos *todos* los domingos", "Le pagan su sueldo *todas* las quincenas" **4** Que tiene determinado aspecto, característica o cualidad que destaca por encima del resto: "Ese elefante es *todo* trompa", "Mariana es *toda* ojos", "Esta niña es *toda* nervios" **5** adv Por completo, enteramente: "Tiene el pelo *todo* blanco", "Llegó *todo* mojado" **6** s m Cualquier objeto entero, en su totalidad o integridad: *el todo y sus partes, jugar el todo* **7** *A todo* Con el máximo esfuerzo, la máxima energía, la máxima capacidad, la máxima velocidad, etc: "Vino a *todo* correr", "Me llamó a *todo* prisa", "Trabaja a *todo* vapor" **8** *Ante todo* Principalmente, primeramente, especialmente: "La salud está *ante todo*", "Te lo diré *ante todo* por honestidad", "*Ante todo*, descansa" **9** *Sobre todo* Principalmente, particularmente, en especial: "Quisiera, *sobre todo*, visitar las pirámides", "Me gusta la música *sobre todo*" **10** *Del todo* Completamente: "El vestido está *del todo* terminado" **11** *Después de todo* A fin de cuentas, por el contrario de lo dicho o sucedido: "*Después de todo* ya trabajé veinte años", "*Después de todo*, la película estuvo divertida" **12** *Con todo y todo* A pesar de lo dicho o sucedido: "*Con todo y todo* yo prefiero al otro candidato".

toga s f **1** Vestidura en forma de manto amplio y largo que usaban los romanos **2** Vestidura de paño o seda generalmente negra, de mangas anchas, que usan en las ceremonias los abogados, jueces, magistrados, etc: "Recibió el doctorado vestido de *toga* y birrete", "Rentó la *toga* para la ceremonia".

tojolabal s m **1** Grupo indígena mexicano que habita en la parte sur oriental del estado de Chiapas, en los municipios de Comitán, La Independencia, Las Margaritas y La Trinitaria. Su gobierno es municipal. Su religión se basa en el catolicismo pero rinde culto a diversos dioses a los que pide protección y auxilio en las enfermedades y para el éxito de los cultivos agrícolas. Su habitación es una planta rectangular, con paredes de caña; sólo algunas veces tiene ventanas. El techo es de cuatro aguas, de palma o de zacate. La cocina es con frecuencia una construcción independiente junto a la casa. Entre otras artesanías, produce petates, sombreros de palma y cobijas de lana trenzada y tejida. Cultiva maíz, frijol, café, caña de azúcar, coco, hortalizas y árboles frutales. Su principal sistema agrícola es el de roza y sus instrumentos son la coa, el azadón, la pala, el machete y el arado de madera. A este grupo indígena también se le conoce con el nombre de chanabal **2** Lengua del grupo winic, de la familia maya, que habla este grupo indígena **3** adj y s m y f Que pertenece a este grupo indígena o se relaciona con él.

toldo s m **1** Techo generalmente de lona que se coloca afuera de algunos comercios y que sirve para proteger del sol y de la lluvia: "Corrían a refugiarse bajo *toldos* y aleros" **2** Techo provisional de lona que se coloca en algún lugar para protegerlo del sol y la lluvia: "Para el banquete de bodas pusieron un gran *toldo* en el jardín" **3** Techo de los automóviles: "En el *toldo* del coche colocamos una parrilla para el equipaje" **4** (*Tab*) Cubierta que se pone al centro de los cayucos y en longitud de unos 3 m, hecha de una armazón de bejuco o palos delgados, que se cubre con un guano, a manera de techo, o con una lona. Sirve para resguardar a los viajeros contra la lluvia y el sol. También se hace de cuero para algunas carretas.

tolerancia s f **1** Actitud de aquel o condición de aquello que soporta, sobrelleva, permite o acepta que alguien actúe, a su parecer, de una manera inapropiada, incorrecta, reprobable, etc: "Debido a su *tolerancia* nadie le obedece" **2** Acto de permitir ciertos hechos que están fuera de una norma o de la ley: "Según dijeron ya no habrá más *tolerancia* para los abusos de los comerciantes" **3** *Zona de tolerancia* Aquella en la que se tolera o permite la prostitución **4** Capacidad que tiene algo o alguien para soportar o resistir alguna cosa sin sufrir daño: *la tolerancia de las cucarachas a los insecticidas*, "No tiene *tolerancia* a la penicilina" **5** Variación permitida en la dosificación o en las características físicas y químicas de un producto **6** Diferencia permitida en el cumplimiento de algo establecido, de un contrato o de un convenio; margen de tolerancia: "La *tolerancia* es de diez minutos".

tolerar v tr (Se conjuga como *amar*) **1** Dejar que haya o se utilicen ciertos objetos, que se practiquen ciertos actos o que se realicen ciertos comportamientos contrarios a alguna norma, a alguna costumbre o al gusto de uno, cuando se tiene la autoridad o el poder de impedirlo: *no tolerar las cucarachas, tolerar gritos, tolerar la crítica* **2** Dejar que se cometan actos contrarios a la ley o a la moral: *tolerar la corrupción, tolerar el contrabando* **3** Resistir un organismo vivo alguna cosa sin sufrir daño: *tolerar los antibióticos*, "Hay personas que no *toleran* la leche".

tololoche s m **1** Contrabajo, particularmente el que forma parte de la orquesta de mariachis **2** *Pintar un tololoche* (*Popular*) Pintar un violín **3** (*Cayaponia vacemosa*) Planta rastrera de la familia de las cucurbitáceas que produce unas calabacitas amargas; tololonche, tolochi, chichicayote.

tolteca 1 s m Grupo indígena hablante de náhuatl que penetró en Mesoamérica hacia el siglo VIII dC. Ocupó la ciudad de Tula; al aliarse con los pueblos de Culhuacán y Otompan, entre los siglos X y XII, tuvo su época de mayor esplendor cultural y militar y se supone que mantuvo intercambio comercial con la mayoría de los pueblos mesoamericanos. Después de la decadencia de Tula se vio obligado a refugiarse en Cholula como pueblo vasallo de los olmecas xicalancas hasta que los expulsó y dominó dicha ciudad. Su desarrollo cultural se manifiesta principalmente en la arquitectura, fuertemente influida por Teotihuacán y Xochicalco. Sus rasgos más característicos son una decoración suntuosa y una exaltación de los valores militares con figuras humanas y animales (ocelotes, pumas, águilas, zopilotes y seres monstruosos) y con abundancia de relieves polícromos de colores fuertes y vivos. La similitud estilística, tanto en escultura como en cerámica, entre Tula y Chichen Itzá permite suponer que hubo relaciones frecuentes entre mayas y toltecas. Su influencia cultural se extendió a la zona central de México y fue determinante en el desenvolvimiento de la cultura mexica **2** adj y s m y f Que pertenece a este grupo indígena o se relaciona con él: *la cultura tolteca, los guerreros toltecas.*

toluqueño adj y s Que es natural de Toluca de Lerdo, capital del Estado de México, que pertenece a esta ciudad o se relaciona con ella: *chorizo toluqueño, tenerías toluqueñas.*

tolva s f **1** Conducto de forma piramidal, truncado e invertido, que sirve para recoger grava, piedra triturada, basura, etc y dirigirla hacia otros conductos de menor volumen en una fábrica, una mina, etc **2** Vagoneta pequeña, de volteo, con esa forma, usada en los ferrocarriles para esparcir grava en las vías, o en las minas para conducir material por los túneles **3** Parte de la carrocería de un vehículo, colocada en diversos puntos inferiores para protegerlo de salpicaduras, piedras, golpes, etc que podrían dañar algún mecanismo.

tolvanera s f Nube densa de polvo que levanta el viento: *las tolvaneras de febrero.*

toma s f **1** Acto de tomar: *la toma de conciencia, la toma del poder, la toma de rectoría, tomas de sangre, la toma de decisiones, su toma de posesión, la toma de Tenochtitlán* **2** Porción de un medicamento: "A las primeras *tomas* los enfermos se animaban" **3** Lugar o dispositivo de donde surge o de donde se toma el agua o la electricidad: *tomas domiciliarias, una toma de agua* **4** Cada una de las veces en que se toma una fotografía o se filma una secuencia de una película: *hacer una toma, una toma vertical*, "Las *tomas* de los bombardeos son impresionantes".

tomada s f (*Coloq*) Acto de beber bebidas alcohólicas, en particular cuando se ha vuelto un vicio: "Ya agarró la *tomada* diaria y le va a hacer daño".

tomado I pp de *tomar* **II** adj (*Coloq*) Que está borracho: "A Adriana no le importó verme *tomado*".

tomar v tr (Se conjuga como *amar*) **I 1** Coger o agarrar algo, principalmente con la mano y de manera suave o cuidadosa: *tomar el libro, tomar un lápiz, tomar una herramienta, tomar el pan con las pinzas* **2** Beber algún líquido o alguna cosa sólida con la ayuda de un líquido: *tomar un café, tomar leche, tomar el desayuno, tomar una medicina* **3** Beber alcohol o esa clase de bebidas: "Se fue a *tomar* con sus amigos", "*Toma* todos los días" **4** Empezar a tener determinado sentimiento por algo o por alguien o a desarrollar cierta característica, cualidad, etc: *tomar cariño, tomar gusto, tomar velocidad, tomar auge, tomar conciencia, tomar impulso, tomar vuelo, tomar forma*, "*Toma* el estilo de los clásicos" **5** Ocupar un lugar o conquistar en un enfrentamiento o en la guerra una posición: *tomar una provincia, tomar una plaza, tomar las instalaciones, tomar el local* **6** Considerar una cosa de determinada manera, interpretarla o sentirla de cierto modo: *tomar en serio, tomar a broma, tomar como ofensa*, "No sé cómo tomará la noticia" **7** *Tomar a pecho* Dar mucha importancia a una cosa: "*Tomó* muy a pecho la noticia" **8** *Tomar en cuenta* Tener en consideración, no perder de vista: "*Toma en cuenta* nuestra situación", "*Toma en cuenta* que mañana no se trabaja" **9** *Tomar por* Considerar algo o a alguien de manera equivocada, creer que una cosa es otra: "Lo *tomé* por un policía", "Me *tomó* por un ladrón", "*Tomaron* la reproducción por el original" **10** Contratar a alguien, alquilar algo o hacer uso de un servicio, principalmente de transporte: *tomar un profesor, tomar un mozo, tomar un departamento, tomar un camión, tomar un taxi, tomar un avión* **11** Entrar en un camino o circular por él: *tomar la carretera, tomar la avenida principal* **12** intr Seguir una dirección determinada: *tomar a la derecha, tomar a la izquierda* **13** Hacer lo necesario para obtener una información o un resultado: *tomar la temperatura, tomar las medidas de un cuarto* **14** Pedir o adquirir algo, recibir o aceptar a alguien bajo ciertas condiciones: *tomar prestado, tomar a prueba* **15** Hacerse cargo de algo o de alguien, empezar a desempeñar un puesto o una función: "*Tomó* el asunto en sus manos", *tomar la responsabilidad de un negocio*, "*Tomé* bajo mi cuidado a los hijos de mi prima" **16** Llegar a un acuerdo, una decisión, etc acerca de alguna cosa; llevar a la práctica medidas, disposiciones, etc: *tomar decisiones, tomar providencias* **17** prnl Tener alguien el cuidado, la atención, etc de hacer alguna cosa: "Se *tomó* la molestia de venir a vernos", "No *se toma* el trabajo de preguntar por su negocio" **18** Implicar algo determinado tiempo o esfuerzo: "El arreglo *tomará* dos semanas", "Hacer su tesis le *tomó* mucho trabajo" **19** *Tomar ventaja* o *tomar la delantera* Empezar a llevar una diferencia favorable sobre otro con el que se compite **20** *Tomarla* o *tenerla tomada con alguien* (*Coloq*) Comportarse con alguien de manera diferente que con los demás, imponiéndole muchas exigencias, o haciéndole reproches y críticas constantemente; traerla con alguien: "La *tiene tomada con* la secretaria" **II 1** Recibir o aceptar una persona algo que otra le da, le ofrece o le enseña: *tomar un regalo, tomar una propina, tomar una clase* **2** Recibir voluntariamente el efecto de algo, como el sol, el aire, etc **III** Seguido de algunos sustantivos indica que se realiza o se lleva a cabo lo que éstos expresan: *tomar una foto, tomar apuntes, tomar vacaciones, tomar el rumbo*.

tomate s m **1** Fruto redondo, de aproximadamente 5 cm de diámetro, verde o amarillento, lustroso, algo ácido, cuya cáscara quebradiza, no comestible, es un cáliz persistente; tomate verde. Se obtiene de una planta solanácea, cuyas variedades más conocidas son *Physalis peruviana* y *Physalis angulata*. Es muy usado en la preparación de salsas verdes **2** Jitomate: *tomate de exportación*.

tomillo s m (*Thymus vulgaris*) Planta de la familia de las labiadas que mide de 10 a 15 cm de largo, de hojas pequeñas de color verde grisáceo, flores moradas reunidas en espiga y tallo leñoso. Es muy olorosa y se usa como condimento.

tomismo s m (*Fil*) Conjunto de principios fundamentales de la teología de Santo Tomás de Aquino, cuya base principal es la distinción real entre acto y potencia.

tomo s m Cada uno de los libros, casi siempre con paginación propia y encuadernado por separado, en que se divide una obra extensa: "Esta enciclopedia tiene veinte *tomos*", "Editarán una antología de cuentos mexicanos en tres *tomos*", "El *tomo* dos trata sobre la historia nazural".

tomografía s f (*Med*) Técnica de exploración radiológica por la que se obtiene la imagen de un fragmento de un órgano, como si se hubiese realizado en él un corte.

tonalidad s f **1** (*Mús*) Organización de los sonidos de la escala cromática a partir de las relaciones que fija la nota elegida como tónica: *la tonalidad de mi bemol, la tonalidad de do mayor* **2** Conjunto de colores y tonos que tiene una pintura: *tonalidades desde el amarillo grisáceo hasta el negro oscuro*.

tonelada s f Unidad de peso y de capacidad que equivale a mil kilogramos.

tónico adj **1** Que da tono o fuerza al organismo: *aire tónico, clima tónico* **2** s m Medicamento que sirve para fortalecer el organismo restableciendo su tono normal: *tomar un tónico, un tónico cardiaco* **3** s f (*Mús*) Nota de la escala musical que sirve de base para la formación de un acorde **4** (*Fon*) Tratándose de vocales o sílabas, que recibe el acento de intensidad; en *mágico*, la vocal *a* es *tónica*, así como la sílaba *má-*.

tono s m **1** Elevación de un sonido, producida por la mayor o menor frecuencia de las vibraciones que lo forman: *tono alto, tono bajo* **2** (*Mús*) Intervalo que hay entre cada nota de la escala musical, excepto entre mi y fa, y si y do, que son semitonos **3** (*Mús*) Cada una de las notas a partir de las cuales se forman combinaciones armónicas: *tono mayor, tono menor, tono de sol mayor* **4** Carácter especial de la voz o manera particular de decir algo según el ánimo del hablante o el efecto que quiere producir en su oyente: *un tono imperativo, un tono cortante, un tono tranquilizador* **5** Tendencia o carácter que tiene algún escrito o alguna discusión: *tono festivo, tono formal, tono religioso* **6** Matiz o graduación de algún color: *tonos de rojo, en tonos claros* **7** *Darse tono* Darse importancia, presumir: "*Se da* mucho *tono* porque lo invitaron a palacio" **8** *De buen tono* o *de mal tono* De gente distinguida y educada o lo contrario: *un restaurante de buen tono* **9** *Estar* o *ponerse a tono* Ponerse o estar de acuerdo con la situación o con las exigencias **10** *Salirse de tono* Adoptar una actitud desorbitada o en desacuerdo con la discreción **11** *Subir de tono* Aumentar la violencia con que se discute algo o el aspecto, relacionado con el sexo, de lo que se dice: *un cuento subido de tono* **12** Estado de vigor o de tensión propio de los músculos del cuerpo o de otra parte del organismo: *tono intestinal, tono muscular*.

tontería s f **1** Carácter de la persona tonta: "Su *tontería* es inabarcable" **2** Acción o dicho que muestra falta de inteligencia: "Cállate y no digas *tonterías*", "No preguntes *tonterías*", "No haces más que *tonterías*" **3** Cosa de poco valor o de poca importancia: "Ya es tiempo de que se olvide de las fotonovelas y otras *tonterías*".

tonto adj y s **I 1** Que muestra falta de inteligencia: "No sea *tonto*", *una mujer tonta, un comentario tonto, una pregunta tonta* **2** *Hacerse el tonto* (*Coloq*) Aparentar que uno no se entera o no se da cuenta de algo, porque no le conviene darse por enterado: "No *nos hagamos tontos* y hablemos con las cartas boca arriba" **3** *Hacer tonto a alguien* (*Coloq*) Engañarlo: "*La hicieron tonta* en la tienda y no le dieron el cambio completo" **4** *A tontas y a locas* Sin pensar o razonar; alocadamente: "Contestó las preguntas *a tontas y a locas*" **5** *A lo tonto* Tontamente: "Se dejó defraudar a lo *tonto*" **6** Que tiene poca importancia: *un detalle tonto* **II** (*NO*) Tratándose de tamales, que es de pura masa sin carne **III** (*NO*) Indio de la tribu apache.

topar v intr (Se conjuga como *amar*) **1** Encontrarse o tropezar con alguien de frente y sin poderlo eludir: *topar con el enemigo*, "Me *topé* con Mario al dar vuelta en la esquina", *topar con roca, toparse con dificultades* **2** (*Rural*) Hacer pelear a dos animales, especialmente a los gallos por vía de prueba **3** (*Charr*) Llegar al toro de frente para lazarlo o ponerle banderillas.

tope s m I **1** Golpe que dan algunos animales, como el chivo o el buey, con la parte frontal de la cabeza, o las personas con la frente **2** Golpe que se da uno en la cabeza: *darse un tope* II **1** Límite máximo o superior de algo: *poner un tope a los salarios*, "La plaza estaba llena hasta el *tope*" **2** Obstáculo en forma de bordo o de boyas metálicas que se pone sobre el asfalto para evitar que los automóviles excedan el límite de velocidad en algunas calles: "Pusieron *topes* a la salida de la escuela para proteger a los niños" **3** Pieza de un mecanismo con la que se impide cierto funcionamiento o que rebase cierto límite: "Mueva la palanca de las luces direccionales hasta el *tope*".

tópico I adj Tratándose de medicamentos, que es de uso local y externo: *aplicación tópica* II s m **1** Tema de discusión que suele aparecer en ciertas circunstancias o que se repite normalmente: "Popularizaba algunos *tópicos* de la ciencia" **2** Tema literario fijado por la tradición, como el del *Carpe diem* (aprovecha el día presente).

topo s m Mamífero insectívoro de pelaje muy fino, gris oscuro o negruzco, de hocico puntiagudo, de vista muy corta y ojos pequeñísimos, de agudo olfato, que vive bajo la tierra en madrigueras que escarba con sus fuertes garras delanteras.

topografía s f **1** Conjunto de las técnicas de medición y representación gráfica de las características físicas de un terreno: "Estudio *topografía*" **2** Conjunto de las características físicas de un terreno, como sus alturas o desniveles, los ríos, arroyos o lagos que contiene, etc: *una topografía montañosa, una topografía sinuosa, la topografía del estado de Chiapas*.

topográfico adj **1** Que pertenece a la topografía o se relaciona con ella: *un levantamiento topográfico* **2** Tratándose de catálogos de biblioteca, los que contienen información sobre la localización de una obra en una estantería, de acuerdo con el sistema de clasificación que se siga.

topología s f (*Mat*) Estudio de las propiedades de las superficies que, mediante continuas transformaciones, permanecen invariables.

topológico adj (*Mat*) Que pertenece a la topología o se relaciona con ella: *espacios topológicos*.

toque s m I **1** Acto de tocar momentáneamente algo y producirle un efecto inmediato: *el toque del hada, el toque del rey Midas* **2** Descarga eléctrica pequeña e instantánea que se recibe al tocar accidentalmente una línea o un aparato eléctrico: *darse un toque*, "El refrigerador *da de toques*" **3** Pequeña pieza musical o serie codificada de golpes de campana o de tambor, con que se llama la atención o se anuncia algo: *un toque de clarín, el toque de oración, el toque de diana, toque de muerto, toque de alarma* **4** *Toque de queda* Situación de emergencia excepcional, durante la cual un gobierno suspende el respeto a las garantías individuales, particularmente del anochecer al amanecer, para establecer un control **5** Pincelada, nota o además con que se acentúa el carácter o el valor de una obra de arte, o el comportamiento y la presentación de alguna cosa: *un toque*

maestro, el último toque, un toque de distinción* **6** (*Popular*) Aspiración que se hace a un cigarro de mariguana y el cigarro mismo: *un toque de mota, forjar un toque, darse un toque* **7** (*Popular*) Inspiración de cocaína por la nariz.

torácico adj Que pertenece al tórax o se relaciona con él: *cavidad torácica*.

tórax s m sing y pl **1** Parte del cuerpo comprendida entre el cuello y el abdomen, y cavidad interior que se forma en ella, delimitada por las costillas, el esternón y la columna vertebral, en la que están los órganos principales de la circulación y de la respiración: *radiografía de tórax, lesión en el tórax* **2** (*Zool*) Segmento del cuerpo de los insectos situado entre la cabeza y el abdomen.

torcedura s f Resultado de torcer o torcerse alguna parte del cuerpo, especialmente una articulación, sin luxación, que puede llegar a la rotura de un ligamento o de fibras musculares próximas; generalmente causa dolor, inflamación e incapacidad para ciertos movimientos: *sufrir una torcedura, torcedura de un pie*.

torcer v tr (Se conjuga como *mover*, 2c) **1** Hace girar uno de los extremos de una cosa cuando el otro está fijo o hacer que ambos extremos giren en sentido contrario de manera que rote sobre su propio eje o se enrede en sí misma: *torcer un brazo, torcer un alambre* **2** *Dar el brazo a torcer* Dejarse convencer; ceder ante alguna presión: "No *da su brazo a torcer*" **3** *Pasar a torcer* (*Popular*) Causarle un daño a alguien: "Ese accidente nos *pasó a torcer*: nos quedamos sin dinero" **4** Cambiar la dirección que llevaba algo o que presenta natural: *torcer a la izquierda*, "La vereda *tuerce* tras las piedras", *torcerse las ramas de un árbol* **5** *Torcer la cara, la boca*, etc Hacer una mueca de molestia o desagrado: "Vio venir a su suegra y *torció la boca*".

toreada s f Acto de torear algo o a alguien, o a un toro los aficionados: *gustar de la toreada*.

torear v tr (Se conjuga como *amar*) **1** Provocar la embestida de un toro y evitar ser prendido por el animal mediante ciertas suertes y técnicas; en particular los toreros con su arte **2** Evitar alguna dificultad o a alguna persona haciendo fintas con el cuerpo, dejando pasar el tiempo, tratándola poco o en partes, engañándola, etc: *torear a los coches, torear a los acreedores, torear un problema* **3** *Torear un chile* Frotarlo, para que sus semillas suelten su jugo y se vuelva más picante.

toreo s m Acto de torear y arte de hacerlo: *toreo alegre, una figura del toreo, suertes del toreo, toreo a caballo, el toreo clásico de Manolete*, "El *toreo* no es graciosa huida, sino apasionada entrega".

torero 1 s Persona que se dedica a torear en las corridas de toros: *un torero valiente, un torero de clase*, "El *torero* salió en hombros" **2** adj Que pertenece a la fiesta de los toros, que se relaciona con el arte de torear o a las personas que se dedican a él: *sangre torera*, "Tiene un aire muy *torero*" **3** *Saltarse algo a la torera* No hacer el menor caso de algo, omitirlo por completo y con total indiferencia: "*Se saltó* el reglamento *a la torera*", "*Se saltan* mis órdenes *a la torera*".

toril s m **1** (*Tauro*) En la plaza de toros, lugar donde se encierran los toros antes de lidiarlos, así como corral en donde se los tiene en vísperas de la corrida: *puerta de toriles*, *abrirse el toril* **2** Corral para toros u otros animales **3** En Coahuila, pequeña división dentro de un corral, que se usa para encerrar algún becerro con el fin de destetarlo.

tormenta s f Perturbación atmosférica violenta y de corta duración que se caracteriza por descargas eléctricas, truenos y fuertes precipitaciones de lluvia, nieve o granizo acompañados de ráfagas de viento: "La *tormenta* produjo varios apagones", "Varios vuelos se suspendieron por la *tormenta*", *amenaza tormenta*.

tormento s m **1** Acto de producir en alguien o en uno mismo un sufrimiento intenso, una angustia continua o una gran preocupación: "El *tormento* lo hizo confesar", "Las enfermedades han hecho de su vida un *tormento*" **2** Cosa, situación o persona que produce ese tipo de sufrimiento o de angustia: "Este trabajo se ha convertido en un verdadero *tormento*", "Esta novia mía / va a ser mi *tormento*".

tornamesa s f Plato giratorio en donde se colocan los discos fonográficos.

tornar v (Se conjuga como *amar*) **1** prnl Convertirse una cosa en otra diferente, de manera súbita, imperceptible o milagrosa: "El gran Sacerdote le entregó una llave enmohecida que, al desprenderse de su mano vieja, *se tornó* brillante y pesada", "Las nubes, primero negras, paulatinamente *se fueron tornando* a un violeta oscuro", "La situación *se tornó* más violenta" **2** intr Regresar alguien o algo al lugar, al punto de partida o a una situación previa: "Después de muchos años, *tornó* a su tierra", "El desencanto, cuando se romantiza, corre el peligro de *tornar* al fascismo", "*Tornarán* a ser basílicas las mezquitas de cinco siglos".

torneo s m **1** Serie de encuentros deportivos o de juegos en los que compiten entre sí varias personas o equipos: *torneo de tenis*, *torneo de waterpolo*, *torneo de ajedrez* **2** En la Edad Media, competencia en que los caballeros combatían a caballo: *un torneo entre caballeros invencibles*.

tornillo s m **I 1** Cilindro de metal, uno de cuyos extremos es plano o semiesférico, con una ranura diametralmente dispuesta en él o en forma de cruz, y el otro es puntiagudo o romo, cuyo cuerpo tiene un relieve espiral, con el cual se inserta en la tuerca o se fija en un material sólido **2** *Tener flojo* o *faltarle a uno un tornillo* (*Coloq*) Estar un poco loco o desequilibrado mentalmente **3** Vaso de vidrio grueso con espirales o estrías exteriores que se utiliza como medida de pulque o cerveza; tiene capacidad aproximada de un litro **II 1** (*Helicteres mexicana*) Arbusto de la familia de las esterculiáceas, de hojas con peciolos cortos, ovadas, agudas o acuminadas, dentadas y pubescentes; con flores rojas pentámeras y erectas, y de fruto enrollado en espiral. Su corteza contiene fibra. Se encuentra de Sinaloa a Oaxaca, y de Veracruz a Chiapas **2** (*Prosopis pubescens* o *Prosopis cinerascens*) Arbusto espinoso de la familia de las leguminosas, de hojas bipinadas con hojuelas de un centímetro o menos; flores en espigas o en cabezuelas; su fruto es una vaina torcida en espiral. Se encuentra en toda la región fronteriza del norte; mezquite.

torno s m **1** Máquina que consta de un cilindro o una rueda alrededor de su eje, impulsada por energía animal, eléctrica, etc, que se usa particularmente para pulir, redondear o cortar materiales como la piedra, el hierro y otros, en herrería, carpintería, alfarería, etc **2** Mueble giratorio que consiste en una superficie circular y una pared perpendicular a ella sobre su diámetro, que se utiliza para hacer pasar de una habitación a otra alguna cosa, por ejemplo alimentos, sin que se vea la persona que lo maneja o se pase el olor de un cuarto a otro **3** *En torno a* Alrededor de, acerca de: "Un tratado *en torno a* lo mexicano", "Da de vueltas *en torno al* pozo".

toro s m **1** Mamífero rumiante, macho de la vaca. Tiene dos cuernos grandes en la frente, mide cerca de 1.5 m de altura y 2.5 m de largo; su pelo es corto y duro y su cola larga. Los mejores ejemplares se utilizan como sementales para la reproducción de la especie y, castrados y hechos bueyes, sirven para jalar carros y arados: *toro criollo*, *toro cebú*, *toro bravo* **2** *Toro de lidia* El que, a lo largo del tiempo, se ha venido cultivando para que desarrolle mayor bravura y sensibilidad, para torearlo **3** pl Fiesta o corrida en que se lidian estos animales: *ir a los toros*, "Le gustan *los toros*" **4** *Echarle a alguien un torito* (*Coloq*) Hacer a alguien una pregunta difícil **5** *Agarrar al toro por los cuernos* (*Coloq*) Enfrentar un problema con decisión y afrontando su verdadera dificultad **II 1** *Torito* Arreglo de fuegos artificiales sobre una armadura en forma de toro, con el que se persigue a los niños en las ferias populares **2** *Torito* En Veracruz, bebida hecha a base de alcohol de caña y jugo de una fruta o leche, que toman varias personas del mismo vaso, en pequeños sorbos.

toronja s f **1** Fruta redonda, de 10 a 15 cm de diámetro, de cáscara gruesa, verde o amarillo claro, pulpa jugosa del mismo color o rosa y en gajos, de sabor agridulce y ligeramente amarga, que se suele comer durante el desayuno o beber en jugo **2** (*Citrus maxima* o *Citrus grandis*) Árbol de la familia de las rutáceas que produce el fruto anterior, generalmente espinoso, de hojas ovales o elípticas y agudas; flores blancas con veinte o veinticinco estambres. Se cultiva en climas cálidos **3** (*Solanum refractum*) Planta trepadora, espinosa, de la familia de las solanáceas, de hojas oblongas y lanceoladas hasta de 30 cm de largo; da flores monopétalas blancas en grandes racimos; su fruto es globoso de color rojo, de 5 cm. Se encuentra de Sinaloa a Jalisco, en Morelos y en Guerrero.

torpe adj m y f **1** Que se mueve o se expresa con dificultad, imprecisión y falta de tino; que le falta destreza y habilidad para hacer algo: *un carpintero torpe*, *un mecánico torpe*, *un muchacho grande y torpe* **2** Que es inoportuno o errado; que está fuera de lugar: *una actitud torpe*, *sus torpes respuestas*, *un discurso torpe y pueril*.

torpeza s f **1** Calidad de torpe: *torpeza de movimientos*, *torpeza corporal* **2** Actuación o dicho poco acertado o inoportuno: *cometer una torpeza*, *una torpeza política*, *decir una torpeza*.

torre s f **I 1** Construcción alta y esbelta, especialmente la que sirve para vigilar y defender un terreno o la región que rodea a un pueblo o una ciudad: *subir a la torre*, *una torre de vigilancia*, *las torres de un fuerte* **2** Construcción o armazón alta, que sirve para dirigir o sostener cierta maquinaria, para aumentar la fuerza de gravedad del agua que se deposita en su parte superior, etc: *la torre del campanario*, *una torre de televisión, una torre de extracción* **3** Edificio, o parte de un edificio, más alto que ancho: *una torre de oficinas, las torres de una iglesia* **4** *Torre de control* En los aeropuertos, construcción elevada desde la cual se domina el campo y las pistas de aterrizaje y despegue, y desde ahí se controla el tráfico de los aviones **5** Pieza de ajedrez con esta figura, que se mueve en cualquier dirección paralela a los lados del tablero **6** *Torre de marfil* Aislamiento de la persona que se interesa más en su obra intelectual o artística, que en las dificultades de la vida cotidiana y los problemas de la sociedad: *encerrarse en la torre de marfil* **7** *Dar en la torre a alguien* (*Coloq*) Derrotarlo, causarle un perjuicio, matarlo: "*Le dieron en la torre* al no nombrarlo director" **8** *¡En la torre!* (*Coloq*) ¡Qué barbaridad!, ¡Qué mal!: "*¡En la torre!* Se me olvidó tu libro".

torrente s m **1** Avenida o corriente de agua, que fluye con mucha fuerza: "El cadáver, arrastrado por el *torrente* de aguas negras, fue a dar hasta el río", "Abrían zanjas al *torrente* acumulado entre las milpas por la tormenta" **2** Corriente abundante y por lo general impetuosa de cualquier líquido o materia fluida: *torrentes de lava, torrente de fuego* **3** *Torrente sanguíneo* o *circulatorio* Circulación de la sangre: "Las hormonas son vertidas al *torrente circulatorio*" **4** Conjunto abundante de personas o cosas que, simultánea o continuamente, pasan, salen, circulan, etc, por el mismo lugar, a gran velocidad o con mucha fuerza: "El centro del remolino que tragaba y devolvía *torrentes* de hombres y caballos", *un torrente de palabras, un torrente de emociones*.

torso s m Tronco del cuerpo humano, especialmente cuando se trata de una escultura o una pintura.

torta s f **1** **1** Pan blanco, como la telera o el bolillo, que se parte horizontalmente en dos mitades a las que se les quita el migajón, se les unta frijoles, mantequilla o mayonesa y se rellenan con diversos alimentos, como jamón, queso, jitomate, aguacate y chile: *torta de pierna, torta de pollo* **2** *Torta compuesta* La que se rellena con una combinación de alimentos, como lomo, jitomate y aguacate, etc **3** Porción de verdura, carne u otro alimento cocido y capeado con huevo batido, y frito en aceite o manteca, preparada en forma circular y aplanada: *tortas de coliflor, tortas de calabaza, tortas de colorín, tortas de carne, tortas de camarón seco, tortas de papa, tortas de plátano, huauzontles en torta* **4** *Tortitas de Santa Clara* Galletas cubiertas de jamoncillo de pepita, típicas de Puebla **5** (*Agr*) Residuo de frutos o semillas oleaginosas exprimidas para fabricar aceites, que se preparan en panes y generalmente se utilizan como forraje: *torta de linaza, torta de cacahuate* **11** (*Popular*) Mujer joven, muchacha; novia: "Traes a tu *torta*".

tortear v tr (Se conjuga como *amar*) **1** Hacer tortillas, por lo general palmeando la bola de masa para darle forma y echándola luego al comal **2** (*Popular*) Comer tortas **3** (*Popular*) Tocar las nalgas de una persona con lujuria y, por lo general, sin su consentimiento: "En los camiones siempre anda *torteando* a las chavas".

tortícolis s f Espasmo de los músculos del cuello que impide mover libremente la cabeza y produce dolor; con frecuencia es de origen reumático: "Amaneció con *tortícolis* por dormir sentada".

tortilla s f **1** **1** Porción de masa de maíz prensada o hecha a mano en forma circular, de 15 cm de diámetro aproximadamente, fundamental en la alimentación y la cocina mexicana, que se cuece al fuego y se come sola, con sal y en tacos rellenos con frijoles, carne, arroz, chile, etc y es la base de diversos guisados, como los chilaquiles, las quesadillas, las enchiladas, etc: *echar tortillas, hacer una tortilla* **2** *Tortilla de harina* Alimento que tiene la misma forma pero está hecho de harina de trigo **3** *Tortilla a la española* Torta hecha con huevos batidos y rodajas de papa y cebolla, fritos en una sartén **4** *Tortilla a la francesa* Torta de huevos batidos, fritos en una sartén; omelette **5** *Tortillitas de manteca* Palmoteo gracioso que hacen los niños pequeños **11** (*Ofensivo*) **1** *Echar tortillas* Tener contacto sexual dos mujeres **2** *Gustarle a alguien las tortillas* Tener una mujer preferencia sexual por las mujeres.

tórtola s f (*Zenaidura macroura*) Ave semejante a las palomas, de tamaño mediano, con cola larga y puntiaguda, plumaje ceniciento, piernas pequeñas y débiles lo mismo que las patas; es de vuelo rápido; se alimenta de semillas que levanta de la superficie del suelo. Abunda en Baja California, Jalisco e Hidalgo y se encuentra escasamente en Oaxaca: "Perdida entre las ramas canta la *tórtola*".

tórtolo s Persona enamorada, cuando está con su pareja: "El parque se llena de *tortolitos* al atardecer"

tortuga s f Reptil del orden de los quelonios que se caracteriza por tener el cuerpo protegido por un ancho caparazón en el que esconde la cabeza y las extremidades. Sus patas tienen cinco dedos cuando es terrestre, y forma de paleta cuando es marino. Es ovíparo y se alimenta de plantas o de carne según la especie a la que pertenece o el lugar en que vive. Su carne es comestible y su caparazón se usa para fabricar objetos como peines, peinetas, etcétera.

tortura s f **1** Violencia física o moral a la que se somete a alguien, para obligarlo a aceptar alguna cosa contraria a la verdad, a sus creencias o a sus derechos, o por crueldad de quien la somete: *instrumentos de tortura*, "Recurren a la *tortura* para obligarlos a confesar", "Tenía en su cuerpo las huellas de la *tortura*" **2** Sufrimiento intenso: "Los exámenes son una *tortura*", "la *tortura* de un dolor de muelas".

torturar v tr (Se conjuga como *amar*) **1** Someter a alguien a una violencia física o moral muy intensa; infringirle penalidades o dolores muy fuertes: "La *torturaron* para que declarara", "*Torturan* a los presos políticos" **2** Hacer que alguien o que una persona sufra intensamente: *torturar los recuerdos*, "Los celos lo *torturan*", "Me *tortura* con sus dudas".

tos s f **1** Expulsión brusca y ruidosa, por la boca, del aire contenido en los pulmones, provocada por la irritación de las vías respiratorias: *tener tos, una tos metálica* **2** *Tos de perro* La de sonido grave, seco y duro **3** *Tos ferina* Tosferina.

tosco adj **1** Que conserva sus características naturales u originarias, a pesar de haber sido sometido a cultivo, trabajo, refinación o pulido: *madera tosca, un trabajo tosco, piedra tosca, una idea tosca* **2** Que tiene aspecto poco fino, burdo, o poco refinado: *una mano tosca, facciones toscas, un verso tosco* **3** Que actúa o manifiesta sus emociones con poco cuidado de su fuerza o del daño que puede causar: *un hombre muy tosco, cariños toscos*.

toser v intr (Se conjuga como *comer*) Expulsar por la boca el aire contenido en los pulmones, de manera brusca y ruidosa, debido a la irritación de las vías respiratorias: "El niño está *tose* y *tose* y no se mejora", "El polvo me hace *toser*".

tosferina s f Enfermedad infecciosa de las vías respiratorias que consiste en una irritación muy fuerte de éstas, con tos constante e intensa, temperatura y a veces pérdida del conocimiento; en la niñez puede ser mortal.

tostada s f **1** Tortilla de maíz que se cuece en forma prolongada hasta que endurece y adquiere un color dorado; después se fríe y se come sola, o untada con frijoles refritos y cubierta con carne o pollo deshebrado, crema, queso, jitomate, aguacate y chile **2** *Llevarse a alguien la tostada* (*Coloq*) Causarle daño, molestia o enojo alguna cosa.

tostado I pp de *tostar* II adj Que ha sido sometido al fuego para que se seque sin quemarse, o al sol, para que adquiera un color café ligeramente brillante: *maíz tostado, piel tostada, estar tostado por el sol, pepitas tostadas*.

tostar v tr (Se conjuga como *soñar*, 2c) **1** Poner algo al fuego para que lentamente se seque sin quemarse y adquiera un color café y textura quebradiza: *tostar café, tostar cacahuates, tostar pan* **2** prnl Ponerse una persona al sol, generalmente para que su piel tome un aspecto bronceado o cobrizo: *tostarse en la playa*.

tostón s m Moneda de cincuenta centavos o, en general, cincuenta unidades de algo: *pedir un tostón de dulces, a tostón el kilo*.

total **1** adj m y f Que comprende todos los elementos de su clase, que es general y completo: *una acción total, un resultado total, una idea total, un cambio total* **2** s m Resultado de una operación aritmética, particularmente de la suma: *el total de un balance*, "El *total* va con mayúsculas" **3** adv En suma, en resumen, en conclusión: "*Total*, así terminó el libro", "*Total*, ¡ni siquiera te importa!".

totalidad s f **1** Conjunto de todos los elementos de algo; unidad íntegra formada por todos los elementos de una misma clase: "Los romances fueron publicados casi en su *totalidad*", "Casi la *totalidad* de los electores se empadronó", "El documento fue aprobado en su *totalidad*", "Pagará en su *totalidad* el crédito recibido", "La *totalidad* de la filmación se hará en escenarios naturales" **2** (*Astron*) Fase en que un eclipse de Sol o de Luna es total.

totalitario adj Que concentra todo el poder en manos de un jefe o de un partido único, que prohíbe, persigue y reprime toda oposición: "Alemania, bajo el dominio de Hitler, fue un Estado *totalitario*", *medidas totalitarias, régimen totalitario*.

totalitarismo s m Sistema político que concentra todo el poder en una sola persona o en un solo partido, que persigue y reprime toda actividad o ideología que considere contraria a sus intereses: *el totalitarismo de una dictadura, lucha contra el totalitarismo*, "El *totalitarismo* de la junta militar ha sido condenado por varios países".

totalmente adv De manera que corresponde, abarca, se refiere, etc a algo comprendiendo todos sus elementos, extensión, capacidad, etc: *las ventanillas totalmente abiertas, totalmente indiferente, totalmente lleno*, "Quedó *totalmente* destruido".

tótem s m (*Antrop*) Objeto de la naturaleza, como un animal, una planta, un fenómeno meteorológico, etc que una tribu, una clase o una familia toma como protector o considera como antepasado y es objeto de culto y veneración.

totonaca s m Totonaco.

totonaco s m **1** Grupo indígena mexicano que vive en la sierra norte de Puebla y en la zona norte del estado de Veracruz. Su gobierno es municipal y de asambleas comunales, en las que se determina la distribución de los trabajos para beneficio de la comunidad. Su religión se basa en la católica aunque también rinde culto a dioses de tradición prehispánica como el Gran Trueno, el Dueño del Monte y las Doce Mujeres Viejas. Las fiestas de Corpus Christi, de los Santos Reyes y de Muertos son de gran importancia; en ellas se bailan danzas como Los Santiagos, Los tocotines, Moros y cristianos, Los negritos y El volador. La vestimenta del hombre consta por lo general de sombrero de palma, camisa de manta blanca y calzón que se sujeta a la cintura con una faja, y huaraches; las mujeres de la sierra usan camisa de manta, enaguas y quechquémetl; las de la costa visten enaguas con jareta, blusa, quechquémetl y pañoleta, todo ello confeccionado en organdí blanco. En las zonas cálidas las casas son de una sola pieza cuadrada o rectangular de 3 por 5 m, con paredes de varas o carrizos atados con bejuco, techo de zacate de dos aguas, de declive pronunciado, y piso de tierra apisonada; en la zona fría las paredes de las casas son de varas revestidas de lodo y, a veces, el techo es de teja; frecuentemente hay un temazcal construido con ramas y piedras. Elaboran objetos de cerámica y tejidos de algodón como artesanías. En las montañas se cultiva maíz, frijol y calabaza con bajos rendimientos, debido al clima frío y a los suelos pobres; en cambio en la zona baja, de clima cálido y húmedo, las tierras, fértiles y bien irrigadas, proporcionan altos rendimientos en el cultivo de maíz, vainilla, caña de azúcar, ajonjolí, frijol, chile, camote y yuca; en estos cultivos los totonacos de la sierra se contratan como peones, obligados por la baja productividad de sus tierras **2** Lengua de la familia totonaca que habla este grupo indígena **3** adj y s Que pertenece a este grupo étnico o se relaciona con él: *cultura totonaca, pueblos totonacos*.

totopo s m Tortilla frita o tostada y quebrada en trozos: *frijoles con totopos, totopos con salsa*.

toxicidad s f Nivel tóxico de alguna sustancia: *la toxicidad del plomo*.

tóxico adj y s m Que envenena, como el azufre de la gasolina en el aire, ciertos insecticidas en el ser humano, la picadura de una serpiente, etc: *sustancias tóxicas, beber un tóxico*.

traba s f **1** Objeto con el que se asegura, se detiene o se fija una cosa a otra: *la traba de una puerta, la traba de un seguro, las trabas de los zapatos* **2** Acción o acontecimiento que vuelve difícil la realización o el logro de algo: *poner trabas a un proyecto, las trabas de un trámite*.

trabajador adj y s Que trabaja, que le gusta trabajar: *una mujer trabajadora, los trabajadores de una fábrica, un hombre muy trabajador*.

trabajar v intr (Se conjuga como *amar*) **1** Realizar una actividad física o intelectual en forma continuada para producir algo y, generalmente, para ganarse la vida: "*Trabajamos* cuarenta horas a la semana", "Tiene que *trabajar* para vivir", "Está *trabajando* en una nueva novela", "*Trabaja* en el campo", "Ella *trabaja* en un colegio", "Mañana no se *trabaja*" **2** tr Someter una materia a una acción continua y metódica para darle una forma o una consistencia particular: "*Se trabaja* la mantequilla para que no esté demasiado dura", "Hay que *trabajar* la masa para hacer el pan", "*Trabaja* bien la madera" **3** tr Poner esfuerzo y ejercicio en alguna cosa para que resulte mejor o tenga mayor calidad: *trabajar el idioma, trabajar mucho una pintura* **4** Actuar alguna pieza de una construcción o de una máquina sobre otra o estar sometida a la acción de otra pieza: "Esta viga *trabaja* entre las dos trabes", "El cilindro *trabaja* sobre el pistón".

trabajo s m **1** Actividad física o intelectual que se realiza continuadamente para producir algo: *trabajo manual, trabajo mecánico, trabajo mental* **2** Actividad de esa clase con la que uno se gana la vida: *tener trabajo, encontrar trabajo, un trabajo de velador, un trabajo de educadora* **3** Lugar en donde se realiza esa actividad: *ir al trabajo, salir del trabajo* **4** *División del trabajo* Manera en que se divide el conjunto de actividades que requiere la sobrevivencia y el bienestar de una sociedad, considerando las capacidades y conocimientos que supone, las distintas etapas en que se realiza, los instrumentos que emplea, etc **5** Conjunto de los trabajadores que prestan sus servicios a un patrón: "El *trabajo* es el verdadero productor de la riqueza", "Un enfrentamiento entre *trabajo* y capital" **6** Obra o producto que resulta de esa actividad: *un trabajo de carpintería, un trabajo lingüístico* **7** Esfuerzo o energía que requiere una acción: "He puesto mucho *trabajo* en esta tierra" **8** Conjunto de las tareas propias de cierta actividad: *trabajo agrícola, trabajos hidráulicos* **9** Operación de un instrumento, una máquina o una pieza: *el trabajo de un motor, el trabajo de una viga* **10** *Trabajo mecánico* (*Fís*) Producto de la fuerza aplicada a un cuerpo por la distancia que recorre **11** *Con trabajo(s)* Con gran esfuerzo, con dificultad: "*Con trabajos* encontramos el camino" **12** *Tomarse uno el trabajo* Tomarse uno la molestia o esforzarse por algo: "*Se tomó el trabajo* de avisarme".

trabar v tr (Se conjuga como *amar*) **1** Poner una traba o algún otro objeto a una cosa para que la sostenga, la fije, detenga su movimiento o la junte con otra: *trabar una ventana, trabar un pasador, trabar un mecanismo* **2** prnl Detenerse el funcionamiento de un mecanismo por la obstrucción de una de sus piezas: *trabarse las velocidades de un coche* **3** Iniciar una relación cercana o fuerte una persona con otra: *trabar amistad, trabar discusión, trabar conocimiento* **4** prnl Dificultarse el habla de una persona: "*Se le traba* la lengua al hablar en público".

trabe s f (*Arq*) Viga de madera, cemento u otro material que sirve para reforzar y darle firmeza a una construcción; en particular para sostener techos, muros o la parte superior de las ventanas: *una trabe de concreto, una trabe armada*.

tracción s f **1** Acción, resultado y capacidad que tiene algo o alguien para jalar algo, con el objeto de moverlo o arrastrarlo, particularmente algún vehículo: *tracción humana, motores de tracción*, "Las ruedas pierden *tracción* en las superficies heladas",

fuerzas de tracción **2** (*Med*) Acción de estirar, jalar o atraer un hueso, un nervio, un músculo, etc, ejercida, por ejemplo, por un vendaje: *tracción pélvica*.

tracto s m (*Científ*) Conducto o conjunto de conductos que comunican dos partes de un sistema o de un organismo, por donde circulan ciertas sustancias o ciertos cuerpos: *el tracto respiratorio, el tracto intestinal*.

tractor s m Vehículo automotor que sirve para arrastrar a otros vehículos o mover maquinaria, particularmente la agrícola que sirve para arar y otras labores del campo: *un tractor diesel*.

tradición s f **1** Comunicación de unas personas a otras, a lo largo del tiempo, de ciertas experiencias, ideas, técnicas, relatos, etc: "Las mañanitas se cantan por *tradición*" **2** Comunicación de generación en generación de los miembros de una familia o comunidad, de ciertas maneras de comprender sus experiencias, sus hechos históricos, etc y de sus costumbres, creencias, técnicas, reglas de conducta y formas lingüísticas, y conjunto de esos conocimientos: *la tradición mexicana, las tradiciones indígenas*.

tradicional adj m y f Que pertenece a la tradición, se relaciona con ella o se comunica en esa forma: *una costumbre tradicional, un canto tradicional*.

tradicionalmente adv Por tradición: "Productos que *tradicionalmente* se han venido exportando".

traducción s f **1** Acto de traducir: *hacer la traducción, dedicarse a la traducción* **2** Versión de un texto en la lengua a la que fue traducido: *una traducción de Ovidio al alemán, las traducciones del inglés, francés e italiano* **3** *Traducción directa* La que se hace de una lengua extranjera a la propia lengua materna, sin que medie otra en otra lengua; por ejemplo, del arameo al español y no a través de una previa al griego **4** *Traducción inversa* La que se hace de la propia lengua materna a una lengua extranjera **5** *Traducción literal* La que se hace casi palabra por palabra, sometiendo la propia lengua a las figuras y las expresiones de la lengua original **6** *Traducción libre* La que se hace del sentido de un texto, abandonando las características propias de la lengua original.

traducir v tr (Se conjuga como *producir*, 7a) **1** Expresar en una lengua lo dicho o escrito en otra: *traducir del italiano al español, traducir una obra científica* **2** Hacer que lo que se había dicho, interpretado o mostrado en una forma, se interprete o se presente de manera diferente: "*Tradujo* su petición en demanda", "El esfuerzo se *tradujo* en cansancio".

traductor s y adj Persona que traduce de una lengua a otra; autor de una traducción: "La preocupación por la belleza formal es la parte más ardua de la tarea del *traductor*", "Erasmo influye sobre el autor del Quijote a través de los *traductores* españoles".

traer v tr (Modelo de conjugación 7b) **1** Tomar una persona algo o a alguien y hacerlo llegar a donde está uno: *traer agua a la casa*, "Cuando vengas *trae* la comida" **2** Provocar o condicionar algún hecho o situación que algo suceda: "Las mentiras siempre *traen* dificultades", "La sequía *trajo* la muerte del ganado" **3** Tener alguien puesta cierta ropa, cierto adorno o alguna cosa consigo: "*Trae* un vestido de flores", "*Trae* un brillante precioso", "*Trae* sombrero" **4** Proponer ciertas razones, explicaciones o justificaciones cuando se discute alguna cosa: *traer una* *hipótesis nueva, traer a Aristóteles en apoyo* **5** Estar alguien en una situación determinada en un momento dado: *traer un problema, traer una pena, traer un negocio entre manos* **6** *Traerla con alguien* o *traer a alguien de encargo* (*Coloq*) Comportarse con alguien de manera diferente que con los demás, imponiéndole muchas exigencias o haciéndole reproches y críticas constantemente: "*La trae con* la secretaria", "*Me trae de encargo* desde hace un año".

traída s f Acto de traer algo: "Se dificulta la *traída* de mercancía extranjera".

traficante s m y f Persona que trafica, particularmente la que lo hace con personas o con artículos prohibidos por la ley o la moral: *un traficante de drogas, traficantes de esclavos*.

traficar v intr (Se conjuga como *amar*) **1** Hacer toda clase de operaciones comerciales, de compra, venta, cambio, etc con mercancías: *traficar con joyas, traficar con textiles* **2** Manejar personas o asuntos del orden legal o moral como si fueran mercancías: *traficar con niños, traficar con permisos* **3** Comerciar con artículos o mercancías prohibidos por la ley: *traficar con drogas*.

tráfico s m **1** Acto de traficar: *tráfico de mercancías, tráfico de drogas* **2** Movimiento y circulación de gente y vehículos por una ciudad, en caminos y carreteras, o de barcos en el mar y aviones por el aire; tránsito: *tráfico de ciudad, reglamento de tráfico, tráfico marítimo, oficina de tráfico aéreo.*

tragaluz s m En una construcción cerrada, ventana que se abre en el techo o en la parte alta de los muros para que pase la luz: "La luz del jardín penetra por el *tragaluz* del comedor".

tragar v tr (Se conjuga como *amar*) **1** Pasar algo por la garganta, generalmente un alimento, una bebida o un medicamento, para después digerirlo: "La mula no avanzaba sino después de *tragar* parsimoniosamente el último bocado", *tragar saliva* **2** (*Popular*) Comer con voracidad y poca educación: "¿Quieres decir que por ir a *tragar* un pedazo de birria nos vamos a meter en la boca del lobo?" **3** prnl Creer con facilidad cualquier cosa por inverosímil que parezca: "Ese cuento de los marcianos no *me lo trago*" **4** *Tragarse la píldora* (*Coloq*) Creer un engaño o una falsedad **5** *Tragar el anzuelo* (*Coloq*) Caer en una trampa o engaño **6** *Tragar camote* (*Popular*) Enfrentar de improviso una situación difícil y no saber qué decir, ni cómo actuar **7** *Tragarse la tierra algo* o *a alguien* (*Coloq*) Desaparecer: "Nunca lo volvimos a ver, *se lo tragó la tierra*" **8** *No tragar a alguien* (*Coloq*) No soportarlo o tolerarlo, sentir gran antipatía por él: "*No trago* a ese tipo" **9** prnl Acabar vorazmente con algo: "Nuestra civilización *se está tragando* los recursos minerales del mundo".

tragedia s f **1** (*Lit*) Obra dramática, en verso o en prosa, cuya acción provoca la compasión o el terror de su público al plantear problemas humanos de gran importancia; son ejemplos las tragedias griegas de Sófocles o de Esquilo **2** Género de estas obras: *la tragedia clásica, la tragedia shakesperiana* **3** Acontecimiento trágico o fatal: *vivir una tragedia, sobrevenir una tragedia*, "La inundación provocó una *tragedia*".

trágico adj **1** Que tiene características o consecuencias fatales, terribles, dolorosas o muy desafortunadas: "Murieron varias personas en el *trágico* accidente" **2** Que se relaciona con la tragedia como obra o como género dramático: "Es muy buen actor *trágico*", *un personaje trágico.*

trago s m **1** Porción de líquido que se pasa o se bebe de una sola vez: *un trago de agua, tomar un trago, a tragos*, "Don Joaquín se levantó tambaleándose y saboreando el último *trago* de aguardiente" **2** (*Coloq*) Porción de cualquier bebida alcohólica: *echarse un trago*, "Eso merece que lo celebremos con otro *trago*", "Le invito un *trago*" **3** (*Coloq*) Vicio de la bebida: "Le gusta el *trago*" **4** *Trago amargo, mal trago, trago gordo* Mal momento, amarga experiencia, disgusto o pena: "Le hizo pasar *un mal trago*", "Fue un *trago amargo* el haber perdido la beca".

traición s f **1** Acto de traicionar algo o a alguien: *la traición de Victoriano Huerta, cometer traición, traición a la patria* **2** *A traición* Con engaño, aparentando lealtad o fidelidad, sin que el otro se dé cuenta: "A Carranza lo mataron *a traición*" **3** *Alta traición* La que se comete contra la seguridad del Estado o su principal representante.

traicionar v tr (Se conjuga como *amar*) Actuar de manera contraria a la lealtad, a la fidelidad o a la amistad de otra persona: *traicionarse a sí mismo, traicionar a los trabajadores, traicionar a la patria, traicionar a un amigo.*

traicionero adj y s Que actúa a traición o que traiciona o es capaz de traicionar: *amor traicionero, duda traicionera.*

traidor adj y s **1** Que actúa en contra de convicciones, principios o intereses que aparentaba sostener, o en contra de alguien con quien supuestamente guarda relaciones de solidaridad; que no es fiel a algo o a alguien: *traidor a su patria, político traidor*, "Él sabía que Judas era el *traidor*", "La muy *traidora* me abandonó" **2** Tratándose de cosas o circunstancias, que aparenta ser inofensivo y resulta dañino, o que pone de manifiesto algo que se quiere ocultar; traicionero: "Este clima es *traidor*", "Ten cuidado con ese vinito que es muy *traidor*", *canas traidoras.*

traje s m **1** Ropa, indumentaria o vestimenta propia de cierto lugar o de cierta época: *traje regional, traje del siglo XVI* **2** Conjunto de pantalón y saco generalmente de la misma tela: *un traje negro, un traje elegante, colgar los trajes* **3** *Traje sastre* Ropa para mujer consistente en falda y saco **4** *Traje de baño* Pieza o piezas con las que se cubre parte del cuerpo para meterse a nadar, tomar el sol, etc **5** *Traje de luces* El que usan los matadores de toros en la lidia, hecho de seda y bordado en oro, en plata y con lentejuelas **6** *Traje de etiqueta* El que algunos hombres usan en ceremonias formales, como el frac, el jaquet y el smoking **7** *Traje de noche* El que algunas mujeres usan en ceremonias formales que tienen lugar generalmente por la noche.

trama s f **1** Modo en que se entrecruzan o entretejen los hilos o fibras de una tela determinada **2** Disposición de las acciones, en forma general, de una obra literaria, una película, etc: "La *trama* de la novela es algo disparejа", "¿Cuál es la *trama*?" **3** *Trama alimenticia* o *alimentaria* Relación de dependencia que existe entre los organismos vivos para alimentarse unos de otros y con otros.

tramitar v tr (Se conjuga como *amar*) Hacer trámites para conseguir algo o arreglar un asunto: *tramitar la estancia legal en el país, tramitar un crédito, tramitar un amparo.*

trámite s m **1** Cada uno de los momentos o estados por los que pasa un asunto para que se resuelva, se autorice o se complete en una oficina administrativa: *trámites legales*, *trámites de divorcio*, *hacer un trámite* **2** Conjunto de todos esos momentos o estados y procedimiento que se sigue en ellos: *la duración de un trámite* **3** *De puro trámite* Por formulismo, por requisito formal, pero sin verdadera importancia: "Tuve que presentarme a la oficina *de puro trámite*".

tramo s m **1** Espacio que media entre dos puntos que forman parte de una línea: *el tramo México-Pachuca*, *el tramo Hermosillo-Guaymas*, "Hay un *tramo* de terreno pantanoso", *un tramo horizontal de la tubería*, *un tramo de cable* **2** (*Rural*) Medida de superficie para siembra de chile, jitomate y trigo con equivalencia de 0.252 hectáreas, usual en San Luis Potosí **3** (*Caló*) Pantalones.

tramoya s f En el teatro, conjunto de máquinas, luces, artificios y todos los elementos con que se llevan a cabo los cambios de escenario o decorado, y que queda oculto para el público.

trampa s f **1** Dispositivo para cazar animales, ya sea hecho con un agujero tapado con hierba para que caigan en él, ya sea disponiendo otros mecanismos con un cebo: *caer en una trampa*, *poner trampas* **2** Puerta en el suelo, generalmente cubierta para que no se vea, por donde se entra a un sótano secreto **3** Engaño o rompimiento disimulado de las reglas de un juego para sacar ventaja o ganarlo: *hacer trampa* **4** Engaño que se prepara para que alguien cometa un error y reciba un daño: *tender una trampa*, *caer en la trampa* **5** *Llevárselo a uno la trampa* (*Coloq*) Quedar en mala situación económica, irle a uno muy mal o tener muchos problemas.

trampolín s m **1** Plataforma o tabla que permite a los nadadores saltar con mayor impulso en el momento de echarse un clavado: *trampolín de tres metros*, *salto de trampolín* **2** Persona o cosa que ayuda a dar un salto en una posición política, económica o social: "Se servían de ese *trampolín* clave que era su nombre".

tranca s f **1** Palo grueso y fuerte con el que se aseguran las puertas y las ventanas después de cerradas **2** Puerta rústica formada por dos estacas clavadas en el suelo, con cuatro o cinco agujeros por los cuales pasan otros tantos palos que corren a los lados **3** *Cerca* con puertas rústicas.

trancazo s m (*Coloq*) **1** Golpe violento: "Sentí ganas de darles sus *trancazos*", *dar de trancazos*, *agarrarse a trancazos* **2** Golpe moral muy intenso: "Fue un *trancazo* la muerte de su esposa".

trance s m **1** Momento crítico en que se encuentra un acontecimiento o una actividad: *pasar por un trance*, *un trance mortal*, *un penoso trance* **2** *Último trance* Últimos momentos de la vida, muy cercanos a la muerte **3** *A todo trance* A toda costa, pase lo que pase: "Lo sostendremos *a todo trance*" **4** Estado de percepción extraordinaria de fenómenos del espíritu, o de manifestación clara del inconsciente en que se sume una persona sometida a hipnosis: *estar en trance*, *provocar un trance*.

tranquilamente adv Con tranquilidad, de manera tranquila: "Fueron caminando *tranquilamente* paso a paso hasta llegar a la reja de salida", "Marcela y David tomaban su desayuno *tranquilamente*", "*Tranquilamente* lo dejaron plantado con su cena".

tranquilidad s f Estado de calma, de paz y de despreocupación; cualidad del que actúa con prudencia, sin alterarse, dándose el tiempo que necesita para hacer las cosas sin precipitación: *tranquilidad pública*, *tranquilidad interior*, *vivir con tranquilidad*, "Las elecciones se llevaron a cabo en un clima de *tranquilidad*", "Su *tranquilidad* para enfrentar los problemas es asombrosa".

tranquilizar v tr (Se conjuga como *amar*) Dar tranquilidad, quitar la inquietud o la agitación a una persona o a un grupo de personas: "Ella *se tranquilizó* y se fue quedando quieta", "Con sus palabras la *tranquilizó*", "*Tranquilícense* ustedes".

tranquilo adj Que está en calma, en reposo, sin alteraciones ni cosa que lo perturbe; que está en paz consigo mismo, sin remordimientos ni preocupaciones, que tiene paciencia, prudencia y calma para hacer sus cosas y para tratar a las personas: *aguas tranquilas*, *ambiente tranquilo*, "Se tomó unas vacaciones para estar *tranquilo*", *un lugar tranquilo*, "Puede estar *tranquilo*, ella se salvará", "Siempre he sido un estudiante *tranquilo* y amigable".

transa s f (*Popular*) **1** Trampa, soborno o cohecho con que se resuelve un asunto legal, administrativo o sujeto a cierto reglamento: *hacer una transa*, *vivir de la transa*, "Él vive aquí, él sabe qué *transas* hacen el alcalde y el licenciado", *una transa del árbitro* **2** adj m y f Tramposo: "El ingeniero siempre ha sido muy *transa*" **3** *¿Qué transa?* ¡Qué tal?, ¡Cómo te va?

transacción s f **1** Acto de transigir **2** Trato, convenio o arreglo al que llegan dos partes para resolver una diferencia entre ellas o para cerrar un negocio conveniente a ambas: *hacer una transacción*.

transbordador s m **1** Barco grande para el transporte de pasajeros y vehículos, que realiza continuamente un recorrido fijo entre dos puntos situados, por lo general, en las orillas opuestas de una bahía, un golfo, un canal, etc: "En Mazatlán tomamos el *transbordador* para ir a La Paz" **2** *Transbordador espacial* Vehículo espacial tripulado, diseñado para realizar vuelos orbitales, a la vez que para ser maniobrado como un avión al reingresar a la atmósfera; para ponerlo en órbita es impulsado por un cohete, pero al volver a tierra lo hace en vuelo dirigido por un piloto y aterriza sobre una pista como cualquier avión: "Los nuevos satélites serán puestos en órbita por la tripulación del *transbordador espacial*".

transcribir v tr (Se conjuga como *subir*. Su participio es irregular: *transcrito*) **1** Poner por escrito y fielmente algo que se escucha de viva voz: "La secretaria encargada de levantar el acta no *transcribía* directamente mis palabras, sino las que le dictaba mi agente", *transcribir una canción*, *transcribir una cinta magnetofónica* **2** Escribir de nuevo algo que ya estaba escrito, copiándolo en el mismo sistema de escritura o en otro distinto: *transcribir en Braille*, *transcribir en código binario* **3** (*Mús*) Arreglar la música escrita para un instrumento con el fin de que se pueda tocar en otro diferente.

transcurrir v intr (Se conjuga como *subir*) Pasar el tiempo de alguna actividad o de algún acontecimiento de cierto modo: *transcurrir alegres las vacaciones*, *transcurrir la clase en paz*.

transcurso s m Acto de transcurrir algo: *el transcurso del tiempo*, *en el transcurso de este siglo*, *en el transcurso de los años*, *en el transcurso de la semana*.

transeúnte s m y f Persona que transita o pasa por la calle: "Un *transeúnte* aparece por la acera de enfrente", "Se dedicaron a disparar sus armas contra los *transeúntes*", "Se perdió entre los *transeúntes*".

transferencia s f **1** Acto de transferir: *transferencia de tecnología, transferencia de glucosa, transferencia de calor* **2** Operación bancaria que implica un desplazamiento de valores o de fondos, de un banco a otro, de una sucursal a otra, o de una cuenta a otra, en un mismo país o ciudad, o de una entidad a otra **3** En psicoanálisis, proceso por el cual un sujeto adjudica a una persona, especialmente el analista o terapeuta, deseos y sentimientos inconscientes experimentados durante la infancia frente a una figura paterna: el padre o la madre, y que se desencadena en el momento en que están a punto de ser develados algunos contenidos reprimidos especialmente importantes.

transferir v tr (Se conjuga como *sentir*, 9a) **1** Pasar un bien, una posesión o una característica o un lugar a otro, de un elemento a otro o de una persona a otra: *transferir dólares, transferir un jugador a otro equipo, transferir tecnología, transferir electrones, transferir datos* **2** Cambiar de fecha alguna función o alguna celebración: "La reunión *se transfiere* al próximo miércoles".

transformación s f Acto de transformar o de transformarse: *la transformación de un personaje, la transformación del príncipe en sapo, la transformación de la energía.*

transformador adj y s **1** Que transforma o sirve para transformar: *una idea transformadora, un elemento transformador* **2** Aparato eléctrico que sirve para transformar corriente eléctrica de alta tensión en una de baja tensión: *un transformador trifásico, un transformador de corriente.*

transformar v tr (Se conjuga como *amar*) **1** Cambiar la forma, la constitución o el aspecto de alguien o de algo por otros distintos: *transformar un mueble, transformar un negocio, transformarse en payaso* **2** Hacer que un cuerpo o cierta materia produzca otros diferentes: *transformar energía solar en electricidad, transformar minerales.*

transfusión s f (*Med*) Acción terapéutica que consiste en pasar sangre de una persona sana a un enfermo o un herido que la ha perdido.

transición s f **1** Cambio de un estado o situación a otro: *época de transición, un periodo de transición* **2** En el cine o el teatro, escena o secuencia que se usa para ligar dos acciones determinadas.

transigir v intr (Se conjuga como *subir*) **1** Aceptar alguna cosa o alguna propuesta muchas veces contraria a lo que uno considera correcto o conveniente, hecha por otra persona, con el fin de llegar a un acuerdo: "No se puede *transigir* con delincuentes" **2** (*Der*) Hacer alguna concesión que ponga término a una controversia: "No quería *transigir* con el divorcio".

transistor s m Pequeño dispositivo electrónico utilizado para amplificar la corriente en un circuito, basado en la capacidad que tienen los semiconductores, especialmente el silicio y el germanio, de hacer una conducción diferencial de electrones y no electrones. Se utiliza en radios, audífonos para sordos y muchos otros aparatos electrónicos: *radios de transistores.*

transitar v intr (Se conjuga como *amar*) Caminar, pasar o circular por cierta calle o cierto paraje para dirigirse a un punto determinado: *transitar por las avenidas, transitar por las calles.*

transitivo adj y s (*Gram*) Que admite o tiene complemento u objeto directo, como los verbos *dar, comprar, leer,* etcétera.

tránsito s m **1** Acto de transitar: *el tránsito de animales, el tránsito de automóviles* **2** Paso de una situación a otra: *tránsito de la Luna, el tránsito de la aristocracia a la burguesía* **3** Circulación de vehículos por el conjunto de las calles de una ciudad, de las carreteras de una región, etc: *tránsito citadino, tránsito de carga, reglamento de tránsito, tránsito ferroviario.*

transitorio adj **1** Que es temporal o pasajero; que dura poco tiempo o un tiempo determinado: "El enfermo padece estados *transitorios* de perturbación de la conciencia", *trabajadores transitorios* **2** Que corresponde a una transición o constituye una transición: "Gracias a la coyuntura *transitoria* de la última guerra mundial…".

translación s f Traslación.

translúcido adj Que permite el paso de la luz pero sin dejar ver claramente lo que hay detrás: *plástico translúcido, piel translúcida, pantalla translúcida.*

transmisión s f **1** Acto de transmitir algo: *transmisión por microondas, una transmisión en vivo, la transmisión de una epidemia* **2** Cada uno de los programas transmitidos por radio o televisión: *iniciar transmisiones, una transmisión musical* **3** Mecanismo que sirve para transmitir el movimiento de una parte a otra de una máquina: *la transmisión de un coche, correa de transmisión.*

transmisor **1** adj y s Que pasa, comunica o transmite algo: *un pueblo transmisor de una cultura,* "Los perros vagabundos son *transmisores* de innumerables parásitos" **2** s m Aparato o parte de un aparato de radio o telégrafo que sirve para mandar señales, mensajes, etc: "Hubo una falla en el *transmisor*" **3** s f Lugar de donde se transmiten señales de radio: "Algunas *transmisoras* dejaron de funcionar por fallas técnicas".

transmitir v tr (Se conjuga como *subir*) **1** Hacer pasar algo de un lugar a otro o de una persona a otra, generalmente por algún medio: *transmitir noticias por radio, transmitir imágenes por televisión, transmitir un saludo por carta* **2** Hacer pasar algo o un objeto a otro o de una persona a otra por contacto o contagio: *transmitir una corriente eléctrica, transmitir una enfermedad* **3** Tener algo la capacidad o las características para hacer pasar algo a través suyo: "Las ratas *transmiten* la rabia", "La plata *transmite* electricidad" **4** Pasar a alguien el derecho o la capacidad de tener algo: *transmitir una herencia, transmitir la autoridad.*

transnacional adj m y f y s f Que sobrepasa los límites de una nación, que implica o involucra a varios países, especialmente tratándose empresas o compañías comerciales: *empresas turísticas transnacionales, el peligro de las transnacionales, grandes consorcios transnacionales.*

transparencia s f **1** Cualidad de lo que deja pasar la luz a través de sí o de lo que es muy claro: *la transparencia del aire, la transparencia del cielo* **2** Fotografía impresa en una superficie transparente, que puede verse haciendo pasar luz a través de ella o proyectándola en una pantalla; diapositiva: "Tenemos unas *transparencias* del viaje", *pasar transparencias, velarse una transparencia.*

transparente adj m y f **1** Que permite el paso de la luz, que deja ver a través de sí: *agua transparente, tela transparente, día transparente* **2** Que es fácil de comprender, que es claro o no deja lugar a dudas: *alusiones transparentes, alma transparente.*

transpiración s f Eliminación de sudor o vapor de agua en los seres, a través de poros y membranas.

transpirar v intr (Se conjuga como *amar*) **1** Secretar sudor por los poros de la piel una persona o un animal, generalmente a causa del calor o de un esfuerzo; sudar **2** Exhalar vapor las plantas.

transplantar v tr (Se conjuga como *amar*) Trasplantar: *transplantar un árbol.*

transplante s m Trasplante: *transplantes de córnea.*

transportación s f Acto de transportar o transportarse; transporte: *la transportación masiva de alimentos, transportación de personal.*

transportador 1 adj Que transporta o lleva algo de un lugar a otro: *máquina transportadora* **2** s m Instrumento utilizado en geometría para medir ángulos, que tiene forma de semicírculo y las medidas de los grados marcadas alrededor.

transportar v tr (Se conjuga como *amar*) **1** Llevar cargando o en algún vehículo cosas o personas de un lugar a otro: *transportar mercancías, transportar pasajeros* **2** (*Mús*) Pasar de un tono a otro una pieza musical **3** prnl Quedar uno en contemplación de algo o en una alegría tan grande, que no actúa racionalmente: "La música lo hace *transportarse*".

transporte s m **1** Acto y resultado de llevar algo de un lugar a otro: *transporte de mercancías* **2** Vehículo o medio que se utiliza para ir de un lugar a otro: *el transporte urbano.*

transposición s f **1** Cambio o paso de una cosa, tal como es o como está, a una posición completamente distinta: *la transposición de una imagen* **2** En un impreso, inversión de letras **3** (*Gram*) Cambio de categoría de una palabra, por ejemplo, el adjetivo *joven* pasa a ser sustantivo en "Los *jóvenes* están llenos de planes" **4** (*Mat*) Operación que consiste en pasar un término de un miembro a otro, en una ecuación de desigualdad **5** (*Quím*) Fenómeno que se presenta en algunas sustancias orgánicas bajo el efecto de condiciones externas, por el cual ciertos átomos o radicales cambian su posición en la molécula; reordenación molecular **6** (*Anat*) Situación anormal inversa de las vísceras **7** (*Mús*) Cambio de una pieza musical a un tono diferente del original.

transversal adj m y f Que se halla o se extiende a lo ancho de algo, perpendicular a su longitud; que atraviesa algo de un lado a otro por su parte ancha: *una calle transversal, un eje transversal, un corte transversal.*

tranvía s m Vehículo movido por electricidad que circula sobre rieles o vías en el interior de una ciudad o en sus alrededores; se emplea como transporte público: *esperar el tranvía*, "Los *tranvías* han sido desplazados por otros medios de transporte".

tranviario adj y s Que pertenece a los tranvías o se relaciona con ellos: *el sindicato tranviario, la administración tranviaria.*

trapear v tr (Se conjuga como *amar*) **1** Limpiar el piso con un trapo o una jerga húmeda: "Vuelve a *trapear* la cocina" **2** *Poner a alguien barrido y trapeado* (*Coloq*) Regañarlo o hablar muy mal de él.

trapecio s m **1** (*Geom*) Cuadrilátero irregular que tiene paralelos sólo dos de sus lados **2** Barra horizontal, suspendida de dos cuerdas, que sirve para hacer acrobacias o ejercicios gimnásticos **3** (*Anat*) Primer hueso de la segunda fila de la muñeca o carpo, donde comienza la mano **4** (*Anat*) Cada uno de los músculos de los vertebrados que, en los mamíferos, están situados en la parte posterior del cuello y superior de la espalda, entre el occipucio, el omóplato y las vértebras dorsales.

trapezoide s m **1** (*Geom*) Figura geométrica de cuatro lados que no son paralelos **2** (*Anat*) Segundo hueso de la segunda fila de la muñeca o carpo, donde comienza la mano.

trapo s m **1** Pedazo de tela, generalmente vieja o corriente, que se utiliza principalmente para limpiar el polvo o secar los trastes lavados: *trapo húmedo, trapos de cocina, trapo de sacudir, un trapo limpio,* "Se frota con un *trapo* para sacarle brillo" **2** pl (*Coloq*) Prendas de vestir: "Todo mi dinero se fue en *trapos*" **3** *Sacarle a alguien sus trapos al sol* (*Coloq*) Sacar a relucir las faltas o fallas de una persona **4** *Poner a alguien como trapo de cocina* (*Coloq*) Maltratarlo, insultarlo o criticarlo **5** *A todo trapo* (*Mar*) A toda vela **6** *A todo trapo* A toda prisa **7** *Quedar hecho un trapo* Quedar sin fuerza ni ánimo: "Tras la muerte de su hermano, *quedó hecha un trapo*".

tráquea s f Conducto cilíndrico de tejido membranoso y cartilaginoso, situado debajo del cuello, cuya parte superior es la laringe y de cuya parte inferior arrancan los bronquios que llevan el aire a los pulmones.

tras prep **1** Después de, enseguida de: "*Tras* el otoño viene el invierno", "*Tras* el esfuerzo viene el descanso", "Ha caído nevada *tras* nevada" **2** En la parte posterior de, detrás de, enseguida de: "Se escondió *tras* la puerta", "*Tras* esa cara seria, hay un espíritu suave" **3** En busca de, en persecución de: "Anda *tras* mi hermana", "Está *tras* el dinero" **4** Además de, encima de: "*Tras* cornudo, apaleado", "*Tras* de que llegas tarde, todavía te enojas".

trascendencia s f **1** Acto de trascender: *la trascendencia de un acto de gobierno, la trascendencia de la obra artística* **2** Calidad de lo que supera o rebasa el tiempo o la experiencia **3** Gran importancia o gran repercusión de algo: *un problema nacional de trascendencia insospechada.*

trascendental adj m y f **1** Que trasciende, que repercute o tiene consecuencias en el futuro: *hacer algo trascendental, lo más trascendental de la vida* **2** (*Fil*) En la filosofía kantiana, que pertenece a la razón pura y es anterior a cualquier experiencia, como los conceptos de espacio y tiempo.

trascendente adj m y f **1** que trasciende; trascendental: "Hay hallazgos de la ciencia que resultan *trascendentes*" **2** (*Fil*) Que sobrepasa todo orden de realidades determinadas.

trascender v intr (Se conjuga como *perder*, 2a) **1** Ir más allá de ciertos límites: "Una belleza que *trasciende* todas las edades" **2** Divulgarse una noticia que estaba oculta o circunscrita a un pequeño ámbito: "La noticia *había trascendido* desde hace algunos días", *trascender el ámbito nacional* **3** (*Fil*) Elevarse en el pensamiento por encima del conocimiento empírico o conceptual para alcanzar una verdad más esencial.

trasero adj **1** Que está detrás o en la parte posterior de un objeto: *puerta trasera, asiento trasero, ruedas traseras* **2** s m (*Coloq*) Nalgas: "Le dieron un pelotazo en el *trasero*".

traslación s f **1** (*Fís*) Movimiento lineal de un cuerpo tal que si se traza una línea a partir de uno de sus puntos, ésta se mantendrá siempre paralela a la dirección que tenía inicialmente: *traslación de electrones, velocidad de traslación* **2** (*Astron*) Movimiento lineal de un astro que gira en torno a otro, como el de la Tierra alrededor del Sol, que dura un año.

trasladar v tr (Se conjuga como *amar*) **1** Llevar o mover un cuerpo o a una persona de un lugar a otro: *trasladar carga, trasladar un cadáver,* "Una ambulancia lo *trasladó* al hospital" **2** prnl Moverse de un lugar a otro en las mismas condiciones en que se estaba: "Los visitantes *se trasladaron* a la escuela secundaria", "La oficina *se trasladará* a la ciudad de Guadalajara" **3** Cambiar a alguien de un puesto de trabajo en un lugar a otro con la misma categoría: "Lo *trasladaron* de la fábrica de la Villa a la de Cuautitlán" **4** Cambiar la fecha o la hora en que habrá de tener lugar una reunión o un festejo, en las mismas condiciones en que se estaba planeado: "La asamblea del sindicato *se trasladó* al próximo viernes" **5** Expresar algo con gran fidelidad a las ideas y los sentimientos que uno tiene: "*Trasladó* a los cuentos toda su angustia existencial".

traslado s m **1** Acto y resultado de trasladar o trasladarse: *hacer un traslado, costos de traslado, el traslado del cadáver* **2** (*Der*) Copia de un documento original autorizada por funcionario o notario competente al efecto; especialmente la que entrega a una de las partes litigantes de los alegatos de la otra.

trasmisión s f Transmisión.

trasmisor adj y s Transmisor.

trasmitir v tr (Se conjuga como *subir*) Transmitir.

traspasar[1] v tr (Se conjuga como *amar*) **1** Pasar a través de algo: "El agujero *traspasa* la pared", "La bala le *traspasó* el hueso" **2** Pasar o ir más allá de los límites establecidos: *traspasar el límite de velocidad* **3** Afectar fuertemente alguna cosa los órganos de los sentidos, los sentimientos, etc: "La pena le *traspasó* el corazón", "El grito *traspasó* sus oídos".

traspasar[2] v tr (Se conjuga como *amar*) Ceder el arrendatario o el comprador de un local, de un establecimiento mercantil o de un bien, a un tercero que asume las condiciones del contrato original, los derechos que tiene sobre él, generalmente mediante un pago: *traspasar un departamento, traspasar una cafetería acreditada.*

traspaso s m Cesión que hace el arrendatario o el comprador de un local, de un establecimiento mercantil o de un bien, de los derechos que tiene sobre él a un tercero, que asume las condiciones del contrato original, generalmente mediante un pago: "Estoy interesado en el *traspaso* de su negocio".

trasplantar v tr (Se conjuga como *amar*) **1** Sacar una planta del lugar donde estaba sembrada y plantarla en otro: "*Trasplantó* el rosal y se secó" **2** (*Biol*)

Pasar una parte de un organismo a otro o una parte del propio cuerpo a otra: *transplantar un corazón, transplantar un riñón.*

trasplante s m Acto de trasplantar: "El *trasplante* se hizo con arbolitos de once meses de edad", *un trasplante de piel, trasplantes de corazón.*

traste s m **1** Cualquier recipiente en el que se guisa, se sirve y se come: "Se coloca el *traste* en baño María", *lavar los trastes, secar los trastes* **2** *Dar al traste con algo* Echarlo a perder alguna cosa, arruinarla: *dar al traste con el festejo.*

trasto s m **1** Traste: *un trasto con agua hirviendo* **2** Cualquier utensilio que no sirve para nada: *un trasto inútil* **3** (*Tauro*) Muleta y estoque: *entregar los trastos al matador* **4** En el teatro, cada uno de los elementos de decoración de madera o lienzo pintado que se emplean en las transformaciones del escenario **5** Utensilios propios de alguna actividad: *los trastos de pescar* **6** Cada una de las barras de metal o de hueso que se empotran perpendicularmente en el mástil de la guitarra, para delimitar la zona de las cuerdas en la que se obtiene cierta nota.

trastornar v tr (Se conjuga como *amar*) **1** Intervenir en la organización, el sistema o el estado normal de alguna cosa, modificando sus elementos, su funcionamiento o su comportamiento: *trastornar un organismo,* "La difusión de la noticia *trastornó* los planes de intervención norteamericana" **2** Causar algún acontecimiento que una persona pierda la calma, el equilibrio o incluso la razón: "Creímos que la copa de champaña te había *trastornado*", "El ruido lo *trastorna*", "La muerte del hijo la *trastornó*".

trastorno s m **1** Acto de trastornar o trastornarse: *sufrir un trastorno, trastorno de tráfico* **2** Alteración o perturbación en un organismo, en el funcionamiento de un órgano o en el equilibrio psíquico o mental de una persona: *trastornos de la coagulación, trastornos en la respiración, trastorno nervioso.*

tratado s m **1** Documento donde se especifican formalmente los convenios, decisiones, reglas, etc que dos o más gobiernos establecen: *tratado de paz, tratado de comercio, firmar un tratado* **2** Libro, generalmente didáctico, en el que se expone un tema o un conjunto de temas referente a una determinada materia: *tratado de educación, tratado de química, tratado de economía.*

tratamiento s m **1** Acto de tratar: *el tratamiento de un producto, un tratamiento adecuado de las gallinas* **2** Conjunto de medios y procedimientos con el que se intenta curar una enfermedad: *seguir un tratamiento, un tratamiento intensivo, ponerse bajo tratamiento* **3** Manera en que se comporta alguien con alguna persona, y como la considera: *un tratamiento educado, un tratamiento familiar, fórmulas de tratamiento* **4** Manera en que se considera, razona, expone, etc algún asunto o materia: *un tratamiento superficial, un tratamiento científico.*

tratar v tr (Se conjuga como *amar*) **1** Tomar una cosa o tenerla y darle cierto manejo, uso o empleo: *tratar sustancias químicas, saber tratar animales, tratar con máquinas, tratar bien un instrumento* **2** Comportarse con alguna persona de cierta manera o tener algún tipo de relación con ella: *tratar bien a los empleados, tratar al director de la escuela, tratar a la señora con respeto, tratarse de tú,* "La conozco pero nunca la he *tratado*" **3** Considerar a alguien en cierta forma y comportarse con él consecuentemente con lo que se piensa: "Lo admira tanto, que lo *trata* de maestro", "Siempre lo *trató* de tonto" **4** intr Comunicarse con alguna persona para discutir algo, negociar o hacer algo juntos: *tratar con los patrones, tratar con los padres de familia, tratar con el fabricante* **5** Discutir, negociar o ponerse de acuerdo dos o más personas acerca de algún asunto o negocio: *tratar una compraventa, tratar un convenio, tratar la paz* **6** Dar a un asunto o tema cierta consideración, estudio o exposición: "El conferencista *trató* profundamente el tema de la enseñanza de otras lenguas", "El libro *trata* de las guerras entre aztecas y tlaxcaltecas", "La reunión *tratará* sobre enfermedades del corazón" **7** intr Intentar realizar o alcanzar algo: *tratar de ganar, tratar de moverse.*

trato s m **1** Forma en que una persona se comporta con otra: *trato amable, el trato entre las mujeres,* "Tiene un *trato* muy agradable", "No me gustan los malos *tratos*" **2** Manera en que se usa o se emplea una cosa; manejo que se le da a algo: "Con el *trato* que le das al coche te va a durar muy poco", "Esas máquinas requieren un *trato* muy cuidadoso" **3** Acuerdo o convenio entre dos o más personas: *trato comercial,* "Hagamos un *trato*: tú pagas los pasajes y yo el hospedaje", "Estamos en *tratos* con el vendedor del local".

trauma s m **1** (*Med*) Golpe, herida o cualquier lesión de un organismo, causados por acción externa, como algún accidente, una operación quirúrgica o algún ataque violento: *un trauma craneoencefálico* **2** (*Psi*) Impresión muy fuerte causada por algún acontecimiento en la vida de una persona, que no logra superar y deja efectos duraderos en su organización psíquica: *trauma emocional, traumas infantiles,* "La noticia le produjo un *trauma*".

traumatismo s m Lesión interna o externa de tejidos orgánicos provocada por agentes externos.

traumatología s f Parte de la medicina que se ocupa del estudio y el tratamiento de los traumatismos: *un especialista en traumatología.*

través 1 *A través de* De un lado al otro de algo, en dirección o posición transversal, por enmedio de algo: "Instalaron un cable *a través de* la calle", "Nadó *a través de* la laguna", "Lo llevaron *a través de la* ciudad", "El sol pasa *a través de* los árboles" **2** *De través* En posición transversal, de un lado a otro de algo pero oblicuamente: "Se acostó *de través* en la hamaca", "Pusieron una viga *de través* frente a la puerta" **3** *Mirar de través* Mirar algo o a alguien sin dirigir la cabeza hacia ello: "La miró *de través* para que no se diera cuenta".

travesaño s m **1** Pieza de madera o de metal que atraviesa de un lado a otro una estructura mayor, para unirla o darle rigidez y estabilidad: *poner un travesaño, el travesaño de la cruz, los travesaños de una escalera* **2** Durmiente de ferrocarril.

travesti s m Persona del sexo masculino que se viste y se maquilla como mujer, generalmente como acto de un espectáculo, pero también como fenómeno de homosexualidad; travestí: *un cabaret de travestis, los travestis del teatro japonés.*

travesura s f Acción ingeniosa con la que un niño subvierte el orden impuesto por sus padres, las reglas de comportamiento social o los dictados de la prudencia: *hacer una travesura.*

travieso adj **1** Que se caracteriza por hacer travesuras: *una chiquilla traviesa, escuincles traviesos* **2** Que satisface su sensualidad con ingenio y ligereza: "¡Qué *travieso* de veras el bueno de don Tomás: pellizca a todas y luego les regala una rosa!".

trayecto s m **1** Camino o ruta que algo o alguien recorre o ha de recorrer para ir de un lugar a otro: "El *trayecto* de Ciudad Victoria a Tampico está lleno de curvas", "Hubo un accidente en el *trayecto* que sigo de mi casa al trabajo" **2** Acto de recorrer un camino: "Hicimos el *trayecto* juntos".

trayectoria s f **1** Línea descrita o camino recorrido por un cuerpo al moverse: *una trayectoria circular, la trayectoria del proyectil, la trayectoria del cometa,* "Campos desvió la *trayectoria* del balón" **2** Evolución o desarrollo que tiene alguien dentro de cierta actividad a partir de cierto momento: *trayectoria política, un artista de reconocida trayectoria.*

traza s f **1** Delimitación de espacios en una ciudad o en una construcción, mediante un plano y después trazándolos sobre el terreno: *hacer la traza de la nueva ciudad* **2** (*Geom*) Intersección de una línea o de una superficie con un plano de proyección **3** Huella lineal que deja en una superficie el paso de un cuerpo: *las trazas de los electrones* **4** Aspecto en el vestir o apariencia general de una persona, que causa cierta impresión en los demás: "Las mujeres al ver mi *traza* ridícula ríen", "Tienes *traza* de santo" **5** *Dar o llevar trazas de (algo)* Dar indicios o señales de algo: "*No daba trazas de* querer quitarse, así que…".

trazado I pp de *trazar* II s m **1** Acto de dibujar líneas sobre un papel o superficie: "Este tipo de labor exige un buen conocimiento en el *trazado* de escaleras" **2** Acto de señalar dónde se ha de construir algo en un terreno: *hacer el trazado de los cimientos, el trazado de la nave.*

trazar v tr (Se conjuga como *amar*) **1** Dibujar líneas sobre algún papel u otra superficie: *trazar una letra, trazar un plano, trazar un triángulo* **2** Dibujar y establecer las características que debe tener alguna construcción o algún producto: *trazar una carretera, trazar una calle, trazar los planos de un coche* **3** Establecer sobre un plano o un mapa la ruta o la dirección que se ha de seguir para llegar de un lugar a otro **4** Dibujar imaginariamente una línea en el espacio, el movimiento o la dirección de un cuerpo: "El Sol *traza* una curva del este al oeste", "El avión *trazó* una extraña figura en el cielo" **5** Describir en términos generales y esquemáticos un proyecto, un acontecimiento o una acción: "Nos *trazó* el futuro de la humanidad de manera sombría", "*Trazaron* muy bien la forma en que enfrentarán el problema".

trazo s m **1** Línea que se dibuja en algo: *hacer trazos, limpieza en sus trazos* **2** Cada una de las líneas en que se divide una figura: *trazo curvo, trazo recto, los trazos de una letra* **3** Acto de trazar la figura, las características de una construcción o la ruta de un camino: *el trazo del edificio, el trazo de un puente, el trazo de un recorrido.*

trebejo s m Objeto, por lo regular viejo, que se tiene guardado o abandonado: *trebejos de cocina, guardar trebejos.*

trébol s m **1** Cada una de las varias plantas herbáceas de la familia de las leguminosas, de hojas trifoliadas y flores papilionadas o amariposadas, blancas, amarillas o moradas. Son de vaina corta, indehiscente, encerrada en el cáliz. Se usan como forraje o adorno. Algunos de ellos son: *Trifolium pratense, Trifolium repens, Trifolium alexandrinum, Trifolium arvense; Trifolium incarnatum, Melilotus alba, Melilotus indica* **2** *Trébol de cuatro hojas* El que resulta tan extraordinario que, de encontrarse, se considera señal de buena suerte **3** Uno de los cuatro palos de la baraja francesa o inglesa y carta que pertenece a este palo: *la reina de tréboles*, "Le faltó un *trébol* para formar color".

trecho s m Espacio o distancia entre un lugar y otro: *de trecho en trecho*, "Caminó el *trecho* de la puerta de la vecindad a la esquina".

tregua s f **1** Suspensión temporal tácita o convenida de las hostilidades entre dos o más contendientes que están en conflicto: *tregua militar, tregua navideña* **2** Descanso temporal en cualquier trabajo o padecimiento: "Los trabajadores decidieron darse una *tregua* para comer" **3** *Sin tregua* Sin parar, sin detenerse: "Los tambores sonaron sin *tregua* toda la noche".

tremendo adj **1** Que asusta y causa temor: "Los *tremendos* ruidos no cesaban", "Hubo una balacera *tremenda*", *tremenda injusticia*, "Se dio un golpe *tremendo*", *una carcajada tremenda* **2** (*Coloq*) Hablando de niños, que es sumamente inquieto o travieso: "Julia es una niña *tremenda*" **3** Que es muy hábil, audaz o malicioso: "Es *tremendo* con las mujeres", "Esa mujer es *tremenda*".

trementina s f Resina casi líquida, pegajosa y de fuerte olor, que se extrae de los pinos y otros árboles. De su destilación se obtiene el aceite de trementina, un líquido inflamable, muy tóxico por ingestión, que se usa como disolvente de pinturas, barnices, etc, en la elaboración de medicamentos y en la fabricación de perfumes.

tren s m **1** Transporte formado por una locomotora o máquina y varios vagones que se mueven sobre dos rieles y llevan personas o mercancías de un lugar a otro: *tren de vapor, tren eléctrico, viajar en tren* **2** Transporte urbano que se mueve sobre dos rieles y generalmente se impulsa con energía eléctrica, que toma de un cable suspendido sobre la vía o bajo ella; tranvía **3** Serie de elementos que se siguen unos a otros: *un tren de ondas, un tren de impulsos eléctricos* **4** *Tren de vida* Manera y ritmo en que vive alguien diariamente: *un tren de vida terrible, un tren de vida tranquilo* **5** *Tren de aterrizaje* Mecanismo compuesto por ciertos postes en cuyo extremo hay ruedas, flotadores o patines, con el que aterrizan o amarizan los aviones, helicópteros, etcétera **6** *Llevarse a alguien el tren* (*Coloq*) Causarle alguna cosa un daño irreparable o una gran molestia: "¡Me lleva el tren: me robaron mi cartera!" **7** *A todo tren* (*Coloq*) Muy bueno, muy bello, con gran abundancia y lujo: "Puso un restaurant *a todo tren*" **8** *Írsele el tren a una mujer* (*Coloq*) Perder la oportunidad de casarse.

trenza s f **1** Peinado en el que el pelo largo se divide en tres o cuatro gajos y se entreteje formando una sola pieza: *hacerse las trenzas*, "Les jalaba las *trenzas* a las niñas" **2** Tejido de tres o cuatro hilos entrelazados.

trenzar v tr (Se conjuga como *amar*) **1** Hacer una trenza con varios hilos o hacer trenzas con el pelo: *trenzar un cable* **2** prnl Pelearse cuerpo a cuerpo dos o más personas.

trepar v tr (Se conjuga como *amar*) **1** Subir a un lugar alto, generalmente escalándolo, saltando con impulso y ayudándose con las manos: "*Trepó* al niño al árbol", "Se *trepó* al cerro", "Se *trepó* en la mesa" **2** intr Subir las plantas adhiriéndose a los árboles u otros objetos: "La hiedra *trepa* por las bardas".

tres 1 *Estar, quedar, andar*, etc *dos (que) tres* (*Coloq*) Estar, quedar, andar, etc más o menos, ni bien ni mal, regular: "—¿Cómo estas? —*Dos que tres*", "Les quedó *dos tres* el trabajo" **2** *A las tres, a la de tres* (*Coloq*) A la cuenta de tres: "*A las tres* nos echamos al agua" **3** *Darse las tres* (*Popular*) Dar una o varias fumadas seguidas a un cigarro de mariguana o de tabaco: "*Date las tres* y rola la bacha" **4** *Estar algo rete tres piedras* (*Popular*) Estar muy bien, muy bonito, maravilloso o extraordinario: "*Está rete tres piedras* tu reloj".

treta s f Forma hábil de conseguir algo, en la que generalmente hay trampa o engaño: *hacer una treta*, "Ésa es una *treta* vil: prender fuego a la cerca para hacerme salir de la casa".

triángulo s m **1** (*Geom*) Figura plana y cerrada con tres lados y tres ángulos **2** *Triángulo equilátero* (*Geom*) Triángulo cuyos tres lados miden lo mismo **3** *Triángulo isósceles* (*Geom*) Triángulo con dos lados iguales y uno desigual **4** *Triángulo escaleno* (*Geom*) Triángulo cuyos tres lados tienen diferente longitud **5** Instrumento musical de metal, con esa forma, que se golpea con una barra también de metal para producir el sonido.

tribal adj m y f Que pertenece a la tribu o se relaciona con ella: *organización tribal*.

tribu s f **1** Organización social compuesta por varias familias, clanes, pueblos, etc que ocupan cierto territorio, hablan una lengua común, tienen una misma cultura y un sistema único de gobierno o un sentido de solidaridad entre sí frente a los extraños: *las tribus nómadas, una tribu azteca* **2** Conjunto de personas que tiene un comportamiento común y cierto sentido de solidaridad entre ellos: "Vino Austreberto con toda su *tribu*".

tribuna s f **1** Plataforma elevada desde donde se pronuncia un discurso, particularmente en reuniones políticas, legislativas o jurídicas **2** Plataforma elevada donde se colocan los dignatarios o las autoridades en un desfile, un festejo o un espectáculo **3** Plataforma elevada con asientos escalonados, donde se colocan los espectadores en un estadio para algún acontecimiento especial: "Despertó el entusiasmo en las *tribunas*", "Arrancó nutridos aplausos a la *tribuna*".

tribunal s m **1** Lugar o edificio destinado a los jueces para administrar justicia y dictar sentencias: *ir a los tribunales, llevar al tribunal* **2** Órgano del Poder Judicial que se encarga de aplicar el derecho en los procesos que se le presentan: *tribunal supremo, tribunal fiscal* **3** *Tribunal para menores* Órgano del Poder Judicial encargado de corregir sin violencia a los delincuentes menores de 18 años, poniéndolos al cuidado de alguien, internándolos en escuelas, etc **4** Conjunto de personas ante quienes se presenta un examen, un concurso, etc y están encargadas de emitir un juicio: *un tribunal de examen universitario*.

tribuno adj y s m Hablando de hombres públicos, el que tiene el don de conmover con la oratoria: *ser un gran tribuno.*

tributar v tr (Se conjuga como *amar*) **1** Pagar tributos: "Los indios *tributaban* a los conquistadores" **2** Manifestar el reconocimiento del mayor valor o la superioridad de otra persona mediante algún premio, regalo u homenaje: *tributar honores, tributar respeto, tributar aplausos.*

tributario adj **1** Que pertenece al tributo o al pago de tributos a la administración pública de un Estado: *sistema tributario, la estructura tributaria* **2** Que rinde tributo a algo o alguien: *un pueblo tributario de los aztecas* **3** Que contribuye al logro de una cosa, supeditado a otro **4** Tratándose de ríos, arroyos, etc, que es afluente de otro, cuyo caudal es mayor, o que descarga su caudal en cierto lago o mar.

tributo s m **1** Obligación de entregar dinero o ciertos bienes que los señores o soberanos de la antigüedad imponían a quienes quedaban bajo su dominio o a los que vencían en una guerra: "Los aztecas pedían *tributos* a todos los pueblos que dominaron" **2** Pago que impone un Estado a sus ciudadanos para sostener los servicios que ofrece o la administración pública; impuesto **3** Reconocimiento que hace alguien del mayor valor de otra persona: *un tributo a los iniciadores de la Independencia, rendir tributo.*

triciclo s m Vehículo de tres ruedas, una en su parte delantera y dos atrás; particularmente el que sirve de juguete y se impulsa por medio de pedales: "El día del niño le regalaron un *triciclo* rojo".

trifásico adj Tratándose de sistemas de corriente alterna, que fluyen en tres circuitos independientes, mutuamente desplazados de fase en 120 grados eléctricos: *transformadores trifásicos, cables trifásicos, corriente trifásica.*

trigal s m Terreno o campo sembrado de trigo.

trigo s m **1** Planta gramínea que crece en forma de espigas que contienen varias hileras de granos; hay varias especies y muchas variedades: *trigo candeal, trigo pelón* **2** Grano de esa planta, de color café claro que, molido, produce la harina con la que se hace el pan: *un molino de trigo, pan de trigo* **3** Conjunto de esas plantas y de sus granos: *trillar el trigo, plantar trigo, moler trigo.*

trigonometría s f (*Mat*) Parte de la matemática que estudia las relaciones algebraicas entre los componentes de los triángulos.

trigonométrico adj (*Mat*) Que pertenece a la trigonometría o se relaciona con ella: *las propiedades trigonométricas de un triángulo, función trigonométrica, problema trigonométrico.*

trigueño adj Que es del color del trigo, moreno tostado, especialmente tratándose de personas: *una mujer trigueña, ojos trigueños.*

trilogía s f Conjunto de tres obras literarias, musicales o cinematográficas que forman una unidad y han sido creadas por un mismo autor, como los grupos de tres tragedias que se presentaban a concurso en los juegos de la antigua Grecia: *trilogías de Esquilo,* "*La Trilogía de la vida* de Pasolini está formada por el 'Decamerón', 'Los cuentos de Canterbury' y 'Las mil y una noches' ".

trilla s f **1** Acto de trillar: *comenzar la trilla, máquinas de trilla* **2** Temporada durante la cual se trilla.

trilladora s f Máquina que cosecha el grano del trigo, cortando y desgranando las espigas.

trillar v tr (Se conjuga como *amar*) **1** Desprender el grano de las espigas utilizando una máquina trilladora o un instrumento semejante: *trillar el trigo* **2** Usar mucho una cosa desgastándola, o repetir cierta idea, opinión, afirmación, etc hasta hacerla un lugar común carente de significado: *trillar una frase.*

trimestre s m **1** Periodo de tres meses: *el primer trimestre del año, el último trimestre* **2** Cantidad que se paga o que se cobra cada tres meses, o número de una publicación que sale cada tres meses.

trinar v intr (Se conjuga como *amar*) **1** Cantar los pájaros **2** (*Mús*) Hacer trinos. "Allá por los cocoteros / se escucha *trinar* el arpa" **3** (*Coloq*) Enojarse mucho: "Yo estaba que *trinaba* en ese momento, quería golpearla allí".

trinchador s m Mueble de comedor, generalmente de madera, más ancho que alto, en el que se guardan diversos utensilios para comer y servir la comida, y sobre el cual a veces se colocan los alimentos que se van a servir o repartir.

trinchera s f **1** Excavación u hoyo que hacen los soldados para protegerse de los ataques del enemigo: *refugiarse en una trinchera* **2** (*Geol*) Depresión o zanja profunda cuyas paredes tienen declives pronunciados **3** Cuchillo en forma de media luna con el que se cortan las pencas del maguey.

trino s m **I 1** Canto de los pájaros: *el trino del cenzontle* **2** (*Mús*) Adorno que consiste en la alternancia rápida de notas de igual duración separadas por la distancia de un tono o semitono **II** (*Relig*) Para el cristianismo, hablando de Dios, la trinidad o unión de tres personas distintas que lo constituyen.

trinquete s m (*Coloq*) Fraude que comete alguien para apoderarse de alguna cosa o trampa con la que pretende ganar un juego: *hacer trinquete en las cartas,* "El señor hermano del presidente se dedicó a los *trinquetes* con la leche, las casas y las construcciones", "Hicieron *trinquete* en las carreras".

trío s m **1** Grupo o conjunto de tres personas, especialmente de carácter musical: *un trío de cuerdas, trío 'Los Panchos'* **2** Composición musical destinada a esa agrupación de instrumentistas o de voces.

tripa s f **I** (*Coloq*) **1** Intestino o parte de los intestinos: *doler las tripas, sacar las tripas* **2** Echar uno las tripas o *salírsele las tripas* Forzarse mucho al hacer ejercicio, al hacer un trabajo o cualquier otro esfuerzo **3** *Chillar* o *gruñir las tripas* Producir un ruido bajo y caprichoso el intestino al hacer la digestión o por hambre **4** *Revolverle las tripas algo a alguien* Causarle asco o repugnancia un alimento desagradable o una escena espantosa **5** *Amarrarse la tripa* Aguantarse el hambre o ahorrar en gastos, por falta de dinero y posibilidades: "Con esta crisis económica, no nos queda otra que *amarrarnos la tripa*" **6** *Hacer de tripas corazón* Sobreponerse al miedo o a las dificultades **II 1** Pedazo de intestino de animal: *tripa de longaniza, tripa de gato* **2** Tubo largo, suave y flexible: *una tripa de irrigador* **3** Cualquier parte o elemento que rellena algo o forma la composición interior de alguna cosa: *las tripas de un colchón, las tripas de un coche* **III 1** *Tripa de Judas* (*Cissus sicyoides*) Planta trepadora de la familia de las vitáceas, de hojas largamente pecioladas, redondeadas o cardadas; de fruto globoso u ovoide con semilla negra y de cuyos tallos sale agua; tripa de vaca, tripa de zopilote, hierba de buey, bejuco loco, molonqui **2** *Tripa de pollo* (*Spilanthes beccabunga*) Planta herbácea de la familia de las compuestas, de hojas opuestas y flores en cabezuelas amarillas; botón de oro **3** *Tripa de gallina* (*Nissolia fruticosa*) Planta trepadora de la familia de las leguminosas, de hojas alternas de cinco hojuelas elípticas; sus flores son axilares y amarillas; su fruto es una vaina indehiscente, pequeña y encorvada **4** *Tripas de ratón* (*Ionidium polygalaefolium*) Planta herbácea de la familia de las violáceas, de hojas opuestas, elípticas, con estípulos grandes; de flores solitarias axilares en cinco sépalos, con cinco pétalos, uno de ellos mayor; tiene también cinco estambres, dos de ellos con la base espolonada; su fruto es una capsulita globosa.

triplay s m Madera laminada en tres hojas, flexible y resistente, que se usa en construcción o para forrar ciertos muebles.

triple adj y s m y f **1** Que está compuesto de tres, que se repite tres veces o que tiene tres veces el tamaño, la cantidad o el número de algo: *el triple homicida, la vacuna triple, su triple función* **2** s f Vacuna que protege contra el tétanos, la tosferina y la difteria: "Este mes le toca la *triple* a mi bebé".

triptongo s m (*Fon*) Conjunto de tres vocales que se pronuncian en una sílaba, como: *uei* en *buey*, *uau* en *Cuautla*, etcétera.

tripulación s f Conjunto de personas que sirven o trabajan en una embarcación, una aeronave o cualquier otro vehículo: "Subió a la nave en unión del resto de la *tripulación*", *la tripulación de una lancha*.

tripulante s m y f **1** Cada uno de los miembros de una tripulación: *los tripulantes de una nave espacial*, "Murieron dos *tripulantes*" **2** Persona que viaja en un vehículo: *un coche para cinco tripulantes*, "El capitán interrogó a cada *tripulante*".

trique¹ s m **1** Grupo indígena mexicano que habita en la zona occidental del estado de Oaxaca, en la Mixteca Alta y en las sierras de Chicahuaxtla y de Coyoacán. Su gobierno es municipal. Se distingue de los demás indígenas de la región por los tocados que viste en los días de fiesta: los hombres usan un sombrero negro de fieltro, de copa alta y ala corta; las mujeres, un medio calabazo adornado con listones de colores brillantes. Su vivienda consiste en una sola pieza con un patio, un corral y una troje anexos; los muros son de carrizo en las zonas cálidas y de varas cubiertas de lodo en los lugares fríos. El techo es de dos aguas o semicónico y está hecho de zacate, palma o maguey. Elabora por procedimientos artesanales, hilados y tejidos de prendas femeninas. También teje sombreros de palma, camisas y fajas. Su técnica agrícola depende de la situación del terreno; utiliza la coa en las montañas y el arado de madera en los valles. Como su producción agrícola se reduce a pequeñas cantidades de maíz, frijol, chile y verduras, sus miembros suelen contratarse como jornaleros agrícolas o mineros. La región en que vive es escarpada y fría en las partes altas y cálida en las cañadas y en los valles, con lluvias torrenciales en el verano **2** Lengua del grupo mixteco, familia oaxaqueña, que habla este grupo indígena **3** adj y s m y f Que pertenece a este grupo indígena o se relaciona con él.

trique² s m Utensilio o mueble de poca importancia o fuera de uso, que se almacena: "Guarda cuanto *trique* encuentra", *el cuarto de los triques*.

triqui s m Trique¹.

triste adj m y f **1** Que está sin alegría, sin ánimo por alguna pena: "Andaba callado y *triste*" **2** Que expresa o muestra infelicidad, pena, pesadumbre: *mirada triste, cara triste* **3** Que causa pena, dolor, vergüenza, desilusión: *una triste noticia, la triste verdad, aquel triste episodio* **4** Que es oscuro, apagado; que despierta en uno la melancolía o la tristeza: *colores tristes, un día nublado y triste* **5** Que es insignificante, de poco valor o importancia: "Ese día ganó veinticinco *tristes* pesos".

tristeza s f Estado emocional por el que pasa una persona cuando tiene alguna pena o sufrimiento: *llorar de tristeza*.

triturar v tr (Se conjuga como *amar*) Partir algo, generalmente duro y seco, en pequeños pedazos y sin convertirlo en polvo: *triturar piedra, triturar madera, triturar las cáscaras*.

triunfador adj y s Que gana o vence en un concurso, una competencia, etc: *un equipo triunfador, el triunfador de la carrera*.

triunfal adj m y f Que pertenece al triunfo, lo celebra o se relaciona con él: *una tarde triunfal, marcha triunfal, su entrada triunfal, una triunfal vuelta al ruedo, los arcos triunfales*.

triunfar v intr (Se conjuga como *amar*) Vencer con gloria al enemigo, al competidor o alguna dificultad: *triunfar sobre los chichimecas, triunfar en unas elecciones, triunfar por méritos propios*.

triunfo s m **1** Acto de triunfar: *alcanzar el triunfo, un triunfo sobre la enfermedad* **2** *En triunfo* Con entusiasmo y entre aplausos: *salir en triunfo, marchar en triunfo*.

trivial adj m y f Que no tiene interés ni atractivo, que no comunica nada de importancia, que es común y corriente, sabido por todos, superficial y sin trascendencia: *una trivial multitud de bohemios, una verdad trivial, películas triviales*.

trofeo s m **1** Escultura u objeto singular que se entrega al ganador de un torneo deportivo o de un concurso como testimonio y recuerdo de su triunfo: *una entrega de trofeos, el ganador del trofeo* **2** Objeto que se toma o se arrebata al enemigo vencido en una guerra como testimonio y recuerdo del triunfo.

troja s f Troje.

troje s f **1** Construcción hecha especialmente para guardar granos o cualquier producto de la tierra; su forma y los materiales de los que está hecha varían de región en región; silo, granero **2** Casa o habitación de tejamanil y troncos que se usa en Michoacán: *las trojes tarascas*.

trolebús s m Autobús eléctrico que toma la corriente que lo mueve de un cable aéreo por medio de una o dos largas pértigas o troles: *tomar el trolebús, viajar en trolebús*.

trombón s m **1** Instrumento musical de viento, de tono más bajo y más solemne que el de la trompeta, que consiste esencialmente en un tubo en forma de U con una boquilla por la que se sopla y una campana por la que sale el aire y que, mediante otro tubo de forma similar opuesto al primero, de longitud variable, permite modificar el sonido al aumentar o disminuir a voluntad su longitud: "Toca el *trombón* en la banda del pueblo" **2** Persona que toca este instrumento: "Fue el primer *trombón* que tuvo la orquesta de la Universidad".

trombosis s f sing y pl (*Med*) Proceso de formación o desarrollo de un trombo o coágulo sanguíneo en el interior de un vaso y que produce la obstrucción del mismo: *trombosis vascular*, "Se le complicó la pulmonía con una *trombosis* en la pierna derecha".

trompa s f **1** Prolongación de la nariz de algunos animales, como el elefante, con la que aspiran y lanzan líquidos, toman objetos, etc **2** Hocico del puerco **3** Órgano bucal de algunos insectos con el que chupan sangre y otras sustancias **4** *Trompa de Eustaquio* Cada uno de los dos conductos que van del tímpano del oído a la faringe, en los que se equilibra la presión atmosférica **5** *Trompa de Falopio* Cada uno de los dos conductos que van del ovario al útero, por donde pasan los óvulos una vez que se han desprendido **6** Instrumento musical de viento formado por un tubo cónico de latón enroscado en forma de espiral, que empieza con una boquilla y va ensanchándose poco a poco hasta terminar abierto en forma de campana; corno de caza o corno francés **7** *A trompa y talega* o *a la trompa talega* Sin reflexión ni cuidado: "No debes hacer la tarea *a trompa y talega*".

trompeta **1** s f Instrumento musical de viento formado por un tubo largo de metal que empieza con una boquilla, se curva una o dos veces y termina ensanchándose en forma de campana; tiene tres válvulas en el centro que permiten controlar la salida del aire **2** s m Persona que toca este instrumento: *un trompeta de la banda, el trompeta de órdenes*.

trompo s m **1** Juguete generalmente de madera, de forma cónica y terminado en una punta metálica, al cual se le enrolla una cuerda para lanzarlo y hacerlo bailar: *jugar al trompo* **2** *Dormirse el trompo* Girar uniformemente y sin sobresaltos un trompo **3** (*Crataeva Tapia*) Árbol liso de la familia de las caparidáceas, de 6 a 9 m de altura, con las hojas caedizas, largamente pecioladas; de flores verdosas o moradas con cuatro pétalos, y fruto con forma de baya subglobosa, estipitada; su corteza tiene olor desagradable; zapotillo amarillo.

tronar v intr (Se conjuga como *soñar*, 2c) **1** Producir un ruido violento y sordo las descargas eléctricas en la atmósfera, las armas de fuego o los cohetes: "Parece que va a llover, ya está *tronando*", *tronar un fulminante* **2** tr Hacer alguien que algo estalle produciendo un ruido violento: "Los niños *tronaron* los cohetes" **3** Hablar violentamente en contra de alguien o de algo: *tronar contra la injusticia, tronar contra los incapaces* **4** (*Coloq*) Terminar con disgusto una relación entre personas: "*Tronó* con su novia" **5** tr (*Coloq*) Reprobar un examen o una prueba: "*Tronó* matemáticas", "Lo *tronaron* en química" **6** *Tronárselas* (*Popular*) Fumar mariguana.

tronco s m **1** Tallo leñoso y cubierto de corteza de los árboles y ciertos arbustos, que crece de la raíz y del que salen las ramas **2** Parte central del cuerpo humano y de los animales de la que salen el cuello y las extremidades **3** Elemento principal y central de algo, de donde salen o en donde se juntan derivaciones: *un tronco arterial, un tronco de materias* **4** Ascendente común de varias líneas, ramas o familias: *el tronco indoeuropeo* **5** Par de caballos o mulas que tiran de un carruaje.

trono s m **1** Asiento del rey en una ceremonia **2** Situación del que tiene el máximo rango o la autoridad y el poder supremos dentro de una monarquía: "Cuando se realizó el descubrimiento de América, los Reyes Católicos ocupaban el *trono* de España" **3** Entre los católicos, lugar encima del altar donde se expone al Santísimo Sacramento **4** (*Relig*) Espíritu del tercer coro de ángeles.

tropa s f **1** Conjunto de soldados: "Al fin las *tropas* invasoras se retiraron" **2** (*Mil*) Conjunto de soldados desde el raso hasta el sargento primero **3** Conjunto de animales de carga que se dirigen a algún lado.

tropel s m **1** Movimiento acelerado y ruidoso de varias personas o animales que se mueven desordenadamente: *un tropel de caballos* **2** *En tropel* En conjunto y en forma desordenada: "Los espectadores avanzaban *en tropel* hacia la puerta", "Sus sentimientos salieron *en tropel*".

tropezar v intr (Se conjuga como *despertar*, 2a) **1** Golpear inadvertidamente con el pie algún obstáculo físico, que pone en peligro el equilibrio, y a veces hace caer: "La mula *tropezaba* con cada piedra y recuperaba penosamente el equilibrio", *tropezar con la basura* **2** Encontrar inesperadamente cierta dificultad o cierto problema que impide hacer algo: "*Tropiezan* con la oposición del pueblo", "*Tropieza* con el obstáculo económico" **3** Encontrarse de frente y por casualidad o involuntariamente con alguien o algo: "*Tropieza* con Juventino" **4** Llamar inesperada o sorpresivamente alguna cosa la atención de uno: "Su vista *tropezó* con una caja abierta".

tropical adj m y f **1** Que pertenece al trópico o se relaciona con él: *clima tropical, fruta tropical* **2** Que es cálido, exuberante, vivo, alegre y fantasioso: *carácter tropical, ideas tropicales, ritmos tropicales*.

trópico s m **1** Cada uno de los dos círculos imaginarios paralelos al ecuador de la Tierra, sobre los que los rayos del Sol caen perpendicularmente en los solsticios: *trópico de Cáncer, trópico de Capricornio* **2** Zona de la Tierra comprendida entre esos dos círculos, que tiene un clima caluroso, cierto tipo de vegetación, etc: *viajar al trópico*.

tropismo s m (*Biol*) Movimiento con el que responden ciertos organismos como las plantas a estímulos de luz, de gravedad, etc, por el cual se orientan, crecen hacia ellos o se alejan de los mismos.

tropo s m **1** Figura retórica que consiste en emplear una palabra con un sentido que no es el usual; incluye la metáfora, la metonimia y la sinécdoque.

troposfera s f Capa inferior de la atmósfera, que se extiende desde el nivel del mar hasta unos 11 km de altura, en cuyo interior se desarrollan los fenómenos meteorológicos; troposfera.

trotar v intr (Se conjuga como *amar*) **1** Caminar los caballos con paso ligero, levantando a un tiempo el pie y la mano de distinto lado: "Se fue *trotando* al potrero" **2** Andar mucho, yendo de un lugar a otro: "*Trotó* todo el verano por Europa".

trote s m **1** Forma de caminar rápidamente los caballos y algunos otros animales semejantes, que consiste en mover al mismo tiempo una pata y la mano del lado contrario: *el trote de caballos oscuros, forzar el trote, trote fatigoso, trotecito parejo* **2** pl Actividad variada, repetida y muy intensa o que requiere mucho esfuerzo y trabajo: "Esos viejitos ya no están para estos *trotes* de andar viajando de aventón" **3** *Al trote* Muy rápidamente: "Las mulas partieron *al trote* por la calle empedrada del pueblo".

trova s f **1** Verso o conjunto de versos con metro y rima, compuesto para ser recitado o cantado: "A todas las florecitas / de rostros cautivadores, / van las *trovas* más bonitas / de estos pobres cantadores" **2** Poesía lírica, generalmente cantada, compuesta por los poetas cortesanos o trovadores de la Edad Media.

trovador s m **1** Poeta que durante la Edad Media componía y cantaba poemas amorosos o narrativos por los pueblos y las cortes de Europa; en particular, el que provenía de Provenza y hablaba esa lengua del sur de la Francia actual **2** Persona que compone y canta sus propias canciones de carácter lírico, por lo general acompañándose él mismo con guitarra u otro instrumento.

trozo s m Parte separada de un todo, especialmente de un sólido; pedazo o fragmento de alguna cosa: *trozo de pan, trozo de madera, un trozo de tela*, "Corte la carne en *trozos*", "Cada uno se comió un *trozo*", *trozos de ópera*.

trucha s f Pez de agua dulce, de la familia *Salmonidae*, que abunda en los ríos y arroyos del norte de América, Europa y Asia; habita en aguas claras, frías y ricas en oxígeno; se alimenta de carne, de insectos, de moluscos o de otros peces y es muy apreciado por su sabor. Pertenece a diversos géneros y especies; en México la más abundante es la trucha arcoiris (*Salmo gairdnerii*), que mide de 40 a 60 cm de largo, tiene cuerpo alargado con dientes bien desarrollados en las dos mandíbulas y su color varía según la edad, el sexo o la época del año.

trueno s m Ruido fuerte y violento que sigue al rayo o que producen las armas de fuego o el estallido de cohetes u otros explosivos: *retumbar los truenos de una tormenta*.

trueque s m Forma de comercio que consiste en cambiar directamente una mercancía por otra; sin utilizar monedas: "Algunos pueblos indígenas de México practicaban el *trueque*, y tiempo después usaron el cacao como moneda" **2** Acto de intercambiar una cosa por otra.

truncar v tr (Se conjuga como *amar*) **1** Interrumpir o terminar el desarrollo de cierta actividad o de cierta obra antes de acabarla: "*Truncó* sus estudios universitarios", "*Truncaron* sus aspiraciones" **2** Cortar algún objeto por su parte terminal o por su punta: "Se *trunca* la parte superior de un cono".

trunco adj **1** Que no está terminado, que está incompleto porque ha perdido alguna parte o que no tiene punta: *textos truncos, una pirámide trunca, una educación escolar deficiente y trunca* **2** En Oaxaca, tratándose de personas, que le falta un brazo o una pierna; mocho.

trusa s f Calzón ajustado al cuerpo para hombre o para niño: *trusas de algodón*.

tu adj m y f Apócope de *tuyo*, que precede siempre al sustantivo: *tu cara, tu vaso, tu canción, tus primos, tus tías*.

tú pronombre de la segunda persona, masculino y femenino, singular **1** Señala a la persona a la que se habla o se escribe en un momento dado o en cierto texto: "*Tú* lees el libro", "Eras *tú* quien me buscaba" **2** *Hablarse de tú* Tratarse dos personas con familiaridad y compañerismo, sin distinguir posiciones sociales; tutearse **3** *Al tú por tú* En igualdad de fuer-

za, de capacidad o de actitud: "Los obreros se pusieron *al tú por tú* con sus patrones".

tuba[1] s f Instrumento musical de viento, de latón o bronce, formado por un largo tubo terminado en una gran bocina, con boquilla y de tres a cinco válvulas, que da un sonido grave; se utiliza sobre todo como bajo de trombones en las bandas y en las orquestas; puede emitir todos los grados cromáticos de una extensión de casi cuatro octavos.

tuba[2] s f **1** Bebida refrescante especialmente de Colima que se obtiene del jugo del tronco o de las inflorescencias de algunas especies de palmeras, principalmente del cocotero común; después de destilada suele tomarse compuesta con piña, limón, chile, cebolla, apio, fresa, canela, etc: "Los besos que tú me das / tienen un sabor a *tuba*... / y el que los llega a probar / toditito se ataruga" **2** Savia de la que se obtiene esta bebida.

tubérculo s m **1** Abultamiento del tallo de algunas plantas, como la papa, que contiene muchas sustancias nutritivas y del cual pueden brotar después las nuevas plantas **2** (*Med*) Bulto pequeño que se forma, de manera natural o a consecuencia de una enfermedad, en un hueso o en un órgano del cuerpo: *tubérculo vertebral, tubérculo gris*.

tuberculosis s f sing y pl Enfermedad contagiosa del ser humano o de algunos animales, como las gallinas o las vacas, causada por el bacilo de Koch (*Mycobacterium tuberculosis*), que puede localizarse en cualquier tejido del cuerpo y principalmente en los del aparato respiratorio; sus síntomas son tos, fiebre, pérdida del apetito y formación de tubérculos. Es grave si no se cura a tiempo.

tubería s f Conjunto de los tubos que forman una instalación para conducir líquidos o gases: *tubería de cobre, la tubería del drenaje*.

tubo s m **1** Cilindro largo y hueco, a veces abierto por sus extremos, a veces cerrado por uno de ellos, que sirve para dejar correr o para contener líquidos, gases, sustancias cremosas, etc: *tubo de drenaje, tubo de ensayo, tubo de pasta de dientes* **2** Parte del organismo con esta forma, que sirve de conducto: *tubo digestivo, tubos renales*.

tubular adj m y f Que tiene la forma de un tubo o está formado por tubos; que pertenece al tubo o se relaciona con él: *estructura tubular*.

tuerca s f **1** Pieza pequeña y plana, generalmente de metal, que tiene una perforación en el centro y una rosca en su interior, que permite ajustarla con un tornillo: "La *tuerca* de unión se atornilla a mano" **2** *Llave de tuercas* Instrumento que sirve para apretar o aflojar tuercas **3** *Apretarle las tuercas a alguien* (*Coloq*) Presionar a alguien, tratarlo con severidad y exigencia, para que trabaje mejor o se comporte bien **4** *Dar una vuelta de tuerca* Hacer un nuevo esfuerzo, reforzar un comportamiento: "El libro de José Emilio Pacheco *da* otra *vuelta de tuerca* e ingresa en el género fantástico".

tuerto adj y s Que le falta un ojo o que está ciego de un ojo: "En el país de los ciegos, el *tuerto* es rey".

tuétano s m **1** Sustancia blanca, blanda y grasosa que se encuentra en el interior de los huesos; el de algunos animales se utiliza como alimento; médula: *tuétano de vaca, tacos de tuétano* **2** *Hasta el tuétano* En la parte más profunda de alguien o de algo: "Lleva la fiesta brava metida *hasta el tuétano*".

tul s m Tela delgada que forma malla, generalmente en pequeñísimos octágonos de seda, de algodón o de otro material, que se utiliza especialmente en vestidos de fiesta, velos para novia, mantillas, cortinas y mosquiteros: *un tocado de azahares y tul.*

tule s m Planta herbácea de la familia de las ciperáceas; crece en las orillas de los lagos o en lugares muy húmedos; tiene tallos angulosos y hojas largas y angostas; de sus tallos y hojas se sacan fibras para hacer tejidos: *tule bofo, tule esquinado, tule chico.*

tulipán s m **1** (*Tulipa gesneriana*) Planta liliácea bulbosa, de jardín, con flor única de forma acampanada, pero más cerrada por la punta que por la base de los pétalos, de hermosos colores; tiene hojas anchas con escapos de 20 a 40 cm de altura y flores en general rojas con una banda amarilla y con manchas basilares negras, bordeadas de amarillo. Es oriunda de Asia Central; se cultivan muchas variedades. Está muy difundida en Holanda, desde donde se exporta su bulbo a todo el mundo: *miles de tulipanes de todos colores* **2** (*Hibiscus rosa-sinensis*) Arbusto asiático de la familia de las malváceas, de hojas acorazonadas, aserradas y brillantes; flores grandes acampanadas, generalmente rosas o rojas, con la columna de los estambres saliente. Se cultiva como ornamental en climas cálidos; obelisco, gallardete **3** *Tulipán de África* (*Spathodea campanulata*) Árbol de la familia de las bignoniáceas hasta de unos 20 m de altura con hojas compuestas, hojuelas ovado-lanceoladas, cortamente acuminadas, de 5 a 10 cm, con dos a tres glándulas gruesas; flores monopétalas rojas de unos 10 cm en racimos, con lóbulos ondulados; da como fruto una cápsula de unos 20 cm. Es originaria de África y se cultiva como ornamental en climas cálidos.

tumba¹ s f **1** Excavación o fosa en la que se entierra a un muerto, cubierta de un montículo de tierra y con alguna señal donde se indica quién está sepultado ahí: *tumbas sin lápidas, tumbas de la dinastía Ming, los nichos de las tumbas zapotecas, la tumba de Sor Juana,* "Iba a visitar una *tumba* en el panteón" **2** *Tener o estar con un pie en la tumba* Tener una enfermedad muy grave y estar en peligro de muerte: "Antes de la operación *estuvo con un pie en la tumba,* pero se salvó" **3** *Cavar alguien su propia tumba* Actuar inconscientemente en perjuicio de su propio bienestar: "Con su afición al alcohol *está cavando su propia tumba*" **4** *Ser alguien una tumba* Ser muy discreto y guardar siempre los secretos: "A ella le puedes contar cualquier cosa porque *es una tumba*" **5** *Revolcarse alguien en su tumba* Imaginar que el difunto se enfurecería por algún acontecimiento o alguna acción contraria a su obra o sus ideales.

tumba² s f (*Rural*) Acto de talar un bosque o de cortar la hierba en un terreno para después sembrar.

tumbadora s f Tambor delgado de aproximadamente un metro de altura que se utiliza en los conjuntos de música afrocubana.

tumbar v tr (Se conjuga como *amar*) (*Coloq* y *Popular*) **1** Hacer caer algo o a alguien; tirarlo: "Le *tumbó* todas las ciruelas que ya estaban maduras", "Cuando el borracho no cae, / no ha de faltar quien lo *tumbe*", "Te *tumbo* de la cama" **2** Echar abajo, derrumbar o tirar una construcción: "Los vientos eran fuertes, capaces de *tumbar* un edificio" **3** prnl Tirarse

en la cama, en un asiento o en el suelo para descansar: *tumbarse en el suelo* **4** Cortar árboles o yerbas para sembrar: "Trabajo de campo: a *tumbar* palo, a rozar monte, a cosechar maíz", "*Tumbaron* sus árboles" **5** *Tumbar a una mujer o tumbársela* Poseerla sexualmente **6** Alterar los sentidos y las emociones una bebida, un alimento, una fuerte impresión o una enfermedad: "Ese mezcal lo *tumbó*", "La gripa la *tumbó*" **7** Quitar: "Me *tumbé* el bigote", *tumbarle la novia* **8** *Tumbar el bordo* En Durango, pasar longitudinalmente el arado sobre la parte superior de los surcos del cultivo anterior.

tumor s m **1** Bulto que se forma en un tejido por el crecimiento anormal de células sin función fisiológica **2** *Tumor benigno* El que se encuentra encerrado en una cápsula y sólo afecta a las partes que lo rodean, presionándolas cuando crece mucho **3** *Tumor maligno* El que crece rápidamente, desorganiza las partes en que se implanta y tiende a extenderse por el cuerpo.

tuna s f **1** Fruto carnoso de las plantas de la familia de las cactáceas, principalmente del nopal, que mide entre 3 y 8 cm; es de forma globosa o ligeramente ovoide y su pulpa es de color verde, amarillenta, blanquecina, roja oscura o rosada, muy acuosa y con abundantes semillas en su interior; tiene cáscara gruesa en la que crecen grupos de espinas muy finas y pequeñas. Generalmente es dulce y comestible: "Me he de comer esa *tuna...*" **2** Cada una de las plantas de la familia de las cactáceas cuyo fruto es la tuna: *tuna de agua, tuna de castilla, tuna barbona, tuna camuesa, tuna cardona.*

tundra s f Planicie de las zonas árticas con clima muy frío, subsuelo congelado y suelo a veces pantanoso, sin árboles, donde crecen musgos, líquenes y algunos arbustos y hierbas.

tunecino adj y s Que es originario de Túnez, país del norte de África o de su ciudad capital, o se relaciona con ellos: *la mezquita tunecina, el puerto tunecino, dátiles tunecinos.*

túnel s m Camino abierto a través de la tierra, de la piedra o de cualquier otro material sólido: *un túnel de ferrocarril, cavar un túnel.*

túnica s f **1** Vestidura holgada sin mangas, suelta o ceñida con un cinturón; puede ser larga o llegar cuando menos a las muslos; los griegos y los romanos la usaban antiguamente debajo del manto: *túnica ancha acampanada* **2** (*Biol*) Capa o membrana que cubre algunas partes del organismo como el globo ocular; o algún fruto: *la túnica vaginal* **3** *Túnica de Cristo* (*Passiflora ligularis*) Planta trepadora con zarcillos, hojas ovadas con largos peciolos; flores grandes de color rojo o rosa; fruto oval, amarillento, con las semillas envueltas en una pulpa acuosa, agridulce; es propia de tierra caliente; granadita de China.

turbar v tr (Se conjuga como *amar*) **1** Intervenir alguna cosa en el estado o el transcurso natural de otra: *turbar las aguas de un lago, turbar el silencio* **2** prnl Ponerse nerviosa una persona, alterar el ánimo de una persona a causa de la emoción o el desconcierto de manera que no acierte a hablar o actuar: "*Se turbó* visiblemente", "En el acto *se turbó* y no supo qué contestar".

turbina s f Motor que consta de un conjunto de pequeñas hélices, dispuestas radialmente en torno a un eje, cuya función es aprovechar el flujo de aire o de agua que pasa por ellas, para mover el eje y transmitirlo a otro aparato, o para comprimirlo y dejarlo salir por otro extremo, aprovechando la reacción que se produce para mover un aparato, como un avión: *turbinas hidroeléctricas, un avión de turbina.*

turbio adj **1** Que ha perdido su claridad o transparencia, que está mezclado con algo que lo oscurece o le quita su claridad: *agua turbia* **2** Que es confuso, falto de claridad o de orden: *explicaciones turbias, razonamientos turbios* **3** Que parece ilegal, que es de honradez dudosa: "Está metido en negocios *turbios*", *turbio comportamiento.*

turco adj y s Que es natural de Turquía, pertenece a este país o se relaciona con él: *escritor turco, moneda turca, baño turco.*

turgencia s f Cualidad o condición de un órgano, tejido, material, etc cuando contiene todo el líquido que puede o que debe normalmente contener: *la turgencia de las ubres, la turgencia de la piel, la turgencia de las hojas de una planta.*

turismo s m **1** Hecho de viajar por lugares, regiones o países con la finalidad de conocerlos y disfrutar de ellos: *fomentar el turismo* **2** Organización, actividades, servicios, etc relacionados con este tipo de viajes: *departamento de turismo, agencia de turismo* **3** Conjunto de personas que viajan de esa forma: *turismo nacional.*

turista s m y f Persona que viaja por placer para recorrer y conocer diferentes lugares: *un grupo de turistas griegos.*

turístico adj **1** Que se relaciona con el turismo o con los turistas: *viaje turístico, información turística* **2** Que tiene lugares atractivos o interesantes para ser visitados, o que recibe a muchos turistas: *centro turístico veraniego.*

turno s m **1** Momento u oportunidad en el que a alguien le corresponde hacer o recibir algo, cuando son varios los que van a hacerlo o a recibirlo y se ha establecido entre ellos un orden secuencial: "Estoy esperando mi *turno*", "Cuando le llegue su *turno* lo recibiremos" **2** Periodo en el que se desarrolla una actividad o se desempeña un cargo, cuando también sucede en otro momento o cuando está sujeto a sucesión: *turno matutino, turno vespertino, turno de la noche, presidente en turno, coordinador en turno* **3** *De turno* Que le corresponde actuar en el momento que se considera, cuando la acción que se realiza será desempeñada por otro u otros en distintos periodos y según cierto orden: *médico de turno, oficial de turno.*

tutear v tr (Se conjuga como *amar*) Hablar de tú a una persona; emplear, para dirigirse a ella, el pronombre tú y no el de *usted*: "Los adultos generalmente *tutean* a los niños", "Nos *tuteamos* desde jóvenes".

tuteo s m Acto de tutear a una persona usando el pronombre *tú*, y no *usted*, al hablarle o escribirle: "Interpretó el *tuteo* como una muestra de confianza".

tutor s **1** Persona encargada del cuidado de un menor de edad o de una persona incapacitada para administrar sus bienes, y de representarlo en los actos jurídicos **2** Profesor universitario que dirige el trabajo y la formación de uno o varios estudiantes: "El *tutor* debe aprobar el proyecto" **3** m Maestro particular que se encargaba de la instrucción y de la educación de los hijos de una familia.

tuxtleco adj y s **1** Que es natural de Tuxtla Gutiérrez, capital del estado de Chiapas, que pertenece a esta ciudad o se relaciona con ella; tuxtleño: *museo tuxtleco, calles tuxtlecas, deportistas tuxtlecos* **2** Que es natural de San Andrés Tuxtla, ciudad del estado de Veracruz, que pertenece o se relaciona con ella: *frijol tuxtleco, artesanía popular tuxtleca.*

tuxtleño adj y s Tuxtleco: *población tuxtleña, centro comercial tuxtleño.*

tuyo pronombre y adjetivo posesivo de segunda persona singular. Indica que algo pertenece o se relaciona con la persona a la que se habla: "Una amiga *tuya*", "Ese lápiz es *tuyo*", "Las canicas son *tuyas*", "Esta silla es mía y aquélla es *tuya*". Siempre concuerda en género y número con lo que se posee; como adjetivo siempre va después del sustantivo.

tuza s f Mamífero roedor, pequeño, de color amarillo rojizo, que hace mucho daño en los campos de cultivo pues hace agujeros y túneles y se alimenta de las raíces sembradas: *un hoyo de tuzas.*

tzeltal s m **1** Grupo indígena mexicano que habita en el estado de Chiapas, en la cordillera de Huitepec y en el valle de Ocosingo. Su gobierno lo constituye un sistema jerárquico de cargos en el que los ancianos tienen la autoridad más alta. Su religión se basa en el catolicismo y en antiguas creencias prehispánicas; adora a Chulmatik (diosa de la tierra), al dios Titik Jesucristo y a sus trece ayudantes, a Uch (dios agrícola) y a otras divinidades. Otra de sus creencias es que cada persona tiene dos almas, una de las cuales está ligada con la vida de un animal que nació en el mismo momento, y que lo que afecte o beneficie a uno se reflejará en el otro hasta la muerte de ambos. Los jóvenes se casan muy pronto; la pareja está obligada a vivir un año en casa del padre de la esposa, y el marido debe cultivar el campo de su suegro en pago por la donación de la cónyuge. La indumentaria masculina está compuesta por un calzón que llega hasta la rodilla y una camisa larga de algodón con un ceñidor de colores. Usan sombrero de copa cónica y huaraches de doble suela, atados con correas que se anudan arriba del tobillo. La mujer acostumbra llevar, a manera de falda, un enredo azul sujeto con una faja sobre las enaguas de percal, una camisa bordada y encima un rebozo; a diferencia del hombre, no usa calzado. Viven en casas de dos cuartos: uno sirve de dormitorio y el otro de cocina y estancia. Las paredes son de distintos materiales según la zona; los más comunes son cañas y varas, algunos enjarrados y blanqueados. Los techos son de palma, zacate, pencas de maguey, tejas o tablas delgadas. Suele haber un baño de vapor cerca de la casa. Producen artesanalmente cerámica de gran belleza; hilados, tejidos, metates, cestos, sombreros y otros objetos de fibras duras; la mujer participa activamente en estas industrias. La región en que vive es escarpada y el clima, la fauna y la flora varían según la altura del lugar. Cultivan maíz, frijol, calabaza, cebada, café, caña de azúcar, algodón, yuca, camote, papa y chayote. Los hombres suelen contratarse como jornaleros en las plantaciones de café **2** Lengua perteneciente a la subfamilia winic, de la familia maya, que habla este grupo indígena **3** adj y s m y f Que pertenece a este grupo indígena o se relaciona con él; zendal: *la cerámica tzeltal, el gobierno tzeltal.*

tzotzil s m **1** Grupo indígena mexicano que habita en el estado de Chiapas, al noreste del nudo de Hueitepec. Sus poblaciones más importantes son: Chalchihuitán, Chenalhó, Larráinzar, Zinacatán, San Juan Chamula, Simojovel, Mitontia y Pantelhó. Su gobierno es municipal con participación de autoridades tradicionales. Su religión se basa en la católica pero identifica a las imágenes cristianas con las de su tradición prehispánica; así, rinde culto a San Salvador (Dios Padre), Jesucristo, identificado con el Sol, la Virgen, identificada con la Luna, etc; además cree en la existencia de seres sobrenaturales y considera que todos los seres y todas las cosas poseen alma. El compadrazgo constituye un fuerte vínculo de relación. Su indumentaria es tan variada que distingue a los habitantes de los diversos municipios, así, las mujeres visten huipiles y enredos a manera de faldas con colores y diseños característicos de cada municipio. Su habitación es amplia y alta, de planta rectangular de 6 × 4 m. Las paredes son de bajareque y los techos de paja o zacate hasta de 4 m de altura, de forma piramidal y rematados con una olla colocada boca abajo. La cocina y el baño de vapor son frecuentemente construcciones independientes; el corral o patio y la huerta familiar rodean la casa. Como artesanía producen tejidos de lana, ixtle y palma. Sus actividades complementarias son la sombrerería, la carpintería, la alfarería, la obtención de sal y el curtido de pieles. El territorio en el que viven es de valles húmedos y calientes y montañas templadas o frías, por lo que los cultivos varían según la zona. Con técnicas sencillas y herramientas simples como el arado de madera, la coa, el azadón y la pala, siembran maíz, frijol, calabaza, durazno, cítricos, caña de azúcar, plátano, café, chile y trigo, y en el huerto familiar, col, tomate, cebolla y rábano **2** Lengua del grupo winic, familia maya, que habla este grupo indígena **3** adj y s m y f Que pertenece a este grupo indígena o se relaciona con él: *mitos tzotziles, una fiesta tzotzil, los tzotziles del valle.*

u[1] s f Vigesimocuarta letra del alfabeto; representa el fonema vocal cerrado posterior. Cuando aparece en las sílabas *que*, *qui* es muda, como en *quelite* y *quince*; también es muda cuando aparece en las sílabas *gue*, *gui*, como en *guerra*, *guirnalda*; para que suene entre *g* seguida de *e*, *i*, es necesario usar diéresis, como en *güero*, *pingüino*. Su nombre es *u*.

u[2] conj Forma que adopta la conjunción *o* cuando va antes de palabras que empiezan con *o-*, *ho-*, como en: "Uno *u* otro", "Días *u* horas".

ubicación s f **1** Acto de ubicar o ubicarse: "La *ubicación* de los proyectos se hará fuera de los principales centros urbanos", *la ubicación de la sucursal bancaria* **2** Lugar o posición en que se ubica algo: "Manzanillo posee una excelente *ubicación* geográfica", "La economía se halla asociada a la *ubicación* temporal y espacial de cada país", *la estratégica ubicación de los cañones* **3** (*Comp*) Registro de la memoria de una computadora capaz de contener información, el cual se identifica mediante una dirección.

ubicar v (Se conjuga como *amar*) **1** tr Poner una cosa o a una persona en un lugar o posición determinados, definir algún acontecimiento o a alguna persona en un momento o lugar específico: *ubicar a los damnificados*, "Imposible *ubicarlo*, encontrarle una casilla o averiguar antecedentes", *ubicar el periodo clásico maya*, "*Ubica* su discurso en París" **2** prnl Estar alguna cosa situada en un lugar o momento determinados: "Zacatecas y Aguascalientes se *ubican* en el centro de la República", "La arquitectura requiere *ubicarse* en un lugar y tiempo como el todo cultural del que forma parte".

ubre s f Órgano de ciertas hembras de los mamíferos, especialmente del ganado lechero como las vacas, que segrega la leche para alimentar a las crías o para el ordeño. Es grande, colgante y consta de dos o más glándulas mamarias encerradas en una envoltura común, cada una provista de un pezón, una tetilla o mama: "Las vacas con alguna infección en la *ubre* producen leche de baja calidad química y con cuentas bacterianas muy elevadas", "Es importante el uso de trapos desinfectados para el secado de la *ubre* antes y después del ordeño".

ufano adj **1** Que está orgulloso o satisfecho de una cosa, de una persona o de sí mismo: "Yo me siento muy *ufano* / de mi traje nacional…" **2** Que es arrogante, soberbio, presuntuoso: "Le dije, *ufano*: hazme caso a mí, que he vivido esto cientos de veces y siempre he triunfado".

¡uh! interj **1** Enfatiza principalmente las referencias a la duración o cantidad de algo, indicando cierta extrañeza o sorpresa: "*¡Uh!*, aquí hay muchos ganaderos", "*¡Uh!*, ya hace como quince o veinte años de eso", "*¡Uh*, cantidad! Mire, cuántos mangos", "*¡Uh*, cómo ahora… tanta gente que hay!", "*¡Uh!*, bastante ha cambiado por dondequiera" **2** Enfatiza contextos que implican indecisión, duda, indiferencia o decepción: "*¡Uh*, quién sabe!", "*¡Uh!*…, lo veo difícil", "*¡Uh!* Eso vale madre", "*¡Uh!*, los van a mandar a las islas Marías!", "*¡Uh!*, si he sabido ni hablo", "*¡Uh!*, no pudiste con él".

úlcera s f **1** Herida, llaga o lesión que aparece en la piel o en alguna membrana mucosa, en especial la del estómago, y se caracteriza porque sus bordes tienden a inflamarse, presta resistencia a la cicatrización, y en ocasiones segrega sangre o pus y produce dolores más o menos intensos: *tener úlcera*, *operarse la úlcera*, *úlcera gástrica* **2** *Úlcera péptica* (*Med*) La que se produce en la mucosa del estómago o del duodeno; generalmente es redonda y perforante y suele convertirse en un mal crónico; sus principales síntomas son: dolor espontáneo del vientre o provocado al presionarlo, vómito con moco o sangre y adelgazamiento **3** (*Bot*) Lesión o herida de un tallo o de un tronco, por donde escurre savia descompuesta.

ulterior adj m y f Que ocurre, está o va después de otro; posterior: *años ulteriores*, *estudios ulteriores*, *etapas ulteriores*, "El vendaje de la herida ayudará a evitar su *ulterior* infección".

últimamente adv En épocas recientes, en el tiempo que acaba de pasar, de un tiempo a esta parte; recientemente: "*Últimamente* les ha dado por viajar", "¿Qué te pasa *últimamente*?", "Me he sentido mal *últimamente*", "La selección nacional se ha mostrado *últimamente* como un equipo bastante acoplado".

último adj **1** Que ocupa o le corresponde, en una serie, el lugar o la posición más extrema al final de ella, al que ya no siguen otros lugares o posiciones: *el último día del mes*, *la última casa de la calle*, *el último virrey de la Nueva España* **2** Que está en el lugar más lejano con respecto a algo o a alguien: "Se sentó en la *última* banca", "Llegó hasta el *último* árbol del parque" **3** Que es definitivo, que ya no tiene otra solución, que ya no tiene otro medio posible: *la última palabra*, *el último recurso*, *en última instancia*, *hasta sus últimas consecuencias*, *jugarse la última carta* **4** Que es lo más reciente en el tiempo: *la última noticia*, *la última moda* **5** *Al último* Al final, después de todos: *llegar al último*, *comer al último* **6** *Por último* Al final, después de una serie de acontecimientos, hechos, acciones, etc; para terminar, después de una serie de explicaciones, comentarios, etc: "Espaciaron cada vez más sus visitas y *por último* dejaron de venir", "*Por último*, el día primero de septiembre después de las elecciones…", "El padre reza con su libro, luego les echa agua bendita a todos, andando de grupo en grupo. *Por último* les echa incienso de Castilla".

ultravioleta adj m y f (Su plural generalmente tiene la misma forma que el singular) Que se relaciona con las radiaciones luminosas, cuya longitud de onda es más larga que la de los rayos X y más corta que la del violeta, o que pertenece a la región del espectro que no es visible y que se manifiesta principalmente por fenómenos químicos: *espectro ultravioleta, rayos ultravioleta.*

ulular v intr (Se conjuga como *amar*) Producir algo sonidos fuertes y agudos similares a los gritos o aullidos de ciertos animales: "Iban *ululando* las sirenas de las ambulancias", "Escucho *ulular* al viento".

umbela s f (*Bot*) Grupo de flores o frutos que nacen de un mismo punto del tallo y crecen a la misma altura, formando una especie de sombrilla, como en el perejil, en el cilantro o en el agapando.

umbelífera 1 adj y s f (*Bot*) Que pertenece al grupo de hierbas aromáticas dicotiledóneas; de hojas alternas con peciolo envainador; flores pequeñas, blancas o amarillas, arregladas casi siempre en umbelas, y fruto seco que se divide en dos partes iguales, cada una de las cuales contiene una sola semilla, como el anís, el apio, el perejil y la zanahoria **2** s f pl Familia de estas plantas.

umbilical adj m y f Que pertenece al ombligo o se relaciona con él: *cordón umbilical, hernia umbilical, venas umbilicales.*

umbral s m **1** Entrada de una casa o edificio y parte inmediata y previa a ésta: "En el *umbral* surge una esbelta figura vestida de blanco", "Cruzó el *umbral* y cerró la puerta" **2** Límite en el que algo comienza o se inicia: *la persistencia de la vida más allá del umbral de la muerte,* "Su obra no traspasa los *umbrales* de la realidad", "Estamos en los *umbrales* de una época nueva" **3** (*Cientf*) Límite en el que un fenómeno, provocado por cierta causa, comienza, cambia o desaparece; límite mínimo de un estímulo para producir una sensación o su percepción: *el umbral de audibilidad* **4** (*Arq*) Parte inferior de una puerta **5** (*Arq*) Madero atravesado en lo alto de un vano para sostener el muro que hay encima.

un artículo indefinido **I 1** Determina el género masculino o femenino del sustantivo al que acompaña: *un pediatra, una pediatra, un dentista, una dentista, un día, una mano.* Los sustantivos femeninos singulares que empiezan con *a* o *ha* tónicas van precedidos por la forma masculina singular: *un ave, un águila, un alma, un arma, un hacha, un hada, un hambre* **2** Determina el número del sustantivo al que acompaña: *un atlas, unos atlas, una tesis, unas tesis, un dedo, unos dedos, una semana, unas semanas* **3** Acompaña al sustantivo si éste va con adjetivo: "Es *una* buena niña", "Tiene *una* voluntad de hierro y *un* magnífico futuro" **4** Sustantiva ciertas palabras, construcciones u oraciones a las que precede: *un mal, un no se qué, un querer y no poder, una planchada, una cualquiera, unas viejas* **II 1** Indica cualquier objeto o persona desconocidos para el hablante y posiblemente para el oyente: "Había *un* hombre en la calle", "Te busca *un* señor Pérez", "*Un* estudiante me hizo *una* pregunta" **2** Expresa cualquier elemento de un conjunto, sin distinguirlo especialmente: "Busca a *una* señora entre el público", "Escribe *una* oración", "Dame *unos* ejemplos" **3** Manifiesta el carácter singular o individual de algo pero sin identificarlo: "Vive en *una* casa muy grande",

"Tiene *un* futuro magnífico", "Es *un* buen niño" **4** pl Poco más o menos, aproximadamente (Seguido de expresiones de cantidad): "Serán *unas* doscientas personas", "Debe tener *unos* cincuenta años", "Cuesta *unos* ochenta pesos", "Son *unos* veinte kilómetros" **5** pl Algunos, pocos: "Regresó *unos* años después", "Hay *unas* personas en la puerta" **6** En relación con una familia, una región o un país, destaca la pertenencia de alguien a ello: "Es todo *un* mexicano", "No es *un* cualquiera, es *un* Rincón Gallardo" **7** Destaca a alguien comparándolo con otra persona cuyas características se conocen: "Sólo *un* Juárez es capaz de enfrentarse a la reacción", "Se cree *un* genio" **III** adj y pron m Apócope de uno antes de un sustantivo: "*Un* burro, dos burros, tres burros".

unánime adj m y f Que es común a todos, que es compartido por todas las personas del grupo de que se trata: *apoyo unánime, decisión unánime, grito unánime,* "La contestación negativa es *unánime*".

unanimidad s f **1** Acuerdo o conformidad entre todos los miembros de un grupo: *unanimidad de opiniones,* "En las cuestiones relacionadas con la corrupción política y administrativa se produjo la *unanimidad,* pero no se logró lo concerniente al poder militar" **2** *Por unanimidad* Por acuerdo o decisión de todos los integrantes de un grupo: "El senado aprobó *por unanimidad* las reformas a la ley", "Ganó *por unanimidad* de votos".

unción s f **1** Acto de untar aceite a una persona o a un objeto, generalmente en un rito religioso: *la unción del bautismo, la unción de un rey* **2** *Unción de los enfermos* Extremaunción **3** Actitud de veneración, dedicación y empeño sosegado y dulce de una persona al hacer algo: "La *unción* de la madre al hablar de su hijo los conmovió", "Rezaba a la virgen con verdadera *unción*".

únicamente adv De manera única, tan sólo, solamente: "No saben expresar ningún compromiso hacia la sociedad, sino que *únicamente* logran decir que quieren trabajo", "*Únicamente* los poderes estatales y federales cuentan con recursos", "*Únicamente* te piden una identificación".

unicelular adj m y f Que está formado por una sola célula: *organismos unicelulares,* "Vamos a ir viendo cómo, con el tiempo, va a evolucionar ese pequeño ser *unicelular*".

único adj y s **1** Que es sólo uno o que es uno solo en su clase o especie: "Nuestro *único* error fue aceptarla en la escuela", "La *única* tarea no superable es la invención de un nuevo lenguaje", *candidato único,* "Es la *única* forma de evitar que estos sucesos se repitan", *los únicos edificios verdaderamente dañados, una planta única,* "Él es su *único* hijo", *el único sobreviviente, las únicas seis familias que habitaban el latifundio* **2** (*Ser*) *lo único que* Ser sólo lo que o solamente lo que: "Eso *es lo único que* sí me gusta", "La justicia *es lo único que* puede ofrecer garantías", "*Lo único que* los unía era el silencio" **3** Que es muy raro o extraordinario: *un pianista único, un espectáculo único.*

unidad s f **1** Característica de ser algo una sola cosa o de estar contenida en sí misma, sin separación de sus partes o elementos: *la unidad de un país, la unidad de la mente y el cuerpo* **2** Coincidencia de varias personas o agrupaciones en torno a una opinión, interés o propósito: *la unidad sindical, la unidad de* *los trabajadores* **3** Conjunto habitacional formado por varios edificios, cada uno de los cuales está constituido, a su vez, por un número determinado de departamentos; unidad habitacional: "Josefina vive en el edificio 8 de la *unidad* que está en la calle Imán", "Se construyeron diez nuevas *unidades habitacionales* con capacidad para dos mil familias" **4** Cada uno de los elementos de un conjunto: "La fábrica de tractores produce veinte *unidades* diarias", "Llegó una *unidad* militar", "El libro de didáctica consta de ocho *unidades*", "En nuestra empresa, la *unidad* de producción funciona bastante mejor que la *unidad* administrativa" **5** Base de una medida, a partir de la cual se cuenta o se mide algo: *la unidad de tiempo, unidad de volumen, unidad de superficie* **6** *Unidad de acto* (*Der*) Ejecución de un acto jurídico sin ninguna interrupción, que se exige expresamente al otorgar el testamento público abierto.

unido I pp de *unir* o *unirse* II adj Que forman una unidad, que están relacionados formando un conjunto: "Se necesita construir una patria libre, justa y *unida*", "El polo negativo y el positivo están *unidos*", "En la familia, los seis hermanos eran muy *unidos*", "El canto gregoriano es la música de una comunidad *unida*".

unificar v tr (Se conjuga como *amar*) **1** Hacer que varias personas, acciones, opiniones, etc distintas y aisladas se unan, generalmente, para conseguir cierto propósito común a todas ellas: *unificar dos sindicatos, unificarse varios partidos políticos, unificar esfuerzos*, "El proceso para *unificar* a los campesinos en esta alianza tomó más tiempo", "El asunto *unifica* estos poemas" **2** Hacer que varias cosas diferentes o desiguales se guíen o se comporten con un mismo criterio o se ajusten a las mismas reglas: *unificar sueldos, unificar tarifas, unificar reglamentos*.

uniformado I pp de *uniformar* II **1** adj Que lleva puesto un uniforme: *niños uniformados*, "Hombres *uniformados* cambiaban las llantas" **2** s Policía o soldado que lleva puesto su uniforme: "Dos *uniformados* golpearon a los delincuentes", "Los provocadores tenían la consigna de hacer estallar una refriega entre los jóvenes y los *uniformados*".

uniformar v tr (Se conjuga como *amar*) **1** Hacer uniforme un conjunto de cosas o la totalidad de algo: *uniformar los colores de un cuarto*, "Hay que orientar y *uniformar* la conducta que se presenta entre cada grupo" **2** Hacer que una o varias personas lleven puesto un uniforme: "*Uniformaron* a los empleados de ese centro comercial".

uniforme **1** s m Vestido con ciertas características distintivas que usan los miembros de determinado grupo para distinguirse de los de otro o para realizar cierta actividad: "Tienen que comprar los *uniformes* escolares de sus hijos", *uniforme militar, uniforme deportivo* **2** adj m y f Que tiene características iguales o guarda una proporción regular en su conjunto o totalidad: *estructura uniforme, un paisaje uniforme, una obra uniforme, criterios uniformes, medidas uniformes* **3** adj m y f Que se desarrolla con una fuerza, intensidad, etc regular, sin sufrir variaciones o cambios: *movimiento uniforme, aceleración uniforme, corriente uniforme*.

uniformemente adv De manera uniforme, con características iguales o semejantes, con una fuerza, intensidad o desarrollo regular y sin cambios: "Su muer-

te fue sentida *uniformemente* por todos los sectores del país", *avanzar uniformemente*, "No alcanza a mojar *uniformemente* el suelo", *una carga uniformemente repartida*.

uniformidad s f Condición o cualidad de lo que es uniforme: *la uniformidad de un metal, la uniformidad de un cuadro clínico, uniformidad de los soldados al desfilar*.

unión s f **1** Acto de unir o unirse: *la unión del hombre y la mujer, unión de un artículo y un sustantivo, unión familiar, punto de unión entre las ramas y el tronco, uniones intercelulares* **2** *Unión libre* Relación de convivencia entre dos personas que no está sujeta a ninguna autoridad civil ni religiosa: "Llevaban veinte años de vivir en *unión libre* cuando decidieron casarse" **3** Agrupamiento de varias personas con intereses comunes, particularmente en los negocios, el trabajo o la producción: *unión ganadera, unión sindical, unión de productores* **4** Pieza que se pone entre dos objetos, o entre dos de sus partes, para unirlos con mayor solidez y firmeza; junta **5** (*Mat*) Operación que consiste en formar un conjunto con los elementos de los conjuntos que se consideran, por ejemplo, la *unión* del conjunto de las peras y del de las manzanas es el conjunto formado por las peras y las manzanas.

unir v tr (Se conjuga como *subir*) **1** Poner dos o más elementos en relación para que formen un solo conjunto, una unidad o un objeto nuevo: *unir las partes de un mueble, unirse dos personas en matrimonio, unir las fuerzas de varios hombres* **2** Hacer que se comuniquen o se junten dos o más elementos: *unir dos cables eléctricos, unir varios pueblos mediante una carretera*.

unísono **1** *Al unísono* Al mismo tiempo y con los mismos propósitos, de acuerdo, en común: "Los corazones de los pobladores latían *al unísono*", *protestar al unísono* **2** s m (*Mús*) Interpretación simultánea de las mismas notas o la misma melodía por varios instrumentos o por la orquesta completa, ya sea en el mismo tono o bien en una octava diferente **3** *Al unísono* (*Mús*) A un mismo tiempo, cantando o tocando la misma nota o melodía: "Y todos se pusieron a cantar *al unísono*".

unitario adj **1** Que es partidario de la unidad o que tiende a ella: *tratamiento unitario, acción unitaria*, "Se preocupan por dar sentido *unitario* a la variedad de los hechos históricos" **2** Que se relaciona con cada uno de los elementos de un conjunto: *las ganancias unitarias de los intermediarios, el costo unitario de los productos en función del volumen de ventas* **3** Que pertenece al unitarismo o unitarianismo, religión protestante para la que Dios es una sola persona, oponiéndose al dogma de la Trinidad.

universal adj m y f **1** Que se relaciona con la totalidad de los hombres o que pertenece a todo el mundo: *historia universal, contribuir a la paz universal*, "Alfonso Reyes reclamó el derecho a la ciudadanía *universal* que ya hemos conquistado" **2** Que comprende todos los elementos de un conjunto o es característico de ellos: *preferencia de las normas universales sobre las normas particulares, una regla universal*, "Buscaban establecer preceptos o leyes con validez *universal* y absoluta" **3** Que pertenece al universo o se relaciona con la esfera celeste: *el problema de la gravitación universal*.

universalidad s f **1** Carácter o cualidad de universal: "Estas obras han alcanzado, no digamos *universalidad*, pero sí renombre internacional", "Va de la individualidad de unas vidas hasta la *universalidad* de la fuerza contenida en toda la vida humana" **2** (*Der*) Conjunto de personas, cosas o derechos constitutivos de una unidad con propia existencia, considerado jurídicamente, como el patrimonio, la asociación de personas o la herencia.

universidad s f **1** Establecimiento de enseñanza superior, formado por facultades, colegios o institutos, en donde se enseñan carreras profesionales, se investigan materias como la física, la filosofía, la ingeniería, etc y se otorgan los grados académicos correspondientes: "La *universidad* fomenta la cultura y la divulgación de la ciencia" **2** Conjunto de los edificios y de las instalaciones de esa clase de establecimientos: *ir a la universidad, hacer un recorrido por la universidad*.

universitario adj y s Que pertenece a la universidad o se relaciona con ella; que es catedrático, graduado o alumno de la universidad: *imprenta universitaria, ciudad universitaria, autonomía universitaria, comunidad universitaria, los universitarios del país, textos universitarios*.

universo s m **1** Conjunto de todo lo que existe en forma de materia y de energía, como los cuerpos celestes, lo que se encuentra en ellos y el espacio en el que están: *viajar por el universo, estudiar el universo* **2** Conjunto de los objetos o de las ideas que componen una actividad o un conocimiento: *el universo musical, el universo tecnológico* **3** Idea general de lo que la rodea o de lo que tiene una persona: *un universo de cuatro paredes, el universo de los adultos, un universo amplio*.

unívoco adj **1** Que tiene un solo sentido o un solo significado: *manifestación unívoca de la realidad, expresión unívoca de los poderes, términos unívocos* **2** Que tiene el mismo valor o igual carácter que otra cosa: *correspondencia unívoca*.

uno adj y pron numeral **1** Que constituye por sí mismo un individuo o un elemento íntegro, diferenciable y delimitado en su clase; que está entero o completo: "Tú y yo somos *uno*", "La solución es *una* y tú sabes cuál" **2** Indica el elemento aislado o solo de un conjunto; precede al numeral dos: *el número uno*, "Cuatro y *uno* son cinco", "—¿Cuántos cuadernos quieres? Quiero *uno*", "Compró *una* mesa y cuatro sillas" **3** s m Nombre de este numeral y signo (1) con el que se representa: *el uno*, "Escribe un *uno* y después dos ceros y así representas el cien", "Esos *unos* parecen sietes" **4** *De uno en uno, uno a uno* o *uno por uno* Un elemento tras otro, generalmente sin saltar alguno de la serie: "Entren *uno por uno*", "Compra los libros *de uno en uno*" **5** *Una de dos* O bien una cosa o bien la otra: "*Una de dos*, o nos vamos o nos quedamos" **6** *Uno y otro* Ambos: "*Uno y otro* tienen la culpa" **7** pron impersonal sing Cualquier persona, incluida la que habla, generalmente dentro de un conjunto: "*Uno* se cansa y se preocupa", "*Uno* no puede hacer todo", "*Uno* se da cuenta demasiado tarde" **8** pron indefinido Persona o cosa que no interesa especificar: "Hay *unos* que piensan que se trata de un libro muy importante", "Reclama la herencia *una* que dice ser su hija" **9** *Hacer del uno* (*Coloq*) Orinar.

untar v tr (Se conjuga como *amar*) **1** Cubrir algo con una sustancia grasosa o pegajosa o pasarla y extenderla con suavidad sobre una superficie o sobre parte de ella: "Los chiles se *untan* con aceite", "Revuelva las yemas y la mantequilla; *unte* esta mezcla con una brocha a los filetes y…", "*Unte* la ensaladera con ajo machacado", "Se *untan* un remedio para que no se arrimen los moscos", "Me *untan* un extracto de canela para darle vigor a mi cabello" **2** *Untar la mano* (*Coloq*) Sobornar a las personas dándoles dinero.

uña s f **1** Lámina córnea, dura, que se encuentra en la parte superior de la última falange los dedos del ser humano y de otros animales o en el extremo de las garras de las aves: *clavar las uñas, romperse una uña, cortar las uñas* **2** *Hacer(se) las uñas* (*Coloq*) Arreglarlas o arreglárselas: "Todos los viernes va al salón a *hacerse las uñas*" **3** *Ser uña y carne* (*Coloq*) Ser dos personas muy amigas e inseparables: "Desde la secundaria María e Isabel *eran uña y carne*" **4** *Sacar* o *enseñar las uñas* (*Coloq*) Mostrar o dejar ver la agresividad: "Al mes de casados *sacó las uñas*" **5** *Estar de uñas* o *tener las uñas afiladas* (*Coloq*) Estar en actitud agresiva o en enemistad con otra persona **6** *Estar de rajar con la uña* (*Popular*) Estar muy enojado y a punto de estallar **7** *Agarrarse a veinte uñas* o *con uñas y dientes* (*Coloq*) Aferrarse fuertemente a algo: "Yo *me agarraba a veinte uñas* porque creía que me ibas a tirar", "Les dije que se *agarraran con uñas y dientes*" **8** *Tener largas las uñas* o *las uñas largas* (*Coloq*) Tener una persona inclinación al robo **9** *Echar uña, hacerle la uña, gustarle la uña* (*Popular*) Robar **10** *Uñas largas* Ladrón: "Pascual resultó ser un *uñas largas*" **11** *Rascarse con sus propias uñas* (*Coloq*) Ser independiente, bastarse una persona a sí misma o valerse de sus propios recursos **12** (*Hipo*) *Uñas arriba, uñas abajo, uñas adentro* o *verticales* Posición en que queda una o ambas manos del jinete cuando se acortan las riendas (hacia arriba), cuando se aflojan (hacia abajo) o cuando es normal, con los dedos cerrados sobre las riendas **13** Punta de concha, de hueso o de plástico con que se rasgan o tocan las cuerdas de ciertos instrumentos, como la guitarra o la mandolina **14** *Uña de gato* Cada una de las diversas plantas o arbustos de distintas familias que tienen espinas gruesas en forma de gancho o aguijón de los insectos: *la uña del alacrán* **16** (*Mar*) Punta de cada brazo de un ancla **17** Casco de los animales que no tienen los dedos separados.

uranio s m Elemento metálico, maleable, muy pesado, de color gris, radiactivo y tóxico; se encuentra en la naturaleza mezclado con otros minerales y se usa en algunas industrias, como combustible nuclear y en la fabricación de bombas atómicas.

urbanidad s f Comportamiento educado, cortés, correcto o respetuoso de alguien hacia los demás: *tener urbanidad, regla de urbanidad*.

urbanismo s m Estudio de las características, la planeación, el diseño, la construcción, la reforma y el desarrollo de las ciudades, y conjunto de técnicas necesarias para llevar a cabo las conclusiones que se sacan del estudio.

urbanista adj y s m y f Que se refiere al urbanismo o que se especializa en la planeación y desarrollo de las zonas urbanas.

urbano adj **1** Que pertenece o está relacionado con la ciudad: *transporte urbano, servicio urbano, vida urbana, actividades urbanas* **2** Que es cortés y educado: *un trato urbano*.

urbe s f Ciudad grande e importante: *una urbe internacional, una urbe comercial*.

urdimbre s f Conjunto de los hilos paralelos, regularmente espaciados y dispuestos en sentido longitudinal para pasar por ellos la trama y formar el tejido: "Está compuesta de hebras fuertes de lino como *urdimbre*" **2** Acto de urdir o de elaborar algún enredo o intriga.

urdir v tr (Se conjuga como *subir*) **1** Elaborar cautelosamente una intriga o tramar algún enredo: "*Urdí* una excusa para deshacerme pronto de ella", "*Urdía* planes secretos para evadir la vigilancia de las dos mujeres" **2** Preparar los hilos paralelamente para ponerlos después en el telar.

uréter s m (*Anat*) Cada uno de los dos conductos fibromusculares del hombre y de ciertos animales vertebrados que llevan la orina de los riñones a la vejiga. En el hombre, tienen una longitud de 27 cm aproximadamente y parten de la pelvis renal hasta llegar a la parte posterior e inferior de la vejiga: "Los *uréteres* se dilatan durante la gravidez", "El *uréter* drena el tracto seminal".

ureteral adj m y f (*Anat*) Que pertenece al uréter o se relaciona con él: *orificio ureteral, cálculo ureteral, musculatura ureteral, obstrucciones ureterales*.

uretra s f (*Anat*) Conducto membranoso del hombre y de ciertos animales vertebrados que va de la vejiga al exterior, por donde sale la orina. Difiere anatómica y fisiológicamente en ambos sexos: "Se introduce la sonda hasta la *uretra*", *las estrecheces de la uretra femenina*.

uretral adj m y f (*Anat*) Que pertenece a la uretra o se relaciona con ella: *conducto uretral*.

urgencia s f **1** Condición de lo que necesita una atención o una solución inmediata, necesidad que urge: *urgencia de legalizar el régimen de tenencia de la tierra*, "Tenemos *urgencia* de llegar" **2** *De urgencia* Urgente: *llamadas telefónicas de urgencia*, "Estimule la respiración en casos *de urgencia*" **3** *De urgencia* o *con urgencia* Con prisa, urgentemente, por algo que urge: "Salir *de urgencia* para llegar al banco", "Se regresó *con urgencia* a su trabajo".

urgente adj m y f Que urge, que es estrictamente necesario que se atienda o se haga con rapidez y prontitud: *asunto urgente, necesidad urgente de una democratización efectiva*, "Tenemos un recado *urgente*", "Es *urgente* crear un organismo que controle efectivamente los precios", *recibir un telegrama urgente*.

urgir v (Se conjuga como *subir*, sólo en tercera persona) **1** intr Tener prisa por alcanzar o conseguir algo, ser en extremo necesario atender o hacer algo con rapidez y prontitud: "*Urgía* un velador", "Nos *urge* acabar", "Les *urgían* los vestidos para la boda", "Ya le *urge*", "*Urge* resolver los problemas", "Me *urge* hablar con ella" **2** tr Apurar o apresurar a una persona para que haga o atienda algo con rapidez y prontitud; presionarla: "Lo *urgió* para que abandonara el lugar", "*Urgieron* a Newton a publicar su obra".

urinario adj Que pertenece a la orina o se relaciona con ella: *volumen urinario, excreción urinaria, sistema urinario*.

urna s f **1** Caja en la que se depositan los votos en una elección; generalmente es transparente y con una ranura en la parte de arriba: "Hay *urnas* que se llenan, pero otras quedan vacías por el abstencionismo", "Los trabajadores no asistieron a las *urnas* electorales" **2** Recipiente en forma de caja o de vaso, de metal, de madera, de mármol o de otros materiales, en el que se colocan las cenizas de los difuntos: *la urna zapoteca llamada deidad del maíz*, "Escogió una *urna* muy sencilla para guardar las cenizas de su madre" **3** Recipiente esférico, giratorio y transparente que contiene las fichas o los boletos numerados de un sorteo y de donde se sacan los números premiados: "La esposa del embajador sacó de la *urna* el número de la suerte", *la urna de la Lotería Nacional*.

urología s f Rama de la medicina que se ocupa del estudio de los órganos urinarios, de sus enfermedades y de su tratamiento: *hospital de urología*.

urraca s f **1** Ave de diversas especies de la familia de las *Corvidae*, caracterizada por imitar el canto de otras aves o las voces humanas y por tener un vistoso penacho; es omnívora, se alimenta, en especial de insectos y frutas: "Las *urracas* hacen estación en las adelfas" **2** *Urraca copetona* (*Caloccita formosa*) Ave que mide aproximadamente medio metro, de frente negra y copete largo de este mismo color, con los lados de la cabeza y las partes inferiores blancas, y las superiores de color azul brillante, gris o púrpura; su garganta está bordeada por una franja negra estrecha en la parte posterior y la cola, muy larga, es negra por abajo y azul por encima con las puntas blancas. Habita las zonas áridas de la costa del Pacífico, desde el sur de Sonora hasta Chiapas, y por la parte central desde Jalisco a Oaxaca **3** *Urraca pinta* (*Cyanocorax dickeyi*) Ave con la frente y parte de la corona negra y brillante, formando una cresta dura; las partes inferiores y el cuello de color blanco y las alas, espalda y cola de azul casi morado. Habita en Sinaloa, Nayarit y Durango **4** Zanate.

urticaria s f Erupción de ronchas o manchas rojas en la piel que provocan comezón o ardor, debida a alguna enfermedad o a la reacción alérgica a ciertos alimentos o medicamentos; generalmente suele durar dos o tres días: "La piel me ardía como si tuviera *urticaria*".

uruguayo adj y s **1** Que es natural de Uruguay, que pertenece a este país hispanoamericano o se relaciona con él: *nacionalidad uruguaya, ciudadanos uruguayos, mate uruguayo*.

usado I pp de *usar* II adj Que es viejo, que ya no es nuevo, que se ha desgastado por el uso: *interruptores nuevos y usados, maquinaria usada, un traje negro muy usado*, "Vende zapatos *usados*".

usar v tr (Se conjuga como *amar*) **1** Hacer servir alguna cosa con determinado propósito o para algo: *usar las manos, usar herramientas, usar la lengua, usar el agua, usar electricidad*, "Los paréntesis se *usan* para encerrar frases aclaratorias o incidentales" **2** Tener la costumbre de llevar cierta ropa, acostumbrar cierta cosa o cierto comportamiento: *usar corbata, usar vestidos negros, usar sombrero*, "Las espadas ya no se *usan*", "Entonces *usábamos* el pelo muy corto y las faldas largas".

uso s m I **1** Acto de usar: *el uso de un instrumento, el uso de una medicina, el uso de la energía* **2** Manejo, aplicación o empleo que se da o se hace de algo: *uso medicinal*, *uso agrícola*, *los usos del petróleo*, "A este material pueden dársele diversos *usos*" **3** *Hacer uso de* Usar o utilizar algo, servirse de: *hacer uso de la publicidad*, "*Hizo* mal *uso del* dinero que le diste" **4** *En uso* Que está funcionando o dando un servicio, que se está usando: "Esa carretera todavía está *en uso*", *cochera en uso continuo*, *en* pleno *uso* de sus facultades mentales **5** *Fuera de uso* Que no funciona, que no se usa: *baños fuera de uso*, "Parte de las instalaciones de la escuela están *fuera de uso*" **6** *Tener uso de razón* Estar en edad de tener conciencia de lo que pasa o de recordar lo que sucede: "Desde que *tengo uso de razón* siempre se ha comportado así" **II 1** Manera acostumbrada o tradicional de comportarse o actuar alguien, alguna comunidad o algún pueblo; usanza: "Hay *usos* aztecas que sobreviven en México", "Los *usos* y las costumbres de los charros varían según la región" **2** *Al uso* De acuerdo con la costumbre o la tradición: *el toreo al uso actual*.

usted pronombre masculino y femenino singular de la segunda persona (Acompaña a formas verbales en tercera persona) **1** Señala a la persona a la que se habla o se escribe, cuando se le considera con el respeto que corresponde a diferente posición social, a falta de trato social con ella o a la cortesía y al formalismo que se tiene hacia una autoridad: "Pase *usted*, por favor", "Oiga *usted*, señora", "*Usted* propuso que lo hiciéramos" **2** Cumple todas las funciones del sustantivo: "*Usted* lo pidió", "Habló muy bien de *usted*", "Lo digo por *usted*", "Lo vi a *usted*", "Le di a *usted* las llaves".

ustedes pronombre masculino y femenino plural de la segunda persona (Acompaña a formas verbales en tercera persona) **1** Señala a las personas a las que se habla o se escribe: "¿Vieron *ustedes* la película?", "Todos *ustedes*, síganme" **2** Cumple todas las funciones del sustantivo: "*Ustedes* lo hicieron", "Tiene muy buena impresión de *ustedes*", "¿A *ustedes* les parece?", "Se sacrificó por *ustedes*".

usual adj m y f Que es lo que se hace, se emplea, se aplica o sucede con mayor frecuencia, que es lo acostumbrado, normal o común: *horario usual*, *método usual*, "Me encontró en circunstancias poco *usuales*", *el sentido usual de una palabra*.

usuario s Persona que usa algo, especialmente algún servicio: *incrementar el número de usuarios*, *medidas de seguridad para los usuarios del metro*.

usura s f Interés excesivo que se cobra por un préstamo y práctica de esa forma de préstamo por algunas personas: *cobrar con usura*, *dedicarse a la usura*, *perseguir la usura*.

usurero 1 s Persona que presta dinero con un interés excesivo o ilegal: *combatir a los usureros* **2** adj Que pertenece a la usura o se relaciona con ella: *un préstamo usurero*.

usurpación s f Acto de apoderarse de una propiedad, un derecho o un cargo que pertenece a otro: *la usurpación del trono*, *la usurpación de la presidencia*, *usurpación de funciones*.

usurpar v tr (Se conjuga como *amar*) Apoderarse injusta o ilegalmente, con violencia o por fraude, de una propiedad, un derecho o un cargo que pertenece a otro: *usurpar el poder*, *usurpar el trono*, *usurpar un título*.

utensilio s m Objeto sencillo, fabricado, que se utiliza para realizar un trabajo doméstico o artesanal o una acción determinada; por lo general se maneja directamente con la mano: "Vende *utensilios* de cocina", *utensilios de jardinería*, *utensilios de carpintero*, *utensilios de albañil*.

uterino adj Que pertenece al útero de los mamíferos, en especial al de la mujer, que se relaciona con él: *contracciones uterinas*, *cáncer del cuello uterino*, *cavidad uterina*.

útero s m **1** Órgano de los mamíferos, que forma parte del aparato reproductor femenino; contiene y alimenta al óvulo fecundado hasta el momento del parto. Es de estructura muscular, hueco y tiene generalmente forma de pera aplanada; matriz **2** Parte del oviducto, tubo para el transporte de los huevos hacia el exterior, de los invertebrados y vertebrados no mamíferos, que sirve ya sea para almacenar los huevos fertilizados en desarrollo, ya sea para secretar cascarones de huevo.

útil 1 adj m y f Que sirve para algo, que ayuda, que produce un beneficio: "Se separa la fibra *útil* del material que no sirve", "Escucha consejos *útiles* para tu vida" **2** s m pl Objetos o instrumentos que se usan para cierta labor o para determinada actividad, particularmente los que usan los niños en la escuela: *útiles escolares*, *útiles de trabajo*.

utilidad s f **1** Servicio, ayuda o ventaja que puede dar o producir algo o alguien: "Sus instrumentos nos serán de gran *utilidad*" **2** Ganancia que se obtiene en algún negocio: "La empresa cerró por tener muchos gastos y pocas *utilidades*" **3** *Utilidad bruta* (*Cont*) La diferencia total entre el costo de producción o de compra y el precio de venta **4** *Utilidad neta* (*Cont*) La que resulta después de restar al costo de operación y las deducciones del ingreso **5** *Utilidad pública* (*Der*) La que representa un bien común de naturaleza material o moral para las personas que integran la colectividad nacional, sin que puedan ser privadas de ella.

utilización s f Acto de utilizar: "La *utilización* adecuada de la herramienta es muy importante para ahorrar tiempo en los talleres".

utilizar v tr (Se conjuga como *amar*) **1** Hacer uso de algo o usarlo para cierto fin específico: "El petróleo se *utiliza* para fabricar plásticos", "Para combatir infecciones *utilizamos* antibióticos", "En algunos casos el agua se *utiliza* y en otros se desperdicia" **2** Aprovechar la ingenuidad o la humildad de una persona para hacerla realizar lo que uno desea: "*Utilizó* a los campesinos para escalar puestos en su partido".

utopía s f **1** Proyecto ideal o sistema imaginario de organización social o política que se considera irrealizable: "Las *utopías* fueron bastante comunes entre los filósofos griegos", *utopía humanista* **2** Idea, proyecto o deseo generalmente bien intencionado pero carente de bases para llevarse a la práctica: "Que van a bajar los precios. ¡Qué *utopía*!", "Competir en esos mercados parece todavía una *utopía*".

uva s f **1** Fruto de la vid en forma de pequeño globo ligeramente alargado, que crece en racimos unidos a un pequeño tallo; es de piel delgada y lisa, de color verde o morado en sus variedades más conocidas; su pulpa es suave, dulce y jugosa, y generalmente contiene tres o cuatro semillas duras. Se come fresco o seco y se fermenta para producir el vino **2** Cada una de las plantas trepadoras de diversas especies y familias que dan las distintas variedades de este fruto, siendo las más comunes: *Vitis arizonica, Vitis vinifera, Ampelocissus acapulcensis*; vid, uva cimarrona, uva silvestre **3** *Uva del mar, uva de playa* (*Coccoloba uvifera*) En Tamaulipas, arbusto de la familia de las poligonáceas, de corteza delgada y lisa, con hojas orbiculares gruesas, flores blancas y un fruto comestible del mismo nombre, pequeño y globoso, de color morado; uva de la costa **4** *Uva silvestre* (*Vitis cinerea*) En San Luis Potosí, planta trepadora de la familia de las vitáceas, que da un fruto negro y muy ácido, comestible, que mide 7 mm aproximadamente.

úvula s f (*Anat*) Músculo, carnoso y móvil, semejante a un pequeño dedo, que cuelga a la entrada de la garganta, detrás del velo del paladar, por encima de la raíz de la lengua, que sirve para cerrar las fosas nasales en el momento de deglutir o tragar y además interviene en la articulación de ciertos fonemas o sonidos; campanilla.

¡uy! interj Enfatiza las expresiones que mencionan cualidades, dimensiones, cantidades o temor: "¡*Uy*, eran unos animales muy feos!", "Pero hace... ¡*uy*! muchísimo tiempo", "¡*Uy*, qué caros están los vestidos!", "¡*Uy!* Una hectárea", "¡*Uy*, qué miedo!".

abcchdefghijklllmnñopqrstu V wxyz

v s f Vigesimoquinta letra del alfabeto; representa, al igual que la *b*, el fonema consonante bilabial oclusivo sonoro. Su nombre es *uve, uvé* o *ve chica*.

vaca s f **I 1** Mamífero rumiante, hembra del toro, de pelo corto, cola larga y provisto de cuernos, del que se aprovecha la carne, la leche y la piel **2** *Vacas gordas* Época de abundancia **3** *Vacas flacas* Época de escasez **3** *Vaca sagrada* Persona con mucho prestigio y autoridad en un área del conocimiento intelectual o muy destacada en el campo de las artes y a la que se considera intocable **II** (*Coloq*) **1** Dinero que se reúne entre varias personas, generalmente para participar en un juego de azar: "Hicimos una *vaca* para la lotería de Navidad" **2** Dinero que queda de una apuesta en la que no hay ganador y que se acumula para una nueva apuesta.

vacaciones s f pl Tiempo en el que se suspende el trabajo o el estudio y que se dedica al descanso: *las vacaciones escolares, una semana de vacaciones*, "Nos fuimos de *vacaciones* a Oaxaca".

vaciado I pp de *vaciar* o *vaciarse* **II** adj (*Coloq*) Que es simpático: "¡Qué *vaciado* hablan mis cuates!" **III** s m **1** Acto de vaciar **2** Figura o adorno de yeso, estuco o algún otro material formado en un molde: "Se rompe el molde de arena para extraer el *vaciado*".

vaciar v tr (Se conjuga como *amar*) **1** Sacar todo el contenido de un recipiente o de un lugar: "Me ordenó *vaciar* la maleta", "Tuvimos que *vaciar* la sala" **2** Pasar el contenido de un recipiente a otro: *vaciar la leche en vasos* **3** Formar un objeto poniendo en un molde hueco metal derretido o una materia moldeable: *vaciar una escultura, vaciar una mascarilla* **4** Formar un hueco en algún cuerpo sólido: "*Vaciar* un tronco para hacer una canoa".

vacilar v intr (Se conjuga como *amar*) **I 1** No decidir con facilidad ante una elección, dudar o titubear antes de hacer o decir algo: "Se detuvo, *vaciló*, luego corrió", "*Vacila* entre diferentes significaciones", "No *vacila* en anunciar su propósito" **2** Moverse hacia un lado u otro, no tener firmeza o equilibrio; oscilar: "Los valores tradicionales se quiebran y *vacilan*" **II 1** (*Coloq*) Hacerle una broma a alguien, haciéndole creer algo que no es verdad; divertirse a su costa: "No era cierto. Te *vacilaron*", "Parecía que traía mucho dinero, pero nos *vaciló* y tuvimos que pagar nosotros" **2** (*Popular*) Divertirse haciendo bromas, bailando, tomando, etc: "A la noche con la luna / nos vamos a *vacilar*", "Los muchachos son bien tremendos. Algunos se dedican a tomar, a andar en billares, a andar *vacilando*".

vacío adj **1** Que no contiene nada: *cajetillas vacías, botellas vacías, un vaso vacío* **2** Que no está ocupado por nadie: *sillas vacías, camiones vacíos, un departamento vacío, asientos vacíos* **3** Que no tiene interés ni valor, que es superficial o vano: *una*

vida vacía, palabras vacías, un hombre vacío **4** s m Espacio en el que no hay materia: "El sonido no se propaga en el *vacío*" **5** *Hacer vacío* Sacar de algún objeto o lugar todo el aire que contenga **6** s m Espacio amplio que no contiene ningún objeto: "Sus delgadas piernas colgaban en el *vacío*", "Miraba al *vacío*" **7** s m Falta causada por la ausencia o desaparición de algo o alguien: "Su muerte dejó un *vacío* en nuestra vida", "Tenía una sensación de *vacío* y de muerte" **8** *Caer en el vacío* No tener respuesta: "Los reclamos de justicia de los campesinos *han caído en el vacío*" **9** *Hacerle el vacío* Hacer que la acción o la proposición de alguien no tenga resultados, no convenza o no se difunda o hacer que algo pase sin ser notado o señalado: "El partido oficial *le hizo el vacío* a las iniciativas presentadas por la oposición".

vacuna s f Virus de alguna enfermedad que, reducido en su poder infeccioso y adecuadamente preparado, se hace penetrar en el cuerpo para que éste desarrolle los anticuerpos necesarios para defenderse de aquella enfermedad: *poner una vacuna, vacuna contra la poliomielitis*.

vacunar v tr (Se conjuga como *amar*) Poner una vacuna a una persona o un animal: *vacunar a los niños, vacunarse contra el cólera, vacunar a los becerros*, "Mañana *vacunamos* al perro".

vacuno adj Que pertenece al ganado bovino, como las vacas, los toros o los becerros, o se relaciona con él: *enfermedades vacunas, un rancho vacuno*.

vacuo adj Que carece de un contenido interesante o digno de aprecio: "Es un obra *vacua* para lectores no argentinos", "Es un hombre tan *vacuo* que nadie lo soporta".

vacuola s f (*Biol*) Pequeña cavidad o espacio en el citoplasma de una célula, rodeada de una membrana, característica de las plantas unicelulares y de los protozoarios, en los que es uno de los órganos más prominentes, contiene aire o líquido y puede tener función digestiva, secretora, excretora, etc; es transitoria o permanente. También aparece en plantas y animales mayores.

vagar v intr (Se conjuga como *amar*) Andar por varios lugares o calles, generalmente sin destino ni propósito determinados: *vagar toda la tarde*, "Las nubes *vagan* perdidas", "Tenía algunas vacas que *vagaban* por los potreros", "Dejó *vagar* su mirada sobre la inmensa superficie verde".

vagina s f Órgano femenino de la copulación, situado en la parte inferior del tronco, entre la vejiga y el recto, que se extiende desde la vulva hasta el útero.

vago I 1 adj Que no expresa algo de manera clara y precisa o con fundamentos sólidos; indefinido; indeterminado: *una vaga idea, un vago presentimiento, una mirada vaga* **2** adj y s (*Coloq*) Que va de un lugar a otro sin un objetivo determinado; vagabundo; ocioso: "Ese muchacho *vago* me robó el dinero", "No trabaja ni estudia, todo el día anda de *vaga*" **II** s m (*Anat*) Nervio neumogástrico.

vagón s m Carro de ferrocarril que sirve para transportar pasajeros o mercancías: "Aquí viene el tren con sus *vagones* y su locomotora".

vaho s m **1** Aliento o soplo que sale por la boca de las personas y de algunos animales, especialmente cuando hace mucho frío, y tiene una apariencia semejante a la del humo **2** Vapor que se desprende de un líquido o de alguna cosa húmeda y caliente.

vaina s f (*Bot*) **1** Fruto de cáscara delgada y alargada, formada por dos piezas unidas entre sí, que encierra las semillas de las leguminosas como el chícharo, el colorín y el frijol **2** Ensanchamiento del peciolo o de la base de la hoja, que rodea parcial o totalmente la rama en que se inserta **II** Funda ajustada y alargada en que se guarda la hoja de algunas armas e instrumentos, como la espada, el machete, la sierra, etcétera.

vainilla s f **1** (*Vainilla planifolia*) Planta trepadora de la familia de las orquidáceas que crece en lugares tropicales y húmedos; tiene tallo carnoso, hojas alternas de forma alargada, carnosas y brillantes, flores amarillentas y fruto en forma de vaina, de 15 a 30 cm, con varias semillas pequeñas en su interior **2** Fruto de esta planta, del cual, una vez curado, se extrae una esencia aromática que es muy apreciada y se utiliza sobre todo en repostería: *pastel de vainilla, un helado de vainilla.*

vaivén s m **I** Movimiento repetido de algo, al ir y regresar por el mismo camino; oscilación: *el vaivén del péndulo del reloj, los vaivenes de la fortuna* **II** (*Mar*) Cuerda delgada que tiene diversos usos.

vajilla s f Conjunto de recipientes para servir la comida, compuesto principalmente de platos, tazas y platones: *una vajilla de talavera poblana,* "La mujer debía guardar la *vajilla*".

vale s m Documento canjeable por dinero o mercancía en una institución o comercio: *un vale por cinco mil pesos en mercancía de la tienda del ISSSTE.*

valedor s **1** (*Popular*) Amigo, cuate; persona, individuo: "¡Quihúbole, mi *valedor*!", "Como acaba de decir mi *valedor,* yo no soy vicioso", "Me gustaría que trajeran a ese *valedor* para platicar" **2** Persona de quien se obtiene ayuda, protección o apoyo.

valentía s f Comportamiento valiente, decidido y vigoroso con el que alguien se enfrenta a una situación peligrosa o difícil: *la valentía de un soldado, la valentía de un profeta, pelear con valentía.*

valer v intr (Modelo de conjugación 8) **I 1** Tener algo o alguien calidad, mérito, significación, etc, o atribuírsele importancia debido a sus cualidades o por cumplir con ciertos requisitos: *valer mucho una obra de arte, una persona que vale* **2** Ser el precio de algo cierta cantidad de dinero o equivaler una moneda a cierta cantidad de otra de diferente tipo: "El coche *vale* un millón de pesos", "El dólar *vale* ocho pesos" **3** Ser algo igual a cierta cantidad, número, etc o tener el mismo valor que otra cosa por la cual puede sustituirse: "Ese cupón *vale* por dos vestidos" **4** *Valer la pena* Servir o ser provechoso el esfuerzo o el trabajo invertido: "*Vale la pena* aprender otros idiomas", "*Vale la pena* salir de la ciudad" **II 1** Tener una cosa vigencia, validez, etc o contar para algo:

"Ese documento no *vale* como acta de nacimiento", "Sus estudios le *valieron* para ir al extranjero", "Los renglones de abajo no *valen*" **2** Estar algo permitido: "Sólo se *vale* hacer tres preguntas", "No se *vale* hacer trampa" **3** *Valerse por sí mismo* Ser alguien capaz de hacer lo necesario para vivir, mantenerse y cuidarse: "Ese anciano todavía *se vale por sí mismo*" **4** (Precedido de más y en tercera persona) Ser mejor: "*Más vale* tarde que nunca", "*Más* le *valiera* haber aprobado" **III 1** *Valerle algo a alguien otra cosa* Producir algo a alguien ciertos resultados o servirle una cosa para alcanzar o lograr algo: "Su conferencia *le valió* el reconocimiento de todos", "Mi indisciplina *me valió* un castigo" **2** *Valerse alguien de* Servirse de, utilizar algo: *valerse de lo que se tiene al alcance, valerse de todas sus fuerzas* **3** *Hacer valer alguien una opinión, un juicio,* etc Servirse de una opinión, un juicio, etc, hacer que se acepten o imponerlos: "*Hizo valer* sus derechos como ciudadano" **IV 1** *Valer algo un ojo de la cara* (*Coloq*) Ser muy caro o muy estimado: "Esas joyas *valen* un ojo de la cara" **2** *Valga la comparación, valga la expresión,* etc Expresión con la que se introduce o concluye una afirmación, opinión, etc, no del todo precisa o adecuada pero que aclara o ilustra lo que se quiere decir: "Parecía un león, *valga la comparación*", "Me muero de hambre, *valga la expresión*" **3** *¡Válgame (Dios)!* (*Coloq*) Expresión que indica sorpresa, disgusto o desamparo: ¡Qué temblor, *válgame Dios*! **4** *Valerle algo a alguien* (*Coloq*) No importarle: "Esos rumores *me valen*".

validez s f Carácter de ser algo válido para alguna cosa o en relación con una norma, una regla o una ley: *la validez de un argumento, la validez de un pasaporte, la validez de un esfuerzo, estudios con validez universitaria.*

válido adj Que es bueno o tiene valor para alguna cosa o en relación con un criterio, una norma, una regla o una ley determinada: *un razonamiento válido, una conducta válida, un documento válido, moneda válida, un juego válido.*

valiente adj y s m y f **1** Que hace frente a situaciones peligrosas o arriesgadas: "Salga el *valiente* guerrero a pelear", "Le gustaría que yo fuera *valiente,* que no tuviera miedo", "Algunas muchachas de aquí fuimos las primeras *valientes*", "La medida de no negociar con los delincuentes es acertada y *valiente*" **2** (*Coloq*) Expresión irónica para hacer notar la falta de valentía de alguien o de valor de algo: "¡*Valiente disculpa*! Dijo que se le había olvidado", "*Valiente amigo,* te abandonó cuando se te acabó el dinero".

valioso adj Que vale o tiene mucho valor: *un collar valioso, un jugador valioso, una pintura valiosa, un valioso hallazgo, una información valiosa.*

valor s m **I** Importancia, mérito, significación, etc que tiene o se le atribuye a algo o a alguien por sus cualidades o por cumplir con ciertos requisitos: *el valor histórico de una novela,* "Ya no tiene *valor* este contrato" **II 1** Precio real o estimado de alguna cosa: "Su *valor* es de $100", "Me costó $1 000, pero su *valor* es mucho mayor" **2** *Valor de uso* (*Econ*) Propiedad que tiene una mercancía de satisfacer una necesidad **3** *Valor de cambio* (*Econ*) Cantidad de trabajo socialmente necesario para producir una mercancía **4** *Valor adquisitivo* El que tiene una moneda en relación con las mercancías que puede comprar y no con otros tipos de moneda **5** pl Documentos que representan el dinero invertido en alguna empresa o negocio: *abrir una cuenta de valores* **III** Cantidad, número, duración, etc que tiene algo o al que equivale en un sistema determinado: "El *valor* de X es 10", *el valor de una nota musical* **IV 1** pl Conjunto de principios, normas, etc que guían el comportamiento de alguien o su manera de hacer algo, de acuerdo con lo que se considera bueno, deseable, etc: *valores morales*, "¡Ya no hay *valores*!" **2** Valor cívico Cualidad de un ciudadano que cumple con sus deberes sociales a pesar de los riesgos que pueda enfrentar o los daños que pueda sufrir: "Hay que tener *valor cívico* para confesar un delito" **3** Cualidad de una persona que decide actuar enfrentando una situación a pesar de sus peligros: "Para ese trabajo se necesita mucho *valor*".

valoración s f **1** Acto de valorar: *la valoración de los hechos, la valoración que hizo el partido, valoraciones sobre individuos normales* **2** (*Quím*) Método para determinar volumétricamente la concentración de una sustancia determinada en solución, añadiendo una solución normal en volumen y concentración conocidos hasta que la reacción sea completa, indicada usualmente por un cambio de color en un indicador o por mediciones electrónicas.

valorar v tr (Se conjuga como *amar*) **1** Determinar el valor de algo: *valorar el precio de un terreno, valorar un trabajo* **2** Dar un valor a alguien o algo de acuerdo con su mérito o su importancia: "*Valoro* en lo que vale tu amistad pero...", *valorar un esfuerzo, valorar a un científico* **3** (*Quím*) Determinar la concentración exacta de una sustancia en cierta solución para usarla en la preparación de medicinas o en un análisis de laboratorio.

valorizar v tr Valorar; evaluar: *valorizar la historia, valorizar los datos.*

vals s m Baile de origen alemán al compás de tres por cuatro, en el que cada pareja gira sobre sí misma al tiempo que se desplaza; música que lo acompaña: *los valses de Strauss*, "Juventino Rosas compuso el *vals* Sobre las olas".

valuar v tr (Se conjuga como *amar*) Determinar el precio o el valor de algo; evaluar: *valuar los bienes expropiados, valuar un terreno.*

valva s f **1** (*Zool*) Cada una de las dos partes que constituyen la concha de los moluscos, como las almejas o los mejillones, y de otros animales invertebrados **2** (*Bot*) Cada una de las partes que constituyen la vaina de un fruto **3** (*Anat*) Cada una de las partes de una válvula.

válvula s f **1** Dispositivo que sirve para regular la presión o la corriente de un gas, un líquido, un flujo de electrones, etc; generalmente permite el paso en una dirección y lo impide en la contraria, abriéndose y cerrándose según la cantidad de presión que se ejerza sobre él o según la dirección que tenga su presión: *la válvula de una olla express, válvula de una llanta, válvula de paso de un gas, válvulas de una compuerta* **2** (*Anat*) Pliegue en un vaso o conducto del organismo, especialmente en el corazón o en los vasos sanguíneos, que permite el paso de la sangre, la linfa u otro líquido sólo en una dirección e impide que retroceda: *válvula aórtica* **3** *Válvula de seguridad* La que se coloca en los calderos de las máquinas de vapor para que éste se escape automática-

mente cuando su presión sea excesiva **4** Dispositivo en los instrumentos musicales de viento como la trompeta, que sirve para cambiar de tono, variando la extensión de la columna de aire; pistón **5** *Válvula de escape* Acto que permite descargar la tensión: "Las manifestaciones populares son una *válvula de escape* de la insatisfacción social".

valla s f **1** Cerca de madera o de otro material: *una valla de arbustos, proteger con una valla* **2** Línea constituida por elementos de la misma especie y que sirve para resistir un ataque o para proteger a alguien o alguna cosa: *una gran valla formada por los cadetes del Colegio Militar* **3** (*Tab*) Lugar donde se efectúan peleas de gallos.

valle s m **1** Territorio bajo y plano, situado entre dos o más montañas o cordilleras, hacia el que escurren las aguas de sus alrededores, que a veces llegan a formar un río: *el valle de México, los valles de Oaxaca* **2** Superficie de tierra plana que se extiende a lo largo de un río, a ambos lados, y que es regada por éste: *el valle del río Papaloapan, el valle del río Nilo* **3** Cualquier zona o punto bajo que se encuentra entre dos zonas o puntos más altos, como la zona que se forma entre dos ondas o los puntos que se forman en la línea de una gráfica, etcétera.

vampiro I s Cadáver que sale por las noches de su ataúd y chupa la sangre de las personas que duermen, a quienes muerde en el cuello con sus grandes colmillos y los convierte, de ese modo, en vampiros como él; es creencia popular difundida por la literatura y el cine: "El *vampiro* más famoso es el conde Drácula", *una historia de vampiros* **2** s m (*Zool*) Cada uno de los quirópteros hematófagos parecidos a los murciélagos, como *Desmodus rotundus*, que mide como máximo 9 cm de longitud y hasta 35 cm de envergadura; es de color castaño rojizo con el vientre gris. Vive en grupos poco numerosos, tiene hábitos nocturnos y se alimenta de sangre, que lame del pequeño corte que hace con los incisivos en la piel de su víctima; puede transmitir varias enfermedades infecciosas, entre ellas la rabia **II** s m **1** Bebida alcohólica preparada con tequila, sangrita y agua mineral **2** Bebida que se prepara con la mezcla de jugo de betabel y zanahoria.

vanguardia s f **1** Parte de un grupo de personas, dedicado a una actividad específica, que va al frente de éste porque es la primera en realizar algunas acciones o en manifestar ideas nuevas: *el papel de los intelectuales en la vanguardia del proletariado, la vanguardia agrarista* **2** En un contingente militar, el grupo de elementos que marcha adelante: "Avanzan dos filas de señores: es la *vanguardia* del séquito de Moctezuma" **3** *A la vanguardia* o *en la vanguardia* En la parte más adelantada o más avanzada, en primer lugar: "El alazán va *a la vanguardia*", "El partido sigue *a la vanguardia* en muchos aspectos", "Se mantiene *a la vanguardia* en el renglón de ganancias", "Estuvieron *en la vanguardia* de nuestra revolución" **4** *De vanguardia* Que aporta ideas, gustos, tendencias o modalidades nuevas: *cine de vanguardia.*

vanguardismo s m **1** Movimiento artístico y literario iniciado en el siglo XX, que busca formas de expresión estética distintas a las tradicionales, y que incluye escuelas como el cubismo, el surrealismo, el ultraísmo y el dadaísmo **2** Cualquier movimiento innovador o revolucionario, especialmente en el campo literario, artístico o social.

vanidad s f **1** Aprecio o admiración excesiva que alguien tiene o siente por sus propias virtudes, cualidades, rasgos o características: "A Octavio lo pierde la *vanidad*" **2** Carácter de algo que no tiene gran valor, que no tiene utilidad, que no es satisfactorio: "Claudio sólo gasta en *vanidades*".

vano adj **I 1** Que no tiene consistencia o carece de fundamentos sólidos: "Cargo una *vana* ilusión / que con el tiempo se borra" **2** Que está vacío de sentido: *palabras vanas* **3** Tratándose de frutos de cáscara dura, que está hueco, seco o podrido: *nuez vana* **4** s m Hueco o abertura en un muro, como los de las puertas y las ventanas: "Los *vanos* se abrieron hacia el lado del mar", *los vanos de las puertas cubiertos de tules y encajes* **II 1** Que no tiene efecto, que es inútil: *un vano intento* **2** Que se deja llevar por la vanidad, que es superficial en sus ideas y sentimientos; frívolo: *un hombre vano* **3** *En vano* Inútilmente, sin obtener ningún resultado, sin que valga la pena: "*En vano* apeló a la clemencia del César", "*En vano* claman por la libertad", "Lucharon *en vano* por prolongar su existencia", "*En vano* quería disimular".

vapor s m **1** Gas en que se transforman los líquidos y ciertos sólidos cuando se calientan, como el que forma las nubes o la niebla: *vapor de agua, vapor de sodio* **2** *A vapor* o *al vapor* Muy rápidamente, con poco cuidado, precipitación o sin haberse planeado: *salir todo a vapor, hacer un trabajo al vapor, un matrimonio al vapor*.

vaquero I 1 s Persona que se dedica al cuidado y al pastoreo del ganado, principalmente del vacuno **2** adj Que pertenece al cuidado del ganado o se relaciona con él: *botas vaqueras, silla vaquera* **II** (*Herpetotheres cachinans*) Ave de hermoso plumaje de color café castaño rojizo y cola muy larga, cuyas plumas tienen la punta blanca y una franja oscura; pico y patas verdosas; su canto sonoro, resonante y de elevado timbre imita el silbido que se usa para arrear el ganado.

vara s f **1** Palo o rama recta, lisa y delgada: "Golpeó a su caballo con una *vara* para que corriera más" **2** Medida de longitud que equivale aproximadamente a 83.59 cm **3** Trozo largo de tela, metal o madera que tiene esa medida y que se utiliza como instrumento para medir **4** *Tener vara alta* (*Coloq*) Tener autoridad o poder en determinado lugar o actividad: "Mi primo es de los que *tienen vara alta* en esa oficina" **5** (*Tauro*) Palo largo y con una punta de fierro con el que se pica al toro para quitarle fuerza, y poder hacerle la faena de muleta o de tienta a una vaquilla: *poner varas, tomar varas el toro* **6** *Bajar* (*la*) *vara* Entre jugadores de carreras de caballos, iniciar la carrera azotando o simulando que se azota **7** Cada una de las numerosas plantas de diversas especies **8** *Vara de San José* (*Althaea rosea*) Planta herbácea vellosa, de hojas ásperas, cordado redondeadas; flores sésiles, rosas en espiga, cultivada como ornamental **9** *Vara de San José* (*Cassia emarginata*) Árbol de 3 a 7 m de altura, hojas pinadas, con tres a cinco pares de hojuelas oblongas, pubescentes abajo; flores grandes y amarillas en racimos; fruto en vaina aplanada de 14 a 40 cm; el follaje tiene olor agradable **10** *Vara dulce* (*Eysendhartia polystachia*) Árbol de hasta 8 m; de hojas pinadas, con 21 a 51 hojuelas

oblongas u ovales; flores blancas de 7 mm aromáticas; fruto en vaina de 10 a 15 mm de largo por 3 a 5 mm de ancho. La madera puesta en agua produce una coloración azul que cambia a rojo, amarillo, verde, etc, según la incidencia de la luz **11** *Vara prieta* (*Acacia costricta*) Arbusto de la familia de las leguminosas, de 1 a 6 m de altura, espinoso; hojas bipinadas con hojuelas de 2 a 3 cm; flores en cabezuelas, amarillas, aromáticas; fruto en vaina de 6 a 12 cm con estrangulaciones entre una semilla y otra.

variabilidad s f Cualidad de variable: "La *variabilidad* de la demanda dificulta una planeación eficiente", *la variabilidad de sus formas*.

variable adj m y f **1** Que cambia o puede cambiar fácilmente: "La tierra es de fertilidad *variable*", *células de forma variable, intensidad variable, dosis variables, rendimientos variables, costos variables* **2** *Palabra variable* (*Gram*) Aquella cuya forma cambia para indicar género, número, tiempo, modo, persona, etc, como el sustantivo, el adjetivo y el verbo **II** (*Mat*) **1** Término o símbolo al que puede atribuirse diferentes valores numéricos **2** Factor que puede variar en una investigación o en experimento: *las variables económicas, las variables demográficas básicas* **3** *Variable dependiente* La que determina los valores de otra variable en una función **4** *Variable independiente* Aquella cuyos valores en una función están determinados por los de otra variable.

variación s f **1** Acto de variar: *la variación de los alimentos* **2** Conjunto de diferencias que, dentro de ciertos márgenes, presenta el desarrollo de un acontecimiento o de una actividad: *la variación de la luz, la variación de un proceso* **3** Cada una de las imitaciones de una melodía, que se repite con distintos ritmos o adornos, o en diferentes tonos en una obra musical: *variaciones sobre un tema de Mozart*.

variado I pp de *variar* **II** adj Que tiene variedad, que está constituido por elementos distintos: *variados productos, temas variados, el material más variado, variadas formas, causas muy variadas*, "Su obra era abundante y *variada*".

variante s f Forma ligeramente distinta de otras de una misma cosa, de un mismo tipo o de una misma especie: *las variantes tipográficas de una edición, las variantes del corrido de Heraclio Bernal, las variantes de un color*.

variar v (Se conjuga como *amar*) **1** tr Hacer que algo sea diferente de como era: *variar la composición de una pintura, variar el decorado, variar las figuras del baile* **2** intr Presentar ciertas diferencias durante su desarrollo o su actividad: *variar la temperatura, variar el ánimo, variar la bolsa de valores*.

varicela s f Enfermedad causada por un virus que provoca fiebre y la erupción de granos o vejigas en la piel, es contagiosa y ataca sobre todo a los niños; generalmente es poco peligrosa.

variedad s f **1** Diferencia que hay entre los elementos de un conjunto o las partes de un todo: "Es importante la *variedad* en la alimentación" **2** Cada uno de los subconjuntos en que se divide una especie, una clase de seres o de cosas, y que se distinguen entre sí por las características secundarias de sus elementos: *una variedad de aguacate, una variedad de mariposas, una variedad de porcelana* **3** Espectáculo formado por varios números de cantantes, cómicos, bailarines, etc: "En este café hay *variedad*".

varilla s f **1** Barra de hierro, larga y delgada, de diversos diámetros, que se emplea en la construcción para formar la estructura de los edificios; varilla corrugada: *una tonelada de varilla, el doblado de las varillas*, "A los castillos les metes *varilla* de tres octavos" **2** Cada una de las varas o laminillas muy delgadas, generalmente metálicas, que costituyen el armazón de ciertos objetos como las sombrillas, los paraguas o ciertas prendas de vestir: "El paraguas tiene una *varilla* rota" **3** (*Coloq*) Conjunto de mercancías menudas y baratas, generalmente de mercería, que vende un comerciante recorriendo calles o pueblos: "Entre la *varilla* había listones de diversos colores" **4** (*Varilla mexicana*) Arbusto de la familia de las compuestas, de hojas lineares de 3 a 8 cm de largo por 1.5 a 3 mm de ancho, flores en cabezuelas amarillas; jarilla.

varios adj pl **1** Que son distintos, que son diversos, que tienen características diferentes o múltiples: *varios colores, varios tipos de letra, artículos varios para el hogar* **2** Más de dos, algunos, unos cuantos: *varias personas, varios años, varias cosas.*

varón s m **1** Persona del sexo masculino; hombre: *escuela para varones*, "Quería que su primer hijo fuera *varón*" **2** (*Mar*) Cada una de las cadenas o barras de acero que por un extremo se unen a los lados del timón y por el otro a la parte posterior de la quilla, en la popa. Sirve para gobernar cuando falta la caña del timón y para mantener éste amarrado a bordo o para poder recuperarlo si cae al mar.

varonil adj m y f Que pertenece al varón o se relaciona con él; que tiene características propias del varón: *ropa varonil, basquethol varonil*, "No es guapo pero sí muy atractivo, muy *varonil*".

vasallo s y adj Persona o pueblo que depende, sirve u obedece a un soberano o a un señor: *vasallos de la corona, el rey y sus vasallos, gente vasalla.*

vasco 1 adj y s Que pertenece a un grupo étnico que habita en España en las provincias de Álava, Guipúzcoa y Vizcaya, y en Francia en el departamento de los Bajos Pirineos: *pueblo vasco, comida vasca* **2** s m Lengua que habla este grupo.

vascular adj m y f (*Anat, Bot*) Que pertenece a los vasos o conductos por los que circulan los líquidos en el cuerpo del hombre, los animales o las plantas o se relaciona con ellos: *enfermedad vascular, dilatación vascular.*

vasectomía s f (*Med*) Operación quirúrgica para esterilizar al hombre, que consiste en cortar un conducto o vaso localizado en cada testículo, para evitar el paso de los espermatozoides al semen.

vasija s f Recipiente, generalmente cóncavo y pequeño, de barro u otro material, que se usa comúnmente para contener líquidos o alimentos.

vaso s m **1** Recipiente generalmente de vidrio y de forma cilíndrica que sirve para contener y beber líquidos: *un vaso de cristal cortado, el vaso de la licuadora* **2** Cantidad de algo que cabe en dicho recipiente: *un vaso de leche, un vaso de agua, un vaso de vino* **3** (*Anat*) Conducto por el que circulan los líquidos del cuerpo, especialmente la sangre: *vasos sanguíneos, vasos linfáticos, vasos capilares.*

vasto adj Que es muy amplio, grande, extenso: *una vasta cultura, un vasto sector de la economía, una vasta biblioteca, un vasto océano, vastos yacimientos de hierro.*

vatio s m (*Elec*) Unidad de potencia o trabajo eléctrico equivalente a un julio por segundo, o al producto de un voltio por un amperio; watt.

¡vaya! interj Expresión que se emplea para manifestar sorpresa, interés, satisfacción, molestia, ironía, etc, a veces seguida de *que* o *con* y de sustantivo: "Yo competía tanto en natación como en clavados. —¡Ah, *vaya!*", "¡*Vaya!* Sólo eso me faltaba", "Lo echará todo a perder. ¡*Vaya* una ocurrencia!", "¡*Vaya que* estoy nervioso!", "¡*Vaya!*, al fin llegaste" **2** adj Qué: *¡vaya lío!, ¡vaya mundo!*

vecindad s f **1** Casa que consta de un conjunto de pequeñas viviendas que comparten un patio y algunos otros servicios, en donde viven varias familias pobres: "En la *vecindad* hay casi veinte viviendas", "El terremoto destruyó las viejas *vecindades*" **2** Cercanía o proximidad: "Hay estrellas que se encuentran en la *vecindad* inmediata al Sol" **3** Estado o situación de ser vecinos dos o más personas, pueblos, etc: "Nuestra *vecindad* con Estados Unidos implica multitud de problemas".

vecino s **1** Persona que habita en cierta población o en cierto barrio: *vecino de Tehuacán, vecino de Azcapotzalco, vecino de la colonia nueva* **2** Persona que, con respecto a otra, vive cerca de ella u ocupa un lugar próximo al suyo: "Invité a tomar café a mis *vecinos*", "Don Facundo y yo somos *vecinos*", "¿Quién es tu *vecino* de banca?" **3** adj Que está junto, próximo o a corta distancia de otra cosa o de otra persona: *país vecino, casa vecina, tienda vecina* **4** adj Que es parecido o tiene algo en común con otra cosa: "Tú y yo tenemos ideas *vecinas*".

vector s m l (*Fís*) Magnitud que posee dirección y sentido, generalmente representada por una flecha de tamaño y orientación proporcional al valor que representa: *un vector de fuerza* **2** (*Biol*) Agente que transmite una enfermedad: *vectores de contagio.*

vectorial adj Que pertenece a los vectores o se relaciona con ellos: *espacios vectoriales.*

vegetación s f Conjunto de plantas, como árboles, arbustos, hierbas, etc, que crecen en un lugar o que son característicos de una región o de un clima determinado: *vegetación tropical, vegetación del desierto.*

vegetal 1 adj m y f Que pertenece a las plantas o se relaciona con ellas: *mundo vegetal, especie vegetal, aceite vegetal* **2** s m Planta: *la composición de los vegetales, una dieta a base de vegetales.*

vehemencia s f Actitud de manifestar con pasión o con gran fuerza un sentimiento incontrolable por su intensidad: "La *vehemencia* quebraba sus palabras", *protestar con vehemencia contra la injusticia.*

vehículo s m **1** Cualquier cosa que lleve algo de un lugar a otro, transmita o comunique algo, haga más fácil el paso o la acción de alguna cosa o de alguna persona: "El agua contaminada es *vehículo* de enfermedades", "El *vehículo* de esa medicina es jarabe de fresa", "La lengua es *vehículo* de comunicación" **2** Máquina que puede llevar carga o personas de un lugar a otro, por tierra, mar o aire: *un vehículo de vapor, un vehículo de gasolina, un vehículo aéreo.*

veinte 1 adj m y f y s m Número que indica dos veces diez: *veinte años, veinte libros, veinte tortas, veinte quesadillas* **2** (*Coloq*) Moneda de 20 centavos, en circulación desde 1898 hasta 1983, primero de plata y después de cobre, con diseños variados. En 1992, con el cambio a nuevos pesos, se volvió a acuñar, de estaño: "Le regaló un *veinte* para que se comprara un chicle", "Te doy unos *veintes* para que hables por teléfono" **3** *Caerle el veinte a alguien* (*Coloq*) Comprender o recordar algo después de un gran esfuerzo tratando de hacerlo: "Le expliqué durante media hora, hasta que *le cayó el veinte*" **4** *¡A veinte!* (*Groser*) Respuesta a una mentada de madre, que pretende ser una ofensa mucho mayor: "—¡Chinga a tu madre! / —¡A veinte!".

vejación s f Acto de vejar: "Los detenidos son frecuentemente víctimas de *vejaciones* de la policía".

vejar v tr (Se conjuga como *amar*) Hacer daño a una persona o tratarla sin considerar su dignidad, humillándola, ofendiéndola o hiriéndola: "No soporta ver cómo *veja* a sus empleados".

vejez s f **1** Periodo de la vida que sigue a la madurez del individuo, en el cual comienza a perder ciertas capacidades y que antecede a la muerte; senectud: *la vejez de un familiar, la vejez de un gato, prepararse para la vejez* **2** Estado de un objeto que existe desde mucho tiempo atrás, que ha sido muy usado o que está dañado por ese uso: *la vejez de una máquina de coser, la vejez de una casa* **3** Condición de viejo de una cosa o una persona: "¡Qué *vejez* de pensamiento!", "Por su *vejez*, el presidente no actuaba ya como antes" **4** Conjunto de las personas viejas: *la vejez de México, protección a la vejez* **5** *A la vejez, viruelas* Expresión con que se manifiesta la paradoja de una edad avanzada y un comportamiento juvenil: "Don Rodrigo se casa a los 80 años, ¡a la vejez, viruelas!".

vejiga s f **1** (*Anat*) Bolsa muscular situada en la pelvis, detrás del pubis y delante del recto, en la que se acumula la orina producida por los riñones, en el hombre y en los animales **2** (*Anat*) Cualquier bolsa membranosa que contiene un líquido o un gas, en el hombre y los animales **3** (*Med*) Ampolla que se forma sobre la piel, llena de líquido, causada por quemaduras, heridas o por alguna enfermedad **ll** *Vejiga natatoria* En ciertos peces, bolsa unida al esófago que se llena de gas y dirige el equilibrio del animal en el agua.

vela¹ s f **1** Acto de velar alguien o a alguien: *estar en vela, la vela de un enfermo* **2** Varilla larga y cilíndrica, de sebo, cera, parafina u otra sustancia, que tiene a lo largo de su eje un hilo que se enciende por uno de sus extremos para alumbrar: *prender una vela, las velas del altar, apagar las velas del pastel* **3** *No tener vela en un entierro* (*Coloq*) No tener que ver o participar en un asunto **4** (*Coloq*) Moco que cuelga de la nariz de los niños: "¡Pobre Pepito, con el catarro trae sus *velas* en la nariz!".

vela² s f **1** Tela resistente, generalmente de lona, que se cuelga extendida del palo o de cada palo de una embarcación para que ésta tome impulso con la fuerza del viento: *un barco de vela, vela latina, navegar a vela, cerrar las velas, ir a toda vela* **2** *Hacerse a la vela* Comenzar a navegar.

velada s f **1** Acto de velar o permanecer despierto durante la noche con algún fin: *la velada del angelito, la velada laboral* **2** Reunión nocturna de carácter cultural, artístico, deportivo, etc, en la que participa un limitado número de personas: *la velada de Año Nuevo* **3** (*Son*) Reunión periódica de vaqueros, que se efectúa durante varios días y noches para recoger el ganado que anda suelto en el campo.

velador s Persona encargada de vigilar y cuidar algún lugar por las noches: "Es *velador* de una escuela".

veladora s f **1** Vela gruesa de poca altura que se enciende en homenaje a los santos o en los altares de las iglesias: "Encendían *veladoras* y colocaban adornos de papel a los pies del crucifijo **2** Lámpara que se usa sobre el buró o la mesa de noche.

velar¹ v (Se conjuga como *amar*) **1** intr Quedarse alguien despierto voluntariamente durante la noche para trabajar, estudiar o hacer alguna otra cosa: "Tuve que *velar* para terminar el vestido a tiempo", "Veló toda la noche esperando tener noticias tuyas" **2** tr Cuidar a un enfermo o acompañar el cadáver de una persona durante toda la noche: "Ha *velado* a su madre todo el tiempo que ha estado enferma", "A mi abuelo lo *velan* en la agencia funeraria" **3** Cuidar con mucha atención que alguna cosa se desenvuelva bien o tenga el resultado esperado: *velar por el bienestar, velar por la realización de un proyecto*.

velar² v tr (Se conjuga como *amar*) **1** Cubrir con un velo para ocultar algo o a alguien o hacerlo menos visible: "La ventana está *velada* por cortinas de gasa" **2** Borrarse la imagen en una placa fotográfica **3** Ocasionar algo o a alguien que se borre dicha placa: "Prendió la luz y *veló* el rollo".

velar³ adj m y f (*Fon*) Que se pronuncia entre el dorso de la lengua y el velo del paladar, como los fonemas /k/, /g/ y /x/.

velarización (*Fon*) Proceso mediante el cual un fonema que no es velar, en contacto con otro que sí lo es, por influencia de éste desplaza su punto de articulación hacia el velo del paladar, como la /n/ seguida de /g/ (sa*ng*re), o de /k/ (pe*nc*a).

velero s m Embarcación ligera que navega por medio de velas, a las cuales impulsa el viento.

veleta s f **1** Pieza de metal ligera, generalmente en forma de flecha, que se coloca en la parte alta de edificios, casas, torres, etc para que indique la dirección del viento **2** *Ser alguien una veleta* Ser inconstante en su comportamiento o su actitud: "Enriqueta *es una veleta*: ayer se persignaba y hoy es atea".

velo s m **l 1** Tela con la que se cubre algo para que no esté a la vista por respeto, veneración o protección: "Tras su velo se hallaba, recostada, Cleopatra", "Ocultaba a su dios bajo un espeso *velo*" **2** Tela ligera, fina y relativamente transparente, con la que se cubren la cara o la cabeza las mujeres: *un velo de misa, velo de novia* **3** *Tomar el velo* Profesar de monja **ll** *Velo del paladar* (*Anat*) Pared membranosa que separa el paladar y la boca de la cavidad de la nariz, y que se encuentra en la parte posterior y superior de la cavidad bucal.

velocidad s f **1** Hecho de efectuarse un movimiento en corto tiempo o de tener corta duración: *la velocidad de una carrera, la velocidad de un viaje* **2** Capacidad de una persona, un animal o algún objeto de moverse con rapidez o en poco tiempo, o de realizar una acción en poco tiempo: *la velocidad de un jaguar, la velocidad de la luz* **3** Relación que se establece entre el espacio o la distancia que recorre un objeto y el tiempo que emplea en hacerlo: *alta velocidad, una velocidad de 80 km por hora* **4** Cada una de las combinaciones de engranes que cambia la relación de movimiento entre los ejes de las ruedas de un automóvil y el cigüeñal del motor: *cambiar velocidades, caja de velocidades*.

velocímetro s m Instrumento de un vehículo que mide su velocidad cuando éste se desplaza: "La parte superior del *velocímetro* se enciende con las luces altas", "En el *velocímetro* la aguja marca 70 km por hora", *el velocímetro de una bicicleta.*

velódromo s m Pista especial para las pruebas de ciclismo o las carreras en bicicleta: *el velódromo olímpico, el velódromo Agustín Melgar.*

velorio s m Acto de velar a un difunto y reunión en la que se lleva a cabo, generalmente se sirve café y se reza: "Llevé dos ceras grandes y una corona al *velorio* de nuestro amigo".

veloz adj m y f Que se mueve rápidamente, que realiza algo en poco tiempo, que tiene la capacidad de actuar o funcionar en poco tiempo: *un tren veloz, una máquina veloz, un corredor muy veloz, un circuito peligrosamente veloz.*

vello s m 1 Pelo corto, generalmente suave y fino, que cubre algunas partes del cuerpo: *vello del brazo, vellos de las piernas, vello púbico* 2 Conjunto de pelos muy cortos, suaves y finos que nacen en algunas plantas o frutas: *los vellos de un tallo.*

vellosidad s f Conjunto de pelos blandos, cortos y finos que cubren ciertas partes del cuerpo humano, las hojas, tallos o frutos de algunas plantas, etc: *la vellosidad de un brazo, la vellosidad del durazno.*

vena s f 1 (*Anat*) Vaso sanguíneo que lleva al corazón la sangre después de que ha circulado por los tejidos del cuerpo: *vena yugular, vena coronaria* 2 (*Biol*) Conducto delgado de la piel de las plantas, de las alas de algunos insectos, etc, como se ve en la parte posterior de las hojas, en las alas de las moscas o en la pulpa de los chiles 3 Raya en la superficie de una piedra o de la madera 4 Ánimo, disposición o facilidad que alguien tiene para hacer algo: *vena poética, estar en vena humorística.*

venado s Mamífero herbívoro de la familia de los cérvidos y del género *Odocoileus.* Se caracteriza por la cornamenta de sus machos y por su gran agilidad; hay varias especies, como el cola blanca o *venado saltón* (*virginianus*), de piel café y vientre blanco, de cola larga y una sola rama central en cada cuerno, que vive en bosques de pinos y encinos, o el cola negra o *venado bura* (*hemionus*), de piel café o gris, cola pequeña, blanca por debajo y a los lados, y negra en la punta, de orejas largas y una cornamenta muy ramificada, que vive en zonas semidesérticas: *Yucatán, la tierra del faisán y del venado.*

vencedor adj y s Que vence; ganador, triunfador: *el vencedor del torneo, un pueblo de vencedores,* "El *vencedor* de esta pelea es…".

vencer v tr (Se conjuga como *comer*) I 1 Obligar al enemigo o al competidor, por medio de las armas, la fuerza o alguna otra cosa, a dejar de luchar, e imponerle, por lo general, su dominio o condiciones: *vencer a un ejército, vencer al equipo contrario* 2 Obligar alguna necesidad natural a quien la tiene a que la satisfaga: "Me *venció* el sueño", "Al niño lo *venció* el cansancio" 3 Superar un obstáculo o resolver una dificultad seria: *vencer el miedo, vencer una montaña* 4 Hacer o causar alguna cosa que otra se debilite, se doble o se rompa por el peso o la fuerza que soporta: "La presión del agua *venció* la compuerta", *vencerse una columna* II intr Terminarse un plazo previamente fijado: "Se *venció* el recibo de la luz", "Se le *venció* el permiso para manejar".

vencimiento s m 1 Término del plazo para pagar una deuda o cumplir con un compromiso: *fecha de vencimiento, seguros pendientes de vencimiento, pagarés liquidables al vencimiento* 2 Acto de vencer: *el vencimiento de los pueblos de América* 3 Acto de vencerse algo, debido al peso o a la presión que soporta: *calcular el vencimiento de la varilla, el vencimiento del sofá.*

venda s f Banda de tela, generalmente elástica, con la que se cubre o se sostiene un miembro herido o lastimado del cuerpo, para curarlo, protegerlo o fijarlo: *poner una venda, quitar las vendas.*

vendaje s m Conjunto de vendas y demás materiales que se emplean para proteger una lesión: "El *vendaje* de la herida ayudará a evitar la infección".

vendar v tr (Se conjuga como *amar*) 1 Cubrir o rodear con una venda una parte del cuerpo que está herida o lastimada: *vendar un tobillo, vendar una mano* 2 Tapar los ojos de alguien para que no pueda ver: "Lo *vendaron* y lo amarraron a una silla".

vendedor s y adj Persona o empresa que vende algo: *un vendedor de fruta, la vendedora de flores, una compañía vendedora, la parte vendedora.*

vender v tr (Se conjuga como *comer*) 1 Dar algo a alguien a cambio de cierta cantidad de dinero: *vender un cochino, vender flores, vender una casa* 2 prnl Hacer alguien algo en contra de sus convicciones o de la moral para obtener un provecho material: "El juez *se vendió* al acusado".

veneno s m Sustancia que puede dañar gravemente o matar a un ser vivo; puede ser natural, como las que contienen ciertas plantas, hongos o animales, o artificial, como las que se producen para diversos usos industriales, químicos, medicinales o militares: *un veneno mortal, veneno de víbora.*

venenoso adj 1 Que es o contiene veneno: *planta venenosa, animal venenoso, vapores venenosos* 2 Que tiene mala intención: *una persona venenosa, una frase venenosa.*

venéreo adj (*Med*) Tratándose de enfermedades, que se contrae o se contagia en las relaciones sexuales, como la sífilis: *enfermedades venéreas.*

venezolano adj y s Que es natural de Venezuela, que pertenece a este país hispanoamericano o se relaciona con él: "El *venezolano* Simón Bolívar encabezó la independencia de su país".

venganza s f Daño o mal que se causa a alguien como reacción voluntaria a un daño o un mal que se ha recibido de él: *tomar venganza, la venganza de una ofensa, pedir venganza.*

vengar v tr (Se conjuga como *amar*) Ocasionar una ofensa, daño, etc que uno o alguien cercano a uno ha recibido, haciendo que el autor o alguien relacionado con él se vea perjudicado o agraviado: *vengar una derrota, vengar a un amigo,* "*Vengó* el crimen en los hijos del asesino", "Me *vengaré* de ti".

venidero adj Que vendrá, que existirá o sucederá después de ahora, en el futuro próximo o lejano: *los años venideros, el jueves venidero, septiembre venidero, las generaciones venideras, los siglos venideros.*

venir v intr (Modelo de conjugación 12b) I 1 Moverse hacia el lugar en que está el que habla: *venir a México, venir a la casa, venir de su rancho, venir de otro lado, venir de allá, venir en avión, venir en septiembre, venir mañana* 2 Moverse o desarrollarse de determinada forma o haciendo alguna cosa, acercándose al que habla o en su misma dirección: *venir caminando, venir sentado,* "Venía hablando solo", "*Vino* dormido todo el viaje", "Ahora *venía* triste", "*Venimos* de prisa" **3** (Sólo se usa en tercera persona) Acercarse, estar cerca o llegar el tiempo en que una cosa sucede: *el mes que viene, el jueves que viene,* "Después del verano *viene* el otoño", "Ya *vienen* las fiestas", "Ya *viene* el frío" **4** *Ir y venir* Moverse continuamente de un lugar a otro, cambiar algo constantemente de estado, valor, etc: *el ir y venir de la gente, el ir y venir de los precios* **5** Asistir alguien a algún lugar donde está el que habla: "José *vino* a la casa", "Todos *vinieron* a la junta" **6** *Venir de* Presentarse o asistir alguien a un lugar, donde está el que habla, para cumplir una función o disfrazado de algo: "*Vino de* embajador", *venir de maestro, venir de payaso al baile* **7** *Venir de* Asistir a alguna parte, donde está el que habla, con el propósito de hacer algo determinado: *venir de compras, venir de viaje, venir de vacaciones* **8** *Venir con cuentos, venir con chismes,* etc Llegar a contarlos donde está el que habla: "*Le vino con cuentos* al patrón" **9** *Venir de* Tener su origen o empezar en; proceder, descender de: "*Viene de* buena familia", "La noticia *viene de* la página cuatro", "Los buenos zapatos *vienen de* León" **10** *Venir en* Aparecer o figurar en alguna lista, texto, publicación, etc: "Mi número *viene en* la lista de la lotería", "Los datos *vienen en* el periódico" **11** prnl Suceder algo con intensidad, rápida o repentinamente: "*Se vino* la tormenta", "*Se vinieron* las heladas" **12** Llegar un camino, una calle, etc al lugar en donde está el que habla: "La carretera que *viene de* Morelia está en reparación", "La calle de Madero *viene* desde el Zócalo" **II 1** Quedarle bien a algo o a alguien: "Esa camisa *le viene* a tu hermano" **2** *Venirle a la mente, venirle a la memoria, venirle a la cabeza,* etc Ocurrírsele algo a alguien o recordar algo repentinamente: "*Le vino* la idea cuando desayunaba", "*Me vino a la mente* mi niñez" **3** *Venir al caso* o *venir a cuento* Tener algo relación con lo que ocurre o con lo que se está diciendo: "Tus comentarios no *vienen al caso*", "*Viene a cuento* porque trabajan juntos" **4** *No irle ni venirle algo a alguien* No importarle: "Esa noticia *ni le va ni le viene*" **5** *Venir a menos* Empobrecerse, ir perdiendo fuerza, valor, calidad, etc: "Una familia *venida a menos*", "El equipo *vino a menos* y terminó perdiendo" **6** *Venirse algo para abajo* Fracasar o decaer algo: "El proyecto turístico *se vino abajo*" **7** *Venirse abajo* Caerse o derrumbarse; perder alguien el ánimo: "*Se vino abajo* el edificio", "Al perder esa oportunidad *se vino abajo*" **8** *Venirse encima* Caerse una cosa o una persona sobre o arriba de algo o de alguien: "*Se le vino encima* el librero" **9** *Venirse el tiempo encima* Hacérsele a uno tarde o terminarse un plazo **10** *Venir al mundo* Nacer **III 1** Seguido de la preposición *a* y de un infinitivo, indica el resultado o la conclusión de algo: "*Viene a ser* lo mismo", "*Vino a salir* en $1 000" **2** Seguido de un gerundio, indica que una acción ya comenzada aún continúa: "Las actividades que *venimos ofreciendo...*", "¡Qué cantidad de cambios *se han venido dando*!".

venta s f **1** Acto de vender: *la venta de un toro, la venta de un terreno* **2** Cantidad de objetos vendidos: *una buena venta,* "La *venta* estuvo floja el día de hoy" **3** En Sonora, marca que se pone al ganado en la paleta izquierda, como indicación del criador de haber vendido el animal.

ventaja s f **1** Superioridad de alguien respecto de otro o circunstancia de estar una persona en mejores condiciones que otra: "Su *ventaja* está en la fuerza", "Tiene la *ventaja* de conocer el ambiente" **2** Diferencia favorable que alguien tiene o lleva sobre otro: *una ventaja de dos puntos,* "Aumentó su *ventaja* a tres minutos" **3** Condición favorable de algo: *las ventajas de viajar en tren, la ventaja de tener un título* **4** *Sacar ventaja* Obtener un beneficio aprovechando una situación **5** *Tener algo sus ventajas y sus desventajas* Tener algo, al mismo tiempo beneficios e inconvenientes.

ventajoso adj **1** Que tiene ventaja o condiciones favorables para alguien: *negocio ventajoso,* "Se adjudicará la finca al que hiciere la proposición más *ventajosa*" **2** (*Coloq*) Que siempre quiere y procura conseguir todas las ventajas para sí mismo, a costa de lo que sea; que actúa sólo cuando está seguro de que es superior a su adversario; aprovechado: "La del local B es muy *ventajosa*: invade el pasillo con su mercancía", "No seas *ventajoso*, pégale a uno de tu tamaño".

ventana s f **1** Abertura de diversas formas, rectangular, redonda, etc que se construye en una pared para que entre la luz y se ventile una habitación **2** Marco y hojas de metal o de madera y vidrio con que se cubre esa abertura: *abrir la ventana, sellar la ventana* **3** *Echar la casa por la ventana* Festejar con generosidad y derroche alguna cosa: "Aurelia se casó a los 40 años y *echaron la casa por la ventana*" **4** Cada uno de los tejidos cartilaginosos que cubren por fuera las fosas nasales.

ventanal s m Ventana de cristal muy amplia, que a veces ocupa toda la pared: *amplios ventanales.*

ventanilla s f **1** Ventana de un automóvil o de otro vehículo de transporte: *sentarse junto a la ventanilla* **2** Abertura pequeña en una pared, o recortada en una ventana de cristal y de un mostrador, por donde se comunican entre sí el empleado que presta servicios y la persona que lo solicita: *ventanilla de información.*

ventila s f Abertura pequeña que sirve para ventilar algún lugar o algún recipiente; cuando se trata de cuartos de una casa, pequeña ventana.

ventilación s f **1** Acto de ventilar algo: *la ventilación de una recámara, la ventilación de un conducto* **2** Corriente de aire que se establece en el interior de algún objeto o lugar con el fin de refrescarlo, humedecerlo, secarlo, etc: *la ventilación de un cine, la ventilación de una máquina, sistema de ventilación* **3** Aparato o abertura por donde entra el aire en algo: "El coche tiene la *ventilación* al frente".

ventilador s m Aparato que sirve para ventilar algún objeto o alguna habitación: *un ventilador de aspas, un ventilador eléctrico.*

ventilar v tr (Se conjuga como *amar*) **1** Hacer que el aire entre y salga de algún lugar: *ventilar un cuarto, ventilar un salón* **2** Poner alguna cosa al aire libre para que reciba su efecto: *ventilar una cama, ventilar una piel* **3** Tratar algún tema con alguien para darlo a conocer y aclararlo: "Hay que *ventilar* el problema del racismo".

ventosa s f **1** Órgano de succión de ciertos animales (cefalópodos o batracios) que les permite adherirse a los objetos mediante el vacío **2** Vaso o campana de vidrio que se aplica sobre la piel, después de haber enrarecido el aire en su interior prendiendo un cerillo para provocar un aflujo de sangre en una región determinada y así ayudar a desinflamar o descongestionar un órgano **3** (*Caló*) Robo que se hace horadando la pared.

ventricular adj m y f (*Anat*) Que pertenece al ventrículo o se relaciona con él: *tabique ventricular, contracción ventricular*.

ventrículo s m (*Anat*) **1** Cada una de las dos cavidades inferiores del corazón donde se recibe la sangre de la aurícula correspondiente y cuyas contracciones la envían, a su vez, a las arterias: por la arteria pulmonar, a los pulmones, y por la aorta, a todo el organismo: *ventrículo izquierdo, ventrículo derecho* **2** Cavidad pequeña de un órgano o espacio delimitado por dos o más órganos: *ventrículo laríngeo, los ventrículos del encéfalo*.

ver v tr (Modelo de conjugación 14. Su participio es irregular: *visto*) **I 1** Percibir por los ojos la luz reflejada por las cosas: *ver una nube, ver las piedras, verse las manos* **2** Poner atención en algo o en alguien para cuidarlo, revisarlo o considerarlo: *ver al niño mientras duerme, ver un libro, ver la posibilidad de un asunto* **3** Darse cuenta de algún acontecimiento o llegar a entender algo: "*Veo* que ha llovido mucho", "Ya *veo*: las cosas son de otro modo" **4** Encontrar a alguien para hablar con él o visitarlo: "Fuimos a *ver* a nuestros abuelos", "Te *veré* en el café", "Pasé a *ver* al jefe como me lo pidió" **II 1** prnl Encontrarse en cierta situación o estado: "Me *vi* en la necesidad de pedir prestado", "De pronto *se vio* rodeado de toros bravos" **2** *A ver* (*Coloq*) Expresión con la que se pide a alguien que muestre alguna cosa o con la que interviene uno en algo que le interesa o le compete: "*A ver*, enséñame tu dibujo", "*A ver*, ¿qué estas haciendo?" **3** *A ver (si)* (*Coloq*) Indica la posibilidad de que suceda algo que generalmente se desea o espera: "*A ver* qué nos dice el doctor", "*A ver si* puedes asistir al concierto" **4** *Echarse algo de ver* (*Coloq*) Dejarse ver o notar claramente alguna cosa: "*Se echa de ver* que estás contento" **5** *Estar en veremos algo* o *dejarlo en veremos* (*Coloq*) Estar o dejar alguna cosa pendiente o sin solución: "La decisión de construir una nueva presa *está en veremos*", "Su entrada a la universidad *está en veremos*" **6** *No poderse ver dos personas* o *no poder ver alguna cosa* (*Coloq*) Tenerse antipatía o molestarle algo a alguien **7** *De buen ver* (*Coloq*) De apariencia agradable: "Una muchacha *de buen ver*" **8** *No tener mal ver* No tener mal aspecto.

vera s f (*Liter*) **1** Orilla, margen: *la vera del río* **2** *A la vera de* Al lado de, junto a: "Se sentó *a la vera de* su padre" **3** *Quedarse a la vera* Quedarse fuera, al margen, sin participar: "Caminan mientras sus censores se *quedan a la vera*".

veracidad s f Calidad de veraz: *veracidad de la información, veracidad histórica*.

veracruzano adj y s Que es natural de Veracruz, que pertenece a este estado o a esta ciudad, o se relaciona con ellos: *bamba veracruzana, pescadores veracruzanos, marimbas veracruzanas*.

verano s m Estación del año que sigue a la primavera y precede al otoño. En nuestro hemisferio, tiene una duración de noventa y tres días y quince horas comprendidos aproximadamente entre el 22

de junio y el 22 de septiembre; en el hemisferio sur consta de ochenta y nueve días que van del 23 de diciembre al 20 de marzo.

veras *De veras* De verdad, realmente, sin mentir; deveras: "*De veras* iré a la fiesta".

veraz adj m y f **1** Que se apega a la verdad, que corresponde a la realidad: "Encontró una reseña tan *veraz*, que la leyó varias veces", *datos veraces* **2** Que siempre dice la verdad: "Íntegra es una persona recta en sus procedimientos, justa en sus actos, *veraz* en sus palabras".

verbal adj m y f **I 1** Que corresponde a la palabra o se relaciona con ella: *expresión verbal, comunicación verbal, agresión verbal* **2** Que está escrito, que es sólo de palabra, que no está escrito: *acuerdo verbal, contrato verbal* **II** (*Gram*) Que se relaciona con el verbo o es propio de esta clase de palabras: *derivado verbal, conjugación verbal, paradigma verbal, tiempos verbales*.

verbigracia Por ejemplo: "Deberá ser alguien de su confianza; cualquiera de ustedes dos, *verbigracia*", "Se necesitan diversas sustancias para la producción, *verbigracia*: combustibles y aceites".

verbo s m **I** Capacidad de expresarse por medio de una lengua, y la expresión misma: *un verbo abundante y colorido, el verbo de López Velarde, el verbo popular* **II** (*Gram*) **1** Clase de palabras que significan acciones o procesos distinguidos e identificados como tales por una comunidad lingüística; su función es la de constituir el núcleo del predicado de la oración; morfológicamente tiene flexión de modo, tiempo, número y persona, la cual forma su conjugación (Véase "Modelos de conjugación…", pp 38-50) **2** *Formas no personales del verbo* o *verboides* Las de infinitivo, participio y gerundio, que no se conjugan **3** *Verbo regular* El que se conjuga como los modelos de *amar, comer* o *subir* **4** *Verbo irregular* El que no sigue los modelos regulares, o tiene ciertas variaciones contrarias a ese modelo, como *andar, perder, tener, ir*, etc **5** *Verbo defectivo* Aquel que no se conjuga en todos los tiempos, modos o personas, como *abolir* o *soler* **6** *Verbo impersonal* El que no refiere a un sujeto determinado y se conjuga en tercera persona del singular, como *llover, nevar*, etc. Hay verbos que tienen una forma impersonal cuando se usan sin sujeto al cual atribuirle la acción verbal; se conjugan generalmente en tercera persona del singular, como *haber* en "*Hay* muchas fiestas en septiembre" **7** *Verbo transitivo* El que tiene complemento de objeto directo, como *querer, besar, golpear*, etc **8** *Verbo intransitivo* Aquel que no tiene complemento directo, como: *morir, nacer, caminar*, etc **9** *Verbo pronominal* Aquel cuya acción se ejerce siempre sobre su propio sujeto agente, como *arrepentirse, quejarse*, etc **10** *Verbo reflexivo* Aquel cuya acción puede ejercerse sobre su propio sujeto, como: *peinarse, lavarse, bañarse*, etc **11** *Verbo recíproco* El que expresa intercambio mutuo de acción entre dos o más personas: *tutearse, encontrarse*, etc **12** *Verbo auxiliar* El que sirve para formar tiempos compuestos, como *he amado, fui premiado* **13** *Verbo copulativo* El que relaciona al sujeto con su atributo, como *ser, estar, quedar, parecer*, como en: "Juan *es* inteligente", "María *está* triste".

verboide s m (*Gram*) Cada una de las formas no personales del verbo: infinitivo, gerundio y participio.

verdad s f **1** Correspondencia del juicio, el concepto o la proposición que elabora una persona acerca de un objeto, un acontecimiento o un acto, con la realidad o la naturaleza del mismo: *la verdad de una noticia, la verdad de un fenómeno físico* **2** Correspondencia de las acciones de una persona con lo que piensa, afirma o sostiene: *hablar con la verdad* **3** (*Lóg*) Enunciado a propósito de algún objeto que se cumple con todos los objetos de esa clase a los que se aplique **4** *De verdad* Real, de manera cierta, segura, firme; de veras: "*De verdad* ya hice la tarea", "*¿De verdad* me quieres?".

verdaderamente adv En realidad, de verdad: "Se dedicarán a lo que *verdaderamente* sea su vocación", "*Verdaderamente* me gusta", *algo verdaderamente original, único acto verdaderamente solitario, verdaderamente revolucionarios, una historia verdaderamente universal, verdaderamente interesante.*

verdadero adj **1** Que es verdad, que existe realmente, que es cierto: *una historia verdadera, un juicio verdadero* **2** Que tiene todas las propiedades o todas las características de lo que es; que es auténtico: *un verdadero problema, un verdadero ladrón, joyas verdaderas.*

verde adj m y f y s m **1** Que es del color de la hierba fresca, del limón o de la esmeralda: *hojas verdes, vestido verde, ojos verdes* **2** Que todavía no está maduro, no se puede utilizar o le falta mucho para poder aprovecharse o para alcanzar su completo desarrollo: *fruta verde, leña verde*, "Los preparativos para el viaje están muy *verdes*" **3** *Poner verde a alguien* o *algo* (*Coloq*) Insultarlo o hablar muy mal de él: "Cuando se enteró del desfalco, *lo puso verde*".

verdolaga s f **1** (*Portulaca oleracea*) Planta comestible, herbácea, anual, de tallos tendidos que llegan a medir hasta 40 cm de largo, gruesos y carnosos; hojas redondas, verdes por un lado y blanquecinas por el otro, también gruesas y algo carnosas, flores amarillas de cinco pétalos y fruto en forma de cápsula con semillas pequeñas de color negro. Es muy apreciada como alimento: *verdolagas con carne de puerco* **2** Nombre de diversas plantas, particularmente de las portulacáceas y las aizoáceas, generalmente herbáceas, tendidas, de hojas opuestas y carnosas: *verdolaga blanca* o *bronca, verdolaga de playa* **3** *Estar, ponerse* o *extenderse como verdolaga* (*Coloq*) Estar o ponerse orgulloso: "Luz *está como verdolaga* con el doctorado de su hijo Luis".

verdugo s m **I 1** Hombre que ejecuta castigos corporales ordenados por una corte de justicia, especialmente la pena de muerte: *el desprecio y la sonrisa del verdugo*, "El *verdugo* muestra al pueblo la cabeza aún sangrante de un decapitado" **2** Cualquier persona que martiriza a alguien física o moralmente **II** (*Lanius ludovicianus*) Pájaro que tiene el hábito de clavar los insectos y pequeños reptiles que caza en las púas de los magueyes, o de colgarlos en otras plantas; arriero o cenzontle arriero **III** Toro que tiene el pelaje colorado con vetas negras.

verdura s f Hoja o fruto comestible de las plantas herbáceas, como el chayote, las espinacas, los ejotes y los nopales: *sopa de verduras.*

vereda s f **1** Camino muy angosto en el campo, principalmente el abierto por el paso continuo de animales y personas: "Se arrastraba lentamente por las *veredas* trazadas entre los mantos del césped"

2 Camino o sendero que se utiliza para acortar una distancia; atajo **3** (*Tab, Yuc*) Raya del pelo.

veredicto s m **1** (*Der*) Conclusión a la que llega un jurado después de deliberar sobre un caso legal que le ha sido encomendado, sirve de base para la resolución de los tribunales: "Los jueces dictaminaron su trágico *veredicto*: ¡culpable!" **2** Decisión que alguien toma o juicio que emite después de examinar algo cuidadosamente, por lo general una autoridad en la materia de que se trata: "Del *veredicto* del médico depende mi paz y mi futuro", "Sólo esperan el *veredicto* del jurado del concurso".

vergonzoso adj **1** Que produce vergüenza en uno, por ser indigno, deshonroso o deshonesto: "Hay una etapa *vergonzosa* en mi vida que debes conocer", "Ha desempeñado un papel importante y *vergonzoso* en la historia" **2** Que tiende a sentirse avergonzado, apenado delante de alguien o en ciertas circunstancias, que es extremadamente tímido e inseguro ante los demás: *una niña vergonzosa*, "Desde el primer día se escondió en cuanto me vio entrar, era muy *vergonzoso*".

vergüenza s f **I 1** Sentimiento de humillación, deshonor o pérdida de dignidad que provoca el reconocimiento de una falla, un error o una mala acción cometida por uno mismo, y acción o conducta que la causa: *enrojecer de vergüenza, sentir vergüenza*, "¡Es una *vergüenza* que no sepas hacer cuentas!" **2** Estimación de la dignidad, el honor y la responsabilidad de uno mismo: "Gilberto tiene la *vergüenza* suficiente para no prestarse a malos manejos", "Rubén no tiene *vergüenza*" **3** *Poner a alguien en vergüenza* Mostrar públicamente la deshonestidad, la falta de honradez o dignidad de alguien **4** Sentimiento de humildad excesiva provocado por alguna razón como la de sentirse incapacitado para tratar con los demás o expresarles sus emociones o pensamientos: "Sabe mucho, pero le da *vergüenza* mostrarlo", "Petra se presentó llena de vergüenza ante el patrón" **II** (*Mimosa pudica*) Planta herbácea de la familia de las leguminosas, cuyas hojas se pliegan lentamente cuando se tocan; sensitiva, dormilona.

verificar v tr (Se conjuga como *amar*) **I** Repetir un análisis, una investigación, una operación, etc para comprobar los resultados encontrados; someter a prueba una afirmación o una hipótesis para estar seguro de su exactitud o su veracidad: *verificar un experimento, verificar un resultado, verificar una multiplicación* **II** prnl Llevar a cabo o tener lugar algo: "*Se verificó* la reunión con sólo cinco asistentes", "La boda *se verificará* el viernes próximo".

verónica[1] s f (*Tauro*) Lance que consiste en esperar la acometida del toro sosteniendo con ambas manos el capote extendido y enfrente del animal: "Curro Rivera también se lució con el percal en las *verónicas* y en quites".

verónica[2] s f (*Veronica spicata*) Planta herbácea de la familia de las escrofulariáceas que tiene hojas lanceoladas, gruesas y flores azules o rosas en racimos y con estambres largos de color morado. Se cultiva como planta ornamental.

verruga s f **1** (*Med*) Excrecencia de la piel, única o múltiple, por lo general redonda, de tamaño variable, de color café grisáceo o negro, formada por la hipertrofia o dilatación de las papilas vasculares y el endurecimiento de la piel que los cubre; es producida por cierto virus y por lo general desaparece espontáneamente después de algún tiempo **2** (*Bot*) Abultamiento en el tronco o en las ramas de los árboles, producido por la acumulación de savia.

versal adj m y f y s f Letra mayúscula, tratándose de tipos de imprenta.

versalita adj m y f y s f Letra mayúscula del mismo tamaño que la minúscula, tratándose de tipos o de matrices de imprenta.

versión s f **1** Tratándose de un texto o escrito, traducción de una lengua a otra: *versión castellana de la Biblia* **2** Cada uno de los relatos o formas de contar un hecho o una serie de hechos, desde el punto de vista de una persona; cada una de las interpretaciones de un tema artístico o de una obra musical: *versión falsa de los hechos, la versión oficial, la versión teatral, la versión íntegra, versión cinematográfica, versiones contrarias, las versiones de diversos historiadores.*

verso s m **1** Palabra o conjunto de palabras que forman una unidad rítmica entre dos pausas o una línea dentro de una composición poética, y que puede tener o no metro y rima: *hacer un verso* **2** Poema: *libro de versos, declamar un verso* **3** *Verso libre* El que no obedece a un patrón métrico.

vértebra s f Cada uno de los huesos cortos y articulados entre sí que forman la columna vertebral: *vértebra lumbar, vértebra cervical.*

vertebrado 1 s m y adj Animal que tiene un esqueleto interno óseo o cartilaginoso formado principalmente por la columna vertebral y el cráneo, que protegen el sistema nervioso constituido básicamente por la médula espinal y el encéfalo. Su cuerpo está dividido generalmente en cabeza, tronco, cola y extremidades: *animal vertebrado* **2** s m pl Subdivisión de la rama de los cordados, formada por estos animales, que incluye a los peces, los reptiles, los batracios, los mamíferos y, entre éstos, al hombre.

vertebral adj m y f Que es propio de las vértebras o se relaciona con ellas: *columna vertebral, fracturas de los cuerpos vertebrales.*

verter v tr (Se conjuga como *perder*, 2a) **I 1** Pasar una sustancia, generalmente líquida, de un lugar a otro, por lo regular de un recipiente a otro; vaciar, derramar: "Se *vertió* la sopa en el traje", "Las aguas que los ríos *vierten* a los océanos", "Se *vierte* la salsa bien caliente sobre los macarrones", "El metal fundido se *vierte* por el bebedero" **2** *Verter lágrimas* o *llanto* Llorar: "No *vertimos* por ti ese *llanto*" **3** *Verter su sangre* Derramar su sangre, dejarse herir o matar: "Quetzalcóatl *vertió su sangre*" **II 1** Traducir a otra lengua: "*Vertió* la obra de Rulfo al francés" **2** Expresar ideas o sentimientos de cierta manera: "La admiración de los españoles se *vierte* en ponderativos comentarios".

vertical adj m y f y s f (*Geom*) Que sus puntos o partes forman una línea ascendente perpendicular al plano del horizonte: *eje vertical, posición vertical.*

vértice s m (*Geom*) Punto en donde se cruzan dos líneas cualesquiera: *los vértices de un triángulo.*

vertiente s f **1** Pendiente de una montaña por donde bajan las aguas de las lluvias hasta los valles: *vertiente de la sierra* **2** Cuenca o conjunto de cuencas de ríos cuyas aguas van a dar a un lago, mar u océano: *la vertiente del golfo* **3** Parte inclinada del tejado de una casa: "La lluvia escurre por la *vertiente*".

vertiginoso adj Que ocurre, se mueve o se desarrolla con suma rapidez; que provoca vértigo por su velocidad o por su gran cantidad: *el avance vertiginoso de la ciencia, la vertiginosa vida de la ciudad*, "Tan *vertiginosa* fue la carrera que perdí el ruido de los pasos", *vertiginosa estadística.*

vértigo s m **1** Alteración del sentido del equilibrio, que consiste en una sensación de inestabilidad y de movimiento aparente del cuerpo o de las cosas, principalmente la que se experimenta cuando se está en un lugar muy alto y va acompañada de miedo a lanzarse al vacío: "La vista deberá ir hacia el frente pues si el soldado ve hacia abajo le va a provocar *vértigo* y puede caer" **2** Intensidad, velocidad o fuerza extremas con que se desarrolla alguna cosa, como una actividad, y que resultan sumamente atractivas para alguien, o lo impulsan a dejarse llevar por ella: *el vértigo de la vida urbana.*

vesícula s f (*Anat*) **1** Órgano en forma de una bolsa o saco pequeño que contiene líquido o aire **2** *Vesícula biliar* Bolsa membranosa situada en la parte inferior del hígado donde se almacena la bilis **3** *Vesícula cerebral* o *cefálica* Cada una de las tres expansiones del tubo neuronal del embrión que habrán de constituir el cerebro anterior, posterior y medio **4** *Vesícula seminal* Cada una de las dos pequeñas bolsas del semen situadas en la parte postero-inferior de la próstata; están a continuación de los conductos deferentes y se comunican con la uretra por los conductos eyaculadores.

vestíbulo s m **I** Salón o área amplia, contiguos a la entrada de ciertos edificios públicos o casas grandes, en los que la gente puede esperar mientras pasa a las salas principales o habitaciones: *el vestíbulo de un teatro, el vestíbulo de un hospital* **II** (*Anat*) **1** Cavidad en ciertos órganos o partes del cuerpo que sirve de entrada a otra cavidad: *vestíbulo de la nariz, vestíbulo de la boca* **2** Parte del oído interno que se comunica con el caracol, los conductores semicirculares, la caja del tímpano y el conducto auditivo interno.

vestido s m **1** Prenda que se pone sobre el cuerpo para cubrirlo **2** Prenda de vestir de una sola pieza, que usan las mujeres: *un vestido de algodón, un vestido largo*, "Te queda muy bien ese *vestido*".

vestidura s f **I 1** (*Liter*) Vestido, ropa: "Tus *vestiduras* fueron expugnadas y profanada la intimidad de tus aposentos" **2** Vestido, traje especial que se usa encima de la ropa ordinaria, como el que llevan los sacerdotes católicos para oficiar las ceremonias religiosas: *vestiduras sacerdotales* **3** *Rasgarse las vestiduras* Expresar alguien algún sentimiento como pena, dolor o arrepentimiento, de manera exagerada o falsa: "No hace falta que te *rasgues las vestiduras*, sé muy bien lo que piensas en realidad" **II** Forro de tela, piel o plástico que cubre los asientos de un automóvil, así como el techo y las paredes interiores: "Tenía un coche de colección con tablero de madera y *vestiduras* de cuero".

vestigio s m Objeto, señal o huella que queda de algo o alguien que ha desaparecido o se ha destruido: "En Roma pueden verse *vestigios* de lo construido hace 2000 años", *los vestigios de la guerra, vestigio de una enfermedad.*

vestir v tr (Se conjuga como *medir*, 3a) **1** Cubrir el cuerpo con ropa: "Se tarda una hora en *vestirse*", "Tiene tres años y ya *se viste* solo", "La *vistió* con ropa limpia" **2** Usar alguien cierta clase de ropa: "*Vestía* de negro", "*Se vestía* con sus rebozos y sus faldas", "*Está vestido* de torero" **3** Dar a alguien lo necesario para comprarse ropa: "Todavía lo *visten* sus padres" **4** Hacer la ropa para otros: "La *viste* un modisto famoso" **5** *De vestir* Tratándose de ropa o calzado, que es adecuado o conveniente para usarlo en ceremonias, fiestas, etc: *un traje de vestir, zapatos de vestir* **6** *Vestir bien, saber vestir* Hacerlo con elegancia **7** *Vestir mal, no saber vestir* Tener mal gusto o no ser cuidadoso con la ropa **8** Cubrir alguna cosa a otra o con otra para darle cierta apariencia: *vestir de gala las calles, vestir una fachada con adornos, vestirse el campo con flores*.

vestuario s m Conjunto de vestidos, trajes y ropa en general de una persona, especialmente el necesario para la representación de una obra de teatro: *las pruebas del vestuario, el vestuario del dios Quetzalcóatl, la escenografía y el vestuario, el vestuario original, el vestuario de la época*.

veta s f Franja o línea que se distingue en ciertos materiales, especialmente minerales y madera, por su distinta colocación o por estar constituida por otro material: *una veta de oro, la veta de una mina, las vetas del nogal*.

veterano adj y s **1** Que tiene mucha experiencia en su oficio o profesión: *el veterano director de cine* **2** Que participó en un movimiento armado: *una película sobre los veteranos de la guerra de Vietnam, los veteranos de la revolución* **3** (*Coloq*) Que es viejo, anticuado: "La persiguen los *veteranos*", "Tenía ideas muy *veteranas*".

veterinaria s f Ciencia que estudia las enfermedades de los animales, especialmente de los domésticos, y la manera de prevenirlas y curarlas; medicina veterinaria: *estudiar veterinaria, practicar la veterinaria*.

veterinario 1 adj Que se relaciona con el cuidado o la cura de enfermedades de los animales: *clínica veterinaria, médico veterinario* **2** s Persona que tiene por profesión la medicina veterinaria.

veto s m Derecho que tiene una persona, un organismo o un país para oponerse e impedir que entre en vigor una ley o una resolución aprobada por otros; por ejemplo, el que tiene constitucionalmente el presidente de la República para objetar una ley aprobada por el Congreso de la Unión, o por el que, en ciertos organismos internacionales, algunos países pueden hacer prevalecer su voluntad por encima de la opinión de la mayoría.

vez s f **1** Cada una de las ocasiones en que se realiza una acción o se repite un determinado hecho; ocasión: "Te he dicho esto muchas *veces*", "Es la segunda *vez* que llueve hoy", "La primera *vez* que leí el libro no lo entendí", "¿Te acuerdas de aquella *vez* que nos encontramos en el parque?", "Esa *vez* en su casa hubo una comida" **2** *A la vez* Al mismo tiempo: "Todos gritaron *a la vez*" **3** *De una vez* En este momento, sin esperar a que pase más tiempo o aprovechando una situación: "*De una vez* dime que pagar", "Si vas a la tienda *de una vez* compra el pan" **4** *De una vez* Continuadamente y hasta terminar: "Hizo todo su trabajo *de una vez*", "Voy a leer los dos libros *de una vez*", "Esa *vez* en su casa **5** *De una* (*buena o sola*) *vez, de una vez para siempre* o *de una vez por todas* En definitiva y en este momento: "Acabemos *de una vez* con la discusión", "*De una vez por todas* hay que aclarar las co-

sas" **6** *De vez en cuando* Ocasionalmente: *visitar a alguien de vez en cuando* **7** *A veces* En algunas ocasiones: "*A veces* le trae regalos" **8** *Cada vez* En cada ocasión o momento: "*Cada vez* te veo más grande" **9** *Tal vez* Posiblemente: "*Tal vez* no pueda venir mañana" **10** *En vez de* En sustitución, a cambio o en lugar de: "*En vez de* salir por la mañana lo hará por la noche", "*En vez de* tomar tus cosas te llevaste las mías" **11** *Una vez* Después de, apenas: "*Una vez* terminado el banco, hay que pintarlo" **12** *Hacer las veces de* Actuar como si se tuviera cierto título o calidad: "Sus abuelos *hicieron las veces de padres* porque muy niños quedaron huérfanos".

vía s f **1** Camino por donde pasa algo o alguien para ir de un lugar a otro, como una carretera, una calle, etc: *vías principales, vía rápida* **2** *Vía pública* Cada uno de los lugares en una población, como las plazas, los jardines, las calles, etc, por donde pasa la gente **3** Cada una de las rutas o líneas establecidas por tierra, mar o aire: *vía corta*, "Voy a Laredo, *vía* Querétaro", "Manda la carta por *vía* aérea" **4** Conjunto de las dos barras de acero paralelas sobre las que pasan las ruedas del ferrocarril o del tranvía: "El tren se salió de la *vía*" **5** Conducto del cuerpo por el que circulan líquidos, aire, etc: *vía oral, vías respiratorias, vías urinarias* **6** Procedimiento que se sigue para lograr algo, principalmente el que es judicial: *vía ejecutiva, vía pacífica* **7** *En vías de* En camino de, en proceso de: "México es un país *en vías de* desarrollo", "El problema está *en vías de* ser resuelto" **8** *Vía Láctea* (*Astron*) Galaxia a la que pertenece nuestro sistema solar.

viable adj m y f **1** Que tiene posibilidades de desarrollarse, de llevarse a cabo o aplicarse con éxito: *un proyecto viable*, "Era una operación demasiado costosa para ser comercialmente *viable*", "Esto constituye la única forma *viable* de purificar el colorante" **2** (*Med*) Tratándose de fetos o recién nacidos, que ha alcanzado un grado de desarrollo tal que es capaz de vivir fuera del útero: "El estatuto debe contener capacidad jurídica, es decir, que la persona haya nacido viva y *viable*".

viacrucis s m sing y pl **1** (*Relig*) Entre los católicos, devoción en honor de la pasión de Cristo que consiste en orar delante de catorce cruces, una tras otra; puede hacerlo una sola persona o en grupo, presidido o no por un sacerdote; las cruces van casi siempre acompañadas de imágenes que representan los hechos sobre los que hay que meditar: Cristo con la cruz a cuestas camino al monte Calvario, las tres caídas, el encuentro con su madre, Simón le ayuda a llevar la cruz, la Verónica le limpia el rostro, la crucifixión, la muerte, el descendimiento y el entierro: *el viacrucis del viernes santo* **2** Pena larga y dolorosa; serie de penas o sufrimientos: "Has hecho de mi existencia un *viacrucis*".

viaducto s m Obra de gran longitud, especie de gran puente construido sobre una depresión del terreno para el paso de un camino o vía rápida, que evita los cruces de calles: *viaducto de Cuautitlán a Ecatepec de Morelos*, "Los *viaductos* y periféricos son las trampas donde más frecuentemente hallan la muerte los perros".

viajar v intr (Se conjuga como *amar*) Ir de un lugar a otro, particularmente cuando están lejanos entre sí, como de una población a otra, de un país a otro, etc: *viajar en tren, viajar en avión, viajar a caba-llo, viajar a Oaxaca, viajar por Europa.*

viaje s m **I 1** Recorrido que se hace de un lugar a otro: *un viaje a la capital, un viaje por todo Michoacán, dos viajes diarios para transportar la mercancía* **2** *Viaje redondo* El de ida y vuelta entre dos lugares: *un boleto de viaje redondo* **3** Ida que hace alguien a alguna parte para llevar una carga o a alguien: "El taxista hizo cuatro *viajes* en este día" **4** Cantidad de carga que se lleva de un lugar a otro cada vez: "Compramos dos *viajes* de leña para la chimenea" **II** (*Rural*) **1** Producción diaria de pulque de un tinacal **2** *Viaje rodado* Entre los comerciantes de pulque, el extraordinario que hacen por su cuenta los arrieros a alguna hacienda, en busca de una producción que hay que sacar de urgencia **III** (*Coloq*) **1** Conjunto de sensaciones o emociones que se experimentan como resultado de haber ingerido alguna droga: *tener un mal viaje, quedarse en el viaje* **2** *Agarrar viaje* Aprovechar una oportunidad.

viajero adj y s Que viaja o está de viaje; persona que realiza viajes a lugares lejanos y desconocidos: "Las oficinas de turismo proporcionan a los *viajeros* la información necesaria", "Los primeros *viajeros* europeos que entraron en contacto con las civilizaciones orientales...", *agente viajero, ser un viajero infatigable.*

víbora s f **1** Serpiente que tiene glándulas productoras de veneno en la cabeza y dos colmillos por donde la inyecta al morder; su cabeza es aplanada y triangular, y los colores de su cuerpo muy variados y bellos; hay muchas especies que se encuentran por todas partes en México: *una mordedura de víbora, un nido de víboras* **2** *Víbora de cascabel* La del género *Crotalus*, que tiene la cola terminada en varias piezas duras, triangulares y huecas, que agita con rapidez y suena de una manera característica; llega a medir más de metro y medio. En México se conocen diecinueve especies.

vibración s f **1** Acto de vibrar **2** Cada uno de los movimientos rápidos y completos que van de un lado a otro del punto de equilibrio de una partícula, de un cuerpo, de una onda, etc: *la vibración del aire, la vibración de un tallo, la vibración de una cuerda de violín.*

vibráfono s m Instrumento musical de percusión, parecido a la marimba, que consta de una serie de barras metálicas alineadas sobre varios tubos de distinta longitud que sirven de resonadores, y cuyos sonidos pueden amplificarse eléctricamente.

vibrante adj m y f **1** Que vibra o hace vibrar **2** (*Fon*) Que se pronuncia haciendo vibrar algún órgano articulatorio elástico, como la punta de la lengua o la úvula. Los fonemas /r/ y /rr/ son vibrantes, como en *caro* y *carro*.

vibrar v intr (Se conjuga como *amar*) **1** Moverse rápidamente un cuerpo, generalmente elástico y delgado, con un movimiento periódico de un lado a otro de su punto de equilibrio: "Las cuerdas de la guitarra *vibran* demasiado", "Este motor *vibra* mucho" **2** Producir alguna cosa, como la voz, un instrumento musical, una máquina, etc, un movimiento de esa clase: "Su impresionante voz *vibra* desde el fondo del salón".

vibratorio adj Que vibra o puede vibrar: "Este movimiento *vibratorio* es imperceptible".

vicario s m (*Relig*) **1** En la Iglesia católica, que asiste a un superior en sus funciones o lo sustituye: *el vicario episcopal* **2** *Vicario de Cristo* El papa como representante de Dios en la Tierra **3** *Vicario apostólico* Obispo titular que gobierna un territorio de religión mixta que no tiene aún jerarquía eclesiástica regular en calidad de delegado de la Santa Sede **4** *Vicario capitular* Eclesiástico elegido para el gobierno de una sede vacante.

vicepresidente s Persona que está bajo las órdenes inmediatas del presidente de una compañía, organización o del gobierno de algunos países, y está facultada para sustituirlo en caso necesario: *el vicepresidente de Estados Unidos, la vicepresidenta de una asociación.*

viceversa adv A la inversa, al revés; intercambiando los términos de la relación expresada: "La idea de la mutua transformación de masa en energía y *viceversa*...", "Compara a los insectos con los seres humanos y *viceversa*".

vicio s m **1** Comportamiento o hábito de obrar mal y en contra de la virtud: *darse al vicio, caer en el vicio, inclinación al vicio* **2** Costumbre o conducta que causa daño a quien la tiene o la pone en práctica: *el vicio de fumar, el vicio de la bebida* **3** Afición excesiva que alguien tiene por alguna cosa: "Leer es su *vicio*", "Su único *vicio* es comer papas a todas horas" **4** Defecto que tiene algún objeto a causa de la manera en que fue concebido o fabricado: *vicios de diseño, un vicio de fabricación.*

vicioso 1 adj y s Que es dado a algún vicio, principalmente a uno que daña la salud o tiene efectos negativos en el comportamiento: "Si le digo que era buena gente, nomás que era muy *vicioso*", "Soy una *viciosa* del cigarro" **2** adj Que tiene errores o defectos, principalmente cuando éstos son excesivos o recurrentes: *actuación viciosa, discurso vicioso*, "Fue un proceso *vicioso* de principio a fin" **3** adj Que está determinado por una tendencia a obrar mal; que es producto del vicio o del mal comportamiento: "Luchas sanguinarias y desleales, como la que nosotros acabábamos de librar por mera afición *viciosa*".

vicisitud s f **1** s f pl Hechos o sucesos distintos u opuestos, que se alteran unos a otros durante el desarrollo de algo, o que conforman un proceso: *las constantes vicisitudes de la vida*, "Las *vicisitudes* aquella época le impusieron un cambio" **2** s f Acontecimiento que altera el desarrollo de algo, que influye en él o lo afecta: "En las películas, cualquier *vicisitud* debe ser significativa".

víctima s f **1** Persona o animal que sufre algún daño físico o moral, o que muere a causa de los maltratos o actos nocivos de otro, o como consecuencia de algún hecho adverso, como un accidente, o un desastre natural, etc: *la víctima de un robo, las víctimas de la injusticia*, "Aún no se sabe el número exacto de las *víctimas* del terremoto", "El desprecio es el triunfo de la *víctima*" **2** Persona o animal al que se da muerte en un sacrificio ritual: *víctima propiciatoria*, "Era al mismo tiempo sacerdote y *víctima*".

victorense adj y s m y f Que es natural de Ciudad Victoria, capital del estado de Tamaulipas; que pertenece a esta ciudad o se relaciona con ella: *maderería victorense, agricultores victorenses.*

victoria s f Acto de vencer a un enemigo o a un competidor y celebración de ese acto: *una victoria* *sobre el equipo tapatío, una victoria naval,* "Todo el pueblo festejó la *victoria* con gran entusiasmo".

vid s f (*Vitis vinifera*) Planta trepadora de la familia de las vitáceas cuyo fruto es la uva, que fermentada produce el vino.

vida s f **1** Estado de actividad de los seres orgánicos por el que se desarrollan, evolucionan y se reproducen: *la vida humana, la vida vegetal, la vida de los microbios* **2** Tiempo que pasa entre el nacimiento y la muerte de algo o de alguien: *la vida de un hombre, la vida de un árbol, la vida de una tortuga* **3** Modo de pasar este tiempo las personas, según su actividad, su conducta, la satisfacción de sus necesidades y de sus deseos, etc: *una buena vida, una vida de aventura, una vida sencilla, una vida de sufrimiento* **4** Estado de actividad propia de cualquier objeto material: *la vida del Sol, la vida del universo* **5** Duración del funcionamiento o de la utilidad de un objeto: *la vida de una camisa, la vida de un radio, la vida de un edificio* **6** Manifestación de entusiasmo, actividad, fuerza, etc de una persona: *estar lleno de vida, una mirada con vida* **7** *Mala vida* La de vicio, inactividad o prostitución de alguien: "Ese hombre se dio a la *mala vida*", *una mujer de mala vida* **8** *Costar algo a alguien la vida* Causarle la muerte: "Ese disgusto le *costó la vida*" **9** *En vida* Mientras alguien vive: *heredar en vida* **10** *En la vida* Jamás: "*En la vida* aceptaré robar" **11** *Pasar la vida* Hacer uno algo durante su existencia, particularmente lo que no destaca ni es extraordinario: "¿Cómo estás? —Pues *pasando la vida*" **12** *Tener la vida en un hilo* Estar en peligro de muerte o en una situación de gran angustia: "Durante la penosa enfermedad de su hijo *tuvo la vida en un hilo*" **13** *Pasar a la otra vida* (*Coloq*) Morir.

video[1] s m **1** Cassette que contiene una banda magnética en la que se graban imágenes y sonidos que se pueden reproducir en un televisor por medio de un aparato especial; videocassette **2** Cinta magnética para grabar imagen y sonido, como los programas de televisión; videotape **3** Conjunto de señales que sirven para la transmisión de imágenes por televisión; aparatos e instalaciones que lo utilizan **4** (*Comp*) Conector que se encuentra en la parte posterior del gabinete del procesador central, por donde pasan las señales visuales del monitor.

video[2] s f Aparato para grabar o reproducir imágenes; videocassetera.

vidrio s m **I** Material duro, quebradizo, generalmente transparente, fabricado a base de silicio, y muy usado para hacer vasos, jarras, lentes, ventanas, etc: *vidrio soplado, vidrio opaco* **II** *Echar vidrio* (*Popular*) Echar ojo, mirar, observar.

viejo **I 1** adj y s Que tiene mucha edad o está en la última etapa de su vida: *un hombre viejo, un caballo viejo* **2** adj Que tiene mayor edad que otro **3** adj Que existe, se conoce o se tiene desde mucho tiempo atrás: *un camino viejo, una canción muy vieja, encontrarse con un viejo amigo* **4** adj Que ya está muy usado o acabado: *unos zapatos viejos, un coche viejo* **5** s (*Coloq*) Esposo: "Mi *viejo* se rompió una pierna" **II** s m Cada una de las diversas plantas cactáceas que en sus tallos tienen largas fibras grises o blanquecinas; cabeza de viejo, viejito.

viento s m **1** Corriente de aire que sopla en una dirección determinada, producida principalmente por las diferencias de temperatura y presión que hay en la atmósfera **2** *A los cuatro vientos* En todas direcciones o a toda la gente, sin ninguna discreción: "Anda contando tus secretos *a los cuatro vientos*" **3** *Viento en popa* A la perfección, sin ninguna dificultad: "Sus negocios marchan *viento en popa*" **4** *Contra viento y marea* Contra cualquier obstáculo o dificultad: "Hay que luchar *contra viento y marea* para conseguir lo que queremos".

vientre s m **1** Parte del cuerpo humano y de los animales vertebrados, situada entre el tórax y la pelvis, que contiene la mayor parte de las vísceras del aparato digestivo y el aparato genitourinario; parte exterior correspondiente **2** Parte hueca y esférica de un objeto o cavidad grande en el interior de una cosa: *el vientre de una jarra.*

viernes s m sing y pl Quinto día de la semana, que sigue al jueves y precede al sábado. Para los cristianos, sexto día de la semana, como se observa en el calendario gregoriano.

vietnamita adj y s m y f Que es originario de Vietnam del Norte o Vietnam del Sur; que pertenece a cualquiera de estos dos países asiáticos o se relaciona con ellos: "Quizás no se pudo hacer más por asegurar la coexistencia de los dos gobiernos *vietnamitas* enemigos", *el territorio vietnamita, los soldados vietnamitas.*

viga s f **1** Madero o barra de hierro, concreto, etc, larga y gruesa, que se utiliza para sostener techos u otras partes de una construcción: "Las golondrinas habían anidado en los huecos de las *vigas* del portal", "Techos soportados por *vigas*" **2** *Viga maestra* La que, colocada sobre pilares o columnas, sostiene las cabezas de otras vigas o partes superiores de un edificio **3** *Echar la viga* (*Coloq*) Reclamar o reprender a alguien con dureza.

vigencia s f Propiedad o característica de algo que tiene validez o es efectivo en un tiempo determinado y particularmente en el presente: *tener vigencia, estar en vigencia, la vigencia de un reglamento, una moneda fuera de vigencia, entrar en vigencia.*

vigente adj m y f Que tiene vigencia, que vale o rige en un tiempo determinado, particularmente en el presente: *la constitución vigente, el tipo de cambio vigente,* "Las costumbres religiosas *vigentes* en ese entonces…".

vigía **1** s m y f Persona que, apostada en un lugar alto, se encarga de observar los alrededores de un sitio a fin de avisar en caso de algún peligro o amenaza, o de informar lo que ocurre a lo lejos: "Dejó el general a unos de los muchachos de *vigías* a orillas de la sierra", "El *vigía* en cierto dio la señal de alerta" **2** Torre construida en un lugar alto para vigilar los alrededores de un sitio; atalaya.

vigilancia s f **1** Acto de vigilar: *la vigilancia de los guardias,* "Juan está bajo *vigilancia* médica" **2** Conjunto de personas encargadas de vigilar y de los sistemas o dispositivos que se utilizan para ello: *la vigilancia del banco, la vigilancia de un aeropuerto.*

vigilante **1** adj m y f Que vigila o se mantiene vigilando: *una conciencia vigilante, una actitud vigilante* **2** s m y f Persona que vigila algo o se dedica a vigilar alguna cosa: *un vigilante del banco, poner un vigilante, los vigilantes nocturnos.*

vigilar v tr (Se conjuga como *amar*) Poner atención sobre algo o alguien para conocer su desarrollo o su actividad, para impedir que cause o reciba un daño o que actúe indebidamente: "*Vigila* que no se tire la leche", *vigilar el proceso industrial, vigilar a un niño, vigilar a un prisionero.*

vigilia s f **1** Estado en que se encuentra quien está despierto o en vela: *alternar el sueño con la vigilia* **2** Día anterior a una fiesta religiosa: *vigilia del Jueves Santo, vigilia de Pentecostés* **3** Privación de la carne en las comidas, que muchas personas observan el día anterior a ciertas fiestas religiosas o durante ellas: *día de vigilia, guardar vigilia, un platillo de vigilia.*

vigor s m I **1** Energía, fuerza o vitalidad de una persona o de un animal: *vigor humano, lleno de vigor, el vigor de un músculo* **2** Energía y vitalidad que tienen la mente, las ideas o los productos humanos: *el vigor de una obra, una sinfonía llena de vigor* II *En vigor* Vigente, con capacidad y en situación de regir: *leyes en vigor, poner un reglamento en vigor, entrar en vigor.*

vigoroso adj Que tiene vigor; que se caracteriza por su fuerza, energía o vitalidad: *un anciano vigoroso.*

vihuela s f Antiguo instrumento musical de cuerda semejante a la guitarra, pulsado con los dedos o de arco: "Con los rizos de mi amada / voy a encordar mi *vihuela*", *al son de laúdes y vihuelas.*

vil adj m y f **1** Que inspira desprecio; vergonzoso y bajo: *el vil asesinato de su marido, una vil traición, un hombre vil* **2** Que no tiene nada que lo haga ser valioso: *una vil tela.*

vileza s f **1** Característica de ser algo o alguien vil: *la vileza de un asesino, la vileza del tirano* **2** Acción vil: *cometer una vileza*, "Fue una *vileza* negar la calidad de su trabajo".

villahermosino adj y s Que es natural de Villahermosa, capital del estado de Tabasco; que pertenece a esta ciudad o se relaciona con ella.

villano s m **1** Persona que comete acciones negativas o dañinas: *el villano de la película* **2** Persona que, en la antigüedad, vivía en las villas y no pertenecía a la nobleza o al grupo de los hidalgos.

villismo s m Movimiento militar y político, encabezado por Francisco Villa, que se desarrolló durante la Revolución Mexicana en los estados del norte del país, principalmente en Durango, Chihuahua, Coahuila y Zacatecas. Surgió como una separación del constitucionalismo, luchó contra los gobiernos de Huerta y Carranza, y junto con el movimiento zapatista estableció el gobierno de la Soberana Convención Revolucionaria que actuó de 1914 a 1916. Su ejército estaba formado principalmente por campesinos del norte.

villista **1** adj y s m y f Que pertenece al villismo, se relaciona con él o es partidario de este movimiento **2** s m Miembro del ejército comandado por Francisco Villa: "A finales de 1913 los *villistas* toman Chihuahua".

vinagre s m Líquido agrio y astringente, generalmente producido por la fermentación ácida del vino; también puede obtenerse de otros jugos de frutas o de ácido acético fabricado artificialmente; se emplea como condimento, especialmente para ensaladas: *vinagre de vino, vinagre de alcohol de caña, vinagre de manzana, vinagre de piña, vinagre blanco, lechuga sazonada con aceite, vinagre y sal, chiles jalapeños en vinagre.*

vincular v tr (Se conjuga como *amar*) **1** Unir o relacionar varios elementos entre sí con un mismo vínculo; hacer depender una cosa de otra: *vincular to-*

das las dependencias y organismos del gobierno federal **2** prnl Unirse o relacionarse con otros elementos: "*Se vinculó* con la otra historia".

vínculo s m Aquello generalmente no material que une o sirve para unir: *estrechar sus vínculos, vínculos culturales, vínculos de comunicación, vínculos afectivos, vínculo matrimonial, vínculo de parentesco.*

vinícola adj Que se relaciona con la producción de vino o que pertenece a ella: *la industria vinícola, una región vinícola.*

vino s m **1** Bebida que se obtiene de la fermentación del jugo de la uva: *vino tinto, vino blanco, vino dulce* **2** Bebida que se obtiene de la fermentación de otras frutas **3** (*Popular*) Bebida alcohólica: "No le gusta tomar *vino*".

vinyl s m Material plástico fuerte y flexible muy utilizado en la fabricación de películas, pinturas, revestimientos, losetas y otros productos. (También *vinil*.)

viola s f **1** Instrumento musical muy parecido al violín, pero de tamaño un poco mayor, cuerdas más gruesas y sonido un poco nasal equivalente al contralto; persona que lo toca: "Beethoven estudió, desde pequeño, el violín, la *viola* y el violoncello, aunque nunca llegara a tocarlos con virtuosismo como el piano" **2** *Viola da gamba* La que es equivalente al bajo y tiene seis cuerdas; se llama así porque el ejecutante toca a la manera del violoncello sólo que se sujetándola con las piernas: "Bach escribió tres sonatas para *viola da gamba*" **3** *Viola d'amore* La que, además de las siete cuerdas de tripa, tiene otras metálicas que vibran por simpatía al ser frotadas las primeras y se apoya sobre el pecho.

violáceo adj y s **1** Que tiene una tonalidad semejante a la del color violeta: "El yodo elemental es un sólido gris *violáceo* oscuro" **2** (*Bot*) Planta dicotiledónea de hojas generalmente alternas y festonadas, flores axilares de cinco pétalos, y frutos en cápsula con muchas semillas, como la violeta **3** s f pl (*Bot*) Familia de estas plantas.

violación s f **1** Acto de violar algo: *violaciones al derecho penal, la violación de un secreto* **2** Acto que consiste en abusar sexualmente de una persona en forma violenta y contra su voluntad: *un juicio por violación, la violación de una joven.*

violar v tr (Se conjuga como *amar*) **1** Actuar en contra de lo que manda o prohíbe una ley, un derecho, una regla, etc: *violar la Constitución, violar un código, violar un secreto* **2** Romper con violencia y fuerza alguna cosa que protege, cubre o contiene algo valioso o legalmente privado; entrar por la fuerza en alguna parte y dañar o robar lo que está en su interior: *violar un sello, violar una tumba, violar una caja fuerte, violar la correspondencia, violar un domicilio* **3** Obligar por la fuerza una persona a otra a hacer con ella el acto sexual: *violar a una mujer.*

violencia s f **1** Condición o comportamiento de quien usa la fuerza para alcanzar sus fines, imponerlos, hacerlos valer, etc; fuerza que así se ejerce: *la violencia de los terroristas, violencia policiaca, violencia contra los niños* **2** Acción brusca y fuerte de algo o alguien: *la violencia del huracán, la violencia de los animales salvajes* **3** Presión fuerte y brusca de alguna cosa o de una persona sobre las emociones o los sentimientos de otra: *la violencia de una obra teatral, la violencia de los celos, la violencia de un regaño.*

violentar v tr (Se conjuga como *amar*) **1** Usar la violencia en contra de algo: *violentar una puerta, violentar el desarrollo de un proceso* **2** Hacer que algo se desarrolle o suceda con violencia: *violentar la tasa de inflación* **3** prnl Enojarse alguien y perder la calma o el control de sí mismo: "Se *violentó* con la respuesta de sus alumnos y golpeó la mesa".

violento adj **1** Que actúa con violencia: *un hombre violento, un carácter violento,* "Los manifestantes fueron víctimas de una *violenta* represión" **2** Que sucede o actúa con fuerza: *un huracán violento, un choque violento, un violento terremoto* **3** Que toca o influye fuertemente y sin medida ni compasión sobre las emociones de una persona; que transmite violencia o se presenta de forma descarnada: *una obra teatral violenta, un dolor violento.*

violeta s f **1** (*Viola odorata*) Planta de la familia de las violáceas, de tallos que crecen pegados al suelo, hojas de peciolo largo y flores moradas, rosas o blancas, de olor suave, que se cultiva en los jardines: *un ramo de violetas* **2** (*Anoda cristata*) Planta herbácea, vellosa, de 40 a 80 cm de alto, de hojas ovales y triangulares, flores moradas con cinco pétalos y numerosos estambres **3** adj m y f Que tiene el color de las flores de esas plantas: *una blusa violeta, un suéter violeta* **4** s m Séptimo color en que se divide el espectro de la luz solar o luz blanca, que en el arco iris sigue al azul añil **5** *Violeta de genciana* Sustancia derivada de la anilina que se usa como colorante o como desinfectante o bactericida; violeta de metilo.

violín s m Instrumento musical de cuerda, el más pequeño y agudo de esa familia, compuesto por una caja de madera en forma de ocho, relativamente plana y con un mástil que sirve de soporte a cuatro cuerdas; se toca sosteniendo el instrumento entre el hombro y la quijada, apretando las cuerdas con los dedos de una mano para marcar las notas y pasando sobre ellas un arco que consiste en una varilla delgada a la que se fijan algunas cerdas: *el concierto para violín de Beethoven, los cinco conciertos para violín de Mozart.*

violinista s m y f Persona que se dedica profesionalmente a tocar el violín.

violoncello s m Instrumento musical de cuerda y arco, con la misma forma que el violín, pero de mucho mayor tamaño. Se toca apoyándolo en el suelo y sentado el ejecutante: "Para el *violoncello* compuso Beethoven cinco sonatas", *seis suites para violoncello de Bach.* (Se pronuncia *violonchelo.*)

viral adj m y f (*Med*) Que pertenece a los virus o que se relaciona con ellos; que es causado por virus: *enfermedad viral, hepatitis virales crónicas.*

virgen adj m y f, y s f **1** Que nunca ha tenido relaciones sexuales; tratándose de mujeres, que conserva el himen intacto **2** Que está intacto, que no ha sido utilizado, que no ha sido trabajado, que conserva su integridad: *aquel espacio virgen, la mina virgen, la tierra virgen, zonas vírgenes, cera virgen amarilla* **3** s f Imagen de la madre de Jesucristo, que según creencias de la Iglesia católica, fue virgen antes, durante y después del parto: *las violetas y dorados de las vírgenes dolorosas,* "Se sacaba a la *virgen* de los Dolores a pasear" **4** *¡Virgen santísima!* interj Expresa temor o extrañeza: "*¡Virgen santísima!,* ¡qué susto me llevé!", "¡*Virgen* santísima!, ¡ayúdanos!".

viril adj m y f **1** Que pertenece al hombre o al macho y a sus características propias; varonil, masculino: *de viril belleza, fuerza viril, la viril voz* **2** s m (*Rural*) Miembro sexual de los animales **3** *Acto viril* En Sinaloa, violación o abuso sexual.

virreinal adj m y f Que pertenece a un virreinato o al virrey o se relaciona con ellos: *el gobierno virreinal, tropas virreinales.*

virreinato s m **1** Sistema de gobierno de una colonia que tenía a un virrey como cabeza: *el virreinato español en América* **2** Tiempo que permanecía un virrey en su cargo y conjunto de los actos de gobierno que realizaba: *el virreinato de Revillagigedo* **3** Territorio gobernado con ese sistema: *el virreinato de la Nueva España.*

virrey s m Persona que gobernaba en otros tiempos una colonia en representación del rey y con su autoridad: *virrey de la Nueva España, los virreyes ingleses de la India.*

virtud s f **1** Disposición de una persona para comportarse de acuerdo con el bien o la justicia hacia los demás: *una mujer llena de virtudes, la virtud de pensar en los demás* **2** Capacidad para producir cierto efecto benéfico: *la virtud curativa de una planta, la virtud tranquilizadora de un amigo* **3** *En virtud de* Como consecuencia de algo: "*En virtud de* su aplicación, le otorgamos este premio".

viruela s f **1** Enfermedad infecciosa y contagiosa que se caracteriza principalmente en la erupción en la piel de muchos granos pequeños llenos de pus; muy grave antes del descubrimiento de la vacuna **2** Cada uno de los granos que produce en el cuerpo: *un rostro plagado de viruelas* **3** *Viruela loca* Varicela.

virus s m sing y pl **I** (*Biol*) Partícula o ser microscópico compuesto por proteínas que rodean a un ácido nucleico, parásito de las células, donde puede reproducirse y mutar; es capaz de infectar a todo ser viviente: *virus de la viruela, virus de la rabia, el virus del cólera* **II** (*Inform*) Cada uno de los diversos programas elaborados por ingenieros para alterar y dañar el funcionamiento normal del software de una computadora.

viruta s f Residuo de la madera o de los metales cuando se trabajan con el cepillo; tiene forma de listón enroscado: "Deberá retirarse toda la *viruta* y desperdicios de la obra".

visa s f Permiso que las autoridades migratorias de un país otorgan a un extranjero para que entre o permanezca en dicho país; sello o firma que, puesto sobre un pasaporte, acredita este permiso: *visa de turista, visa de estudiante, solicitar una visa en una embajada.*

víscera s f Cada uno de los órganos esenciales e internos de los seres vertebrados contenidos en una cavidad abdominal, torácica o craneana, como el corazón, el hígado, los intestinos, los riñones, etc; las de algunos animales son comestibles: *lesión de víscera sólida, desgarrar vísceras pelvianas,* "Las *vísceras* son muy nutritivas", *tacos de vísceras.*

visceral adj m y f **1** Que pertenece a las vísceras o se relaciona con ellas: *lesiones viscerales* **2** Tratándose de sentimientos, que es muy profundo, que viene de lo más íntimo de una persona: *un odio visceral.*

viscosa s f (*Quím*) Sustancia que se obtiene industrialmente de la celulosa, que sirve para fabricar celofán y rayón.

viscosidad s f **1** Calidad de lo que es viscoso: *la viscosidad de un ostión* **2** (*Quím*) Resistencia interna de un líquido a fluir o a cambiar de forma por la mayor atracción mutua de sus moléculas.

viscoso adj Que tiene una densidad y una textura espesa, a veces grasosa o pegajosa, como el petróleo: *un líquido viscoso, una baba viscosa.*

visera s f **1** Protector delante de la frente para evitar que la luz dé directamente a los ojos, generalmente es una pieza que tienen las gorras en la parte delantera o una pieza suelta semejante **2** En los automóviles, pieza colocada arriba y por dentro del parabrisas, que puede bajarse para protegerse del sol cuando es necesario **3** Cada una de las piezas o aletas de cuero de la cabezada para las bestias de tiro que les impide ver hacia los lados; anteojera **4** Parte anterior del casco o yelmo que protegía el rostro: *el casco de visera calada.*

visible adj m y f **1** Que se puede ver o distinguir: *una cicatriz visible, manchas visibles en la superficie del planeta, el horizonte visible, células visibles en una fotografía* **2** Que se puede percibir fácilmente; que no se puede poner en duda; evidente: *visible indiferencia, un visible embarazo.*

visión s f **1** Capacidad de ver: *órganos de la visión, perder la visión* **2** Circunstancia o modo en que se ve: "En el desierto la *visión* era borrosa" **3** Cosa o persona que la fantasía o la imaginación hace ver: *tener una visión, ver visiones* **ll** (*Coloq*) **1** Persona o cosa ridícula en su apariencia o en su vestido: "Los niños salieron hechos una *visión* cuando se pusieron la ropa de los abuelos" **2** *Hacer visiones* (*Coloq*) Hacer gestos o comportarse en forma ridícula o extravagante: "Se la pasa *haciendo visiones* en la clase para llamar la atención" **lll** Manera en que alguien entiende o se explica algo: "¿Has leído la *Visión de Anáhuac* de Alfonso Reyes?".

visita s f **1** Acto de visitar: *la visita de un amigo, las visitas de un médico, una visita turística* **2** Persona que va a ver y a saludar a alguien que lo recibe en su casa: "Las *visitas* se fueron a las tres".

visitante adj y s m y f **l** Que visita: *el distinguido visitante, algún visitante extranjero*, "Los *visitantes* se trasladaron a la escuela secundaria", *el hotel preferido de los visitantes capitalinos*, "En la serie de salas que el *visitante* recorre se exhiben numerosas obras", *el equipo visitante* **ll** (*Caló*) Ladrón que se dedica a robar en las iglesias.

visitar v tr (Se conjuga como *amar*) **1** Ir a ver a alguien a su casa, a su oficina, etc, generalmente para saludarlo y estar con él: *visitar a la familia* **2** Ir al médico a casa del enfermo o al hospital donde éste está internado, para examinarlo **3** Ir una autoridad al domicilio de una persona, de una empresa, etc para examinar o inspeccionar alguna cosa, como su estado fiscal, sus condiciones sanitarias, etc **4** Ir a un lugar para conocerlo: *visitar un museo, visitar México.*

víspera s f **1** Día anterior a otro, especialmente en el que se celebra alguna fiesta o algún acontecimiento: *la víspera de mi salida, la víspera de la Navidad, la víspera de la boda* **2** *En vísperas de* Tiempo que precede a algo: *en vísperas de abandonar nuestro país, en vísperas de la boda* **3** Entre los antiguos romanos, una de las divisiones del día que correspondía al crepúsculo de la tarde **4** (*Relig*) Entre los católicos, hora del oficio divino que se reza al

atardecer después de nona antes de completas, antiguamente solía cantarse al anochecer.

vista s f **l 1** Sentido con el que se percibe la luz, el color y la forma de las cosas; su órgano principal son los ojos: *tener buena vista, nublarse la vista*, "Su *vista* parecía cansada" **2** Acto de ver **3** Paisaje, panorama, etc que se presenta ante los ojos: "Desde el balcón se aprecia una *vista* muy bella de la ciudad", "Me mandó una postal con una *vista* de Acapulco" **4** Posición en la que está algo, respecto a un punto que se toma como referencia: *vista frontal, vista lateral* **5** *De mucha vista* o *con mucha vista* De apariencia elegante, atractiva o lujosa: *unas cortinas de mucha vista, un platillo con mucha vista* **6** *A la vista* De manera inmediata, o con su sola presentación: "El problema no tiene solución *a la vista*", "Pagará quinientos pesos *a la vista* al portador" **ll 1** *Saltar algo a la vista* (*Coloq*) Resultar evidente: "*Salta a la vista* que es una muchacha muy educada" **2** *A primera vista* o *a simple vista* De primera impresión, sin profundizar: "*A primera vista* me pareció un buen empleo", "*A simple vista* se nota que es de mala calidad" **3** *Tener la vista puesta en algo* o *en alguien* Tratar de conseguirlo, de relacionarse o de lograr algo con ello: "El niño *tiene la vista puesta* en un perrito", "Juan *tiene la vista puesta* en una compañera de clase" **4** *Con vistas a* Con el propósito o la intención de: "Presentó su solicitud *con vistas a* obtener el puesto" **5** *En vista de* Debido a o a causa de: "Lo reprobaron *en vista de* sus malas calificaciones" **6** *Echar una vista* (*Coloq*) Cuidar o revisar algo: "*Échale una vista* a la leche" **7** *No perder de vista algo* o *a alguien* Vigilarlo o tenerlo presente: "*No pierde de vista* sus negocios" **8** *Hacerse de la vista gorda* (*Coloq*) Hacer alguien como que no se entera de cierta cosa que le interesa o es de su responsabilidad: "*Se hizo de la vista gorda* al revisar las tareas" **9** *¡Hasta la vista!* Expresión de despedida **lll** s m y f Persona que revisa y controla las mercancías que se introducen al país y lugar en que se lleva a cabo dicha revisión; vista aduanal **2** s f (*Der*) Conjunto de pasos o actuaciones que se llevan a cabo en un caso o proceso.

visto l pp irregular de *ver* **ll** *Visto bueno* Aprobación que da una autoridad o un superior a algún documento que se le ha presentado, después de revisarlo **lll** *Por lo visto* Por lo que parece, aparentemente: "*Por lo visto* no vino nadie" **lV** *¡Habráse visto!* (Coloq) Es el colmo del descaro: "*¡Habráse visto!* El hijo amenazando a los padres con sacarlos de su propia casa".

visual 1 adj m y f Que pertenece al sentido o a la capacidad de la vista o se relaciona con ellos: *campo visual, artes visuales, fenómenos visuales* **2** s f Línea recta imaginaria que va del ojo del observador al objeto observado.

vitácea adj (*Bot*) **1** Tratándose de plantas, con dicotiledóneas, generalmente leñosas, trepadoras, de hojas palmeadas, flores pequeñas y fruto en baya, como la vid; ampelidáceas **2** s f pl Familia de estas plantas.

vital adj m y f **1** Que pertenece a la vida o se relaciona con ella: *ciclo vital, energía vital, signos vitales, instinto vital, persona vital* **2** Que es indispensable, muy importante: *intereses vitales, decisión vital, de vital importancia, pregunta vital, valor vital, líquido vital.*

vitalicio adj Que dura toda la vida, que es para toda la vida: *pensión vitalicia, cargo vitalicio.*

vitalidad s f **1** Calidad de tener vida: *la vitalidad del campo, un signo de vitalidad* **2** Capacidad o impulso para vivir: *perder vitalidad, un mundo lleno de vitalidad* **3** *Vitalidad lingüística* (*Ling*) Escala en que se sitúa una lengua de acuerdo con su número de hablantes.

vitamina s f Sustancia orgánica que se encuentra en pequeñas cantidades en los alimentos naturales; es esencial para el crecimiento y la conservación del cuerpo humano porque contribuye a regular el metabolismo y el proceso de transformación de la energía: *vitamina A, un complejo de vitaminas.*

vitral s m Conjunto de pedazos de vidrio de colores ensamblados con plomo, que generalmente forman imágenes o figuras y que se utilizan principalmente para construir ventanas: "En el reflejo de los *vitrales* se hallan retratados los caballeros medievales", "La luz filtrada por los *vitrales* acaricia la piedra", *los vitrales de la catedral de Chartres, los vitrales de Chagall en la sinagoga del centro médico de Jerusalén, el arte del vitral.*

viuda adj y s f **I** Mujer a quien se le ha muerto su cónyuge y no se ha vuelto a casar: *la viuda del piloto*, "Se quedó *viuda* muy joven y con dos hijos" **II** *Viuda negra* (*Latrodectes mactans*) Araña cuyo abdomen tiene el tamaño, brillo y color negro de los capulines. Su piquete es venenoso, aunque rara vez causa la muerte de un ser humano; capulina **III** (*Impr*) Línea tipográfica que no llega a alcanzar el ancho de la caja, cuando es la primera de la página o de la columna; línea de menor extensión que la sangría; huérfana **IV 1** (*Fulica americana*) Ave de color gris humo en pecho y vientre, más oscuro por arriba, con cuello y cabeza negros, que contrastan con el amarillo blancuzco o verdoso del pico y las patas. El pico es corto, redondeado como el de los patos, blanco amarillento con manchas negras cerca de la punta, y se prolonga hasta la frente en un escudete igualmente marfileño abajo, rojizo en su extremo superior, como rojizos son sus ojos. Se alimenta de hojas y semillas de plantas acuáticas, tanto superficiales como sumergidas, pues es un buen zambullidor, gracias a sus largos dedos provistos de lóbulos que los hacen semipalmeados, pero no desdeña la vegetación de tierra adentro. Reside permanentemente en las llanuras costeras de Baja California pues prefiere las aguas levemente salobres; también llegaba a la laguna salada de México-Tenochtitlán con otras aves migratorias, como llega todavía a muchos lugares del Altiplano y a las aguas costeras del Golfo de México y del Océano Pacífico; gallareta gris o gallina de agua **2** (*Gymnostinops moctezumae*) Ave de gran tamaño, la mayor parte de su plumaje es de color castaño rojizo oscuro, las plumas de la cola son amarillas; la cabeza negra y el pico negruzco con la punta naranja. Se encuentra en las costas del Golfo, de Tamaulipas a Quintana Roo; zacua gigante **3** (*Jacana gymnostoma*) Ave zancuda de color café, cabeza y cuello negros, una cresta amarilla en la frente y dedos muy largos, abundante en las costas del Golfo **4** (*Tityra inquisitor*) Pájaro casi totalmente blanco con la corona, las alas, la cola y el pico negros **5** (*Dendro cygnaviudata*) Ave de la familia de los anátidos, de cara blanca y la cabeza como cubierta con velo negro **V 1** (*Hibiscus rosasinensis*) Tulipán, obelisco **2** (*Hibiscus manibot*) Arbusto de la familia de las malváceas de hojas palmeado-lobuladas; flores grandes, amarillas o blancas con una mancha purpúrea en el centro. Se cultiva como ornamental **3** (*Hydrolea caroliniana*) Planta herbácea, vellosa, espinosa, de la familia de las hidrofiláceas, de hojas alternas elípticas, agudas; flores lilas en cabezuelas. Se encuentra en Nayarit, Sinaloa y Jalisco **4** Cada una de varias plantas que tienen flores moradas: *Zinnia pauciflora, Scabiosa atropurpurea*, etc **VI** (*Rural*) Fiesta campestre que celebran en las fincas cafetaleras del estado de Veracruz por la culminación del trabajo de un año; hay banquete, baile, carreras de caballos, etcétera.

viudo adj y s **I** Persona a quien se le ha muerto su cónyuge y no se ha vuelto a casar: "El *viudo* no se había apartado hasta entonces de su amada", "El abogado de la *viuda* se apareció en la sala" **II** s m (*Rural*) Borrego viejo.

vivacidad s f Cualidad de algo o alguien que tiene o expresa energía, vigor, facilidad y rapidez en sus actos, ingenio, alegría, etc: *vivacidad de una persona, la vivacidad de unos ojos.*

vivamente adv Con intensidad, con fuerza, mucho: "Se interesó *vivamente* por los nuevos poetas", "Lo impresiona *vivamente* su personalidad creadora".

vivencia s f Experiencia emocional e intelectual de una persona, especialmente la que es muy intensa y que se incorpora a su personalidad: *nuestras vivencias individuales, las vivencias de una persona en la situación terapéutica, vivencias de gran intensidad emocional, vivencias de nuestros juegos infantiles.*

víveres s m pl Alimentos necesarios para la supervivencia de las personas: *suministrar víveres a los damnificados, acopio de víveres.*

vivienda s f Lugar protegido o construcción en donde vive alguien; particularmente la sencilla y particular: *vivienda para trabajadores, las viviendas de una vecindad, fomento de la vivienda, préstamos preferenciales para la vivienda.*

viviente adj y s m y f Que tiene vida, que está vivo: *ser viviente, fósil viviente, alma viviente.*

vivíparo adj y s (*Biol*) Que desarrolla su embrión y su feto dentro del cuerpo de su madre, como los seres humanos, los caballos, etc: *animal vivíparo.*

vivir v intr (Se conjuga como *subir*) **1** Tener vida: *dejar de vivir, alegría de vivir, comer para vivir* **2** Habitar en un determinado lugar o país: "*Vivió* tres años en Puebla", "*Vive* con sus tíos desde hace un mes" **3** Llevar o tener un tipo de vida determinado: *vivir con alegría, vivir bien, vivir en paz, vivir como artista* **4** Tener los medios materiales necesarios para satisfacer sus necesidades: *trabajar para vivir* **5** Permanecer en alguien cierto recuerdo, estar presente o tomar parte en ciertos acontecimientos: "Estos momentos *vivirán* siempre conmigo", "*Vivimos* muchos momentos de tristeza", "*Vivimos* la guerra intensamente" **6** *Vivir bien* Tener buena posición económica **7** *Vivir en grande* Tener muchas comodidades **8** *Saber vivir* Tener la habilidad de obtener el mayor provecho de la vida **9** *¡Viva(n)!* interj Expresión de aplauso o de alegría: "¡*Viva* México!", "¡*Viva* Zapata!", "¡*Vivan* los novios!" **10** *¿Quién vive!* Pregunta que hacen los soldados que vigilan durante la noche, cuando alguien se acerca, para que se identifique.

vivo 1 adj y s Que pertenece o se relaciona con la vida, que tiene vida: *materia viva, seres vivos, los vivos y los muertos* **2** adj Que es intenso, fuerte, grande: *recuerdo vivo, color vivo, luz viva* **3** adj Que es ágil, rápido, ingenioso, hábil, listo: *una viva conversación* **4** adj Que está en funcionamiento, en actividad, en ejercicio: *un reglamento vivo, una obra viva* **5** s m Adorno de color diferente al del resto de la ropa, generalmente una banda, un listón, etc: *una bata blanca con vivos en rojo* **6** *En vivo* En el momento en que sucede, transmitido simultáneamente: *un programa de televisión en vivo.*

vocablo s m **1** Palabra **2** (*Ling*) Unidad lexicográfica de una lengua, considerada a partir de la forma con que se incluye en un diccionario: los sustantivos, por ejemplo, en su forma singular, o los verbos en su forma infinitiva.

vocabulario s m Conjunto de las palabras o de los vocablos de una lengua, o de los que se utilizan en una región o en un grupo social particular: *vocabulario mexicano, vocabulario sonorense, vocabulario de la minería.*

vocación s f Impulso interior o inclinación de una persona hacia un determinado tipo de actividad, o hacia una forma de vida, por tener especial aptitud para ello: *vocación religiosa*, "Descubrió su verdadera *vocación* demasiado tarde", *su vocación de escritor, seguir su vocación, errar la vocación.*

vocal 1 adj m y f Que pertenece a la voz o se relaciona con ella: *cuerdas vocales, música vocal* **2** s f (*Fon*) Fonema que se produce cuando sale el aire de los pulmones haciendo vibrar las cuerdas vocales sin que intervengan otros órganos de la boca en su articulación, pero cuya característica fonética se determina por la mayor o menor resonancia que ofrezca la cavidad bucal; en español son */a, e, i, o, u/* **3** s m y f Cada una de las personas que tienen voz en un consejo, un cuerpo directivo, etc: *vocal ejecutivo, vocal tesorero.*

vocativo s m y adj (*Gram*) Caso de las lenguas declinables (como el sánscrito, el latín, el griego, el húngaro o el finés) que sirve para invocar, llamar o nombrar a una persona o cosa personificada.

vocear v tr (Se conjuga como *amar*) **1** Pregonar o anunciar algo en voz alta y públicamente: "Los niños *voceaban* los periódicos de la tarde" **2** Llamar a una persona diciendo su nombre en voz alta: "*Vocearon* los nombres de los niños que se habían perdido".

vocero s Persona que habla en nombre o representación de otra, de un grupo, de una organización, etc: "El *vocero* de la compañía informó sobre el alza de precios en sus productos".

vodka s m Bebida alcohólica de aroma y sabor fuerte, incolora, que se obtiene por destilación de cereales (especialmente centeno) que se elabora y se consume principalmente en la URSS y en Polonia.

volador adj y s **1** Que vuela o sirve para volar: *platos voladores, el maletín volador, palo volador* **2** *Juego de los voladores* Juego de los antiguos mexicanos, que practicaban en algunas ceremonias rituales, principalmente en honor del dios del fuego (Xiuhtecuhtli); en la gran Tenochtitlán se practicaba con gran esplendor en la antigua *Plaza del volador.* El aparato en que se practica este juego consiste en un poste, lo más recto posible, cuya altura varía entre 25 y 35 m, al cual le hacen, con bejuco, amarras en toda su

longitud, para que sirva de escalera a los que trepan. En la punta se coloca el carrete o manzana que tiene cuatro perforaciones para que por ellos pasen otros tantos cables que sostienen un bastidor formado por cuatro palos como de 1.50 m de largo, de modo que en cada lado se pueda colocar cada uno de los individuos (*volador*), mientras su capitán (al que en algunos lugares llaman malinche) ejecuta la danza en la parte superior del carrete. Una vez parado y bien asegurado el poste, trepan los cuatro individuos (*voladores*), se colocan en las esquinas del cuadro; se ata cada uno un cable al tobillo derecho. Después sube hasta la parte superior del carrete el capitán o danzante principal, con una pequeña flauta y un tamborcillo, y empieza a tocar dichos instrumentos dando así la señal para que los otros se arrojen al vacío, y abriendo los brazos imiten pájaros en vuelo. Al desenrollarse las cuerdas, le transmiten al carrete un movimiento giratorio, lo que obliga al director a ejecutar saltos rápidos y acompasados. En la actualidad este juego se practica, aunque con algunas modificaciones, en varios pueblos de la Huasteca hidalguense y veracruzana **3** s m Aparato y palo en que se ejecuta este juego **4** s m Cada uno de los cuatro individuos que, suspendidos de un pie, giran en torno del palo simulando que vuelan **5** *Sillas voladoras* Juego mecánico de las ferias, especie de carrusel en el que giran una serie de sillitas colgadas con cadenas **6** s m Cohete **II** s m **1** (*Gyrocarpus americanus*) Árbol de la familia de las hernandiáceas de hasta 20 m de altura, de corteza de olor desagradable; hojas alternas cordadas hasta de 30 cm, con tres a cinco lóbulos palmeados; flores apétalas, unisexuales, verdosas, con el cáliz acrescente, fruto elipsoide piloso, con dos alas y una semilla dura; palo hediondo, palo de zopilote **2** (*Juliana adstringens*) Árbol de la familia de las julianáceas de aproximadamente 6 m de altura, de hojas alternas, amontonadas, obovadas y dentadas; flores unisexuales; fruto indehiscente con el peciolo en forma de ala y con una semilla. La corteza es astringente; cuachalalate **III** (*Carcharhinus limbatus*) Tiburón de color gris uniforme y color negro en el lado inferior de las aletas pectorales, la extremidad de las dorsales y el lóbulo caudal. Es carnívoro, come peces chicos como la sardina, la macarela, etc. Su carne es de buena calidad, se le procesa en seco estilo bacalao y se obtiene aceite de hígado de buena calidad también. Se encuentra en la costa occidental de Baja California y el Golfo de California **IV** (*Caló*) Bicicleta.

volante adj m y f **I 1** Que vuela: *las volantes piedras heladas* **2** s m Hoja de papel que se reparte para difundir algún anuncio o noticia: *repartir volantes para apoyar la huelga de los trabajadores* **3** s m Pedazo de tela plegado que sirve como adorno de una prenda de vestir o de decoración: *los volantes de su falda* **II** s m **1** En los automóviles, pieza en forma de aro con la que el chofer o conductor dirige con sus manos las ruedas del vehículo: *sujetar el volante*, "Su hermano es el as del *volante*", *girar el volante, una mujer al volante* **2** Conductor de automóviles, especialmente de carreras **3** Rueda o llave que sirve para abrir o cerrar un mecanismo.

volar v intr (Se conjuga como *soñar*, 2c) **I 1** Moverse y sostenerse en el aire un pájaro, ciertos insectos, un avión, etc **2** Viajar en avión, globo, helicóptero, etc de un lugar a otro: *volar a Tijuana, volar de Monterrey* **3** tr Elevar algo en el aire: *volar un papalote, volar un avión* **4** Ir por el aire alguna cosa que se lanzó con suficiente fuerza para hacerlo: *volar un cohete, volar una bala* **5** tr Poner algo encima de otra cosa, de modo que una parte suya sobresalga: *volar un techo, volar un balcón* **6** tr Hacer explotar algo: *volar un cerro con dinamita, volar un tanque de gas* **II 1** Moverse algo o alguien con mucha rapidez: *volar a la oficina, volar el tren sobre la vía* **2** Hacer algo o suceder algo con mucha rapidez: "Terminó su tarea *volando*", "*Voló* la noticia" **3** Acabarse algo rápidamente: "*Volaron* las tortillas", "*Vuelan* los periódicos" **III 1** Desaparecer o hacer desaparecer repentinamente alguna cosa: "*Voló* el dinero de mi bolsa" **2** Robar: "Me *volaron* mi lápiz".

volcán s m Conducto que se forma en la superficie de la Tierra o de algunos planetas o satélites por donde salen lava, gas, humo, etc y que generalmente produce una elevación cónica o montañosa, con uno o varios cráteres en ella; como el Paricutín en Michoacán, el Chichonal en Chiapas o el Xitle en México: *un volcán en actividad, un volcán apagado, volcanes submarinos.*

volcánico adj Que pertenece a los volcanes o se relaciona con ellos: *cono volcánico, polvo volcánico, aumentar la actividad volcánica, sierras aisladas de origen volcánico.*

volcar v tr (Se conjuga como *soñar*, 2c) **1** Inclinar o inclinarse un objeto (especialmente un vehículo) o un recipiente de manera que caiga su contenido o se cause un daño: "Se *volcó* la jarra de la leche", "El camión iba a muy alta velocidad y *se volcó*" **2** Poner todo su interés, esfuerzo o emoción en hacer o conseguir algo, o en alguna causa: "En ese momento la gente *se volcó* ovacionándolo", "El pueblo *se volcó* a recibirlo" **3** Poner todos sus sentimientos o emociones en algo: "Un exceso de imaginación que ya no encuentra donde *volcar*", "La sexualidad reprimida se *vuelca* en la forma artística literaria", "Es uno de los movimientos lentos de Beethoven en los que tuvo que *volcar* las amarguras de su alma".

volibol s m Juego de pelota o balón (de 65 cm de circunferencia y 250 gr de peso) que practican dos equipos de seis a diez personas cada uno, separadas entre sí por una red suspendida a 2.43 m de altura. Se juega en una cancha rectangular de 18 m de largo por 9 de ancho, voleando la pelota con las manos extendidas sin dejar que toque el suelo y lanzándola al campo contrario por encima de la red: *los reglamentos del volibol, volibol femenil.* (También *voleibol* y *volley ball.*)

volt s m (*Elec*) Voltio: *sistemas trifásicos de 480 volts.*

voltaje s m (*Elec*) Medida de la diferencia de potencial eléctrico entre dos puntos por los que se mueve una carga eléctrica, expresada en voltios: *alto voltaje, el voltaje de un foco.*

voltear v tr (Se conjuga como *amar*) **I 1** Hacer que algo o alguien cambie de posición y quede generalmente en dirección opuesta a la que tenía: *voltear la mano, voltear una tortilla, voltear la página, voltearse en la cama, voltear la espalda* **2** Derribar, generalmente con violencia, un recipiente con cierto contenido que por consiguiente se derrama: "El niño *volteó* la olla con agua hirviendo y sufrió gra-

ves quemaduras" **3** prnl Dar vueltas un vehículo cuando se pierde el control: "Un camión de pasajeros *se volteó* en la carretera y hubo muchos muertos", "Uno de sus hijos *se volteó* en el Periférico y quedó inválido" **II** prnl Cambiar alguien de ideas, opiniones, juicios, etc por los opuestos: *voltearse contra un amigo, voltearse políticamente* **III** (*Rural*) **1** *Voltear la siembra* Barbechar un sembrado removiendo las plantas con el arado, lo que por lo general se hace cuando hay que volver a sembrar **2** *Voltear la parva* Remover la cosecha de cereales para que pueda ser trillada por un conjunto de bestias caballares **3** *Voltear la pelea* Tratándose de la pelea de gallos, cambiar la pelea apostando al gallo contrario del que fue pregonado como favorito.

voltio s m (*Elec*) Unidad de potencia, tensión y fuerza electromotriz que, aplicada a un conducto cuya resistencia sea de un ohmio, produce una corriente eléctrica de un amperio; volt: *una corriente de 120 voltios, batería de 6 voltios, líneas de 220 voltios.*

volumen s m **I 1** Espacio ocupado por un cuerpo y medida del espacio ocupado o que puede ocupar en algún lugar o dentro de un recipiente: *un gran volumen, un volumen de agua, el volumen de un barril* **2** (*Geom*) Medida del espacio de tres dimensiones ocupado por un cuerpo; en el sistema métrico decimal se mide en metros cúbicos (m^3) **3** Cantidad o tamaño de alguna cosa: *volumen de ventas, una piedra de gran volumen* **II** Intensidad de un sonido: *subir el volumen del radio* **III** Cada uno de los libros impresos y encuadernados en los que está dividida la publicación de una obra: "La Historia General de México tiene dos *volúmenes*".

volumétrico adj Que pertenece a la medición del volumen: *peso volumétrico, deformación volumétrica, un matraz volumétrico.*

voluminoso adj Que tiene un gran volumen o tamaño: *el voluminoso informe, la atracción de los cuerpos voluminosos, una voluminosa bibliografía,* "Su abdomen es bastante *voluminoso*".

voluntad s f **1** Capacidad del ser humano para actuar y decidir por sí mismo: *tener voluntad, una fuerte voluntad, una voluntad de hierro, por propia voluntad* **2** Disposición que tiene alguien para hacer algo o considerar a una persona: *buena voluntad, mucha voluntad, voluntad para trabajar, mirar con mala voluntad* **3** Deseo e intención que tiene alguien de hacer algo: "Vine por mi propia *voluntad*", "No tengo *voluntad* de ofender", "Haces siempre tu santa *voluntad*" **4** *Última voluntad* Última intención o deseo de alguien antes de morir **5** *A voluntad* Según se quiera, como se desee: *comer a voluntad.*

voluntariamente adv De manera voluntaria: "Jamás respetarán *voluntariamente* ningún derecho del trabajador", "Se entregó *voluntariamente*".

voluntario adj y s **1** Que se hace por voluntad y no por necesidad, deber o fuerza: *trabajo voluntario, renuncia voluntaria* **2** Que cumple cierta función por deseo propio, gratuitamente y no por obligación: *vigilante voluntario, enfermeras voluntarias.*

voluta s f (*Arq*) Adorno en forma de espiral o caracol especialmente de un capitel jónico.

volver v intr (Se conjuga como *mover*, 2c) **I 1** Moverse alguien hacia el lugar de donde salió o llegar a él nuevamente: *volver a su pueblo, volver a la tienda* **2** intr Realizar cierta acción nuevamente o repetirla:

volver a caminar, volver a contestar una pregunta, volver a hacer un ejercicio **3** *Volver en sí* Recuperar el sentido o la conciencia: "*Volvió en sí* después de cinco días de estar en coma", "*Volví en mí* un poco más tarde, cuando ya me habían curado en el hospital" **4** tr Hacer que algo muestre o dirija su frente en dirección contraria a la que tenía antes: *volver la hoja, volver la cabeza* **5** Dar vuelta en alguna dirección: *volver a la derecha, volver hacia el norte* **II** Echar uno por la boca lo que tenía en el estómago: "Está embarazada y *vuelve* constantemente" **III** tr Hacer que algo o alguien se convierta en otra cosa, pierda alguna característica y gane otra o cambie de estado o situación: "El príncipe se *volvió* sapo", *volverse loco, volver árida una tierra*.

vomitar v tr (Se conjuga como *amar*) **1** Arrojar violentamente por la boca el contenido del estómago: "Le dan ganas de *vomitar* cuando toma alimento" **2** Arrojar algo fuera de sí por un orificio: "El volcán *vomitaba* lava".

vómito s m **1** Acto de vomitar: *provocar náuseas y vómitos* **2** *Vómito negro* (*Med*) Fiebre amarilla **3** *Vómito de sangre* (*Med*) Especialmente el que procede de los pulmones o hemoptisis.

voracidad s f Cualidad de voraz: *la voracidad de los comerciantes, la voracidad de los empleadores*.

voraz adj y s m y f **1** Que come mucho y con ansiedad o avidez: *bebé voraz, loba voraz* **2** Que actúa o hace algo con avidez, ansiedad u obsesión: "Era un lector *voraz* y asiduo" **3** Que destruye con violencia y rápidamente: *fuego voraz* **4** Que es muy ambicioso, que lo quiere todo para sí: *comerciante voraz, los voraces caciques*.

vosotros pronombre de segunda persona plural. Señala a las personas a las que se habla o se escribe en un momento dado o en determinado texto, ustedes: "El Señor sacrificado incorpora a sus miembros en su ofrecimiento: 'Mi cuerpo que es entregado por *vosotros*', 'mi sangre que por *vosotros* es derramada'", "A Iturbide se le atribuyeron las siguientes palabras: ¡Mexicanos, ya sabéis el modo de ser libres, a *vosotros* toca el saber ser felices!", "El Presidente proclamó: *Vosotros* sabéis que una nación es libre siempre que quiere serlo" (Se usa en ciertos textos literarios, jurídicos y eclesiásticos y en algunos discursos políticos. También se emplea para reproducir e imitar el español peninsular o el español de la Nueva España).

votación s f Acto de votar: "Por la represión se producen *votaciones* infladas a favor del PRI", "Una *votación* que favorezca a los partidos de oposición"

votar v intr (Se conjuga como *amar*) Emitir un voto o una opinión a favor o en contra de alguien o de algo en una elección, en un tribunal, etc: "*Votamos* en contra del candidato", *votar en un referéndum*, "*Votó* a favor de la reelección".

voto s m **1** Manifestación de la decisión o la posición de cada una d̠e las personas que participan en una organización democrática para elegir representantes de todo el conjunto o decidir acerca de algún asunto importante: *ganar por mayoría de votos, el voto popular, depositar los votos, respetar el voto* **2** *Voto acumulado* El que, para proteger y considerar a las minorías, reúne todos los que recibieron una o varias personas de esos grupos en diferentes distritos, secciones, etc **3** *Voto particular* El que manifiestan uno o varios miembros de una comisión, que disienten de la mayoría **4** *Voto secreto* El que se hace sin que nadie pueda notar o registrar a su emisor, para garantizar su derecho y su libertad **5** *Voto de calidad* El que tiene una persona de mayor autoridad en un consejo, una directiva, etc para decidir un asunto en caso de empate **6** Derecho de votar: "Dar el *voto* a todos los habitantes", *tener voz y voto* **7** *Voto de confianza* Aprobación expresa de una agrupación o un conjunto de personas para que quien lo represente actúe con libertad y con arreglo a su propio criterio en algún asunto **8** *Voto de censura* El que niega la confianza a un representante de una agrupación o a un conjunto de personas **9** Promesa de carácter religioso hecha a una divinidad: *voto de obediencia, voto de pobreza, hacer votos, votos solemnes* **10** Manifestación expresa de un buen deseo: "Hago *votos* por tu felicidad", "Hacemos *votos* por el pronto restablecimiento de su padre".

voz s f **1** Sonido que sale de la boca de los seres humanos y algunos animales, producido por el aire que pasa de sus pulmones al exterior a través de la garganta, las cuerdas vocales, etc: *voz de hombre, buena voz, en voz alta, en voz baja* **2** Calidad o timbre del sonido producido por un instrumento musical o un aparato electrónico: *la voz del violín, la voz de una bocina* **3** (*Mús*) Cada una de las líneas melódicas que componen una obra polifónica: *una fuga a cuatro voces* **4** Persona que canta: "Ahora entran las *voces*" **5** *A media voz* Con menor intensidad que lo normal en la voz: *hablar a media voz* **6** *A voz en cuello* Con la voz muy intensa: "Salió diciendo *a voz en cuello*: ¡Ahí vienen los soldados!" **7** Derecho que tiene o se da a una persona para que opine en cierta reunión o asamblea, pero sin que pueda decidir o votar en ella **8** *Correr la voz* Dar a conocer o extender alguna noticia **9** *Levantar la voz a alguien* Hablarle con intensidad y falta de respeto o de consideración: "A ninguna persona *se le levanta la voz* sin insultarla" **10** *Llevar la voz cantante* Ser alguien quien dirige alguna cosa: "Conchita siempre *llevaba la voz cantante* en las protestas" **II** (*Gram*) Categoría gramatical expresada en el verbo que indica si el sujeto es agente o paciente de la acción. En español no se traduce sino en flexión sino que se reconoce solamente por el significado de la oración en cuestión; así, en "Juan besa a María", el hecho de que el sujeto sea el agente de la acción es lo que define la oración —y la *voz*— como *activa*; mientras que en "María es besada por Juan", Juan es el agente introducido por preposición, y la oración —y la *voz*— se define como *pasiva*.

vudú s m Culto muy difundido entre los negros de las Antillas, especialmente en Haití, donde se originó. Es una mezcla de elementos procedentes de las religiones animistas africanas, del politeísmo de los pueblos guineanos, y del cristianismo. Consiste en la práctica de danzas rítmicas, acompañadas de tambores, cantos, invocaciones corales y mímica rítmicamente ejecutada, lo que conduce a los prosélitos a entrar en estado de posesión estática. El "dios" penetra en ellos y los subyuga hasta la postración; el proceso se transmite de un adepto a otro hasta ser colectivo y frecuentemente tiene carácter sexual e incluye prácticas de magia negra (satanismo) y el sacrificio de animales (palomas, gallos, corderos), que sustituyen el sacrificio de una muchacha que se realizaba antiguamente. Es un culto típicamente "de evasión", en el que el practicante, a través del éxtasis experimentado al ser poseído por la "divinidad", se siente liberado de la presión social, cultural y religiosa que ha padecido durante siglos. En realidad en Haití tuvo un papel activo y combativo en la lucha de la liberación y la independencia, y encierra un acentuado carácter de hostilidad al hombre blanco.

vuelo s m I **1** Acto de volar: *el vuelo de los pájaros* **2** Viaje que realiza un transporte aéreo: "Esa línea tiene varios *vuelos* diarios a Monterrey" II Amplitud de una tela, una prenda de vestir o de parte de ella, que desde la sección más estrecha o fruncida se va ensanchando III (*Coloq*) **1** *Al vuelo* Inmediatamente, conforme sucede o pasa algo: *entender algo al vuelo, oír algo al vuelo, agarrar algo al vuelo* **2** *Agarrar* o *tomar vuelo* Impulsarse, reunir la fuerza necesaria para hacer algo: "*Toma vuelo para saltar*" **3** *Darse vuelo* o *darle vuelo a la hilacha* Hacer algo sin limitaciones, con mucho gusto, etc: "*Se dio vuelo* gastando dinero que no era suyo".

vuelta s f **1** Movimiento de algo o de alguien que gira alrededor de un punto o sobre sí mismo hasta invertir su posición original o regresar a la misma: "No le puedo dar una *vuelta* más al tornillo", "Con tres *vueltas* al circuito se completan cinco kilómetros" **2** Cambio en la dirección de un camino o en el curso de algo: "Seguimos una carretera con muchas *vueltas*", "La vida da muchas *vueltas*" **3** Cada una de las veces en que se hace algo: "Presentó su examen en la primera *vuelta*", "Hasta la tercera *vuelta* de la votación no se sabrá el resultado" **4** *Darle vueltas a algo* (*Coloq*) Pensar mucho alguna cosa: "Le *doy vueltas al* problema pero no le encuentro solución" **5** *A la vuelta* En la parte opuesta del lugar en que está ubicado algo o al voltear en un determinado lugar: "Vive *a la vuelta* de mi casa", "La tienda está *a la vuelta* de la esquina" **6** *A la vuelta* Al regresar de algún lugar: "*A la vuelta* de mi viaje te vengo a visitar" **7** *Dar la vuelta* o *una vuelta* Dar un paseo: *dar una vuelta por el bosque*, "Se fue a *dar la vuelta* y no regresó en toda la tarde" **8** *A la vuelta de* Después de cierto tiempo: "*A la vuelta de* los años nos volvimos a encontrar" **9** *Sacarle la vuelta a algo* o *a alguien* (*Coloq*) Evitarlo **10** *No tener algo vuelta de hoja* (*Coloq*) Ser definitivo, no prestarse a duda.

vuelto s m I pp de *volver* o *volverse*: "Se ha *vuelto* loca", "Nadie ha *vuelto* a verla", "Ha *vuelto* a prender la luz" II s m Dinero que sobra de un pago; cambio: "Le di un billete grande y no me dio el *vuelto*".

vuestro Pronombre y adjetivo posesivo de la segunda persona plural. Indica la pertenencia a dos o más personas a las que alguien habla, por lo que siempre es plural en relación con los poseedores, y puede ser singular o plural con respecto a lo poseído; de ustedes: "¡Oh amor mejor que *vuestro* amor, mujeres!", "Resuene entre vosotros *vuestra* voz en salmos, himnos y cánticos". Indica a un solo poseedor en tratamientos solemnes de cortesía; de usted: "La labor que ocupa *vuestras* manos, dueñas de lo que sólo es *vuestro*", "Porque ello simboliza el cariño del pueblo de México al *vuestro*, y en nombre del país tengo el honor de imponeros el Collar del Águila Azteca", "Al concederse el honor de ponerla en *vuestras* manos, señor, garantizo a la patria…", "Vengo en nombre de la patria a encomendar a *vuestro* valor, patriotismo y estricta disciplina esta bandera", "Ha correspondido a *vuestra* soberanía dictar las sanciones pertinentes", "Ruego a *Vuestra* Excelencia recibir mis más cordiales saludos" (Se usa en ciertos textos literarios y eclesiásticos, en invitaciones oficiales y en los discursos políticos. También se emplea para reproducir e imitar el español peninsular o el español de la Nueva España).

vulgar adj m y f **1** Que no tiene educación ni gusto, que es de mal gusto, falto de delicadeza y cortesía: *un dicho vulgar, una palabra vulgar, un hombre vulgar, una pintura vulgar* **2** Que no tiene nada que lo distinga del grupo a que pertenece, que es conocido o hecho por todos; que es común: *un vulgar ladrón, un gato vulgar*.

vulgo s m Conjunto de personas comunes y corrientes, generalmente sin cultura o conocimientos especializados; el pueblo, la gente: "El *vulgo* no percibe los sutiles matices de las ideas", *el vulgo iletrado*, "El *vulgo* gusta de hablar como le da su real gana".

vulnerable adj m y f Que es susceptible de recibir un daño o herida graves; que no resiste ningún ataque o agresión: "El sistema ecológico marino es particularmente *vulnerable* a los efectos de la contaminación", "Es muy *vulnerable* a los halagos de las mujeres".

vulva s f Parte externa de los genitales femeninos, en forma de hendidura longitudinal constituida por los labios mayores, donde se abre la vagina.

abcchdefghijklllmnñopqrstuv W xyz

w s f Vigesimosexta letra del alfabeto. Aparece en palabras que provienen de otras lenguas, como *wagneriano, welter* o *wolframio*, que por ser poco usuales no se incluyen en este diccionario. Se pronuncia como /gu/ en palabras de origen inglés: *whisky, waterpolo, Webster* y como /b/ en palabras de origen alemán, como *Volkswagen, Wagner* o *weltanschauung*. Su nombre es *doble u*.

waterpolo s m Juego de pelota que se practica dentro del agua de una alberca entre dos equipos de siete nadadores cada uno, que tratan de meter gol con las manos a la portería del equipo contrario. (También *water polo*; se pronuncia *guaterpólo*.)

watt s m (*Elec*) Vatio.

whisky s m Bebida alcohólica de origen escocés, destilada de granos fermentados, como la cebada, la avena, el centeno o el maíz: *botella de whisky*. (Se pronuncia *güísqui*.)

abcchdefghijklllmnñopqrstuvw **X** yz

x s f Vigesimoséptima letra del alfabeto; representa la combinación de los sonidos /ks/cuando es intervocálica, como en *examen, oxígeno* o *éxito,* y alterna con /s/ cuando va antes de consonante, como en *excepto* y *explicación.* Muchas palabras del español mexicano provenientes del náhuatl y otras lenguas amerindias se escriben con *x* pero se pronuncian con el sonido palatal fricativo sordo /sh/, como en *mixiote, quexquémetl, ixtle* o *xocoyote;* este sonido, que en las lenguas de donde provienen estas palabras tiene valor de fonema, también lo tenía en el español del siglo XVI, por lo que *México, Xalisco, Tlaxiaco, Xalapa,* etc son grafías etimológicas de larga tradición. La lengua española cambió después y el antiguo fonema /sh/ se transformó en el moderno /x/ escrito con *j;* de allí que *Don Quixote* pasara a escribirse *Don Quijote, relox* a *reloj* y *México* a *Méjico* (en España y varios países hispanoamericanos). La pronunciación de esta letra puede ser también /s/ en algunas palabras de origen indígena, como en *Xochimilco, cacaxtle, Taxqueña* o *tlaxcalteca.* Su nombre es *equis.*

xenofobia s f Odio o desprecio hacia los extranjeros o lo extranjero.

xerófita s f Planta que almacena agua en el tallo, la raíz o las hojas y puede vivir en lugares secos, como el maguey o el nopal, o en lagunas de agua salada, ya que la concentración de sales impide que la planta absorba esa agua. (También *xerofita.*)

xilema s m Tejido conductor de las plantas verdes, a excepción de las briofitas, compuesto en su mayor parte de células muertas, cuyas paredes perforadas facilitan el transporte del agua y sales minerales, y que al irse acumulando como tejido muerto forma la madera en los árboles y plantas leñosas.

xilófono s m Instrumento musical de percusión formado por una serie de láminas de madera o metal de distinta longitud que se tocan con dos palos pequeños, como la marimba: *los xilófonos de la orquesta.*

xilografía s f **1** Arte y técnica de grabar en madera: "Durero y Doré practicaron la *xilografía*" **2** Impresión de textos y de imágenes por medio de caracteres o planchas de madera que tienen grabadas palabras o figuras en relieve **3** Texto o imagen que se obtiene de este tipo de impresión: *Las xilografías que ilustran el Cántaro roto de Kleist.*

xoconoxtle s m **1** Tuna jugosa, de sabor agridulce, color rojo y de aproximadamente 3 cm de diámetro,

que se emplea en dulcería y como condimento de algunos platillos regionales, particularmente en salsas o moles aguados, como en el mole de olla; tuna roja, pitaya **2** (*Lemaireocereus stellatus*) Especie de nopal que da esta tuna; es ramoso desde la base y tiene tallos rectos cilíndricos que alcanzan hasta 2 m de altura; sus flores son rosadas, de 4 a 6 cm y se originan en el vértice de las ramas; pitayo **3** Nombre que se da a varias especies de plantas de la familia de las cactáceas (*Opuntia imbricata, Opuntia joconostle, Pereskiopsis Porteri, Pereskiopsis Blakeana*), cuyos frutos son comestibles y ácidos; crecen silvestres en varios lugares del Altiplano y se cultivan principalmente en Hidalgo, Estado de México, Jalisco, Querétaro, Michoacán y Distrito Federal. (También *xoconochtle, xoconostle, xoconoscle, xoconoxtli, soconoxtle* o *joconostle,* se pronuncia *soconóstle, joconóstle* o *shoconóshtle.*)

xochimilca s m **1** Grupo indígena mexicano formado por una de las siete tribus que hablaban náhuatl, o nahuatlacas, que se establecieron en el valle de México, después de los chichimecas, y fundaron Xochimilco sobre el lago del mismo nombre. Adoraban a Quilaztli, diosa madre en forma de propagadora de las legumbres, y a Xipe, dios de los orfebres. La economía de este pueblo dependía principalmente del lago, ya que consumían los productos lacustres y agrícolas y exportaban los excedentes a las demás regiones del valle; este grupo fue el primero en emplear el sistema de la chinampa, terreno construido en el agua sobre un entramado de hierba y carrizo donde se cultivan hortalizas, legumbres y flores, separado de otros por canales para transportar en canoas los productos agrícolas. El mercado era uno de los lugares más concurridos y vistosos por las piedras y metales preciosos y semipreciosos que se exhibían, conchas y caracoles, huesos, esponjas, yerbas, raíces, hojas, semillas, plantas medicinales, ungüentos y jarabes. La autoridad estaba integrada por tres gobiernos dinásticos, cada uno bajo la jurisdicción de un tlatoani. Después de la conquista de los españoles se mantuvo la agricultura de las chinampas que llega hasta nuestros días **2** adj y s m y f Que se relaciona con este pueblo indígena o pertenece a él: *familias xochimilcas, cultura xochimilca* **3** adj y s m y f Que es natural de Xochimilco, situado al sur de la ciudad de México, o se relaciona con este lugar: *vendedora xochimilca, bellos paisajes xochimilcas.*

a b c ch d e f g h i j k l ll m n ñ o p q r s t u v w x **y** z

y¹ s f Vigesimoctava letra del alfabeto; representa el fonema consonante palatal sonoro, como en *maya*, *yema*, *huyendo* o *leyó*; en final de palabra o entre dos palabras, cuando la segunda comienza en consonante o cuando la primera termina en consonante y la segunda empieza con vocal, su pronunciación es /i/: *rey*, *maguey*, *buey*; niños *y* niñas, bastón *y* sombrero; canta *y* baila, duerme *y* sueña, tenaces *y* estudiosos. Su nombre es *ye* o *i griega*.

y² conj **I 1** Une palabras, construcciones u oraciones que tienen la misma función gramatical, cuando la palabra que la sigue no empieza con *i* ni con *hi* seguida de consonante —en estos casos se emplea *e*—: blanco *y* negro, pies *y* manos, feliz *y* contento, alegremente *y* con entusiasmo, cantaba *y* bailaba, helado de chocolate *y* (helado) de vainilla, por María *y* por Manuel, ellos corrían hacia la puerta *y* los demás corrían detrás, asesina a uno *y* hiere a otro. Cuando hay una enumeración, generalmente sólo aparece antes del último elemento enunciado, aunque puede repetirse entre cada uno de ellos para resaltarlos: peras, manzanas *y* mangos; es tranquilo *y* suave *y* prudente **2** Entre oraciones, en ciertos casos, manifiesta oposición y consecuencia: "Te busqué *y* no estabas", "Te enojas *y* echas todo a perder" **3** Entre repeticiones de la misma expresión, manifiesta reiteración indefinida: corre *y* corre, trabaja *y* trabaja, días *y* días, más *y* más **4** Al principio de una oración, enfatiza el significado de ésta: "¿*Y* si no es verdad, qué hacemos?" **II** (*Coloq*) **1** Con palabras o construcciones que expresan deseo o mandato, enfatiza estos significados: "¡Ojalá *y* no llueva!", "¡*Dios* quiera *y* se alivie!", "¡Quién quita *y* nos saquemos la lotería!", "¡Cuidado *y* me contradigas!, ¿eh?", "¡Nomás *y* te sales...!", "*Nomás y* pueda voy a visitarte" (usada en Nayarit), "Me quiero comprar un carro *en cuanto y pueda*" (usada en Nuevo León) **2** adv Expresa interrogación acerca del lugar en que está algo o alguien conocidos, cuando precede a frases nominales o a nombres propios: "—¿*Y* José? —Está en Recursos Humanos", "—¿*Y* mi saco? —Lo dejaste en el coche" **3** adv ¿*Y*?, ¿y luego?, ¿y entonces?, ¿y después?, ¿y de ahí? ¿Qué pasó?, ¿qué más?, ¿qué fue lo importante?, ¿de qué se trató?, enfatizando la pregunta: "¿*Y*?... ¿No vamos a cobrar?", "¿*Y* luego, ...con el patrón?", "—...estuvo caminando día y noche. —¿*Y entonces*?, ¿y eso qué?" **4** *Y de ahí* (*Popular*) Entonces (se pronuncia *idiáy*): "*Y de ahí*, Juan le dijo a Pedro" **5** Da cohesión a una narración, descripción o anécdota, indicando que se habla de la misma cosa: "El muchacho quería ser cazador. Entonces el papá le compró un rifle. *Y* al poco tiempo ya disparaba bien. *Y* un día salió a cazar. *Y* entonces al llegar al cerro vio un venado", *Y* las callecitas, pues son muy accidentadas y angostitas, todas de adoquines, suben y bajan

así. *Y* son bonitas, te va a gustar. *Y* por supuesto que hay cantidad de platerías".

ya adv **1** Manifiesta la realización de una acción simultáneamente con el momento en que se habla o su terminación antes o en un momento inmediato anterior a aquél, que se da por segura: "*Ya* vine", "*Ya* llegó tu carta", "*Ya* no quiero comer", "*Ya* terminó sus estudios" **2** Manifiesta la realización inmediata y segura de alguna acción próxima: "*Ya* vete", "*Ya* viene el tren", "*Ya* estaré con ustedes" **3** Enfatiza la seguridad de que una acción se realizará o resultará como se supone: "*Ya* lo entenderás", "*Ya* verás que lo alcance", **4** *Ya... ya* Se introduce entre expresiones para indicar posibilidades de algo o de alguien, o la sucesión de ciertas acciones diferentes: "*Ya* lo pidas, *ya* lo exijas, *ya* lo ordenes, no te aseguro que te hagan caso", "*Ya* por tierra, *ya* por aire, *ya* por mar, siempre me siento contento viajando" **5** *Ya que* Puesto que, dado que, en vista de que: "*Ya que* me lo ofrecen, lo aceptaré" **6** interj (*Popular*) Indica asombro o duda: "—Me saqué el melate. —¡*Ya*!" **7** *Ya vas, ya estuvo, ya estás, ya estufas* (*Popular*) Sí, de acuerdo: "—¿Vamos a pistear? —*Ya vas*, carnal", "Bueno, *ya estuvo*, vamos a echarnos un disparejo", "—*Salimos el sábado? —Ya estás* **8** *Ya estuvo, ya estufas, ya tosió* (*Popular*) Se acabó, se terminó, concluyó; ya está: "Uno lo hace al cuento: que mira lo que me encontré, mira que es el billete premiado; ándale, dame tanto *y ya estuvo*", "Todo eso *ya estufas*, la onda es saber qué vamos a hacer" **9** *Ese arroz ya estuvo, ese arroz ya se coció* (*Coloq*) Ese asunto está listo o terminado: "Se recibió el viernes, así que *ese arroz ya se coció*" **10** ¡*Ya estuvo suave*! (*Popular*) ¡Basta, es suficiente!, termina de una vez: "*Ya estuvo suave*, mano. Déjame en paz" **11** *Ya te* (*me, nos*) *estás* o *ya se* (*me, nos*) *están callando, saliendo, yendo, etc* (*Popular*) Inmediatamente estás o están obedeciendo en cuanto a callarse, salirse, irse, etc: "*Ya te me estás largando* con tus chivas", "*Ya se están yendo* para la escuela".

yacer v intr (Modelo de conjugación 1b) **1** Estar acostada o tendida una persona o un animal: "Fue hacia la cuna donde *yacía* la enfermita", "Los animales cansados, *yacían* tumbados a la sombra" **2** Estar una persona enterrada o sepultada en cierto lugar: "Aquí *yace* el cuerpo de su hijo" **3** Estar en un lugar: "En esas viejas construcciones *yacen* hacinados los extranjeros", "Se trata de una cuestión psicológica que *yace* más allá de la investigación jurídica"

yacimiento s m Lugar, generalmente bajo la superficie del suelo, en donde se encuentra acumulado naturalmente un mineral: *un yacimiento de cobre en explotación*, *descubrir yacimientos de petróleo*.

yanqui adj y s m y f **1** Que es natural de Estados Unidos de América o se relaciona con ese país: *sol-*

dado yanqui, película yanqui **2** Que era originario de alguno de los estados del noreste de Estados Unidos de América en oposición a los sureños, durante la guerra de Secesión en el siglo XIX; que se relacionaba con ellos.

yaqui s m **1** Grupo indígena mexicano que vive en el sur del estado de Sonora, a lo largo del río Yaqui, así como en barrios de las ciudades más importantes de la región y en el estado de Arizona, Estados Unidos. Su gobierno reúne formas tradicionales prehispánicas unidas a las implantadas por los jesuitas durante 150 años de pacificación. Está constituido por ocho pueblos independientes entre sí (Huirivis, Rahum, Potam, Vicam, Bacum, Cocorit, Torim y Belem) los cuales están regidos por cinco gobernadores que se eligen cada año; tienen además otros sistemas de autoridad con funciones especiales y varias personas que las desempeñan, como las que se encargan de la iglesia, las que hacen año con año la fiesta del santo patrón y las cofradías que mantienen el orden durante estas fiestas. Su religión se basa en la católica pero sus ritos y celebraciones místicas incluyen danzas y corresponden a creencias tradicionales prehispánicas. Sus viviendas en el campo, de techo ligeramente inclinado, constan, por lo general, de uno o dos cuartos con paredes de varas o carrizos y una enramada para la cocina; en ocasiones tienen también otras enramadas distribuidas irregularmente; sus casas en los centros de los poblados y en las ciudades son de adobe o de ladrillo, como las de los mestizos. En los pueblos cultivan, con técnicas sencillas, frijol, maíz, calabaza, huautle y algunas otras plantas para su consumo; también crían animales y, como complemento de su alimentación, recolectan varias plantas silvestres, como los frutos de mezquite y de los cactos; cazan venados y otros animales más pequeños. Los hombres son empleados por los mestizos como peones en tierras de riego y de cultivo moderno y mecanizado **2** Lengua que habla este grupo indígena, variante de la lengua cahita del grupo taracahita, familia yutonahua; mayo **3** adj y s m y f Que pertenece a este grupo indígena o se relaciona con él: "La danza *yaqui* más conocida es la del venado", *gobernador yaqui*.

yarda s f Unidad inglesa de medida de longitud, equivalente a 0.914 m, a 3 pies o a 36 pulgadas: *campo de 5278 yardas, una carrera de 54 yardas, avanzar 48 yardas* (se abrevia yd).

yate s m Barco para viajes de placer o de recreo, con proa puntiaguda y bellas líneas: *yates anclados, una salida en yate*.

yegua s f **1** Hembra del caballo: *yegua de pura raza*, "No presumiendo de charro, / la *yegua* que hallo sin dueño / la tumbo y me voy de paso" **2** *Yegua caponera* (*Hipo*) La que conduce una caballada, una mulada cerril o una recua, generalmente lleva una campana o cencerro atada al cuello y es de color pinto; caponera **II** En Sonora, prostituta **III** En Jalisco, planta herbácea trepadora de la familia de las leguminosas, de hojas trifoliadas, flores rojas y fruto formado por una vaina con semillas comestibles; éstas son de color morado o rojizo, semejantes al frijol.

yema s f l **1** Parte central del huevo de los vertebrados ovíparos en la que se desarrolla el embrión; en los huevos de ave es de color amarillo **2** *Yemita* o

yema (*de huevo*) Dulce redondo del tamaño de una nuez, de color amarillo, hecho con azúcar y esta parte del huevo **3** *Yemita, yema real* Dulce cortado en trozos, de color amarillo, hecho con azúcar y huevos; huevo real **4** (*Popular*) Principalmente en Guanajuato e Hidalgo, huevo de gallina **5** (*Popular*) En Guanajuato, testículo **II** Brote redondeado que aparece en los tallos de las plantas, formado por las ramas, las flores o las hojas que comienzan a desarrollarse **III** *Yema del dedo* Parte de la punta del dedo opuesta a la uña **IV 1** *Yemita* o *yema* (*de huevo*) (*Amanita caesarea*) Hongo comestible de color amarillo, de píleo hemisférico, semejante a la parte central de un huevo de gallina **2** *Yema de huevo* (*Mahonia berriozabalensis*) Árbol de la familia de las berberidáceas, que crece en regiones de Chiapas y alcanza una altura de 6 m; se caracteriza porque su madera es amarilla, lo mismo que sus flores.

yen s m Unidad monetaria de Japón: "Hubo una devaluación del dólar frente a las llamadas 'monedas fuertes' como el marco alemán y el *yen* japonés".

yerba s f **1** Hierba: "Estas *yerbas* son buenas para el estómago", *yerbas de olor* **2** (*Coloq*) Mariguana: "¿Traes *yerba*?", "Lo agarraron con *yerba*" **3** (*Rural*) Sustancia o planta venenosa **II 1** *Mal de yerba* o *yerba voladora* (*Rural*) Enfermedad del ganado; fiebre aftosa **2** (*Euripelma longipes*) En el sur, tarántula velluda, de color negro y rojizo que perjudica principalmente al ganado vacuno y caballar, pues deposita una baba venenosa e irritante en las pezuñas y cascos de estos animales, al formar sus nidos, lo que les ocasiona la caída de esas partes.

yerbabuena s f Planta herbácea de la familia de las labiadas, de varias especies (*Mentha viridis, Mentha piperita, Mentha arvensis*), de olor fresco y agradable. Su tallo es más o menos cuadrangular y mide entre 40 y 50 cm, sus hojas son dentadas, elípticas y opuestas, sus flores son rojizas o moradas y forman espigas pequeñas. Se utiliza como condimento y para hacer té, y de ella se extrae la esencia de la menta: *chicle de yerbabuena*.

yerbero s Persona que se dedica a la venta de yerbas, especialmente las de uso medicinal: "En el mercado había *yerberas*, reboceras y verduleras" **2** Persona que se dedica a curar con el empleo de yerbas: "Los mandé curar con *yerberas*" **3** s m Conjunto de hierbas que cubren un terreno.

yerbicida s m y adj m y f **1** Herbicida **2** En Tabasco, antídoto medicinal contra la picada de yerba.

yerno s m Marido de la hija con respecto al padre o a la madre de ésta: "Mi *yerno* ha hecho muy bien en enseñarlos a que lo respeten".

yeso s m Sustancia blanca o transparente de sulfato de calcio que se encuentra naturalmente en la corteza terrestre en forma de polvo, masa rocosa, láminas, etc o disuelta en el agua del mar o de los ríos. Tiene la propiedad de endurecer al secar después de que se mezcla con agua, y por ello se utiliza para unir ladrillos, tabiques y otros materiales, para emparejar superficies, para hacer moldes o como colorante: "Las dentaduras artificiales se cuelan en moldes de *yeso*", *los yacimientos de yeso en Michoacán*.

yeyuno s m (*Anat*) Segunda porción del intestino delgado comprendida entre el duodeno y el íleon; en los seres humanos tiene una longitud aproximada de 2.20 metros.

yo I pronombre masculino y femenino singular de primera persona **1** Señala a la persona que habla o escribe en un momento dado o en cierto texto: *yo digo, yo trabajo*, "Y si acaso *yo* muero en campaña / y mi cuerpo en la sierra va a quedar / Adelita, por Dios te lo ruego / con tus ojos me vayas a llorar" **2** Cumple la función de sujeto explícito; a veces enfatiza a la persona aludida: "*Yo* mismo lo vigilé", "Fui *yo* quien te llamó" **3** *Yo que tú, yo que él, yo que ella*, etc Si estuviera en tu, su, etc lugar o situación: "*Yo que usted* no me preocupaba" II s m (*Psi*) Parte consciente de la personalidad; sede de la percepción y centro subjetivo de la experiencia afectiva e intelectual. Constituye, para el individuo, la representación de su propia identidad: *la distinción entre el mundo exterior y el yo*.

yodo s m Elemento sólido, negro y de brillo metálico, que desprende vapores violeta cuando se calienta; se encuentra en las algas, los peces y el agua del mar, y se utiliza en la fabricación de colorantes, en medicina, como desinfectante, y en fotografía: *tintura de yodo*.

yoga s m **1** Conjunto de ejercicios mentales y físicos, con técnicas de relajación, respiración y gimnasia, tomados de la tradición de la India: "La diferencia esencial entre estos ejercicios y el *yoga* es que son ejercicios muy dinámicos", *exhibición de yoga* **2** Sistema de meditación y de concentración mental de la India, por medio del cual se pretende el dominio completo del cuerpo y del espíritu para lograr una experiencia mística o la unión del individuo con el ser universal.

yoghurt s m Leche fermentada con bacilos búlgaros. (También *yogurt, yogourt, yoghourt, yogour, yogur*; se pronuncia *yogúr*.)

yoyo s m **1** Juguete hecho de dos discos de madera o plástico unidos por el centro, lo que permite sujetar y enrollar un cordón. Con uno de los dedos de la mano, frecuentemente el del medio, se sostiene el otro extremo del cordón y se deja caer de manera que se deslice, suba y baje según el impulso que se le dé: "Juega con tu *yoyo*" **2** En Oaxaca, vulva.

yucateco 1 adj y s Que es natural de Yucatán, que pertenece a este estado o se relaciona con él: *guayabera yucateca, ruinas prehispánicas yucatecas, península yucateca, henequén yucateco* **2** s m En la Huasteca potosina, huipil.

yugo s m I **1** Instrumento de madera que sirve para sujetar a dos animales en las labores del campo. Consiste en una pieza alargada de este material de aproximadamente 1.5 m que, cerca de sus extremos y en la parte inferior, tiene dos arcos ligeros adaptados cada uno a la forma del cuello del buey o de otros animales, los cuales se colocan sobre la frente, la nuca o la cruz de éstos y se amarran a sus cuernos; en la parte central superior tiene un agujero por el que pasa una tira de cuero a la que se ata otra, el barzón, que lo une al timón del arado o a la lanza del carro **2** Opresión despótica o dominio superior que se ejerce sobre una o varias personas, sobre un pueblo o nación, que somete o que obliga a obedecer sin considerar las reglas del derecho y la moral, y a veces por medio de la violencia: "Estaban las tierras mexicanas rebosantes de libertad y despojadas ya del *yugo* español, cuando se hizo…" **3** Carga o trabajo pesado, atadura obligatoria o sometimiento: "Ellas pueden disfrutar completamente, libres de todo *yugo*, principalmente del familiar", "Con la esperanza que le dieran un hueso, a nosotros nos quería tener bajo el *yugo*", "Un anciano, junto con su esposa, celebraba sus cuarenta años de *yugo matrimonial*" II **1** Armazón de madera que sujeta a la campana y que sirve para hacer que dé vueltas **2** (*Mar*) Cada una de las maderas curvas horizontales que forman la popa de los barcos III **1** (*Elect*) Conjunto de bobinas sujetadas al cuello del tubo de imagen de una televisión de manera que produzcan los campos magnéticos que controlan la desviación del haz de electrones **2** *Yugo de las escobillas* (*Elec*) Pieza móvil, generalmente en forma de anillo, que sujeta en sus posiciones relativas al porta escobillas, dispositivo que contiene la pieza que conduce y mantiene el contacto eléctrico permanente entre las partes móviles y estacionarias de un motor, un generador u otros aparatos IV (*Antrop*) Cada uno de los objetos arqueológicos, probablemente ceremoniales, de piedra, de jadeíta o de jade, encontrados en diversas zonas de nuestro país y de Guatemala y El Salvador. Tienen forma de herradura y son de distintos tamaños, aunque predominan los de medio metro de abertura; a los lados están grabadas diversas figuras referidas principalmente a la tierra y a sus cultos, y unas pocas a la muerte, que muestran la habilidad de los escultores y la delicadeza de sus trazos. Algunos investigadores suponían que eran instrumentos que se colocaban en el cuello de la víctima que iba a ser sacrificada; pero actualmente se asegura, con base en diversos indicios, que eran instrumentos de ritos fúnebres que se usaron como defensas del cuerpo y en especial de la cabeza del sepultado. En México se han encontrado en diversas zonas, tales como Teotihuacán y Cholula, pero abundan más en Papantla, Teayo, Tres Zapotes, Cempoala y regiones cercanas, por lo que es probable su origen totonaca; arco.

yugoslavo adj y s Que es originario de Yugoslavia o se relaciona con este país de Europa oriental: *Belgrado, la capital yugoslava, la arquitectura barroca yugoslava de Dubrovnik*, "Los *yugoslavos* vivieron una guerra civil de cuatro años". (También *yugoeslavo*.)

yugular adj m y f y s f Que pertenece al cuello, especialmente a las venas que se ubican en esta parte del cuerpo: *vena yugular, el rítmico latido de su yugular*.

yunque s m **1** Instrumento de hierro sobre el que se martillan los metales para labrarlos o darles forma **2** Pequeño hueso del oído medio de los mamíferos.

yunta s f **1** Par de animales, como bueyes o mulas, que se utilizan juntos para arar, jalar y otras labores del campo: "Se me reventó el barzón / y sigue la *yunta* andando" **2** *Yunta champanera* La que pertenece al peón y le sirve para prestar sus servicios en la finca donde trabaja **3** Medida de superficie, capacidad y peso, cuyas equivalencias varían según las diversas regiones de nuestro país.

yute s m **1** Fibra vegetal que se obtiene de los tallos de diversas especies de plantas tiliáceas de origen asiático; se emplea principalmente en la fabricación de cuerdas y de una tela muy basta, utilizada para hacer costales y para recubrir la madera o los rellenos de ciertos muebles **2** (*Corchorus capsularis*) Planta herbácea de la familia de las tiliáceas que se cultiva en lugares cálidos del sur y produce esta fibra; es de tallo erecto, que llega a medir hasta 4.5 m de altura y 2 cm de diámetro, con ramas sólo en su parte terminal; sus hojas son de color verde claro, de 5 a 10 cm, alternas, oblongas y dentadas, sus flores, de color amarillo o anaranjado, se presentan solas o en grupo y su fruto, en cápsula globosa, rugosa y pequeña, contiene semillas de color café oscuro.

yuxtaposición s f **1** Acto de poner juntos o sobrepuestos dos o más elementos: *yuxtaposición de lo cómico y lo serio, yuxtaposición de planos en las novelas*, "En todos los centros urbanos prehispánicos encontramos la *yuxtaposición* de uno o dos santuarios principales y de otros templos secundarios" **2** (*Gram*) Unión de dos elementos lingüísticos, especialmente de oraciones, sin verbo copulativo ni nexo coordinante o subordinante entre ellos, como en: *Mi hermano se fue hace dos años; no dejo de preocuparme por él* o en *Mis nietos crecieron. Recuerdo cuando eran bebés* **3** (*Min*) Tratándose de minerales, modo de crecimiento.

abcchdefghijklllmnñopqrstuvwxy Z

z s f Vigesimonovena y última letra del alfabeto; representa en México, en el resto de Hispanoamérica y en algunas regiones de España (buena parte de Andalucía y en las islas Canarias), al igual que *s*, el fonema consonante predorsoalveolar fricativo sordo /s/. Su nombre es *zeta*.

zacate s m I **1** Planta gramínea de distintas especies que se caracterizan por tener tallos rastreros o erectos generalmente verdes. Crece en los jardines y cubre los campos donde sirve como alimento para el ganado, las semillas son consumidas por ratones y diversas aves; pasto: *zacate aceitunillo, zacate de carrizo, zacate alcalino, zacate de agua, zacate colorado, zacate chino, zacate elefante, zacate encubierto, zacate ladera, zacate nido, zacate plumoso, zacate salado, zacate sedoso, zacate de venado, zacate del volcán*, "Come *zacatito* verde / de la punta serenado", "Chiquita te vas criando / como el *zacate* en el llano" **2** Planta ribereña de la familia de las ciperáceas, de distintas especies: *zacate cabezón, zacate cortador, zacate de coco, zacate toche, zacate tres filos, zacate de tule* **3** Planta compuesta de diversas especies: *zacate amargo, zacate de perro, zacate minero* **4** Planta liliácea de diversas especies semejantes a las palmas, con hojas lineares, flores blanquecinas en panículas y fruto papiráceo con tres semillas globosas: *zacate de aparejo, zacate de armazón, zacate cortador* **5** Zacate de agua (*Sesban macrocarpa*) Arbusto que llega a alcanzar 4.5 m de altura, con hojuelas numerosas, ovales y de ápice redondeado, flores grandes amarillas en racimos y fruto en vaina delgada de hasta 30 cm; crece en lugares húmedos **6** *Zacate de muela* (*Sisyrinchium Schaffneri*) Planta herbácea de la familia de las iridáceas, de raíces delgadas y carnosas, de hojas planas, verticales y agudas en vainas multifloras **II** Planta de maíz, trigo, cebada y otras cultivadas, que secas y desprovistas de los granos o mazorcas sirven de alimento para el ganado o para hacer adobes: "Voy a traer *zacate* para los animales", "Le echaron *zacate* encendido para que prendiera" **III** Fibra vegetal seca que se utiliza para tallar cosas al lavarlas o para frotarse el cuerpo al bañarse o lavarse: "Llévate el *zacate* y el jabón".

zacatecano adj y s Que es natural de Zacatecas; que pertenece a este estado o a su capital, la ciudad del mismo nombre, o se relaciona con ellos: *ganadería zacatecana, minerales zacatecanos*.

zafar v tr (Se conjuga como *amar*) I **1** Liberar lo que está atorado o liberarse cuando se está atado, amarrado o impedido de moverse: "Sergio logró *zafarse* y huyó por el corredor" **2** Liberar o liberarse de limitaciones ideológicas, sociales, políticas o económicas: "No lograrías *zafarte* de una herencia de clase media" **3** Liberar o liberarse de una responsa-

bilidad, obligación o molestia: "No me pude *zafar* de ir a la conferencia" **4** ¡*Zafo*! o ¡*Yo zafo*! ¡No!, ¡Yo no!; usados para liberarse de una responsabilidad u obligación: "—Vayan por refrescos. —¡*Zafo*!, que vaya Cristóbal" **II 1** Sacar o salirse alguna pieza del lugar que le corresponde en un mecanismo o armazón: "Se le *zafaron* las tuercas al librero" **2** prnl Salirse de su lugar los huesos, descoyuntarse o luxarse: "Se le *zafó* el codo y tuvieron que operarlo" **III** (*Coloq*) **1** *Zafársele un tornillo* o *el tornillo* Trastornarse mentalmente alguien o actuar de manera extraña o irracional: "No le hagas caso; a ese viejo ya *se le zafó un tornillo*" **2** *Zafársele algo a una persona* Soltar, hacer o decir algo involuntariamente: "¡Híjoles!, *se me zafó* y ya se enteró el jefe".

zafra s f Cosecha o recolección de la caña de azúcar y tiempo durante el cual se realiza: "En la *zafra* anterior se obtuvieron mil toneladas menos de azúcar".

zaguán s m **1** Puerta grande o portón de madera o de hierro situado a la entrada de un conjunto de viviendas, de una vecindad, de un edificio o de una casa: "¿Cerraste el *zaguán*?", "Entré por el *zaguán* y me fui por todo el patio hasta donde estaba el tinaco", "Llévaselo rápido que el *zaguán* lo cierran a las ocho" **2** Lugar situado inmediatamente después de la entrada de la puerta que da a la calle en una casa o edificio: "Los focos del patio y del cubo del *zaguán* se encienden todos los días".

zahúrda s f **1** Pocilga o vivienda para cerdos **2** Vivienda miserable y sucia.

zaíno adj Tratándose de animales vacunos o equinos, que es de color oscuro, sin manchas ni mezcla de ningún otro color: *negro zaíno*. (También *zaino*.)

zambo adj **1** Que tiene las piernas separadas y arqueadas hacia afuera de las rodillas para abajo **2** s y adj Durante la época colonial, hijo de indio y negra o de india y negro, y casta de la que formaba parte **3** (*Ofensivo*) En Oaxaca, chaparro.

zanahoria s f **1** Raíz comestible de color anaranjado y en forma de cono alargado; mide entre 5 y 20 cm y contiene mucha azúcar: "La *zanahoria* es sabrosa en jugo o en ensalada", *zanahoria cocida, zanahoria rallada, pelar zanahorias*, "Hacen correr a las liebres tras una *zanahoria*" **2** (*Daucus carota*) Planta herbácea de la familia de las umbelíferas que tiene esta raíz comestible; su tallo es estriado y alcanza hasta 60 cm de altura, sus hojas son compuestas, muy segmentadas, sus flores tienen forma de campana de color blanco, excepto la del centro que es morada.

zanate s m I **1** Pájaro de color negro brillante, con reflejos purpúreos, ojos amarillos y cola larga; mide entre 40 y 45 cm, es semejante al cuervo, y muy voraz y perjudicial para los sembradíos, especialmente de cereales. La hembra es más pequeña y de color café. Abunda en el campo abierto y en las zonas arboladas, tanto en bosques como jardines. Existen varias especies, la más común es *Cassidix mexicanus*; tordo, urraca **2** *Zanate de oro* (*Cassiculus melanicterus*) Pájaro de color negro brillante, con los hombros, la rabadilla y los lados de la cola amarillo intenso, pico blanco amarillento y un copete en la nuca; la hembra es parecida pero de colores más pálidos (También *sanate, chanate, xanate*) **II** (*Trichilia havanensis*) Arbusto de la familia de las meliáceas que alcanza hasta 12 m de altura; tiene hojas pinadas compuestas con hojuelas obovadas, flores en panículas formando una especie de sombrilla y fruto con tres semillas oleaginosas.

zancuda 1 adj y s f Tratándose de aves, que tienen muy larga la parte más delgada e inferior de las patas, además de estar desprovista de plumas, como las garzas **2** s f pl Orden que forman estas aves.

zancudo s m **1** Mosquito díptero de patas largas, perteneciente a numerosas especies, que se caracteriza porque las hembras se alimentan con sangre del hombre y otros mamíferos, indispensable para el desarrollo de sus huevos, transmitiendo de esta manera varias enfermedades. Los mosquitos *Aedes aegypti, Stegomyia fasciata* y *Culex quinquetasciatus* son los principales transmisores de la fiebre amarilla, y los del género *Anopheles*, del paludismo: "Él fumaba para evitar que le picaran los *zancudos*" **2** (*Lopezia racemosa*) Planta herbácea de la familia de las onagráceas, con hojas alternas y enteras lanceolado elípticas, agudas y lisas, flores con pedúnculo largo, delgado y pétalos rosados desiguales, y fruto oval.

zandunga s f Música, baile y canción típica del Istmo de Tehuantepec; la música y la canción es melodiosa, doliente y triste; el baile es muy ceremonioso: "¡Ay! *Zandunga, zandunga*, mamá por Dios / *zandunga* no seas ingrata / mamá de mi corazón". (También *sandunga*.)

zángano 1 s m Macho de la abeja reina, cuya única función es fecundarla, ya que carece de aguijón y no produce miel **2** adj y s (*Coloq*) Persona floja o perezosa que vive a costa de los demás, holgazán que no hace nada de provecho.

zanja s f **1** Excavación larga y angosta que se hace con diversos fines, como colocar tubería, permitir que corra el agua, o para enterrar o esconder algo o a alguien: *abrir una zanja*, "Ocultaron los rifles en una *zanja* contigua", "El cadáver se pudre en la *zanja*" **2** Surco que se abre en la tierra de manera natural, especialmente por efecto del agua y de las lluvias.

zapapico s m Herramienta de hierro con mango largo de madera, terminada en dos puntas opuestas aguzadas, o a punta, por un lado, y en cuchilla de corte largo y angosto, por el otro. Se utiliza para excavar o demoler; pico.

zapateado s m Baile popular en el que se marca el ritmo con el tacón del zapato; es originario de España de donde pasó a ciertos bailes típicos mexicanos: "Ese *zapateado* lo bailan en parejas", "Allí viviré cantando / aprendiendo el *zapateado*".

zapatero s I **1** Persona que se dedica a la fabricación o al arreglo de zapatos: "El *zapatero* le cambió el tacón" **2** adj Que pertenece a los zapatos o se relaciona con ellos: *industria zapatera* **II** (*Oligoplites saurus*) Pez perciforme que mide entre 25 y 30 cm

de largo; tiene el torso azuláceo y el vientre de color blanco o plateado al igual que los costados, los cuales a veces presentan siete u ocho barras plateadas irregulares. Habita en las aguas turbias con fondo arenoso cercanas a las costas, en donde se mueve, siguiendo el flujo de las mareas, formando grandes cardúmenes. Es comestible y se pesca con redes de arrastre o agalleras y con chinchorros; chaqueta de cuero, quiebra cuchillos, lejabín **III** *Quedarse zapatero* (*Coloq*) Que no caza ninguna presa, tratándose de un cazador, o que no hace ningún punto, tratándose de un jugador de dominó.

zapatilla s f **1** Zapato femenino con tacón alto, especialmente el que es más fino: *zapatilla de charol* **2** Zapato especial para bailarines, principalmente los de ballet **3** Zapato especial para los toreros.

zapatismo s m **1** Movimiento campesino encabezado por Emiliano Zapata durante la Revolución Mexicana; se desarrolló de 1911 a 1919 en los estados del centro y el sur del país, principalmente en Morelos. Se caracterizó por haber intentado recuperar las tierras de las que fueron despojados los pueblos campesinos por los hacendados; sus objetivos fueron planteados en el Plan de Ayala, firmado en 1911. Fue rebelde a los gobiernos de Madero, Huerta y Carranza, quienes no reconocieron el Plan de Ayala, y junto con el movimiento villista estableció el gobierno de la Soberana Convención Revolucionaria que actuó de 1914 a 1916 **2** Movimiento iniciado por el levantamiento en Chiapas en enero de 1994, principalmente entre campesinos de comunidades de lenguas mayas, con el nombre de Ejército Zapatista de Liberación Nacional, que reivindica los postulados de Emiliano Zapata, se opone a las reformas al artículo 27 de la Constitución mexicana y se ha extendido como un amplio movimiento civil por la transformación democrática del Estado mexicano.

zapatista 1 adj y s m y f Que se relaciona con el zapatismo o es partidario de esta corriente **2** s m y f Miembro del ejército que comandó Emiliano Zapata **3** s m y f Miembro del Ejército Zapatista de Liberación Nacional.

zapato s m **1** Prenda de vestir que cubre total o parcialmente el pie, generalmente de piel, aunque puede ser de tela, estambre o plástico; frecuentemente tiene, en la parte inferior, una suela de material más duro y resistente que protege la planta del pie: *bolear los zapatos*, "Quisiera ser *zapatito* / del que llevas en el pie", "Le tejió sus *zapatitos* al bebé" **2** (*Coloq*) Resultado nulo o en ceros que obtiene un jugador, especialmente en el dominó: "*Zapato* paga triple" **3** *Zapato del diablo* (*Pedilanthus calcaratus*) Arbusto de la familia de las euforbiáceas, que alcanza hasta 7 m de altura, de tallo liso, hojas obovadas o elípticas caedizas, inflorescencia axilar o terminal, brácteas rojas o verdes y fruto capsular **4** *Zapato del diablo* (*Pedilanthus macrocarpus*) Planta venenosa de la misma familia que la anterior pero mucho más pequeña, ya que llega a medir hasta 1.5 m; está ramificada desde la base, con jugo lechoso, tallos carnosos y cilíndricos, hojas espatuladas u obovadas, inflorescencia terminal, y flores y fruto rojos.

zapote s m **1** Fruto comestible de sabor dulce y forma similar a la de la manzana, que mide aproximadamente 10 cm de diámetro; su cáscara es verde, la pulpa casi negra, suave, algo fibrosa y con cuatro a diez semillas de color castaño envueltas por una membrana transparente; la pulpa se come directamente o batida con azúcar y jugo de naranja o de otras frutas; zapote negro, zapote prieto **2** (*Diospyros ebenaster*) Árbol frondoso de la familia de las ebenáceas que da este fruto; mide hasta 15 m de alto; sus hojas son alternas, elípticas u oblongas, sus flores son pequeñas, y cada una, constituida por cinco pétalos amarillentos, blancos o verdosos, tiene forma de un pequeño cántaro; crece en las zonas cálidas del centro y sur del país; la madera del tronco y de las ramas es de buena calidad; zapote negro, zapote prieto **3** *Zapote de agua, reventador, reventón, bobo* o *zapotón* (*Pachira aquatica*) Planta de la familia de las bombacáceas que crece en lugares muy húmedos como los bordes de lagunas, esteros, ríos o pantanos; su tallo es recto y puede alcanzar hasta 18 m de altura, sus hojas son digitadas y compuestas de siete u ocho foliolos; sus flores, muy vistosas, miden 30 cm de largo, con cinco pétalos lineares blancos y numerosos estambres con filamentos rojos y anteras amarillas. El fruto, del mismo nombre, es una cápsula subglobosa de 22 cm de largo, cuya pulpa se emplea para elaborar dulces o se come directamente; apompo **4** *Zapote mamey, colorado, de Santo Domingo, de niño* Mamey **5** *Zapote* (*chico*) o *zapote de abejas* Chicozapote **6** *Zapote de viejas* Guanábana **7** Cada una de las plantas de distintas especies y familias, con fruto comestible casi todas, como *el zapote caimito, el zapote amarillo, el zapote blanco, zapote cimarrón, zapote cuate, zapote costoche, zapote borracho.*

zapoteca s m Grupo indígena mesoamericano formado por la mezcla de los grupos aborígenes que habitan la zona oaxaqueña con los grupos olmecas que se supone arribaron hacia el año 800 aC. Se cree que posteriormente, hacia el año 300 aC, se fundió con los pueblos procedentes de la actual zona alta de Guatemala y Chiapas. A partir de esta época se dio un desarrollo social, económico y político importante en algunos centros del valle de Oaxaca, de los cuales el principal fue Monte Albán. Hacia el año 800 dC esta capital decayó y fue ocupada por los mixtecos. El pueblo zapoteco siguió habitando los valles centrales de esa región y mantuvo relaciones tanto pacíficas como bélicas con los mixtecos. Como consecuencia de los ataques de este pueblo, algunos zapotecas abandonaron el valle de Oaxaca y ocuparon el Istmo de Tehuantepec, mientras que los otros permanecieron en el valle, fundaron el centro religioso ceremonial de Zaachila y sostuvieron distintas guerras en contra de los mixes, los chontales, los mixtecos y los mexicas. A pesar de que en la escultura se puede reconocer la influencia de los olmecas, y en la cerámica la de los pueblos de Guatemala y Teotihuacan, el desarrollo de su cultura tiene características propias, como el culto a la muerte, que se manifiesta en la construcción de bóvedas y antecámaras funerarias; una religión compleja, que se reconoce en las imágenes abigarradas de sus dioses; el desarrollo de la escritura jeroglífica, las matemáticas y el calendario; la construcción del tablero de escapulario y la elaboración de una cerámica con características propias.

Actualmente habita el Istmo de Tehuantepec, la sierra de Miahuatlán, los valles centrales de Oaxaca, la sierra que abarca desde Ixtlán hasta la región mixe y el Cempoaltépetl, y algunas zonas de Veracruz, Chiapas y Guerrero.

zapoteco s m **1** Zapoteca **2** Lengua o conjunto de lenguas que habla este grupo indígena **3** adj y s Que pertenece a este grupo o se relaciona con él: *la tradición zapoteca, los vocablos zapotecos, las lenguas zapotecas.*

zar s m **1** (Su femenino es *zarina*) Título que se daba, antes de la revolución rusa, al emperador de Rusia y al soberano de Bulgaria **2** En lenguaje periodístico, persona que domina y controla una actividad, particularmente de manera mafiosa, ilegal o fraudulenta: *el zar de las drogas.*

zarape s m Sarape: "Ponte el *zarape* que hace mucho frío", *cubrirse con un zarape.*

zarzamora s f **1** Fruto comestible formado por numerosas drupas pequeñas y jugosas, de color rojo o negro, dependiendo de la variedad de planta de la que procede: "Te encargo que me compres una mermelada de *zarzamora* y una de durazno", *pastel de zarzamora* **2** Planta rosácea de diversas especies, alrededor de treinta, que da este fruto; las más conocidas son la *Rubus adenotrichos* y la *Rubus oligaspermus.* Es espinosa, tendida o arbustiva, según la especie a la que pertenezca, de hojas simples o compuestas y flores grandes; se cultiva, pero también crece en forma silvestre.

zarzuela s f **1** Obra musical y dramática española, de carácter popular y asunto ligero, en la que alternan fragmentos cantados con fragmentos hablados; tuvo su origen en el teatro lírico español del siglo XVII **2** Música y letra de estas obras **3** Platillo en el que están combinados varios tipos de pescado y mariscos, condimentados con una salsa.

¡zas! interj **1** Expresión con la que se imita y se representa el sonido de un golpe o de una caída: "Aguardó la nueva embestida y *¡zas!*, desgarró al enemigo en la nuca y lo mató", "Juntó muchas piedras y *¡zas!, ¡zas!*, que le da sus buenas pedradas", "Ellos ya no peleaban, nada más los de adentro, *¡zas!, ¡zas!, ¡zas!*" **2** Expresión que indica la rapidez con la que suceden los hechos: "Yo no supe ni cuántos, pero *¡zas!*, me meten a la cárcel", "Y a la primera, luego luego... *¡zas!*, que se inyecta la droga", "Y *¡zas!*, que se viene abajo".

zendal s m y f Tzeltal.

zenit s m Cenit.

zenzontle s m Cenzontle: "De los pájaros el primero / el *zenzontle* y el jilguero / y de los más apreciados". (También *sinsonte*.)

zigzag s m **1** Línea quebrada cuyos segmentos forman ángulos agudos entrantes y salientes: "Esta máquina cose medios pespuntes, pespuntes y *zigzag*", "Ese coche va haciendo *zigzags*" **2** *En zigzag* En forma de ángulos agudos entrantes y salientes: "Corría *en zigzag* para evitar los balazos", *costura en zigzag, conducir en zigzag*, "Los niños se formaron *en zigzag*".

zinc s m Metal de color blanco brillante que no se encuentra libre en la naturaleza. Se utiliza en aleaciones, como el latón o el bronce, en la fabricación de baterías y otros productos, y como medicamento en algunos compuestos. (También *cinc*.)

zíper s m Cierre: "Se le abrió el *zíper* de la falda", "Se machucó con el *zíper*". (También *zipper*.)

zócalo s m **1** Plaza principal de la ciudad de México y de algunas ciudades o pueblos: *ir al zócalo*, *pasear por el zócalo*, "En el *zócalo* de Oaxaca hay muchas ardillas" **2** Parte inferior de un edificio, de una columna, de una estatua o de un pared que le sirve de fundamento y sobresale de los muros o los pedestales que sostiene.

zona s f **1** Espacio limitado de una superficie: "En esta *zona* no hay árboles" **2** Extensión de terreno cuyos límites están determinados por razones administrativas, políticas, sociales, etc: *zona fronteriza*, *zona comercial* **3** *Zona verde* Parque o terreno con plantas y árboles dentro de una ciudad, que no puede ser destruido **4** *Zona (roja)* Sector en donde trabajan las prostitutas **5** *Zona de tolerancia* Sector autorizado donde trabajan las prostitutas **6** (*Anat*) Porción interna o externa de una parte del cuerpo; región del cuerpo en forma de banda o franja **7** s m (*Anat*) Afección inflamatoria aguda de la piel muy dolorosa, debida a un herpes, que se caracteriza por la aparición de una erupción, en forma de vejiguitas agrupadas de color blanco grisáceo, que siguen el trayecto de un nervio cutáneo.

zoología s f Parte de la biología que estudia los animales: *cursos de zoología*.

zoológico 1 s m Lugar en donde se reúnen y exhiben animales vivos pertenecientes a diferentes especies, particularmente salvajes o poco comunes: "Los domingos íbamos al *zoológico*" **2** adj Que pertenece a la zoología o se relaciona con ella: *escala zoológica, clasificación zoológica*.

zoólogo s Persona que tiene por profesión el estudio de los animales.

zootecnia s f Conjunto de conocimientos relacionados con la cría, mejora y explotación de los animales domésticos útiles al hombre, cuyo fin es obtener de ellos el máximo rendimiento.

zopilote s m I **1** (*Coragyps atratus*) Ave de rapiña, perteneciente a familia de las catártidas, que tiene la cabeza y el cuello desnudos y arrugados, el pico fuerte, en forma de gancho, las alas grandes y robustas y las patas fuertes, con cuatro garras filosas; su vista es aguda y su vuelo fácil y sostenido. Su plumaje es negro opaco y las puntas de las alas blancas; mide entre 50 y 60 cm y habita en regiones de clima templado o tropical y anida entre peñascos, en el hueco de los árboles o en el suelo: "Desde arriba algunos *zopilotes*, en círculos lentos, oteaban el páramo", "Ya murió el señor don Gato / ya lo llevan a enterrar / entre cuatro *zopilotes* / y un ratón de sacristán" **2** *Zopilote rey* (*Sarcoramphus papa*) Ave de rapiña con las mismas características que la anterior, con excepción del tamaño, ya que alcanza los 75 cm; la base del cuello, que presenta un collar de plumas grises; el color del plumaje: el dorso es café rosado muy claro y la parte de abajo muy blanca; la cabeza y el cuello son también desnudos y arrugados aunque de diversos colores. Habita en las regiones selváticas del sur del país, anidando entre riscos o en las ramas de los árboles **3** En Chihuahua, aura II **1** (*Swietenia humilis*) Árbol de la familia de las meliáceas cuyo fruto tiene la forma de esta ave; produce una madera semejante a la caoba; caobo, caoba, cóbano, flor de venadillo, ga-

teado **2** (*Conzattia multiflora*) Arbusto de la familia de las leguminosas de 3 a 8 m; árbol del águila, palo de totole III adj y s Tratándose de caballos, que tiene el pelo de color negro opaco o sin brillo y algo más claro en el vientre, los ijares y las axilas.

zoque s m **1** Grupo indígena mexicano que habita en las planicies de Tuxtla y Pichucalco, en el estado de Chiapas, en las montañas del sureste del estado de Oaxaca y en los pueblos de Teapa, Topilapa y Ayopa en el estado de Tabasco. Entre otras artesanías fabrica alfarería, trabaja fibras duras para la elaboración de cuerdas y bolsas, y teje fibras blandas para la confección de ropa femenina. Se dedica también al comercio y a la obtención de cal y de salitre. Con técnicas agrícolas que van desde la coa hasta el uso del arado metálico tirado por bueyes, el zoque cultiva maíz, frijol, calabaza, chayote, cacao, yuca, naranja, camote, café, caña de azúcar, tabaco y arroz en tierras de su propiedad o como asalariado en fincas privadas **2** Lengua que habla este grupo indígena y que constituye una familia **3** adj y s m y f Que pertenece a este grupo indígena o se relaciona con él: *artesanía zoque*.

zorra s f I **1** Mamífero carnívoro de la familia de los cánidos, de hocico puntiagudo, orejas largas y afiladas y cola también larga; su vista y olfato son muy agudos, y su pelaje está poblado es valioso en la industria de pieles finas **2** *Zorra gris* (*Urocyon cinereoargenteus*) Especie más numerosa de estos mamíferos, que se caracteriza por medir casi 1 m de largo incluida la cola, la que es angosta y muy negra en la punta y a los lados, el lomo es de color gris o negruzco, la garganta y el pecho son blancos, y una franja de color café opaco cubre cada costado a lo largo; gato de monte **3** *Zorra norteña* (*Vulpes macrotis*) La que habita las zonas desérticas, principalmente las del norte del país; es mucho más pequeña que la gris, 80 cm de largo total, de cola espesa y cilíndrica, lomo gris pálido con las partes bajas amarillentas y la punta de la cola negra II (*Popular*) s y adj f Mujer de gran viveza y habilidad que ejerce sus encantos para abusar mañosamente de algún hombre III **1** Cada uno de los peces del género *Menticirrhus* que viven en el Golfo de México y que se caracterizan por la barbilla que tienen abajo de la mandíbula; miden 40 cm y son de color plateado a los lados, más oscuro en la parte de arriba, el vientre blanco y las aletas pálidas; berrugato, verrugata o berrugata, ratón, rastreador **2** Tiburón del género *Alopias*, que vive alejado de las costas, en los mares tropicales y templados; se alimenta principalmente de peces pequeños y calamares; mide entre 1.5 y 4 m de longitud y tiene una cola muy larga, casi del tamaño del cuerpo; tiene el dorso azul grisáceo o pardo y el vientre blanco, y su carne es comestible; zorro, tiburón zorra, tiburón coludo.

zorrillo s m I **1** Mamífero de la familia de los mustélidos, de color negro con una franja blanca en cada uno de los lados o con una central, de cuerpo relativamente redondeado, patas algo cortas, cola muy larga y esponjada, que se caracteriza por tener dos glándulas anales por las que arroja un líquido de olor intenso, a una distancia hasta de tres metros, lo que le sirve para defenderse. Hay una docena de especies distintas **2** (*Mephitis macroura*) El que se caracteriza por ser el de mayor tamaño, de 60 a 75 cm de largo, y por tener la cola proporcionalmente más larga; zorrillo encapuchado **3** *Zorrillo listado* (*Mephitis mephitis*) Especie de menor tamaño que la anterior, de 50 cm de largo aproximadamente, y con la cola más corta que las franjas blancas del cuerpo **4** *Zorrillo de espalda blanca* (*Conepatus mesoleucus*) El que se caracteriza por tener la cabeza pequeña, la trompa larga y desnuda a los lados, las patas delanteras fuertes, musculadas y armadas de poderosas garras cavadoras, así como las dos franjas blancas muy anchas; zorro coleto **5** *Zorrillo manchado, pinto* o *rayado* (*Spilogale gracilis*) El que se caracteriza por tener varias bandas irregulares blancas y negras a todo lo largo del cuerpo **II** *Ser alguien* (*un*) *zorrillo* (*Coloq*) Ser tonto o torpe: "No seas *zorrillo*, quítale la cáscara" **III 1** (*Petiveria alliacea*) Planta arbustiva o herbácea de la familia de las fitolacáceas, de 1 m aproximadamente y con olor a ajo; zorrillo silvestre, zorro **2** (*Siparuna nicaragüensis*) Arbusto de la familia de las monimiáceas, de 3 a 5 m de altura, de ramas quebradizas, hojas opuestas desiguales y generalmente elípticas, flores pequeñas blanco amarillentas y fruto rojo compuesto de numerosas drupas; palo zorrillo **3** (*Zantoxylum caribeaum*) Árbol de entre 5 y 20 m, de tronco espinoso y corteza amarga, hojas alternas pinadas y hojuelas lisas, flores pequeñas blanquecinas y fruto sencillo y seco de 5 mm **4** *Zorrillo blanco* Planta herbácea de la familia de las amarantáceas que constituye una maleza común en los climas cálidos; es de tallos cuadrangulares, hojas opuestas y flores pequeñas en espigas largas y colgantes; zorro **IV** (*Rural*) Dulce hecho de calostros hervidos endulzados con piloncillo.

zorro s m **I 1** Zorra, mamífero carnívoro **2** Piel curtida de la zorra usada para hacer prendas de abrigo y adornos de vestidos o trajes **3** *Zorro coleto* Zorrillo de espalda blanca **4** Tlacuache **II** adj (*Coloq*) Astuto, hábil para hacer trampas o engañar: *ser alguien un zorro en los negocios*, "La muy tonta se pone de parte de ese viejo *zorro*", "Ese *zorro* de la política internacional sabe ser severo" **III** Zorra, tiburón coludo **IV 1** Zorrillo blanco **2** (*Petiveria alliacea*) Zorrillo.

zozobra s f **1** Sentimiento de inquietud o angustia ante un peligro, una amenaza o un temor: "El bor-

de de la guerra mantuvo a la humanidad en *zozobra*", "Veinte minutos duró la *zozobra* entre los vecinos y transeúntes de la zona" **2** (*Mar*) Estado del mar o los vientos que pone a las embarcaciones en riesgo de naufragar.

zueco s m **1** Calzado con suela de madera en cuyo borde se clavetea la parte que sujeta el pie y que puede ser de cuero, de lona o de algún tejido resistente **2** Zapato de madera, hecho de una sola pieza, típico de los campesinos de ciertos lugares, como Holanda.

zumbar v intr (Se conjuga como *amar*) **1** Producir un ruido silbante y continuo, semejante al que hacen algunos insectos al volar: "Los automóviles de la carrera *zumbaban* al pasar", "Le *zumbaron* los oídos al subirle la presión" **2** Golpear a alguien o darle de golpes: "Me acusaban y mi papá me *zumbaba* con ese cable de luz" **3** *Zumbarle los oídos* (*Coloq*) Expresión con la que se hace referencia a una persona que no está presente en una conversación en la que se habla, a veces mal, de ella: "¿No *te zumbaron los oídos* anoche?", "Llevamos media hora hablando de tu novio, creo que ya le deben *zumbar los oídos*" **4** *Zumbársela* (*Popular*) Poseer sexualmente el hombre a una mujer.

zumo s m **1** Parte de la cáscara de los cítricos que se desprende del fruto y se usa como ingrediente o adorno en algunos platillos y bebidas **2** Líquido que sale de la cáscara de un cítrico al apretarla: "El *zumo* de limón me quemó la piel".

zurcir v tr (Se conjuga como *subir*) Coser una prenda de vestir que está rota o remendarla con puntadas muy juntas y entretejidas, tratando de disimularlas: *zurcir los calcetines*.

zurdo adj y s **1** Que utiliza la mano izquierda con mayor habilidad que la derecha, al contrario de la mayoría de las personas **2** *Batear con la zurda* (*Coloq*) Ser homosexual.

zutano s Cualquier persona cuyo nombre se desconoce o no interesa precisar, generalmente después de referirse a dos anteriores, fulano y mengano, o sólo a una de éstas: "No me interesa saber si lo hizo fulano, mengano o *zutano*, lo que me interesa es el hecho".

ESCRITURA DE LOS NÚMEROS

Cardinales		Ordinales		Partitivos o fraccionarios	
0	cero				
1	uno	1o.	primero		
2	dos	2o.	segundo	$^1/_2$	mitad
3	tres	3o.	tercero	$^1/_3$	un tercio
4	cuatro	4o.	cuarto	$^1/_4$	un cuarto
5	cinco	5o.	quinto	$^1/_5$	un quinto
6	seis	6o.	sexto	$^1/_6$	un sexto
7	siete	7o.	séptimo	$^1/_7$	un séptimo
8	ocho	8o.	octavo	$^1/_8$	un octavo
9	nueve	9o.	noveno	$^1/_9$	un noveno
10	diez	10o.	décimo	$^1/_{10}$	un décimo
11	once	11o.	decimoprimero o undécimo	$^1/_{11}$	un onceavo
12	doce	12o.	decimosegundo o duodécimo	$^1/_{12}$	un doceavo
13	trece	13o.	decimotercero o decimotercio	•	•
14	catorce	14o.	decimocuarto	•	•
15	quince	15o.	decimoquinto	•	•
16	dieciséis	16o.	decimosexto	•	•
17	diecisiete	17o.	decimoséptimo	•	•
18	dieciocho	18o.	decimoctavo	•	•
19	diecinueve	19o.	decimonoveno	•	•
20	veinte	20o.	vigésimo	$^1/_{20}$	un veinteavo
21	veintiuno	21o.	vigesimoprimero	•	•
22	veintidós	• •	• •	•	•
• •		• •	• •	•	•
30	treinta	30o.	trigésimo	$^1/_{30}$	un treintavo
31	treinta y uno	31o.	trigesimoprimero	•	•
32	treinta y dos	32o.	trigesimosegundo	•	•
• •		• •	• •	•	•
• •		• •	• •	•	•
• •		• •	• •	•	•
40	cuarenta	40o.	cuadragésimo	•	•
50	cincuenta	50o.	quincuagésimo	•	•
60	sesenta	60o.	sexagésimo	•	•
70	setenta	70o.	septuagésimo	•	•
80	ochenta	80o.	octagésimo	•	•
90	noventa	90o.	nonagésimo	•	•
100	cien	100o.	centésimo	$^1/_{100}$	un centésimo
200	doscientos	200o.	ducentésimo	•	•
300	trescientos	300o.	tricentésimo	•	•
400	cuatrocientos	400o.	cuadrigentésimo	•	•
500	quinientos	500o.	quingentésimo	•	•
600	seiscientos	600o.	sexcentésimo	•	•
700	setecientos	700o.	septigentésimo	•	•
800	ochocientos	800o.	octingentésimo	•	•
900	novecientos	900o.	noningentésimo	•	•
1 000	mil	1 000o.	milésimo	$^1/_{1\,000}$	un milésimo
1 000 000	millón	1 000 000o.	millonésimo	$^1/_{1\,000\,000}$	un millonésimo
1 000 000 000 000	billón	1 000 000 000 000o.	billonésimo	$^1/_{1\,000\,000\,000\,000}$	un billonésimo

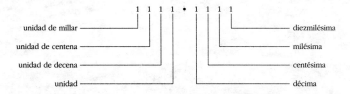

GENTILICIOS DE LA REPÚBLICA MEXICANA

Estado	Gentilicio	Capital	Gentilicio
Aguascalientes	aguascalentense, hidrocálido	Aguascalientes	aguascalentense, hidrocálido
Baja California	bajacaliforniano	Mexicali	mexicalense
Baja California Sur	sudcaliforniano	La Paz	paceño
Campeche	campechano	Campeche	campechano
Coahuila	coahuilense	Saltillo	saltillense
Colima	colimense, colimeño, colimote	Colima	colimense, colimeño, colimote
Chiapas	chiapaneco	Tuxtla Gutiérrez	tuxtleño, tuxtleco
Chihuahua	chihuahuense	Chihuahua	chihuahuense
Distrito Federal	defeño		
Durango	durangueño, duranguense	Durango	durangueño, duranguense
Estado de México	mexiquense	Toluca	toluqueño
Guanajuato	guanajuatense	Guanajuato	guanajuatense
Guerrero	guerrerense	Chilpancingo	chilpancingueño
Hidalgo	hidalguense	Pachuca	pachuqueño
Jalisco	jalisciense	Guadalajara	guadalajarense, tapatío o guadalajareño
Michoacán	michoacano	Morelia	moreliano
Morelos	morelense	Cuernavaca	cuernavaquense
Nayarit	nayaritense, nayarita	Tepic	tepiqueño
Nuevo León	neoleonés, neolonés, nuevoleonense	Monterrey	regiomontano
Oaxaca	oaxaqueño	Oaxaca	oaxaqueño
Puebla	poblano	Puebla	poblano, angelopolitano
Querétaro	queretano	Querétaro	queretano
Quintana Roo	quintanarroense	Chetumal	chetumalense, chetumaleño
San Luis Potosí	potosino	San Luis Potosí	potosino
Sinaloa	sinaloense	Culiacán	culiacanense
Sonora	sonorense	Hermosillo	hermosillense
Tabasco	tabasqueño	Villahermosa	villahermosino
Tamaulipas	tamaulipeco	Cd. Victoria	victorense
Tlaxcala	tlaxcalteca	Tlaxcala	tlaxcalteca
Veracruz	veracruzano	Jalapa	jalapeño
Yucatán	yucateco	Mérida	meridano
Zacatecas	zacatecano	Zacatecas	zacatecano

Nota: Las fuentes de información para elaborar esta lista de gentilicios de la República Mexicana fueron, además de algunos diccionarios y enciclopedias, las representaciones de los gobiernos estatales en la ciudad de México y la oficina de información de la Secretaría de Turismo.

GENTILICIOS DE LOS PAÍSES HISPANOAMERICANOS

País	*Gentilicio*
Argentina	argentino
Bolivia	boliviano
Colombia	colombiano
Costa Rica	costarricense
Cuba	cubano
Chile	chileno
Ecuador	ecuatoriano
El Salvador	salvadoreño
Guatemala	guatemalteco
Honduras	hondureño
México	mexicano
Nicaragua	nicaragüense
Panamá	panameño
Paraguay	paraguayo
Puerto Rico	puertorriqueño, portorriqueño
Perú	peruano
República Dominicana	dominicano
Uruguay	uruguayo
Venezuela	venezolano

El *Diccionario del español usual en México*
se terminó de imprimir en octubre de 1996
en los talleres de Litoarte, S.A. de C.V.
San Andrés Atoto 21-A, 53519 Estado de México.
Tipografía y formación: Literal S. de R.L. Mi.
El tiraje fue de 10 000 ejemplares.
La edición estuvo al cuidado de los miembros
del Diccionario del Español de México y de Literal,
bajo la coordinación del Departamento de Publicaciones de
El Colegio de México.